W9-BEZ-414

2003
8TH EDITION

Collector's *Mart*

Price Guide to

Contemporary
Collectibles

and Limited Editions

Edited by
Mary L. Sieber

© 2002 by
Krause Publications, Inc.

All rights reserved. No portion of this publication may be reproduced
or transmitted in any form or by any means, electronic or mechanical,
including photocopy, recording, or any information storage and
retrieval system, without permission in writing from the publisher,
except by a reviewer who may quote brief passages in a critical article
or review to be printed in a magazine or newspaper, or electronically
transmitted on radio or television.

Published by

**krause
publications**

700 E. State Street • Iola, WI 54990-0001
Telephone: 715/445-2214

Please call or write for our free catalog of publications. Our toll-free
number to place an order or obtain a free catalog is
800-258-0929 or please use our regular business telephone,
715-445-2214.

Library of Congress Catalog Number: 95-77317
ISBN: 0-87349-478-4 Printed in the United States of America

On Our Cover:

Front: *Byron's Bacchanal* box figurine, Harmony Kingdom/Harmony Ball Co.,
Columbus, Ohio

Theodore 100th Anniversary Commemorative Bear, The Boyds Collection Ltd.,
Gettysburg, Pennsylvania

Christmas Wishes figurine, Lladro, Moonachie, New Jersey

Spine: *Sapelo Island, GA* lighthouse, Harbour Lights, El Cajon, California

Back: *Twilight Rumba* Gene doll, Ashton-Drake Galleries, Niles, Illinois

Harp Song plate, Donald Zolan Fine Art, Ridgefield, Connecticut

Two Turtle Doves blown-glass ornament, Christopher Radko, Elmsford,
New York

Table of Contents

4

Introduction

Welcome to the eighth edition of the *Collector's Mart Price Guide to Contemporary Collectibles and Limited Editions*.

We have a new look that we hope you like. We changed the way we present information on the items in this book, making it easier for you to find what you're looking for (see below for more details). We now also offer sidebars featuring interesting information, tips, thoughts, and ideas germane to collecting.

As we have done in the past, we've taken the information from our seventh edition, studied it, added to it, and updated it to create an incredible resource of more than 69,000 prices that covers the broad spectrum of contemporary collectibles and gifts.

Our goal for the *Price Guide to Contemporary Collectibles and Limited Editions* is a simple one: to provide a guide listing thousands of secondary market prices covering the gamut of contemporary collectibles including bells, cottages, dolls and plush, figurines, ornaments, plates, prints, and steins. The term "secondary market" may be confusing to collectors, but simply put, it is the market collectibles enter after they have left the original, primary point of retail sales. It exists because a buyer is searching for an item no longer available through regular retail distribution channels. Secondary market transactions are represented by sales between individual collectors as well as dealers who may or may not be involved with primary retail selling.

To arrive at what we consider a fair trend price—or the average price at which a collectible is currently trading hands—we employ a panel of collectibles experts as well as study Internet auctions; work with secondary market dealers and exchange specialists; monitor the manufacturers of contemporary collectibles; and listen to our readers, many of whom know as much about their collectible of choice as any expert.

The Internet has put a whole new spin on the secondary market. Never before has it played such a role in our hobby. Shopping online gives buyers and sellers wonderful opportunities to find each other, however, this also has resulted in volatile prices. Toy collector Ken McClellan, in a column on Pock-It.com, advises, "Don't be discouraged by dropping secondary market values. Rejoice in them and buy the pieces you love. Buy low, sell high."

Please keep in mind this book is simply a guide to be used in conjunction with every other bit of information you may be able to obtain to determine a realistic value for your collectible. In the end, enthusiasts like you, who actually purchase collectibles on the secondary market, determine the values of those collectibles.

NEW FORMAT

We've revamped the arrangement of information to make it easier to find the collectibles that interest you.

The book is divided into categories relevant to the items you collect: bells, cottages, dolls and plush, figurines, ornaments, plates, prints, and steins. An introduction precedes each section and summarizes many of the trends occurring in today's marketplace.

Items within the listings are arranged alphabetically, first by company name and then by series name, which now appears on the left-hand side of the page. Listings are then arranged alphabetically by the title of the piece. The "year issued" column of information now follows the title column.

Boxes preceding each listing make it simple to check the items you have in or want to add to your collection.

We've also added category tabs on the sides of each page to make locating your collecting area as straightforward as possible. These new tabs, combined with the identification folios at the top of each page, make maneuvering through the book quick and easy. Two indexes at the back of the book help you locate items for which you may not have the necessary information.

OUR APPRECIATION

Special thanks go to the distinguished group of secondary market specialists and collectibles experts who helped us with this edition. Within their respective fields, these experts have provided us with prices and trends, filled in missing information and prepared overviews of the various categories. Those individuals are:

• Caroline Adams of Iola, Wis. Expert on Charming Tails.

• Ken Armke and Jean Jackson of OHI Exchange, New Braunfels, Texas. Experts on Anheuser-Busch steins, David Winter Cottages, Department 56, Lilliput Lane, and Harbour Lights.

• Jay Brown of Gallery One, Mentor, Ohio. Expert on prints, especially those released by The Greenwich Workshop and Mill Pond Press.

• Susan K. Elliott of Dallas. Expert on plates and plate history.

• Dean Genth of Miller's Hallmark Gold Crown stores, Eaton, Fairborn, Xenia and Cincinnati, Ohio. Expert on M.I. Hummel, Swarovski Silver Crystal, and Precious Moments.

• Lana and Rich Gernady of The Cat's Meow Gifts, Glenview, Ill. Experts on Beanie Babies and Charming Tails.

• Sherry Greener of Greener Collectibles, Winters, Calif. Expert and certified appraiser of David Winter Cottages.

• Betty Hodges of Mission, Kan. Expert on dolls.

• June McGowan of Department 56 Retirees, Lake Havasu City, Ariz. Secondary market dealer and expert on Department 56.

• Don Newton of The Willows, Elk Grove, Calif. Expert on prints by Thomas Kinkade, Dennis Patrick Lewan, and Jack Terry.

• Matthew Rothman of Lighthouse Trading Co., Limerick, Pa. Expert on Harbour Lights, Cheryl Spencer Collin, and Geo. Zoltan Lefton Co. lighthouses, Lefton Colonial Village, Forma Vitrum, and Harmony Kingdom.

• Charlotte M. Rush of Tyler, Texas. Expert on Lowell Davis figurines.

• Joe Schulte of Gift Music Book & Collectibles, Chicago Heights, Ill. Expert on Hamilton Collection plates.

• Marshall Rubins of Glorious Treasures, Brooklyn, N.Y. Dealer and expert on a variety of plates, dolls, figurines, and ornaments.

• Clara Johnson Scroggins of Tampa, Fla. Expert on ornaments.

• Jean Ann and Mark Sovereign, Neosho, Mo. Secondary market specialists on The Boyds Collection Ltd.

• Sissy Thomas of Rowlett, Texas. Expert on Byers' Choice.

• Zita Thornton of Hertfordshire, England. Secondary market researcher on Hallmark Keepsake Ornaments, Royal Doulton, PenDelfin, Walt Disney Classics Collection, and Department 56.

• Peggy Whiteneck of East Randolph, Vt. Expert on Lladró.

We also thank those of you who wrote or called with information and suggestions.

—Mary L. Sieber

• • •

Even with all the information we've gleaned through our market experts and by studying auction reports, exchange service publications, and the Internet, we constantly strive for more accurate prices. That's where you can help. If you have information you feel will benefit this book, please send it our way so we may update our records. Send information to:

Collector's Mart Price Guide to Contemporary Collectibles and Limited Editions

700 E. State St.

Iola, WI 54990-0001

Attn. Mary Sieber

How to Use This Price Guide

Information used in this price guide was obtained from various manufacturers, publishers, producers, retailers and other secondary market sources.

Because secondary market prices can vary from region to region—and even within a given locale—values listed in this price guide are just that: *guides* to help collectors, insurance agents, appraisers, and others determine the "going" or "asking" price. These values reflect the most often asked-for or sold-for prices. This guide is not published to determine exact pricing information on collectibles and should not be taken as such.

NAME	YR	LIMIT	ISSUE	TREND
① SCHMID				③
② L. DAVIS FARM SET				LOWELL DAVIS
MAIN HOUSE	85	CL	42.50	125.00
④	⑤	⑥	⑦	⑧

How to Read the Price Guide

① Manufacturer or publisher

②Series

③Artist

④Name of piece

⑤Year of production or publication

⑥ Edition size orstatus of piece

⑦ Issue price

⑧ Trend price at time of this publication

These abbreviations will be used to indicate edition size or status of a piece:

CL = Closed

FD = Firing days
(limited to a certain number of firing days)

OP = Open

RT = Retired

SO = Sold out

ST = Set
(two or more items issued together with one price)

SU = Suspended

TL = Time limited

UD = Undisclosed

YR = Year of issue
(limited to calendar year of issue)

DS = Discontinued

* = Unknown

N/A = Not available

TW = Temporarily withdrawn

Collectibles are listed alphabetically by category (bells, cottages, dolls, etc.); alphabetically by company (Anri, Cybis, etc.); alphabetically by series name; and alphabetically by title.

Note: Price ranges may reflect various demands in the market from one geographic location to another; the condition of the collectible; specific markings found on the piece; and/or changes that occurred while the piece was in production.

Bells

Bells ring in the hearts of collectors everywhere. At once utilitarian and extravagant, common and rare, quiet and bold, they call guests to dinner with a musical tinkle or summon admirers without making a sound.

Though bells add a note of joy to any day, they are most often associated with the holidays. Ringing in cheer to melt Scrooge's heart, bells resonate in everyone's favorite Christmas memories. Carols about silver bells and jingle bells make the Yuletide bright, and who could forget little Zuzu in *It's a Wonderful Life* telling her father, George Bailey, that "every time a bell rings, an angel gets his wings."

Bell connoisseurs know all about the power of bells because anytime they ring, their hearts take wing.

Bells—one of the very oldest forms of art—hearken back centuries to ancient civilizations long gone. They are steeped in mystery, surrounded by legends of special powers ranging from thwarting demons to invoking curses and lifting spells.

In general, bells were most often used as a signal, marking significant points of ritual, calling to worship, tolling the hours, announcing events and helping communities to rejoice, mourn or send warning. Their power was at one time extremely significant to many religions. Bells have also been treasured as patriotic symbols and war trophies. Most cultures today have turned these utilitarian objects into works of art with respect to shape, materials and ornamentation. Created of porcelain, wood, metal, china, crystal and other materials, the melodious chimers are a double joy for collectors because they are both lovely to listen to and look at.

The hobby of collecting limited edition bells rocketed to its zenith in the 1970s, especially during the United States' Bicentennial when a multitude of special bells were produced to commemorate the historic occasion. Unfortunately, the bell market became saturated, and as a result the hobby settled into a quieter pastime.

Today some special Bicentennial bells, as well as Lladró porcelain bells, Waterford crystal bells, Bing & Grondahl bells and Fenton Art Glass bells remain popular and do well on the secondary market. Bells produced by Pairpoint still rank high on collectors' lists as well. Other current producers of bells include Swarovski, Reed & Barton, Enesco Group Inc., NYCO International and G. DeBrekht Artistic Studios/Russian Art and Jewelry Center.

NAME	YEAR	LIMIT	ISSUE	TREND

BELLS

ANRI
ANRI WOODEN CHRISTMAS BELLS
J. FERRANDIZ

NAME	YEAR	LIMIT	ISSUE	TREND
❑ BEHOLD	1983	YR	18.00	19.00
❑ CARING	1982	YR	18.00	19.00
❑ CHRISTMAS	1976	YR	6.00	52.00
❑ CHRISTMAS	1977	YR	7.00	42.00
❑ CHRISTMAS	1978	YR	10.00	42.00
❑ CHRISTMAS	1979	YR	13.00	30.00
❑ CHRISTMAS KING, THE	1980	YR	18.00	18.00
❑ LIGHTING THE WAY	1981	YR	18.00	20.00
❑ NATURE'S DREAM	1985	YR	18.00	20.00

JUAN FERRANDIZ MUSICAL CHRISTMAS BELLS
J. FERRANDIZ

NAME	YEAR	LIMIT	ISSUE	TREND
❑ CHRISTMAS	1976	YR	25.00	82.00
❑ CHRISTMAS	1977	YR	25.00	82.00
❑ CHRISTMAS	1978	YR	35.00	77.00
❑ CHRISTMAS	1979	YR	48.00	62.00
❑ COMPANIONS	1983	YR	63.00	65.00
❑ GOOD SHEPHERD BOY, THE	1981	YR	63.00	65.00
❑ LITTLE DRUMMER BOY	1980	YR	60.00	65.00
❑ SPREADING THE WORD	1982	YR	63.00	65.00
❑ WITH LOVE	1984	YR	55.00	57.00

ARTAFFECTS
BELLS
R. SAUBER

NAME	YEAR	LIMIT	ISSUE	TREND
❑ MOTHERHOOD BELL	1987	*	25.00	26.00
❑ NEWBORN BELL	1987	*	25.00	26.00
❑ SWEET SIXTEEN BELL	1987	*	25.00	26.00
❑ WEDDING BELL, THE (GOLD)	1987	*	25.00	26.00
❑ WEDDING BELL, THE (SILVER)	1987	*	25.00	26.00
❑ WEDDING BELL, THE (WHITE)	1987	*	25.00	26.00

BRIDE BELLES FIGURINE BELLS
R. SAUBER

NAME	YEAR	LIMIT	ISSUE	TREND
❑ CAROLINE	1988	*	28.00	28.00
❑ ELIZABETH	1988	*	28.00	28.00
❑ EMILY	1988	*	28.00	28.00
❑ GROOM	1988	*	28.00	28.00
❑ JACQUELINE	1988	*	28.00	28.00
❑ LAURA	1988	*	28.00	28.00
❑ MEREDITH	1988	*	28.00	28.00
❑ REBECCA	1988	*	28.00	28.00
❑ SARAH	1988	*	28.00	28.00

INDIAN BRAVE ANNUAL BELL
G. PERILLO

NAME	YEAR	LIMIT	ISSUE	TREND
❑ CHRISTMAS POW-WOW	1989	YR	24.00	33.00
❑ INDIAN BRAVE	1990	YR	24.00	25.00
❑ INDIAN BRAVE	1991	YR	24.00	25.00

INDIAN PRINCESS ANNUAL BELL
G. PERILLO

NAME	YEAR	LIMIT	ISSUE	TREND
❑ INDIAN PRINCESS	1990	YR	24.00	25.00
❑ LITTLE PRINCESS, THE	1989	YR	24.00	31.00

ARTISTS OF THE WORLD
DEGRAZIA BELLS
T. DEGRAZIA

NAME	YEAR	LIMIT	ISSUE	TREND
❑ FESTIVAL OF LIGHTS	1980	5000	40.00	90.00
❑ LOS NINOS	1980	7500	40.00	90.00

BING & GRONDAHL
ANNUAL CHRISTMAS BELL
E. JENSEN

NAME	YEAR	LIMIT	ISSUE	TREND
❑ CHANGING OF THE GUARDS	1990	YR	55.00	56.00
❑ CHRISTMAS ANCHORAGE	1989	YR	52.00	53.00
❑ CHRISTMAS EVE AT THE FARMHOUSE	1985	YR	45.00	46.00
❑ CHRISTMAS IN THE OLD TOWN	1983	YR	45.00	46.00
❑ CHRISTMAS LETTER, THE	1984	YR	45.00	46.00
❑ COPENHAGEN STOCK EXCHANGE AT XMAS, THE	1991	YR	60.00	60.00
❑ OLD POET'S CHRISTMAS, THE	1988	YR	50.00	50.00
❑ SILENT NIGHT, HOLY NIGHT	1986	YR	45.00	46.00
❑ SNOWMAN'S CHRISTMAS EVE, THE	1987	YR	48.00	48.00

ANNUAL CHRISTMAS BELL
J. NIELSEN

NAME	YEAR	LIMIT	ISSUE	TREND
❑ CHRISTMAS	1998	YR	65.00	65.00

ANNUAL CHRISTMAS BELL
J. STEENSEN

NAME	YEAR	LIMIT	ISSUE	TREND
❑ CHRISTMAS AT THE RECTORY	1992	YR	62.00	63.00
❑ FATHER CHRISTMAS IN COPENHAGEN	1993	YR	62.00	63.00

ANNUAL CHRISTMAS BELL
H. THELANDER

NAME	YEAR	LIMIT	ISSUE	TREND
❑ CHRISTMAS IN THE WOODS	1980	YR	40.00	40.00
❑ CHRISTMAS PEACE	1981	YR	42.00	43.00
❑ CHRISTMAS TREE, THE	1982	YR	45.00	46.00

CHRISTMAS IN AMERICA BELL
J. WOODSON

NAME	YEAR	LIMIT	ISSUE	TREND
❑ CHRISTMAS EVE AT THE CAPITOL	1990	YR	30.00	31.00
❑ CHRISTMAS EVE AT THE WHITE HOUSE	1989	YR	29.00	77.00
❑ CHRISTMAS EVE IN WILLIAMSBURG	1988	YR	28.00	105.00
❑ CHRISTMAS IN SAN FRANCISCO	1992	YR	38.00	38.00
❑ COMING HOME FOR CHRISTMAS	1993	YR	38.00	38.00
❑ INDEPENDENCE HALL	1991	YR	35.00	36.00

BRADFORD EDITIONS
HEAVEN'S LITTLE HELPERS BELL COLLECTION
*

NAME	YEAR	LIMIT	ISSUE	TREND
❑ BUNCH OF LOVE	1997	120-DAY	20.00	20.00

NAME	YEAR	LIMIT	ISSUE	TREND
C.U.I./CAROLINA COLLECTION				
STERLING CLASSIC				**J. HARRIS**
❏ BARN OWL	1991	RT	100.00	103.00
❏ CAMBERWELL BEAUTY	1991	RT	100.00	103.00
❏ CLOUDED YELLOW	1991	RT	100.00	103.00
❏ KINGFISHER	1991	RT	100.00	103.00
❏ LARGE BLUE	1991	RT	100.00	100.00
❏ MOUSE	1991	RT	100.00	100.00
❏ PEACOCK	1991	RT	100.00	100.00
❏ SMALL TORTOISESHELL	1991	RT	100.00	100.00
❏ SWALLOWTAIL	1991	RT	100.00	100.00
CAST ART				
DREAMSICLES				**K. HAYNES**
❏ FINISHING TOUCHES	1995	RT	*	20.00
❏ SANTA IN DREAMSICLE LAND	1996	RT	*	20.00
❏ STAR OF WONDER	1997	RT	*	20.00
CROWN & ROSE				
12 DAYS OF CHRISTMAS				**J. BERGDAHL**
❏ FIVE GOLDEN RINGS	1982	7500	75.00	80.00
❏ SEVEN SWANS A' SWIMMING	1984	7500	78.00	80.00
❏ SIX GEESE A' LAYING	1983	7500	75.00	80.00
12 DAYS OF CHRISTMAS				**M. DINKEL**
❏ PARTRIDGE IN A PEAR TREE	1978	7500	50.00	300.00
❏ THREE FRENCH HENS	1980	7500	60.00	85.00
❏ TWO TURTLEDOVES	1979	7500	55.00	80.00
12 DAYS OF CHRISTMAS				**J. SPOUSE**
❏ FOUR CALLING BIRDS	1981	7500	70.00	80.00
DANBURY MINT				
THE NORMAN ROCKWELL COMMEMORATIVE BELL				**ROCKWELL INSPIRED**
❏ TRIPLE SELF-PORTRAIT	1979	*	30.00	35.00
THE WONDERFUL WORLD OF NORMAN ROCKWELL				**ROCKWELL INSPIRED**
❏ BABY-SITTER	1979	*	28.00	30.00
❏ BACK TO SCHOOL	1979	*	28.00	30.00
❏ BATTER UP	1979	*	28.00	30.00
❏ FRIEND IN NEED	1979	*	28.00	30.00
❏ GRAMPS AT THE REINS	1979	*	28.00	30.00
❏ GRANDPA'S GIRL	1979	*	28.00	30.00
❏ LEAPFROG	1979	*	00.00	30.00
❏ PUPPY IN THE POCKET	1979	*	28.00	30.00
VARIOUS				**ROCKWELL INSPIRED**
❏ DISCOVERY, THE	1976	*	28.00	45.00
❏ DOCTOR AND DOLL	1975	*	28.00	55.00
❏ FREEDOM FROM WANT	1976	*	28.00	45.00
❏ GRANDPA SNOWMAN	1976	*	28.00	45.00
❏ KNUCKLES DOWN	1977	*	28.00	40.00
❏ NO SWIMMING	1976	*	28.00	45.00
❏ PUPPY LOVE	1977	*	28.00	40.00
❏ REMEDY, THE	1977	*	28.00	40.00
❏ RUNAWAY, THE	1977	*	28.00	40.00
❏ SANTA'S MAIL	1977	*	28.00	40.00
❏ SAYING GRACE	1976	*	28.00	45.00
❏ TOM SAWYER	1977	*	28.00	40.00
DAVE GROSSMAN CREATIONS				
NORMAN ROCKWELL COLLECTION				**ROCKWELL INSPIRED**
❏ BEN FRANKLIN (BICENTENNIAL)	1976	RT	12.00	27.00
❏ DRUM FOR TOMMY NRB-76	1976	RT	12.00	32.00
❏ FACES OF CHRISTMAS NRB-75	1975	RT	12.00	37.00
❏ LEAPFROG NRB-90	1980	RT	50.00	58.00
DEPARTMENT 56				
HERITAGE VILLAGE				*
❏ CHRISTMAS BELLS	1996	YR	35.00	35.00
ENESCO CORP.				
BELSNICKLES				**L. LINDQUIST BALDWIN**
❏ BELSNICKLE SANTA FACE BELL	2002	YR	18.00	18.00
CHERISHED TEDDIES CHRISTMAS				**P. HILLMAN**
❏ ANGEL BEAR	1992	*	20.00	65.00
FROM BARBIE WITH LOVE				*
❏ HERE COMES THE BRIDE FI BELL 174734	1996	YR	40.00	40.00
❏ SWIRLED BELL W/HEART HANDLE 162272	1996	*	12.00	13.00
KINKA BELLS				**KINKA**
❏ CHRISTMAS IS A TIME OF LOVE 119962	1990	YR	25.00	25.00
❏ EASTER...FILLED W/HOPE & BLESSINGS 116610	1989	*	22.00	23.00
❏ LIFE IS ONE JOYOUS STEP/ANOTHER 121320	1991	YR	22.00	23.00
❏ MAY THE GLOW OF GOD'S LOVE 120596	1991	YR	22.00	23.00
❏ YOUR LOVE IS SPECIAL TO ME 116580	1989	*	22.00	23.00
MEMORIES OF YESTERDAY				**M. ATTWELL**
❏ HERE COMES BRIDE/GOD BLESS HER 523100	1990	*	25.00	26.00
PRECIOUS MOMENTS ANNUAL BELLS				**S. BUTCHER**
❏ BUT THE GREATEST OF THESE/LOVE 527726	1992	YR	25.00	30.00
❏ GOD SENT HIS LOVE 15873	1985	YR	19.00	40.00
❏ I'LL PLAY MY DRUM FOR HIM E-2358	1982	YR	17.00	55.00
❏ LET THE HEAVENS REJOICE E-5622	1980	YR	17.00	175.00

NAME	YEAR	LIMIT	ISSUE	TREND
❑ LOVE IS THE BEST GIFT OF ALL 109835	1986	YR	22.00	35.00
❑ MAY YOUR CHRISTMAS BE MERRY 524182	1990	YR	25.00	35.00
❑ OH HOLY NIGHT 522821	1988	YR	25.00	40.00
❑ ONCE UPON A HOLY NIGHT 523828	1989	YR	25.00	35.00
❑ SURROUNDED WITH JOY E-0522	1983	YR	18.00	65.00
❑ TIME TO WISH/MERRY CHRISTMAS 115304	1988	YR	25.00	40.00
❑ WISHING YOU A COZY CHRISTMAS 102318	1985	YR	20.00	40.00
❑ WISHING YOU A MERRY CHRISTMAS E-5393	1984	YR	19.00	50.00

PRECIOUS MOMENTS COLLECTION   **S. BUTCHER**

NAME	YEAR	LIMIT	ISSUE	TREND
❑ WISHING YOU/SWEETEST CHRISTMAS 530174	1992	YR	25.00	32.00

PRECIOUS MOMENTS VARIOUS BELLS   **S. BUTCHER**

NAME	YEAR	LIMIT	ISSUE	TREND
❑ GOD UNDERSTANDS E-5211	1980	RT	17.00	40.00
❑ JESUS IS BORN E-5623	1980	SU	17.00	55.00
❑ JESUS LOVES ME E-5208	1980	SU	17.00	55.00
❑ JESUS LOVES ME E-5209	1980	SU	15.00	50.00
❑ LORD BLESS YOU AND KEEP YOU, THE E-7175	1981	SU	17.00	30.00
❑ LORD BLESS YOU AND KEEP YOU, THE E-7176	1981	SU	17.00	50.00
❑ LORD BLESS YOU AND KEEP YOU, THE E-7179	1982	SU	22.00	60.00
❑ MOTHER SEW DEAR E-7181	1981	SU	17.00	40.00
❑ PRAYER CHANGES THINGS E-5210	1980	SU	18.00	55.00
❑ PURR-FECT GRANDMA, THE E-7183	1981	SU	17.00	35.00
❑ WE HAVE SEEN HIS STAR E-5620	1980	SU	17.00	40.00

SNOWSNICKLES   **L. LINDQUIST BALDWIN**

NAME	YEAR	LIMIT	ISSUE	TREND
❑ SNOWSNICKLE GIRL WITH UMBRELLA	2002	YR	18.00	18.00

FENTON ART GLASS

*

NAME	YEAR	LIMIT	ISSUE	TREND
❑ BELL 1760CL PETITE CLOWN	1985	*	*	28.00
❑ BELL 1760CX PETITE CHILDHOOD	1989	5000	*	20.00
❑ BELL 1760F4 MINI	1985	*	*	25.00
❑ BELL 1760FA	1984	*	*	35.00
❑ BELL 1760HQ PETITE HOBBYHORSE	1985	*	*	28.00
❑ BELL 1760HW	1986	*	*	24.00
❑ BELL 1760PN PETITE CHILDHOOD	1987	*	*	25.00
❑ BELL 1760RD PETITE	1988	*	*	18.00
❑ BELL 1760TE PETITE TEDDY	1983	*	*	25.00
❑ BELL 1760WC WINTER CHAPEL	1983	*	*	35.00
❑ BELL 1773RK	1984	*	*	25.00
❑ BELL 3067MI HOBNAIL	1987	*	*	15.00
❑ BELL 3645PO	1984	*	*	100.00
❑ BELL 6665UO 7-1/2"	1986	*	*	28.00
❑ BELL 6761ES PAISLEY 7"	1990	*	*	36.00
❑ BELL 7562VB STAR	1981	*	*	55.00
❑ BELL 7563VY STAR CRIMPED	1981	*	*	55.00
❑ BELL 7564 SCHALLER, IA	1983	*	*	48.00
❑ BELL 7564BA	1982	*	*	22.00
❑ BELL 7564BD BLUE DOGWOOD ON CAMEO SET	1980	*	*	30.00
❑ BELL 7564F8	1985	*	*	25.00
❑ BELL 7564FD WILDFLOWERS	1983	*	*	30.00
❑ BELL 7564FN MOTHER'S DAY	1981	*	*	30.00
❑ BELL 7564IN IRIS	1982	*	*	35.00
❑ BELL 7564JA JADE	1980	*	*	35.00
❑ BELL 7564KP	1982	*	*	35.00
❑ BELL 7564NA MOTHER'S DAY	1982	*	*	35.00
❑ BELL 7564PM PRECIOUS PANDA	1984	*	*	25.00
❑ BELL 7564RQ MOTHER'S DAY	1983	*	*	30.00
❑ BELL 7564SS	1981	*	*	30.00
❑ BELL 7564TT	1983	*	*	30.00
❑ BELL 7564VI	1982	*	*	35.00
❑ BELL 7564XA BUDWEISER CLYDESDALES	1983	*	*	95.00
❑ BELL 7662AF PETITE	1990	*	*	19.00
❑ BELL 7662EW PETITE 4-1/2"	1986	*	*	22.00
❑ BELL 7662FH PETITE	1990	*	*	22.00
❑ BELL 7662FS PETITE	1987	*	*	25.00
❑ BELL 7662HL PETITE	1988	*	*	18.00
❑ BELL 7662VC PETITE	1988	*	*	18.00
❑ BELL 7662WQ PETITE 4-1/2"	1986	*	*	22.00
❑ BELL 7668 BEE-BALM 6-1/2"	1988	*	*	25.00
❑ BELL 7668 COLUMBINE 6-1/2"	1988	*	*	25.00
❑ BELL 7668 JACOB'S LADDER 6-1/2"	1988	*	*	32.00
❑ BELL 7668 LILAC MARIPOSA 6-1/2"	1988	*	*	32.00
❑ BELL 7668 PASTURE THIMBLE 6-1/2"	1908	*	*	28.00
❑ BELL 7668 RED CLOVER 6-1/2"	1988	*	*	28.00
❑ BELL 7668BD BIRDS OF WINTER 6-1/2"	1988	*	*	38.00
❑ BELL 7668EW 6-1/2"	1986	*	*	35.00
❑ BELL 7668FS 6-1/2"	1987	*	*	30.00
❑ BELL 7668K2 SUMMER FUN 6-1/2"	1985	*	*	35.00
❑ BELL 7668K3 BACK TO SCHOOL 6-1/2"	1985	*	*	35.00
❑ BELL 7668K4 WINTER WONDER 6-1/2"	1985	*	*	35.00
❑ BELL 7668K5 THANKSGIVING 6-1/2"	1985	*	*	35.00
❑ BELL 7668K6 XMAS CHEER 6-1/2"	1985	*	*	35.00
❑ BELL 7668LT 6-1/2" CHRISTMAS MORN	*	*	*	32.00
❑ BELL 7668SN MOTHER'S DAY 6-1/2"	1990	*	*	45.00
❑ BELL 7668VC 6-1/2"	1988	*	*	30.00
❑ BELL 7669ML MUSICAL	1988	*	*	45.00
❑ BELL 7669VZ MUSICAL XMAS	1988	*	*	45.00
❑ BELL 7673SM SNOWMAN	1985	*	*	47.00
❑ BELL 7674SM SNOWMAN	1985	*	*	30.00
❑ BELL 8265BO LILY OF VALLEY	1981	*	*	32.00

BELLS

NAME	YEAR	LIMIT	ISSUE	TREND
❏ BELL 8267MP MEDALLION	1989	*	*	29.00
❏ BELL 8361NK BARRED OWL	1986	*	*	35.00
❏ BELL 8466DK FABERGE	1986	*	*	35.00
❏ BELL 9066BR WHITTON	1986	*	*	50.00
❏ BELL 9266ES BOW & DRAPE 4-1/2"	1990	*	*	22.00
❏ BELL 9266LX BOW & DRAPE 4-1/2"	1990	*	*	17.00
❏ BELL 9266SR BOW & DRAPE 4-1/2"	1990	*	*	15.00
❏ BELL 9266TL BOW & DRAPE 4-1/2"	1990	*	*	22.00
❏ BELL 9268TL BOW & DRAPE 6"	1990	*	*	30.00
❏ BELL 9462BD BASKETWEAVE	1980	*	*	32.00
❏ BELL 9462CD BASKETWEAVE	1981	*	*	30.00
❏ BELL 9462DR BASKETWEAVE	1981	*	*	30.00
❏ BELL 9462FH BASKETWEAVE	1990	*	*	30.00
❏ BELL 9462SF	1981	*	*	30.00
❏ BELL 9463FL NATIVITY	1981	*	*	38.00
❏ BELL 9463FT NATIVITY	1981	*	*	38.00
❏ BELL 9463TB NATIVITY	1981	*	*	38.00
❏ BELL 9463TG NATIVITY	1981	*	*	35.00
❏ BELL 9463VE NATIVITY	1981	*	*	25.00
❏ BELL 9560LX TEMPLE	1990	*	*	38.00
❏ BELL 9560RE TEMPLE	1990	*	*	45.00
❏ BELL 9560RN TEMPLE	1990	*	*	37.00
❏ BELL 9660FG CRAFTSMAN	1982	*	*	30.00
❏ BELL 9662VE GIRL	1984	*	*	25.00
❏ BELL 9662VP GIRL	1984	*	*	45.00
❏ BELL 9663NK GARDEN OF EDEN	1985	*	*	35.00
❏ BELL 9665OO BEAUTY	1987	*	*	18.00
❏ BELL 9665PW BEAUTY	1986	*	*	35.00
❏ BELL 9667CA AURORA	1987	*	*	18.00
❏ BELL 9667KT BLUE BIRD CC	1983	*	*	65.00
❏ BELL 9761OC CROSS HANDLE	1988	*	*	25.00
❏ BELL 9761VE CROSS	1989	*	*	20.00
❏ BELL 9763RU PETITE HEART	1989	*	*	18.00
❏ BELL C1773UQ MOTHER'S DAY	1989	*	*	25.00
❏ BELL C7562JQ CRESTED	1988	*	*	40.00
❏ BELL C7662EQ PETITE	1988	*	*	22.00
❏ BELL C7666KP COPPER ROSE	1990	*	*	42.00
❏ BELL C7667EQ	1988	*	*	40.00
❏ BELL C7668MN MOTHER'S DAY 6-1/2"	1990	*	*	38.00
❏ BELL C7668QC MUSICAL XMAS 6-1/2"	1988	*	*	45.00
❏ BELL C7000UW THANKSGIVING 6-1/2"	1990	*	*	38.00
❏ BELL C7668VD VALENTINE'S DAY 6-1/2"	1990	*	*	45.00
❏ BELL C7668XA XMAS BLUE BORDER 6-1/2"	1990	*	*	40.00
❏ BELL C7668XA XMAS GREEN BORDER 6-1/2"	1990	*	*	40.00
❏ BELL C7000XA XMAS ROSES & PINE 6-1/2"	1990	*	*	40.00
❏ BELL C9268ET EASTER	1990	*	*	45.00
❏ BELL C9560GZ TEMPLE	1990	*	*	40.00
❏ BELL EDWARD MUHLEMAN/GOOD LUCK	1988	*	*	50.00
❏ BELL G1665HG	1983	*	*	24.00
❏ BELL HARRY NORTHWOOD/GOOD LUCK	1985	*	*	65.00
❏ BELL V1760FX PETITE 4-1/2"	1986	*	*	18.00
❏ BELL V1774FX OVAL 6-1/2"	1986	*	*	28.00
❏ BELL V1774V3 BARNYARD PIGS	1985	*	*	24.00
❏ BELL V1774V4 BARNYARD LAMP	1985	*	*	24.00
❏ BELL V1774V5 BARNYARD GOOSE	1985	*	*	24.00
PETITE ARTIST SERIES				*
❏ BELL 1760AC	1989	5000	*	22.00
❏ BELL 1760SF	1987	*	*	20.00
90TH ANNIVERSARY				*
❏ BELL 9667JE 7"	1995	OP	35.00	38.00
BIRDS OF WINTER ED. I				D. JOHNSON
❏ BELL 7668BC 6-1/2"	1987	4500	30.00	40.00
BIRDS OF WINTER ED. II				D. JOHNSON
❏ BELL 7667BD 6-1/2"	1988	4500	30.00	45.00
BIRDS OF WINTER ED. III				D. JOHNSON
❏ BELL 7667BL 6-1/2"	1990	4500	30.00	40.00
BIRDS OF WINTER ED. IV				D. JOHNSON
❏ BELL 7667NB 6-1/2" A BLUEBIRD IN SNOWFALL	1990	4500	30.00	45.00
CHRISTMAS AT HOME ED. I				F. BURTON
❏ BELL 7668HD 6-1/2"	1990	3500	39.00	65.00
CHRISTMAS AT HOME ED. II				F. BURTON
❏ BELL 7668HJ 6-1/2"	1991	3500	35.00	60.00
CHRISTMAS AT HOME ED. III				F. BURTON
❏ BELL 7668HQ 6-1/2"	1992	3500	39.00	49.00
CHRISTMAS AT HOME ED. IV				F. BURTON
❏ BELL 7668HT	1993	3500	40.00	45.00
CHRISTMAS CLASSICS ED. I				M. DICKINSON
❏ BELL 7466CV CHRISTMAS MORN	1978	*	25.00	45.00
CHRISTMAS CLASSICS ED. II				K. CUNNINGHAM
❏ BELL 7466NC NATURE'S CHRISTMAS	1979	*	30.00	40.00
CHRISTMAS CLASSICS ED. III				D. JOHNSON
❏ BELL 7466GH 6-1/2" GOING HOME	1980	*	32.00	50.00
CHRISTMAS CLASSICS ED. IV				D. JOHNSON
❏ BELL 7466AC 6-1/2"	1981	*	35.00	35.00
CHRISTMAS CLASSICS ED. V				R. SPINDLER
❏ BELL 7466OC 6-1/2"	1982	*	35.00	35.00

NAME	YEAR	LIMIT	ISSUE	TREND
CHRISTMAS FANTASY ED. I				**D. JOHNSON**
❑ BELL 7667AI 6-1/2"	1983	7500	35.00	40.00
CHRISTMAS FANTASY ED. II				**D. JOHNSON**
❑ BELL 7667GE 6-1/2"	1984	7500	38.00	38.00
CHRISTMAS FANTASY ED. III				**D. JOHNSON**
❑ BELL 7667WP 6-1/2"	1985	7500	38.00	65.00
CHRISTMAS FANTASY ED. IV				**L. EVERSON**
❑ BELL 7667CV 6-1/2"	1987	CL	38.00	38.00
CHRISTMAS LIMITED EDITIONS				**L. PIPER**
❑ BELL 7667XS 6"	1986	5000	35.00	65.00
CHRISTMAS LIMITED EDITIONS				**M. REYNOLDS**
❑ BELL 2967AC 6-1/2"	1996	2000	40.00	40.00
❑ BELL 2967TH BOW & HOLLY ON IVORY 6-1/2"	1995	900	40.00	40.00
❑ BELL 5144AV 6"	1996	2000	40.00	40.00
❑ BELL 6662CH HOLLY BERRIES ON GOLD IRID. 6-1/2"	1996	1500	40.00	40.00
❑ BELL 7463SD MANGER SCENE ON RUBY 6-1/2"	1993	2500	40.00	40.00
❑ BELL 7463TP CHICKADEE ON GOLD 6-1/2"	1995	900	40.00	40.00
❑ BELL 7463TV REINDEER ON BLUE 6-1/2"	1993	2500	30.00	30.00
❑ BELL 7463VG MAGNOLIA ON GOLD 6-1/2"	1994	1000	35.00	35.00
❑ BELL 7463VP ANGEL ON IVORY 6-1/2"	1994	1000	39.00	40.00
❑ BELL 7463ZW WINTER ON TWILIGHT BLUE 6-1/2"	1992	2500	30.00	40.00
❑ BELL 7465GQ FLORAL ON GRN/MUSICAL 6-1/2"	1993	2500	40.00	45.00
❑ BELL 7465VK PARTRIDGE ON RUBY-MTNS. 6-1/2"	1994	1000	48.00	49.00
❑ BELL 7667TQ ICED POINSETTIA ON RUBY 5-1/2"	1995	900	45.00	45.00
❑ BELL 7668QP PARTRIDGE ON SPRUCE 6-1/2"	1996	1500	35.00	35.00
CHRISTMAS LIMITED EDITIONS				**R. SPINDLER**
❑ BELL 7768QV MOONLIT ON RUBY 6-1/2"	1996	1500	45.00	45.00
❑ BELL 9463N7 NATIVITY SCENE 6-1/2"	1996	1500	49.00	48.00
CHRISTMAS STAR "OUR HOME IS BLESSED"				**F. BURTON**
❑ BELL 7668VT 6-1/2"	1995	2500	45.00	45.00
CHRISTMAS STAR "SILENT NIGHT"				**F. BURTON**
❑ BELL 7463VS 6"	1994	2500	45.00	45.00
CHRISTMAS STAR ED. III				**F. BURTON**
❑ BELL 7463SN 6-1/2"	1996	2500	48.00	60.00
CLYDESDALE				*
❑ BELL 7564XA	1983		9.00	95.00
CONNOISSEUR COLLECTION				*
❑ BELL 9163UR	1984	3500	25.00	55.00
❑ BELL 9660WI CRAFTSMEN	1983	3500	25.00	65.00
CONNOISSEUR COLLECTION				**D. BARBOUR**
❑ BELL 7666SB SHELLS	1986	2500	60.00	125.00
CONNOISSEUR COLLECTION				**L. EVERSON**
❑ BELL 7562UF	1983	2000	50.00	95.00
❑ BELL 7666EB 6-1/2"	1985	2500*	55.00	100.00
❑ BELL 7666ZW 7"	1988	4000	45.00	85.00
❑ BELL 9667KT 7"	1989	3500	50.00	75.00
CONNOISSEUR COLLECTION				**M. REYNOLDS**
❑ BELL 6761UZ 7"	1991	2000	50.00	50.00
DESIGNER BELLS				**F. BURTON**
❑ BELL 1145EY 7" BUTTERFLY	1999	2500	75.00	75.00
❑ BELL 3279GN 6 1/2" HIBISCUS	1998	2500	59.00	59.00
❑ BELL 4568EB 6-1/2" GILDED BERRY	1996	2500	60.00	60.00
❑ BELL 7568IQ 6 1/2" ROSE COURT	2001	2500	65.00	65.00
❑ BELL 8267CF 7" FOREST COTTAGE	1997	2500	59.00	59.00
❑ LUSH GARDEN BELL 6"	2000	2500	75.00	75.00
DESIGNER BELLS				**K. PLAUCHE**
❑ BELL 1145QW 6" FAIRY ROSES	1998	2500	59.00	59.00
❑ BELL 4629AF 6 1/2" ROSES ON RIBBONS	1997	2500	59.00	59.00
❑ BELL 7562AG 7" DECO FUCHSIA	1999	2500	65.00	65.00
❑ BELL 7667HW 5-1/2" WILD ROSE	1996	2500	50.00	50.00
❑ BELL 9474IV 7" COTTON BERRY	2001	2500	65.00	65.00
❑ DOLPHIN FROLIC BELL 5 1/2"	2000	2500	65.00	65.00
DESIGNER BELLS				**M. REYNOLDS**
❑ BELL 1145GF 6" BUTTERFLIES	1997	2500	59.00	59.00
❑ BELL 2962YD 7" TOPAZ SWIRL	1998	2500	59.00	59.00
❑ BELL 4564IN 6" FLORAL MEDALLION	1996	2500	60.00	60.00
❑ BELL 7562IL 7" MIDNIGHT SAFARI	2001	2500	65.00	65.00
❑ BELL 7566HT 7" IRIDESCENCE	1999	2500	65.00	65.00
❑ VANITY SET 7199WB 4 PC	1996	1500	250.00	250.00
❑ VICTORIAN STRIPES BELL 6"	2000	2500	65.00	65.00
DESIGNER BELLS				**R. SPINDLER**
❑ BELL 1127IH 6" MORNING PEACE	2001	2500	75.00	75.00
❑ BELL 6662NI 6" GILDED DAISY	1999	2500	65.00	65.00
❑ BELL 7562PP 7" GARDENIA	1996	2500	55.00	55.00
❑ BELL 9667UJ 7" BLEEDING HEART	1998	2500	59.00	75.00
❑ BELL 9862BF 6 3/4" FEATHERS	1997	2500	59.00	59.00
❑ WATER LILIES BELL 6 1/2"	2000	2500	65.00	65.00
DESIGNER SERIES				**F. BURTON**
❑ BELL 7" FOREST COTTAGE 8267CF	1997	2500	59.00	59.00
DESIGNER SERIES				**K. PLAUCHE**
❑ BELL 6 1/2" ROSES ON RIBBONS 4629AF	1997	2500	59.00	59.00
DESIGNER SERIES				**M. REYNOLDS**
❑ BELL 6" BUTTERFLIES 1145GF	1997	2500	59.00	59.00
DESIGNER SERIES				**R. SPINDLER**
❑ BELL 6 3/4" FEATHERS 9862BF	1997	2500	59.00	59.00

NAME	YEAR	LIMIT	ISSUE	TREND
DOWN HOME				**FINN**
❏ BELL 7455FV	1983	1000	65.00	65.00
FAMILY SIGNATURE SERIES				**F. BURTON**
❏ DON FENTON ROYAL PURPLE BELL, 6 1/2"	1998	TL	99.00	99.00
HISTORIC COLLECTION				*
❏ BELL 3645RN 5 1/2"	1993	OP	25.00	30.00
❏ BELL 6 1/2" 9665TS	1997	*	25.00	25.00
HISTORIC COLLECTION-FLORAL INTERLUDE ON SEA GREEN SATIN				**M. REYNOLDS**
❏ BELL, 6-1/2" 7768GG	1998	TL	45.00	45.00
HISTORICAL COLLECTION				*
❏ BELL 3567XV 6"	1992	*	20.00	22.00
❏ BELL 3645RV 5-1/2"	1993	OP	18.00	25.00
❏ BELL 3645XC	1989	*	18.00	20.00
❏ BELL 8265BX 6" LILY OF THE VALLEY	1990	*	16.00	30.00
❏ BELL 9065DT 5-1/2"	1991	*	25.00	25.00
❏ BELL 9560BO TEMPLBELLS 6-3/4"	1991	*	18.00	22.00
❏ BELL 9667GF 7" AURORA	1992	*	29.00	35.00
❏ BELL 9667SS 7"	1994	OP	25.00	25.00
❏ BELL 9667ST 7"	1994	*	35.00	25.00
❏ BELL 9667ST AURORA 7"	1994	OP	25.00	25.00
LIGHTHOUSE POINT				**M. DICKINSON**
❏ BELL 7466LT	1983	1000	65.00	85.00
LOVES ME, LOVES ME NOT				*
❏ BELL, 6" 7463RY	1994	TL	49.00	55.00
MARY GREGORY				**M. REYNOLDS**
❏ BELL 7463RG 6-1/2"	1995	CL	49.00	55.00
❏ BELL 7463RQ RUBY 6"	1993	CL	49.00	49.00
❏ BELL 7463RY RUBY 6"	1994	CL	49.00	55.00
❏ MARY GREGORY SWAN LAKE BELL 6 1/2"	2000	2350	110.00	110.00
MOTHER'S DAY SERIES				*
❏ BELL 7564NB NEWBORN	1980	*	*	25.00
PETITE ARTIST				*
❏ BELL 1760TC	1982	*	*	18.00
SMOKE 'N CINDERS				**M. DICKINSON**
❏ BELL 7667TL DESIGNER	1984	1250	*	90.00
VALENTINE'S DAY				**M. REYNOLDS**
❏ BELL 7668XB 6"	1992	CL	35.00	35.00

GOEBEL INC.

NAME	YEAR	LIMIT	ISSUE	TREND
M.I. HUMMEL				**M.I. HUMMEL**
❏ LIGHT THE WAY	2000	*	70.00	70.00
M.I. HUMMEL ANNUAL BELLS				**M.I. HUMMEL**
❏ ANNIVERSARY BELL HUM-730	1985	CL	*	1750.00
❏ BUSY STUDENT HUM-710	1988	CL	120.00	150.00
❏ FAREWELL HUM-701	1979	CL	70.00	35.00
❏ FAVORITE PET HUM-713	1991	CL	150.00	150.00
❏ FESTIVAL HARMONY W/FLUTE	1995	CL	55.00	35.00
❏ IN TUNE HUM-703	1981	CL	85.00	50.00
❏ KNIT ONE HUM-705	1983	CL	90.00	75.00
❏ LATEST NEWS HUM-711	1989	CL	135.00	150.00
❏ LET'S SING HUM-700	1978	CL	50.00	50.00
❏ MOUNTAINEER HUM-706	1984	CL	90.00	75.00
❏ SHE LOVES ME HUM-704	1982	CL	85.00	75.00
❏ SING ALONG HUM-708	1986	CL	100.00	100.00
❏ SWEET SONG HUM-707	1985	CL	90.00	75.00
❏ THOUGHTFUL HUM-702	1980	CL	85.00	35.00
❏ WHAT'S NEW? HUM-712	1990	CL	140.00	150.00
❏ WHISTLER'S DUET HUM-714	1992	CL	160.00	150.00
❏ WITH LOVING GREETINGS HUM-709	1987	CL	110.00	150.00
M.I. HUMMEL CHRISTMAS BELLS				**M.I. HUMMEL**
❏ CHRISTMAS BELL HUM 782	1996	OP	65.00	35.00
❏ CHRISTMAS BELL HUM-775	1989	CL	35.00	40.00
❏ CHRISTMAS BELL HUM-776	1990	CL	38.00	40.00
❏ CHRISTMAS BELL HUM-777	1991	45	40.00	40.00
❏ CHRISTMAS BELL HUM-778	1992	CL	45.00	40.00
❏ CHRISTMAS BELL HUM-779	1993	CL	50.00	35.00
❏ CHRISTMAS BELL HUM-780	1993	CL	50.00	35.00
❏ CHRISTMAS BELL HUM-781	1994	OP	55.00	35.00
❏ ECHOES OF JOY HUM 784	1998	*	*	75.00
❏ JOYFUL NOISE HUM 785	1999	*	*	75.00

GORHAM

NAME	YEAR	LIMIT	ISSUE	TREND
CURRIER & IVES MINI BELLS				**CURRIER & IVES**
❏ AMERICAN HOMESTEAD	1977	YR	10.00	27.00
❏ CENTRAL PARK IN WINTER	1986	YR	18.00	18.00
❏ CHRISTMAS IN THE COUNTRY	1980	YR	15.00	21.00
❏ CHRISTMAS SLEIGH RIDE	1976	YR	10.00	38.00
❏ CHRISTMAS TREE	1981	YR	15.00	18.00
❏ CHRISTMAS VISITATION	1982	YR	16.00	18.00
❏ EARLY WINTER	1987	YR	19.00	20.00
❏ HITCHING UP	1984	YR	16.00	18.00
❏ SKATERS' HOLIDAY	1985	YR	18.00	18.00
❏ SLEIGH RIDE	1979	YR	15.00	20.00
❏ WINTER WONDERLAND	1983	YR	16.00	18.00
❏ YULE LOGS	1978	YR	13.00	21.00
MINI BELLS				**N. ROCKWELL**
❏ PLANNING CHRISTMAS VISIT	1982	YR	20.00	20.00

BELLS

NAME	YEAR	LIMIT	ISSUE	TREND
❏ TINY TIM	1981	YR	20.00	20.00

VARIOUS
N. ROCKWELL

NAME	YEAR	LIMIT	ISSUE	TREND
❏ ARTIST, THE	1987	5000	32.00	33.00
❏ BEGUILING BUTTERCUP	1979	YR	24.00	27.00
❏ BOY MEETS HIS DOG (CHRISTMAS)	1979	YR	24.00	32.00
❏ CHILLING CHORE (CHRISTMAS)	1977	YR	20.00	36.00
❏ CHILLY RECEPTION (CHRISTMAS)	1980	YR	28.00	28.00
❏ CHRISTMAS MEDLEY	1983	YR	30.00	30.00
❏ COAL SEASON'S COMING	1982	YR	30.00	30.00
❏ FLOWERS IN TENDER BLOOM	1976	YR	20.00	42.00
❏ FLYING HIGH	1980	YR	28.00	28.00
❏ FONDLY DO WE REMEMBER	1977	YR	20.00	58.00
❏ GAILY SHARING VINTAGE TIMES	1978	YR	22.00	23.00
❏ GAY BLADES (CHRISTMAS)	1978	YR	22.00	23.00
❏ HOME FOR THE HOLIDAYS	1986	5000	32.00	33.00
❏ HOMECOMING, THE	1988	15000	38.00	38.00
❏ MARRIAGE LICENSE	1984	OP	32.00	33.00
❏ MERRY CHRISTMAS GRANDMA	1987	5000	32.00	33.00
❏ MILKMAID, THE	1983	YR	30.00	30.00
❏ ON TOP OF THE WORLD	1986	5000	32.00	33.00
❏ SANTA'S HELPERS	1975	YR	20.00	32.00
❏ SKI SKILLS (CHRISTMAS)	1981	YR	28.00	28.00
❏ SNOW SCULPTURE	1976	YR	20.00	48.00
❏ SWEET SERENADE	1981	YR	28.00	28.00
❏ SWEET SONG SO YOUNG	1975	YR	20.00	52.00
❏ TAVERN SIGN PAINTER	1975	YR	20.00	32.00
❏ TINY TIM	1984	YR	30.00	30.00
❏ YARN SPINNER	1984	5000	32.00	33.00
❏ YOUNG LOVE	1984	YR	30.00	30.00
❏ YOUNG MAN'S FANCY	1982	YR	30.00	30.00
❏ YULETIDE REFLECTIONS	1985	5000	32.00	33.00

GREENWICH WORKSHOP
J. CHRISTENSEN

NAME	YEAR	LIMIT	ISSUE	TREND
❏ 1998 MRS. CLAUS BELL	1998	OP	59.00	59.00

HALLMARK
DICKENS CAROLER BELL
R. CHAD

NAME	YEAR	LIMIT	ISSUE	TREND
❏ LADY DAPHNE 4TH ED. 2175QX550-5	1993	YR	22.00	33.00
❏ LORD CHADWICK 3RD EDITION 2175QX455-4	1992	YR	22.00	38.00
❏ MR. ASHBOURNE 1ST ED. 2175QX505-6	1990	YR	22.00	38.00
❏ MRS. BEAUMONT 2175QX503-9	1991	YR	22.00	38.00

HAMILTON GIFTS
BELLS
M. HUMPHREY

NAME	YEAR	LIMIT	ISSUE	TREND
❏ HOLLIES 996095	1992	*	22.00	23.00
❏ SARAH 999385	1992	*	22.00	23.00
❏ SUSANNA 999377	1992	*	22.00	23.00

JAN HAGARA COLLECTABLES
VICTORIAN CHILDREN
J. HAGARA

NAME	YEAR	LIMIT	ISSUE	TREND
❏ BETSY	1986	TL	25.00	75.00
❏ HOLLY	1987	YR	35.00	40.00
❏ JENNY	1986	TL	25.00	75.00
❏ JILL	1986	YR	35.00	100.00
❏ JIMMY	1986	TL	25.00	75.00
❏ JODY	1986	TL	25.00	75.00
❏ LISA	1986	TL	25.00	75.00
❏ LYDIA	1986	TL	25.00	75.00
❏ MARIE	1988	YR	35.00	35.00

KAISER
KAISER CHRISTMAS BELLS
K. BAUER

NAME	YEAR	LIMIT	ISSUE	TREND
❏ SLEIGH RIDE AT CHRISTMAS	1980	15000	60.00	65.00
❏ SNOWMAN	1981	15000	60.00	65.00

KAISER CHRISTMAS BELLS
N. PETER

NAME	YEAR	LIMIT	ISSUE	TREND
❏ ESKIMO CHRISTMAS	1979	15000	60.00	65.00

KAISER CHRISTMAS BELLS
T. SCHOENER

NAME	YEAR	LIMIT	ISSUE	TREND
❏ NATIVITY, THE	1978	15000	60.00	65.00

KAISER TREE ORNAMENT BELLS
K. BAUER

NAME	YEAR	LIMIT	ISSUE	TREND
❏ CAROLERS, THE	1979	YR	28.00	45.00
❏ CHRISTMAS AT HOME	1981	YR	30.00	45.00
❏ CHRISTMAS IN THE CITY	1982	YR	30.00	45.00
❏ HOLIDAY SNOWMAN	1980	YR	30.00	45.00

KIRK STIEFF
BELL
*

NAME	YEAR	LIMIT	ISSUE	TREND
❏ SANTA'S WORKSHOP CHRISTMAS BELL	1992	3000	40.00	40.00

CHRISTMAS BELLS
K. STIEFF

NAME	YEAR	LIMIT	ISSUE	TREND
❏ HERALD ANGEL	1991	YR	29.00	29.00
❏ SILVER BELLS	1990	YR	29.00	29.00

MUSICAL BELLS
K. STIEFF

NAME	YEAR	LIMIT	ISSUE	TREND
❏ ANNUAL BELL 1977	1977	CL	18.00	80.00
❏ ANNUAL BELL 1978	1978	CL	18.00	75.00
❏ ANNUAL BELL 1979	1979	CL	18.00	55.00
❏ ANNUAL BELL 1980	1980	CL	20.00	55.00
❏ ANNUAL BELL 1981	1981	CL	20.00	70.00
❏ ANNUAL BELL 1982	1982	CL	20.00	80.00
❏ ANNUAL BELL 1983	1983	CL	20.00	55.00

NAME	YEAR	LIMIT	ISSUE	TREND
❏ ANNUAL BELL 1984	1984	CL	20.00	45.00
❏ ANNUAL BELL 1985	1985	CL	20.00	40.00
❏ ANNUAL BELL 1986	1986	CL	20.00	45.00
❏ ANNUAL BELL 1987	1987	CL	20.00	55.00
❏ ANNUAL BELL 1988	1988	CL	22.00	40.00
❏ ANNUAL BELL 1989	1989	CL	25.00	43.00
❏ ANNUAL BELL 1990	1990	CL	27.00	55.00
❏ ANNUAL BELL 1991	1991	CL	28.00	45.00
❏ ANNUAL BELL 1992	1992	YR	30.00	45.00

NUTCRACKER SUITE MUSICAL BELL — D. BACORN

❏ CLARA	1987	*	30.00	30.00
❏ NUTCRACKER	1986	*	30.00	30.00

LANCE CORP.

HUDSON PEWTER BICENTENNIAL BELLS — P.W. BASTON

❏ BENJAMIN FRANKLIN	1974	CL	*	90.00
❏ GEORGE WASHINGTON	1974	CL	*	90.00
❏ JAMES MADISON	1974	CL	*	90.00
❏ JOHN ADAMS	1974	CL	*	90.00
❏ THOMAS JEFFERSON	1974	CL	*	90.00

LENOX CHINA/CRYSTAL COLLECTION

ANNUAL CRYSTAL CHRISTMAS BELLS — *

❏ CELESTIAL HARPIST	1991	15000	75.00	80.00
❏ DASHING THROUGH THE SNOW	1986	15000	64.00	65.00
❏ DOVE	1984	15000	57.00	58.00
❏ HERALDING ANGEL	1987	15000	76.00	77.00
❏ HOLY FAMILY	1982	15000	55.00	56.00
❏ PARTRIDGE IN A PEAR TREE	1981	15000	55.00	56.00
❏ SANTA CLAUS	1985	15000	57.00	58.00
❏ THREE WISE MEN	1983	15000	55.00	56.00

BIRD BELLS — *

❏ BLUEBIRD	1991	OP	57.00	58.00
❏ CHICKADEE	1991	OP	57.00	58.00
❏ HUMMINGBIRD	1991	OP	57.00	58.00
❏ ROBIN	1992	OP	57.00	58.00

CAROUSEL BELL — *

❏ CAROUSEL HORSE	1992	OP	45.00	47.00

SONGS OF CHRISTMAS — *

❏ DECK THE HALLS	1992	YR	53.00	55.00
❏ WE WISH YOU A MERRY CHRISTMAS	1991	YR	49.00	50.00

LINCOLN MINT BELLS

LINCOLN BELLS — N. ROCKWELL

❏ DOWNHILL DARING	1975	*	25.00	70.00

LLADRO

ANNUAL CHRISTMAS BELLS-FIRST SERIES — *

❏ CHRISTMAS BELL L5458M	1987	YR	30.00	100.00
❏ CHRISTMAS BELL L5525M	1988	YR	33.00	50.00
❏ CHRISTMAS BELL L5616M	1989	YR	33.00	125.00
❏ CHRISTMAS BELL L5641M	1990	YR	35.00	75.00
❏ CHRISTMAS BELL L5803M	1991	YR	38.00	55.00
❏ CHRISTMAS BELL L5913M	1992	YR	38.00	55.00
❏ CHRISTMAS BELL L6010M	1993	YR	40.00	55.00
❏ CHRISTMAS BELL L6139M	1994	YR	40.00	65.00
❏ CHRISTMAS BELL L6206M	1995	YR	40.00	75.00
❏ CHRISTMAS BELL L6297M	1996	YR	40.00	60.00

ANNUAL CHRISTMAS BELLS-SECOND SERIES — *

❏ CHRISTMAS BELL L6441M	1997	YR	40.00	50.00
❏ CHRISTMAS BELL L6560M	1998	YR	40.00	50.00
❏ CHRISTMAS BELL L6636M	1999	YR	40.00	50.00
❏ CHRISTMAS BELL L6700M	2000	YR	45.00	55.00

FIGURAL BELLS — *

❏ BRIDAL BELL L6200	1995	OP	125.00	125.00
❏ BRIDAL BELL L6331	1996	OP	155.00	155.00
❏ COMMUNION BELL L6176	1995	RT	85.00	100.00
❏ IT'S A BOY! L6415	1997	OP	125.00	125.00
❏ IT'S A GIRL! L6416	1997	OP	125.00	125.00
❏ SOUNDS OF FALL L5955	1993	OP	150.00	150.00
❏ SOUNDS OF LOVE L7474	1998	OP	98.00	100.00
❏ SOUNDS OF PEACE L6473	1998	OP	98.00	100.00
❏ SOUNDS OF SPRING 5956	1993	OP	150.00	150.00
❏ SOUNDS OF SUMMER L5953	1993	OP	150.00	150.00
❏ SOUNDS OF WINTER L5954	1993	OP	150.00	150.00

LIMITED EDITION BELL — *

❏ ETERNAL LOVE BELL L7542M	1994	YR	95.00	115.00

LLADRO SOCIETY BELLS — *

❏ AUTUMN BELL L7615M	1993	YR	35.00	40.00
❏ SPRING BELL L7613M	1991	YR	35.00	40.00
❏ SUMMER BELL L7614M	1992	YR	35.00	40.00
❏ WINTER BELL L7616M	1994	YR	35.00	40.00

MUSEUM COLLECTIONS INC.

COLLECTORS BELLS — N. ROCKWELL

❏ 25TH ANNIVERSARY	1982	*	45.00	48.00
❏ 50TH ANNIVERSARY	1982	*	45.00	48.00
❏ FOR A GOOD BOY	1982	*	45.00	48.00
❏ WEDDING/ANNIVERSARY	1982	*	45.00	48.00

BELLS

NAME	YEAR	LIMIT	ISSUE	TREND
PICKARD				
CHRISTMAS CAROL BELL SERIES				*
❏ FIRST NOEL, THE	1977	3000	75.00	78.00
❏ HARK! THE HERALD ANGELS SING	1980	3000	80.00	83.00
❏ O LITTLE TOWN OF BETHLEHEM	1978	3000	75.00	78.00
❏ SILENT NIGHT	1979	3000	80.00	83.00
RECO INTERNATIONAL				
JOYOUS MOMENTS				**J. MCCLELLAND**
❏ I LOVE YOU	1980	5000	25.00	26.00
❏ SEA ECHOES	1981	5000	25.00	26.00
❏ TALK TO ME	1982	5000	25.00	26.00
RECO BELL COLLECTION				**S. KUCK**
❏ CHARITY	1988	*	15.00	17.00
❏ GRACE	1988	*	15.00	17.00
❏ PEACE	1988	*	15.00	17.00
SPECIAL OCCASIONS-WEDDING				**S. KUCK**
❏ WEDDING, THE	1989	*	15.00	17.00
SPECIAL OCCASIONS-WEDDING				**C. MICARELLI**
❏ FROM THIS DAY FORWARD	1991	*	15.00	17.00
❏ TO HAVE AND TO HOLD	1991	*	15.00	17.00
REED & BARTON				
NOEL MUSICAL BELLS				*
❏ 1980 BELL	1980	YR	20.00	53.00
❏ 1981 BELL	1981	YR	22.00	48.00
❏ 1982 BELL	1982	YR	22.00	38.00
❏ 1983 BELL	1983	YR	22.00	48.00
❏ 1984 BELL	1984	YR	22.00	51.00
❏ 1985 BELL	1985	YR	25.00	41.00
❏ 1986 BELL	1986	YR	25.00	36.00
❏ 1987 BELL	1987	YR	25.00	35.00
❏ 1988 BELL	1988	YR	25.00	28.00
❏ 1989 BELL	1989	YR	25.00	28.00
❏ 1990 BELL	1990	YR	28.00	28.00
❏ 1991 BELL	1991	YR	30.00	31.00
❏ 1992 BELL	1992	YR	30.00	31.00
YULETIDE BELLS				*
❏ BELL RINGER, THE	1989	YR	16.00	18.00
❏ CAROLER	1985	YR	16.00	18.00
❏ CHRISTMAS MORNING	1988	YR	16.00	18.00
❏ DRUMMER BOY	1984	YR	15.00	16.00
❏ JOLLY ST. NICK	1987	YR	16.00	18.00
❏ LITTLE SHEPHERD	1982	YR	14.00	15.00
❏ MY SPECIAL FRIEND	1992	YR	22.00	23.00
❏ NIGHT BEFORE CHRISTMAS	1986	YR	16.00	17.00
❏ PERFECT ANGEL	1983	YR	15.00	16.00
❏ SPECIAL GIFT	1991	YR	22.00	23.00
❏ WREATH BEARER, THE	1990	YR	18.00	18.00
❏ YULETIDE HOLIDAY	1981	YR	14.00	15.00
RIVER SHORE				
NORMAN ROCKWELL SINGLE ISSUES				**N. ROCKWELL**
❏ GRANDPA'S GUARDIAN	1981	7000	45.00	47.00
❏ SPRING FLOWERS	1981	347	175.00	180.00
ROCKWELL CHILDREN SERIES I				**N. ROCKWELL**
❏ FIRST DAY OF SCHOOL	1977	7500	30.00	80.00
❏ FLOWERS FOR MOTHER	1977	7500	30.00	65.00
❏ FOOTBALL HERO	1977	7500	30.00	80.00
❏ SCHOOL PLAY	1977	7500	30.00	80.00
ROCKWELL CHILDREN SERIES II				**N. ROCKWELL**
❏ DRESSING UP	1978	15000	35.00	53.00
❏ FIVE CENTS A GLASS	1978	15000	35.00	42.00
❏ FUTURE ALL AMERICAN	1978	15000	35.00	55.00
❏ GARDEN GIRL	1978	15000	35.00	42.00
ROMAN INC.				
FRANCES HOOK BELLS				**F. HOOK**
❏ BEACH BUDDIES	1985	15000	25.00	30.00
❏ BEAR HUG	1987	15000	25.00	30.00
❏ SOUNDS OF THE SEA	1986	15000	25.00	30.00
THE MASTERPIECE COLLECTION				**R. FERRUZZI**
❏ MADONNA OF THE STREETS	1982	CL	25.00	26.00
THE MASTERPIECE COLLECTION				**F. LIPPE**
❏ ADORATION	1979	CL	20.00	22.00
THE MASTERPIECE COLLECTION				**P. MIGNARD**
❏ MADONNA WITH GRAPES	1980	CL	25.00	26.00
THE MASTERPIECE COLLECTION				**G. NOTTI**
❏ HOLY FAMILY, THE	1981	CL	25.00	26.00
ROYAL COPENHAGEN				
CHRISTMAS				**S. VESTERGAARD**
❏ CHRISTMAS	1998	YR	65.00	65.00
❏ CHRISTMAS GUESTS	1993	YR	70.00	70.00
❏ QUEEN'S CARRIAGE, THE	1992	YR	70.00	70.00

NAME	YEAR	LIMIT	ISSUE	TREND
SAMSONS STUDIOS				
MCCOONS COUNTY				**S. BUTCHER**
☐ 5 O'CLOCK MAN" WITH POLKA DOT TIE	*	RT	15.00	50.00
☐ BREAK TIME	*	RT	15.00	50.00
☐ CHOW TIME- COWBOY	*	RT	15.00	70.00
☐ DINNER TIME	*	RT	15.00	50.00
☐ GET UP- WOMAN WITH CURLERS	*	RT	15.00	125.00
☐ LUNCH TIME	*	RT	15.00	50.00
SANDSTONE CREATIONS				
A FANTASY EDITION				**T. DEGRAZIA**
☐ FLOWER VENDOR	1981	7500	40.00	40.00
☐ LITTLE PRAYER	1980	7500	40.00	40.00
☐ PARTY TIME	*	7500	40.00	40.00
☐ WEE THREE	*	7500	40.00	40.00
SCHMID				
DAVIS BELLS				**L. DAVIS**
☐ BLOSSOM	1991	OP	75.00	75.00
☐ CARUSO	1991	OP	75.00	75.00
☐ KATE	1991	OP	75.00	45.00
☐ OLE BLUE & LEAD	1991	OP	75.00	75.00
☐ WILBUR	1991	OP	75.00	45.00
☐ WILLY	1991	OP	75.00	75.00
DISNEY ANNUALS				*
☐ HOLLY JOLLY CHRISTMAS	1990	10000	26.00	27.00
☐ MERRY MICKEY CLAUS	1989	10000	23.00	23.00
☐ MERRY MOUSE MEDLEY	1987	10000	18.00	18.00
☐ MICKEY & MINNIE'S ROCKIN' CHRISTMAS	1991	10000	26.00	27.00
☐ SNOW BIZ	1985	10000	16.00	17.00
☐ TREE FOR TWO	1986	10000	16.00	17.00
☐ WARM WINTER RIDE	1988	10000	20.00	20.00
LOWELL DAVIS MINI BELL				**L. DAVIS**
☐ NEW DAY	1992	YR	10.00	10.00
M.I. HUMMEL CHRISTMAS BELLS				**M.I. HUMMEL**
☐ ANGEL WITH FLUTE	1972	YR	20.00	45.00
☐ ANGELIC GIFTS	1987	YR	48.00	48.00
☐ ANGELIC MESSENGER	1983	YR	45.00	58.00
☐ ANGELIC MUSICIAN	1989	YR	53.00	53.00
☐ ANGELIC PROCESSION	1982	YR	45.00	45.00
☐ ANGEL'S LIGHT	1990	YR	53.00	53.00
☐ CHEERFUL CHERUBS	1988	YR	52.00	53.00
☐ CHRISTMAS CHILD, THE	1975	YR	22.00	47.00
☐ GIFT FROM HEAVEN	1984	YR	45.00	45.00
☐ GUARDIAN ANGEL, THE	1974	YR	18.00	47.00
☐ HEAVENLY LIGHT	1985	YR	45.00	80.00
☐ HEAVENLY TRIO	1978	YR	28.00	45.00
☐ HERALD ANGEL	1977	YR	22.00	45.00
☐ MESSAGE FROM ABOVE	1991	1500	58.00	58.00
☐ NATIVITY	1973	YR	15.00	45.00
☐ PARADE INTO TOYLAND	1980	YR	45.00	45.00
☐ SACRED JOURNEY	1976	YR	22.00	45.00
☐ STARLIGHT ANGEL	1979	YR	38.00	47.00
☐ SWEET BLESSINGS	1992	5000	65.00	65.00
☐ TELL THE HEAVENS	1986	YR	45.00	47.00
☐ TIME TO REMEMBER	1981	YR	45.00	45.00
M.I. HUMMEL MOTHER'S DAY BELLS				**M.I. HUMMEL**
☐ AFTERNOON STROLL	1978	YR	28.00	47.00
☐ CHERUB'S GIFT	1979	YR	38.00	47.00
☐ DEVOTION FOR MOTHERS	1976	YR	22.00	57.00
☐ FLOWER BASKET, THE	1982	YR	45.00	47.00
☐ JOY TO SHARE	1984	YR	45.00	47.00
☐ MOONLIGHT RETURN	1977	YR	22.00	47.00
☐ MOTHER'S LITTLE HELPER	1980	YR	45.00	47.00
☐ PLAYTIME	1981	YR	45.00	47.00
☐ SPRING BOUQUET	1983	YR	45.00	47.00
PEANUTS ANNUAL BELLS				**C. SCHULZ**
☐ MISSION FOR MOM	1981	10000	18.00	25.00
☐ PEANUTS IN CONCERT	1983	10000	12.00	15.00
☐ PERFECT PERFORMANCE	1982	10000	18.00	20.00
☐ SNOOPY & THE BEAGLE SCOUTS	1984	10000	12.00	15.00
☐ SPECIAL LETTER	1979	10000	15.00	30.00
☐ WAITING FOR SANTA	1980	10000	15.00	28.00
PEANUTS CHRISTMAS BELLS				**C. SCHULZ**
☐ DECK THE DOGHOUSE	1977	YR	10.00	20.00
☐ FILLING THE STOCKING	1978	YR	13.00	15.00
☐ WOODSTOCK, SANTA CLAUS	1975	YR	10.00	25.00
☐ WOODSTOCK'S CHRISTMAS	1976	YR	10.00	25.00
PEANUTS MOTHER'S DAY BELLS				**C. SCHULZ**
☐ DEAR MOM	1977	YR	10.00	15.00
☐ LINUS AND SNOOPY	1976	YR	10.00	15.00
☐ MOM?	1973	YR	5.00	15.00
☐ SNOOPY/WOODSTOCK/PARADE	1974	YR	5.00	15.00
☐ THOUGHTS THAT COUNT	1978	YR	13.00	15.00
PEANUTS SPECIAL EDITION BELL				**C. SCHULZ**
☐ BICENTENNIAL	1976	YR	10.00	20.00

NAME	YEAR	LIMIT	ISSUE	TREND
RFD BELL				**L. DAVIS**
❑ BLOSSOM	1979	RT	65.00	65.00
❑ CARUSO	1979	RT	65.00	65.00
❑ KATE	1979	RT	65.00	65.00
❑ OLE BLUE & LEAD	1979	RT	65.00	65.00
❑ WILBUR	1979	RT	65.00	65.00
❑ WILLY	1980	RT	65.00	65.00

SEYMOUR MANN

NAME	YEAR	LIMIT	ISSUE	TREND
CONNOISSEUR BELL COLLECTION				**BERNINI**
❑ BUTTERFLY/LILY CLT 332	1996	OP	15.00	15.00
❑ HUMMING BIRDS/MORNING GLORY CLT 322	1996	OP	15.00	15.00
❑ ROSES/FORGET ME NOT CLT 342	1996	OP	15.00	15.00

TOWLE SILVERSMITHS

NAME	YEAR	LIMIT	ISSUE	TREND
SILVERPLATED CHRISTMAS BALL BELL				*
❑ 1979 BALL BELL	1979	10000	14.00	15.00
❑ 1980 BALL BELL	1980	10000	20.00	20.00
❑ 1981 BALL BELL	1981	10000	20.00	20.00
❑ 1982 BALL BELL	1982	5000	24.00	24.00
❑ 1983 BALL BELL	1983	3500	25.00	25.00
❑ 1984 BALL BELL	1984	4000	20.00	20.00
❑ 1985 BALL BELL	1985	4500	25.00	25.00
❑ 1986 BALL BELL	1986	2500	32.00	32.00
SILVERPLATED CHRISTMAS BELL				*
❑ 1980 SILVERPLATED BELL	1980	10000	18.00	18.00
❑ 1981 SILVERPLATED BELL	1981	5000	20.00	20.00
❑ 1982 SILVERPLATED BELL	1982	5000	24.00	24.00
❑ 1983 SILVERPLATED BELL	1983	3500	24.00	24.00
❑ 1984 SILVERPLATED BELL	1984	5000	20.00	20.00
❑ 1985 SILVERPLATED BELL	1985	4500	30.00	30.00
❑ 1986 SILVERPLATED BELL	1986	4500	30.00	30.00
❑ 1987 SILVERPLATED BELL	1987	4500	30.00	30.00
❑ 1988 SILVERPLATED BELL	1988	2500	32.00	32.00
❑ 1989 SILVERPLATED BELL	1989	4500	34.00	34.00
❑ 1991 SILVERPLATED BELL	1991	*	20.00	20.00
SILVERPLATED CHRISTMAS MUSICAL BELL				*
❑ 1981 MUSICAL BELL	1981	20000	28.00	28.00
❑ 1982 MUSICAL BELL	1982	10000	28.00	28.00
❑ 1983 MUSICAL BELL	1983	2500	28.00	28.00
❑ 1984 MUSICAL BELL	1984	4500	25.00	25.00
❑ 1985 MUSICAL BELL	1985	4000	30.00	30.00
❑ 1986 MUSICAL BELL	1986	4000	32.00	32.00
❑ 1987 MUSICAL BELL	1987	4000	32.00	32.00
❑ 1988 MUSICAL BELL	1988	3500	34.00	34.00
❑ 1989 MUSICAL BELL	1989	4000	35.00	35.00
❑ 1990 MUSICAL BELL	1990	*	28.00	28.00
❑ 1991 MUSICAL BELL	1991	*	28.00	28.00

WATERFORD WEDGWOOD USA

NAME	YEAR	LIMIT	ISSUE	TREND
NEW YEAR BELLS				*
❑ ERMINE	1985	YR	64.00	64.00
❑ FUR SEALS	1982	YR	60.00	60.00
❑ IBEX	1983	YR	64.00	64.00
❑ MOOSE	1981	YR	55.00	55.00
❑ PENGUINS	1979	YR	40.00	40.00
❑ POLAR BEARS	1980	YR	50.00	50.00
❑ PUFFIN	1984	YR	64.00	64.00

BELLS

Cottages

Matthew Rothman

In the past few years we have seen the trend for collecting real estate remain strong for nautical themes supported by Harbour Lights, George Zoltan Lefton Co., Cheryl Spencer-Collin lighthouses and new-comers like the Sweetwater Cove collection from Nutshell Designs. The passion and the lure of the sea continue to entice enthusiasts when starting or adding to existing collections.

Seasonal displays have done well for decades. Department 56, which has enhanced the season surrounding Christmas with the many villages they offer, has become a family tradition for many collectors by helping to create the magic of the holidays.

Why is collecting real estate so popular? When speaking with collectors, the most common thread is nostalgia—childhood memories of visiting a seaside resort; or maybe a keen sense of history and the role buildings have played throughout that history. Or it just might be a fascination with buildings that continues to ignite a passion within the collector.

Another strong aspect of collecting real estate has been the secondary market. There has been a great demand for limited edition real estate over the past decade. Collectors who are new to a certain line always wish to collect editions from previous or original series. Some pieces, such as those from the Department 56 and Harbour Lights collections, have sold for three to five times their original price. Even avid collectors are always searching for that one piece missing from their collection, which has also fueled the secondary market. Add the Internet to this mix, and you just never know what you will find—to your surprise—to enhance your collection.

As always, the best advice is to buy a collectible because it gives you joy and pleasure, or recalls a fond memory or two from the past.

MATTHEW ROTHMAN is a free-lance writer who owns Lighthouse Trading Co. and The Exchange, a secondary market brokerage service specializing in Harbour Lights and other retired and limited edition collectibles. His "Collectible Real Estate" column runs regularly in *Collector's Mart* magazine.

COTTAGES

NAME	YEAR	LIMIT	ISSUE	TREND
BRANDYWINE WOODCRAFTS				
ACCESSORIES				**M. WHITING**
❑ ELM TREE W/BENCHES	1994	OP	16.00	16.00
❑ LAMP W/BARBER POLE	1994	CL	11.00	11.00
COUNTRY LANE I				**M. WHITING**
❑ BERRY FARM	1995	CL	30.00	30.00
❑ COUNTRY SCHOOL	1995	CL	30.00	30.00
❑ DAIRY FARM	1995	CL	30.00	30.00
❑ FARM HOUSE	1995	CL	30.00	30.00
❑ GENERAL STORE, THE	1995	CL	30.00	30.00
❑ SCHOOL	1995	CL	30.00	30.00
COUNTRY LANE II				**M. WHITING**
❑ ANTIQUES & CRAFTS	1995	OP	30.00	30.00
❑ BASKETMAKER	1995	OP	30.00	30.00
❑ COUNTRY CHURCH	1995	OP	30.00	30.00
❑ FISHING LODGE	1995	OP	30.00	30.00
❑ HERB FARM	1995	OP	30.00	30.00
❑ OLDE MILL	1995	OP	30.00	30.00
❑ SPINNERS & WEAVERS	1995	OP	30.00	30.00
COUNTRY LANE III				**M. WHITING**
❑ COUNTRY AIRFIELD	1996	OP	30.00	30.00
❑ COUNTRY CLUB	1996	OP	30.00	30.00
❑ OLD ORCHARD	1996	OP	30.00	30.00
❑ POST OFFICE	1996	OP	30.00	30.00
❑ STATE FAIR	1996	OP	30.00	30.00
❑ VOLUNTEER FIREHOUSE	1996	OP	30.00	30.00
CUSTOM COLLECTION				**M. WHITING**
❑ SMITHFIELD CLERK'S OFFICE	1994	OP	9.00	9.00
HOMETOWN VI				**M. WHITING**
❑ COUNTRY CHURCH	1993	RT	24.00	30.00
❑ DINER	1993	RT	24.00	30.00
❑ GENERAL STORE	1993	RT	24.00	30.00
❑ PUBLIC SCHOOL	1993	RT	24.00	30.00
❑ TRAIN STATION	1993	RT	24.00	30.00
HOMETOWN VII				**M. WHITING**
❑ CANDY SHOP	1993	CL	24.00	24.00
❑ DRESS SHOP	1993	CL	24.00	24.00
❑ FLOWER SHOP	1993	CL	24.00	24.00
❑ PET SHOP	1993	CL	24.00	24.00
❑ POST OFFICE	1993	CL	24.00	24.00
❑ QUILT SHOP	1993	CL	24.00	24.00
HOMETOWN VIII				**M. WHITING**
❑ BARBER SHOP	1994	CL	28.00	28.00
❑ COUNTRY DOCTOR	1994	CL	28.00	28.00
❑ COUNTRY STORE	1994	CL	28.00	28.00
❑ FIRE COMPANY	1994	CL	28.00	28.00
❑ SEWING SHOP	1994	CL	26.00	26.00
HOMETOWN IX				**M. WHITING**
❑ BED & BREAKFAST	1994	CL	29.00	29.00
❑ CAFE/DELI	1994	CL	29.00	29.00
❑ HOMETOWN BANK	1994	CL	29.00	29.00
❑ HOMETOWN GAZETTE	1994	CL	29.00	29.00
❑ TEDDYS & TOYS	1994	CL	29.00	29.00
HOMETOWN X				**M. WHITING**
❑ BRICK CHURCH	1995	CL	29.00	29.00
❑ DOLL SHOPPE, THE	1995	CL	29.00	29.00
❑ GENERAL HOSPITAL	1995	CL	29.00	29.00
❑ GIFT BOX, THE	1995	CL	29.00	29.00
❑ POLICE STATION	1995	CL	29.00	29.00
HOMETOWN XI				**M. WHITING**
❑ ANTIQUES	1995	CL	29.00	29.00
❑ CHURCH II	1995	CL	29.00	29.00
❑ GROCER	1995	CL	29.00	29.00
❑ PHARMACY	1995	CL	29.00	29.00
❑ SCHOOL II	1995	CL	29.00	29.00
HOMETOWN XII				**M. WHITING**
❑ BRIDAL & DRESS SHOPPE	1996	CL	29.00	29.00
❑ COUNTRY LANE SIGN	1996	CL	20.00	20.00
❑ FIVE & DIME	1996	CL	29.00	29.00
❑ HOMETOWN SIGN	1996	CL	22.00	22.00
❑ HOMETOWN THEATER	1996	CL	29.00	29.00
❑ POST OFFICE	1996	CL	29.00	29.00
❑ TRAVEL AGENCY	1996	CL	29.00	29.00
NORTH POLE COLLECTION				**M. WHITING**
❑ CANDY CANE FACTORY	1993	CL	24.00	24.00
❑ ELF CLUB	1993	CL	24.00	24.00
❑ POST OFFICE	1994	CL	25.00	25.00
❑ TEDDY BEAR FACTORY	1993	CL	24.00	24.00
❑ TOWN CHRISTMAS TREE	1993	CL	20.00	25.00
❑ TOWN HALL	1994	CL	25.00	30.00
TREASURED TIMES				**M. WHITING**
❑ HALLOWEEN HOUSE	1994	750	32.00	32.00
❑ HAPPY BIRTHDAY HOUSE	1994	750	32.00	32.00
❑ MOTHER'S DAY HOUSE	1994	750	32.00	32.00

COTTAGES

COTTAGES

NAME	YEAR	LIMIT	ISSUE	TREND
❑ NEW BABY BOY HOUSE	1994	750	32.00	32.00
❑ NEW BABY GIRL HOUSE	1994	750	32.00	32.00
❑ VALENTINE'S DAY HOUSE	1994	750	32.00	32.00
WILLIAMSBURG COLLECTION				**M. WHITING**
❑ CAMPBELL'S TAVERN	1993	OP	28.00	28.00
❑ KINGS ARM TAVERN	1993	OP	25.00	25.00
YORKTOWN COLLECTION				**M. WHITING**
❑ DIGGES HOUSE	1993	OP	22.00	27.00

CAVANAGH GROUP

NAME	YEAR	LIMIT	ISSUE	TREND
COCA-COLA BRAND TOWN SQUARE COLLECTION				*
❑ BOYS WITH SNOWBALLS	1995	CL	11.00	11.00
❑ CANDLER'S DRUGS	1992	CL	40.00	60.00
❑ CARLSON'S GENERAL STORE	1996	OP	40.00	40.00
❑ CENTRAL HIGH	1997	CL	40.00	40.00
❑ CHANDLER'S SKI RESORT	1996	RT	40.00	40.00
❑ CHECKER PLAYERS	1994	CL	15.00	15.00
❑ CITY HALL	1993	CL	40.00	80.00
❑ CLARA'S CHRISTMAS SHOP	1996	RT	40.00	40.00
❑ COCA-COLA BOTTLING WORKS	1995	CL	40.00	50.00
❑ COOPER'S TREE FARM	1996	OP	20.00	20.00
❑ CROWLEY CAB CO.	1994	CL	11.00	15.00
❑ DEE'S BOARDING HOUSE	1992	CL	40.00	450.00
❑ DEW DROP INN	1997	CL	40.00	40.00
❑ DIAMOND SERVICE STATION	1996	RT	40.00	40.00
❑ DICK'S LUNCHEONETTE	1992	CL	40.00	60.00
❑ EXTRA! EXTRA!	1993	CL	7.00	13.00
❑ FIVE AND DIME	1997	CL	40.00	40.00
❑ FLYING "A" SERVICE STATION	1994	CL	40.00	40.00
❑ GILBERT'S GROCERY	1992	CL	40.00	75.00
❑ GONE FISHING	1993	CL	11.00	15.00
❑ GRIST MILL	1995	CL	40.00	40.00
❑ HOMEWARD BOUND	1994	CL	8.00	8.00
❑ HOWARD OIL	1992	CL	40.00	145.00
❑ JACOB'S PHARMACY	1993	CL	25.00	450.00
❑ JENNY'S SWEET SHOPPE	1995	CL	40.00	40.00
❑ LIGHTHOUSE POINT SNACK BAR	1995	CL	40.00	40.00
❑ LUNCH WAGON	1995	CL	15.00	15.00
❑ MCMAHON'S GENERAL STORE	1994	CL	40.00	40.00
❑ MOONEY'S ANTIQUE BARN	1993	CL	40.00	75.00
❑ MRS. MURPHY'S CHOWDER HOUSE	1997	CL	40.00	40.00
❑ OFFICER PAT	1993	CL	7.00	10.00
❑ OLD NUMBER SEVEN	1993	CL	15.00	15.00
❑ PLAZA DRUGS	1994	CL	20.00	40.00
❑ ROUTE 93 COVERED BRIDGE	1993	CL	20.00	40.00
❑ SCOOTER'S DRIVE IN	1996	CL	40.00	40.00
❑ SLEDDERS	1994	CL	11.00	11.00
❑ SLEIGH RIDE	1994	CL	15.00	15.00
❑ SODA JERK	1993	CL	7.00	12.00
❑ SOUTH STATION	1997	CL	40.00	40.00
❑ STATION #14 FIREHOUSE	1994	CL	40.00	40.00
❑ STRAND THEATRE	1994	CL	40.00	40.00
❑ STREET VENDOR	1993	CL	11.00	17.00
❑ T. TAYLOR'S EMPORIUM	1993	CL	40.00	65.00
❑ TICK TOCK DINER,THE	1993	CL	40.00	60.00
❑ TOWN BARBER SHOP	1996	CL	40.00	40.00
❑ TOWN GAZEBO	1994	CL	20.00	30.00
❑ TRAIN DEPOT	1992	CL	40.00	275.00
❑ WALTON'S 5 & 10	1996	CL	40.00	40.00

CHARMING TAILS

NAME	YEAR	LIMIT	ISSUE	TREND
				D. GRIFF
❑ RADISH-ING BEAUTY SALON 87/598	*	36	*	1200.00
VILLAGE				**D. GRIFF**
❑ BUTTERNUT SQUASH DAIRY	1995	RT	45.00	90.00
❑ CANDY APPLE STORE	1996	RT	45.00	95.00
❑ CANTALOUPE CATHEDRAL	1996	RT	45.00	60.00
❑ CARROT POST OFFICE	1995	RT	45.00	90.00
❑ CHESTNUT CHAPEL	1994	RT	45.00	100.00
❑ GREAT OAK TOWN HALL	1995	RT	45.00	80.00
❑ MUSHROOM DEPOT	1995	RT	45.00	80.00
❑ OLD COB MILL	1994	RT	45.00	100.00
❑ PUMPKIN INN	1994	RT	45.00	90.00

CREATIVE CRAFTSMEN

NAME	YEAR	LIMIT	ISSUE	TREND
VINTAGE VILLAGE				**M. FENLEY**
❑ BILLY'S LITTLE COTTAGE	1996	300	50.00	50.00
❑ OLD WINDMILL, THE	1995	500	96.00	96.00
❑ PRAIRIE CHURCH	1995	500	145.00	145.00

DAVE GROSSMAN CREATIONS

NAME	YEAR	LIMIT	ISSUE	TREND
GONE WITH THE WIND				*
❑ ATLANTA	1995	RT	15.00	15.00
❑ BELLE'S PLACE	1995	RT	15.00	15.00
❑ FEDERAL TAIL	1995	RT	15.00	15.00
❑ PITTYPAT HOUSE	1995	RT	15.00	15.00
❑ TARA	1995	RT	15.00	15.00
❑ TWELVE OAKS	1995	RT	15.00	15.00
MOUSEHOLE COLLECTION				*
❑ 19TH HOLE GOLF HOUSE	1994	RT	30.00	30.00
❑ ANN HALFWAY COTTAGE	1994	RT	30.00	30.00

NAME	YEAR	LIMIT	ISSUE	TREND
❑ COURT HOUSE	1994	RT	30.00	30.00
❑ LEIGHTON HOUSE	1994	RT	30.00	30.00
❑ ST. MICKIE MOUSE CHURCH	1994	RT	30.00	30.00

DAVID WINTER COTTAGES/ENESCO GROUP INC.

CHAPELS & CHURCHES COLLECTION — D. WINTER

NAME	YEAR	LIMIT	ISSUE	TREND
❑ CHURCH OF THE GOOD SHEPHERD, THE	1999	RT	110.00	110.00
❑ COPSE CHAPEL, THE	1999	RT	110.00	110.00
❑ ST. BARBARA (GREEN COLOURWAY)	2000	400	160.00	195.00
❑ ST. BARBARA'S	2000	RT	160.00	160.00
❑ ST. CHRISTOPHER'S CHURCH	1998	RT	110.00	110.00
❑ THORNHILL CHAPEL	1998	RT	90.00	90.00

COLLECTOR'S GUILD/REDEMPTION PIECES — D. WINTER

NAME	YEAR	LIMIT	ISSUE	TREND
❑ ABBOTS	1997	RT	75.00	150.00
❑ ARCHITECT'S HOUSE, THE	1999	RT	95.00	95.00
❑ CHARCOAL BURNER'S, THE	1998	RT	85.00	85.00
❑ COPPICER'S COTTAGE, THE	1998	RT	90.00	90.00
❑ FIRKIN COTTAGE	2001	RT	*	45.00
❑ GAMEKEEPER	1997	RT	85.00	150.00
❑ JOINERY, THE	1999	RT	95.00	95.00
❑ MALTINGS, THE	2001	RT	90.00	90.00
❑ MISTLETOE COTTAGE	1998	RT	*	76.00
❑ MODEL DAIRY	1996	RT	75.00	70.00
❑ PLOUGH FARMSTEAD	1996	RT	125.00	150.00
❑ PORTER'S LODGE, THE	2000	RT	90.00	90.00
❑ PUNCH STABLES	1996	RT	150.00	150.00
❑ SEXTONS	1997	RT	*	75.00
❑ SIGNAL BOX, THE	2000	RT	*	45.00
❑ STALE ALE	2001	RT	90.00	90.00
❑ STATION MASTER'S HOUSE, THE	2000	RT	90.00	40.00
❑ TILEMAKER'S COTTAGE, THE	1999	RT	*	45.00

CRACK THE CODE COLLECTION — D. WINTER

NAME	YEAR	LIMIT	ISSUE	TREND
❑ ASSAYER'S TOWER, THE	2000	RT	220.00	220.00
❑ CAROT CROFT	2000	RT	140.00	140.00
❑ TREASURE COVE	2001	RT	180.00	180.00

ECCENTRICS — D. WINTER

NAME	YEAR	LIMIT	ISSUE	TREND
❑ BEACHCOMBERS, THE	2000	RT	90.00	90.00
❑ GENIE IN THE LAMP	2001	YR	120.00	120.00
❑ GUANO HEIGHTS	2000	RT	140.00	140.00
❑ HORNBLOWERS	2000	OP	100.00	100.00
❑ KNIGHTS FOLLY	2000	RT	120.00	120.00
❑ RECLUSE'S, THE	2000	RT	100.00	100.00
❑ STEAM ROLLER	2001	YR	120.00	120.00
❑ TREE HOUSE, THE	2000	OP	110.00	110.00

ENGLISH VILLAGE COLLECTION — D. WINTER

NAME	YEAR	LIMIT	ISSUE	TREND
❑ CAT & PIPE INN	1997	RT	55.00	95.00
❑ CHANDLERY, THE	1997	RT	55.00	75.00
❑ CHURCH & VESTRY	1997	RT	55.00	75.00
❑ CONSTABULARY, THE	1997	RT	55.00	75.00
❑ CRYSTAL COTTAGE	1997	RT	55.00	90.00
❑ ENGINE HOUSE	1997	RT	55.00	75.00
❑ GLEBE COTTAGE	1997	RT	55.00	75.00
❑ HALL, THE	1997	RT	55.00	75.00
❑ ONE ACRE COTTAGE	1997	RT	55.00	75.00
❑ POST OFFICE	1997	RT	55.00	95.00
❑ QUACKS COTTAGE	1997	RT	55.00	75.00
❑ RECTORY, THE	1997	RT	55.00	75.00
❑ SEMINARY, THE	1997	RT	55.00	80.00
❑ SMITHY, THE	1997	RT	55.00	75.00
❑ TANNERY, THE	1997	RT	55.00	75.00

EVENT/GIFT WITH PURCHASE — D. WINTER

NAME	YEAR	LIMIT	ISSUE	TREND
❑ CHEERS!	2001	RT	*	25.00
❑ CHRISTMOUSE TREE	2001	OP	25.00	25.00
❑ MASH HOUSE	2001	RT	70.00	70.00

FOREST OF DEAN COLLECTION — D. WINTER

NAME	YEAR	LIMIT	ISSUE	TREND
❑ ABBEY RUINS	1997	RT	55.00	80.00
❑ ARTIST'S STUDIO, THE	1997	RT	55.00	50.00
❑ CITADEL, THE	1997	RT	55.00	55.00
❑ FIREWATCHER'S TOWER, THE	1999	RT	55.00	55.00
❑ FOREST OF DEAN MINE	1997	RT	55.00	80.00
❑ OBSERVATORY, THE	1997	RT	55.00	100.00
❑ SAWMILL, THE	1997	RT	55.00	65.00

GENERAL RANGE — D. WINTER

NAME	YEAR	LIMIT	ISSUE	TREND
❑ DRUID'S FORTRESS	2001	YR	225.00	225.00
❑ GALLOW'S GATE (LIMITED EDITION)	1999	RT	55.00	60.00
❑ HANG ON GEORGE	2001	YR	180.00	180.00
❑ HEREWARD THE WAKE'S CASTLE	1997	RT	175.00	175.00
❑ MILESTONE COTTAGE	1997	RT	130.00	155.00
❑ MILLENNIUM AT HORSESHOE BAY, THE	1999	RT	850.00	900.00
❑ ST. GEORGE AND THE DRAGON	1997	RT	150.00	150.00
❑ TOM'S YARD (LIMITED EDITION 5000)	1998	RT	130.00	120.00
❑ TRAINSPOTTERS	2000	RT	55.00	55.00
❑ TREASURES OF EGYPT	2000	RT	300.00	300.00
❑ WATT'S COTTAGE	1999	RT	180.00	180.00
❑ WELLSTEAD COTTAGE (LIMITED EDITION)	1999	RT	50.00	55.00

GRAND TOUR — D. WINTER

NAME	YEAR	LIMIT	ISSUE	TREND
❑ BERG ELTZ (LIMITED ED.)	2001	RT	400.00	400.00
❑ GATEWAY TO PRAGUE	2001	OP	160.00	160.00
❑ VENETIAN PALACE	2001	OP	160.00	160.00

COTTAGES

NAME	YEAR	LIMIT	ISSUE	TREND
HAUNTED HOUSE COLLECTION				**D. WINTER**
❑ CASTERTON RAILWAY STATION	1999	RT	190.00	190.00
❑ HOUSE OF USHER	1998	RT	175.00	175.00
❑ PHANTOM'S RUIN	2000	RT	200.00	200.00
❑ PRIORY OF THE LOST SOULS	2001	RT	200.00	200.00
KING ARTHUR COLLECTION				**D. WINTER**
❑ DAGONETE THE FOOL'S	1999	RT	50.00	50.00
❑ MABON'S HOUSE	2000	RT	80.00	80.00
❑ MERLIN'S CASTLE (LIMITED EDITION)	1999	4250	160.00	160.00
❑ MORDRED'S COTTAGE	2000	RT	80.00	80.00
❑ MORGAN LEFAY	1999	RT	50.00	50.00
❑ NIMUE'S TOWER	2000	RT	50.00	50.00
❑ REFECTORY	2001	YR	25.00	25.00
❑ ROYAL BOX	2001	YR	25.00	25.00
❑ SIR GRIFLET'S HOVEL	2000	RT	35.00	35.00
❑ SIR PERCEVAL'S	1999	RT	50.00	50.00
❑ SIR TRISTAN'S	1999	RT	50.00	50.00
MYSTICAL CASTLES OF BRITAIN				**D. WINTER**
❑ ASTROLOGER'S CASTLE, THE (LIMITED EDITION)	1999	RT	200.00	200.00
❑ DARESBURY CASTLE	2000	2750	140.00	140.00
❑ HALIDON HILL	1998	RT	130.00	130.00
❑ HOTSPUR'S KEEP, THE	1998	RT	110.00	110.00
❑ LOOKING FOR GEORGE	2000	OP	165.00	165.00
❑ MYTON TOWER	1998	RT	130.00	130.00
❑ WITCHES' CASTLE, THE (LIMITED EDITION)	1998	4250	175.00	180.00
OLIVER TWIST CHRISTMAS COLLECTION				**D. WINTER**
❑ BILL AND NANCY'S HOUSE	1999	RT	130.00	130.00
❑ BOTTLE AND GLASS, THE	2000	RT	140.00	140.00
❑ MR. BROWNLOW'S	2001	RT	140.00	140.00
❑ MR. BUMBLES	1997	RT	110.00	230.00
❑ MR. FANG-THE MAGISTRATE'S HOME	1998	RT	110.00	125.00
PILGRIM'S WAY COLLECTION				**D. WINTER**
❑ ALCHEMIST'S COTTAGE, THE	1997	RT	50.00	50.00
❑ BRICKIES, THE	1997	RT	50.00	50.00
❑ DINGLE, THE	1997	RT	50.00	50.00
❑ FALCONRY, THE	1997	RT	50.00	50.00
❑ GRISELDA'S COTTAGE	1998	RT	90.00	90.00
❑ MARQUIS WALTER'S MANOR (LIMITED EDITION 5000)	1998	RT	150.00	150.00
❑ ROBBER'S RETREAT	1999	RT	110.00	130.00
❑ SERF'S COTTAGE, THE	1997	RT	50.00	60.00
❑ ST. JOSEPH'S COTTAGE	1997	RT	50.00	50.00
PUBS & TAVERNS OF ENGLAND				**D. WINTER**
❑ BIRD CAGE, THE	1998	RT	100.00	100.00
❑ GOOD INTENT, THE	1998	RT	100.00	100.00
❑ HOP BAG AND BREWHOUSE	2001	RT	180.00	180.00
❑ HOP PICKERS, THE	1998	RT	130.00	130.00
❑ POTTED SHRIMP, THE (LIMITED EDITION)	1999	RT	160.00	160.00
❑ RAPUNZEL, THE	2000	RT	140.00	150.00
❑ TICKLED TROUT, THE (LIMITED EDITION 4500)	1998	RT	150.00	150.00
SEASIDE BOARDWALK COLLECTION				**D. WINTER**
❑ FISHERMAN'S SHANTY	1997	RT	110.00	110.00
❑ HARBOURMASTER'S WATCH TOWER	1997	RT	125.00	125.00
❑ JOLLY ROGER TAVERN	1997	RT	199.00	250.00
❑ LODGING & SEA BATHING	1997	RT	180.00	180.00
❑ TRINITY LIGHTHOUSE	1997	RT	150.00	190.00
❑ WATERFRONT MARKET	1997	RT	125.00	125.00
SHERWOOD FOREST COLLECTION				**D. WINTER**
❑ ALAN-A-DALE	1998	RT	55.00	75.00
❑ FRIAR TUCK'S SANCTUM	1997	RT	50.00	50.00
❑ KING RICHARD'S BOWER	1997	RT	50.00	50.00
❑ LITTLE JOHN'S RIVERLOFT	1997	RT	50.00	50.00
❑ LOXLEY CASTLE	1997	RT	150.00	150.00
❑ MAID MARIAN'S RETREAT	1997	RT	50.00	70.00
❑ MUCH'S MILL	1997	RT	50.00	50.00
❑ SHERWOOD DIORAMA	1997	RT	40.00	125.00
❑ WILL SCARLETT'S DEN	1997	RT	50.00	50.00
SOUTH DOWNS COLLECTION				**D. WINTER**
❑ PARISH SCHOOL HOUSE, THE	1997	RT	55.00	55.00
❑ SUNDAY SCHOOL	1997	RT	55.00	68.00
SPECIAL EVENT				**D. WINTER**
❑ BRIDGEWATER COTTAGE (20TH ANNIVERSARY)	1999	RT	190.00	190.00
❑ DAVID'S GATE (LIMITED ED.)	2000	RT	160.00	450.00
❑ GUARD'S VAN, THE	2000	RT	70.00	70.00
❑ KING CANUTE (LIMITED ED.)	2001	RT	225.00	300.00
❑ KING RICHARD III (CARNIVAL)	2000	RT	*	700.00
❑ SOLENT FORTRESS (RENAISSANCE FAIR)	1999	600	200.00	650.00
❑ SOLENT FORTRESS (U.K.)	1999	RT	*	750.00
❑ STAINED GLASS STUDIO, THE	1999	RT	60.00	60.00
❑ SUFFOLK GARDEN (TOUR)	1997	RT	60.00	65.00
❑ THANK YOU GIFT	1996	RT	*	50.00
❑ TRUFFLEMAN'S HOUSE, COLORWAY	1998		*	80.00
❑ TRUFFLEMAN'S HOUSE, THE	1998	RT	75.00	75.00
TRADITIONAL CRAFTS COLLECTION				**D. WINTER**
❑ MR. CLINKER'S COTTAGE	1999	RT	45.00	45.00
❑ MR. COCKER'S COTTAGE	1999	RT	45.00	45.00
❑ MR. DELVER'S COTTAGE	1999	RT	40.00	40.00
❑ MR. FLETCHER'S COTTAGE	2000	RT	35.00	35.00
❑ MR. KELEMER'S COTTAGE	1999	RT	40.00	40.00
❑ MR. TURNER'S COTTAGE	2000	RT	35.00	35.00

COTTAGES

NAME	YEAR	LIMIT	ISSUE	TREND
WHITE STOCK COTTAGES				**D. WINTER**
❑ BRUSH/PAINT SET	2000	RT	30.00	35.00
❑ JULY COTTAGE (PAINT YOUR OWN)	2000	RT	30.00	55.00
❑ OCTOBER GALES	2000	RT	30.00	90.00
WINTER CHRONICLES				**D. WINTER**
❑ CHRONICLES SIGNATURE	2001	OP	25.00	25.00
❑ DARK TOWER	2001	OP	95.00	95.00
❑ FONT OF ALL KNOWLEDGE	2001	OP	200.00	200.00
❑ ISLAND OF DEVOTION	2001	OP	160.00	160.00
❑ MOUSE HOUSE	2001	OP	110.00	110.00
❑ WINTER ROSE	2001	OP	110.00	110.00

DAVID WINTER COTTAGES/JOHN HINE STUDIOS

NAME	YEAR	LIMIT	ISSUE	TREND
BRITISH TRADITIONS				**D. WINTER**
❑ BLOSSOM COTTAGE (MAY)	1990	RT	59.00	75.00
❑ BOAT HOUSE, THE (MARCH)	1990	RT	38.00	85.00
❑ BULL & BUSH, THE (DECEMBER)	1990	RT	38.00	60.00
❑ BURN'S READING ROOM (JANUARY)	1990	RT	31.00	70.00
❑ GROUSE MOOR LODGE (AUGUST)	1990	RT	48.00	75.00
❑ GUY FAWKES (NOVEMBER)	1990	RT	31.00	70.00
❑ HARVEST BARN (OCTOBER)	1990	RT	31.00	70.00
❑ KNIGHT'S CASTLE (JUNE)	1990	RT	59.00	145.00
❑ PUDDING COTTAGE (APRIL)	1990	RT	78.00	110.00
❑ ST. ANNE'S WELL (JULY)	1990	RT	48.00	86.00
❑ STAFFORDSHIRE VICARAGE (SEPTEMBER)	1990	RT	48.00	145.00
❑ STONECUTTERS COTTAGE (FEBRUARY)	1990	RT	48.00	70.00
CAMEOS COLLECTION				**D. WINTER**
❑ BARLEY MALT KILN	1992	RT	12.00	52.00
❑ BROOKLET BRIDGE	1992	RT	12.00	35.00
❑ DIORAMA-BRIGHT	1992	RT	30.00	45.00
❑ DIORAMA-LIGHT	1992	RT	52.00	55.00
❑ GREENWOOD WAGON	1992	RT	12.00	45.00
❑ LYCH GATE	1992	RT	12.00	60.00
❑ MARKET DAY	1992	RT	12.00	70.00
❑ ONE MAN JAIL	1992	RT	12.00	35.00
❑ PENNY WISHING WELL	1992	RT	12.00	67.00
❑ POTTING SHED, THE	1992	RT	12.00	32.00
❑ POULTRY ARK	1992	RT	12.00	35.00
❑ PRIVY, THE	1992	RT	12.00	70.00
❑ SADDLE STEPS	1992	RT	12.00	55.00
❑ WELSH PIG PEN	1992	RT	12.00	45.00
CASTLE COLLECTION				**D. WINTER**
❑ BISHOPSGATE	1995	RT	175.00	180.00
❑ BISHOPSGATE (PREM. ED.)	1995	RT	225.00	178.00
❑ CASTLE COTTAGE OF WARWICK, THE (CARNIVAL EVENT ONLY)	1993	RT	160.00	600.00
❑ CASTLE TOWER OF WINDSOR (CARNIVAL EVENT ONLY)	1995	RT	435.00	550.00
❑ CASTLE WALL, THE	1995	RT	65.00	135.00
❑ CHRISTMAS CASTLE	1996	RT	160.00	600.00
❑ GUARDIAN CASTLE	1994	RT	275.00	400.00
❑ GUARDIAN CASTLE, THE (PREM. ED.)	1994	RT	350.00	625.00
❑ GUARDIAN GATE, THE	1995	RT	150.00	120.00
❑ GUARDIAN GATE, THE (PREM. ED.)	1995	RT	199.00	120.00
❑ KINGMAKER'S CASTLE, THE	1994	RT	225.00	225.00
❑ KINGMAKER'S CASTLE, THE (CARNIVAL EVENT ONLY)	1994	RT	395.00	500.00
❑ ROCHESTER CASTLE	1996	RT	150.00	250.00
❑ ROCHESTER CASTLE (CARNIVAL W/SNOW)	1996	RT	569.00	600.00
❑ ST. GEORGE'S CASTLE	1996	RT	130.00	263.00
CELEBRATION COTTAGES COLLECTION				**D. WINTER**
❑ CELEBRATION CHAPEL	1994	RT	75.00	70.00
❑ CELEBRATON CHAPEL (PREM. ED.)	1994	RT	150.00	90.00
❑ MOTHER'S COTTAGE	1995	RT	65.00	95.00
❑ MOTHER'S COTTAGE (PREM. ED.)	1995	RT	90.00	88.00
❑ SPRING HOLLOW	1994	RT	65.00	65.00
❑ SPRING HOLLOW (PREM. ED.)	1994	RT	125.00	85.00
❑ STORK COTTAGE/BOY	1995	RT	65.00	80.00
❑ STORK COTTAGE/GIRL	1995	RT	65.00	100.00
❑ SWEETHEART HAVEN	1994	RT	60.00	60.00
❑ SWEETHEART HAVEN (PREM. ED.)	1994	RT	115.00	105.00
CENTRE OF THE VILLAGE				**D. WINTER**
❑ BAKEHOUSE, THE	1983	RT	32.00	85.00
❑ CHAPEL, THE	1984	RT	49.00	100.00
❑ COOPER'S COTTAGE, THE	1985	RT	58.00	80.00
❑ GREEN DRAGON INN, THE	1983	RT	32.00	87.00
❑ IVY COTTAGE	1982	RT	22.00	53.00
❑ LITTLE MARKET	1980	RT	29.00	75.00
❑ MARKET STREET	1980	RT	49.00	100.00
❑ PARSONAGE, THE	1984	RT	390.00	650.00
❑ ROSE COTTAGE	1980	RT	29.00	90.00
❑ SPINNER'S COTTAGE	1984	RT	29.00	60.00
❑ VILLAGE SHOP, THE	1982	RT	22.00	60.00
❑ WINE MERCHANT, THE	1980	RT	29.00	54.00
❑ WINE MERCHANT, THE (OLD STYLE)	1980	RT	29.00	80.00
COLLECTORS GUILD EXCLUSIVE				**D. WINTER**
❑ 15 LAWNSIDE ROAD	1994	RT	*	63.00
❑ ASHE COTTAGE	1994	RT	62.00	115.00
❑ BEEKEEPER'S, THE	1992	RT	65.00	120.00
❑ BLACK BESS INN	1988	RT	60.00	130.00
❑ BUTTERCUP COTTAGE	1995	RT	60.00	130.00

David Winter Cottages

By Sherry Greener

In 1979 a young Englishman, David Winter, was striving to find a niche for his artistic talents. His mother was a renowned sculptress who had encouraged him to make his mark in the art world. He met and befriended a charismatic entrepreneur, John Hine, and thus David Winter Cottages and John Hine Studios were born.

From 1980 to 1985, Winter and Hine worked hard to establish a market for these unique handmade, hand-painted cottages. They found a market with their fellow Englishmen as well as with the American community found around the American Community School in Cobham, near where they both lived. It is at A.C.S. that the Americans got their first introduction to David Winter Cottages. In 1985 exposure was greatly heightened in the United States. One of the foremost influences was Bill Younger, founder of Harbour Lights. Within the next few years the phenomenon of David Winter Cottages grew.

In 1993 John Hine Studios was sold to Media Arts Group Inc., which publishes Thomas Kinkade's artwork. Media Arts and John Hine Studios worked together for the next three years, continuing the legacy of David Winter Cottages.

Then in December 1996, David Winter, with the assistance of his father, Colonel Freddie, signed with Enesco Group Inc. Winter retained the David Winter name and Enesco agreed to manufacture and market the collectible. In 1999 the European arm of Enesco European Enesco Gift Group—took over the line, with Overboard Art of Maryland becoming the marketing outlet for the cottages.

On Jan. 23, 2002, the collectible world received the news from David Winter and Enesco that as of Dec. 31, 2002, Winter and Enesco would end their final year of producing David Winter Cottages together. According to the announcement, Winter may explore other avenues in the future as he is keen to maintain the name of "David Winter Cottages."

This announcement sent sad repercussions throughout the entire worldwide David Winter community. To say that David Winter and his unique English cottages will be missed in the collectible world is an understatement.

Sherry Greener began collecting David Winter Cottages in 1981, when she bought her first cottage from John Hine and David Winter, who was signing the cottages at the American Community School Spring Faire. Greener is certified as an appraiser of David Winter Cottages and is recognized by the International Society of Appraisers.

COTTAGES

In 1992 members of the Lilliput Lane Collectors' Club could purchase Forget-Me-Not by David Tate for $130.

Carolina Lighthouse, *part of the Coastal Classics Collection by Bill Job for Forma Vitrum, is an open edition.*

Guildford Lodge is a beautiful castle that was produced by J.P. Editions in 1993.

Whimsical charm aptly describes Spinners & Weavers from Marlene Whiting's "Country Lane II" series from Brandywine Woodcrafts Inc.

There are three versions of the Steeple Church from New England Village. The first was issued by Department 56 in 1986.

School Days is from American Landmarks collection by Lilliput Lane.

NAME	YEAR	LIMIT	ISSUE	TREND
❑ CANDLEMAKER'S, THE	1992	RT	65.00	115.00
❑ COAL SHED, THE	1989	RT	112.00	160.00
❑ COBBLER, THE	1990	RT	40.00	65.00
❑ FLOWER SHOP, THE	1995	RT	150.00	195.00
❑ FRIENDSHIP COTTAGE	1995	RT	45.00	68.00
❑ GARDENER'S COTTAGE	1995	RT	*	85.00
❑ HOME GUARD	1989	RT	105.00	140.00
❑ IRISH WATER MILL	1992	RT	*	75.00
❑ MODEL DAIRY, THE	1996	RT	*	60.00
❑ ON THE RIVERBANK	1993	RT	*	65.00
❑ PATRICK'S WATER MILL	1992	RT	*	125.00
❑ PAVILION, THE	1988	RT	52.00	115.00
❑ PERSHORE MILL	1991	RT	*	63.00
❑ PLOUGH FARMSTEAD	1996	RT	125.00	182.00
❑ PLUCKED DUCKS, THE	1990	RT	*	80.00
❑ POTTERY, THE	1990	RT	40.00	63.00
❑ PUNCH STABLES	1996	RT	150.00	250.00
❑ QUEEN ELIZABETH SLEPT HERE	1987	RT	183.00	360.00
❑ ROBIN HOOD'S HIDEAWAY	1987	RT	54.00	410.00
❑ STREET SCENE (BAS RELIEF PLAQUE)	1989	RT	*	135.00
❑ SWAN UPPING COTTAGE	1993	RT	69.00	88.00
❑ THAMESIDE	1993	RT	79.00	100.00
❑ TOMFOOL'S COTTAGE	1991	RT	100.00	130.00
❑ VILLAGE SCENE, THE	1987	RT	*	250.00
❑ WHILEAWAY COTTAGE	1994	RT	70.00	95.00
❑ WILL O' THE WISP	1991	RT	120.00	135.00

DAVID WINTER RETIRED PIECES — D. WINTER

NAME	YEAR	LIMIT	ISSUE	TREND
❑ ALMS HOUSE, THE	1983	RT	60.00	400.00
❑ AUDREY'S TEA ROOM	1992	RT	90.00	99.00
❑ AUDREY'S TEA SHOP	1992	RT	90.00	250.00
❑ BLACKSMITH'S COTTAGE	1982	RT	22.00	475.00
❑ CASTLE IN THE AIR	1991	RT	675.00	750.00
❑ CASTLE KEEP, NO PLAQUE	1981	RT	30.00	1800.00
❑ CASTLE KEEP, W/PLAQUE	1981	RT	*	3000.00
❑ CHICHESTER CROSS	1981	RT	50.00	4000.00
❑ COACHING INN, THE	1980	RT	165.00	2750.00
❑ CORNISH COTTAGE	1981	RT	30.00	700.00
❑ CORNISH TIN MINE	1982	RT	22.00	80.00
❑ COTTON MILL, THE	1983	RT	42.00	385.00
❑ CROFTER'S COTTAGE	1988	RT	51.00	80.00
❑ DOUBLE OAST	1981	RT	60.00	3300.00
❑ DOVE COTTAGE	1980	RT	60.00	1250.00
❑ FAIRYTALE CASTLE	1982	RT	115.00	275.00
❑ FORGE, THE	1980	RT	60.00	1325.00
❑ FORGE, THE, W/PLAQUE	1980	RT	*	1600.00
❑ GOLF CLUBHOUSE	1996	RT	165.00	275.00
❑ GUILDFORD KEEP	1980	RT	30.00	3000.00
❑ HAYBARN, THE	1983	RT	22.00	375.00
❑ HERMIT'S HUMBLE HOME	1985	RT	87.00	300.00
❑ HOUSE OF THE MASTER MASON	1984	RT	75.00	275.00
❑ HOUSE ON TOP, THE	1982	RT	93.00	900.00
❑ INGLENOOK COTTAGE	1991	RT	60.00	85.00
❑ LITTLE FORGE	1980	RT	27.00	935.00
❑ LITTLE MILL	1980	RT	40.00	900.00
❑ LITTLE MILL-REMODELED	1980	RT	40.00	2700.00
❑ MILL HOUSE	1980	RT	50.00	2300.00
❑ MILL HOUSE-REMODELED '83	1980	RT	50.00	1550.00
❑ MINER'S COTTAGE	1982	RT	22.00	195.00
❑ MOONLIGHT HAVEN	1991	RT	120.00	160.00
❑ MOORLAND COTTAGE	1982	RT	22.00	250.00
❑ OLD CURIOSITY SHOP, THE, NO WINDOWS	1981	RT	40.00	1300.00
❑ OLD CURIOSITY SHOP, THE, WITH WINDOWS	1981	RT	*	1650.00
❑ PRINTERS AND THE BOOKBINDERS, THE (BOOKENDS)	1991	RT	120.00	125.00
❑ PROVENCAL ONE (FRENCH MKT.)	1981	RT	*	4000.00
❑ PROVENCAL TINY A (FRENCH MKT.)	1981	RT	*	1400.00
❑ PROVENCAL TINY B (FRENCH MKT.)	1981	RT	*	1400.00
❑ PROVENCAL TWO (FRENCH MKT.)	1981	RT	*	5000.00
❑ QUAYSIDE	1980	RT	52.00	1250.00
❑ SABRINA'S COTTAGE	1982	RT	30.00	2000.00
❑ ST. PAUL'S CATHEDRAL	1981	RT	40.00	1200.00
❑ ST. PAUL'S CATHEDRAL W/SLEEVE	1981	RT	*	1500.00
❑ SUFFOLK HOUSE, PINK	1985	RT	49.00	80.00
❑ SUFFOLK HOUSE, WHITE	*	RT	*	150.00
❑ THREE DUCKS INN	1980	RT	60.00	1500.00
❑ TYTHE BARN, DOOR DOWN	1981	RT	*	950.00
❑ TYTHE BARN, DOOR UP	1981	RT	40.00	1500.00
❑ WEAVER'S LODGINGS, THE	1991	RT	65.00	75.00
❑ WELCOME HOME COTTAGE	1995	RT	99.00	115.00
❑ WELCOME HOME COTTAGE-MILITARY	1995	RT	99.00	140.00
❑ WM. SHAKESPEARE'S BIRTHPLACE (LARGE)	1982	RT	60.00	1525.00
❑ WOODCUTTER'S COTTAGE	1983	RT	87.00	285.00

DICKENS CHRISTMAS CAROL COLLECTION — D. WINTER

NAME	YEAR	LIMIT	ISSUE	TREND
❑ A CHRISTMAS CAROL	1989	RT	135.00	185.00
❑ CHRISTMAS IN SCOTLAND AND HOGMANAY	1988	RT	100.00	168.00
❑ EBENEZER SCROOGE'S COUNTING HOUSE	1987	RT	97.00	195.00
❑ FRED'S HOME	1991	RT	145.00	160.00
❑ MISS BELLE'S COTTAGE	1995	RT	185.00	149.00
❑ MISS BELLE'S COTTAGE (PREM. ED.)	1995	RT	235.00	225.00
❑ MISS BELLE'S COTTAGE-PLAQUE	1995	RT	120.00	112.00
❑ MR. FEZZIWIG'S EMPORIUM	1990	RT	135.00	130.00
❑ OLD JOE'S BEETLING SHOP	1993	RT	175.00	190.00

COTTAGES

NAME	YEAR	LIMIT	ISSUE	TREND
❑ SCROOGE FAMILY HOME, THE	1994	RT	175.00	140.00
❑ SCROOGE FAMILY HOME, THE (PREM. ED.)	1994	RT	230.00	160.00
❑ SCROOGE FAMILY HOME, THE-PLAQUE	1994	RT	125.00	75.00
❑ SCROOGE'S SCHOOL	1992	RT	160.00	180.00
❑ TINY TIM	1996	RT	150.00	265.00
❑ TINY TIM (PREM. ED.)	1996	RT	180.00	298.00
❑ TINY TIM-PLAQUE	1996	RT	110.00	150.00
❑ UP ON THE HOUSE TOP (STAFF GIFT)	1994	RT	*	190.00
ENGLISH VILLAGE COLLECTION				**D. WINTER**
❑ CAT & PIPE INN, THE	1994	RT	53.00	95.00
❑ CHANDLERY, THE	1994	RT	53.00	55.00
❑ CHURCH AND VESTRY, THE	1994	RT	57.00	72.00
❑ CONSTABULARY, THE	1994	RT	60.00	55.00
❑ CRYSTAL COTTAGE	1994	RT	53.00	70.00
❑ ENGINE HOUSE, THE (BROWN DOOR GENERAL VERSION)	1994	RT	55.00	110.00
❑ ENGINE HOUSE, THE (RED DOOR DISNEY EXCLUSIVE)	1994	RT	55.00	175.00
❑ GLEBE COTTAGE	1994	RT	53.00	55.00
❑ HALL, THE	1994	RT	55.00	75.00
❑ ONE ACRE COTTAGE	1994	RT	55.00	75.00
❑ POST OFFICE, THE	1994	RT	53.00	130.00
❑ QUACK'S COTTAGE	1994	RT	57.00	95.00
❑ RECTORY, THE	1994	RT	55.00	55.00
❑ SEMINARY, THE	1994	RT	57.00	120.00
❑ SMITHY, THE	1994	RT	50.00	70.00
❑ TANNERY, THE	1994	RT	50.00	65.00
FOREST OF DEAN				**D. WINTER**
❑ ABBEY RUINS, THE	1997	RT	45.00	95.00
❑ CITADEL, THE	1997	RT	45.00	85.00
❑ FOREST OF DEAN MINE	1997	RT	45.00	120.00
GARDEN COTTAGES OF ENGLAND				**D. WINTER**
❑ PARK, THE	1996	RT	300.00	280.00
❑ PARK, THE (PREM. ED.)	1997	RT	400.00	700.00
❑ SPENCER HALL GARDENS	1995	RT	395.00	475.00
❑ SPENCER HALL GARDENS (PREM. ED.)	1995	RT	495.00	615.00
❑ WILLOW GARDENS	1995	RT	250.00	205.00
❑ WILLOW GARDENS (PREM. ED.)	1995	RT	299.00	300.00
HEART OF ENGLAND				**D. WINTER**
❑ APOTHECARY SHOP, THE	1985	RT	24.00	55.00
❑ BLACKFRIARS GRANGE	1985	RT	24.00	50.00
❑ CRAFTSMAN COTTAGES	1985	RT	24.00	55.00
❑ HOGS HEAD TAVERN, THE	1985	RT	24.00	70.00
❑ MEADOWBANK COTTAGES	1985	RT	24.00	55.00
❑ SCHOOLHOUSE, THE	1985	RT	24.00	59.00
❑ SHIREHALL	1985	RT	24.00	50.00
❑ ST. GEORGE'S CHURCH	1985	RT	24.00	57.00
❑ VICARAGE, THE	1985	RT	24.00	84.00
❑ WINDMILL, THE	1988	RT	38.00	57.00
❑ YEOMAN'S FARMHOUSE	1985	RT	24.00	43.00
IN THE COUNTRY				**D. WINTER**
❑ BOTHY, THE	1983	RT	32.00	70.00
❑ BROOKSIDE HAMLET	1982	RT	75.00	60.00
❑ DROVER'S COTTAGE	1982	RT	22.00	40.00
❑ FISHERMAN'S WHARF	1983	RT	32.00	85.00
❑ JOHN BENBOW'S FARMHOUSE	1987	RT	78.00	75.00
❑ LOVER'S TRYST	1996	RT	125.00	260.00
❑ PILGRIM'S REST	1983	RT	49.00	105.00
❑ SNOW COTTAGE	1984	RT	75.00	93.00
❑ THERE WAS A CROOKED HOUSE	1986	RT	97.00	152.00
❑ THERE WAS A NARROW HOUSE	1996	RT	115.00	168.00
❑ TOLLKEEPER'S COTTAGE	1984	RT	87.00	120.00
IRISH COLLECTION				**D. WINTER**
❑ FOGARTYS	1992	RT	75.00	90.00
❑ IRISH ROUND TOWER	1992	RT	65.00	93.00
❑ MURPHYS	1992	RT	100.00	87.00
❑ O'DONOVAN'S CASTLE	1992	RT	145.00	258.00
❑ ONLY A SPAN APART	1992	RT	80.00	120.00
❑ SECRET SHEBEEN	1992	RT	70.00	90.00
LANDOWNERS COLLECTION				**D. WINTER**
❑ CASTLE GATE	1984	RT	155.00	270.00
❑ DOWER HOUSE, THE	1982	RT	22.00	40.00
❑ FALSTAFF'S MANOR	1986	RT	242.00	288.00
❑ GRANGE, THE	1988	RT	120.00	1100.00
❑ SQUIRES HALL	1985	RT	93.00	103.00
❑ TUDOR MANOR HOUSE	1981	RT	49.00	120.00
❑ TUDOR MANOR HOUSE (OLD STYLE)	1981	RT	49.00	180.00
MASTERPIECE COLLECTION				**D. WINTER**
❑ GUINEVERE'S CASTLE	1996	RT	299.00	550.00
❑ GUINEVERE'S CASTLE (PREM. ED.)	1996	RT	350.00	775.00
❑ HAUNTED HOUSE	1996	RT	325.00	525.00
❑ WRECKERS COTTAGE	1996	RT	225.00	275.00
❑ WRECKER'S COTTAGE (PREM. ED.)	1996	RT	275.00	325.00
MIDLANDS COLLECTION				**D. WINTER**
❑ BOTTLE KILN	1988	RT	78.00	120.00
❑ COAL MINER'S ROW	1988	RT	90.00	110.00
❑ DERBYSHIRE COTTON MILL	1988	RT	65.00	108.00
❑ GUNSMITHS	1988	RT	78.00	81.00
❑ LACEMAKER'S	1988	RT	120.00	130.00
❑ LOCK KEEPERS COTTAGE	1988	RT	65.00	85.00
NEW SHERWOOD FOREST COLLECTION				**D. WINTER**
❑ DIORAMA	1995	RT	100.00	125.00

NAME	YEAR	LIMIT	ISSUE	TREND
❑ FRIAR TUCK'S SANCTUM	1995	RT	45.00	85.00
❑ KING RICHARD'S BOWER	1995	RT	45.00	75.00
❑ LITTLE JOHN'S RIVERLOFT	1995	RT	45.00	75.00
❑ LOXLEY CASTLE	1995	RT	150.00	208.00
❑ MAID MARIAN'S RETREAT	1995	RT	50.00	135.00
❑ MUCH'S MILL	1995	RT	45.00	75.00
❑ WILL SCARLETT'S DEN	1995	RT	50.00	115.00
PORRIDGE POT ALLEY COLLECTION				**D. WINTER**
❑ COB'S BAKERY	1995	RT	125.00	83.00
❑ COB'S BAKERY (PREM. ED.)	1995	RT	165.00	121.00
❑ PORRIDGE POT ARCH	1995	RT	50.00	125.00
❑ SWEET DREAMS	1995	RT	79.00	80.00
❑ SWEET DREAMS (PREM. ED.)	1995	RT	99.00	95.00
❑ TARTAN TEAHOUSE	1995	RT	99.00	110.00
❑ TARTAN TEAHOUSE (PREM. ED.)	1995	RT	129.00	125.00
REGIONS COLLECTION				**D. WINTER**
❑ COTSWOLD COTTAGE	1982	RT	22.00	45.00
❑ COTSWOLD VILLAGE	1982	RT	60.00	95.00
❑ HERTFORD COURT (ERIC)	1983	RT	87.00	115.00
❑ KENT COTTAGE	1985	RT	49.00	95.00
❑ SINGLE OAST	1981	RT	22.00	80.00
❑ STRATFORD HOUSE	1981	RT	75.00	125.00
❑ SUSSEX COTTAGE	1982	RT	22.00	60.00
❑ TRIPLE OAST	1981	RT	60.00	135.00
❑ TRIPLE OAST (OLD STYLE)	1981	RT	60.00	250.00
SCOTTISH COLLECTION				**D. WINTER**
❑ GATEKEEPER'S	1989	RT	65.00	103.00
❑ GATEKEEPERS COLOURWAY	1989	RT	*	300.00
❑ GILLIE'S COTTAGE	1989	RT	65.00	100.00
❑ HOUSE ON THE LOCH, THE	1989	RT	65.00	105.00
❑ MACBETH'S CASTLE	1989	RT	200.00	295.00
❑ OLD DISTILLERY (RE-RELEASED)	1989	RT	450.00	700.00
❑ OLD DISTILLERY, THE	1982	RT	312.00	800.00
❑ SCOTTISH CROFTERS	1989	RT	42.00	65.00
SEASIDE BOARDWALK				**D. WINTER**
❑ BARNACLE THEATRE	1995	RT	175.00	175.00
❑ DOCK ACCESSORY (INCLUDED WITH EACH PIECE)	1995	RT	*	N/A
❑ FISHERMAN'S SHANTY	1995	RT	110.00	205.00
❑ HARBOUR MASTER'S WATCH-HOUSE	1995	RT	125.00	240.00
❑ JOLLY ROGER TAVERN	1995	RT	199.00	340.00
❑ LODGINGS & SEA BATHING	1995	RT	165.00	225.00
❑ TRINITY LIGHTHOUSE	1995	RT	135.00	285.00
❑ WATERFRONT MARKET	1995	RT	125.00	275.00
SHIRES COLLECTION				**D. WINTER**
❑ BERKSHIRE MILKING BYRE	1993	RT	38.00	53.00
❑ BUCKINGHAMSHIRE BULL PEN	1993	RT	38.00	36.00
❑ CHESHIRE KENNELS	1993	RT	36.00	43.00
❑ DERBYSHIRE DOVECOTE	1993	RT	36.00	33.00
❑ GLOUCESTERSHIRE GREENHOUSE	1993	RT	40.00	45.00
❑ HAMPSHIRE HUTCHES	1993	RT	34.00	35.00
❑ LANCASHIRE DONKEY SHED	1993	RT	38.00	40.00
❑ OXFORDSHIRE GOAT YARD	1993	RT	32.00	38.00
❑ SHROPSHIRE PIG SHELTER	1993	RT	32.00	40.00
❑ STAFFORDSHIRE STABLES	1993	RT	36.00	50.00
❑ WILTSHIRE WATERWHEEL	1993	RT	34.00	58.00
❑ YORKSHIRE SHEEPFOLD	1993	RT	38.00	45.00
SOUTH DOWNS COLLECTION				**D. WINTER**
❑ ELFIN COTTAGE	1996	RT	60.00	135.00
❑ PARISH SCHOOL, THE	1996	RT	45.00	125.00
❑ SUNDAY SCHOOL CHAPEL, THE	1997	RT	60.00	165.00
SPECIAL EVENTS				**D. WINTER**
❑ ARCHES THRICE	1993	RT	150.00	150.00
❑ BIRTHDAY COTTAGE (ARCHES THWONCE)	1994	RT	55.00	70.00
❑ BIRTHSTONE WISHING WELL	1992	RT	40.00	65.00
❑ CARTWRIGHTS COTTAGE	1990	RT	45.00	70.00
❑ DERBY ARMS, THE (DW APPEARANCE)	1996	RT	60.00	85.00
❑ GRUMBLEWEED'S COLORWAY	1995	RT	*	150.00
❑ GRUMBLEWEED'S POTTING SHED	1995	RT	99.00	110.00
❑ HORATIO PERNICKETY'S AMOROUS INTENT	1993	RT	350.00	200.00
❑ MAD BARON FOURTHRITE'S FOLLY	1992	RT	275.00	200.00
❑ NEWTOWN MILLHOUSE	1995	RT	195.00	210.00
❑ PLUM COTTAGE	1993	RT	50.00	175.00
❑ PRIMROSE COTTAGE (PAINTER EVENT)	1996	RT	65.00	80.00
❑ QUINDENE MANOR	1994	RT	695.00	600.00
❑ QUINDENE MANOR-PREM. ED.	1994	RT	850.00	850.00
❑ TOYMAKER SNOWGLOBE	1996	RT	50.00	250.00
❑ WHISPERS COTTAGE	1995	RT	99.00	97.00
❑ WINTER ARCH	1994	RT	25.00	78.00
❑ WINTERS HILL (JIM'LL FIX-IT)	1988	RT	375.00	2500.00
❑ WISHING FALLS COTTAGE	1994	RT	65.00	65.00
TINY SERIES				**D. WINTER**
❑ ANNE HATHAWAY'S COTTAGE	1980	RT	*	575.00
❑ COTSWOLD FARMHOUSE	1980	RT	*	575.00
❑ CROWN INN	1980	RT	*	575.00
❑ ST. NICHOLAS' CHURCH	1980	RT	*	575.00
❑ SULGRAVE MANOR	1980	RT	*	575.00
❑ WM. SHAKESPEARE'S BIRTHPLACE	1980	RT	*	575.00
VILLAGE COLLECTION				**D. WINTER**
❑ VILLAGE, THE	1981	RT	362.00	650.00
❑ VILLAGE, THE (OLD STYLE)	1981	RT	362.00	850.00

COTTAGES

NAME	YEAR	LIMIT	ISSUE	TREND
WELSH COLLECTION				**D. WINTER**
❑ BIT OF NONSENSE	1993	RT	52.00	60.00
❑ PEN-Y-CRAIG	1993	RT	88.00	97.00
❑ TYDDYN SIRIOL	1993	RT	88.00	104.00
❑ Y DDRAIGG GOCH	1993	RT	88.00	110.00
WEST COUNTRY				**D. WINTER**
❑ CORNISH ENGINE HOUSE	1988	RT	120.00	150.00
❑ CORNISH HARBOUR	1988	RT	120.00	178.00
❑ DEVON CREAMERY	1987	RT	63.00	105.00
❑ DEVONCOMBE	1986	RT	73.00	113.00
❑ ORCHARD COTTAGE	1987	RT	92.00	110.00
❑ SMUGGLER'S CREEK	1986	RT	390.00	523.00
❑ TAMAR COTTAGE	1986	RT	46.00	100.00
WINTERVILLE COLLECTION				**D. WINTER**
❑ AT HOME WITH COMFORT AND JOY	1996	RT	110.00	120.00
❑ AT HOME WITH COMFORT AND JOY (PREM. ED.)	1996	RT	145.00	145.00
❑ CLOCKHOUSE, THE	1994	RT	165.00	124.00
❑ CLOCKHOUSE, THE (PREM. ED.)	1994	RT	215.00	153.00
❑ ST. STEPHEN'S	1995	RT	150.00	146.00
❑ ST. STEPHEN'S (PREM. ED.)	1995	RT	195.00	195.00
❑ TOYMAKER, THE	1994	RT	135.00	108.00
❑ TOYMAKER, THE (PREM. ED.)	1994	RT	175.00	164.00
❑ WINTERVILLE DIORAMA	1995	RT	80.00	113.00
❑ YE MERRY GENTLEMEN'S LODGINGS	1995	RT	125.00	100.00
❑ YE MERRY GENTLEMEN'S LODGINGS (PREM. ED.)	1995	RT	170.00	160.00

DEPARTMENT 56

NAME	YEAR	LIMIT	ISSUE	TREND
ALPINE VILLAGE				*
❑ ALPEN HORN PLAYER AT ALPINE SIGN 5618-2	1995	OP	20.00	20.00
❑ ALPINE CHURCH (CREAM TRIM)	1987	RT	32.00	437.00
❑ ALPINE CHURCH 6541-2 (CARAMEL-COLORED TRIM)	1987	RT	32.00	215.00
❑ ALPINE VILLAGE 6540-4 (SET OF 5)	1986	RT	150.00	208.00
❑ ALTSTADTER BIERSTUBE	2001	OP	65.00	65.00
❑ APOTEHEKE 6540-4	1986	RT	37.00	38.00
❑ BAHNHOF 5615-4	1990	RT	42.00	117.00
❑ BAKERY & CHOCOLATE SHOP 5614-6	1994	RT	38.00	40.00
❑ BERNHARDINER HUNDCHEN 56174	1997	RT	50.00	53.00
❑ BESSON BIERKELLER 6540-4	1986	RT	37.00	45.00
❑ CLIMB EVERY MOUNTAIN 5613-8, (SET OF 4)	1993	OP	28.00	28.00
❑ DANUBE MUSIC PUBLISHER 56173	1996	RT	55.00	56.00
❑ E. STAUBR BAECKER 6540-4	1986	RT	37.00	32.00
❑ FEDERBETTEN UND STEPPDECKEN 56176	1998	OP	48.00	48.00
❑ GASTHOF EISL 6540-4	1986	RT	37.00	42.00
❑ GATE HOUSE 5530-1, SELECT OPEN HOUSE	1992	RT	23.00	35.00
❑ GETREIDEMUHLE ZWETTL	2001	*	85.00	85.00
❑ GLOCKENSPIEL	1999	*	80.00	80.00
❑ GRIST MILL 5953-6	1988	RT	45.00	51.00
❑ HEIDI'S GRANDFATHER'S HOUSE 56177	1998	RT	64.00	70.00
❑ HOFBURG CASTLE	2000	*	68.00	68.00
❑ JOSEF ENGEL FARMHOUSE 5952-8	1987	RT	33.00	953.00
❑ KAMM HAUS 5617-1	1995	RT	42.00	48.00
❑ KASEHANDLER SCHMITT	2001	*	55.00	55.00
❑ KONDITOREI SCHOKOLADE	1994	RT	38.00	40.00
❑ KUKUCK UHREN 5618-9, ALPINE SHOPS	1992	RT	38.00	40.00
❑ METTERNICHE WURST 5618-9, ALPINE SHOPS	1992	RT	38.00	45.00
❑ MILCH-KASE 6540-4	1986	RT	37.00	45.00
❑ NUSSKNACKER WERKSTATT	2001	5600	60.00	235.00
❑ POLKA FEST 5607-3, (SET OF 3)	1994	RT	30.00	38.00
❑ SCHWARZWALDER KUCKUCKSUHREN	2001	*	65.00	65.00
❑ SOUND OF MUSIC WEDDING CHURCH	1999	*	60.00	60.00
❑ SOUND OF MUSIC, THE VON TRAPP VILLA 56178	1998	OP	130.00	130.00
❑ SPIELZEUG LADEN	1998	RT	65.00	72.00
❑ SPORT LADEN 5612-0	1993	RT	50.00	56.00
❑ ST. NIKOLAUS KIRCHE 5617-0	1991	RT	38.00	53.00
BACHMAN'S				*
❑ HOME TOWN BOARDING HOUSE 670-0	1987	SU	34.00	275.00
❑ HOME TOWN CHURCH 671-8	1987	SU	40.00	325.00
❑ HOME TOWN DRUGSTORE 672-6	1979	SU	40.00	275.00
CHRISTMAS IN THE CITY				*
❑ 42ND STREET FIRE CO.	2001	OP	80.00	80.00
❑ 5607 PARK AVENUE TOWNHOUSE 5977-3	1989	RT	48.00	93.00
❑ 5609 PARK AVENUE TOWNHOUSE 5978-1	1989	RT	48.00	93.00
❑ 5TH AVENUE SALON	1999	RT	68.00	65.00
❑ ALL SAINTS CORNER CHURCH 5542-5	1991	RT	105.00	89.00
❑ ARCHITECTURAL ANTIQUES	2001	*	75.00	75.00
❑ ARTS ACADEMY 5543-3	1991	RT	45.00	84.00
❑ BAKER BROS. BAGEL BAKERY	2001	*	75.00	75.00
❑ BAKERY 6512-9	1987	RT	38.00	135.00
❑ BEEKMAN HOUSE, BROWNSTONES 5887-8	1995	RT	45.00	50.00
❑ BOULEVARD 5516-6	1989	RT	25.00	40.00
❑ BRIGHTON SCHOOL 5887-6	1995	RT	52.00	118.00
❑ BROKERAGE HOUSE 5881-5	1994	RT	48.00	60.00
❑ BROWNSTONES ON THE SQ. 5887-7 (SET OF 2)	1995	RT	90.00	98.00
❑ BUSY SIDEWALKS 5535-2, (SET OF 4)	1990	RT	28.00	48.00
❑ CAFE CAPRICE FRENCH RESTAURANT 58882	1996	OP	45.00	58.00
❑ CAPITOL, THE	1998	CL	110.00	115.00
❑ CATHEDRAL OF ST. PAUL	2001	*	150.00	735.00
❑ CATHEDRAL, THE 5962-5	1987	RT	60.00	445.00
❑ CHAMBER ORCHESTRA 5884-0, (SET OF 4)	1994	OP	38.00	24.00
❑ CHOCOLATE SHOPPE, THE 5968-4	1988	RT	40.00	160.00

NAME	YEAR	LIMIT	ISSUE	TREND
❏ CHOIR BOYS ALL IN A ROW 5889-2	1995	OP	20.00	25.00
❏ CHRISTMAS IN THE CITY 6512-9 (SET OF 3)	1987	RT	112.00	545.00
❏ CHRISTMAS IN THE CITY SIGN 5960-9	1987	RT	6.00	8.00
❏ CITY BROKERAGE HOUSE 5881-5	1994	RT	48.00	48.00
❏ CITY CLOCKWORKS 5531-0, UPTOWN SHOPPE	1992	RT	56.00	76.00
❏ CITY GLOBE, THE 58883	1997	RT	65.00	78.00
❏ CITY HALL 5969-2	1988	RT	65.00	180.00
❏ CLARK STREET AUTOMAT	1999	RT	68.00	75.00
❏ CONSULATE, THE	1999	RT	95.00	92.00
❏ DEPT. 56 STUDIO, 1200 SECOND AVE.	2001	RT	100.00	345.00
❏ DOCTOR'S OFFICE 5544-1	1991	RT	60.00	88.00
❏ DOROTHY'S DRESS SHOP 5974-9	1989	RT	70.00	410.00
❏ FENWAY PARK	2001	*	75.00	75.00
❏ FIRST METROPOLITAN BANK 5882-3	1994	RT	60.00	92.00
❏ FOSTER PHARMACY	2001	OP	85.00	85.00
❏ GARDENGATE HOUSE	2001	OP	68.00	68.00
❏ GRAND CENTRAL RAILWAY STATION 58881	1996	RT	90.00	170.00
❏ GRAND MOVIE THEATER 58870	1998	RT	50.00	75.00
❏ HABERBASHERY 5531-0, UPTOWN SHOPPE	1992	RT	40.00	49.00
❏ HANK'S MARKET 5970-6	1988	RT	40.00	88.00
❏ HERITAGE MUSEUM OF ART 5883-1	1994	RT	96.00	96.00
❏ HI-DE-HO NIGHTCLUB 58884	1997	RT	52.00	70.00
❏ HOLIDAY FIELD TRIP 5885 8, (SET OF 3)	1994	RT	28.00	28.00
❏ HOLLYDALE'S DEPARTMENT STORE 5534-4	1991	RT	85.00	103.00
❏ HOLY NAME CHURCH 5887-5	1995	OP	96.00	115.00
❏ IVY TERRACE APARTMENTS 5887-4	1995	RT	60.00	90.00
❏ JENNY'S CORNER BOOK SHOP	2000	*	65.00	65.00
❏ JOHNSON'S GROCERY & DELI	1998	OP	60.00	60.00
❏ KEY TO THE CITY AT CHRISTMAS CITY SIGN 5889-3	1995	OP	20.00	20.00
❏ LAFAYETTE'S BAKERY	1999	*	62.00	62.00
❏ LITTLE ITALY- RISTORANTE	1991	RT	52.00	112.00
❏ MAILBOX/FIRE HYDRANT 5517-4, RD, WH & BL	1989	RT	6.00	18.00
❏ MAILBOX/FIRE HYDRANT 5517-4, RED & GREEN	1990	OP	6.00	18.00
❏ MAJESTIC THEATER	2001	RT	100.00	215.00
❏ MOLLY O'BRIEN'S IRISH PUB	1999	*	62.00	62.00
❏ MONTE CARLO CASINO	2001	*	85.00	85.00
❏ MRS. STOVER'S BUNGALOW CANDIES	2001	OP	75.00	75.00
❏ MUSIC EMPORIUM 5531-0, UPTOWN SHOPPE	1992	RT	54.00	60.00
❏ NICHOLAS & CO. TOYS STARTER SET	2001	*	65.00	65.00
❏ OLD TRINITY CHURCH 58940	1998	RT	96.00	209.00
❏ ONE MAN BAND & DANCING DOG 5889-1 (SET OF 2)	1995	OP	18.00	19.00
❏ PALACE THEATRE 5963-3	1987	RT	45.00	968.00
❏ PARADISE TRAVEL COMPANY	2001	*	75.00	75.00
❏ PARAMOUNT HOTEL	2000	RT	85.00	83.00
❏ PARKVIEW HOSPITAL 58947	1999	RT	65.00	81.00
❏ PICKFORD PLACE, BROWNSTONES 5887-9	1995	RT	45.00	52.00
❏ POTTERS TEA SELLER 5880-7	1993	RT	45.00	56.00
❏ PRECINCT 25 POLICE STATION 58941	1998	OP	56.00	56.00
❏ RED BRICK FIRE STATION 5536-0	1990	RT	55.00	88.00
❏ REST YE MERRY GENTLEMEN 5540-9	1990	OP	13.00	13.00
❏ RITZ HOTEL 5973-0	1989	RT	55.00	78.00
❏ RIVERSIDE ROW SHOPS	1998	RT	52.00	69.00
❏ SCOTTIE'S TOY SHOP 58871	1998	RT	65.00	130.00
❏ SPRING STREET COFFEE HOUSE	1993	RT	45.00	83.00
❏ ST. MARK'S CHURCH 5549-2	1991	RT	120.00	1970.00
❏ STERLING JEWELERS	2001	*	70.00	70.00
❏ SUBWAY ENTRANCE 5541-7	1990	OP	15.00	18.00
❏ SUTTON PLACE BROWNSTONES 5961-7	1987	RT	80.00	875.00
❏ TAVERN IN THE PARK RESTAURANT	2001	*	75.00	75.00
❏ TIMES TOWER, SET OF 3, 55510	1999	RT	185.00	315.00
❏ TIS THE SEASON 5539-5	1990	RT	13.00	25.00
❏ TOWER RESTAURANT 6512-9	1987	RT	38.00	245.00
❏ TOWN TREE	1993	*	45.00	45.00
❏ TOY SHOP & PET STORE 6512-9	1987	RT	38.00	215.00
❏ UNIVERSITY CLUB 58945	1998	RT	60.00	78.00
❏ UPTOWN SHOPPES 5531-0	1992	RT	150.00	178.00
❏ UTILITIES SET 5512-3	1989	OP	12.00	11.00
❏ VARIETY STORE 5972-2	1988	RT	45.00	155.00
❏ VEHICLES 5964-1, (SET OF 3)	1987	OP	22.00	22.00
❏ VILLAGE EXPRESS VAN-CANADA OM216	1995	OP	45.00	45.00
❏ WASHINGTON STREET POST OFFICE	1996	RT	52.00	95.00
❏ WEDDING GALLERY 58943	1998	OP	60.00	60.00
❏ WEST VILLAGE SHOPS 5880-7	1993	RT	90.00	110.00
❏ WINTERGARTEN CAF... 58948	1999	RT	60.00	88.00
❏ WONG'S IN CHINATOWN 5537-9	1990	RT	55.00	104.00
❏ WRIGLEY FIELD	2001	*	95.00	95.00
❏ WROUGHT IRON FENCE EXTENSION SET 5515-8	1989	OP	12.00	12.00
❏ WROUGHT IRON GATE W/FENCE 5514-0	1989	OP	15.00	15.00
❏ YANKEE STADIUM	2001	*	85.00	85.00
❏ YES, VIRIGINA 5889-0, (SET OF 2)	1995	RT	12.00	31.00

DICKENS' VILLAGE

*

NAME	YEAR	LIMIT	ISSUE	TREND
❏ A. BIELER FARM 5648-0 SET OF 2	1993	RT	92.00	125.00
❏ ABEL BEESLEY BUTCHER 6513-3	1984	RT	25.00	125.00
❏ ABINGTON LOCKKEEPERS RESIDENTS	2000	*	58.00	58.00
❏ ABINGTON LOCKSIDE INN	2000	*	68.00	68.00
❏ ALDEBURGH MUSIC BOX SHOP	1999	RT	60.00	76.00
❏ ALDEBURGH MUSIC BOX SHOP GIFT SET	1999	RT	85.00	103.00
❏ ASHBURY INN 5555-7	1991	RT	60.00	62.00
❏ ASHWICK LANE GIFT SET	2000	RT	65.00	65.00
❏ ASHWICK LANE HOSE & LADDER 58305	1997	OP	60.00	60.00
❏ BARLEY BREE FARMHOUSE & BARN 5900-5 (SET OF 2)	1987	RT	60.00	300.00
❏ BARMBY MOOR COTTAGE 58324	1997	RT	48.00	76.00

COTTAGES

NAME	YEAR	LIMIT	ISSUE	TREND
❑ BAYLYS BLACKSMITH	2001	*	70.00	70.00
❑ BEAN AND SON SMITHY SHOP 6515-3	1984	RT	25.00	185.00
❑ BETSEY TROTWOOD'S COTTAGE 5550-6	1989	RT	42.00	57.00
❑ BIDWELL WINDMILL #2	2001	*	80.00	80.00
❑ BIG BEN, SET OF 2, 58341	1998	OP	95.00	95.00
❑ BISHOP'S OAST HOUSE 5567-0	1990	RT	45.00	78.00
❑ BLENHAM STREET BANK 5833-0	1995	RT	60.00	69.00
❑ BLYTHE POND MILL HOUSE 6508-0	1986	RT	37.00	240.00
❑ BOARDING & LODGING SCHOOL 5809-2	1993	RT	48.00	128.00
❑ BOARDING & LODGING SCHOOL 5810-6	1994	RT	48.00	58.00
❑ BOOTER AND COBBLER 5924-2	1988	RT	32.00	105.00
❑ BRICK ABBEY 6549-8	1987	RT	33.00	291.00
❑ BRICKSTON ROAD WATCHMEN 5839-0, (SET OF 2)	1995	OP	25.00	19.00
❑ BRIGHTSMITH & SONS, QUEEN'S JEWELERS	2001	RT	75.00	295.00
❑ BRINGING FLEECES TO MILL, 5819-0 (SET OF 2)	1993	OP	35.00	24.00
❑ BROWNING COTTAGE 58249	1994	RT	40.00	40.00
❑ BROWNLOW'S HOUSE 5553-0	1991	RT	38.00	54.00
❑ BUMPSTEAD NYE CLOAKS & TREACLE 5808-4	1993	RT	38.00	45.00
❑ BURWICKGLEN GOLF CLUBHOUSE	2001	OP	96.00	96.00
❑ BUTTER TUB BARN 58338	1996	RT	48.00	55.00
❑ BUTTER TUB FARMHOUSE 58337	1996	RT	40.00	72.00
❑ BY THE POND MILL HOUSE 6508-0	1986	RT	37.00	110.00
❑ C. BRADFORD WHEELWRIGHT & SON 5818-1, (SET OF 2)	1993	RT	24.00	30.00
❑ C.FLETCHER PUBLIC HOUSE 5904-8	1988	RT	35.00	455.00
❑ C.H. WATT PHYSICIAN 55691	1990	RT	40.00	54.00
❑ CANADIAN TRADING CO. 58306	1997	RT	65.00	206.00
❑ CANDLE SHOP 6515-3	1984	RT	25.00	196.00
❑ CHADBURY STATION & TRAIN 6528-5	1986	RT	65.00	292.00
❑ CHANCERY CORNER	1999	RT	65.00	97.00
❑ CHELSEA MARKET CURIOUSITY 5827-0, (SET OF 2)	1994	OP	28.00	22.00
❑ CHELSEA MARKET HAT MONGER & CART 5839-2	1995	RT	28.00	28.00
❑ CHELSEA MARKET MISTLETOE 5826-2, (SET OF 2)	1994	OP	25.00	32.00
❑ CHESTERTON MANOR HOUSE 6568-4	1987	RT	45.00	1440.00
❑ CHINA TRADER	1999	RT	72.00	88.00
❑ CHOP SHOP, THE	1995	RT	35.00	47.00
❑ CHRISTMAS CAROL COTTAGE REVISITED 58339	1996	RT	60.00	68.00
❑ CHRISTMAS CAROL COTTAGE, THE	1996	RT	60.00	95.00
❑ CHRISTMAS CAROL HOLIDAY TRIMMING SET 5831-9 S/21	1994	OP	65.00	75.00
❑ CHRISTMAS MORNING 5588-3 (SET OF 3)	1989	OP	18.00	18.00
❑ CHRISTMAS/COTTAGES 6500-5 (SET OF 3)	1986	CL	75.00	180.00
❑ COBB COTTAGE 58248	1994	RT	40.00	48.00
❑ COBBLESTONE SHOPS 5924-2 (SET OF 3)	1988	RT	95.00	306.00
❑ COBLES POLICE STATION 5583-2	1989	RT	38.00	140.00
❑ COTTAGE OF BOB CRATCHIT & TINY TIM 6500-5	1986	RT	30.00	65.00
❑ COTTAGE TOY SHOP 6507-2	1986	RT	27.00	174.00
❑ COUNTING HOUSE & SILAS THIMBLRTON BARRISTER 5902-1	1988	RT	32.00	98.00
❑ CRATCHIT'S CORNER	2001	*	80.00	80.00
❑ CROOKED FENCE COTTAGE 58304	1997	RT	60.00	75.00
❑ CROWN & CRICKET INN 5750-9	1992	RT	100.00	127.00
❑ CROWNTREE FRECKLETON WINDMILL	2000	RT	80.00	135.00
❑ CROWNTREE INN 6515-3	1984	RT	25.00	300.00
❑ DASHING THRU THE SNOW 5820-3	1993	OP	33.00	33.00
❑ DAVID COPPERFIELD 5550-6 (SET OF 3)	1989	RT	125.00	191.00
❑ DEDLOCK ARMS 5752-5	1994	RT	100.00	118.00
❑ DICKENS' COTTAGES 6518-8 (SET OF 3)	1985	RT	75.00	925.00
❑ DICKENS GADSHILL STARTER SET	2001	*	65.00	65.00
❑ DICKENS' LANE SHOPS 6507-2 (SET OF 3)	1986	RT	80.00	408.00
❑ DICKENS' VILLAGE CHURCH (DARK CARAMEL) 6516-1	1985	RT	35.00	98.00
❑ DICKENS' VILLAGE CHURCH (GREEN) 6516-1	1985	RT	35.00	345.00
❑ DICKENS' VILLAGE CHURCH (LT. CREAM) 6516-1	1985	RT	35.00	355.00
❑ DICKENS' VILLAGE CHURCH (TAN/FLESH) 6516-1	1985	RT	35.00	98.00
❑ DICKENS' VILLAGE CHURCH (WHITE)	1985	RT	35.00	495.00
❑ DICKENS' VILLAGE MILL 6519-6	1985	RT	35.00	4800.00
❑ DICKENS' VILLAGE SIGN 6569-2	1987	RT	6.00	12.00
❑ DOVER COACH/ORIGINAL 6590-0	1987	RT	18.00	58.00
❑ DUDDEN CROSS CHURCH 5833-3	1995	RT	45.00	62.00
❑ DUDLEY DOCKER	1999	RT	70.00	75.00
❑ DURSLEY MANOR 5832-9	1995	RT	50.00	68.00
❑ DV START A TRADITION SET 58322	1997	RT	100.00	117.00
❑ DV START A TRADITION SET STARTER SET 5832-7	1995	RT	85.00	98.00
❑ EAST INDIES TRADING CO. 58302	1997	RT	65.00	75.00
❑ EBENEZER SCROOGE'S BROWNSTONE	2001	*	85.00	85.00
❑ FAGIN'S HIDE-A-WAY 5552-2	1991	RT	72.00	63.00
❑ FALSTAFF INN 5753-3	1995	RT	100.00	65.00
❑ FEZZIWIG'S BALLROOM	2000	RT	75.00	150.00
❑ FEZZIWIG'S WAREHOUSE 6500-5	1986	RT	30.00	40.00
❑ FLAT OF EBENEZER SCROOGE, THE 5587-5, #1	1989	RT	38.00	125.00
❑ FLYING SCOT TRAIN, THE 5573-5 (SET OF 4)	1990	OP	50.00	38.00
❑ GAD'S HILL PLACE 57535	1997	RT	98.00	104.00
❑ GEORGE WEETON WATCHMAKER 5926-9	1988	RT	33.00	40.00
❑ GIGGELSWICK MUTTON & HAM 5822-0	1994	RT	48.00	50.00
❑ GLENDUN COCOA WORKS	2000	*	80.00	80.00
❑ GOLDEN SWAN BAKER 6515-3	1984	RT	25.00	165.00
❑ GRAPES INN, THE 5753-4	1996	RT	120.00	98.00
❑ GREAT DENTON MILL 5812-2	1993	RT	50.00	65.00
❑ GREEN GATE 5586-7	1989	RT	65.00	225.00
❑ GREEN GROCER 6515-3	1984	RT	25.00	220.00
❑ HATHER HARNESS 5823-8	1994	RT	48.00	40.00
❑ HEATHMOOR CASTLE 58313	1998	RT	90.00	88.00
❑ HEDGEROW GARDEN COTTAGE	2001	OP	57.00	57.00
❑ HEMBLETON PEWTERER 5800-9	1992	RT	72.00	65.00
❑ HOLIWELL FLAT	2001	*	62.00	62.00

NAME	YEAR	LIMIT	ISSUE	TREND
❑ HORSE AND HOUNDS PUB, THE 58340	1998	OP	70.00	70.00
❑ IVY GLEN CHURCH 5927-7	1988	RT	35.00	92.00
❑ J. LYTES COAL MERCHANT 58323	1997	RT	50.00	63.00
❑ J.D. NICHOLS TOY SHOP 5832-8	1995	RT	48.00	61.00
❑ JONES & CO. BRUSH/BASKET SHOP 6515-3	1984	RT	25.00	305.00
❑ KENILWORTH CASTLE 5916-1	1987	RT	70.00	536.00
❑ KENSINGTON PALACE 58309	1998	RT	195.00	165.00
❑ KINGS ROAD 5568-9 (SET OF 2)	1990	RT	72.00	95.00
❑ KINGS ROAD CAB 5581-6	1989	OP	30.00	32.00
❑ KINGS ROAD POST OFFICE 5801-7	1992	RT	45.00	52.00
❑ KINGSFORD BREW HOUSE 5811-4	1993	RT	45.00	66.00
❑ KNOTTINGHILL CHURCH 5582-4	1989	RT	52.00	68.00
❑ LEACOCK POULTERER 58303	1997	RT	48.00	69.00
❑ LEEDS OYSTER HOUSE	1999	RT	68.00	62.00
❑ LILYCOTT GARDEN CONSERVATORY	2000	RT	65.00	70.00
❑ LIONHEAD BRIDGE 5864-5	1992	OP	22.00	14.00
❑ LOMAS LIMITED MOLASSES & TREACLE 5808-6	1993	RT	38.00	52.00
❑ LYNTON POINT TOWER 58315	1998	OP	80.00	78.00
❑ MALTINGS, THE 5833-5	1995	RT	50.00	60.00
❑ MANCHESTER SQUARE (SET OF 25)	1998	OP	250.00	253.00
❑ MARGROVE ORANGERY	1999	RT	98.00	110.00
❑ MAYLIE'S COTTAGE 5553-0	1991	RT	38.00	44.00
❑ MCSHANE COTTAGE	1999	RT	55.00	55.00
❑ MELANCHOLY TAVERN 58346	1997	RT	45.00	68.00
❑ MERCHANT SHOPS 5926-9 (SET OF 5)	1988	RT	150.00	223.00
❑ MERMAID FISH SHOPPE 5926-9	1988	RT	33.00	67.00
❑ MR. & MRS. PICKLE 58247	1994	RT	40.00	38.00
❑ MR. WICKFIELD SOLICITOR 5550-6	1989	RT	42.00	68.00
❑ MULBERRIE COURT 58345	1997	RT	90.00	93.00
❑ NEPHEW FRED'S FLAT 5557-3	1991	RT	36.00	92.00
❑ NETTIE QUINN PUPPETS & MARIONETTES 58344	1997	OP	50.00	62.00
❑ NEW ENGLAND VILLAGE SIGN 6532-3	1987	RT	6.00	7.00
❑ NIC(K)OLAS NICKLEBY COTTAGE 5925-0	1988	RT	36.00	130.00
❑ NICHOLAS NICKLEBY 5925-0 (SET OF 2)	1988	RT	72.00	105.00
❑ NICHOLAS NICKLEBY CHARACTER 5929-3, SET OF FOUR	1988	RT	20.00	38.00
❑ NICHOLAS NICKLEBY COTTAGE 5925-0	1988	RT	36.00	53.00
❑ NORMAN CHURCH 6502-1	1986	3500	40.00	3325.00
❑ NORTH EASTERN SEA FISHERIES LTD. 58316	1998	RT	70.00	78.00
❑ OLD CURIOSITY SHOP	2000	*	50.00	50.00
❑ OLD CURIOSITY SHOP 5905-6	1987	RT	40.00	44.00
❑ OLD GLOBE THEATRE 58501	1997	RT	175.00	165.00
❑ OLD MICHAELCHURCH 5562-0	1992	RT	46.00	62.00
❑ OLD QUEENSBRIDGE STATION	1999	*	100.00	100.00
❑ OLD ROYAL OBSERVATORY	2000	RT	95.00	115.00
❑ OLD ROYAL OBSERVATORY, GOLD DOME	1999	RT	*	625.00
❑ OLDE CAMDEN TOWN CHURCH 58346	1997	RT	55.00	72.00
❑ OLDE CURIOSITY SHOP STARTER SET	2001	OP	50.00	50.00
❑ OLIVER TWIST 5553-0 (SET OF 2)	1991	RT	75.00	93.00
❑ ORIGINAL SHOPS, THE 6515-3 (SET OF 7)	1984	RT	175.00	1223.00
❑ OX SLED/BLUE 5901-1	1987	RT	20.00	78.00
❑ OX SLED/TAN 5001-1	1987	RT	20.00	270.00
❑ PARTRIDGE/PEAR TREE, 12 DAYS OF CHRISTMAS 5835-1	1995	OP	35.00	35.00
❑ PEA PUDDLEWICK SPECTACLE SHOP	1995	OP	35.00	35.00
❑ PEACEFUL GLOW ON CHRISTMAS EVE 5830-8, (SET OF 3)	1994	OP	30.00	30.00
❑ PEGGOTTY'S SEASIDE COTTAGE (GREEN) 5550-6	1989	RT	42.00	75.00
❑ PEGGOTTY'S SEASIDE COTTAGE (TAN) 5550-6	1989	RT	42.00	215.00
❑ PICCADILLY GALLERY	2001	*	75.00	75.00
❑ PIED BULL INN, THE 5751-7	1993	RT	100.00	135.00
❑ PORTOBELLO COTTAGES 5824-6, (SET OF 3)	1994	RT	120.00	103.00
❑ PORTOBELLO RD, PEDDLER, SET OF THREE	1994	OP	28.00	32.00
❑ POSTERN/10TH ANNIVERSARY PC 9871-0	1994	RT	18.00	10.00
❑ POULTERER 5926-9	1988	RT	33.00	57.00
❑ PUMP LANE SHOPPES 5808-4 SET OF 3	1993	RT	112.00	98.00
❑ QUILLY'S ANTIQUES 58348	1996	RT	46.00	65.00
❑ RAMSFORD PALACE 58336	1996	RT	175.00	405.00
❑ ROCKINGHAM SCHOOL	2000	*	85.00	85.00
❑ ROYAL COACH 5578-6	1989	RT	55.00	55.00
❑ ROYAL STAFFORDSHIRE PORCELAINS	2001	OP	65.00	65.00
❑ ROYAL STOCK EXCHANGE	2000	RT	110.00	98.00
❑ RUTH MARION 5585-9	1989	RT	65.00	350.00
❑ RUTH MARION 5589-9 (PROOF)	1989	RT	65.00	295.00
❑ SCROOGE & MARLEY COUNTING HOUSE	1986	RT	30.00	70.00
❑ SCROOGE & MARLEY COUNTING HOUSE	2001	OP	80.00	80.00
❑ SETON MORRIS SPICE MERCHANT 58308	1998	RT	65.00	75.00
❑ SHEFFIELD MANOR	2001	RT	130.00	130.00
❑ SIR JOHN FALLSTAFF INN	1995	RT	100.00	92.00
❑ SOMERSET VALLEY CHURCH	2001	RT	75.00	75.00
❑ ST. IVES LOCK HOUSE	2001	*	75.00	75.00
❑ ST. MARTIN-IN-THE-FIELDS CHURCH	2000	*	96.00	96.00
❑ STAGHORN LODGE	1999	*	72.00	72.00
❑ STONE COTTAGE (SPLIT PEA GREEN) 6518-8	1985	RT	25.00	380.00
❑ STONE COTTAGE (TAN) 6518-8	1985	RT	25.00	480.00
❑ STONE COTTAGE (TAN/GREEN) 6518-8	1985	RT	25.00	450.00
❑ T. PUDDLEWICK SPECTACLE SHOP 58334	1995	RT	35.00	58.00
❑ T. WELLS FRUIT & SPICE SHOP 5924-2	1988	RT	32.00	68.00
❑ TALLY HO 5839-1, (SET OF 5)	1995	OP	25.00	40.00
❑ TATTYEAVE KNOLL 58311	1998	RT	55.00	81.00
❑ TEAMAN & CRUPP CHINA SHOP 58314	1998	OP	64.00	64.00
❑ THATCHED COTTAGE 6518-8	1985	RT	25.00	220.00
❑ THEATRE ROYAL 5584-0	1989	RT	45.00	78.00
❑ THOMAS KERSEY COFFEE HOUSE 6507-2	1986	RT	27.00	115.00
❑ THOMAS MUDGE TIMEPIECES 58307	1998	OP	60.00	76.00

COTTAGES

This later issue of Alpine Church has caramel trim. Earlier issues were trimmed in cream. The church was issued in 1987 and retired in 1991 by Department 56.

Fred's Home was David Winter's special Christmas piece for 1991.

Gainsborough Hall was introduced in 1984 in an edition size of 450. The hall from the "Great English Homes" series is by artist Patrick Gates and was produced by J.P. Editions.

Part of the "Admiral's Lights—Flag Quarter Series," the Yerba Buena Lighthouse sheds a friendly glow. The Spencer Collin Lighthouse was limited to 3,000 and retailed for $90 in 1994.

Jacob Adams Farmhouse and Barn are from the Dickens' Village produced by Department 56.

Hogmanay was created by David Winter for John Hine Studios.

NAME	YEAR	LIMIT	ISSUE	TREND
❑ THORNBURY CHAPEL 58502	2001	*	*	60.00
❑ TOWER OF LONDON 58500	1997	RT	165.00	295.00
❑ TUDOR COTTAGE 6518-8	1985	RT	25.00	345.00
❑ TUTBURY PRINTER 5569-0	1990	RT	40.00	33.00
❑ TUTTLE'S PUB 6507-2	1986	RT	27.00	172.00
❑ TWO TURTLEDOVES-12 DAYS OF CHRISTMAS 5836-0	1995	OP	33.00	33.00
❑ VICTORIA STATION 5574-3	1989	RT	110.00	156.00
❑ VICTORIA STATION TRAIN PLATFORM 5575-1	1990	OP	22.00	26.00
❑ VICTORIAN WROUGHT IRON FENCE & GATE 5252-3	1994	OP	15.00	17.00
❑ VILLAGE CHURCH (CREAM-YELLOW) 6516-1	1985	RT	35.00	300.00
❑ VILLAGE DUDDEN CROSS CHURCH, THE 5834-3	1995	OP	45.00	45.00
❑ VILLAGE MILL 6519-6	1985	RT	35.00	4800.00
❑ VILLAGE MILL, PROOF XB 6519-6	1985	RT	35.00	5000.00
❑ VISIONS OF CHRISTMAS PAST 5817-3, (SET OF 3)	1993	RT	28.00	38.00
❑ W.M. WHEATCAKES & PUDDINGS 5808-7	1993	RT	38.00	48.00
❑ WACKFORD SQUEERS BOARDING SCHOOL 5925-0	1988	RT	36.00	57.00
❑ WALPOLE TAILORS 5926-9	1988	RT	33.00	32.00
❑ WHITE HORSE BAKERY 5926-9	1988	RT	33.00	48.00
❑ WHITTLESBOURNE CHURCH 5821-1	1994	RT	85.00	78.00
❑ WINTER SLEIGHRIDE 5825-4	1994	OP	18.00	18.00
❑ WOOL SHOP, THE 5924-2	1988	RT	32.00	145.00
❑ WRENBURY BAKER	1995	RT	35.00	45.00
❑ WRENBURY SHOPS 5833-1, (SET OF 3)	1995	OP	100.00	98.00
DISNEY PARKS VILLAGE				*
❑ AUTOMOBILES 5964-1	1987	RT	*	26.00
❑ BALLOON SELLER 5353-9	1995	RT	25.00	49.00
❑ C. BRADFORD, WHEELWRIGHT & SON 5818-1	1993	RT	*	30.00
❑ CHRISTMAS BELLS 98711	1996	RT	*	25.00
❑ DISNEY PARKS FAMILY 5354-6	1994	RT	33.00	24.00
❑ DISNEYLAND FIRE DEPARTMENT #105 5352-0	1994	RT	45.00	51.00
❑ KNIFE GRINDER 5649-9	1993	RT	*	26.00
❑ MICKEY & MINNIE 5353-8	1994	RT	23.00	28.00
❑ MICKEY'S CHRISTMAS CAROL 5350-3	1994	RT	144.00	265.00
❑ OLD WORLD ANTIQUES GATE 5355-4	1994	RT	15.00	24.00
❑ OLDE WORLD ANTIQUES SHOPS 5351-1 STAMPED	1994	RT	90.00	168.00
❑ PLAYING IN THE SNOW SET 5556-5	1993	RT	*	30.00
❑ SILVERSMITH 5352-1	1995	RT	50.00	240.00
❑ TINKERBELL'S TREASURES 5352-2	1995	RT	60.00	240.00
❑ VILLAGE EXPRESS VAN 5865-3	1992	RT	*	43.00
❑ VISION OF A CHRISTMAS PAST 5817-3	1993	RT	*	36.00
HERITAGE VILLAGE COLLECTION				*
❑ BRINGING HOME THE YULE LOG 5558-1, (SET OF 3)	1991	OP	28.00	19.00
❑ CHURCHYARD GATE & FENCE 5806-8, (SET OF 3)	1992	OP	15.00	14.00
❑ CHURCHYARD GATE & FENCE 5807-6, (SET OF 4)	1992	OP	18.00	14.00
❑ DUDDEN CROSS CHURCH 5834-3	1995	RT	*	47.00
❑ HOLIDAY COACH 5561-1	1991	OP	70.00	54.00
❑ LILYCOTT CARDEN CONSERVATORY, GIFT SET OF 5	2001	TL	65.00	65.00
❑ POULTRY MARKET 5559-0, (SET OF 3)	1991	RT	32.00	35.00
❑ TOWN CRIER & CHIMNEY SWEEP 5509-7, (SET OF 2)	1990	OP	15.00	18.00
HERITAGE VILLAGE COLLECTION ACCESSORIES				*
❑ BLACKSMITH 5934-0 (SET OF 3)	1987	RT	20.00	85.00
❑ CAROLERS 6526-9 (SET OF 3)	1984	RT	10.00	89.00
❑ CAROLERS ON THE DOORSTEP 5570-0 (SET OF 4)	1990	OP	25.00	22.00
❑ CENTRAL PARK CARRIAGE 5979-0	1989	OP	30.00	30.00
❑ CHILDE POND & SKATERS 5903-0 (SET OF 4)	1988	RT	30.00	10.00
❑ CHRISTMAS CAROL FIGS. 6501-3 (SET OF 3)	1986	RT	12.00	68.00
❑ CHURCH YARD 5563-8	1992	RT	15.00	65.00
❑ CITY BUS & MILK TRUCK 5983-8 (SET OF 2)	1988	RT	15.00	26.00
❑ CITY NEWSSTAND 5971-4 (SET OF 4)	1988	RT	25.00	115.00
❑ CITY PEOPLE 5965-0 (SET OF 5)	1987	RT	28.00	65.00
❑ COME INTO THE INN 5560-3 (SET OF 3)	1991	RT	22.00	22.00
❑ CONSTABLES 5579-4 (SET OF 3)	1989	RT	18.00	68.00
❑ COVERED WOODEN BRIDGE 6531-5	1986	RT	10.00	26.00
❑ DOVER COACH 6590-0	1987	RT	18.00	75.00
❑ FARM ANIMALS 5945-5 (SET OF 4)	1989	RT	15.00	30.00
❑ FARM PEOPLE & ANIMALS 5901-3 (SET OF 5)	1987	RT	24.00	88.00
❑ FEZZIWIG AND FRIENDS 5928-5 (SET OF 3)	1988	RT	12.00	75.00
❑ GATE HOUSE 5530-1	1992	RT	23.00	22.00
❑ HERITAGE VILLAGE SIGN W/SNOWMAN 5572-7	1989	RT	10.00	16.00
❑ LIGHTED TREE W/CHILDREN & LADDER 6510-2	1986	RT	35.00	190.00
❑ MAPLE SUGARING SHED 6589-7 (SET OF 3)	1987	RT	19.00	195.00
❑ NEW ENGLAND WINTER SET 6532-3 (SET OF 5)	1986	RT	18.00	38.00
❑ NICHOLAS NICKLEBY 5929-3 (SET OF 4)	1988	RT	20.00	36.00
❑ ONE HORSE OPEN SLEIGH 5982-0	1988	RT	20.00	35.00
❑ ORGAN GRINDER 5957-9 (SET OF 3)	1989	RT	21.00	28.00
❑ OX SLED (BLUE PANTS) 5951-1	1987	RT	20.00	78.00
❑ RIVER STREET ICE HOUSE CART 5959-5	1989	RT	20.00	52.00
❑ SALVATION ARMY BAND 5985-4 (SET OF 6)	1988	RT	24.00	85.00
❑ SHOPKEEPERS 5966-8 (SET OF 4)	1987	RT	15.00	32.00
❑ SILO & HAY SHED, 5950-1 (SET OF 2)	1987	RT	18.00	138.00
❑ SKATING POND 6545-5	1987	RT	24.00	38.00
❑ SLEIGHRIDE 6511-0	1986	RT	20.00	48.00
❑ STONE BRIDGE 6546-3	1987	RT	12.00	48.00
❑ VILLAGE HARVEST PEOPLE 5941-2 (SET OF 4)	1988	RT	28.00	42.00
❑ VILLAGE TRAIN 6527-7 (SET OF 3) BRIGHTON	1985	RT	12.00	400.00
❑ VILLAGE TRAIN TRESTLE 5981-1	1988	RT	17.00	48.00
❑ VILLAGE WELL & HOLY CROSS 6547-1 (SET OF 2)	1987	RT	13.00	148.00
❑ WOODCUTTER AND SON 5986 (SET OF 2)	1988	RT	10.00	42.00
LITERARY CLASSICS				*
❑ GREAT EXPECTATIONS SATIS MANOR 58310	1998	RT	110.00	110.00
❑ GREAT GATSBY WEST EGG MANSION	1999	RT	135.00	135.00
❑ LITTLE WOMEN MARCH RESIDENCE	1999	RT	90.00	97.00

COTTAGES

COTTAGES

NAME	YEAR	LIMIT	ISSUE	TREND
❏ SHERLOCK HOLMES-221B BAKER STREET SET OF 3	2001	RT	90.00	90.00
❏ TOM SAWYER AUNT POLLY'S HOUSE	2000	RT	90.00	98.00

LITTLE TOWN OF BETHLEHEM *

NAME	YEAR	LIMIT	ISSUE	TREND
❏ CARAVANSARY CORNER	2001	*	75.00	75.00
❏ CARAVANSARY ROOMS AT THE INN	2001	*	110.00	110.00
❏ CARPENTER'S SHOP	2000	OP	72.00	72.00
❏ GATEKEEPER'S DWELLING	1999	RT	55.00	55.00
❏ HEROD'S TEMPLE SET OF 5	2001	RT	150.00	225.00
❏ HOUSE OF THE LAST SUPPER GIFT SET	2001	*	65.00	65.00
❏ INNKEEPER'S CARAVANSARY	1999	*	70.00	70.00
❏ LITTLE TOWN/BETHLEHEM 5975-7 (SET OF 12)	1987	RT	150.00	293.00
❏ NATIVITY	1999	*	55.00	55.00
❏ RUG MERCHANT'S COLONNADE SET OF 4	2000	OP	110.00	110.00

MEADOWLAND *

NAME	YEAR	LIMIT	ISSUE	TREND
❏ ASPEN TREES 5052-6	1979	RT	16.00	32.00
❏ COUNTRYSIDE CHURCH 5051-8	1979	RT	25.00	600.00
❏ SHEEP 5053-4	1979	RT	12.00	24.00
❏ THATCHED COTTAGE 5050-0	1979	RT	30.00	700.00

NEW ENGLAND VILLAGE *

NAME	YEAR	LIMIT	ISSUE	TREND
❏ A. BIELER BARN 5648-9 & FARMHOUSE 5648-9 SET OF 2	1993	RT	92.00	90.00
❏ ADA'S BED & BOARDING HOUSE 1ST 5940-4	1988	RT	36.00	325.00
❏ ADA'S BED & BOARDING HOUSE 2ND 5940-4	1988	RT	36.00	135.00
❏ ADA'S BED & BOARDING HOUSE 3RD 5940-4	1988	RT	36.00	108.00
❏ AMISH FAMILY 5948-0 (SET OF 3 W/MOUSTACHE)	1990	RT	20.00	60.00
❏ AMISH FAMILY 5948-0 (SET OF 3)	1990	RT	20.00	32.00
❏ ANNE SHAW TOYS 5939-0	1988	RT	27.00	140.00
❏ APOTHECARY SHOP 6530-7	1986	RT	25.00	165.00
❏ APPLE VALLEY SCHOOL	1996	OP	35.00	48.00
❏ ARLINGTON FALLS CHURCH 5651-0	1994	RT	40.00	38.00
❏ BEN'S BARBERSHOP 5939-1	1988	RT	27.00	140.00
❏ BERKSHIRE HOUSE (ORIG BLUE) 5942-0	1989	RT	40.00	175.00
❏ BERKSHIRE HOUSE (TEAL) 5942-0	1989	RT	40.00	120.00
❏ BLUE STAR ICE CO. 5647-2	1993	RT	45.00	56.00
❏ BLUEBIRD SEED & BULB 5642-1	1992	CL	48.00	45.00
❏ BOBWHITE COTTAGE 56576	1996	OP	50.00	50.00
❏ BREAKERS POINT LIGHTHOUSE	2001	*	85.00	85.00
❏ BREWSTER BAY COTTAGES, SET OF 2	1995	RT	90.00	90.00
❏ BRICK TOWN HALL 6530-7	1986	RT	25.00	195.00
❏ CAPE KEAG FISH CANNERY 5652-9	1994	RT	48.00	36.00
❏ CAPTAIN KENSEY'S HOUSE	2001	*	55.00	55.00
❏ CAPTAIN'S COTTAGE 5947-1	1990	RT	42.00	51.00
❏ CHERRY LANE SHOPS 5939-0 (SET OF 3)	1988	RT	80.00	385.00
❏ CHOWDER HOUSE 5657-1	1995	RT	40.00	50.00
❏ COLLECTOR'S CLUB HOUSE	1998	RT	56.00	150.00
❏ CRAGGY COVE LIGHTHOUSE 5930-7	1987	RT	45.00	68.00
❏ CRANBERRY HOUSE	2001	OP	60.00	60.00
❏ DEACON'S WAY CHAPEL 56604	1998	RT	68.00	67.00
❏ EAST WILLET POTTERY	1998	RT	45.00	64.00
❏ EMILY LOUISE, THE, SET OF 2, 56581	1998	RT	70.00	78.00
❏ FARM ANIMALS 5658-8, (SET OF 8)	1995	OP	33.00	30.00
❏ FRANKLIN HOOK & LADDER CO. 56601	1998	RT	55.00	55.00
❏ FRESH PAINT FOR THE N.E. SIGN 5659-2	1995	OP	20.00	20.00
❏ GENERAL STORE 6530-7	1986	RT	25.00	325.00
❏ HALE & HARDY HOUSE	1999	RT	60.00	58.00
❏ HARPER'S FARM 56605	1998	RT	65.00	77.00
❏ HARPER'S FARMHOUSE	1999	*	57.00	57.00
❏ HV PROMOTIONAL EARTHENWARE SIGN 9953-8	1989	RT	5.00	14.00
❏ ICHABOD CRANE'S COTTAGE 5954-4	1990	RT	32.00	48.00
❏ INDEPENDENCE HALL WITH SIGN 55500	1998	RT	110.00	110.00
❏ J. HUDSON STOVEWORKS 56574	1996	RT	60.00	60.00
❏ JACOB ADAMS FARMHOUSE & BARN 6538-2	1986	RT	65.00	535.00
❏ JANNES MULLET AMISH BARN 5944-7	1989	RT	48.00	115.00
❏ JANNES MULLET AMISH FARM HOUSE 5943-9	1989	RT	32.00	88.00
❏ JEREMIAH BREWSTER HOUSE 56568	1995	RT	45.00	46.00
❏ LAUREL HILL CHURCH	2001	OP	68.00	68.00
❏ LIVERY STABLE & BOOT SHOP 6530-7	1986	RT	25.00	195.00
❏ LOBSTER TRAPPER 5658-6, (SET OF 4)	1995	OP	35.00	35.00
❏ LUMBERJACKS 5659-0, (SET OF 2)	1995	OP	30.00	28.00
❏ MAILBOX & FIRE HYDRANT, RED & GREEN 5517-4	1990	RT	6.00	15.00
❏ MCGREBE-CUTTERS & SLEIGHS 5640-5	1991	RT	48.00	42.00
❏ MOGGIN FALLS GENERAL STORE 56602	1998	OP	60.00	60.00
❏ MOUNTAIN VIEW CABIN	2001	10,000	55.00	135.00
❏ NATHANIEL BINGHAM FABRICS 6530-7	1986	RT	25.00	228.00
❏ NAVIGATIONAL CHARTS & MAPS 56575	1996	RT	48.00	62.00
❏ NEW ENGLAND 6530-7 (ORIGINAL SET OF 7)	1986	RT	170.00	1275.00
❏ OLD MAN & THE SEA, THE 5655-3 (SET OF 3)	1994	OP	25.00	24.00
❏ OLD NORTH CHURCH 5932-3	1988	RT	45.00	50.00
❏ OTIS HAYES BUTCHER SHOP 5939-0	1988	RT	27.00	122.00
❏ OTTER CREEK SAWMILL	2001	*	70.00	70.00
❏ OVER THE RIVER & THROUGH THE WOODS 5654-5,SET OF 3	1994	OP	35.00	32.00
❏ P.L. WHEELER'S BICYCLE SHOP	1999	*	57.00	57.00
❏ PENNSYLVANIA DUTCH BARN 56482	1993	RT	52.00	48.00
❏ PENNSYLVANIA DUTCH FARMHOUSE 56481	1993	RT	*	46.00
❏ PIERCE BOAT WORKS 5657-3	1995	RT	55.00	57.00
❏ PIGEONHEAD LIGHTHOUSE 5653-7	1994	RT	50.00	53.00
❏ PLATT'S CANDLES & WAX	1999	RT	60.00	60.00
❏ RED COVERED BRIDGE 5987-0	1988	RT	17.00	20.00
❏ RED SCHOOLHOUSE 6530-7	1986	RT	25.00	327.00
❏ REVERE SILVER WORKS	2001	*	60.00	60.00
❏ SEMPLE'S SMOKEHOUSE	1998	RT	45.00	60.00

NAME	YEAR	LIMIT	ISSUE	TREND
❏ SHINGLE CREEK HOUSE 5946-3	1990	RT	40.00	42.00
❏ SLEEPY HOLLOW CHURCH 5955-2	1990	RT	36.00	95.00
❏ SLEEPY HOLLOW SCHOOL 5954-4	1990	RT	32.00	98.00
❏ SMYTHE WOOLEN MILL 6543-9	1987	RT	42.00	1185.00
❏ SPRINGFIELD STUDIO GIFT SET	2001	*	65.00	65.00
❏ STARS & STRIPES FOREVER 55502	1998	RT	50.00	50.00
❏ STEEN'S MAPLE HOUSE (SMOKING HOUSE)	1998	RT	60.00	85.00
❏ STEEPLE CHURCH 6530-7 1ST VERSION	1986	RT	25.00	175.00
❏ STEEPLE CHURCH 6539-0 2ND VERSION	1986	RT	30.00	209.00
❏ STONEY BROOK TOWN HALL 5644-8	1992	RT	42.00	48.00
❏ SUSQUEHANNA STATION	2000	*	60.00	60.00
❏ THOMAS T. JULIAN HOUSE 56569	1995	RT	45.00	58.00
❏ TIMBER KNOLL LOG CABIN 6544-7	1987	RT	38.00	180.00
❏ TRINITY LEDGE	1999	*	85.00	85.00
❏ TWO RIVERS BRIDGE 5656-1	1994	OP	35.00	28.00
❏ VAN GUILDER'S ORNAMENTAL IRONWORKS	1997	RT	50.00	68.00
❏ VAN TASSEL MANOR 5954-4	1990	RT	32.00	52.00
❏ VERNA MAE'S BOUTIQUE SET OF 3	2001	TL	65.00	74.00
❏ VILLAGE EXPRESS ELECTRIC TRAIN SET 5980-3	1988	OP	100.00	135.00
❏ VILLAGE EXPRESS ELECTRIC TRAIN/BLACK 5997-8	1987	RT	90.00	195.00
❏ WESTON TRAIN STATION 5931-5	1987	RT	42.00	270.00
❏ WHALE TALE PUB & INN	2001	*	62.00	62.00
❏ WHITEHILL ROUND BARN	2001	*	65.00	65.00
❏ WM. WALTON FINE CLOCKS & POCKET PIECES	2001	OP	60.00	60.00
❏ WOODBRIDGE POST OFFICE 5657-2	1995	RT	40.00	58.00
❏ YANKEE JUD BELL CASTING 5643-0	1992	RT	44.00	38.00

NORTH POLE COLLECTION
*

NAME	YEAR	LIMIT	ISSUE	TREND
❏ ACME TOY FACTORY LOONEY TUNES SET OF 5	2001	OP	80.00	80.00
❏ BARBIE BOUTIQUE	2001	*	80.00	80.00
❏ BEARD BARBER SHOP 5634-0	1994	RT	28.00	30.00
❏ BEARD BROS. SLEIGH WASH	2001	*	70.00	70.00
❏ BUSY ELF SCULPTS THE N. POLE SIGN 5636-6	1995	RT	20.00	20.00
❏ CARIBOU COFFEE SHOP	2001	*	62.00	62.00
❏ CHARTING SANTA'S COURSE 5636-4, (SET OF 2)	1995	OP	25.00	24.00
❏ CHRISTMAS BREAD BAKERS 56393	1997	RT	55.00	66.00
❏ COLD CARE CLINIC	1999	RT	42.00	38.00
❏ CRAYOLA POLAR PALETTE ART CENTER	2000	*	65.00	65.00
❏ CUSTOM STITCHERS 56400	1998	RT	38.00	38.00
❏ DESIGN WORKS NORTH POLE	2001	RT	75.00	495.00
❏ DOLLS & SANTA'S BEAR WORKS 5635-9, (SET OF 3)	1994	RT	96.00	98.00
❏ EGG NOG PUB	2001	*	40.00	40.00
❏ ELF BUNKHOUSE 5601-6	1990	RT	40.00	42.00
❏ ELF MOUNTAIN SKI RESORT	1999	*	70.00	70.00
❏ ELF SPA, THE 56402	1998	RT	40.00	42.00
❏ ELFIE'S SLEDS & SKATES 5625-1	1992	RT	48.00	51.00
❏ ELFIN FORGE & ASSEMBLY SHOP 5638-4	1995	RT	65.00	66.00
❏ ELFIN SNOW CONE WORKS 5633-2	1994	RT	40.00	48.00
❏ ELSIE'S GINGERBREAD (SMOKING HOUSE)	1998	RT	65.00	92.00
❏ ELVES' TRADE SCHOOL 5638-7	1995	RT	50.00	48.00
❏ EXPRESS DEPOT 5627-8	1993	RT	48.00	45.00
❏ GINNY'S COOKIE TREATS	2001	OP	50.00	50.00
❏ GLACIER GAZETTE, THE 56394	1997	RT	48.00	56.00
❏ GLASS ORNAMENT WORKS	1998	OP	60.00	60.00
❏ HALL OF RECORDS 56392	1997	RT	50.00	55.00
❏ I'LL NEED MORE TOYS 5600-5, (SET OF 2)	1995	OP	25.00	18.00
❏ JACK IN THE BOX PLANT NO. 2	1999	RT	65.00	80.00
❏ LAST MINUTE DELIVERY	1994	OP	*	24.00
❏ LEGO BUILDING CREATION STATION	2001	*	90.00	90.00
❏ MARIE'S DOLL MUSEUM 56408	1999	RT	55.00	83.00
❏ MINI-DONUT SHOP	1999	RT	42.00	42.00
❏ MRS. CLAUS' GREENHOUSE	1998	RT	68.00	68.00
❏ NEENEE'S DOLLS & TOYS 5620-0	1991	RT	38.00	49.00
❏ NORTH POLE 5601-4 (SET OF 2)	1990	RT	70.00	86.00
❏ NORTH POLE BEAUTY SHOPPE	2001	*	40.00	40.00
❏ NORTH POLE CHAPEL 5626-0	1993	RT	45.00	43.00
❏ NORTH POLE DOLLS & SANTA'S BEAR WORKS 5635-9	1994	RT	96.00	105.00
❏ NORTH POLE EXPRESS DEPOT 5627-8	1993	RT	48.00	51.00
❏ NORTH POLE GATE 5632-4	1993	OP	33.00	24.00
❏ NORTH POLE SHOPS 5621-9 (SET OF 2)	1991	RT	75.00	120.00
❏ NORTH POLE STARTER SET 56390	1996	RT	85.00	96.00
❏ NORTHERN LIGHTS FIRE STATION	2001	OP	64.00	64.00
❏ NORTHERN LIGHTS TINSEL MILL	1999	*	55.00	55.00
❏ OBBIE'S BOOKS & LETRINKA'S CANDY 5624-3	1992	RT	70.00	88.00
❏ ORLEY'S BELL & HARNESS SUPPLY 5621-9	1991	RT	38.00	51.00
❏ PEANUT BRITTLE FACTORY	1999	*	80.00	80.00
❏ POLAR PALACE THEATER	2001	*	40.00	40.00
❏ POPCORN & CRANBERRY HOUSE 56388	1996	RT	45.00	105.00
❏ POST OFFICE 5623-5	1992	RT	45.00	50.00
❏ REAL PLASTIC SNOW FACTORY 56403	1998	RT	20.00	80.00
❏ REINDEER BARN 5601-4	1990	RT	40.00	45.00
❏ REINDEER FLIGHT SCHOOL 56404	1998	OP	55.00	55.00
❏ RIMPY'S BAKERY 5621-9	1991	RT	38.00	87.00
❏ ROUTE 1 NORTH POLE, HOME OF MR. & MRS. CLAUS	1996	OP	110.00	110.00
❏ SANTA'S BELL REPAIR 56389	1996	RT	45.00	48.00
❏ SANTA'S LIGHT SHOP	1998	RT	60.00	61.00
❏ SANTA'S LOOKOUT TOWER 5629-4	1993	RT	45.00	53.00
❏ SANTA'S ROOMING HOUSE 5638-6	1995	RT	50.00	64.00
❏ SANTA'S SLEIGH LAUNCH	2001	RT	75.00	85.00
❏ SANTA'S VISITING CENTER, SET OF 6, 56407	1999	RT	65.00	94.00
❏ SANTA'S WOODWORKS 5628-6	1993	RT	42.00	56.00
❏ SANTA'S WORKSHOP 5600-6	1990	RT	72.00	325.00
❏ SING A SONG FOR SANTA 5631-6, (SET OF 3)	1993	OP	28.00	28.00

COTTAGES

NAME	YEAR	LIMIT	ISSUE	TREND
❑ SNOW CONE ELVES 5637-5, (SET OF 4)	1994	OP	30.00	35.00
❑ STARLIGHT DANCE HALL	2001	RT	75.00	75.00
❑ START A TRADITION SET 56390	1996	RT	85.00	98.00
❑ SWEET ROCK CANDY CO. 56725	2000	RT	75.00	88.00
❑ TASSY'S MITTENS/HASSEL'S WOOLIES 5622-7	1991	RT	50.00	69.00
❑ TILLIE'S TINY CUP CAF… 56401	1998	RT	38.00	42.00
❑ TIN SOLDIER SHOP 5638-3	1995	RT	42.00	54.00
❑ TOOT'S MODEL TRAIN MFG.	2001	RT	110.00	235.00
❑ TRIMMING THE NORTH POLE 5608-1	1990	RT	10.00	45.00
❑ TWINKLE BRITE GLITTER FACTORY	2001	*	70.00	70.00
❑ WEATHER & TIME OBSERVATORY 5638-5	1995	RT	50.00	75.00
❑ WEDDING BELLS CHAPEL	2001	RT	45.00	45.00
❑ WOODSMAN ELVES 5630-8, (SET OF 3)	1993	RT	30.00	58.00
NORTH POLE WOODS				*
❑ CHISEL MCTIMBER ART STUDIO	2001	*	65.00	65.00
❑ OAKWOOD POST OFFICE BRANCH	2000	*	70.00	70.00
❑ REINDEER CARE & REPAIR	2000	*	65.00	65.00
❑ REINDEER CONDO	2000	RT	70.00	70.00
❑ RUDOLPH'S CONDO 56885	2000	*	50.00	50.00
❑ SANTA'S RETREAT 56883	2000	*	70.00	70.00
❑ TOWN MEETING HALL	2000	*	73.00	73.00
❑ TRIM-A-TREE FACTORY	2000	RT	55.00	55.00
ORIGINAL SNOW VILLAGE COLLECTION				*
❑ 2000 HOLLY LANE, SET OF 11, 54977	1999	RT	65.00	115.00
❑ 2101 MAPLE 5043-1	1986	RT	32.00	278.00
❑ 56 FLAVORS ICE CREAM PARLOR 5151-9	1990	RT	42.00	240.00
❑ ABNER'S IMPLEMENT CO.	2001	OP	85.00	85.00
❑ ADOBE HOUSE 5066-6	1979	RT	18.00	2800.00
❑ AIRPORT 5439-9	1992	RT	60.00	120.00
❑ ALL SAINTS CHURCH 5070-9	1986	RT	38.00	49.00
❑ AL'S TV SHOP	1992	RT	40.00	49.00
❑ ANOTHER MAN'S TREASURE GARAGE	1998	RT	60.00	67.00
❑ APOTHECARY 5076-8	1986	RT	34.00	92.00
❑ BACHMAN'S FLOWER SHOP 08802	1997	RT	50.00	90.00
❑ BACHMAN'S GREENHOUSE 2203	1998	*	60.00	90.00
❑ BAKERY 5077-6	1981	RT	30.00	265.00
❑ BAKERY 5077-6	1986	RT	35.00	98.00
❑ BANK 5024-5	1982	RT	32.00	600.00
❑ BARN 5074-1	1981	RT	32.00	425.00
❑ BAYPORT 5015-6	1984	RT	30.00	235.00
❑ BEACON HILL HOUSE 5065-2	1986	RT	31.00	278.00
❑ BEACON HILL VICTORIAN 5485-7	1995	RT	60.00	78.00
❑ BILL'S SERVICE STATION 5128-4	1988	RT	38.00	300.00
❑ BIRCH RUN SKI CHALET	1996	RT	60.00	62.00
❑ BOULDER SPRINGS HOUSE 54873	1996	RT	60.00	58.00
❑ BOWLING ALLEY 5485-8	1995	RT	42.00	54.00
❑ BRANDON BUNGALOW, THE 54918	1997	RT	55.00	75.00
❑ BROWNSTONE 5056-7	1979	RT	36.00	645.00
❑ BUCK'S COUNTY FARM HOUSE	2001	OP	75.00	75.00
❑ BUCK'S COUNTY HORSE BARN	2001	OP	72.00	72.00
❑ CANDLEROCK LIGHTHOUSE RESTAURANT	2001	30,000	110.00	235.00
❑ CANDY CANE HOUSE 5041-5	1986	RT	35.00	700.00
❑ CAPE COD 5013-8	1978	RT	20.00	475.00
❑ CARMEL COTTAGE 5466-6	1994	RT	48.00	58.00
❑ CARNIVAL CAROUSEL, THE 54933	1998	OP	150.00	145.00
❑ CARPENTER GOTHIC BED & BREAKFAST	2000	*	75.00	75.00
❑ CARRIAGE HOUSE 5021-0	1982	RT	28.00	345.00
❑ CARRIAGE HOUSE 5071-7	1986	RT	29.00	135.00
❑ CATHEDRAL CHURCH 5019-9	1987	RT	50.00	58.00
❑ CATHEDRAL CHURCH 5067-4	1980	RT	36.00	3000.00
❑ CEDAR POINT CABIN	1999	*	66.00	66.00
❑ CEDAR RIDGE SCHOOL	2001	*	60.00	60.00
❑ CENTENNIAL HOUSE 5020-2	1982	RT	32.00	433.00
❑ CENTER FOR THE ARTS 54940	1998	RT	64.00	75.00
❑ CHAMPSFIELD STADIUM	1999	RT	195.00	195.00
❑ CHATEAU 5084-9	1983	RT	35.00	465.00
❑ CHRISTMAS AT THE FARM 5450-0	1993	RT	16.00	21.00
❑ CHRISTMAS BARN DANCE 54910	1997	RT	65.00	78.00
❑ CHRISTMAS COVE LIGHTHOUSE 5483-6	1995	RT	60.00	68.00
❑ CHRISTMAS LAKE CHALET	2001	RT	75.00	95.00
❑ CHRISTMAS LAKE HIGH SCHOOL	1996	RT	52.00	87.00
❑ CHRISTMAS PUPPIES 5432-1	1992	RT	28.00	30.00
❑ CHRISTMAS SHOP, THE 5097-0	1991	RT	38.00	68.00
❑ CHURCH OF THE OPEN DOOR 5048-2	1985	RT	34.00	215.00
❑ CINEMA 56 54978	1999	RT	85.00	96.00
❑ COBBLESTONE ANTIQUE SHOP 5123-3	1988	RT	36.00	98.00
❑ COCA-COLA BRAND BOTTLING PLANT 5469-0	1994	RT	65.00	120.00
❑ COCA-COLA BRAND DRUGSTORE 5484-4	1995	RT	55.00	93.00
❑ COLONIAL CHURCH 5119-5	1989	RT	60.00	67.00
❑ COLONIAL FARM HOUSE 5070-9	1980	RT	30.00	202.00
❑ CONGREGATIONAL CHURCH 5034-2	1984	RT	28.00	740.00
❑ CORNER CAFE 5124-1	1988	RT	37.00	108.00
❑ CORNER STORE 5076-8	1981	RT	30.00	305.00
❑ COUNTRY CHURCH 5004-7	1976	RT	18.00	375.00
❑ COUNTRY QUILTS AND PIES	2001	*	65.00	65.00
❑ COUNTRYSIDE CHURCH 5058-3	1979	RT	28.00	375.00
❑ COURTHOUSE 5144-6	1989	RT	65.00	230.00
❑ CRACK THE WHIP 5171-3	1989	RT	25.00	25.00
❑ CRAFTSMAN COTTAGE	1992	RT	55.00	68.00
❑ CREEPY CREEK CARRIAGE HOUSE	2001	OP	75.00	75.00
❑ CROSBY HOUSE	2001	OP	50.00	50.00
❑ CUMBERLAND HOUSE 5024-5	1987	RT	42.00	65.00

NAME	YEAR	LIMIT	ISSUE	TREND
❑ DAIRY BARN 5446-1	1993	RT	55.00	88.00
❑ DELTA HOUSE 5012-1	1984	RT	32.00	385.00
❑ DEPOT AND TRAIN WITH TWO CARS 5051-2	1985	RT	65.00	140.00
❑ DINAH'S DRIVE-IN 5447-0	1993	RT	45.00	165.00
❑ DINER	1986	RT	22.00	675.00
❑ DOCTOR'S HOUSE 5143-8	1989	RT	56.00	171.00
❑ DOUBLE BUNGALOW 5407-0	1991	RT	45.00	60.00
❑ DUPLEX 5050-4	1985	RT	35.00	167.00
❑ DUTCH COLONIAL 5485-6	1995	RT	45.00	61.00
❑ ELVIS PRESLEY'S GRACELAND (SET OF 6)	2000	RT	165.00	167.00
❑ ENGLISH CHURCH 5078-4	1981	RT	30.00	435.00
❑ ENGLISH COTTAGE 5073-3	1981	RT	25.00	328.00
❑ ENGLISH TUDOR 5033-4	1983	RT	30.00	275.00
❑ FARM HOUSE 5089-0	1987	RT	40.00	80.00
❑ FARM HOUSE 54912	1997	RT	50.00	75.00
❑ FARMER'S CO-OP GRANARY 54946	1998	RT	64.00	76.00
❑ FEDERAL HOUSE 5465-8	1994	RT	50.00	83.00
❑ FINKLEA'S FINERY: COSTUME SHOP 5405-4	1991	RT	45.00	73.00
❑ FIRE STATION 5032-6	1983	RT	32.00	425.00
❑ FIRE STATION NO. 2 5091-1	1987	RT	40.00	195.00
❑ FIRE STATION NO. 3 54942	1998	OP	70.00	70.00
❑ FISHERMAN'S NOOK CABINS (SET/2) 5461-5	1994	RT	50.00	115.00
❑ FISHERMAN'S NOOK RESORT 5460-7	1994	RT	75.00	95.00
❑ FLOWER SHOP 5082-2	1982	RT	25.00	465.00
❑ FROST AND SONS 5 & DIME	2001	OP	68.00	68.00
❑ GABLED COTTAGE 5002-1	1976	RT	20.00	403.00
❑ GABLED HOUSE 5081-4	1982	RT	30.00	425.00
❑ GALENA HOUSE 5009-1	1984	RT	32.00	435.00
❑ GENERAL STORE, GOLD 5012-0	1978	RT	25.00	530.00
❑ GENERAL STORE, TAN 5012-0	1978	RT	25.00	595.00
❑ GENERAL STORE, WHITE 5012-0	1978	RT	25.00	510.00
❑ GIANT TREES 5065-8	1979	RT	20.00	190.00
❑ GINGERBREAD HOUSE 5025-3 (LIGHTED)	1983	RT	24.00	500.00
❑ GLENHAVEN HOUSE 5468-2	1994	RT	45.00	67.00
❑ GOOD SHEPHERD CHAPEL & CHURCH SCHOOL 5424-0	1992	RT	72.00	88.00
❑ GOTHIC CHURCH 5028-8	1983	RT	36.00	268.00
❑ GOTHIC FARMHOUSE 5404-6	1991	RT	48.00	85.00
❑ GOVERNOR'S MANSION 5003-2	1983	RT	32.00	330.00
❑ GRACIE'S DRY GOODS & GENERAL STORE 54915	1997	RT	70.00	82.00
❑ GRANDMA'S COTTAGE 5420 8	1992	RT	42.00	90.00
❑ GRIMSLY MANOR	1999	RT	120.00	165.00
❑ GROCERY 5001-6	1983	RT	35.00	395.00
❑ GUS'S DRIVE-IN	2001	*	55.00	95.00
❑ HAPPY EASTER HOUSE	2001	*	50.00	50.00
❑ HARLEY-DAVIDSON MANUFACTURING 54948	1998	RT	80.00	102.00
❑ HARLEY-DAVISON MOTORCYCLE SHOP	1996	OP	65.00	86.00
❑ HARTFORD HOUSE	1992	RT	55.00	78.00
❑ HAUNTED BARN	2001	RT	75.00	155.00
❑ HAUNTED MANSION, BLACK ROOF	1998	RT	110.00	675.00
❑ HAUNTED MANSION, GREEN ROOF 54935	1998	RT	110.00	295.00
❑ HAUNTSBURG HOUSE	2001	OP	95.00	95.00
❑ HAVERSHAM HOUSE 5008-3	1984	RT	37.00	265.00
❑ HERSHEY'S & CHOCOLATE SHOP 54913	1997	RT	55.00	78.00
❑ HIDDEN PONDS HOUSE 54944	1998	OP	50.00	48.00
❑ HIGHLAND PARK HOUSE 5063-6	1986	RT	35.00	165.00
❑ HOLIDAY HOUSE	2001	OP	90.00	90.00
❑ HOLLY BROTHERS' GARAGE 5485-4	1995	RT	48.00	87.00
❑ HOLY SPIRIT CHURCH	1999	*	70.00	70.00
❑ HOME FOR THE HOLIDAYS, A 5165-9	1990	RT	7.00	16.00
❑ HOME IN THE MAKING	1999	RT	95.00	85.00
❑ HOME SWEET HOME/HOUSE & WINDMILL 5126-8	1988	RT	60.00	125.00
❑ HOMESTEAD 5011-2	1978	RT	30.00	245.00
❑ HONEYMOONER MOTEL 5401-1	1991	RT	42.00	135.00
❑ HUNTING LODGE 5445-3	1993	RT	50.00	215.00
❑ INN, THE- 5003-9	1976	RT	20.00	475.00
❑ ITALIANTE VILLA 54911	1997	OP	55.00	76.00
❑ J. YOUNG'S GRANARY 5149-7	1989	RT	45.00	120.00
❑ JACK'S CORNER BARBER SHOP 5406-2	1991	RT	42.00	98.00
❑ JEFFERSON SCHOOL 5082-2	1987	CL	36.00	205.00
❑ JINGLE BELLE HOUSEBOAT 5114-4	1989	RT	42.00	260.00
❑ JOHN DEERE WATER TOWER 5133-0	1988	RT	20.00	650.00
❑ JULIETTE'S SCHOOL OF FRENCH CUISINE	2001	*	65.00	65.00
❑ KENWOOD HOUSE 5054-7	1988	RT	50.00	165.00
❑ KNOB HILL, GOLD 5055-9	1979	RT	30.00	375.00
❑ KNOB HILL, GRAY 5055-9	1979	RT	30.00	420.00
❑ KRISTY KREME DOUGHNUT SHOP	2001	*	85.00	85.00
❑ LARGE SINGLE TREE 5080-6	1981	RT	17.00	65.00
❑ LAST STOP GAS STATION	1999	RT	72.00	86.00
❑ LIGHTHOUSE 5030-0	1987	RT	36.00	506.00
❑ LINCOLN PARK DUPLEX 5060-1	1986	RT	33.00	160.00
❑ LINDEN HILLS COUNTRY CLUB 54917	1997	OP	60.00	76.00
❑ LIONEL ELECTRIC TRAIN SHOP 54947	1998	RT	55.00	69.00
❑ LIONEL TRAIN SHOP 2202	1998	RT	50.00	145.00
❑ LOG CABIN 5057-5	1979	RT	22.00	540.00
❑ LOWELL INN	2001	RT	85.00	225.00
❑ LUCKY DRAGON RESTAURANT	1999	RT	75.00	95.00
❑ MAIN STREET GIFT SHOP (GCC EXCLUSIVE) 54887	1997	RT	50.00	77.00
❑ MAIN STREET HARDWARE STORE 5153-5	1990	RT	42.00	122.00
❑ MAIN STREET HOUSE 5005-5	1984	RT	27.00	270.00
❑ MANSION DK. GREEN 5008-8	1977	RT	30.00	473.00
❑ MANSION TEAL 5008-8	1977	RT	30.00	473.00
❑ MAPLE RIDGE INN 5121-7	1988	RT	55.00	69.00

COTTAGES

NAME	YEAR	LIMIT	ISSUE	TREND
❑ MARVEL'S BEAUTY SALON 5470-4	1994	RT	38.00	47.00
❑ MCDONALD'S (LICENSED) 54914	1997	RT	65.00	115.00
❑ MCGUIRE'S IRISH PUB	2001	*	50.00	50.00
❑ MEADOWLAND COUNTRYSIDE CHURCH 5051-8	1979	RT	25.00	700.00
❑ MEADOWLAND THATCHED COTTAGE 5050-0	1979	RT	30.00	800.00
❑ MICKEY'S DINER 5078-4	1986	RT	22.00	550.00
❑ MISSION CHURCH 5062-5	1979	RT	30.00	1600.00
❑ MOBILE HOME 5063-3	1979	RT	18.00	1500.00
❑ MORNINGSIDE HOUSE 5152-7	1990	RT	45.00	89.00
❑ MOUNT OLIVET CHURCH 5442-9	1993	RT	65.00	85.00
❑ MOUNTAIN LODGE 5001-3	1976	RT	20.00	465.00
❑ NANTUCKET 5014-6	1978	RT	25.00	250.00
❑ NANTUCKET RENOVATION 5441-0	1993	YR	55.00	68.00
❑ NEW HOPE CHURCH 54904	1997	RT	60.00	56.00
❑ NEW SCHOOL HOUSE 5037-7	1984	RT	35.00	260.00
❑ NEW STONE CHURCH 5083-0	1982	RT	32.00	435.00
❑ NICK'S TREE FARM 54871 -SET OF 10	1996	RT	40.00	65.00
❑ NORTH CREEK COTTAGE 5120-9	1989	RT	45.00	71.00
❑ OAK GROVE TUDOR 5400-3	1991	RT	42.00	60.00
❑ OLD CHELSEA MANSION 54903	1997	RT	85.00	103.00
❑ ORIGINAL SNOW VILLAGE STARTER SET, THE	1994	CL	50.00	78.00
❑ ORIGINAL SV START A TRADITION 54902	1997	RT	100.00	126.00
❑ ORIGINAL SV START A TRADITION PROOF 54902	1997	RT	100.00	300.00
❑ PACIFIC HEIGHTS HOUSE 5066-0	1986	RT	33.00	109.00
❑ PALM LOUNGE SUPPER CLUB, SET OF 2	2001	RT	95.00	98.00
❑ PALOS VERDES 5141-1	1988	RT	38.00	70.00
❑ PARAMOUNT THEATER 5142-0	1989	RT	42.00	215.00
❑ PARISH CHURCH 5039-3	1984	RT	32.00	348.00
❑ PARSONAGE 5029-6	1983	RT	35.00	365.00
❑ PEPPERMINT PORCH DAY CARE 5485-2	1995	RT	45.00	95.00
❑ PINEWOOD LOG CABIN 5150-0	1989	RT	38.00	82.00
❑ PINT-SIZE PONY RIDES 5453-4	1993	RT	38.00	37.00
❑ PIONEER CHURCH 5022-9	1982	RT	30.00	365.00
❑ PISA PIZZA PALACE 5485-1	1995	RT	35.00	58.00
❑ PLANTATION HOUSE 5047-4-6	1985	RT	37.00	110.00
❑ POLARIS SNOWMOBILE DEALERSHIP	2001	*	85.00	85.00
❑ POST OFFICE 5422-4	1992	CL	35.00	64.00
❑ PRAIRIE HOUSE 5156-0	1990	RT	42.00	95.00
❑ PRINT SHOP & VILLAGE NEWS 5425-9	1992	RT	38.00	106.00
❑ QUEEN ANNE VICTORIAN 5157-8	1990	RT	48.00	72.00
❑ RAMSEY HILL HOUSE 5067-9	1986	RT	36.00	130.00
❑ RED BARN 5081-4	1987	RT	38.00	165.00
❑ REDEEMER CHURCH 5127-6	1988	RT	42.00	80.00
❑ REINDEER BUS DEPOT 54874	1996	RT	42.00	65.00
❑ RIDGEWOOD 5052-0	1985	RT	35.00	205.00
❑ RIVER ROAD HOUSE 5010-5	1984	RT	36.00	185.00
❑ ROCK CREEK MILL 54932	1998	RT	64.00	98.00
❑ ROCKABILLY RECORDS	1996	RT	45.00	56.00
❑ ROLLERAMA ROLLER RINK 54916	1997	RT	60.00	68.00
❑ RONALD MCDONALD HOUSE 2210	1998	RT	*	340.00
❑ RONALD MCDONALD HOUSE 8960	1997	RT	*	300.00
❑ ROSITA'S CANTINA	1996	RT	50.00	80.00
❑ RYMAN AUDITORIUM 5485-5	1995	RT	75.00	125.00
❑ SAINT JAMES CHURCH 5068-7	1986	RT	37.00	165.00
❑ SANTA COMES TO TOWN 5486-2	1996	RT	33.00	45.00
❑ SCHOOL HOUSE 5060-9	1979	RT	30.00	440.00
❑ SECRET GARDEN FLORIST, THE	1996	OP	50.00	62.00
❑ SECRET GARDEN GREENHOUSE 54949	1998	OP	60.00	70.00
❑ SERVICE STATION	1991	RT	38.00	215.00
❑ SHELLY'S DINER	1999	*	110.00	110.00
❑ SHINGLE VICTORIAN	1996	RT	55.00	73.00
❑ SHIPWRECK LIGHTHOUSE	2001	*	110.00	110.00
❑ SILVER BELLS CHRISTMAS SHOP	2000	RT	75.00	92.00
❑ SINGLE CAR GARAGE 5125-0	1988	RT	22.00	43.00
❑ SKATE & SKI SHOP 5467-4	1994	RT	50.00	58.00
❑ SKATING POND 5017-2	1982	RT	25.00	385.00
❑ SKATING RINK/DUCK POND 5015-3	1978	RT	16.00	1000.00
❑ SMALL CHALET 5006-2	1976	RT	15.00	455.00
❑ SMALL DOUBLE TREES W/BLUE BIRDS 5016-1	1978	RT	14.00	200.00
❑ SMALL DOUBLE TREES W/RED BIRDS 5016-1	1978	RT	14.00	62.00
❑ SMOKY MOUNTAIN RETREAT 54872	1996	RT	65.00	86.00
❑ SNOW CARNIVAL ICE PALACE 5485-0	1995	RT	95.00	225.00
❑ SNOW VILLAGE FACTORY 5013-0	1987	RT	45.00	148.00
❑ SNOW VILLAGE RESORT LODGE 5092-0	1987	RT	55.00	162.00
❑ SNOWY HILLS HOSPITAL 5448-8	1993	RT	48.00	195.00
❑ SNOWY PINES INN, SET OF 9, 54934	1998	RT	65.00	145.00
❑ SONOMA HOUSE 5062-8	1986	RT	33.00	190.00
❑ SOUTHERN COLONIAL 5403-8	1991	RT	48.00	93.00
❑ SPANISH MISSION CHURCH 5155-1	1990	RT	42.00	110.00
❑ SPIRIT OF SNOW VILLAGE AIRPLANE 5440-2	1992	RT	33.00	33.00
❑ SPIRIT OF SNOW VILLAGE AIRPLANE 5458-5	1993	RT	13.00	13.00
❑ SPOOKY SCHOONER	2001	RT	80.00	80.00
❑ SPRINGFIELD HOUSE 5027-0	1987	RT	40.00	60.00
❑ SPRUCE PLACE 50499-0	1985	RT	33.00	245.00
❑ ST. ANTHONY HOTEL & POST OFFICE 5006-7	1987	RT	40.00	140.00
❑ ST. LUKE'S CHURCH 5421-6	1992	RT	45.00	56.00
❑ STARBUCK'S COFFEE 5485-9	1995	RT	48.00	138.00
❑ STARDUST DRIVE-IN	2001	*	68.00	68.00
❑ STARDUST REFRESHMENT STAND	2001	*	50.00	50.00
❑ STEEPLE CHURCH 5005-4	1976	RT	25.00	520.00
❑ STICK STYLE HOUSE 54943	1998	RT	60.00	70.00
❑ STONE CHURCH, 10 IN. 5009-6	1977	RT	35.00	700.00

NAME	YEAR	LIMIT	ISSUE	TREND
❑ STONE CHURCH, 8.5 IN. 5059-1	1979	RT	32.00	900.00
❑ STONE MILL HOUSE 5068-2	1980	RT	30.00	470.00
❑ STONEHURST HOUSE 5140-3	1988	CL	38.00	56.00
❑ STRATFORD HOUSE 5007-5	1984	RT	28.00	150.00
❑ STREET CAR 5019-9	1982	RT	16.00	360.00
❑ STUCCO BUNGALOW 2045-8	1985	RT	30.00	375.00
❑ SUMMIT HOUSE 5036-9	1984	RT	28.00	375.00
❑ SUPER SUDS LAUNDROMAT	1999	RT	60.00	62.00
❑ SWISS CHALET 5023-7	1982	RT	28.00	425.00
❑ TIMBERLAKE OUTFITTERS	2001	OP	75.00	75.00
❑ TOTEM TOWN SOUVENIR SHOP	2001	OP	68.00	68.00
❑ TOWN CHURCH 5071-7	1980	RT	33.00	350.00
❑ TOWN HALL 5000-8	1983	RT	32.00	375.00
❑ TOY SHOP 5073-3	1986	RT	36.00	125.00
❑ TRAIN STATION W/3 TRAIN CARS, 6 HOLES 5085-6	1980	RT	100.00	425.00
❑ TRAIN STATION WITH 3 CARS , 8 HOLES 5085-6	1980	RT	100.00	465.00
❑ TREETOP TREE HOUSE	1996	OP	35.00	35.00
❑ TRINITY CHURCH 5035-0	1984	RT	32.00	325.00
❑ TUDOR HOUSE 50617	1979	RT	25.00	315.00
❑ TUDOR HOUSE 55062	2001	*	60.00	60.00
❑ TURN OF THE CENTURY 5004-0	1983	RT	36.00	210.00
❑ TWIN PEAKS 5042-3	1986	RT	32.00	400.00
❑ UPTOWN MOTERS FORD, SET OF 3, 54941	1998	OP	95.00	110.00
❑ VICTORIAN 5054-2	1979	RT	30.00	370.00
❑ VICTORIAN COTTAGE 5002-4	1983	RT	35.00	470.00
❑ VICTORIAN HOUSE 5007-0	1977	RT	30.00	458.00
❑ VILLAGE CHURCH 5026-1	1983	RT	30.00	462.00
❑ VILLAGE GREENHOUSE 5402-0	1991	RT	35.00	56.00
❑ VILLAGE LEGION HALL	2001	*	55.00	55.00
❑ VILLAGE MARKET 5044-0	1988	RT	39.00	118.00
❑ VILLAGE NEWS DELIVERY 5459-3	1993	RT	15.00	21.00
❑ VILLAGE POLICE STATION 5485-3	1995	RT	48.00	77.00
❑ VILLAGE POST OFFICE	1992	RT	35.00	87.00
❑ VILLAGE PUBLIC LIBRARY 5443-7	1993	RT	55.00	86.00
❑ VILLAGE REALTY 5154-3	1990	RT	42.00	60.00
❑ VILLAGE STATION 5438-0	1992	RT	65.00	117.00
❑ VILLAGE STATION AND TRAIN 5122-5	1988	RT	65.00	125.00
❑ VILLAGE TOWN HALL	2001	OP	96.00	96.00
❑ VILLAGE VET & PET SHOP	1992	RT	32.00	135.00
❑ VILLAGE WARMING HOUSE 5145 4	1989	RT	42.00	87.00
❑ WAVERLY PLACE 5041-5	1986	RT	35.00	312.00
❑ WEDDING CHAPEL 5464-0	1994	RT	55.00	62.00
❑ WILLIAMSBURG HOUSE 5046-6	1986	RT	37.00	140.00
❑ WOODBURY HOUSE 5444-5	1993	RT	45.00	62.00
❑ WOODEN CHURCH 5031-8	1983	RT	30.00	360.00
❑ WOODEN CLAPBOARD 5072-5	1981	RT	32.00	310.00
❑ WOODLAKE CHAPEL STARTER SET	2001	*	65.00	65.00
❑ WSNO RADIO	1999	*	75.00	75.00

ORIGINAL SNOW VILLAGE COLLECTION ACCESSORIES *

NAME	YEAR	LIMIT	ISSUE	TREND
❑ 3 NUNS WITH SONGBOOKS	1987	RT	6.00	135.00
❑ APPLE GIRL/NEWSPAPER BOY 5129-2	1988	RT	11.00	25.00
❑ CALLING ALL CARS 5174-8 (SET OF 2)	1989	CL	15.00	68.00
❑ CAROLERS 5064-1	1979	RT	12.00	135.00
❑ CAROLING FAMILY 5105-5 (SET OF 3)	1987	RT	25.00	30.00
❑ CERAMIC CAR 5069-0	1980	RT	5.00	62.00
❑ CERAMIC SLEIGH 5079-2	1981	RT	5.00	62.00
❑ CHILDREN IN BAND 5104-7	1987	RT	15.00	34.00
❑ CHRISTMAS CHILDREN 5107-1 (SET OF 4)	1987	RT	20.00	38.00
❑ FAMILY MOM/KIDS, GOOSE/GIRL 5057-1	1985	RT	11.00	42.00
❑ FOR SALE SIGN 5108-0	1987	RT	4.00	6.00
❑ GIRL/SNOWMAN BOY 5095-4	1986	RT	11.00	35.00
❑ HAYRIDE 5117-9	1988	RT	30.00	56.00
❑ KIDS AROUND THE TREE 5094-6	1986	RT	15.00	51.00
❑ KIDS TREE HOUSE 5168-3	1989	CL	25.00	45.00
❑ MAILBOX 5179-9	1989	RT	4.00	31.00
❑ MONKS-A-CAROLING 5040-7	1984	RT	6.00	48.00
❑ MONKS-A-CAROLING 6459-9	1983	RT	6.00	70.00
❑ PRAYING MONKS 5103-9	1987	RT	6.00	29.00
❑ SANTA/MAILBOX 5059-8	1985	RT	11.00	43.00
❑ SCHOOL BUS/SNOW PLOW 5137-3 (SET OF 2)	1988	RT	16.00	69.00
❑ SCHOOL CHILDREN 5118-7 (SET OF 3)	1988	RT	15.00	26.00
❑ SCOTTIE WITH TREE 5038-5	1984	RT	3.00	215.00
❑ SHOPPING GIRLS WITH PACKAGES 5096-2	1986	RT	11.00	35.00
❑ SINGING NUNS 5053-9	1985	RT	6.00	130.00
❑ SISAL TREE LOT 8183-3	1988	RT	45.00	44.00
❑ SKATE FASTER MOM 5170-5	1989	CL	13.00	27.00
❑ SNOW KIDS 5113-6 (SET OF 4)	1987	RT	20.00	45.00
❑ SNOW KIDS SLED & SKIS 5056-3	1985	RT	11.00	23.00
❑ SNOWMAN WITH BROOM 5018-0	1982	RT	3.00	12.00
❑ SPECIAL DELIVERY 5148-9 (SET OF 2)	1989	RT	16.00	75.00
❑ STATUE OF MARK TWAIN 5173-0	1989	CL	15.00	38.00
❑ THROUGH THE WOODS 5172-1 (SET OF 2)	1989	CL	18.00	25.00
❑ WATER TOWER 5133-0	1988	RT	20.00	110.00
❑ WOODSMAN AND BOY 5130-6 (SET OF 2)	1988	RT	13.00	28.00
❑ WOODY STATION WAGON 5136-5	1988	RT	6.00	34.00

SEASONS BAY *

NAME	YEAR	LIMIT	ISSUE	TREND
❑ BAY STREET SHOPS	1998	RT	135.00	150.00
❑ BAYPORT SOUVENIR AND KITE SHOP	2001	*	60.00	60.00
❑ BREEZY HILL STABLES	2001	OP	68.00	68.00
❑ CHAPEL ON THE HILL	1998	RT	72.00	65.00
❑ EAST CAPE COTTAGES SET OF 2	2001	OP	95.00	95.00
❑ GARDEN VALLEY VINEYARDS	2001	RT	125.00	195.00
❑ GRAND CREAMERY, THE	1998	RT	60.00	60.00

COTTAGES

Forma Vitrum's Trinity Church, *limited to 7,000 pieces, has been retired. It is from Bill Job's Vitreville Collection.*

Hall Cottage *from Shelia's Collectibles showcases the charm and beauty of an old Victorian home.*

Cotman Cottage *was released in 1993 as a special anniversary piece for Lilliput Lane.*

Pussy Willow *was exclusive to members of the Lilliput Lane Collector's Club.*

Old Joe's Beetling Shop *was designed by David Winter for John Hine Studios for Christmas 1993 and was issued for $175.*

Dairy Farm, *produced by Brandywine Woodcrafts, was issued in 1995 as part of the "Country Lane I" series.*

NAME	YEAR	LIMIT	ISSUE	TREND
❏ GRANDVIEW SHORES HOTEL	1998	RT	150.00	154.00
❏ INGLENOOK COTTAGE #5	1998	RT	60.00	60.00
❏ MYSTIC LEDGE LIGHTHOUSE	2000	RT	96.00	190.00
❏ PARKSIDE PAVILION	1999	*	65.00	65.00
❏ PARKSIDE PAVILION GIFT SET	1999	RT	75.00	75.00
❏ SEASIDE INN	2001	*	68.00	68.00
❏ SIDE PORCH CAF...	1998	RT	50.00	55.00
❏ SPRINGLAKE STATION	1999	*	90.00	90.00
❏ STILLWATERS BOATHOUSE	1999	*	70.00	70.00

SNOWBABIES — K.J. PIERRO

NAME	YEAR	LIMIT	ISSUE	TREND
❏ STARGAZER'S CASTLE 68925	1998	RT	40.00	40.00

SNOWBABIES PEWTER MINIATURES — K.J. PIERRO

NAME	YEAR	LIMIT	ISSUE	TREND
❏ FROSTY FROLIC ICE PALACE 76729	1998	RT	95.00	95.00

STORYBOOK VILLAGE *

NAME	YEAR	LIMIT	ISSUE	TREND
❏ BUTCHER, BAKER, CANDLE MAKER	*	*	155.00	155.00
❏ CINDERELLA'S DRESS SHOP, SET OF 2	2001	OP	50.00	50.00
❏ EMERALD CITY, SET OF 2	2001	OP	95.00	95.00
❏ FROSTY FROLIC CASTLE	2001	OP	95.00	95.00
❏ GOLDILOCKS BED & BREAKFAST	*	*	165.00	165.00
❏ GOLDILOCKS BED AND BREAKFAST	1996	RT	*	N/A
❏ HICKORY DICKORY DOCK	*	*	165.00	165.00
❏ LAMBSVILLE SCHOOL	*	*	175.00	175.00
❏ LAMBSVILLE SCHOOL	1996	RT	75.00	165.00
❏ MARY QUITE CONTRARY	*	*	165.00	165.00
❏ OLD WOMAN COBBLER	1996	RT	75.00	150.00
❏ P. PETERS	1998	OP	75.00	75.00
❏ PETER PIPER PICKLES	1996	CL	165.00	165.00
❏ RAPUNZEL'S HAIR SALON	2001	OP	50.00	50.00
❏ RUDOLPH'S RED-NOSED LIGHTHOUSE, SET OF 4	2001	OP	95.00	95.00
❏ T.L. PIGS BRICK FACTORY	*	*	165.00	165.00

VILLAGE CCP MINIATURES *

NAME	YEAR	LIMIT	ISSUE	TREND
❏ ABEL BEESLEY BUTCHER 6558-7	1987	CL	12.00	39.00
❏ APOTHECARY SHOP 5935-8	1988	CL	10.00	60.00
❏ BARLEY BREE FARMHOUSE 6562-5	1987	CL	15.00	40.00
❏ BEAN AND SON SMITHY SHOP 6558-7	1987	CL	12.00	39.00
❏ BLYTHE POND MILL HOUSE 6560-9	1987	CL	16.00	50.00
❏ BRICK ABBEY 6562-5	1987	CL	15.00	105.00
❏ BRICK TOWN HALL 5935-8	1988	CL	10.00	255.00
❏ CANDLE SHOP 6558-7	1987	CL	12.00	35.00
❏ CHESTERTON MANOR HOUSE 6562-5	1987	CL	15.00	143.00
❏ CHRISTMAS CAROL 6561-7 (SET OF 3)	1987	CL	30.00	189.00
❏ CHURCH 6564-1	1986	CL	23.00	112.00
❏ COTTAGE OF BOB CRATCHIT/TINY TIM 6561-7	1987	CL	10.00	40.00
❏ COTTAGE TOY SHOP 6591-9	1987	CL	10.00	46.00
❏ CRAGGY COVE LIGHTHOUSE 5037-4	1988	CL	14.00	100.00
❏ CROWNTREE INN 6558-7	1987	CL	12.00	35.00
❏ DICKENS' CHADBURY STATION & TRAIN 6592-7	1987	CL	28.00	58.00
❏ DICKENS' COTTAGES 6650-5 (SET OF 3)	1987	CL	30.00	175.00
❏ DICKENS' KENILWORTH CASTLE 6565-0	1988	CL	30.00	150.00
❏ DICKENS' LANE SHOPS 6591-9 (SET OF 3)	1987	CL	30.00	153.00
❏ DICKENS' VILLAGE 6558-7 (SET OF 7)	1987	CL	72.00	220.00
❏ DICKENS' VILLAGE 6560-9 (SET OF 3)	1987	CL	48.00	N/A
❏ DICKENS' VILLAGE 6562-5 (SET OF 4)	1987	CL	60.00	N/A
❏ DICKENS VILLAGE CHURCH 6560-9	1987	CL	16.00	50.00
❏ ESTATE 6564-1	1986	CL	23.00	200.00
❏ FEZZIWIG'S WAREHOUSE 6561-7	1987	CL	10.00	30.00
❏ GENERAL STORE 5935-8	1988	CL	10.00	60.00
❏ GOLDEN SWAN BAKER 6558-7	1987	CL	12.00	43.00
❏ GREEN GROCER 6558-7	1987	CL	12.00	35.00
❏ JACOB ADAMS BARN 5937-4	1988	CL	14.00	40.00
❏ JACOB ADAMS FARMHOUSE 5937-4	1988	CL	14.00	35.00
❏ JONES & CO BRUSH & BASKET SHOP 6558-7	1987	CL	12.00	65.00
❏ LITTLE TOWN/BETHLEHEM 5976-5 (SET OF 12)	1987	CL	85.00	220.00
❏ LIVERY STABLE & BOOT SHOP 5935-8	1988	CL	10.00	25.00
❏ MAPLE SUGARING SHED 5937-4	1988	CL	14.00	30.00
❏ NATHANIEL BINGHAM FABRICS 5935-8	1988	CL	10.00	59.00
❏ NEW ENGLAND VILLAGE 5935-8 (SET OF 7)	1988	CL	72.00	300.00
❏ NEW ENGLAND VILLAGE 5937-4 (SET OF 6)	1988	CL	85.00	N/A
❏ NORMAN CHURCH 6560-9	1987	CL	16.00	75.00
❏ OLD CURIOSITY SHOP 6562-5	1987	CL	15.00	55.00
❏ RED SCHOOLHOUSE 5935-8	1988	CL	10.00	100.00
❏ SCROOGE & MARLEY'S COUNTINGHOUSE 6561-7	1987	CL	10.00	30.00
❏ SMYTHE WOLLEN MILL 5937-4	1988	CL	14.00	120.00
❏ STEEPLE CHURCH 5935-8	1988	CL	10.00	80.00
❏ STONE COTTAGE 6559-5	1987	CL	10.00	298.00
❏ THATCHED COTTAGE 6559-5	1987	CL	10.00	90.00
❏ THOMAS KERSEY COFFEE HOUSE 6591-9	1987	CL	10.00	59.00
❏ TIMBER KNOLL LOG CABIN 5937-4	1988	CL	14.00	40.00
❏ TUDOR COTTAGE 6559-5	1987	CL	10.00	82.00
❏ TUTTLE'S PUB 6591-9	1987	CL	10.00	40.00
❏ VICTORIAN MINIATURES 6563-3 (SET OF 5)	1986	CL	65.00	N/A
❏ VICTORIAN MINIATURES 6564-1 (SET OF 2)	1986	CL	45.00	300.00
❏ WILLIAMSBURG HOUSE, BLUE 6566-8	1986	CL	10.00	60.00
❏ WILLIAMSBURG HOUSE, BROWN BRICK 6566-8	1986	CL	10.00	40.00
❏ WILLIAMSBURG HOUSE, BROWN CLPBD 6566-8	1986	CL	10.00	40.00
❏ WILLIAMSBURG HOUSE, RED 6566-8	1986	CL	10.00	60.00
❏ WILLIAMSBURG HOUSE, WHITE 6566-8	1986	CL	10.00	40.00
❏ WILLIAMSBURG SNOWHOUSE 6566-8 (SET OF 6)	1986	CL	60.00	500.00

COTTAGES

COTTAGES

NAME	YEAR	LIMIT	ISSUE	TREND
ERTL COLLECTIBLES				
AMERICAN COUNTRY BARN SERIES				**L. DAVIS**
❑ ARCH ROOFED STONE BARN	1997	RT	55.00	55.00
❑ CROSS-GAMBREL ROOFED BARN	1998	YR	55.00	55.00
❑ GAMBREL ROOFED BANK BARN	1996	RT	50.00	50.00
❑ GLACIAL ROCK BARN	1998	YR	55.00	55.00
❑ ITALIANATE BARN	1998	YR	55.00	55.00
❑ OCTAGON BARN	1998	YR	55.00	55.00
❑ ROUND BARN	1997	RT	50.00	50.00
❑ SHAKER ROUND STONE BARN	1998	YR	55.00	55.00
❑ VICTORIAN BARN	1996	RT	50.00	50.00
❑ WESTERN LOG BARN	1996	RT	50.00	50.00
❑ WESTERN PRAIRIE BARN	1997	RT	55.00	55.00
AMERICAN COUNTRY SIGNATURE SERIES				**L. DAVIS**
❑ FRANK LLOYD WRIGHT MIDWAY BARN	1998	CL	75.00	75.00
❑ GEORGE WASHINGTON'S BARN AT MT. VERNON	1997	CL	70.00	70.00
FARM COUNTRY CHRISTMAS				**L. DAVIS**
❑ BARN	1997	CL	95.00	95.00
❑ CAT & BIRD HOUSE	1997	CL	25.00	25.00
❑ CHICKEN HOUSE	1997	CL	60.00	60.00
❑ DINNERBELL	1997	CL	25.00	25.00
❑ FARM HOUSE	1997	CL	85.00	85.00
❑ GARAGE	1997	CL	65.00	65.00
❑ GEESE	1997	CL	35.00	35.00
❑ MAILBOX	1997	CL	25.00	25.00
❑ SILO	1997	CL	65.00	65.00
❑ SMOKEHOUSE	1997	CL	70.00	70.00
FJ DESIGNS/CAT'S MEOW				
ACCESSORIES				**F. JONES**
❑ 1909 FRANKLIN LIMOUSINE	1990	RT	4.00	7.00
❑ 1913 PEERLESS TOURING CAR	1990	RT	4.00	7.00
❑ 1914 FIRE PUMPER	1990	RT	4.00	7.00
❑ 5" HEDGE	1983	RT	3.00	40.00
❑ 5" IRON FENCE	1983	RT	3.00	40.00
❑ 5" PICKET FENCE	1987	RT	3.00	18.00
❑ 5" WROUGHT IRON FENCE	1990	RT	3.00	6.00
❑ 8" HEDGE	1983	RT	3.00	45.00
❑ 8" IRON FENCE	1983	RT	3.00	57.00
❑ 8" PICKET FENCE	1983	RT	3.00	40.00
❑ ADA BELLE	1989	RT	4.00	11.00
❑ AMISH BUGGY	1990	RT	4.00	8.00
❑ AMISH GARDEN	1991	TL	4.00	5.00
❑ BAND STAND	1987	RT	6.00	18.00
❑ BARNYARD	1991	TL	4.00	5.00
❑ BLUE SPRUCE	1986	RT	4.00	7.00
❑ BUS STOP	1990	RT	4.00	7.00
❑ BUTCH AND T.J.	1987	RT	4.00	15.00
❑ CABLE CAR	1986	RT	4.00	15.00
❑ CAROLERS	1986	RT	4.00	16.00
❑ CHARLIE & CO.	1987	RT	4.00	14.00
❑ CHERRY TREE	1985	RT	4.00	45.00
❑ CHESSIE HOPPER CAR	1991	TL	4.00	5.00
❑ CHICKENS	1986	RT	3.00	18.00
❑ CHRISTMAS PINE TREE	1985	RT	4.00	40.00
❑ CHRISTMAS SPRUCE	1990	RT	4.00	5.00
❑ CHRISTMAS TREE LOT	1990	RT	4.00	7.00
❑ CHRISTMAS TREE WITH RED BOWS	1985	RT	3.00	150.00
❑ CLOTHESLINE	1989	RT	4.00	9.00
❑ COLONIAL BREAD WAGON	1988	RT	4.00	13.00
❑ CONCERT IN THE PARK	1991	TL	4.00	5.00
❑ COTTAGE GARDEN	1998	OP	14.00	14.00
❑ COWS	1986	RT	4.00	20.00
❑ DAIRY WAGON	1986	RT	4.00	16.00
❑ DOMINIC & HIS FLYING CATS	1998	OP	14.00	14.00
❑ DUCKS	1986	RT	3.00	16.00
❑ EUGENE	1990	RT	4.00	7.00
❑ FALL TREE	1985	RT	4.00	30.00
❑ FEASTING	1998	OP	14.00	14.00
❑ FJ EXPRESS	1987	RT	4.00	18.00
❑ FJ REAL ESTATE SIGN	1986	RT	3.00	24.00
❑ FLOWER POTS	1988	RT	4.00	12.00
❑ FLOWERS FOR SALE	1998	OP	11.00	11.00
❑ GARAGE SALE SIGN	1998	OP	14.00	14.00
❑ GAS LIGHT	1988	RT	4.00	12.00
❑ GERSTENSLAGER BUGGY	1990	RT	4.00	7.00
❑ HARRY'S HOTDOGS	1989	RT	4.00	9.00
❑ HAWTHORN TREE	1998	OP	11.00	11.00
❑ HORSE & CARRIAGE	1986	RT	4.00	15.00
❑ HORSE & SLEIGH	1987	RT	4.00	10.00
❑ ICE WAGON	1986	RT	4.00	17.00
❑ IRON GATE	1983	RT	3.00	65.00
❑ JACK THE POSTMAN	1991	TL	3.00	5.00
❑ LANDS END MARINA	1998	OP	14.00	14.00
❑ LIBERTY ST. SIGN	1986	RT	3.00	15.00
❑ LILAC BUSHES	1983	RT	3.00	300.00
❑ LITTLE MISS MUFFET	1998	OP	11.00	11.00
❑ LITTLE RED CABOOSE	1990	RT	4.00	8.00
❑ MAIL WAGON	1988	RT	4.00	10.00
❑ MAIN ST. SIGN	1988	RT	3.00	12.00
❑ MARBLE GAME	1991	RT	4.00	5.00

NAME	YEAR	LIMIT	ISSUE	TREND
☐ MARKET ST. SIGN	1986	RT	3.00	16.00
☐ MARTIN HOUSE	1991	TL	3.00	5.00
☐ MAYFLOWER II	1998	OP	11.00	11.00
☐ MILITIA MUSTER	1998	OP	14.00	14.00
☐ NANNY HOUSE	1987	RT	4.00	10.00
☐ ON VACATION	1991	TL	4.00	5.00
☐ PASSENGER TRAIN CAR	1989	RT	4.00	9.00
☐ PINE TREE	1985	RT	4.00	30.00
☐ PONY EXPRESS RIDER	1988	RT	4.00	13.00
☐ POPCORN WAGON	1991	TL	4.00	5.00
☐ POPLAR TREE	1985	RT	4.00	45.00
☐ PUMPKIN WAGON	1989	RT	3.00	9.00
☐ QUAKER OATS TRAIN CAR	1989	RT	4.00	9.00
☐ RAILROAD SIGN	1987	RT	3.00	16.00
☐ RED MAPLE TREE	1990	RT	4.00	8.00
☐ ROSE TRELLIS	1989	RT	3.00	9.00
☐ RUDY & ALDINE	1989	RT	4.00	8.00
☐ SALVATION ARMY BAND	1994	TL	4.00	5.00
☐ SANTA & REINDEER	1990	RT	4.00	7.00
☐ SCAREY HARRY (SCARECROW)	1991	TL	4.00	5.00
☐ SCHOOL BUS	1991	TL	4.00	5.00
☐ SILVER FIR	1998	OP	10.00	10.00
☐ SKI PARTY	1991	TL	4.00	5.00
☐ SKIPJACK	1988	RT	6.00	15.00
☐ SMUCKER TRAIN CAR	1996	RT	5.00	85.00
☐ SNOWMEN	1989	RT	4.00	9.00
☐ SOUTHERNMOST POINT MARKER	1998	OP	14.00	14.00
☐ STREET CLOCK	1988	RT	4.00	10.00
☐ SUMMER TREE	1985	RT	4.00	35.00
☐ SWINGSET	1998	OP	14.00	14.00
☐ TAD & TONI	1989	RT	4.00	9.00
☐ TELEPHONE BOOTH	1988	RT	4.00	12.00
☐ THREE LITTLE KITTENS	1998	OP	11.00	11.00
☐ TOURING CAR	1986	RT	4.00	15.00
☐ TULIP TREE	1990	RT	4.00	12.00
☐ U.S. FLAG	1988	RT	4.00	5.00
☐ USMC WAR MEMORIAL	1991	TL	6.00	7.00
☐ VETERINARY WAGON	1990	RT	4.00	7.00
☐ VICTORIAN OUTHOUSE	1990	RT	4.00	7.00
☐ VILLAGE ENTRACE SIGN	1991	TL	6.00	7.00
☐ WATKINS WAGON	1990	RT	4.00	7.00
☐ WELLS, FARGO WAGON	1986	RT	4.00	15.00
☐ WINDMILL	1987	RT	3.00	12.00
☐ WISHING WELL	1986	RT	3.00	23.00
☐ WISTERIA	1998	OP	14.00	14.00
☐ WOODEN GATE	1987	RT	3.00	17.00
AMERICAN BARNS				**F. JONES**
☐ BANK BARN	1992	OP	8.00	9.00
☐ CRIB BARN	1992	OP	8.00	9.00
☐ OHIO BARN	1992	OP	8.00	9.00
☐ VERMONT BARN	1992	OP	8.00	9.00
AMISH LIFE SERIES				**F. JONES**
☐ AMISH CLOTHESLINE	1998	OP	14.00	14.00
☐ BAKING DAY	1998	OP	14.00	14.00
☐ DAWDY HAUS	1998	OP	11.00	11.00
☐ HOME FROM SCHOOL	1998	OP	14.00	14.00
☐ LEVI MILLER HOME	1998	OP	11.00	11.00
☐ MAPLE GROVE SCHOOL	1998	OP	11.00	11.00
☐ MILLER BARN	1998	OP	11.00	11.00
☐ PRODUCE FOR SALE	1998	OP	14.00	14.00
ANNUAL EDITIONS COLLECTION				**F. JONES**
☐ BLACK DOG TAVERN	1998	*	11.00	11.00
☐ CHATEAU MONTELENA	1998	*	11.00	11.00
☐ CLOWNS	1998	*	11.00	11.00
☐ CORNISH/WINDSOR BRIDGE	1998	*	11.00	11.00
☐ FATHER FLANAGAN'S HOME	1998	*	11.00	11.00
☐ MARK TWAIN BOYHOOD HOME	1998	*	11.00	11.00
☐ OAK ALLEY PLANTATION	1998	*	11.00	11.00
☐ SILVER BUSH	1998	*	11.00	11.00
BIBLICAL THEMES				**F. JONES**
☐ MOSES & THE TEN COMMANDMENTS	1998	OP	11.00	11.00
☐ SERMON ON THE MOUNT	1998	OP	11.00	11.00
BLACK HERITAGE SERIES				**F. JONES**
☐ MARTIN LUTHER KING BIRTHPLACE	1994	RT	8.00	50.00
CHIPPEWA LAKE AMUSEMENT PARK				**F. JONES**
☐ BALLROOM	1993	OP	4.00	5.00
☐ BATH HOUSE	1993	OP	4.00	5.00
☐ MIDWAY	1993	OP	4.00	5.00
☐ PAVILION	1993	OP	4.00	5.00
CHRISTMAS '83 WILLIAMSBURG				**F. JONES**
☐ CHRISTMAS '83 WILLIAMSBURG SET	1983	RT	24.00	3500.00
☐ CHRISTMAS CHURCH	1983	RT	6.00	450.00
☐ FEDERAL HOUSE	1983	RT	6.00	450.00
☐ GARRISON HOUSE	1983	RT	6.00	450.00
☐ GEORGIAN HOUSE	1983	RT	6.00	450.00
CHRISTMAS '84 NANTUCKET				**F. JONES**
☐ CHRISTMAS '84 NANTUCKET SET	1984	RT	26.00	1600.00
☐ CHRISTMAS SHOP	1984	RT	6.00	250.00
☐ POWELL HOUSE	1984	RT	6.00	350.00

COTTAGES

NAME	YEAR	LIMIT	ISSUE	TREND
❑ SHAW HOUSE	1984	RT	6.00	350.00
❑ WINTHROP HOUSE	1984	RT	6.00	250.00
CHRISTMAS '85 OHIO WESTERN RESERVE				**F. JONES**
❑ BELLEVUE HOUSE	1985	RT	7.00	250.00
❑ CHRISTMAS '85 OHIO WESTERN RESERVE SET	1985	RT	27.00	1000.00
❑ GATES MILLS CHURCH	1985	RT	7.00	250.00
❑ OLMSTEAD HOUSE	1985	RT	7.00	250.00
❑ WESTERN RESERVE ACADEMY	1985	RT	7.00	250.00
CHRISTMAS '86 SAVANNAH				**F. JONES**
❑ CHRISTMAS '86 SAVANNAH SET	1986	RT	29.00	900.00
❑ J.J. DALE ROW HOUSE	1986	RT	7.00	150.00
❑ LAFAYETTE SQUARE HOUSE	1986	RT	7.00	145.00
❑ LIBERTY INN	1986	RT	7.00	200.00
❑ SIMON MIRAULT COTTAGE	1986	RT	7.00	200.00
CHRISTMAS '87 MAINE				**F. JONES**
❑ CAPPY'S CHOWDER HOUSE	1987	RT	8.00	250.00
❑ CAPTAIN'S HOUSE	1987	RT	8.00	250.00
❑ CHRISTMAS '87 MAINE SET	1987	RT	31.00	925.00
❑ DAMARISCOTTA CHURCH	1987	RT	8.00	250.00
❑ PORTLAND HEAD LIGHTHOUSE	1987	RT	8.00	250.00
CHRISTMAS '88 PHILADELPHIA				**F. JONES**
❑ CHRISTMAS '88 PHILADELPHIA SET	1988	RT	31.00	613.00
❑ ELFRETH'S ALLEY	1988	RT	8.00	175.00
❑ GRAFF HOUSE	1988	RT	8.00	175.00
❑ HEAD HOUSE	1988	RT	8.00	175.00
❑ HILL-PHYSICK-KEITH HOUSE	1988	RT	8.00	175.00
CHRISTMAS '89 IN NEW ENGLAND				**F. JONES**
❑ CHRISTMAS '89 IN NEW ENGLAND SET	1989	RT	32.00	350.00
❑ HUNTER HOUSE	1989	RT	8.00	100.00
❑ OLD SOUTH MEETING HOUSE	1989	RT	8.00	100.00
❑ SHELDON'S TAVERN	1989	RT	8.00	125.00
❑ VERMONT COUNTRY STORE, THE	1989	RT	8.00	100.00
CHRISTMAS '90 COLONIAL VIRGINIA				**F. JONES**
❑ CHRISTMAS '90 COLONIAL VIRGINIA SET	1990	RT	32.00	500.00
❑ DULANY HOUSE	1990	RT	8.00	75.00
❑ RISING SUN TAVERN	1990	RT	8.00	85.00
❑ SHIRLEY PLANTATION	1990	RT	8.00	70.00
❑ ST. JOHN'S CHURCH	1990	RT	8.00	100.00
❑ ST. JOHN'S CHURCH (BLUE)	1990	RT	8.00	175.00
CHRISTMAS '91 ROCKY MOUNTAIN				**F. JONES**
❑ CHRISTMAS '91 ROCKY MOUNTAIN SET	1991	RT	33.00	185.00
❑ FIRST PRESBYTERIAN CHURCH	1991	RT	8.00	55.00
❑ TABOR HOUSE	1991	RT	8.00	65.00
❑ WESTERN HOTEL	1991	RT	8.00	40.00
❑ WHELLER-STALLARD HOUSE	1991	RT	8.00	40.00
CHRISTMAS '92 HOMETOWN				**F. JONES**
❑ AUGUST IMGARD HOUSE	1992	RT	8.00	50.00
❑ CHRISTMAS '92 HOMETOWN SET	1992	RT	34.00	250.00
❑ HOWEY HOUSE	1992	RT	8.00	50.00
❑ OVERHOLT HOUSE	1992	RT	8.00	50.00
❑ WAYNE CO. COURTHOUSE	1992	RT	8.00	50.00
CHRISTMAS '93 ST. CHARLES				**F. JONES**
❑ CHRISTMAS '93 ST. CHARLES SET	1993	RT	36.00	80.00
❑ LEWIS & CLARK CENTER	1993	RT	9.00	20.00
❑ NEWBILL-MCELHINEY HOUSE	1993	RT	9.00	20.00
❑ ST. PETER'S CATHOLIC CHURCH	1993	RT	9.00	20.00
❑ STONE ROW	1993	RT	9.00	20.00
CHRISTMAS '94 NEW ORLEANS				**F. JONES**
❑ BEAUREGARD-KEYES HOUSE	1994	RT	10.00	17.00
❑ CHRISTMAS '94 NEW ORLEANS SET	1994	RT	40.00	50.00
❑ GALLIER HOUSE	1994	RT	10.00	17.00
❑ HERMANN-GRIMA HOUSE	1994	RT	10.00	17.00
❑ ST. PATRICK'S CHURCH	1994	RT	10.00	17.00
CHRISTMAS '95 NEW YORK SERIES				**F. JONES**
❑ CHRISTMAS '95 NEW YORK SERIES SET	1995	RT	40.00	55.00
❑ CLEMENT C. MOORE HOUSE	1995	RT	10.00	13.00
❑ FRAUNCES TAVERN	1995	RT	10.00	13.00
❑ FULTON MARKET	1995	RT	10.00	13.00
❑ ST. MARKS IN THE BOWERY	1005	RT	10.00	13.00
CHRISTMAS '96 ATLANTA SERIES				**F. JONES**
❑ CALLANWOLDE	1996	YR	11.00	11.00
❑ FIRST BAPTIST CHURCH	1996	YR	11.00	11.00
❑ FOX THEATRE	1996	YR	11.00	11.00
❑ MARGARET MITCHELL HOUSE	1996	YR	11.00	11.00
CIRCUS SERIES				**F. JONES**
❑ FERRIS WHEEL	1996	YR	10.00	10.00
❑ SIDESHOW	1995	RT	10.00	13.00
COLLECTOR CLUB 19TH CENTURY MASTER BUILDERS				**F. JONES**
❑ ALEXANDER JACKSON DAVIS	1993	RT	10.00	25.00
❑ ANDREW JACKSON DOWNING	1993	RT	10.00	25.00
❑ COLLECTOR CLUB 19TH CENTURY MASTER BUILDERS SET	1993	RT	41.00	100.00
❑ HENRY HOBSON RICHARDSON	1993	RT	10.00	25.00
❑ SAMUEL SLOAN	1993	RT	10.00	25.00
COLLECTOR CLUB A CHRISTMAS CAROL				**F. JONES**
❑ CHRISTMAS PRESENT, PAST, FUTURE SET OF 3	1998	*	20.00	20.00

NAME	YEAR	LIMIT	ISSUE	TREND
COLLECTOR CLUB AMERICAN HOLIDAY SERIES				**F. JONES**
❏ AND TO ALL A GOODNIGHT	1996	RT	11.00	11.00
❏ BOO TO YOU	1996	RT	11.00	11.00
❏ EASTER'S ON ITS WAY	1996	RT	11.00	11.00
❏ LET FREEDOM RING	1996	RT	11.00	11.00
COLLECTOR CLUB AMERICAN SONGWRITERS				**F. JONES**
❏ ANNA WARNER HOUSE	1991	RT	9.00	80.00
❏ BENJAMIN R. HANBY HOUSE	1991	RT	9.00	80.00
❏ COLLECTOR CLUB AMERICAN SONGWRITERS SET	1991	RT	37.00	350.00
❏ OSCAR HAMMERSTEIN HOUSE	1991	RT	9.00	80.00
❏ STEPHEN FOSTER HOME	1991	RT	9.00	80.00
COLLECTOR CLUB FAMOUS AUTHORS				**F. JONES**
❏ COLLECTOR CLUB FAMOUS AUTHORS SET	1989	RT	35.00	800.00
❏ HARRIET BEECHER STOWE	1989	RT	9.00	200.00
❏ HERMAN MELVILLE'S ARROWHEAD	1989	RT	9.00	200.00
❏ LONGFELLOW HOUSE	1989	RT	9.00	200.00
❏ ORCHARD HOUSE	1989	RT	9.00	200.00
COLLECTOR CLUB GIFT HOUSES				**F. JONES**
❏ ABIGAIL ADAMS BIRTHPLACE	1992	RT	*	50.00
❏ AMELIA EARHART	1990	RT	*	100.00
❏ BETSY ROSS HOUSE	1989	RT	*	200.00
❏ ELEANOR ROOSEVELT	1995	RT	*	15.00
❏ ELIZABETH CADY STANTON HOUSE	1998	RT	*	11.00
❏ LILLIAN GISH	1994	RT	*	30.00
❏ LIMBERLOST CABIN	1991	RT	*	50.00
❏ MOTHER'S DAY CHURCH	1996	RT	*	20.00
❏ PEARL S. BUCK HOUSE	1993	RT	*	50.00
COLLECTOR CLUB GREAT INVENTORS				**F. JONES**
❏ COLLECTOR CLUB GREAT INVENTORS SET	1990	RT	37.00	450.00
❏ FORD MOTOR CO.	1990	RT	9.00	100.00
❏ SETH THOMAS CLOCK CO.	1990	RT	9.00	75.00
❏ THOMAS EDISON	1990	RT	9.00	100.00
❏ WRIGHT CYCLE CO.	1990	RT	9.00	100.00
COLLECTOR CLUB LITTLE TOWN ON THE PRAIRIE				**F. JONES**
❏ INGALLS FAMILY	1998	*	7.00	7.00
COLLECTOR CLUB MT. RUSHMORE PRESIDENTIAL SERIES				**F. JONES**
❏ COLLECTOR CLUB MT. RUSHMORE PRESIDENTIAL SERIES	1995	RT	48.00	48.00
❏ GEORGE WASHINGTON BIRTHPLACE	1995	RT	12.00	12.00
❏ METAMORA COURTHOUSE	1995	RT	12.00	12.00
❏ THEODORE ROOSEVELT BIRTHPLACE	1995	RT	12.00	12.00
❏ TUCKAHOE PLANTATION	1995	RT	12.00	12.00
COLLECTOR CLUB ROUTE 66				**F. JONES**
❏ BOOTS MOTEL-ROUTE 66	1998	*	14.00	14.00
COLLECTOR CLUB SIGNERS OF THE DECLARATION				**F. JONES**
❏ COLLECTOR CLUB SIGNERS OF THE DECLARATION SET	1992	RT	39.00	250.00
❏ GEORGE CLYMER HOME	1992	RT	10.00	50.00
❏ JOHN WITHERSPOON HOME	1992	RT	10.00	50.00
❏ JOSIAH BARTLETT HOME	1992	RT	10.00	50.00
❏ STEPHEN HOPKINS HOME	1992	RT	10.00	50.00
COLLECTOR CLUB WILLIAMSBURG MERCHANTS				**F. JONES**
❏ COLLECTOR CLUB WILLIAMSBURG MERCHANTS SET	1994	RT	45.00	75.00
❏ CRAIG JEWELER	1994	RT	11.00	15.00
❏ EAST CARLTON WIGMAKER	1994	RT	11.00	15.00
❏ J. GEDDY SILVERSMITH	1994	RT	11.00	15.00
❏ M. HUNTER MILLINERY	1994	RT	11.00	15.00
COLONIAL LIGHTHOUSE SERIES				**F. JONES**
❏ BEAVERTAIL LIGHTHOUSE	1998	OP	11.00	11.00
❏ BOSTON LIGHT	1998	OP	11.00	11.00
❏ BRANT POINT LIGHTHOUSE	1998	OP	11.00	11.00
❏ COLONIAL LIGHTHOUSE BOXED SET	1998	*	50.00	50.00
❏ NEW LONDON HARBOR LIGHT	1998	OP	11.00	11.00
COVERED BRIDGE SERIES				**F. JONES**
❏ CREAMERY BRIDGE	1995	RT	10.00	13.00
❏ KENNEDY BRIDGE	1996	YR	10.00	10.00
DICKENS CHRISTMAS CAROL SERIES				**F. JONES**
❏ CRATCHIT'S HOUSE	1998	OP	12.00	12.00
❏ FEZZIWIG'S WAREHOUSE	1998	OP	12.00	12.00
❏ SCROOGE & MARLEY	1998	OP	12.00	12.00
❏ SCROOGE'S FLAT	1998	OP	12.00	12.00
DISCUS THROWER				**F. JONES**
❏ DISCUS THROWER	1996	6000	10.00	10.00
FALL				**F. JONES**
❏ GOLDEN LAMB BUTTERY	1986	RT	8.00	50.00
❏ GRIMM'S FARMHOUSE	1986	RT	8.00	45.00
❏ MAIL POUCH BARN	1986	RT	8.00	60.00
❏ VOLLANT MILLS	1986	RT	8.00	50.00
GREAT AMERICANS SERIES				**F. JONES**
❏ DANIEL BOONE HOME	1996	YR	10.00	10.00
GREEN GABLES SERIES				**F. JONES**
❏ GREEN GABLES HOUSE	1996	YR	10.00	10.00
HAGERSTOWN				**F. JONES**
❏ HAGERSTOWN SET	1988	RT	32.00	100.00
❏ J. HAGER HOUSE	1988	RT	8.00	25.00
❏ MILLER HOUSE	1988	RT	8.00	25.00
❏ WOMAN'S CLUB	1988	RT	8.00	25.00
❏ YULE CUPBOARD	1988	RT	8.00	25.00

COTTAGES

NAME	YEAR	LIMIT	ISSUE	TREND
HISTORIC SALEM SERIES				**F. JONES**
❏ HAWKE'S HOUSE	1998	OP	11.00	11.00
❏ HOUSE OF SEVEN GABLES	1998	OP	11.00	11.00
❏ SALEM WITCH MUSEUM	1998	OP	11.00	11.00
❏ U.S. CUSTOM HOUSE	1998	OP	11.00	11.00
KEY WEST SERIES				**F. JONES**
❏ AUDOBON HOUSE	1998	OP	11.00	11.00
❏ KEY WEST LIGHTHOUSE	1998	OP	11.00	11.00
❏ PINK HOUSE	1998	OP	11.00	11.00
❏ SOUTHERNMOST HOME	1998	OP	11.00	11.00
LIBERTY ST.				**F. JONES**
❏ COUNTY COURTHOUSE	1988	RT	8.00	25.00
❏ GRAF PRINTING CO.	1988	RT	8.00	25.00
❏ WILTON RAILWAY DEPOT	1988	RT	8.00	25.00
❏ Z. JONES BASKETMAKER	1988	RT	8.00	30.00
LIFE CELEBRATIONS COLLECTION				**F. JONES**
❏ GREETINGS FROM BOY	1998	OP	11.00	11.00
❏ GREETINGS FROM GIRL	1998	OP	11.00	11.00
❏ HAPPY BIRTHDAY CAKE	1998	OP	11.00	11.00
❏ ST. FRANCIS GARDEN GREETING	1998	OP	11.00	11.00
❏ WEDDING COUPLE	1998	OP	11.00	11.00
LIGHTHOUSE				**F. JONES**
❏ ADMIRALTY HEAD	1990	RT	8.00	11.00
❏ CAPE HATTERAS LIGHTHOUSE	1990	RT	8.00	16.00
❏ SANDY HOOK LIGHTHOUSE	1990	RT	8.00	11.00
❏ SPLIT ROCK LIGHTHOUSE	1990	RT	8.00	16.00
LIMITED EDITION PROMOTIONAL ITEMS				**F. JONES**
❏ CONVENTION MUSEUM	1993	RT	13.00	13.00
❏ FJ FACTORY	1993	RT	13.00	13.00
❏ FJ FACTORY/5 YEAR BANNER	1994	RT	10.00	18.00
❏ FJ FACTORY/GOLD CAT EDITION	1993	RT	13.00	490.00
❏ FJ FACTORY/HOME BANNER	1994	RT	10.00	10.00
❏ FYRCREST FARM HOMESTEAD	1990	RT	10.00	125.00
❏ GLEN PINE	1992	RT	10.00	27.00
❏ NATIVITY CAT ON THE FENCE	1993	RT	20.00	30.00
LITTLE TOWN ON THE PRAIRIE SERIES				**F. JONES**
❏ BREWSTER SCHOOL	1998	OP	12.00	12.00
❏ DESMET FIRST CONGREGATIONAL CHURCH	1998	OP	12.00	12.00
❏ PA & MA INGALLS HOME	1998	OP	12.00	12.00
❏ SURVEYOR'S HOUSE	1998	OP	12.00	12.00
MAIN ST.				**F. JONES**
❏ FRANKLIN LIBRARY	1987	RT	8.00	25.00
❏ GARDEN THEATRE	1987	RT	8.00	25.00
❏ HISTORICAL MUSEUM	1987	RT	8.00	35.00
❏ MAIN ST. SET	1987	RT	32.00	110.00
❏ TELEGRAPH/POST OFFICE	1987	RT	8.00	35.00
MARK TWAIN'S HANNIBAL SERIES				**F. JONES**
❏ BECKY THATCHER HOUSE	1995	RT	10.00	13.00
❏ HICKORY STICK	1996	YR	10.00	10.00
MARKET ST.				**F. JONES**
❏ SCHUMACHER MILLS	1989	RT	8.00	24.00
❏ SEVILLE HARDWARE STORE	1989	RT	8.00	24.00
❏ WEST INDIA GOODS STORE	1989	RT	8.00	24.00
❏ YANKEE CANDLE COMPANY	1989	RT	8.00	24.00
MARTHA'S VINEYARD SERIES				**F. JONES**
❏ JOHN COFFIN HOUSE	1995	RT	10.00	13.00
❏ WEST CHOP LIGHTHOUSE	1996	YR	10.00	10.00
MISCELLANEOUS				**F. JONES**
❏ PENCIL HOLDER	1985	RT	4.00	210.00
❏ RECIPE HOLDER	1985	RT	4.00	250.00
❏ SCHOOL DESK-BLUE	1986	RT	12.00	N/A
❏ SCHOOL DESK-RED	1986	RT	12.00	175.00
NANTUCKET				**F. JONES**
❏ JARED COFFIN HOUSE	1987	RE	8.00	35.00
❏ MARIA MITCHELL HOUSE	1987	RT	8.00	35.00
❏ NANTUCKET ATHENEUM	1987	RT	8.00	35.00
❏ NANTUCKET SET	1987	RT	32.00	85.00
❏ UNITARIAN CHURCH	1987	RT	8.00	35.00
NATIONAL TREASURES SERIES				**F. JONES**
❏ JEFFERSON MEMORIAL	1998	OP	12.00	12.00
❏ LINCOLN MEMORIAL	1998	OP	12.00	12.00
❏ STATUE OF LIBERTY	1998	OP	12.00	12.00
❏ WASHINGTON MONUMENT	1998	OP	12.00	12.00
NAUTICAL				**F. JONES**
❏ H & E SHIPS CHANDLERY	1987	RT	8.00	32.00
❏ LORAIN LIGHTHOUSE	1987	RT	8.00	32.00
❏ MONHEGAN BOAT LANDING	1987	RT	8.00	32.00
❏ NAUTICAL SET	1987	RT	32.00	105.00
❏ YACHT CLUB	1987	RT	8.00	32.00
NEIGHBORHOOD EVENT SERIES				**F. JONES**
❏ BAILEY-GOMBERT HOUSE	1996	YR	13.00	13.00
❏ BIRELY PLACE	1995	RT	13.00	18.00
❏ PETER SEITZ TAVERN & STAGECOACH	1995	RT	13.00	18.00
❏ SEA CHIMES	1996	YR	13.00	13.00
OHIO AMISH				**F. JONES**
❏ ADA MAE'S QUILT BARN	1991	TL	8.00	10.00

NAME	YEAR	LIMIT	ISSUE	TREND
❑ BROWN SCHOOL	1991	TL	8.00	10.00
❑ ELI'S HARNESS SHOP	1991	TL	8.00	10.00
❑ JONAS TROYER HOME	1991	TL	8.00	10.00
PAINTED LADIES				**F. JONES**
❑ ANDREWS HOTEL	1988	RT	8.00	24.00
❑ LADY AMANDA	1988	RT	8.00	24.00
❑ LADY ELIZABETH	1988	RT	8.00	24.00
❑ LADY IRIS	1988	RT	8.00	24.00
❑ PAINTED LADIES SET	1988	RT	32.00	60.00
PLIMOTH PLANTATION SERIES				**F. JONES**
❑ FRANCIS COOK HOME	1998	OP	12.00	12.00
❑ JOHN ALDEN HOME	1998	OP	12.00	12.00
❑ MYLES STANDISH HOME	1998	OP	12.00	12.00
❑ PLYMOUTH PLANTATION BOXED SET	1998	*	40.00	40.00
❑ SAMUEL FULLER HOME	1998	OP	12.00	12.00
POSTAGE STAMP LIGHTHOUSE SERIES				**F. JONES**
❑ POSTAGE STAMP LIGHTHOUSE SERIES SET	1996	RT	75.00	75.00
ROSCOE VILLAGE				**F. JONES**
❑ CANAL COMPANY	1986	RT	8.00	55.00
❑ JACKSON TWP. HALL	1986	RT	8.00	55.00
❑ OLD WAREHOUSE RESTAURANT	1986	RT	8.00	55.00
❑ ROSCOE GENERAL STORE	1986	RT	8.00	55.00
❑ ROSCOE VILLAGE SET	1986	RT	32.00	150.00
ROUTE 66 COLLECTION				**F. JONES**
❑ ARCADIA ROUND BARN	1998	OP	11.00	11.00
❑ BLUE SWALLOW MOTEL	1998	OP	11.00	11.00
❑ CORAL COURT	1998	OP	11.00	11.00
❑ JACKRABBIT BILLBOARD	1998	OP	14.00	14.00
❑ ROUTE 66 COLLECTION BOXED SET	1998	*	100.00	100.00
❑ ROUTE 66 SHIELD	1998	OP	14.00	14.00
❑ SANTA MONICA PIER	1998	OP	11.00	11.00
❑ SNOW CAP	1998	OP	11.00	11.00
❑ U-DROP INN	1998	OP	11.00	11.00
❑ WIGWAM VILLAGE	1998	OP	11.00	11.00
❑ WIL ROGERS MOTOR COURT SIGN	1998	OP	14.00	14.00
❑ WILL ROGERS HOTEL	1998	OP	11.00	11.00
SERIES 01				**F. JONES**
❑ ANTIQUE SHOP	1983	RT	8.00	113.00
❑ APOTHECARY	1983	RT	8.00	113.00
❑ BARBERSHOP	1983	RT	8.00	100.00
❑ BOOK STORE	1983	RT	8.00	90.00
❑ CHERRY TREE INN	1983	RT	8.00	N/A
❑ FEDERAL HOUSE	1983	RT	8.00	90.00
❑ FLORIST SHOP	1983	RT	8.00	90.00
❑ GARRISON HOUSE	1983	RT	8.00	125.00
❑ RED WHALE INN	1983	RT	8.00	N/A
❑ SCHOOL	1983	RT	8.00	100.00
❑ SERIES 01 SET OF 12 WITH INN	1983	RT	96.00	1150.00
❑ SERIES 01 SET OF 14 WITH 3 INNS	1983	RT	112.00	2500.00
❑ SWEETSHOP	1983	RT	8.00	125.00
❑ TOY SHOPPE	1983	RT	8.00	125.00
❑ VICTORIAN HOUSE	1983	RT	8.00	90.00
❑ WAYSIDE INN	1983	RT	8.00	N/A
SERIES 02				**F. JONES**
❑ ATTORNEY/BANK	1984	RT	8.00	125.00
❑ BROCKE HOUSE	1984	RT	8.00	125.00
❑ CHURCH	1984	RT	8.00	125.00
❑ EATON HOUSE	1984	RT	8.00	165.00
❑ GRANDINERE HOUSE	1984	RT	8.00	125.00
❑ MILLINERY/QUILT	1984	RT	8.00	175.00
❑ MUSIC SHOP	1984	RT	8.00	150.00
❑ S & T CLOTHIERS	1984	RT	8.00	165.00
❑ SERIES 02 SET	1984	RT	96.00	750.00
❑ TOBACCONIST/SHOEMAKER	1984	RT	8.00	125.00
❑ TOWN HALL	1984	RT	8.00	150.00
SERIES 03				**F. JONES**
❑ ALLEN COE HOUSE	1985	RT	8.00	60.00
❑ CONNECTICUT AVE. FIREHOUSE	1985	RT	8.00	60.00
❑ DRY GOODS STORE	1985	RT	8.00	65.00
❑ EDINBURGH TIMES	1985	RT	8.00	60.00
❑ FINE JEWELERS	1985	RT	8.00	45.00
❑ HOBART-HARLEY HOUSE	1985	RT	8.00	65.00
❑ KALORAMA GUEST HOUSE	1985	RT	8.00	45.00
❑ MAIN ST. CARRIAGE SHOP	1985	RT	8.00	65.00
❑ OPERA HOUSE	1985	RT	8.00	65.00
❑ RISTORANTE	1985	RT	8.00	65.00
❑ SERIES 03 SET	1985	RT	80.00	575.00
SERIES 04				**F. JONES**
❑ BENNINGTON-HULL HOUSE	1986	RT	8.00	50.00
❑ CHAGRIN FALLS POPCORN SHOP	1986	RT	8.00	50.00
❑ CHEPACHET UNION CHURCH	1986	RT	8.00	50.00
❑ JOHN BELVILLE HOUSE	1986	RT	8.00	50.00
❑ JONES BROS. TEA CO.	1986	RT	8.00	50.00
❑ LITTLE HOUSE GIFTABLES	1986	RT	8.00	50.00
❑ O'MALLEY'S LIVERY STABLE	1986	RT	8.00	50.00
❑ SERIES 04 SET	1986	RT	80.00	500.00
❑ VANDENBERG HOUSE	1986	RT	8.00	50.00
❑ VILLAGE CLOCK SHOP	1986	RT	8.00	50.00
❑ WESTBROOK HOUSE	1986	RT	8.00	50.00

COTTAGES

COTTAGES

The simple lines of Miller Barn *made it a perfect piece for the "Amish Life Series" from FJ Designs.*

Weston Train Station *was out for a full year before Department 56 finally issued a train. The piece was retired in 1989.*

Santa finds a snowy welcome at Christmas Eve Lighthouse *by famous beacon artist Cheryl Spencer Collin.*

Holland, MI *lighthouse—in the "Great Lighthouses of the World" series from Harbour Lights—is also known as "Big Red" because it is bright red in color.*

Crater Lake Lodge *by Michael Morris of Genesis Designs was issued in 1995 as part of the "Great Lodges of America" series.*

NAME	YEAR	LIMIT	ISSUE	TREND
SERIES 05				**F. JONES**
❑ AMISH OAK/DIXIE SHOE	1987	RT	8.00	25.00
❑ ARCHITECT/TAILOR	1987	RT	8.00	35.00
❑ CONGRUITY TAVERN	1987	RT	8.00	35.00
❑ CREOLE HOUSE	1987	RT	8.00	35.00
❑ DENTIST/PHYSICIAN	1987	RT	8.00	35.00
❑ M. WASHINGTON HOUSE	1987	RT	8.00	35.00
❑ MARKETHOUSE	1987	RT	8.00	35.00
❑ MURRAY HOTEL	1987	RT	8.00	35.00
❑ POLICE DEPARTMENT	1987	RT	8.00	35.00
❑ SERIES 05 SET	1987	RT	80.00	350.00
❑ SOUTHPORT BANK	1987	RT	8.00	35.00
SERIES 06				**F. JONES**
❑ BURTON LANCASTER HOUSE	1988	RT	8.00	24.00
❑ CITY HOSPITAL	1988	RT	8.00	24.00
❑ FIRST BAPTIST CHURCH	1988	RT	8.00	24.00
❑ FISH/MEAT MARKET	1988	RT	8.00	24.00
❑ LINCOLN SCHOOL	1988	RT	8.00	24.00
❑ NEW MASTERS GALLERY	1988	RT	8.00	24.00
❑ OHLIGER HOUSE	1988	RT	8.00	24.00
❑ PRUYN HOUSE	1988	RT	8.00	24.00
❑ SERIES 06 SET	1988	RT	80.00	250.00
❑ STIFFENBODY FUNERAL HOME	1988	RT	8.00	24.00
❑ WILLIAMS & SONS	1988	RT	8.00	24.00
SERIES 07				**F. JONES**
❑ BLACK CAT ANTIQUES	1989	RT	8.00	16.00
❑ HAIRDRESSING PARLOR	1989	RT	8.00	19.00
❑ HANDCRAFTED TOYS	1989	RT	8.00	19.00
❑ JUSTICE OF THE PEACE	1989	RT	8.00	19.00
❑ OCTAGONAL SCHOOL	1989	RT	8.00	19.00
❑ OLD FRANKLIN BOOK SHOP	1989	RT	8.00	19.00
❑ THORPE HOUSE BED & BREAKFAST	1989	RT	8.00	19.00
❑ VILLAGE TINSMITH	1989	RT	8.00	19.00
❑ WILLIAMS APOTHECARY	1989	RT	8.00	19.00
❑ WINKLER BAKERY	1989	RT	8.00	19.00
SERIES 08				**F. JONES**
❑ FJ REALTY COMPANY	1990	RT	8.00	15.00
❑ GLOBE CORNER BOOKSTORE	1990	RT	8.00	15.00
❑ HABERDASHERS	1990	RT	8.00	15.00
❑ MEDINA FIRE DEPARTMENT	1990	RT	8.00	15.00
❑ NELL'S STEMS & STITCHES	1990	RT	8.00	15.00
❑ NOAH'S ARK VETERINARY	1990	RT	8.00	15.00
❑ PICCADILLI PIPE & TOBACCO	1990	RT	8.00	15.00
❑ PURITAN HOUSE	1990	RT	8.00	15.00
❑ VICTORIA'S PARLOUR	1990	RT	8.00	15.00
❑ WALLDORFF FURNITURE	1990	RT	8.00	15.00
SERIES 09				**F. JONES**
❑ ALL SAINTS CHAPEL	1991	TL	8.00	10.00
❑ AMERICAN RED CROSS	1991	TL	8.00	10.00
❑ CENTRAL CITY OPERA HOUSE	1991	TL	8.00	10.00
❑ CITY HALL	1991	TL	8.00	10.00
❑ CPA/LAW OFFICE	1991	TL	8.00	10.00
❑ GOV. SNYDER MANSION	1991	TL	8.00	10.00
❑ JEWELER/OPTOMETRIST	1991	TL	8.00	10.00
❑ SPANKY'S HARDWARE CO.	1991	TL	8.00	10.00
❑ TREBLE CLEF,THE	1991	TL	8.00	10.00
SERIES 10				**F. JONES**
❑ CITY NEWS	1992	OP	8.00	9.00
❑ FUDGE KITCHEN	1992	OP	8.00	9.00
❑ GRAND HAVEN	1992	OP	8.00	9.00
❑ HENYAN'S ATHLETIC SHOP	1992	OP	8.00	9.00
❑ LEPPERT'S 5 & 10 CENT	1992	OP	8.00	9.00
❑ MADELINE'S DRESS SHOP	1992	OP	8.00	9.00
❑ OWL AND THE PUSSYCAT	1992	OP	8.00	9.00
❑ PICKLES PUB	1992	OP	8.00	9.00
❑ PURE GAS STATION	1992	OP	8.00	9.00
❑ UNITED CHURCH OF ACWORTH	1992	OP	8.00	9.00
SERIES 11				**F. JONES**
❑ BARBERSHOP/GALLERY	1993	OP	4.00	5.00
❑ HADDONFIELD BANK	1993	OP	4.00	5.00
❑ IMMANUEL CHURCH	1993	OP	4.00	5.00
❑ JOHANN SINGER BOOTS & SHOES	1993	OP	4.00	5.00
❑ PET SHOP/GIFT SHOP	1993	OP	4.00	5.00
❑ POLICE-TROOP C	1993	OP	4.00	5.00
❑ SHRIMPLIN & JONES PRODUCE	1993	OP	4.00	5.00
❑ STONES RESTAURANT	1993	OP	4.00	5.00
❑ U.S. ARMED FORCES	1993	OP	4.00	5.00
❑ U.S. POST OFFICE	1993	OP	4.00	5.00
SMITHSONIAN CASTLE				**F. JONES**
❑ SMITHSONIAN CASTLE	1996	RT	15.00	15.00
SOUTHERN BELLES SERIES				**F. JONES**
❑ AUBURN	1996	YR	10.00	10.00
SPECIAL ITEM				**F. JONES**
❑ SMOKEY BEAR	1995	RT	9.00	13.00
❑ SMOKEY BEAR WITH 50TH STAMP	1994	RT	8.00	10.00
TRADESMEN				**F. JONES**
❑ BUCKEYE CANDY & TOBACCO	1988	RT	8.00	24.00
❑ C.O. WHEEL COMPANY	1988	RT	8.00	24.00
❑ HERMANNHOF WINERY	1988	RT	8.00	24.00
❑ JENNEY GRIST MILL	1988	RT	8.00	35.00

COTTAGES

NAME	YEAR	LIMIT	ISSUE	TREND
WASHINGTON				**F. JONES**
❏ NATIONAL ARCHIVES	1991	TL	8.00	10.00
❏ U.S. CAPITOL	1991	TL	8.00	10.00
❏ U.S. SUPREME COURT	1991	TL	8.00	10.00
❏ WHITE HOUSE	1991	TL	8.00	10.00
WILD WEST				**F. JONES**
❏ DRINK'EM UP SALOON	1989	RT	8.00	24.00
❏ F.C. ZIMMERMANN'S GUN SHOP	1989	RT	8.00	24.00
❏ MARHSAL'S OFFICE	1989	RT	8.00	24.00
❏ WELLS, FARGO & CO.	1989	RT	8.00	24.00
WINE COUNTRY SERIES				**F. JONES**
❏ CHARLES KRUG WINERY	1996	YR	10.00	10.00

FORMA VITRUM

NAME	YEAR	LIMIT	ISSUE	TREND
BED & BREAKFAST				**B. JOB**
❏ BAVARIAN LODGE	1997	1500	225.00	250.00
❏ BROOKVIEW BED & BREAKFAST 11303	1995	RT	295.00	550.00
❏ EDGEWATER INN 11305	1996	RT	310.00	375.00
❏ WHISPERING PINES	1998	1250	250.00	250.00
❏ WHITE OAK INN	1998	1250	275.00	275.00
CHRISTMAS				**B. JOB**
❏ CONFECTIONER'S COTTAGE 41101	1995	RT	100.00	160.00
❏ GINGERBREAD HOUSE 19111	1994	RT	100.00	360.00
❏ HOLLYDAY CHAPEL	1998	1500	120.00	120.00
❏ HOLLYDAY HOME	1998	1500	120.00	120.00
❏ LOLLIPOP SHOPPE 41102	1996	RT	110.00	125.00
❏ PEPPERMINT PLACE 41103	1997	RT	110.00	125.00
COASTAL CLASSICS				**B. JOB**
❏ BAYSIDE BEACON 21013	1995	RT	65.00	90.00
❏ CAPE HOPE 21014	1996	OP	100.00	100.00
❏ CAROLINA 21103	1994	OP	65.00	65.00
❏ COZY COTTAGE 21500	1996	RT	70.00	90.00
❏ LOOKOUT POINT 21012	1995	RT	60.00	60.00
❏ MAINE 21102	1994	OP	50.00	50.00
❏ MICHIGAN 21101	1994	RT	50.00	100.00
❏ PATRIOTS POINT 29010	1995	OP	70.00	70.00
❏ SAILORS KNOLL 21011	1995	OP	65.00	65.00
COASTAL HERITAGE				**B. JOB**
❏ BARNEGAT, NY 25006	1996	2996	80.00	80.00
❏ CAPE HATTERAS, NC 25102	1996	3867	120.00	170.00
❏ CAPE LOOKOUT, NC 25105	1997	1997	80.00	80.00
❏ CAPE NEDDICK, ME 25002	1995	RT	140.00	170.00
❏ FIRE ISLAND, NY25005	1996	2996	150.00	150.00
❏ HARBOR TOWN HILTON HEAD, SC	1998	2998	80.00	80.00
❏ HOLLAND HARBOR, MI 25203	1996	1996	120.00	120.00
❏ JUPITER, FL 25104	1997	1997	80.00	80.00
❏ MARBLEHEAD, OH 25201	1995	RT	75.00	90.00
❏ MONTAUK, NY 25008	1997	997	140.00	140.00
❏ NEW LONDON, CT 25004	1996	2996	145.00	145.00
❏ NORTH HEAD, WA 25302	1995	1995	100.00	120.00
❏ OLD POINT LOMA, CA 25301	1995	1995	100.00	120.00
❏ PEGGY'S COVE, NS 25501	1996	2500	75.00	75.00
❏ PIGEON POINT, CA 25303	1996	2996	125.00	125.00
❏ PORTLAND HEAD, ME 25003	1995	RT	140.00	170.00
❏ SANDY HOOK, NJ 25001	1995	3759	140.00	160.00
❏ SE BLOCK ISLAND, RI	1998	998	160.00	160.00
❏ SPLIT ROCK, MN 25202	1996	2996	130.00	160.00
❏ ST. AUGUSTINE, FL 25103	1996	2996	130.00	130.00
❏ ST. SIMONS, GA 25101	1995	RT	120.00	150.00
❏ WEST QUODDY HEAD, ME 25007	1997	1997	140.00	140.00
COCA-COLA THROUGH THE DECADES				**B. JOB**
❏ CORNER DRUG	1997	5000	100.00	100.00
❏ GRADY'S BARBER SHOP	1998	5000	65.00	65.00
❏ GUS' GAS STATION	1998	5000	76.00	76.00
❏ MURRAY'S MERCANTILE COMPANY	1998	5000	70.00	70.00
❏ SAM'S GROCERY	1997	5000	70.00	70.00
❏ SANDY SHOAL LIGHTHOUSE	1998	5000	70.00	70.00
❏ TOWN CINEMA	1997	5000	100.00	100.00
DISNEY LIGHTED VILLAGE				**B. JOB**
❏ BELLE'S COTTAGE	1998	1991	225.00	275.00
❏ DWARF'S COTTAGE SNOW WHITE	1997	1937	215.00	215.00
❏ GEPETTO'S TOY SHOP	1998	1940	215.00	215.00
VITREVILLE				**B. JOB**
❏ BAVARIAN CHAPEL 11503	1993	RT	90.00	128.00
❏ BREADMAN'S BAKERY 11301	1993	RT	70.00	85.00
❏ BREADMAN'S BAKERY-RENOVATION 11301R	1997	RT	85.00	180.00
❏ CANDLEMAKER'S DELIGHT 11801	1993	RT	60.00	72.00
❏ CANDYMAKER'S COTTAGE 11102	1993	RT	65.00	100.00
❏ COUNTRY CHURCH 11502	1993	RT	105.00	120.00
❏ FARAH'S FLOWER SHOP	1998	OP	80.00	80.00
❏ FIRE STATION 11403	1995	RT	100.00	100.00
❏ JESSIE'S BARBER SHOP	1998	OP	75.00	75.00
❏ KLAUS CLOCK SHOPPE 11307	1997	OP	75.00	75.00
❏ KRAMER BUILDING 11404	1996	RT	100.00	100.00
❏ MAPLEWOOD ELEMENTARY SCHOOL 11401	1994	OP	100.00	125.00
❏ MAYOR'S MANOR MUSICAL 11205	1995	RT	85.00	85.00
❏ MILLER'S MILL (MUSICAL) 11304	1995	RT	115.00	115.00
❏ PILLARS OF FAITH 11504	1993	RT	90.00	70.00
❏ ROOFER'S ROOST 11203	1993	RT	74.00	110.00

NAME	YEAR	LIMIT	ISSUE	TREND
❑ TAILOR'S TOWNHOUSE 11204	1993	RT	94.00	100.00
❑ THOMPSON'S DRUG 11302	1994	RT	140.00	150.00
❑ TRINITY CHURCH 11511	1994	7000	130.00	160.00
❑ VITREVILLE POST OFFICE 11402	1994	RT	90.00	108.00
❑ WHITE STONE CHAPEL	1998	1250	85.00	85.00
❑ WILDWOOD CHAPEL 11505	1997	RT	60.00	60.00
VITREVILLE SIGNATURE SERIES				**B. JOB**
❑ NORTH END STATION	*	OP	70.00	70.00
WOODLAND VILLAGE				**B. JOB**
❑ BADGER HOUSE 31003	1993	RT	85.00	108.00
❑ CHIPMUNK HOUSE 31005	1993	RT	85.00	102.00
❑ OWL HOUSE 31004	1993	RT	85.00	102.00
❑ RABBIT HOUSE 31001	1994	RT	94.00	115.00
❑ RACCOON HOUSE 31002	1993	RT	85.00	102.00

GENESIS DESIGNS

BETHLEHEM VILLAGE				**M. MORRIS**
❑ BETHLEHEM STABLE	1992	3000	75.00	75.00
❑ MARKETPLACE	1992	3000	70.00	70.00
❑ PEASANT HOUSE	1992	3000	50.00	50.00
CASCADES				**M. MORRIS**
❑ ALMOST PARADISE - CENTRAL	1993	3000	50.00	50.00
CENTRAL OREGON				**M. MORRIS**
❑ MT. BACHELOR SKIER	1993	OP	30.00	30.00
COLUMBIA RIVER				**M. MORRIS**
❑ MULTNOMAH FALLS LODGE - 1925	1993	3000	70.00	70.00
GREAT LODGES				**M. MORRIS**
❑ EL TOVAR HOTEL	1909	3000	98.00	98.00
JESUS' WORLD				**M. MORRIS**
❑ EMPTY TOMB	1992	3000	75.00	75.00
NATIONAL PARK				**M. MORRIS**
❑ AHWAHNEE HOTEL	1998	3000	98.00	98.00
❑ WINTER AHWAHNEE	1997	YR	110.00	110.00
NORTHWEST				**M. MORRIS**
❑ CRATER LAKE LODGE	1995	3000	78.00	78.00
❑ OLD FAITHFUL INN - YELLOWSTONE	1996	3000	98.00	98.00
❑ PILOT BUTTE INN	1998	3000	84.00	84.00
❑ SNOQUALMIE TRAIN STATION	1997	3000	70.00	70.00
❑ SNOQUALMIE TRAIN STATION	1999	3000	70.00	70.00
❑ TIMBERLINE LODGE - 1938	1994	3000	78.00	78.00
❑ WINTER TIMBERLINE LODGE - 1938	1994	3000	78.00	78.00
OREGON COAST				**M. MORRIS**
❑ CAPE ARAGO III LIGHTHOUSE	1996	3000	60.00	60.00
❑ CAPE BLANCO LIGHTHOUSE	1997	3000	60.00	60.00
❑ CAPE MEARES	1997	3000	70.00	70.00
❑ COQUILLE RIVER LIGHTHOUSE	1995	3000	60.00	60.00
❑ HECETA HEAD LIGHTHOUSE	1992	RT	38.00	38.00
❑ HECETA HEAD LIGHTHOUSE	1994	RT	70.00	70.00
❑ LIGHTKEEPER'S COTTAGE	1994	3000	70.00	70.00
❑ TILLAMOOK ROCK LIGHTHOUSE	1996	3000	70.00	70.00
❑ UMPQUA RIVER LIGHTHOUSE	1996	3000	60.00	60.00
❑ YAQUINA BAY LIGHTHOUSE	1996	3000	70.00	70.00
❑ YAQUINA HEAD LIGHTHOUSE	1997	3000	70.00	70.00
PATRIARCHS, THE				**M. MORRIS**
❑ ABRAHAM AT THE OAKS	1993	3000	60.00	60.00
❑ NOAH'S ARK	1992	3000	50.00	50.00
WASHINGTON COAST				**M. MORRIS**
❑ ADMIRALTY HEAD LIGHTHOUSE	1998	3000	70.00	70.00
❑ CAPE DISAPPOINTMENT	1997	3000	70.00	70.00
❑ CAPE FLATTERY LIGHTHOUSE	1999	3000	70.00	70.00
❑ DESTRUCTION ISLAND LIGHTHOUSE	1999	3000	70.00	70.00
❑ GRAYS HARBOR LIGHTHOUSE	1997	3000	70.00	60.00
❑ MUKILTEO LIGHTHOUSE	1998	3000	70.00	70.00
❑ NEW DUNGENESS LIGHTHOUSE	1998	3000	70.00	70.00
❑ NORTH HEAD LIGHTHOUSE	1997	3000	70.00	70.00
WILDLIFE				**M. MORRIS**
❑ REX NANOOK	1995	OP	80.00	80.00

GEO. ZOLTAN LEFTON CO.

COLONIAL VILLAGE				*
❑ ANTIQUES AND CURIOSITIES	1993	CL	50.00	50.00
❑ APPLEGATE	1995	CL	50.00	100.00
❑ ARDMORE HOUSE	1990	CL	45.00	70.00
❑ ASHTON HOUSE	1997	OP	50.00	45.00
❑ AUNTIE JUNE'S COTTAGE	2000	RT	*	N/A
❑ BALDWIN'S FINE JEWELRY	1993	CL	50.00	50.00
❑ BED & BREAKFAST	2000	OP	50.00	50.00
❑ BELLE UNION SALOON	1991	CL	45.00	45.00
❑ BERKELY HOUSE	1998	OP	50.00	50.00
❑ BIJOU THEATER	1989	CL	40.00	500.00
❑ BLACK SHEEP TAVERN	1994	OP	50.00	50.00
❑ BLACKSMITH	1993	SU	47.00	47.00
❑ BLARNEY BARN, SILO	1999	OP	150.00	110.00
❑ BLARNEY FARMHOUSE	1999	OP	50.00	60.00
❑ BLUE BELL FLOUR	1998	OP	50.00	50.00
❑ BRENNER'S APOTHECARY	1992	OP	45.00	45.00
❑ BROOKFIELD	1996	5500	75.00	150.00
❑ BROWN'S BOOKSHOP	1994	OP	50.00	60.00

COTTAGES

NAME	YEAR	LIMIT	ISSUE	TREND
❏ BURNSIDE	1993	OP	50.00	50.00
❏ CAPE ST. GEORGE, FL.	2000	OP	43.00	40.00
❏ CAPPER'S MILLINERY	1989	SU	40.00	75.00
❏ CARRIAGE HOUSE	2001	YR	*	N/A
❏ CHARITY CHAPEL	1987	CL	35.00	750.00
❏ CHURCH OF THE GOLDEN RULE	1987	CL	35.00	50.00
❏ CITY HALL	1988	SU	40.00	120.00
❏ COBB'S BOTTERY	1989	SU	40.00	75.00
❏ COFFEE AND TEA SHOPPE	1990	SU	45.00	105.00
❏ COLE'S BARN	1989	CL	40.00	65.00
❏ COLLECTOR'S SET	1996	CL	100.00	85.00
❏ COLONIAL QUEEN SHOWBOAT	1998	CL	100.00	75.00
❏ COLONIAL SAVINGS & LOAN	1995	CL	50.00	50.00
❏ COLONIAL VILLAGE NEWS	1995	OP	50.00	50.00
❏ COOPER'S SHOP	1998	OP	50.00	50.00
❏ COUNTY COURTHOUSE	1992	OP	45.00	80.00
❏ COUNTY POST OFFICE	1990	CL	45.00	60.00
❏ DAISY'S FLOWER SHOP	1991	CL	45.00	45.00
❏ DENTIST'S OFFICE	1993	SU	50.00	50.00
❏ DOCTOR'S OFFICE	1993	OP	50.00	50.00
❏ D'OUL'S ICE HOUSE	1995	OP	50.00	50.00
❏ DRESS AND TAILOR SHOP	2001	YR	*	N/A
❏ ELEGANT LADY DRESS SHOP	1992	RT	45.00	50.00
❏ ENGINE CO. NO. 5 FIREHOUSE	1988	OP	40.00	45.00
❏ FAIRBANKS HOUSE	1996	OP	50.00	40.00
❏ FAITH CHURCH	1988	CL	40.00	200.00
❏ FELLOWSHIP CHURCH	1990	SU	45.00	45.00
❏ FIRST CHURCH	1990	OP	45.00	45.00
❏ FIRST POST OFFICE	1988	OP	40.00	40.00
❏ FOUNTAIN, THE	2000	OP	11.00	11.00
❏ FRANKLIN COLLEGE	1996	OP	50.00	40.00
❏ FRIENDSHIP CHAPEL	1988	CL	40.00	60.00
❏ GAZEBO	2000	OP	24.00	24.00
❏ GENERAL STORE	1987	CL	35.00	675.00
❏ GRANDMA'S HOUSE	2000	RT	*	N/A
❏ GREEN'S GROCERY	1993	OP	50.00	50.00
❏ GREYSTONE HOUSE	1988	CL	40.00	60.00
❏ GULL'S NEST LIGHTHOUSE	1989	OP	40.00	40.00
❏ HAMPSHIRE HOUSE	1990	CL	45.00	45.00
❏ HERMITAGE, THE	1996	CL	55.00	85.00
❏ HILLSIDE CHURCH	1991	CL	60.00	400.00
❏ HISTORICAL SOCIETY MUSEUM	1995	OP	50.00	50.00
❏ HOLMER'S BAIT SHOP	1998	OP	60.00	60.00
❏ HOUSE OF BLUE GABLES	1988	CL	40.00	60.00
❏ JACKSON FAMILY SET	2001	YR	*	N/A
❏ JOHNSON HOUSE	1993	OP	50.00	50.00
❏ JOHNSON'S ANTIQUES	1988	CL	40.00	85.00
❏ JONES BLACKSMITH	*	RT	*	N/A
❏ KING'S COTTAGE	1987	CL	35.00	35.00
❏ KIRBY HOUSE	1993	CL	50.00	100.00
❏ LAKEHURST HOUSE	1992	CL	55.00	400.00
❏ LATTIMORE HOUSE	1996	CL	50.00	55.00
❏ LAW OFFICE	1997	CL	50.00	45.00
❏ LIL RED SCHOOL HOUSE	1987	RT	35.00	50.00
❏ LOGAN RESIDENCE	2001	YR	*	N/A
❏ M.S. MILLER, PAINTER	1998	OP	50.00	50.00
❏ MAIN STREET CHURCH	1992	OP	45.00	45.00
❏ MAJOR'S MANOR	1989	CL	40.00	60.00
❏ MAPLE STREET CHURCH	1989	CL	40.00	60.00
❏ MARK HALL	1993	OP	50.00	50.00
❏ MCCAULEY'S HOUSE	1987	CL	35.00	400.00
❏ MILLER BROS. SILVERSMITHS	1989	RT	40.00	85.00
❏ MONTROSE MANOR	1997	OP	50.00	50.00
❏ MOONCREST MANSION	1999	OP	50.00	60.00
❏ MT. ZION CHURCH	1994	5500	70.00	100.00
❏ MT. ZION CHURCH ERROR	1994	CL	70.00	475.00
❏ MULBERRY STATION	1990	OP	50.00	50.00
❏ MUNDT MANOR	1995	OP	50.00	50.00
❏ NELSON HOUSE	1987	CL	35.00	650.00
❏ NEW HOPE CHURCH	1988	SU	40.00	700.00
❏ NOB HILL	1990	CL	45.00	40.00
❏ NORTHPOINT SCHOOL	1992	OP	45.00	45.00
❏ NOTFEL CABIN	1994	RT	50.00	55.00
❏ OLD STONE CHURCH	1988	SU	25.00	400.00
❏ OLD TIME STATION	1988	CL	40.00	40.00
❏ OPERA HOUSE	1998	OP	50.00	50.00
❏ PARK VISTA	1997	CL	50.00	395.00
❏ PATRIOT BRIDGE	1995	OP	50.00	50.00
❏ PENNY HOUSE	1987	CL	35.00	600.00
❏ PHOTOGRAPHY STUDIO	1997	OP	50.00	45.00
❏ PIERPONT-SMITHE'S CURIOS	1990	CL	45.00	80.00
❏ POTTER HOUSE	1997	OP	50.00	50.00
❏ QUEENSGATE	1995	OP	50.00	50.00
❏ QUINCY'S CLOCK SHOP	1989	SU	40.00	100.00
❏ RAINY DAYS BARN	1995	OP	50.00	50.00
❏ RATHBONES RETREAT	2000	SU	*	N/A
❏ REAL ESTATE OFFICE	1994	OP	50.00	50.00
❏ RITTER HOUSE	1987	CL	35.00	600.00
❏ RITZ HOTEL	1988	CL	40.00	250.00
❏ ROSAMOND	1994	CL	50.00	50.00
❏ RYMAN AUDITORIUM	1990	SU	50.00	75.00
❏ SAN SEBASTIAN MISSION	1992	CL	45.00	75.00

NAME	YEAR	LIMIT	ISSUE	TREND
❑ SANDERSON'S MILL	1991	OP	45.00	45.00
❑ SAWYER'S CREEK	1997	OP	55.00	50.00
❑ SHIP'S CHANDLER'S SHOP	1990	SU	45.00	45.00
❑ SIR GEORGE'S MANOR	1997	5500	75.00	70.00
❑ SMITH AND JONES DRUG STORE	1994	OP	50.00	50.00
❑ SMITH'S SMITHY	1991	CL	45.00	450.00
❑ SPRINGFIELD	1994	RT	50.00	50.00
❑ ST. JAMES CATEHDRAL	1993	CL	75.00	150.00
❑ ST. PAUL'S CHURCH	1996	OP	50.00	45.00
❑ ST. PETER'S CHURCH	1993	RT	60.00	45.00
❑ STABLE	1996	OP	33.00	35.00
❑ STATE BANK, THE	1988	CL	40.00	45.00
❑ STEARN'S STABLE	1992	CL	45.00	45.00
❑ STONE HOUSE, THE	1988	CL	40.00	60.00
❑ SWEET SHOP	1991	SU	45.00	45.00
❑ SWEETHEART'S BRIDGE	1989	SU	40.00	60.00
❑ THROUGH THE YEARS SET	2001	YR	*	N/A
❑ TOWN HALL	2000	RT	*	N/A
❑ TOY MAKER'S SHOP, THE	1991	OP	45.00	45.00
❑ TRADING POST	1996	SU	50.00	45.00
❑ TRAIN STATION	1987	CL	35.00	400.00
❑ TREVISO HOUSE	1996	OP	50.00	45.00
❑ TRINITY CHURCH	1998	5500	75.00	70.00
❑ TYLER FAMILY SET	2001	YR	*	N/A
❑ TYLER HOMESTEAD	2001	YR	*	N/A
❑ VANDERSPECK'S MILL	1992	CL	45.00	100.00
❑ VARIETY STORE	1997	OP	50.00	50.00
❑ VICTORIA HOUSE	1990	CL	45.00	45.00
❑ VICTORIAN APOTHECARY	1989	CL	40.00	300.00
❑ VICTORIAN GAZEBO	1991	SU	45.00	45.00
❑ VILLAGE BAKERY	1989	OP	40.00	45.00
❑ VILLAGE BARBER SHOP	1989	SU	40.00	30.00
❑ VILLAGE CHURCH	2000	OP	50.00	50.00
❑ VILLAGE EXPRESS	1986	CL	27.00	150.00
❑ VILLAGE GREEN GAZEBO	1992	SU	22.00	25.00
❑ VILLAGE HARDWARE	1990	CL	45.00	45.00
❑ VILLAGE HOSPITAL	1994	OP	50.00	50.00
❑ VILLAGE INN	1992	CL	45.00	45.00
❑ VILLAGE LIBRARY	1989	SU	40.00	30.00
❑ VILLAGE LIGHTHOUSE	2000	OP	50.00	50.00
❑ VILLAGE POLICE STATION	1988	SU	40.00	45.00
❑ VILLAGE RESTAURANT	2001	YR	*	N/A
❑ VILLAGE SCHOOL	1989	CL	40.00	200.00
❑ WATT'O CANDLE SHOP	1991	CL	45.00	70.00
❑ WELCOME HOME	1987	CL	50.00	60.00
❑ WHITE'S BUTCHER SHOP	1994	OP	50.00	50.00
❑ WIG SHOP	1990	RT	45.00	45.00
❑ WINTER CARNIVAL	1999	OP	120.00	110.00
❑ WRIGHT'S EMPORIUM	1998	OP	50.00	50.00
❑ WYCOFF MANOR	1995	5500	75.00	100.00
❑ ZACHARY PETERS CABINET MAKER	1995	OP	50.00	50.00

HISTORIC AMERICAN LIGHTHOUSE COLLECTION *

NAME	YEAR	LIMIT	ISSUE	TREND
❑ 1716 BOSTON LIGHTHOUSE	1995	7500	50.00	285.00
❑ ABSELON, NJ	2000	OP	43.00	43.00
❑ ADMIRALTY HEAD, WA	1994	OP	40.00	40.00
❑ ALCATRAZ ISLAND, CA	1997	9000	55.00	145.00
❑ ALCATRAZ, CA	1998	OP	65.00	65.00
❑ AMELIA ISLAND, FL	2000	OP	43.00	43.00
❑ ASSATEAGUE, VA	1992	OP	40.00	40.00
❑ BARNEGAT, NJ	1995	OP	40.00	40.00
❑ BIG SABLE POINT, MI	1993	OP	40.00	50.00
❑ BILOXI LIGHTHOUSE, MS	1998	OP	40.00	40.00
❑ BLOCK ISLAND, RI	1996	OP	50.00	50.00
❑ BODIE ISLAND, NC	1994	OP	40.00	40.00
❑ BOON ISLAND, ME	2000	OP	45.00	45.00
❑ BOSTON HARBOR, MA	1993	OP	40.00	50.00
❑ BUFFALO, NY	1996	OP	40.00	40.00
❑ CANA ISLAND, WI	1994	OP	40.00	40.00
❑ CAPE CANAVERAL, FL	1999	OP	40.00	40.00
❑ CAPE COD, MA	1993	OP	40.00	50.00
❑ CAPE FLORIDA, FL	1994	CL	40.00	85.00
❑ CAPE FLORIDA, FL	1998	OP	40.00	40.00
❑ CAPE HATTERAS, NC	1992	CL	40.00	90.00
❑ CAPE HATTERAS, NC	1998	OP	45.00	45.00
❑ CAPE HENLOPEN, DE	1997	900	55.00	125.00
❑ CAPE HENRY, VA	1992	OP	40.00	40.00
❑ CAPE LOOKOUT, NC	1992	OP	40.00	40.00
❑ CAPE MAY, NJ	1994	CL	40.00	275.00
❑ CAPE MAY, NJ	1995	OP	40.00	40.00
❑ CAPE NEDDICK, ME	1996	OP	47.00	47.00
❑ CAPE ST. GEORGE, FL	2000	OP	43.00	43.00
❑ CHICAGO HARBOR, IL	1994	OP	40.00	40.00
❑ CONCORD PT., MD	1999	OP	47.00	47.00
❑ CURRITUCK BEACH, NC	1997	OP	40.00	40.00
❑ DESTRUCTION ISLAND, WA	1996	OP	40.00	40.00
❑ DIAMOND HEAD, HI	1999	YR	50.00	50.00
❑ FIRE ISLAND, NY	1995	OP	40.00	40.00
❑ FORT GRATIOT, MI	1994	OP	40.00	40.00
❑ FORT NIAGARA, NY	1997	OP	40.00	40.00
❑ GAYS HEAD, MA	2000	YR	45.00	45.00
❑ GRAND HAVEN, MI	2000	OP	50.00	50.00

COTTAGES

NAME	YEAR	LIMIT	ISSUE	TREND
❑ GRAY'S HARBOR, WA	1993	OP	40.00	50.00
❑ HAROUR TOWN, SC	1998	OP	45.00	45.00
❑ HECETA HEAD, OR	1994	OP	40.00	40.00
❑ HEREFORD INLET, NJ	2000	OP	45.00	45.00
❑ HILLSBORO INLET, FL	2000	OP	50.00	50.00
❑ HOLLAND HARBOR, MI	1996	OP	45.00	45.00
❑ JUPITER INLET, FL	1995	OP	40.00	40.00
❑ KEY WEST, FL	1996	OP	40.00	40.00
❑ LOS ANGELES HARBOR, CA	1996	OP	45.00	45.00
❑ MARBLEHEAD, OH	1993	OP	40.00	45.00
❑ MINOTS LEDGE, MA	1999	OP	40.00	40.00
❑ MONTAUK, NY	1993	OP	40.00	60.00
❑ MORRIS ISLAND, SC	1998	9000	50.00	135.00
❑ MUKILTEO LIGHT POSSESSION SOUND, WA	2000	OP	56.00	56.00
❑ NEW LONDON HARBOR, CT	1998	OP	40.00	40.00
❑ NEW LONDON LEDGE, CT	1994	OP	40.00	40.00
❑ NEW PRESQUE ISLE, MI	1998	OP	40.00	40.00
❑ OAK ISLAND, NC	2000	9000	45.00	45.00
❑ OCRACOKE, NC	1994	OP	40.00	40.00
❑ OLD BALDY SMITH ISLAND, NC	2000	OP	45.00	45.00
❑ OLD CAPE HENRY, VA	1996	7500	47.00	285.00
❑ OLD POINT COMFORT, VA	2000	OP	43.00	43.00
❑ OLD POINT LOMA, CA	1994	OP	40.00	40.00
❑ PEMAQUID POINT, ME	1998	OP	40.00	40.00
❑ PENSACOLA, FL	1999	OP	40.00	40.00
❑ PIGEON POINT, CA	1995	OP	40.00	40.00
❑ POINT ARENA, CA	1997	OP	40.00	40.00
❑ POINT BETSIE, MI	1995	OP	47.00	47.00
❑ POINT BOLIVAR, TX	1997	OP	40.00	40.00
❑ POINT CABRILLO, CA	1995	OP	47.00	47.00
❑ POINT PINOS, CA	1999	OP	56.00	56.00
❑ POINT WILSON, WA	1993	OP	40.00	40.00
❑ PONCE DE LEON, FL	1995	OP	40.00	40.00
❑ PORTLAND HEAD, ME	1994	OP	40.00	40.00
❑ PT. ISABEL, TX	1996	OP	40.00	40.00
❑ ROCKLAND BREAKWATER, ME	2000	OP	47.00	47.00
❑ ROUND ISLAND, MI	1997	OP	47.00	47.00
❑ SANDY HOOK, NJ	1992	OP	40.00	50.00
❑ SPLIT ROCK, MN	1994	OP	40.00	40.00
❑ ST. AUGUSTINE, FL	1994	OP	40.00	40.00
❑ ST. MARKS LIGHT, FL	2000	OP	50.00	50.00
❑ ST. SIMONS, GA	1994	OP	40.00	40.00
❑ TAWAS, MI	2000	OP	43.00	43.00
❑ THOMAS POINT, MO	1996	OP	45.00	45.00
❑ TOLEDO HARBOR, OH	1995	OP	47.00	47.00
❑ TWO HARBORS, MI	2000	OP	50.00	50.00
❑ TYBEE ISLAND, GA	1994	OP	40.00	40.00
❑ WEST QUODDY HEAD, ME	1992	OP	40.00	50.00
❑ WHITE SHOAL, MI	1993	OP	40.00	40.00
❑ WIND POINT, WI	1997	OP	40.00	40.00
❑ YERBA BUENA, CA	1994	OP	40.00	40.00

GOEBEL INC.

BAVARIAN VILLAGE COLLECTION
M.I. HUMMEL

NAME	YEAR	LIMIT	ISSUE	TREND
❑ ANGEL'S DUET	1996	OP	50.00	50.00
❑ BENCH & PINE TREE, THE/SET	1996	OP	25.00	25.00
❑ CHRISTMAS MAIL	1996	OP	50.00	50.00
❑ COMPANY'S COMING	1996	OP	50.00	50.00
❑ SLED & PINE TREE, THE/SET	1996	OP	25.00	25.00
❑ VILLAGE BAKERY, THE	1996	OP	50.00	50.00
❑ VILLAGE BRIDGE, THE	1996	OP	25.00	25.00
❑ WINTER'S COMFORT	1996	OP	50.00	50.00
❑ WISHING WELL, THE	1996	OP	25.00	25.00

HALLMARK

KIDDIE CAR CLASSICS
L. SICKMAN

NAME	YEAR	LIMIT	ISSUE	TREND
❑ FIRE STATION #1 QHG3617	1999	YR	70.00	70.00

HARBOUR LIGHTS

CHESAPEAKE SERIES
B. YOUNGER

NAME	YEAR	LIMIT	ISSUE	TREND
❑ CONCORD, MD 186	1996	RT	66.00	66.00
❑ DRUM POINT, MD 180	1997	RT	99.00	145.00
❑ SANDY POINT, MD 167	1996	9500	70.00	105.00
❑ SHARP'S ISLAND, MD 185	1996	RT	70.00	125.00
❑ THOMAS POINT 181	1996	RT	99.00	145.00

CHRISTMAS ANNUALS
B. YOUNGER

NAME	YEAR	LIMIT	ISSUE	TREND
❑ 2000 CHRISTMAS HEREFORD INLET, NJ 710	2000	10000	75.00	75.00
❑ CHRISTMAS 1995 - BIG BAY POINT, MI 700	1995	RT	75.00	325.00
❑ CHRISTMAS 1996 COLCHESTER, VT 701	1996	RT	75.00	145.00
❑ CHRISTMAS 1997 WHITE SHOAL, MI 702	1997	RT	95.00	145.00
❑ CHRISTMAS 1998 OLD FIELD POINT, NY 707	1998	10000	80.00	80.00
❑ CHRISTMAS 1999 EAST QUODDY, CANADA 708	1999	10000	80.00	N/A

EVENT PIECE
B. YOUNGER

NAME	YEAR	LIMIT	ISSUE	TREND
❑ EDGARTOWN, MA 603	1997	RT	35.00	85.00
❑ FORT TOMPKINS, NY, AUTUMN 656	2002	*	59.00	59.00
❑ FORT TOMPKINS, NY, SPRING 656	2002	*	59.00	59.00
❑ FORT TOMPKINS, NY, WINTER 657	2002	*	59.00	59.00
❑ MARK TWAIN MEMORIAL LIGHTHOUSE (GOLD-PLATED) 654G	2002	60	250.00	250.00
❑ MARK TWAIN MEMORIAL LIGHTHOUSE 654	2002	*	68.00	68.00
❑ ROOSEVELT, NY 612	1998	RT	30.00	75.00
❑ SUNKEN ROCK, NY 602	1996	RT	25.00	75.00

NAME	YEAR	LIMIT	ISSUE	TREND
GONE BUT NOT FORGOTTEN				**B. YOUNGER**
❑ CAPE HELOPEN, DE	2000	TL	80.00	80.00
GREAT LAKES REGION				**B. YOUNGER**
❑ BIG SABLE, MI 228	1999	10000	70.00	70.00
❑ BUFFALO, NY 122	1992	RT	60.00	135.00
❑ CANA ISLAND, WI 119	1992	RT	60.00	125.00
❑ CHARLOTTE-GENESEE, NY 165	1996	RT	77.00	110.00
❑ CHICAGO HARBOR, IL 208	1998	10000	73.00	73.00
❑ EAGLE BLUFF, WI 249	2000	6500	65.00	65.00
❑ FAIRPORT HARBOR, OH	2000	6500	68.00	68.00
❑ FORT GRATIOT, MI	2000	7000	65.00	65.00
❑ FORT NIAGARA, NY 113	1991	RT	60.00	125.00
❑ GRAND TRAVERSE, MI 191	1997	9500	80.00	80.00
❑ GROSSE POINT, IL 120	1992	RT	60.00	125.00
❑ HOLLAND (BIG RED), MI 142	1994	RT	60.00	175.00
❑ LORAIN, OH 207	1998	10000	75.00	70.00
❑ MARBLEHEAD, OH 121	1992	RT	50.00	110.00
❑ MICHIGAN CITY, IN 123	1992	RT	60.00	125.00
❑ OLD MACKINAC POINT, MI 118	1992	RT	65.00	135.00
❑ OLD MISSION POINT, MI 236	1999	10000	70.00	70.00
❑ PRESQUE ISLE, PA 201	1997	RT	75.00	75.00
❑ ROUND ISLAND, MI 153	1995	9500	85.00	110.00
❑ SAND ISLAND, WI 112	1991	RT	60.00	125.00
❑ SELKIRK, NY 157	1995	RT	75.00	80.00
❑ SISTER ISLAND, NY 252	2000	TL	68.00	68.00
❑ SOUTH BASS, OH 237	1999	10000	80.00	80.00
❑ SPLIT ROCK, MI 124 (WRONG STATE)	1992	RT	60.00	2100.00
❑ SPLIT ROCK, MN 124	1992	RT	60.00	125.00
❑ TAWAS PT., MI 152	1995	RT	75.00	125.00
❑ TOLEDO HARBOR, OH	1996	RT	85.00	85.00
❑ WHITE RIVER, MI 226	1999	10000	73.00	73.00
❑ WHITEFISH POINT, MI 254	2000	6500	99.00	99.00
❑ WIND POINT, WI 154	1995	9500	78.00	110.00
GREAT LIGHTHOUSES OF THE WORLD				**B. YOUNGER**
❑ ALCATRAZ, CA 417	1998	OP	70.00	70.00
❑ ASSATEAGUE, VA 425	1999	OP	60.00	60.00
❑ BARNEGAT, NJ 414 MOLD I	1997	CL	45.00	55.00
❑ BARNEGAT, NJ 414R	1998	OP	50.00	50.00
❑ BOLIVAR, TX 422	1998	OP	65.00	65.00
❑ BOSTON HARBOR, MA 402 MISSPELLED	1995	CL	50.00	75.00
❑ BOSTON HARBOR, MA 402R	1999	OP	55.00	55.00
❑ CAPE CANAVERAL, FL 420	1000	OP	50.00	50.00
❑ CAPE HATTERAS, NC 401 W/GAL STAMP	1994	OP	50.00	110.00
❑ CAPE HATTERAS, NC 401R	2002	*	50.00	50.00
❑ CAPE MAY, NJ 428	2000	OP	55.00	55.00
❑ CAPE NEDDICK, ME 410	1997	OP	50.00	50.00
❑ GROSSE POINT, IL 426	1999	OP	60.00	60.00
❑ HIGHLAND, MA 439	2002	OP	70.00	70.00
❑ HILTON HEAD, SC 415	1997	OP	50.00	50.00
❑ HOLLAND, MI 407	1998	OP	50.00	50.00
❑ KEY WEST, FL 424	1999	OP	65.00	65.00
❑ KILAUEA POINT, HI 437	2002	OP	45.00	45.00
❑ MONTAUK, NY 405	1997	OP	55.00	55.00
❑ NEW LONDON LEDGE, CT	1997	OP	55.00	55.00
❑ OLD MACKINAC, MI 419	1998	OP	65.00	65.00
❑ PENSACOLA, FL 430	2000	OP	60.00	60.00
❑ POINT LOMA, CA, 409	1997	OP	50.00	50.00
❑ PONCE DE LEON, FL 408	1997	OP	55.00	55.00
❑ PORTLAND HEAD, ME 404	1995	CL	50.00	50.00
❑ PORTLAND HEAD, ME 404R	1999	OP	55.00	55.00
❑ REVISED CAPE HATTERAS, NC 401R	2002	OP	50.00	50.00
❑ SANDY HOOK, NJ 418	1996	OP	50.00	50.00
❑ SANIBEL, FL 429	2000	OP	90.00	90.00
❑ SOUTHEAST BLOCK ISLAND, RI 403	1995	CL	50.00	50.00
❑ SOUTHEAST BLOCK ISLAND, RI 403R	1999	OP	55.00	55.00
❑ ST. AUGUSTINE, FL 411	1997	OP	45.00	45.00
❑ ST. SIMONS, GA 416	1997	OP	50.00	50.00
❑ STATUE OF LIBERTY, NY 438	2002	OP	45.00	45.00
❑ THOMAS POINT, MD 421	1998	OP	90.00	90.00
GULF COAST REGION				**B. YOUNGER**
❑ BILOXI, MS 149	1995	RT	60.00	115.00
❑ BOLIVAR, TX 146	1995	RT	70.00	120.00
❑ MIDDLE BAY, AL 187	1997	RT	99.00	140.00
❑ NEW CANAL, LA 148	1995	RT	65.00	125.00
❑ PENSACOLA, FL 150	1995	RT	80.00	145.00
❑ PORT ISABEL, TX 147	1995	RT	65.00	125.00
HARBOUR LIGHTS COLLECTORS SOCIETY				**B. YOUNGER**
❑ AMELIA ISLAND, FL	1997	RT	*	85.00
❑ BALTIMORE, MD 524	1999	YR	*	85.00
❑ BOCA GRANDE, FL 531	2000	TL	90.00	90.00
❑ COCKSPUR, GA	1998	RT	*	50.00
❑ HATTERAS BEACON 537	2002	*	*	N/A
❑ POINT FERMIN, CA 501	1995	RT	80.00	175.00
❑ PORT SANILAC, MI 506	1997	RT	80.00	85.00
❑ PT. FERMIN, CA MINI	1999	YR	29.00	29.00
❑ ROANOKE RIVER, NC 538	2002	*	90.00	90.00
❑ S.W. REEF, LA 530	2000	TL	*	N/A
❑ SEA GIRT, NJ	1998	RT	80.00	80.00
❑ SEVEN FOOT KNOLL, MD 521	1999	YR	99.00	135.00
❑ SPYGLASS COLLECTION, CT 503	1996	RT	*	32.00
❑ STONINGTON HARBOUR, CT 502	1996	RT	70.00	165.00

COTTAGES

COTTAGES

The Brick Town Hall *was an original issue packaged with the set of seven starter New England Village pieces manufactured by Department 56.*

Department 56 issued the General Store *with its original set of seven New England Village pieces.*

One Acre Cottage *from 1994 was one of 15 new pieces from John Hine Studios to celebrate the 15th anniversary of David Winter Cottages.*

Nathaniel Bingham Fabrics, *also referred to as the Post Office because the mail came into and went out of the shop, was a 1986 New England Village issue from Department 56.*

Ben's Barber Shop *was issued along with Otis Hayes Butcher Shop and Anne Shaw Toys in a set designed for the New England Village produced by Department 56.*

Timber Knoll Log Cabin *from the New England Village was closed in production in 1990 by Department 56.*

NAME	YEAR	LIMIT	ISSUE	TREND
HUDSON RIVER SERIES				**B. YOUNGER**
❏ ESOPUS MEADOWS, NY 231	1999	10000	70.00	70.00
❏ HUDSON-ATHENS, NY 230	1999	10000	78.00	78.00
❏ TARRYTOWN, NY 232	1999	10000	75.00	75.00
INTERNATIONAL SERIES				**B. YOUNGER**
❏ CAPE AGULHAS, SA 227	1999	10000	73.00	73.00
❏ HOOK HEAD, IRELAND 198	1997	RT	71.00	100.00
❏ LA CORUNA, SPAIN 235	1999	6500	65.00	65.00
❏ LA JUMENT, FRANCE 192	1997	RT	68.00	110.00
❏ LA MARTE, QUEBEC 255	2000	6500	75.00	75.00
❏ LONGSHIPS, UK 193	1997	RT	68.00	100.00
❏ MACQUARIE, AUSTRALIA 197	1997	RT	68.00	65.00
❏ PANAMA 241	1999	4000	65.00	65.00
❏ PEGGY'S COVE, NOVA SCOTIA 169	1996	RT	68.00	115.00
LADY LIGHTKEEPERS				**B. YOUNGER**
❏ CHATHAM, MA 172	1996	9500	70.00	70.00
❏ IDA LEWIS, RI 174	1996	RT	70.00	70.00
❏ MATINICUS, ME 173	1996	RT	77.00	75.00
❏ POINT PINOS, CA 170	1996	RT	70.00	70.00
❏ SAUGERTIES, NY 171	1996	RT	75.00	70.00
LIMITED EDITIONS				**B. YOUNGER**
❏ HENDRICKS HEAD, ME 274	2002	5500	75.00	75.00
❏ MONOMOY PT., MA 269	2002	5500	75.00	75.00
❏ POINT IROQUOIS, MI 270	2002	6500	68.00	68.00
❏ RACE ROCK, NY 272	2002	5000	69.00	69.00
❏ ROCK OF AGES, MI 271	2002	5500	60.00	60.00
NORTHEAST REGION				**B. YOUNGER**
❏ BARNEGAT, NJ 139	1994	RT	60.00	295.00
❏ BEAVERTAIL, RI 188	1997	9500	80.00	80.00
❏ BOSTON HARBOR, MA 117	1991	RT	60.00	175.00
❏ BRANT POINT, MA 162	1995	RT	66.00	85.00
❏ CAPE MAY, NJ 168	1996	RT	75.00	125.00
❏ CAPE NEDDICK (NUBBLE), ME 141	1994	RT	66.00	245.00
❏ CASTLE HILL, RI 116	1991	RT	60.00	145.00
❏ EXECUTION ROCK, NY 210	1998	10000	78.00	78.00
❏ FAULKNER'S ISLAND, CT 216	1998	10000	70.00	70.00
❏ FIRE ISLAND, NY 176	1996	RT	70.00	75.00
❏ GREAT CAPTAIN'S ISLAND, CT 114	1991	RT	60.00	145.00
❏ HIGHLAND, MA 161 NO S	1995	RT	75.00	140.00
❏ HIGHLANDS, MA 161 W/S	1995	RT	75.00	80.00
❏ HORTON POINT, NY 205	1998	10000	75.00	75.00
❏ JEFFREY'S HOOK, NY 185	1997	9500	66.00	66.00
❏ MINOT'S LEDGE, MA 131 BLUE WATER	1992	RT	60.00	175.00
❏ MINOT'S LEDGE, MA 131 GREEN WATER	1992	RT	60.00	375.00
❏ MONTAUK, NY 143	1994	RT	85.00	225.00
❏ NAUSET, MA 126	1992	RT	66.00	215.00
❏ NEW LONDON LEDGE, CT 129 BLUE WATER	1992	RT	66.00	170.00
❏ NEW LONDON LEDGE, CT 129 GREEN WATER	1992	RT	66.00	275.00
❏ NOBSKA, MA 203	1997	RT	75.00	75.00
❏ OLD SAYBROOK, CT 206	1998	10000	69.00	70.00
❏ PEMAQUID, ME 164	1996	RT	90.00	145.00
❏ PORTLAND BREAKWATER, ME 130	1992	RT	60.00	110.00
❏ PORTLAND HEAD, ME 125	1992	RT	60.00	595.00
❏ SANDY HOOK, NJ 104	1991	RT	60.00	275.00
❏ SCITUATE, MA 166	1996	9500	77.00	77.00
❏ SHIP JOHN SHOAL, DE 245	2000	6500	68.00	68.00
❏ SOUTHEAST BLOCK ISLAND, RI 128	1992	RT	71.00	285.00
❏ WEST QUODDY HEAD, ME 103	1991	RT	60.00	175.00
❏ WHALEBACK, NH 127	1992	RT	60.00	125.00
REUNION PIECES				**B. YOUNGER**
❏ NEW POINT LOMA 604	1997	RT	70.00	500.00
❏ NEW POINT LOMA 605	1997	RT	*	395.00
SOUTHEAST REGION				**B. YOUNGER**
❏ AMERICAN SHOAL, FL 229	2000	6500	99.00	99.00
❏ ASSATEAGUE, VA 145 MOLD ONE	1994	RT	69.00	345.00
❏ ASSATEAGUE, VA 145 MOLD TWO	1994	RT	69.00	145.00
❏ BALD HEAD, NC 155	1996	RT	75.00	155.00
❏ BODIE, NC 159	1996	RT	77.00	75.00
❏ CAPE CANAVERAL, FL 163	1996	RT	80.00	135.00
❏ CAPE FLORIDA, FL 209	1998	10000	78.00	78.00
❏ CAPE HATTERAS, NC 102 MOLD ONE	1991	RT	60.00	4300.00
❏ CAPE HATTERAS, NC 102R MOLD TWO	1992	RT	60.00	650.00
❏ CAPE HENRY, VA 196	1997	RT	82.00	125.00
❏ CAPE LOOKOUT, NC 175	1996	RT	64.00	125.00
❏ CURRITUCK, NC 158	1995	RT	80.00	145.00
❏ FORT JEFFERSON, FL 247	2000	8000	75.00	75.00
❏ HAIG POINT, SC 246	2000	8000	75.00	70.00
❏ HILLSBORO, FLA. 225	1999	6500	125.00	125.00
❏ HILTON HEAD, SC 136	1993	RT	60.00	325.00
❏ JUPITER, FL 151	1995	RT	77.00	195.00
❏ KEY WEST, FL 134	1993	RT	60.00	355.00
❏ MORRIS ISLAND, SC NOW 190	1997	RT	65.00	135.00
❏ MORRIS ISLAND, SC THEN 189	1997	RT	85.00	145.00
❏ OAK ISLAND, NC 240	2000	6500	78.00	78.00
❏ OCRACOKE, NC 135	1993	RT	60.00	495.00
❏ OLD POINT COMFORT, VA 244	2000	8000	82.00	80.00
❏ PONCE DE LEON, FL 132	1993	RT	60.00	295.00
❏ SANIBEL ISLAND, FL 194	1997	RT	120.00	95.00
❏ ST. AUGUSTINE, FL 138	1993	RT	71.00	495.00

COTTAGES

NAME	YEAR	LIMIT	ISSUE	TREND
❑ ST. MARKS, FLA. 220	1999	10000	75.00	75.00
❑ ST. SIMONS, GA 137	1993	RT	66.00	325.00
❑ TYBEE, GA 133	1993	RT	60.00	175.00
SPECIAL EDITIONS				**B. YOUNGER**
❑ ACRYLIC NEW YORK SKYLINE CR101	2002	OP	25.00	25.00
❑ BOB YOUNGER MEMORIAL 623	1999	OP	10.00	10.00
❑ HANNIBAL, MO IN-STORE EVENT PIECE 654	2002	YR	68.00	68.00
❑ KEEPERS & FRIENDS 606	1997	OP	55.00	55.00
❑ LEGACY LIGHT 600 (RED) 600	1995	RT	65.00	95.00
❑ LEGACY LIGHT 601 (BLUE) 601	1995	RT	65.00	75.00
❑ LIBERTY ENLIGHTENING THE WORLD 627	2000	YR	125.00	125.00
❑ NAVESINK, NJ 200	1997	9500	245.00	245.00
❑ SPYGLASS COLLECTION NEW ENGLAND 607	1997	OP	83.00	83.00
❑ SPYGLASS COLLECTION SOUTHERN BELLES 613	1998	OP	83.00	83.00
STAMP SERIES				**B. YOUNGER**
❑ MARBLEHEAD, OH (413)	1995	OP	50.00	50.00
❑ SPECTACLE REEF, MI 182 (410)	1995	RT	60.00	60.00
❑ SPLIT ROCK, MN (412)	1995	OP	60.00	60.00
❑ ST. JOSEPH, MI 183 (411)	1995	RT	60.00	60.00
❑ THIRTY MILE POINT, NY 184 (414)	1995	RT	62.00	62.00
THEN & NOW				**B. YOUNGER**
❑ ROUND ISLAND, MS	2000	TL	65.00	65.00
THIS LITTLE LIGHT OF MINE				**B. YOUNGER**
❑ BURROWS, WA LL217	2002	*	15.00	15.00
❑ CAPE DISAPPOINTMENT, WA LL232	2002	*	13.00	13.00
❑ CHARLEVOIX SOUTH, MI LL233	2002	*	15.00	15.00
❑ CRAIG LOWER RANGE, MD LL223	2002	*	15.00	15.00
❑ DELAWARE BREAKWATER, DE LL219	2002	*	13.00	13.00
❑ DRUM POINT, MD LL234	2002	*	22.00	22.00
❑ ELDRED ROCK, AK LL231	2002	*	13.00	13.00
❑ ERIE, PA LL226	2002	*	15.00	15.00
❑ FOURTEEN FOOT BANK, DE LL222	2002	*	13.00	13.00
❑ GRAND ISLAND, MI LL218	2002	*	13.00	13.00
❑ HAIG POINT, SC LL229	2002	*	15.00	15.00
❑ LA JUMENT, FRANCE LL237	2002	*	13.00	13.00
❑ NEW CANAL, LA LL225	2002	*	22.00	22.00
❑ NEW POINT COMFORT, VA LL235	2002	*	13.00	13.00
❑ NEW PRESQUE ISLE, MI LL227	2002	*	15.00	15.00
❑ NOBSKA, MA LL236	2002	*	13.00	13.00
❑ POINT BONITA, CA LL224	2002	*	13.00	13.00
❑ POINT PINOS, CA LL221	2002	*	13.00	13.00
❑ ROUND ISLAND, MS LL242	2002	*	13.00	13.00
❑ SANIBEL, FL LL216	2002	*	22.00	22.00
❑ STONINGTON HARBOR, CT LL230	2002	*	13.00	13.00
❑ WHITEFISH POINT, MI LL239	2002	*	22.00	22.00
WESTERN REGION				**B. YOUNGER**
❑ ADMIRALITY HEAD, WA 101 (MISSPELLED)	1991	RT	60.00	155.00
❑ ADMIRALTY HEAD, WA 101	1991	RT	60.00	175.00
❑ ALCATRAZ, CA 177 (407)	1996	RT	77.00	145.00
❑ BURROWS ISLAND, OR 108 (WRONG STATE)	1991	RT	60.00	895.00
❑ BURROWS ISLAND, WA 108	1991	RT	60.00	295.00
❑ CAPE BLANCO, OR 109	1991	RT	60.00	110.00
❑ CAPE DISAPPOINTMENT, WA 238	1999	8000	65.00	65.00
❑ CAPE MEARES, OR 160	1996	RT	68.00	75.00
❑ COQUILLE RIVER, OR 111	1991	RT	60.00	1850.00
❑ DIAMOND HEAD, HI 140	1994	RT	60.00	225.00
❑ GRAY'S HARBOUR, WA	1997	RT	75.00	75.00
❑ HECETA HEAD, OR 144	1994	RT	60.00	108.00
❑ MUKILTEO, WA 178 (417)	1996	RT	55.00	75.00
❑ NORTH HEAD, WA 106	1991	RT	60.00	110.00
❑ OLD POINT LOMA, CA 105	1991	RT	60.00	145.00
❑ PIGEON POINT, CA	1997	RT	68.00	68.00
❑ POINT ARENA, CA 156	1995	RT	60.00	175.00
❑ ST. GEORGE'S REEF, CA 115	1991	RT	60.00	108.00
❑ TILLAMOOK, OR 224	1998	10000	75.00	75.00
❑ UMPQUA RIVER, OR 107	1991	RT	60.00	105.00
❑ YAQUINA BAY, OR 107	1997	RT	77.00	77.00
❑ YAQUINA HEAD, WA 110	1991	RT	60.00	108.00
❑ YAQUINE BAY, WA 204	1997	9500	77.00	105.00

HAWTHORNE

NAME	YEAR	LIMIT	ISSUE	TREND
ANNE OF GREEN GABLES				*
❑ GREEN GABLES W/ANNE 79151	*	*	50.00	50.00
BEACONS OF FREEDOM/ILLUMINATED				*
❑ PORTLAND HEAD LIGHTHOUSE 79181	1995	*	40.00	40.00
❑ WEST QUODDY HEAD LIGHTHOUSE 79182	1995	*	40.00	40.00
CHESTNUT HILL STATION				**K./H. LEVAN**
❑ BICYCLE SHOP 78254	1994	CL	30.00	30.00
❑ CHESTNUT HILL DEPOT 78253	1993	CL	30.00	30.00
❑ PARKSIDE CAFE 78252	1993	CL	30.00	30.00
❑ WISHING WELL COTTAGE 78251	1993	CL	30.00	30.00
CHRISTMAS IN BEDFORD FALLS/ILLUMINATED				*
❑ BAILY BROS. BUILDING & LOAN 79392	*	*	40.00	40.00
❑ OLD GRANVILLE PLACE, THE 79391	1995	*	40.00	40.00
COLONIAL CHRISTMAS/ILLUMINATED				*
❑ BRUTON PARISH CHURCH, THE 79463	*	*	40.00	40.00
❑ MARGARET HUNTER'S SHOP 79462	1995	*	40.00	40.00
❑ MARKET SQUARE TAVERN/FREE SIGN 79461	1995	*	40.00	40.00

NAME	YEAR	LIMIT	ISSUE	TREND
CONCORD: HOMETOWN OF AMERICA LITERATURE				K./H. LEVAN
❏ ALCOTT'S ORCHARD HOUSE 78223	1993	CL	40.00	40.00
❏ EMERSON'S OLD MANSE 78222	1992	CL	40.00	40.00
❏ HAWTHORNE'S WAYSIDE RETREAT 78221	1991	CL	40.00	40.00
CORINNE LAYTON'S VICTORIANA				C. LAYTON
❏ GINGERBREAD MERCANTILE	1998	*	36.00	36.00
❏ MAY COTTAGE 78971	1995	*	30.00	30.00
❏ PICNIC PLEASANTRIES	1998	*	30.00	30.00
CURRIER & IVES SUMMER				*
❏ AMERICAN HOMESTEAD SUMMER 78731	1995	*	30.00	30.00
❏ HOME ON THE MISSISSIPPI 78732	1995	*	30.00	30.00
CURRIER & IVES: THE ART OF AMERICA				*
❏ AMERICAN HOMESTEAD WINTER 78281	1994	*	30.00	30.00
❏ COLD MORNING 78288	1995	*	30.00	30.00
❏ EARLY WINTER 78286	1995	*	30.00	30.00
❏ FEEDING THE CHICKENS 78283	1995	*	30.00	30.00
❏ OLD GRIST MILL, THE 78284	1995	*	30.00	30.00
❏ SNOW STORM 78282	1995	*	30.00	30.00
❏ WINTER EVENING 78285	1995	*	30.00	30.00
❏ WINTER MOONLIGHT 78287	1995	*	30.00	30.00
GONE WITH THE WIND				K./H. LEVAN
❏ AGAINST HER WILL 78174	1993	CL	43.00	43.00
❏ ALONE 78178	1994	CL	46.00	46.00
❏ ASHLEY'S SAFE 78183	1995	CL	46.00	46.00
❏ ATLANTA CHURCH 79423	1994	CL	40.00	40.00
❏ BUTLER'S MANSION 79426	1995	*	40.00	40.00
❏ DIGNITY AND RESPECT 78182	1995	CL	46.00	46.00
❏ HOPE FOR A NEW TOMORROW 78176	1994	CL	43.00	43.00
❏ I HAVE DONE ENOUGH 78180	1994	CL	46.00	46.00
❏ KENNEDY STORE 79424	1994	*	40.00	40.00
❏ MESSAGE FOR CAPT. BUTLER 78175	1993	CL	43.00	43.00
❏ RED HORSE SALOON 79425	1994	*	40.00	40.00
❏ REVENGE ON SHANTY TOWN 78181	1995	*	46.00	46.00
❏ RHETT'S RETURN 78173	1993	CL	40.00	40.00
❏ SWEPT AWAY 78177	1994	CL	46.00	46.00
❏ TAKE ME TO TARA 78179	1994	CL	46.00	46.00
❏ TARA 79421	1993	CL	40.00	40.00
❏ TARA...SCARLETT'S PRIDE 78171	1992	CL	40.00	40.00
❏ TWELVE OAKS 79422	1994	*	40.00	40.00
❏ TWELVE OAKS...THE ROMANCE 78172	1992	CL	40.00	40.00
GONE WITH THE WIND ACCESSORIES				*
❏ BARBEQUE, THE 91253	1995	*	25.00	25.00
❏ BUTLERS, THE 91255	1995	*	25.00	25.00
❏ HELPING THE WOUNDED 91250	1995	*	25.00	25.00
❏ O'HARAS, THE 91252	1995	*	25.00	25.00
❏ RHETT & SCARLETT 91254	1995	*	25.00	25.00
❏ SCARLETT & ASHLEY 91251	1995	*	25.00	25.00
GONE WITH THE WIND LIMITED EDITION COLLECTION				*
❏ RHETT & SCARLETT POSTER SCENE	1997	*	80.00	80.00
GONE WITH THE WIND MINIATURES				*
❏ ASHLEY'S SAFE/TRAIN STATION	*	*	30.00	30.00
❏ MESSAGE FOR CAPT. BUTLER/HOPE 78663	*	*	30.00	30.00
❏ REVENGE/DIGNITY & RESPECT 78666	*	*	30.00	30.00
❏ RHETT'S RETURN/AGAINST HER WILL 78662	*	*	30.00	30.00
❏ SCARLETT'S PRIDE/ROMANCE 78661	1995	*	30.00	30.00
❏ SPRINGHOUSE/CARRIAGE HOUSE 78668	*	*	30.00	30.00
❏ SWEPT AWAY/ALONE 78664	*	*	30.00	30.00
❏ TAKE ME TO TARA/DONE ENOUGH 78665	*	*	30.00	30.00
❏ TARA MILL/STABLE 78669	*	*	30.00	30.00
GONE WITH THE WIND SPECIAL EDITIONS				K./H. LEVAN
❏ BURNING OF ATLANTA 78185	1994	10000	80.00	80.00
❏ BUTLER MANSION, THE 78186	1995	10000	80.00	80.00
HAWTHORNE MINIATURE NATIVITY				*
❏ NATIVITY 91010	1995	*	40.00	40.00
❏ PALM TREES 91018	1995	*	25.00	25.00
❏ SITTING CAMELS, BLESSED BEASTS/MARY'S DONKEY 91017	1995	*	25.00	25.00
❏ STABLE KEEPER & STANDING CAMEL 91016	1995	*	25.00	25.00
HELEN STEINER RICE ACCESSORIES				*
❏ BOY W/LANTERN 91301	1995	*	20.00	20.00
❏ GIRL SNOWANGEL 91302	1995	*	20.00	20.00
❏ LAMPS 91303	1995	*	20.00	20.00
HELEN STEINER RICE: WINDOWS OF GOLD				*
❏ INSPIRATION POINT LIGHTHOUSE 79541	1994	*	35.00	35.00
❏ PEACE ON FAITH 79542	1994	*	40.00	40.00
❏ WINTERS WARMTH 79543	1994	*	40.00	40.00
HERSHEY, PA: AN AMERICAN DREAM COME TRUE				*
❏ BIRTHPLACE OF MILTON HERSHEY 78951	1995	CL	30.00	30.00
❏ DERRY CHURCH SCHOOL 78952	1995	*	30.00	30.00
HOME FOR THE HOLIDAYS				T. KINKADE
❏ EVENING CAROLERS	1997	*	30.00	30.00
❏ MOONLIT VILLAGE CHURCH 78022	*	*	30.00	30.00
❏ VICTORIAN CHRISTMAS 78021	*	*	30.00	30.00
HOME IS WHERE THE HEART IS				T. KINKADE
❏ LAZY AFTERNOON	1998	*	35.00	35.00
HOMETOWN AMERICA				*
❏ EVERGREEN COTTAGE 83601	1992	*	35.00	35.00
❏ EVERGREEN GENERAL STORE 83606	1994	*	40.00	40.00
❏ EVERGREEN VALLEY CHURCH 83605	1994	*	38.00	38.00

COTTAGES

COTTAGES

NAME	YEAR	LIMIT	ISSUE	TREND
❑ EVERGREEN VALLEY SCHOOL 83602	1993	CL	35.00	35.00
❑ VILLAGE BAKERY, THE 83603	1993	CL	38.00	38.00
❑ WAITING FOR SANTA 83607	1995	*	40.00	40.00
❑ WOODCUTTER'S REST 83604	1994	*	38.00	38.00
HUMMEL ACCESSORIES				*
❑ LARGE TREE/SLED 91312	1995	*	25.00	25.00
❑ SMALL TREE/BENCH 91313	1995	*	25.00	25.00
❑ VILLAGE BRIDGE 91310	1995	*	25.00	25.00
❑ WISHING WELL 91311	1995	*	25.00	25.00
HUMMEL'S BAVARIAN CHRISTMAS				*
❑ ALL ABOARD 79287	*	*	50.00	50.00
❑ ANGEL'S DUET 79281	1994	*	50.00	50.00
❑ BAKERY, THE 79282	1994	*	50.00	50.00
❑ COMPANY'S COMING 79283	1995	*	50.00	50.00
❑ LITTLE BOOTMAKER 79288	*	*	50.00	50.00
❑ OFF FOR THE HOLIDAYS 79286	*	*	50.00	50.00
❑ POST OFFICE 79285	1995	*	50.00	50.00
❑ WINTER'S COMFORT 79284	1995	*	50.00	50.00
INSIDE GONE WITH THE WIND				K./H. LEVAN
❑ PRIDE AND PASSION 78581	1994	*	40.00	40.00
❑ WILKES LIBRARY 78582	*	*	40.00	40.00
LAMPLIGHT VILLAGE COLLECTION				T. KINKADE
❑ KINKADE'S COTTAGE 78321	1996	*	30.00	30.00
❑ LAMPLIGHT INN	1997	*	30.00	30.00
LAS VEGAS				*
❑ FLAMINGO, THE 79091	*	*	50.00	50.00
❑ HARRAH'S 79092	*	*	50.00	50.00
LOST VICTORIANS OF OLD SAN FRANCISCO				R. BROUILETTE
❑ EMPRESS OF RUSSIAN HILL 78112	1992	CL	35.00	35.00
❑ GRANDE DAME OF NOB HILL 78111	1991	CL	35.00	35.00
❑ PRINCESS OF PACIFIC HEIGHTS 78113	1993	CL	35.00	35.00
MARTY BELL'S MARTHA'S VINEYARD				*
❑ SUMMERLAND 79891	*	*	40.00	40.00
MAYBERRY ACCESSORIES				*
❑ ANDY & BARNEY 91350	1995	*	22.00	22.00
❑ AUNT BEE & OPIE 91351	1995	*	22.00	22.00
❑ PATROL CAR & GAS PUMPS 91352	1995	*	22.00	22.00
MCMEMORIES				*
❑ MCDONALD'S RESTAURANT 31901	1995	*	40.00	40.00
NORTH POLE ACCESSORIES				*
❑ COOKIES FOR KIDDIES 91204	1995	*	24.00	24.00
❑ GETTING READY FOR CHRISTMAS 91203	1994	*	24.00	24.00
❑ LETTERS FOR SANTA SET 91202	1994	*	24.00	24.00
❑ SANTA'S HELPER'S SET 91200	1994	CL	24.00	24.00
❑ SWEET DELIGHTS SET 91201	1994	*	24.00	24.00
P.O. #1, NORTH POLE				G. HOOVER
❑ SANTA'S CANDY SHOP 79103	1995	*	40.00	40.00
❑ SANTA'S GIFT WRAP CENTRAL 79104	1995	CL	40.00	40.00
❑ SANTA'S POST OFFICE 79102	1994	*	40.00	40.00
❑ SANTA'S TOY SHOPPE W/SIGN 79101	1994	*	40.00	40.00
PEACEABLE KINGDOM				K./H. LEVAN
❑ SQUIRE BOONE'S HOMESTEAD 78561	1993	*	35.00	35.00
❑ WHITE HOUSE INN 48562	1994	*	35.00	35.00
PEPPERCRICKET GROVE				C. WYSOCKI
❑ BUDZEN'S ROADSIDE FOOD STORE 78784	*	*	50.00	50.00
❑ EVENING SLED RIDE 78783	1995	*	50.00	50.00
❑ FIREHOUSE NO. 2	1998	*	50.00	50.00
❑ PEPPERCRICKET FARM 78781	1995	*	50.00	50.00
❑ VIRGINIA'S NEST 78782	1995	*	50.00	50.00
REMEMBERING MAIN STREET				*
❑ FANNIE MAY CANDIES	1998	*	40.00	40.00
ROCKWELL'S FOUR FREEDOMS/ILLUMINATED				*
❑ FREEDOM FROM FEAR: THE ROCKWELL HOMESTEAD 79942	1994	*	40.00	40.00
❑ FREEDOM FROM WANT: THE FARMHOUSE 79944	*	*	40.00	40.00
❑ FREEDOM IS KNOWLEDGE: THE LIBRARY 79945	*	*	40.00	40.00
❑ FREEDOM OF SPEECH: TOWN HALL 79943	1995	*	40.00	40.00
❑ FREEDOM OF WORSHIP: ARLINGTON CHURCH 79941	1994	*	40.00	40.00
❑ SCHOOL, THE 79946	*	*	40.00	40.00
ROCKWELL'S HEART OF STOCKBRIDGE/ILLUMINATED				*
❑ BELL TOWER 79235	1995	*	40.00	40.00
❑ CHURCH ON THE GREEN 79234	1995	*	40.00	40.00
❑ FIREHOUSE 79233	1995	*	40.00	40.00
❑ ROCKWELL'S HOME 79231	1995	*	40.00	40.00
❑ ROCKWELL'S STUDIO 79232	1995	*	40.00	40.00
ROCKWELL'S HOME FOR THE HOLIDAYS				*
❑ BRINGING HOME THE TREE 78122	1992	CL	35.00	35.00
❑ BRINGING HOME THE TREE 82292	1992	CL	35.00	35.00
❑ CAROLERS IN THE CHURCHYARD 78123	1992	*	38.00	38.00
❑ CAROLERS IN THE CHURCHYARD 82293	1992	CL	38.00	38.00
❑ CHRISTMAS EVE AT THE STUDIO 78121	1992	CL	35.00	35.00
❑ CHRISTMAS EVE AT THE STUDIO 82291	1992	CL	35.00	35.00
❑ GOLDEN MEMORY 78131	1994	CL	42.00	42.00
❑ GOLDEN MEMORY 82301	1995	CL	42.00	42.00
❑ LATE FOR THE DANCE 78130	1994	*	42.00	42.00
❑ LATE FOR THE DANCE 82300	1994	*	42.00	42.00
❑ LETTERS TO SANTA 78128	1993	*	40.00	40.00
❑ LETTERS TO SANTA 82298	1993	*	40.00	40.00

NAME	YEAR	LIMIT	ISSUE	TREND
❑ OVER THE RIVER 78125	1993	CL	38.00	38.00
❑ OVER THE RIVER 82295	1993	CL	38.00	38.00
❑ READY & WAITING 78132	1995	CL	42.00	42.00
❑ READY & WAITING 82302	1995	CL	42.00	42.00
❑ ROOM AT THE INN 78127	1993	*	40.00	40.00
❑ ROOM AT THE INN 82297	1993		40.00	40.00
❑ SCHOOL'S OUT 78126	1993	CL	40.00	40.00
❑ SCHOOL'S OUT 82296	1993	CL	38.00	38.00
❑ THREE-DAY PASS 78124	1993	*	38.00	38.00
❑ THREE-DAY PASS 82294	1993	*	38.00	38.00
❑ WHITE CHRISTMAS 78129	1994	CL	42.00	42.00
❑ WHITE CHRISTMAS 82299	1994	CL	42.00	42.00

ROCKWELL'S HOMETOWN COLLECTION

NAME	YEAR	LIMIT	ISSUE	TREND
❑ BELL TOWER, THE 82283	*	CL	37.00	37.00
❑ BERKSHIRE PLAYHOUSE 82288	1992	CL	43.00	43.00
❑ CHURCH ON THE GREEN, THE 82285	1991	CL	40.00	40.00
❑ CITIZEN'S HALL 82287	1992	CL	43.00	43.00
❑ FIRE HOUSE, THE 82284	1991	CL	37.00	37.00
❑ GREY STONE CHURCH 82282	1991	CL	35.00	35.00
❑ MISSION HOUSE, THE 82289	1992	CL	43.00	43.00
❑ OLD CORNER HOUSE, THE 82290	1992	CL	43.00	43.00
❑ OLD RECTORY 82209	1994	CL	43.00	43.00
❑ PARSONAGE COTTAGE 82207	1993	CL	43.00	43.00
❑ PLAIN SCHOOL 82206	1993	CL	43.00	43.00
❑ ROCKWELL'S RESIDENCE 82281	1990	CL	35.00	35.00
❑ TOWNE HALL 82286	1992	CL	40.00	40.00
❑ TRAIN STATION 82208	1993	CL	43.00	43.00

ROCKWELL'S MAIN STREET

NAME	YEAR	LIMIT	ISSUE	TREND
❑ ANTIQUE SHOP 79843	1993	*	30.00	30.00
❑ BANK, THE 79845	1993	*	30.00	30.00
❑ COUNTRY STORE, THE 79842	1993	*	30.00	30.00
❑ LIBRARY, THE 79846	1993	*	30.00	30.00
❑ RED LION INN, THE 79847	1993	*	30.00	30.00
❑ ROCKWELL'S STUDIO 79841	1993	*	30.00	30.00
❑ STOCKBRIDGE SIGN 79840	1993	CL	10.00	10.00
❑ TOWN OFFICES, THE 79844	1993	*	30.00	30.00

ROCKWELL'S NEIGHBORHOOD

NAME	YEAR	LIMIT	ISSUE	TREND
❑ FIDO'S NEW HOME 78482	1994	*	30.00	30.00
❑ LEMONADE STAND, THE 78481	1994	*	30.00	30.00
❑ SIDEWALK SPEEDSTER 78483	1994	*	30.00	30.00

ROCKWELL'S SEASONS IN STOCKBRIDGE

NAME	YEAR	LIMIT	ISSUE	TREND
❑ COUNTRY STORE/ROCKWELL STUDIO 78823	*	*	30.00	30.00
❑ FIREHOUSE/OLD CORNER HOUSE 78822	*	*	30.00	30.00
❑ ROCKWELL RESIDENCE/ANTIQUE SHOP 78021	1995	*	30.00	30.00

SPRINGTIME ON MAIN STREET

NAME	YEAR	LIMIT	ISSUE	TREND
❑ ROCKWELL'S STUDIO 78381	1993	*	30.00	30.00

STONEFIELD VALLEY — K./H. LEVAN

NAME	YEAR	LIMIT	ISSUE	TREND
❑ CHURCH IN THE GLEN 78444	1992	CL	38.00	38.00
❑ FERRYMAN'S COTTAGE 78447	1993	CL	40.00	40.00
❑ HILLSIDE COTTAGE 78446	1993	CL	40.00	40.00
❑ MEADOWBROOK SCHOOL 78442	1992	CL	35.00	35.00
❑ PARSON'S COTTAGE 78445	1993	CL	38.00	38.00
❑ SPRINGBRIDGE COTTAGE 78441	1992	CL	35.00	35.00
❑ VALLEY VIEW FARM 78448	1993	CL	40.00	40.00
❑ WEAVER'S COTTAGE 78443	1992	CL	38.00	38.00

STROLLING THROUGH COLONIAL AMERICA — K./H. LEVAN

NAME	YEAR	LIMIT	ISSUE	TREND
❑ CAPT. LEE'S GRAMMAR SCHOOL 78006	1992	CL	40.00	40.00
❑ COURTHOUSE ON THE GREEN 78005	1992	CL	38.00	38.00
❑ EASTBROOK CHURCH 78004	1991	CL	38.00	38.00
❑ EVERETT'S JOINER SHOP 78008	1992	CL	40.00	40.00
❑ HIGGIN'S GRIST MILL 78003	1991	CL	38.00	38.00
❑ JEFFERSON'S ORDINAIRE 78001	1991	CL	35.00	35.00
❑ MILLRACE STORE 78002	1991	CL	35.00	35.00
❑ VILLAGE SMITHY, THE 78007	1992	CL	40.00	40.00

SUNSET COVE — K./H. LEVAN

NAME	YEAR	LIMIT	ISSUE	TREND
❑ ARTISTS DELIGHT 78052	1995	*	35.00	35.00
❑ WATERCOLOR COTTAGE 78051	1994	*	35.00	35.00

TARA: THE ONLY THING WORTH FIGHTING FOR — K./H. LEVAN

NAME	YEAR	LIMIT	ISSUE	TREND
❑ CARRIAGE HOUSE 78623	1994	*	30.00	30.00
❑ DREAM REMEMBERED 78621	1993	*	30.00	30.00
❑ KITCHEN AND GATEWAY 78624	1994	CL	30.00	30.00
❑ MILL, THE 78625	1994	*	30.00	30.00
❑ SPRINGHOUSE AND HIDEAWAY 78622	1994	CL	30.00	30.00
❑ STABLE, THE 78626	1995	*	30.00	30.00

THATCHER'S CROSSING

NAME	YEAR	LIMIT	ISSUE	TREND
❑ CHAPEL CROSSING 78763	1993	CL	30.00	30.00
❑ MIDSUMMER'S COTTAGE 78762	1993	CL	30.00	30.00
❑ ROSE ARBOUR COTTAGE 78761	1993	CL	30.00	30.00
❑ WOODCUTTER'S COTTAGE 78764	1994	CL	30.00	30.00

THOMAS KINKADE'S CANDLELIGHT COTTAGES — T. KINKADE

NAME	YEAR	LIMIT	ISSUE	TREND
❑ CANDLELIT COTTAGE 78157	1994	*	30.00	30.00
❑ CEDAR NOOK COTTAGE 78158	1995	*	30.00	30.00
❑ CHANDLER'S COTTAGE 78152	1993	*	25.00	24.90
❑ MERRITT'S COTTAGE 78154	1993	*	28.00	28.00
❑ OLDE PORTERFIELD TEA ROOM 78151	1992	*	25.00	24.90
❑ SEASIDE COTTAGE 78155	1994	*	28.00	28.00
❑ SWANBROOKE COTTAGE 78153	1993	*	25.00	25.00
❑ SWEETHEART COTTAGE 78156	1994	*	30.00	30.00

COTTAGES

NAME	YEAR	LIMIT	ISSUE	TREND
THOMAS KINKADE'S CANDLELIGHT COTTAGES/ILLUMINATED				**T. KINKADE**
❏ CHANDLER'S COTTAGE 79002	1993	CL	30.00	30.00
❏ OLD PORTERFIELD TEA ROOM 79001	1993	CL	30.00	30.00
THOMAS KINKADE'S CHRISTMAS MEMORIES				**T. KINKADE**
❏ HOME BEFORE CHRISTMAS 78876	1995	*	35.00	35.00
❏ HOME TO GRANDMA'S 78872	1995	*	35.00	35.00
❏ HOMESPUN HOLIDAY 78875	1995	*	35.00	35.00
❏ OLD PORTERFIELD GIFT & SHOPPE 78871	1995	*	35.00	35.00
❏ SILENT NIGHT 78873	1995	*	35.00	35.00
❏ STONEHEARTH HUTCH 78877	1995	*	35.00	35.00
❏ WARMTH OF HOME 78874	1995	*	35.00	35.00
THOMAS KINKADE'S ENCHANTED CHRISTMAS				**T. KINKADE**
❏ COTTAGE BY THE SEA 78876	*	*	30.00	30.00
❏ HEATHER'S HUTCH 78884	1995	*	30.00	30.00
❏ JULIANNE'S COTTAGE 78882	1995	*	30.00	30.00
❏ MCKENNA'S COTTAGE 78881	1995	*	30.00	30.00
❏ MILLER'S COTTAGE 78883	1995	*	30.00	30.00
❏ SWEETHEARTS COTTAGE 78885	*	*	30.00	30.00
THOMAS KINKADE'S LAMPLIGHT LANE				**T. KINKADE**
❏ KINKADE'S COTTAGE 79051	1995	*	50.00	50.00
THOMAS KINKADE'S ST. NICHOLAS CIRCLE/ILLUMINATED				**T. KINKADE**
❏ EVERGREEN APOTHECARY 79687	1994	CL	40.00	40.00
❏ FIREHOUSE, THE 79686	1994	CL	40.00	40.00
❏ HOLLY HOUSE INN 79688	1994	CL	40.00	40.00
❏ KRINGLE BROS. 79684	1994	CL	40.00	40.00
❏ MRS. C'S BAKERY 79685	1994	CL	40.00	40.00
❏ NOEL CHAPEL 79682	1994	*	40.00	40.00
❏ S.C. TOYMAKER 79683	1994	*	40.00	40.00
❏ TOWN HALL 79681	1993	*	40.00	40.00
VICTORIA GROVE				**K./H. LEVAN**
❏ CHERRY BLOSSOM 78333	1993	CL	35.00	35.00
❏ LILAC COTTAGE 78331	1992	CL	35.00	35.00
❏ ROSE HAVEN 78332	1992	CL	35.00	35.00
VILLAGE ACCESSORIES				*
❏ AUTUMN TREES 91022	1995	*	30.00	30.00
❏ BACKYARD BARBEQUE 91019	1995	*	22.00	22.00
❏ BRINGING HOME THE TREE SET 91000	1994	*	22.00	22.00
❏ CHRISTMAS SHOPPING SET 91002	1994	*	22.00	22.00
❏ COUNTRY FARMSTAND 91020	1995	*	30.00	30.00
❏ DECORATING THE TREE SET 91006	1994	*	22.00	22.00
❏ EARLY MORNING DELIVERY 91013	1995	*	22.00	22.00
❏ FIRE DRILL 91025	1995	*	24.00	24.00
❏ GREETINGS & GAMES SET 91001	1994	*	22.00	22.00
❏ HOLIDAY MAIL 91011	1995	*	22.00	22.00
❏ LAST DAY OF SCHOOL BEFORE CHRISTMAS 91012	1995	*	22.00	22.00
❏ LAUNDRY DAY 91024	1995	*	22.00	22.00
❏ NORMAN ROCKWELL & TRIO OF CAROLLERS 91003	1994	*	22.00	22.00
❏ OLD FASHIONED STREET LIGHTS SET 91700	1994	*	22.00	22.00
❏ OUT FOR A STROLL 91015	1995	*	22.00	22.00
❏ PICKING OUT A PUMPKIN 91021	1995	*	40.00	40.00
❏ REFRESHMENTS 91014	1995	*	22.00	22.00
❏ ROARING ROADSTERS SET 91500	1994	*	22.00	22.00
❏ SHOPKEEPER & TRAVELERS SET	1994	*	22.00	22.00
❏ SIDEWALK SELLERS 91009	1995	*	22.00	22.00
❏ SKATING POND, THE 91007	1994	*	24.00	24.00
❏ SLIPPING & SLIDING SET	1994	*	22.00	22.00
❏ SNOW COVERED EVERGREENS SET 91600	1994	*	22.00	22.00
❏ SNOWMAN & TREE SET 91008	1995	*	22.00	22.00
❏ SUMMER TREES 91023	1995	*	22.00	22.00
❏ VILLAGE CLOCK 91701	1996	*	22.00	22.00
❏ VILLAGE VEHICLES SET 91502	1994	*	22.00	22.00
❏ VINTAGE V-8S SET 91502	1994	*	22.00	22.00
WELCOME TO MAYBERRY COLLECTION				*
❏ COURTHOUSE, THE 79721	1994	*	40.00	40.00
❏ FLOYD'S BARBER SHOP 79722	1994	*	40.00	40.00
❏ MAYBERRY HOTEL	1997	*	40.00	40.00
❏ MAYBERRY METHODIST CHURCH 79725	1994	*	40.00	40.00
❏ MAYBERRY SCHOOLHOUSE	1998	*	40.00	40.00
❏ POST OFFICE 79726	1994	*	40.00	40.00
❏ TAYLOR HOME, THE 79724	1994	*	40.00	40.00
❏ WALLY'S FILLING STATION 79723	1994	*	40.00	40.00
WIZARD OF OZ				*
❏ JOURNEY BEGINS, THE 78891	1995	*	150.00	150.00
WYSOCKI SMALL TOWN CHRISTMAS				*
❏ YE VERY OLDE FRUITCAKE SHOPPE 79121	1995	*	40.00	40.00
WYSOCKI'S SEASIDE COVE COLLECTION				**C. WYSOCKI**
❏ BEACH BUMS	1997	*	50.00	50.00

JOHN HINE STUDIOS LTD.

NAME	YEAR	LIMIT	ISSUE	TREND
AMERICAN COLLECTION				**M. WIDEMAN**
❏ BAND STAND	1989	RT	90.00	100.00
❏ BARBER SHOP	1989	RT	40.00	44.00
❏ BLOCKHOUSE, THE	1989	RT	25.00	35.00
❏ CAJUN COTTAGE	1989	RT	50.00	70.00
❏ CALIFORNIA WINERY	1989	RT	180.00	230.00
❏ CHERRY HILL SCHOOL	1989	RT	45.00	70.00
❏ CHURCH IN THE DALE	1991	RT	130.00	144.00
❏ COLONIAL WELLHOUSE	1989	RT	15.00	32.00
❏ DESERT STORM TENT	1991	RT	75.00	75.00

NAME	YEAR	LIMIT	ISSUE	TREND
❑ DOG HOUSE	1989	RT	10.00	30.00
❑ FIRE STATION	1991	RT	160.00	176.00
❑ FORTY-NINER CABIN	1989	RT	50.00	70.00
❑ GARCONNIERE	1989	RT	25.00	42.00
❑ GINGERBREAD HOUSE, THE	1989	RT	60.00	75.00
❑ GRAIN ELEVATOR	1992	RT	110.00	110.00
❑ HACIENDA	1989	RT	51.00	56.00
❑ HAUNTED HOUSE	1989	RT	100.00	110.00
❑ HAWAIIAN GRASS HUT	1989	RT	45.00	50.00
❑ JOE'S SERVICE STATION	1991	RT	90.00	100.00
❑ KING WILLIAM TAVERN	1989	RT	99.00	168.00
❑ KISSING BRIDGE, THE	1989	RT	50.00	58.00
❑ LOG CABIN, THE	1989	RT	45.00	58.00
❑ MAPLE SUGAR SHACK, THE	1989	RT	50.00	58.00
❑ MILK HOUSE	1991	RT	20.00	22.00
❑ MISSION, THE	1989	RT	99.00	110.00
❑ MO AT WORK	1991	RT	35.00	35.00
❑ MOE'S DINER	1991	RT	100.00	300.00
❑ NEW ENGLAND CHURCH, THE	1989	RT	79.00	96.00
❑ NEW ENGLAND LIGHTHOUSE	1989	RT	99.00	125.00
❑ NEWSSTAND	1992	RT	30.00	30.00
❑ OCTAGONAL HOUSE	1989	RT	40.00	55.00
❑ OLD MILL, THE	1989	RT	100.00	115.00
❑ OPERA HOUSE, THE	1989	RT	89.00	100.00
❑ OUT HOUSE, THE	1989	RT	15.00	24.00
❑ OXBOW SALOON	1989	RT	90.00	125.00
❑ PACIFIC LIGHTHOUSE, THE	1989	RT	89.00	105.00
❑ PAUL REVERE'S HOUSE	1991	RT	90.00	90.00
❑ PLANTATION HOUSE	1989	RT	119.00	168.00
❑ PRAIRIE FORGE	1989	RT	65.00	90.00
❑ RAILHEAD INN	1989	RT	250.00	295.00
❑ RIVER BELL, THE	1989	RT	99.00	110.00
❑ SEASIDE COTTAGE	1989	RT	225.00	275.00
❑ SIERRA MINE	1989	RT	120.00	150.00
❑ SOD HOUSE	1989	RT	40.00	55.00
❑ STAR COTTAGE	1989	RT	30.00	45.00
❑ SWEETHEART COTTAGE	1989	RT	45.00	70.00
❑ TELEPHONE BOOTH	1992	RT	16.00	16.00
❑ TOBACCONIST	1989	RT	45.00	48.00
❑ TOPPER'S DRIVE-IN	1992	RT	120.00	120.00
❑ TOWN HALL	1989	RT	129.00	125.00
❑ TREE HOUSE	1989	RT	45.00	50.00
❑ VILLAGE MERCANTILE	1992	RT	60.00	60.00
❑ WISTERIA	1989	RT	15.00	28.00

GREAT BRITISH PUBS · M. COOPER

NAME	YEAR	LIMIT	ISSUE	TREND
❑ BELL, THE	1989	RT	80.00	104.00
❑ BLACK SWAN	1989	RT	80.00	78.00
❑ BLUE BELL	1989	RT	58.00	58.00
❑ COACH & HORSES	1989	RT	80.00	80.00
❑ CROWN INN, THE	1989	RT	80.00	117.00
❑ DICKENS INN	1989	RT	100.00	100.00
❑ DIRTY DUCK	1989	RT	25.00	25.00
❑ EAGLE, THE	1989	RT	35.00	35.00
❑ FALKLAND ARMS	1989	RT	25.00	25.00
❑ FALSTAFF, THE	1989	RT	35.00	35.00
❑ FEATHERS, THE	1989	RT	200.00	200.00
❑ GEORGE & PILGRIMS	1989	RT	25.00	25.00
❑ GEORGE SOMERSET	1989	RT	100.00	100.00
❑ GEORGE, THE	1989	RT	58.00	58.00
❑ GREEN MAN, THE	1989	RT	*	80.00
❑ GRENADIER	1989	RT	25.00	25.00
❑ HAWKESHEAD	1989	RT	25.00	900.00
❑ JAMAICA INN	1989	RT	40.00	40.00
❑ KING'S ARMS	1989	RT	28.00	28.00
❑ LION, THE	1989	RT	58.00	58.00
❑ LYGON ARMS	1989	RT	35.00	35.00
❑ MONTAGUE ARMS	1989	RT	58.00	78.00
❑ OLD BRIDGE HOUSE	1989	RT	38.00	38.00
❑ OLD BULL INN	1989	RT	88.00	88.00
❑ PLOUGH, THE	1989	RT	28.00	28.00
❑ SHERLOCK HOLMES	1989	RT	100.00	98.00
❑ SMITH'S ARMS	1989	RT	28.00	28.00
❑ SUFFOLK BULL	1989	RT	35.00	35.00
❑ SWAN, THE	1989	RT	35.00	35.00
❑ WHEATSHEAF	1989	RT	35.00	35.00
❑ WHITE HORSE	1989	RT	40.00	40.00
❑ WHITE TOWER	1989	RT	35.00	35.00
❑ YE GRAPES	1989	RT	88.00	105.00
❑ YE OLD SPOTTED HORSE	1989	RT	80.00	150.00

MUSHROOMS · C. LAWRENCE

NAME	YEAR	LIMIT	ISSUE	TREND
❑ COBBLERS, THE	1989	2500	265.00	320.00
❑ CONSTABLES, THE	1989	2500	200.00	200.00
❑ ELDERS OF MUSHROOM, THE	1989	2500	175.00	200.00
❑ GIFT SHOP, THE	1989	2500	350.00	475.00
❑ MINISTRY, THE	1989	2500	185.00	245.00
❑ MUSH HOSPITAL FOR MALINGERERS, THE	1989	2500	250.00	325.00
❑ PRINCESS PALACE, THE	1989	750	600.00	840.00
❑ ROYAL BANK OF MUSHLAND	1989	2500	235.00	295.00

SHOEMAKER'S DREAM · J. HERBERT

NAME	YEAR	LIMIT	ISSUE	TREND
❑ BABY BOOTY (BLUE)	1991	CL	45.00	45.00
❑ BABY BOOTY (PINK)	1991	CL	45.00	45.00
❑ CASTLE BOOT	1991	CL	55.00	55.00

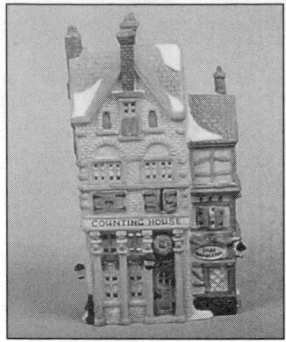

The Counting House & Silas
Thimbleton Barrister *from Dickens'*
Village was only issued for two years.
Department 56 retired the piece in 1990.

Berkshire House *was added*
to the Department 56 New
England Village line in 1989.

Edgewater Inn *from the Bed and*
Breakfast Collection from Forma
Vitrum was issued in 1996 and is
now retired.

Released by Department 56,
Santa's Lookout Tower *is a*
member of the North Pole
Collection and retails for $45.

COTTAGES

NAME	YEAR	LIMIT	ISSUE	TREND
❑ CHAPEL, THE	1991	CL	55.00	55.00
❑ CHRISTMAS BOOT	1992	CL	55.00	55.00
❑ CLOCKTOWER BOOT, THE	1991	CL	60.00	60.00
❑ CLOWN BOOT	1992	CL	45.00	45.00
❑ CROOKED BOOT, THE	1991	CL	35.00	35.00
❑ GATE LODGE, THE	1991	CL	65.00	65.00
❑ GOLF SHOE, THE	1992	CL	35.00	35.00
❑ JESTER BOOT, THE	1991	CL	29.00	29.00
❑ RIVER SHOE COTTAGE	1991	CL	55.00	55.00
❑ ROSIE'S COTTAGE	1991	CL	40.00	40.00
❑ SHOEMAKER'S PALACE	1991	CL	50.00	50.00
❑ SPORTS SHOE, THE	1992	CL	35.00	35.00
❑ TAVERN BOOT	1991	CL	55.00	55.00
❑ UPSIDE DOWN BOOT	1992	CL	45.00	45.00
❑ WATERMILL BOOT	1991	CL	60.00	60.00
❑ WINDMILL BOOT	1991	CL	65.00	65.00
❑ WISHING WELL SHOE	1992	CL	32.00	32.00

SPECIAL EVENTS
				*
❑ CARTWRIGHT'S COTTAGE	1990	RT	40.00	90.00

JP EDITIONS
ASPECT OF WINDSOR
				*
❑ CURFEW TOWER	1994	100	315.00	1500.00
❑ MARBECK'S	1993	100	330.00	1500.00
❑ NORMAN GATE	1992	100	270.00	2000.00
❑ SALISBURY TOWER	1993	100	300.00	1500.00

CASTLES OF ENGLAND
				P. GATES
❑ HEVER CASTLE	1992	250	350.00	900.00
❑ SCOTNEY CASTLE	1992	250	350.00	1100.00

CASTLES OF GREAT BRITAIN
				P. GATES
❑ GRAIGIEVAR CASTLE	1994	400	390.00	410.00

CASTLES OF WALES
				P. GATES
❑ CALDICOT CASTLE	1994	400	380.00	400.00
❑ CASTELL COCH	1994	400	420.00	550.00

GATE HOUSE COLLECTION
				P. GATES
❑ GUILDFORD LODGE	1993	400	420.00	440.00

GATES OF WARWICK
				*
❑ EAST GATE	1992	100	210.00	2000.00
❑ NORTH GATE	1992	100	280.00	2000.00
❑ SOUTH GATE	1992	100	295.00	2000.00
❑ WEST GATE	1993	100	350.00	2100.00

GREAT ENGLISH HOMES
				P. GATES
❑ GAINSBOROUGH HALL	1994	450	420.00	500.00

UNIVERSITY BUILDINGS
				P. GATES
❑ GATE OF HONOUR	1993	250	295.00	600.00
❑ RADCLIFFE CAMERA	1992	250	295.00	875.00

LILLIPUT LANE LTD.
				∆
❑ BESIDE THE SEASIDE	2000	2000	*	2000.00

A YEAR IN AN ENGLISH GARDEN COLLECTION
				*
❑ AUTUMN HUES	1994	RT	85.00	65.00
❑ SPRING GLORY	1995	RT	120.00	75.00
❑ SUMMER IMPRESSIONS	1995	RT	120.00	85.00
❑ WINTER WONDER	1994	RT	85.00	75.00

ALLEGIANCE COLLECTION
				R. DAY
❑ BY DAWN'S EARLY LIGHT	1998	OP	70.00	65.00
❑ FOURTH OF JULY	1998	1776	70.00	70.00
❑ HOME OF THE BRAVE	1997	RT	80.00	60.00
❑ I PLEDGE ALLEGIANCE	1997	RT	80.00	75.00
❑ I'LL BE HOME FOR CHRISTMAS	1998	OP	75.00	70.00
❑ IN REMEMBRANCE	1997	RT	80.00	65.00
❑ ONE NATION UNDER GOD	1997	RT	80.00	80.00
❑ STARS & STRIPES FOREVER	1998	OP	75.00	75.00

AMERICAN COLLECTION
				D. TATE
❑ ADOBE CHURCH	1984	RT	23.00	475.00
❑ ADOBE VILLAGE	1984	RT	60.00	950.00
❑ CAPE COD	1984	RT	23.00	360.00
❑ COUNTRY CHURCH	1984	RT	95.00	775.00
❑ COVERED BRIDGE	1984	RT	23.00	1450.00
❑ FORGE BARN	1984	RT	23.00	625.00
❑ GENERAL STORE	1984	RT	23.00	1000.00
❑ GRIST MILL	1984	RT	23.00	700.00
❑ LIGHTHOUSE	1984	RT	23.00	900.00
❑ LOG CABIN VER. 1	1984	RT	23.00	700.00
❑ MIDWEST BARN	1984	RT	23.00	280.00
❑ SAN FRANCISCO HOUSE VER. 1	1984	RT	23.00	825.00
❑ WALLACE STATION	1984	RT	23.00	700.00

AMERICAN LANDMARKS
				*
❑ NATURE'S BOUNTY	1999	*	*	140.00
❑ WATSON'S COLLECTIBLES	1999	*	*	110.00

AMERICAN LANDMARKS
				R. DAY
❑ 16.9 CENTS PER GALLON	1992	OP	150.00	90.00
❑ AFTERNOON TEA	1995	RT	495.00	525.00
❑ BIRDSONG, THE	1994	RT	85.00	60.00
❑ COUNTRY CHURCH	1990	RT	83.00	100.00
❑ COUNTRYSIDE BARN	1989	RT	75.00	75.00
❑ COVERED MEMORIES	1990	RT	110.00	145.00
❑ FALLS MILL	1989	RT	130.00	140.00

COTTAGES

NAME	YEAR	LIMIT	ISSUE	TREND
❏ FIRE HOUSE 1	1991	RT	100.00	60.00
❏ FRESH BREAD	1994	RT	95.00	95.00
❏ GOLD MINER'S CLAIM VER. 1 WITHOUT SNOW	1992	RT	110.00	850.00
❏ GOLD MINER'S CLAIM VER. 2 WITH SNOW	1997	RT	95.00	75.00
❏ GREAT POINT LIGHT	1990	OP	50.00	95.00
❏ HARVEST MILL	1994	3500	395.00	325.00
❏ HOLY NIGHT	1994	RT	170.00	160.00
❏ HOME SWEET HOME	1992	RT	120.00	80.00
❏ HOMETOWN DEPOT	1990	RT	68.00	80.00
❏ LOBSTER AT THE PIER	1998	OP	90.00	90.00
❏ MAIL POUCH BARN	1989	RT	75.00	95.00
❏ PEPSI COLA BARN	1990	RT	87.00	150.00
❏ PIONEER BARN	1990	RT	30.00	59.00
❏ RAMBLING ROSE	1991	RT	60.00	60.00
❏ RIVERSIDE CHAPEL	1990	RT	83.00	115.00
❏ ROADSIDE COOLERS	1990	RT	75.00	100.00
❏ SCHOOL DAYS	1991	RT	75.00	60.00
❏ SEE ROCK CITY	1993	RT	35.00	35.00
❏ SEEK AND FIND	1998	OP	80.00	80.00
❏ SHAVE AND A HAIRCUT	1993	RT	95.00	95.00
❏ SIGN OF THE TIMES	1990	RT	34.00	43.00
❏ SIMPLY AMISH	1993	RT	110.00	100.00
❏ SMALL TOWN LIBRARY	1992	RT	130.00	130.00
❏ SPRING VICTORIAN	1994	RT	170.00	170.00
❏ VICTORIANA	1991	RT	295.00	325.00
❏ WINNIE'S PLACE	1992	RT	395.00	400.00
AMERICAN TREASURES				*
❏ LIBERTY ENLIGHTENING THE WORLD	2000	*	*	55.00
AMERICA'S FAVORITES				*
❏ NOTHING RUNS LIKE A DEERE	1998	OP	38.00	38.00
❏ SEE THE USA IN YOUR CHEVROLET	1998	OP	38.00	38.00
❏ SIGN OF GOOD TASTE	1998	OP	38.00	38.00
❏ THIS BUD'S FOR YOU	1998	OP	38.00	38.00
❏ TRUST YOUR CAR TO THE STAR	1998	OP	38.00	38.00
AMERICA'S NATIONAL TREASURES				*
❏ OLD STATE HOUSE, 1776	2000	*	*	50.00
❏ PRESIDENT'S HOUSE/WHITE HOUSE	2000	*	*	45.00
❏ REMEMBER THE ALAMO	2000	*	*	45.00
❏ SHRINE OF DEMOCRACY-MOUNT RUSHMORE	2000	*	*	50.00
AN AMERICAN JOURNEY				R. DAY
❏ DAY DREAMS	1998	OP	75.00	70.00
❏ DOG DAYS OF SUMMER	1998	OP	55.00	55.00
❏ LACE HOUSE	1998	OP	85.00	85.00
❏ MORNING HAS BROKEN	1998	OP	85.00	85.00
❏ SAFE HARBOR	1998	1783	75.00	75.00
❏ VICTORIAN ELEGANCE	1998	OP	130.00	130.00
ANNIVERSARY SPECIAL				*
❏ COTMAN COTTAGE	1993	RT	220.00	160.00
❏ CRUCK END	1996	YR	130.00	95.00
❏ GERTRUDE'S GARDEN	1995	RT	192.00	150.00
❏ PEN PALS	1999	*	*	170.00
❏ SHADES OF SUMMER	1998	YR	170.00	140.00
❏ SUMMER DAYS	1997	YR	165.00	140.00
❏ SWEETS AND TREATS	2000	DS	*	160.00
❏ WATERMEADOWS	1994	RT	189.00	156.00
ANNIVERSARY SPECIAL				D. TATE
❏ HONEYSUCKLE COTTAGE (10TH ANNIVERSARY)	1992	YR	195.00	200.00
BEATRIX POTTER				*
❏ BUCKLE YEAT	1999	*	*	95.00
❏ GINGER AND PICKLES SHOP	1999	*	*	53.00
❏ HILLTOP	1999	*	*	120.00
❏ HOUSE OF THE TAILOR OF GLOUCESTER	1999	*	*	65.00
❏ TABITHA TWITCHET'S SHOP	1999	*	*	29.00
❏ TOWER BANK ARMS	1999	*	*	65.00
BED AND BREAKFAST				*
❏ SEAVIEW	1998	OP	80.00	75.00
❏ TARNSIDE	1998	OP	85.00	85.00
❏ WALKER'S REST	1998	OP	85.00	85.00
❏ YORK GATE	1998	OP	85.00	85.00
BLAISE HAMLET CLASSICS				*
❏ CIRCULAR COTTAGE	1993	RT	95.00	70.00
❏ DIAL COTTAGE	1993	RT	95.00	70.00
❏ DIAMOND COTTAGE	1993	RT	95.00	70.00
❏ DOUBLE COTTAGE	1993	RT	95.00	70.00
❏ JASMINE COTTAGE	1993	RT	95.00	70.00
❏ OAK COTTAGE VER. 2	1993	RT	95.00	75.00
❏ ROSE COTTAGE	1993	RT	95.00	75.00
❏ SWEET BRIAR COTTAGE	1993	RT	95.00	80.00
❏ VINE COTTAGE	1993	RT	95.00	75.00
BLAISE HAMLET COLLECTION				D. TATE
❏ CIRCULAR COTTAGE	1989	RT	110.00	135.00
❏ DIAL COTTAGE	1990	RT	110.00	115.00
❏ DIAMOND COTTAGE	1989	RT	110.00	115.00
❏ DOUBLE COTTAGE	1991	RT	200.00	130.00
❏ JASMINE COTTAGE	1991	RT	140.00	95.00
❏ OAK COTTAGE VER. 1	1989	RT	110.00	140.00
❏ ROSE COTTAGE	1991	RT	140.00	100.00
❏ SWEET BRIAR COTTAGE	1990	RT	110.00	125.00
❏ VINE COTTAGE	1990	RT	110.00	110.00

NAME	YEAR	LIMIT	ISSUE	TREND
BRITAIN'S HERITAGE				*
❑ EROS	1999	*	*	60.00
❑ GLAMIS CASTLE	2000	DS	*	275.00
❑ MARBLE ARCH	1999	*	*	60.00
❑ MICKLEGATE BAR, YORK	1998	OP	37.00	37.00
❑ NELSON'S COLUMN	2000	*	*	55.00
❑ ROUND TOWER, WINDSOR CASTLE	1998	OP	50.00	50.00
❑ ROYAL ALBERT HALL	2000	*	*	70.00
❑ ROYAL PAVILION BRIGHTON	2000	*	*	125.00
❑ SHAKESPEARE'S BIRTHPLACE	1998	*	*	50.00
❑ WORLD FAMOUS OLD BLACKSMITH'S SHOP AT GRETNA GREEN	1999	*	*	100.00
BRITAIN'S HERITAGE: ROYAL RESIDENCES				*
❑ BALMORAL	2000	*	*	110.00
❑ EDINBURGH CASTLE	1999	*	*	110.00
❑ HAMPTON COURT PALACE	1999	*	*	60.00
CASTLES				*
❑ CASTLE OF THE EXILED PRINCE	1988	*	*	200.00
❑ CASTLE OF THE GOLDEN CHALICE	1988	*	*	135.00
❑ CASTLE OF THE RANSOMED KING	1988	*	*	170.00
❑ CASTLE OF THE RED NIGHT	1988	*	*	120.00
❑ CASTLE OF THE SLEEPING PRINCESS	1988	*	*	240.00
❑ SORCERER'S RETREAT	1988	*	*	190.00
CHRISTMAS COLLECTION				*
❑ CRANBERRY COTTAGE	1992	RT	47.00	30.00
❑ GINGERBREAD SHOP, THE	1993	RT	35.00	25.00
❑ HOLLYTREE HOUSE	1992	RT	47.00	25.00
❑ PARTRIDGE COTTAGE	1993	RT	35.00	35.00
❑ RING O BELLS	1994	RT	35.00	35.00
❑ ST. JOSEPH'S CHURCH	1993	RT	50.00	50.00
❑ ST. JOSEPH'S SCHOOL	1994	RT	35.00	40.00
❑ VICARAGE, THE	1994	RT	35.00	35.00
CHRISTMAS COLLECTION				**D. TATE**
❑ CHESTNUT COTTAGE	1992	RT	47.00	30.00
CHRISTMAS IN AMERICA				*
❑ HOME FOR THE HOLIDAY	1996	2596	495.00	425.00
❑ LET HEAVEN AND NATURE SING	1997	*	158.00	115.00
❑ TO GRANDMOTHER'S HOUSE WE GO	1997	*	158.00	130.00
CHRISTMAS LODGE				*
❑ EAMONT LODGE	1993	RT	185.00	150.00
❑ HIGH SPIRITS	1999	^	*	195.00
❑ HIGHLAND LODGE	1992	RI	180.00	200.00
❑ KERRY LODGE	1995	RT	160.00	95.00
❑ SNOWDON LODGE	1994	RI	175.00	140.00
CHRISTMAS SPECIAL				*
❑ CHRISTMAS PARTY	1997	YR	150.00	95.00
❑ FIRST NOEL	1999	*	*	125.00
❑ FROSTY MORNING	1998	YR	150.00	130.00
❑ ST. STEPHEN'S CHURCH/1ST SERIES	1996	YR	100.00	80.00
COCA-COLA COUNTRY				*
❑ DIXIE BOTTLING COMPANY	1999	*	*	160.00
❑ LUNCH LINE	1997	*	*	40.00
COCA-COLA COUNTRY				**H. DAY**
❑ CATCH OF THE DAY	1999	OP	*	N/A
❑ CHERRY COKE, A	1999	OP	*	90.00
❑ CHERRY COKE-JUST THE PRESCRIPTION	1996	RT	100.00	100.00
❑ COUNTRY CANVAS	1997	RT	16.00	35.00
❑ COUNTRY FRESH PICKINS	1996	RT	160.00	120.00
❑ FILL'ER UP AND CHECK THE OIL	1996	RT	130.00	95.00
❑ HAZARDS OF THE ROAD	1996	RT	55.00	45.00
❑ HOOK, LINE AND SINKER	1996	RI	100.00	75.00
❑ ICE COLD COKE	1997	*	*	N/A
❑ MILK FOR MOM & A COKE FOR ME	1998	OP	95.00	95.00
❑ MMMM...JUST LIKE HOME	1997	RT	130.00	100.00
❑ OH BY GOSH, BY GOLLY	1997	YR	90.00	70.00
❑ SANTA'S CORNER	1996	19960	*	40.00
❑ SATURDAY NIGHT JIVE	1997	RT	100.00	90.00
❑ THE LUNCH LINE	1997	OP	42.00	42.00
❑ THEY DON'T MAKE 'EM LIKE THEY USED TO	1998	OP	70.00	70.00
❑ WET YOUR WHISTLE	1997	OP	42.00	42.00
❑ WE'VE GOT IT (OR THEY DON'T MAKE IT)	1996	OP	100.00	100.00
❑ WHEN I WAS YOUR AGE	1997	*	*	N/A
COLLECTORS FAIR				*
❑ COUNTING HOUSE CORNER VER. 1	1993	3093	*	1000.00
COUNTRYSIDE SCENE PLAQUES				**D. SIMPSON**
❑ BOTTLE KILN	1989	RT	50.00	50.00
❑ CORNISH TIN MINE	1989	RT	50.00	50.00
❑ COUNTRY INN	1989	RT	50.00	50.00
❑ CUMBRIAN FARMHOUSE	1989	RT	50.00	50.00
❑ LIGHTHOUSE	1989	RT	50.00	50.00
❑ NORFOLK WINDMILL	1989	RT	50.00	50.00
❑ OASTHOUSE	1989	RT	50.00	50.00
❑ OLD SMITTY	1989	RT	50.00	50.00
❑ PARISH CHURCH	1989	RT	50.00	50.00
❑ POST OFFICE	1989	RT	50.00	50.00
❑ VILLAGE SCHOOL	1989	RT	50.00	50.00
❑ WATERMILL	1989	RT	50.00	72.00
DISNEYANA				*
❑ BO-PEEP TEA ROOMS	1995	RT	85.00	80.00
❑ DECK THE HALL	1999	*	*	250.00

COTTAGES

NAME	YEAR	LIMIT	ISSUE	TREND
❏ FIRE HOUSE 105	1995	501	*	700.00
❏ HALL OF PRESIDENTS	1996	500	*	575.00
❏ HAUNTED MANSION	1997	500	*	550.00
❏ IT'S A SMALL WORLD	2000	*	*	325.00
❏ KENDAL TEA HOUSE	1995	*	85.00	85.00
❏ MAGIC KINGDOM TRAIN STATION/MAGIC KINGDOM MEMORIES	1998	*	*	750.00
❏ MAIN STREET CINEMA	1999	*	*	275.00
❏ NEW FOREST TEAS	1995	*	120.00	120.00
❏ SWALESDALE TEAS	1996	*	85.00	85.00
DUTCH COLLECTION				*
❏ HOLLANDSE POLDERMOLEN	1999	*	*	65.00
❏ ZAANS KOOPMANSHUIS	1999	*	*	50.00
DUTCH COLLECTION				**D. TATE**
❏ AAN DE AMSTEL	1991	RT	79.00	60.00
❏ BEGIJNHOF	1991	RT	55.00	35.00
❏ BLOEMENMARKT	1991	RT	79.00	60.00
❏ DE BRANDERIJ	1991	RT	73.00	45.00
❏ DE DIAMANTAIR	1991	RT	79.00	60.00
❏ DE PEPERMOLEN	1991	RT	55.00	40.00
❏ DE WOLHANDELAAR	1991	RT	73.00	50.00
❏ DE ZIJDEWEVER	1991	RT	79.00	50.00
❏ REMBRANT VAN RIJN	1991	RT	120.00	80.00
❏ ROZENGRACHT	1991	RT	73.00	50.00
ENGLISH COTTAGES				*
❏ AMAZING GRACE	1999	*	*	75.00
❏ ANCHOR, THE	1996	OP	85.00	95.00
❏ APPLEBY EAST	1997	RT	70.00	70.00
❏ APPLEJACK COTTAGE	1994	RT	35.00	35.00
❏ BEST FRIENDS	1997	RT	25.00	25.00
❏ BILL AND BEN'S	2000	*	*	65.00
❏ BIRCHWOOD COTTAGE	1996	RT	55.00	50.00
❏ BIRDLIP BOTTOM	1993	RT	50.00	50.00
❏ BLUE BOAR	1996	RT	85.00	75.00
❏ BLUEBELL FARM	1996	RT	250.00	220.00
❏ BOBBINS, THE	1998	OP	85.00	85.00
❏ BOBBY BLUE	1998	OP	120.00	120.00
❏ BOTTLE OF CHEER	1999	*	*	25.00
❏ BOWBEAMS	1998	OP	180.00	170.00
❏ BOXWOOD COTTAGE	1996	RT	30.00	25.00
❏ BROCKBANK	1988	RT	58.00	60.00
❏ BUCKLE MY SHOE	1998	OP	85.00	85.00
❏ BUMBLEBEE COTTAGE	1997	RT	35.00	35.00
❏ BURLEY STREET GARAGE	2000	*	*	170.00
❏ BUTTERMILK FARM	1997	OP	120.00	120.00
❏ BUTTON DOWN	1995	RT	30.00	30.00
❏ BWTHYN BACH GWYN	1998	OP	35.00	35.00
❏ CALENDAR COTTAGE	1996	RT	55.00	45.00
❏ CAMOMILE LAWN	1994	RT	90.00	75.00
❏ CAMPDEN COTTAGE	1998	OP	35.00	35.00
❏ CANTERBURY BELLS	1997	RT	170.00	145.00
❏ CATKIN COTTAGE	1997	OP	70.00	70.00
❏ CATS COOMBE COTTAGE	1993	RT	95.00	60.00
❏ CAT'S WHISKERS	1999	*	*	85.00
❏ CHALK DOWN	1996	RT	35.00	35.00
❏ CHATSWORTH BLOOMS	1998	OP	120.00	120.00
❏ CHERRY BLOSSOM	1995	RT	128.00	75.00
❏ CHIPPING COOMBE	1995	RT	525.00	500.00
❏ CLEY-NEXT-THE-SEA	1992	RT	725.00	745.00
❏ CLOCKMAKERS COTTAGE	1987	RT	40.00	255.00
❏ COACH & HORSES	1997	OP	90.00	90.00
❏ COCKLESHELLS	1997	*	*	25.00
❏ COUNTRY LIVING	1998	*	*	275.00
❏ COWSLIP COTTAGE	1998	OP	120.00	120.00
❏ CRADLE COTTAGE	1996	OP	100.00	95.00
❏ CRATHIE CHURCH	1997	OP	*	55.00
❏ CREEL COTTAGE	1994	RT	35.00	25.00
❏ CRISPIN COTTAGE	1996	RT	50.00	40.00
❏ CUDDY, THE	1996	RT	30.00	25.00
❏ DALESMAN, THE	1996	RT	95.00	70.00
❏ DEVON LEIGH	1997	RT	90.00	90.00
❏ DUCKDOWN COTTAGE	1995	RT	95.00	55.00
❏ ELM COTTAGE	1994	RT	50.00	35.00
❏ FIDDLER'S FOLLY	1996	RT	35.00	25.00
❏ FIRST SNOW AT BLUEBELL	1997	RT	250.00	200.00
❏ FLATFORD LOCK	1999	*	*	275.00
❏ FLOWERPOTS	1996	RT	55.00	40.00
❏ FOXGLOVE FIELDS	1993	RT	85.00	75.00
❏ FREE RANGE	1998	OP	35.00	35.00
❏ FRY DAYS	1996	OP	70.00	70.00
❏ FUCHSIA COTTAGE	1996	RT	30.00	25.00
❏ GEORGE INN	1997	OP	225.00	225.00
❏ GOLDEN MEMORIES	1998	RT	90.00	80.00
❏ GOLDEN YEARS	1997	OP	25.00	25.00
❏ GOSSIP GATE	1996	RT	170.00	145.00
❏ GRANDMA AND GRANDPA'S	2000	*	*	30.00
❏ GRANNY'S BONNET	1997	OP	25.00	25.00
❏ GREEN GABLES	1997	OP	225.00	225.00
❏ GULLIVER'S GATE	1996	RT	35.00	35.00
❏ GULL'S CRY	1998	OP	35.00	35.00
❏ HALCYON DAYS	1997	RT	150.00	140.00
❏ HAREBELL COTTAGE	1998	OP	35.00	35.00
❏ HARRIET'S COTTAGE	1996	RT	85.00	70.00

NAME	YEAR	LIMIT	ISSUE	TREND
❏ HARVEST HOME	1997	RT	250.00	200.00
❏ HESTERCOMBE GARDEN	1997	RT	350.00	280.00
❏ HIDEAWAY, THE	1998	OP	120.00	120.00
❏ HOME IS WHERE THE HEART IS	2000	*	*	50.00
❏ HONEY POT COTTAGE	1996	RT	60.00	60.00
❏ HONEYSUCKLE COTTAGE STYLE 1, VER. 1	1982	RT	195.00	675.00
❏ HUBBLE BUBBLE	1998	OP	35.00	28.00
❏ I.N. MONGERS & SONS	2000	*	*	90.00
❏ JUNK AND DISORDERLY	1993	RT	110.00	104.00
❏ KENTISH BREW	1999	*	*	35.00
❏ LADY JANE'S COTTAGE	1998	OP	35.00	35.00
❏ LADYBIRD COTTAGE	1995	RT	35.00	30.00
❏ LARKRISE	1995	RT	45.00	45.00
❏ LAVENDER LANE	1999	*	*	75.00
❏ LAZY DAYS	1995	RT	60.00	50.00
❏ LEONORA'S SECRET	1994	RT	350.00	475.00
❏ LILAC COTTAGE	1997	OP	60.00	60.00
❏ LION HOUSE, THE	1998	OP	70.00	70.00
❏ LITTLE HAY	1995	RT	50.00	50.00
❏ LITTLE LUPINS	1996	RT	40.00	40.00
❏ LITTLE SMITHY	1995	RT	60.00	65.00
❏ LITTLE WATER MILL	1999	*	*	55.00
❏ LOCH NESS LODGE	1998	OP	*	160.00
❏ LOXDALE COTTAGE	1996	RT	35.00	35.00
❏ LUCKY CHARMS	1999	*	*	35.00
❏ MAKE A WISH	1999	DS	*	N/A
❏ MANGERTON MILL	1997	RT	185.00	150.00
❏ MARIGOLD MEADOW	1993	RT	80.00	70.00
❏ MEDWAY MANOR	1998	OP	120.00	120.00
❏ MILESTONE COTTAGE	1995	RT	35.00	35.00
❏ MOSSWOOD	1998	OP	85.00	85.00
❏ MOTHER'S GARDEN	2000	*	*	30.00
❏ NEW NEIGHBOURS	1999	*	*	85.00
❏ NIGHTINGALE COTTAGE	1998	OP	25.00	25.00
❏ OLD CROFTY	1999	*	*	85.00
❏ OLD FORGE, THE	1998	OP	55.00	55.00
❏ OLD MILL	1982	*	*	3000.00
❏ OLD MOTHER HUBBARD	1993	RT	120.00	100.00
❏ ORCHARD FARM COTTAGE	1994	RT	110.00	110.00
❏ OUT FOR A DUCK	1999	*	*	75.00
❏ OUT OF THE STORM	1997	RT	1250.00	1200.00
❏ PARSON'S RETREAT	1998	OP	90.00	90.00
❏ PASTURES NEW	1998	OP	350.00	350.00
❏ PENNY'S POST	1995	RT	50.00	52.00
❏ PEPPER MILL COTTAGE	2000	*	*	50.00
❏ PINEAPPLE HOUSE, THE	1998	OP	60.00	60.00
❏ PIPIT TOLL	1995	RT	64.00	50.00
❏ PLAYTIME	1999	*	*	75.00
❏ POPPIES, THE	1997	OP	50.00	50.00
❏ POTTER'S BECK	1996	RT	35.00	35.00
❏ PUDDLE DUCK	1998	OP	80.00	80.00
❏ PURBECK STORES	1993	RT	35.00	35.00
❏ RAILWAY COTTAGE	1996	RT	60.00	60.00
❏ REFLECTIONS OF JADE	1996	RT	350.00	350.00
❏ RIGHT NOTE	1999	*	*	85.00
❏ ROCK A BYE BABY	1999	*	*	35.00
❏ ROSE BOUQUET	1997	OP	25.00	25.00
❏ ROSEMARY COTTAGE	1996	RT	70.00	70.00
❏ RUSTLINGS, THE	1995	RT	128.00	75.00
❏ SAFFRON HOUSE	1994	RT	170.00	170.00
❏ SANDCASTLE	2000	*	*	35.00
❏ SAY IT WITH FLOWERS	1999	*	*	35.00
❏ SCOTCH MIST	1998	OP	70.00	70.00
❏ SCOTNEY CASTLE GARDEN	1997	RT	300.00	300.00
❏ SILVER BELLS	1997	OP	25.00	25.00
❏ SMUGGLERS' REST	2000	*	*	65.00
❏ SORE PAWS	1996	OP	70.00	70.00
❏ SPINDLES, THE	1996	RT	85.00	75.00
❏ SPRING GATE COTTAGE	1994	RT	95.00	80.00
❏ ST. JOHN THE BAPTIST	1996	RT	75.00	65.00
❏ STOCKLEBECK MILL	1993	RT	195.00	175.00
❏ STONEMASON, THE	1998	OP	120.00	100.00
❏ STRADLING PRIORY	1993	RT	85.00	80.00
❏ STREET SCENE #1	1987	RT	40.00	95.00
❏ STREET SCENE #10	1987	RT	45.00	95.00
❏ STREET SCENE #2	1987	RT	45.00	95.00
❏ STREET SCENE #3	1987	RT	45.00	95.00
❏ STREET SCENE #4	1987	RT	45.00	95.00
❏ STREET SCENE #5	1987	RT	40.00	95.00
❏ STREET SCENE #6	1987	RT	40.00	95.00
❏ STREET SCENE #7	1987	RT	40.00	95.00
❏ STREET SCENE #8	1987	RT	40.00	95.00
❏ STREET SCENE #9	1987	RT	45.00	95.00
❏ SUNNYSIDE	1994	RT	35.00	35.00
❏ SWEET PEA COTTAGE	1994	RT	35.00	35.00
❏ SWEET WILLIAM	1997	RT	25.00	25.00
❏ TEA CADDY COTTAGE	1994	RT	60.00	50.00
❏ TEMPLE BAR FOLLY	1999	*	*	55.00
❏ TIRED TIMBERS	1994	RT	60.00	60.00
❏ TITWILLOW COTTAGE	1993	RT	45.00	45.00
❏ TO HAVE AND TO HOLD	60	*	*	60.00
❏ TOADSTOOL	2000	*	*	25.00

NAME	YEAR	LIMIT	ISSUE	TREND
❑ TRANQUILITY	1995	RT	425.00	475.00
❑ TUPPENY BUN	1998	OP	35.00	35.00
❑ TWO HOOTS	1994	RT	55.00	55.00
❑ ULLSWATER BOAT HOUSE	1999	*	*	32.00
❑ WAGTAILS	1998	OP	35.00	35.00
❑ WALTON LODGE	1997	RT	65.00	55.00
❑ WATER'S EDGE	1998	OP	170.00	170.00
❑ WATERSIDE MILL	1994	RT	50.00	50.00
❑ WHEYSIDE COTTAGE	1992	RT	47.00	40.00
❑ WINDMILL	1999	*	*	70.00
❑ WINDY RIDGE	1996	RT	50.00	45.00
❑ WINTER AT HIGH GHYLL	1995	2000	*	225.00
❑ WITH THANKS	1999	*	*	50.00
❑ YORKVALE COTTAGE	1997	RT	56.00	50.00
ENGLISH COTTAGES				**M. ADKINSON**
❑ FOUR SEASONS	1987	RT	70.00	80.00
❑ SADDLERS INN	1987	RT	50.00	59.00
❑ SECRET GARDEN	1987	RT	145.00	180.00
ENGLISH COTTAGES				**D. HALL**
❑ COBBLERS COTTAGE	1986	RT	42.00	55.00
ENGLISH COTTAGES				**C. HANNENBERGER**
❑ SHIP INN	1988	RT	210.00	200.00
ENGLISH COTTAGES				**T. RAINE**
❑ BEACON HEIGHTS	1987	RT	125.00	150.00
❑ GABLES, THE	1987	RT	145.00	180.00
❑ TUDOR COURT VER. 1	1986	RT	260.00	400.00
ENGLISH COTTAGES				**D. TATE**
❑ ACORN COTTAGE	1982	RT	40.00	308.00
❑ ANNE HATHAWAY'S COTTAGE II	1989	RT	130.00	110.00
❑ ANNE HATHAWAY'S COTTAGE MOLD I	1983	RT	40.00	1000.00
❑ ANNE OF CLEVES	1991	RT	250.00	225.00
❑ APRIL COTTAGE	1982	RT	*	440.00
❑ ARMADA HOUSE	1991	RT	175.00	115.00
❑ ASH NOOK	1989	RT	48.00	50.00
❑ BAY VIEW	1986	RT	40.00	75.00
❑ BEEHIVE COTTAGE	1989	RT	73.00	75.00
❑ BERMUDA COTTAGE	1985	RT	29.00	280.00
❑ BOW COTTAGE	1992	RT	128.00	95.00
❑ BRAMBLE COTTAGE	1990	RT	55.00	60.00
❑ BREDON HOUSE	1988	RT	145.00	140.00
❑ BRIARY, THE	1989	RT	48.00	55.00
❑ BRIDGE HOUSE	1982	RT	16.00	50.00
❑ BRIDGE HOUSE 1991	1991	RT	25.00	20.00
❑ BRONTE PARSONAGE	1985	RT	72.00	325.00
❑ BROOKBANK	1988	RT	58.00	85.00
❑ BURNSIDE COTTAGE	1982	RT	30.00	375.00
❑ BUTTERCUP COTTAGE	1990	RT	40.00	40.00
❑ BUTTERWICK	1989	RT	53.00	45.00
❑ CASTLE STREET	1983	RT	130.00	400.00
❑ CHATSWORTH VIEW	1991	RT	250.00	160.00
❑ CHERRY COTTAGE	1990	RT	34.00	35.00
❑ CHILTERN MILL	1989	RT	88.00	75.00
❑ CHINE COT	1989	RT	36.00	80.00
❑ CHOCOLATE HOUSE, THE	1992	RT	130.00	80.00
❑ CLARE COTTAGE	1985	RT	30.00	40.00
❑ CLIBURN SCHOOL	1984	RT	23.00	3900.00
❑ CLOVER COTTAGE	1987	RT	28.00	75.00
❑ COACH HOUSE (MINI)	1983	RT	100.00	1450.00
❑ CONVENT IN THE WOODS	1990	RT	175.00	175.00
❑ COOPERS	1983	RT	15.00	490.00
❑ CROWN INN	1988	RT	120.00	120.00
❑ DAISY COTTAGE	1991	RT	38.00	25.00
❑ DALE FARM	1982	RT	30.00	800.00
❑ DALE HEAD	1986	RT	75.00	80.00
❑ DALE HOUSE (MINI)	1982	RT	25.00	950.00
❑ DERWENT-LE-DALE	1992	RT	75.00	50.00
❑ DOVE COTTAGE	1984	RT	35.00	475.00
❑ DOVETAILS	1991	RT	90.00	55.00
❑ DRAPERS	1982	RT	16.00	2450.00
❑ FARRIERS	1986	RT	40.00	70.00
❑ FARTHING LODGE	1991	RT	38.00	25.00
❑ FINCHINGFIELDS	1992	RT	90.00	70.00
❑ FISHERMAN'S COTTAGE	1985	RT	30.00	80.00
❑ FIVEWAYS	1989	RT	43.00	45.00
❑ FLOWER SELLERS, THE	1991	RT	110.00	70.00
❑ GRANNY SMITH'S	1992	RT	60.00	30.00
❑ GRANTCHESTER MEADOWS	1992	RT	275.00	160.00
❑ GREENSTED CHURCH	1989	RT	73.00	90.00
❑ GULLIVER	1986	RT	65.00	425.00
❑ HELMERE	1989	RT	65.00	65.00
❑ HIGH GHYLL FARM	1992	RT	360.00	200.00
❑ HOLLY COTTAGE	1983	RT	43.00	450.00
❑ HOLME DYKE	1987	RT	50.00	70.00
❑ HONEYSUCKLE STYLE 1, VER. 2	1982	RT	45.00	400.00
❑ HOPCROFT COTTAGE	1991	RT	120.00	95.00
❑ INGLEWOOD VER. 1	1987	RT	28.00	65.00
❑ IZAAK WALTON'S COTTAGE	1987	RT	75.00	125.00
❑ JOHN BARLEYCORN COTTAGE	1991	RT	130.00	100.00

NAME	YEAR	LIMIT	ISSUE	TREND
❑ KEEPERS LODGE	1987	RT	75.00	95.00
❑ KENTISH OAST HOUSE VER. 1	1985	RT	55.00	525.00
❑ KING'S ARMS, THE	1990	RT	450.00	400.00
❑ LACE LANE	1991	RT	90.00	85.00
❑ LAKESIDE HOUSE VER. 1	1982	RT	40.00	1400.00
❑ LAPWORTH LOCK	1991	RT	83.00	80.00
❑ MAGPIE COTTAGE	1987	RT	70.00	70.00
❑ MAYFLOWER HOUSE VER. 1	1989	RT	88.00	300.00
❑ MICKLEGATE ANTIQUES	1991	RT	90.00	80.00
❑ MILLERS VER. 1	1983	RT	15.00	300.00
❑ MINERS COTTAGE VER. 1	1983	RT	15.00	650.00
❑ MOONLIGHT COVE	1991	RT	83.00	60.00
❑ MORETON MANOR	1985	RT	55.00	125.00
❑ MRS. PINKERTON'S POST OFFICE	1990	RT	73.00	65.00
❑ NUTSHELL, THE	1992	RT	75.00	65.00
❑ OAK LODGE VER. 1	1982	RT	40.00	500.00
❑ OAKWOOD SMITHY	1992	RT	450.00	300.00
❑ OLD CURIOSITY SHOP, THE	1985	RT	63.00	90.00
❑ OLD MINE	1982	RT	16.00	2900.00
❑ OLD POST OFFICE, THE VER. 1	1983	RT	35.00	750.00
❑ OLD SCHOOL HOUSE VER. 1	1984	RT	25.00	1000.00
❑ OLD SHOP AT BIGNOR	1991	RT	215.00	180.00
❑ OLDE YORK TOLL	1990	RT	83.00	125.00
❑ OSTLERS KEEP	1985	RT	55.00	70.00
❑ OTTER REACH	1990	RT	34.00	35.00
❑ PARADISE LODGE	1991	RT	130.00	100.00
❑ PARGETTER'S RETREAT	1988	RT	75.00	90.00
❑ PEAR TREE HOUSE	1991	RT	83.00	75.00
❑ PERIWINKLE COTTAGE	1990	RT	165.00	175.00
❑ PIXIE HOUSE	1992	RT	55.00	55.00
❑ PRIEST'S HOUSE, THE	1991	RT	180.00	170.00
❑ PRIMROSE HILL	1991	RT	47.00	40.00
❑ PUFFIN ROW	1992	RT	128.00	95.00
❑ RED LION INN	1983	RT	125.00	350.00
❑ RISING SUN	1988	RT	58.00	72.00
❑ RIVERVIEW VER. 1	1987	RT	28.00	75.00
❑ ROBIN'S GATE	1990	RT	34.00	35.00
❑ ROWAN LODGE VER. 1	1990	RT	50.00	100.00
❑ ROYAL OAK INN	1988	RT	145.00	175.00
❑ RUNSWICK HOUSE	1990	RT	63.00	50.00
❑ RUSTIC ROOT HOUSE	1992	RT	110.00	80.00
❑ RYDAL VIEW	1987	RT	115.00	180.00
❑ SAWREY GILL VER. 1	1985	RT	30.00	100.00
❑ SAXHAM ST. EDMUNDS	1991	RT	1550.00	1150.00
❑ SAXON COTTAGE	1988	RT	245.00	205.00
❑ SCROLL ON THE WALL	1990	RT	55.00	130.00
❑ SEVEN DWARF'S COTTAGE	1986	RT	*	900.00
❑ SMALLEST INN	1988	RT	43.00	75.00
❑ SPRING BANK	1990	RT	42.00	55.00
❑ ST. LAWRENCE CHURCH	1989	RT	110.00	80.00
❑ ST. MARK'S CHURCH	1988	RT	75.00	100.00
❑ ST. MARY'S CHURCH	1985	RT	40.00	115.00
❑ ST. PETER'S COVE	1989	RT	1375.00	1400.00
❑ STONE COTTAGE VER. 1	1982	RT	40.00	1500.00
❑ STONEYBECK	1987	RT	45.00	52.00
❑ STRAWBERRY COTTAGE	1990	RT	36.00	40.00
❑ SULGRAVE MANOR	1990	RT	120.00	130.00
❑ SUMMER HAZE	1987	RT	90.00	100.00
❑ SUSSEX MILL VER. 1	1982	RT	25.00	700.00
❑ SWAN INN	1988	RT	120.00	140.00
❑ SWIFT HOLLOW	1988	RT	75.00	75.00
❑ TANGLEWOOD LODGE	1989	RT	97.00	101.00
❑ TANNER'S COTTAGE VER. 1	1987	RT	28.00	80.00
❑ THATCHERS REST	1983	RT	185.00	280.00
❑ THREE FEATHERS VER. 1	1986	RT	115.00	300.00
❑ TILLERS GREEN	1991	RT	60.00	60.00
❑ TINTAGEL	1984	RT	40.00	200.00
❑ TITMOUSE COTTAGE	1989	RT	93.00	100.00
❑ TOLL HOUSE VER. 1	1983	RT	15.00	280.00
❑ TROUTBECK FARM VER. 1	1983	RT	125.00	550.00
❑ TUCK SHOP VER. 1	1983	RT	35.00	900.00
❑ VICTORIA COTTAGE	1989	RT	53.00	75.00
❑ VILLAGE SCHOOL	1991	RT	120.00	80.00
❑ WARWICK HALL VER. 1	1983	RT	185.00	3000.00
❑ WATERMILL	1985	RT	40.00	50.00
❑ WEALDEN HOUSE	1987	RT	125.00	150.00
❑ WEDDING BELLS	1992	RT	75.00	52.00
❑ WELLINGTON LODGE	1991	RT	55.00	55.00
❑ WIGHT COTTAGE	1989	RT	53.00	65.00
❑ WILLIAM SHAKESPEARE'S BIRTHPLACE VER. 1	1983	RT	130.00	1500.00
❑ WILLIAM SHAKESPEARE'S BIRTHPLACE VER. 2	1989	RT	130.00	250.00
❑ WITHAM DELPH	1991	RT	110.00	100.00
❑ WOODCUTTERS VER. 1	1983	RT	15.00	240.00

ENGLISH TEA ROOM COLLECTION

NAME	YEAR	LIMIT	ISSUE	TREND
❑ BARGATE COTTAGE TEA ROOM	1995	RT	160.00	100.00
❑ GRANDMA BATTY'S TEA ROOM	1995	RT	120.00	75.00
❑ STRAWBERRY TEAS	1998	OP	100.00	100.00

FOUNDER'S CHOICE

NAME	YEAR	LIMIT	ISSUE	TREND
❑ ALMONRY, THE	1996	RT	275.00	250.00

The Great Coast Region from Harbour Lights added Pensacola, FL *in 1995. The edition was limited to 9,500 pieces.*

Biloxi Light, MS *was issued in 1995 by Harbour Lights as part of its Great Coast Region. Limited to 5,500, the piece retailed for $60.*

Full of color and light, Thompson's Drug *was released in 1994 as part of the "Vitreville" series of stained glass buildings from Forma Vitrum.*

Harbour Lights added Jupiter, FL *to its "Southeast Region" series in 1995. The edition was limited to 9,500.*

NAME	YEAR	LIMIT	ISSUE	TREND
FRAMED ENGLISH PLAQUES				**D. TATE**
❏ ASHDOWN HALL	1990	RT	60.00	60.00
❏ BATTLEVIEW	1990	RT	60.00	60.00
❏ CAT SLIDE COTTAGE	1990	RT	60.00	60.00
❏ COOMBE COT	1990	RT	60.00	98.00
❏ FELL VIEW	1990	RT	60.00	60.00
❏ FLINT FIELDS	1990	RT	60.00	60.00
❏ HUNTINGTON HOUSE	1990	RT	60.00	60.00
❏ JUBILEE LODGE	1990	RT	60.00	60.00
❏ STOWSIDE	1990	RT	60.00	60.00
❏ TREVAN COVE	1990	RT	60.00	60.00
FRAMED IRISH PLAQUES				**D. TATE**
❏ BALLYTEAG HOUSE	1990	RT	60.00	60.00
❏ CROCKUNA CROFT	1990	RT	60.00	60.00
❏ PEARSES COTTAGES	1990	RT	60.00	60.00
❏ SHANNONS BANK	1990	RT	60.00	60.00
FRAMED SCOTTISH PLAQUES				**D. TATE**
❏ BARRA BLACK HOUSE	1990	RT	60.00	60.00
❏ FIFE NESS	1990	RT	60.00	60.00
❏ KYLE POINT	1990	RT	60.00	60.00
❏ PRESTON OAT MILL	1990	RT	60.00	60.00
FRENCH COLLECTION				**D. TATE**
❏ LA BERGERIE DU PERIGORD	1991	RT	230.00	140.00
❏ LA CABANE DYE GARDIAN	1991	RT	55.00	45.00
❏ LA CHAUMIERE DU VERGER	1991	RT	120.00	75.00
❏ LA MASELLE DE NADAILLAC	1991	RT	130.00	95.00
❏ LA PORTE SCHOENENBERG	1991	RT	75.00	60.00
❏ L'AUBERGE D'ARMORIQUE	1991	RT	220.00	125.00
❏ LE MANOIR DE CHAMPFLEURI	1991	RT	265.00	190.00
❏ LE MAS DU VIGNERON	1991	RT	120.00	100.00
❏ LE PETITE MONTMARTRE	1991	RT	130.00	95.00
❏ LOCMARIA	1991	RT	65.00	50.00
GERMAN COLLECTION				**D. TATE**
❏ ALTE SCHMIEDE	1992	RT	175.00	100.00
❏ DAS GEBIRGSKIRCHLEIN	1987	RT	120.00	95.00
❏ DAS RATHAUS	1988	RT	140.00	134.00
❏ DER BUCHERWURM	1992	RT	140.00	80.00
❏ DER FAMILIENSCHREIN	1988	RT	53.00	95.00
❏ DIE KLEINEBACKEREI	1988	RT	68.00	70.00
❏ HAUS IM RHEINLAND	1987	RT	200.00	105.00
❏ JAGHUTTE	1987	RT	83.00	72.00
❏ MEERSBURGER WEINSTUBE	1987	RT	83.00	70.00
❏ MOSELHAUS	1987	RT	140.00	120.00
❏ NURMBERGER BURGERHAUS	1987	RT	140.00	120.00
❏ ROSENGARTENHAUS	1992	RT	120.00	85.00
❏ SCHWARZWALDHAUS	1987	RT	140.00	100.00
❏ STRANDVOGTHAUS	1992	RT	120.00	85.00
HELEN ALLINGHAM				*
❏ CHALFONT ST. GILES	1999	*	*	150.00
❏ GREAT WISHFORD	1999	*	*	70.00
❏ MIDHURST	1999	*	*	100.00
❏ WITLEY	1999	*	*	100.00
HISTORIC CASTLES OF BRITAIN				*
❏ BODIAM	1994	RT	95.00	80.00
❏ CASTELL COCH	1994	RT	120.00	160.00
❏ PENKHILL CASTLE	1995	RT	115.00	100.00
❏ STOKESAY	1994	RT	85.00	75.00
IRISH COTTAGES				**D. TATE**
❏ BALLYKERNE CROFT	1989	RT	75.00	65.00
❏ DONEGAL COTTAGE, VERSION 1	1987	RT	29.00	38.00
❏ HEGARTY'S HOME	1989	RT	68.00	150.00
❏ KENNEDY HOMESTEAD	1989	RT	34.00	40.00
❏ KILMORE QUAY	1989	RT	68.00	90.00
❏ LIMERICK HOUSE VER. 1	1989	RT	110.00	100.00
❏ MAGILLIGANS	1989	RT	34.00	30.00
❏ O'LACEY'S STORE	1989	RT	68.00	50.00
❏ PAT COHEN'S BAR	1989	RT	110.00	85.00
❏ QUIET COTTAGE	1989	RT	73.00	85.00
❏ ST. COLUMBA'S SCHOOL	1989	RT	48.00	50.00
❏ ST. KEVIN'S CHURCH	1989	RT	55.00	50.00
❏ ST. PATRICK'S CHURCH	1989	RT	185.00	180.00
❏ THOOR BALLYLEE	1989	RT	105.00	120.00
LAKELAND BRIDGE PLAQUES				**D. SIMPSON**
❏ AIRA FORCE	1989	RT	35.00	35.00
❏ ASHNESS BRIDGE	1989	RT	35.00	35.00
❏ BIRKS BRIDGE	1989	RT	35.00	35.00
❏ BRIDGE HOUSE	1989	RT	35.00	25.00
❏ HARTSOP PACKHORSE	1989	RT	35.00	35.00
❏ STOCKLEY BRIDGE	1989	RT	35.00	35.00
LAKELAND CHRISTMAS				*
❏ ALL SAINTS WATERMILLOCK	1996	RT	50.00	35.00
❏ BORROWDALE SCHOOL	1996	RT	35.00	35.00
❏ LANGDALE COTTAGE	1995	RT	48.00	35.00
❏ MILLBECK COTTAGE	1996	RT	35.00	35.00
❏ PATTERDALE COTTAGE	1995	RT	35.00	35.00
❏ RYDAL COTTAGE	1995	RT	35.00	35.00

COTTAGES

NAME	YEAR	LIMIT	ISSUE	TREND
LILLIPUT LANE COLLECTORS CLUB				*
❏ BEEKEEPER'S COTTAGE	2000	*	*	N/A
❏ CIDER APPLE COTTAGE	1997	*	*	45.00
❏ CURLEW COTTAGE	1993	RT	19.00	125.00
❏ FRESH TODAY	1999	*	*	70.00
❏ GOOD LIFE	1999	*	*	150.00
❏ HAMPTON MANOR	1997	RT	100.00	90.00
❏ HAMPTON MOAT	1998	RT	*	35.00
❏ HEAVEN LEA COTTAGE	1993	RT	150.00	140.00
❏ KILN COTTAGE	1998	RT	*	30.00
❏ LITTLE BEE	2000	*	*	N/A
❏ MEADOWSWEET COTTAGE	1996	RT	110.00	100.00
❏ NURSERY COTTAGE WITH EEGG	1996	*	*	100.00
❏ NURSERY COTTAGE WITHOUT EEGG	1996	*	*	60.00
❏ PETTICOAT COTTAGE	1994	RT	*	40.00
❏ PORLOCK DOWN	1995	RT	135.00	135.00
❏ POTTERY, THE	1998	YR	170.00	140.00
❏ SPINNEY, THE	1994	RT	*	35.00
❏ THIMBLE COTTAGE	1995	RT	*	45.00
❏ WASH DAY	1997	RT	*	30.00
❏ WELFORD GARLANDS	1998	*	*	N/A
❏ WINNOWS	1996	RT	23.00	55.00
❏ WOODMAN'S RETREAT	1994	RT	135.00	120.00
LILLIPUT LANE COLLECTORS CLUB				**D. TATE**
❏ BRIDLE WAY	1990	RT	100.00	155.00
❏ COSY CORNER	1990	RT	*	70.00
❏ CRENDON MANOR	1986	RT	285.00	1000.00
❏ DOVECOT, THE	1990	RT	50.00	75.00
❏ FORGET-ME-NOT	1992	RT	130.00	125.00
❏ GARDENERS COTTAGE	1991	RT	120.00	140.00
❏ LAVENDER COTTAGE	1990	RT	50.00	100.00
❏ LITTLE LOST DOG VER. 1	1987	RT	*	550.00
❏ PACKHORSE BRIDGE VER. 1	1986	RT	*	600.00
❏ PUDDLEBROOK	1991	RT	*	35.00
❏ PUSSY WILLOW	1992	RT	*	45.00
❏ WENLOCK RISE	1989	RT	175.00	200.00
❏ WISHING WELL	1988	RT	*	110.00
❏ WREN COTTAGE	1991	RT	14.00	125.00
❏ YEW TREE FARM	1987	RT	160.00	280.00
LIMITED EDITION CASTLES				*
❏ SCHLOSS NEUSCHWANSTEIN	1990	*	*	550.00
❏ SCHLOSS RHEINJUNGFRAU	1989	*	*	450.00
LIMITED EDITIONS				*
❏ CONISTON CRAG	1998	3000	*	725
LONDON PLAQUES				**D. SIMPSON**
❏ BIG BEN	1989	RT	40.00	75.00
❏ BUCKINGHAM PALACE	1989	RT	40.00	95.00
❏ PICCADILLY CIRCUS	1989	RT	40.00	40.00
❏ TOWER BRIDGE	1989	RT	40.00	50.00
❏ TOWER OF LONDON	1989	RT	40.00	45.00
❏ TRAFALGAR SQUARE	1989	RT	40.00	40.00
MILLENNIUM				*
❏ BIG BEN IN WINTER	1998	*	*	75.00
❏ GREAT EQUATORIAL	1999	*	*	90.00
❏ MILLENNIUM GATE	1999	2000	*	500.00
❏ NELSON'S COLUMN IN WINTER	1999	*	*	60.00
❏ OLD ROYAL OBSERVATORY	1999	2000	*	N/A
❏ PLANETARIUM	1999	*	*	210.00
❏ STARGAZER'S COTTAGE	1999	*	*	90.00
❏ WESTMINSTER ABBEY	2000	DS	*	475.00
MOMENTS IN TIME				*
❏ BANANAS ARE BACK!	1998	*	*	70.00
❏ OUR FIRST TELLY	1998	*	*	100.00
❏ SHORT BACK AND SIDES?	1998	*	*	90.00
❏ TIME, GENTLEMEN, PLEASE	1998	OP	*	100.00
ORIGINAL CHRISTMAS COLLECTION				**D. TATE**
❏ DEER PARK HALL	1988	RT	120.00	150.00
❏ OLD VICARAGE AT CHRISTMAS, THE	1991	RT	180.00	140.00
❏ ST. NICHOLAS CHURCH	1989	RT	130.00	140.00
❏ YULETIDE INN	1990	RT	145.00	180.00
PAINT YOUR OWN				*
❏ ASHLEIGH DOWN	1993	*	*	125.00
❏ ESSEX COTTAGE	1993	*	*	300.00
❏ FLAXTON BECK	1993	*	*	100.00
❏ GYPSY COTTAGE	1998	*	*	23.00
❏ KENTISH COTTAGE	1995	*	*	30.00
❏ LITTLE BIRCH	1997	*	*	25.00
❏ MARCHE HOUSE	1997	*	*	N/A
❏ PAINSWICK POST OFFICE	1996	*	*	30.00
❏ READING COTTAGE	1994	*	*	30.00
❏ RODING HEATH/HIGH RODING	1994	*	*	50.00
❏ ROSY RAFTERS	1996	*	*	30.00
❏ RUBY COTTAGE	1998	*	*	30.00
❏ SHROPSHIRE COTTAGE	1993	*	*	40.00
❏ SUFFOLK COTTAGE	1995	*	*	30.00
❏ SUFFOLK PINKS	1998	*	*	18.00
❏ WARREN	1998	*	*	18.00
SCOTTISH COLLECTION				*
❏ AMISFIELD TOWER	1995	RT	50.00	45.00
❏ EDZELL SUMMER HOUSE	1993	RT	70.00	75.00
❏ LADYBANK LODGE	1994	RT	60.00	50.00
❏ SALMON'S LEAP	1999	*	*	55.00
❏ YAIRD O'TARTAIN	1999	*	*	55.00

COTTAGES

NAME	YEAR	LIMIT	ISSUE	TREND
SCOTTISH COLLECTION				**D. TATE**
❑ BLAIR ATHOLL	1989	RT	275.00	325.00
❑ BURNS COTTAGE	1985	RT	35.00	120.00
❑ CARRICK HOUSE	1989	RT	48.00	40.00
❑ CAWDOR CASTLE	1990	RT	295.00	450.00
❑ CLAYPOTTS CASTLE	1989	RT	72.00	65.00
❑ CRAIGIEVAR CASTLE	1989	RT	185.00	290.00
❑ CROFT, THE (RENOVATED)	1984	RT	36.00	650.00
❑ CROFT, THE (WITHOUT SHEEP)	1982	RT	29.00	825.00
❑ CULLODEN COTTAGE	1989	RT	36.00	30.00
❑ CULROSS HOUSE	1992	RT	90.00	55.00
❑ DUART CASTLE	1992	RT	450.00	390.00
❑ EAST NEUK	1987	RT	29.00	40.00
❑ ELLEAN DONAN	1990	RT	145.00	150.00
❑ ERISKAY CROFT	1992	RT	50.00	30.00
❑ FISHERMANS BOTHY	1990	RT	36.00	40.00
❑ GLENLOCHIE LODGE	1990	RT	110.00	145.00
❑ HEBRIDEAN HAME	1990	RT	55.00	60.00
❑ INVERLOCHIE HAME VER. 1	1989	RT	48.00	69.00
❑ JOHN KNOX HOUSE	1989	RT	68.00	100.00
❑ KENMORE COTTAGE	1989	RT	87.00	95.00
❑ KINLOCHNESS	1990	RT	79.00	90.00
❑ KIRKBRAE COTTAGE	1990	RT	55.00	70.00
❑ MAIR HAVEN	1992	RT	47.00	40.00
❑ PRESTON MILL (RENOVATED)	1987	RT	63.00	95.00
❑ PRESTON MILL VER. 1	1985	RT	45.00	180.00
❑ STOCKWELL TENEMENT	1989	RT	63.00	70.00
SCOTTISH COLLECTION				**A. YARRINGTON**
❑ 7 ST. ANDREWS SQUARE	1985	RT	16.00	175.00
SECRET GARDENS				*
❑ FRAGRANT HAVEN	1998	OP	90.00	90.00
❑ FRUITS OF EDEN	1999	*	*	80.00
❑ NATURE'S DOORWAY	1999	*	*	90.00
❑ PEACEFUL PASTIMES	1998	*	*	90.00
❑ PICNIC PARADISE	1998	*	*	80.00
❑ TRANQUIL TREASURE	1998	*	*	80.00
SPECIAL EDITIONS				*
❑ ARBURY LODGE	1997	*	*	125.00
❑ BUTTERFLY COTTAGE	1999	*	*	70.00
❑ CANDY COTTAGE	2000	*	*	65.00
❑ CHANTRY CHAPEL VER. 1	1988	*	*	250.00
❑ CHANTRY CHAPEL VER. 2	1988	*	*	300.00
❑ FINDERS KEEPERS	1999	*	*	50.00
❑ FIR TREE COTTAGE	1996	*	*	25.00
❑ GUILDHALL	1987	*	*	250.00
❑ HADLEIGH COTTAGE	1998	5000	95.00	100.00
❑ LA NORMANDIE	1998	*	*	110.00
❑ LA PROVENCE	1998	*	*	110.00
❑ NEST EGG	1998	*	*	30.00
❑ QUEEN ALEXANDRA'S NEST	1999	*	*	115.00
❑ RAINBOW'S END	1999	*	*	55.00
❑ SETTLER'S SURPRISE	1991	*	*	185.00
❑ STAR INN	2000	DS	*	150.00
❑ SYON CONSERVATORY	2000	*	*	N/A
SPECIAL EDITIONS				**R. DAY**
❑ VICTORIAN ROMANCE	2000	*	*	250.00
SPECIAL EVENT PIECES				*
❑ ABERFORD GATE	1993	RT	95.00	110.00
❑ AMBERLY ROSE	1996	RT	45.00	90.00
❑ COMFORT COTTAGE	1998	YR	50.00	50.00
❑ CORNFLOWER COTTAGE	1996	RT	*	140.00
❑ DORMOUSE COTTAGE	1997	RT	60.00	60.00
❑ FOSSIL, THE	1995	*	*	140.00
❑ LEAGRAVE COTTAGE	1994	RT	75.00	120.00
❑ PLOUGHMAN'S COTTAGE	1992	RT	75.00	85.00
❑ THORNERY, THE	1998	RT	*	140.00
❑ VANBRUGH LODGE	1995	RT	60.00	75.00
❑ WYECOMBE TOLL HOUSE	1994	CL	*	275.00
SPECIAL EVENT PIECES				**D. TATE**
❑ ASHBERRY COTTAGE 1992 SOUTH BEND	1992	RT	*	275.00
❑ COMMEMORATIVE MEDALLION-1989 SOUTH BEND	1989	RT	*	195.00
❑ GAMEKEEPERS COTTAGE-1991 SOUTH BEND	1991	RT	75.00	325.00
❑ ROWAN LODGE 1990-SOUTH BEND	1990	RT	50.00	300.00
STUDLEY ROYAL COLLECTION				*
❑ BANQUETING HOUSE, THE	1994	RT	65.00	55.00
❑ FOUNTAIN'S ABBEY	1995	RT	395.00	325.00
❑ OCTAGON TOWER	1994	RT	85.00	70.00
❑ ST. MARY'S CHURCH	1994	RT	115.00	115.00
❑ TEMPLE OF PIETY	1994	RT	95.00	80.00
UNFRAMED PLAQUES				**D. TATE**
❑ LARGE LOWER BROCKHAMPTON	1989	RT	120.00	120.00
❑ LARGE SOMERSET SPRINGTIME	1989	RT	130.00	130.00
❑ MEDIUM COBBLE COMBE COTTAGE	1989	RT	68.00	68.00
❑ MEDIUM WISHING WELL	1989	RT	75.00	75.00
❑ SMALL STONEY WALL LEA	1989	RT	48.00	48.00
❑ SMALL WOODSIDE FARM	1989	RT	48.00	48.00
VICTORIAN SHOPS COLLECTION				*
❑ APOTHECARY	1997	RT	90.00	90.00
❑ BOOK SHOP	1997	RT	75.00	60.00
❑ HABERDASHERY	1997	OP	90.00	75.00

COTTAGES

NAME	YEAR	LIMIT	ISSUE	TREND
❏ HOROLOGISH	1997	RT	75.00	75.00
❏ JEWELER	1997	RT	75.00	50.00
❏ PAWNBROKER	1997	RT	75.00	75.00
❏ TAILOR	1997	RT	90.00	90.00
VILLAGE SHOPS COLLECTION				*
❏ BAKER'S SHOP VAN	1996	OP	16.00	16.00
❏ BAKER'S SHOP, THE	1995	RT	85.00	65.00
❏ CHINA SHOP	1995	OP	85.00	80.00
❏ CHINA SHOP VAN	1996	OP	16.00	16.00
❏ GREENGROCERS VAN	1993	RT	16.00	37.00
❏ JONES THE BUTCHER	1993	RT	80.00	65.00
❏ JONES THE BUTCHER VAN	1993	*	16.00	16.00
❏ PENNY SWEETS	1992	RT	80.00	75.00
❏ PENNY SWEETS VAN	1993	RT	16.00	91.00
❏ TOY SHOP	1994	RT	80.00	80.00
❏ TOY SHOP VAN	1995	*	16.00	16.00
VILLAGE SHOPS COLLECTION				**D. TATE**
❏ GREENGROCERS, THE	1992	RT	120.00	60.00
VISITOR CENTRE EXCLUSIVE				*
❏ WINTER AT SKIRSGILL	1998	*	*	50.00
WELSH COLLECTION				*
❏ LABOUR OF LOVE	1999	*	*	55.00
❏ ST. GOVAN'S CHAPEL	1992	OP	75.00	50.00
WELSH COLLECTION				**D. TATE**
❏ BRECON BACH	1986	RT	42.00	60.00
❏ BRO DAWEL	1991	RT	38.00	30.00
❏ HERMITAGE	1984	RT	30.00	240.00
❏ RENOVATED HERMITAGE	1987	RT	43.00	69.00
❏ TUDOR MERCHANT	1991	RT	90.00	70.00
❏ UGLY HOUSE	1991	RT	55.00	65.00

NUTSHELL DESIGNS

NAME	YEAR	LIMIT	ISSUE	TREND
SWEETWATER COVE				**INGRID**
❏ CORABELL RAY FISHING SCHOONER	2002	2 YRS	20.00	20.00
❏ HANCOCK SUMMER RENTAL	2001	RT	20.00	20.00
❏ OCEAN VIEW INN	2001	RT	20.00	20.00
❏ PETTIGREW HOME	2001	2 YRS	20.00	20.00
❏ RAMBLING ROSE COTTAGE	2001	2 YRS	20.00	20.00
❏ SALTY SAM'S FISH MARKET	2001	2 YRS	20.00	20.00
❏ SUNSHINE SHANTY, THE	2002	2 YRS	20.00	20.00
❏ SWEETWATER TOWN HALL	2002	2 YRS	20.00	20.00
❏ WHOLLY MACKEREL FAMILY RESTAURANT	2001	2 YRS	20.00	20.00
SWEETWATER COVE BOATS				**INGRID**
❏ BOATS OF SWEETWATER COVE	2001	2 YRS	18.00	18.00
SWEETWATER COVE CHURCHES				**INGRID**
❏ SEAFARER'S CHAPEL	2001	RT	20.00	20.00
SWEETWATER COVE LIGHTHOUSES				**INGRID**
❏ SANDPIPER POINT LIGHTHOUSE	2001	2 YRS	22.00	22.00

PACIFIC RIM

NAME	YEAR	LIMIT	ISSUE	TREND
BRISTOL TOWNSHIP				**P. SEBERN**
❏ BEDFORD MANOR	1990	RT	30.00	30.00
❏ BLACK SWAN MILLINERY	1990	RT	30.00	30.00
❏ BRIDGESTONE CHURCH	1991	RT	30.00	35.00
❏ BRISTOL BOOKS	1990	RT	35.00	35.00
❏ CHESTERFIELD HOUSE	1993	RT	30.00	30.00
❏ COVENTRY HOUSE	1990	RT	30.00	30.00
❏ ELMSTONE HOUSE	1991	RT	30.00	35.00
❏ FLOWER SHOP	1991	RT	30.00	30.00
❏ FOXDOWN MANOR	1993	RT	30.00	30.00
❏ GEO. STRAITH GROCER	1990	RT	25.00	25.00
❏ HARDWICKE HOUSE	1991	RT	30.00	35.00
❏ HIGH GATE MILL	1990	RT	40.00	40.00
❏ IRON HORSE LIVERY	1990	RT	30.00	35.00
❏ KILBY COTTAGE	1991	RT	30.00	35.00
❏ KING'S GATE SCHOOL	1995	RT	30.00	30.00
❏ MAPS & CHARTS	1990	RT	25.00	25.00
❏ PEGGLESWORTH INN	1991	RT	40.00	40.00
❏ QUEEN'S ROAD CHURCH	1990	RT	40.00	40.00
❏ SHOTWICK INN & SURGERY	1994	RT	35.00	35.00
❏ SILVERSMITH	1990	RT	30.00	30.00
❏ SOUTHWICK CHURCH	1990	RT	30.00	30.00
❏ SURREY ROAD CHURCH	1994	RT	40.00	40.00
❏ TRINITY CHURCH	1990	RT	30.00	35.00
❏ VIOLIN SHOP	1990	RT	30.00	30.00
❏ WEXFORD MANOR	1990	RT	25.00	25.00
BRISTOL WATERFRONT				**P. SEBERN**
❏ ADMIRALTY SHIPPING	1992	RT	30.00	30.00
❏ AVON FISH CO.	1992	RT	30.00	30.00
❏ BRISTOL CHANNEL LIGHTHOUSE	1995	RT	30.00	30.00
❏ BRISTOL POINT LIGHTHOUSE	1993	RT	45.00	45.00
❏ BRISTOL TATTLER	1994	RT	40.00	40.00
❏ CHANDLER	1992	RT	30.00	30.00
❏ CUSTOMS HOUSE	1992	RT	40.00	40.00
❏ HAWKE EXPORTS	1992	RT	40.00	40.00
❏ LOWER QUAY CHAPEL	1993	RT	40.00	40.00
❏ PORTSHEAD LIGHTHOUSE	1994	RT	30.00	30.00
❏ QUARTER DECK INN	1992	RT	40.00	40.00
❏ REGENT WAREHOUSE	1992	RT	40.00	40.00
❏ RUSTY KNIGHT INN	1993	RT	35.00	35.00

NAME	YEAR	LIMIT	ISSUE	TREND
POSSIBLE DREAMS				
CRINKLE CLAUS VILLAGE				*
❑ CRINKLE CANDY STORE	1998	OP	62.00	62.00
❑ CRINKLE FIRE STATION	1998	OP	62.00	62.00
❑ CRINKLE POLICE STATION	1998	OP	62.00	62.00
❑ CRINKLE POST OFFICE	1998	OP	62.00	62.00
❑ CRINKLE TOY SHOP	1998	OP	62.00	62.00
PRIZM				
MINIATURE COLLECTION				**PIPKA**
❑ CHRISTMAS COTTAGE	2002	OP	35.00	35.00
❑ MIDNIGHT VISITOR HOUSE	2002	OP	35.00	35.00
❑ TEDDY BEAR HOUSE	2002	OP	35.00	35.00
RECO INTERNATIONAL				
NATIVE AMERICAN VIEWS				**G. PERILLO**
❑ ANASAZIS' SANCTUARY	1999	OP	45.00	45.00
❑ CHEYENNE'S PRIDE	1999	OP	45.00	45.00
❑ IROQUOIS DIGNITY	1999	OP	45.00	45.00
❑ NAVAJO'S REFUGE	1999	OP	45.00	45.00
❑ PUEBLO ABODE	1999	OP	45.00	45.00
PURR-FECT VIEWS				**J. EVERETT**
❑ COUNTRY STORE	1999	OP	40.00	40.00
❑ POTTING SHED, THE	1999	OP	40.00	40.00
❑ TOWN HOUSE CATS	1999	OP	40.00	40.00
ROOMS WITH A VIEW				**E. DERTNER**
❑ RUSTIC REPOSE	1998	OP	40.00	40.00
❑ TOP OF THE MORNING	1999	OP	40.00	40.00
ROOMS WITH A VIEW				**F. LEDAN**
❑ NANTUCKET	1998	OP	40.00	40.00
❑ NEW YORK NIGHTS	1998	OP	40.00	40.00
❑ SALINGER MANSION	1998	OP	40.00	40.00
❑ SALON SUR LA CITE	1998	OP	40.00	40.00
❑ TERRASSE-SUR RIVIERA	1998	OP	40.00	40.00
❑ YELLOW ROSES & RED POPPIES	1998	OP	40.00	40.00
ROOMS WITH A VIEW				**J. O'BRIEN**
❑ ARCHWAY	1998	OP	40.00	40.00
❑ IN THE GARDEN	1998	OP	40.00	40.00
❑ REMEMBERING II	1998	OP	40.00	40.00
ROOMS WITH A VIEW				**W. TERNAY**
❑ GOURMET DELIGHT	1999	OP	40.00	40.00
SHOPS WITH A VIEW				**G. BUFFET**
❑ BOTTLE BRIGADE	1999	OP	45.00	45.00
❑ LA CACIOTECA	1999	OP	45.00	45.00
❑ PANETTERIA	1999	OP	45.00	45.00
SHOPS WITH A VIEW				**R. SOUDERS**
❑ CLIP ART	1999	OP	40.00	40.00
❑ POP'S	1999	OP	40.00	40.00
SHOPS WITH A VIEW				**W. TERNAY**
❑ DINER	*	OP	40.00	40.00
VIEWS OF FAITH				**J. CLAYBROOKS**
❑ GETT'N READY	1999	2400	45.00	45.00
VIEWS OF FAITH				**S. KUCK**
❑ SHARING HARMONY	1999	2400	45.00	45.00
ROMAN INC.				
FONTANINI 2.5-IN.				**E. SIMONETTI**
❑ 6-PC. NATIVITY VILLAGE WITH LIGHTED BASE	1996	RT	270.00	270.00
❑ BASKET SHOP	2000	RT	33.00	20.00
❑ CARPENTER'S SHOP	1998	RT	33.00	33.00
❑ CORRAL	1998	RT	33.00	33.00
❑ INN	1996	RT	30.00	30.00
❑ KING'S BLUE TENT	1996	RT	18.00	18.00
❑ KING'S GOLD TENT	1997	RT	23.00	23.00
❑ KING'S PURPLE TENT	1997	RT	23.00	23.00
❑ MARKETPLACE	1997	RT	33.00	33.00
❑ POTTERY SHOP	1997	RT	33.00	33.00
❑ POULTRY SHOP	1998	RT	33.00	33.00
❑ SHEPHERD'S CAMP	1996	RT	30.00	30.00
❑ STABLE (ORIGINAL DESIGN)	1996	RT	30.00	30.00
❑ STABLE (REVISED)	1998	OP	33.00	33.00
❑ TOWN BUILDING	1996	RT	25.00	25.00
❑ TOWN GATE	1997	RT	33.00	33.00
❑ TOWN STORE	1996	RT	25.00	25.00
FONTANINI 5-IN.				**E. SIMONETTI**
❑ BAKERY	1996	RT	80.00	80.00
❑ BASKET SHOP	2000	OP	80.00	80.00
❑ CARPENTER'S SHOP	1998	RT	90.00	90.00
❑ CENSUS BUILDING	1999	RT	85.00	85.00
❑ CORRAL	1000	RT	95.00	95.00
❑ HOME	2000	OP	125.00	125.00
❑ INN	1996	RT	85.00	85.00
❑ KING'S BLUE TENT	1996	RT	50.00	50.00
❑ KING'S GOLD TENT	1997	RT	65.00	65.00
❑ KING'S PURPLE TENT	1997	RT	60.00	60.00
❑ MARKETPLACE	1997	RT	90.00	90.00
❑ POTTERY SHOP	1997	RT	90.00	90.00
❑ POULTRY SHOP	1998	RT	90.00	90.00

COTTAGES

NAME	YEAR	LIMIT	ISSUE	TREND
❏ SHEPHERD'S CAMP	1996	RT	80.00	80.00
❏ TOWN GATE	1997	OP	90.00	90.00
❏ VINEYARD	2000	OP	80.00	80.00
❏ WEAVER'S SHOP	1999	RT	75.00	75.00

FONTANINI 7.5-IN.   E. SIMONETTI

NAME	YEAR	LIMIT	ISSUE	TREND
❏ FISH MARKET	1998	RT	120.00	120.00
❏ INN	1997	RT	55.00	55.00
❏ KING'S BLUE TENT	1997	RT	100.00	100.00
❏ KING'S GOLD TENT	1998	RT	110.00	110.00
❏ KING'S PURPLE TENT	1998	RT	95.00	95.00
❏ LIGHTED STABLE	1997	RT	75.00	75.00
❏ MARKETPLACE	1997	RT	65.00	65.00
❏ MARKETPLACE	1999	RT	120.00	120.00
❏ TOWN BUILDING	1997	RT	70.00	70.00
❏ TOWN GATE	1997	RT	35.00	35.00
❏ WEAVER'S SHOP	2000	OP	110.00	110.00

SHELIA'S COLLECTIBLES

ACCESSORIES   S. THOMPSON

NAME	YEAR	LIMIT	ISSUE	TREND
❏ AMISH QUILT LINE	1994	RT	18.00	35.00
❏ APPLE TREE	1993	RT	12.00	20.00
❏ AUTUMN TREE	1996	OP	14.00	14.00
❏ BARBER GAZEBO	1996	OP	13.00	13.00
❏ DOGWOOD TREE	1993	RT	12.00	40.00
❏ FLOWER GARDEN	1995	RT	13.00	13.00
❏ FORMAL GARDEN	1994	RT	18.00	40.00
❏ GRAZING COWS	1996	OP	12.00	12.00
❏ REAL ESTATE SIGN	1995	RT	12.00	12.00
❏ SAILBOAT	1996	OP	12.00	12.00
❏ SPRING TREE	1996	OP	14.00	14.00
❏ SUMMERTIME PICKET FENCE	1996	OP	12.00	12.00
❏ SUNRISE AT 80 MEETING	1994	RT	18.00	40.00
❏ TROPICAL PALM TREE	1996	OP	14.00	14.00
❏ VICTORIAN ARBOR	1994	RT	18.00	40.00
❏ WISTERIA ARBOR	1995	RT	12.00	12.00

AMERICAN BARNS   S. THOMPSON

NAME	YEAR	LIMIT	ISSUE	TREND
❏ CASEY BARN	1995	RT	19.00	40.00
❏ DR. PIERCE'S BARN	1999	130	43.00	43.00
❏ KING MIDAS BARNS	1999	130	42.00	42.00
❏ MAIL POUCH BARN	1995	RT	19.00	40.00
❏ PENNSYLVANIA DUTCH BARN	1994	RT	18.00	30.00
❏ ROCK CITY BARN	1994	RT	20.00	40.00

AMERICAN GOTHIC   S. THOMPSON

NAME	YEAR	LIMIT	ISSUE	TREND
❏ GOTHIC REVIVAL COTTAGE	1993	2500	20.00	20.00
❏ MELE HOUSE	1993	2500	20.00	20.00
❏ PERKINS HOUSE	1993	2500	20.00	20.00
❏ ROSE ARBOR	1993	2500	14.00	15.00
❏ ROSELAND COTTAGE	1993	2500	20.00	20.00

AMISH VILLAGE   S. THOMPSON

NAME	YEAR	LIMIT	ISSUE	TREND
❏ AMISH BARN	1993	RT	17.00	30.00
❏ AMISH BUGGY	1993	RT	12.00	25.00
❏ AMISH HOME	1993	RT	17.00	25.00
❏ AMISH SCHOOL	1993	RT	20.00	50.00
❏ COVERED BRIDGE	1993	RT	20.00	50.00

ARTIST CHOICE   S. THOMPSON

NAME	YEAR	LIMIT	ISSUE	TREND
❏ BANTA HOUSE	1995	RT	24.00	65.00
❏ GREENMAN HOUSE	1995	RT	24.00	40.00
❏ NIGHT BEFORE CHRISTMAS HOUSE/FROZEN LAWN	1998	7500	42.00	42.00
❏ RILEY-CUTLER	1995	RT	24.00	35.00
❏ WELLER HOUSE	1995	RT	24.00	35.00

ATLANTA   S. THOMPSON

NAME	YEAR	LIMIT	ISSUE	TREND
❏ FOX THEATRE	1995	RT	19.00	25.00
❏ HAMMONDS HOUSE	1995	RT	18.00	25.00
❏ SWAN HOUSE	1995	RT	18.00	25.00
❏ TULLIE SMITH HOUSE	1995	RT	18.00	30.00
❏ VICTORIAN PLAYHOUSE	1995	RT	17.00	30.00
❏ WREN'S NEST	1995	RT	19.00	25.00

CHARLESTON   S. THOMPSON

NAME	YEAR	LIMIT	ISSUE	TREND
❏ ASHE HOUSE	1993	RT	16.00	40.00
❏ CITADEL	1993	RT	16.00	40.00
❏ CITY HALL (NO BANNER)	1993	RT	15.00	300.00
❏ COLLEGE OF CHARLESTON	1993	RT	20.00	90.00
❏ DRAYTON HOUSE	1993	RT	18.00	18.00
❏ JOHN RUTLEDGE HOME	1993	RT	16.00	40.00
❏ MAGNOLIA PARLOR HOUSE	1995	RT	19.00	19.00
❏ O'DONNELLS FOLLY	1995	RT	18.00	18.00
❏ SINGLE SIDE PORCH	1993	RT	20.00	65.00

CHARLESTON BATTERY   S. THOMPSON

NAME	YEAR	LIMIT	ISSUE	TREND
❏ 22 S. BATTERY	1996	109	24.00	35.00
❏ 24 S. BATTERY	1996	99	24.00	35.00
❏ 26 S. BATTERY	1996	74	24.00	35.00
❏ 28 S. BATTERY	1996	74	24.00	35.00

CHARLESTON CHURCHES & PUBLIC BUILDINGS   S. THOMPSON

NAME	YEAR	LIMIT	ISSUE	TREND
❏ HUGENOT CHURCH	1996	OP	19.00	19.00

CHARLESTON II   S. THOMPSON

NAME	YEAR	LIMIT	ISSUE	TREND
❏ BOONE HALL PLANTATION	1995	RT	18.00	40.00
❏ SOTTILE HOUSE	1996	98	24.00	35.00

CHURCHES OF AMERICA   S. THOMPSON

NAME	YEAR	LIMIT	ISSUE	TREND
❏ CHRIST CHURCH	1999	130	43.00	43.00
❏ NEVADA CITY CHURCH	1999	130	42.00	42.00
❏ ST. BRIDGET CHURCH	1999	130	42.00	42.00

COTTAGES

Issued in 1996, New Canal Light, *from the Panoramic Light Collections by Shelia's Collectibles, retailed for $24 and is now trending around $35.*

Hawthorne Architectural Register came out with Rockwell's Studio *in 1995, part of "Rockwell's Heart of Stockbridge/ Illuminated" series.*

Michael J. Morris created Old Faithful Inn—Yellowstone *for Genesis Designs in 1996.*

During Department 56's Home for the Holidays event in 1995, retailers offered collectors Snowy Pines Inn *gift set from The Original Snow Village.*

Audrey's Tea Room *was only issued for a limited time due to the mold being broken in a highway accident. The piece was created by David Winter for John Hine Studios.*

COTTAGES

NAME	YEAR	LIMIT	ISSUE	TREND
❏ VALLEY CHURCH	1999	130	42.00	42.00
COCA-COLA				**S. THOMPSON**
❏ COUNTRY HARMONY	1999	130	47.00	47.00
❏ FOUNTAIN DELIVERY	1999	130	39.00	39.00
COLLECTORS SOCIETY				**S. THOMPSON**
❏ ANNE PEACOCK HOUSE	1993	RT	16.00	125.00
❏ EUGENIA'S COTTAGE	1999	YR	*	N/A
❏ EUGENIA'S FLOWER GARDEN	1999	YR	*	N/A
❏ IVY GREEN	1994	RT	17.00	100.00
❏ SEASVIEW COTTAGE	1994	RT	17.00	100.00
❏ SUSAN B. ANTHONY	1993	RT	*	100.00
GALVESTON				**S. THOMPSON**
❏ BEISSNER HOUSE	1995	RT	19.00	19.00
❏ DANCING PAVILLION	1995	RT	19.00	19.00
❏ FRENKEL HOME	1995	RT	19.00	19.00
❏ REYMERSHOFFER	1995	RT	19.00	19.00
GHOST HOUSE SERIES				**S. THOMPSON**
❏ GAFFOS HOUSE	1995	RT	19.00	19.00
❏ INSIDE-OUTSIDE HOUSE	1994	RT	20.00	45.00
❏ PIRATE'S HOUSE	1994	RT	20.00	125.00
❏ RED CASTLE	1995	RT	19.00	19.00
GONE WITH THE WIND				**S. THOMPSON**
❏ AUNT PITTY POT'S	1995	RT	30.00	60.00
❏ GENERAL STORE	1995	RT	24.00	30.00
❏ LOEW'S GRAND	1995	RT	30.00	90.00
❏ SILHOUETTE	1996	RT	16.00	25.00
❏ TARA	1995	RT	30.00	55.00
❏ TWELVE OAKS	1995	RT	30.00	50.00
INVENTOR SERIES				**S. THOMPSON**
❏ FORD MOTOR COMPANY	1993	RT	20.00	60.00
❏ MENLO PARK LABORATORY	1993	RT	20.00	50.00
❏ NOAH WEBSTER HOUSE	1993	RT	20.00	55.00
❏ WRIGHT CYCLE SHOP	1993	RT	20.00	55.00
JAZZY NEW ORLEANS				**S. THOMPSON**
❏ BEAUREGARD KEYS	1994	RT	20.00	55.00
❏ GALLIER HOUSE	1994	RT	20.00	40.00
❏ LABRANCHE BUILD	1994	RT	20.00	40.00
❏ LEPRETRE HOUSE	1994	RT	20.00	45.00
KEY WEST				**S. THOMPSON**
❏ ARTIST HOUSE	1995	RT	24.00	50.00
❏ EYEBROW HOUSE	1995	RT	24.00	45.00
❏ HEMINGWAY HOUSE	1995	RT	24.00	50.00
❏ ILLINGSWORTH	1995	RT	24.00	50.00
❏ SHOTGUN HOUSE	1995	RT	24.00	80.00
❏ SHOTGUN SISTER	1995	RT	24.00	80.00
❏ SOUTHERNMOST	1995	RT	24.00	50.00
LADIES BY THE SEA				**S. THOMPSON**
❏ ABBEY II	1996	93	24.00	50.00
❏ CENTENNIAL COTTAGE	1996	94	24.00	40.00
❏ HALL COTTAGE	1996	108	24.00	40.00
❏ HEART BLOSSOM	1996	107	24.00	40.00
LIGHTHOUSES				**S. THOMPSON**
❏ ASSATEAGUE ISLAND LIGHT	1993	RT	20.00	55.00
❏ CAPE HATTERAS LIGHT	1995	RT	24.00	60.00
❏ CHARLESTON LIGHT	1993	RT	15.00	55.00
❏ NEW LONDON LEDGE LIGHT	1993	RT	20.00	50.00
❏ ROUND ISLAND LIGHT	1993	RT	20.00	70.00
❏ THOMAS POINT LIGHT	1993	RT	20.00	60.00
MACKINAC				**S. THOMPSON**
❏ AMBERG COTTAGE	1996	102	24.00	35.00
❏ ANNE COTTAGE	1996	95	24.00	35.00
❏ REARICK COTTAGE	1996	103	24.00	35.00
❏ WINDERMERE HOTEL	1996	105	24.00	35.00
MAIL ORDER VICTORIANS				**S. THOMPSON**
❏ BREHAUT HOUSE	1994	3300	24.00	24.00
❏ GOELLER HOUSE	1994	3300	24.00	24.00
❏ HENDERSON HOUSE	1994	3300	24.00	24.00
❏ TROTMAN HOUSE	1994	3300	24.00	24.00
MARTHA'S VINEYARD				**S. THOMPSON**
❏ ALICE'S WONDERLAND	1993	RT	20.00	35.00
❏ BLUE COTTAGE	1995	RT	20.00	45.00
❏ CAMPGROUND COTTAGE	1993	RT	20.00	45.00
❏ GINGERBREAD COTTAGE	1993	RT	20.00	45.00
❏ TRAILS END	1995	RT	20.00	50.00
❏ WHITE COTTAGE	1995	RT	20.00	50.00
❏ WOOD VALENTINE	1993	RT	20.00	45.00
OLD FASHIONED CHRISTMAS				**S. THOMPSON**
❏ CHRISTMAS INN	1995	RT	19.00	40.00
❏ CONWAY SCENIC RAILROAD STATION	1994	RT	20.00	55.00
❏ DWIGHT HOUSE	1994	RT	20.00	55.00
❏ GENERAL MERCHANDISE	1994	RT	20.00	55.00
❏ OLD FIRST CHURCH	1994	RT	20.00	55.00
❏ TOWN SQUARE TREE	1995	RT	18.00	25.00
PAINTED LADIES III				**S. THOMPSON**
❏ CREAM STOCKTON	1996	101	24.00	35.00
❏ GREEN STOCKTON	1993	RT	16.00	35.00
❏ LINDA LEE	1993	RT	16.00	40.00
❏ PINK STOCKTON	1993	RT	16.00	16.00
❏ STEINER COTTAGE	1995	RT	18.00	18.00
❏ TAN STOCKTON	1993	RT	16.00	16.00

NAME	YEAR	LIMIT	ISSUE	TREND
PANORAMIC LIGHTS				S. THOMPSON
❏ JEFFRY HOOK	1996	97	24.00	35.00
❏ NEW CANAL LIGHT	1996	104	24.00	35.00
❏ QUADDY HEAD	1996	102	24.00	35.00
❏ SPLIT ROCK LIGHTHOUSE	1996	105	24.00	40.00
PANORAMIC LIGHTS III				S. THOMPSON
❏ CURRITUCK BEACH LIGHTHOUSE	1999	130	43.00	43.00
❏ KEY WEST LIGHT	1999	130	43.00	43.00
❏ PONCE DE LEON INLET LIGHTHOUSE	1999	130	43.00	43.00
❏ ST. AUGUSTINE LIGHT	1999	130	43.00	43.00
❏ ST. SIMON'S ISLAND	1999	130	43.00	43.00
PASTEL LADIES				S. THOMPSON
❏ BLANCHE & ETHEL'S TEA ROOM	1999	130	44.00	44.00
❏ DONNELLY HOUSE	1999	130	44.00	44.00
❏ JOHN C. REICHERT	1999	130	44.00	44.00
❏ MILLER HOUSE	1999	130	44.00	44.00
❏ PASTEL BLUE LADY	1999	130	44.00	44.00
PLANTATIONS				S. THOMPSON
❏ FARLEY	1995	RT	24.00	30.00
❏ LONGWOOD	1995	RT	24.00	50.00
❏ MERRY SHERWOOD	1995	RT	24.00	50.00
❏ SAN FRANCISCO	1995	RT	24.00	40.00
RAINBOW ROW				S. THOMPSON
❏ AURORA RAINBOW ROW	1993	RT	13.00	20.00
❏ BLUE RAINBOW ROW	1993	RT	13.00	25.00
❏ CREAM RAINBOW ROW	1993	RT	13.00	20.00
❏ GRAY RAINBOW ROW	1993	RT	13.00	20.00
❏ GREEN RAINBOW ROW	1993	RT	13.00	25.00
❏ LAVENDER RAINBOW ROW	1993	RT	13.00	15.00
❏ OFF-WHITE RAINBOW ROW	1993	RT	13.00	25.00
❏ PINK RAINBOW ROW	1993	RT	13.00	20.00
❏ YELLOW RAINBOW ROW	1993	RT	13.00	20.00
SAN FRANCISCO				S. THOMPSON
❏ BRANDYWINE	1995	RT	24.00	50.00
❏ ECLECTIC BLUE	1995	RT	24.00	50.00
❏ EDWARDIAN GREEN	1995	RT	24.00	50.00
❏ QUEEN ROSE	1995	RT	24.00	50.00
SAVANNAH				S. THOMPSON
❏ ASENDORF HOUSE	1996	100	24.00	85.00
❏ CHESTNUT HOUSE	1993	RT	24.00	50.00
❏ OWENS THOMAS HOUSE	1993	RT	20.00	100.00
SHOW PIECE				S. THOMPSON
❏ BALDWIN HOUSE	1995	RT	20.00	30.00
❏ WINNIE WATSON	1996	RT	20.00	20.00
SOUTH CAROLINA LADIES				S. THOMPSON
❏ CINNAMON HILL	1996	93	24.00	38.00
❏ DAVIS JOHNSEY	1996	104	24.00	38.00
❏ INMAN HOUSE	1996	107	24.00	38.00
❏ MONTGOMERY HOUSE	1996	105	24.00	38.00
VICTORIAN SPRINGTIME				S. THOMPSON
❏ BARBER'S QUEEN ANNE	1999	130	44.00	44.00
❏ CLARK HOUSE	1996	96	24.00	35.00
❏ COLONEL ADELBERT MOSSMAN	1999	130	44.00	44.00
❏ DRAGON HOUSE	1995	RT	24.00	55.00
❏ E.B. HALL	1995	RT	24.00	55.00
❏ GIBNEY HOME	1995	RT	24.00	55.00
❏ GOODWILL	1996	88	24.00	40.00
❏ HEFFRON HOUSE	1993	RT	20.00	55.00
❏ JACOBSEN HOUSE	1993	RT	20.00	55.00
❏ QUEEN ANNE	1996	103	24.00	40.00
❏ RALSTON HOUSE	1993	RT	20.00	95.00
❏ RAY HOME	1995	RT	24.00	55.00
❏ SESSIONS HOUSE	1993	RT	20.00	75.00
❏ SHEPARD HOUSE	1996	98	24.00	40.00
❏ TERRACE HILL	1999	130	44.00	44.00
❏ URFER HOUSE	1996	71	24.00	40.00
❏ VICTORIA	1995	RT	24.00	50.00
❏ WHEATON FAN HOUSE	1999	130	44.00	44.00
WEST COAST LIGHTHOUSES				S. THOMPSON
❏ EAST BROTHER LIGHTHOUSE	1995	RT	24.00	50.00
❏ MUKILTEO LIGHT	1995	RT	24.00	50.00
❏ POINT FERMIN	1995	RT	24.00	50.00
❏ YAQUINA LIGHT	1995	RT	24.00	50.00
WILLIAMSBURG				S. THOMPSON
❏ CAPTIOL	1995	RT	24.00	50.00
❏ RALEIGH TAVERN	1995	RT	24.00	50.00

SJS DESIGNS

NAME	YEAR	LIMIT	ISSUE	TREND
IVY ROSE COLLECTION				S. STENTIFORD
❏ ANTIQUES BARN	1994	2000	28.00	33.00
❏ AUNTIE GEN'S	1994	2000	27.00	32.00
❏ DARRELL'S COTTAGE	1994	2000	27.00	32.00
❏ DOROTHEA'S HOUSE	1994	2000	29.00	34.00
❏ FARMER'S MARKET, T HE	1994	2000	27.00	33.00
❏ GOG'S ANIMAL BARN	1994	2000	30.00	35.00
❏ INA'S FARMHOUSE	1994	2000	30.00	35.00
❏ IVY POINT LIGHTHOUSE	1993	2000	27.00	32.00
❏ LINDA IRENE'S	1994	2000	28.00	33.00
❏ MARY ELLEN'S	1994	2000	27.00	32.00
❏ MELMACKER'S LOBSTER POT CAFE	1993	2000	27.00	32.00
❏ MISS MARGARET'S	1994	2000	29.00	34.00

NAME	YEAR	LIMIT	ISSUE	TREND
❏ PERIWINKLE COTTAGE, THE	1993	2000	27.00	32.00
❏ POLICE STATION	1994	2000	24.00	29.00
❏ SEAFLOWER INN, THE	1993	2000	32.00	38.00
❏ SUNFLOWER COTTAGE, THE	1994	2000	25.00	30.00
❏ TOWN PHARMACY	1994	2000	28.00	33.00
❏ VALERIE ELIZABETH'S BEACH HOUSE	1993	2000	25.00	30.00

SPENCER COLLIN LIGHTHOUSES
ADMIRAL'S LIGHTS/FLAG QUARTER SERIES

				C. SPENCER COLLIN
❏ ALKI POINT LIGHTHOUSE	1994	3000	70.00	70.00
❏ DIAMOND HEAD LIGHTHOUSE	1994	3000	124.00	115.00
❏ HOSPITAL POINT LIGHTHOUSE	1994	3000	68.00	75.00
❏ YERBA BUENA LIGHTHOUSE	1994	3000	90.00	95.00

COMMEMORATIVE STAMP SERIES

				C. SPENCER COLLIN
❏ CAPE HATTERAS LIGHTHOUSE	1989	RT	70.00	225.00

SPENCER COLLIN LIGHTHOUSES

				C. SPENCER COLLIN
❏ ABSECON LIGHTHOUSE	1998	1900	90.00	90.00
❏ ADMIRALTY HEAD LIGHTHOUSE	1990	RT	98.00	100.00
❏ AMERICAN SHOALS	1990	RT	92.00	85.00
❏ ANNISQUAM HARBOR LIGHTHOUSE	1993	2000	46.00	46.00
❏ BOONE ISLAND	1997	1900	80.00	80.00
❏ CAPE MAY LIGHTHOUSE	1993	RT	79.00	85.00
❏ CASTLE HILL	1996	RT	30.00	30.00
❏ CHATHAM	1998	2400	80.00	80.00
❏ CHRISTMAS EVE	1995	RT	82.00	82.00
❏ EGGROCK LIGHTHOUSE	1992	RT	94.00	94.00
❏ FORT GRATIOT LIGHTHOUSE	1993	2000	52.00	52.00
❏ GREAT POINT	1996	RT	38.00	35.00
❏ HIGHLAND CAPE COD	1992	RT	94.00	94.00
❏ HILLSBORO	1997	1900	80.00	80.00
❏ JUPITER INLET LIGHTHOUSE	1993	2000	84.00	84.00
❏ MARSHALL POINT LIGHTHOUSE	1993	2000	46.00	46.00
❏ MONTAUK POINT	1996	RT	84.00	85.00
❏ NEW LONDON LEDGE LIGHTHOUSE	1993	2000	120.00	120.00
❏ PEGGY'S POINT LIGHTHOUSE	1993	RT	38.00	40.00
❏ PEMAQUID BELL LIGHT	1996	RT	28.00	25.00
❏ POINT CABRILLO LIGHT	1999	2400	80.00	80.00
❏ POINT ISABEL LIGHTHOUSE	1994	2000	52.00	52.00
❏ PONCE INLET LIGHTHOUSE	1993	2000	86.00	86.00
❏ PORTLAND HEAD LIGHTHOUSE	1984	RT	75.00	82.00
❏ PORTSMOUTH LIGHTHOUSE	1984	RT	18.00	18.00
❏ ROCK OF AGES LIGHTHOUSE	1991	RT	58.00	60.00
❏ RUDOLPH'S LIGHT	1995	RT	64.00	64.00
❏ SAND ISLAND LIGHTHOUSE	1993	RT	66.00	75.00
❏ SCUIATE LIGHT	1999	2400	70.00	70.00
❏ SPLIT ROCK LIGHTHOUSE	1993	RT	100.00	100.00
❏ ST. SIMONS ISLAND LIGHTHOUSE	1993	RT	116.00	116.00
❏ WEST QUODDY	1996	RT	102.00	100.00
❏ WHALEBACK	1996	RT	36.00	35.00
❏ WHITEFISH POINT LIGHT	1999	2400	85.00	85.00

TRADEMARK SERIES

				C. SPENCER COLLIN
❏ 10TH ANNIVERSARY LIGHTHOUSE	1994	CL	100.00	100.00

WALT DISNEY CLASSICS COLLECTION
ENCHANTED PLACES

				*
❏ ARIEL'S SECRET GROTTO	1997	RT	115.00	115.00
❏ BEAST'S CASTLE	1996	OP	245.00	245.00
❏ CAPTAIN HOOK SHIP	1996	OP	475.00	475.00
❏ CINDERELLA'S COACH	1996	RT	265.00	265.00
❏ FIDDLER PIG'S STICK HOUSE	1996	OP	85.00	85.00
❏ FIFER PIG'S STRAW HOUSE	1996	OP	85.00	85.00
❏ GEPETTO'S TOY SHOP	1996	RT	150.00	150.00
❏ GRANDPA'S HOUSE	1996	OP	125.00	125.00
❏ HADE'S CHARIOT	1997	RT	175.00	175.00
❏ PRACTICAL PIG'S BRICK HOUSE	1996	OP	115.00	115.00
❏ SEVEN DWARF'S COTTAGE	1995	RT	180.00	180.00
❏ SEVEN DWARFS' JEWEL MINE	1995	RT	190.00	200.00
❏ WHITE RABBIT'S COTTAGE	1995	RT	175.00	175.00
❏ WOODCUTTER'S COTTAGE	1995	RT	170.00	170.00

WB STUDIOS

				J. TAYLOR
❏ ANTIQUE SANTA TREASURE HOUSE FURNISHED	1996	500	450.00	450.00
❏ CHRISTMAS CARD	1980	RT	174.00	174.00
❏ ESTATE HOUSE	1993	1000	900.00	900.00
❏ FROG CREEK BRIDGE	1980	RT	170.00	170.00
❏ GREENHOUSE WITH WALKWAY	1992	2000	490.00	490.00
❏ HISTORIC STONE GATE	1986	RT	168.00	168.00
❏ MANSION	1979	RT	372.00	372.00
❏ MEETING HOUSE	1978	RT	224.00	224.00
❏ NATURE CENTER LODGE FURNISHED	1995	500	390.00	390.00
❏ RAINBOW CHURCH	1978	RT	394.00	394.00
❏ RAMBLING ROSE	1994	500	660.00	660.00
❏ REVISED TERRACE MANOR	1997	2500	190.00	190.00
❏ SCENTED GARDEN HOUSE	1985	RT	146.00	146.00
❏ STEEPLE CHURCH	1975	RT	146.00	146.00
❏ TERRACE MANOR	1987	RT	144.00	144.00
❏ TIFFANY	1983	RT	276.00	276.00

LIGHTED SNOWHOUSE

				R. KAY
❏ ESTATE HOUSE	1993	1000	900.00	1000.00

LIGHTED SNOWHOUSE

				J. TAYLOR
❏ GREENHOUSE W/WALKWAY	1992	2000	490.00	525.00
❏ RAMBLING ROSE	1994	500	660.00	700.00

COTTAGES

Dolls

Betty Hodges

Dolls are a mainstay in the collectibles arena, with doll collecting ranking second in popularity among hobbyists in the United States. There are more dolls available today than ever before. They abound in the marketplace in such a variety of genre that one can scarcely ignore them.

As with all buying, your own personal tastes play an important role in collecting. There are unknown factors behind every doll purchase. Why one doll appeals to you and another does not goes back to some dim reference point. Sometimes there is a special feeling connected with a certain doll, and before you know it, you've acquired it!

Childhood dolls are often the start of a collection. Collectors will go out of their way to acquire a doll they fondly remember from their early years. But no matter how you start collecting, the doll industry continues to proliferate, allowing you to add new creations to your collection at any given time.

No one can guess which dolls produced today will increase in value tomorrow. Through the years, some contemporary dolls have become quite valuable while others have not. The dolls of the early 1900s remain very desirable. Many of these dolls were played with sparingly. It is often said that Sunday afternoon was the only time children were allowed to handle these dolls.

Despite the era in which they grew up, many collectors feel their childhood dolls are as sacrosanct as the ones made decades earlier. These dolls are quite different from their older cousins but still have the same allure. Bakelite dolls made in the 1930s were abundant, but unfortunately have not worn well. Dolls composed of wood and cloth show the timeworn caress of the little hands that played with them.

Limited edition dolls are another factor in the equation. Putting a production limit on the number of dolls made adds to their desirability. The doll that catches your eye may not be available for very long. This initial limit on the supply can increase the demand for the doll, oftentimes making it more valuable over the years.

Today's dolls have myriad diverse characteristics. The collector's desire to add more dolls to his or her collection grows, and makers fall over

DOLLS

There are two definite audiences for dolls produced today–children and adults. The number of dolls bought and kept by adults is unprecedented in today's doll world. These dolls are genuine collectibles that will be cherished. They retain their beauty indefinitely.

Keep accurate records when you acquire your dolls; include the producer's name and the exact outfit the doll is wearing. Take pictures of each doll. Should you ever decide to sell your collection, these details will be essential.

Your personal taste is the key to your collection.

BETTY HODGES has 25 years of experience in the doll market. A consultant to doll artists, she has supervised dealer booths in international toy and trade markets and writes the "Doll Collecting Today" column in *Collector's Mart* magazine.

NAME	YEAR	LIMIT	ISSUE	TREND

DOLLS & PLUSH

ANNALEE MOBILITEE

A. THORNDIKE

NAME	YEAR	LIMIT	ISSUE	TREND
❑ BLUE FLOWER PICK	1993	SU	8.00	30.00
❑ CRECHE FOR NATIVITY	1996	RT	40.00	80.00
❑ CRECHE FOR NATIVITY	1999	SU	40.00	80.00
❑ DESERT MOUSE HEAD PIN	1992	991	9.00	30.00
❑ ELEPHANT HEAD	1968	RT	*	125.00
❑ LARGE FLOWER	1992	2526	19.00	35.00
❑ LARGE FLOWER W/FACE	1993	*	21.00	50.00
❑ LARGE PEA PODS & CARROTS SET OF THREE	1995	*	16.00	50.00
❑ LARGE PEA PODS & CARROTS, SET OF THREE	1996	RT	23.00	50.00
❑ MINI SANTA WREATH	1992	2140	24.00	25.00
❑ PINK FLOWER PICK	1992	6611	6.00	25.00
❑ RED CROSS NURSE MOUSE HEAD	1991	8572	8.00	30.00
❑ RED CROSS NURSE MOUSE HEAD	1992	RT	9.00	30.00
❑ SET OF 3 LG. PEA PODS & CARROTS (NO FACES)	1994	1377	15.00	35.00
❑ SMALL PEA PODS & CARROTS (3)	1994	1342	12.00	25.00
❑ UNDER THE SEA W/ANNALEE (FIVE FISH IN GLASS BOWL)	1999	SU	60.00	85.00
❑ YELLOW FLOWER PICK	1992	6165	6.00	30.00
❑ 2 IN. PUMPKIN W/FACE	1996	RT	7.00	15.00
❑ 2 IN. PUMPKIN W/FACE 9028	1995	RT	7.00	15.00
❑ 2 IN. RED TOMATOES SET OF THREE W/FACE	1995	RT	13.00	30.00
❑ 2 IN. RED TOMATOES SET OF THREE W/FACE	1996	RT	14.00	30.00
❑ 2 IN. TOMATOES (SET OF 3, NO FACE)	1994	805	10.00	20.00
❑ 2 IN. TOMATOES (SET OF 3, NO FACE)	1996	805	13.00	30.00
❑ 3 IN. BABY JESUS	1999	SU	18.00	40.00
❑ 3 IN. BABY JESUS IN MANGER	1994	RT	18.00	35.00
❑ 3 IN. BABY JESUS IN MANGER	1995	RT	18.00	35.00
❑ 3 IN. BABY JESUS IN MANGER/BLONDE	1993	RT	17.00	35.00
❑ 3 IN. BABY WITCH W/DIAPER	1987	RT	14.00	95.00
❑ 3 IN. BIRTHDAY MOUSE	1996	SU	21.00	35.00
❑ 3 IN. BRIDE	1998	SU	26.00	40.00
❑ 3 IN. BRIDE & GROOM	1987	1250	39.00	95.00
❑ 3 IN. BRIDE MOUSE	1996	RT	24.00	35.00
❑ 3 IN. BUNNY (WHITE)	1999	OP	15.00	15.00
❑ 3 IN. BUTTERFLY PICK	1996	RT	15.00	35.00
❑ 3 IN. BUTTERFLY PIN	1996	RT	15.00	35.00
❑ 3 IN. CANOEING INDIAN KIDS	1996	RT	40.00	60.00
❑ 3 IN. CANOEING INDIAN KIDS	1997	RT	40.00	60.00
❑ 3 IN. CAROLLING BOY #8036	1996	SU	18.00	40.00
❑ 3 IN. CAROLLING GIRL #8034	1996	SU	18.00	40.00
❑ 3 IN. CHRISTMAS MORN' ITSIE VIGNETTE	1995	*	68.00	200.00
❑ 3 IN. C'MAS MORN ITSIE VIGNETTE (SIGNED CHUCK)	1995	RT	68.00	150.00
❑ 3 IN. COMPUTER MOUSE	1996	RT	22.00	40.00
❑ 3 IN. CUPID IN HEART BALLOON	1987	1715	39.00	125.00
❑ 3 IN. DREAMS OF GOLD VIGNETTE W/DOME	1996	RT	85.00	115.00
❑ 3 IN. EASTER BUNNY	1996	SU	20.00	35.00
❑ 3 IN. EASTER BUNNY	1997	SU	20.00	35.00
❑ 3 IN. FROGGIE	1996	SU	14.00	38.00
❑ 3 IN. FROGGIE	1997	RT	21.00	38.00
❑ 3 IN. GHOST MOUSE	1996	RT	20.00	40.00
❑ 3 IN. GROOM	1998	SU	26.00	40.00
❑ 3 IN. GROOM MOUSE	1996	*	22.00	35.00
❑ 3 IN. HERSHEY BOY MOUSE	1996	SU	23.00	55.00
❑ 3 IN. HERSHEY GIRL MOUSE	1996	RT	23.00	55.00
❑ 3 IN. HIKER MOUSE	1996	RT	25.00	45.00
❑ 3 IN. HUGS AND KISSES (NAT'L OPEN HOUSE 4/4/98)	1998	RT	25.00	35.00
❑ 3 IN. INDIAN BOY	1996	SU	20.00	40.00
❑ 3 IN. INDIAN BOY	1997	SU	20.00	40.00
❑ 3 IN. INDIAN GIRL	1996	SU	20.00	40.00
❑ 3 IN. INDIAN GIRL	1997	SU	20.00	40.00
❑ 3 IN. LADYBUG PICK	1996	*	15.00	30.00
❑ 3 IN. LITTLE NIBBLES	1998	3500	40.00	60.00
❑ 3 IN. MAILMAN MOUSE	1996	RT	22.00	45.00
❑ 3 IN. MATCHBOX MICE	1996	RT	34.00	50.00
❑ 3 IN. MATCHBOX MICE	1997	RT	34.00	50.00
❑ 3 IN. MONK WITH CASK	1997	SU	26.00	40.00
❑ 3 IN. MUSICAL BALLOONING BEARS	1996	RT	60.00	85.00
❑ 3 IN. MUSICAL BALLOONING KIDS	1995	*	56.00	85.00
❑ 3 IN. NURSE MOUSE	1996	SU	22.00	35.00
❑ 3 IN. OAKEY DOAKEY MOUSE	1998	SU	22.00	40.00
❑ 3 IN. P.J. BOY	1983	2360	11.00	175.00
❑ 3 IN. PILGRIM BOY	1996	*	22.00	40.00
❑ 3 IN. PILGRIM BOY	1997	SU	24.00	40.00
❑ 3 IN. PILGRIM GIRL	1996	*	22.00	40.00
❑ 3 IN. PILGRIM GIRL	1997	SU	24.00	40.00
❑ 3 IN. SKIER	1988	SU	14.00	35.00
❑ 3 IN. SLEIGH RIDE SANTA	1996	*	24.00	30.00
❑ 3 IN. SLEIGH RIDE SANTA	1997	SU	24.00	30.00
❑ 3 IN. SPRING PIXIE PICK	1994	3557	11.00	45.00
❑ 3 IN. SPRING PIXIE PICK	1995	*	12.00	45.00
❑ 3 IN. SUN HEAD FLORAL PLANTER PICK	1992	5419	6.00	15.00
❑ 3 IN. SUN MAGNET	1992	7133	6.00	9.00
❑ 3 IN. SUN PICK PAINTED SUN FACE	1994	1883	6.00	6.00
❑ 3 IN. SUN PIN	1995	OP	6.00	6.00
❑ 3 IN. SURPRISE BIRTHDAY BEAR	1998	SU	19.00	20.00
❑ 3 IN. SURPRISE BIRTHDAY BEAR	1999	SU	19.00	20.00

DOLLS

DOLLS

NAME	YEAR	LIMIT	ISSUE	TREND
❑ 3 IN. SWEET PEA MOUSE (NAT'L OPEN HOUSE 3/27/99)	1999	RT	25.00	35.00
❑ 3 IN. SWEET SURPRISE MOUSE	1997	RT	23.00	38.00
❑ 3 IN. SWEETHEART ITSIE BOY MOUSE	1995	*	20.00	45.00
❑ 3 IN. SWEETHEART ITSIE GIRL MOUSE	1995	*	15.00	45.00
❑ 3 IN. TEACHER MOUSE	1996	*	20.00	35.00
❑ 3 IN. WABIT WITH CAWIT	1998	SU	20.00	38.00
❑ 3 IN. WATER BABY IN POND LILY	1991	RT	15.00	40.00
❑ 3 IN. WITCH KID W/BROOM	1995	SU	18.00	35.00
❑ 3 IN. WITCH KID W/BROOM	1996	SU	19.00	35.00
❑ 3 IN. WITCH KID W/BROOM	1997	SU	20.00	35.00
❑ 3 IN. WITCH W/HALLOWEEN MOON	1995	*	45.00	115.00
❑ 3 IN. WITCH W/HALLOWEEN MOON	1996	*	45.00	115.00
❑ 3 IN. WIZARD MOUSE #2999	1996	RT	24.00	40.00
❑ 3 IN. WYNKEN, BLYNKEN & NOD	1995	SU	63.00	95.00
❑ 3 IN. WYNKEN, BLYNKEN & NOD	1996	RT	68.00	95.00
❑ 3 IN. YELLOW DUCKLING	1996	SU	21.00	40.00
❑ 4 FT. BOY BUNNY	1982	186	190.00	900.00
❑ 4 FT. QUILTED TREE SKIRT #7990	1994	SU	25.00	45.00
❑ 4 FT. SNOWMAN	1984	*	170.00	"1,000.00"
❑ 4 FT. TREE SKIRT	1995	*	30.00	45.00
❑ 4 FT. TREE SKIRT	1996	*	33.00	45.00
❑ 4 IN. BOY PIG (WHITE BODY, GREEN BOW)	1979	3435	9.00	55.00
❑ 4 IN. FIFI THE POODLE	1997	SU	20.00	95.00
❑ 4 IN. GIRL PIG (WHITE BODY, PINK BOW)	1979	3719	9.00	55.00
❑ 4 IN. PIG	1980	1615	8.00	75.00
❑ 4 IN. PIG	1981	3194	8.00	75.00
❑ 4 IN. PIG-BUBBLE TIME W/CHAMPAGNE GLASS (SIGNED AN	1969	*	5.00	300.00
❑ 4 IN. PLAYFUL PUP	1998	OP	18.00	18.00
❑ 4 IN. PUPPY PRESENT	1996	RT	19.00	35.00
❑ 4 IN. PUPPY PRESENT	1997	RT	*	35.00
❑ 4 IN. SPOT THE DALMATION	1997	SU	20.00	45.00
❑ 4 IN. STREET LAMP	1996	OP	8.00	8.00
❑ 4 IN. WHITE CAT	1997	OP	21.00	21.00
❑ 5 FT. CHRISTMAS TREE SKIRT	1985	1332	25.00	175.00
❑ 5 IN ELF WORKSHOP	1997	*	*	25.00
❑ 5 IN. ANGEL	1991	9844	23.00	30.00
❑ 5 IN. ANGEL	1992	7967	23.00	30.00
❑ 5 IN. ANGEL CENTERPIECE #7177	1996	SU	31.00	75.00
❑ 5 IN. ANGEL W/CHRISTMAS MOON	1995	*	45.00	95.00
❑ 5 IN. ANGEL W/MISTLETOE	1995	*	16.00	30.00
❑ 5 IN. ANGEL W/MISTLETOE	1996	*	18.00	30.00
❑ 5 IN. BABY ANGEL (SIGNED ANNALEE)	1963	*	*	300.00
❑ 5 IN. BABY ANGEL ON CLOUD	1968	*	3.00	200.00
❑ 5 IN. BABY DUCK	1975	1333	4.00	60.00
❑ 5 IN. BABY IN SANTA HAT	1968	*	2.00	200.00
❑ 5 IN. BABY JESUS IN MANGER W/HAY	1993	*	26.00	50.00
❑ 5 IN. BABY JESUS IN MANGER W/HAY	1994	1726	27.00	50.00
❑ 5 IN. BABY JESUS IN MANGER W/HAY	1995	*	28.00	50.00
❑ 5 IN. BABY SWAN	1991	3168	14.00	30.00
❑ 5 IN. BABY WITH SANTA HAT	1963	*	2.00	300.00
❑ 5 IN. BLACK CHRISTMAS LAMB W/BOW	1996	*	18.00	45.00
❑ 5 IN. BLACK CHRISTMAS LAMB W/HAT & BELL	1993	*	20.00	35.00
❑ 5 IN. BLACK CHRISTMAS LAMB W/HAT & BELL	1994	4713	20.00	35.00
❑ 5 IN. BLACK CHRISTMAS LAMB W/HAT & BELL	1995	*	20.00	35.00
❑ 5 IN. BLANKET BABY BOY	1996	RT	20.00	45.00
❑ 5 IN. BLANKET BABY BOY (BLUE BLANKET)	1997	SU	20.00	45.00
❑ 5 IN. BLANKET BABY GIRL	1996	RT	20.00	45.00
❑ 5 IN. BLANKET BABY GIRL (PINK BLANKET)	1997	SU	20.00	45.00
❑ 5 IN. BOUDOIR BABY W/BLANKET	1995	*	20.00	45.00
❑ 5 IN. BUNNY ON MUSIC BOX	1983	*	30.00	225.00
❑ 5 IN. CACTUS SET	1995	*	18.00	45.00
❑ 5 IN. CACTUS SET	1996	*	24.00	45.00
❑ 5 IN. CHRISTMAS DRAGON	1990		24.00	50.00
❑ 5 IN. CHRISTMAS DRAGON	1991	4125	24.00	50.00
❑ 5 IN. CHRISTMAS DRAGON	1992	3132	24.00	50.00
❑ 5 IN. CHRISTMAS ELF	1963	*	3.00	250.00
❑ 5 IN. CHRISTMAS LAMB/WHITE	1992	10104	20.00	35.00
❑ 5 IN. CHRISTMAS LAMB/WHITE	1993	*	20.00	35.00
❑ 5 IN. CHRISTMAS LAMB/WHITE #7424	1994	SU	20.00	35.00
❑ 5 IN. CHRISTMAS MORNING KID W/3 BEARS IN BOX	1989	SU	32.00	50.00
❑ 5 IN. COUNTRY BUNNIES WITH BASKET	1984	1110	*	150.00
❑ 5 IN. COUNTRY GIRL BUNNY	1983	5163	*	75.00
❑ 5 IN. DON'T OPEN TIL CHRISTMAS II PARKWEST	1997	625	30.00	60.00
❑ 5 IN. DON'T OPEN TIL CHRISTMAS PARKWEST	1997	500	28.00	75.00
❑ 5 IN. DRAGON WITH BUSHBOY	1982	1066	18.00	225.00
❑ 5 IN. DRAGON WITH WINGS & BABY	1983	199	22.00	325.00
❑ 5 IN. DUCK (WHITE) W/INNER TUBE	1991	RT	24.00	55.00
❑ 5 IN. DUCK IN EGG (GREEN)	1990	RT	21.00	45.00
❑ 5 IN. DUCK IN SANTA HAT	1984	2371	13.00	50.00
❑ 5 IN. DUCK ON FLEXIBLE FLYER SLED	1991	3822	26.00	45.00
❑ 5 IN. DUCK ON FLEXIBLE FLYER SLED	1992	3124	26.00	45.00
❑ 5 IN. DUCK ON FLEXIBLE FLYER SLED	1993	2923	26.00	45.00
❑ 5 IN. DUCK ON FLEXIBLE FLYER SLED	1994	3186	27.00	45.00
❑ 5 IN. DUCK WITH RAINCOAT	1986	5029	*	55.00
❑ 5 IN. EASTER PARADE BOY & GIRL BUNNY	1984	SU	24.00	195.00
❑ 5 IN. EASTER PARADE BOY BUNNY	1984	SU	12.00	110.00
❑ 5 IN. EASTER PARADE BOY DUCK	1983	5133	12.00	50.00
❑ 5 IN. EASTER PARADE BOY DUCK	1991	4261	22.00	25.00
❑ 5 IN. EASTER PARADE BOY DUCK	1992	3370	22.00	25.00
❑ 5 IN. EASTER PARADE BOY DUCK	1993	*	22.00	25.00
❑ 5 IN. EASTER PARADE BOY DUCK	1994	3678	23.00	25.00
❑ 5 IN. EASTER PARADE BOY DUCK	1995	*	24.00	25.00

NAME	YEAR	LIMIT	ISSUE	TREND
❑ 5 IN. EASTER PARADE GIRL BUNNY W/MUSIC BOX	1983	SU	30.00	175.00
❑ 5 IN. EASTER PARADE GIRL DUCK	1983	5577	12.00	50.00
❑ 5 IN. EASTER PARADE GIRL DUCK	1991	5105	24.00	25.00
❑ 5 IN. EASTER PARADE GIRL DUCK	1992	4468	24.00	45.00
❑ 5 IN. EASTER PARADE GIRL DUCK	1993	SU	24.00	45.00
❑ 5 IN. EASTER PARADE GIRL DUCK	1994	4697	25.00	45.00
❑ 5 IN. EASTER PARADE GIRL DUCK	1995	*	26.00	26.00
❑ 5 IN. ELF (SIGNED ANNALEE)	1960	*	*	250.00
❑ 5 IN. ELF (WORKSHOP)	1991	16359	13.00	25.00
❑ 5 IN. ELF (WORKSHOP)	1992	13825	13.00	25.00
❑ 5 IN. ELF (WORKSHOP)	1993	SU	13.00	25.00
❑ 5 IN. ELF (WORKSHOP)	1994	9416	14.00	25.00
❑ 5 IN. ELF CENTERPIECE #7346	1996	SU	27.00	60.00
❑ 5 IN. ELF W/FEATHER HAIR (SIGNED ANNALEE)	1962	*	9.00	300.00
❑ 5 IN. ELF WORKSHOP	1995	SU	14.00	15.00
❑ 5 IN. ELF WORKSHOP	1996	SU	*	25.00
❑ 5 IN. EQUESTRIAN KID ON 10 IN. HORSE	1992	SU	75.00	105.00
❑ 5 IN. FAWN	1991	13027	14.00	25.00
❑ 5 IN. FAWN	1992	10939	14.00	25.00
❑ 5 IN. FAWN	1993	SU	15.00	25.00
❑ 5 IN. FAWN	1994	8700	15.00	25.00
❑ 5 IN. FAWN	1995	SU	16.00	25.00
❑ 5 IN. FAWN	1996	SU	16.00	25.00
❑ 5 IN. FLOPPY-EAR BOY BUNNY W/EGG	1983	*	12.00	75.00
❑ 5 IN. FLUFFY YELLOW CHICK	1991	6979	16.00	45.00
❑ 5 IN. FLUFFY YELLOW CHICK	1992	4342	18.00	45.00
❑ 5 IN. FROSTY ELF	1997	SU	*	25.00
❑ 5 IN. GIRL BUNNY	1984	2594	12.00	100.00
❑ 5 IN. GNOME WITH CANDLE (SIGNED ANNALEE)	1971	*	3.00	350.00
❑ 5 IN. GOLD FALL ELF	1994	6153	14.00	25.00
❑ 5 IN. GOLD FALL ELF W/LEAF	1995	OP	15.00	25.00
❑ 5 IN. GREEN CHRISTMAS ELF	1994	8834	14.00	15.00
❑ 5 IN. GREEN CHRISTMAS ELF	1995	OP	14.00	20.00
❑ 5 IN. GREEN CHRISTMAS ELF	1996	OP	15.00	20.00
❑ 5 IN. GREEN GNOME (SIGNED ANNALEE)	1965	*	*	200.00
❑ 5 IN. GREEN SPRING ELF	1994	3261	14.00	30.00
❑ 5 IN. GREEN SPRING ELF	1995	OP	14.00	30.00
❑ 5 IN. HALLOWEEN ELF, BLACK #3000	1994	RT	15.00	25.00
❑ 5 IN. HALLOWEEN ELF, ORANGE #3001	1994	RT	15.00	25.00
❑ 5 IN. HALLOWEEN ELF/BLACK	1995	OP	16.00	25.00
❑ 5 IN. HALLOWEEN ELF/BLACK	1996	OP	15.00	25.00
❑ 5 IN. HALLOWEEN ELF/ORANGE	1995	OP	16.00	25.00
❑ 5 IN. HALLOWEEN ELF/ORANGE	1996	OP	15.00	25.00
❑ 5 IN. HEAD OVER HEELS PIN	1996	SU	14.00	20.00
❑ 5 IN. HOLLY BERRY ANGEL	1996	OP	22.00	32.00
❑ 5 IN. HOLLY BERRY ANGEL	1997	SU	*	32.00
❑ 5 IN. LAMB	1975	487	6.00	225.00
❑ 5 IN. LAMB	1991	4302	16.00	35.00
❑ 5 IN. LEPRECHAUN	1991	6384	16.00	30.00
❑ 5 IN. LEPRECHAUN	1992	4705	16.00	25.00
❑ 5 IN. LEPRECHAUN W/POT O' GOLD	1993	8775	16.00	45.00
❑ 5 IN. LEPRECHAUN W/POT O' GOLD	1994	7410	18.00	45.00
❑ 5 IN. LEPRECHAUN W/POT O' GOLD	1995	*	20.00	45.00
❑ 5 IN. LEPRECHAUN W/POT O' GOLD	1996	RT	22.00	45.00
❑ 5 IN. MINIATURE REINDEER	1981	9080	12.00	25.00
❑ 5 IN. MISTLETOE ANGEL	1997	SU	20.00	30.00
❑ 5 IN. MONK	1987	800	14.00	50.00
❑ 5 IN. MR & MRS. TUCKERED	1983	SU	23.00	175.00
❑ 5 IN. MRS SANTA	1985	SU	12.00	50.00
❑ 5 IN. MRS. SANTA WITH GIFT BOX	1982	7566	11.00	50.00
❑ 5 IN. NATIVITY ANGEL	1999	OP	20.00	20.00
❑ 5 IN. NEW HAMPTON SCHOOL BABY (SIGNED ANNALEE)	1966	300	*	225.00
❑ 5 IN. OLD WORLD CAROLLER BOY	1994	7611	20.00	45.00
❑ 5 IN. OLD WORLD CAROLLER BOY	1995	OP	20.00	45.00
❑ 5 IN. OLD WORLD CAROLLER GIRL	1994	7817	20.00	45.00
❑ 5 IN. OLD WORLD CAROLLER GIRL	1995	OP	20.00	45.00
❑ 5 IN. OLD WORLD SANTA W/9 IN. WREATH	1994	2330	33.00	65.00
❑ 5 IN. OLD WORLD SANTA W/9 IN. WREATH	1996	OP	34.00	65.00
❑ 5 IN. OLD WORLD SANTA W/9 IN. WREATH #4550	1995	RT	34.00	65.00
❑ 5 IN. ORANGE FALL ELF	1994	6280	14.00	25.00
❑ 5 IN. ORANGE FALL ELF W/LEAF	1995	OP	15.00	30.00
❑ 5 IN. OWL	1988	3000	38.00	60.00
❑ 5 IN. PILOT DUCKLING	1984	4396	15.00	50.00
❑ 5 IN. PIXIE PICCOLO PLAYER	1995	RT35	30.00	40.00
❑ 5 IN. PIXIE PICCOLO PLAYER	1996	RT	30.00	40.00
❑ 5 IN. RAINCOAT DUCK	1992	5397	27.00	50.00
❑ 5 IN. RAINCOAT DUCK	1993	OP	22.00	50.00
❑ 5 IN. RAINCOAT DUCK	1994	2410	28.00	50.00
❑ 5 IN. RED CHRISTMAS ELF	1994	11911	14.00	16.00
❑ 5 IN. RED CHRISTMAS ELF	1995	OP	14.00	16.00
❑ 5 IN. RED CHRISTMAS ELF	1996	OP	15.00	16.00
❑ 5 IN. SAILOR DUCK	1991	2241	22.00	40.00
❑ 5 IN. SAILOR DUCK	1995	RT	26.00	55.00
❑ 5 IN. SAILOR DUCK	1996	RT	28.00	55.00
❑ 5 IN. SANTA W/4 5 IN. DEER & SLEIGH	1984	SU	60.00	225.00
❑ 5 IN. SANTA W/BAG	1985	SU	12.00	55.00
❑ 5 IN. SANTA W/STOVE	1984	SU	14.00	60.00
❑ 5 IN. SANTA WITH DEER	1982	8	20.00	80.00
❑ 5 IN. SLEIGH RIDE COUPLE	1997	2500	100.00	150.00
❑ 5 IN. SNO-BUNNY CHILD (SIGNED ANNALEE)	1954	*	3.00	300.00
❑ 5 IN. SPINNING CHRISTMAS JOY, PARKWEST	1998	1500	45.00	75.00
❑ 5 IN. SPRING ELF W/6 IN. WREATH	1994	1704	18.00	55.00
❑ 5 IN. SPRING LAMB	1991	6709	17.00	35.00
❑ 5 IN. SPRING LAMB	1992	5053	18.00	35.00

DOLLS

DOLLS

NAME	YEAR	LIMIT	ISSUE	TREND
❑ 5 IN. SWEETHEART DUCK	1983	1530	*	60.00
❑ 5 IN. TEEPEE	1996	SU	20.00	40.00
❑ 5 IN. TREE SKIRT (TWO SANTA HEADS)	1985	SU	25.00	150.00
❑ 5 IN. TRIM-A-TREE ELF	1991	10108	13.00	20.00
❑ 5 IN. TRIM-A-TREE ELF	1992	11985	13.00	20.00
❑ 5 IN. TRIM-A-TREE ELF	1993	OP	13.00	20.00
❑ 5 IN. VALENTINE DRAGON	1990	4135	26.00	45.00
❑ 5 IN. WHITE CHRISTMAS ELF	1994	RT	14.00	25.00
❑ 5 IN. WHITE CHRISTMAS ELF	1995	OP	14.00	25.00
❑ 5 IN. WHITE CHRISTMAS LAMB	1995	SU	20.00	30.00
❑ 5 IN. WHITE CHRISTMAS LAMB	1996	SU	18.00	30.00
❑ 5 IN. WINTER DUCK IN INNER TUBE	1991	2992	24.00	55.00
❑ 5 IN. WINTER ELF	1994	10769	14.00	25.00
❑ 5 IN. WINTER ELF	1995	*	14.00	25.00
❑ 5 IN. WINTER ELF	1996	*	15.00	25.00
❑ 5 IN. WOOLY LAMB #5424	1996	SU	17.00	35.00
❑ 5 IN. YELLOW DUCK	1996	SU	22.00	25.00
❑ 5 IN. YELLOW SPRING ELF	1994	3932	14.00	30.00
❑ 5 IN. YELLOW SPRING ELF	1995	*	14.00	30.00
❑ 6 IN. MYRTLE TURTLE (SIGNED ANNALEE)	1968	*	4.00	500.00
❑ 7 IN. AIRPLANE PILOT MOUSE	1978	2308	7.00	85.00
❑ 7 IN. AIRPLANE PILOT MOUSE	1981	1910	10.00	85.00
❑ 7 IN. ANGEL (BLACK HAIR)	1993	*	23.00	45.00
❑ 7 IN. ANGEL (BLONDE HAIR)	1993	*	23.00	40.00
❑ 7 IN. ANGEL (BROWN HAIR)	1993	*	23.00	45.00
❑ 7 IN. ANGEL MOUSE	1984	2093	15.00	95.00
❑ 7 IN. ANGEL MOUSE	1993	*	22.00	40.00
❑ 7 IN. ANGEL MOUSE	1994	10343	23.00	40.00
❑ 7 IN. ANGEL MOUSE	1995	*	24.00	40.00
❑ 7 IN. ANGEL MOUSE	1996	*	24.00	40.00
❑ 7 IN. ANGEL MOUSE (WHITE BODY, BLUE DRESS)	1998	OP	24.00	50.00
❑ 7 IN. ANGEL ON MOON	1992	2885	40.00	100.00
❑ 7 IN. ANGEL ON SLED W/CLOUD	1991	2313	30.00	65.00
❑ 7 IN. ANGEL ON STAR	1984	772	33.00	225.00
❑ 7 IN. ANGEL W/HARP	1995	*	27.00	45.00
❑ 7 IN. ANGEL W/HARP	1996	*	27.00	45.00
❑ 7 IN. ANGEL W/INSTRUMENT #7110	1983	SU	*	30.00
❑ 7 IN. ANGEL W/MUSIC BOX (PLAYS SILENT NIGHT)	1983	SU	30.00	165.00
❑ 7 IN. ANGEL W/MUSICAL INSTRUMENT	1991	5879	20.00	30.00
❑ 7 IN. ANGEL W/MUSICAL INSTRUMENT	1992	6347	20.00	30.00
❑ 7 IN. ANGEL W/MUSICAL INSTRUMENT	1993		20.00	30.00
❑ 7 IN. ANGEL W/MUSICAL INSTRUMENT	1994	4302	21.00	30.00
❑ 7 IN. ANGEL W/MUSICAL INSTRUMENT	1995	*	22.00	30.00
❑ 7 IN. ANGEL W/MUSICAL INSTRUMENT	1996	*	22.00	30.00
❑ 7 IN. ANGEL WITH PAPER WINGS (SIGNED ANNALEE)	1971	608	3.00	350.00
❑ 7 IN. ANGEL WITH TEARDROP	1982	3092	13.00	110.00
❑ 7 IN. ANGEL/ WHITE WINGS (SIGNED ANNALEE)	1966	*		225.00
❑ 7 IN. ANGEL/BLACK HAIR	1994	2877	24.00	45.00
❑ 7 IN. ANGEL/BLACK HAIR	1995	*	24.00	45.00
❑ 7 IN. ANGEL/BLONDE HAIR	1994	4584	24.00	40.00
❑ 7 IN. ANGEL/BLONDE HAIR	1995	*	24.00	40.00
❑ 7 IN. ANGEL/BLONDE HAIR	1996	*	24.00	40.00
❑ 7 IN. ANGEL/BROWN HAIR	1994	3362	24.00	45.00
❑ 7 IN. ANGEL/BROWN HAIR	1995	*	24.00	45.00
❑ 7 IN. APRES SKI	1999	OP	40.00	40.00
❑ 7 IN. ARAB BOY	1993	YR	36.00	80.00
❑ 7 IN. ARCHITECT MOUSE (SIGNED ANNALEE)	1970	205	4.00	225.00
❑ 7 IN. ARTIST BUNNY	1978	4217	8.00	80.00
❑ 7 IN. ARTIST BUNNY (HAS MUSTACHE PAINTING EGG)	1995	SU	23.00	60.00
❑ 7 IN. ARTIST BUNNY W/BRUSH	1992	5346	21.00	40.00
❑ 7 IN. ARTIST BUNNY W/BRUSH & PALETTE	1994	4303	22.00	60.00
❑ 7 IN. ARTIST BUNNY W/PALETTE, HAS MUSTACHE	1993	SU	21.00	60.00
❑ 7 IN. ARTIST MOUSE	1971	422	4.00	100.00
❑ 7 IN. ARTIST MOUSE	1974	397	6.00	75.00
❑ 7 IN. ARTIST MOUSE	1990	7285	*	45.00
❑ 7 IN. AUCTION TIMES MOUSE	1994	5962	30.00	45.00
❑ 7 IN. BABY ANGEL (SIGNED ANNALEE)	1960	*	*	300.00
❑ 7 IN. BABY ANGEL ON CLOUD (SIGNED ANNALEE)	1963	*	2.00	300.00
❑ 7 IN. BABY ANGEL W/BLUE WINGS (SIGNED ANNALEE)	1960	*	*	300.00
❑ 7 IN. BABY ANGEL WITH FEATHER HAIR (SIGNED ANNALEE)	1959	*	4.00	295.00
❑ 7 IN. BABY ANGEL WITH STAR ON LEG (SIGNED ANNALEE)	1960	*	*	300.00
❑ 7 IN. BABY BUNNY W/BOTTLE	1994	6588	20.00	50.00
❑ 7 IN. BABY BUNNY W/BOTTLE	1995	*	20.00	50.00
❑ 7 IN. BABY BUNTING IN BASKET	1971	195	4.00	100.00
❑ 7 IN. BABY I'M READING (SIGNED ANNALEE)	1968	*	*	300.00
❑ 7 IN. BABY IN A BLANKET (SIGNED ANNALEE)	1964	*	2.00	300.00
❑ 7 IN. BABY IN BASSINET	1980	*	*	55.00
❑ 7 IN. BABY IN STOCKING (SIGNED ANNALEE)	1960	*	*	300.00
❑ 7 IN. BABY MOUSE	1987	2500	14.00	55.00
❑ 7 IN. BABY NEW YEAR	1992	6254	27.00	55.00
❑ 7 IN. BABY NEW YEAR (BLONDE)	1993	4127	27.00	55.00
❑ 7 IN. BABY NEW YEAR KID	1997	SU	*	55.00
❑ 7 IN. BABY VAIN JANE (SIGNED ANNALEE)	1968	*	2.00	300.00
❑ 7 IN. BABY W/BLANKET & SWEATER	1987	7836	22.00	45.00
❑ 7 IN. BABY WITH BOW (SIGNED ANNALEE)	1960	*	2.00	300.00
❑ 7 IN. BABY WITH PINK BOW (SIGNED ANNALEE)	1960	*	*	300.00
❑ 7 IN. BACKPACKER MOUSE	1980	1008	10.00	80.00
❑ 7 IN. BACKPACKER MOUSE	1981	1008	10.00	80.00
❑ 7 IN. BAKER KID	1996	RT	31.00	45.00
❑ 7 IN. BAKER MOUSE	1991	6895	26.00	45.00
❑ 7 IN. BALLERINA BUNNY	1972	4700	4.00	100.00
❑ 7 IN. BALLERINA BUNNY	1980	*	9.00	80.00

NAME	YEAR	LIMIT	ISSUE	TREND
❑ 7 IN. BALLERINA BUNNY	1982	SU	12.00	80.00
❑ 7 IN. BALLERINA BUNNY	1982	4179	10.00	80.00
❑ 7 IN. BALLERINA KID	1992	4553	28.00	45.00
❑ 7 IN. BALLERINA KID (BLONDE)	1993	*	28.00	55.00
❑ 7 IN. BALLERINA ON MUSIC BOX	1992	2718	42.00	95.00
❑ 7 IN. BALLERINA ON MUSIC BOX	1993	*	42.00	85.00
❑ 7 IN. BALLOONING SANTA	1981	1737	40.00	175.00
❑ 7 IN. BANANA KID 3065	1996	RT	28.00	50.00
❑ 7 IN. BAR MITZVAH BOY	1993	YR	28.00	50.00
❑ 7 IN. BARBECUE MOUSE	1972	907	4.00	75.00
❑ 7 IN. BARBECUE MOUSE	1987	1798	18.00	60.00
❑ 7 IN. BASEBALL KID	1984	2079	13.00	60.00
❑ 7 IN. BASEBALL KID	1985	1221	17.00	60.00
❑ 7 IN. BASEBALL MOUSE	1971	553	4.00	75.00
❑ 7 IN. BASEBALL MOUSE	1981	2380	*	60.00
❑ 7 IN. BASEBALL MOUSE	1993	6291	26.00	45.00
❑ 7 IN. BASEBALL MOUSE (SIGNED ANNALEE)	1977	1634	6.00	750.00
❑ 7 IN. BASKETBALL BOY	1993	YR	26.00	50.00
❑ 7 IN. BATHTIME FOR BUDDY	1997	3500	55.00	70.00
❑ 7 IN. BEACH KID W/BOAT	1992	3817	30.00	55.00
❑ 7 IN. BEAUTICIAN MOUSE	1975	1349	4.00	108.00
❑ 7 IN. BEAUTICIAN MOUSE	1977	1521	6.00	108.00
❑ 7 IN. BEDTIME KID	1993	YR	26.00	50.00
❑ 7 IN. BEN FRANKLIN MOUSE	1991	5029	30.00	50.00
❑ 7 IN. BICYCLIST BOY MOUSE	1987	1507	20.00	50.00
❑ 7 IN. BICYCLIST BOY MOUSE	1995	*	26.00	50.00
❑ 7 IN. BICYCLIST BOY MOUSE	1996	RT	28.00	50.00
❑ 7 IN. BICYCLIST MOUSE	1975	1561	6.00	70.00
❑ 7 IN. BINGO MOUSE	1977	1221	6.00	125.00
❑ 7 IN. BIRTHDAY GIRL MOUSE	1976	732	6.00	75.00
❑ 7 IN. BIRTHDAY GIRL MOUSE	1986	3724	15.00	55.00
❑ 7 IN. BIRTHDAY GIRL MOUSE	1992	9592	24.00	40.00
❑ 7 IN. BIRTHDAY GIRL MOUSE	1993	*	24.00	40.00
❑ 7 IN. BIRTHDAY GIRL MOUSE	1993	5550	24.00	40.00
❑ 7 IN. BIRTHDAY GIRL MOUSE	1994	3777	24.00	40.00
❑ 7 IN. BIRTHDAY GIRL MOUSE	1995	*	24.00	40.00
❑ 7 IN. BLACK SANTA (SIGNED ANNALEE)	1974	1157	6.00	400.00
❑ 7 IN. BLUE MONKEY (SIGNED ANNALEE)	1970	293	*	400.00
❑ 7 IN. BOATING MOUSE	1986	2320	17.00	65.00
❑ 7 IN. BOUQUET GIRL MOUSE	1975	*	4.00	100.00
❑ 7 IN. BOWLING MOUSE	1991	1170	14.00	75.00
❑ 7 IN. BOXING MOUSE (SIGNED ANNALEE)	1970	321	4.00	250.00
❑ 7 IN. BOY BUILDING SNOWMAN	1993	*	22.00	65.00
❑ 7 IN. BOY BUNNY W/VEGETABLE	1993	5200	20.00	50.00
❑ 7 IN. BOY BUNNY WITH CARROT	1985	3273	15.00	40.00
❑ 7 IN. BOY BUNNY WITH CARROT	1986	2949	16.00	40.00
❑ 7 IN. BOY GOLFER MOUSE	1979	2743	8.00	75.00
❑ 7 IN. BOY GOLFER MOUSE	1985	2099	15.00	50.00
❑ 7 IN. BOY GRADUATE	1987	2034	*	65.00
❑ 7 IN. BOY SKIER (SIGNED ANNALEE)	1955	*	*	1000.00
❑ 7 IN. BOY WITH FIRECRACKER	1984	1893	20.00	125.00
❑ 7 IN. BRIDE & GROOM BUNNY	1992	SU	46.00	95.00
❑ 7 IN. BRIDE & GROOM MICE	1980	2418	10.00	85.00
❑ 7 IN. BRIDE & GROOM MICE	1985	2963	14.00	85.00
❑ 7 IN. BRIDE & GROOM MICE (SIGNED ANNALEE)	1964	*	3.00	500.00
❑ 7 IN. BRIDE BUNNY	1992	5929	23.00	50.00
❑ 7 IN. BRIDE BUNNY	1993	4529	23.00	50.00
❑ 7 IN. BRIDE MOUSE	1982	3681	11.00	45.00
❑ 7 IN. BRIDE MOUSE	1987	1801	14.00	45.00
❑ 7 IN. BRIDE MOUSE	1995	*	24.00	45.00
❑ 7 IN. BRIDE MOUSE (SIGNED ANNALEE)	1994	4674	23.00	400.00
❑ 7 IN. BUILDING SNOWMAN, BOY, BLUE, SIGNED CHUCK 93	1993	SU	22.00	95.00
❑ 7 IN. BUNNIES ON MUSIC BOX MAYPOLE	1988	5602	14.00	300.00
❑ 7 IN. BUNNIES WITH BASKET	1978	2253	*	80.00
❑ 7 IN. BUNNY	1977	SU	6.00	35.00
❑ 7 IN. BUNNY (WITH BANDANA)	1972	1615	4.00	125.00
❑ 7 IN. BUNNY (YELLOW)	1970	SU	*	150.00
❑ 7 IN. BUNNY IN SLIPPER/GREEN	1993	2550	20.00	45.00
❑ 7 IN. BUNNY IN SLIPPER/YELLOW	1993	OP	20.00	45.00
❑ 7 IN. BUNNY IN SLIPPER-GREEN	1992	6338	20.00	45.00
❑ 7 IN. BUNNY IN SLIPPER-YELLOW	1992	6338	20.00	45.00
❑ 7 IN. BUNNY KID	1991	SU	24.00	50.00
❑ 7 IN. BUNNY ON BOX	1973	795	6.00	100.00
❑ 7 IN. BUNNY W/BUTTERFLY	1970	1264	5.00	75.00
❑ 7 IN. BUNNY W/EGG	1977	2442	6.00	75.00
❑ 7 IN. BUNNY W/OVERSIZED CARROT (SIGNED ANNALEE)	1969	*	5.00	225.00
❑ 7 IN. BUNNY WITH BUTTERFLY	1977	2721	6.00	75.00
❑ 7 IN. BUNNY WITH EGG	1986	2233	17.00	40.00
❑ 7 IN. BUNNY WITH SLED	1988	3050	22.00	50.00
❑ 7 IN. BUSINESS MAN MOUSE	1989	5085	22.00	45.00
❑ 7 IN. BUTTERFLY KID	1993	*	28.00	50.00
❑ 7 IN. BUTTERFLY KID, BLACK BODY	1994	2226	29.00	50.00
❑ 7 IN. C.B. MOUSE	1978	2396	7.00	70.00
❑ 7 IN. C.B. MOUSE	1979	1039	8.00	70.00
❑ 7 IN. C.B. SANTA	1979	2206	8.00	75.00
❑ 7 IN. CABBAGE	1994	778	15.00	45.00
❑ 7 IN. CABBAGE W/FACE	1995	SU	18.00	45.00
❑ 7 IN. CALIFORNIA MUDSLIDE MOUSE	1995	*	30.00	50.00

DOLLS

NAME	YEAR	LIMIT	ISSUE	TREND
❑ 7 IN. CANDY KISS KID (SIGNED ANNALEE)	1994	1	2250.00	2200.00
❑ 7 IN. CARD PLAYING GIRL MOUSE	1976	2878	6.00	45.00
❑ 7 IN. CARD PLAYING GIRL MOUSE	1980	1826	10.00	45.00
❑ 7 IN. CARD PLAYING GIRL MOUSE	1981	863	10.00	45.00
❑ 7 IN. CAROLLER BOY	1991	510	23.00	35.00
❑ 7 IN. CAROLLER BOY	1992	4606	23.00	35.00
❑ 7 IN. CAROLLER BOY MOUSE W/MUSIC	1991	7281	15.00	45.00
❑ 7 IN. CAROLLER GIRL	1991	5134	23.00	35.00
❑ 7 IN. CAROLLER GIRL	1992	4913	23.00	35.00
❑ 7 IN. CAROLLER MOUSE W/BIG HAT & TREE	1992	18789	20.00	40.00
❑ 7 IN. CAROLLER MOUSE W/BIG HAT & TREE	1993	*	20.00	40.00
❑ 7 IN. CAROLLER MOUSE W/BIG HAT & TREE	1995	*	22.00	40.00
❑ 7 IN. CAROLLER MOUSE W/BIG HAT & TREE	1996	*	24.00	45.00
❑ 7 IN. CAROLLING MOUSE #7754	1992	SU	*	40.00
❑ 7 IN. CAROLLING SNOWMAN	1996	OP	30.00	55.00
❑ 7 IN. CAROLLING SNOWMAN	1997	SU	*	55.00
❑ 7 IN. CARPENTER MOUSE	1970	307	4.00	75.00
❑ 7 IN. CARPENTER MOUSE	1974	551	6.00	60.00
❑ 7 IN. CARPENTER MOUSE	1979	2024	7.00	75.00
❑ 7 IN. CELEBRATE 2000 MOUSE (CLOCK, SIGNED CHUCK)	1999	RT	30.00	65.00
❑ 7 IN. CHAMPAGNE MOUSE IN GLASS	1992	9553	26.00	55.00
❑ 7 IN. CHAMPAGNE MOUSE IN GLASS	1993	6985	26.00	55.00
❑ 7 IN. CHAMPAGNE MOUSE IN GLASS	1994	6360	27.00	55.00
❑ 7 IN. CHAMPAGNE MOUSE IN GLASS	1995	*	28.00	55.00
❑ 7 IN. CHANTEL'S EASTER BASKET	1999	42	75.00	375.00
❑ 7 IN. CHEERLEADER GIRL	1994	4568	27.00	45.00
❑ 7 IN. CHEERLEADER MOUSE	1982	3441	11.00	75.00
❑ 7 IN. CHEERLEADER MOUSE	1983	2025	12.00	75.00
❑ 7 IN. CHEF MOUSE (BREAD/ROLLING PIN, BLUE SCARF)	1996	SU	28.00	60.00
❑ 7 IN. CHEF MOUSE (WISK/BOWL, RED SCARF)	1995	SU	28.00	60.00
❑ 7 IN. CHEF MOUSE-BARBECUE (HAMBURGERS/WIRE RACK)	1987	SU	18.00	60.00
❑ 7 IN. CHEF SANTA	1993	OP	29.00	50.00
❑ 7 IN. CHEF SANTA	1994	5618	30.00	50.00
❑ 7 IN. CHEF SANTA	1995	*	30.00	60.00
❑ 7 IN. CHEF SANTA	1996	OP	30.00	60.00
❑ 7 IN. CHEF SANTA #5045	1992	11297	29.00	50.00
❑ 7 IN. CHIMNEY SWEEP MOUSE	1979	6331	8.00	55.00
❑ 7 IN. CHIMNEY SWEEP MOUSE	1980	4452	*	55.00
❑ 7 IN. CHOIR BOY	1993	OP	26.00	40.00
❑ 7 IN. CHOIR BOY	1994	2873	27.00	40.00
❑ 7 IN. CHOIR BOY	1995	OP	28.00	40.00
❑ 7 IN. CHOIR BOY W/BLACK EYE	1994	2912	27.00	45.00
❑ 7 IN. CHOIR BOY W/BLACK EYE	1995	RT	28.00	45.00
❑ 7 IN. CHOIR GIRL	1993	SU	26.00	40.00
❑ 7 IN. CHOIR GIRL	1995	SU	28.00	40.00
❑ 7 IN. CHOIR GIRL, BLONDE HAIR	1994	3424	27.00	40.00
❑ 7 IN. CHORES FIRST	2000	OP	40.00	40.00
❑ 7 IN. CHRISTA MCAULIFFE ESKIMO BOY	1990	300	75.00	295.00
❑ 7 IN. CHRISTA MCAULIFFE SNOWBOARD KID	1994	*	40.00	65.00
❑ 7 IN. CHRISTMAS BABY ON 3 HOT BOXES (SIGNED ANNALE	1969	*	3.00	225.00
❑ 7 IN. CHRISTMAS CHICKEN	1993	SU	35.00	70.00
❑ 7 IN. CHRISTMAS DOVE	1993	SU	26.00	50.00
❑ 7 IN. CHRISTMAS GNOME	1991	15503	18.00	45.00
❑ 7 IN. CHRISTMAS GNOME	1992	9102	19.00	45.00
❑ 7 IN. CHRISTMAS GNOME	1993	SU	19.00	45.00
❑ 7 IN. CHRISTMAS MOUSE	1972	2793	4.00	75.00
❑ 7 IN. CHRISTMAS MOUSE (SIGNED ANNALEE)	1964	*	4.00	300.00
❑ 7 IN. CHRISTMAS MOUSE IN SANTA'S MITTEN	1975	3959	6.00	80.00
❑ 7 IN. CHRISTMAS PANDA	1973	1094	9.00	325.00
❑ 7 IN. CHRISTMAS PARTY GIRL MOUSE	1996	*	20.00	40.00
❑ 7 IN. CHRISTMAS PARTY GIRL MOUSE #7736	1995	RT	19.00	40.00
❑ 7 IN. CLASSIC SNOWMAN #7505	1983	SU	*	65.00
❑ 7 IN. CLEANING DAY MOUSE (MOP/BUCKET)	1997	*	27.00	50.00
❑ 7 IN. CLOWN MOUSE	1997	*	*	50.00
❑ 7 IN. CLOWN MOUSE	1998	*	*	50.00
❑ 7 IN. COCKTAIL MOUSE (SIGNED ANNALEE)	1994	1	1100.00	1050.00
❑ 7 IN. COLONIAL BOY MOUSE	1976	5457	6.00	125.00
❑ 7 IN. COLONIAL GIRL MOUSE	1976	5457	6.00	125.00
❑ 7 IN. CONDUCTOR MOUSE (SIGNED ANNALEE)	1967	*	4.00	300.00
❑ 7 IN. COUNTRY BOY BUNNY	1991	SU	20.00	30.00
❑ 7 IN. COUNTRY BOY BUNNY	1992	3993	20.00	35.00
❑ 7 IN. COUNTRY BOY BUNNY	1996	OP	24.00	30.00
❑ 7 IN. COUNTRY BOY BUNNY W/APPLE	1995	OP	22.00	30.00
❑ 7 IN. COUNTRY BOY BUNNY W/HOE	1994	4842	22.00	35.00
❑ 7 IN. COUNTRY BOY BUNNY WITH BUTTERFLY	1983	*	12.00	35.00
❑ 7 IN. COUNTRY BUNNIES	1981	7940	*	80.00
❑ 7 IN. COUNTRY BUNNIES WITH BASKET	1984	2345	26.00	80.00
❑ 7 IN. COUNTRY GIRL BUNNY	1991	SU	20.00	30.00
❑ 7 IN. COUNTRY GIRL BUNNY	1992	3937	20.00	30.00
❑ 7 IN. COUNTRY GIRL BUNNY	1996	OP	23.00	30.00
❑ 7 IN. COUNTRY GIRL BUNNY W/APPLE	1995	OP	22.00	30.00
❑ 7 IN. COUNTRY GIRL BUNNY W/BASKET	1994	6083	22.00	35.00
❑ 7 IN. COUNTRY GIRL BUNNY W/VEG.	1993	5621	20.00	50.00
❑ 7 IN. COUNTRY GIRL MOUSE	1996	SU	26.00	50.00
❑ 7 IN. COUNTRY GIRL WITH BASKET	1984	715	17.00	60.00
❑ 7 IN. COWBOY MOUSE	1974	394	6.00	100.00
❑ 7 IN. COWBOY MOUSE	1982	3776	29.00	100.00
❑ 7 IN. COWBOY MOUSE	1983	1794	13.00	100.00

DOLLS

NAME	YEAR	LIMIT	ISSUE	TREND
❑ 7 IN. COWGIRL MOUSE	1983	1517	13.00	100.00
❑ 7 IN. CROSS-COUNTRY SKI SANTA	1981	5180	11.00	60.00
❑ 7 IN. CUPID IN HANGING HEART	1984	2445	33.00	135.00
❑ 7 IN. CUPID IN HOT AIR BALLOON	1986	391	55.00	185.00
❑ 7 IN. CUPID KID	1984	6808	15.00	55.00
❑ 7 IN. DENTIST MOUSE	1985	SU	15.00	55.00
❑ 7 IN. DESERT STORM MOUSE	1991	37475	30.00	50.00
❑ 7 IN. DESERT STORM MOUSE	1992	3114	30.00	50.00
❑ 7 IN. DEVIL KID	1992	6076	24.00	45.00
❑ 7 IN. DEVIL KID	1993	*	24.00	45.00
❑ 7 IN. DEVIL MOUSE	1984	3571	14.00	40.00
❑ 7 IN. DIAPER MOUSE, IT'S A BOY (SIGNED ANNALEE)	1972	2293	4.00	100.00
❑ 7 IN. DIAPER MOUSE, IT'S A GIRL (SIGNED ANNALEE)	1972	2293	4.00	100.00
❑ 7 IN. DIET TIME MOUSE	1977	1478	6.00	125.00
❑ 7 IN. DISCO BOY MOUSE	1980	363	10.00	75.00
❑ 7 IN. DISCO GIRL MOUSE	1980	*	10.00	125.00
❑ 7 IN. DISNEY COLLECTION (ERIC & SHANE)	1993	100	110.00	425.00
❑ 7 IN. DISNEY COLLECTION (NICK)	1992	300	60.00	350.00
❑ 7 IN. DISNEY COLLECTION(FUN IN THE SUN)	1991	300	80.00	325.00
❑ 7 IN. DOCTOR MOUSE	1974	720	6.00	75.00
❑ 7 IN. DOCTOR MOUSE	1978	816	7.00	75.00
❑ 7 IN. DOCTOR MOUSE	1978	2028	7.00	75.00
❑ 7 IN. DOWN THROUGH THE CHIMNEY MOUSE #7729	1995	SU	35.00	55.00
❑ 7 IN. DRACULA KID	1992	5637	26.00	45.00
❑ 7 IN. DRACULA KID	1993	*	26.00	45.00
❑ 7 IN. DRACULA KID, BLACK HAIR	1994	2126	27.00	45.00
❑ 7 IN. DRAGON KID	1991	1116	32.00	60.00
❑ 7 IN. DRESDEN CHINA BABIES, TWO (SIGNED ANNALEE)	1965	*	*	400.00
❑ 7 IN. DRESSIN' LIKE MOMMY	2000	OP	40.00	40.00
❑ 7 IN. DRESS-UP BOY	1985	1174	19.00	90.00
❑ 7 IN. DRESS-UP GIRL	1985	1536	19.00	90.00
❑ 7 IN. DRUMMER BOY	1991	7031	22.00	40.00
❑ 7 IN. DRUMMER BOY	1992	7297	22.00	40.00
❑ 7 IN. DRUMMER BOY	1993	SU	22.00	40.00
❑ 7 IN. DRUMMER BOY	1994	6817	24.00	40.00
❑ 7 IN. DRUMMER BOY	1995	SU	24.00	40.00
❑ 7 IN. DRUMMER BOY	1996	SU	29.00	40.00
❑ 7 IN. DUCK KID	1989	RT	26.00	50.00
❑ 7 IN. DUMB BUNNY (SIGNED ANNALEE)	1965	*	4.00	300.00
❑ 7 IN. E.P. BOY BUNNY	1984	5989	13.00	40.00
❑ 7 IN. EARTH DAY MOUSE	1991	5863	30.00	50.00
❑ 7 IN. EASTER BUNNY KID W/BASKET	1995	OP	22.00	55.00
❑ 7 IN. EASTER BUNNY KID W/BASKET	1996	RT	24.00	55.00
❑ 7 IN. EASTER EGG KID	1997	SU	25.00	40.00
❑ 7 IN. EASTER PARADE BOY	1991	7043	21.00	35.00
❑ 7 IN. EASTER PARADE BOY BUNNY	1982	RT	12.00	45.00
❑ 7 IN. EASTER PARADE BOY BUNNY	1983	*	12.00	50.00
❑ 7 IN. EASTER PARADE BOY BUNNY	1992	6668	21.00	35.00
❑ 7 IN. EASTER PARADE BOY BUNNY	1993	OP	21.00	35.00
❑ 7 IN. EASTER PARADE BOY BUNNY	1994	9037	22.00	35.00
❑ 7 IN. EASTER PARADE DRESS-UP BOY	1991	*	27.00	40.00
❑ 7 IN. EASTER PARADE GIRL	1991	9120	19.00	35.00
❑ 7 IN. EASTER PARADE GIRL BUNNY	1983	RT	12.00	45.00
❑ 7 IN. EASTER PARADE GIRL BUNNY	1992	9314	21.00	35.00
❑ 7 IN. EASTER PARADE GIRL BUNNY	1993	OP	21.00	35.00
❑ 7 IN. EASTER PARADE GIRL BUNNY	1994	13186	22.00	24.00
❑ 7 IN. EEK, PEEK, SQUEEK MOUSE	1965	*	4.00	300.00
❑ 7 IN. EQUESTRIAN MOUSE	1983	*	13.00	125.00
❑ 7 IN. ESCORT FOX	1981	RT	12.00	175.00
❑ 7 IN. FACTORY IN THE WOODS MOUSE	1993	8226	30.00	55.00
❑ 7 IN. FAT FANNY (SIGNED ANNALEE)	1968	*	6.00	400.00
❑ 7 IN. FIREMAN MOUSE	1973	557	4.00	65.00
❑ 7 IN. FIREMAN MOUSE	1978	*	7.00	75.00
❑ 7 IN. FIREMAN MOUSE	1979	1773	7.00	75.00
❑ 7 IN. FIREMAN MOUSE	1993	YR	26.00	55.00
❑ 7 IN. FISHERMAN MOUSE	1975	1343	6.00	75.00
❑ 7 IN. FISHING BOY	1983	*	13.00	75.00
❑ 7 IN. FISHING BOY	1993	YR	30.00	55.00
❑ 7 IN. FISHING MOUSE	1979	3053	8.00	75.00
❑ 7 IN. FISHING MOUSE	1980	*	8.00	75.00
❑ 7 IN. FISHING MOUSE	1992	6145	32.00	55.00
❑ 7 IN. FLOWER KID, PINK	1993	RT	26.00	50.00
❑ 7 IN. FLOWER KID/YELLOW	1993	*	28.00	50.00
❑ 7 IN. FLYING ANGEL	1995	OP	22.00	45.00
❑ 7 IN. FLYING ANGEL #7113	1994	SU	20.00	45.00
❑ 7 IN. FLYING ANGEL W/MISTLETOE	1991	6003	19.00	30.00
❑ 7 IN. FLYING ANGEL W/MISTLETOE	1992	6457	19.00	30.00
❑ 7 IN. FLYING ANGEL W/MISTLETOE	1993	SU	19.00	30.00
❑ 7 IN. FOLEY'S COWBOY MOUSE	1999	"1,000"	35.00	N/A
❑ 7 IN. FOOTBALL MOUSE	1973	944	4.00	75.00
❑ 7 IN. FOOTBALL MOUSE	1982	2164	10.00	60.00
❑ 7 IN. FOOTBALL MOUSE	1994	5998	30.00	40.00
❑ 7 IN. FOXY LADY	1981	RT	12.00	175.00
❑ 7 IN. FREE-STANDING SANTA #5005	1993	SU	*	30.00
❑ 7 IN. GARDEN CLUB BABY (SIGNED ANNALEE)	1967	*	3.00	350.00
❑ 7 IN. GARDEN CLUB MOUSE	1995	RT	25.00	45.00
❑ 7 IN. GARDENER MOUSE	1976	1255	6.00	75.00
❑ 7 IN. GARDENER MOUSE	1978	*	7.00	75.00
❑ 7 IN. GARDENER MOUSE	1979	1939	8.00	75.00
❑ 7 IN. GET-WELL MOUSE	1985	1425	15.00	50.00
❑ 7 IN. GHOST KID W/PUMPKIN	1991	1982	24.00	55.00
❑ 7 IN. GHOST MOUSE	1993	7803	26.00	55.00
❑ 7 IN. GHOST MOUSE	1994	4698	27.00	55.00
❑ 7 IN. GHOST MOUSE	1995	*	28.00	55.00
❑ 7 IN. GIRL BUILDING A SNOWMAN	1994	13459	24.00	65.00

NAME	YEAR	LIMIT	ISSUE	TREND
❑ 7 IN. GIRL BUILDING A SNOWMAN	1995	*	25.00	65.00
❑ 7 IN. GIRL EATING TURKEY	1993	*	39.00	65.00
❑ 7 IN. GIRL GOLFER MOUSE	1972	*	4.00	75.00
❑ 7 IN. GIRL GOLFER MOUSE	1978	2215	7.00	75.00
❑ 7 IN. GIRL GOLFER MOUSE	1979	2316	8.00	75.00
❑ 7 IN. GIRL GRADUATE	1987	2438	20.00	50.00
❑ 7 IN. GIRL SKIER (SIGNED ANNALEE)	1959	*	*	1000.00
❑ 7 IN. GIRL TENNIS MOUSE	1982	2443	11.00	45.00
❑ 7 IN. GIRL TENNIS MOUSE	1985	1947	15.00	55.00
❑ 7 IN. GIRL W/TEDDY BEAR	1994	RT	27.00	45.00
❑ 7 IN. GNOME	1980	13238	10.00	75.00
❑ 7 IN. GNOME W/MUSHROOM	1991	5007	30.00	60.00
❑ 7 IN. GNOME W/MUSHROOM	1992	1691	36.00	60.00
❑ 7 IN. GNOME W/PJ SUIT (SIGNED ANNALEE)	1967	*	2.00	200.00
❑ 7 IN. GOIN' FISHIN' MOUSE	1975	4507	6.00	75.00
❑ 7 IN. GOLFER MOUSE	1973	*	5.00	65.00
❑ 7 IN. GOLFER MOUSE	1992	7435	27.00	55.00
❑ 7 IN. GRADUATE BOY MOUSE	1982	4971	12.00	40.00
❑ 7 IN. GRADUATE GIRL MOUSE	1982	3563	11.00	45.00
❑ 7 IN. GRADUATE GIRL MOUSE	1985	2884	14.00	40.00
❑ 7 IN. GRADUATION BOY MOUSE	1994	3769	23.00	40.00
❑ 7 IN. GRADUATION BOY MOUSE	1995	*	24.00	40.00
❑ 7 IN. GRADUATION GIRL MOUSE	1995	*	24.00	40.00
❑ 7 IN. GRADUATION MOUSE	1985	1999	14.00	40.00
❑ 7 IN. GREEN THUMB MOUSE	1980	1869	10.00	50.00
❑ 7 IN. GREEN THUMB MOUSE	1992	5995	26.00	45.00
❑ 7 IN. GROOM BUNNY	1992	5578	23.00	50.00
❑ 7 IN. GROOM BUNNY	1993	3887	23.00	50.00
❑ 7 IN. GROOM MOUSE	1977	1211	7.00	75.00
❑ 7 IN. GROOM MOUSE	1978	2952	10.00	75.00
❑ 7 IN. GROOM MOUSE	1978	*	14.00	75.00
❑ 7 IN. GROOM MOUSE	1982	3406	11.00	45.00
❑ 7 IN. GROOM MOUSE	1987	1800	14.00	45.00
❑ 7 IN. GROOM MOUSE	1994	*	23.00	45.00
❑ 7 IN. GROOM MOUSE	1995	*	24.00	45.00
❑ 7 IN. GYPSY GIRL KID #3035	1995	RT	32.00	45.00
❑ 7 IN. HABITAT MOUSE	1994	5011	30.00	50.00
❑ 7 IN. HABITAT MOUSE	1995	RT	30.00	50.00
❑ 7 IN. HAPPY BIRTHDAY BOY	1985	937	19.00	70.00
❑ 7 IN. HAPPY BIRTHDAY GIRL	1985	1017	19.00	60.00
❑ 7 IN. HAPPY NEW YEAR BABY (HOLDING BELL)	1993	SU	27.00	55.00
❑ 7 IN. HAPPY NEW YEAR KID (HOLDING FLAG)	1997	SU	29.00	55.00
❑ 7 IN. HARVEST BASKET (PILGRIM) MICE	1996	SU	48.00	65.00
❑ 7 IN. HEART FELT BOY MOUSE (BLACK BODY)	2000	OP	25.00	50.00
❑ 7 IN. HEART FELT GIRL MOUSE (WHITE BODY)	2000	OP	25.00	50.00
❑ 7 IN. HEARTH & HOME SANTA	1997	RT	39.00	55.00
❑ 7 IN. HERSHEY KID	1994	9698	38.00	65.00
❑ 7 IN. HERSHEY KID	1995	RT	38.00	65.00
❑ 7 IN. HERSHEY KID	1996	RT	40.00	65.00
❑ 7 IN. HIKER MOUSE	1985	1781	14.00	55.00
❑ 7 IN. HOBO MOUSE	1977	1004	6.00	125.00
❑ 7 IN. HOCKEY KID	1995	*	31.00	50.00
❑ 7 IN. HOCKEY MOUSE	1974	687	8.00	108.00
❑ 7 IN. HOCKEY PLAYER KID	1985	1578	19.00	75.00
❑ 7 IN. HOCKEY PLAYER MOUSE	1984	1525	6.00	75.00
❑ 7 IN. HOLIDAY BASKET COUPLE	1997	SU	57.00	N/A
❑ 7 IN. HOLLY GIRL MOUSE #7711	1995	RT	19.00	30.00
❑ 7 IN. HOSTESS MOUSE	1997	RT	25.00	40.00
❑ 7 IN. HOT SHOT BUSINESS GIRL (SIGNED ANNALEE)	1994	*	*	675.00
❑ 7 IN. HOT SHOT BUSINESSMAN KID	1993	YR	37.00	40.00
❑ 7 IN. HOUSEWIFE MOUSE	1972	1768	4.00	75.00
❑ 7 IN. HOUSEWIFE MOUSE	1975	1632	6.00	75.00
❑ 7 IN. HOUSEWIFE MOUSE (VACUUM)	1995	*	26.00	65.00
❑ 7 IN. HUNTER MOUSE W/BIRD	1974	690	6.00	125.00
❑ 7 IN. HUNTER MOUSE WITH DEER	1974	1282	12.00	150.00
❑ 7 IN. ICE FISHING KID	1997	RT	*	55.00
❑ 7 IN. ICE SKATER MOUSE	1981	1429	10.00	75.00
❑ 7 IN. I'M A 10 BABY	1982	2159	13.00	65.00
❑ 7 IN. I'M LATE BUNNY (SIGNED ANNALEE)	1981	*	*	300.00
❑ 7 IN. INDIA, SUNIL & SAMRITA	1997	RT	90.00	125.00
❑ 7 IN. INDIAN BOY	1987	*	20.00	50.00
❑ 7 IN. INDIAN BOY	1991	3371	30.00	50.00
❑ 7 IN. INDIAN BOY	1992	2315	30.00	50.00
❑ 7 IN. INDIAN BOY (BLACK HAIR)	1993	*	30.00	50.00
❑ 7 IN. INDIAN BOY KID #3154	1995	RT	30.00	60.00
❑ 7 IN. INDIAN BOY KID W/SPEAR	1995	*	30.00	60.00
❑ 7 IN. INDIAN BOY, BLACK HAIR	1994	2848	31.00	50.00
❑ 7 IN. INDIAN GIRL	1991	2777	23.00	50.00
❑ 7 IN. INDIAN GIRL	1992	2297	23.00	50.00
❑ 7 IN. INDIAN GIRL (BLK. PONYTAILS)	1993	*	23.00	50.00
❑ 7 IN. INDIAN GIRL KID W/BEADS	1995	*	30.00	60.00
❑ 7 IN. INDIAN GIRL MOUSE WITH PAPOOSE	1986	6992	25.00	45.00
❑ 7 IN. INDIAN GIRL, BLACK PONYTAILS	1994	2892	23.00	45.00
❑ 7 IN. IRONING DAY MOUSE (IRONING)	1998	*	28.00	40.00
❑ 7 IN. JAIL HOUSE MOUSE	1994	3309	26.00	45.00
❑ 7 IN. JAPAN, KAMEKO & YUJI	1998	RT	95.00	125.00
❑ 7 IN. JOGGER KID	1984	*	18.00	45.00
❑ 7 IN. JOGGER KID	1985	654	18.00	45.00
❑ 7 IN. JOGGER MOUSE	1981	1783	10.00	45.00
❑ 7 IN. JOSEPH (CHILD)	1995	SU	29.00	65.00
❑ 7 IN. JUMP ROPE GIRL	1993	YR	26.00	50.00
❑ 7 IN. KANGAROO W/PLAQUE (DS)	1987	3000	38.00	95.00

NAME	YEAR	LIMIT	ISSUE	TREND
❏ 7 IN. KID WITH KITE	1985	1084	18.00	50.00
❏ 7 IN. KID WITH KITE	1992	3850	30.00	55.00
❏ 7 IN. KING OF HEARTS (ONLY 43 MADE)	1999	43	80.00	325.00
❏ 7 IN. KNITTING MOUSE	1989	5115	20.00	40.00
❏ 7 IN. LADY BUG KID	1992	4970	30.00	50.00
❏ 7 IN. LADY BUG KID	1993	SU	30.00	50.00
❏ 7 IN. LAUNDRY DAY MOUSE (LAUNDRY BASKET)	1996	2845	26.00	60.00
❏ 7 IN. LAWYER MOUSE (SIGNED ANNALEE)	1965	*	7.00	200.00
❏ 7 IN. LETTER TO SANTA MOUSE	1996	SU	23.00	45.00
❏ 7 IN. LETTER TO SANTA MOUSE	1997	SU	*	45.00
❏ 7 IN. LOGO KID W/PIN	1992	17524	25.00	70.00
❏ 7 IN. LONE PUMPKIN MOUSE	1998	SU	26.00	45.00
❏ 7 IN. LUCKY THE LEPRECHAUN	1999	SU	36.00	45.00
❏ 7 IN. MAKING FRIENDS SNOWMAN	1996	SU	28.00	48.00
❏ 7 IN. MARBLES KID	1995	RT	28.00	55.00
❏ 7 IN. MARBLES KID/RED TANK TOP	1994	RT	28.00	55.00
❏ 7 IN. MARY CHILD W/DOLL	1995	RT	29.00	60.00
❏ 7 IN. MARY W/BABY JESUS (CHILD)	1995	SU	29.00	65.00
❏ 7 IN. MAUI MOUSE	1990	7220	*	50.00
❏ 7 IN. MIGUEL THE MOUSE (SIGNED ANNALEE)	1967	*	4.00	350.00
❏ 7 IN. MILLENNIUM MOUSE IN ICE BUCKET (HOLDS GLASS)	1999	OP	35.00	35.00
❏ 7 IN. MISSISSIPPI LEVEE MOUSE	1994	3012	30.00	40.00
❏ 7 IN. MISTLETOE ANGEL	1976	17540	6.00	30.00
❏ 7 IN. MONKEY (SIGNED ANNALEE)	1970	293	5.00	350.00
❏ 7 IN. MONKEY WITH BANANA TRAPEZE	1981	3075	*	175.00
❏ 7 IN. MOONBEAM SANTA MOBILE	1996	*	46.00	150.00
❏ 7 IN. MOTORCYCLE MOUSE "MIKEY THE BIKEY"	1995	*	31.00	45.00
❏ 7 IN. MOUSE (WHITE) ON TOBOGGAN	1995	SU	32.00	50.00
❏ 7 IN. MOUSE IN BOX	1991	5526	20.00	40.00
❏ 7 IN. MOUSE IN BOX	1992	4994	20.00	40.00
❏ 7 IN. MOUSE IN CORNUCOPIA	1992	7833	23.00	45.00
❏ 7 IN. MOUSE IN CORNUCOPIA	1993	*	24.00	45.00
❏ 7 IN. MOUSE IN CORNUCOPIA	1994	6467	25.00	45.00
❏ 7 IN. MOUSE IN CORNUCOPIA	1995	*	26.00	45.00
❏ 7 IN. MOUSE IN SANTA'S HAT	1991	9742	18.00	35.00
❏ 7 IN. MOUSE IN SANTA'S HAT	1992	10941	18.00	35.00
❏ 7 IN. MOUSE IN SANTA'S HAT	1993	*	18.00	35.00
❏ 7 IN. MOUSE IN SANTA'S HAT	1994	11641	18.00	35.00
❏ 7 IN. MOUSE IN SANTA'S HAT	1995	*	19.00	35.00
❏ 7 IN. MOUSE KID	1996	RT	26.00	50.00
❏ 7 IN. MOUSE KID #3037	1995	RT	22.00	50.00
❏ 7 IN. MOUSE ON CHEESE	1002	14923	26.00	45.00
❏ 7 IN. MOUSE ON CHEESE	1993	30	27.00	45.00
❏ 7 IN. MOUSE W/CANDLE (SIGNED ANNALEE)	1966	*	*	175.00
❏ 7 IN. MOUSE W/CANDY CANE	1991	5206	18.00	40.00
❏ 7 IN. MOUSE W/CHRISTMAS STOCKING	1991	6543	18.00	35.00
❏ 7 IN. MOUSE W/INNER TUBE	1971	267	4.00	100.00
❏ 7 IN. MOUSE W/MAILBAG	1991	14546	26.00	45.00
❏ 7 IN. MOUSE W/MAILBAG	1992	8000	26.00	45.00
❏ 7 IN. MOUSE W/MAILBAG & LETTERS	1993	*	26.00	45.00
❏ 7 IN. MOUSE W/NORTH POLE	1992	10089	22.00	45.00
❏ 7 IN. MOUSE W/NORTH POLE	1993	*	22.00	45.00
❏ 7 IN. MOUSE W/PRESENTS	1991	8075	18.00	40.00
❏ 7 IN. MOUSE W/PRESENTS	1992	*	18.00	40.00
❏ 7 IN. MOUSE W/SNOWBALL	1991	6805	18.00	35.00
❏ 7 IN. MOUSE W/SNOWBALL	1992	7095	18.00	35.00
❏ 7 IN. MOUSE W/SNOWBALL	1993	*	18.00	35.00
❏ 7 IN. MOUSE W/SNOWBALL	1004	8745	18.00	35.00
❏ 7 IN. MOUSE W/SNOWBALL	1995	*	19.00	35.00
❏ 7 IN. MOUSE W/SNOWBALL	1996	*	20.00	35.00
❏ 7 IN. MOUSE W/STRAWBERRY	1982	*	12.00	50.00
❏ 7 IN. MOUSE W/STRAWBERRY	1984	1776	12.00	50.00
❏ 7 IN. MOUSE W/TENNIS RACQUET SNOWSHOES	1991	5674	22.00	45.00
❏ 7 IN. MOUSE W/TENNIS RACQUET SNOWSHOES	1992	4110	22.00	45.00
❏ 7 IN. MOUSE W/WHEELBARROW	1986	2037	17.00	75.00
❏ 7 IN. MOUSE W/WREATH	1984	*	13.00	45.00
❏ 7 IN. MR. & MRS. SANTA INDOOR SANTA W/TREE	1995	*	70.00	70.00
❏ 7 IN. MR. & MRS. SANTA EXCHANGING GIFTS	1996	*	57.00	75.00
❏ 7 IN. MR. & MRS. SANTA TUCKERED	1968	*	3.00	175.00
❏ 7 IN. MR. & MRS. SANTA WITH BASKET	1971	3403	6.00	60.00
❏ 7 IN. MR. & MRS. SANTA-WICKER LOVESEAT	1973	3973	11.00	85.00
❏ 7 IN. MR. & MRS. TUCKERED	1972	1187	6.00	125.00
❏ 7 IN. MR. A.M. MOUSE	1982	2184	12.00	95.00
❏ 7 IN. MR. AND MRS. SANTA	1965	*	6.00	200.00
❏ 7 IN. MR. AND MRS. TUCKERED (SIGNED ANNALEE)	1960	*	*	500.00
❏ 7 IN. MR. HOLLY MOUSE	1976	2774	6.00	75.00
❏ 7 IN. MR. HOLLY MOUSE (SIGNED ANNALEE)	1968	*	4.00	200.00
❏ 7 IN. MR. NIGHTSHIRT MOUSE	1977	309	50.00	75.00
❏ 7 IN. MR. OLD WORLD SANTA	1994	9620	28.00	45.00
❏ 7 IN. MR. OLD WORLD SANTA	1995	*	29.00	45.00
❏ 7 IN. MR. SANTA MOUSE	1967	*	4.00	125.00
❏ 7 IN. MR. TUCKERED MOUSE	1991	12413	20.00	35.00
❏ 7 IN. MR. TUCKERED MOUSE	1992	7533	20.00	35.00
❏ 7 IN. MR. TUCKERED MOUSE	1993	7059	20.00	35.00
❏ 7 IN. MRS. HOLLY MOUSE	1967	*	4.00	150.00
❏ 7 IN. MRS. HOLLY MOUSE	1976	3078	6.00	75.00
❏ 7 IN. MRS. OLD WORLD SANTA	1994	9439	28.00	45.00
❏ 7 IN. MRS. RETIRED MOUSE	1984	1356	14.00	65.00
❏ 7 IN. MRS. SANTA CANDLEHOLDER	1992	9595	26.00	50.00
❏ 7 IN. MRS. SANTA CANDLEHOLDER	1993	*	26.00	50.00
❏ 7 IN. MRS. SANTA CARDHOLDER	1994	4443	40.00	40.00
❏ 7 IN. MRS. SANTA HANGING "MERRY XMAS" SIGN	1993	OP	28.00	40.00

DOLLS

NAME	YEAR	LIMIT	ISSUE	TREND
❏ 7 IN. MRS. SANTA HANGING MERRY	1991	11769	28.00	40.00
❏ 7 IN. MRS. SANTA HANGING MERRY	1992	6411	28.00	40.00
❏ 7 IN. MRS. SANTA MOUSE WITH HOLLY	1979	*	8.00	75.00
❏ 7 IN. MRS. SANTA W/FUR TRIM	1994	8848	22.00	23.00
❏ 7 IN. MRS. SANTA W/FUR TRIM	1995	OP	24.00	25.00
❏ 7 IN. MRS. SANTA W/POINSETTIA	1992	11484	30.00	40.00
❏ 7 IN. MRS. SANTA W/POINSETTIA	1993	*	30.00	40.00
❏ 7 IN. MRS. SANTA W/POINSETTIA	1994	5397	31.00	40.00
❏ 7 IN. MRS. SANTA W/PRESENTS	1991	8060	26.00	30.00
❏ 7 IN. MRS. SANTA W/PRESENTS	1992	7124	28.00	30.00
❏ 7 IN. MRS. SANTA W/PRESENTS	1993	*	28.00	30.00
❏ 7 IN. MRS. SANTA W/PRESENTS	1994	5923	29.00	35.00
❏ 7 IN. MRS. SANTA W/PRESENTS	1995	*	31.00	35.00
❏ 7 IN. MRS. SANTA WITH APRON AND CAP	1972	8867	6.00	75.00
❏ 7 IN. MRS. TUCKERED MOUSE	1991	13266	20.00	35.00
❏ 7 IN. MRS. TUCKERED MOUSE	1992	8321	20.00	35.00
❏ 7 IN. MRS. TUCKERED MOUSE	1993	*	20.00	35.00
❏ 7 IN. NASHVILLE BOY	1995	*	32.00	55.00
❏ 7 IN. NASHVILLE GIRL	1995	*	30.00	55.00
❏ 7 IN. NATIVITY DRUMMER BOY	1999	SU	30.00	55.00
❏ 7 IN. NAUGHTY ANGEL	1981	12359	11.00	50.00
❏ 7 IN. NAUGHTY ANGEL	1984	4528	15.00	50.00
❏ 7 IN. NAUGHTY ANGEL	1994	8380	23.00	40.00
❏ 7 IN. NAUGHTY ANGEL	1997	SU	30.00	40.00
❏ 7 IN. NAUGHTY ANGEL W/BLACK EYE	1995	*	26.00	40.00
❏ 7 IN. NAUGHTY ANGEL W/BLACK EYE	1996	*	28.00	40.00
❏ 7 IN. NEW YEAR'S MOUSE #8205	1996	SU	20.00	60.00
❏ 7 IN. NIGHTSHIRT BOY MOUSE (SIGNED ANNALEE)	1968	*	4.00	200.00
❏ 7 IN. NIGHTSHIRT GIRL MOUSE	1970	*	4.00	75.00
❏ 7 IN. NIGHTSHIRT MOUSE	1978	6444	8.00	75.00
❏ 7 IN. NIGHTSHIRT MOUSE	1984	*	12.00	40.00
❏ 7 IN. NURSE MOUSE	1976	5164	6.00	75.00
❏ 7 IN. NURSE MOUSE	1981	3222	12.00	50.00
❏ 7 IN. OLD WORLD MRS. SANTA #5152	1996	RT	32.00	60.00
❏ 7 IN. OLD WORLD SANTA #5153	1996	RT	40.00	60.00
❏ 7 IN. PAINTER MOUSE	1973	*	4.00	100.00
❏ 7 IN. PAINTER MOUSE	1974	*	4.00	125.00
❏ 7 IN. PILGRIM BOY HUGGING FAWN	1993	*	41.00	60.00
❏ 7 IN. PILGRIM BOY HUGGING FAWN	1994	2004	42.00	60.00
❏ 7 IN. PILGRIM BOY HUGGING FAWN	1995	*	43.00	60.00
❏ 7 IN. PILGRIM BOY MOUSE	1996	*	26.00	30.00
❏ 7 IN. PILGRIM GIRL MOUSE	1996	*	24.00	30.00
❏ 7 IN. PILGRIM GIRL W/PIE	1993	*	26.00	45.00
❏ 7 IN. PILGRIM GIRL W/PIE	1995	*	28.00	45.00
❏ 7 IN. PILGRIM GIRL W/PIE BLONDE HAIR	1994	2984	27.00	45.00
❏ 7 IN. PILGRIM KIDS W/BASKET	1991	2672	54.00	85.00
❏ 7 IN. PILGRIM KIDS W/BASKET	1992	2303	54.00	85.00
❏ 7 IN. PILGRIM MICE SET W/BASKET	1991	2721	43.00	65.00
❏ 7 IN. PILGRIM MICE SET W/BASKET	1992	2364	43.00	65.00
❏ 7 IN. PILGRIM MICE SET W/BASKET	1993	*	47.00	65.00
❏ 7 IN. PILGRIM MICE SET W/BASKET	1994	2873	47.00	65.00
❏ 7 IN. PILGRIM MICE SET W/BASKET	1995	*	48.00	65.00
❏ 7 IN. PILOT MOUSE	1980	2011	10.00	95.00
❏ 7 IN. PINK FLOWER KID	1993	*	26.00	55.00
❏ 7 IN. PIRATE KID	1992	5412	24.00	45.00
❏ 7 IN. PIRATE KID	1993	*	24.00	45.00
❏ 7 IN. PJ KID ON ROCKING HORSE	1996	SU	30.00	55.00
❏ 7 IN. PJ KID ON ROCKING HORSE #7232	1995	SU	30.00	55.00
❏ 7 IN. PLUMBER MOUSE	1970	196	4.00	350.00
❏ 7 IN. POLAR BEAR CUB W/PLAQUE (DS)	1989	3000	38.00	100.00
❏ 7 IN. POLICEMAN MOUSE	1978	RT	7.00	95.00
❏ 7 IN. POLICEMAN MOUSE	1994	4788	28.00	45.00
❏ 7 IN. POWDER PUFF BABY	1996	RT	21.00	50.00
❏ 7 IN. PREGNANT MOUSE	1972	820	6.00	75.00
❏ 7 IN. PREGNANT MOUSE	1974	820	6.00	75.00
❏ 7 IN. PREGNANT MOUSE	1975	879	6.00	75.00
❏ 7 IN. PREGNANT MOUSE	1979	1856	8.00	75.00
❏ 7 IN. PROFESSOR MOUSE	1970	248	4.00	150.00
❏ 7 IN. PUMPKIN KID	1991	3517	27.00	45.00
❏ 7 IN. PUMPKIN KID	1992	3619	27.00	45.00
❏ 7 IN. QUILTING MOUSE	1983	2786	12.00	80.00
❏ 7 IN. QUILTING MOUSE, SPECIAL ORDER	1979	213	*	160.00
❏ 7 IN. RED CROSS NURSE MOUSE	1991	8305	30.00	45.00
❏ 7 IN. RED CROSS NURSE MOUSE	1992	*	30.00	45.00
❏ 7 IN. RETIRED GRANDPA MOUSE	1975	793	6.00	75.00
❏ 7 IN. RITZ SNOWMAN	1991	10309	27.00	45.00
❏ 7 IN. RITZ SNOWMAN	1992	6037	27.00	45.00
❏ 7 IN. RITZ SNOWMAN	1993	RT	27.00	45.00
❏ 7 IN. RITZ SNOWMAN	1994	4903	28.00	45.00
❏ 7 IN. ROSIE (GIRL WITH FLOWER POT HOLDING A ROSE)	1999	OP	40.00	40.00
❏ 7 IN. SAILOR MOUSE	1990	6838	24.00	45.00
❏ 7 IN. SAINT PATRICK'S DAY BOY	1996	*	31.00	55.00
❏ 7 IN. SANTA	1995	OP	20.00	21.00
❏ 7 IN. SANTA	1996	OP	22.00	22.00
❏ 7 IN. SANTA BRINGING HOME CHRISTMAS TREE	1991	8604	28.00	45.00
❏ 7 IN. SANTA BRINGING HOME CHRISTMAS TREE	1992	5921	28.00	45.00
❏ 7 IN. SANTA BRINGING HOME CHRISTMAS TREE	1993	SU	28.00	45.00
❏ 7 IN. SANTA CANDLEHOLDER	1993	SU	26.00	50.00
❏ 7 IN. SANTA CARDHOLDER	1992	9831	26.00	25.00
❏ 7 IN. SANTA CENTERPIECE #5245	1996	RT	35.00	55.00
❏ 7 IN. SANTA FOX W/BAG	1982	3622	13.00	175.00
❏ 7 IN. SANTA HUGGING REINDEER	1996	SU	51.00	51.00

NAME	YEAR	LIMIT	ISSUE	TREND
❑ 7 IN. SANTA HUGGING REINDEER #6510	1995	SU	48.00	48.00
❑ 7 IN. SANTA IN CHIMNEY	1992	8119	34.00	45.00
❑ 7 IN. SANTA IN CHIMNEY	1993	SU	35.00	45.00
❑ 7 IN. SANTA IN CHIMNEY	1994	3255	36.00	45.00
❑ 7 IN. SANTA IN SKI BOB (SIGNED ANNALEE)	1974	704	5.00	250.00
❑ 7 IN. SANTA IN TUB W/RUBBER DUCKIE	1991	5373	34.00	50.00
❑ 7 IN. SANTA MAILMAN	1973	3276	5.00	100.00
❑ 7 IN. SANTA MONKEY	1981	4606	10.00	150.00
❑ 7 IN. SANTA MOUSE	1967	*	2.00	150.00
❑ 7 IN. SANTA MOUSE	1979	12649	8.00	75.00
❑ 7 IN. SANTA MOUSE CENTERPIECE	1997	RT	29.00	60.00
❑ 7 IN. SANTA MOUSE IN CHIMNEY	1995	*	35.00	50.00
❑ 7 IN. SANTA MOUSE IN CHIMNEY	1996	*	36.00	50.00
❑ 7 IN. SANTA ON MOON	1992	4157	47.00	95.00
❑ 7 IN. SANTA SKIING	1995	*	30.00	45.00
❑ 7 IN. SANTA SKIING	1996	*	30.00	45.00
❑ 7 IN. SANTA SKIING #5242	1993	SU	28.00	45.00
❑ 7 IN. SANTA SKUNK	1992	6753	28.00	45.00
❑ 7 IN. SANTA SKUNK	1993	*	28.00	45.00
❑ 7 IN. SANTA W/DOVE (SIGNED ANNALEE)	1993	1	1250.00	1250.00
❑ 7 IN. SANTA W/DOVE (SIGNED ANNALEE)	1994	1	1250.00	1200.00
❑ 7 IN. SANTA W/GIFT LIST & TOY BAG	1991	8886	22.00	25.00
❑ 7 IN. SANTA W/GIFT LIST & TOY BAG	1992	7815	24.00	25.00
❑ 7 IN. SANTA W/LIGHTS	1993	OP	30.00	60.00
❑ 7 IN. SANTA W/LIGHTS	1994	4678	31.00	60.00
❑ 7 IN. SANTA W/LIGHTS	1995	OP	32.00	60.00
❑ 7 IN. SANTA W/MAILBAG & LETTERS	1991	12156	28.00	50.00
❑ 7 IN. SANTA W/MAILBAG & LETTERS	1992	7493	28.00	50.00
❑ 7 IN. SANTA W/MAILBAG & LETTERS	1993	*	28.00	50.00
❑ 7 IN. SANTA W/NORTH POLE	1995	*	36.00	36.00
❑ 7 IN. SANTA W/PRESENTS	1991	7863	23.00	30.00
❑ 7 IN. SANTA W/PRESENTS	1992	6594	24.00	30.00
❑ 7 IN. SANTA W/PRESENTS	1993	6996	24.00	30.00
❑ 7 IN. SANTA W/PRESENTS	1994	5586	25.00	30.00
❑ 7 IN. SANTA W/PRESENTS	1995	*	28.00	30.00
❑ 7 IN. SANTA W/RED FUR TRIM SUIT	1994	8922	20.00	20.00
❑ 7 IN. SANTA W/SLEIGH	1991	3407	40.00	50.00
❑ 7 IN. SANTA W/SLEIGH	1993	OP	40.00	50.00
❑ 7 IN. SANTA W/SLEIGH	1994	3301	40.00	50.00
❑ 7 IN. SANTA W/SLEIGH	1995	OP	40.00	50.00
❑ 7 IN. SANTA W/SNOWSHOES & TREE	1994	8582	29.00	55.00
❑ 7 IN. SANTA W/SNOWSHOES & TREE	1995	OP	30.00	55.00
❑ 7 IN. SANTA W/TREE & SLED	1994	9966	29.00	55.00
❑ 7 IN. SANTA W/WHITE FELT MOON (HAS FACE & EARS)	1996	SU	46.00	150.00
❑ 7 IN. SANTA W/WHITE FELT MOON (YELLOW FELT STARS)	1984	SU	25.00	95.00
❑ 7 IN. SANTA W/WHITE FELT MOON MOBILE #5200	1996	SU	46.00	95.00
❑ 7 IN. SANTA WITH DEER AND TREE	1978	5813	18.00	125.00
❑ 7 IN. SANTA WITH FUR TRIM SUIT (SIGNED ANNALEE)	1950	RT	3.00	300.00
❑ 7 IN. SANTA WITH MISTLETOE	1979	SU	8.00	75.00
❑ 7 IN. SANTA WITH MISTLETOE	1981	SU	10.00	75.00
❑ 7 IN. SANTA WITH MUSHROOM	1972	540	*	200.00
❑ 7 IN. SANTA WITH POT BELLY	1981	SU	12.00	75.00
❑ 7 IN. SANTA WITH STOCKING	1980	17665	10.00	35.00
❑ 7 IN. SANTA WITH TOY BAG (SIGNED ANNALEE)	1967	RT	4.00	150.00
❑ 7 IN. SANTA WITH XMAS MUSHROOM	1970	*	7.00	200.00
❑ 7 IN. SANTA WREATH CENTERPIECE	1982	1150	*	50.00
❑ 7 IN. SANTA, INDOOR	1995	OP	20.00	20.00
❑ 7 IN. SANTA'S TOUCH	1997	SU	37.00	50.00
❑ 7 IN. SAT. NITE ANGEL W/BLANKET (SIGNED ANNALEE)	1964	RT	3.00	350.00
❑ 7 IN. SATURDAY NIGHT BABY (SIGNED ANNALEE)	1963	RT	3.00	350.00
❑ 7 IN. SCARECROW KID	1992	4595	28.00	45.00
❑ 7 IN. SCARECROW KID	1993	SU	28.00	45.00
❑ 7 IN. SCIENCE CTR. OF NH FISHING MOUSE W/DOME	1989	500	75.00	125.00
❑ 7 IN. SCOTTISH LAD	1994	3995	30.00	55.00
❑ 7 IN. SEAMSTRESS MOUSE	1974	387	4.00	80.00
❑ 7 IN. SECRETARY MOUSE	1974	364	4.00	150.00
❑ 7 IN. SECRETARY MOUSE	1991	6394	30.00	60.00
❑ 7 IN. SHEPHERD CHILD W/LAMB	1995	SU	40.00	85.00
❑ 7 IN. SHERIFF MOUSE	1970	11	4.00	150.00
❑ 7 IN. SHERIFF MOUSE W/PLAQUE (DS)	1991	1191	50.00	95.00
❑ 7 IN. SHERIFF MOUSE W/PLAQUE(D.S.)	1992	283	50.00	95.00
❑ 7 IN. SHOPPING MRS. SANTA	1996	OP	36.00	45.00
❑ 7 IN. SHOPPING MRS. SANTA	1997	SU	37.00	45.00
❑ 7 IN. SHOPPING SANTA	1996	OP	36.00	45.00
❑ 7 IN. SHOPPING SANTA	1997	SU	37.00	45.00
❑ 7 IN. SKATEBOARD KID	1992	3894	30.00	45.00
❑ 7 IN. SKATEBOARD MOUSE	1978	3733	8.00	60.00
❑ 7 IN. SKATEBOARD MOUSE	1979	1821	6.00	60.00
❑ 7 IN. SKATING GIRL MOUSE	1997	SU	*	60.00
❑ 7 IN. SKATING MOUSE	1980	3369	11.00	70.00
❑ 7 IN. SKELETON COSTUME KID	1991	2596	24.00	50.00
❑ 7 IN. SKI MOUSE	1971	1326	4.00	100.00
❑ 7 IN. SKI MOUSE	1975	5219	6.00	75.00
❑ 7 IN. SKIING KID	1986	8057	18.00	75.00
❑ 7 IN. SKIING MOUSE	1973	2774	4.00	100.00
❑ 7 IN. SLEDDING MOUSE	1991	5950	21.00	40.00
❑ 7 IN. SLEDDING MOUSE	1992	6247	21.00	40.00
❑ 7 IN. SLEIGH RIDE SANTA COUPLE	1996	OP	84.00	84.00
❑ 7 IN. SLEIGH RIDE SANTA COUPLE	1997	SU	85.00	N/A
❑ 7 IN. SMALL CHRISTMAS DOVE	1994	RT	27.00	50.00
❑ 7 IN. SMALL CHRISTMAS DOVE	1995	SU	28.00	50.00
❑ 7 IN. SNOWBALL FIGHT KID #7233	1996	SU	30.00	55.00

DOLLS

NAME	YEAR	LIMIT	ISSUE	TREND
❏ 7 IN. SNOWBALL MOUSE #7740	1984	SU	*	40.00
❏ 7 IN. SNOWMAN	1971	1917	4.00	125.00
❏ 7 IN. SNOWMAN	1983	15980	13.00	65.00
❏ 7 IN. SNOWMAN ON TOBOGGAN	1993	RT	30.00	55.00
❏ 7 IN. SNOWMAN ON TOBOGGAN	1995	OP	31.00	55.00
❏ 7 IN. SNOWMAN W/PIPE	1991	7401	24.00	35.00
❏ 7 IN. SNOWMAN W/PIPE	1992	7779	24.00	35.00
❏ 7 IN. SNOWMAN W/PIPE	1993	OP	24.00	45.00
❏ 7 IN. SNOWMAN W/PIPE	1994	6179	26.00	45.00
❏ 7 IN. SNOWMAN W/PIPE	1995	OP	26.00	45.00
❏ 7 IN. SNOWMAN W/PIPE	1996	OP	30.00	45.00
❏ 7 IN. SNOWWOMAN/MRS. RITZ	1993	*	26.00	50.00
❏ 7 IN. SNOWWOMAN/MRS. RITZ	1994	5344	27.00	50.00
❏ 7 IN. SNOWWOMAN/MRS. RITZ	1995	*	28.00	50.00
❏ 7 IN. SOCCER KID	2000	OP	40.00	40.00
❏ 7 IN. SOUTH AMERICAN GIRL	1995	YR	32.00	45.00
❏ 7 IN. SPAIN JAVIER & ALMEIRA	1999	RT	95.00	150.00
❏ 7 IN. SPIDER KID 3064	1996	RT	28.00	45.00
❏ 7 IN. SPORTS ENTHUSIAST	1998	3500	55.00	75.00
❏ 7 IN. SPRING BOY ROOSTER	1993	*	35.00	70.00
❏ 7 IN. SPRING GIRL CHICKEN W/BOA	1992	2753	35.00	60.00
❏ 7 IN. SPRING GIRL CHICKEN W/BOA	1993	*	35.00	60.00
❏ 7 IN. SPRING SKUNK	1992	1590	23.00	45.00
❏ 7 IN. SPRING SKUNK	1993	SU	23.00	45.00
❏ 7 IN. ST. PATRICK'S DAY MOUSE	1993	*	26.00	35.00
❏ 7 IN. ST. PATRICK'S DAY MOUSE	1994	4746	27.00	35.00
❏ 7 IN. ST. PATRICK'S DAY MOUSE	1995	*	27.00	35.00
❏ 7 IN. SUMMER SOLITUDE (GIRL IN CHAIR READING)	1999	OP	40.00	40.00
❏ 7 IN. SWASHBUCKLER BOY	1997	RT	32.00	50.00
❏ 7 IN. SWEETHEART BOY	1996	RT	32.00	65.00
❏ 7 IN. SWEETHEART BOY MOUSE	1991	7865	20.00	35.00
❏ 7 IN. SWEETHEART BOY MOUSE	1992	5723	20.00	30.00
❏ 7 IN. SWEETHEART BOY MOUSE	1993	OP	20.00	30.00
❏ 7 IN. SWEETHEART BOY MOUSE	1994	4424	20.00	30.00
❏ 7 IN. SWEETHEART BOY MOUSE	1995	OP	21.00	30.00
❏ 7 IN. SWEETHEART BOY MOUSE	1996	OP	21.00	30.00
❏ 7 IN. SWEETHEART GIRL	1996	RT	28.00	45.00
❏ 7 IN. SWEETHEART GIRL MOUSE	1991	7865	19.00	30.00
❏ 7 IN. SWEETHEART GIRL MOUSE	1992	6522	19.00	30.00
❏ 7 IN. SWEETHEART GIRL MOUSE	1993	OP	19.00	30.00
❏ 7 IN. SWEETHEART GIRL MOUSE	1995	OP	21.00	30.00
❏ 7 IN. SWEETHEART GIRL MOUSE	1996	OP	22.00	30.00
❏ 7 IN. SWEETHEART MOUSE	1977	3323	6.00	75.00
❏ 7 IN. SWEETHEART MOUSE	1982	4110	11.00	50.00
❏ 7 IN. SWEETHEART MOUSE	1986	6271	13.00	40.00
❏ 7 IN. SWEETHEART MOUSE	1989	*	17.00	35.00
❏ 7 IN. SWIMMER MOUSE	1979	3640	10.00	85.00
❏ 7 IN. SWISS ALPS BOY	1995	YR	32.00	50.00
❏ 7 IN. TACKY TOURIST MOUSE	1989	5116	*	40.00
❏ 7 IN. TAGS	1997	RT	42.00	65.00
❏ 7 IN. TATTERS	1997	RT	42.00	65.00
❏ 7 IN. TEACHER MOUSE	1978	2249	6.00	75.00
❏ 7 IN. TEACHER MOUSE	1984	3150	14.00	70.00
❏ 7 IN. TEACHER MOUSE, GIRL	1984	5064	14.00	80.00
❏ 7 IN. TEACHER'S PET	1999	OP	40.00	40.00
❏ 7 IN. TENNIS MOUSE	1986	1947	16.00	55.00
❏ 7 IN. THANKSGIVING BOY	1994	1881	40.00	65.00
❏ 7 IN. THORNDIKE CHICKEN	1990	3000	38.00	90.00
❏ 7 IN. THORNDIKE CHICKEN W/PLAQUE (DS)	1990	3000	38.00	90.00
❏ 7 IN. THREE GNOMES W/LARGE CANDLE (SIGNED ANNALEE)	1971	80	12.00	700.00
❏ 7 IN. TREASURE BABY (SIGNED ANNALEE)	1970	RT	4.00	200.00
❏ 7 IN. TREE TOP ANGEL WITH WREATH	1978	8613	6.00	75.00
❏ 7 IN. TREE TOP STAR W/3 IN. ANGEL	1994	6424	21.00	40.00
❏ 7 IN. TREE TOP STAR W/3 IN. ANGEL	1995	RT	22.00	40.00
❏ 7 IN. TREETOP MOUSE IN CHIMNEY	1995	RT	35.00	50.00
❏ 7 IN. TRICK OR TREAT BUNNY KID	1991	2187	26.00	50.00
❏ 7 IN. TRIM TIME SANTA	1996	OP	33.00	45.00
❏ 7 IN. TRIM TIME SANTA	1997	RT	37.00	45.00
❏ 7 IN. TUCKERED BOY MOUSE	1996	RT	22.00	35.00
❏ 7 IN. TUCKERED BOY MOUSE	1997	RT	*	35.00
❏ 7 IN. TUCKERED GIRL MOUSE	1996	RT	22.00	35.00
❏ 7 IN. TUCKERED GIRL MOUSE	1997	RT	23.00	35.00
❏ 7 IN. TWO BUNNIES WITH BUSHEL BASKET	1984	2339	26.00	40.00
❏ 7 IN. TWO IN A TENT MICE	1975	914	*	75.00
❏ 7 IN. TWO IN A TENT MICE (DS)	1991	RT	35.00	75.00
❏ 7 IN. TWO IN A TENT MICE (DS)	1992	2910	35.00	95.00
❏ 7 IN. VACATIONER MOUSE	1974	RT	*	95.00
❏ 7 IN. VACATIONER MOUSE	1977	1040	6.00	95.00
❏ 7 IN. VALENTINE BUNNY	1984	5602	14.00	75.00
❏ 7 IN. VALENTINE BUNNY	1985	5602	14.00	75.00
❏ 7 IN. VALENTINE BUNNY	1986	RT	14.00	75.00
❏ 7 IN. VALENTINE GIRL KID W/CARD	1994	6220	25.00	45.00
❏ 7 IN. VALENTINE GIRL KID W/CARD	1995	RT	27.00	45.00
❏ 7 IN. VALENTINE GIRL KID W/CARD	1996	RT	28.00	45.00
❏ 7 IN. VELOUR MRS. SANTA W/COAT	1991	5808	27.00	30.00
❏ 7 IN. VELOUR MRS. SANTA W/COAT	1992	5289	27.00	30.00
❏ 7 IN. VELOUR SANTA W/COAT & PIPE	1991	RT	27.00	30.00
❏ 7 IN. VELOUR SANTA W/COAT & PIPE	1992	5140	27.00	30.00
❏ 7 IN. VICTORIAN MR. & MRS. SANTA	1987	RT	24.00	100.00
❏ 7 IN. VICTORIAN MRS. SANTA	1993	RT	30.00	60.00
❏ 7 IN. VICTORIAN SANTA	1993	RT	30.00	60.00
❏ 7 IN. VICTORIAN SANTA IN SLEIGH	1993	RT	50.00	85.00

NAME	YEAR	LIMIT	ISSUE	TREND
❑ 7 IN. VICTORIAN SANTA IN SLEIGH	1994	1179	50.00	85.00
❑ 7 IN. VICTORIAN SANTA W/SLEIGH & DEER	1986	6820	44.00	95.00
❑ 7 IN. VIDEO MOUSE	1991	4978	26.00	45.00
❑ 7 IN. VOLLEYBALL MOUSE	1980	915	10.00	100.00
❑ 7 IN. WAITER MOUSE	1973	RT	4.00	100.00
❑ 7 IN. WAITER MOUSE	1991	4573	26.00	45.00
❑ 7 IN. WHITE BUNNY	1973	1600	6.00	75.00
❑ 7 IN. WHITE MOUSE IN SLIPPER	1993	RT	25.00	40.00
❑ 7 IN. WHITE MOUSE IN SLIPPER	1994	5838	26.00	40.00
❑ 7 IN. WHITE MOUSE IN SLIPPER	1995	RT	26.00	40.00
❑ 7 IN. WHITE MOUSE ON TOBOGGAN	1993	RT	30.00	50.00
❑ 7 IN. WHITE MOUSE ON TOBOGGAN	1994	RT	30.00	50.00
❑ 7 IN. WHITE MOUSE ON TOBOGGAN W/PRESENT	1995	RT	31.00	50.00
❑ 7 IN. WHITE MOUSE W/PRESENT	1993	RT	22.00	40.00
❑ 7 IN. WHITE MOUSE W/PRESENT	1994	8170	23.00	40.00
❑ 7 IN. WHITE SKATING MOUSE	1993	SU	25.00	50.00
❑ 7 IN. WHITE SKATING MOUSE	1994	11452	26.00	50.00
❑ 7 IN. WHITE SKATING MOUSE	1995	SU	26.00	50.00
❑ 7 IN. WHITE SKATING MOUSE	1996	SU	28.00	50.00
❑ 7 IN. WINDSURFER MOUSE	1982	4114	14.00	100.00
❑ 7 IN. WINDSURFER MOUSE	1983	2352	14.00	100.00
❑ 7 IN. WITCH KID	1991	3311	27.00	45.00
❑ 7 IN. WITCH KID	1992	3592	28.00	45.00
❑ 7 IN. WITCH KID	1996	SU	32.00	45.00
❑ 7 IN. WITCH KID	1997	SU	*	45.00
❑ 7 IN. WITCH MOUSE	1993	SU	26.00	45.00
❑ 7 IN. WITCH MOUSE	1994	RT	27.00	45.00
❑ 7 IN. WITCH MOUSE	1996	SU	28.00	45.00
❑ 7 IN. WITCH MOUSE 3009	1995	RT	28.00	45.00
❑ 7 IN. WITCH MOUSE IN PUMPKIN BALLOON	1986	868	78.00	275.00
❑ 7 IN. WITCH MOUSE ON BROOM	1982	2798	13.00	50.00
❑ 7 IN. WITCH MOUSE ON BROOM WITH MOON	1981	1585+	25.00	125.00
❑ 7 IN. WIZ KID	1997	RT	32.00	45.00
❑ 7 IN. WIZARD MOUSE	1993	SU	28.00	45.00
❑ 7 IN. WIZARD MOUSE	1994	3892	29.00	45.00
❑ 7 IN. WIZARD MOUSE	1995	SU	30.00	45.00
❑ 7 IN. WOODCHOPPER MOUSE	1981	2121	11.00	85.00
❑ 7 IN. WOODCHOPPER MOUSE	1982	1910	12.00	85.00
❑ 7 IN. WORKSHOP MOUSE	1991	12536	22.00	40.00
❑ 7 IN. WORKSHOP MOUSE	1992	6618	22.00	40.00
❑ 7 IN. WORKSHOP SANTA	1991	3872	27.00	35.00
❑ 7 IN. XMAS BEST	2000	OP	40.00	40.00
❑ 7 IN. YACHTSMAN MOUSE	1972	1130	4.00	120.00
❑ 7 IN. YELLOW BUNNY	1970	RT	4.00	150.00
❑ 7 IN. YELLOW FLOWER KID	1993	RT	26.00	50.00
❑ 7 IN. YELLOW FLOWER KID	1994	RT	29.00	50.00
❑ 7 IN. YELLOW FLOWER KID, BLONDE	1994	2303	27.00	50.00
❑ 7 IN. YELLOW KITTEN (SIGNED ANNALEE)	1971	103	4.00	300.00
❑ 7 IN. YUM YUM BUNNY (SIGNED ANNALEE)	1966	RT	4.00	400.00
❑ 8 IN. BALLERINA PIG	1982	1058	13.00	176.00
❑ 8 IN. BALLERINA PIG W/UMBRELLA	1982	1015	13.00	150.00
❑ 8 IN. BOY BBQ PIG	1981	1159	12.00	135.00
❑ 8 IN. BOY BBQ PIG	1982	1044	12.00	135.00
❑ 8 IN. BOY SKIER (SIGNED ANNALEE)	1954	RT	6.00	1000.00
❑ 8 IN. BOY TURKEY	1991	2586	35.00	60.00
❑ 8 IN. BOY TURKEY	1993	RT	35.00	75.00
❑ 8 IN. BOY TURKEY	1994	2852	35.00	75.00
❑ 8 IN. BOY TURKEY	1995	RT	36.00	75.00
❑ 8 IN. BOY TURKEY W/7 IN. INDIAN GIRL	1991	1658	58.00	85.00
❑ 8 IN. CORN STALK (W/FACE)	1996	RT	12.00	45.00
❑ 8 IN. CORN STALK WITH PUMPKIN	1997	SU	12.00	25.00
❑ 8 IN. DAPPLE GREY HORSE	1999	34	30.00	325.00
❑ 8 IN. DONKEY (GREY)	1999	RT	33.00	65.00
❑ 8 IN. DRUMMER BOY	1977	6522	6.00	75.00
❑ 8 IN. EAR OF CORN (NO FACE)	1994	1342	10.00	25.00
❑ 8 IN. EAR OF CORN (W/FACE)	1995	RT	13.00	45.00
❑ 8 IN. EASTER PARADE BOY BUNNY	1995	SU	28.00	55.00
❑ 8 IN. EASTER PARADE GIRL BUNNY	1995	SU	28.00	65.00
❑ 8 IN. ELECTION ELEPHANT (SIGNED ANNALEE)	1976	1223	*	350.00
❑ 8 IN. FISHIN' FUN WALRUS W/FISHING POLE AND FISH	1999	SU	40.00	60.00
❑ 8 IN. FLOWERING LILY PAD	1996	SU	10.00	40.00
❑ 8 IN. GIGI POODLE LORD &TAYLOR SIGNED CHUCK/KAREN	1999	350	45.00	175.00
❑ 8 IN. GIRL BBQ PIG	1981	2596	10.00	150.00
❑ 8 IN. GIRL TURKEY	1993	SU	35.00	75.00
❑ 8 IN. GIRL TURKEY	1994	2174	35.00	75.00
❑ 8 IN. GIRL TURKEY	1995	SU	36.00	75.00
❑ 8 IN. MONK WITH JUG	1984	3502	18.00	50.00
❑ 8 IN. NAUTICAL DEAR (JUNE SOCIAL)	1999	RT	30.00	75.00
❑ 8 IN. ROOSTER	1976	1094	6.00	250.00
❑ 8 IN. ROOSTER	1977	1642	6.00	250.00
❑ 8 IN. ROSEMONT BEAR	1999	149	37.00	295.00
❑ 8 IN. VIOLA IN HER VALENTINE (ELEPHANT)	2000	OP	28.00	48.00
❑ 8 IN. WHITE DUCK	1976	3265	5.00	75.00
❑ 9 IN. CHOIR BOY (SIGNED ANNALEE)	1950	RT	*	1000.00
❑ 9 IN. ELF WITH MUSICAL INSTRUMENT (SIGNED ANNALEE)	1957	RT	4.00	1000.00
❑ 10 IN. ABRAHAM LINCOLN (DS)	1989	2500	120.00	275.00
❑ 10 IN. AEROBIC DANCER	1984	4875	18.00	50.00
❑ 10 IN. ANGEL BEAR	1993	RT	33.00	65.00
❑ 10 IN. ANGEL BEAR	1994	3377	34.00	65.00
❑ 10 IN. ANGEL ON CLOUD	1960	*	10.00	400.00
❑ 10 IN. ANNALEE COLLECTOR DOLL W/DOME	1991	588	150.00	225.00
❑ 10 IN. ANNIE OAKLEY (DS)	1985	1500	95.00	395.00

DOLLS

NAME	YEAR	LIMIT	ISSUE	TREND
❑ 10 IN. ARCHITECT	1959	RT	7.00	500.00
❑ 10 IN. AUTUMN ANGEL	1997	RT	*	75.00
❑ 10 IN. AVIATOR FROG (WWI)	1991	2110	20.00	55.00
❑ 10 IN. BABY ANGEL (SIGNED ANNALEE)	1956	RT	6.00	600.00
❑ 10 IN. BABY BEAR W/BEE	1985	3604	19.00	100.00
❑ 10 IN. BABY CAKES VALENTINE BEAR, WHITE/RED HEARTS	1996	1811	38.00	60.00
❑ 10 IN. BACK TO SCHOOL, BOY & GIRL (SIGNED ANNLEE)	1965	RT	20.00	1000.00
❑ 10 IN. BAKING FRIENDS	1998	SU	20.00	45.00
❑ 10 IN. BALLERINA BEAR (SIGNED ANNALEE)	1994	1	1100.00	1050.00
❑ 10 IN. BALLOONING ELVES	1983	7395	60.00	295.00
❑ 10 IN. BARBECUE PIG	1989	2471	28.00	65.00
❑ 10 IN. BASEBALL CATCHER	1993	RT	38.00	75.00
❑ 10 IN. BASEBALL CATCHER	1994	3440	38.00	75.00
❑ 10 IN. BASEBALL PITCHER	1992	1283	36.00	75.00
❑ 10 IN. BASEBALL PLAYER	1992	5760	30.00	65.00
❑ 10 IN. BASKETBALL PLAYER, BLACK	1994	2012	32.00	65.00
❑ 10 IN. BASKETBALL PLAYER, WHITE	1994	3699	32.00	60.00
❑ 10 IN. BATHING GIRL (SIGNED ANNALEE)	1960	RT	4.00	1250.00
❑ 10 IN. BEAN NOSED SANTA W/DOME	1994	2500	120.00	275.00
❑ 10 IN. BEAR IN NIGHTSHIRT W/CANDLE	1991	2774	33.00	60.00
❑ 10 IN. BEAR IN NIGHTSHIRT W/CANDLE	1992	3434	34.00	60.00
❑ 10 IN. BEAR IN NIGHTSHIRT W/CANDLE	1993	RT	34.00	60.00
❑ 10 IN. BEAR IN VELOUR SANTA SUIT	1991	3711	33.00	55.00
❑ 10 IN. BEAR IN VELOUR SANTA SUIT	1992	3938	33.00	55.00
❑ 10 IN. BEAR W/SNOWBALL, KNIT HAT	1991	3121	30.00	60.00
❑ 10 IN. BEAR W/SNOWBALL, KNIT HAT	1992	3826	30.00	60.00
❑ 10 IN. BEN FRANKLIN (DS)	1987	2500	120.00	325.00
❑ 10 IN. BETSY ROSS (DS)	1990	2500	120.00	250.00
❑ 10 IN. BETTY BEAR	1998	SU	50.00	60.00
❑ 10 IN. BILLY BEAR	1998	SU	50.00	60.00
❑ 10 IN. BLACK CAT	1991	6267	22.00	75.00
❑ 10 IN. BLACK CAT	1992	4101	26.00	75.00
❑ 10 IN. BOB CRATCHET & 5 IN. TINY TIM	1991	639	100.00	160.00
❑ 10 IN. BOSTON BRUINS HOCKEY PLAYER	1995	RT	48.00	95.00
❑ 10 IN. BOSTON BRUINS HOCKEY PLAYER (SIGNED CHUCK)	1995	RT	*	150.00
❑ 10 IN. BOY & GIRL IN BOAT (SIGNED ANNALEE)	1957	RT	18.00	2000.00
❑ 10 IN. BOY & GIRL IN FISHING BOAT (SIGNED ANNALEE)	1959	RT	17.00	1000.00
❑ 10 IN. BOY & GIRL ON BIKE (SIGNED ANNALEE)	1959	RT	17.00	1000.00
❑ 10 IN. BOY & GIRL SKIERS (SIGNED ANNALEE)	1950	RT	15.00	2500.00
❑ 10 IN. BOY BUILDING BOAT (SIGNED ANNALEE)	1957	RT	*	1000.00
❑ 10 IN. BOY FROG	1979	5642	8.00	95.00
❑ 10 IN. BOY FROG	1980	4185	10.00	95.00
❑ 10 IN. BOY GOLFER (SIGNED ANNALEE)	1959	RT	10.00	800.00
❑ 10 IN. BOY IN TIRE SWING	1976	358	7.00	175.00
❑ 10 IN. BOY ON RAFT	1980	1087	29.00	165.00
❑ 10 IN. BOY ON RAFT	1981	RT	*	165.00
❑ 10 IN. BOY PILGRIM	1978	3465	7.00	175.00
❑ 10 IN. BOY SKIER (SIGNED ANNALEE)	1957	RT	16.00	2500.00
❑ 10 IN. BOY SKIER (SIGNED ANNALEE)	1959	RT	*	1000.00
❑ 10 IN. BOY SQUARE DANCER (SIGNED ANNALEE)	1957	RT	10.00	900.00
❑ 10 IN. BOY SQUARE DANCER (SIGNED ANNALEE)	1959	RT	10.00	900.00
❑ 10 IN. BOY SWIMMER (SIGNED ANNALEE)	1955	RT	*	1500.00
❑ 10 IN. BOY WITH BEACH BALL (SIGNED ANNALEE)	1968	RT	6.00	400.00
❑ 10 IN. BOY WITH STRAW HAT	1957	RT	*	525.00
❑ 10 IN. BRIDE	1985	318	*	75.00
❑ 10 IN. BRIDE & GROOM CAT	1987	727	*	295.00
❑ 10 IN. BRIDE & GROOM FROGS COURTIN' (SIGNED ANNALE	1969	RT	8.00	450.00
❑ 10 IN. BRIDE & GROOM FROGS ON BIKE (SIGNED ANNALEE	1971	13	18.00	650.00
❑ 10 IN. BRIDE BEAR	1991	2977	40.00	80.00
❑ 10 IN. BRIDE FROG	1980	1653	15.00	150.00
❑ 10 IN. BRIDE FROG	1981	RT	30.00	150.00
❑ 10 IN. BRIDE FROG	1981	1239	15.00	150.00
❑ 10 IN. BUNNIES (THREE) ON REVOLVING MAYPOLE	1989	RT	190.00	295.00
❑ 10 IN. BUNNIES (TWO) ON FLEXIBLE FLYER SLED	1989	SU	53.00	115.00
❑ 10 IN. BUNNY TUNES	1998	SU	45.00	70.00
❑ 10 IN. CANADIAN MOUNTIE	1995	RT	75.00	150.00
❑ 10 IN. CANADIAN MOUNTIE W/HORSE	1995	RT	130.00	275.00
❑ 10 IN. CANDLEMAKER WOMEN, TAG S/ANNALEE, FENCE S/C	1996	286	90.00	275.00
❑ 10 IN. CANDY BASKET ELVES #2992	1996	RT	42.00	65.00
❑ 10 IN. CAROLLER BOY	1975	RT	*	125.00
❑ 10 IN. CAROLLING BOY BEAR	1996	RT	42.00	65.00
❑ 10 IN. CAROLLING BOY BEAR	1997	RT	42.00	65.00
❑ 10 IN. CAROLLING GIRL BEAR	1996	RT	42.00	65.00
❑ 10 IN. CAROLLING GIRL BEAR	1997	RT	42.00	65.00
❑ 10 IN. CAROLLING REINDEER	1996	RT	25.00	45.00
❑ 10 IN. CAROLLING REINDEER	1997	SU	27.00	45.00
❑ 10 IN. CARROT BALLOON W/7 BUNNY	1987	RT	50.00	145.00
❑ 10 IN. CASUALTY ELF (SIGNED ANNALEE)	1970	991	2.00	350.00
❑ 10 IN. CASUALTY SKI GROUP (SIGNED ANNALEE)	1957	RT	35.00	3150.00
❑ 10 IN. CASUALTY TOBOGGAN GROUP	1957	RT	35.00	2425.00
❑ 10 IN. CASUALTY TOBOGGAN GROUP (SIGNED ANNALEE)	1957	RT	35.00	1250.00
❑ 10 IN. CENTRAL GAS CO. ELF (SIGNED ANNALEE)	1966	RT	*	175.00
❑ 10 IN. CHIP BEAR BOAT W/PIN, DOLL S/CHUCK, BOAT	1995	200	125.00	295.00
❑ 10 IN. CHOIR BOY	1970	3517	4.00	150.00
❑ 10 IN. CHOIR BOY	1971	904	4.00	150.00
❑ 10 IN. CHOIR GIRL	1970	7245	5.00	165.00
❑ 10 IN. CHOIR GIRL	1971	925	4.00	165.00
❑ 10 IN. CHRISTA MCAULIFFE/SKIER	1993	RT	36.00	95.00
❑ 10 IN. CHRISTMAS COOKIE BOY (VEST, CANDY CANE)	1999	SU	35.00	45.00
❑ 10 IN. CHRISTMAS COOKIE GIRL (SKIRT, CANDY CANE)	1999	SU	35.00	45.00
❑ 10 IN. CHRISTMAS ELF #7358	1995	SU	*	30.00
❑ 10 IN. CHRISTMAS ELF W/TINSEL	1963	SU	*	195.00

DOLLS

NAME	YEAR	LIMIT	ISSUE	TREND
☐ 10 IN. CHRISTMAS ELF-GREEN	1993	RT	16.00	30.00
☐ 10 IN. CHRISTMAS ELF-RED	1991	16567	16.00	20.00
☐ 10 IN. CHRISTMAS ELF-WHITE	1992	18130	16.00	30.00
☐ 10 IN. CHRISTMAS EVE BOB CRATCHET	1992	1681	70.00	185.00
☐ 10 IN. CHRISTMAS EVE BOB CRATCHET	1993	RT	70.00	195.00
☐ 10 IN. CHRISTMAS EVE SCROOGE	1992	1722	60.00	185.00
☐ 10 IN. CHRISTMAS EVE SCROOGE	1993	RT	60.00	195.00
☐ 10 IN. CHRISTMAS FAIRIE	1990	SU	41.00	60.00
☐ 10 IN. CHRISTMAS PANDA W/TOY BAG	1985	1904	20.00	65.00
☐ 10 IN. CHRISTMAS PANDA W/TOY BAG	1986	4397	19.00	65.00
☐ 10 IN. CHRISTMAS TREE-DITIONS PARKWEST	1998	1500	95.00	125.00
☐ 10 IN. CHRISTMAS WISHES BEAR	1998	SU	48.00	70.00
☐ 10 IN. CHRISTOPHER COLUMBUS (DS)	1991	1132	120.00	275.00
☐ 10 IN. CLOWN	1970	2362	4.00	175.00
☐ 10 IN. CLOWN	1971	708	2.00	163.00
☐ 10 IN. CLOWN	1976	2285	6.00	135.00
☐ 10 IN. CLOWN	1977	4784	6.00	150.00
☐ 10 IN. CLOWN	1978	4020	6.00	150.00
☐ 10 IN. CLOWN	1980	8136	12.00	80.00
☐ 10 IN. CLOWN	1981	6479	10.00	95.00
☐ 10 IN. CLOWN	1984	6383	14.00	85.00
☐ 10 IN. CLOWN	1986	3897	16.00	75.00
☐ 10 IN. CLOWN	1987	RT	18.00	80.00
☐ 10 IN. CLOWN IN HOT AIR BALLOON	1986	2700	17.00	75.00
☐ 10 IN. COLLECTOR SANTA TRIMMING TREE	1987	RT	130.00	225.00
☐ 10 IN. COLLECTOR, MR. NASHVILLE SANTA	1995	RT	45.00	90.00
☐ 10 IN. COLLECTOR, MR. SANTA W/WEE HELPERS	1995	RT	75.00	125.00
☐ 10 IN. COLLECTOR, MRS. NASHVILLE SANTA	1995	RT	45.00	90.00
☐ 10 IN. CONDUCTOR DOLL (N.H. MUSIC FESTIVAL)	1991	383	130.00	450.00
☐ 10 IN. COUNTRY BOY BEAR (DENIM)	1997	SU	45.00	60.00
☐ 10 IN. COUNTRY BOY BEAR W/WHEELBARROW (SUNFLOWER)	1996	SU	44.00	75.00
☐ 10 IN. COUNTRY BOY BUNNY	1991	1844	43.00	75.00
☐ 10 IN. COUNTRY BOY BUNNY	1992	2395	35.00	55.00
☐ 10 IN. COUNTRY BOY BUNNY W/VEG.	1993	RT	35.00	75.00
☐ 10 IN. COUNTRY BOY GOOSE	1989	RT	32.00	70.00
☐ 10 IN. COUNTRY BUMPKIN SCARECROW	1996	RT	38.00	60.00
☐ 10 IN. COUNTRY BUMPKIN SCARECROW	1997	SU	*	60.00
☐ 10 IN. COUNTRY GIRL (SIGNED ANNALEE)	1954	RT	9.00	2000.00
☐ 10 IN. COUNTRY GIRL BEAR (DENIM)	1997	SU	45.00	60.00
☐ 10 IN. COUNTRY GIRL BEAR (SIGNED ANNALEE)	1994	1	925.00	925.00
☐ 10 IN. COUNTRY GIRL BEAR (SUNFLOWER)	1996	SU	42.00	75.00
☐ 10 IN. COUNTRY GIRL BUNNY	1991	2044	35.00	75.00
☐ 10 IN. COUNTRY GIRL BUNNY	1992	2577	35.00	55.00
☐ 10 IN. COUNTRY GIRL BUNNY W/VEG.	1993	RT	35.00	75.00
☐ 10 IN. COUNTRY GIRL GOOSE	1989	RT	64.00	70.00
☐ 10 IN. COUNTRY GIRL IN TIRE SWING	1976	357	*	175.00
☐ 10 IN. COUNTRY SNOWMAN (FEEDING BIRDS W/BIRDHOUSE)	1997	SU	38.00	65.00
☐ 10 IN. COUNTRY SNOWMAN (FEEDING BIRDS W/SEEDBAG)	1997	SU	38.00	65.00
☐ 10 IN. CROSS COUNTRY SKIER	1985	1150	*	115.00
☐ 10 IN. CRYSTAL ANGEL QVC EXCLUSIVE	1997	1000	55.00	125.00
☐ 10 IN. DENTIST (SIGNED ANNALEE)	1959	RT	10.00	2000.00
☐ 10 IN. DOCTOR BEAR	1993	YR	36.00	85.00
☐ 10 IN. DOE	1991	6541	21.00	35.00
☐ 10 IN. DOE	1992	2096	21.00	35.00
☐ 10 IN. DOE	1993	*	21.00	35.00
☐ 10 IN. DOE	1994	4319	22.00	35.00
☐ 10 IN. DOE	1995	*	22.00	35.00
☐ 10 IN. DOE	1996	*	22.00	35.00
☐ 10 IN. DONKEY	1972	861	6.00	300.00
☐ 10 IN. DONKEY	1976	1202	6.00	250.00
☐ 10 IN. DOWNHILL SKIER	1984	3535	32.00	100.00
☐ 10 IN. DRUMMER BOY	1976	SU	6.00	195.00
☐ 10 IN. E.P. BOY & GIRL BUNNY (PINK DAFFODILS)	1997	SU	90.00	140.00
☐ 10 IN. EASTER HOLIDAY DOLL (SIGNED ANNALEE)	1957	RT	10.00	1500.00
☐ 10 IN. EASTER PARADE BOY BEAR	1996	"2,234"	42.00	60.00
☐ 10 IN. EASTER PARADE BOY BUNNY	1991	4195	38.00	68.00
☐ 10 IN. EASTER PARADE BOY BUNNY	1992	3902	39.00	65.00
☐ 10 IN. EASTER PARADE BOY BUNNY	1993	5139	39.00	65.00
☐ 10 IN. EASTER PARADE BOY BUNNY	1994	SU	40.00	65.00
☐ 10 IN. EASTER PARADE BOY BUNNY	1995	*	41.00	65.00
☐ 10 IN. EASTER PARADE BOY PIG	1988	3005	24.00	75.00
☐ 10 IN. EASTER PARADE GIRL BEAR	1996	"2,699"	42.00	60.00
☐ 10 IN. EASTER PARADE GIRL BUNNY	1991	5101	39.00	68.00
☐ 10 IN. EASTER PARADE GIRL BUNNY	1992	4832	39.00	65.00
☐ 10 IN. EASTER PARADE GIRL BUNNY	1993	6590	39.00	65.00
☐ 10 IN. EASTER PARADE GIRL BUNNY	1994	SU	40.00	65.00
☐ 10 IN. EASTER PARADE GIRL BUNNY	1995	*	41.00	65.00
☐ 10 IN. EASTER PARADE GIRL PIG	1988	3400	24.00	75.00
☐ 10 IN. EASTER PARADE SHOPPER OSTRICH	1994	2368	34.00	65.00
☐ 10 IN. ELEPHANT	1976	1223	6.00	295.00
☐ 10 IN. ELF	1954	*	*	300.00
☐ 10 IN. ELF (SP. ORDER NEW HAMPTON WINTER CARNIVAL)	1963	SU	*	395.00
☐ 10 IN. ELF FISHING IN BOAT, RED, JUNE SOCIAL	1994	RT	27.00	150.00
☐ 10 IN. ELF ON BUTTERFLY	1981	1625	25.00	200.00
☐ 10 IN. ELF ON BUTTERFLY	1982	882	*	200.00
☐ 10 IN. ELF SKIER	1963	*	*	395.00
☐ 10 IN. ELF SKIER	1970	597	*	250.00
☐ 10 IN. ELF SKIER	1971	1262	4.00	200.00
☐ 10 IN. ELF W/PLANTER	1978	1978	7.00	155.00
☐ 10 IN. ELF WITH INSTRUMENT (SIGNED ANNALEE)	1959	RT	4.00	2000.00
☐ 10 IN. ELF WITH ROUND BOX (SIGNED ANNALEE)	1967	RT	2.00	350.00
☐ 10 IN. ELF WITH SKIS	1967	48	3.00	300.00

DOLLS

These cute five-inch Leprechauns *made their debut from Annalee Mobilitee Dolls Inc. in 1992.*

Claudia *joined the Victoria Ashlea Originals Collection at Goebel in 1989. Designed by Karen Kennedy, the musical porcelain doll was limited to 1,000 and plays the tune "I Love You Truly."*

Lullaby *is the second in Sandra Kuck's Precious Moments of Motherhood collection, which is produced by Reco International.*

Artaffects offered Danny, *complete with cowboy boots, hat and guitar, in its Country Musicians Collection in 1994.*

NAME	YEAR	LIMIT	ISSUE	TREND
❏ 10 IN. FABULOUS FIFTIES (W/DOME)	1996	1500	150.00	275.00
❏ 10 IN. FABULOUS FLOOZY FROGS (TRUNK SHOW)	1998	RT	50.00	65.00
❏ 10 IN. FALL ELF (ORANGE, GREEN, BROWN)	1989	SU	15.00	45.00
❏ 10 IN. FARMER W/ROOSTER	1993	1	1000.00	1000.00
❏ 10 IN. FATHER TIME	1992	1796	55.00	95.00
❏ 10 IN. FATHER TIME	1993	*	55.00	95.00
❏ 10 IN. FELICITY FROG	1998	SU	40.00	50.00
❏ 10 IN. FILENE'S IRISH SANTA	1999	850	60.00	95.00
❏ 10 IN. FISHING BEAR	1986	2817	20.00	145.00
❏ 10 IN. FISHING BOY (SIGNED ANNALEE)	1965	RT	8.00	900.00
❏ 10 IN. FISHING GIRL (SIGNED ANNALEE)	1956	RT	*	900.00
❏ 10 IN. FISHING GIRL (SIGNED ANNALEE)	1965	RT	10.00	900.00
❏ 10 IN. FISHING MR. & MRS. SANTA IN BOAT W/PLAQUE	1992	SU	100.00	165.00
❏ 10 IN. FISHING SANTA IN BOAT	1992	1582	100.00	200.00
❏ 10 IN. FLOATING FLO FROG (2 PC. SUIT)	1999	45	84.00	275.00
❏ 10 IN. FLYING WITCH	1996	SU	38.00	55.00
❏ 10 IN. FLYING WITCH	1997	SU	*	55.00
❏ 10 IN. FOOTBALL PLAYER (SIGNED ANNALEE)	1959	RT	10.00	1500.00
❏ 10 IN. FOURTH OF JULY DOLL (SIGNED ANNALEE)	1957	RT	10.00	1500.00
❏ 10 IN. FROG	1988	SU	16.00	40.00
❏ 10 IN. FROG IN BOAT	1992	3231	32.00	65.00
❏ 10 IN. FROG IN BOAT	1993	*	36.00	65.00
❏ 10 IN. FROG ON LILY PAD	1995	*	24.00	50.00
❏ 10 IN. FROG W/INSTRUMENT	1971	233	4.00	163.00
❏ 10 IN. FROG, SITTING W/WOODEN CELLO	1987	RT	20.00	85.00
❏ 10 IN. FROGMAN (GIRL DIVER) (SIGNED ANNALEE)	1950	*	10.00	3800.00
❏ 10 IN. FROSTY ELF	1997	SU	*	22.00
❏ 10 IN. FUR TRIMMED ELF W/CANDY BASKET	1974	RT	6.00	100.00
❏ 10 IN. GARDENING SUMMER SANTA	1993	RT	70.00	115.00
❏ 10 IN. GAY NINETIES COUPLE (W/DOME)	1990	RT	175.00	250.00
❏ 10 IN. GENDARME (SIGNED ANNALEE)	1964	*	4.00	1000.00
❏ 10 IN. GHOST OF CHRISTMAS FUTURE #5457	1996	RT	30.00	95.00
❏ 10 IN. GHOST OF CHRISTMAS PAST #5455	1996	RT	40.00	95.00
❏ 10 IN. GHOST OF CHRISTMAS PRESENT#5456	1996	RT	56.00	125.00
❏ 10 IN. GINGERBREAD BOY	1991	10453	22.00	45.00
❏ 10 IN. GINGERBREAD BOY	1992	7361	22.00	45.00
❏ 10 IN. GINGERBREAD BOY	1993	*	22.00	45.00
❏ 10 IN. GINGERBREAD BOY	1994	5182	24.00	45.00
❏ 10 IN. GINGERBREAD MAN	1984	4615	16.00	55.00
❏ 10 IN. GIRL BEAR	1980	SU	21.00	85.00
❏ 10 IN. GIRL FROG	1980	421	10.00	100.00
❏ 10 IN. GIRL GOLFER (SIGNED ANNALEE)	1950	RT	*	650.00
❏ 10 IN. GIRL IN BOAT	1999	200	75.00	175.00
❏ 10 IN. GIRL IN TIRE SWING	1976	357	7.00	150.00
❏ 10 IN. GIRL SKIER (SIGNED ANNALEE)	1957	RT	*	2500.00
❏ 10 IN. GIRL SKIER (SIGNED ANNALEE)	1959	*	*	2500.00
❏ 10 IN. GIRL SKIER (SIGNED ANNALEE)	1960	RT	*	1250.00
❏ 10 IN. GIRL SQUARE DANCER (SIGNED ANNALEE)	1957	RT	10.00	900.00
❏ 10 IN. GIRL SQUARE DANCER (SIGNED ANNALEE)	1959	*	10.00	900.00
❏ 10 IN. GIRL SWIMMER (SIGNED ANNALEE)	1959	*	*	1500.00
❏ 10 IN. GIRL W/BASKET	1991	3592	38.00	70.00
❏ 10 IN. GIRL WATER SKIER (SIGNED ANNALEE)	1953	*	10.00	2500.00
❏ 10 IN. GIRL WATER-SKIER (SIGNED ANNALEE)	1963	*	8.00	1000.00
❏ 10 IN. GO-GO BOY & GIRL (SIGNED ANNALEE)	1966	*	4.00	550.00
❏ 10 IN. GO-GO BOY DANCER (SIGNED ANNALEE)	1966	*	10.00	350.00
❏ 10 IN. GREEN CHRISTMAS ELF	1994	6719	17.00	25.00
❏ 10 IN. GREEN CHRISTMAS ELF	1995	*	18.00	25.00
❏ 10 IN. GREEN CHRISTMAS ELF	1996	*	18.00	25.00
❏ 10 IN. GREEN WOODSPRITE (SIGNED ANNALEE)	1959	*	7.00	425.00
❏ 10 IN. GROOM	1985	264	*	75.00
❏ 10 IN. GROOM BEAR	1991	2745	40.00	80.00
❏ 10 IN. GROOM FROG	1980	1611	15.00	150.00
❏ 10 IN. GROOM FROG	1981	2061	15.00	150.00
❏ 10 IN. HARVEST ANGEL	1998	5000	*	80.00
❏ 10 IN. HEADLESS HORSEMAN	1993	*	57.00	125.00
❏ 10 IN. HEADLESS HORSEMAN W/HORSE	1994	SU	57.00	125.00
❏ 10 IN. HIPPIE COUPLE (W/DOME)	1999	RT	195.00	295.00
❏ 10 IN. HOBO CLOWN	1991	2368	25.00	60.00
❏ 10 IN. HOBO CLOWN (PURPLE JACKET)	1994	6826	31.00	55.00
❏ 10 IN. HOLIDAY BEST MRS. SANTA	1999	SU	45.00	55.00
❏ 10 IN. HOLIDAY BEST SANTA	1999	SU	45.00	55.00
❏ 10 IN. HOLLY ELF (SIGNED ANNALEE)	1957	*	*	1600.00
❏ 10 IN. HONKEY DONKEY (BROWN)	1968	RT	4.00	275.00
❏ 10 IN. HOOK, LINE & SANTA	1996	RT	45.00	80.00
❏ 10 IN. HOOK, LINE & SANTA (W/CERTIFICATE)	1997	SU	45.00	80.00
❏ 10 IN. HUCK FINN	1987	1200	103.00	195.00
❏ 10 IN. HUSKIE W/5 IN. PUPPY	1991	2860	55.00	95.00
❏ 10 IN. IMP SKIER (SIGNED ANNALEE)	1904	*	4.00	400.00
❏ 10 IN. IN FROM THE COLD	1998	2200	70.00	125.00
❏ 10 IN. INDIAN CHIEF BEAR W/PIN, DOLL SIGNED CHUCK	1996	200	130.00	295.00
❏ 10 IN. INDIAN CHIEF WHITE EAGLE, POTTERY/WHITE	1999	SU	45.00	65.00
❏ 10 IN. INDIAN MAIDEN DESERT BLOOM, RUG/WHITE DRESS	1999	SU	45.00	65.00
❏ 10 IN. INDIAN MAN	1991	2719	33.00	60.00
❏ 10 IN. INDIAN MAN	1992	1834	34.00	60.00
❏ 10 IN. INDIAN MAN	1995	*	43.00	80.00
❏ 10 IN. INDIAN MAN	1996	*	43.00	80.00
❏ 10 IN. INDIAN WOMAN	1991	2779	33.00	65.00
❏ 10 IN. INDIAN WOMAN	1992	1816	33.00	60.00
❏ 10 IN. INDIAN WOMAN	1995	*	43.00	75.00
❏ 10 IN. INDIAN WOMAN	1996	*	43.00	80.00
❏ 10 IN. JACK FROST ELF W/10-IN. SNOWFLAKE	1982	RT	14.00	135.00
❏ 10 IN. JACK FROST WITH SNOWFLAKE	1981	5950	32.00	135.00

DOLLS

DOLLS

NAME	YEAR	LIMIT	ISSUE	TREND
❏ 10 IN. JACK FROST WITH SNOWFLAKE	1982	2289	14.00	135.00
❏ 10 IN. JACOB MARLEY	1992	672	90.00	150.00
❏ 10 IN. JEST-A-SPOOKSTER	1998	SU	33.00	55.00
❏ 10 IN. JESTER & FRIEND	1996	*	34.00	55.00
❏ 10 IN. JOHNNY APPLESEED (DS)	1984	1500	80.00	425.00
❏ 10 IN. JOSEPH	1996	RT	38.00	115.00
❏ 10 IN. KATIE KAT LORD & TAYLOR, SIGNED CHUCK/KAREN	1998	250	45.00	275.00
❏ 10 IN. KITTEN ON SLED	1991	3810	36.00	65.00
❏ 10 IN. KITTEN W/KNIT MITTENS	1991	4124	34.00	55.00
❏ 10 IN. KITTEN W/KNIT MITTENS	1992	4004	34.00	55.00
❏ 10 IN. KITTEN W/ORNAMENT	1993	RT	34.00	60.00
❏ 10 IN. KITTEN W/ORNAMENT	1994	RT	35.00	60.00
❏ 10 IN. KITTEN W/ORNAMENT	1995	RT	36.00	60.00
❏ 10 IN. KITTEN W/YARN & BASKET	1986	3917	28.00	85.00
❏ 10 IN. LAD & LASS (SIGNED ANNALEE)	1974	453	*	300.00
❏ 10 IN. LAD & LASS (SIGNED ANNALEE)	1975	162	12.00	200.00
❏ 10 IN. LAD ON BICYCLE (SIGNED ANNALEE)	1975	453	6.00	200.00
❏ 10 IN. LARGE FLOWER W/FACE	1995	*	21.00	50.00
❏ 10 IN. LASS	1975	558	6.00	150.00
❏ 10 IN. LASS W/PLANTER BASKET (SIGNED ANNALEE)	1976	313	7.00	150.00
❏ 10 IN. LEAPIN' FROG	1996	SU	18.00	35.00
❏ 10 IN. LEPRECHAUN W/SACK	1974	SU	6.00	125.00
❏ 10 IN. LG. FLOWER W/FACE	1994	1807	21.00	50.00
❏ 10 IN. LITTLE LORD TAYLOR (GREEN)	1997	375	65.00	195.00
❏ 10 IN. LITTLE LORD TAYLOR II (RED)	1997	1000	65.00	115.00
❏ 10 IN. LITTLE MISS TAYLOR	1998	1300	65.00	125.00
❏ 10 IN. LITTLE MISS TAYLOR (RED DRESS)	1998	"1,300"	65.00	95.00
❏ 10 IN. LOVER BOY BEAR	1996	"2,076"	40.00	75.00
❏ 10 IN. LUCKY LEAPER (VEST W/CHAIN)	1999	45	68.00	225.00
❏ 10 IN. MAILMAN ELF	1998	SU	25.00	45.00
❏ 10 IN. MAN SKATER	1991	4881	46.00	85.00
❏ 10 IN. MAN SKATER	1992	2688	46.00	85.00
❏ 10 IN. MARK TWAIN (DS)	1986	2500	120.00	350.00
❏ 10 IN. MARTHA CRATCHET W/PLUM	1991	2136	60.00	125.00
❏ 10 IN. MARTHA CRATCHET W/PLUM	1992	784	60.00	125.00
❏ 10 IN. MARY HOLDING BABY JESUS	1996	*	40.00	40.00
❏ 10 IN. MAUI SANTA W/PLAQUE	1990	SU	70.00	105.00
❏ 10 IN. MEDICINE MAN	1997	SU	*	95.00
❏ 10 IN. MERLIN	1989	3565	70.00	115.00
❏ 10 IN. MERRY CHRISTMAS TO ALL (PARKWEST)	1997	750	85.00	165.00
❏ 10 IN. MOM BUNNY W/BASKET OF JOY	1998	SU	60.00	80.00
❏ 10 IN. MONK	1967	*	*	225.00
❏ 10 IN. MONK	1982	6968	13.00	75.00
❏ 10 IN. MONK (GREEN)	1964	*	3.00	350.00
❏ 10 IN. MONK W/MUSICAL INSTRUMENT	1967	SU	3.00	275.00
❏ 10 IN. MONK WITH CAP	1964	*	3.00	350.00
❏ 10 IN. MONK WITH CHRISTMAS TREE PLANTING	1965	*	3.00	275.00
❏ 10 IN. MONK WITH SKIS (SIGNED ANNALEE)	1970	406	4.00	250.00
❏ 10 IN. MR. FARMER	1996	RT	35.00	75.00
❏ 10 IN. MR. SCROOGE #5467	1996	RT	38.00	135.00
❏ 10 IN. MR. SCROOGE'S BED	1996	RT	44.00	95.00
❏ 10 IN. MRS. BEAR IN NIGHTSHIRT W/CANDLE	1992	4661	39.00	75.00
❏ 10 IN. MRS. BEAR IN NIGHTSHIRT W/CANDLE	1993	*	39.00	75.00
❏ 10 IN. MRS. FARMER	1996	RT	35.00	75.00
❏ 10 IN. MRS. SANTA "LAST MENDING"	1994	5751	48.00	95.00
❏ 10 IN. MRS. SKATING SANTA	1993	*	50.00	50.00
❏ 10 IN. MURRAY CHRISMOOSE	1999	RT	50.00	85.00
❏ 10 IN. MYSTICAL SANTA	1997	RT	*	65.00
❏ 10 IN. NATIVITY ANGEL	1991	2112	60.00	110.00
❏ 10 IN. NATIVITY SET W/DOME	1991	658	150.00	275.00
❏ 10 IN. NUN ON SKIS	1969	1551	4.00	300.00
❏ 10 IN. NUN ON SKIS	1971	617	4.00	275.00
❏ 10 IN. OLD TYME CAROLLING MAN	1996	*	39.00	60.00
❏ 10 IN. OLD TYME CAROLLING MAN	1997	RT	*	60.00
❏ 10 IN. OLD TYME CAROLLING WOMAN	1996	*	39.00	60.00
❏ 10 IN. OLD TYME CAROLLING WOMAN	1997	RT	*	60.00
❏ 10 IN. OLD WORLD CAROLLER MAN	1994	5549	28.00	55.00
❏ 10 IN. OLD WORLD CAROLLER MAN	1995	*	29.00	55.00
❏ 10 IN. OLD WORLD CAROLLER WOMAN	1994	5595	28.00	55.00
❏ 10 IN. OLD WORLD CAROLLER WOMAN	1995	*	29.00	55.00
❏ 10 IN. OLD WORLD SANTA W/SKIS	1994	4331	50.00	70.00
❏ 10 IN. OLD WORLD SKATERS ON MUSIC BOX	1994	1660	120.00	205.00
❏ 10 IN. OLD WORLD TREE TOP ANGEL #7276	1996	RT	47.00	85.00
❏ 10 IN. OLD WORLD TREE TOP ANGEL (BURGUNDY)	1996	SU	47.00	85.00
❏ 10 IN. OX	1999	SU	37.00	70.00
❏ 10 IN. PARKER WEST MOUSE (BLACK BODY, FLOWERS)	1999	31	45.00	295.00
❏ 10 IN. PATRIOTIC ELF (FLAG/STREAMER, JUNE SOCIAL)	1999	425	30.00	55.00
❏ 10 IN. PATRIOTIC ELF SMITHSONIAN FOLKLIFE FESTIVAL	1999	1736	26.00	45.00
❏ 10 IN. PEASANT (HOLDS BASKET W/BREAD AND FISH)	1997	SU	45.00	85.00
❏ 10 IN. PEASANT (HOLDS BASKET W/BREAD)	1999	SU	45.00	80.00
❏ 10 IN. PENGUIN & CHICK (SIGNED ANNALEE)	1985	RT	30.00	575.00
❏ 10 IN. PENGUIN W/PLAQUE	1985	3000	30.00	85.00
❏ 10 IN. PERCY THE PIRATE (SOCIAL PIECE)	1998	*	*	65.00
❏ 10 IN. PILGRIM MAN	1996	*	45.00	75.00
❏ 10 IN. PILGRIM MAN W/BASKET	1991	2374	45.00	75.00
❏ 10 IN. PILGRIM MAN W/BASKET	1992	1803	45.00	75.00
❏ 10 IN. PILGRIM WOMAN	1996	*	40.00	75.00
❏ 10 IN. PILGRIM WOMAN W/TURKEY	1991	2502	45.00	75.00
❏ 10 IN. PILGRIM WOMAN W/TURKEY	1992	1904	45.00	75.00
❏ 10 IN. PIPER BEAR W/PIN (DOLL SIGNED CHUCK)	1994	200	130.00	295.00
❏ 10 IN. POCAHONTAS (W/DOME)	1995	1300	88.00	275.00
❏ 10 IN. PONY EXPRESS RIDER (DS)	1993	*	98.00	275.00

NAME	YEAR	LIMIT	ISSUE	TREND
❑ 10 IN. PUMPKIN (MEDIUM)	1987	SU	35.00	195.00
❑ 10 IN. PUMPKIN PATCH ELF	1996	*	24.00	25.00
❑ 10 IN. PUPPIES FOR CHRISTMAS SANTA	1996	RT	80.00	110.00
❑ 10 IN. PUPPIES FOR CHRISTMAS SANTA	1997	RT	*	110.00
❑ 10 IN. RED CHRISTMAS ELF	1994	9079	17.00	25.00
❑ 10 IN. RED CHRISTMAS ELF	1995	*	18.00	25.00
❑ 10 IN. RED CHRISTMAS ELF	1996	*	18.00	25.00
❑ 10 IN. RED NOSED REINDEER	1971	1588	5.00	75.00
❑ 10 IN. RED NOSED REINDEER	1975	4854	*	75.00
❑ 10 IN. REDCOAT W/CANNON (TAG SIGNED ANNALEE)	1994	1500	84.00	250.00
❑ 10 IN. REINDEER	1965	*	5.00	500.00
❑ 10 IN. REINDEER	1995	OP	24.00	24.00
❑ 10 IN. REINDEER	1996	OP	24.00	24.00
❑ 10 IN. REINDEER W/7 IN. SANTA	1995	*	48.00	75.00
❑ 10 IN. REINDEER W/CAP & BELL	1991	10300	22.00	25.00
❑ 10 IN. REINDEER W/CAP & BELL	1992	10650	23.00	25.00
❑ 10 IN. REINDEER W/CAP & BELL	1994	10319	24.00	25.00
❑ 10 IN. REINDEER W/CAP & BELL	1995	*	25.00	25.00
❑ 10 IN. REINDEER WITH BELL	1985	6398	14.00	40.00
❑ 10 IN. REINDEER WITH HAT	1970	144	5.00	95.00
❑ 10 IN. REINDEER WITH RED NOSE	1969	*	5.00	95.00
❑ 10 IN. ROARING TWENTIES DANCE COUPLE (W/DOME)	1997	RT	160.00	250.00
❑ 10 IN. ROBIN HOOD (DS)	1984	1500	80.00	450.00
❑ 10 IN. ROBIN HOOD ELF	1972	*	2.00	125.00
❑ 10 IN. ROSEMARY GARDEN ANGEL (REDESIGN)	1999	27	50.00	150.00
❑ 10 IN. SAKS FIFTH AVE. SKIER (SIGNED ANNALEE)	1954	50	10.00	2000.00
❑ 10 IN. SANTA AT WORKBENCH	1992	2209	70.00	105.00
❑ 10 IN. SANTA FEEDING REINDEER	1991	2618	80.00	125.00
❑ 10 IN. SANTA FROG	1980	7631	10.00	125.00
❑ 10 IN. SANTA FROG ON BANG HAT, GREEN, EMPLOYEE	1994	RT	*	105.00
❑ 10 IN. SANTA FROG ON BANG HAT, JUNE AUCTION, RED	1994	RT	30.00	60.00
❑ 10 IN. SANTA FROG W/TOY BAG & STAND	1987	RT	20.00	50.00
❑ 10 IN. SANTA ON ROCKING HORSE	1991	2398	50.00	95.00
❑ 10 IN. SANTA PIG	1991	2685	32.00	65.00
❑ 10 IN. SANTA PLAYING W/TRAIN	1991	1525	50.00	75.00
❑ 10 IN. SANTA W/REINDEER GOLFING	1991	2462	80.00	125.00
❑ 10 IN. SANTA W/TOBOGGAN	1993	RT	60.00	105.00
❑ 10 IN. SANTA, BLACK, FIREPLACE/3 IN. CHILD, BLACK	1993	SU	90.00	150.00
❑ 10 IN. SANTA'S HELPER BEAR	1993	4069	33.00	65.00
❑ 10 IN. SCARECROW	1976	SU	6.00	170.00
❑ 10 IN. SCARECROW	1977	4879	6.00	170.00
❑ 10 IN. SCARECROW	1984	3008	16.00	125.00
❑ 10 IN. SCARECROW	1985	2000	16.00	125.00
❑ 10 IN. SCARECROW W/CORNUCOPIA	1997	SU	50.00	70.00
❑ 10 IN. SCROOGE	1991	592	90.00	135.00
❑ 10 IN. SHEPHERD BOY & LAMB	1991	591	90.00	175.00
❑ 10 IN. SHEPHERD BOY AND LAMB W/PLAQUE	1990	SU	90.00	225.00
❑ 10 IN. SHERLOCK HOLMES (DS)	1988	2500	120.00	275.00
❑ 10 IN. SHRINER (SPECIAL ORDER)	1984	RT	*	595.00
❑ 10 IN. SKATING BUNNY	1991	6027	44.00	80.00
❑ 10 IN. SKATING BUNNY	1992	4005	44.00	80.00
❑ 10 IN. SKATING BUNNY	1992	RT	44.00	80.00
❑ 10 IN. SKATING PENGUIN	1993	*	35.00	60.00
❑ 10 IN. SKATING PENGUIN	1994	RT	35.00	60.00
❑ 10 IN. SKATING PENGUIN	1995	*	36.00	60.00
❑ 10 IN. SKATING SANTA	1993	RT	50.00	50.00
❑ 10 IN. SKIER (SIGNED ANNALEE)	1957	*	15.00	2500.00
❑ 10 IN. SKIER WITH LEG IN CAST (SIGNED ANNALEE)	1957	*	35.00	2000.00
❑ 10 IN. SNOW QUEEN	1992	4390	39.00	80.00
❑ 10 IN. SNOW QUEEN TREE TOPPER	1993	*	30.00	80.00
❑ 10 IN. SNOWMAN	1978	9701	7.00	55.00
❑ 10 IN. SNOWMAN	1979	12888	8.00	55.00
❑ 10 IN. SNOWY OWL	1991	3163	26.00	60.00
❑ 10 IN. SNOWY OWL	1992	2634	26.00	60.00
❑ 10 IN. SNOWY OWL	1993	*	26.00	60.00
❑ 10 IN. SOCCER PLAYER	1994	5751	35.00	60.00
❑ 10 IN. SOUTHERN BELLE (FALL SOCIAL/CHARLESTON, SC)	1999	RT	45.00	150.00
❑ 10 IN. SPIRIT OF 76 W/DOME	1991	SU	195.00	295.00
❑ 10 IN. SPRING DOLL (SIGNED ANNALEE)	1958	*	10.00	2000.00
❑ 10 IN. SPRING ELF	1991	4060	16.00	45.00
❑ 10 IN. SPRING ELF (PINK, YELLOW, LIME GREEN)	1991	SU	16.00	45.00
❑ 10 IN. SPRING FAIRIE	1989	SU	38.00	60.00
❑ 10 IN. ST. NICK TREE TOP	1993	*	30.00	55.00
❑ 10 IN. STATE TROOPER W/DOME	1987	836	134.00	225.00
❑ 10 IN. STEEPLE (BOY) (SIGNED ANNALEE)	1962	*	9.00	900.00
❑ 10 IN. STORK W/3 IN. BABY	1988	500	50.00	110.00
❑ 10 IN. STROLLING BUNNY W/7IN. BABY, WHITE STROLLER	1997	RT	70.00	125.00
❑ 10 IN. SUMMER SANTA	1991	1926	60.00	95.00
❑ 10 IN. SUMMER SCHOOL ELF (JUNE AUCTION)	1997	RT	23.00	45.00
❑ 10 IN. SURFER BOY	1967	*	10.00	350.00
❑ 10 IN. SURFER BOY	1967	*	5.00	350.00
❑ 10 IN. SURFER GIRL	1967	*	10.00	350.00
❑ 10 IN. SWEETHEART BOY ELF (WHITE ELF, RED HAT)	1998	SU	21.00	45.00
❑ 10 IN. SWEETHEART ELF (RED ELF W/HEART ON CHEST)	1999	SU	21.00	35.00
❑ 10 IN. SWEETHEART GIRL BEAR, SITTING W/SCISSORS	1997	SU	40.00	60.00
❑ 10 IN. SWEETHEART GIRL ELF (WHITE ELF, W/SKIRT)	1998	SU	21.00	45.00
❑ 10 IN. SWEETHEART PANDA	1999	47	72.00	325.00
❑ 10 IN. TEA TYME TOADS	1998	RT	60.00	85.00
❑ 10 IN. TENNESSEE FIDDLER/HOUND (TAG SIGNED ANNALEE	1995	RT	80.00	175.00
❑ 10 IN. TENNIS SANTA	1992	2115	50.00	85.00
❑ 10 IN. TEXAS OIL MAN (SIGNED ANNALEE)	1959	*	16.00	4000.00
❑ 10 IN. THANKSGIVING DOLL (SIGNED ANNALEE)	1957	*	*	1500.00

DOLLS

DOLLS

NAME	YEAR	LIMIT	ISSUE	TREND
❑ 10 IN. THE SPIRIT OF '76 W/DOME	1991	1080	175.00	375.00
❑ 10 IN. TINSEL, THE ELF	1992	9967	20.00	40.00
❑ 10 IN. TOY SOLDIER (MARCHING)	1990	SU	33.00	50.00
❑ 10 IN. TREE TOP ANGEL	1995	*	36.00	55.00
❑ 10 IN. TREE TOP ANGEL	1996	*	41.00	55.00
❑ 10 IN. TREE TOP ANGEL #7274	1994	SU	30.00	60.00
❑ 10 IN. TREE TOP ANGEL-RED	1995	OP	38.00	55.00
❑ 10 IN. TRICK OR TREAT ELF	1996	SU	21.00	40.00
❑ 10 IN. TRICK OR TREAT ELF	1997	SU	*	40.00
❑ 10 IN. TRUE BLUE SANTA	1997	RT	63.00	95.00
❑ 10 IN. TWO WISE MEN W/PLAQUE	1991	476	110.00	240.00
❑ 10 IN. UN-BEAR-ABLY ANGELIC	1998	SU	48.00	70.00
❑ 10 IN. UNCLE SAM	1976	1095	6.00	395.00
❑ 10 IN. UNICORN W/PLAQUE	1986	3000	36.00	110.00
❑ 10 IN. VALENTINE ANGEL	1997	SU	45.00	85.00
❑ 10 IN. VALENTINE DOLL (SIGNED ANNALEE)	1957	*	10.00	1500.00
❑ 10 IN. VALENTINE GIRL BEAR, RED DRESS, WHITE HEART	1995	2487	36.00	60.00
❑ 10 IN. VALENTINE PANDA	1986	SU	20.00	125.00
❑ 10 IN. VICTOR BUNNY	1998	3500	55.00	80.00
❑ 10 IN. VICTORIA BUNNY	1998	3500	55.00	80.00
❑ 10 IN. VICTORY SKI DOLL WPLAQUE	1991	1192	50.00	90.00
❑ 10 IN. VOTE DONKEY	1976	1202	6.00	250.00
❑ 10 IN. WALDO'S FIRST CHRISTMAS (HOLDS CANDY CANE)	1999	OP	25.00	25.00
❑ 10 IN. WANDA THE WITCH	1998	5000	*	75.00
❑ 10 IN. WANDERING ST. NICHOLAS	1996	RT	49.00	95.00
❑ 10 IN. WATER SKIER-GIRL (SIGNED ANNALEE)	1956	*	10.00	2500.00
❑ 10 IN. WHITE CHRISTMAS ELF	1994	RT	17.00	30.00
❑ 10 IN. WHITE CHRISTMAS ELF	1995	*	18.00	30.00
❑ 10 IN. WHITE ELF WITH PRESENTS	1969	*	*	175.00
❑ 10 IN. WHITE ST. NICHOLAS	1994	5560	44.00	95.00
❑ 10 IN. WHITE ST. NICHOLAS	1995	*	45.00	95.00
❑ 10 IN. WHITE WOODSPRITE	1963	*	3.00	300.00
❑ 10 IN. WILLIE WOG GOIN' FISHING	1974	*	6.00	200.00
❑ 10 IN. WINDOW SHOPPER OSTRICH	1994	RT	38.00	50.00
❑ 10 IN. WINDOW SHOPPER OSTRICH	1995	RT	39.00	50.00
❑ 10 IN. WINTER ELF	1993	*	17.00	50.00
❑ 10 IN. WINTER ELF	1994	8504	18.00	27.00
❑ 10 IN. WINTER ELF	1995	*	18.00	27.00
❑ 10 IN. WINTER ELF	1996	*	18.00	27.00
❑ 10 IN. WISE MAN BEARING FRANKINCENSE	1996	RT	44.00	75.00
❑ 10 IN. WISE MAN BEARING FRANKINCENSE	1997	RT	45.00	75.00
❑ 10 IN. WISE MAN BEARING FRANKINCENSE	1998	RT	45.00	75.00
❑ 10 IN. WISE MAN BEARING GOLD	1996	RT	44.00	75.00
❑ 10 IN. WISE MAN BEARING GOLD	1997	RT	45.00	75.00
❑ 10 IN. WISE MAN BEARING GOLD	1998	RT	45.00	75.00
❑ 10 IN. WISE MAN BEARING MYRRH	1996	RT	44.00	75.00
❑ 10 IN. WISE MAN BEARING MYRRH	1997	RT	45.00	85.00
❑ 10 IN. WISE MAN BEARING MYRRH	1998	RT	45.00	75.00
❑ 10 IN. WISE MAN W/CAMEL W/PLAQUE	1991	RT	110.00	195.00
❑ 10 IN. WISEMAN W/FRANKINCENSE	1999	SU	45.00	85.00
❑ 10 IN. WISEMAN W/GOLD	1999	SU	45.00	85.00
❑ 10 IN. WISEMAN W/MYRRH (HOLDS CROCK)	1999	SU	45.00	85.00
❑ 10 IN. WOMAN GOLFER	1996	RT	44.00	70.00
❑ 10 IN. WOMAN SKATER	1991	4975	46.00	85.00
❑ 10 IN. WOMAN SKATER	1992	2754	46.00	85.00
❑ 10 IN. WOMAN TENNIS PLAYER	1996	RT	44.00	70.00
❑ 10 IN. WOODLAND SANTA & REINDEER 5392	1996	RT	66.00	125.00
❑ 10 IN. WORKSHOP ELF	1967	*	*	200.00
❑ 10 IN. WORKSHOP ELF	1983	RT	*	65.00
❑ 10 IN. XMAS MUSHROOM-7 IN. SANTA & DEER (SIGNED AN	1970	RT	11.00	450.00
❑ 10 IN. YELLOW WOODSPRITE (SIGNED ANNALEE)	1963	*	5.00	275.00
❑ 10 IN.TINSEL ELF	1991	17070	20.00	45.00
❑ 12 IN. 1956 SKI DOLL	1997	3500	95.00	95.00
❑ 12 IN. BASKET COUPLE	1991	2028	97.00	100.00
❑ 12 IN. BASKET COUPLE	1992	1	60.00	75.00
❑ 12 IN. BAT	1991	3113	30.00	75.00
❑ 12 IN. BAT	1992	2107	32.00	75.00
❑ 12 IN. BEAN NOSE SANTA W/PLAQUE AND DOME	1994	RT	120.00	275.00
❑ 12 IN. BENNY BUNNY (GALVANIZED WATERING CAN)	1999	OP	52.00	52.00
❑ 12 IN. BENNY BUNNY (GALVANIZED WATERING CAN)	2000	OP	50.00	50.00
❑ 12 IN. BENNY BUNNY (GREEN WATERING CAN)	1999	OP	52.00	70.00
❑ 12 IN. BOY MONKEY WITH TRAPEZE	1981	1800	24.00	295.00
❑ 12 IN. BOY PILGRIM W/BASKET	1993	*	45.00	75.00
❑ 12 IN. BOY PILGRIM W/BASKET	1994	2132	46.00	75.00
❑ 12 IN. BOY PILGRIM W/BASKET	1995	*	47.00	75.00
❑ 12 IN. BOY SKUNK	1982	935	28.00	135.00
❑ 12 IN. BRIDE MOUSE	1983	854	32.00	125.00
❑ 12 IN. BROWN HORSE	1996	RT	36.00	80.00
❑ 12 IN. BUFFALO	1998	SU	49.00	75.00
❑ 12 IN. CACTUS SET	1995	RT	18.00	45.00
❑ 12 IN. CACTUS SET	1996	*	24.00	45.00
❑ 12 IN. CAMEL	1999	SU	42.00	135.00
❑ 12 IN. CAROLLING MRS. SANTA #5496	1996	SU	46.00	70.00
❑ 12 IN. CAROLLING SANTA #5497	1996	SU	56.00	85.00
❑ 12 IN. CAROUSEL HORSE #1-EMPRESS	1995	RT	60.00	100.00
❑ 12 IN. CAROUSEL HORSE #2-NOEL	1996	RT	68.00	100.00
❑ 12 IN. CAROUSEL HORSE #3 LAST-CHAMPAGNE	1997	RT	*	100.00
❑ 12 IN. CAT WITH MOUSE	1972	*	13.00	195.00
❑ 12 IN. CHEF SANTA	1992	3353	45.00	75.00
❑ 12 IN. CHEF SANTA	1993	*	45.00	75.00
❑ 12 IN. CHEF SANTA	1994	1519	46.00	75.00
❑ 12 IN. CHEF SANTA	1995	*	47.00	75.00

NAME	YEAR	LIMIT	ISSUE	TREND
❑ 12 IN. CHRISTMAS EVE MRS. SANTA	1996	SU	60.00	60.00
❑ 12 IN. CHRISTMAS EVE MRS. SANTA	1997	SU	60.00	60.00
❑ 12 IN. CHRISTMAS EVE SANTA	1996	SU	60.00	85.00
❑ 12 IN. CHRISTMAS EVE SANTA	1997	SU	60.00	85.00
❑ 12 IN. CHRISTMAS SWAN	1991	RT	64.00	110.00
❑ 12 IN. COLONIAL BOY & GIRL MOUSE	1976	*	27.00	395.00
❑ 12 IN. COLONIAL BOY MOUSE	1976	838	14.00	150.00
❑ 12 IN. COLONIAL GIRL MOUSE	1976	691	14.00	175.00
❑ 12 IN. DEVIL KID	1994	2610	40.00	75.00
❑ 12 IN. DEVIL MOUSE	1984	1118	30.00	135.00
❑ 12 IN. DRUMMER BOY	1991	3298	40.00	55.00
❑ 12 IN. DRUMMER BOY	1992	3316	40.00	55.00
❑ 12 IN. DRUMMER BOY	1993	SU	40.00	55.00
❑ 12 IN. DRUMMER BOY	1994	3792	40.00	55.00
❑ 12 IN. DRUMMER BOY	1995	*	40.00	55.00
❑ 12 IN. DRUMMER BOY	1996	SU	45.00	70.00
❑ 12 IN. DRUMMER BOY	1997	SU	*	70.00
❑ 12 IN. DUCK ON SLED	1987	300	*	200.00
❑ 12 IN. DUCK WITH KERCHIEF	1982	5861	27.00	85.00
❑ 12 IN. DUCK WITH RAINCOAT	1985	*	*	95.00
❑ 12 IN. EASTER DUCK W/WATERING CAN	1991	1407	50.00	80.00
❑ 12 IN. FANCY NANCY CAT CHRISTMAS	1967	*	7.00	400.00
❑ 12 IN. GEORGE & SHEILA-BRIDE/GROOM MOUSE (SIGNED)	1964	*	13.00	600.00
❑ 12 IN. GIRL CAT KID	1994	3176	36.00	70.00
❑ 12 IN. GIRL CAT KID	1995	*	37.00	70.00
❑ 12 IN. GIRL MONKEY WITH TRAPEZE	1981	857	24.00	295.00
❑ 12 IN. GIRL MOUSE WITH PLUM PUDDING	1976	1482	14.00	150.00
❑ 12 IN. GIRL NIGHTSHIRT MONKEY	1973	*	8.00	300.00
❑ 12 IN. GIRL SCARECROW	1994	3978	48.00	75.00
❑ 12 IN. GIRL SCARECROW	1995	*	49.00	75.00
❑ 12 IN. GIRL SKUNK	1982	936	28.00	175.00
❑ 12 IN. GNOME	1971	RT	*	195.00
❑ 12 IN. GNOME	1978	10140	10.00	160.00
❑ 12 IN. GNOME W/PJ SUIT (SIGNED ANNALEE)	1967	*	*	400.00
❑ 12 IN. GROOM MOUSE	1983	826	32.00	125.00
❑ 12 IN. ICE PACK CAT (SIGNED ANNALEE)	1968	*	7.00	400.00
❑ 12 IN. INDIAN BOY	1993	RT	36.00	80.00
❑ 12 IN. INDIAN BOY MOUSE	1985	*	34.00	115.00
❑ 12 IN. KID W/SLED	1985	4707	32.00	65.00
❑ 12 IN. LAURA MAY CAT (SIGNED ANNALEE)	1967	*	7.00	400.00
❑ 12 IN. MOTHER DUCK	1996	RT	50.00	75.00
❑ 12 IN. MOUSE MOTHER W/7 IN. BABY MOUSE	1988	RT	46.00	150.00
❑ 12 IN. MR. INDOOR SANTA W/TREE TOP STAR	1995	*	50.00	75.00
❑ 12 IN. MR. QUACK QUACK	1997	RT	60.00	125.00
❑ 12 IN. MRS. INDOOR SANTA W/GARLAND	1995	*	45.00	85.00
❑ 12 IN. MRS. QUACK QUACK	1997	RT	60.00	125.00
❑ 12 IN. MRS. SANTA CARDHOLDER	1994	4443	40.00	65.00
❑ 12 IN. MRS. SANTA CARDHOLDER	1995	*	44.00	65.00
❑ 12 IN. MRS. SANTA MOUSE	1979	7210	*	125.00
❑ 12 IN. MRS. SANTA W/POINSETTIA	1992	3463	50.00	75.00
❑ 12 IN. MRS. SANTA W/POINSETTIA	1993	*	50.00	75.00
❑ 12 IN. NAUGHTY ANGEL WITH SLINGSHOT	1985	1393	37.00	85.00
❑ 12 IN. NAUGHTY ANGEL WITH SLINGSHOT	1986	*	37.00	85.00
❑ 12 IN. NIGHTSHIRT MOUSE	1969	*	*	200.00
❑ 12 IN. NIGHTSHIRT MOUSE	1973	122	8.00	125.00
❑ 12 IN. NIGHTSHIRT MOUSE	1982	2319	26.00	125.00
❑ 12 IN. NIGHTSHIRT MOUSE WITH CANDLE	1979	5739	16.00	125.00
❑ 12 IN. NIPSY-TIPSY HARE (SIGNED ANNALEE)	1965	*	8.00	1000.00
❑ 12 IN. NORTH POLE	1995	RT	10.00	20.00
❑ 12 IN. NORTH POLE	1996	RT	10.00	20.00
❑ 12 IN. NORTH POLE W/RED RIBBON WRAP	1994	1561	10.00	20.00
❑ 12 IN. OLD WORLD ST. NICHOLAS	1995	RT	55.00	75.00
❑ 12 IN. OLD WORLD ST. NICHOLAS #5450	1996	RT	63.00	75.00
❑ 12 IN. PILGRIM BOY MOUSE	1982	2151	28.00	125.00
❑ 12 IN. PILGRIM BOY MOUSE	1991	1980	43.00	95.00
❑ 12 IN. PILGRIM BOY MOUSE	1992	1449	43.00	95.00
❑ 12 IN. PILGRIM GIRL MOUSE	1982	2017	28.00	85.00
❑ 12 IN. PILGRIM GIRL MOUSE	1991	1978	43.00	95.00
❑ 12 IN. PILGRIM GIRL MOUSE	1992	1474	43.00	95.00
❑ 12 IN. PILGRIM GIRL W/PIE	1993	*	45.00	75.00
❑ 12 IN. PILGRIM GIRL W/PIE	1994	2140	46.00	75.00
❑ 12 IN. PILGRIM GIRL W/PIE	1995	*	47.00	75.00
❑ 12 IN. PJ BOY	1992	7526	30.00	65.00
❑ 12 IN. PJ BOY	1993	*	30.00	65.00
❑ 12 IN. PJ GIRL	1992	7903	30.00	65.00
❑ 12 IN. PJ GIRL	1993	*	30.00	65.00
❑ 12 IN. PJ KID W/BLONDE HAIR	1991	2726	30.00	60.00
❑ 12 IN. PJ KID W/BROWN HAIR	1991	2307	30.00	60.00
❑ 12 IN. PJ KID W/RED HAIR	1990	2307	30.00	70.00
❑ 12 IN. RETIRED GRANDMA MOUSE	1974	1135	14.00	125.00
❑ 12 IN. RETIRED GRANDPA MOUSE	1974	1103	14.00	125.00
❑ 12 IN. ROSE & IVY ARBOR	1995	RT	50.00	75.00
❑ 12 IN. ROSE & IVY ARBOR	1996	RT	50.00	75.00
❑ 12 IN. SANTA	1965	*	5.00	125.00
❑ 12 IN. SANTA DUCK	1991	1187	54.00	95.00
❑ 12 IN. SANTA IN CHIMNEY	1993	*	70.00	70.00
❑ 12 IN. SANTA IN CHIMNEY	1994	668	70.00	75.00
❑ 12 IN. SANTA IN CHIMNEY	1995	*	72.00	75.00
❑ 12 IN. SANTA MONKEY	1981	1800	24.00	275.00
❑ 12 IN. SANTA MOUSE	1979	*	*	100.00
❑ 12 IN. SANTA W/POTBELLIED STOVE	1991	5887	60.00	85.00
❑ 12 IN. SANTA W/POTBELLIED STOVE	1992	1818	62.00	85.00

DOLLS

NAME	YEAR	LIMIT	ISSUE	TREND
❑ 12 IN. SANTA WITH BEAN NOSE (SIGNED ANNALEE)	1956	*	20.00	1000.00
❑ 12 IN. SANTA'S HELPER PAINTING BOAT	1991	5274	36.00	65.00
❑ 12 IN. SANTA'S HELPER PAINTING BOAT	1992	2737	39.00	65.00
❑ 12 IN. SANTA'S POSTMAN W/CDHLDR MAILBAG	1991	6980	36.00	75.00
❑ 12 IN. SANTA'S POSTMAN W/CDHLDR MAILBAG	1992	3650	40.00	75.00
❑ 12 IN. SANTA'S POSTMAN W/CDHLDR MAILBAG	1993	RT	41.00	75.00
❑ 12 IN. SCARECROW	1991	2330	41.00	75.00
❑ 12 IN. SCARECROW	1992	1873	42.00	75.00
❑ 12 IN. SCARECROW	1993	*	42.00	75.00
❑ 12 IN. SCARECROW, GIRL	1995	SU	50.00	75.00
❑ 12 IN. SKUNK WITH SNOWBALL	1982	1304	29.00	250.00
❑ 12 IN. SNOWMAN	1992	5457	42.00	70.00
❑ 12 IN. SNOWMAN	1993	*	42.00	70.00
❑ 12 IN. SPIDER	1991	5194	33.00	75.00
❑ 12 IN. SPIDER	1992	3461	39.00	75.00
❑ 12 IN. SPRING SWAN	1991	615	50.00	110.00
❑ 12 IN. STREET LAMP	1996	RT	14.00	25.00
❑ 12 IN. TESSIE TAR CAT (SIGNED ANNALEE)	1968	*	7.00	400.00
❑ 12 IN. TOMMY TURKEY #3162	1996	RT	76.00	135.00
❑ 12 IN. TREE TOP ANGEL	1991	2589	43.00	65.00
❑ 12 IN. TRICK OR TREAT MOUSE	1989	*	40.00	75.00
❑ 12 IN. TUCKERED COUPLE	1991	2574	90.00	125.00
❑ 12 IN. TUCKERED COUPLE	1992	1827	90.00	125.00
❑ 12 IN. TUCKERED COUPLE	1993	*	90.00	125.00
❑ 12 IN. TURKEY	1991	1132	58.00	110.00
❑ 12 IN. VELOUR MRS. SANTA	1991	3677	50.00	60.00
❑ 12 IN. VELOUR MRS. SANTA	1992	2160	50.00	50.00
❑ 12 IN. VELOUR SANTA W/TOYBAG	1991	3517	50.00	45.00
❑ 12 IN. VELOUR SANTA W/TOYBAG	1992	2284	50.00	45.00
❑ 12 IN. WITCH MOUSE (HOLDING TRICK OR TREAT BAG)	1990	SU	43.00	75.00
❑ 12 IN. WITCH MOUSE ON BROOM	1981	1049	35.00	120.00
❑ 12 IN. WITCH MOUSE ON BROOM (MOBILE, FLYING)	1984	SU	36.00	120.00
❑ 12 IN. WORKSHOP GNOME	1998	SU	55.00	120.00
❑ 12 IN. WORKSHOP SANTA	1996	*	54.00	55.00
❑ 12 IN. WORKSHOP SANTA	1997	SU	55.00	55.00
❑ 12 IN. YUM YUM BUNNY (SIGNED ANNALEE)	1967	*	10.00	500.00
❑ 13 IN. HEATHER'S HEART (SITS IN WICKER CHAIR)	2000	OP	60.00	75.00
❑ 13 IN. LOVEABLE LARRY (HOLDS VALENTINE BAG)	2000	OP	50.00	75.00
❑ 14 IN. DRAGON WITH BUSHBOY	1981	1257	29.00	295.00
❑ 14 IN. FATHER PIG	1979	1500	19.00	150.00
❑ 14 IN. GRAPEVINE WREATH W/7 IN. E.P. GIRL BUNNY	1993	*	32.00	50.00
❑ 14 IN. GRAPEVINE WREATH W/7 IN. E.P.GIRL BUNNY	1994	2505	35.00	50.00
❑ 14 IN. LARGE USABLE PUMPKIN W/REMOVABLE TOP	1993	*	50.00	150.00
❑ 14 IN. LARGE USABLE PUMPKIN W/REMOVABLE TOP	1994	2486	50.00	150.00
❑ 14 IN. MACY'S 2000 FROSTY ELF	1999	2000	38.00	63.00
❑ 14 IN. MOTHER PIG	1979	1807	19.00	175.00
❑ 14 IN. PUMPKIN (SOLID)	1992	SU	49.00	125.00
❑ 14 IN. PUMPKIN BALLOON W/7 WITCH MOUSE (MOBILE)	1987	SU	60.00	195.00
❑ 14 IN. PUMPKIN W/REMOVABLE LID (HOLDS CANDY)	1995	SU	50.00	145.00
❑ 14 IN. PUMPKIN-SOLID	1991	1872	49.00	125.00
❑ 14 IN. ROGERS CLOTHING STORE MAN/WOMAN	1997	3500	225.00	225.00
❑ 14 IN. SPRING MUSHROOM (SIGNED ANNALEE)	1970	*	*	450.00
❑ 14 IN. UNCLE SAM FOLK HERO (DS)	1992	1034	88.00	295.00
❑ 14 IN. WREATH W/WINTER ELF	1993	*	26.00	50.00
❑ 15 IN. CHRISTMAS DRAGON	1990	3703	50.00	100.00
❑ 15 IN. HAUNTED TREE-GRAY	1997	RT	45.00	85.00
❑ 15 IN. HAUNTED TREE-TAN	1996	RT	45.00	90.00
❑ 15 IN. HOBO CAT	1988	RT	36.00	85.00
❑ 15 IN. HOBO CLOWN	1991	1295	48.00	125.00
❑ 15 IN. JAZZ CAT	1985	2622	32.00	160.00
❑ 15 IN. JAZZ CAT W/INSTRUMENT	1985	RT	32.00	160.00
❑ 15 IN. PAINTER ON SCAFFOLD	1999	100	80.00	125.00
❑ 15 IN. PURPLE ROOSTER (SIGNED ANNALEE)	1977	548	5.00	400.00
❑ 15 IN. ROOSTER (SIGNED ANNALEE)	1976	485	14.00	400.00
❑ 15 IN. WOMAN WITH RED FELT COAT	1997	3500	65.00	65.00
❑ 16 IN. CHRISTMAS WREATH W/SANTA HEAD	1974	SU	10.00	150.00
❑ 16 IN. ELEPHANT (SIGNED ANNALEE)	1972	230	13.00	500.00
❑ 16 IN. MONK WITH JUG	1983	*	28.00	140.00
❑ 16 IN. MONK WITH JUG	1984	1767	35.00	140.00
❑ 16 IN. MONK WITH JUG	1984	1821	35.00	140.00
❑ 17 IN. TEEPEE	1994	1838	38.00	65.00
❑ 17 IN. TEEPEE	1996	SU	38.00	65.00
❑ 17 IN. TEEPEE #9026	1995	RT	38.00	65.00
❑ 18 IN. AEROBIC DANCER	1984	622	36.00	125.00
❑ 18 IN. AGATHA ANGEL	1998	5000	76.00	80.00
❑ 18 IN. ANGEL W/INSTRUMENT	1991	1009	56.00	110.00
❑ 18 IN. ARTIST BUNNY	1979	1064	16.00	225.00
❑ 18 IN. ARTIST BUNNY -BLUE PRINT	1989	SU	52.00	120.00
❑ 18 IN. ARTIST BUNNY, PASTEL STRIPE	1988	SU	52.00	120.00
❑ 18 IN. BALLERINA BEAR	1985	19918	40.00	195.00
❑ 18 IN. BEAR W/BRUSH	1984	1392	40.00	220.00
❑ 18 IN. BEARRY CHRISTMAS STOCKING	1996	790	78.00	125.00
❑ 18 IN. BOB CRATCHET	1984	1819	50.00	175.00
❑ 18 IN. BOTTLECOVER MONK	1987	718	30.00	150.00
❑ 18 IN. BOY FROG	1980	1285	23.00	195.00
❑ 18 IN. BOY ON SLED	1981	*	12.00	150.00
❑ 18 IN. BOY ON SLED	1984	2205	30.00	150.00
❑ 18 IN. BUNNY KID W/BUNNY SLIPPERS	1991	2859	50.00	95.00
❑ 18 IN. BUNNY KID W/BUNNY SLIPPERS	1992	2117	50.00	95.00
❑ 18 IN. BUNNY W/BUTTERFLY	1970	258	11.00	225.00
❑ 18 IN. BUTTERFLY WITH ELF	1981	2517	28.00	135.00
❑ 18 IN. CANDY BOY	1984	1350	30.00	150.00

NAME	YEAR	LIMIT	ISSUE	TREND
❑ 18 IN. CANDY GIRL	1978	1333	15.00	250.00
❑ 18 IN. CANDY GIRL	1984	1333	30.00	150.00
❑ 18 IN. CAT W/MOUSE & MISTLETOE	1981	18995	47.00	160.00
❑ 18 IN. CATCH OF THE DAY SANTA	1997	RT	*	125.00
❑ 18 IN. CHEF SANTA (BOWL)	1991	4511	47.00	105.00
❑ 18 IN. CHEF SANTA (BOWL) #5632	1987	SU	37.00	125.00
❑ 18 IN. CHEF SANTA (BREAD)	1996	*	61.00	130.00
❑ 18 IN. CHEF SANTA (GINGERBREAD)	1995	*	52.00	105.00
❑ 18 IN. CHEF SANTA (PIE)	1992	5314	48.00	105.00
❑ 18 IN. CHEF SANTA (PIE)	1993	*	48.00	205.00
❑ 18 IN. CHEF SANTA (PIE)	1994	2888	50.00	105.00
❑ 18 IN. CHOIR BOY	1976	*	*	175.00
❑ 18 IN. CHOIR BOY	1991	3120	58.00	125.00
❑ 18 IN. CHOIR GIRL	1971	424	8.00	175.00
❑ 18 IN. CHOIR GIRL	1991	2188	58.00	95.00
❑ 18 IN. CHRISTMAS MORNING KID W/TRAIN	1990	SU	66.00	125.00
❑ 18 IN. CHRISTMAS PANDA	1985	2207	44.00	125.00
❑ 18 IN. CLOWN	1980	3192	25.00	275.00
❑ 18 IN. CLOWN	1981	2742	25.00	225.00
❑ 18 IN. CLOWN	1984	*	33.00	225.00
❑ 18 IN. CLOWN	1985	2275	37.00	195.00
❑ 18 IN. CLOWN (SIGNED ANNALEE)	1970	542	5.00	350.00
❑ 18 IN. CLOWN (SIGNED ANNALEE)	1976	916	14.00	350.00
❑ 18 IN. CLOWN (SIGNED ANNALEE)	1977	2343	14.00	350.00
❑ 18 IN. CLOWN (SIGNED ANNALEE)	1978	4000	14.00	300.00
❑ 18 IN. CLOWN WITH BALLOON	1985	1485	37.00	195.00
❑ 18 IN. COUNTRY BOY BUNNY	1992	SU	55.00	90.00
❑ 18 IN. COUNTRY BOY BUNNY W/APPLE	1995	*	68.00	90.00
❑ 18 IN. COUNTRY BOY BUNNY W/HOE	1994	1260	57.00	95.00
❑ 18 IN. COUNTRY BOY BUNNY W/VEG.	1993	*	55.00	125.00
❑ 18 IN. COUNTRY BOY BUNNY W/WATERING CAN	1985	2355	47.00	150.00
❑ 18 IN. COUNTRY BOY BUNNY W/WHEELBARROW	1986	1224	47.00	150.00
❑ 18 IN. COUNTRY BOY BUNNY W/WHEELBARROW (SUNFLOWER	1996	SU	68.00	135.00
❑ 18 IN. COUNTRY BOY BUNNY WITH CARROT	1981	1998	24.00	145.00
❑ 18 IN. COUNTRY GIRL BUNNY (SUNFLOWER)	1996	SU	68.00	125.00
❑ 18 IN. COUNTRY GIRL BUNNY W/APPLE	1995	*	68.00	95.00
❑ 18 IN. COUNTRY GIRL BUNNY W/BASKET	1980	3964	20.00	160.00
❑ 18 IN. COUNTRY GIRL BUNNY W/BASKET	1994	1549	57.00	95.00
❑ 18 IN. COUNTRY GIRL BUNNY W/FLOWERS	1986	1205	42.00	160.00
❑ 18 IN. COUNTRY GIRL BUNNY W/VEG.	1993	*	55.00	95.00
❑ 18 IN. COUNTRY GIRL BUNNY WITH BASKET	1984	1481	32.00	125.00
❑ 18 IN. COUNTRY MOM BUNNY W/BABY	1988	1800	69.00	139.00
❑ 18 IN. DAY-AFTER-CHRISTMAS SANTA	1991	2263	90.00	100.00
❑ 18 IN. DRUMMER BOY	1976	402	14.00	350.00
❑ 18 IN. E.P. BOY & GIRL BUNNY (PINK DAFFODIL)	1997	SU	135.00	176.00
❑ 18 IN. EASTER MORNING BUNNY (WHITE BODY)	1997	SU	68.00	125.00
❑ 18 IN. EASTER PARADE BOY BUNNY	1976	791	14.00	150.00
❑ 18 IN. EASTER PARADE BOY BUNNY	1977	1567	14.00	175.00
❑ 18 IN. EASTER PARADE BOY BUNNY	1991	2056	63.00	95.00
❑ 18 IN. EASTER PARADE BOY BUNNY	1992	1695	66.00	90.00
❑ 18 IN. EASTER PARADE BOY BUNNY	1993	*	66.00	95.00
❑ 18 IN. EASTER PARADE BOY BUNNY	1994	2019	66.00	85.00
❑ 18 IN. EASTER PARADE BOY BUNNY	1995	*	68.00	90.00
❑ 18 IN. EASTER PARADE BOY BUNNY	1996	*	68.00	95.00
❑ 18 IN. EASTER PARADE GIRL BUNNY	1991	2254	63.00	90.00
❑ 18 IN. EASTER PARADE GIRL BUNNY	1992	1918	66.00	85.00
❑ 18 IN. EASTER PARADE GIRL BUNNY	1993	*	66.00	95.00
❑ 18 IN. EASTER PARADE GIRL BUNNY	1994	2299	66.00	85.00
❑ 18 IN. EASTER PARADE GIRL BUNNY	1995	*	68.00	90.00
❑ 18 IN. EASTER PARADE GIRL BUNNY	1996	*	38.00	90.00
❑ 18 IN. ELEPHANT (SIGNED ANNALEE)	1976	285	17.00	500.00
❑ 18 IN. ESCORT FOX	1981	*	28.00	325.00
❑ 18 IN. FAWN	1983	1444	33.00	225.00
❑ 18 IN. FAWN WITH WREATH	1984	1444	33.00	225.00
❑ 18 IN. FEEDING TIME MRS. SANTA	1998	37	150.00	335.00
❑ 18 IN. FOXY LADY	1981	*	28.00	325.00
❑ 18 IN. FRIAR	1963	*	*	400.00
❑ 18 IN. FRIAR BOTTLE COVER	1963	*	3.00	350.00
❑ 18 IN. FROG W/BASS VIOLA (SIGNED ANNALEE)	1971	224	12.00	750.00
❑ 18 IN. GINGERBREAD BOY (BROWN JACKET)	1983	5027	29.00	135.00
❑ 18 IN. GINGERBREAD BOY (BROWN JACKET)	1984	*	29.00	135.00
❑ 18 IN. GINGERBREAD BOY (GREEN JACKET)	1991	3966	51.00	135.00
❑ 18 IN. GINGERBREAD BOY (GREEN JACKET)	1992	2969	51.00	135.00
❑ 18 IN. GIRL BUNNY W/FLOWERS	1992	1501	55.00	95.00
❑ 18 IN. GIRL BUNNY WITH EGG	1970	1727	16.00	200.00
❑ 18 IN. GIRL BUNNY WITH EGG	1976	789	14.00	150.00
❑ 18 IN. GIRL FROG	1979	2338	19.00	200.00
❑ 18 IN. GIRL FROG	1981	666	24.00	175.00
❑ 18 IN. GIRL ON SLED	1984	2328	30.00	125.00
❑ 18 IN. GIRL P.J. KID	1982	5389	26.00	125.00
❑ 18 IN. GNOME	1979	9048	17.00	200.00
❑ 18 IN. GNOME	1980	RT	20.00	195.00
❑ 18 IN. HORSE	1975	221	17.00	275.00
❑ 18 IN. INDOOR SANTA W/LIGHTS	1994	3785	57.00	95.00
❑ 18 IN. INDOOR SANTA W/LIGHTS	1995	*	64.00	95.00
❑ 18 IN. JUST IN TIME BUNNY	1998	OP	70.00	85.00
❑ 18 IN. LAD	1975	206	12.00	225.00
❑ 18 IN. LAD & LASS ON BIKE	1975	206	24.00	300.00
❑ 18 IN. LASS	1975	224	12.00	225.00
❑ 18 IN. LEPRECHAUN (SIGNED ANNALEE)	1972	1372	*	400.00
❑ 18 IN. MACY'S WORKSHOP SANTA (SPECIAL ORDER)	1987	RT	40.00	150.00
❑ 18 IN. MAN SKATER (BRN. HAIR)	1993	*	45.00	125.00

DOLLS

DOLLS

NAME	YEAR	LIMIT	ISSUE	TREND
❑ 18 IN. MARTHA CRATCHET	1984	1751	36.00	175.00
❑ 18 IN. METALLIC EGG BUNNY	1999	48	75.00	250.00
❑ 18 IN. MONK W/JUG	1981	494	*	150.00
❑ 18 IN. MONK W/PLANT	1967	*	8.00	250.00
❑ 18 IN. MR. FUR SANTA #5504	1994	SU	46.00	75.00
❑ 18 IN. MR. FUR SANTA ON STAND	1994	4546	46.00	60.00
❑ 18 IN. MR. FUR SANTA ON STAND	1995	*	47.00	60.00
❑ 18 IN. MR. FUR SANTA ON STAND	1996	*	50.00	60.00
❑ 18 IN. MR. INDOOR SANTA	1968	*	8.00	125.00
❑ 18 IN. MR. INDOOR SANTA W/TREE TOP STAR	1995	*	60.00	85.00
❑ 18 IN. MR. OLD WORLD SANTA	1994	*	52.00	85.00
❑ 18 IN. MR. OLD WORLD SANTA	1995	*	53.00	85.00
❑ 18 IN. MR. SANTA WITH CARDHOLDER	1979	*	*	125.00
❑ 18 IN. MR. SANTA WITH SACK	1972	850	*	95.00
❑ 18 IN. MR. VICTORIAN SANTA	1987	2150	58.00	125.00
❑ 18 IN. MRS SANTA W/TRAY	1992	3955	53.00	95.00
❑ 18 IN. MRS. INDOOR SANTA (SIGNED ANNALEE)	1968	*	8.00	200.00
❑ 18 IN. MRS. INDOOR SANTA W/GARLAND	1995	*	55.00	80.00
❑ 18 IN. MRS. OLD WORLD SANTA	1994	5278	50.00	85.00
❑ 18 IN. MRS. OLD WORLD SANTA	1995	*	51.00	85.00
❑ 18 IN. MRS. OUTDOOR SANTA	1993	*	50.00	60.00
❑ 18 IN. MRS. OUTDOOR SANTA	1994	3614	50.00	60.00
❑ 18 IN. MRS. OUTDOOR SANTA	1995	*	51.00	60.00
❑ 18 IN. MRS. OUTDOOR SANTA	1996	*	53.00	55.00
❑ 18 IN. MRS. SANTA	1973	3700	7.00	100.00
❑ 18 IN. MRS. SANTA CARDHOLDER	1994	4312	53.00	55.00
❑ 18 IN. MRS. SANTA CARDHOLDER	1995	*	54.00	55.00
❑ 18 IN. MRS. SANTA HANGING CRANBERRIES & POPCORN	1996	SU	60.00	125.00
❑ 18 IN. MRS. SANTA W/DOVE	1997	RT	68.00	75.00
❑ 18 IN. MRS. SANTA W/POINSETTIA	1992	6790	54.00	85.00
❑ 18 IN. MRS. SANTA W/POINSETTIA	1993	*	54.00	85.00
❑ 18 IN. MRS. SANTA W/POINSETTIA	1994	2992	56.00	85.00
❑ 18 IN. MRS. SANTA W/PRESENTS	1991	5497	50.00	85.00
❑ 18 IN. MRS. SANTA W/PRESENTS	1992	4314	53.00	85.00
❑ 18 IN. MRS. SANTA W/TRAY	1991	5143	50.00	85.00
❑ 18 IN. MRS. SANTA WITH CARDHOLDER	1971	1563	8.00	108.00
❑ 18 IN. MRS. SANTA WITH CARDHOLDER	1973	3900	15.00	100.00
❑ 18 IN. MRS. SANTA WITH PLUM PUDDING	1975	*	12.00	125.00
❑ 18 IN. MRS. VICTORIAN SANTA	1986	2000	*	125.00
❑ 18 IN. MUSICAL CAROLLING SANTA	1996	*	58.00	85.00
❑ 18 IN. MUSICAL MRS. SANTA	1994	1498	60.00	125.00
❑ 18 IN. MUSICAL SANTA W/GIFT LIST	1995	*	62.00	125.00
❑ 18 IN. MUSICAL SANTA/GIFT LIST	1994	1316	60.00	125.00
❑ 18 IN. NAUGHTY KID	1991	547	75.00	125.00
❑ 18 IN. NAUTICAL BUNNY	1999	99	75.00	275.00
❑ 18 IN. NUN (SIGNED ANNALEE)	1967	296	8.00	300.00
❑ 18 IN. OLD WORLD MRS. SANTA/LAMB (BROWN VELOUR) #56531996		RT	84.00	150.00
❑ 18 IN. OLD WORLD REINDEER W/BELLS	1994	5201	60.00	95.00
❑ 18 IN. OLD WORLD REINDEER W/BELLS	1995	*	62.00	95.00
❑ 18 IN. OLD WORLD SANTA (BROWN VELOUR) #5652	1996	RT	76.00	125.00
❑ 18 IN. P.J. BOY (SIGNED ANNALEE)	1964	*	7.00	450.00
❑ 18 IN. PATCHWORK KID (SIGNED ANNALEE)	1970	496	8.00	300.00
❑ 18 IN. PETER BUNNY (SIGNED ANNALEE)	1971	219	11.00	300.00
❑ 18 IN. PJ KID	1991	1307	40.00	85.00
❑ 18 IN. PJ KID HANGING STOCKING	1991	1396	47.00	105.00
❑ 18 IN. PJ KID IN 2 FT. STOCKING	1991	RT	62.00	95.00
❑ 18 IN. PJ KID IN 2-FT. STOCKING	1994	2428	60.00	95.00
❑ 18 IN. PJ KID IN 2-FT. STOCKING	1995	RT	62.00	95.00
❑ 18 IN. PUMPKIN COSTUME KID	1991	1317	75.00	150.00
❑ 18 IN. PUTTING ON THE RITZ SNOWMAN #7527	1996	SU	65.00	110.00
❑ 18 IN. REINDEER	1997	SU	62.00	85.00
❑ 18 IN. REINDEER (RED NOSE)	1978	5134	9.00	150.00
❑ 18 IN. REINDEER W/CHRISTMAS SADDLEBAGS	1991	4053	53.00	85.00
❑ 18 IN. REINDEER W/CHRISTMAS SADDLEBAGS	1992	3441	53.00	85.00
❑ 18 IN. REINDEER W/CHRISTMAS SADDLEBAGS	1993	*	53.00	85.00
❑ 18 IN. REINDEER W/CHRISTMAS SADDLEBAGS	1994	3235	55.00	85.00
❑ 18 IN. REINDEER W/CHRISTMAS SADDLEBAGS	1995	*	56.00	85.00
❑ 18 IN. REINDEER W/CHRISTMAS SADDLEBAGS	1996	*	60.00	85.00
❑ 18 IN. REINDEER W/NORTH POLE	1992	2755	64.00	100.00
❑ 18 IN. REINDEER W/SANTA	1995	*	90.00	90.00
❑ 18 IN. REINDEER W/VELOUR SANTA	1996	*	104.00	104.00
❑ 18 IN. SANTA	1965	*	9.00	175.00
❑ 18 IN. SANTA FOX	1982	1499	30.00	275.00
❑ 18 IN. SANTA FROG	1980	2126	25.00	295.00
❑ 18 IN. SANTA FUR KID (SIGNED ANNALEE)	1971	1191	8.00	300.00
❑ 18 IN. SANTA HANGING GINGERBREAD ORNANAMENT (1 YR)	1996	SU	77.00	105.00
❑ 18 IN. SANTA HUGGING REINDEER #6605	1995	SU	90.00	90.00
❑ 18 IN. SANTA IN SLEIGH	1993	*	75.00	75.00
❑ 18 IN. SANTA IN SLEIGH	1994	1140	78.00	78.00
❑ 18 IN. SANTA KID (SIGNED ANNALEE)	1969	*	7.00	350.00
❑ 18 IN. SANTA ON TOBOGGAN	1993	*	70.00	80.00
❑ 18 IN. SANTA ON TOBOGGAN	1994	1499	70.00	80.00
❑ 18 IN. SANTA ON TOBOGGAN	1995	*	74.00	80.00
❑ 18 IN. SANTA W/BANNER	1992	6871	53.00	85.00
❑ 18 IN. SANTA W/BANNER	1993	*	53.00	85.00
❑ 18 IN. SANTA W/CARDHOLDER	1991	8056	60.00	90.00
❑ 18 IN. SANTA W/CARDHOLDER	1992	4260	60.00	90.00
❑ 18 IN. SANTA W/CARDHOLDER SACK	1994	4899	55.00	75.00
❑ 18 IN. SANTA W/CARDHOLDER SACK	1995	*	60.00	75.00
❑ 18 IN. SANTA W/GIFT LIST	1991	6334	44.00	55.00
❑ 18 IN. SANTA W/GIFT LIST	1992	4447	46.00	50.00
❑ 18 IN. SANTA W/GIFT LIST & TOYBAG	1993	*	46.00	55.00

NAME	YEAR	LIMIT	ISSUE	TREND
❏ 18 IN. SANTA W/GIFT LIST & TOYBAG	1995	*	50.00	55.00
❏ 18 IN. SANTA W/GIFT LIST & TOYBAG	1996	*	54.00	55.00
❏ 18 IN. SANTA W/LIGHTS	1993	5441	55.00	85.00
❏ 18 IN. SANTA W/STOCKING	1991	4466	48.00	75.00
❏ 18 IN. SANTA W/STOCKING	1992	3859	50.00	75.00
❏ 18 IN. SCARECROW	1976	916	14.00	250.00
❏ 18 IN. SCARECROW	1977	*	14.00	250.00
❏ 18 IN. SCARECROW	1983	2300	29.00	225.00
❏ 18 IN. SCARECROW	1984	1956	33.00	225.00
❏ 18 IN. SKATER, MAN	1993	SU	45.00	75.00
❏ 18 IN. SKATER, WOMAN	1993	SU	45.00	115.00
❏ 18 IN. SNOWMAN #7525	1983	SU	29.00	95.00
❏ 18 IN. SNOWMAN W/BIRD	1978	3971	80.00	195.00
❏ 18 IN. SNOWMAN W/BROOM	1991	4218	44.00	60.00
❏ 18 IN. SNOWMAN W/BROOM	1992	4405	47.00	60.00
❏ 18 IN. SNOWMAN W/BROOM	1993	*	48.00	60.00
❏ 18 IN. SNOWMAN W/BROOM	1994	4092	50.00	60.00
❏ 18 IN. SNOWMAN W/BROOM	1995	*	52.00	60.00
❏ 18 IN. SNOWMAN W/BROOM	1996	*	55.00	60.00
❏ 18 IN. SNOWY OWL	1991	965	66.00	150.00
❏ 18 IN. SNOWY OWL	1992	740	66.00	150.00
❏ 18 IN. SPELLBINDER (BLACK/SUN & WAND)	1997	SU	90.00	195.00
❏ 18 IN. SPELLBINDER (BLUE/HOLDING SUN & WAND)	1997	SU	90.00	125.00
❏ 18 IN. STRAWBERRY GIRL BUNNY	1990	2365	60.00	110.00
❏ 18 IN. SUNFLOWER	1996	RT	24.00	60.00
❏ 18 IN. THORNY THE GHOST	1991	1270	52.00	125.00
❏ 18 IN. TOY SOLDIER (MARCHING)	1990	SU	55.00	75.00
❏ 18 IN. TRICK OR TREAT BUNNY KID	1991	625	50.00	100.00
❏ 18 IN. TUCKERED MRS. SANTA & PJ KID	1996	*	95.00	125.00
❏ 18 IN. TUCKERED MRS. SANTA & PJ KID	1997	SU	90.00	125.00
❏ 18 IN. TUCKERED SANTA & PJ KID	1996	*	92.00	125.00
❏ 18 IN. TUCKERED SANTA & PJ KID	1997	SU	90.00	125.00
❏ 18 IN. UNCLE SAM (SIGNED ANNALEE)	1976	245	17.00	750.00
❏ 18 IN. VALENTINE CAT W/HEART	1986	SU	35.00	225.00
❏ 18 IN. VALENTINE CAT WITH HEART	1985	2129	35.00	225.00
❏ 18 IN. VICTORIAN COUNTRY BOY BUNNY	1987	1394	50.00	90.00
❏ 18 IN. VICTORIAN COUNTRY GIRL BUNNY	1987	1492	50.00	125.00
❏ 18 IN. VICTORIAN MR. SANTA (CRANBERRY VELOUR)	1993	SU	65.00	150.00
❏ 18 IN. VICTORIAN MRS. SANTA (CRANBERRY VELOUR)	1993	SU	65.00	130.00
❏ 18 IN. VICTORIAN MRS. SANTA CARDHOLDER, CRAN. VEL.	1987	SU	50.00	145.00
❏ 18 IN. VICTORIAN MRS. SANTA, IVORY MUFF, CRAN. VEL.	1987	SU	58.00	125.00
❏ 18 IN. VICTORIAN SANTA CARDHOLDER, CRAN. VEL.	1987	SU	50.00	145.00
❏ 18 IN. VICTORIAN SANTA W/STOCKING, CRANBERRY VEL	1987	SU	90.00	145.00
❏ 18 IN. VICTORIAN SANTA, GIFT BOX, CRAN. VEL.	1987	SU	58.00	125.00
❏ 18 IN. VINEYARD MONK	1997	SU	60.00	85.00
❏ 18 IN. VOTE 76 DONKEY (SIGNED ANNALEE)	1976	285	17.00	500.00
❏ 18 IN. WINTER DRESS-UP BOY	1990	SU	56.00	95.00
❏ 18 IN. WITCH	1991	2033	64.00	95.00
❏ 18 IN. WITCH	1992	1369	64.00	95.00
❏ 18 IN. WITCH	1994	1823	68.00	95.00
❏ 18 IN. WITCH W/STAND	1992	2760	66.00	100.00
❏ 18 IN. WITCH W/STAND	1993	*	66.00	100.00
❏ 18 IN. WITCH W/STAND	1995	*	70.00	100.00
❏ 18 IN. WITCHY BREW	1996	*	83.00	125.00
❏ 18 IN. WITCHY BREW	1997	SU	84.00	125.00
❏ 18 IN. WOMAN SKATER (BLONDE)	1993	*	45.00	125.00
❏ 18 IN. WOODSPRITE (SIGNED ANNALEE)	1964	*	6.00	500.00
❏ 18 IN. WORKSHOP SANTA	1987	980	*	60.00
❏ 18 IN. YANKEE DOODLE DANDY (SIGNED ANNALEE)	1976	153	*	350.00
❏ 20 IN. BOY & GIRL CALYPSO DANCERS (SIGNED BY ANNAL	1950	*	*	2000.00
❏ 20 IN. SPRING ELF (PINK)	1990	SU	35.00	125.00
❏ 20 IN. SPRING ELF (YELLOW)	1990	SU	35.00	125.00
❏ 22 IN. BELLHOP (RED, SIGNED ANNALEE)	1963	*	*	1000.00
❏ 22 IN. CHRISTMAS ELF, BLACK HAIR	1994	3606	35.00	40.00
❏ 22 IN. CHRISTMAS GIRAFFE WITH ELF	1982	448	44.00	395.00
❏ 22 IN. CHRISTMAS STOCKING	1980	SU	8.00	45.00
❏ 22 IN. CHRISTMAS STOCKING	1991	4993	18.00	45.00
❏ 22 IN. CHRISTMAS STOCKING	1992	6128	18.00	40.00
❏ 22 IN. CHRISTMAS STOCKING	1993	OP	18.00	40.00
❏ 22 IN. CHRISTMAS STOCKING	1994	6796	19.00	40.00
❏ 22 IN. CHRISTMAS STOCKING	1995	OP	20.00	40.00
❏ 22 IN. CHRISTMAS STOCKING	1996	OP	20.00	40.00
❏ 22 IN. CHRISTMAS STOCKING	1997	SU	20.00	40.00
❏ 22 IN. CHRISTMAS STOCKING (DARK GREEN/IVORY TREE)	1992	SU	20.00	40.00
❏ 22 IN. CHRISTMAS STOCKING (PATCHWORK PRINT)	1981	SU	10.00	55.00
❏ 22 IN. CHRISTMAS STOCKING W/MOUSE IN TOP & TOE	1982	SU	21.00	125.00
❏ 22 IN. GIRAFFE W/10 IN. ELF	1982	RT	37.00	375.00
❏ 22 IN. GO-GO GIRL DANCER (SIGNED ANNALEE)	1969	*	10.00	450.00
❏ 22 IN. GREEN CHRISTMAS ELF	1995	*	36.00	95.00
❏ 22 IN. GREEN CHRISTMAS ELF	1996	*	40.00	95.00
❏ 22 IN. GREEN CHRISTMAS ELF	1997	SU	40.00	95.00
❏ 22 IN. JACK FROST ELF	1977	2600	12.00	175.00
❏ 22 IN. JUST-A-JESTER	1997	RT	55.00	95.00
❏ 22 IN. RED CHRISTMAS ELF	1991	3679	35.00	60.00
❏ 22 IN. RED CHRISTMAS ELF	1992	4066	35.00	60.00
❏ 22 IN. RED CHRISTMAS ELF	1993	*	35.00	60.00
❏ 22 IN. RED CHRISTMAS ELF	1995	OP	36.00	60.00
❏ 22 IN. RED CHRISTMAS ELF	1996	OP	40.00	60.00
❏ 22 IN. SUN	1982	838	30.00	195.00
❏ 22 IN. SUN	1983	*	33.00	195.00
❏ 22 IN. VELOUR VICTORIAN STOCKING	1987	SU	15.00	55.00
❏ 22 IN. WOODSPRITE (SIGNED ANNALEE)	1964	*	6.00	600.00

DOLLS

DOLLS

NAME	YEAR	LIMIT	ISSUE	TREND
❏ 22 IN. WORKSHOP ELF W/APRON (RED)	1974	SU	*	175.00
❏ 22 IN. WORKSHOP ELF WITH APRON	1974	1404	11.00	175.00
❏ 24 IN. CHRISTMAS GOOSE W/BASKET	1989	RT	58.00	135.00
❏ 24 IN. CHRISTMAS GOOSE WITH BASKET	1987	*	55.00	135.00
❏ 24 IN. COUNTRY CATTAIL	1996	RT	26.00	60.00
❏ 24 IN. SPRING SWAN	1990	RT	63.00	125.00
❏ 24 IN. STORK WITH BABY	1983	858	37.00	125.00
❏ 24 IN. TURKEY	1994	1116	100.00	295.00
❏ 24 IN. TURKEY (1YR)	1994	SU	100.00	250.00
❏ 24 IN. WOODSPRITE (SIGNED ANNALEE)	1963	*	5.00	500.00
❏ 25 IN. COUNTRY BOY & GIRL (PAIR, SIGNED ANNALEE)	1969	69	7.00	750.00
❏ 25 IN. LASS WITH BASKET OF FLOWERS (SIGNED ANNALEE	1975	92	29.00	400.00
❏ 25 IN. SUNFLOWER	1996	RT	26.00	65.00
❏ 25 IN. YANKEE DOODLE DANDY/30 IN. HORSE (SIGNED ANNALEE)1976	41	78.00	795.00
❏ 26 IN. BEAN NOSE SANTA (SIGNED ANNALEE)	1954	*	20.00	750.00
❏ 26 IN. MRS. SANTA WITH APRON (SIGNED ANNALEE)	1965	*	15.00	800.00
❏ 29 IN. BOY (POP) BUNNY W/BASKET (PURPLE CHECK)	1980	SU	50.00	245.00
❏ 29 IN. CAROLER MOUSE	1978	658	50.00	375.00
❏ 29 IN. CLOWN (SIGNED ANNALEE)	1976	466	30.00	500.00
❏ 29 IN. DRAGON WITH BUSHBOY (SIGNED ANNALEE)	1981	75	64.00	750.00
❏ 29 IN. EASTER PARADE GIRL BUNNY	1983	*	72.00	195.00
❏ 29 IN. EASTER PARADE MOM & POP BUNNIES, PAIR	1978	529	37.00	450.00
❏ 29 IN. EASTER PARADE MOM BUNNY	1972	508	35.00	300.00
❏ 29 IN. EASTER PARADE MOM BUNNY	1979	662	43.00	200.00
❏ 29 IN. EASTER PARADE POP BUNNY	1977	477	35.00	300.00
❏ 29 IN. GIRL BUNNY	1970	38	22.00	300.00
❏ 29 IN. GNOME	1979	1762	48.00	400.00
❏ 29 IN. GNOME	1980	RT	55.00	395.00
❏ 29 IN. MECHANICAL SEE-SAW BUNNY (SIGNED ANNALEE)	1977	*	300.00	900.00
❏ 29 IN. MOTORIZED MR. & MRS. SANTA	1979	136	400.00	500.00
❏ 29 IN. MR. OUTDOOR SANTA	1966	*	17.00	350.00
❏ 29 IN. MR. SANTA WITH VEST & SACK	1968	*	16.00	195.00
❏ 29 IN. MRS. SANTA MOUSE WITH MUFF	1977	571	50.00	400.00
❏ 29 IN. MRS. SANTA WITH CARDHOLDER	1974	2895	29.00	125.00
❏ 29 IN. POP BUNNY WITH BASKET	1977	*	12.00	300.00
❏ 29 IN. SANTA WITH CARDHOLDER SACK	1972	686	25.00	125.00
❏ 29 IN. SNOWMAN	1979	917	43.00	325.00
❏ 29 IN. SNOWMAN WITH BROOM	1971	1075	20.00	300.00
❏ 30 IN. AUTUMN JESTER	1997	RT	100.00	225.00
❏ 30 IN. BOY BUNNY	1972	237	25.00	300.00
❏ 30 IN. BOY BUNNY WITH WHEELBARROW	1986	252	120.00	225.00
❏ 30 IN. CHEF SANTA	1989	SU	114.00	250.00
❏ 30 IN. CHRISTMAS ELF, RED	1997	SU	69.00	135.00
❏ 30 IN. CHRISTMAS ELF/ RED	1996	SU	67.00	135.00
❏ 30 IN. CLOWN	1984	387	70.00	325.00
❏ 30 IN. CLOWN WITH STAND	1990	530	100.00	150.00
❏ 30 IN. COUNTRY BOY BUNNY W/APPLES	1995	SU	125.00	210.00
❏ 30 IN. COUNTRY GIRL BUNNY W/BASKET	1994	722	120.00	200.00
❏ 30 IN. DECK THE HALLS SANTA	1996	SU	170.00	170.00
❏ 30 IN. DECK THE HALLS SANTA	1997	SU	180.00	180.00
❏ 30 IN. EASTER PARADE BOY & GIRL BUNNY (PASTEL)	1984	SU	160.00	450.00
❏ 30 IN. ELECTION DONKEY (SIGNED ANNALEE)	1972	120	24.00	700.00
❏ 30 IN. FINISHING TOUCH SANTA	1997	SU	150.00	150.00
❏ 30 IN. GIRL BUNNY	1972	223	25.00	300.00
❏ 30 IN. MONK	1984	432	79.00	400.00
❏ 30 IN. MR. & MRS. TUCKERED W/2 18 IN. PJ KIDS	1991	644	291.00	295.00
❏ 30 IN. MR. OLD WORLD SANTA	1994	1453	125.00	150.00
❏ 30 IN. MR. OLD WORLD SANTA	1995	RT	125.00	150.00
❏ 30 IN. MR. OLD WORLD SANTA (BROWN VELOUR)	1996	RT	160.00	325.00
❏ 30 IN. MR. VICTORIAN SANTA	1987	450	150.00	250.00
❏ 30 IN. MRS. LAST MINUTE WRAPPING	1997	SU	150.00	150.00
❏ 30 IN. MRS. OLD WORLD SANTA	1994	1410	125.00	150.00
❏ 30 IN. MRS. OLD WORLD SANTA	1995	RT	125.00	150.00
❏ 30 IN. MRS. OLD WORLD SANTA (BROWN VELOUR)	1996	RT	152.00	295.00
❏ 30 IN. MRS. SANTA & SQUEAK	1997	SU	184.00	195.00
❏ 30 IN. MRS. SANTA W/CARDHOLDER	1991	1483	120.00	140.00
❏ 30 IN. MRS. SANTA W/CARDHOLDER	1992	1380	120.00	125.00
❏ 30 IN. MRS. SANTA W/CARDHOLDER APRON	1995	OP	120.00	120.00
❏ 30 IN. MRS. SANTA W/CARDHOLDER APRON	1996	OP	126.00	125.00
❏ 30 IN. MRS. SANTA W/CARDHOLDER APRON #6015	1984	SU	*	125.00
❏ 30 IN. MRS. SANTA W/CARDHOLDER SKIRT	1994	1141	120.00	120.00
❏ 30 IN. MRS. SANTA W/CARDHOLDER W/BASKET	1993	OP	120.00	115.00
❏ 30 IN. MRS. VICTORIAN SANTA	1987	425	150.00	250.00
❏ 30 IN. OLD WORLD MRS. SANTA #6253	1996	RT	152.00	295.00
❏ 30 IN. OLD WORLD SANTA #6252	1996	RT	160.00	325.00
❏ 30 IN. OUTDOOR SANTA	1992	1724	100.00	125.00
❏ 30 IN. OUTDOOR SANTA W/TOY BAG	1994	1019	126.00	126.00
❏ 30 IN. OUTDOOR SANTA W/TOY BAG	1995	OP	138.00	138.00
❏ 30 IN. SANTA (VELOUR) W/818 IN. REINDEER & SLEIGH	1988	SU	650.00	1300.00
❏ 30 IN. SANTA W/BANNER	1992	1654	120.00	250.00
❏ 30 IN. SANTA W/CARDHOLDER SACK	1994	1148	120.00	120.00
❏ 30 IN. SANTA W/CARDHOLDER SACK	1995	OP	120.00	120.00
❏ 30 IN. SANTA W/LIGHTED TREE	1991	509	190.00	220.00
❏ 30 IN. SANTA W/NORTH POLE	1992	1674	110.00	125.00
❏ 30 IN. SANTA W/NORTH POLE	1993	*	130.00	130.00
❏ 30 IN. SANTA W/NORTH POLE	1994	643	132.00	132.00
❏ 30 IN. SANTA W/NORTH POLE	1995	*	138.00	138.00
❏ 30 IN. SHOPPING MRS. SANTA #6212	1996	SU	156.00	175.00
❏ 30 IN. SKELETON KID #3019	1996	RT	123.00	195.00
❏ 30 IN. SNOWGIRLW/MUFF	1984	685	80.00	525.00
❏ 30 IN. SNOWMAN	1984	956	80.00	300.00
❏ 30 IN. SNOWMAN	1994	1782	120.00	275.00

NAME	YEAR	LIMIT	ISSUE	TREND
❑ 30 IN. SNOWMAN	1995	*	120.00	275.00
❑ 30 IN. STRAWBERRY GIRL BUNNY	1990	582	136.00	225.00
❑ 30 IN. SUNDAY MORNING SANTA #6011	1996	SU	125.00	175.00
❑ 30 IN. TOY SOLDIER (HOLDS RIFLE)	1998	SU	225.00	295.00
❑ 30 IN. TOY SOLDIER W/DRUM	1989	762	100.00	295.00
❑ 30 IN. VELOUR MRS. SANTA W/MUFF	1991	755	160.00	200.00
❑ 30 IN. VELOUR MRS. SANTA W/MUFF	1992	576	160.00	200.00
❑ 30 IN. VELOUR SANTA W/PIPE & BAG	1991	1221	160.00	160.00
❑ 30 IN. VELOUR SANTA W/PIPE & BAG	1992	548	160.00	160.00
❑ 30 IN. VICTORIAN MRS. SANTA WITH TRAY	1988	*	120.00	195.00
❑ 30 IN. WHITE BUNNY WITH CARROT	1971	172	*	300.00
❑ 30 IN. WITCH KID	1993	*	150.00	295.00
❑ 30 IN. WITCH KID	1994	722	150.00	295.00
❑ 30 IN. WITCH KID	1995	*	150.00	295.00
❑ 32 IN. MONK WITH GARLAND	1984	416	79.00	425.00
❑ 32 IN. MONK WITH GARLAND (SIGNED ANNALEE)	1984	416	79.00	600.00
❑ 32 IN. STOCKING W/REMOVABLE 10 IN. ELF	1992	2052	28.00	55.00
❑ 33 IN. BOY & GIRL ON TANDEM BIKE (SIGNED ANNALEE)	1960	*	*	4000.00
❑ 36 IN. CHRISTMAS CAT (SIGNED ANNALEE)	1967	*	12.00	500.00
❑ 36 IN. ELECTION DONKEY (SIGNED ANNALEE)	1976	119	*	650.00
❑ 36 IN. ELECTION ELEPHANT (SIGNED ANNALEE)	1972	113	*	700.00
❑ 36 IN. HORSE (SIGNED ANNALEE)	1976	27	48.00	450.00
❑ 36 IN. OLD WORLD REINDEER #6751	1996	SU	146.00	275.00
❑ 36 IN. REINDEER (ANIMATED)	1991	134	340.00	450.00
❑ 36 IN. REINDEER (RED NOSE)	1968	*	*	375.00
❑ 36 IN. REINDEER W/CARDHOLDER	1991	879	148.00	225.00
❑ 36 IN. REINDEER W/CARDHOLDER	1992	1219	148.00	225.00
❑ 36 IN. REINDEER W/CARDHOLDER SADDLEBAGS	1995	*	154.00	225.00
❑ 36 IN. REINDEER W/CDHLDR SADDLEBAGS	1993	*	148.00	225.00
❑ 36 IN. REINDEER W/CDHLDR SADDLEBAGS	1994	902	154.00	225.00
❑ 36 IN. REINDEER WITH SADDLEBAGS	1978	594	58.00	325.00
❑ 36 IN. REINDEER WITH TWO GNOMES	1971	624	38.00	550.00
❑ 42 IN. CLOWN	1980	224	150.00	650.00
❑ 42 IN. CLOWN WITH STAND	1980	224	85.00	650.00
❑ 42 IN. FROG	1969	30	30.00	700.00
❑ 42 IN. FROG	1980	202	90.00	400.00
❑ 42 IN. SANTA FROG	1980	206	100.00	500.00
❑ 42 IN. SCARECROW	1976	134	62.00	"1,000.00"
❑ 48 IN. CARROT	1987	2503	10.00	150.00
❑ 48 IN. SANTA (VELOUR)	1988	SU	270.00	550.00

LOGO   **A. THORNDIKE**

NAME	YEAR	LIMIT	ISSUE	TREND
❑ 7 IN. BACK TO SCHOOL KID W/PIN	1992	17524	25.00	55.00
❑ 7 IN. CHRISTMAS MORNING KID W/PIN	1989	16641	20.00	70.00
❑ 7 IN. CLOWN KID W/PIN	1990	20049	20.00	70.00
❑ 7 IN. DRESS-UP SANTA KID W/PIN	1994	20,048"	28.00	45.00
❑ 7 IN. GOIN' FISHIN' KID W/PIN	1995	18,575"	30.00	45.00
❑ 7 IN. ICE CREAM KID W/PIN	1993	17839	28.00	45.00
❑ 7 IN. KID W/BIRTHDAY CAKE (15TH ANNIVERSARY)	1998	RT	38.00	45.00
❑ 7 IN. KID W/MILK & COOKIES W/PIN	1985	3562	10.00	375.00
❑ 7 IN. KID W/MILK & COOKIES W/PIN (SIGNED ANNALEE)	1985	RT	*	595.00
❑ 7 IN. LITTLE MAE FLOWERS	1996	RT	30.00	45.00
❑ 7 IN. MENDING MY TEDDY	1999	OP	38.00	38.00
❑ 7 IN. NAUGHTY KID W/PIN	1987	11000	18.00	110.00
❑ 7 IN. RAINCOAT KID W/PIN	1988	RT	20.00	75.00
❑ 7 IN. READING KID W/PIN	1991	26516	20.00	55.00
❑ 7 IN. SWEETHEART KID W/PIN	1986	6271	18.00	175.00
❑ 7 IN. TEA FOR TWO	1997	RT	30.00	45.00

PINS   **A. THORNDIKE**

NAME	YEAR	LIMIT	ISSUE	TREND
❑ BUNNY HEAD (GIRL)	1982	SU	6.00	45.00
❑ COLONIAL BOY HEAD (TRI CORN HAT)	1976	SU	2.00	110.00
❑ COLONIAL GIRL HEAD	1976	SU	2.00	125.00
❑ COW HEAD PIN	1999	200	15.00	95.00
❑ DESERT MOUSE HEAD PIN	1991	9141	8.00	30.00
❑ DESERT STORM MOUSE HEAD	1991	RT	8.00	30.00
❑ DESERT STORM NURSE MOUSE HEAD	1991	RT	8.00	30.00
❑ DONKEY HEAD (MINT ON CARD)	1972	RT	*	90.00
❑ ELEPHANT HEAD	1972	RT	*	90.00
❑ FROG HEAD (JUNE AUCTION)	1995	RT	*	95.00
❑ GRADUATE GIRL HEAD (JUNE AUCTION)	1997	RT	15.00	45.00
❑ MILLENNIUM SUN PIN (RED, BLUE OR SILVER)	2000	OP	8.00	8.00
❑ MOUSE HEAD (GIRL)	1982	RT	*	50.00
❑ NASHVILLE SANTA HEAD (NASHVILLE AUCTION)	1995	RT	*	150.00
❑ NAUTICAL BEAR HEAD PIN (JUNE SOCIAL)	1999	RT	*	75.00
❑ NURSE MOUSE HEAD PIN	1992	1615	9.00	30.00
❑ PIRATE HEAD PIN (PERCY, JUNE SOCIAL)	1998	RT	*	65.00
❑ POODLE HEAD (JUNE AUCTION)	1996	RT	20.00	95.00
❑ SOUTHERN BELLE HEAD PIN	1999	RT	50.00	95.00
❑ WILLIAMSBURG MAN HEAD (WILLIAMSBURG AUCTION)	1996	RT	*	95.00
❑ WITCH HEAD (WILLIAMSBURG AUCTION)	1994	RT	*	125.00
❑ 3 IN. BUTTERFLY PIN	1996	SU	15.00	35.00
❑ 3 IN. SANTA PIN IN CARD	1993	*	17.00	40.00
❑ 3 IN. SUN PIN	1992	6395	6.00	6.00
❑ 3 IN. SUN PIN	1993	OP	6.00	6.00
❑ 3 IN. SUN PIN	1994	7346	6.00	6.00
❑ 3 IN. SUNSHINE PIN	2000	OP	6.00	6.00

ARTAFFECTS

ART DOLL COLLECTION   **G. PERILLO**

NAME	YEAR	LIMIT	ISSUE	TREND
❑ LITTLE DOVE, 12 IN.	1990	5000	175.00	175.00
❑ MORNING STAR, 17 1/2 IN.	1986	1000	250.00	250.00
❑ STRAIGHT ARROW, 12 IN.	1990	5000	175.00	175.00

DOLLS

NAME	YEAR	LIMIT	ISSUE	TREND
❑ SUNFLOWER, 12 IN.	1988	2500	175.00	175.00
CHILDREN OF THE PLAINS				**G. PERILLO**
❑ BIRD SONG	1993	OP	111.00	111.00
❑ BRAVE AND FREE	1992	OP	111.00	111.00
❑ CACTUS FLOWER	1994	OP	111.00	111.00
❑ GENTLE SHEPHERD	1993	OP	111.00	111.00
❑ LITTLE FRIEND	1994	OP	111.00	111.00
❑ PATHFINDER	1994	OP	111.00	111.00
❑ PRINCESS OF THE SUN	1994	OP	111.00	111.00
❑ SONG OF SIOUX	1993	OP	111.00	111.00
COUNTRY MUSICIANS COLLECTION				*
❑ DANNY	1994	OP	118.00	118.00
RUFFLES AND RHYMES DOLL COLLECTION				*
❑ LITTLE BO PEEP	1994	OP	107.00	107.00
❑ LITTLE BO PEEP (15 IN.)	1993	OP	89.00	89.00
SINGLE ISSUE				**G. PERILLO**
❑ LITTLE BREEZE	1994	OP	114.00	114.00

ASHTON-DRAKE GALLERIES

*				**B. HANSON**
❑ WINNING STYLE	1998	*	100.00	100.00
*				**J. IBAROLLE**
❑ LA QUINCEANERA	1998	*	100.00	100.00
*				**T. TOMESCU**
❑ ETERNAL LOVE	1997	*	133.00	133.00
A CHILDREN'S CIRCUS				**J. MCCLELLAND**
❑ JOHNNIE THE STRONGMAN	1991	RT	83.00	95.00
❑ KATIE THE TIGHTROPE WALKER	1991	RT	78.00	95.00
❑ MAGGIE THE ANIMAL TRAINER	1992	RT	83.00	95.00
❑ TOMMY THE CLOWN	1990	RT	78.00	95.00
A MOTHER'S WORK IS NEVER DONE				**T. MENZENBACH**
❑ DON'T FORGET TO WASH BEHIND YOUR EARS	1995	TL	60.00	60.00
❑ KISS WILL MAKE IT BETTER	1996	TL	60.00	60.00
❑ WHO MADE THIS MESS?	1996	TL	60.00	60.00
ALL I WISH FOR YOU				**J. GOOD-KRUGER**
❑ I WISH YOU CHARITY	1996	TL	50.00	50.00
❑ I WISH YOU FAITH	1995	CL	50.00	50.00
❑ I WISH YOU HAPPINESS	1995	CL	50.00	50.00
❑ I WISH YOU LOVE	1994	RT	50.00	50.00
❑ I WISH YOU LUCK	1996	TL	50.00	50.00
❑ I WISH YOU WISDOM	1995	CL	50.00	50.00
ALL I WISH FOR YOU PETITE ANGEL				**J. GOOD-KRUGER**
❑ I WISH YOU FAITH	1998	*	33.00	33.00
❑ I WISH YOU LOVE	1998	*	33.00	33.00
AMERICA THE BEAUTIFUL				**Y. BELLO**
❑ BILLY	1996	RT	50.00	50.00
❑ BOBBY	1996	RT	50.00	50.00
AMERICAN DREAM				**J. KOVACIK**
❑ HOPE	1994	RT	80.00	80.00
❑ PATIENCE	1994	RT	80.00	80.00
AMISH BLESSINGS				**J. GOOD-KRUGER**
❑ ADAM	1991	RT	75.00	165.00
❑ ELI	1992	RT	80.00	95.00
❑ RACHEL	1991	RT	69.00	125.00
❑ REBECCAH	1990	RT	68.00	125.00
❑ RUTH	1992	RT	75.00	125.00
❑ SARAH	1993	RT	80.00	125.00
AMISH INSPIRATIONS				**J. IBAROLLE**
❑ ANNA	1996	YR	75.00	75.00
❑ ETHAN	1994	RT	70.00	70.00
❑ MARY	1994	RT	70.00	70.00
❑ SETH	1996	RT	75.00	75.00
ANNE OF GREEN GABLES				**J. KOVACIK**
❑ ANNE SHIRLEY	1995	CL	70.00	70.00
❑ DIANA BARRY	1996	TL	70.00	70.00
❑ GILBERT BLYTHE	1996	TL	70.00	70.00
❑ JOSIE PYE	1996	TL	70.00	70.00
AS CUTE AS CAN BE				**D. EFFNER**
❑ ANGEL FACE	1994	RT	50.00	75.00
❑ PATTY CAKE	1995	CL	50.00	50.00
❑ PUPPY LOVE	1994	RT	50.00	75.00
❑ SUGAR PLUM	1993	RT	50.00	100.00
BABIES WORLD OF WONDER				**K. BARRY-HIPPENSTEEL**
❑ ANDREW	1996	TL	60.00	60.00
❑ JASON	1997	TL	60.00	60.00
❑ KIRSTEN	1997	TL	70.00	70.00
❑ SARAH	1996	TL	60.00	75.00
BABY BOOK TREASURES				**K. BARRY-HIPPENSTEEL**
❑ CATHERINE'S CHRISTENING	1991	RT	58.00	58.00
❑ CHRISTOPHER'S FIRST SMILE	1991	RT	63.00	63.00
❑ ELIZABETH'S HOMECOMING	1990	RT	58.00	58.00
BABY TALK				**J. GOOD-KRUGER**
❑ ALL GONE	1994	RT	50.00	85.00
❑ BYE, BYE!	1994	RT	50.00	55.00
❑ NIGHT, NIGHT	1994	RT	50.00	50.00
BALLET RECITAL				**P. BOMAR**
❑ CHLOE	1996	TL	70.00	70.00
❑ HEIDI	1996	TL	70.00	70.00

NAME	YEAR	LIMIT	ISSUE	TREND
❏ KYLIE	1996	TL	70.00	70.00
BARELY YOURS				**T. TOMESCU**
❏ CLEAN AS A WHISTLE	1996	RT	75.00	75.00
❏ COOL AS A CUCUMBER	1996	RT	75.00	75.00
❏ CUTE AS A BUTTON	1994	RT	70.00	125.00
❏ GOOD AS GOLD	1996	RT	75.00	75.00
❏ PRETTY AS A PICTURE	1996	RT	75.00	75.00
❏ SNUG AS A BUG IN A RUG	1994	RT	75.00	75.00
BEACH BABIES				**C. JACKSON**
❏ CARLY	1996	TL	00.00	80.00
❏ KELLIE	1997	TL	80.00	80.00
❏ KYLE	1996	TL	80.00	80.00
BEACH BABIES				**C. MARSCHNER-ROLFE**
❏ LACEY	1998	TL	95.00	95.00
BEAUTIES OF SPRING				**M. TRETTER**
❏ BLOSSOMS	1998	*	73.00	73.00
BEAUTIFUL DREAMERS				**G. RADEMANN**
❏ BRIGITTE	1993	CL	94.00	94.00
❏ GABRIELLE	1993	CL	94.00	94.00
❏ ISABELLA	1993	CL	94.00	94.00
❏ KATRINA	1992	CL	89.00	125.00
❏ NICOLETTE	1992	CL	90.00	90.00
BEAUTY AND GRACE				**B. HANSON**
❏ ISABELLA	1997	TL	100.00	100.00
❏ LARA	1998	TL	100.00	100.00
BEDTIME FOR BEARS				**J. DAVIS**
❏ SARAH PRAYING BEAR	1998	OP	43.00	43.00
BLESSED ARE THE CHILDREN				**B. DEVAL**
❏ BLESSED ARE THE PEACEMAKERS	1996	TL	70.00	70.00
❏ BLESSED ARE THE PURE OF HEART	1996	TL	70.00	70.00
BLOSSOMING BELLES				**S. FREEMAN**
❏ MAGNOLIA BLOSSOM	1998	TL	83.00	83.00
❏ YELLOW ROSE	1997	TL	83.00	83.00
BORN TO BE FAMOUS				**K. BARRY-HIPPENSTEEL**
❏ LITTLE CHRISTOPHER COLUMBUS	1992	RT	95.00	95.00
❏ LITTLE DAVY CROCKETT	1991	RT	92.00	92.00
❏ LITTLE FLORENCE NIGHTINGALE	1990	RT	87.00	87.00
❏ LITTLE SHERLOCK	1989	RT	87.00	87.00
BOYS AND BEARS				**A. BROWN**
❏ CODY AND THE CUDDLE BEAR	1996	TL	63.00	63.00
❏ NICKY AND NAPTIME BEAR	1997	TL	63.00	63.00
❏ SAMMY AND SHARING BEAR	1997	TL	63.00	63.00
BOYS WILL BE BEARS				**JOHO/ FORAN**
❏ DAVEY	1998	OP	50.00	50.00
BOYS WILL BE BOYS				**J. SINGER**
❏ FIRE'S OUT (BOBBY)	1993	CL	70.00	75.00
CALENDAR BABIES				*
❏ APRIL SHOWERS	1995	OP	25.00	25.00
❏ BACK TO SCHOOL	1995	OP	25.00	25.00
❏ CUPID	1995	OP	25.00	25.00
❏ HAPPY HAUNTING	1995	OP	25.00	25.00
❏ JOLLY SANTA	1995	OP	25.00	25.00
❏ JUNE BRIDE	1995	OP	25.00	25.00
❏ LEPRECHAUN	1995	OP	25.00	25.00
❏ MAY FLOWERS	1995	OP	25.00	25.00
❏ NEW YEAR	1995	OP	25.00	25.00
❏ SUN & FUN	1995	OP	25.00	25.00
❏ THANKSGIVING TURKEY	1995	OP	25.00	25.00
❏ UNCLE SAM	1995	OP	25.00	25.00
CATCH OF THE DAY				**A. INMAN LOOMS**
❏ ANY MINUTE NOW	1999	OP	50.00	50.00
CAUGHT IN THE ACT				**M. TRETTER**
❏ BECKY (KLEENEX BOX)	1994	RT	60.00	60.00
❏ KELLY (DON'T I LOOK PRETTY?)	1993	CL	50.00	95.00
❏ MIKEY (LOOK IT FLOATS)	1994	CL	55.00	65.00
❏ NICKIE (COOKIE JAR)	1994	RT	60.00	60.00
❏ SANDY	1994	RT	60.00	60.00
❏ STEVIE (CATCH ME IF YOU CAN)	1992	CL	50.00	155.00
CENTURY OF BEAUTIFUL BRIDES				**S. BILOTTO**
❏ HEATHER	1998	TL	70.00	70.00
❏ 1900S KATHERINE	1997	TL	63.00	63.00
CHARMING DISCOVERIES				**S. FREEMAN**
❏ CYNTHIA	1997	TL	90.00	90.00
CHILDREN OF CHRISTMAS				**M. SIRKO**
❏ LITTLE ANGEL	1994	CL	80.00	80.00
❏ LITTLE DRUMMER BOY	1994	CL	80.00	80.00
❏ O CHRISTMAS TREE	1995	CL	80.00	80.00
❏ SUGAR PLUM FAIRY	1995	CL	80.00	80.00
CHILDREN OF MOTHER GOOSE				**Y. BELLO**
❏ LITTLE BO PEEP	1987	RT	58.00	130.00
❏ LITTLE JACK HORNER	1988	RT	63.00	125.00
❏ MARY HAD A LITTLE LAMB	1987	RT	58.00	125.00
❏ MISS MUFFET	1989	RT	63.00	100.00
CHILDREN OF THE SUN				**M. SEVERINO**
❏ DESERT STAR	1993	RT	70.00	75.00
❏ LITTLE FLOWER	1993	RT	70.00	75.00

DOLLS

NAME	YEAR	LIMIT	ISSUE	TREND
CHILD'S GARDEN OF VERSES				**J. SINGER**
❏ LAND OF NOD, THE	1991	CL	79.00	80.00
❏ MY SHIP & I	1993	CL	85.00	85.00
❏ MY TOY SOLDIERS	1993	CL	80.00	80.00
❏ PICTURE BOOKS IN WINTER	1993	CL	85.00	85.00
CHRISTMAS MEMORIES				**Y. BELLO**
❏ CHRISTOPHER	1994	RT	60.00	120.00
❏ JOSHUA	1994	RT	60.00	120.00
❏ STEPHANIE	1994	RT	60.00	120.00
CINDY'S PLAYHOUSE PALS				**C. MCCLURE**
❏ MEAGAN	1989	RT	87.00	87.00
❏ RYAN	1990	RT	89.00	89.00
❏ SAMANTHA	1991	RT	89.00	89.00
❏ SHELLY	1989	RT	87.00	87.00
CLASSIC BRIDES OF THE CENTURY				**E. WILLIAMS**
❏ FLORA, THE 1900S BRIDE	1990	RT	145.00	145.00
❏ JENNIFER, THE 1980S BRIDE	1991	RT	149.00	149.00
❏ KATHLEEN, THE 1930S BRIDE	1993	CL	150.00	150.00
COUNTRY SWEETHEARTS				**M. TRETTER**
❏ MILLIE	1996	TL	63.00	63.00
CUDDLE CHUMS				**K. BARRY-HIPPENSTEEL**
❏ HEATHER	1995	CL	60.00	60.00
❏ JEFFREY	1995	CL	60.00	60.00
DAY IN THE LIFE OF EMILY ANN				**A. TSALKIHN**
❏ BREAKTIME	1996	TL	83.00	83.00
DAYS OF THE WEEK				**K. BARRY-HIPPENSTEEL**
❏ FRIDAY	1995	RT	50.00	50.00
❏ MONDAY	1994	RT	50.00	50.00
❏ SATURDAY	1995	RT	50.00	50.00
❏ SUNDAY	1995	RT	50.00	50.00
❏ THURSDAY	1995	RT	50.00	50.00
❏ TUESDAY	1995	RT	50.00	50.00
❏ WEDNESDAY	1995	RT	50.00	50.00
DECORATING THE TREE				**M. TRETTER**
❏ MELISSA	1996	TL	60.00	60.00
❏ PATRICK	1996	TL	60.00	60.00
❏ RYAN	1996	TL	60.00	60.00
❏ TRISHA	1996	TL	60.00	60.00
DEVAL FAIRYTALES				**B. DEVAL**
❏ CINDERELLA	1996	TL	93.00	93.00
❏ PRINCESS AND THE FROG, THE	1997	TL	95.00	95.00
❏ RAPUNZEL	1996	TL	93.00	93.00
❏ SLEEPING BEAUTY	1997	TL	95.00	95.00
DIANA, THE PEOPLE'S PRINCESS				**T. TOMESCU**
❏ PRINCESS DIANA	1998	TL	133.00	133.00
DIANNA EFFNER'S CLASSIC COLLECTION				**D. EFFNER**
❏ EMILY	1996	TL	80.00	80.00
❏ HILARY	1995	RT	80.00	80.00
❏ WILLOW	1996	TL	80.00	80.00
DIANNA EFFNER'S FAVORITE LITTLE GIRLS				**D. EFFNER**
❏ SCHOOLGIRL JENNY	1997	*	80.00	80.00
DIANNA EFFNER'S MOTHER GOOSE				**D. EFFNER**
❏ CURLY LOCKS	1993	RT	90.00	120.00
❏ LITTLE BOY BLUE	1992	RT	85.00	85.00
❏ LITTLE GIRL W/THE CURL, GOOD	1991	CL	79.00	200.00
❏ LITTLE GIRL W/THE CURL, HORRID	1991	CL	79.00	250.00
❏ MARY QUITE CONTRARY	1990	CL	78.00	249.00
❏ SNIPS & SNAILS	1993	CL	85.00	135.00
❏ SUGAR & SPICE	1993	CL	90.00	115.00
DISNEY BABIES IN DREAMLAND				**Y. BELLO**
❏ BABY DAISY	1999	OP	63.00	63.00
❏ BABY DONALD	1999	OP	63.00	63.00
❏ BABY GOOFY	1999	OP	63.00	63.00
❏ BABY MICKEY	1999	OP	63.00	63.00
❏ BABY MINNIE	1999	OP	63.00	63.00
❏ BABY PLUTO	1999	OP	63.00	63.00
DOWN THE GARDEN PATH				**P. COFFER**
❏ AMANDA BY THE SHORE	1993	CL	90.00	140.00
❏ ANGELICA	1991	TL	85.00	85.00
❏ ROSEMARY	1991	CL	79.00	85.00
ELVIS: LIFETIME OF A LEGEND				**L. DI LEO**
❏ '68 COMEBACK	1992	CL	100.00	200.00
❏ KING OF LAS VEGAS	1994	RT	100.00	100.00
EMILY ANNE'S BUSY DAY				**A. TSALKIHN**
❏ CALLING GRANDMA	1997	TL	83.00	83.00
❏ ENJOYING A SNACK	1997	TL	83.00	83.00
EUROPEAN FAIRYTALES				**G. RADEMANN**
❏ LITTLE RED RIDING HOOD	1995	RT	80.00	100.00
❏ SNOW WHITE	1995	RT	80.00	80.00
FAMILY TIES				**M. TRETTER**
❏ HAPPILY EVER AFTER	1995	RT	90.00	90.00
❏ KISS AND MAKE IT BETTER	1995	RT	90.00	90.00
❏ WELCOME HOME BABY BROTHER	1994	RT	80.00	80.00
FATHER'S TOUCH				**L. DI LEO**
❏ 2 A.M. FEEDING	1993	CL	100.00	105.00

DOLLS

NAME	YEAR	LIMIT	ISSUE	TREND
FIRST DAY AT WALT DISNEY WORLD				**T. TOMESCU**
❑ DISNEY WORLD BOY	1997	*	100.00	100.00
❑ DISNEY WORLD GIRL	1997	*	100.00	100.00
FLURRY OF ACTIVITY				**T. TOMESCU**
❑ MAKING ICICLES	1997	TL	73.00	73.00
❑ MAKING SNOWFLAKES	1996	TL	73.00	73.00
❑ MAKING SUNSHINE	1997	TL	73.00	73.00
FOR THE BIBLE TELLS ME SO				**R. MILLER**
❑ LUKE	1999	*	73.00	73.00
FOREVER STARTS TODAY				**C. MCCLURE**
❑ ANGELICA	1997	*	200.00	200.00
FOUR SEASONS CAROUSEL				**G. RADEMANN**
❑ SPRING ENCHANTMENT	1999	OP	63.00	63.00
❑ WINTER SPLENDOR	1999	OP	125.00	125.00
FROM THE HEART				**T. MENZENBACH**
❑ CAROLIN	1992	CL	80.00	110.00
❑ ERIK	1992	CL	80.00	130.00
FROM THIS DAY FORWARD				**P. TUMMINIO**
❑ BETH	1995	RT	90.00	90.00
❑ BETTY	1995	RT	90.00	90.00
❑ ELIZABETH	1994	RT	90.00	90.00
❑ LISA	1995	RT	90.00	90.00
GALLERY TEDDY BEARS				**B. FERRIER**
❑ CINNAMON BEAR	1998	*	83.00	83.00
GARDEN OF INNOCENCE				**D. RICHARDSON**
❑ KINDNESS	1997	TL	93.00	93.00
GARDEN OF INSPIRATIONS				**B. HANSON**
❑ DAISY CHAIN	1994	RT	70.00	70.00
❑ GARDEN PRAYER	1996	RT	75.00	75.00
❑ GATHERING VIOLETS	1994	RT	70.00	70.00
❑ HEART'S BOUQUET	1996	RT	75.00	75.00
GENE				*
❑ BLUE FOX	2001	OP	90.00	90.00
❑ GARDEN PARTY	2001	5000	120.00	120.00
❑ LADY KNOWS, AÖ	2001	OP	100.00	100.00
❑ LOVE IN BLOOM	2001	5000	120.00	120.00
❑ LOVELY IN LACE	2001	OP	85.00	85.00
❑ MY HEART'S SONG	2001	OP	90.00	90.00
❑ PIERRETTE	2001	5000	100.00	100.00
❑ SIMPLY GENE	2001	OP	60.00	60.00
GENE				**V. ALVARADO**
❑ SPOTTED IN THE PARK	2000	3500	100.00	100.00
GENE				**S. BRUNER**
❑ BREATHLESS	1999	9999	100.00	100.00
GENE				**T. BUTTS**
❑ SYMPHONY IN G	2000	OP	100.00	100.00
GENE				**D. CIPOLLA**
❑ LOVE AT FIRST SIGHT	2000	5000	85.00	85.00
❑ UNFORGETTABLE	1999	OP	100.00	100.00
GENE				**C. CURTIS**
❑ AMERICAN COUNTESS	1999	RT	100.00	100.00
GENE				**L. DAY**
❑ DANCE WITH ME	2000	5000	85.00	85.00
❑ ENCORE	2000	5000	100.00	100.00
❑ MOOD MUSIC	1999	CL	*	N/A
❑ RIGHT IN STEP	2001	OP	55.00	55.00
❑ TEA TIME	1999	CL	100.00	100.00
GENE				**J. FERRAND**
❑ BON VOYAGE	2000	3500	100.00	100.00
❑ LOVE, PARIS	1999	RT	80.00	80.00
❑ LOVE, PARIS	1999	RT	80.00	80.00
❑ PRICELESS	1999	RT	110.00	110.00
GENE				**J. GREENE**
❑ SIMPLY GENE PLATINUM	2000	OP	55.00	55.00
GENE				**D. JAMES**
❑ SHOOTING STAR	2000	5000	85.00	85.00
❑ TWILIGHT RUMBA	2000	YR	100.00	100.00
❑ USO	1999	OP	80.00	80.00
❑ USO	1999	OP	80.00	80.00
GENE				**T. KENNEDY**
❑ BROADWAY MEDLEY	1998	800	*	500.00
❑ I DO	2000	5000	85.00	85.00
❑ LUCKY STRIKE	1999	OP	80.00	80.00
❑ SHE'D RATHER DANCE	1999	OP	80.00	80.00
❑ SHE'D RATHER DANCE	1999	OP	80.00	80.00
GENE				**K. MCHALE**
❑ SAVANNAH	1999	OP	80.00	80.00
GENE				**V. NOWELL**
❑ HEART OF HOLLYWOOD	2000	3500	100.00	100.00
❑ MEET ME IN PARIS	2000	CL	*	N/A
GENE				**M. ODOM**
❑ BIRD OF PARADISE	1997	OP	80.00	80.00
❑ BLUE GODDESS	1996	RT	70.00	70.00
❑ CHAMPAGNE SUPPER	1998	OP	80.00	80.00
❑ COVENT GARDEN-PARKWEST/NALED EXCLUSIVE	1998	CL	100.00	150.00
❑ CREME DE CASSIS	1998	RT	80.00	80.00

DOLLS

DOLLS

NAME	YEAR	LIMIT	ISSUE	TREND
❑ DAUGHTER OF THE NILE	1998	RT	80.00	80.00
❑ DESTINY	1998	YR	90.00	90.00
❑ HELLO HOLLYWOOD HELLO	1998	OP	80.00	80.00
❑ ICED COFFEE	1997	RT	80.00	80.00
❑ INCOGNITO	1998	OP	80.00	80.00
❑ KING'S DAUGHTER, THE	1997	5000	100.00	500.00
❑ MIDNIGHT GAMBLE	1998	9500	100.00	250.00
❑ MIDNIGHT ROMANCE-PARKWEST/NALED ESCLUSIVE	1997	CL	90.00	200.00
❑ MONACO (BRUNETTE)	1996	RT	70.00	125.00
❑ MY FAVORITE WITCH-CONVENTION EXCLUSIVE	1997	350	*	750.00
❑ NIGHT AT VERSAILLES	1997	5000	90.00	250.00
❑ ON THE AVENUE-FAO SCHWARZ SPRING EXCLUSIVE	1998	5000	90.00	250.00
❑ PIN-UP	1996	RT	70.00	70.00
❑ PREMIERE (BLONDE)	1995	RT	70.00	700.00
❑ RED VENUS (RED HEAD)	1996	RT	70.00	70.00
❑ SIMPLY GENE BLOND	1999	OP	50.00	50.00
❑ SIMPLY GENE BRUNETTE	1999	OP	50.00	50.00
❑ SIMPLY GENE REDHEAD	1999	OP	50.00	50.00
❑ SPARKLING SEDUCTION	1997	OP	80.00	80.00
❑ WARMEST WISHES	1998	CL	110.00	200.00
❑ WHITE HYACINTH	1997	RT	80.00	95.00
GENE ANNUAL EDITION DOLL				*
❑ EVERYTHING'S COMING UP ROSES	2001	YR	100.00	100.00
GENE ANNUAL EDITION DOLL				**T. KENNEDY**
❑ SONG OF SPAIN	1999	YR	100.00	100.00
GENE COSTUMES				*
❑ BATTER UP!	2001	OP	45.00	45.00
❑ BLUE HEAVEN	2001	OP	45.00	45.00
❑ BONNIE AND BLITHE	2001	OP	50.00	50.00
❑ BRUNCH WITH KATIE	2001	OP	45.00	45.00
❑ CRAZY FOR CALYPSO	2001	OP	45.00	45.00
❑ LITTLE BLESSINGS	2001	OP	50.00	50.00
GENE COSTUMES				**T. ALBERTS**
❑ BLUE EVENING	1995	RT	30.00	30.00
❑ EL MOROCCO	1996	RT	30.00	30.00
❑ FORGET ME NOT	1998	OP	40.00	40.00
❑ SAFARI	1998	OP	40.00	40.00
❑ STRIKING GOLD	1995	RT	30.00	40.00
GENE COSTUMES				**N. BURKE**
❑ MIDNIGHT ANGEL	1998	OP	40.00	40.00
GENE COSTUMES				**D. CIPOLLA**
❑ JAZZ NOTE	2000	5000	45.00	45.00
❑ PRESS CONFERENCE	1999	OP	45.00	45.00
❑ PRESS CONFERENCE	1999	OP	45.00	45.00
❑ STAND UP AND CHEER	1999	OP	45.00	45.00
❑ STAND UP AND CHEER	1999	OP	45.00	45.00
GENE COSTUMES				**L. DAY**
❑ CROQUET ANYONE?	2000	5000	35.00	35.00
❑ FIRST STOP CHICAGO	2000	5000	45.00	45.00
❑ HACIENDA	2000	5000	45.00	45.00
❑ HEARTS AFIRE	2000	5000	45.00	45.00
❑ KISS ME, GENE	2000	5000	45.00	45.00
❑ ON THE VERANDA	1999	CL	50.00	50.00
❑ PICNIC IN THE COUNTRY	1999	RT	40.00	40.00
❑ PICNIC IN THE COUNTRY	1999	RT	40.00	40.00
❑ ST. MORITZ	2000	5000	50.00	50.00
GENE COSTUMES				**J. FERRAND**
❑ AVANT GARDE	1999	OP	40.00	40.00
❑ COGNAC EVENING	1999	OP	45.00	45.00
❑ COGNAC EVENING	1999	OP	45.00	45.00
❑ HONEYMOON	1999	OP	45.00	45.00
❑ LOVE LETTERS	2000	5000	40.00	40.00
❑ TABLE FOR TWO	2000	5000	35.00	35.00
GENE COSTUMES				**R. GANEM**
❑ PERFECT GIFT	2000	5000	45.00	45.00
GENE COSTUMES				**A. HASKELL**
❑ SUNDAY AFTERNOON	1999	OP	40.00	40.00
GENE COSTUMES				**D. JAMES**
❑ CRESCENDO	1996	OP	40.00	40.00
❑ CRIMSON SUN	1995	RT	30.00	30.00
❑ GOOD-BYE NEW YORK	1995	OP	35.00	35.00
❑ HI-FI	1998	OP	35.00	35.00
❑ LOVE'S GHOST	1995	OP	30.00	30.00
❑ RAIN SONG	1998	OP	30.00	30.00
❑ SMART SET	1998	OP	40.00	40.00
GENE COSTUMES				**P. JAMES**
❑ AFTERNOON OFF	1996	RT	30.00	80.00
❑ ATLANTIC CITY BEAUTY-CONVENTION EXCLUSIVE	1996	250	*	1150.00
GENE COSTUMES				**K. JOHNSON**
❑ CAMEO	1998	OP	30.00	30.00
GENE COSTUMES				**T. KENNEDY**
❑ AT HOME FOR THE HOLIDAYS	1999	9999	50.00	50.00
❑ BAKING COOKIES	2000	5000	35.00	35.00
❑ BLACK RIBBON	1999	OP	40.00	40.00
❑ BLOND LACE	1995	RT	30.00	30.00
❑ BLOSSOMS IN THE SNOW RETAILER EXCLUSIVE	1997	SO	45.00	100.00
❑ FAREWELL GOLDEN MOON	1999	OP	45.00	45.00
❑ FIRST CLOSE UP	2000	5000	40.00	40.00
❑ GOLD SENSATION	1998	OP	40.00	40.00

NAME	YEAR	LIMIT	ISSUE	TREND
❑ HOLIDAY MAGIC RETAILER EXCLUSIVE	1996	2000	45.00	400.00
❑ IT'S A WRAP	2000	5000	33.00	33.00
❑ KISS, THE	1995	OP	30.00	30.00
❑ LITTLE BLACK DRESS	2000	5000	50.00	50.00
❑ LOVE AFTER HOURS	1998	OP	35.00	35.00
❑ MANDARIN MOOD	1997	RT	35.00	35.00
❑ MY FAVORITE BOW	1998	RT	*	N/A
❑ PERSONAL SECRETARY	1997	SO	35.00	35.00
❑ PINK LIGHTNING	1995	RT	30.00	50.00
❑ PROMENADE	1997	RT	30.00	30.00
❑ RANSOM IN RED	1998	7500	45.00	45.00
❑ SEA SPREE	1997	RT	35.00	35.00
❑ SECRET SLEUTH	1999	OP	40.00	40.00
❑ SOMEWHERE SUMMER	1999	OP	45.00	45.00
❑ SPELLBOUND	2000	5000	45.00	45.00
❑ TANGO	1997	SO	40.00	40.00
❑ USHERETTE	1995	OP	30.00	30.00
GENE COSTUMES				**E. MACHNICA**
❑ SPIRIT OF TRUTH	2000	5000	45.00	45.00
GENE COSTUMES				**L. MEISNER**
❑ EMBASSY LUNCHEON	1998	OP	40.00	40.00
GENE COSTUMES				**V. NOWELL**
❑ BRIDGE CLUB	1999	OP	35.00	35.00
❑ DON'T FENCE ME IN	2000	5000	35.00	35.00
❑ POOL PARTY	1999	*	35.00	35.00
❑ SHORTS STORY	2000	5000	33.00	33.00
❑ SUNSET CELEBRATION	1999	OP	40.00	40.00
GENE COSTUMES				**G. SAROFEEN**
❑ FRIENDLY CONNECTION	2000	2500	40.00	40.00
❑ WILL YOU MARRY ME?	2000	5000	45.00	45.00
GENE COSTUMES				**D. TREJO**
❑ BOLERA	2000	5000	40.00	40.00
GENTLE JOYS				**J. GOOD-KRUGER**
❑ FILLING EACH DAY W/HUGS & KISSES	1997	TL	50.00	50.00
GIBSON GIRL IN FASHION				**S. BILOTTO**
❑ DERBY DAY	1998	TL	133.00	133.00
❑ EVENING AT THE OPERA	1998	TL	133.00	133.00
GIFTS FOR MOMMY				**M. GIRARD-KASSIS**
❑ HAPPY BIRTHDAY	1998	TL	63.00	63.00
❑ MERRY CHRISTMAS	1997	TL	63.00	63.00
GINGHAM & BOWS				**O. FREEMAN**
❑ ASHLEIGH	1996	TL	70.00	70.00
❑ BRIDGET	1996	TL	70.00	70.00
❑ GWENDOLYN	1995	TL	70.00	70.00
❑ MALLORY	1996	TL	70.00	70.00
GIRLS OF CLASSIC LITERATURE				**W. LAWTON**
❑ LAURA INGALLS	1996	TL	80.00	80.00
❑ POLLYANNA	1995	TL	80.00	80.00
❑ REBECCA OF SUNNYBROOK FARM	1996	TL	80.00	80.00
GOD HEARS THE CHILDREN				**B. CONNER**
❑ ALL CREATURES GREAT & SMALL	1996	TL	80.00	80.00
❑ GOD IS GREAT, GOD IS GOOD	1996	TL	80.00	80.00
❑ NOW I LAY ME DOWN	1995	TL	80.00	80.00
❑ WE GIVE THANKS FOR THINGS WE HAVE	1996	TL	80.00	80.00
GONE WITH THE WIND				**C. HANFORD**
❑ SCARLETT	1996	*	90.00	90.00
GROWING UP LIKE WILDFLOWERS				**B. MADEJA**
❑ ANNIE	1996	TL	50.00	50.00
❑ BONNIE	1996	TL	50.00	50.00
GROWING YOUNG MINDS				**K. BARRY-HIPPENSTEEL**
❑ ALEX	1991	CL	79.00	99.00
GUSTAFSON'S FAIRY TALES				**S. GUSTAFSON**
❑ GOLDILOCKS AND THE THREE BEARS	1993	CL	135.00	135.00
HAPPILY EVER AFTER				**G. RADEMANN**
❑ BEAUTY BRIDE	1999	TL	83.00	83.00
❑ CINDERELLA BRIDE	1998	TL	83.00	83.00
HAPPINESS IS HOMEMADE				**J. GOOD-KRUGER**
❑ HUGS MADE BY HAND	1997	TL	73.00	73.00
HAPPINESS IS...				**K. BARRY-HIPPENSTEEL**
❑ BRITTANY (BLOWING KISSES)	1993	CL	70.00	105.00
❑ CANDY CANE (HOLLY)	1994	RT	70.00	70.00
❑ CRYSTAL (FEEDING MYSELF)	1992	CL	70.00	105.00
❑ JOY (MY FIRST CHRISTMAS)	1993	CL	70.00	100.00
❑ PATRICIA (MY FIRST TOOTH)	1991	CL	69.00	110.00
❑ PATRICK (MY FIRST PLAYMATE)	1994	RT	70.00	70.00
HAPPY THOUGHTS				**K. BARRY-HIPPENSTEEL**
❑ BUBBLE UP WITH JOY	1994	*	60.00	65.00
❑ LAUGHTER IS THE BEST MEDICINE	1994	RT	60.00	60.00
HATS OFF TO THE SEASONS				**L. DUNSMORE**
❑ AUTUMN JOY	1998	TL	83.00	83.00
❑ SPRINGTIME ROBIN	1997	TL	83.00	83.00
HEAVENLY BLESSINGS				**C. WALSER-DEREK**
❑ LOVE'S GENTLE KISS	1999	OP	83.00	83.00
HEAVENLY INSPIRATIONS				**C. MCCLURE**
❑ EVERY CLOUD HAS A SILVER LINING	1992	CL	60.00	85.00
❑ LUCK AT THE END OF RAINBOW	1994	RT	65.00	65.00

DOLLS

Braelyn *by Elke Hutchens of Elke's Originals Ltd. was limited to only 400 when issued in 1991 for $595.*

The second limited edition Gorham doll, Ashley, *by S. Stone Aiken, was limited to 2,500 in 1983.*

Chloe Valentine *joined the Lizzie High Society collection in 1994. The adorable wooden-faced doll was produced by Ladie & Friends.*

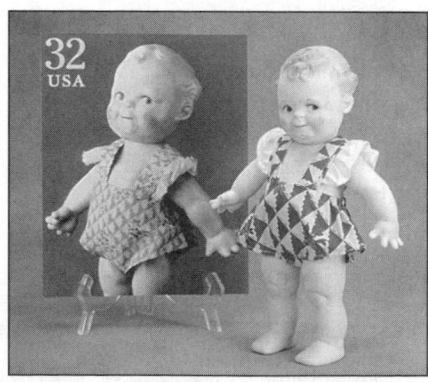

Scootles, *a vinyl doll by Lee Middleton was based on the original doll by Rose O'Neill and was produced in 1998.*

NAME	YEAR	LIMIT	ISSUE	TREND
❑ PENNIES FROM HEAVEN	1994	RT	70.00	75.00
❑ SUNSHINE ANGEL	1994	RT	70.00	70.00
❑ SWEET DREAMS	1994	RT	65.00	65.00
❑ WISH UPON A STAR	1993	CL	60.00	80.00
HEIRLOOM BABY COLLECTION				**J. IBAROLLE**
❑ BLONDE BOY	1997	*	100.00	100.00
❑ BLONDE GIRL	1997	*	100.00	100.00
HERITAGE OF AMERICAN QUILTING				**J. LUNDY**
❑ ABIGAIL	1996	RT	80.00	80.00
❑ ELEANOR	1994	RT	80.00	80.00
❑ LOUISA	1996	RT	85.00	85.00
❑ RUTH ANNE	1996	RT	85.00	85.00
HEROINES FROM THE FAIRY TALE FOREST				**D. EFFNER**
❑ CINDERELLA (BALLGOWN)	1993	RT	80.00	175.00
❑ CINDERELLA (RAGS)	1993	CL	80.00	175.00
❑ GOLDILOCKS	1989	RT	68.00	125.00
❑ LITTLE RED RIDING HOOD	1988	RT	68.00	250.00
❑ RAPUNZEL	1991	RT	79.00	165.00
❑ SNOW WHITE	1990	RT	73.00	175.00
HOLLY HUNT'S BONNET BABIES				**H. HUNT**
❑ GRANDMA'S LITTLE GIRL (MISSY)	1991	CL	69.00	70.00
❑ SUSIE (SOMEBODY LOVES ME)	1992	CL	69.00	100.00
HOW LITTLE WAS I?				**K. BARRY-HIPPENSTEEL**
❑ CLAIRE	1996	YR	60.00	60.00
HOW LITTLE WAS I?				**S. BRYER**
❑ BRITTANY	1995	RT	60.00	60.00
I WANT MOMMY				**K. BARRY-HIPPENSTEEL**
❑ TAMMY (UP MOMMY)	1994	RT	65.00	95.00
❑ TIMMY (MOMMY I'M SLEEPY)	1993	CL	60.00	155.00
❑ TOMMY (MOMMY I'M SORRY)	1993	CL	60.00	125.00
I'D RATHER BE FISHIN'				**M. TRETTER**
❑ FISH STORY	1998	TL	73.00	73.00
❑ FISHIN' BUDDIES	1997	TL	73.00	73.00
❑ HOOKED ON FISHIN'	1997	TL	73.00	73.00
I'M A LITTLE HANDYMAN				**A. TSALIKHIN**
❑ TOOLS MAKE THE MAN	1999	*	73.00	73.00
I'M JUST LITTLE				**K. BARRY-HIPPENSTEEL**
❑ I'M A LITTLE ANGEL	1996	RT	50.00	50.00
❑ I'M A LITTLE CUTIE	1996	TL	50.00	60.00
❑ I'M A LITTLE DEVIL	1999	RT	60.00	55.00
IN GOD'S GARDEN				**K. BARRY-HIPPENSTEEL**
❑ JESSICA ROSE	1998	OP	73.00	73.00
INTERNATIONAL FESTIVAL OF TOYS AND TOTS				**K. BARRY-HIPPENSTEEL**
❑ CHEN, A LITTLE BOY FROM CHINA	1989	RT	78.00	250.00
❑ HANS	1991	RT	83.00	83.00
❑ MIKI, ESKIMO	1992	RT	83.00	83.00
❑ MOLLY	1990	RT	83.00	83.00
❑ NATASHA	1989	RT	78.00	100.00
INTERNATIONAL SPIRIT OF CHRISTMAS				**F. WICK**
❑ AMERICAN SANTA	1989	CL	125.00	125.00
JOY FOREVER				**C. MCCLURE**
❑ VICTORIAN BLISS	1997	TL	130.00	130.00
❑ VICTORIAN HARMONY	1997	TL	130.00	130.00
❑ VICTORIAN PEACE	1997	TL	130.00	130.00
❑ VICTORIAN SERENITY	1996	TL	130.00	130.00
JOYS OF SUMMER				**K. BARRY-HIPPENSTEEL**
❑ HAVIN' A BALL	1994	RT	55.00	65.00
❑ LIL' SCOOP	1994	RT	55.00	95.00
❑ LITTLE SQUIRT	1993	CL	50.00	65.00
❑ TICKLES	1993	CL	50.00	170.00
❑ YUMMY	1994	RT	55.00	65.00
JUST BEFORE BEDTIME				**T. TOMESCU**
❑ TUCK ME IN, MOMMY	1997	*	63.00	63.00
JUST CAUGHT NAPPING				**A. BROWN**
❑ ASLEEP IN THE SADDLE	1996	TL	70.00	70.00
❑ DOG TIRED	1997	TL	70.00	70.00
❑ OATMEAL DREAMS	1996	TL	70.00	70.00
❑ PRIVATE, KEEP OUT	1997	TL	70.00	70.00
JUST LIKE ME				**B. BAMBINA**
❑ AMBER	1996	YR	60.00	60.00
❑ CARMEN	1996	YR	60.00	60.00
❑ TIFFANY	1996	YR	60.00	60.00
KEEPSAKE VINYL COLLECTION				**Y. BELLO**
❑ CHRISTY	1996	*	40.00	40.00
KING AND I				**P. RYAN BROOKS**
❑ SHALL WE DANCE	1991	RT	175.00	400.00
LANGUAGE OF FLOWERS COLLECTION				**G. RADEMANN**
❑ CALLA LILIES FOR INNOCENCE	1997	OP	73.00	73.00
❑ ROSE IS LOVE	1997	OP	*	N/A
LASTING TRADITIONS				**W. HANSON**
❑ FINISHING TOUCH	1994	RT	70.00	70.00
❑ HER TRADITIONAL GARTER	1994	RT	85.00	85.00
❑ MOTHER'S PEARLS	1994	RT	85.00	85.00
❑ SOMETHING OLD	1993	CL	70.00	75.00

DOLLS

NAME	YEAR	LIMIT	ISSUE	TREND
LAWTON'S NURSERY RHYMES				**W. LAWTON**
❑ LITTLE BO PEEP	1994	RT	80.00	125.00
❑ LITTLE MISS MUFFET	1994	RT	80.00	80.00
❑ MARY HAD A LITTLE LAMB	1994	RT	85.00	85.00
❑ MARY, MARY QUITE CONTRARY	1994	RT	85.00	85.00
LEGENDS OF BASEBALL				**E. SHELTON**
❑ TY COBB	1996	RT	80.00	80.00
LEGENDS OF BASEBALL				**T. TOMESCU**
❑ BABE RUTH	1994	RT	80.00	80.00
❑ LOU GEHRIG	1994	RT	80.00	80.00
LET'S PLAY MOTHER GOOSE				**K. BARRY-HIPPENSTEEL**
❑ COW JUMPED OVER THE MOON	1994	CL	70.00	70.00
❑ HICKORY, DICKORY, DOCK	1994	CL	70.00	95.00
LIFE'S LITTLE BLESSINGS				**R. MATTINGLY**
❑ CHARITY IS A BLESSING	1997	TL	83.00	83.00
❑ PATIENCE IS A BLESSING	1998	TL	73.00	73.00
LITTLE BITS				**G. RADEMANN**
❑ INNOCENCE	1994	CL	40.00	40.00
❑ LOVE	1993	CL	40.00	45.00
❑ SUNSHINE	1993	CL	40.00	45.00
❑ TENDERNESS	1994	CL	40.00	40.00
LITTLE GYMNAST				**K. BARRY-HIPPENSTEEL**
❑ LITTLE GYMNAST	1996	TL	60.00	60.00
LITTLE HANDFULS				**M. SEVERINO**
❑ ABBY	1993	RT	40.00	45.00
❑ JOSIE	1993	RT	40.00	45.00
❑ RICKY	1993	RT	40.00	45.00
LITTLE HOUSE ON THE PRAIRIE				**J. IBAROLLE**
❑ ALMANZO	1993	CL	85.00	100.00
❑ BABY GRACE	1996	CL	70.00	70.00
❑ CARRIE	1994	CL	85.00	80.00
❑ LAURA INGALLS	1992	CL	80.00	95.00
❑ MA INGALLS	1994	CL	85.00	90.00
❑ MARY INGALLS	1993	CL	80.00	350.00
❑ NELLIE OLSON	1993	CL	85.00	110.00
❑ PA INGALLS	1994	CL	85.00	90.00
LITTLE LACY SLEEPYHEADS				**J. WOLF**
❑ JACQUELINE	1996	TL	100.00	100.00
LITTLE PERFORMERS				**C. MCCLURE**
❑ JOELLE	1997	TL	95.00	95.00
❑ LAUREN	1997	TL	95.00	95.00
LITTLE WOMEN				**W. LAWTON**
❑ AMY	1994	CL	60.00	65.00
❑ BETH	1994	CL	60.00	65.00
❑ JO	1994	CL	60.00	65.00
❑ MARMEE	1996	CL	60.00	65.00
❑ MEG	1994	CL	60.00	65.00
LITTLE WOMEN AT CHRISTMAS				**W. LAWTON**
❑ MEG, JO, BETH, AMY, MARMEE (SET OF 5)	1997	*	200.00	200.00
LITTLE WORDS OF WISDOM				**M. ATTWELL**
❑ BEAUTY IS IN THE EYE OF THE BEHOLDER	1996	CL	60.00	60.00
❑ FRIEND IN NEED IS A FRIEND INDEED, A	1994	CL	60.00	65.00
❑ TOMORROW IS ANOTHER DAY	1995	CL	60.00	65.00
LOOK AT ME				**L. DI LEO**
❑ ANN MARIE	1994	CL	50.00	50.00
❑ LISA MARIE	1994	CL	55.00	55.00
❑ ROSE MARIE	1993	CL	50.00	55.00
LOTS OF LOVE				**T. MENZENBACH**
❑ FELICIA	1995	CL	55.00	55.00
❑ HANNAH NEEDS A HUG	1993	CL	50.00	135.00
❑ KAITLYN	1993	CL	50.00	95.00
❑ NICOLE	1994	CL	55.00	55.00
LOVE, MARRIAGE, BABY CARRIAGE TEDDY BEAR				**D. ORTEGA**
❑ CARRIE	1997	OP	50.00	50.00
LUCKY CHARMERS				**C. MCCLURE**
❑ BIT O' LUCK	1996	TL	70.00	70.00
❑ LUCKY STAR	1995	TL	70.00	70.00
MADAME ALEXANDER COLLECTION				*
❑ PRINCESS MARGARET ROSE	1999	*	200.00	200.00
MADONNA & CHILD				**B. DEVAL**
❑ MADONNA & CHILD	1996	TL	100.00	100.00
MADRA				*
❑ BLACK ICE	2001	OP	100.00	100.00
❑ COLD SHOULDER	2001	OP	110.00	110.00
❑ SCORNED WOMAN	2001	5000	125.00	125.00
❑ STOLEN MOMENTS	2001	OP	100.00	100.00
❑ TURBULENCE	2001	OP	100.00	100.00
❑ ULTIMATELY MADRA	2001	OP	70.00	70.00
❑ UNSUNG MELODY	2001	OP	110.00	110.00
MADRA COSTUMES				*
❑ ANYTHING BUT NICE	2001	OP	50.00	50.00
❑ CHOCOLATE TRUFFLE	2001	OP	60.00	60.00
❑ COFFEE KLATCH	2001	OP	50.00	50.00
❑ SUMMER/WINTER SET	2001	OP	80.00	80.00
MADRA COSTUMES				**T. KENNEDY**
❑ RIO RUMBA	2001	OP	45.00	45.00

DOLLS

NAME	YEAR	LIMIT	ISSUE	TREND
❑ STORMY WEATHER	2001	OP	60.00	60.00
MADRA COSTUMES				**V. NOWELL**
❑ MAD ABOUT MITZI	2001	OP	60.00	60.00
MADRA STAR RETAILER EXCLUSIVE				*
❑ SCARLET TEMPTRESS	2001	*	120.00	120.00
MAGIC MOMENTS				**K. BARRY-HIPPENSTEEL**
❑ BIRTHDAY BOY	1996	TL	70.00	70.00
❑ HAPPY ANNIVERSARY	1996	*	50.00	50.00
❑ HAPPY BIRTHDAY	1996	*	40.00	40.00
MAGICAL MOMENTS OF SUMMER				**Y. BELLO**
❑ DANA	1996	*	60.00	60.00
❑ WHITNEY	1995	TL	60.00	60.00
❑ ZOE	1996	TL	60.00	60.00
MAINSTREET SATURDAY MORNING				**M. TRETTER**
❑ BETTY	1996	CL	70.00	70.00
❑ DONNY	1996	CL	70.00	70.00
❑ KENNY	1994	CL	70.00	70.00
MCMEMORIES 40TH ANNIVERSARY ICONS COLLECTION				**J. LICERTZ**
❑ SPEEDEE	1996	*	60.00	60.00
MCMEMORIES MCDONALDS & ME COLLECTION				**D. EFFNER**
❑ YOU DESERVE A BREAK TODAY	1996	TL	60.00	60.00
MEMORIES OF A VICTORIAN CHILDHOOD				**M. GIRARD-KASSIS**
❑ LYDIA	1997	TL	83.00	83.00
❑ OLIVIA	1998	TL	83.00	83.00
❑ PAIGE	1997	TL	83.00	83.00
MESSAGES OF HOPE				**T. TOMESCU**
❑ BEHOLD, I STAND AT THE DOOR	1986	CL	130.00	130.00
❑ GOOD SHEPHERD, THE	1986	CL	130.00	130.00
❑ LET THE LITTLE CHILDREN COME TO ME	1994	CL	130.00	130.00
❑ OUR FATHER	1996	TL	130.00	130.00
MIRACLE OF LIFE				**Y. BELLO**
❑ BEAUTIFUL NEWBORN	1996	TL	50.00	50.00
❑ HER VERY FIRST SMILE	1996	TL	50.00	50.00
❑ WATCH HER CRAWL	1996	TL	50.00	50.00
MIRACLE OF LIFE				**W. LAWTON**
❑ SHE'S SITTING PRETTY	1996	TL	50.00	50.00
MIRACLES OF JESUS				**T. TOMESCU**
❑ MULTIPLYING THE LOAVES	1996	TL	100.00	100.00
❑ WALKING ON WATER	1997	TL	100.00	100.00
❑ WATER INTO WINE	1996	TL	100.00	100.00
MOMENTS TO REMEMBER				**Y. BELLO**
❑ BRANDON (RING BEARER)	1993	CL	80.00	85.00
❑ JILL	1992	CL	80.00	115.00
❑ JUSTIN	1991	CL	75.00	80.00
❑ SUZANNE (FLOWER GIRL)	1993	CL	80.00	85.00
MOMMY CAN YOU FIX IT?				**A. CRANSHAW**
❑ EDGAR	1997	OP	50.00	50.00
MOMMY, CAN I KEEP IT?				**M. HOLSTAD**
❑ BELINDA'S NEW KITTY	1996	OP	50.00	50.00
MORNING GLORIES				**B. BAMBINA**
❑ DEW DROP	1996	TL	50.00	50.00
❑ ROSEBUD	1996	TL	50.00	50.00
MY CLOSEST FRIENDS				**J. GOODYEAR**
❑ BOO BEAR (EVIE)	1992	CL	79.00	140.00
❑ ME/BLANKIE (STEFFIE)	1992	CL	79.00	95.00
❑ MY BEARY BEST FRIEND	1992	CL	80.00	80.00
❑ MY SECRET PAL (ROBBIE)	1992	CL	85.00	90.00
MY FAIR LADY				**P. RYAN BROOKS**
❑ ELIZA AT ASCOT	1991	CL	125.00	400.00
MY HEART BELONGS TO DADDY				**J. SINGER**
❑ PEANUT	1992	CL	50.00	95.00
❑ PRINCESS	1994	CL	60.00	60.00
❑ PUMPKIN	1992	CL	50.00	60.00
MY LITTLE BALLERINA				**K. BARRY-HIPPENSTEEL**
❑ MY LITTLE BALLERINA	1994	CL	60.00	60.00
MY SECRET GARDEN				**J. KOVACIK**
❑ COLIN	1986	CL	70.00	70.00
❑ DICKON	1986	CL	70.00	75.00
❑ MARTHA	1986	CL	70.00	75.00
❑ MARY LENNOX	1994	CL	70.00	70.00
NATURALLY PLAYFUL				**S. HOUSELY**
❑ COOTCHY COO CUB	1998	*	83.00	83.00
❑ KISSY FACE PUP	1998	*	83.00	83.00
❑ PEEK-A-BOO BUNNY	1997	TL	83.00	83.00
NOSTALGIC TOYS				**C. MCCLURE**
❑ AMELIA	1996	TL	80.00	80.00
❑ CHARLOTTE	1996	TL	80.00	80.00
NURSERY NEWBORNS				**J. WOLF**
❑ IT'S A BOY	1994	CL	80.00	90.00
❑ IT'S A GIRL	1994	CL	80.00	90.00
OH HOLY NIGHT NATIVITY COLLECTION				**J. GOOD-KRUGER**
❑ ANGEL	1995	CL	60.00	60.00
❑ BLUE KING, THE	1995	CL	60.00	60.00
❑ HOLY FAMILY, THE	1994	CL	130.00	130.00
❑ KNEELING KING, THE	1995	CL	60.00	60.00

DOLLS

DOLLS

NAME	YEAR	LIMIT	ISSUE	TREND
❑ SHEPHERD WITH LAMB	1995	CL	60.00	60.00
❑ SHEPHERD WITH PIPES	1995	CL	60.00	60.00
❑ STANDING KING, THE- PURPLE	1995	CL	60.00	60.00
ONLY AT GRANDMA & GRANDPA'S COLLECTION				Y. BELLO
❑ I'LL FINISH THE STORY	1996	TL	90.00	90.00
❑ TEDDY MAKES THREE	1996	*	100.00	100.00
OUR OWN BALLET RECITAL				P. BOMAR
❑ CHLOE	1996	TL	70.00	70.00
PASSPORTS TO FRIENDSHIP				J. IBAROLLE
❑ ASHA	1996	TL	80.00	80.00
❑ KALO	1996	TL	80.00	80.00
❑ LILIANA	1996	TL	80.00	80.00
❑ SERENA	1995	TL	80.00	80.00
PATCHWORK OF LOVE				J. GOOD-KRUGER
❑ FAMILY PRIDE	1996	TL	60.00	60.00
❑ FONDEST MEMORIES	1996	TL	60.00	60.00
❑ HARD WORK PAYS OFF	1996	TL	60.00	60.00
❑ LOVE ONE ANOTHER	1996	TL	60.00	60.00
❑ SIMPLICITY IS BEST	1996	TL	60.00	60.00
❑ WARMTH OF HEART	1996	TL	60.00	60.00
PEEK-A-BOO				J. GOODYEAR
❑ WHERE'S JAMIE?	1993	CL	70.00	75.00
PERFECT COMPANIONS				A. CRANSHAW
❑ PERFECT HUGS	1998	OP	60.00	60.00
PERFECT COMPANIONS				B. FERRIER
❑ PERFECT UNDERSTANDING	1999	OP	60.00	60.00
PERFECT PAIRS				B. BAMBINA
❑ AMBER	1995	CL	60.00	60.00
❑ CARMEN	1995	CL	60.00	60.00
❑ SUSIE	1996	TL	60.00	60.00
❑ TIFFANY	1995	CL	60.00	60.00
PETTING ZOO				Y. BELLO
❑ ANDY	1996	CL	60.00	60.00
❑ CORY W/BUNNY	1996	CL	60.00	60.00
❑ KENDRA	1996	CL	60.00	60.00
❑ MADDIE W/CHICK	1996	CL	60.00	60.00
PLEASE COME TO TEA				R. MILLER
❑ CLARISSA	1998	TL	83.00	83.00
POLLY'S TEA PARTY				S. KREY
❑ ANNIE	1992	CL	83.00	83.00
❑ LIZZIE	1991	CL	79.00	79.00
❑ POLLY	1990	CL	78.00	125.00
POTPOURRI BABIES				A. BROWN
❑ BUBBLE TROUBLE	1996	TL	50.00	80.00
PRECIOUS MEMORIES OF MOTHERHOOD				S. KUCK
❑ BEDTIME	1992	CL	150.00	195.00
❑ EXPECTANT MOMENTS	1991	CL	149.00	249.00
❑ LOVING STEPS	1989	CL	125.00	195.00
❑ LULLABY	1990	CL	125.00	175.00
PRECIOUS MOMENTS BABY'S FIRST				S. BUTCHER
❑ BABY'S 1ST BIRTHDAY	1999	*	75.00	75.00
PRECIOUS PAPOOSES				S. HOUSELY
❑ BRIGHT FEATHER	1996	TL	80.00	80.00
❑ CLOUD CHASER	1996	TL	80.00	80.00
❑ SLEEPING BEAR	1995	CL	80.00	80.00
❑ SWIFT FOX	1996	TL	80.00	80.00
PRETTY IN PASTELS				J. GOODYEAR
❑ PRECIOUS IN PINK	1994	CL	80.00	55.00
QUILTED ANGEL BABIES				R. MILLER
❑ ANGEL OF LOVE	1997	*	73.00	73.00
❑ ANGEL OF LUCK	1997	*	73.00	73.00
RAINBOW OF LOVE				Y. BELLO
❑ BABY BLUE SKY W/BASKET	1995	CL	60.00	60.00
❑ BABY GREEN EARTH	1995	CL	60.00	60.00
❑ BABY ORANGE SUNSET	1996	CL	60.00	60.00
❑ BABY PINK FLOWER	1996	CL	60.00	60.00
❑ BABY PURPLE MOUNTAIN	1996	CL	60.00	60.00
❑ BABY YELLOW SUNSHINE	1995	CL	60.00	65.00
ROCKWELL CHRISTMAS				ROCKWELL- INSPIRED
❑ MERRY CHRISTMAS GRANDMA	1993	CL	60.00	63.00
RUFFLES & RIBBONS				B. MADEJA
❑ RACHEL IN RIBBONS	1998	TL	63.00	63.00
❑ RUFFLES FOR REBECCA	1998	TL	63.00	63.00
SCHOOL DAYS				C. WALSER DEREK
❑ JANE	1998	*	79.00	79.00
SEASONS OF JOY				J. IBAROLLE
❑ BRANDON	1998	TL	75.00	75.00
❑ KIMBERLY	1998	TL	75.00	75.00
❑ MOLLY	1998	TL	75.00	75.00
❑ NICHOLAS, THE WINTER BABY	1997	TL	83.00	83.00
SENSE OF DISCOVERY				K. BARRY-HIPPENSTEEL
❑ SWEETIE	1993	CL	60.00	65.00
SENSE OF SECURITY				G. RADEMANN
❑ AMY	1996	TL	63.00	63.00
SHE WALKS IN BEAUTY				S. BILOTTO
❑ SUMMER DREAM	1997	TL	93.00	93.00

NAME	YEAR	LIMIT	ISSUE	TREND
❑ WINTER ROMANCE	1996	TL	93.00	93.00
SIBLINGS THROUGH TIME				**C. MCCLURE**
❑ ALEXANDRA	1996	CL	70.00	70.00
❑ GRACIE	1996	CL	60.00	60.00
SIMPLE GIFTS				**J. GOOD-KRUGER**
❑ CUDDLY COMPANIONS	1997	TL	50.00	50.00
❑ NAPTIME AT NOON	1997	TL	50.00	50.00
❑ PAPA'S LITTLE HELPER	1997	TL	50.00	50.00
❑ ROLY POLY HARVEST	1996	TL	50.00	50.00
SIMPLE PLEASURES, SPECIAL DAYS				**J. LUNDY**
❑ ADELINE	1996	TL	80.00	80.00
❑ ELIZA	1996	TL	80.00	80.00
❑ GRETCHEN	1996	TL	80.00	80.00
❑ MOLLY	1996	TL	80.00	80.00
SNOW BABIES				**T. TOMESCU**
❑ BENEATH THE MISTLETOE	1995	CL	70.00	70.00
❑ CATCH OF THE DAY	1996	TL	75.00	75.00
❑ FOLLOW THE LEADER	1996	CL	75.00	75.00
❑ LEARNING TO FLY	1996	TL	75.00	75.00
❑ SLIP SLIDIN'	1996	TL	75.00	75.00
❑ SNOW BABY EXPRESS	1996	CL	75.00	75.00
SOMEONE TO WATCH OVER ME				**K. BARRY-HIPPENSTEEL**
❑ ANGEL LULLABY	1994	CL	25.00	30.00
❑ ANGEL NIGHT-NIGHT	1994	CL	25.00	30.00
❑ ANGEL SLEEPYHEAD	1996	CL	25.00	25.00
❑ ANGEL STARDUST	1996	CL	25.00	25.00
❑ ANGEL TUCK-ME-IN	1996	CL	25.00	25.00
❑ BABY SWEET DREAMS W/BASKET	1995	CL	70.00	70.00
SOOO BIG				**M. TRETTER**
❑ JIMMY	1993	CL	60.00	65.00
❑ KIMMY	1994	CL	60.00	60.00
SPECIAL EDITION TOUR 1993				**Y. BELLO**
❑ MIGUEL	1993	CL	70.00	70.00
❑ ROSA	1993	CL	70.00	70.00
SPICE OF LIFE				**Y. BELLO**
❑ CINDY	1997	TL	63.00	63.00
❑ MEGAN	1997	TL	63.00	63.00
SUNDAY BEST				**C. JACKSON**
❑ JOSHUA	1998	TL	73.00	73.00
TALES FROM THE NURSERY				**T. TOMESCU**
❑ BABY DO PEEP	1997	TL	83.00	83.00
❑ LITTLE GOLDILOCKS	1998	TL	83.00	83.00
❑ LITTLE MISS MUFFET	1998	TL	83.00	83.00
TENDER MOMENTS				**L. TIERNEY**
❑ TENDER CARE	1996	CL	50.00	50.00
❑ TENDER HEART	1996	CL	50.00	50.00
❑ TENDER LOVE	1996	CL	50.00	50.00
THEY'RE ALL PRECIOUS IN HIS SIGHT				**J. IBAROLLE**
❑ NAOMI	1997	TL	73.00	73.00
❑ SU LEE	1998	*	73.00	73.00
TOGETHER FOREVER				**S. KREY**
❑ COURTNEY	1994	CL	60.00	65.00
❑ KIM	1994	CL	60.00	65.00
❑ KIRSTEN	1994	CL	60.00	65.00
TOO CUTE TO RESIST				**M. GIRARD-KASSIS**
❑ ALLY	1997	TL	63.00	63.00
TOO MUCH TO HANDLE				**K. BARRY-HIPPENSTEEL**
❑ JULIE (FLOWERS FOR MOMMY)	1993	CL	60.00	65.00
❑ KEVIN (CLEAN HANDS)	1993	CL	60.00	145.00
TREASURED TOGETHERNESS				**M. TRETTER**
❑ TENDER TOUCH	1994	CL	100.00	100.00
❑ TOUCH OF LOVE	1994	CL	100.00	100.00
TUMBLING TOTS				**K. BARRY-HIPPENSTEEL**
❑ HANDSTAND HARRY	1994	CL	70.00	70.00
❑ ROLY POLY POLLY	1993	CL	70.00	75.00
TWINKLE TOES				**T. TOMESCU**
❑ LITTLE CARNATION	1997	TL	73.00	73.00
❑ LITTLE VIOLET	1998	TL	73.00	73.00
UNDER HER WINGS				**P. BOMAR**
❑ GUARDIAN ANGEL	1995	TL	80.00	80.00
VICTORIAN DREAMERS				**K. BARRY-HIPPENSTEEL**
❑ ROCK-A-BYE/GOOD NIGHT	1996	CL	50.00	50.00
❑ VICTORIAN STORYTIME	1996	CL	50.00	50.00
VICTORIAN LACE				**C. LAYTON**
❑ ALICIA	1993	CL	80.00	150.00
❑ COLLEEN	1994	CL	80.00	80.00
❑ OLIVIA	1994	CL	80.00	80.00
VICTORIAN NURSERY HEIRLOOM				**C. MCCLURE**
❑ VICTORIAN BUNNY BUGGY	1996	CL	140.00	140.00
❑ VICTORIAN HIGHCHAIR	1996	CL	130.00	130.00
❑ VICTORIAN LULLABY	1994	CL	80.00	80.00
❑ VICTORIAN PLAYTIME	1996	CL	140.00	140.00
VISIONS OF OUR LADY				**B. DEVAL**
❑ OUR LADY OF GRACE	1996	TL	100.00	100.00
❑ OUR LADY OF LOURDES	1996	TL	100.00	100.00

DOLLS

NAME	YEAR	LIMIT	ISSUE	TREND
WATCHING BABY GROW				Y. BELLO
❑ BABY BOY'S FIRST TOOTH	1997	*	50.00	50.00
❑ BABY GIRL'S FIRST TOOTH	1997	*	50.00	50.00
WHAT LITTLE GIRLS ARE MADE OF				D. EFFNER
❑ LAVENDER AND LACE	1995	CL	70.00	70.00
❑ PEACHES AND CREAM	1994	CL	70.00	90.00
❑ SUNSHINE AND LOLLIPOPS	1995	CL	70.00	70.00
WHERE DO BABIES COME FROM?				T. TOMESCU
❑ FRESH FROM THE PATCH	1996	TL	80.00	80.00
❑ HANDLE WITH CARE	1997	TL	80.00	80.00
❑ JUST HATCHED	1996	TL	80.00	80.00
❑ SPECIAL DELIVERY	1996	TL	80.00	80.00
WINTER MAGIC				M. TRETTER
❑ BRADLEY WITH SNOWMAN	1997	OP	65.00	65.00
❑ LINDSEY	1997	OP	65.00	65.00
❑ PAMELA	1997	OP	65.00	65.00
❑ TYLER	1997	OP	65.00	65.00
WINTER WONDERLAND				K. BARRY-HIPPENSTEEL
❑ ANNIE	1994	CL	60.00	60.00
❑ BOBBY	1994	CL	60.00	60.00
WINTERFEST				S. SHERWOOD
❑ BRADLEY	1993	CL	90.00	90.00
❑ BRIAN	1991	CL	89.00	125.00
❑ MICHELLE	1992	CL	90.00	160.00
WISHFUL THINKING				M. TRETTER
❑ DANNY (PET SHOP)	1993	CL	80.00	85.00
WIZARD OF OZ MINIATURES				M. TRETTER
❑ DOROTHY AND TOTO	1998	*	43.00	43.00
❑ LION	1997	*	43.00	43.00
❑ SCARECROW	1998	*	43.00	43.00
❑ TIN MAN	1998	*	43.00	43.00
WONDERFUL WIZARD OF OZ				M. TRETTER
❑ COWARDLY LION	1994	CL	80.00	80.00
❑ DOROTHY & TOTO	1994	CL	80.00	90.00
❑ SCARECROW	1994	CL	80.00	80.00
❑ TIN MAN	1994	CL	80.00	80.00
WREATHED IN BEAUTY				G. RADEMANN
❑ AUTUMN HARMONY	1997	TL	100.00	100.00
❑ SUMMER SWEETNESS	1997	TL	100.00	100.00
❑ WINTER ELEGANCE	1996	TL	90.00	90.00
YEAR BOOK MEMORIES				AKERS/GIRARDI
❑ GOING STEADY (PATTY JO)	1993	CL	90.00	90.00
❑ PEGGY SUE	1991	CL	87.00	95.00
❑ PROM QUEEN (BETTY JEAN)	1993	CL	92.00	92.00
YOLANDA'S HEAVEN SCENT BABIES				Y. BELLO
❑ CARNATION	1993	CL	55.00	60.00
❑ CHERRY BLOSSOM	1993	CL	55.00	60.00
❑ DAISY ANNE	1993	CL	50.00	55.00
❑ LILY	1993	CL	55.00	60.00
❑ MEAGAN ROSE	1993	CL	50.00	100.00
❑ MORNING GLORY	1993	CL	50.00	55.00
YOLANDA'S LULLABY BABIES				Y. BELLO
❑ AMY (BRAHMS LULLABY)	1993	CL	75.00	80.00
❑ CHRISTY (ROCK-A-BYE)	1991	CL	69.00	75.00
❑ EDDIE (TEDDY BEAR LULLABY)	1993	CL	75.00	75.00
❑ JACOB (SILENT NIGHT)	1993	CL	75.00	80.00
❑ JOEY (TWINKLE, TWINKLE)	1992	CL	69.00	75.00
YOLANDA'S PICTURE PERFECT BABIES				Y. BELLO
❑ AMANDA	1988	CL	63.00	175.00
❑ DANIELLE	1991	CL	69.00	195.00
❑ EMILY	1991	CL	63.00	195.00
❑ HEATHER	1986	CL	48.00	250.00
❑ JASON	1985	CL	48.00	600.00
❑ JENNIFER	1987	CL	58.00	295.00
❑ JESSICA	1989	CL	63.00	199.00
❑ LISA	1990	CL	63.00	125.00
❑ MATTHEW	1987	CL	58.00	249.00
❑ MICHAEL	1990	CL	63.00	195.00
❑ SARAH	1987	CL	58.00	195.00
YOLANDA'S PLAYTIME BABIES				Y. BELLO
❑ LINDSEY	1993	CL	60.00	63.00
❑ SHAWNA	1993	CL	60.00	63.00
❑ TODD	1993	CL	60.00	63.00
YOLANDA'S PRECIOUS PLAYMATES				Y. BELLO
❑ DAVID	1992	CL	70.00	200.00
❑ JOHNNY	1994	CL	70.00	70.00
❑ PAUL	1993	CL	70.00	135.00
YOUNG LOVE				J.W. SMITH
❑ FIRST KISS	1993	CL	120.00	125.00
YOUR HEART'S DESIRE				M. STAUBER
❑ JULIA	1991	CL	99.00	130.00
# ATTIC BABIES				
				M. MASCHINO
❑ ANNIE FANNIE	1989	RT	45.00	50.00
❑ BESSIE JO	1987	RT	33.00	38.00

DOLLS

NAME	YEAR	LIMIT	ISSUE	TREND
❑ BETH SUE	1987	RT	30.00	35.00
❑ BUNNIFER	1988	RT	40.00	45.00
❑ CANDY APPLEBEE	1992	RT	16.00	20.00
❑ CHRISTOPHER COLUMBUS	1992	RT	80.00	85.00
❑ COTTON PICKIN' NINNY	1989	RT	50.00	95.00
❑ COUNTRY CLYDE	1987	RT	30.00	35.00
❑ DIRTY HARRY	1987	RT	30.00	35.00
❑ DUCKIE DINKLE	1990	RT	97.00	100.00
❑ FESTER CHESTER	1988	RT	40.00	100.00
❑ FRANNIE FARKLE	1990	RT	130.00	135.00
❑ FRIZZY LIZZY	1990	RT	97.00	225.00
❑ HANNAH LOU	1988	RT	40.00	75.00
❑ HAPPY HUCK	1990	RT	50.00	55.00
❑ HAPPY PAPPY CLAUS	1993	RT	75.00	125.00
❑ HAROLD	1987	RT	30.00	35.00
❑ HEAVENLY HEATHER	1989	RT	60.00	90.00
❑ HEFFY CHEFFY	1989	RT	77.00	150.00
❑ ITTY BITTY SANTA	1993	RT	7.00	9.00
❑ IVAN IVIE	1990	RT	130.00	200.00
❑ JACOB	1987	RT	30.00	90.00
❑ JAMMY MAMMY CLAUS	1993	RT	70.00	80.00
❑ JENNY LOU	1987	RT	37.00	40.00
❑ JOLLY JIM	1989	RT	32.00	125.00
❑ LAMPSIE DIVIE IVIE	1990	RT	130.00	300.00
❑ LAZY DAISY	1988	RT	40.00	65.00
❑ LAZY LIZA JANE	1988	RT	48.00	53.00
❑ LITTLE DOVE	1988	RT	40.00	45.00
❑ MAGGIE MAE	1987	RT	30.00	260.00
❑ MAIZIE MAE	1991	RT	30.00	35.00
❑ MANDI MAE	1991	RT	30.00	35.00
❑ MEMSIE MAE	1991	RT	30.00	35.00
❑ MERRY OLE FARLEY FAGAN DOOBERRY	1993	RT	133.00	135.00
❑ MISS PATTY PAT	1987	RT	30.00	100.00
❑ MOLLY BEA	1988	RT	40.00	85.00
❑ MOOSEY MATILDA	1988	RT	40.00	200.00
❑ MR. KNO MO SNO	1993	RT	53.00	55.00
❑ MR. RAGGEDY CLAUS	1991	RT	70.00	125.00
❑ MRS. RAGGEDY CLAUS	1991	RT	70.00	125.00
❑ MS. WADDLES	1989	RT	50.00	55.00
❑ MUSLIN BUNNY	1987	RT	10.00	15.00
❑ MUSLIN TEDDY	1987	RT	10.00	15.00
❑ NATTIE FAE TUCKER	1994	RT	65.00	70.00
❑ NAUGHTY NELLIE	1988	RT	33.00	90.00
❑ OLD OT. ICNICKERBOCKER	1993	HI	80.00	85.00
❑ OLD ST. NICK	1992	RT	96.00	135.00
❑ OLD TYME SANTY	1989	RT	80.00	85.00
❑ PHYLBERT FARKLE	1990	RT	130.00	230.00
❑ PIPPY PAT	1991	HI	50.00	55.00
❑ PRISSY MISSY	1989	RT	33.00	35.00
❑ PUMPKIN PATTY	1992	RT	80.00	85.00
❑ RACHEL	1987	RT	30.00	35.00
❑ RAGGEDY KITTY	1987	RT	30.00	35.00
❑ RAGGEDY SAM	1988	RT	60.00	120.00
❑ RAGGEDY SANTY	1987	RT	75.00	205.00
❑ RAGGEDY SANTY	1988	RT	90.00	95.00
❑ RAMMY SAMMY	1989	RT	45.00	50.00
❑ ROSE ANN	1987	RT	40.00	45.00
❑ ROTTEN WILBER	1988	RT	37.00	145.00
❑ RUFUS	1900	RT	36.00	85.00
❑ SALIE OLLIE OTIS	1990	RT	130.00	135.00
❑ SALLY FRANCIS	1987	RT	40.00	65.00
❑ SARA	1987	RT	40.00	175.00
❑ SCARY LARRY SCARECROW	1992	RT	80.00	85.00
❑ SILLY WILLIE	1988	RT	40.00	80.00
❑ SKITTY KITTY	1989	RT	45.00	145.00
❑ SPRING SANTA	1988	RT	50.00	55.00
❑ SWEET WILLIAM	1988	RT	40.00	155.00
❑ TEENY WEENY ANGEL	1992	RT	10.00	15.00
❑ TODDY SUE	1987	RT	30.00	90.00
❑ WACKY JACKIE	1988	RT	40.00	45.00
❑ WINKIE BINKIE	1991	RT	55.00	60.00
❑ WITCHY WANDA	1992	RT	80.00	85.00
❑ WOOD DOLL-MEDIUM	1989	RT	33.00	38.00
❑ WOOD DOLL-SMALL	1989	RT	25.00	30.00
❑ YANKEE DOODLE DEBBIE	1990	RT	100.00	300.00
❑ ZITTY ZELDA	1990	RT	90.00	180.00
ATTIC BABIES COLLECTORS CLUB				**M. MASCHINO**
❑ BURTIE BUZBEE, SNL	1992	RT	40.00	45.00
❑ ISSIE B. RUEBOTTOM, SNL	1993	RT	35.00	40.00
❑ SUNFLOWER FLOSSIE, SNL	1994	RT	42.00	47.00
BAGGIE COLLECTION				**M. MASCHINO**
❑ AMERICANA BAGGIE BEAR	1991	RT	20.00	25.00
❑ AMERICANA BAGGIE GIRL	1991	RT	20.00	25.00
❑ AMERICANA BAGGIE RABBIT	1991	RT	20.00	25.00
❑ AMERICANA BAGGIE SANTA	1991	RT	20.00	25.00
❑ CHRISTMAS BAGGIE BEAR	1991	RT	20.00	25.00
❑ CHRISTMAS BAGGIE GIRL	1991	RT	20.00	25.00
❑ CHRISTMAS BAGGIE RABBIT	1991	RT	20.00	25.00
❑ CHRISTMAS BAGGIE SANTA	1991	RT	20.00	25.00
❑ COUNTRY BAGGIE BEAR	1991	RT	20.00	25.00
❑ COUNTRY BAGGIE GIRL	1991	RT	20.00	25.00
❑ COUNTRY BAGGIE RABBIT	1991	RT	20.00	25.00

DOLLS

NAME	YEAR	LIMIT	ISSUE	TREND
FIRST EDITION				**M. MASCHINO**
❏ AMERICANA RAGGEDY SANTA	1992	RT	87.00	150.00
❏ RAGGEDY OLE CHRIS CRINGLE	1990	RT	190.00	265.00
SECOND EDITION				**M. MASCHINO**
❏ AMERICANA RAGGEDY SANTA	1992	RT	90.00	150.00
❏ RAGGEDY OLE CHRIS CRINGLE	1990	RT	190.00	195.00
TOUR BABIES				**M. MASCHINO**
❏ TOUR BABY 1993	1993	RT	20.00	25.00
❏ TOUR BABY 1994	1994	RT	25.00	25.00
VALENTINE COLLECTION				**M. MASCHINO**
❏ HERWIN HEAPS O HUGS	1994	RT	40.00	45.00
❏ LOTTIE LOTS-A-LOVE	1994	RT	40.00	45.00
❏ VALENTINE BEAR-BOY	1993	RT	40.00	45.00
❏ VALENTINE BEAR-GIRL	1993	RT	40.00	45.00

AVONLEA TRADITIONS INC.

ANNE OF GREEN GABLES				*
❏ ARRIVING AT THE STATION	1989	RT	260.00	260.00
❏ DIANA BARRY	1990	RT	260.00	260.00
❏ LIMITED EDITION	1997	5000	60.00	60.00
❏ PUFFED SLEEVES	1990	RT	260.00	260.00
❏ SCHOOL DAYS	1990	RT	260.00	260.00
❏ 10TH ANNIVERSARY	1998	RT	60.00	60.00
❏ 90TH ANNIVERSARY EDITION	1997	RT	120.00	120.00

BOYDS COLLECTION LTD.

				G. LOWENTHAL
❏ CLANCY G. HYDRANT JR. 5404	*	RT	*	25.00
❏ ELMO BEEFCAKE 5532-03	*	RT	*	36.00
❏ LOFTON Q. MCSWINE 55391-09	*	RT	*	18.00
❏ MCKENZIE 5840-03	*	RT	*	9.00
❏ RACHAEL Q. RIBBIT 566340	*	RT	*	25.00
❏ SHEFFIELD O'SWINE 55391-07	*	RT	*	16.00
❏ TALLULAH BAAHEAD 5520-01	*	RT	*	38.00
❏ WEDGEWOOD J. HOPGOOD 52401-10	*	RT	*	34.00
ANIMAL MENAGERIE				**G. LOWENTHAL**
❏ APHRODITE 5339	*	RT	*	45.00
❏ ERIN O'PIGG 5536-09	*	RT	*	32.00
ARCHIVE SERIES				**G. LOWENTHAL**
❏ ADDINGTON 5701-05	*	RT	*	52.00
❏ BERTHA UTTERBUG 5758	*	RT	*	55.00
❏ HEATH II 5703N	*	RT	*	32.00
❏ MACMILLAN 5707-10	*	RT	*	32.00
❏ RALEIGH 5703M	*	RT	*	38.00
❏ THATCHER 5706	*	RT	*	32.00
❏ TOWNSEND Q. BEARRISTER 57001-03	*	RT	*	22.00
❏ WELLINGTON 5722	*	RT	*	88.00
❏ WILSON 5705 (NOT DRESSED)	*	RT	*	30.00
ARTIST SERIES				**G. LOWENTHAL**
❏ EDGAR 5864-07	*	RT	*	55.00
❏ ELVIS 5859	*	RT	*	55.00
❏ FARNSWORTH JR 5870-08	*	RT	*	32.00
❏ FARNSWORTH SR 5875-08	*	RT	*	35.00
❏ HIGGINS 5877-06	*	RT	*	45.00
❏ HIGGY 5876-03	*	RT	*	38.00
BEARS IN THE ATTIC				**G. LOWENTHAL**
❏ ARNO-W-LD 5655-07	*	RT	*	50.00
❏ CHIPPER 5642-05	*	RT	*	26.00
❏ HESTER 5660-10	*	RT	*	36.00
❏ JETHRO 5630	*	RT	*	38.00
❏ KIP 5642-08	*	RT	*	35.00
❏ REVA 5630-02	*	RT	*	36.00
❏ WALKER 5655-08	*	RT	*	36.00
BUBBA BEARS				**G. LOWENTHAL**
❏ BILLY RAY	*	RT	*	46.00
❏ BOBBIE JO	*	RT	*	55.00
❏ BUBBA	*	RT	*	65.00
❏ ELLY MAE	*	RT	*	48.00
CHOIR BEARS				**G. LOWENTHAL**
❏ GABRIEL 5825	*	RT	*	48.00
❏ JOHN 5828	*	RT	*	45.00
❏ JOSHUA 5826	*	RT	*	40.00
❏ SEBASTIAN 5827	*	RT	*	48.00
CLINTON'S CABINET				**G. LOWENTHAL**
❏ FEDERICO 1100-08	*	RT	*	38.00
❏ FEDERICO W/TEDDY PULLOVER SWEATER 98039	*	RT	*	48.00
❏ GEORGE	*	RT	*	38.00
❏ VINCENT	*	RT	*	45.00
FLATTIES				**G. LOWENTHAL**
❏ BRAYBURN 5670	*	RT	*	48.00
❏ ELMORE FLATSKI 5680-08	*	RT	*	25.00
❏ HADLEY FLATSKI 5680-05	*	RT	*	30.00
❏ LENORA FLATSTEIN	*	RT	*	32.00
❏ NEWTON 5665	*	RT	*	48.00
GOCOLLECT EXCLUSIVE				**G. LOWENTHAL**
❏ TBD/STRAWBERRY	2002	3600	19.00	19.00

DOLLS

NAME	YEAR	LIMIT	ISSUE	TREND
J.B. BEAN & ASSOCIATES				**G. LOWENTHAL**
❑ ALBERT B. BEAN 5123-03	*	RT	*	40.00
❑ BETTY BISCUIT	*	RT	*	40.00
❑ DUFUS BEAR 5112	*	RT	*	62.00
❑ J.B. BEAN 5106	*	RT	*	38.00
❑ LOUIE B. BEAN 5114-11	*	RT	*	55.00
❑ MISTLE 5151-04	*	RT	*	45.00
❑ OTIS B. BEAN 5107	*	RT	*	60.00
❑ RALPH POOCHSTEIN 5400-10	*	RT	*	36.00
❑ TOE 5151-02	*	RT	*	45.00
❑ WINSTEAD P. BEAR	*	RT	*	34.00
NORTHERN LIGHTS				**G. LOWENTHAL**
❑ BEATRICE VHMOOSE 5542 (MOCHA)	*	RT	*	64.00
❑ MAYNARD VHMOOSE 5541	*	RT	*	48.00
❑ MURGATROYD II VHMOOSE 5540	*	RT	*	55.00
❑ NADIA VON HINDENMOOSE 5542-01 5542-01	*	RT	*	88.00
SNOWBEARS				**G. LOWENTHAL**
❑ SINKIN	*	RT	*	90.00
❑ SINKIN II 5808	*	RT	*	55.00
❑ TINKIN	*	RT	*	80.00
❑ TINKIN II 5801	*	RT	*	60.00
T.J.'S BEST DRESSED				**G. LOWENTHAL**
❑ ALASTAIR & CAMILLA 98042	*	RT	*	48.00
❑ ANGUS MACMOO	*	RT	*	25.00
❑ ANYA FROSTFIRE	*	RT	*	68.00
❑ ARLO IN RED SWEATER 9141	*	RT	*	48.00
❑ AUBERGINE 9107	*	RT	*	28.00
❑ AUNTIE IOLA 91612	*	RT	*	55.00
❑ BAAAH'B 9131	*	RT	*	48.00
❑ BAILEY & MATTHEW 9224 W/ORNAMENTS	1996	RT	*	90.00
❑ BAILEY 9199-05	1996	RT	*	58.00
❑ BETSEY	*	RT	*	25.00
❑ BIG BOY 9108	*	RT	*	46.00
❑ BONNIE	*	RT	*	25.00
❑ BRUCE 1000-08	*	RT	*	25.00
❑ BRUCE 9157-08 HEART SWEATER	*	RT	*	68.00
❑ BRUCE 98038 TED SWEATER	*	RT	*	36.00
❑ CALVIN ELLIS 91223	*	RT	*	36.00
❑ CLAIRE 9179	*	RT	*	38.00
❑ COLLEEN O'BRUIN 91805	*	RT	*	40.00
❑ CORNWALLIS 9126	*	RT	*	88.00
❑ CORNWALLIS 9126-01	*	RT	*	80.00
❑ COURTNEY	*	RT	*	55.00
❑ COUSIN ROSE ANJANETTE	*	RT	*	20.00
❑ EDDIE BEANBERGER 9119-01	*	RT	*	45.00
❑ EDEN II 91391	*	RT	*	32.00
❑ EDMUND IN DENIM ROMPER & HEART SWEATER #9175-06	1997	RT	*	40.00
❑ EDMUND IN NAUTICAL SWEATER & HAT 9175-03	1995	RT	*	65.00
❑ EDMUND IN SWEATER/PLAID PANTS 9175-05	1996	RT	*	45.00
❑ EMILY BABBIT 9150-05	1990	RT	*	45.00
❑ EMMA 9101	*	RT	*	62.00
❑ FETA 91075	*	RT	*	45.00
❑ FITZGERALD O'BRUIN 91802	*	RT	*	35.00
❑ GERALDO 912441	*	RT	*	38.00
❑ GUNNAR 9123	*	RT	*	38.00
❑ HARRISON 9176	*	RT	*	40.00
❑ HARTLEY B. MINE 82010	*	RT	*	28.00
❑ HERMINE GRISSLIN 01206	*	RT	*	68.00
❑ HOOKER BAILEY QVC	*	*	*	130.00
❑ IRIS ROSENBUNNY	*	RT	*	25.00
❑ KATTELINA PURRSLEY	*	RT	*	22.00
❑ LAS 91735	*	RT	*	35.00
❑ LIZZIE MCBEE 91005	*	RT	*	46.00
❑ MARLENA 9154	*	RT	*	38.00
❑ MICHELLINE 91815	*	RT	*	28.00
❑ MILLIE HOPKINS	*	RT	*	22.00
❑ MOMMA MCBEAR AND DELMAR	*	RT	*	36.00
❑ MRS. PATRIDGE	*	RT	*	38.00
❑ NELLIE 9110-05	*	RT	*	45.00
❑ NICHOLAS 9173	*	RT	*	36.00
❑ OPHELIA 91207-01	*	RT	*	60.00
❑ PETER 9111	*	RT	*	25.00
❑ PHILOMENA 91106	*	RT	*	40.00
❑ PUCK 9172	*	RT	*	42.00
❑ RUTHERFORD 912610	*	RT	*	65.00
❑ STEWART RAREBIT #9116	*	RT	*	28.00
❑ SVEN 9122	*	RT	*	48.00
❑ TEDDY BEANBERGER 9118	*	RT	*	85.00
❑ TYLER SUMMERFIELD	*	RT	*	50.00
❑ WALTON	*	RT	*	48.00
❑ WILLA BRUIN	*	RT	*	55.00
❑ WORTHINGTON FITZBRUIN	*	RT	*	25.00
BRADFORD EXCHANGE				
HATS OFF TO THE SEASONS				**L. DUNSMORE**
❑ CHRISTMAS CAROL	1997	*	*	N/A
DADDY'S LONG LEGS				
ANGELS				**K. GERMANY**
❑ DEMETRIA	1995	1	2500.00	11000.00
❑ GLORY	1994	RT	118.00	285.00
❑ HOPE	1994	RT	118.00	350.00

DOLLS

DOLLS

NAME	YEAR	LIMIT	ISSUE	TREND
❏ KARA	1994	RT	76.00	250.00
❏ KEISHA	1996	OP	80.00	80.00
❏ MONICA	1996	CL	150.00	150.00
❏ PRECIOUS	1994	RT	76.00	250.00
ANIMALS				**K. GERMANY**
❏ ABIGAIL COW, BLUE	1990	RT	62.00	350.00
❏ ABIGAIL COW, RED	1990	RT	68.00	350.00
❏ CAT IN JUMP SUIT	1990	RT	60.00	1050.00
❏ GOAT-BOY	1990	RT	62.00	1150.00
❏ GOAT-GIRL	1990	RT	62.00	1150.00
❏ HUGH HOOFNER	1990	RT	68.00	375.00
❏ KITTY KAT	1991	RT	78.00	800.00
❏ MAMIE THE PIG, BLUE	1991	RT	84.00	800.00
❏ MAMIE THE PIG, GREEN	1990	RT	68.00	800.00
❏ PIG BOY	1990	RT	58.00	1150.00
❏ RACCOON	1990	RT	66.00	1250.00
❏ RACHAEL RABBIT	1990	RT	15.00	225.00
❏ ROBBY RABBIT	1990	RT	44.00	675.00
❏ ROSE RABBIT	1990	RT	54.00	1150.00
❏ ROXANNE RABBIT	1990	RT	52.00	675.00
❏ RUDY RABBIT	1990	RT	54.00	1150.00
❏ WEDDING RABBITS	1990	RT	240.00	3550.00
ARTS & THEATER				**K. GERMANY**
❏ BABE BOUCHARD	1992	OP	98.00	100.00
❏ DANI	1999	*	90.00	90.00
❏ MARGO	1994	RT	126.00	225.00
❏ MIME	1990	RT	58.00	1700.00
❏ WITCH HAZEL	1990	RT	86.00	350.00
BABIES & TODDLERS				**K. GERMANY**
❏ ANNIE LEE @ 5	1999	CL	175.00	175.00
❏ ANNIE LEE @ THREE	1997	RT	*	375.00
❏ ANNIE LEE WITH BLANKET	1995	RT	150.00	375.00
❏ ANNIE LEE WITHOUT BLANKET	1995	RT	150.00	350.00
❏ BABY HANNAH	1997	OP	80.00	80.00
❏ BABY JESSE	1991	OP	18.00	20.00
❏ BUNNY	1996	RT	80.00	310.00
CHILDREN				**K. GERMANY**
❏ SQUIRT II	1999	*	94.00	94.00
CHILDREN AROUND THE WORLD				**K. GERMANY**
❏ LIZABETH	1995	OP	76.00	76.00
❏ SALLY	1997	OP	84.00	84.00
❏ STARR	1996	CL	80.00	80.00
❏ SU	1995	CL	76.00	76.00
❏ TERESA	1996	CL	80.00	80.00
CLOWNS				**K. GERMANY**
❏ BUTTONS	1996	RT	80.00	185.00
❏ CECIL	1993	OP	98.00	98.00
❏ CRICKET	1997	OP	94.00	94.00
❏ DR. TICKLES	1997	RT	*	325.00
❏ FANCY PANTS	1999	*	98.00	98.00
❏ PEANUT	1994	OP	76.00	80.00
❏ SUGAR	1995	RT	120.00	600.00
CLOWNS/CONVENTION				**K. GERMANY**
❏ MAGIC	1999	CL	125.00	125.00
COMMUNITY & FAMILY				**K. GERMANY**
❏ ABE	1993	RT	94.00	250.00
❏ AUNT FANNIE	1994	RT	90.00	175.00
❏ BESSIE	1992	RT	94.00	225.00
❏ BILLYE	1993	RT	98.00	300.00
❏ CAMILLE	1995	RT	184.00	300.00
❏ CHARLES LOUIS	1994	RT	90.00	175.00
❏ DOC MOSES	1992	RT	98.00	375.00
❏ EARL & ELLA	1996	RT	196.00	800.00
❏ ESTHER	1993	RT	158.00	425.00
❏ EZRA	1992	OP	90.00	90.00
❏ GRACIE	1992	RT	94.00	225.00
❏ JACKIE	1993	RT	98.00	250.00
❏ JASMINE	1992	RT	90.00	350.00
❏ JUDGE	1993	RT	98.00	300.00
❏ JUNIOR WITH HAT AND BANJO	1991	OP	54.00	54.00
❏ MAXINE	1994	RT	90.00	175.00
❏ NURSE GARNET	1992	RT	90.00	375.00
❏ OMA GREEN	1991	OP	90.00	90.00
❏ SAM	1993	RT	94.00	250.00
❏ SLATS	1993	RT	98.00	275.00
❏ SOFIE	1990	RT	44.00	525.00
❏ UNCLE LEON	1994	RT	90.00	150.00
CO-OP ADVERTISING				**K. GERMANY**
❏ BRIANNA	1999	*	94.00	94.00
COSTUME PARTY				**K. GERMANY**
❏ BOOTS	1997	RT	90.00	150.00
❏ GIGI	1996	RT	90.00	175.00
❏ GRETCHEN	1995	RT	80.00	175.00
❏ PISTOL	1995	RT	80.00	185.00
❏ SKIPPER	1997	RT	*	125.00
❏ TICKER	1994	RT	76.00	275.00
❏ WENDY	1994	RT	80.00	215.00
CULTURAL				**K. GERMANY**
❏ AMANI	1997	OP	104.00	104.00
❏ KENYA	1995	OP	98.00	100.00

NAME	YEAR	LIMIT	ISSUE	TREND
❑ NETTIE	1990	OP	70.00	95.00
❑ TOBIAS	1990	OP	72.00	90.00
DADDY'S BABIES/A TO Z DOLLS				**K. GERMANY**
❑ ABC DOLLS (26)	1999	*	30.00	30.00
DADDY'S LONG LEGS MEMBERS EDITIONS				**K. GERMANY**
❑ BABY JESUS	1997	CL	*	N/A
❑ BUBBY WITH HEART BLANKET	1994	RT	65.00	350.00
❑ BUBBY WITH STAR BLANKET	1994	RT	65.00	325.00
❑ BULL BISHOP	1995	RT	65.00	180.00
❑ CARRIE (ANGEL)	1996	CL	*	45.00
❑ CHERRY	1995	RT	65.00	185.00
❑ FAITH	1993	RT	65.00	400.00
❑ JACK	1996	RT	65.00	175.00
❑ JILL	1996	RT	65.00	175.00
❑ JOSEPH	1997	YR	65.00	125.00
❑ JOY (ANGEL)	1995	CL	*	100.00
❑ MARY	1997	YR	65.00	100.00
❑ MEAGAN	1999	CL	65.00	65.00
❑ NATALIE	1999	CL	65.00	65.00
❑ SISSY	1994	RT	65.00	325.00
OLD WEST				**K. GERMANY**
❑ COWBOY BUCK	1990	RT	78.00	500.00
❑ INDIAN (1ST EDITION)	1990	RT	78.00	1200.00
❑ INDIAN (2ND EDITION)	1991	RT	*	400.00
❑ JACOB	1999	*	94.00	94.00
❑ LITTLE HAWK	1999	900	150.00	150.00
❑ LUCKY THE GAMBLER	1992	RT	90.00	825.00
❑ MISS LILLY	1990	RT	78.00	500.00
❑ PROUD EAGLE	1997	1500	290.00	400.00
❑ STILL RIVER	1991	1452	98.00	275.00
❑ SWEET SAVANNAH	1996	2000	260.00	350.00
❑ WILDWOOD WILL	1996	RT	290.00	675.00
OLD WOMAN WHO LIVED IN A SHOE				**K. GERMANY**
❑ HANNAH	1997	OP	80.00	80.00
❑ LOUIE	1996	OP	98.00	98.00
❑ WILLIAM	1996	OP	80.00	80.00
PATRIOTIC				**K. GERMANY**
❑ JEREMIAH	1992	RT	90.00	350.00
❑ UNCLE SAM (BLACK)	1995	RT	120.00	185.00
❑ UNCLE SAM (WHITE)	1991	RT	150.00	1625.00
SANTA CLAUS				**K. GERMANY**
❑ ODESSA CLAUS, 1ST EDITION	1991	RT	144.00	275.00
❑ ODESSA CLAUS, 2ND EDITION	1995	RT	144.00	175.00
❑ SANTA	1996	RT	200.00	235.00
❑ SANTA (BLACK)	1991	RT	98.00	475.00
❑ SANTA (BLACK)	1992	RT	158.00	415.00
❑ SANTA (BLACK)	1993	RT	178.00	350.00
❑ SANTA (BLACK)	1995	RT	160.00	275.00
❑ SANTA (BLACK)	1996	RT	200.00	200.00
❑ SANTA (WHITE)	1990	RT	64.00	2050.00
❑ SANTA (WHITE)	1991	RT	98.00	475.00
❑ SANTA (WHITE)	1992	RT	158.00	440.00
❑ SANTA (WHITE)	1995	RT	160.00	275.00
❑ SANTA RED VELVET	1990	RT	180.00	2300.00
❑ SANTA SPECIAL EDITION	1992	RT	158.00	440.00
❑ SANTA TAPESTRY	1990	RT	180.00	2300.00
❑ TUBBIN' SANTA	1994	RT	150.00	300.00
SCHOOLHOUSE DAYS				**K. GERMANY**
❑ CHOO CHOO	1992	RT	56.00	175.00
❑ DAPHNE	1991	RT	72.00	325.00
❑ EMILY	1993	RT	80.00	250.00
❑ IRIS	1991	RT	90.00	450.00
❑ JANE	1994	RT	70.00	200.00
❑ JOSIE	1992	RT	56.00	175.00
❑ JULIE	1994	OP	76.00	76.00
❑ KATY	1992	RT	64.00	175.00
❑ LUCY	1993	RT	64.00	200.00
❑ MARCUS	1995	RT	76.00	185.00
❑ MICAH	1992	RT	64.00	175.00
❑ MOLLY	1995	RT	76.00	185.00
❑ PHOEBE	1993	RT	64.00	200.00
❑ PRISCILLA	1993	RT	70.00	425.00
❑ SKEETER	1995	OP	80.00	80.00
❑ TIMOTHY	1993	RT	76.00	425.00
STORYBOOK				**K. GERMANY**
❑ LITTLE MS. MUFFET	1996	1117	90.00	245.00
❑ LITTLE RED RIDING HOOD	1994	RT	80.00	300.00
❑ MARY AND HER LAMB	1995	RT	80.00	225.00
SUNDAY SCHOOL & CHURCH				**K. GERMANY**
❑ CASSIE	1993	RT	70.00	175.00
❑ JUNIOR	1991	OP	54.00	70.00
❑ MS. HATTIE	1991	OP	90.00	95.00
❑ POLLY	1993	RT	70.00	175.00
❑ REV. JOHNSON	1991	OP	86.00	95.00
❑ RUTH	1993	OP	94.00	94.00
❑ SISTER CARTER	1993	RT	94.00	175.00
❑ SISTER MARY KATHLEEN	1992	RT	98.00	325.00
WEDDING PARTY				**K. GERMANY**
❑ JAMES & OLIVIA (SET)	1992	CL	250.00	640.00
❑ JAMES THE GROOM	1992	RT	125.00	375.00

DOLLS

DOLLS

NAME	YEAR	LIMIT	ISSUE	TREND
☐ JOSHUA, RINGBEARER	1996	2500	98.00	225.00
☐ MAGGIE, FLOWER GIRL	1994	RT	98.00	175.00
☐ MAURICE THE GROOM	1996	2500	118.00	300.00
☐ OLIVIA THE BRIDE	1992	RT	125.00	400.00
☐ VICTORIA BRIDE	1994	RT	178.00	325.00

DEPARTMENT 56
HERITAGE VILLAGE DOLL COLLECTION *

NAME	YEAR	LIMIT	ISSUE	TREND
☐ CHRISTMAS CAROL DOLLS 1000-6 (SET OF 4)	1987	250	1500.00	825.00
☐ CHRISTMAS CAROL DOLLS 1001-4 (SET OF 4)	1988	350	800.00	825.00
☐ CHRISTMAS CAROL DOLLS 5907-2 (SET OF 4)	1987	CL	250.00	240.00
☐ MR. & MRS. FEZZIWIG 5594-8 (SET OF 2)	1988	CL	172.00	374.00

SNOWBABIES *

NAME	YEAR	LIMIT	ISSUE	TREND
☐ POLAR BEAR, LARGE 69000	2000	RT	20.00	20.00
☐ POLAR BEAR, SMALL 69001	2000	RT	15.00	15.00

SNOWBABIES DOLLS *

NAME	YEAR	LIMIT	ISSUE	TREND
☐ ALISON & DUNCAN 7730-5	1988	RT	200.00	750.00

DIANNA EFFNER PORCELAIN DOLLS

E. CHEN

NAME	YEAR	LIMIT	ISSUE	TREND
☐ BENJAMIN	1994	25	325.00	350.00
☐ HEATHER	1994	25	350.00	375.00

D. EFFNER

NAME	YEAR	LIMIT	ISSUE	TREND
☐ BEDTIME JENNY	1993	50	375.00	400.00
☐ BIRTHDAY JENNY	1993	50	375.00	400.00
☐ DOLLY	1993	50	95.00	110.00
☐ EVERYDAY JENNY	1993	CL	375.00	400.00
☐ KAYLA	1994	50	450.00	475.00
☐ TINY (BOY OR GIRL)	1993	50	250.00	275.00

L. WILSON

NAME	YEAR	LIMIT	ISSUE	TREND
☐ SHEN	1993	50	475.00	500.00

DOLLS BY JERRI
DOLLS BY JERRI

J. MCCLOUD

NAME	YEAR	LIMIT	ISSUE	TREND
☐ ALFALFA	1986	1000	350.00	350.00
☐ ALLISON	1986	1000	350.00	500.00
☐ AMBER	1986	1000	350.00	800.00
☐ ANNABELLE	1986	300	600.00	600.00
☐ ASHLEY	1986	1000	350.00	450.00
☐ AUDREY	1986	300	550.00	550.00
☐ BABY DAVID	1982	538	290.00	2000.00
☐ BOY	*	1000	350.00	395.00
☐ BRIDE	1985	1000	350.00	400.00
☐ BRIDGETTE	1986	300	500.00	500.00
☐ CANDY	1985	1000	340.00	2000.00
☐ CANE	1986	1000	350.00	1200.00
☐ CHARLOTTE	1986	1000	330.00	450.00
☐ CLARA	1984	1000	320.00	1500.00
☐ CLOWN-DAVID, 3 YEARS OLD	1986	1000	340.00	450.00
☐ DANIELLE	1986	1000	350.00	500.00
☐ DAVID, 2 YEARS OLD	1986	1000	330.00	550.00
☐ DAVID-MAGICIAN	1986	1000	350.00	500.00
☐ DENISE	*	1000	380.00	475.00
☐ ELIZABETH	1986	1000	340.00	340.00
☐ EMILY	1984	1000	330.00	1250.00
☐ FOOL, THE	1986	1000	350.00	350.00
☐ GINA	*	1000	350.00	400.00
☐ GOLDILOCKS	*	1000	370.00	525.00
☐ GOOSE GIRL, GUILD	1989	CL	300.00	600.00
☐ HELEN JEAN	1986	1000	350.00	500.00
☐ HOLLY	1988	1000	350.00	825.00
☐ JACQUELINE	1986	300	500.00	500.00
☐ JAMIE	*	800	380.00	450.00
☐ JOY	1986	1000	350.00	350.00
☐ LAURA	*	1000	350.00	200.00
☐ LAURA LEE	1989	1000	370.00	550.00
☐ LITTLE BO PEEP	*	1000	340.00	425.00
☐ LITTLE MISS MUFFET	*	1000	340.00	425.00
☐ LUCIANNA	1986	300	500.00	500.00
☐ MARY BETH	1986	1000	350.00	350.00
☐ MEGAN	*	750	420.00	550.00
☐ MEREDITH	*	750	430.00	575.00
☐ MISS NANNY	1985	1000	160.00	300.00
☐ NOBODY	1986	1000	350.00	500.00
☐ PRINCESS AND THE UNICORN	1986	1000	370.00	425.00
☐ SAMANTHA	1986	1000	350.00	500.00
☐ SCOTTY	1985	1000	340.00	800.00
☐ SOMEBODY	1986	1000	350.00	550.00
☐ TAMMY	1986	1000	350.00	900.00
☐ UNCLE JOE	1985	1000	160.00	300.00
☐ UNCLE REMUS	*	500	290.00	450.00
☐ YVONNE	1986	300	500.00	500.00

DYNASTY DOLL
ANNA COLLECTION

G. HOYT

NAME	YEAR	LIMIT	ISSUE	TREND
☐ COMMUNION GIRL	1992	RT	125.00	130.00

ANNUAL *

NAME	YEAR	LIMIT	ISSUE	TREND
☐ AMBER	1989	RT	90.00	95.00
☐ ARIEL	1993	RT	120.00	125.00
☐ BUTTERFLY PRINCESS	1991	RT	110.00	115.00
☐ MARCELLA	1990	RT	90.00	95.00

NAME	YEAR	LIMIT	ISSUE	TREND
ANNUAL				**H. TERTSAKIAN**
❑ ANNUAL BRIDE	1993	RT	190.00	195.00
❑ ANNUAL BRIDE	1994	*	200.00	205.00
BALLERINA SERIES				**K. HENDERSON**
❑ TINA BALLERINA	1993	RT	175.00	180.00
BALLERINA SERIES				**L. PO NAN**
❑ MASHA-NUTCRACKER	1991	RT	190.00	195.00
				*
CHRISTMAS				
❑ FAITH	1990	RT	110.00	115.00
❑ GENEVIEVE	1993	RT	164.00	169.00
❑ GLORIA '94	1994	5000	170.00	175.00
❑ JOY	1991	RT	125.00	130.00
❑ MERRIE	1987	RT	60.00	65.00
❑ NOEL	1988	RT	80.00	85.00
CLOWNS				**R. LEE**
❑ BOO-BOO	1994	5000	95.00	100.00
❑ DANDY	1994	5000	95.00	100.00
❑ MUNCHIE	1994	5000	95.00	100.00
❑ PRISSY	1994	5000	95.00	100.00
❑ REGINALD	1994	5000	95.00	100.00
DYNASTY COLLECTION				*
❑ AMANDA	1993	3000	195.00	200.00
❑ AMY	1994	1500	175.00	180.00
❑ ANGELA	1993	1500	195.00	200.00
❑ CHRISTINA	1994	3500	200.00	205.00
❑ LANA	1991	OP	85.00	90.00
❑ LAURELYN	1994	2000	180.00	185.00
❑ NICOLE	1993	RT	135.00	140.00
❑ PATRICIA	1993	OP	160.00	165.00
❑ REBECCA	1994	1500	175.00	180.00
❑ SHANNON	1993	1500	195.00	200.00
DYNASTY COLLECTION				**M. COHEN**
❑ KADYROSE	1993	OP	145.00	150.00
❑ KATY	1993	RT	135.00	140.00
❑ TAMI	1993	7500	190.00	195.00
❑ TORY	1993	7500	190.00	195.00
DYNASTY COLLECTION				**K. HENDERSON**
❑ JULIE	1993	RT	175.00	180.00
DYNASTY COLLECTION				**G. HOYT**
❑ AMELIA	1994	1500	170.00	185.00
❑ CARLEY	1993	OP	120.00	125.00
DYNASTY COLLECTION				**S. KELSEY**
❑ GABRIELLE	1994	1500	180.00	185.00
❑ KELSEY	1994	1500	225.00	230.00
DYNASTY COLLECTION				**G. TEPPER**
❑ HEATHER	1993	RT	160.00	165.00
❑ JULIET	1993	RT	160.00	165.00
DYNASTY COLLECTION				**H. TERTSAKIAN**
❑ ANTOINETTE	1993	5000	190.00	195.00
❑ CATHERINE	1993	5000	190.00	195.00
❑ MEGAN	1993	3500	150.00	155.00
INDIAN COLLECTION				*
❑ CHIEF EAGLE'S WING	1994	3500	165.00	170.00
❑ POCAHONTAS	1992	RT	95.00	110.00
❑ SITTING CLOUD	1993	OP	100.00	105.00
❑ SPRING WINDS AND LITTLE WOLF	1994	3500	120.00	125.00
UTA BRAUSER'S CITY KIDS				**U. BRAUSER**
❑ JAMAAL	1993	5000	220.00	225.00
❑ KADEEM	1993	3500	195.00	200.00
❑ MIRAMBI	1993	5000	190.00	195.00
❑ RICKIA	1993	3500	170.00	175.00
❑ TISHA	1993	3500	170.00	175.00
VICTORIANS				**H. TERTSAKIAN**
❑ BEVERLY	1994	1500	195.00	200.00
❑ DANIELLE	1994	2500	195.00	200.00
❑ MARGARET	1994	1500	195.00	200.00
❑ WINIFRED	1994	1500	195.00	200.00

EDNA HIBEL STUDIOS

NAME	YEAR	LIMIT	ISSUE	TREND
CHILD'S FANTASY				**E. HIBEL**
❑ JENNY'S LADY JENNIFER	1985	CL	395.00	1300.00
CHILD'S FANTASY				**M. HOLCOMBE**
❑ SAMI'S LADY SAMANTHA	1988	CL	495.00	630.00
❑ WENDY'S LADY GWENDOLYN	1987	CL	495.00	900.00
GRANDMA'S ATTIC				**E. HIBEL**
❑ ALICE	1987	CL	129.00	380.00
❑ MARTHA	1988	CL	139.00	400.00
GRANDMA'S ATTIC				**M. HOLCOMBE**
❑ KATIE	1991	CL	139.00	150.00
❑ MELANIE	1989	CL	139.00	180.00
❑ SASSEE'S LADY SMITH	1989	CL	495.00	640.00
WAX DOLL COLLECTION				**E. HIBEL**
❑ WAX DOLL	1986	12	2500.00	3400.00

EDWIN M. KNOWLES

NAME	YEAR	LIMIT	ISSUE	TREND
AMISH BLESSINGS				**J. GOOD-KRUGER**
❑ ADAM	1991	RT	75.00	165.00

DOLLS

NAME	YEAR	LIMIT	ISSUE	TREND
❑ ELI	1992	RT	80.00	95.00
❑ RACHEL	1991	RT	69.00	125.00
❑ REBECCAH	1990	RT	68.00	125.00
❑ RUTH	1992	RT	75.00	125.00
BABY BOOK TREASURES			**K. BARRY-HIPPENSTEEL**	
❑ CATHERINE'S CHRISTENING	1991	RT	58.00	58.00
❑ CHRISTOPHER'S FIRST SMILE	1991	RT	63.00	63.00
❑ ELIZABETH'S HOMECOMING	1990	RT	58.00	58.00
BORN TO BE FAMOUS			**K. BARRY-HIPPENSTEEL**	
❑ LITTLE CHRISTOPHER COLUMBUS	1992	RT	95.00	95.00
❑ LITTLE DAVY CROCKETT	1991	RT	92.00	92.00
❑ LITTLE FLORENCE NIGHTINGALE	1990	RT	87.00	87.00
❑ LITTLE SHERLOCK	1989	RT	87.00	87.00
CHILDREN OF MOTHER GOOSE			**Y. BELLO**	
❑ LITTLE BO PEEP	1987	RT	58.00	130.00
❑ LITTLE JACK HORNER	1988	RT	63.00	95.00
❑ MARY HAD A LITTLE LAMB	1987	RT	58.00	125.00
❑ MISS MUFFET	1989	RT	63.00	100.00
CINDY'S PLAYHOUSE PALS			**C. MCCLURE**	
❑ MEAGAN	1989	RT	87.00	87.00
❑ RYAN	1990	RT	89.00	89.00
❑ SAMANTHA	1991	RT	89.00	89.00
❑ SHELLY	1989	RT	87.00	87.00
HEROINES FROM THE FAIRY TALE FOREST			**D. EFFNER**	
❑ CINDERELLA	1993	RT	80.00	175.00
❑ CINDERELLA (RAGS)	1993	CL	80.00	8.00
❑ GOLDILOCKS	1989	RT	68.00	90.00
❑ LITTLE RED RIDING HOOD	1988	RT	68.00	240.00
❑ RAPUNZEL	1991	RT	79.00	165.00
❑ SNOW WHITE	1990	RT	73.00	175.00
INTERNATIONAL FESTIVAL OF TOYS AND TOTS			**K. BARRY-HIPPENSTEEL**	
❑ CHEN, A LITTLE BOY OF CHINA	1988	RT	78.00	250.00
❑ HANS	1991	RT	83.00	83.00
❑ MIKI	1992	RT	83.00	83.00
❑ MOLLY	1990	RT	83.00	83.00
❑ NATASHA	1989	RT	78.00	100.00
LITTLEST CLOWNS			**M. TRETTER**	
❑ BUBBLES	1991	TL	65.00	65.00
❑ DAISY	1992	TL	70.00	70.00
❑ SMOOCH	1991	CL	69.00	69.00
❑ SPARKLES	1991	TL	63.00	63.00
MAUDE FANGEL'S COVER BABIES			**FANGEL INSPIRED**	
❑ BENJAMIN'S BALL	1990	TL	73.00	73.00
❑ PEEK-A-BOO PETER	1990	TL	73.00	73.00
MY CLOSEST FRIENDS			**J. GOODYEAR**	
❑ BOO BEAR (EVIE)	1992	TL	79.00	140.00
❑ ME AND MY BLANKIE (STEFFIE)	1991	TL	79.00	95.00
❑ MY BEARY BEST FRIEND	1992	CL	80.00	80.00
❑ MY SECRET PAL (ROBBIE)	1992	CL	85.00	90.00
PARADE OF AMERICAN FASHION			**STEVENS/ SIEGEL**	
❑ GLAMOUR OF THE GIBSON GIRL, THE	1987	CL	77.00	210.00
❑ ROMANTIC LADY	1991	TL	85.00	85.00
❑ SOUTHERN BELLE, THE	1987	CL	77.00	185.00
❑ VICTORIAN LADY	1990	TL	82.00	82.00
POLLY'S TEA PARTY			**S. KREY**	
❑ ANNIE	1992	CL	83.00	83.00
❑ LIZZIE	1991	CL	79.00	79.00
❑ POLLY	1990	CL	78.00	125.00
YESTERDAY'S DREAMS			**M. OLDENBURG**	
❑ ANDY	1990	TL	68.00	68.00
❑ JANEY	1991	TL	69.00	69.00
YOLANDA'S PICTURE-PERFECT BABIES			**Y. BELLO**	
❑ AMANDA	1988	CL	63.00	125.00
❑ DANIELLE	1991	CL	69.00	135.00
❑ EMILY	1991	CL	63.00	125.00
❑ HEATHER	1986	CL	48.00	250.00
❑ JASON	1985	CL	48.00	600.00
❑ JENNIFER	1987	CL	58.00	250.00
❑ JESSICA	1989	CL	63.00	80.00
❑ LISA	1990	CL	63.00	105.00
❑ MATTHEW	1987	CL	58.00	195.00
❑ MICHAEL	1990	CL	63.00	155.00
❑ SARAH	1987	CL	58.00	110.00

ELKE'S ORIGINALS

				E. HUTCHENS
❑ ALICIA	1991	250	595.00	850.00
❑ ANNABELLE	1989	250	575.00	1550.00
❑ AUBRA	1990	250	575.00	950.00
❑ AURORA	1990	250	595.00	950.00
❑ BELINDA	1991	400	595.00	825.00
❑ BETHANY	1992	400	595.00	825.00
❑ BRAELYN	1991	400	595.00	1500.00
❑ BRIANNA	1991	400	595.00	1300.00
❑ CECILIA	1992	435	635.00	775.00
❑ CHARLES	1992	435	635.00	1000.00
❑ CHERIE	1992	435	635.00	925.00
❑ CLARISSA	1992	435	635.00	850.00

DOLLS

NAME	YEAR	LIMIT	ISSUE	TREND
❑ DAPHNE	1993	435	675.00	775.00
❑ DEIDRE	1993	435	675.00	800.00
❑ DESIREE	1993	435	675.00	800.00
❑ KRICKET	1990	500	575.00	525.00
❑ LITTLE LIEBCHEN	1990	250	475.00	1000.00
❑ VICTORIA	1990	500	645.00	900.00

ENESCO CORP.

KINKA LIMITED EDITION DOLL — KINKA

	YEAR	LIMIT	ISSUE	TREND
❑ WISHING YOU CLOUDLESS SKIES 408573	1991	2500	120.00	120.00

MEMORIES OF YESTERDAY — M. ATTWELL

	YEAR	LIMIT	ISSUE	TREND
❑ HILARY JACK-IN-THE-BOX 376027	1990	3750	175.00	175.00
❑ HILARY, 11 IN. 376019	1990	2500	100.00	100.00

PRECIOUS MOMENTS DOLLS — S. BUTCHER

	YEAR	LIMIT	ISSUE	TREND
❑ AARON, 12 IN. 12424	1984	SU	135.00	155.00
❑ ANGIE, THE ANGEL OF MERCY 12491	1987	12500	160.00	255.00
❑ AUTUMN'S PRAISE 408808	1990	2 YR	150.00	155.00
❑ BETHANY, 12 IN. 12432	1985	SU	135.00	155.00
❑ BONG BONG, 13 IN. 100455	1985	12000	150.00	255.00
❑ CANDY, 13 IN. 100463	1986	12000	150.00	355.00
❑ CONNIE, 12 IN. 102253	1986	7500	160.00	245.00
❑ CUBBY, 18 IN. E-7267B	1982	5000	200.00	450.00
❑ DEBBIE, 18 IN. E-6214G	1981	SU	150.00	250.00
❑ EYES OF THE LORD ARE UPON YOU, THE 429570	1991	SU	65.00	70.00
❑ EYES OF THE LORD ARE UPON YOU, THE 429589	1991	SU	65.00	70.00
❑ KATIE LYNNE, 16 IN. E-0539	1983	SU	165.00	190.00
❑ KRISTY, 12 IN. E-2851	1984	SU	150.00	190.00
❑ MAY YOU/OLD FASHIONED CHRISTMAS 417785	1991	2 YR	150.00	155.00
❑ MIKEY, 18 IN. E-6214B	1981	SU	150.00	240.00
❑ MOTHER SEW DEAR, 16 IN. E-2850	1984	RT	350.00	380.00
❑ MOTHER SEW DEAR, 18 IN. E-2850	1983	RT	350.00	250.00
❑ P.D., 7 IN. 12475	1985	SU	50.00	80.00
❑ SUMMER'S JOY 408794	1990	2 YR	150.00	155.00
❑ TAMMY, 18 IN. E-7267G	1982	5000	300.00	525.00
❑ TIMMY, 12 IN. E-5397	1984	OP	125.00	180.00
❑ TRISH, 7 IN. 12483	1985	SU	50.00	55.00
❑ VOICE OF SPRING, THE- 408786	1990	2 YR	150.00	155.00
❑ WINTER'S SONG 408816	1990	2 YR	150.00	155.00
❑ YOU HAVE TOUCHED SO MANY HEARTS 427527	1991	2 YR	90.00	95.00

PRECIOUS MOMENTS JACK-IN-THE BOXES — S. BUTCHER

	YEAR	LIMIT	ISSUE	TREND
❑ AUTUMN'S PRAISE 408751	1990	2 YR	200.00	200.00
❑ MAY YOU/OLD FASHIONED CHRISTMAS 417777	1991	2 YR	200.00	200.00
❑ SUMMER'S JOY 408743	1990	2 YR	200.00	200.00
❑ VOICE OF SPRING 408735	1990	2 YR	200.00	200.00
❑ WINTER'S SONG 408778	1990	2 YR	200.00	200.00
❑ YOU HAVE TOUCHED SO MANY HEARTS 422282	1991	2 YR	175.00	175.00

PRECIOUS MOMENTS TENDER TAILS — S. BUTCHER

	YEAR	LIMIT	ISSUE	TREND
❑ HORSE OF A DIFFERENT COLOR, A 103778	2002	5000	7.00	7.00
❑ KOALA BEAR 106043	2002	5000	7.00	7.00
❑ MERRY KISS-MASS 103770	2002	5000	10.00	10.00

GEORGETOWN COLLECTION INC.

AMERICAN DIARY DOLLS — L. MASON

	YEAR	LIMIT	ISSUE	TREND
❑ BRIDGET QUINN	1991	100-DAY	130.00	129.00
❑ CHRISTINA MEROVINA	1991	100-DAY	130.00	129.00
❑ JENNIE COOPER	1990	100-DAY	130.00	129.00
❑ MANY STARS	1991	CL	130.00	129.00
❑ RACHEL WILLIAMS	1992	CL	130.00	129.00
❑ SARAH TURNER	1993	CL	130.00	135.00
❑ TULU	1992	100-DAY	130.00	129.00

BABY KISSES — T. DEHETRE

	YEAR	LIMIT	ISSUE	TREND
❑ MICHELLE	1992	CL	119.00	119.00

CHILDREN OF THE GREAT SPIRIT — C. THEROUX

	YEAR	LIMIT	ISSUE	TREND
❑ BUFFALO CHILD	1993	100-DAY	140.00	150.00
❑ GOLDEN FLOWER	1994	100-DAY	130.00	135.00
❑ WINTER BABY	1993	CL	160.00	165.00

FAERIE PRINCESS — B. DEVAL

	YEAR	LIMIT	ISSUE	TREND
❑ FAERIE PRINCESS	1989	CL	248.00	250.00

FARAWAY FRIENDS — S. SKILLE

	YEAR	LIMIT	ISSUE	TREND
❑ DARA	1994	100-DAY	140.00	145.00
❑ KRISTIN	1993	CL	140.00	145.00

GEORGETOWN COLLECTION — L. MASON

	YEAR	LIMIT	ISSUE	TREND
❑ QUICK FOX	1993	CL	139.00	139.00

HEARTS IN SONG — J. GALPERIN

	YEAR	LIMIT	ISSUE	TREND
❑ GRACE	1992	100-DAY	150.00	150.00
❑ MICHAEL	1993	100-DAY	150.00	155.00

KINDERGARTEN KIDS — V. WALKER

	YEAR	LIMIT	ISSUE	TREND
❑ NIKKI	1992	CL	130.00	130.00

LET'S PLAY — T. DEHETRE

	YEAR	LIMIT	ISSUE	TREND
❑ EENTSY WEENTSY WILLIE	1992	CL	119.00	119.00
❑ PEEK-A-BOO BECKIE	1992	CL	119.00	119.00

LINDA'S LITTLE LADIES — L. MASON

	YEAR	LIMIT	ISSUE	TREND
❑ SHANNON'S HOLIDAY	1993	CL	170.00	170.00

LITTLE LOVES — B. DEVAL

	YEAR	LIMIT	ISSUE	TREND
❑ EMMA	1988	CL	139.00	150.00
❑ KATIE	1989	CL	139.00	139.00
❑ LAURA	1990	CL	139.00	139.00
❑ MEGAN	1989	CL	138.00	165.00

DOLLS

NAME	YEAR	LIMIT	ISSUE	TREND
MISS ASHLEY				**P. THOMPSON**
❏ MISS ASHLEY	1989	CL	228.00	230.00
NURSERY BABIES				**T. DEHETRE**
❏ BABY BUNTING	1990	CL	119.00	140.00
❏ DIDDLE, DIDDLE	1991	CL	119.00	118.00
❏ LITTLE GIRL	1991	CL	119.00	118.00
❏ PATTY CAKE	1990	CL	119.00	118.00
❏ ROCK-A-BYE BABY	1991	CL	119.00	118.00
❏ THIS LITTLE PIGGY	1991	CL	119.00	118.00
PORTRAITS OF PERFECTION				**A. TIMMERMAN**
❏ APPLE DUMPLING	1993	100-DAY	150.00	150.00
❏ BLACKBERRY BLOSSOM	1994	100-DAY	150.00	150.00
❏ PEACHES & CREAM	1993	CL	150.00	150.00
❏ SWEET STRAWBERRY	1993	100-DAY	150.00	150.00
RUSSIAN FAIRY TALES DOLLS				**B. DEVAL**
❏ VASILISA	1993	CL	190.00	195.00
SMALL WONDERS				**B. DEVAL**
❏ ABBEY	1991	CL	98.00	120.00
❏ COREY	1990	CL	98.00	125.00
❏ SARAH	1992	CL	98.00	115.00
SUGAR & SPICE				**L. MASON**
❏ LITTLE SUNSHINE	1992	CL	141.00	141.00
❏ LITTLE SWEETHEART	1991	CL	119.00	118.00
❏ RED HOT PEPPER	1991	CL	119.00	118.00
TANSIE				**P. COFFER**
❏ TANSIE	1988	CL	81.00	85.00
VICTORIAN INNOCENCE				**L. MASON**
❏ ANNABELLE	1994	CL	130.00	135.00

GOEBEL INC.
*

NAME	YEAR	LIMIT	ISSUE	TREND
				B. BALL
❏ ANGEL SWEETIE	1993	1000	50.00	50.00
❏ BILLIE BUMPS	1993	500	150.00	150.00
❏ BROTHER MURPHY	1996	2000	125.00	125.00
❏ CORY	1993	1000	135.00	135.00
❏ DOLLY DINGLE	1993	1000	115.00	115.00
80TH ANNIVERSARY ISSUE				**B. BALL**
❏ DAISY DUMPLING	1993	500	125.00	125.00
❏ DIMPLES DUMPLING	1993	500	150.00	150.00
❏ DOLLY DINGLE	1993	500	155.00	155.00
❏ SNUGGLES SNOOKS	1993	1500	65.00	65.00
❏ TICKLEY TINGLE	1993	500	129.00	129.00
AMERICANA SERIES				**B. BALL**
❏ CLARA	1993	1000	235.00	235.00
❏ RITA	1993	500	475.00	475.00
❏ ROSEMARIE	1993	1000	220.00	220.00
ANNUAL TREE TOP ANGEL				**B. BALL**
❏ TREE TOP ANGEL-6TH	1993	1000	70.00	70.00
BEST DRESSED TODDLER				**B. BALL**
❏ BUFFY	1993	1000	245.00	245.00
❏ JOSEPHINE	1993	1000	160.00	159.75
BOB TIMBERLAKE COLLECTIBLE DOLLS				**B. BALL/TIMBERLAKE**
❏ ABBY LIZ	1996	2000	195.00	195.00
❏ ANN	1996	2000	195.00	195.00
❏ CARTER	1996	2000	195.00	195.00
❏ KATE	1996	2000	195.00	195.00
CHERUBS COLLECTION				**K. KENNEDY**
❏ CHEERY CHERUB	1994	500	170.00	169.50
CINDY GUYER ROMANCE DOLLS				**B. BALL/TIMBERLAKE**
❏ MACKENZIE	1996	1000	225.00	225.00
DOLLY DINGLE DOLLS				**B. BALL**
❏ DOLLY DINGLE'S TRIP AROUND THE WORLD	1994	500	129.00	129.00
❏ MELVIS BUMPS	1996	1000	99.00	99.00
FOUR SEASONS				**B. BALL**
❏ BARBARA	1994	500	299.00	299.25
HOLIDAY DOLLS				**B. BALL**
❏ CANDY CORN	1994	2000	89.00	89.00
❏ SANTA CLAWS	1994	500	145.00	145.00
INVITATION TO A PARTY				**B. BALL**
❏ VANESSA	1994	1000	124.00	125.00
M.I. HUMMEL DOLLS				**M.I. HUMMEL**
❏ ANDERL 1718	*	CL	*	150.00
❏ BABY 1101 A-H	*	CL	*	150.00
❏ BABY 1102 A-H	*	CL	*	150.00
❏ BERTL 1503	*	CL	*	175.00
❏ BERTL 1603	*	CL	*	175.00
❏ BERTL 1703	*	CL	*	175.00
❏ BIRTHDAY SERENADE/BOY	1984	CL	225.00	275.00
❏ BIRTHDAY SERENADE/GIRL	1984	CL	225.00	275.00
❏ BRIEFTRAGER 1720	*	CL	*	175.00
❏ CARNIVAL	1985	CL	225.00	275.00
❏ CHIMNEY SWEEP 1908	1964	CL	55.00	115.00
❏ CHRISTL 1715	*	CL	*	150.00
❏ EASTER GREETINGS	1985	CL	225.00	275.00
❏ FELIX 1608	*	CL	*	175.00
❏ FELIX 1708	*	CL	*	175.00
❏ FOR FATHER 1917	1964	CL	55.00	125.00

NAME	YEAR	LIMIT	ISSUE	TREND
❑ FRANZL 1812	*	CL	*	150.00
❑ GANSELIESL 1717	*	CL	*	175.00
❑ GOOSE GIRL 1914	1964	CL	55.00	125.00
❑ GRETEL 1501	*	CL	*	200.00
❑ GRETEL 1601	*	CL	*	175.00
❑ GRETEL 1701	*	CL	*	175.00
❑ GRETEL 1901	1964	CL	55.00	160.00
❑ HANSEL 1504	*	CL	*	200.00
❑ HANSEL 1604	*	CL	*	175.00
❑ HANSEL 1704	*	CL	*	175.00
❑ HANSEL 1902	1964	CL	55.00	160.00
❑ JACKAL 1714	*	CL	*	150.00
❑ JACKAL 1806	*	CL	*	125.00
❑ KONDITOR 1723	*	CL	*	175.00
❑ LITTLE KNITTER 1905	1964	CL	55.00	125.00
❑ LOST SHEEP	1985	CL	225.00	275.00
❑ LOST STOCKING 1926	1964	CL	55.00	125.00
❑ MARIANDL 1713	*	CL	*	150.00
❑ MARIANDL 1805	*	CL	*	125.00
❑ MAX 1506	*	CL	*	200.00
❑ MAX 1606	*	CL	*	175.00
❑ MAX 1706	*	CL	*	175.00
❑ MERRY WANDERER 1906	1964	CL	55.00	125.00
❑ MERRY WANDERER 1925	1964	CL	55.00	125.00
❑ MIRZL 1811	*	CL	*	150.00
❑ NACHWACHTER 1719	*	CL	*	175.00
❑ ON HOLIDAY	1984	CL	225.00	275.00
❑ ON SECRET PATH 1928	1964	CL	55.00	85.00
❑ PETERLE 1710	*	CL	*	150.00
❑ PETERLE 1810	*	CL	*	150.00
❑ POSTMAN	1984	CL	225.00	275.00
❑ PUPPENMETTERCHEN 1725	*	CL	*	175.00
❑ RADI-BUB 1724	*	CL	*	175.00
❑ ROSA-BLUE BABY 1904/B	1964	CL	45.00	95.00
❑ ROSA-PINK BABY 1904/P	1964	CL	45.00	95.00
❑ ROSL 1709	*	CL	*	150.00
❑ ROSL 1801	*	CL	*	125.00
❑ ROSL 1809	*	CL	*	150.00
❑ RUDI 1802	*	CL	*	125.00
❑ SCHOOL BOY 1910	1964	CL	55.00	130.00
❑ SCHOOL GIRL 1909	1964	CL	55.00	130.00
❑ SCHORSCHL 1716	*	CL	*	150.00
❑ SCHUSTERBUB	*	CL	*	175.00
❑ SEPPL 1500	*	CL	*	200.00
❑ SEPPL 1602	*	CL	*	175.00
❑ SEPPL 1702	*	CL	*	175.00
❑ SEPPL 1804	*	CL	*	125.00
❑ SIGNS OF SPRING	1985	CL	225.00	275.00
❑ SKIHASERL 1722	*	CL	*	175.00
❑ STRICKLIESL 1505	*	CL	*	200.00
❑ STRICKLIESL 1605	*	CL	*	175.00
❑ STRICKLIESL 1705	*	CL	*	175.00
❑ VISITING AN INVALID 1927	1964	CL	55.00	130.00
❑ VRONI 1803	*	CL	*	125.00
❑ WANDERBUB 1507	*	CL	*	200.00
❑ WANDERBUB 1607	*	CL	*	175.00
❑ WANDERBUB 1707	*	CL	*	175.00
MUSEUM COLLECTION				**B. BALL**
❑ MASAKO	1994	500	145.00	145.00
NANA'S DARLINGS				**B. BALL**
❑ COLLEEN	1994	1000	195.00	195.00
❑ MONIQUE	1994	1000	195.00	195.00
PARTY TIME				**B. BALL**
❑ SCARLETT	1993	1000	260.00	260.00
PERFECT PETS				**B. BALL**
❑ BOBBI SOCKS	1993	1000	119.00	120.00
❑ CATSANOVA	1994	500	129.00	129.00
❑ LIL' HONEYSUCKLE	1993	500	124.00	125.00
❑ PENNY PUSS	1993	1000	200.00	200.00
❑ SNOWFLAKE	1993	250	129.00	129.00
❑ WHISPURR	1993	1000	150.00	150.00
RED HEADS				**K. KENNEDY**
❑ CARROT TOP	1994	500	129.00	129.00
❑ GINGER MUFFIN	1993	500	220.00	220.00
❑ SHARON & DARREN O'HAIR	1994	500	99.00	99.00
SITTING PRETTY				**K. KENNEDY**
❑ SOMMER	1994	500	140.00	140.00
STERLING SERIES				**B. BALL**
❑ TAYLOR	1993	1000	215.00	215.00
STOLEN KISSES				**K. KENNEDY**
❑ KISSES	1993	500	225.00	225.00
SWEET ROMANTICS				**B. BALL**
❑ DEIDRE	1994	500	180.00	179.50
TINY TOT CLOWNS				**K. KENNEDY**
❑ BETH	1994	2000	45.00	45.00
❑ JULIE	1994	2000	45.00	45.00
❑ KAYLEE	1994	2000	45.00	45.00
❑ LESLIE	1994	2000	45.00	45.00
❑ NADINE	1994	2000	45.00	45.00
❑ SHANNON	1994	2000	45.00	45.00

Julie Good-Kruger's distinctive style is apparent in Daydreams, a 1990 issue limited to 1,000 signed and numbered dolls.

Beautifully costumed and coiffed, Juliette, by Eda Mann, is part of the Connoisseur Doll Collection from Seymour Mann.

Miss Muffet was the third issue in the Children of Mother Goose collection from the Edwin M. Knowles China Co. Crafted by Yolanda Bello, the doll sold for $63 in 1990 when the edition closed.

A porcelain doll by Jan Hagara, May is dressed in pink from her wide-brimmed hat to her lacy pantaloons.

NAME	YEAR	LIMIT	ISSUE	TREND
U.S. HISTORICAL				**B. BALL**
❑ MARY	1996	2000	185.00	185.00
VICTORIA ASHLEA BIRTHSTONE DOLLS				**K. KENNEDY**
❑ APRIL/DIAMOND	1994	2500	30.00	30.00
❑ AUGUST/PERIDOT	1994	2500	30.00	30.00
❑ DECEMBER/ZIRCON	1994	2500	30.00	30.00
❑ FEBRUARY/AMETHYST	1994	2500	30.00	30.00
❑ JANUARY/GARNET	1994	2500	30.00	30.00
❑ JULY/RUBY	1994	2500	30.00	30.00
❑ JUNE/LIGHT AMETHYST	1994	2500	30.00	30.00
❑ MARCH/AQUAMARINE	1994	2500	30.00	30.00
❑ MAY/EMERALD	1994	2500	30.00	30.00
❑ NOVEMBER/TOPAZ	1994	2500	30.00	30.00
❑ OCTOBER/ROSE STONE	1994	2500	30.00	30.00
❑ SEPTEMBER/SAPPHIRE	1994	2500	30.00	30.00
VICTORIA ASHLEA ORIGINALS				**B. BALL**
❑ ADELE-901172	1985	CL	145.00	275.00
❑ ALEXA-912214	1989	CL	195.00	195.00
❑ ALEXANDRIA-912273	1989	CL	275.00	275.00
❑ ALICE-901212	1987	CL	95.00	135.00
❑ ALICIA-912388	1992	500	135.00	140.00
❑ ALLISON-912358	1992	CL	160.00	170.00
❑ AMANDA POUTY-901209	1987	CL	150.00	215.00
❑ AMANDA-912246	1988	CL	180.00	180.00
❑ AMANDA-912409	1993	2000	40.00	45.00
❑ AMELIA-933006	1984	CL	100.00	100.00
❑ AMY-901262	1990	CL	110.00	110.00
❑ ANGELICA-912204	1988	CL	150.00	150.00
❑ ANGELICA-912339	1992	1000	145.00	150.00
❑ ANNABELLE-912278	1990	CL	200.00	200.00
❑ ANNE-912213	1988	CL	130.00	150.00
❑ APRIL-901239	1988	CL	225.00	225.00
❑ ASHLEA-901250	1989	CL	550.00	550.00
❑ ASHLEY-901235	1988	CL	110.00	110.00
❑ ASHLEY-911004	1992	CL	99.00	110.00
❑ ASHLEY-912147	1986	CL	125.00	125.00
❑ BABY BROCK BEIGE DRESS-912103	1986	CL	60.00	60.00
❑ BABY COURTNEY-912124	1986	CL	120.00	120.00
❑ BABY DARYL-912200	1988	CL	85.00	85.00
❑ BABY DOLL-912184	1987	CL	75.00	75.00
❑ BABY JENNIFER-912210	1988	CL	75.00	75.00
❑ BABY KATIE-912222	1986	CL	70.00	70.00
❑ BABY LAUREN PINK-912086	1986	CL	120.00	120.00
❑ BABY LINDSAY-912190	1987	CL	80.00	80.00
❑ BARBARA-901108	1984	CL	57.00	110.00
❑ BERNICE-901245	1988	CL	90.00	90.00
❑ BETSY-912390	1992	500	150.00	150.00
❑ BETTINA-912310	1990	CL	100.00	110.00
❑ BETTY DOLL-912220	1988	CL	90.00	90.00
❑ BONNIE POUTY-901207	1987	CL	100.00	100.00
❑ BRANDON-901234	1988	CL	90.00	90.00
❑ BRIDE ALLISON-901218	1987	CL	180.00	180.00
❑ BRITTANY-912207	1988	CL	130.00	145.00
❑ CAMPBELL KID/BOY-758701	1988	CL	14.00	14.00
❑ CAMPBELL KID/GIRL-758700	1988	CL	14.00	14.00
❑ CAROLINE-912191	1987	CL	80.00	80.00
❑ CAT MAUDE-901247	1988	CL	85.00	85.00
❑ CAT/KITTY CHEERFUL GR DR-901179	1986	2500	60.00	60.00
❑ CATANOVA-901227	1987	CL	75.00	75.00
❑ CATHERINE-901242	1988	CL	240.00	240.00
❑ CATLIN-901228	1987	CL	260.00	260.00
❑ CHARITY-912244	*	CL	70.00	70.00
❑ CHARLEEN-912094	1982	CL	65.00	65.00
❑ CHAUNCEY-912085	1985	CL	75.00	110.00
❑ CHRISTINA-901229	1988	CL	350.00	400.00
❑ CHRISTINE-912168	1987	CL	75.00	75.00
❑ CINDY-912384	1992	1000	185.00	195.00
❑ CLAIRE-901158	1985	CL	115.00	160.00
❑ CLAUDE-901032	1984	CL	110.00	225.00
❑ CLAUDETTE-901033	1984	CL	110.00	225.00
❑ CLEMENTINE-901226	1987	CL	75.00	75.00
❑ CLOWN CALYPSO-912104	1986	CL	70.00	70.00
❑ CLOWN CASEY-912078	1985	CL	40.00	40.00
❑ CLOWN CAT CADWALADER-912132	1986	CL	55.00	55.00
❑ CLOWN CHAMPAGNE-912180	1987	CL	95.00	95.00
❑ CLOWN CHRISTABEL-912095	1986	CL	100.00	150.00
❑ CLOWN CHRISTIE-912084	1985	CL	60.00	90.00
❑ CLOWN CLARABELLA-912096	1986	CL	80.00	80.00
❑ CLOWN CLARISSA-912123	1986	CL	75.00	110.00
❑ CLOWN COTTON CANDY-912199	1988	CL	67.00	67.00
❑ CLOWN CYD-912093	1986	CL	70.00	70.00
❑ CLOWN JODY-912079	1985	CL	100.00	150.00
❑ CLOWN JOLLY-912181	1982	CL	70.00	75.00
❑ CLOWN KITTEN CLEO-912133	1986	CL	50.00	50.00
❑ CLOWN LOLLIPOP-912127	1986	CL	125.00	225.00
❑ CLOWN-901136	1984	CL	90.00	120.00
❑ CRYSTAL-912226	1988	CL	75.00	75.00
❑ DEBORAH-901107	1983	CL	220.00	400.00
❑ DIANA BRIDE-912277	1989	CL	180.00	180.00
❑ DIANA-901119	1984	CL	55.00	135.00
❑ DIANA-912218	1988	CL	270.00	270.00

DOLLS

NAME	YEAR	LIMIT	ISSUE	TREND
❑ DOMINIQUE-901219	1987	CL	170.00	225.00
❑ DOREEN-912198	1987	CL	75.00	75.00
❑ DOROTHY-901157	1985	CL	130.00	275.00
❑ ELIZABETH-901214	1988	CL	90.00	90.00
❑ ELLEN-901246	1988	CL	100.00	100.00
❑ EMILY-912303	1990	CL	150.00	150.00
❑ ERIN-901241	1988	CL	170.00	170.00
❑ FLUFFER-912293	1990	CL	135.00	140.00
❑ GARNET-901183	1985	CL	160.00	295.00
❑ GINA-901176	1986	CL	300.00	300.00
❑ GIRL FROG FREDA-912105	1986	CL	20.00	20.00
❑ GOOGLEY GERMAN ASTRID-912109	1986	CL	60.00	60.00
❑ HEATHER-912247	1988	CL	135.00	150.00
❑ HEATHER-912322	1990	CL	150.00	150.00
❑ HEIDI-901266	1990	2000	150.00	150.00
❑ HELGA-912337	1990	CL	325.00	325.00
❑ HENRI-901035	1984	CL	100.00	205.00
❑ HENRIETTA-901036	1984	CL	100.00	200.00
❑ HILARY-912353	1992	CL	130.00	140.00
❑ HOLLY BELLE-912380	1992	500	125.00	125.00
❑ HOLLY-901233	1982	CL	160.00	200.00
❑ HOLLY-901254	1989	CL	180.00	180.00
❑ HOPE BABY W/PILLOW-912292	1989	CL	110.00	110.00
❑ JACQUELINE-912192	1987	CL	80.00	80.00
❑ JAMIE-912061	1984	CL	65.00	100.00
❑ JEANNIE-901062	1984	CL	200.00	550.00
❑ JENNIFER-901248	1988	CL	150.00	150.00
❑ JENNIFER-912221	1988	CL	80.00	80.00
❑ JESSE-912231	1988	CL	110.00	115.00
❑ JESSICA-912195	1987	CL	120.00	135.00
❑ JESSICA-912410	1993	2000	40.00	45.00
❑ JILLIAN-912323	1990	CL	150.00	150.00
❑ JINGLES-912271	1989	CL	60.00	60.00
❑ JOY-912155	1987	CL	50.00	50.00
❑ JULIA-912174	1987	CL	80.00	80.00
❑ JUSTINE-901256	1990	CL	200.00	200.00
❑ KAREN-912205	1988	CL	200.00	250.00
❑ KATIE-912412	1993	2000	40.00	45.00
❑ KELLI-912361	1992	1000	160.00	170.00
❑ KELLY-912331	1990	CL	95.00	95.00
❑ KIMBERLY-912341	1990	1000	140.00	150.00
❑ KITTLE CAT-912167	1987	CL	55.00	55.00
❑ KITTY CUDDLES-901201	1987	CL	65.00	65.00
❑ LAURA-901106	1984	CL	300.00	575.00
❑ LAURA-912225	1988	CL	135.00	135.00
❑ LAUREN-912212	1988	CL	110.00	110.00
❑ LAUREN-912413	1993	2000	40.00	45.00
❑ LICORICE-912290	1989	CL	75.00	75.00
❑ LILLIAN-901199	1987	CL	85.00	100.00
❑ LINDSEY-901263	1989	CL	100.00	100.00
❑ LISA-912275	1989	CL	160.00	160.00
❑ LONI-912276	1989	CL	125.00	130.00
❑ LYNN-912144	1985	CL	90.00	135.00
❑ MARGOT-912269	1989	CL	110.00	110.00
❑ MARIA-912265	1989	CL	90.00	90.00
❑ MARIE-901231	1982	CL	95.00	100.00
❑ MARITTA SPANISH-912224	1988	CL	140.00	140.00
❑ MARJORIE-912357	1992	CL	135.00	140.00
❑ MARY-912126	1985	CL	60.00	90.00
❑ MATTHEW-901251	1990	CL	100.00	100.00
❑ MEGAN-901260	1989	CL	120.00	120.00
❑ MEGAN-912148	1987	CL	70.00	70.00
❑ MELISSA-901230	1988	CL	110.00	115.00
❑ MELISSA-912208	1988	CL	125.00	125.00
❑ MERRY-912249	1989	CL	200.00	200.00
❑ MICHELLE-901222	1987	CL	90.00	90.00
❑ MICHELLE-912066	1985	CL	100.00	225.00
❑ MILLIE-912135	1985	CL	70.00	125.00
❑ MISSY-912283	1989	CL	100.00	120.00
❑ MRS. KATZ-912301	1990	CL	140.00	150.00
❑ NANCY-912266	1989	CL	110.00	110.00
❑ NICOLE-901225	1987	CL	575.00	575.00
❑ NICOLE-912411	1993	2000	40.00	45.00
❑ NOEL-912170	1987	CL	125.00	125.00
❑ PAMELA-912302	1990	CL	95.00	95.00
❑ PATTY ARCTIC FLOWER PRINT-901185	1986	CL	140.00	140.00
❑ PAULA-912316	1990	CL	100.00	100.00
❑ PAULETTE-901244	1988	CL	90.00	90.00
❑ PEPPER RUST DR/APPR-901184	1986	CL	125.00	200.00
❑ PHYLLIS-912067	1985	CL	60.00	60.00
❑ POLLY-912206	1988	CL	100.00	125.00
❑ PRISCILLA-912300	1990	CL	185.00	190.00
❑ REBECCA-901258	1990	CL	250.00	250.00
❑ RENAE-912245	1988	CL	120.00	120.00
❑ ROBIN-912321	1990	CL	160.00	165.00
❑ ROSALIND-912087	1985	CL	145.00	225.00
❑ ROXANNE-901174	1985	CL	155.00	275.00
❑ SABINA-901155	1984	CL	75.00	N/A
❑ SAMANTHA-912314	1990	CL	185.00	190.00
❑ SARA-912279	1989	CL	175.00	175.00
❑ SARAH W/PILLOW-912219	1988	CL	105.00	105.00
❑ SARAH-901220	1987	CL	350.00	350.00

NAME	YEAR	LIMIT	ISSUE	TREND
❏ SARAH-912408	1993	2000	40.00	45.00
❏ SHEENA-912338	1990	CL	115.00	115.00
❏ SHEILA-912060	1984	CL	75.00	135.00
❏ SIGRID-912282	1989	CL	145.00	145.00
❏ SOPHIA-912173	1987	CL	40.00	40.00
❏ STEPHANIE-912238	1988	CL	200.00	200.00
❏ STEPHANIE-912312	1990	CL	150.00	150.00
❏ STEPHANIE-933012	1984	CL	115.00	115.00
❏ SUSAN-901242	1988	CL	100.00	100.00
❏ SUSIE-912328	1990	CL	115.00	120.00
❏ SUZANNE-901201	1987	CL	85.00	100.00
❏ SUZANNE-912286	1989	CL	120.00	120.00
❏ SUZY-912295	1989	CL	110.00	110.00
❏ TAMIKA-912382	1992	500	185.00	190.00
❏ TAMMY-912264	1989	CL	110.00	110.00
❏ TASHA-901221	1987	CL	115.00	130.00
❏ TERRY-912281	1989	CL	125.00	135.00
❏ TIFFANY POUTY-901211	1987	CL	120.00	160.00
❏ TOBIE-912023	1984	CL	30.00	30.00
❏ TRACIE-912315	1990	CL	125.00	125.00
❏ TRUDIE-912391	1992	500	135.00	140.00
❏ TRUDY-901232	1982	CL	100.00	100.00
❏ VALERIE-901255	1989	CL	175.00	175.00
❏ VANESSA-912272	1989	CL	110.00	110.00
❏ VICTORIA-901068	1984	CL	200.00	1500.00
❏ WHITNEY BLK-912232	1988	CL	63.00	65.00

VICTORIA ASHLEA ORIGINALS   K. KENNEDY

NAME	YEAR	LIMIT	ISSUE	TREND
❏ ALICE-912296	1990	CL	65.00	65.00
❏ AMIE-912313	1990	CL	150.00	150.00
❏ ANGELA 912324	1990	CL	130.00	135.00
❏ ANNETTE-912333	1990	CL	85.00	85.00
❏ BARYSHNICAT-912298	1990	CL	25.00	25.00
❏ BETH-912430	1993	2000	45.00	50.00
❏ BRANDY-912304	1990	CL	150.00	150.00
❏ BRITTANY-912365	1992	CL	140.00	150.00
❏ CANDACE-912288	1989	CL	70.00	70.00
❏ CAROL-912387	1992	1000	140.00	145.00
❏ CAROLYN-901261	1990	CL	200.00	200.00
❏ CASSANDRA-912355	1992	1000	165.00	170.00
❏ CLAUDIA-901257	1989	CL	225.00	225.00
❏ DEBRA-912319	1990	CL	120.00	120.00
❏ DENISE-912345	1992	CL	145.00	155.00
❏ DOTTIE-912393	1992	1000	160.00	165.00
❏ GIGI-912306	1990	CL	150.00	150.00
❏ GINNY-912287	1989	CL	140.00	140.00
❏ GOLDILOCKS-912234	1988	CL	65.00	65.00
❏ HELENE-901249	1990	CL	160.00	160.00
❏ IRIS-912389	1992	500	165.00	170.00
❏ JACQUELINE-912329	1990	CL	136.00	142.00
❏ JENNY-912374	1992	CL	150.00	155.00
❏ JIMMY W/PILLOW-912291	1989	CL	165.00	165.00
❏ JOANNE-912307	1990	CL	165.00	165.00
❏ JOY-912290	1989	CL	110.00	110.00
❏ JULIA-912334	1990	CL	85.00	85.00
❏ JULIE-912435	1993	2000	45.00	50.00
❏ KAYLEE-912433	1993	2000	45.00	50.00
❏ KRIS-912345	1992	CL	160.00	165.00
❏ KRISTIN-912285	1989	CL	90.00	95.00
❏ LAUREN-912363	1992	1000	190.00	200.00
❏ LESLIE-912432	1993	2000	45.00	50.00
❏ MARGARET-912354	1992	1000	150.00	155.00
❏ MARISSA-901252	1989	CL	225.00	225.00
❏ MARSHMALLOW-912294	1990	CL	75.00	75.00
❏ MELANIE-912284	1989	CL	135.00	135.00
❏ MELINDA-912309	1990	CL	70.00	70.00
❏ MICHELLE-912381	1992	CL	175.00	180.00
❏ MOLLY-912211	1988	CL	75.00	75.00
❏ MONICA-912336	1990	CL	100.00	110.00
❏ MONIQUE-912335	1990	CL	85.00	85.00
❏ MORGAN-912239	1988	CL	75.00	75.00
❏ NADINE-912431	1993	2000	45.00	50.00
❏ NOELLE-912360	1992	1000	165.00	175.00
❏ PENNY-912325	1990	CL	130.00	130.00
❏ PINKY CLOWN-912268	1989	CL	70.00	75.00
❏ SANDY-901240	1988	CL	115.00	115.00
❏ SHANNON-912434	1993	2000	45.00	50.00
❏ SHERI-912305	1990	CL	115.00	115.00
❏ SHERISE-912383	1992	CL	145.00	150.00
❏ SNOW WHITE-912235	1988	CL	65.00	65.00
❏ SUSAN-912346	1992	1000	325.00	325.00
❏ TASHA-912299	1990	CL	25.00	25.00
❏ TIFFANY-912326	1990	CL	180.00	180.00
❏ TONI-912367	1992	CL	120.00	125.00
❏ TULIP-912385	1992	500	145.00	150.00
❏ WENDY-912330	1992	1000	125.00	135.00

VICTORIA ASHLEA ORIGINALS TINY TOT CLOWNS   K. KENNEDY

NAME	YEAR	LIMIT	ISSUE	TREND
❏ DANIELLE	1994	2000	45.00	50.00
❏ LINDSEY	1994	2000	45.00	50.00
❏ LISA	1994	2000	45.00	50.00
❏ MARIE	1994	2000	45.00	50.00
❏ MEGAN	1994	2000	45.00	50.00
❏ STACY	1994	2000	45.00	50.00

DOLLS

DOLLS

NAME	YEAR	LIMIT	ISSUE	TREND
VICTORIA ASHLEA ORIGINALS TINY TOT SCHOOL GIRLS				**K. KENNEDY**
❑ ANDREA-12456	1994	2000	48.00	50.00
❑ CHRISTIN-912450	1994	2000	48.00	50.00
❑ MONIQUE-912455	1994	2000	48.00	50.00
❑ PATRICIA-912453	1994	2000	48.00	50.00
❑ SHAWNA-912449	1994	2000	48.00	50.00
❑ SUSAN-12457	1994	2000	48.00	50.00

GOOD-KRUGER DOLLS

NAME	YEAR	LIMIT	ISSUE	TREND
LIMITED EDITION				**J. GOOD-KRUGER**
❑ ALICE	1990	RT	250.00	275.00
❑ ANNE	1992	RT	240.00	375.00
❑ ANNIE-ROSE	1990	RT	219.00	475.00
❑ CHRISTMAS COOKIE	1990	RT	199.00	200.00
❑ COZY	1990	RT	179.00	325.00
❑ DAYDREAM	1990	RT	199.00	375.00
❑ JOHNNY-LYNN	1991	RT	240.00	700.00
❑ MOPPETT	1991	RT	179.00	280.00
❑ SUE-LYNN	1990	RT	240.00	305.00
❑ TEACHERS PET	1991	RT	199.00	255.00
❑ VICTORIAN CHRISTMAS	1991	RT	219.00	280.00
LIMITED EDITION/PORCELAIN				**J. GOOD-KRUGER**
❑ JEEPERS CREEPERS	1992	RT	725.00	805.00

GORHAM

NAME	YEAR	LIMIT	ISSUE	TREND
BEVERLY PORT DESIGNER COLLECTION				**B. PORT**
❑ AMAZING CALLIOPE MERRIWEATHER, THE 17 IN.	1988	CL	275.00	1175.00
❑ BAERY MAB, 9 1/2 IN.	1988	CL	110.00	325.00
❑ CHRISTOPHER PAUL BEARKIN, 10 IN.	1987	CL	95.00	525.00
❑ HOLLYBEARY KRINGLE, 15 IN.	1988	CL	350.00	475.00
❑ KRISTOBEAR KRINGLE, 17 IN.	1987	CL	200.00	475.00
❑ MISS EMILY, 18 IN.	1988	CL	350.00	625.00
❑ MOLLY MELINDA BEARKIN, 10 IN.	1987	CL	95.00	325.00
❑ SILVER BELL, 17 IN.	1987	CL	175.00	775.00
❑ T.R., 28 1/2 IN.	1988	CL	400.00	575.00
❑ TEDWARD JONATHAN BEARKIN, 10 IN.	1987	CL	95.00	325.00
❑ TEDWINA KIMELINA BEARKIN, 10 IN.	1987	CL	95.00	325.00
❑ THEODORE B. BEAR, 14 IN.	1988	CL	175.00	525.00
BONNET BABIES				**M. SIRKO**
❑ CHELSEA'S BONNET	1993	CL	95.00	100.00
BONNETS & BOWS				**B. GERARDI**
❑ ALICIA	1988	CL	385.00	900.00
❑ ALLESSANDRA	1988	CL	195.00	450.00
❑ ANNEMARIE	1988	CL	195.00	450.00
❑ BELINDA	1988	CL	195.00	450.00
❑ BETHANY	1988	CL	385.00	1350.00
❑ BETTINA	1988	CL	285.00	520.00
❑ ELLIE	1988	CL	285.00	520.00
❑ FRANCIE	1988	CL	625.00	925.00
❑ JESSE	1988	CL	525.00	825.00
❑ LISETTE	1988	CL	285.00	520.00
BRIDE DOLLS				**D. VALENZA**
❑ SUSANNAH'S WEDDING DAY	1993	9500	295.00	295.00
CAROUSEL DOLLS				**C. SHAFER**
❑ RIBBONS AND ROSES	1993	CL	119.00	120.00
CELEBRATIONS OF CHILDHOOD				**L. DI LEO**
❑ HAPPY BIRTHDAY AMY	1992	CL	160.00	160.00
CHILDHOOD MEMORIES				**D. VALENZA**
❑ AMANDA	1991	CL	98.00	155.00
❑ JENNIFER	1991	CL	98.00	155.00
❑ JESSICA-ANNE'S PLAYTIME	1991	CL	98.00	155.00
❑ KIMBERLY	1991	CL	98.00	155.00
CHILDREN OF CHRISTMAS				**S. STONE AIKEN**
❑ CLARA, 16 IN.	1989	CL	325.00	675.00
❑ EMILY, 16 IN.	1991	1500	375.00	455.00
❑ NATALIE, 16 IN.	1990	1500	350.00	480.00
❑ VIRGINIA	1992	1500	375.00	425.00
CHRISTMAS TRADITIONS				**S. STONE AIKEN**
❑ TRIMMING THE TREE	1993	2500	295.00	300.00
CHRISTMAS TREASURES				**S. STONE AIKEN**
❑ CHRISSY	1993	CL	150.00	150.00
DAYDREAMER DOLLS				**S. STONE AIKEN**
❑ HEATHER'S DAYDREAM	1992	CL	119.00	120.00
DAYS OF THE WEEK				**R./L. SCHRUBBE**
❑ FRIDAY'S CHILD	1992	CL	98.00	100.00
❑ MONDAY'S CHILD	1992	CL	98.00	100.00
❑ SATURDAY'S CHILD	1992	CL	98.00	100.00
❑ SUNDAY'S CHILD	1992	CL	98.00	100.00
❑ THURSDAY'S CHILD	1992	CL	98.00	100.00
❑ TUESDAY'S CHILD	1992	CL	98.00	100.00
❑ WEDNESDAY'S CHILD	1992	CL	98.00	100.00
DOLLIE AND ME				**J. PILALLIS**
❑ DOLLIE'S FIRST STEPS	1991	CL	160.00	160.00
DOLLS OF THE MONTH				**GORHAM**
❑ MISS APRIL	1991	CL	79.00	130.00
❑ MISS AUGUST	1991	CL	79.00	130.00
❑ MISS DECEMBER	1991	CL	79.00	130.00

NAME	YEAR	LIMIT	ISSUE	TREND
❑ MISS FEBRUARY	1991	CL	79.00	130.00
❑ MISS JANUARY	1991	CL	79.00	130.00
❑ MISS JULY	1991	CL	79.00	130.00
❑ MISS JUNE	1991	CL	79.00	130.00
❑ MISS MARCH	1991	CL	79.00	130.00
❑ MISS MAY	1991	CL	79.00	130.00
❑ MISS NOVEMBER	1991	CL	79.00	130.00
❑ MISS OCTOBER	1991	CL	79.00	130.00
❑ MISS SEPTEMBER	1991	CL	79.00	130.00
FRIENDSHIP DOLLS				**S. NAPPO**
❑ ANGELA-THE ITALIAN TRAVELER	1991	CL	98.00	98.00
FRIENDSHIP DOLLS				**L. O'CONNOR**
❑ MEAGAN-THE IRISH TRAVELER	1991	CL	98.00	98.00
FRIENDSHIP DOLLS				**P. SEAMAN**
❑ PEGGY-THE AMERICAN TRAVELER	1991	CL	98.00	98.00
FRIENDSHIP DOLLS				**S. UEKI**
❑ KINUKO-THE JAPANESE TRAVELER	1991	CL	98.00	98.00
GIFT OF DREAMS				**YOUNG/GERARDI**
❑ CHRISTINA (CHRISTMAS)	1991	CL	695.00	695.00
❑ ELIZABETH	1991	CL	495.00	495.00
❑ KATHERINE	1991	CL	495.00	495.00
❑ MELISSA	1991	CL	495.00	495.00
❑ SAMANTHA	1991	CL	495.00	495.00
GIFTS OF THE GARDEN				**S. STONE AIKEN**
❑ ALISA	1991	CL	125.00	205.00
❑ DEBORAH	1991	CL	125.00	205.00
❑ HOLLY (CHRISTMAS)	1991	CL	150.00	205.00
❑ IRENE	1991	CL	125.00	205.00
❑ JOELLE (CHRISTMAS)	1991	CL	150.00	205.00
❑ LAUREN	1991	CL	125.00	205.00
❑ MARIA	1991	CL	125.00	205.00
❑ PRISCILLA	1991	CL	125.00	205.00
❑ VALERIE	1991	CL	125.00	205.00
GORHAM BABY DOLL COLLECTION				**AIKEN/MATTHEWS**
❑ CHRISTENING DAY	1987	CL	245.00	300.00
❑ LESLIE	1987	CL	245.00	330.00
❑ MATTHEW	1987	CL	245.00	290.00
GORHAM DOLLS				*
❑ BABY IN WHITE DRESS, 18 IN.	1982	CL	250.00	375.00
❑ M. ANTON, 12 IN.	1982	CL	125.00	175.00
❑ MLLE. MARSELLA, 12 IN.	1982	CL	125.00	275.00
❑ MLLE. YVONNE, 12 IN.	1982	CL	125.00	375.00
GORHAM DOLLS				**S. STONE AIKEN**
❑ ALEXANDER, 19 IN.	1985	CL	275.00	450.00
❑ ALEXANDRIA, 18 IN.	1981	CL	250.00	575.00
❑ ALISSA	1986	CL	245.00	350.00
❑ AMELIA, 19 IN.	1985	CL	275.00	390.00
❑ BABY IN APRICOT DRESS, 16 IN.	1982	CL	175.00	355.00
❑ BABY IN BLUE DRESS, 12 IN.	1982	CL	150.00	305.00
❑ BENJAMIN, 18 IN.	1982	CL	200.00	580.00
❑ CECILE, 16 IN.	1981	CL	200.00	825.00
❑ CHRISTINA, 16 IN.	1981	CL	200.00	450.00
❑ CHRISTOPHER, 19 IN.	1981	CL	250.00	860.00
❑ CORRINE, 21 IN.	1982	CL	250.00	500.00
❑ DANIELLE, 14 IN.	1981	CL	150.00	340.00
❑ ELENA, 14 IN.	1981	CL	150.00	700.00
❑ ELLICE, 18 IN.	1982	CL	200.00	590.00
❑ EMILY, 14 IN.	1986	CL	175.00	400.00
❑ FLEUR, 19 IN.	1986	CL	300.00	450.00
❑ GABRIELLE, 19 IN.	1985	CL	225.00	415.00
❑ JENNIFER, 19 IN. BRIDAL DOLL	1983	CL	325.00	775.00
❑ JEREMY, 23 IN.	1982	CL	300.00	790.00
❑ JESSICA	1986	CL	195.00	325.00
❑ JILLIAN, 16 IN.	1981	CL	200.00	425.00
❑ JULIA, 16 IN.	1986	CL	225.00	400.00
❑ JULIET	1987	CL	325.00	425.00
❑ KRISTIN, 23 IN.	1982	CL	300.00	640.00
❑ LAUREN, 14 IN.	1986	CL	175.00	425.00
❑ LINDA, 19 IN.	1985	CL	275.00	440.00
❑ MELANIE, 23 IN.	1982	CL	300.00	675.00
❑ MELINDA, 14 IN.	1981	CL	150.00	340.00
❑ MEREDITH	1986	CL	295.00	390.00
❑ MLLE. JEANETTE, 12 IN.	1982	CL	125.00	200.00
❑ MLLE. LUCILLE, 12 IN.	1982	CL	125.00	375.00
❑ MLLE. MONIQUE, 12 IN.	1982	CL	125.00	275.00
❑ NANETTE, 19 IN.	1985	CL	275.00	375.00
❑ ODETTE, 19 IN.	1985	CL	250.00	465.00
❑ ROSEMOND, 18 IN.	1981	CL	250.00	705.00
❑ STEPHANIE, 18 IN.	1981	CL	250.00	1875.00
HOLLY HOBBIE				*
❑ BLUE GIRL, 14 IN.	1983	CL	80.00	325.00
❑ BLUE GIRL, 18 IN.	1983	CL	115.00	395.00
❑ CHRISTMAS MORNING, 14 IN.	1983	CL	80.00	275.00
❑ HEATHER, 14 IN.	1983	CL	80.00	275.00
❑ LITTLE AMY, 14 IN.	1983	CL	80.00	276.00
❑ ROBBIE, 14 IN.	1983	CL	80.00	275.00
❑ SUNDAY'S BEST, 18 IN.	1983	CL	115.00	350.00
❑ SWEET VALENTINE, 16 IN.	1983	CL	100.00	350.00
❑ YESTERDAY'S MEMORIES, 18 IN.	1983	CL	125.00	450.00
HOLLY HOBBIE CHILDHOOD MEMORIES				*
❑ BEST FRIENDS	1985	CL	45.00	150.00

DOLLS

NAME	YEAR	LIMIT	ISSUE	TREND
❏ CHRISTMAS WISHES	1985	CL	45.00	150.00
❏ FIRST DAY OF SCHOOL	1985	CL	45.00	150.00
❏ MOTHER'S HELPER	1985	CL	45.00	150.00
HOLLY HOBBIE FOR ALL SEASONS				*
❏ FALL HOLLY, 12 IN.	1984	CL	43.00	200.00
❏ SPRING HOLLY, 12 IN.	1984	CL	43.00	200.00
❏ SUMMER HOLLY, 12 IN.	1984	CL	43.00	200.00
❏ WINTER HOLLY, 12 IN.	1984	CL	43.00	200.00
IMAGINARY PEOPLE				**R. TONNER**
❏ MELINDA, THE TOOTH FAIRY	1993	2900	95.00	100.00
INTERNATIONAL BABIES				**R. TONNER**
❏ NATALIA'S MATRIOSHKA	1993	CL	95.00	100.00
JOYFUL YEARS				**B. GERARDI**
❏ KATRINA	1989	CL	295.00	380.00
❏ WILLIAM	1989	CL	295.00	380.00
KEZI DOLL FOR ALL SEASONS				**KEZI**
❏ ADRIENNE, 16 IN.	1985	CL	135.00	500.00
❏ AMBER, 16 IN.	1985	CL	135.00	500.00
❏ ARIEL, 16 IN.	1985	CL	135.00	500.00
❏ AUBREY, 16 IN.	1985	CL	135.00	500.00
KEZI GOLDEN GIFTS				**KEZI**
❏ CHARITY, 16 IN.	1984	CL	85.00	185.00
❏ FAITH, 18 IN.	1984	CL	95.00	210.00
❏ FELICITY, 18 IN.	1984	CL	95.00	200.00
❏ GRACE, 16 IN.	1984	CL	85.00	175.00
❏ HOPE, 16 IN.	1984	CL	85.00	210.00
❏ MERRIE, 16 IN.	1984	CL	85.00	185.00
❏ PATIENCE, 18 IN.	1984	CL	95.00	175.00
❏ PRUDENCE, 18 IN.	1984	CL	85.00	175.00
KIDS WITH STUFFED TOYS				**R./L. SCHRUBBE**
❏ TARA AND TEDDY	1993	OP	119.00	119.00
LEGENDARY HEROINES				**S. STONE AIKEN**
❏ GUINEVERE	1991	1500	245.00	245.00
❏ JANE EYRE	1991	1500	245.00	245.00
❏ JULIET	1991	1500	245.00	245.00
❏ LARA	1991	1500	245.00	245.00
LES BELLES BEBES COLLECTION				**S. STONE AIKEN**
❏ CAMILLE	1993	1500	375.00	425.00
❏ CHERIE	1991	CL	375.00	475.00
❏ DESIREE	1991	1500	375.00	445.00
LIMITED EDITION DOLLS				**S. STONE AIKEN**
❏ ALLISON, 19 IN.	1982	CL	300.00	4250.00
❏ AMEY (10TH ANNIVERSARY EDITION)	1990	CL	650.00	925.00
❏ ANDREW, 19 IN.	1988	CL	475.00	740.00
❏ ASHLEY, 19 IN.	1983	CL	350.00	1000.00
❏ CHRISTA (CHRISTMAS), 19 IN.	1988	CL	550.00	1200.00
❏ HOLLY (CHRISTMAS), 19 IN.	1984	CL	300.00	825.00
❏ JACQUELINE, 19 IN.	1987	CL	500.00	715.00
❏ JOY (CHRISTMAS), 19 IN.	1985	CL	350.00	625.00
❏ LYDIA, 19 IN.	1985	CL	550.00	1300.00
❏ MERRIE (CHRISTMAS), 19 IN.	1987	CL	500.00	700.00
❏ NICOLE, 19 IN.	1984	CL	350.00	800.00
❏ NOEL (CHRISTMAS), 19 IN.	1986	CL	400.00	700.00
LIMITED EDITION SISTER SET				**S. STONE AIKEN**
❏ KATELIN/KATHLEEN SET	1988	CL	550.00	875.00
LITTLE WOMEN				**S. STONE AIKEN**
❏ AMY, 16 IN.	1983	CL	225.00	575.00
❏ BETH, 16 IN.	1983	CL	225.00	575.00
❏ JO, 19 IN.	1983	CL	275.00	675.00
❏ MEG, 19 IN.	1983	CL	275.00	695.00
LITTLEST ANGEL DOLLS				**L. DI LEO**
❏ MERRIEL	1992	CL	50.00	50.00
NATURE'S BOUNTY				**R. TONNER**
❏ JAMIE'S FRUITFUL HARVEST	1993	CL	95.00	100.00
PILLOW BABY DOLLS				**L. GORDON**
❏ ON THE MOVE	1993	CL	39.00	40.00
❏ SITTING PRETTY	1993	CL	39.00	40.00
❏ TICKLING TOES	1993	CL	39.00	40.00
PORTRAIT PERFECT VICTORIAN DOLLS				**R. TONNER**
❏ PRETTY IN PEACH	1993	2900	119.00	120.00
PRECIOUS AS PEARLS				**S. STONE AIKEN**
❏ CASSANDRA	1989	CL	525.00	900.00
❏ CHARLOTTE	1987	CL	425.00	625.00
❏ CHLOE	1988	CL	525.00	725.00
❏ COLETTE	1986	CL	400.00	1400.00
PUPPY LOVE DOLLS				**R. SCHRUBBE**
❏ KATIE AND KYLE	1992	CL	119.00	120.00
SMALL WONDERS				**B. GERARDI**
❏ MADELINE	1988	CL	365.00	370.00
❏ MARGUERITE	1988	CL	425.00	430.00
❏ PATINA	1988	CL	265.00	265.00
SOUTHERN BELLES				**S. STONE AIKEN**
❏ AMANDA, 19 IN.	1985	CL	300.00	950.00
❏ CASSIE, 19 IN.	1988	CL	500.00	675.00
❏ RACHEL, 19 IN.	1987	CL	375.00	825.00
❏ VERONICA, 19 IN.	1986	CL	325.00	750.00
SPECIAL MOMENTS				**E. WORRELL**
❏ BABY'S CHRISTENING	1992	OP	135.00	135.00

DOLLS

NAME	YEAR	LIMIT	ISSUE	TREND
❑ BABY'S FIRST BIRTHDAY	1992	OP	135.00	135.00
❑ BABY'S FIRST CHRISTMAS	1991	CL	135.00	220.00
❑ BABY'S FIRST STEPS	1992	CL	135.00	175.00
SPORTING KIDS				**R. SCHRUBBE**
❑ UP AT BAT	1993	CL	50.00	75.00
TENDER HEARTS				**M. MURPHY**
❑ SAYING GRACE	1993	CL	119.00	120.00
TIMES TO TREASURE				**L. DI LEO**
❑ BEDTIME	1991	CL	195.00	225.00
❑ CRADLETIME	1993	OP	195.00	195.00
❑ PLAYTIME	1993	CL	195.00	225.00
❑ STORYTIME	1992	OP	195.00	225.00
VALENTINE LADIES				**P. VALENTINE**
❑ ANABELLA	1987	CL	145.00	395.00
❑ ELIZABETH	1987	CL	145.00	450.00
❑ FELICIA	1988	CL	225.00	400.00
❑ JANE	1987	CL	145.00	350.00
❑ JUDITH ANNE	1988	CL	195.00	325.00
❑ JULIANNA	1989	CL	225.00	275.00
❑ LEE ANN	1987	CL	145.00	325.00
❑ MARIA THERESA	1988	CL	225.00	275.00
❑ MARIANNA	1987	CL	160.00	400.00
❑ PATRICE	1987	CL	145.00	325.00
❑ PRISCILLA	1988	CL	195.00	325.00
❑ REBECCA	1987	CL	145.00	325.00
❑ ROSANNE	1987	CL	145.00	325.00
❑ ROSE	1989	CL	225.00	275.00
❑ SYLVIA	1987	CL	160.00	350.00
VICTORIAN CAMEO COLLECTION				**B. GERARDI**
❑ ALEXANDRA	1991	CL	375.00	400.00
❑ VICTORIA	1990	1500	375.00	400.00
VICTORIAN CHILDREN				**S. STONE AIKEN**
❑ CATCHING BUTTERFLIES	1993	1000	495.00	495.00
❑ SARA'S TEA TIME	1992	1000	495.00	700.00
VICTORIAN COLLECTION				**E. WOODHOUSE**
❑ VICTORIA'S JUBILEE	1992	YR	295.00	325.00
VICTORIAN FLOWER GIRLS				**J. PILLALIS**
❑ ROSE	1993	CL	95.00	100.00

GUND INC.

NAME	YEAR	LIMIT	ISSUE	TREND
GUND CHRISTMAS COLLECTIBLE				**R. SWEDLIN-RAIFFE**
❑ TULEBEARY	1999	YR	40.00	40.00
GUND COLLECTORS CLUB				**R. SWEDLIN-RAIFFE**
❑ COLLECTORS CLUB KIT	1999	YR	70.00	70.00
GUNDY COLLECTORS BEAR				**R. SWEDLIN-RAIFFE**
❑ GUNDY	1999	YR	35.00	35.00
MINIATURE MOHAIR COLLECTION				**R. SWEDLIN-RAIFFE**
❑ THEO	1998	▲	8.00	8.00 ▲
MOHAIR COLLECTION				
❑ MAJOR BEARKIN	1996	700	250.00	250.00
MOHAIR COLLECTION				**R. SWEDLIN-RAIFFE**
❑ ABIGAIL	1999	400	150.00	150.00
❑ CAMERON	1999	450	40.00	40.00
❑ CHELSEA	1999	400	150.00	150.00
❑ CORKY	1999	300	140.00	140.00
❑ GARRETT	1999	450	40.00	40.00
❑ HANNA	1999	300	160.00	160.00
❑ HEATHER	1999	400	150.00	150.00
❑ HEIDI	1999	400	150.00	150.00
❑ JEFFREY	1999	450	40.00	40.00
❑ MAXWELL	1998	250	180.00	180.00
❑ SOPHIE	1999	300	160.00	160.00
SIGNATURE COLLECTION				**R. SWEDLIN-RAIFFE**
❑ ANNIE ARCTIC	1993	600	220.00	220.00
❑ AZURINE	1994	700	180.00	180.00
❑ BEARBUSHKA	1996	500	200.00	200.00
❑ BEARNARD	1995	350	180.00	180.00
❑ BLACK MAGIC	1994	700	180.00	180.00
❑ BLACKBEARD	1995	350	300.00	300.00
❑ DUNBEARY	1995	350	300.00	300.00
❑ GOLD DUST	1993	650	180.00	180.00
❑ GULLIVER	1995	250	400.00	400.00
❑ HARRY HEARTTHROB	1994	850	150.00	150.00
❑ HUGH MONGUS	1996	310	400.00	400.00
❑ LITTLE BEAR BLUE	1996	450	250.00	250.00
❑ O'BEARIGAN	1995	450	140.00	140.00
❑ PAWTHORNE	1996	540	150.00	150.00
❑ PEANUT BUTTER	1995	400	180.00	180.00
❑ ROCKAFELLA	1994	600	300.00	300.00
❑ SOMETHING'S BRUIN	1996	425	350.00	350.00
❑ SWEET THING	1993	500	150.00	150.00
❑ THREAD BEAR	1993	650	150.00	150.00
❑ WEE WILLIE	1993	750	100.00	100.00

HAMILTON COLLECTION

NAME	YEAR	LIMIT	ISSUE	TREND
A CHILD'S MENAGERIE				**B. VAN BOXEL**
❑ BECKY	1993	CL	69.00	70.00
❑ CARRIE	1993	CL	69.00	70.00
❑ MANDY	1994	CL	69.00	70.00
ABBIE WILLIAMS DOLL COLLECTION				**A. WILLIAMS**
❑ MOLLY	1992	CL	155.00	205.00

DOLLS

NAME	YEAR	LIMIT	ISSUE	TREND
ANNUAL CONNOISSEUR DOLL				*
❏ LARA	1992	CL	295.00	300.00
ANTIQUE DOLL COLLECTION				*
❏ COLETTE	1990	CL	195.00	195.00
❏ KATRINA	1991	CL	195.00	195.00
❏ LISETTE	1991	CL	195.00	230.00
❏ NICOLE	1989	CL	195.00	195.00
BABY PORTRAIT DOLLS				**B. PARKER**
❏ BETHANY	1992	CL	135.00	140.00
❏ JENNA	1992	CL	135.00	200.00
❏ MELISSA	1991	CL	135.00	180.00
❏ MINDY	1993	CL	135.00	140.00
BELLES OF THE COUNTRYSIDE				**C. HEATH ORANGE**
❏ ERIN	1992	CL	135.00	140.00
❏ GWYN	1994	CL	135.00	140.00
❏ LORNA	1993	CL	135.00	140.00
❏ ROSE	1992	CL	135.00	140.00
BESSIE PEASE GUTMANN DOLL COLLECTION				**B.P. GUTMANN**
❏ FIRST DANCING LESSON	1991	CL	195.00	200.00
❏ GOOD MORNING	1991	CL	195.00	200.00
❏ HE WON'T BITE	1989	CL	135.00	135.00
❏ LOVE AT FIRST SIGHT	1991	CL	195.00	200.00
❏ LOVE IS BLIND	1989	CL	135.00	165.00
❏ VIRGINIA	1991	CL	135.00	135.00
BEST BUDDIES				**C. MARSCHNER**
❏ JODIE	1994	CL	69.00	70.00
BOEHM DOLLS				*
❏ ELENA	1994	CL	155.00	200.00
BRIDAL ELEGANCE				**BOEHM**
❏ CAMILLE	1994	CL	195.00	225.00
BRIDE DOLLS				*
❏ PORTRAIT OF INNOCENCE	1991	CL	195.00	200.00
❏ PORTRAIT OF LOVELINESS	1992	CL	195.00	225.00
BROOKS WOODEN DOLLS				**P. RYAN BROOKS**
❏ ARE YOU THE EASTER BUNNY?	1993	CL	135.00	140.00
❏ BE MY VALENTINE	1994	CL	135.00	140.00
❏ WAITING FOR SANTA	1993	15000	135.00	225.00
CATHERINE MATHER DOLLS				**C. MATHER**
❏ JUSTINE	1993	V;	155.00	160.00
CENTRAL PARK SKATERS				**C. WOODIE**
❏ CENTRAL PARK SKATERS	1991	CL	245.00	250.00
CHILDREN TO CHERISH				**CYBIS**
❏ GIFT OF BEAUTY	1991	CL	135.00	140.00
❏ GIFT OF INNOCENCE	1991	YR	135.00	140.00
CINDY MARSCHNER ROLFE DOLLS				**C.M. ROLFE**
❏ JANEY	1994	VL	95.00	$95.00
❏ JULIE	1993	CL	95.00	95.00
❏ KAYLA	1993	CL	95.00	$95.00
❏ SHANNON	1993	CL	95.00	$95.00
CONNIE WALSER DEREK BABY DOLLS				**C.W. DEREK**
❏ AMANDA	1991	CL	155.00	160.00
❏ ANDREW	1991	CL	155.00	155.00
❏ JESSICA	1990	CL	155.00	250.00
❏ SAMANTHA	1992	CL	155.00	160.00
❏ SARA	1991	CL	155.00	185.00
CONNIE WALSER DEREK BABY DOLLS II				**C.W. DEREK**
❏ BETH	1992	CL	95.00	150.00
❏ STEPHANIE	1992	CL	95.00	180.00
CONNIE WALSER DEREK DOLLS				**C.W. DEREK**
❏ BABY JESSICA	1992	CL	75.00	80.00
❏ BABY SARA	1993	CL	75.00	80.00
CONNIE WALSER DEREK TODDLERS				**C.W. DEREK**
❏ JESSIE	1994	CL	79.00	80.00
DADDY'S LITTLE GIRL				**M. SNYDER**
❏ CASSIE	1993	CL	95.00	100.00
❏ DANA	1993	CL	95.00	100.00
❏ LINDSAY	1992	CL	95.00	100.00
DOLLS BY AUTUMN BERWICK				**A. BERWICK**
❏ LAURA	1993	CL	135.00	140.00
DOLLS BY KAY MCKEE				**K. MCKEE**
❏ KATIE DID IT!	1993	CL	135.00	140.00
❏ ROBIN	1992	CL	135.00	140.00
❏ RYAN	1993	CL	135.00	140.00
❏ SHY VIOLET	1992	CL	135.00	195.00
DOLLS OF AMERICA'S COLONIAL HERITAGE				**A. ELEKFY**
❏ COLLEEN	1987	CL	55.00	60.00
❏ GRETCHEN	1988	CL	55.00	60.00
❏ KATRINA	1986	CL	55.00	60.00
❏ MARIA	1987	CL	55.00	60.00
❏ NICOLE	1986	CL	55.00	60.00
❏ PRISCILLA	1987	CL	55.00	60.00
ELAINE CAMPBELL DOLLS				**E. CAMPBELL**
❏ EMMA	1994	CL	95.00	100.00
FIRST RECITAL				*
❏ HILLARY	1993	CL	135.00	140.00
❏ OLIVIA	1994	CL	135.00	140.00

DOLLS

NAME	YEAR	LIMIT	ISSUE	TREND
HELEN KISH II DOLLS				H. KISH
❏ JORDAN	1994	CL	95.00	100.00
❏ VANESSA	1992	CL	135.00	140.00
HOLIDAY CAROLLERS				U. LEPP
❏ JOY	1992	CL	155.00	160.00
❏ NOEL	1993	CL	155.00	160.00
I LOVE LUCY/PORCELAIN				*
❏ LUCY	1990	CL	95.00	300.00
❏ QUEEN OF THE GYPSIES	1992	CL	95.00	250.00
❏ RICKY	1991	CL	95.00	300.00
❏ VITAMEATAVEGAMIN	1992	CL	95.00	250.00
I LOVE LUCY/VINYL				*
❏ ETHEL	1988	CL	40.00	185.00
❏ FRED	1988	CL	40.00	140.00
❏ LUCY	1990	CL	40.00	140.00
❏ QUEEN OF THE GYPSIES	1992	CL	40.00	45.00
❏ RICKY	1991	CL	40.00	160.00
❏ VITAMEATAVEGAMIN	1992	CL	40.00	45.00
I'M SO PROUD DOLL COLLECTION				L. COBABE
❏ CHRISTINA	1992	CL	95.00	100.00
❏ JILL	1993	CL	95.00	100.00
❏ SHELLY	1994	CL	95.00	100.00
❏ TAMMY	1994	CL	95.00	100.00
INTERNATIONAL CHILDREN				C. WOODIE
❏ ANASTASIA	1991	CL	50.00	50.00
❏ ANGELINA	1991	CL	50.00	50.00
❏ LIAN	1992	CL	50.00	50.00
❏ LISA	1992	CL	50.00	50.00
❏ MIKO	1991	CL	50.00	55.00
❏ MONIQUE	1992	CL	50.00	50.00
JANE ZIDJUNAS PARTY DOLLS				J. ZIDJUNAS
❏ KATIE	1992	CL	135.00	140.00
❏ KELLY	1991	CL	135.00	140.00
❏ MEREDITH	1993	CL	135.00	140.00
JANE ZIDJUNAS TODDLER DOLLS				J. ZIDJUNAS
❏ AMY	1992	CL	135.00	140.00
❏ JENNIFER	1991	CL	135.00	135.00
❏ KIMBERLY	1992	CL	135.00	140.00
❏ MEGAN	1991	CL	135.00	160.00
JEANNE WILSON DOLLS				J. WILSON
❏ PRISCILLA	1994	CL	155.00	160.00
JOHNSTON COWGIRLS				C. JOHNSTON
❏ SAVANNAH	1994	CL	79.00	80.00
JOIN THE PARADE				*
❏ BETSY	1992	CL	50.00	50.00
❏ PEGGY	1994	CL	55.00	60.00
❏ SANDY	1994	CL	55.00	60.00
JOKE GROBBEN DOLLS				J. GROBBEN
❏ BRIANNA	1993	CL	69.00	70.00
❏ BRIDGET	1994	CL	69.00	70.00
❏ HEATHER	1992	CL	69.00	70.00
❏ KATHLEEN	1993	CL	69.00	70.00
JUST LIKE MOM				H. KISH
❏ ASHLEY	1991	CL	135.00	275.00
❏ ELIZABETH	1992	CL	135.00	140.00
❏ HANNAH	1992	CL	135.00	140.00
❏ MARGARET	1993	CL	135.00	140.00
KAY MCKEE KLOWNS				K. MCKEE
❏ DREAMER, THE	1993	15000	155.00	160.00
KUCK FAIRY				S. KUCK
❏ TOOTH FAIRY	1994	CL	135.00	140.00
LAURA COBABE DOLLS				L. COBABE
❏ AMBER	1992	CL	195.00	200.00
❏ BROOKE	1992	CL	195.00	200.00
LAURA COBABE DOLLS II				L. COBABE
❏ KRISTEN	1993	CL	75.00	80.00
LAURA COBABE TALL DOLLS				L. COBABE
❏ CASSANDRA	1994	CL	195.00	200.00
❏ TAYLOR	1994	CL	195.00	200.00
LITTLE RASCALS				S./J. HOFFMANN
❏ ALFALFA	1993	OP	75.00	80.00
❏ BUCKWHEAT	1994	OP	75.00	80.00
❏ DARLA	1994	OP	75.00	80.00
❏ SPANKY	1992	OP	75.00	80.00
❏ STYMIE	1994	OP	75.00	80.00
LITTLEST MEMBERS OF THE WEDDING				J. ESTEBAN
❏ MATTHEW & MELANIE	1993	CL	195.00	200.00
MAUD HUMPHREY BOGART DOLL COLLECTION				M.H. BOGART
❏ FIRST LESSON, THE	1990	CL	135.00	150.00
❏ FIRST PARTY	1990	CL	135.00	140.00
❏ KITTY'S BATH	1992	CL	135.00	140.00
❏ LITTLE CAPTIVE	1991	CL	135.00	140.00
❏ PLAYING BRIDE	1989	CL	135.00	200.00
❏ PLAYING BRIDESMAID	1992	CL	195.00	230.00
❏ SEAMSTRESS	1991	CL	135.00	150.00
PARKER-LEVI TODDLERS				B. PARKER
❏ COURTNEY	1992	CL	135.00	185.00

DOLLS

DOLLS

NAME	YEAR	LIMIT	ISSUE	TREND
❑ MELODY	1992	CL	135.00	140.00
PARKINS PORTRAITS				**P. PARKINS**
❑ CASSIDY	1994	CL	79.00	80.00
❑ KELSEY	1993	CL	79.00	80.00
❑ LAUREN	1993	CL	79.00	80.00
❑ MORGAN	1994	CL	79.00	80.00
PARKINS TREASURES				**P. PARKINS**
❑ CHARLOTTE	1993	CL	55.00	60.00
❑ CYNTHIA	1993	CL	55.00	60.00
❑ DOROTHY	1992	CL	55.00	60.00
❑ TIFFANY	1992	CL	55.00	100.00
PHYLLIS PARKINS DOLLS				**P. PARKINS**
❑ SWAN PRINCESS	1992	9850	195.00	200.00
PICNIC IN THE PARK				**J. ESTEBAN**
❑ BENJAMIN	1993	CL	155.00	160.00
❑ EMILY	1992	CL	155.00	160.00
❑ REBECCA	1991	CL	155.00	160.00
❑ VICTORIA	1992	CL	155.00	160.00
PROUD INDIAN NATION				**R. SWANSON**
❑ AUTUMN TREAT	1993	CL	95.00	100.00
❑ DRESSED UP FOR THE POW WOW	1993	CL	95.00	125.00
❑ NAVAJO LITTLE ONE	1992	CL	95.00	180.00
❑ OUT WITH MAMA'S FLOCK	1994	CL	95.00	100.00
ROYAL BEAUTY DOLLS				*
❑ CHEN MAI	1991	CL	195.00	200.00
RUSSIAN CZARRA DOLLS				*
❑ ALEXANDRA	1991	CL	295.00	350.00
SANDRA KUCK DOLLS				**S. KUCK**
❑ KISS GOODNIGHT	1993	CL	79.00	80.00
❑ TEACHING TEDDY	1994	CL	79.00	80.00
SANTA'S LITTLE HELPER				**C.W. DEREK**
❑ HOPE	1993	CL	155.00	200.00
❑ NICHOLAS	1992	CL	155.00	200.00
SONGS OF THE SEASONS HAKATA DOLL COLLECTION				**T. MURAKAMI**
❑ AUTUMN SONG MAIDEN	1985	9800	75.00	80.00
❑ SPRING SONG MAIDEN	1985	9800	75.00	80.00
❑ SUMMER SONG MAIDEN	1985	9800	75.00	80.00
❑ WINTER SONG MAIDEN	1985	9800	75.00	80.00
STAR TREK DOLL COLLECTION				**E. DAUB**
❑ CAPTAIN KIRK	1988	CL	75.00	125.00
❑ CHEKOV	1990	CL	75.00	125.00
❑ DR. MCCOY	1989	CL	75.00	125.00
❑ MR. SPOCK	1988	CL	75.00	155.00
❑ SCOTTY	1989	CL	75.00	125.00
❑ SULU	1990	CL	75.00	125.00
❑ UHURA	1991	CL	75.00	125.00
STORYBOOK DOLLS				**L. DI LEO**
❑ ALICE IN WONDERLAND	1991	CL	75.00	80.00
THROUGH THE EYES OF VIRGINIA TURNER				**V. TURNER**
❑ DANIELLE	1992	CL	95.00	100.00
❑ DAWN	1994	CL	95.00	100.00
❑ MICHELLE	1992	CL	95.00	175.00
❑ WENDY	1993	CL	95.00	100.00
TODDLER DAYS DOLL COLLECTION				**D. SCHURIG**
❑ DARLENE	1993	CL	95.00	100.00
❑ ERICA	1992	CL	95.00	100.00
❑ KAREN	1994	CL	95.00	100.00
TREASURED TODDLERS				**V. TURNER**
❑ NATALIE	1993	CL	95.00	100.00
❑ WHITNEY	1992	CL	95.00	100.00
VICTORIAN TREASURES				**C.W. DEREK**
❑ KATHERINE	1992	CL	155.00	160.00
❑ MADELINE	1993	CL	155.00	160.00
WOODEN DOLLS				*
❑ GRETCHEN	1991	9850	225.00	280.00
❑ HEIDI	1991	9850	225.00	225.00
YEAR ROUND FUN				**D. SCHURIG**
❑ ALLISON	1992	CL	95.00	100.00
❑ CHRISTY	1993	CL	95.00	100.00
❑ KAYLIE	1994	CL	95.00	100.00
❑ PAULA	1993	CL	95.00	100.00
ZOLAN DOLLS				**D. ZOLAN**
❑ CHRISTMAS PRAYER	1991	CL	95.00	255.00
❑ FOR YOU	1993	CL	95.00	100.00
❑ QUIET TIME	1992	CL	95.00	100.00
❑ RAINY DAY PALS	1992	CL	95.00	100.00
❑ THINKER, THE	1993	CL	95.00	100.00
❑ WINTER ANGEL	1992	CL	95.00	100.00
ZOLAN DOUBLE DOLLS				**D. ZOLAN**
❑ FIRST KISS	1993	CL	135.00	175.00

HAMILTON GIFTS

MAUD HUMPHREY BOGART PORCELAIN DOLLS				**M.H. BOGART**
❑ MY FIRST PARTY H5686	1991	OP	135.00	135.00
❑ PLAYING BRIDE H5618	1991	OP	135.00	135.00
❑ SARAH H5617	1991	OP	37.00	37.00
❑ SUSANNA H5648	1991	OP	37.00	37.00

NAME	YEAR	LIMIT	ISSUE	TREND
JAN HAGARA COLLECTABLES				
COLLECTOR'S CLUB				J. HAGARA
❏ BONNIE	1991	CL	395.00	450.00
❏ MATTIE	1989	CL	550.00	550.00
HEIRLOOM DOLLS				J. HAGARA
❏ AMANDA	1985	2 YR	125.00	250.00
❏ JIMMY	1985	2 YR	125.00	200.00
❏ SHARICE	1985	2 YR	125.00	200.00
PHILLIPS COUSINS				J. HAGARA
❏ DEBRA 15 IN.	1995	250	425.00	400.00
ROYAL ORLEANS PORCELAIN DOLLS				J. HAGARA
❏ JODY	1985	2 YR	375.00	450.00
VICTORIAN CHILDREN				J. HAGARA
❏ ADDIE WITH PRINCESS 23 IN.	1995	85	2000.00	2000.00
❏ ADRIANNE	1988	2 YR	125.00	198.00
❏ AMY	1988	2 YR	160.00	200.00
❏ ANN MARIE	1992	500	425.00	450.00
❏ ASHLEY	1988	2 YR	160.00	180.00
❏ CLARA	1990	120	375.00	475.00
❏ DACY	1992	700	495.00	550.00
❏ JESSICA	1990	350	700.00	700.00
❏ JOSEPH BLUE 12 IN.	1995	150	250.00	250.00
❏ JOSEPH PINK 12 IN.	1995	150	250.00	250.00
❏ JUNE 12 IN.	1995	300	250.00	235.00
❏ KELTON 8 IN.	1995	300	300.00	235.00
❏ MAY 12 IN.	1995	300	250.00	250.00
❏ MEG	1987	2 YR	250.00	250.00
❏ MICHAEL	1987	250	650.00	800.00
❏ PAIGE	1986	430	195.00	450.00
❏ SHELDON	1992	500	495.00	495.00
❏ SHELLEY	1990	1200	550.00	575.00
❏ TINA	1992	500	425.00	425.00
❏ TRACY	1986	2 YR	125.00	135.00
VINYL DOLLS				J. HAGARA
❏ CRISTINA	1983	2 YR	65.00	100.00
JAN MCLEAN ORIGINALS				
FLOWERS OF THE HEART COLLECTION				J. MCLEAN
❏ MARIGOLD	1991	100	2400.00	2700.00
❏ PANSY	1990	RT	2200.00	2700.00
❏ POPPY	1990	100	2200.00	2000.00
❏ PRIMROSE	1991	100	2500.00	2900.00
JAN MCLEAN ORIGINALS				J. MCLEAN
❏ LUCREZIA	1991	15	6000.00	6000.00
❏ PHOEBE I	1990	25	2700.00	3600.00
JOHANNES ZOOK ORIGINALS				
				J. ZOOK
❏ ADRIANNE	1993	500	198.00	240.00
❏ ALYSSA	1993	500	204.00	286.00
❏ ANALISSA	1994	350	210.00	231.00
❏ ANGEL GABRIEL	1993	1000	250.00	303.00
❏ ANGELO	1998	350	190.00	190.00
❏ ANGIE	1995	RT	190.00	190.00
❏ ANNETTE	1994	100	230.00	253.00
❏ ANNIE	1994	25	148.00	163.00
❏ ARIEL	1996	RT	212.00	212.00
❏ ATHENA	1994	500	198.00	218.00
❏ AUSTIN	1996	RT	394.00	394.00
❏ BABY ELF	1994	250	198.00	218.00
❏ BECCA	1998	350	198.00	198.00
❏ BETHANY	1995	RT	210.00	210.00
❏ BRANDON & BREA/SET	1996	RT	374.00	374.00
❏ BREANNA	1993	500	190.00	230.00
❏ BRENNAN	1996	RT	190.00	190.00
❏ BRENT	1995	RT	230.00	230.00
❏ BROOKE	1993	1000	170.00	206.00
❏ CALVIN CLOWN	1993	500	198.00	240.00
❏ CANDY CANE	1993	*	164.00	198.00
❏ CAROLYN	1995	RT	210.00	210.00
❏ CELESTE	1995	RT	230.00	230.00
❏ CHELSEA	1998	250	194.00	194.00
❏ CHERRY	1994	100	114.00	125.00
❏ CHRIS	1996	RT	198.00	198.00
❏ CHRISTINA	1995	RT	398.00	398.00
❏ CHRISTMAS BELLE	1996	RT	308.00	308.00
❏ CHRISTMAS CAROL	1993	500	226.00	273.00
❏ CHRISTMAS HOPE	1998	350	278.00	278.00
❏ CHRISTMAS NOELLE	1994	500	224.00	246.00
❏ CHRISTMAS TWINS/SET	1995	RT	430.00	430.00
❏ CLAIRE	1993	1000	194.00	235.00
❏ CODY	1993	1000	194.00	235.00
❏ COLLETTE	1993	500	198.00	240.00
❏ COOKIE	1994	350	170.00	187.00
❏ CORJASHON	1996	RT	190.00	190.00
❏ CORY	1994	350	170.00	187.00
❏ COWBOY	1994	25	172.00	189.00
❏ CYNTHIA	1994	100	194.00	213.00
❏ DANIEL BOONE	1994	500	250.00	275.00
❏ DANIELLE	1994	500	188.00	207.00
❏ DEANNE	1993	100	170.00	206.00

DOLLS

DOLLS

NAME	YEAR	LIMIT	ISSUE	TREND
❑ DENISE	1993	250	198.00	240.00
❑ DESIREE	1995	RT	198.00	198.00
❑ DIANNA	1993	100	170.00	206.00
❑ DOTTIE	1996	RT	198.00	198.00
❑ DYLAN	1998	250	260.00	260.00
❑ EMMY	1994	500	220.00	242.00
❑ FRANCESCA	1993	250	220.00	266.00
❑ GIANNA	1995	RT	250.00	250.00
❑ GINA	1996	RT	220.00	220.00
❑ GOOD NIGHT KISS	1994	500	158.00	174.00
❑ GWEN	1994	125	198.00	218.00
❑ HALEY	1996	500	234.00	234.00
❑ JAKE	1995	RT	230.00	230.00
❑ JAMAL	1996	250	216.00	216.00
❑ JANEA	1996	500	224.00	224.00
❑ JARED	1995	RT	198.00	198.00
❑ JASMINE	1993	250	252.00	305.00
❑ JOEY	1993	500	198.00	240.00
❑ JOHANNA	1998	500	298.00	298.00
❑ JUAN	1996	500	190.00	190.00
❑ KANIKA	1993	1000	220.00	266.00
❑ KAREEM	1994	500	198.00	218.00
❑ KATRINA	1994	500	198.00	218.00
❑ KATY	1996	500	198.00	198.00
❑ KAYLA	1994	1000	198.00	218.00
❑ KEIKO	1996	500	190.00	190.00
❑ KEITH	1996	250	212.00	212.00
❑ KELSEY	1996	1000	270.00	270.00
❑ KEVIN	1996	1000	246.00	246.00
❑ KORTINEE ROSE	1995	RT	218.00	218.00
❑ LABRETT	1996	500	212.00	212.00
❑ LADONNA	1998	350	216.00	216.00
❑ LESLIE	1995	RT	198.00	198.00
❑ LEXUS	1996	150	346.00	370.00
❑ LIL DEVIL	1995	RT	200.00	200.00
❑ LINDA	1996	250	202.00	202.00
❑ LITTLE FEATHER	1994	100	280.00	308.00
❑ LITTLE MISS MUFFET	1993	500	188.00	227.00
❑ LIZZY	1995	RT	198.00	198.00
❑ LUCY	1998	CL	184.00	184.00
❑ MADISON	1998	250	218.00	218.00
❑ MAGGIE	1996	250	214.00	214.00
❑ MARIKO	1996	500	212.00	212.00
❑ MARISSA	1993	1000	170.00	206.00
❑ MARY JO	1995	RT	190.00	190.00
❑ MEGAN	1998	350	210.00	210.00
❑ MELINDA	1994	1000	190.00	209.00
❑ MERCEDES	1994	1000	218.00	240.00
❑ MEREDITH	1993	500	216.00	261.00
❑ MONIKA	1993	500	198.00	240.00
❑ MYCELLE	1995	RT	170.00	170.00
❑ NANCY MAY	1995	RT	190.00	190.00
❑ NATALIE & NATHAN/SET	1995	RT	398.00	398.00
❑ NICHOLETTE	1995	RT	210.00	210.00
❑ NURSE BETTE	1994	500	184.00	202.00
❑ PAIGE	1995	RT	210.00	210.00
❑ PAMELA SUE	1995	RT	210.00	210.00
❑ PATTI	1998	350	192.00	192.00
❑ PENNY	1995	RT	240.00	240.00
❑ PHOENIX	1996	1000	256.00	256.00
❑ POLLYANNA	1994	500	198.00	218.00
❑ PRESTON	1995	RT	290.00	290.00
❑ ROCKY	1993	500	172.00	208.00
❑ ROXANNE	1993	500	172.00	208.00
❑ ROXANNE	1998	250	204.00	204.00
❑ SASHA	1998	350	224.00	224.00
❑ SCARECROW	1995	RT	290.00	290.00
❑ SCOTTIE	1996	500	170.00	170.00
❑ SHARON	1994	1000	190.00	209.00
❑ SHASTIN	1996	500	212.00	212.00
❑ SHAYNA	1994	1000	190.00	209.00
❑ SHELBY	1998	500	256.00	256.00
❑ SHELLY	1994	100	198.00	218.00
❑ SIERRA	1995	RT	210.00	210.00
❑ SISSY	1993	500	272.00	329.00
❑ SNOW BONNY	1995	RT	198.00	198.00
❑ SOPHIE	1994	500	198.00	218.00
❑ STARR	1994	25	150.00	165.00
❑ TIN MAN	1998	200	198.00	198.00
❑ TOMMY	1996	500	206.00	206.00
❑ TOOTH FAIRY	1993	500	198.00	240.00
❑ TREVOR	1995	RT	180.00	180.00
❑ TRISHA	1994	500	198.00	218.00
❑ VALERIE	1993	500	240.00	290.00
AMISH SERIES				**J. ZOOK**
❑ DAVID	1996	RT	164.00	164.00
❑ GRACE	1994	500	220.00	242.00
❑ IAN	1998	250	192.00	192.00
❑ JACOB	1993	500	158.00	191.00
❑ RUTH	1995	RT	190.00	190.00
CAREER SERIES				**J. ZOOK**
❑ CHEF PAT	1998	350	208.00	208.00

NAME	YEAR	LIMIT	ISSUE	TREND
❏ FIREMAN GREG	1994	250	224.00	224.00
❏ POLICEMAN GABE	1995	RT	230.00	230.00
❏ TEACHER LADY	1996	500	284.00	284.00
CHILDREN OF THE NATION				**J. ZOOK**
❏ AMERICA	1994	500	188.00	207.00
❏ KIRSTEN	1998	500	272.00	272.00
❏ NANOOK OF THE NORTH	1995	RT	220.00	220.00
❏ PIA	1996	1000	210.00	210.00
EXCLUSIVE FOR IDEX				**J. ZOOK**
❏ ANNABETH	1996	50	198.00	198.00
EXCLUSIVE FOR SHOW				**J. ZOOK**
❏ CHERISH	1995	RT	165.00	165.00
❏ KATARINA	1995	RT	230.00	230.00
EXCLUSIVE FOR STORE				**J. ZOOK**
❏ BABY DARLING	1995	RT	199.00	199.00
❏ BABY DEAR	1995	RT	199.00	199.00
❏ BABY PRECIOUS	1995	RT	199.00	199.00
❏ SCARLETT	1995	RT	199.00	199.00
EXCLUSIVE FOR TOY FAIR				**J. ZOOK**
❏ CHANTEL	1996	250	270.00	270.00
❏ ROSEMARY	1995	RT	240.00	240.00
FLOWER SERIES				**J. ZOOK**
❏ PANSY	1996	1000	274.00	271.00
❏ SUNFLOWER	1995	RT	220.00	220.00
❏ TULIP	1998	150	206.00	206.00
HALLOWEEN SERIES				**J. ZOOK**
❏ DONNIE DINOSAUR	1994	150	250.00	275.00
❏ HERBIE HOLSTEIN	1994	150	250.00	275.00
❏ TOMMY TURTLE	1993	150	300.00	363.00
STORYBOOK SERIES				**J. ZOOK**
❏ CINDERELLA	1995	RT	270.00	270.00
❏ GOLDILOCKS & BABY BEAR	1994	350	254.00	279.00
❏ HEIDI	1996	1000	254.00	254.00
❏ JACK	1998	350	188.00	188.00
❏ JILL	1998	350	208.00	208.00
❏ LITTLE RED RIDING HOOD	1993	1000	244.00	295.00

KAISER

*

NAME	YEAR	LIMIT	ISSUE	TREND
❏ AMANDA, 17 IN.	1990	1000	74.00	82.00
❏ AMY, 19 IN.	1990	1000	98.00	106.00
❏ ANN, 24 IN.	1990	1000	128.00	138.00
❏ ASHLEY, 19 IN.	1990	1000	98.00	106.00
❏ ELIZABETH, 19 IN.	1990	1000	98.00	106.00
❏ HEATHER, 22 IN.	1990	1000	116.00	126.00
❏ JENNIFER, 22 IN.	1990	1000	116.00	126.00
❏ JESSICA, 22 IN.	1990	1000	116.00	126.00
❏ JILL, 24 IN.	1990	1000	128.00	138.00
❏ KELLY, 19 IN.	1990	1000	98.00	106.00
❏ KRISTY, 24 IN.	1990	1000	128.00	138.00
❏ LAURA, 24 IN.	1990	1000	128.00	138.00
❏ NEWBORN/CHRISTENING DRESS, 17 IN.	1990	1000	74.00	82.00
❏ NICOLE, 17 IN.	1990	1000	74.00	82.00
❏ SARAH, 22 IN.	1990	1000	116.00	126.00
❏ SUSAN, 17 IN.	1990	1000	74.00	82.00

KURT S. ADLER INC.

NAME	YEAR	LIMIT	ISSUE	TREND
FLEUR-DE-LIS				**J. MOSTROM**
❏ ALEXANDRIA IN PLUM	1997	OP	20.00	20.00
❏ BARBARA WITH MUFF	1997	RT	30.00	30.00
❏ BONNIE IN RIBBONS	1997	RT	21.00	21.00
❏ CAROLLING JANE WITH BOOK	1997	RT	22.00	22.00
❏ CELESTE THE GARDEN ANGEL	1997	RT	45.00	45.00
❏ CHARLOTTE WITH HAT & CAPE	1997	OP	22.00	22.00
❏ GEORGE WITH BOX	1997	OP	22.00	22.00
❏ JENNY LIND	1997	RT	28.00	28.00
❏ JONATHAN WITH HORN	1997	RT	22.00	22.00
❏ KATHRYN WITH CAPE	1997	RT	22.00	22.00
❏ LILAC FAIRY	1997	RT	22.00	22.00
❏ LILY FAIRY	1997	RT	22.00	22.00
❏ MARISSA IN MAUVE	1997	OP	20.00	20.00
❏ MELISSA IN LACE	1997	RT	21.00	21.00
❏ REBECCA BURGUNDY SKATER	1997	OP	32.00	32.00
❏ ROSE FAIRY	1997	RT	22.00	22.00
❏ SANDRA WITH BOX	1997	OP	22.00	22.00
ROYAL HERITAGE COLLECTION				**J. MOSTROM**
❏ ANASTASIA J5746	1993	3000	125.00	125.00
❏ EDMUND	*	RT	32.00	32.00
❏ GOOD KING WENCESLAS W2928	1993	2000	130.00	130.00
❏ MEDIEVAL KING OF CHRISTMAS W2081	1993	RT	390.00	400.00
❏ NICHOLAS ON SKATES J5750	1994	3000	120.00	120.00
❏ PAULINE	*	RT	32.00	32.00
❏ SASHA ON SKATES J5749	1994	3000	130.00	130.00
SMALL WONDERS				**J. MOSTROM**
❏ AMERICA-HOLLIE BLUE W3162	1995	OP	30.00	30.00
❏ AMERICA-TEXAS TYLER W3162	1995	OP	30.00	30.00
❏ IRELAND-CATHLEEN W3082	1995	RT	28.00	28.00
❏ IRELAND-MICHAEL W3082	1995	RT	28.00	28.00

DOLLS

DOLLS

NAME	YEAR	LIMIT	ISSUE	TREND
❑ KWANZA-MUFARO W3161	1995	RT	28.00	28.00
❑ KWANZA-SHANI W3161	1995	RT	28.00	28.00
WHEN I GROW UP				**J. MOSTROM**
❑ DR. BROWN W3079	1995	RT	27.00	27.00
❑ FREDDY THE FIREMAN W3163	1995	OP	28.00	28.00
❑ MELISSA THE TEACHER W3081	1995	RT	28.00	28.00
❑ NURSE NANCY W3079	1995	RT	27.00	27.00
❑ SCOTT THE GOLFER W3080	1995	OP	28.00	28.00

L.L. KNICKERBOCKER CO. INC.

NAME	YEAR	LIMIT	ISSUE	TREND
				M. COSTA
❑ DIANA/BLOWING DANDELIONS C11246	1992	1500	117.00	117.00
				A. JACKSON
❑ ALYSSA/GIRL ON SWING C1974	1993	2500	158.00	158.00
				M. OSMOND
❑ MARIE OSMOND DOLL CARE KIT	1997	OP	45.00	45.00
ANGEL				**J. ANTONELLI**
❑ ANGELA	1997	20000	39.00	39.00
ANGEL				**L. DE MENT**
❑ FAITH	1997	YR	119.00	119.00
ANGEL				**B. KING**
❑ ANGEL HEART	1997	20000	59.00	59.00
❑ BAMBINA	1997	20000	29.00	29.00
ANNETTE FUNICELLO BEARS				*
❑ MARY LOU	1995	5000	26.00	26.00
❑ SILVER LINING	1995	5000	29.00	29.00
ANNETTE FUNICELLO BEARS				**L. APPLEBERRY**
❑ EMMY	1996	2500	50.00	50.00
❑ PEACH FUZZ	1996	2500	29.00	29.00
ANNETTE FUNICELLO BEARS				**C. BLACK**
❑ CHUBS	1996	1500	59.00	59.00
❑ GRAPE SUZETTE	1995	2500	35.00	35.00
❑ SHELLY	1996	2500	39.00	39.00
❑ STRAWBERRY JAM	1996	2500	39.00	39.00
❑ TIZZIE TEA CUP	1995	3000	45.00	45.00
ANNETTE FUNICELLO BEARS				**G. BUTTITTA**
❑ CELESTE	1995	YR	119.00	119.00
❑ MITZI	1996	500	49.00	49.00
❑ PRECIOUS & BAILEY	1996	2500	46.00	46.00
❑ VIRGINIA	1996	1500	49.00	49.00
ANNETTE FUNICELLO BEARS				**K. CLARKE**
❑ BAD HAIR BEAR	1996	3000	39.00	39.00
❑ DOLLY	1995	2500	49.00	49.00
❑ KAREN	1996	1500	46.00	47.00
❑ NIKKI	1996	2500	50.00	50.00
❑ RUDY	1995	3000	25.00	25.00
❑ SHARON	1995	2500	47.00	47.00
ANNETTE FUNICELLO BEARS				**L. DEMERIT**
❑ FAITH	1996	YR	119.00	119.00
ANNETTE FUNICELLO BEARS				**J. HAUGHEY**
❑ CHERYL ANN	1996	2500	59.00	59.00
❑ JILL ANGEL	1996	20000	20.00	20.00
ANNETTE FUNICELLO BEARS				**L. HENRY**
❑ CONTRARY MARY	1996	1500	49.00	49.00
ANNETTE FUNICELLO BEARS				**B. KING**
❑ ANGEL HEART	1996	2000	59.00	59.00
❑ BAMBINA	1996	20000	29.00	29.00
❑ CARMELLA	1995	2500	46.00	46.00
❑ GABRIELLE	1995	20000	39.00	39.00
❑ ROSIE	1995	5000	35.00	35.00
❑ 3RD ANNIVERSARY	1995	3000	44.00	44.00
❑ 4TH ANNIVERSARY	1996	400	44.00	44.00
ANNETTE FUNICELLO BEARS				**E. KISLINGBURY**
❑ SAILOR SAM	1996	1500	49.00	49.00
❑ WINDY	1996	2500	39.00	39.00
ANNETTE FUNICELLO BEARS				**C. ORLANDO**
❑ JOEY & JOANNE	1995	1500	50.00	50.00
ANNETTE FUNICELLO BEARS				**H. STODDARD**
❑ PEACHES & CREAM	1996	2500	59.00	59.00
ANNETTE FUNICELLO BEARS				**S. SWENSON**
❑ OZZIE	1996	2000	44.00	44.00
ANNIVERSARY				*
❑ JOY	1995	YR	40.00	40.00
❑ NUTMEG	1995	YR	60.00	60.00
❑ ROSIE	1995	YR	30.00	30.00
ANNIVERSARY				**K. CROOPER**
❑ 75TH ANNIVERSARY HOUSE	1997	TL	125.00	125.00
ANNIVERSARY				**J. HAUGHEY**
❑ SHAGGY	1997	TL	25.00	25.00
❑ SQUEAKY	1997	TL	30.00	30.00
ANNIVERSARY				**L. HENRY**
❑ CINNAMON	1997	TL	37.00	37.00
ANNIVERSARY				**B. KING**
❑ PIPPI	1997	TL	37.00	37.00

DOLLS

NAME	YEAR	LIMIT	ISSUE	TREND
ANNIVERSARY				**B. MCCONNELL**
❑ MERRY	1997	TL	50.00	50.00
ANNIVERSARY				**L. SPEIGAL**
❑ BLUE BEARY	1997	TL	50.00	50.00
BEACH PARTY				**C. ORLANDO**
❑ DEDE C15004	1994	10000	29.00	29.00
BEAN BAG				*
❑ HOLLYWOOD STAR C12880	1994	5000	30.00	30.00
BEAN BAG				**A. FUNICELLO**
❑ CLEMENTINE C4735	1993	2500	26.00	26.00
BEAN BAG				**E. KISLINGBURY**
❑ CHLOE	1997	5000	39.00	39.00
BEAR BUDDIES				**G. BUTTITTA**
❑ PRECIOUS & BAILEY	1997	2500	46.00	46.00
BEAR BUDDIES				**C. FIRMAGE**
❑ GINGER & SPICE	1997	3000	69.00	69.00
❑ MOMMY & ME	1997	3000	59.00	59.00
❑ OLIVIA & OLLIE	1997	3000	69.00	69.00
BEAR BUDDIES				**C. ORLANDO**
❑ PUPPY LUV C15006	1994	2500	46.00	47.00
BEARS ON PARADE				**J. HAUGHEY**
❑ AIR FORCE C8146	1994	2500	52.00	52.00
❑ ARMY C4756	1993	2500	48.00	48.00
❑ CLOWN #2 C9658	*	5000	80.00	80.00
❑ LITTLE MAJORETTE C9659	*	YR	40.00	40.00
❑ MARINE C11513	1992	604	48.00	48.00
❑ NAVY C11512	1992	604	48.00	48.00
❑ POM POM GIRL C9657	*	5000	60.00	60.00
BEARS ON PARADE				**B. MCCONNELL**
❑ APRIL C9661-765	*	YR	50.00	50.00
❑ AUGUST C9661-769	*	YR	50.00	50.00
❑ DECEMBER C9661-773	*	YR	50.00	50.00
❑ FEBRUARY C9661-763	*	YR	50.00	50.00
❑ JANUARY C9661-762	*	YR	50.00	50.00
❑ JULY C9661-768	*	YR	50.00	50.00
❑ JUNE C9661-767	*	YR	50.00	50.00
❑ LITTLE LADY/LILAC C9673	*	YR	80.00	80.00
❑ MARCH C9661-764	*	YR	50.00	50.00
❑ MAY C9661-766	*	YR	50.00	49.50
❑ NOVEMBER 00001 FTL	*	YR	50.00	50.00
❑ OCTOBER C9661-771	*	YR	50.00	50.00
❑ SEPTEMBER C9661-770	*	YR	50.00	50.00
BEAUTY BUG BALL				**L. HENRY**
❑ LADY BUG	1997	7500	90.00	90.00
❑ MADAME BUTTERFLY	1997	7500	90.00	90.00
❑ QUEEN BEE	1997	7500	90.00	90.00
❑ SIR STINK BUG	1997	7500	90.00	90.00
BEST FRIENDS				**M. NICOLE**
❑ ERIN/GIRL W/BUNNY C9635	1992	2500	178.00	179.00
❑ GEORGIA/GIRL W/KITTEN C9637	1992	2500	179.00	179.00
❑ HILLARY/GIRL W/DUCKS C9636	1992	2500	178.00	178.00
CHILDREN OF THE WORLD				**J. MOWRY**
❑ BONNIE JEAN C15218	1995	2500	124.00	124.00
❑ TOMIKA/ESKIMO C13710	1994	2500	198.00	200.00
CHRISTMAS				**J. ARNETT**
❑ FATHER CHRISTMAS '94 C13427	1994	1000	313.00	313.00
CHRISTMAS				**C. BELLSMITH**
❑ BRYANNA C14515	1994	7500	149.00	150.00
CHRISTMAS				**R. SCHMIDT**
❑ BRYANNA/GREEN VELVET C11240	1992	1000	183.00	183.00
CHRISTMAS				**C. SHAFER**
❑ SARAFINA SNOWFLAKE	1997	11000	178.00	178.00
CHRISTMAS				**D. STEWART**
❑ HOLLY/BEAN BAG/MUSIC C2086	1993	2500	114.00	114.00
CHRISTMAS				**B. STOEHR**
❑ MINI JINGLES & BELLE	1997	2500	69.00	69.00
CHRISTMAS				**C. WAUGH**
❑ KRIS-XMAS C8329	1994	2500	89.00	89.00
CIRCUS				**B. MCCONNELL**
❑ TRIXI-ELEPHANT C4755	1993	2500	70.00	70.00
CLASSICAL BEAUTIES				**V. DEFILIPPO**
❑ JULIA C11395	1993	2500	169.00	169.00
❑ NATALIE C14829	1995	2500	154.00	154.00
❑ PRISCILLIA/DRESSED IN PEACH C11385	1993	2500	147.00	147.00
CLASSICS				**P. PARKINS**
❑ ALESIA/BLACK BRIDE USA C11384	1993	250	590.00	590.00
CLASSICS				**C. ROBINSON**
❑ LAUREN C15216	1995	500	436.00	436.00
COFFEE CLUB				*
❑ HOLLYWOOD STAR C15002	1994	OP	22.00	22.00
COLLECTIBLES				**C. ROBINSON**
❑ MORGAN C15904	1995	1500	155.00	155.00
COLLECTIBLES				**D. STEWART**
❑ BUNNY LOVE 1995 C15893	1995	8000	41.00	41.00

NAME	YEAR	LIMIT	ISSUE	TREND
❑ BUNNY LOVE C10941	1994	2500	46.00	46.00
❑ BUNNY LOVE CHRISTMAS C14642	1994	2500	54.00	54.00
❑ SOME BUNNY LOVES YOU C15226	1995	2500	45.00	45.00
❑ TUSH/CRAWLING BABY C10944	1994	2500	77.00	77.00
COUNTRY				**G. LANGFORD**
❑ COWBOY GLEN C8147	1994	2500	127.00	127.00
COUNTRY GIRL				**M. NICOLE**
❑ SARAH/DRESSED IN BLUE C9639	1992	2500	159.00	159.00
❑ SARITA/DRESSED IN PURPLE C9638	1992	2500	159.00	159.00
CUTE & CUDDLY				**A. FUNICELLO**
❑ TAMMY C12199	1993	2000	40.00	40.00
CUTE & CUDDLY				**G. LANGFORD**
❑ NOELLE C8188	1994	2500	40.00	40.00
CUTE & CUDDLY				**C. WAUGH**
❑ KASEY C8150	1994	2500	69.00	69.00
DEAR TO MY HEART				**C. BELLSMITH**
❑ OZEANNA/GERMAN ORIGIN C10414	1992	2500	120.00	120.00
DEAR TO MY HEART				**M. NICOLE**
❑ BRETA/DRESSED IN PEACH C9633	1992	2500	115.00	115.00
❑ GERRI/DRESSED IN MINT GRN. C9634	1992	2500	115.00	115.00
❑ TAMMY/DRESSED IN MAUVE C9632	1992	2500	115.00	115.00
ELEGANCE				*
❑ JOHNNY C12882	1994	1500	108.00	109.00
ELEGANCE				**B. MCCONNELL**
❑ CYNTHIA C9686	*	2500	150.00	150.00
FAIRY TALE				**J. OPENSHAW**
❑ ALICE IN WONDERLAND C13706	1994	5000	150.00	150.00
FAIRY TALE				**B. STOEHR**
❑ SNOW WHITE C11397	1993	5000	178.00	178.00
FAMILY HELPERS				**B. MCCONNELL**
❑ JOSIE/MAMA IN KITCHEN C9687	*	2500	150.00	150.00
FASHION DESIGNER				**C. SHAFER**
❑ KATE	1997	500	249.00	249.00
FLAVORITE				**C. BLACK**
❑ STRAWBERRY JAM	1997	2500	39.00	39.00
FLAVORITE				**C. WAUGH**
❑ CAROL C12881	1994	1500	75.00	75.00
FOUR SEASONS				**V. DEFILIPPO**
❑ AMBER/FALL C11380	1993	2500	188.00	188.00
FOUR SEASONS				**B. MCCONNELL**
❑ DAISY C9694	*	2500	110.00	110.00
FOUR SEASONS				**C. ROBINSON**
❑ SUZANNE 13882	1994	1500	95.00	95.00
FOUR SEASONS SMALL WONDERS				**D. STEWART**
❑ SMALL WONDERS C12860	1994	4000	56.00	56.00
❑ WINTER WONDER C15224	1995	4000	61.00	61.00
GREETING CARDS				**B. FINLINSON**
❑ EASTER C15753	1995	YR	25.00	25.00
❑ VALENTINE C15225	1995	YR	25.00	25.00
GREETING CARDS				**D. STEWART**
❑ ALL OCCASION '94 C10943	1994	YR	25.00	25.00
❑ CHRISTMAS '93 C6483	1993	YR	25.00	25.00
❑ CHRISTMAS '94 C14645	1994	YR	28.00	29.00
❑ MOTHER'S DAY '93/DRESSED IN PINK C11945	1993	20000	25.00	25.00
❑ MOTHER'S DAY '95 C15754	1995	YR	25.00	25.00
❑ VALENTINE '94 C10942	1994	YR	25.00	25.00
GREETING CARDS				**M. YOKEE**
❑ LIANA C12862	1994	2500	150.00	150.00
HARLEQUIN				*
❑ HARLEY C12886	1994	1500	99.00	99.00
HARLEQUIN				**B. MCCONNELL**
❑ HARLEQUIN C9691	*	2500	140.00	140.00
❑ HARLEQUIN C9692	*	2500	100.00	100.00
HAT BOX				**STEWART/GRIFFITH**
❑ VIRGINIA MARIE/BRIDE C11902	1993	3000	135.00	135.00
HERMANN FACTORY				*
❑ FATHER C9683	*	1000	230.00	230.00
I CAN DREAM				**D. CRYSTAL**
❑ PLAYING MOMMY C13714	1994	YR	47.00	47.00
INJURED				**V. DEFILIPPO**
❑ CHELSEA/HURT LEG C11250	1992	5000	92.00	92.00
❑ DOTTIE/CHICKEN POX C11252	1992	5000	89.00	89.00
❑ MACIE/HOSPITAL GOWN C11381	1993	5000	88.00	88.00
❑ SAVANNAH/SNIFFLES C11907	1993	5000	93.00	96.00
INJURED				**M. NICOLE**
❑ MCKENSIE/WOUNDED FINGER C9631	1992	5000	88.00	88.00
JESSICA'S BEST FRIENDS				**B. STOEHR**
❑ ANGELICA XMAS C14644	1994	5000	228.00	228.00
❑ ANGELICA/LAVENDER DRESS C13201	1994	5000	200.00	200.00
LARGE TRUNK				**C. BELLSMITH**
❑ TRICIA/TRAVEL THEME C10405	1992	2500	277.00	277.00
LEGENDARY BEAUTIES				**B. MACKIE**
❑ AUTUMN	1996	10000	300.00	300.00
❑ SPRING	1995	10000	300.00	300.00

DOLLS

DOLLS

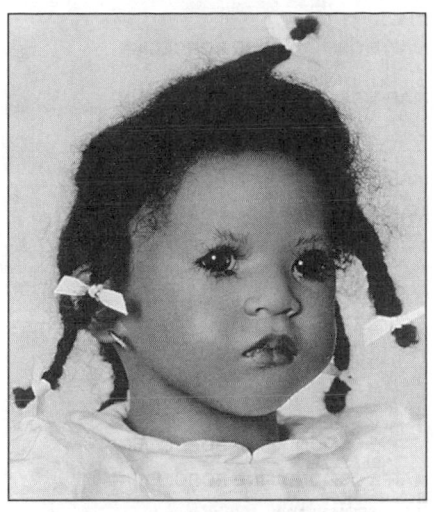

Doll artist Annette Himstedt's Sanga, with black braids and checked dress, was issued by Timeless Creations in 1991.

The Lawton Doll Co. issued three dolls in its Childhood Classics II collection in 1992. Dressed in tattered suit and carrying a Rowe Pottery bowl, this third edition Oliver Twist by Wendy Lawton was limited to 750.

Allison was the first limited edition doll in the Gorham Doll collection. Dated 1982 and numbered by hand in gold, the edition was limited to 1,000 dolls.

Bubbles, *from "The Littlest Clowns" series from Edwin M. Knowles, was designed by M. Tretter and introduced to collectors in 1991.*

NAME	YEAR	LIMIT	ISSUE	TREND
MARIE OSMOND FINE PORCELAIN				*
❏ CHILD'S SONG	1995	1995	25.00	25.00
❏ COLLECTOR CARD	1995	10000	12.00	12.00
MARIE OSMOND FINE PORCELAIN				**C. BELLSMITH**
❏ BEAUTY AND THE BEAST	1996	1996	49.00	49.00
❏ GOLDILOCKS	1995	1994	48.00	48.00
❏ PRINCESS AND THE PEA	1995	1995	50.00	50.00
❏ THUMBELINA	1996	1995	49.00	48.00
MARIE OSMOND FINE PORCELAIN				**D. CRYSTAL**
❏ PLAYING DOCTOR	1996	1996	*	N/A
MARIE OSMOND FINE PORCELAIN				**V. DEFILLPPO**
❏ NATALIE	1995	2500	154.00	154.00
MARIE OSMOND FINE PORCELAIN				**B. FILINSON**
❏ AMANDA	1996	3000	45.00	45.00
❏ AMY KATHLYN	1996	5000	213.00	213.00
❏ BIRTHDAY	1995	1995	25.00	25.00
❏ BRUHILDA	1996	5000	45.00	45.00
❏ CONNIE	1995	3000	44.00	44.00
❏ EASTER	1995	1995	25.00	25.00
❏ HANNAH	1996	300	55.00	55.00
❏ KAREN	1996	2500	*	N/A
❏ LYDIA	1996	3000	*	N/A
❏ VALENTINE	1996	1996	25.00	25.00
❏ VALENTINE '95	1995	1995	25.00	25.00
MARIE OSMOND FINE PORCELAIN				**L. HATCH**
❏ CINDERELLA	1996	5000	15.00	N/A
MARIE OSMOND FINE PORCELAIN				**L. HENRY**
❏ ALEXANDRA	1996	1500	168.00	168.00
❏ BLOSSOM BUNNY	1995	5000	118.00	118.00
❏ FUZZY BABY & HARIET	1996	5000	*	N/A
❏ JULIENNE RABBIT	1996	5000	124.00	124.00
❏ KELLY	1995	5000	79.00	79.00
❏ KRISTI	1995	5000	117.00	117.00
❏ QUEEN BEE	1996	7500	91.00	91.00
❏ SANTA BUNNY	1995	5000	156.00	156.00
❏ TATIANA	1996	1500	*	N/A
MARIE OSMOND FINE PORCELAIN				**J. MOWRY**
❏ BONNIE JEAN	1995	2500	124.00	124.00
❏ RAPUNZEL	1996	5000	170.00	170.00
❏ SPRING	1995	5000	219.00	219.00
❏ SUNFLOWER	1996	3000	39.00	39.00
❏ USHA	1995	2500	142.00	142.00
MARIE OSMOND FINE PORCELAIN				**M. OSMOND**
❏ DAISY	1996	7500	249.00	249.00
❏ DARLA	1996	30	140.00	140.00
❏ DENISE	1996	1996	*	N/A
❏ GEORGETTE	1996	2500	170.00	170.00
❏ I LOVE YOU BEARY MUCH	1996	20000	193.00	193.00
❏ MARTA	1996	5000	98.00	98.00
❏ MOTHER'S DAY GREETING CARD	1996	50000	*	N/A
❏ NIKKI	1996	3000	42.00	42.00
❏ OLIVE MAY	1995	20000	180.00	180.00
❏ STORYBOOK CASSETTE	1995	1995	17.00	17.00
❏ WENDY	1996	3000	*	N/A
MARIE OSMOND FINE PORCELAIN				**C. ROBINSON**
❏ AUDREY	1996	500	496.00	496.00
❏ BABY RENEE	1996	5000	200.00	200.00
❏ GRANDMA KIT	1995	500	456.00	456.00
❏ LAUREN	1995	500	436.00	436.00
❏ MISTY ROSE	1996	5000	46.00	46.00
❏ MORGAN	1995	1500	155.00	155.00
❏ MORGAN 1996	1996	1500	156.00	156.00
❏ ROSA LEIGH	1996	1500	155.00	155.00
❏ SOPHIA	1995	2500	140.00	140.00
MARIE OSMOND FINE PORCELAIN				**SCHMIDT/BELLSMITH**
❏ BRYANNA '95	1995	3500	179.00	179.00
MARIE OSMOND FINE PORCELAIN				**C. SHAFER**
❏ CISSY	1996	2500	136.00	136.00
❏ FAITH	1996	2500	150.00	150.00
❏ SHELBY	1996	5000	*	N/A
MARIE OSMOND FINE PORCELAIN				**SHAFER/TURNER**
❏ GENNE	1995	2500	342.00	342.00
MARIE OSMOND FINE PORCELAIN				**D. STEWART**
❏ BUNNY LOVE '95	1995	8000	11.00	11.00
❏ BUNNY LOVE CHERUB	1996	5000	45.00	45.00
❏ CHRISTMAS '95	1995	1995	225.00	25.00
❏ FALLIN LEAVER	1995	4000	58.00	58.00
❏ FIRST KISS	1995	2500	137.00	137.00
❏ MILLY	1995	3000	55.00	55.00
❏ MOTHER'S DAY '95	1995	1995	25.00	25.00
❏ POINSETTIA	1995	3000	41.00	41.00
❏ SOME BUNNY LOVES U	1995	2500	45.00	45.00
❏ SUMMERY DAYS	1995	4000	63.00	63.00
❏ TEA CUP TREASURES	1996	3000	60.00	60.00
❏ WINTER WONDER	1995	4000	61.00	61.00
MARIE OSMOND FINE PORCELAIN				**B. STOEHR**
❏ ANGELICA'S	1996	5000	180.00	180.00
❏ ASHLEY	1995	5000	196.00	196.00
❏ BABY BEVERLY	1995	5000	178.00	178.00

DOLLS

NAME	YEAR	LIMIT	ISSUE	TREND
❑ BABY MARIE	1996	5000	*	N/A
❑ BABY MARIE - VINYL	1996	2500	198.00	198.00
❑ HANSEL & GRETYL	1996	5000	206.00	206.00
❑ JINGLES & BELLE	1995	15000	93.00	93.00
❑ MINDY	1996	2000	234.00	234.00
❑ MIRACLE ROSIE & RAGS	1996	15000	121.00	121.00
❑ MOLLY	1995	5000	134.00	135.00
❑ POLLY PUMPKIN	1995	3000	47.00	47.00
❑ STEPHEN	1996	5000	235.00	235.00
❑ STITCHIN STACY	1996	5000	113.00	113.00
❑ TREE TOP ANGEL	1995	2500	186.00	186.00
❑ WATCH CASE DOLL	1995	1995	67.00	67.00
MARIE OSMOND FINE PORCELAIN				**M. YOKEE**
❑ CHRISSY	1996	5000	175.00	175.00
❑ KIM	1996	5000	163.00	163.00
MIRACLE CHILDREN				**C. BELLSMITH**
❑ BECKY/DADDY'S GIRL/BASEBALL C12857	1994	YR	76.00	76.00
❑ CAITLIN & BENTLY/GIRL W/DOG C12856	1994	YR	79.00	79.00
❑ FAITH/FLYING A KITE C1988	1993	YR	77.00	77.00
❑ FRENDA/NEEDLEPOINT C10409	1992	YR	92.00	92.00
❑ GINA/HALLOWEEN CAT C10411	1992	YR	88.00	88.00
MIRACLE CHILDREN				**D. BLACKALL**
❑ AARON/GROOM C11364	1993	YR	76.00	76.00
MIRACLE CHILDREN				**S. BLACKALL**
❑ CODY/PLAYING PIRATE C11379	1993	YR	80.00	80.00
❑ MARILYN/PLAYING DRESS-UP C11251	1992	YR	84.00	84.00
MIRACLE CHILDREN				**L. HATCH**
❑ CARRIE	1997	5000	79.00	79.00
MIRACLE CHILDREN				**L. HENRY**
❑ CELESTE/DRESSED LIKE AN ANGEL C14641	1994	YR	82.00	82.00
MIRACLE CHILDREN				**HENRY/FINLINSON**
❑ TRACI/DEAF-SIGNING C13113	1994	20000	82.00	82.00
MIRACLE CHILDREN				**M. NICOLE**
❑ BETTY/BAKING A CAKE C10413	1992	YR	70.00	70.00
❑ COURTNIE/CLOWN BABY C9627	1992	YR	70.00	70.00
❑ DANIELLE/LITTLE BALLERINA C9626	1992	YR	70.00	70.00
❑ LINDA/NO WINDOWS C10412	1992	YR	74.00	74.00
❑ PIERRE/LITTLE PICASSO C9629	1992	YR	70.00	70.00
❑ SHANNON/LITTLE NURSE C9628	1992	YR	70.00	70.00
❑ SHAWN/BORN TO SHOP C9630	1992	YR	70.00	70.00
MIRACLE CHILDREN				**M. OSMOND**
❑ BUBBLES	1997	500	75.00	75.00
❑ FAITH	1997	2500	149.00	149.00
MIRACLE CHILDREN				**D. STEWART**
❑ ANNIE/GIRL ON BIKE C11911	1993	YR	75.00	75.00
❑ FLORA/WEDDING THEME C11910	1993	YR	80.00	80.00
❑ MEKEL/PICNIC W/TEDDY C11909	1993	YR	85.00	85.00
❑ MOTHER'S DAY '94 C12863	1994	YR	25.00	25.00
❑ TINA/GIRL PLAYING C13711	1994	YR	116.00	116.50
MIRACLE CHILDREN				**B. STOEHR**
❑ DOTTIE ANNE	1997	5000	79.00	79.00
MOTHER CHILD				**D. STEWART**
❑ VIRGINIA & JORDAN C13735	1994	3000	179.00	179.00
MUSICAL				**S. & R. FOSKEY**
❑ JOLLY C12883	1994	2500	54.00	54.00
MUSICAL				**M. NICOLE**
❑ EMILY/MUSICAL SEWING C9640	1992	2500	110.00	110.00
NEW GENERATION				*
❑ ANGELIQUE	1996	5000	69.00	69.00
❑ CHRISTOPHER COLUMBUS	1997	5000	30.00	30.00
❑ NICK	1996	2500	75.00	75.00
NEW GENERATION				**J. ANTONELLI**
❑ ROSALEE	1997	2500	69.00	69.00
NEW GENERATION				**L. APPLEBEARY**
❑ ANGELIQUE	1997	5000	69.00	69.00
❑ BEA	1997	2500	49.00	49.00
NEW GENERATION				**K. CLARKE**
❑ JOY	1997	5000	40.00	40.00
NEW GENERATION				**L. DE MENT**
❑ BAMBOO	1997	2500	59.00	59.00
❑ COTTONTAIL CLAIRE	1997	2500	49.00	49.00
❑ PRUDENCE	1997	3000	46.00	46.00
NEW GENERATION				**J. HAUGHEY**
❑ PATCHES	1997	5000	89.00	89.00
❑ ROSIE	1997	5000	30.00	30.00
NEW GENERATION				**L. HENRY**
❑ EDGAR	1997	2500	49.00	49.00
❑ HONEY	1997	3500	69.00	69.00
❑ NUTMEG	1997	2500	60.00	60.00
NEW GENERATION				**E. KISLINGBURY**
❑ ALEXANDER	1997	5000	39.00	39.00
NEW GENERATION				**KNICKERBOCKER**
❑ GULLIVER	1997	5000	25.00	25.00
❑ NICK	1997	2500	75.00	75.00
NEW GENERATION				**C. ORLANDO**
❑ BUZZ	1997	2500	30.00	30.00

DOLLS

NAME	YEAR	LIMIT	ISSUE	TREND
NEW GENERATION				**L. SPEIGAL**
❑ MULLBEARY	1997	5000	46.00	46.00
NEW GENERATION				**H. STODDARD**
❑ GALA	1997	2500	52.00	52.00
NOSTALGIC				*
❑ THORNEY C12887	1994	2500	70.00	70.00
NOSTALGIC				**K. CLARKE**
❑ LITTLE JOE 13877	1994	3000	49.00	49.00
NOSTALGIC				**S. FOSKEY**
❑ BERNIE C9676	*	2500	60.00	60.00
❑ BROWNIE C9678	*	2500	130.00	130.00
❑ MOLLIE C9677	*	2500	70.00	70.00
NOSTALGIC				**A. FUNICELLO**
❑ DAPPER DAN C8194	1994	1500	72.00	72.00
NOSTALGIC				**J. HAUGHEY**
❑ HEINZ 13878	1994	2500	100.00	100.00
NOSTALGIC				**B. KING**
❑ HEATHER	1997	5000	69.00	69.00
PETITE AMOUR				**D. STEWART**
❑ ANITA C12858	1994	3000	41.00	41.00
❑ CHRISTMAS DARLINGS '94 C13428	1994	4000	152.00	152.00
❑ GOLDIE/GIRL W/BEAR C11905	1993	3000	49.00	49.00
PETITE AMOUR				**B. STOEHR**
❑ GRETL C13200	1994	3000	51.00	51.00
PICTURE DAY				**C. BELLSMITH**
❑ CAMILLE/DRESSED IN PINK C10406	1993	2500	216.00	216.00
❑ CAROLINE/DRESSED IN RED VELVET C10407	1993	2500	220.00	220.00
PICTURE DAY				**L. HENRY**
❑ LITTLE RED RIDING HOOD C12861	1994	5000	200.00	200.00
POP UP BOOKS				*
❑ CHRISTOPHER COLUMBUS	1996	5000	30.00	30.00
RAGGEDY ANN & ANDY				*
❑ RAGGEDY ANN & ANDY 12 IN. PORCELAIN	1996	2500	80.00	80.00
❑ RAGGEDY ANN & ANDY 6 IN. RAG	1996	2500	30.00	30.00
RUSSIAN				**C. WAUGH**
❑ ARTYOM/BABY C9681	*	5000	40.00	40.00
❑ DMITRI C8281	1994	2500	44.00	44.00
❑ MIKHAIL/BROTHER C9679	*	5000	70.00	70.00
❑ POLINA/SISTER C9680	*	5000	70.00	70.00
SCRAPBOOK				**J. MITCHELL**
❑ BALLERINA C9695	*	2500	145.00	145.00
❑ LET IN SNOW SNOWMAN C9698	*	5000	90.00	90.00
❑ LET IT SNOW ANNETTE C9697	*	5000	145.00	145.00
❑ MASQUERADE C9696	*	5000	145.00	145.00
❑ SADDLING UP C9700	*	5000	80.00	80.00
❑ WESTERN ROUND UP C9699	*	5000	145.00	145.00
SMALL TRUNK				**D. STEWART**
❑ VANESSA C11386	1993	2500	198.00	198.00
SOMEWHERE IN TIME				**M. COSTA**
❑ RAIMI	1997	2500	300.00	300.00
SOMEWHERE IN TIME				**L. HATCH**
❑ ELSIE	1997	2500	450.00	450.00
SOMEWHERE IN TIME				**J. HOLLENBRANDS**
❑ ELEANOR C14755	1994	2500	212.00	212.00
SPECIAL				*
❑ PEANUT BUTTER C15724	1994	800	70.00	70.00
SPECIAL				**K. CLARKE**
❑ MARION C15005	1994	1500	46.00	47.00
SPECIAL				**A. FUNICELLO**
❑ NO NO NANNETTE C4736	1993	2500	62.00	62.00
SPECIAL				**J. HAUGHEY**
❑ TAPESTRY BEAR PURSE 13881	1994	1500	57.00	57.00
SPECIAL				**B. KING**
❑ DEARDRA	1997	3000	52.00	52.00
❑ GUARDIAN ANGEL BEAR C14282	1994	10000	29.00	30.00
❑ I LOVE YOU 14143	1994	10000	40.00	40.00
SPECIAL				**B. MCCONNELL**
❑ ANETTE MOUSKEBEAR C9674	*	7500	80.00	80.00
❑ BOBBY MOUSKEBEAR C9675	*	7500	80.00	80.00
❑ HUGO W/JUNGLE BELLS C9690	*	2500	149.00	149.00
❑ NO NO NANETTE C4736	1994	2500	62.00	62.00
❑ SKIPPER C9689	*	2500	149.00	149.00
SPECIAL				**J. MITCHELL**
❑ MIKEY C8214	1994	1000	71.00	71.00
SPECIAL				**C. WAUGH**
❑ MEL C12885	1994	2500	67.00	67.00
STORY BOOK				**C. BELLSMITH**
❑ JULIETTE/MAGIC FERRIS WHEEL C10404	1993	2500	122.00	122.00
❑ LITTLE BO PEEP C13708	1994	YR	50.00	50.00
❑ LITTLE RED RIDING HOOD C13199	1994	YR	48.00	48.00
❑ SANTA CLAUS IS COMING TO TOWN	1997	5000	68.00	68.00
SUMMER				**H. STODDARD**
❑ PEACHES & CREAM	1997	2500	59.00	59.00

NAME	YEAR	LIMIT	ISSUE	TREND
SWEATER				*
❑ JOSHUA 13879	1994	2500	41.00	41.00
SWEATER				**A. FUNICELLO**
❑ GINNY C11515	1992	604	40.00	40.00
SWEATER				**S. HARRELL**
❑ MATTHEW	1997	2500	59.00	59.00
SWEATER				**G. LANGFORD**
❑ LITTLE NICK-XMAS C4728	1993	5000	55.00	55.00
SWEATER				**B. MCCONNELL**
❑ JESSICA C9685	1992	2500	40.00	40.00
❑ JESSICA/BABY C9685	*	2500	40.00	40.00
❑ UNCLE TEDDY C9684	*	2500	130.00	130.00
SWEET DREAMS				**D. STEWART**
❑ OLIVIA/BABY ON PILLOW C11904	1993	2500	93.00	93.00
❑ SWEET DREAMS BABY/ON MOON C12859	1994	2500	90.00	90.00
SWEET PRESERVES				**G. LANGFORD**
❑ SWEET GINA C8324	1994	2500	138.00	139.00
SWEET PRESERVES				**B. MCCONNELL**
❑ FLORA C9693	*	2500	120.00	120.00
TEDDY BEAR PICNIC/HERMANN FACTORY				*
❑ MUSICAL C9682	*	1000	300.00	299.50
TODDLER				**V. DEFILIPPO**
❑ JESSICA/1ST BIRTHDAY C10415	1992	2500	249.00	249.00
❑ JESSICA/CHRISTMAS C6508	1993	5000	249.00	500.00
❑ RACHAEL/MARIE'S DAUGHTER C11254	1992	2500	219.00	219.00
TODDLER				**J. HOLLEBRANDS**
❑ DEBBIE/DONNY'S DAUGHTER C11244	1993	2500	262.00	262.00
TODDLER				**M. OSMOND**
❑ DAISY	1997	7500	249.00	249.00
❑ PEEK-A-BOO	1997	5000	299.00	299.00
TODDLER				**B. STOEHR**
❑ ASHLEY C15217	1995	2500	196.00	196.00
❑ BABY MARIE VINYL	1997	2500	198.00	198.00
❑ SUNSHINE & HAPPINESS	1997	7500	159.00	159.00
T-SHIRT				*
❑ AF T-SHIRT A22433	1994	*	22.00	22.00
TWINS				**A. JACKSON**
❑ NATHAN/BOY IN AQUA C11382	1993	2000	104.00	104.00
❑ NICOLE/GIRL IN AQUA C11383	1993	2000	137.00	137.00
TWINS				**M. NICOLE**
❑ ANDY & SON/COUNTRY C9641	1992	2500	190.00	190.00
TWINS				**D. STEWART**
❑ JENNY & JASON/CABBAGE PATCH C11430	1993	5000	172.00	172.50
TWINS				**B. STOEHR**
❑ MOPSY C13202	1994	5000	104.00	104.00
❑ RAGS C13202	1994	5000	104.00	104.00
VALENTINE				**C. WAUGH**
❑ CANDI C11511	1992	604	75.00	75.00
VARSITY				**B. MCCONNELL**
❑ SWEATER GIRL C9688	*	2500	79.00	79.00
VELVETEEN RABBIT				**L. HENRY**
❑ BLOSSOM BUNNY C15739	1995	5000	118.00	118.00
❑ HARELOOM BUNNY C10940	1994	5000	126.00	124.00
❑ HEAVENLY HARE	1997	5000	160.00	160.00
❑ ROBBIE RABBIT C11363	1993	5000	150.00	150.00
❑ ROSEMARIE RABBIT/BRIDE W/MASK C13198	1994	20000	150.00	150.00
❑ VELVET/WHITE PLUSH FUR C11245	1992	5000	122.00	122.00
VICTORIAN				**G. BUTTITTA**
❑ VIRGINIA	1997	1500	49.00	49.00
VICTORIAN				**L. DE MENT**
❑ MISS KITTY	1997	5000	69.00	69.00

LADIE & FRIENDS

NAME	YEAR	LIMIT	ISSUE	TREND
CHRISTMAS CONCERT				**B. & P. WISBER**
❑ CLAIRE VALENTINE 1262	1990	OP	56.00	70.00
❑ JAMES VALENTINE 1310	1993	OP	60.00	70.00
❑ JUDITH HIGH 1292	1992	OP	70.00	90.00
❑ STEPHANIE BOWMAN 1309	1993	OP	74.00	85.00
CHRISTMAS PAGEANT				**B. & P. WISBER**
❑ CHRISTMAS WOOLY LAMB 1133	1985	CL	11.00	40.00
❑ EARTH ANGEL 1122	1985	CL	30.00	100.00
❑ JOSEPH & DONKEY 1119	1985	OP	30.00	40.00
❑ MARY & BABY JESUS 1118	1985	OP	30.00	40.00
❑ NOEL ANGEL 1ST EDITION 1126	1985	CL	30.00	100.00
❑ NOEL ANGEL 2ND EDITION 1126	1989	OP	48.00	52.00
❑ ON ANGEL 1121	1985	CL	30.00	100.00
❑ PEACE ANGEL 1ST EDITION 1120	1985	CL	30.00	100.00
❑ PEACE ANGEL 2ND EDITION 1120	1989	OP	48.00	52.00
❑ SHEPHERD 1193	1986	OP	32.00	40.00
❑ WISEMAN #1 1123	1985	CL	30.00	50.00
❑ WISEMAN #2 1124	1985	CL	30.00	50.00
❑ WISEMAN #3 1125	1985	CL	30.00	50.00
❑ WOODEN CRECHE 1132	1985	OP	28.00	33.00
GRUMMELS OF LOG HOLLOW				**B. & P. WISBER**
❑ AUNT GERTIE GRUMMEL 1171	1986	CL	34.00	110.00
❑ AUNT HILDA GRUMMEL 1174	1986	CL	34.00	110.00

DOLLS

DOLLS

NAME	YEAR	LIMIT	ISSUE	TREND
❑ AUNT POLLY GRUMMEL 1169	1986	CL	34.00	110.00
❑ COUSIN LOTTIE GRUMMEL 1170	1986	CL	36.00	110.00
❑ COUSIN MIRANDA GRUMMEL 1165	1986	CL	47.00	110.00
❑ GRANDMA GRUMMEL 1173	1986	CL	45.00	110.00
❑ GRANDPA GRUMMEL 1176	1986	CL	36.00	175.00
❑ MA GRUMMEL 1167	1986	CL	36.00	110.00
❑ PA GRUMMEL 1172	1986	CL	34.00	110.00
❑ S-GRUMMELS, THE- BOY/GIRL 1196	1986	CL	15.00	40.00
❑ SISTER NORA GRUMMEL 1177	1986	CL	34.00	110.00
❑ TEDDY BEAR BED 1168	1986	CL	15.00	110.00
❑ UNCLE HOLLIS GRUMMEL 1166	1986	CL	34.00	110.00
❑ WASHLINE 1175	1986	CL	15.00	110.00
LITTLE ONES				**B. & P. WISBER**
❑ AT THE BEACH	1992	RT	28.00	28.00
❑ BALLERINA 1321	1993	OP	40.00	42.00
❑ BASKETWEAVER 1363	1995	OP	48.00	49.00
❑ BATHING PUPPY	1994	RT	44.00	44.00
❑ BLACK BOY 1ST EDITION 1130	1985	CL	15.00	55.00
❑ BLACK BOY 2ND EDITION 1130I	1989	CL	20.00	25.00
❑ BLACK GIRL 1ST EDITION 1130	1985	CL	15.00	55.00
❑ BLACK GIRL ROLLERSKATING 1377	1996	CL	40.00	40.00
❑ BLACK GIRL/COUNTRY 2ND EDITION 1130G	1989	CL	20.00	25.00
❑ BLACK GIRL/PASTELS 2ND EDITION 1130E	1989	CL	20.00	25.00
❑ BOY BASEBALL	1996	OP	44.00	44.00
❑ BOY DYEING EGGS 1327	1994	OP	30.00	32.00
❑ BOY SITTING AT DESK 1449	1999	OP	45.00	45.00
❑ BOY W/EASTER FLOWERS 1306	1992	CL	30.00	32.00
❑ BOY W/PUMPKIN 1341	1994	OP	29.00	31.00
❑ BOY W/SLED 1289	1992	OP	30.00	30.00
❑ BOY WITH PUPPY 1451	1999	OP	35.00	35.00
❑ BRIDE 1374	1996	OP	42.00	42.00
❑ BUNNY 1297	1993	OP	36.00	38.00
❑ CLOWN 1290	1992	CL	32.00	32.00
❑ EASTER BOY	1993	RT	31.00	31.00
❑ EASTER GIRL	1993	RT	35.00	35.00
❑ GIRL BASEBALL	1996	OP	44.00	44.00
❑ GIRL DYEING EGGS 1326	1994	OP	30.00	32.00
❑ GIRL PICNICKING 1320	1993	OP	34.00	36.00
❑ GIRL READING 1286	1992	CL	36.00	39.00
❑ GIRL SITTING AT DESK 1448	1999	OP	45.00	45.00
❑ GIRL W/APPLES 1277	1992	OP	26.00	29.00
❑ GIRL W/BEACH BUCKET 1275	1992	CL	26.00	29.00
❑ GIRL W/BIRTHDAY GIFT 1279	1992	OP	26.00	29.00
❑ GIRL W/CHRISTMAS LIGHTS 1287	1992	CL	34.00	37.00
❑ GIRL W/EASTER EGGS 1276	1992	CL	26.00	29.00
❑ GIRL W/EASTER FLOWERS 1296	1992	CL	34.00	36.00
❑ GIRL W/KITTEN & MILK 1280	1992	CL	32.00	35.00
❑ GIRL W/KITTEN & YARN 1278	1992	CL	34.00	37.00
❑ GIRL W/LAUNDRY BASKET 1338	1994	OP	38.00	40.00
❑ GIRL W/MOP 1300	1993	CL	36.00	38.00
❑ GIRL W/PUPPY IN TUB 1339	1994	CL	43.00	45.00
❑ GIRL W/SNOWMAN 1288	1992	OP	36.00	39.00
❑ GIRL W/SPINNING WHEEL 1299	1993	CL	36.00	38.00
❑ GIRL W/VALENTINE 1291	1992	CL	30.00	33.00
❑ GIRL W/VIOLIN 1319	1993	OP	28.00	30.00
❑ GIRL W/WAGON 1340	1994	OP	42.00	44.00
❑ GIRL WITH PUPPY 1450	1999	OP	35.00	35.00
❑ GIRL WITH SUNFLOWER 1373	1996	OP	37.00	37.00
❑ GROOM 1375	1996	OP	24.00	24.00
❑ HOT SUMMER DAY	1996	*	53.00	53.00
❑ JUNE FETE BOY 1350	1995	CL	33.00	40.00
❑ JUNE FETE GIRL 1349	1995	CL	33.00	40.00
❑ LITTLE ONE (WHITE) 2ND EDITION 1130H	1989	CL	20.00	23.00
❑ LITTLE ONE (WHITE) COUNTRY COLOR 2ND EDITION 1130F	1989	CL	20.00	23.00
❑ LITTLE ONE 1ST EDITION 1130	1985	CL	15.00	55.00
❑ NURSE 1328	1994	OP	40.00	42.00
❑ SPRING CLEANING	1999	OP	38.00	38.00
❑ TEACHER 1329	1994	OP	38.00	40.00
❑ WHITE BOY 1ST EDITION 1130	1985	CL	15.00	55.00
❑ WHITE BOY 2ND EDITION 1130H	1989	CL	20.00	25.00
❑ WHITE GIRL 1ST EDITION 1130	1985	CL	15.00	55.00
❑ WHITE GIRL ROLLERSKATING 1376	1996	CL	40.00	40.00
❑ WHITE GIRL/COUNTRY 2ND EDITION 1130F	1989	CL	20.00	25.00
❑ WHITE GIRL/PASTELS 2ND EDITION 1130D	1989	CL	20.00	25.00
❑ 4TH OF JULY BOY 1307	1993	OP	28.00	30.00
❑ 4TH OF JULY GIRL 1298	1993	OP	30.00	32.00
LITTLE ONES AT CHRISTMAS				**B. & P. WISBER**
❑ BLACK BOY W/SANTA PHOTO 1273A	1991	CL	24.00	30.00
❑ BLACK GIRL W/BASKET OF GREENS 1263	1990	CL	22.00	27.00
❑ BLACK GIRL W/SANTA PHOTO 1272A	1991	CL	24.00	30.00
❑ BOY PEEKING 1314	1993	CL	22.00	24.00
❑ BOY PEEKING W/TREE 1313	1993	CL	60.00	70.00
❑ GIRL PEEKING 1316	1993	CL	22.00	32.00
❑ GIRL PEEKING W/TREE 1315	1993	CL	60.00	70.00
❑ GIRL W/BAKING TABLE 1317	1993	CL	38.00	40.00
❑ GIRL W/GREENS ON TABLE 1337	1994	CL	46.00	48.00
❑ GIRL W/NOTE FOR SANTA 1318	1993	CL	36.00	38.00
❑ WHITE BOY W/SANTA PHOTO 1273	1991	CL	24.00	30.00
❑ WHITE GIRL W/COOKIE 1264	1990	CL	22.00	27.00
❑ WHITE GIRL W/GIFT 1266	1990	CL	22.00	27.00
❑ WHITE GIRL W/SANTA PHOTO 1272	1991	CL	24.00	29.00
❑ WHITE GIRL W/TREE GARLAND 1265	1990	CL	22.00	27.00

DOLLS

NAME	YEAR	LIMIT	ISSUE	TREND
LITTLE ONES AT CHRISTMAS-NATIVITY				**B. & P. WISBER**
❏ CRECHE 1361	1995	OP	24.00	25.00
❏ DONKEY 1362	1995	OP	17.00	18.00
❏ LITTLE ANGEL 1359	1995	OP	36.00	37.00
❏ LITTLE JOSEPH 1358	1995	OP	31.00	32.00
❏ LITTLE MARY WITH BABY IN MANGER 1357	1995	OP	33.00	34.00
❏ LITTLE SHEPHERD WITH LAMB 1360	1995	OP	45.00	46.00
LIZZIE HIGH				**B. & P. WISBER**
❏ ABIGAIL BOWMAN 1199	1987	CL	40.00	90.00
❏ ADAM VALENTINE 1380	1996	RT	70.00	70.00
❏ ADDIE HIGH 1202	1987	CL	37.00	60.00
❏ ALBERT VALENTINE 1260	1990	CL	42.00	75.00
❏ ALICE VALENTINE 1148	1986	CL	32.00	100.00
❏ ALICE VALENTINE 2ND EDITION 1148	1995	CL	56.00	65.00
❏ ALLISON BOWMAN 1229	1988	CL	56.00	95.00
❏ AMANDA HIGH 1ST EDITION 1111	1985	CL	30.00	115.00
❏ AMANDA HIGH 2ND EDITION 1111	1990	CL	54.00	75.00
❏ AMELIA HIGH 1248	1989	OP	45.00	50.00
❏ AMY BOWMAN 1201	1987	CL	37.00	80.00
❏ ANDREW BROWN 1157	1986	CL	45.00	130.00
❏ ANNABELLE BOWMAN 1267	1991	CL	68.00	72.00
❏ ANNIE BOWMAN 1ST EDITION 1150	1986	CL	32.00	100.00
❏ ANNIE BOWMAN 2ND EDITION 1150	1993	CL	68.00	70.00
❏ ASHLEY BOWMAN 1304	1992	CL	48.00	50.00
❏ BARBARA HELEN 1274	1991	CL	58.00	70.00
❏ BENJAMIN BOWMAN 1129	1985	CL	30.00	100.00
❏ BENJAMIN BOWMAN/SANTA 1134	1985	CL	30.00	45.00
❏ BESS HIGH 1241	1988	CL	45.00	80.00
❏ BETH BOWMAN 2ND EDITION 1149A	1996	OP	28.00	29.00
❏ BETSY VALENTINE 1245	1988	CL	42.00	70.00
❏ BETTY ANN HIGH 1442	1999	OP	77.00	77.00
❏ BEVERLY ANN BOWMAN 1379	1996	RT	70.00	70.00
❏ BONNIE VALENTINE 1323	1994	OP	35.00	37.00
❏ BRIDGET BOWMAN 1222	1987	CL	40.00	100.00
❏ CAROL ANNE BOWMAN 1282	1992	CL	70.00	140.00
❏ CARRIE HIGH 1ST EDITION 1190	1986	CL	45.00	100.00
❏ CARRIE HIGH 2ND EDITION 1190	1989	CL	46.00	50.00
❏ CASSIE YOCUM 1ST EDITION 1179	1986	CL	36.00	160.00
❏ CASSIE YOCUM 2ND EDITION 1179	1992	CL	80.00	95.00
❏ CAT ON CHAIR 1217	1987	CL	16.00	40.00
❏ CECELIA BROWN (ALONE) 1366A	1996	CL	28.00	20.00
❏ CECELIA BROWN (W/MOTHER) 1366	1996	OL	101.00	101.00
❏ CHARLES BOWMAN 1ST EDITION 1221	1987	CL	34.00	100.00
❏ CHARLES BOWMAN 2ND EDITION 1221	1992	CL	46.00	60.00
❏ CHARLOTTE HIGH 1370	1996	OP	74.00	74.00
❏ CHRISTIAN BOWMAN 1110	1985	CL	30.00	100.00
❏ CHRISTINE BOWMAN 1332	1994	CL	62.00	65.00
❏ CHRISTMAS TREE W/CATS 1293A	1993	OP	42.00	44.00
❏ CHRISTOPHER HIGH 1182	1986	CL	34.00	90.00
❏ CORA HIGH 1115	1985	CL	30.00	110.00
❏ CYNTHIA HIGH 1127A	1991	CL	60.00	70.00
❏ DANIEL BROWN (ALONE) 1367A	1996	CL	28.00	28.00
❏ DANIEL BROWN (WITH MOTHER) 1367	1996	CL	101.00	101.00
❏ DAPHNE BOWMAN 1225	1988	CL	38.00	75.00
❏ DARLA HIGH 1304	1996	OP	60.00	60.00
❏ DARLENE BOWMAN 1368	1996	CL	78.00	78.00
❏ DAVID YOCUM 1195	1986	CL	33.00	75.00
❏ DELIA VALENTINE 1153	1986	CL	32.00	100.00
❏ DELIA VALENTINE 2ND EDITION 1153	1996	OP	66.00	66.00
❏ DEPARTMENT STORE SANTA, THE 1270	1991	CL	76.00	95.00
❏ DORA VALENTINE 1ST EDITION 1152	1986	CL	30.00	100.00
❏ DORA VALENTINE 2ND EDITION 1152	1992	CL	48.00	50.00
❏ EDWARD BOWMAN 1ST EDITION 1158	1986	CL	45.00	130.00
❏ EDWARD BOWMAN 2ND EDITION 1158	1994	CL	76.00	85.00
❏ EDWIN BOWMAN 1281	1992	CL	70.00	100.00
❏ EDWINA HIGH 1343	1995	OP	56.00	58.00
❏ ELIZABETH SWEETLAND 1ST EDITION 1109	1985	CL	30.00	110.00
❏ ELIZABETH SWEETLAND 2ND EDITION 1109	1991	CL	56.00	75.00
❏ ELSIE BOWMAN 1325	1994	OP	64.00	67.00
❏ EMILY BOWMAN 1ST EDITION 1185	1986	CL	34.00	110.00
❏ EMILY BOWMAN 2ND EDITION 1185	1990	CL	48.00	70.00
❏ EMMA HIGH 1103	1985	CL	30.00	100.00
❏ EMMY LOU VALENTINE 1251	1989	CL	45.00	70.00
❏ ESTHER DUNN 1ST EDITION 1127	1985	CL	45.00	130.00
❏ ESTHER DUNN 2ND EDITION 1127	1991	CL	60.00	85.00
❏ EUNICE HIGH 1240	1988	CL	56.00	110.00
❏ FLOSSIE HIGH 1ST EDITION 1128	1985	CL	45.00	130.00
❏ FLOSSIE HIGH 2ND EDITION 1128	1989	CL	54.00	65.00
❏ FLOWER GIRL, THE 1204	1987	CL	17.00	55.00
❏ FRANCIS BOWMAN 1305	1992	CL	48.00	55.00
❏ GILBERT HIGH 1335	1994	OP	65.00	68.00
❏ GRACE VALENTINE 1ST EDITION 1146	1986	CL	32.00	100.00
❏ GRACE VALENTINE 2ND EDITION 1146	1990	RT	48.00	48.00
❏ GRETCHEN HIGH 1216	1987	CL	40.00	90.00
❏ GWENDOLYN HIGH 1342	1994	RT	58.00	59.00
❏ HANNAH BROWN 1131	1985	CL	45.00	130.00
❏ HATTIE BOWMAN 1239	1988	CL	40.00	90.00
❏ IDA VALENTINE 1116	1985	CL	30.00	100.00
❏ IMOGENE BOWMAN 1206	1987	CL	37.00	80.00
❏ JACOB HIGH 1230	1988	CL	44.00	100.00
❏ JAMIE BOWMAN 1324	1994	OP	35.00	35.00

DOLLS

NAME	YEAR	LIMIT	ISSUE	TREND
❑ JANIE VALENTINE 1231	1988	CL	37.00	50.00
❑ JASON HIGH 1254A	1989	CL	20.00	40.00
❑ JASON HIGH W/MOTHER 1254	1989	CL	58.00	80.00
❑ JENNY VALENTINE 1181	1986	CL	34.00	110.00
❑ JEREMY BOWMAN 1192	1986	CL	36.00	80.00
❑ JESSICA HIGH 1253A	1989	CL	20.00	40.00
❑ JESSICA HIGH W/MOTHER 1253	1989	CL	58.00	80.00
❑ JILLIAN BOWMAN 1180	1986	CL	34.00	110.00
❑ JILLIAN BOWMAN 2ND EDITION 1180	1995	CL	90.00	100.00
❑ JOANIE VALENTINE 1295	1992	CL	48.00	55.00
❑ JOHANN BOWMAN 1250	1989	CL	40.00	40.00
❑ JOHANNA VALENTINE 1198	1987	CL	37.00	100.00
❑ JOSEPH VALENTINE 1283	1992	CL	62.00	70.00
❑ JOSHUA HIGH 1444	1999	OP	57.00	57.00
❑ JOSIE VALENTINE 1322	1994	CL	76.00	85.00
❑ JULIET VALENTINE 1ST EDITION 1147	1986	CL	32.00	100.00
❑ JULIET VALENTINE 2ND EDITION 1147	1990	CL	48.00	60.00
❑ JUSTINE VALENTINE 1302	1993	CL	84.00	87.00
❑ KARL VALENTINE 1ST EDITION 1161	1986	CL	30.00	100.00
❑ KARL VALENTINE 2ND EDITION 1161	1994	CL	54.00	57.00
❑ KATHRYN BOWMAN 1285	1992	CL	140.00	500.00
❑ KATIE AND BARNEY 1219	1987	CL	38.00	65.00
❑ KATIE BOWMAN 1178	1986	CL	36.00	100.00
❑ KATRINA VALENTINE 1135	1985	CL	30.00	130.00
❑ KIMBERLY VALENTINE 1443	1999	OP	57.00	57.00
❑ KINCH BOWMAN 1237	1988	CL	47.00	60.00
❑ LAURA VALENTINE 1223	1987	CL	36.00	90.00
❑ LEONA HIGH 1355	1995	CL	68.00	70.00
❑ LITTLE GHOSTS 1197	1986	OP	15.00	20.00
❑ LITTLE WITCH 1225	1987	CL	17.00	30.00
❑ LIZZIE HIGH 1100	1985	CL	30.00	110.00
❑ LIZZIE HIGH 2ND EDITION 1100	1996	OP	92.00	92.00
❑ LOTTIE BOWMAN 1395	1996	OP	97.00	97.00
❑ LOUELLA VALENTINE 1112	1985	CL	30.00	100.00
❑ LOUIS BOWMAN 1149B	1996	OP	28.00	29.00
❑ LUCY BOWMAN 1255	1989	CL	45.00	65.00
❑ LUTHER BOWMAN 1ST EDITION 1108	1985	CL	30.00	100.00
❑ LUTHER BOWMAN 2ND EDITION 1108	1993	OP	60.00	63.00
❑ LYDIA BOWMAN 1347	1995	CL	54.00	55.00
❑ MADALEINE VALENTINE 1ST EDITION 1187	1986	CL	34.00	90.00
❑ MADALEINE VALENTINE 2ND EDITION 1187	1989	CL	37.00	55.00
❑ MAGGIE HIGH 1160	1986	CL	30.00	100.00
❑ MAISIE BOWMAN 1392	1996	OP	58.00	58.00
❑ MARGARET BOWMAN 1213	1987	CL	35.00	65.00
❑ MARIE VALENTINE 1ST EDITION 1184	1986	CL	47.00	125.00
❑ MARIE VALENTINE 2ND EDITION 1184	1992	CL	68.00	90.00
❑ MARISA VALENTINE 1194A	1986	CL	33.00	70.00
❑ MARISA VALENTINE 1333	1994	OP	58.00	61.00
❑ MARISA VALENTINE W/BROTHER PETEY 1194	1986	CL	45.00	90.00
❑ MARLAND VALENTINE 1183	1986	CL	33.00	125.00
❑ MARLENE VALENTINE 1259	1990	CL	48.00	80.00
❑ MARTHA HIGH 1151	1986	CL	32.00	100.00
❑ MARTIN BOWMAN 1117	1985	CL	30.00	95.00
❑ MARY ELLEN VALENTINE 1236	1988	CL	40.00	50.00
❑ MARY VALENTINE 1105	1985	CL	30.00	100.00
❑ MATILDA HIGH 1393	1996	OP	60.00	60.00
❑ MATTHEW YOCUM 1186	1986	CL	33.00	100.00
❑ MATTIE DUNN 1344	1995	OP	56.00	58.00
❑ MEGAN VALENTINE 1227	1988	CL	44.00	95.00
❑ MELANIE BOWMAN 1ST EDITION 1220	1987	CL	36.00	130.00
❑ MELANIE BOWMAN 2ND EDITION 1220	1992	CL	46.00	55.00
❑ MELODY VALENTINE 1401	1996	OP	67.00	67.00
❑ MEREDITH HIGH	1996	RT	80.00	80.00
❑ MICHAEL BOWMAN 1268	1991	CL	52.00	60.00
❑ MINNIE VALENTINE 1336	1994	OP	64.00	67.00
❑ MIRIAM HIGH 1256	1989	CL	46.00	55.00
❑ MOLLY YOCUM 1ST EDITION 1189	1986	CL	34.00	100.00
❑ MOLLY YOCUM 2ND EDITION 1189	1989	CL	39.00	43.00
❑ MOMMY 1312	1993	CL	48.00	55.00
❑ MRS. CLAUS 1258	1989	CL	42.00	50.00
❑ NANCY BOWMAN 1261	1990	CL	48.00	60.00
❑ NAOMI VALENTINE 1200	1987	CL	40.00	90.00
❑ NATALIE VALENTINE 1284	1992	CL	62.00	80.00
❑ NATHAN BOWMAN 1354	1985	RT	70.00	72.00
❑ NETTIE BROWN 1ST EDITION 1102	1985	CL	30.00	100.00
❑ NETTIE BROWN 2ND EDITION 1102	1988	CL	36.00	80.00
❑ NETTIE BROWN/CHRISTMAS 1114	1985	CL	30.00	100.00
❑ NICHOLAS VALENTINE (ALONE) 1365A	1996	CL	28.00	28.00
❑ NICHOLAS VALENTINE (WITH MOTHER) 1365	1996	CL	101.00	101.00
❑ OLIVIA HIGH 1205	1987	CL	37.00	45.00
❑ PAIGE BOWMAN 1447	1999	OP	80.00	80.00
❑ PATSY BOWMAN 1214	1987	CL	50.00	105.00
❑ PATTI VALENTINE 1439	1999	OP	70.00	70.00
❑ PAULINE BOWMAN 1228	1988	CL	44.00	65.00
❑ PEARL BOWMAN 1303	1993	CL	56.00	60.00
❑ PEGGY BOWMAN 1252	1989	CL	58.00	90.00
❑ PENELOPE HIGH 1208	1987	CL	40.00	100.00
❑ PENNY VALENTINE 1308	1993	OP	60.00	63.00
❑ PETER VALENTINE 1113	1985	CL	30.00	90.00
❑ PETER VALENTINE 2ND EDITION 1113	1995	CL	55.00	57.00
❑ PHILLIP VALENTINE	1996	RT	80.00	90.00
❑ PHOEBE HIGH 1246	1988	CL	48.00	90.00

NAME	YEAR	LIMIT	ISSUE	TREND
❑ PRISCILLA HIGH 1226	1987	CL	56.00	125.00
❑ PRUDENCE VALENTINE 1331	1994	CL	180.00	180.00
❑ RACHEL BOWMAN 1ST EDITION 1188	1986	CL	34.00	100.00
❑ RACHEL BOWMAN 2ND EDITION 1188	1989	CL	34.00	50.00
❑ RAMONA BROWN 1215	1987	CL	40.00	70.00
❑ REBECCA BOWMAN 1ST EDITION 1104	1985	CL	30.00	100.00
❑ REBECCA BOWMAN 2ND EDITION 1104	1989	CL	56.00	70.00
❑ REBECCA'S MOTHER 1207	1987	CL	76.00	76.00
❑ REGINA BOWMAN 1353	1995	RT	70.00	72.00
❑ ROBERT BOWMAN 1348	1995	CL	64.00	66.00
❑ ROSIE VALENTINE 1446	1999	OP	59.00	59.00
❑ RUSSELL DUNN 1107	1985	CL	30.00	100.00
❑ RUTH ANNE BOWMAN 1232	1988	CL	44.00	90.00
❑ SABRINA VALENTINE 1ST EDITION 1101	1985	CL	30.00	100.00
❑ SABRINA VALENTINE 2ND EDITION 1101	1988	CL	40.00	70.00
❑ SADIE VALENTINE 1163	1986	CL	45.00	90.00
❑ SALLY BOWMAN 1155	1986	CL	32.00	110.00
❑ SALLY BOWMAN 2ND EDITION 1155	1996	OP	76.00	76.00
❑ SAMANTHA BOWMAN 1238	1988	CL	47.00	70.00
❑ SANTA CLAUS 1311	1993	CL	48.00	48.00
❑ SANTA CLAUS/SITTING 1224	1987	CL	50.00	100.00
❑ SANTA W/TUB 1257	1989	CL	58.00	70.00
❑ SANTA'S HELPER 1271	1991	CL	52.00	70.00
❑ SARA VALENTINE 1154	1986	CL	32.00	100.00
❑ SHANNON FITZPATRICK 1391	1996	OP	59.00	59.00
❑ SHIRLEY BOWMAN 1334	1994	OP	63.00	66.00
❑ SOPHIE VALENTINE (ALONE) 1164A	1996	CL	28.00	28.00
❑ SOPHIE VALENTINE (WITH MOTHER) 2ND EDITION 1164	1996	CL	101.00	101.00
❑ SOPHIE VALENTINE 1164	1986	CL	45.00	130.00
❑ ST. NICHOLAS 1356	1995	2 YR	98.00	101.00
❑ SUSANNA BOWMAN 1149	1986	CL	45.00	130.00
❑ SUSANNA BOWMAN 2ND EDITION 1149	1996	OP	50.00	50.00
❑ THOMAS BOWMAN 1159	1986	CL	30.00	100.00
❑ THOMAS BOWMAN 2ND EDITION 1159	1996	OP	60.00	60.00
❑ TILLIE BROWN 1156	1986	CL	32.00	100.00
❑ TIMOTHY BOWMAN 1294	1992	CL	56.00	60.00
❑ TRUDY VALENTINE 1269	1991	CL	64.00	75.00
❑ TUCKER BOWMAN 1369	1996	CL	78.00	78.00
❑ VANESSA HIGH 1247	1989	CL	45.00	50.00
❑ VICTORIA BOWMAN 1249	1989	CL	40.00	44.00
❑ WEDDING, THE BRIDE 1203	1987	CL	37.00	100.00
❑ WEDDING, THE GROOM 1203A	1987	CL	34.00	80.00
❑ WENDEL BOWMAN 1ST EDITION 1106	1985	CL	30.00	100.00
❑ WENDEL BOWMAN 2ND EDITION 1106	1992	CL	00.00	70.00
❑ WENDY BOWMAN 1293	1992	CL	78.00	82.00
❑ WILLIAM VALENTINE 1191	1986	CL	36.00	80.00
❑ WILLIE BOWMAN 1162	1986	CL	30.00	75.00

LIZZIE HIGH PUNKINS

B. & P. WISBER

NAME	YEAR	LIMIT	ISSUE	TREND
❑ ARIEL	1998	OP	48.00	48.00
❑ BONITA	1998	OP	50.00	50.00
❑ BROOKE	1998	OP	50.00	60.00
❑ CASEY	1998	OP	50.00	50.00
❑ GILDA	1998	OP	50.00	50.00
❑ HANNAH	1998	OP	50.00	50.00
❑ KILEY	1998	OP	50.00	50.00
❑ MAXINE	1998	OP	50.00	50.00

LIZZIE HIGH SOCIETY

B. & P. WISBER

NAME	YEAR	LIMIT	ISSUE	TREND
❑ AUDREY HIGH 1301	1993	CL	59.00	500.00
❑ BECKY HIGH 1330	1993	CL	96.00	450.00
❑ CHLOE VALENTINE	1994	CL	79.00	180.00
❑ DOTTIE BOWMAN	1996	CL	78.00	100.00
❑ ELLIE BOWMAN	1996	CL	62.00	90.00
❑ GLORIA VALENTINE	1999	YR	68.00	68.00

LIZZIE HIGH SPECIAL EVENT PIECE

B. & P. WISBER

NAME	YEAR	LIMIT	ISSUE	TREND
❑ LITTLE AMANDA HIGH	1996	YR	36.00	40.00
❑ SARA VALENTINE	1999	CL	37.00	37.00

PAWTUCKETS OF SWEET BRIAR LANE

B. & P. WISBER

NAME	YEAR	LIMIT	ISSUE	TREND
❑ AUNT LILLIAN PAWTUCKET 1ST EDITION 1141	1986	CL	32.00	115.00
❑ AUNT LILLIAN PAWTUCKET 2ND EDITION 1141	1994	CL	58.00	58.00
❑ AUNT MABEL PAWTUCKET 212	1987	CL	45.00	135.00
❑ AUNT MINNIE PAWTUCKET 1ST EDITION 1136	1986	CL	45.00	130.00
❑ AUNT MINNIE PAWTUCKET 2ND EDITION 1136	1993	CL	72.00	75.00
❑ BROTHER NOAH PAWTUCKET 1140	1986	CL	32.00	115.00
❑ BUNNIES FEMALE W/LAUNDRY 1211A,THE	1995	CL	33.00	34.00
❑ BUNNIES, THE/BOY 1ST ED. 1145	1986	CL	15.00	25.00
❑ BUNNIES, THE/BOY 2ND ED. 1145A	1994	CL	33.00	33.00
❑ BUNNIES, THE/GIRL 1ST ED. 1145	1986	CL	15.00	55.00
❑ BUNNIES, THE/GIRL 2ND ED. 1145	1994	CL	33.00	33.00
❑ BUNNY BED 1218	1987	CL	16.00	115.00
❑ COUSIN ALBERTA PAWTUCKET 1210	1987	CL	36.00	115.00
❑ COUSIN CLARA PAWTUCKET 1ST EDITION 1144	1986	CL	32.00	115.00
❑ COUSIN CLARA PAWTUCKET 2ND EDITION	1996	CL	84.00	110.00
❑ COUSIN ISABEL PAWTUCKET 1209	1987	CL	36.00	115.00
❑ COUSIN JED PAWTUCKET 1234	1988	CL	34.00	115.00
❑ COUSIN WINNIE PAWTUCKET 1233	1988	CL	49.00	115.00
❑ FLOSSIE PAWTUCKET 1136A	1993	CL	33.00	35.00
❑ GRAMMY PAWTUCKET 1ST EDITION 1137	1986	CL	32.00	115.00
❑ GRAMMY PAWTUCKET 2ND EDITION 1137	1994	CL	68.00	71.00
❑ LITTLE LIZZIE HIGH ANNIVERSARY SPECIAL EVENT	1995	CL	40.00	40.00
❑ LITTLE REBECCA BOWMAN 1996 SPECIAL EVENT 1372	1996	CL	37.00	37.00
❑ LIZZIE HIGH 10TH ANNIVERSARY SIGN. ED. 1100A	1995	CL	90.00	90.00
❑ MAMA PAWTUCKET 1ST EDITION 1142	1986	CL	34.00	115.00

DOLLS

DOLLS

NAME	YEAR	LIMIT	ISSUE	TREND
❑ MAMA PAWTUCKET 2ND EDITION 1142	1994	CL	86.00	89.00
❑ PAPPY PAWTUCKET 1143	1986	CL	32.00	115.00
❑ PAWTUCKET BUNNY HUTCH 1141A	1994	CL	38.00	40.00
❑ PAWTUCKET WASH LINE 1211B	1995	CL	20.00	21.00
❑ SISTER CLEMMIE PAWTUCKET 1ST EDITION 1211	1987	CL	34.00	115.00
❑ SISTER CLEMMIE PAWTUCKET 2ND EDITION 1211	1995	CL	60.00	62.00
❑ SISTER FLORA PAWTUCKET 1ST EDITION 1139	1986	CL	32.00	115.00
❑ SISTER FLORA PAWTUCKET 2ND EDITION 1139	1996	CL	64.00	64.00
❑ UNCLE HARLEY PAWTUCKET 1ST EDITION 1138	1986	CL	32.00	115.00
❑ UNCLE HARLEY PAWTUCKET 2ND EDITION 1138	1994	CL	74.00	77.00

THANKSGIVING PLAY
B. & P. WISBER

NAME	YEAR	LIMIT	ISSUE	TREND
❑ INDIAN SQUAW 1244	1988	CL	36.00	75.00
❑ PILGRIM BOY 1242	1988	CL	40.00	75.00
❑ PILGRIM GIRL 1243	1988	CL	48.00	75.00

LAWTON DOLL CO.
A CHILD'S GARDEN OF VERSES COLLECTION
W. LAWTON

NAME	YEAR	LIMIT	ISSUE	TREND
❑ MY SHIP AND I	1997	500	695.00	695.00
❑ PICTURE BOOKS IN WINTER	1997	500	695.00	695.00

CENTERPIECES
W. LAWTON

NAME	YEAR	LIMIT	ISSUE	TREND
❑ ALICE CENTERPIECE	1995	CL	*	N/A
❑ LITTLE COLONEL II	1993	CL	*	N/A
❑ LOTTA ON STAGE	1992	CL	*	N/A

CHERISHED CUSTOMS
W. LAWTON

NAME	YEAR	LIMIT	ISSUE	TREND
❑ BLESSING, THE/MEXICO	1990	CL	395.00	1100.00
❑ CARNIVAL/BRAZIL	1992	CL	425.00	425.00
❑ CRADLEBOARD/NAVAJO	1992	CL	425.00	425.00
❑ FROLIC/AMISH	1991	CL	395.00	395.00
❑ GIRL'S DAY/JAPAN	1990	CL	395.00	500.00
❑ HIGH TEA/GREAT BRITAIN	1990	CL	395.00	500.00
❑ KWANZAA/AFRICA	1994	CL	425.00	425.00
❑ MIDSOMMAR/SWEDEN	1990	CL	395.00	395.00
❑ NALAUQATAQ/ESKIMO	1993	CL	395.00	395.00
❑ NDEKO/ZAIRE	1991	CL	395.00	700.00
❑ PASCHA/UKRAINE	1992	CL	495.00	550.00
❑ PIPING THE HAGGIS	1995	CL	495.00	495.00
❑ TOPENG KLANA/JAVA	1993	CL	495.00	550.00

CHILDHOOD CLASSICS
W. LAWTON

NAME	YEAR	LIMIT	ISSUE	TREND
❑ ALICE IN WONDERLAND	1983	CL	225.00	2750.00
❑ ANNE OF GREEN GABLES	1986	CL	325.00	2250.00
❑ BOBBSEY TWINS, THE/FLOSSIE	1991	CL	365.00	725.00
❑ BOBBSEY TWINS, THE/FREDDIE	1991	CL	365.00	600.00
❑ HANS BRINKER	1985	CL	325.00	1700.00
❑ HEIDI	1984	CL	325.00	750.00
❑ HIAWATHA	1991	CL	395.00	450.00
❑ HONEY BUNCH	1989	CL	350.00	500.00
❑ JUST DAVID	1987	CL	325.00	900.00
❑ LAURA INGALLS	1986	CL	325.00	650.00
❑ LITTLE BLACK SAMBO	1991	CL	395.00	530.00
❑ LITTLE EVA	1988	CL	350.00	500.00
❑ LITTLE PRINCESS	1989	CL	395.00	800.00
❑ MARCELLA AND HER RAGGEDY FAMILY	1998	1000	795.00	795.00
❑ MARY FRANCES	1990	CL	350.00	370.00
❑ MARY LENNOX	1987	CL	325.00	500.00
❑ POLLY PEPPER	1987	CL	325.00	475.00
❑ POLLYANNA	1986	CL	325.00	1500.00
❑ POOR LITTLE MATCH GIRL	1990	CL	350.00	550.00
❑ REBECCA OF SUNNYBROOK FARM	1988	CL	350.00	600.00
❑ TOPSY	1988	CL	350.00	800.00

CHILDHOOD CLASSICS II
W. LAWTON

NAME	YEAR	LIMIT	ISSUE	TREND
❑ GIRL OF THE LIMBERLOST	1994	CL	425.00	425.00
❑ LITTLE LORD FAUNTLEROY	1995	CL	450.00	450.00
❑ LITTLE ORPHAN ANNIE	1997	500	450.00	450.00
❑ MARIGOLD GARDEN	1992	CL	450.00	450.00
❑ OLIVER TWIST	1992	CL	450.00	450.00
❑ PETER AND THE WOLF	1992	CL	495.00	525.00
❑ PHOEBE PREBLE AND HITTY	1996	CL	595.00	595.00
❑ TOM SAWYER	1993	CL	395.00	395.00
❑ VELVETEEN RABBIT, THE	1993	CL	395.00	395.00

CHILDREN'S HOUR
W. LAWTON

NAME	YEAR	LIMIT	ISSUE	TREND
❑ EDITH WITH GOLDEN HAIR	1991	CL	395.00	450.00
❑ GRAVE ALICE	1991	CL	395.00	450.00
❑ LAUGHING ALLEGRA	1991	CL	395.00	450.00

CHILDREN'S LITERATURE
W. LAWTON

NAME	YEAR	LIMIT	ISSUE	TREND
❑ FANTASTIC DRAWINGS OF DANIELLE	1998	750	750.00	750.00
❑ MIRETTE ON THE HIGH WIRE	1998	750	650.00	650.00

CHRISTMAS COLLECTION
W. LAWTON

NAME	YEAR	LIMIT	ISSUE	TREND
❑ VICTORIAN CHRISTMAS	1997	350	595.00	595.00
❑ YES, VIRGINIA	1998	350	450.00	450.00

CHRISTMAS DOLL
W. LAWTON

NAME	YEAR	LIMIT	ISSUE	TREND
❑ BIRDS' CHRISTMAS CAROL, THE	1996	CL	450.00	450.00
❑ CHRISTMAS ANGEL	1990	CL	325.00	440.00
❑ CHRISTMAS JOY	1988	CL	325.00	775.00
❑ NOEL	1989	CL	325.00	450.00
❑ YULETIDE CAROLE	1991	CL	395.00	440.00

CHRISTMAS LEGENDS
W. LAWTON

NAME	YEAR	LIMIT	ISSUE	TREND
❑ LEGEND OF THE POINSETTIA, THE	1992	CL	395.00	395.00
❑ LITTLE DRUMMER BOY, THE	1993	CL	595.00	595.00

NAME	YEAR	LIMIT	ISSUE	TREND
❏ NUTCRACKER, THE	1995	CL	595.00	615.00
❏ SANTA LUCIA	1994	CL	425.00	425.00
CLASSIC CHILDREN COLLECTION				**W. LAWTON**
❏ FLEURETTE 'F' FIFI	1998	350	595.00	595.00
❏ PRIM N PROPER	1997	350	595.00	595.00
CLASSIC LITERATURE				**W. LAWTON**
❏ SCARLET LETTER, THE	1996	CL	1495.00	1495.00
CLASSIC PLAYTHINGS				**W. LAWTON**
❏ BESSIE AND HER BYE LO BABY	1995	CL	595.00	650.00
❏ GLYNNIS AND HER GOOGLIE	1997	750	595.00	595.00
❏ GRACIE AND HER GOLLIWOGG	1997	750	595.00	595.00
❏ KATHERINE AND HER KATHE KRUSE DOLL	1996	CL	795.00	795.00
❏ KATIE AND HER KEWPIE	1994	CL	595.00	595.00
❏ PATRICIA AND HER PATSY	1993	CL	595.00	600.00
❏ PETRA AND PINOCCHIO	1998	750	595.00	595.00
CLASSIC PLAYTHINGS II				**W. LAWTON**
❏ HENRIETTE AND HER HILDA	1996	CL	1395.00	1395.00
COLLECTORS GUILD				**W. LAWTON**
❏ BABY BOUTIQUE BLUE	1998	YR	495.00	495.00
❏ BABY BOUTIQUE PINK	1998	YR	495.00	495.00
CONNOISSEUR COLLECTION				**W. LAWTON**
❏ MERRY WIDOW IN THREE ACTS	1998	150	1995.00	1995.00
EARLY AMERICAN PORTRAIT				**W. LAWTON**
❏ ABIGAIL AND JANE AUGUSTA	1994	CL	995.00	1500.00
❏ CARRIE AND SOPHIA GRACE	1995	CL	1250.00	1250.00
FABRIC OF AMERICA				**W. LAWTON**
❏ BOBBIN LACE	1997	350	895.00	895.00
❏ ZUDIE'S COVERLET	1996	CL	895.00	895.00
FOLKTALES AND FAIRY STORIES				**W. LAWTON**
❏ GOLDILOCKS AND BABY BEAR	1993	CL	595.00	640.00
❏ LITTLE EMPEROR'S NIGHTINGALE, THE	1992	CL	425.00	500.00
❏ LITTLE GRETEL	1994	CL	395.00	400.00
❏ LITTLE RED RIDING HOOD	1992	CL	450.00	600.00
❏ RAPUNZEL	1995	CL	450.00	475.00
❏ SNOW WHITE	1993	CL	395.00	395.00
❏ SWAN PRINCESS	1992	CL	495.00	495.00
❏ WILLIAM TELL, THE YOUNGER	1992	CL	395.00	395.00
FUN WITH DICK AND JANE				**W. LAWTON**
❏ DICK	1996	CL	495.00	495.00
❏ JANE	1996	CL	495.00	495.00
GENTLE PURSUITS				**W. LAWTON**
❏ EMILY AND HER DIARY	1994	CL	795.00	795.00
❏ EUGENIA'S LITERARY SALON	1995	CL	795.00	795.00
GRAND TOUR				**W. LAWTON**
❏ AFRICAN SAFARI	1995	CL	995.00	1000.00
❏ SPRINGTIME IN PARIS	1994	CL	895.00	1250.00
GUILD DOLLS				**W. LAWTON**
❏ BAA BAA BLACK SHEEP	1989	CL	395.00	750.00
❏ LAVENDER BLUE	1990	CL	395.00	425.00
❏ LAWTON LOGO DOLL	1993	CL	350.00	525.00
❏ LAWTON TRAVEL DOLL, THE	1997	CL	695.00	695.00
❏ LITTLE BOY BLUE	1992	CL	395.00	425.00
❏ TEDDY AND ME	1996	CL	450.00	450.00
❏ TO MARKET, TO MARKET	1991	CL	495.00	500.00
❏ UNIQUELY YOURS	1995	CL	395.00	500.00
❏ WEE HANDFUL	1994	CL	250.00	325.00
LANGUAGE OF FLOWERS				**W. LAWTON**
❏ DAISY	1998	350	395.00	395.00
❏ VIOLET	1998	350	395.00	395.00
LITTLE LUXURIES				**W. LAWTON**
❏ BLACK CAT LANTERN	1997	*	30.00	30.00
❏ CHECKERS SET	1997	*	70.00	70.00
❏ FATHER CHRISTMAS TREE AND VICTORIAN ORNAMENTS	1997	*	110.00	110.00
❏ JACK O'LANTERN	1997	*	30.00	30.00
❏ PHOTOGRAPH ALBUM	1997	*	65.00	65.00
❏ SEWING BOX	1997	*	100.00	100.00
❏ STEREOSCOPE	1997	*	125.00	125.00
❏ TATTING BOX	1997	*	100.00	100.00
❏ TINY BYE LO BABY	1997	*	225.00	225.00
❏ TINY HILDA	1997	*	295.00	295.00
❏ WALNUT LAP DESK	1997	*	110.00	110.00
LITTLE WOMEN				**W. LAWTON**
❏ AMY	1988	CL	395.00	395.00
❏ BETH	1988	CL	395.00	395.00
❏ JO	1988	CL	395.00	395.00
❏ MEG	1988	CL	395.00	395.00
MEMORIES & MELODIES				**W. LAWTON**
❏ APPLE BLOSSOM TIME	1993	CL	295.00	325.00
❏ EASTER PARADE	1995	CL	295.00	295.00
❏ IN THE GOOD OL' SUMMERTIME	1993	CL	295.00	295.00
❏ LET ME CALL YOU SWEETHEART	1994	CL	295.00	295.00
❏ LYDA ROSE	1993	CL	295.00	295.00
❏ SCARLET RIBBONS	1993	CL	295.00	320.00
MERELY ME COLLECTION				**W. LAWTON**
❏ JUST JENNY	1997	250	495.00	495.00

DOLLS

DOLLS

NAME	YEAR	LIMIT	ISSUE	TREND
❏ SIMPLY SARAH	1997	250	495.00	495.00
NEWCOMER COLLECTION				**W. LAWTON**
❏ ELLIN ELIZABETH, EYES CLOSED	1987	CL	325.00	1000.00
❏ ELLIN ELIZABETH, EYES OPEN	1987	CL	335.00	1200.00
ONE-OF-A-KIND				**W. LAWTON**
❏ AMELIA	1989	CL	1400.00	1100.00
❏ CURLY LOCKS, CURLY LOCKS	1993	CL	5700.00	5700.00
❏ ERRANDS FOR GRANDMOTHER	1995	CL	4600.00	4600.00
❏ FELICITY MINDS THE QUINTS	1991	CL	*	N/A
❏ GOLDILOCKS AND BABY BEAR	1990	CL	*	N/A
❏ JACK AND THE BEANSTALK	1993	CL	2500.00	2500.00
❏ LITTLE MISS MUFFET	1992	CL	3900.00	3900.00
❏ SARA CREWE ARRIVES AT MISS MINCHIN'S	1994	CL	11000.00	11000.00
PLAYTHINGS PAST				**W. LAWTON**
❏ EDWARD AND DOBBIN	1989	CL	395.00	500.00
❏ ELIZABETH AND BABY	1989	CL	395.00	500.00
❏ VICTORIA AND TEDDY	1989	CL	395.00	400.00
POETRY COLLECTION				**W. LAWTON**
❏ AT AUNTY'S HOUSE	1994	CL	795.00	800.00
❏ LUCY GRAY	1995	CL	795.00	800.00
ROYALTY COLLECTION				**W. LAWTON**
❏ GRAND DUCHESS ANASTASIA NICHOLAIEVNA	1998	250	795.00	795.00
SEASONS				**W. LAWTON**
❏ AMBER AUTUMN	1988	CL	325.00	500.00
❏ CRYSTAL WINTER	1990	CL	325.00	325.00
❏ SPRING BLOSSOM	1991	CL	325.00	375.00
❏ SUMMER ROSE	1989	CL	325.00	400.00
SMALL WONDERS				**W. LAWTON**
❏ JAFRY	1993	CL	150.00	150.00
❏ JAMILLA	1993	CL	150.00	150.00
❏ MEGHAN	1993	CL	150.00	150.00
❏ MICHAEL	1993	CL	150.00	150.00
SPECIAL EDITION				**W. LAWTON**
❏ FLORA MCFLIMSEY	1993	CL	895.00	1200.00
❏ MARCELLA AND RAGGEDY ANN	1988	CL	395.00	1025.00
❏ MARY CHILTON	1994	CL	395.00	750.00
❏ THROUGH THE LOOKING GLASS	1995	CL	495.00	1500.00
SPECIAL OCCASION				**W. LAWTON**
❏ FIRST DAY OF SCHOOL	1989	CL	325.00	550.00
❏ NANTHY	1988	CL	325.00	550.00
❏ 1ST BIRTHDAY	1990	CL	295.00	375.00
STORE EXCLUSIVE				**W. LAWTON**
❏ BRITA/TEA PARTY	1993	CL	395.00	395.00
❏ CHRISTOPHER ROBIN & WINNIE THE POOH	1995	CL	495.00	495.00
❏ GARDEN SONG MARTA	1990	CL	395.00	395.00
❏ GOOFY LITTLE KID	1993	CL	395.00	395.00
❏ JOSEPHINE	1995	CL	*	N/A
❏ KAREN	1992	CL	395.00	395.00
❏ KELLYN	1993	CL	395.00	395.00
❏ KITTY	1994	CL	425.00	425.00
❏ LIBERTY SQUARE	1990	CL	350.00	350.00
❏ LITTLE COLONEL	1990	CL	395.00	395.00
❏ MAIN STREET, USA	1989	CL	350.00	450.00
❏ MELISSA AND HER MICKEY	1994	CL	495.00	495.00
❏ MORGAN	1994	CL	425.00	475.00
❏ TISH	1991	CL	395.00	600.00
SUGAR 'N' SPICE				**W. LAWTON**
❏ GINGER	1987	CL	275.00	330.00
❏ JASON	1986	CL	250.00	1200.00
❏ JESSICA	1986	CL	250.00	1200.00
❏ KERSTEN	1986	CL	250.00	650.00
❏ KIMBERLY	1986	CL	250.00	725.00
❏ MARIE	1987	CL	275.00	475.00
TIMELESS BALLADS				**W. LAWTON**
❏ ANNABEL LEE	1987	CL	495.00	650.00
❏ HIGHLAND MARY	1987	CL	495.00	750.00
❏ SHE WALKS IN BEAUTY	1988	CL	550.00	700.00
❏ YOUNG CHARLOTTE	1987	CL	495.00	950.00
TREASURED TALES				**W. LAWTON**
❏ DREAMER, THE	1994	CL	395.00	395.00
TRIBUTE TO JUNE AMOS GRAMMER				**W. LAWTON**
❏ JUNE AMOS AND MARY ANNE	1996	CL	1395.00	1395.00
❏ JUNE AMOS AND MARY ANNE (AUTOGRAPHED BK. ED.)	1996	CL	1495.00	1495.00
WEE BITS				**W. LAWTON**
❏ WEE BIT O' BLISS	1989	CL	295.00	360.00
❏ WEE BIT O' HEAVEN	1988	CL	295.00	475.00
❏ WEE BIT O' SUNSHINE	1988	CL	295.00	475.00
❏ WEE BIT O' WOE	1988	CL	295.00	475.00
❏ WEE BIT O' WONDER	1989	CL	295.00	375.00

LENOX CHINA/CRYSTAL COLLECTION

BOLSHOI NUTCRACKER DOLLS				*
❏ CLARA	1991	OP	195.00	195.00
BONNET BABY DOLLS				*
❏ EASTER BONNET	1992	OP	95.00	95.00

NAME	YEAR	LIMIT	ISSUE	TREND
CHILDREN OF THE WORLD				*
❏ AMMA/AFRICAN GIRL	1991	OP	119.00	119.00
❏ GRETCHEN/GERMAN DOLL	1992	OP	119.00	120.00
❏ HANNAH/THE LITTLE DUTCH MAIDEN	1989	OP	119.00	119.00
❏ HEATHER/LITTLE HIGHLANDER	1990	OP	119.00	119.00
❏ SAKURA/JAPANESE GIRL	1991	OP	119.00	119.00
❏ SCOTTISH/ LASS	1990	OP	119.00	119.00
CHILDREN WITH TOYS DOLLS				*
❏ TEA FOR TEDDY	1991	OP	136.00	136.00
CHINA DOLLS - CLOTH BODIES				**J. GRAMMER**
❏ AMY, 14 IN.	1985	CL	250.00	700.00
❏ ANNABELLE, 14 IN.	1985	CL	250.00	700.00
❏ ELIZABETH, 14 IN.	1985	CL	250.00	700.00
❏ JENNIFER, 14 IN.	1985	CL	250.00	700.00
❏ MIRANDA, 14 IN	1985	CL	250.00	700.00
❏ SARAH, 14 IN.	1985	CL	250.00	700.00
COUNTRY DECOR DOLLS				*
❏ MOLLY	1991	OP	150.00	150.00
ELLIS ISLAND DOLLS				**P. THOMPSON**
❏ ANGELINA	1992	CL	150.00	150.00
❏ ANNA	1992	CL	152.00	152.00
❏ CATHERINE	1992	CL	152.00	152.00
❏ MEGAN	1991	CL	150.00	150.00
❏ STEFAN	1991	CL	150.00	150.00
FIRST COLLECTOR DOLL				*
❏ LAUREN	1992	OP	152.00	152.00
INSPIRATIONAL DOLL				*
❏ BLESSED ARE THE PEACEMAKERS	1992	OP	119.00	120.00
INTERNATIONAL BABY DOLL				**J. GRAMMER**
❏ NATALIA/RUSSIAN BABY	1992	OP	119.00	120.00
LENOX CHINA DOLLS				**J. GRAMMER**
❏ ABIGAIL, 20 IN.	1984	CL	425.00	2000.00
❏ AMANDA, 16 IN.	1984	CL	385.00	1700.00
❏ JESSICA, 20 IN.	1984	CL	450.00	1900.00
❏ MAGGIE, 16 IN.	1984	CL	375.00	1700.00
❏ MARYANNE, 20 IN.	1984	CL	425.00	2000.00
❏ MELISSA, 16 IN.	1984	CL	450.00	3100.00
❏ REBECCA, 16 IN.	1984	CL	375.00	1700.00
❏ SAMANTHA, 16 IN.	1984	CL	500.00	2800.00
LENOX VICTORIAN DOLLS				*
❏ CHRISTMAS DOLL, ELIZABETH	1990	OP	100.00	155.00
❏ LADY AT GALA	1992	OP	295.00	300.00
❏ VICTORIAN BRIDE, THE	1989	OP	295.00	295.00
❏ VICTORIAN CHRISTENING DOLL	1991	OP	295.00	295.00
LITTLE WOMEN				*
❏ AMY, THE INSPIRING ARTIST	1992	OP	152.00	152.00
MUSICAL BABY DOLLS				*
❏ PATRICK'S LULLABYE	1991	OP	95.00	95.00
NUTCRACKER DOLL				*
❏ NUTCRACKER	1993	OP	195.00	200.00
❏ SUGARPLUM	1992	OP	195.00	200.00
PRIMA BALLERINA COLLECTION				*
❏ ODETTE/QUEEN OF THE SWANS	1992	CL	195.00	200.00
❏ SLEEPING BEAUTY	1993	OP	195.00	195.00
SIBLING DOLLS				**A. LESTER**
❏ SKATING LESSON	1991	OP	195.00	195.00

LINDA LEE SUTTON ORIGINALS

NAME	YEAR	LIMIT	ISSUE	TREND
				L.L. SUTTON
❏ ALL-SMILES	1990	40	595.00	595.00
❏ AT THE BALL GAME	1988	75	365.00	365.00
❏ BIRD WATCHER TWINS	1998	7 SETS	995.00	995.00
❏ BONNIE BONNET CHRISTENING BABY	1998	10	695.00	695.00
❏ BREEZIE	1998	20	895.00	895.00
❏ BRITTANY	1995	20	625.00	625.00
❏ CHELSEA CHERUB & HER HEAVENLY WARDROBE	1995	25	895.00	895.00
❏ CHEN LING & PANDORA	1997	20	498.00	498.00
❏ CINDERELLA CINDERS	1991	20	650.00	650.00
❏ CINDERELLA'S BALL GOWN	1991	20	825.00	825.00
❏ CINDERELLA'S WEDDING	1991	20	850.00	850.00
❏ CORKY OF COON HOLLOW	1992	50	595.00	595.00
❏ CREEK MARY	1994	20	1195.00	1195.00
❏ CRICKET	1998	15	595.00	595.00
❏ CRYSTAL	1987	5	235.00	235.00
❏ DIANNA ROSE	1999	10	650.00	650.00
❏ ELIZABETH	1989	100	595.00	800.00
❏ EMILY ON THE OREGON TRAIL & THE BLUE BUCKET LEGEND	1999	20	650.00	650.00
❏ FALL BROOKE	1994	5	1550.00	1600.00
❏ GARDEN BALLET BLUE BELL	1994	5	475.00	475.00
❏ GARDEN BALLET ROSE	1994	5	475.00	475.00
❏ GARDEN BALLEY LILLY	1994	5	475.00	475.00
❏ GOLDILOCKS LET'S DANCE BABY BEAR	1997	25	550.00	550.00
❏ GOOSE GIRL	1996	10	595.00	595.00
❏ HANSEL & GRETEL	1998	10 SETS	995.00	995.00
❏ HANSEL & GRETEL'S PAINTED CHALET	1998	10	195.00	195.00
❏ HEATHER	1992	10	285.00	285.00
❏ HEATHER "N" HARE	1995	20	625.00	625.00
❏ IVIES ENGLISH GARDEN	1997	1	1950.00	1950.00
❏ IWA (EE-VAH)	1996	20	495.00	495.00

DOLLS

NAME	YEAR	LIMIT	ISSUE	TREND
☐ JESSICA FAITH AWAKE	1987	75	495.00	495.00
☐ JESSICA FAITH NAPTIME	1987	50	495.00	495.00
☐ JOLLY JINGLES SANTA	1999	15	725.00	725.00
☐ KAIV & POLAR FRIEND	1997	10	650.00	650.00
☐ KIBIBI	1999	5	995.00	995.00
☐ KOKO ON ICE	1998	10	550.00	550.00
☐ KOKO'S PAINTED IGLOO	1998	10	195.00	195.00
☐ LACIE MARIE	1993	25	650.00	650.00
☐ LADIES IN WHITE (3)	1996	5 SETS	3250.00	3250.00
☐ LINDA LEE JUST ME AND MY BEAR	1989	125	495.00	495.00
☐ LITTLE CATTAIL	1999	20	625.00	625.00
☐ LITTLE DAVID	1986	2	395.00	395.00
☐ LITTLE GOLFER	1998	10	575.00	575.00
☐ LITTLE NUBBINS	1986	99	350.00	350.00
☐ LITTLE RED ROSE IN CRADLE BOARD	1991	20	1200.00	1200.00
☐ LITTLE RED ROSE TODDLER	1995	20	495.00	495.00
☐ LOIS MARIE	1993	15	795.00	795.00
☐ MARY CHRISTMAS	1987	75	725.00	725.00
☐ MISS SADIE	1993	30	1195.00	1195.00
☐ MOTHER MAY I	1996	5	495.00	495.00
☐ PAIGE	1995	10	625.00	625.00
☐ PEEK-A-BOO	1999	20	825.00	825.00
☐ POMP IN CRADLE BOARD	1991	20	1200.00	1200.00
☐ PUPPY LUV	1992	25	675.00	675.00
☐ RAINBOW'S PROMISE	1996	20	895.00	895.00
☐ ROSE-A-LEE	1990	35	625.00	800.00
☐ SANTA BY THE SEA	1999	10	895.00	895.00
☐ SARA JILL	1999	10	750.00	750.00
☐ SODA POP WITH LOVE	1996	20	895.00	895.00
☐ SOENG MIN & HER WARDROBE	1995	25	889.00	889.00
☐ SOPHIE	1994	50	695.00	715.00
☐ SPRING BROOKE	1994	5	1550.00	1600.00
☐ SUMMER BROOKE	1994	5	1550.00	1600.00
☐ TEDDIE & TEDDIE FRIEND	1997	15	498.00	498.00
☐ THE TWINS, ERNIE & EXIE	1988	40 SETS	980.00	980.00
☐ THOMAS FIRST HAIRCUT	1988	125	595.00	800.00
☐ TOMORROW'S WASH DAY	1997	20	650.00	650.00
☐ TRAVEL ANGEL	1999	OP	175.00	175.00
☐ TUESDAY	1997	10	625.00	625.00
☐ WINTER BROOKE	1994	20	1550.00	1575.00

MATTEL

35TH ANNIVERSARY BARBIE DOLL

				*
☐ BLONDE BARBIE	1994	RT	40.00	45.00
☐ BRUNETTE BARBIE	1994	RT	40.00	80.00
☐ GIFT PACK BARBIE	1994	RT	80.00	150.00

BARBIE DOLL

				*
☐ BIRTHDAY SURPRISE BARBIE	1991	*	*	39.00
☐ GAY PARISIENNE BARBIE	1991	RT	*	225.00
☐ HAPPY BIRTHDAY BARBIE	1990	*	*	39.00

BOB MACKIE BARBIE DOLL — B. MACKIE

☐ EMPRESS BRIDE BARBIE 4247	1992	RT	232.00	1200.00
☐ GOLD BARBIE 5405	1990	RT	144.00	800.00
☐ MASQUERADE	1993	RT	175.00	400.00
☐ NEPTUNE FANTASY BARBIE 4248	1992	RT	160.00	1200.00
☐ PLATINUM BARBIE 2703	1991	RT	153.00	700.00
☐ QUEEN OF HEARTS	1994	RT	175.00	235.00
☐ SILKEN FLAMES BARBIE	1992	RT	*	200.00
☐ STARLIGHT SPLENDOR BARBIE 2704	1991	RT	135.00	700.00

GOLDEN JUBILEE — C. SPENCER

☐ GOLDEN JUBILEE	1994	RT	325.00	1200.00

HOLIDAY BARBIES

				*
☐ HOLIDAY BARBIE	1988	RT	25.00	800.00
☐ HOLIDAY BARBIE	1989	RT	35.00	300.00
☐ HOLIDAY BARBIE	1990	RT	*	200.00
☐ HOLIDAY BARBIE	1991	RT	*	200.00
☐ HOLIDAY BARBIE	1992	RT	*	165.00
☐ HOLIDAY BARBIE	1993	RT	*	140.00
☐ HOLIDAY BARBIE	1994	RT	45.00	125.00
☐ HOLIDAY BARBIE	1995	RT	45.00	65.00
☐ HOLIDAY BARBIE	1996	RT	45.00	45.00
☐ HOLIDAY BARBIE	1997	RT	*	10.00
☐ HOLIDAY BARBIE	1998	RT	*	35.00

NOSTALGIC PORCELAIN BARBIE DOLLS

				*
☐ SOLO IN THE SPOTLIGHT 7613	1990	RT	198.00	225.00
☐ SOPHISTICATED LADY 5313	1990	RT	198.00	225.00
☐ WEDDING DAY BARBIE 2641	1989	RT	198.00	600.00

WINTER PRINCESS COLLECTION

				*
☐ EVERGREEN PRINCESS	1994	RT	60.00	150.00
☐ EVERGREEN PRINCESS (RED HAIR)	1994	RT	60.00	400.00
☐ PEPPERMINT PRINCESS	1995	RT	60.00	85.00
☐ WINTER PRINCESS	1993	RT	60.00	400.00

MIDDLETON DOLL CO.

BIRTHDAY BABIES — L. MIDDLETON

☐ FALL	1992	RT	170.00	170.00
☐ SPRING	1992	3000	170.00	170.00
☐ SUMMER	1992	RT	160.00	160.00
☐ WINTER	1992	RT	180.00	180.00

CHRISTMAS ANGEL COLLECTION — L. MIDDLETON

☐ CHRISTMAS ANGEL 1987	1987	RT	130.00	600.00

NAME	YEAR	LIMIT	ISSUE	TREND
❏ CHRISTMAS ANGEL 1988	1988	RT	130.00	300.00
❏ CHRISTMAS ANGEL 1989	1989	RT	150.00	220.00
❏ CHRISTMAS ANGEL 1990	1990	RT	150.00	200.00
❏ CHRISTMAS ANGEL 1991	1991	RT	180.00	220.00
❏ CHRISTMAS ANGEL 1992	1992	5000	190.00	190.00
❏ CHRISTMAS ANGEL 1993/GIRL	1993	4000	190.00	190.00
❏ CHRISTMAS ANGEL 1993/SET	1993	RT	390.00	500.00
❏ CHRISTMAS ANGEL 1994	1994	5000	190.00	190.00
❏ CHRISTMAS ANGEL 1995 (WHITE OR BLACK)	1995	CL	190.00	225.00
❏ CHRISTMAS ANGEL 1996	1996	2000	250.00	325.00
CLUB				**L. MIDDLETON**
❏ BYE BABY BLESSED HOMECOMING	1998	RT	175.00	225.00
❏ BYE BABY TO GRANDMOTHER'S HOUSE WE GO	1998	RT	175.00	175.00
CLUB				**R. SCHICK**
❏ LOVE & PRAYERS	1999	RT	190.00	190.00
FIFTIES SERIES				**L. MIDDLETON**
❏ ANGEL KISSES EARTH ANGEL	1996	CL	130.00	150.00
❏ ANGEL KISSES SPLISH SPLASH	1996	CL	130.00	140.00
❏ LITTLE ANGEL LEADER OF THE PACK	1996	CL	130.00	140.00
❏ POLLY ESTHER CAR HOP	1996	CL	130.00	130.00
❏ POLLY ESTHER PEGGY SUE	1996	CL	130.00	130.00
FIRST COLLECTIBLES				**L. MIDDLETON**
❏ DAY DREAMER (AWAKE)	1990	RT	42.00	60.00
❏ DAY DREAMER SUNSHINE	1991	RT	49.00	49.00
❏ SWEETEST LITTLE DREAMER (ASLEEP)	1990	RT	40.00	60.00
❏ TEENIE	1991	RT	59.00	59.00
FIRST MOMENTS SERIES				**L. MIDDLETON**
❏ FIRST MOMENTS (BLUE EYES)	1986	RT	120.00	150.00
❏ FIRST MOMENTS (BROWN EYES)	1986	RT	120.00	150.00
❏ FIRST MOMENTS (SLEEPING)	1984	RT	69.00	300.00
❏ FIRST MOMENTS (TWIN BOY)	1990	RT	180.00	180.00
❏ FIRST MOMENTS (TWIN GIRL)	1990	RT	180.00	180.00
❏ FIRST MOMENTS AWAKE (BLUE)	1992	RT	170.00	235.00
❏ FIRST MOMENTS AWAKE (PINK)	1992	RT	170.00	170.00
❏ FIRST MOMENTS BOY	1987	RT	130.00	160.00
❏ FIRST MOMENTS CHRISTENING (ASLEEP)	1987	RT	160.00	245.00
❏ FIRST MOMENTS CHRISTENING (AWAKE)	1987	RT	160.00	150.00
❏ FIRST MOMENTS HEIRLOOM	1993	CL	190.00	190.00
❏ FIRST MOMENTS SWEETNESS	1990	CL	180.00	180.00
❏ SWEETNESS (NEWBORN)	1994	RT	190.00	190.00
J.C. PENNEY EXCLUSIVE				**R. SCHICK**
❏ RUDOLPH MY OWN DADY	1999	OP	120.00	120.00
KEWPIE SERIES				**R. O'NEILL**
❏ ALMOST ANGELIC	1997	RT	52.00	52.00
❏ BREEZY	1997	RT	52.00	52.00
❏ BUDDY	1997	RT	52.00	52.00
❏ ROSEBUD	1997	OP	52.00	52.00
LIMITED EDITION PORCELAIN				*
❏ GO BYE BYE W/TOY CAR	1999	2500	200.00	200.00
❏ HAVING FUN	1999	2500	220.00	220.00
❏ JUST PRECIOUS	1999	2500	180.00	180.00
❏ LITTLE DREAMER	1999	2500	180.00	180.00
❏ LITTLE LAMB W/TOY LAMB	1999	2500	200.00	200.00
LIMITED EDITION PORCELAIN				**L. MIDDLETON**
❏ ALL DRESSED UP	1999	2500	220.00	220.00
❏ BABY GRACE	1990	RT	500.00	700.00
❏ BLOSSOM	1994	CL	500.00	850.00
❏ BRIDE, THE	1994	200	1390.00	2000.00
❏ CHERISH, FIRST EDITION	1988	RT	350.00	575.00
❏ DEAR ONE	1986	CL	450.00	450.00
❏ DEVAN	1989	RT	500.00	650.00
❏ DEVAN II	1988	100	500.00	550.00
❏ ELISE- 1860S CIVIL WAR	1995	CL	1790.00	1790.00
❏ JOHANNA	1991	RT	500.00	500.00
❏ MOLLY ROSE	1991	RT	500.00	850.00
❏ MY BELOVED	1999	2500	180.00	180.00
❏ MY LEE	1989	RT	500.00	675.00
❏ MY LEE II	1988	100	500.00	500.00
❏ SINCERITY, FIRST EDITION	1988	RT	330.00	550.00
❏ TENDERNESS BABY CLOWN	1995	CL	590.00	650.00
❏ TENDERNESS PETITE PIERROT	1994	CL	500.00	500.00
LIMITED EDITION PORCELAIN				**R. SCHICK**
❏ LITTLE SWEETHEART	1999	2500	180.00	180.00
❏ SOMETHING SPECIAL	1999	2500	200.00	200.00
❏ SWEET AND PETITE	1999	2500	200.00	200.00
LIMITED EDITION VINYL				*
❏ BABY DREAMS AFRICAN AMERICAN	1999	2000	170.00	170.00
❏ BABY DREAMS CAUCASIAN	1999	2000	170.00	170.00
❏ FOREVER YOURS	1999	1500	190.00	190.00
❏ ROSEY	1999	2000	194.00	194.00
❏ SNOW BUNNY AFRICAN AMERICAN BOY	1999	1000	170.00	170.00
❏ SNOW BUNNY AFRICAN AMERICAN GIRL	1999	2000	170.00	170.00
❏ SNOW BUNNY CAUCASIAN BOY	1999	2000	170.00	170.00
LIMITED EDITION VINYL				**L. MIDDLETON**
❏ ABC LOOK AT ME	1999	2500	180.00	180.00
❏ ALL DOLLED UP	1998	5000	180.00	180.00
❏ AMANDA SPRINGTIME	1993	CL	180.00	220.00
❏ ANGEL FANCY	1989	RT	120.00	200.00
❏ ANGEL KISSES BELLY DANCER	1995	CL	139.00	165.00
❏ ANGEL LOCKS	1990	RT	140.00	150.00

DOLLS

DOLLS

NAME	YEAR	LIMIT	ISSUE	TREND
❏ BABY GRACE	1991	RT	190.00	245.00
❏ BELOVED HAPPY BIRTHDAY BLUE	1994	CL	220.00	245.00
❏ BELOVED HAPPY BIRTHDAY PINK	1994	CL	220.00	245.00
❏ BETH	1992	CL	160.00	200.00
❏ BETH FLAPPER	1995	CL	119.00	140.00
❏ BETHIE BOWS	1995	CL	150.00	150.00
❏ BETHIE BUTTONS	1995	CL	150.00	150.00
❏ BO PEEP	1998	2000	170.00	170.00
❏ BUBBA BATBOY	1991	RT	190.00	190.00
❏ BUNNY BOO BOY	1999	1500	170.00	170.00
❏ BUNNY BOO GIRL	1999	2500	180.00	180.00
❏ BUTTERCUP	1999	2000	176.00	176.00
❏ CAT NAP	1998	2000	170.00	170.00
❏ COTTONTOP CHERISH	1992	RT	180.00	190.00
❏ COUNTRY COZY	1998	2500	170.00	170.00
❏ CUP OF TEA	1999	2500	176.00	176.00
❏ DEAR ONE (SUNDAY BEST)	1991	RT	140.00	140.00
❏ DEVAN DELIGHTFUL	1991	RT	170.00	300.00
❏ FOREVER CHERISH	1990	RT	170.00	195.00
❏ GORDON/GROWING UP	1995	CL	220.00	220.00
❏ GRACE/GROWING UP	1995	CL	220.00	220.00
❏ GRACIE MAE (RED VELVET)	1993	CL	250.00	250.00
❏ GRACIE MAE/BLONDE HAIR	1992	CL	250.00	250.00
❏ GRACIE MAE/BROWN HAIR	1992	RT	250.00	250.00
❏ HEAVEN SENT BOY	1999	7500	190.00	190.00
❏ HEAVEN SENT GIRL	1999	7500	190.00	190.00
❏ HEAVENLY	1999	YR	200.00	200.00
❏ JOEY (NEWBORN)	1994	CL	180.00	190.00
❏ JOHANNA	1991	RT	190.00	245.00
❏ JOHANNA (NEWBORN)	1994	CL	180.00	260.00
❏ LITTLE ANGEL BALLERINA	1995	1000	119.00	130.00
❏ LITTLE ANGEL-KING II (HAND-PAINTED)	1985	RT	40.00	200.00
❏ LITTLE ANGEL-KINGDOM (HAND-PAINTED)	1981	RT	40.00	300.00
❏ LITTLE ANGEL-THIRD EDITION	1986	RT	90.00	110.00
❏ LITTLE BLESSINGS BLESSED EVENT	1995	RT	190.00	190.00
❏ LITTLE BLESSINGS/AWAKE BOY	1995	RT	180.00	180.00
❏ LITTLE BLESSINGS/AWAKE GIRL	1995	RT	180.00	180.00
❏ LITTLE BLESSINGS/SLEEPING BOY	1995	RT	180.00	180.00
❏ LITTLE BLESSINGS/SLEEPING GIRL	1995	RT	180.00	180.00
❏ LITTLE BOY BLUE	1998	2000	170.00	190.00
❏ LITTLE FRIENDS	1999	2000	180.00	180.00
❏ LITTLE PLAYMATE	1998	2000	170.00	170.00
❏ LOVING TRIBUTE	1998	YR	220.00	300.00
❏ MARY MARY	1998	2000	170.00	180.00
❏ MISSY (BUTTERCUP)	1990	5000	160.00	195.00
❏ MOLLY ROSE	1992	CL	196.00	196.00
❏ MY LEE CANDY CANE	1991	RT	170.00	300.00
❏ PATTY	1993	CL	49.00	49.00
❏ PATTY CAKE	1998	2000	170.00	170.00
❏ PROUD HERITAGE BOY	1998	2000	164.00	164.00
❏ PROUD HERITAGE GIRL	1998	2000	164.00	164.00
❏ QUIET AS A MOUSE	1998	YR	180.00	180.00
❏ SANTA'S LITTLE HELPER BOY	1998	YR	180.00	200.00
❏ SANTA'S LITTLE HELPER GIRL	1998	YR	180.00	$200.00
❏ SERENITY (APPLES & SPICE)	1990	RT	250.00	250.00
❏ SERENITY (BERRIES & BOWS)	1992	RT	250.00	250.00
❏ SINCERITY (PEACHES & CREAM)	1991	RT	250.00	250.00
❏ SINCERITY (PETALS & PLUMS)	1992	RT	250.00	250.00
❏ SLUMBER KISSES	1998	1000	170.00	170.00
❏ SNOW BABY AMERICAN GIRL CAUCASIAN	1999	2000	170.00	170.00
❏ SOFTLY SLEEPING	1998	2000	164.00	175.00
❏ STARRY NIGHT	1998	1500	170.00	170.00
❏ SWEET BABY BOY	1999	3000	180.00	180.00
❏ SWEET BABY BOY AFRICAN AMERICAN	1999	1500	170.00	170.00
❏ SWEET BABY BOY CAUCASIAN	1999	2000	180.00	180.00
❏ SWEETNESS NEWBORN	1995	RT	190.00	190.00
❏ WEE WILLIE WINKIE	1998	2000	170.00	180.00

LIMITED EDITION VINYL   R. SCHICK

NAME	YEAR	LIMIT	ISSUE	TREND
❏ ANGEL BABY	1999	2000	180.00	180.00
❏ APPLE DUMPLING	1999	3000	176.00	176.00
❏ BABY SISTER	1999	2500	180.00	180.00
❏ BABY'S FIRST CHRISTMAS W/CHRISTMAS ORNAMENTS	1999	1000	184.00	184.00
❏ BEARY CUTE BOY	1999	5000	180.00	180.00
❏ BEARY CUTE GIRL	1999	5000	180.00	180.00
❏ BUTTERFLY KISSES	2000	YR	194.00	194.00
❏ CAT BIRD	1999	2500	180.00	180.00
❏ COTTON CANDY	1999	5000	176.00	176.00
❏ DAISY DAISY	1999	5000	180.00	180.00
❏ DOGGONE CUTE BOY	1999	2000	184.00	184.00
❏ DOGGONE CUTE GIRL	1999	3000	184.00	184.00
❏ FROM THE HEART	1999	2500	180.00	180.00
❏ GOING TO A PARTY	1999	1500	190.00	190.00
❏ GROWING UP	1999	YR	210.00	210.00
❏ HONEY PIE	1999	3000	180.00	180.00
❏ HUGS & KISSES	1999	5000	180.00	180.00
❏ I WANNA PLAY BASEBALL	1999	2000	190.00	190.00
❏ I WANNA PLAY BASKETBALL	1999	2000	190.00	190.00
❏ I WANNA PLAY FOOTBALL	1999	2000	190.00	190.00
❏ I'M A LITTLE ANGEL	1999	2000	180.00	180.00
❏ I'M SO SPECIAL	1999	5000	190.00	190.00
❏ JITTERBUG	1999	1500	176.00	176.00
❏ JUST DUCKY	1999	3000	190.00	200.00

NAME	YEAR	LIMIT	ISSUE	TREND
❏ LET IT RAIN BOY	1999	2000	184.00	184.00
❏ LET IT RAIN GIRL	1999	3000	184.00	184.00
❏ LIONS AND TIGERS AND BEARS	1999	2000	170.00	170.00
❏ LITTLE BALLERINA	1999	1000	180.00	180.00
❏ LITTLE BEAUTY	1999	2000	170.00	170.00
❏ LITTLE BLUE EYES W/BEAR	1999	2500	180.00	180.00
❏ LITTLE COWBOY W/HAT, TOY PONY	1999	1500	190.00	190.00
❏ LITTLE ONE, LITTLE BALLERINA	1999	2000	198.00	198.00
❏ LITTLE ONE, PROUD HERITAGE BOY	1999	900	170.00	170.00
❏ LITTLE ONE, PROUD HERITAGE GIRL	1999	1000	170.00	170.00
❏ LITTLE SWEETHEART	1999	5000	184.00	184.00
❏ LOOK WHAT I FOUND!	1999	2000	184.00	184.00
❏ LOVE BUG BOY	1999	1500	180.00	180.00
❏ LOVE BUG GIRL	1999	2500	180.00	180.00
❏ LOVE IN BLOOM	1999	3000	190.00	190.00
❏ LOVIN' GINGERBREAD BOY	1999	3000	180.00	180.00
❏ LOVIN' GINGERBREAD GIRL	1999	3000	180.00	180.00
❏ LOVIN' STUFF	1999	2500	184.00	184.00
❏ MITTENS MITTENS	1999	3000	190.00	190.00
❏ MOMMY'S GOOD GIRL	1999	YR	180.00	180.00
❏ PEACEFUL SLUMBER AFRICAN AMERICAN	1999	2000	170.00	170.00
❏ PEACEFUL SLUMBER CAUCASIAN	1999	2000	170.00	170.00
❏ READY TO GO	2000	2000	194.00	194.00
❏ READY TO PLAY	1999	3000	176.00	176.00
❏ ROSES, LACE & LOVE	1999	3000	180.00	180.00
❏ SAY CHEESE	1999	3000	190.00	190.00
❏ SITTING PRETTY	1999	2500	170.00	170.00
❏ SPECIAL DELIVERY	1999	RT	160.00	160.00
❏ SPRING BOUQUET GREEN	1999	1500	176.00	176.00
❏ SPRING BOUQUET ROSE PINK	1999	2000	176.00	176.00
❏ SPRING BOUQUET WHITE	1999	3000	176.00	176.00
❏ SPRING BOUQUET YELLOW	1999	2000	176.00	176.00
❏ SWEETLY SAILING BOY	1999	2000	170.00	170.00
❏ SWEETLY SAILING FIRL	1999	3000	170.00	170.00
❏ SWEETLY SAILING HISPANIC BOY	1999	1500	170.00	170.00
❏ SWEETLY SAILING HISPANIC GIRL	1999	2000	170.00	170.00
❏ WARM AND CUDDLY	1999	3000	190.00	190.00
LITTLEST BALLET COMPANY				**L. MIDDLETON**
❏ APRIL (DRESSED IN PINK)	1988	7500	100.00	110.00
❏ APRIL (IN LEOTARD)	1989	7500	100.00	110.00
❏ JEANNIE (DRESSED IN WHITE)	1988	7500	100.00	110.00
❏ JEANNIE (IN LEOTARD)	1989	7500	100.00	110.00
❏ LISA (BLACK LEOTARD)	1988	7500	100.00	110.00
❏ MELANIE (DRESSED IN BLUE)	1988	7500	100.00	110.00
❏ MELANIE (IN LEOTARD)	1989	7500	100.00	110.00
MILLENNIUM				**R. SCHICK**
❏ BRIGHT NEW WORLD	2000	YR	194.00	194.00
MY OWN BABY				**L. HENRY**
❏ NEWBORN TAYLOR BEAR	1997	RT	120.00	130.00
MY OWN BABY				**L. MIDDLETON**
❏ FIRST BORN AWAKE MY OWN BABY BOY	1997	RT	120.00	120.00
❏ FIRST BORN AWAKE MY OWN BABY GIRL	1997	RT	120.00	120.00
❏ FIRST BORN MY OWN BABY BOY	1996	RT	120.00	120.00
❏ FIRST BORN MY OWN BABY BOY (DARK)	1996	RT	120.00	120.00
❏ FIRST BORN MY OWN BABY GIRL	1996	OP	120.00	120.00
❏ FIRST BORN MY OWN BABY GIRL (DARK)	1996	RT	120.00	120.00
❏ FIRST MOMENTS AWAKE MY OWN BABY BOY	1997	RT	120.00	120.00
❏ FIRST MOMENTS AWAKE MY OWN BABY GIRL	1997	RT	120.00	120.00
❏ FIRST MOMENTS MY OWN BABY BOY	1997	RT	120.00	120.00
❏ FIRST MOMENTS MY OWN BABY GIRL	1997	RT	120.00	120.00
❏ LITTLE BLESSINGS MY OWN BABY AWAKE BOY	1996	RT	120.00	120.00
❏ LITTLE BLESSINGS MY OWN BABY AWAKE GIRL	1996	RT	120.00	120.00
❏ LITTLE BLESSINGS MY OWN BABY BOY	1996	RT	120.00	120.00
❏ LITTLE BLESSINGS MY OWN BABY GIRL	1996	RT	120.00	120.00
❏ LITTLE LOVE MY OWN BABY BOY	1996	OP	120.00	120.00
❏ LITTLE LOVE MY OWN BABY GIRL	1996	OP	120.00	120.00
PORCELAIN BEARS & BUNNY				**L. MIDDLETON**
❏ BABY BUSTER	1993	RT	230.00	230.00
❏ BUSTER BEAR	1993	RT	250.00	250.00
❏ BYE BABY BUNTING	1993	RT	270.00	270.00
PORCELAIN COLLECTOR				**L. MIDDLETON**
❏ BELOVED & BE'BE'	1992	RT	590.00	590.00
❏ CHERISH LILAC & LACE	1993	RT	500.00	500.00
❏ SINCERITY II - COUNTRY FAIR	1992	RT	500.00	600.00
REVA SCHICK SERIES				**R. SCHICK**
❏ ANGEL LOVE	1998	2000	180.00	190.00
❏ BABY MINE	1998	2000	164.00	164.00
❏ FINE & FRILLY	1998	2000	174.00	185.00
❏ FOREVER FRIEND BOY	1998	1500	170.00	170.00
❏ FOREVER FRIEND BOY/GIRL	1998	2500	170.00	170.00
❏ HEARTS & FLOWERS	1998	2000	170.00	170.00
❏ IN THE PINK	1998	2000	180.00	205.00
❏ OOPS A DAISY	1998	2000	174.00	200.00
❏ SNOW BABY	1998	1000	170.00	225.00
❏ STAR STRUCK	1998	2000	170.00	170.00
❏ SUGAR PLUM	1998	2000	170.00	180.00
❏ YESTERDAY'S DREAM BOY	1998	1500	184.00	184.00
❏ YESTERDAY'S DREAM GIRL	1998	2500	184.00	184.00
ROMPER SERIES				**L. MIDDLETON**
❏ FIRST BORN DARK ROMPER BOY	1996	2000	160.00	180.00

DOLLS

DOLLS

NAME	YEAR	LIMIT	ISSUE	TREND
❏ FIRST BORN DARK ROMPER GIRL	1996	CL	160.00	160.00
❏ FIRST BORN ROMPER BOY	1996	CL	160.00	180.00
❏ FIRST BORN ROMPER GIRL	1996	CL	160.00	160.00
❏ LITTLE LOVE TWIN BOY	1996	CL	160.00	160.00
❏ LITTLE LOVE TWIN GIRL	1996	CL	160.00	160.00
SCOOTLES				**R. O'NEILL**
❏ SCOOTLES	1997	RT	50.00	50.00
SPIEGEL EXCLUSIVE				**R. SCHICK**
❏ ELEGANCE	1999	1000	149.00	149.00
❏ NEW BEGINNINGS PINK	1999	OP	100.00	100.00
❏ NEW BEGINNINGS WHITE	1999	OP	100.00	100.00
TOYS R US EXCLUSIVE				**R. SCHICK**
❏ VERY GOOD BABY MY OWN BABY	1999	OP	100.00	100.00
VINYL COLLECTORS SERIES				*
❏ CUDDLE ME BOY	1999	OP	120.00	120.00
❏ CUDDLE ME GIRL	1999	OP	120.00	120.00
VINYL COLLECTORS SERIES				**L. MIDDLETON**
❏ AMANDA-FIRST EDITION	1987	RT	140.00	300.00
❏ ANGEL FACE	1985	RT	90.00	150.00
❏ ANGEL KISSES BOY	1994	RT	98.00	100.00
❏ ANGEL KISSES GIRL	1994	RT	98.00	98.00
❏ BELOVED BEDTIME STORY	1996	CL	170.00	170.00
❏ BELOVED GOOD FRIENDS	1996	CL	180.00	195.00
❏ BELOVED SUNBEAMS AND FLOWERS	1997	2500	170.00	170.00
❏ BITSY SISTER	1996	CL	130.00	130.00
❏ BRIDE (RUBY SLIPPER)	1995	CL	250.00	250.00
❏ BUBBA CHUBBS	1986	RT	100.00	350.00
❏ BUBBA CHUBBS RAILROADER	1988	RT	140.00	200.00
❏ BUBBA CHUBBS/BUBBA THE CHUBBS-KID	1996	CL	196.00	250.00
❏ CHERISH	1988	RT	160.00	245.00
❏ CHERISH HUG-A-BUG	1996	5000	170.00	170.00
❏ CHERISH LITTLE GUY	1997	2500	170.00	185.00
❏ COUNTRY BOY	1994	RT	118.00	118.00
❏ COUNTRY BOY (DARK)	1994	RT	118.00	120.00
❏ COUNTRY GIRL	1994	RT	118.00	118.00
❏ COUNTRY GIRL (DARK)	1994	RT	118.00	120.00
❏ DEAR ONE-FIRST EDITION	1986	RT	90.00	245.00
❏ DEVAN	1989	RT	170.00	200.00
❏ DEVAN HAPPY BIRTHDAY	1997	2500	170.00	170.00
❏ ECHO	1993	RT	180.00	180.00
❏ ECHO ALL DRESSED UP	1996	CL	180.00	190.00
❏ ECHO LITTLE EAGLE	1995	CL	180.00	250.00
❏ FIRST BORN AWAKE BEAUTY	1997	CL	180.00	230.00
❏ FIRST BORN AWAKE BERRY SWEET	1997	CL	170.00	230.00
❏ FIRST BORN BERRY SWEET	1997	2500	170.00	230.00
❏ FIRST BORN MY BABY BOY	1995	CL	160.00	160.00
❏ FIRST BORN NEWBORN TWIN BOY	1995	CL	160.00	180.00
❏ FIRST BORN NEWBORN TWIN GIRL	1995	CL	160.00	160.00
❏ FIRST BORN SO SNUGGLY	1996	1000	170.00	200.00
❏ FIRST BORN WEE ONE	1996	5000	170.00	170.00
❏ FIRST MOMENTS CHRISTENING	1996	CL	238.00	238.00
❏ FIRST MOMENTS LULLABY TIME	1995	CL	180.00	180.00
❏ FIRST MOMENTS TOOT SWEET	1996	5000	170.00	170.00
❏ GRACE FRESH AS A DAISY	1996	CL	176.00	176.00
❏ HERSHEY KISSES/GOLD	1995	RT	100.00	125.00
❏ HERSHEY KISSES/GREEN	1996	RT	200.00	220.00
❏ HERSHEY KISSES/RED	1996	RT	200.00	220.00
❏ HERSHEY KISSES/SILVER	1994	RT	100.00	150.00
❏ HERSHEY'S BAKER GIRL	1996	RT	130.00	130.00
❏ HERSHEY'S CAKE KIDS SET (2)	1996	RT	220.00	275.00
❏ HERSHEY'S CHOCOLATE SOLDIER	1996	RT	130.00	150.00
❏ HONEY LOVE ASLEEP BOY (DARK)	1998	OP	120.00	120.00
❏ HONEY LOVE ASLEEP GIRL	1998	OP	120.00	120.00
❏ HONEY LOVE AWAKE BOY	1997	5000	170.00	185.00
❏ HONEY LOVE AWAKE BOY (DARK)	1997	2000	170.00	185.00
❏ HONEY LOVE AWAKE BOY (DARK)	1998	OP	120.00	120.00
❏ HONEY LOVE AWAKE GIRL	1997	CL	170.00	170.00
❏ HONEY LOVE AWAKE GIRL	1998	OP	120.00	120.00
❏ HONEY LOVE AWAKE GIRL (DARK)	1997	CL	170.00	185.00
❏ HONEY LOVE SLEEPING BOY	1997	5000	170.00	170.00
❏ HONEY LOVE SLEEPING BOY (DARK)	1997	2000	170.00	170.00
❏ HONEY LOVE SLEEPING GIRL	1997	5000	170.00	170.00
❏ HONEY LOVE SLEEPING GIRL (DARK)	1997	2000	170.00	170.00
❏ JOEY GO BYE BYE	1996	1000	190.00	190.00
❏ LITTLE ANGEL WISH FINDERS STAR BRIGHT	1997	RT	120.00	120.00
❏ LITTLE ANGEL WISH FINDERS TWINKLE TWINKLE	1997	RT	120.00	120.00
❏ LITTLE ANGEL/BOY	1992	RT	130.00	145.00
❏ LITTLE ANGEL/GIRL	1992	RT	130.00	145.00
❏ LITTLE BLESSINGS CUDDLE UP	1996	CL	180.00	180.00
❏ LITTLE BLESSINGS NEWBORN TWINS AWAKE BOY	1996	CL	180.00	180.00
❏ LITTLE BLESSINGS NEWBORN TWINS AWAKE GIRL	1996	CL	180.00	180.00
❏ LITTLE BLESSINGS NEWBORN TWINS SLEEPING BOY	1996	CL	180.00	180.00
❏ LITTLE BLESSINGS NEWBORN TWINS SLEEPING GIRL	1996	CL	180.00	180.00
❏ LITTLE BLESSINGS PRETTY IN PINK	1995	CL	190.00	190.00
❏ LITTLE BLESSINGS SHIPS AHOY	1997	2500	170.00	170.00
❏ LITTLE LOVE CUDDLE BUMPS	1996	5000	170.00	200.00
❏ LITTLE LOVE PEEK A BOO BOY	1997	2500	170.00	200.00
❏ LITTLE LOVE PEEK A BOO GIRL	1997	2500	170.00	200.00
❏ LITTLE LOVE SUCH A GOOD BOY	1996	CL	160.00	200.00
❏ LITTLE LOVE VIOLETS	1995	CL	160.00	160.00
❏ MISSY	1987	RT	100.00	150.00
❏ MOLLY ROSE - GOOD FRIENDS	1996	CL	180.00	225.00

DOL

Rose, Who is Love *was the first issue in the Romantic Flower Maidens collection by the W.S. George China Co.*

The first edition Legend of the Poinsettia *from 1992 was inspired by the Mexican tale of the miracle of the poinsettia. It was issued by the Lawton Doll Co.*

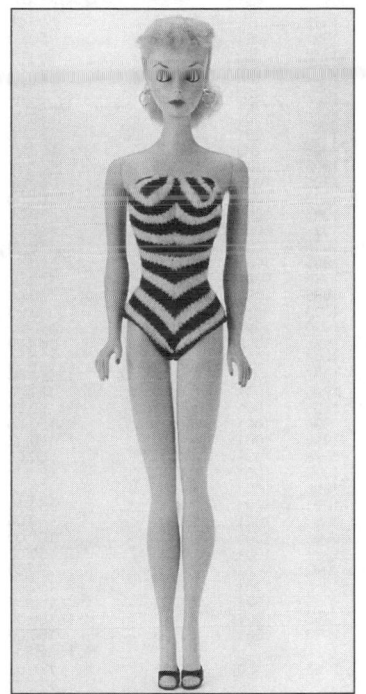

The 35th Anniversary Barbie *doll, offered by Mattel in 1994, was the first ever special edition vinyl reproduction of the original 1959 version.*

Ashton-Drake Galleries' hit fashion doll, Gene—created by artist Mel Odom—is resplendent in an outfit called Tango *designed by Tim Kennedy.*

DOLLS

NAME	YEAR	LIMIT	ISSUE	TREND
❑ MY DARLING BOY	1996	2000	170.00	170.00
❑ MY DARLING GIRL	1996	2000	170.00	170.00
❑ MY LEE	1989	RT	170.00	280.00
❑ POLLY ESTHER	1992	CL	160.00	160.00
❑ POLLY ESTHER HERSHEY COUNTRY	1995	RT	130.00	145.00
❑ POLLY ESTHER SOCK HOP	1995	CL	119.00	150.00
❑ PRETTY BABY SISTER	1996	CL	170.00	170.00
❑ SINCERITY-LIMITED FIRST EDITION	1988	RT	160.00	250.00
❑ SINCERITY-SCHOOLGIRL	1989	RT	180.00	300.00
❑ SWEET DREAMS	1982	RT	39.00	50.00
❑ TENDERNESS FRENCH BE BE	1995	CL	220.00	220.00
❑ TENDERNESS SO BRAVE	1996	CL	170.00	200.00
❑ TOWN BOY	1994	RT	118.00	118.00
❑ TOWN BOY (DARK)	1994	RT	118.00	118.00
❑ TOWN GIRL	1994	RT	118.00	118.00
❑ TOWN GIRL (DARK)	1994	RT	118.00	118.00
❑ YOUNG LADY BRIDE IN WHITE SATIN	1996	CL	250.00	250.00
VINYL COLLECTORS SERIES				**R. SCHICK**
❑ LITTLE PRINCESS AFRICAN AMERICAN	1999	OP	198.00	198.00
❑ LITTLE PRINCESS CAUCASIAN	1999	YR	198.00	198.00
WISE PENNY COLLECTION				**L. MIDDLETON**
❑ ASHLEY/BLONDE HAIR	1993	RT	120.00	120.00
❑ ASHLEY/BROWN HAIR	1993	RT	120.00	120.00
❑ BABY DEVAN	1993	RT	140.00	140.00
❑ GORDON	1993	RT	140.00	140.00
❑ GRACE	1993	RT	140.00	200.00
❑ JENNIFER/PEACH DRESS	1993	RT	140.00	140.00
❑ JENNIFER/PRINT DRESS	1993	RT	140.00	140.00
❑ MERRY	1993	RT	140.00	140.00
❑ MOLLY JO	1993	RT	140.00	140.00

MISS MARTHA ORIGINALS

NAME	YEAR	LIMIT	ISSUE	TREND
ALL GOD'S CHILDREN				**M. ROOT**
❑ JODY	2000	*	*	N/A
ALL GOD'S CHILDREN REUNION				**M. ROOT**
❑ HAWAIIAN ANN	1999	2 DAYS	125.00	125.00

NABER KIDS

NAME	YEAR	LIMIT	ISSUE	TREND
NABER KIDS				**H. NABER**
❑ AL	1995	RT	360.00	500.00
❑ ALMA	1995	1001	128.00	150.00
❑ ANGEL	1995	SO	128.00	300.00
❑ BABY B. JOHN	1995	DS	99.00	175.00
❑ BABY B. RACHEL	1995	DS	99.00	175.00
❑ BABY B. SANDY	1995	DS	99.00	175.00
❑ BILL	1995	1001	128.00	150.00
❑ BONNI B.	1995	1001	128.00	150.00
❑ CHARI	1995	SO	1500.00	1800.00
❑ CRYSTEL	1995	OP	1500.00	1800.00
❑ DANNY	1995	1001	128.00	150.00
❑ DAVID	1996	1001	100.00	150.00
❑ EMMA	1995	1001	128.00	150.00
❑ FORGET-ME-NOT	1995	1001	128.00	150.00
❑ GILBERT	1995	1001	128.00	150.00
❑ GRETCHEN	1995	1001	128.00	150.00
❑ JAMES THE BUTLER	1995	1001	79.00	150.00
❑ JOHN	1996	1001	150.00	150.00
❑ KOOKY	1995	SO	128.00	250.00
❑ LACEY	1996	1001	150.00	150.00
❑ LESLI MARIE	1995	1001	128.00	150.00
❑ LIBBI	1996	1001	150.00	150.00
❑ LOUI	1995	1001	128.00	150.00
❑ MARGI	1996	1001	100.00	150.00
❑ MELVIN	1995	1001	128.00	150.00
❑ MIMI	1996	1001	150.00	150.00
❑ MO	1996	1001	150.00	150.00
❑ MONTI	1996	1001	150.00	150.00
❑ MYSTIK	1995	1001	128.00	150.00
❑ PAT	1996	1001	150.00	150.00
❑ POLLI	1995	1001	128.00	150.00
❑ RACHEL	1996	1001	150.00	150.00
❑ SANDY	1996	1001	150.00	150.00
❑ STEVI	1996	1001	150.00	150.00
❑ TED	1996	*	150.00	150.00
❑ THERESA	1995	1001	128.00	150.00
❑ TOBI	1995	1001	128.00	150.00
❑ TRACY	1996	1001	150.00	150.00
❑ WOLFGANG	1995	1001	128.00	150.00
NABER KIDS CLUB ONLY				**H. NABER**
❑ BABY B. BEE	1995	*	99.00	175.00
NABER KIDS EXCLUSIVE				**H. NABER**
❑ JONI	1996	1001	150.00	150.00

NAHRGANG COLLECTION

NAME	YEAR	LIMIT	ISSUE	TREND
PORCELAIN DOLL SERIES				**J. NAHRGANG**
❑ ALEXIS	1992	250	390.00	390.00
❑ ALICIA	1990	250	330.00	330.00
❑ ANNA MARIE	1991	250	390.00	390.00
❑ ANNIE SULLIVAN	1992	25	895.00	895.00

NAME	YEAR	LIMIT	ISSUE	TREND
❑ AUBRY	1991	250	390.00	390.00
❑ BROOKE	1992	250	390.00	390.00
❑ CARSON	1991	250	350.00	350.00
❑ DOLLY MADISON	1992	100	395.00	395.00
❑ ERIN	1991	250	295.00	295.00
❑ FLORENCE NIGHTINGALE	1992	100	395.00	395.00
❑ GRANT (TAKE ME OUT TO THE BALL GAME)	1990	500	390.00	390.00
❑ HARRIET TUBMAN	1992	100	395.00	395.00
❑ HOLLY	1991	175	295.00	295.00
❑ KARISSA	1990	500	350.00	395.00
❑ KARMAN (GYPSY)	1990	250	350.00	395.00
❑ KASEY	1990	250	450.00	450.00
❑ KATIE	1992	250	295.00	295.00
❑ KELSEY	1990	250	350.00	350.00
❑ LAURA	1991	250	450.00	450.00
❑ MAGGIE	1990	500	295.00	295.00
❑ MCKINSEY	1991	250	350.00	350.00
❑ MOLLY PITCHER	1992	100	395.00	395.00
❑ PALMER	1989	250	270.00	270.00
❑ POCAHONTAS	1992	100	395.00	395.00
❑ RAE	1991	250	350.00	390.00
❑ SOPHIE	1991	250	450.00	450.00
❑ TAYLOR	1992	250	395.00	395.00
VINYL DOLL SERIES				**J. NAHRGANG**
❑ ALEXIS	1991	500	250.00	250.00
❑ ANGELA	1991	500	190.00	190.00
❑ ANN MARIE	1991	500	225.00	225.00
❑ AUBRY	1991	2000	225.00	225.00
❑ BEATRIX	1991	500	250.00	250.00
❑ BROOKE	1991	500	250.00	250.00
❑ CHELSEA	1991	250	190.00	190.00
❑ DOLLY MADISON	1992	500	199.00	199.00
❑ FLORENCE NIGHTINGALE	1992	500	199.00	199.00
❑ HARRIET TUBMAN	1992	500	199.00	199.00
❑ KARMAN (GYPSY)	1990	2000	190.00	190.00
❑ LAURA	1991	1000	250.00	250.00
❑ MOLLY	1991	500	190.00	190.00
❑ MOLLY PITCHER	1992	500	199.00	199.00
❑ POCAHONTAS	1992	500	199.00	199.00
❑ POLLY	1991	250	225.00	225.00
❑ VANESSA	1991	250	250.00	250.00

ORIGINAL APPALACHIAN ARTWORKS

ANNIVERSARY BLUE				**X. ROBERTS**
❑ AUTUMN SCHOLAR	1998	300	395.00	305.00
❑ SPRING SASS	1998	300	395.00	395.00
❑ SUMMER MISCHIEF	1998	300	395.00	305.00
❑ WINTER SNUGGLES	1998	300	395.00	395.00
BABYLAND				**X. ROBERTS**
❑ DELTA	1995	200	230.00	230.00
❑ HAYLEY	1997	200	220.00	220.00
❑ MARLENE	1996	200	230.00	230.00
CABBAGE PATCH KIDS				**X. ROBERTS**
❑ AMY	1982	CL	125.00	600.00
❑ ANDRE/MADEIRA	1983	CL	250.00	1250.00
❑ BILLIE	1982	CL	125.00	550.00
❑ BOBBIE	1982	CL	125.00	550.00
❑ DADDY'S DARLINS' SET OF FOUR	1984	CL	1600.00	2250.00
❑ DADDY'S DARLINS'-KITTEN	1984	CL	300.00	460.00
❑ DADDY'S DARLINS'-PRINCESS	1984	CL	300.00	550.00
❑ DADDY'S DARLINS'-PUN'KIN	1984	CL	300.00	460.00
❑ DADDY'S DARLINS'-TOOTSIE	1984	CL	300.00	460.00
❑ DOROTHY	1982	CL	125.00	550.00
❑ GILDA	1982	CL	125.00	2000.00
❑ GRACELAND ELVIS	1995	500	300.00	300.00
❑ HAPPILY EVER AFTER BRIDE	1993	CL	230.00	300.00
❑ HAPPILY EVER AFTER GROOM	1993	CL	230.00	300.00
❑ JOY	1990	500	250.00	575.00
❑ LITTLE PEOPLE/BOY 27 IN.	1994	CL	325.00	425.00
❑ LITTLE PEOPLE/GIRL 27 IN.	1993	CL	325.00	800.00
❑ MARILYN	1982	CL	125.00	700.00
❑ MTN. LAUREL BABY SIDNEY & LANIER	1994	100	390.00	400.00
❑ MTN. LAUREL EASTER	1994	200	225.00	325.00
❑ MTN. LAUREL IRISH BOYS	1994	100	210.00	210.00
❑ MTN. LAUREL IRISH GIRLS	1994	200	210.00	210.00
❑ MTN. LAUREL KIDS	1994	CL	195.00	310.00
❑ MTN. LAUREL MYSTERIOUS BARRY	1994	CL	225.00	225.00
❑ MTN. LAUREL NORMA JEAN	1994	CL	225.00	225.00
❑ NEWBORN	1995	1042	195.00	195.00
❑ NEWBORN	1996	1710	195.00	195.00
❑ NEWBORN FORM MOBILE PATCH	1994	CL	198.00	300.00
❑ OTIS	1982	CL	125.00	700.00
❑ PREEMIE	1993	CL	175.00	150.00
❑ REBECCA	1982	CL	125.00	600.00
❑ SKITTS MOUNTAIN	1995	192	210.00	210.00
❑ SYBIL	1982	CL	125.00	550.00
❑ TIGER'S EYE-MOTHER'S DAY	1989	CL	150.00	250.00
❑ TIGER'S EYE-VALENTINE'S DAY	1988	CL	150.00	300.00
❑ TYLER	1982	2500	125.00	2450.00
❑ UNICOI BALLERINA	1993	200	200.00	310.00
❑ UNICOI KIDS	1993	1500	195.00	325.00

NAME	YEAR	LIMIT	ISSUE	TREND
CABBAGE PATCH KIDS CIRCUS PARADE				**X. ROBERTS**
❏ BIG TOP CLOWN-BABY CAKES	1987	2000	180.00	285.00
❏ HAPPY HOBO-BASHFUL BILLY	1989	1000	180.00	330.00
❏ JACQUELINE	1997	500	275.00	275.00
❏ MITZI	1991	1000	220.00	220.00
CABBAGE PATCH KIDS INTERNATIONAL				**X. ROBERTS**
❏ AMERICAN INDIAN	1983	CL	150.00	1300.00
❏ ORIENTAL	1983	CL	150.00	1350.00
CALIFORNIA COLLECTORS CLUB				**X. ROBERTS**
❏ BUCKY	1995	105	220.00	220.00
CAREER				**X. ROBERTS**
❏ NURSE	1995	83	210.00	210.00
CHRISTMAS COLLECTION				**X. ROBERTS**
❏ BABY RUDY/CHRISTY NICOLE	1982	CL	400.00	2000.00
❏ BABY SANDY/CLAUDE	1985	CL	400.00	450.00
❏ CAROLE/CHRIS	1984	CL	400.00	550.00
❏ CHRISTY CLAUS	1992	CL	285.00	285.00
❏ GINGER	1998	300	315.00	315.00
❏ HILLARY/NIGEL	1986	CL	400.00	400.00
❏ HOLLY/BERRY	1983	CL	400.00	900.00
❏ JOY	1989	CL	250.00	350.00
❏ KATRINA/MISHA	1987	CL	500.00	500.00
❏ KELLY/KANE	1988	CL	500.00	550.00
❏ KRYSTINA	1990	CL	250.00	250.00
❏ MELODY	1997	300	295.00	295.00
❏ NATALIE	1994	500	275.00	275.00
❏ NICHOLAS/NOEL	1980	CL	400.00	3000.00
❏ NICK	1991	CL	275.00	275.00
❏ RUDOLPH	1993	CL	275.00	275.00
❏ SAMMY THE SNOWMAN	1996	500	275.00	275.00
❏ TREENA	1995	500	275.00	275.00
❏ X CHRISTMAS PAIR	1979	CL	300.00	3500.00
COLLECTORS CLUB EDITIONS				**X. ROBERTS**
❏ ANNA RUBY	1989	CL	250.00	300.00
❏ BABY DODD	1992	CL	250.00	300.00
❏ BABY OTIS	1987	CL	250.00	300.00
❏ LEE ANN	1990	CL	250.00	300.00
❏ PATTI W/CABBAGE BUD BOUTONNIER	1993	CL	280.00	300.00
❏ RICHARD RUSSELL	1991	CL	250.00	300.00
❏ ROBERT LONDON	1997	CL	275.00	275.00
❏ ROSIE	1995	322	275.00	275.00
CONVENTION BABY				**X. ROBERTS**
❏ ASHLEY	1989	CL	150.00	400.00
❏ BRADLEY	1990	CL	175.00	425.00
❏ CAROLINE	1991	CL	200.00	350.00
❏ DUKE	1992	CL	225.00	350.00
❏ ELLEN	1993	CL	225.00	350.00
❏ JUSTIN	1994	CL	238.00	350.00
❏ MTN. LAUREL JUSTIN	1994	200	225.00	325.00
LITTLE PEOPLE				**X. ROBERTS**
❏ B RED	1978	CL	125.00	4100.00
❏ BABY RUDY	1982	1000	200.00	850.00
❏ BLUE	1978	CL	150.00	7500
❏ C BURGUNDY	1978	CL	100.00	2000.00
❏ CELEBRITY	1980	CL	200.00	450.00
❏ CHRISTY NICOLE	1982	1000	200.00	800.00
❏ D PURPLE	1979	CL	100.00	1300.00
❏ E BRONZE	1978	CL	125.00	500.00
❏ GRAND EDITION	1980	CL	1000.00	800.00
❏ HELEN, BLUE	1978	CL	150.00	6000.00
❏ LITTLE PEOPLE	1997	300	395.00	395.00
❏ LITTLE PEOPLE '96 (GIRLS)	1996	300	375.00	375.00
❏ LITTLE PEOPLE EDITION/STANDING 27 IN.	1993	CL	300.00	450.00
❏ NEW "EARS"	1981	CL	125.00	300.00
❏ NOEL	1980	2500	200.00	700.00
❏ PE, NEW 'EARS PREEMIE	1982	CL	140.00	375.00
❏ PR II PREEMIE	1981	CL	130.00	300.00
❏ SP, PREEMIE	1980	CL	100.00	450.00
❏ STANDING EDITION	1981	CL	300.00	350.00
❏ U UNSIGNED	1980	CL	125.00	400.00
❏ U UNSIGNED	1982	CL	125.00	450.00
❏ UNICOI EDITION	1993	CL	210.00	280.00
MT. YONAH				**X. ROBERTS**
❏ FIFI POCKET BABY	1995	200	250.00	250.00
❏ SP. FASHIONS: EASTER	1995	200	215.00	215.00
❏ SP. FASHIONS: VALENTINE	1995	200	200.00	200.00
NACOOCHEE VALLEY				**X. ROBERTS**
❏ EASTER	1996	200	215.00	215.00
❏ GINA (SPROUT)	1996	200	275.00	275.00
❏ HALLOWEEN	1996	200	210.00	210.00
❏ VALENTINE	1996	100	210.00	210.00
OLYMPIKIDS				**X. ROBERTS**
❏ BASEBALL BOY	1996	159	275.00	275.00
❏ BASKETBALL BOY	1995	199	275.00	275.00
❏ BASKETBALL GIRL	1996	302	275.00	275.00
❏ CYCLIST BOY	1996	126	275.00	275.00
❏ EQUESTRIAN GIRL	1996	350	275.00	275.00
❏ GYMNASTICS BOY	1995	241	275.00	275.00
❏ ROWING GIRL	1995	205	275.00	275.00

DOLLS

NAME	YEAR	LIMIT	ISSUE	TREND
❏ SOCCER BOY	1995	162	275.00	275.00
❏ SOCCER GIRL	1995	140	275.00	275.00
❏ SOFTBALL GIRL	1996	140	275.00	275.00
❏ TRACK & FIELD GIRL	1995	422	275.00	275.00
❏ WEIGHTLIFTING BOY	1995	158	275.00	275.00
PORCELAIN FRIENDS				**X. ROBERTS**
❏ ANGELICA	1994	CL	160.00	200.00
❏ KAREN LEE	1994	CL	150.00	200.00
❏ KASSIS LOU	1994	CL	150.00	200.00
❏ KATIE LYN	1994	CL	150.00	200.00
❏ SHARRI STARR	1995	198	160.00	160.00
SAUTEE VALLEY				**X. ROBERTS**
❏ HANNAH	1997	200	275.00	275.00

ORIGINALS BY BEVERLY STOEHR

NAME	YEAR	LIMIT	ISSUE	TREND
BABY SERIES				**B. STOEHR**
❏ AMANDA	1994	10	1000.00	1100.00
❏ KATIE BABY	1994	10	400.00	425.00
CHILDREN OF MEMORIES				**B. STOEHR**
❏ BARBARA	1994	50	495.00	525.00
❏ JUDY	1994	10	595.00	625.00
❏ SARA	1994	50	495.00	525.00

PEGGY MULHOLLAND INC.

NAME	YEAR	LIMIT	ISSUE	TREND
CHRISTINA DOLL COLLECTION				**B. GERARDI**
❏ CHRISTINA	1993	500	499.00	499.00
❏ EMILY	1993	500	499.00	499.00
❏ MICHAEL	1993	500	499.00	499.00
❏ ROSE	1993	500	499.00	499.00
❏ SARAH	1993	500	499.00	499.00
SWEETMMM'S				**B. GERARDI**
❏ ANGEL	1994	2-YR	130.00	130.00
❏ BUTTONS	1995	1000	159.00	159.00
❏ GEORGETTE	1995	1000	159.00	159.00
❏ LILI	1993	RT	130.00	140.00
❏ LIZABETH	1993	RT	130.00	140.00
❏ MARGARET	1993	RT	130.00	140.00
❏ MISSY	1993	RT	130.00	140.00
❏ PETER	1993	RT	130.00	140.00
❏ PJ	1995	OP	159.00	159.00
❏ PRINCESS ORIANA	1994	500	150.00	150.00
❏ ROSEBUD	1993	RT	130.00	140.00
❏ SAMANTHA	1993	RT	130.00	140.00
❏ THEODORE	1995	1000	159.00	159.00
❏ TIFFANY	1993	RT	130.00	140.00
SWEETMMM'S FIRST PARTY				**B. GERARDI**
❏ SUZY	1994	500	150.00	150.00
SWEETMMM'S FIRST VIOLIN LESSON				**B. GERARDI**
❏ DOROTHY	1995	1000	179.00	179.00
SWEETMMM'S ROCK A BYE BABY				**B. GERARDI**
❏ BABY BLUE EYES	1994	500	150.00	150.00
❏ BABY BROWN EYES	1994	500	150.00	150.00

SANDY USA

NAME	YEAR	LIMIT	ISSUE	TREND
ANGELIC COLLECTION-ASIAN ANGELS				**G. DY-SY**
❏ LI JEN	2000	OP	75.00	75.00
❏ MEI LING	2000	OP	75.00	75.00
COLLECTOR ANGELS				**S. DY**
❏ CELESTE	1995	CL	175.00	175.00
GENTLE DREAMS BABY				**R. TEJADA**
❏ GENTLE BROOK	1999	OP	35.00	35.00
❏ GENTLE BUTTERFLY	1999	OP	35.00	35.00
❏ GENTLE DOVE	1999	OP	35.00	35.00
❏ GENTLE EAGLE	1999	OP	35.00	35.00
❏ GENTLE HEART	2000	OP	35.00	35.00
❏ GENTLE MOON	1999	OP	35.00	35.00
❏ GENTLE RAINBOW	1999	OP	35.00	35.00
❏ GENTLE SONG	2000	OP	35.00	35.00
❏ GENTLE STAR	1999	OP	35.00	35.00
❏ GENTLE SUN	2000	OP	35.00	35.00
KENTE CLAUS COLLECTION				**K. STAFFORD**
❏ 12" KENTE CLAUS SANTA-RED	2000	OP	35.00	35.00
❏ 12" KENTE CLAUS-GOLD	2000	OP	35.00	35.00
❏ 14" KENTE CLAUS SANTA-RED	2000	OP	50.00	50.00
❏ 14" KENTE CLAUS-GOLD	2000	OP	50.00	50.00
LIMITED EDITION ANGELS				**S. DY**
❏ TIFFANY	1995	RT	195.00	195.00
NATIVE AMERICAN				**R. TEJADA**
❏ GRACEFUL LILY	1999	OP	28.00	28.00
❏ MORNING MIST	1994	RT	25.00	25.00
❏ SILVER STAR	1994	RT	25.00	25.00
❏ SWIFT ANTELOPE	1999	OP	28.00	28.00
SANDRA				**S. DY**
❏ SANDRA AUTUMN	1994	1500	50.00	60.00
❏ SANDRA WINTER	1994	1500	60.00	65.00
SANDY CLOWNS				**S. DY**
❏ JESTER	1994	1000	75.00	80.00
❏ JUJU	1994	1000	60.00	65.00

DOLLS

NAME	YEAR	LIMIT	ISSUE	TREND
SARAH'S GANG				**S. SCHULTZ**
❏ BUDDY	1996	OP	25.00	25.00
❏ KATIE	1996	OP	25.00	25.00
❏ MARIA	1997	OP	25.00	25.00
❏ MIGUEL	1997	OP	25.00	25.00
❏ SAMMY	1997	OP	25.00	25.00
❏ SHINA	1997	OP	25.00	25.00
❏ TILLIE	1996	OP	25.00	25.00
❏ WILLIE	1996	OP	25.00	25.00
SWEET SPIRIT BABY				**R. TEJADA**
❏ LITTLE BEAR'S TRACK	1998	2500	85.00	85.00
❏ LITTLE BLOSSOM--CHEROKEE IN FRONT	1996	RT	65.00	65.00
❏ LITTLE MOONBEAM	1996	CL	85.00	85.00
❏ LITTLE RAINDROP	1997	CL	85.00	85.00
❏ LITTLE SALA	1998	2500	85.00	85.00
TRADITIONS				**R. TEJADA**
❏ ANGENI SPIRIT ANGEL	1996	500	175.00	175.00
❏ BRIGHT SKY--APACHE PUBERTY	1995	3500	100.00	100.00
❏ GENTLE DOVE--WISHRAM WEDDING CEREMONY	1994	3500	100.00	110.00
❏ GREY OWL--HUNKPAPA SIOUX CHIEF	1994	3500	250.00	275.00
❏ HUNTING WOLF--CROW WARRIOR	1995	3500	100.00	100.00
❏ LADY REBECCA, POWHATAN PRINCESS POCAHONTAS	1995	3500	160.00	160.00
❏ MEADOW FLOWER--CHEROKEE PRINCESS	1994	3500	85.00	95.00
❏ MOUNTAIN SHADOW--YAKIMA PRINCESS	1995	3500	100.00	100.00
❏ POCAHONTAS--POWHATAN PRINCESS	1995	3500	85.00	85.00
❏ PRINCESS BLUEBIRD	1995	1000	295.00	295.00
❏ SPRING WATER W/LITTLE SCOUT	1994	3500	115.00	125.00
❏ WAR CLOUD--OGLALA SIOUX CHIEF	1994	3500	115.00	125.00
❏ WHITE MOON--BLACKFOOT NATION	1996	3500	75.00	75.00
TRADITIONS/SWEET SPIRIT BABY				**R. TEJADA**
❏ LITTLE AZZIZA	1999	2500	85.00	85.00
❏ LITTLE SONGBIRD	1999	2500	85.00	85.00
TRADITIONS-ANGELS OF THE MILLENNIUM				**R. TEJADA**
❏ ADELA 2000	2000	1500	75.00	75.00
❏ ADELA 2001	2000	1500	75.00	75.00
❏ ELISA 2000	2000	1500	75.00	75.00
❏ ELISA 2001	2000	1500	75.00	75.00
WARRIOR & PRINCESS				**R. TEJADA**
❏ BEAR'S TRACK--FOX WARRIOR	1995	5000	38.00	38.00
❏ EVENING STAR	1997	5000	38.00	38.00
❏ FALLING SNOW--NEZ PERCE PRINCESS	1994	5000	38.00	40.00
❏ FLYING FALCON	1997	5000	38.00	38.00
❏ GRACEFUL SONG	1997	5000	38.00	38.00
❏ GROWLING BEAR	1995	5000	38.00	38.00
❏ HOWLING DOG--CHEYENNE WARRIOR	1995	5000	38.00	38.00
❏ LAUGHING BROOK--COMANCHE PRINCESS	1994	5000	38.00	40.00
❏ LEAPING WATER--APACHE PRINCESS	1996	5000	38.00	38.00
❏ LITTLE OTTER--HUPA PRINCESS	1995	5000	38.00	38.00
❏ POCAHONTAS--POWHATAN PRINCESS	1995	RT	38.00	38.00
❏ RADIANT DOVE	1996	5000	38.00	38.00
❏ ROARING RIVER--MOHAWK WARRIOR	1994	5000	38.00	40.00
❏ SHINING CLOUD--COMANCHE PRINCESS	1994	RT	38.00	40.00
❏ SOARING HAWK--COMANCHE WARRIOR	1994	RT	38.00	40.00
❏ SWAYING REED--OJIBWA PRINCESS	1995	5000	38.00	38.00
❏ SWIFT ELK--IROQUOIS WARRIOR	1994	5000	38.00	40.00
❏ WHITE EAGLE--APACHE WARRIOR	1994	5000	38.00	40.00
❏ WHITE STONE	1997	5000	38.00	38.00
❏ WIND RIDER	1996	5000	38.00	38.00
❏ WISE BUFFALO	1996	5000	38.00	38.00

SCHMID

NAME	YEAR	LIMIT	ISSUE	TREND
JUNE AMOS GRAMMER				**J. AMOS GRAMMER**
❏ HEATHER	1991	1000	210.00	210.00
❏ JESTER LOVE	1990	1000	195.00	210.00
❏ KATIE	1989	1000	180.00	180.00
❏ LAUREN	1991	1000	280.00	280.00
❏ LEIGH ANN	1980	1000	195.00	210.00
❏ MEGAN	1990	750	380.00	380.00
❏ MITSUKO	1991	1000	210.00	210.00
❏ ROSAMUND	1988	750	225.00	225.00
❏ VANESSA	1989	1000	180.00	210.00

SEYMOUR MANN

NAME	YEAR	LIMIT	ISSUE	TREND
CHRISTMAS COLLECTION				**J. WHITE**
❏ CUPID CPD-6	1990	OP	14.00	14.00
❏ DOLL TREE TOPPER OM-124	1990	CL	85.00	85.00
❏ ELVES W/MALL CJ-454	1991	OP	30.00	30.00
❏ FLAT SANTA CJ-115	1991	OP	8.00	8.00
❏ HAT W/STREAMERS OM-118	1990	CL	20.00	20.00
❏ HEARTFACE OM-119	1990	CL	12.00	12.00
❏ LACE BALL OM-120	1990	CL	10.00	10.00
❏ SANTAS, SET OF 8 CJ-12	1991	OP	60.00	60.00
❏ TASSEL OM-118	1990	CL	8.00	8.00
CONNOISSEUR DOLL COLLECTION				**P. APRILE**
❏ BRIDE & FLOWER GIRL PAC-6	1992	5000	800.00	800.00
❏ OLIVIA PAC-12	1992	5000	300.00	300.00
❏ VIOLETTA PAC-18	1992	5000	185.00	185.00
CONNOISSEUR DOLL COLLECTION				**P. KOLESAR**
❏ LITTLE TURTLE INDIAN PK-110	1992	5000	150.00	150.00
❏ REVAN ESKIMO PK-106	1992	5000	130.00	130.00
CONNOISSEUR DOLL COLLECTION				**E. MANN**
❏ ABBY C3145	1991	CL	100.00	100.00

DOLLS

NAME	YEAR	LIMIT	ISSUE	TREND
❑ ABBY-YK-4533	1994	CL	135.00	135.00
❑ ABIGAIL-EP-3	1991	CL	100.00	100.00
❑ ABIGAL-WB-72WM	1991	CL	75.00	75.00
❑ ADAK-PS-412	1994	2500	150.00	150.00
❑ ADRIENNE-C-3162	1993	CL	135.00	135.00
❑ ALEXIS-EP32	1991	CL	220.00	220.00
❑ ALICE JNC-4013	1992	CL	90.00	90.00
❑ ALICE-GU-32	1994	2500	150.00	150.00
❑ ALICE-IND-508	1994	2500	115.00	115.00
❑ ALICIA YK-4215	1991	3500	90.00	90.00
❑ ALICIA-YK-4215	1987	CL	90.00	90.00
❑ ALLY-FH-556	1994	2500	115.00	115.00
❑ ALYSSA-C-3201	1994	CL	110.00	110.00
❑ ALYSSA-PP-1	1994	2500	275.00	300.00
❑ AMANDA TOAST-OM-182	1991	CL	260.00	260.00
❑ AMANDA TR-96	1991	2500	135.00	135.00
❑ AMBER-DOM-281A	1989	CL	85.00	85.00
❑ AMELIA-TR-47	1991	CL	105.00	115.00
❑ AMY-C-3147	1991	CL	135.00	145.00
❑ AMY-OC-43M	1994	2500	115.00	115.00
❑ AMY-OM-06	1992	2500	150.00	195.00
❑ ANABELLE-C-3080	1990	CL	85.00	85.00
❑ ANGELA-C-3084	1990	CL	105.00	105.00
❑ ANGELA-C-3084M	1990	CL	115.00	115.00
❑ ANGEL-DOM-335	1990	CL	105.00	105.00
❑ ANGELICA-FH-291E	1994	2500	85.00	85.00
❑ ANGELICA-FH-291S	1994	2500	85.00	85.00
❑ ANGELICA-FH-291WG	1994	2500	85.00	85.00
❑ ANGEL-LL-956	1994	2500	90.00	90.00
❑ ANGELO-OC-57	1994	2500	135.00	135.00
❑ ANGEL-SP-460	1994	2500	140.00	140.00
❑ ANITA-FH-277G	1990	CL	65.00	65.00
❑ ANN TR-52	1991	CL	135.00	135.00
❑ ANNETTE TR-59	1991	CL	130.00	130.00
❑ ANNIE YK-4214	1991	CL	145.00	145.00
❑ ANTOINETTE FH-452	1991	CL	100.00	100.00
❑ ANTONIA-OM-227	1993	CL	350.00	350.00
❑ ANTONIA-OM-42	1994	2500	150.00	150.00
❑ ARABELLA-C-3163	1991	CL	135.00	145.00
❑ ARIEL-EP-33	1991	CL	175.00	175.00
❑ ARILENE-LL-940	1994	2500	90.00	90.00
❑ ARLENE SP-421	1993	CL	100.00	100.00
❑ ASHLEY-C-278	1988	CL	80.00	80.00
❑ ASHLEY-FH-325	1990	CL	75.00	75.00
❑ ATANAK-PS-414	1994	2500	150.00	150.00
❑ AUDREY-FH-455	1991	2500	125.00	125.00
❑ AUDREY-YK-4089	1990	CL	125.00	125.00
❑ AUDRINA-YK200	1987	CL	85.00	150.00
❑ AURORA-OM-181	1991	2500	260.00	260.00
❑ AZURE-AM-15	1991	2500	175.00	175.00
❑ BABBY ELLIE ECRU MUSICAL 402E	1991	2500	28.00	28.00
❑ BABY BELLE-C-3193	1994	2500	150.00	150.00
❑ BABY BETH-DOLL-406P	1991	2500	28.00	28.00
❑ BABY BETTY-YK-4087	1990	CL	125.00	125.00
❑ BABY BONNIE W/WALKER MUSIC DOLL-409	1991	2500	40.00	40.00
❑ BABY BONNIE-SP-341	1991	CL	55.00	55.00
❑ BABY BRENT-EP-15	1991	CL	85.00	100.00
❑ BABY CARRIE-DOLL-402P	1991	2500	28.00	28.00
❑ BABY ELLIE 17	1991	2500	65.00	65.00
❑ BABY GLORIA BLACK BABY-PS-289	1991	CL	75.00	75.00
❑ BABY JOHN-PS-498	1991	CL	85.00	85.00
❑ BABY KATE-WB-19	1990	CL	85.00	85.00
❑ BABY LINDA-DOLL-406E	1991	2500	28.00	28.00
❑ BABY NELLY-PS-163	1990	CL	95.00	95.00
❑ BABY SCARLETT-C-3194	1994	2500	115.00	115.00
❑ BABY SUE-DOLL-402B	1991	CL	28.00	28.00
❑ BABY SUNSHINE-C-3055	1990	CL	90.00	90.00
❑ BELINDA C-3164	1991	CL	150.00	150.00
❑ BERNETTA-EP-40	1991	CL	115.00	125.00
❑ BETH-OM-05	1992	CL	135.00	135.00
❑ BETH-YK-4099A/B	1990	CL	125.00	125.00
❑ BETSY-AM-6	1991	CL	105.00	105.00
❑ BETTE-OM-01	1992	2500	115.00	115.00
❑ BETTINA YK-4144	1991	3500	105.00	105.00
❑ BETTINA-TR-4	1990	CL	125.00	125.00
❑ BETTY-PS27G	1989	CL	65.00	130.00
❑ BEVERLY-DOLL-335	1990	2500	110.00	110.00
❑ BILLIE-YK-4056V	1990	CL	65.00	65.00
❑ BLAINE-C-3167	1993	CL	100.00	100.00
❑ BLAINE-TR-61	1991	CL	115.00	115.00
❑ BLAIR YK-4532	1994	3500	150.00	150.00
❑ BLYTHE-CH-15V	1991	CL	135.00	135.00
❑ BOBBI NM-30	1994	2500	135.00	135.00
❑ BO-PEEP W/LAMB-C-3128	1991	CL	105.00	105.00
❑ BRANDY YK-4537	1994	3500	165.00	165.00
❑ BRENDA DOLL 551	1995	2500	60.00	60.00
❑ BRETT-PS27B	1989	CL	65.00	130.00
❑ BRIANNA GU-300B	1995	2500	30.00	30.00
❑ BRIDGET-SP-379	1991	2500	105.00	105.00
❑ BRIE C-3230	1995	2500	30.00	30.00
❑ BRIE CD-1631OC	1995	2500	30.00	30.00
❑ BRIE OM-89W	1995	2500	125.00	125.00
❑ BRITT OC077	1995	2500	40.00	40.00
❑ BRITTANY DOLL 558	1995	2500	35.00	35.00
❑ BRITTANY-TK-4	1989	CL	150.00	150.00

DOLLS

DOLLS

NAME	YEAR	LIMIT	ISSUE	TREND
❑ BRITTANY-TK-5	1988	CL	120.00	120.00
❑ BRONWYN IND-517	1994	2500	140.00	140.00
❑ BROOKE-FH-461	1991	2500	115.00	115.00
❑ BRUGUNDY ANGEL FH-291D	1995	2500	75.00	75.00
❑ BRYNA DOLL 555	1995	2500	35.00	35.00
❑ BRYNA-AM-100B	1991	2500	70.00	70.00
❑ BUNNY TR-97	1995	2500	85.00	85.00
❑ CACTUS FLOWER INDIAN LL-944	1994	2500	105.00	105.00
❑ CAITLIN LL-997	1995	2500	115.00	115.00
❑ CAITLIN YK-4051V	1990	CL	90.00	90.00
❑ CAITLIN-DOLL-11PH	1990	CL	60.00	60.00
❑ CALLIE-TR-76	1994	2500	140.00	140.00
❑ CALYPSO-LL-942	1994	2500	150.00	150.00
❑ CAMELLIA FH-457	1991	2500	100.00	100.00
❑ CAMELOT FAIRY-C84	1986	CL	75.00	235.00
❑ CAMILLE-OM-230	1993	2500	250.00	250.00
❑ CANDICE TR-94	1995	CL	135.00	135.00
❑ CARMEL TR-93	1995	2500	125.00	125.00
❑ CARMEN-PS-408	1994	2500	150.00	150.00
❑ CAROLE-YK-4085W	1990	CL	125.00	125.00
❑ CAROLINE LL-838	1991	2500	110.00	110.00
❑ CAROLINE LL-905	1991	2500	110.00	110.00
❑ CAROLOTTA OM-80	1995	2500	175.00	210.00
❑ CARRIE C-3231	1995	2500	30.00	30.00
❑ CASEY-C-3197	1994	2500	140.00	140.00
❑ CATHERINE RDK-231	1995	2500	30.00	30.00
❑ CATHY GU-41	1994	CL	140.00	140.00
❑ CECILY DOLL 552	1995	CL	60.00	60.00
❑ CELENE FH-618	1995	2500	120.00	120.00
❑ CELESTINE LL-982	1995	2500	100.00	100.00
❑ CHARLENE-YK-4112	1990	CL	90.00	90.00
❑ CHARLOTTE-FH-484	1992	2500	115.00	115.00
❑ CHELSEA DOLL 560	1995	2500	35.00	35.00
❑ CHELSEA-IND-397	1992	CL	85.00	85.00
❑ CHERRY FH-616	1995	2500	100.00	100.00
❑ CHERYL TR-49	1991	2500	120.00	120.00
❑ CHIN CHIN YK-4211	1991	CL	85.00	85.00
❑ CHIN FA-C-3061	1990	CL	95.00	95.00
❑ CHINOOK-WB-24	1990	CL	85.00	85.00
❑ CHRIS FH-561	1994	2500	85.00	85.00
❑ CHRISSIE FH-562	1994	2500	85.00	85.00
❑ CHRISTIE WB-2	1990	CL	75.00	75.00
❑ CHRISTINA-PS-261	1991	CL	115.00	115.00
❑ CHRISTMAS CHEER-124	1985	CL	40.00	110.00
❑ CHRISTMAS KITTEN IND-530	1995	2500	100.00	150.00
❑ CINDY LOU-FH-464	1991	2500	85.00	85.00
❑ CINDY OC-58	1994	2500	140.00	140.00
❑ CINNAMON JNC-4014	1993	CL	90.00	90.00
❑ CISSIE-DOM263	1988	CL	65.00	140.00
❑ CISSY EP-56	1991	CL	95.00	95.00
❑ CLANCY GU-54	1995	2500	80.00	80.00
❑ CLARA IND-516	1994	2500	140.00	140.00
❑ CLARA IND-524	1994	2500	150.00	150.00
❑ CLARA-IND-518	1994	2500	140.00	140.00
❑ CLARE FH-497	1993	CL	100.00	100.00
❑ CLARE-DOLL 465	1991	CL	100.00	100.00
❑ CLAUDETTE-TR-81	1994	2500	150.00	150.00
❑ CLAUDINE C-3146	1991	CL	95.00	95.00
❑ CLOTHILDE FH-469	1993	CL	125.00	125.00
❑ CODY FH-629	1995	2500	120.00	120.00
❑ COLETTE-WB-7	1991	CL	65.00	65.00
❑ COLLEEN YK-4163	1991	CL	120.00	120.00
❑ COOKIE GU-6	1991	CL	110.00	110.00
❑ COPPER-YK-4546C	1994	3500	150.00	150.00
❑ CORA-FH-565	1994	2500	140.00	140.00
❑ CORDELIA OM-09	1992	CL	250.00	250.00
❑ CORY-FH-564	1994	2500	115.00	115.00
❑ COURTNEY-LL-859	1991	CL	150.00	150.00
❑ CREOLE-AM-17	1991	CL	160.00	210.00
❑ CRYING COURTNEY PS75	1988	CL	115.00	115.00
❑ CRYING COURTNEY PS-75	1989	CL	115.00	115.00
❑ CRYSTAL YK-4237	1991	CL	125.00	125.00
❑ CYNTHIA DOM-211	1987	CL	85.00	85.00
❑ CYNTHIA GU-300C	1995	2500	30.00	30.00
❑ CYNTHIA-DOM-211	1988	CL	85.00	85.00
❑ DAISY-EP-6	1990	CL	90.00	90.00
❑ DALLAS-PS-403	1994	2500	150.00	150.00
❑ DANIELLE MFR-808	1995	2500	65.00	65.00
❑ DANIELLE PS-432	1995	2500	100.00	100.00
❑ DANIELLE-AM-5	1991	CL	125.00	180.00
❑ DAPHNE ECRU/MINT GREEN C3025	1989	CL	85.00	85.00
❑ DAPHNE ECRU-C-3025	1990	CL	85.00	85.00
❑ DARCY EP-47	1991	CL	110.00	110.00
❑ DARCY FH-451	1991	CL	105.00	105.00
❑ DARCY FH-636	1995	2500	80.00	80.00
❑ DARCY LL-986	1995	2500	110.00	110.00
❑ DARLA C-3122	1991	CL	110.00	110.00
❑ DARLA LL-988	1995	2500	100.00	100.00
❑ DARLENE DOLL-444	1991	CL	75.00	75.00
❑ DARYL-LL-947	1994	CL	150.00	150.00
❑ DAWN C-3135	1991	CL	130.00	130.00
❑ DAWN-C185	1987	CL	75.00	190.00
❑ DEBBIE-JNC-4006	1992	CL	90.00	90.00
❑ DEE-LL-948	1994	2500	110.00	110.00
❑ DEIDRE FH-473	1992	CL	115.00	115.00

NAME	YEAR	LIMIT	ISSUE	TREND
❑ DEIDRE-YK-4083	1992	CL	95.00	95.00
❑ DELILAH-C-3195	1994	2500	150.00	150.00
❑ DENISE LL-994	1995	2500	105.00	105.00
❑ DENISE-LL-852	1991	CL	105.00	105.00
❑ DEPHINE-SP-308	1991	CL	135.00	135.00
❑ DESIREE LL-898	1991	CL	120.00	120.00
❑ DIANA RDK-221A	1995	2500	35.00	35.00
❑ DIANE PS-444	1995	2600	110.00	110.00
❑ DIANE-FH-275	1990	CL	90.00	90.00
❑ DIANNA-TK-31	1990	CL	175.00	175.00
❑ DINAH OC-79	1995	2500	40.00	40.00
❑ DOLL OLIVER FH-392	1988	CL	100.00	100.00
❑ DOMINO-C-3050	1990	CL	145.00	200.00
❑ DONA FH-494	1992	CL	100.00	100.00
❑ DONNA DOLL-447	1993	CL	85.00	85.00
❑ DONNA GU-300D	1995	2500	30.00	30.00
❑ DOROTHY-TR-10	1990	CL	135.00	145.00
❑ DORRI-DOLL-16PH	1990	CL	85.00	85.00
❑ DUANANE-SP-366	1991	CL	85.00	85.00
❑ DULCIE FH-622	1995	2500	110.00	110.00
❑ DULCIE-YK-4131V	1991	CL	100.00	100.00
❑ DWAYNE C-3123	1991	CL	120.00	120.00
❑ EDIE YK-4177	1991	CL	115.00	115.00
❑ EILEEN-FH-367	1990	CL	100.00	100.00
❑ ELAINE CD-02210	1995	2500	50.00	50.00
❑ ELEANOR C16669	1995	2500	35.00	35.00
❑ ELISABETH & LISA C-3095	1991	CL	195.00	195.00
❑ ELISABETH OM-32	1989	CL	120.00	120.00
❑ ELISE-PS-259	1991	CL	105.00	105.00
❑ ELIZABETH AM-32	1991	CL	105.00	105.00
❑ ELIZABETH DOLL 553	1995	2500	35.00	35.00
❑ ELIZABETH-C-246P	1989	CL	150.00	210.00
❑ ELLEN YK-4223	1993	CL	150.00	150.00
❑ ELLIE FH-621	1995	2500	125.00	125.00
❑ EMILY YK-243V	1988	CL	70.00	70.00
❑ EMILY-PS-48	1989	CL	110.00	110.00
❑ EMMA DOLL-559	1995	2500	35.00	35.00
❑ EMMA GU-300E	1995	2500	30.00	30.00
❑ EMMALINE BEIGE/LILAC OM-197	1991	CL	300.00	300.00
❑ EMMALINE OM-191	1991	CL	300.00	300.00
❑ EMMY IND-533	1995	2500	85.00	85.00
❑ EMMY-C-3099	1991	CL	125.00	125.00
❑ ERIN RDK-223	1995	2500	30.00	30.00
❑ ERIN-DOLL-4PH	1991	CL	60.00	60.00
❑ EUGENIE OM-225	1990	CL	000.00	000.00
❑ EVALINA C-3124	1991	CL	135.00	135.00
❑ FAITH-IND-522	1994	2500	136.00	135.00
❑ FAITH-OC-60	1994	2500	115.00	115.00
❑ FAWN C-3228	1995	2500	55.00	55.00
❑ FELICIA TR-9	1995	2500	30.00	30.00
❑ FELICIA-TR-9	1990	CL	115.00	115.00
❑ FIFI AM-100F	1991	CL	70.00	70.00
❑ FLEUR C16415	1995	2500	30.00	30.00
❑ FLEURETTE PS-286	1991	CL	75.00	75.00
❑ FLORA TR-46	1991	CL	125.00	125.00
❑ FLORA-FH-583	1994	2500	115.00	115.00
❑ FLORETTE-INC-519	1994	2500	140.00	140.00
❑ FRANCES-C233	1989	CL	80.00	130.00
❑ FRANCES-C-233	1988	CL	80.00	140.00
❑ FRANCESCA-AM-14	1991	CL	175.00	175.00
❑ FRANCESCA-C-3021	1990	CL	100.00	190.00
❑ GARDINER-PS-405	1994	2500	150.00	150.00
❑ GENA OM-229	1993	CL	250.00	250.00
❑ GEORGIA IND-510	1994	2500	220.00	220.00
❑ GEORGIA IND-528	1995	2500	125.00	125.00
❑ GEORGIA SP-456	1994	2500	115.00	115.00
❑ GEORGIA YK-4143	1991	CL	150.00	150.00
❑ GEORGIA-YK-4131	1991	CL	100.00	100.00
❑ GERRI YK-4094	1990	CL	95.00	150.00
❑ GIGI-C-3107	1991	CL	135.00	135.00
❑ GINGER LL-907	1991	CL	115.00	115.00
❑ GINNIE FH-619	1995	2500	110.00	130.00
❑ GINNY-YK-4119	1990	CL	100.00	100.00
❑ GISELLE OM-02	1992	CL	90.00	90.00
❑ GISELLE ON GOOSE-FH176	1988	CL	105.00	230.00
❑ GLORIA AM-100G	1991	CL	70.00	70.00
❑ GLORIA YK-4166	1991	CL	105.00	105.00
❑ GOLD ANGEL FH-511G	1995	2500	85.00	85.00
❑ GREEN ANGEL FH-511C	1995	2500	85.00	85.00
❑ GRETCHEN DOLL-446	1991	CL	45.00	45.00
❑ GRETCHEN FH-620	1995	2500	120.00	120.00
❑ GRETEL DOLL-434	1991	CL	60.00	60.00
❑ GUARDIAN ANGEL OM-91	1995	2500	200.00	200.00
❑ GUARDIAN ANGEL TR-98	1995	2500	85.00	85.00
❑ HANSEL & GRETEL DOLL-448V	1991	CL	60.00	60.00
❑ HAPPY BIRTHDAY-C3012	1989	CL	80.00	130.00
❑ HAPPY FH-479	1993	CL	105.00	105.00
❑ HAPPY RDK-238	1995	2500	25.00	25.00
❑ HATTY/MATTY-IND-514	1994	2500	165.00	165.00
❑ HEATHER LL-991	1995	2500	115.00	115.00
❑ HEATHER PS-436	1995	2500	115.00	115.00
❑ HEATHER-YK-4531	1994	3500	165.00	165.00
❑ HEDY FH-449	1993	CL	95.00	95.00
❑ HEIDI-260	1989	CL	50.00	100.00
❑ HELENE AM-29	1991	CL	150.00	150.00

DOLLS

DOLLS

NAME	YEAR	LIMIT	ISSUE	TREND
❏ HOLLY CD-16526	1995	2500	30.00	30.00
❏ HOLLY CH-6	1991	CL	100.00	100.00
❏ HONEY BUNNY-WB-9	1991	CL	70.00	70.00
❏ HONEY FH-401	1991	CL	100.00	100.00
❏ HONEY-LL-945	1994	2500	150.00	150.00
❏ HOPE FH-434	1991	CL	90.00	90.00
❏ HOPE YK-4118	1990	CL	90.00	90.00
❏ HYACINTH C-3227	1995	2500	130.00	130.00
❏ HYACINTH-DOLL-15PH	1990	CL	85.00	85.00
❏ HYACINTH-LL-941	1994	2500	90.00	90.00
❏ INDIAN DOLL FH-296	1990	CL	60.00	60.00
❏ INDIAN DOLL-FH-295	1990	CL	60.00	60.00
❏ INDIAN-IND-520	1994	2500	115.00	115.00
❏ INDIRA-AM-4	1991	CL	125.00	125.00
❏ IRENE GU-56	1995	2500	85.00	85.00
❏ IRINA RDK-237	1995	2500	35.00	35.00
❏ IRIS FH-483	1993	CL	95.00	95.00
❏ IRIS TR-58	1991	CL	120.00	120.00
❏ IVANA RDK-233	1995	2500	35.00	35.00
❏ IVY PS-307	1991	CL	75.00	75.00
❏ IVY-C-3203	1994	CL	85.00	85.00
❏ JACQUELINE-C-3202	1994	CL	150.00	150.00
❏ JAMAICA LL-989	1995	2500	75.00	75.00
❏ JAN DRESS UP OM-12	1993	CL	135.00	165.00
❏ JAN OM-012	1992	CL	135.00	135.00
❏ JANE-PS-243L	1991	CL	115.00	115.00
❏ JANET FH-496	1992	CL	120.00	120.00
❏ JANETTE-DOLL-385	1990	CL	85.00	85.00
❏ JAN-FH-584R	1994	2500	115.00	115.00
❏ JANICE OM-194	1991	CL	300.00	300.00
❏ JANIS-FH-584B	1994	2500	115.00	115.00
❏ JAN-OM-12	1993	2500	135.00	150.00
❏ JAQUELINE-DOLL-254M	1989	CL	85.00	85.00
❏ JENNIFER PS-446	1995	2500	145.00	145.00
❏ JENNY CD-16673B	1995	2500	35.00	35.00
❏ JENNY-OC-36M	1994	2500	115.00	115.00
❏ JERRI PS-434	1995	2500	100.00	100.00
❏ JESSICA RDK-225	1995	2500	30.00	30.00
❏ JESSICA-DOM-267	1988	CL	90.00	90.00
❏ JESSICA-FH-423	1991	CL	95.00	95.00
❏ JET FH-478	1992	CL	115.00	115.00
❏ JEWEL TR-100	1995	2500	110.00	110.00
❏ JILLIAN DOLL-41PH	1990	CL	90.00	90.00
❏ JILLIAN SP-428	1993	CL	165.00	165.00
❏ JILLIAN-C-3196	1994	2500	150.00	150.00
❏ JOANNE CRY BABY PS-50	1988	CL	100.00	100.00
❏ JOANNE CRY BABY PS-50	1989	2500	100.00	100.00
❏ JOANNE-TR-12	1990	CL	175.00	175.00
❏ JODIE-FH-495	1992	2500	115.00	115.00
❏ JOELLA CD-16779	1995	2500	35.00	35.00
❏ JOLIE-C231	1988	CL	65.00	160.00
❏ JORDAN-SP-455	1994	2500	150.00	150.00
❏ JOY CS-1450A	1995	2500	35.00	35.00
❏ JOY TR-99	1995	2500	85.00	85.00
❏ JOYCE AM-100J	1991	CL	35.00	35.00
❏ JOY-EP-23V	1991	CL	130.00	130.00
❏ JO-YK-4539	1994	3500	150.00	150.00
❏ JULIA C-3234	1995	2500	100.00	100.00
❏ JULIA RDK-222	1995	2500	35.00	35.00
❏ JULIA-C-3102	1991	CL	135.00	135.00
❏ JULIE-C245A	1988	CL	65.00	170.00
❏ JULIETTE BRIDE MUSICAL C246L TM	1988	CL	150.00	210.00
❏ JULIETTE OM-08	1992	2500	175.00	175.00
❏ JULIETTE OM-192	1991	CL	300.00	300.00
❏ JULIETTE OM-8	1993	CL	175.00	175.00
❏ JULIE-WB-35	1990	CL	70.00	70.00
❏ JUNE CD-2212	1995	2500	50.00	50.00
❏ KAREN-EP-24	1991	CL	115.00	115.00
❏ KAREN-PS-198	1990	CL	150.00	150.00
❏ KARMELA EP-57	1991	CL	120.00	120.00
❏ KARYN RDK-224	1995	2500	35.00	35.00
❏ KATE-C-3060	1990	CL	95.00	95.00
❏ KATE-OC-55	1994	2500	150.00	150.00
❏ KATHY W/BEAR TE1	1990	CL	70.00	70.00
❏ KATIE-IND-511	1994	2500	110.00	110.00
❏ KAYOKO-PS24	1989	CL	75.00	180.00
❏ KELLY-AM-8	1991	CL	125.00	125.00
❏ KELLY-YK-4536	1994	3500	150.00	150.00
❏ KELSEY DOLL 561	1995	2500	35.00	35.00
❏ KENDRA FH-481	1993	CL	115.00	115.00
❏ KERRY-FH-396	1991	CL	100.00	100.00
❏ KEVIN YK-4543	1994	3500	140.00	140.00
❏ KEVIN-MS-25	1994	2500	150.00	150.00
❏ KIKI-EP-4	1990	CL	100.00	100.00
❏ KIM AM-100K	1991	CL	70.00	70.00
❏ KIMMIE CS-15816	1995	2500	30.00	30.00
❏ KINESHA SP-402	1991	CL	110.00	110.00
❏ KIRSTEN PS-40G	1989	CL	70.00	70.00
❏ KIRSTEN-PS-40G	1988	CL	70.00	70.00
❏ KIT SP-426	1993	CL	55.00	55.00
❏ KITTEN-IND-512	1994	2500	110.00	110.00
❏ KITTY IND-527	1995	2500	40.00	40.00
❏ KIT-YK-4547	1994	3500	115.00	115.00
❏ KRISTI-FH-402	1991	CL	100.00	100.00
❏ KYLA YK-4137	1991	CL	95.00	140.00

NAME	YEAR	LIMIT	ISSUE	TREND
❏ LADY CAROLINE-LL-938	1994	2500	120.00	120.00
❏ LADY CAROLINE-LL-939	1994	2500	120.00	120.00
❏ LAUGHING WATERS-PS-410	1994	2500	150.00	150.00
❏ LAURA DOLL-25PH	1990	CL	55.00	55.00
❏ LAURA OM-010	1992	CL	250.00	250.00
❏ LAURA-WB-110P	1991	CL	85.00	85.00
❏ LAUREN-SP-300	1990	CL	85.00	85.00
❏ LAUREN-SP-458	1994	2500	125.00	125.00
❏ LAURIE JNC-4004	1992	CL	90.00	90.00
❏ LAVENDER BLUE-YK-4024	1990	CL	95.00	140.00
❏ LEIGH DOLL-457	1991	CL	95.00	95.00
❏ LEILA-AM-2	1991	CL	125.00	125.00
❏ LENORE FH-617	1995	2500	120.00	120.00
❏ LENORE LL-911	1991	CL	105.00	105.00
❏ LENORE RDK-229	1995	2500	50.00	50.00
❏ LENORE-YK-4218	1991	3500	135.00	135.00
❏ LESLIE LL-983	1995	2500	105.00	105.00
❏ LESLIE MER-809	1995	2500	65.00	65.00
❏ LIBBY-EP-18	1991	CL	85.00	85.00
❏ LIEN WHA-YK-4092	1990	CL	100.00	140.00
❏ LILA FH-404	1991	CL	100.00	115.00
❏ LILA GU-55	1995	2500	55.00	55.00
❏ LILA-AM-10	1991	CL	125.00	125.00
❏ LILI CD-16888	1995	2500	30.00	30.00
❏ LILY FH-630	1995	CL	120.00	160.00
❏ LINDA SP-435	1993	CL	95.00	95.00
❏ LINDA-C190	1987	CL	60.00	125.00
❏ LINDSAY PS-442	1995	2500	175.00	175.00
❏ LINDSAY-SP-462	1994	2500	150.00	150.00
❏ LINDSEY C-3127	1991	CL	135.00	165.00
❏ LINETTA C-3166	1991	CL	135.00	135.00
❏ LING-LING DOLL	1990	CL	50.00	50.00
❏ LING-LING-PS-87G	1989	CL	90.00	90.00
❏ LIONEL-FH206B	1988	CL	50.00	125.00
❏ LISA AM-100L	1991	CL	70.00	70.00
❏ LISA BEIGE ACCORDION PLEAT YK-4093	1990	CL	125.00	125.00
❏ LISA-FH-379	1990	CL	100.00	100.00
❏ LISA-YK-4093	1990	CL	125.00	135.00
❏ LISETTE LL-993	1995	2500	105.00	105.00
❏ LITTLE BOBBY RDK-235	1995	2500	25.00	25.00
❏ LITTLE BOY BLUE C-3159	1991	CL	100.00	100.00
❏ LITTLE LISA OM-86	1995	CL	125.00	125.00
❏ LITTLE LORI RDK-228	1995	2500	20.00	20.00
❏ LITTLE LOU RDK-227	1995	2500	20.00	20.00
❏ LITTLE MARY RDK-234	1995	2500	25.00	25.00
❏ LITTLE PATTY PS-429	1995	2500	50.00	50.00
❏ LITTLE RED RIDING HOOD-FH-557	1994	CL	140.00	140.00
❏ LIZ C-3150	1991	CL	100.00	100.00
❏ LIZA C-3053	1990	CL	100.00	100.00
❏ LIZA YK-4226	1991	CL	35.00	35.00
❏ LIZ-YK-269	1989	CL	70.00	110.00
❏ LOLA-SP-363	1991	CL	90.00	90.00
❏ LOLA-SP-79	1990	CL	105.00	105.00
❏ LONI-FH-448	1991	2500	100.00	100.00
❏ LORETTA SP-457	1994	2500	140.00	140.00
❏ LORETTA-FH-321	1990	CL	90.00	90.00
❏ LORI EP-52	1991	CL	95.00	95.00
❏ LORI FH-448	1991	CL	100.00	100.00
❏ LORI WB-72BM	1990	CL	75.00	75.00
❏ LOUISE LL-908	1991	CL	105.00	105.00
❏ LUCIE MFR-607	1995	2500	65.00	65.00
❏ LUCINDA DOM-293	1989	CL	90.00	90.00
❏ LUCINDA-DOM-293	1988	CL	90.00	90.00
❏ LUCINDA-PS-406	1994	2500	150.00	150.00
❏ LUCY-LL-853	1991	CL	80.00	80.00
❏ LYDIA-OM-226	1992	CL	250.00	250.00
❏ LYNN FH-498	1993	CL	120.00	120.00
❏ LYNN LL-995	1995	2500	105.00	105.00
❏ MADAME DU POMPADOUR-C-3088	1990	CL	250.00	250.00
❏ MADELEINE-C-3106	1991	CL	95.00	95.00
❏ MAE PS-431	1995	2500	70.00	70.00
❏ MAGGIE FH-505	1992	CL	125.00	125.00
❏ MAGGIE IND-532	1995	2500	80.00	80.00
❏ MAGGIE-PS-151P	1990	CL	90.00	90.00
❏ MAGGIE-WB-51	1990	CL	105.00	105.00
❏ MAGNOLIA FH-558	1994	2500	150.00	150.00
❏ MAIDEN-PS-409	1994	2500	150.00	150.00
❏ MAI-LING-PS-79	1989	CL	100.00	100.00
❏ MANDY YK-4548	1994	3500	115.00	115.00
❏ MARCEY YK-4005	1989	CL	90.00	90.00
❏ MARCY TR-55	1991	CL	135.00	135.00
❏ MARCY-YK122	1987	CL	55.00	110.00
❏ MARGARET-245	1989	CL	100.00	160.00
❏ MARGARET-C-3204	1994	2500	150.00	150.00
❏ MARIA GU-35	1994	2500	115.00	115.00
❏ MARIA PS-437	1995	2500	125.00	125.00
❏ MARIAH LL-909	1993	CL	135.00	135.00
❏ MARIA-YK-4116	1990	CL	85.00	85.00
❏ MARIEL C-3119	1991	CL	125.00	125.00
❏ MARIELLE PS-443	1995	2500	175.00	175.00
❏ MARTINA RDK-232	1995	2500	35.00	35.00
❏ MARY ANN FH-633	1995	CL	110.00	110.00
❏ MARY ANN-TR-79	1994	2500	125.00	125.00
❏ MARY ELIZABETH OC-51	1995	2500	50.00	50.00
❏ MARY JO-FH-552	1994	CL	150.00	150.00

DOLLS

DOLLS

NAME	YEAR	LIMIT	ISSUE	TREND
❑ MARY LOU FH-565	1994	2500	135.00	135.00
❑ MARY-OC-56	1994	2500	135.00	135.00
❑ MAUDE AM-100M	1991	CL	70.00	70.00
❑ MAUREEN-PS-84	1989	CL	90.00	90.00
❑ MAXINE C-3225	1995	CL	125.00	125.00
❑ MC KENZIE LL-987	1995	2500	100.00	100.00
❑ MEGAN C-3192	1994	2500	150.00	150.00
❑ MEGAN RDK-220	1995	2500	30.00	30.00
❑ MEIMEI-PS22	1989	CL	75.00	230.00
❑ MELANIE-YK-4115	1990	CL	80.00	80.00
❑ MELISSA CH-3	1991	CL	110.00	110.00
❑ MELISSA LL-901	1991	CL	135.00	135.00
❑ MELISSA OM-03	1992	CL	135.00	135.00
❑ MELISSA-AM-9	1991	CL	120.00	120.00
❑ MELISSA-DOLL-390	1990	CL	75.00	75.00
❑ MELISSA-LL-794	1989	CL	95.00	95.00
❑ MEREDITH FH-391-P	1991	CL	95.00	95.00
❑ MEREDITH MER-806	1995	2500	65.00	65.00
❑ MERRI MER-810	1995	2500	65.00	65.00
❑ MERRY WIDOW-C-3040	1990	CL	145.00	145.00
❑ MERRY WIDOW-C-3040M	1990	CL	140.00	140.00
❑ MERYL FH-463	1991	CL	95.00	95.00
❑ MICHAEL W/SCHOOL BOOKS FH-439B	1991	CL	95.00	95.00
❑ MICHELLE & MARCEL-YK176	1988	CL	70.00	160.00
❑ MICHELLE EP36	1991	CL	95.00	95.00
❑ MICHELLE W/SCHOOL BOOKS FH-439G	1991	CL	95.00	95.00
❑ MINDI PS-441	1995	2500	125.00	125.00
❑ MINDY LL-990	1995	2500	75.00	75.00
❑ MIRANDA C16456B	1995	2500	30.00	30.00
❑ MIRANDA TR-91	1995	2500	135.00	135.00
❑ MIRANDA-DOLL-9PH	1991	CL	75.00	75.00
❑ MISS DEBUTANTE DEBI	1984	CL	75.00	200.00
❑ MISS ELIZABETH SP-459	1994	2500	150.00	150.00
❑ MISS KIM-PS25	1989	CL	75.00	180.00
❑ MISSY DOLL-464	1991	CL	70.00	70.00
❑ MISSY PS-258	1991	CL	90.00	90.00
❑ MISSY-FH-567	1994	2500	140.00	140.00
❑ MON YUN W/PARASOL TR-33	1991	CL	115.00	140.00
❑ MONICA TR-95	1995	2500	135.00	135.00
❑ MORNING DEW INDIAN PS-404	1994	2500	150.00	150.00
❑ MUSICAL DOLL-OC-45M	1994	2500	140.00	140.00
❑ NANCY FH-615	1995	2500	100.00	100.00
❑ NANCY JNC-4001	1992	CL	90.00	90.00
❑ NANCY W/RABBIT EP-31	1991	CL	165.00	165.00
❑ NANCY WB-73	1991	CL	65.00	65.00
❑ NANOOK-WB-23	1990	CL	75.00	75.00
❑ NATALIE PP-2	1994	2500	275.00	275.00
❑ NATASHA TR-90	1995	CL	125.00	125.00
❑ NATASHA-PS-102	1990	CL	100.00	100.00
❑ NELLIE-EP-1B	1991	CL	75.00	75.00
❑ NICOLE-AM-12	1991	CL	135.00	135.00
❑ NIKKI SP-461	1994	2500	150.00	150.00
❑ NIKKI-PS-401	1994	2500	150.00	150.00
❑ NINA YK-4232	1993	CL	135.00	135.00
❑ NIRMALA YK-210	1987	CL	50.00	65.00
❑ NOELLE PS-239V	1991	CL	95.00	95.00
❑ NOELLE-C-3199	1994	2500	195.00	195.00
❑ NOELLE-MS-28	1994	2500	150.00	150.00
❑ NOEL-MS-27	1994	2500	150.00	150.00
❑ NORMAN C-3226	1995	2500	135.00	135.00
❑ ODESSA-FH-362	1990	CL	65.00	65.00
❑ ODETTA IND-521	1994	2500	140.00	140.00
❑ OONA TR-57	1993	CL	135.00	135.00
❑ ORIANA-IND-515	1994	2500	140.00	140.00
❑ OUR FIRST SKATES RDK-226/BG	1995	2500	50.00	50.00
❑ PAIGE GU-33	1994	2500	150.00	150.00
❑ PAIGE IND-529	1995	2500	80.00	80.00
❑ PAMELA-LL-949	1994	CL	115.00	115.00
❑ PAN PAN GU-52	1995	2500	60.00	60.00
❑ PANAMA OM-43	1994	2500	195.00	195.00
❑ PATRICIA/PATRICK-215GBB	1989	CL	105.00	140.00
❑ PATTI DOLL-440	1991	CL	65.00	65.00
❑ PATTY C-3220	1995	2500	60.00	60.00
❑ PATTY-GU-34	1994	2500	115.00	115.00
❑ PATTY-YK-4221	1991	CL	125.00	125.00
❑ PAULA PS-56	1989	CL	75.00	75.00
❑ PAULETTE PS-430	1995	2500	80.00	80.00
❑ PAULINE BONAPARTE OM-68	1989	CL	120.00	120.00
❑ PAULINE PS-440	1995	2500	65.00	65.00
❑ PAULINE YK-230	1988	CL	90.00	90.00
❑ PAYSON YK-4541	1994	3500	135.00	135.00
❑ PAYTON-PS-407	1994	2500	150.00	150.00
❑ PEACHES IND-531	1995	2500	80.00	80.00
❑ PEARL IND-523	1994	2500	275.00	275.00
❑ PEGEEN-C-3205	1994	CL	150.00	150.00
❑ PEGGY TR-75	1994	2500	185.00	185.00
❑ PEPPER PS-277	1991	CL	130.00	145.00
❑ PETULA-C-3191	1994	2500	140.00	140.00
❑ PIA-PS-246L	1991	CL	115.00	115.00
❑ PING-LING DOLL 363RV	1990	CL	50.00	50.00
❑ POLLY DOLL-22PH	1990	CL	90.00	90.00
❑ PRINCESS FOXFIRE PS-411	1994	2500	150.00	150.00
❑ PRINCESS MOONRISE-YK-4542	1994	3500	140.00	140.00
❑ PRINCESS RED FEATHER PS-189	1990	CL	90.00	90.00
❑ PRINCESS SNOW FLOWER PS-402	1994	2500	150.00	150.00

NAME	YEAR	LIMIT	ISSUE	TREND
❑ PRINCESS SUMMER WINDS FH-427	1991	CL	120.00	120.00
❑ PRINCESS-FH-268B	1990	CL	75.00	75.00
❑ PRISCILLA-WB-50	1990	CL	105.00	105.00
❑ PRISCILLA-YK-4538	1994	3500	135.00	135.00
❑ PRISSY WHITE/BLUE-C-3140	1991	CL	100.00	100.00
❑ RAINIE LL-984	1995	2500	125.00	125.00
❑ RAMONA PS-31B	1989	CL	80.00	80.00
❑ RAPUNZEL C-3157	1991	CL	150.00	150.00
❑ RAPUNZEL-C158	1987	CL	95.00	190.00
❑ REBECCA C-3177	1993	CL	135.00	135.00
❑ REBECCA C-3177	1994	2500	135.00	135.00
❑ REBECCA PS-34V	1989	CL	45.00	45.00
❑ RED WING AM-30	1991	CL	165.00	165.00
❑ REGINA-OM-41	1994	2500	150.00	150.00
❑ RITA FH-553	1994	2500	115.00	115.00
❑ ROBBY-NM-29	1994	2500	135.00	135.00
❑ ROBIN AM-22	1991	CL	120.00	120.00
❑ ROBIN C-3236	1995	2500	60.00	60.00
❑ ROSALIND-C-3090	1991	CL	150.00	150.00
❑ ROSIE-290M	1989	CL	55.00	90.00
❑ RUSTY CS-1450B	1995	2500	35.00	35.00
❑ SABRINA C208	1988	CL	65.00	100.00
❑ SABRINA-C208	1987	CL	65.00	100.00
❑ SABRINA-C3050	1990	CL	105.00	105.00
❑ SAILORETTE-DOM217	1987	CL	70.00	160.00
❑ SALLY FH-492	1992	CL	105.00	105.00
❑ SALLY-WB-20	1990	CL	95.00	95.00
❑ SAMANTHA GU-3	1991	CL	100.00	100.00
❑ SANDRA-DOLL-6PHE	1991	CL	65.00	65.00
❑ SAPPHIRES OM-223	1992	CL	250.00	250.00
❑ SARA ANN FH-474	1992	CL	115.00	115.00
❑ SARAH C-3214	1995	CL	110.00	110.00
❑ SARETTA SP-423	1994	2500	100.00	100.00
❑ SARETTA-SP-423	1993	2500	100.00	100.00
❑ SASHA GU-57	1995	2500	75.00	75.00
❑ SCARLETT FH-399	1991	CL	100.00	100.00
❑ SCARLETT FH-436	1991	CL	135.00	135.00
❑ SCARLETT FH-471	1992	CL	120.00	120.00
❑ SHAKA TR-45	1993	CL	100.00	100.00
❑ SHAKA-SP-401	1991	2500	110.00	110.00
❑ SHAKA-TR-45	1994	2500	100.00	100.00
❑ SHARON BLUE-EP-34	1991	CL	120.00	120.00
❑ SHARON C-3237	1991	2500	95.00	95.00
❑ SHAU CHEN GU-2	1991	CL	95.00	95.00
❑ SHELLEY CH-1	1991	CL	110.00	110.00
❑ SHIMMERING CAROLINE LL-992	1995	2500	115.00	115.00
❑ SHIRLEY-WB-37	1990	CL	65.00	65.00
❑ SISTER AGNES C250	1988	CL	75.00	75.00
❑ SISTER IGNATIUS NOTRE DAME FH184	1988	CL	75.00	75.00
❑ SISTER MARY-C-249	1989	CL	75.00	130.00
❑ SISTER MARY-WB-15	1990	CL	70.00	70.00
❑ SISTER SUZIE-IND-509	1994	2500	95.00	95.00
❑ SISTER TERESA FH187	1988	CL	80.00	80.00
❑ SLEEPING BEAUTY OM-88	1995	2500	115.00	115.00
❑ SONJA FH-486	1992	CL	125.00	125.00
❑ SOPHIA PS-445	1995	2500	125.00	125.00
❑ SOPHIE TR-53	1991	CL	135.00	135.00
❑ SOPHIE-OM-1	1990	CL	65.00	65.00
❑ SOUTHERN BELLE BRIDE FH-637	1995	2500	160.00	190.00
❑ SOUTHERN BELLE FH-570	1994	2500	140.00	140.00
❑ SPARKLE-OM-40	1994	2500	150.00	150.00
❑ STACY DOLL-6PH	1991	CL	65.00	65.00
❑ STACY FH-634	1995	2500	110.00	110.00
❑ STACY OC-75	1995	2500	40.00	40.00
❑ STACY-TR-5	1990	CL	105.00	105.00
❑ STEPHANIE FH-467	1991	CL	95.00	95.00
❑ STEPHANIE PINK & WHITE-OM-196	1991	CL	300.00	300.00
❑ STEPHANIE-AM-11	1991	CL	105.00	105.00
❑ STEPHIE OC-41M	1994	2500	115.00	115.00
❑ SUE CHUEN C-3061G	1990	CL	95.00	95.00
❑ SUE JNC-4003	1992	CL	90.00	90.00
❑ SUE SWEL TR-73	1994	2500	110.00	110.00
❑ SUGAR PLUM FAIRY OM-39	1994	2500	150.00	150.00
❑ SUMMER AM-33	1991	CL	200.00	200.00
❑ SUNNY PS-59V	1989	CL	71.00	75.00
❑ SUNNY-FH-331	1990	CL	70.00	70.00
❑ SUSAN DOLL 364MC	1990	CL	75.00	75.00
❑ SUZANNE DOLL 554	1995	2500	35.00	35.00
❑ SUZANNE LL-943	1994	2500	105.00	105.00
❑ SUZIE OC-80	1995	2500	50.00	50.00
❑ SUZIE SP-422	1993	CL	164.00	170.00
❑ SUZIE-GU-38	1994	2500	135.00	135.00
❑ SUZIE-PS-32	1989	CL	80.00	80.00
❑ SUZIE-SP-422	1994	2500	164.00	165.00
❑ SWEET PEA LL-981	1995	2500	90.00	90.00
❑ SYBIL BEIGE-C-3131	1991	CL	135.00	135.00
❑ SYBIL PINK-12PHMC	1991	CL	75.00	75.00
❑ SYLVIE CD-16634B	1995	2500	35.00	35.00
❑ TABITHA C-3233	1995	2500	50.00	50.00
❑ TAFFEY TR-80	1994	2500	150.00	150.00
❑ TALLULAH-OM-44	1994	2500	275.00	275.00
❑ TAMARA OM-187	1991	CL	135.00	135.00
❑ TANIA-DOLL376-P	1990	CL	65.00	65.00
❑ TATIANA PINK BALLERINA OM-60	1989	CL	120.00	120.00

DOLLS

NAME	YEAR	LIMIT	ISSUE	TREND
TERESA C-3198	1994	CL	110.00	110.00
TERRI OM-78	1995	2500	150.00	150.00
TERRI TR-62	1991	CL	75.00	75.00
TERRI-PS-104	1989	CL	85.00	85.00
TESSA AM-19	1991	CL	135.00	135.00
TIFFANY OC-44M	1994	2500	140.00	140.00
TIFFANY OM-014	1992	CL	150.00	150.00
TINA OM-79	1995	2500	150.00	150.00
TINA-AM-16	1991	CL	130.00	130.00
TINA-DOLL-371	1990	CL	85.00	85.00
TINA-WB-32	1990	CL	65.00	65.00
TIPPI LL-946	1994	CL	110.00	110.00
TOBEY C-3232	1995	2500	50.00	50.00
TODD YK-4540	1994	3500	45.00	45.00
TOMMY-C-3064	1990	CL	75.00	75.00
TOPAZ TR-74	1994	CL	195.00	195.00
TRACY-C-3006	1988	CL	95.00	160.00
TRINA OM-011	1992	CL	165.00	165.00
TRIXIE TR-77	1994	2500	110.00	110.00
VANESSA AM-34	1991	CL	90.00	90.00
VICKI-C-3101	1991	CL	200.00	200.00
VIOLET EP-41	1991	CL	135.00	135.00
VIOLET OM-186	1991	CL	270.00	270.00
VIOLETTE FH-503	1992	CL	120.00	120.00
VIRGINIA SP-359	1991	YR	120.00	120.00
VIRGINIA-TR-78	1994	2500	195.00	195.00
VIVIAN C-201P	1987	CL	80.00	80.00
WAH-CHING/ORIENTAL TODDLER-YK-4175	1991	CL	110.00	110.00
WEL LIN GU-44	1995	2500	70.00	70.00
WENDY FH-626	1995	2500	200.00	200.00
WENDY MS-26	1994	2500	150.00	150.00
WENDY-C120	1985	CL	45.00	160.00
WENDY-PS-51	1989	CL	105.00	105.00
WENDY-TE-3	1990	CL	75.00	75.00
WILMA-PS-174	1990	CL	75.00	75.00
WINNIE LL-965	1995	2500	75.00	75.00
WINTER WONDERLAND RDK-301	1995	2500	35.00	35.00
WOODLAND SPRITE OM-90	1995	2500	100.00	100.00
YELENA RDK-236	1995	2500	35.00	35.00
YEN YEN-YK-4091	1990	CL	95.00	95.00
YVETTE OM-015	1992	CL	150.00	150.00

CONNOISSEUR DOLL COLLECTION — H. PAYNE

NAME	YEAR	LIMIT	ISSUE	TREND
LITTLE MATCH GIRL HP-205	1992	5000	150.00	150.00
POLLY HP-208	1992	5000	120.00	120.00

CONNOISSEUR DOLL COLLECTION — M. SEVERINO

NAME	YEAR	LIMIT	ISSUE	TREND
MEGAN MS-12	1992	5000	125.00	125.00

SIGNATURE DOLL SERIES — P. APRILE

NAME	YEAR	LIMIT	ISSUE	TREND
ALEXANDRIA-PAC-19	1992	5000	300.00	300.00
AMELIA PAC-28	1995	5000	130.00	130.00
BRIE PPA-26	1995	5000	180.00	180.00
CASSANDRA-PAC-8	1992	CL	450.00	450.00
CASSIE FLOWER GIRL-PAC-9	1992	CL	175.00	175.00
CELINE-PAC-11	1992	5000	165.00	165.00
CLARISSA-PAC-3	1992	5000	165.00	165.00
CYNTHIA-PAC-10	1992	CL	165.00	165.00
EUGENIE BRIDE-PAC-1	1992	5000	165.00	165.00
EVENING STAR-PAC-5	1992	CL	500.00	500.00
IMAN PPA-24	1995	5000	110.00	110.00
MELANIE PAC-14	1992	CL	300.00	300.00
NADIA PAC-18	1992	CL	175.00	175.00
PAULETTE-PAC-2	1991	5000	250.00	285.00
PAULETTE-PAC-4	1991	5000	250.00	285.00
PAVLOVA PAC-17	1992	CL	145.00	145.00
VANESSA PAC-15	1992	CL	300.00	300.00
VIOLETTA PAC-16	1992	CL	165.00	165.00

SIGNATURE DOLL SERIES — S. BILOTTO

NAME	YEAR	LIMIT	ISSUE	TREND
PRECIOUS BABY-SB-100	1991	5000	250.00	250.00
PRECIOUS PARTY TIME-SB-102	1991	5000	250.00	280.00
PRECIOUS SPRING TIME-SB-104	1991	CL	250.00	250.00

SIGNATURE DOLL SERIES — M.A. BYERLY

NAME	YEAR	LIMIT	ISSUE	TREND
DOZY ELF WITH FEATHERBED-MAB-100	1991	CL	110.00	110.00
DUBY ELF WITH FEATHERBED-MAB-103	1991	CL	110.00	110.00
DUDLEY ELF WITH FEATHERBED-MAB-101	1991	CL	110.00	110.00
DUFFY ELF WITH FEATHERBED-MAB-102	1991	CL	110.00	110.00

SIGNATURE DOLL SERIES — E. DALI

NAME	YEAR	LIMIT	ISSUE	TREND
CARA DALI-1	1995	5000	400.00	400.00
PATRICIA DALI-3	1995	5000	280.00	280.00
STACY DALI-2	1995	5000	360.00	360.00

SIGNATURE DOLL SERIES — K. FITZPATRICK

NAME	YEAR	LIMIT	ISSUE	TREND
AMANDA KSFA-1	1995	5000	175.00	175.00
HAPPY JFC-100	1995	5000	120.00	120.00

SIGNATURE DOLL SERIES — J. GRAMMER

NAME	YEAR	LIMIT	ISSUE	TREND
SIS JAG-110	1994	CL	110.00	110.00
TEX-JAG-114	1994	5000	110.00	110.00
TRACY JAG-111	1994	5000	150.00	150.00
TREVOR-JAG-112	1994	5000	115.00	115.00

SIGNATURE DOLL SERIES — H. KAHL-HYLAND

NAME	YEAR	LIMIT	ISSUE	TREND
AMY ROSE HKHF-200	1995	5000	125.00	125.00
BRAD HKH-15	1995	5000	85.00	85.00
GRACE-HKH-2	1993	5000	250.00	250.00
HELENE-HKH-1	1993	5000	250.00	250.00

NAME	YEAR	LIMIT	ISSUE	TREND
❑ LAUREL HKH-17R	1995	5000	110.00	110.00
❑ LAUREN HKH-202	1995	5000	150.00	150.00
❑ LUCY HKH-14	1995	CL	105.00	105.00
❑ NATASHA HKH-17P	1995	5000	110.00	110.00
❑ NIKKI HKHF-20	1995	5000	125.00	125.00
❑ REILLY-HKH-3	1993	5000	260.00	260.00
❑ SUZIE HKH-16	1995	5000	100.00	100.00
SIGNATURE DOLL SERIES				**P. KOLESAR**
❑ BABY CAKES CRUMBS/BLACK-PK-CRUMBS/B	1992	5000	18.00	18.00
❑ BABY CAKES CRUMBS-PK-CRUMBS	1992	5000	18.00	18.00
❑ BABY CAKES CRUMBS-PK-CRUMBS/B	1992	5000	18.00	18.00
❑ BRIDGETTE-PK-104	1991	CL	120.00	120.00
❑ CLAIR ANN-PK-252	1991	5000	100.00	100.00
❑ ENOC-PK-100	1991	5000	100.00	100.00
❑ LITTLE TURTLE INDIAN-PK-110	1992	CL	150.00	150.00
❑ RAVEN ESKIMO-PK-106	1992	CL	130.00	130.00
❑ SHUN LEE-PK-102	1991	CL	120.00	120.00
❑ SPARKLE-PK-250	1991	5000	100.00	100.00
❑ SUSAN MARIE-PK-103	1991	CL	120.00	120.00
❑ SWEET PEA-PK-251	1991	CL	100.00	100.00
SIGNATURE DOLL SERIES				**G. MCNEIL**
❑ ELEANORE GMNA-100	1995	5000	225.00	225.00
❑ HOLLY GMN-202	1995	5000	150.00	150.00
SIGNATURE DOLL SERIES				**H. PAYNE**
❑ CREOLE BLACK-HP-202	1992	CL	250.00	250.00
❑ DARLA-HP-204	1992	5000	250.00	250.00
❑ DULCIE-HP-200	1992	CL	250.00	250.00
❑ DUSTIN-HP-201	1992	CL	250.00	250.00
❑ POLLY-HP-206	1992	5000	120.00	120.00
❑ SPANKY-HP-25	1992	CL	250.00	250.00
SIGNATURE DOLL SERIES				**P. PHILLIPS**
❑ ADAK PPA-21	1995	5000	110.00	110.00
❑ ALAIN PPA-19	1995	2500	100.00	100.00
❑ CASEY PPA-23	1995	5000	85.00	85.00
❑ LATISHA PPA-25	1995	5000	110.00	110.00
❑ LENA PPA-20	1995	5000	120.00	120.00
❑ SHAO LING PPA-22	1995	5000	110.00	110.00
SIGNATURE DOLL SERIES				**L. RANDOLPH**
❑ GINNY LR-2	1995	5000	360.00	360.00
❑ LENORE LRC-100	1995	500	140.00	140.00
❑ MEREDITH LR-3	1995	5000	375.00	375.00
❑ TAMMY LR-4	1995	5000	325.00	325.00
❑ TIFFANY LR-1	1995	5000	370.00	370.00
SIGNATURE DOLL SERIES				**M. SEVERINO**
❑ ABIGAIL-MS-11	1992	CL	125.00	125.00
❑ ADORA-MS-14	1992	5000	300.00	300.00
❑ ALICE-MS-7	1991	CL	120.00	120.00
❑ AMBER-MS-1	1991	CL	95.00	95.00
❑ BECKY-MS-2	1991	CL	95.00	95.00
❑ BIANCA-PK-101	1991	CL	120.00	120.00
❑ BONNETT BABY-MS-17W	1993	5000	175.00	175.00
❑ CODY MS-19	1992	CL	120.00	120.00
❑ DADDY'S LITTLE DARLING-MS-8	1991	CL	165.00	180.00
❑ KATE-MS-15	1992	CL	190.00	190.00
❑ MIKEY-MS-3	1991	CL	95.00	95.00
❑ MOMMY'S RAYS OF SUNSHINE-MS-9	1991	5000	165.00	165.00
❑ REBECCA BEIGE BONNET MS-17B	1992	5000	175.00	175.00
❑ RUBY-MS-18	1992	5000	135.00	135.00
❑ SALLY-MS-25	1992	CL	110.00	110.00
❑ STACY-MS-24	1992	CL	110.00	110.00
❑ STEPHIE-MS-6	1991	CL	125.00	125.00
❑ SU LIN-MS-5	1991	CL	105.00	105.00
❑ VICTORIA W/ BLANKET-MS-10	1992	CL	110.00	110.00
❑ YAWNING KATE-MS-4	1991	CL	105.00	105.00

SUSAN WAKEEN DOLL CO. INC.
THE LITTLEST BALLET CO.

NAME	YEAR	LIMIT	ISSUE	TREND
				S. WAKEEN
❑ CYNTHIA	1985	375	198.00	350.00
❑ ELIZABETH	1987	250	425.00	1000.00
❑ JEANNE	1985	375	198.00	800.00
❑ JENNIFER	1985	250	750.00	750.00
❑ MARIE ANN	1987	50	100.00	1000.00
❑ PATTY	1985	375	198.00	450.00

THE COLLECTABLES

NAME	YEAR	LIMIT	ISSUE	TREND
				D. EFFNER
❑ LIZBETH ANN	1990	1000	420.00	425.00
❑ WELCOME HOME	1989	1000	330.00	680.00
				P. PARKINS
❑ ADRIANNA	1991	CL	1350.00	1355.00
❑ AFTERNOON DELIGHT	1994	500	410.00	415.00
❑ ALEXUS	1995	150	550.00	570.00
❑ AMBER	1993	500	330.00	335.00
❑ AMBER HISPANIC	1994	500	345.00	345.00
❑ BASSINET BABY	1990	2000	130.00	430.00
❑ BETHANY	1991	CL	450.00	455.00
❑ BRIANNA	1995	SO	590.00	625.00
❑ CHRISTINE	1995	350	390.00	390.00
❑ DANIELLE	1990	1000	400.00	480.00
❑ HALEY	1993	500	330.00	335.00

DOLLS

DOLLS

NAME	YEAR	LIMIT	ISSUE	TREND
❑ IN YOUR EASTER BONNET	1990	1000	350.00	355.00
❑ KARLIE	1992	500	380.00	380.00
❑ KELSIE	1991	500	320.00	325.00
❑ LAUREN	1991	300	490.00	495.00
❑ LITTLE DUMPLING (BLACK)	1993	500	190.00	195.00
❑ LITTLE DUMPLING (WHITE)	1993	500	190.00	195.00
❑ MADISON	1994	250	350.00	355.00
❑ MADISON SAILOR	1994	250	370.00	375.00
❑ MAGGIE	1993	500	330.00	335.00
❑ MARISSA	1992	300	350.00	350.00
❑ MARTY	1992	250	190.00	195.00
❑ MATIA	1992	250	190.00	195.00
❑ MICHELLE	1989	250	270.00	455.00
❑ MISSY	1992	OP	59.00	60.00
❑ MOLLY	1992	450	350.00	355.00
❑ MOLLY	1993	450	350.00	400.00
❑ MORGAN	1994	250	395.00	395.00
❑ MORGAN CHRISTMAS	1994	500	390.00	410.00
❑ MORGAN IN RED	1994	250	395.00	395.00
❑ MOTHER'S LOVE	1995	450	770.00	770.00
❑ MY LITTLE ANGEL BOY	1995	SO	450.00	450.00
❑ MY LITTLE ANGEL GIRL	1995	SO	450.00	450.00
❑ NATASHA	1991	CL	510.00	515.00
❑ SHELLEY	1992	300	450.00	455.00
❑ STORYTIME BY SARAH JANE	1987	CL	330.00	530.00
❑ SUGAR PLUM FAIRY	1994	500	250.00	255.00
❑ TASHA	1987	CL	290.00	530.00
❑ TATIANA	1986	CL	270.00	680.00
❑ YVETTE	1991	300	580.00	585.00
ANGELS SERIES				**P. PARKINS**
❑ ANGEL ON MY SHOULDER	1992	CL	530.00	535.00
❑ GUARDING THE WAY	1994	RT	950.00	955.00
❑ MY GUARDIAN ANGEL	1993	500	590.00	595.00
BUTTERFLY BABIES				**P. PARKINS**
❑ BELINDA	1989	CL	270.00	380.00
❑ LATICIA	1992	CL	320.00	325.00
❑ WILLOW	1990	CL	240.00	380.00
CHERISHED MEMORIES				**D. EFFNER**
❑ TEA TIME	1988	CL	380.00	455.00
CHERISHED MEMORIES				**P. PARKINS**
❑ AMY AND ANDREW	1986	CL	220.00	330.00
❑ BRITTANY	1988	CL	240.00	305.00
❑ CASSANDRA	1990	CL	500.00	555.00
❑ GENERATIONS	1989	CL	480.00	505.00
❑ HEATHER	1988	CL	280.00	325.00
❑ JENNIFER	1988	CL	380.00	550.00
❑ LEIGH ANN AND LELAND	1988	CL	250.00	275.00
❑ TWINKLES	1989	CL	170.00	280.00
COLLECTOR'S CLUB				**P. PARKINS**
❑ KALLIE	1992	CL	410.00	415.00
❑ KRYSTAL	1994	YR	385.00	385.00
❑ MANDY	1991	CL	360.00	365.00
❑ MOMMY AND ME	1992	CL	810.00	815.00
ENCHANTED CHILDREN				**P. PARKINS**
❑ KARA	1990	CL	550.00	555.00
❑ KATLIN	1990	CL	550.00	555.00
❑ KRISTIN	1990	400	550.00	655.00
❑ TIFFY	1990	500	370.00	505.00
FAIRY				**P. PARKINS**
❑ TABATHA	1988	1500	370.00	425.00
LIMITED EDITION VINYL DOLLS				**P. PARKINS**
❑ ANNIE	1992	2500	190.00	190.00
❑ BRENDA (BLUE DRESS)	1992	2500	180.00	180.00
❑ BRENDA (CHRISTMAS)	1992	250	240.00	240.00
❑ BRENDA (SPRING)	1992	250	240.00	240.00
❑ BRENT	1992	2500	190.00	190.00
❑ JENNY AND JEREMY (PUPPY LOVE)	1992	2500	180.00	180.00
❑ JESSICA	1992	2500	190.00	190.00
MOTHER'S LITTLE TREASURES				**D. EFFNER**
❑ 1ST EDITION	1985	CL	380.00	705.00
❑ 2ND EDITION	1990	CL	440.00	600.00
SMALL ANGELS SERIES				**P. PARKINS**
❑ EARTH ANGEL	1994	500	195.00	200.00
TINY TREASURES				**P. PARKINS**
❑ HOLLY	1991	1000	150.00	150.00
❑ LITTLE GIRL	1991	1000	140.00	140.00
❑ NICOLAUS	1992	500	160.00	160.00
❑ NICOLE	1992	500	180.00	180.00
❑ TODDLER BOY	1991	1000	130.00	130.00
❑ TODDLER GIRL	1991	1000	130.00	130.00
❑ TOMMIE	1992	1000	160.00	160.00
❑ TORI	1992	1000	170.00	170.00
❑ VICTORIAN BOY	1991	1000	150.00	150.00
❑ VICTORIAN GIRL	1991	1000	150.00	150.00
YESTERDAY'S CHILD				**D. EFFNER**
❑ ASHLEY	1986	CL	220.00	280.00
❑ CHAD AND CHARITY	1983	CL	190.00	195.00
❑ CLEO	1982	CL	180.00	255.00
❑ COLUMBINE	1982	CL	180.00	255.00
❑ JASON AND JESSICA	1982	CL	150.00	305.00

NAME	YEAR	LIMIT	ISSUE	TREND
❑ KEVIN AND KARISSA	1984	CL	190.00	275.00
❑ NOEL	1983	CL	190.00	245.00
❑ REBECCA	1984	CL	250.00	275.00
❑ TODD AND TIFFANY	1986	CL	220.00	255.00

TIMELESS CREATIONS

BAREFOOT CHILDREN

				A. HIMSTEDT
❑ BASTIAN	1987	CL	329.00	750.00
❑ BECKUS	1987	CL	329.00	1800.00
❑ ELLEN	1987	CL	329.00	880.00
❑ FATOU	1987	CL	329.00	975.00
❑ FATOU (CORNROLL)	1987	CL	329.00	650.00
❑ KATHE	1987	CL	329.00	850.00
❑ LISA	1987	CL	329.00	850.00
❑ PAULA	1987	CL	329.00	825.00

BLESSED ARE THE CHILDREN

				A. HIMSTEDT
❑ FREDERRICKE	1988	CL	499.00	1800.00
❑ KASIMIR	1988	CL	499.00	1900.00
❑ MAKIMURA	1988	CL	499.00	1125.00
❑ MALIN	1988	CL	499.00	1610.00
❑ MICHIKO	1988	CL	499.00	1200.00

FACES OF FRIENDSHIP

				A. HIMSTEDT
❑ LILIANE/NETHERLANDS	1991	2-YR	598.00	750.00
❑ NEBLINA/SWITZERLAND	1991	2-YR	598.00	710.00
❑ SHIREEM/BALI	1991	2-YR	598.00	630.00

FIENE AND THE BAREFOOT BABIES

				A. HIMSTEDT
❑ ANNCHEN/GERMAN BABY GIRL	1990	2-YR	498.00	815.00
❑ FIENE/BELGIAN GIRL	1990	2-YR	598.00	950.00
❑ MO/AMERICAN BABY BOY	1990	2-YR	498.00	650.00
❑ TAKI/JAPANESE BABY GIRL	1990	2-YR	498.00	1000.00

HEARTLAND

				A. HIMSTEDT
❑ TIMI	1988	CL	329.00	600.00
❑ TONI	1988	CL	329.00	580.00

IMAGES OF CHILDHOOD

				A. HIMSTEDT
❑ KIMA/GREENLAND	1993	2-YR	599.00	600.00
❑ LONA/CALIFORNIA	1993	2-YR	599.00	675.00
❑ TARA/GERMANY	1993	2-YR	599.00	605.00

REFLECTION OF YOUTH

				A. HIMSTEDT
❑ ADRIENNE/FRANCE	1989	CL	558.00	900.00
❑ AYOKA/AFRICA	1989	CL	558.00	1100.00
❑ JANKA/HUNGARY	1989	CL	558.00	1050.00
❑ KAI/GERMAN	1989	CL	558.00	850.00

SUMMER DREAMS

				A. HIMSTEDT
❑ ENZO	1992	2-YR	599.00	510.00
❑ JULE	1992	2-YR	599.00	700.00
❑ PEMBA	1992	2-YR	599.00	530.00
❑ SANGA	1992	2-YR	599.00	625.00

TUJAYS ARTIST DOLLS

				BOSWORTH/MIKO
❑ ABIGAIL	1991	100	750.00	750.00
❑ ALETA	1989	20	575.00	825.00
❑ ALTHEA	1988	7	595.00	1000.00
❑ AMANDA	1987	20	595.00	950.00
❑ ANINA	1986	20	595.00	925.00
❑ ASHLEY	1987	20	525.00	925.00
❑ CHARLOTTE	1989	20	675.00	950.00
❑ ELIZABETH	1988	25	395.00	595.00
❑ ESTELLE	1989	20	575.00	850.00
❑ GENEVIEVE	1991	10	975.00	975.00
❑ GEORGETTE	1990	100	475.00	740.00
❑ HENRIETTA	1989	20	575.00	800.00
❑ JENNIFER	1991	100	615.00	615.00
❑ KATHERINE	1987	20	675.00	1000.00
❑ LUCILLE	1990	20	695.00	950.00
❑ MELISSA	1988	25	325.00	350.00
❑ NATALIE	1991	100	525.00	525.00
❑ PHYLLIS	1991	100	595.00	595.00
❑ REBECCA	1991	100	615.00	615.00
❑ SARAH	1988	25	395.00	475.00
❑ SOPHIE	1987	20	475.00	875.00
❑ STEPHANIE	1991	20	990.00	990.00
				MIKO
❑ ANNE BOLEYN	1987	10	550.00	700.00
❑ HENRY VIII	1986	10	650.00	800.00
❑ KATHERINE OF ARAGON	1987	10	550.00	750.00

TY INC.

BEANIE BABIES

				*
❑ ALLY THE ALLIGATOR (NEW TAG)	1996	RT	5.00	50.00
❑ ALLY THE ALLIGATOR (OLD TAG)	1994	RT	5.00	45.00
❑ ALMOND THE BEIGE BEAR	1999	RT	5.00	5.00
❑ ANTS THE ANTEATER	1998	RT	5.00	10.00
❑ BALDY THE EAGLE	1997	RT	5.00	12.00
❑ BATTY THE BAT	1997	RT	5.00	10.00
❑ BEAK THE KIWI	1998	RT	5.00	10.00
❑ BERNIE THE ST. BERNARD	1997	RT	5.00	10.00
❑ BESSIE THE COW (NEW TAG)	1995	RT	5.00	50.00
❑ BESSIE THE COW (OLD TAG)	1995	RT	5.00	100.00
❑ BILLIONAIRE BEAR	*	RT	5.00	3400.00
❑ BIRTHDAY BEAR	1999	RT	5.00	20.00
❑ BLACKIE THE BEAR (NEW TAG)	1995	RT	5.00	15.00

DOLLS

DOLLS

NAME	YEAR	LIMIT	ISSUE	TREND
❑ BLACKIE THE BEAR (OLD TAG)	1994	RT	5.00	40.00
❑ BLIZZARD THE SNOW TIGER	1997	RT	5.00	10.00
❑ BONES THE DOG (NEW TAG)	1994	RT	5.00	10.00
❑ BONES THE DOG (OLD TAG)	1994	RT	5.00	55.00
❑ BONGO THE MONKEY (NEW TAG, BODY COLORED TAIL)	1995	RT	5.00	10.00
❑ BONGO THE MONKEY (NEW TAG, FACE COLORED TAIL)	1995	RT	5.00	7.00
❑ BONGO THE MONKEY (OLD TAG, BODY COLORED TAIL)	1995	RT	5.00	100.00
❑ BONGO THE MONKEY (OLD TAG, FACE COLORED TAIL)	1996	RT	5.00	35.00
❑ BRITANNIA THE BEAR (EUROPEAN VERSION)	1997	RT	5.00	250.00
❑ BRONTY THE BRONTOSAURUS	1996	RT	5.00	500.00
❑ BROWNIE THE BEAR	1994	RT	5.00	1500.00
❑ BRUNO THE TERRIER	1997	RT	5.00	10.00
❑ BUBBLES THE FISH (NEW TAG)	1995	RT	5.00	45.00
❑ BUBBLES THE FISH (OLD TAG)	1995	RT	5.00	125.00
❑ BUCKY THE BEAVER (NEW TAG)	1996	RT	5.00	40.00
❑ BUCKY THE BEAVER (OLD TAG)	1995	RT	5.00	25.00
❑ BUMBLE THE BEE (NEW TAG)	1995	RT	5.00	375.00
❑ BUMBLE THE BEE (OLD TAG)	1995	RT	5.00	475.00
❑ BUTCH THE BULL TERRIOR	1998	RT	5.00	15.00
❑ CANYON THE MOUNTAIN LION	1998	RT	5.00	10.00
❑ CAW THE CROW	1995	RT	5.00	400.00
❑ CHEEKS THE BABOON	1999	RT	5.00	5.00
❑ CHILLY THE POLAR BEAR	1994	RT	5.00	1000.00
❑ CHIP THE CALICO CAT	1997	RT	5.00	10.00
❑ CHIPPER THE CHIPMUNK	1999	RT	5.00	5.00
❑ CHOCOLATE THE MOOSE (NEW TAG)	1997	RT	5.00	10.00
❑ CHOCOLATE THE MOOSE (OLD TAG)	1994	RT	5.00	65.00
❑ CHOPS THE LAMB (NEW TAG)	1996	RT	5.00	45.00
❑ CHOPS THE LAMB (OLD TAG)	1996	RT	5.00	165.00
❑ CLAUDE THE TIE-DYE CRAB	1997	RT	5.00	10.00
❑ CLUBBY BEAR M.O. 2	*	RT	5.00	25.00
❑ CLUBBY THE BEAR	1998	RT	5.00	40.00
❑ CONGO THE GORILLA	1996	RT	5.00	10.00
❑ CORAL THE FISH (NEW TAG)	1995	RT	5.00	110.00
❑ CORAL THE FISH (OLD TAG)	1995	RT	5.00	150.00
❑ CRUNCH THE SHARK	1997	RT	5.00	5.00
❑ CUBBIE THE BEAR (NEW TAG)	1994	RT	5.00	25.00
❑ CUBBIE THE BEAR (OLD TAG)	1994	RT	5.00	50.00
❑ CURLY THE BEAR	1996	RT	5.00	25.00
❑ DAISY THE COW (NEW TAG)	1994	RT	5.00	10.00
❑ DAISY THE COW (OLD TAG)	1994	RT	5.00	25.00
❑ DERBY THE HORSE (DOT ON FOREHEAD)	1995	RT	5.00	10.00
❑ DERBY THE HORSE (NEW TAG, COARSE YARN)	1995	RT	5.00	25.00
❑ DERBY THE HORSE (OLD TAG, COARSE YARN)	1995	RT	5.00	50.00
❑ DERBY THE HORSE (OLD TAG, FINE YARN)	1995	RT	5.00	1200.00
❑ DIGGER THE CRAB (NEW TAG, RED)	1995	RT	5.00	40.00
❑ DIGGER THE CRAB (OLD TAG, ORANGE)	1994	RT	5.00	400.00
❑ DIGGER THE CRAB (OLD TAG, RED)	1995	RT	5.00	65.00
❑ DOBY THE DOBERMAN	1997	RT	5.00	10.00
❑ DOODLE THE ROOSTER	1997	RT	5.00	18.00
❑ DOTTY THE DALMATIAN	1997	RT	5.00	10.00
❑ EARLY THE ROBIN	1998	RT	5.00	10.00
❑ EARS THE BUNNY (NEW TAG)	1996	RT	5.00	10.00
❑ EARS THE BUNNY (OLD TAG)	1996	RT	5.00	18.00
❑ ECHO THE DOLPHIN	1997	RT	5.00	10.00
❑ EGBERT THE BABY CHICK	1998	RT	5.00	15.00
❑ ERIN THE BEAR	1998	RT	5.00	30.00
❑ EUCALYPTUS THE KOALA	1999	RT	5.00	5.00
❑ EWEY THE LAMB	1998	RT	5.00	15.00
❑ FETCH THE GOLDEN RETRIEVER	1997	RT	5.00	10.00
❑ FLASH THE DOLPHIN (NEW TAG)	1994	RT	5.00	15.00
❑ FLASH THE DOLPHIN (OLD TAG)	1994	RT	5.00	90.00
❑ FLEECE THE LAMB	1997	RT	5.00	10.00
❑ FLIP THE CAT (NEW TAG)	1996	RT	5.00	35.00
❑ FLIP THE CAT (OLD TAG)	1996	RT	5.00	60.00
❑ FLITTER THE BUTTERFLY	1999	RT	5.00	5.00
❑ FLOPPITY THE BUNNY	1997	RT	5.00	15.00
❑ FLUTTER THE BUTTERFLY	1995	RT	5.00	450.00
❑ FORTUNE THE PANDA	1997	RT	5.00	20.00
❑ FRECKLES THE LEOPARD	1996	RT	5.00	10.00
❑ FUZZ THE BEAR	1998	RT	5.00	15.00
❑ GARCIA THE BEAR (NEW TAG)	1996	RT	5.00	100.00
❑ GARCIA THE BEAR (OLD TAG)	1995	RT	5.00	100.00
❑ GERMANIA THE BEAR (EUROPEAN EXCL. W/GERMAN FLAG)	1999	RT	5.00	175.00
❑ GIGI THE BLACK POODLE	1997	RT	5.00	10.00
❑ GLORY THE BEAR	1998	RT	5.00	40.00
❑ GOATEE THE MOUNTAIN GOAT	1998	RT	5.00	15.00
❑ GOBBLES THE TURKEY	1996	RT	5.00	10.00
❑ GOLDIE THE GOLDFISH (NEW TAG)	1995	RT	5.00	25.00
❑ GOLDIE THE GOLDFISH (OLD TAG)	1994	RT	5.00	25.00
❑ GOOCHY THE JELLYFISH	1998	RT	5.00	15.00
❑ GRACIE THE SWAN	1997	RT	5.00	10.00
❑ GROOVY THE BEAR	1999	RT	5.00	15.00
❑ GRUNT THE RAZORBACK (NEW TAG)	1996	RT	5.00	110.00
❑ GRUNT THE RAZORBACK (OLD TAG)	1995	RT	5.00	110.00
❑ HALO THE ANGEL BEAR	1998	RT	5.00	40.00
❑ HAPPY THE HIPPO (GRAY)	1994	RT	5.00	175.00
❑ HAPPY THE HIPPO (LAVENDER, NEW TAG)	1994	RT	5.00	15.00
❑ HAPPY THE HIPPO (LAVENDER, OLD TAG)	1995	RT	5.00	15.00
❑ HIPPIE THE TIE-DYED BUNNY	1998	RT	5.00	20.00
❑ HIPPITY THE BUNNY	1997	RT	5.00	15.00
❑ HISSY THE SNAKE	1997	RT	5.00	10.00
❑ HOLIDAY BEAR	1998	RT	5.00	50.00
❑ HOLIDAY TEDDY	1997	RT	5.00	25.00

NAME	YEAR	LIMIT	ISSUE	TREND
❑ HONKS THE GOOSE	1999	RT	5.00	5.00
❑ HOOT THE OWL (NEW TAG)	1996	RT	5.00	25.00
❑ HOOT THE OWL (OLD TAG)	1995	RT	5.00	25.00
❑ HOPE THE PRAYER BEAR	1998	RT	5.00	25.00
❑ HOPPITY THE BUNNY	1997	RT	5.00	15.00
❑ HUMPHREY THE CAMEL	1994	RT	5.00	1300.00
❑ IGGY THE IGUANA	1997	RT	5.00	10.00
❑ INCH THE WORM (NEW TAG, FELT ANTENNAS)	1996	RT	5.00	75.00
❑ INCH THE WORM (NEW TAG, YARN ANTENNAS)	1996	RT	5.00	12.00
❑ INCH THE WORM (OLD TAG, FELT ANTENNAS)	1995	RT	5.00	100.00
❑ INKY THE OCTOPUS (NEW TAG, PINK)	1994	RT	5.00	12.00
❑ INKY THE OCTOPUS (OLD TAG, GRAY)	1994	RT	5.00	195.00
❑ INKY THE OCTOPUS (OLD TAG, PINK)	1994	RT	5.00	25.00
❑ INKY THE OCTOPUS (OLD TAG, TAN)	1994	RT	5.00	450.00
❑ JABBER THE PARROT (NEW TAG)	1997	RT	5.00	10.00
❑ JAKE THE MALLARD DUCK	1997	RT	5.00	10.00
❑ JOLLY THE WALRUS	1997	RT	5.00	10.00
❑ KICKS THE SOCCER BEAR	1998	RT	5.00	10.00
❑ KIWI THE TOUCAN (NEW TAG)	1995	RT	5.00	135.00
❑ KIWI THE TOUCAN (OLD TAG)	1995	RT	5.00	125.00
❑ KNUCKLES THE PIG	1999	RT	5.00	5.00
❑ KUKU THE COCKATOO	1997	RT	5.00	10.00
❑ LEFTY THE DONKEY	1996	RT	5.00	200.00
❑ LEGS THE FROG (NEW TAG)	1994	RT	5.00	15.00
❑ LEGS THE FROG (OLD TAG)	1994	RT	5.00	15.00
❑ LIBEARTY THE BEAR (WITH FLAG)	1996	RT	5.00	200.00
❑ LIBEARTY THE BEAR (WITHOUT FLAG)	1996	RT	5.00	440.00
❑ LIPS THE FISH	1999	RT	5.00	5.00
❑ LIZZY THE LIZARD (NEW TAG, BLUE & YELLOW)	1996	RT	5.00	15.00
❑ LIZZY THE LIZARD (OLD TAG, BLUE & YELLOW)	1996	RT	5.00	15.00
❑ LIZZY THE LIZARD (OLD TAG, TIE-DYE)	1995	RT	5.00	700.00
❑ LOOSY THE GOOSE	1998	RT	5.00	15.00
❑ LUCKY THE LADYBUG (21 SPOTS IN FABRIC)	1996	RT	5.00	300.00
❑ LUCKY THE LADYBUG (NEW TAG, 11 SPOTS IN FABRIC)	1996	RT	5.00	20.00
❑ LUCKY THE LADYBUG (NEW TAG, SEVEN DOTS)	1994	RT	5.00	75.00
❑ LUCKY THE LADYBUG (OLD TAG, 7 SPOTS GLUED ON)	1994	RT	5.00	100.00
❑ LUKE THE LABRADOR	1998	RT	5.00	15.00
❑ MAC THE CARDINAL	1998	RT	5.00	10.00
❑ MAGIC THE DRAGON (NEW TAG, HOT PINK STITCHING)	1996	RT	5.00	50.00
❑ MAGIC THE DRAGON (NEW TAG, REG. PINK STITCHING)	1996	RT	5.00	50.00
❑ MAGIC THE DRAGON (OLD TAG, BRIGHT PINK STITCHING)	1995	RT	5.00	100.00
❑ MANNY THE MANATEE (NEW TAG)	1996	RT	5.00	100.00
❑ MANNY THE MANATEE (OLD TAG)	1995	RT	5.00	100.00
❑ MAPLE THE BEAR (CANADIAN DISTRIBUTION ONLY)	1997	RT	5.00	200.00
❑ MAPLE THE BEAR (OLYMPIC VERSION)	1997	RT	5.00	400.00
❑ MEL THE KOALA	1997	RT	5.00	10.00
❑ MILLENNIUM THE BEAR	1998	RT	5.00	25.00
❑ MOOCH THE SPIDER MONKEY	1998	RT	5.00	15.00
❑ MYSTIC THE UNICORN (NEW TAG, COARSE MANE)	1997	RT	5.00	10.00
❑ MYSTIC THE UNICORN (OLD TAG, COARSE YARN MANE)	1994	RT	5.00	10.00
❑ MYSTIC THE UNICORN (OLD TAG, FINE YARN MANE)	1995	RT	5.00	15.00
❑ NANA THE BROWN MONKEY	1995	RT	5.00	3000.00
❑ NANOOK THE HUSKY	1997	RT	5.00	10.00
❑ NEON THE TIE-DYE SEAHORSE	1999	RT	5.00	5.00
❑ NIBBLER THE RABBIT (WHITE)	1998	RT	5.00	15.00
❑ NIBBLY THE RABBIT (BROWN/GRAY)	1998	RT	5.00	15.00
❑ NIP THE CAT (NEW TAG, WHITE PAWS)	1996	RT	5.00	15.00
❑ NIP THE CAT (OLD TAG, ALL GOLD, NO WHITE)	1996	RT	5.00	15.00
❑ NIP THE CAT (OLD TAG, WHITE FACE, BELLY)	1995	RT	5.00	300.00
❑ NIP THE CAT (OLD TAG, WHITE PAWS)	1996	RT	5.00	15.00
❑ NUMBER 1 BEAR (EMPLOYEES ONLY)	*	RT	5.00	1000.00
❑ NUTS THE SQUIRREL	1997	RT	5.00	10.00
❑ OSITO THE MEXICAN BEAR	1999	RT	5.00	35.00
❑ PATTI THE PLATYPUS (DEEP FUCHSIA)	1996	RT	5.00	900.00
❑ PATTI THE PLATYPUS (NEW TAG, FUCHSIA)	1995	RT	5.00	15.00
❑ PATTI THE PLATYPUS (OLD TAG, FUCHSIA)	1995	RT	5.00	400.00
❑ PATTI THE PLATYPUS (OLD TAG, MAGENTA)	1995	RT	5.00	450.00
❑ PATTI THE PLATYPUS (RASPBERRY)	1994	RT	5.00	500.00
❑ PAUL THE WALRUS	1999	RT	5.00	5.00
❑ PEACE THE TIE-DYE BEAR	1997	RT	5.00	25.00
❑ PEANUT THE ELEPHANT (NEW TAG, LIGHT BLUE)	1995	RT	5.00	10.00
❑ PEANUT THE ELEPHANT (OLD TAG, DARK BLUE)	1995	RT	5.00	3000.00
❑ PEANUT THE ELEPHANT (OLD TAG, LIGHT BLUE)	1995	RT	5.00	15.00
❑ PECAN THE GOLD BEAR	1999	RT	5.00	5.00
❑ PEKING THE PANDA	1994	RT	5.00	1000.00
❑ PINCHERS THE LOBSTER (NEW TAG, RED)	1994	RT	5.00	15.00
❑ PINCHERS THE LOBSTER (OLD TAG, RED)	1994	RT	5.00	15.00
❑ PINKY THE FLAMINGO (NEW TAG)	1998	RT	5.00	10.00
❑ PINKY THE FLAMINGO (OLD TAG)	1995	RT	5.00	10.00
❑ POUCH THE KANGAROO	1997	RT	5.00	10.00
❑ POUNCE THE CAT	1997	RT	5.00	10.00
❑ PRANCE THE CAT	1997	RT	5.00	10.00
❑ PRICKLES THE HEDGEHOG	1998	RT	5.00	15.00
❑ PRIDE THE BEAR	1996	RT	5.00	270.00
❑ PRINCESS THE BEAR (PRINCESS DIANA COMMEMORATIVE)	1997	RT	5.00	40.00
❑ PRINCESS THE BEAR (PVC PELLETS)	1997	RT	5.00	40.00
❑ PUFFER THE PUFFIN	1997	RT	5.00	10.00
❑ PUGSLY THE PUG DOG	1997	RT	5.00	20.00
❑ PUMKIN THE PUMPKIN	1998	RT	5.00	35.00
❑ PUNCHERS THE LOBSTER	1994	RT	5.00	2800.00
❑ QUACKERS THE DUCK (NEW TAG, WITH WINGS)	1995	RT	5.00	10.00
❑ QUACKERS THE DUCK (OLD TAG, W/O WINGS)	1994	RT	5.00	800.00
❑ QUACKERS THE DUCK (OLD TAG, WITH WINGS)	1995	RT	5.00	10.00
❑ RADAR THE BAT (NEW TAG)	1995	RT	5.00	80.00

DOLLS

NAME	YEAR	LIMIT	ISSUE	TREND
❑ RADAR THE BAT (OLD TAG)	1995	RT	5.00	100.00
❑ RAINBOW THE CHAMELEON	1997	RT	5.00	15.00
❑ REX THE TYRANNASAURUS	1995	RT	5.00	500.00
❑ RIGHTY THE ELEPHANT (WITH FLAG)	1996	RT	5.00	200.00
❑ RIGHTY THE ELEPHANT (WITHOUT FLAG)	1996	RT	5.00	275.00
❑ RINGO THE RACCOON (NEW TAG)	1996	RT	5.00	18.00
❑ RINGO THE RACCOON (OLD TAG)	1995	RT	5.00	18.00
❑ ROARY THE LION	1997	RT	5.00	10.00
❑ ROCKET THE BLUE JAY	1998	RT	5.00	25.00
❑ ROVER THE DOG	1996	RT	5.00	25.00
❑ SAMMY THE TIE-DYED BEAR	1998	RT	5.00	20.00
❑ SANTA	1998	RT	5.00	35.00
❑ SCAT THE CAT	1998	RT	5.00	50.00
❑ SCOOP THE PELICAN	1996	RT	5.00	10.00
❑ SCORCH THE DRAGON	1998	RT	5.00	25.00
❑ SCOTTIE THE TERRIER	1996	RT	5.00	15.00
❑ SEAMORE THE SEAL (NEW TAG)	1994	RT	5.00	100.00
❑ SEAMORE THE SEAL (OLD TAG)	1994	RT	5.00	100.00
❑ SEAWEED THE OTTER (NEW TAG)	1996	RT	5.00	15.00
❑ SEAWEED THE OTTER (OLD TAG)	1996	RT	5.00	25.00
❑ SHEETS THE GHOST	1999	RT	5.00	5.00
❑ SIGNATURE BEAR	1999	RT	5.00	15.00
❑ SILVER THE GREY TABBY	1999	RT	5.00	5.00
❑ SLITHER THE SNAKE	1994	RT	5.00	1000.00
❑ SLOWPOKE THE SLOTH	1999	RT	5.00	5.00
❑ SLY THE FOX (NEW TAG, BROWN BELLY)	1996	RT	5.00	100.00
❑ SLY THE FOX (NEW TAG, WHITE BELLY)	1996	RT	5.00	10.00
❑ SLY THE FOX (OLD TAG, BROWN BELLY)	1996	RT	5.00	100.00
❑ SMOOCHY THE FROG	1997	RT	5.00	12.00
❑ SNIP THE CAT	1997	RT	5.00	10.00
❑ SNORT THE BULL	1997	RT	5.00	20.00
❑ SNOWBALL THE SNOWMAN	1997	RT	5.00	35.00
❑ SPANGLE THE AMERICAN BEAR (BLUE)	1999	RT	5.00	45.00
❑ SPANGLE THE AMERICAN BEAR (RED)	1999	RT	5.00	20.00
❑ SPANGLE THE AMERICAN BEAR (WHITE)	1999	RT	5.00	25.00
❑ SPARKY THE DALMATIAN	1996	RT	5.00	90.00
❑ SPEEDY THE TURTLE (NEW TAG)	1994	RT	5.00	20.00
❑ SPEEDY THE TURTLE (OLD TAG)	1994	RT	5.00	25.00
❑ SPIKE THE RHINO	1996	RT	5.00	5.00
❑ SPINNER THE SPIDER	1997	RT	5.00	10.00
❑ SPLASH THE WHALE (NEW TAG)	1994	RT	5.00	90.00
❑ SPLASH THE WHALE (OLD TAG)	1994	RT	5.00	90.00
❑ SPOOK THE GHOST (OLD TAG, NOT "SPOOKY")	1996	RT	5.00	300.00
❑ SPOOKY THE GHOST (NEW TAG)	1995	RT	5.00	15.00
❑ SPOOKY THE GHOST (OLD TAG)	1995	RT	5.00	15.00
❑ SPOT THE DOG (NEW TAG, WITH SPOT)	1994	RT	5.00	30.00
❑ SPOT THE DOG (OLD TAG, W/O SPOT)	1994	RT	5.00	1000.00
❑ SPOT THE DOG (OLD TAG, WITH SPOT)	1994	RT	5.00	30.00
❑ SPUNKY THE COCKER SPANIEL	1997	RT	5.00	10.00
❑ SQUEALER THE PIG (NEW TAG)	1994	RT	5.00	25.00
❑ SQUEALER THE PIG (OLD TAG)	1994	RT	5.00	25.00
❑ STEG THE STEGOSAURUS	1995	RT	5.00	700.00
❑ STILTS THE STORK	1999	RT	5.00	10.00
❑ STING THE MANTA RAY	1995	RT	5.00	110.00
❑ STINGER THE SCORPION	1998	RT	5.00	10.00
❑ STINKY THE SKUNK (NEW TAG)	1995	RT	5.00	10.00
❑ STINKY THE SKUNK (OLD TAG)	1995	RT	5.00	10.00
❑ STRETCH THE OSTRICH	1997	RT	5.00	10.00
❑ STRIPES THE TIGER (DARK GOLD)	1996	RT	5.00	200.00
❑ STRIPES THE TIGER (FUZZY BELLY, NARROW STRIPES)	1996	RT	5.00	300.00
❑ STRIPES THE TIGER (LIGHT GOLD, FEWER STRIPES)	1995	RT	5.00	150.00
❑ STRIPES THE TIGER (LIGHT)	1998	RT	5.00	10.00
❑ STRUT THE ROOSTER	1997	RT	5.00	10.00
❑ SWIRLY THE SNAIL	1999	RT	5.00	5.00
❑ TABASCO THE BULL	1995	RT	5.00	75.00
❑ TANK THE ARMADILLO (NEW TAG, 9 RIDGES)	1996	RT	5.00	50.00
❑ TANK THE ARMADILLO (NEW TAG, 9 RIDGES, NO SHELL)	1995	RT	5.00	200.00
❑ TANK THE ARMADILLO (OLD TAG, 7 RIDGES)	1995	RT	5.00	100.00
❑ TEDDY HOLIDAY 1999	1999	RT	5.00	5.00
❑ TEDDY THE BEAR (BROWN, NEW FACE)	1995	RT	5.00	1200.00
❑ TEDDY THE BEAR (BROWN, OLD FACE)	1994	RT	5.00	2200.00
❑ TEDDY THE CRANBERRY BEAR (NEW FACE)	1995	RT	5.00	1200.00
❑ TEDDY THE CRANBERRY BEAR (OLD FACE)	1994	RT	5.00	800.00
❑ TEDDY THE HOLIDAY BEAR	1997	RT	5.00	50.00
❑ TEDDY THE HOLIDAY BEAR	1998	RT	5.00	40.00
❑ TEDDY THE JADE BEAR (NEW FACE)	1995	RT	5.00	1200.00
❑ TEDDY THE JADE BEAR (OLD FACE)	1994	RT	5.00	1100.00
❑ TEDDY THE MAGENTA BEAR (NEW FACE)	1995	RT	5.00	1200.00
❑ TEDDY THE MAGENTA BEAR (OLD FACE)	1994	RT	5.00	1100.00
❑ TEDDY THE TEAL BEAR (NEW FACE)	1995	RT	5.00	1200.00
❑ TEDDY THE TEAL BEAR (OLD FACE)	1994	RT	5.00	1000.00
❑ TEDDY THE VIOLET BEAR (NEW FACE)	1995	RT	5.00	1250.00
❑ TEDDY THE VIOLET BEAR (OLD FACE)	1994	RT	5.00	1150.00
❑ THE END THE BLACK BEAR	1999	RT	5.00	35.00
❑ TINY THE CHIHUAHUA	1998	RT	5.00	20.00
❑ TIPTOE THE MOUSE	1999	RT	5.00	15.00
❑ TRAP THE MOUSE (NEW TAG)	1994	RT	5.00	950.00
❑ TRAP THE MOUSE (OLD TAG)	1994	RT	5.00	700.00
❑ TUFFY THE TERRIER	1997	RT	5.00	10.00
❑ TUSK THE WALRUS (NEW TAG)	1995	RT	5.00	120.00

NAME	YEAR	LIMIT	ISSUE	TREND
❑ TUSK THE WALRUS (OLD TAG)	1995	RT	5.00	120.00
❑ TWIGS THE GIRAFFE (NEW TAG)	1995	RT	5.00	15.00
❑ TWIGS THE GIRAFFE (OLD TAG)	1995	RT	5.00	25.00
❑ TY 2K THE BEAR	1999	RT	5.00	30.00
❑ VALENTINA THE BEAR	1999	RT	5.00	20.00
❑ VALENTINO THE BEAR (NEW TAG)	1995	RT	5.00	20.00
❑ VALENTINO THE BEAR (OLD TAG)	1995	RT	5.00	20.00
❑ VELVET THE PANTHER (NEW TAG)	1995	RT	5.00	15.00
❑ VELVET THE PANTHER (OLD TAG)	1995	RT	5.00	15.00
❑ WADDLE THE PENGUIN (NEW TAG)	1995	RT	5.00	25.00
❑ WADDLE THE PENGUIN (OLD TAG)	1995	RT	5.00	25.00
❑ WALLACE THE BEAR	1999	RT	5.00	20.00
❑ WAVES THE WHALE	1997	RT	5.00	10.00
❑ WEB THE SPIDER (NEW TAG)	1994	RT	5.00	750.00
❑ WEB THE SPIDER (OLD TAG)	1994	RT	5.00	750.00
❑ WEENIE THE DACHSHUND (NEW TAG)	1996	RT	5.00	25.00
❑ WEENIE THE DACHSHUND (OLD TAG)	1996	RT	5.00	35.00
❑ WHISPER THE DEER	1999	RT	5.00	N/A
❑ WISE THE OWL GRADUATE	1998	RT	5.00	25.00
❑ WISER THE OWL	1999	RT	5.00	5.00
❑ WRINKLES THE BULLDOG	1996	RT	5.00	10.00
❑ ZERO THE CHRISTMAS PENGUIN	1998	RT	5.00	25.00
❑ ZIGGY THE ZEBRA (NEW TAG)	1995	RT	5.00	10.00
❑ ZIGGY THE ZEBRA (OLD TAG)	1995	RT	5.00	15.00
❑ ZIP THE CAT (NEW TAG, WHITE PAWS)	1994	RT	5.00	40.00
❑ ZIP THE CAT (OLD TAG, ALL BLACK, NO WHITE)	1996	RT	5.00	700.00
❑ ZIP THE CAT (OLD TAG, WHITE FACE & BELLY)	1995	RT	5.00	250.00
❑ ZIP THE CAT (OLD TAG, WHITE PAWS)	1995	RT	5.00	40.00

W.S. GEORGE

MY FAIR LADY — **P. RYAN BROOKS**

❑ ELIZA AT ASCOT	1991	CL	125.00	150.00

ROMANTIC FLOWER MAIDENS — **M. RODERICK**

❑ DAISY	1989	CL	87.00	87.00
❑ LILY	1990	TL	92.00	160.00
❑ ROSE, WHO IS LOVE	1988	CL	87.00	135.00
❑ VIOLET	1990	TL	92.00	92.00

STEPPING OUT — **R. AKERS/ S. GIRARDI**

❑ MILLIE	1991	TL	99.00	99.00

THE KING & I — **P. RYAN BROOKS**

❑ SHALL WE DANCE?	1991	CL	175.00	175.00

YEAR BOOK MEMORIES — **R. AKERS/ S. GIRARDI**

❑ PEGGY SUE	1991	TL	87.00	87.00

DOLLS

Figurines

Dean A. Genth

"Secondary market" is often a confusing term for novice collectors. Secondary market is not an outlet for "seconds" or "rejects." It is, however, the market for collectibles after they have left the original, primary point of retail sales.

The primary market for collectibles is represented by the many authorized dealers that retail the various lines of collectibles. Secondary market transactions are represented by sales between individual collectors as well as dealers who may or may not be involved with primary retail selling.

Collectors often wonder how the prices are determined for figurines on the secondary market. In our free market society, the answer is quite simple—supply and demand. It is the buyer/collector who really determines the secondary market price.

Price guides and books that list secondary market prices generally track selling prices from a geographical cross-section of dealers, swap and sell event results, as well as auction results. Oftentimes these collectibles price guides list current market prices as well as other pertinent information regarding each figurine or item.

Selling items on the secondary market can be easily accomplished if the price requested is fair and the choice of dispersal is to the owner's liking. Once the selling price is determined, the seller must decide upon which method of selling will be employed. The seller can choose to sell directly to other collectors by advertising in the local classified advertisements or in one of the many collectibles publications such as *Collector's Mart* magazine.

Other collectors often choose to dispose of an entire collection quickly by selling to a reputable or well-known secondary market dealer. Many secondary market dealers are experts in certain areas of collectibles and are prepared to buy large collections for their inventories.

Sometimes collectors opt to have their large collections auctioned to the highest bidders. This method assures that dispersal will be quick and almost effortless on the part of the seller. Auction prices can vary widely from time to time and locale to locale. The prices, when averaged from several auctions, usually represent what is considered to be "fair market value."

A replacement value quotation on the secondary market represents the price a buyer can expect to pay for a figurine or other collectible if that purchase must be made fairly soon. Sometimes certain items are not readily available on the secondary market, thus driving up the price of the item.

Collectors must also determine whether they will sell to a dealer at wholesale price levels or attempt to advertise with the possibility of achieving closer to retail prices. Time availability and financial resources are considerations when undertaking the task of selling to other collectors at near-retail prices on the secondary market.

Always remember that secondary markets exist because a buyer is searching for an item no longer available through regular retail distribution channels. Many reputable secondary market dealers are in business to assist you with both selling and buying figurines.

Collectibles authority and appraiser DEAN A. GENTH is a secondary market expert on Precious Moments, Swarovski Silver Crystal and M.I. Hummel. He serves as special consultant for *The No. 1 Price Guide to M.I. Hummel* and owns six Miller's Hallmark Gold Crown stores in Eaton, Fairborn, Xenia and Cincinnati, Ohio.

FIGURINES

NAME	YEAR	LIMIT	ISSUE	TREND

FIGURINES

ADOLF SEHRING STUDIO

A. SEHRING

❑ BOY FISHING	1993	54	5000.00	5000.00
❑ BOY WITH FROG	1985	54	3500.00	3500.00
❑ DAYDREAMS	1983	49	2900.00	2900.00
❑ IDLE HOURS	1982	SO	3500.00	3500.00
❑ LILY PADS	1993	20	20000.00	20000.00
❑ LILY POND	1983	SO	3000.00	3000.00
❑ LITTLE GIRL WITH BASKET	1982	49	2200.00	2200.00
❑ NUDE	1995	58	10000.00	10000.00
❑ POCAHONTAS	1995	12	20000.00	20000.00
❑ TENDERNESS	1993	49	7000.00	7000.00
❑ VANITY	1983	49	3000.00	3000.00

EQUINE A. SEHRING

❑ BORN TO RUN	1982	39	3500.00	3500.00
❑ SCRATCHING FOAL	1982	40	3500.00	3500.00
❑ WALKING PROUD	1982	45	3500.00	3500.00

ADRIAN TARON & SONS

HOLIDAY S. ROSAS

❑ HERR SCHNEEMANN	1996	20000	40.00	40.00
❑ KRISS KRINGLE	1996	20000	40.00	40.00

NUTCRACKER SUITE MINIS S. ROSAS

❑ NUTCRACKER PRINCE	1997	25000	45.00	45.00

STEINBACH NUTCRACKERS/ALICE IN WONDERLAND TARON/STEINBACH

❑ MAD HATTER	1997	10000	230.00	230.00
❑ WHITE RABBIT	1998	10000	230.00	230.00
❑ WHITE RABBIT	1998	10000	21.00	21.00

STEINBACH NUTCRACKERS/ALICE IN WONDERLAND S. ROSAS

❑ MAD HATTER	1997	7500	230.00	230.00
❑ TWEEDLE DUM & TWEEDLE DEE	1998	10000	22.00	22.00

STEINBACH NUTCRACKERS/NURSERY RHYMES TARON/STEINBACH

❑ HUMPTY DUMPTY	1997	10000	180.00	180.00
❑ HUMPTY DUMPTY	1998	20000	55.00	55.00
❑ OLD KING COLE	1998	10000	230.00	230.00
❑ OLD KING COLE	1998	10000	210.00	210.00

STEINBACH NUTCRACKERS/NURSERY RHYMES S. ROSAS

❑ HUMPTY DUMPTY	1997	10000	210.00	210.00
❑ OLD KING COLE	1998	10000	22.00	22.00
❑ THREE MEN IN A TUB	1998	10000	22.00	22.00

STEINBACH NUTCRACKERS/NUTCRACKER SUITE TARON/STEINBACH

❑ CLARA	1995	10000	220.00	220.00
❑ CLARA	1998	20000	55.00	55.00
❑ HERR DROSSELMEYER	1992	CL	170.00	1500.00
❑ MOUSE KING	1993	CL	190.00	950.00
❑ NUTCRACKER PRINCE	1994	10000	210.00	210.00
❑ SUGAR PLUM	1996	10000	220.00	220.00
❑ TOY SOLDIER	1998	10000	230.00	230.00

STEINBACH NUTCRACKERS/NUTCRACKER SUITE S. ROSAS

❑ SUGAR PLUM FAIRY	1996	10000	230.00	230.00
❑ TCHAIKOVSKY'S CLARA	1995	10000	220.00	220.00

STEINBACH NUTCRACKERS/WISEMEN SERIES TARON/STEINBACH

❑ BALTHASAR	1997	10000	230.00	230.00
❑ CASPAR	1995	10000	220.00	220.00
❑ MELCHIOR	1996	10000	220.00	220.00

STEINBACH NUTCRACKERS/WISEMEN SERIES S. ROSAS

❑ BALTHASAR	1996	10000	230.00	230.00
❑ MELCHIOR "WISEMAN"	1995	10000	220.00	220.00

TARON COLLECTION S. ROSAS

❑ HERR DROSSELMEYER	1997	6000	215.00	215.00
❑ JOURNEY TO BETHLEHEM	1998	2000	100.00	100.00
❑ THREE WISEMEN	1997	10000	135.00	135.00

AMERICAN ARTISTS

F. STONE

❑ TRIPLE CROWN BOWL	*	*	395.00	395.00
❑ TRIPLE CROWN VASE/SIGNED	*	*	250.00	250.00
❑ TRIPLE CROWN VASE/UNSIGNED	*	*	195.00	195.00

FRED STONE FIGURINES F. STONE

❑ ARABIAN MARE & FOAL	1986	*	150.00	185.00
❑ BLACK STALLION, THE (PORCELAIN)	1985	*	125.00	200.00
❑ BLACK STALLION, THE (BRONZE)	1985	*	150.00	160.00
❑ REARING BLACK STALLION (BRONZE)	1987	*	175.00	185.00
❑ REARING BLACK STALLION (PORCELAIN)	1987	*	150.00	160.00
❑ TRANQUILITY	1986	*	175.00	225.00

AMERICAST INC.

THE COMMANDERS K. WINDRIX

❑ GEORGE A. CUSTER	1994	500	195.00	200.00
❑ J.E.B. STUART	1995	500	195.00	200.00
❑ JAMES LONGSTREET	1994	500	195.00	200.00
❑ JOSHUA L. CHAMBERLAIN	1994	500	195.00	200.00
❑ ROBERT E. LEE	1994	5000	195.00	200.00
❑ STONEWALL JACKSON	1995	500	195.00	200.00
❑ ULYSSES S. GRANT	1994	5000	195.00	200.00
❑ WILLIAM T. SHERMAN	1995	500	195.00	200.00

FIGURINES

NAME	YEAR	LIMIT	ISSUE	TREND
ANHEUSER-BUSCH INC.				
				*
☐ BUDDIES N4575	1994	7500	65.00	65.00
☐ BUDWEISER FROGS	1996	OP	30.00	30.00
☐ HORSEPLAY F1	1995	7500	65.00	65.00
				M. URDAHL
☐ SOMETHING'S BREWING	1996	7500	65.00	65.00
ANRI				
BERNARDI REFLECTIONS				**U. BERNARDI**
☐ MASTER CARVER 4 IN.	1994	500	350.00	350.00
☐ MASTER CARVER 6 IN.	1994	250	600.00	600.00
CELESTIAL MESSENGERS				**W. & C. HALLETT**
☐ ANGEL OF CHARITY	1995	250	375.00	375.00
☐ ANGEL OF FAITH	1996	250	375.00	375.00
☐ ANGEL OF HOPE	1996	250	375.00	375.00
CHILDREN OF THE WORLD				**J. FERRANDIZ**
☐ KAREEM	1998	OP	285.00	285.00
☐ KEISHA	1998	OP	285.00	285.00
CHRISTMAS EVE SERIES				**L. GAITHER**
☐ GETTING READY	1995	500	500.00	500.00
☐ HITCHING PRANCER	1995	500	500.00	500.00
☐ MR. FIRST GIFT OF CHRISTMAS	1998	500	325.00	325.00
☐ MRS. FIRST GIFT OF CHRISTMAS	1998	500	325.00	325.00
CLUB ANRI				*
☐ DAISY DUCK, 4 1/2 IN.	1991	TL	250.00	150.00
☐ DAPPER DONALD, 4 IN.	1990	CL	199.00	150.00
☐ DIVA MINNIE, 4 1/2 IN	1989	CL	190.00	100.00
☐ MAESTRO MICKEY, 4 1/2 IN.	1988	CL	170.00	180.00
CLUB ANRI				**J. FERRANDIZ**
☐ CELEBRATION MARCH, 5 IN.	1986	CL	165.00	260.00
☐ DAPPER 'N DEAR	1994	YR	250.00	250.00
☐ FOREVER YOURS, 4 IN.	1988	CL	170.00	200.00
☐ HARVEST TIME, 4 IN.	1985	CL	125.00	100.00
☐ HARVEST'S HELPER, 4 IN.	1986	CL	135.00	255.00
☐ MY FRIEND, 4 IN.	1984	CL	110.00	405.00
☐ SWEET 'N SHY 4 IN.	1994	YR	250.00	250.00
☐ TRULY YOURS	1993	YR	290.00	290.00
☐ TWENTY YEARS OF LOVE, 4 IN.	1989	CL	190.00	195.00
☐ WELCOME, 4 IN.	1983	CL	110.00	400.00
☐ WILL YOU BE MINE, 4 IN.	1987	CL	135.00	100.00
☐ WITH ALL MY HEART, 4 IN.	1991	YR	250.00	125.00
☐ YOU ARE MY ALL, 4 IN.	1992	YR	260.00	100.00
☐ YOU ARE MY SUNSHINE, 4 IN.	1989	YR	220.00	150.00
CLUB ANRI				**S. KAY**
☐ APPLE OF MY EYE, 4 1/2 IN.	1984	CL	135.00	100.00
☐ DAD'S HELPER, 4 1/2 IN.	1985	CL	135.00	100.00
☐ GIFT OF LOVE	1992	YR	*	100.00
☐ I'LL NEVER TELL, 4 IN.	1989	CL	190.00	100.00
☐ I'VE GOT A SECRET, 4 IN.	1988	CL	170.00	100.00
☐ JUST FOR YOU	1993	YR	*	N/A
☐ KISS ME, 4 IN.	1991	YR	250.00	100.00
☐ LITTLE BASHFUL, 4 IN.	1990	YR	220.00	225.00
☐ MAKE A WISH, 4 IN.	1986	CL	165.00	385.00
☐ MY PRESENT FOR YOU, 4 IN.	1992	YR	270.00	100.00
☐ ROMANTIC NOTIONS, 4 IN.	1986	CL	135.00	100.00
☐ SNUGGLE UP 4 IN.	1994	YR	300.00	300.00
☐ SWEET THOUGHTS	1993	YR	300.00	200.00
☐ YOUNG MAN'S FANCY, 4 IN.	1987	CL	135.00	215.00
COLLECTORS SOCIETY				*
☐ ANRI ARTIST TREE HOUSE	1995	YR	695.00	695.00
COLLECTORS SOCIETY				**J. FERRANDIZ**
☐ ON CLOUD NINE	1996	YR	275.00	275.00
☐ SEALED WITH A KISS	1995	YR	275.00	275.00
COLLECTORS SOCIETY				**S. HALLETT**
☐ ON MY OWN 4 IN.	1995	YR	175.00	100.00
COLLECTORS SOCIETY				**S. KAY**
☐ HELPING MOTHER	1996	150	595.00	595.00
☐ LITTLE LEAGUER	1998	YR	295.00	295.00
☐ READ ME A STORY	1997	TL	395.00	250.00
☐ SWEET TOOTH 4 IN.	1996	YR	200.00	100.00
COLLECTORS SOCIETY GOLD LEAF				**J. FERRANDIZ**
☐ LITTLE GARDENER	1996	150	595.00	595.00
☐ TALKING TO THE ANIMALS	1997	150	595.00	595.00
COLLECTORS SOCIETY GOLD LEAF				**FLAVIO**
☐ LA MODERNA	1997	150	815.00	815.00
COLLECTORS SOCIETY GOLD LEAF				**S. KAY**
☐ BALLERINA	1997	150	595.00	595.00
DECORATIVE				**GRANGET**
☐ DOLPHIN WITH YOUNG	1998	OP	450.00	450.00
☐ LIONESS	1998	OP	595.00	595.00
DISNEY WOODCARVINGS				*
☐ BELL BOY DONALD, 4 IN.	1991	CL	250.00	255.00
☐ BELL BOY DONALD, 6 IN.	1991	CL	400.00	525.00
☐ CHEF GOOFY, 2 1/2 IN.	1990	CL	125.00	175.00
☐ CHEF GOOFY, 5 IN.	1990	CL	265.00	290.00
☐ DAISY, 4 IN.	1989	CL	190.00	275.00
☐ DONALD AND DAISY, 6 IN. (MATCHED SET)	1990	CL	700.00	755.00

FIGURINES

FIGURINES

NAME	YEAR	LIMIT	ISSUE	TREND
❑ DONALD DUCK, 1 3/4 IN.	1988	CL	80.00	140.00
❑ DONALD DUCK, 4 IN.	1987	CL	150.00	200.00
❑ DONALD DUCK, 4 IN.	1988	CL	180.00	265.00
❑ DONALD DUCK, 6 IN.	1988	CL	350.00	500.00
❑ DONALD, 4 IN.	1989	CL	190.00	275.00
❑ GOOFY, 1 3/4 IN.	1988	CL	80.00	150.00
❑ GOOFY, 4 IN. 656005	1987	CL	150.00	250.00
❑ GOOFY, 4 IN. 656015	1988	CL	180.00	250.00
❑ GOOFY, 4 IN. 656022	1989	CL	190.00	250.00
❑ GOOFY, 6 IN. 656103	1988	CL	350.00	575.00
❑ MICKEY & MINNIE, 6 IN. (SET)	1989	CL	700.00	350.00
❑ MICKEY AND MINNIE, 20 IN. (MATCHED SET)	1989	CL	7000.00	7100.00
❑ MICKEY AND MINNIE, 6 IN. (MATCHING NUM.)	1987	CL	625.00	1000.00
❑ MICKEY MOUSE, 1 3/4 IN.	1988	CL	80.00	250.00
❑ MICKEY MOUSE, 2 IN.	1990	CL	100.00	165.00
❑ MICKEY MOUSE, 4 IN.	1987	CL	150.00	290.00
❑ MICKEY MOUSE, 4 IN.	1988	CL	180.00	275.00
❑ MICKEY MOUSE, 4 IN.	1990	CL	199.00	290.00
❑ MICKEY SKATING, 2 IN.	1991	CL	120.00	275.00
❑ MICKEY SKATING, 4 IN.	1991	CL	250.00	275.00
❑ MICKEY SORCERER'S APPRENTICE, 2 IN.	1988	CL	80.00	350.00
❑ MICKEY SORCERER'S APPRENTICE, 4 IN.	1988	CL	180.00	240.00
❑ MICKEY SORCERER'S APPRENTICE, 6 IN.	1988	CL	350.00	650.00
❑ MICKEY, 10 IN.	1989	CL	700.00	900.00
❑ MICKEY, 20 IN.	1989	CL	3500.00	3505.00
❑ MICKEY, 4 IN.	1989	CL	190.00	350.00
❑ MINI DAISY, 2 IN.	1989	CL	85.00	125.00
❑ MINI DONALD, 2 IN.	1989	CL	85.00	175.00
❑ MINI GOOFY, 2 IN.	1989	CL	85.00	190.00
❑ MINI MICKEY, 2 IN.	1989	CL	85.00	190.00
❑ MINI MINNIE, 2 IN.	1989	CL	85.00	190.00
❑ MINI PLUTO, 2 IN.	1989	CL	85.00	125.00
❑ MINNIE MOUSE, 2 IN.	1990	CL	100.00	150.00
❑ MINNIE MOUSE, 4 IN.	1987	CL	150.00	275.00
❑ MINNIE MOUSE, 4 IN.	1990	CL	199.00	250.00
❑ MINNIE SKATING, 2 IN.	1991	CL	120.00	145.00
❑ MINNIE SKATING, 4 IN.	1991	CL	250.00	355.00
❑ MINNIE, 10 IN.	1989	CL	700.00	875.00
❑ MINNIE, 20 IN.	1989	CL	3500.00	3505.00
❑ MINNIE, 4 IN.	1989	CL	190.00	325.00
❑ PINOCCHIO, 1 3/4 IN.	1988	CL	80.00	250.00
❑ PINOCCHIO, 10 IN.	1989	CL	700.00	950.00
❑ PINOCCHIO, 2 IN.	1989	CL	85.00	90.00
❑ PINOCCHIO, 20 IN.	1989	CL	3500.00	3505.00
❑ PINOCCHIO, 4 IN.	1987	CL	150.00	425.00
❑ PINOCCHIO, 4 IN.	1988	CL	180.00	200.00
❑ PINOCCHIO, 4 IN.	1989	CL	190.00	200.00
❑ PINOCCHIO, 6 IN.	1989	CL	350.00	450.00
❑ PLUTO, 1 3/4 IN.	1988	CL	80.00	130.00
❑ PLUTO, 4 IN.	1988	CL	180.00	275.00
❑ PLUTO, 4 IN.	1989	CL	190.00	275.00
❑ PLUTO, 6 IN.	1989	CL	350.00	200.00
❑ SORCERER'S APPRENTICE 16 IN.	1990	100	3500.00	3500.00
❑ SORCERER'S APPRENTICE 2 IN.	1990	CL	125.00	625.00
❑ SORCERER'S APPRENTICE 4 IN.	1990	CL	265.00	450.00
❑ SORCERER'S APPRENTICE 6 IN.	1990	1000	475.00	750.00
❑ SORCERER'S APPRENTICE 8 IN.	1990	350	790.00	850.00
FERRANDIZ BOY & GIRL				**J. FERRANDIZ**
❑ ADMIRATION, 6 IN.	1983	CL	220.00	150.00
❑ ALPINE FRIEND, 3 IN.	1990	CL	225.00	350.00
❑ ALPINE FRIEND, 6 IN.	1990	1500	450.00	600.00
❑ ALPINE MUSIC, 3 IN.	1990	CL	225.00	230.00
❑ ALPINE MUSIC, 6 IN.	1990	1500	450.00	600.00
❑ BAKER BOY, 3 IN.	1989	CL	170.00	175.00
❑ BAKER BOY, 6 IN.	1989	CL	340.00	345.00
❑ BASKET OF JOY, 6 IN.	1978	CL	140.00	125.00
❑ BEWILDERED, 6 IN.	1983	CL	196.00	300.00
❑ CATALONIAN BOY, 3 IN.	1991	CL	228.00	230.00
❑ CATALONIAN BOY, 6 IN.	1991	CL	500.00	505.00
❑ CATALONIAN GIRL, 3 IN.	1991	CL	228.00	230.00
❑ CATALONIAN GIRL, 6 IN.	1991	CL	500.00	505.00
❑ COWBOY, 6 IN.	1976	CL	75.00	200.00
❑ DEAR SWEETHEART, 6 IN.	1987	CL	250.00	140.00
❑ EXTRA, EXTRA!, 6 IN.	1988	CL	320.00	325.00
❑ FIRST BLOSSOM, 6 IN.	1979	CL	135.00	365.00
❑ FOR MY SWEETHEART, 3 IN.	1987	CL	130.00	135.00
❑ FOR MY SWEETHEART, 6 IN.	1987	CL	250.00	255.00
❑ FRIENDLY FACES, 3 IN.	1984	CL	93.00	100.00
❑ FRIENDLY FACES, 6 IN.	1984	CL	210.00	265.00
❑ FRIENDS, 6 IN.	1980	CL	200.00	330.00
❑ GOLDEN SHEAVES, 3 IN.	1986	CL	125.00	130.00
❑ GOLDEN SHEAVES, 6 IN.	1986	CL	245.00	250.00
❑ GUIDING LIGHT, 6 IN.	1982	CL	225.00	200.00
❑ HAPPY STRUMMER, 6 IN.	1979	CL	160.00	400.00
❑ HARVEST GIRL, 6 IN.	1976	CL	75.00	200.00
❑ LEADING THE WAY, 6 IN.	1977	CL	100.00	340.00
❑ MAY I, TOO?, 3 INCHES	1992	1000	230.00	235.00

NAME	YEAR	LIMIT	ISSUE	TREND
❑ MAY I, TOO?, 6 INCHES	1992	1000	440.00	445.00
❑ MELODY FOR TWO, 6 IN.	1980	CL	200.00	125.00
❑ MERRY MELODY, 6 IN.	1981	CL	210.00	150.00
❑ PASTRY GIRL, 3 IN.	1989	CL	170.00	175.00
❑ PASTRY GIRL, 6 IN.	1989	CL	340.00	345.00
❑ PEACE PIPE, 6 IN.	1978	CL	140.00	140.00
❑ PEACEFUL FRIENDS, 3 IN.	1985	CL	120.00	125.00
❑ PEACEFUL FRIENDS, 6 IN.	1985	CL	250.00	300.00
❑ SEASON'S BOUNTY, 3 IN.	1986	CL	125.00	130.00
❑ SEASON'S BOUNTY, 6 IN.	1986	CL	245.00	250.00
❑ SUNNY SKIES, 3 IN.	1988	CL	145.00	150.00
❑ SUNNY SKIES, 6 IN.	1988	CL	320.00	325.00
❑ TENDER LOVE, 3 IN.	1985	CL	100.00	115.00
❑ TENDER LOVE, 6 IN.	1985	CL	225.00	150.00
❑ TINY SOUNDS, 6 IN.	1981	CL	210.00	150.00
❑ TO MARKET, 6 IN.	1982	CL	220.00	300.00
❑ TRACKER, 6 IN.	1977	CL	100.00	100.00
❑ WANDERER'S RETURN, 3 IN.	1984	CL	93.00	120.00
❑ WANDERER'S RETURN, 6 IN.	1984	CL	196.00	235.00
❑ WASTE NOT, WANT NOT, 3 INCHES	1992	1000	190.00	195.00
❑ WASTE NOT, WANT NOT, 6 INCHES	1992	1000	430.00	435.00
FERRANDIZ MATCHING NUMBER WOODCARVINGS				**J. FERRANDIZ**
❑ ALPINE MUSIC/FRIEND, 3 IN.	1990	CL	450.00	455.00
❑ ALPINE MUSIC/FRIEND, 6 IN.	1990	CL	900.00	905.00
❑ BAKER/PASTRY, 3 IN.	1989	CL	340.00	345.00
❑ BAKER/PASTRY, 6 IN.	1989	CL	680.00	685.00
❑ BON APPETIT, 3 IN. (SET)	1988	500	175.00	N/A
❑ BON APPETIT, 6 IN. (SET)	1988	500	395.00	N/A
❑ CATALONIAN BOY/GIRL, 3 IN.	1991	CL	455.00	460.00
❑ CATALONIAN BOY/GIRL, 6 IN.	1991	CL	1000.00	950.00
❑ DEAR SWEETHEART, 3 IN.	1987	CL	130.00	130.00
❑ DEAR SWEETHEART, 6 IN. (SET)	1989	*	*	N/A
❑ EXTRA, EXTRA!, 3 IN.	1988	CL	315.00	320.00
❑ EXTRA, EXTRA!, 6 IN.	1988	CL	665.00	670.00
❑ PICNIC FOR TWO, 3 IN.	1988	CL	390.00	395.00
❑ PICNIC FOR TWO, 6 IN.	1988	CL	845.00	850.00
❑ SUNNY SKIES, 3 IN. (SET)	1988	*	*	65.00
❑ SUNNY SKIES, 6 IN. (SET)	1988	*	*	N/A
FERRANDIZ MESSAGE COLLECTION				**J. FERRANDIZ**
❑ CHRISTMAS CARILLON, 4 1/2 IN.	1990	CL	299.00	300.00
❑ COUNT YOUR BLESSINGS, 4 1/2 IN.	1990	CL	299.00	305.00
❑ GOD'S CREATION, 4 1/2 IN.	1990	CL	300.00	315.00
❑ GOD'S MIRACLE, 4 1/2 IN.	1989	CL	300.00	305.00
❑ GOD'S PRECIOUS GIFT, 4 1/2 IN.	1989	CL	300.00	305.00
❑ HE GUIDES US, 4 1/2 IN.	1989	CL	300.00	305.00
❑ HE IS THE LIGHT, 4 1/2 IN.	1989	CL	300.00	305.00
❑ HE IS THE LIGHT, 9 IN.	1989	CL	600.00	575.00
❑ HEAVEN SENT, 4 1/2 IN.	1989	CL	300.00	305.00
❑ LIGHT FROM WITHIN, 4 1/2 IN.	1989	CL	300.00	305.00
❑ LOVE KNOWS NO BOUNDS, 4 1/2 IN.	1989	CL	300.00	305.00
❑ LOVE SO POWERFUL, 4 1/2 IN.	1989	CL	300.00	305.00
FERRANDIZ MINI NATIVITY SET				**J. FERRANDIZ**
❑ ANGEL, 1 1/2 IN.	1986	CL	45.00	55.00
❑ BABY CAMEL, 1 1/2 IN.	1985	CL	45.00	55.00
❑ BALTHAZAR, 1 1/2 IN.	1986	CL	45.00	55.00
❑ CAMEL GUIDE, 1 1/2 IN.	1985	CL	45.00	55.00
❑ CAMEL, 1 1/2 IN.	1985	CL	45.00	55.00
❑ CASPAR, 1 1/2 IN.	1986	CL	45.00	55.00
❑ DEVOTION, 1 1/2 IN.	1988	CL	53.00	55.00
❑ FREE RIDE & MINI LAMB, 1 1/2 IN.	1986	CL	45.00	55.00
❑ HARMONY, 1 1/2 IN.	1985	CL	45.00	55.00
❑ HIKER, THE-1 1/2 IN.	1986	CL	45.00	55.00
❑ INFANT, 1 1/2 IN. (SET)	1984	CL	*	N/A
❑ JOLLY GIFT, 1 1/2 IN.	1988	CL	53.00	55.00
❑ JOSEPH, 1 1/2 IN. (SET)	1984	CL	*	N/A
❑ LEADING THE WAY, 1 1/2 IN. (SET)	1984	CL	*	N/A
❑ LONG JOURNEY, 1 1/2 IN.	1988	CL	53.00	55.00
❑ MARY, 1 1/2 IN.	1984	CL	300.00	545.00
❑ MELCHIOR, 1 1/2 IN.	1986	CL	45.00	55.00
❑ OX DONKEY, 1 1/2 IN. (SET)	1984	CL	*	N/A
❑ REST, 1 1/2 IN.	1985	CL	45.00	55.00
❑ REVERENCE, 1 1/2 IN.	1985	CL	45.00	55.00
❑ SHEEP KNEELING, 1 1/2 IN. (SET)	1984	CL	*	N/A
❑ SHEEP STANDING, 1 1/2 IN. (SET)	1984	CL	*	N/A
❑ SMALL TALK, 1 1/2 IN.	1985	CL	45.00	55.00
❑ STAR STRUCK, 1 1/2 IN.	1986	CL	45.00	60.00
❑ STRAY, THE-1 1/2 IN.	1986	CL	45.00	175.00
❑ SWEET DREAMS, 1 1/2 IN.	1988	CL	53.00	55.00
❑ SWEET INSPIRATION, 1 1/2 IN.	1988	CL	53.00	55.00
❑ THANKSGIVING, 1 1/2 IN.	1985	CL	45.00	55.00
❑ WEARY TRAVELLER, 1 1/2 IN.	1986	CL	45.00	55.00
FERRANDIZ SHEPHERDS OF THE YEAR				**J. FERRANDIZ**
❑ COMPANIONS, 3 IN.	1982	2250	220.00	285.00
❑ DEVOTION, 3 IN.	1984	CL	83.00	120.00
❑ DEVOTION, 6 IN.	1984	CL	180.00	200.00
❑ DRUMMER BOY, 3 IN.	1979	YR	80.00	240.00
❑ DRUMMER BOY, 6 IN.	1979	YR	220.00	430.00

NAME	YEAR	LIMIT	ISSUE	TREND
❏ FREEDOM BOUND, 3 IN.	1980	YR	90.00	200.00
❏ FREEDOM BOUND, 6 IN.	1980	YR	225.00	200.00
❏ FRIENDSHIPS, 3 IN.	1977	YR	54.00	335.00
❏ FRIENDSHIPS, 6 IN.	1977	YR	110.00	300.00
❏ GOOD SAMARITAN, 6 IN.	1983	2250	220.00	315.00
❏ JOLLY PIPER, 6 IN.	1981	2250	225.00	125.00
❏ SPREADING THE WORD, 3 IN.	1978	YR	115.00	265.00
❏ SPREADING THE WORD, 6 IN.	1978	CL	271.00	575.00
FERRANDIZ WOODCARVINGS				**J. FERRANDIZ**
❏ ABRACADABRA, 3 IN.	1988	CL	145.00	175.00
❏ ABRACADABRA, 6 IN.	1988	CL	315.00	355.00
❏ AMONG FRIENDS, 3 IN.	1987	CL	125.00	150.00
❏ AMONG FRIENDS, 6 IN.	1987	CL	245.00	295.00
❏ ANGEL SUGAR HEART, 6 IN.	1969	CL	25.00	2525.00
❏ ARTIST, 3 IN.	1970	CL	30.00	200.00
❏ ARTIST, 6 IN.	1970	CL	25.00	355.00
❏ BAGPIPE, 3 IN.	1982	CL	80.00	100.00
❏ BAGPIPE, 6 IN.	1982	CL	175.00	125.00
❏ BASKET OF JOY, 3 IN.	1978	CL	65.00	125.00
❏ BIRD'S EYE VIEW, 3 IN.	1984	CL	88.00	130.00
❏ BIRD'S EYE VIEW, 6 IN.	1984	CL	216.00	705.00
❏ BLACK FOREST BOY, 3 IN.	1987	CL	125.00	150.00
❏ BLACK FOREST BOY, 6 IN.	1987	CL	250.00	200.00
❏ BLACK FOREST GIRL, 3 IN.	1987	CL	125.00	150.00
❏ BLACK FOREST GIRL, 6 IN.	1987	CL	250.00	325.00
❏ BLESSING, THE 3 IN.	1977	CL	45.00	155.00
❏ BLESSING, THE 6 IN.	1977	CL	125.00	255.00
❏ BON APPETIT, 3 IN.	1988	500	175.00	200.00
❏ BON APPETIT, 6 IN.	1988	500	395.00	440.00
❏ BOUQUET, THE 3 IN.	1974	CL	35.00	180.00
❏ BOUQUET, THE 6 IN.	1974	CL	75.00	330.00
❏ BUNDLE OF JOY, 3 IN.	1982	CL	100.00	305.00
❏ BUNDLE OF JOY, 6 IN.	1982	CL	225.00	325.00
❏ BUTTERFLY BOY, 3 IN.	1985	CL	95.00	75.00
❏ BUTTERFLY BOY, 6 IN.	1985	CL	220.00	325.00
❏ CATCH A FALLING STAR, 3 IN.	1976	CL	35.00	155.00
❏ CATCH A FALLING STAR, 6 IN.	1976	CL	75.00	255.00
❏ CHAMPION, THE 3 IN.	1982	CL	98.00	120.00
❏ CHAMPION, THE 6 IN.	1982	CL	220.00	260.00
❏ CHERUB, 2 IN.	1975	CL	32.00	95.00
❏ CHERUB, 4 IN.	1975	CL	32.00	280.00
❏ CHRISTMAS TIME, 5 IN.	1993	750	360.00	400.00
❏ CIRCUS SERENADE, 3 IN.	1982	CL	100.00	165.00
❏ CIRCUS SERENADE, 6 IN.	1982	CL	220.00	225.00
❏ CLARINET, 3 IN.	1982	CL	80.00	105.00
❏ CLARINET, 6 IN.	1982	CL	175.00	125.00
❏ COMPANIONS, 3 IN.	1982	CL	95.00	120.00
❏ COURTING, 3 IN.	1975	CL	70.00	240.00
❏ COURTING, 6 IN.	1975	CL	150.00	455.00
❏ COWBOY, 10 IN.	1984	CL	370.00	505.00
❏ COWBOY, 20 IN.	1983	CL	2100.00	2125.00
❏ COWBOY, 3 IN.	1976	CL	35.00	155.00
❏ DONKEY DRIVER, 3 IN.	1994	OP	160.00	165.00
❏ DONKEY DRIVER, 6 IN.	1994	OP	360.00	365.00
❏ DONKEY, 3 IN.	1994	OP	200.00	205.00
❏ DONKEY, 6 IN.	1994	OP	450.00	455.00
❏ DRUMMER BOY, 3 IN.	1980	CL	130.00	205.00
❏ DRUMMER BOY, 6 IN.	1980	CL	300.00	405.00
❏ DUET, 3 IN.	1970	CL	36.00	175.00
❏ DUET, 6 IN.	1970	CL	*	365.00
❏ EDELWEISS, 10 IN.	1986	OP	500.00	975.00
❏ EDELWEISS, 20 IN.	1986	250	3300.00	5400.00
❏ EDELWEISS, 3 IN.	1983	OP	95.00	200.00
❏ EDELWEISS, 6 IN.	1983	OP	220.00	485.00
❏ ENCORE, 3 IN.	1982	CL	100.00	115.00
❏ ENCORE, 6 IN.	1982	CL	225.00	125.00
❏ FIRST BLOSSOM, 3 IN.	1979	CL	70.00	85.00
❏ FLIGHT INTO EGYPT, 3 IN.	1974	CL	35.00	75.00
❏ FLIGHT INTO EGYPT, 6 IN.	1974	CL	70.00	175.00
❏ FLOWER GIRL, 3 IN.	1976	CL	40.00	45.00
❏ FLOWER GIRL, 6 IN.	1976	CL	90.00	310.00
❏ FLUTE, 3 IN.	1982	CL	80.00	100.00
❏ FLUTE, 6 IN.	1982	CL	175.00	125.00
❏ GARDENER, 3 IN.	1976	CL	32.00	200.00
❏ GARDENER, 6 IN.	1976	CL	65.00	100.00
❏ GIFT, THE 3 IN.	1975	CL	40.00	200.00
❏ GIFT, THE 6 IN.	1975	CL	70.00	100.00
❏ GIRL IN THE EGG, 3 IN.	1973	CL	30.00	135.00
❏ GIRL IN THE EGG, 6 IN.	1973	CL	60.00	275.00
❏ GIRL W/ROOSTER, 3 IN.	1976	CL	33.00	180.00
❏ GIRL W/ROOSTER, 6 IN.	1976	CL	60.00	280.00
❏ GIRL WITH DOVE, 3 IN.	1973	CL	30.00	50.00
❏ GIRL WITH DOVE, 6 IN.	1973	CL	50.00	200.00
❏ GOD'S LITTLE HELPER, 2 IN.	1986	CL	170.00	260.00
❏ GOD'S LITTLE HELPER, 4 IN.	1986	CL	425.00	555.00
❏ GOING HOME, 3 IN.	1975	CL	40.00	160.00
❏ GOING HOME, 6 IN.	1975	CL	70.00	300.00
❏ GOLDEN BLOSSOM, 10 IN	1983	OP	500.00	975.00
❏ GOLDEN BLOSSOM, 20 IN	1983	OP	3300.00	5400.00
❏ GOLDEN BLOSSOM, 3 IN.	1983	OP	95.00	200.00
❏ GOLDEN BLOSSOM, 40 IN.	1986	CL	8300.00	13000.00
❏ GOLDEN BLOSSOM, 6 IN.	1983	OP	220.00	475.00
❏ GOOD LIFE, THE 3 IN.	1982	CL	100.00	205.00

NAME	YEAR	LIMIT	ISSUE	TREND
❑ GOOD LIFE, THE 6 IN.	1982	CL	225.00	100.00
❑ GOOD SHEPHERD, THE-10 IN.	1971	CL	90.00	265.00
❑ GOOD SHEPHERD, THE-3 IN.	1969	CL	12.00	120.00
❑ GOOD SHEPHERD, THE-6 IN.	1969	CL	25.00	120.00
❑ GREETINGS, 3 IN.	1974	CL	30.00	305.00
❑ GREETINGS, 6 IN.	1974	CL	55.00	200.00
❑ GUIDING LIGHT, 3 IN.	1982	CL	100.00	125.00
❑ GUITAR, 3 IN.	1982	CL	80.00	100.00
❑ GUITAR, 6 IN.	1982	CL	175.00	125.00
❑ HAPPY STRUMMER, 3 IN.	1979	CL	75.00	110.00
❑ HAPPY WANDERER, 10 IN.	1973	CL	120.00	250.00
❑ HAPPY WANDERER, 3 IN.	1974	CL	40.00	105.00
❑ HAPPY WANDERER, 6 IN.	1974	CL	70.00	200.00
❑ HARMONICA, 3 IN.	1982	CL	80.00	100.00
❑ HARMONICA, 6 IN.	1982	CL	175.00	125.00
❑ HARVEST GIRL, 3 IN.	1978	CL	75.00	130.00
❑ HEAVENLY CONCERT, 2 IN.	1987	CL	200.00	205.00
❑ HEAVENLY CONCERT, 4 IN.	1987	CL	450.00	555.00
❑ HEAVENLY GARDENER, 6 IN.	1969	CL	25.00	2025.00
❑ HEAVENLY QUINTET, 6 IN.	1969	CL	25.00	2025.00
❑ HELPING HANDS, 3 IN.	1974	CL	30.00	355.00
❑ HELPING HANDS, 6 IN.	1974	CL	55.00	710.00
❑ HE'S MY BROTHER, 3 IN.	1979	CL	70.00	135.00
❑ HE'S MY BROTHER, 6 IN.	1979	CL	155.00	245.00
❑ HIGH HOPES, 3 IN.	1984	CL	81.00	95.00
❑ HIGH HOPES, 6 IN.	1984	CL	170.00	265.00
❑ HIGH RIDING, 3 IN.	1979	CL	145.00	205.00
❑ HIGH RIDING, 6 IN.	1979	CL	340.00	480.00
❑ HITCHHIKER, 3 IN.	1982	CL	98.00	100.00
❑ HITCHHIKER, 6 IN.	1982	CL	125.00	125.00
❑ HOLIDAY GREETINGS, 3 IN.	1993	1000	200.00	205.00
❑ HOLIDAY GREETINGS, 6 IN.	1993	1000	450.00	455.00
❑ HOLY FAMILY, 3 IN.	1975	CL	75.00	225.00
❑ HOLY FAMILY, 6 IN.	1975	CL	200.00	670.00
❑ HOMEWARD BOUND 3 IN.	1995	OP	155.00	155.00
❑ HOMEWARD BOUND 6 IN.	1995	OP	410.00	410.00
❑ HURDY GURDY, 3 IN.	1977	CL	53.00	155.00
❑ HURDY GURDY, 6 IN.	1977	CL	112.00	395.00
❑ INSPECTOR, 3 IN.	1975	CL	40.00	230.00
❑ INSPECTOR, 6 IN.	1975	CL	80.00	380.00
❑ JOLLY PIPER, 3 IN.	1981	CL	100.00	125.00
❑ JOURNEY, 3 IN.	1977	CL	68.00	180.00
❑ JOURNEY, 6 IN.	1977	CL	120.00	405.00
❑ LEADING THE WAY, 0 IN.	1977	CL	63.00	125.00
❑ LETTER, THE 3 IN.	1976	CL	40.00	45.00
❑ LETTER, THE 6 IN.	1976	CL	90.00	600.00
❑ LIGHTING THE WAY, 3 IN.	1982	CL	105.00	145.00
❑ LIGHTING THE WAY, 6 IN.	1982	CL	225.00	300.00
❑ LITTLE MOTHER 3 IN.	1974	CL	136.00	300.00
❑ LITTLE MOTHER, 6 IN.	1974	CL	85.00	120.00
❑ LOTS OF GIFTS, 3 IN.	1993	1000	200.00	205.00
❑ LOTS OF GIFTS, 6 IN.	1993	1000	450.00	455.00
❑ LOVE GIFT, 3 IN.	1975	CL	40.00	165.00
❑ LOVE GIFT, 6 IN.	1975	CL	70.00	300.00
❑ LOVE LETTER, 3 IN.	1969	CL	12.00	155.00
❑ LOVE LETTER, 6 IN.	1969	CL	25.00	255.00
❑ LOVE MESSAGE, 3 IN.	1983	CL	105.00	155.00
❑ LOVE MESSAGE, 6 IN.	1983	CL	240.00	370.00
❑ LOVE'S MESSENGER, 6 IN.	1969	CL	25.00	2025.00
❑ MADONNA WITH CHILD, 3 INCHES	1992	1000	190.00	195.00
❑ MADONNA WITH CHILD, 6 INCHES	1992	1000	370.00	375.00
❑ MERRY MELODY, 3 IN.	1981	CL	90.00	120.00
❑ MEXICAN BOY, 3 IN.	1989	CL	170.00	180.00
❑ MEXICAN BOY, 6 IN.	1989	CL	340.00	355.00
❑ MEXICAN GIRL, 3 IN.	1989	CL	170.00	180.00
❑ MEXICAN GIRL, 6 IN.	1989	CL	340.00	355.00
❑ MOTHER & CHILD, 3 IN.	1975	CL	45.00	150.00
❑ MOTHER & CHILD, 6 IN.	1975	CL	90.00	300.00
❑ MUSICAL BASKET, 3 IN.	1981	CL	90.00	120.00
❑ MUSICAL BASKET, 6 IN.	1981	CL	200.00	230.00
❑ MUSICAL RIDE, 4 IN.	1986	RT	165.00	240.00
❑ MUSICAL RIDE, 8 IN.	1986	RT	395.00	560.00
❑ NATURE GIRL, 3 IN.	1973	CL	30.00	35.00
❑ NATURE GIRL, 6 IN.	1973	CL	60.00	275.00
❑ NATURE'S WONDER, 3 IN.	1987	CL	125.00	150.00
❑ NATURE'S WONDER, 6 IN.	1987	CL	245.00	290.00
❑ NEW FRIENDS, 3 IN.	1974	CL	30.00	280.00
❑ NEW FRIENDS, 6 IN.	1974	CL	55.00	500.00
❑ NIGHT NIGHT, 3 IN.	1977	CL	45.00	55.00
❑ NIGHT NIGHT, 6 IN.	1977	CL	68.00	280.00
❑ PASCAL LAMB, 3 INCHES	1992	1000	210.00	215.00
❑ PASCAL LAMB, 6 INCHES	1992	1000	460.00	465.00
❑ PEACE MAKER, 3 IN.	1988	CL	180.00	200.00
❑ PEACE MAKER, 6 IN.	1988	CL	360.00	405.00
❑ PEACE PIPE, 10 IN.	1983	CL	460.00	505.00
❑ PEACE PIPE, 20 IN.	1984	CL	2200.00	3475.00
❑ PEACE PIPE, 3 IN.	1979	CL	85.00	120.00
❑ PICNIC FOR TWO, 3 IN.	1900	CL	190.00	210.00
❑ PICNIC FOR TWO, 6 IN.	1988	CL	425.00	475.00
❑ PLAY IT AGAIN, 3 IN.	1982	CL	100.00	120.00
❑ PLAY IT AGAIN, 6 IN.	1982	CL	250.00	260.00
❑ POOR BOY, 3 IN.	1977	CL	50.00	100.00
❑ POOR BOY, 6 IN.	1977	CL	125.00	200.00
❑ PROUD MOTHER, 3 IN.	1977	CL	53.00	155.00

FIGURINES

FIGURINES

NAME	YEAR	LIMIT	ISSUE	TREND
❑ PROUD MOTHER, 6 IN.	1977	CL	130.00	355.00
❑ QUINTET, THE 3 IN.	1969	CL	12.00	165.00
❑ QUINTET, THE 6 IN.	1969	CL	25.00	400.00
❑ QUINTET,THE- 10 IN.	1971	CL	100.00	725.00
❑ RIDING THRU THE RAIN, 10 IN.	1977	OP	400.00	1200.00
❑ RIDING THRU THE RAIN, 5 IN.	1977	OP	145.00	475.00
❑ ROMEO, 3 IN.	1974	CL	50.00	230.00
❑ ROMEO, 6 IN.	1974	CL	85.00	380.00
❑ SANTA AND TEDDY, 5 IN.	1993	750	360.00	375.00
❑ SANTA RESTING ON BAG, 5 IN.	1994	OP	400.00	405.00
❑ SERENITY, 3 IN.	1987	CL	125.00	150.00
❑ SERENITY, 6 IN.	1987	CL	245.00	295.00
❑ SHARING, 3 IN.	1976	CL	33.00	135.00
❑ SHARING, 6 IN.	1976	CL	75.00	250.00
❑ SHIPMATES, 3 IN.	1984	CL	81.00	120.00
❑ SHIPMATES, 6 IN.	1984	CL	170.00	250.00
❑ SPREADING THE WORD, 3 IN.	1978	CL	115.00	195.00
❑ SPREADING THE WORD, 6 IN.	1978	CL	270.00	200.00
❑ SPRING ARRIVALS, 10 IN.	1980	*	435.00	300.00
❑ SPRING ARRIVALS, 20 IN.	1980	250	2000.00	3375.00
❑ SPRING ARRIVALS, 3 IN.	1973	OP	30.00	160.00
❑ SPRING ARRIVALS, 6 IN.	1973	OP	50.00	125.00
❑ SPRING DANCE, 12 IN.	1978	CL	950.00	525.00
❑ SPRING DANCE, 24 IN.	1978	CL	48.00	6250.00
❑ SPRING OUTING, 3 IN.	1974	CL	30.00	630.00
❑ SPRING OUTING, 6 IN.	1974	CL	55.00	910.00
❑ STAR BRIGHT, 3 IN.	1982	CL	110.00	130.00
❑ STAR BRIGHT, 6 IN.	1982	CL	250.00	125.00
❑ STEPPING OUT, 3 IN.	1981	CL	95.00	100.00
❑ STEPPING OUT, 6 IN.	1981	CL	220.00	280.00
❑ STITCH IN TIME, 3 IN.	1979	CL	75.00	130.00
❑ STITCH IN TIME, 6 IN.	1979	CL	150.00	240.00
❑ SUGAR HEART, 3 IN.	1969	CL	12.00	455.00
❑ SUGAR HEART, 6 IN.	1969	CL	25.00	530.00
❑ SUMMERTIME, 3 IN.	1975	CL	35.00	45.00
❑ SUMMERTIME, 6 IN.	1975	CL	70.00	265.00
❑ SURPRISE, 3 IN.	1982	CL	100.00	155.00
❑ SURPRISE, 6 IN.	1982	CL	225.00	330.00
❑ SWEEPER, 3 IN.	1973	CL	35.00	135.00
❑ SWEEPER, 6 IN.	1973	CL	75.00	430.00
❑ SWEET ARRIVAL (BLUE), 3 IN.	1981	CL	105.00	120.00
❑ SWEET ARRIVAL (BLUE), 6 IN.	1981	CL	225.00	265.00
❑ SWEET ARRIVAL (PINK), 3 IN.	1981	CL	105.00	110.00
❑ SWEET ARRIVAL (PINK), 6 IN.	1981	CL	225.00	230.00
❑ SWEET DREAMS, 3 IN.	1981	CL	100.00	145.00
❑ SWEET DREAMS, 6 IN.	1982	CL	225.00	335.00
❑ SWEET MELODY, 3 IN.	1982	CL	80.00	100.00
❑ SWEET MELODY, 6 IN.	1982	CL	198.00	210.00
❑ SWISS BOY, 3 IN.	1986	CL	122.00	175.00
❑ SWISS BOY, 3 IN.	1989	CL	180.00	185.00
❑ SWISS BOY, 6 IN.	1986	CL	245.00	400.00
❑ SWISS BOY, 6 IN.	1989	CL	380.00	385.00
❑ SWISS GIRL, 3 IN.	1986	CL	122.00	190.00
❑ SWISS GIRL, 3 IN.	1989	CL	200.00	205.00
❑ SWISS GIRL, 6 IN.	1986	CL	245.00	305.00
❑ SWISS GIRL, 6 IN.	1989	CL	470.00	475.00
❑ TALKING TO THE ANIMALS, 10 IN.	1971	CL	90.00	550.00
❑ TALKING TO THE ANIMALS, 3 IN.	1969	CL	12.00	70.00
❑ TALKING TO THE ANIMALS, 6 IN.	1969	CL	45.00	260.00
❑ TENDER CARE 3 IN.	1995	OP	125.00	125.00
❑ TENDER CARE 6 IN.	1995	OP	275.00	300.00
❑ TENDER MOMENTS, 3 IN.	1974	CL	30.00	380.00
❑ TENDER MOMENTS, 6 IN.	1974	CL	55.00	580.00
❑ TINY SOUNDS, 3 IN.	1981	CL	90.00	110.00
❑ TO MARKET, 3 IN.	1982	CL	95.00	120.00
❑ TRACKER, 3 IN.	1977	CL	70.00	165.00
❑ TRUMPETER, 10 IN.	1980	CL	500.00	510.00
❑ TRUMPETER, 20 IN.	1984	CL	2350.00	3000.00
❑ TRUMPETER, 3 IN.	1973	CL	69.00	115.00
❑ TRUMPETER, 6 IN.	1973	CL	120.00	250.00
❑ UMPAPA, 4 IN.	1980	CL	125.00	100.00
❑ VIOLIN, 3 IN.	1982	CL	80.00	100.00
❑ VIOLIN, 6 IN.	1982	CL	175.00	125.00
❑ WANDERLUST, 3 IN.	1976	CL	33.00	130.00
❑ WANDERLUST, 6 IN.	1975	CL	70.00	455.00
❑ WINTER MEMORIES, 3 IN.	1988	CL	180.00	200.00
❑ WINTER MEMORIES, 6 IN.	1988	CL	398.00	150.00

HEAVENLY ANGELS   W. & C. HALLETT

NAME	YEAR	LIMIT	ISSUE	TREND
❑ ANGEL OF KINDNESS - NATURAL	1995	250	225.00	225.00
❑ ANGEL OF KINDNESS - PAINTED	1995	250	350.00	350.00
❑ ANGEL OF LOVE - NATURAL	1996	250	225.00	225.00
❑ ANGEL OF LOVE - PAINTED	1995	250	350.00	350.00
❑ ANGEL OF MERCY - NATURAL	1995	250	225.00	225.00
❑ ANGEL OF MERCY - PAINTED	1995	250	350.00	350.00
❑ ANGEL OF PEACE - NATURAL	1995	250	225.00	225.00
❑ ANGEL OF PEACE - PAINTED	1995	250	350.00	300.00

LIMITED EDITION COUPLES   J. FERRANDIZ

NAME	YEAR	LIMIT	ISSUE	TREND
❑ FIRST KISS, 8 IN.	1985	CL	590.00	955.00
❑ HEART TO HEART, 8 IN.	1987	CL	590.00	855.00
❑ LOVING HAND, 8 IN.	1988	CL	795.00	855.00
❑ MY HEART IS YOURS, 8 IN.	1986	CL	590.00	650.00
❑ SPRINGTIME STROLL, 8 IN.	1985	CL	590.00	400.00
❑ TENDER TOUCH, 8 IN.	1986	CL	590.00	855.00

NAME	YEAR	LIMIT	ISSUE	TREND
MEMORIAL				**J. FERRANDIZ**
❑ PEACEFUL LOVE, 10 IN.	1998	OP	950.00	950.00
❑ PEACEFUL LOVE, 20 IN.	1998	250	4500.00	4500.00
❑ PEACEFUL LOVE, 3 IN.	1998	OP	225.00	225.00
❑ PEACEFUL LOVE, 40 IN.	1998	12	11500.00	11500.00
❑ PEACEFUL LOVE, 6 IN.	1998	OP	450.00	450.00
MICKEY MOUSE THROUGH THE AGES				*
❑ MAD DOG, THE-4 IN.	1991	CL	500.00	550.00
❑ STEAMBOAT WILLIE, 4 IN.	1990	CL	295.00	525.00
REFLECTIONS				**U. BERNARDI**
❑ LEARNING THE SKILLS 4 IN.	1995	500	275.00	275.00
❑ LEARNING THE SKILLS 6 IN.	1995	250	550.00	550.00
❑ PLANNING THE TOUR 4 IN.	1995	500	250.00	440.00
❑ PLANNING THE TOUR 6 IN.	1995	250	450.00	300.00
RELIGIOUS				*
❑ ANGEL WITH FLUTE, GOLD	1998	OP	610.00	610.00
❑ ANGEL WITH FLUTE, PAINTED	1998	OP	610.00	610.00
RELIGIOUS				**L. GAITHER**
❑ MOSES	1998	OP	995.00	995.00
SANTA SERIES				**S. KAY**
❑ UP ON THE ROOFTOP	1998	250	695.00	695.00
❑ UP ON THE ROOFTOP	1998	500	395.00	395.00
SARAH KAY 10TH ANNIVERSARY				**S. KAY**
❑ CHRISTMAS BASKET, 4 IN.	1993	1000	310.00	295.00
❑ CHRISTMAS BASKET, 6 IN.	1993	1000	600.00	585.00
❑ INNOCENCE, 4 IN.	1993	1000	345.00	320.00
❑ INNOCENCE, 6 IN.	1993	1000	630.00	635.00
❑ JOY TO THE WORLD, 4 IN.	1993	1000	310.00	295.00
❑ JOY TO THE WORLD, 6 IN.	1993	1000	600.00	585.00
❑ MR. SANTA, 4 IN.	1993	750	375.00	395.00
❑ MR. SANTA, 6 IN.	1993	750	695.00	735.00
❑ MRS. SANTA, 4 IN.	1993	750	375.00	395.00
❑ MRS. SANTA, 6 IN.	1993	750	695.00	735.00
❑ MY FAVORITE DOLL, 4 IN.	1993	1000	315.00	320.00
❑ MY FAVORITE DOLL, 6 IN.	1993	1000	630.00	275.00
SARAH KAY FIGURINES				**S. KAY**
❑ AFTERNOON TEA, 11 IN.	1985	CL	650.00	775.00
❑ AFTERNOON TEA, 20 IN.	1985	CL	3100.00	3525.00
❑ AFTERNOON TEA, 4 IN.	1985	CL	95.00	100.00
❑ AFTERNOON TEA, 6 IN.	1985	CL	195.00	300.00
❑ ALL ABOARD, 1 1/2 IN.	1987	CL	50.00	95.00
❑ ALL ABOARD, 4 IN.	1987	CL	130.00	190.00
❑ ALL ABOARD, 6 IN.	1987	CL	265.00	360.00
❑ ALL MINE, 1 1/2 IN.	1987	CL	50.00	100.00
❑ ALL MINE, 4 IN.	1987	CL	130.00	230.00
❑ ALL MINE, 6 IN.	1987	CL	245.00	150.00
❑ ALWAYS BY MY SIDE, 1 1/2 IN.	1986	CL	45.00	100.00
❑ ALWAYS BY MY SIDE, 4 IN.	1986	CL	95.00	200.00
❑ ALWAYS BY MY SIDE, 6 IN.	1986	CL	195.00	380.00
❑ BATTER UP, 1 1/2 IN.	1990	CL	90.00	50.00
❑ BATTER UP, 4 IN.	1990	2000	220.00	270.00
❑ BATTER UP, 6 IN.	1990	2000	440.00	200.00
❑ BEDTIME, 1 1/2 IN.	1983	CL	45.00	50.00
❑ BEDTIME, 4 IN.	1983	CL	95.00	235.00
❑ BEDTIME, 6 IN.	1983	CL	195.00	440.00
❑ BUBBLES & BOWS, 4 IN.	1994	1000	300.00	305.00
❑ BUBBLES & BOWS, 6 IN.	1994	1000	600.00	250.00
❑ BUNNY HUG, 1 1/2 IN.	1986	CL	45.00	90.00
❑ BUNNY HUG, 4 IN.	1986	CL	95.00	175.00
❑ BUNNY HUG, 6 IN.	1986	CL	210.00	150.00
❑ CHERISH, 1 1/2 IN.	1989	CL	80.00	100.00
❑ CHERISH, 4 IN.	1989	2000	199.00	295.00
❑ CHERISH, 6 IN.	1989	2000	398.00	300.00
❑ CHRISTMAS WONDER, 4 IN.	1994	1000	370.00	375.00
❑ CHRISTMAS WONDER, 6 IN.	1994	1000	700.00	705.00
❑ CLOWNING AROUND, 4 IN.	1994	1000	300.00	305.00
❑ CLOWNING AROUND, 6 IN.	1994	1000	550.00	555.00
❑ COFFEE BREAK, 4 IN.	1998	2000	295.00	295.00
❑ COFFEE BREAK, 6 IN.	1998	1000	575.00	200.00
❑ CUDDLES, 1 1/2 IN.	1987	CL	50.00	100.00
❑ CUDDLES, 4 IN.	1987	CL	130.00	150.00
❑ CUDDLES, 6 IN.	1987	CL	245.00	470.00
❑ DAYDREAMING, 1 1/2 IN.	1984	CL	45.00	50.00
❑ DAYDREAMING, 4 IN.	1984	CL	95.00	240.00
❑ DAYDREAMING, 6 IN.	1984	CL	195.00	450.00
❑ DRESS UP, 1 1/2 IN.	1991	3750	110.00	115.00
❑ DRESS UP, 4 IN.	1991	2000	270.00	275.00
❑ DRESS UP, 6 IN.	1991	2000	550.00	200.00
❑ EVERY GOOD BOY DESERVES FAVOR	1985	4000	95.00	185.00
❑ FEEDING THE CHICKENS, 1 1/2 IN.	1983	CL	45.00	115.00
❑ FEEDING THE CHICKENS, 4 IN.	1983	CL	95.00	250.00
❑ FEEDING THE CHICKENS, 6 IN.	1983	CL	195.00	475.00
❑ FIGURE EIGHT, 1 1/2 IN.	1991	3750	110.00	115.00
❑ FIGURE EIGHT, 4 IN.	1991	2000	270.00	110.00
❑ FIGURE EIGHT, 6 IN.	1991	2000	550.00	665.00
❑ FINDING R WAY, 1 1/2 IN.	1984	CL	45.00	140.00
❑ FINDING R WAY, 4 IN.	1984	CL	95.00	250.00

FIGURINES

FIGURINES

NAME	YEAR	LIMIT	ISSUE	TREND
❏ FINDING R WAY, 6 IN.	1984	CL	210.00	125.00
❏ FINISHING TOUCH, 1 1/2 IN.	1986	CL	45.00	90.00
❏ FINISHING TOUCH, 4 IN.	1986	CL	95.00	100.00
❏ FINISHING TOUCH, 6 IN.	1986	CL	195.00	125.00
❏ FIRST SCHOOL DAY, 1 1/2 IN.	1989	CL	85.00	100.00
❏ FIRST SCHOOL DAY, 4 IN.	1989	2000	290.00	355.00
❏ FIRST SCHOOL DAY, 6 IN.	1989	2000	550.00	350.00
❏ FISHERBOY, 1 1/2 IN.	1989	CL	85.00	100.00
❏ FISHERBOY, 4 IN.	1989	2000	220.00	100.00
❏ FISHERBOY, 6 IN.	1989	CL	440.00	480.00
❏ FLOWERS FOR YOU, 1 1/2 IN.	1984	CL	45.00	50.00
❏ FLOWERS FOR YOU, 4 IN.	1984	CL	95.00	250.00
❏ FLOWERS FOR YOU, 6 IN.	1984	CL	195.00	200.00
❏ FORE!!, 1 1/2 IN.	1991	3750	110.00	120.00
❏ FORE!!, 4 IN.	1991	2000	270.00	330.00
❏ FORE!!, 6 IN.	1991	2000	550.00	250.00
❏ FREE SKATING, 1 1/2 IN.	1992	3750	110.00	115.00
❏ FREE SKATING, 4 IN.	1992	1000	310.00	315.00
❏ FREE SKATING, 6 IN.	1992	1000	590.00	625.00
❏ FROM THE GARDEN, 1 1/2 IN.	1983	CL	45.00	115.00
❏ FROM THE GARDEN, 4 IN.	1983	CL	95.00	240.00
❏ FROM THE GARDEN, 6 IN.	1983	CL	195.00	125.00
❏ GARDEN PARTY, 1 1/2 IN.	1989	CL	85.00	100.00
❏ GARDEN PARTY, 4 IN.	1989	2000	220.00	245.00
❏ GARDEN PARTY, 6 IN.	1989	CL	440.00	250.00
❏ GIDDYAP!, 4 IN.	1985	CL	95.00	250.00
❏ GIDDYAP!, 6 IN.	1985	CL	195.00	200.00
❏ GINGER SNAP, 1 1/2 IN.	1988	CL	70.00	95.00
❏ GINGER SNAP, 4 IN.	1988	CL	150.00	100.00
❏ GINGER SNAP, 6 IN.	1988	CL	300.00	120.00
❏ GOOD AS NEW, 1 1/2 IN.	1986	CL	45.00	95.00
❏ GOOD AS NEW, 4 IN.	1986	4000	95.00	100.00
❏ GOOD AS NEW, 6 IN.	1986	4000	195.00	150.00
❏ HAVING FUN, 4 IN.	1998	2000	295.00	295.00
❏ HAVING FUN, 6 IN.	1998	1000	575.00	575.00
❏ HELPING MOTHER, 1 1/2 IN.	1983	CL	45.00	115.00
❏ HELPING MOTHER, 4 IN.	1983	CL	95.00	305.00
❏ HELPING MOTHER, 6 IN.	1983	CL	210.00	500.00
❏ HIDDEN TREASURES, 1 1/2 IN.	1988	CL	70.00	95.00
❏ HIDDEN TREASURES, 4 IN.	1988	CL	150.00	190.00
❏ HIDDEN TREASURES, 6 IN.	1988	CL	300.00	200.00
❏ HOLIDAY CHEER, 1 1/2 IN.	1990	CL	90.00	100.00
❏ HOLIDAY CHEER, 4 IN.	1990	2000	225.00	310.00
❏ HOLIDAY CHEER, 6 IN.	1990	1000	450.00	280.00
❏ HOUSE CALL, 1 1/2 IN.	1989	CL	85.00	100.00
❏ HOUSE CALL, 4 IN.	1989	CL	190.00	200.00
❏ HOUSE CALL, 6 IN.	1989	CL	390.00	395.00
❏ INNOCENCE 4 IN.	1993	1000	345.00	300.00
❏ INNOCENCE 6 IN.	1993	1000	630.00	275.00
❏ JOLLY PAIR, 4 IN.	1994	1000	350.00	355.00
❏ JOLLY PAIR, 6 IN.	1994	1000	650.00	300.00
❏ JOY TO THE WORLD 4 IN.	1993	1000	310.00	100.00
❏ JOY TO THE WORLD 6 IN.	1993	1000	600.00	600.00
❏ LET'S PLAY, 1 1/2 IN.	1987	CL	50.00	95.00
❏ LET'S PLAY, 4 IN.	1987	CL	130.00	190.00
❏ LET'S PLAY, 6 IN.	1987	CL	265.00	360.00
❏ LITTLE CHIMNEY SWEEP, 4 IN.	1994	1000	300.00	305.00
❏ LITTLE CHIMNEY SWEEP, 6 IN.	1994	1000	600.00	605.00
❏ LITTLE NANNY, 1 1/2 IN.	1987	CL	50.00	95.00
❏ LITTLE NANNY, 4 IN.	1987	CL	150.00	205.00
❏ LITTLE NANNY, 6 IN.	1987	CL	295.00	350.00
❏ LOVING SPOONFUL, 1 1/2 IN.	1987	CL	50.00	95.00
❏ LOVING SPOONFUL, 4 IN.	1987	4000	150.00	295.00
❏ LOVING SPOONFUL, 6 IN.	1987	4000	295.00	545.00
❏ MERRY CHRISTMAS, 1 1/2 IN.	1992	3750	110.00	115.00
❏ MERRY CHRISTMAS, 4 IN.	1992	1000	350.00	355.00
❏ MERRY CHRISTMAS, 6 IN.	1992	1000	580.00	200.00
❏ MORNING CHORES, 1 1/2 IN.	1983	CL	45.00	115.00
❏ MORNING CHORES, 4 IN.	1983	CL	95.00	305.00
❏ MORNING CHORES, 6 IN.	1983	CL	210.00	150.00
❏ MR. SANTA 4 IN.	1993	750	375.00	400.00
❏ MR. SANTA 6 IN.	1993	750	695.00	725.00
❏ MRS. SANTA 4 IN.	1993	750	375.00	400.00
❏ MRS. SANTA 6 IN.	1993	750	695.00	725.00
❏ MY FAVORITE DOLL 4 IN.	1993	1000	315.00	315.00
❏ MY FAVORITE DOLL 6 IN.	1993	1000	600.00	600.00
❏ MY LITTLE BROTHER, 1 1/2 IN.	1987	CL	70.00	95.00
❏ MY LITTLE BROTHER, 4 IN.	1987	CL	195.00	230.00
❏ MY LITTLE BROTHER, 6 IN.	1987	CL	375.00	300.00
❏ NEW HOME, 1 1/2 IN.	1988	CL	70.00	95.00
❏ NEW HOME, 4 IN.	1988	CL	185.00	245.00
❏ NEW HOME, 6 IN.	1988	CL	365.00	515.00
❏ NIGHTIE NIGHT, 4 IN.	1985	CL	95.00	190.00
❏ NIGHTIE NIGHT, 6 IN.	1985	CL	195.00	270.00
❏ OFF TO SCHOOL, 1 1/2 IN.	1984	CL	45.00	130.00
❏ OFF TO SCHOOL, 11 IN.	1984	750	*	325.00
❏ OFF TO SCHOOL, 20 IN.	1984	100	*	4150.00
❏ OFF TO SCHOOL, 4 IN.	1984	4000	95.00	240.00

NAME	YEAR	LIMIT	ISSUE	TREND
❑ OFF TO SCHOOL, 6 IN.	1984	4000	195.00	450.00
❑ OUR PUPPY, 1 1/2 IN.	1986	CL	45.00	95.00
❑ OUR PUPPY, 4 IN.	1986	CL	95.00	190.00
❑ OUR PUPPY, 6 IN.	1986	CL	210.00	180.00
❑ PENNY FOR YOUR THOUGHTS, 1 1/2 IN.	1988	CL	70.00	95.00
❑ PENNY FOR YOUR THOUGHTS, 4 IN.	1988	2000	185.00	265.00
❑ PENNY FOR YOUR THOUGHTS, 6 IN.	1988	CL	365.00	550.00
❑ PLAYTIME, 1 1/2 IN.	1983	CL	45.00	115.00
❑ PLAYTIME, 4 IN.	1983	CL	95.00	250.00
❑ PLAYTIME, 6 IN.	1983	CL	195.00	500.00
❑ PURRFECT DAY, 1 1/2 IN.	1988	CL	70.00	95.00
❑ PURRFECT DAY, 4 IN.	1988	CL	184.00	220.00
❑ PURRFECT DAY, 6 IN.	1988	CL	265.00	250.00
❑ RAINDROPS, 1 1/2 IN.	1992	3750	110.00	115.00
❑ RAINDROPS, 4 IN.	1992	1000	350.00	355.00
❑ RAINDROPS, 6 IN.	1992	1000	640.00	300.00
❑ SCHOOL MARM 6 IN.	1988	500	398.00	420.00
❑ SEASONS GREETINGS, 1 1/2 IN.	1990	CL	90.00	100.00
❑ SEASONS GREETINGS, 4 IN.	1990	2000	225.00	310.00
❑ SEASONS GREETINGS, 6 IN.	1990	1000	450.00	300.00
❑ SEASON'S JOY, 1 1/2 IN.	1991	3750	110.00	120.00
❑ SEASON'S JOY, 4 IN.	1991	2000	270.00	345.00
❑ SEASON'S JOY, 6 IN.	1991	1000	550.00	700.00
❑ SHOOTIN' HOOPS, 1 1/2 IN.	1990	CL	90.00	100.00
❑ SHOOTIN' HOOPS, 4 IN.	1990	2000	220.00	230.00
❑ SHOOTIN' HOOPS, 6 IN.	1990	2000	440.00	200.00
❑ SPECIAL DAY, 4 IN.	1985	CL	95.00	195.00
❑ SPECIAL DAY, 6 IN.	1985	CL	195.00	330.00
❑ SPECIAL DELIVERY, 1 1/2 IN.	1984	CL	45.00	130.00
❑ SPECIAL DELIVERY, 4 IN.	1984	CL	95.00	195.00
❑ SPECIAL DELIVERY, 6 IN.	1984	CL	195.00	335.00
❑ SPRING FEVER, 1 1/2 IN.	1990	CL	90.00	100.00
❑ SPRING FEVER, 4 IN.	1990	2000	225.00	310.00
❑ SPRING FEVER, 6 IN.	1990	2000	450.00	200.00
❑ SWEEPING, 1 1/2 IN.	1983	CL	45.00	115.00
❑ SWEEPING, 4 IN.	1983	CL	95.00	235.00
❑ SWEEPING, 6 IN.	1983	CL	195.00	175.00
❑ SWEET TREAT, 1 1/2 IN.	1986	CL	45.00	90.00
❑ SWEET TREAT, 4 IN.	1986	CL	95.00	100.00
❑ SWEET TREAT, 6 IN.	1986	CL	195.00	140.00
❑ TAG ALONG, 1 1/2 IN.	1984	CL	45.00	135.00
❑ TAG ALONG, 4 IN.	1984	CL	95.00	100.00
❑ TAG ALONG, 6 IN.	1984	CL	195.00	295.00
❑ TAKE ME ALONG 11 IN.	1992	400	950.00	950.00
❑ TAKE ME ALONG 20 IN.	1992	100	4550.00	4550.00
❑ TAKE ME ALONG, 1 1/2 IN.	1989	CL	85.00	100.00
❑ TAKE ME ALONG, 4 IN.	1989	2000	220.00	290.00
❑ TAKE ME ALONG, 6 IN.	1989	1000	440.00	550.00
❑ TEN ROSES FOR YOU 4 IN.	1993	1000	200.00	290.00
❑ TEN ROSES FOR YOU 6 IN.	1993	1000	525.00	275.00
❑ TENDER LOVING CARE, 1 1/2 IN.	1990	CL	90.00	100.00
❑ TENDER LOVING CARE, 4 IN.	1990	CL	220.00	245.00
❑ TENDER LOVING CARE, 6 IN.	1990	CL	440.00	480.00
❑ TIS THE SEASON, 4 IN.	1985	CL	95.00	255.00
❑ TIS THE SEASON, 6 IN.	1985	CL	210.00	200.00
❑ TO LOVE AND CHERISH, 1 1/2 IN.	1986	CL	45.00	90.00
❑ TO LOVE AND CHERISH, 11 IN.	1986	CL	*	670.00
❑ TO LOVE AND CHERISH, 20 IN.	1986	CL	*	3625.00
❑ TO LOVE AND CHERISH, 4 IN.	1986	CL	95.00	175.00
❑ TO LOVE AND CHERISH, 6 IN.	1986	CL	195.00	315.00
❑ TOUCH DOWN, 1 1/2 IN.	1991	3750	110.00	115.00
❑ TOUCH DOWN, 4 IN.	1991	2000	270.00	300.00
❑ TOUCH DOWN, 6 IN.	1991	2000	550.00	200.00
❑ TULIPS FOR MOTHER, 1 1/2 IN.	1992	3750	110.00	115.00
❑ TULIPS FOR MOTHER, 4 IN.	1992	1000	310.00	315.00
❑ TULIPS FOR MOTHER, 6 IN.	1992	1000	590.00	250.00
❑ WAITING FOR MOTHER, 1 1/2 IN.	1983	CL	45.00	50.00
❑ WAITING FOR MOTHER, 11 IN.	1983	CL	495.00	325.00
❑ WAITING FOR MOTHER, 4 IN.	1983	CL	95.00	235.00
❑ WAITING FOR MOTHER, 6 IN.	1983	CL	195.00	450.00
❑ WAKE UP KISS, 1 1/2 IN.	1984	CL	45.00	555.00
❑ WAKE UP KISS, 4 IN.	1984	CL	95.00	190.00
❑ WAKE UP KISS, 6 IN.	1983	CL	210.00	555.00
❑ WATCHFUL EYE, 1 1/2 IN.	1984	CL	45.00	130.00
❑ WATCHFUL EYE, 4 IN.	1984	CL	95.00	100.00
❑ WATCHFUL EYE, 6 IN.	1984	CL	195.00	450.00
❑ WINTER CHEER, 4 IN.	1992	2000	300.00	305.00
❑ WINTER CHEER, 6 IN.	1992	1000	580.00	275.00
❑ WINTER SURPRISE, 1 1/2 IN.	1991	3750	110.00	575.00
❑ WINTER SURPRISE, 4 IN.	1991	2000	270.00	275.00
❑ WINTER SURPRISE, 6 IN.	1991	1000	550.00	540.00
❑ WITH THIS RING, 1 1/2 IN.	1986	CL	45.00	90.00
❑ WITH THIS RING, 11 IN.	1986	CL	*	670.00
❑ WITH THIS RING, 20 IN.	1986	CL	*	3625.00
❑ WITH THIS RING, 4 IN.	1986	CL	95.00	175.00
❑ WITH THIS RING, 6 IN.	1986	CL	195.00	315.00
❑ YEARLY CHECK-UP, 1 1/2 IN.	1989	CL	85.00	100.00
❑ YEARLY CHECK-UP, 4 IN.	1989	CL	190.00	200.00

FIGURINES

FIGURINES

NAME	YEAR	LIMIT	ISSUE	TREND
❑ YEARLY CHECK-UP, 6 IN.	1989	CL	390.00	175.00
❑ YULETIDE CHEER, 4 IN.	1985	CL	95.00	100.00
❑ YULETIDE CHEER, 6 IN.	1985	CL	210.00	440.00
SARAH KAY MINI SANTAS				**S. KAY**
❑ FATHER CHRISTMAS 1 1/2 IN.	1992	2500	110.00	110.00
❑ FRIEND TO ALL 1 1/2 IN.	1992	2500	110.00	110.00
❑ JOLLY SANTA, 1 1/2 IN.	1991	CL	110.00	115.00
❑ JOLLY ST. NICK, 1 1/2 IN.	1991	CL	110.00	115.00
❑ KRIS KRINGLE, 1 1/2 IN.	1991	CL	110.00	115.00
❑ SARAH KAY SANTA, 1 1/2 IN.	1991	CL	110.00	115.00
SARAH KAY SANTAS				**S. KAY**
❑ CHECKING IT TWICE 4 IN.	1995	500	250.00	25.00
❑ CHECKING IT TWICE 6 IN.	1995	250	395.00	395.00
❑ FATHER CHRISTMAS, 4 IN.	1992	750	350.00	355.00
❑ FATHER CHRISTMAS, 6 IN.	1992	750	590.00	595.00
❑ FRIEND TO ALL, 4 IN.	1991	750	300.00	305.00
❑ FRIEND TO ALL, 6 IN.	1991	750	590.00	595.00
❑ JOLLY SANTA, 12 IN.	1988	CL	1300.00	1305.00
❑ JOLLY SANTA, 4 IN.	1988	CL	235.00	325.00
❑ JOLLY SANTA, 6 IN.	1988	CL	480.00	605.00
❑ JOLLY ST. NICK, 4 IN.	1988	CL	199.00	425.00
❑ JOLLY ST. NICK, 6 IN.	1988	CL	398.00	855.00
❑ KRIS KRINGLE SANTA, 4 IN.	1990	CL	275.00	355.00
❑ KRIS KRINGLE SANTA, 6 IN.	1990	CL	550.00	555.00
❑ SANTA, 4 IN.	1989	CL	235.00	355.00
❑ SANTA, 6 IN.	1989	CL	480.00	485.00
❑ SARAH KAY SANTA, 4 IN.	1989	750	275.00	275.00
❑ SARAH KAY SANTA, 6 IN.	1989	750	550.00	550.00
❑ WORKSHOP SANTA 4 IN.	1996	500	295.00	295.00
❑ WORKSHOP SANTA 6 IN.	1996	250	495.00	500.00
SARAH KAY'S FIRST CHRISTMAS				**S. KAY**
❑ ALL I WANT FOR CHRISTMAS 4 IN.	1996	500	325.00	325.00
❑ ALL I WANT FOR CHRISTMAS 6 IN.	1996	250	550.00	550.00
❑ CHRISTMAS PUPPY 4 IN.	1997	500	375.00	375.00
❑ CHRISTMAS PUPPY 6 IN.	1997	250	625.00	200.00
❑ FIRST XMAS STOCKING 4 IN.	1995	500	250.00	250.00
❑ FIRST XMAS STOCKING 6 IN.	1995	250	395.00	395.00
❑ SARAH KAY'S FIRST CHRISTMAS, 4 IN.	1994	500	350.00	355.00
❑ SARAH KAY'S FIRST CHRISTMAS, 6 IN.	1994	250	600.00	605.00
SCHOOL DAYS				**S. KAY**
❑ HEAD OF THE CLASS 4 IN.	1996	500	295.00	295.00
❑ HEAD OF THE CLASS 6 IN.	1996	250	495.00	300.00
❑ HOMEWORK 4 IN.	1997	500	315.00	315.00
❑ HOMEWORK 6 IN.	1997	250	520.00	520.00
❑ I KNOW, I KNOW 4 IN.	1995	500	250.00	250.00
❑ I KNOW, I KNOW 6 IN.	1995	250	395.00	225.00
❑ STRAIGHT A'S, 4 IN.	1998	500	375.00	375.00
❑ STRAIGHT A'S, 6 IN.	1998	250	650.00	250.00
TRIBUTE TO MOTHER				**S. KAY**
❑ DON'T FORGET	1998	250	650.00	650.00
❑ MOM'S JOY 5"	1995	RT	298.00	297.50
❑ STORYTIME 5 1/2 IN.	1997	250	650.00	650.00
❑ SWEETS FOR MY SWEET 4 IN.	1996	250	399.00	180.00

ARDLEIGH-ELLIOTT

NAME	YEAR	LIMIT	ISSUE	TREND
BASKET BOUQUETS				**L. LIU**
❑ MAGNOLIAS MUSIC BOX	1996	*	30.00	30.00
❑ PANSIES MUSIC BOX	1996	*	30.00	30.00
❑ ROSES "MY FAVORITE THINGS" MUSIC BOX	1996	OP	30.00	30.00
HEAVEN'S LITTLE SWEETHEARTS				**D. BROOKS**
❑ AN ANGEL'S CARING	1998	*	35.00	35.00
❑ AN ANGEL'S KINDNESS BOX	1997	*	35.00	35.00
❑ AN ANGEL'S LOVE	1998	*	35.00	35.00
LEGENDARY LOVE OF SCARLETT AND RHETT				*
❑ I'M GOING TO DANCE AND DANCE MUSICAL FIGURINE	1997	*	40.00	40.00
❑ SAY YOU'RE GOING TO MARRY ME MUSICAL FIGURINE	1997	*	40.00	40.00
❑ WHAT I WANT FOR BONNIE MUSICAL FIGURINE	1997	*	40.00	40.00
LENA LIU'S FLORAL CAMEOS				**L. LIU**
❑ REMEMBRANCE	1997	*	40.00	40.00
LENA LIU'S FLORAL GREETINGS				**L. LIU**
❑ CIRCLE OF LOVE MUSIC BOX	1997	*	*	N/A
LOVE'S HEAVENLY MESSENGER				**B.P. GUTMANN**
❑ SWEET SLUMBER	1997	*	35.00	35.00
MAGICAL MOMENTS OF OZ				*
❑ OVER THE RAINBOW	1998	*	50.00	50.00
NATIVE BEAUTY				**L. BOGLE**
❑ AFTERGLOW	1998	*	35.00	35.00
❑ PROMISE, THE, BOX	1997	*	*	N/A
❑ WHITE FEATHER	1998	*	35.00	35.00
PRINCESS DIANA MUSIC BOX COLLECTION				*
❑ DIANA, A TRUE PRINCESS	1998	*	35.00	35.00
SYMPHONY OF ANGELS MUSIC BOX COLLECTION				*
❑ SERENITY'S SONG	1998	*	30.00	30.00
WONDERFUL WIZARD OF OZ				*
❑ WE'RE OFF TO SEE THE WIZARD MUSIC BOX	1996	OP	40.00	40.00

ARMANI

NAME	YEAR	LIMIT	ISSUE	TREND
ANNUAL MOTHER'S DAY				**G. ARMANI**
❑ MOTHER'S BOUQUET 799C	1998	YR	175.00	175.00

NAME	YEAR	LIMIT	ISSUE	TREND
CAPODIMONTE				**G. ARMANI**
❑ BOY READING/DOG 685C	*	SU	110.00	300.00
❑ COUNTRY GIRL (LITTLE SHEPHERDESS) 3153	1976	RT	48.00	275.00
❑ FRESH FRUITS 1001T	1993	RT	155.00	550.00
❑ GALLANT APPROACH 146C	1997	750	1250.00	1250.00
❑ GIRL READING/CAT 686C	*	SU	100.00	300.00
❑ NAPOLEON 464C	1977	RT	250.00	500.00
❑ OLD DRUNK (RICHARD'S NIGHT OUT) 3243	1980	RT	130.00	1100.00
❑ ORGAN GRINDER 3323	1978	RT	140.00	350.00
❑ SANTA CLAUS 346C	1998	*	400.00	400.00
❑ SWING 471C (MIC#7471)	*	RT	275.00	2000.00
❑ VENETIAN NIGHT 125C	1997	975	2000.00	2000.00
❑ YOUNG HEARTS 679C	1995	1500	900.00	900.00
CLOWNS				**G. ARMANI**
❑ BUST OF CLOWN (FIDDLER CLOWN) 725E	1991	5000	500.00	500.00
❑ CLOWN WITH DOG 653E	1984	RT	135.00	170.00
COMMEMORATIVE				**G. ARMANI**
❑ 1993 MOTHER'S DAY PLAQUE 899C	1993	RT	100.00	225.00
❑ 1994 MOTHER'S DAY PLAQUE 254C	1994	RT	100.00	225.00
❑ 1995 MOTHER'S DAY PLAQUE 538C	1995	RT	125.00	240.00
❑ 1996 MOTHER'S DAY PLAQUE 341C	1996	RT	150.00	150.00
❑ 1997 MOTHER'S DAY FIGURINE MOTHER'S ANGEL 155C	1997	CL	175.00	175.00
❑ DISCOVERY OF AMERICA-COLUMBUS 867C	1992	RT	400.00	525.00
❑ MOTHER'S DAY 799C	1998	CL	175.00	175.00
DISNEYANA				**G. ARMANI**
❑ ARIEL 505C	1994	RT	750.00	1850.00
❑ BEAUTY AND THE BEAST 543C	1995	RT	975.00	1500.00
❑ CINDERELLA & THE PRINCE 107C	1997	RT	825.00	1200.00
❑ CINDERELLA 783C	1992	RT	500.00	4000.00
❑ JASMINE & RAJAH 410C	1996	RT	800.00	1450.00
❑ SNOW WHITE 199C	1993	RT	750.00	1900.00
FIGURINE OF THE YEAR				**G. ARMANI**
❑ APRIL 121C	1997	YR	250.00	250.00
❑ LADY JANE 390C	1996	RT	200.00	200.00
❑ LADY WITH BAG 2149E	1993	RT	350.00	350.00
❑ VIOLET 756C	1998	YR	250.00	250.00
FLORENCE/DISNEY				**G. ARMANI**
❑ JIMINY CRICKET 379C	1996	OP	300.00	300.00
❑ JIMINY CRICKET SPECIAL BACKSTAMP 379C	1995	RT	300.00	500.00
❑ PINOCCHIO & FIGARO 464C	1996	OP	500.00	550.00
❑ SLEEPING BEAUTY (BRIAR ROSE) 106C	1996	OP	650.00	650.00
❑ TINKERBELL 108C	1997	OP	425.00	425.00
FLORENTINE GARDENS				**G. ARMANI**
❑ ABUNDANCE 870C	1992	RT	600.00	900.00
❑ AMBROSIA 482C	1994	5000	435.00	435.00
❑ ANGELICA 484C	1994	5000	575.00	575.00
❑ APHRODITE 230C	1998	3000	1350.00	1350.00
❑ AQUARIUS 426C	1995	5000	600.00	600.00
❑ ARTEMIS 126C	1997	5000	1750.00	1750.00
❑ AURORA-LADY WITH DOVES 884C	1993	7500	370.00	370.00
❑ BACCHUS & ARIANNA 419C	1997	5000	1500.00	1500.00
❑ CAPRICORN 699C	1998	5000	*	N/A
❑ DAWN 874C	1992	RT	500.00	795.00
❑ EBONY 372C	1996	5000	550.00	550.00
❑ FLORA 173C	1998	5000	600.00	600.00
❑ FLORA 173F	1998	*	450.00	450.00
❑ GEMINI 427C	1995	5000	600.00	600.00
❑ GOLDEN NECTAR 212C	1998	1500	2000.00	2000.00
❑ GOLDEN NECTAR 212F	1998	*	1350.00	1350.00
❑ LEO 149C	1997	5000	650.00	650.00
❑ LIBERTE 903C	1993	RT	750.00	1050.00
❑ LILACS & ROSES 882C	1993	7500	410.00	410.00
❑ PISCES 171C	1997	5000	650.00	650.00
❑ POMONA 174C	1998	5000	550.00	550.00
❑ POMONA 174F	1998	*	400.00	400.00
❑ SAGITTARIUS 698C	1998	5000	*	N/A
❑ SUMMERTIME 485C	1994	5000	650.00	650.00
❑ TAURUS 170C	1997	5000	650.00	650.00
❑ TWILIGHT 872C	1992	RT	560.00	950.00
❑ VANITY 871C	1992	RT	585.00	1138.00
❑ VIRGO 425C	1995	5000	600.00	600.00
❑ WIND SONG 904C	1993	5000	520.00	520.00
FOUR SEASONS				**G. ARMANI**
❑ AUTUMN WIND 763C	1998	*	400.00	400.00
❑ AUTUMN WIND 763F	1998	*	275.00	275.00
❑ LADY ON SEASHORE (SUMMER) 540C	1990	OP	440.00	440.00
❑ LADY WITH BICYCLE (SPRING) 539C	1990	OP	550.00	550.00
❑ LADY WITH ICE SKATES (WINTER) 542C	1990	OP	400.00	400.00
❑ LADY WITH UMBRELLA (FALL) 541C	1990	OP	475.00	475.00
❑ MAY TIME 761C	1998	*	400.00	400.00
❑ MAY TIME 761F	1998	*	275.00	275.00
❑ SKATING-WINTER 542P	1990	SU	355.00	440.00
❑ SUMMER BREEZE 762C	1998	*	400.00	400.00
❑ SUMMER BREEZE 762F	1998	*	265.00	265.00
❑ WINTER CHILL 764C	1998	*	400.00	400.00
❑ WINTER CHILL 764F	1998	*	205.00	205.00

FIGURINES

FIGURINES

NAME	YEAR	LIMIT	ISSUE	TREND
G. ARMANI SOCIETY EVENT				**G. ARMANI**
❑ DAISY 202E	1994	RT	250.00	450.00
❑ IRIS 628E	1995	RT	250.00	413.00
❑ LOVING ARMS 880E	1993	RT	250.00	400.00
❑ MARIANNE 135C	1997	YR	275.00	275.00
❑ PALS (BOY WITH DOG) 409S	1990	RT	200.00	600.00
❑ ROSE 678C	1996	RT	250.00	375.00
❑ SPRINGTIME 961C	1992	RT	250.00	500.00
❑ VICTORIA 525C	1998	YR	275.00	275.00
G. ARMANI SOCIETY MEMBERS ONLY FIGURINES				**G. ARMANI**
❑ ALLEGRA 345C	1996	RT	250.00	338.00
❑ AQUARIUS 248C	1994	RT	125.00	400.00
❑ ARIANNA 400C	1996	RT	125.00	175.00
❑ ASCENT 866C	1992	RT	195.00	688.00
❑ AWAKENING 591C	1990	RT	138.00	1500.00
❑ BETH-BONUS 519C	1998	YR	115.00	115.00
❑ FLORA 212C	1994	RT	225.00	600.00
❑ HARLEQUIN 490C	1994	RT	300.00	500.00
❑ IT'S MINE 136C	1997	YR	200.00	200.00
❑ JULIE 293P	1992	RT	90.00	225.00
❑ JULIETTE 294P	1992	RT	90.00	280.00
❑ LADY ROSE 197C	1993	RT	125.00	295.00
❑ LUCIA-REDEMPTION 755C	1998	YR	325.00	325.00
❑ MELODY 656C	1995	RT	250.00	375.00
❑ MY FINE FEATHERED FRIENDS 122S	1990	RT	175.00	550.00
❑ PEACE & HARMONY 824C	1991	RT	300.00	425.00
❑ RUFFLES 745E	1991	RT	139.00	725.00
❑ SABRINA 110C	1997	YR	275.00	275.00
❑ SCARLETTE 698C	1995	RT	200.00	360.00
❑ VENUS 881E	1993	RT	225.00	550.00
G. ARMANI SOCIETY MEMBERSHIP GIFTS				**G. ARMANI**
❑ LADY WITH DOGS 245F	1994	CL	*	85.00
❑ LADY WITH DOVES 546F	1995	CL	*	85.00
❑ PERFECT MATCH 358F	1996	CL	*	60.00
❑ PETITE MATERNITY 939F	1993	CL	*	100.00
❑ PUPPY LOVE 114F	1998	CL	*	50.00
❑ QUIET PLEASE 446F	1997	CL	*	50.00
GALLERIA COLLECTION				**G. ARMANI**
❑ EROS 406T	1996	1500	750.00	750.00
❑ GRACE 1029T	1995	1000	465.00	465.00
❑ JOY 1028T	1995	1000	465.00	465.00
❑ LEDA AND THE SWAN 1012T	1993	RT	550.00	595.00
❑ LEDA AND THE SWAN 1012T (USA)	1993	RT	550.00	550.00
❑ PEARL 1019T	1995	1000	550.00	550.00
❑ SEA WAVE 1006T	1993	RT	500.00	500.00
❑ SEA WAVE 1006T (SIGNED)	1993	RT	500.00	750.00
❑ SPRING HERALD 1009T	1993	RT	500.00	595.00
❑ SPRING HERALD 1009T (SIGNED)	1993	RT	500.00	750.00
❑ SPRING WATER 1007T	1993	RT	500.00	595.00
❑ SPRING WATER 1007T (SIGNED)	1993	RT	500.00	750.00
❑ ZEPHYR 1010T	1993	RT	500.00	595.00
❑ ZEPHYR 1010T (SIGNED)	1993	RT	500.00	750.00
GOLDEN AGE				**G. ARMANI**
❑ FRAGRANCE 340C	1996	3000	500.00	500.00
❑ LACEY 645C	1998	3000	700.00	700.00
❑ MORNING RIDE 147C	1997	5000	770.00	770.00
❑ PROMENADE 339C	1996	3000	600.00	600.00
❑ REVERIE 646C	1998	3000	600.00	600.00
❑ SOIREE 338C	1996	3000	600.00	600.00
❑ SPRING MORNING 337C	1996	RT	600.00	650.00
GULLIVER'S WORLD				**G. ARMANI**
❑ BARREL 659T	1994	1000	225.00	300.00
❑ BOY WITH PISTOL 191T	1981	RT	45.00	550.00
❑ COWBOY 657T	1994	RT	125.00	225.00
❑ GETTING CLEAN 661T	1994	RT	175.00	175.00
❑ RAY OF MOON 658T	1994	RT	100.00	100.00
❑ SERENADE 660T	1994	RT	200.00	235.00
IMPRESSIONS				**G. ARMANI**
❑ BITTERSWEET 528C	1990	RT	400.00	430.00
❑ BITTERSWEET 528P	1990	RT	275.00	600.00
❑ MASQUERADE 527C	1990	RT	400.00	430.00
❑ MASQUERADE 527P	1990	RT	300.00	600.00
❑ MYSTERY 523C	1990	RT	370.00	490.00
❑ TEMPTATION 522C	1990	RT	400.00	490.00
LAMP				**G. ARMANI**
❑ MORNING ROSE 193EL	*	SU	600.00	895.00
MASTERWORKS				**G. ARMANI**
❑ AURORA 680C	1995	RT	3500.00	5000.00
❑ CIRCLE OF JOY 760C	1998	1500	2750.00	2750.00
MOONLIGHT MASQUERADE				**G. ARMANI**
❑ LADY CLOWN WITH CANE 742C	1991	RT	390.00	390.00
❑ LADY CLOWN WITH PUPPET 743C	1991	RT	410.00	410.00
❑ LADY HARLEQUIN 740C	1991	RT	450.00	450.00
❑ LADY PIERROT 741C	1991	RT	390.00	390.00
❑ QUEEN OF HEARTS 744C	1990	RT	450.00	450.00
MY FAIR LADIES				**G. ARMANI**
❑ AT EASE 634C	1995	5000	650.00	690.00
❑ BRIEF ENCOUNTER 167C	1998	5000	400.00	400.00
❑ BRIEF ENCOUNTER 167F	1998	5000	230.00	230.00
❑ CAN CAN DANCER 589P	1990	RT	460.00	500.00

NAME	YEAR	LIMIT	ISSUE	TREND
❏ CARMEN 520C	1998	*	225.00	225.00
❏ CARMEN 520F	1998	*	155.00	155.00
❏ CHARM 197C	1998	3000	850.00	850.00
❏ CHARM 197F	1998	3000	500.00	500.00
❏ ELEGANCE 195C	1993	5000	525.00	650.00
❏ FASCINATION 192C	1993	5000	500.00	600.00
❏ FLAMENCO DANCER 389C	1988	RT	400.00	600.00
❏ GARDEN DELIGHT 157C	1997	3000	1000.00	1000.00
❏ GEORGIA 414C	1996	5000	550.00	600.00
❏ GRACE 383C	1996	5000	475.00	500.00
❏ HOLLY 191C	1998	*	300.00	300.00
❏ HOLLY 191F	1998	*	170.00	170.00
❏ IN LOVE 382C	1996	5000	450.00	500.00
❏ IN THE MOOD 164C	1998	5000	400.00	400.00
❏ IN THE MOOD 164F	1998	5000	265.00	265.00
❏ ISADORA 633C	1995	5000	920.00	1000.00
❏ LADY WITH BOOK 384C	1988	RT	300.00	500.00
❏ LADY WITH FAN 387C	1988	RT	300.00	400.00
❏ LADY WITH GREAT DANE 429C	1988	RT	385.00	1250.00
❏ LADY WITH MIRROR 386C	1988	RT	300.00	900.00
❏ LADY WITH MUFF 388C	1988	5000	250.00	350.00
❏ LADY WITH PARROT 616C	1989	RT	460.00	1295.00
❏ LADY WITH PEACOCK 385C	1987	RT	380.00	2800.00
❏ LADY WITH PEACOCK 385F	1987	RT	230.00	1500.00
❏ LADY WITH PEACOCK 385P	1987	RT	300.00	1000.00
❏ LADY WITH UMBRELLA 196C	1993	5000	370.00	450.00
❏ LARA 415C	1996	5000	450.00	500.00
❏ MAHOGANY 194C	1993	RT	500.00	2250.00
❏ MOONLIGHT 151C	1998	1500	*	N/A
❏ MORNING ROSE 193C	1993	5000	450.00	500.00
❏ MYSTICAL FOUNTAIN 159C	1998	3000	900.00	900.00
❏ MYSTICAL FOUNTAIN 159F	1998	3000	630.00	630.00
❏ NELLIE 196C	*	5000	335.00	335.00
❏ OPAL 758C	1998	5000	450.00	450.00
❏ OPAL 758F	1998	5000	315.00	315.00
❏ STARLIGHT 150C	1998	1500	1250.00	1250.00
❏ SWANS LAKE 158C	1997	3000	900.00	900.00
❏ TWO CAN-CAN DANCERS 516C	1989	RT	880.00	2100.00
PEARLS OF THE ORIENT				**G. ARMANI**
❏ ORIENTAL LADY WITH FAN 610C	1990	RT	500.00	750.00
❏ ORIENTAL LADY WITH IRIS 613C	1990	RT	475.00	475.00
❏ ORIENTAL LADY WITH PARROT 611C	1990	RT	500.00	500.00
❏ ORIENTAL LADY WITH SUNSHADE 612C	1990	RT	550.00	750.00
PREMIERE BALLERINAS				**G. ARMANI**
❏ BALLERINA 508C	1989	RT	470.00	530.00
❏ BALLERINA WITH DRAPE 504C	1989	RT	500.00	1200.00
❏ DANCER WITH PEACOCK 727C	1991	RT	460.00	460.00
❏ FLYING BALLERINA 503C	1989	RT	440.00	1400.00
❏ FLYING BALLERINAS 518C	1989	RT	780.00	880.00
❏ KNEELING BALLERINA 517C	1989	RT	340.00	415.00
❏ TWO DANCERS 515C	1989	RT	670.00	775.00
RELIGIOUS				**G. ARMANI**
❏ ASSUMPTION, THE 697C	1994	5000	650.00	700.00
❏ CHOIR BOYS 900	1983	RT	400.00	550.00
❏ CHRIST CHILD (NATIVITY) 1020C	1994	1000	175.00	200.00
❏ CRUCIFIX 1158C	1987	RT	155.00	160.00
❏ CRUCIFIX 786C	1993	7500	285.00	285.00
❏ CRUCIFIX 790C	1987	15000	160.00	250.00
❏ CRUCIFIX PLAQUE 711C	1991	RT	265.00	285.00
❏ CRUCIFIXION, THE 780C	1995	5000	500.00	500.00
❏ DONKEY (NATIVITY) 1027C	1994	1000	185.00	200.00
❏ HOLY FAMILY 788C	1995	5000	1000.00	1000.00
❏ LA PIETA 802C	1994	5000	950.00	1050.00
❏ MADONNA (NATIVITY) 1022C	1994	1000	365.00	400.00
❏ MAGI KING-GOLD (NATIVITY) 1023C	1994	1000	600.00	600.00
❏ MAGI KING-INCENSE (NATIVITY) 1024C	1994	1000	600.00	600.00
❏ MAGI KING-MYRRH (NATIVITY)	1994	1000	450.00	450.00
❏ MOSES 606C	1995	RT	365.00	400.00
❏ OX (NATIVITY) 1026C	1994	1000	300.00	300.00
❏ RENAISSANCE CRUCIFIX 1017T	1994	5000	265.00	265.00
❏ ST. JOSEPH (NATIVITY) 1021C	1994	1000	500.00	500.00
RENAISSANCE				**G. ARMANI**
❏ EMBRACE 480C	1994	RT	1450.00	3500.00
❏ FREEDOM 906C	1993	RT	850.00	1295.00
❏ LOVERS 191C	1993	RT	450.00	100.00
SEASONS				**G. ARMANI**
❏ AUTUMN'S BREEZE 319C	1998	*	300.00	300.00
❏ AUTUMN'S BREEZE 319F	1998	*	175.00	175.00
❏ FALLING LEAVES 234C	1998	*	400.00	400.00
❏ FALLING LEAVES 234F	1998	*	300.00	300.00
❏ LOVE IN BLOOM 232C	1998	*	400.00	400.00
❏ LOVE IN BLOOM 232F	1998	*	325.00	325.00
❏ SNOWFLAKES 235C	1998	*	400.00	400.00
❏ SNOWFLAKES 235F	1998	*	300.00	300.00
❏ SPRING TIME 317C	1998	*	300.00	300.00
❏ SPRING TIME 317F	1998	*	200.00	200.00
❏ SUMMER MELODY 318C	1998	*	300.00	300.00

FIGURINES

FIGURINES

NAME	YEAR	LIMIT	ISSUE	TREND
❑ SUMMER MELODY 318F	1998	*	195.00	195.00
❑ SUNSHINE 233C	1998	*	400.00	400.00
❑ SUNSHINE 233F	1998	*	400.00	300.00
❑ WINTER FUN 320C	1998	*	300.00	300.00
❑ WINTER FUN 320F	1998	*	185.00	185.00
SIENA COLLECTION				**G. ARMANI**
❑ BACK FROM THE FIELDS 1002T	1993	RT	400.00	500.00
❑ COUNTRY BOY WITH MUSHROOMS 1014T	1994	2500	135.00	135.00
❑ ENCOUNTERING 1003T	1993	RT	350.00	650.00
❑ HAPPY FIDDLER 1005T	1993	RT	225.00	295.00
❑ MOTHER'S HAND 1008T	1993	2500	250.00	285.00
❑ SOFT KISS 1000T	1993	RT	155.00	350.00
❑ SOUND THE TRUMPET 1004T	1993	RT	225.00	275.00
SPECIAL EVENTS				**G. ARMANI**
❑ BLACK MATERNITY 502C	1994	3000	500.00	600.00
❑ BRIDE AND GROOM 641C	1984	RT	125.00	600.00
❑ KISS, THE 815C	1991	7500	500.00	500.00
❑ MATERNITY (MOTHER & CHILD) 405C	1988	RT	415.00	425.00
❑ OVER THE THRESHOLD 813C	1991	7500	400.00	400.00
❑ PERFECT LOVE 652C	1994	3000	1200.00	1200.00
❑ TENDERNESS 418C	1995	5000	950.00	950.00
❑ TOMORROW'S DREAMS 336C	1995	5000	700.00	700.00
❑ WEDDING COACH 902C	1993	2500	1000.00	1000.00
❑ WEDDING CYCLE 814C	1991	7500	600.00	650.00
❑ WEDDING ON WHEELS 827C	1991	RT	1000.00	2000.00
❑ WEDDING WALTZ (BLACK) 501C	1994	3000	750.00	850.00
❑ WEDDING WALTZ (WHITE) 493C	1994	3000	750.00	850.00
SPECIAL RELEASES				**G. ARMANI**
❑ DOCTOR IN CAR 848C	1993	RT	800.00	825.00
❑ EVE 590T	1989	RT	250.00	725.00
❑ GIRL IN CAR 861C	1992	RT	900.00	1250.00
❑ LADY WITH DOVE (DOVE DANCER) 858E	1992	RT	320.00	320.00
❑ OLD COUPLE IN CAR 862C	1992	RT	1000.00	1000.00
SPECIAL TIMES				**G. ARMANI**
❑ CARD PLAYERS-CHEATERS 3280	1982	OP	400.00	850.00
❑ GIRL WITH CHICKS 5122	1982	RT	95.00	495.00
❑ GIRL WITH SHEEP DOG 5117	1982	OP	100.00	180.00
❑ KISSING KIDS 5138	1982	OP	125.00	225.00
❑ SLEDDING 5111	1982	OP	115.00	200.00
❑ SOCCER BOY 5199	1982	OP	75.00	150.00
VALENTINE				**G. ARMANI**
❑ HOOPLA 107E	1983	RT	190.00	200.00
❑ SOCCER BOY 109C	1983	RT	80.00	325.00
VANITY FAIR				**G. ARMANI**
❑ BEAUTY AT THE BATH 852C	*	RT	330.00	400.00
❑ BEAUTY AT THE MIRROR 850P	1992	RT	300.00	300.00
❑ BEAUTY WITH PERFUME 853P	1992	RT	330.00	370.00
VIA VENETO				**G. ARMANI**
❑ ALESSANDRA 648C	1994	5000	355.00	400.00
❑ BLACK ORCHID 444C	1997	5000	1100.00	1100.00
❑ CUDDLE UP 322C	1998	3000	475.00	475.00
❑ FREE SPIRIT 321C	1998	3000	825.00	825.00
❑ MARINA 649C	1994	5000	450.00	500.00
❑ NICOLE 651C	1994	5000	500.00	600.00
❑ POETRY 231C	1998	5000	600.00	600.00
❑ POETRY 231F	1998	*	400.00	400.00
❑ ROMAN HOLIDAY 271C	1998	3000	1500.00	1500.00
❑ ROMAN HOLIDAY 271F	1998	*	900.00	900.00
❑ SUMMER STROLL 431C	1997	5000	650.00	650.00
❑ TIGER LILY 244C	1997	5000	1200.00	1200.00
❑ VALENTINA 647C	1994	5000	400.00	400.00
❑ WHITNEY 432C	1997	5000	750.00	750.00
WEDDING				**G. ARMANI**
❑ BRIDE AND GROOM 475P	1989	OP	280.00	295.00
❑ WEDDING 407C	1989	OP	535.00	575.00
❑ WEDDING 5132	1984	OP	175.00	225.00
WILDLIFE				**G. ARMANI**
❑ ALERT (IRISH SETTERS) 550S	1997	975	900.00	900.00
❑ BACK TO THE BARN 591S	1998	3000	*	N/A
❑ BASKET OF FUN 729S	1998	*	265.00	265.00
❑ BIRD OF PARADISE 454S	1989	5000	475.00	530.00
❑ BIRD OF PARADISE 718S	1991	RT	500.00	500.00
❑ BONDING 744S	1998	3000	450.00	450.00
❑ BRILLIANCE 586S	1998	1500	850.00	850.00
❑ COLLIE 304S	1997	975	500.00	500.00
❑ COMPANIONS 302S	1995	3000	900.00	925.00
❑ CRYSTAL MORNING 597S	1998	1500	900.00	900.00
❑ DALMATIAN 552S	1997	975	600.00	600.00
❑ DANGEROUS GAME 740S	1998	*	185.00	185.00
❑ DESCENT 604S	1998	3000	500.00	500.00
❑ EAGLE BIRD OF PREY 3213	1983	OP	210.00	210.00
❑ EARLY ARRIVALS 593S	1998	1500	*	N/A
❑ EARLY DAYS (DEER) 557S	1997	975	1200.00	1200.00
❑ EASY LIFE 730S	1998	*	160.00	160.00
❑ ELEGANCE IN NATURE (HERONS) 226S	1994	3000	1000.00	1100.00
❑ EVER WATCHFUL 602S	1998	3000	*	N/A
❑ FALCONER 224S	1994	RT	1000.00	1200.00
❑ FEED US! 305S	1995	1500	950.00	950.00
❑ FIRST DAYS (MARE & FOAL) 564S	1997	1500	800.00	800.00

NAME	YEAR	LIMIT	ISSUE	TREND
FLAMINGO 713S	1991	5000	430.00	430.00
FLYING DUCK 839S	1991	3000	470.00	500.00
FLYING EAGLE 970S	1990	RT	620.00	950.00
GALLOPING HORSE 905S	1993	7500	465.00	500.00
GARDEN DELIGHT 734S	1998	1500	500.00	500.00
GREAT ARGUS PHEASANT 717S	1991	RT	625.00	625.00
HUMMINGBIRD 719C	1991	RT	300.00	400.00
HUNT (FALCON) 290S	1995	3000	850.00	900.00
LARGE OWL 842S	1991	5000	520.00	550.00
LONE WOLF 285S	1995	3000	550.00	550.00
MIDNIGHT 284S	1995	3000	600.00	625.00
MONARCH (STAG) 555S	1997	1500	1200.00	1200.00
MOON FLIGHT 603S	1998	3000	*	N/A
MORNING CALL 742S	1998	3000	465.00	465.00
MORNING MIST 737S	1998	3000	335.00	335.00
MOTHER'S CARE 587S	1998	*	400.00	400.00
MOTHER'S TOUCH (ELEPHANTS) 579S	1997	3000	700.00	700.00
NATURE'S COLORS (PHEASANT) 582S	1997	1500	1350.00	1350.00
NATURE'S DANCE (HERONS) 576S	1997	750	1750.00	1750.00
NIGHT VIGIL 306S	1995	3000	650.00	800.00
NOCTURNE 976C	1995	1500	1000.00	1000.00
ODD FELLOWS 728S	1998	*	200.00	200.00
ON GUARD 605S	1998	3000	475.00	475.00
ON WATCH 589S	1998	3000	*	N/A
PEACOCK 455S	1989	5000	600.00	700.00
PEACOCK 458S	1989	5000	630.00	700.00
PEACOCK'S PRIDE 733S	1998	1500	*	N/A
PLAY MATES 741S	1998	*	265.00	265.00
PLEASE PLAY (COCKER SPANIELS) 312S	1997	975	600.00	600.00
POINTER 554S	1997	975	700.00	700.00
PROUD WATCH 278S	1995	1500	700.00	725.00
RAMPANT HORSE 907S	1993	7500	550.00	600.00
ROYAL COUPLE (AFGHAN HOUNDS) 310S	1997	975	850.00	850.00
ROYAL EAGLE WITH BABIES 3553	1983	OP	215.00	215.00
RUNNING FREE 972S	1994	3000	850.00	900.00
RUNNING HORSE 909S	1993	7500	515.00	540.00
SHEPHERD 307S	1997	975	450.00	450.00
SILENT FLIGHT 592S	1998	3000	*	N/A
SILENT WATCH 291S	1995	1500	700.00	725.00
SKY WATCH (FLYING EAGLE) 559S	1997	3000	1200.00	1200.00
SNOW BIRD 5548	1982	OP	100.00	100.00
SOUND OF AFRICA 743S	1998	*	250.00	250.00
SPRING ORCHESTRA 584S	1998	075	*	N/A
STALLIONS 572S	1998	1500	1100.00	1100.00
STANDING TALL (HERON) 577S	1997	1500	800.00	800.00
SUMMER SONG 585S	1998	1500	*	N/A
SWAN 714S	1991	5000	550.00	600.00
THREE DOVES 996S	1990	5000	690.00	740.00
TROPICAL GOSSIP 726S	1998	3000	*	N/A
TROPICAL SPLENDOR 288S	1998	1500	1750.00	1750.00
TRUMPETING (ELEPHANT) 578S	1997	3000	850.00	850.00
VANTAGE POINT 270S	1995	3000	600.00	625.00
VASE WITH DOVES 204S	1993	RT	375.00	500.00
VASE WITH PARROT 736S	1993	RT	460.00	560.00
VASE WITH PEACOCK 735S	1993	3000	450.00	500.00
WILD COLOURS 727S	1998	3000	450.00	450.00
WILD HEARTS 282S	1995	3000	2000.00	2000.00
WINTER'S END 583S	1998	1500	900.00	900.00
WISDOM 281S	1995	3000	1250.00	1250.00
YORKIES 731S	1998	*	170.00	170.00

ARMSTRONG'S

CERAMIC PLAQUE — L. DE WINNE

| KATRINA | 1988 | 500 | 195.00 | 195.00 |

CERAMIC PLAQUE — A. D'ESTREHAN

| FLAMBOROUGH HEAD | 1985 | 500 | 195.00 | 195.00 |
| FLAMBOROUGH HEAD (ARTIST'S PROOF) | 1985 | 50 | 295.00 | 295.00 |

CERAMIC PLAQUE — M. PAREDES

MOTHER'S PRIDE	1985	400	195.00	195.00
MOTHER'S PRIDE (ARTIST'S PROOF)	1985	50	295.00	295.00
STAMP COLLECTOR, THE	1985	400	195.00	195.00
STAMP COLLECTOR, THE- (ARTIST'S PROOF)	1985	50	295.00	295.00

HAPPY ART — W. LANTZ

| WOODY'S TRIPLE SELF-PORTRAIT | 1982 | 5000 | 95.00 | 300.00 |

PRO AUTOGRAPHED CERAMIC BASEBALL CARD PLAQUE

| BRETT, GARVEY, JACKSON, ROSE, SEAVER, | 1985 | 1000 | 150.00 | 150.00 |

PRO CLASSIC CERAMIC BASEBALL CARD PLAQUES

GEORGE BRETT, 2 1/2 X 3 1/2 IN.	1985	OP	10.00	10.00
PETE ROSE, 2 1/2 X 3 1/2 IN.	1985	OP	10.00	10.00
REGGIE JACKSON, 2 1/2 X 3 1/2 IN.	1985	OP	10.00	10.00
STEVE GARVEY, 2 1/2 X 3 1/2 IN.	1985	OP	10.00	10.00
TOM SEAVER, 2 1/2 X 3 1/2 IN.	1985	OP	10.00	10.00

RED SKELTON COLLECTION — R. LEE/ R. SKELTON

| CAPTAIN FREDDIE | 1984 | 7500 | 85.00 | 400.00 |
| FREDDIE THE TORCHBEARER | 1984 | 7500 | 110.00 | 400.00 |

RED SKELTON COLLECTION — R. SKELTON

CLEM KADIDDLEHOPPER	1981	RT	75.00	150.00
FREDDIE IN THE BATHTUB	1981	7500	80.00	80.00
FREDDIE IN THE GREEN	1981	7500	80.00	100.00

FIGURINES

NAME	YEAR	LIMIT	ISSUE	TREND
❑ FREDDIE THE FREELOADER	1981	RT	70.00	175.00
❑ JR. THE MEAN WIDDLE KID	1981	RT	75.00	150.00
❑ SAN FERNANDO RED	1981	RT	75.00	150.00
❑ SHERIFF DEADEYE	1981	RT	75.00	150.00

ARTAFFECTS
CHIEFTAINS
				G. PERILLO
❑ CRAZY HORSE	1983	5000	65.00	200.00
❑ GERONIMO	1983	5000	65.00	140.00
❑ JOSEPH	1983	5000	65.00	250.00
❑ RED CLOUD	1983	5000	65.00	275.00
❑ SITTING BULL	1983	5000	65.00	500.00

CHILD LIFE
				G. PERILLO
❑ SIESTA	1983	2500	65.00	75.00
❑ SWEET DREAMS	1983	1500	65.00	N/A

CHRISTIAN COLLECTION
				A. TOBEY
❑ BRING TO ME THE CHILDREN	1987	OP	65.00	100.00
❑ HEALER, THE	1988	OP	65.00	65.00

GREAT CHIEFTAINS
				G. PERILLO
❑ CHIEF JOSEPH	1991	5000	195.00	195.00
❑ COCHISE	1991	5000	195.00	195.00
❑ CRAZY HORSE (CLUB PIECE)	1991	CL	195.00	240.00
❑ GERONIMO	1991	5000	195.00	195.00
❑ RED CLOUD	1991	5000	195.00	195.00
❑ SITTING BULL	1991	5000	195.00	195.00

HEAVENLY BLESSINGS
				*
❑ BEDDY BYE	1985	OP	15.00	19.00
❑ BUBBLES	1985	OP	15.00	19.00
❑ DAY DREAMS	1985	OP	15.00	19.00
❑ FIRST STEP	1985	OP	15.00	19.00
❑ HAPPY BIRTHDAY	1985	OP	15.00	19.00
❑ HEAVEN SCENT	1985	OP	15.00	19.00
❑ JUST UP	1985	OP	15.00	19.00
❑ LISTEN!	1985	OP	15.00	19.00
❑ RACE YOU!	1985	OP	15.00	19.00
❑ SEE!	1985	OP	15.00	19.00
❑ SO SOFT	1985	OP	15.00	19.00
❑ YUM, YUM!	1985	OP	15.00	19.00

LITTLE INDIANS
				G. PERILLO
❑ BLUE SPRUCE	1982	10000	50.00	75.00
❑ TENDER LOVE	1982	10000	65.00	39.00
❑ WHITE RABBIT	1982	10000	50.00	39.00

MUSICAL FIGURINES
				G. PERILLO
❑ BOY'S PRAYER	1989	*	45.00	65.00
❑ GIRL'S PRAYER	1989	*	45.00	65.00

MUSICAL FIGURINES
				R. SAUBER
❑ ANNIVERSARY, THE	1986	OP	65.00	70.00
❑ FATHERHOOD	1987	OP	65.00	70.00
❑ HOME SWEET HOME	1987	OP	65.00	70.00
❑ MOTHERHOOD	1987	OP	65.00	70.00
❑ NEWBORN	1987	OP	65.00	70.00
❑ SWEET SIXTEEN	1987	OP	65.00	70.00
❑ WEDDING, THE	1984	OP	65.00	70.00

PERILLO COLLECTOR CLUB PIECE
				G. PERILLO
❑ APACHE BRAVE	1983	CL	50.00	145.00

PRIDE OF AMERICA'S INDIANS
				G. PERILLO
❑ BRAVE AND FREE	1988	10-DAY	50.00	145.00
❑ DARK EYED FRIENDS	1989	10-DAY	45.00	75.00
❑ KINDRED SPIRITS	1989	10-DAY	45.00	50.00
❑ LOYAL ALLIANCE	1989	10-DAY	45.00	75.00
❑ NOBLE COMPANIONS	1989	10-DAY	45.00	50.00
❑ PEACEFUL COMRADES	1989	10-DAY	45.00	50.00
❑ SMALL & WISE	1989	10-DAY	45.00	50.00
❑ WINTER SCOUTS	1989	10-DAY	45.00	50.00

PROFESSIONALS
				G. PERILLO
❑ BALLERINA'S DILEMMA	1980	10000	65.00	75.00
❑ BIG LEAGUER, THE	1980	10000	65.00	150.00
❑ HOCKEY PLAYER	1983	10000	65.00	125.00
❑ MAJOR LEAGUER	1982	10000	65.00	98.00
❑ QUARTERBACK, THE	1981	10000	65.00	91.00
❑ RODEO JOE	1982	10000	65.00	39.00

REFLECTIONS OF YOUTH
				MAGO
❑ JESSICA	1989	14-DAY	30.00	60.00
❑ JULIA	1988	*	30.00	70.00
❑ SEBASTIAN	1989	14-DAY	30.00	40.00

SAGEBRUSH KIDS
				G. PERILLO
❑ BABY BRONC	1991	OP	28.00	28.00
❑ BLUE BIRD	1985	OP	20.00	25.00
❑ BOOTS	1985	OP	20.00	25.00
❑ COUNTRY MUSIC	1986	OP	20.00	25.00
❑ DEPUTIES	1986	OP	20.00	25.00
❑ DRESSING UP	1985	OP	20.00	25.00
❑ EASTER OFFERING	1990	OP	28.00	28.00
❑ FAVORITE KACHINA	1985	OP	20.00	25.00
❑ FINISHING TOUCHES	1986	OP	20.00	25.00
❑ HAIL TO THE CHIEF	1985	OP	20.00	25.00
❑ HARMONY	1989	OP	38.00	38.00

NAME	YEAR	LIMIT	ISSUE	TREND
❑ HEAVENLY PROTECTOR	1991	OP	75.00	75.00
❑ HIDING PLACE, THE	1986	OP	20.00	25.00
❑ HOW DO I LOVE THEE?	1990	OP	38.00	38.00
❑ JUST BAKED	1991	OP	28.00	28.00
❑ JUST MARRIED	1990	OP	45.00	45.00
❑ JUST PICKED	1987	OP	20.00	25.00
❑ LITTLE WARRIORS	1991	OP	28.00	28.00
❑ LONG WAIT, THE	1986	OP	20.00	25.00
❑ LOVIN' SPOONFUL	1991	OP	28.00	28.00
❑ MELODY	1989	OP	38.00	38.00
❑ MESSAGE OF JOY	1985	OP	20.00	25.00
❑ MY PAPOOSE	1987	OP	20.00	25.00
❑ OUCH!	1985	CL	20.00	25.00
❑ OUT OF THE RAIN (UMBRELLA GIRL)	1991	OP	95.00	95.00
❑ PLAYING HOUSE	1987	OP	20.00	25.00
❑ PRACTICE MAKES PERFECT	1986	OP	20.00	25.00
❑ PRAIRIE PLAYERS	1986	OP	20.00	25.00
❑ ROOM FOR TWO?	1985	OP	20.00	25.00
❑ ROW, ROW	1987	OP	20.00	25.00
❑ SAFE AND DRY (UMBRELLA BOY)	1991	OP	95.00	95.00
❑ SANTA'S LULLABY	1989	OP	45.00	45.00
❑ SMALL TALK	1987	OP	20.00	25.00
❑ STAY AWHILE	1985	OP	20.00	25.00
❑ TAKE ONE	1985	CL	20.00	25.00
❑ TEDDY TOO?	1991	OP	28.00	28.00
❑ TOY TOTEM	1991	OP	28.00	28.00
❑ WAGON TRAIN	1987	OP	20.00	25.00
❑ WESTWARD HO!	1986	OP	20.00	25.00
SAGEBRUSH KIDS BANKS				**G. PERILLO**
❑ BUCKAROO BANK	1990	OP	40.00	40.00
❑ PERILLO'S PIGGY BANK	1990	OP	40.00	40.00
❑ WAMPUM WIG-WAM BANK	1990	OP	40.00	40.00
SAGEBRUSH KIDS CHRISTMAS CARAVAN				**G. PERILLO**
❑ COMPLETE SET	1987	OP	165.00	255.00
❑ GOLD, FRANKINCENSE & PRESENTS	1987	OP	35.00	35.00
❑ LEADING THE WAY	1987	OP	90.00	120.00
❑ SINGING PRAISES	1987	OP	45.00	50.00
❑ SLEEPY SENTINELS	1987	OP	45.00	50.00
SAGEBRUSH KIDS NATIVITY				**G. PERILLO**
❑ 4 PIECE SET	1986	OP	50.00	65.00
❑ BACKDROP DOVE	1986	OP	18.00	22.00
❑ BACKDROP POTTERY	1986	OP	18.00	22.00
❑ BUFFALO	1989	OP	18.00	18.00
❑ CACTUS	1989	OP	25.00	25.00
❑ CHRIST CHILD	1986	OP	12.00	14.00
❑ COW	1986	OP	12.00	14.00
❑ DONKEY	1986	OP	12.00	14.00
❑ GOAT	1988	OP	8.00	10.00
❑ JOSEPH	1986	OP	18.00	19.50
❑ KING WITH CORN	1986	OP	18.00	23.00
❑ KING WITH JEWELRY	1986	OP	18.00	23.00
❑ KING WITH POTTERY	1986	OP	18.00	23.00
❑ LAMB	1986	OP	6.00	8.00
❑ MARY	1986	OP	18.00	19.50
❑ PIG	1989	OP	15.00	16.00
❑ RACCOON	1989	OP	12.00	13.00
❑ SHEPHERD KNEELING	1986	OP	18.00	23.00
❑ SHEPHERD WITH LAMB	1986	OP	18.00	23.00
❑ TEE PEE	1986	OP	18.00	23.00
SAGEBRUSH KIDS WEDDING PARTY				**G. PERILLO**
❑ BRIDE	1990	OP	25.00	25.00
❑ CHIEF	1990	OP	25.00	25.00
❑ DONKEY	1990	OP	23.00	23.00
❑ FLOWER GIRL	1990	OP	23.00	23.00
❑ GROOM	1990	OP	25.00	25.00
❑ RING BEARER	1990	OP	23.00	23.00
❑ WEDDING BACKDROP	1990	OP	28.00	28.00
❑ WEDDING PARTY OF 7	1990	OP	165.00	165.00
SAGEBRUSH KIDS-FLIGHT INTO EGYPT				**G. PERILLO**
❑ MARY W/BABY, JOSEPH & DONKEY (3 PC SET)	1990	OP	65.00	65.00
SAGEBRUSH KIDS-SPECIAL ISSUE				**G. PERILLO**
❑ ONE NATION UNDER GOD	1991	5000	195.00	195.00
SIMPLE WONDERS				**C. ROEDA**
❑ BABY JESUS	1991	*	35.00	35.00
❑ BABY JESUS (BLACK)	1991	*	35.00	35.00
❑ BRIDE	1991	*	55.00	55.00
❑ CATCH THE SPIRIT (WISECHILD)	1992	*	35.00	35.00
❑ FALLEN ANGEL	1992	*	35.00	35.00
❑ FOLLOWING THE STAR (WISECHILD)	1992	*	45.00	45.00
❑ FOREVER FRIENDS	1991	*	40.00	40.00
❑ GROOM	1991	*	45.00	45.00
❑ I LOVE EWE	1991	*	38.00	38.00
❑ JOSEPH	1991	*	45.00	45.00
❑ JOSEPH (BLACK)	1991	*	45.00	45.00
❑ LIGHTING THE WAY	1991	*	40.00	40.00
❑ LIL' DUMPLIN	1992	*	25.00	25.00

FIGURINES

FIGURINES

NAME	YEAR	LIMIT	ISSUE	TREND
❑ LIL' DUMPLIN (BLACK)	1992	*	25.00	25.00
❑ LITTLE BIG SHOT	1992	*	35.00	35.00
❑ LITTLEST ANGEL, THE	1991	*	30.00	30.00
❑ LITTLEST ANGEL, THE (BLACK)	1991	*	30.00	30.00
❑ MADE WITH LOVE	1991	*	50.00	50.00
❑ MARY	1991	*	40.00	40.00
❑ MARY (BLACK)	1991	*	40.00	40.00
❑ MOMMY'S BEST	1991	*	50.00	50.00
❑ OFF TO SCHOOL	1991	*	50.00	50.00
❑ PERFECT FIT	1992	*	45.00	45.00
❑ PLAYING HOOKEY	1991	*	50.00	50.00
❑ POCKETFUL OF LOVE	1992	*	35.00	35.00
❑ POCKETFUL OF LOVE (BLACK)	1992	*	35.00	35.00
❑ RAINBOW PATROL	1992	*	40.00	40.00
❑ SHEEP DOG	1991	*	15.00	16.00
❑ SONG OF JOY	1991	*	40.00	40.00
❑ STAR LIGHT STAR BRIGHT	1991	*	35.00	35.00
❑ TEN PENNY SERENADE	1992	*	45.00	45.00
❑ TEN PENNY SERENADE (BLACK)	1992	*	45.00	45.00
❑ THIS TOO SHALL PASS	1992	*	35.00	35.00
❑ THREE BEARS, THE	1992	*	45.00	45.00
❑ TRICK OR TREAT	1992	*	40.00	40.00
❑ WITH OPEN ARMS (WISECHILD)	1992	*	40.00	40.00
SINGLE ISSUE				**G. PERILLO**
❑ BABYSITTER MUSICAL FIGURE	1984	2500	65.00	90.00
SPECIAL ISSUE				**G. PERILLO**
❑ APACHE BOY BUST	1984	CL	40.00	75.00
❑ APACHE GIRL BUST	1984	CL	40.00	75.00
❑ LOVERS	1985	CL	70.00	125.00
❑ PAPOOSE	1984	325	500.00	525.00
❑ PEACEABLE KINGDOM, THE	1982	950	750.00	800.00
STORYBOOK COLLECTION				**G. PERILLO**
❑ CINDERELLA	1981	10000	65.00	90.00
❑ GOLDILOCKS & THE THREE BEARS	1982	10000	80.00	110.00
❑ HANSEL & GRETEL	1982	10000	80.00	100.00
❑ LITTLE RED RIDINGHOOD	1980	10000	65.00	90.00
THE PRINCESSES				**G. PERILLO**
❑ LILY OF THE MOHAWKS	1984	1500	65.00	155.00
❑ MINNEHAHA	1984	1500	65.00	42.00
❑ POCAHONTAS	1984	1500	65.00	60.00
❑ SACAJAWEA	1984	1500	65.00	125.00
TRIBAL PONIES				**G. PERILLO**
❑ ARAPAHO	1984	1500	65.00	200.00
❑ COMANCHE	1984	1500	65.00	200.00
❑ CROW	1984	1500	65.00	200.00
WAR PONY				**G. PERILLO**
❑ APACHE WAR PONY	1983	495	150.00	200.00
❑ NEZ PERCE PONY	1983	495	150.00	200.00
❑ SIOUX WAR PONY	1983	495	150.00	200.00
WILDLIFE FIGURINES				**G. PERILLO**
❑ BALD EAGLE	1991	OP	65.00	65.00
❑ BIGHORN SHEEP	1991	OP	75.00	75.00
❑ BUFFALO	1991	OP	75.00	75.00
❑ MOUNTAIN LION	1991	OP	75.00	75.00
❑ MUSTANG	1991	OP	85.00	85.00
❑ POLAR BEAR	1991	OP	65.00	65.00
❑ TIMBER WOLF	1991	OP	85.00	85.00
❑ WHITE-TAILED DEER	1991	OP	95.00	95.00

ARTESANIA RINCONADA/JOHN J. MADISON

NAME	YEAR	LIMIT	ISSUE	TREND
DEROSE BOX COLLECTION				**PAREJA/DEROSA**
❑ BLUE JAY NESTING BOX W/BABY 611	2002	1000	55.00	55.00
❑ FISH BOX W/BABY 610	2002	1000	55.00	55.00
❑ KITTENS ON PILLOW BOX W/BABY 612	2002	1000	55.00	55.00
❑ SEA TURTLE BOX W/BABY 609	2002	1000	55.00	55.00
LARGE WILDLIFE SERIES				**J. CARLOS**
❑ BATTLE ELEPHANT 433	2002	1000	290.00	290.00
SILVER ANNIVERSARY ENDANGERED SERIES				**CARBAJALES/DEROSA**
❑ HUMPBACK WHALE 770	2002	1500	59.00	59.00

ARTISTS OF THE WORLD

NAME	YEAR	LIMIT	ISSUE	TREND
ANNUAL CHRISTMAS				**T. DEGRAZIA**
❑ CHRISTMAS ANGEL OF LIGHT	1998	1998	145.00	145.00
❑ FIESTA ANGELS	1993	YR	295.00	315.00
❑ LITTLEST ANGEL	1994	YR	165.00	175.00
DEGRAZIA FIGURINES				**T. DEGRAZIA**
❑ ADORING MOTHER	1998	2500	185.00	185.00
❑ ALONE	1990	SO	395.00	700.00
❑ APACHE MOTHER	1995	3500	195.00	195.00
❑ BEARING GIFT	1994	*	145.00	150.00
❑ BEAUTIFUL BURDEN	1988	CL	175.00	250.00
❑ BETHLEHEM BOUND	1995	1995	195.00	195.00
❑ BIGGEST DRUM	1990	YR	110.00	200.00
❑ BLUE BOY, THE	1986	SU	79.00	150.00
❑ CHRISTMAS PRAYER ANGEL	1988	CL	70.00	80.00
❑ CRUCIFIXION	1990	YR	295.00	325.00
❑ DESERT HARVEST	1990	SO	135.00	200.00
❑ DESERT INDIAN BOY	1998	OP	165.00	165.00
❑ DISPLAY PLAQUE	1984	CL	45.00	95.00

NAME	YEAR	LIMIT	ISSUE	TREND
❑ EL BURRITO	1990	CL	60.00	75.00
❑ FESTIVAL LIGHTS	1986	SU	75.00	150.00
❑ FESTIVE FLOWERS	1994	CL	145.00	150.00
❑ FIESTA FLOWERS	1994	3500	198.00	210.00
❑ FLORAL HARVEST	1995	*	185.00	185.00
❑ FLOWER BOY	1984	CL	65.00	225.00
❑ FLOWER BOY PLAQUE	1988	CL	80.00	200.00
❑ FLOWER GIRL	1984	CL	65.00	165.00
❑ FLOWERS FOR MOTHER	1993	*	145.00	150.00
❑ LITTLE FARM BOY	1995	*	165.00	165.00
❑ LITTLE HELPER	1995	3500	185.00	185.00
❑ LITTLE HOPI GIRL	1995	*	110.00	110.00
❑ LITTLE MADONNA	1985	CL	80.00	200.00
❑ LITTLE MEDICINE MAN	1993	CL	175.00	185.00
❑ LITTLE MUSIC MAKER-PLATINUM	1998	950	165.00	165.00
❑ LITTLE NAVAJO MUSIC MAN	1995	950	175.00	175.00
❑ LOS NINOS	1988	SO	595.00	1000.00
❑ LOS NINOS (ARTIST'S EDITION)	1989	SO	695.00	2500.00
❑ LOVE ME	1987	CL	95.00	250.00
❑ LOVING MOTHER	1994	3500	165.00	175.00
❑ MERRILY, MERRILY, MERRILY	1988	CL	95.00	200.00
❑ MERRY LITTLE INDIAN	1906	12500	175.00	275.00
❑ MOTHER SILENTLY PRAYS	1993	3500	345.00	380.00
❑ MY BEAUTIFUL ROCKING HORSE	1989	SU	225.00	300.00
❑ MY BLUE BALLOON	1995	*	115.00	115.00
❑ MY FIRST ARROW	1989	CL	95.00	200.00
❑ MY FIRST HORSE	1984	CL	65.00	200.00
❑ NAVAJO BOY	1990	YR	110.00	250.00
❑ PEDRO	1994	*	145.00	150.00
❑ PIMA DRUMMER BOY	1985	CL	65.00	150.00
❑ PIMA INDIAN DRUMMER BOY/NATIVITY	1995	*	135.00	135.00
❑ PUEBLO SANDPAINTER	1998	950	295.00	295.00
❑ RIO GRANDE DANCER	1994	*	98.00	100.00
❑ SADDLE UP	1993	5000	195.00	215.00
❑ SAGUARO DANCE	1994	2500	495.00	510.00
❑ SPRING BLOSSOMS	1994	5000	170.00	180.00
❑ SUNFLOWER BOY	1984	CL	65.00	300.00
❑ SUNFLOWER GIRL	1990	CL	95.00	300.00
❑ TWO LITTLE LAMBS	1989	OP	70.00	80.00
❑ WEDDING PARTY	1995	*	175.00	175.00
❑ WEDDING PARTY CHILDREN	1995		75.00	75.00
❑ WEE THREE	1987	CL	180.00	300.00
❑ WHITE DOVE	1984	CL	45.00	100.00
❑ WONDERING	1984	CL	85.00	200.00
❑ YOUNG NAVAJO PEACEMAKER	1998	OP	145.00	145.00
DEGRAZIA: GOEBEL MINIATURES				**R. OLSZEWSKI**
❑ ADOBE DISPLAY 948-D	1988	CL	45.00	85.00
❑ ADOBE HACIENDA DISPLAY (LARGE) 958-D	1990	CL	85.00	150.00
❑ BEAUTIFUL BURDEN 554-P	1989	CL	110.00	175.00
❑ CHAPEL DISPLAY 971-D	1990	CL	95.00	115.00
❑ FESTIVAL OF LIGHTS 507-P	1986	CL	85.00	225.00
❑ FLOWER BOY 502-P	1985	CL	85.00	165.00
❑ FLOWER GIRL 501-P	1985	CL	85.00	165.00
❑ LITTLE MADONNA 552-P	1986	CL	93.00	200.00
❑ MERRY LITTLE INDIAN 500-P	1987	CL	95.00	295.00
❑ MY BEAUTIFUL ROCKING HORSE 555-P	1991	CL	110.00	185.00
❑ MY FIRST HORSE 503-P	1985	CL	85.00	155.00
❑ PIMA DRUMMER BOY 506-P	1986	CL	85.00	250.00
❑ SUNFLOWER BOY 551-P	1985	CL	93.00	145.00
❑ WHITE DOVE 504-P	1985	CL	80.00	135.00
❑ WONDERING 505-P	1985	CL	93.00	150.00
NATIVITY				**T. DEGRAZIA**
❑ BALTHAZAR	1993	CL	135.00	145.00
❑ EL TORO	1993	CL	95.00	99.00
❑ GASPAR	1993	CL	135.00	145.00
❑ JESUS	1985	CL	25.00	55.00
❑ JOSEPH	1985	CL	55.00	90.00
❑ MARY	1985	CL	55.00	80.00
❑ MELCHIOR	1993	CL	135.00	145.00
❑ MY GUARDIAN ANGEL	1998	OP	145.00	145.00
❑ NATIVITY SET (3 PIECES)	1985	CL	135.00	195.00
SIGNATURE EDITION				**T. DEGRAZIA**
❑ FLOWER BOY	1998	950	100.00	100.00
❑ TINY TREASURE	1998	950	100.00	100.00
VILLAGE COLLECTION				**T. DEGRAZIA**
❑ DEVOTED LOVE	1998	OP	75.00	75.00
❑ LET'S COMPROMISE	1993	CL	65.00	75.00
❑ PEACE PIPE	1993	CL	65.00	75.00
❑ THREE FEATHERS	1993	CL	65.00	75.00
❑ WATER WAGON	1993	CL	295.00	325.00

BAND CREATIONS

ANGELS OF THE MONTH

				*
❑ APRIL ANGEL	1995	RT	10.00	10.00
❑ AUGUST ANGEL	1995	RT	10.00	10.00
❑ DECEMBER ANGEL	1995	RT	10.00	10.00
❑ FEBRUARY ANGEL	1995	RT	10.00	10.00

FIGURINES

NAME	YEAR	LIMIT	ISSUE	TREND
❏ JANUARY ANGEL	1995	RT	10.00	10.00
❏ JULY ANGEL	1995	RT	10.00	10.00
❏ JUNE ANGEL	1995	RT	10.00	10.00
❏ MARCH ANGEL	1995	RT	10.00	10.00
❏ MAY ANGEL	1995	RT	10.00	10.00
❏ NOVEMBER ANGEL	1995	RT	10.00	10.00
❏ OCTOBER ANGEL	1995	RT	10.00	10.00
❏ SEPTEMBER ANGEL	1995	RT	10.00	10.00
BEST FRIENDS			**PENFIELD/RICHARDS**	
❏ DREAM MAKER ANGEL	1998	*	20.00	20.00
BEST FRIENDS COFFEE, TEA, MY FRIENDS & ME			**PENFIELD/RICHARDS**	
❏ AFTERNOON SPICE STRAWBERRY SHORTCAKE	1998	*	30.00	30.00
❏ BLACKBERRY BETTY	1998	*	20.00	20.00
❏ CHAMOMILE CONFETTI	1998	*	20.00	20.00
❏ GRANNY GREEN TEA	1998	*	20.00	20.00
❏ HOT SUMMER NIGHT	1998	*	20.00	20.00
❏ JASMINE	1998	*	20.00	20.00
❏ LONG ISLAND TEA	1998	*	20.00	20.00
❏ LUSCIOUS LATTE MOCHA CREAM DELIGHT	1998	*	30.00	30.00
❏ MADAME SASSAFRAS	1998	RT	20.00	20.00
❏ PASSION FLOWER HINGED BOX	1998	RT	20.00	20.00
❏ SATURDAY SUNRISE	1998	*	20.00	20.00
❏ TROPICAL TWISTER	1998	*	20.00	20.00
❏ WILD BLUEBERRY	1998	RT	20.00	20.00
BEST FRIENDS-A STAR IS BORN			**RICHARDS/PENFIELD**	
❏ BASEBALL BOY	1995	OP	6.00	6.00
❏ BASEBALL GIRL	1995	OP	6.00	6.00
❏ BASKETBALL BOY	1995	OP	6.00	6.00
❏ BASKETBALL GIRL	1995	OP	6.00	6.00
❏ BIKER BOY	1996	OP	6.00	6.00
❏ BIKER GIRL	1996	OP	6.00	6.00
❏ CHEERLEADER GIRL	1995	OP	6.00	6.00
❏ FISHER BOY	1996	OP	6.00	6.00
❏ FISHER GIRL	1996	OP	6.00	6.00
❏ FOOTBALL BOY	1995	OP	6.00	6.00
❏ GOLFER BOY	1995	OP	6.00	6.00
❏ GOLFER GIRL	1995	OP	6.00	6.00
❏ HOCKEY BOY	1995	OP	6.00	6.00
❏ SKIER BOY	1996	OP	6.00	6.00
❏ SKIER GIRL	1996	OP	6.00	6.00
❏ SOCCER BOY	1995	OP	6.00	6.00
❏ SOCCER GIRL	1995	OP	6.00	6.00
❏ SWIMMER BOY	1995	OP	6.00	6.00
❏ SWIMMER GIRL	1995	OP	6.00	6.00
❏ TENNIS BOY	1996	OP	6.00	6.00
❏ TENNIS GIRL	1996	OP	6.00	6.00
BEST FRIENDS-ANGEL WISHES			**RICHARDS/PENFIELD**	
❏ ANNIVERSARY	1994	OP	12.00	12.00
❏ BEST WISHES	1994	OP	12.00	12.00
❏ BRIDE AND GROOM	1994	OP	12.00	12.00
❏ CONGRATULATIONS	1994	OP	12.00	12.00
❏ CREATE A WISH	1994	OP	12.00	12.00
❏ GET WELL	1994	OP	12.00	12.00
❏ GOOD LUCK	1994	OP	12.00	12.00
❏ HAPPY BIRTHDAY	1994	OP	12.00	12.00
❏ INSPIRATIONAL	1994	OP	12.00	12.00
❏ NEW BABY	1994	OP	12.00	12.00
BEST FRIENDS-CELEBRATE AROUND THE WORLD			**RICHARDS/PENFIELD**	
❏ AROUND THE WORLD TREE	1996	OP	20.00	20.00
❏ BRITISH TREE	1996	OP	20.00	20.00
❏ ENGLAND SANTA	1996	OP	12.00	20.00
❏ GERMANY TREE	1996	OP	20.00	20.00
❏ MEXICO SANTA	1996	OP	12.00	12.00
❏ NORWAY SANTA	1996	OP	12.00	12.00
❏ RUSSIA SANTA	1996	OP	12.00	12.00
❏ SCANDINAVIAN TREE	1996	OP	20.00	20.00
❏ UNITED STATES TREE	1996	OP	20.00	20.00
❏ UNITED STATES/BLACK SANTA	1996	OP	12.00	12.00
❏ UNITED STATES/WHITE SANTA	1996	OP	12.00	12.00
BEST FRIENDS-CHRISTMAS PAGEANT			**RICHARDS/PENFIELD**	
❏ ANGEL-PEACE/JOY	1996	OP	6.00	6.00
❏ BENCH	1996	OP	4.00	4.00
❏ BOY W/STAR	1996	OP	6.00	6.00
❏ CHRISTMAS PAGEANT/10 PC SET	1996	OP	60.00	60.00
❏ DONKEY	1996	OP	4.00	4.00
❏ GIRL W/TREE	1996	OP	6.00	6.00
❏ JOSEPH	1996	OP	6.00	6.00
❏ MARY AND BABY JESUS	1996	OP	6.00	6.00
❏ SHEEP	1996	OP	4.00	4.00
❏ SIGN	1996	OP	4.00	4.00
❏ STAGE	1996	OP	14.00	14.00
BEST FRIENDS-FIRST FRIENDS BEGIN AT CHILDHOOD			**RICHARDS/PENFIELD**	
❏ CASTLES IN THE SAND/4 PC SET	1993	OP	16.00	16.00
❏ CHECKING IT TWICE/2 PC SET	1993	OP	15.00	15.00
❏ DAD'S BEST PAL	1993	OP	15.00	15.00
❏ FEATHERED FRIENDS	1993	OP	13.00	13.00
❏ FISHING FRIENDS	1993	OP	18.00	18.00

NAME	YEAR	LIMIT	ISSUE	TREND
❑ GRANDMA'S FAVORITE	1993	OP	15.00	15.00
❑ MY "BEARY" BEST FRIEND	1993	OP	12.00	12.00
❑ MY BEST FRIEND/2 PC SET	1993	OP	24.00	24.00
❑ OH SO PRETTY	1993	OP	14.00	15.00
❑ PURR-FIT FRIENDS	1993	OP	12.00	12.00
❑ QUIET TIME	1993	OP	15.00	15.00
❑ RAINBOW OF FRIENDS	1993	RT	24.00	24.00
❑ SANTA'S FIRST VISIT	1993	OP	15.00	15.00
❑ SANTA'S SURPRISE	1993	OP	14.00	15.00
❑ SHARING IS CARING	1993	OP	12.00	12.00
❑ WAGON FULL OF FUN/2 PC SET	1993	OP	15.00	15.00
BEST FRIENDS-HAPPY HEARTS				RICHARDS/PENFIELD
❑ ANGELS IN THE SNOW	1996	OP	35.00	35.00
❑ BEST FRIENDS	1996	OP	35.00	35.00
❑ GUIDING STAR	1996	OP	35.00	35.00
❑ JUST MARRIED	1996	OP	35.00	35.00
❑ MAKING NEW FRIENDS	1996	OP	35.00	35.00
❑ THANKSGIVING FRIENDS	1996	OP	35.00	35.00
BEST FRIENDS-HEAVENLY HELPERS				RICHARDS/PENFIELD
❑ CHILDCARE	1996	OP	12.00	12.00
❑ EMERGENCY MEDICAL TEAM	1996	OP	12.00	12.00
❑ FIREMAN	1996	OP	12.00	12.00
❑ NURSE	1996	OP	12.00	12.00
❑ POLICEMAN	1996	OP	12.00	12.00
❑ TEACHER	1996	OP	12.00	12.00
❑ VOLUNTEER	1996	OP	12.00	12.00
BEST FRIENDS-NOAH'S ARK				RICHARDS/PENFIELD
❑ ANIMALS/SET OF 10	1995	OP	20.00	20.00
❑ NOAH'S ARK & RAFT	1995	OP	42.00	42.00
BEST FRIENDS-O JOYFUL NIGHT NATIVITY				RICHARDS/PENFIELD
❑ ANGEL ON STABLE/WALL	1994	OP	16.00	16.00
❑ CAMEL AND DONKEY/SET OF 2	1994	OP	8.00	8.00
❑ CAMEL STANDING	1995	OP	6.00	6.00
❑ HOLY FAMILY (JOSEPH, MARY & JESUS)	1994	OP	16.00	16.00
❑ SHEPHERD BOY	1994	OP	8.00	8.00
❑ SHEPHERD W/SHEEP/SET OF 7	1995	OP	8.00	8.00
❑ THREE KINGS/SET OF THREE	1994	OP	24.00	22.00
BEST FRIENDS-RAINBOW OF FRIENDS				RICHARDS/PENFIELD
❑ RAINBOW OF FRIENDS	1996	OP	24.00	24.00
❑ RAINBOW OF FRIENDS MUSIC BOX	1996	OP	18.00	18.00
BEST FRIENDS-RIVER SONG				RICHARDS/PENFIELD
❑ CAROLERS/SET OF 5	1993	OP	30.00	30.00
❑ DOUBLE ANGELS	1995	OP	8.00	8.00
❑ SKATERS SITTING/SET OF 2	1995	OP	12.00	12.00
❑ SKATERS STANDING/SET OF 2	1995	OP	12.00	12.00
❑ SNOWBALL FIGHT/SET OF 3	1995	OP	15.00	15.00
❑ SNOWMEN/SET OF 3	1995	OP	13.00	13.00
❑ THREE CAROLERS/ASSORTED	1994	OP	22.00	22.00
BEST FRIENDS-WINTER WONDERLAND				RICHARDS/PENFIELD
❑ 3 ASSORTED WHITE TREES & 3 PRESENTS	1994	OP	18.00	18.00
❑ ACCESSORIES: RABBITS, TEDDIES, PRESENTS/SET OF 3	1994	OP	4.00	4.00
❑ MR. SANTA	1994	OP	9.00	9.00
❑ MRS. SANTA	1994	OP	9.00	9.00
❑ REINDEER/SET OF 2/STANDING & SITTING	1994	OP	10.00	10.00
DEER ONES				T. MADSEW
❑ DEER GANG	1998	*	30.00	30.00
❑ DEER TREATS	1998	*	15.00	15.00
❑ DEER-O-LEERS	1998	*	45.00	45.00
❑ HEARTH & HOME	1998	*	40.00	40.00
❑ LICKETY-SPLIT	1998	*	6.00	6.00
❑ RUB-A-DUB DEER	1998	*	16.00	17.00
❑ SWING ON A STAR	1998	*	8.00	9.00
❑ TINY BUBBLES	1998	*	20.00	20.00
TUXEDOS IN THE SNOW				*
❑ BLIND DATE	1998	*	25.00	25.00
❑ DECK THE TOWN	1998	*	25.00	25.00
❑ ICY TONES	1998	*	25.00	25.00
❑ PEPPERMINT DELIGHT	1998	*	25.00	25.00
❑ TASTE TEST	1998	*	25.00	25.00
❑ TUBING SURPRISE	1998	*	25.00	25.00

BILL VERNON STUDIOS

NAME	YEAR	LIMIT	ISSUE	TREND
				B. VERNON
❑ BAR-B-Q-IN' (1ST ED.)	1997	RT	*	55.00
❑ BATHER	1985	RT	*	65.00
❑ BEER DRINKER	1980	RT	*	300.00
❑ BIKER	1988	RT	*	75.00
❑ BOSS, THE	1988	RT	*	80.00
❑ BOWLER	1991	RT	*	90.00
❑ CAMERA CRAZY	1989	RT	*	60.00
❑ CARD SHARK	1980	RT	*	200.00
❑ COMPUTER WIZARD	1988	RT	*	180.00
❑ COOKIES/SANTA	1992	RT	*	125.00
❑ COUCH POTATO	1991	RT	*	70.00
❑ DANCIN' FOOL	1996	RT	*	100.00
❑ DEFENDERS (1ST ED.)	1994	RT	*	100.00
❑ DON'T INHALE	1993	RT	*	130.00
❑ DR. FEELGOOD	1993	RT	*	75.00

FIGURINES

FIGURINES

NAME	YEAR	LIMIT	ISSUE	TREND
❑ DRAGGIN' BUTT	1995	RT	*	80.00
❑ EARLY RISER	1980	RT	*	250.00
❑ EXECUTIVE	1989	RT	*	175.00
❑ EXECUTIVE LIBRARY	1992	RT	*	75.00
❑ FIRE FIGHTIN' (1ST ED.)	1993	RT	*	55.00
❑ FIRST CUP	1991	RT	*	75.00
❑ FISHERMAN	1987	RT	*	75.00
❑ GOIN' POSTAL	1996	RT	*	90.00
❑ GOLF MY WAY	1991	RT	*	75.00
❑ GOLFER	1987	RT	*	130.00
❑ GOOD-BYE CRUEL WORLD	1987	RT	*	80.00
❑ HAPPY HOUR	1989	RT	*	125.00
❑ HELLO FROM (CUSTOM)	1989	RT	*	50.00
❑ HENPECKED & HOGTIED	1989	RT	*	175.00
❑ HOUSEWORK (1ST ED.)	1993	RT	*	55.00
❑ HUNTER	1988	RT	*	70.00
❑ KEEPER/PEACE (1ST ED.)	1994	RT	*	55.00
❑ MAN'S BEST FRIEND	1989	RT	*	95.00
❑ MEAN & ORNERY	1994	RT	*	75.00
❑ MECHANIC	1991	RT	*	225.00
❑ PARTY ANIMAL (1ST ED.)	1992	RT	*	55.00
❑ PLUMBIN' TROUBLE	1994	RT	*	90.00
❑ POOL SHARK	1991	RT	*	80.00
❑ PROMISE, THE	1988	RT	*	75.00
❑ REAL/INSTRUCTIONS (1ST ED.)	1997	RT	*	55.00
❑ REDNECK	1991	RT	*	210.00
❑ REDNECK & FED UP	1996	RT	*	95.00
❑ ROAD RAGE	1997	RT	*	100.00
❑ SADDLE SORES	1991	RT	*	75.00
❑ SEX MACH. (1ST ED.)	1995	RT	*	55.00
❑ SKIER	1991	RT	*	70.00
❑ SMOKIN' (STURGIS 1990)	1990	RT	*	700.00
❑ SMOKIN' BIKER	1990	RT	*	90.00
❑ SMOKIN' DAYTONA 50TH	1992	RT	*	750.00
❑ SNOOZER	1985	RT	*	75.00
❑ TESTIN' THE TOYS	1993	RT	*	150.00
❑ THIS JOB	1989	RT	*	115.00
❑ TOURIST	1989	RT	*	60.00
❑ TRUCKER	1989	RT	*	100.00
❑ URBAN COWBOY	1981	RT	*	1400.00
❑ WOAH DAMNIT COWBOY	1995	RT	*	75.00
❑ WOAH DAMNIT COWGIRL	1995	RT	*	65.00
❑ WOAH DERNIT COWBOY	1995	RT	*	75.00
❑ WOAH DERNIT COWGIRL	1995	RT	*	75.00
❑ YARD WARRIOR	1992	RT	*	80.00
❑ YEE HAW!	1988	RT	*	185.00
COLLECTORS SOCIETY				**B. VERNON**
❑ GUNFIGHTER	1981	RT	*	200.00
❑ LOUNGIN'/LADIES	1994	RT	*	100.00
❑ RODEO CLOWN	1991	RT	*	150.00

BING & GRONDAHL

				S. BECKETT
❑ TEDDY BEAR VICTOR	1998	5000	30.00	30.00
❑ TEDDY BEAR VICTORIA	1998	5000	30.00	30.00
				P. LANGELUND
❑ MOTHER'S DAY	1998	5000	98.00	98.00
				J. NIELSEN
❑ ANNUAL EGG	1998	5000	30.00	30.00
				AL. THERKELSEN
❑ BROWN BEAR	1998	5000	98.00	98.00

BOEHM STUDIOS
ANIMAL SCULPTURES

				*
❑ ADIOS	1969	130	1500.00	1900.00
❑ AFRICAN ELEPHANT	1977	50	9500.00	14630.00
❑ AMERICAN MUSTANGS	1976	75	3700.00	5660.00
❑ APPALOOSA HORSE 40193	1981	75	975.00	1070.00
❑ ARABIAN ORYX, PAIR 50015	1980	60	3800.00	4130.00
❑ ARABIAN STALLION/PRANCING 55007	1983	200	1500.00	1560.00
❑ ARABIAN STALLION/REARING 55006	1983	200	1500.00	1560.00
❑ ASIAN LION	1980	100	1500.00	1645.00
❑ BENGEL TIGER 500-13	1979	12	25000.00	26525.00
❑ BLACK RHINOCEROS	1978	50	9500.00	9920.00
❑ BOBCATS	1971	200	1600.00	1990.00
❑ BUFFALO 50022	1982	100	1625.00	1625.00
❑ CAMEL & CALF	1978	50	3500.00	3700.00
❑ CHEETAH	1980	100	2700.00	3000.00
❑ ELEPHANT/WHITE BISQUE 200-44B	1985	200	495.00	570.00
❑ FALLOW DEER	1979	30	7500.00	3250.00
❑ FOXES	1971	200	1800.00	2350.00
❑ GIANT PANDA	1975	100	3800.00	6890.00
❑ GORILLA	1978	50	3800.00	4550.00
❑ GREATER KUDU 50023	1982	75	7500.00	7500.00
❑ HUNTER	1952	250	600.00	1400.00
❑ HUNTER CHASE	1979	20	4000.00	4085.00
❑ JAGUAR 50020	1981	100	2900.00	3300.00
❑ NYALA ANTELOPE	1973	100	4700.00	6560.00

NAME	YEAR	LIMIT	ISSUE	TREND
❑ OTTER	1976	75	1100.00	1500.00
❑ POLAR BEAR W/CUBS 40188	1981	65	1800.00	1875.00
❑ POLO PLAYER	1957	100	850.00	4600.00
❑ POLO PLAYS ON PINTO 55005	1982	50	3500.00	3500.00
❑ PUMA	1975	50	5700.00	6560.00
❑ RACCOONS	1971	200	1600.00	2100.00
❑ RED SQUIRRELS	1972	100	2600.00	2770.00
❑ SNOW LEOPARD	1978	75	3500.00	4670.00
❑ THOROUGHBRED W/JOCKEY	1978	25	2600.00	2785.00
❑ WHITE-TAILED BUCK 50026	1984	200	1375.00	1650.00
❑ YOUNG & FREE FAWNS	1979	160	1875.00	2050.00

BIRD SCULPTURES
*

NAME	YEAR	LIMIT	ISSUE	TREND
❑ AMERICAN AVOCET 40134	1980	300	1400.00	1650.00
❑ AMERICAN BALD EAGLE 40185	1981	655	1200.00	1325.00
❑ AMERICAN EAGLE, LARGE	1957	31	225.00	11150.00
❑ AMERICAN EAGLE, SMALL	1957	76	225.00	9220.00
❑ AMERICAN EAGLE/COMMEMORATIVE 40215	1982	250	950.00	1150.00
❑ AMERICAN EAGLE/SYMBOL OF FREEDOM 40200	1982	35	16500.00	18550.00
❑ AMERICAN REDSTART 40138	1980	225	850.00	1090.00
❑ AMERICAN REDSTARTS	1958	500	350.00	2000.00
❑ AMERICAN WILD TURKEY 40154	1980	75	1800.00	2010.00
❑ AMERICAN WILD TURKEY/LIFE SIZE 40115	1980	25	15000.00	16940.00
❑ ANNA'S HUMMINGBIRD 10048	1983	300	1100.00	1935.00
❑ ARCTIC TERN 40135	1980	350	1400.00	2050.00
❑ AVOCET	1979	175	1200.00	1345.00
❑ BARN OWL	1972	350	3600.00	4000.00
❑ BLACK GROUSE	1972	175	2800.00	3100.00
❑ BLACKBIRDS, PAIR	1973	75	5400.00	6470.00
❑ BLACKBURNIAN WARBLER	1984	125	925.00	965.00
❑ BLACK-EARED BUSHFIT/FEMALE 10038	1982	100	975.00	1040.00
❑ BLACK-EARED BUSHFIT/MALE 10039	1982	100	975.00	1040.00
❑ BLACK-HEADED GROSBEAK	1969	675	1250.00	1535.00
❑ BLACK-TAILED BANTAMS, PAIR	1956	57	350.00	4800.00
❑ BLACK-THROATED BLUE WARBLER	1958	500	400.00	1775.00
❑ BLACK-THROATED BLUE WARBLER	1976	200	900.00	1165.00
❑ BLUE GROSBEAK	1967	750	1050.00	1530.00
❑ BLUE JAY W/MORNING GLORIES 40218	1982	300	975.00	1190.00
❑ BLUE JAY W/WILD RASPBERRIES 40190	1981	350	1950.00	2400.00
❑ BLUE JAYS, PAIR	1962	250	2000.00	12300.00
❑ BLUE THROATED HUMMINGBIRD 10040	1982	300	1100.00	1430.00
❑ BLUE TITU	1973	300	3000.00	3255.00
❑ BOBOLINK	1964	500	550.00	1520.00
❑ BOBWHITE QUAIL, PAIR	1953	750	400.00	2500.00
❑ BOREAL OWL 40172	1981	200	1750.00	1870.00
❑ BROWN PELICAN	1972	100	10500.00	14400.00
❑ BROWN PELICAN 40161	1980	90	2800.00	2860.00
❑ BROWN THRASHER	1973	260	1850.00	1925.00
❑ CACTUS WREN	1972	225	3000.00	3400.00
❑ CALIFORNIA QUAIL, PAIR	1957	500	400.00	2730.00
❑ CALLIOPE HUMMINGBIRD 40104	1979	200	900.00	1115.00
❑ CALLIOPE HUMMINGBIRD 40319	1987	500	575.00	595.00
❑ CANADA GEESE, PAIR	1978	100	4200.00	1000.00
❑ CAPE MAY WARBLER	1977	400	825.00	990.00
❑ CARDINALS	1977	200	3500.00	3600.00
❑ CARDINALS, PAIR	1955	500	550.00	3650.00
❑ CAROLINA WRENS	1957	100	750.00	5400.00
❑ CATBIRD	1965	500	900.00	2075.00
❑ CATBIRD 40246	1983	111	1250.00	1250.00
❑ CEDAR WAXWING 40117	1980	325	950.00	1030.00
❑ CEDAR WAXWINGS, PAIR	1956	100	600.00	7835.00
❑ CERULEAN WARBLERS	1957	100	800.00	4935.00
❑ CHAFFINCH	1974	125	2000.00	2525.00
❑ CHICKADEES 400-61	1976	400	1450.00	1550.00
❑ COMMON TERN	1968	500	1400.00	4000.00
❑ CONDOR 10057	1985	2	75000.00	87710.00
❑ COSTA'S HUMMINGBIRD 40103	1979	200	1050.00	1200.00
❑ CRESTED FLYCATCHER	1967	500	1650.00	3000.00
❑ CRESTED TIT	1974	400	1150.00	1300.00
❑ CRIMSON TOPAZ HUMMINGBIRD 40113	1980	310	1400.00	1640.00
❑ DOVE OF PEACE 40236	1983	709	750.00	1475.00
❑ DOVES W/CHERRY BLOSSOMS/PR 10049	1983	150	7500.00	10600.00
❑ DOWNY WOODPECKER 40116	1979	300	950.00	1000.00
❑ DOWNY WOODPECKERS	1957	500	450.00	1750.00
❑ EAGLE OF FREEDOM I	1976	15	35000.00	51375.00
❑ EAGLE OF FREEDOM II 400-70	1976	200	7200.00	7360.00
❑ EASTERN BLUEBIRD 400-51	1977	300	2300.00	1100.00
❑ EASTERN BLUEBIRDS, PAIR	1959	100	1800.00	12200.00
❑ EASTERN KINGBIRD	1975	100	3500.00	4275.00
❑ EGRET/NATIONAL AUDUBON SOCIETY 40221	1983	1029	1200.00	1575.00
❑ EUROPEAN GOLDFINCH	1972	250	1150.00	1400.00
❑ EVERGLADES KITES	1973	50	5800.00	7340.00
❑ FLAMINGO W/YOUNG 40316	1987	225	1500.00	1520.00
❑ FLEDGLING BROWN THRASHERS	1977	400	500.00	680.00
❑ FLEDGLING CANADA WARBLER	1967	750	550.00	2200.00
❑ FLEDGLING GREAT HORNED OWL	1965	750	350.00	1590.00
❑ FLICKER	1971	250	2400.00	2770.00

Friendly haggling is portrayed in The Antique Dealer *porcelain figurine based on the artwork of* Norman Rockwell. Gorham issued the figurine in an edition of 7,500 in 1983.

From the tip of his arrow to the fringe on his moccasins, the detailed Resolute makes a bold statement. The mixed media figure was created by C.A. Pardell and produced by Legends.

Equine artist Fred Stone, typically known for his limited edition prints, aptly captures the care a young mother takes of her young foal. Arabian Mare & Foal is produced by American Artists.

This beautiful An* wood-carved Pinocchio *figure has no strings attached. The piece was available in five sizes.

Jiminy Cricket *was the first gift sculpture to members of the Walt Disney Collector's Society.*

What more could she want? Sitting Pretty *is from "Rockwell's Beautiful Dreamers" series produced by Rhodes Studio.*

NAME	YEAR	LIMIT	ISSUE	TREND
❑ FORSTER'S TERN/CRESTING 40224	1983	300	1850.00	2070.00
❑ FORSTER'S TERN/ON THE WIND 40223	1983	300	1850.00	2070.00
❑ GANNET 40287	1986	30	4300.00	4300.00
❑ GOLDCREST	1972	500	650.00	600.00
❑ GOLDEN EAGLE 10046	1983	25	32000.00	36075.00
❑ GOLDEN PHEASANT, BISQUE	1954	7	200.00	11375.00
❑ GOLDEN PHEASANT, DECORATED	1954	7	350.00	19235.00
❑ GOLDEN-CROWNED KINGLETS	1956	500	400.00	1200.00
❑ GOLDFINCH 40245	1983	136	1200.00	1200.00
❑ GOLDFINCHES	1961	500	400.00	1830.00
❑ GREAT EGRET	1983	YR	1200.00	2400.00
❑ GREAT WHITE EGRET 40214	1982	50	11500.00	15050.00
❑ GREEN JAYS, PAIR	1966	400	1850.00	4120.00
❑ GREEN JAYS/PAIR 40198	1982	65	3900.00	3900.00
❑ GREEN WOODPECKERS	1973	50	4200.00	4890.00
❑ GREY WAGTAIL	1979	150	1050.00	1375.00
❑ HOODED WARBLER	1974	100	2400.00	3020.00
❑ HORNED LARKS	1973	200	3800.00	4435.00
❑ INDIGO BUNTING WITH CHEROKEE ROSE	1957	CL	250.00	800.00
❑ IVORY-BILLED WOODPECKERS 474	1967	4	*	N/A
❑ KESTRALS, PAIR	1968	460	2300.00	3150.00
❑ KILLDEER 40213	1982	125	1075.00	1085.00
❑ KILLDEER, PAIR	1964	300	1750.00	3000.00
❑ KINGFISHERS	1976	200	1900.00	2200.00
❑ KIRTLAND'S WARBLER 40169	1980	130	750.00	600.00
❑ LAPWING	1973	100	2600.00	2400.00
❑ LARK SPARROW	1974	150	2100.00	2325.00
❑ LAZULI BUNTINGS	1973	250	1800.00	2450.00
❑ LEAST SANDPIPERS 40136	1981	350	2100.00	2540.00
❑ LEAST TURN	1979	350	1275.00	1400.00
❑ LESSER PRAIRIE CHICKENS, PAIR	1962	300	1200.00	2000.00
❑ LITTLE OWL	1971	350	700.00	500.00
❑ LONG TAIL TITS	1973	200	2600.00	2900.00
❑ LONG-EARED OWL 10052	1984	12	6000.00	6250.00
❑ MAGNOLIA WARBLER 40258	1984	246	1100.00	1100.00
❑ MALLARDS, PAIR	1952	500	650.00	1200.00
❑ MEADOWLARK	1957	750	350.00	3175.00
❑ MEARN'S QUAIL, PAIR	1963	350	950.00	2500.00
❑ MERGANSERS, PAIR	1968	440	2200.00	2000.00
❑ MOCKINGBIRDS	1978	*	2200.00	2000.00
❑ MOCKINGBIRD'S NEST W/BLUEBONNET 10033	1981	55	1300.00	1360.00
❑ MOCKINGBIRDS, PAIR	1961	500	650.00	3970.00
❑ MOUNTAIN BLUEBIRDS	1963	300	1900.00	5475.00
❑ MOURNING DOVE 40189	1981	300	2200.00	2320.00
❑ MOURNING DOVES	1958	500	550.00	1400.00
❑ MUTE SWANS, LIFE-SIZE, PAIR	1971	3	*	N/A
❑ MUTE SWANS, PAIR	1971	400	4000.00	7000.00
❑ MUTE SWANS/PAIR 40219	1982	115	5800.00	6345.00
❑ MYRTLE WARBLERS	1974	210	1850.00	2105.00
❑ NONPAREIL BUNTINGS	1958	750	250.00	1165.00
❑ NORTHERN ORIOLE 40194	1981	100	1750.00	1900.00
❑ NORTHERN WATER THRUSH	1967	500	800.00	1300.00
❑ NUTHATCH	1971	350	650.00	400.00
❑ ORCHARD ORIOLES	1970	550	1750.00	2300.00
❑ OSPREY 10031	1981	25	17000.00	21060.00
❑ OSPREY 10037	1981	100	4350.00	3000.00
❑ OVEN-BIRD	1970	450	1400.00	800.00
❑ PARULA WARBLERS	1965	400	1500.00	3370.00
❑ PARULA WARBLERS 40270	1985	100	2450.00	2460.00
❑ PEKIN ROBINS	1975	100	7000.00	9675.00
❑ PELICAN 40259	1984	93	1200.00	1230.00
❑ PEREGRINE FALCON	1973	350	4400.00	4000.00
❑ PEREGRINE FALCON W/YOUNG 40171	1981	105	1850.00	2010.00
❑ PHEASANT 40133	1980	100	2100.00	2170.00
❑ PILEATED WOODPECKERS 40250	1984	50	2900.00	2915.00
❑ PRINCE RUDOLPH'S BLUE BIRD OF PARADISE 40101	1979	10	35000.00	37200.00
❑ PTARMIGAN, PAIR	1962	350	800.00	3450.00
❑ PURPLE MARTINS	1974	50	6700.00	9150.00
❑ RACQUET-TAIL HUMMINGBIRD 40105	1979	310	1500.00	1960.00
❑ RACQUET-TAILED HUMMINGBIRD 10053	1985	350	2100.00	2500.00
❑ RED-BILLED BLUE MAGPIE	1975	100	4600.00	3500.00
❑ RED-BREASTED NUTHATCH 40118	1979	200	800.00	920.00
❑ RED-WINGED BLACKBIRDS, PAIR	1957	100	700.00	5590.00
❑ RINGED-NECKED PHEASANTS, PAIR	1954	500	650.00	1800.00
❑ RIVOLI'S HUMMINGBIRD	1976	350	950.00	1530.00
❑ ROADRUNNER	1968	500	2600.00	2000.00
❑ ROADRUNNER 40199	1982	150	2100.00	2315.00
❑ ROBIN (DAFFODILS)	1964	500	600.00	5650.00
❑ ROBIN (NEST)	1977	350	1650.00	2080.00
❑ ROBIN'S NEST W/WILD ROSE 10030	1981	90	1300.00	1375.00
❑ ROSE-BREASTED GROSBEAK 10032	1981	165	1850.00	1875.00
❑ ROYAL TERNS 10047	1983	75	4300.00	4845.00
❑ RUBY-THROATED HUMMINGBIRD	1974	200	1900.00	2825.00
❑ RUFFED GROUSE/PAIR 400-65	1977	100	4400.00	2500.00
❑ RUFFLED GROUSE, PAIR	1960	250	950.00	3000.00
❑ RUFOUS HUMMINGBIRDS	1966	500	850.00	1000.00
❑ SANDHILL CRANE 40286	1986	205	1650.00	1660.00
❑ SCARLET TANAGER	1977	4	1800.00	4275.00

FIGURINES

NAME	YEAR	LIMIT	ISSUE	TREND
❑ SCARLET TANGER 40267	1985	125	2100.00	2120.00
❑ SCISSOR-TAILED FLYCATCHER	1977	100	3200.00	1400.00
❑ SCOPS OWL	1979	300	975.00	1400.00
❑ SCREECH OWL	1973	500	850.00	650.00
❑ SCREECH OWL	1980	350	2100.00	3125.00
❑ SISKENS 100-25	1978	250	2100.00	2400.00
❑ SLATE-COLORED JUNCO	1970	500	1600.00	1400.00
❑ SNOW BUNTINGS	1972	350	2400.00	1200.00
❑ SOARING EAGLE/BISQUE 40276B	1985	304	950.00	955.00
❑ SOARING EAGLE/GILDED 40276G	1985	35	5000.00	5280.00
❑ SONG SPARROWS, PAIR	1956	50	2000.00	38450.00
❑ SONG THRUSHES	1974	100	2800.00	3590.00
❑ STONECHATS	1974	150	2200.00	2550.00
❑ SUGARBIRDS	1961	100	2500.00	14900.00
❑ SWALLOWS	1974	125	3400.00	4320.00
❑ TOWHEE	1963	500	350.00	2430.00
❑ TOWHEE 40244	1983	75	975.00	1040.00
❑ TREE CREEPERS	1972	200	3200.00	3200.00
❑ TRUMPETER SWAN	1985	500	1500.00	1625.00
❑ TUFTED TITMICE	1965	500	600.00	2000.00
❑ VARIED BUNTINGS	1965	300	2200.00	4935.00
❑ VARIED THRUSH	1974	300	2500.00	3100.00
❑ VERDINS	1969	575	1150.00	875.00
❑ WESTERN BLUEBIRDS	1969	300	5500.00	7020.00
❑ WESTERN MEADOWLARK	1971	350	1425.00	1725.00
❑ WHOOPING CRANE	1984	647	1800.00	2025.00
❑ WINTER ROBIN	1971	225	1150.00	1420.00
❑ WOOD DUCKS 40192	1981	90	3400.00	3000.00
❑ WOOD THRUSH	1951	2	375.00	N/A
❑ WOOD THRUSHES, PAIR	1966	400	4200.00	8285.00
❑ WOODCOCK	1954	500	300.00	2000.00
❑ WREN 1036	1982	50	1700.00	1940.00
❑ YELLOW WARBLER 40137	1980	200	950.00	1060.00
❑ YELLOW-BELLIED SAPSUCKER	1972	250	2700.00	2500.00
❑ YELLOW-BILLIED CUCKOO	1974	150	2800.00	1900.00
❑ YELLOWHAMMERS	1973	350	3300.00	1200.00
❑ YELLOW-HEADED BLACKBIRD	1974	75	3200.00	3600.00
❑ YELLOW-SHAFTED FLICKER 40220	1982	175	1450.00	1490.00
❑ YOUNG AMERICAN EAGLE	1969	850	700.00	1520.00
❑ YOUNG AMERICAN EAGLE, INAUGURAL	1973	100	1500.00	2125.00
❑ YOUNG AND SPIRITED, 1976	1975	1121	950.00	1600.00

FIGURINES
*

NAME	YEAR	LIMIT	ISSUE	TREND
❑ AMANDA W/PARASOL 10269	1986	27	750.00	750.00
❑ ARIA 67003	1986	100	875.00	875.00
❑ AURORA 67001	1986	100	875.00	875.00
❑ BEVERLY SILLS	1977	100	950.00	1000.00
❑ CELESTE 6702	1986	100	875.00	875.00
❑ DEVINA 67000	1986	100	875.00	875.00
❑ JEROME HINES	1977	12	825.00	1000.00
❑ JO/SKATING 10267	1986	26	750.00	750.00
❑ MATTINA 67004	1986	100	875.00	875.00
❑ MEG W/BASKET 10268	1986	26	625.00	625.00

FISH SCULPTURES
*

NAME	YEAR	LIMIT	ISSUE	TREND
❑ TROPICAL FISH	1983	150	2700.00	2700.00

FLORAL SCULPTURES
*

NAME	YEAR	LIMIT	ISSUE	TREND
❑ BEGONIA/PINK 30041	1980	500	1250.00	1465.00
❑ BLUEBONNETS 30050	1980	160	650.00	765.00
❑ CACTUS DAHLIA	1979	300	800.00	960.00
❑ CAPRICE IRIS/PINK 30049	1980	235	650.00	720.00
❑ CHERRIES JUBILEE CAMELLIA 10388	1986	250	625.00	625.00
❑ CHRYSANTHEMUM 30105	1983	75	1250.00	1460.00
❑ CHRYSANTHEMUM PETAL CAMELLIA 30125	1985	500	575.00	595.00
❑ CHRYSANTHEMUMS	1972	350	1100.00	2030.00
❑ DAISIES	1971	350	600.00	1045.00
❑ DAISY, WHITE	1981	75	975.00	995.00
❑ DEBUTANTE CAMELIA	1974	500	625.00	850.00
❑ DOGWOOD	1973	250	625.00	1025.00
❑ DOGWOOD 30045	1981	510	875.00	950.00
❑ DOUBLE CLEMATIS CENTERPIECE	1978	150	1500.00	1775.00
❑ DOUBLE PEONY	1974	275	575.00	995.00
❑ DOUBLE PEONY 30078	1982	110	1525.00	1630.00
❑ EDWARD BOEHM CAMELLIA 300-23	1978	500	850.00	950.00
❑ EMMETT BARNES CAMELLIA	1975	425	550.00	760.00
❑ EMMETT BARNES CAMELLIA 30120	1985	275	625.00	630.00
❑ EMPRESS CAMELLIA/WHITE 30109	1983	350	1025.00	1045.00
❑ GENTIANS	1974	350	425.00	725.00
❑ GLOBE OF LIGHT PEONY 10372	1986	125	475.00	500.00
❑ GRAND FLORAL CENTERPIECE	1979	15	7500.00	8755.00
❑ HELEN BOEHM CAMELLIA	1978	500	600.00	1000.00
❑ HELEN BOEHM DAYLILY	1978	175	975.00	1140.00
❑ HELEN BOEHM IRIS	1978	175	975.00	1175.00
❑ HONEYSUCKLE	1979	200	900.00	1050.00
❑ ICARIAN PEONY CENTERPIECE 30119	1986	33	2800.00	2860.00
❑ JULIA HAMITER CAMELLIA 30061	1981	300	675.00	740.00
❑ KAMA PUA HIBISCUS/ORANGE 30128	1985	122	1600.00	1610.00
❑ LADY'S SLIPPER ORCHID 30112	1984	76	575.00	575.00

NAME	YEAR	LIMIT	ISSUE	TREND
❑ MAGNOLIA CENTERPIECE 30101	1982	15	6800.00	6975.00
❑ MAGNOLIA GRANDIFLORA 300-12	1975	750	650.00	1200.00
❑ MAGNOLIA GRANDIFLORA 300-47	1980	350	1650.00	1930.00
❑ MARIGOLDS 30072	1982	150	1275.00	600.00
❑ MARY HEATLEY BEGONIA 30111	1984	200	1100.00	1120.00
❑ MISS INDIANA IRIS/BLUE 30049	1980	235	650.00	450.00
❑ NANCY REAGAN CAMELLIA 30076	1981	600	650.00	825.00
❑ ORCHID CACTUS	1976	100	650.00	1025.00
❑ ORCHID CENTERPIECE/ASSORTED 30016	1984	150	2600.00	2645.00
❑ ORCHID CENTERPIECE/PINK 30115	1904	350	2100.00	2485.00
❑ ORCHID, CYMBIDIUM 30114	1984	160	575.00	620.00
❑ ORCHID, ODONTOGLOSSUM 30113	1984	100	575.00	605.00
❑ ORCHID/PINK 30036	1980	175	725.00	775.00
❑ ORCHID/YELLOW 30037	1980	130	725.00	775.00
❑ PARROT TULIPS 30042	1980	300	850.00	1000.00
❑ PEONIES/WHITE 30118	1985	100	1650.00	1650.00
❑ PINK LOTUS 300-21	1978	175	975.00	700.00
❑ POINSETTIA 30055	1981	200	1100.00	1225.00
❑ PONTIFF IRIS 30097	1982	200	3000.00	3825.00
❑ POPPIES 30058	1981	325	1150.00	1260.00
❑ QUEEN OF THE NIGHT CACTUS	1976	125	650.00	600.00
❑ RHODODENDRON 30064	1981	275	825.00	895.00
❑ RHODODENDRON CENTERPIECE	1978	350	1150.00	1900.00
❑ RHODODENDRON/PINK, YELLOW 30122	1985	125	1850.00	1885.00
❑ ROSE CENTERPIECE/YELLOW 10370	1986	25	5500.00	5620.00
❑ ROSE GRACE DE MONACO 30071	1981	350	1650.00	1935.00
❑ ROSE, ALEC'S RED	1980	500	1050.00	975.00
❑ ROSE, BLUE MOON	1978	500	650.00	900.00
❑ ROSE, PASCALI 300-24	1978	500	950.00	500.00
❑ ROSE, SUPREME PEACE	1976	250	850.00	1745.00
❑ ROSE, SUPREME YELLOW	1976	250	850.00	1725.00
❑ ROSE, TROPICANA	1978	500	475.00	1075.00
❑ ROSE/ANNENBERG 30051	1981	200	1450.00	1490.00
❑ ROSE/DUET 30130	1985	200	1525.00	1540.00
❑ ROSE/ELIZABETH OF GLAMIS 30046	1980	500	1650.00	1965.00
❑ ROSE/GRANDPA DICKSON 30069	1981	225	1200.00	1425.00
❑ ROSE/HELEN BOEHM 30121	1985	360	1475.00	1480.00
❑ ROSE/JEHAN SADAT 30080	1982	200	875.00	1025.00
❑ ROSE/JUST JOEY 30052	1981	240	1050.00	750.00
❑ ROSE/LADY HELEN 30070	1981	325	1350.00	1515.00
❑ ROSE/MOUNTBATTEN 30081	1982	50	1525.00	1660.00
❑ ROSE/NANCY REAGAN 35027	1981	1200	800.00	920.00
❑ ROSE/PASCALI 30093	1982	250	1500.00	1700.00
❑ ROSE/PEACH 30038	1980	350	1800.00	2060.00
❑ ROSE/PRINCE CHARLES & LADY DIANA CENTERPIECE 30065	1981	100	4800.00	6325.00
❑ ROSE/PRINCE CHARLES & LADY DIANA FLORAL 30068	1981	600	750.00	845.00
❑ ROSE/PRINCESS MARGARET 30095	1982	350	950.00	1165.00
❑ ROSE/QUEEN ELIZABETH 30091	1982	350	1450.00	1780.00
❑ ROSE/ROYAL BLESSING 30099	1982	500	1350.00	1710.00
❑ ROSE/TROPICANA IN CONCH SHELL 30060	1981	150	1100.00	1100.00
❑ ROSE/YANKEE DOODLE 30108	1000	450	850.00	695.00
❑ ROSE/YELLOW IN SHELL 30059	1981	300	1100.00	1150.00
❑ ROYAL BOUQUET 30092	1982	125	1500.00	1680.00
❑ SCABIOUS W/JAPONICA 30090	1982	50	1550.00	1570.00
❑ SEMINOLE HIBISCUS/PINK 30129	1985	100	1800.00	1810.00
❑ SPANISH IRIS	1978	500	600.00	750.00
❑ SPRING CENTERPIECE 30110	1983	100	1125.00	1190.00
❑ STEPTOCALYX POEPPIGII	1973	50	3400.00	4485.00
❑ SWAN CENTERPIECE	1971	135	1950.00	2925.00
❑ SWAN LAKE CAMELLIA	1976	750	825.00	1790.00
❑ SWEET VIBURNUM	1971	35	650.00	1395.00
❑ TIGER LILIES/ORANGE 30077	1982	350	1225.00	1265.00
❑ TREE PEONY 30043	1980	325	1400.00	1480.00
❑ TULIPS 30089	1982	180	1050.00	1085.00
❑ WATERLILY	1974	350	400.00	725.00
❑ WATSONII MAGNOLIA	1978	250	575.00	675.00

BOYDS COLLECTION LTD.

BEARSTONE COLLECTION HOLIDAY PAGEANT

G. LOWENTHAL

NAME	YEAR	LIMIT	ISSUE	TREND
❑ BALDWIN AS THE CHILD 2403	1995	RT	15.00	45.00
❑ HEATH AS CASPER 2405	1996	RT	15.00	50.00
❑ NEVILLE AS JOSEPH 2401	1995	RT	15.00	50.00
❑ RALEIGH AS BALTHAZAR 2406	1996	RT	15.00	52.00
❑ STAGE, THE	1995	RT	*	100.00
❑ THATCHER & EDEN 2407	1996	RT	18.00	55.00
❑ THERESA AS MARY 2402	1995	RT	15.00	50.00
❑ WILSON AS MELCHOIR 2404	1996	RT	15.00	50.00

BEARSTONE COLLECTION SHOE BOX BEARS

G. LOWENTHAL

NAME	YEAR	LIMIT	ISSUE	TREND
❑ AUGUSTUS GUS GRIZBERG 3200	1996	RT	19.00	54.00
❑ GLADYS GRIZBERG 3201-01	1996	RT	15.00	62.00
❑ MAISEY "THE GOIL" GRIZBERT	1997	RT	*	60.00
❑ THADDEUS BUD GRIZBERG 25700	1996	RT	10.00	52.00

BEARSTONE COLLECTION/FIRST EDITIONS

G. LOWENTHAL

NAME	YEAR	LIMIT	ISSUE	TREND
❑ AGATHA AND SHELLY SCAREDY CAT 2245	1994	CL	16.00	90.00
❑ ALEXANDRA AND BELLE...TELEPHONE TIED 227720	1999	OP	19.00	50.00
❑ ALEXIS BEARINSKY, THE NIGHT BEFORE CHRISTMAS 228314	*	RT	*	45.00
❑ AMELIA'S ENTERPRISE 2258	1995	RT	16.00	85.00

FIGURINES

NAME	YEAR	LIMIT	ISSUE	TREND
❑ ANGELBRITE 25731	*	RT	*	20.00
❑ ANGELICA THE GUARDIAN 2266	1995	CL	19.00	75.00
❑ ARNOLD P. BOMBER...THE DUFFER 227714	1999	RT	21.00	50.00
❑ ARTHUR WITH RED SCARF 2003	1993	RT	14.00	150.00
❑ BAILEY & EMILY FOREVER FRIENDS 2018	1994	RT	34.00	160.00
❑ BAILEY & WIXIE TO HAVE AND TO HOLD 2017	1994	RT	16.00	350.00
❑ BAILEY AT THE BEACH 2020-09	1994	RT	16.00	170.00
❑ BAILEY BEAR WITH SUITCASE 2000 (ROUGH)	1993	RT	14.00	580.00
❑ BAILEY BEAR WITH SUITCASE 2000 (SMOOTH)	1993	RT	14.00	175.00
❑ BAILEY HEART'S DESIRE 2272	1996	RT	15.00	60.00
❑ BAILEY IN THE ORCHARD 2006	1993	RT	14.00	300.00
❑ BAILEY THE BAKER WITH SWEETIE PIE 2254	1995	CL	13.00	100.00
❑ BAILEY THE CHEERLEADER 2268	1995	CL	16.00	60.00
❑ BAILEY THE HONEYBEAR 2260	1995	CL	16.00	80.00
❑ BAILEY, HEART'S DESIRE 2272	*	RT	*	60.00
❑ BAILEY, POOR OLD BEAR 227704	1997	RT	14.00	60.00
❑ BAILEY, THE BRIDE 227712	1999	RT	18.00	50.00
❑ BAILEY, THE GRADUATE 227701-10	1997	RT	17.00	45.00
❑ BAILEY, THE NIGHT BEFORE CHRISTMAS 270501 MUSICAL	*	RT	*	60.00
❑ BAILEY'S BIRTHDAY 2014	1994	OP	16.00	250.00
❑ BEAR-A-STAR 25734	*	RT	*	20.00
❑ BEATRICE, WE ARE ALWAYS THE SAME AGE INSIDE 227802	1998	TL	62.00	125.00

Abearica's Most Wanted

By Jean Ann and Mark Sovereign

Boyds Bearstone collectors are quick to tell you that the most prized Bearstones are those few with bottom stamps that read 1E, which stands for first edition.

From 1993 to 1999, production of most Bearstones was limited to 3,600 1E pieces. Because of their rarity, these early 1Es, in mint condition, generate the most interest among collectors and bring the highest prices on the secondary market. Here are 10 highly sought-after Bearstones, in order of increasing rarity.

No. 10: *Father Chrisbear and Son* (no. 2008). *Father Chrisbear* is an exception to the 3,600 rule. One of the first two Bearstones produced in 1993, this one was made only in 1Es, but in an edition lot of 6,832. The smooth-textured resin of this Bearstone, like that of *Bailey Bear on Suitcase* (no. 2000), sets it apart from the other members of the Bearstone Collection.

No. 9: *Wilson With Love Sonnets* (no. 2007). First produced in 1993, this piece is considered by many collectors to be the signature piece of the Bearstone Collection. In the 1E version of this favorite, Wilson's sweater is cream-colored as opposed to the white sweaters of later editions. Also noticeable are the sharply upturned corners of his book.

No. 8: *Simone de Bearvoire & Her Mom, My Auntie Alice* (no. 2001). First editions produced in 1993 feature a larger book, smaller hat and scarf, and no patches on the bear's paws. The patches were added and size changes made in the fifth edition. This classic Bearstone remains a favorite of collectors.

No. 7: *Clara the Nurse* (no. 2231). Issued in 1994, first editions of this very popular Bearstone did not remain on retailers shelves long, many finding their way into medical offices. Although one of the longer productions, not retiring until 1998, the 1E version of this piece continues to be one of the most elusive Bearstones.

No. 6: *Grenville the Santa Bear* (no. 2030). Early retirement and scarcity of this popular Christmas piece, which was produced in 1994 and retired in 1996, makes finding a 1E difficult. One theory holds that many of these

NAME	YEAR	LIMIT	ISSUE	TREND
❏ BERNICE AS MRS. NOAH, THE CHIEF COOK 2427	1999	OP	11.00	38.00
❏ BESSIE THE SANTA COW 2239	1994	RT	16.00	100.00
❏ BOB C. & TINY T., GOD BLESS EVERYONE 228334PAW	*	RT	*	40.00
❏ BUMBLE B. BEE, SWEETER THAN HONEY 227718	1999	RT	16.00	45.00
❏ BUZZ THE FLASH		RT	*	45.00
❏ BYRON & CHEDDA WITH CATMINT 2010	1993	RT	14.00	175.00
❏ CELESTE THE ANGEL RABBIT 2230	1994	RT	16.00	375.00
❏ CHANCE O'SULLIVAN, FEELIN' LUCKY 26147	*	RT	*	40.00
❏ CHARITY ANGELHUG AND EVERYCHILD, CHERISH THE CHILDREN 228343*RT			*	38.00
❏ CHARITY ANGELHUG AND EVERYCHILD, CHERISH THE CHILDREN 228343-1*RT			*	N/A
❏ CHARITY ANGELHUG AND EVERYCHILD, CHERISH THE CHILDREN 26039-1*RT			*	N/A
❏ CHARLOTTE & BEBE 2229	1994	RT	16.00	120.00
❏ CHESTER BIRDBREATH, PURRSTONE 371006	2000	OP	17.00	45.00
❏ CHRISSIE, GAME, SET, MATCH 227717	1999	RT	17.00	45.00
❏ CHRISTIAN BY THE SEA	1993	RT	14.00	150.00
❏ CHRISTMAS BIG/LITTLE PIG 2256, CANADIAN	1994	RT	32.00	250.00
❏ CLARA THE NURSE 2231	1994	CL	16.00	500.00
❏ CLARA THE NURSE, SPOONFUL OF SUGAR 2777 MUSICAL	2000	OP	38.00	60.00
❏ CLARENCE & ANGELICA WITH ARIEL, FLIGHT TRAINING VOTIVE 27722*		RT	*	48.00
❏ CLARENCE ANGEL BEAR 2029-11	1994	RT	13.00	130.00
❏ CLARION SWEETIE 2245	1995	CL	*	400.00
❏ COLLECTOR, THE 227707	1998	OP	21.00	40.00
❏ COLLECTOR, THE 270551, MUSICAL	*	RT	*	65.00

were purchased as gifts rather than collectibles. This was one of the first Bearstones to spark interest on the secondary market.

No. 5: *X'mas Big Pig Little Pig* (no. BC2050 or BC2256). This exclusive Bearstone, produced in 1994 for Canadian markets, is uniquely the only Bearstone designed as a pig. A few of these were sold in the United States under the name *Lucy Big Pig Little Pig*. Although not officially retired until 1996, only two editions of this unusual Bearstone are reported being found by collectors.

No. 4: *Grenville and Beatrice Best Friends* (no. 2016). In the first edition of this piece, produced in 1994, the open wing of the dove, located on the right corner at the front of the stones, was easily broken. The dove was centered on top of the stones in the second edition to protect the wing. Collectors consider a mint IE of this piece to be a rare find.

No. 3: *Grenville with Green Scarf* (no. 2003-04). Issued and retired in 1993, production on this piece stopped midway through the second edition. Only 1Es and 2Es of this piece can be found, making it very popular with collectors.

No. 2: *Clarion Sweetie Pie* (no. 2254CL). Also known as the *Clarion Bear*, this hometown favorite was produced exclusively for the Teddy Bear Reunion in the Heartlands, held at Clarion, Iowa, in 1995. Although 3,600 1Es were produced, less than 3,500 were available to collectors, due to breakage, and could only be obtained through the Clarion event.

No. 1: *Christmas Elf Bear with List* (no. BC2051). Issued and retired in 1994, with a total production of approximately 1,800 pieces, this exclusive was produced for the Carlton Card Co. of Canada (although there are Carlton Card stores in the United States, they did not receive this Bearstone). By far the most limited Bearstone, this is often found at the top of many collectors' wish lists.

Jean Ann and Mark Sovereign began collecting Bearstones in 1993, eventually turning the family hobby into a secondary market business, Sovereign's Collectibles, located in Neosho, Mo. The Sovereigns have attended collectible shows in seven states, given workshops at Boyds events, acted as consultants on secondary market price guides for Collector's Mart magazine, Collectors Value Guide, and Bear Tails and Trails, and operate a finder service for collectors seeking hard-to-find Boyds products. Their business specializes in premier and first edition Bearstones, Folkstones and Dollstones, and retired and exclusive plush.

FIGURINES

NAME	YEAR	LIMIT	ISSUE	TREND
☐ CONDUCTOR CHUGALONG WITH LITTLE CABOOSE, BOYDS EXPRESS 270506	*	RT	*	68.00
☐ COOKIE CATBERG KNITTIN' KITTEN 2250	1995	RT	19.00	70.00
☐ COOKIE THE SANTA CAT 2237	1994	RT	15.00	90.00
☐ DAPHNE & ELOISE MUSICAL 270553	1999	OP	35.00	65.00
☐ DAPHNE & ELOISE WOMEN'S WORK 2251	1995	CL	18.00	100.00
☐ DAPHNE HARE & MAISY EWE 2011	1993	RT	14.00	120.00
☐ DAPHNE THE READER HARE 2226	1994	RT	14.00	130.00
☐ DAWN, MOM AND ME 27357	*	RT	*	30.00
☐ DOMINIQUE SUREFOOT WITH COACH COLBY 371052	2000	OP	15.00	20.00
☐ DOROTHY & COMPANY, OFF TO SEE THE WIZARD 227807	*	RT	*	80.00
☐ EDDIE, PROUD TO BE AN AMERICAN 228312	*	RT	*	60.00
☐ EDMUND & BAILEY GATHERING HOLLY 2240	1994	RT	25.00	175.00
☐ EDMUND THE ELF, CHRISTMAS CAROL 228311	*	RT	*	40.00
☐ EDMUND THE GRADUATE 227701-07	1997	RT	17.00	45.00
☐ ELF BEAR WITH LIST (CANADIAN) 2252	1995	RT	32.00	1500.00
☐ ELGIN THE ELF BEAR 2236	1994	RT	14.00	90.00
☐ ELIJAH & JOY, BELIEVE MUSICAL 270503	*	RT	*	45.00
☐ ELLIOT & SNOWBEARY 2242	1994	CL	15.00	110.00
☐ ELLIOT & THE TREE 2241	1994	CL	16.00	250.00
☐ ELLIOT THE HERO 2280	1996	RT	17.00	75.00
☐ ELVIRA & CHAUNCEY FITZBRUIN, SHIPMATES 227708	1998	RT	19.00	65.00
☐ ELVIRA & CHAUNCEY FITZBRUIN, SHIPMATES WATERGLOBE	1999	OP	37.00	70.00
☐ EMMA & BAILEY AFTERNOON TEA 2277	1996	CL	18.00	80.00
☐ EMMA THE WITCHY BEAR 2269	1995	CL	18.00	90.00
☐ EWELL & WALTON MANITOBA MOOSELMEN 2228 (CN)	1996	12000	18.00	90.00
☐ FATHER CHRISBEAR AND SON 2008	1993	RT	15.00	450.00
☐ FELDMAN D. FINKLEBEARG & DOOLEY 227710	1998	OP	20.00	45.00
☐ FINNEGAN WITH REM, DO YOU BELIEVE? 27606	*	RT	*	38.00
☐ FLASH MCBEAR AND THE SITTING 227721	1999	RT	33.00	70.00
☐ FLUTTER B. BYE, FLIGHTS OF FANCY 26144, PIN	*	RT	*	6.00
☐ FLUTTER B. BYE, FLIGHTS OF FANCY 27362, FRAME	*	RT	*	25.00
☐ FLYING LESSON MUSICAL 227801	1997	YR	62.00	85.00
☐ FLYING LESSON WATERGLOBE 270601	1997	RT	62.00	95.00
☐ GARY, TINA, MATT & BAILEY 227804	1999	OP	46.00	85.00
☐ GHOST OF CHRISTMAS PRESENT, IT'S NOT TOO LATE 228335PAW*		RT	*	38.00
☐ GOODFER U. BEAR, WAY TO GO! 227729	2000	OP	16.00	36.00
☐ GRACE & JONATHAN, BORN TO SHOP WATERGLOBE 270502	*	RT	*	45.00
☐ GRANT AND CLARI 227724	1999	CL	*	55.00
☐ GREG MCBRUIN, THE WIND UP 227732	2000	OP	16.00	45.00
☐ GRENVILLE & BEATRICE TRUE LOVE 2274	1996	RT	36.00	125.00
☐ GRENVILLE & BEATRICE, BEST FRIENDS 2016	1994	RT	26.00	520.00
☐ GRENVILLE & KNUTE FOOTBALL BUDDIES 2255	1995	CL	20.00	90.00
☐ GRENVILLE & NEVILLE THE SIGN 2099 BR/BOTTOM	1993	RT	16.00	130.00
☐ GRENVILLE THE GRADUATE 2233	1994	RT	16.00	120.00
☐ GRENVILLE THE SANTA BEAR 2030	1994	RT	14.00	550.00
☐ GRENVILLE THE STORYTELLER 2265 JAN.	1995	RT	49.00	165.00
☐ GRENVILLE WITH GREEN SCARF 2003-04	1993	RT	10.00	650.00
☐ GRENVILLE WITH MATTHEW & BAILEY 2281	1996	OP	35.00	90.00
☐ GRENVILLE WITH RED SCARF 2003-08	1993	RT	10.00	165.00
☐ GWAIN, LOVE IS THE MASTER KEY 228317	*	RT	*	40.00
☐ HOMER ON THE PLATE 2218 AMERICA	1994	OP	16.00	125.00
☐ HOPALONG THE DEPUTY 2247	1995	RT	14.00	80.00
☐ HSING HSING & LING LING 2433	2000	OP	12.00	38.00
☐ HUCK WITH MANDY, ZOE AND ZACK, ROLLIN' ALONG 227727	2000	OP	22.00	60.00
☐ IMA CHILLIN', TAKIN' IT EASY 227728	2000	OP	18.00	42.00
☐ JEREMY AS NOAH, THE ARK BUILDING 2426	1999	OP	11.00	45.00
☐ JESSE & JAMIE, BEST FRIENDS FOREVER 27309, FRAME	*	RT	*	25.00
☐ JOEY & ALICE, OUTBACK 2432	2000	OP	12.00	36.00
☐ JONATHAN C. TOOTSENWHISTLE WITH MARJORIE MARCHALONG, ONE BEAR BAND 227806	2000	RT	25.00	70.00
☐ JULIETTE ANGEL BEAR 2029-10	1994	RT	13.00	140.00
☐ JUSTINA & M. HARRISON 2015	1994	CL	26.00	145.00
☐ JUSTINA MESSAGE BEARER 2273	1996	OP	16.00	65.00
☐ JUSTINA, THE MESSAGE BEARER 2273	*	RT	*	38.00
☐ KANDACE PURRSHOP, HIDDEN TREASURES 371054	2000	OP	18.00	38.00
☐ KNUTE & THE GRIDIRON 2245	1994	RT	16.00	90.00
☐ KRINGLE & BAILEY WITH LIST 2235	1994	CL	14.00	120.00
☐ KRINGLE & COMPANY 2283	1996	OP	18.00	85.00
☐ KRINGLE & COMPANY 2283-01	1996	*	18.00	95.00
☐ LEFTY ON THE MOUND 2056 (BC)	1995	RT	15.00	90.00
☐ LOUELLA & HEDDA, THE SECRET 227705	*	RT	*	60.00
☐ M. HARRISON'S BIRTHDAY 2275	1996	OP	17.00	60.00
☐ MANHEIM THE ECO-MOOSE 2243	1994	RT	16.00	115.00
☐ MARGOT THE BALLERINA 227709	1998	RT	18.00	50.00
☐ MARLOWE WITH KINSEY--EGG DETECTIVES	*	RT	*	30.00
☐ MAYNARD THE SANTA MOOSE 2238	1994	RT	16.00	130.00
☐ MISS BRUIN & BAILEY THE LESSON 2259	1995	CL	16.00	130.00
☐ MOMMA & POPPA MCNEWBEAR W/BABY BUNDLES 227731	2000	OP	19.00	40.00
☐ MOMMA & POPPA MCNEWBEAR WITH BABY BUNDLES MUSICAL 270556	*	RT	*	40.00
☐ MOMMA MCBEAR 2282	1996	RT	15.00	75.00
☐ MOMMA PURRSMORE & BABY BELLE 371053	2000	OP	19.00	36.00
☐ MORIARTY 2005	1993	RT	14.00	225.00
☐ MOTHER MACABEARY WITH KRISTA AND CODY, MOTHERS ALWAYS BRING SACRED LOVE 227737	*	RT	*	40.00
☐ MRS. TUTTLE, STOP AND SMELL THE ROSES 228315	*	RT	*	38.00
☐ MS. BRUIN & BAILEY, THE LESSON MUSICAL 270554	1999	RT	38.00	75.00
☐ MS. GRIZ (BLUE) MONDAY MORNING 2276	1996	RT	34.00	110.00
☐ MS. GRIZ (PINK) MONDAY MORNING 2276	1996	RT	34.00	130.00
☐ MS. GRIZ...SATURDAY NIGHT 2284	1996	RT	15.00	55.00
☐ NEVILLE COMPUBEAR 227702	1997	RT	16.00	50.00

NAME	YEAR	LIMIT	ISSUE	TREND
❏ NEVILLE THE BEDTIME BEAR 2002	1993	RT	14.00	130.00
❏ NICKLEBY 25732	*	RT	*	25.00
❏ NOAH & CO. ARK BUILDERS 2278 JAN.	1996	RT	61.00	175.00
❏ NOAH, AND THE GOLDEN RULE 27754	1999	RT	26.00	60.00
❏ OL' MOTHER MCBEAR, THE MORE THE MERRIER 227733	2000	OP	21.00	55.00
❏ OPIE BAITHOOK WITH BARNEY, CATCH OF THE DAY 371051	2000	OP	19.00	38.00
❏ OTIS TAXTIME 2262	1995	RT	16.00	110.00
❏ OTIS THE FISHERMAN 2249-06	1995	CL	16.00	100.00
❏ PACKY & DERMA 2431	2000	OP	12.00	38.00
❏ POKIE PAWSWORTHY, BUG INSPECTOR 371050	2000	OP	21.00	36.00
❏ PUCK, SLAPSHOT	*	RT	*	50.00
❏ ROCKY, ALL STAR 27353, FRAME	*	RT	*	30.00
❏ ROSEMARIE AND EMMIE, TLC 2777	*	RT	*	48.00
❏ ROSEMARY BEARHUGS, TLC 228316	*	RT	*	50.00
❏ ROSEMARY BEARHUGS, TLC 27359, FRAME	*	RT	*	25.00
❏ SCROOGE MCBEAR, BAH HUMBUG 228333PAW	*	RT	*	36.00
❏ SEBASTIAN'S PRAYER 2227	1994	RT	16.00	125.00
❏ SHERLOCK & WATSON IN DISGUISE 2019	1994	RT	16.00	175.00
❏ SIMONE & BAILEY HELPING HANDS 2267	1995	CL	26.00	92.00
❏ SIMONE DE BEARVOIRE AND HER MOM 2001	1993	RT	14.00	400.00
❏ SIR EDMUND PERSISTENCE 2279	1996	CL	21.00	80.00
❏ SNOWBEARSKI 25729	*	RT	*	25.00
❏ SS NOAH, THE ARK 2450	1999	OP	35.00	85.00
❏ STAGE, THE 2425	1995	OP	35.00	85.00
❏ STRETCH AND SKYE LONGNECKER, THE LOOKOUTS 2428	1999	OP	11.00	45.00
❏ STRYKER, THE PELE 27306	*	RT	*	24.00
❏ TABITHA WITH WOLSEY AND ZIP, FLYING HIGH 228319	*	RT	*	95.00
❏ TED AND TEDDY 2223	1994	RT	16.00	155.00
❏ TILLIE HOPGOOD, THE EGGSITTER 227734	2000	RT	15.00	36.00
❏ TRISH WITH GLEN, BEST MOM FRAME 27356	*	RT	*	25.00
❏ TWEEDLE BEDEEDLE WITH LEEDLE AND CO. WATERGLOBE 270555	*	RT	*	50.00
❏ TWEEDLE BEDEEDLE, STOP AND SMELL THE FLOWERS 27361	*	RT	*	40.00
❏ TWEEDLE BEDEEDLE, STOP AND SMELL THE ROSES 227730	2000	OP	16.00	42.00
❏ UNION JACK LOVE LETTERS 2263	1995	CL	19.00	95.00
❏ VICTORIA REGINA, HOME SWEET HIVE WATERGLOBE 270504	*	RT	*	65.00
❏ VICTORIA THE LADY 2004	1993	CL	18.00	275.00
❏ WANDA AND GERT, A LITTLE OFF THE TOP 227719	1999	OP	18.00	50.00
❏ WEBSTER GRIZBERG 3219	2000	OP	14.00	40.00
❏ WILLIE AS NOAH'S SON 2430	2000	OP	11.00	40.00
❏ WILSON AT THE BEACH 2020-06	1994	RT	16.00	150.00
❏ WILSON THE PERFESSER 2222	1994	RT	16.00	120.00
❏ WILSON THE WONDERFUL WIZARD OF WUZ 2261	1995	CL	15.00	90.00
❏ WILSON WITH LOVE SONNET 2007	1993	RT	13.00	620.00
❏ WOLFGANG 25733	*	RT	*	22.00
❏ ZOE, ANGEL OF LIFE 2286	1997	RT	15.00	50.00

DOLLSTONE COLLECTION/FIRST EDITIONS

G. LOWENTHAL

NAME	YEAR	LIMIT	ISSUE	TREND
❏ AMAZING BAILEY MAGIC SHOW 3518	1997	YR	60.00	65.00
❏ AMY AND EDMUND, MOMMA'S CLOTHES 3529	1998	RT	30.00	65.00
❏ ANNE THE MASTERPIECE	1996	OP	24.00	65.00
❏ ASHLEY WITH CHRISTIE DRESS UP 3500	1996	RT	21.00	60.00
❏ BARBARA ANN WITH JODI AND ANNIE, STITCHED WITH LOVE 3554	2000	RT	23.00	36.00
❏ BENJAMIN WITH MATTHEW, THE SPEED TRAP 3524	1997	RT	30.00	68.00
❏ BETSY WITH EDMUND WITH UNION JACK 000000 1	1999	OF	25.00	80.00
❏ BETSY WITH EDMUND, THE PATRIOTS 3503	1996	RT	20.00	78.00
❏ BROOKE WITH JOSHUA, PUDDLE JUMPERS 3551	2000	OP	20.00	20.00
❏ CAITLIN WITH EMMA & EDMUND, DIAMPERING BABY 3625	1997	RT	20.00	48.00
❏ CANDICE WITH MATTHEW GATHERING APPLES 3514	1996	RT	19.00	60.00
❏ CASEY WITH BAXTER, AFTERNOON STROLL 3557	2000	RT	35.00	45.00
❏ CINDY WITH COLLIER, DRESS UP 3555	2000	OP	14.00	28.00
❏ COURTNEY WITH PHOEBE GCC EXCLUSIVE 3512-01	1996	RT	28.00	68.00
❏ COURTNEY WITH PHOEBE, OVER THE RIVER 3512	1996	CL	25.00	62.00
❏ EMILY WITH KATHLEEN AND OTIS, THE FUTURE 3508	1996	OP	30.00	75.00
❏ GRACE AND FAITH, I HAVE A DREAM MUSICAL 272054	1999	RT	36.00	45.00
❏ HEATHER WITH LAUREN, BUNNY HELPERS 3538	1999	RT	20.00	38.00
❏ JAMIE AND THOMASINA, THE LAST ONE 3530	1998	RT	20.00	40.00
❏ JEAN WITH ELLIOT & DEBBIE THE BAKERS 3510	1996	OP	20.00	50.00
❏ JENNIFER WITH PRISCILLA THE DOLL IN THE ATTIC 3500	1996	RT	21.00	75.00
❏ JESSICA & TIMMY, ANIMAL HOSPITAL 3532	1998	72,000	40.00	75.00
❏ JULIA WITH EMMY LOU, GARDEN FRIENDS 3520	1997	OP	19.00	48.00
❏ KAREN WITH WILSON AND ELOISE, MOTHER'S PRESENT 3538	1997	RT	20.00	50.00
❏ KATHERINE WITH AMANDA & EDMUND KIND HEARTS 3505	1995	RT	20.00	90.00
❏ KELLY AND CO., THE BEAR COLLECTOR 3542	1999	RT	35.00	50.00
❏ KRISTI WITH NICOLE, SKATER'S WATLZ 3516	1997	RT	22.00	42.00
❏ LAURA WITH JANE, FIRST DAY OF SCHOOL 3522	1997	RT	23.00	45.00
❏ LUCINDA AND DAWN, BY THE SEA 27951 VOTIVE	1999	RT	26.00	36.00
❏ LUCINDA AND DAWN, BY THE SEA 3536	1999	RT	18.00	36.00
❏ MALLORY WITH PATSY & JB HALLOWEEN 3517	1996	RT	27.00	80.00
❏ MARK WITH LUKE, THE PRAYER	*	RT	*	45.00
❏ MARY AND PAUL, THE PRAYER 3531-01	1998	RT	16.00	40.00
❏ MEGAN WITH ELLIOT & ANNIE CHRISTMAS CAROL 3504	1995	RT	20.00	100.00
❏ MEGAN WITH ELLIOT CHRISTMAS CAROL 2720	1996	RT	39.00	94.00
❏ MELISSA WITH KATIE, THE BALLET 3537	1999	RT	18.00	36.00
❏ MEREDITH WITH JACQUELINE, DAISY CHAIN 3541	1999	RT	18.00	38.00
❏ MICHELLE WITH DAISY...READING IS FUN 3511	1996	RT	18.00	50.00
❏ NATALIE & JOY 3519	1997	CL	22.00	48.00
❏ PATRICIA WITH MOLLY ATTIC TREASURES 3501	1996	RT	14.00	70.00
❏ REBECCA WITH ELLIOT...BIRTHDAY! 3509	1996	RT	21.00	65.00
❏ RYAN AND DIANE WITH COREY, WESLEY AND CARLY, LOVE IS FOREVER 35532000RT29.00				44.00
❏ RYAN AND DIANE, LOVE IS FOREVER WATERGLOBE 272053	1999	RT	37.00	48.00
❏ SARAH & HEATHER WITH ELLIOT, DOLLY & AMELIA 3507	1996	RT	46.00	120.00

NAME	YEAR	LIMIT	ISSUE	TREND
❑ SHELBY, ASLEEP IN TEDDY'S ARMS 3527	1998	RT	15.00	38.00
❑ STEPHANIE WITH JIM, SCHOOL DAYS 3540	1999	OP	25.00	40.00
❑ TAMI WITH DOUG, HALF TIME	*	RT	*	40.00
❑ TERESA AND JOHN, THE PRAYER 3531	1998	RT	14.00	40.00
❑ VICTORIA WITH SAMANTHA VICTORIAN LADIES 3502	1995	RT	20.00	70.00
FAERIE COLLECTION				**G. LOWENTHAL**
❑ FIXIT SANTA'S FAERIE	1996	RT	18.00	50.00
FOLKSTONE COLLECTION GCC EXCLUSIVE				**G. LOWENTHAL**
❑ ST. NICK 2808 (THE QUEST)	1996	RT	20.00	45.00
FOLKSTONE COLLECTION/FIRST EDITIONS				**G. LOWENTHAL**
❑ AMBER FAERIEDREAMS 36107	2000	OP	19.00	38.00
❑ AQUARIUS, THE DAWNING 28212	*	RT	*	36.00
❑ AUDOBON P. PUSSYWILLOW, THE BIRDWATCHER 2868	*	RT	*	32.00
❑ CAFFEINATA SPEEDY P. FAERIEBEAN MUSICAL 271051	*	RT	*	30.00
❑ CALLIOPE CLIPSALOT, GUARDIAN ANGEL OF PENNIES 28211	2000	RT	20.00	36.00
❑ DARBY & JASPER, KNITTEN' KITTENS 27802	*	RT	*	34.00
❑ DOMESTICA T. WHIRLWIND, NQGA OF SUPERMOMS 28249	*	RT	*	36.00
❑ DR. R.X. MOOSELBERRY, MAKING ROUNDS 28301	*	RT	*	40.00
❑ DUSTY ROSE, DUST BUNNIES CAN'T HIDE 271003	*	RT	*	46.00
❑ DUSTY ROSE, DUST BUNNIE'S CAN'T HIDE 28251	*	RT	*	34.00
❑ EDGAR WITH ALLAN AND POE, SCAREAWAY STRAWBOSS 2888	*	RT	*	45.00
❑ ELECTRONICK & SPLICE, THE SURPRISE 28004	*	RT	*	38.00
❑ FARMER MCHARE 36601	2000	OP	10.00	20.00
❑ FRANCESKA GENTLEHEART, ALL CREATURES GREAT & SMALL 28214*		RT	*	40.00
❑ FUZZNICK WITH CLAWS & CO. 28003	*	RT	*	38.00
❑ HEATHER WITH CHRIS, GUARDIAN ANGEL OF VOLLEYBALL 28210*		RT	*	36.00
❑ HONKER T. FLATFOOT, SEND IN THE CLOWNS 2887	2000	RT	20.00	36.00
❑ ISABELLA, FOLLOW YOUR HEART'S DESIRE 28208	*	RT	*	45.00
❑ JACK HAMMER, HARD HAT 2885	2000	RT	19.00	36.00
❑ LUDWIG PUFFENHUFF, ORNAMENT MAKER 28005	*	RT	*	36.00
❑ MARY ANGELWISH 36108	2000	OP	19.00	36.00
❑ MILIKEN VON HINDENMOOSE, TREE'S COMPANY 2832	*	RT	*	45.00
❑ MOMMA MCHUTCH AND BABIES, FAMILY MATTERS 28403	2000	RT	20.00	34.00
❑ MOMMIE MCHOPPLE AND BABY 36600	2000	OP	10.00	22.00
❑ MS. MCFRAZZLE, ON THE JOB WATERGLOBE 271002	*	RT	*	50.00
❑ P.J. MCSNOOZIN WITH CRAXTON, HIBEARNATION 2882	*	RT	*	36.00
❑ POLLY PEKOE, TEE FAERIE 36109	2000	OP	17.00	28.00
❑ ROBIN, PEACE ON EARTH 25655	*	RT	*	25.00
❑ SALEM, GIVE THANKS 2867	*	RT	*	45.00
❑ SAM, LIBBY AND ELLIS, FIFE AND DRUM 2886	2000	RT	40.00	85.00
❑ SOLSTICE ANGELDANCE, SUNLIGHT 28209	2000	RT	19.00	36.00
❑ SUDSIE FAERISOCK 36306	2000	OP	19.00	30.00
FOLKSTONE COLLECTION/FIRST EDITIONS ORIGINAL VERSION				**G. LOWENTHAL**
❑ ABIGAIL PEACEABLE KINGDOM 2829	1995	RT	19.00	70.00
❑ ALVIN T. MACBARKER DOG FACE 2872	1996	RT	19.00	48.00
❑ ANGEL OF FREEDOM 2820	1994	RT	16.00	70.00
❑ ANGEL OF LOVE 2821	1994	RT	17.00	80.00
❑ ANGEL OF PEACE 2822	1994	RT	17.00	75.00
❑ ASTRID ISINGLASS, SNOW ANGEL 28206-06	1997	RT	24.00	70.00
❑ ATHENA THE WEDDING ANGEL 28202	1996	RT	19.00	60.00
❑ AUDUBON P. PUSSYWILLOW, THE BIRDWATCHER 27803	1999	RT	26.00	36.00
❑ AUNTIE COCOA M. MAXIMUS, CHOCOLATE ANGEL 28242	1998	RT	20.00	55.00
❑ BEARLY NICK & BUDDIES 28001	1997	RT	20.00	45.00
❑ BEATRICE THE GIFTGIVER 2836	1995	RT	18.00	45.00
❑ BEATRICE/BIRTHDAY ANGEL 2825	1994	RT	20.00	48.00
❑ BERNIE 2873	1996	OP	18.00	40.00
❑ BETTY COCKER 2870	1996	OP	19.00	75.00
❑ BIRDIE HOLEINONE 28245	1998	RT	20.00	36.00
❑ BOOWINKLE VONHINDEN MOOSE 2831	1995	RT	18.00	65.00
❑ BUSTER GOES A COURTIN' 2844	1996	RT	19.00	40.00
❑ CHILLY & SON 2811	1994	RT	17.00	70.00
❑ COSMOS THE GARDENING ANGEL 28201	1996	RT	19.00	60.00
❑ EGON THE SKIER 2837	1996	RT	18.00	40.00
❑ ELMER BEEN FARMIN' LONG? 2851	1994	RT	18.00	55.00
❑ ELMO TEX BEEFCAKE 2853	1996	RT	19.00	45.00
❑ ERNEST HEMMINGMOOSE THE HUNTER 2835	1995	RT	18.00	65.00
❑ ESMERALDA THE WONDERFUL WITCH 2860	1995	RT	18.00	65.00
❑ FLORA & AMELIA THE GARDENERS 2843	1996	RT	19.00	42.00
❑ FLORA, AMELIA & ELOISE TEA PARTY 2846	1996	RT	19.00	45.00
❑ FLORENCE KITCHEN ANGEL 2824	1994	RT	20.00	55.00
❑ FRANCOISE & SUZANNE, THE SPREE 2875	1998	RT	20.00	40.00
❑ G.M.'S CHOICE ETHEREAL 28203-06	1996	7200	19.00	150.00
❑ GABRIELLE GABBY FAERIEJABBER 36003	1997	RT	19.00	36.00
❑ HARRIET AND PUNCH WITH HERMINE, CHALLENGE 28402	1999	RT	19.00	36.00
❑ HELGA WITH INGRID & ANNA, BE WARM 2818	1997	RT	19.00	40.00
❑ I.B. COLDMAN, ICE IS NICE 28102	*	RT	*	40.00
❑ ICABOD MOOSELMAN THE PILGRIM 2833	1995	RT	18.00	72.00
❑ IDA & BESSIE THE GARDENERS 2852	1994	RT	18.00	50.00
❑ ILLUMINA ANGEL OF LIGHT 28203	1996	CL	19.00	60.00
❑ INFINITI FAERIELOVE, THE WEDDING FAERIE 36101	1997	RT	16.00	40.00
❑ JEAN CLAUDE & JACQUES 2815	1995	RT	17.00	45.00
❑ JEAN CLAUDE & JACQUES THE SKIERS 2710 WATERGLOBE	1995	RT	17.00	55.00
❑ JILL LANGUAGE OF LOVE 2842	1994	RT	18.00	80.00
❑ JINGLE MOOSE 2830	1994	RT	17.00	115.00
❑ JINGLES & SON WITH WREATH 2812	1994	RT	18.00	85.00
❑ KRYSTAL ISINGLASS, SNOW ANGEL 28206	1997	RT	19.00	55.00
❑ LAVERNE B. BOWLER, STRIKES AND SPARES 28248	1999	RT	18.00	36.00
❑ LIDDY PEARL, HOW DOES YOUR GARDEN GROW 2881	1998	12,000	40.00	125.00
❑ LIZZIE THE SHOPPING ANGEL 2827	1994	RT	20.00	50.00
❑ LORETTA MOOSTEIN 2854	1996	RT	19.00	45.00
❑ MADGE, THE MAGICIAN/BEAUTICIAN 28243	1997	RT	19.00	40.00

NAME	YEAR	LIMIT	ISSUE	TREND
❏ MERCY, ANGEL OF NURSES 28240	1997	RT	19.00	40.00
❏ MINERVA THE BASEBALL ANGEL 2826	1994	RT	20.00	50.00
❏ MISS PRUDENCE P. CARROTJUICE, MULTIPLICATION 2848	1998	RT	19.00	36.00
❏ MONTAGE VON HINDENMOOSE, SURPRISE 2839	1997	RT	19.00	42.00
❏ MS. FRIES, GUARDIAN ANGEL OF WAITRESSES 28246	1999	RT	19.00	36.00
❏ MS. MCFRAZZLE, DAYCARE EXTRAORDINAIRE 2883	1999	RT	20.00	36.00
❏ MS. PATIENCE, ANGEL OF TEACHERS 28241	1997	RT	19.00	45.00
❏ MYRON R. FISHMEISTER AND BILLY BOB 28247	1999	OP	21.00	45.00
❏ MYRTLE BELIEVE 2840	1994	RT	18.00	50.00
❏ NANA MCHARE AND THE LOVE GARDENERS 2849	1998	RT	20.00	40.00
❏ NANICK & SIGFRIEND 2807	1996	10,000	33.00	150.00
❏ NANICK OF THE NORTH 2804	1995	RT	18.00	60.00
❏ NANNY 2817	1996	RT	18.00	45.00
❏ NICHOLAI 2800	1994	RT	17.00	65.00
❏ NICHOLAS WITH BOOK 2802	1994	RT	18.00	80.00
❏ NICK ON ICE 3001	1994	RT	50.00	80.00
❏ NICKNOAH 2806	1996	RT	18.00	60.00
❏ NIKKI WITH CANDLE 2801	1994	RT	17.00	80.00
❏ NO-NO NICK 2805	1996	RT	18.00	60.00
❏ NORTHBOUND WILLIE 2814	1995	RT	17.00	65.00
❏ OCEANA OCEAN ANGEL 2823	1994	RT	17.00	90.00
❏ OLAF, MOGUL MEISTER 2819	1997	RT	17.00	40.00
❏ PETER THE WHOPPER 2841	1994	RT	18.00	55.00
❏ POLARIS & NORTH STAR ON ICE 2880	1997	RT	19.00	44.00
❏ PRUDENCE & DAFFODILS 2847	1997	RT	18.00	40.00
❏ PRUDENCE MOOSELMAID THE PILGRIM 2834	1995	RT	18.00	70.00
❏ PURRSCILLA G. PUSSENBOOTS, MITTEN KNITTERS 2865	1998	RT	21.00	36.00
❏ ROBIN 2816	1996	OP	18.00	45.00
❏ RUFUS HOE DOWN 2850	1994	RT	18.00	50.00
❏ SANTA...DECEMBER 26	1995	RT	32.00	80.00
❏ SANTA'S CHALLENGE 3002	1994	RT	32.00	85.00
❏ SANTA'S FLIGHT PLAN 3000	1994	RT	32.00	80.00
❏ SANTA'S FLIGHT PLAN WATERBALL 2703	1995	RT	37.00	75.00
❏ SERAPHINA WITH JACOB & RACHEL 2828	1995	RT	20.00	60.00
❏ SERENITY THE MOTHER'S ANGEL 28204	1996	RT	19.00	60.00
❏ SGT. REX & MATT, THE RUNAWAY 2874	1997	RT	20.00	45.00
❏ SIEGFRIED AND EGON THE SIGN 2899	1995	RT	10.00	50.00
❏ SLIK NICK 2803	1995	RT	18.00	50.00
❏ SPARKY MCPLUG 2871	1996	OP	19.00	50.00
❏ ST. NICK, THE QUEST 2808	1997	RT	19.00	48.00
❏ TOO LOOSE LAPIN 2845	1996	RT	19.00	45.00
❏ WENDY WILLOWHARE, A TISKET A TASKET 28401	1999	OP	20.00	36.00
❏ WINDY WITH BOOK 2810	1994	RT	17.00	100.00
❏ YUKON, KODIAK & NANUK WATERGLOBE 271001	1997	RT	39.00	50.00
❏ ZIGGY, THE DUFFER 2838	1997	RT	40.00	40.00
LABEARMOGE COLLECTION				**G. LOWENTHAL**
❏ KNUT, DOWNHILL RACER	*	RT	*	N/A
LOYAL ORDER OF FRIENDS OF BOYDS CLUB				**G. LOWENTHAL**
❏ UNCLE ELLIOT...THE HEAD BEAN WANTS YOU!	1996	RT	30.00	70.00
MUSICAL WATERGLOBES				**G. LOWENTHAL**
❏ ANGELICIA THE GUARDIAN ANGEL 2702	1995	RT	37.00	60.00
❏ ELLIOT & THE TREE 2704	1995	RT	35.00	65.00
❏ GRENVILLE THE SANTA BEAR 2700	1994	RT	38.00	75.00
❏ NOAH & CO. 2706	1996	9111	51.00	225.00
❏ SIMONE & BAILEY 2705	1996	RT	35.00	75.00
SHOE BOX BEARS				**G. LOWENTHAL**
❏ MOMMA GRIZBERG, EGG DECORATOR 3203	*	RT	*	36.00
❏ WINNIE HOPKINS AND BUNNYLOVE 3207	*	RT	*	45.00
WEE FOLKSTONES				**G. LOWENTHAL**
❏ INDULGENIA Q. BLUIT, ANGEL OF DENIAL 36305	*	RT	*	45.00
❏				

BYERS' CHOICE LTD.

ACCESSORIES				**J. BYERS**
❏ DOG WITH HAT	1996	CL	19.00	35.00
❏ DOOR	1998	OP	52.00	82.00
CAROLERS				**J. BYERS**
❏ ADULT SKATERS	1991	CL	50.00	125.00
❏ BOY HOLDING COIN	2000	*	*	47.00
❏ CHILDREN SKATERS	1992	OP	50.00	54.00
❏ CHILDREN WITH SKATES	1988	*	40.00	152.00
❏ CLOCK	2001	*	*	N/A
❏ CROQUET GIRL	2000	*	*	60.00
❏ MAN HOLDING CRAB TRAP	2000	*	*	57.00
❏ MAN WITH SNOWSHOES	2000	*	*	59.00
❏ ORGAN GRINDER	2000	*	*	70.00
❏ SINGING CATS	1988	OP	14.00	15.00
❏ SINGING DOGS	1986	OP	13.00	13.00
❏ TODDLER ON SLED W/DOG	1991	CL	30.00	148.00
❏ TRADITIONAL GRANDPARENTS	1986	OP	35.00	100.00
❏ VICTORIAN ADULT CAROLER (1ST VERSION)	1982	RT	32.00	360.00
❏ VICTORIAN ADULT CAROLER (2ND VERSION)	1983	RT	35.00	350.00
❏ VICTORIAN CHILD CAROLER (1ST VERSION)	1982	CL	32.00	375.00
❏ VICTORIAN CHILD CAROLER (2ND VERSION)	1983	RT	33.00	45.00
❏ VICTORIAN GRANDPARENT CAROLERS	1988	OP	40.00	130.00
❏ WOMAN WITH SNOWSHOES	2000	*	*	59.00
CHILDREN OF THE WORLD				**J. BYERS**
❏ BAVARIAN BOY	1993	RT	50.00	199.00
❏ DUTCH BOY & GIRL SET	1992	RT	100.00	473.00
❏ IRISH GIRL	1994	RT	50.00	180.00

FIGURINES

NAME	YEAR	LIMIT	ISSUE	TREND
❏ MEXICAN BOY OR GIRL	1997	CL	50.00	55.00
❏ SAINT LUCIA	1996	CL	52.00	93.00
CHRISTMAS FIGURINES				**J. BYERS**
❏ BABOUSHKA	2001	*	*	57.00
❏ BELSNICKLE	1998	CL	64.00	250.00
❏ SEATED SANTA WITH TODDLER	1998	CL	90.00	90.00
CHRISTMAS TRADITIONS				**J. BYERS**
❏ BOY TODDLER WITH STOCKING	2000	*	*	25.00
❏ BOY WITH ADVENT CALENDAR	2001	*	*	50.00
❏ BOY WITH STOCKING	2000	*	*	58.00
❏ GIRL TODDLER WITH STOCKING	2000	*	*	25.00
❏ GIRL WITH ADVENT CALENDAR	2001	*	*	50.00
❏ GIRL WITH STOCKING	2000	*	*	58.00
CRIES OF LONDON				**J. BYERS**
❏ CANDLESTICK MAKER	1998	CL	72.00	180.00
❏ CHESTNUT ROASTER	1993	RT	64.00	150.00
❏ CHILD HOLDING CANDLE	1998	CL	48.00	48.00
❏ CHILD WITH FRUIT	1999	CL	48.00	57.00
❏ CHILDREN WITH GINGERBREAD	1996	CL	46.00	100.00
❏ CHINA VENDOR	2000	*	*	110.00
❏ CRY OF LONDON-BAKER	1992	RT	62.00	312.00
❏ DOLLMAKER	1995	RT	64.00	108.00
❏ FISH MONGER	2001	*	*	84.00
❏ FLOWER VENDOR	1994	RT	64.00	185.00
❏ FRUIT VENDOR	1999	CL	84.00	193.00
❏ GINGERBREAD VENDOR	1996	CL	75.00	75.00
❏ GIRL HOLDING DOLL	1995	CL	48.00	95.00
❏ LADY WITH APPLES	1991	RT	80.00	1077.00
❏ MILKMAID	1997	CL	67.00	110.00
DICKENS SERIES				**J. BYERS**
❏ BOB CRATCHET & TINY TIM	1990	RT	84.00	350.00
❏ BOB CRATCHIT & TINY TIM (2ND EDITION)	1991	OP	86.00	90.00
❏ HAPPY SCROOGE (1ST EDITION)	1991	CL	50.00	350.00
❏ HAPPY SCROOGE (2ND EDITION)	1992	CL	50.00	200.00
❏ MARLEY'S GHOST	2001	*	*	60.00
❏ MARLEY'S GHOST (1ST EDITION)	1986	RT	40.00	345.00
❏ MARLEY'S GHOST (2ND EDITION)	1987	RT	42.00	225.00
❏ MR. & MRS. FEZZIWIG (1ST EDITION)	1985	RT	43.00	1000.00
❏ MR. & MRS. FEZZIWIG (2ND EDITION) SET	1986	RT	86.00	890.00
❏ MR. FEZZIWIG & MRS. FEZZIWIG	2000	*	*	108.00
❏ MRS. CRATCHET (1ST EDITION)	1984	RT	38.00	745.00
❏ MRS. CRATCHIT (2ND EDITION)	1985	OP	39.00	150.00
❏ SCROOGE (1ST EDITION)	1983	RT	36.00	800.00
❏ SCROOGE (2ND EDITION)	1984	OP	38.00	300.00
❏ SPIRIT OF CHRISTMAS FUTURE (1ST EDITION)	1989	RT	46.00	300.00
❏ SPIRIT OF CHRISTMAS FUTURE (2ND EDITION)	1990	CL	48.00	287.00
❏ SPIRIT OF CHRISTMAS PAST (1ST EDITION)	1987	RT	42.00	300.00
❏ SPIRIT OF CHRISTMAS PAST (2ND EDITION)	1988	RT	46.00	250.00
❏ SPIRIT OF CHRISTMAS PRESENT (1ST ED.)	1988	RT	44.00	325.00
❏ SPIRIT OF CHRISTMAS PRESENT (2ND ED.)	1989	RT	48.00	255.00
DISPLAY FIGURES				**J. BYERS**
❏ DISPLAY ADULTS	1986	RT	170.00	250.00
❏ DISPLAY CAROLERS	1983	RT	200.00	500.00
❏ DISPLAY CHILDREN	1985	RT	140.00	1300.00
❏ DISPLAY DRUMMER BOY (1ST VERSION)	1982	RT	96.00	1000.00
❏ DISPLAY DRUMMER BOY (2ND VERSION)	1985	RT	160.00	500.00
❏ DISPLAY LADY	1981	RT	*	2000.00
❏ DISPLAY MAN	1981	RT	*	2000.00
❏ DISPLAY MECHANICAL BOY W/DRUM	1987	RT	*	765.00
❏ DISPLAY MECHANICAL GIRL W/BELL	1987	RT	*	765.00
❏ DISPLAY OLD WORLD SANTA	1985	RT	260.00	500.00
❏ DISPLAY SANTA	1982	RT	96.00	600.00
❏ DISPLAY SANTA-BAYBERRY	1990	RT	250.00	480.00
❏ DISPLAY SANTA-RED	1990	RT	250.00	435.00
❏ DISPLAY WORKING SANTA	1984	RT	260.00	500.00
HALLOWEEN				**J. BYERS**
❏ BIRD COSTUME	2001	*	*	52.00
❏ PIRATE COSTUME	2001	*	*	54.00
❏ PUMPKIN COSTUME	2001	*	*	52.00
❏ WITCH COSTUME	2001	*	*	58.00
HISTORICAL				**J. BYERS**
❏ COLONIAL BOY	2001	*	*	52.00
❏ COLONIAL GIRL	2001	*	*	55.00
❏ COLONIAL MAN	2001	*	*	52.00
❏ COLONIAL MAN WITH YULE LOG	2001	*	*	65.00
❏ COLONIAL WOMAN	2001	*	*	53.00
❏ SERVING WOMAN	2000	*	*	57.00
LIL' DICKENS				**J. BYERS**
❏ ASSORTED TODDLERS	1998	CL	20.00	30.00
❏ LIL' DICKENS-SHOVEL	1992	CL	17.00	35.00
❏ LIL' DICKENS-SLED	1992	OP	17.00	17.00
❏ LIL' DICKENS-SNOWBALL (LG)	1992	CL	17.00	35.00
❏ TODDLER ON SKATES	1999	CL	*	20.00
❏ TODDLER ON SNOW SAUCER	1999	CL	*	20.00
❏ TODDLER WITH CAT	1998	OP	36.00	36.00
❏ TODDLER WITH DOG	1998	OP	36.00	36.00
MUSICIANS				**J. BYERS**
❏ BOY WITH MANDOLIN	1991	RT	48.00	267.00
❏ HORN PLAYER	1985	RT	38.00	650.00
❏ HORN PLAYER, CHUBBY FACE	1985	RT	37.00	425.00

NAME	YEAR	LIMIT	ISSUE	TREND
❑ MUSICIAN WITH ACCORDIAN	1991	RT	48.00	275.00
❑ MUSICIAN WITH CLARINET	1989	RT	44.00	483.00
❑ MUSICIAN WITH FRENCH HORN	1992	RT	52.00	179.00
❑ MUSICIAN WITH MANDOLIN	1990	RT	46.00	275.00
❑ VICTORIAN GIRL WITH VIOLIN	1986	RT	39.00	175.00
❑ VIOLIN PLAYER MAN	1983	RT	38.00	1500.00
❑ VIOLIN PLAYER MAN (1ST & 2ND VERSION)	1984	RT	38.00	850.00
NATIVITY				**J. BYERS**
❑ ANGEL-GREAT STAR (BLONDE)	1987	RT	40.00	195.00
❑ ANGEL-GREAT STAR (BRUNETTE)	1987	RT	40.00	195.00
❑ ANGEL-GREAT STAR (RED HEAD)	1987	RT	40.00	195.00
❑ BLACK ANGEL	1987	RT	36.00	262.00
❑ HOLY FAMILY	1990	RT	90.00	295.00
❑ KING BALTHAZAR	1989	RT	40.00	123.00
❑ KING GASPAR	1989	RT	40.00	95.00
❑ KING MELCHIOR	1989	RT	40.00	123.00
❑ SHEPHERDS	1988	RT	37.00	123.00
NUTCRACKER				**J. BYERS**
❑ FRITZ 1ST ED.	1994	RT	56.00	112.00
❑ FRITZ 2ND ED.	1995	CL	57.00	50.00
❑ LOUISE PLAYING PIANO 1ST ED.	1995	RT	82.00	105.00
❑ MARIE 1ST ED.	1993	RT	52.00	213.00
❑ MARIE 2ND ED.	1994	CL	53.00	53.00
❑ PRINCE	1998	CL	68.00	123.00
SALVATION ARMY				**J. BYERS**
❑ BOY WITH TRUMPET	2001	*	*	56.00
❑ GIRL W/WAR CRY	1995	CL	55.00	95.00
❑ MAN W/CORONET	1994	CL	54.00	123.00
❑ MAN WITH TUBA	1998	OP	58.00	62.00
❑ WOMAN W/KETTLE 1ST ED.	1992	RT	64.00	175.00
❑ WOMAN W/TAMBOURINE	1993	RT	58.00	125.00
❑ WOMAN WITH BIBLE	1999	CL	58.00	58.00
SANTAS				**J. BYERS**
❑ 20TH ANN. BELSNICKLE	1998	CL	64.00	250.00
❑ FATHER CHRISTMAS	1991	RT	48.00	125.00
❑ KNECHT RUPRECHT	1988	RT	38.00	117.00
❑ KNICKERBOCKER SANTA	1998	CL	58.00	95.00
❑ MRS. CLAUS	1984	RT	38.00	225.00
❑ MRS. CLAUS (2ND EDITION)	1992	RT	50.00	122.00
❑ MRS. CLAUS BAKING	2001	*	*	56.00
❑ MRS. CLAUS ON ROCKER	1986	RT	73.00	850.00
❑ MRS. CLAUS TRIMMING TREE	1999	CL	92.00	92.00
❑ OLD WORLD SANTA	1978	RT	33.00	650.00
❑ RED VICTORIAN SANTA	1999	CL	60.00	78.00
❑ RUSSIAN SANTA	1989	RT	85.00	395.00
❑ SAINT NICHOLAS	1988	RT	44.00	450.00
❑ SANTA FEEDING REINDEER	1997	CL	65.00	88.00
❑ SANTA IN SLEIGH (1ST VERSION)	1982	RT	46.00	800.00
❑ SANTA IN SLEIGH (2ND VERSION)	1984	RT	70.00	890.00
❑ SHOPPING MRS. CLAUS	1997	CL	60.00	68.00
❑ SKATING SANTA	1993	RT	60.00	125.00
❑ VELVET MRS. CLAUS	1987	OP	44.00	44.00
❑ VELVET SANTA	1978	RT	*	190.00
❑ VELVET SANTA W/STOCKING	1994	OP	47.00	50.00
❑ VELVET SANTA WITH LIST	2001	*	*	58.00
❑ VICTORIAN SANTA	1986	RT	39.00	300.00
❑ WEIHNACHTSMANN	1990	RT	56.00	200.00
❑ WORKING SANTA	1983	RT	38.00	252.00
❑ WORKING SANTA (2ND EDITION)	1992	RT	52.00	225.00
SEAFARING				**J. BYERS**
❑ CABIN BOY	2000	*	*	50.00
❑ OCEAN TRADER MAN	2000	*	*	57.00
❑ OCEAN TRADER'S DAUGHTER	2000	*	*	50.00
❑ OCEAN TRADER'S WIFE	2000	*	*	57.00
SPECIAL CHARACTERS				**J. BYERS**
❑ ANGEL TREE TOP	1988	RT	*	100.00
❑ BOY ON ROCKING HORSE	1983	RT	85.00	2500.00
❑ BOY ON SLED	1987	RT	50.00	173.00
❑ BOY W/GOOSE	1994	RT	50.00	150.00
❑ BOY WITH TREE	1991	RT	49.00	125.00
❑ CAROLER WITH LAMP	1987	RT	40.00	268.00
❑ CHIMNEY SWEEP	1984	RT	36.00	1500.00
❑ CHIMNEY SWEEP (CHILD)	1991	RT	50.00	207.00
❑ CHOIR CHILDREN, BOY AND GIRL	1982	RT	32.00	850.00
❑ CONDUCTOR	1982	RT	32.00	210
❑ COUPLE IN SLEIGH	1995	RT	110.00	195.00
❑ DRUMMER BOY	1982	RT	34.00	318.00
❑ EASTER BOY	1982	RT	32.00	500.00
❑ EASTER GIRL	1982	RT	32.00	500.00
❑ GIRL ON ROCKING HORSE	1990	RT	70.00	350.00
❑ GIRL WITH HOOP	1989	RT	44.00	123.00
❑ ICABOD	1982	RT	33.00	1200.00
❑ LAMPLIGHTER	1993	RT	48.00	125.00
❑ LEPRECHAUNS	1982	RT	34.00	1750.00
❑ MOTHER HOLDING BABY	1988	RT	40.00	125.00
❑ MOTHER'S DAY	1987	RT	94.00	600.00
❑ MOTHER'S DAY (DAUGHTER)	1988	RT	125.00	600.00
❑ MOTHER'S DAY (SON)	1988	RT	125.00	555.00
❑ MOTHER'S DAY (WITH CARRIAGE)	1989	RT	75.00	410.00
❑ NEWSBOY WITH BIKE	1989	RT	78.00	218.00
❑ PAJAMA CHILD	1985	RT	35.00	100.00

FIGURINES

NAME	YEAR	LIMIT	ISSUE	TREND
❑ PARSON	1990	RT	44.00	150.00
❑ POSTMAN	1990	RT	45.00	265.00
❑ SALVATION ARMY-WOMAN WITH KETTLE 1ST	1992	RT	64.00	140.00
❑ SANDWICH BOARD MAN W/RED BOARD	1994	RT	52.00	100.00
❑ SANDWICH BOARD MAN W/WHITE BOARD	1994	RT	52.00	100.00
❑ SCHOOL KIDS	1993	RT	48.00	95.00
❑ SHOPPER/MAN	1995	RT	56.00	100.00
❑ SHOPPER/WOMAN	1995	RT	56.00	75.00
❑ TEACHER	1992	RT	48.00	175.00
❑ THANKSGIVING LADY (CLAY HANDS)	1981	CL	*	2000.00
❑ THANKSGIVING MAN (CLAY HANDS)	1981	CL	*	2000.00
❑ VALENTINE BOY	1982	RT	32.00	450.00
❑ VALENTINE GIRL	1982	RT	32.00	450.00
❑ VICTORIAN CHILD	1983	RT	33.00	100.00
❑ VICTORIAN MOTHER WITH TODDLER	1992	RT	60.00	133.00

SPECIALTY | | | | J. BYERS

NAME	YEAR	LIMIT	ISSUE	TREND
❑ ACTRESS	1996	CL	52.00	69.00
❑ APPLE HARVEST COUPLE	1998	*	*	450.00
❑ BOY WITH TRAIN	2001	*	*	56.00
❑ CHILDREN WITH TOYS	1998	OP	57.00	58.00
❑ CHILDREN WITH TREATS	1998	CL	58.00	150.00
❑ COACHMAN	2001	*	*	56.00
❑ CRABTREE & EVELYN PAIR	1996	CL	113.00	225.00
❑ CRANBERRY COUPLE	1998	*	*	450.00
❑ CROQUET PLAYER	1999	CL	60.00	60.00
❑ DISNEY GOLFING COUPLE	1998	*	*	295.00
❑ FIREFIGHTER	2001	*	*	62.00
❑ GIRL WITH HOLLY	1996	CL	52.00	52.00
❑ GIRL WITH JACK IN THE BOX	2001	*	*	56.00
❑ GOLFER	2001	*	*	62.00
❑ INDIAN CHILD	1998	OP	54.00	95.00
❑ IRISH BOY	2001	*	*	52.00
❑ IRISH GIRL	2001	*	*	52.00
❑ MAN ON BENCH WITH BIRD	1997	CL	83.00	110.00
❑ MAN WITH BICYCLE	1998	CL	82.00	110.00
❑ MY MAINE BAG SHOPPERS	1998	*	*	395.00
❑ NURSE	1998	CL	60.00	60.00
❑ PEDDLER AND HORSE	1998	CL	*	150.00
❑ PHOTOGRAPHER	1998	OP	70.00	70.00
❑ PUPPETEER	1996	OP	*	95.00
❑ SAUGUS IRON WORKER	1998	*	*	350.00
❑ SCHOOL TEACHER	2001	*	*	58.00
❑ SEATED VICTORIAN WOMAN	1998	CL	70.00	125.00
❑ SIGN PAINTER W/SIGN AND EASEL	1999	CL	68.00	68.00
❑ VICTORIAN MOTHER	1998	CL	*	125.00
❑ WOMAN SELLING CANDLES	1998	CL	66.00	66.00

STORE EXCLUSIVE | | | | J. BYERS

NAME	YEAR	LIMIT	ISSUE	TREND
❑ COLONIAL LADY	1988	RT	49.00	550.00
❑ COLONIAL LAMPLIGHTER	1986	RT	46.00	850.00
❑ COLONIAL WATCHMAN	1987	RT	49.00	750.00
❑ MAN WITH GOOSE	1988	RT	60.00	350.00
❑ SANTA IN ROCKING CHAIR WITH BOY	1987	RT	130.00	1000.00
❑ SANTA IN ROCKING CHAIR WITH GIRL	1987	RT	130.00	1000.00
❑ SKIER BOY	1987	RT	40.00	300.00
❑ SKIER GIRL	1987	RT	40.00	300.00
❑ SUGARIN KIDS	1988	RT	41.00	300.00
❑ TOYMAKER	1988	600	59.00	1300.00
❑ WOODSTOCK LADY	1988	RT	41.00	355.00
❑ WOODSTOCK MAN	1988	RT	41.00	355.00

WINTER ACTIVITIES | | | | J. BYERS

NAME	YEAR	LIMIT	ISSUE	TREND
❑ BOY ROASTING MARSHMALLOWS	2001	*	*	60.00
❑ BOY WITH SKATES	2000	*	*	N/A
❑ GIRL ROASTING MARSHMALLOWS	2001	*	*	60.00
❑ GIRL WITH SKATES	2000	*	*	N/A
❑ MAN WITH SKIS	2001	*	*	60.00
❑ TODDLERS ON TOBOGGAN	2001	*	*	60.00
❑ WOMAN WITH SKIS	2001	*	*	60.00

CAIRN STUDIO LTD.

ACORN COLLECTION | | | | T. CLARK

NAME	YEAR	LIMIT	ISSUE	TREND
❑ EL & EM 151	1981	RT	5.00	30.00
❑ EL KIM 152	1981	RT	6.00	30.00
❑ ELF 162	1981	RT	7.00	30.00
❑ ELK 154	1981	RT	7.00	30.00
❑ ELLA 153	1981	RT	7.00	35.00
❑ ELMER 155	1981	RT	6.00	35.00
❑ ELVA 157	1981	RT	8.00	30.00
❑ ELWOOD 156	1981	RT	8.00	35.00

COLLECTOR SOCIETY ARTWORK SERIES | | | | T. CLARK

NAME	YEAR	LIMIT	ISSUE	TREND
❑ ERNEST 1030	1984	RT	35.00	260.00
❑ HITCH 2018	1987	RT	48.00	275.00
❑ KILMER 1126	1985	RT	55.00	300.00
❑ RORIE 48	1983	RT	35.00	500.00

ESKIMOS | | | | T. CLARK

NAME	YEAR	LIMIT	ISSUE	TREND
❑ KANUK 165	1981	RT	29.00	165.00
❑ KEEGLOO 158	1981	RT	33.00	375.00
❑ KLONDIKE 166	1981	RT	31.00	180.00

GNOMES & WOODSPIRITS | | | | T. CLARK

NAME	YEAR	LIMIT	ISSUE	TREND
❑ 7-UP 1070	1984	RT	500.00	1800.00
❑ ABEDNEGO 1014	1983	RT	35.00	120.00

FIGURINES

NAME	YEAR	LIMIT	ISSUE	TREND
❏ ABNER 10	1979	RT	35.00	750.00
❏ ACE OF SPADES 1035	1984	RT	25.00	87.00
❏ AHAB 120	1980	RT	33.00	550.00
❏ ALPHA 2014	1986	RT	79.00	N/A
❏ AMANDA 108	1978	RT	35.00	4000.00
❏ ANAHEIM 1025	1984	RT	22.00	81.00
❏ ANNE	*	RT	*	N/A
❏ ARNOLD 124	1980	RT	19.00	550.00
❏ BABY JESUS 37	1981	RT	10.00	125.00
❏ BALTHAZAR 5012	1988	RT	35.00	N/A
❏ BANBURY 30	1982	RT	25.00	215.00
❏ BART 134	1981	RT	28.00	75.00
❏ BEN 1069	1984	RT	48.00	N/A
❏ BESSIE 107	1978	RT	35.00	4000.00
❏ BICK 188	1981	RT	35.00	1150.00
❏ BILL & COO	*	RT	*	N/A
❏ BLARNEY 1004	1983	RT	33.00	90.00
❏ BONNIE 1051	1984	RT	25.00	N/A
❏ BOOTS 31	1982	RT	35.00	25.00
❏ BROTHER, SIS & DAD 1181	1988	RT	100.00	N/A
❏ BRUNNEHILDE	*	RT	*	N/A
❏ BUBBLES 1062	1984	RT	15.00	40.00
❏ BUTCH, WICK & BISCUIT 1056	1984	RT	70.00	175.00
❏ BUTTON 1092	1986	RT	30.00	N/A
❏ BUZZY 68	1983	RT	15.00	60.00
❏ C.D. 1050	1984	RT	33.00	N/A
❏ CAL 142	1981	RT	45.00	1425.00
❏ CALEB 129	1980	RT	22.00	225.00
❏ CALLIE 51	1978	RT	28.00	5000.00
❏ CARDINAL 26	1981	RT	19.00	N/A
❏ CASPAR 1150	1987	RT	45.00	N/A
❏ CHALMERS 15	1980	RT	28.00	265.00
❏ CHASE I 14	1980	RT	28.00	400.00
❏ CHASE II 128	1980	RT	35.00	600.00
❏ CHEESE 189	1983	RT	25.00	230.00
❏ CHEF 98	1983	RT	13.00	50.00
❏ CHIP 1094	1986	RT	38.00	N/A
❏ CINDY 92	1983	RT	35.00	225.00
❏ CLAMENTINE 1064	1984	RT	30.00	75.00
❏ COLETTE 1028	1984	RT	22.00	45.00
❏ COUNTESS	*	RT	*	N/A
❏ CURTIS 94	1983	RT	45.00	90.00
❏ CY	*	RT	*	N/A
❏ D.G. 1031	1984	RT	33.00	210.00
❏ DAFFY 140	1981	RT	35.00	250.00
❏ DAISY & ERIC 116	1979	RT	38.00	800.00
❏ DEWEY 13	1980	RT	25.00	650.00
❏ DOUG 1045	1984	RT	25.00	N/A
❏ DUMPLING	*	RT	*	N/A
❏ DUSTY 122	1980	RT	35.00	1000.00
❏ ED 2022	1987	RT	*	55.00
❏ EENIE 1021	1984	RT	28.00	65.00
❏ EGGBERT 194	1982	RT	31.00	150.00
❏ ELIZABETH 1017	1984	RT	25.00	20.00
❏ ETHAN 106	1978	RT	35.00	2100.00
❏ EUREKA 1115	1988	RT	70.00	N/A
❏ FATHER TIME 1008	1984	RT	34.00	80.00
❏ FETZER 112	1980	RT	25.00	300.00
❏ FIRST HALF	*	RT	*	N/A
❏ FRANKLIN 28	1983	RT	65.00	200.00
❏ FUNNY	*	RT	*	N/A
❏ GARLENA 97	1983	RT	13.00	60.00
❏ GATOR 1032	1984	RT	25.00	185.00
❏ GEORGIA 1044	1984	RT	31.00	95.00
❏ GERBER 127	1980	RT	30.00	525.00
❏ GNOME CROSSING SIGN 984	1981	RT	39.00	150.00
❏ GNOME OF ZURICH 1007	1984	RT	34.00	125.00
❏ GOODFOOT 1063	1984	RT	30.00	125.00
❏ GRACE	*	RT	*	N/A
❏ GUS 89	1983	RT	27.00	140.00
❏ HAL 1072	1984	RT	40.00	N/A
❏ HAMP 105	1978	RT	35.00	2100.00
❏ HANS 139	1981	RT	35.00	40.00
❏ HAP 101	1978	RT	35.00	1000.00
❏ HAPPY 1061	1984	RT	35.00	N/A
❏ HARRY	*	RT	*	N/A
❏ HAZEL WITCH 1003	1983	RT	45.00	175.00
❏ HEATHER & JAN 77	1983	RT	48.00	200.00
❏ HENSON 1059	1984	RT	33.00	65.00
❏ HOGAN 1033	1984	RT	35.00	60.00
❏ HOLDER 1105	1986	RT	38.00	N/A
❏ HOLLY	*	HI	*	N/A
❏ HOMER 1058	1984	RT	33.00	N/A
❏ HOPPER	*	RT	*	N/A
❏ HOWDY 138	1981	RT	35.00	60.00
❏ HUGH ROBERT 7	1979	RT	45.00	1200.00
❏ HYKE 27	1983	RT	90.00	250.00
❏ IGOR 23	1980	RT	31.00	375.00
❏ IRVIN 9	1979	RT	35.00	1100.00
❏ IVY 114	1978	RT	35.00	900.00
❏ JACK B. NIMBLE 1055	1984	RT	30.00	75.00

NAME	YEAR	LIMIT	ISSUE	TREND
❑ JACK OF DIAMONDS 1038	1984	RT	25.00	65.00
❑ JACKIE B. QUICK 1065	1984	RT	33.00	75.00
❑ JACKSON 149	1981	RT	25.00	300.00
❑ JASON 113	1980	RT	20.00	610.00
❑ JEREMIAH 119	1980	RT	30.00	550.00
❑ JINGLE "E" 1124	1985	RT	15.00	27.00
❑ JINGLE "G" 1122	1985	RT	15.00	27.00
❑ JINGLE "I" 1120	1985	RT	15.00	22.00
❑ JINGLE "J" 1119	1985	RT	15.00	27.00
❑ JINGLE "L" 1123	1985	RT	15.00	27.00
❑ JINGLE "N" 1121	1985	RT	15.00	27.00
❑ JOHNNY 1052	1984	RT	25.00	N/A
❑ JOYFUL NOISE	*	RT	*	N/A
❑ JUAN 70	1983	RT	36.00	150.00
❑ JULIE 85	1983	RT	27.00	100.00
❑ JULIUS 1097	1986	RT	40.00	N/A
❑ KATIE 125	1980	RT	43.00	450.00
❑ KEN 1026	1984	RT	45.00	110.00
❑ KERNEL 75	1983	RT	50.00	140.00
❑ KING OF CLUBS 1036	1984	RT	25.00	65.00
❑ LANCE 1042	1984	RT	28.00	30.00
❑ LENNON 135	1981	RT	35.00	2000.00
❑ LIEF 159	1981	RT	31.00	225.00
❑ LILIBET 1079	1985	RT	18.00	80.00
❑ LUCKY 115	1980	RT	18.00	450.00
❑ LUCKY II 198	1982	RT	25.00	475.00
❑ LUM 18	1979	RT	35.00	1400.00
❑ M.D.	*	RT	*	N/A
❑ MABEL 1016	1984	RT	68.00	175.00
❑ MADRE 1068	1984	RT	20.00	N/A
❑ MARTHA & JAY 73	1983	RT	65.00	150.00
❑ MARTIN 111	1980	RT	28.00	425.00
❑ MCEVER 1067	1984	RT	29.00	60.00
❑ MCMAN 21	1980	RT	28.00	775.00
❑ MCNEIL 11	1980	RT	25.00	210.00
❑ MEENIE 1022	1984	RT	28.00	65.00
❑ MEG 12	1980	RT	25.00	165.00
❑ MELCHIOR 1060	1984	RT	40.00	N/A
❑ MERRILL & LYNCH 1117	1985	RT	60.00	140.00
❑ MESHACH 1013	1983	RT	35.00	75.00
❑ MICHAEL 195	1982	RT	28.00	245.00
❑ MINIE 1023	1984	RT	25.00	50.00
❑ MODE 8	1979	RT	35.00	1025.00
❑ MOE 1024	1984	RT	25.00	60.00
❑ MOM 4	1979	RT	35.00	140.00
❑ MOM TOO 1020	1984	RT	40.00	60.00
❑ MOORE OR LES 1093	1986	RT	65.00	140.00
❑ MRS. CLAUS II	*	RT	*	N/A
❑ MRS. WINK 32	1982	RT	28.00	80.00
❑ MUGMON 1011	1984	RT	25.00	N/A
❑ N.O. EVELS, THE 1053	1984	RT	70.00	N/A
❑ NAOMI 19	1979	RT	35.00	800.00
❑ NEMO 193	1982	RT	29.00	160.00
❑ NEWT 1043	1984	RT	28.00	30.00
❑ NICK O' TIME 1010	1983	RT	31.00	325.00
❑ NOEL 1066	1984	RT	55.00	125.00
❑ NORTON 16	1980	RT	33.00	400.00
❑ O.J. 130	1980	RT	28.00	200.00
❑ OAKIE 3	1979	RT	40.00	400.00
❑ OBIE 104	1978	RT	40.00	1600.00
❑ OLIN 17	1980	RT	25.00	1300.00
❑ O'NEAL 1019	1984	RT	25.00	45.00
❑ PADRE 80	1984	RT	19.00	N/A
❑ PALMER 25	1981	RT	35.00	300.00
❑ PAPA & PRINCESS 69	1983	RT	45.00	125.00
❑ PAR 1096	1986	RT	45.00	N/A
❑ PARSLEY, SAGE, THYME 1001	1983	RT	110.00	200.00
❑ PATCH 146	1981	RT	33.00	200.00
❑ PATRICK 117	1980	RT	19.00	800.00
❑ PAWLEY 1047	1984	RT	31.00	N/A
❑ PEANUT 1041	1984	RT	28.00	60.00
❑ PEDRO 1158	1988	RT	35.00	N/A
❑ PHINEAS 103	1978	RT	35.00	1350.00
❑ PLENTY 33	1983	RT	33.00	30.00
❑ POPS 22	1980	RT	29.00	210.00
❑ QUEEN OF HEARTS 1037	1984	RT	25.00	65.00
❑ RACHEL 1088	1986	RT	65.00	N/A
❑ REUBEN 102	1978	RT	43.00	850.00
❑ ROCKY 132	1980	RT	33.00	60.00
❑ ROSCOE 6	1979	RT	35.00	3000.00
❑ ROSEMARY 1002	1989	RT	65.00	165.00
❑ RUMPKIN 160	1981	RT	28.00	180.00
❑ SAMMY 1098	1986	RT	35.00	N/A
❑ SANDY 93	1981	RT	31.00	130.00
❑ SANTA III 1054	1984	RT	75.00	210.00
❑ SANTA'S NORTH POLES	*	RT	*	N/A
❑ SATURDAY 90	1983	RT	25.00	70.00
❑ SEAN 131	1980	RT	28.00	275.00
❑ SECOND HALF	*	RT	*	N/A
❑ SECRET 190	1981	RT	30.00	325.00
❑ SHADRACH 1012	1983	RT	35.00	75.00

NAME	YEAR	LIMIT	ISSUE	TREND
❏ SHAKESPEARE 1039	1984	RT	73.00	200.00
❏ SHAW 126	1980	RT	23.00	450.00
❏ SHELLY 123	1980	RT	19.00	200.00
❏ SHEN 1040	1984	RT	60.00	130.00
❏ SHORTY 1046	1984	RT	33.00	N/A
❏ SILAS 109	1978	RT	35.00	1000.00
❏ SIMEON 2	1979	RT	35.00	1385.00
❏ SKIPPER 1005	1983	RT	38.00	40.00
❏ SMOKEY 95	1983	RT	40.00	90.00
❏ SOL 163	1981	RT	35.00	200.00
❏ SORGHUM OF GLADE VALLEY 1057	1984	RT	35.00	85.00
❏ SOUTH BEND 43	1983	RT	19.00	110.00
❏ SPUD 34	1983	RT	28.00	75.00
❏ STARR 133	1980	RT	33.00	550.00
❏ STU 71	1983	RT	40.00	65.00
❏ STUMPY 5	1979	RT	35.00	24.00
❏ SUNNY 150	1981	RT	35.00	600.00
❏ SWIFTY 96	1981	RT	16.00	50.00
❏ TEDDY 81	1983	RT	25.00	N/A
❏ TELLY 1189	1987	RT	*	300.00
❏ TEX 41	1981	RT	28.00	1950.00
❏ THISTLE 1029	1984	RT	80.00	100.00
❏ TIM & RANDY 1009	1984	RT	40.00	100.00
❏ TOM CLARK CREATIONS SIGN 994	1982	RT	*	50.00
❏ TOPSIE-TURVIE 1034	1984	RT	38.00	140.00
❏ 'TWAS THE NIGHT 1130	1987	RT	700.00	N/A
❏ UNCLE WHIT 1083	1986	RT	65.00	N/A
❏ VALENTINE (VAL) 1018	1984	RT	30.00	N/A
❏ VANYA 42	1978	RT	35.00	5000.00
❏ WILBUR 1006	1983	RT	34.00	90.00
❏ WINK 24	1980	RT	25.00	325.00
❏ WINK TOO 88	1983	RT	28.00	75.00
❏ WINKIN, BLINKIN & NOD 1071	1984	RT	65.00	150.00
❏ WIZ, THE- 87	1983	RT	35.00	85.00
❏ WIZARD 110	1979	RT	38.00	960.00
❏ WOODY & CHANE 1015	1983	RT	65.00	150.00
❏ XEROX 50	1979	RT	15.00	8000.00
❏ YULE 1048	1984	RT	55.00	45.00

MINIATURES

T. CLARK

NAME	YEAR	LIMIT	ISSUE	TREND
❏ BIRDIE 78	1983	RT	*	100.00
❏ EDDIE 83	1983	RT	15.00	45.00
❏ FREDDY 79	1983	RT	18.00	100.00
❏ JEFF 74	1983	RT	17.00	50.00
❏ JENNIE 84	1983	RT	17.00	105.00
❏ JOSHUA 82	1983	RT	25.00	100.00
❏ POKEY 86	1983	RT	19.00	65.00

MOUNTAINEERS

T. CLARK

NAME	YEAR	LIMIT	ISSUE	TREND
❏ APPLE ANNIE 169	1981	RT	48.00	310.00
❏ ENOCH 186	1982	RT	80.00	175.00
❏ JEREMIAH SALLIE 168	1981	RT	65.00	420.00
❏ MATTIE 184	1982	RT	68.00	300.00
❏ NATH 185	1982	RT	65.00	400.00
❏ NELLIE 164	1981	RT	55.00	700.00

NATIVITY

T. CLARK

NAME	YEAR	LIMIT	ISSUE	TREND
❏ ANGEL 196	1982	RT	35.00	120.00
❏ HERDSMAN 72	1983	RT	33.00	120.00
❏ INNKEEPER 171	1981	RT	38.00	150.00
❏ JOSEPH I 36	1981	RT	35.00	200.00
❏ MARY I 35	1981	RT	35.00	175.00
❏ SHEPHERD 197	1982	RT	38.00	85.00

SEA CAPTAINS & SAILORS

T. CLARK

NAME	YEAR	LIMIT	ISSUE	TREND
❏ ABRAHAM 173	1981	RT	65.00	225.00
❏ ABRAHAM LAMP 174	1981	RT	80.00	280.00
❏ JOCK 172	1981	RT	40.00	175.00
❏ PYRATE 181	1982	RT	75.00	780.00
❏ SVEN 180	1982	RT	55.00	280.00

SPECIAL CHARACTERS

T. CLARK

NAME	YEAR	LIMIT	ISSUE	TREND
❏ BELLE KRINGLE 199	1982	RT	55.00	250.00
❏ DANIEL BOONE 182	1982	RT	75.00	700.00
❏ DANIEL BOONE LAMP 192	1982	RT	85.00	1000.00
❏ HATTIE 137	1981	RT	55.00	250.00
❏ LAWRENCE 136	1981	RT	55.00	140.00
❏ SANTA I 121	1980	RT	55.00	330.00
❏ SANTA II 76	1983	RT	55.00	200.00
❏ SLEUTH 179	1981	RT	65.00	150.00
❏ ST. FRANCIS 167	1981	RT	50.00	150.00
❏ ST. NICK 141	1981	RT	40.00	600.00

SPECIAL COMMISSION

T. CLARK

NAME	YEAR	LIMIT	ISSUE	TREND
❏ ADAM 300	1981	RT	*	210.00
❏ BO SCHEMBECHLER 45	1983	RT	58.00	220.00
❏ COTTON 46	1983	RT	*	220.00
❏ D.C. 99	1983	RT	*	100.00
❏ FROSTY 304	1981	RT	*	150.00
❏ GORDY 40	1982	RT	*	750.00
❏ HAMLET 47	1983	RT	58.00	135.00
❏ HARRIS 118	1980	RT	45.00	1200.00
❏ NEY 143	1981	RT	35.00	125.00
❏ OLLIE 303	1981	RT	*	140.00
❏ PA PAW 49	1983	RT	*	600.00
❏ RUBENSTEIN 39	1978	RT	*	5000.00
❏ SMILEY 301	1981	RT	*	120.00
❏ STUCK 302	1981	RT	*	125.00
❏ WEST VIRGINIA MOUNTAINEER 91	1983	RT	59.00	330.00

FIGURINES

NAME	YEAR	LIMIT	ISSUE	TREND
SPECIAL PROMOTIONAL				**T. CLARK**
❏ UNCLE SAM 83	1982	RT	80.00	250.00
THE WIND IN THE WILLOWS				**T. CLARK**
❏ BADGER 177	1982	RT	40.00	140.00
❏ MOLE 176	1982	RT	33.00	90.00
❏ RATTY 175	1982	RT	31.00	100.00
❏ TOAD I 147	1982	RT	50.00	550.00
❏ TOAD II 148	1982	RT	35.00	130.00
TRUE BUILDERS OF AMERICA				**T. CLARK**
❏ AVIATOR 326	1984	RT	150.00	450.00
❏ BLACKSMITH 332	1987	RT	150.00	320.00
❏ DR. GREY 321	1983	RT	120.00	3800.00
❏ MISS MARY 320	1983	RT	*	900.00
❏ NEWSPAPER BOY 325	1983	RT	120.00	625.00
❏ PARSON PATTERSON 324	1984	RT	150.00	340.00
❏ RAILROAD CONDUCTOR 322	1984	RT	120.00	285.00
WESTERN				**T. CLARK**
❏ COWBOY 306	1983	RT	60.00	140.00
❏ INDIAN 307	1983	RT	60.00	150.00

CAST ART

NAME	YEAR	LIMIT	ISSUE	TREND
DREAMSICLES AMERICAN CANCER SOCIETY SYMBOL OF SUPPORT				**K. HAYNES**
❏ DAFFODIL DAYS	1996	RT	15.00	33.00
❏ WE ARE WINNING	1998	OP	17.00	17.00
DREAMSICLES ANIMALS				**K. HAYNES**
❏ BUDDY BEAR	1991	RT	6.00	20.00
❏ BUNNY HOP	1991	RT	20.00	40.00
❏ CARNATION	1991	RT	16.00	30.00
❏ DAIRY DELIGHT	1991	RT	28.00	40.00
❏ DIMPLES	1991	RT	6.00	12.00
❏ DINO	1992	RT	*	50.00
❏ DODO	1992	RT	*	51.00
❏ FAT CAT	1992	RT	27.00	45.00
❏ GATHERING FLOWERS	1991	RT	18.00	50.00
❏ HAMBONE	1991	RT	10.00	25.00
❏ HAMLET	1991	RT	10.00	25.00
❏ HAPPY SAILING	1991	RT	*	36.00
❏ HELGA	1992	RT	8.00	30.00
❏ HENNIETTA	1994	RT	28.00	40.00
❏ HEY DIDDLE DIDDLE	1991	RT	16.00	30.00
❏ HIPPITY HOP	1994	RT	*	52.00
❏ HONEY BUN	1991	RT	6.00	20.00
❏ HOUND DOG	1992	RT	*	30.00
❏ KING RABBIT	1991	RT	73.00	130.00
❏ LAMBIE PIE	1991	RT	*	20.00
❏ MAMA BEAR	1991	RT	7.00	20.00
❏ MAN'S BEST FRIEND	1992	RT	*	20.00
❏ MOTHER MOUSE	1991	RT	*	32.00
❏ MR. BUNNY	1991	RT	28.00	50.00
❏ MRS. BUNNY	1991	RT	*	50.00
❏ MUTTON CHOPS	1991	RT	*	20.00
❏ P.J. MOUSE	1991	RT	10.00	32.00
❏ PAL JOEY	1993	RT	14.00	40.00
❏ PAPA PELICAN	1992	RT	23.00	52.00
❏ PIGLET	1991	RT	10.00	30.00
❏ PIGMALION	1991	RT	6.00	20.00
❏ PIGTAILS	1991	RT	6.00	20.00
❏ PUMPKIN HARVEST	1991	RT	*	30.00
❏ PUPPY LOVE	1992	RT	*	20.00
❏ RED ROVER	1992	RT	*	25.00
❏ RHINO	1992	RT	*	48.00
❏ SANTA BUNNY	1991	RT	32.00	75.00
❏ SARGE	1992	RT	8.00	20.00
❏ SCOOTER	1992	RT	*	30.00
❏ SIR HAREOLD	1992	RT	42.00	80.00
❏ SOAP BOX BUNNY	1991	RT	15.00	75.00
❏ SPLASH	1993	RT	24.00	65.00
❏ ST. PETER RABBIT	1992	RT	*	75.00
❏ SWEET CREAM	1991	RT	29.00	45.00
❏ TINY BUNNY	1991	RT	7.00	25.00
❏ TRICK OR TREAT	1991	RT	11.00	20.00
❏ WOOLEY BULLY	1991	RT	8.00	27.00
DREAMSICLES CALENDAR				**K. HAYNES**
❏ AMONG FRIENDS	1994	RT	24.00	55.00
❏ AUTUMN LEAVES	1994	RT	24.00	15.00
❏ HOLIDAY MAGIC	1994	RT	24.00	55.00
❏ LOVE IN BLOOM	1994	RT	24.00	55.00
❏ NATURE'S BOUNTY	1994	RT	24.00	55.00
❏ NOW GIVE THANKS	1994	RT	24.00	55.00
❏ POOL PALS	1994	RT	24.00	55.00
❏ RIDE LIKE THE WIND	1994	RT	24.00	25.00
❏ SCHOOL DAYS	1994	RT	24.00	25.00
❏ SPECIAL DELIVERY	1994	RT	24.00	25.00
❏ SPRINGTIME FROLIC	1994	RT	24.00	55.00
❏ WINTER WONDERLAND	1994	RT	24.00	55.00
DREAMSICLES CHERUBS				**K. HAYNES**
❏ 1001 BABY NAMES	1998	OP	*	N/A
❏ ALL BETTER NOW	1995	SU	*	20.00
❏ ALL MY LOVIN'	1996	OP	*	N/A
❏ ALL STAR	1997	OP	*	14.00
❏ AN ANGEL'S WATCHING OVER YOU (LOVE NOTES)	1999	OP	*	N/A

FIGURINES

NAME	YEAR	LIMIT	ISSUE	TREND
❑ ANCHORS AWEIGH	1998	OP	*	N/A
❑ BABIES ARE PRECIOUS	1999	OP	*	N/A
❑ BABY AND ME	1994	SU	*	20.00
❑ BABY BOOM	1997	OP	*	16.00
❑ BABY KISSES	1995	OP	*	9.00
❑ BABY STEPS	1996	SU	*	20.00
❑ BACK PACKIN'	1996	OP	*	N/A
❑ BAKED WITH LOVE	1998	OP	*	N/A
❑ BEST BUDDIES	1995	RT	14.00	20.00
❑ BEST PALS	1991	RT	15.00	45.00
❑ BIRDIE AND ME	1994	SU	*	18.00
❑ BIRTHDAY PARTY	1994	SU	*	30.00
❑ BLUE LOGO STRUCTURE	1992	RT	*	50.00
❑ BORN THIS DAY	1994	RT	16.00	30.00
❑ BOXFUL OF STARS	1994	SU	*	30.00
❑ BROTHERHOOD	1995	RT	20.00	25.00
❑ BROWN BAGGIN'	1996	SU	*	20.00
❑ BUBBLE BATH	1996	RT	22.00	30.00
❑ BUNNY AND ME	1994	SU	*	15.00
❑ BURNING LOVE	1995	SU	15.00	20.00
❑ CAROUSEL	1994	SU	35.00	35.00
❑ CASTLE IN THE SKY	2000	10,000	58.00	58.00
❑ CATCH A FALLING STAR	1993	RT	12.00	22.00
❑ CHERUB DC111	1992	RT	50.00	125.00
❑ CHERUB DC112	1992	RT	50.00	330.00
❑ CHERUB FOR ALL SEASONS	1992	RT	23.00	85.00
❑ CHRISTENING	1995	SU	*	30.00
❑ CORONA CENTENNIAL PIECE	1996	RT	*	230.00
❑ COSTUME PARTY	1997	SU	*	20.00
❑ CROSSING GUARDIAN	1996	RT	40.00	42.00
❑ CUDDLE BLANKET	1994	RT	6.00	20.00
❑ CUPID'S ARROW	1994	SU	17.00	25.00
❑ CUPID'S BOW	1992	SU	*	110.00
❑ DAYDREAMIN'	1998	RT	30.00	30.00
❑ DEDICATION, THE	1995	RT	*	200.00
❑ DON'T ROCK THE BOAT	1995	SU	*	28.00
❑ DREAM WEAVER	1997	RT	10.00	10.00
❑ DREAMIN' OF YOU	1997	RT	10.00	10.00
❑ DREIDEL, DREIDEL	1995	SU	*	20.00
❑ EAGER TO PLEASE	1994	RT	6.00	20.00
❑ EASTER EGGSPRESS	1999	OP	*	N/A
❑ EASTER MORNING	1996	SU	*	20.00
❑ EASY RIDER	1996	SU	*	20.00
❑ FEET FIRST	1996	SU	*	20.00
❑ FIRST COMMUNION	1995	SU	17.00	30.00
❑ FOLLOW ME	1997	RT	28.00	30.00
❑ FORTY WINKS	1995	SU	*	20.00
❑ FREE BIRD	1995	SU	*	20.00
❑ GET BETTER SOON	1995	RT	11.00	20.00
❑ GET WELL SOON	1995	RT	11.00	20.00
❑ GO FOR THE GOLD	1996	SU	*	20.00
❑ GOD BLESS AMERICA	1995	SU	*	20.00
❑ GOOD SHEPHERD	1994	SU	*	40.00
❑ GOODNESS ME	1997	RT	10.00	10.00
❑ GRAND OLD FLAG	1995	SU	*	20.00
❑ HALEY	1996	SU	*	25.00
❑ HANG LOOSE	1996	SU	*	24.00
❑ HAPPY BIRTHDAY CHERUB	1994	SU	*	28.00
❑ HAVE A HEART	1994	SU	*	20.00
❑ HAWAIIAN LOVE SONG	1996	SU	*	30.00
❑ HELLO DOLLY	1995	SU	*	20.00
❑ HERE'S MY HAND	1997	RT	20.00	20.00
❑ HUSHABY BABY	1995	RT	*	20.00
❑ I CAN READ	1994	RT	6.00	15.00
❑ I.C.E. EVENT FIGURINE	1994	RT	35.00	175.00
❑ ICE DANCING	1997	RT	17.00	17.00
❑ INTERVENTION	1996	SU	*	20.00
❑ IT'S YOUR DAY	1997	RT	30.00	30.00
❑ JOYFUL NOISE	1996	SU	*	28.00
❑ KISS IN TIME	1995	SU	*	30.00
❑ KITTY AND ME	1994	SU	*	17.00
❑ LET'S PLAY FETCH	1995	SU	*	20.00
❑ LOVE ME DO	1995	RT	15.00	20.00
❑ LOVE MY KITTY	1993	RT	15.00	20.00
❑ LOVE MY PUPPY	1993	RT	13.00	32.00
❑ LOVE MY TEDDY	1993	RT	15.00	20.00
❑ LOVE YOU SEW	1998	RT	15.00	15.00
❑ LULLABY	1994	SU	*	100.00
❑ LYRICAL LUTE	1997	RT	29.00	29.00
❑ MELLOW CELLO	1997	RT	39.00	42.00
❑ MERMAID'S GIFT	1996	SU	*	40.00
❑ MOON DANCE	1994	RT	29.00	40.00
❑ MOONGLOW	1995	SU	*	20.00
❑ MY FUNNY VALENTINE	1992	SU	17.00	75.00
❑ NEWBORN CHERUB	1994	SU	*	30.00
❑ NITE NITE	1995	SU	*	20.00
❑ NORTHERN EXPOSURE	1996	SU	*	50.00
❑ NURSERY RHYME	1995	SU	42.00	75.00
❑ ONE WORLD	1995	RT	24.00	30.00
❑ OPEN ME FIRST	1994	SU	*	40.00
❑ P.S. I LOVE YOU	1993	RT	8.00	20.00
❑ PASSAGE OF TIME SECOND ED.	2000	YR	40.00	50.00

FIGURINES

FIGURINES

NAME	YEAR	LIMIT	ISSUE	TREND
❑ PASSAGE OF TIME-MILLENNIUM ED.	1999	RT	40.00	150.00
❑ PEACEFUL DREAMS	1998	RT	17.00	17.00
❑ PIANO LESSIONS	1995	SU	*	50.00
❑ PICTURE PERFECT	1995	RT	100.00	160.00
❑ PINK LOGO SCULPTURE	1992	RT	*	50.00
❑ PLEASE BE MINE	1998	RT	14.00	14.00
❑ PUPPY AND ME	1994	SU	*	15.00
❑ PURR-FECT PALS	1995	SU	*	20.00
❑ RAINBOW RIDER	1995	SU	*	20.00
❑ RANGE RIDER	1995	RT	15.00	20.00
❑ ROSE GARDEN	1996	SU	*	40.00
❑ SEARCHING FOR HOPE	1997	RT	*	150.00
❑ SHARE THE FUN	1994	SU	*	28.00
❑ SHIPMATES	1996	SU	*	32.00
❑ SKATER'S WALTZ	1995	SU	*	30.00
❑ SLEIGH RIDE	1992	SU	*	53.00
❑ SMALL CHERUB WITH RIBBON	1991	SU	*	100.00
❑ SNOWFLAKE	1994	SU	10.00	18.00
❑ SNUGGLE BUDDIES	1996	RT	*	55.00
❑ SOCK HOP	1994	SU	*	32.00
❑ SPECIAL OCCASION	1997	RT	45.00	45.00
❑ STAIRWAY TO HEAVEN	1999	RT	78.00	78.00
❑ STAIRWAY TO THE STARS	1996	SU	*	30.00
❑ STAR GAZERS	1995	SU	*	30.00
❑ STAR IN ONE	1996	SU	*	26.00
❑ STAR MAKERS	1996	SU	*	40.00
❑ STAR POWER	1997	SU	*	22.00
❑ STARKEEPING	1996	SU	*	40.00
❑ STARLIGHT, STARBRIGHT	1995	SU	*	17.00
❑ STRAIGHT FROM THE HEART	1996	SU	*	20.00
❑ STRING SERENADE	1997	RT	30.00	30.00
❑ SUCKING MY THUMB	1994	RT	6.00	19.00
❑ SUGARFOOT	1994	RT	25.00	25.00
❑ SUPER STAR	1995	SU	*	27.00
❑ SURPRISE GIFT	1994	RT	6.00	15.00
❑ SWEET CHARITY	1995	SU	*	30.00
❑ SWEET GINGERBREAD	1994	SU	*	32.00
❑ SWEETHEARTS	1994	SU	*	39.00
❑ SWIMMING FOR HOPE	1996	RT	75.00	125.00
❑ SWING ON A STAR	1994	SU	*	35.00
❑ TAKING AIM	1997	RT	33.00	33.00
❑ TEA PARTY	1996	RT	19.00	60.00
❑ TEACHER'S PET	1993	RT	11.00	35.00
❑ TEDDY AND ME	1994	SU	*	20.00
❑ TENDER LOVING CARE	1995	SU	*	20.00
❑ THANKS TO YOU	1996	SU	*	20.00
❑ THINKING OF YOU	1993	RT	42.00	75.00
❑ THREE AMIGOS	1994	SU	*	20.00
❑ THREE WHEELIN'	1995	SU	*	N/A
❑ TINY DANCER	1993	RT	14.00	28.00
❑ TOGETHER AGAIN	1997	SU	*	18.00
❑ TOPPING THE TREE	1995	SU	*	30.00
❑ TWOSOME	1996	SU	*	30.00
❑ UNDER THE BIG TOP	1996	SU	*	32.00
❑ UP ALL NIGHT	1994	RT	6.00	20.00
❑ WE'RE BEST FRIENDS	1996	SU	*	32.00
❑ WING AND A PRAYER, A	1995	SU	*	N/A
❑ WINGER	1996	SU	*	20.00
❑ WINTER RIDE	1997	SU	*	20.00
❑ WISH YOU WERE HERE	1997	RT	14.00	14.00
❑ WISHIN' ON A STAR	1993	RT	10.00	20.00
❑ WISHING WELL	1996	RT	35.00	43.00
❑ WISTFUL THINKING	1995	RT	7.00	19.00
❑ YOU'VE GOT A FRIEND	1994	SU	*	50.00

DREAMSICLES CHRISTMAS

K. HAYNES

NAME	YEAR	LIMIT	ISSUE	TREND
❑ ALL ABOARD!	1998	RT	78.00	100.00
❑ BABY AND ME	1994	SU	*	20.00
❑ BABY LOVE	1992	RT	7.00	25.00
❑ BABY'S FIRST CHRISTMAS	1994	SU	*	15.00
❑ BEDTIME PRAYER	1995	SU	*	16.00
❑ BIRDIE AND ME	1994	SU	*	16.00
❑ BLUEBIRD ON MY SHOULDER	1992	RT	19.00	35.00
❑ BRIGHT EYES	1991	SU	*	20.00
❑ BUNDLE OF JOY	1992	RT	7.00	20.00
❑ CAROLER-CENTER SCROLL	1992	RT	19.00	50.00
❑ CAROLER-LEFT SCROLL	1992	RT	19.00	50.00
❑ CAROLER-RIGHT SCROLL	1992	RT	19.00	50.00
❑ CHERUB & CHILD	1991	RT	14.00	60.00
❑ CHILD'S PRAYER	1992	RT	7.00	12.00
❑ CHRISTMAS EVE	1998	RT	78.00	100.00
❑ CHRISTMAS MORNING	1995	SU	16.00	N/A
❑ CHRISTMAS TRIM	1996	SU	*	16.00
❑ COME LET US ADORE HIM	1995	SU	*	100.00
❑ DASH AWAY	1999	YR	78.00	78.00
❑ DREAM A LITTLE DREAM	1992	RT	7.00	15.00
❑ FOLLOW YOUR STAR	1996	SU	*	30.00
❑ FOREVER FRIENDS	1991	RT	15.00	45.00
❑ FOREVER YOURS	1991	RT	44.00	80.00
❑ GRANDMA'S OR BUST	1995	SU	*	20.00
❑ GRANNY'S COOKIES	1995	SU	*	20.00
❑ HAPPY FEET	1995	SU	*	20.00
❑ HEAVENLY DREAMER	1991	RT	10.00	30.00

NAME	YEAR	LIMIT	ISSUE	TREND
❑ HERE COMES TROUBLE	1992	SU	*	N/A
❑ HERE'S LOOKING AT YOU	1994	RT	25.00	48.00
❑ HOLIDAY PALS	1995	SU	*	N/A
❑ HOMEWARD BOUND	1996	RT	78.00	110.00
❑ HUGABYE BABY	1995	RT	13.00	20.00
❑ I LOVE MOMMY	1995	SU	*	15.00
❑ I LOVE YOU	1995	SU	*	N/A
❑ JOYFUL GATHERING	1994	SU	*	N/A
❑ LIFE IS GOOD	1992	RT	10.00	30.00
❑ LITTLE DARLIN'	1992	RT	7.00	20.00
❑ LITTLE DICKENS	1993	RT	24.00	45.00
❑ LITTLEST ANGEL	1992	RT	7.00	20.00
❑ LONG FELLOW	1993	RT	24.00	45.00
❑ MAGICAL BEGINNING, A	2000	10,000	45.00	50.00
❑ MAKE A WISH	1992	SU	*	20.00
❑ MALL SANTA	1996	RT	35.00	43.00
❑ ME AND MY SHADOW	1993	RT	19.00	36.00
❑ MISCHIEF MAKER	1991	RT	10.00	38.00
❑ MISS MORNINGSTAR	1993	RT	25.00	25.00
❑ MY PRAYER	1992	SU	*	N/A
❑ NOEL	1996	SU	*	15.00
❑ OH LITTLE STAR	1996	SU	*	15.00
❑ OVER THE RAINBOW	1995	SU	*	N/A
❑ POETRY IN MOTION	1995	RT	80.00	125.00
❑ READ ME A STORY	1995	SU	*	20.00
❑ SANTA IN DREAMSICLE LAND	1992	RT	85.00	300.00
❑ SANTA'S ELF	1991	RT	19.00	42.00
❑ SANTA'S KINGDOM	1995	RT	80.00	80.00
❑ SANTA'S LITTLE HELPER	1991	RT	10.00	17.00
❑ SANTA'S SHOP	1997	SU	*	N/A
❑ SIDE BY SIDE	1994	RT	32.00	25.00
❑ SITTING PRETTY	1991	RT	10.00	26.00
❑ STOLEN KISS	1994	SU	13.00	20.00
❑ SWAN LAKE	1995	SU	*	20.00
❑ SWEET DREAMS	1993	RT	29.00	70.00
❑ TIME TO DASH	1997	RT	78.00	100.00
❑ TIS BETTER TO GIVE	1998	RT	38.00	75.00
❑ TIS THE SEASON	2000	YR	55.00	60.00
❑ TWINKLE, TWINKLE	1995	RT	15.00	20.00
❑ UNDER THE MISTLETOE	1996	SU	*	25.00
❑ VISIONS OF SUGARPLUMS	1996	SU	*	35.00
❑ WILDFLOWER	1991	RT	10.00	26.00

DREAMSICLES COLLECTORS CLUB — K. HAYNES

NAME	YEAR	LIMIT	ISSUE	TREND
❑ BEE-FRIENDED	1996	YR	25.00	25.00
❑ DAYDREAM BELIEVER	1993	RT	30.00	95.00
❑ EDITOR'S CHOICE NEWSLETTER PARTICIPATION GIFT	1997	*	*	N/A
❑ FIRST BLUSH	1997	12500	50.00	50.00
❑ FREE SPIRIT	1997	RT	*	50.00
❑ GET ON BOARD!	2000	YR	*	N/A
❑ GOLDEN HALO "GOOD SAMARITAN" AWARD	1997	OP	*	N/A
❑ HEAVENLY FLOWERS	1996	RT	25.00	50.00
❑ JOIN THE FUN	1994	RT	*	35.00
❑ LET'S GET TOGETHER	1998	RT	*	40.00
❑ MAKIN' A LIST	1994	RT	48.00	85.00
❑ PEACEABLE KINGDOM	1997	OP	15.00	15.00
❑ SHARE THE MAGIC	1999	RT	*	25.00
❑ SHIP OF DREAMS	1999	*	40.00	40.00
❑ SNOWBOUND	1995	RT	25.00	40.00
❑ STAR IS BORN	1993	RT	30.00	45.00
❑ STAR SHOWER	1996	RT	*	30.00
❑ SWEET TOOTH	1997	OP	20.00	20.00
❑ THREE CHEERS	1995	RT	*	55.00
❑ TOWN CRIER	1995	RT	25.00	50.00

DREAMSICLES DAY EVENT FIGURINES — K. HAYNES

NAME	YEAR	LIMIT	ISSUE	TREND
❑ 10 TREASURED YEARS	2001	5000	*	N/A
❑ DAY OF FUN, A	1998	RT	18.00	30.00
❑ DREAMSICLES DAY EVENT FIGURINE	1995	RT	20.00	25.00
❑ GLAD TIDINGS	1996	RT	15.00	50.00
❑ GOLDEN RULE, THE	1997	RT	19.00	50.00
❑ TIME TO RETIRE	1996	RT	15.00	36.00
❑ WITH ALL MY HEART	2000	7500	19.00	19.00
❑ YOURS TRULY	1999	RT	20.00	20.00

DREAMSICLES GHOST & GOBLINS — K. HAYNES

NAME	YEAR	LIMIT	ISSUE	TREND
❑ BOO WHO?	1991	RT	*	25.00

DREAMSICLES HEAVENLY CLASSICS — K. HAYNES

NAME	YEAR	LIMIT	ISSUE	TREND
❑ ALL GOD'S CREATURES	1995	SU	*	75.00
❑ BUNDLES OF LOVE	1996	RT	78.00	700.00
❑ CROWNING GLORY	1996	SU	*	65.00
❑ DEVOTED COMPANIONS	1996	SU	*	32.00
❑ FIRST FLIGHT	1996	SU	*	100.00
❑ FOOTSTEPS	1996	SU	*	32.00
❑ GIFT OF LOVE	1996	SU	*	30.00
❑ GOD BLESS THE CHILD	1995	SU	*	90.00
❑ HEARTWARMING	1996	SU	*	90.00
❑ HIGHER LEARNING	1995	SU	*	100.00
❑ HUSH LITTLE BABY	1996	SU	*	50.00
❑ MUSIC APPRECIATION	1995	SU	*	105.00
❑ NATURE'S BLESSING	1996	SU	*	55.00
❑ NEW BEGINNINGS	1997	SU	*	50.00
❑ ODE TO JOY	1996	SU	*	65.00
❑ ON WINGS OF LOVE	1995	SU	*	100.00
❑ OUR FATHER	1995	SU	*	50.00

FIGURINES

FIGURINES

NAME	YEAR	LIMIT	ISSUE	TREND
❑ POWER OF LOVE	1996	SU	*	50.00
❑ REACH FOR THE STARS	1996	SU	*	90.00
❑ REVERENCE	1995	SU	*	130.00
❑ SLEEP LITTLE ANGEL	1996	SU	*	75.00
❑ SOUNDS OF HEAVEN	1997	SU	*	50.00
❑ STARRY STARRY NIGHT	1995	SU	*	85.00
❑ WINTER'S KISS	1996	SU	*	50.00
DREAMSICLES HEAVENLY CLASSICS				**HAYNES/HACKETT**
❑ DREAMBOAT	1997	RT	90.00	125.00
❑ HEAVEN'S GATE	1996	RT	118.00	160.00
❑ MAKING MEMORIES	1997	SU	97.00	97.00
DREAMSICLES KIDS				**K. HAYNES**
❑ ANTICIPATION	1997	OP	30.00	30.00
DREAMSICLES LIMITED EDITIONS				**K. HAYNES**
❑ BY THE SILVERY MOON	1994	RT	100.00	150.00
❑ CHILD IS BORN, A	1996	RT	95.00	50.00
❑ CUTIE PIE	1997	12,500	42.00	42.00
❑ FINISHING TOUCHES, THE	1993	RT	85.00	165.00
❑ FLYING LESSON, THE	1993	RT	80.00	1000.00
❑ HANDMADE WITH LOVE	1998	10000	78.00	100.00
❑ HAPPY LANDINGS	1997	RT	88.00	325.00
❑ HOLIDAY ON ICE	1994	RT	85.00	150.00
❑ LIVE, LOVE & LAUGH	2000	10,000	55.00	55.00
❑ RECITAL, THE	1994	RT	135.00	125.00
❑ SLEIGH BELLS RING	1997	RT	48.00	100.00
❑ SMOOTH SAILING	2001	10,000	*	N/A
❑ TEETER TOTS	1993	RT	100.00	200.00
DREAMSICLES MUSICALS & WATERGLOBES				**K. HAYNES**
❑ CAROUSEL RIDE MUSICAL	1996	RT	150.00	150.00
❑ DANCE BALLERINA DANCE	1992	RT	37.00	50.00
GOLDEN HALO				**K. HAYNES**
❑ FLYING LESSON GOLDEN HALO	2000	YR	78.00	78.00
❑ FLYING LESSON, THE GOLDEN HALO EDITION	1999	10000	78.00	100.00
NORTHERN LIGHTS				**K. HAYNES**
❑ NORTHERN CROSSING	1999	10,000	38.00	38.00

CAVANAGH GROUP

NAME	YEAR	LIMIT	ISSUE	TREND
COCA-COLA BRAND HERITAGE COLLECTION				*
❑ ALWAYS	1995	CL	30.00	30.00
❑ COCA-COLA STAND	1996	CL	45.00	45.00
❑ COOL BREAK	1996	CL	40.00	45.00
❑ DECORATING THE TREE	1996	CL	45.00	45.00
❑ ELAINE	1995	CL	100.00	100.00
❑ GIRL ON SWING	1995	CL	100.00	100.00
❑ GONE FISHING	1996	CL	60.00	60.00
❑ HOLLYWOOD SNOWGLOBE	1996	CL	50.00	50.00
❑ PLAYING WITH DAD	1995	CL	40.00	40.00
❑ REFRESHING TREAT	1996	CL	45.00	45.00
❑ SANTA AT THE LAMPPOST	1994	CL	50.00	50.00
❑ SANTA WITH POLAR BEAR SNOWGLOBE	1996	CL	50.00	50.00
❑ SAY UNCLE SNOWBLOBE	1996	CL	50.00	50.00
❑ SINGLE POLAR BEAR ON ICE	1994	CL	40.00	40.00
❑ SINGLE POLAR BEAR ON ICE SNOWGLOBE	1994	CL	40.00	40.00
COCA-COLA BRAND HERITAGE COLLECTION				**N. ROCKWELL**
❑ BOY AT WELL	1995	CL	60.00	60.00
❑ BOY FISHING	1995	CL	60.00	60.00
❑ REFRESHING BREAK	1996	CL	60.00	60.00
COCA-COLA BRAND HERITAGE COLLECTION				**S. STEARMAN**
❑ HOMECOMING,THE	1995	CL	125.00	125.00
COCA-COLA BRAND HERITAGE COLLECTION				**H. SUNDBLOM**
❑ BUSY MAN'S PAUSE	1996	CL	80.00	80.00
❑ DEAR SANTA, PLEASE PAUSE HERE	1994	CL	80.00	85.00
❑ EIGHT POLAR BEARS ON WOOD	1994	15000	100.00	100.00
❑ EXTRA BRIGHT REFRESHMENT SNOWGLOBE	1994	CL	50.00	60.00
❑ FOR ME	1996	CL	40.00	40.00
❑ GOOD BOYS AND GIRLS	1994	CL	80.00	80.00
❑ GOOD BOYS AND GIRLS SNOWGLOBE	1994	CL	45.00	45.00
❑ HOSPITALITY	1995	5000	35.00	35.00
❑ SANTA AT HIS DESK	1994	CL	80.00	80.00
❑ SANTA AT HIS DESK SNOWGLOBE	1994	CL	45.00	45.00
❑ SANTA AT THE FIREPLACE	1994	CL	80.00	80.00
❑ SANTA AT THE LAMPPOST SNOWGLOBE	1994	CL	50.00	50.00
❑ TWO POLAR BEARS ON ICE	1994	CL	30.00	30.00
COCA-COLA BRAND HERITAGE COLLECTION MUSICALS				*
❑ ALWAYS	1995	CL	50.00	50.00
❑ CALENDAR GIRL 1916	1994	CL	60.00	60.00
❑ EIGHT POLAR BEARS ON WOOD	1994	10000	150.00	150.00
❑ HILDA CLARK 1901	1994	CL	60.00	60.00
❑ HILDA CLARK 1903	1994	CL	60.00	60.00
❑ SANTA'S SODA SHOP	1994	OP	50.00	50.00
COCA-COLA BRAND HERITAGE COLLECTION MUSICALS				**H. SUNDBLOM**
❑ DEAR SANTA, PLEASE PAUSE HERE	1993	CL	50.00	100.00
❑ GOOD BOYS AND GIRLS	1994	CL	100.00	100.00
❑ SANTA AT HIS DESK	1994	CL	100.00	100.00
❑ SANTA AT THE FIREPLACE	1994	CL	100.00	100.00
❑ SSSHHH!	1995	CL	55.00	55.00
❑ THEY REMEMBERED ME	1995	5000	50.00	50.00
❑ TIME TO SHARE	1997	5000	100.00	100.00
❑ TWO POLAR BEARS ON ICE	1994	CL	45.00	45.00

NAME	YEAR	LIMIT	ISSUE	TREND
COCA-COLA BRAND NORTH POLE BOTTLING WORKS				*
❑ ALL IN A DAYS WORK	1995	CL	50.00	50.00
❑ AN ARTIST'S TOUCH	1996	CL	25.00	25.00
❑ AN ELF'S FAVORITE CHORE	1995	CL	30.00	30.00
❑ ART DEPARTMENT	1996	CL	50.00	50.00
❑ BIG AMBITIONS	1996	CL	25.00	25.00
❑ CHECKING HIS LIST	1995	CL	30.00	30.00
❑ DELIVERY FOR MRS. CLAUS	1996	CL	25.00	25.00
❑ ELF IN TRAINING	1996	CL	25.00	25.00
❑ FILLING OPERATIONS	1995	CL	45.00	45.00
❑ FRONT OFFICE	1995	CL	50.00	50.00
❑ KITCHEN CORNER	1995	CL	55.00	55.00
❑ MAINTENANCE MISCHIEF	1995	CL	25.00	25.00
❑ MAKING THE SECRET SYRUP	1995	CL	30.00	30.00
❑ OOPS!	1996	CL	25.00	25.00
❑ ORDER DEPARTMENT	1996	CL	55.00	55.00
❑ PIPE MAINTENANCE	1995	OP	20.00	20.00
❑ PRECIOUS CARGO	1996	CL	25.00	25.00
❑ QUALITY CONTROL	1995	CL	30.00	30.00
❑ RESTOCKING THE VENDING MACHINE	1995	OP	30.00	30.00
❑ SANTA AT HIS DESK	1995	OP	30.00	30.00
❑ SANTA'S OFFICE	1995	OP	50.00	50.00
❑ SHIPPING DEPARTMENT	1996	CL	55.00	55.00
❑ SPECIAL DELIVERY	1996	CL	25.00	25.00
❑ STROKE OF GENIUS	1996	CL	25.00	25.00
❑ TAKING A BREAK	1995	OP	20.00	20.00
❑ TOP SECRET	1995	CL	30.00	30.00
❑ VAULT, THE	1995	OP	25.00	25.00
COCA-COLA BRAND POLAR BEAR COLLECTION				*
❑ ALWAYS	1995	OP	30.00	30.00
❑ COCA-COLA STAND	1996	OP	45.00	45.00
❑ COOL BREAK	1996	OP	40.00	40.00
❑ DECORATING THE TREE	1996	OP	45.00	45.00
❑ PLAYING WITH DAD	1996	OP	40.00	40.00
❑ REFRESHING TREAT	1996	OP	45.00	45.00
COCA-COLA BRAND POLAR BEAR COLLECTION MUSICALS				*
❑ ALWAYS	1995	OP	50.00	50.00
COCA-COLA BRAND SANTA ANIMATION				H. SUNDBLOM
❑ SANTA AT THE LAMPPOST	1995	CL	110.00	110.00
❑ SANTA'S PAUSE FOR REFRESHMENT	1992	CL	100.00	225.00
❑ SSSHHH!	1991	CL	100.00	325.00
❑ TRIMMING THE TREE	1990	CL	100.00	195.00
COCA-COLA BRAND TOWN SQUARE COLLECTION				*
❑ AFTER SAKTING	1992	CL	8.00	10.00
❑ BRINGING IT HOME	1992	CL	8.00	17.00
❑ COCA-COLA AD CAR	1992	CL	9.00	25.00
❑ COCA-COLA DELIVERY TRUCK	1992	CL	15.00	27.00
❑ DELIVERY MAN	1992	CL	8.00	15.00
❑ GIL THE GROCER	1992	CL	8.00	13.00
❑ HORSE-DRAWN WAGON	1992	CL	12.00	40.00
❑ THIRSTY THE SNOWMAN	1992	CL	9.00	20.00
COCA-COLA POLAR BEAR CUBS				*
❑ BALANCING ACT	1996	OP	16.00	16.00
❑ BEAR CUB CLUB, THE	1996	OP	20.00	20.00
❑ BEARING GIFTS OF LOVE AND FRIENDSHIP	1996	10000	30.00	30.00
❑ BIG CATCH, THE	1996	OP	15.00	15.00
❑ CARING IS A SPECIAL GIFT	1997	OP	16.00	16.00
❑ CHRISTMAS WISH	1996	OP	10.00	10.00
❑ ENJOY	1996	OP	12.00	12.00
❑ EVERYBODY NEEDS A FRIEND	1997	OP	12.00	12.00
❑ FIRE CHIEF	1997	OP	16.00	16.00
❑ FRIENDS ARE FOREVER	1996	OP	16.00	16.00
❑ FRIENDS DOUBLE THE JOY	1997	OP	30.00	30.00
❑ FRIENDSHIP IS A HIDDEN TREASURE	1997	OP	20.00	20.00
❑ FRIENDSHIP IS THE BEST GIFT	1997	OP	16.00	16.00
❑ FRIENDSHIP IS THE PERFECT MEDICINE	1997	OP	20.00	20.00
❑ FRIENDSHIP MAKES LIFE BEARABLE	1997	OP	16.00	16.00
❑ GIVING IS BETTER THAN RECEIVING	1996	OP	12.00	12.00
❑ GOOD FRIENDS ALWAYS STICK TOGETHER	1996	OP	16.00	16.00
❑ GRADUATION DAY	1997	CL	12.00	12.00
❑ HAPPY BIRTHDAY	1997	OP	12.00	12.00
❑ HELPING HAND	1996	OP	20.00	20.00
❑ I CAN'T BEAR TO SEE YOU SICK	1997	OP	20.00	20.00
❑ I GET A KICK OUT OF YOU	1997	OP	16.00	16.00
❑ ICE SKATING SNOWGLOBE	1997	OP	45.00	45.00
❑ I'M NOT SLEEPY...REALLY	1996	OP	10.00	10.00
❑ IT'S MY TURN TO HIDE	1996	OP	12.00	12.00
❑ JUST FOR YOU	1997	OP	16.00	16.00
❑ JUST LIKE MY DAD	1997	OP	16.00	16.00
❑ LITTLE BOYS ARE BEST	1997	OP	16.00	16.00
❑ LITTLE GIRLS ARE SPECIAL	1997	OP	16.00	16.00
❑ LOOK WHAT I CAN DO	1996	OP	12.00	12.00
❑ LOVE BEARS ALL THINGS	1997	OP	12.00	12.00
❑ LUCKY O'BEAR AND MCPUFFIN	1997	OP	16.00	16.00
❑ PATIENCE IS A VIRTUE	1996	OP	16.00	16.00
❑ POLAR BEAR CUB SIGN	1997	OP	16.00	16.00
❑ RIDE'EM COWBOY	1996	OP	20.00	20.00
❑ SEEDS OF FRIENDSHIP GROW WITH CARING	1997	OP	16.00	16.00
❑ SKATING RINK ROMANCE	1996	OP	16.00	16.00
❑ SLED RACING SNOWGLOBE	1997	OP	35.00	35.00
❑ SNOWDAY ADVENTURES	1996	OP	12.00	12.00
❑ SWEET DREAMS	1996	OP	12.00	12.00

NAME	YEAR	LIMIT	ISSUE	TREND
❏ THANKS FOR ALL YOU TAUGHT ME	1997	OP	16.00	16.00
❏ THANKS FOR THE LIFT	1996	OP	20.00	20.00
❏ THERE'S NOTHING LIKE A FRIEND	1996	OP	16.00	16.00
❏ TO GRANDMOTHER'S HOUSE WE GO	1996	OP	12.00	12.00
❏ VISITS WITH YOU ARE SPECIAL	1997	OP	20.00	20.00
❏ WE DID IT	1997	CL	20.00	20.00
❏ WHO SAYS GIRLS CAN'T THROW	1996	OP	16.00	16.00
❏ WITH ALL MY HEART	1997	OP	16.00	16.00
❏ YOU'RE THE GREATEST	1997	OP	20.00	20.00

COCA-COLA POLAR BEAR CUBS MUSICALS   *

❏ DAD SHOWED ME HOW	1997	OPO	35.00	35.00

CHARMING TAILS

D. GRIFF

NAME	YEAR	LIMIT	ISSUE	TREND
❏ ACORN BUILT FOR TWO	1993	RT	10.00	18.00
❏ AFTER LUNCH SNOOZE	1994	RT	15.00	40.00
❏ AHH-CHOO!	1996	RT	12.00	15.00
❏ ALONG FOR THE RIDE	1999	*	19.00	19.00
❏ BABY'S FIRST CHRISTMAS	2001	YR	17.00	17.00
❏ BERRY BEST, THE	1996	*	16.00	25.00
❏ BINKEY GROWING CARROTS	1994	RT	15.00	75.00
❏ BINKEY IN A LILY	1993	RT	16.00	65.00
❏ BINKEY'S FIRST CAKE	1995	RT	16.00	45.00
❏ BINKEY'S NEW PAL	1994	RT	14.00	40.00
❏ BINKEY'S SAND ANGEL	2001	*	18.00	18.00
❏ BUBBLY BREW	2001	*	17.00	17.00
❏ BUBBLY PERSONALITY	2000	*	17.00	17.00
❏ BUILDING A PUMPKIN-MAN!	2001	*	18.00	18.00
❏ BUNNY BUDDIES	1996	RT	20.00	30.00
❏ BUTTERFLY SMELLING ZINNIA	1994	RT	15.00	90.00
❏ CAN I KEEP HIM?	1994	RT	13.00	380.00
❏ CANDY CORN CAPER	2001	*	18.00	18.00
❏ CATCHIN' BUTTERFLIES	1996	RT	16.00	30.00
❏ CATTAIL CATAPULT	1996	RT	16.00	35.00
❏ CHANGE IS IN THE AIR	2001	*	18.00	18.00
❏ CHARMING TAILS DISPLAY SIGN	1996	*	20.00	22.00
❏ CHASE IS ON, THE	1995	RT	16.00	35.00
❏ CHAUNCEY GROWING TOMATOES	1994	RT	15.00	65.00
❏ CONGRADUATIONS	2000	*	17.00	17.00
❏ COTTON CLAUS	2000	RT	18.00	18.00
❏ DANDELION WISHES	2000	*	18.00	19.00
❏ DESK TOP CLOCK	2001	*	24.00	25.00
❏ DUCKY TO MEET YOU	2000	*	17.00	17.00
❏ EVEN THE UPS AND DOWNS ARE FUN	1998	RT	17.00	25.00
❏ EVERYBODY SING	1999	OP	26.00	26.00
❏ FLOWER FRIENDS	1996	RT	15.00	40.00
❏ FRAGILE, HANDLE WITH CARE	1996	RT	18.00	55.00
❏ FREE TO BE FRIENDS	2001	*	20.00	20.00
❏ GARDENING BREAK	1995	RT	16.00	20.00
❏ GET WELL SOON	1994	RT	15.00	45.00
❏ GIFT OF LOVE, A	1999	RT	18.00	18.00
❏ GIVE LUCK A SHOT	2001	*	18.00	18.00
❏ GOOD LUCK	1994	OP	15.00	15.00
❏ GUESS WHAT!	1997	RT	17.00	30.00
❏ HANGIN' AROUND	1996	RT	18.00	25.00
❏ HAPPINESS IS HOMEMADE	2001		20.00	20.00
❏ HAPPY BIRTHDAY	1994	OP	15.00	18.00
❏ HAPPY BIRTHDAY SURPRISE	2001	*	18.00	18.00
❏ HEADING FOR THE BEACH	2001	*	18.00	18.00
❏ HEAR, SPEAK AND SEE NO EVIL	1998	RT	18.00	25.00
❏ HEART PICTURE FRAME	1999	*	25.00	25.00
❏ HI COOKIE	1999	OP	18.00	18.00
❏ HIDE AND SEEK	1993	RT	14.00	350.00
❏ HOME SWEET HOME	2001	*	22.00	22.00
❏ HONEY BUNNIES	2000	*	17.00	17.00
❏ HONEYMOON'S OVER, THE	1999	OP	20.00	20.00
❏ HOPE YOU'RE FEELING BETTER	1994	RT	15.00	40.00
❏ HOPPITY HOP	1996	RT	14.00	35.00
❏ HOW DO YOU MEASURE LOVE	1994	RT	15.00	60.00
❏ HOW MANY CANDLES?	1998	RT	17.00	20.00
❏ I HAVE A QUESTION FOR YOU	1996	OP	16.00	19.00
❏ I LOVE YOU	1994	RT	15.00	20.00
❏ I LOVE YOU A WHOLE BUNCH	1997	RT	17.00	20.00
❏ I MISS YOU ALREADY	1999	RT	18.00	20.00
❏ I SEE THINGS CLEARLY NOW	1996	RT	14.00	20.00
❏ I'M A WINNER!	1998	RT	16.00	20.00
❏ I'M HERE FOR YOU	1998	OP	18.00	18.00
❏ I'M SO SORRY	1994	RT	15.00	35.00
❏ I'M STUCK ON YOU, BLUE BOW	2000	*	18.00	18.00
❏ I'M THINKING OF YOU	1997	RT	15.00	30.00
❏ IN EVERY LIFE A LITTLE RAIN MUST FALL	1999	RT	20.00	25.00
❏ IT'S NOT THE SAME WITHOUT YOU	1994	RT	15.00	45.00
❏ IT'S YOUR MOVE	1998	RT	17.00	19.00
❏ JACKPOT (I'M A WINNER)	1998	*	17.00	20.00
❏ JINGLE BELLS MUSIC BOX	2000	*	39.00	39.00
❏ JUST PLANE FRIENDS	1996	RT	18.00	25.00
❏ KEEPING OUR LOVE ALIVE	1997	RT	20.00	20.00
❏ KING OF MY HEART	2000	*	16.00	16.00
❏ KING OF THE MUSHROOM	1993	RT	16.00	50.00
❏ LADY BUG EXPRESS	1994	RT	18.00	380.00
❏ LIDDED PAPER CLIP BOX	2001	*	20.00	20.00
❏ LITTLE BIRD TOLD ME, A	1998	RT	17.00	20.00
❏ LOVE BUNNY MUSIC BOX	1999	*	35.00	35.00

NAME	YEAR	LIMIT	ISSUE	TREND
❑ LOVE EXPRESSIONS BUD VASE	2000	*	29.00	29.00
❑ LOVE EXPRESSIONS CANDY DISH	2000	*	29.00	29.00
❑ LOVE IS IN THE AIR TREASURE BOX	2001	*	15.00	15.00
❑ LOVE LIKE NO OTHER, A	2001	*	19.00	19.00
❑ LOVE ME, LOVE ME NOT	1996	RT	16.00	30.00
❑ LOVE MICE	1993	RT	15.00	115.00
❑ MACKENZIE FLORAL CANDLEHOLDER	1999	*	20.00	20.00
❑ MACKENZIE GROWING BEANS	1994	RT	15.00	60.00
❑ MAXINE FLORAL CANDLEHOLDER	1999	*	20.00	20.00
❑ MAXINE GOES ONLINE	1997	RT	17.00	20.00
❑ MAXINE MAKING SNOW ANGELS MUSIC BOX	2000	*	45.00	45.00
❑ MAXINE MAKING SNOW ANGELS VOTIVE CANDLEHOLDER	2000	*	28.00	28.00
❑ MAXINE'S SNOWBALL SURPRISE	2000	*	20.00	20.00
❑ MENDER OF BROKEN HEARTS	1994	RT	15.00	50.00
❑ MIDDAY SNOOZE	1996	RT	18.00	30.00
❑ MINI LIDDED RING BOX-LOVE	2000	*	15.00	15.00
❑ MORNING HARE	2000	*	16.00	16.00
❑ MOUSE ON GRASSHOPPER	1993	RT	15.00	375.00
❑ NEW ARRIVAL	1994	OP	15.00	18.00
❑ NOTE PAD HOLDER	2001	*	20.00	20.00
❑ ONE FOR ME…	1995	RT	16.00	45.00
❑ ONE FOR YOU…	1995	RT	16.00	45.00
❑ PARTY ANIMALS	1999	*	22.00	22.00
❑ PEAR TAXI	1995	RT	16.00	45.00
❑ PENCIL HOLDER	2001	*	20.00	20.00
❑ PENNY FOR YOUR THOUGHTS	2001	*	16.00	16.00
❑ PHOTO FRAME, OFFICE	2001	*	20.00	20.00
❑ PICTURE PERFECT	1998	OP	18.00	18.00
❑ POP DISPLAY, COTTAGE	1998	*	25.00	25.00
❑ POP DISPLAY, SQUASHVILLE	1998	*	25.00	25.00
❑ POP DISPLAY, SUMMER DAY	1998	*	25.00	25.00
❑ POP DISPLAY, WEDDING	1998	*	25.00	25.00
❑ PUMPKIN AND SQUASH VOTIVE CANDLEHOLDER	1999	*	20.00	20.00
❑ PUMPKIN HARVEST BOX	2001	*	20.00	20.00
❑ PUMPKIN HARVEST BUD VASE	2001	*	29.00	29.00
❑ PUMPKIN HARVEST MUSIC BOX	2001	*	36.00	36.00
❑ PUMPKIN HARVEST PHOTO FRAME	2001	*	20.00	20.00
❑ PUMPKIN HARVEST WATERGLOBE	2001	*	36.00	36.00
❑ PUMPKIN VOTIVE CANDLEHOLDER	1994	RT	14.00	30.00
❑ PUT ON A HAPPY FACE	2000	*	17.00	17.00
❑ QUEEN OF MY HEART	2000	*	16.00	16.00
❑ ROSE VOTIVE	1999	*	20.00	20.00
❑ SEASON OF LOVE, THE	2001	*	20.00	20.00
❑ SECRETS FOR SANTA	2001	*	18.00	18.00
❑ SILENT NIGHT MUSIC BOX	2000	*	39.00	39.00
❑ SILENT NIGHT SLEIGH RIDE VOTIVE CANDLEHOLDER	2000	*	18.00	18.00
❑ SILENT NIGHT STOCKING HOLDER	2000	*	20.00	20.00
❑ SILENT NIGHT TAPER CANDLEHOLDER	2000	*	20.00	20.00
❑ SLEEPY HEAD	2000	*	19.00	19.00
❑ SLUMBER PARTY	1994	RT	16.00	75.00
❑ SPRING FLOWERS/BLUE	1993	RT	16.00	75.00
❑ SPRING FLOWERS/YELLOW	1993	RT	16.00	75.00
❑ STAPLER	2001	*	22.00	22.00
❑ SURROUNDED BY FRIENDS	1995	RT	16.00	45.00
❑ SWEET DREAMS	2000	*	17.00	17.00
❑ SWINGING ON A STAR	2000	*	20.00	20.00
❑ TAGGIN' ALONG	1996	RT	14.00	38.00
❑ TAKE TIME TO REFLECT	1996	RT	16.00	30.00
❑ TAKE TIME TO SMELL THE FLOWERS	1990	OP	18.00	18.00
❑ TAKE TWO ASPIRIN AND CALL ME IN THE MORNING	1999	*	15.00	15.00
❑ TEACHER'S PETS	1997	RT	20.00	32.00
❑ THANKS FOR BEING THERE	1994	RT	15.00	60.00
❑ THERE'S NO US WITHOUT U	1998	RT	20.00	32.00
❑ THINKING OF YOU PICTURE FRAME	1999	*	25.00	25.00
❑ TOGETHER EVERY STEP OF THE WAY	1999	*	18.00	18.00
❑ TRAINING WINGS	1996	RT	16.00	35.00
❑ TWO PEAS IN A POD	1993	RT	14.00	65.00
❑ WASH AWAY THOSE WORRIES	2000	*	17.00	17.00
❑ WATERSLIDE, THE	1996	OP	20.00	22.00
❑ WE'LL WEATHER THE STORM TOGETHER	1994	OP	15.00	19.00
❑ WHY HELLO THERE	1995	RT	14.00	25.00
❑ YOU ALWAYS MEASURE UP	2001	*	17.00	17.00
❑ YOU ARE NOT ALONE	1995	RT	20.00	60.00
❑ YOU COULDN'T BE SWEETER	1996	*	16.00	18.00
❑ YOU QUACK ME UP	1999	*	18.00	18.00
❑ YOUR FRIENDSHIP IS GOLDEN	2001	*	18.00	18.00
❑ YOU'RE A REFLECTION OF MY AFFECTION	2000	*	14.00	14.00
❑ YOU'RE A VERY SPECIAL MUM!	2001	*	19.00	19.00
❑ YOU'RE A VERY SPECIAL POP-PY!	2001	*	19.00	19.00
❑ YOU'RE CUTE AS A BUTTON	2000	*	19.00	19.00
❑ YOU'RE MY CUP OF TEA	1999	*	19.00	19.00
❑ YOU'RE MY INSPIRATION	2001	*	16.00	16.00
❑ YOU'RE MY LUCKY ANGEL	2000	*	17.00	17.00
❑ YOU'RE MY PRINCESS	2001	*	24.00	24.00
❑ YOU'RE MY SNUGGLE BUNNY	2001	*	18.00	18.00
❑ YOU'RE MY SWEETHEART	2001	*	17.00	17.00
❑ YOU'RE MY TREASURE	2001	*	18.00	18.00
❑ YOU'RE PRETTY AS A PICTURE	2000	*	19.00	19.00
ARTIST EVENT				**D. GRIFF**
❑ THIS ONE IS YOURS	1999	RT	18.00	40.00
AUTUMN/HALLOWEEN				**D. GRIFF**
❑ AUTUMN BREEZES	2000	*	17.00	17.00
❑ AUTUMN HARVEST MUSIC BOX	1999	*	40.00	40.00

NAME	YEAR	LIMIT	ISSUE	TREND
❑ AUTUMN HARVEST PHOTO FRAME	1999	*	25.00	25.00
❑ BAG OF TRICKS OR TREATS	1996	RT	19.00	19.00
❑ BE THANKFUL FOR FRIENDS	2000	*	20.00	20.00
❑ BINKEY'S ACORN COSTUME	1996	RT	12.00	15.00
❑ BOOOO!	1998	RT	18.00	20.00
❑ CANDY APPLES	1995	RT	16.00	35.00
❑ CANDY CORN VAMPIRE	1995	RT	18.00	40.00
❑ CAPS OFF TO YOU	1993	RT	10.00	45.00
❑ CHARMING TAILS VOTIVE CANDLEHOLDER	2001	*	20.00	20.00
❑ CHAUNCEY'S PEAR COSTUME	1996	RT	12.00	30.00
❑ CORNFIELD FEAST	1993	RT	15.00	160.00
❑ FALL FROLICKING/LEAF	1993	RT	13.00	55.00
❑ FALL FROLICKING/MUSHROOM	1993	RT	13.00	55.00
❑ FROSTING PUMPKINS	1994	RT	16.00	50.00
❑ GARDEN NAPTIME	1995	RT	18.00	45.00
❑ GHOST STORIES	1997	RT	19.00	20.00
❑ GIVING THANKS	1995		16.00	19.00
❑ GOOD WITCH, THE	1997	RT	19.00	20.00
❑ GOURD SLIDE	1993	RT	16.00	60.00
❑ HARVEST FRUIT, APPLE	1994	RT	16.00	60.00
❑ HARVEST FRUIT, PEAR	1994	RT	16.00	60.00
❑ HARVEST TIME HONEYS	1999	OP	19.00	19.00
❑ HAUNTED HAYRIDE	1999	RT	19.00	20.00
❑ HOCUS POCUS	1999	*	18.00	18.00
❑ HORN OF PLENTY	1995	RT	20.00	45.00
❑ INDIAN IMPOSTER	1996	RT	14.00	16.00
❑ JACK O'LANTERN JALOPY	1998	RT	18.00	20.00
❑ JUMPIN' JACK O' LANTERNS	1994	RT	16.00	45.00
❑ LET'S GET CRACKIN'	1995	RT	20.00	50.00
❑ LOOK! NO HANDS	1996	RT	16.00	30.00
❑ MACKENZIE'S PUTT-PUTT TRACTOR	1999	RT	18.00	20.00
❑ MAXINE'S PUMPKIN COSTUME	1996	OP	12.00	15.00
❑ MOUSE ON TAPER CANDLEHOLDER WITH CAP	2001	*	18.00	18.00
❑ MOUSE ON TAPER, SITTING, CANDLEHOLDER	2001	*	18.00	18.00
❑ NUTS ABOUT NAPS	2001	*	16.00	16.00
❑ OOPS! I MISSED	1996	RT	16.00	50.00
❑ OPEN PUMPKIN MUSICAL	1994	RT	15.00	90.00
❑ PAINTING LEAVES	1994	RT	16.00	50.00
❑ PICKIN' TIME	1996	RT	16.00	38.00
❑ PILGRIM'S PROGRESS	1996	RT	14.00	25.00
❑ PUMPKIN PIE	1995	RT	16.00	60.00
❑ PUMPKIN SLIDE	1994	RT	16.00	60.00
❑ PUMPKIN'S FIRST PUMPKIN	1998	RT	17.00	17.00
❑ REGINALD'S GOURD COSTUME	1997	RT	13.00	16.00
❑ REGINALD'S HIDEAWAY	1995	RT	14.00	40.00
❑ STACK O'LANTERNS	1998	OP	18.00	18.00
❑ STEWART'S APPLE COSTUME	1997	RT	13.00	20.00
❑ TURKEY TRAVELER	1997	RT	19.00	24.00
❑ TURKEY WITH DRESSING	1998	RT	18.00	20.00
❑ WHAT A HOOT!	2000	*	17.00	17.00
❑ YOU'RE NOT SCARY	1996	RT	14.00	30.00
❑ YOU'RE NUTTY	1996	RT	12.00	32.00
AUTUMN/MISCELLANEOUS PIECES				**D. GRIFF**
❑ PUMPKIN PLAYTIME MUSICAL WATERGLOBE	1995	RT	35.00	125.00
CANADIAN EXCLUSIVE				**D. GRIFF**
❑ TAKE FRIENDSHIP UNDER YOUR WING	2001	*	27.00	27.00
CARLTON CARDS EXCLUSIVE				**D. GRIFF**
❑ LOVE LIKE NO OTHER, A	2001	3000	19.00	22.00
CHARITY				**D. GRIFF**
❑ WISHING YOU WELL	1999	*	19.00	19.00
❑ YOU'RE BERRY SPECIAL	2001	*	18.00	18.00
CONCEPTS DIRECT				**D. GRIFF**
❑ BUDDING ROMANCE, A	2000	RT	20.00	20.00
❑ HEADIN' DOWN THE FRIENDSHIP TRAIL	2000	RT	20.00	20.00
EVENT PIECES				**D. GRIFF**
❑ I PICKED THIS JUST FOR YOU	1997	RT	18.00	60.00
❑ LIFE IS A BED OF ROSES	1998	RT	19.00	60.00
EVENT PIECES EXCLUSIVE				**D. GRIFF**
❑ YOU'RE A REAL GEM	2001	*	18.00	18.00
G&L CHRISTMAS EXCLUSIVE				**D. GRIFF**
❑ SUGAR-N-SPICE & EVERYTHING NICE	2001	*	22.00	22.00
G&L CRUISE				**D. GRIFF**
❑ ROWBOAT ROMANCE GIFT SET	2001	*	*	N/A
GCC EARLY RELEASE				**D. GRIFF**
❑ BEARING GIFTS	1996	RT	16.00	24.00
❑ FEEDING TIME	1995	RT	16.00	75.00
GCC EXCLUSIVE				**D. GRIFF**
❑ DREAMIN' OF A WHITE CHRISTMAS	2001	*	20.00	20.00
❑ HANG ON!	1997	RT	18.00	40.00
❑ HAPPY HOLIDAY BOUQUET	2000	RT	20.00	30.00
❑ I PICKED YOU TO LOVE	2000	*	19.00	25.00
❑ KISSING IN THE PARK	2001	*	20.00	20.00
❑ LOVE BLOOMS	1996	RT	16.00	55.00
❑ ONE MOUSE OPEN SLEIGH	1997	RT	17.00	45.00
❑ PEEK-A-BOO IN THE POSIES	1998	RT	20.00	45.00
❑ WE..THREE KINGS	2000	RT	20.00	20.00
❑ WHAT'S THE BUZZ?	1999	RT	18.00	21.00
❑ YOU'RE MY PRETTY LITTLE SNOWFLAKE	2000	RT	18.00	18.00
HOLIDAY				**D. GRIFF**
❑ AIRMAIL	1996	RT	16.00	35.00
❑ ALL I CAN GIVE YOU IS ME	1996	RT	15.00	50.00

NAME	YEAR	LIMIT	ISSUE	TREND
❏ ALL THE TRIMMINGS	1997	RT	15.00	35.00
❏ ARE THE EARRINGS TOO MUCH?	1999	RT	17.00	25.00
❏ BABY'S FIRST CHRISTMAS, DATED 1997	1997	RT	19.00	26.00
❏ BINKEY IN A BED OF FLOWERS	1995	RT	15.00	45.00
❏ BINKEY SNOWSHOEING	1995		14.00	14.00
❏ BINKEY'S 1995 ICE SCULPTURE	1995	RT	20.00	45.00
❏ BUILDING A SNOWBUNNY	1996	RT	16.00	22.00
❏ BUILDING BLOCK OF CHRISTMAS	1998	RT	17.00	25.00
❏ CANDLE LIGHT KISSES	2001	*	18.00	18.00
❏ CHRISTMAS CANDY JAR	2001	*	50.00	50.00
❏ CHRISTMAS STROLL	1996	RT	16.00	20.00
❏ CHRISTMAS TRIO	1997	RT	16.00	18.00
❏ DASHING THROUGH THE SNOW	1998	RT	17.00	18.00
❏ DECORATING BINKEY	1997	RT	16.00	19.00
❏ EVERYBODY SING WATERGLOBE	2001	*	36.00	36.00
❏ EXTRA! EXTRA!	1996	RT	14.00	35.00
❏ FARMER MACKENZIE	1996	RT	16.00	20.00
❏ FLYING LEAF SAUCER	1995	RT	16.00	16.00
❏ FOLLOW IN MY FOOTSTEPS	1996	RT	12.00	16.00
❏ HOLLY DAYS COOKIE JAR	2001	*	55.00	55.00
❏ HOLLY DAYS MUG	2001	*	14.00	14.00
❏ HOT DOGGIN'	1994	RT	20.00	50.00
❏ JINGLE BELLS	1996	RT	15.00	35.00
❏ JUST THE RIGHT SIZE	2000	*	20.00	20.00
❏ KISS-MAS LIGHTS	2000	RT	19.00	20.00
❏ LITTLEST REINDEER, THE-DATED	2000	RT	17.00	20.00
❏ MACKENZIE AND MAXINE CAROLING, LIGHTED	1994	RT	18.00	45.00
❏ MACKENZIE BUILDING A SNOWMOUSE	1994	RT	18.00	150.00
❏ MACKENZIE'S WISH LIST	1998	RT	17.00	55.00
❏ MAIL MOUSE	1995	RT	12.00	45.00
❏ MAXINE MAKING SNOW ANGELS	1994	RT	20.00	22.00
❏ MERRY CHRISTMAS FROM OUR HOUSE TO YOUR HOUSE	1998	RT	23.00	25.00
❏ MY LITTLE CHICK-A-DEER	2000	*	18.00	18.00
❏ MY NEW TOY	1996	*	14.00	30.00
❏ NEW DECORATIONS	1999	RT	17.00	20.00
❏ NOT A CREATURE WAS STIRRING	1997	RT	17.00	18.00
❏ OOPS! DID I DO THAT?	1996	RT	14.00	30.00
❏ PEEKING AT PRESENTS	1996	RT	13.00	30.00
❏ PILLAR CANDLEHOLDER	2000	*	25.00	25.00
❏ PLEASE, JUST ONE MORE	1998	RT	17.00	24.00
❏ REGINALD'S NEWSSTAND	1996	RT	20.00	36.00
❏ SHOVELING WE WILL GO, A	2000	*	18.00	18.00
❏ SLEDDING NUT	2002	YR	17.00	17.00
❏ SNACK FOR THE REINDEER	1996	RT	13.00	50.00
❏ SNOW ANGEL SNOWBOX	2000	*	20.00	20.00
❏ SNOW PLOW	1995	RT	16.00	24.00
❏ SNOWBALL FIGHT, THE	1995	RT	16.00	35.00
❏ STACK-O-SWEETIES	1998	RT	23.00	50.00
❏ STOCKINGS WERE HUNG BY THE CHIMNEY, THE	1999	OP	19.00	19.00
❏ TEAMWORK HELPS	1995	RT	10.00	25.00
❏ TESTING THE LIGHTS	1996	RT	14.00	36.00
❏ TRIMMING THE TREE	1997	RT	28.00	35.00
❏ WHO PUT THAT TREE THERE?	1998	RT	17.00	18.00
❏ YOU MELTED MY HEART	1996	RT	20.00	45.00
HOLIDAY LIMITED EDITION				**D. GRIFF**
❏ SLEIGH RIDE	1995	SO	16.00	100.00
❏ SLEIGH RIDE SWEETIES 1999 LIMITED EDITION	1999	RT	23.00	35.00
❏ TEAM IGLOO 1998 LIMITED EDITION	1998	RT	23.00	40.00
❏ WAITING FOR CHRISTMAS	1996	RT	16.00	55.00
HOLIDAY LIMITED EDITION/G&L CHRISTMAS				**D. GRIFF**
❏ WINTER WHIRL-WIND	1999	RT	20.00	22.00
HOLIDAY LIMITED EDITION/SIMPLY CHRISTMAS				**D. GRIFF**
❏ SNOWSHOE SWEETIE	1999	RT	17.00	42.00
HOLIDAY MISCELLANEOUS PIECES				**D. GRIFF**
❏ CANDY CANE PEPPERMINT BELL	2000	*	25.00	25.00
❏ CANDY CANE PILLAR CANDLEHOLDER	2000	*	25.00	25.00
❏ CANDY CANE STOCKING HOLDER	2000	*	20.00	20.00
❏ CANDY CANE TAPER CANDLEHOLDER	2000	*	24.00	24.00
HOLIDAY NATIVITY				**D. GRIFF**
❏ ANGEL OF LIGHT	1996	*	12.00	14.00
❏ CHRISTMAS PAGEANT STAGE	1995	*	30.00	35.00
❏ HOLY FAMILY PLAYERS	1995	*	20.00	20.00
❏ LIL DRUMMER MOUSE	1996	*	12.00	15.00
❏ MANGER ANIMALS	1996	*	20.00	20.00
❏ SHEPHERD'S SET OF 2 AND LAMB	1997	*	13.00	14.00
❏ THREE WISE MICE, SET OF 3	1995	*	20.00	20.00
HOLIDAY/CONCEPTS DIRECT				**D. GRIFF**
❏ MAXINE'S SNOWCAP	1999	RT	18.00	19.00
HOLIDAY/EVENT PIECE				**D. GRIFF**
❏ ON THE FIRST DAY OF CHRISTMAS	1999	RT	18.00	20.00
HOLIDAY/FIFTH AVENUE				**D. GRIFF**
❏ CHRISTMAS TREE TRIO	1999	RT	20.00	40.00
HOLIDAY/GCC EXCLUSIVE				**D. GRIFF**
❏ NESTLED IN FOR THE HOLIDAYS	1999	OP	20.00	25.00
❏ SENDING A LITTLE SNOW YOUR WAY	1996	RT	15.00	50.00
❏ SKATING PARTY	1998	RT	21.00	25.00
❏ WARM WOOLEN MITTENS	2000	RT	18.00	30.00
HOLIDAY/LINDA ANDERSON EXCLUSIVE				**D. GRIFF**
❏ LOVE IS THE BEST GIFT	2001	*	23.00	25.00

NAME	YEAR	LIMIT	ISSUE	TREND
HOLIDAY/MISCELLANEOUS PIECES				**D. GRIFF**
❑ ALL SNUG IN THEIR BEDS WATERGLOBE	1996	RT	30.00	65.00
❑ BABY'S FIRST CHRISTMAS WATERGLOBE	1996	RT	28.00	75.00
❑ LETTER TO SANTA WATERGLOBE	1994	RT	45.00	125.00
❑ MOUSE ON VINE WREATH	1994	RT	55.00	450.00
❑ MOUSE STAR TREETOPPER	1994	RT	14.00	70.00
❑ SHARING THE WARMTH WATERGLOBE	1994	RT	40.00	130.00
❑ SWEET DREAMS WATERGLOBE	1994	RT	40.00	300.00
❑ TOGETHER AT CHRISTMAS MINI WATERGLOBE	1994	RT	30.00	90.00
❑ TRIMMING THE TREE WATERGLOBE	1994	RT	45.00	150.00
HOLIDAY/NALED EXCLUSIVE				**D. GRIFF**
❑ DIVE INTO THE HOLIDAYS	1999	*	22.00	22.00
❑ FOLLOW THE STAR	1999	RT	22.00	45.00
❑ MACKENZIE THE SNOWMAN	1997	RT	17.00	50.00
❑ MAXINE'S SNOWMOBILE RIDE	1996	LE	17.00	25.00
❑ OH MACKENZIE TREE...	1999	*	17.00	17.00
INTERNATIONAL COLLECTIBLE EXPOSITION EXCLUSIVE				**D. GRIFF**
❑ COLLECTION OF FRIENDS, A	1998	RT	22.00	25.00
❑ EXPO BOUND	2000	RT	32.00	50.00
LAZY DAYS				**D. GRIFF**
❑ ADVENTURE BOUND	2000	*	20.00	20.00
❑ BEACH BUNNIE	2000	RT	16.00	18.00
❑ BLOSSOM BOUNCE, THE	1997	RT	20.00	40.00
❑ BUILDING CASTLES	1997	RT	17.00	25.00
❑ BURIED TREASURES	1999	OP	19.00	19.00
❑ CAMPING OUT	1998	RT	19.00	20.00
❑ CATCHING FIREFLIES	2000	*	18.00	18.00
❑ COME ON IN-THE WATER'S FINE!	1998	RT	18.00	20.00
❑ DAY AT THE LAKE, A	1998	OP	19.00	19.00
❑ FRIENDSHIP IS ALWAYS A GREAT BARGAIN	1999	RT	20.00	23.00
❑ GONE FISHIN'	1997	RT	16.00	22.00
❑ HANG TEN	2000	*	19.00	19.00
❑ LIFE'S A PICNIC WITH YOU	1997	RT	18.00	30.00
❑ MOW, MOW, MOW THE LAWN	1999	OP	17.00	17.00
❑ REAL LIFESAVER, A	2000	*	20.00	20.00
❑ ROW BOAT ROMANCE	1997	OP	16.00	17.00
❑ STEWART'S DAY IN THE SUN	1998	RT	17.00	18.00
❑ TOASTING MARSHMALLOWS	1998	RT	20.00	28.00
❑ TRIPLE DELIGHT	1999	RT	18.00	18.00
LEAF & ACORN CLUB				**D. GRIFF**
❑ ALL PACKED TO GO LAPEL PIN	2002	YR	*	N/A
❑ AND THE STARS! PIN	1999	RT	*	20.00
❑ CHRISTMAS TREASURES	2000	RT	20.00	30.00
❑ GROWING FRIENDSHIP, A	1998	RT	17.00	40.00
❑ HOLIDAY CHEER	2002	YR	16.00	16.00
❑ LEAF & ACORN CLUB PIN	1997	RT	*	N/A
❑ LUCKY COIN LAPEL PIN	2001	*	*	N/A
❑ MAXINE'S LEAF COLLECTION	1997	RT	15.00	45.00
❑ NAP TIME LAPEL PIN	1999	RT	*	N/A
❑ PEEK-A-BOO BOUQUET	2000	RT	22.00	25.00
❑ REACH FOR THE STARS	1994	OP	15.00	40.00
❑ RICH IN FRIENDSHIP	2001	*	30.00	30.00
❑ RING AROUND THE ROSIE	1999	RT	23.00	32.00
❑ SHARE THE HAPPY NEWS	2002	YR	20.00	20.00
❑ SHARING A WARM AND COZY HOLIDAY	1998	RT	23.00	50.00
❑ SHARING THE RIDE	2002	YR	22.00	22.00
❑ SNOWY TRIO, A	1999	RT	21.00	42.00
❑ THANK YOU CLUB MEMBERSHIP PIECE	1997	RT	*	42.00
❑ THIS IS THE KEY LAPEL PIN	2000	*	*	N/A
❑ VISITING FRIENDS BOTH NEAR AND FAR	2002	YR	*	N/A
❑ YOU ARE MY SHINING STAR	1999	RT	*	28.00
❑ YOU HOLD THE KEY TO MY HEART	2000	RT	*	25.00
LEAF & ACORN CLUB HOLIDAY				**D. GRIFF**
❑ STOCKING STUFFERS	2001	*	19.00	19.00
LIMITED EDITION				**D. GRIFF**
❑ APPLE OF MY EYE	2000	RT	19.00	25.00
❑ FOLLOW THE BOUNCING BALL	2000	RT	19.00	19.00
❑ GOOD CHEERS	2000	RT	19.00	19.00
❑ HOME SWEET HOME FIGURINE AND PRINT SET	2001	1000	42.00	42.00
❑ I GET A KICK OUT OF YOU	2000	RT	19.00	19.00
❑ I'M STUCK ON YOU, GOLD BOW	2000	RT	18.00	25.00
❑ KEEP YOUR EYE ON THE BIRDIE	2000	RT	19.00	19.00
❑ NOW I LAY ME DOWN TO SLEEP	1999	RT	18.00	25.00
❑ READY TO TAKE A SWING AT IT	2000	RT	19.00	19.00
❑ RIDING ON THE WINGS OF FRIENDSHIP	1998	RT	18.00	85.00
❑ SPARE ME	2000	RT	19.00	30.00
❑ STEADY WINS THE RACE 1998 LIMITED EDITION	1998	RT	20.00	36.00
❑ SWEET LITTLE ANGEL	2001	4200	24.00	24.00
❑ TAKE ME HOME	1996	RT	17.00	75.00
❑ TOUCHDOWN	2000	RT	19.00	19.00
❑ TUGGIN' TWOSOME	1995	RT	18.00	60.00
❑ TWO LOVE	2000	RT	22.00	22.00
LIMITED EDITION CHRISTMAS DOV EXCLUSIVE				**D. GRIFF**
❑ SANTA IMPOSTER	2000	RT	17.00	35.00
LIMITED EDITION/CARLTON CARDS				**D. GRIFF**
❑ MOMS GIVE THE BEST HUGS	2000	RT	18.00	22.00
LIMITED EDITION/CONCEPTS DIRECT				**D. GRIFF**
❑ SILENT NIGHT, HOLY NIGHT	2000	RT	20.00	25.00

FIGURINES

Lady With Peacock 385C was issued in 1987 by G. Armani. The lovely damsel was part of the "My Fair Ladies" series and is now retired.

Simple Simon from the "Once Upon a Fairytale" series was inspired by the artwork of Mabel Lucie Attwell. The Memories of Yesterday Collection was produced by Enesco Group Inc.

The Swarovski Silver Crystal Harp is music to the ears of collectors.

I'll Never Stop Loving You proclaims this little porcelain bisque figure by Sam Butcher, creator of the Precious Moments line produced by Enesco Group Inc.

Perhaps the beauty and grace of a ballerina can only be equaled by a porcelain figurine depicting the craft. Ballet Shoes is from Royal Doulton.

This delightful pair of Bavarian children are Going Home. The figure is produced by Goebel from the artwork of M.I. Hummel.

NAME	YEAR	LIMIT	ISSUE	TREND
❑ TAKE TIME TO NOTICE THOSE AROUND YOU	1999	RT	18.00	95.00
LIMITED EDITION/G&L CHRISTMAS				**D. GRIFF**
❑ YOU TURN MY LIFE AROUND	2000	RT	22.00	40.00
LIMITED EDITION/MILLENNIUM				**D. GRIFF**
❑ WORLD OF GOOD WISHES, A	1999	RT	24.00	24.00
LIMITED EDITION/QVC EXCLUSIVE				**D. GRIFF**
❑ WHOSE GOING TO FILL YOUR SHOES?	2000	RT	19.00	35.00
LINDA ANDERSON				**D. GRIFF**
❑ FOUR SEASONS OF FRIENDS DISPLAY BASE	2001	*	*	N/A
LINDA ANDERSON EXCLUSIVE				**D. GRIFF**
❑ FRIENDS ARE THERE TO SHARE	2001	*	37.00	37.00
❑ FRIENDS WARM OUR LIVES	2001	*	37.00	37.00
❑ HOLLY JOLLY FRIENDS	2001	*	37.00	37.00
❑ SCHOOL'S OUT FOR SUMMER FIGURINE & PIN	2001	*	29.00	29.00
❑ SCHOOL'S OUT FOR SUMMER FIGURINE ONLY	2001	*	26.00	26.00
❑ SCHOOL'S OUT FOR SUMMER PIN ONLY	2001	*	7.00	7.00
❑ WHEREVER YOU LAND I'LL BE THERE	2001	*	37.00	37.00
LOVE EXPRESSION				**D. GRIFF**
❑ ABUNDANCE OF LOVE, AN	1999	*	18.00	18.00
❑ CANDY KISSES	1999	*	17.00	17.00
❑ GIVE LOVE A SHOT!	1999	*	15.00	15.00
❑ I'D DO IT ALL OVER AGAIN	1998	RT	18.00	20.00
❑ I'M YOUR LOVE BUNNY	1998	RT	16.00	18.00
❑ LOVE BIRDS	1999	RT	20.00	23.00
❑ LOVE IS IN THE AIR	1998	RT	20.00	20.00
❑ OUR LOVE HAS BLOSSOMED	1999	RT	18.00	20.00
❑ WE'RE A PERFECT FIT	1999	*	17.00	17.00
❑ YOU CAN'T RUN FROM LOVE	1998	RT	18.00	20.00
MISCELLANEOUS PIECES				**D. GRIFF**
❑ BUNNY WITH CARROT CANDLEHOLDER	1993	RT	12.00	100.00
❑ DUCKLING VOTIVE CANDLEHOLDER	1994	RT	12.00	275.00
❑ JAWBREAKERS MUSICAL WATERGLOBE	1994	RT	40.00	100.00
❑ LOVE PHOTO FRAME	2001	*	20.00	20.00
❑ ME NEXT! WATERGLOBE	1994	RT	45.00	225.00
❑ MICE ON VINE BASKET	1994	RT	55.00	425.00
❑ MINI SURPRISE WATERGLOBE	1994	RT	22.00	85.00
❑ MOUSE CANDLE CLIMBER	1994	RT	8.00	60.00
❑ MOUSE CARD HOLDER	1994	RT	13.00	50.00
❑ MOUSE IN APPLE BOX	1993	RT	15.00	25.00
❑ MOUSE IN TREE HOLE CANDLEHOLDER	1994	RT	17.00	100.00
❑ MOUSE ON CHEESE WATERGLOBE	1994	RT	44.00	150.00
❑ MOUSE ON LEAF CANDLEHOLDER	1994	RT	17.00	125.00
❑ MOUSE ON ROUND VINE BASKET	1994	RT	50.00	400.00
❑ MOUSE ON RUBBER DUCK WATERGLOBE	1994	RT	44.00	140.00
❑ MOUSE ON VINE CANDLEHOLDER	1994	RT	55.00	500.00
❑ MOUSE WITH APPLE CANDLEHOLDER-PEEKING	1993	RT	13.00	125.00
❑ MOUSE WITH APPLE CANDLEHOLDER-SLEEPING	1993	RT	13.00	125.00
❑ MOUSE WITH PUMPKIN CANDLEHOLDER, TAIL TO LEFT	1993	RT	13.00	145.00
❑ MOUSE WITH PUMPKIN CANDLEHOLDER, TAIL TO RIGHT	1993	RT	13.00	145.00
❑ MY HERO! WATERGLOBE	1994	RT	45.00	140.00
❑ PEAR CANDLEHOLDER	1994	RT	14.00	90.00
❑ PYRAMID WITH MICE CANDLEHOLDER	1994	RT	40.00	475.00
❑ RABBIT/DAFFODIL CANDLEHOLDER, RABBIT FACING IN	1993	RT	14.00	190.00
❑ RABBIT/DAFFODIL CANDLEHOLDER, RABBIT FACING OUT	1993	RT	14.00	190.00
❑ ROCKING MICE MUSICAL	1993	RT	65.00	425.00
❑ SAILING AWAY WATERGLOBE	1994	RT	50.00	250.00
❑ SKATING MOUSE MUSICAL	1993	RT	25.00	400.00
❑ STUMP CANDLEHOLDER, MOUSE CLIMING	1994	RT	20.00	150.00
❑ STUMP CANDLEHOLDER, MOUSE THROUGH STUMP	1994	RT	20.00	150.00
❑ UNDERWATER EXPLORER WATERGLOBE	1994	RT	45.00	150.00
❑ UP, UP AND AWAY MUSICAL	1994	RT	70.00	225.00
MONIQUE'S ANTIQUES				**D. GRIFF**
❑ LOVE IS TIMELESS	2000	RT	18.00	35.00
MOON & STARS				**D. GRIFF**
❑ BABY BLUE WATERGLOBE	2000	*	45.00	45.00
❑ BABY PINK WATERGLOBE	2000	*	45.00	45.00
❑ BLUE BANK	2000	*	25.00	25.00
❑ BLUE CLOCK	2000	*	29.00	29.00
❑ BLUE LAMP	2000	*	45.00	45.00
❑ BLUE SWITCH PLATE	2000	*	14.00	14.00
❑ PHOTO FRAME, BLUE, BABY	2000	*	25.00	25.00
❑ PHOTO FRAME, PINK, BABY	2000	*	25.00	25.00
❑ PINK BANK	2000	*	25.00	25.00
❑ PINK CLOCK	2000	*	29.00	29.00
❑ PINK LAMP	2000	*	45.00	45.00
❑ PINK SWITCH PLATE	2000	*	14.00	14.00
NALED				**D. GRIFF**
❑ FRIENDSHIP IN BLOOM	1999	RT	17.00	35.00
❑ MACKENZIE'S HOLIDAY HAT	1998	RT	17.00	60.00
❑ MY SPRING BONNET	1998	*	19.00	45.00
❑ TULIP FOR TWO	2000	RT	19.00	30.00
OPEN HOUSE				**D. GRIFF**
❑ CIRCLE OF FRIENDS	2002	YR	*	N/A
❑ TREASURE OF MEMORIES, A	2000	RT	18.00	20.00
PARADE				**D. GRIFF**
❑ CHAUNCEY'S NOISEMAKERS	1996	RT	12.00	15.00
❑ DRUM MAJOR, THE	1996	RT	12.00	20.00
❑ FLOAT DRIVER, THE	1996	RT	12.00	20.00

FIGURINES

NAME	YEAR	LIMIT	ISSUE	TREND
❑ HOLIDAY TRUMPETER	1996	RT	12.00	15.00
❑ LITTLE DRUMMER BOY	1996	RT	12.00	15.00
❑ MACKENZIE CLAUS ON PARADE	1996	RT	22.00	25.00
❑ PARADE BANNER	1996	RT	16.00	22.00
❑ SANTA BALLOON, THE	1997	RT	25.00	35.00
❑ SNOWMAN FLOAT, THE	1998	RT	25.00	30.00
❑ SUGAR TIME BAND FLOAT	1999	RT	25.00	35.00
❑ TOWN CRIER	1996	RT	14.00	20.00
PARKWEST EXCLUSIVE				**D. GRIFF**
❑ BICYCLE BUILT FOR FRIENDS	2001	*	24.00	24.00
❑ FROSTY FRIENDS	2001	*	20.00	20.00
❑ MY LITTLE ANGEL	2001	*	19.00	19.00
❑ VISIONS OF SUGAR PLUMS	2001	*	22.00	22.00
QVC				**D. GRIFF**
❑ BLOSSOM BUILT FOR TWO	2000	RT	18.00	30.00
❑ BRINGING ALONG A LITTLE LOVE	2001	*	21.00	21.00
❑ FOLLOW YOUR DREAMS	2000	RT	17.00	35.00
❑ THERE'S NO RAINBOW WITHOUT THE RAIN SET	2001	*	40.00	40.00
QVC EARLY RELEASE				**D. GRIFF**
❑ DAISY DISPLAYER AND BUTTERFLY ORNAMENTS	2001	*	48.00	48.00
QVC EXCLUSIVE				**D. GRIFF**
❑ FOUR SEASONS LAPEL PIN, SET OF 4	2001	*	20.00	20.00
❑ I'M GLAD YOU FLUTTERED INTO MY LIFE	2001	*	18.00	18.00
❑ MOM, YOU'RE BEAUTIFUL	2001	*	20.00	20.00
❑ WE'LL WEATHER THE STORM TOGETHER	2001	*	19.00	19.00
RETAILER EXCLUSIVE				**D. GRIFF**
❑ OUR LOVE BURNS BRIGHT VOTIVE CANDLEHOLDER	2001	*	25.00	25.00
SAN FRANCISCO MUSIC BOX CO.				**D. GRIFF**
❑ BERRY BEST, THE	*	*	*	$50.00-$75.00
❑ BUNNY BUDDIES	*		*	$50.00-$75.00
❑ CATCHIN' BUTTERFLIES	*		*	$50.00-$75.00
❑ HANGIN' AROUND	*		*	$50.00-$75.00
❑ I REACH FOR THE STARS	*		*	$50.00-$75.00
❑ MIDDAY SNOOZE	*		*	$50.00-$75.00
❑ SPRING FLOWERS (YELLOW FLOWER)	*		*	$50.00-$75.00
❑ THANKS FOR BEING THERE	*		*	$50.00-$75.00
❑ WATERSLIDE, THE	*		*	$50.00-$75.00
SIGNING EVENT				**D. GRIFF**
❑ SHOWERED WITH FRIENDSHIP	2002	YR	20.00	20.00
❑ WE MAKE BEAUTIFUL MUSIC TOGETHER	2000	RT	18.00	30.00
SPECIAL ORDER				**D. GRIFF**
❑ MACKENZIE STATUE LARGE FIGURINE	1998	*	250.00	250.00
❑ MAXINE STATUE LARGE FIGURINE	1998	*	250.00	250.00
SPRING				**D. GRIFF**
❑ AFTER THE HUNT	1995	RT	18.00	20.00
❑ BINKEY'S BOUNCING BUNDLE	1995	RT	18.00	65.00
❑ BUNNY IMPOSTER	1994	RT	12.00	30.00
❑ BUNNY LOVE	1995	RT	18.00	25.00
❑ CHICKIE BACK RIDE	1997	RT	15.00	18.00
❑ CHICKIE CHARIOT RIDE	1999	*	18.00	18.00
❑ COME OUT AND PLAY	2002	YR	25.00	25.00
❑ DANCIN' DARLINGS MUSICAL	2002	*	36.00	36.00
❑ DUCKLING IN EGG WITH MOUSE	1993	RT	15.00	380.00
❑ DUCKY WEATHER	1999	*	18.00	18.00
❑ GATHERING TREATS	1995	RT	12.00	26.00
❑ JELLY BEAN FEAST	1994	RT	14.00	50.00
❑ LOOK OUT BELOW!	1995	RT	20.00	45.00
❑ MOTORING ALONG	1998	RT	17.00	18.00
❑ NO THANKS, I'M STUFFED	1996	RT	15.00	20.00
❑ PAINT BY PAWS	1997	RT	16.00	25.00
❑ SHHH, DON'T MAKE A PEEP	1998	RT	17.00	18.00
❑ WANT A BITE?	1995	RT	18.00	48.00
❑ WHAT'S HATCHIN'?	1996	RT	16.00	20.00
❑ WISH UPON A STAR	2002	YR	19.00	19.00
SPRING LIMITED EDITION				**D. GRIFF**
❑ WANNA PLAY?	1994	RT	15.00	175.00
TEENY TINY TAILS				**D. GRIFF**
❑ BERRY TOSS GAME, THE	1998	RT	14.00	14.00
❑ BIG WINNER, THE	1998	RT	12.00	12.00
❑ DAFFODIL TWIRL	1998	RT	50.00	50.00
❑ GET YOUR CANDY APPLES HERE	1998	RT	12.00	12.00
❑ MUSHROOM CAROUSEL	1998	RT	50.00	50.00
❑ OFF TO THE FAIR	1998	RT	15.00	15.00
❑ POP DISPLAY, TEENY TINY TALES	1998	*	28.00	28.00
❑ TEST YOUR STRENGTH	1998	RT	14.00	14.00
❑ TICKLE BOOTH	1998	RT	15.00	15.00
❑ TULIP FERRIS WHEEL	1998	RT	50.00	50.00
❑ TUNNEL OF LOVE MUSIC BOX	1999	RT	50.00	50.00
TRAIN				**D. GRIFF**
❑ CHARMING CHOO-CHOO AND PASSENGER SET	1995	RT	35.00	45.00
❑ CHAUNCEY'S CHOO-CHOO RIDE	1997	RT	19.00	25.00
❑ REGINALD'S CHOO-CHOO RIDE	1998	RT	19.00	25.00
❑ STEWART'S CHOO-CHOO RIDE	1996	RT	18.00	28.00
❑ TEA PARTY TRAIN RIDE	1999	RT	26.00	32.00
TRAIN LIMITED EDITION				**D. GRIFF**
❑ WAIT FOR US!	2000	RT	20.00	25.00

FIGURINES

NAME	YEAR	LIMIT	ISSUE	TREND
TRAVELS WITH MACKENZIE				**D. GRIFF**
❑ COUNTRY SINGER, THE	2002	*	19.00	19.00
❑ HIGH AND DRY	2002	*	19.00	19.00
❑ JACKPOT	2002	*	19.00	19.00
❑ LET FREEDOM RING	2002	*	19.00	19.00
❑ LITTLE LADY LIBERTY	2002	*	19.00	19.00
❑ MARDI GRAS MOUSE	2002	*	19.00	19.00
❑ MOUSE RUSHMORE	2002	*	19.00	19.00
❑ STAR IN THE MAKING, A	2002	*	19.00	19.00
❑ WHAT'S SHAKIN'	2002	*	19.00	19.00
VILLAGE				**D. GRIFF**
❑ ACORN STREET LAMP	1994	RT	5.00	18.00
❑ LEAF FENCE ACCESSORY	1994	RT	6.00	8.00
❑ MAIL BOX, BENCH	1995	RT	11.00	13.00
❑ STREET LIGHT/SIGN	1996	RT	11.00	24.00
❑ VILLAGE SIGN	1994	RT	30.00	35.00
WEDDING				**D. GRIFF**
❑ ALTAR OF LOVE, THE	1998	RT	25.00	25.00
❑ BEST BUNNY, THE	1998	RT	16.00	16.00
❑ GET-AWAY CAR, THE	1998	OP	22.00	22.00
❑ HERE COMES THE BRIDE	1998	RT	17.00	17.00
❑ MAID OF HONOR	1998	RT	16.00	16.00
❑ MY HEART'S ALL AFLUTTER (GROOM)	1998	RT	17.00	17.00
❑ RING BEARER, THE	1998	RT	16.00	16.00
❑ TOGETHER FOREVER CAKE TOPPER	1998	RT	25.00	25.00
❑ WEDDING DAY BLOSSOMS	1998	RT	16.00	16.00

CHRISTIAN ULBRICHT USA

NAME	YEAR	LIMIT	ISSUE	TREND
				C. ULBRICHT
❑ ANGEL	1998	2500	230.00	230.00
❑ ARTIST	2000	2500	230.00	230.00
❑ CAROL SINGER, LADY	1999	3000	230.00	230.00
❑ CAROL SINGER, MAN	1999	3000	230.00	230.00
❑ COUNTRY SANTA	2000	2500	230.00	230.00
❑ EAGLE DANCER	1997	3000	240.00	240.00
❑ FATHER CHRISTMAS	2000	2500	230.00	230.00
❑ FATHER TIME	2000	3000	236.00	236.00
❑ HANS THE CLOCKMAKER	2000	2500	236.00	236.00
❑ JAMES THE GOLFER	2000	2500	222.00	222.00
❑ KING HENRY VIII	1999	2500	230.00	230.00
❑ LAWYER	1998	2500	222.00	222.00
❑ MILLENNIUM	2000	3000	236.00	236.00
❑ MR. SNOWMAN	1998	2500	154.00	154.00
❑ MRS. SNOWMAN	1998	2500	154.00	154.00
❑ SANTA IN CANOE	1998	2500	230.00	230.00
❑ SANTA IN THE ALPS	1999	2500	222.00	222.00
❑ SANTA W/SHORT ROBE	1998	2500	222.00	222.00
❑ SANTA WITH LONG ROBE	1998	2500	222.00	222.00
❑ SANTA'S COFFEETIME	1999	2500	230.00	230.00
❑ SUMMER WONDERLAND	1998	3000	230.00	230.00
❑ SUN FACE	1999	3000	240.00	240.00
❑ WHITE BUFFALO	1998	3000	240.00	240.00
DICKENS CHRISTMAS CAROL				**C. ULBRICHT**
❑ BOB CRATCHIT & TINY TIM	1997	5000	236.00	236.00
❑ GHOST OF CHRISTMAS YET TO COME	2000	5000	236.00	236.00
❑ MARLEY'S GHOST	1999	5000	236.00	236.00
❑ MRS. CRATCHIT	1998	5000	230.00	230.00
❑ SCROOGE	1996	5000	228.00	228.00
DON QUIJOTE				**C. ULBRICHT**
❑ DON QUIJOTE	2000	5000	236.00	236.00
❑ SONCHO PANSA	2000	5000	236.00	236.00
GREAT AMERICAN INVENTORS				**C. ULBRICHT**
❑ ALEXANDER GRAHAM BELL	1998	1500	250.00	250.00
❑ HENRY FORD	1997	1500	260.00	260.00
❑ THOMAS EDISON	1996	1500	270.00	270.00
NUTCRACKER BALLET				**C. ULBRICHT**
❑ CLARA	1996	5000	219.00	219.00
❑ HERR DROSSELMEYER	1996	5000	228.00	228.00
❑ MOUSE KING	1996	5000	228.00	228.00
❑ PRINCE	1996	5000	219.00	219.00
❑ SUGAR PLUM FAIRY AND MUSE	2000	5000	270.00	270.00
❑ TOY SOLDIER	1998	5000	238.00	238.00
PLAYS OF SHAKESPEARE				**C. ULBRICHT**
❑ JULIET	1997	5000	230.00	230.00
❑ PRINCE HAMLET	1999	5000	236.00	236.00
❑ ROMEO	1998	5000	236.00	236.00
❑ SHAKESPEARE	1997	5000	236.00	236.00
THREE MUSKETEERS				**C. ULBRICHT**
❑ PORTOS	1996	5000	200.00	200.00
THREE WISEMEN				**C. ULBRICHT**
❑ CASPAR	1996	5000	209.00	209.00
❑ MELCHIOR	1999	5000	209.00	209.00
WIZARD OF OZ				**C. ULBRICHT**
❑ COWARDLY LION	1998	5000	240.00	240.00
❑ DOROTHY	1998	5000	230.00	230.00
❑ SCARECROW	1999	5000	230.00	230.00
❑ TIN WOODMAN	1997	5000	230.00	230.00
❑ WICKED WITCH	1999	5000	236.00	236.00
❑ WIZARD OF OZ	2000	5000	236.00	236.00

NAME	YEAR	LIMIT	ISSUE	TREND
CONSTANCE COLLECTION				
ANNUAL SANTA CLAUS BY CONSTANCE				**C. GUERRA**
❑ REACH FOR THE STARS SANTA	1992	YR	90.00	90.00
❑ TEDDY CLAUS	1991	YR	90.00	90.00
BRIAR PATCH				**C. GUERRA**
❑ BARBARA BUNNY	1990	1500	30.00	30.00
❑ BARTHOLEMUE BUNNY	1990	1500	30.00	30.00
❑ BENEDICT BUNNY	1990	1500	30.00	30.00
❑ BERNARD BUNNY	1990	1500	30.00	30.00
❑ BERNICE BUNNY	1990	1500	30.00	30.00
❑ BERTRUM BUNNY	1990	1500	30.00	30.00
❑ BETSEY BUNNY	1990	1500	30.00	30.00
❑ BIRTHA BUNNY	1990	1500	30.00	30.00
❑ BLOSSUM BUNNY	1990	1500	30.00	30.00
❑ BONNIE BUNNY	1990	1500	30.00	30.00
❑ BRAIDA BUNNY	1990	1500	30.00	30.00
❑ BROTHERLY BUNNY	1990	1500	30.00	30.00
❑ BROWNIE BUNNY	1990	1500	30.00	30.00
❑ BUNNY'S BASKET	1992	2500	22.00	22.00
❑ BUSTER BUNNY	1990	1500	30.00	30.00
❑ GRANDFATHER BUN	1992	2500	22.00	22.00
❑ GRANDMOTHER BUNNY	1992	2500	22.00	22.00
❑ LOVE BUN	1992	2500	22.00	22.00
❑ MOTHER WITH TWINS	1992	2500	22.00	22.00
❑ NEW MAMMA BUNNY	1992	2500	22.00	22.00
❑ NUMBER ONE BUN	1992	2500	22.00	22.00
❑ PAPPA BUNNY	1992	2500	22.00	22.00
❑ PONDERING BUN	1992	2500	22.00	22.00
❑ PROUD PAPPA BUNNY	1992	2500	22.00	22.00
❑ WOODLAND BUNNY	1992	2500	32.00	32.00
FRIENDS & FAMILY COLLECTION				**C. GUERRA**
❑ ANNETTE & CHRISTIAN	1992	2500	48.00	48.00
❑ BUTTERCUPS	1992	2500	35.00	35.00
❑ CHELSEA'S EASTER	1992	2500	37.00	37.00
❑ CHRISTOPHER	1992	2500	37.00	37.00
❑ COVERED WITH LOVE	1992	2500	60.00	60.00
❑ ELIZABETH AND PHILLIP	1992	2500	55.00	55.00
❑ FIRST LOVE	1992	2500	57.00	57.00
❑ FOREVER FRIENDS	1992	2500	51.00	51.00
❑ GRANDPOPS ANGEL	1992	2500	51.00	51.00
❑ LITTLE SIS	1992	2500	49.00	49.00
❑ LOVES TENDER TOUCH	1992	2500	33.00	33.00
❑ MICHELLI BELLE	1992	2500	31.00	31.00
❑ MISSY	1992	2500	31.00	31.00
❑ MOMENT W/MARGO	1992	2500	55.00	55.00
❑ MOTHER'S DAY BOUQUET	1992	2500	42.00	42.00
❑ ONE ON ONE FATHER/SON	1992	2500	55.00	55.00
❑ PARTY PAMMY	1992	2500	31.00	31.00
❑ PILLOW TALK	1992	2500	42.00	42.00
❑ PITZ AND SARA	1992	2500	48.00	48.00
❑ RACHEL'S BLUE BIRD	1992	2500	42.00	42.00
❑ SPECIAL SISTERS	1992	2500	51.00	51.00
❑ TIMEOUT TO LOVE	1992	2500	37.00	37.00
❑ TOGETHERNESS	1992	2500	49.00	49.00
GOLDEN AMERICANS				**C. GUERRA**
❑ ANDRES AND SAM	1991	1500	37.00	37.00
❑ ANNELLE	1992	2500	37.00	37.00
❑ BALLA RENA	1992	2500	31.00	31.00
❑ BELINDA	1991	1500	31.00	31.00
❑ BESTEST FRIENDS	1992	2500	31.00	31.00
❑ BLESSED WITH LOVE	1991	1500	55.00	55.00
❑ BUNNY LOVE	1992	2500	31.00	31.00
❑ CHRIS MISS	1992	2500	31.00	31.00
❑ CHURCH LADY ELLIE	1992	2500	37.00	37.00
❑ CHURCH LADY ETHEL	1992	2500	37.00	37.00
❑ CHURCH LADY PEARLE	1992	2500	37.00	37.00
❑ DADDY'S DARLING	1991	1500	48.00	48.00
❑ DUTCHIE	1992	2500	31.00	31.00
❑ EFFIE AND COMPANY	1991	1500	31.00	31.00
❑ EMMA AND NICKIE	1991	1500	37.00	37.00
❑ ENDLESS LOVE	1991	1500	48.00	48.00
❑ FELICIA & FLUFF	1991	1500	37.00	37.00
❑ FIRST POSITION	1992	2500	31.00	31.00
❑ FREE KICK DICK	1992	2500	31.00	31.00
❑ FROZEN FRIENDS	1991	1500	42.00	42.00
❑ GILBERT	1991	1500	31.00	31.00
❑ GLORYA	1991	1500	75.00	75.00
❑ GRANDMAS LOVE	1991	1500	65.00	65.00
❑ HANNAH AND KITTY	1991	1500	42.00	42.00
❑ INTO THE LIGHT	1991	1500	31.00	31.00
❑ JOY BOY	1992	2500	31.00	31.00
❑ LEARNING TO BRAID	1991	1500	42.00	42.00
❑ LETTIE THE DOLLMAKER	1991	1500	48.00	48.00
❑ LITTLE CHASE	1992	2500	31.00	31.00
❑ LITTLE MAGIC	1992	2500	31.00	31.00
❑ LOVING EWE	1992	2500	31.00	31.00
❑ LOVING EWE TOO!	1992	2500	33.00	33.00

FIGURINES

NAME	YEAR	LIMIT	ISSUE	TREND
❏ MANDAS NABBIT	1992	2500	31.00	31.00
❏ MISSING YOU	1991	1500	37.00	37.00
❏ NEW PUPS	1991	1500	31.00	31.00
❏ P.S. I LOVE YOU	1992	2500	42.00	42.00
❏ PARTY TIME PALS	1991	1500	55.00	55.00
❏ PENNY PINCHER	1991	1500	48.00	48.00
❏ PLAY TIME	1991	1500	31.00	31.00
❏ PRAYING PALS	1991	1500	31.00	31.00
❏ PREACHER MAN	1991	1500	31.00	31.00
❏ PREPPIE GREGORY	1992	2500	37.00	37.00
❏ PREPPIE WINTHROP	1992	2500	31.00	31.00
❏ PRIMA DONA	1992	2500	31.00	31.00
❏ PUDDLES	1991	1500	37.00	37.00
❏ PUPPY LOVE	1991	1500	37.00	37.00
❏ PUPPY LOVING	1992	2500	37.00	37.00
❏ QUARTERBACK JACK	1992	2500	31.00	31.00
❏ RUBY RAE AND TOM-TOM	1991	1500	37.00	37.00
❏ SCHOOL DAZE	1991	1500	31.00	31.00
❏ SCHOOL GIRL SAL	1992	2500	31.00	31.00
❏ SCHOOL GIRL SUE	1992	2500	31.00	31.00
❏ SUNDAY MORNING	1991	1500	75.00	75.00
❏ SWEET ASSURANCE	1991	1500	48.00	48.00
❏ SWEET DREAMS	1991	1500	37.00	37.00
❏ THERE YOU ARE!	1992	2500	48.00	48.00
❏ TOO MUCH HOMEWORK	1992	2500	48.00	48.00
❏ VALENTINE OF MINE	1992	2500	31.00	31.00
❏ VICTORY	1992	2500	31.00	31.00
HEAVEN SENT				**C. GUERRA**
❏ ALLELUIA	1992	2500	45.00	45.00
❏ CHRISTENING DAY	1992	2500	55.00	55.00
❏ ENDURING FAITH	1992	2500	55.00	55.00
❏ LOVE IS PATIENT	1992	2500	49.00	49.00
KITTY KAT KLUB				**C. GUERRA**
❏ KASSANDRA KITTY	1990	1500	30.00	30.00
❏ KATRINA	1990	1500	30.00	30.00
❏ KLARA KITTY	1990	1500	30.00	30.00
❏ KLARENCE KITTY	1990	1500	30.00	30.00
❏ KLAUDIUS KITTY	1990	1500	30.00	30.00
❏ KOCKEY KITTY	1990	1500	30.00	30.00
❏ KONRAD KITTY	1990	1500	30.00	30.00
❏ KOQUETTE KITTY	1990	1500	30.00	30.00
SANTA CLAUS BY CONSTANCE				**C. GUERRA**
❏ AMERICAN TRADITIONAL SANTA	1988	4000	90.00	90.00
❏ ANIMAL SANTA	1987	4000	78.00	78.00
❏ CANDY CANE SANTA	1990	1000	124.00	124.00
❏ COBBLESTONE SANTA	1989	4000	112.00	112.00
❏ ELF SANTA	1990	1000	298.00	298.00
❏ FIRST CHRISTMAS	1991	1000	79.00	79.00
❏ FIRST FROST	1991	1000	250.00	250.00
❏ HEAVENLY BLESSING	1991	1000	79.00	79.00
❏ HUNT SANTA	1990	1000	158.00	158.00
❏ HUSH! HUSH! SANTA	1992	2500	60.00	60.00
❏ JOLLY ST. NICK	1986	4000	72.00	72.00
❏ KITTY CHRISTMAS	1989	4000	112.00	112.00
❏ KITTY CLAUS	1990	1000	78.00	78.00
❏ LITTLE BOY'S SANTA	1991	1000	95.00	95.00
❏ MIDNIGHT VISIT	1988	4000	112.00	112.00
❏ PEACE ON EARTH	1992	2500	64.00	64.00
❏ ROCKINGHORSE SANTA	1990	1000	124.00	124.00
❏ SAINT NICHOLAS OF MYRA	1988	4000	90.00	90.00
❏ SANTA WITH BOY	1989	1000	90.00	90.00
❏ SANTA WITH DEER	1989	4000	112.00	112.00
❏ SANTA WITH GIRL	1989	1000	90.00	90.00
❏ SANTA WITH LAMB	1989	4000	112.00	112.00
❏ SANTA'S DANCE	1991	1000	95.00	95.00
❏ SANTA'S DAY OFF	1991	1000	90.00	90.00
❏ SANTAS DELIVERY	1988	4000	90.00	90.00
❏ SANTA'S GIRL	1991	1000	95.00	95.00
❏ SANTA'S SLEIGH	1989	1000	190.00	190.00
❏ SIBERIAN SANTA	1989	1000	190.00	190.00
❏ TEST RUN SANTA	1992	2500	79.00	79.00
❏ THOMAS NAST SANTA	1989	4000	112.00	112.00
❏ TOUCH UP SANTA	1992	2500	64.00	64.00
❏ VICTORIAN SANTA	1986	4000	90.00	90.00
❏ VICTORIAN SANTA WITH BEAR	1986	4000	80.00	80.00
SEASONAL SANTA				**C. GUERRA**
❏ BASES LOADED	1992	2500	90.00	90.00
❏ FISHING DAY FUN	1992	2500	90.00	90.00
❏ FRESH POWDER FUN	1992	2500	72.00	72.00
❏ LOST BALL SANTA	1992	2500	90.00	90.00
❏ SPRING SERENITY	1992	2500	112.00	112.00
TENDER TOTS				**C. GUERRA**
❏ BABY BUNS	1992	2500	31.00	31.00
❏ BABY'S BLOCKS	1992	2500	37.00	37.00
❏ BABY'S FIRST ABC'S	1992	2500	37.00	37.00
❏ FIRST CRAWL	1992	2500	37.00	37.00
❏ FIRST DAY HOME (BOY)	1992	2500	35.00	35.00
❏ FIRST DAY HOME (GIRL)	1992	2500	35.00	35.00
❏ FIRST WORDS	1992	2500	37.00	37.00

NAME	YEAR	LIMIT	ISSUE	TREND
❑ NIGHT-NIGHT	1992	2500	31.00	31.00
❑ PLAYMATES	1992	2500	33.00	33.00
❑ SUGARPLUM DARLINGS	1992	2500	37.00	37.00
❑ TOYLAND	1992	2500	37.00	37.00

COUNTRY ARTISTS

				*
❑ FREEDOM OF THE SEAS	1993	RT	325.00	325.00

D. IVEY

❑ GRACEFUL FLIGHT	1995	950	695.00	695.00
❑ LORD OF THE SKIES	1994	RT	795.00	795.00
❑ SPIRIT OF FREEDOM	1994	1500	750.00	750.00
❑ VISIONS OF DAWN	1995	250	2700.00	2700.00

B. PRICE

❑ BROKEN DREAMS	1996	850	375.00	375.00
❑ CHALLENGE, THE	1996	850	325.00	325.00
❑ EVER PATIENT	1996	850	375.00	375.00
❑ FAMILY ADVENTURE	1996	850	375.00	375.00
❑ GUARDIAN OF THE HERD	1994	RT	695.00	695.00
❑ RESTFUL DAYS	1996	850	750.00	750.00
❑ SUMMER DREAMS	1994	RT	395.00	395.00

R. SEFTON

❑ COMING HOME	1994	RT	395.00	395.00
❑ SPIRIT OF THE PLAINS	1996	850	850.00	850.00
❑ TRIAL OF STRENGTH	1996	850	750.00	750.00

K. SHERWIN

❑ AFTER THE STORM	1996	850	450.00	450.00
❑ FIRST LIGHT	1996	850	450.00	450.00
❑ LAST FURROW, THE	1994	RT	395.00	395.00
❑ SPRING OF LIFE	1996	850	205.00	295.00
❑ WINTER HOLT	1995	1500	750.00	750.00

BALD EAGLE COLLECTION

S. LANGFORD

❑ BALD EAGLE LANDING	1995	OP	128.00	135.00
❑ BALD EAGLE SOARING	1995	OP	63.00	74.00
❑ HIDDEN SANCTUARY	1995	2500	289.00	289.00
❑ SPIRIT OF FREEDOM	1995	1500	750.00	765.00

BIG CAT COLLECTION

D. IVEY

❑ CHEETAH	1995	OP	198.00	205.00
❑ COUGAR	1995	OP	182.00	195.00
❑ LEOPARD	1995	OP	198.00	205.00
❑ SNOW LEOPARD	1995	OP	189.00	200.00
❑ TIGER	1995	OP	215.00	220.00

BIRDS

D. IVEY

❑ ARTISTS OF THE SKY	1999	400	750.00	750.00
❑ VIEWS OF THE RIVER	1998	RT	850.00	850.00

BRONZE WILDLIFE

R. SEFTON

❑ GOLIATH-THE GENTLE GIANT	1999	RT	550.00	550.00

DOLPHINS

M. WEST

❑ HIDDEN DEPTHS	1998	RT	295.00	295.00

EAGLES

D. IVEY

❑ SUPREME ENCOUNTER	2002	750	175.00	175.00
❑ WINGS OF FREEDOM	2002	2001	79.00	79.00

GARDEN BIRDS

K. SHERWIN

❑ WINGS OF LOVE	2002	2500	59.00	50.00

GRAYWOLF COLLECTION

K. SHERWIN

❑ DAWN CHORUS	1992	OP	375.00	400.00
❑ FIRST ICE OF WINTER	1992	RT	450.00	475.00
❑ HIGH GROUND	1992	OP	225.00	250.00
❑ LARGE HOWLING WOLF	1992	OP	150.00	165.00
❑ MEDIUM HOWLING WOLF	1992	OP	95.00	105.00
❑ MOTHER & CUB	1992	OP	175.00	195.00
❑ RUNNING FREE	1992	OP	175.00	195.00
❑ SMALL HOWLING WOLF	1992	OP	49.00	55.00
❑ UNTAMED WILDERNESS	1995	3500	450.00	450.00
❑ WOLF CUBS	1992	OP	135.00	145.00
❑ WOLF KISS	1992	OP	250.00	275.00
❑ WOLF PAIR	1992	OP	225.00	250.00

HORSES-BRONZE

R. SEFTON

❑ STALLIONS OF THE CAMARQUE	1999	RT	550.00	550.00

KINGDOM OF EAGLE-BIRDS

				*
❑ AWAKE AT DAWN	1998	RT	295.00	295.00

KINGDOM OF EAGLE-BIRDS

D. IVEY

❑ MAJESTIC GRACE	1998	RT	425.00	425.00

KINGDOM OF EAGLE-BIRDS

B. PRICE

❑ WOODLAND GLADE	1998	RT	650.00	650.00

KINGDOM OF EAGLE-BIRDS

K. SHERWIN

❑ RULING THE ROOST	1999	RT	475.00	475.00

KINGDOM OF EAGLE-OWLS

D. IVEY

❑ HERALD OF SPRING	1998	RT	325.00	325.00

KINGDOM OF THE EAGLE

D. IVEY

❑ AGAINST THE FLOW	1999	550	550.00	550.00

KINGDOM OF THE EAGLE

S. LANGFORD

❑ COMMAND OF THE WATER	1998	YR	135.00	135.00

KINGDOM OF THE EAGLE-WOLVES

K. SHERWIN

❑ DIFFICULT CROSSING, A	1998	RT	425.00	425.00

NATIVE AMERICAN

R. SEFTON

❑ HAND OF FRIENDSHIP	1996	RT	169.00	169.00
❑ STRENGTH OF THE SPIRIT	1998	500	1300.00	1300.00

NAME	YEAR	LIMIT	ISSUE	TREND
NATIVE AMERICAN				**K. SHERWIN**
❑ LITTLE SPIRIT	1998	RT	350.00	340.00
NATURE TRAIL				**R. DANIELS**
❑ HELPING HAND, A	1998	RT	650.00	650.00
NATURE TRAIL TIGERS				**D. IVEY**
❑ AFTER THE RAIN	1999	950	750.00	750.00
PANDAS				**R. SEFTON**
❑ SHELTERED SECLUSION	1998	RT	325.00	325.00
PAWPRINTS/TUSKERS				**B. PRICE**
❑ FUN & GAMES	1998	3500	75.00	75.00
PENGUIN COLLECTION				**B. PRICE**
❑ MINIATURE PENGUIN	1995	OP	25.00	28.00
❑ MOTHER & CHICKS	1995	OP	110.00	120.00
❑ PENGUIN CHICK SLIDING	1995	OP	53.00	55.00
❑ PENGUIN CHICKS GROUP	1995	OP	75.00	80.00
❑ PENGUIN CHICKS KISSING	1995	OP	58.00	62.00
❑ PENGUIN FAMILY	1995	OP	169.00	180.00
TOTS				**G. MILLER**
❑ FRIENDSHIP IS SHARING	1999	RT	*	N/A
TUSKERS ELEPHANTS				**B. PRICE**
❑ OLD FAITHFUL	2002	3000	125.00	125.00
WILDLIFE COLLECTION				**D. IVEY**
❑ NEW ARRIVALS	1997	850	385.00	385.00
❑ REMOTE HEIGHTS	1997	850	385.00	385.00
WILDLIFE COLLECTION				**K. SHERWIN**
❑ AN EARLY THAW	1997	950	375.00	375.00
❑ WARRIOR'S GIFT, THE	1997	950	325.00	325.00

COYNE'S & CO.

NAME	YEAR	LIMIT	ISSUE	TREND
AMERICAN CHESTNUT FOLK ART CHRISTMAS COLLECTION				**P./D. BRETZ**
❑ AFTER WORK	1999	3500	65.00	65.00
❑ AFTERNOON AT FROZEN POND	1999	3500	65.00	65.00
❑ DASHING THROUGH THE SNOW	1999	3500	50.00	50.00
❑ FLIGHT IN THE STARRY NIGHT	1999	3500	75.00	75.00
❑ FRIENDS HELP	1999	3500	60.00	60.00
❑ LITTLE HELP, PLEASE, A	1999	3500	65.00	65.00
❑ SANTA AND SLEIGHFOOT	2001	3500	75.00	75.00
❑ UP, UP AND AWAY	1999	3500	70.00	70.00
AMERICAN CHESTNUT FOLK ART EVERYDAY COLLECTION				**P./D. BRETZ**
❑ CELEBRATE COUNTRY	2002	3500	45.00	45.00
❑ LETTUCE IS ALWAYS GREENER, THE	1999	3500	70.00	70.00
❑ SWEET DREAMS, ERNEST	2000	3500	65.00	65.00
ASHLAND STUDIO SANTA COLLECTION				**J. MCKENNA**
❑ CHRISTMAS DREAMS	2000	3500	75.00	75.00
❑ PROTECTIVE GUIDANCE	2000	3500	50.00	50.00
BAVARIAN HERITAGE COLLECTION CHRISTMAS COLLECTION				*
❑ HOME FOR THE HOLIDAYS	1999	3500	80.00	80.00
❑ HUG FOR A FAITHFUL FRIEND, A, MUSICAL	1999	3500	75.00	75.00
❑ TOYS FOR ALL	2000	3500	55.00	55.00
DAVID FRYKMAN PORTFOLIO ARCTIC FISHERMAN				**D. FRYKMAN**
❑ GIFT HORSE	2001	3500	75.00	75.00
DAVID FRYKMAN PORTFOLIO BARNYARD				**D. FRYKMAN**
❑ TAKE A GANDER	2001	3500	60.00	60.00
DAVID FRYKMAN PORTFOLIO CHRISTMAS COLLECTION				**D. FRYKMAN**
❑ ARCTIC ARMADA, SET OF 4	1999	5000	70.00	70.00
❑ ARCTIC EXPRESS	1999	3500	70.00	70.00
❑ BEAR BACK HOLIDAY	1995	2500	65.00	65.00
❑ BEAR BACKIN'	1998	3000	90.00	90.00
❑ BEAR NECESSITIES	2000	3500	60.00	60.00
❑ CARIBOU CHRISTMAS	1995	2500	60.00	60.00
❑ CHRISTMAS CART, THE, MUSICAL	1995	2500	80.00	80.00
❑ CHRISTMAS WISH	2002	3500	30.00	30.00
❑ CHRISTMOOSE IS COMING	1999	3500	77.00	77.00
❑ CROSS-COUNTRY CHRISTMAS	1999	3500	77.00	77.00
❑ FATHER TIME	2000	2000	50.00	50.00
❑ FOLLOW THAT SLEIGH	1996	2500	100.00	100.00
❑ GO FASTER	1998	3000	77.00	77.00
❑ HANG A SHINING STAR, SET OF 4	1996	2500	80.00	80.00
❑ JUST HEAD SOUTH	1997	3000	100.00	100.00
❑ LAND HO!	1999	3500	85.00	85.00
❑ LAST STOP, MUSICAL	1997	3000	70.00	70.00
❑ MAKING SPIRITS BRIGHT	1998	3000	60.00	60.00
❑ MOOSH	1997	2500	70.00	70.00
❑ NORTH POLE CAROUSEL	2002	3500	30.00	30.00
❑ O JOYFUL SOUND MUSICAL	1995	2500	120.00	120.00
❑ ON TOP OF THE WORLD	1998	3000	100.00	100.00
❑ ON, BLITZEN	2000	3500	70.00	70.00
❑ PENGUINS' BEST FRIEND	2000	5000	40.00	40.00
❑ POLAR BEAR DANCE	1994	2400	100.00	100.00
❑ SANTA'S ARK	1997	2500	77.00	77.00
❑ SANTA'S CHRISTMAS PRESENCE	1999	3500	60.00	60.00
❑ SANTA'S FLIGHT	1994	2400	120.00	120.00
❑ SPECIAL DELIVERY	1996	2500	80.00	80.00
❑ TANNENBAUM EXPRESS, SET OF 4	1997	3000	70.00	70.00
❑ TANNENBAUM TIMBERWOLF	1999	3000	100.00	100.00
❑ TOYMAKER'S MARCH	1994	2400	80.00	80.00
❑ WINTER WALK	1996	2500	60.00	60.00

NAME	YEAR	LIMIT	ISSUE	TREND
DAVID FRYKMAN PORTFOLIO FIREFIGHTER				**D. FRYKMAN**
❏ DAYS GONE BY	2002	3500	70.00	70.00
DAVID FRYKMAN PORTFOLIO GOLFER				**D. FRYKMAN**
❏ DASHING THRU THE SNOW	2001	3500	75.00	75.00
DAVID FRYKMAN PORTFOLIO OLDEST FARMER				**D. FRYKMAN**
❏ FARMERS MARKET, SET OF 3	1997	5000	85.00	85.00
❏ TWO BY TWO	2002	3000	65.00	65.00
DAVID FRYKMAN PORTFOLIO OLDEST SAILOR				**D. FRYKMAN**
❏ AS THE WIND BLOWS	2001	3500	60.00	60.00
❏ CANDY CANE CRUSADE	2001	3500	70.00	70.00
❏ FAMILY TREE, THE	2001	3500	85.00	85.00
DAVID FRYKMAN PORTFOLIO SANTA CRAFTED				**D. FRYKMAN**
❏ EAGLE TIME	2000	2500	50.00	50.00
FOLKWOODS STUDIO CHRISTMAS COLLECTION				**A. STROM**
❏ HARVEST FESTIVAL SANTA	2000	3500	90.00	90.00
FOLKWOODS STUDIO EVERYDAY COLLECTION				**A. STROM**
❏ NORTHWOODS GUIDE	2001	3500	50.00	50.00
❏ NORTHWOODS SOJOURNER	2000	3500	120.00	120.00
LITTLE STREET COLLECTION ANIMAL FRIENDS				**E. WATRUS**
❏ LITTLE UPS 'N DOWNS, MUSICAL	2001	5000	45.00	45.00
LITTLE STREET COLLECTION CHRISTMAS COLLECTION				**E. WATRUS**
❏ JOY 2 U	2001	5000	40.00	40.00
❏ NOAH'S ARK	2000	5000	45.00	45.00
❏ UP, UP & AWAY	2000	5000	40.00	40.00
WILLIRAYE STUDIO CHRISTMAS COLLECTION				**SCHUKNECHT**
❏ ALONG FOR THE RIDE	1997	2500	130.00	130.00
❏ ALWAYS FLYING SOUTH	1996	1500	75.00	75.00
❏ BEAR-RUN	2002	5000	80.00	80.00
❏ EVERYTHING IS POINTING NORTH	1996	1500	150.00	150.00
❏ FOWL WEATHER FLIGHT PULL TOY	2000	3500	90.00	90.00
❏ HANGING MITTENS OUT TO DRY	2001	5000	65.00	65.00
❏ LEAN ON ME	2001	5000	80.00	80.00
❏ LONG WINTER'S NAP	1998	3500	80.00	80.00
❏ MOORY CHRISTMAS	1999	3500	100.00	100.00
❏ MOOSE-STACHE	1998	3500	65.00	65.00
❏ RISKY ROAD AHEAD	1996	1500	150.00	150.00
❏ SNOW SERENADE, A	1999	3500	90.00	90.00
❏ STARLIGHT FLIGHT	1999	3500	150.00	150.00
❏ WHEN PIGS FLY	1997	3000	77.00	77.00
❏ WHOA!	1997	2500	100.00	100.00
❏ WINTRY FLIGHT	1997	3500	77.00	77.00
WILLIRAYE STUDIO COLLECTORS EDITION				**SCHUKNECHT**
❏ COUNTRY CAROL, A, SET OF 5	1998	5000	60.00	60.00
❏ COUNTRY CHURCH, A, SET OF 5	1998	5000	60.00	60.00
❏ COUNTRY SCHOOL, A, SET OF 5	1998	5000	60.00	60.00
❏ SKATING PARTY, SET OF 4	2000	5000	80.00	80.00
❏ WINTER FRIENDS, SET OF 4	1999	5000	60.00	60.00
WILLIRAYE STUDIO EVERYDAY COLLECTION				**SCHUKNECHT**
❏ BLUE MOON EXPRESS	2001	5000	100.00	100.00
❏ BLUE RIBBON BOSSY	1997	2500	85.00	85.00
❏ COME BLOW YOUR HORN	1999	3500	85.00	85.00
❏ COUNTRY TAXI	1998	3000	115.00	115.00
❏ MISS LIBERTY	2000	3500	80.00	80.00
❏ UNCLE SAM	1999	3500	80.00	80.00

CREART

NAME	YEAR	LIMIT	ISSUE	TREND
AFRICAN WILDLIFE				**F. CONTRERAS**
❏ CAPE BUFFALO	1993	1500	418.00	418.00
❏ NUMA LION'S HEAD	1994	2500	418.00	418.00
AFRICAN WILDLIFE				**E. MARTINEZ**
❏ GRUMBLER CAPE BUFFALO	1994	1500	498.00	498.00
AFRICAN WILDLIFE				**V. PEREZ**
❏ TRAVIESO	1993	1500	198.00	198.00
AMERICAN WILDLIFE				**F. CONTRERAS**
❏ AMERICAN SYMBOL EAGLE	1993	1500	246.00	246.00
❏ RED FOX, THE	1993	1500	199.00	199.00
❏ WILD AMERICAN BISON	1993	1500	338.00	338.00
AMERICAN WILDLIFE				**C. ESTEVEZ**
❏ CATAMOUNTAIN	1994	2500	118.00	118.00
❏ OUT OF THE DEN PUMA	1994	1500	130.00	130.00
❏ PUFFINS	1994	1500	258.00	258.00
AMERICAN WILDLIFE				**E. MARTINEZ**
❏ BUENOS DIAS JACK RABBIT	1993	1500	218.00	218.00
❏ FREEDOM EAGLE	1994	1500	500.00	500.00
❏ HOWLING COYOTE	1993	1500	199.00	199.00
AMERICAN WILDLIFE				**B. NELSON**
❏ AMBUSHING PUMA	1994	1950	150.00	150.00
❏ BRIEFLY REST PUMAS	1994	1950	250.00	250.00
❏ RED-TAILED HAWK	1994	1950	130.00	130.00
AMERICAN WILDLIFE				**V. PEREZ**
❏ OVER THE TOP PUMA	1994	1500	398.00	398.00
❏ SCENT OF HONEY BEAR	1993	1500	398.00	398.00
❏ SINGING TO THE MOON I WOLF	1994	1500	398.00	398.00
❏ SINGING TO THE MOON II WOLF	1994	1500	358.00	358.00
❏ WHITE BLIZZARD WOLF	1993	1500	275.00	275.00
BIRDS OF PREY				**J. ROBISON**
❏ GYRFALCON	1994	450	1300.00	1300.00
❏ VIGILANT EAGLE	1994	650	780.00	780.00

FIGURINES

NAME	YEAR	LIMIT	ISSUE	TREND
NATURE'S CARE				**F. CONTRERAS**
❑ DOE & FAWNS	1993	2500	99.00	99.00
❑ EAGLE & EAGLET	1993	2500	99.00	99.00
❑ GORILLA & BABY	1993	2500	99.00	99.00
❑ LIONESS & CUBS	1993	2500	99.00	99.00
❑ WOLF & PUPS	1993	2500	99.00	99.00
NATURE'S CARE				**C. ESTEVEZ**
❑ OTTERS	1993	2500	99.00	99.00
NATURE'S CARE				**E. MARTINEZ**
❑ JACK RABBIT & YOUNG	1993	2500	99.00	99.00
NATURE'S CARE				**V. PEREZ**
❑ GRIZZLY & CUBS	1993	2500	99.00	99.00
❑ PENGUIN AND CHICKS	1993	2500	99.00	99.00

CRUNKLETON CREATIONS

NAME	YEAR	LIMIT	ISSUE	TREND
LINCOLN COUNTY GARDEN CLUB II				**M. CRUNKLETON**
❑ AUNT LENA	1989	RT	40.00	75.00
❑ BIG BEULAH	1989	RT	40.00	75.00
❑ CHARLOTTE DEAR	1989	RT	40.00	75.00
❑ GERTRUDE	1989	RT	40.00	75.00
❑ GRANDMA MATTIE	1989	RT	40.00	75.00
❑ JACKUELINE ADEL	1989	RT	40.00	75.00
❑ LADY MARGARET II	1989	RT	40.00	75.00
❑ LARRY LAVINSKI	1989	RT	40.00	75.00
❑ MISTER BOB	1989	RT	40.00	75.00
❑ MOLLY BLUME	1989	RT	40.00	75.00
❑ MOZELL	1989	RT	40.00	75.00
❑ SISTER ALMA	1989	RT	40.00	75.00
❑ TRUMAN WILLARD	1989	RT	40.00	75.00
LINCOLN COUNTY GARDEN CLUB III				**M. CRUNKLETON**
❑ AGNES	1990	RT	40.00	138.00
❑ ANNIE LEA	1990	RT	40.00	138.00
❑ BIG GUY	1990	RT	40.00	138.00
❑ DINAH JANE	1990	RT	40.00	138.00
❑ DONNA JEAN	1990	RT	40.00	138.00
❑ FLORABEL'S MOM	1990	RT	40.00	275.00
❑ LADY MARGARET III	1990	RT	40.00	138.00
❑ LEONA MILLER	1990	RT	40.00	138.00
❑ MAUDE	1990	RT	40.00	138.00
❑ MISS TILLY	1990	RT	40.00	138.00
❑ MS LILA	1990	RT	40.00	138.00
❑ REBECCA MARIE	1990	RT	40.00	275.00

CRYSTAL WORLD

NAME	YEAR	LIMIT	ISSUE	TREND
ALL GOD'S CREATURES				*
❑ BUFFALO	1997	OP	350.00	350.00
❑ GIANT SEA TURTLE	1997	*	250.00	250.00
❑ JUNIOR	1997	OP	110.00	110.00
❑ MAMA ELEPHANT	1997	OP	250.00	250.00
ALL GOD'S CREATURES				**N. MULARGIA**
❑ LARGE LOVE SWANS	1996	OP	252.00	252.00
❑ LOVE SWANS	1986	OP	83.00	83.00
❑ MAJESTIC BALD EAGLE	1997	*	1100.00	1100.00
❑ MINI BUTTERFLY	1986	CL	15.00	18.00
❑ MINI DACHSHUND	1986	CL	15.00	18.00
❑ MINI FROG MUSHROOM	1986	CL	15.00	18.00
❑ MINI KOALA	1986	CL	15.00	18.00
❑ MINI MOUSE	1986	CL	15.00	18.00
❑ MINI RABBIT	1986	CL	15.00	18.00
❑ MINI SWAN	1986	OP	15.00	15.00
❑ OWLS	1994	OP	53.00	53.00
❑ PIG	1993	CL	50.00	50.00
❑ WILBUR IN LOVE	1995	CL	90.00	90.00
ALL GOD'S CREATURES				**R. NAKAI**
❑ ALLIGATOR	1983	CL	46.00	55.00
❑ BEAVER	1984	CL	30.00	36.00
❑ BUTTERFLY	1984	CL	50.00	60.00
❑ BUTTERFLY CATERPILLAR	1985	CL	40.00	48.00
❑ BUTTERFLY ON DAISY	1985	CL	30.00	36.00
❑ DACHSHUND	1984	CL	28.00	33.00
❑ DOG	1984	CL	28.00	33.00
❑ DUCK	1984	CL	30.00	36.00
❑ DUCK FAMILY	1990	CL	70.00	84.00
❑ EXTRA LARGE PEACOCK	1984	CL	420.00	500.00
❑ FREDDY FROG	1996	OP	30.00	30.00
❑ FRIEDA FROG	1996	OP	37.00	37.00
❑ FROG & MUSHROOM	1984	CL	46.00	55.00
❑ KING SWAN	1987	CL	110.00	132.00
❑ LARGE CIRCUS PUPPY	1987	CL	50.00	60.00
❑ LARGE ELEPHANT	1985	CL	54.00	65.00
❑ LARGE FROG	1983	CL	30.00	36.00
❑ LARGE HIPPO	1984	CL	50.00	60.00
❑ LARGE KANGAROO	1984	CL	50.00	60.00
❑ LARGE KOALA BEAR	1984	CL	69.00	85.00
❑ LARGE LION	1985	CL	60.00	72.00
❑ LARGE MOUSE	1983	CL	36.00	42.00

NAME	YEAR	LIMIT	ISSUE	TREND
❑ LARGE PANDA	1987	CL	45.00	54.00
❑ LARGE PEACOCK	1984	CL	147.00	177.00
❑ LARGE PIG	1983	CL	50.00	60.00
❑ LARGE PLAYFUL PUP	1987	CL	85.00	102.00
❑ LARGE POODLE	1987	CL	64.00	76.00
❑ LARGE RABBIT	1983	CL	50.00	60.00
❑ LARGE RABBIT W/CARROT	1987	CL	55.00	66.00
❑ LARGE SNOWBUNNY	1987	CL	45.00	54.00
❑ LARGE SWAN	1987	CL	100.00	100.00
❑ LARGE TURTLE	1983	CL	56.00	65.00
❑ MEDIUM MOUSE	1983	CL	28.00	33.00
❑ MEDIUM PIG	1983	CL	32.00	38.00
❑ MEDIUM SWAN	1987	OP	63.00	63.00
❑ MEDIUM TURTLE	1983	CL	38.00	45.00
❑ MINI FROG	1983	CL	14.00	17.00
❑ MINI RAINBOW DOG	1989	CL	25.00	30.00
❑ MINI RAINBOW OWL	1989	CL	25.00	30.00
❑ MINI RAINBOW PENGUIN	1989	CL	25.00	30.00
❑ MINI RAINBOW SQUIRREL	1989	CL	25.00	30.00
❑ MINI SWAN	1987	OP	28.00	28.00
❑ MINI TURTLE	1984	CL	18.00	22.00
❑ MOTHER KOALA AND CUB	1987	CL	55.00	64.00
❑ MOUSE STANDING	1983	CL	34.00	41.00
❑ PEACOCK	1984	CL	50.00	60.00
❑ PENGUIN	1984	CL	34.00	41.00
❑ PENGUIN ON CUBE	1987	CL	30.00	36.00
❑ PENGUIN ON CUBE	1996	CL	48.00	48.00
❑ POLAR BEAR PAPERWEIGHT	1991	OP	98.00	98.00
❑ POODLE	1984	CL	30.00	36.00
❑ PORCUPINE	1984	CL	42.00	50.00
❑ POSING PENGUIN	1987	CL	85.00	102.00
❑ PROUD PEACOCK	1997	OP	150.00	150.00
❑ RACOON	1985	CL	50.00	60.00
❑ RHINOCEROS	1987	CL	55.00	66.00
❑ SEAL	1994	CL	46.00	46.00
❑ SMALL CIRCUS PUPPY	1987	CL	28.00	33.00
❑ SMALL ELEPHANT	1983	CL	40.00	48.00
❑ SMALL FROG	1983	CL	26.00	32.00
❑ SMALL HIPPO	1984	CL	30.00	35.00
❑ SMALL KANGAROO	1984	CL	34.00	40.00
❑ SMALL KOALA	1984	CL	28.00	32.00
❑ SMALL LION	1985	CL	36.00	43.00
❑ SMALL MOUSE	1983	CL	20.00	24.00
❑ SMALL PANDA	1987	CL	58.00	58.00
❑ SMALL PEACOCK	1984	CL	37.00	44.00
❑ SMALL PIG	1983	CL	22.00	26.00
❑ SMALL PLAYFUL PUP	1987	CL	32.00	32.00
❑ SMALL POODLE	1987	CL	35.00	42.00
❑ SMALL RABBIT	1983	CL	28.00	35.00
❑ SMALL RABBIT W/CARROT	1987	CL	32.00	36.00
❑ SMALL RACOON	1987	CL	30.00	36.00
❑ SMALL SNOWBUNNY	1907	CL	25.00	30.00
❑ SMALL SWAN	1983	CL	28.00	34.00
❑ SMALL SWAN	1985	CL	45.00	45.00
❑ SMALL SWAN	1987	OP	32.00	32.00
❑ SMALL TURTLE	1983	CL	28.00	35.00
❑ SPIKE	1991	CL	50.00	60.00
❑ SPOT	1991	CL	50.00	60.00
❑ SQUIRREL	1985	CL	30.00	36.00
❑ TEA TIME	1995	OP	50.00	50.00
❑ TURTLE	1993	CL	65.00	65.00
❑ UNICORN	1986	CL	110.00	132.00
❑ WALRUS	1907	CL	70.00	84.00
ALL GOD'S CREATURES				**T. SUZUKI**
❑ ALLIE-GATOR	1997	OP	100.00	100.00
❑ BABY DINOSAUR	1990	CL	50.00	60.00
❑ BARNEY DOG	1990	CL	32.00	38.00
❑ BETSY BUNNY	1990	CL	32.00	38.00
❑ CLARA COW	1990	CL	32.00	38.00
❑ GEORGIE GIRAFFE	1990	CL	32.00	38.00
❑ HENRY HIPPO	1990	CL	32.00	38.00
❑ JUMBO ELEPHANT	1900	OP	32.00	32.00
❑ LING LING	1995	CL	53.00	53.00
❑ MIKEY MONKEY	1990	CL	32.00	38.00
❑ PERCY PIGLET	1995	CL	19.00	19.00
❑ PLAYFUL SEAL	1993	OP	42.00	42.00
❑ PUPPY LOVE	1990	CL	45.00	54.00
❑ SWAN FAMILY	1990	CL	70.00	84.00
❑ TRUMPETING ELEPHANT	1992	CL	50.00	50.00
❑ WILBUR THE PIG	1994	OP	48.00	48.00
BIRD COLLECTION				**N. MULARGIA**
❑ BIRD BATH	1986	CL	54.00	65.00
BIRD COLLECTION				**R. NAKAI**
❑ BIRD FAMILY	1984	CL	22.00	26.00
❑ EXTRA LARGE PARROT	1985	CL	300.00	360.00

FIGURINES

NAME	YEAR	LIMIT	ISSUE	TREND
❑ LARGE OWL	1983	CL	44.00	54.00
❑ LARGE PARROT	1987	CL	130.00	160.00
❑ LOVE BIRDS	1984	CL	44.00	54.00
❑ MEDIUM OWL	1983	CL	50.00	60.00
❑ MINI OWL	1983	CL	20.00	25.00
❑ PARROT COUPLE	1991	CL	90.00	108.00
❑ SMALL OWL	1983	CL	22.00	26.00
❑ SMALL PARROT	1985	CL	100.00	120.00
BIRD COLLECTION				**T. SUZUKI**
❑ OLLIE OWL	1990	CL	32.00	37.00
❑ SMALL WISE OWL	1990	CL	40.00	48.00
❑ TREE TOP OWLS	1990	CL	96.00	105.00
❑ WISE OWLS	1990	CL	55.00	65.00
BON VOYAGE COLLECTION				**N. MULARGIA**
❑ EXPRESS TRAIN	1993	CL	95.00	114.00
❑ MINI CRUISE SHIP	1995	OP	105.00	105.00
❑ RAINBOW EXPRESS, THE	1991	CL	125.00	150.00
❑ SAILING SHIP	1992	CL	38.00	38.00
❑ SCHOONER	1991	CL	95.00	95.00
BON VOYAGE COLLECTION				**R. NAKAI**
❑ AMISH BUGGY	1995	CL	160.00	160.00
❑ AMISH BUGGY W/WOOD BASE	1995	CL	190.00	190.00
❑ BERMUDA RIG SAILBOAT	1994	OP	105.00	105.00
❑ CLASSIC CAR	1984	CL	160.00	192.00
❑ LARGE SAN FRANCISCO CABLE CAR	1993	OP	59.00	59.00
❑ LIMOUSINE	1984	CL	46.00	55.00
❑ MAINSAIL SAILBOAT	1994	OP	230.00	230.00
❑ MEDIUM CRUISE SHIP	1997	OP	550.00	550.00
❑ PICKUP TRUCK	1984	CL	38.00	48.00
❑ SAILBOAT	1993	OP	100.00	100.00
❑ SCHOONER	1997	CL	60.00	60.00
❑ SMALL RIVERBOAT	1994	OP	210.00	210.00
❑ SMALL SAN FRANCISCO CABLE CAR	1993	OP	40.00	40.00
❑ SPINMAKER SAILBOAT	1994	OP	265.00	265.00
❑ SQUARE RIGGER	1990	OP	250.00	250.00
❑ TALL SHIP	1995	OP	395.00	395.00
❑ TRACTOR TRAILER	1984	CL	40.00	48.00
BON VOYAGE COLLECTION				**T. SUZUKI**
❑ FIRE ENGINE	1992	OP	100.00	100.00
❑ GRAND CABLE CAR	1997	*	50.00	50.00
❑ LARGE CABLE CAR	1991	OP	130.00	130.00
❑ LARGE TRAIN SET	1990	CL	480.00	575.00
❑ MINI BI-PLANE	1992	OP	65.00	65.00
❑ MINI CABLE CAR	1992	CL	40.00	40.00
❑ ORBITING SPACE SHUTTLE	1990	OP	300.00	300.00
❑ SMALL AIRPLANE	1990	CL	200.00	240.00
❑ SMALL CABLE CAR	1991	OP	70.00	70.00
❑ SMALL CLASSIC MOTORCYCLE	1996	OP	210.00	210.00
❑ SMALL CRUISE SHIP	1994	OP	575.00	575.00
❑ SMALL ORBITING SPACE SHUTTLE	1991	OP	90.00	90.00
❑ SMALL SPACE SHUTTLE LAUNCH	1990	CL	265.00	265.00
❑ SMALL TRAIN SET	1990	OP	100.00	100.00
❑ SPORTS CAR	1984	CL	140.00	170.00
❑ TOURING CAR	1984	CL	140.00	170.00
❑ TRUCKIN'	1997	OP	260.00	260.00
CASTLES AND LEGENDS				**A. KATO**
❑ MAJESTIC CASTLE	1991	OP	390.00	390.00
CASTLES AND LEGENDS				**N. MULARGIA**
❑ I LOVE YOU UNICORN	1990	CL	58.00	70.00
❑ LARGE FANTASY COACH	1995	OP	368.00	368.00
❑ MEDIUM FANTASY COACH	1995	OP	158.00	158.00
❑ MINI FANTASY CASTLE	1992	OP	40.00	40.00
❑ MINI MOUSE CASTLE	1995	OP	52.00	52.00
❑ PEGASUS	1990	CL	50.00	60.00
❑ RAINBOW UNICORN	1990	OP	50.00	50.00
❑ SMALL FANTASY COACH	1995	OP	100.00	100.00
❑ SMALL MOUSE COACH	1995	OP	95.00	95.00
❑ UNICORN	1990	CL	38.00	45.00
CASTLES AND LEGENDS				**R. NAKAI**
❑ CASTLE IN THE SKY	1991	CL	150.00	180.00
❑ CASTLE RAINBOW RAINBOW MT. BS.	1994	OP	1575.00	1575.00
❑ CASTLE ROYALE/CLEAR MOUNTAIN BS.	1994	OP	130.00	130.00
❑ DRAGON BABY	1989	CL	80.00	96.00
❑ EMERALD CASTLE	1996	CL	105.00	105.00
❑ ICE CASTLE	1987	CL	150.00	180.00
❑ IMPERIAL CASTLE	1988	OP	320.00	320.00
❑ LARGE FANTASY CASTLE	1993	OP	230.00	230.00
❑ MAGIC FAIRY	1989	CL	40.00	48.00
❑ MEDIUM FANTASY CASTLE	1993	OP	130.00	130.00
❑ MINI RAINBOW CASTLE	1989	OP	60.00	60.00
❑ MYSTIC CASTLE	1988	OP	90.00	90.00
❑ RAINBOW CASTLE	1987	OP	150.00	150.00
❑ SMALL FANTASY CASTLE	1992	OP	85.00	85.00
❑ SMALL ICE CASTLE	1988	CL	90.00	108.00
❑ STAR FAIRY	1989	CL	65.00	78.00

NAME	YEAR	LIMIT	ISSUE	TREND
❏ STARLIGHT CASTLE	1989	CL	155.00	185.00
❏ TREASURE CASTLE	1995	OP	63.00	63.00
❏ UNICORN & FRIEND	1989	CL	100.00	120.00
CASTLES AND LEGENDS				**T. SUZUKI**
❏ LEGENDARY UNICORN	1999	*	125.00	125.00
CELEBRATIONS OF LIFE				**N. MULARGIA**
❏ MEDIUM WEDDING COUPLE	1995	OP	63.00	63.00
❏ MINI WEDDING COUPLE	1992	CL	30.00	30.00
❏ WEDDING COUPLE	1989	OP	75.00	75.00
CELEBRATIONS OF LIFE				**R. NAKAI**
❏ WEDDING COUPLE	1985	CL	38.00	38.00
CELEBRATIONS OF LIFE				**T. SUZUKI**
❏ BABY BOY CARRIAGE	1997	CL	50.00	50.00
❏ BABY GIRL CARRIAGE	1997	CL	50.00	50.00
CELESTIAL ANGELS				**R. NAKAI**
❏ ANGEL OF JOY	1999	OP	60.00	60.00
❏ ANGEL OF LOVE	1999	OP	60.00	60.00
❏ ANGEL OF PEACE	1999	OP	60.00	60.00
CLOWN COLLECTION				**N. MULARGIA**
❏ BABY CLOWN	1992	CL	30.00	36.00
❏ BO-BO THE CLOWN	1996	CL	53.00	53.00
❏ FLOWER CLOWN	1992	CL	70.00	84.00
CLOWN COLLECTION				**R. NAKAI**
❏ ACROBATIC CLOWN	1985	CL	50.00	60.00
❏ BASEBALL CLOWN	1985	CL	54.00	64.00
❏ CLOWN ON UNICYCLE	1985	CL	54.00	64.00
❏ GOLF CLOWN	1985	CL	54.00	65.00
❏ JUGGLER	1985	CL	54.00	65.00
❏ LARGE CLOWN	1985	CL	42.00	50.00
❏ LARGE JACK IN THE BOX	1985	CL	64.00	77.00
❏ SMALL CLOWN	1985	CL	30.00	36.00
❏ SMALL JACK IN THE BOX	1985	CL	24.00	29.00
❏ TENNIS CLOWN	1985	CL	54.00	65.00
CRYSTAL CONCERTO COLLECTION				**J. MAKOTO**
❏ CLARINET	1997	OP	225.00	225.00
CRYSTAL VILLAGE				**N. MULARGIA**
❏ WATERFRONT VILLAGE	1992	OP	190.00	190.00
DECORATIVE ITEM COLLECTION				**R. NAKAI**
❏ NIAGARA FALLS PAPERWEIGHT	1992	OP	85.00	85.00
DESK				*
❏ IT'S A SMALL WORLD	1999	OP	95.00	95.00
DESK				**N. MULARGIA**
❏ SAN FRANCISCO DOME PAPERWEIGHT	1994	CL	75.00	75.00
DESK				**R. NAKAI**
❏ BOSTON "CITYSCAPE" PAPERWEIGHT	1995	OP	105.00	105.00
❏ CRYSTAL EGG AND STAND	1996	OP	83.00	83.00
❏ DIAMOND 100MM	1993	OP	525.00	525.00
❏ DIAMOND 40MM	1990	OP	48.00	48.00
❏ DIAMOND 50MM	1993	OP	70.00	70.00
❏ DIAMOND 75MM	1993	OP	285.00	285.00
❏ HEART CLOCK PAPERWEIGHT	1992	CL	100.00	100.00
❏ MED. BOSTON SKYLINE PAPERWEIGHT	1995	OP	80.00	80.00
❏ MED. CHICAGO SKYLINE CLOCK PAPERWEIGHT	1995	CL	158.00	158.00
❏ MED. PHILADELPHIA SKYLINE PAPERWEIGHT	1995	OP	80.00	80.00
❏ NY SKYLINE CLOCK PAPERWEIGHT	1994	CL	158.00	158.00
❏ PHILADELPHIA CITYSCAPE PAPERWEIGHT	1995	OP	105.00	105.00
❏ SAN FRANCISCO SKYLINE CLOCK PAPERWEIGHT	1995	CL	158.00	158.00
❏ WASHINGTON DC CITYSCAPE PAPERWEIGHT	1994	OP	105.00	105.00
❏ WASHINGTON DC SKYLINE CLOCK PAPERWEIGHT	1994	CL	158.00	158.00
❏ WASHINGTON VIETNAM MEMORIAL PAPERWEIGHT	1994	CL	105.00	105.00
DESK				**I. NAKAMURA**
❏ BASEBALL PAPERWEIGHT	1990	CL	170.00	195.00
❏ CHICAGO SKYLINE PAPERWEIGHT	1989	OP	150.00	150.00
❏ DALLAS SKYLINE PAPERWEIGHT	1991	OP	180.00	180.00
❏ FISHING PAPERWEIGHT	1990	CL	170.00	195.00
❏ GOLFING PAPERWEIGHT	1990	CL	170.00	195.00
❏ SAN FRANCISCO SKYLINE PAPERWEIGHT	1989	OP	150.00	150.00
❏ SMALL SAN FRANCISCO SKYLINE PAPERWEIGHT	1993	OP	45.00	45.00
❏ TENNIS PAPERWEIGHT	1990	CL	170.00	190.00
❏ WASHINGTON SKYLINE PAPERWEIGHT	1989	OP	150.00	150.00
DESK				**G. VEITH**
❏ MED. NY SKYLINE PAPERWEIGHT	1994	OP	80.00	80.00
❏ MED. SAN FRANCISCO SKYLINE PAPERWEIGHT	1994	OP	80.00	80.00
❏ MED. WASH. DC SKYLINE PAPERWEIGHT	1994	OP	80.00	80.00
❏ NY "CITYSCAPE" PAPERWEIGHT	1994	OP	105.00	105.00
❏ NY DOME PAPERWEIGHT	1994	CL	75.00	75.00
❏ NY SKYLINE PAPERWEIGHT	1988	CL	100.00	100.00
❏ SAN FRANCISCO CITYSCAPE PAPERWEIGHT	1994	OP	105.00	105.00
❏ SMALL NY PAPERWEIGHT	1992	CL	45.00	45.00
❏ WASHINGTON DC DOME PAPERWEIGHT	1994	CL	75.00	75.00
FRUIT COLLECTION				**R. NAKAI**
❏ LARGE APPLE	1985	OP	44.00	44.00
❏ LARGE PINEAPPLE	1991	CL	42.00	50.00
❏ MEDIUM APPLE	1985	OP	30.00	30.00
❏ MEDIUM PINEAPPLE	1991	CL	27.00	33.00

FIGURINES

NAME	YEAR	LIMIT	ISSUE	TREND
❑ MINI APPLE	1987	OP	15.00	15.00
❑ PEAR	1985	CL	30.00	36.00
❑ PINEAPPLE	1996	OP	53.00	53.00
❑ SMALL APPLE	1985	OP	15.00	15.00
❑ SMALL PINEAPPLE	1991	CL	16.00	19.00
❑ STRAWBERRIES	1985	CL	28.00	33.00
GAMBLER COLLECTION				**R. NAKAI**
❑ LARGE ROLLING DICE	1993	OP	60.00	60.00
❑ LUCKY 7	1991	CL	50.00	60.00
❑ LUCKY DIE	1997	CL	69.00	69.00
❑ LUCKY ROLL	1994	OP	95.00	95.00
❑ MEDIUM ROLLING DICE	1993	OP	48.00	48.00
❑ MINI ROLLING DICE	1992	CL	32.00	32.00
❑ MINI SLOT MACHINE	1991	OP	30.00	30.00
❑ SMALL DICE	1991	CL	27.00	27.00
❑ SMALL ROLLING DICE	1993	CL	40.00	40.00
❑ SUPER SLOT	1994	OP	295.00	295.00
GAMBLER COLLECTION				**T. SUZUKI**
❑ LARGE SLOT MACHINE	1991	OP	83.00	83.00
❑ SMALL SLOT MACHINE	1991	OP	70.00	70.00
HOLIDAY TREASURE COLLECTION				**N. MULARGIA**
❑ NATIVITY	1986	OP	150.00	150.00
HOLIDAY TREASURE COLLECTION				**R. NAKAI**
❑ CATHEDRAL W/RAINBOW BASE	1994	OP	104.00	104.00
❑ COUNTRY CHURCH	1994	OP	53.00	53.00
❑ COUNTRY CHURCH W/RAINBOW BASE	1994	OP	63.00	63.00
❑ EXTRA LARGE CHRISTMAS TREE	1994	OP	315.00	315.00
❑ FROSTY	1996	OP	41.00	41.00
❑ HAPPY BIRTHDAY CAKE	1995	OP	63.00	63.00
❑ LARGE ANGEL	1985	CL	30.00	30.00
❑ LARGE ANGEL	1995	CL	53.00	53.00
❑ LARGE CHRISTMAS TREE	1985	OP	126.00	126.00
❑ LARGE RAINBOW CHRISTMAS TREE	1987	CL	40.00	40.00
❑ MINI ANGEL	1985	CL	16.00	19.00
❑ MINI ANGEL	1994	CL	25.00	25.00
❑ MINI CHRISTMAS TREE	1985	CL	10.00	12.00
❑ SMALL CHRISTMAS TREE	1985	OP	50.00	50.00
❑ SMALL RAINBOW CHRISTMAS TREE	1987	CL	25.00	25.00
❑ SNOWMAN	1994	CL	38.00	45.00
❑ TRUMPETING ANGEL	1990	CL	60.00	72.00
HOLIDAY TREASURE COLLECTION				**T. SUZUKI**
❑ ANGEL WITH HEART	1997	CL	30.00	30.00
❑ BABY BEAR'S CHRISTMAS	1995	OP	48.00	48.00
❑ HOLY ANGEL BLOWING A TRUMPET	1991	CL	38.00	38.00
❑ HOLY ANGEL HOLDING A CANDLE	1991	CL	38.00	38.00
❑ HOLY ANGEL PLAYING A HARP	1991	CL	38.00	38.00
❑ MERRY CHRISTMAS TEDDY	1991	OP	55.00	55.00
❑ SANTA BEAR CHRISTMAS	1991	OP	70.00	70.00
❑ SANTA BEAR SLEIGHRIDE	1991	OP	70.00	70.00
❑ SMALL NATIVITY	1991	CL	85.00	85.00
IMAGINATION COLLECTION				**R. NAKAI**
❑ FROG PRINCE	1997	OP	55.00	55.00
IMAGINATION COLLECTION				**T. SUZUKI**
❑ ROCKING HORSE	1999	OP	150.00	150.00
❑ WISHIN' AND A HOPPIN'	1998	OP	95.00	95.00
LIMITED EDITION COLLECTION				**N. MULARGIA**
❑ CRUCIFIX	1986	CL	300.00	360.00
❑ MERRY-GO-AROUND	1996	RT	280.00	280.00
❑ RIVERBOAT	1993	RT	570.00	600.00
❑ SANTA MARIA	1992	CL	1000.00	1200.00
❑ VICTORIAN HOUSE	1993	CL	190.00	190.00
LIMITED EDITION COLLECTION				**R. NAKAI**
❑ DREAM CASTLE	1989	500	9000.00	9000.00
❑ ELLIS ISLAND	1991	CL	450.00	540.00
❑ EMPIRE STATE BLDG., THE	1996	475	1315.00	1315.00
❑ ENCHANTED CASTLE	1993	750	800.00	850.00
❑ EXTRA LG. EMPIRE STATE BLDG.	1985	CL	1000.00	1200.00
❑ GRAND CASTLE	1989	CL	2500.00	2500.00
❑ INDEPENDENCE HALL	1994	750	370.00	370.00
❑ LG. EMPIRE STATE BLDG.	1987	2000	650.00	650.00
❑ WHITE HOUSE, THE	1992	CL	3000.00	3600.00
LIMITED EDITION COLLECTION				**T. SUZUKI**
❑ AIRPLANE	1986	CL	400.00	480.00
❑ CLASSIC MOTORCYCLE	1995	RT	420.00	520.00
❑ COUNTRY GRISTMILL	1993	1250	340.00	340.00
❑ CRUISE SHIP	1991	1000	2000.00	2000.00
❑ EIFFEL TOWER, THE	1986	2000	1000.00	1000.00
❑ LG. US CAPITOL BLDG.	1987	CL	1000.00	1200.00
❑ SMALL EIFFEL TOWER	1988	2000	500.00	500.00
❑ SPACE SHUTTLE LAUNCH	1989	CL	900.00	1080.00
❑ TAJ MAHAL	1987	2000	2000.00	2000.00
❑ TOWER BRIDGE	1990	CL	600.00	720.00
LIMITED EDITION COLLECTION				**G. VEITH**
❑ MANHATTANSCAPE	1987	CL	1000.00	1200.00

Authenticating Your PenDelfin

By Zita Thornton

PenDelfin paper identification labels come in different shapes and sizes, so make sure you are familiar with them all to ensure that your items are true PenDelfin.

PenDelfin labels from the 1960s onwards feature a gold artist's palette on a black ground, containing gold lettering. This includes the legend "Hand Painted Stonecraft by PenDelfin," the name of the character and Made in Burnley, England. However, don't worry if the name of the character is missing as some labels early in this period stated "Regd. Design" instead.

Also at this time there were labels that included the gold inscriptions on a black ground, but without the artist's palette border.

A label with a white palette and gold print is fine as long as it is on *Rocky* or *Wakey*, produced from 1960-1962.

Rectangular labels with black lettering were introduced in 1958. Gold ones were used until 1970. Silver ones only appear until 1960, so these will only be found on retired pieces.

The larger, older retired pieces made from 1956-1960 may have a curvy, butterfly-shaped gold, label, and on some the character's name may be substituted by the designer's name.

Membership gifts and models of the year have a black, circular label with the typical gold inscriptions.

The first PenDelfin plaques had hand-painted marks. The name PenDelfinware was portrayed with a witch's broom. After 1958 they were signed by Jean Walmsley Heap.

The broom and the first item produced by the company in 1953, the *Pendle Witch* plaque, were inspired by the witch trials that took place on Pendle Hill. Well known in the area around the town of Burnley in the county of Lancashire, North England, where PenDelfin founders Jean Walmsley Heap and Jeannie Todd lived, the folklore fascinated the two women. They combined the name of Pendle Hill with Elfin for their company's name.

Paper labels can get lost. If this occurs, you have to study the quality of the piece itself. PenDelfin models are finely painted and modeled. This is apparent in the facial features and rabbit's fur. True PenDelfin rabbits have hairy ears, more apparent with recent models. Look for variations of color and tint on top of a colored base coat.

If your model is very glossy, it is unlikely to be PenDelfin, which has a semi-matte glaze finish. Early pieces use a semi-matte gloss but are still not as shiny as similar pieces made by other companies.

Zita Thornton lives just north of London. She writes about many different types of antiques and collectibles for magazines in England and the United States. She is currently studying for a diploma in understanding antiques. She collects art deco coffee cups and loves the art nouveau and art deco periods.

FIGURINES

NAME	YEAR	LIMIT	ISSUE	TREND
NEW YORK				**A. KATO**
❑ LARGE CONTEMP. EMPIRE STATE BLDG.	1992	CL	475.00	475.00
NEW YORK				**N. MULARGIA**
❑ HOLIDAY EMPIRE STATE BLDG.	1993	OP	205.00	205.00
❑ LIBERTY ISLAND	1989	OP	75.00	75.00
❑ SMALL MANHATTAN ISLAND	1993	OP	105.00	105.00
❑ SMALL STATUE OF LIBERTY	1987	OP	50.00	50.00
NEW YORK				**R. NAKAI**
❑ CHRYSLER BLDG.	1995	OP	275.00	275.00
❑ EMPIRE STATE BLDG.	1988	CL	120.00	120.00
❑ LIBERTY ISLAND	1990	OP	95.00	95.00
❑ MANHATTAN ISLAND	1990	OP	240.00	240.00
❑ MANHATTAN REFLECTIONS	1992	OP	95.00	95.00
❑ MED. CONTEMP. EMPIRE STATE BLDG.	1992	OP	170.00	170.00
❑ MED. EMPIRE STATE BLDG.	1987	OP	250.00	250.00
❑ MED. STATUE OF LIBERTY	1987	OP	120.00	120.00
❑ MEDIUM APPLE W/RED HEART	1993	OP	37.00	37.00
❑ MINI EMPIRE STATE BLDG.	1991	OP	60.00	60.00
❑ MINI EMPIRE STATE BLDG. W/WINDOWS	1992	OP	74.00	74.00
❑ MINI STATUE OF LIBERTY	1992	OP	40.00	50.00
❑ NATIVITY PAPERWEIGHT	1988	CL	100.00	120.00
❑ SMALL APPLE W/RED HEART	1993	CL	21.00	21.00
❑ SMALL CONTEMP. EMPIRE ST. BLDG. MV	1992	CL	95.00	95.00
❑ SMALL CONTEMP. EMPIRE STATE BLDG.	1992	CL	95.00	95.00
❑ SMALL EMPIRE STATE BLDG.	1987	OP	120.00	120.00
❑ SMALL RAINBOW CONTEMP. EMPIRE	1993	OP	95.00	95.00
❑ SMALL TWIN TOWERS	1992	OP	130.00	130.00
❑ STATUE OF LIBERTY	1987	OP	65.00	65.00
❑ STATUE OF LIBERTY, THE	1985	OP	250.00	250.00
❑ STATUE OF LIBERTY, THE	1987	OP	365.00	365.00
❑ TWIN TOWERS	1992	OP	137.00	137.00
❑ WORLD TRADE CENTER	1991	CL	168.00	168.00
NEW YORK				**G. VEITH**
❑ EMPIRE STATE BLDG.	1988	CL	120.00	120.00
NOSTALGIA				**N. MULARGIA**
❑ FABULOUS FIFTIES JUKEBOX	1996	OP	79.00	79.00
NOSTALGIA				**T. SUZUKI**
❑ ENGINE NO. 9	1999	OP	85.00	85.00
RAINING CATS & DOGS				*
❑ SPARKIE	1997	*	50.00	50.00
RAINING CATS & DOGS				**A. KATO**
❑ SEE SAW PALS	1992	OP	40.00	40.00
RAINING CATS & DOGS				**C. KIDO**
❑ KITTEN IN BASKET	1992	OP	35.00	35.00
RAINING CATS & DOGS				**R. NAKAI**
❑ CAT	1984	CL	36.00	42.00
❑ CHEESE MOUSE	1994	OP	53.00	53.00
❑ LARGE CAT W/BALL	1987	CL	70.00	84.00
❑ MOONLIGHT CATS	1990	CL	100.00	120.00
❑ RAINBOW MINI CAT	1989	CL	25.00	30.00
❑ ROCKABYE KITTY	1991	OP	80.00	80.00
❑ SMALL CAT W/BALL	1987	CL	32.00	38.00
RAINING CATS & DOGS				**T. SUZUKI**
❑ CALAMITY KITTY	1991	OP	60.00	60.00
❑ CAT N MOUSE	1990	CL	45.00	45.00
❑ COFFEE BREAK	1998	OP	50.00	50.00
❑ COUNTRY CAT	1992	OP	60.00	60.00
❑ CURIOUS CAT, THE	1990	OP	45.00	45.00
❑ FIDO THE DOG	1995	OP	27.00	27.00
❑ FRISKY FIDO	1995	CL	27.00	27.00
❑ GLAMOUR PUSS	1998	OP	70.00	70.00
❑ HELLO BIRDIE	1991	OP	65.00	65.00
❑ KITTY KARE	1993	OP	70.00	70.00
❑ KITTY W/BUTTERFLY	1991	OP	60.00	60.00
❑ KITTY W/HEART	1991	OP	27.00	27.00
❑ LARGE CURIOUS CAT	1991	OP	90.00	90.00
❑ LARGE PLAYFUL KITTY	1993	CL	50.00	50.00
❑ MOONLIGHT KITTIES	1995	OP	83.00	83.00
❑ MOZART	1994	OP	48.00	48.00
❑ PEEKABOO KITTIES	1991	OP	65.00	65.00
❑ PINKY	1993	CL	50.00	50.00
❑ PLAYFUL KITTY	1992	OP	32.00	32.00
❑ PLAYFUL PUP	1994	CL	53.00	53.00
❑ PUPPY-GRAM	1993	OP	70.00	70.00
❑ STROLLING KITTIES	1991	CL	65.00	72.00
❑ SWEETIE	1994	OP	28.00	28.00
RELIGIOUS MOMENT COLLECTION				**N. MULARGIA**
❑ CROSS	1995	CL	32.00	32.00
❑ CROSS ON MOUNTAIN	1987	CL	30.00	36.00
❑ CROSS W/ROSE	1992	CL	30.00	30.00
❑ CRUCIFIX	1987	CL	50.00	60.00
❑ CRUCIFIX ON MOUNTAIN	1987	CL	40.00	48.00
❑ LARGE CROSS ON MOUNTAIN	1988	CL	85.00	100.00
❑ SMALL CROSS	1987	CL	40.00	48.00
RELIGIOUS MOMENT COLLECTION				**R. NAKAI**
❑ FACE OF CHRIST	1987	CL	35.00	42.00
❑ STAR OF DAVID	1987	CL	40.00	48.00

NAME	YEAR	LIMIT	ISSUE	TREND
RELIGIOUS MOMENT COLLECTION				**I. NAKAMURA**
❑ PEACE ON EARTH	1992	CL	95.00	95.00
RELIGIOUS MOMENT COLLECTION				**T. SUZUKI**
❑ CHURCH	1987	CL	40.00	40.00
SEASIDE MEMORIES COLLECTION				**N. MULARGIA**
❑ HARBOR LIGHTHOUSE	1993	OP	75.00	75.00
❑ PALM TREE	1987	CL	160.00	190.00
SEASIDE MEMORIES COLLECTION				**R. NAKAI**
❑ BEAVER	1991	CL	47.00	47.00
❑ COASTAL LIGHTHOUSE	1997	OP	80.00	80.00
❑ DANCING DOLPHIN	1988	CL	130.00	156.00
❑ EXTRA LARGE OYSTER W/PEARL	1993	CL	75.00	75.00
❑ FISH	1984	CL	36.00	43.00
❑ ISLAND PARADISE	1988	CL	90.00	108.00
❑ LARGE CRAB	1983	CL	20.00	24.00
❑ LARGE LIGHTHOUSE	1988	CL	150.00	180.00
❑ LARGE OYSTER	1983	CL	30.00	36.00
❑ MANATEE PAPERWEIGHT	1993	OP	125.00	125.00
❑ MINI OYSTER	1983	CL	12.00	15.00
❑ NUBBLE LIGHTHOUSE, MAINE	1999	OP	130.00	130.00
❑ PELICAN	1996	OP	65.00	65.00
❑ PENGUIN ON CUBE	1991	CL	40.00	40.00
❑ SEAL	1994	CL	47.00	47.00
❑ SMALL CRAB	1983	CL	28.00	33.00
❑ SMALL DOLPHIN	1988	CL	55.00	65.00
❑ SMALL ISLAND PARADISE	1988	CL	50.00	60.00
❑ SMALL LIGHTHOUSE	1988	OP	80.00	80.00
❑ SMALL OYSTER	1983	CL	18.00	22.00
❑ TROPICAL FISH	1992	CL	95.00	95.00
❑ TUXEDO PENGUIN	1992	CL	75.00	75.00
SEASIDE MEMORIES COLLECTION				**T. SUZUKI**
❑ BABY SEAL	1992	OP	21.00	21.00
❑ CUTE CRAB	1992	CL	27.00	27.00
❑ HATCHING SEA TURTLE	1988	OP	45.00	45.00
❑ LOBSTER	1998	OP	125.00	125.00
❑ OSCAR OTTER	1994	CL	105.00	105.00
❑ PLAYFUL DOLPHINS	1992	CL	60.00	60.00
❑ PLAYFUL SEAL	1993	CL	45.00	45.00
❑ SEASIDE PELICAN	1992	CL	55.00	55.00
❑ WHALES, THE	1992	CL	60.00	72.00
SPRING PARADE COLLECTION				**N. MULARGIA**
❑ AMERICAN BEAUTY ROSE	1996	CL	53.00	53.00
❑ CANDLEHOLDER	1992	CL	125.00	125.00
❑ DESERT CACTUS	1995	CL	48.00	48.00
❑ HALF DZ. FLOWER ARRANGEMENT	1992	CL	20.00	20.00
❑ HAPPY HEART	1992	CL	25.00	25.00
❑ LONG STEM ROSE	1992	OP	35.00	35.00
❑ LOVING HEARTS	1992	OP	35.00	35.00
❑ RAINBOW ROSE	1994	OP	82.00	82.00
SPRING PARADE COLLECTION				**R. NAKAI**
❑ CROCUS	1990	CL	45.00	54.00
❑ ENCHANTED ROSE, THE	1994	OP	126.00	126.00
❑ FLOWER BASKET	1985	CL	50.00	60.00
❑ LARGE WINDMILL	1989	CL	160.00	190.00
❑ LONG STEM ROSE IN VASE	1994	OP	82.00	82.00
❑ MINI WINDMILL	1991	CL	63.00	75.00
❑ PINK ROSE	1995	CL	53.00	53.00
❑ PINK ROSE IN VASE	1995	OP	41.00	41.00
❑ RAINBOW MINI BUTTERFLY	1991	CL	27.00	27.00
❑ RED ROSE	1987	OP	35.00	35.00
❑ SMALL ROSE BOUQUET	1996	OP	45.00	45.00
❑ SMALL WINDMILL	1989	CL	90.00	108.00
❑ SPRING BUTTERFLY	1995	OP	62.00	62.00
❑ SPRING CHICK	1989	OP	50.00	50.00
❑ WATER LILY, MEDIUM, AB	1996	OP	210.00	210.00
❑ WHITE ROSE	1987	CL	35.00	42.00
SPRING PARADE COLLECTION				**I. NAKAMURA**
❑ AFRICAN VIOLET	1990	OP	32.00	32.00
❑ BARREL CACTUS	1992	CL	45.00	45.00
❑ FLOWERING CACTUS	1992	CL	58.00	58.00
❑ HYACINTH	1990	CL	50.00	50.00
❑ ROSE BASKET	1990	CL	52.00	61.00
❑ SONGBIRDS	1993	OP	90.00	90.00
SPRING PARADE COLLECTION				**T. SUZUKI**
❑ BLOSSOM BUNNY	1991	OP	42.00	42.00
❑ BUNNIES ON ICE	1991	CL	58.00	58.00
❑ BUNNY BUDDY W/CARROT	1991	OP	32.00	32.00
❑ CHEEP CHEEP	1991	CL	35.00	35.00
❑ CUTE BUNNY	1992	CL	38.00	38.00
❑ HUMMINGBIRD	1992	OP	58.00	58.00
❑ MINI HUMMINGBIRD	1992	OP	29.00	29.00
❑ SPRING FLOWERS	1992	CL	40.00	40.00
❑ WATER LILY, SMALL, AB	1997	OP	105.00	105.00
SPRING PARADE COLLECTION				**S. YAMADA**
❑ SPRING BLOSSOMS	1997	OP	90.00	90.00

FIGURINES

NAME	YEAR	LIMIT	ISSUE	TREND
TEDDYLAND COLLECTION				**R. KIDO**
❑ PLAYGROUND TEDDY	1991	CL	90.00	108.00
TEDDYLAND COLLECTION				**N. MULARGIA**
❑ BEACH TEDDIES	1987	OP	60.00	60.00
❑ BLACK JACK TEDDIES	1993	OP	97.00	97.00
❑ COMPUBEAR	1995	OP	63.00	63.00
❑ I LOVE YOU TEDDY	1988	OP	50.00	50.00
❑ I LOVE YOU TEDDY COUPLE	1994	OP	95.00	95.00
❑ ICE CREAM TEDDIES	1992	OP	55.00	55.00
❑ LARGE BOUQUET TEDDY	1988	CL	50.00	60.00
❑ LOVING TEDDIES	1987	OP	75.00	75.00
❑ MINI TEDDY	1986	CL	15.00	18.00
❑ MOUNTAINEER TEDDY	1990	CL	80.00	96.00
❑ PATRIOTIC TEDDY	1992	OP	30.00	30.00
❑ RAINBOW TEDDIES	1990	CL	95.00	112.00
❑ ROCKING HORSE TEDDY	1990	CL	80.00	96.00
❑ SAILING TEDDIES	1987	OP	100.00	100.00
❑ SHIPWRECK TEDDIES	1989	CL	100.00	120.00
❑ SMALL BEACH TEDDIES	1992	OP	55.00	55.00
❑ SMALL BOUQUET TEDDY	1988	OP	35.00	35.00
❑ SMALL LOVING TEDDIES	1990	OP	60.00	60.00
❑ SWINGING TEDDY	1991	OP	100.00	100.00
❑ TEDDIES AT EIGHT	1988	OP	100.00	100.00
❑ TEDDY FAMILY	1988	CL	50.00	60.00
❑ TEETER TOTTER TEDDIES	1987	CL	65.00	77.00
❑ TOURING TEDDIES	1988	OP	90.00	90.00
❑ UP AND AWAY	1997	*	79.00	79.00
❑ WINTER TEDDIES	1988	CL	90.00	108.00
TEDDYLAND COLLECTION				**R. NAKAI**
❑ CUDDLY BEAR	1996	OP	48.00	48.00
❑ GET WELL TEDDY	1995	CL	48.00	48.00
❑ GOLFING TEDDIES	1989	OP	100.00	100.00
❑ HAPPY BIRTHDAY TEDDY	1989	OP	50.00	50.00
❑ I LOVE YOU TEDDY W/LG. HEART	1995	OP	48.00	48.00
❑ LARGE SURFING TEDDY	1988	CL	80.00	96.00
❑ LARGE TEDDY BEAR	1983	CL	68.00	75.00
❑ LUCK OF THE IRISH	1991	CL	60.00	72.00
❑ MEDIUM TEDDY BEAR	1983	CL	44.00	53.00
❑ MOTHER AND CUB	1985	CL	64.00	77.00
❑ RAINBOW MINI BEAR	1989	CL	25.00	30.00
❑ SKATEBOARD TEDDY	1987	CL	30.00	36.00
❑ SKIING TEDDY	1987	CL	50.00	50.00
❑ SMALL TEDDY BEAR	1983	CL	28.00	35.00
❑ SMALL TEDDY W/RED HEART	1991	OP	42.00	42.00
❑ SPEEDBOAT TEDDIES	1989	OP	90.00	90.00
❑ SURFING TEDDY	1987	CL	45.00	54.00
❑ TEDDIES W/HEART	1988	OP	45.00	45.00
❑ TEDDY BEAR	1994	OP	63.00	63.00
❑ TEDDY BEAR CHRISTMAS	1987	OP	100.00	100.00
❑ TEDDY BEAR W/RAINBOW BASE	1994	OP	75.00	75.00
❑ TEDDY W/BALLOON	1989	CL	70.00	84.00
❑ TRIM A TREE TEDDY	1991	CL	50.00	50.00
❑ VANITY TEDDY	1989	CL	100.00	120.00
❑ WINDSURFING TEDDY	1989	CL	85.00	102.00
TEDDYLAND COLLECTION				**H. SERINO**
❑ SCHOOL BEARS	1991	CL	75.00	90.00
TEDDYLAND COLLECTION				**T. SUZUKI**
❑ BARON VON TEDDY	1990	CL	60.00	72.00
❑ BATTER'S UP	1997	OP	60.00	60.00
❑ BILLIARD BUDDIES	1992	OP	70.00	70.00
❑ BROADWAY TED	1998	OP	45.00	45.00
❑ CHOO CHOO TEDDY	1990	CL	100.00	120.00
❑ CHRISTMAS WREATH TEDDY	1991	CL	70.00	84.00
❑ FLOWER TEDDY	1993	CL	50.00	50.00
❑ FLY A KITE TEDDY	1995	CL	41.00	41.00
❑ GUMBALL TEDDY	1991	CL	63.00	63.00
❑ HEART BEAR	1991	OP	27.00	27.00
❑ HIGH CHAIR TEDDY	1991	CL	75.00	90.00
❑ JACKPOT TEDDY	1997	OP	63.00	63.00
❑ MY FAVORITE PICTURE	1991	OP	45.00	45.00
❑ MYSTIC TEDDY	1998	OP	70.00	70.00
❑ PLAY IT AGAIN TED	1991	OP	65.00	65.00
❑ SCUBA BEAR	1991	CL	65.00	78.00
❑ SINGING BABY BEAR	1992	OP	55.00	55.00
❑ SOPHIE	1999	OP	55.00	55.00
❑ STORYTIME TEDDIES	1990	OP	70.00	70.00
❑ TEDDY'S SELF PORTRAIT	1995	CL	53.00	53.00
❑ TEE-SHOT TEDDY	1997	OP	45.00	45.00
❑ THEODORE	1999	OP	55.00	55.00
❑ TRICYCLE TEDDY	1990	CL	40.00	48.00
WONDERS OF THE WORLD COLLECTION				**N. MULARGIA**
❑ SMALL CAPITOL BLDG.	1993	OP	100.00	100.00
❑ SMALL SPACE NEEDLE	1986	CL	50.00	50.00
❑ SMALL WHITE HOUSE W/OCT. MIRROR	1994	OP	185.00	185.00
WONDERS OF THE WORLD COLLECTION				**R. NAKAI**
❑ LARGE SPACE NEEDLE	1986	CL	160.00	160.00
❑ LIBERTY BELL, THE	1995	OP	160.00	160.00

NAME	YEAR	LIMIT	ISSUE	TREND
❏ MEDIUM TAJ MAHAL	1995	OP	790.00	790.00
❏ SEARS TOWER	1993	CL	150.00	150.00
❏ SMALL TAJ MAHAL	1995	OP	215.00	215.00
❏ TAJ MAHAL	1986	OP	1050.00	1050.00
❏ US CAPITOL BLDG.	1987	OP	250.00	250.00

WONDERS OF THE WORLD COLLECTION   **T. SUZUKI**

NAME	YEAR	LIMIT	ISSUE	TREND
❏ CAPITOL HILL	1997	350	1350.00	1350.00
❏ CHICAGO WATER TOWER W/BASE	1991	CL	300.00	300.00
❏ CHICAGO WATER TOWER W/O BASE	1991	CL	280.00	280.00
❏ LE PETIT EIFFEL	1990	OP	240.00	240.00

CYBIS
ANIMAL KINGDOM
    *

NAME	YEAR	LIMIT	ISSUE	TREND
❏ AMERICAN BULLFROG	1971	CL	250.00	600.00
❏ AMERICAN WHITE BUFFALO	1975	250	1250.00	4000.00
❏ APPALOOSA COLT	1971	CL	150.00	300.00
❏ ARCTIC WHITE FOX	1980	100	4500.00	4700.00
❏ AUSTRALIAN SULPHER CRESTED COCKATOO	1984	25	9850.00	9850.00
❏ BAXTER & DOYLE	1985	400	450.00	450.00
❏ BEAGLES, BRANIGAN & CLANCY	1985	OP	375.00	600.00
❏ BEAR	1968	CL	85.00	400.00
❏ BEAVERS, EGBERT & BREWSTER	1981	400	285.00	335.00
❏ BUFFALO	1968	CL	115.00	180.00
❏ BULL	*	100	150.00	4500.00
❏ BUNNY PAT-A-CAKE	1977	CL	90.00	145.00
❏ BUNNY, MUFFET	1976	CL	85.00	140.00
❏ BUNNY, SNOWFLAKE	1985	OP	65.00	75.00
❏ CHANTILLY, KITTEN	1984	OP	175.00	210.00
❏ CHIPMUNK WITH BLOODROOT	1976	225	625.00	675.00
❏ COLTS, DARBY & JOAN	1969	CL	295.00	375.00
❏ DALL SHEEP	1982	50	*	4250.00
❏ DAPPLE GREY FOAL	1986	OP	195.00	250.00
❏ DEER MOUSE IN CLOVER	1970	CL	65.00	150.00
❏ DORMOUSE MAXIMILLIAN	1978	CL	250.00	275.00
❏ DORMOUSE MAXINE	1978	CL	195.00	225.00
❏ ELEPHANT	1968	100	600.00	5000.00
❏ ELEPHANT, WILLOUGHBY	1985	OP	195.00	245.00
❏ HORSE	1961	100	150.00	2000.00
❏ HUEY, THE HARMONIOUS HARE	1986	OP	175.00	275.00
❏ KITTEN, BLUE RIBBON	1967	CL	95.00	500.00
❏ KITTEN, TABITHA	1975	CL	90.00	150.00
❏ KITTEN, TOPAZ	1975	CL	90.00	190.00
❏ MICK, THE MELODIOUS MUTT	1986	OP	175.00	275.00
❏ MONDAY, RHINOCEROS	1985	OP	85.00	145.00
❏ NASHUA	1971	100	2000.00	3000.00
❏ PINKY BUNNY/CARROT	1978	200	200.00	265.00
❏ PINTO COLT	1972	CL	175.00	300.00
❏ PRAIRIE DOG	1976	CL	245.00	345.00
❏ RACCOON, RAFFLES	1965	CL	110.00	245.00
❏ SNAIL, SIR ESCARGOT	1968	CL	50.00	290.00
❏ SQUIRREL, HIGHRISE	1980	400	475.00	525.00
❏ SQUIRREL, MR. FLUFFY TAIL	1965	CL	90.00	295.00
❏ STALLION	1968	350	475.00	845.00
❏ THOROUGHBRED	1966	350	425.00	1450.00
❏ WHITE-TAILED DEER	1986	50	9500.00	11500.00

BIBLICAL
    *

NAME	YEAR	LIMIT	ISSUE	TREND
❏ CHRIST CHILD WITH LAMB	1984	OP	*	290.00
❏ EXODUS	1960	50	350.00	2600.00
❏ FLIGHT INTO EGYPT	1960	50	175.00	2525.00
❏ HOLY CHILD OF PRAGUE	1956	10	1500.00	75000.00
❏ HOLYWATER FONT, HOLY GHOST	*	CL	15.00	150.00
❏ MADONNA LACE AND ROSE	1960	OP	15.00	300.00
❏ MADONNA, HOUSE OF GOLD	1957	8	125.00	4025.00
❏ MOSES THE GREAT LAWGIVER	1963	750	250.00	5550.00
❏ NATIVITY, ANGEL, COLOR	1984	OP	395.00	600.00
❏ NATIVITY, CAMEL, COLOR	1984	OP	625.00	850.00
❏ NATIVITY, COW, COLOR	1985	OP	175.00	200.00
❏ NATIVITY, COW, WHITE	1985	OP	125.00	250.00
❏ NATIVITY, DONKEY, COLOR	1985	OP	195.00	250.00
❏ NATIVITY, DONKEY, WHITE	1985	OP	130.00	175.00
❏ NATIVITY, JOSEPH	1984	OP	*	350.00
❏ NATIVITY, LAMB, COLOR	1985	OP	150.00	200.00
❏ NATIVITY, LAMB, WHITE	1985	OP	115.00	150.00
❏ NATIVITY, MARY	1964	OP	*	350.00
❏ NATIVITY, SHEPHERD, COLOR	1984	OP	395.00	500.00
❏ NOAH	1976	500	975.00	3025.00
❏ PROPHET, THE	1960	50	250.00	3550.00
❏ ST. PETER	1964	500	*	1275.00

BIRDS & FLOWERS
    *

NAME	YEAR	LIMIT	ISSUE	TREND
❏ AMERICAN BALD EAGLE	1985	300	2900.00	3600.00
❏ AMERICAN CRESTED IRIS	1972	400	975.00	1200.00
❏ AMERICAN WHITE TURKEY	1976	75	1450.00	1650.00
❏ AMERICAN WILD TURKEY	1976	75	1950.00	2250.00
❏ APPLE BLOSSOMS	1977	400	350.00	600.00
❏ AUTUMN DOGWOOD W/CHICKADEES	1972	350	1100.00	1250.00
❏ BIRDS & FLOWERS	*	250	500.00	4550.00

FIGURINES

FIGURINES

NAME	YEAR	LIMIT	ISSUE	TREND
❑ BLUE-GREY GNATCATCHERS (PAIR)	1961	200	400.00	2550.00
❑ BLUE-HEADED VIRIO (BUILDING NEST)	1960	CL	60.00	1150.00
❑ BLUE-HEADED VIRIO W/LILAC	1960	275	1200.00	2250.00
❑ BUTTERFLY W/DOGWOOD	*	200	*	375.00
❑ CALLA LILY	1968	500	750.00	1750.00
❑ CHRISTMAS ROSE	1965	500	250.00	750.00
❑ CLEMATIS	1977	CL	210.00	350.00
❑ CLEMATIS W/HOUSE WREN	1969	350	1300.00	1450.00
❑ COLONIAL BASKET	1976	100	2750.00	1600.00
❑ CONSTANCY FLOWER BASKET	1976	CL	345.00	300.00
❑ DAHLIA YELLOW	1964	350	450.00	1850.00
❑ DEVOTION FLOWER BASKET	1976	CL	345.00	450.00
❑ DUCKLING (BABY BROTHER)	1962	CL	35.00	100.00
❑ DUCKLING (BUTTERCUP & DAFFODIL)	1977	CL	165.00	250.00
❑ DUTCH CROCUS	1970	350	550.00	775.00
❑ FELICITY FLOWER BASKET	1976	CL	325.00	350.00
❑ GOLDEN CLARION LILY	1961	100	250.00	4550.00
❑ GOLDEN WINGED WARBLER	1974	200	1075.00	1200.00
❑ GREAT HORNED OWL (COLOR)	1975	50	3250.00	7550.00
❑ GREAT HORNED OWL (WHITE)	1975	150	1950.00	4450.00
❑ GREAT WHITE HERON	1964	350	850.00	950.00
❑ HERMIT THRUSH	1977	150	1450.00	1500.00
❑ HUMMINGBIRD	1959	CL	95.00	1000.00
❑ IRIS	1963	250	500.00	4550.00
❑ KINGLETS ON PYRACANTHA	1978	175	900.00	1150.00
❑ KRESTREL	1977	175	1875.00	2000.00
❑ LITTLE BLUE HERON	1971	500	425.00	1000.00
❑ MAGNOLIA	1963	CL	350.00	1000.00
❑ MAJESTY FLOWER BASKET	1976	CL	345.00	425.00
❑ MUSHROOM W/BUTTERFLY	1970	CL	225.00	475.00
❑ NARCISSUS	1968	500	350.00	550.00
❑ NESTLING BLUEBIRDS	1978	CL	235.00	260.00
❑ PANSIES W/CHINA MAID	1972	1000	275.00	250.00
❑ PANSIES W/CHINOLINA LADY	1975	750	295.00	425.00
❑ PHEASANT	1960	150	750.00	5050.00
❑ SANDPIPERS	*	400	700.00	900.00
❑ SCREECH OWL & SIBLINGS	1985	100	3250.00	4000.00
❑ SKYLARKS	*	350	330.00	1200.00
❑ SPARROW ON LOG	1962	CL	35.00	475.00
❑ SPRING BOUQUET	1982	200	750.00	1000.00
❑ TURTLEDOVES	1957	500	350.00	4950.00
❑ WOOD DUCK	1968	500	325.00	500.00
❑ YELLOW CONDESA ROSE	1980	CL	*	255.00
❑ YELLOW ROSE	1980	CL	80.00	440.00

CAROUSEL-CIRCUS

NAME	YEAR	LIMIT	ISSUE	TREND
				*
❑ BARNABY, BEAR	1975	CL	165.00	125.00
❑ BEAR, BERNHARD	1981	325	1125.00	1175.00
❑ BICENTENNIAL HORSE TICONDEROGA	1975	350	925.00	4050.00
❑ BOSUN, MONKEY	1975	CL	195.00	400.00
❑ BULL, PLUTUS	1981	325	1125.00	2100.00
❑ CAROUSEL GOAT	1973	325	875.00	1700.00
❑ CAROUSEL HORSE	1973	325	925.00	7550.00
❑ CAROUSEL UNICORN	1985	325	1275.00	2700.00
❑ CIRCUS RIDER EQUESTRIENNE EXTRAORDINAIRE	1985	150	2275.00	3550.00
❑ DANDY, DANCING DOG	1977	CL	145.00	300.00
❑ FROLLO	1981	1000	750.00	850.00
❑ FUNNY FACE, CHILD HEAD/HOLLY	1976	CL	325.00	750.00
❑ GIRAFFE	1982	750	*	1800.00
❑ JUMBLES AND FRIEND	1985	750	675.00	750.00
❑ LION	1974	325	1025.00	1325.00
❑ PERFORMING PONY, POPPY	1976	1000	325.00	1250.00
❑ PHINEAS, CIRCUS ELEPHANT	1984	OP	325.00	450.00
❑ PIERRE, THE PERFORMING POODLE	1986	OP	225.00	300.00
❑ PONY	1981	750	975.00	1000.00
❑ SEBASTIAN, SEAL	1976	CL	195.00	225.00
❑ TIGER	1974	325	925.00	1475.00
❑ VALENTINE	1985	OP	335.00	400.00

CHILDREN OF THE WORLD

NAME	YEAR	LIMIT	ISSUE	TREND
				*
❑ ESKIMO CHILD HEAD	1972	CL	165.00	425.00
❑ INDIAN BOY HEAD	1975	CL	425.00	925.00
❑ INDIAN GIRL HEAD	1975	CL	325.00	925.00
❑ JASON	1978	CL	285.00	250.00
❑ JENNIFER	1978	CL	325.00	400.00
❑ JEREMY	1977	CL	315.00	250.00
❑ JESSICA	1979	CL	325.00	500.00

CHILDREN TO CHERISH

NAME	YEAR	LIMIT	ISSUE	TREND
				*
❑ ALICE (SEATED)	1978	CL	350.00	540.00
❑ ALICE IN WONDERLAND	1964	CL	50.00	850.00
❑ ALLEGRA	1978	CL	310.00	375.00
❑ BABY BUST	1968	239	375.00	1050.00
❑ BALLERINA ON CUE	1963	CL	150.00	500.00
❑ BALLERINA, LITTLE PRINCESS	1968	CL	125.00	725.00
❑ BALLERINA, RECITAL	1985	OP	275.00	300.00
❑ BALLERINA, RED SHOES	1960	CL	75.00	1250.00
❑ BALLERINA, SWANILDA	1985	OP	450.00	700.00
❑ BETH	1985	OP	235.00	200.00

NAME	YEAR	LIMIT	ISSUE	TREND
❑ BOYS PLAYING MARBLES	1977	CL	285.00	400.00
❑ CHOIRBOY, THE	1984	OP	325.00	350.00
❑ CLARA	1985	OP	395.00	400.00
❑ CLARISSA	1986	OP	165.00	200.00
❑ EDITH	1978	CL	310.00	350.00
❑ ELIZABETH ANN	1976	CL	195.00	275.00
❑ ENCORE, FIGURE SKATER	1986	750	625.00	670.00
❑ FELECIA	1985	OP	425.00	550.00
❑ FIGURE EIGHT	1985	750	625.00	800.00
❑ FIRST BOUQUET	*	250	150.00	325.00
❑ FIRST FLIGHT	1966	CL	50.00	500.00
❑ FLEURETTE	1981	1000	725.00	950.00
❑ GOLDILOCKS	1973	CL	145.00	500.00
❑ GRETEL	1974	CL	260.00	420.00
❑ HANSEL	1974	CL	270.00	400.00
❑ HEIDI, COLOR	1962	CL	165.00	400.00
❑ HEIDI, WHITE	1962	CL	165.00	400.00
❑ JACK IN THE BEANSTALK	1984	750	575.00	600.00
❑ JODY	1985	OP	235.00	200.00
❑ KITRI	1986	OP	450.00	575.00
❑ LISA AND LYNETTE	1978	CL	395.00	470.00
❑ LITTLE BOY BLUE	1978	CL	425.00	525.00
❑ LITTLE CHAMP	1984	OP	325.00	400.00
❑ LITTLE MISS MUFFET	1980	CL	335.00	400.00
❑ LITTLE RED RIDING HOOD	1973	CL	110.00	400.00
❑ LULLABY, BLUE	1986	OP	125.00	175.00
❑ LULLABY, IVORY	1986	OP	125.00	175.00
❑ LULLABY, PINK	1986	OP	125.00	175.00
❑ MARGUERITE	1985	OP	425.00	550.00
❑ MARY, MARY	1974	500	475.00	750.00
❑ MELISSA	1976	OP	285.00	425.00
❑ MICHAEL	1984	OP	235.00	375.00
❑ PANDORA BLUE	1987	CL	265.00	350.00
❑ PETER PAN	1958	CL	80.00	1000.00
❑ POLLYANNA	1971	CL	195.00	575.00
❑ RAPUNZEL, APRICOT	1975	1500	475.00	1200.00
❑ RAPUNZEL, LILAC	1975	1000	675.00	1000.00
❑ RAPUNZEL, PINK	1972	1000	425.00	1100.00
❑ REBECCA	1964	CL	110.00	350.00
❑ RECITAL	1985	OP	275.00	300.00
❑ RODIN	1990	1000	175.00	900.00
❑ SLEEPING BEAUTY	1982	750	695.00	1500.00
❑ SPRINGTIME	1963	CL	45.00	775.00
❑ THUMBELINA	1957	CL	45.00	300.00
❑ TINKERBELL	1959	CL	95.00	1500.00
❑ VANESSA	1985	OP	425.00	550.00
❑ WENDY WITH FLOWERS	1975	*	250.00	425.00
❑ YANKEE DOODLE DANDY	1975	CL	275.00	200.00

COMMEMORATIVE
❑ 1984 CYBIS HOLIDAY	1984	OP	145.00	150.00
❑ 1986 COMMEMORATIVE EGG	1986	OP	365.00	375.00
❑ APOLLO II MOON MISSION	1969	111	1500.00	2500.00
❑ ARION, DOLPHIN RIDER	1981	1000	575.00	1200.00
❑ BRIDE, THE	1980	100	6500.00	10500.00
❑ CHESS SET	1972	10	30000.00	60000.00
❑ COLUMBIA	1967	200	1000.00	2500.00
❑ CONDUCTOR'S HANDS	1967	250	250.00	400.00
❑ CREE INDIAN	1971	100	2500.00	5500.00
❑ CREE INDIAN, MAGIC BOY	1984	200	4250.00	5000.00
❑ GEORGE WASHINGTON BUST	1975	CL	275.00	350.00
❑ HOLIDAY ORNAMENT	1985	OP	75.00	100.00
❑ KATERI TAKAKWITHA	1981	100	2875.00	3000.00
❑ LIBERTY	1985	100	1875.00	4000.00
❑ LITTLE MISS LIBERTY	1986	OP	295.00	350.00
❑ OCEANIA	1977	200	1250.00	1500.00
❑ PHOENIX	1981	100	950.00	1000.00

EVERYONE'S FUN TIME (LIMNETTES)
❑ COUNTRY FAIR	1972	500	125.00	200.00
❑ POND, THE	1972	500	125.00	200.00
❑ SEASHORE, THE	1972	500	125.00	200.00
❑ WINDY DAY	1972	500	125.00	200.00

FANTASIA
❑ CYBELE	1974	500	675.00	750.00
❑ DESIREE, WHITE DEER	1981	400	575.00	600.00
❑ DORE'	1985	1000	575.00	1100.00
❑ FANTASIA	1974	500	675.00	800.00
❑ FLIGHT AND FANCY	1984	1000	975.00	900.00
❑ PEGASUS	1980	500	1450.00	3800.00
❑ PEGASUS, FREE SPIRIT	1980	1000	675.00	775.00
❑ PRINCE BROCADE UNICORN	1981	500	2200.00	2650.00
❑ SATIN HORSE HEAD	1978	500	1100.00	2850.00
❑ SEA KING'S STEED, OCEANIA	1977	200	1250.00	1500.00
❑ SHARMAINE, SEA NYMPH	1978	250	1450.00	1650.00
❑ THERON	1982	350	675.00	850.00
❑ UNICORN	1969	500	1250.00	3800.00
❑ UNICORNS, GAMBOL AND FROLIC	1977	1000	425.00	2300.00

FIGURINES

FIGURINES

NAME	YEAR	LIMIT	ISSUE	TREND
LAND OF CHEMERIC				*
❏ MARIGOLD	1977	CL	185.00	525.00
❏ MELODY	1981	1000	725.00	600.00
❏ OBERON	1985	750	825.00	850.00
❏ PIP, ELFIN PLAYER	1979	1000	450.00	500.00
❏ QUEEN TITANIA	1977	750	725.00	2500.00
❏ TIFFIN	1977	CL	175.00	525.00
NORTH AMERICAN INDIAN				*
❏ APACHE, CHATO	1974	350	1950.00	3300.00
❏ BLACKFEET, BEAVERHEAD MEDICINE MAN	1969	500	2000.00	2800.00
❏ CHOCTAW, TASCULUSA	1982	200	2475.00	4100.00
❏ CROW DANCER	1977	200	3875.00	8500.00
❏ DAKOTA, MINNEHAHA LAUGHING WATER	1969	500	1500.00	2500.00
❏ ESKIMO MOTHER	1973	200	1875.00	2700.00
❏ GREAT SPIRIT, WANKAN TANKA	1979	200	3500.00	4200.00
❏ IRIQUOIS, AT THE COUNCIL FIRE	1973	500	4250.00	5000.00
❏ ONONDAGA, HIAWATHA	1969	500	1500.00	2450.00
❏ SHOSHONE, SACAJAWEA	1971	500	2250.00	2800.00
❏ YAQUI, DEER DANCER	1985	200	2095.00	2800.00
PORTRAITS IN PORCELAIN				*
❏ ABIGAIL ADAMS	1976	600	875.00	1300.00
❏ BALLET-PRINCE FLORIMOND	1973	200	975.00	1100.00
❏ BALLET-PRINCESS AURORA	1973	200	1125.00	1500.00
❏ BATHSHEBA	1984	500	1975.00	3300.00
❏ BEATRICE	1965	700	225.00	750.00
❏ BERENGARIA	1979	500	1450.00	3500.00
❏ CARMEN	1986	500	1675.00	2000.00
❏ DESDEMONA	1982	500	1850.00	4000.00
❏ ELEANOR OF AQUITAINE	1971	750	875.00	975.00
❏ FOLK SINGER	1967	283	300.00	900.00
❏ GOOD QUEEN ANNE	1978	350	975.00	1500.00
❏ GUINEVERE	1967	800	250.00	1200.00
❏ HAMLET	1968	500	350.00	2000.00
❏ JANE EYRE	1981	500	975.00	1500.00
❏ JULIET	1965	800	175.00	4000.00
❏ KING ARTHUR	1985	350	2350.00	3400.00
❏ KING DAVID	1985	350	1475.00	2200.00
❏ KWAN YIN	1972	350	1250.00	2000.00
❏ LADY GODIVA	1982	200	1875.00	3200.00
❏ LADY MACBETH	1975	750	850.00	1300.00
❏ NEFERTITI	1979	500	2100.00	3000.00
❏ OPHELIA	1969	800	750.00	4400.00
❏ PAGLIACCI	1985	OP	325.00	350.00
❏ PERSEPHONE	1982	200	3250.00	5200.00
❏ PORTIA	1973	750	825.00	3800.00
❏ PRISCILLA	1976	500	825.00	1500.00
❏ QUEEN ESTHER	1974	750	925.00	950.00
❏ ROMEO AND JULIET	1985	300	2200.00	3400.00
❏ SCARLETT	1968	500	450.00	4000.00
❏ TRISTAN AND ISOLDE	1985	200	2200.00	2200.00
SPORT SCENES				*
❏ JOGGER, FEMALE	1980	CL	345.00	450.00
❏ JOGGER, MALE	1980	CL	395.00	500.00
THEATRE OF PORCELAIN				*
❏ COLUMBINE	1981	250	2250.00	2300.00
❏ COURT JESTER	1978	250	1450.00	1800.00
❏ HARLEQUIN	1980	250	1575.00	1900.00
❏ PUCK	1981	250	2300.00	2500.00
WHEN BELLS ARE RINGING (LIMNETTES)				*
❏ EASTER EGG HUNT	1972	500	125.00	200.00
❏ INDEPENDENCE CELEBRATION	1972	500	125.00	200.00
❏ MERRY CHRISTMAS	1972	500	125.00	200.00
❏ SABBATH MORNING	1972	500	125.00	200.00
WONDERFUL SEASONS (LIMNETTES)				*
❏ AUTUMN	1972	500	125.00	200.00
❏ SPRING	1972	500	125.00	200.00
❏ SUMMER	1972	500	125.00	200.00
❏ WINTER	1972	500	125.00	200.00

DADDY'S LONG LEGS

NAME	YEAR	LIMIT	ISSUE	TREND
ANGEL				**K. GERMANY**
❏ ANGELA	1999	*	25.00	25.00
❏ ARIEL	1999	*	25.00	25.00
ANIMAL				**K. GERMANY**
❏ BEAU BULL	1999	*	30.00	30.00
❏ FRANCES FROG	1999	*	30.00	30.00
❏ PANSY PIG	1999	*	30.00	30.00
COUNTY FAIR				**K. GERMANY**
❏ BUSTER & BUTCH	1999	*	35.00	35.00
❏ COUNTY FAIR SET	1997	3000	175.00	175.00
❏ KELLY	1997	3000	35.00	35.00
❏ KISSING BOOTH	1999	*	35.00	35.00
❏ NELL	1997	3000	35.00	35.00
❏ NICK	1997	3000	35.00	35.00
❏ PENNY	1997	3000	35.00	35.00

NAME	YEAR	LIMIT	ISSUE	TREND
❏ PETE	1997	3000	35.00	35.00
❏ TIFFANY	1999	*	30.00	30.00
❏ WHITNEY	1999	*	30.00	30.00
HOMETOWN HEROES				**K. GERMANY**
❏ COACH	1999	*	30.00	30.00
❏ TONYA	1999	*	30.00	30.00
NURSERY RHYME CHARACTERS				**K. GERMANY**
❏ CURLY-LOCKS	1996	3000	19.00	19.00
❏ LITTLE BO PEEP	1996	3000	19.00	19.00
❏ LITTLE BOY BLUE	1996	3000	17.00	17.00
❏ MARY, MARY	1996	3000	19.00	19.00
❏ OLD KING COLE	1996	3000	25.00	25.00
❏ OLD MOTHER HUBBARD	1996	3000	25.00	25.00
❏ TO MARKET	1996	3000	19.00	19.00

DANBURY MINT

ROCKWELL FIGURINES				N. ROCKWELL
❏ BOY ON STILTS	1980	CL	55.00	60.00
❏ CAUGHT IN THE ACT	1980	CL	55.00	75.00
❏ GRAMPS AT THE REINS	1980	CL	55.00	75.00
❏ GRANDPA SNOWMAN	1980	CL	55.00	60.00
❏ TRICK OR TREAT	1980	CL	55.00	60.00
❏ YOUNG LOVE	1980	CL	55.00	125.00

DAVE GROSSMAN CREATIONS

AMERICAN ROCKWELL SERIES				ROCKWELL INSPIRED
❏ BREAKING HOME TIES NRV-300	1981	RT	2000.00	2300.00
❏ LINCOLN NRV-301	1982	RT	300.00	375.00
❏ THANKSGIVING NRV-302	1982	RT	2500.00	2650.00
BOY SCOUT SERIES				**ROCKWELL INSPIRED**
❏ CAN'T WAIT BSA-01	1981	RT	30.00	125.00
❏ GOOD FRIENDS BSA-04	1981	RT	58.00	100.00
❏ GOOD TURN BSA-05	1981	RT	65.00	120.00
❏ GUIDING HAND BSA-07	1982	RT	58.00	140.00
❏ PHYSICALLY STRONG BSA-03	1981	RT	56.00	140.00
❏ SCOUT IS HELPFUL BSA-02	1981	RT	38.00	140.00
❏ SCOUT MEMORIES BSA-06	1981	RT	65.00	95.00
❏ TOMORROW'S LEADER BSA-08	1983	RT	45.00	55.00
BUTTON BOX KIDS				**H. PAYNE**
❏ ARTHUR	1999	2400	25.00	25.00
❏ CHARITY	1999	2400	25.00	25.00
❏ FAITH	1999	2400	25.00	25.00
❏ FIRST LOVE	1999	2400	50.00	50.00
❏ FIRST STAR I SEE TONIGHT	1999	2400	60.00	60.00
❏ GARLAND MAKERS	1999	2400	90.00	90.00
❏ JACOB	1999	2400	25.00	25.00
❏ JODI	1999	2400	25.00	25.00
❏ OL' FISHIN' HOLE	1999	2400	40.00	40.00
❏ PEEK-A-BOO	1999	2400	35.00	35.00
❏ QUILTING BEE	1999	2400	70.00	70.00
❏ TRIM-A-TREE	1999	2400	65.00	65.00
EMMETT KELLY				*
❏ BOX OF LOVE, A	1999	15000	40.00	40.00
EMMETT KELLY GALLERY COLLECTION				*
❏ DOG'S LIFE	1996	RT	100.00	100.00
❏ SPOTLIGHT	1996	RT	80.00	80.00
❏ WALL STREET	1996	RT	90.00	90.00
EMMETT KELLY ORIGINAL CIRCUS COLLECTION				**B. LEIGHTON-JONES**
❏ 100TH BIRTHDAY	1998	RT	50.00	50.00
❏ ARTFUL DODGER	1991	RT	35.00	35.00
❏ BIG GAME HUNTER	1987	RT	38.00	38.00
❏ CHOOSING SIDES	1989	RT	55.00	55.00
❏ CHRISTMAS TUNES	1992	10000	40.00	40.00
❏ DEAR EMMETT	1993	10000	45.00	140.00
❏ EMMETT AT BAT	1991	RT	35.00	35.00
❏ EMMETT AT THE ORGAN	1992	10000	50.00	50.00
❏ EMMETT AT WORK	1992	10000	45.00	45.00
❏ EMMETT THE CADDY	1992	10000	45.00	45.00
❏ FIRE FIGHTER	1996	10000	45.00	45.00
❏ HARD TIMES	1993	10000	45.00	50.00
❏ HOLIDAY SKATER	1994	10000	55.00	55.00
❏ I LOVE YOU	1991	RT	80.00	80.00
❏ I'VE GOT IT	1994	10000	45.00	45.00
❏ LION TAMER, THE	1993	10000	55.00	65.00
❏ LOOK AT THE BIRDIE	1992	10000	40.00	40.00
❏ MISSED	1997	10000	50.00	50.00
❏ MYSTERY SPOTLIGHT	1997	10000	40.00	40.00
❏ OFF TO THE RACES	1997	10000	85.00	85.00
❏ PARENTHOOD	1994	10000	55.00	55.00
❏ SELF-PORTRAIT	1996	RT	100.00	100.00
❏ SPOTLIGHT	1992	RT	80.00	80.00
❏ STUCK ON BOWLING	1994	10000	45.00	45.00
❏ SUNDAY DRIVER	1993	10000	55.00	65.00
❏ WALL STREET	1992	RT	125.00	125.00
GONE WITH THE WIND				*
❏ ASHLEY	1994	OP	40.00	50.00
❏ ASHLEY MINI BRONZE	1993	RT	50.00	50.00

FIGURINES

NAME	YEAR	LIMIT	ISSUE	TREND
❏ ATLANTA BURNING WATERGLOBE	1997	*	50.00	50.00
❏ ATLANTA PITTYPAT HOUSE DISPLAY	1994	RT	90.00	90.00
❏ ATLANTA SCENE 3	1996	*	75.00	75.00
❏ AUNT PITTYPAT HAMILTON MINI BRONZE	1994	RT	50.00	50.00
❏ BELLE WATLING MINI BRONZE	1994	RT	50.00	50.00
❏ BONNIE	1997	OP	50.00	50.00
❏ CHARLES HAMILTON MINI BRONZE	1993	RT	50.00	50.00
❏ GERALD O'HARA	1994	RT	70.00	80.00
❏ MAMMY MINI BRONZE	1992	RT	50.00	50.00
❏ MR. O'HARA MINI BRONZE	1992	RT	50.00	50.00
❏ MRS. O'HARA MINI BRONZE	1992	RT	50.00	50.00
❏ PORK MINI BRONZE	1992	RT	50.00	50.00
❏ PRISSY MINI BRONZE	1994	RT	50.00	50.00
❏ RHETT	1994	OP	40.00	45.00
❏ RHETT BLACK TUXEDO	1996	OP	70.00	70.00
❏ RHETT GWW-12	1993	RT	70.00	80.00
❏ RHETT MINI BRONZE	1993	RT	50.00	50.00
❏ RHETT WHITE SUIT MINI BRONZE	1994	RT	50.00	50.00
❏ SCARLETT	1994	OP	40.00	45.00
❏ SCARLETT BBQ DRESS	1994	RT	70.00	80.00
❏ SCARLETT GREEN DRESS	1992	TL	70.00	70.00
❏ SCARLETT & RHETT	1998	OP	90.00	90.00
❏ SCARLETT & RHETT STROLLING MUSICAL WATERGLOBE	1996	RE	55.00	55.00
❏ SCARLETT ATLANTA DRESS	1997	OP	70.00	70.00
❏ SCARLETT BBQ DRESS	1997	RT	80.00	80.00
❏ SCARLETT BBQ DRESS MINI BRONZE	1993	RT	50.00	50.00
❏ SCARLETT BLUE DRESS	1996	*	70.00	70.00
❏ SCARLETT IVORY DRESS MINI BRONZE	1994	RT	50.00	50.00
❏ SCARLETT RED DRESS WATERGLOBE	1997	*	30.00	30.00
❏ SCARLETT WHITE DRESS MINI BRONZE	1992	RT	50.00	50.00
❏ SUELLEN MINI BRONZE	1993	RT	50.00	50.00
❏ TARA DISPLAY	1993	RT	90.00	90.00
❏ TARA SCENE 1	1996	OP	75.00	75.00
❏ TWELVE OAKS DISPLAY	1993	RT	90.00	90.00
❏ TWELVE OAKS SCENE 2	1996	*	75.00	75.00

GONE WITH THE WIND/SCARLETT AND HER BEAUS | | | | *

❏ KISS, THE	1995	RT	150.00	150.00
❏ KISS, THE (ARTIST PROOF)	1995	RT	180.00	180.00
❏ SCARLETT & ASHLEY	1997	750	150.00	150.00
❏ SCARLETT & ASHLEY (ARTIST PROOF)	1997	75	180.00	180.00
❏ WEDDING	1996	750	150.00	150.00
❏ WEDDING (ARTIST PROOF)	1996	RT	180.00	180.00

HUCK FINN SERIES | | | **ROCKWELL INSPIRED** | |

❏ LISTENING HF-02	1980	RT	110.00	150.00
❏ NO KINGS HF-03	1980	RT	110.00	150.00
❏ SECRET, THE- HF-01	1979	RT	110.00	130.00
❏ SNAKE ESCAPES HF-04	1980	RT	110.00	160.00

LARGE LIMITED EDITIONS | | | **ROCKWELL INSPIRED** | |

❏ BASEBALL NR-102	1975	RT	125.00	450.00
❏ CIRCUS NR-106	1982	RT	500.00	550.00
❏ DOCTOR AND DOLL NR-100	1974	RT	300.00	1600.00
❏ DREAMS OF LONG AGO NR-105	1981	RT	500.00	750.00
❏ LEAPFROG NR-104	1979	RT	440.00	700.00
❏ MARBLE PLAYERS NR-107	1984	RT	500.00	700.00
❏ NO SWIMMING NR-101	1975	RT	150.00	500.00
❏ SEE AMERICA FIRST NR-103	1974	RT	100.00	500.00

LAUREL & HARDY | | | | *

❏ HARDY	1999	5000	20.00	20.00
❏ LAUREL	1999	5000	20.00	20.00

LIGHTHOUSE KEEPERS | | | **T. SNYDER** | |

❏ ABBIE BURGESS	1998	2500	50.00	50.00
❏ AUGUSTIN JEAN FRESNAL	1998	2500	50.00	50.00
❏ BOB GERLOFF	1998	2500	50.00	50.00
❏ DUNBAR DAVIS	1998	2500	50.00	50.00
❏ EMILY FISH	1998	2500	50.00	50.00
❏ GEORGE C. MEADE	1998	2500	50.00	50.00
❏ IDA LEWIS	1998	2500	50.00	50.00
❏ JOSEPH STRAUT	1998	2500	50.00	50.00
❏ MARCUS HANNA	1998	2400	50.00	50.00
❏ ORRIN "PETE" YOUNG	1998	2500	50.00	50.00

LUCY | | | | *

❏ CHOCOLATE FACTORY	1999	5000	35.00	35.00
❏ LUCY	1999	5000	25.00	25.00
❏ VITAMEATAVEGAMIN	1999	5000	35.00	35.00

LUCY MUSICAL FIGURINE | | | | *

❏ CHOCOLATE FACTORY	1999	5000	40.00	40.00
❏ VITAMEATAVEGAMIN	1999	5000	40.00	40.00

LUCY WATERGLOBE | | | | *

❏ CHOCOLATE FACTORY	1999	5000	35.00	35.00
❏ VITAMEATAVEGAMIN	1999	5000	35.00	35.00

MINIATURE BRONZE SERIES | | | | *

❏ SCENE II-TWELVE OAKS	1993	5000	340.00	375.00
❏ WIZARD OF OZ	1993	5000	290.00	325.00

MINIATURE BRONZE SERIES | | | **B. LEIGHTON-JONES** | |

❏ ATLANTA	1994	*	340.00	365.00

FIGURINES

NAME	YEAR	LIMIT	ISSUE	TREND
MOUSEHOLE COLLECTION				*
❏ ANNIE HALFWAY	1994	RT	15.00	15.00
❏ CHRISTMAS TRIO	1994	RT	35.00	35.00
❏ DIGGER OUTBACK DIGGER	1994	RT	15.00	15.00
❏ DOC HOLIDAY DR. GOLFER	1994	RT	16.00	16.00
❏ HARRY & SALLY HARMONY BRIDE & GROOM	1994	RT	20.00	20.00
❏ HICKORY DICKORY BOOKKEEPER	1994	RT	16.00	16.00
❏ HONEY BUNCH & DAPPER VALENTINE	1994	RT	30.00	30.00
❏ HORATIO HOLIMOUSE MINISTER	1994	RT	15.00	15.00
❏ JULIA SMILES COOK	1994	RT	16.00	16.00
❏ LORD FREDERICK MOUSE LEIGHTON R.A. R.A.	1994	RT	18.00	18.00
❏ MIC MOUSEPIECE LAWYER	1994	RT	16.00	16.00
❏ MILLIE MINIMAL & TINY TIM	1994	RT	24.00	24.00
❏ MINNIE LITTLE MAID	1994	RT	16.00	16.00
❏ MORRIS MINOR CAR	1994	RT	30.00	30.00
❏ PERCIVAL PLOD POLICEMAN	1994	RT	16.00	16.00
❏ SCOTTY MCMOUSTER	1994	RT	16.00	16.00
❏ SHORT JOHN SILVER	1994	RT	16.00	16.00
❏ SMUDGE BRIGHTLY LIGHTHOUSE	1994	RT	30.00	30.00
❏ STITTON CHEESE BUTLER	1994	RT	16.00	16.00
❏ THOMAS T. CADDIE	1994	RT	15.00	15.00
❏ WEE WILLIE CHURCH MOUSE	1994	RT	16.00	16.00
❏ WILEY R. TREADMILL JUDGE	1994	RT	16.00	16.00
❏ WILL MOUSEPEARE	1994	RT	15.00	15.00
NATIVE AMERICAN SERIES				**E. ROBERTS**
❏ LONE WOLF	1991	7500	55.00	55.00
❏ TORTOISE LADY	1992	7500	60.00	60.00
NORMAN ROCKWELL COLLECTION			**ROCKWELL INSPIRED**	
❏ AMERICAN MOTHER NRG-42	1982	RT	100.00	130.00
❏ AT THE DOCTOR NR-29	1978	RT	108.00	200.00
❏ BACK FROM CAMP NR-33	1979	RT	96.00	150.00
❏ BACK TO SCHOOL NR-02	1973	RT	20.00	80.00
❏ BARBERSHOP QUARTET NR-23	1975	RT	100.00	1100.00
❏ BASEBALL NR-16	1974	RT	45.00	170.00
❏ BIG MOMENT NR-21	1975	RT	60.00	140.00
❏ CAROLLER NR-03	1973	RT	23.00	80.00
❏ CIRCUS NR-22	1975	RT	55.00	150.00
❏ COUNTRY CRITIC NR-43	1983	RT	75.00	130.00
❏ CROQUET NR-41	1982	RT	100.00	150.00
❏ DAYDREAMER NR 04	1973	RT	23.00	65.00
❏ DISCOVERY NR-20	1976	RT	55.00	100.00
❏ DOCTOR & DOLL NR-12	1973	RT	65.00	200.00
❏ DOCTOR AND THE DOLL	1999	7500	30.00	30.00
❏ DREAMS OF LONG AGO NR-31	1979	RT	100.00	140.00
❏ DRUM FOR TOMMY NRC-24	1976	RT	40.00	100.00
❏ EXASPERATED NANNY NR-35	1980	RT	96.00	130.00
❏ FIRST DAY OF SCHOOL NR-27	1978	RT	100.00	145.00
❏ FISHING	1999	7500	25.00	25.00
❏ FRIENDS IN NEED NR-13	1974	RT	45.00	100.00
❏ GRADUATE NR-44	1983	RT	30.00	80.00
❏ GRAMPS AT THE PLATE	1999	7500	25.00	25.00
❏ GRAMPS AT THE REINS	1999	7500	30.00	30.00
❏ GRANDPA'S BALLERINA NR-32	1979	RT	100.00	125.00
❏ HANDKERCHIEF NR-36	1980	RT	110.00	110.00
❏ LAZYBONES NR-08	1973	RT	30.00	300.00
❏ LEAPFROG NR-09	1973	RT	50.00	800.00
❏ LOVE LETTER NR-00	1973	RT	26.00	60.00
❏ LOVERS NR-07	1973	RT	45.00	100.00
❏ MAGIC POTION NR-28	1978	RT	84.00	200.00
❏ MARBLE PLAYERS NR-11	1973	RT	60.00	400.00
❏ MARRIAGE LICENSE, THE	1999	7500	30.00	30.00
❏ NO SWIMMING NR-05	1973	RT	25.00	100.00
❏ PALS NR-25	1977	RT	60.00	135.00
❏ PHARMACIST, THE	1999	7500	30.00	30.00
❏ PUPPY LOVE	1999	7500	30.00	30.00
❏ RED CROSS NR-47	1986	RT	67.00	95.00
❏ REDHEAD NR-01	1973	RT	20.00	200.00
❏ RUNAWAY, THE	1999	7500	30.00	30.00
❏ SANTA'S GOOD BOYS NR-37	1980	RT	90.00	90.00
❏ SCHOOLMASTER NR-10	1973	RT	55.00	225.00
❏ SCOTTY'S HOME PLATE NR-46	1984	RT	30.00	75.00
❏ SCOTTY'S SURPRISE NRS-20	1983	RT	25.00	100.00
❏ SEE AMERICA FIRST NR-17	1974	RT	50.00	145.00
❏ SERENADE	1999	7500	20.00	20.00
❏ SKATERS	1999	7500	20.00	20.00
❏ SPIRIT OF EDUCATION NR-38	1981	RT	96.00	130.00
❏ SPRINGTIME '33 NR-14	1974	RT	30.00	65.00
❏ SPRINGTIME '35 NR-19	1977	RT	50.00	55.00
❏ STILT WALKER	1999	7500	25.00	25.00
❏ TAKE YOUR MEDICINE NR-18	1974	RT	50.00	150.00
❏ TEACHER'S PET NRA-30	1979	RT	35.00	80.00
❏ TOSS, THE NR-34	1980	RT	110.00	240.00
❏ TRIPLE SELF-PORTRAIT	1999	7500	30.00	30.00
❏ VISIT WITH ROCKWELL NR-40	1982	RT	120.00	120.00
❏ WEDDING MARCH NR-49	1988	RT	110.00	180.00
❏ YOUNG DOCTOR NRD-26	1978	RT	100.00	150.00
❏ YOUNG LOVE NR-48	1987	RT	70.00	125.00

FIGURINES

FIGURINES

NAME	YEAR	LIMIT	ISSUE	TREND
NORMAN ROCKWELL COLLECTION MINIATURES			**ROCKWELL INSPIRED**	
❑ AT THE DOCTOR'S NR-229	1984	RT	35.00	35.00
❑ BACK TO SCHOOL NR-202	1979	RT	18.00	45.00
❑ BARBERSHOP QUARTET NR-223	1982	RT	40.00	50.00
❑ BASEBALL NR-216	1980	RT	40.00	50.00
❑ BIG MOMENT NR-221	1982	RT	36.00	40.00
❑ CAROLLER NR-203	1979	RT	20.00	45.00
❑ CIRCUS NR-222	1982	RT	35.00	40.00
❑ DAYDREAMER NR-04	1979	RT	20.00	40.00
❑ DISCOVERY NR-220	1982	RT	35.00	45.00
❑ DOCTOR AND DOLL NR-212	1979	RT	40.00	80.00
❑ DREAMS OF LONG AGO NR-231	1984	RT	30.00	30.00
❑ DRUM FOR TOMMY NRC-224	1982	RT	25.00	30.00
❑ FIRST DAY OF SCHOOL NR-227	1984	RT	35.00	35.00
❑ FRIENDS IN NEED NR-213	1980	RT	30.00	40.00
❑ LAZYBONES NR-208	1979	RT	22.00	45.00
❑ LEAPFROG NR-209	1979	RT	32.00	75.00
❑ LOVE LETTER NR-206	1979	RT	26.00	55.00
❑ LOVERS NR-207	1979	RT	28.00	45.00
❑ MAGIC POTION NR-228	1984	RT	30.00	40.00
❑ MARBLE PLAYERS NR-211	1979	RT	36.00	80.00
❑ NO SWIMMING NR-205	1979	RT	22.00	45.00
❑ PALS NR-225	1984	RT	25.00	25.00
❑ REDHEAD NR-201	1979	RT	18.00	48.00
❑ SANTA ON THE TRAIN NR-245	1983	RT	35.00	55.00
❑ SCHOOLMASTER NR-210	1979	RT	34.00	40.00
❑ SEE AMERICA FIRST NR-217	1980	RT	28.00	45.00
❑ SPRINGTIME '33 NR-214	1980	RT	24.00	80.00
❑ SPRINGTIME '35 NR-219	1982	RT	24.00	30.00
❑ SUMMERTIME '33 NR-215	1980	RT	22.00	25.00
❑ TAKE YOUR MEDICINE NR-218	1980	RT	36.00	40.00
❑ YOUNG DOCTOR NRD-226	1984	RT	30.00	50.00
NORMAN ROCKWELL MUSICAL FIGURINES				*
❑ GRAMPS AT THE PUMP	1999	7500	40.00	40.00
❑ MARRIAGE LICENSE, THE	1999	7500	40.00	40.00
❑ SERENADE	1999	7500	30.00	30.00
ROCKWELL CLUB SERIES			**ROCKWELL INSPIRED**	
❑ DIARY RCC-02	1982	RT	35.00	80.00
❑ GONE FISHING RCC-04	1984	RT	30.00	55.00
❑ RUNAWAY PANTS RCC-03	1983	RT	65.00	75.00
❑ YOUNG ARTISTS RCC-01	1981	RT	96.00	180.00
SATURDAY EVENING POST				*
❑ AFTER THE PROM	1993	7500	75.00	85.00
❑ ALMOST GROWN UP	1994	7500	75.00	85.00
❑ BABY'S FIRST STEP	1994	7500	100.00	110.00
❑ BED TIME	1994	7500	100.00	110.00
❑ BRIDE & GROOM	1994	7500	100.00	110.00
❑ CHOOSIN UP	1992	RT	110.00	140.00
❑ FOR A GOOD BOY	1994	7500	100.00	110.00
❑ GONE FISHING	1993	1500	65.00	75.00
❑ LITTLE MOTHER	1994	7500	75.00	85.00
❑ MISSED	1993	7500	110.00	120.00
SPIRIT OF REMINGTON			**R. BROWN**	
❑ CAPTIVE, THE	1998	2500	35.00	35.00
❑ CONJURING BACK THE BUFFALO	1998	2500	35.00	35.00
❑ LT. POWHATAN CLARK	1998	2500	35.00	35.00
❑ PUNCHER, THE	1998	2500	70.00	70.00
❑ SMOKE SIGNAL, THE	1998	2500	70.00	70.00
TOM SAWYER MINIATURES			**ROCKWELL INSPIRED**	
❑ FIRST SMOKE TSM-02	1983	RT	40.00	80.00
❑ LOST IN CAVE TSM-05	1983	RT	40.00	80.00
❑ TAKE YOUR MEDICINE TSM-04	1983	RT	40.00	80.00
❑ WHITEWASHING THE FENCE TSM-01	1983	RT	40.00	80.00
TOM SAWYER SERIES			**ROCKWELL INSPIRED**	
❑ FIRST SMOKE TS-02	1976	RT	60.00	200.00
❑ LOST IN CAVE TS-04	1978	RT	70.00	180.00
❑ TAKE YOUR MEDICINE TS-03	1977	RT	63.00	225.00
❑ WHITEWASHING THE FENCE TS-01	1975	RT	60.00	200.00
WIZARD OF OZ				*
❑ APPLE TREE WATERGLOBE	1997	OP	40.00	40.00
❑ COWARDLY LION	1996	5000	20.00	20.00
❑ COWARDLY LION MUSICAL	1996	5000	35.00	35.00
❑ DOROTHY	1996	5000	20.00	20.00
❑ DOROTHY & MUNCHKIN MUSICAL	1997	OP	75.00	75.00
❑ DOROTHY MINI BRONZE	1993	RT	50.00	50.00
❑ DOROTHY MUSICAL	1996	5000	35.00	35.00
❑ DOROTHY/MUNCHKIN WATERGLOBE	1996	OP	55.00	55.00
❑ EMERALD CITY LIGHTED WATERGLOBE	1997	OP	60.00	60.00
❑ EMERALD CITY MUSICAL	1995	RT	85.00	85.00
❑ FLYING MONKEY	1997	5000	16.00	16.00
❑ GOOD WITCH	1996	5000	32.00	32.00
❑ GOOD WITCH MUSICAL	1996	5000	35.00	35.00
❑ LION MINI BRONZE	1993	RT	50.00	50.00
❑ MAYOR	1996	5000	20.00	20.00
❑ MORTICIAN	1996	5000	20.00	20.00

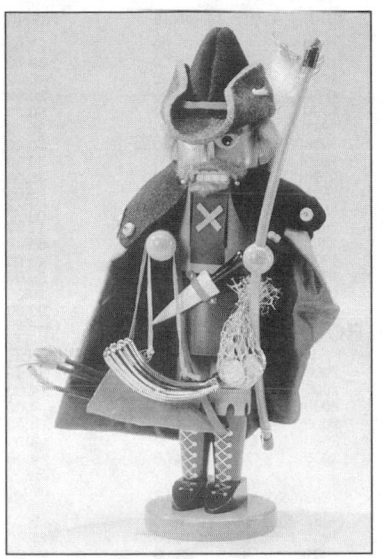

In his quest to give to the poor, Robin Hood *nutcracker joined the "Tales of Sherwood Forest" series by Hans Christian Steinbach of Kurt S. Adler Inc. Limited to 4,500, it originally sold for $225.*

Frederick Douglas *is from the "Historical" series produced by Miss Martha Originals in 1991.*

Kurt S. Adler Inc.'s Steinbach Nutcrackers appear in every garb. This one is the Sheriff of Nottingham, *the third nutcracker in the "Tales of Sherwood Forest" series.*

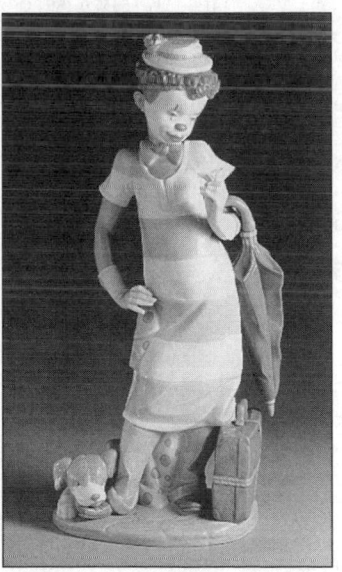

On the Move, *which retailed for $340 when it was released by Lladró in 1991, has increased in value.*

FIGURINES

NAME	YEAR	LIMIT	ISSUE	TREND
❑ OZ FIGURINE SET	1996	RT	177.00	177.00
❑ OZ FIGURINE SET (3 PC)	1997	RT	48.00	48.00
❑ RUBY SLIPPERS WATERGLOBE	1997	OP	40.00	40.00
❑ SCARECROW	1996	5000	20.00	20.00
❑ SCARECROW MINI BRONZE	1993	RT	50.00	50.00
❑ SCARECROW MUSICAL	1996	5000	35.00	35.00
❑ TIN MAN	1996	5000	20.00	20.00
❑ TIN MAN MINI BRONZE	1993	RT	50.00	50.00
❑ TIN MAN MUSICAL	1996	5000	35.00	35.00
❑ WICKED WITCH	1996	5000	25.00	25.00
❑ WICKED WITCH MUSICAL	1996	5000	35.00	35.00
❑ WINKIE CASTLE GUARD	1997	5000	16.00	16.00
❑ WITCH'S CASTLE MUSICAL	1995	*	85.00	85.00
❑ WITCH'S CASTLE WATERGLOBE	1997	OP	40.00	40.00
❑ WITCH'S CRYSTAL BALL LIGHTED WATERGLOBE	1997	OP	50.00	50.00
❑ WIZARD	1997	5000	16.00	16.00
❑ YELLOW BRICK ROAD	1993	RT	90.00	90.00

DAVID WINTER COTTAGES/ENESCO GROUP INC.
MEDIEVAL DISPLAY ACCESSORIES

				D. WINTER
❑ COURT JESTER	2000	OP	4.00	4.00
❑ DRAGON	2000	OP	4.00	4.00
❑ KNIGHT ON HORSEBACK	2000	OP	4.00	4.00
❑ KNIGHT WITH FLAG	2000	OP	4.00	4.00
❑ LADY IN WAITING	2000	OP	4.00	4.00
❑ WIZARD	2000	OP	4.00	4.00

DEPARTMENT 56
ALPINE VILLAGE

				*
❑ ALPINE VILLAGE SIGN 6571-4	1987	RT	6.00	5.00
❑ ALPINE VILLAGERS 6542-0, (SET OF 3)	1986	RT	13.00	36.00
❑ AT THE OCTOBERFEST SET OF 3	2001	OP	28.00	28.00
❑ BUYING BAKERS BREAD 5619-7, (SET OF 2)	1992	RT	20.00	14.00
❑ FARM ANIMALS 5945-5, (SET OF 4)	1989	RT	15.00	45.00
❑ TOY PEDDLER 5616-2, (SET OF 3)	1990	OP	22.00	15.00

CANDLE CROWN COLLECTIONS

				*
❑ GLINDA THE GOOD WITCH	2000	OP	45.00	45.00
❑ HALLOWEEN PUMPKIN	2000	OP	35.00	35.00
❑ HOLIDAY TREE	2000	OP	40.00	40.00
❑ LADY LIBERTY	2000	5600	48.00	48.00
❑ SNOWMAN	2000	OP	35.00	35.00
❑ STARLIGHT ANGEL	2000	OP	35.00	35.00
❑ THANKSGIVING TURKEY	2000	OP	35.00	35.00
❑ WICKED WITCH OF THE WEST	2000	OP	45.00	45.00

CHRISTMAS IN THE CITY

				*
❑ 1937 PIRSCH PUMPER FIRE TRUCK	2001	OP	25.00	25.00
❑ ALL AROUND THE TOWN 5545-0, (SET OF 2)	1991	RT	18.00	20.00
❑ CAROLING THRU THE CITY 5548-4, (SET OF 3)	1991	OP	28.00	25.00
❑ CHRISTMAS AT THE PARK 5866-1, (SET OF 3)	1993	OP	28.00	28.00
❑ CITY FIRE DEPT.- FIRE TRUCK	1991	RT	18.00	23.00
❑ CITY PEOPLE 5965-0, (SET OF 5)	1987	RT	28.00	65.00
❑ DON'T DROP THE PRESENTS 5532-8, (SET OF 2)	1992	RT	25.00	28.00
❑ FIRE BRIGADE, THE 5546-8, (SET OF 2)	1991	RT	20.00	17.00
❑ FIRE DRILL PRACTICE	2001	OP	25.00	25.00
❑ HOT CHOCOLATE FOR SALE	2001	OP	28.00	28.00
❑ HOT DOG VENDOR 5886-6, (SET OF 3)	1994	RT	*	28.00
❑ LIFE OF THE PARTY SET OF 2	2001	OP	30.00	30.00
❑ MARKET DAY 5641-3, (SET OF 3)	1991	RT	35.00	28.00
❑ ON TO THE SHOW	2001	OP	20.00	20.00
❑ PLAYING IN THE SNOW 5556-5, (SET OF 3)	1993	OP	25.00	18.00
❑ POPCORN VENDOR 5958-7, (SET OF 3)	1989	RT	22.00	18.00
❑ RIVER STREET ICE HOUSE CART 5959-5	1989	RT	20.00	52.00
❑ RUSSELL STOVER DELIVERY TRUCK	2001	OP	20.00	20.00
❑ SKATING PARTY 5523-9, (SET OF 3)	1991	OP	28.00	28.00
❑ STREET MUSICIANS 5564-5, (SET OF 3)	1993	OP	45.00	18.00
❑ TOWN TREE 5565-4, (SET OF 5)	1993	OP	45.00	45.00
❑ TOWN TREE TRIMMERS 5566-2, (SET OF 4)	1993	OP	33.00	33.00
❑ VILLAGE EXPRESS VAN 5865-3, GREEN	1992	OP	25.00	55.00
❑ VILLAGE EXPRESS VAN 9951-1, BLACK	1992	RT	25.00	200.00
❑ VILLAGE EXPRESS VAN 9977-5, GOLD	1992	RT	*	866.00
❑ VILLAGE EXPRESS VAN-BACHMAN'S 729-3	1994	RT	23.00	34.00
❑ VILLAGE EXPRESS VAN-BRONNER'S 737-4	1994	RT	23.00	18.00
❑ VILLAGE EXPRESS VAN-CHRISTMAS DOVE 730-7	1994	RT	25.00	38.00
❑ VILLAGE EXPRESS VAN-CHRISTMAS PLACE 732-3	1994	RT	25.00	75.00
❑ VILLAGE EXPRESS VAN-EUROPEAN IMPORTS 739-0	1994	RT	23.00	38.00
❑ VILLAGE EXPRESS VAN-FORTUNOFF'S 735-8	1994	RT	23.00	88.00
❑ VILLAGE EXPRESS VAN-LOCK,STOCK.. 731-5	1994	RT	23.00	120.00
❑ VILLAGE EXPRESS VAN-LTD. ED. 733-1	1994	RT	25.00	115.00
❑ VILLAGE EXPRESS VAN-N. POLE CITY 736-6	1994	RT	25.00	50.00
❑ VILLAGE EXPRESS VAN-ROBERTS CHRISTMAS WNDLD 734-0	1994	RT	23.00	50.00
❑ VILLAGE EXPRESS VAN-STAT'S 741-2	1994	RT	23.00	38.00
❑ VILLAGE EXPRESS VAN-THE LEMON TREE 721-8	1994	RT	30.00	45.00
❑ VILLAGE EXPRESS VAN-WILLIAM GLEN 738-2	1994	RT	23.00	39.00
❑ VILLAGE EXPRESS VAN-WINDSOR SHOPPE 740-4	1994	RT	25.00	45.00
❑ VILLAGE STREET CAR 5240-0 MOTORIZED	1994	OP	65.00	65.00
❑ WELCOME HOME, 5533-6, (SET OF 2)	1992	RT	28.00	16.00

NAME	YEAR	LIMIT	ISSUE	TREND
DICKENS' HINGED BOXES				*
BAH, HUMBUG!	1998	RT	15.00	15.00
GOD BLESS US, EVERYONE!	1998	RT	15.00	15.00
SPIRIT OF CHRISTMAS	1998	RT	15.00	15.00
DICKENS' VILLAGE				*
BIRD SELLER, THE 5803-3 (SET OF 3)	1992	RT	25.00	20.00
C.H. WATT PHYSICIAN 5568-9	1990	OP	40.00	36.00
CHELSEA LANE SHOPPERS 5816-5, (SET OF 4)	1993	RT	30.00	27.00
CHELSEA MARKET FISH MONGERS 5814-9, (SET OF 2)	1993	OP	25.00	25.00
CHELSEA MARKET FLOWER MONGERS 5815-7, (SET OF 2)	1993	RT	28.00	28.00
CHELSEA MARKET FRUIT MONGERS 5813-0, (SET OF 2)	1993	OP	25.00	25.00
CHRISTMAS CAROL CHARS 6501-3, SET OF THREE	1986	RT	12.00	68.00
CHRISTMAS SPIRITS FIGURES 5589-1 (SET OF 4)	1989	OP	28.00	28.00
COBBLER AND CLOCK PEDDLER 5839-4, (SET OF 2)	1995	OP	25.00	25.00
DAVID COPPERFIELD CHARS 5551-4, (SET OF 5)	1989	RT	33.00	35.00
FIVE GOLDEN RINGS 5838-1, (SET OF 2)	1995	OP	28.00	35.00
FOLLOWING THE LEADER, SET OF 2	2001	OP	33.00	33.00
FOUR CALLING BIRDS 5837-9, (SET OF 2)	1995	OP	*	35.00
GOURMET CHOCOLATES DELIVERY WAGON	2001	OP	45.00	45.00
HEDGEROW DOVECOTE SET OF 2	2001	OP	33.00	33.00
HOLIDAY TRAVELERS 5571-9, (SET OF 3")	1990	RT	25.00	22.00
HORSES AT THE LAMPGUARD SET OF 3	2001	OP	45.00	45.00
KEEPING THE STREETS CLEAN SET OF 2	2001	OP	18.00	18.00
LAMPLIGHTER 5577-8, (SET OF 2)	1989	OP	9.00	9.00
MASTER POTTER	2001	OP	18.00	18.00
MERRY GO ROUNDABOUT	2001	OP	33.00	33.00
NETTIE QUINN PUPPETS & MARIONETTES	1996	OP	50.00	50.00
OLD PUPPETEER, THE 5802-5 (SET OF 3)	1992	RT	32.00	50.00
OLIVER TWIST CHARACTERS 554-9, (SET OF 3)	1991	RT	35.00	58.00
ORIGINAL CAROLERS, SET OF THREE WHITE POST	1984	RT	10.00	89.00
PAR FOR THE COURSE SET OF 3	2001	OP	28.00	28.00
POLO PLAYERS	2001	OP	40.00	40.00
POULTERER 5926-9	1988	RT	33.00	38.00
SHERLOCK HOLMES-THE HANSOM CAB	2001	OP	35.00	35.00
SIX GEESE A LAYING 5838-2, (SET OF 2)	1995	OP	*	35.00
SLIDING DOWN CORNHILL WITH BOB CRATCHIT	2001	OP	25.00	25.00
THATCHER 5829-7, (SET OF 3)	1994	OP	35.00	35.00
THESE ARE FOR YOU SET OF 2	2001	OP	25.00	25.00
THREE FRENCH HENS 5837-8, (SET OF 3)	1995	OP	33.00	35.00
VILLAGE STREET PEDDLERS 5804-1, (SET OF 2)	1992	RT	16.00	11.00
YE OLDE LAMP LIGHTER, DICKENS' VILLAGE SIGN 5839-3	1995	OP	20.00	20.00
DICKENS' VILLAGE SIGNATURE SERIES				*
GAD'S HILL PLACE	1997	YR	98.00	99.00
HARRY POTTER				*
GOLDEN SNITCH IN FLIGHT HINGED BOX	2000	OP	14.00	14.00
HARRY POTTER ANIMATED SCENE	2001	OP	125.00	125.00
HARRY'S INHERITANCE HINGED BOX	2000	OP	24.00	24.00
HERMIONE GRANGER HINGED BOX	2000	OP	24.00	24.00
MIRROR OF ERISED HINGED BOX	2000	OP	24.00	24.00
PROFESSOR OF POTIONS HINGED BOX	2000	OP	28.00	28.00
UNDER THE INVISIBILITY CLOAK HINGED BOX	2000	OP	24.00	24.00
HERITAGE VILLAGE COLLECTION				*
12 DAYS OF DICKENS' VILLAGE, 7 SWANS A SWIMMING	1996	RT	28.00	39.00
12 DAYS OF DICKENS' VILLAGE, 8 MAIDS A MILKING	1996	RT	25.00	25.00
ABINGTON BRIDGE	2001	OP	38.00	38.00
ABINGTON CANAL BOAT, SET OF 2	2001	OP	35.00	35.00
ABINGTON CANAL, SET OF 2	2001	OP	30.00	30.00
ABINGTON LOCKS, SET OF 2	2001	OP	48.00	48.00
CAROLING WITH THE CRATCHIT FAMILY- SET OF 3	1996	OP	38.00	38.00
CHRISTMAS BAZAAR...HANDMADE QUILTS -SET OF 2	1996	RT	25.00	25.00
CHRISTMAS BAZAAR...WOOLENS & PRESERVES -SET OF 2	1996	RT	25.00	25.00
CHRISTMAS CAROL, A- READING/ C.DICKENS- 5 PC	1996	OP	45.00	45.00
CHRISTMAS CAROL, A- READING/ C.DICKENS- 8 PC	1996	OP	75.00	85.00
CHRISTMAS CAROLERS SET OF 3	2001	*	28.00	28.00
CITY TAXI	1996	OP	12.00	12.00
CITY WORKERS 5967-6 (SET OF 4)	1987	RT	15.00	25.00
ELVES ON ICE- SET OF 4	1996	OP	8.00	22.00
END OF THE LINE -SET OF 2	1996	RT	28.00	35.00
FAMILY TREE, THE	1996	OP	18.00	18.00
FEZZIWIG DELIVERY WAGON, THE	1996	OP	33.00	32.00
GINGERBREAD VENDOR -SET OF 2	1996	OP	23.00	22.00
GOING HOME FOR THE HOLIDAYS -SET OF 3	1996	OP	28.00	28.00
HOLIDAY DELIVERIES	1996	OP	47.00	16.00
NEW POTBELLIED STOVE FOR CHRISTMAS, A -SET OF 2	1996	OP	35.00	33.00
NORTH POLE EXPRESS	1996	RT	38.00	50.00
NUTCRACKER VENDOR & CART	1996	OP	25.00	25.00
PORCELAIN TREES 6537-4, (SET OF 2)	1986	RT	14.00	17.00
RED CHRISTMAS SULKY	1996	OP	30.00	30.00
SANTA'S ON HIS WAY	2001	OP	65.00	65.00
SANTA'S SLEIGH	2001	*	68.00	68.00
SNOW CHILDREN 5938-2, (SET OF 3)	1988	RT	17.00	20.00
TENDING THE NEW CALVES- SET OF 3	1996	RT	30.00	22.00
VILLAGE ANIMATED ACCESSORY TRACK	1996	OP	65.00	65.00
VILLAGE ANIMATED SKI MOUNTAIN	1996	OP	75.00	75.00
VIOLET VENDOR/CAROLERS/CHESTNUT,5580-8 SET OF 3	1989	RT	23.00	19.00
YEOMEN OF THE GUARD- SET OF 5	1996	OP	30.00	58.00

FIGURINES

NAME	YEAR	LIMIT	ISSUE	TREND
HOT PROPERTIES				*
❏ GOLDEN SNITCH SECRET BOX	2000	RT	13.00	13.00
❏ HARRY & HAGRID AT GRINGOTTS SECRET BOX	2000	RT	28.00	28.00
❏ HARRY AND THE SORTING HAT	2000	RT	20.00	20.00
❏ HARRY POTTER SECRET BOX	2000	RT	20.00	20.00
❏ HEDWIG THE OWL	2000	RT	20.00	20.00
❏ HERMIONE THE BOOKWORM SECRET BOX	2000	RT	20.00	20.00
LITTLE TOWN OF BETHLEHEM				*
❏ CYPRESS TREES SET OF 3	2001	OP	20.00	20.00
❏ DESERT CAMP SET OF 4	2001	OP	52.00	52.00
❏ DESERT OASIS SET OF 5	2001	OP	60.00	60.00
❏ DESERT ROAD SET OF 4	2001	OP	23.00	23.00
❏ DESERT ROCKS SET OF 5	2001	OP	25.00	25.00
❏ LIMESTONE OUTCROPPING BACKDROP	2001	OP	40.00	40.00
❏ MERCHANT CART SET OF 2	2001	OP	40.00	40.00
❏ OIL LAMPS SET OF 2	2001	OP	25.00	25.00
❏ OLIVE HARVEST SET OF 3	2001	OP	40.00	40.00
❏ STAR OF WONDER	2001	OP	20.00	20.00
❏ STONEMASON AT WORK SET OF 3	2001	OP	45.00	45.00
❏ TOWN WALL SECTIONS SET OF 2	2001	OP	17.00	17.00
NEW ENGLAND VILLAGE				*
❏ AMISH BUGGY 5949-8	1990	RT	22.00	65.00
❏ BEST OF THE HARVEST SET OF 2	2001	OP	25.00	25.00
❏ BLUE STAR ICE HARVESTERS 5650-2, (SET OF 2)	1993	RT	28.00	23.00
❏ DAY AT THE CABIN SET OF 2	2001	OP	25.00	25.00
❏ GATHERING CRANBERRIES	2001	OP	30.00	30.00
❏ HARVEST PUMPKIN WAGON 5659-1	1995	RT	45.00	58.00
❏ HARVEST SEED CART 5645-6, (SET OF 3)	1992	RT	28.00	24.00
❏ HERE COMES SINTER KLAUS	2001	OP	17.00	17.00
❏ J. BREWSTER 5657-0 (BREWSTER BAY COTTAGES)	1995	RT	45.00	45.00
❏ KNIFE GRINDER 5649-9, (SET OF 2)	1993	RT	23.00	18.00
❏ MARKET DAY, 5641-3, (SET OF 3)	1991	OP	35.00	28.00
❏ NAVIGATIONAL CHARTS & MAPS	1996	OP	48.00	62.00
❏ PERFECT TREE	2001	OP	20.00	20.00
❏ REST YE MERRY GENTLEMEN 5540-9	1990	RT	12.00	13.00
❏ SKATING PARTY 5523-9, (SET OF 3)	1991	OP	28.00	48.00
❏ SLEEPY HOLLOW CHARACTERS 5956-0 (SET OF 3)	1990	RT	28.00	38.00
❏ T.T. JULIAN 5657-0 (BREWSTER BAY COTAGES)	1995	OP	45.00	52.00
❏ 'TIS THE SEASON 5539-5	1990	RT	12.00	15.00
❏ TOWN TINKER 5646-4, (SET OF 2)	1992	RT	24.00	30.00
❏ VILLAGE PINE TREE, LG. 5218-3	1992	OP	12.00	13.00
❏ VILLAGE PINE TREE, SM. 5219-1	1992	OP	10.00	10.00
NORTH POLE COLLECTION				*
❏ A CHRISTMAS CAROL READING BY DICKENS 58404	1996	RT	*	N/A
❏ ALL ABOARD! SET OF 2	2001	OP	17.00	17.00
❏ BAKER'S ELVES 5603-0, (SET OF 3)	1991	RT	28.00	14.00
❏ BALANCING ACT SET OF 3	2001	OP	25.00	25.00
❏ BLUE STAR ICE HARVESTERS 5650-2	1993	RT	*	23.00
❏ CATCH THE WIND	2001	OP	18.00	18.00
❏ CHARTING SANTA'S COURSE 56364	1995	RT	*	24.00
❏ CHELSEA MARKET FISH MONGER & CART 5814-9	1993	RT	*	25.00
❏ CHELSEA MARKET FRUIT MONGER & CART 5813-0	1993	RT	*	25.00
❏ CHRISTMAS BREAD BAKERS	1996	OP	55.00	60.00
❏ CHRISTMAS CAROL REVISITED HOLIDAY TRIMMING SET	*	RT	*	28.00
❏ CHURCHYARD FENCE EXTENSIONS 5807-6	1992	RT	*	N/A
❏ CHURCHYARD GATE & FENCE 5806-8	1992	RT	*	N/A
❏ COBBLER & CLOCK PEDDLER 58394	1995	RT	*	N/A
❏ CUTTING THE TRAIL	2001	OP	14.00	14.00
❏ GONE FISHING	2001	OP	35.00	35.00
❏ HOLLY & IVY, THE "HOMES FOR THE HOLIDAYS"	1997	RT	*	12.00
❏ HOT DOG VENDOR 5886-6	1994	RT	*	N/A
❏ ICY DELIGHTS	2001	OP	18.00	18.00
❏ LETTERS FOR SANTA 5604-9, (SET OF 3)	1992	RT	30.00	75.00
❏ LIONHEAD BRIDGE 5864-5	1992	RT	*	N/A
❏ LITTLE NEWLYWEDS	2001	OP	13.00	13.00
❏ POLAR PLOWING SERVICE	2001	OP	30.00	30.00
❏ RESCUE READY	2001	OP	17.00	17.00
❏ RING TOSS, SET OF 2	2001	OP	18.00	18.00
❏ SANTA & MRS. CLAUS 5609-0, (SET OF 2)	1990	OP	15.00	15.00
❏ SANTA'S LITTLE HELPERS 5610-3, (SET OF 3)	1990	RT	28.00	54.00
❏ SLEIGH & EIGHT TINY REINDEER 5611-1, (SET OF 5)	1990	OP	42.00	35.00
❏ SNOW CONE ELVES 5637-5	1994	RT	*	34.00
❏ STAR OF THE SHOW	2001	OP	25.00	25.00
❏ STREET MUSICIANS 5564-6	1993	RT	*	N/A
❏ TESTING THE TOYS 5605-7, (SET OF 2)	1992	RT	16.00	15.00
❏ THATCHERS 5829-7	1994	RT	*	N/A
❏ TOYMAKER ELVES 5602-2, (SET OF 3)	1991	RT	28.00	19.00
❏ TWO RIVERS BRIDGE 5656-1	1994	RT	*	35.00
❏ VILLAGE PORCELAIN PINE LARGE 5218-3	1992	RT	*	19.00
❏ VILLAGE PORCELAIN PINE SMALL 5219-1	1992	RT	*	16.00
❏ VILLAGE PORCELAIN PINE TREES 5251-5	1994	RT	*	N/A
❏ YEOMEN OF THE GUARD 58397	1996	RT	*	58.00
ORIGINAL SNOW VILLAGE COLLECTION				*
❏ 1949 FORD WOODY WAGON & CAMPING TRAILER	2001	OP	20.00	20.00
❏ 1950 FORD F-1 PICKUP	2001	OP	20.00	20.00
❏ 1950S HOT ROD	2001	OP	20.00	20.00

NAME	YEAR	LIMIT	ISSUE	TREND
❏ 1954 WILLYS CJ3 JEEP	2001	OP	20.00	20.00
❏ 1957 CHEVROLET BEL AIR	2001	OP	20.00	20.00
❏ 1958 CORVETTE ROADSTER	2001	OP	20.00	20.00
❏ 1958 JOHN DEERE DIESEL TRACTOR	2001	OP	20.00	20.00
❏ 1959 CHEVROLET IMPALA CONVERTIBLE	2001	OP	20.00	20.00
❏ 2001 SPACE ODDITY, SET OF 11	2001	YR	125.00	125.00
❏ ABANDONED GAS PUMP	2001	OP	38.00	38.00
❏ BUCK'S COUNTY HORSE TRAILER	2001	OP	18.00	18.00
❏ BUCK'S COUNTY STABLES SET OF 9	2001	OP	65.00	65.00
❏ BUCK'S COUNTY WATER TOWER	2001	OP	33.00	33.00
❏ CAROL THROUGH THE SNOW	1996	OP	15.00	18.00
❏ CHRISTMASTIME TRIMMING	2001	OP	15.00	15.00
❏ COCA-COLA BRAND BILLBOARD 5481-0	1994	RT	*	25.00
❏ ELVIS PRESLEY'S AUTOGRAPH SET OF 3	2001	OP	25.00	25.00
❏ FAMILY CANOE TRIP SET OF 3	2001	OP	48.00	48.00
❏ FEEDING THE BIRDS 5473-9	1994	RT	*	25.00
❏ FROSTY PLAYTIME 54860	1995	RT	*	36.00
❏ GRAND OLE OPRY CAROLERS 54867	1995	RT	*	15.00
❏ HARLEY-DAVIDSON FAT BOY & SOFTAIL	1996	OP	16.00	16.00
❏ HARLEY-DAVIDSON HOLIDAY, A -SET OF 2	1996	RT	23.00	18.00
❏ HARLEY-DAVIDSON SIGN	1996	OP	18.00	18.00
❏ HEADING FOR THE HILLS -2 ASSORTED	1996	OP	8.00	9.00
❏ HERD OF HOLIDAY HEIFERS 5455-0	1993	RT	*	22.00
❏ HOLIDAY HOOPS -SET OF 3	1996	RT	20.00	19.00
❏ LIGHTING THE JACK-O-LANTERNS SET OF 3	2001	OP	33.00	33.00
❏ MEN AT WORK -SET OF 5	1996	OP	28.00	22.00
❏ MOVING DAY -SET OF 3	1996	OP	33.00	20.00
❏ MUSH! 5474-7	1994	RT	*	25.00
❏ NICK'S TREE FARM- SET OF 10	1996	OP	40.00	60.00
❏ NOW SHOWING-ELVIS PRESLEY SIGN	2001	OP	30.00	30.00
❏ OLD PICKUP TRUCK	2001	OP	30.00	30.00
❏ ON THE BEAT SET OF 2	2001	OP	35.00	35.00
❏ ON THE ROAD AGAIN -SET OF 2	1996	OP	20.00	20.00
❏ PEDAL CARS FOR CHRISTMAS SET OF 2	2001	OP	28.00	28.00
❏ RIDE ON THE REINDEER LINES 54875	1996	RT	*	34.00
❏ RIDE ON THE REINDEER LINES, A- SET OF 3	1996	OP	35.00	34.00
❏ ROADSIDE BILLBOARDS SET OF 3	2001	OP	40.00	40.00
❏ SAFETY PATROL 5449-6	1993	RT	*	14.00
❏ SANTA COMES TO TOWN	1994	RT	30.00	48.00
❏ SANTA COMES TO TOWN	2001	YR	40.00	40.00
❏ SANTA COMES TO TOWN, 1996, 1997	1996	RT	35.00	36.00
❏ SMOKEY MOUNTAIN RETREAT	1996	RT	65.00	65.00
❏ TERRY'S TOWING -SET OF 2	1996	RT	20.00	24.00
❏ TOUR THE VILLAGE 5452-6	1993	RT	*	15.00
❏ TREE LIGHTING CEREMONY SET OF 3	2001	OP	65.00	65.00
❏ VILLAGE ANIMATED ACCESSORY TRACK	1996	OP	65.00	65.00
❏ VILLAGE ANIMATED SKI MOUNTIAN	1996	OP	75.00	75.00
❏ VILLAGE USED CAR LOT 5428-3	1992	RT	*	40.00
❏ VILLAGE WATERFALL	1996	OP	65.00	65.00
❏ WINDMILL BY THE CHICKEN COOP	2001	OP	55.00	55.00
❏ YESTERDAY'S TRACTOR	2001	OP	30.00	30.00
SEASONS BAY				*
❏ EVENING ON HORSEBACK RIDING SET OF 2	2001	OP	30.00	30.00
❏ FRESH SEAFOOD BY THE SHORE	2001	OP	20.00	28.00
❏ GATHERING GRAPES SET OF 2	2001	OP	25.00	25.00
❏ PATRIOTIC DECORATIONS	2001	OP	12.00	12.00
❏ PULL TOGETHER	2001	OP	35.00	35.00
❏ SLEIGH RIDE WITH SANTA SET OF 2	2001	OP	35.00	35.00
SILHOUETTE TREASURES				*
❏ CHILD IS BORN, A	2001	OP	75.00	75.00
❏ COME DANCE WITH ME	2001	OP	40.00	40.00
❏ DASH AWAY ALL	2001	OP	75.00	75.00
❏ FIRST STEP	2001	OP	33.00	33.00
❏ GLORY TO THE NEWBORN KING	2001	OP	50.00	50.00
❏ HUG FOR SANTA	2001	OP	50.00	50.00
❏ LAST SUPPER, THE	2001	OP	75.00	75.00
❏ LOVE BIRDS	2001	OP	15.00	15.00
❏ LOVE LETTER	2001	OP	15.00	15.00
❏ MAKE A WISH MUSIC BOX	2001	OP	40.00	40.00
❏ PONY FOR HER BIRTHDAY	2001	OP	30.00	30.00
❏ RING AROUND THE CHRISTMAS TREE	2001	OP	40.00	40.00
❏ SEASON FOR FRIENDS SET OF 2	2001	OP	38.00	38.00
SNOWBABIES				**K.J. PIERRO**
❏ 1ST BIRTHDAY	2001	OP	17.00	17.00
❏ 2000 CLUB KIT	1999	RT	38.00	38.00
❏ 2ND BIRTHDAY	2001	OP	17.00	17.00
❏ 3RD BIRTHDAY	2001	OP	17.00	17.00
❏ ADD A HAPPY FACE	2001	OP	35.00	35.00
❏ ALL ABOARD THE STAR EXPRESS SET OF 4	1999	RT	55.00	55.00
❏ ALL FALL DOWN 7984-7 (SET OF 4)	1989	RT	36.00	98.00
❏ ALL TIRED OUT WATERGLOBE	1990	RT	55.00	45.00
❏ ALL WE NEED IS LOVE (MOTHER'S DAY 1998 EVENT PIECE	1998	RT	33.00	35.00
❏ AND THAT SPELLS BABY SET OF 4	1998	RT	50.00	50.00
❏ AND WE'VE BEEN REALLY GOOD 69915	2001	RT	*	N/A
❏ ARE THESE MINE? 7977-4	1988	RT	10.00	16.00

FIGURINES

NAME	YEAR	LIMIT	ISSUE	TREND
❏ ARE YOU ON MY LIST? 6875-6	1995	RT	25.00	27.00
❏ AS TIME GOES BY CLOCK	2000	RT	40.00	40.00
❏ BABY'S FIRST RATTLE 68828	1996	RT	*	20.00
❏ BABY'S FIRST SMILE 6846-2 PICTURE FRAME	1993	RT	30.00	22.00
❏ BEDTIME PRAYERS 69164	2002	*	30.00	30.00
❏ BEST FRIENDS 7958-8	1986	RT	12.00	235.00
❏ BEST LITTLE STAR	1997	RT	*	16.00
❏ BORN TO BE A STAR SET OF 2	2001	OP	45.00	45.00
❏ BREAKFAST IN BED	2001	RT	35.00	35.00
❏ BRINGING STARRY PINES 6862-4	1994	RT	35.00	38.00
❏ BURNING UP THE LINES	2001	OP	35.00	35.00
❏ CAN I HELP TOO? 6806-3	1991	RT	48.00	65.00
❏ CAN I OPEN IT NOW? 6838-1	1993	RT	15.00	30.00
❏ CANDLE LIGHT...SEASON BRIGHT TREE TOPPER	1998	RT	20.00	20.00
❏ CANDLELIGHT TREES (SET OF 3)	1997	RT	25.00	25.00
❏ CATCH A FALLING STAR WATERGLOBE 7950-2	1986	RT	18.00	700.00
❏ CATCH A KEEPER WATERGLOBE 69250	2002	*	28.00	28.00
❏ CELEBRATE	1999	RT	*	60.00
❏ CELEBRATE HINGED BOX	1997	RT	*	15.00
❏ CHRISTMAS MORNING 69160	2002	*	75.00	75.00
❏ CLIMB EVERY MOUNTAIN	1996	RT	75.00	73.00
❏ CLIMBING ON SNOWBALL 7965-0	1986	RT	15.00	205.00
❏ CLIMBING ON TREE 7971-5 (SET OF 2)	1987	RT	25.00	895.00
❏ CLOSE YOUR EYES AND MAKE A WISH 69141	2001	*	18.00	18.00
❏ COLD NOSES, WARM HEARTS	2001	OP	28.00	28.00
❏ COME FLY WITH ME LIMITED EDITION	1998	RT	*	N/A
❏ COME SAIL WITH ME 69019	1999	RT	60.00	60.00
❏ CROSSING STARRY SKIES 6834-9	1993	RT	35.00	48.00
❏ CROWN ME 69056	2000	RT	35.00	35.00
❏ DANCING TO A TUNE 6808-0 (SET OF 3)	1991	RT	30.00	88.00
❏ DID HE SEE YOU? MOVING MUSICAL	1998	RT	38.00	38.00
❏ DISPLAY YOUR FAVORITE SNOWBABY LAMP	1996	RT	45.00	45.00
❏ DON'T FALL OFF 7968-5	1987	RT	12.00	115.00
❏ DOWN THE HILL WE GO 7960-0	1987	RT	20.00	22.00
❏ DREAMS DO COME TRUE 69058	2000	*	23.00	23.00
❏ EVEN A SMALL LIGHT SHINES IN THE DARKNESS 69017	1999	*	45.00	45.00
❏ EVERYONE IS BEAUTIFUL 69168	2002	*	17.00	17.00
❏ FALLING FOR YOU 69035	1999	RT	18.00	18.00
❏ FINDING FALLEN STARS 7985-5	1989	RT	33.00	185.00
❏ FIRST LOVE WATERGLOBE/MUSIC BOX 69925	2002	*	33.00	33.00
❏ FIRST TO THE FINISH 69930	2000	RT	17.00	17.00
❏ FISHING FOR DREAMS 6809-8	1991	RT	28.00	36.00
❏ FISHING FOR DREAMS WATERGLOBE	1992	RT	33.00	24.00
❏ FIVE-PART HARMONY	1996	RT	33.00	65.00
❏ FLY WITH ME HINGED BOX	1999	RT	15.00	15.00
❏ FOLLOW ME	1999	RT	18.00	18.00
❏ FOREVER FRIENDS 69167	2002	*	28.00	28.00
❏ FRIENDS LIGHT THE WAY 5705	2000	RT	*	N/A
❏ FRIENDSHIP CLUB KIT	1998	RT	*	50.00
❏ FROSTY FOREST 79634	1986	OP	15.00	20.00
❏ FROSTY FROLIC 7981-2	1988	RT	35.00	995.00
❏ FROSTY FUN 7983-9	1989	RT	28.00	56.00
❏ FROSTY PINES 76687	1995	RT	13.00	13.00
❏ GET WELL SOON SENTIMENT BOX 69280	2002	*	18.00	18.00
❏ GIVE ME A PUSH 7955-3	1986	RT	12.00	75.00
❏ GUESS!	2001	OP	15.00	15.00
❏ HANGING PAIR 7966-9	1986	RT	15.00	215.00
❏ HARD LANDING HINGED BOX	1999	RT	15.00	15.00
❏ HEIGH-HO WATERGLOBE/MUSIC BOX	1998	RT	33.00	33.00
❏ HEIGH-HO, HEIGH-HO, TO FROLIC LAND WE GO	1998	RT	48.00	48.00
❏ HELP ME, I'M STUCK 6817-9	1992	RT	33.00	50.00
❏ HELPFUL FRIENDS 7982-0	1989	RT	30.00	45.00
❏ HOLD ON TIGHT 7956-1	1986	RT	12.00	14.00
❏ HOME SWEET HOME HINGED BOX 69060	2000	RT	15.00	15.00
❏ HOOKED ON FISHING 69142	2001	*	30.00	30.00
❏ HOW MANY DAYS TIL CHRISTMAS?	1998	RT	*	36.00
❏ I CAN DO THAT, TOO! 69012	2000	RT	38.00	38.00
❏ I CAN TOUCH MY TOES	1998	RT	30.00	30.00
❏ I CAN'T FIND HIM 68800	1995	RT	38.00	28.00
❏ I CARIBOU YOU 68942	1999	*	50.00	50.00
❏ I FOUND THE BIGGEST STAR OF ALL! 6874-8	1995	RT	16.00	17.00
❏ I FOUND YOUR MITTENS! 6836-5	1993	RT	30.00	35.00
❏ I LOVE YOU FROM THE BOTTOM OF MY HEART MUSIC BOX	1998	RT	*	27.00
❏ I LOVE YOU HINGED BOX (MOTHER'S DAY EVENT PIECE)	1998	RT	15.00	30.00
❏ I LOVE YOU THIS MUCH! 68918	1998	*	17.00	17.00
❏ I MADE THIS JUST FOR YOU 6802-0	1991	RT	14.00	38.00
❏ I NEED A HUG 6813-6	1992	OP	20.00	20.00
❏ I SEE YOU! 6878-0	1995	RT	28.00	29.00
❏ I THINK I CAN, SET OF 2, 69052	2000	RT	50.00	50.00
❏ I WILL PUT UP THE TREE 6800-4	1990	RT	22.00	36.00
❏ ICY IGLOO 7987-1	1989	RT	38.00	33.00
❏ I'LL BE HOME FOR CHRISTMAS 69128	2001	RT	50.00	50.00
❏ I'LL HUG YOU GOODNIGHT WATERGLOBE	1995	OP	33.00	33.00
❏ I'LL LOVE YOU ALWAYS	1999	RT	30.00	30.00
❏ I'LL PLAY A CHRISTMAS TUNE 68801	1995	RT	16.00	19.00

NAME	YEAR	LIMIT	ISSUE	TREND
❑ I'LL RING FOR YOU HINGED BOX	1998	RT	15.00	15.00
❑ I'LL TEACH YOU A TRICK 6835-7	1993	RT	24.00	28.00
❑ I'M A LITTLE TEAPOT	2001	OP	15.00	15.00
❑ I'M AN ARTIST, SET OF 3, 69069	2000	RT	23.00	23.00
❑ I'M MAKING AN ICE SCULPTURE! 6842-0	1993	RT	30.00	41.00
❑ I'M MAKING SNOWBALLS 7962-6	1986	RT	12.00	45.00
❑ I'M RIGHT BEHIND YOU! 6852-7	1994	RT	60.00	67.00
❑ I'M SO SLEEPY	1996	RT	16.00	16.00
❑ I'M THE STAR ATOP YOUR TREE! TREE TOPPER	1998	RT	20.00	20.00
❑ IN THE LIGHT OF THE MOON	2001	OP	33.00	33.00
❑ IS THAT FOR ME? 6803-9 (SET OF 2)	1991	RT	30.00	38.00
❑ IT'S A GRAND OLD FLAG	1996	RT	25.00	25.00
❑ IT'S A WONDERFUL WORLD 69059	2000	RT	33.00	33.00
❑ IT'S SNOWING!	1996	RT	16.00	16.00
❑ I'VE GOT MAIL 69143	2001	*	16.00	16.00
❑ JACK FROST, A TOUCH OF WINTER'S MAGIC 6854-3	1994	RT	90.00	115.00
❑ JACK FROST, SLEIGHRIDE THROUGH THE STARS-SET OF 3	1996	RT	110.00	90.00
❑ JACK FROST, THROUGH THE FROSTY FOREST 69020	1999	*	150.00	150.00
❑ JINGLE BELL	1998	RT	16.00	16.00
❑ JINGLE BELL WATERGLOBE/MUSIC BOX	1998	RT	33.00	30.00
❑ JOIN THE PARADE 6824-1	1992	RT	38.00	38.00
❑ JOLLY FRIENDS FOREVERMORE GIFT SET OF 11, 69021	1999	*	50.00	50.00
❑ JOURNEY FOR TWO BY CARIBOU! 68881	1998	RT	*	N/A
❑ JUMPING FOR JOY 69036	1999	RT	18.00	18.00
❑ JUST FOLLOW THE STAR MUSIC BOX 68916	1998	RT	48.00	48.00
❑ JUST IMAGINE HINGED PHOTO FRAME BOX 68929	1998	RT	15.00	15.00
❑ JUST ONE LITTLE CANDLE 6823-3	1992	RT	15.00	15.00
❑ LET IT SNOW WATERGLOBE 7992-8	1989	RT	25.00	58.00
❑ LET'S ALL CHIME IN! 6845-4 SET OF 2	1993	RT	38.00	70.00
❑ LET'S GO SEE JACK FROST 68850	1997	RT	*	85.00
❑ LET'S GO SKATING 68608	1994	RT	17.00	17.00
❑ LET'S GO SKIING 6815-2	1992	RT	15.00	16.00
❑ LIFT ME HIGHER, I CAN'T REACH 6863-2	1994	RT	75.00	75.00
❑ LITTLE NIGHT LIGHT	1996	RT	33.00	32.00
❑ LITTLEST CHRISTMAS TREE, THE 69165	2002	*	25.00	25.00
❑ LOOK MOM, IT'S FOR YOU! 69158	2002	*	35.00	35.00
❑ LOOK WHAT I CAN DO! 6819-5	1992	RT	17.00	25.00
❑ LOOK WHAT I FOUND 6833-0	1993	RT	45.00	58.00
❑ LOOK WHAT I FOUND WATERGLOBE 68721	1994	RT	33.00	33.00
❑ LOVE IS IN THE AIR 69055	2000	*	18.00	18.00
❑ MAKE A WISH 69020	1998	RT	30.00	30.00
❑ MAKE A WISH WATERGLOBE MUSIC BOX 69040	1999	RT	33.00	33.00
❑ MERRILY WE ROLL ALONG 69096	2001	OP	90.00	90.00
❑ MESSAGE IN MY HANDS SET OF 3	2001	RT	40.00	40.00
❑ MICKEY'S NEW FRIEND 714-5	1994	RT	60.00	625.00
❑ MOON ORNAMENT HANGER 69023	1999	RT	7.00	7.00
❑ MOONBEAMS- NIGHT LIGHT 68835	1996	RT	20.00	30.00
❑ MOONBEAMS WATERGLOBE/MUSIC BOX	1998	RT	33.00	32.00
❑ MUSH 68805	1995	RT	48.00	52.00
❑ MUSIC FROM HEAVEN 59166	2002	*	18.00	18.00
❑ MUSIC FROM THE HIGHEST, SET OF 3, 60010	1999	RT	45.00	45.00
❑ MY BEST TEACHER SENTIMENT BOX 69281	2002	*	18.00	18.00
❑ MY FIRST STAR 68110	1991	RT	*	23.00
❑ MY SNOWBABY BABY DOLLS, SET OF 2, 68919	1998	RT	33.00	33.00
❑ NICE TO MEET YOU, LITTLE ONE, SET OF 2, 68898	1998	RT	*	N/A
❑ NOEL 79880	1998	RT	*	14.00
❑ NOW I LAY ME DOWN TO SLEEP 6839-0	1993	OP	14.00	14.00
❑ NOW I LAY ME DOWN TO SLEEP- WATERGLOBE,MUSIC BOX	1996	OP	33.00	32.00
❑ ONCE UPON A TIME HINGED BOX	1998	RT	15.00	15.00
❑ ONCE UPON A TIME MUSIC BOX	1996	RT	30.00	40.00
❑ ONCE UPON A TIME SET OF 2	1996	RT	25.00	25.00
❑ ONE FOR YOU, ONE FOR ME	1998	RT	28.00	60.00
❑ OVER THE MILKY WAY 68284	1992	RT	32.00	44.00
❑ OWL-WAYS WATCHING OVER YOU 69163	2002	*	23.00	23.00
❑ PARADE OF PENGUINS 68804	1995	RT	15.00	15.00
❑ PEEK-A-BOO WATERGLOBE 7938-3	1991	RT	50.00	75.00
❑ PENGUIN 69002	2000	RT	*	32.00
❑ PENGUIN PARADE 7986-3	1989	RT	25.00	48.00
❑ PENNIES FROM HEAVEN 6864-0	1994	RT	18.00	18.00
❑ PERFECT BALANCE 69932	2000	*	25.00	25.00
❑ PLANTING STARRY PINES 6870-5	1994	RT	33.00	40.00
❑ PLAY ME A TUNE MUSIC BOX 68809	1995	RT	38.00	65.00
❑ PLAY ME A TUNE WATERGLOBE 7936-7	1991	RT	50.00	65.00
❑ PLAYING GAMES IS FUN 7947-2	1990	RT	30.00	48.00
❑ POLAR EXPRESS 7978-2	1988	RT	22.00	98.00
❑ POLAR EXPRESS HINGED BOX 68869	1998	RT	15.00	15.00
❑ POLAR SIGN 6804-7	1991	RT	20.00	25.00
❑ POP GOES THE SNOWMAN 69076	2001	OP	18.00	18.00
❑ PRACTICE MAKES PERFECT- WATERGLOBE,MUSIC BOX	1996	OP	33.00	32.00
❑ PULL TOGETHER 68924	1998	RT	60.00	60.00
❑ REACH OUT HINGED BOX 69030	1999	RT	18.00	18.00
❑ READ ME A STORY 7945-6	1990	RT	25.00	45.00
❑ READ ME A STORY WATERGLOBE 6831-4	1992	RT	33.00	25.00
❑ READY, SET! 69931	2000	RT	17.00	17.00
❑ RIDE THE WAVE 69057	2000	RT	50.00	50.00
❑ RING THE BELLS, IT'S CHRISTMAS 6876-4	1995	RT	40.00	40.00

FIGURINES

NAME	YEAR	LIMIT	ISSUE	TREND
❑ ROCK-A-BYE BABY HINGED BOX 68848	1997	RT	*	N/A
❑ ROYAL TREASURE HINGED BOX 69111	2001	OP	15.00	15.00
❑ SENDING HUGS TO YOU HINGED BOX 69027	1999	RT	15.00	15.00
❑ SHAKE IT UP, BABY 69013	1999	*	20.00	20.00
❑ SHALL I PLAY FOR YOU? 6820-9	1992	RT	17.00	18.00
❑ SHIP AHOY WATERGLOBE/MUSIC BOX 68915	1998	RT	38.00	38.00
❑ SHIP O'DREAMS (SET OF 2) 68859	1998	RT	135.00	135.00
❑ SHIP O'DREAMS WATERGLOBE	1999	RT	75.00	75.00
❑ SKATE WITH ME SET OF 10, 69073	2001	OP	50.00	50.00
❑ SKATE WITH ME WATERGLOBE 68799	1995	RT	33.00	35.00
❑ SLED DOG 69003	2000	RT	15.00	15.00
❑ SLIDING THROUGH THE MILKY WAY MUSIC BOX 68833	1996	RT	38.00	37.00
❑ SLIP, SLIDING AWAY 68934	1998	RT	28.00	28.00
❑ SNOW BIRD!, A 69077	2000	OP	23.00	23.00
❑ SNOWBABIES ADVENT TREE MUSIC BOX 76350	1991	RT	135.00	235.00
❑ SNOWBABIES ANIMATED SKATING POND 7668-6	1995	OP	60.00	60.00
❑ SNOWBABIES RIDING SLEDS WATERGLOBE 79758	1987	CL	40.00	675.00
❑ SNOWBABY DISPLAY SLED 68838	1996	RT	45.00	45.00
❑ SNOWBABY NITE LITE 7959-6	1986	RT	15.00	325.00
❑ SNOWBABY PICTURE FRAME 7970-7 (SET OF 2)	1986	RT	15.00	550.00
❑ SNOWBABY SITTING WATERGLOBE MUSIC BOX 79677	1986	RT	*	N/A
❑ SNOWBABY STANDING WATERGLOBE 79642	1986	CL	8.00	350.00
❑ SNOWBABY WITH WINGS WATERGLOBE 79731	1987	RT	20.00	450.00
❑ SNOWY PINES SET OF 3, 69046	1999	*	9.00	9.00
❑ SO MUCH WORK TO DO WATERGLOBE MUSIC BOX 68497	1993	RT	33.00	33.00
❑ SO MUCH WORK TO DO! 6837-3	1993	RT	18.00	38.00
❑ SOMEWHERE IN DREAMLAND 6840-3	1993	RT	85.00	98.00
❑ SOMEWHERE IN DREAMLAND 76562	1993	RT	30.00	30.00
❑ SPECIAL DELIVERY 7948-0	1990	RT	14.00	35.00
❑ STAR BASE ORNAMENT HANGER--GOLD 85336	1999	*	8.00	8.00
❑ STAR IN THE BOX 68803	1995	RT	18.00	50.00
❑ STARGAZING SET OF 9, 68817	1996	OP	40.00	41.00
❑ STARLIGHT SERENADE 68856	1998	RT	25.00	25.00
❑ STARRY PINES 6829-2	1992	RT	18.00	33.00
❑ STARS IN A ROW, TIC-TAC-TOE 68225	1992	RT	33.00	40.00
❑ STARSHINE TREES 69192	2001	*	20.00	20.00
❑ STORYTIME 68956	1999	RT	50.00	50.00
❑ STRINGING FALLEN STARS 6861-6	1994	RT	25.00	25.00
❑ STUCK IN THE SNOW 68932	1998	RT	30.00	30.00
❑ SUPER STAR HINGED BOX 69029	1999	RT	15.00	15.00
❑ SURPRISE HINGED BOX 68846	1997	RT	15.00	15.00
❑ SWEET DREAMS HINGED BOX 68868	1998	RT	15.00	15.00
❑ SWING YOUR PARTNER 68953	1999	RT	38.00	38.00
❑ TAKE ME WITH YOU MUSIC BOX 69068	2000	RT	40.00	40.00
❑ TAKE THE FIRST STEP HINGED BOX 69028	1999	RT	15.00	15.00
❑ TEA FOR TWO, SET OF 2, 69904	2000	RT	50.00	50.00
❑ THANK YOU 68857	1998	RT	33.00	33.00
❑ THAT'S WHAT FRIENDS ARE FOR 69041	1999	*	45.00	45.00
❑ THERE'S ANOTHER ONE! 6853-5	1994	RT	24.00	24.00
❑ THERE'S NO PLACE LIKE HOME 68820	1996	RT	16.00	16.00
❑ THIS IS WHERE WE LIVE 6805-5	1991	RT	55.00	52.00
❑ THIS WILL CHEER YOU UP 6816-0	1992	RT	30.00	42.00
❑ THREAD OF HOPE HINGED BOX 69090	2001	RT	15.00	15.00
❑ TIME OUT 69075	2001	OP	18.00	18.00
❑ TIME OUT HINGED BOX 68947	1999	RT	15.00	15.00
❑ TIME TO DREAM WATERGLOBE MUSIC BOX 69067	2000	RT	30.00	30.00
❑ TINY TRIO 7979-0 (SET OF 3)	1988	RT	20.00	235.00
❑ TO MY FRIEND 68917	1998	RT	18.00	18.00
❑ TO THE MOON AND BEYOND 69078	2001	RT	35.00	35.00
❑ TOWER OF LIGHT 69022	1999	RT	40.00	40.00
❑ TUMBLING IN THE SNOW 7957-0 (SET OF 5)	1987	RT	35.00	98.00
❑ TWINKLE LITTLE STARS 7942-1 (SET OF 2)	1990	RT	38.00	58.00
❑ TWO FOR TEA HINGED BOX 69089	2001	RT	15.00	15.00
❑ TWO LITTLE ANGELS 69140	2001	*	34.00	34.00
❑ TWO LITTLE BABIES ON THE GO! 68840	1997	RT	33.00	33.00
❑ UNCONDITIONAL LOVE SENTIMENT BOX 69282	2002	*	18.00	18.00
❑ UNDER THE MIDNIGHT MOON WITH BARBIE 69903	2000	RT	60.00	60.00
❑ WAIT FOR ME 6812-8	1992	RT	48.00	38.00
❑ WAITING FOR CHRISTMAS 6807-1	1991	RT	28.00	42.00
❑ WALK LIKE A PENGUIN 69162	2002	*	28.00	28.00
❑ WE MAKE A GREAT PAIR 6843-8	1993	RT	30.00	35.00
❑ WE WILL MAKE IT SHINE 7946-4	1990	RT	45.00	65.00
❑ WE'LL PLANT THE STARRY PINES 6865-9	1994	RT	38.00	38.00
❑ WE'RE BUILDING AN ICY IGLOO 68802	1995	RT	70.00	70.00
❑ WHAT ARE YOU DOING? WATERGOBE MUSIC BOX 79359	1990	RT	*	N/A
❑ WHAT SHALL WE DO TODAY? 6877-2	1995	RT	33.00	33.00
❑ WHAT THE WORLD NEEDS NOW	1998	RT	*	N/A
❑ WHAT WILL I CATCH? WATERGLOBE 68268	1992	RT	48.00	48.00
❑ WHEN THE BOUGH BREAKS 68819	1996	RT	30.00	30.00
❑ WHEN YOU WISH UPON A STAR MUSIC BOX	1987	CL	30.00	60.00
❑ WHERE DID HE GO? 6841-1	1993	OP	35.00	35.00
❑ WHERE DID YOU COME FROM? 6856-0	1994	RT	40.00	40.00
❑ WHICH WAY IS UP? 68812	1996	RT	30.00	32.00
❑ WHISTLE WHILE YOU WORK 68854	1997	RT	33.00	33.00
❑ WHISTLE WHILE YOU WORK MUSIC BOX	1993	CL	33.00	36.00

NAME	YEAR	LIMIT	ISSUE	TREND
❑ WHO ARE YOU? 7949-9	1990	RT	33.00	115.00
❑ WHY DON'T YOU TALK TO ME 6801-2	1991	OP	22.00	48.00
❑ WILL IT SNOW TODAY? 6844-6	1993	RT	45.00	45.00
❑ WINKEN, BLINKEN, AND NOD 6814-4	1992	RT	60.00	115.00
❑ WINTER PLAY ON A SNOWY DAY, SET OF 4, 68880	1998	RT	*	35.00
❑ WINTER SURPRISE 7974-0	1987	RT	15.00	55.00
❑ WISH UPON A FALLING STAR 68839	1997	RT	*	76.00
❑ WISHING ON A STAR 7943-0	1990	RT	20.00	42.00
❑ WISHING ON A STAR ACRYLIC MUSIC BOX 76473	1993	RT	20.00	34.00
❑ WISHING YOU A MERRY CHRISTMAS 68843	1997	RT	40.00	40.00
❑ WITH HUGS & KISSES, SET OF 2, 68813	1996	RT	33.00	45.00
❑ WORLD NEEDS DREAMERS, THE 69162	2002	*	18.00	18.00
❑ YOU ARE MY LUCKY STAR, SET OF 2, 68814	1996	RT	35.00	35.00
❑ YOU ARE MY SUNSHINE 68945	1999	RT	18.00	18.00
❑ YOU CAN'T FIND ME! 6818-7	1992	RT	*	46.00
❑ YOU DIDN'T FORGET ME! 6821-7	1992	RT	33.00	40.00
❑ YOU NEED WINGS TOO! 68818	1996	OP	25.00	25.00
❑ YOU'RE MY BEST PARTNER WATERGLOBE MUSIC BOX 68955	1999	RT	33.00	33.00
❑ YOU'RE MY SNOWBABY- PICTURE FRAME 68834	1996	RT	15.00	15.00
❑ YOU'VE GOT THE CUTEST LITTLE BABY FACE 68933	1998	RT	33.00	33.00
SNOWBABIES AVON EXCLUSIVE				**K.J. PIERRO**
❑ EXTRA SPECIAL DELIVERY 5807	2001	RT	*	N/A
❑ GIFT FOR YOU, A 6703	2000	RT	*	N/A
❑ MAKE IT SHINE 5732	2001	RT	*	N/A
❑ REACH FOR THE MOON 6582	1999	RT	*	N/A
❑ STARSHINE	2001	*	*	N/A
❑ WISH FOR SNOW 5713	2000	RT	*	N/A
SNOWBABIES BABIES ON THE FARM				**K.J. PIERRO**
❑ ALONG FOR THE RIDE	2001	OP	38.00	38.00
❑ BABIES BEST FRIEND 67525	2002	*	18.00	18.00
❑ BARN 67524	2002	*	35.00	35.00
❑ BOBBING FOR APPLES 67518	2002	*	25.00	25.00
❑ FARM BACKDROP	2001	OP	*	N/A
❑ FARMHOUSE 67526	2002	*	35.00	35.00
❑ FENCE	2001	OP	75.00	75.00
❑ GIVE A HOOT 67501	2000	RT	15.00	15.00
❑ GOD BLESS AMERICA 67519	2002	*	17.00	17.00
❑ KITTEN COURIER 67515	2002	*	25.00	25.00
❑ LOOK OUT BELOW	2001	OP	25.00	25.00
❑ LUCKY DUCK 67503	2001	*	15.00	15.00
❑ PLAY WITH ME? WATERGLOBE	2001	OP	33.00	33.00
❑ PUMP 67510	2001	RT	10.00	10.00
❑ SKATER'S WALTZ MUSIC BOX 67521	2002	*	33.00	33.00
❑ TALLY HO 67523	2002	*	40.00	40.00
❑ TRY IT, YOU'LL LIKE IT 67502	2001	OP	18.00	18.00
❑ WINDMILL 67508	2001	OP	18.00	18.00
❑ YOU SHOULD WEAR A HAT 67505	2001	OP	23.00	23.00
SNOWBABIES BABIES ON THE FARM SEVENTH AVE. CATALOG				**K.J. PIERRO**
❑ KITTEN CORNER 67515	2001	*	25.00	25.00
SNOWBABIES BACHMAN'S EXCLUSIVE				**K.J. PIERRO**
❑ OFF TO A GOOD START 6859	2000	RT	*	N/A
SNOWBABIES CARLTON CARDS				**K.J. PIERRO**
❑ SNOWY FUN WITH A FRIEND 69151	2001	*	*	N/A
SNOWBABIES DISNEY EXCLUSIVE				**K.J. PIERRO**
❑ I'LL LIGHT THE WAY	1999	RT	*	N/A
❑ LET'S BE FRIENDS 6850	1998	RT	*	N/A
SNOWBABIES EVENT PIECE				**K.J. PIERRO**
❑ OVERNIGHT DELIVERY 7595	1995	RT	*	45.00
SNOWBABIES FREEMASONS EXCLUSIVE				**K.J. PIERRO**
❑ LET YOUR LIGHT SHINE 6714	2000	RT	*	N/A
SNOWBABIES FRIENDSHIP CLUB				**K.J. PIERRO**
❑ FRIENDSHIP THE FROSTY FROLIC 69127	2001	*	45.00	45.00
❑ I THINK I CAN, SET OF 2, 69153	2001	*	50.00	50.00
❑ READY TO SEE THE WORLD SET OF 2	2001	YR	40.00	40.00
❑ SAILING THE SEAS 2000 CLUB KIT 68939	1999	RT	38.00	38.00
❑ TOGETHER WE CAN MAKE THE SEASON BRIGHT 68852	1997	RT	75.00	75.00
SNOWBABIES GCC EXCLUSIVE				**K.J. PIERRO**
❑ MAKE A FRIEND 5736	2001	RT	*	N/A
SNOWBABIES GIFT OF CHRISTMAS SERIES				**K.J. PIERRO**
❑ PUFFIN IN A PEAR TREE 69177	2002	*	28.00	28.00
❑ REJOICE 69175	2002	*	17.00	17.00
❑ SING A SONG 69176	2002	*	35.00	35.00
SNOWBABIES GUEST COLLECTION				**K.J. PIERRO**
❑ AND TOTO TOO? 69921	2002	*	95.00	95.00
❑ ELOISE ON THE POLAR EXPRESS 69918	2002	*	50.00	50.00
❑ GIFT SO FINE FROM MADELINE, A 69901	1998	RT	*	N/A
❑ HAVE A BALL SET OF 3 (CINDERELLA)	2001	20,000	135.00	135.00
❑ I HAVE A FEELING WE'RE NOT IN KANSAS ANYMORE 69900	1998	RT	50.00	50.00
❑ I LOVE YOU, RUDOLPH WATERGLOBE MUSIC BOX	2001	OP	33.00	33.00
❑ KISS FOR YOU AND 2000 TOO, A	1999	RT	50.00	50.00
❑ MAKE ROOM FOR TOTO 69922	2002	*	18.00	18.00
❑ RUDOLPH GETS READY 69906	2001	OP	50.00	50.00
❑ SCULPTING WITH ELOISE WATERGLOBE 69919	2002	*	33.00	33.00
❑ TEDDY BEAR TEA 69923	2002	*	40.00	40.00
❑ THEY'RE COMING FROM OZ, OH MY! 69010	1999	*	55.00	55.00
❑ UP INTO THE STARS 69169	2002	15000	150.00	150.00

FIGURINES

NAME	YEAR	LIMIT	ISSUE	TREND
SNOWBABIES GUEST COLLECTION NALED EXCLUSIVE				**K.J. PIERRO**
❑ YOU'RE NOT A MISFIT TO ME 5735	2001	RT	*	N/A
SNOWBABIES IDEATION EXCLUSIVE				**K.J. PIERRO**
❑ IN THE GROOVE 69935	2000	RT	18.00	18.00
SNOWBABIES KIRLIN'S HALLMARK EXCLUSIVE				**K.J. PIERRO**
❑ SHARING A STORY 5739	2001	RT	*	N/A
SNOWBABIES LET'S PRETEND				**K.J. PIERRO**
❑ DRESS UP BABY 69188	2002	*	18.00	18.00
❑ I CAN FEEL YOUR HEARTBEAT 69185	2002	*	18.00	18.00
❑ I'M A GOOD WITCH 69187	2002	*	18.00	18.00
❑ LET'S PRETEND TRUNK 69194	2002	*	18.00	18.00
❑ LITTLE LIBERTY 69180	2002	*	18.00	18.00
❑ OH! PUMPKINHEAD 69186	2002	*	18.00	18.00
❑ SAVE THE DAY 69182	2002	*	18.00	18.00
❑ TEACHER'S HELPER 69184	2002	*	18.00	18.00
❑ YOU'RE MY PRINCE 69181	2002	*	18.00	18.00
SNOWBABIES MAY DEPARTMENT STORES EXCLUSIVE				**K.J. PIERRO**
❑ LEADING THE WAY 5708	2000	RT	*	N/A
SNOWBABIES MOTHER'S DAY EVENT				**K.J. PIERRO**
❑ SWEETHEART HINGED BOX 68930	1998	RT	15.00	15.00
SNOWBABIES NALED EXCLUSIVE				**K.J. PIERRO**
❑ PUPPY LOVE GIFT SET 5703	2000	RT	*	N/A
SNOWBABIES PEWTER MINIATURES				**K.J. PIERRO**
❑ ALL ABOARD THE STAR EXPRESS, SET OF 4, 76739	1999	RT	25.00	25.00
❑ ALL FALL DOWN 7617-1	1989	RT	25.00	89.00
❑ ALL WE NEED IS LOVE, SET OF 3, 76722	1998	RT	20.00	20.00
❑ ARE ALL THESE MINE? 7605-8	1989	RT	7.00	16.00
❑ ARE YOU ON MY LIST? SET OF 2, 76691	1995	RT	9.00	20.00
❑ BATTER UP 76741	2001	RT	7.00	7.00
❑ BEST FRIENDS 7604-0	1989	RT	10.00	26.00
❑ BEST LITTLE STAR 76718	1997	RT	6.00	7.00
❑ BRINGING STARRY PINES SET OF 2, 76660	1994	RT	18.00	19.00
❑ CAN I OPEN IT NOW? MUSIC BOX 7648-1	1993	CL	20.00	20.00
❑ CLIMB EVERY MOUNTAIN SET OF 5, 76702	1996	RT	28.00	28.00
❑ COLLECTOR'S SIGN 76201	1989	RT	7.00	14.00
❑ DANCING TO A TUNE 7630-9	1991	RT	18.00	32.00
❑ DON'T FALL OFF 7603-1	1989	RT	7.00	43.00
❑ DOWN THE HILL WE GO! SET OF 2, 76066	1989	RT	14.00	26.00
❑ EVEN A SMALL LIGHT SHINES IN THE DARKNESS 76180	2001	OP	25.00	25.00
❑ FINDING FALLEN STARS 7618-0	1989	RT	13.00	45.00
❑ FIVE-PART HARMONY SET OF 2, 76710	1996	RT	22.00	22.00
❑ FROSTY FOREST SET OF 2, 76120	1989	RT	12.00	12.00
❑ FROSTY FROLIC 7613-9	1989	CL	24.00	45.00
❑ FROSTY FROLIC MUSIC BOX 7634-1	1991	CL	110.00	150.00
❑ FROSTY FUN MUSIC BOX 7650-3	1993	CL	20.00	25.00
❑ FROSTY FUN SET OF 2, 76112	1989	RT	14.00	36.00
❑ GIVE ME A PUSH! 7601-5	1989	CL	7.00	18.00
❑ HEIGH-HO, HEIGH-HO, TO FROLIC LAND WE GO! 76711	1998	RT	23.00	23.00
❑ HELP ME, I'M STUCK SET OF 2, 76384	1992	RT	15.00	24.00
❑ HELPFUL FRIENDS 7608-2	1989	RT	14.00	36.00
❑ HIT THE MARK 76744	2001	RT	12.00	12.00
❑ HOLD ON TIGHT! 76007	1989	RT	7.00	18.00
❑ HOW MANY DAYS TIL CHRISTMAS? 76721	1998	RT	18.00	18.00
❑ I CAN TOUCH MY TOES, SET OF 2, 76731	1999	RT	14.00	14.00
❑ I CAN'T FIND HIM, SET OF 3, 76695	1995	RT	18.00	18.00
❑ I FOUND THE BIGGEST STAR OF ALL 76690	1995	RT	7.00	7.00
❑ I LOVE YOU THIS MUCH 76735	1999	RT	7.00	7.00
❑ I MADE THIS JUST FOR YOU 7628-7	1991	RT	7.00	25.00
❑ I NEED A HUG 76406	1992	RT	10.00	11.00
❑ I SEE YOU! SET OF 2, 76694	1995	RT	18.00	15.00
❑ ICY IGLOO WITH TREE 7610-4	1989	RT	8.00	28.00
❑ I'LL ALWAYS LOVE YOU 76747	2001	RT	20.00	20.00
❑ I'LL PLAY A CHRISTMAS TUNE 76696	1995	RT	8.00	8.00
❑ I'LL PUT UP THE TREE 7627-9	1991	RT	9.00	18.00
❑ I'M MAKING SNOWBALLS! 76023	1989	RT	7.00	24.00
❑ I'M RIGHT BEHIND YOU SET OF 5, 76627	1994	RT	28.00	30.00
❑ I'M SO SLEEPY 76700	1996	RT	7.00	7.00
❑ IS THAT FOR ME? 7631-7	1991	RT	13.00	22.00
❑ IT'S A GRAND OLD FLAG 76705	1996	RT	11.00	11.00
❑ IT'S SNOWING 76706	1996	RT	7.00	7.00
❑ JACK FROST, A SLEIGHRIDE THROUGH THE STARS 76749	2001	RT	30.00	30.00
❑ JACK FROST, A TOUCH OF WINTER'S MAGIC (SET OF 3) 76716	1998	RT	28.00	28.00
❑ JINGLE BELL 76713	1997	RT	7.00	7.00
❑ JOIN THE PARADE 76457	1992	RT	23.00	28.00
❑ JOURNEY FOR TWO, BY CARIBOU! 76720	1998	RT	*	N/A
❑ JUST ONE LITTLE CANDLE 76449	1992	RT	7.00	15.00
❑ LET'S ALL CHIME IN! SET OF 2, 76554	1993	RT	20.00	20.00
❑ LET'S GO SKATING 76643	1994	RT	7.00	7.00
❑ LET'S GO SKIING! 76368	1992	RT	7.00	15.00
❑ LIFT ME HIGHER, I CAN'T REACH! SET OF 5, 76678	1994	RT	25.00	25.00
❑ LITTLEST ANGEL 76746	2001	RT	7.00	7.00
❑ MAKE A WISH 76733	1999	RT	15.00	15.00
❑ MUSH! SET OF 2, 76699	1995	RT	25.00	25.00
❑ MY SNOWBABY BABY DOLLS, SET OF 2, 76734	1999	RT	15.00	15.00
❑ NEW FROSTY FROLIC LAND 76728	1998	RT	50.00	50.00
❑ NOW I LAY ME DOWN TO SLEEP 76570	1993	RT	7.00	7.00

NAME	YEAR	LIMIT	ISSUE	TREND
❏ ONE FOR YOU, ONE FOR ME 76724	1998	RT	14.00	14.00
❏ OVER THE TOP 76743	2000	RT	12.00	12.00
❏ PENGUIN PARADE 7616-3	1989	RT	13.00	32.00
❏ PENGUIN PARADE MINI MUSIC BOX 7645-5	1993	RT	20.00	34.00
❏ PLAY ME A TUNE MINI MUSIC BOX 7651-1	1993	RT	20.00	32.00
❏ PLAYING GAMES IS FUN! 7623-6	1990	RT	14.00	68.00
❏ POLAR EXPRESS 7609-0	1989	RT	14.00	48.00
❏ PULL TOGETHER 76740	1999	RT	25.00	25.00
❏ READ ME A STORY 76228	1990	RT	11.00	28.00
❏ READING A STORY MINI MUSIC BOX 7649-0	1993	RT	20.00	32.00
❏ RING THE BELLS...IT'S CHRISTMAS! 76692	1995	RT	20.00	20.00
❏ SCORE 76742	2001	RT	7.00	7.00
❏ SHALL I PLAY FOR YOU? 76422	1992	RT	7.00	15.00
❏ SHIP O'DREAMS, SET OF 2, 76726	1998	RT	45.00	45.00
❏ SLIP, SLIDING AWAY 76737	1999	RT	12.00	12.00
❏ SNOWBABIES ANIMATED SKATING POND, SET OF 14, 76686	1995	RT	60.00	60.00
❏ SOMEWHERE IN DREAMLAND SET OF 5, 76562	1993	RT	30.00	38.00
❏ SPECIAL DELIVERY 7624-4	1990	RT	7.00	14.00
❏ STAR-IN-THE-BOX 76698	1995	RT	8.00	8.00
❏ STARLIGHT SERENADE 76714	1997	RT	12.00	12.00
❏ STARLIGHT, STARBRIGHT 69015	2001	RT	7.00	7.00
❏ STRINGING FALLEN STARS 76651	1994	RT	8.00	11.00
❏ STUCK IN THE SNOW 76738	1999	RT	17.00	17.00
❏ THANK YOU (SET OF 3) 76715	1998	RT	20.00	20.00
❏ THERE'S ANOTHER ONE 76619	1994	RT	10.00	10.00
❏ THERE'S NO PLACE LIKE HOME 76708	1996	RT	8.00	8.00
❏ THIS WILL CHEER YOU UP 7639-2	1992	RT	14.00	28.00
❏ THREE TINY TRUMPETERS, SET OF 2, 76725	1998	RT	25.00	25.00
❏ TINY TRIO 7615-5	1989	RT	18.00	62.00
❏ TO MY FRIEND 76736	1999	RT	8.00	8.00
❏ TUMBLING IN THE SNOW 7614-7	1989	RT	30.00	98.00
❏ TWINKLE LITTLE STARS 7621-0	1990	RT	15.00	48.00
❏ WAIT FOR ME! 7641-4	1992	RT	23.00	30.00
❏ WAITING FOR CHRISTMAS 7629-5	1991	RT	13.00	25.00
❏ WE MAKE A GREAT PAIR 76520	1993	RT	14.00	15.00
❏ WE'LL PLANT THE STARRY PINES SET OF 4, 76635	1994	RT	22.00	22.00
❏ WE'RE BUILDING AN ICY IGLOO SET OF 3, 76697	1995	RT	28.00	28.00
❏ WHAT SHALL WE DO TODAY? SET OF 2, 76693	1995	RT	17.00	17.00
❏ WHEN THE BOUGH BREAKS 76707	1996	RT	18.00	18.00
❏ WHERE DID HE GO? SET OF 4, 76546	1993	RT	20.00	20.00
❏ WHICH WAY S UP? SET OF 2, 76701	1996	RT	14.00	14.00
❏ WHISTLE WHILE YOU WORK 76712	1997	RT	18.00	18.00
❏ WHY DON'T YOU TALK TO ME? SET OF 2, 76252	1991	RT	12.00	15.00
❏ WILL IT SNOW TODAY? SET OF 5, 76538	1993	RT	23.00	23.00
❏ WINKEN, BLINKEN & NOD SET OF 3, 76589	1993	RT	28.00	28.00
❏ WINTER PLAY ON A SNOWY DAY, SET OF 4, 76727	1998	RT	28.00	28.00
❏ WINTER SURPRISE 7607-4	1989	RT	14.00	35.00
❏ WISH UPON A FALLING STAR (SET OF 4) 76717	1998	RT	25.00	20.00
❏ WISHING ON A STAR 7626-0	1991	RT	10.00	36.00
❏ WITH HUGS & KISSES SET OF 2, 76704	1996	RT	15.00	15.00
❏ YOU ARE MY STARSHINE 76702	1999	RT	8.00	8.00
❏ YOU CAN'T FIND ME! 7637-6	1992	RT	23.00	28.00
❏ YOU DIDN'T FORGET ME! 7643-0	1992	RT	18.00	23.00
❏ YOU NEED WINGS TOO SET OF 2, 76709	1996	RT	11.00	11.00
❏ YOU'RE MY LUCKY STAR SET OF 2, 76703	1996	RT	20.00	20.00
SNOWBABIES STARLIGHT GAMES COLLECTION				**K.J. PIERRO**
❏ GOOD SPORTS, GOOD FRIENDS 69951	2002	YR	19.00	19.00
❏ HIT THE MARK 69005	1999	RT	25.00	25.00
❏ IN THE GROOVE	2001	OP	18.00	18.00
❏ IT'S A BIRDIE 69949	2002	*	19.00	19.00
❏ OVER THE TOP 69004	1999	*	25.00	25.00
❏ PUCK STOPS HERE, THE 69948	2002	*	18.00	18.00
❏ SCOOTERBABY 69950	2002	*	18.00	18.00
❏ SCORE 69007	1999	*	17.00	17.00
❏ SEE YOU ON THE SLOPES 69936	2001	OP	18.00	18.00
❏ SHOOT FOR THE GOAL 69937	2001	OP	18.00	18.00
SNOWBABIES WINTER CELEB EVENT				**K.J. PIERRO**
❏ THREE TINY TRUMPETERS 68888	1998	RT	50.00	50.00
WINTER SILHOUETTE				*
❏ ANGEL CANDLE HOLDER 7794-1	1991	RT	*	118.00
❏ BEDTIME STORIES 7792-5	1991	RT	*	60.00
❏ BRIGHT STAR ON CHRISTMAS EVE 7843-3	1993	RT	*	70.00
❏ CAROLING BELLS 7798-4	1991	RT	*	85.00
❏ CAT NAP SANTA 7855-7	1994	RT	*	N/A
❏ CHRISTMAS KISS 7845-0	1993	RT	*	40.00
❏ CHRISTMAS PAGEANT ANGELS (SET OF 4)	1998	*	45.00	45.00
❏ CHRISTMAS PRESENTS 7805-0	1992	RT	*	50.00
❏ CLARA & THE NUTCRACKER	1998	*	20.00	20.00
❏ FINISHING TOUCHES SANTA 78559	1995	RT	*	60.00
❏ HANGING THE ORNAMENTS 7793-3	1991	RT	*	165.00
❏ KNEELING ANGEL WITH MANDOLIN 78585	1995	RT	*	65.00
❏ LETTER TO SANTA	1998	*	38.00	40.00
❏ LITTLE DRUMMER BOY (SET OF 3)	1998	*	45.00	45.00
❏ MANTELPIECE SANTA 7854-9	1994	RT	*	N/A
❏ MARIONETTE PERFORMANCE 7807-7	1992	RT	*	88.00
❏ NATIVITY WATERGLOBE/MUSIC BOX	1998	*	33.00	33.00

FIGURINES

NAME	YEAR	LIMIT	ISSUE	TREND
❑ NAUGHTY OR NICE?				
SANTA WATERGLOBE MUSIC BOX 7859-0	1995	RT	*	N/A
❑ OVER THE RIVER & THROUGH THE WOODS (SET OF 2)	1998	*	65.00	65.00
❑ PUTTING UP THE TREE 7789-5	1989	RT	*	100.00
❑ SANTA LUCIA 7844-1	1993	RT	*	40.00
❑ SANTA'S REINDEER 7796-8	1991	RT	*	155.00
❑ SKATING CHILDREN 7773-9	1988	RT	*	48.00
❑ STANDING ANGEL WITH HORN 78584	1995	RT	*	65.00
❑ TELL US ABOUT THE OLDEN DAYS, GRANDPA	1998	*	55.00	55.00

DUNCAN ROYALE
1990 & 1991 SPECIAL EVENT PIECE
*

❑ NAST & MUSIC	1991	RT	80.00	100.00

CALENDAR SECRETS
D. APHESSETCHE

❑ APRIL	1990	5000	350.00	370.00
❑ AUGUST	1990	5000	300.00	300.00
❑ DECEMBER	1990	5000	410.00	410.00
❑ FEBRUARY	1990	5000	370.00	370.00
❑ JANUARY	1990	5000	260.00	260.00
❑ JULY	1990	5000	280.00	280.00
❑ JUNE	1990	5000	410.00	410.00
❑ MARCH	1990	5000	280.00	350.00
❑ MAY	1990	5000	370.00	390.00
❑ NOVEMBER	1990	5000	410.00	410.00
❑ OCTOBER	1990	5000	350.00	350.00
❑ SEPTEMBER	1990	5000	300.00	300.00

CHRISTMAS IMAGES
*

❑ ARE YOU REALLY SANTA?	1992	10000	*	N/A
❑ CAROLERS, THE	1991	10000	120.00	120.00
❑ CHRISTMAS ANGEL, THE	1992	10000	*	N/A
❑ CHRISTMAS PAGEANT, THE	1991	10000	175.00	175.00
❑ MIDNIGHT WATCH, THE	1992	10000	*	N/A
❑ SNEAKING A PEEK	1992	10000	*	N/A

COLLECTORS CLUB
*

❑ MUSICAL NAST	1991	CL	80.00	95.00
❑ SANTA'S GIFT	1995	YR	100.00	100.00
❑ TODAY'S NAST	1991	RT	80.00	125.00
❑ WINTER SANTA	1994	RT	125.00	125.00

EARLY AMERICAN
*

❑ ACCOUNTANT	1991	10000	170.00	170.00
❑ BANKER	1991	10000	150.00	150.00
❑ CHIROPRACTOR	1991	10000	150.00	150.00
❑ DENTIST	1991	10000	150.00	150.00
❑ DOCTOR	1991	10000	150.00	150.00
❑ FIREMAN	1991	10000	150.00	150.00
❑ HOMEMAKER	1991	10000	150.00	150.00
❑ LAWYER	1991	10000	170.00	170.00
❑ NURSE	1991	10000	150.00	150.00
❑ PHARMACIST	1991	10000	150.00	150.00
❑ POLICEMAN	1991	10000	150.00	150.00
❑ SALESMAN	1991	10000	150.00	150.00
❑ SECRETARY	1991	10000	150.00	150.00
❑ SET OF 15	1991	10000	2290.00	2290.00
❑ STOREKEEPER	1991	10000	150.00	150.00
❑ TEACHER	1991	10000	150.00	150.00

EBONY COLLECTION
*

❑ BANJO MAN	1990	5000	80.00	80.00
❑ EBONY ANGEL	1993	5000	170.00	170.00
❑ FEMALE GOSPEL SINGER	1991	5000	90.00	90.00
❑ FIDDLER, THE	1990	5000	90.00	90.00
❑ HARMONICA MAN	1990	5000	80.00	80.00
❑ JUG MAN	1991	5000	90.00	90.00
❑ JUG TOTTER	1992	5000	90.00	90.00
❑ LITTLE MAGIC	1992	5000	80.00	80.00
❑ MALE GOSPEL SINGER	1991	5000	90.00	90.00
❑ PREACHER	1991	5000	90.00	90.00
❑ SPOONS	1991	5000	90.00	90.00

EBONY COLLECTION/BUCKWHEAT
*

❑ BASS	1992	5000	90.00	90.00
❑ BONGO	1992	5000	90.00	90.00
❑ JAZZMAN SET	1992	5000	500.00	500.00
❑ O'TAY	1992	5000	70.00	90.00
❑ PAINTER	1992	5000	80.00	90.00
❑ PETEE & FRIEND	1992	5000	90.00	90.00
❑ PIANO	1992	5000	130.00	130.00
❑ SAX	1992	5000	90.00	90.00
❑ SMILE FOR THE CAMERA	1992	5000	80.00	90.00
❑ TRUMPET	1992	5000	90.00	90.00

EBONY COLLECTION/FRIENDS & FAMILY
S. BUONAIUTO

❑ AGNES	1994	5000	100.00	100.00
❑ DADDY	1994	5000	120.00	120.00
❑ LUNCHTIME	1994	5000	100.00	100.00
❑ MILLIE	1994	5000	100.00	100.00
❑ MOMMY & ME	1994	5000	125.00	125.00

NAME	YEAR	LIMIT	ISSUE	TREND
EBONY COLLECTION/JUBILEE DANCERS				**S. BUONAIUTO**
❑ BLISS	1993	5000	200.00	200.00
❑ FALLANA	1993	5000	100.00	100.00
❑ KESHIA	1993	5000	100.00	100.00
❑ LAMAR	1993	5000	100.00	100.00
❑ LOTTIE	1993	5000	125.00	125.00
❑ WILFRED	1993	5000	100.00	100.00
GREATEST GIFT...LOVE				**P. APSIT**
❑ ANNUNCIATION, MARBLE	1988	5000	270.00	270.00
❑ ANNUNCIATION, PAINTED PORCELAIN	1988	5000	270.00	270.00
❑ CRUCIFIXION MARBLE	1988	5000	300.00	300.00
❑ CRUCIFIXION, PAINTED PORCELAIN	1988	5000	300.00	300.00
❑ NATIVITY, MARBLE	1988	5000	500.00	500.00
❑ NATIVITY, PAINTED PORCELAIN	1988	5000	500.00	500.00
HISTORY OF CLASSIC ENTERTAINERS				**P. APSIT**
❑ AMERICAN	1987	RT	160.00	350.00
❑ AUGUSTE	1987	RT	220.00	350.00
❑ GRECO-ROMAN	1987	RT	180.00	350.00
❑ GROTESQUE	1987	RT	230.00	350.00
❑ HARLEQUIN	1987	RT	250.00	350.00
❑ JESTER	1987	RT	410.00	725.00
❑ PANTALONE	1987	RT	270.00	350.00
❑ PIERROT	1987	RT	180.00	270.00
❑ PULCINELLA	1987	RT	220.00	350.00
❑ RUSSIAN	1987	RT	190.00	350.00
❑ SLAPSTICK	1987	RT	250.00	350.00
❑ UNCLE SAM	1987	RT	160.00	300.00
HISTORY OF CLASSIC ENTERTAINERS II				**P. APSIT**
❑ BOB HOPE	1988	RT	250.00	275.00
❑ FESTE	1988	RT	250.00	275.00
❑ GOLIARD	1988	RT	200.00	275.00
❑ MIME	1988	RT	200.00	275.00
❑ MOUNTEBANK	1988	RT	270.00	275.00
❑ PEDROLINO	1988	RT	200.00	275.00
❑ SIGNATURE PIECE	1988	RT	50.00	275.00
❑ TARTAGLIA	1988	RT	200.00	275.00
❑ THOMASSI	1988	RT	200.00	275.00
❑ TOUCHSTONE	1988	RT	200.00	275.00
❑ TRAMP	1988	RT	200.00	275.00
❑ WHITE FACE	1988	RT	250.00	275.00
❑ ZANNI	1988	RT	200.00	275.00
HISTORY OF CLASSIC ENTERTAINERS-SPECIAL RELEASES				**P. APSIT**
❑ BOB HOPE, 18 IN (SET)	1990	RT	1500.00	1750.00
❑ BOB HOPE, 6 IN. PORCELAIN	1990	RT	130.00	130.00
❑ MIME, 18 IN.	1990	RT	1500.00	1500.00
❑ SIGNATURE PIECE	1988	RT	50.00	50.00
HISTORY OF SANTA CLAUS				**P. APSIT**
❑ KRIS KRINGLE, 18 IN.	1989	RT	1500.00	1500.00
❑ MEDIEVAL, 18 IN.	1989	RT	1500.00	1400.00
❑ NAST, 18 IN.	1989	RT	1500.00	1500.00
❑ RUSSIAN, 18 IN.	1989	RT	1500.00	1500.00
❑ SODA POP, 18 IN.	1989	RT	1500.00	1500.00
❑ ST. NICHOLAS, 18 IN.	1989	RT	1500.00	1500.00
HISTORY OF SANTA CLAUS I				**P. APSIT**
❑ BLACK PETE, 6 IN. PORCELAIN	1988	RT	40.00	80.00
❑ BLACK PETER	1983	RT	145.00	380.00
❑ BLACK PETER, 8 IN. WOOD	1987	RT	450.00	450.00
❑ CIVIL WAR	1983	RT	145.00	300.00
❑ CIVIL WAR, 6 IN. PORCELAIN	1988	RT	40.00	80.00
❑ CIVIL WAR, 8 IN. WOOD	1987	500	450.00	450.00
❑ DEDT MOROZ	1983	RT	145.00	450.00
❑ DEDT MOROZ, 6 IN. PORCELAIN	1988	RT	40.00	80.00
❑ DEDT MOROZ, 8 IN. WOOD	1987	RT	450.00	450.00
❑ KRIS KRINGLE	1983	RT	165.00	1100.00
❑ KRIS KRINGLE, 6 IN. PORCELAIN	1988	RT	40.00	80.00
❑ KRIS KRINGLE, 8 IN. WOOD	1987	500	450.00	450.00
❑ MEDIEVAL	1983	RT	220.00	1200.00
❑ MEDIEVAL, 6 IN. PORCELAIN	1988	RT	40.00	80.00
❑ MEDIEVAL, 8 IN. WOOD	1987	500	450.00	450.00
❑ NAST	1983	RT	90.00	2200.00
❑ NAST, 6 IN. PORCELAIN	1988	RT	40.00	80.00
❑ NAST, 8 IN. WOOD	1987	RT	450.00	450.00
❑ PIONEER	1983	RT	145.00	350.00
❑ PIONEER, 6 IN. PORCELAIN	1988	RT	40.00	80.00
❑ PIONEER, 8 IN. WOOD	1987	RT	450.00	450.00
❑ RUSSIAN	1983	RT	145.00	600.00
❑ RUSSIAN, 6 IN. PORCELAIN	1988	RT	40.00	80.00
❑ RUSSIAN, 8 IN. WOOD	1987	RT	450.00	450.00
❑ SODA POP	1983	RT	145.00	1100.00
❑ SODA POP, 6 IN. PORCELAIN	1988	RT	40.00	80.00
❑ SODA POP, 8 IN. WOOD	1987	RT	450.00	450.00
❑ ST. NICHOLAS	1983	RT	175.00	500.00
❑ ST. NICHOLAS, 6 IN. PORCELAIN	1988	RT	40.00	80.00
❑ ST. NICHOLAS, 8 IN. WOOD	1987	500	450.00	450.00
❑ VICTORIAN	1983	RT	120.00	350.00
❑ VICTORIAN, 6 IN. PORCELAIN	1988	RT	40.00	80.00

FIGURINES

NAME	YEAR	LIMIT	ISSUE	TREND
❑ VICTORIAN, 8 IN. WOOD	1987	RT	450.00	450.00
❑ WASSAIL	1983	RT	90.00	350.00
❑ WASSAIL, 6 IN. PORCELAIN	1988	RT	40.00	80.00
❑ WASSAIL, 8 IN. WOOD	1987	RT	450.00	450.00
HISTORY OF SANTA CLAUS II				**P. APSIT**
❑ ALSACE ANGEL	1986	RT	250.00	300.00
❑ ALSACE ANGEL, 6 IN. PORCELAIN	1988	6000	80.00	90.00
❑ BABOUSKA	1986	RT	170.00	200.00
❑ BABOUSKA, 6 IN. PORCELAIN	1988	6000	70.00	80.00
❑ BAVARIAN	1986	RT	250.00	300.00
❑ BAVARIAN, 6 IN. PORCELAIN	1988	6000	90.00	100.00
❑ BEFANA	1986	RT	200.00	250.00
❑ BEFANA, 6 IN. PORCELAIN	1988	6000	70.00	80.00
❑ FRAU HOLDA	1986	RT	160.00	180.00
❑ FRAU HOLDA, 6 IN. PORCELAIN	1988	6000	50.00	80.00
❑ LORD OF MISRULE	1986	RT	160.00	200.00
❑ LORD OF MISRULE, 6 IN. PORCELAIN	1988	6000	60.00	80.00
❑ MAGI, 6 IN. PORCELAIN	1988	6000	130.00	150.00
❑ MAGI, THE	1986	RT	350.00	400.00
❑ MONGOLIAN/ASIAN	1986	RT	240.00	300.00
❑ MONGOLIAN/ASIAN, 6 IN. PORCELAIN	1988	6000	80.00	90.00
❑ ODIN	1986	RT	200.00	250.00
❑ ODIN, 6 IN. PORCELAIN	1988	6000	80.00	90.00
❑ PIXIE, 6 IN. PORCELAIN	1988	6000	50.00	80.00
❑ PIXIE, THE	1986	RT	140.00	175.00
❑ SIR CHRISTMAS	1986	RT	150.00	175.00
❑ SIR CHRISTMAS, 6 IN. PORCELAIN	1988	6000	60.00	80.00
❑ ST. LUCIA	1986	RT	180.00	250.00
❑ ST. LUCIA, 6 IN. PORCELAIN	1988	6000	70.00	80.00
HISTORY OF SANTA CLAUS III				*
❑ DRUID	1990	RT	250.00	250.00
❑ GRANDFATHER FROST & SNOW MAIDEN	1991	RT	400.00	400.00
❑ HOTEISHO	1991	RT	200.00	200.00
❑ JUDAH MACCACBEE	1991	RT	250.00	250.00
❑ JULENISSE	1990	RT	200.00	200.00
❑ KNICKERBOCKER	1991	RT	300.00	300.00
❑ SAMICHLAUS	1991	RT	350.00	350.00
❑ ST. BASIL	1990	RT	300.00	300.00
❑ STAR MAN	1990	RT	300.00	300.00
❑ UKKO	1990	RT	250.00	250.00
HISTORY OF SANTA CLAUS-SPECIAL RELEASES				*
❑ NAST & SLEIGH	1992	5000	500.00	500.00
❑ SIGNATURE PIECE	1991	RT	50.00	50.00
SANTA 1ST SERIES-PAINTED PEWTER				*
❑ BLACK PETER	1986	500	30.00	30.00
❑ CIVIL WAR	1986	500	30.00	30.00
❑ DEDT MOROZ	1986	500	30.00	30.00
❑ KRIS KRINGLE	1986	500	30.00	30.00
❑ MEDIEVAL	1986	500	30.00	30.00
❑ NAST	1986	500	30.00	30.00
❑ PIONEER	1986	500	30.00	30.00
❑ RUSSIAN	1986	500	30.00	30.00
❑ SET OF 12	1986	500	360.00	425.00
❑ SODA POP	1986	500	30.00	30.00
❑ ST. NICHOLAS	1986	500	30.00	30.00
❑ VICTORIAN	1986	500	30.00	30.00
❑ WASSAIL	1986	500	30.00	30.00
SANTA 2ND SERIES-PAINTED PEWTER				*
❑ ALSACE ANGEL	1988	500	30.00	30.00
❑ BABOUSKA	1988	500	30.00	30.00
❑ BAVARIAN	1988	500	30.00	30.00
❑ BEFANA	1988	500	30.00	30.00
❑ FRAU HOLDA	1988	500	30.00	30.00
❑ LORD OF MISRULE	1988	500	30.00	30.00
❑ MAGI	1988	500	30.00	30.00
❑ MONGOLIAN	1988	500	30.00	30.00
❑ ODIN	1988	500	30.00	30.00
❑ PIXIE	1988	500	30.00	30.00
❑ SET OF 12	1988	500	360.00	425.00
❑ SIR CHRISTMAS	1988	500	30.00	30.00
❑ ST. LUCIA	1988	500	30.00	30.00
WOODLAND FAIRIES				*
❑ ALMOND BLOSSOM	1988	RT	70.00	70.00
❑ APPLE	1988	RT	70.00	70.00
❑ CALLA LILY	1988	RT	70.00	70.00
❑ CHERRY	1988	10000	70.00	70.00
❑ CHESTNUT	1988	10000	70.00	70.00
❑ CHRISTMAS TREE	1988	RT	70.00	70.00
❑ ELM	1988	10000	70.00	70.00
❑ LIME TREE	1988	RT	70.00	70.00
❑ MULBERRY	1988	10000	70.00	70.00
❑ PEAR BLOSSOM	1988	RT	70.00	70.00
❑ PINE TREE	1988	10000	70.00	70.00
❑ POPLAR	1988	10000	70.00	70.00
❑ SYCAMORE	1988	RT	70.00	70.00

EGGSPRESSIONS

NAME	YEAR	LIMIT	ISSUE	TREND
EGGSHELL				*
❑ ABSOLUTELY AMETHYST	1994	OP	100.00	100.00
❑ AMERICA'S PRIDE	1993	CL	140.00	140.00
❑ ANDREA	1995	250	80.00	80.00
❑ ANGEL BUNNY	1994	250	220.00	220.00
❑ ANGEL DIVINE	1995	250	120.00	120.00
❑ ANGEL OF HOPE	1994	250	130.00	130.00
❑ ANGEL OF LOVE	1994	250	110.00	110.00
❑ ANGELICA	1993	CL	50.00	50.00
❑ APPLE BLOSSOM BOUQUET	1993	CL	62.00	62.00
❑ BEARY BLUE CHRISTMAS	1994	250	100.00	100.00
❑ BEARY PINK CHRISTMAS	1994	250	100.00	100.00
❑ BELLS	1993	CL	55.00	55.00
❑ BILL & COO	1993	CL	55.00	55.00
❑ BIRTH DAY! - APR	1993	CL	40.00	40.00
❑ BIRTH DAY! - AUG	1993	CL	40.00	40.00
❑ BIRTH DAY! DEC	1993	CL	40.00	40.00
❑ BIRTH DAY! - FEB	1993	CL	40.00	40.00
❑ BIRTH DAY! - JAN	1993	CL	40.00	40.00
❑ BIRTH DAY! - JUL	1993	CL	40.00	40.00
❑ BIRTH DAY! - JUN	1993	CL	40.00	40.00
❑ BIRTH DAY! - MAR	1993	CL	40.00	40.00
❑ BIRTH DAY! - MAY	1993	CL	40.00	40.00
❑ BIRTH DAY! - NOV	1993	CL	40.00	40.00
❑ BIRTH DAY! - OCT	1993	CL	40.00	40.00
❑ BIRTH DAY! - SEP	1993	CL	40.00	40.00
❑ BLUE BIRDS HAPPINESS	1993	CL	79.00	79.00
❑ BLUSH	1993	CL	105.00	105.00
❑ BRR RABBIT	1993	CL	140.00	140.00
❑ BUTTERCUP	1993	CL	85.00	85.00
❑ BUTTERFLY WINGS	1993	CL	50.00	50.00
❑ CABBAGE PATCH	1995	250	105.00	105.00
❑ CANDYLAND	1993	CL	100.00	100.00
❑ CARDINALS	1993	CL	70.00	70.00
❑ CAROLING MICE	1994	250	120.00	120.00
❑ CHICKS & BUNNIES	1994	OP	88.00	88.00
❑ CHOO-CHOO CHRISTMAS	1993	CL	130.00	130.00
❑ CHRISTMAS CURIOSITY	1993	CL	110.00	110.00
❑ CHRISTMAS JOY	1994	250	105.00	105.00
❑ COLOURS	1993	CL	55.00	55.00
❑ COO	1995	250	115.00	115.00
❑ DAYTIME DEN	1993	CL	125.00	125.00
❑ DEAR ONE	1003	CL	100.00	100.00
❑ DOGWOOD	1993	CL	50.00	50.00
❑ DRUMMER BOY	1993	CL	100.00	100.00
❑ EBONY	1993	CL	105.00	105.00
❑ ELEGANT CHOICE	1993	CL	167.00	167.00
❑ ETERNITY	1994	250	170.00	170.00
❑ FAMILY OUTING	1993	CL	100.00	100.00
❑ FANTAZIA	1993	CL	50.00	50.00
❑ FROSTY'S CHEER	1994	500	64.00	64.00
❑ GABRIELA	1993	CL	45.00	45.00
❑ GOLDEN CRYSTAL	1993	CL	125.00	125.00
❑ GOLDEN HARMONY	1994	250	160.00	160.00
❑ GRANDMA'S GOODIES	1994	OP	99.00	99.00
❑ HARVEST FAIRY	1994	OP	95.00	95.00
❑ HOIDAY MEMORIES	1994	250	190.00	190.00
❑ IN TUNE	1993	CL	130.00	130.00
❑ ISADORA	1993	CL	130.00	130.00
❑ JAMIE	1995	250	80.00	80.00
❑ JESSICA	1994	125	240.00	240.00
❑ KACHINA	1993	CL	130.00	130.00
❑ KEWPIE DOLL	1993	CL	110.00	110.00
❑ KRIS KRINGLE	1993	CL	45.00	45.00
❑ LARA	1993	CL	115.00	115.00
❑ LAVENDER LOVE	1994	250	130.00	130.00
❑ LOBO	1993	CL	85.00	85.00
❑ LOVE BIRDS	1994	250	120.00	120.00
❑ LOVE DUET	1993	CL	140.00	140.00
❑ LOVE IN FLIGHT	1993	CL	100.00	100.00
❑ MAKING SPIRITS BRIGHT	1994	25	300.00	300.00
❑ MARCELLA	1993	CL	45.00	45.00
❑ MARIA	1993	CL	115.00	115.00
❑ MCGREGOR'S GARDEN	1993	CL	105.00	105.00
❑ MIDAS	1993	CL	105.00	105.00
❑ MINT JULEP	1993	CL	100.00	100.00
❑ MISS ELLIE	1993	CL	45.00	45.00
❑ MISTY ROSE	1993	CL	45.00	45.00
❑ MOTHER'S PRIDE	1994	250	120.00	120.00
❑ OH, HOLY NIGHT	1994	250	160.00	160.00
❑ OH, NUTS	1993	CL	100.00	100.00
❑ OLD ST. NICKOLAS	1994	500	64.00	64.00
❑ PASSION	1994	25	500.00	500.00
❑ PASTEL & PEARLS	1994	OP	112.00	112.00
❑ PEARL	1993	CL	100.00	100.00
❑ PETER	1993	CL	45.00	45.00

FIGURINES

FIGURINES

NAME	YEAR	LIMIT	ISSUE	TREND
❏ PETUNIA	1993	CL	45.00	45.00
❏ POINSETTIA	1993	CL	60.00	60.00
❏ PRE-SCHOOL PLAY	1994	OP	108.00	108.00
❏ PRISTINE PEARLS	1994	OP	90.00	90.00
❏ PURR-FECT HUG	1994	RT	150.00	150.00
❏ ROMANTIQUE	1993	CL	75.00	75.00
❏ ROSE MARIE	1994	OP	49.00	49.00
❏ SANTA'S LITTLE ELVES	1994	250	130.00	130.00
❏ SANTA'S LITTLE SWEETHEART	1994	100	100.00	100.00
❏ SANTA'S WORKSHOP	1993	CL	130.00	130.00
❏ SECRET GARDEN	1993	CL	158.00	158.00
❏ SERENA	1993	CL	140.00	140.00
❏ SERENADE	1994	250	120.00	120.00
❏ SERENITY	1994	250	115.00	115.00
❏ SILVER JEWELS	1993	CL	105.00	105.00
❏ SKIP A LONG	1994	250	120.00	120.00
❏ SKYE	1993	CL	100.00	100.00
❏ SLUMBERING STEGGY	1993	CL	85.00	85.00
❏ SNOWFLAKE	1993	CL	50.00	50.00
❏ SPRING MELODY	1994	250	130.00	130.00
❏ STAR PRANCER	1993	CL	140.00	140.00
❏ STORYTELLER	1993	CL	130.00	130.00
❏ SUMMER ROSE	1993	CL	45.00	45.00
❏ SWEET DREAMS	1994	OP	100.00	100.00
❏ TABITHA	1993	CL	40.00	40.00
❏ TANNENBAUM	1993	CL	55.00	55.00
❏ TARA	1995	250	80.00	80.00
❏ TEDDY BEAR SING ALONG	1994	250	115.00	115.00
❏ TINY TREASURES	1993	CL	110.00	110.00
❏ TOGETHERNESS	1993	CL	100.00	100.00
❏ TRYKE	1993	CL	90.00	90.00
❏ VELVET PRINCESS	1993	CL	170.00	170.00
❏ WAITING	1993	CL	100.00	100.00
❏ WARRIOR'S PRIDE	1993	CL	85.00	85.00
❏ WEDDING IN WHITE	1994	250	160.00	160.00
❏ WELCOME CANDLE	1993	CL	63.00	63.00
❏ WINTER COLT	1993	CL	105.00	105.00
❏ WINTER COLT (STAND)	1993	CL	105.00	105.00
❏ WINTER HAVEN	1993	OP	105.00	105.00
❏ WINTER SONG	1993	OP	115.00	115.00
❏ WINTER WONDERLAND	1993	OP	105.00	105.00
❏ YELLOW ROSE	1993	OP	105.00	105.00

EMI

EMMETT KELLY JR. — P. APSIT

NAME	YEAR	LIMIT	ISSUE	TREND
❏ THINKING OF YOU	1994	2500	640.00	670.00

MASTERWORKS — R. HARRIS

NAME	YEAR	LIMIT	ISSUE	TREND
❏ CATTLE DRIFTING BEFORE THE STORM	1994	500	1300.00	1400.00
❏ UNKNOWN EXPLORERS	1994	500	1100.00	1125.00

MASTERWORKS — T. KNAPP

NAME	YEAR	LIMIT	ISSUE	TREND
❏ COW-BOY	1994	500	930.00	950.00
❏ LUMBER CAMP AT NIGHT	1994	500	590.00	620.00

ENDURANCE

ART OF SPORT, THE- BASEBALL — P. SZEILER

NAME	YEAR	LIMIT	ISSUE	TREND
❏ CAL RIPKEN, JR.	1996	4500	190.00	190.00
❏ CAL RIPKEN, JR. (HAND SIGNED)	1996	500	400.00	400.00

ART OF SPORT, THE- BOXING — J. BAILEY

NAME	YEAR	LIMIT	ISSUE	TREND
❏ JOHN L. SULLIVAN VS. JIM CORBITT	1991	RT	500.00	1400.00

ART OF SPORT, THE- BOXING — K. FALLON

NAME	YEAR	LIMIT	ISSUE	TREND
❏ MUHAMMAD ALI VS. SONNY LISTON	1990	7500	380.00	380.00

ART OF SPORT, THE- BOXING — D. LOVATT

NAME	YEAR	LIMIT	ISSUE	TREND
❏ BOB FITZSIMMONS	1989	RT	180.00	300.00
❏ GENE TUNNEY	1991	RT	180.00	300.00
❏ JACK DEMPSEY	1990	RT	180.00	300.00
❏ JACK JOHNSON	1990	RT	180.00	300.00
❏ JACK SHARKEY	1991	RT	180.00	300.00
❏ JAMES J. BRADDOCK	1992	RT	180.00	300.00
❏ JAMES J. CORDETT	1989	RT	180.00	300.00
❏ JESS WILLARD	1990	RT	180.00	300.00
❏ JOE LOUIS	1992	RT	180.00	300.00
❏ JOHN L. SULLIVAN	1989	RT	180.00	300.00
❏ MAX BAER	1991	RT	180.00	300.00
❏ MAX SCHMELING	1991	RT	180.00	300.00
❏ PRIMO CAMERA	1991	RT	180.00	300.00
❏ TOMMY BURNS	1990	RT	180.00	300.00

ART OF SPORT, THE- BOXING — T. POTTS

NAME	YEAR	LIMIT	ISSUE	TREND
❏ FRANK BRUNO	1994	5000	180.00	180.00
❏ JAKE LA MOTTA (HAND SIGNED)	1997	1950	280.00	280.00
❏ NIGEL BENN	1995	5000	180.00	180.00
❏ THOMAS HEARNS	1996	5000	180.00	180.00

ART OF SPORT, THE- BOXING — P. SZEILER

NAME	YEAR	LIMIT	ISSUE	TREND
❏ BUTTER BEAN (HAND SIGNED)	1996	500	230.00	230.00
❏ BUTTER BEAN (UNSIGNED)	1996	4500	180.00	180.00
❏ EVANDER HOLYFIELD	1995	5000	180.00	180.00
❏ EVANDER HOLYFIELD BRONZE	1996	OP	180.00	180.00

NAME	YEAR	LIMIT	ISSUE	TREND
❏ FANTASY FIGHT JACK DEMPSEY	1992	OP	180.00	180.00
❏ FANTASY FIGHT JACK JOHNSON	1992	OP	180.00	180.00
❏ FANTASY FIGHT JOE LOUIS	1992	OP	180.00	180.00
❏ FANTASY FIGHT JOHN L. SULLIVAN	1996	OP	180.00	180.00
❏ FANTASY FIGHT MIKE TYSON	1992	OP	180.00	180.00
❏ FANTASY FIGHT MUHAMMAD ALI	1992	RT	180.00	250.00
❏ FANTASY FIGHT ROCKY MARCIANO	1992	OP	180.00	180.00
❏ HENRY COOPER	1993	5000	180.00	180.00
❏ HENRY COOPER VS. CASSIUS CLAY	1993	RT	500.00	1900.00
❏ JOE FRAZIER	1995	5000	190.00	190.00
❏ JOE LOUIS VS. SCHMELING	1992	RT	500.00	1400.00
❏ LENOX LEWIS	1994	500	180.00	180.00
❏ MARVIN HAGLER	1994	5000	180.00	180.00
❏ MIKE TYSON 1 BRONZE	1996	OP	190.00	190.00
❏ MIKE TYSON 1 POSE	1993	5000	190.00	190.00
❏ MIKE TYSON 2 STANCE	1995	2000	190.00	190.00
❏ MUHAMMAD ALI	1993	5000	190.00	190.00
❏ MUHAMMAD ALI BRONZE	1989	RT	190.00	300.00
❏ NASEEM HAMMED	1995	5000	180.00	180.00
❏ ROBERTO DURAN	1995	5000	180.00	180.00
❏ ROCKY MARCIANO	1993	5000	180.00	180.00
❏ ROCKY MARCIANO VS. JERSEY JOE WALCOTT	1992	RT	500.00	1400.00
❏ SUGAR RAY LEONARD	1996	5000	180.00	180.00
❏ SUGAR RAY ROBINSON	1993	5000	180.00	180.00
❏ THE LONG COUNT J. DEMPSEY G. TUNNEY REF D. BARRY	1993	1000	480.00	480.00

ART OF SPORT, THE- CELEBRITY — **T. POTTS**

NAME	YEAR	LIMIT	ISSUE	TREND
❏ THREE TENORS, THE PAVAROTTI, CARRERAS & DOMINGO	1996	10000	250.00	250.00

ART OF SPORT, THE- CELEBRITY — **P. SZEILER**

NAME	YEAR	LIMIT	ISSUE	TREND
❏ ELVIS PRESLEY	1993	7500	190.00	190.00
❏ GEORGE ADAMSON	1995	5000	180.00	180.00
❏ JOHN F. KENNEDY	1995	5000	180.00	180.00
❏ POPE JOHN PAUL II	1995	10000	180.00	180.00

ART OF SPORT, THE- GOLFING — **T. POTTS**

NAME	YEAR	LIMIT	ISSUE	TREND
❏ JACK NICKLAUS	1996	CL	190.00	190.00

ART OF SPORT, THE- GOLFING — **P. SZEILER**

NAME	YEAR	LIMIT	ISSUE	TREND
❏ BEN HOGAN	1992	2500	180.00	180.00
❏ BOBBY JONES	1993	2500	180.00	180.00
❏ GARY PLAYER	1996	2500	180.00	180.00
❏ GENE SARAZEN	1994	2500	180.00	180.00
❏ GREG NORMAN	1996	2500	190.00	190.00
❏ HARRY VARDON	1994	2500	180.00	180.00
❏ LAURA DAVIES	1996	2500	180.00	180.00
❏ NICK FALDO	1996	2500	180.00	180.00
❏ OLD TOM MORRIS	1004	2500	180.00	180.00
❏ SEVE BALLESTEROS	1995	2500	180.00	180.00
❏ TOM WATSON	1996	2500	180.00	180.00
❏ WALTER HAGEN	1992	2500	180.00	180.00

ART OF SPORT, THE- GOLFING — **P. WARD**

NAME	YEAR	LIMIT	ISSUE	TREND
❏ ARNOLD PALMER	1993	CL	190.00	190.00
❏ SIR HENRY COTTON	1993	2500	180.00	180.00

ART OF SPORT, THE- JOCKEYS — **T. POTTS**

NAME	YEAR	LIMIT	ISSUE	TREND
❏ FRANKIE DETTORI	1996	5000	180.00	180.00

ART OF SPORT, THE- JOCKEYS — **P. SZEILER**

NAME	YEAR	LIMIT	ISSUE	TREND
❏ LESTER PIGGOTT	1995	5000	180.00	180.00

ART OF SPORT, THE- MOTOR RACING — **T. POTTS**

NAME	YEAR	LIMIT	ISSUE	TREND
❏ AYRTON SENNA	1996	7500	180.00	180.00
❏ COLIN CHAPMAN	1996	2500	180.00	180.00
❏ JACKIE STEWART	1996	2500	180.00	180.00
❏ JAMES HUNT	1996	2500	180.00	180.00
❏ STIRLING MOSS	1996	2500	180.00	180.00

ART OF SPORT, THE- MOTOR RACING — **P. SZEILER**

NAME	YEAR	LIMIT	ISSUE	TREND
❏ ALAIN PROST	1994	2500	180.00	180.00
❏ ALFRED NEUBAUR	1995	2500	180.00	180.00
❏ CARL FOGARTY	1996	5000	180.00	180.00
❏ DAMON HILL	1995	2500	180.00	180.00
❏ ENZO FERRARI	1995	2500	180.00	180.00
❏ GERHARD BERGER	1995	2500	180.00	180.00
❏ GILLES VILLENVUE	1995	2500	180.00	180.00
❏ JEAN ALESI	1995	2500	180.00	180.00
❏ JIM CLARK	1995	2500	180.00	180.00
❏ MICHAEL SCHUMACHER	1994	2500	180.00	180.00
❏ NIGEL MANSELL	1996	2500	180.00	180.00
❏ NIKI LAUDA	1995	2500	180.00	180.00
❏ SIR JACK BRABHAM	1993	2500	180.00	180.00

ART OF SPORT, THE- MOTOR RACING — **P. WARD**

NAME	YEAR	LIMIT	ISSUE	TREND
❏ JUAN FANGIO	1992	2500	180.00	180.00

ART OF SPORT, THE- SOCCER — **T. POTTS**

NAME	YEAR	LIMIT	ISSUE	TREND
❏ ALAN SHEARER	1996	5000	180.00	180.00
❏ DODDY MOORE	1996	2500	180.00	180.00
❏ DUNCAN EDWARDS	1996	5000	180.00	180.00
❏ ERIC CANTONA	1996	5000	180.00	180.00
❏ GEORGE BEST	1996	5000	180.00	180.00

ART OF SPORT, THE- TRACK AND FIELD — **P. SZEILER**

NAME	YEAR	LIMIT	ISSUE	TREND
❏ SIR ROGER BANNISTER	1994	1500	180.00	180.00

ENESCO CORP.

CALICO KITTENS — **P. HILLMAN**

NAME	YEAR	LIMIT	ISSUE	TREND
❏ ALL ABOUT ANGELS	1995	5000	25.00	25.00

FIGURINES

NAME	YEAR	LIMIT	ISSUE	TREND
❏ BUTTONED UP WITH LOVE	1995	RT	14.00	14.00
❏ EXTRA SPECIAL	1994	RT	15.00	15.00
❏ GRANDMA'S ARE SEW FULL OF LOVE	1995	RT	14.00	14.00
❏ HAND KNITTED WITH LOVE	1994	RT	14.00	25.00
❏ HARK - A HERALD ANGEL	1995	*	18.00	18.00
❏ HATS OFF TO A PERFECT FRIENDSHIP	1995	RT	20.00	20.00
❏ HEY DIDDLE, DIDDLE THE CAT & THE FIDDLE	1996	7500	20.00	20.00
❏ HOME SWEET HOME	1994	RT	15.00	15.00
❏ I'VE BEEN A GOOD KITTY	1996	*	18.00	18.00
❏ LOVE	1994	RT	15.00	15.00
❏ NOTHING IS SWEETER THAN MOM	1994	RT	14.00	14.00
❏ OUR FRIENDSHIP IS A QUILT OF LOVE	1995	RT	14.00	14.00
❏ PURR-FECT FRIENDS	1994	RT	15.00	15.00
❏ PUSSY CAT AND THE QUEEN	1997	5000	25.00	25.00
❏ SEW HAPPY IT'S YOUR BIRTHDAY	1994	RT	14.00	14.00
❏ STITCH IN TIME SAVES NINE, A	1995	3000	35.00	35.00
❏ TEA AND YOU HIT THE SPOT	1994	RT	14.00	14.00
❏ THINKING OF YOU	1994	RT	15.00	15.00
❏ TRUE LOVE- MUSICAL	1994	RT	60.00	60.00
❏ WE WISH YOU A MERRY CHRISTMAS	1996	RT	18.00	18.00
❏ YOU ALWAYS TOP OFF MY DAYS	1994	RT	14.00	14.00
❏ YOU AND ME	1994	RT	15.00	15.00
❏ YOUR FRIENDSHIP IS MY SILVER LINING	1994	RT	14.00	14.00
❏ YOUR PATCHWORK CHARM SHOWS THROUGH	1995	RT	18.00	18.00
❏ YOU'VE EARNED YOUR WINGS	1996	5000	35.00	35.00
CALICO KITTENS 1993 CHRISTMAS INTRODUCTION				**P. HILLMAN**
❏ TUNE: WE WISH YOU A MERRY CHRISTMAS	1993	RT	50.00	50.00
CALICO KITTENS 1994 CHRISTMAS INTRODUCTION				**P. HILLMAN**
❏ JOY TO THE WORLD	1994	RT	23.00	23.00
❏ LOVING GIFT, A	1994	RT	23.00	23.00
❏ PEACE ON EARTH	1994	RT	23.00	23.00
❏ YOU'RE A SPECIAL AUNT- 6 PC	1994	RT	12.00	12.00
❏ YOU'RE A SPECIAL FRIEND- 6 PC	1994	RT	12.00	12.00
❏ YOU'RE A SPECIAL GRANDMA- 6 PC	1994	RT	12.00	12.00
❏ YOU'RE A SPECIAL MOM- 6 PC	1994	RT	12.00	12.00
❏ YOU'RE A SPECIAL NIECE- 6 PC	1994	RT	12.00	12.00
❏ YOU'RE A SPECIAL SISTER- 6 PC	1994	RT	12.00	12.00
CALICO KITTENS 1997 CHRISTMAS INTRODUCTION				**P. HILLMAN**
❏ DASH OF LOVE MAKES YOU SWEETER, A- DATED	1997	YR	18.00	18.00
❏ FRIENDSHIP IS HEAVENLY	1997	5000	20.00	20.00
❏ TUNE: O' TANNENBAUM- MUSICAL	1997	OP	35.00	35.00
CALICO KITTENS A LITTLE BIRD TOLD ME				**P. HILLMAN**
❏ LITTLE BIRD TOLD ME YOU'RE TWEET, A	1997	OP	20.00	20.00
❏ YOU'RE MY FEATHERED FRIEND FOREVER	1997	OP	20.00	20.00
❏ YOU'RE THE CAT'S MEOW	1997	OP	25.00	25.00
CALICO KITTENS APRIL SHOWERS				**P. HILLMAN**
❏ APRIL SHOWERS 155500	1996	RT	18.00	18.00
❏ FRIENDSHIP GROWS WHEN SHARED	1996	RT	15.00	15.00
❏ I'M HOOKED ON YOU	1996	*	18.00	18.00
❏ KITE TAILS 155497	1996	RT	18.00	18.00
CALICO KITTENS COZY KITTEN				**P. HILLMAN**
❏ ALL WRAPPED UP IN WARMTH	1997	OP	16.00	17.00
❏ FRIENDSHIP COVERS THE HOLIDAYS	1997	OP	16.00	17.00
❏ HATS OFF TO FRIENDSHIP	1997	OP	16.00	17.00
❏ PURR-FECT FIT, A	1997	OP	16.00	17.00
❏ YOU HOLD THE STRINGS TO MY HEART	1997	OP	16.00	17.00
CALICO KITTENS HALLOWEEN				**P. HILLMAN**
❏ GOBBLIN' UP THE FUN	1995	*	15.00	15.00
❏ I'M BEWITCHED WITH FRIENDSHIP	1995	*	15.00	15.00
❏ WE'VE CARVED A PERFECT FRIENDSHIP	1996	*	14.00	14.00
❏ YOU'RE THE BEST IN THE FIELD	1996	*	14.00	14.00
CALICO KITTENS HOLIDAY HARMONY				**P. HILLMAN**
❏ FIRST NOEL, THE	1995	*	18.00	18.00
❏ I'LL BE HOME FOR CHRISTMAS	1995	RT	18.00	18.00
❏ JOLLY OLD ST. NICHOLAS	1995	RT	18.00	18.00
❏ OH, TANNENBAUM	1995	RT	18.00	18.00
❏ SILENT NIGHT	1995	RT	18.00	18.00
❏ SILVER BELLS	1995	*	23.00	23.00
❏ WINTER WONDERLAND	1995	*	18.00	18.00
CALICO KITTENS ITTY BITTY KITTIES				**P. HILLMAN**
❏ APRIL SHOWERS	*	*	7.00	7.00
❏ CONGRATULATIONS	1996	*	8.00	8.00
❏ GET WELL	1996	*	8.00	8.00
❏ GRADUATION	1996	*	8.00	8.00
❏ HAPPY BIRTHDAY	1996	*	8.00	8.00
❏ I LOVE MY KITTY	*	*	7.00	7.00
❏ I LOVE SPRING	*	*	7.00	7.00
❏ I LOVE YOU	1996	*	8.00	8.00
❏ MY LITTLE SWEET TART	1996	*	7.00	7.00
❏ NEW BABY	1996	*	8.00	8.00
❏ TO MY KITTY	*	*	7.00	7.00
❏ YOU ARE MY SUNSHINE	1996	*	7.00	7.00
CALICO KITTENS ITTY BITTY KITTIES CAT'S GOT YOUR TONGUE				**P. HILLMAN**
❏ ALLEY CAT- MINI	1997	OP	8.00	8.00
❏ CAT TAILS- MINI	1997	OP	8.00	8.00

FIGURINES

NAME	YEAR	LIMIT	ISSUE	TREND
❑ COOL CAT- MINI	1997	OP	8.00	8.00
❑ FAT CAT- MINI	1997	OP	8.00	8.00
❑ HOUSE CAT- MINI	1997	OP	8.00	8.00
❑ TOP CAT- MINI	1997	OP	8.00	8.00
CALICO KITTENS ITTY BITTY KITTIES PURR-FECT PAIRS				**P. HILLMAN**
❑ BEST FRIENDS- MINI	1997	OP	14.00	14.00
❑ MOM AND ME- MINI	1997	OP	14.00	14.00
❑ TRUE LOVE	1997	OP	14.00	14.00
CALICO KITTENS KITTY CAPERS				**P. HILLMAN**
❑ HATS OFF TO THE HOLIDAYS	1996	*	12.00	13.00
❑ I'M ALL YOURS	1996	*	12.00	13.00
❑ NOT PURR-FECT, JUST PURR-FECTLY HAPPY	1996	*	12.00	13.00
❑ WRAPPED UP IN YOU	1996	*	15.00	15.00
❑ YOU BRIGHTEN MY HOLIDAYS	1996	*	15.00	15.00
CALICO KITTENS MY HEART BELONGS TO KITTY				**P. HILLMAN**
❑ FOR THE ONE I LOVE	1996	*	18.00	18.00
❑ HOPE ALL YOUR DREAMS COME TRUE	1996	*	20.00	20.00
❑ MY FUNNY VALENTINE	1996	*	18.00	20.00
❑ SWEETS FOR THE SWEET	1996	*	20.00	20.00
CALICO KITTENS NATIVITY				**P. HILLMAN**
❑ FRIENDS COME FROM AFAR	1994	RT	18.00	18.00
❑ I'LL BRING A SPECIAL GIFT FOR YOU- 3 PC	1993	RT	55.00	55.00
❑ PURR-FECT ANGEL FROM ABOVE, A	1993	RT	15.00	15.00
❑ SHARING A SPECIAL GIFT OF LOVE- 2 PC	1993	RT	35.00	35.00
CALICO KITTENS PICKS OF THE LITTER				**P. HILLMAN**
❑ HELLO, LITTLE ONE	1996	*	18.00	18.00
❑ LITTLE LITTER OF BLESSINGS, A	1996	*	15.00	15.00
❑ NEW KIT ON THE BLOCK	1996	*	12.00	15.00
❑ OUR FRIENDSHIP IS SQUEEKY CLEAN	1996	*	15.00	15.00
❑ TUMMY FULL OF LOVE FOR YOU	1996	*	12.00	13.00
❑ WAGON OUR TAILS FOR YOU	1996	*	18.00	18.00
CALICO KITTENS PURR-FECT PERSONALITIES				**P. HILLMAN**
❑ ALWAYS THINKING OF YOU	1995	RT	14.00	15.00
❑ AN EXPECTED TREAT	1995	*	14.00	15.00
❑ BLUE WITHOUT YOU	1995	RT	18.00	18.00
❑ FISHING FOR A FRIEND	1995	RT	14.00	15.00
❑ FRIENDSHIP HAS MANY RICHES	1995	RT	18.00	18.00
❑ GOOD AS NEW	1995	RT	14.00	15.00
❑ GREAT SCOT WE'RE THE BEST OF FRIENDS	1995	RT	18.00	18.00
❑ I'D NEVER DECEIT YOU	1996	RT	18.00	18.00
❑ I'M LOST WITHOUT YOU 112488	1995	RT	14.00	15.00
❑ IT'S NO MYSTERY WE'RE FRIENDS	1995	RT	18.00	18.00
❑ MY FAVORITE COMPANION 112410	1995	RT	14.00	15.00
❑ PLAYFUL AFTERNOON, A	1995	RT	14.00	15.00
❑ PURR-FECT PAIR, A 112445	1995	RT	14.00	15.00
❑ SWEET DREAMS 112461	1995	RT	14.00	15.00
❑ TRIED AND TRUE FOR THE RED, WHITE & BLUE	1996	RT	18.00	18.00
❑ WE'RE INSEP-PURR-ABLE FRIENDS	1995	RT	18.00	18.00
❑ YOU'RE MY ALL AMERICAN FRIEND	1995	RT	18.00	18.00
CALICO KITTENS SCAREDY CAT				**P. HILLMAN**
❑ CARVING A SEASON OF SMILES	1997	OP	14.00	14.00
❑ MUMMY MISCHIEF	1997	OP	14.00	14.00
❑ OUR FRIENDSHIP IS A MAGICAL SPELL	1997	OP	14.00	14.00
❑ YOU CAN ALWAYS SPOT A FRIEND	1997	OP	14.00	14.00
CALICO KITTENS SPRING & EASTER				**P. HILLMAN**
❑ EGGSTRA SPECIAL	1995	*	11.00	11.00
❑ FRIENDSHIP IS THE BEST BLESSING	1995	*	20.00	20.00
❑ FURRY AND FEATHERED FRIENDS	1995	*	20.00	20.00
❑ HAPPY SPRING	*	*	11.00	11.00
❑ LOVE BLOOMS FUR-EVER	1995	*	18.00	18.00
❑ PURR-FECT FRIEND	*	*	11.00	11.00
❑ YOU MAKE LIFE COLORFUL	1995	*	25.00	25.00
CALICO KITTENS ST. PATRICK'S DAY ADDITION				**P. HILLMAN**
❑ FISHIN' FOR GOOD LUCK	1997	OP	15.00	15.00
CALICO KITTENS THE CAT'S OUT OF THE BAG				**P. HILLMAN**
❑ FRIENDSHIP LETS THE CAT OUT OF THE BAG	1997	OP	18.00	18.00
❑ I'M SENDING YOU A BAG FULL OF LOVE	1997	OP	18.00	18.00
❑ OUR FRIENDSHIP IS OUT OF THE BAG	1997	OP	18.00	18.00
CALICO KITTENS VALENTINES				**P. HILLMAN**
❑ BE MINE	1995	*	11.00	40.00
❑ LOVE POURS FROM MY HEART 102210	1995	RT	23.00	23.00
❑ MY LOVE BLOSSOMS FOR YOU	1995	*	15.00	15.00
❑ PAWS-ITIVELY IN LOVE	1995	*	25.00	25.00
❑ SEW IN LOVE	*	RT	11.00	11.00
❑ SEW SWEET	*	*	11.00	11.00
❑ YOU MAKE IT ALL BETTER	1995	*	15.00	15.00
CALICO KITTENS WELCOME HOME A LITTER OF LOVE				**P. HILLMAN**
❑ ALWAYS PAWS FOR PLAYTIME	1997	OP	18.00	18.00
❑ CAT NAP DREAMS	1997	OP	14.00	14.00
❑ I'M ALL WRAPPED UP OVER YOU	1997	OP	15.00	15.00
❑ SCRATCHIN' TO FIND A FRIEND LIKE YOU	1997	OP	18.00	18.00
❑ YOU'RE A LUCKY CATCH	1997	OP	15.00	15.00
❑ YOU'RE THE CHEF'S MEOW	1997	OP	15.00	15.00
CHAPEAU NOELLE				**L. RIGG**
❑ ALLISON- BEAR PAINTING	1995	2000	30.00	30.00
❑ BEAR W/HAND MIRROR - JOAN	1994	2000	30.00	30.00

FIGURINES

NAME	YEAR	LIMIT	ISSUE	TREND
❑ BEAR W/TEA SET - LINDA	1994	2000	30.00	30.00
❑ BEAR WITH FLOWERS- MINI 4 PC	1995	20000	15.00	15.00
❑ BEAR WITH PANSY	1997	2000	30.00	30.00
❑ BEAR WITH SUNFLOWER	1997	2000	30.00	30.00
❑ BRIDE BEAR - DIANE	1994	2000	30.00	30.00
❑ HISTORY OF HATS- 6 PC	1994	30000	15.00	15.00
❑ JULIET - BEAR HOLDING DOVE	1995	2000	30.00	30.00
❑ MARY LOUISE/FRANCES - ANGEL H/O	1995	5000	12.00	13.00
❑ MRS. SANTA - BEAR W/COOKIES	1994	2000	30.00	30.00
❑ ROMEO - BEAR HOLDING ROSE	1995	2000	30.00	30.00
❑ SANTA - BEAR W/LIST/PEN	1994	2000	30.00	30.00
❑ SANTA/MRS. SANTA H/O	1995	5000	12.00	13.00
❑ SUSIE- BEAR W/BASKET	1995	2000	30.00	30.00
❑ THOMAS & BETH - CAROLERS H/O	1995	5000	12.00	13.00

CHERISHED TEDDIES
P. HILLMAN

NAME	YEAR	LIMIT	ISSUE	TREND
❑ ABC & 123, YOU'RE A FRIEND TO ME!	1995	*	15.00	15.00
❑ ABRAHAM-EMBRACE THE EARTH	2000	7500	45.00	45.00
❑ AGGIE, NO CELEBRATION IS COMPLETE WITHOUT YOUR CLOSEST FRIENDS	2002	10,000	45.00	45.00
❑ ALEX-CHERISH THE LITTLE THINGS	1999	OP	18.00	18.00
❑ ALEXIS-CHERISH THE LITTLE THINGS	2000	YR	23.00	23.00
❑ ALLISON AND ALEXANDRIA	1995	RT	25.00	40.00
❑ ALYSSA-YOU WARM MY SOUL	1999	OP	15.00	15.00
❑ AN AUTUMN BREEZE BLOWS BLESSINGS TO PLEASE	1997	OP	25.00	25.00
❑ ANGELA-THANKS FOR HELPING ME GET MY WINGS	2000	OP	50.00	50.00
❑ ANITA-YOU'RE A TULIP TO TREASURE	1999	YR	20.00	20.00
❑ ANNA	1992	RT	23.00	30.00
❑ ANNE-SO GLAD YOU'RE HERE TO KEEP ME WARM	1999	OP	10.00	10.00
❑ ANTHONY-FRIENDSHIP IS A WORK OF ART	1999	OP	20.00	20.00
❑ ANXIOUSLY AWAITING THE ARRIVAL	1999	OP	15.00	15.00
❑ ARCHIE-THROUGH UPS AND DOWNS, YOU'RE STILL THE BEST FRIEND	1999	OP	20.00	20.00
❑ ARIEL-EVERYONE NEEDS A LITTLE HELP LEARNING TO FLY	2000	YR	18.00	18.00
❑ ARNOLD-YOU PUTT ME IN A GREAT MOOD	1999	OP	18.00	18.00
❑ AWAITING THE ARRIVAL	2000	OP	20.00	20.00
❑ BABY BOY JOINTED MUSICAL	1994	SU	60.00	60.00
❑ BABY GIRL JOINTED MUSICAL	1994	SU	60.00	60.00
❑ BABY IN CRADLE MUSICAL	1993	OP	60.00	60.00
❑ BAILEY & FRIENDS	1999	OP	23.00	23.00
❑ BAXTER	1999	OP	23.00	23.00
❑ BEAR AS BUNNY MUSICAL	1994	RT	60.00	60.00
❑ BEAR HOLDING HARP MUSICAL	1994	RT	45.00	45.00
❑ BEAR IN STOCKING HAT MUSICAL WATERBALL	1992	RT	60.00	80.00
❑ BEAR WITH GOOSE- MUSICAL	1994	RT	45.00	55.00
❑ BEAR WITH HORSE MUSICAL	1994	RT	150.00	175.00
❑ BEAR WITH TOY CHEST MUSICAL	1994	OP	45.00	45.00
❑ BEARS OF A FEATHER STAY TOGETHER	1994	RT	15.00	15.00
❑ BEATRICE-HONEY YOU'RE THE SWEETEST	2000	OP	20.00	20.00
❑ BENJI	1992	RT	14.00	35.00
❑ BERT-I'M BUSY AS A BEE EVERY DAY OF THE WEEK	2000	OP	20.00	20.00
❑ BEST IS YET TO COME, THE/BOY	1995	OP	12.00	30.00
❑ BEST IS YET TO COME, THE/GIRL	1995	OP	12.00	30.00
❑ BETH	1992	RT	18.00	40.00
❑ BETH AND BLOSSOM ON ROCKING HORSE- MUSICAL	1994	RT	*	75.00
❑ BETH AND BLOSSOM W/ BUTTERFLY- MUSICAL	1992	RT	50.00	150.00
❑ BETSEY	1994	OP	12.00	25.00
❑ BETTE-YOU ARE THE STAR OF THE SHOW	1999	YR	20.00	20.00
❑ BETTY	1994	OP	19.00	30.00
❑ BEV, BERTHA & BETHANY, FRIENDS KEEP YOUR SPIRIT ON ITS TOES	2002	5000	50.00	50.00
❑ BIANCA-SWEET DREAMS MY LITTLE ONE	1999	OP	15.00	15.00
❑ BILLY	1994	OP	12.00	20.00
❑ BOBBIE	1994	OP	12.00	25.00
❑ BOOK OF TEDDIES 1903-1993, THE	1993	YR	20.00	175.00
❑ BOY AND GIRL IN LAUNDRY BASKET MUSICAL	1994	RT	60.00	60.00
❑ BOY PRAYING MUSICAL	1993	RT	38.00	40.00
❑ BRIDE AND GROOM MUSICAL	1994	OP	50.00	50.00
❑ BRYCE-I SCORED A STRIKE WHEN I MET YOU	2000	OP	23.00	23.00
❑ CALEB & FRIENDS-WHEN ONE LACKS VISION ANOTHER MUST PROVIDE SUPERVISION	2000	YR	*	N/A
❑ CAMILLE	1992	RT	20.00	30.00
❑ CAN I BE YOUR FOOTBALL HERO?	1995	*	15.00	15.00
❑ CAN'T BEAR TO SEE YOU UNDER THE WEATHER	1997	OP	15.00	25.00
❑ CARLIN & JANAY- WHEN I COUNT MY BLESSINGS, I COUNT YOU TWICE	1999	OP	25.00	25.00
❑ CARTER & FRIENDS-TAKE TIME FOR OTHERS	2000	OP	25.00	25.00
❑ CASSANDRA-GHOSTLY GREETINGS	2000	OP	25.00	25.00
❑ CECILIA-YOU PULL AT MY HEARTSTRINGS	2000	OP	30.00	30.00
❑ CECILIA-YOU PULL AT MY HEARTSTRINGS	2000	OP	30.00	30.00
❑ CHARISSA & ASHYLYNN-EVERY JOURNEY BEGINS WITH ONE STEP	1999	OP	25.00	25.00
❑ CHERISH-REACH OUT TO SOMEONE AROUND YOU	1999	OP	13.00	13.00
❑ CHRISTOPHER	1992	OP	50.00	75.00
❑ CHUGGIN' ALONG, SAIL WITH ME, WE'RE GOING PLACES	1993	RT	18.00	18.00
❑ CLARK, YOU'RE MY HERO	2002	*	15.00	15.00
❑ CLEMENT & JODIE-TRY, TRY AND TRY AGAIN	2000	OP	20.00	20.00

FIGURINES

NAME	YEAR	LIMIT	ISSUE	TREND
❏ COLLECTING CHERISHED FRIENDS ALONG THE WAY	2000	10000	50.00	50.00
❏ COLLECTOR STARTER KIT	1999	OP	30.00	30.00
❏ COREY-I KNOW HOW TO TAKE CARE OF BUSINESS	1999	OP	23.00	23.00
❏ COUPLE IN BASKET WITH UMBRELLA MUSICAL	1992	RT	60.00	60.00
❏ CRYSTAL-HANG ON! WE'RE IN FOR A WONDERFUL RIDE	1999	OP	20.00	20.00
❏ CUP FULL OF CHEER, A	1995	OP	20.00	20.00
❏ CUP FULL OF FRIENDSHIP, A	1995	OP	20.00	20.00
❏ CUP FULL OF JOY	1997	OP	25.00	25.00
❏ CUP FULL OF LOVE	1997	OP	25.00	25.00
❏ CUP FULL OF PEACE	1997	OP	25.00	25.00
❏ DAD, DRAKE & DUSTEE-YOU HAVE A WAY OF LIFTING SPIRITS	2000	OP	25.00	25.00
❏ DAISY & CHELSEA-OLD FRIENDS	1999	OP	20.00	20.00
❏ DELIA-YOU'RE THE BEARY BEST BABYSITTER	2000	OP	20.00	20.00
❏ DENNIS-YOU PUT THE SPICE IN MY LIFE	1999	YR	18.00	18.00
❏ DESIGN YOU OWN DOUBLE RAINCOATS	1999	YR	30.00	30.00
❏ DESTINY & KAY-YOU'VE NEVER LOOKED MORE BEAUTIFUL	2000	OP	25.00	25.00
❏ DON'T LET IT GET YOU DOWN-LORRAINE	2001		18.00	18.00
❏ DOROTHY, MILLIE AND CHRISTY	1995	RT	*	100.00
❏ EASTER EGG- DATED	1997	YR	10.00	25.00
❏ ED-THERE'S A PATCH IN MY HEART FOR YOU	1999	OP	20.00	20.00
❏ ELMER & FRED-FRIENDS ARE THE THREAD THAT HOLDS THE QUILT OF LIFE	2000	OP	30.00	30.00
❏ ERNESTINE & REGINA-I'VE NEVER BEEN MORE PROUD OF YOU	2000	OP	25.00	25.00
❏ EVERY ONCE IN A WHILE, THERE'S A BUMP IN THE ROAD-DAWN	2001		18.00	18.00
❏ FLOSSIE-I'D STICK MY NECK OUT FOR YOU ANYTIME	1999	OP	20.00	20.00
❏ FREDA AND TINA	1993	*	35.00	32.00
❏ FRIEND ALWAYS KNOWS WHEN YOU NEED A HUG, A	1992	RT	20.00	20.00
❏ FRIENDS ARE NEVER FAR APART	1992	RT	50.00	50.00
❏ FRIENDS LIKE YOU ARE PRECIOUS AND TRUE	1993	RT	30.00	30.00
❏ FRIENDSHIP KEEPS ME ON MY TOES	1995	*	15.00	15.00
❏ FRIENDSHIP MAKES IT ALL BETTER/LAURA	1995	OP	15.00	15.00
❏ FRIENDSHIP WEATHERS ALL STORMS	1992	RT	20.00	20.00
❏ GIRL BEAR ON OTTOMAN- MUSICAL	1995	OP	55.00	55.00
❏ GIRL PRAYING MUSICAL	1993	RT	38.00	45.00
❏ GIVING THANKS FOR FRIENDS	1994	RT	18.00	18.00
❏ GLENN, THANK YOU BEARY MUCH	2002	*	*	N/A
❏ GLENN-BY LAND OR BY SEA, LET'S GO, JUST YOU AND ME	1999	YR	36.00	35.00
❏ GRAHAM, SPREAD HOLIDAY CHEER TO THOSE YOU HOLD DEER	2002	YR	45.00	45.00
❏ GUS & GERHILD, I CHERISH EVERY MOMENT SPENT WITH YOU	2002	YR	45.00	45.00
❏ HAPPINESS IS HOMEMADE	1994	RT	18.00	18.00
❏ HARRIET-YOU MAKE ME FEEL BEAUTIFUL INSIDE	1999	OP	23.00	23.00
❏ HARRISON	1993	RT	15.00	31.00
❏ HAZEL-I'VE GOT A NOTION TO GIVE YOU A POTION!	1999	RT	15.00	15.00
❏ HEATHER & FRIENDS-REMEMBERING THE SIMPLE PLEASURES OF CHILDHOOD	2000	OP	38.00	38.00
❏ HERE'S SOME CHEER TO LAST THE YEAR	1995	YR	18.00	18.00
❏ HOMER & FRIENDS-ADVENTURE IS JUST AROUND THE CORNER	1999	OP	35.00	35.00
❏ HONEY-YOU'RE A GOOD FRIEND THAT STICKS LIKE HONEY	1999	RT	17.00	17.00
❏ IAN, LIKE A SNOWFLAKE, YOU'RE ONE OF A KIND	2002	*	15.00	15.00
❏ I'M BATTY OVER YOU	1997	OP	18.00	18.00
❏ I'M ONLY A HOP, SKIP AND A JUMP AWAY IF YOU NEED ME-MELINDA	2001		18.00	18.00
❏ INGRID	1994	YR	20.00	50.00
❏ IRENE-TIME LEADS US BACK TO THE THINGS WE LOVE THE MOST	1999	OP	20.00	20.00
❏ IRMGARD-YOUR SMILE CAN MELT ANY HEART	2000	YR	25.00	25.00
❏ ISAAC, JEREMIAH & TEMPERANCE	2000	OP	30.00	30.00
❏ IVAN-I'VE PACKED MY TRUNK AND I'M READY TO GO	1999	OP	20.00	20.00
❏ JACKI	1992	*	10.00	25.00
❏ JASMINE	1992	SU	23.00	40.00
❏ JEREMY	1992	RT	15.00	31.00
❏ JERROD-DON'T WORRY, IT'S JUST ANOTHER LITTLE BUMP IN THE ROAD	1999	OP	20.00	20.00
❏ JESSIE 2000	2000	YR	175.00	175.00
❏ JOE-LOVE ONLY GETS BETTER WITH AGE	1999	OP	15.00	15.00
❏ JOHN & WILLIAM-WHEN FRIENDS MEET, HEARTS WARM	1999	RT	36.00	36.00
❏ JONATHAN	1993	RT	15.00	32.00
❏ JOSHUA	1992	RT	20.00	25.00
❏ JUDE-LOVE IS THE BEARY BEST BEDTIME STORY	2000	OP	18.00	18.00
❏ JUNIOR-EVERYONE IS A BEAR'S BEST FRIEND	1999	OP	13.00	13.00
❏ KAREN	1992	*	10.00	26.00
❏ KATIE	1992	RT	20.00	34.00
❏ KATIE, RENEE, JESSICA, MATTHEW-I'M SURROUNDED BY HUGS	1999	YR	25.00	25.00
❏ KAYLA-BIG HEARTS COME IN SMALL PACKAGES	1999	OP	20.00	20.00
❏ KENT-OFFICER, I'VE GOT A WARRANT OUT FOR YOUR HEART	1999	OP	20.00	20.00
❏ KIM- TREAT YOURSELF TO LIFE'S LITTLE PLEASURES	2000	OP	18.00	18.00
❏ KISS THE HURT AND MAKE IT WELL	1995	OP	15.00	25.00
❏ KYLE-EVEN THOUGH WE'RE FAR APART, YOU'LL ALWAYS HAVE A PLACE IN MY HEART	1999	OP	15.00	15.00
❏ LACEY PAINT YOUR OWN RESIN FIGURINE	1999	YR	25.00	25.00
❏ LET'S CELEBRATE	2002	*	15.00	15.00

FIGURINES

FIGURINES

NAME	YEAR	LIMIT	ISSUE	TREND
❏ LET'S HEAR IT FOR FRIENDSHIP!	1995	*	15.00	15.00
❏ LILIES BLOOM WITH PETALS OF HOPE	1997	YR	15.00	15.00
❏ LITTLE FAIR FEATHER FRIEND	1994	RT	15.00	15.00
❏ LOOKS LIKE TROUBLE IS JUST AROUND THE CORNER-ERNEST AND BUGSY	2001		25.00	25.00
❏ LORI-THOSE WE LOVE SHOULD BE CHERISHED	1999	OP	18.00	18.00
❏ LOVE ME TENDER	1995	OP	12.00	13.00
❏ LOVE ME TRUE	1995	OP	12.00	13.00
❏ LOVE SURROUNDS OUR FRIENDSHIP	1993	RT	15.00	15.00
❏ LYDIA-YOU'RE THE BEES KNEES	1999	OP	18.00	18.00
❏ MANDY	1992	RT	15.00	34.00
❏ MARCUS-THERE'S NOBODY I'D RATHER GO ROUND WITH THAN YOU	1999	OP	20.00	20.00
❏ MATT & VICKI-LOVE IS THE BEST THING TWO CAN SHARE	1999	YR	35.00	35.00
❏ MERIDITH-YOU'RE AS COZY AS A PAIR OF MITTENS!	1999	OP	10.00	10.00
❏ MILT & GARRETT-A HAUNTING WE WILL GO	1999	RT	20.00	20.00
❏ MOTHER'S HEART IS FULL OF LOVE, A	1997	OP	25.00	25.00
❏ MY PRAYER IS FOR YOU, CHRISTIAN	1995	OP	19.00	19.00
❏ MY PRAYER IS FOR YOU, CHRISTINE	1995	OP	19.00	19.00
❏ NATALIE-YOU MAKE ME SMILE FROM EAR TO EAR	1999	RT	15.00	15.00
❏ NATHANIEL AND NELLIE	1992	RT	30.00	40.00
❏ NEAR & DEAR FOR CHRISTMAS	1994	RT	22.00	45.00
❏ NICKOLAS	1995	YR	20.00	45.00
❏ NIKKI-A COLD WINTER'S DAY WON'T KEEP ME AWAY	1999	OP	10.00	10.00
❏ NORBIT & NYLA-A FRIEND IS SOMEONE WHO REACHES FOR YOUR HAND	1999	YR	25.00	25.00
❏ NORM-PATIENCE IS A FISHERMAN'S VIRTUE	1999	OP	25.00	25.00
❏ OUR FRIENDSHIP WILL NEVER BE EXTINCT	1997	OP	18.00	18.00
❏ OUR HEARTS BELONG TO YOU/PRISCILLA & GRETA	1995	19950	50.00	50.00
❏ PATRICE	1993	RT	19.00	32.00
❏ PATRICK	1993	RT	19.00	34.00
❏ PAUL-GOOD FRIENDS WARM THE HEART	1999	YR	23.00	23.00
❏ PRISCILLA	1993	RT	15.00	180.00
❏ PRISCILLA AND GRETA- INTERNATIONAL	1995	*	50.00	100.00
❏ PRISCILLA ANN	1993	YR	24.00	125.00
❏ PRISCILLA, GRETA	1994	19750	50.00	100.00
❏ RALPH-BRING JOY TO THOSE YOU HOLD DEER	2000	OP	18.00	18.00
❏ RANDY-YOU'RE NEVER ALONE WITH GOOD FRIENDS AROUND	1999	OP	23.00	23.00
❏ RESIN EGG	1996	OP	8.00	20.00
❏ RICH-ALWAYS PAWS FOR HOLIDAY TREATS	1998	YR	22.00	23.00
❏ RICHARD	1992	OP	55.00	55.00
❏ RICKY, YOUR WISHES WILL COME TRUE IF YOU JUST BELIEVE	2002	YR	20.00	20.00
❏ RINGING IN THE NEW YEAR WITH CHEER	1997	OP	15.00	15.00
❏ ROBBIE AND RACHEL	1993	OP	28.00	33.00
❏ ROBERTA-BEING YOUR FRIEND IS MY FAVORITE PASTIME	2000	OP	15.00	15.00
❏ RODNEY-I'M SANTA'S LITTLE HELPER	1999	YR	25.00	25.00
❏ ROSEMARIE & RONALD-A HUG IS WORTH 1000 WORDS	2000	OP	28.00	28.00
❏ ROXIE & SHELLY-WHAT A STORY WE SHARE!	1999	OP	25.00	25.00
❏ RUSSELL & ROSS-THANKS FOR TEACHING ME ABOUT THE REAL WORLD	2000	OP	23.00	23.00
❏ RUTH & GENE-EVEN WHEN WE DON'T SEE EYE TO EYE	1999	OP	25.00	25.00
❏ SARA	1992	OP	10.00	30.00
❏ SARAH-MEMORIES TO WEAR AND SHARE	1999	YR	30.00	30.00
❏ SAWYER & FRIENDS-HOLD ON TO THE PAST, BUT LOOK TO THE FUTURE	1999	OP	28.00	28.00
❏ SEDLEY-WE'VE TURNED OVER A NEW LEAF	1999	OP	17.00	17.00
❏ SEGRID, JUSTAF & INGMAR-SPIRIT OF CHRISTMAS GROWS	1998	YR	45.00	50.00
❏ SIMONE & JHODI-I'VE ALWAYS BELIEVED IN YOU	1999	OP	25.00	25.00
❏ SKYLAR & SHANA-WHEN YOU FIND A SUNBEAM, SHARE THE WARMTH	1999	OP	25.00	25.00
❏ SPANKY-FRIENDSHIP CAN SOMETIMES BE BUMPY BUT IT'S WORTH IT	1999	OP	28.00	28.00
❏ STANLEY & VALERIE-TOGETHERNESS IS THE REASON WE HAVE FRIENDS	1999	OP	35.00	35.00
❏ STAR-CHERISH YESTERDAY, DREAM TOMORROW, LIVE TODAY	1999	YR	55.00	55.00
❏ STELLA-TOUCHES OF HEAVEN CANBE FOUND ON EARTH	2000	OP	23.00	23.00
❏ STRIKE UP THE BAND & GIVE 5 CHERISHED YEARS A HAND	1997	YR	75.00	75.00
❏ SULLIVAN-THE MOST IMPORTANT TRUTH IS TO BE YOUR TRUE SELF	2000	OP	18.00	18.00
❏ TAKE ME TO YOUR HEART	1995	OP	12.00	13.00
❏ TEDDY ROOSEVELT	1993	*	20.00	150.00
❏ TEDDY-FRIENDS GIVE YOU WINGS TO FLY	1999	OP	15.00	15.00
❏ TESS & FRIENDS-THINGS DO NOT CHANGE, WE DO	1999	OP	28.00	28.00
❏ THAT'S WHAT FRIENDS ARE FOR	1994	RT	23.00	23.00
❏ THEADORE, SAMANTHA, TYLER (9 IN.) 951196	1992	SU	130.00	170.00
❏ THERE'S NO ROSE SWEETER...& WHEREFORE ART THOU...	1997	YR	60.00	60.00
❏ THIS CALLS FOR A CELEBRATION	1997	OP	15.00	15.00
❏ THOMAS	1993	RT	15.00	29.00
❏ TRACIE AND NICOLE	1993	RT	35.00	43.00
❏ TREAT YOURSELF TO LIFE'S LITTLE PLEASURES-KIM	2001		18.00	18.00
❏ TRUNK FULL OF BEAR HUGS	1995	*	23.00	23.00
❏ TUNE: LET ME BE YOUR TEDDY BEAR	1992	RT	60.00	60.00
❏ TUNE: LOVE MAKES THE WORLD GO ROUND	1994	RT	40.00	40.00
❏ TUNE: WIND BENEATH MY WINGS	1994	RT	45.00	45.00
❏ TWO BOYS W/LANTERN	1996	OP	50.00	50.00

NAME	YEAR	LIMIT	ISSUE	TREND
❑ TWO FRIENDS MEAN TWICE THE LOVE	1995	*	25.00	25.00
❑ VERONICA-YOU MAKE HAPPINESS BLOOM	1998	OP	15.00	30.00
❑ WE'RE BEARY GOOD PALS	1995	OP	25.00	25.00
❑ WE'RE IN THIS TOGETHER	1995	OP	25.00	25.00
❑ WHENEVER LIFE HANDS YOU LEMONS, MAKE LEMONADE-				
ALBERT AND SUSANN	2001		30.00	30.00
❑ WISHING YOU A COZY CHRISTMAS	1996	*	25.00	25.00
❑ WOODY-YOU HOLD EVERYTHING IN PLACE	1999	OP	20.00	20.00
❑ YESTERDAY'S MEMORIES ARE TODAY'S TREASURES	1992	RT	30.00	30.00
❑ YOU GROW MORE DEAR WITH EACH PASSING YEAR	1997	OP	25.00	25.00
❑ YOU'RE A BEAR'S BEST FRIEND	1997	OP	20.00	20.00
❑ YOU'RE MY SHOOTING STAR	1997	OP	18.00	18.00
❑ ZACHARY	1992	RT	30.00	58.00
CHERISHED TEDDIES 10TH ANNIVERSARY				**P. HILLMAN**
❑ ROSE, MELINDA, JACKI, CHRISTOPHER & FRIENDS,				
REUNITED FOR A DAY, TOGETHER FOR A LIFETIME,				
10 CHERISHED YEARS	2002	10,000	95.00	95.00
CHERISHED TEDDIES ACROSS THE SEAS				**P. HILLMAN**
❑ BAZZA-I'M LOST DOWN UNDER WITHOUT YOU	1997	RT	18.00	25.00
❑ BOB-OUR FRIENDSHIP IS FROM SEA TO SHINING SEA	1996	RT	18.00	27.00
❑ CARLOS-I FOUND AN AMIGO IN YOU	1996	RT	18.00	27.00
❑ CLAUDETTE-OUR FRIENDSHIP IS BON APPETIT	1996	RT	18.00	25.00
❑ FERNANDO-YOU MAKE EVERYDAY A FIESTA	1996	RT	18.00	18.00
❑ FRANZ-OUR FRIENDSHIP KNOWS NO BOUNDARIES	1996	RT	18.00	25.00
❑ KATRIEN-TULIPS BLOSSOM W/FRIENDSHIP	1996	RT	18.00	25.00
❑ KERSTIN-YOU'RE THE SWEDISH OF THEM ALL	1996	RT	18.00	25.00
❑ LIAN-OUR FRIENDSHIP SPANS MANY MILES	1996	RT	18.00	25.00
❑ LORNA-OUR LOVE IS IN THE HIGHLANDS	1996	RT	18.00	25.00
❑ MACHIKO-LOVE FANS A BEAUTIFUL FRIENDSHIP	1996	RT	18.00	18.00
❑ NADIA-FROM RUSSIA WITH LOVE	1996	RT	18.00	27.00
❑ PRESTON-RIDING ACROSS THE GREAT WHITE NORTH	1996	RT	18.00	18.00
❑ RAJUL-YOU'RE THE JEWEL OF MY HEART	1996	RT	18.00	18.00
❑ SOPHIA-LIKE GRAPES ON A VINE OUR FRIENDSHIP IS DIVINE	1997	RT	18.00	25.00
❑ WILLIAM-YOU'RE A JOLLY OL' CHAP!	1996	RT	18.00	18.00
CHERISHED TEDDIES ADOPTION CENTER				**P. HILLMAN**
❑ IN GRANDMOTHER'S ATTIC	1996	19960	55.00	55.00
❑ MIKE-I'M SWEET ON YOU	1998	*	15.00	20.00
❑ PENNY, CHANDLER, BOOTS-WE'RE INSEPARABLE	1998	25000	25.00	51.00
❑ RON-ENJOY THE SIMPLE COMFORTS OF LIFE	2000	25000	20.00	20.00
❑ SALLY & SKIP-WE MAKE A PERFECT TEAM	1999	25,000	28.00	28.00
❑ WE'RE THREE OF A KIND	1997	TR	35.00	35.00
❑ YOU MAKE WISHES COME TRUE	1996	YR	18.00	18.00
CHERISHED TEDDIES ANGELS				**P. HILLMAN**
❑ ANGELA-PEACE ON EARTH AND MERCY MILD	1998	YR	20.00	40.00
❑ GLORY TO THE NEWBORN KING	1997	YR	20.00	20.00
❑ HARK THE HERALD ANGELS SING	1996	RT	20.00	20.00
CHERISHED TEDDIES AVON EXCLUSIVE				**P. HILLMAN**
❑ GREGORY, AMERICANA FIGURE	2002	*	13.00	13.00
❑ JANET-YOU'RE SWEET AS A ROSE	1998	*	9.00	20.00
CHERISHED TEDDIES BLOSSOMS OF FRIENDSHIP				**P. HILLMAN**
❑ EVERYTHING'S COMING UP ROSES	1997	OP	15.00	15.00
❑ LOVE STEMS FROM OUR FRIENDSHIP	1997	OP	15.00	15.00
❑ YOU'RE THE BEST PICK OF THE BUNCH	1997	OP	15.00	15.00
CHERISHED TEDDIES BY THE SEA, BY THE SEA				**P. HILLMAN**
❑ EVERYTHING PAILS IN COMPARISON TO FRIENDS	1997	OP	20.00	20.00
❑ I'M YOUR BATHING BEAUTY	1997	OP	35.00	35.00
❑ READY TO MAKE A SPLASH	1997	OP	18.00	18.00
❑ THERE'S ROOM IN MY SAND CASTLE FOR YOU	1997	OP	20.00	20.00
❑ UNDERNEATH IT ALL WE'RE FOREVER FRIENDS	1997	OP	25.00	25.00
CHERISHED TEDDIES CAROUSEL				**P. HILLMAN**
❑ FRIEND IS SOMEBUNNY TO CHERISH FOREVER 505579	1998	RT	20.00	20.00
❑ FRIENDS LIKE YOU ARE ALWAYS TRUE BLUE 505552	1998	RT	20.00	20.00
❑ I'LL CHERISH YOU FOR MANY MOONS 505498	1998	RT	20.00	20.00
❑ IT'S SO MERRY GOING ROUND WITH YOU 506206	1998	RT	20.00	20.00
❑ WHEN IT COMES TO FRIENDSHIP, YOU'VE REALLY				
EARNED YOUR STRIPES 06214	1998	RT	20.00	20.00
❑ WHERE FRIENDS GATHER, MAGIC BLOSSOMS 502898	1998	RT	20.00	20.00
CHERISHED TEDDIES CHERISHED SEASONS				**P. HILLMAN**
❑ AUTUMN BRINGS A SEASON OF THANKSGIVING	1997	OP	20.00	20.00
❑ SPRING BRINGS A SEASON OF BEAUTY	1997	OP	20.00	20.00
❑ SUMMER BRINGS A SEASON OF WARMTH	1997	OP	23.00	23.00
❑ WINTER BRINGS A SEASON OF JOY	1997	OP	25.00	25.00
CHERISHED TEDDIES CHRISTMAS				**P. HILLMAN**
❑ ALICE	1993	YR	18.00	225.00
❑ ALICE (9 IN.)	1993	SU	100.00	200.00
❑ BEAR ON ROCKING HORSE MUSICAL	1994	OP	165.00	185.00
❑ BEAR ON ROCKING REINDEER/MUSICAL	1992	SU	60.00	125.00
❑ BEAR ON ROCKING REINDEER/MUSICAL WATERBALL	1992	*	60.00	70.00
❑ BEAR PLAYING WITH TRAIN MUSICAL	1993	OP	40.00	40.00
❑ BETH AND BLOSSOM ON REINDEER	1992	RT	23.00	23.00
❑ BOY AND GIRL IN SLEIGH MUSICAL	1994	OP	100.00	100.00
❑ CAROLYN	1993	RT	23.00	45.00
❑ CHARLIE, SPIRIT OF FRIENDS	1992	RT	45.00	50.00
❑ DOUGLAS	1992	RT	20.00	45.00
❑ ERIC	1994	RT	23.00	26.00
❑ FAMILY ON TOBOGGAN	1993	*	170.00	195.00
❑ GIRL WITH MUFF MUSICAL WATERBALL	1993	*	50.00	75.00

NAME	YEAR	LIMIT	ISSUE	TREND
❑ HANS	1993	SU	20.00	71.00
❑ HUGS OF LOVE & FRIENDSHIP	1995	OP	20.00	20.00
❑ JACOB	1992	OP	23.00	35.00
❑ JOINTED BEAR CHRISTMAS MUSICAL	1993	SU	60.00	75.00
❑ MARY	1993	RT	25.00	34.00
❑ NILS	1994	OP	23.00	42.00
❑ SONJA	1994	RT	20.00	27.00
❑ STEVEN	1992	RT	20.00	50.00
❑ THEADORE, SAMANTHA, TYLER 950505	1992	RT	20.00	37.00
❑ THEADORE, SAMANTHA, TYLER 950769	1993	SU	160.00	200.00
CHERISHED TEDDIES CLUB				**P. HILLMAN**
❑ BRAD WHEEL-TROY MAC MCBEAR	2000	YR	25.00	25.00
❑ CONDUCTOR WITH GREEN SUITCASE	1997	YR	20.00	20.00
❑ CONDUCTOR WITH RED SUITCASE	1997	YR	20.00	20.00
❑ CUB E. BEAR	1995	YR	18.00	35.00
❑ DOLORES	2002	*	20.00	20.00
❑ DR. DARLENE MAKEBETTER (ORANGE BAG)	1998	YR	*	25.00
❑ ELOISE AND HER GARDEN GATE	2002	*	10.00	10.00
❑ EMILY E. CLAIRE	1996	YR	18.00	35.00
❑ GENEVIEVE	2002	*	45.00	45.00
❑ GIRL & BOY DOUBLE FIGURINE	1997	YR	18.00	18.00
❑ GIRL WITH HAT/PURSE/PACKAGE	1997	YR	18.00	18.00
❑ HILARY HUGABEAR	1995	YR	18.00	40.00
❑ JULIA BEARON AS GLORIA GROWLETTE	2000	YR	*	N/A
❑ KURTIS D. CLAW CT961	1996	YR	18.00	45.00
❑ LANNY RED FLAG	1999	YR	*	N/A
❑ LELA NIGHTINGALE	1998	YR	15.00	30.00
❑ LETTY	1999	YR	23.00	23.00
❑ MAILBOX, LAMPS, WATER FOUNTAIN	1998	*	18.00	18.00
❑ MARCO PAWLINI	2000	YR	20.00	20.00
❑ MAYOR WILSON T. BEARY	1995	YR	20.00	60.00
❑ R. HARRISON HARTFORD- YELLOW PENCIL	1996	YR	*	34.00
❑ SAVANNAH	2002	*	23.00	23.00
❑ TRISTAN	2002	*	20.00	20.00
❑ VIVIENNE	1999	YR	18.00	18.00
❑ WADE WEATHERSBEE	1998	YR	14.00	25.00
❑ WALTER	1999	YR	18.00	18.00
CHERISHED TEDDIES CUSTOMER APPRECIATION				**P. HILLMAN**
❑ CUSTOMER APPRECIATION	1993	YR	23.00	275.00
CHERISHED TEDDIES DICKENS VILLAGE				**P. HILLMAN**
❑ BEAR CRATCHIT	1994	SU	18.00	40.00
❑ EBEARNEZER SCROOGE	1994	SU	18.00	35.00
❑ GABRIEL, GARLAND, GLORIA	1994	SU	55.00	70.00
❑ JACOB BEARLY	1994	SU	18.00	32.00
❑ MRS. CRATCHIT	1994	SU	19.00	38.00
❑ TINY TED-BEAR	1994	SU	10.00	29.00
CHERISHED TEDDIES DOWN STRAWBERRY LANE				**P. HILLMAN**
❑ BUNNY MINI	1996	SU	4.00	4.00
❑ COZY TEA FOR TWO/THELMA	1996	RT	23.00	23.00
❑ DASH OF LOVE SWEETENS ANY DAY!, A	1996	RT	15.00	15.00
❑ I PICKED THE BEARY BEST FOR YOU	1997	YR	25.00	25.00
❑ LOVE GROWS IN MY HEART	1996	RT	15.00	15.00
❑ YOU'RE BERRY SPECIAL TO ME	1996	RT	15.00	15.00
❑ YOU'RE MY BERRY BEST FRIEND!	1996	RT	15.00	15.00
CHERISHED TEDDIES EASTER				**P. HILLMAN**
❑ ABIGAIL	1993	SU	16.00	55.00
❑ BECKY	1994	SU	20.00	35.00
❑ BESSIE	1994	SU	15.00	140.00
❑ CHARITY	1993	RT	20.00	115.00
❑ CHELSEA	1993	RT	15.00	300.00
❑ COURTNEY	1994	RT	15.00	100.00
❑ DAISY	1993	RT	15.00	900.00
❑ FAITH	1994	SU	20.00	51.00
❑ GIRL WITH BLUE BONNET AND CHICK MINI	1994	*	7.00	7.00
❑ GIRL WITH DAISY HEADBAND MINI	1994	*	7.00	7.00
❑ GIRL WITH WHITE HAT MINI	1994	*	7.00	7.00
❑ HEIDI AND DAVID	1993	SU	25.00	40.00
❑ HENRIETTA	1993	SU	23.00	125.00
❑ HENRY	1994	SU	20.00	30.00
❑ MOLLY	1993	RT	30.00	49.00
CHERISHED TEDDIES EASTER/SPRING				**P. HILLMAN**
❑ BLESSINGS BLOOM WHEN YOU ARE NEAR	1996	*	15.00	20.00
❑ LOVE KEEPS ME AFLOAT	1996	*	14.00	20.00
CHERISHED TEDDIES EASTER/SPRING RAINBOW LANE				**P. HILLMAN**
❑ BUNNY 103802	1995	RT	14.00	20.00
❑ DONALD 103799	1995	RT	20.00	30.00
❑ GAIL 103772	1995	RT	20.00	27.00
❑ HOPE 103764	1995	RT	20.00	25.00
❑ JENNIFER 103810	1995	RT	23.00	28.00
❑ LISA 103780	1995	RT	20.00	27.00
❑ MELISSA 103829	1995	RT	20.00	28.00
❑ PETER 104973	1995	RT	18.00	35.00
CHERISHED TEDDIES ENGAGEMENT PARTY 1996				**P. HILLMAN**
❑ PARK BENCH W/2 BEARS	1995	*	12.00	50.00
CHERISHED TEDDIES EVENT				**P. HILLMAN**
❑ BEARY HAPPY WISHES	1997	YR	18.00	18.00
❑ CELENE	2002	*	18.00	18.00

NAME	YEAR	LIMIT	ISSUE	TREND
❑ DON, FRIENDS ARE THE FUN PART OF LIFE	2002	*	15.00	15.00
❑ HUMPHREY-JUST THE BEAR FACTS, MA'AM	1998	*	15.00	50.00
❑ LANCE-COME FLY WITH ME	1998	*	20.00	30.00
❑ NORMA	2000	YR	65.00	65.00
❑ NORTHROP, YOU MAKE EVERY PLACE MERRIER	2002	10,000	40.00	40.00
❑ PICTURE PERFECT FRIENDSHIP, A	1997	YR	15.00	15.00
❑ TAMMY-LET'S GO TO THE HOP	1999	YR	15.00	50.00
❑ YOLANDA, YOU CAN NEVER DISGUISE A KIND AND LOVING HEART	2002	*	15.00	15.00
❑ YOU'RE A HONEY OF A FRIEND	1997	YR	15.00	15.00
CHERISHED TEDDIES FALL HARVEST				**P. HILLMAN**
❑ FALLING FOR YOU/PAT	1995	OP	23.00	23.00
❑ YOU'RE MY LITTLE PUMPKIN	1996	*	23.00	23.00
CHERISHED TEDDIES FOUNDERS DAY EVENT 1995				**P. HILLMAN**
❑ TOWN TATTLER SIGNAGE	1995	*	6.00	20.00
CHERISHED TEDDIES FREQUENT BUYER PROGRAM				**P. HILLMAN**
❑ AMELIA-YOU MAKE ME SMILE	1997	*	35.00	75.00
❑ BENNY-LET'S RIDE THROUGH LIFE TOGETHER	1997	*	18.00	100.00
❑ MARY JANE-MY FAVORITE THINGS	1997	*	50.00	50.00
CHERISHED TEDDIES FROLIC IN THE FOREST				**P. HILLMAN**
❑ HILDA, YOU KNOW HOW TO KEEP MY HEART WARM	2002	*	15.00	15.00
❑ LOUISE, FRIENDS WERE MEANT FOR TIMES LIKE THESE	2002	*	20.00	20.00
❑ MARGE & NELL, FRIENDS ALWAYS HELP PULL YOU THROUGH	2002	*	23.00	23.00
CHERISHED TEDDIES GCC EARLY INTRO				**P. HILLMAN**
❑ MOTHER'S HEART IS FULL OF LOVE, A	1996	RT	25.00	25.00
CHERISHED TEDDIES GCC EXCLUSIVE				**P. HILLMAN**
❑ JASMINE-A BOUQUET OF BLESSINGS FOR YOU	1999	OP	15.00	15.00
CHERISHED TEDDIES GRADUATION				**P. HILLMAN**
❑ BOY GRADUATE	1995	OP	12.00	20.00
❑ GIRL GRADUATE	1995	OP	12.00	17.00
CHERISHED TEDDIES HALLOWEEN				**P. HILLMAN**
❑ "BEE" MY FRIEND	1995	OP	15.00	15.00
❑ BEARY SCARY HALLOWEEN HOUSE	1995	OP	20.00	23.00
❑ BREANNA	1994	OP	15.00	33.00
❑ BRENDA	1993	SU	15.00	47.00
❑ BUCKEY	1993	SU	15.00	46.00
❑ CONNIE	1993	RT	15.00	30.00
❑ DEREK, COUNT ON A FRIGHTFUL HALLOWEEN	2002	*	15.00	15.00
❑ FUTURE "BEARETH" ALL THINGS, THE	1993	OP	19.00	19.00
❑ GARY	1993	OP	19.00	30.00
❑ GRETEL	1993	OP	19.00	25.00
❑ GRISELDA, ADD A LITTLE HOCUS POCUS TO EVERY HALLOWEEN	2002	*	20.00	20.00
❑ MILES	1993	OP	17.00	24.00
❑ PRUDENCE	1993	OP	17.00	25.00
❑ STACIE	1994	OP	19.00	29.00
❑ TAYLOR	1994	OP	15.00	27.00
❑ YOU HAVE A SPECIAL PLACE IN MY HEART	1996	*	19.00	19.00
❑ YOU'RE THE CAT'S MEOW	1996	*	15.00	15.00
CHERISHED TEDDIES HAMILTON				**P. HILLMAN**
❑ BEN FRANKLIN FIGURINE	2002	*	18.00	18.00
❑ BETSY ROSS FIGURINE	2002	*	18.00	18.00
CHERISHED TEDDIES HOLIDAY DANGLING				**P. HILLMAN**
❑ AN OLD FASHIONED NOEL TO YOU/NOEL	1996	SU	15.00	15.00
❑ CATCHIN THE HOLIDAY SPIRIT	1996	SU	15.00	15.00
❑ DROPPING YOU A HOLIDAY GREETING	1996	SU	20.00	20.00
❑ STRIKING UP ANOTHER YEAR	1996	YR	18.00	18.00
❑ STRING OF GOOD TIDINGS, A	1995	SU	20.00	20.00
❑ TOY SOLDIER- DATED	1996	YR	12.00	13.00
❑ YOU ALWAYS BRING JOY	1996	SU	15.00	15.00
CHERISHED TEDDIES INT'L COLLECTIBLE EXPO EVENT				**P. HILLMAN**
❑ WESLEY, PHILLIP, FIONA, RENEE	1999	RT	30.00	100.00
CHERISHED TEDDIES LAPLANDERS				**P. HILLMAN**
❑ ALL PATHS LEAD TO KINDNESS & FRIENDSHIP	1997	YR	55.00	55.00
❑ FEEL THE PEACE/HOLD THE JOY/SHARE...	1996	YR	50.00	50.00
❑ FRIENDS ARE ALWAYS PULLING FOR YOU	1996	*	23.00	23.00
❑ WARM HEARTED FRIENDS	1995	OP	18.00	18.00
CHERISHED TEDDIES LIFETIME OF MEMORIES				**P. HILLMAN**
❑ KATHY & KEN, CHARTING THE HEAVENS WITH YOU	2002	7500	50.00	50.00
CHERISHED TEDDIES LITTLE SPARKLES				**P. HILLMAN**
❑ APRIL	1997	OP	8.00	8.00
❑ AUGUST	1997	OP	8.00	8.00
❑ DECEMBER	1997	OP	8.00	8.00
❑ FEBRUARY	1997	OP	8.00	8.00
❑ JANUARY	1997	OP	8.00	25.00
❑ JULY	1997	OP	8.00	8.00
❑ JUNE	1997	OP	8.00	30.00
❑ MARCH	1997	OP	8.00	15.00
❑ MAY	1997	OP	8.00	35.00
❑ NOVEMBER	1997	OP	8.00	8.00
❑ OCTOBER	1997	OP	8.00	8.00
❑ SEPTEMBER	1997	OP	8.00	8.00
CHERISHED TEDDIES LOVE LETTERS FROM TEDDIE				**P. HILLMAN**
❑ BEAR WITH HEART DANGLING BLOCKS- MINI	1997	OP	8.00	8.00
❑ BEAR WITH I LOVE BEARS BLOCKS- MINI	1997	OP	8.00	8.00

FIGURINES

Something's Brewing *by artist Marlowe Urdahl was released in 1996 by Anheuser-Busch Inc.*

Proceeds from Dean Griff's charity piece You Are Not Alone *were given to benefit The Gift for Life. A part of the Charming Tails Collection, the figurine has more than doubled in value since its 1995 release.*

Here Comes the Bride, 1966 *is a porcelain musical that is inspired by the Mattel Barbie® doll. The piece plays the tune, "Here Comes the Bride" and is from the Eneseco From Barbie® with Love collection.*

NAME	YEAR	LIMIT	ISSUE	TREND
❏ BEAR WITH I LOVE HUGS BLOCKS- MINI	1997	OP	8.00	8.00
❏ BEAR WITH I LOVE YOU BLOCKS- MINI	1997	OP	8.00	8.00
CHERISHED TEDDIES MESSENGERS OF THE HEART				**P. HILLMAN**
❏ BOY AND GIRL CUPID	1995	*	25.00	35.00
❏ BOY AND GIRL CUPID (1 OF 2)	1995	*	19.00	27.00
❏ BOY AND GIRL CUPID (2 OF 2)	1995	*	19.00	27.00
❏ BOY BEAR CUPID	1995	SU	18.00	22.00
❏ CUPID BABY BOY ON PILLOW	1995	SU	14.00	30.00
❏ CUPID BABY GIRL ON PILLOW	1995	SU	14.00	25.00
❏ CUPID BOY SITTING (1 OF 2)	1995	*	14.00	27.00
❏ CUPID BOY SITTING (2 OF 2)	1995	*	14.00	27.00
❏ GIRL BEAR CUPID	1995	SU	15.00	30.00
❏ GIRL CUPID (1 OF 2)- BE MINE	1995	*	15.00	27.00
❏ GIRL CUPID (2 OF 2)- LOVE	1995	*	15.00	30.00
CHERISHED TEDDIES MILLENNIUM				**P. HILLMAN**
❏ MILTON-WISHING FOR A FUTURE AS BRIGHT AS THE STARS	1999	OP	20.00	20.00
CHERISHED TEDDIES MONTHLY FRIENDS TO CHERISH				**P. HILLMAN**
❏ BE MINE/PHOEBE-FEBRUARY	1993	RT	15.00	20.00
❏ DAY AT THE PARK, A-JULY	1993	RT	15.00	15.00
❏ FRIENDSHIP IS IN BLOOM- MAY	1993	RT	15.00	15.00
❏ FRIENDSHIP IS IN THE AIR- MARCH 914770	1993	RT	15.00	15.00
❏ HAPPY HOLIDAYS, FRIEND/DENISE- DECEMBER	1993	RT	15.00	15.00
❏ NEW YEAR W/OLD FRIENDS, A- JANUARY	1993	RT	15.00	15.00
❏ PLANTING THE SEED OF FRIENDSHIP- JUNE	1993	RT	15.00	15.00
❏ SCHOOL DAYS/SETH- SEPTEMBER	1993	RT	15.00	15.00
❏ SHOWERS OF FRIENDSHIP- APRIL	1993	RT	15.00	30.00
❏ SMOOTH SMILING/ARTHUR- AUGUST	1993	RT	15.00	55.00
❏ SWEET TREATS-OCTOBER	1993	RT	15.00	15.00
❏ THANKS FOR FRIENDS- NOVEMBER	1993	RT	15.00	15.00
CHERISHED TEDDIES NALED EXCLUSIVE				**P. HILLMAN**
❏ RITA-WISHING YOU LOVE STRAIGHT FROM THE HEART	1999	OP	18.00	18.00
CHERISHED TEDDIES NATIVITY				**P. HILLMAN**
❏ AN ANGEL TO WATCH OVER YOU/CELESTE	1995	OP	20.00	20.00
❏ ANGIE	1992	OP	15.00	25.00
❏ CRECHE WITH COVERLET- 2 PC	1992	OP	50.00	60.00
❏ MARIA WITH BABY JOSH	1992	OP	35.00	40.00
❏ MINI NATIVITY IN CRECHE	1993	*	33.00	40.00
❏ NATIVITY COLLECTOR SET	1993	OP	100.00	125.00
❏ NATIVITY MUSICAL	1993	SU	60.00	100.00
❏ NATIVITY WITH CRECHE- MUSICAL	1993	SU	85.00	100.00
❏ RONNIE	1994	OP	14.00	20.00
❏ SAMMY 302619	1992	RT	18.00	35.00
❏ THREE KINGS- 3 PC	1992	OP	55.00	100.00
CHERISHED TEDDIES NUTCRACKER SUITE				**P. HILLMAN**
❏ FUNCTIONAL NUTCRACKER- WOOD	1997	OP	90.00	90.00
❏ MOUSE KING,HERR DROSSELMEYER,CLARA, PRINCE-COL SET	1997	YR	70.00	70.00
❏ TUNE: DANCE OF THE SUGARPLUM FAIRY	1997	OP	45.00	45.00
CHERISHED TEDDIES ONCE UPON A TEDDY				**P. HILLMAN**
❏ FATHER	1994	*	14.00	22.00
❏ JACK AND JILL 624772	1994	RT	30.00	35.00
❏ LITTLE BO PEEP 624802	1994	RT	23.00	45.00
❏ LITTLE JACK HORNER 624780	1994	RT	20.00	32.00
❏ LITTLE MISS MUFFET 624799	1994	RT	20.00	40.00
❏ MARY, MARY QUITE CONTRARY 626074	1994	RT	23.00	33.00
❏ TOM THE PIPER 624810	1994	RT	20.00	30.00
CHERISHED TEDDIES OUR CHERISHED FAMILY				**P. HILLMAN**
❏ FAY & ARLENE-THANKS FOR ALWAYS BEING BY MY SIDE	1999	OP	25.00	25.00
❏ GIFT TO BEHOLD BOY	1998	OP	8.00	8.00
❏ GIFT TO BEHOLD GIRL	1998	OP	8.00	8.00
❏ GRANDMA IS GOD'S SPECIAL GIFT	1998	OP	18.00	18.00
❏ GRANDPA IS GOD'S SPECIAL GIFT	1998	OP	18.00	18.00
❏ HALEY & LOGAN-SISTERS AND HUGS SOOTHE THE SOUL	1999	OP	25.00	25.00
❏ JUNE & JEAN-I'VE ALWAYS WANTED TO BE JUST LIKE YOU	1999	OP	20.00	20.00
❏ JUSTINE & JANICE-SISTERS AND FRIENDSHIP ARE				
CRAFTED WITH LOVE	1999	OP	25.00	25.00
❏ MOTHER	1994	OP	20.00	28.00
❏ OLDER DAUGHTER	1994	OP	10.00	18.00
❏ OLDER SON	1994	OP	10.00	17.00
❏ OUR CHERISHED FAMILY- GIFT SET	1994	*	85.00	111.00
❏ YOUNG DAUGHTER	1994	OP	9.00	15.00
❏ YOUNG SON	1994	OP	9.00	17.00
CHERISHED TEDDIES SANTA CLAUS				**P. HILLMAN**
❏ BEARER OF GOOD TIDINGS, KLAUS	1996	YR	20.00	20.00
❏ CELEBRATE FAMILY, FRIENDS & TRADITION-SANFORD	1999	YR	25.00	25.00
❏ LITTLE HOLIDAY R&R, A	1998	YR	22.00	23.00
❏ UP ON THE ROOFTOP	1997	YR	23.00	23.00
❏ YOU'RE AT THE TOP OF MY LIST, NICKOLAS	1995	YR	20.00	20.00
CHERISHED TEDDIES SANTA EXPRESS				**P. HILLMAN**
❏ ALL ABOARD THE SANTA EXPRESS	1996	RT	23.00	23.00
❏ FIRST CLASS DELIVERY FOR YOU, A	1996	RT	18.00	18.00
❏ FRIENDSHIP IS ..PERFECT END..HOLIDAYS	1996	RT	23.00	23.00
❏ HE KNOWS IF YOU'VE BEEN BAD OR GOOD	1996	RT	18.00	18.00
❏ HEADING INTO THE HOLIDAYS WITH DEER FRIENDS	1997	RT	18.00	18.00
❏ HO, HO, HO... TO THE HOLIDAYS WE GO	1997	RT	18.00	18.00
❏ ROLLING ALONG W/FRIENDS & SMILES	1996	RT	18.00	18.00

FIGURINES

FIGURINES

NAME	YEAR	LIMIT	ISSUE	TREND
❑ THIS TRAIN IS BOUND FOR HOLIDAY SURPRISES	1997	RT	18.00	18.00
CHERISHED TEDDIES SANTA'S WORKSHOP				**P. HILLMAN**
❑ BUILDING A STURDY FRIENDSHIP, YULE	1995	RT	23.00	23.00
❑ CUP OF HOMEMADE LOVE, A, HOLLY	1995	RT	19.00	19.00
❑ HANDSEWN HOLIDAYS, MERI	1995	RT	20.00	20.00
❑ PAINTING YOUR HOLIDAYS W/LOVE, GINGER	1995	RT	23.00	23.00
CHERISHED TEDDIES SNOWBEARS				**P. HILLMAN**
❑ ADAM, CLAIRE & KRISTY, FROM BIG TO SMALL, OUR FAMILY HAS IT ALL	2002	*	25.00	25.00
❑ JILLYNNE, FRIENDS LIKE YOU ARE ALWAYS TRUE	2002	*	25.00	25.00
CHERISHED TEDDIES SONGS OF CHRISTMAS				**P. HILLMAN**
❑ BEVERLY & LILA, WE WISH YOU A MERRY CHRISTMAS	2002	YR	25.00	25.00
CHERISHED TEDDIES SPRINGTIME ANGEL				**P. HILLMAN**
❑ CHANTEL & FAWN-WE'RE KINDRED SPIRITS	2000	YR	45.00	45.00
CHERISHED TEDDIES ST. PATRICK'S DAY				**P. HILLMAN**
❑ KATHLEEN	1994	*	12.00	22.00
❑ KEVIN	1995	RT	12.00	25.00
❑ MAUREEN	1995	RT	12.00	21.00
❑ RYAN-I'M GREEN WITH ENVY FOR YOU	1997	OP	20.00	25.00
❑ SEAN	1994	OP	12.00	22.00
CHERISHED TEDDIES SWEETHEART BALL				**P. HILLMAN**
❑ JACK AND JILL	1995	OP	35.00	34.00
❑ LOVE UNVEILS A HAPPY HEART	1996	OP	18.00	18.00
❑ MY HEART WISHES FOR YOU	1996	OP	20.00	20.00
❑ SWEETHEARTS FOREVER/CRAIG & CHERI	1996	OP	25.00	25.00
❑ WON'T YOU BE MY SWEETHEART?	1996	OP	18.00	18.00
❑ YOU STEAL MY HEART AWAY	1996	OP	18.00	18.00
❑ YOU'RE THE HERO OF MY HEART	1996	OP	20.00	20.00
❑ YOU'RE THE QUEEN/KING OF MY HEART	1998	YR	65.00	65.00
CHERISHED TEDDIES T IS FOR TEDDIES				**P. HILLMAN**
❑ BEAR W/ "A" BLOCK	1995	OP	5.00	5.00
❑ BEAR W/ "B" BLOCK	1995	OP	5.00	5.00
❑ BEAR W/ "C" BLOCK	1995	OP	5.00	5.00
❑ BEAR W/ "D" BLOCK	1995	OP	5.00	5.00
❑ BEAR W/ "E" BLOCK	1995	OP	5.00	5.00
❑ BEAR W/ "F" BLOCK	1995	OP	5.00	5.00
❑ BEAR W/ "G" BLOCK	1995	OP	5.00	5.00
❑ BEAR W/ "H" BLOCK	1995	OP	5.00	5.00
❑ BEAR W/ "I" BLOCK	1995	OP	5.00	5.00
❑ BEAR W/ "J" BLOCK	1995	OP	5.00	5.00
❑ BEAR W/ "K" BLOCK	1995	OP	5.00	5.00
❑ BEAR W/ "L" BLOCK	1995	OP	5.00	5.00
❑ BEAR W/ "M" BLOCK	1995	OP	5.00	5.00
❑ BEAR W/ "N" BLOCK	1995	OP	5.00	5.00
❑ BEAR W/ "O" BLOCK	1995	OP	5.00	5.00
❑ BEAR W/ "P" BLOCK	1995	OP	5.00	5.00
❑ BEAR W/ "Q" BLOCK	1995	OP	5.00	5.00
❑ BEAR W/ "R" BLOCK	1995	OP	5.00	5.00
❑ BEAR W/ "S" BLOCK	1995	OP	5.00	5.00
❑ BEAR W/ "T" BLOCK	1995	OP	5.00	5.00
❑ BEAR W/ "U" BLOCK	1995	OP	5.00	5.00
❑ BEAR W/ "V" BLOCK	1995	OP	5.00	5.00
❑ BEAR W/ "W" BLOCK	1995	OP	5.00	5.00
❑ BEAR W/ "X" BLOCK	1995	OP	5.00	5.00
❑ BEAR W/ "Y" BLOCK	1995	OP	5.00	5.00
❑ BEAR W/ "Z" BLOCK	1995	OP	5.00	5.00
CHERISHED TEDDIES TEDDIES IN MOTION				**P. HILLMAN**
❑ EVELYN, A GIRL WITH STYLE!	2002	*	20.00	20.00
❑ ROB, ROSE, RITA & RODNEY, ARE WE THERE YET?	2002	*	23.00	23.00
CHERISHED TEDDIES THANKSGIVING				**P. HILLMAN**
❑ JEDEDIAH	1994	RT	18.00	27.00
❑ PATIENCE	1994	RT	18.00	34.00
❑ PHOEBE	1994	OP	14.00	24.00
❑ THANKSGIVING QUILT	1994	OP	12.00	12.00
❑ WILLIE	1994	RT	15.00	28.00
❑ WINONA	1994	RT	15.00	33.00
❑ WYATT	1994	OP	15.00	25.00
❑ WYLIE	1994	OP	15.00	18.00
CHERISHED TEDDIES THROUGH THE YEARS				**P. HILLMAN**
❑ AGE 1	1993	OP	14.00	20.00
❑ AGE 2	1993	OP	14.00	20.00
❑ AGE 3	1993	OP	15.00	20.00
❑ AGE 4	1993	OP	15.00	20.00
❑ AGE 5	1993	OP	15.00	20.00
❑ AGE 6	1993	OP	16.00	20.00
❑ BABY	1993	OP	16.00	17.00
CHERISHED TEDDIES TINY TREASURED TEDDIES				**P. HILLMAN**
❑ BEAR AS BEE WAGON	2002	*	5.00	5.00
❑ BEAR IN BABY CARRIAGE	2002	*	5.00	5.00
❑ BEAR IN BASKET	2002	*	5.00	5.00
❑ BEAR IN CHAIR	2002	*	5.00	5.00
❑ BEAR IN WAGON	2002	*	5.00	5.00
❑ BEAR ON ROCKING HORSE	2002	*	5.00	5.00
❑ BEAR WITH BUNNY	2002	*	5.00	5.00
❑ BEAR WITH NECKLACE	2002	*	5.00	5.00
❑ BEAR WITH TOY	2002	*	5.00	5.00
❑ HOUSE DISPLAYER	2002	*	10.00	10.00

NAME	YEAR	LIMIT	ISSUE	TREND
❑ THREE BEARS IN BASKET	2002	*	5.00	5.00
CHERISHED TEDDIES UNDER THE BIG TOP				**P. HILLMAN**
❑ BRUNO	1996	OP	18.00	35.00
❑ CIRCUS ELEPHANT WITH BEAR	1996	OP	23.00	23.00
❑ CIRCUS TENT COLLECTORS SET 104256	*	RT	*	N/A
❑ CLOWN ON BALL MUSICAL	1996	OP	40.00	40.00
❑ FRIENDS ARE BEAR ESSENTIALS	1997	OP	20.00	20.00
❑ FRIENDSHIP KEEPS YOU POPPING	1997	OP	18.00	18.00
❑ JUST CLOWNING AROUND	1997	OP	18.00	18.00
❑ LOVE IS A BEAR NECESSITY	1997	OP	18.00	18.00
❑ SEAL OF FRIENDSHIP	1996	OP	10.00	10.00
❑ STEP RIGHT UP AND SMILE 103713	*	RT	*	N/A
❑ TRUNK FULL OF BEAR HUGS 103977	*	RT	*	N/A
❑ YOU TAKE CENTER RING W/ME	1996	OP	18.00	24.00
❑ YOU TAKE CENTER RING WITH ME 103721	*	RT	*	N/A
❑ YOU'RE MY MANE ATTRACTION	1997	OP	12.00	13.00
❑ YOU'RE THE TOPS W/ME	1996	RT	18.00	18.00
CHERISHED TEDDIES UP IN THE ATTIC				**P. HILLMAN**
❑ KAITLYN-OLD TREASURES, NEW MEMORIES	1998	YR	50.00	50.00
❑ LAUREN-CHERISHED MEMORIES NEVER FADE	2000	YR	35.00	35.00
❑ SARAH-MEMORIES TO WEAR AND SHARE	1999	YR	30.00	30.00
CHERISHED TEDDIES VALENTINE				**P. HILLMAN**
❑ AMY W/LAVENDER BOW	1993	OP	14.00	60.00
❑ ELIZABETH AND ASHLEY	1994	RT	25.00	50.00
❑ KELLY	1994	SU	15.00	40.00
❑ MARIE	1993	OP	20.00	38.00
❑ MICHAEL AND MICHELLE	1993	SU	30.00	60.00
❑ NANCY	1994	RT	15.00	77.00
❑ OLIVER AND OLIVIA	1994	SU	25.00	60.00
❑ TIMOTHY	1993	RT	15.00	38.00
❑ VICTORIA	1994	SU	16.00	69.00
CHERISHED TEDDIES VALENTINE MINI				**P. HILLMAN**
❑ HUGS AND KISSES	1994	*	7.00	15.00
❑ LOVE YA	1994	*	7.00	15.00
❑ YOU'RE PURR-FECT	1994	*	7.00	13.00
CHERISHED TEDDIES WE BEAR THANKS				**P. HILLMAN**
❑ BEAR IN MIND, YOU'RE SPECIAL, DINA	1996	RT	15.00	15.00
❑ BEAR IN MIND, YOU'RE SPECIAL, JOHN	1996	RT	15.00	15.00
❑ GIVING THANKS FOR OUR FAMILY/BARBARA	1996	RT	12.00	13.00
❑ SUITED UP FOR THE HOLIDAYS	1996	RT	12.00	13.00
❑ TABLE WITH FOOD/DOG	1996	RT	30.00	35.00
CHERISHED TEDDIES WINTER BEAR FESTIVAL				**P. HILLMAN**
❑ FRIENDSHIP NEVER MELTS AWAY	1997	OP	30.00	30.00
❑ GOING MY WAY FOR THE HOLIDAYS	1997	OP	25.00	25.00
❑ I'M HEAD OVER SKIS FOR YOU	1997	OP	20.00	20.00
❑ IT'S A HOLIDAY ON ICE	1997	OP	20.00	20.00
❑ SKATING ON HOLIDAY JOY	1997	OP	20.00	20.00
❑ SNOW FUN WHEN YOU'RE NOT AROUND	1997	OP	19.00	19.00
❑ TUNE: LET IT SNOW	1997	CL	45.00	45.00
❑ TUNE: WHITE CHRISTMAS	1997	OP	45.00	45.00
❑ WALKING IN A WINTER WONDERLAND	1997	OP	30.00	30.00
CHERISHED TEDDIES/GOCOLLECT EXCLUSIVE				**P. HILLMAN**
❑ LONDA--A SWEET FRIENDSHIP	2002	5000	18.00	18.00
GNOMES				**K. WICKL**
❑ ALBERT, RESIN 127434	1995	*	8.00	8.00
❑ ALBERT, RESIN 146129	1995	*	8.00	8.00
❑ ANDREAS AND AVA , RESIN 146099	1995	*	50.00	50.00
❑ BRINA & BORG, RESIN 127191	1995	*	25.00	25.00
❑ CATRINA AND CHARLES, RESIN 146358	1995	*	25.00	25.00
❑ ETHAN, RESIN 127450	1995	*	6.00	6.00
❑ ETHAN, RESIN 146145	1995	*	8.00	8.00
❑ FERDINAND 146072	1995	15	300.00	300.00
❑ FERDINAND, RESIN 153257	1995	*	8.00	9.00
❑ GOBBY & LOU, RESIN 127183	1995	*	25.00	25.00
❑ GUSTAV, RESIN 146064	1995	*	20.00	20.00
❑ HUBERT & HENRIETTA	1994	2000	80.00	80.00
❑ JOHANN'S DANCE SCHOOL 127493	1995	2000	55.00	55.00
❑ JOSHUA, RESIN 127485	1995	*	6.00	6.00
❑ JULIA , RESIN 146110	1995	*	8.00	8.00
❑ JULIA, RESIN 127442	1995	*	8.00	8.00
❑ KATY, RESIN 127477	1995	*	6.00	6.00
❑ LOREN AND LINDA, RESIN 146056	1995	*	40.00	40.00
❑ LOREN, RESIN 127213	1995	*	25.00	25.00
❑ LOTHAR	1994	1994	100.00	100.00
❑ LOUIS, RESIN 146102	1995	*	30.00	30.00
❑ MAGGIE, RESIN 127469	1995	*	6.00	6.00
❑ MAGGIE, RESIN 146137	1995	*	8.00	8.00
❑ NEWBORNS, RESIN 146153	1995	*	8.00	8.00
❑ OMA, RESIN 127426	1995	*	8.00	8.00
❑ OPA, RESIN 127221	1995	*	8.00	8.00
❑ PETER, RESIN 153265	1995	*	8.00	8.00
❑ PURDY AND PIPPEN, RESIN 153281	1995	*	8.00	8.00
❑ SIDNEY, RESIN 127167	1995	*	25.00	25.00
❑ SIGFRIED & SOPHIA	1993	1000	70.00	70.00
LUCY & ME				**L. RIGG**
❑ 15TH ANNIVERSARY	1995	1993	10.00	10.00

FIGURINES

NAME	YEAR	LIMIT	ISSUE	TREND
❏ ALISON	1995	2000	30.00	30.00
❏ ANGEL WITH BANNER- DATED	1997	YR	10.00	10.00
❏ ANGEL WITH WAND	1997	*	10.00	10.00
❏ BABY/CRADLE- MINI ACTION MUSICAL	1995	*	35.00	35.00
❏ BEAR AS SHEPHERD/DRUMMER- 2 PC	1997	*	10.00	10.00
❏ BEAR CROSS STITCHING	1996	*	10.00	10.00
❏ BEAR DRESSED AS KING- 3 PC	1997	*	30.00	30.00
❏ BEAR HOLDING PHOTO FRAME	1996	*	10.00	10.00
❏ BEAR PAINTING	1996	*	10.00	10.00
❏ BEAR QUILTING	1996	*	10.00	10.00
❏ BEAR SEWING	1996	*	10.00	10.00
❏ BEAR W/COLLECTION OF LUCY & ME FIGS	1995	2000	30.00	30.00
❏ BEAR WITH POUNDING BLOCK TOY	1995	*	10.00	10.00
❏ BEAR WITH TRAVEL BROCHURES	1996	*	10.00	10.00
❏ BEARS SLEDDING- 3 PC	1997	*	12.00	13.00
❏ BEARS STANDING IN LINE	1996	2000	30.00	30.00
❏ BRIDE/GROOM- DOUBLE	1995	*	20.00	20.00
❏ BRIDE/GROOM WITH TOP HAT	1986	*	14.00	14.00
❏ CHRISTMAS PAGEANT MUG	1997	*	8.00	8.00
❏ COUPLE ON COUCH- MUSICAL	1996	*	40.00	40.00
❏ DIANE	1994	2000	30.00	33.00
❏ DRESSED AS ANNIVERSARY INVITATION	1996	*	10.00	10.00
❏ DRESSED AS AUTO MECHANIC	1995	*	10.00	10.00
❏ DRESSED AS BABY POWDER	1995	*	10.00	10.00
❏ DRESSED AS BABY SHOWER INVITATION	1996	*	10.00	10.00
❏ DRESSED AS BATH SALTS	1996	*	10.00	10.00
❏ DRESSED AS BATHROBE	1996	*	10.00	10.00
❏ DRESSED AS BIRTHDAY INVITATION	1996	*	10.00	10.00
❏ DRESSED AS BRIDAL INVITATION	1996	*	10.00	10.00
❏ DRESSED AS CAMERA	1996	*	10.00	10.00
❏ DRESSED AS CARTON OF POPCORN	1995	*	10.00	10.00
❏ DRESSED AS CELEBRATION INVITATION	1996	*	10.00	10.00
❏ DRESSED AS CHOCOLATE STRAWBERRY	1996	*	10.00	10.00
❏ DRESSED AS COSMETIC BAG	1996	*	10.00	10.00
❏ DRESSED AS CREDIT CARD	1996	*	10.00	10.00
❏ DRESSED AS DEVIL BOBBING APPLES	1997	*	10.00	10.00
❏ DRESSED AS DIAPER BOX	1995	*	10.00	10.00
❏ DRESSED AS DUSTING POWDER	1996	*	10.00	10.00
❏ DRESSED AS FLOWER BOX- 4 PC	1994	*	10.00	10.00
❏ DRESSED AS GRADUATION	1996	*	10.00	10.00
❏ DRESSED AS HANDMIRROR	1996	*	10.00	10.00
❏ DRESSED AS HIKING SCOUT	1995	*	10.00	10.00
❏ DRESSED AS HOT DOG	1995	*	10.00	10.00
❏ DRESSED AS MAPLE SYRUP TIN	1996	*	10.00	10.00
❏ DRESSED AS NAILPOLISH BOTTLE	1996	*	10.00	10.00
❏ DRESSED AS PEANUT BUTTER SANDWICH	1995	*	10.00	10.00
❏ DRESSED AS POSTCARD	1996	*	10.00	10.00
❏ DRESSED AS PRETZEL	1996	*	10.00	10.00
❏ DRESSED AS REAL ESTATE AGENT	1995	*	10.00	10.00
❏ DRESSED AS RECYCLE BEAR	1995	*	10.00	10.00
❏ DRESSED AS SCOUT SLEEPING	1995	*	10.00	10.00
❏ DRESSED AS SCOUT WITH COOKIES	1995	*	10.00	10.00
❏ DRESSED AS SCOUT WITH SMORES	1995	*	10.00	10.00
❏ DRESSED AS SNOWMAN	1997	*	10.00	10.00
❏ DRESSED AS SUGAR WAFER- 3 PC	1996	*	10.00	10.00
❏ DRESSED AS SUITCASE	1996	*	10.00	10.00
❏ DRESSED AS VEGETABLE CRATE- 4 PC	1996	*	10.00	10.00
❏ FOUR SEASONS	1995	2000	30.00	30.00
❏ HALLOWEEN- 2 PC	1997	*	10.00	10.00
❏ HOLDING LOCKET/KEY- 2 PC	1996	*	20.00	20.00
❏ JOAN	1994	2000	30.00	33.00
❏ LINDA	1994	2000	30.00	33.00
❏ MIZPAH FRIENDS- 2 PC	1994	*	20.00	20.00
❏ MRS. SANTA CLAUS	1995	2000	30.00	30.00
❏ NATIVITY PAGEANT- 2 PC	1997	*	20.00	20.00
❏ PARTY BACKER CARD	1996	*	10.00	10.00
❏ ROMEO & JULIET	1995	2000	30.00	30.00
❏ SANTA CLAUS	1995	2000	30.00	30.00
❏ SPA BACKER CARD	1996	*	10.00	10.00
❏ SUMMER VACATION BACKER CARD	1996	*	10.00	10.00
❏ SUSIE	1995	2000	30.00	30.00
❏ WEARING WOW/MOM SHIRT-DOUBLE	1995	*	20.00	20.00

MARY'S MOO MOOS   **M. RHYNER-NADIG**

NAME	YEAR	LIMIT	ISSUE	TREND
❏ AN UN-EGGSPECTED PLEASURE 628840	1994	RT	*	N/A
❏ BUTTER CREAM WISHES 627747	1994	RT	*	N/A
❏ COOKIES ARE FOR SHARING 627739	1994	RT	*	N/A
❏ CREAM OF THE CROP 628859	1994	RT	*	N/A
❏ I'M LUCKY TO KNOW YOU 627755	1994	RT	*	N/A
❏ MERRY CHRISTMOOS 651702	1994	RT	*	N/A
❏ ONCE UPON A MIDNIGHT STEER 651680	1994	RT	*	N/A
❏ OUTSTANDING IN YOUR OWN FIELD 627720	1994	RT	*	N/A
❏ PASTURE BEDTIME 627763	1994	RT	*	N/A
❏ SHUCKS, YOU'RE SWEET 627712	1994	RT	*	N/A
❏ YOU ARE THE APPLE OF MY EYE 628867	1994	RT	*	N/A

MARY'S MOO MOOS 97 HALLOWEEN   **M. RHYNER-NADIG**

NAME	YEAR	LIMIT	ISSUE	TREND
❏ ALL WRAPPED UP IN MOO	1997	OP	15.00	15.00

NAME	YEAR	LIMIT	ISSUE	TREND
❑ COVERED MUSIC BOX- 3 PC	1997	OP	20.00	20.00
❑ I VANT TO DRINK MY MILK	1997	OP	15.00	15.00
❑ LAPEL PINS- 3 PC	1997	OP	5.00	5.00
❑ MOO STEER ME IN THE RIGHT DIRECTION	1997	OP	15.00	15.00
MARY'S MOO MOOS AMER. DIABETES DED.			**M. RHYNER-NADIG**	
❑ WATCHING OVER MOO NOW AND HEIFER	1997	7200	65.00	65.00
MARY'S MOO MOOS BARN UNTO US			**M. RHYNER-NADIG**	
❑ AW, STUCK! THIS IS ALL I HAVE FOR HIM	1996	OP	16.00	17.00
❑ BARN UNTO US	1996	OP	6.00	6.00
❑ HAY! WE HAVE PLENTY OF ROOM	1996	OP	14.00	13.00
❑ HERD IT FROM AN ANGEL	1996	OP	16.00	17.00
❑ I WOOD BUILD SOMETHING FOR HIM	1996	OP	16.00	16.00
❑ IS HE REALLY A KING MOO-MY?	1996	OP	16.00	17.00
❑ STACKED IN OUR FAVOR	1996	OP	16.00	17.00
❑ WEE, WEE, WEE, FOLLOWED THE STAR	1996	OP	14.00	14.00
❑ YOU BRING SUNSHINE TO OUR LIVES	1996	OP	14.00	14.00
MARY'S MOO MOOS BE MOO TO YOUR SCHOOL			**M. RHYNER-NADIG**	
❑ BLACK/YELLOW	1997	OP	8.00	8.00
❑ BLUE/WHITE	1997	OP	8.00	8.00
❑ BLUE/YELLOW	1997	OP	8.00	8.00
❑ GREEN/WHITE	1997	OP	8.00	8.00
❑ GREEN/YELLOW	1997	OP	8.00	8.00
❑ ORANGE/YELLOW	1997	OP	8.00	8.00
❑ PURPLE/WHITE	1997	OP	8.00	8.00
❑ PURPLE/YELLOW	1997	OP	8.00	8.00
❑ RED/WHITE	1997	OP	8.00	8.00
❑ RED/YELLOW	1997	OP	8.00	8.00
MARY'S MOO MOOS BOO MOOS			**M. RHYNER-NADIG**	
❑ I CAST MY SPELL ON MOO!	1996	OP	14.00	14.00
❑ LIFE IS A MOOSQUERADE	1996	RT	14.00	14.00
❑ MUSICAL STUMP	1996	OP	12.00	15.00
❑ PEEK-A-MOO!	1996	OP	14.00	14.00
❑ WHO-O-O ARE MOOO-O-O?	1996	OP	14.00	14.00
MARY'S MOO MOOS BRANDED WITH LOVE			**M. RHYNER-NADIG**	
❑ CLOCK	1997	OP	40.00	40.00
❑ COVERED BOX	1997	OP	20.00	20.00
❑ LAPEL PINS- 2 PC	1997	OP	4.00	4.00
❑ MOO CARVED A PLACE IN MY HEART	1997	RT	14.00	14.00
❑ PENCIL CUP	1997	OP	25.00	25.00
❑ PHOTOFRAME	1997	OP	25.00	25.00
❑ WHITTLE LOVE GOES A LONG WAY, A	1997	OP	15.00	15.00
MARY'S MOO MOOS COUNTRY WEDDING			**M. RHYNER-NADIG**	
❑ BEST BULL	1996	OP	14.00	14.00
❑ FLOUR GIRL	1996	OP	10.00	10.00
❑ GROOMS BULL	1996	OP	14.00	14.00
❑ I'LL NEVER LOVE AN UDDER	1996	OP	15.00	15.00
❑ MILK MAID	1996	OP	14.00	14.00
❑ MILK MAID OF HONOR	1996	OP	14.00	14.00
❑ RING BEARER	1996	OP	10.00	10.00
MARY'S MOO MOOS COUNTRY WEDDING MUSICAL			**M. RHYNER-NADIG**	
❑ WEDDING MARCH	1996	OP	100.00	100.00
MARY'S MOO MOOS DATED 1997			**M. RHYNER-NADIG**	
❑ IT'S BUTTER TO GIVE THAN TO RECEIVE	1997	YR	16.00	17.00
MARY'S MOO MOOS MOO IN THE BOX			**M. RHYNER-NADIG**	
❑ HOOFY HOLIDAYS	1996	OP	12.00	12.00
❑ I LOVE MOO!	1996	OP	12.00	12.00
❑ MOOEY CHRISTMAS	1996	OP	12.00	13.00
MARY'S MOO MOOS MOOEY CHRISTMAS			**M. RHYNER-NADIG**	
❑ WHEEE ARE MOOVIN!	1996	OP	170.00	170.00
❑ WHEEE ARE MOOVIN!/DATED	1996	YR	12.00	13.00
MARY'S MOO MOOS MOOS OF THE MONTH			**M. RHYNER-NADIG**	
❑ AMERICOW THE BEAUTIFUL	1997	OP	18.00	18.00
❑ CORN BEEF & CABBAGE	1997	OP	18.00	18.00
❑ I'M JUST A COW WHO CAN'T SAY NO	1997	OP	18.00	18.00
❑ I'M SO LUCKY YOU'RE MY DUCKY	1997	OP	18.00	18.00
❑ I'M TEMPTING MOO	1997	OP	18.00	18.00
❑ KISS MOO	1997	OP	18.00	18.00
❑ MAKING THE GRADE	1997	OP	18.00	18.00
❑ MAY THE SUN ALWAYS SHINE ON MOO	1997	OP	18.00	18.00
❑ MOO & ME BY THE SEA	1997	OP	18.00	18.00
❑ MOO AUTUMN BE IN PICTURES	1997	OP	18.00	18.00
❑ MOOING THE LAWN	1997	OP	18.00	18.00
❑ SKI MOO LATER	1997	OP	18.00	18.00
MARY'S MOO MOOS MOOSENGERS OF LOVE			**M. RHYNER-NADIG**	
❑ HAY! I LOVE YOU	1996	OP	7.00	7.00
❑ HOLSTEIN YOU CLOSE	1996	OP	6.00	7.00
❑ I LOVE YOU DAIRY MUCH	1996	OP	6.00	7.00
MARY'S MOO MOOS OH NIGHT BOVINE			**M. RHYNER-NADIG**	
❑ OH NIGHT BOVINE	2002	YR	18.00	18.00
MARY'S MOO MOOS SLEIGHBULLS RING...			**M. RHYNER-NADIG**	
❑ I'M DREAMING OF A WHITE CHRISTMOOS-MUSICAL	1997	OP	20.00	20.00
❑ JINGLE BULLS	1997	OP	30.00	30.00
❑ SILENT NIGHT, HOLY COW- MUSICAL	1997	OP	20.00	20.00
❑ WE WISH YOU A MERRY CHRISTMAS- MUSICAL	1997	OP	25.00	25.00

FIGURINES

NAME	YEAR	LIMIT	ISSUE	TREND
MARY'S MOO MOOS SOWING THE SEEDS				**M. RHYNER-NADIG**
❑ HOE DO YOU DO	1997	OP	18.00	18.00
❑ I DIG MOO	1997	OP	18.00	18.00
❑ MOO MOOS IN POTS- 4 PC	1997	OP	8.00	8.00
❑ OUR LOVE IS GROWING	1997	OP	20.00	20.00
❑ SEED WALL HANGING	1997	OP	25.00	25.00
❑ SOWING THE SEEDS OF FRIENDSHIP	1997	OP	14.00	14.00
❑ TROWEL PLANT STICKS- 2 PC	1997	OP	8.00	8.00
❑ TROWEL PLAQUE- 2 PC	1997	OP	20.00	20.00
❑ WIND CHIME	1997	OP	30.00	30.00
MARY'S MOO MOOS SPRING IS IN THE AIR				**M. RHYNER-NADIG**
❑ ALL A-BUZZ OVER YOU	1996	OP	7.00	7.00
❑ I'M MOOVIN INTO SPRING	1996	OP	10.00	10.00
❑ SPRING IS IN THE AIR	1996	OP	8.00	8.00
❑ TAKE ME OUT TO THE BULL GAME	1996	OP	7.00	7.00
MEMORIES OF YESTERDAY				**M. ATTWELL**
❑ ALICE IN WONDERLAND	1997	3000	150.00	150.00
❑ ANYWAY, FIDO LOVES ME 114588	1988	SU	30.00	33.00
❑ AS GOOD AS HIS MOTHER EVER MADE 522392	1989	RT	33.00	150.00
❑ BASKET FULL OF LOVE, A	1996	OP	50.00	50.00
❑ BLOW WIND, BLOW 520012	1989	RT	40.00	40.00
❑ BOO-BOO'S BAND SET OF FIVE	1995	OP	12.00	13.00
❑ BRINGING GIFTS OF FRIENDSHIP TO SHARE!	1997	5000	38.00	38.00
❑ CAN I KEEP HER MOMMY? 114545	1988	RT	25.00	28.00
❑ COLLECTION SIGN 513156	1990	CL	7.00	7.00
❑ COULD YOU LOVE ME FOR MYSELF? 525618	1991	RT	30.00	30.00
❑ DADDY, I COULD NEVER FILL/SHOES 520187	1989	RT	30.00	30.00
❑ DASH OF SOMETHING W/SOMETHING 524727	1990	RT	55.00	55.00
❑ DAYS OF THE WEEK SET	1994	1994	250.00	250.00
❑ DEAR OLD DEAR, WISH YOU WERE HERE	1995	5000	38.00	38.00
❑ DEAR SANTA 115002	1988	SU	50.00	75.00
❑ DREAMS ARE SWEETER WITH FRIENDS	1997	5000	38.00	38.00
❑ FOR FIDO AND ME 522457	1989	OP	70.00	70.00
❑ FRIENDSHIP HAS NO BOUNDARIES 525545	1991	YR	30.00	30.00
❑ GIVE IT YOUR BEST SHOT 525561	1991	OP	35.00	35.00
❑ GOD BLESS OUR FUTURE	1996	5000	45.00	45.00
❑ GOOD MORNING, LITTLE BOO-BOO 525766	1991	RT	40.00	40.00
❑ GOOD MORNING, MR. SNOWMAN 115401	1988	RT	75.00	85.00
❑ GOT TO GET HOME FOR THE HOLIDAYS 524751	1990	RT	100.00	100.00
❑ GREATEST TREASURE THE WORLD, THE- 524808	1990	RT	50.00	50.00
❑ HANG ON TO YOUR LUCK! 114510	1988	SU	25.00	28.00
❑ HE HASN'T FORGOTTEN ME 523267	1990	SU	30.00	32.00
❑ HE KNOWS IF YOU'VE BEEN BAD/GOOD 115355	1988	SU	40.00	45.00
❑ HE LOVES ME, 9 IN. 525022	1991	TL	100.00	100.00
❑ HERE COMES THE BRIDE AND GROOM 520136	1990	SU	80.00	80.00
❑ HERE COMES THE BRIDE AND GROOM 520896	1989	SU	50.00	50.00
❑ HERE COMES THE BRIDE, 9 IN. 520527	1989	CL	95.00	95.00
❑ HOLD IT! YOU'RE JUST SWELL 520020	1990	SU	50.00	50.00
❑ HOPING TO SEE YOU SOON (COVERED BOX)	1997	OP	25.00	25.00
❑ HOPING TO SEE YOU SOON 524824	1990	SU	30.00	30.00
❑ HOW 'BOUT A LITTLE KISS (COVERED BOX)	1997	OP	25.00	25.00
❑ HOW 'BOUT A LITTLE KISS! 114987	1988	RT	25.00	28.00
❑ HOW DO YOU SPELL S-O-R-R-Y? 114529	1988	RT	25.00	40.00
❑ HOW GOOD OF GOD TO MAKE US ALL	1996	5000	50.00	50.00
❑ HULLO! DID YOU COME BY UNDERGROUND?	1993	500	40.00	40.00
❑ HURRY UP FOR THE LAST TRAIN 525863	1992	SU	40.00	40.00
❑ HUSH! 114553	1988	RT	45.00	70.00
❑ HUSH-A-BYE BABY 524778	1990	RT	80.00	80.00
❑ I COMFORT FIDO & HE COMFORTS ME	1995	5000	50.00	50.00
❑ I HOPE SANTA IS HOME 115010	1988	OP	30.00	50.00
❑ I KNOW YOU CAN DO IT!	1997	5000	35.00	35.00
❑ I MUST BE SOMEBODY'S DARLING 522635	1991	RT	30.00	30.00
❑ I PRAY THE LORD MY SOUL TO KEEP (COVERED BOX)	1997	OP	25.00	25.00
❑ I PRAY THE LORD MY SOUL TO KEEP 523259	1988	OP	25.00	47.00
❑ I PRAY THE LORD MY SOUL TO KEEP 525596	1992	SU	65.00	65.00
❑ IF YOU CAN'T BE GOOD, BE CAREFUL 114596	1988	RT	50.00	55.00
❑ I'M ALWAYS LOOKING OUT FOR YOU	1993	OP	55.00	55.00
❑ I'M AS COMFY AS CAN BE 525480	1991	SU	50.00	50.00
❑ I'M HOPIN' YOU'RE MISSING ME TOO 525499	1992	SU	55.00	55.00
❑ I'M NOT AS BACKWARD AS I LOOKS 523240	1990	RT	33.00	33.00
❑ IN THE HANDS OF A GUARDIAN ANGEL	1997	5000	50.00	50.00
❑ IS IT REALLY SANTA? 115347	1988	RT	50.00	65.00
❑ I'SE BEEN PAINTING 524700	1990	SU	38.00	38.00
❑ I'SE SO HAPPY YOU CALLED 526401	1992	TL	100.00	100.00
❑ I'SE SPOKEN FOR 520071	1989	RT	30.00	30.00
❑ I'SE SUCH A GOOD LITTLE GIRL 522759	1992	SU	30.00	30.00
❑ IT HURTS WHEN FIDO HURTS 114561	1988	RT	30.00	33.00
❑ IT'S THE THOUGHT THAT COUNTS 115029	1988	SU	25.00	28.00
❑ JOIN ME FOR A LITTLE SONG	1995	5000	50.00	50.00
❑ JOY TO YOU AT CHRISTMAS 522449	1989	RT	45.00	45.00
❑ JUST LIKE DADDY	1996	7500	28.00	28.00
❑ JUST LONGING TO SEE YOU	1996	7500	28.00	28.00
❑ JUST THINKING 'BOUT YOU 523461	1991	SU	70.00	70.00
❑ KISS FROM FIDO 523119	1992	SU	35.00	35.00
❑ KISS THE PLACE AND MAKE IT WELL 520039	1990	SU	50.00	50.00

NAME	YEAR	LIMIT	ISSUE	TREND
❑ KNITTING YOU A WARM & COZY WINTER 522414	1989	SUSU	38.00	38.00
❑ LAPFUL OF LUCK 524689	1990	OP	15.00	30.00
❑ LAPFUL OF LUCK 525014	1990	5000	30.00	30.00
❑ LET ME BE YOUR GUARDIAN ANGEL (COVERED BOX)	1997	OP	25.00	25.00
❑ LET ME BE YOUR GUARDIAN ANGEL 524670	1990	OP	33.00	33.00
❑ LET YOUR LIGHT SHINE	1997	5000	30.00	30.00
❑ LET'S BE NICE LIKE WE WAS BEFORE 520047	1989	SU	50.00	50.00
❑ LITTLE HELP FROM FAIRYLAND	1995	1995	55.00	55.00
❑ LITTLE LOVE SONG-FOR YOU!	1994	OP	35.00	35.00
❑ LITTLE MISS MUFFET	1993	18000	50.00	50.00
❑ LONG AND SHORT OF IT, THE- 522384	1989	RT	33.00	33.00
❑ LOVING YOU ONE STITCH AT A TIME	1996	5000	50.00	50.00
❑ LUCK AT LAST! HE LOVES ME 520217	1990	RT	35.00	35.00
❑ MARY HAD A LITTLE LAMB	1993	18000	45.00	45.00
❑ MARY, MARY QUITE CONTRARY	1993	18000	45.00	45.00
❑ MAY I HAVE THIS DANCE?	1997	5000	50.00	50.00
❑ MOMMY, I TEARED IT 114480	1988	OP	25.00	28.00
❑ MOMMY, I TEARED IT 523488	1988	10000	25.00	310.00
❑ MOMMY, I TEARED IT, 9 IN. 115924	1988	YR	85.00	145.00
❑ MOO ADDITION TO OUR FAMILY	1996	7300	60.00	60.00
❑ MOTHER GOOSE	1993	18000	50.00	50.00
❑ MUST FEED THEM OVER CHRISTMAS 522406	1989	RT	39.00	39.00
❑ NOT A CREATURE WAS STIRRIN' 524697	1990	SU	45.00	45.00
❑ NOW BE A GOOD DOG FIDO 524581	1992	RT	45.00	45.00
❑ NOW DO YOU LOVE ME OR DO YOU DON'T	1997	OP	20.00	20.00
❑ NOW HE CAN BE YOUR FRIEND, TOO! 115363	1988	SU	45.00	50.00
❑ NOW I LAY ME DOWN TO SLEEP	1997	RT	25.00	25.00
❑ NOW I LAY ME DOWN TO SLEEP 114499	1988	RT	20.00	45.00
❑ NOW I'M THE FAIREST OF THEM ALL	1993	OP	35.00	35.00
❑ OPENING PRESENTS IS MUCH FUN! 524735	1991	SU	38.00	38.00
❑ PULL YOURSELVES TOGETHER GIRLS 522783	1991	RT	30.00	30.00
❑ PUT YOUR BEST FOOT FORWARD	1996	5000	50.00	50.00
❑ ROSES ARE RED- VIOLETS ARE BLUE	1997	OP	20.00	20.00
❑ SEND ALL LIFE'S LITTLE WORRIES 527505	1992	RT	30.00	30.00
❑ SHARING THE COMMON THREAD OF LOVE	1995	OP	100.00	100.00
❑ SHOULD I...? 520209	1989	SU	50.00	50.00
❑ SIMPLE SIMON	1993	18000	35.00	35.00
❑ SITTING PRETTY 522708	1991	RT	40.00	40.00
❑ S'NO USE LOOKIN' BACK NOW! 527203	1991	YR	75.00	75.00
❑ SPECIAL DELIVERY 114979	1088	RT	30.00	45.00
❑ THANK GOD FOR FIDO	1994	OP	88.00	99.99
❑ THEM DISHES NEARLY DONE 524611	1991	SU	50.00	50.00
❑ THERE'S ALWAYS A RAINBOW	1997	5000	38.00	38.00
❑ THIS ONE'S FOR YOU DEAR 520195	1989	SU	50.00	50.00
❑ TIME FOR BED	1997	OP	25.00	25.00
❑ TIME FOR BED 527076	1992	OP	30.00	30.00
❑ TIME FOR BED, 9 IN. 523275	1990	TL	95.00	95.00
❑ TWEEDLE DUM & TWEEDLE DEE	1994	10000	25.00	25.00
❑ TYING THE KNOT 522678	1991	RT	60.00	60.00
❑ WAITING FOR SANTA 114995	1988	OP	40.00	55.00
❑ WE ALL LOVES A CUDDLE 524832	1991	RT	30.00	30.00
❑ WE ARE ALL HIS CHILDREN	1988	OP	28.00	28.00
❑ WE WISH YOU A MERRY CHRISTMAS 115371	1988	SU	70.00	75.00
❑ WE'D DO ANYTHING FOR YOU, DEAR	1996	5000	38.00	38.00
❑ WELCOME SANTA 114960	1988	SU	45.00	60.00
❑ WE'RE IN TROUBLE NOW!	1996	7500	38.00	38.00
❑ WE'S HAPPY! HOW'S YOURSELF? 114502	1988	RT	40.00	45.00
❑ WE'S HAPPY! HOW'S YOURSELF? 520616	1989	RT	70.00	70.00
❑ WHAT WILL I GROW UP TO BE? 114537	1988	SU	40.00	45.00
❑ WHENEVER I GET A MOMENT-I THINK OF YOU	1996	7500	38.00	38.00
❑ WHERE'S MUVVER? 520101	1990	RT	30.00	30.00
❑ WHEREVER I AM/I'M DREAMING OF YOU 522686	1991	SU	40.00	40.00
❑ WHO EVER TOLD MOTHER/TWINS? 520063	1991	OP	34.00	34.00
❑ WHOLE BUNCH OF LOVE FOR YOU 522732	1992	RT	40.00	40.00
❑ WHY DON'T YOU SING ALONG? 522600	1991	RT	55.00	55.00
❑ WISHFUL THINKING 522597	1991	OP	45.00	45.00
❑ WON'T YOU SKATE WITH ME	1995	5000	35.00	35.00
❑ WOT'S ALL THIS TALK ABOUT LOVE?	1994	OP	28.00	28.00
❑ WRAPPED IN LOVE & HAPPINESS	1995	OP	35.00	35.00
❑ YOU WARM MY HEART	1996	7500	35.00	35.00
❑ YOU'LL ALWAYS BE MY HERO 524743	1992	RT	50.00	50.00
❑ YOU'RE MY BOUQUET OF BLESSINGS	1997	5000	30.00	30.00
❑ YOU'RE NICE	1997	OP	20.00	20.00
MEMORIES OF YESTERDAY 10TH ANNIVERSARY COMMISSION				**M. ATTWELL**
❑ MEETING SPECIAL FRIENDS ALONG THE WAY	1997	YR	85.00	85.00
❑ MEETING SPECIAL FRIENDS ALONG THE WAY- BOX	1997	YR	14.00	14.00
MEMORIES OF YESTERDAY A LOVING WISH				**M. ATTWELL**
❑ YOU ARE MY SHINING STAR	1996	OP	25.00	25.00
❑ YOU BRIGHTEN MY DAYS	1996	OP	25.00	25.00
MEMORIES OF YESTERDAY COMFORTING THOUGHTS				**M. ATTWELL**
❑ YOU MAKE MY HEART FEEL GLAD	1997	5000	30.00	30.00
❑ YOU'RE MY SUNSHINE ON A RAINY DAY	1995	OP	38.00	38.00
MEMORIES OF YESTERDAY EVENT ONLY				**M. ATTWELL**
❑ MOMMY, I TEARED IT	1997	YR	28.00	28.00
❑ SWEET TREAT FOR YOU	1996	YR	30.00	30.00
MEMORIES OF YESTERDAY FRIENDSHIP				**M. ATTWELL**
❑ I LOVE YOU THIS MUCH!	1996	OP	25.00	25.00

FIGURINES

NAME	YEAR	LIMIT	ISSUE	TREND
❑ I MISS YOU	1996	OP	25.00	25.00
❑ THINKING OF YOU	1996	OP	25.00	25.00
❑ YOU AND ME	1996	OP	23.00	23.00
MEMORIES OF YESTERDAY HERITAGE				**M. ATTWELL**
❑ EVERY STITCH IS SEWN WITH KINDNESS	1997	YR	50.00	50.00
❑ I DO LIKE MY HOLIDAY CREWS	1996	1996	100.00	100.00
❑ PETER PAN COLLECTOR'S SET	1996	1000	150.00	150.00
❑ TUCKING MY DEARS ALL SAFE AWAY	1996	YR	50.00	50.00
❑ WE'RE GOING TO BE GREAT FRIENDS	1997	YR	50.00	50.00
MEMORIES OF YESTERDAY NATIVITY PAGEANT				**M. ATTWELL**
❑ INNKEEPER	1995	OP	28.00	28.00
❑ SHEPHERD	1996	OP	28.00	28.00
MEMORIES OF YESTERDAY PETER PAN				**M. ATTWELL**
❑ JOHN	1996	OP	30.00	30.00
❑ MICHAEL	1996	OP	30.00	30.00
❑ PETER PAN	1996	OP	25.00	25.00
❑ TINKERBELL	1996	OP	20.00	20.00
❑ WENDY	1996	OP	25.00	25.00
MEMORIES OF YESTERDAY SOCIETY				**M. ATTWELL**
❑ PEACE HEAVENLY PEACE	1996	YR	30.00	30.00
❑ WE TAKE CARE OF ONE ANOTHER	1997	YR	45.00	45.00
❑ WELCOME TO YOUR NEW HOME M4911	1991	YR	30.00	50.00
❑ YOU MEAN THE WORLD TO ME	1997	YR	40.00	40.00
❑ YOU'VE GOT MY VOTE	1996	YR	40.00	40.00
MEMORIES OF YESTERDAY SYMBOL OF MEMBERSHIP				**M. ATTWELL**
❑ BLOWING A KISS TO A DEAR I MISS	1994	YR	*	N/A
❑ FORGET-ME-NOT	1996	YR	*	N/A
❑ HOLDING ONTO CHILDHOOD MEMORIES	1997	YR	*	N/A
❑ I'M THE GIRL FOR YOU	1993	YR	*	40.00
❑ TIME TO CELEBRATE	1995	YR	*	N/A
❑ WE BELONG TOGETHER S-0001	1991	YR	30.00	40.00
MEMORIES OF YESTERDAY WHEN I GROW UP				**M. ATTWELL**
❑ BUSINESSMAN	1996	OP	25.00	25.00
❑ BUSINESSWOMAN	1996	OP	25.00	25.00
PENNYWHISTLE LANE				**P. FAGAN**
❑ TRUNK OF TEDDIES	1994	1000	60.00	60.00
PRECIOUS MOMENTS				**S. BUTCHER**
❑ 3 MINI NATIVITY HOUSES/PALM TREE E-2387	1982	OP	45.00	125.00
❑ ALASKA ONCE MORE, HOW'S YER CHRISTMAS? 455784	1998	OP	35.00	35.00
❑ ALL SING HIS PRAISES 184012	1996	OP	33.00	33.00
❑ ALLELUIA, HE IS RISEN 692409	1999	OP	30.00	30.00
❑ ALWAYS IN HIS CARE 225290	1989	YR	8.00	15.00
❑ ALWAYS IN HIS CARE 524522	1989	YR	30.00	45.00
❑ ALWAYS LISTEN TO YOUR HEART 488356	1999	OP	25.00	25.00
❑ ALWAYS ROOM FOR ONE MORE C-0109	1989	YR	*	45.00
❑ ALWAYS TAKE TIME TO PRAY	1995	OP	35.00	35.00
❑ AMERICA, YOU'RE BEAUTIFUL 528862	1992	YR	35.00	50.00
❑ AND A CHILD SHALL LEAD THEM	1997	OP	50.00	50.00
❑ AND TO ALL A GOOD NIGHT 104217	2002	*	55.00	55.00
❑ ANGEL OF MERCY 102482	1985	OP	20.00	35.00
❑ ANGELS ON EARTH 183776	1996	OP	40.00	40.00
❑ ANGELS WE HAVE HEARD ON HIGH 524921	1990	RT	60.00	87.00
❑ ANIMAL COLLECTION, BUNNY E-9267C	1982	SU	6.00	20.00
❑ ANIMAL COLLECTION, DOG E-9267B	1982	SU	6.00	28.00
❑ ANIMAL COLLECTION, KITTY W/BOW E-9267D	1982	SU	6.00	20.00
❑ ANIMAL COLLECTION, LAMB W/BIRD E-9267E	1982	SU	6.00	28.00
❑ ANIMAL COLLECTION, PIG W/PATCHES E-9267F	1982	SU	6.00	20.00
❑ ANIMAL COLLECTION, TEDDY BEAR E-9267A	1982	SU	6.00	20.00
❑ ANOTHER YEAR AND MORE GREY HARES 128686	1995	OP	18.00	18.00
❑ AUNTIE, YOU MAKE BEAUTY BLOSSOM 737623	2000	OP	40.00	40.00
❑ AUTUMN'S PRAISE MUSICAL 408751	1984	LE	200.00	165.00
❑ BABY FIGURINES E-2852	1983	SU	12.00	204.00
❑ BABY'S FIRST BIRTHDAY 524069	1992	OP	25.00	30.00
❑ BABY'S FIRST CHRISTMAS 15539	1985	YR	13.00	40.00
❑ BABY'S FIRST CHRISTMAS 15547	1985	YR	13.00	38.00
❑ BABY'S FIRST CHRISTMAS, BOY 104204	2002	*	20.00	20.00
❑ BABY'S FIRST CHRISTMAS, GIRL 104206	2002	*	20.00	20.00
❑ BABY'S FIRST TRIP 16012	1985	SU	33.00	285.00
❑ BE NOT WEARY IN WELL DOING E-3111	1979	RT	14.00	105.00
❑ BEAR THE GOOD NEWS OF CHRISTMAS 104515	1986	YR	12.00	19.00
❑ BEAR YE ONE ANOTHER'S BURDENS E-5200	1980	SU	20.00	63.00
❑ BEHOLD THE LAMB OF GOD 588164	1999	OP	45.00	45.00
❑ BEING 9 IS JUST DIVINE 521833	1990	OP	25.00	28.00
❑ BELIEVE IT OR KNOT I LUV YOU 487910	1999	OP	35.00	35.00
❑ BELIEVE THE IMPOSSIBLE 109487	1988	SU	35.00	80.00
❑ BIRDS OF A FEATHER COLLECT E-0106	1985	YR	*	50.00
❑ BLESS THIS HOUSE E-7164	1981	SU	45.00	225.00
❑ BLESS THOSE WHO SERVE... (AIR FORCE) 526584	1990	SU	33.00	60.00
❑ BLESS THOSE WHO SERVE... (ARMY) 526576	1990	SU	33.00	40.00
❑ BLESS THOSE WHO SERVE... (BLACK) 527297	1990	SU	33.00	45.00
❑ BLESS THOSE WHO SERVE... (GIRL) 527289	1990	SU	33.00	48.00
❑ BLESS THOSE WHO SERVE... (MARINE) 527521	1990	SU	33.00	70.00
❑ BLESS THOSE WHO SERVE... (NAVY) 526568	1990	SU	33.00	145.00
❑ BLESS YOU TWO E-9255	1982	OP	21.00	50.00

NAME	YEAR	LIMIT	ISSUE	TREND
❏ BLESS YOUR SOLE 531162	1995	OP	25.00	35.00
❏ BLESSED ARE THE MEEK.. .EARTH 523313	1991	LE	55.00	60.00
❏ BLESSED ARE THE PEACEMAKERS 523348	1991	LE	55.00	100.00
❏ BLESSED ARE THE PEACEMAKERS E-3107	1979	RT	13.00	102.00
❏ BLESSED ARE THE POOR IN SPIRIT 523437	1991	LE	55.00	70.00
❏ BLESSED ARE THE PURE IN HEART 523399	1991	LE	55.00	120.00
❏ BLESSED ARE THE PURE IN HEART E-3104	1980	SU	9.00	55.00
❏ BLESSED ARE THEY THAT MOURN..523380	1991	LE	55.00	55.00
❏ BLESSED ARE THEY THAT OVERCOME 115479	1987	YR	28.00	35.00
❏ BLESSED ARE THEY...BE FILLED 523321	1991	LE	55.00	60.00
❏ BLESSED ARE....SHALL OBTAIN MERCY 523291	1991	LE	55.00	65.00
❏ BLESSED WITH A LOVING GODMOTHER 795348	2001	*	40.00	40.00
❏ BLESSINGS FROM ABOVE 523747	1989	RT	45.00	100.00
❏ BLESSINGS FROM MY HOUSE TO YOURS E-0503	1983	SU	27.00	85.00
❏ BLESS-UM YOU 527335	1992	RT	35.00	42.00
❏ BON VOYAGE! 522201	1988	SU	75.00	128.00
❏ BRIDE (AFRICAN AMERICAN) 795364	2001	*	28.00	28.00
❏ BRIDE (HISPANIC) 795380	2001	*	28.00	28.00
❏ BRING THE LITTLE ONES TO JESUS 527556	1990	OP	90.00	100.00
❏ BRING THE LITTLE ONES TO JESUS 531359	1993	LE	50.00	50.00
❏ BRINGING GOD'S BLESSING TO YOU E-0509	1983	SU	35.00	85.00
❏ BRINGING YOU A MERRY CHRISTMAS 527599	1992	RT	45.00	86.00
❏ BROTHERLY LOVE 100544	1985	SU	37.00	97.00
❏ BUNDLES OF JOY E-2374	1982	RT	28.00	108.00
❏ BUNNY, TURTLE & LAMB- 3 PC 102296	1985	SU	6.00	36.00
❏ BUT LOVE GOES ON FOREVER E-0001	1981	YR	*	170.00
❏ BUT LOVE GOES ON FOREVER E-3115	1979	OP	16.00	95.00
❏ BUT LOVE GOES ON FOREVER E6118	1981	SU	16.00	100.00
❏ BUT LOVE GOES ON FOREVER PLAQUE E-0102	1982	YR	*	75.00
❏ BUT THE GREATEST OF THESE IS LOVE 527688	1992	YR	28.00	32.00
❏ BY GRACE WE HAVE COMMUNION WITH GOD 325333C	2000	OP	75.00	75.00
❏ CAMEL E2363	1982	OP	20.00	50.00
❏ CANE YOU JOIN US FOR A MERRY CHRISTMAS 272698	1997	YR	30.00	30.00
❏ CARING	1994	OP	35.00	35.00
❏ CAUGHT UP IN THE SWEET THOUGHTS OF YOU 521973	1999	OP	30.00	30.00
❏ CHARITY BEGINS IN THE HEART 307009	1997	RT	50.00	54.00
❏ CHEERS TO THE LEADER 104035	1986	RT	23.00	75.00
❏ CHERISH EVERY STEP 795224	2001	*	50.00	50.00
❏ CHRISTMAS IS A TIME TO SHARE E-2802	1979	SU	20.00	95.00
❏ CHRISTMAS JOY FROM HEAD TO TOE E0001	1983	SU	25.00	81.00
❏ CHRISTMASTIME IS FOR SHARING E-0504	1983	RT	37.00	96.00
❏ CLOWN BALANCING BALL 12230A	1984	SU	14.00	32.00
❏ CLOWN BENDING OVER BALL 12238C	1984	SU	14.00	37.00
❏ CLOWN HOLDING BALLOON 12238B	1984	SU	14.00	34.00
❏ CLOWN HOLDING FLOWER POT 12238D	1984	SU	14.00	34.00
❏ COLLECTION OF PRECIOUS MOMENTS 745510	2000	OP	27.00	27.00
❏ COLOR YOUR WORLD WITH THANKSGIVING 183857	1996	RT	50.00	66.00
❏ COME LET US ADORE HIM 104000 (SET OF 9)	1986	OP	95.00	135.00
❏ COME LET US ADORE HIM 104523	1986	*	400.00	550.00
❏ COME LET US ADORE HIM E-2011	1979	RT	10.00	157.00
❏ COME LET US ADORE HIM E-2395 (SET OF 11)	1982	OP	80.00	150.00
❏ COME LET US ADORE HIM E-5619	1980	SU	10.00	44.00
❏ COME LET US ADORE HIM/MINI NAT. STARTER SET 142743	1995	OP	35.00	35.00
❏ COME LET US ADORE HIM/NATIVITY STARTER SET 142735	1995	OP	50.00	50.00
❏ CONFIRMED IN THE LORD 488178	1999	OP	30.00	30.00
❏ CONGRATULATIONS, PRINCESS 106208	1986	OP	20.00	50.00
❏ COUNT YOUR BLESSINGS 879274	2001	*	50.00	50.00
❏ COW WITH BELL FIGURINE E-5638	1980	OP	16.00	45.00
❏ CRADLE 737607	2000	OP	25.00	25.00
❏ CROWN HIM LORD OF ALL E-2803	1979	SU	20.00	97.00
❏ DOME W/KIDS ON CLOUD FIGURINE E7350	*	*	*	825.00
❏ DONKEY FIGURINE E-5621	1980	OP	6.00	25.00
❏ DON'T LET THE HOLIDAYS...DOWN 522112	1988	RT	43.00	98.00
❏ DREAMS REALLY DO COME TRUE 128309	1995	OP	38.00	38.00
❏ DROPPING IN FOR CHRISTMAS E-2350	1982	SU	30.00	50.00
❏ DROPPING IN FOR THE HOLIDAYS 531952	1994	RT	40.00	50.00
❏ DROPPING OVER FOR CHRISTMAS E-2375	1982	RT	30.00	103.00
❏ EASTER'S ON ITS WAY 521892	1989	RT	60.00	73.00
❏ EAT TURKEY 763225	2000	OP	25.00	25.00
❏ EGGS OVER EASY E3118	1979	RT	12.00	100.00
❏ EGGSPECIALLY FOR YOU 520667	1988	RT	45.00	63.00
❏ END IS IN SIGHT, THE E-9253	1982	SU	25.00	75.00
❏ ENTER HIS COURT WITH THANKSGIVING 521221	1996	OP	35.00	38.00
❏ ESPECIALLY FOR EWE E-9282C	1982	SU	8.00	41.00
❏ FAITH IS A VICTORY 521396	1989	RT	25.00	145.00
❏ FAITH TAKES THE PLUNGE 111155	1987	OP	28.00	45.00
❏ FALL FESTIVAL 732494	2000	OP	150.00	150.00
❏ FIRST NOEL, THE- E-2365	1982	SU	16.00	78.00
❏ FIRST NOEL, THE- E-2366	1982	SU	16.00	70.00
❏ FOR GOD SO LOVED THE WORLD E 5382	1904	SU	70.00	136.00
❏ FOR THE SWEETEST TU-LIPS IN TOWN 306959	1998	OP	30.00	30.00
❏ FORGIVING IS FORGETTING E-9252	1981	SU	38.00	82.00
❏ FRIEND IS SOMEONE WHO CARES 520632	1988	RT	30.00	70.00
❏ FRIENDS ARE FOREVER, SEW BEE IT 455903	1998	OP	60.00	60.00
❏ FRIENDS FROM THE VERY BEGINNING 261068	1997	RT	50.00	58.00

FIGURINES

FIGURINES

NAME	YEAR	LIMIT	ISSUE	TREND
❑ FRIENDS NEVER DRIFT APART 100250	1985	RT	35.00	71.00
❑ FRIENDS SHARE A SPECIAL BOND 104219	2002	*	45.00	45.00
❑ FRIENDS TO THE VERY END 526150	1993	RT	40.00	69.00
❑ FRIENDSHIP GROWS WHEN YOU PLANT 524271	1990	RT	40.00	99.00
❑ FRIENDSHIP HITS THE SPOT 520748	1988	OP	55.00	80.00
❑ FRUIT..SPIRIT IS LOVE, THE- 521213	1992	RT	30.00	37.00
❑ FUTURE IS IN OUR HANDS, THE 730068	2000	YR	30.00	31.00
❑ GET INTO THE HABIT OF PRAYER 12203	1984	SU	19.00	40.00
❑ GOAT FIGURINE E-2364	1982	SU	10.00	65.00
❑ GOD BLESS AMERICA 102938	1985	LE	30.00	78.00
❑ GOD BLESS OUR HOME 12319	1984	RT	40.00	72.00
❑ GOD BLESS OUR YEARS TOGETHER 12440	1984	CL	175.00	300.00
❑ GOD BLESS THE DAY WE FOUND YOU 100145	1985	SU	40.00	108.00
❑ GOD BLESS THE DAY WE FOUND YOU 100145R	1995	OP	60.00	60.00
❑ GOD BLESS THE DAY WE FOUND YOU 100153	1985	SU	40.00	104.00
❑ GOD BLESS THE DAY WE FOUND YOU 100153R	1995	OP	60.00	60.00
❑ GOD BLESS THE U.S.A. 527564	1990	LE	33.00	40.00
❑ GOD BLESS THIS BRIDE E-2832	1983	OP	35.00	55.00
❑ GOD BLESS YOU GRADUATE 106194	1986	OP	20.00	45.00
❑ GOD CARED ENOUGH TO SEND HIS BEST 524476	1994	RT	50.00	85.00
❑ GOD GIVES US MEMORIES SO THAT WE MIGHT HAVE ROSES IN DECEMBER 680990	2000	OP	45.00	45.00
❑ GOD HAS SENT HIS SON E-0507	1983	SU	33.00	93.00
❑ GOD IS LOVE DEAR VALENTINE 523518	1989	OP	28.00	35.00
❑ GOD IS LOVE E-5213	1980	SU	17.00	91.00
❑ GOD IS LOVE, DEAR VALENTINE E-7153	1981	SU	16.00	41.00
❑ GOD IS LOVE, DEAR VALENTINE E-7154	1981	SU	16.00	41.00
❑ GOD IS WATCHING OVER YOU E-7163	1981	SU	28.00	104.00
❑ GOD LOVETH A CHEERFUL GIVER E-1378	1979	RT	10.00	950.00
❑ GOD SENDS THE GIFT OF HIS LOVE E-6613	1984	SU	23.00	78.00
❑ GOD SENT HIS LOVE 15881	1985	YR	17.00	40.00
❑ GOD SENT YOU JUST IN TIME 15504	1985	RT	45.00	113.00
❑ GOD SHED HIS GRACE ON THEE 106632	2002	*	60.00	60.00
❑ GOD UNDERSTANDS E-1379B	1979	SU	8.00	130.00
❑ GODCHILD CLOSE TO MY HEART, A (BABY) 804096	2001	*	25.00	25.00
❑ GODCHILD CLOSE TO MY HEART, A (BOY) 811815	2001	*	35.00	35.00
❑ GODCHILD CLOSE TO MY HEART, A (GIRL) 811807	2001	*	35.00	35.00
❑ GOD'S PROMISES ARE SURE E-9260	1983	SU	30.00	75.00
❑ GOD'S SPEED E-3112	1979	RT	14.00	95.00
❑ GOING HOME 525979	1991	OP	60.00	65.00
❑ GOLDEN TOWN SEAMSTRESS 879606	2002	*	85.00	85.00
❑ GOOD FRIENDS ARE FOR ALWAYS 524123	1990	RT	28.00	40.00
❑ GOOD FRIENDS ARE FOREVER 521817	1989	OP	50.00	63.00
❑ GOOD FRIENDS ARE FOREVER 525049	1989	*	*	N/A
❑ GOOD LORD ALWAYS DELIVERS, THE- 523453	1989	OP	28.00	35.00
❑ GOOD LORD HAS BLESSED US TENFOLD, THE	1987	LE	90.00	150.00
❑ GOOD LORD WILL ALWAYS UPHOLD US, THE 325325	1998	OP	50.00	50.00
❑ GOOD NEWS IS SO UPLIFTING 523615	1990	RT	60.00	76.00
❑ GRANDMA I'LL NEVER OUTGROW YOU 731587	2000	OP	25.00	25.00
❑ GRANDPA I'LL NEVER OUTGROW YOU 731595	2000	OP	25.00	25.00
❑ GREATEST GIFT IS A FRIEND, THE- 109231	1986	RT	30.00	52.00
❑ GREATEST OF THESE IS LOVE, THE- 521868	1988	SU	28.00	55.00
❑ GROOM (AFRICAN AMERICAN) 795372	2001	*	28.00	28.00
❑ GROOM (HISPANIC) 795399	2001	*	28.00	28.00
❑ GROWING LOVE E-0108	1987	YR	*	51.00
❑ HALLELUJAH COUNTRY 105821	1986	RT	35.00	60.00
❑ HALLELUJAH FOR THE CROSS 532002	1995	OP	35.00	36.00
❑ HALO, AND MERRY CHRISTMAS 12351	1985	SU	40.00	203.00
❑ HAND THAT ROCKS THE FUTURE, THE- E-3108	1979	SU	13.00	90.00
❑ HANG ON TO THAT HOLIDAY FEELING 455962	1998	OP	18.00	18.00
❑ HAPPINESS DIVINE 109584	1987	RT	25.00	77.00
❑ HAPPINESS IS AT OUR FINGERTIPS 529931	1992	LE	35.00	85.00
❑ HAPPY BIRTHDAY DEAR JESUS 524875	1989	SU	14.00	32.00
❑ HAPPY BIRTHDAY JESUS	1997	OP	35.00	35.00
❑ HAPPY BIRTHDAY POPPY 106836	1987	SU	28.00	66.00
❑ HAPPY DAYS ARE HERE AGAIN 104396	1986	SU	25.00	78.00
❑ HAPPY HULA DAYS 128694	1995	OP	30.00	30.00
❑ HAPPY TRIP 521280	1989	SU	35.00	68.00
❑ HAVE A BERRY MERRY CHRISTMAS 522856	1988	SU	15.00	40.00
❑ HAVE A COZY COUNTRY CHRISTMAS 455873	1998	OP	50.00	50.00
❑ HAVE FAITH IN GOD 505153	2000	OP	50.00	50.00
❑ HAVE I GOT NEWS FOR YOU 105635	1986	SU	23.00	55.00
❑ HAVE I GOT NEWS FOR YOU 528137	1994	RT	16.00	16.00
❑ HAVE YOU ANY ROOM FOR JESUS	1997	OP	35.00	35.00
❑ HE CAME AS THE GIFT OF GOD'S LOVE 528129	1999	OP	30.00	30.00
❑ HE CARETH FOR YOU E-1377B	1979	SU	9.00	124.00
❑ HE CLEANSED MY SOUL 100277	1985	OP	24.00	45.00
❑ HE COVERS THE EARTH WITH..BEAUTY 142654	1995	YR	30.00	42.00
❑ HE IS MY INSPIRATION 523038	1990	OP	60.00	73.00
❑ HE IS NOT HERE FOR HE IS RISEN..527106	1993	OP	60.00	60.00
❑ HE IS THE STAR OF THE MORNING 522252	1988	SU	55.00	82.00
❑ HE LEADETH ME E-1377A	1979	SU	9.00	124.00
❑ HE LOVES ME 524263	1991	YR	35.00	45.00
❑ HE SHALL COVER YOU WITH HIS WINGS 306935	1998	YR	38.00	38.00
❑ HE UPHOLDETH THOSE WHO FALL E-0526	1983	SU	29.00	90.00

The Precious 10 for 2002

By Dean A. Genth

Some people say it with flowers. Others say it with diamonds. But another group of consumers choose to say it best with a sentiment-expressing Precious Moments figurine.

Every year a different, new figurine is released by Enesco Group Inc., which seems to tug at the public's heartstrings with a sentiment that helps them to express themselves best with their figurine choice.

This year has been one in which the buying public has responded very clearly to figurines that display love for a sweetheart or spouse, parents, children or a special caregiver. Some have especially become enamored with the military, firefighters and police forces that mean so much to us in the aftermath of the Sept. 11, 2001 terrorist attacks.

For your information, the top Precious Moments for 2002 are listed below.

To 10 Precious Moments Figurines

1.	#795313	*Wishing You a Birthday Full of Surprises*	$40
2.	#681075	*A Love Like No Other*	$25
3.	#795305	*O-Fish-Aly Friends for a Lifetime*	$50
4.	#136190	*Growing in Grace – Age 1*	$25
5.	#795267	*You Are the Wind Beneath My Wings*	$35
6.	#879134	*Our Friendship Was Made to Order*	$35
7.	#524107	*Missing You*	$40
8.	#878995	*Life is So Uplifting*	$35
9.	#523941	*Love Never Leaves a Mother's Arms*	$40
10.	#588059	*Our Love Will Flow Eternal*	$90

Collectibles authority and appraiser Dean A. Genth is a secondary market expert on Precious Moments, Swarovski Silver Crystal, and M.I. Hummel. He owns six Miller's Hallmark Gold Crown stores in Eaton, Fairborn, Xenia and Cincinnati, Ohio.

NAME	YEAR	LIMIT	ISSUE	TREND
❏ HE WALKS WITH ME 107999	1986	LE	25.00	59.00
❏ HE WATCHES OVER US ALL E-3105	1979	SU	11.00	83.00
❏ HEAVEN BLESS YOU 520934	1989	OP	35.00	45.00
❏ HEAVEN BLESS YOUR TOGETHERNESS 106755	1986	RT	65.00	95.00
❏ HEAVEN MUST HAVE SENT YOU 521388	1998	OP	60.00	60.00
❏ HEAVENLY LIGHT, THE- E-5637	1980	OP	15.00	55.00
❏ HE'LL CARRY ME THROUGH 488089	2000	OP	45.00	45.00
❏ HELP, LORD, I'M IN A SPOT 100269	1985	RT	19.00	73.00
❏ HE'S THE HEALER OF BROKEN HEARTS 100080	1986	RT	33.00	55.00
❏ HIGH HOPES 521957	1989	SU	30.00	48.00
❏ HIS BURDEN IS LIGHT E-1380G	1979	RT	17.00	150.00
❏ HIS EYE IS ON THE SPARROW E-0530	1987	RT	29.00	130.00
❏ HIS LOVE WILL SHINE ON YOU 522376	1988	YR	30.00	60.00
❏ HIS NAME IS JESUS E-5381	1984	SU	45.00	116.00
❏ HIS SHEEP AM I E-7161	1981	SU	25.00	95.00
❏ HOLY SMOKES E-2351	1987	RT	30.00	130.00
❏ HOME MADE OF LOVE 730211	2000	OP	45.00	45.00
❏ HONK IF YOU LOVE JESUS 15490	1985	OP	13.00	27.00
❏ HOPE YOU'RE UP...THE TRAIL AGAIN 521205	1989	SU	35.00	60.00
❏ HOPPY EASTER, FRIEND 521906	1990	OP	40.00	45.00
❏ HOW CAN 2 WALK TOGETHER...AGREE E-9263	1982	SU	35.00	162.00
❏ HUG ONE ANOTHER 521299	1990	RT	45.00	83.00
❏ I BELIEVE IN MIRACLES E-7156	1981	SU	17.00	90.00
❏ I BELIEVE IN MIRACLES E-7156R	1987	RT	23.00	68.00
❏ I BELIEVE IN THE OLD RUGGED CROSS 103632	1985	OP	25.00	45.00
❏ I BELONG TO THE LORD 520853	1988	SU	25.00	39.00
❏ I CAN'T BEAR TO LET YOU GO 532037	1995	OP	50.00	54.00
❏ I CAN'T SPELL SUCCESS W/O YOU 523763	1990	SU	40.00	100.00
❏ I GET A KICK OUT OF YOU E-2827	1983	SU	50.00	190.00
❏ I GIVE YOU MY LOVE FOREVER TRUE 129100	1995	OP	70.00	70.00
❏ I GIVE YOU MY LOVE FOREVER TRUE 876143	2001	LE	125.00	125.00
❏ I NOW PRONOUNCE YOU MAN AND WIFE 455938	1998	OP	30.00	30.00
❏ I ONLY HAVE ARMS FOR YOU 527769	1992	RT	15.00	21.00
❏ I ONLY HAVE ICE FOR YOU 530956	1995	RT	55.00	59.00
❏ I PICKED A VERY SPECIAL MOM 100536	1986	LE	38.00	86.00
❏ I SAW MOMMY KISSING SANTA CLAUS 455822	1998	OP	65.00	65.00
❏ I THINK YOU'RE JUST DIVINE	1997	OP	40.00	40.00
❏ I WILL ALWAYS BE THINKING OF YOU 523631	1994	RT	45.00	74.00
❏ I WILL CHERISH ..OLD RUGGED CROSS 523534	1990	YR	28.00	40.00
❏ I WOULD BE LOST W/O YOU 526142	1990	RT	28.00	36.00
❏ I WOULD BE SUNK WITHOUT YOU 102970	1986	OP	15.00	24.00
❏ IF GOD BE FOR US...AGAINST US E-9285	1982	SU	28.00	97.00
❏ I'LL GIVE HIM MY HEART 150088	1995	RT	40.00	40.00
❏ I'LL NEVER STOP LOVING YOU 521418	1989	RT	38.00	80.00
❏ I'LL PLAY MY DRUM FOR HIM E-2356	1982	SU	30.00	101.00
❏ I'LL PLAY MY DRUM FOR HIM E-2360	1982	OP	16.00	38.00
❏ I'LL PLAY MY DRUM FOR HIM E-5384	1984	OP	10.00	24.00
❏ I'M A BIG BROTHER 101503	2002	*	20.00	20.00
❏ I'M A POSSIBILITY 100188	1985	RT	22.00	79.00
❏ I'M DREAMING OF A WHITE CHRISTMAS	1997	OP	25.00	25.00
❏ I'M LOST WITHOUT YOU 526142	1992	YR	28.00	36.00
❏ I'M SENDING YOU A MERRY CHRISTMAS 455601	1998	YR	30.00	31.00
❏ I'M SENDING YOU A WHITE CHRISTMAS E-2829	1984	RT	38.00	78.00
❏ I'M SO GLAD GOD...FRIEND LIKE YOU 523623	1992	RT	50.00	101.00
❏ I'M SO GLAD I PICKED YOU...FRIEND 524379	1993	OP	40.00	48.00
❏ I'M SO GLAD YOU FLUTTERED...LIFE 520640	1989	RT	40.00	275.00
❏ I'M SO LUCKY TO HAVE YOU AS A DAUGHTER 104269	2002	*	35.00	35.00
❏ IN THE SPOTLIGHT OF HIS GRACE 520543	1990	SU	35.00	59.00
❏ ISN'T HE PRECIOUS 522988	1988	SU	15.00	31.00
❏ ISN'T HE PRECIOUS? E-5379	1984	RT	20.00	40.00
❏ ISN'T HE WONDERFUL E-5639	1980	SU	12.00	64.00
❏ ISN'T HE WONDERFUL E-5640	1980	SU	12.00	75.00
❏ IT IS BETTER TO GIVE...TO RECEIVE 12297	1984	SU	19.00	174.00
❏ IT IS NO SECRET WHAT GOD CAN DO 531111	1993	LE	30.00	50.00
❏ IT MAY BE GREENER, BUT....HARD TO CUT 163899	1996	OP	38.00	38.00
❏ IT'S A PERFECT BOY 525286	1990	OP	16.00	20.00
❏ IT'S A PERFECT BOY E-0512	1983	SU	19.00	75.00
❏ IT'S NO YOLK/I SAY I LOVE YOU 522104	1990	SU	60.00	70.00
❏ IT'S SO UPLIFTING/FRIEND LIKE YOU 524905	1992	RT	40.00	45.00
❏ IT'S THE BIRTHDAY OF A KING 102962	1985	SU	19.00	54.00
❏ IT'S WHAT'S INSIDE THAT COUNTS 101497	2002	*	35.00	35.00
❏ IT'S WHAT'S INSIDE THAT COUNTS E-3119	1979	SU	13.00	120.00
❏ JESUS IS BORN E-2012	1979	SU	12.00	140.00
❏ JESUS IS BORN E-2801	1979	SU	37.00	358.00
❏ JESUS IS COMING SOON 12343	1985	SU	23.00	55.00
❏ JESUS IS MY LIGHTHOUSE 487945	1999	OP	75.00	75.00
❏ JESUS IS THE ANSWER E-1381	1979	SU	12.00	76.00
❏ JESUS IS THE ANSWER E-1381R	1992	RT	55.00	79.00
❏ JESUS IS THE LIGHT E-1373G	1979	RT	15.00	89.00
❏ JESUS IS THE LIGHT THAT SHINES E-0502	1983	SU	23.00	75.00
❏ JESUS IS THE ONLY WAY 520756	1988	SU	40.00	74.00
❏ JESUS IS THE SWEETEST NAME I KNOW 523097	1989	SU	23.00	45.00
❏ JESUS LOVES ME 104531	1988	1000	500.00	1750.00
❏ JESUS LOVES ME E-1372B	1979	RT	7.00	100.00
❏ JESUS LOVES ME E-1372G	1979	OP	7.00	100.00

NAME	YEAR	LIMIT	ISSUE	TREND
❏ JESUS LOVES ME E-9278	1982	RT	9.00	33.00
❏ JESUS LOVES ME E-9279	1982	RT	9.00	35.00
❏ JESUS THE SAVIOR IS BORN 520357	1988	SU	25.00	55.00
❏ JOY OF THE LORD...MY STRENGTH, THE-100137	1985	OP	35.00	90.00
❏ JOY ON ARRIVAL 523178	1990	OP	50.00	63.00
❏ JOY TO THE WORLD E2343	1982	SU	9.00	49.00
❏ JOY TO THE WORLD E2344	1982	SU	20.00	120.00
❏ JOY TO THE WORLD E-5378	1984	SU	18.00	57.00
❏ JUST A LINE TO SAY YOU'RE SPECIAL 522864	1995	RT	50.00	58.00
❏ JUST A LINE TO WISH...A HAPPY DAY 520721	1988	SU	65.00	104.00
❏ JUST POPPIN' IN TO SAY HALO 523755	1994	RT	45.00	45.00
❏ LEAD ME TO CALVARY 260916	1997	YR	38.00	42.00
❏ LET FREEDOM RING 681059E	2000	OP	45.00	45.00
❏ LET HEAVEN AND NATURE SING E2347	1982	15000	40.00	43.00
❏ LET LOVE REIGN E-9273	1987	RT	28.00	160.00
❏ LET NOT THE SUN GO DOWN...WRATH E-5203	1980	SU	23.00	190.00
❏ LET THE WHOLE WORLD KNOW E-7165	1981	SU	35.00	128.00
❏ LET US PRAY	1997	OP	18.00	18.00
❏ LET'S KEEP IN TOUCH 102520	1985	OP	65.00	103.00
❏ LIFE IS SO UPLIFTING 878995	2001	*	35.00	35.00
❏ LIFE IS WORTH FIGHTING FOR 680982	2000	OP	30.00	30.00
❏ LIGHT OF THE WORLD IS JESUS, THE 455954	1998	OP	30.00	30.00
❏ LIGHT OF THE WORLD IS JESUS, THE- 521507	1988	OP	60.00	80.00
❏ LORD BLESS YOU AND KEEP YOU, THE (BRIDE)	2001	*	28.00	28.00
❏ LORD BLESS YOU AND KEEP YOU, THE (GROOM)	2001	*	28.00	28.00
❏ LORD BLESS YOU AND KEEP YOU, THE 532118	1994	OP	40.00	40.00
❏ LORD BLESS YOU AND KEEP YOU, THE 532118	1993	OP	40.00	40.00
❏ LORD BLESS YOU AND KEEP YOU, THE 532126	1994	OP	30.00	30.00
❏ LORD BLESS YOU AND KEEP YOU, THE 532126	1993	OP	30.00	30.00
❏ LORD BLESS YOU AND KEEP YOU, THE 532134	1994	OP	30.00	30.00
❏ LORD BLESS YOU AND KEEP YOU, THE- 532134	1993	OP	30.00	30.00
❏ LORD BLESS YOU AND KEEP YOU, THE- E-3114	1979	OP	16.00	68.00
❏ LORD BLESS YOU AND KEEP YOU, THE- E-4720	1980	SU	14.00	180.00
❏ LORD BLESS YOU AND KEEP YOU, THE- E-4721	1980	OP	14.00	53.00
❏ LORD GIVE ME PATIENCE E-7159	1981	SU	25.00	62.00
❏ LORD GIVETH...TAKETH AWAY, THE- 100226	1986	RT	34.00	82.00
❏ LORD HAS BLESSED US TENFOLD, THE- 114022	1988	YR	90.00	240.00
❏ LORD HELP ME MAKE THE GRADE 106216	1987	SU	25.00	52.00
❏ LORD HELP ME TO STAY ON COURSE 532096	1995	OP	35.00	47.00
❏ LORD I'M COMING HOME 100110	1985	OP	23.00	45.00
❏ LORD IS COUNTING ON YOU, THE 531707	1994	OP	33.00	33.00
❏ LORD IS THE HOPE OF OUR FUTURE, THE	1997	OP	40.00	40.00
❏ LORD IS THE HOPE OF OUR FUTURE, THE 877123	2001	*	40.00	40.00
❏ LORD IS THE HOPE OF OUR FUTURE, THE 877131	2001	*	40.00	40.00
❏ LORD IS WITH YOU, THE 526835	1996	RT	28.00	32.00
❏ LORD IS YOUR LIGHT..HAPPINESS, THE- 520837	1988	OP	50.00	69.00
❏ LORD KEEP ME ON MY TOES 100129	1985	RT	23.00	100.00
❏ LORD LET OUR FRIENDSHIP BLOOM 879126	2001	*	40.00	40.00
❏ LORD SPEAK TO ME 531987	1999	OP	45.00	45.00
❏ LORD TEACH US TO PRAY 524158	1993	OP	35.00	40.00
❏ LORD TURNED MY LIFE AROUND, THE- 520535	1992	SU	35.00	58.00
❏ LORD WILL PROVIDE, THE- 523593	1993	LE	40.00	65.00
❏ LORD, HELP ME STICK TO MY JOB 521450	1989	RT	30.00	61.00
❏ LORD, HELP US KEEP...ACT TOGETHER 101850	1986	RT	35.00	127.00
❏ LORD, KEEP MY LIFE IN TUNE 12165	1984	SU	38.00	142.00
❏ LORD, POLICE PROTECT US 539953	1999	OP	45.00	45.00
❏ LORD, SPARE ME	1997	OP	38.00	38.00
❏ LORD, TURN MY LIFE AROUND 520551	1988	SU	35.00	60.00
❏ LORD/KEEP OUR ACT TOGETHER 101850	1987	RT	35.00	125.00
❏ LOVE BEARETH ALL THINGS E-7158	1981	OP	25.00	61.00
❏ LOVE BLOOMS ETERNAL 127019	1995	OP	35.00	35.00
❏ LOVE CANNOT BREAK/TRUE FRIENDSHIP E-4722	1980	SU	23.00	140.00
❏ LOVE COVERS ALL 12009	1985	SU	28.00	69.00
❏ LOVE IS FROM ABOVE 521841	1989	SU	45.00	70.00
❏ LOVE IS KIND E-1379A	1979	SU	8.00	117.00
❏ LOVE IS KIND E2847	1983	15000	40.00	45.00
❏ LOVE IS KIND E5377	1984	RT	28.00	92.00
❏ LOVE IS PATIENT E-9251	1982	SU	35.00	89.00
❏ LOVE IS SHARING E-7162	1981	SU	25.00	159.00
❏ LOVE IS THE BEST GIFT OF ALL 110930	1986	YR	23.00	40.00
❏ LOVE IS THE GLUE THAT MENDS 104027	1986	SU	34.00	67.00
❏ LOVE LETTERS IN THE SAND	1997	OP	35.00	35.00
❏ LOVE LIFTED ME E1375A	1979	RT	11.00	123.00
❏ LOVE LIFTED ME E-5201	1980	SU	25.00	90.00
❏ LOVE LIKE NO OTHER, A 681075	1999	NO	45.00	45.00
❏ LOVE NEVER FAILS 12300	1984	RT	25.00	51.00
❏ LOVE NEVER LEAVES A MOTHER'S ARMS 523941	1996	OP	40.00	42.00
❏ LOVE ONE ANOTHER E-1376	1979	OP	10.00	120.00
❏ LOVE RESCUED ME 102393	1985	RT	23.00	50.00
❏ LOVING IS SHARING E 3110B	1979	RT	13.00	174.00
❏ LOVING IS SHARING E-3110G	1979	OP	13.00	69.00
❏ LUKE 2:10 11 532916	1994	RT	35.00	35.00
❏ MAGIC STARTS W/YOU, THE- 529648	1992	LE	16.00	25.00
❏ MAKE A JOYFUL NOISE 520322	1988	1500	500.00	900.00
❏ MAKE A JOYFUL NOISE 528617	1992	YR	28.00	35.00

FIGURINES

NAME	YEAR	LIMIT	ISSUE	TREND
❏ MAKE A JOYFUL NOISE E-1374G	1979	OP	8.00	95.00
❏ MAKE ME A BLESSING 100102	1986	RT	35.00	110.00
❏ MAKING A TRAIL TO BETHLEHEM 142751	1995	RT	30.00	35.00
❏ MAKING A TRAIL TO BETHLEHEM 184004	1996	OP	19.00	19.00
❏ MAKING SPIRITS BRIGHT 150118	1995	RT	38.00	44.00
❏ MANY MOONS...CANOE, BLESSUM YOU 520772	1988	RT	50.00	340.00
❏ MARVELOUS GRACE 325503	1998	YR	50.00	54.00
❏ MATCHING TO THE BEAT OF FREEDOM'S DRUM 521981	1996	OP	35.00	35.00
❏ MAY ONLY GOOD THINGS...YOUR WAY 524425	1990	RT	30.00	55.00
❏ MAY YOU HAVE AN OLD.....CHRISTMAS 417777	1990	LE	200.00	165.00
❏ MAY YOUR BIRTHDAY BE A BLESSING 524301	1990	OP	30.00	35.00
❏ MAY YOUR BIRTHDAY BE A BLESSING E-2826	1983	SU	38.00	97.00
❏ MAY YOUR BIRTHDAY BE GIGANTIC 15970	1985	OP	12.00	35.00
❏ MAY YOUR CHRISTMAS BE BLESSED E-5376	1984	SU	38.00	69.00
❏ MAY YOUR CHRISTMAS BE COZY E2345	1982	SU	23.00	85.00
❏ MAY YOUR CHRISTMAS BE DELIGHTFUL	1997	OP	40.00	40.00
❏ MAY YOUR CHRISTMAS BE DELIGHTFUL 15482	1985	SU	25.00	61.00
❏ MAY YOUR CHRISTMAS BE MERRY 524166	1990	YR	28.00	37.00
❏ MAY YOUR CHRISTMAS BE WARM E-2348	1982	SU	30.00	132.00
❏ MAY YOUR EVERY WISH COME TRUE 524298	1992	OP	50.00	55.00
❏ MAY YOUR FUTURE BE BLESSED	1992	OP	35.00	35.00
❏ MAY YOUR HOLIDAYS SPARKLE WITH JOY 104202	2002	*	*	35.00
❏ MAY YOUR LIFE BE...W/TOUCHDOWNS 522023	1988	RT	45.00	60.00
❏ MAY YOUR SEASONS BE JELLY AND BRIGHT 587885	1999	OP	38.00	38.00
❏ MAY YOUR WORLD BE TRIMMED W/JOY 522082	1990	SU	55.00	80.00
❏ MEOWIE CHRISTMAS 109800	1988	RT	30.00	45.00
❏ MERRY CHRISTMAS DEER 522317	1988	RT	50.00	95.00
❏ MERRY CHRIST-MISS 104218	2002	*	35.00	35.00
❏ MINI SET ADDITION/WEE THREE KINGS 213624 3 PC	1996	OP	55.00	55.00
❏ MISSUM YOU 306991	1998	OP	45.00	45.00
❏ MOM, YOU'RE MY SPECIAL TEA 325473	1999	RT	25.00	42.00
❏ MOM, YOU'VE GIVEN ME SO MUCH 488046	1999	OP	35.00	35.00
❏ MOMMY, I LOVE YOU 109975	1987	OP	23.00	35.00
❏ MOMMY, I LOVE YOU 112143	1987	OP	23.00	35.00
❏ MONARCH IS BORN E-5380	1984	SU	33.00	87.00
❏ MONEY'S NOT THE ONLY GREEN THING WORTH SAVING 531073	1994	RT	50.00	82.00
❏ MORNIN' PUMPKIN 455687	1998	RT	45.00	47.00
❏ MOST PRECIOUS GIFT OF ALL	1997	OP	38.00	38.00
❏ MOTHER SEW DEAR E-3106	1979	OP	13.00	57.00
❏ MUSICAL WEDDING ARCH 876151	2001	*	50.00	50.00
❏ MY DAYS ARE BLUE WITHOUT YOU 520802	1988	SU	65.00	112.00
❏ MY GUARDIAN ANGEL E-5207	1980	SU	35.00	235.00
❏ MY HAPPINESS C-0110	1989	YR	*	43.00
❏ MY HEART IS EXPOSED WITH LOVE 520624	1988	RT	45.00	71.00
❏ MY LIFE IS A VACUUM WITHOUT YOU 587907	1999	OP	38.00	38.00
❏ MY LOVE BLOOMS FOR YOU 521728	1996	OP	50.00	53.00
❏ MY LOVE WILL KEEP YOU WARM	1997	OP	38.00	38.00
❏ MY LOVE WILL NEVER LET YOU GO 103497	1986	OP	25.00	45.00
❏ MY TRUE LOVE GAVE TO ME 529273	1996	OP	40.00	40.00
❏ MY UNIVERSE IS YOU 487902	1999	RT	45.00	47.00
❏ MY WARMEST THOUGHTS ARE YOU 524085	1990	RT	55.00	103.00
❏ MY WORLD'S UPSIDE DOWN WITHOUT YOU 531014	1998	OP	15.00	15.00
❏ NATIVITY CART 528072	1994	OP	16.00	16.00
❏ NATIVITY SET ADDITION/SHEPHERD W/LAMBS 183954 3 PC	1996	OP	40.00	40.00
❏ NATIVITY SET OF 9 PCS. E2800	1979	OP	70.00	200.00
❏ NATIVITY WALL E-5644 (SET OF 2)	1980	*	60.00	160.00
❏ NO TEARS PAST THE GATE 101826	1986	OP	40.00	80.00
❏ NOBODY'S PERFECT E-9268	1982	RT	21.00	85.00
❏ NOTHING CAN DAMPEN THE SPIRIT OF CARING 603864	1994	OP	35.00	35.00
❏ NOW I LAY ME DOWN TO SLEEP 522058	1994	RT	30.00	52.00
❏ O COME ALL YE FAITHFUL E2353	1982	RT	28.00	93.00
❏ O COME LET US ADORE HIM 111333	1987	SU	200.00	245.00
❏ O HOW I LOVE JESUS E1380B	1977	RT	8.00	126.00
❏ O WORSHIP THE LORD 100064	1985	OP	24.00	47.00
❏ O WORSHIP THE LORD 102229	1985	OP	24.00	40.00
❏ O, HOW I LOVE JESUS E-1380B	1979	RT	17.00	126.00
❏ OH HOLY NIGHT 522546	1988	YR	25.00	45.00
❏ OH WHAT FUN IT IS TO RIDE 109819	1987	RT	85.00	124.00
❏ OH WORSHIP THE LORD E-5385	1984	SU	10.00	49.00
❏ OH WORSHIP THE LORD E-5386	1984	SU	10.00	26.00
❏ ON MY WAY TO A PERFECT DAY	1997	OP	45.00	45.00
❏ ONCE UPON A HOLY NIGHT 523836	1989	YR	25.00	45.00
❏ ONLY ONE LIFE TO OFFER 325309	1998	OP	35.00	35.00
❏ ONWARD CHRISTIAN SOLDIERS E-0523	1983	OP	24.00	65.00
❏ OUR FIRST CHRISTMAS TOGETHER 115290	1988	SU	50.00	76.00
❏ OUR FIRST CHRISTMAS TOGETHER E-2377	1982	SU	35.00	95.00
❏ OUR FRIENDSHIP IS SODA-LICIOUS 524336	1992	OP	65.00	70.00
❏ OUR LOVE WILL FLOW ETERNAL 588059	2001	*	90.00	90.00
❏ PART OF ME WANTS TO BE GOOD 12149	1984	SU	19.00	84.00
❏ PEACE AMID THE STORM E-4723	1980	SU	23.00	96.00
❏ PEACE ON EARTH 109746	1988	SU	100.00	150.00
❏ PEACE ON EARTH E-2804	1979	SU	20.00	145.00
❏ PEACE ON EARTH E-4725	1981	SU	25.00	90.00
❏ PEACE ON EARTH E-9287	1982	SU	38.00	168.00

NAME	YEAR	LIMIT	ISSUE	TREND
❑ PEACH ON EARTH...ANYWAY 183342	1996	YR	33.00	36.00
❑ PEAS ON EARTH 455768	1998	OP	33.00	33.00
❑ PERFECT GRANDPA , THE-E-7160	1981	SU	25.00	74.00
❑ PIZZA ON EARTH 521884	1997	OP	55.00	55.00
❑ POPPY FOR YOU 604208	1995	SU	35.00	41.00
❑ POTTY TIME	1997	OP	25.00	25.00
❑ PRAISE GOD FROM WHOM ALL BLESSINGS FLOW 455695	1998	OP	40.00	40.00
❑ PRAISE THE LORD AND DOSIE-DO 455733	1998	OP	50.00	50.00
❑ PRAISE THE LORD ANYHOW E-1374B	1979	RT	8.00	96.00
❑ PRAISE THE LORD ANYHOW E-9254	1983	RT	35.00	97.00
❑ PRAYER CHANGES THINGS E-1375B	1979	SU	11.00	195.00
❑ PRAYER CHANGES THINGS E-5214	1980	SU	35.00	141.00
❑ PRECIOUS GRANDMA 101504	2002	*	25.00	25.00
❑ PRECIOUS GRANDPA 101505	2002	*	25.00	25.00
❑ PRECIOUS MEMORIES 106763	1986	OP	38.00	63.00
❑ PRECIOUS MEMORIES E-2828	1983	RT	45.00	90.00
❑ PRECIOUS MOMENTS LAST FOREVER E6901	1994	SU	10.00	83.00
❑ PRECIOUS MOMENTS WILL LAST FOREVER 681008	2000	OP	35.00	35.00
❑ PREPARE YE THE WAY OF THE LORD E-0508	1983	SU	75.00	175.00
❑ PRESS ON E-9265	1983	RT	40.00	86.00
❑ PRETTY AS A PRINCESS 526053	1996	OP	35.00	38.00
❑ PRINCE OF A GUY 526037	1996	RT	35.00	41.00
❑ PUPPY LOVE 520764	1988	RT	12.00	26.00
❑ PUPPY LOVE IS FROM ABOVE 106798	1987	RT	45.00	90.00
❑ PURR-FECT GRANDMA , THE-E-3109	1979	OP	13.00	100.00
❑ RAISIN' CANE ON THE HOLIDAYS 730130	2000	OP	35.00	35.00
❑ REFLECTION OF HIS LOVE 522279	1990	RT	50.00	61.00
❑ REFLECTION OF HIS LOVE 529095	1993	YR	28.00	30.00
❑ REJOICE O EARTH 520268	1988	OP	13.00	25.00
❑ REJOICE O EARTH 617334	1989	OP	125.00	125.00
❑ REJOICE O EARTH E-5636	1980	RT	15.00	56.00
❑ REJOICING WITH YOU E-4724	1980	OP	25.00	90.00
❑ RING OUT THE GOOD NEWS 529966	1992	RT	18.00	45.00
❑ RING THOSE CHRISTMAS BELLS 525898	1992	RT	95.00	155.00
❑ ROLL WAY, ROLL AWAY, ROLL AWAY 879002	2001	*	35.00	35.00
❑ RV HAVEN' FUN OR WHAT 587915	1999	OP	45.00	45.00
❑ SAFE IN THE ARMS OF JESUS 521922	1992	OP	30.00	35.00
❑ SAY I DO	1997	OP	55.00	55.00
❑ SCENT FROM ABOVE 100528	1987	RT	19.00	69.00
❑ SEALED W/A KISS 521411	1990	RT	50.00	60.00
❑ SEEK AND YE SHALL FIND E-0105	1984	YR	*	55.00
❑ SEEK YE THE LORD E-9261	1982	SU	21.00	49.00
❑ SEEK YE THE LORD E-9262	1982	SU	21.00	68.00
❑ SENDING MY LOVE 100056	1985	SU	23.00	70.00
❑ SENDING MY LOVE YOUR WAY 528609	1995	OP	40.00	61.00
❑ SENDING YOU A RAINBOW E-9288	1982	SU	23.00	101.00
❑ SENDING YOU MY LOVE 100067	1987	OP	35.00	55.00
❑ SENDING YOU OCEANS OF LOVE 532010	1995	RT	35.00	57.00
❑ SENDING YOU SHOWERS OF BLESSINGS 520683	1988	RT	33.00	78.00
❑ SERENITY PRAYER BOY 530700	1994	OP	35.00	39.00
❑ SERENITY PRAYER GIRL 530697	1994	OP	35.00	35.00
❑ SERVING THE LORD 100161	1985	SU	19.00	71.00
❑ SERVING THE LORD 100293	1985	SU	19.00	51.00
❑ SEW IN LOVE 106844	1987	RT	45.00	86.00
❑ SHARING	1994	OP	35.00	35.00
❑ SHARING IS UNIVERSAL E-0107	1987	YR	*	45.00
❑ SHARING OUR CHRISTMAS TOGETHER	1997	OP	35.00	35.00
❑ SHARING OUR CHRISTMAS TOGETHER 102490	1986	SU	40.00	89.00
❑ SHARING OUR CHRISTMAS TOGETHER 531944	1994	OP	35.00	35.00
❑ SHARING OUR JOY TOGETHER E-2834	1982	SU	25.00	61.00
❑ SHARING OUR SEASON TOGETHER E-0501	1983	SU	50.00	155.00
❑ SHARING OUR WINTER WONDERLAND 539988	1999	OP	75.00	78.00
❑ SHARING SWEET MOMENTS TOGETHER 526487	1994	RT	45.00	51.00
❑ SHARING THE GOOD NEWS TOGETHER-C0111	1990	YR	*	47.00
❑ SHARING THE LIGHT OF LOVE	1997	OP	35.00	35.00
❑ SHEPHERD OF LOVE 102261	1985	OP	10.00	23.00
❑ SILENT KNIGHT E5642	1980	SU	55.00	433.00
❑ SILENT NIGHT 15814	1985	SU	38.00	99.00
❑ SING IN EXCELSIS DEO 183830	1996	OP	125.00	125.00
❑ SITTING PRETTY 104825	1986	SU	23.00	59.00
❑ SLIDE INTO THE CELEBRATION BC981	1998	YR	15.00	17.00
❑ SLIDE INTO THE NEXT MILLENNIUM WITH JOY 587761	1999	OP	35.00	35.00
❑ SMILE ALONG THE WAY 101842	1986	RT	30.00	173.00
❑ SMILE, GOD LOVES YOU E-1373B	1979	RT	7.00	80.00
❑ SNOWBUNNY LOVES YOU LIKE I DO 183792	1996	OP	19.00	20.00
❑ SO GLAD I PICKED YOU AS A FRIEND	1994	OP	40.00	40.00
❑ SOME BUNNIES SLEEPING 522996	1989	SU	12.00	35.00
❑ SOME BUNNY'S SLEEPING 115274	1988	SU	14.00	38.00
❑ SOMEDAY MY LOVE 520799	1988	RT	40.00	81.00
❑ SOMETHING PRECIOUS FROM ABOVE	1997	OP	50.00	50.00
❑ SOMETHING'S MISSING...NOT AROUND 105643	1988	SU	33.00	82.00
❑ SOMETIMES YOU'RE NEXT TO IMPOSSIBLE	1997	OP	50.00	50.00
❑ SPECIAL CHIME FOR JESUS 524468	1992	RT	33.00	50.00
❑ SPECIAL DELIVERY 521493	1990	OP	30.00	36.00
❑ SPIRIT IS WILLING, THE- 100196	1987	RT	19.00	77.00

FIGURINES

NAME	YEAR	LIMIT	ISSUE	TREND
❑ STANDING IN THE PRESENCE OF THE LORD 163732	1996	YR	38.00	44.00
❑ SUMMER'S JOY MUSICAL 408743	1984	LE	200.00	200.00
❑ SUN IS ALWAYS SHINING SOMEWHERE, THE 163775	1996	RT	38.00	42.00
❑ SURROUNDED W/JOY 531677	1993	OP	30.00	40.00
❑ SURROUNDED W/JOY 531685	1993	OP	18.00	25.00
❑ SURROUNDED WITH JOY E-0506	1983	RT	35.00	95.00
❑ SWEEP ALL YOUR WORRIES AWAY 521779	1989	RT	40.00	95.00
❑ SWEETER AS THE YEARS GO BY 522333	1996	RT	60.00	68.00
❑ SWEETEST BABY BOY 101500	2002	*	18.00	18.00
❑ TAKE HEED WHEN YOU STAND 521272	1990	SU	55.00	60.00
❑ TAKE IT TO THE LORD IN PRAYER 163767	1996	OP	30.00	30.00
❑ TASTE & SEE THAT THE LORD IS GOOD E-9274	1982	RT	23.00	77.00
❑ TELL IT TO JESUS 521477	1988	OP	35.00	49.00
❑ TELL ME THE STORY OF JESUS E-2349	1982	SU	30.00	105.00
❑ THANK YOU FOR COMING TO MY AIDE E-5202	1980	SU	23.00	129.00
❑ THANK YOU LORD FOR EVERYTHING 522031	1988	SU	55.00	92.00
❑ THANK YOU SEW MUCH 587923	1999	OP	25.00	25.00
❑ THANKING HIM FOR YOU E-7155	1981	SU	16.00	57.00
❑ THAT'S WHAT FRIENDS ARE FOR 521183	1989	OP	45.00	55.00
❑ THE PEARL OF A GREAT PRICE 526061	1998	OP	50.00	50.00
❑ THEE I LOVE E-3116	1979	RT	16.00	116.00
❑ THERE ARE TWO SIDES TO EVERY STORY 325368	1998	OP	15.00	15.00
❑ THERE IS JOY IN SERVING JESUS E-7157	1981	RT	17.00	65.00
❑ THERE IS NO GREATER...A FRIEND...521000	1992	RT	30.00	32.00
❑ THERE SHALL BE SHOWERS..BLESSINGS 522090	1989	RT	60.00	80.00
❑ THERE'S A LIGHT....TUNNEL 521485	1990	SU	55.00	79.00
❑ THERE'S SNO-BOREDOM WITH YOU 730122	2000	OP	45.00	45.00
❑ THEY FOLLOWED THE STAR 108243	1986	OP	75.00	128.00
❑ THEY FOLLOWED THE STAR E-5624	1980	OP	130.00	300.00
❑ THEY FOLLOWED THE STAR E-5641	1980	SU	75.00	225.00
❑ THINKING OF YOU IS...LIKE TO DO 522287	1989	SU	30.00	54.00
❑ THIS DAY HAS BEEN MADE IN HEAVEN 523496	1989	OP	30.00	35.00
❑ THIS IS THE DAY THE LORD HATH MADE 12157	1986	SU	23.00	85.00
❑ THIS IS THE DAY...LORD HATH MADE E2838	1987	SU	20.00	225.00
❑ THIS IS YOUR DAY TO SHINE E-2822	1983	RT	38.00	102.00
❑ THIS LAND IS OUR LAND 527777	1992	YR	35.00	40.00
❑ THIS TOO SHALL PASS 114014	1987	OP	23.00	35.00
❑ THOU ART MINE E-3113	1979	OP	16.00	65.00
❑ THUMB-BODY LOVES YOU 521698	1990	SU	55.00	79.00
❑ TIED UP FOR THE HOLIDAYS 527580	1992	SU	40.00	60.00
❑ TIME FOR A HOLY HOLIDAY 455849	1998	OP	35.00	35.00
❑ TIME HEALS 523739	1989	RT	38.00	42.00
❑ TIME TO WISH YOU/MERRY CHRISTMAS 115339	1988	YR	24.00	32.00
❑ TIS THE SEASON 111163	1988	SU	28.00	55.00
❑ TO A SPECIAL DAD E-5212	1980	SU	20.00	58.00
❑ TO A SPECIAL MUM 521965	1990	OP	30.00	40.00
❑ TO A VERY SPECIAL MOM & DAD 521434	1990	SU	35.00	54.00
❑ TO A VERY SPECIAL MOM E-2824	1983	OP	28.00	51.00
❑ TO A VERY SPECIAL SISTER 528633	1994	OP	60.00	63.00
❑ TO A VERY SPECIAL SISTER E-2825	1983	OP	38.00	63.00
❑ TO BE WITH YOU IS UPLIFTING 522260	1988	RT	20.00	50.00
❑ TO GOD BE THE GLORY E-2823	1983	SU	40.00	108.00
❑ TO MY DEER FRIEND 100048	1986	OP	33.00	75.00
❑ TO MY FAVORITE PAW 100021	1985	SU	23.00	78.00
❑ TO MY FOREVER FRIEND 100072	1985	OP	33.00	90.00
❑ TO SOME BUNNY SPECIAL E-9282A	1982	SU	8.00	40.00
❑ TO TELL THE TOOTH YOU'RE SPECIAL 105813	1986	SU	39.00	227.00
❑ TO THE APPLE OF GOD'S EYE 522015	1992	RT	33.00	35.00
❑ TO THEE W/LOVE E3120	1979	SU	13.00	80.00
❑ TRUST IN THE LORD E-9289	1982	SU	20.00	80.00
❑ TUB FULL OF LOVE 104817	1986	SU	23.00	35.00
❑ TUB FULL OF LOVE 112313	1987	OP	23.00	35.00
❑ TUBBY'S FIRST CHRISTMAS 525278	1992	RT	10.00	15.00
❑ TUBBY'S FIRST CHRISTMAS E-0511	1983	SU	12.00	45.00
❑ UNIVERSAL LOVE 527173	1992	YR	33.00	110.00
❑ UNTO US A CHILD IS BORN E-2013	1979	SU	12.00	125.00
❑ UP TO OUR EARS IN A WHITE CHRISTMAS 879185	2001	*	55.00	55.00
❑ VAYA CON DIOS (GO WITH GOD) 531146	1995	OP	33.00	38.00
❑ VERY SPECIAL BOND, A 488240	1999	OP	70.00	70.00
❑ VICTORIAN GIRL WITH UMBRELLA 488259	1998	YR	70.00	74.00
❑ VOICE OF SPRING MUSICAL, THE- 408735	1984	LE	200.00	205.00
❑ WALK IN THE SUNSHINE 524212	1995	OP	35.00	36.00
❑ WALKING BY FAITH E-3117	1979	RT	35.00	109.00
❑ WARMEST WISHES FOR THE HOLIDAYS 455830	1999	OP	50.00	50.00
❑ WATER-MELANCHOLY DAY WITHOUT YOU 521515	1998	OP	35.00	35.00
❑ WE ALL HAVE OUR BAD HAIR DAYS	1997	OP	35.00	35.00
❑ WE ARE ALL PRECIOUS IN HIS SIGHT 102903	1986	YR	30.00	80.00
❑ WE ARE GOD'S WORKMANSHIP 525960	1990	YR	28.00	40.00
❑ WE ARE GOD'S WORKMANSHIP E-9258	1982	OP	19.00	47.00
❑ WE BELONG TO THE LORD 103004	1986	SP	50.00	180.00
❑ WE GATHER TO ASK/LORD'S BLESSING 109762	1986	RT	130.00	298.00
❑ WE HAVE COME FROM AFAR 526959	1990	SU	18.00	25.00
❑ WE HAVE SEEN HIS STAR E-2010	1979	SU	8.00	105.00
❑ WE NEED A GOOD FRIEND..RUFF TIMES 520810	1988	SU	35.00	60.00
❑ WEE THREE KINGS E-5635	1980	OP	40.00	110.00

NAME	YEAR	LIMIT	ISSUE	TREND
❑ WELL, BLOW ME DOWN IT'S YER BIRTHDAY 325538	1998	OP	50.00	50.00
❑ WE'RE A FAMILY THAT STICKS TOGETHER 730114	2000	OP	40.00	40.00
❑ WE'RE GOING TO MISS YOU 524913	1989	OP	50.00	55.00
❑ WE'RE IN IT TOGETHER E-9259	1982	SU	24.00	82.00
❑ WE'RE PULLING FOR YOU 106151	1986	SU	40.00	76.00
❑ WHAT A DIFFERENCE...MADE IN MY LIFE 531138	1996	OP	50.00	53.00
❑ WHAT BETTER TO GIVE THAN YOURSELF 487088	1999	OP	30.00	30.00
❑ WHAT THE WORLD NEEDS IS LOVE 531065	1995	OP	45.00	50.00
❑ WHAT THE WORLD NEEDS NOW 524352	1990	RT	50.00	79.00
❑ WHO'S GONNA FILL YOUR SHOES- 531634	1997	OP	38.00	38.00
❑ WHO'S GONNA FILL YOUR SHOES 532061	1998	OP	38.00	38.00
❑ WINTER'S SONG MUSICAL 408778	1984	LE	200.00	200.00
❑ WISHES FOR THE WORLD 530018	1999	OP	35.00	39.00
❑ WISHING YOU A BASKET/BLESSINGS 109924	1987	OP	23.00	40.00
❑ WISHING YOU A COMFY CHRISTMAS 527750	1992	RT	28.00	36.00
❑ WISHING YOU A COZY CHRISTMAS 102342	1985	YR	18.00	50.00
❑ WISHING YOU A COZY CHRISTMAS 521949	1988	SU	43.00	64.00
❑ WISHING YOU A HAPPY EASTER 109886	1988	OP	23.00	35.00
❑ WISHING YOU A HO HO HO 527629	1992	OP	40.00	49.00
❑ WISHING YOU A MERRY CHRISTMAS 109754	1986	SU	35.00	55.00
❑ WISHING YOU A MERRY CHRISTMAS E-5383	1984	YR	17.00	35.00
❑ WISHING YOU A PERFECT CHOICE 520845	1988	OP	55.00	70.00
❑ WISHING YOU A SEASON FILLED W/JOY E-2805	1978	RT	20.00	105.00
❑ WISHING YOU A YUMMY CHRISTMAS 455814	1998	OP	30.00	30.00
❑ WISHING YOU A...SUCCESSFUL SEASON 522120	1988	RT	60.00	78.00
❑ WISHING YOU AN OLD FASHIONED CHRISTMAS 455806	2000	OP	45.00	45.00
❑ WISHING YOU ROADS OF HAPPINESS 520780	1988	OP	60.00	80.00
❑ WISHING YOU WERE HERE 526916	1992	OP	100.00	115.00
❑ WISHING YOU/SWEETEST CHRISTMAS 530166	1992	YR	28.00	48.00
❑ WITCH WAY DO YOU SPELL LOVE? 587869	1999	OP	25.00	25.00
❑ WITH THIS RING... 104019	1986	OP	40.00	73.00
❑ YIELD NOT TO TEMPTATION 521310	1989	SU	28.00	53.00
❑ YOU ALWAYS STAND BEHIND ME 492140	1999	OP	50.00	50.00
❑ YOU ARE ALWAYS ON MY MIND 306967	1998	RT	38.00	41.00
❑ YOU ARE ALWAYS THERE FOR ME- I	1997	OP	50.00	50.00
❑ YOU ARE ALWAYS THERE FOR ME- II	1997	OP	50.00	50.00
❑ YOU ARE MY CHRISTMAS SPECIAL 104215	2002	YR	100.00	100.00
❑ YOU ARE MY FAVORITE STAR 527378	1992	RT	60.00	83.00
❑ YOU ARE MY HAPPINESS 526185	1990	YR	38.00	47.00
❑ YOU ARE MY NUMBER ONE 520829	1988	OU	20.00	19.00
❑ YOU ARE MY ONCE IN A LIFETIME 531030	1998	RT	45.00	46.00
❑ YOU ARE THE TYPE I LOVE 523542	1990	OP	40.00	48.00
❑ YOU ARE/ROSE OF HIS CREATION 531243	1993	2000	*	560.00
❑ YOU CAN ALWAYS COUNT ON ME 487953	1999	OP	35.00	35.00
❑ YOU CAN ALWAYS FUDGE A LITTLE DURING THE SEASON 455792	1998	OP	35.00	35.00
❑ YOU CAN FLY 12335	1985	SU	25.00	70.00
❑ YOU CAN'T RUN AWAY FROM GOD E-0525	1983	RT	29.00	100.00
❑ YOU CAN'T TAKE IT WITH YOU 488321	1999	OP	25.00	25.00
❑ YOU COUNT 488372	1999	OP	25.00	25.00
❑ YOU DESERVE A HALO-THANK YOU 531693	1996	RT	55.00	62.00
❑ YOU DESERVE AN OVATION 520578	1990	OP	35.00	40.00
❑ YOU FILL THE PAGES OF MY LIFE 531065	1995	OP	68.00	68.00
❑ YOU HAVE TOUCHED SO MANY HEARTS 523283	1990	2000	600.00	610.00
❑ YOU HAVE TOUCHED SO MANY HEARTS 527661	1982	SU	35.00	38.00
❑ YOU HAVE TOUCHED SO MANY HEARTS E-2821	1982	SU	25.00	58.00
❑ YOU HAVE TOUCHED SO MANY HEARTS- I	1997	OP	38.00	38.00
❑ YOU HAVE TOUCHED.....HEARTS 422282	1990	LE	175.00	175.00
❑ YOU JUST CAN'T REPLACE A GOOD FRIENDSHIP 488054	1999	OP	35.00	35.00
❑ YOU SHOULD BE AS PROUD AS A PEACOCK- CONGRATULATIONS 733008	2000	OP	28.00	28.00
❑ YOU SUIT ME TO A TEE 526193	1994	RT	35.00	38.00
❑ YOU WILL ALWAYS BE OUR HERO 136271	1995	YR	40.00	50.00
❑ YOU'LL ALWAYS BE DADDY'S LITTLE GIRL 488224	2000	OP	50.00	50.00
❑ YOUR LOVE IS JUST SO COMFORTING 104268	2002	*	35.00	35.00
❑ YOUR LOVE IS SO UPLIFTING 520675	1988	RT	60.00	92.00
❑ YOU'RE A DANDY MOM AND I'M NOT LION 795232V	2001	*	28.00	28.00
❑ YOU'RE A LIFE SAVER TO ME	1997	OP	35.00	35.00
❑ YOU'RE AN ALL-STAR GRADIATE (BLONDE) 101498	2002	*	25.00	25.00
❑ YOU'RE AN ALL-STAR GRADUATE (BRUNETTE) 101499	2002	*	25.00	25.00
❑ YOU'RE AS PRETTY AS A CHRISTMAS TREE	1994	YR	28.00	28.00
❑ YOU'RE JUST TOO SWEET TO BE SCARY	1997	OP	55.00	55.00
❑ YOU'RE JUST TOO THWEET BOX 797693	2002	*	23.00	23.00
❑ YOU'RE MY HONEY BEE 487929	1999	OP	20.00	20.00
❑ YOU'RE O.K. BY ME 104267	2002	*	38.00	38.00
❑ YOU'RE WORTH YOUR WEIGHT IN GOLD E-9282B	1982	SU	8.00	42.00
PRECIOUS MOMENTS AMERICA FOREVER				**S. BUTCHER**
❑ AMERICA, YOU'RE BEAUTIFUL 528862R	2002	*	35.00	35.00
❑ GOD BLESS AMERICA 102938R	2002	*	40.00	40.00
❑ STAND BESIDE HER AND GUIDE HER 106671	2002	*	40.00	40.00
PRECIOUS MOMENTS ANIMAL AFFECTIONS				**S. BUTCHER**
❑ HOLY MACKEREL, IT'S YOUR BIRTHDAY 994898	2002	*	20.00	20.00
❑ MIRACLES CAN HAPPEN 994871	2002	*	20.00	20.00
❑ RATS, I MISSED YOUR BIRTHDAY 101496	2002	*	20.00	20.00
❑ SO YOU FINALLY MET YOUR MATCH--				

NAME	YEAR	LIMIT	ISSUE	TREND
CONGRATULATIONS 101493	2002	*	20.00	20.00
❑ WE'RE BEHIND YOU ALL THE WAY 994863	2002	*	20.00	20.00
❑ YOU ARE A REAL MOMMY 101495	2002	*	20.00	20.00
PRECIOUS MOMENTS ANNIVERSARY FIGURINES				**S. BUTCHER**
❑ GOD BLESSED OUR YEARS TOGETHER E-2854	1983	RT	35.00	61.00
❑ GOD BLESSED/LOVE & HAPPINESS E-2854	1984	OP	35.00	58.00
❑ GOD BLESSED/LOVE & HAPPINESS E-2855	1984	OP	35.00	68.00
❑ GOD BLESSED/LOVE & HAPPINESS E-2856	1984	OP	35.00	73.00
❑ GOD BLESSED/LOVE & HAPPINESS E-2857	1984	OP	35.00	58.00
❑ GOD BLESSED/LOVE & HAPPINESS E-2859	1984	OP	35.00	74.00
❑ GOD BLESSED/LOVE & HAPPINESS E-2860	1984	OP	35.00	64.00
❑ I STILL DO 530999	1993	OP	30.00	40.00
❑ I STILL DO 531006	1993	OP	30.00	40.00
PRECIOUS MOMENTS BABY CLASSICS				**S. BUTCHER**
❑ GOD LOVETH A CHEERFUL GIVER	1997	RT	25.00	26.00
❑ GOOD FRIENDS ARE FOREVER	1997	OP	30.00	30.00
❑ I BELIEVE IN MIRACLES	1997	OP	25.00	25.00
❑ LOVE IS SHARING	1997	OP	25.00	25.00
❑ LOVE ONE ANOTHER	1997	OP	30.00	30.00
❑ MAKE A JOYFUL NOISE E1374G	1997	RT	30.00	84.00
❑ WE ARE GOD'S WORKMANSHIP	1997	OP	25.00	25.00
❑ YOU HAVE TOUCHED SO MANY HEARTS- II	1997	OP	25.00	25.00
PRECIOUS MOMENTS BABY'S FIRST				**S. BUTCHER**
❑ BABY'S FIRST HAIRCUT 12211	1984	SU	33.00	179.00
❑ BABY'S FIRST MEAL 524077	1990	RT	35.00	49.00
❑ BABY'S FIRST PET 520705	1988	SU	45.00	78.00
❑ BABY'S FIRST PICTURE E-2841	1984	RT	45.00	195.00
❑ BABY'S FIRST STEP E-2840	1984	SU	35.00	106.00
❑ BABY'S FIRST WORD 527238	1992	RT	25.00	36.00
PRECIOUS MOMENTS BEE-LIEVING				**S. BUTCHER**
❑ I AM A BEE-LIEVER 928534	2002	*	30.00	30.00
❑ LORD IS ALWAYS BEE-SIDE US, THE 928550	2002	*	38.00	38.00
❑ PRECIOUS FRIENDS 928542	2002	*	40.00	40.00
PRECIOUS MOMENTS BIRTHDAY CLUB				**S. BUTCHER**
❑ ALL ABOARD FOR BIRTHDAY CLUB FUN B0007	1992	YR	16.00	36.00
❑ ALL ABOARD FOR BIRTHDAY CLUB FUN B0107	1992	YR	16.00	42.00
❑ CAN'T BEEHIVE MYSELF WITHOUT YOU BC-891	1989	YR	14.00	55.00
❑ CAN'T GET ENOUGH OF OUR CLUB B 0109	1994	YR	*	38.00
❑ CAN'T GET ENOUGH OF OUR CLUB B0009	1994	YR	*	27.00
❑ COLLECTING MAKES GOOD SCENTS BC-901	1990	YR	15.00	38.00
❑ EVERY MAN'S HOUSE IS HIS CASTLE BC921	1991	YR	16.00	40.00
❑ FISHING FOR FRIENDS BC-861	1986	YR	10.00	125.00
❑ FUN STARTS HERE, THE B0112	1997	YR	*	N/A
❑ GOD BLESS OUR HOME BC941	1994	YR	16.00	30.00
❑ HAPPINESS IS BELONGING B0008	1994	YR	*	30.00
❑ HAPPINESS IS BELONGING B0108	1994	YR	16.00	27.00
❑ HARE'S TO THE BIRTHDAY CLUB BC971	1997	YR	16.00	16.00
❑ HAVE A BEARY SPECIAL BIRTHDAY B 0104	1989	YR	*	35.00
❑ HAVE A BEARY SPECIAL BIRTHDAY B0004	1989	YR	*	38.00
❑ HI SUGAR BC-871	1987	YR	11.00	110.00
❑ HOLY TWEET BC972	1998	YR	19.00	19.00
❑ HOPPY BIRTHDAY B0010	1995	YR	*	25.00
❑ HOPPY BIRTHDAY B0110	1995	YR	*	40.00
❑ I'M NUTS OVER MY COLLECTION BC-902	1990	YR	15.00	30.00
❑ I'VE GOT YOU UNDER MY SKIN BC911	1993	YR	16.00	33.00
❑ JEST TO LET YOU KNOW YOU'RE TOPS B0006	1991	YR	*	45.00
❑ JEST TO LET YOU KNOW YOU'RE TOPS B-0106	1991	YR	*	37.00
❑ LET US CALL THE CLUB TO ORDER E-0103	1982	YR	25.00	67.00
❑ LOVE PACIFIES BC911	1991	YR	15.00	35.00
❑ OUR CLUB CAN'T BE BEAT B-0001	1986	YR	*	93.00
❑ OUR CLUB IS A TOUGH ACT TO FOLLOW B-0005	1990	YR	*	34.00
❑ OUR CLUB IS A TOUGH ACT TO FOLLOW B-0105	1990	YR	*	38.00
❑ OWL ALWAYS BE YOUR FRIEND B932	1994	YR	16.00	16.00
❑ PUT A LITTLE PUNCH INTO YOUR BIRTHDAY BC931	1994	YR	15.00	24.00
❑ SCOOTIN' BY JUST TO SAY HI! B0111	1996	YR	*	22.00
❑ SMILE'S THE CYMBAL OF JOY B-0002	1987	YR	*	74.00
❑ SMILE'S THE CYMBAL OF JOY B-0102	1987	YR	*	75.00
❑ SOMEBUNNY CARES BC-881	1988	YR	14.00	63.00
❑ SWEETEST CLUB AROUND, THE- B-0003	1988	YR	*	44.00
❑ SWEETEST CLUB AROUND, THE- B-0103	1988	YR	*	48.00
❑ THERE'S A SPOT IN MY HEART FOR YOU BC961	1996	YR	15.00	25.00
❑ TRUE BLUE FRIENDS BC912	1990	YR	15.00	39.00
❑ YER A PEL I CAN COUNT ON	1995	YR	16.00	33.00
PRECIOUS MOMENTS BIRTHDAY SERIES				**S. BUTCHER**
❑ BRIGHTEN SOMEONE'S DAY 105953	1986	SU	12.00	48.00
❑ CAN'T BE WITHOUT YOU 524492	1990	OP	16.00	27.00
❑ FRIENDS TO THE END 104418	1988	SU	15.00	46.00
❑ FROM THE FIRST TIME I SPOTTED YOU I KNEW ...260940	1997	RT	20.00	26.00
❑ HAPPY BIRDIE 527343	1992	SU	16.00	33.00
❑ HAPPY BIRTHDAY JESUS 530492	1993	OP	20.00	23.00
❑ HELLO WORLD! 521175	1988	RT	14.00	24.00
❑ HOPE YOU'RE OVER THE HUMP 521671	1993	SU	16.00	30.00
❑ HOW CAN I EVER FORGET YOU 526924	1990	OP	15.00	18.00
❑ I HAVEN'T SEEN MUCH OF YOU LATELY 531057	1996	OP	14.00	14.00
❑ LET'S BE FRIENDS 527270	1990	RT	15.00	33.00

NAME	YEAR	LIMIT	ISSUE	TREND
❑ NOT A CREATURE WAS STIRRING 524484	1989	SU	17.00	36.00
❑ OINKY BIRTHDAY 524506	1994	RT	14.00	14.00
❑ SHOWERS OF BLESSINGS 105945	1986	RT	16.00	47.00
❑ TO MY FAVORITE FAN 521043	1989	SU	16.00	45.00
❑ WISHING YOU A HAPPY BEAR HUG 520659	1995	SU	28.00	43.00
PRECIOUS MOMENTS BIRTHDAY TRAIN				**S. BUTCHER**
❑ BEING NINE IS JUST DIVINE 521833	1992	OP	25.00	30.00
❑ BLESS THE DAYS OF OUR YOUTH 16004	1985	OP	15.00	33.00
❑ GIVE A GRIN AND LET THE FUN BEGIN 488011	2000	OP	25.00	25.00
❑ GOD BLESS YOU ON YOUR BIRTHDAY 15962	1985	OP	11.00	32.00
❑ HAPPY BIRTHDAY LITTLE LAMB 15946	1985	OP	10.00	29.00
❑ HEAVEN BLESS YOUR SPECIAL DAY 15954	1985	OP	11.00	28.00
❑ ISN'T EIGHT JUST GREAT 109460	1988	OP	19.00	27.00
❑ KEEP LOOKING UP 15997	1985	OP	14.00	33.00
❑ MAY YOUR BIRTHDAY BE MAMMOTH 521825	1990	OP	25.00	30.00
❑ MAY YOUR BIRTHDAY BE WARM 15938	1985	OP	10.00	30.00
❑ TAKE YOUR TIME IT'S YOUR BIRTHDAY 488003	1999	OP	25.00	25.00
❑ THIS DAY IS SOMETHING...ROAR ABOUT 15989	1985	OP	14.00	30.00
❑ WISHING YOU GRR-EATNESS 109479	1988	OP	19.00	31.00
❑ YOU MEAN THE MOOSE TO ME 488038	2000	OP	25.00	25.00
PRECIOUS MOMENTS BOYS & GIRLS CLUBS OF AMERICA				**S. BUTCHER**
❑ HE IS OUR SHELTER FROM THE STORM	1997	OP	75.00	75.00
❑ I COULDN'T MAKE IT WITHOUT YOU 635030	1999	OP	60.00	60.00
❑ LOVE IS COLOR BLIND 524204	1998	OP	60.00	60.00
❑ SHOOT FOR THE STARS..STRIKE OUT 521701	1997	LE	60.00	67.00
PRECIOUS MOMENTS BRIDAL PARTY				**S. BUTCHER**
❑ BRIDE E-2846	1983	OP	18.00	28.00
❑ FLOWER GIRL E-2835	1984	OP	11.00	25.00
❑ GOD BLESS..FAMILY (PARENTS/BRIDE) 100501	1986	RT	35.00	59.00
❑ GOD BLESS..FAMILY (PARENTS/GROOM) 100498	1986	RT	35.00	59.00
❑ GROOM E-2837	1986	OP	14.00	32.00
❑ GROOMSMAN WITH FROG E-2836	1983	OP	13.00	30.00
❑ JUNIOR BRIDESMAID E-2845	1983	OP	12.00	25.00
❑ NO FLOWER IS AS SWEET AS YOU E-2831	1983	OP	13.00	30.00
❑ RINGBEARER E-2833	1984	OP	11.00	22.00
❑ WEDDING ARCH 102369	1987	SU	23.00	51.00
PRECIOUS MOMENTS CALENDAR GIRL				**S. BUTCHER**
❑ AMETHYST-COLOR OF FAITH FEBRUARY 335541	1997	OP	25.00	25.00
❑ APRIL 110027	1987	OP	28.00	78.00
❑ AQUAMARINE-COLOR OF KINDNESS MARCH 335568	1997	OP	25.00	25.00
❑ AUGUST 110078	1988	OP	40.00	60.00
❑ CARNATION BOLD AND BRAVE, FEBRUARY 101517	2002	*	40.00	40.00
❑ CHRYSANTHEMUM SASSY AND CHEERFUL, NOVEMBER 101527	2002	*	40.00	40.00
❑ COSMOS AMBITIOUS, OCTOBER 101526	2002	*	40.00	40.00
❑ DAISY WIDE-EYED AND INNOCENT, JULY 101522	2002	*	40.00	40.00
❑ DECEMBER 110116	1988	OP	28.00	40.00
❑ DIAMOND-COLOR OF PURITY APRIL 335576	1997	OP	25.00	25.00
❑ EMERALD-COLOR OF PATIENCE MAY 335584	1997	OP	25.00	25.00
❑ FEBRUARY 109991	1987	OP	28.00	45.00
❑ GARNET-COLOR OF BOLDNESS JANUARY 335533	1997	OP	25.00	25.00
❑ HAWTHORNE BRIGHT AND HOPEFUL, MAY 101520	2002	*	40.00	40.00
❑ HOLLY FULL OF FORESIGHT, DECEMBER 101528	2002	*	40.00	40.00
❑ JANUARY 109983	1987	OP	38.00	55.00
❑ JULY 110051	1988	OP	35.00	50.00
❑ JUNE 110043	1987	OP	40.00	80.00
❑ LILY VIRTUOUS, APRIL 101519	2002	*	40.00	40.00
❑ MARCH 110019	1987	OP	28.00	51.00
❑ MAY 110035	1987	OP	28.00	80.00
❑ MORNING GLORY EASILY CONTENTED, SEPTEMBER 101525	2002	*	40.00	40.00
❑ NOVEMBER 110108	1988	OP	33.00	45.00
❑ OCTOBER 110094	1988	OP	35.00	49.00
❑ OPAL-COLOR OF HAPPINESS OCTOBER 335657	1997	OP	25.00	25.00
❑ PEARL-COLOR OF LOVE JUNE 335592	1997	OP	25.00	25.00
❑ PERIDOT-COLOR OF PRIDE AUGUST 335614	1997	OP	25.00	25.00
❑ POPPY PEACEFUL, AUGUST 101523	2002	*	40.00	40.00
❑ ROSE BEAUTIFUL, JUNE 101521	2002	*	40.00	40.00
❑ RUBY-COLOR OF JOY 335606	1997	OP	25.00	25.00
❑ SAPPHIRE-COLOR OF CONFIDENCE SEPTEMBER 335622	1997	OP	25.00	25.00
❑ SEPTEMBER 110086	1988	OP	28.00	45.00
❑ SNOWDROP PURE AND GENTLE, JANUARY 101515	2002	*	40.00	40.00
❑ TOPAZ-COLOR OF TRUTH NOVEMBER	1997	OP	25.00	25.00
❑ TURQUOISE-COLOR OF LOYALTY DECEMBER 335673	1997	OP	25.00	25.00
❑ VIOLET MODEST, MARCH 101518	2002	*	40.00	40.00
PRECIOUS MOMENTS CENTURY CIRCLE EVENT				**S. BUTCHER**
❑ GOD'S LOVE IS CRYSTAL CLEAR 879436	2001	*	45.00	45.00
❑ PEARL OF GREAT PRICE, THE	1997	YR	50.00	75.00
❑ PRECIOUS MOMENTS IN PARADISE 101549	2002	*	*	45.00
❑ SQUEAKY CLEAN 731048	2000	OP	45.00	45.00
PRECIOUS MOMENTS CENTURY CIRCLE EXCLUSIVE				**S. BUTCHER**
❑ FUN IS BEING TOGETHER, THE 730262	2000	OP	200.00	200.00
❑ IN GOD'S BEAUTIFUL GARDEN OF LOVE	1997	15000	150.00	150.00
❑ PLANTING THE SEEDS OF LOVE 101548	2002	7500	100.00	100.00
❑ SHARING OUR TIME IS SO PRECIOUS 456349	1999	110	110.00	110.00
❑ WE HAVE THE SWEETEST TIMES TOGETHER 261580	2001	*	100.00	100.00
PRECIOUS MOMENTS CLOWN				**S. BUTCHER**
❑ I GET A BANG OUT OF YOU 12262	1985	RT	35.00	75.00

NAME	YEAR	LIMIT	ISSUE	TREND
❑ LORD KEEP ME ON THE BALL 12270	1985	SU	35.00	60.00
❑ LORD WILL CARRY YOU THROUGH, THE- 12467	1985	RT	30.00	89.00
❑ WADDLE I DO WITHOUT YOU 12459	1985	RT	30.00	102.00
PRECIOUS MOMENTS COLLECTORS CLUB				**S. BUTCHER**
❑ 20 YEARS AND THE VISION'S STILL THE SAME 306843	1998	YR	55.00	55.00
❑ ALWAYS ROOM FOR ONE MORE C-0009	1988	YR	*	35.00
❑ ALWAYS TAKE TIME TO PRAY PM952	1995	YR	35.00	56.00
❑ BIRDS OF A FEATHER...TOGETHER E-0006	1986	YR	*	44.00
❑ BLESSED ARE THE MERCIFUL	1997	YR	40.00	40.00
❑ BUT LOVE GOES ON FOREVER-PLAQUE E-0202	1982	YR	*	65.00
❑ CARING PM941	1994	YR	35.00	N/A
❑ CLUB IS OUT OF THIS WORLD, THE C0112	1992	YR	*	45.00
❑ COLLECTING FRIENDS ALONG THE WAY PM002	2000	YR	100.00	100.00
❑ DAWN'S EARLY LIGHT PM-831	1983	CL	28.00	68.00
❑ FEED MY SHEEP PM-871	1986	CL	25.00	76.00
❑ FOCUSING IN ON THOSE PRECIOUS MOMENTS C0018	1998	YR	*	N/A
❑ GOD BLESS YOU/TOUCHING MY LIFE PM-881	1988	CL	28.00	59.00
❑ GOD SPEED PM992	1999	YR	30.00	N/A
❑ GOD'S RAY OF MERCY PM-841	1983	CL	25.00	75.00
❑ GRANDMA'S PRAYER PM-861	1986	CL	25.00	84.00
❑ GROWING LOVE E-0008	1987	YR	*	35.00
❑ HAPPY TRAILS PM981	1998	YR	50.00	N/A
❑ HE WATCHES OVER US ALL PM993	1999	YR	225.00	N/A
❑ HELLO, LORD, IT'S ME AGAIN PM-811	1981	CL	25.00	448.00
❑ HIS LITTLE TREASURE PM931	1992	OP	30.00	48.00
❑ HOW CAN TWO WORK TOGETHER				
EXCEPT THEY AGREE PM983	1998	YR	125.00	125.00
❑ I LOVE TO TELL THE STORY PM-852	1984	CL	28.00	66.00
❑ I'M FOLLOWING JESUS PM-862	1986	CL	25.00	80.00
❑ IN HIS TIME PM-872	1987	CL	25.00	61.00
❑ JOIN IN ON THE BLESSINGS E-0404	1984	YR	*	40.00
❑ JUMPING FOR JOY PM991	1999	YR	30.00	34.00
❑ LET US CALL THE CLUB TO ORDER E-0303	1982	YR	*	60.00
❑ LORD IS MY SHEPHERD, THE- PM-851	1984	SU	25.00	70.00
❑ LORD PLEASE DON'T PUT ME ON HOLD PM982	1998	YR	40.00	47.00
❑ LORD, KEEP ME/TEEPEE TOP SHAPE PM-912	1990	YR	28.00	53.00
❑ LOVING PM932	1992	OP	30.00	32.00
❑ LOVING YOU DEAR VALENTINE PM873	1986	YR	25.00	45.00
❑ LOVING YOU DEAR VALENTINE PM874	1986	YR	25.00	45.00
❑ LOVING, CARING..ALONG THE WAY C0113	1993	YR	25.00	48.00
❑ MOW POWER TO YOU PM-892	1989	CL	28.00	60.00
❑ MY COLLECTION PM001	2000	YR	20.00	20.00
❑ MY HAPPINESS C-0010	1989	YR	*	37.00
❑ ONE STEP AT A TIME PM-911	1990	YR	33.00	40.00
❑ ONLY LOVE CAN MAKE A HOME PM-921	1992	YR	30.00	67.00
❑ OUR CLUB IS SODA-LICIOUS PM962	1996	YR	35.00	60.00
❑ PIGGY BANK 104832	2002	*	*	N/A
❑ PUT ON A HAPPY FACE PM-822	1981	CL	25.00	205.00
❑ SEEK AND YE SHALL FIND E-0005	1984	YR	*	50.00
❑ SHARING IS UNIVERSAL E-0007	1987	YR	*	45.00
❑ SHARING PM942	1994	YR	35.00	N/A
❑ SHARING THE GOOD NEWS TOGETHER C0011	1990	YR	*	50.00
❑ SMILE, GOD LOVES YOU PM-821	1982	CL	25.00	197.00
❑ SOWING THE SEEDS OF LOVE PM922	1992	YR	30.00	35.00
❑ SPECIAL TOAST TO PRECIOUS MOMENTS C0017	1997	YR	*	N/A
❑ TEACH US TO LOVE ONE ANOTHER PM961	1996	YR	40.00	40.00
❑ TEN YEARS AND STILL GOING STRONG PM-901	1990	CL	30.00	50.00
❑ THANKS A BUNCH C0020	2000	YR	*	N/A
❑ THIS LAND IS OUR LAND 527386	1991	LE	350.00	390.00
❑ TRUST IN THE LORD TO THE FINISH PM-842	1984	CL	25.00	63.00
❑ WISHING YOU A WORLD OF PEACE C0119	1999	YR	*	N/A
❑ YOU ARE A BLESSING TO ME PM-902	1990	CL	28.00	58.00
❑ YOU ARE THE END OF MY RAINBOW C0014	1994	YR	*	N/A
❑ YOU FILL THE PAGES OF MY LIFE 530980	1995	YR	38.00	N/A
❑ YOU JUST CAN'T CHUCK...FRIENDSHIP PM-882	1988	CL	28.00	51.00
❑ YOU WILL ALWAYS BE A TREASURE TO ME PM971	1997	YR	50.00	50.00
❑ YOU WILL ALWAYS BE MY CHOICE PM-891	1989	CL	28.00	47.00
❑ YOU'RE AS PRETTY AS A PICTURE C0016	1996	YR	*	N/A
❑ YOU'RE ONE IN A MILLION TO ME PM951	1995	YR	35.00	35.00
❑ YOU'RE THE END OF MY RAINBOW C0114	1992	OP	25.00	38.00
❑ YOU'RE THE SWEETEST COOKIE IN THE BATCH C0015	1995	YR	*	N/A
PRECIOUS MOMENTS EASTER SEALS				**S. BUTCHER**
❑ GATHER YOUR DREAMS 529680	1993	2000	500.00	608.00
❑ GIVE ABILITY A CHANCE	1997	LE	30.00	36.00
❑ GIVE YOUR WHOLE HEART 490245	2000	YR	30.00	30.00
❑ HE LOVES ME 152277	1996	2000	500.00	500.00
❑ HEAVEN BLESS YOU EASTER SEALS 456314	1999	YR	35.00	38.00
❑ HE'S GOT THE WHOLE WORLD IN HIS HANDS 526886	1995	YR	500.00	585.00
❑ IT'S NO SECRET WHAT GOD CAN DO 531111	1994	YR	30.00	50.00
❑ JESUS LOVES ME ES2000	2000	1500	500.00	500.00
❑ LOVE GROWS HERE	1997	2000	*	520.00
❑ LOVE IS UNIVERSAL 192376	1997	2000	*	N/A
❑ LOVE ONE ANOTHER LE2001	2001	LE	500.00	500.00
❑ SHARING A GIFT OF LOVE 527114	1991	YR	30.00	66.00
❑ SOMEBODY CARES 522325	1998	YR	40.00	40.00

NAME	YEAR	LIMIT	ISSUE	TREND
❏ TAKE TIME TO SMELL THE FLOWERS 524387	1995	YR	30.00	40.00
❏ UNVERSAL LOVE 527173	1992	YR	33.00	N/A
❏ WE ARE ALL PRECIOUS IN HIS SIGHT 475068	1999	1500	*	N/A
❏ WE ARE GOD'S WORKMANSHIP 523879	1991	2000	*	693.00
❏ YOU ARE SUCH A PURR-FECT FRIEND 526010	1992	2000	*	N/A
❏ YOU ARE THE ROSE OF HIS CREATION	1994	2000	*	N/A
❏ YOU CAN ALWAYS COUNT ON ME 526827	1996	OP	30.00	34.00
❏ YOU'RE MY NUMBER ONE FRIEND 530026	1993	YR	30.00	30.00

PRECIOUS MOMENTS EVENTS — S. BUTCHER

NAME	YEAR	LIMIT	ISSUE	TREND
❏ AN EVENT FOR ALL SEASONS 530158	1993	YR	30.00	N/A
❏ AN EVENT WORTH WADING FOR 527319	1992	YR	33.00	64.00
❏ CARRY A SONG IN YOUR HEART 104281	2002	8500	35.00	35.00
❏ FOLLOW YOUR HEART 528080	1995	YR	30.00	N/A
❏ GOOD FRIENDS ARE FOREVER 525049	1990	YR	25.00	N/A
❏ HALLELUJAH HOEDOWN 163864	1996	YR	33.00	33.00
❏ HE LEADETH ME E1377R	1999	YR	19.00	19.00
❏ HUGS CAN TAME THE WILDEST HEARTS 104282	2002	8500	35.00	35.00
❏ I SEE BRIGHT HOPE IN THE FUTURE 973912	2002	*	50.00	50.00
❏ I'M A PRECIOUS MOMENTS FAN 523526	1990	YR	25.00	52.00
❏ LOVE IS KIND E1379R	1998	YR	8.00	N/A
❏ MAY THE SUN ALWAYS SHINE ON YOU 184217	1996	YR	38.00	38.00
❏ MEMORIES ARE MADE OF THIS 529982	1994	YR	30.00	44.00
❏ MR. FUJIOKA 781851	2000	RT	*	N/A
❏ PENNY SAVED IS A PENNY EARNED, A 101234	2002	*	35.00	35.00
❏ SCOOPIN' UP SOME LOVE 635049	2000	RT	35.00	N/A
❏ SHARING BEGINS IN THE HEART 520861	1988	YR	25.00	66.00
❏ TO GOD BE THE GLORY E2823R	2000	CL	45.00	45.00
❏ TRUE SPIRIT OF CHRISTMAS GUIDES THE WAY, THE 104784	2002	5000	100.00	100.00
❏ WE'RE SO HOPPY YOU'RE HERE 261351	1997	YR	33.00	33.00
❏ YOU ARE MY MAIN EVENT 115231	1987	YR	30.00	60.00
❏ YOU CAN ALWAYS BRING A FRIEND 527122	1990	YR	28.00	53.00
❏ YOU COLOR OUR WORLD WITH LOVING, CARING AND SHARING 644463	1999	RT	19.00	N/A
❏ YOU HAVE THE BEARY BEST HEART 730254	2001	LE	35.00	35.00
❏ YOU OUGHTA BE IN PICTURES 490327	1999	YR	33.00	33.00

PRECIOUS MOMENTS FAMILY CHRISTMAS SCENE — S. BUTCHER

NAME	YEAR	LIMIT	ISSUE	TREND
❏ CHRISTMAS FIREPLACE 524883	1990	SU	38.00	60.00
❏ GOD GAVE HIS BEST 15806	1985	SU	13.00	44.00
❏ HAVE A BEARY MERRY CHRISTMAS 522856	1989	SU	15.00	40.00
❏ MAY YOU HAVE...SWEETEST CHRISTMAS 15776	1986	SU	17.00	48.00
❏ SHARING OUR CHRISTMAS TOGETHER 102490	1986	SU	40.00	89.00
❏ STORY OF GOD'S LOVE, THE· 15784	1985	SU	23.00	59.00
❏ TELL ME A STORY 15792	1985	SU	10.00	34.00
❏ WISHING YOU AN OLD FASHIONED CHRISTMAS 634778	1999	YR	175.00	175.00

PRECIOUS MOMENTS FUN CLUB — S. BUTCHER

NAME	YEAR	LIMIT	ISSUE	TREND
❏ CHESTER BC992	1999	YR	7.00	7.00
❏ DON'T FRET, WE'LL GET YOU THERE YET F0012	2000	YR	*	N/A
❏ EWE ARE SO SPECIAL TO ME BC993	1999	YR	15.00	15.00
❏ HOLD ON TO THE MOMENT FC003	2000	YR	7.00	7.00
❏ REED THE CENTIPEDE FC001	2000	YR	7.00	7.00
❏ RONNIE THE RHINO FC002	2000	YR	25.00	25.00
❏ YOU ARE MY MANE INSPIRATION B0014	1999	YR	*	32.00

PRECIOUS MOMENTS GROWING IN GOD'S GARDEN OF LOVE — S. BUTCHER

NAME	YEAR	LIMIT	ISSUE	TREND
❏ BOUQUET FROM GOD'S GARDEN OF LOVE, A	1997	OP	38.00	38.00
❏ SOME PLANT, SOME WATER, BUT GOD. INCREASE 176958	1996	OP	38.00	38.00
❏ SOWING SEEDS OF KINDNESS 163856	1996	OP	38.00	38.00

PRECIOUS MOMENTS GROWING IN GRACE — S. BUTCHER

NAME	YEAR	LIMIT	ISSUE	TREND
❏ AGE 1	1995	OP	25.00	25.00
❏ AGE 2	1995	OP	25.00	25.00
❏ AGE 3	1995	OP	25.00	25.00
❏ AGE 4	1995	OP	28.00	28.00
❏ AGE 5	1995	OP	28.00	28.00
❏ AGE 6	1995	OP	30.00	30.00
❏ AGE 7	1996	OP	33.00	33.00
❏ AGE 8	1996	OP	33.00	33.00
❏ AGE 9	1996	OP	30.00	30.00
❏ AGE 10	1996	OP	38.00	38.00
❏ AGE 11	1997	OP	38.00	38.00
❏ AGE 12	1997	OP	38.00	38.00
❏ AGE 13	1997	OP	40.00	40.00
❏ AGE 14	1997	OP	35.00	35.00
❏ AGE 15	1997	OP	40.00	40.00
❏ AGE 16	1995	OP	45.00	45.00
❏ INFANT ANGEL	1995	OP	23.00	23.00
❏ IT'S A GIRL-ANGEL W/INFANT ANNOUNCEMENT 136204	1995	OP	23.00	23.00
❏ SWEET SIXTEEN-GIRL HOLDING 16 ROSES 136263	1995	OP	40.00	40.00

PRECIOUS MOMENTS GROWING IN GRACE BRUNETTE SERIES — S. BUTCHER

NAME	YEAR	LIMIT	ISSUE	TREND
❏ GROW IN GRACE AGE 6 136255B	2002	*	30.00	30.00
❏ GROW IN GRACE AGE 7 163740B	2002	*	35.00	35.00
❏ GROW IN GRACE AGE 8 163759B	2002	*	35.00	35.00
❏ GROW IN GRACE AGE 9 183865B	2002	*	30.00	30.00
❏ GROW IN GRACE AGE 10 183873B	2002	*	40.00	40.00
❏ GROW IN GRACE AGE 11 260924B	2002	*	40.00	40.00
❏ GROW IN GRACE AGE 12 260932B	2002	*	40.00	40.00
❏ GROW IN GRACE AGE 13 272647B	2002	*	40.00	40.00

FIGURINES

NAME	YEAR	LIMIT	ISSUE	TREND
❏ GROW IN GRACE AGE 14 272655B	2002	*	35.00	35.00
❏ GROW IN GRACE AGE 15 272663B	2002	*	40.00	40.00
❏ GROW IN GRACE AGE 16 136263B	2002	*	45.00	45.00
PRECIOUS MOMENTS HARVEST				**S. BUTCHER**
❏ I GET A CLUCK OUT OF YOU COUNTRY LANE 104270	2002	*	40.00	40.00
❏ OWL ALWAYS BE THERE FOR YOU 104271	2002	*	25.00	25.00
PRECIOUS MOMENTS HOLIDAY PREVIEW				**S. BUTCHER**
❏ PACK YOUR TRUNK FOR THE HOLIDAYS	1997	YR	20.00	28.00
PRECIOUS MOMENTS LITTLE MOMENTS				**S. BUTCHER**
❏ ALL THINGS GROW WITH LOVE 139505	1996	OP	20.00	20.00
❏ APRIL	1997	OP	20.00	20.00
❏ AUGUST	1997	OP	20.00	20.00
❏ BIRTHDAY WISHES WITH HUGS AND KISSES 139556	1996	OP	20.00	20.00
❏ BLESS YOUR LITTLE TUTU	1997	OP	20.00	20.00
❏ BUILD YOUR OWN FAMILY	2001	*	20.00	20.00
❏ BUILD YOUR OWN FAMILY-CAT 848832	2001	*	10.00	10.00
❏ BUILD YOUR OWN FAMILY-DOG 848826	2001	*	10.00	10.00
❏ DECEMBER	1997	OP	20.00	20.00
❏ FEBRUARY	1997	OP	20.00	20.00
❏ HOLIDAY WISHES SWEETIE PIE 312444	1997	OP	20.00	20.00
❏ IT'S RUFF TO ALWAYS BE CHEERY	1997	OP	20.00	20.00
❏ JANUARY	1997	OP	20.00	20.00
❏ JULY	1997	OP	20.00	20.00
❏ JUNE	1997	OP	20.00	20.00
❏ JUST THE FACTS--YOU'RE TERRIFIC 320668	1997	OP	20.00	20.00
❏ LOVING IS CARING 320579	1997	OP	20.00	20.00
❏ LOVING IS CARING 320595	1997	OP	20.00	20.00
❏ MARCH	1997	OP	20.00	20.00
❏ MAY	1997	OP	20.00	20.00
❏ NOTHING IS TWEETER THAN YOU 954136	2002	*	20.00	20.00
❏ NOVEMBER	1997	OP	20.00	20.00
❏ OCTOBER	1997	OP	20.00	20.00
❏ SEPTEMBER	1997	OP	20.00	20.00
❏ SHARING SWEET MOMENTS TOGETHER 731579	2000	OP	20.00	20.00
❏ THANK YOU FOR THE TIME WE SHARE 384836	1998	RT	20.00	25.00
❏ THERE'S SNO-ONE QUITE LIKE YOU 104781	2002	*	25.00	25.00
❏ WHAT WOULD I DO WITHOUT YOU? 320714	1997	OP	25.00	25.00
❏ WHERE WOULD I BE WITHOUT YOU? 139491	1996	OP	20.00	20.00
❏ WORLD'S BEST HELPER GIRL 491608	1999	OP	25.00	25.00
❏ WORLD'S GREATEST STUDENT BOY 491586	1999	OP	20.00	20.00
❏ WORLD'S GREATEST STUDENT GIRL 491616	1999	OP	25.00	25.00
❏ WORLD'S SWEETEST GIRL 491594	1999	OP	25.00	25.00
❏ YOU HAVE SUCH A SPECIAL WAY OF CARING 320706	1997	OP	25.00	25.00
❏ YOU MAKE MY SPIRIT SOAR 139564	1996	OP	20.00	20.00
❏ YOU MAKE THE WORLD A SWEETER PLACE 139521	1996	OP	20.00	20.00
❏ YOU SET MY HEART ABLAZE 320625	1997	OP	20.00	20.00
❏ YOU'LL ALWAYS BE A WINNER TO ME- 272612	1997	OP	20.00	20.00
❏ YOU'LL ALWAYS BE A WINNER TO ME- 283460	1997	OP	20.00	20.00
❏ YOU'RE FOREVER IN MY HEART 139548	1996	OP	20.00	20.00
❏ YOU'RE JUST PERFECT IN MY BOOK 320560	1997	OP	25.00	25.00
❏ YOU'RE NO. 1 491640	1999	OP	25.00	25.00
❏ YOU'RE NO. 1 GIRL 491624	1999	OP	25.00	25.00
❏ YOU'RE THE BERRY BEST 139513	1996	OP	20.00	20.00
PRECIOUS MOMENTS MINI NATIVITY				**S. BUTCHER**
❏ CAMEL, COW, DONKEY	1997	OP	30.00	30.00
❏ FOR AN ANGEL YOU'RE SO DOWN TO EARTH	1997	OP	18.00	18.00
❏ NATIVITY WALL	1997	OP	40.00	40.00
❏ SHEPHERD W/ LAMBS- SET OF 2	1997	OP	23.00	23.00
PRECIOUS MOMENTS MOTHER'S DAY				**S. BUTCHER**
❏ CHERISHING EACH SPECIAL MOMENT 101233	2002	*	55.00	55.00
❏ MY LOVE SPILLS OVER FOR YOU MOM (BOY) 101514	2002	*	35.00	35.00
❏ MY LOVE SPILLS OVER FOR YOU MOM (GIRL) 101513	2002	*	35.00	35.00
PRECIOUS MOMENTS MUSICAL				**S. BUTCHER**
❏ CHRISTMAS IS A TIME TO SHARE E-2806	1980	RT	45.00	166.00
❏ COME LET US ADORE HIM E-2810	1979	SU	60.00	136.00
❏ CROWN HIM LORD OF ALL E-2807	1980	SU	45.00	123.00
❏ DO NOT OPEN TILL CHRISTMAS 522244	1992	SU	75.00	94.00
❏ HAND THAT ROCKS THE FUTURE, THE-E-5204	1981	OP	38.00	80.00
❏ HEAVEN BLESS YOU 100285	1984	SU	45.00	95.00
❏ I'LL PLAY MY DRUM FOR HIM E-2355	1982	SU	45.00	195.00
❏ I'M SENDING YOU A WHITE CHRISTMAS 112402	1987	RT	55.00	133.00
❏ JESUS IS BORN E-2809	1980	SU	45.00	150.00
❏ LET HEAVEN AND NATURE SING E2346	1983	SU	55.00	150.00
❏ LET THE WHOLE WORLD KNOW E-7186	1981	SU	60.00	146.00
❏ LORD BLESS YOU AND KEEP YOU, THE- E-7180	1979	OP	55.00	95.00
❏ LORD HELP KEEP ME IN BALANCE 520691	1990	SU	60.00	88.00
❏ LOVE IS SHARING E-7185	1981	RT	40.00	179.00
❏ MOTHER SEW DEAR E-7182	1979	OP	35.00	83.00
❏ MY GUARDIAN ANGEL E-5205	1980	SU	28.00	109.00
❏ MY GUARDIAN ANGEL E-5206	1980	SU	28.00	104.00
❏ O COME ALL YE FAITHFUL E2352	1982	SU	45.00	170.00
❏ OUR 1ST CHRISTMAS TOGETHER 101702	1985	RT	50.00	105.00
❏ PEACE ON EARTH E-4726	1980	SU	29.00	138.00
❏ PURR-FECT GRANDMA, THE- E-7184	1979	SU	35.00	82.00
❏ REJOICE O EARTH E-5645	1980	RT	40.00	113.00
❏ SHARING OUR SEASON TOGETHER E-0519	1983	RT	70.00	158.00
❏ SILENT NIGHT E-5642	1980	SU	55.00	375.00
❏ SLEEPING BABY BOY 429570	1991	OP	65.00	70.00

NAME	YEAR	LIMIT	ISSUE	TREND
❑ SLEEPING BABY GIRL 429589	1991	OP	65.00	72.00
❑ UNTO US A CHILD IS BORN E-2808	1980	SU	45.00	118.00
❑ WE SAW A STAR 12408	1984	SU	50.00	128.00
❑ WEE THREE KINGS E-0520	1983	SU	60.00	135.00
❑ WISHING YOU A MERRY CHRISTMAS E-5394	1984	SU	55.00	113.00
❑ YOU HAVE TOUCHED SO MANY HEARTS 112577	1988	SU	40.00	95.00
PRECIOUS MOMENTS NATIONAL NURSES DAY				**S. BUTCHER**
❑ NURSES ARE BLESSED WITH PATIENTS 101554	2002	*	20.00	20.00
PRECIOUS MOMENTS NATIVITY				**S. BUTCHER**
❑ AND YOU SHALL SEE A STAR	1997	OP	33.00	33.00
❑ HARK THE HAROLD ANGEL SINGS 104211	2002	*	20.00	20.00
❑ LIGHTED INN	1997	OP	100.00	100.00
❑ NATIVITY WELL	1997	OP	30.00	30.00
❑ PALM TREES, HAY BAIL, BABY FOOD	1997	OP	60.00	60.00
❑ SHEPHERD W/ LAMBS- SET OF 3	1997	OP	40.00	40.00
❑ YOUR KINDNESS WILL NOT BE FORGOTTEN 531197	2002	*	45.00	45.00
PRECIOUS MOMENTS NOAH'S ARK				**S. BUTCHER**
❑ BUNNIES 530123	1992	OP	9.00	14.00
❑ CONGRATULATIONS, YOU EARNED YOUR STRIPES 127609	1995	OP	15.00	15.00
❑ ELEPHANTS 530131	1992	OP	18.00	22.00
❑ GIRAFFES 530115	1992	OP	16.00	19.00
❑ I'D GOAT ANYWHERE WITH YOU 163694	1996	OP	10.00	13.00
❑ LLAMAS 531375	1993	OP	15.00	19.00
❑ NOAH'S ARK 8/PC COLL. SET 530948	1992	OP	190.00	190.00
❑ PIGS 530085	1992	OP	12.00	15.00
❑ SHEEP 530077	1992	OP	10.00	13.00
PRECIOUS MOMENTS REGIONAL CONFERENCE				**S. BUTCHER**
❑ FESTIVAL OF PRECIOUS MOMENTS, A	1997	YR	*	N/A
PRECIOUS MOMENTS REJOICE IN THE LORD				**S. BUTCHER**
❑ HAPPINESS IS THE LORD 12378	1984	SU	15.00	47.00
❑ HE IS MY SONG 12394	1984	SU	18.00	43.00
❑ LORD GIVE ME A SONG 12386	1984	SU	15.00	49.00
❑ LORD KEEP MY LIFE IN TUNE 12580	1986	SU	38.00	258.00
❑ THERE'S A SONG IN MY HEART 12173	1984	SU	11.00	55.00
PRECIOUS MOMENTS ROSE PETALS SERIES/GOCOLLECT EXCLUSIVE				**S. BUTCHER**
❑ LIVING EACH DAY WITH LOVE	2002	7500	50.00	50.00
❑ SMILE IS CHERISHED IN THE HEART, A	2002	7500	50.00	50.00
❑ YOU ARE THE ROSE IN MY BASKET	2002	7500	50.00	50.00
PRECIOUS MOMENTS SPORTS				**S. BUTCHER**
❑ I TRUST IN THE LORD FOR MY STRENGTH 104798	2002	*	25.00	25.00
❑ I'D JUMP THROUGH HOOPS FOR YOU 104799	2002	*	25.00	25.00
❑ SERVING UP FUN 104803	2002	*	25.00	25.00
❑ WE'RE A PERFECT MATCH 104801	2002	*	25.00	25.00
❑ YOUR SPIRIT IS AN INSPIRATION 104802	2002	*	25.00	25.00
❑ YOU'RE A PERFECT 10 104800	2002	*	25.00	25.00
PRECIOUS MOMENTS SPRING CATALOG				**S. BUTCHER**
❑ HAPPINESS TO THE CORE	1997	YR	38.00	38.00
PRECIOUS MOMENTS SUGAR TOWN				**S. BUTCHER**
❑ AUNT BULAH & UNCLE SAM 272825	1997	RT	23.00	24.00
❑ AUNT CLEO 272817	1997	RT	19.00	26.00
❑ AUNT RUTH AND AUNT DOROTHY 529486	1992	RT	20.00	43.00
❑ BIKE RACK 272906	1997	RT	15.00	15.00
❑ BIRD BATH 150223	1995	RT	8.00	15.00
❑ BONFIRE WITH BUNNIES 184152	1996	RT	10.00	18.00
❑ BUNNIES 530123	1997	RT	10.00	12.00
❑ BUS STOP 150207	1995	RT	8.00	16.00
❑ CAR 529443	1992	RT	23.00	24.00
❑ CHAPEL 529621	1992	RT	85.00	143.00
❑ CHUCK 272809	1997	YR	23.00	30.00
❑ COCOA 184063	1996	RT	8.00	14.00
❑ CONDUCTOR 150169	1995	YR	20.00	20.00
❑ DOG AND KITTEN ON PARK BENCH 529540	1995	RT	13.00	13.00
❑ DUSTY 529435	1992	RT	15.00	29.00
❑ ENHANCEMENTS- SET	1997	RT	25.00	25.00
❑ EVERGREEN TREE 528684	1992	RT	15.00	38.00
❑ FENCE 529796	1992	RT	10.00	13.00
❑ FIRE HYDRANT 150215	1995	RT	5.00	12.00
❑ FLAG POLE WITH KITTEN 184136	1996	RT	15.00	21.00
❑ FUEL BOY 531871	1995	RT	23.00	24.00
❑ GARBAGE CAN 272914	1997	RT	20.00	20.00
❑ GIRLS WITH GIFTS 531812	1995	RT	23.00	24.00
❑ GRANDFATHER 529516	1992	RT	15.00	36.00
❑ HANK AND SHARON 184098	1996	RT	25.00	32.00
❑ HEATHER 272833	1997	RT	20.00	24.00
❑ KATYLYNNE 529524	1992	RT	20.00	34.00
❑ LEROY 184071	1996	RT	19.00	24.00
❑ LIGHTED SCHOOL HOUSE	1997	RT	80.00	80.00
❑ LIGHTED TREE 184039	1996	RT	45.00	69.00
❑ LIGHTED WARMING HUT 192341	1996	RT	60.00	60.00
❑ LUGGAGE CART WITH KITTEN 150185	1995	RT	13.00	21.00
❑ MAZIE 184055	1996	RT	19.00	31.00
❑ MERRY GO ROUND 272841	1997	RT	20.00	24.00
❑ NATIVITY 529508	1992	RT	20.00	52.00
❑ PHILIP 529494	1992	RT	17.00	28.00
❑ RAILROAD CROSSING SIGN 150177	1995	RT	12.00	20.00

FIGURINES

NAME	YEAR	LIMIT	ISSUE	TREND
❏ SAM BUTCHER 529567	1992	YR	23.00	32.00
❏ SAM BUTCHER 529842	1993	YR	23.00	68.00
❏ SAMMY 528668	1992	RT	17.00	32.00
❏ SCHOOL HOUSE- COLL SET	1997	RT	184.00	249.00
❏ SKATING POND 184047	1996	RT	40.00	53.00
❏ SKATING POND COLL SET	1997	RT	170.00	170.00
❏ SKATING SIGN 184020	1996	LE	15.00	35.00
❏ STREET SIGN 532185	1995	RT	10.00	18.00
❏ SUGAR TOWN ENHANCEMENT SET 152269	1995	RT	45.00	45.00
❏ SUGAR TOWN ENHANCEMENT SET 184160	1996	RT	40.00	40.00
❏ SUGAR TOWN SKATING POND SET 184128 7-PC.	1996	RT	185.00	247.00
❏ SUGAR TOWN TRAIN STATION/COLLECTORS SET 150193	1995	RT	190.00	190.00
❏ TRAIN STATION NIGHT LIGHT 150150	1995	RT	100.00	120.00
❏ WE HAVE COME FROM AFAR 530913	1995	RT	12.00	14.00
❏ WOODEN BARREL HOT COCOA STAND 184144	1996	RT	15.00	15.00
PRECIOUS MOMENTS THE FOUR SEASONS				**S. BUTCHER**
❏ AUTUMN'S PRAISE 12084	1986	YR	30.00	76.00
❏ SUMMER'S JOY 12076	1985	YR	30.00	115.00
❏ VOICE OF SPRING, THE- 12068	1985	YR	30.00	300.00
❏ WINTER'S SONG 12092	1986	YR	30.00	135.00
PRETTY AS A PICTURE				*
❏ BUNDLE OF LOVE JUST FOR YOU, A	2002	YR	35.00	35.00
❏ LOVE COMES A-KNOCKING WHEN YOU LEAST EXPECT IT	2002	5000	60.00	60.00
PRETTY AS A PICTURE/GOCOLLECT EXCLUSIVE				**K. ANDERSON**
❏ P.S. I LOVE YOU	2002	3600	38.00	38.00
RAGGEDY ANN AND ANDY				*
❏ GREET THE SEASON OH SO JOLLY	2002	2500	45.00	45.00
❏ HARVEST FRIENDSHIP, GATHER LOVE	2002	2500	25.00	25.00
RUDOLPH THE RED-NOSED REINDEER AND THE ISLAND OF MISFIT TOYS				*
❏ RUDOLPH AND FRIENDS	2002	YR	45.00	45.00
SAMMY'S CIRCUS				**S. BUTCHER**
❏ COLLIN 529214	1993	SU	20.00	27.00
❏ DUSTY 529176	1993	SU	23.00	23.00
❏ JENNIFER 163708	1996	SU	20.00	38.00
❏ JORDAN 529168	1995	SU	20.00	32.00
❏ KATIE 529184	1993	SU	18.00	26.00
❏ MARKIE 528099	1993	SU	19.00	25.00
❏ SAMMY 529222	1993	YR	20.00	44.00
❏ TIPPY 529192	1993	SU	12.00	14.00
TO HAVE AND TO HOLD				**S. BUTCHER**
❏ EACH HOUR IS PRECIOUS WITH YOU 163791	1996	OP	70.00	73.00
❏ FIFTY YEARS AS PRECIOUS AS GOLD 163848	1996	OP	70.00	73.00
❏ FORTY YEARS OF PRECIOUS MEMORIES 163821	1996	OP	70.00	73.00
❏ LOVE VOWS TO ALWAYS BLOOM 129097	1996	OP	70.00	74.00
❏ SILVER CELEBRATION TO SHARE 163813	1996	OP	70.00	74.00
❏ TEN YEARS HEART TO HEART 163805	1996	OP	70.00	75.00
❏ YEAR OF BLESSINGS 163783	1996	OP	70.00	73.00
YOU ARE ALWAYS THERE FOR ME				**S. BUTCHER**
❏ FATHER HELPING SON BAT 163627	1996	OP	50.00	54.00
❏ MOTHER KISSING DAUGHTER'S OWIE 163600	1996	OP	50.00	57.00
❏ SISTER CONSOLING SISTER 163635	1996	OP	50.00	53.00

ERTL COLLECTIBLES

NAME	YEAR	LIMIT	ISSUE	TREND
CAT HALL OF FAME				**EPSTEIN/GAGE**
❏ ALBERT FELINESTEIN	1998	RT	20.00	20.00
❏ BETTY CROCKAT	1998	OP	20.00	20.00
❏ CATS DOMINO	1998	5000	60.00	60.00
❏ CATS FIFTH AVENUE	1998	RT	20.00	20.00
❏ CATSABLANCA	1998	5000	57.00	57.00
❏ GEORGE S. CATTON	1998	RT	20.00	20.00
❏ LIZA MEWNELLI	1998	RT	20.00	20.00
❏ LUCY & RICKY RICATTO	1998	5000	57.00	57.00
❏ MARIE CATOINETTE	1998	RT	20.00	20.00
❏ MISS AMERICAT	1998	RT	20.00	20.00
❏ SITTING CAT	1998	RT	20.00	20.00
❏ WILLIAM SHAKESPURR	1998	RT	20.00	20.00
LOWELL DAVIS AMERICA				**L. DAVIS**
❏ CAN'T WAIT	1997	3500	150.00	150.00
❏ COUNTRY DOCTOR	1997	3500	290.00	290.00
❏ DOG DAYS	1997	3500	60.00	60.00
❏ FRIEND IN NEED	1997	4500	70.00	70.00
❏ GET ONE FOR ME	1997	4500	75.00	75.00
❏ LAST OF THE LITTER	1997	5500	60.00	60.00
❏ NEXT!	1997	4500	70.00	70.00
❏ NINE LIVES	1997	3500	120.00	120.00
❏ OH! SHE'LL BE...	1997	3500	180.00	180.00
❏ RED OAK II 1923 CHEVY PANEL TRUCK	1997	RT	25.00	25.00
❏ SOOIE	1997	3500	160.00	160.00
❏ WASH DAY BLUES	1997	3500	75.00	75.00

FENTON ART GLASS

NAME	YEAR	LIMIT	ISSUE	TREND
				*
❏ AIREDALE TERRIER RE FOR HCA	1990	*	*	120.00
❏ ANGEL 5114AB PRAYING	1985	*	*	28.00
❏ APPLE 5019OD	1984	*	*	55.00
❏ APPLE 5019OF	1984	*	*	50.00
❏ ATOMIZER 7948KP COPPER ROSE	1990	*	*	75.00
❏ ATOMIZER V7947E1 40TH	1990	*	*	30.00
❏ ATOMIZER V7947F1 50TH	1990	*	*	30.00

NAME	YEAR	LIMIT	ISSUE	TREND
❑ ATOMIZER V7947H1 HAPPY	1990	*	*	30.00
❑ BANANA STAND 3720PO HIGH FOOTED PIE CRUST CRIMP	1984	*	*	225.00
❑ BASE 9451DK BUD FABERGE	1986	*	*	18.00
❑ BASKET 1739CR DIAMOND OPTIC 7"	1990	*	*	85.00
❑ BASKET 2534CC DAISY 7"	1982	*	*	70.00
❑ BASKET 2632BI LARGE 9-1/2"	1985	*	*	125.00
❑ BASKET 3032MI WAVE HOBNAIL	1987	*	*	29.00
❑ BASKET 3132OP 7 1/2"	1985	*	*	85.00
❑ BASKET 3133CR SPIRAL OPTIC 6"	1990	*	*	65.00
❑ BASKET 3431RN CRACKER 10" (LEVAY)	1982	*	*	135.00
❑ BASKET 3432RN BANANA (LEVAY)	1982	*	*	120.00
❑ BASKET 3433RN DOUBLE CRIMPED 10" (LEVAY)	1982	*	*	125.00
❑ BASKET 3436RN LOOPED HANDLE 7-1/2" (LEVAY)	1982	*	*	85.00
❑ BASKET 3634MI OVAL HOBNAIL	1987	*	*	20.00
❑ BASKET 3734PO 12"	1984	*	*	350.00
❑ BASKET 3735PO 5-1/2"	1984	*	*	135.00
❑ BASKET 3838PO 8-1/2"	1984	*	*	200.00
❑ BASKET 6634UO 7"	1986	*	*	36.00
❑ BASKET 7235PC 5"	1981	*	*	65.00
❑ BASKET 7235WQ 5"	1982	*	*	65.00
❑ BASKET 7237CD 7"	1980	*	*	55.00
❑ BASKET 7237LT COUNTRY SCENE	1990	*	*	85.00
❑ BASKET 7434VI 7"	1982	*	*	40.00
❑ BASKET 7435CC 11"	1982	*	*	110.00
❑ BASKET 7435KB 11"	1982	*	*	75.00
❑ BASKET 7437F7 8-1/4"	1985	*	*	85.00
❑ BASKET 7437MV	1982	*	*	100.00
❑ BASKET 7437SS 7-1/4"	1981	*	*	95.00
❑ BASKET 7533KB 7"	1982	*	*	45.00
❑ BASKET 7534DN	1984	*	*	42.00
❑ BASKET 7535PD 7-1/2"	1981	*	*	125.00
❑ BASKET 7536VR 8-1/2"	1980	*	*	75.00
❑ BASKET 7537JA 7"	1980	*	*	45.00
❑ BASKET 7539IN IRIS 7-1/2"	1982	*	*	50.00
❑ BASKET 7630AF ANTIQUE ROSE 7"	1989	*	*	45.00
❑ BASKET 7630AF AURORA 7"	1990	*	*	48.00
❑ BASKET 7630KP AURORA 7"	1990	*	*	45.00
❑ BASKET 7630TL AURORA	1990	*	*	42.00
❑ BASKET 7635EW 7"	1986	*	*	48.00
❑ BASKET 7635FS SQUARE	1987	*	*	42.00
❑ BASKET 7635HK	1984	*	*	42.00
❑ BASKET 7635VC SQUARE 7"	1988	*	*	45.00
❑ BASKET 7638CA AURORA	1987	*	*	20.00
❑ BASKET 8333PW BARRED OVAL 6"	1986	*	*	30.00
❑ BASKET 8335OO OPEN EDGED	1987	*	*	34.00
❑ BASKET 8342SH VALENCIA	1990	*	*	28.00
❑ BASKET 8435VY 9"	1981	*	*	95.00
❑ BASKET 8437BO LILY OF VALLEY	1981	*	*	48.00
❑ BASKET 8636CN SUNBURST	1983	*	*	45.00
❑ BASKET 8637XT OVAL	1985	*	*	45.00
❑ BASKET 9036DK PRISCILLA 12"	1990	*	*	60.00
❑ BASKET 9036SR PRISCILLA 12"	1990	*	*	55.00
❑ BASKET 9074RN GRAPE & CABLE	1990	*	*	85.00
❑ BASKET 9127OI FINE CUT & BLOCK	1989	*	*	35.00
❑ BASKET 9134HG BUTTERFLY & BERRY 7"	1983	*	*	48.00
❑ BASKET 9139MG JACQUELINE 10-1/2"	1989	*	*	150.00
❑ BASKET 9230WQ 5"	1986	*	*	45.00
❑ BASKET 9234NK BUTTERFLY & BERRY	1986	*	*	45.00
❑ BASKET 9237LX ROSE 7-1/4"	1990	*	*	40.00
❑ BASKET 9237OC ROSE 8-1/2"	1988	*	*	36.00
❑ BASKET 9238HL PANELED 7"	1988	*	*	45.00
❑ BASKET 9239MP PANELED	1989	*	*	45.00
❑ BASKET 9240RN ROSE	1990	*	*	40.00
❑ BASKET 9334BD BASKETWEAVE 7"	1980	*	*	45.00
❑ BASKET 9334SF 7"	1981	*	*	55.00
❑ BASKET 9335FH BASKETWEAVE	1990	*	*	45.00
❑ BASKET 9431VE MINIATURE	1981	*	*	35.00
❑ BASKET 9432VR 11"	1981	*	*	95.00
❑ BASKET 9433DK STRAWBERRY	1986	*	*	35.00
❑ BASKET 9434CC JACQUELINE 8-1/4"	1989	*	*	85.00
❑ BASKET 9435IO RIBBON EDGE 8-1/2"	1980	*	*	125.00
❑ BASKET 9436IO ROSE BOWL 8-1/2"	1980	*	*	120.00
❑ BASKET 9535FO MINIATURE	1986	*	*	28.00
❑ BASKET 9536BQ	1981	*	*	45.00
❑ BASKET 9537DK FOOTED STRAWBERRY	1990	*	*	25.00
❑ BASKET 9537DK STRAWBERRY	1986	*	*	30.00
❑ BASKET 9537OC 6-1/2"	1988	*	*	24.00
❑ BASKET 9539PT PEARLY	1989	*	*	28.00
❑ BASKET 9544SR VULCAN	1990	*	*	32.00
❑ BASKET 9635DK 7"	1984	*	*	26.00
❑ BASKET 9637NK LEAF W/BUTTERFLY	1985	*	*	45.00
❑ BASKET 9639BQ PANELED	1987	*	*	40.00
❑ BASKET 9639JU 7-1/2"	1986	*	*	40.00
❑ BASKET 9639VJ PANELED	1987	*	*	40.00
❑ BASKET C1868XN MELON	1990	*	*	55.00
❑ BASKET C3538TC SPANISH LACE	1988	*	*	55.00

FIGURINES

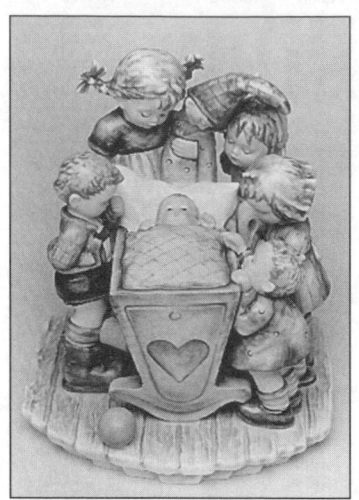

Joining Goebel's M.I. Hummel Century Collection in 1994, Rock-A-Bye was produced for one year only and retailed for $1,150.

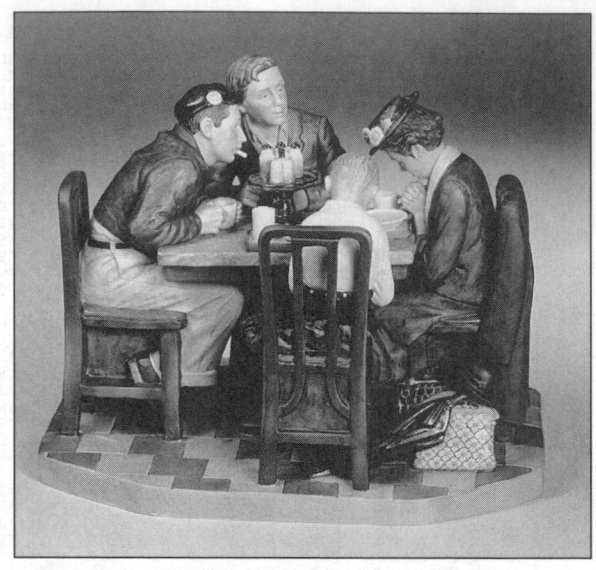

Saying Grace, a porcelain figurine by Norman Rockwell, was issued by Gorham in 1982 for $110.

Limited to 1995 production, You're at the Top of My List is part of Enesco Group Inc.'s Cherished Teddies "Santa's Workshop" series.

G. Armani Society members had the chance to purchase Ruffles, the G. Armani Society members-only figurine in 1991 for $139.

NAME	YEAR	LIMIT	ISSUE	TREND
❑ BASKET C5838LU CORNSHOCK	1989	*	*	60.00
❑ BASKET C7244QX 8-1/2"	1991	*	*	85.00
❑ BASKET C8355XB BASKETWEAVE	1990	*	*	55.00
❑ BASKET C9134OM BUTTERFLY & BERRY	1988	*	*	50.00
❑ BASKET C9234DN BUTTERFLY & BERRY	1989	*	*	45.00
❑ BASKET G1636AY	1983	*	*	30.00
❑ BASKET MELON GREEN CREST FAGCA JADE OPALESCENT	1990	*	*	85.00
❑ BASKET Q9238	1989	*	*	48.00
❑ BASKET V8637FX OVAL 7-1/2"	1986	*	*	39.00
❑ BEAR 5151 NC, SCHWARZ	1991	*	*	65.00
❑ BEAR 5151FA	1984	*	*	65.00
❑ BEAR 5151IK	1986	*	*	60.00
❑ BEAR 5151NS SITTING HAPPY SANTA	1990	*	*	55.00
❑ BEAR 5233HL RECLINING	1988	*	*	45.00
❑ BEAR 5233NS RECLINING HAPPY SANTA	1990	*	*	55.00
❑ BEAR C5151XT	1990	*	*	40.00
❑ BEAR CUB 5151ES	1990	*	*	40.00
❑ BEAR CUB 5151EW	1986	*	*	40.00
❑ BEAR CUB 5151FH	1990	*	*	45.00
❑ BEAR CUB 5151FO	1986	*	*	30.00
❑ BEAR CUB 5151FS	1987	*	*	45.00
❑ BEAR CUB 5151KP	1990	*	*	40.00
❑ BEAR CUB 5151RK	1984	*	*	55.00
❑ BEAR CUB 5151SR	1990	*	*	40.00
❑ BEAR CUB 5151VC	1988	*	*	24.00
❑ BEAR CUB 5233FH RECLINING	1990	*	*	50.00
❑ BEAR CUB Q5151RP	1989	*	*	40.00
❑ BEAR CUB V5151CY	1986	*	*	18.00
❑ BEAR DAYDREAMING 5239NS HAPPY SANTA	1990	*	*	55.00
❑ BIRD 5011 OFFHAND VASA MURRHINA	1980	*	*	85.00
❑ BIRD 5115HL	1988	*	*	28.00
❑ BIRD 5163BD	1980	*	*	30.00
❑ BIRD 5163IK	1986	*	*	50.00
❑ BIRD 5163JA SMALL	1980	*	*	50.00
❑ BIRD 5163SF SMALL	1981	*	*	35.00
❑ BIRD 5163TL	1990	*	*	40.00
❑ BIRD 5197CA HAPPINESS	1987	*	*	28.00
❑ BIRD 5197CD HAPPINESS	1980	*	*	35.00
❑ BIRD 5197DK HAPPINESS	1990	*	*	30.00
❑ BIRD 5197FH HAPPINESS	1990	*	*	16.00
❑ BIRD 5197LX HAPPINESS	1990	*	*	60.00
❑ BIRD 5197SR HAPPINESS	1990	*	*	30.00
❑ BON BON 3937MI 2 HANDLE HOBNAIL	1987	*	*	12.00
❑ BON BON 9128VB 7-1/2"	1981	*	*	28.00
❑ BOOT 1990OI DAISY & BUTTON	1989	*	*	22.00
❑ BOOT 3992MI	1984	*	*	15.00
❑ BOOT 3992MI HOBNAIL 4"	1982	*	*	18.00
❑ BOOT 9590PY	1981	*	*	20.00
❑ BOOT 9590WQ	1986	*	*	35.00
❑ BOTTLE 7363BD HANDLED	1980	*	*	70.00
❑ BOWL 1TE00R DIAMOND OPTIO 10"	1990	*	*	65.00
❑ BOWL 2624BI LARGE 9"	1985	*	*	80.00
❑ BOWL 3022MI ROSE, HOBNAIL	1987	*	*	18.00
❑ BOWL 3938PO 12"	1984	*	*	200.00
❑ BOWL 3-TOED LIONS/FENTON FLOWERS	1984	*	*	45.00
❑ BOWL 5150PI HI ATLANTIS (MLT GLASS)	1981	*	*	240.00
❑ BOWL 6320KL FLOWER BAND 9"	1982	*	*	30.00
❑ BOWL 6624UO REFLECTIONS 11"	1986	*	*	40.00
❑ BOWL 6626UO 5-1/2"	1986	*	*	20.00
❑ BOWL 7521IN IRIS 6"	1982	*	*	40.00
❑ BOWL 7521PE 6"	1982	*	*	42.00
❑ BOWL 7523JA ROLLED RIM	1980	*	*	25.00
❑ BOWL 7523KP ROLLED RIM 9-1/2"	1990	*	*	45.00
❑ BOWL 7526VR 6-1/2"	1980	*	*	50.00
❑ BOWL 7549PF MELON 9"	1984	*	*	40.00
❑ BOWL 7622RK 9"	1984	*	*	45.00
❑ BOWL 7727AG 14"	1990	*	*	80.00
❑ BOWL 7727KH 14"	1990	*	*	89.00
❑ BOWL 8250VR ROSE MINIATURE	1981	*	*	30.00
❑ BOWL 8283OI ORANGE TR & CHERRY 10"	1989	*	*	48.00
❑ BOWL 8289BR ORANGE TR & CHERRY	1986	*	*	65.00
❑ BOWL 8289NK ORANGE TR & CHERRY	1986	*	*	50.00
❑ BOWL 8321PW BARRED OVAL 6-1/2"	1986	*	*	20.00
❑ BOWL 8323OO OPEN EDGED	1987	*	*	18.00
❑ BOWL 8454IO ROSE 5"	1980	*	*	65.00
❑ BOWL 8520BB 12"	1982	*	*	50.00
❑ BOWL 8810EP SHALLOW ARTISAN 9"	1985	*	*	110.00
❑ BOWL 8810ER SHALLOW ARTISAN 9"	1985	*	*	110.00
❑ BOWL 8811EP "V" ARTISAN 8"	1985	*	*	120.00
❑ BOWL 8811ER "V" ARTISAN 8"	1985	*	*	120.00
❑ BOWL 9059RN GRAPE & CABLE 10-1/2"	1990	*	*	55.00
❑ BOWL 9425IO RIBBON EDGE 8"	1980	*	*	85.00
❑ BOWL 9425IP RIBBON EDGE 8" (LEVAY)	1984	*	*	65.00
❑ BOWL 9442MG JACQUELINE 9-1/2"	1989	*	*	95.00
❑ BOWL 9558WQ ROSE BURMESE MINIATURE	1982	*	*	75.00

FIGURINES

FIGURINES

NAME	YEAR	LIMIT	ISSUE	TREND
❏ BOWL 9588WQ ROSE 3-1/4"	1986	*	*	45.00
❏ BOWL 9627PW BEAUTY	1986	*	*	25.00
❏ BOWL 9653NK ROSE FABERGE 4-1/2"	1986	*	*	30.00
❏ BOWL 9728NK ACANTHUS	1987	*	*	35.00
❏ BOWL BUTTERFLY & BERRY/GOOD LUCK	1984	*	*	65.00
❏ BOWL C3524TX SPANISH LACE CRESTED (QVC)	1988	*	*	65.00
❏ BOWL C3938DO	1989	*	*	50.00
❏ BOWL C8428XB BUTTERFLY & BERRY	1989	*	*	60.00
❏ BOWL G1625AY OVAL 11"	1983	*	*	45.00
❏ BOWL G1625FB OVAL 11"	1983	*	*	42.00
❏ BOWL K7722KN MEDIUM	1983	*	*	65.00
❏ BOWL K7724KO 9-3/4"	1983	*	*	75.00
❏ BOWL R8430GS FOOTED WATER LILY	1982	*	*	24.00
❏ BOWL R9426GS RIBBED FABERGE 4-1/2"	1982	*	*	20.00
❏ BOWL R9426MI RIBBED 4-1/2"	1982	*	*	15.00
❏ BOWL R9426RU RIBBED FABERGE 4-1/2"	1982	*	*	18.00
❏ BOWL R9430GS WATER LILY 6"	1982	*	*	24.00
❏ BOWL R9430RU RIBBED FABERGE 6"	1982	*	*	24.00
❏ BOX 5780AF HEART ROSE	1990	*	*	22.00
❏ BOX 5780PT HEART PEARLY SENT.	1988	*	*	30.00
❏ BOX 5780TL HEART	1990	*	*	32.00
❏ BOX 9384MP TRINKET FLORAL	1989	*	*	30.00
❏ BOX 9384RN TRINKET FLORAL	1990	*	*	35.00
❏ BOX 9589BQ JEWEL OVAL	1981	*	*	25.00
❏ BOX 9589FH OVAL TRINKET	1990	*	*	30.00
❏ BOX COVERED FAGCA	1988	*	*	95.00
❏ BOX V9589FX JEWEL 4-1/2"	1986	*	*	24.00
❏ BOY & GIRL 5100JA PAIR	1980	*	*	85.00
❏ BUNNY 5162BD	1980	*	*	35.00
❏ BUNNY 5162DR	1982	*	*	35.00
❏ BUNNY 5162JA	1980	*	*	48.00
❏ BUNNY 5162TL	1990	*	*	28.00
❏ BUTTER 9580CK BUTTON & ARCH (LEVAY)	1982	*	*	125.00
❏ BUTTERFLY 5171DK ON STAND	1986	*	*	35.00
❏ BUTTERFLY 5171PW ON STAND	1986	*	*	45.00
❏ BUTTERFLY 5171VR ON STAND	1980	*	*	50.00
❏ BUTTERFLY BON BON FAGCA	1984	*	*	50.00
❏ BUTTERFLY FAGCA RUBY CARVINAL LARGE	1989	*	*	75.00
❏ CAKE PLATE 8613CY REGENCY	1983	*	*	30.00
❏ CANDLE 8376HL HURRICANE	1988	*	*	38.00
❏ CANDLE 8376MP HURRICANE	1989	*	*	30.00
❏ CANDLE 8376OC HURRICANE	1988	*	*	24.00
❏ CANDLE 8376OO HURRICANE VALENCIA	1987	*	*	35.00
❏ CANDLE 8809EP ARTISAN 6-1/4"	1985	*	*	125.00
❏ CANDLEHOLDER 9372KP 4-1/2"	1990	*	*	45.00
❏ CANDLEHOLDER 9596OC 2-WAY	1988	*	*	28.00
❏ CANDLEHOLDER C3570TX SPANISH LACE (QVC)	1988	*	*	45.00
❏ CANDLEHOLDERS 3674	1985	*	*	55.00
❏ CANDLEHOLDERS 6370KL FLOWER BAND	1982	*	*	24.00
❏ CANDLEHOLDERS 6672UO	1986	*	*	30.00
❏ CANDLEHOLDERS 7475RK	1984	*	*	45.00
❏ CANDLEHOLDERS 7572JA	1980	*	*	40.00
❏ CANDLEHOLDERS 7572VR	1980	*	*	40.00
❏ CANDLEHOLDERS 7573PF MELON	1984	*	*	35.00
❏ CANDLEHOLDERS 9071EM 8-1/2"	1990	*	*	60.00
❏ CANDLEHOLDERS G9071YL	1983	*	*	30.00
❏ CANDLELIGHT 9504FA BASKETWEAVE	1984	*	*	80.00
❏ CANDY 3033MI HEART HOBNAIL	1987	*	*	25.00
❏ CANDY 6688UO COVERED	1986	*	*	38.00
❏ CANDY 6780EM COVERED	1990	*	*	60.00
❏ CANDY 9185 BR DAISY 8-3/4"	1986	*	*	85.00
❏ CANDY 9185PE COVERED	1989	*	*	32.00
❏ CANDY 9280DK COVERED BUTTERFLY	1986	*	*	36.00
❏ CANDY 9284OO COVERED ROSE	1987	*	*	35.00
❏ CANDY 9519OO HEART	1987	*	*	18.00
❏ CANDY BOX 3786MI OVAL	1984	*	*	24.00
❏ CANDY BOX 3886MI 6 3/4"	1984	*	*	24.00
❏ CANDY BOX 6780ES COVERED PAISLEY	1990	*	*	40.00
❏ CANDY BOX 6780LX COVERED PAISLEY	1990	*	*	36.00
❏ CANDY BOX 6780SR COVERED PAISLEY	1990	*	*	36.00
❏ CANDY BOX 7484DR	1982	*	*	40.00
❏ CANDY BOX 9280CA BUTTERFLY	1987	*	*	35.00
❏ CANDY BOX 9480PE CHESSIE	1990	*	*	75.00
❏ CANDY BOX 9551EO COVERED	1986	*	*	35.00
❏ CANDY BOX 9551UO COVERED	1986	*	*	35.00
❏ CANDY BOX C9388RN COVERED	1991	*	*	55.00
❏ CANDY DISH C7580EQ DOLPHIN HANDLES	1990	*	*	65.00
❏ CANDY DISH COVERED VALENCIA	1990	*	*	45.00
❏ CANDY JAR 9488VB	1981	*	*	75.00
❏ CANDY/BUTTER 3802MI COVERED	1984	*	*	25.00
❏ CAT 5165AF	1990	*	*	55.00
❏ CAT 5165ES	1990	*	*	50.00
❏ CAT 5165FH	1990	*	*	60.00
❏ CAT 5165HL	1988	*	*	50.00
❏ CAT 5165IK	1986	*	*	60.00

Fenton Glass Animals and Birds

by Peggy Whiteneck

Fenton Art Glass, Williamstown, W. Va., has been making animal and bird figurines since 1970. Models have included wild and domestic birds, cats, bears, puppies, elephants and rabbits, not to mention butterflies, fish and other animals.

Beginning in 1974, figurines were marked with an embossed scripted "Fenton" in an oval. This logo is very faint on some items and may be absent altogether from earlier figurines originally marked with paper labels. Here are some of the most desirable and hard-to-find patterns:

Alley Cat (#5177) is a caricature of a tall, seated cat with a cocked head and wearing a grin. Regular-line Fenton *Alley Cats* were done in Amtheyst Carnival Glass (CN). Versions in other glass types were specially commissioned by companies such as Levay and QVC. On the secondary market, the CN "Alley Cats" run $125 to $150, with some special issue versions going even higher.

Burmese Fawns (BR 5160) and *Donkey* (BR 5125) are made of a soft yellow satin glass that shades to deep pink at the edges. Expect to pay $75 to $100 each. The fawn was produced in both plain Burmese and hand-painted "Roses on Burmese" (RB).

Blue Burmese (UB) is a glossy finish of variegated white and mauve or lilac. UB was only produced for a couple of years. Secondary market prices run $150 or more per figurine.

Violets in the Snow (DV). Made of milk glass hand-painted with delicate sprays of violets, these command strong prices. The seated cat, for example, which runs $35 -$50 in more common patterns, can command $100 to $125.

Berries and Blossoms (RN) featured hand-painted raspberries and blossoms on white satin glass, shading to a soft pink at the edges. Collector competition is keen; figurine prices are $65 to $85 apiece.

Rosalane (RE) looks much like a delicate pink slag glass. Prices on figurines in this lovely color, discontinued in 1979, are comparable to those for *Berries and Blossoms*.

The "Natural Series" (prefix number specific for each item) features matte-finish cameo glass bird and animal figurines, hand-painted in earth colors for a more natural look. Price range is $50 to $100.

Peggy Whiteneck is an avid Lladró collector and contributor to *Collector's Mart* magazine. She has produced the Lladró database for the *Collector's Mart Price Guide to Contemporary Collectibles and Limited Editions* since 1998. Her book, Collecting Lladró; An Indentification and Price Guide, was published by Krause Publications in 2001. Her interest in Fenton glass was sparked by her parents' interest in it, and she has recently begun collecting Fenton animals and birds.

NAME	YEAR	LIMIT	ISSUE	TREND
❑ CAT 5165JA	1980	*	*	60.00
❑ CAT 5165KP	1990	*	*	50.00
❑ CAT 5165NG GRAY	1985	*	*	75.00
❑ CAT 5165OI	1989	*	*	45.00
❑ CAT 5165RK	1984	*	*	60.00
❑ CAT 5165SF	1981	*	*	48.00
❑ CAT 5165TL	1990	*	*	50.00
❑ CAT 5243LX	1990	*	*	55.00
❑ CAT 5243SR	1990	*	*	$40.00
❑ CAT C5165EQ	1988	*	*	40.00
❑ CAT C5165KP	1991	*	*	47.00
❑ CAT C5165XT	1990	*	*	40.00
❑ CAT V5165CY	1986	*	*	25.00
❑ CLOCK 8600BL DOWNY WOODPECKER	1990	1500	*	95.00
❑ CLOCK 8600F8 THE FARM	1985	*	*	95.00
❑ CLOCK 8600LC	1983	*	*	80.00
❑ CLOCK 8600LT ALARM COUNTRY SCENE	1990	*	*	75.00
❑ CLOCK 8600NB BLUEBIRD/SNOWFALL	1990	1500	*	95.00
❑ CLOCK 8600PG DEER SCENE	1989	*	*	75.00
❑ CLOCK 8691LX ALARM	1990	*	*	75.00
❑ CLOCK 8691RN ALARM	1990	*	*	80.00
❑ CLOCK 8691SR ALARM	1990	*	*	50.00
❑ CLOCK 8691TL ALARM	1990	*	*	68.00
❑ CLOCK 8691VE DESK	1988	*	*	75.00
❑ CLOCK C8691EQ	1988	*	*	75.00
❑ CLOWN 5111NE	1985	*	*	35.00
❑ CLOWN 5111NL	1985	*	*	35.00
❑ COASTER AUSTRALIAN (AUSTRALIAN CARNIVAL GLASS ASC)	1985	*	*	20.00
❑ COLT BALKING RE FOR HCA	1990	*	*	65.00
❑ COLT KICKING RE FOR HCA	1990	*	*	65.00
❑ COLT STANDING RE FOR HCA	1990	*	*	60.00
❑ COMPORT 1628EW FOOTED	1986	*	*	38.00
❑ COMPORT 1628FS	1987	*	*	37.00
❑ COMPORT 1628VC 6"	1988	*	*	35.00
❑ COMPORT 3429RN FOOTED	1982	*	*	50.00
❑ COMPORT 6322FH FLOWER BAND 5-1/2"	1990	*	*	35.00
❑ COMPORT 6322KP FLOWER BAND	1990	*	*	32.00
❑ COMPORT 6322TL FLOWER BAND	1990	*	*	32.00
❑ COMPORT 6380KL LARGE	1982	*	*	30.00
❑ COMPORT 7429SF	1981	*	*	35.00
❑ COMPORT 7429SF 6"	1981	*	*	35.00
❑ COMPORT 7431BA FOOTED	1982	*	*	35.00
❑ COMPORT 7431VI FOOTED	1982	*	*	38.00
❑ COMPORT 7527VR FOOTED	1980	*	*	30.00
❑ COMPORT 7528JA	1980	*	*	25.00
❑ COMPORT 7582AY DOLPHIN	1982	*	*	50.00
❑ COMPORT 7980RU HEART	1989	*	*	24.00
❑ COMPORT 8227OI PINWHEEL	1989	*	*	28.00
❑ COMPORT 8234BR PERSIAN	1986	*	*	65.00
❑ COMPORT 8324MP OPEN EDGED	1989	*	*	25.00
❑ COMPORT 8431BO 5" WATER LILY	1979	*	*	32.00
❑ COMPORT 8431VR WATER LILY	1981	*	*	40.00
❑ COMPORT 8487CK OVAL PINWHEEL (LEVAY)	1982	*	*	40.00
❑ COMPORT 8625SR PURITAN 6-1/2"	1990	*	*	26.00
❑ COMPORT 9120KD FINE CUT & BLOCK	1986	*	*	20.00
❑ COMPORT 9223DK FOOTED ROSE	1990	*	*	22.00
❑ COMPORT 9223OO ROSE FOOTED	1987	*	*	22.00
❑ COMPORT 9229ES EMPRESS	1990	*	*	38.00
❑ COMPORT 9229HL EMPRESS	1988	*	*	33.00
❑ COMPORT 9276NK INNOVATION 4-1/2"	1986	*	*	35.00
❑ COMPORT 9279NK MARQUETTE 7"	1986	*	*	35.00
❑ COMPORT 9422VR PERSIAN	1980	*	*	35.00
❑ COMPORT 9626DK BASKETWEAVE 5-1/4"	1986	*	*	18.00
❑ COMPORT 9626PH BASKETWEAVE 5-1/4"	1985	*	*	28.00
❑ COMPORT 9626PW BASKETWEAVE 5-1/4"	1986	*	*	20.00
❑ COMPORT 9782VE DAISY	1987	*	*	22.00
❑ COMPORT C3522TC SPANISH LACE	1988	*	*	35.00
❑ COMPORT C8625XB PURITAN 6-1/2"	1990	*	*	40.00
❑ COMPORT Q8625CY	1989	*	*	32.00
❑ COMPORT1628RK	1984	*	*	32.00
❑ COMPOTE 3920MI FOOTED HOBNAIL	1987	*	*	18.00
❑ COMPOTE 9422VB	1981	*	*	40.00
❑ COOKIE JAR 3680MI HOBNAIL	1987	*	*	95.00
❑ CRACKER 3480RN COVERED JAR (LEVAY)	1982	*	*	110.00
❑ CREAM & SUGAR 6300CY FLOWER BANK	1983	*	*	25.00
❑ CREAMER & COVERED SUGAR 3408RN (LEVAY)	1982	*	*	60.00
❑ CREAMER & SUGAR 8602CY REGENCY	1983	*	*	28.00
❑ CRUET 2095CR DRAPERY OPTIC	1990	*	*	150.00
❑ CRUET 3463RN (LEVAY)	1982	*	*	120.00
❑ CRUET G1674AY AMERICAN LEGACY	1983	*	*	65.00
❑ CRUET G1674YL	1983	*	*	50.00
❑ CUP 7581VY LOVING DOLPHIN HANDLE	1981	*	*	65.00
❑ CUSPIDOR 3426RN LADIES (LEVAY)	1982	*	*	85.00
❑ CUSPIDOR 3427RN MANS (LEVAY)	1982	*	*	80.00
❑ CUSPIDOR BASKETWEAVE				

NAME	YEAR	LIMIT	ISSUE	TREND
(CANADA CARNIVAL GLASS ASSOC)	1985	*	*	40.00
❑ CYGNET RE FOR HCA	1990	*	*	45.00
❑ DECANTER G1678AY	1983	*	*	65.00
❑ DESK PLAQUE 7698TP JUPITER	1986	*	*	85.00
❑ DIAMOND H SIGN RE FOR HCA	1990	*	*	55.00
❑ DISH 9125BR OVAL	1986	*	*	75.00
❑ DOLL 5228 ALMOST HEAVEN 80TH ANNIV.	1985	*	*	75.00
❑ DRAKE MALLARD 5147NM	1985	*	*	45.00
❑ DUCKLING 5169SF	1981	*	*	35.00
❑ DUCKLING 5169TL	1990	*	*	35.00
❑ DUCKLING RE FOR HCA	1990	*	*	45.00
❑ EGG 5140DR ON STAND	1982	*	*	38.00
❑ EGG 5140TL	1990	*	*	35.00
❑ ELEPHANT 5012 OFFHAND VASA MURRHINA	1980	*	*	85.00
❑ ELEPHANT 5158CY	1986	*	*	25.00
❑ ELEPHANT 5158FA	1984	*	*	65.00
❑ ELEPHANT 5158RK	1984	*	*	50.00
❑ ELEPHANT HEISEY COLLECTORS (LARGE)	1988	*	*	55.00
❑ ELEPHANT HEISEY COLLECTORS FO-SMALL	1988	*	*	45.00
❑ EPERGNE 3701PO 4 PART	1984	*	*	495.00
❑ EPERGNE 4801OI 4 PC.	1989	*	*	150.00
❑ EPERGNE 4809GO DIAMOND 4PC.	1985	*	*	375.00
❑ EPERGNE 7505VY 5 PC. (LEVAY)	1981	*	*	325.00
❑ FAIRY LAMP 7501PD 3 PC.	1982	*	*	145.00
❑ FAIRY LIGHT 2604BI 3 PC.	1985	*	*	135.00
❑ FAIRY LIGHT 3804PO 3 PC. (LEVAY)	1984	*	*	275.00
❑ FAIRY LIGHT 5106HL SANTA	1988	*	*	60.00
❑ FAIRY LIGHT 7300AC XMAS 2 PC.	1981	*	*	50.00
❑ FAIRY LIGHT 7300BL 2 PC.	1990	4500	*	55.00
❑ FAIRY LIGHT 7300NB 2 PC.	1990	4500	*	45.00
❑ FAIRY LIGHT 7300WP XMAS 2 PC.	1985	*	*	50.00
❑ FAIRY LIGHT 7500JA 2 PC.	1980	*	*	40.00
❑ FAIRY LIGHT 7501PD 3 PC.	1981	*	*	125.00
❑ FAIRY LIGHT 8405VR BEADED	1981	*	*	75.00
❑ FAIRY LIGHT 8406OI HEART	1989	*	*	75.00
❑ FAIRY LIGHT 8408BR 3 PC.	1986	*	*	125.00
❑ FAIRY LIGHT 8408VR PERSIAN	1980	*	*	85.00
❑ FAIRY LIGHT 9102CY FINE CUT & BLOCK	1981	*	*	35.00
❑ FAIRY LIGHT 9004DN BASKETWEAVE	1981	*	*	50.00
❑ FAIRY LIGHT 9304SP 2 PC.	1981	*	*	55.00
❑ FAIRY LIGHT 9401FL NATIVITY	1981	*	*	60.00
❑ FAIRY LIGHT 9401FT NATIVITY	1981	*	*	60.00
❑ FAIRY LIGHT 9401TB NATIVITY	1981	*	*	50.00
❑ FAIRY LIGHT 9401TG NATIVITY	1981	*	*	45.00
❑ FAIRY LIGHT 9401VE NATIVITY	1981	*	*	40.00
❑ FAIRY LIGHT FAGCA 1 PC. CRANBERRY OPALESCENT (CO)	1983	*	*	200.00
❑ FAWN 5160BQ	1987	*	*	45.00
❑ FAWN 5160BR W/WOOD BASE	1986	*	*	65.00
❑ FAWN 5160EW	1986	*	*	50.00
❑ FAWN 5160FA	1984	*	*	65.00
❑ FAWN 5160FS PROVINCIAL BOUQUET	1987	*	*	50.00
❑ FAWN 5160IK TRUE BLUE FRIENDS	1986	*	*	65.00
❑ FAWN 5160LB AUTUMN LEAVES	1985	*	*	45.00
❑ FAWN 5160NF	1985	*	*	55.00
❑ FAWN 5160PZ PEACH MEADOW	1985	*	*	40.00
❑ FAWN 5160VE	1985	*	*	30.00
❑ FAWN V5160CY	1986	*	*	20.00
❑ FENTON LOGO	1981	*	*	30.00
❑ FENTON LOGO 9799FO	1986	*	*	25.00
❑ FENTON LOGO CHOCOLATE FAGCA	1982	*	*	65.00
❑ FILLY HEAD FORWARD RE FOR HCA	1990	*	*	150.00
❑ FISH BOOKEND RE FOR HCA	1990	*	*	95.00
❑ FISHERMAN'S MUG PACIFIC NORTHWEST CARNIVAL	1988	*	*	45.00
❑ FOX 5226NK	1987	*	*	50.00
❑ FROG 5166CD	1980	*	*	55.00
❑ GAZELLE RE FOR HCA	1990	*	*	95.00
❑ GINGER JAR CB007CR COIN DOT	1992	*	*	125.00
❑ GIRAFFE RE FOR HCA	1990	*	*	100.00
❑ GOBLET 9245OC EMPRESS	1988	*	*	18.00
❑ GOBLET G1645AY 10 OZ.	1983	*	*	24.00
❑ GOBLET G1645HG	1983	*	*	18.00
❑ GOBLET G1645YL	1983	*	*	20.00
❑ HAT 3991MI HOBNAIL	1987	*	*	12.00
❑ HAT WHIMSY FAGCA	1982	*	*	65.00
❑ HATPIN HOLDER (HEART OF AMERICA CARNIVAL GLASS)	1980	*	*	95.00
❑ HEN ON NEST 5186DK	1986	*	*	30.00
❑ HEN RE FOR HCA	1990	*	*	55.00
❑ HOBBY HORSE 5135 SPOTTED (SAMPLE)	1985	*	*	40.00
❑ HOBBY HORSE 5135BQ	1988	*	*	35.00
❑ HOBBY HORSE 5135HY	1985	*	*	40.00
❑ IVY BALL 7522PE	1981	*	*	50.00
❑ JAM 3600MI COVERED	1984	*	*	30.00
❑ JAR 3480CK CRACKER CACTUS (LEVAY)	1982	*	*	85.00
❑ JAR 7580AY DOLPHIN	1982	*	*	65.00
❑ JAR 9188 TOBACCO GRAPE & CABLE (ALMOST HEAVEN)	1985	*	*	150.00

NAME	YEAR	LIMIT	ISSUE	TREND
JAR 9188DK TOBACCO COVERED	1990	*	*	100.00
JAR 9188RE TOBACCO COVERED	1990	*	*	225.00
KISSING KIDS 5101VE	1985	*	*	32.00
KITTEN 5119FS	1987	*	*	35.00
KITTEN 5119IK	1986	*	*	55.00
KITTEN 5119NK	1986	*	*	55.00
KITTEN 5119NX	1985	*	*	50.00
KITTEN 5119VC	1987	*	*	35.00
KITTEN V5119CY	1986	*	*	20.00
LAMP 1400CC COIN DOT 20"	1987	*	*	275.00
LAMP 2001CC FEATHER 17"	1987	*	*	275.00
LAMP 2603BI STUDENT 20"	1985	*	*	225.00
LAMP 27412LC 21" STUDENT	1980	*	*	275.00
LAMP 2805IO STUDENT 20"	1980	*	*	325.00
LAMP 3106OF PANCAKE	1983	*	*	165.00
LAMP 3107OY OVERLAY 19"	1983	*	*	150.00
LAMP 3108CC SPIRAL PILLAR 30"	1987	*	*	425.00
LAMP 7204BL HAMMERED COLONIAL 16"	1990	500	*	275.00
LAMP 7204DW 16"	1985	250	*	325.00
LAMP 7204F5 HAMMERED COLONIAL 16"	1985	*	*	275.00
LAMP 7204LT COUNTRY SCENE 16"	1990	*	*	275.00
LAMP 7204OW HAM. COLONIAL 16"	1981	*	*	325.00
LAMP 7209BN STUDENT 21"	1990	500	*	375.00
LAMP 7209LT STUDENT 21"	1990	*	*	375.00
LAMP 7215CD HAMMERED 20-1/2"	1980	*	*	180.00
LAMP 7503CQ STUDENT 23-1/2"	1982	*	*	495.00
LAMP 7503P5 MARIETTA BICENT 23-1/2"	*	*	*	500.00
LAMP 7504CQ PRINCESS 19"	1982	*	*	325.00
LAMP 7504YB PRINCESS 19"	1982	*	*	325.00
LAMP 7506MV SWAG	1982	*	*	475.00
LAMP 7506PD HANGING	1982	*	*	450.00
LAMP 7507N6 PARKERSBURG 25-1/2"	*	*	*	600.00
LAMP 7507YB FRENCH PROV. 25-1/2"	1982	*	*	525.00
LAMP 7508OW FRENCH PROV. 22"	1981	*	*	575.00
LAMP 7510OW 20"	1981	*	*	425.00
LAMP 7514B8 KNIGHTS OF THE SEA	1983	*	*	475.00
LAMP 7514TL SMOKE & CINDERS 23" VERY RARE	1984	250	*	525.00
LAMP 7514TP JUPITER 23" RARE	1986	*	*	450.00
LAMP 7602EB BUTTERFLY & BRANCH 22"	1985	*	*	525.00
LAMP 8376CA HURRICANE	1988	*	*	26.00
LAMP 8376DK HURRICANE	1988	*	*	30.00
LAMP 8376OO HURRICANE	1988	*	*	30.00
LAMP 9301PD COLUMN 20"	1982	*	*	325.00
LAMP 9305SF STUDENT 20"	1981	*	*	295.00
LAMP 9308VC STUDENT 23"	1988	*	*	225.00
LAMP MARIETTA COLLEGE	1983	*	*	450.00
LAMP WILD TURKEY FEDERATION OF AMERICA	1987	*	*	325.00
LIGHT 9605VP GIRL	1984	*	*	48.00
LION 5241KK	1990	*	*	50.00
LION 5241RN	1990	*	*	55.00
LUV BUG 5149CY	1985	*	*	20.00
MALLARD 5147IK	1986	*	*	50.00
MALLARD 5147ND CANVASBACK	1985	*	*	45.00
MALLARD 5147NQ BLUE WING TEAL	1985	*	*	45.00
MAYO SET 3803MI HOBNAIL 3 PC.	1982	*	*	32.00
MELON VASE OVERLAY FAGCA COBALT BLUE W.MICA	1985	*	*	65.00
MINIATURE AMETHYST LEMONADE SET	*	*	*	250.00
MINIATURE BURMESE LEMONADE SET	*	*	*	400.00
MINIATURE CUSTARD LEMONADE SET HP	*	*	*	250.00
MINIATURE CUSTARD LEMONADE SET PLAIN 7345CT	1980	*	*	125.00
MINIATURE CUSTARD TUMBLE UP HP VIOLETS	*	*	*	150.00
MINIATURE CUSTARD TUMBLE UP PLAIN	*	*	*	70.00
MINIATURE RUBY TUMBLE UP SET	*	75	*	250.00
MINIATURE XMAS LEMONADE SET	*	75	*	250.00
MOUSE 5148FH	1990	*	*	35.00
MOUSE 5148FO	1986	*	*	32.00
MOUSE 5148IK	1986	*	*	55.00
MOUSE 5148NG GRAY	1985	*	*	45.00
MOUSE 5148NJ BROWN	1985	*	*	45.00
MOUSE 5148NK	1986	*	*	45.00
MOUSE 5148NS HAPPY SANTA	1990	*	*	49.00
MOUSE 5148VC	1987	*	*	35.00
MUG 9640CK CRAFTSMAN	1982	*	*	40.00
MUG 9648VK BOY	1984	*	*	20.00
MUG 9649VE PRAYER CHILDREN	1984	*	*	20.00
MUG BURMESE FAGCA	1985	*	*	75.00
MUG BUTTERFLY FAGCA	1986	*	*	45.00
MUG MINIATURE TOPAZ OPAL CARNIVAL (HEART OF AMER.)	1981	*	*	55.00
NAPPY GRAPE 8225BO	1982	*	*	25.00
NUT DISH 7229BD	1980	*	*	20.00
NUT DISH 7229SF	1981	*	*	25.00
NUT DISH 7529JA	1980	*	*	25.00
NUT DISH 7529VR FOOTED	1980	*	*	35.00
NUT DISH 9229SF	1981	*	*	24.00
NUT DISH 9531DK STRAWBERRY	1986	*	*	16.00

NAME	YEAR	LIMIT	ISSUE	TREND
❑ NUT DISH 9531DK STRAWBERRY	1990	*	*	18.00
❑ NUT DISH 9531OC STRAWBERRY	1988	*	*	18.00
❑ NUT DISH 9571FO FOOTED	1986	*	*	20.00
❑ OIL LAMP 7609XT	1985	*	*	30.00
❑ OWL 5168JA	1980	*	*	38.00
❑ PANDA BEAR 5151PJ	1985	*	*	80.00
❑ PAPERWEIGHT TOWN PUMP MARIGOLD IR.	1983	*	*	45.00
❑ PENGUIN 5014 (OFF-HAND BY DELMER STOWASSER)	1984	*	*	85.00
❑ PICTURE FRAME 7596PY	1984	*	*	25.00
❑ PIG 5220IK	1986	*	*	55.00
❑ PIG 5220NS HAPPY SANTA	1990	*	*	55.00
❑ PIG 5220QP	1985	*	*	45.00
❑ PITCHER & BOWL SET 3303PO	1984	*	*	325.00
❑ PITCHER 1432CC COIN DOT 32 OZ.	1982	*	*	65.00
❑ PITCHER 1432KB COIN DOT 32 OZ.	1982	*	*	65.00
❑ PITCHER 1866CC FERN 16 OZ.	1982	*	*	65.00
❑ PITCHER 2060CC FEATHER 70 OZ.	1982	*	*	125.00
❑ PITCHER 2664BI 60 OZ. 9"	1985	*	*	145.00
❑ PITCHER 3163CR SPIRAL OPTIC	1990	*	*	60.00
❑ PITCHER 3664MI HOBNAIL	1987	*	*	55.00
❑ PITCHER 3664PO ICE LIP 70 OZ.	1984	*	*	200.00
❑ PITCHER 7692ES BEADED MELON	1990	*	*	50.00
❑ PITCHER 8464OI 36 OZ.	1989	*	*	55.00
❑ PITCHER 8560AY 70 OZ.	1982	*	*	65.00
❑ PITCHER 8664CY REGENCY 64 OZ.	1983	*	*	45.00
❑ PITCHER 8667NK SUNBURST	1985	*	*	75.00
❑ PITCHER 9461NK PLYTEC 32 OZ.	1987	*	*	45.00
❑ PITCHER 9666LX SANDWICH	1990	*	*	45.00
❑ PITCHER 9666RN SANDWICH	1990	*	*	50.00
❑ PITCHER C1866XN FERN	1990	*	*	50.00
❑ PITCHER C3360DO HOBNAIL	1989	*	*	75.00
❑ PITCHER C4661RB 5-1/2"	1991	*	*	65.00
❑ PITCHER FISHERMAN'S	1984	*	*	35.00
❑ PITCHER G1660AY 70 OZ.	1983	*	*	85.00
❑ PITCHER G1660HG 70 OZ.	1983	*	*	45.00
❑ PITCHER G1660YL	1983	*	*	75.00
❑ PITCHER HOLIDAY GREEN CARNIVAL	1987	*	*	55.00
❑ PITCHER MINIATURE GOD & HOME	1981	*	*	55.00
❑ PITCHER, 70 OZ. 8560AY	1982	*	30.00	65.00
❑ PLUG MODE MELODY COLLECTIONS	1990	*	*	55.00
❑ PUPPY 5225VC	1987	*	*	35.00
❑ RABBIT PAPERWEIGHT RE FOR HCA	1990	*	*	50.00
❑ RELISH 3733PO HEART	1984	*	*	325.00
❑ RELISH G1618AY OVAL 8"	1983	*	*	75.00
❑ ROCKING HORSE 5135VJ (COLOR CODE)	1987	*	*	30.00
❑ SALT & PEPPER 8606CY REGENCY	1983	*	*	16.00
❑ SALT & PEPPER SHAKERS G1000AY	1983	*	*	45.00
❑ SALVER 7516VR 9"	1980	*	*	45.00
❑ SANTA 5235DS	1988	*	*	59.00
❑ SCOTTIE 5214CY	1986	*	*	95.00
❑ SLIPPER 1995BR DAISY & BUTTON	1986	*	*	45.00
❑ SLIPPER 1995CA DAISY & BUTTON	1987	*	*	12.00
❑ SLIPPER 1995DK DAISY & BUTTON	1986	*	*	18.00
❑ SLIPPER 1995PW DAISY & BUTTON	1986	*	*	18.00
❑ SLIPPER 3700MI	1984	*	*	15.00
❑ SLIPPER 3985CK KITTEN (LEVAY)	1982	*	*	55.00
❑ SLIPPER 3995MI CAT	1984	*	*	12.00
❑ SLIPPER 9295DK ROSE	1990	*	*	15.00
❑ SLIPPER 9295ES ROSE	1990	*	*	25.00
❑ SLIPPER 9295KP	1990	*	*	25.00
❑ SLIPPER 9295LX ROSE	1990	*	*	25.00
❑ SLIPPER 9295RN ROSE	1990	*	*	25.00
❑ SLIPPER 9591WQ	1986	*	*	30.00
❑ SNAIL 5134NK	1985	*	*	50.00
❑ SNAIL V5134CY	1986	*	*	32.00
❑ SOW RE FOR HCA	1990	*	*	135.00
❑ SPANIEL 5159SP	1985	*	*	65.00
❑ SPANIEL 5159SP	1986	*	*	45.00
❑ SPANIEL 5159VE	1985	*	*	40.00
❑ SPITTOON 5150PI C. ATLANTIS	1981	*	*	240.00
❑ SQUIRREL 5215JU	1986	*	*	35.00
❑ SQUIRREL 5215VE	1986	*	*	25.00
❑ SUGAR & CREAMER 8402CK CHERRY (LEVAY)	1982	*	*	65.00
❑ SUGAR & CREAMER G1603YL	1983	*	*	55.00
❑ SUGAR SHAKER G1692AY	1983	*	*	55.00
❑ SUGAR SHAKER G1692YL	1983	*	*	55.00
❑ SWAN 5127DK OPEN	1990	*	*	18.00
❑ SWAN 5127OC OPEN	1988	*	*	18.00
❑ SWAN 5127OI OPEN	1989	*	*	20.00
❑ SWAN 5127OO OPEN	1987	*	*	18.00
❑ TEMPLE JAR 7488BA	1982	*	*	35.00
❑ TEMPLE JAR 7488BD SMALL	1980	*	*	40.00
❑ TEMPLE JAR 7488CD SMALL	1980	*	*	40.00
❑ TEMPLE JAR 7488DN SMALL	1984	*	*	40.00
❑ TEMPLE JAR 7488EF BOB EVANS	1985	*	*	60.00

FIGURINES

FIGURINES

NAME	YEAR	LIMIT	ISSUE	TREND
❑ TEMPLE JAR 7488JA SMALL	1980	*	*	40.00
❑ TEMPLE JAR 7488KY SMALL	1982	*	*	45.00
❑ TEMPLE JAR 7488PE SMALL	1982	*	*	45.00
❑ TEMPLE JAR 7488TT SMALL	1983	*	*	49.00
❑ TEMPLE JAR 7488VI SMALL	1982	*	*	45.00
❑ TEMPLE JAR 7588JA LARGE	1980	*	*	65.00
❑ TEMPLE JAR 7588PE LARGE	1982	*	*	75.00
❑ TIGER PAPERWEIGHT RE FOR HCA	1990	*	*	235.00
❑ TOOTHPICK 3495RN (LEVAY)	1982	*	*	28.00
❑ TOOTHPICK 7590VY	1981	*	*	18.00
❑ TOOTHPICK 8295CK STRAWBERRY (LEVAY)	1982	*	*	28.00
❑ TOOTHPICK 9592WQ	1986	*	*	29.00
❑ TOOTHPICK HOLDER 9592BQ	1981	*	*	20.00
❑ TOOTHPICK/VOTIVE 8294BR	1986	*	*	34.00
❑ TOOTHPICK/VOTIVE 9292NK	1986	*	*	18.00
❑ TOOTHPICK/VOTIVE 9592WQ	1986	*	*	40.00
❑ TOWN PUMP MINIATURE (INT'L CARNIVAL GLASS ASSOC.)	1980	*	*	65.00
❑ TRAY 1976CY LEAF DAISY & BUTTON	1981	*	*	15.00
❑ TRINKET BOX 8304OO VALENCIA	1987	*	*	20.00
❑ TUMBLER 2640FO	1985	*	*	20.00
❑ TUMBLER 3008XB HOBNAIL SET	1990	*	*	20.00
❑ TUMBLER 7700QH 85TH ANNIVERSARY	1990	*	*	40.00
❑ TUMBLER 8644CY REGENCY	1983	*	*	20.00
❑ TUMBLER MINIATURE GOD & HOME	1981	*	*	20.00
❑ URN 3194ZS HANDLED CC 13"	1986	1000	185.00	425.00
❑ VASA MURRHINA COBALT FOR FAGCA	1979	*	*	75.00
❑ VASE 1353CR TULIP FINE DOT 10"	1990	*	*	89.00
❑ VASE 1354CR DOT OPTIC 7"	1990	*	*	65.00
❑ VASE 1433CC COIN 9-1/2"	1982	*	*	75.00
❑ VASE 1552CC URN 10-1/2"	1988	*	*	95.00
❑ VASE 1752WQ FOOTED 5-1/2"	1986	*	*	60.00
❑ VASE 1799CR DIAMOND OPTIC 6"	1990	*	*	59.00
❑ VASE 1824CC FERN 4-1/2"	1982	*	*	40.00
❑ VASE 1850OH OVERLAY 7-1/2"	1983	*	*	38.00
❑ VASE 2050CC FEATHER 6-1/2"	1982	*	*	55.00
❑ VASE 2057OO CURTAIN 7"	1987	*	*	28.00
❑ VASE 2557DK BEADED MELON	1990	*	*	28.00
❑ VASE 3140OP SPIRAL OPTIC 7-1/2"	1985	*	*	65.00
❑ VASE 3161 OVERLAY 11"	1987	*	*	75.00
❑ VASE 3161CR SPIRAL OPTIC 11"	1990	*	*	99.00
❑ VASE 3161OP 11"	1985	*	*	65.00
❑ VASE 3190KF HANDLED CC 7"	1986	*	*	225.00
❑ VASE 3195FS PROVINCIAL BOUQUET 7"	1988	*	*	95.00
❑ VASE 3196FS PROVINCIAL BOUQUET 13"	1988	*	*	150.00
❑ VASE 3323PO CRIMPED 4-1/2"	1984	*	*	65.00
❑ VASE 3434RN BASKET 10"	1982	*	*	85.00
❑ VASE 3441RN JACK IN THE PULPIT	1982	*	*	75.00
❑ VASE 3483RN SWUNG 9"	1982	*	*	40.00
❑ VASE 5150 ATLANTIS	1991	*	*	80.00
❑ VASE 5150PI B. ATLANTIS	1981	*	*	165.00
❑ VASE 5153VY MINIATURE HAND	1981	*	*	30.00
❑ VASE 5750DK ROSE 9"	1990	*	*	28.00
❑ VASE 5858CC WHEAT 8"	1982	*	*	65.00
❑ VASE 5858KB WHEAT 8"	1982	*	*	65.00
❑ VASE 5858OP WHEAT 8"	1985	*	*	50.00
❑ VASE 6056CR WAVE CREST	1982	*	*	45.00
❑ VASE 6056SF 6"	1981	*	*	30.00
❑ VASE 6650UO BUD 6"	1986	*	*	20.00
❑ VASE 6654EO REFLECTIONS 11"	1986	*	*	30.00
❑ VASE 6654UO 11"	1986	*	*	30.00
❑ VASE 7241BA 4-1/2"	1982	*	*	20.00
❑ VASE 7241VI 4-1/2"	1982	*	*	22.00
❑ VASE 7252BD 7"	1980	*	*	40.00
❑ VASE 7252CD 7"	1980	*	*	38.00
❑ VASE 7254HL 4-1/2"	1988	*	*	32.00
❑ VASE 7254LT COUNTRY SCENE 4-1/2"	1990	*	*	48.00
❑ VASE 7254VC 4-1/2"	1988	*	*	28.00
❑ VASE 7255PD LARGE TULIP	1982	*	*	95.00
❑ VASE 7255PD TULIP 10-1/2"	1981	*	*	110.00
❑ VASE 7255SS TULIP 10-3/4"	1981	*	*	110.00
❑ VASE 7257MV MTN. REFLECT 10"	1982	*	*	100.00
❑ VASE 7348KP	1990	*	*	38.00
❑ VASE 7371AG 7"	1990	*	*	65.00
❑ VASE 7371KH 7"	1990	*	*	85.00
❑ VASE 7372AG 13"	1990	*	*	135.00
❑ VASE 7372KH 13"	1990	*	*	125.00
❑ VASE 7373AG BUD TULIP 6"	1990	*	*	30.00
❑ VASE 7373KH BUD TULIP	1990	*	*	30.00
❑ VASE 7442PD 5"	1981	*	*	60.00
❑ VASE 7530BA 6-1/2"	1982	*	*	40.00
❑ VASE 7530DN 6-1/2"	1983	*	*	30.00
❑ VASE 7530F7 6-1/2" FARM	1985	*	*	55.00
❑ VASE 7530TT 6-1/2"	1983	*	*	50.00
❑ VASE 7530VI 6-1/2"	1982	*	*	35.00
❑ VASE 7544PF PETITE FLEUR 5"	1984	*	*	35.00

NAME	YEAR	LIMIT	ISSUE	TREND
❑ VASE 7546PD 4-1/2"	1981	*	*	65.00
❑ VASE 7547PD 5-1/2"	1981	*	*	68.00
❑ VASE 7550IN IRIS 6-1/2"	1982	*	*	50.00
❑ VASE 7550JA 7"	1980	*	*	45.00
❑ VASE 7550KP 6-1/2"	1982	*	*	45.00
❑ VASE 7550PE 6-1/2"	1982	*	*	45.00
❑ VASE 7551VR FAN DOLPHIN	1980	*	*	60.00
❑ VASE 7551VY DOLPHIN HANDLED	1981	*	*	65.00
❑ VASE 7552PD SMALL TULIP	1982	*	*	60.00
❑ VASE 7552PD TULIP 6-3/4"	1981	*	*	90.00
❑ VASE 7554BQ 5"	1981	*	*	25.00
❑ VASE 7557IN IRIS 9"	1982	*	*	55.00
❑ VASE 7557JA 10"	1980	*	*	45.00
❑ VASE 7557PE 9-1/2"	1982	*	*	65.00
❑ VASE 7558PD BUD 6"	1981	*	*	65.00
❑ VASE 7558PE BUD	1982	*	*	28.00
❑ VASE 7559IN IRIS 7-1/2"	1982	*	*	65.00
❑ VASE 7559IY SAND CARVED 7-1/2"	1982	*	*	80.00
❑ VASE 7559PD 7-1/2"	1981	*	*	75.00
❑ VASE 7559PD 7-1/2"	1982	*	*	75.00
❑ VASE 7560PD 6-1/2"	1981	*	*	75.00
❑ VASE 7560PD 6-1/2"	1982	*	*	75.00
❑ VASE 7561KY SAND CARVED 10-3/4"	1982	*	*	100.00
❑ VASE 7561PE 10-3/4"	1981	*	*	95.00
❑ VASE 7561PE 10-3/4"	1982	*	*	85.00
❑ VASE 7582RT DOLPHIN HANDLE	1982	*	*	35.00
❑ VASE 7620AF AURORA 5"	1990	*	*	35.00
❑ VASE 7620SH AURORA 4"	1990	*	*	20.00
❑ VASE 7651SX SAND CARVED	1982	*	*	110.00
❑ VASE 7655SX SPHERE 10"	1982	*	*	195.00
❑ VASE 7660VC RIBBED 7-1/2"	1988	*	*	48.00
❑ VASE 7691MP AURORA 7"	1989	*	*	35.00
❑ VASE 7693ES BEADED MELON 6"	1990	*	*	45.00
❑ VASE 7694 AURORA 7"	1990	*	*	45.00
❑ VASE 7696KP 7-1/2"	1990	*	*	55.00
❑ VASE 8251HU MANDARIN 9"	1982	*	*	135.00
❑ VASE 8251JA MANDARIN	1980	*	*	85.00
❑ VASE 8252HU EMPRESS 7-1/2"	1982	*	*	105.00
❑ VASE 8252JA EMPRESS	1980	*	*	75.00
❑ VASE 8252VE EMPRESS	1987	*	*	65.00
❑ VASE 8257BR PEACOCK 8"	1986	*	*	150.00
❑ VASE 8351PW BUD BARRED OVAL 8-1/2"	1986	*	*	22.00
❑ VASE 8354AG BASKETWEAVE 9"	1990	*	*	45.00
❑ VASE 8354KH BASKETWEAVE 9"	1990	*	*	55.00
❑ VASE 8455VY DIAMOND & THREAD	1981	*	*	60.00
❑ VASE 8458BO BUD 11"	1981	*	*	25.00
❑ VASE 8520CG SPHERE 8"	1982	*	*	85.00
❑ VASE 8550AY 10"	1982	*	*	45.00
❑ VASE 8551AY CYLINDER 10-1/2"	1982	*	*	48.00
❑ VASE 8551BB CYLINDER 10-1/2"	1982	*	25.00	42.00
❑ VASE 8551CC CYLINDER 10-1/2"	1982	*	*	60.00
❑ VASE 8552AY 9-1/2"	1982	*	*	45.00
❑ VASE 8553AY 6-1/2"	1982	*	18.00	35.00
❑ VASE 8654NK 7-1/2"	1984	*	*	35.00
❑ VASE 8801ER OVAL ARTISAN 12"	1985	*	*	175.00
❑ VASE 8801NV OVAL 12"	1985	*	*	225.00
❑ VASE 8802EG OVAL ARTISAN 12"	1985	*	*	135.00
❑ VASE 8802ER OVAL ARTISAN 12"	1985	*	*	150.00
❑ VASE 8803KM TRIANGLE 15"	1985	*	*	235.00
❑ VASE 8803UV TRIANGLE 15"	1985	*	*	235.00
❑ VASE 8804KM SPHERE	1985	*	*	225.00
❑ VASE 8805ER ARTISAN 6"	1985	*	*	85.00
❑ VASE 8806ER ARTISAN 7-1/2"	1985	*	*	120.00
❑ VASE 8807EP ARTISAN 9"	1985	*	*	110.00
❑ VASE 8812EK SILHOUETTES 10-1/2"	1986	*	*	150.00
❑ VASE 8817KP 8-1/2"	1990	*	*	80.00
❑ VASE 9054JA BUD TALL	1980	*	*	15.00
❑ VASE 9054RD BUD	1981	*	*	28.00
❑ VASE 9056BD BUD 8"	1980	*	*	15.00
❑ VASE 9056BQ BUD FOOTED	1987	*	*	28.00
❑ VASE 9056CD BUD	1980	*	*	15.00
❑ VASE 9056DN BUD 7-1/2"	1983	*	*	20.00
❑ VASE 9056EW FOOTED BUD 7-1/2"	1986	*	*	28.00
❑ VASE 9056MP BUD 9-1/4"	1989	*	*	24.00
❑ VASE 9056SF BUD	1981	*	*	24.00
❑ VASE 9056VC BUD 9-1/4"	1988	*	*	28.00
❑ VASE 9056VR BUD FOOTED	1980	*	*	25.00
❑ VASE 9157DK FINE CUT & BLOCK	1986	*	*	18.00
❑ VASE 9252AF ROSE 6-1/2"	1990	*	*	48.00
❑ VASE 9252ES ROSE 6-1/2"	1990	*	*	45.00
❑ VASE 9252FH ROSE 6-1/2"	1990	*	*	38.00
❑ VASE 9259VE SPRING 8-3/4"	1987	*	*	75.00
❑ VASE 9320SF BASKETWEAVE 4-1/2"	1981	*	*	24.00
❑ VASE 9356DR BUD BASKETWEAVE	1981	*	*	28.00
❑ VASE 9356SF BUD	1981	*	*	28.00

FIGURINES

FIGURINES

NAME	YEAR	LIMIT	ISSUE	TREND
❑ VASE 9357ES BASKETWEAVE 4-1/2"	1990	*	*	30.00
❑ VASE 9357FH BASKETWEAVE 4-1/2"	1990	*	*	30.00
❑ VASE 9357MP BASKETWEAVE 4-1/2"	1989	*	*	28.00
❑ VASE 9357TL BASKETWEAVE 4-1/2"	1990	*	*	30.00
❑ VASE 9423VR 6"	1981	*	*	30.00
❑ VASE 9451VE BUD 7"	1981	*	*	20.00
❑ VASE 9454DK BUD STRAWBERRY 11-1/2"	1986	*	*	15.00
❑ VASE 9454RT BUD 10"	1982	*	*	15.00
❑ VASE 9455VR HANDKERCHIEF 9"	1981	*	*	25.00
❑ VASE 9456IO SWUNG 12" (LEVAY)	1980	*	*	80.00
❑ VASE 9556PY BUD 8-1/2"	1981	*	*	26.00
❑ VASE 9650OP DOGWOOD 11"	1985	*	*	60.00
❑ VASE 9652PW BEAUTY	1986	*	*	24.00
❑ VASE 9658NK DOGWOOD 8"	1986	*	*	55.00
❑ VASE 9658OP DOGWOOD 8"	1985	*	*	50.00
❑ VASE 9659DK	1986	*	*	18.00
❑ VASE 9659DK 7-1/2"	1984	*	*	20.00
❑ VASE 9752RN DAFFODIL	1990	*	*	55.00
❑ VASE 9754LX W/BOW 6-1/4"	1990	*	*	38.00
❑ VASE 9758PN STYLIZED 8"	1990	*	*	40.00
❑ VASE AZURE BLUE SATIN AVON	1984	*	*	125.00
❑ VASE C1353BX TULIP FINE DOT 10"	1989	*	*	75.00
❑ VASE C1844CR FERN OPTIC SIGNED	1990	*	*	100.00
❑ VASE C5858NZ WHEAT 8"	1990	*	*	60.00
❑ VASE C8654GZ PINWHEEL 7-1/2"	1990	*	*	35.00
❑ VASE C9452MG JACQUELINE	1990	*	*	75.00
❑ VASE CORN/GOOD LUCK (HEART OF AMERICA CARNIVAL)	1982	*	*	75.00
❑ VASE CV0218T SPIRAL SIGNED 11"	1992	*	*	95.00
❑ VASE G1652FB 10"	1983	*	*	40.00
❑ VASE G1652YL 10"	1983	*	*	45.00
❑ VASE G1659AY AMERICAN LEGACY 7"	1983	*	*	45.00
❑ VASE G1659YL 7"	1983	*	*	35.00
❑ VASE HANGING HEART FAGCA	1981	*	*	125.00
❑ VASE MELON BLUE BURMESE FAGCA PELOTON	1984	*	*	110.00
❑ VASE MELON OVERLAY FAGCA	1980	*	*	60.00
❑ VASE MELON OVERLAY FAGCA	1985	*	*	95.00
❑ VASE Q4453KK FOOTED	1989	*	*	38.00
❑ VASE R9451GS BUD RIBBED FABERGE 6"	1982	*	*	35.00
❑ VASE R9451MI RIBBED FABERGE BUD 7"	*	*	*	10.00
❑ VASE R9457GS RIBBED FABERGE 7"	1982	*	*	25.00
❑ VASE RUBY IRRIDIZED FAGCA	1986	*	*	80.00
❑ VASE TULIP OVERLY FAGCA DUSTY ROSE/COBALT CREST	1987	*	*	80.00
❑ VASE V1759FX FOOTED 6-1/2"	1986	*	*	24.00
❑ VOTIVE 7275RK FOOTED	1984	*	*	24.00
❑ VOTIVE 9578AF LEAF 2-WAY	1990	*	*	18.00
❑ VOTIVE 9671DK	1984	*	*	15.00
❑ VOTIVE 9673XN SANTA	1985	*	*	45.00
❑ WATER SET 3306PO 7 PC.	1984	*	*	600.00
❑ WATER SET 3407IO 7 PC.	1980	*	*	375.00
❑ WATER SET 3407RN 7 PC. (LEVAY)	1982	*	*	320.00
❑ WATER SET 7509VY 7 PC.	1981	*	*	350.00
❑ WATER SET 9003CK LINCOLN INN (LEVAY)	1982	*	*	325.00
❑ WATER SET HOBNAIL 5 PC.	*	*	*	375.00
❑ WATER SET MINIATURE	1981	*	*	80.00
❑ WATER SET VICTORIAN	1983	*	*	475.00
❑ WHALE 5152FA	1984	*	*	65.00
❑ WHALE 5152RK	1984	*	*	50.00
❑ WINE G1644AY 5 OZ.	1983	*	*	20.00
❑ WINE G1644YL	1983	*	*	18.00
❑ WOOD DUCKLING STANDING RE FOR HCA	1990		*	55.00
80TH ANNIVERSARY				*
❑ BASKET 2635BI SQUARE 8"	1985	*	*	85.00
❑ PITCHER 8964BI BLUE RIDGE	1985		*	145.00
85TH ANNIVERSARY GOLD BURMESE				*
❑ BASKET 5 1/2" 7732QD TREE SCENE	1990	*	58.00	85.00
❑ BASKET 7" 7731QH RASPBERRY BURMESE	1990	*	75.00	100.00
❑ CRUET W/STOPPER 7" 7701QJ	1990	*	85.00	135.00
❑ EPERGNE 2 PC. 7202QJ 9 1/2" PETITE FLORAL	1990	*	125.00	175.00
❑ LAMP 21" STUDENT 7412QH RASPBERRY BURMESE	1990	*	295.00	500.00
❑ VASE 6 1/2" 7791 ROSE BURMESE	1990	*	45.00	75.00
❑ VASE 6" 7790RB ROSE BURMESE	1990	*	50.00	75.00
❑ VASE 9" 7792QD TREE SCENE	1990	*	75.00	110.00
❑ WATERSET 7 PC. 7700QH RASPBERRY BURMESE	1990	*	275.00	400.00
90TH ANNIVERSARY				*
❑ BASKET 1135JE CORALENE FLORAL	1995	OP	75.00	85.00
❑ BASKET 1142JE FOOTED 7"	1995	OP	38.00	45.00
❑ CANDLESTICKS 2911KA 3"	1995	OP	50.00	50.00
❑ CANDY BOX 9488KA W/COVER 10-1/2"	1995	OP	50.00	50.00
❑ CENTERPIECE 2990KA 4 PC.	1995	OP	95.00	135.00
❑ COMPORT 1134KA 5-1/4"	1995	OP	33.00	33.00
❑ EPERGNE 7601KA 5 PC. 13"	1995	OP	185.00	250.00
❑ LOGO 9499KA, OVAL 5"	1995	OP	25.00	45.00
❑ TOP HAT 1137JE 4-1/2"	1995	OP	50.00	55.00
❑ TUMBLER 9049KA 4-1/2"	1995	OP	20.00	20.00
❑ VASE 1136JE FAN 6"	1995	OP	50.00	50.00

NAME	YEAR	LIMIT	ISSUE	TREND
❏ VASE 1140JE W/COBALT BASE	1995	OP	60.00	85.00
❏ WATER SET 9001KA	1995	*	135.00	200.00
❏ WATER SET 9001KA 5 PC. LINCOLN INN	1995	OP	135.00	200.00
BIRDS OF WINTER ED. I				**D. JOHNSON**
❏ CLOCK 8600BC 6"	1987	1500	50.00	85.00
❏ FAIRY LIGHT 7300BC 4-1/2"	1987	4500	30.00	65.00
❏ LAMP 9702BC 18-1/2"	1987	500	250.00	325.00
BIRDS OF WINTER ED. II				**D. JOHNSON**
❏ CLOCK 8600BD 6"	1988	1500	55.00	85.00
❏ FAIRY LIGHT 7300BD 4-1/2"	1988	4500	30.00	65.00
❏ LAMP 7209BD STUDENT 21"	1988	500	274.00	245.00
BIRDS OF WINTER ED. III				**D. JOHNSON**
❏ CLOCK 8600BL 6"	1990	1500	60.00	85.00
❏ FAIRY LIGHT 7300BL 4-1/2"	1990	4500	30.00	65.00
❏ LAMP 7204BL 16"	1990	500	250.00	275.00
BIRDS OF WINTER ED. IV				**D. JOHNSON**
❏ CLOCK 8600NB 6"	1990	1500	60.00	85.00
❏ FAIRY LIGHT 7300NB 4-1/2"	1990	4500	30.00	75.00
❏ LAMP 7209NB STUDENT 21"	1990	500	275.00	275.00
CHRISTMAS AT HOME ED. I				**F. BURTON**
❏ CLOCK 8600HD 6" SLEIGH RIDE	1990	1500	75.00	85.00
❏ FAIRY LIGHT 7300HD 4-1/2" SLEIGH RIDE	1990	3500	39.00	60.00
❏ LAMP 7204HD 16" SLEIGH RIDE	1990	1000	250.00	295.00
CHRISTMAS AT HOME ED. II (CHRISTMAS EVE)				**F. BURTON**
❏ CLOCK 8600HJ 6" CHRISTMAS EVE	1991	1500	75.00	85.00
❏ FAIRY LIGHT 7300HJ 4-1/2" CHRISTMAS EVE	1991	3500	39.00	55.00
❏ LAMP 7204HJ 16"	1991	1000	250.00	250.00
CHRISTMAS AT HOME ED. III				**F. BURTON**
❏ CLOCK 8600HQ 6" FAMILY TRADITIONS	1992	1500	75.00	80.00
❏ FAIRY LIGHT 7300HQ 4-1/2" FAMILY TRADITIONS	1992	3500	39.00	60.00
❏ LAMP 9830HQ 20"	1992	1000	250.00	295.00
CHRISTMAS AT HOME ED. IV				**F. BURTON**
❏ CLOCK 8600HT	1993	1500	79.00	85.00
❏ FAIRY LIGHT 7300HT	1993	3500	39.00	50.00
❏ LAMP 7204HT 16"	1993	1000	265.00	265.00
CHRISTMAS CLASSICS ED. I				**M. DICKINSON**
❏ FAIRY LIGHT 7300CV CHRISTMAS MORNING	1978	*	25.00	65.00
❏ LAMP 7204CV COLONIAL 16" CHRISTMAS MORN.	1978	YR	125.00	225.00
CHRISTMAS CLASSICS ED. II				**K. CUNNINGHAM**
❏ FAIRY LIGHT 7300NC NATURE'S CHRISTMAS	1979	*	30.00	60.00
❏ LAMP 7204NC COLONIAL 16" NATURE'S CHRISTMAS	1979	YR	150.00	225.00
CHRISTMAS CLASSICS ED. III				**D. JOHNSON**
❏ FAIRY LIGHT 7300GH GOING HOME	1980	*	33.00	65.00
❏ LAMP 7204GH COLONIAL 16" GOING HOME	1980	YR	165.00	295.00
CHRISTMAS CLASSICS ED. IV				**D. JOHNSON**
❏ FAIRY LIGHT 7300AC ALL IS CALM	1981	*	35.00	60.00
❏ LAMP 7204AC COLONIAL 16" ALL IS CALM	1981	YR	175.00	275.00
❏ LAMP 7510AC STUDENT 20" ALL IS CALM	1981	*	225.00	295.00
CHRISTMAS CLASSICS ED. V				**R. SPINDLER**
❏ FAIRY LIGHT 7300OC COUNTRY CHRISTMAS	1982	*	35.00	60.00
❏ LAMP 7204OC COLONIAL 16" COUNTRY CHRISTMAS	1982	YR	175.00	295.00
❏ LAMP 7510OC STUDENT 21" COUNTRY CHRISTMAS	1982	*	225.00	225.00
CHRISTMAS FANTASY ED. I				**D. JOHNSON**
❏ FAIRY LIGHT 7300AI	1983	7500	35.00	60.00
CHRISTMAS FANTASY ED. II				**D. JOHNSON**
❏ FAIRY LIGHT 7300GE	1984	7500	38.00	60.00
❏ LAMP 7512GE HURRICANE 10-1/2"	1984	7500	75.00	135.00
CHRISTMAS FANTASY ED. III				**D. JOHNSON**
❏ FAIRY LIGHT 7300WP	1985	7500	38.00	60.00
CHRISTMAS FANTASY ED. IV				**L. EVERSON**
❏ FAIRY LIGHT 7300CV	1987	CL	38.00	60.00
CHRISTMAS LIMITED EDITIONS				*
❏ ANGEL 5144TW HEAVENLY BELL 5-3/4"	1995	1900	35.00	38.00
CHRISTMAS LIMITED EDITIONS				**M. DICKINSON**
❏ BASKET 7439JW 9"	1986	5000	100.00	125.00
❏ LAMP 9702JW	1986	2500	250.00	295.00
❏ VASE 7661JW 9"	1986	5000	95.00	125.00
CHRISTMAS LIMITED EDITIONS				**L. PIPER**
❏ CLOCK 8600XS 6"	1986	5000	59.00	95.00
❏ FAIRY LIGHT 7300XS 2 PC.	1986	5000	35.00	80.00
❏ LAMP 7204XS 16"	1986	2500	195.00	250.00
CHRISTMAS LIMITED EDITIONS				**M. REYNOLDS**
❏ ANGEL 5542QB 7-1/2"	1996	1000	60.00	60.00
❏ ANGEL 5542TA RADIANT-MUSICAL BASE	1995	900	85.00	95.00
❏ EGG 5140SD MANGER SCENE ON RUBY 3-1/2"	1992	2500	30.00	45.00
❏ EGG 5140SU POINSETTIA ON CRYSTAL IRID. 3-1/2"	1992	2500	30.00	35.00
❏ EGG 5140SV WOODS ON WHITE 3-1/2"	1993	2500	35.00	37.00
❏ EGG 5140SW ANGEL ON GREEN 3-1/2"	1993	2500	35.00	37.00
❏ EGG 5145AC 3-1/2"	1996	1500	38.00	40.00
❏ EGG 5145CH HOLLY BERRIES ON GOLD IND. 3-1/2"	1996	1500	38.00	38.00
❏ EGG 5145QP PARTRIDGE ON SPRUCE 3-1/2"	1996	1500	35.00	45.00
❏ EGG 5145TH BOW & HOLLY ON IVORY 3-1/2"	1995	900	35.00	35.00
❏ EGG 5145TP CHICKADEE ON GOLD 3-1/2"	1995	900	35.00	38.00
❏ EGG 5145VG MAGNOLIA ON GOLD 3-1/2"	1994	1500	35.00	40.00
❏ EGG 5145VK PARTRIDGE ON RUBY 3-1/2"	1994	1500	35.00	55.00
❏ FAIRY LIGHT 7300AC 4-1/2"	1996	2000	40.00	55.00
❏ PITCHER 2996V2 GOLDEN HOLIDAY PINE CONES	1995	900	79.00	85.00

FIGURINES

NAME	YEAR	LIMIT	ISSUE	TREND
CHRISTMAS LIMITED EDITIONS				**R. SPINDLER**
❏ EGG 5145QV MOONLIT MEADOW ON RUBY 3-1/2"	1996	1500	40.00	40.00
❏ FAIRY LIGHT 9401N7 NATIVITY SCENE	1996	1500	49.00	50.00
CHRISTMAS STAR "OUR HOME IS BLESSED"				**F. BURTON**
❏ EGG 5145VT 3-1/2"	1995	1500	45.00	55.00
❏ FAIRY LIGHT 7300VT 4-1/2"	1995	1500	45.00	65.00
❏ LAMP 2940VT 21" STUDENT	1995	500	275.00	325.00
CHRISTMAS STAR "SILENT NIGHT"				**F. BURTON**
❏ EGG 5145VS ON STAND	1994	1500	45.00	50.00
❏ FAIRY LIGHT 7300VS 4-1/2"	1994	1500	45.00	55.00
❏ LAMP 7204VS 16"	1994	500	275.00	275.00
CHRISTMAS STAR ED. III				**F. BURTON**
❏ EGG 5145SN 3-1/2"	1996	1750	45.00	45.00
❏ FAIRY LIGHT 7300SN 4-1/2"	1996	1750	48.00	48.00
❏ LAMP 7204SN 16"	1996	750	275.00	275.00
CLYDESDALE				*
❏ BASKET 7237XA 7"	1983	*	14.00	150.00
❏ FAIRY LIGHT 7300XA	1983	*	10.00	145.00
❏ GINGER JAR 7488XA	1983	*	12.00	95.00
❏ LAMP HAMMERED BRASS7204XA 16"	1983	*	70.00	295.00
❏ LAMP HURRICANE ELECTRIFIED 7311XA 11"	1983	*	43.00	225.00
❏ VASE 7254XA 4 1/2"	1983	*	10.00	55.00
❏ VASE 7254XA 7"	1983	*	14.00	65.00
COLLECTIBLE EGGS EDITIONS				*
❏ COLLECTIBLE EGGS	1998	3000	50.00	50.00
❏ EGG, 5146D2 FLORAL CHAMPAGNE	1998	3000	45.00	45.00
❏ EGG, 5146D3 BERRIES ON ROSALENE	1998	3000	55.00	55.00
❏ EGG, 5146D4 CLIPPER SHIP ON COBALT	1998	3000	45.00	50.00
❏ EGG, 5146D5 FRUIT ON SEA MIST	1998	3000	45.00	45.00
❏ EGG, 5146D6 DRAGONFLY ON FRENCH OPAL	1998	3000	49.00	49.00
❏ EGG, 5146DI FLORAL MISTY BLUE	1998	3000	45.00	45.00
❏ EGG, 5147D7 FLORAL ON RUBY	1998	3000	49.00	49.00
COLLECTIBLE EGGS EDITIONS				**F. BURTON**
❏ EGG 5140A7 ENAMELED FLOWERS/BLUE	1994	2500	38.00	65.00
COLLECTIBLE EGGS EDITIONS				**S. JACKSON**
❏ EGG 5140A2 TULIPS/SEA MIST	1994	2500	33.00	40.00
❏ EGG 5140A3 VIOLETS/MILK PEARL	1994	2500	33.00	55.00
❏ EGG 5140A5 SPRING LANDSCAPE/OPAL	1994	2500	33.00	75.00
COLLECTIBLE EGGS EDITIONS				**K. PLAUCHE**
❏ EGG 5140A6 METALLIC FLORAL/PLUM	1994	2500	33.00	48.00
❏ EGG 5140D2 SCROLLING FLORAL/GRN	1993	2500	30.00	40.00
❏ EGG 5140D8 W/GOLD ON PLUM	1993	2500	35.00	42.00
❏ EGG DOLPHIN/FAVRENE HANDPAINTED/SANDCARVED 51457Y	1997	2500	65.00	75.00
❏ EGG LIGHTHOUSE/FRENCH OPALESCENT IRIDIZED 51457W	1997	2500	45.00	55.00
❏ EGG VIOLAS/DUSTY ROSE	1997	2500	39.00	39.00
COLLECTIBLE EGGS EDITIONS				**M. REYNOLDS**
❏ EGG 51407U CROQUET	1992	2500	30.00	55.00
❏ EGG 51407V FLORAL & BRONZE	1992	2500	30.00	32.00
❏ EGG 51407W BUTTERFLIES	1992	2500	30.00	34.00
❏ EGG 51407Y IRIS	1992	2500	30.00	40.00
❏ EGG 51407Y PINK FLORAL	1992	2500	30.00	32.00
❏ EGG 51407Z UNICORN	1992	2500	30.00	45.00
❏ EGG 5140A1 GOLD	1994	2500	33.00	37.00
❏ EGG 5140C9 PARTRIDGE	1991	1500	30.00	35.00
❏ EGG 5140D1 FUCHSIA FLORAL/WHITE	1993	2500	30.00	32.00
❏ EGG 5140D3 W/GOLD ON RUBY	1993	2500	30.00	40.00
❏ EGG 5140D4 SEA GULLS/OCEAN BLUE	1993	2500	30.00	40.00
❏ EGG 5140D5 COTTAGE/WHITE OPAL	1993	2500	30.00	45.00
❏ EGG 5140D6 PAISLEY/DUSTY ROSE	1993	2500	30.00	35.00
❏ EGG 5140E7 SKATER	1991	1500	30.00	35.00
❏ EGG 5140H7 WHITE SCENE	1991	1500	30.00	35.00
❏ EGG 5140N9 POINSETTIAS	1991	1500	30.00	35.00
❏ EGG 5140Q9 GOLD DESIGN	1991	1500	30.00	35.00
❏ EGG 5140X9 SHELL	1991	1500	35.00	69.00
❏ EGG 5140Z7 SNOW SCENE	1991	1500	30.00	30.00
❏ EGG 5140ZN SANDCARVED/BL	1993	1500	35.00	53.00
❏ EGG 5145F2 HUMMINGBIRD/FRENCH OPAL	1996	2500	38.00	50.00
❏ EGG 5145F5 LAKE SCENE	1996	2500	38.00	45.00
❏ EGG 5145F6 JEWELED	1996	2500	38.00	40.00
❏ EGG 5145S2 SCROLLS/BLACK	1995	2500	33.00	38.00
❏ EGG 5145S3 SCENE/WHITE	1995	2500	33.00	45.00
❏ EGG 5145S4 FLORAL/WHITE	1995	2500	33.00	35.00
❏ EGG 5145S5 FLORAL/GREEN	1995	2500	33.00	38.00
❏ EGG 5145S6 FLORAL/BLUE	1995	2500	33.00	40.00
❏ EGG 5145S7 FLORAL/GOLD	1995	2500	33.00	38.00
❏ EGG 5145S8 HUMMINGBIRD/DUSTY ROSE	1995	2500	35.00	45.00
❏ EGG DAISY/MISTY BLUE 51457U	1997	2500	45.00	45.00
❏ EGG ROSES/IVORY SANDBLASTED 51457X	1997	2500	39.00	39.00
❏ EGG, IRIS/SEAMIST GREEN 5145 7T	1997	2500	45.00	50.00
COLLECTIBLE EGGS EDITIONS				**K. SPINDLER**
❏ EGG ROOSTER/SPRUCE 51457Y	1997	2500	39.00	39.00
COLLECTIBLE EGGS EDITIONS				**R. SPINDLER**
❏ EGG 5145F1 HONEYSUCKLE/DUSTY ROSE	1996	2500	38.00	38.00
❏ EGG 5145F3 BUTTERFLIES	1996	2500	38.00	45.00
❏ EGG 5145F4 MORNING GLORIES	1996	2500	38.00	40.00
❏ EGG 5145F7 FISH/SPRUCE	1996	2500	38.00	45.00
CONNOISSEUR COLLECTION				*
❏ BASKET 3132OT 8-3/4"	1988	2500	65.00	125.00
❏ BASKET 3134PV 10"	1984	1250	85.00	175.00

FIGURINES

NAME	YEAR	LIMIT	ISSUE	TREND
❏ BASKET 6432IM 9"	1983	1000	75.00	175.00
❏ BOUDOIR LAMP 7802CZ	1986	750	145.00	225.00
❏ CANDY BOX 9394FN 3 PC.	1991	1000	90.00	150.00
❏ CANDY BOX 9394UE 3 PC. W/COVER	1984	1250	75.00	175.00
❏ CANE 5090PV 18"	1984	YR	35.00	125.00
❏ CRUET/STOPPER 6462IM	1983	1000	75.00	195.00
❏ CRUET/STOPPER 7863CZ	1986	1000	75.00	150.00
❏ EPERGNE 7605BR 5 PC. SET BURMESE	1983	500	200.00	650.00
❏ EPERGNE 7605RE 5 PC. SET	1989	2000	250.00	475.00
❏ EPERGNE 809GO 4 PC. SET 4809GO	1985	1000	95.00	250.00
❏ FISH PAPERWEIGHT 5193RE	1991	2000	30.00	55.00
❏ HANDLED URN 3194ZS 13"	1986	1000	185.00	375.00
❏ HANDLED VASE 3190KF 7"	1986	1000	100.00	225.00
❏ HAT 3193PV SPIRAL CC 8"	1984	1500	*	175.00
❏ OWL 5258FN 6"	1993	1500	95.00	115.00
❏ PITCHER 2065ZC	1988	3500	60.00	99.00
❏ PITCHER 7060RE	1989	2500	55.00	75.00
❏ PUNCH SET 3712GO 14 PC.	1985	500	250.00	475.00
❏ TOP HAT BASKET, 7438JD, TEAL/MILK OVERLAY 9	1986	1500	49.00	175.00
❏ VANITY SET 3104BI 4 PC.	1986	1000	125.00	400.00
❏ VASE 2556ZI TULIP 6"	1988	3500	50.00	95.00
❏ VASE 6453RG VASA MURRHINA 8"	1989	2000	65.00	125.00
❏ VASE 7659GJ 7"	1983	1500	50.00	135.00
❏ VASE 8354RE	1989	2500	45.00	90.00
❏ VASE 9458AV SWAN 8"	1984	1500	65.00	150.00
❏ VASE, 10 1/2" DANIELLE 8812JY	1986	1000	95.00	200.00
CONNOISSEUR COLLECTION				**PIPER/BARBOUR**
❏ BASKET 7732QD 5-1/2"	1990	YR	58.00	135.00
❏ LAMP 6701RB 20"	1991	500	275.00	450.00
❏ LAMP 9308RB 20"	1990	YR	250.00	375.00
❏ VASE 7790RB 6"	1990	YR	50.00	95.00
❏ VASE 7791RB 6-1/2"	1990	YR	45.00	100.00
❏ VASE 7792QD 9"	1990	YR	75.00	135.00
CONNOISSEUR COLLECTION				**YATES/RICHARDS**
❏ VASE 8802LY 12" GABRIELLE	1985	800	150.00	295.00
CONNOISSEUR COLLECTION				**D. BARBOUR**
❏ LAMP 7400SB 20" BURMESE SHELLS	1986	500	350.00	750.00
❏ VASE 1796BY 7-1/4" BLOSSOM/BOWS	1987	950	95.00	125.00
❏ VASE 8808SB 7-1/2" BURMESE SHELLS	1985	950	135.00	295.00
CONNOISSEUR COLLECTION				**F. BURTON**
❏ CLOCK 8691JV 4-1/2"	1994	850	150.00	150.00
❏ COVERED BOX 6080RH	1992	1250	95.00	140.00
❏ LAMP 2780CX SPRING WOODS REVERSE	1993	500	590.00	650.00
❏ LAMP 5486VU BUTTERFLY 21"	1995	300	595.00	650.00
❏ LAMP 5582JB HUMMINGBIRD REVERSE	1994	300	590.00	750.00
❏ LAMP 6805EA	1996	400	750.00	800.00
❏ PERFUME/STOPPER 1710R5	1993	1250	95.00	115.00
❏ PITCHER 2729JL LATTICE 10"	1994	750	165.00	260.00
❏ PITCHER 2960WQ DRAGON FLY 8"	1996	1250	165.00	165.00
❏ VASE 8812G1	1991	850	125.00	170.00
❏ VASE 8817QZ 8"	1992	750	150.00	265.00
CONNOISSEUR COLLECTION				**R. DELANEY**
❏ VASE 7542FJ OVAL 4-1/2"	1983	2000	33.00	125.00
❏ VASE 8812JY DANIELLE 10-1/2"	1986	1000	95.00	200.00
CONNOISSEUR COLLECTION				**L. EVERSON**
❏ BASKET 1330TE 7" BUBBLE OPTIC	1989	2500	85.00	110.00
❏ BASKET 7634EB 8-1/2"	1985	1250	95.00	175.00
❏ BASKET 7731QH 7"	1990	YR	75.00	165.00
❏ CANDY 6080ZX	1988	2000	95.00	125.00
❏ CANDY BOX 2085TM W/COVER	1989	2500	85.00	100.00
❏ CRUET/STOPPER 7701QJ	1990	YR	85.00	185.00
❏ EPERGNE 7202QJ 2 PC. SET	1990	YR	125.00	265.00
❏ LAMP 7412QH 21"	1990	YR	295.00	450.00
❏ LAMP 7602EB 22"	1985	350	300.00	525.00
❏ LAMP 9308TT 21"	1989	1000	250.00	350.00
❏ PITCHER 9468QY 8"	1987	950	85.00	155.00
❏ VASE 5541QH 6-1/2"	1992	1500	45.00	85.00
❏ VASE 7252QH 7-1/2"	1991	1500	65.00	165.00
❏ VASE 8806GC 7-1/2"	1985	1000	125.00	125.00
❏ VASE 8812ET MISTY MORNING 10-1/2"	1986	1000	95.00	185.00
❏ VASE 9651HD 9"	1984	750	75.00	150.00
❏ WATER SET 7700QH 7 PC.	1990	YR	275.00	450.00
CONNOISSEUR COLLECTION				**K. PLAUCHE**
❏ BOX 6584CD W/LID-MELON MANDARIN	1996	1250	150.00	150.00
CONNOISSEUR COLLECTION				**M. REYNOLDS**
❏ AMPHORA VASE W/STAND 2748FW	1993	850	285.00	325.00
❏ AMPHORA W/STAND 2947US 10-1/4"	1995	890	195.00	265.00
❏ BASKET 4647MD ROSALENE	1991	1500	64.00	75.00
❏ BOWL 2747RX RUBY STRETCH W/GOLD SCROLLS	1993	1250	95.00	175.00
❏ GINGER JAR 2950VN 3 PC. 8-1/2"	1995	790	275.00	350.00
❏ PITCHER 1211RW 9"	1992	950	110.00	125.00
❏ PITCHER 2796ZM 9-1/2" VICTORIAN	1995	490	250.00	250.00
❏ PITCHER 5531QP 4-1/2"	1992	1500	65.00	85.00
❏ VASE 1684RP	1992	950	110.00	155.00
❏ VASE 2743JP 7"	1994	850	185.00	210
❏ VASE 2744JK PLUM OPAL. 8"	1994	750	165.00	190.00
❏ VASE 2782DD 11" BERRIES ON WILD ROSE	1996	1250	195.00	195.00

NAME	YEAR	LIMIT	ISSUE	TREND
❏ VASE 3161JQ GOLD 11"	1994	750	175.00	125.00
❏ VASE 3254QJ QUEEN'S BIRD 11"	1996	1150	250.00	285.00
❏ VASE 7661P4 LEAVES OF GOLD 9"	1993	950	175.00	225.00
❏ VASE 7691WF 7" AURORA WILD ROSE	1995	890	125.00	150.00
❏ VASE 8805X3 VICTORIAN ROSES	1993	950	125.00	130.00
❏ VASE 8812FQ FAVRENE	1991	850	125.00	165.00
❏ VASE 9855EV FAVRENE CUT BACK SANDCARVED	1996	1150	195.00	210.00
CONNOISSEUR COLLECTION				**REYNOLDS/DELANEY**
❏ BOWL 7727JC 14" CRANBERRY CAMEO	1994	500	390.00	400.00
CONNOISSEUR COLLECTION				**R. SPINDLER**
❏ VASE 9866TR TROUT 8"	1996	1350	135.00	175.00
CONNOISSEUR COLLECTION				**M. YATES**
❏ VASE 7661LJ 9"	1983	850	75.00	200.00
❏ VASE 7661MD 9"	1984	750	125.00	200.00
DOWN HOME				**FINN**
❏ LAMP 7209FV	1983	300	*	475.00
EASTER LIMITED EDITIONS				**M. REYNOLDS**
❏ FAIRY LIGHT 8405YZ	1995	CL	49.00	60.00
EASTER LIMITED EDITIONS				**R. SPINDLER**
❏ COVERED HEN & EGG PLATE 12" 5188TJ	1997	950	115.00	185.00
FAMILY SIGNATURE SERIES				*
❏ BASKET 1217AO AUTUMN GOLD OPALESCENT 11"-FRANK	1994	CL	70.00	85.00
❏ BASKET 2779RN RUBY CARNIVAL 8-1/2"-TOM	1994	CL	65.00	70.00
❏ CANDY 2970RN RED CARNIVAL W/COVER 9"-MIKE	1995	CL	65.00	85.00
❏ SHOWCASE DEALER ITEM 3558CR VASE 8-1/2"-GEORGE	1995	CL	75.00	95.00
❏ SHOWCASE DEALER ITEM 9550DC FAN VASE 8"	1996	CL	75.00	80.00
❏ VASE 1216EH FUCHSIA 10"-GEORGE	1994	CL	95.00	100.00
❏ VASE 2752RN ALPINE THISTLE/RUBY CARNIVAL 9"-FRANK	1993	CL	105.00	200.00
❏ VASE 5357TE 8-1/2"-GEORGE	1996	*	75.00	75.00
FAMILY SIGNATURE SERIES				**F. BURTON**
❏ BASKET 3076KT 8"-BILL & FRANK	1996	CL	85.00	100.00
❏ BASKET 9" SWEETBRIAR ON PLUM ONERLAY 4648P9-LYNN	1997	YR	85.00	85.00
❏ PITCHER 1566FS THISTLE 9-1/2"-DON	1995	CL	125.00	125.00
❏ PITCHER 1568CW CRANBERRY 6-1/2"-FRANK	1994	CL	85.00	95.00
❏ VASE 1559CW PANSIES ON CRANBERRY 9-1/2"-BILL	1994	CL	95.00	100.00
❏ VASE 1567CW 7"-GEORGE	1995	CL	75.00	85.00
❏ VASE 1649KG GOLDEN FLAX ON COBALT 9-1/2"-SHELLEY	1995	CL	95.00	145.00
❏ VASE 1786PV VINTAGE ON PLUM 10"-DON	1993	CL	80.00	110.00
FAMILY SIGNATURE SERIES				**K. PLAUCHE**
❏ VASE 4759SE MAGNOLIA & BERRY ON SPRUCE 10"	1996	OP	80.00	80.00
❏ WILLOW GREEN ANGEL'S BLUSH PERFUME 6" L. F. ERB	2000	TL	89.00	89.00
FAMILY SIGNATURE SERIES				**M. REYNOLDS**
❏ BASKET 1131DX TRELLIS 8-1/2"	1995	CL	85.00	85.00
❏ BASKET 1135JE CORALENE FLORAL 9-1/2", 90TH	1995	CL	75.00	85.00
❏ BASKET 2738PJ LILACS 7-1/2"-SHELLEY	1994	CL	65.00	95.00
❏ BASKET 2787ST STIEGEL GREEN 8"-BILL	1994	CL	60.00	95.00
❏ BASKET 6730PJ LILACS 8-1/2"-BILL CONNOISSEUR	1993	YR	65.00	85.00
❏ CANDY 7380AW W/COVER AUTUMN LEAVES 9-1/2"-DON	1994	CL	60.00	60.00
❏ CRANBERRY PROVINCIAL FLORAL BAKSE 7" BILL FENTON	2000	TL	85.00	85.00
❏ FAIRY LIGHT 7 1/2" HYDRANGEAS/TOPAZ 2040TP-FRANK	1997	YR	125.00	145.00
❏ FLORAL INTERLUDE VASE 7255GG-NANCY & GEORGE	1998	TL	99.00	99.00
❏ IRISES ON MISTY BLUE CLOCK, 4 1/2" 8691LS-LYNN	1998	TL	95.00	95.00
❏ LAVENDER LADY BASKET 11" TOM & SCOTT FENTON	2000	TL	109.00	109.00
❏ PITCHER 3065DP 6-1/2"-LYNN	1996	CL	70.00	70.00
❏ PITCHER 7 1/2" IRISES ON MISTY BLUE 5440LS-DON	1997	YR	85.00	85.00
❏ TRELLIS BASKET, 9 1/2" 4830DX-TOM	1998	TL	95.00	95.00
❏ VASE 1640C1 CRANBERRY 11"-GEORGE CONNOISSEUR	1993	CL	110.00	115.00
❏ VASE 6" FIELD FLOWERS/CHAMP. SATIN 4751P1-SHELLEY	1997	*	55.00	55.00
❏ VASE 7661Z8 COTTAGE SCENE 9"-SHELLEY CONNOISSEUR	1993	CL	90.00	130.00
❏ VASE W/STAND AMPHORA FAVRENE CONNOISSEUR COLLECTION	1993	CL	285.00	325.00
FAMILY SIGNATURE SERIES				**R. SPINDLER**
❏ BASKET 3127NG 7"-MIKE	1996	OP	75.00	85.00
❏ COBALT BUTTERFLY GARDEN PITCHER 5 1/2" DON FENTON	2000	TL	75.00	75.00
❏ GOLD BUTTERFLY GARDEN VASE 8 1/2" NANCY FENTON	2000	TL	95.00	95.00
❏ PITCHER 7" MEADOW BEAUTY FLORAL 1212PD	1997	*	95.00	95.00
❏ TOPAZ BASKET, 10 1/2" 2039SF-SHELLEY	1998	TL	125.00	125.00
❏ VASE 1554S9 SUMMER GARDEN ON SPRUCE 9"	1995	CL	85.00	85.00
❏ VASE 1563PD FEATHER 11"	1996	CL	95.00	95.00
❏ VASE 8" MEDALLION COLLECT. FLORAL ON BLACK 7565X5	1997	*	75.00	75.00
GLASS MESSENGER				**M. REYNOLDS**
❏ BASKET DANCING WINDFLOWERS ON LOTUS MIST	2000	TL	95.00	95.00
GLASS MESSENGER EXCLUSIVES				*
❏ BASKET, 11" ROSELLE ON CRANBERRY 1533JN	1996	TL	89.00	295.00
❏ VASE, 8" FRENCH ROSE ON ROSALENE 9475RG	1997	TL	95.00	145.00
❏ VASE, TULIP 10-3/4" MORNING GLORY ON BURNESE	1998	TL	95.00	165.00
GLASS MESSENGER EXCLUSIVES				**F. BURTON**
❏ VASE, TULIP 11" 7255UZ-FRANK	1998	TL	95.00	95.00
HEART OPTIC COLLECTION				*
❏ HAT BASKET 7" 4965CR	1997	*	79.00	85.00
❏ HEART OPTIC BOX, 4 1/2" 4990CR	1998	TL	125.00	125.00
❏ HEART OPTIC FAIRY LIGHT, 5" 4905CR	1998	TL	65.00	95.00
❏ HEART OPTIC VASE, 5" 4955CR	1998	TL	40.00	55.00
❏ PITCHER 6 1/2" CRANBERRY OPALESCENT 2167CR	1997	*	89.00	95.00
❏ PUFF BOX 4" 4950CR	1997	*	79.00	95.00

HISTORIC COLLECTION

NAME	YEAR	LIMIT	ISSUE	TREND
HISTORIC COLLECTION				*
❏ BANANA STAND A3720UO 12"	1988	*	33.00	70.00
❏ BASKET 1435XC 5"	1989	*	37.00	75.00
❏ BASKET 1830BX 5-1/2"	1990	*	37.00	60.00
❏ BASKET 1830XC 5-1/2"	1989	*	37.00	69.00
❏ BASKET 1832BX 7"	1990	*	40.00	65.00
❏ BASKET 2725XV 7"	1992	*	28.00	35.00
❏ BASKET 2728XV 4"	1992	*	20.00	25.00
❏ BASKET 3077XV 11"	1992	*	50.00	70.00
❏ BASKET 3138XC 7"	1989	*	40.00	70.00
❏ BASKET 3334XC 7"	1989	*	25.00	50.00
❏ BASKET 3335GP LOOPED HANDLE	1992	*	35.00	50.00
❏ BASKET 3337RV 7"	1993	OP	30.00	39.00
❏ BASKET 3834RV 4-1/2"	1993	OP	25.00	35.00
❏ BASKET 3834XC 4-1/2"	1989	*	18.00	30.00
❏ BASKET 4617DT 7"	1991	*	30.00	40.00
❏ BASKET 4618DT 10"	1991	*	33.00	45.00
❏ BASKET 4632BO 7" WILDFLOWER	1991	*	29.00	40.00
❏ BASKET 4633BO 6"	1991	*	25.00	30.00
❏ BASKET 4646DT	1991	*	29.00	40.00
❏ BASKET 4833TG 6"	1996	*	25.00	28.00
❏ BASKET 4835TG 9-1/2"	1996	*	50.00	65.00
❏ BASKET 5481GF 9"	1992	*	49.00	65.00
❏ BASKET 5483GF 10-1/2"	1992	*	89.00	89.00
❏ BASKET 5551SS FOOTED 9"	1994	OP	40.00	40.00
❏ BASKET 5555SS FOOTED 7"	1994	OP	30.00	35.00
❏ BASKET 8 1/2" HOBNAIL 1158TS	1997	*	45.00	45.00
❏ BASKET 8330XC 7"	1989	*	25.00	45.00
❏ BASKET 8437BX 6" LILY OF VALLEY	1990	*	27.00	45.00
❏ BASKET 9435TO	1988	*	30.00	65.00
❏ BASKET 9435XV DRAPERY	1993	OP	45.00	47.00
❏ BASKET 9436TO	1988	*	33.00	70.00
❏ BASKET 9638XC 3"	1989	*	23.00	45.00
❏ BASKET A3335UO W/LOOPED HANDLE	1988	*	23.00	75.00
❏ BASKET A3830UO 10"	1988	*	30.00	75.00
❏ BASKET A3834UO 6-1/2"	1988	*	16.00	45.00
❏ BASKET BUTTERFLY & BERRY 9234TO	1988	*	25.00	65.00
❏ BONBON A3937UO W/HANDLES	1988	*	*	25.00
❏ BOWL 1825BX W/BRIDE'S BASKET 10"	1990	*	125.00	170.00
❏ BOWL 1826BX 10"	1990	*	55.00	50.00
❏ BOWL 2323XC 10"	1989	*	50.00	50.00
❏ BOWL 2754XV SWAN	1993	OP	45.00	50.00
❏ BOWL 2773SS 8"	1994	OP	38.00	38.00
❏ BOWL 2799SS W/COVER-LION	1994	OP	35.00	50.00
❏ BOWL 3983XV 12"	1992	*	35.00	38.00
❏ BOWL 4619DT 10"	1991	*	34.00	40.00
❏ BOWL 4627BO 10-1/4" GOOD LUCK	1991	*	35.00	50.00
❏ BOWL 5482GF 9-1/2"	1992	*	65.00	65.00
❏ BOWL 8220BX 10"	1990	*	33.00	37.00
❏ BOWL 8428TO FANTAIL FOOTED (LEVAY)	1988	*	28.00	45.00
❏ BOWL 9027XC	1989	*	30.00	30.00
❏ BOWL 9425TO (LEVAY)	1988	*	23.00	40.00
❏ BOX 4600GP W/COVER	1992	*	85.00	125.00
❏ BOX 4679DT COVERED EAGLE	1991	*	34.00	65.00
❏ BUTTER 8680DT W/COVER	1991	*	35.00	50.00
❏ BUTTER 9580XC W/COVER	1989	*	20.00	55.00
❏ BUTTERFLY 5171TO ON STAND	1988	*	15.00	45.00
❏ CANDLESTICK 5526GF 4"	1992	*	59.00	59.00
❏ CANDLESTICKS 3674XV 6"	1992	*	33.00	33.00
❏ CANDLESTICKS 4672BO 3-1/2"	1991	*	33.00	40.00
❏ CANDLESTICKS 5172XV SWAN	1993	OP	45.00	45.00
❏ CANDLESTICKS 5526SS 4"	1994	OP	45.00	45.00
❏ CANDY 3784RV W/COVER FOOTED	1993	OP	38.00	40.00
❏ CANDY 8489BX W/COVER 7"	1990	*	29.00	45.00
❏ CANDY BOX 3784XV	1992	*	38.00	40.00
❏ CANDY COVER 4381ST 5-1/2"	1994	OP	55.00	55.00
❏ COMPORT 4693BO 6-1/2"	1991	*	23.00	35.00
❏ COMPORT 4854TG 6-1/2"	1996	*	35.00	35.00
❏ COMPORT 5554SS 5-1/4"	1994	OP	30.00	30.00
❏ COMPORT 8231XC	1996	*	20.00	20.00
❏ COMPORT 8234XC	1989	*	20.00	40.00
❏ CREAMER 1461XC	1989	*	30.00	40.00
❏ CREAMER 2726XV 4"	1992	*	23.00	25.00
❏ CRUET W/STOPPER 1860BX 7-1/2"	1990	*	49.00	95.00
❏ CRUET W/STOPPER 1865XC	1989	*	49.00	95.00
❏ CRUET W/STOPPER 3863GP	1992	*	45.00	85.00
❏ CRUET W/STOPPER 3863RV 6-1/2"	1993	OP	48.00	75.00
❏ CRUET W/STOPPER 3863XC 6-1/2"	1989	*	35.00	75.00
❏ CRUET W/STOPPER 7701TE 7"	1996	*	85.00	110.00
❏ CRUET W/STOPPER A3863UO 6-1/2"	1988	*	35.00	100.00
❏ CUSPIDOR 4643DT 3-TOED	1991	*	23.00	45.00
❏ EPERGNE 11 1/2" 5 PC. 7601TS	1997	*	250.00	250.00
❏ EPERGNE 3701RV 10" 4 PC.	1993	CL	99.00	125.00
❏ EPERGNE 3701XV 4 PC.	1992	*	99.00	125.00
❏ EPERGNE 3801XV MINI HOBNAIL	1993	CL	50.00	65.00
❏ EPERGNE 4801BX 4 PC. DIAMOND LACE	1990	*	75.00	125.00
❏ EPERGNE 4801GP 4PC.	1992	*	99.00	125.00
❏ EPERGNE 4801TO 4 PC. DIAMOND LACE (LEVAY)	1988	*	75.00	150.00
❏ EPERGNE 4801XC 4 PC.	1989	*	75.00	125.00

NAME	YEAR	LIMIT	ISSUE	TREND
❏ EPERGNE 4802SS 2 PC.	1994	OP	65.00	95.00
❏ EPERGNE 4806TG MINI 4-1/2"	1996	*	35.00	40.00
❏ EPERGNE 4808TG 10"	1996	*	115.00	135.00
❏ EPERGNE 7601SS 5 PC. SET	1994	OP	175.00	275.00
❏ EPERGNE A3701U0 4 PC. 10"	1988	*	55.00	195.00
❏ EPERGNE A3801UO 4 PC. MINI	1988	*	48.00	75.00
❏ FAIRY LIGHT 1803XC 3 PC.	1989	*	85.00	150.00
❏ FAIRY LIGHT 3608XC 2PCS.	1989	*	16.00	55.00
❏ FENTON LOGO 9499KA OVAL 5" 90TH ANNIV.	1995	OP	25.00	40.00
❏ FENTON LOGO 9799BX 3" X 5"	1990	*	15.00	35.00
❏ FENTON LOGO 9799DT 2-3/4" X 5"	1991	*	20.00	35.00
❏ FENTON LOGO 9799RV 2-3/4" X 5"	1993	OP	20.00	35.00
❏ FENTON LOGO 9799SS 5"	1994	OP	25.00	35.00
❏ FENTON LOGO 9799XV	1992	*	20.00	35.00
❏ GOBLET 5561SS 6-1/2"	1994	OP	23.00	23.00
❏ HAT BUTTERFLY & BERRY 9495TO	1988	*	12.00	45.00
❏ JUG 5562SS 8"	1994	OP	60.00	60.00
❏ KITCHEN SET 8603TO 4 PC. (LEVAY)	1988	*	90.00	110.00
❏ LAMP 1413XC 22" W/PRISMS	1989	*	250.00	325.00
❏ LAMP 1705TE 24"	1996	*	395.00	395.00
❏ LAMP 1800BX 22" GONE WITH THE WIND	1990	*	250.00	300.00
❏ LAMP 1801BX 22" FERN	1990	*	250.00	325.00
❏ LAMP 1801XV 21" W/PRISMS	1992	*	295.00	325.00
❏ LAMP 3313GP 21" W/PRISMS	1992	*	235.00	285.00
❏ LAMP 3313RV STUDENT W/PRISMS 21"	1993	OP	250.00	325.00
❏ LAMP 3313XC STUDENT 21" W/PRISMS	1989	*	200.00	240.00
❏ LAMP 4603BO 15" W/PRISMS	1991	*	195.00	225.00
❏ LAMP 4603DT 15" W/PRISMS	1991	*	195.00	200.00
❏ LAMP 4605BO/JU 20"	1991	*	215.00	225.00
❏ LAMP 7502UQ 33" DAYBREAK PILLAR BURMESE	1995	*	495.00	795.00
❏ LAMP 9101TO 24"	1988	*	200.00	350.00
❏ LAMP 9101XV POPPY GONE W/THE WIND	1993	OP	225.00	325.00
❏ LAMP A3808UO GONE W/THE WIND 25"	1988	*	200.00	250.00
❏ LOGO 3 1/2" OVAL 9499TS	1997	*	28.00	30.00
❏ LOGO 9499TG 2 1/2"	1996	*	25.00	25.00
❏ NUT DISH 5" SCROLL 8248TS	1997	*	29.00	29.00
❏ NUT DISH 8442TO 3 TOED	1988	*	18.00	30.00
❏ OWL 5252GP 7"	1992	*	45.00	45.00
❏ OWL 5254DT	1991	*	30.00	35.00
❏ PITCHER 1875XV 8-1/2"	1992	*	75.00	90.00
❏ PITCHER 2968UN 10" BURMESE	1995	*	175.00	185.00
❏ PITCHER 3764RV 54 OZ.	1993	OP	59.00	65.00
❏ PITCHER 52 OZ. & 12" BOWL A3000UO	1988	*	78.00	110.00
❏ PITCHER 5367TE 6-1/2"	1996	*	75.00	75.00
❏ PUNCH BOWL SET 4601BO 14 PC.	1991	*	285.00	325.00
❏ PUNCH CUP 4642XV	1992	*	13.00	13.00
❏ PUNCH SET 3712RV 14 PC.	1993	OP	275.00	325.00
❏ PUNCH SET 3712XC 14 PC	1989	*	275.00	325.00
❏ PUNCH SET 4601DT 14 PC.	1991	*	300.00	325.00
❏ PUNCH SET 4601XV 14 PC.	1992	*	315.00	320.00
❏ PUNCH SET A3712UO 14 PC.	1988	*	275.00	495.00
❏ PUNCH SET W/8 CUPS HEART/HOBSTAR 9750TS METAL STD.	1997	*	350.00	350.00
❏ ROSE BOWL 2759SS 3-1/2"	1994	OP	25.00	25.00
❏ ROSE BOWL 2759ST 3-1/2"	1994	OP	30.00	35.00
❏ ROSE BOWL 8453BX LILY OF THE VALLEY	1990	*	16.00	35.00
❏ ROSE BOWL 8454TO DRAPERY FOOTED (LEVAY)	1988	*	24.00	45.00
❏ ROSE BOWL 8454XV DRAPERY	1993	OP	25.00	35.00
❏ ROSE BOWL A3854UO 4-1/2"	1988	*	12.00	30.00
❏ ROSE BOWL A3861UP 4-1/4"	1988	*	12.00	32.00
❏ ROYAL PURPLE VASE, 6-1/2" 6470UF	1998	2950	145.00	145.00
❏ SLIPPER 6" ROSE 9295TS	1997	*	15.00	15.00
❏ SPARROW 5259ST 5"	1994	OP	30.00	35.00
❏ SWAN 5127XV	1993	OP	15.00	18.00
❏ TABLE SET 9700BX 4 PC. MINI	1990	*	53.00	85.00
❏ TOOTHPICK HOLDER 4644DT	1991	*	10.00	15.00
❏ TOOTHPICK HOLDER A3795UO 2-3/4"	1988	*	6.00	18.00
❏ TOP HAT 1492XC	1989	*	25.00	35.00
❏ TUMBLER 1876XV	1992	*	25.00	25.00
❏ TUMBLER 2727XV MINI 2"	1992	*	10.00	10.00
❏ TUMBLER 3949GP	1992	*	12.00	15.00
❏ TUMBLER 3949RV 9 OZ.	1993	OP	12.00	15.00
❏ URN W/COVER 4602BO/JU	1991	*	65.00	90.00
❏ URN W/COVER 4602SS	1994	OP	65.00	75.00
❏ VASE 1146TE 7"	1996	*	50.00	50.00
❏ VASE 1353XC 10"	1989	*	38.00	95.00
❏ VASE 1795TE 11"	1996	*	85.00	85.00
❏ VASE 1853BX 10" TULIP FERN	1990	*	40.00	70.00
❏ VASE 2056XV 5"	1992	*	40.00	40.00
❏ VASE 2767JE 4-1/2"	1995	OP	33.00	35.00
❏ VASE 2955UU 9"	1995	*	150.00	180.00
❏ VASE 3183XV 6-1/2"	1992	*	25.00	50.00
❏ VASE 3355GP 6"	1992	*	27.00	45.00
❏ VASE 3356RV JACK IN THE PULPIT 7-1/2"	1993	OP	28.00	48.00
❏ VASE 3854RV 4-1/2"	1993	OP	18.00	22.00
❏ VASE 4651BO 10"	1991	*	25.00	25.00
❏ VASE 5479GF 6"	1992	*	35.00	38.00
❏ VASE 5480GF 12"	1992	*	45.00	35.00
❏ VASE 5553SS JACK IN THE PULPIT 7"	1994	OP	30.00	40.00
❏ VASE 5559SS HANDKERCHIEF 8"	1994	OP	30.00	30.00

NAME	YEAR	LIMIT	ISSUE	TREND
❏ VASE 5559ST HANKERCHIEF 8"	1994	OP	40.00	40.00
❏ VASE 6 1/2" ATLANTIS 5150TS	1997	*	50.00	50.00
❏ VASE 8458BX 10"	1990	*	17.00	20.00
❏ VASE 8651BX 3-1/2"	1990	*	14.00	20.00
❏ VASE A3362UO JACK IN THE PULPIT 6-1/2"	1988	*	23.00	40.00
❏ VASE, TULIP 4653BO 9"	1991	*	25.00	30.00
❏ WATER SET 1404XC 7 PC.	1989	*	200.00	290.00
❏ WATER SET 1802BX 7 PC.	1990	*	200.00	275.00
❏ WATER SET 1870XV 5 PC.	1992	*	175.00	190.00
❏ WATER SET 2730XV 5 PC.	1992	*	60.00	75.00
❏ WATER SET 3407TO 7 PC. CACTUS	1988	*	140.00	250.00
❏ WATER SET 3908GP 5 PC.	1992	*	99.00	130.00
❏ WATER SET 3908RV 5 PC.	1993	OP	109.00	130.00
❏ WATER SET 3908XC 7 PC.	1989	*	100.00	150.00
❏ WATER SET 4609DT 5 PC.	1991	*	88.00	95.00
❏ WATER SET 5560SS 5 PC.	1994	OP	150.00	150.00
❏ WATER SET A3908UO 7 PC.	1988	*	99.00	250.00

HISTORIC COLLECTION   F. BURTON

NAME	YEAR	LIMIT	ISSUE	TREND
❏ ROYAL PURPLE BASKET, 8" 1617N4	1998	2950	115.00	115.00
❏ ROYAL PURPLE FAIRY LIGHT, 7 1/2" 1610N4	1998	2950	175.00	175.00
❏ ROYAL PURPLE LAMP, 20" 1509N4	1998	1450	350.00	350.00
❏ ROYAL PURPLE PERFUME, 6 1/2" 3290N4	1998	2950	125.00	125.00
❏ ROYAL PURPLE VASE, 9 1/2" 1689N4	1998	2950	125.00	125.00
❏ VASE 8 1/2" WILDROSE	1997	*	45.00	45.00

HISTORIC COLLECTION   M. REYNOLDS

NAME	YEAR	LIMIT	ISSUE	TREND
❏ BASKET 1531MS 8"	1996	1250	95.00	95.00
❏ BASKET 2932UL 8"	1995	750	135.00	165.00
❏ BASKET 8" 2033TP	1997	*	80.00	80.00
❏ BOWL 2909UK 10-1/4"	1995	790	150.00	150.00
❏ FAIRY LIGHT 3 PC. 2040TP-FRANK	1997	*	125.00	145.00
❏ LAMP W/ PRISMS 2000TP	1997	*	275.00	275.00
❏ LOTUS MIST BASKET 8 1/2"	2000	2950	95.00	115.00
❏ LOTUS MIST EPERGNE 9 1/2"	2000	2950	150.00	150.00
❏ LOTUS MIST LAMP 23"	2000	1250	450.00	500.00
❏ LOTUS MIST PITCHER 7"	2000	2950	99.00	99.00
❏ LOTUS MIST VASE 5"	2000	2950	65.00	95.00
❏ LOTUS MIST VASE 9 1/2"	2000	2950	95.00	95.00
❏ PITCHER 6 1/2" 2072TP	1997	*	55.00	55.00
❏ VASE 1689MS HUMMINGBIRD 9-1/2"	1996	1250	95.00	150.00
❏ VASE 2750MS 8"	1996	1250	85.00	85.00
❏ VASE 9 1/2" 2048TP	1997	1250	85.00	85.00

HISTORIC COLLECTION   R. SPINDLER

NAME	YEAR	LIMIT	ISSUE	TREND
❏ LAMP 5581MD 21"	1996	500	495.00	495.00
❏ PITCHER 1671MD 7-1/2"	1996	1250	95.00	95.00
❏ SHOWCASE DEALER 7603MD COVERED BOX EVENING BLOSSOM	1996	CL	125.00	125.00

HISTORIC COLLECTION-FLORAL INTERLUDE ON SEA GREEN SATIN   M. REYNOLDS

NAME	YEAR	LIMIT	ISSUE	TREND
❏ BASKET, 8" 5430GG	1998	TL	85.00	85.00
❏ CAT, 3-3/4" 5165GG	1998	TL	30.00	35.00
❏ VASE, AURORA 7" 6854GG	1998	TL	65.00	65.00
❏ VASE, TULIP 11" 7255GG-NANCY & GEORGE	1998	TL	90.00	125.00

HISTORIC COLLECTION-SEA GREEN SATIN

NAME	YEAR	LIMIT	ISSUE	TREND
❏ LOGO, OVAL 3-1/2" 9499GE	1998	TL	28.00	28.00
❏ VASE, 6" 2731GE	1998	TL	35.00	35.00
❏ VASE, 6-8" HANDKERCHIEF 8450GE	1998	TL	30.00	30.00
❏ VASE, 9-1/2" MANDARIN 8251GE	1998	TL	90.00	90.00

HONOR COLLECTION/PURPLE PASSION FLOWER ON BLUE BURMESE

NAME	YEAR	LIMIT	ISSUE	TREND
❏ BASKET 8" 2932UE BLUE BURMESE	*	2500	100.00	100.00
❏ PITCHER 7" 2997UE BLUE BURMESE	*	2500	100.00	100.00
❏ VASE 13" 6359UE BLUE BURMESE	*	2500	125.00	125.00

HONOR COLLECTION/SYMPHONY ON FAVRENE

NAME	YEAR	LIMIT	ISSUE	TREND
❏ CAT 5" 5065FW	*	3500	90.00	90.00
❏ COVERED BOX 4 1/2" 7480FW	*	1950	175.00	175.00

KATJA

NAME	YEAR	LIMIT	ISSUE	TREND
❏ BOTTLE K7751KN SMALL	1983	*	*	45.00
❏ BOTTLE K7753KN LARGE	1983	*	*	85.00
❏ BOTTLE K7754KE SMALL BLOWN	1983	*	*	45.00
❏ BOTTLE K7761KN SMALL BLOWN	1983	*	*	45.00
❏ BOTTLE K7761KO SMALL BLOWN	1983	*	*	45.00
❏ BOTTLE K7762KN MEDIUM	1983	*	*	65.00
❏ BOTTLE K7762KO MEDIUM BLOWN	1983	*	*	65.00
❏ BOTTLE K7763KN LARGE	1983	*	*	85.00
❏ BOTTLE K7763KO LARGE BLOWN	1983	*	*	85.00
❏ BOTTLE K7765KN MEDIUM	1983	*	*	65.00
❏ CUP LOVING GOOD LUCK	1983	*	*	50.00
❏ CYLINDER K7743KN BLOWN	1983	*	*	50.00
❏ CYLINDER K7743KN SMALL	1983	*	*	50.00
❏ CYLINDER K7744KN MEDIUM	1983	*	*	55.00

LIGHTHOUSE POINT   M. DICKINSON

NAME	YEAR	LIMIT	ISSUE	TREND
❏ LAMP 7503LT STUDENT 23 1/2"	1983	300	350.00	650.00
❏ LAMP 7507LT LIGHTHOUSE POINT 25 1/2"	1983	300	450.00	750.00

LOVES ME, LOVES ME NOT

NAME	YEAR	LIMIT	ISSUE	TREND
❏ BASKET, OVAL, 7 1/2" 8637RY	1994	TL	59.00	70.00

NAME	YEAR	LIMIT	ISSUE	TREND
MARY GREGORY SERIES				**M. REYNOLDS**
❏ BASKET 8" MARY GREGORY 1539DQ	1997	1500	115.00	130.00
❏ BASKET 8637RG OVAL 7-1/2"	1995	CL	65.00	85.00
❏ BASKET 8637RY OVAL 7-1/2"	1994	CL	59.00	85.00
❏ EGG 5145RG 4" RUBY ON STAND	1995	CL	38.00	70.00
❏ FAIRY LIGHT 5" 1505DW	1997	1500	79.00	95.00
❏ GUEST SET 7" CRANBERRY 1500DI	1997	1500	115.00	135.00
❏ HAT BASKET 1532RK CRANBERRY 6-1/2" 1532RK	1996	2000	95.00	70.00
❏ MARY GREGORY BASKET, 11 1/2" 1533DI	1998	1950	150.00	165.00
❏ MARY GREGORY FIRST RAIN BASKET 9 1/2"	2000	2350	139.00	139.00
❏ MARY GREGORY LAMP 18"	2000	1250	359.00	359.00
❏ MARY GREGORY PERFUME, 5 1/2" 2906RK	1998	1950	115.00	125.00
❏ MARY GREGORY PILLAR VASE 9"	2000	2350	139.00	139.00
❏ MARY GREGORY PITCHER, 6 1/2" 3275DM	1998	1950	125.00	135.00
❏ VASE 1554VP 9" MARY GREGORY 1554RP	1996	1500	135.00	145.00
MINIATURES				*
❏ EPERGNE 4806TG 4-1/2"	1996	CL	35.00	45.00
❏ MINIATURE 5 PC. WATER SET 2 3/4"	2000	TL	69.00	69.00
❏ MINIATURE EPERGNE, 4 1/2" 4807PT	1998	TL	65.00	70.00
❏ MINIATURE PUNCH SET, 5 PC. 6801PT	1998	TL	75.00	75.00
❏ MINIATURE WATER SET, 5 PC.1960PT	1998	TL	85.00	90.00
❏ PUNCH BOWL & CUPS 3 3/4" SEAMIST GREEN 6800EZ	1997	TL	59.00	65.00
❏ PUNCH BOWL & CUPS 6800DZ 3-3/4" MINI	1996	CL	59.00	65.00
MOUTHBLOWN EGGS				*
❏ EGG 5031FU	1994	YR	75.00	90.00
❏ EGG 5031FV	1994	YR	75.00	90.00
MOUTHBLOWN EGGS				**F. BURTON**
❏ EGG 1642JM CRANBERRY-BLUE BIRD 5"	1996	CL	95.00	100.00
❏ EGG 5031FV BLUE 5"	1994	CL	75.00	90.00
❏ EGG 5031Q2 PETAL PINK IRID. 5"	1992	CL	65.00	90.00
❏ EGG 5031Q3 SEAMIST GREEN IRID. 5"	1992	CL	65.00	90.00
MOUTHBLOWN EGGS				**M. REYNOLDS**
❏ EGG 1642JO FRENCH OPAL-BUTTERFLY 5"	1996	CL	75.00	85.00
❏ EGG 5030QB MOTHER OF PEARL 3-1/2"	1991	CL	49.00	55.00
❏ EGG 5031FU ROSE 5"	1994	CL	75.00	85.00
❏ EGG 5031WD MOTHER OF PEARL 4-1/2"	1991	CL	59.00	65.00
❏ EGG 5031WE PLUM 5"	1993	CL	69.00	85.00
❏ EGG 5031WJ OCEAN BLUE 5"	1993	CL	69.00	85.00
❏ EGG 5031YW SPRUCE 5"	1995	CL	75.00	90.00
❏ EGG 5031YX GOLD 5"	1995	CL	75.00	90.00
NATURAL ANIMALS				*
❏ BIRD 5163NO	1985	*	*	45.00
❏ BIRD 5163NY SMALL	1985	*	*	45.00
ROSEBUDS ON ROSALENE				**R. SPINDLER**
❏ NATALIE BALLERINA 6 1/2" 5280WA	1998	TL	85.00	85.00
❏ ROSALENE PERFUME 6 1/2" 7000WA	1998	TL	85.00	85.00
❏ ROSALENE PUFF BOX, 4 1/4" 7009WA	1998	TL	100.00	100.00
❏ ROSALENE VASE, 6" 7059WA	1998	TL	70.00	70.00
SMOKE 'N CINDERS				**M. DICKINSON**
❏ LAMP 7204TL HAMMERED COLONIAL 16"	1984	250	*	550.00
❏ LAMP, 23" STUDENT, 7514TL	1984	250	*	550.00
VALENTINE'S DAY				*
❏ BASKET 2732CR CAPRICE 7"	1993	CL	59.00	65.00
❏ BASKET 2736CR CRANBERRY OPALESCENT 7"	1994	CL	65.00	75.00
❏ BASKET 2745CR MELON, CRANBERRY OPAL. 8"	1995	CL	69.00	70.00
❏ BASKET 6567CR CRANBERRY 6"	1992	CL	50.00	65.00
❏ BASKET 7122CR MELON 8" 7122CR	1996	CL	75.00	75.00
❏ FAIRY LIGHT 2903CR CRANBERRY 3 PC. 2903CR	1996	CL	135.00	165.00
❏ PERFUME 2760CR W/STOPPER 5"	1994	CL	75.00	95.00
❏ PERFUME 6580CR W/OVAL STOPPER	1992	CL	60.00	70.00
❏ PERFUME 7100CR MELON 5" 7100CR	1996	CL	95.00	95.00
❏ PITCHER 2774CR MELON 5-1/2"	1995	CL	69.00	70.00
❏ SOUTHERN GIRL 5141NX ROSE PEARL IRID. 8"	1993	CL	45.00	75.00
❏ TRINKET BOX 2740CR 5"	1993	CL	79.00	90.00
❏ VASE 2749CR MELON 5-1/2"	1993	CL	45.00	75.00
❏ VASE 2755CR RIBBED 5-1/2"	1994	CL	48.00	50.00
❏ VASE 6568CR 4"	1992	CL	35.00	40.00
VALENTINE'S DAY				**M. REYNOLDS**
❏ PERFUME 2785YB W/HEART STOPPER	1995	2500	49.00	80.00
❏ SOUTHERN GIRL 5141NI 8"	1993	CL	49.00	85.00
VALENTINE'S DAY LIMITED EDITIONS				*
❏ PENDANT & TRINKET BOX CHAMPAGNE SATIN 9486PQ	1997	2500	65.00	95.00
VALENTINE'S DAY LIMITED EDITIONS				**R. SPINDLER**
❏ GIRL FIGURINE 8" FLORAL HANDPAINTED BURMESE 5141BG	1997	2000	775.00	95.00
❏ VANITY SET FLORAL/BUTTERFLY HNDPTD. BURMESE 2905BG	1997	2000	225.00	275.00

FJ DESIGNS/CAT'S MEOW

NAME	YEAR	LIMIT	ISSUE	TREND
19TH CENTURY MASTER BUILDERS				**F. JONES**
❏ ALEXANDER JACKSON DAVIS	1993	RT	10.00	11.00
❏ ANDREW JACKSON DOWNING	1993	RT	10.00	11.00
❏ HENRY HOBSON RICHARDSON	1993	RT	10.00	11.00
❏ SAMUEL SLOAN	1993	RT	10.00	11.00
❏ SET	1993	RT	41.00	100.00
ACCESSORIES				**F. JONES**
❏ 1909 FRANKLIN LIMOUSINE	1990	RT	4.00	4.00
❏ 1913 PEERLESS TOURING CAR	1990	RT	4.00	4.00
❏ 1914 FIRE PUMPER	1990	RT	4.00	4.00
❏ 5 IN. HEDGE	1984	RT	3.00	25.00

NAME	YEAR	LIMIT	ISSUE	TREND
❏ 5 IN. IRON FENCE	1986	RT	3.00	45.00
❏ 5 IN. PICKET FENCE	1984	RT	3.00	3.00
❏ 5 IN. WROUGHT IRON FENCE	1990	RT	3.00	3.00
❏ 8 IN. HEDGE	1984	RT	3.00	25.00
❏ 8 IN. IRON FENCE	1986	RT	3.00	25.00
❏ 8 IN. PICKET FENCE	1984	RT	3.00	25.00
❏ ADA BELLE	1988	RT	4.00	4.00
❏ AMISH BUGGY	1990	RT	4.00	4.00
❏ AMISH GARDEN	1991	RT	4.00	4.00
❏ BANDSTAND	1984	RT	6.00	7.00
❏ BARNYARD	1991	RT	4.00	4.00
❏ BLUE SPRUCE	1990	RT	4.00	4.00
❏ BUS STOP	1990	RT	4.00	4.00
❏ BUTCH & T.J.	1988	RT	4.00	4.00
❏ CABLE CAR	1987	RT	4.00	10.00
❏ CANNONBALL EXPRESS	1993	OP	8.00	8.00
❏ CAROLERS	1986	RT	4.00	10.00
❏ CHARLIE & CO	1988	RT	4.00	4.00
❏ CHERRY TREE	1986	RT	4.00	5.00
❏ CHESSIE HOPPER CAR	1991	RT	4.00	4.00
❏ CHICKENS	1985	RT	3.00	6.00
❏ CHIPPEWA LAKE BILLBOARD	1993	OP	8.00	8.00
❏ CHRISTMAS TREE LOT	1990	RT	4.00	4.00
❏ CLOTHESLINE	1989	RT	4.00	4.00
❏ COLONIAL BREAD WAGON	1988	RT	4.00	4.00
❏ CONCERT IN THE PARK	1991	RT	4.00	4.00
❏ COWS	1985	RT	4.00	10.00
❏ DAIRY WAGON	1984	RT	4.00	10.00
❏ DELIVERY TRUCK	1992	OP	4.00	4.00
❏ DUCKS	1985	RT	3.00	6.00
❏ EUGENE	1990	RT	4.00	4.00
❏ F.J. EXPRESS	1987	RT	4.00	4.00
❏ F.J. REAL ESTATE SIGN	1985	RT	3.00	6.00
❏ FALL TREE	1983	RT	4.00	7.00
❏ FLOWER POTS	1985	RT	3.00	3.00
❏ FORSYTHIA BUSH	1992	OP	4.00	4.00
❏ GARDEN HOUSE	1993	OP	6.00	7.00
❏ GAS LIGHT	1984	RT	3.00	4.00
❏ GASOLINE TRUCK	1992	OP	4.00	4.00
❏ GERSTENSLAGER BUGGY	1990	RT	4.00	4.00
❏ GETTING DIRECTIONS	1993	OP	8.00	8.00
❏ GRAPE ARBOR	1993	OP	8.00	8.00
❏ HARRY'S HOTDOGS	1989	RT	4.00	4.00
❏ HORSE & CARRIAGE	1984	RT	4.00	10.00
❏ HORSE & SLEIGH	1984	RT	4.00	4.00
❏ ICE WAGON	1986	RT	4.00	10.00
❏ IRON GATE	1986	RT	3.00	35.00
❏ JACK THE POSTMAN	1991	RT	3.00	4.00
❏ JENNIE & GEORGE'S WEDDING	1993	OP	8.00	8.00
❏ JOHNNY APPLESEED STATUE	1993	OP	8.00	8.00
❏ LIBERTY ST. SIGN	1987	RT	3.00	6.00
❏ LILAC BUSHES	1984	RT	3.00	25.00
❏ LITTLE MARINE	1993	OP	8.00	8.00
❏ LITTLE RED CABOOSE	1990	RT	4.00	4.00
❏ MAIL WAGON	1986	RT	4.00	4.00
❏ MAIN ST. SIGN	1985	RT	3.00	4.00
❏ MARBLE GAME	1991	RT	4.00	4.00
❏ MARKET ST. SIGN	1989	RT	3.00	5.00
❏ MARKET WAGON	1993	OP	8.00	8.00
❏ MARTIN HOUSE	1991	RT	3.00	4.00
❏ MR. SOFTEE TRUCK	1992	OP	4.00	4.00
❏ NANNY	1989	RT	4.00	4.00
❏ NUTCRACKER BILLBOARD	1992	OP	4.00	4.00
❏ ON VACATION	1991	RT	4.00	4.00
❏ PASSENGER TRAIN CAR	1989	RT	4.00	4.00
❏ PINE TREE	1983	RT	4.00	7.00
❏ POLICE CAR	1992	OP	4.00	4.00
❏ PONY EXPRESS RIDER	1989	RT	4.00	4.00
❏ POPCORN WAGON	1991	TL	4.00	4.00
❏ POPLAR TREE	1986	RT	4.00	5.00
❏ PUMPKIN WAGON	1989	RT	3.00	4.00
❏ QUAKER OATS TRAIN CAR	1989	RT	4.00	4.00
❏ RAILROAD SIGN	1987	RT	3.00	3.00
❏ RED MAPLE TREE	1990	RT	4.00	4.00
❏ ROSE TRELLIS	1989	RT	3.00	4.00
❏ RUDY & ALDINE	1989	RT	4.00	4.00
❏ RUSTIC FENCE	1993	OP	8.00	8.00
❏ SANTA & REINDEER	1990	RT	4.00	4.00
❏ SCAREY HARRY (SCARECROW)	1991	OP	4.00	4.00
❏ SCHOOL BUS	1990	CL	4.00	4.00
❏ SCHOOL CROSSING	1992	OP	4.00	4.00
❏ SILO	1992	OP	4.00	4.00
❏ SKI PARTY	1991	OP	4.00	4.00
❏ SKIPJACKS	1986	RT	6.00	7.00
❏ SNOWMEN	1989	RT	4.00	4.00
❏ SPRINGHOUSE	1992	OP	3.00	4.00

FIGURINES

FIGURINES

NAME	YEAR	LIMIT	ISSUE	TREND
❑ STREET CLOCK	1986	OP	3.00	4.00
❑ SUMMER TREE	1983	RT	4.00	7.00
❑ TAD & TONY	1989	RT	4.00	4.00
❑ TELEPHONE BOOTH	1985	RT	3.00	3.00
❑ TOURING CAR	1989	RT	4.00	5.00
❑ TULIP TREE	1990	RT	4.00	4.00
❑ U.S. FLAG	1985	RT	3.00	4.00
❑ USMC WAR MEMORIAL	1991	OP	6.00	7.00
❑ VETERINARY WAGON	1990	RT	4.00	4.00
❑ VICTORIAN OUTHOUSE	1990	RT	4.00	4.00
❑ VILLAGE ENTRANCE SIGN	1991	OP	6.00	7.00
❑ WATKINS WAGON	1990	RT	4.00	4.00
❑ WELLS FARGO WAGON	1989	RT	4.00	10.00
❑ WINDMILL	1987	RT	3.00	4.00
❑ WISHING WELL	1986	RT	3.00	6.00
❑ WOODEN GATE	1986	RT	3.00	3.00
❑ XMAS PINE TREE	1983	RT	4.00	7.00
❑ XMAS PINE TREE W/RED BOWS	1983	RT	3.00	100.00
❑ XMAS SPRUCE	1990	RT	4.00	4.00

FLAMBRO

ANNUAL EMMETT KELLY JR. NUTCRACKER

				*
❑ 1990 NUTCRACKER	1990	YR	50.00	50.00

CIRCUS WORLD MUSEUM CLOWNS

				*
❑ ABE GOLDSTEIN, KEYSTONE KOP	1987	7500	90.00	90.00
❑ FELIX ADLER (GROTESQUE)	1985	9500	80.00	95.00
❑ FELIX ADLER WITH BALLOON	1987	7500	90.00	90.00
❑ PAUL JEROME (HOBO)	1985	9500	80.00	125.00
❑ PAUL JEROME WITH DOG	1987	7500	90.00	90.00
❑ PAUL JUNG (NEAT)	1985	9500	80.00	120.00
❑ PAUL JUNG, SITTING	1987	7500	90.00	90.00

DADDY LOVES YOU

				C. PRACHT
❑ C'MON DADDY!	1991	2500	100.00	100.00
❑ MAKE YOU...GIGGLE!	1991	2500	100.00	100.00
❑ SOO...YOU LIKE IT?	1991	2500	100.00	100.00
❑ YOU'RE SOOO...SWEET	1991	2500	100.00	100.00

EMMETT KELLY JR. A DAY AT THE FAIR

				*
❑ 75 CENTS PLEASE	1990	RT	65.00	150.00
❑ COIN TOSS	1991	RT	65.00	150.00
❑ LOOK AT YOU	1990	RT	65.00	150.00
❑ POPCORN!	1991	RT	65.00	150.00
❑ RIDE THE WILD MOUSE	1990	RT	65.00	150.00
❑ STEP RIGHT UP	1990	RT	65.00	150.00
❑ STILT MAN, THE	1990	RT	65.00	150.00
❑ THANKS EMMETT	1990	RT	65.00	150.00
❑ THREE FOR A DIME	1990	RT	65.00	150.00
❑ TROUBLE WITH HOT DOGS, THE	1991	RT	65.00	150.00
❑ YOU CAN DO IT, EMMETT	1990	RT	65.00	150.00
❑ YOU GO FIRST, EMMETT	1990	RT	65.00	150.00

EMMETT KELLY JR. BLOCK SET

				*
❑ APRIL IN PARIS	2002	1500	300.00	300.00
❑ EMMETT ON ICE	2002	1500	300.00	300.00

EMMETT KELLY JR. DIAMOND JUBILEE BIRTHDAY

				*
❑ BIG CAKE	1999	1999	100.00	100.00
❑ BIRTHDAY CLEANUP	1999	1999	125.00	125.00
❑ BLOCK SET (JAZZ)	1999	1500	275.00	275.00
❑ BLOCK SET (OOPS! ANOTHER BIRTHDAY)	1999	1500	275.00	275.00
❑ SURPRISE	1999	1999	125.00	125.00

EMMETT KELLY JR. FIGURINES

				*
❑ 25TH ANNIVERSARY OF WHITE HOUSE APP.	1997	5000	240.00	240.00
❑ 35 YEARS OF CLOWNING	1995	5000	240.00	240.00
❑ 65TH BIRTHDAY COMMEMORATIVE	1989	1989	275.00	1000.00
❑ ALL-STAR CIRCUS 20TH ANNIVERSARY	1995	5000	240.00	300.00
❑ AM. CIRCUS EXTRAVAGANZAS 125TH ANNIVERSARY	1996	5000	240.00	240.00
❑ AMEN	1988	12000	120.00	350.00
❑ AMEN	1996	OP	35.00	35.00
❑ ARTIST AT WORK	1991	7500	295.00	295.00
❑ BALANCING ACT, THE	1983	10000	75.00	400.00
❑ BALLOONS FOR SALE	1983	10000	75.00	450.00
❑ BALLOONS FOR SALE II	1990	RT	250.00	250.00
❑ BEDTIME	1986	12000	98.00	350.00
❑ BEDTIME	1995	OP	35.00	60.00
❑ BIG BUSINESS	1984	9500	110.00	550.00
❑ CATCH OF THE DAY	1997	5000	240.00	240.00
❑ CONVENTION BOUND	1990	RT	225.00	230.00
❑ COTTON CANDY	1986	12000	98.00	150.00
❑ DAREDEVIL MOTOR SHOW 35TH ANNIVERSARY	1996	5000	240.00	240.00
❑ DINING OUT	1988	CL	120.00	110.00
❑ EATING CABBAGE	1984	12000	75.00	225.00
❑ EMMETT'S FAN	1985	12000	80.00	250.00
❑ ENTERTAINERS, THE	1986	12000	120.00	200.00
❑ FAIR GAME	1986	2500	450.00	1000.00
❑ FINISHING TOUCH	1991	RT	230.00	190.00
❑ FOLLOW THE LEADER	1991	RT	200.00	200.00
❑ G'DAY MATE	2002	2000	130.00	130.00
❑ HOLE IN THE SOLE	1983	10000	75.00	325.00
❑ HURDY-GURDY MAN	1989	9500	150.00	150.00

NAME	YEAR	LIMIT	ISSUE	TREND
❑ IN THE SPOTLIGHT	1985	12000	103.00	150.00
❑ LOOKING OUT TO SEE	1981	12000	75.00	1000.00
❑ MAKING NEW FRIENDS	1986	9500	140.00	175.00
❑ MAKING UP	1989	7500	200.00	175.00
❑ MAN'S BEST FRIEND?	1985	9500	98.00	350.00
❑ MISFORTUNE?	1990	RT	350.00	350.00
❑ MISFORTUNE?	1996	OP	60.00	60.00
❑ MY FAVORITE THINGS	1987	9500	109.00	500.00
❑ NO LOITERING	1989	7500	200.00	225.00
❑ NO STRINGS ATTACHED	1985	9500	98.00	150.00
❑ NO USE CRYING	1992	RT	200.00	200.00
❑ ON THE ROAD AGAIN	1987	9500	109.00	150.00
❑ OUR NATIONAL TREASURE	1999	YR	60.00	60.00
❑ OVER A BARREL	1987	9500	130.00	100.00
❑ PEANUT BUTTER?	1992	RT	200.00	200.00
❑ PIANO PLAYER	1984	9500	160.00	400.00
❑ READY-SET-GO	1992	RT	200.00	200.00
❑ SATURDAY NIGHT	1987	7500	153.00	500.00
❑ SPIRIT OF CHRISTMAS I	1983	3500	125.00	2000.00
❑ SPIRIT OF CHRISTMAS II	1984	3500	270.00	450.00
❑ SPIRIT OF CHRISTMAS III	1985	3500	220.00	450.00
❑ SPIRIT OF CHRISTMAS IV	1986	3500	150.00	300.00
❑ SPIRIT OF CHRISTMAS IX	1993	RT	200.00	250.00
❑ SPIRIT OF CHRISTMAS V	1987	2400	170.00	800.00
❑ SPIRIT OF CHRISTMAS VI	1988	2400	194.00	300.00
❑ SPIRIT OF CHRISTMAS VII	1990	3500	275.00	300.00
❑ SPIRIT OF CHRISTMAS VIII	1991	3500	250.00	350.00
❑ SPIRIT OF CHRISTMAS X	1993	RT	200.00	200.00
❑ SPIRIT OF CHRISTMAS XI	1994	3500	200.00	200.00
❑ SPIRIT OF CHRISTMAS XII	1995	3500	200.00	250.00
❑ SPIRIT OF CHRISTMAS XIII	1996	RT	200.00	200.00
❑ SPIRIT OF CHRISTMAS XIV	1997	RT	200.00	200.00
❑ SWEEPING UP	1981	12000	75.00	2000.00
❑ THINKER, THE	1982	15000	60.00	1200.00
❑ TOOTHACHE	1987	12000	98.00	100.00
❑ WATCH THE BIRDIE	1990	RT	200.00	225.00
❑ WET PAINT	1982	15000	80.00	500.00
❑ WHEELER DEALER	1988	7500	160.00	200.00
❑ WHY ME?	1982	15000	65.00	400.00
❑ WISHFUL THINKING	1983	10000	65.00	400.00

EMMETT KELLY JR. JAPANESE FIGURINE

❑ VIGILANTE, THE	1993	OP	75.00	75.00

EMMETT KELLY JR. LITTLE EMMETTS　　　　　　　　　　　　　　　**M. WU**

❑ AGE 1	1994	OP	9.00	9.00
❑ AGE 10	1994	OP	25.00	25.00
❑ AGE 2	1994	OP	10.00	10.00
❑ AGE 3	1994	OP	12.00	12.00
❑ AGE 4	1994	OP	12.00	12.00
❑ AGE 5	1994	OP	15.00	16.00
❑ AGE 6	1994	OP	15.00	16.00
❑ AGE 7	1994	OP	17.00	15.00
❑ AGE 8	1994	OP	21.00	21.00
❑ AGE 9	1994	OP	22.00	22.00
❑ BIRTHDAY HAUL	1995	OP	30.00	30.00
❑ DANCE LESSONS-MUSICAL	1995	OP	50.00	50.00
❑ LITTLE ARTIST PICTURE FRAME	1994	RT	22.00	22.00
❑ LITTLE EMMETT COUNTING LESSON-MUSICAL	1994	OP	30.00	30.00
❑ LITTLE EMMETT COUNTRY ROAD	1994	OP	35.00	35.00
❑ LITTLE EMMETT FISHING	1994	RT	35.00	35.00
❑ LITTLE EMMETT NOEL, NOEL	1995	OP	40.00	40.00
❑ LITTLE EMMETT RAINDROPS	1994	OP	35.00	35.00
❑ LITTLE EMMETT SHADOW SHOW	1994	RT	40.00	40.00
❑ LITTLE EMMETT SOMEDAY	1994	OP	50.00	50.00
❑ LITTLE EMMETT WITH BLACKBOARD	1994	RT	30.00	30.00
❑ LITTLE EMMETT YOU'VE GOT A FRIEND	1994	OP	33.00	33.00
❑ PLAYFUL BOOKENDS	1994	OP	40.00	40.00

EMMETT KELLY JR. MEMBERS ONLY FIGURINES　　　　　　　　　*

❑ 10 YEARS OF COLLECTING	1991	CL	100.00	225.00
❑ ALL ABOARD	1992	CL	75.00	280.00
❑ BIRTHDAY BATH	1999	YR	125.00	125.00
❑ BIRTHDAY MAIL	1994	CL	100.00	250.00
❑ CHINESE NEW YEAR	2002	OP	100.00	100.00
❑ FILET OF SOLE	1997	YR	130.00	130.00
❑ I LOVE YOU	1996	CL	95.00	225.00
❑ MERRY-GO-ROUND	1990	CL	125.00	475.00
❑ RINGMASTER	1993	CL	125.00	150.00
❑ SALUTE TO OUR VETS	1995	CL	75.00	160.00

EMMETT KELLY JR. METAL SCULPTURES　　　　　　　　　　　*

❑ BALANCING ACT, TOO	1991	5000	125.00	125.00
❑ CAROUSEL RIDER	1991	5000	125.00	125.00
❑ EMMETT'S POOCHES	1991	5000	125.00	125.00
❑ MAGICIAN, THE	1991	5000	125.00	125.00

EMMETT KELLY JR. MINIATURES　　　　　　　　　　　　　　*

❑ 35 YEARS OF CLOWNING	2002	OP	60.00	60.00
❑ ARTIST AT WORK	1998	RT	55.00	55.00
❑ BALANCING ACT	1986	RT	25.00	80.00
❑ BALLOONS FOR SALE	1986	RT	25.00	70.00
❑ BALLOONS FOR SALE II	1997	OP	55.00	55.00

NAME	YEAR	LIMIT	ISSUE	TREND
❑ BEDTIME	1995	RT	35.00	35.00
❑ BIG BOSS	1997	OP	55.00	55.00
❑ BIG BUSINESS	1988	RT	35.00	70.00
❑ BON VOYAGE	2002	OP	60.00	60.00
❑ CABBAGE	1999	OP	60.00	60.00
❑ CAKE FOR TWO	1999	OP	65.00	65.00
❑ CONVENTION BOUND	1997	OP	55.00	55.00
❑ COTTON CANDY	1989	RT	30.00	30.00
❑ DINING OUT	1995	RT	35.00	35.00
❑ EATING CABBAGE	1987	RT	30.00	42.00
❑ EMMETT'S FAN	1987	RT	30.00	70.00
❑ ENTERTAINERS, THE	1995	RT	45.00	45.00
❑ FOREST FRIENDS	1999	OP	55.00	55.00
❑ HOLE IN THE SOLE	1986	RT	25.00	70.00
❑ HURDY GURDY MAN	1995	OP	40.00	40.00
❑ IN THE SPOTLIGHT	1991	RT	35.00	35.00
❑ LEAVING TOMBSTONE	2002	OP	60.00	60.00
❑ LET HIM EAT CAKE	1999	OP	65.00	65.00
❑ LION TAMER	1999	OP	60.00	60.00
❑ LOOKING OUT TO SEE	1986	RT	25.00	110.00
❑ MAKING UP	1996	OP	55.00	55.00
❑ MAN'S BEST FRIEND?	1989	RT	35.00	70.00
❑ MERRY GO ROUND	1997	OP	65.00	65.00
❑ MY FAVORITE THINGS	1990	RT	45.00	45.00
❑ NO LOITERING	1995	OP	50.00	50.00
❑ NO STRINGS ATTACHED	1991	RT	35.00	35.00
❑ OVER A BARREL	1994	RT	30.00	30.00
❑ RINGMASTER	1999	OP	60.00	60.00
❑ SATURDAY NIGHT	1990	RT	50.00	50.00
❑ SPIRIT OF CHRISTMAS I	1987	RT	40.00	100.00
❑ SPIRIT OF CHRISTMAS III	1990	RT	50.00	50.00
❑ SPIRIT OF CHRISTMAS V	1994	RT	50.00	50.00
❑ SPIRIT OF CHRISTMAS VI	1996	RT	55.00	55.00
❑ SPIRIT OF CHRISTMAS VII	1997	RT	50.00	50.00
❑ SWEEPING UP	1986	RT	25.00	100.00
❑ THINKER, THE	1986	RT	25.00	150.00
❑ TOOTHACHE	1996	OP	35.00	35.00
❑ ULTIMATE GIFT	1999	OP	60.00	60.00
❑ WATCH THE BIRDIE	1997	OP	55.00	55.00
❑ WET PAINT	1986	RT	25.00	50.00
❑ WHEELER DEALER	1996	OP	65.00	65.00
❑ WHY ME?	1986	RT	25.00	70.00
❑ WISHFUL THINKING	1986	RT	25.00	60.00
❑ WORLD TRAVELER	1998	RT	55.00	55.00
❑ WORLD'S FAIR	2000	RT	55.00	55.00

EMMETT KELLY JR. PROFESSIONALS *

❑ AFTER THE PARADE	1993	RT	190.00	200.00
❑ BOWLER	1996	OP	55.00	55.00
❑ COACH	1995	OP	55.00	55.00
❑ COMPUTER WIZ (WITH GARBAGE CAN)	1997	RT	55.00	55.00
❑ DENTIST	1996	OP	55.00	55.00
❑ DOCTOR	1995	RT	55.00	55.00
❑ DOCTOR	1999	OP	55.00	55.00
❑ EXECUTIVE (TALKING ON PHONE)	1997	OP	55.00	55.00
❑ FARMER	1996	OP	55.00	55.00
❑ FIREMAN	1995	OP	55.00	55.00
❑ FIREMAN	1999	OP	55.00	55.00
❑ FISHERMAN (WITH FISH & DOG)	1997	OP	55.00	55.00
❑ FITNESS (RUNAWAY WEIGHTLESS)	1997	OP	55.00	55.00
❑ FOREST FRIENDS	1994	75000	190.00	190.00
❑ GARDENER (WITH RAKE)	1997	OP	55.00	55.00
❑ GOLFER	1995	RT	55.00	55.00
❑ GOLFER	1999	OP	55.00	55.00
❑ HUNTER (WITH ORANGE CAMOUFLAGE)	1997	OP	55.00	55.00
❑ KITTENS FOR SALE	1993	RT	190.00	190.00
❑ LAWYER	1995	RT	55.00	55.00
❑ LAWYER	1999	OP	55.00	55.00
❑ LET HIM EAT CAKE	1994	RT	300.00	400.00
❑ LION TAMER	1994	75000	190.00	190.00
❑ MAILMAN	1996	OP	55.00	55.00
❑ ON MANEUVERS	1993	OP	50.00	50.00
❑ PILOT	1993	RT	50.00	50.00
❑ POLICEMAN	1988	RT	50.00	85.00
❑ POLICEMAN	1995	OP	55.00	55.00
❑ POLICEMAN	1999	OP	55.00	55.00
❑ RACE FAN	1998	RT	60.00	60.00
❑ REALTOR	1993	RT	50.00	50.00
❑ RETIREMENT	1998	RT	65.00	65.00
❑ SKIER	1996	OP	55.00	55.00
❑ TEACHER	1996	OP	55.00	55.00
❑ TEACHER	1999	OP	55.00	55.00
❑ TOURIST, THE	2002	OP	70.00	70.00
❑ VETERINARIAN	1993	RT	50.00	50.00
❑ WORLD TRAVELER	1993	75000	190.00	190.00

EMMETT KELLY JR. REAL RAGS COLLECTION *

❑ BALLOONS FOR SALE II	1995	3000	120.00	240.00

FIGURINES

NAME	YEAR	LIMIT	ISSUE	TREND
❑ BIG BUSINESS II	1993	RT	140.00	200.00
❑ CHECKING HIS LIST	1993	CL	100.00	250.00
❑ EATING CABBAGE II	1994	3000	100.00	100.00
❑ GOOD LIKENESS	1994	3000	120.00	120.00
❑ I'VE GOT RHYTHM	1995	3000	140.00	140.00
❑ LOOKING OUT TO SEE II	1993	3000	100.00	100.00
❑ NO STRINGS ATTACHED 2	1995	3000	120.00	120.00
❑ ON IN TWO	1994	3000	100.00	150.00
❑ RUDOLPH HAS A RED NOSE	1994	3000	135.00	175.00
❑ SWEEPING UP II	1993	3000	100.00	100.00
❑ THINKER II	1993	3000	120.00	150.00
❑ WATCH OUT BELOW	1995	3000	120.00	120.00
EMMETT KELLY JR. SPECIAL EVENT				*
❑ SEND IN THE CLOWNS	1997	YR	70.00	70.00
LITTLE EMMETT WATERGLOBE				**M. WU**
❑ LOOKING BACKWARD	1995	OP	75.00	75.00
❑ LOOKING FORWARD	1995	OP	75.00	75.00
PLEASANTVILLE 1893				**J. BERG VICTOR**
❑ 1ST CHURCH OF PLEASANTVILLE	1990	OP	35.00	35.00
❑ APOTHECARY/ICE CREAM SHOP	1992	OP	36.00	36.00
❑ BALCOMB'S FARM	1993	OP	40.00	40.00
❑ BAND STAND, THE	1990	OP	12.00	12.00
❑ BANK/REAL ESTATE OFFICE	1992	RT	36.00	36.00
❑ BLACKSMITH/LIVERY	1992	OP	40.00	40.00
❑ COURT HOUSE	1991	OP	36.00	36.00
❑ COVERED BRIDGE	1992	RT	36.00	36.00
❑ DEPARTMENT STORE	1990	OP	25.00	25.00
❑ FIRE HOUSE	1991	OP	40.00	40.00
❑ GAZEBO/BANDSTAND	1994	OP	25.00	25.00
❑ GERBER HOUSE, THE	1990	OP	30.00	30.00
❑ LIVERY STABLE AND RESIDENCE	1993	OP	40.00	40.00
❑ MASON'S HOTEL AND SALOON	1990	OP	35.00	35.00
❑ METHODIST CHURCH	1991	OP	40.00	40.00
❑ MISS FOUNTAINS	1992	OP	48.00	48.00
❑ PLEASANTVILLE LIBRARY	1990	OP	32.00	32.00
❑ RAILROAD STATION	1992	OP	40.00	40.00
❑ REVEREND LITTLEFIELD'S HOUSE	1990	OP	34.00	34.00
❑ SACRED HEART CATHOLIC CHURCH	1994	OP	40.00	40.00
❑ SACRED HEART RECTORY	1994	OP	40.00	40.00
❑ SCHOOL HOUSE	1991	OP	36.00	36.00
❑ SWEET SHOPPE & BAKERY	1990	OP	40.00	40.00
❑ TOY STORE	1990	OP	30.00	30.00
❑ TUBBS, JR. HOUSE	1992	OP	40.00	40.00
RAGGEDY ANN & ANDY				**C. BEYLON**
❑ 70 YEARS YOUNG	1988	2500	95.00	120.00
❑ GIDDY UP	1988	3500	95.00	120.00
❑ OOPS!	1988	3500	80.00	103.00
❑ WET PAINT	1988	3500	70.00	92.00

FRANKLIN MINT

NAME	YEAR	LIMIT	ISSUE	TREND
JOYS OF CHILDHOOD				**N. ROCKWELL**
❑ COASTING ALONG	1976	3700	120.00	175.00
❑ DRESSING UP	1976	3700	120.00	175.00
❑ FISHING HOLE, THE	1976	3700	120.00	175.00
❑ HOPSCOTCH	1976	3700	120.00	175.00
❑ MARBLE CHAMP, THE	1976	3700	120.00	175.00
❑ NURSE, THE	1976	3700	120.00	175.00
❑ RIDE 'EM COWBOY	1976	3700	120.00	175.00
❑ STILT WALKER, THE	1976	3700	120.00	175.00
❑ TIME OUT	1976	3700	120.00	175.00
❑ TRICK OR TREAT	1976	3700	120.00	175.00

GARTLAN USA

NAME	YEAR	LIMIT	ISSUE	TREND
ALL-STAR GEMS MINIATURE FIGURINES				**F. BARNUM**
❑ GEORGE BRETT	1990	10000	75.00	75.00
❑ HANK AARON	1992	10000	79.00	79.00
❑ JOE MONTANA	1991	10000	79.00	79.00
❑ PETE ROSE	1990	10000	75.00	75.00
❑ WHITEY FORD	1990	10000	75.00	75.00
❑ YOGI BERRA	1990	10000	75.00	75.00
ALL-STAR GEMS MINIATURE FIGURINES				**V. BOVA**
❑ MONTE IRVIN	1991	10000	79.00	79.00
ALL-STAR GEMS MINIATURE FIGURINES				**L. HEYDA**
❑ BOBBY HULL	1991	10000	75.00	75.00
❑ BRETT HULL	1991	10000	75.00	75.00
❑ CARL YASTRZEMSKI	1989	10000	75.00	75.00
❑ DARRYL STRAWBERRY	1990	10000	75.00	75.00
❑ JOHN WOODEN	1990	10000	75.00	75.00
❑ JOHNNY BENCH	1989	10000	75.00	75.00
❑ STEVE CARLTON	1989	10000	75.00	75.00
❑ TED WILLIAMS	1989	10000	75.00	75.00
❑ WAYNE GRETZKY	1990	10000	75.00	75.00
ALL-STAR GEMS MINIATURE FIGURINES				**J. SLOCKBOWER**
❑ CARLTON FISK	1992	10000	79.00	79.00
❑ ISIAH THOMAS	1992	10000	79.00	79.00
❑ KEN GRIFFEY, JR.	1991	10000	75.00	75.00
❑ LUIS APARICIO	1990	10000	75.00	75.00
❑ ROD CAREW	1991	10000	75.00	75.00
❑ WARREN SPAHN	1991	10000	75.00	75.00
ALL-STAR GEMS MINIATURE FIGURINES				**R. SUN**
❑ MIKE SCHMIDT	1990	10000	75.00	75.00

FIGURINES

NAME	YEAR	LIMIT	ISSUE	TREND
BASEBALL/FOOTBALL/HOCKEY SERIES				**J. MARTIN**
❏ GEORGE BRETT BASEBALL ROUNDER	1986	OP	10.00	16.00
❏ GEORGE BRETT BASEBALL ROUNDER, SIGNED	1986	2000	30.00	30.00
❏ GEORGE BRETT CERAMIC BASEBALL	1986	OP	20.00	20.00
❏ GEORGE BRETT CERAMIC BASEBALL, SIGNED	1986	2000	50.00	50.00
BASEBALL/FOOTBALL/HOCKEY SERIES				**T. SIZEMORE**
❏ PETE ROSE CERAMIC BASEBALL	1985	OP	10.00	16.00
❏ PETE ROSE CERAMIC BASEBALL, SIGNED	1985	4192	39.00	75.00
BASEBALL/FOOTBALL/HOCKEY SERIES				**C. SOILEAU**
❏ ROGER STAUBACH CERAMIC FOOTBALL	1987	OP	10.00	16.00
❏ ROGER STAUBACH CERAMIC FOOTBALL, SIGNED	1987	1979	39.00	39.00
BASEBALL/FOOTBALL/HOCKEY SERIES				**M. TAYLOR**
❏ CARLTON FISH CERAMIC BASEBALL	1992	OP	18.00	18.00
❏ JOE MONTANA CERAMIC FOOTBALL	1991	OP	18.00	18.00
❏ WAYNE GRETZKY CERAMIC HOCKEY	1990	OP	18.00	18.00
BOB COUSY COLLECTION				**L. HEYDA**
❏ BOB COUSY	1994	RT	225.00	300.00
❏ BOB COUSY MINI	1994	5000	40.00	40.00
EDDIE MATHEWS COLLECTION				**R. SUN**
❏ EDDIE MATHEWS	1994	50	150.00	300.00
❏ EDDIE MATHEWS MINI	1994	RT	40.00	100.00
FRANK THOMAS				**J. SLOCKBOWER**
❏ FRANK THOMAS (AUTOGRAPHED)	1995	SO	200.00	650.00
❏ FRANK THOMAS MINI	1995	RT	40.00	75.00
KAREEM ABDUL-JABBAR SKY HOOK COLLECTION				**L. HEYDA**
❏ KAREEM ABDUL-JABBAR A/P	1989	100	200.00	450.00
❏ KAREEM ABDUL-JABBAR H/S	1989	1989	175.00	495.00
❏ KAREEM ABDUL-JABBAR PURPLE UNIFORM H/S	1989	33	275.00	5500.00
LEAVE IT TO BEAVER/JERRY MATHERS				**NOBLE STUDIO**
❏ LEAVE IT TO BEAVER 7 1/2" AP	1995	234	250.00	250.00
❏ LEAVE IT TO BEAVER AUTOGRAPHED	1995	1963	195.00	195.00
❏ LEAVE IT TO BEAVER MINI AUTOGRAPHED	1995	5000	50.00	50.00
MAGIC JOHNSON GOLD RIM COLLECTION				**R. SUN**
❏ MAGIC JOHNSON COMMEMORATIVE	1988	32	275.00	2800.00
❏ MAGIC JOHNSON-MAGIC IN MOTION	1988	1737	125.00	650.00
❏ MAGIC JOHNSON-MAGIC IN MOTION, PROOF	1988	250	175.00	3700.00
MASTER'S MUSEUM COLLECTION				**F. BARNUM**
❏ JOE MONTANA (SET)	1991	500	*	N/A
MASTER'S MUSEUM COLLECTION				**L. HEYDA**
❏ KAREEM ABDUL-JABBAR	1991	500	3000.00	3000.00
❏ TED WILLIAMS (SET)	1991	500	*	N/A
❏ WAYNE GRETZKY (SET)	1991	500	*	N/A
MEMBERS ONLY FIGURINE				**F. BARNUM**
❏ JOE MONTANA-ROAD UNIFORM	1991	CL	75.00	125.00
MEMBERS ONLY FIGURINE				**L. CELLA**
❏ SHAQUILLE O'NEAL	1994	CL	40.00	80.00
MEMBERS ONLY FIGURINE				**L. HEYDA**
❏ KAREEM ABDUL-JABBAR (MINI)	1991	CL	75.00	79.00
❏ WAYNE GRETZKY-HOME UNIFORM	1990	CL	75.00	200.00
MIKE SCHMIDT 500TH HOME RUN COLLECTION				**R. SUN**
❏ MIKE SCHMIDT H/S	1987	1987	150.00	975.00
❏ MIKE SCHMIDT H/S A/P	1987	20	275.00	1500.00
NEGRO LEAGUE SERIES				**V. BOVA**
❏ BUCK LEONARD	1991	1972	195.00	195.00
❏ JAMES (COOL PAPA) BELL	1991	1499	195.00	195.00
❏ MATCHED-NUMBER SET #1-950	1991	950	500.00	500.00
❏ RAY DANDRIDGE	1991	1987	195.00	195.00
PETE ROSE DIAMOND COLLECTION				**B. FORBES**
❏ FAREWELL CERAMIC BASEBALL CARD	1988	OP	10.00	16.00
❏ FAREWELL CERAMIC BASEBALL CARD, SIGNED	1988	4258	39.00	65.00
PETE ROSE PLATINUM EDITION				**H. REED**
❏ PETE ROSE-FOR THE RECORD, SIGNED	1985	4192	125.00	1375.00
PLAQUES				**PALUSO**
❏ PLAQUE-ONLY PERFECT, SIGNED	1987	500	150.00	340.00
PLAQUES				**J. MARTIN**
❏ GEORGE BRETT-ROYALTY IN MOTION, SIGNED	1986	2000	85.00	195.00
❏ REGGIE JACKSON-THE ROUNDTRIPPER, PROOF	1986	SO	200.00	300.00
❏ REGGIE JACKSON-THE ROUNDTRIPPER, SIGNED	1986	500	150.00	240.00
❏ ROGER STAUBACH, SIGNED	1987	1979	85.00	195.00
PLAQUES				**T. SIZEMORE**
❏ PETE ROSE-DESIRE TO WIN, SIGNED	1985	4192	75.00	75.00
REGGIE JACKSON 500TH HOME RUN EDITION				**J. MARTIN**
❏ CERAMIC BASEBALL CARD	1986	OP	10.00	16.00
❏ CERAMIC BASEBALL CARD, SIGNED	1986	500	39.00	65.00
RINGO STARR				**J. HOFFMAN**
❏ BEATLES, RINGO STARR 9 1/2"	1996	1000	350.00	350.00
❏ BEATLES, RINGO STARR MINI	1996	10000	50.00	50.00
❏ RINGO STARR 9 1/2" AP	1996	250	600.00	600.00
❏ RINGO STARR/DRUMMING	1996	5000	150.00	150.00
SAM SNEAD COLLECTION				**L. CELLA**
❏ SAM SNEAD	1994	RT	150.00	150.00
❏ SAM SNEAD MINI	1994	RT	40.00	40.00
SHAQUILLE O'NEAL				**R. SUH**
❏ SHAQUILLE O'NEAL (AUTOGRAPHED)	1995	SO	225.00	800.00

NAME	YEAR	LIMIT	ISSUE	TREND
❑ SHAQUILLE O'NEAL MINI	1995	RT	40.00	50.00
SIGNED FIGURINES				**F. BARNUM**
❑ GEORGE BRETT	1990	2500	225.00	225.00
❑ HANK AARON	1992	1982	225.00	225.00
❑ JOE MONTANA A/P H/S	1991	250	500.00	750.00
❑ JOE MONTANA H/S	1991	2250	325.00	425.00
❑ YOGI BERRA	1989	2000	225.00	250.00
❑ YOGI BERRA H/S A/P	1989	250	350.00	375.00
SIGNED FIGURINES				**S. BARNUM**
❑ WHITEY FORD	1990	2360	225.00	225.00
SIGNED FIGURINES				**V. BOVA**
❑ AL BARLICK	1991	1989	175.00	175.00
❑ MONTE IRVIN	1991	1973	225.00	225.00
SIGNED FIGURINES				**L. HEYDA**
❑ BOBBY HULL-THE GOLDEN JET	1991	1983	225.00	225.00
❑ BRETT HULL-THE GOLDEN BRETT	1991	1986	225.00	225.00
❑ CARL YASTREZEMSKI H/S A/P	1989	250	150.00	495.00
❑ CARL YASTRZEMSKI-YAZ	1989	1989	150.00	350.00
❑ DARRYL STRAWBERRY	1990	2500	225.00	225.00
❑ HULL MATCHED FIGURINES	1991	950	500.00	500.00
❑ JOE DIMAGGIO AP H/S	1990	325	695.00	2400.00
❑ JOE DIMAGGIO H/S	1989	2214	275.00	1375.00
❑ JOHN WOODEN-COACHING CLASSICS	1989	1975	175.00	175.00
❑ JOHNNY BENCH H/S	1989	1989	150.00	375.00
❑ JOHNNY BENCH H/S A/P	1989	250	150.00	550.00
❑ STEVE CARLTON H/S	1989	3290	175.00	235.00
❑ TED WILLIAMS H/S	1989	2654	295.00	575.00
❑ WAYNE GRETZKY H/S	1989	1851	225.00	1000.00
❑ WAYNE GRETZKY, ARTIST PROOF H/S	1989	300	695.00	1800.00
SIGNED FIGURINES				**J. SLOCKBOWER**
❑ CARLTON FISK	1992	1972	225.00	225.00
❑ ISIAH THOMAS	1992	1990	225.00	225.00
❑ KEN GRIFFEY, JR.	1991	1989	225.00	225.00
❑ LUIS APARICIO	1990	1974	225.00	225.00
❑ ROD CAREW-HITTING SPLENDOR	1991	1991	225.00	225.00
❑ WARREN SPAHN	1991	1973	225.00	225.00
SIGNED FIGURINES				**K.L. SUN**
❑ KRISTI YAMAGUCHI	1993	RT	195.00	300.00
❑ KRISTI YAMAGUCHI MINI	1993	RT	79.00	79.00
TROY AIKMAN				**V. DAVIS**
❑ TROY AIKMAN (AUTOGRAPHED)	1995	SQ	200.00	800.00
❑ TROY AIKMAN MINI	1995	RT	40.00	90.00

GEO. ZOLTAN LEFTON CO.

NAME	YEAR	LIMIT	ISSUE	TREND
AMERICAN CAROUSEL COLLECTION				**T. FRALEY**
❑ CHARLES CARMEL 5968	1987	CL	70.00	130.00
❑ CHARLES CARMEL 5986	1987	CL	35.00	75.00
❑ CHARLES LOOFF	1987	CL	70.00	180.00
❑ CHARLES LOOFF	1987	CL	70.00	100.00
❑ CHARLES LOOFF 5967	1987	CL	70.00	100.00
❑ CHARLES LOOFF 5978	1987	CL	100.00	195.00
❑ CHARLES LOOFF 5979	1987	CL	100.00	650.00
❑ CHARLES LOOFF 5980	1987	CL	100.00	750.00
❑ CHARLES LOOFF 5984	1987	CL	35.00	75.00
❑ CHARLES LOOFF 5985	1987	CL	35.00	75.00
❑ CHARLES LOOFF 7125	1987	CL	500.00	680.00
❑ CHARLES LOOFF 7126	1987	CL	500.00	800.00
❑ CHARLES LOOFF 7127	1987	CL	500.00	900.00
❑ CHARLES LOOFF 7130	1987	CL	125.00	260.00
❑ CHARLES LOOFF 7131	1987	CL	125.00	700.00
❑ CHARLES LOOFF 7132	1987	CL	125.00	125.00
❑ DANIEL MULLER ROCKER 5982	1987	CL	70.00	140.00
❑ LOOFF 5972	1987	CL	400.00	800.00
❑ M.C. ILLIONS 5970	1987	CL	70.00	100.00
❑ M.C. ILLIONS 5971	1987	CL	70.00	130.00
❑ M.C. ILLIONS 5973	1987	CL	500.00	900.00
❑ M.C. ILLIONS 5988	1987	CL	35.00	75.00
❑ M.C. ILLIONS 5989	1987	CL	35.00	75.00
❑ M.C. ILLIONS 6390	1987	CL	500.00	500.00
❑ M.C. ILLIONS 7128	1987	CL	100.00	225.00
❑ M.C. ILLIONS 7129	1987	CL	125.00	225.00
❑ PTC 5969	1987	CL	70.00	120.00
❑ PTC 5987	1987	CL	35.00	105.00
❑ PTC. ROCKER 5981	1987	CL	70.00	150.00
AMERICAN CAROUSEL COLLECTION II				**T. FRALEY**
❑ C.W. PARKER 8322	1988	CL	250.00	250.00
❑ C.W. PARKER 8323	1988	CL	135.00	300.00
❑ C.W. PARKER 8468	1988	CL	165.00	290.00
❑ CHARLES LOOFF 8213	1988	CL	65.00	190.00
❑ CHARLES LOOFF 8214	1988	CL	95.00	190.00
❑ CHARLES LOOFF 8320	1988	CL	250.00	250.00
❑ CHARLES LOOFF 8321	1988	CL	135.00	190.00
❑ CHARLES LOOFF 8467	1988	CL	165.00	240.00
❑ CHARLES LOOFF SNOWGLOBE 8216	1988	CL	80.00	80.00
❑ DANIEL MULLER 8317	1988	CL	55.00	100.00
❑ DANIEL MULLER 8318	1988	CL	85.00	130.00
❑ DENTZEL 8329	1988	CL	150.00	625.00

FIGURINES

The Fontanini Collectors' Club celebrated its fifth anniversary with this open house piece titled Susanna, *issued in 1994 as part of the Fontanini Heirloom Nativities collection from Roman Inc.*

Seraphina, Heaven's Helper *portrays a graceful angel ministering to a babe in her arms. She was part of the Seraphim Classics Collection from Roman Inc. for 1995.*

The Boyds Collection brought us Buster Goes a Courtin' *in 1996. The open edition piece is from the Folkstone Collection by G.M. Lowenthal.*

An M.I. Hummel collector's club piece, Honey Lover *is now a closed edition. Produced by Goebel, it has increased in value since its 1991 release.*

NAME	YEAR	LIMIT	ISSUE	TREND
❑ DENTZEL 8474	1988	CL	235.00	235.00
❑ DENTZEL 8475	1988	CL	135.00	475.00
❑ HERSHELL-SPILLMAN CO. 8330	1988	CL	150.00	450.00
❑ HERSHELL-SPILLMAN CO. 8331	1988	CL	150.00	475.00
❑ HERSHELL-SPILLMAN CO. 8470	1988	CL	235.00	235.00
❑ HERSHELL-SPILLMAN CO. 8471	1988	CL	135.00	475.00
❑ HERSHELL-SPILLMAN CO. 8472	1988	CL	235.00	235.00
❑ HERSHELL-SPILLMAN CO. 8473	1988	CL	135.00	475.00
❑ M.C. ILLIONS 8319	1988	CL	500.00	675.00
❑ M.C. ILLIONS 8324	1988	CL	235.00	235.00
❑ M.C. ILLIONS 8325	1988	CL	235.00	350.00
❑ M.C. ILLIONS 8340	1988	CL	550.00	650.00
❑ M.C. ILLIONS 8469	1988	CL	150.00	280.00
❑ PTC 8218	1988	CL	65.00	150.00
❑ PTC 8219	1988	CL	95.00	150.00
❑ PTC 8221 SNOWGLOBE	1988	CL	80.00	80.00
❑ PTC 8222	1988	CL	65.00	100.00
❑ PTC 8223	1988	CL	95.00	125.00
❑ PTC 8224	1988	CL	65.00	125.00
❑ PTC 8225	1988	CL	95.00	125.00
❑ PTC 8315	1988	CL	55.00	110.00
❑ PTC 8316	1988	CL	85.00	105.00

TOBIN FRALEY COLLECTION — T. FRALEY

NAME	YEAR	LIMIT	ISSUE	TREND
❑ C.W. PARKER	1986	CL	70.00	225.00
❑ CHARLES CARMEL 5039	1986	CL	75.00	165.00
❑ CHARLES CARMEL 5043	1986	CL	35.00	75.00
❑ CHARLES LOOFF 5038	1986	CL	75.00	165.00
❑ CHARLES LOOFF 5040	1986	CL	75.00	165.00
❑ CHARLES LOOFF 5044	1986	CL	35.00	75.00
❑ CHARLES LOOFF/RAM	1986	CL	35.00	75.00
❑ D.C. MULLER & BROTHER 5049	1986	CL	35.00	75.00
❑ D.C. MULLER & BROTHER 5233	1986	CL	25.00	55.00
❑ FOUR HORSE MUSICAL CAROUSEL	1986	CL	400.00	900.00
❑ GUSTAV DENTZEL CO. 5036	1986	CL	75.00	240.00
❑ GUSTAV DENZEL CO. 5235	1986	CL	35.00	140.00
❑ HERSHELL-SPILLMAN 5230	1986	CL	25.00	55.00
❑ HERSHELL-SPILLMAN CO. 5046	1986	CL	35.00	75.00
❑ PTC 5047	1986	CL	35.00	75.00
❑ PTC. 5231	1986	CL	25.00	55.00
❑ SPILLMAN ENGINEERING 5041	1986	CL	75.00	225.00
❑ SPILLMAN ENGINEERING 5042	1986	CL	35.00	75.00
❑ STEIN & GOLDSTEIN 5037	1986	CL	75.00	165.00
❑ STEIN & GOLDSTEIN 5045	1986	CL	35.00	75.00
❑ WILLIAM DENTZEL CO. 5048	1986	CL	35.00	75.00
❑ WILLIAM DENTZEL CO. 5051	1986	CL	70.00	300.00
❑ WILLIAM DENTZEL CO. 5232	1986	CL	25.00	45.00

TOBIN FRALEY COLLECTORS SOCIETY — T. FRALEY

NAME	YEAR	LIMIT	ISSUE	TREND
❑ TOBIN FRALEY COLLECTOR SOCIETY	1992	CL	35.00	90.00

GOEBEL INC.

M.I. HUMMEL

NAME	YEAR	LIMIT	ISSUE	TREND
❑ ANGLER, THE HUM 566	1995	*	320.00	370.00
❑ BE MINE HUM 2050/B	1999	*	*	85.00
❑ CHEEKY FELLOW HUM 299	1999	*	*	130.00
❑ COME BACK SOON HUM 545	1995	*	135.00	170.00
❑ CUDDLES HUM 2049/A	1999	*	*	85.00
❑ DEARLY BELOVED HUM 2003	1999	*	*	475.00
❑ FOR MOTHER GIFT SET HUM 257/2/0	1999	*	*	140.00
❑ GOOSE GIRL HUM47	1996	*	200.00	265.00
❑ HEAVENLY PRAYER HUM 815	1999	*	*	180.00
❑ JOYFUL NOISE HUM 643/0	1999	*	*	190.00
❑ JOYFUL NOISE MINI FIGURINE HUM 643/4/0	1999	*	*	130.00
❑ JUST DOZING HUM 451	1995	*	220.00	250.00
❑ LET'S PLAY HUM 2051/B	1999	*	*	85.00
❑ LITTLE TROUBADOR HUM 558	1999	*	*	135.00
❑ MESSAGE OF LOVE HUM 2050/A	1999	*	*	85.00
❑ MY BEST FRIEND HUM 2049/B	1999	*	*	85.00
❑ ONCE UPON A TIME HUM 2051/A	1999	*	*	85.00
❑ PAY ATTENTION HUM 426/3/0	1999	*	*	180.00
❑ PEACEFUL BLESSING HUM 814	1999	*	*	185.00
❑ PIXIE HUM 768	1995	*	105.00	130.00
❑ RING AROUND THE ROSIE MUSICAL HUM348	1995	10000	675.00	3000.00
❑ STRUM ALONG HUM 557	1999	*	*	145.00
❑ SWEET AS CAN BE BIRTHDAY SAMPLER HUM 541	1999	*	*	135.00
❑ WHERE ARE YOU? HUM427/3/0	1999	*	*	180.00
❑ WONDER OF CHRISTMAS HUM 2015 W/STEIFF BEAR	1999	*	*	575.00

BAVARIAN VILLAGE COLLECTION — M.I. HUMMEL

NAME	YEAR	LIMIT	ISSUE	TREND
❑ HAPPY PASTIME HUM 69	1996	RT	175.00	200.00

BERTA HUMMEL — *

NAME	YEAR	LIMIT	ISSUE	TREND
❑ BIRTHDAY TREAT	2000	*	55.00	55.00
❑ CROWNING TOUCH	2000	*	95.00	95.00
❑ DECORATING THE TREE	2000	*	95.00	95.00
❑ FOREVER A FRIEND	2000	*	55.00	55.00
❑ FRESH CHRISTMAS TREE	2000	*	35.00	35.00
❑ GOOD SCRUBBING, A	2000	*	45.00	45.00
❑ KISS FOR LUCK	2000	*	*	N/A

NAME	YEAR	LIMIT	ISSUE	TREND
❑ NATURE'S PRAYER	2000	*	45.00	45.00
❑ REACH FOR THE STARS	2000	*	30.00	30.00
❑ SKY'S THE LIMIT, THE	2000	*	30.00	30.00
❑ STROLL IN THE PARK	2000	*	*	N/A
❑ TIME TO PLAY	2000	*	90.00	90.00
BETSEY CLARK				**G. BOCHMANN**
❑ BLESS YOU	1972	CL	18.00	275.00
❑ FRIENDS	1972	CL	21.00	400.00
❑ LITTLE MIRACLE	1972	CL	25.00	350.00
❑ SO MUCH BEAUTY	1972	CL	25.00	350.00
BLUMENKINDER				**LORE**
❑ ACCOMPANIST, THE	1973	CL	95.00	115.00
❑ APRONFUL OF FLOWERS	1966	CL	25.00	N/A
❑ AUTUMN DELIGHT	1982	CL	165.00	N/A
❑ BAREFOOT LAD	1966	CL	28.00	N/A
❑ BEARER OF GIFTS	1966	CL	28.00	N/A
❑ BIRD SONG	1971	CL	65.00	N/A
❑ BIRTHDAY MORNING	1979	CL	201.00	N/A
❑ BOTH IN HARMONY	1975	CL	95.00	N/A
❑ BOYFRIEND, THE	1971	CL	65.00	N/A
❑ BUTTERFLY'S KISS	1966	CL	28.00	N/A
❑ BY A GARDEN POND	1973	CL	75.00	N/A
❑ CELLO RECITAL	1971	CL	80.00	N/A
❑ COMPANIONS	1975	CL	85.00	N/A
❑ COUNTRY LAD	1971	CL	35.00	N/A
❑ COUNTRY MAIDEN	1971	CL	35.00	N/A
❑ COURTING COUNTRY STYLE	1971	CL	80.00	N/A
❑ DANCING SONG	1980	CL	175.00	N/A
❑ DISPLAY PLAQUE	1966	CL	4.00	N/A
❑ DRUMMER BOY	1980	CL	180.00	N/A
❑ EASTER TIME	1973	CL	80.00	275.00
❑ FARMHOUSE COMPANIONS	1979	CL	175.00	N/A
❑ FIRST DATE	1972	CL	95.00	N/A
❑ FIRST JOURNEY	1969	CL	25.00	N/A
❑ FIRST LOVE	1969	CL	25.00	N/A
❑ FLOWER FARMER, THE	1966	CL	30.00	N/A
❑ FLUTE RECITAL	1966	CL	25.00	N/A
❑ FLUTIST	1980	CL	175.00	N/A
❑ FOR YOU-WITH LOVE	1975	CL	95.00	N/A
❑ GARDEN FRIENDS	1979	CL	175.00	N/A
❑ GARDEN PRINCES	1969	CL	50.00	N/A
❑ GARDEN ROMANCE	1966	CL	50.00	N/A
❑ HAPPY MINSTREL	1975	CL	95.00	N/A
❑ HAPPY SAILING	1982	CL	150.00	N/A
❑ HARVEST TREAT	1979	CL	175.00	N/A
❑ HER FIRST BOUQUET	1966	CL	30.00	N/A
❑ HER KITTEN	1966	CL	28.00	N/A
❑ HITCHHIKER, THE	1973	CL	80.00	N/A
❑ KITTENS	1973	CL	75.00	N/A
❑ LITTLE MOMMY	1982	CL	165.00	N/A
❑ LOVING TOUCH	1979	CL	201.00	N/A
❑ LOYAL FRIEND	1975	CL	85.00	N/A
❑ LUCKY ONE, THE	1975	CL	150.00	N/A
❑ MAIL CALL	1982	CL	165.00	N/A
❑ NATURE'S TREASURES	1966	CL	25.00	N/A
❑ PARTY GUEST	1972	CL	95.00	N/A
❑ PATIENT, THE	1973	CL	95.00	N/A
❑ PLAY BELL	1982	CL	165.00	N/A
❑ ROMANCE	1980	CL	175.00	N/A
❑ SPINNING TOP, THE	1982	CL	150.00	N/A
❑ SPRING SONG	1980	CL	180.00	N/A
❑ SPRINGTIME	1975	CL	95.00	N/A
❑ ST. VALENTINE'S MESSENGER	1966	CL	30.00	N/A
❑ SUMMER MAGIC	1969	CL	50.00	N/A
❑ SWEET TREAT	1979	CL	149.00	N/A
❑ TENDER LOVING CARE	1966	CL	30.00	N/A
❑ VIOLINIST	1980	CL	180.00	N/A
❑ WITH LOVE	1975	CL	150.00	N/A
BOB TIMBERLAKE SIGNATURE				**B. TIMBERLAKE**
❑ AUTUMN AFTERNOONS	1996	500	490.00	490.00
❑ FEBRUARY AT RIVERWOOD	1996	OP	135.00	135.00
❑ GATE LATCH	1996	OP	60.00	60.00
❑ LATE SNOW AT RIVERWOOD	1996	500	500.00	500.00
❑ RITUAL, THE	1996	OP	135.00	135.00
CENTURY COLLECTION				**M.I. HUMMEL**
❑ FANFARE HUM 1999	1999	YR	*	N/A
❑ LOVE'S BOUNTY HUM 751	1996	*	1200.00	1600.00
❑ PLEASANT JOURNEY HUM-406	1987	CL	500.00	3000.00
❑ STRIKE UP THE BAND HUM 668	1995	CL	1200.00	1500.00
CLUB EXCLUSIVE				**M.I. HUMMEL**
❑ AT GRANDPA'S HUM 621	1996	CL	1300.00	1600.00
❑ COUNTRY SUITOR HUM 760	1995	*	195.00	225.00
❑ STRUM ALONG HUM 557	1995	*	135.00	145.00
CO-BOY				**G. SKROBEK**
❑ AL THE TRUMPET PLAYER	1981	CL	45.00	100.00
❑ BANK-PETE THE PIRATE	1987	CL	80.00	200.00
❑ BANK-UTZ THE MONEY BAGS	1987	CL	80.00	150.00

NAME	YEAR	LIMIT	ISSUE	TREND
❑ BEN THE BLACKSMITH	1981	CL	45.00	100.00
❑ BERT THE SOCCER STAR	*	CL	*	100.00
❑ BIT THE BACHELOR	1971	CL	16.00	45.00
❑ BOB THE BOOKWORM	1972	CL	20.00	75.00
❑ BRAD THE CLOCKMASTER	1984	CL	75.00	300.00
❑ BRUM THE LAWYER	1972	CL	20.00	100.00
❑ CANDY THE BAKER'S DELIGHT	*	CL	*	100.00
❑ CARL THE CHEF	1980	CL	49.00	100.00
❑ CHRIS THE SHOEMAKER	1984	CL	45.00	100.00
❑ CHUCK ON HIS PIG	1987	CL	75.00	275.00
❑ CHUCK THE CHIMNEY SWEEP	1984	CL	45.00	100.00
❑ CLOCK-CONY THE WATCHMAN	1987	CL	125.00	600.00
❑ CLOCK-SEPP AND THE BEER KEG	1987	CL	125.00	400.00
❑ CO-BOY PLAQUE	1972	CL	20.00	100.00
❑ CONNY THE NIGHT WATCHMAN	*	CL	*	100.00
❑ DOC THE DOCTOR	1980	CL	49.00	100.00
❑ ED THE WINE CELLAR STEWARD	*	CL	*	100.00
❑ FELIX THE BAKER	1984	CL	45.00	100.00
❑ FIPS THE FOXY FISHERMAN	1971	CL	16.00	100.00
❑ FRITZ THE HAPPY BOOZER	1971	CL	16.00	100.00
❑ GEORGE THE GOURMAND	1981	CL	45.00	100.00
❑ GERD THE DIVER	1980	CL	49.00	100.00
❑ GIL THE GOALIE	1978	CL	34.00	90.00
❑ GREG THE GOURMET	1981	CL	45.00	100.00
❑ GRETA THE HAPPY HOUSEWIFE	1981	CL	45.00	100.00
❑ HERB THE HORSEMAN	1980	CL	49.00	90.00
❑ HERMAN THE BUTCHER	1984	CL	45.00	100.00
❑ HOMER THE DRIVER	1984	CL	45.00	100.00
❑ JACK THE PHARMACIST	*	CL	*	100.00
❑ JIM THE BOWLER	*	CL	*	75.00
❑ JOHN THE HAWKEYE HUNTER	*	CL	*	100.00
❑ KUNI THE BIG DIPPER	1972	CL	20.00	100.00
❑ MARK-SAFETY FIRST	*	CL	*	100.00
❑ MARTHE THE NURSE	1984	CL	45.00	100.00
❑ MAX THE BOXING CHAMP	*	CL	*	50.00
❑ MIKE THE JAM MAKER	1971	CL	16.00	60.00
❑ MONTY THE MOUNTAIN CLIMBER	1980	CL	49.00	90.00
❑ NICK THE NIGHTCLUB SINGER	1981	CL	45.00	100.00
❑ NIELS THE STRUMMER	1981	CL	45.00	100.00
❑ PAT THE PITCHER	1978	CL	34.00	90.00
❑ PAUL THE DENTIST	1981	CL	45.00	100.00
❑ PETER THE ACCORDIONIST	1981	CL	45.00	100.00
❑ PETRL THE VILLAGE ANGLER	*	CL	*	100.00
❑ PLUM THE PASTRY CHEF	1971	CL	16.00	60.00
❑ PORZ THE MUSHROOM MUNCHER	1972	CL	20.00	100.00
❑ RICK THE FIREMAN	1984	CL	45.00	100.00
❑ ROBBY THE VEGETARIAN	1971	CL	16.00	90.00
❑ RUDY THE WORLD TRAVELER	1984	CL	45.00	100.00
❑ SAM THE GOURMET	1971	CL	16.00	90.00
❑ SEPP THE BEER BUDDY	1972	CL	20.00	85.00
❑ SID THE VINTNER	1984	CL	45.00	100.00
❑ TED THE TENNIS PLAYER	1980	CL	49.00	75.00
❑ TOM THE HONEY LOVER	1971	CL	16.00	75.00
❑ TOMMY TOUCHDOWN	1978	CL	34.00	50.00
❑ TONI THE SKIER	*	CL	*	100.00
❑ UTZ THE BANKER	1972	CL	20.00	100.00
❑ WALTER THE JOGGER	1981	CL	45.00	100.00
❑ WIM THE COURT SUPPLIER	1971	CL	16.00	90.00
DEGRAZIA				**T. DEGRAZIA**
❑ ALONE	1990	OP	395.00	395.00
❑ ANGEL CHRISTMAS PRAYER	1988	OP	70.00	80.00
❑ BEAUTIFUL BURDEN	1988	OP	175.00	185.00
❑ BIGGEST DRUM	1990	YR	135.00	135.00
❑ BLUE BOY, THE	1986	CL	70.00	95.00
❑ CHILD	1985	CL	25.00	40.00
❑ CRUCIFIXION	1990	YR	295.00	295.00
❑ DESERT HARVEST	1990	5000	155.00	155.00
❑ DISPLAY PLAQUE	1984	CL	45.00	95.00
❑ EL BURRITO	1990	OP	60.00	60.00
❑ FESTIVAL LIGHTS	1986	CL	75.00	95.00
❑ FLOWER BOY	1984	CL	65.00	110.00
❑ FLOWER BOY PLAQUE	1988	OP	80.00	80.00
❑ FLOWER GIRL	1984	CL	65.00	110.00
❑ JOSEPH	1985	CL	55.00	70.00
❑ LITTLE MADONNA	1985	CL	80.00	125.00
❑ LITTLE PRAYER	1990	YR	85.00	85.00
❑ LOS NINOS	1988	5000	595.00	645.00
❑ LOVE ME	1987	OP	95.00	110.00
❑ MARY	1985	CL	55.00	65.00
❑ MERRILY, MERRILY, MERRILY	1988	OP	95.00	110.00
❑ MERRY LITTLE INDIAN	1986	12500	175.00	245.00
❑ MY BEAUTIFUL ROCKING HORSE	1989	OP	225.00	245.00
❑ MY FIRST ARROW	1989	OP	95.00	110.00
❑ MY FIRST HORSE	1984	CL	65.00	110.00
❑ NATIVITY SET (3 PIECES)	1985	CL	135.00	195.00
❑ NAVAJO BOY	1990	YR	135.00	135.00

NAME	YEAR	LIMIT	ISSUE	TREND
❑ NAVAJO MADONNA	1992	OP	135.00	135.00
❑ NAVAJO MOTHER	1991	YR	*	N/A
❑ PIMA DRUMMER BOY	1985	CL	65.00	110.00
❑ SHEPHERD BOY	1991	OP	95.00	95.00
❑ SUN SHOWERS	1992	5000	195.00	195.00
❑ SUNFLOWER BOY	1984	CL	65.00	300.00
❑ SUNFLOWER GIRL	1990	OP	95.00	95.00
❑ TWO LITTLE LAMBS	1989	OP	70.00	80.00
❑ WANDERER	1991	YR	75.00	75.00
❑ WEE THREE	1987	OP	180.00	195.00
❑ WHITE DOVE	1984	CL	45.00	80.00
❑ WONDERING	1984	CL	85.00	135.00

FASHIONS ON PARADE G. BOCHMANN

NAME	YEAR	LIMIT	ISSUE	TREND
❑ AFTERNOON TEA	1985	CL	33.00	50.00
❑ AT THE TEA DANCE	1982	CL	30.00	50.00
❑ BRIDE AND GROOM	1983	CL	65.00	100.00
❑ BRIDE AND GROOM (2ND SET)	1988	CL	110.00	110.00
❑ CENTER COURT	1984	CL	33.00	45.00
❑ COSMOPOLITAN, THE	1982	CL	30.00	50.00
❑ DEMURE ELEGANCE	1983	CL	33.00	50.00
❑ EDWARDIAN GRACE	1982	CL	30.00	50.00
❑ EQUESTRIAN	1986	CL	36.00	50.00
❑ FASHIONS ON PARADE PLAQUE	1986	CL	10.00	13.00
❑ FOREVER AND ALWAYS (BRIDE)	1988	CL	55.00	55.00
❑ GARDEN FANCIER, THE	1982	CL	30.00	50.00
❑ GENTLE BREEZES	1985	CL	33.00	50.00
❑ GENTLE MOMENT	1985	CL	23.00	35.00
❑ GENTLE THOUGHTS	1983	CL	33.00	50.00
❑ HER TREASURED DAY (BRIDE)	1983	CL	33.00	50.00
❑ IMPATIENCE	1983	CL	33.00	50.00
❑ LAZY DAY	1985	CL	23.00	35.00
❑ ON THE FAIRWAY	1984	CL	33.00	45.00
❑ PARIS IN FALL	1987	CL	55.00	55.00
❑ PROMENADE IN NICE	1987	CL	55.00	55.00
❑ PROMISE, THE- (GROOM)	1988	CL	55.00	55.00
❑ REFLECTIONS	1983	CL	33.00	50.00
❑ RIVER OUTING	1985	CL	33.00	50.00
❑ SAY PLEASE	1987	CL	55.00	55.00
❑ SHEPHERDESS, THE	1987	CL	55.00	55.00
❑ SILVER LACE AND RHINESTONES	1987	CL	55.00	55.00
❑ SKIMMING GENTLY	1984	CL	33.00	45.00
❑ SOUTHERN BELLE	1986	CL	36.00	50.00
❑ STROLLING ON THE AVENUE	1982	CL	30.00	50.00
❑ TO THE HUNT	1985	CL	33.00	50.00
❑ VISCOUNTESS DIANA, THE	1987	CL	55.00	55.00
❑ VISITOR, THE	1982	CL	30.00	50.00
❑ WAITING FOR HIS LOVE (GROOM)	1983	CL	33.00	50.00

GOEBEL N. ROCKWELL

NAME	YEAR	LIMIT	ISSUE	TREND
❑ ADVERTISING PLAQUE	1963	CL	*	800.00
❑ BOYHOOD DREAMS	1963	CL	12.00	400.00
❑ BUTTERCUP TEST (BEGUILING BUTTERCUP)	1963	CL	10.00	400.00
❑ FIRST LOVE (A SCHOLARLY PACE)	1963	CL	30.00	400.00
❑ HOME CURE	1963	CL	16.00	400.00
❑ LITTLE VETERINARIAN (MYSTERIOUS MALADY)	1963	CL	15.00	400.00
❑ MOTHER'S HELPER (PRIDE OF PARENTHOOD)	1963	CL	15.00	400.00
❑ MY FIRST SMOKE	1963	CL	9.00	400.00
❑ MY NEW PAL (A BOY MEETS HIS DOG)	1963	CL	12.00	400.00
❑ PATIENT ANGLERS (FISHERMAN'S PARADISE)	1963	CL	18.00	400.00
❑ SHE LOVES ME (DAY DREAMER)	1963	CL	8.00	400.00
❑ TIMELY ASSISTANCE (LOVE AID)	1963	CL	16.00	400.00

LOONEY TUNES SPOTLIGHT COLLECTION *

NAME	YEAR	LIMIT	ISSUE	TREND
❑ AND TO ALL A GOOD BITE	1997	15098	75.00	75.00
❑ BAD OL' PUDDY TAT	1997	5098	400.00	800.00
❑ BARBER SHOP BAD HARE DAY	1997	10098	110.00	110.00
❑ BARBER SHOP HARE-DO	1997	10098	80.00	80.00
❑ BARBER SHOP SCAPE	1997	10098	85.00	85.00
❑ CHRISTMAS MORNING KISS THE LITTLE BIRDIE	1997	10098	100.00	100.00
❑ CHRISTMAS MORNING SCAPE	1997	10098	80.00	80.00
❑ CHRISTMAS MORNING WHAT A PRESENT!	1997	10098	70.00	70.00
❑ CHRISTMAS TREE DISPLAY	1997	15098	25.00	25.00
❑ ISN'T SHE WOVEWE?	1997	10098	185.00	185.00
❑ MINE, MINE, MINE	1997	7598	245.00	245.00
❑ PLANET X IN THE NAME OF EARTH	1997	10098	110.00	110.00
❑ PLANET X IN THE NAME OF MARS	1997	10098	110.00	110.00
❑ PLANET X SCAPE	1997	10098	80.00	80.00
❑ ZIE BROKEN HEART OF LOVE	1997	10098	150.00	150.00

M.I. HUMMEL M.I. HUMMEL

NAME	YEAR	LIMIT	ISSUE	TREND
❑ ACCOMPANIST, THE HUM-453	1988	OP	39.00	124.00
❑ ACCORDION BOY HUM-185	1947	RT	160.00	200.00-750.00
❑ ADORATION HUM-23	*	CL	*	2100.00
❑ ADORATION HUM-23/I	*	OP	300.00	400.00
❑ ADORATION HUM-23/III	*	OP	470.00	600.00
❑ ADORATION WITH BIRD, HUM-105	1938	CL	*	7000.00-8000.00
❑ ADVENTURE BOUND HUM-347	1971	OP	3300.00	4000.00
❑ AN APPLE A DAY HUM-403	1989	OP	195.00	330.00
❑ ANGEL DUET HUM-261	1968	OP	180.00	255.00

NAME	YEAR	LIMIT	ISSUE	TREND
❏ ANGEL DUET, CANDLEHOLDER HUM-193	*	OP	180.00	255.00
❏ ANGEL LIGHTS, CANDLEHOLDER HUM-241	*	SU	*	350.00
❏ ANGEL SERENADE HUM-83	*	OP	180.00	503.00
❏ ANGEL WITH ACCORDION HUM-238 B	1967	OP	45.00	68.00-125.00
❏ ANGEL WITH LUTE HUM-238 A	1967	OP	*	68.00-125.00
❏ ANGEL WITH TRUMPET HUM-238 C	1967	OP	45.00	68.00-125.00
❏ ANGEL/ACCORDION, CANDLEHLDER HUM111/39/0	*	SU	*	70.00
❏ ANGEL/ACCORDION, CANDLEHLDER HUM111/39/1	*	CL	*	250.00
❏ ANGEL/ACCORDION, CANDLEHOLDER HUM 1/39/0	*	OP	*	68.00
❏ ANGEL/LUTE, CANDLEHOLDER HUM 1/38/0	*	OP	*	68.00
❏ ANGEL/LUTE, CANDLEHOLDER HUM 111/38/0	*	SU	*	60.00-200.00
❏ ANGEL/LUTE, CANDLEHOLDER HUM 111/38/1	*	CL	*	250.00-350.00
❏ ANGEL/TRUMPET, CANDLEHOLDER HUM 1/40/0	*	SU	*	68.00
❏ ANGEL/TRUMPET, CANDLEHOLDER HUM 111/40/0	*	SU	*	60.00-200.00
❏ ANGEL/TRUMPET, CANDLEHOLDER HUM 111/40/1	*	CL	*	250.00-350.00
❏ ANGEL/TWO CHILDREN AT FEET HUM-108	*	CL	*	2500.00-15,000.00
❏ ANGELIC CONDUCTOR HUM 2096/A	2002	*	135.00	135.00
❏ ANGELIC SLEEP, CANDLEHOLDER HUM-25	*	SU	*	200.00-2000.00
❏ ANGELIC SONG HUM-144	*	OP	125.00	175.00
❏ ANGLER, THE HUM-566	1995	OP	320.00	370.00
❏ APPLE TREE BOY HUM-142	*	CL	*	600.00-900.00
❏ APPLE TREE BOY HUM-142/3/O	*	OP	120.00	170.00
❏ APPLE TREE BOY HUM-142/I	*	OP	225.00	330.00
❏ APPLE TREE BOY HUM-142/V	*	OP	1000.00	1700.00
❏ APPLE TREE BOY HUM-142/X	*	CL	*	15,000.00-30,000.0
❏ APPLE TREE BOY, CANDLEHOLDER HUM-677	*	OP	143.00	250.00
❏ APPLE TREE BOY, TABLE LAMP HUM-230	*	TW	*	375.00-1000.00
❏ APPLE TREE BOY/GIRL-BOOKENDS HUM-252 A&B	*	TW	*	300.00-425.00
❏ APPLE TREE GIRL HUM-141	*	CL	*	600.00-900.00
❏ APPLE TREE GIRL HUM-141/3/O	*	OP	120.00	170.00
❏ APPLE TREE GIRL HUM-141/I	*	OP	225.00	330.00
❏ APPLE TREE GIRL HUM-141/V	*	OP	1000.00	1400.00-2000.00
❏ APPLE TREE GIRL HUM-141/X	*	SU	*	15,000.00-30,000.0
❏ APPLE TREE GIRL, CANDLEHOLDER HUM-676	*	OP	143.00	250.00
❏ APPLE TREE GIRL, TABLE LAMP HUM-229	*	TW	*	375.00-1000.00
❏ ART CRITIC HUM-318	1991	OP	230.00	325.00
❏ ARTIST HUM-304	*	OP	200.00	285.00
❏ AUF WIEDERSEHEN HUM-153	*	CL	*	750.00-1200.00
❏ AUF WIEDERSEHEN HUM-153/I	*	OP	250.00	340.00-1050.00
❏ AUF WIEDERSEHEN HUM-153/O	*	OP	200.00	285.00
❏ AUTHORIZED RETAILER PLAQUE HUM-460	*	CL	*	285.00-4000.00
❏ AUTUMN HARVEST HUM-355	*	OP	180.00	235.00
❏ BA-BEE-RING 30/0 A&B RED	*	CL	*	6000.00-9000.00
❏ BA-BEE-RING 30/I A&B RED	*	CL	*	8000.00-9000.00
❏ BA-BEE-RING HUM-30/0 A&B	*	OP	160.00	235.00-700.00
❏ BAKER HUM-128	*	OP	160.00	235.00
❏ BAKING DAY HUM-330	1985	OP	95.00	320.00
❏ BAND LEADER HUM-129	*	OP	170.00	235.00
❏ BAND LEADER HUM-129/4/O	*	OP	80.00	125.00
❏ BARNYARD HERO HUM-195	*	CL	*	650.00-1200.00
❏ BARNYARD HERO HUM-195/2/O	*	OP	140.00	195.00-425.00
❏ BARNYARD HERO HUM-195/I	*	OP	265.00	360.00
❏ BASHFUL HUM-377	*	OP	170.00	235.00
❏ BASHFUL SERENADE HUM 2133	2002	*	475.00	475.00
❏ BASKET OF GIFTS HUM 618	2002	*	375.00	375.00
❏ BATH TIME HUM-412	1990	OP	300.00	500.00
❏ BE PATIENT HUM-197	*	CL	*	550.00-1000.00
❏ BE PATIENT HUM 197/2/O	*	OP	160.00	230.00
❏ BE PATIENT HUM-197/I	*	OP	230.00	340.00
❏ BEGGING HIS SHARE HUM-9	*	OP	200.00	285.00
❏ BIG HOUSECLEANING HUM-363	*	OP	230.00	325.00
❏ BIRD DUET HUM-169	*	OP	120.00	175.00
❏ BIRD WATCHER HUM-300	1979	OP	80.00	250.00
❏ BIRTHDAY CAKE, CANDLEHOLDER HUM-338	1989	OP	95.00	165.00-5000.00
❏ BIRTHDAY PRESENT HUM-341	1956	CL	140.00	4000.00-5000.00
❏ BIRTHDAY PRESENT HUM-341/3/O	1989	OP	140.00	170.00-5000.00
❏ BIRTHDAY SERENADE HUM-218	*	CL	*	1000.00
❏ BIRTHDAY SERENADE HUM-218/1	*	CL	*	1000.00-1500.00
❏ BIRTHDAY SERENADE HUM-218/2/O	*	OP	150.00	200.00
❏ BIRTHDAY SERENADE HUM-218/O	*	OP	250.00	340.00
❏ BIRTHDAY SERENADE, TABLE LAMP HUM-231	*	TW	*	500.00-3000.00
❏ BIRTHDAY SERENADE, TABLE LAMP HUM-234	*	TW	*	435.00-2100.00
❏ BLESSED CHILD (KRUMBAD) HUM-78/I	*	TW	*	30.00-50.00
❏ BLESSED CHILD (KRUMBAD) HUM-78/II	*	TW	*	35.00-60.00
❏ BLESSED CHILD (KRUMBAD) HUM-78/II 1/2	*	OP	35.00	75.00-150.00
❏ BLESSED CHILD (KRUMBAD) HUM-78/III	*	TW	*	45.00-400.00
❏ BLESSED CHILD (KRUMBAD) HUM-78/O	*	CL	*	150.00-300.00
❏ BLESSED CHILD (KRUMBAD) HUM-78/V	*	TW	*	80.00-150.00
❏ BLESSED CHILD (KRUMBAD) HUM-78/VI	*	TW	*	150.00-850.00
❏ BLESSED CHILD (KRUMBAD) HUM 78/VIII	*	TW	*	300.00-1000.00
❏ BLESSED EVENT HUM-333	*	OP	280.00	380.00-5000.00
❏ BLOSSOM TIME HUM 608	1996	OP	155.00	165.00
❏ BOOK WORM BOOKENDS, BOY & GIRL HUM-14	*	CL	*	600.00-800.00
❏ BOOK WORM HUM-3/I	*	OP	250.00	355.00
❏ BOOK WORM HUM-3/II	*	TW	*	1000.00-3500.00
❏ BOOK WORM HUM-3/III	*	TW	*	1350.00-4000.00
❏ BOOK WORM HUM-8	*	OP	180.00	255.00
❏ BOOK WORM, BOOKENDS, HUM-14 A&B	*	SU	*	400.00-1600.00

FIGURINES

NAME	YEAR	LIMIT	ISSUE	TREND
❑ BOOTS HUM-143	*	CL	*	650.00-1050.00
❑ BOOTS HUM-143/I	*	RT	270.00	370.00
❑ BOOTS HUM-143/O	*	RT	160.00	225.00
❑ BOTANIST HUM-351	1982	OP	84.00	205.00-3000.00
❑ BOY AND GIRL, WALL VASE HUM-360 A	1979	TW	*	160.00-675.00
❑ BOY W/HORSE, CANDLESTICK HUM-117	*	OP	50.00	68.00-250.00
❑ BOY WITH ACCORDION HUM-390	*	OP	70.00	100.00
❑ BOY WITH BIRD, ASHTRAY HUM-166	*	TW	*	140.00-650.00
❑ BOY WITH HORSE HUM-239 C	*	OP	45.00	68.00
❑ BOY WITH TOOTHACHE HUM-217	*	OP	185.00	240.00
❑ BOY, WALL VASE HUM-360 B	1979	TW	*	140.00-650.00
❑ BROTHER HUM-95	*	OP	165.00	240.00
❑ BUDDING MAESTRO HUM-477	1988	OP	45.00	125.00
❑ BUILDER HUM-305	*	OP	200.00	285.00
❑ BUMBLEBEE FRIEND HUM 837	2002	*	260.00	260.00
❑ BUSY STUDENT HUM-367	*	OP	140.00	190.00
❑ CALL TO GLORY HUM-739	1994	OP	250.00	285.00
❑ CANDLELIGHT, CANDLEHOLDER HUM-192	*	OP	190.00	275.00
❑ CARNIVAL HUM-328	*	OP	190.00	245.00
❑ CELESTIAL DRUMMER HUM 2096/C	2002	*	135.00	135.00
❑ CELESTIAL MUSICIAN (MINI) HUM-188/4/0	*	OP	*	124.00
❑ CELESTIAL MUSICIAN HUM-188	*	CL	*	320.00-2000.00
❑ CELESTIAL MUSICIAN HUM-188/I	*	TW	230.00	300.00
❑ CELESTIAL MUSICIAN HUM-188/O	*	OP	180.00	255.00
❑ CELESTIAL STRINGS HUM 2096/F	2002	*	135.00	135.00
❑ CHICK GIRL HUM-57	*	CL	*	500.00-1050.00
❑ CHICK GIRL HUM-57/2/O	*	OP	125.00	175.00
❑ CHICK GIRL HUM-57/I	*	OP	220.00	320.00
❑ CHICK GIRL HUM-57/O	*	OP	145.00	195.00
❑ CHICK GIRL, BOX (NEW STYLE) HUM III-57	*	TW	*	200.00-350.00
❑ CHICK GIRL, BOX (OLD STYLE) HUM-III-57	*	CL	*	475.00-850.00
❑ CHICKEN-LICKEN HUM-385	*	OP	240.00	330.00
❑ CHICKEN-LICKEN HUM-385/4/O	*	OP	29.00	120.00
❑ CHILD IN BED, LOOKING LEFT HUM-137 A	*	CL	*	5000.00-7000.00
❑ CHILD IN BED, LOOKING RIGHT HUM-137 B	*	CL	*	80.00-550.00
❑ CHILD IN BED, PLAQUE HUM-137	*	OP	55.00	70.00
❑ CHIMNEY SWEEP HUM-12	*	CL	*	450.00-900.00
❑ CHIMNEY SWEEP HUM-12/2/O	*	OP	110.00	140.00
❑ CHIMNEY SWEEP HUM-12/I	*	OP	180.00	255.00
❑ CHRIST CHILD HUM-18	*	TW	*	170.00
❑ CHRISTMAS ANGEL HUM-301	1989	OP	160.00	290.00-5000.00
❑ CHRISTMAS GIFT	1999	*	90.00	90.00
❑ CHRISTMAS SONG HUM 343 4/0	1996	OP	115.00	120.00
❑ CHRISTMAS SONG HUM-343	*	OP	180.00	255.00
❑ CINDERELLA HUM-337	*	OP	240.00	335.00-5000.00
❑ CLOSE HARMONY HUM-336	*	OP	240.00	350.00
❑ COME BACK SOON HUM-545	1995	OP	135.00	170.00
❑ CONFIDENTIALLY HUM-314	*	OP	230.00	335.00
❑ CONGRATULATIONS HUM-17/2	*	CL	*	4500.00-8000.00
❑ CONGRATULATIONS HUM-17/O	*	OP	160.00	230.00-750.00
❑ COQUETTES HUM-179	1948	OP	230.00	335.00
❑ CROSSROADS HUM-331	*	CL	350.00	475.00
❑ CULPRITS HUM-56	*	CL	*	850.00-1100.00
❑ CULPRITS HUM-56 A	*	OP	245.00	345.00
❑ CULPRITS, TABLE LAMP HUM-44	*	CL	*	650.00-750.00
❑ CULPRITS, TABLE LAMP HUM-44 A	*	TW	*	325.00-650.00
❑ CYMBALS OF JOY HUM 2096/U	2002	*	140.00	140.00
❑ DADDY'S GIRLS HUM-371	1989	OP	130.00	260.00
❑ DELICIOUS HUM 435	1996	OP	155.00	165.00
❑ DIVINE DRUMMER HUM 2096/M	2002	*	135.00	135.00
❑ DOCTOR HUM-127	*	OP	135.00	180.00
❑ DOLL BATH HUM-319	*	OP	230.00	335.00
❑ DOLL MOTHER HUM-67	*	OP	190.00	240.00
❑ DOLL MOTHER/PRAYER..BKENDS HUM-76 A&B	*	CL	*	10,000.00-15,000.0
❑ DUET (WITH "LIPS" BASE) HUM-130	*	CL	*	300.00-1500.00
❑ DUET (WITHOUT TIES), HUM-130	*	CL	*	3500.00
❑ DUET HUM-130	*	OP	225.00	300.00-1000.00
❑ EASTER GREETINGS! HUM-378	*	OP	185.00	235.00
❑ EASTER TIME HUM-384	1972	OP	28.00	285.00
❑ EVENING PRAYER HUM-495	1991	OP	95.00	128.00
❑ EVENTIDE (RARE) HUM-99	*	CL	*	3000.00-3500.00
❑ EVENTIDE HUM-99	*	OP	290.00	360.00-1250.00
❑ EVENTIDE, TABLE LAMP HUM-104	*	CL	*	8000.00-10000.00
❑ EXTRA! EXTRA! HUM 2113	2002	*	240.00	240.00
❑ FAIR MEASURE HUM-345	1972	OP	230.00	335.00
❑ FAREWELL HUM-65	*	CL	220.00	275.00-1000.00
❑ FAREWELL HUM-65/I	*	CL	*	325.00-1000.00
❑ FAREWELL HUM-65/O	*	CL	*	5000.00-8000.00
❑ FAREWELL, TABLE LAMP HUM-103	*	CL	*	8000.00-10000.00
❑ FARM BOY HUM-66	*	OP	190.00	270.00-900.00
❑ FARM BOY/GOOSE GIRL BOOKENDS HUM-60 A&B	*	SU	*	400.00-1250.00
❑ FAVORITE PET HUM-361	*	OP	230.00	335.00-5000.00
❑ FEATHERED FRIENDS HUM-344	*	OP	220.00	330.00
❑ FEEDING TIME HUM-199	*	CL	*	525.00-1000.00
❑ FEEDING TIME HUM-199/I	*	OP	220.00	325.00
❑ FEEDING TIME HUM-199/O	*	OP	160.00	235.00-475.00
❑ FESTIVAL HARMONY (FLUTE) HUM-173	*	CL	95.00	1000.00-3500.00
❑ FESTIVAL HARMONY (FLUTE) HUM-173/4/O	*	OP	95.00	125.00

NAME	YEAR	LIMIT	ISSUE	TREND
❏ FESTIVAL HARMONY (FLUTE) HUM-173/II	*	TW	*	450.00-800.00
❏ FESTIVAL HARMONY (FLUTE) HUM-173/O	*	OP	260.00	360.00
❏ FESTIVAL HARMONY (MANDOLIN) HUM-172	*	CL	*	1000.00-3500.00
❏ FESTIVAL HARMONY (MANDOLIN) HUM-172/4/O	*	OP	95.00	125.00
❏ FESTIVAL HARMONY (MANDOLIN) HUM-172/II	*	CL	95.00	450.00-800.00
❏ FESTIVAL HARMONY (MANDOLIN) HUM-172/O	*	OP	260.00	350.00-650.00
❏ FIRST BLOOM	2000	*	85.00	85.00
❏ FLITTING BUTTERFLY, PLAQUE HUM-139	*	OP	55.00	75.00
❏ FLOWER FOR YOU, A	2000	*	85.00	85.00
❏ FLOWER VENDOR HUM-381	*	OP	200.00	285.00
❏ FLYING ANGEL HUM-366	*	CL	105.00	150.00-275.00
❏ FLYING HIGH HUM-452	1984	CL	75.00	175.00-300.00
❏ FOLLOW THE LEADER HUM-369	*	OP	1000.00	1350.00
❏ FOR FATHER HUM-87	*	OP	180.00	255.00
❏ FOR MOTHER HUM-257	*	CL	*	245.00
❏ FOR MOTHER HUM-257/2/O	*	OP	105.00	145.00
❏ FOR MOTHER HUM-257/O	*	OP	170.00	235.00
❏ FOREST SHRINE HUM-183	*	OP	460.00	600.00
❏ FREE FLIGHT HUM-569	1993	OP	185.00	205.00
❏ FRIEND OR FOE HUM-434	1991	OP	190.00	255.00
❏ FRIENDS HUM-136	*	CL	*	3000.00-15000.00
❏ FRIENDS HUM-136/I	*	OP	180.00	240.00-950.00
❏ FRIENDS HUM-136/V	*	OP	1000.00	1350.00-4000.00
❏ FROSTY FRIENDS COLLECTOR'S SET	1999	20000	598.00	598.00
❏ GAY ADVENTURE HUM-356	*	OP	160.00	230.00-3000.00
❏ GENTLE GLOW, CANDLEHOLDER HUM-439	1987	OP	110.00	235.00
❏ GIRL PLAYING A MANDOLIN HUM-254	*	CL	*	N/A
❏ GIRL W/ACCORDION HUM-259	1962	CL	*	5000.00-10000.00
❏ GIRL W/BASKET HUM-253	*	CL	*	N/A
❏ GIRL W/FIR TREE, CANDLESTICK HUM-116	*	OP	50.00	68.00-250.00
❏ GIRL W/NOSEGAY, CANDLESTICK HUM-115	*	OP	50.00	68.00-250.00
❏ GIRL WITH DOLL HUM-239 B	*	OP	45.00	68.00-200.00
❏ GIRL WITH NOSEGAY HUM-239 A	*	OP	45.00	68.00-200.00
❏ GIRL WITH SHEET OF MUSIC HUM-389	*	OP	70.00	100.00-220.00
❏ GIRL WITH TRUMPET HUM-391	*	OP	70.00	100.00-220.00
❏ GIRL, WALL VASE HUM-360 C	1979	TW	*	140.00-650.00
❏ GLOBE TROTTER HUM-79	*	CL	170.00	200.00-750.00
❏ GOING HOME HUM-383	1985	OP	125.00	370.00
❏ GOING TO GRANDMA'S HUM-52	*	CL	*	850.00-1600.00
❏ GOING TO GRANDMA'S HUM-52/I	*	TW	*	400.00-1500.00
❏ GOING TO GRANDMA'S HUM-52/O	*	OP	230.00	285.00
❏ GOOD FRIENDS HUM-182	*	OP	160.00	235.00
❏ GOOD FRIENDS, BOOKENDS HUM-251 A&B	*	TW	*	300.00-750.00
❏ GOOD FRIENDS, CANDLEHOLDER HUM-679	1990	OP	143.00	200.00-250.00
❏ GOOD FRIENDS, TABLE LAMP HUM-228	*	TW	*	375.00-850.00
❏ GOOD HUNTING HUM-307	*	OP	200.00	280.00
❏ GOOD LUCK CHARM HUM 2034	2002	*	190.00	190.00
❏ GOOD SHEPHERD HUM-42/I	*	CL	*	5000.00-8000.00
❏ GOOD SHEPHERD HUM-42/O	*	OP	200.00	280.00-900.00
❏ GOOSE GIRL ANN. CLOCK HUM-750	1995	OP	200.00	225.00
❏ GOOSE GIRL HUM-47	*	CL	*	800.00-900.00
❏ GOOSE GIRL HUM-47/0/O	*	OP	145.00	195.00-650.00
❏ GOOSE GIRL HUM-47/II	*	OP	380.00	400.00-1300.00
❏ GOOSE GIRL HUM-47/O	*	OP	185.00	270.00
❏ GRANDMA'S GIRL HUM-561	1990	OP	100.00	170.00
❏ GRANDPA'S BOY HUM-562	1990	OP	100.00	170.00
❏ GUARDIAN, THE- HUM-455	1991	OP	140.00	190.00
❏ GUIDING ANGEL HUM-357	*	OP	70.00	100.00
❏ HAPPINESS HUM-86	*	OP	110.00	160.00
❏ HAPPY BIRTHDAY HUM-176	*	CL	*	600.00-1150.00
❏ HAPPY BIRTHDAY HUM-176/I	*	OP	250.00	340.00
❏ HAPPY BIRTHDAY HUM-176/O	*	OP	180.00	260.00
❏ HAPPY DAYS HUM-150	*	CL	*	900.00-1600.00
❏ HAPPY DAYS HUM-150/2/O	*	OP	150.00	200.00
❏ HAPPY DAYS HUM-150/I	*	OP	400.00	510.00
❏ HAPPY DAYS HUM-150/O	*	OP	250.00	340.00
❏ HAPPY DAYS, TABLE LAMP HUM-232	*	TW	*	500.00-1700.00
❏ HAPPY DAYS, TABLE LAMP HUM-235	*	TW	*	450.00-1100.00
❏ HAPPY PASTIME HUM-69	*	OP	135.00	190.00-650.00
❏ HAPPY PASTIME, ASHTRAY HUM-62	*	TW	*	150.00-650.00
❏ HAPPY PASTIME, BOX (NEW STYLE) HUM III/69	*	TW	*	200.00-350.00
❏ HAPPY PASTIME, BOX (OLD STYLE) HUM III/69	*	CL	*	475.00-850.00
❏ HAPPY PASTIME/CANDY JAR HUM-221	1952	CL	*	5000.00-10000.00
❏ HAPPY TRAVELLER HUM-109	*	CL	*	1500.00
❏ HAPPY TRAVELLER HUM-109	*	CL	*	180.00-250.00
❏ HAPPY TRAVELLER HUM-109/II	*	CL	*	375.00-900.00
❏ HAPPY TRAVELLER HUM-109/O	*	OP	120.00	175.00
❏ HEAR YE, HEAR YE HUM-15	*	CL	*	1400.00-1700.00
❏ HEAR YE, HEAR YE HUM-15/2/O	*	OP	125.00	185.00
❏ HEAR YE, HEAR YE HUM-15/I	*	OP	200.00	280.00-900.00
❏ HEAR YE, HEAR YE HUM-15/II	*	TW	400.00	550.00-1500.00
❏ HEAR YE, HEAR YE HUM-15/O	*	OP	*	235.00-750.00
❏ HEAVENLY ANGEL HUM-21/I	*	OP	210.00	300.00
❏ HEAVENLY ANGEL HUM-21/II	*	TW	390.00	425.00-1600.00
❏ HEAVENLY ANGEL HUM-21/O	*	OP	100.00	150.00
❏ HEAVENLY ANGEL HUM-21/O 1/2	*	OP	170.00	255.00
❏ HEAVENLY ANGEL TREE TOPPER HUM-755	1994	OP	450.00	500.00
❏ HEAVENLY HARMONY HUM 2096/L	2002	*	135.00	135.00

Top Selling Hummels for 2002

By Dean A. Genth

M.I. Hummel figurines are still revered as one of the classics of collectibles. Hummel figurines by the W. Goebel Co. of Germany are still each individually handcrafted and painstakingly hand painted by skilled artisans in Germany. These highly skilled and trained artists are producing M.I. Hummel figurines that continue to take us back in time to a world filled with innocence and simple pleasures.

While all figurine collectibles have slowed in sales volume in the past year, Hummel figurines are still sought after by those who desire an excellently handcrafted item from Germany.

Secondary market activity for buying and selling Hummel figurines has grown via the e-Bay venue over the past year. Through the use of the Internet, collectors can now offer their piece from home to thousands of interested collectors all over the world.

Collectors are adding the new releases to their collections as is evident by the list of the top 10 selling M.I. Hummel figurines.

Top 10 Selling M.I. Hummel Figurines

1.	#2020	*Riding Lesson*	$200
2.	#2101/A	*Girl's Best Friend*	$145
3.	#2021	*Cowboy Corral*	$200
4.	#2116/A	*One Cup of Sugar*	$145
5.	#2116/B	*Baking Time*	$145
6.	#2101/B	*A Boy's Best Friend*	$145
7.	#455	*The Guardian*	$200
8.	#355	*Autumn Harvest*	$250
9.	#2073/A	*Ring in the Season*	$145
10.	#2073/B	*Christmas Carol*	$145

Collectibles authority and appraiser Dean A. Genth is a secondary market expert on Precious Moments, Swarovski Silver Crystal and M.I. Hummel. He owns six Miller's Hallmark Gold Crown stores in Eaton, Fairborn, Xenia and Cincinnati, Ohio.

NAME	YEAR	LIMIT	ISSUE	TREND
❏ HEAVENLY HORNPLAYER HUM 2096/J	2002	*	135.00	135.00
❏ HEAVENLY HUBBUB HUM 2096/P	2002	*	135.00	135.00
❏ HEAVENLY LULLABY HUM-262	*	OP	155.00	215.00
❏ HEAVENLY PROTECTION HUM-88	*	CL	*	1300.00-2400.00
❏ HEAVENLY PROTECTION HUM-88/I	*	OP	370.00	510.00-750.00
❏ HEAVENLY PROTECTION HUM-88/II	*	TW	590.00	800.00-1300.00
❏ HEAVENLY RHAPSODY HUM 2096/E	2002	*	135.00	135.00
❏ HEAVENLY SONG, CANDLEHOLDER, HUM-113	*	CL	*	3000.00-10000.00
❏ HELLO HUM-124	*	CL	*	450.00-1000.00
❏ HELLO HUM-124/I	*	TW	*	275.00-1000.00
❏ HELLO HUM-124/O	*	OP	180.00	255.00-450.00
❏ HERALD ANGELS, CANDLEHOLDER HUM-37	*	TW	*	180.00-800.00
❏ HOLY CHILD HUM-70	*	TW	*	285.00
❏ HOLY WATER FONT, ANGEL CLOUD HUM-206	*	OP	45.00	60.00-500.00
❏ HOLY WATER FONT, ANGEL DUET HUM-146	*	OP	45.00	60.00-225.00
❏ HOLY WATER FONT, ANGEL JOYOUS NEWS H-241	1955	CL	*	1500.00-2000.00
❏ HOLY WATER FONT, ANGEL JOYOUS NEWS H-242	1955	CL	*	1250.00
❏ HOLY WATER FONT, ANGEL SHRINE HUM-147	*	OP	45.00	62.00-275.00
❏ HOLY WATER FONT, ANGEL SITTING HUM-167	*	OP	45.00	62.00-300.00
❏ HOLY WATER FONT, ANGEL W/BIRD HUM-22	*	CL	*	300.00-325.00
❏ HOLY WATER FONT, ANGEL W/BIRD HUM-22/I	*	CL	*	300.00-600.00
❏ HOLY WATER FONT, ANGEL W/BIRD HUM-22/O	*	OP	35.00	52.00-300.00
❏ HOLY WATER FONT, ANGEL W/BIRD HUM-354C	*	CL	*	N/A
❏ HOLY WATER FONT, ANGEL W/LANTERN HUM-354A	*	CL	*	N/A
❏ HOLY WATER FONT, ANGEL W/TRUMPET	*	CL	*	N/A
❏ HOLY WATER FONT, ANGEL/PRAYER HUM-91 A&B	*	OP	70.00	104.00-500.00
❏ HOLY WATER FONT, CHILD JESUS HUM-26	*	CL	*	350.00-550.00
❏ HOLY WATER FONT, CHILD JESUS HUM-26/I	*	CL	200.00	200.00-550.00
❏ HOLY WATER FONT, CHILD JESUS HUM-26/O	*	OP	35.00	50.00-275.00
❏ HOLY WATER FONT, CHILD W/FLOWERS HUM-36	*	CL	*	425.00
❏ HOLY WATER FONT, CHILD/FLOWERS HUM-36/I	*	CL	*	175.00-450.00
❏ HOLY WATER FONT, CHILD/FLOWERS HUM-36/O	*	OP	35.00	52.00-275.00
❏ HOLY WATER FONT, CROSS WITH DOVES HUM-77	*	CL	*	5000.00-10000.00
❏ HOLY WATER FONT, GOOD SHEPHERD HUM-35	*	CL	*	400.00-450.00
❏ HOLY WATER FONT, GOOD SHEPHERD HUM-35/I	*	CL	*	175.00-425.00
❏ HOLY WATER FONT, GOOD SHEPHERD HUM-35/O	*	OP	35.00	55.00-275.00
❏ HOLY WATER FONT, GUARD. ANGEL HUM-248/I	*	CL	*	1000.00-1500.00
❏ HOLY WATER FONT, GUARD. ANGEL HUM-248/O	*	OP	45.00	65.00-250.00
❏ HOLY WATER FONT, GUARDIAN ANGEL HUM 29/0	*	CL	*	950.00-1500.00
❏ HOLY WATER FONT, GUARDIAN ANGEL HUM 29/I	*	CL	*	1500.00-1750.00
❏ HOLY WATER FONT, GUARDIAN ANGEL HUM-29	*	CL	*	1300.00-1500.00
❏ HOLY WATER FONT, HEAVENLY ANGEL HUM-207	*	OP	45.00	75.00-500.00
❏ HOLY WATER FONT, HOLY FAMILY HUM-246	*	OP	45.00	62.00-300.00
❏ HOLY WATER FONT, MADONNA W/CHILD HUM-243	*	OP	45.00	62.00-300.00
❏ HOLY WATER FONT, WHITE ANGEL HUM-75	*	OP	35.00	50.00-275.00
❏ HOLY WATER FONT, WORSHIP HUM-164	*	OP	45.00	62.00-300.00
❏ HOME FROM MARKET HUM-198	*	CL	*	325.00-800.00
❏ HOME FROM MARKET HUM-198/2/O	*	OP	120.00	180.00-350.00
❏ HOME FROM MARKET HUM-198/I	*	OP	180.00	245.00-500.00
❏ HOMEWARD BOUND HUM-334	*	OP	295.00	370.00-5000.00
❏ HONEY LOVER HUM-312	1955	RT	190.00	4000.00-5000.00
❏ HORSE TRAINER HUM-423	1990	OP	155.00	255.00
❏ HOSANNA HUM-480	1989	OP	68.00	128.00
❏ HUM 148	1941	CL	*	N/A
❏ HUM 149	1941	CL	*	N/A
❏ HUM 236A & B	1954	CL	*	10000.00-15000.00
❏ HUM-155	1943	CL	*	N/A
❏ HUM-156	1943	CL	*	N/A
❏ HUM-158 GIRL STANDING WITH DOG IN ARMS	1943	CL	*	N/A
❏ HUM-159 GIRL STANDING W/FLOWERS IN ARMS	1943	CL	*	N/A
❏ HUM-160 GIRL STANDING TIERED DRESS/FLWRS	1943	CL	*	N/A
❏ HUM-161 GIRL STANDING HANDS IN POCKETS	1943	CL	*	N/A
❏ HUM-162 GIRL STANDING WITH HANDBAG	1946	CL	*	N/A
❏ HUM-215 JESUS STANDING W/LAMB IN ARMS	1951	CL	*	N/A
❏ HUM-233 BOY FEEDING BIRDS	1954	CL	*	N/A
❏ I'LL PROTECT HIM HUM-483	1989	OP	55.00	100.00
❏ I'M CAREFREE HUM-633	1994	OP	365.00	420.00-900.00
❏ I'M HERE HUM-478	1989	OP	50.00	130.00
❏ IN D MAJOR HUM-430	1989	OP	135.00	235.00
❏ IN THE MEADOW HUM-459	1987	OP	110.00	235.00
❏ IN TUNE HUM-414	1981	OP	115.00	320.00
❏ IS IT RAINING? HUM-420	1989	OP	175.00	320.00
❏ JOYFUL & LET'S SING WD BOOKENDS, HUM-120	*	CL	*	10000.00-20000.0
❏ JOYFUL HUM-53	*	OP	100.00	145.00
❏ JOYFUL, BOX (NEW STYLE)HUM III/53	*	CL	*	300.00-350.00
❏ JOYFUL, BOX (OLD STYLE) HUM III/53	*	CL	*	475.00-550.00
❏ JOYOUS NEWS HUM-27/3	*	CL	*	280.00-2000.00
❏ JOYOUS NEWS HUM-27/I	*	CL	*	250.00-500.00
❏ JOYOUS NEWS HUM-27/III	*	OP	180.00	250.00
❏ JUBILEE HUM-416	1985	CL	200.00	500.00-600.00
❏ JUST DOZING HUM-451	1984	OP	220.00	250.00
❏ JUST FISHING HUM-373	1985	OP	85.00	255.00
❏ JUST RESTING HUM-112	*	CL	*	700.00-850.00
❏ JUST RESTING HUM-112/3/O	*	OP	125.00	175.00
❏ JUST RESTING HUM-112/I	*	OP	225.00	320.00
❏ JUST RESTING, TABLE LAMP HUM II/112	*	CL	*	375.00-800.00

FIGURINES

FIGURINES

NAME	YEAR	LIMIT	ISSUE	TREND
❏ JUST RESTING, TABLE LAMP HUM-225	*	CL	*	500.00-800.00
❏ JUST RESTING, TABLE LAMP HUM-225/I	*	TW	*	350.00-600.00
❏ JUST RESTING, TABLE LAMP HUM-225/II	*	TW	*	400.00-800.00
❏ KID'S CLUB COLLECTOR'S SET HUM 699, 771, 698	2002	*	650.00	650.00
❏ KINDERGARTNER HUM-467	1987	OP	100.00	240.00
❏ KISS ME HUM-311	*	OP	230.00	335.00
❏ KITTY KISSES HUM 2033	2002	*	195.00	195.00
❏ KNIT ONE, PURL ONE HUM-432	1983	OP	52.00	145.00
❏ KNITTING LESSON HUM-256	*	OP	440.00	535.00
❏ LAND IN SIGHT HUM-530	1991	CL	1600.00	1800.00-2250.00
❏ LATEST NEWS HUM-184	*	OP	240.00	340.00
❏ LET'S SING HUM-110	*	CL	*	325.00-600.00
❏ LET'S SING HUM-110/I	*	OP	140.00	195.00
❏ LET'S SING HUM-110/O	*	OP	105.00	150.00
❏ LET'S SING, ASHTRAY HUM-114	*	TW	*	150.00-1000.00
❏ LET'S SING, BOX (NEW STYLE) III/110	*	TW	*	300.00-350.00
❏ LET'S SING, BOX (OLD STYLE) III/110	*	CL	*	475.00-550.00
❏ LETTER TO SANTA CLAUS PROTOTYPE HUM-340	1956	CL	30.00	15000.00-20000.00
❏ LETTER TO SANTA HUM-340	*	OP	285.00	380.00-1000.00
❏ LIGHT THE WAY	2000	*	180.00	180.00
❏ LIGHT THE WAY MINI	2000	*	120.00	120.00
❏ LITTLE ARCHITECT HUM-410/I	1993	OP	*	345.00
❏ LITTLE ARCHITECT, THE HUM-410	1978	CL	290.00	3000.00-4000.00
❏ LITTLE BAND (ON BASE) HUM-392	*	TW	*	275.00-450.00
❏ LITTLE BAND ON MUSIC BOX	*	TW	*	400.00-500.00
❏ LITTLE BAND, CANDLEHOLDER/BOX HUM-388	*	TW	*	275.00-500.00
❏ LITTLE BOOKKEEPER HUM-306	*	OP	240.00	335.00
❏ LITTLE CELLIST HUM-89	*	CL	*	1250.00-1600.00
❏ LITTLE CELLIST HUM-89/I	*	OP	180.00	255.00
❏ LITTLE CELLIST HUM-89/II	*	TW	380.00	450.00-1500.00
❏ LITTLE DRUMMER HUM-240	*	OP	125.00	175.00
❏ LITTLE FIDDLER HUM-2/4/O	*	OP	80.00	115.00-140.00
❏ LITTLE FIDDLER HUM-2/I	*	TW	370.00	400.00-1500.00
❏ LITTLE FIDDLER HUM-2/II	*	TW	*	1200.00-3500.00
❏ LITTLE FIDDLER HUM-2/III	*	TW	*	1200.00-4000.00
❏ LITTLE FIDDLER HUM-2/O	*	OP	190.00	255.00
❏ LITTLE FIDDLER HUM-4	*	OP	170.00	235.00
❏ LITTLE FIDDLER, PLAQUE (RARE) HUM-93	*	CL	*	3000.00-4000.00
❏ LITTLE FIDDLER, PLAQUE HUM-93	*	TW	*	150.00-575.00
❏ LITTLE FIDDLER, PLAQUE WD FRAME, HUM-107	*	CL	*	3000.00-4000.00
❏ LITTLE GABRIEL HUM-32/I	*	CL	*	1200.00-2500.00
❏ LITTLE GABRIEL HUM-32/O	*	CL	*	180.00-550.00
❏ LITTLE GABRIEL, 5 IN. HUM-32	*	OP	115.00	165.00-200.00
❏ LITTLE GABRIEL, HUM-32	*	CL	*	2000.00-2500.00
❏ LITTLE GARDENER HUM-74	*	OP	100.00	140.00
❏ LITTLE GOAT HERDER HUM-200	*	CL	*	500.00-850.00
❏ LITTLE GOAT HERDER HUM-200/I	*	OP	200.00	270.00
❏ LITTLE GOAT HERDER HUM-200/O	*	OP	160.00	235.00
❏ LITTLE GOAT HERDER, BOOKENDS HUM-250 A&B	*	TW	*	300.00-750.00
❏ LITTLE GUARDIAN HUM-145	*	OP	125.00	175.00
❏ LITTLE HELPER HUM-73	*	OP	100.00	140.00
❏ LITTLE HIKER HUM-16	*	CL	*	450.00-750.00
❏ LITTLE HIKER HUM-16/2/O	*	OP	100.00	140.00
❏ LITTLE HIKER HUM-16/I	*	OP	180.00	250.00
❏ LITTLE NURSE HUM-376	1982	OP	95.00	280.00
❏ LITTLE PHARMACIST HUM-322	*	CL	*	280.00-5000.00
❏ LITTLE SCHOLAR HUM 80/2/0	2002	*	175.00	175.00
❏ LITTLE SCHOLAR HUM-80	*	OP	180.00	250.00
❏ LITTLE SHOPPER HUM-96	*	OP	120.00	170.00
❏ LITTLE SWEEPER HUM-171	*	CL	*	185.00-500.00
❏ LITTLE SWEEPER HUM-171/4/O	*	OP	80.00	120.00
❏ LITTLE SWEEPER HUM-171/O	*	OP	110.00	175.00
❏ LITTLE TAILOR HUM-308	*	OP	200.00	285.00
❏ LITTLE THRIFTY, BANK HUM-118	*	OP	130.00	185.00
❏ LITTLE VELMA HUM-219	1952	CL	*	4000.00-6000.00
❏ LITTLE VISITOR HUM-563	1994	RT	180.00	200.00-225.00
❏ LOST SHEEP HUM-68	*	CL	*	350.00-750.00
❏ LOST SHEEP HUM-68/2/O	*	CL	125.00	160.00-350.00
❏ LOST SHEEP HUM-68/O	*	CL	180.00	200.00-450.00
❏ LOST STOCKING HUM-374	*	OP	120.00	175.00
❏ LOVE FROM ABOVE HUM-481	1989	CL	75.00	125.00-150.00
❏ LUCKY BOY HUM 335	1995	15000	190.00	200.00
❏ LUCKY FELLOW HUM-560	1992	CL	75.00	75.00-100.00
❏ LULLABY, CANDLEHOLDER HUM-24/I	*	TW	*	215.00
❏ LULLABY, CANDLEHOLDER HUM-24/III	*	TW	*	475.00-1900.00
❏ M.I. HUMMEL (ENGLISH), PLAQUE HUM-187 A	*	OP	75.00	110.00-225.00
❏ MADONNA HOLDING CHILD HUM-151	1955	CL	44.00	9000.00-12000.00
❏ MAIL IS HERE, THE-PLAQUE HUM-140	*	TW	*	250.00-950.00
❏ MAIL IS HERE, THE-HUM-226	*	OP	470.00	615.00
❏ MAIL IS HERE, THE-PLAQ. OVERGLAZE HUM140	*	CL	*	1000.00-1500.00
❏ MAKE A WISH HUM-475	1989	OP	135.00	230.00
❏ MAKING NEW FRIENDS	2000	*	595.00	595.00
❏ MARCH WINDS HUM-43	*	OP	135.00	180.00
❏ MAX AND MORITZ HUM-123	*	OP	190.00	255.00
❏ MEDITATION HUM-13/2/O	*	OP	120.00	165.00
❏ MEDITATION HUM-13/II	*	TW	*	350.00-5000.00

NAME	YEAR	LIMIT	ISSUE	TREND
❑ MEDITATION HUM-13/O	*	OP	190.00	250.00
❑ MEDITATION HUM-13/V	*	TW	*	1350.00-5000.00
❑ MEDITATION, HUM-13	*	CL	*	4000.00-5000.00
❑ MERRY CHRISTMAS, PLAQUE HUM-323	1979	OP	55.00	140.00-3000.00
❑ MERRY WANDERER HUM-11	*	CL	*	600.00-750.00
❑ MERRY WANDERER HUM-11/2/O	*	OP	115.00	170.00
❑ MERRY WANDERER HUM-11/O	*	OP	160.00	230.00
❑ MERRY WANDERER HUM-7/I	*	TW	360.00	425.00-1750.00
❑ MERRY WANDERER HUM-7/II	*	TW	1100.00	1200.00-3500.00
❑ MERRY WANDERER HUM-7/III	*	TW	*	1250.00-4000.00
❑ MERRY WANDERER HUM-7/O	*	OP	220.00	330.00
❑ MERRY WANDERER HUM-7/X	*	TW	*	25000.00
❑ MERRY WANDERER, PLAQUE HUM-92	*	TW	*	150.00-575.00
❑ MERRY WANDERER/PLAQ. WD FRAME, HUM-106	*	CL	*	3000.00-4000.00
❑ MISCHIEF MAKER HUM-342	*	OP	220.00	320.00-1000.00
❑ MORNING STROLL HUM-375	1964	CL	170.00	3000.00-4000.00
❑ MORNING STROLL HUM-375/3/O	1994	OP	170.00	205.00
❑ MOTHER'S DARLING HUM-175	*	OP	180.00	250.00-800.00
❑ MOTHER'S HELPER HUM-133	*	OP	160.00	240.00-700.00
❑ MOUNTAINEER HUM-315	*	OP	180.00	250.00-1000.00
❑ MY WISH IS SMALL HUM-463/O	1992	CL	170.00	250.00-2500.00
❑ NAP HUM-534	1991	OP	95.00	140.00
❑ NIMBLE FINGERS HUM 758	1996	OP	225.00	240.00
❑ NOT FOR YOU! HUM-317	*	OP	200.00	280.00
❑ NUTCRACKER SWEET COLLECTOR'S SET HUM 2130	2002	10000	375.00	375.00
❑ OLD MAN READING NEWSPAPER HUM-181	1948	CL	*	15000.00-20000.00
❑ OLD MAN READING NEWSPAPER/TBL LAMPHUM202	1948	CL	*	15000.00-20000.00
❑ OLD MAN WALKING TO MARKET HUM-191	1948	CL	*	15000.00-20000.00
❑ OLD WOMAN KNITTING HUM-189	1948	CL	*	15000.00-20000.00
❑ OLD WOMAN WALKING TO MARKET HUM-190	1948	CL	*	15000.00-20000.00
❑ ON HOLIDAY "HOLIDAY SHOPPER" HUM-350	1981	CL	85.00	180.00-5000.00
❑ ON HOLIDAY HUM-350	1981	OP	85.00	180.00
❑ ON SECRET PATH HUM-386	*	OP	210.00	285.00
❑ ONE FOR YOU, ONE FOR ME HUM-482	1989	OP	50.00	128.00
❑ ONE PLUS ONE HUM-556	1993	CL	115.00	155.00
❑ OOH, MY TOOTH HUM-533	1995	OP	110.00	135.00
❑ ORCHESTRA HUM-212	1951	CL	*	N/A
❑ OUT OF DANGER HUM-56 B	*	OP	245.00	345.00
❑ OUT OF DANGER, TABLE LAMP, HUM-44 B	*	TW	*	325.00-650.00
❑ PARADE OF LIGHTS HUM-616	1993	OP	235.00	285.00
❑ PEN PALS	1000	OP	55.00	55.00
❑ PHOTOGRAPHER HUM-178	*	OP	230.00	335.00
❑ PIXIE HUM 768	1995	OP	105.00	130.00
❑ PLAYMATES HUM-58	*	CL	*	500.00-1050.00
❑ PLAYMATES HUM-58/2/O	*	OP	125.00	175.00-185.00
❑ PLAYMATES HUM-58/I	*	OP	220.00	320.00
❑ PLAYMATES HUM-58/O	*	OP	145.00	195.00
❑ PLAYMATES, BOX (NEW STYLE) HUM III/58	*	TW	*	300.00-360.00
❑ PLAYMATES, BOX (OLD STYLE) HUM III/58	*	CL	*	425.00-550.00
❑ PLAYMATES/CHICK GIRL BOOKENDS HUM-61 A&B	*	SU	*	400.00-1250.00
❑ POET, THE HUM-397	1974	CL	220.00	3000.00-4000.00
❑ POET, THE HUM-397/I	1994	OP	220.00	260.00
❑ POSTMAN HUM-119	1989	CL	*	245.00
❑ POSTMAN HUM-119/2/O	*	OP	115.00	170.00
❑ POSTMAN HUM-119/O	*	OP	170.00	235.00
❑ PRAYER BEFORE BATTLE HUM-20	*	OP	145.00	195.00-650.00
❑ PRAYER BEFORE BATTLE, ASHTRAY HUM-19	*	CL	*	5000.00-10000.00
❑ PRETZEL BOY COLLECTOR'S SET	2000	*	185.00	185.00
❑ PROFESSOR, THE HUM-320	1955	CL	180.00	4000.00-5000.00
❑ PUPPY LOVE & SERENADE/DOG BKENDS HUM-122	*	CL	*	10,000.00-20,000.0
❑ PUPPY LOVE HUM-1	*	RT	125.00	300.00-1000.00
❑ PUPPY PAUSE HUM 2032	2002	*	195.00	195.00
❑ QUARTET, PLAQUE HUM-134	*	TW	*	250.00-1000.00
❑ RETREAT TO SAFETY HUM-201	*	CL	*	650.00-1200.00
❑ RETREAT TO SAFETY HUM-201/2/O	*	OP	140.00	190.00
❑ RETREAT TO SAFETY HUM-201/I	*	OP	250.00	360.00
❑ RETREAT TO SAFETY, PLAQUE HUM-126	*	TW	*	185.00-700.00
❑ RIDE INTO CHRISTMAS HUM-396	*	CL	*	525.00-2500.00
❑ RIDE INTO CHRISTMAS HUM-396/2/O	*	OP	200.00	275.00
❑ RIDE INTO CHRISTMAS HUM-396/I	*	OP	360.00	495.00
❑ RING AROUND THE ROSIE HUM-348	*	OP	2300.00	3000.00
❑ RING AROUND THE ROSIE HUM-348	1957	CL	70.00	3000.00
❑ RUN-A-WAY HUM-327	*	OP	210.00	290.00
❑ SAINT GEORGE HUM-55	*	OP	280.00	350.00-3000.00
❑ SCAMP HUM-553	1991	OP	95.00	128.00
❑ SCHOOL BOY HUM-82	*	CL	*	625.00-775.00
❑ SCHOOL BOY HUM-82/2/O	*	OP	120.00	170.00-600.00
❑ SCHOOL BOY HUM-82/II	*	OP	380.00	500.00-1600.00
❑ SCHOOL BOY HUM-82/O	*	OP	160.00	235.00-775.00
❑ SCHOOL BOYS HUM-170	*	CL	*	2200.00-5000.00
❑ SCHOOL BOYS HUM-170/I	*	OP	1000.00	1400.00-1750.00
❑ SCHOOL BOYS HUM-170/III	*	CL	*	1900.00-2300.00
❑ SCHOOL GIRL HUM-81	*	CL	*	350.00-750.00
❑ SCHOOL GIRL HUM-81/2/O	*	OP	120.00	170.00
❑ SCHOOL GIRL HUM-81/O	*	OP	160.00	230.00
❑ SCHOOL GIRLS HUM-177	*	CL	*	2200.00-5000.00

NAME	YEAR	LIMIT	ISSUE	TREND
❑ SCHOOL GIRLS HUM-177/I	*	OP	1000.00	1400.00
❑ SCHOOL GIRLS HUM-177/III	*	CL	*	1900.00-2300.00
❑ SEARCHING ANGEL, PLAQUE HUM-310	1979	OP	55.00	135.00-2000.00
❑ SENSITIVE HUNTER HUM-6	*	CL	*	850.00-1000.00
❑ SENSITIVE HUNTER HUM-6/2/O	*	OP	125.00	175.00
❑ SENSITIVE HUNTER HUM-6/I	*	OP	210.00	285.00
❑ SENSITIVE HUNTER HUM-6/II	*	TW	*	350.00-2000.00
❑ SENSITIVE HUNTER HUM-6/O	*	OP	160.00	235.00
❑ SERAPHIM SOPRANO HUM 2096/R	2002	*	135.00	135.00
❑ SERENADE HUM-85	*	CL	*	775.00-1550.00
❑ SERENADE HUM-85/4/O	*	OP	80.00	125.00
❑ SERENADE HUM-85/II	*	OP	380.00	500.00-1500.00
❑ SERENADE HUM-85/O	*	OP	110.00	160.00-500.00
❑ SHE LOVES ME, CANDLEHOLDER HUM-678	1990	OP	143.00	200.00-250.00
❑ SHE LOVES ME, SHE LOVES ME NOT! HUM-174	*	OP	150.00	240.00-700.00
❑ SHE LOVES ME..NOT, TABLE LAMP HUM-227	*	TW	*	375.00-850.00
❑ SHEPHERD BOY HUM 395	1996	OP	295.00	310.00
❑ SHEPHERD'S BOY HUM-64	*	OP	185.00	275.00
❑ SHINING LIGHT HUM-358	*	OP	70.00	100.00
❑ SHRINE, TABLE LAMP HUM-100	*	CL	*	8000.00-10000.00
❑ SIGNS OF SPRING HUM-203	*	CL	*	550.00-1000.00
❑ SIGNS OF SPRING HUM-203/2/O	*	CL	*	225.00-1500.00
❑ SIGNS OF SPRING HUM-203/I	*	CL	*	275.00-600.00
❑ SIGNS OF SPRING W/TWO SHOES HUM 203/2/O	*	CL	120.00	1500.00
❑ SILENT NIGHT CANDLEHLDR/BLK CHILD HUM-54	*	CL	*	7500.00-12000.00
❑ SILENT NIGHT CANDLEHOLDER HUM-54	*	TW	*	370.00
❑ SILENT NIGHT/BLK CHILD/ADVENT GRP HUM-31	*	CL	*	20000.00-25000.0
❑ SILENT NIGHT/WHT CHILD/ADVENT GRP HUM-31	*	CL	*	10000.00-15000.0
❑ SING ALONG HUM-433	1987	OP	145.00	320.00
❑ SING WITH ME HUM-405	1985	OP	125.00	360.00-4000.00
❑ SINGING LESSON (WITHOUT BASE) HUM-41	*	CL	*	5000.00-10000.00
❑ SINGING LESSON HUM-63	*	OP	100.00	145.00
❑ SINGING LESSON, ASHTRAY HUM-34	*	TW	*	175.00-650.00
❑ SINGING LESSON, BOX (NEW STYLE) HUM III/63	*	TW	*	300.00-350.00
❑ SINGING LESSON, BOX (OLD STYLE) HUM III/63	*	CL	*	475.00-550.00
❑ SISTER HUM-98	*	CL	*	325.00-700.00
❑ SISTER HUM-98/2/O	*	OP	120.00	170.00
❑ SISTER HUM-98/O	*	OP	165.00	235.00
❑ SKIER HUM-59	*	OP	185.00	235.00-850.00
❑ SLEEP TIGHT HUM-424	1990	OP	155.00	255.00
❑ SMART LITTLE SISTER HUM-346	*	OP	210.00	285.00
❑ SOLDIER BOY HUM-332	*	OP	180.00	245.00
❑ SOLOIST HUM-135	*	CL	*	170.00-500.00
❑ SOLOIST HUM-135/4/O	*	OP	80.00	120.00
❑ SOLOIST HUM-135/O	*	OP	110.00	160.00
❑ SONG OF PRAISE HUM-454	1988	OP	39.00	124.00
❑ SOUND THE TRUMPET HUM-457	1988	OP	45.00	128.00
❑ SOUNDS OF THE MANDOLIN HUM-438	1988	OP	65.00	150.00
❑ SPRING CHEER HUM-72	*	TW	*	200.00-650.00
❑ SPRING DANCE HUM-353/I	*	TW	*	550.00-2000.00
❑ SPRING DANCE HUM-353/O	*	OP	*	370.00
❑ STANDING BOY, PLAQUE HUM-168	*	TW	*	200.00-1100.00
❑ STANDING MADONNA W/CHILD HUM-247	1955	CL	*	10000.00-15000.00
❑ STAR GAZER HUM-132	*	OP	180.00	245.00-800.00
❑ STITCH IN TIME HUM-255	*	CL	*	325.00-800.00
❑ STITCH IN TIME HUM-255/4/O	*	OP	80.00	115.00-140.00
❑ STORMY WEATHER HUM-71	*	CL	*	525.00-1350.00
❑ STORMY WEATHER HUM-71/2/O	*	OP	250.00	345.00-360.00
❑ STORMY WEATHER HUM-71/I	*	OP	380.00	510.00
❑ STORYBOOK TIME HUM-458	1991	OP	330.00	460.00
❑ STREET SINGER HUM-131	*	OP	155.00	230.00
❑ STRING SYMPHONY HUM 2096/D	2002	*	135.00	135.00
❑ STROLLING ALONG HUM-5	*	CL	120.00	275.00-950.00
❑ SUPREME PROTECTION HUM-364	*	CL	*	3000.00-4000.00
❑ SUPREME PROTECTION HUM-364 (ALTERED J)	*	CL	*	600.00-850.00
❑ SURPRISE HUM-94	*	CL	*	550.00-1000.00
❑ SURPRISE HUM-94/3/O	*	OP	130.00	180.00-550.00
❑ SURPRISE HUM-94/I	*	OP	235.00	325.00-950.00
❑ SWAYING LULLABY COLLECTOR'S SET	2000	*	325.00	325.00
❑ SWAYING LULLABY, PLAQUE HUM-165	*	TW	*	325.00-1100.00
❑ SWEET GREETINGS HUM-352	1981	OP	85.00	205.00
❑ SWEET MUSIC HUM-186	*	OP	160.00	125.00
❑ SWEET MUSIC W/STRIPPED SLIPPERS HUM-186	*	CL	*	1000.00-1600.00
❑ SWEET OFFERING HUM-549	1992	OP	75.00	100.00
❑ TEACHER'S PET HUM 2125	2002	*	175.00	175.00
❑ TELLING HER SECRET HUM-196	*	CL	*	800.00-1500.00
❑ TELLING HER SECRET HUM-196/I	*	TW	*	400.00-950.00
❑ TELLING HER SECRET HUM-196/O	*	OP	250.00	350.00
❑ THOUGHTFUL HUM-415	1981	OP	105.00	255.00
❑ TIMID LITTLE SISTER HUM-394	1981	OP	190.00	495.00
❑ TINY BABY IN CRIB, WALL PLAQ., HUM-138	*	CL	*	4000.00-5000.00
❑ TO KEEP YOU WARM HUM-759	1995	OP	195.00	240.00
❑ TO MARKET HUM-49	*	CL	*	600.00-1700.00
❑ TO MARKET HUM-49/3/O	*	OP	140.00	185.00
❑ TO MARKET HUM-49/I	*	TW	*	425.00-1700.00
❑ TO MARKET HUM-49/O	*	OP	225.00	335.00

FIGURINES

NAME	YEAR	LIMIT	ISSUE	TREND
❏ TO MARKET, TABLE LAMP HUM-101	*	CL	*	500.00-1000.00
❏ TO MARKET, TABLE LAMP HUM-223	*	TW	*	495.00-850.00
❏ TO MARKET,TABLE LAMP(PL. POST) HUM-101	*	CL	*	6000.00-10000.00
❏ TO MARKET,TBL LAMP TREE TRK POST HUM-101	*	CL	*	1500.00-2000.00
❏ TRUMPET BOY HUM-97	*	OP	110.00	160.00
❏ TUBA PLAYER HUM-437	1989	OP	160.00	320.00
❏ TUNEFUL ANGEL HUM-359	*	OP	70.00	100.00
❏ TUNEFUL GOOD NIGHT, PLAQUE HUM-180	*	TW	*	200.00-800.00
❏ TUNEFUL TRIO HUM 757	1996	20000	450.00	485.00
❏ UMBRELLA BOY HUM 152/A/2/0	2002	*	300.00	300.00
❏ UMBRELLA BOY HUM-152	*	CL	*	2400.00-7000.00
❏ UMBRELLA BOY HUM-152 A	*	CL	*	1725.00-2700.00
❏ UMBRELLA BOY HUM-152/II A	*	OP	1200.00	1650.00
❏ UMBRELLA BOY HUM-152/O A	*	OP	490.00	675.00
❏ UMBRELLA GIRL HUM 152/B/2/0	2002	*	300.00	300.00
❏ UMBRELLA GIRL HUM-152 B	*	CL	*	2400.00-7000.00
❏ UMBRELLA GIRL HUM-152/II B	*	OP	1200.00	1650.00
❏ UMBRELLA GIRL HUM-152/O B	*	OP	490.00	675.00
❏ VACATION TIME, PLAQUE HUM-125	*	TW	*	$225.00-750.00
❏ VILLAGE BOY HUM-51	*	CL	*	900.00-1150.00
❏ VILLAGE BOY HUM-51/2/O	*	OP	115.00	175.00
❏ VILLAGE BOY HUM-51/3/O	*	OP	100.00	140.00
❏ VILLAGE BOY HUM-51/I	*	TW	*	300.00-1100.00
❏ VILLAGE BOY HUM-51/O	*	OP	195.00	285.00
❏ VISITING AN INVALID HUM-382	*	OP	185.00	230.00
❏ VOLUNTEER TABLE LAMP, HUM-102	*	CL	*	8000.00-10000.00
❏ VOLUNTEERS HUM-50	*	CL	*	1250.00-1500.00
❏ VOLUNTEERS HUM-50/2/O	*	OP	190.00	255.00
❏ VOLUNTEERS HUM-50/I	*	TW	*	450.00-1500.00
❏ VOLUNTEERS HUM-50/O	*	OP	250.00	350.00
❏ WAITER HUM-154	*	CL	*	550.00-1150.00
❏ WAITER HUM-154/I	*	OP	240.00	335.00
❏ WAITER HUM-154/O	*	OP	180.00	250.00
❏ WAITER W/WHISKY HUM 154/0	*	CL	*	1600.00-2100.00
❏ WASH DAY HUM-321	*	OP	230.00	355.00-5000.00
❏ WASH DAY HUM-321	1989	CL	*	360.00
❏ WASH DAY HUM-321/4/O	*	OP	80.00	120.00-140.00
❏ WATCHFUL ANGEL HUM-194	*	OP	270.00	360.00
❏ WAYSIDE DEVOTION HUM-28	*	CL	*	1700.00-1900.00
❏ WAYSIDE DEVOTION HUM-28/II	*	OP	370.00	475.00
❏ WAYSIDE DEVOTION HUM-28/III	*	OP	100.00	810.00
❏ WAYSIDE HARMONY HUM-111	*	CL	*	700.00-850.00
❏ WAYSIDE HARMONY HUM-111/3/O	*	OP	125.00	175.00
❏ WAYSIDE HARMONY HUM-111/I	*	OP	220.00	320.00
❏ WAYSIDE HARMONY, TABLE LAMP HUM II/111	*	CL	*	375.00-800.00
❏ WAYSIDE HARMONY, TABLE LAMP HUM-224	*	CL	*	500.00-800.00
❏ WAYSIDE HARMONY, TABLE LAMP HUM-224/I	*	TW	*	350.00-600.00
❏ WAYSIDE HARMONY, TABLE LAMP HUM-224/II	*	TW	*	400.00-800.00
❏ WE CONGRATULATE (WITH BASE) HUM-220	1952	OP	135.00	190.00
❏ WE CONGRATULATE W/BASE HUM-220/2/O	1952	CL	*	475.00-575.00
❏ WE WISH YOU THE BEST HUM-600	1991	CL	1300.00	1600.00-2000.00
❏ WEARY WANDERER HUM 204	*	OP	200.00	290.00
❏ WHAT'S NEW? HUM-418	1990	OP	200.00	330.00
❏ WHICH HAND? HUM-258	*	OP	165.00	235.00
❏ WHISTLER'S DUET HUM-413	1991	OP	235.00	330.00
❏ WHITSUNTIDE HUM-163	*	OP	270.00	340.00
❏ WINTER SONG HUM-470	1988	OP	45.00	135.00
❏ WITH LOVING GREETINGS HUM-309	1983	OP	80.00	225.00
❏ WORSHIP HUM-84	*	CL	*	475.00-1500.00
❏ WORSHIP HUM-84/O	*	OP	135.00	190.00
❏ WORSHIP HUM-84/V	*	TW	*	1125.00-3000.00
M.I. HUMMEL CENTURY COLLECTION				**M.I. HUMMEL**
❏ CALL TO WORSHIP, CLOCK HUM-441	1988	CL	600.00	1400.00-1500.00
❏ CHAPEL TIME, CLOCK HUM-442	1986	CL	500.00	1750.00-3000.00
❏ ECHOES OF JOY HUM 642/0	1998	*	*	185.00
❏ ECHOES OF JOY MINIATURE HUM 642/4/0	1998	*	*	130.00
❏ HARMONY IN FOUR PARTS HUM-471	1989	CL	850.00	2000.00-2500.00
❏ HEART'S DELIGHT HUM 698	1998	*	*	230.00
❏ HERE'S MY HEART HUM 766	1998	*	*	1600.00
❏ LET'S TELL THE WORLD HUM-487	1990	CL	875.00	1500.00-1800.00
❏ LOVE IN BLOOM HUM 699	1998	*	*	230.00
❏ ON OUR WAY HUM-472	1992	CL	950.00	1200.00-3000.00
❏ ROCK-A-BYE HUM 574	1994	CL	1150.00	1500.00
❏ ROSES ARE RED HUM 762	1998	*	*	128.00
❏ STRIKE UP THE BAND HUM-668	1995	OP	1200.00	1400.00-1500.00
❏ SUMMERTIME ENTERPRISE HUM 428/3/0	1998	*	*	150.00
❏ WELCOME SPRING HUM-635	1993	CL	1085.00	1500.00-1800.00
M.I. HUMMEL COLLECTOR'S CHOICE				**M.I. HUMMEL**
❏ TRUE FRIENDSHIP HUM 402	2002	*	365.00	365.00
M.I. HUMMEL COLLECTORS CLUB ANNIVERSARY				**M.I. HUMMEL**
❏ CAMERA READY HUM 2132	2002	*	525.00	525.00
❏ FLOWER GIRL HUM-548	1990	RT	105.00	145.00
❏ HONEY LOVER HUM-312/I	1991	CL	190.00	235.00
❏ LITTLE PAIR, THE- HUM-449	1990	RT	170.00	225.00
M.I. HUMMEL COLLECTORS CLUB EXCLUSIVES				**M.I. HUMMEL**
❏ AT GRANDPA'S HUM-621	1994	10000	1300.00	1500.00-1600.00

FIGURINES

NAME	YEAR	LIMIT	ISSUE	TREND
❏ BIRTHDAY CANDLE, CANDLEHOLDER HUM-440	1986	CL	95.00	350.00-400.00
❏ CHEEKY FELLOW HUM-554	1992	CL	120.00	150.00
❏ COFFEE BREAK HUM-409	1984	CL	90.00	325.00-4000.00
❏ DAISIES DON'T TELL HUM-380	1981	CL	80.00	275.00-4000.00
❏ FOR KEEPS HUM-630	1994	OP	*	100.00-125.00
❏ GIFT FROM A FRIEND HUM-485	1991	CL	160.00	250.00-350.00
❏ HELLO WORLD HUM-429	1989	CL	130.00	300.00-400.00
❏ I BROUGHT YOU A GIFT HUM-479	1989	RT	*	175.00
❏ I DIDN'T DO IT HUM-626	1993	CL	175.00	200.00-225.00
❏ I WONDER HUM-486	1990	CL	140.00	250.00-350.00
❏ IT'S COLD HUM-421	1982	CL	80.00	350.00-400.00
❏ LITTLE TROUBADOUR HUM-558	1994	RT	130.00	135.00-150.00
❏ MORNING CONCERT HUM-447	1987	CL	98.00	250.00-300.00
❏ MY WISH IS SMALL HUM-463	1992	CL	170.00	250.00-2500.00
❏ SMILING THROUGH HUM-408	1985	CL	125.00	350.00-375.00
❏ SMILING THROUGH, PLAQUE HUM-690	1978	CL	50.00	75.00-100.00
❏ STORY FROM GRANDMA HUM 620	1995	10000	1300.00	1500.00-1600.00
❏ SURPRISE, THE- HUM-431	1988	CL	125.00	300.00-350.00
❏ SWEET AS CAN BE HUM-541	1993	OP	125.00	135.00
❏ TWO HANDS, ONE TREAT HUM-493	1991	CL	*	150.00
❏ VALENTINE GIFT HUM-387	1977	CL	45.00	450.00-3000.00
❏ VALENTINE JOY HUM-399	1980	CL	95.00	300.00-7500.00
❏ WHAT NOW? HUM-422	1983	CL	80.00	350.00-400.00
M.I. HUMMEL COLLECTORS CLUB EXCLUSIVES				**G. SKROBEK**
❏ BUST OF SISTER M.I. HUMMEL HU-3	1979	CL	75.00	300.00-7500.00
M.I. HUMMEL JUST FOR YOU				**M.I. HUMMEL**
❏ PROUD MOMENTS	2000	*	300.00	300.00
M.I. HUMMEL MADONNA				**M.I. HUMMEL**
❏ FLOWER MADONNA, COLOR HUM-10/I	*	CL	350.00	470.00-675.00
❏ FLOWER MADONNA, COLOR HUM-10/III	*	CL	*	500.00-900.00
❏ FLOWER MADONNA, WHITE HUM-10/I	*	OP	165.00	175.00-300.00
❏ FLOWER MADONNA, WHITE HUM-10/III	*	TW	*	300.00-750.00
❏ MADONNA HOLDING CHILD, BLUE HUM-151	1977	TW	*	900.00-3000.00
❏ MADONNA HOLDING CHILD, WHITE HUM-151	1977	TW	*	400.00-2500.00
❏ MADONNA PLAQUE HUM-48	*	CL	*	650.00-850.00
❏ MADONNA PLAQUE HUM-48/II	*	TW	*	130.00-800.00
❏ MADONNA PLAQUE HUM-48/O	*	TW	*	85.00-375.00
❏ MADONNA PLAQUE HUM-48/V	*	CL	*	1000.00-2000.00
❏ MADONNA W/HALO WHITE HUM-45/III	*	TW	150.00	105.00-350.00
❏ MADONNA W/HALO, COLOR HUM-45/I	*	OP	105.00	150.00-400.00
❏ MADONNA W/HALO, COLOR HUM-45/III	*	SU	*	150.00-600.00
❏ MADONNA W/HALO, COLOR HUM-45/O	*	SU	*	60.00-275.00
❏ MADONNA W/HALO, WHITE HUM-45/I	*	OP	70.00	75.00-200.00
❏ MADONNA W/HALO, WHITE HUM-45/O	*	OP	*	40.00-175.00
❏ MADONNA W/O HALO, COLOR HUM-46/I	*	TW	*	140.00-400.00
❏ MADONNA W/O HALO, COLOR HUM-46/III	*	TW	*	150.00-600.00
❏ MADONNA W/O HALO, COLOR HUM-46/O	*	TW	*	60.00-275.00
❏ MADONNA W/O HALO, WHITE HUM-46/I	*	SU	*	140.00-400.00
❏ MADONNA W/O HALO, WHITE HUM-46/III	*	SU	*	105.00-350.00
❏ MADONNA W/O HALO, WHITE HUM-46/O	*	SU	*	40.00-175.00
M.I. HUMMEL MOMENTS IN TIME				**M.I. HUMMEL**
❏ SOAP BOX DERBY HUM 2121	2002	*	1250.00	1250.00
M.I. HUMMEL NATIVITY				**M.I. HUMMEL**
❏ ANGEL KNEELING/SERENADE HUM-214D (COLOR)	*	OP	70.00	105.00-200.00
❏ ANGEL KNEELING/SERENADE HUM-214D (WHITE)	*	CL	*	165.00-290.00
❏ ANGEL SERENADE (LARGE) HUM-260E	*	SU	*	155.00-170.00
❏ ANGEL, GOOD NIGHT HUM-214C (WHITE)	*	CL	*	265.00-415.00
❏ ANGEL/GOOD NIGHT HUM-214C (COLOR)	*	OP	70.00	105.00-200.00
❏ COW, LYING (LARGE) HUM-260M	*	SU	*	170.00-190.00
❏ DONKEY HUM-214J (COLOR)	*	OP	60.00	85.00-160.00
❏ DONKEY HUM-214J (WHITE)	*	CL	*	130.00-255.00
❏ DONKEY HUM-214J/O	1989	OP	*	58.00
❏ DONKEY, STANDING (LARGE) HUM-260L	*	SU	*	155.00-170.00
❏ GOOD NIGHT (LARGE) HUM-260D	*	SU	*	160.00-180.00
❏ INFANT JESUS (LARGE) HUM-260C	*	SU	*	$130.00-150.00
❏ INFANT JESUS HUM-214A/K (COLOR)	*	OP	50.00	85.00
❏ INFANT JESUS HUM-214A/K (WHITE)	*	CL	*	60.00-70.00
❏ INFANT JESUS HUM-214A/K/1	*	OP	*	80.00
❏ INFANT JESUS HUM-214A/K/O	1988	OP	*	52.00
❏ JOSEPH HUM-214B (COLOR)	*	OP	150.00	205.00-400.00
❏ JOSEPH HUM-214B (WHITE)	*	CL	*	145.00-420.00
❏ JOSEPH HUM-214B/O	1988	OP	*	155.00
❏ KING ON ONE KNEE HUM-214 M/O	*	OP	*	165.00-175.00
❏ KING ON ONE KNEE HUM-214M (COLOR)	*	OP	150.00	205.00-415.00
❏ KING ON ONE KNEE HUM-214M (WHITE)	*	CL	*	225.00-475.00
❏ KING ON TWO KNEES HUM-214 N/O	*	OP	*	170.00
❏ KING STANDING HUM-214L/O	1990	OP	*	175.00
❏ KING, KNEE W/CASH BOX HUM-214N (COLOR)	*	OP	140.00	190.00-385.00
❏ KING, KNEE W/CASH BOX HUM-214N (WHITE)	*	CL	*	225.00-475.00
❏ KING, KNEELING (LARGE) HUM-260P	*	SU	*	540.00-570.00
❏ KING, STANDING (LARGE) HUM-260O	*	SU	*	565.00-615.00
❏ LAMB HUM-214O	*	OP	*	55.00-130.00
❏ LAMB HUM-214O (COLOR)	*	OP	18.00	28.00-52.00
❏ LAMB HUM-214O/O	1989	OP	*	25.00
❏ LITTLE TOOTER (LARGE) HUM-260K	*	SU	*	195.00-220.00
❏ LITTLE TOOTER HUM-214H/O	1991	OP	*	118.00
❏ MADONNA (LARGE) HUM-260A	*	SU	*	575.00-650.00

NAME	YEAR	LIMIT	ISSUE	TREND
❑ MARY HUM-214/A/M/O	1988	OP	*	155.00
❑ MOORISH KING, STANDING (LARGE) HUM-260N	*	SU	*	565.00-615.00
❑ MOORISH KING, STANDING HUM-214L (COLOR)	*	OP	155.00	210.00-415.00
❑ MOORISH KING, STANDING HUM-214L (WHITE)	*	CL	*	225.00-475.00
❑ NATIVITY SET (LARGE) 16 PIECES HUM-260	*	TW	*	5745.00-6305.00
❑ ONE SHEEP, LYING (LARGE) HUM-260R	*	SU	*	65.00-80.00
❑ OX (COW) HUM-214K (COLOR)	*	OP	60.00	85.00-160.00
❑ OX (COW) HUM-214K (WHITE)	*	CL	*	130.00-255.00
❑ OX HUM-214K/O	1989	OP	*	58.00
❑ SAINT JOSEPH (LARGE) HUM-260B	*	SU	*	575.00-650.00
❑ SHEEP, STANDING W/LAMB (LARGE) HUM-260H	*	SU	*	110.00-125.00
❑ SHEPHERD BOY W/FLUTE HUM-214H (COLOR)	*	OP	100.00	150.00-280.00
❑ SHEPHERD BOY W/FLUTE HUM-214H (WHITE)	*	CL	*	170.00-320.00
❑ SHEPHERD BOY, KNEELING (LARGE) HUM-260J	*	SU	*	340.00-370.00
❑ SHEPHERD KNEELING HUM-214G (COLOR)	*	OP	110.00	160.00-310.00
❑ SHEPHERD KNEELING HUM-214G (WHITE)	*	CL	*	170.00-320.00
❑ SHEPHERD KNEELING HUM-214G/O	1991	OP	*	140.00
❑ SHEPHERD STANDING HUM-214F/O	1991	OP	*	175.00
❑ SHEPHERD W/SHEEP HUM-214F (COLOR)	*	OP	155.00	205.00-415.00
❑ SHEPHERD W/SHEEP HUM-214F (WHITE)	*	CL	*	220.00-470.00
❑ SHEPHERD, STANDING (LARGE) HUM-260G	*	SU	*	590.00-650.00
❑ STABLE HUM-260S	*	OP	400.00	450.00
❑ VIRGIN MARY HUM-214A (COLOR)	*	OP	150.00	205.00-2500.00
❑ VIRGIN MARY HUM-214A (WHITE)	*	CL	*	195.00-3000.00
❑ WE CONGRATULATE (LARGE) HUM-260F	*	SU	*	415.00-460.00
❑ WE CONGRATULATE HUM-214E (COLOR)	*	OP	140.00	190.00-390.00
❑ WE CONGRATULATE HUM-214E (WHITE)	*	CL	*	270.00-470.00

M.I. HUMMEL OFF TO WORK

M.I. HUMMEL

NAME	YEAR	LIMIT	ISSUE	TREND
❑ FIRE FIGHTER COLLECTOR'S SET	2000	*	250.00	250.00
❑ IN THE KITCHEN COLLECTOR'S SET	2000	*	250.00	250.00
❑ ONE COAT OR TWO? COLLECTOR'S SET	2000	*	250.00	250.00

PEN PAL SERIES

M.I. HUMMEL

NAME	YEAR	LIMIT	ISSUE	TREND
❑ FOR MOTHER HUM 257 5/O	1996	*	55.00	55.00
❑ MARCH WINDS HUM 43 5/O	1996	*	55.00	55.00
❑ ONE OF YOU, ONE OF ME HUM 482 5/O	1996	*	55.00	55.00
❑ SISTER HUM 98 5/O	1996	*	55.00	55.00
❑ SOLOIST HUM 135 5/O	1996	*	55.00	55.00
❑ VILLAGE BOY HUM 51 5/O	1990	*	55.00	55.00

POCKET DRAGONS

R. MUSGRAVE

NAME	YEAR	LIMIT	ISSUE	TREND
❑ AND I WON'T BE ANY TROUBLE	1998	RT	20.00	20.00
❑ APPRENTICE, THE	1999	RT	25.00	75.00
❑ ATTACK	1989	RT	45.00	175.00
❑ BABY BROTHER	1989	RT	20.00	135.00
❑ BALANCED DIET	2002	*	21.00	21.00
❑ BATH TIME	1993	RT	90.00	135.00
❑ BATHING THE GARBOYLE	1997	3500	250.00	275.00
❑ BELLY BUTTON!	2002	*	14.00	14.00
❑ BEST FRIENDS	2000	OP	28.00	28.00
❑ BIG HEART	1997	OP	22.00	22.00
❑ BIG SPLINTER, LITTLE FOOT	2000	OP	14.00	14.00
❑ BIRD WATCHER	2000	OP	24.00	24.00
❑ BOOK END, THE	1993	RT	90.00	135.00
❑ BOOK MY SIZE	1994	RT	30.00	25.00
❑ BRAVE EXPLORER	1999	OP	18.00	18.00
❑ BUBBLES	1992	RT	55.00	70.00
❑ BUNNY HUG	*	*	25.00	25.00
❑ BUT I'M TOO LITTLE	1995	OP	15.00	15.00
❑ BUTTERFLY KISSES	1994	OP	30.00	30.00
❑ BYE...	1995	RT	15.00	15.00
❑ CAN YOU HEAR ME NOW?	1999	OP	16.00	16.00
❑ CANDY CANE	1994	RT	23.00	25.00
❑ CAN'T CATCH ME	2000	OP	14.00	14.00
❑ CHOICE OF TIES	1994	RT	38.00	38.00
❑ CLASSICAL DRAGONS	1995	RT	80.00	80.00
❑ COFFEE PLEASE	1994	RT	24.00	24.00
❑ COMMANDER COOKIE	2002	*	28.00	28.00
❑ COUNTING THE DAYS	1999	OP	18.00	18.00
❑ CUSHY	2002	*	21.00	21.00
❑ DAISY	1997	OP	17.00	17.00
❑ DANCE PARTNER	1994	RT	23.00	25.00
❑ DEFENDER OF THE UNIVERSE	*	*	37.00	37.00
❑ DENNIS THE DRAGON	*	*	*	117.00
❑ DIET DEVIL	*	*	28.00	28.00
❑ DIFFERENT DRUMMER	1992	RT	33.00	75.00
❑ DIZZY	*	*	16.00	16.00
❑ DO I HAVE TO?	1989	RT	53.00	63.00
❑ DOODLES	1997	RT	27.00	27.00
❑ D-PRESSING	1996	RT	28.00	28.00
❑ DR. DRAGON	2000	OP	24.00	24.00
❑ DRAGONS IN THE ATTIC	1991	RT	120.00	150.00
❑ DRIVER, THE	1997	OP	28.00	28.00
❑ DROWSY DRAGON	1989	RT	35.00	45.00
❑ EDUCATED DRAGON, AN	*	*	25.00	25.00
❑ ELEMENTARY MY DEAR	1995	RT	35.00	35.00
❑ FIRE BRIGADE	1999	OP	28.00	28.00
❑ FLANNEL NIGHTIE	1999	OP	18.00	18.00
❑ FLOWERS FOR YOU	1989	RT	43.00	125.00
❑ FREQUENT FLYER	1998	OP	35.00	35.00

FIGURINES

FIGURINES

NAME	YEAR	LIMIT	ISSUE	TREND
❏ FRIENDS	1991	RT	85.00	100.00
❏ FUZZY EARS	1993	CL	16.00	35.00
❏ GALLANT DEFENDER, THE	1989	RT	37.00	160.00
❏ GARGOYLE HOPING FOR RASPBERRY TEACAKE	1989	RT	140.00	2000.00
❏ GARGOYLES JUST WANT TO HAVE FUN	1994	CL	30.00	30.00
❏ GIGGLES, THE PERFORMING GARGOYLE	1999	RT	28.00	28.00
❏ GOOD EGG	1989	RT	37.00	225.00
❏ GREEN KNIGHT	2002	*	32.00	32.00
❏ GRRR, I'M A MONSTER	1998	OP	30.00	30.00
❏ HAPPY BIRTHDAY!	1998	OP	30.00	30.00
❏ HAPPY CAMPER	1998	OP	24.00	24.00
❏ HE AIN'T HEAVY, HE'S MY PUFFIN	1996	OP	34.00	34.00
❏ HEDGEHOG'S JOKE, THE	1995	OP	27.00	27.00
❏ HI!	1995	OP	15.00	15.00
❏ HIGHLY SKEPTICAL	2002	*	16.00	16.00
❏ HOPALONG GARGOYLE	1996	RT	42.00	42.00
❏ HOT! HOT! HOT!	1999	OP	24.00	24.00
❏ I ATE THE WHOLE THING	1993	RT	33.00	55.00
❏ I DIDN'T MEAN TO	1991	RT	33.00	33.00
❏ I DON'T SEE A MESS	2000	OP	14.00	14.00
❏ I SMELL CHOCOLATE!	*	*	23.00	23.00
❏ I'LL BE THE BRIDE	1995	OP	37.00	37.00
❏ I'LL BE THE GROOM	1995	OP	37.00	37.00
❏ I'LL FIX IT!	1999	OP	24.00	24.00
❏ I'M A KITTY	1991	RT	38.00	100.00
❏ I'M CRANKY	1999	OP	15.00	15.00
❏ I'M NOT LI-S-S-TENING	1999	OP	14.00	14.00
❏ I'M SO PRETTY	1996	OP	23.00	23.00
❏ IN TROUBLE AGAIN	1994	OP	35.00	35.00
❏ IT'S A PRESENT	1995	RT	21.00	21.00
❏ IT'S DARK OUT THERE	1995	RT	45.00	35.00
❏ IT'S MAGIC	1994	RT	31.00	35.00
❏ IT'S ME!	1997	RT	22.00	22.00
❏ IT'S OKAY TO CRY	1998	OP	23.00	23.00
❏ IT'S THE LAW!	*	*	20.00	20.00
❏ I'VE HAD A HARD DAY	1997	OP	24.00	24.00
❏ JAUNTY, ANNIVERSARY SPECIAL	1997	YR	31.00	25.00
❏ JINGLES	1995	RT	23.00	25.00
❏ JOYFUL NOISE	1991	RT	17.00	45.00
❏ JUGGLER, THE	1992	RT	33.00	30.00
❏ LADY BIG HAT	*	*	20.00	20.00
❏ LET'S MAKE COOKIES	1993	RT	90.00	130.00
❏ LIBRARY CAT, THE	1992	RT	39.00	85.00
❏ LIFE IS GOOD	1999	OP	15.00	15.00
❏ LITTLE BIT	1993	RT	16.00	20.00
❏ LITTLE JEWEL BROOCH	1993	RT	20.00	30.00
❏ LITTLE SECURITY	1994	RT	20.00	20.00
❏ LOOK AT ME	1989	RT	43.00	375.00
❏ LOVING CARE	*	*	23.00	23.00
❏ MAGIC READING HAT	2002	*	24.00	24.00
❏ MITTEN TOES	1992	RT	17.00	20.00
❏ MY BIG COOKIE	1994	RT	35.00	35.00
❏ NAP TIME	1992	OP	15.00	15.00
❏ NATURE LESSON	2000	OP	28.00	28.00
❏ NAVIGATOR,THE	1997	OP	30.00	30.00
❏ NEW BUNNY SHOES	1989	RT	29.00	120.00
❏ NO UGLY MONSTERS ALLOWED	1989	RT	48.00	105.00
❏ NOT FAIR!	1999	OP	14.00	14.00
❏ OH GOODY!	1993	CL	16.00	30.00
❏ OH HAPPY DAY	1996	RT	22.00	22.00
❏ ONE SIZE FITS ALL	1990	RT	17.00	65.00
❏ OOPS!	1992	RT	17.00	30.00
❏ OPERA GARGOYLE	1989	RT	85.00	375.00
❏ PERCY	1992	RT	70.00	125.00
❏ PERFECT FIT!	1998	OP	18.00	18.00
❏ PICK ME UP	1991	RT	17.00	30.00
❏ PILLOW FIGHT	1996	3500	157.00	250.00
❏ PINK 'N PRETTY	1989	RT	24.00	75.00
❏ PLAYING DRESS UP	1994	CL	30.00	30.00
❏ PLAYING FOOTSIE	1991	RT	17.00	40.00
❏ PLAYING PRINCESS	*	*	20.00	20.00
❏ PLAYTIME	1998	RT	15.00	15.00
❏ POCKET CRUISE	1997	RT	38.00	38.00
❏ POCKET DRAGON COUNTER SIGN	1989	RT	50.00	400.00
❏ POCKET MINSTREL, THE	1989	RT	37.00	200.00
❏ POCKET MONEY BANK	2000	OP	28.00	28.00
❏ POCKET PIPER	1996	OP	37.00	37.00
❏ POCKET POSEY	1992	RT	17.00	25.00
❏ POCKET RIDER BROOCH	1993	RT	20.00	28.00
❏ PRACTICE MAKES PERFECT	1991	RT	33.00	90.00
❏ PRETTY PLEASE	1997	RT	17.00	17.00
❏ PUDDLE JUMPERS	2002	4500	125.00	125.00
❏ PURPLE	1995	OP	27.00	55.00
❏ PUTT PUTT	1991	RT	38.00	90.00
❏ QUARTET	1996	RT	80.00	80.00
❏ RAIDING THE COOKIE JAR	1994	3500	200.00	275.00
❏ RAIN, RAIN GO AWAY	*	*	25.00	25.00
❏ READING THE GOOD PARTS	1993	CL	70.00	80.00

NAME	YEAR	LIMIT	ISSUE	TREND
❏ REALLY I'VE GROWN	2000	OP	25.00	25.00
❏ RED RIBBON	1996	RT	17.00	17.00
❏ RUB MY TUMMY?	1997	OP	17.00	17.00
❏ SCALES OF INJUSTICE	1991	RT	45.00	60.00
❏ SCARY STORIES	*	5000	175.00	175.00
❏ SCHOLAR, THE	1998	OP	50.00	50.00
❏ SCOOTER	1999	OP	33.00	33.00
❏ SCRIBBLES	1989	RT	33.00	50.00
❏ SEA DRAGON	1989	RT	45.00	300.00
❏ SEES ALL, KNOWS ALL	1995	OP	35.00	35.00
❏ SHAKE HANDS	*	*	14.00	14.00
❏ SHARING	*	RT	32.00	32.00
❏ SHY	2000	OP	14.00	14.00
❏ SIR NIGEL SMYTHEBE-SMOKE	1989	RT	148.00	325.00
❏ SLEEPY HEAD	1991	RT	38.00	60.00
❏ SMILE!	1999	OP	30.00	30.00
❏ SNUGGLES	1994	RT	35.00	35.00
❏ SPILT MILK	1997	OP	32.00	32.00
❏ STALKING THE COOKIE JAR	1989	RT	28.00	30.00
❏ STARS!	1997	RT	85.00	85.00
❏ STORYTIME AT WIZARD'S HOUSE	1989	RT	375.00	650.00
❏ SUGAR	*	*	20.00	20.00
❏ SUPERSTAR	1998	OP	18.00	18.00
❏ SWEETIE PIE	1996	OP	28.00	28.00
❏ SYSTEM CRASH	*	*	23.00	23.00
❏ TAG-A-LONG	1990	RT	20.00	55.00
❏ TAKE YOUR MEDICINE	1998	OP	15.00	15.00
❏ TEA FOR TWO	*	*	20.00	20.00
❏ TEACHER, THE	1997	OP	39.00	39.00
❏ TEDDY MAGIC	1989	RT	85.00	175.00
❏ TEE HEE HEE	*	*	14.00	14.00
❏ TELLING SECRETS	1995	RT	48.00	55.00
❏ THIMBLE FOOT	1991	RT	39.00	95.00
❏ THREE TOUGH DRAGONS FROM TEXAS	2002	5000	70.00	70.00
❏ TICKLE	1991	RT	28.00	30.00
❏ TINY BIT TIRED	1996	RT	16.00	16.00
❏ TOADY GOLDTRAYLER	1989	RT	53.00	140.00
❏ TOY BOX	1998	3999	*	N/A
❏ TREASURE	1993	CL	90.00	75.00
❏ TUMBLY	1995	OP	21.00	21.00
❏ TUMMY ACHE	2000	OP	14.00	14.00
❏ TWINKLE TOES	1991	RT	17.00	35.00
❏ UNDER THE BED	1992	2500	450.00	525.00
❏ VAROOM!	1997	OP	38.00	38.00
❏ VERY GOOD SIGN, A	2000	OP	39.00	39.00
❏ VERY QUIET	*	*	14.00	14.00
❏ VOLUNTEER, THE	1996	2500	350.00	350.00
❏ WALKIES	1989	RT	65.00	200.00
❏ WASH BEHIND YOUR EARS	1998	RT	24.00	24.00
❏ WATSON	1995	OP	23.00	23.00
❏ WEE THREE KINGS	*	5000	65.00	65.00
❏ WE'RE VERY BRAVE	1993	RT	38.00	60.00
❏ WHAT COOKIE?	1989	RT	30.00	100.00
❏ WHATCHA DOING?	1996	OP	23.00	23.00
❏ WHEEE	2002	*	24.00	24.00
❏ WHY?	1998	OP	15.00	15.00
❏ WILL YOU THREAD MY NEEDLE?	2000	OP	33.00	33.00
❏ WIZARDRY FOR FUN AND PROFIT	1989	RT	375.00	600.00
❏ YOU CAN'T MAKE ME	1993	OP	15.00	15.00
❏ YOUR PAINT IS STIRRED	1989	RT	43.00	175.00
❏ YOUR PRINCE IS HERE	2000	OP	28.00	28.00
❏ ZOOM ZOOM	1992	RT	38.00	38.00
POCKET DRAGONS				**D. RUST**
❏ 70 TH BIRTHDAY COMMEMORATIVE	1994	5000	30.00	30.00
❏ SANTA'S STOWAWAY	1993	10000	30.00	30.00
POCKET DRAGONS ANNIVERSARY				**R. MUSGRAVE**
❏ COMPUTER WIZARD	1999	4000	375.00	375.00
❏ RISE AND SHINE	1998	YR	20.00	20.00
POCKET DRAGONS CHRISTMAS EDITIONS				**R. MUSGRAVE**
❏ ALL WRAPPED UP	1999	RT	33.00	33.00
❏ CHASING SNOWFLAKES	1995	RT	35.00	90.00
❏ CHRISTMAS ANGEL	1993	RT	45.00	70.00
❏ CHRISTMAS SKATES	1996	RT	36.00	55.00
❏ DEAR SANTA	1994	RT	50.00	65.00
❏ DECK THE HALLS	1997	YR	39.00	39.00
❏ FA-LA-LA-LA-LAH	2002	YR	32.00	32.00
❏ I'VE BEEN VERY GOOD	1991	RT	38.00	250.00
❏ LITTLEST REINDEER, THE	1998	YR	40.00	40.00
❏ POCKET-SIZED TREE	1992	RT	19.00	145.00
❏ PUTTING ME ON THE TREE	1989	RT	53.00	165.00
POCKET DRAGONS COLLECTORS CLUB				**R. MUSGRAVE**
❏ BEST SEAT IN THE HOUSE, THE	1994	RT	75.00	125.00
❏ BITSY	1993	RT	*	15.00
❏ BLUE RIBBON DRAGON	1994	RT	*	75.00
❏ BOOK NOOK	1992	RT	140.00	300.00
❏ COLLECTING BUTTERFLIES	1991	RT	*	200.00
❏ FRIENDSHIP PIN	1994	RT	*	85.00
❏ GOOD NEWS	1996	RT	*	50.00
❏ KEY TO MY HEART	1992	RT	*	175.00

FIGURINES

NAME	YEAR	LIMIT	ISSUE	TREND
❑ LOLLIPOP	1997	RT	*	25.00
❑ LOOKING FOR THE RIGHT WORDS	1996	RT	80.00	110.00
❑ MAKING TIME FOR YOU	1995	RT	*	75.00
❑ MERRY BAND, THE	1998	RT	75.00	75.00
❑ OUR HERO	1998	RT	*	25.00
❑ PARTY TIME	1995	RT	75.00	160.00
❑ PEN PALS	1993	RT	90.00	175.00
❑ STICKING TOGETHER	1997	RT	75.00	90.00
❑ TAKE A CHANCE	1990	TL	*	N/A
❑ TEA AND GOSSIP	2002	*	65.00	65.00
❑ TIME FOR TEA	2002	*	30.00	30.00
❑ WANT A BITE?	1993	RT	*	150.00
❑ WON'T YOU JOIN US/SPOT OF TEA	1991	RT	75.00	350.00
POCKET DRAGONS EVENT PIECES				**R. MUSGRAVE**
❑ ALL GONE	2002	YR	23.00	23.00
❑ ATTENTION TO DETAIL	1995	RT	24.00	40.00
❑ BIG HUG	1993	RT	35.00	60.00
❑ IN THE BAG	1998	RT	15.00	15.00
❑ ON THE ROAD AGAIN	1996	RT	30.00	35.00
❑ PACKED AND READY	1994	RT	47.00	71.00
❑ PARTY HAT	1999	RT	17.00	17.00
❑ SLIPPER SLEEPER	2000	TL	18.00	18.00
PRECIOUS MOMENTS MINIATURES				*
❑ FRIENDS OF FRIENDSHIP	1996	OP	135.00	135.00
❑ GOD LOVETH A CHEERFUL GIVER	1996	SO	70.00	70.00
❑ HIS BURDEN IS LIGHT	1996	SO	70.00	70.00
❑ I'M SENDING YOU A WHITE CHRISTMAS	1996	SO	100.00	100.00
❑ LOVE IS KIND	1995	OP	70.00	70.00
❑ LOVE ONE ANOTHER	1996	OP	70.00	70.00
❑ MAKE A JOYFUL NOISE	1996	SO	70.00	70.00
❑ PRAISE THE LORD ANYHOW	1996	OP	70.00	70.00
❑ PRAYER CHANGES THINGS	1996	OP	70.00	70.00
PRECIOUS PLACES				**P. LARSEN**
❑ FIELDS OF FRIENDSHIP	1995	OP	625.00	625.00
TRIO COLLECTION				**M.I. HUMMEL**
❑ TRAVELING TRIO HUM 787	1998	20000	490.00	500.00
UNICEF COMMEMORATIVE SERIES				**M.I. HUMMEL**
❑ FRIENDS TOGETHER 662/O	1994	OP	260.00	300.00
❑ GENTLE FELLOWSHIP HUM 628	1995	25000	550.00	550.00
❑ WE CAME IN PEACE HUM 754	1996	*	350.00	385.00

GOEBEL MINIATURES

NAME	YEAR	LIMIT	ISSUE	TREND
AMERICANA SERIES				**R. OLSZEWSKI**
❑ AMERICAN BALD EAGLE 661-B	1982	RT	45.00	305.00
❑ AMERICANA DISPLAY 951-D	1986	SU	80.00	105.00
❑ BLACKSMITH 667-P	1989	RT	55.00	165.00
❑ CAROUSEL RIDE 665-B	1986	RT	45.00	125.00
❑ CENTRAL PARK SUNDAY 664-B	1985	RT	45.00	70.00
❑ EYES ON THE HORIZON 663-B	1984	RT	45.00	250.00
❑ PLAINSMAN, THE- 660-B	1981	RT	45.00	245.00
❑ SHE SOUNDS THE DEEP 662-B	1983	RT	45.00	70.00
❑ TO THE BANDSTAND 666-B	1987	RT	45.00	70.00
CHILDREN'S SERIES				**R. OLSZEWSKI**
❑ BACKYARD FROLIC 633-P	1983	RT	65.00	100.00
❑ BLUMENKINDER-COURTING 630-P	1980	RT	55.00	275.00
❑ BUILDING BLOCKS CASTLE (LARGE) 968-D	1990	CL	75.00	100.00
❑ CAROUSEL DAYS (PLAIN BASE) 637-P	1987	CL	85.00	775.00
❑ CAROUSEL DAYS 637-P	1987	CL	85.00	200.00
❑ CHILDREN'S DISPLAY (SMALL)	1988	CL	45.00	60.00
❑ CLOWNING AROUND (NEW STYLE) 636-P	1989	CL	85.00	100.00
❑ CLOWNING AROUND (OLD STYLE) 636-P	1986	CL	85.00	210.00
❑ GRANDPA 634-P	1984	CL	75.00	110.00
❑ LITTLE BALLERINA 638-P	1988	CL	85.00	110.00
❑ OUT AND ABOUT 632-P	1982	RT	85.00	415.00
❑ SNOW HOLIDAY 635-P	1985	CL	75.00	100.00
❑ SUMMER DAYS 631-P	1981	RT	65.00	345.00
CLASSIC CLOCKS				**LARSEN**
❑ ALEXIS	1995	2500	200.00	200.00
❑ BLINKING ADMIRAL	1995	2500	200.00	200.00
❑ PLAY	1995	2500	250.00	250.00
DEGRAZIA: GOEBEL MINIATURES				**R. OLSZEWSKI**
❑ MERRY LITTLE INDIAN (NEW STYLE) 508-P	1989	SU	110.00	175.00
DISNEYANA CONVENTION				**R. OLSZEWSKI**
❑ MICKEY'S SELF-PORTRAIT	1994	500	295.00	850.00
DISNEY-CINDERELLA				**R. OLSZEWSKI**
❑ ANASTASIA 172-P	1991	SU	85.00	100.00
❑ CINDERELLA 176-P	1991	SU	85.00	125.00
❑ CINDERELLA'S COACH DISPLAY 978-D	1991	SU	95.00	120.00
❑ CINDERELLA'S DREAM CASTLE 976-D	1991	SU	95.00	115.00
❑ DRIZELLA 174-P	1991	SU	85.00	100.00
❑ FAIRY GODMOTHER 180-P	1991	SU	85.00	105.00
❑ FOOTMAN 181-P	1991	SU	85.00	100.00
❑ GUS 177-P	1991	SU	75.00	80.00
❑ JAQ 173-P	1991	SU	75.00	80.00
❑ LUCIFER 175-P	1991	SU	75.00	95.00
❑ PRINCE CHARMING 179-P	1991	SU	85.00	135.00
❑ STEPMOTHER 178-P	1991	SU	85.00	100.00
DISNEY-PETER PAN				**R. OLSZEWSKI**
❑ CAPTAIN HOOK 188-P	1994	SU	160.00	175.00

FIGURINES

NAME	YEAR	LIMIT	ISSUE	TREND
❏ JOHN 186-P	1992	SU	90.00	130.00
❏ LOST BOY-FOX 191-P	1994	SU	130.00	130.00
❏ LOST BOY-RABBIT 192-P	1994	SU	130.00	130.00
❏ MICHAEL 187-P	1992	SU	90.00	110.00
❏ NANA 189-P	1992	SU	95.00	110.00
❏ NEVERLAND DISPLAY 997-D	1994	SU	150.00	160.00
❏ PETER PAN 184-P	1992	SU	90.00	160.00
❏ PETER PAN'S LONDON 986-D	1992	SU	125.00	135.00
❏ SMEE 190-P	1994	SU	140.00	150.00
❏ WENDY 185-P	1992	SU	90.00	130.00
DISNEY-PINOCCHIO				**R. OLSZEWSKI**
❏ BLUE FAIRY 693-P	1991	SU	95.00	120.00
❏ GEPPETTO/FIGARO 682-P	1990	SU	90.00	110.00
❏ GEPPETTO'S TOY SHOP DISPLAY 965-D	1990	SU	95.00	130.00
❏ GIDEON 683-P	1990	SU	75.00	100.00
❏ J. WORTHINGTON FOULFELLOW 684-P	1990	SU	95.00	115.00
❏ JIMINY CRICKET 685-P	1990	SU	75.00	115.00
❏ LITTLE STREET LAMP DISPLAY 964-D	1991	SU	65.00	100.00
❏ MONSTRO THE WHALE 985-D	1992	SU	120.00	200.00
❏ PINOCCHIO 686-P	1990	SU	75.00	140.00
❏ STROMBOLI 694-P	1991	SU	95.00	120.00
❏ STROMBOLI'S STREET WAGON 979-D	1991	SU	105.00	135.00
DISNEY-SNOW WHITE				**R. OLSZEWSKI**
❏ BASHFUL 165-P	1987	SU	60.00	100.00
❏ CASTLE COURTYARD DISPLAY 981-D	1991	SU	105.00	120.00
❏ COZY COTTAGE DISPLAY 941-D	1987	SU	35.00	260.00
❏ DOC 162-P	1987	SU	60.00	100.00
❏ DOPEY 167-P	1987	SU	60.00	160.00
❏ GRUMPY 166-P	1987	SU	60.00	100.00
❏ HAPPY 164-P	1987	SU	60.00	100.00
❏ HOUSE IN THE WOODS DISPLAY 944-D	1988	SU	60.00	120.00
❏ PATH IN THE WOODS 996-D	1992	SU	140.00	170.00
❏ SLEEPY 163-P	1987	SU	60.00	100.00
❏ SNEEZY 161-P	1987	SU	60.00	100.00
❏ SNOW WHITE 168-P	1987	SU	60.00	160.00
❏ SNOW WHITE'S PRINCE 170-P	1990	SU	80.00	125.00
❏ SNOW WHITE'S QUEEN 182-P	1992	SU	100.00	140.00
❏ SNOW WHITE'S WITCH 183-P	1992	SU	100.00	140.00
❏ WISHING WELL DISPLAY, THE- 969-D	1990	SU	65.00	115.00
FIRST EDITION M.I. HUMMEL				**R. OLSZEWSKI**
❏ ACCORDION BOY HUM-266P	1991	10000	105.00	115.00
❏ APPLE TREE BOY HUM-257P	1989	10000	115.00	130.00
❏ BAKER HUM-262P	1990	10000	100.00	105.00
❏ BUSY STUDENT HUM-268P	1991	10000	105.00	115.00
❏ CINDERELLA HUM-264P	1990	10000	115.00	115.00
❏ DOLL BATH HUM-252P	1988	10000	95.00	105.00
❏ GOOSE GIRL HUM-283P	1992	OP	130.00	130.00
❏ LITTLE FIDDLER HUM-250P	1988	10000	90.00	115.00
❏ LITTLE SWEEPER HUM-253P	1988	10000	90.00	105.00
❏ MERRY WANDERER DEALER PLAQUE HUM-280P	1991	10000	130.00	435.00
❏ MERRY WANDERER HUM-254P	1988	10000	95.00	170.00
❏ MORNING CONCERT HUM-269P	1991	TL	175.00	175.00
❏ POSTMAN HUM-255P	1989	10000	95.00	105.00
❏ RIDE INTO CHRISTMAS HUM-279P	1991	OP	195.00	195.00
❏ SCHOOL BOY HUM 281P	1992	OP	120.00	120.00
❏ SERENADE HUM-265P	1991	10000	105.00	115.00
❏ STORMY WEATHER HUM-251P	1988	10000	115.00	130.00
❏ VISITING AN INVALID HUM-256P	1989	10000	105.00	115.00
❏ WAITER HUM-263P	1990	10000	100.00	115.00
❏ WAYSIDE HARMONY HUM-282P	1992	OP	140.00	180.00
❏ WE CONGRATULATE HUM-267P	1991	10000	130.00	130.00-140.00
HISTORICAL SERIES				**R. OLSZEWSKI**
❏ CAPODIMONTE (NEW STYLE) 600-P	1985	SU	90.00	170.00
❏ CAPODIMONTE (OLD STYLE) 600-P	1980	CL	90.00	495.00
❏ CHERRY PICKERS, THE 602-P	1983	SU	85.00	270.00
❏ ENGLISH COUNTRY GARDEN 970-D	1990	OP	85.00	105.00
❏ FARMER W/DOVES 607-P	1989	OP	85.00	110.00
❏ FLORAL BOUQUET POMPADOUR 604-P	1985	OP	85.00	115.00
❏ GENTLEMAN FOX HUNT 616-P	1990	SU	145.00	180.00
❏ HISTORICAL DISPLAY 943-D	1988	SU	45.00	60.00
❏ MASQUERADE-ST. PETERSBURG 601-P	1981	CL	65.00	220.00
❏ MEISSEN PARROT 605-P	1987	OP	85.00	110.00
❏ MINTON ROOSTER 606-P	1988	7500	85.00	110.00
❏ MOOR WITH SPANISH HORSE 603-P	1984	OP	85.00	110.00
❏ POULTRY SELLER 608-G	1992	1500	200.00	230.00
JACK AND THE BEANSTALK				**R. OLSZEWSKI**
❏ BEANSELLER 742-P	1994	5000	210.00	210.00
❏ JACK AND THE BEANSTALK DISPLAY 999-D	1994	5000	225.00	250.00
❏ JACK AND THE COW 743-P	1994	5000	180.00	185.00
❏ JACK'S MOM 741-P	1994	5000	145.00	150.00
MICKEY MOUSE				**R. OLSZEWSKI**
❏ FANTASIA LIVING BROOMS 972-D	1990	SU	85.00	215.00
❏ MICKEY MOUSE SELLER	1990	SU	165.00	430.00
❏ SORCERER'S APPRENTICE , THE-171-P	1990	SU	80.00	180.00
NATIVITY COLLECTION				**R. OLSZEWSKI**
❏ 3 KINGS DISPLAY 987-D	1992	OP	85.00	100.00

NAME	YEAR	LIMIT	ISSUE	TREND
❑ BALTHAZAR 405-P	1992	SU	135.00	195.00
❑ CAMEL & TENDER 819292	1994	OP	380.00	390.00
❑ CASPAR 406-P	1992	SU	135.00	195.00
❑ FINAL NATIVITY DISPLAY 991-D	1994	OP	260.00	270.00
❑ GUARDIAN ANGEL 407-P	1994	OP	200.00	220.00
❑ HOLY FAMILY DISPLAY 982-D	1991	OP	85.00	90.00
❑ JOSEPH 401-P	1991	SU	95.00	125.00
❑ JOYFUL CHERUBS 403-P	1991	SU	130.00	175.00
❑ MELCHIOR 404-P	1992	SU	135.00	195.00
❑ MOTHER/CHILD 400-P	1991	SU	120.00	150.00
❑ SHEEP & SHEPHERD 819290	1994	OP	230.00	235.00
❑ STABLE DONKEY, THE- 402-P	1991	SU	95.00	125.00
NATURE'S MOMENTS				**YENAWINE**
❑ BATHING BEAUTIES	1995	OP	95.00	95.00
❑ FISH PARADISE	1995	OP	110.00	110.00
❑ GATHERING GOODIES	1995	OP	95.00	95.00
❑ HIDE AND SEEK	1995	OP	110.00	110.00
❑ PENGUINS PLUNGE	1995	OP	95.00	95.00
❑ POLAR PLAYGROUND	1995	OP	110.00	110.00
❑ PREPARING FOR FLIGHT	1995	OP	80.00	80.00
❑ ROBYN REFRESHER	1995	OP	95.00	95.00
❑ SUMMER SURPRISE	1995	OP	95.00	95.00
❑ TOUCH AND GO	1995	OP	95.00	95.00
NIGHT BEFORE CHRISTMAS (1ST EDITION)				**R. OLSZEWSKI**
❑ EIGHT TINY REINDEER 691-P	1990	SU	110.00	120.00
❑ MAMA & PAPA 692-P	1990	SU	110.00	125.00
❑ ST. NICHOLAS 690-P	1990	SU	95.00	115.00
❑ SUGAR PLUM BOY 687-P	1990	SU	70.00	90.00
❑ SUGAR PLUM GIRL 689-P	1990	SU	70.00	90.00
❑ UP TO THE HOUSETOP 966-D	1991	5000	95.00	105.00
❑ YULE TREE 688-P	1990	SU	90.00	100.00
ORIENTAL SERIES				**R. OLSZEWSKI**
❑ BLIND MAN AND THE ELEPHANT, THE 643-P	1986	SU	70.00	160.00
❑ CHINESE TEMPLE LION 646-P	1990	OP	90.00	110.00
❑ CHINESE WATER DRAGON 644-P	1987	SU	70.00	155.00
❑ EMPRESS GARDEN 967-D	1990	OP	95.00	125.00
❑ GEISH'A, THE- 641-P	1982	SU	65.00	195.00
❑ KUAN YIN (NEW STYLE) 640-W	1984	SU	45.00	165.00
❑ KUAN YIN (OLD STYLE) 640-W	1980	CL	40.00	255.00
❑ ORIENTAL DISPLAY (SMALL) 945-D	1987	SU	45.00	65.00
❑ TANG HORSE 642-P	1985	OP	65.00	95.00
❑ TIGER HUNT 645-P	1989	OP	85.00	100.00
PENDANTS				**R. OLSZEWSKI**
❑ CAMPER BIALOSKY 151-P	1986	CL	95.00	275.00
❑ CHRYSANTHEMUM PENDANT 222-P	1991	OP	135.00	145.00
❑ DAFFODIL PENDANT 221-P	1991	OP	135.00	145.00
❑ FESTIVAL OF LIGHTS 562-P	1987	OP	90.00	195.00
❑ FLOWER GIRL PENDANT 561-P	1985	OP	125.00	150.00
❑ HUMMINGBIRD 697-P	1990	OP	125.00	145.00
❑ MICKEY MOUSE 169-P	1988	5000	92.00	255.00
❑ POINSETTIA PENDANT	1991	OP	135.00	145.00
❑ ROSE PENDANT	1991	OP	135.00	145.00
PORTRAIT OF AMERICA				**N. ROCKWELL**
❑ BOTTOM DRAWER 366-P	1989	7500	85.00	85.00
❑ BOTTOM OF THE SIXTH 365-P	1988	SU	85.00	115.00
❑ CHECK UP 363-P	1988	SU	85.00	95.00
❑ DOCTOR AND THE DOLL, THE 361-P	1988	SU	85.00	135.00
❑ MARBLES CHAMPION 362-P	1988	CL	85.00	85.00
❑ NO SWIMMING 360-P	1988	CL	85.00	85.00
❑ ROCKWELL DISPLAY 952-D	1988	CL	80.00	93.00
❑ TRIPLE SELF-PORTRAIT 364-P	1988	SU	85.00	175.00
SATURDAY EVENING POST				**HUGHES**
❑ BOY WITH WAGON	1992	OP	*	N/A
❑ MARKET VIGNETTE	1992	OP	*	N/A
❑ STORE OWNER	1992	OP	*	N/A
SATURDAY EVENING POST				**LEYENDECKER**
❑ CHILDREN CROSSING	1992	OP	*	N/A
❑ CROSSING GUARD	1992	OP	*	N/A
SATURDAY EVENING POST				**R. OLSZEWSKI**
❑ CROSSING GUARD VIGNETTE	1992	OP	*	N/A
SATURDAY EVENING POST				**N. ROCKWELL**
❑ CITY CLERK	1991	OP	*	N/A
❑ HOME COMING VIGNETTE 990-D	1991	2000	190.00	250.00
❑ MARRIAGE LICENSE VIGNETTE	1991	OP	*	N/A
❑ MOTHER 369-P	1991	OP	*	N/A
❑ SOLDIER 368-P	1991	OP	*	N/A
❑ TRIPLE SELF PORTRAIT	1992	OP	*	N/A
❑ TRIPLE SELF PORTRAIT VIGNETTE	1992	OP	*	N/A
❑ WEDDING COUPLE	1991	OP	*	N/A
SPECIAL RELEASE-ALICE IN WONDERLAND				**R. OLSZEWSKI**
❑ ALICE IN THE GARDEN 670-P	1982	CL	60.00	675.00
❑ CHESHIRE CAT, THE 672-P	1984	CL	75.00	480.00
❑ DOWN THE RABBIT HOLE 671-P	1983	CL	75.00	425.00
SPECIAL RELEASES				**R. OLSZEWSKI**
❑ DRESDEN TIME PIECE 450-P	1994	750	1250.00	1300.00

NAME	YEAR	LIMIT	ISSUE	TREND
PORTRAIT OF THE ARTIST (CONVENTION) 658-P	1991	CL	195.00	450.00
PORTRAIT OF THE ARTIST (PROMO) 658-P	1991	OP	195.00	205.00
SUMMER DAYS COLLECTOR PLAQUE 659-P	1992	OP	130.00	145.00
SPECIAL RELEASE-WIZARD OF OZ				**R. OLSZEWSKI**
COWARDLY LION, THE 675-P	1986	CL	85.00	260.00
DOROTHY/GLINDA 695-P	1992	CL	120.00	142.00
GOOD-BYE TO OZ DISPLAY 980-D	1992	OP	110.00	160.00
MUNCHKINS, THE- 677-P	1988	CL	85.00	100.00
OZ DISPLAY 942-D	1987	CL	45.00	565.00
SCARECROW 673-P	1984	CL	75.00	400.00
TINMAN 674-P	1985	CL	80.00	240.00
WICKED WITCH, THE- 676-P	1987	CL	85.00	105.00
THE AMERICAN FRONTIER COLLECTION				**BONHEUR**
INDIAN SCOUT AND BUFFALO 300-B	1987	SU	95.00	135.00
THE AMERICAN FRONTIER COLLECTION				**FRAZIER**
END OF THE TRAIL, THE340-B	1987	SU	80.00	125.00
THE AMERICAN FRONTIER COLLECTION				**JONAS**
GRIZZLY'S LAST STAND 320-B	1987	SU	65.00	80.00
THE AMERICAN FRONTIER COLLECTION				**POUNDER**
EIGHT COUNT 310-B	1987	SU	75.00	90.00
THE AMERICAN FRONTIER COLLECTION				**REMINGTON**
BRONCO BUSTER, THE 350-B	1987	SU	80.00	175.00
THE AMERICAN FRONTIER COLLECTION				**ROGERS**
FIRST RIDE , THE-330-B	1987	SU	85.00	100.00
THE AMERICAN FRONTIER COLLECTION				**R. OLSZEWSKI**
AMERICAN FRONTIER DISPLAY 947-D	1987	SU	80.00	110.00
THREE LITTLE PIGS				**R. OLSZEWSKI**
HUNGRY WOLF, THE- 681-P	1991	7500	80.00	105.00
LITTLE BRICKS PIG 680-P	1991	7500	75.00	105.00
LITTLE STICKS PIG 678-P	1989	7500	75.00	105.00
LITTLE STRAW PIG 679-P	1990	7500	75.00	105.00
THREE LITTLE PIGS HOUSE 956-D	1989	7500	50.00	115.00
TRIO COLLECTION				
TRIO OF WISHES	1996	20,000	475.00	475.00
TUNEFUL TRIO	*	SO	*	N/A
WILDLIFE SERIES				**R. OLSZEWSKI**
AMERICAN GOLDFINCH 625-P	1985	OP	65.00	90.00
AUTUMN BLUE JAY (ARCHIVE RELEASE) 626-P	1992	OP	125.00	135.00
AUTUMN BLUE JAY 626-P	1986	SU	65.00	175.00
CHIPPING SPARROW 620-P	1980	OP	55.00	85.00
COUNTRY DISPLAY (SMALL) 940-D	1987	OP	45.00	85.00
COUNTRY LANDSCAPE (LG.) 957-D	1990	OP	85.00	110.00
HOODED ORIOLE 629-P	1989	OP	80.00	100.00
HUMMINGBIRD 696-P	1990	CL	85.00	175.00
MALLARD DUCK 627-P	1987	OP	75.00	105.00
OWL-DAYLIGHT ENCOUNTER 621-P	1981	CL	65.00	390.00
RED-WINGED BLACKBIRD 623-P	1983	CL	65.00	190.00
SPRING ROBIN 628-P	1980	CL	75.00	105.00
WESTERN BLUEBIRD 622-P	1982	CL	65.00	150.00
WILDLIFE DISPLAY (LARGE) 957-D	1990	OP	85.00	95.00
WINTER CARDINAL 624-P	1984	CL	65.00	250.00
WINTER LIGHTS				**NORRGARD**
ONCE UPON A WINTER DAY	1995	OP	275.00	275.00
WOMEN'S SERIES				**R. OLSZEWSKI**
DRESDEN DANCER 610-P	1980	CL	55.00	350.00
HUNT WITH HOUNDS, THE (NEW STYLE) 611-P	1985	CL	75.00	110.00
HUNT WITH HOUNDS, THE (OLD STYLE) 611-P	1981	CL	75.00	400.00
I DO 615-P	1986	CL	85.00	235.00
ON THE AVENUE 613-P	1983	CL	65.00	115.00
PRECIOUS YEARS 612-P	1982	CL	65.00	230.00
ROSES 614-P	1984	CL	65.00	115.00
WOMEN'S DISPLAY (SMALL) 950-D	1989	CL	40.00	65.00

GORHAM

NAME	YEAR	LIMIT	ISSUE	TREND
A BOY AND HIS DOG (FOUR SEASONS)				**N. ROCKWELL**
ADVENTURERS BETWEEN ADVENTURES (SET)	1972	RT	*	N/A
BOY MEETS HIS DOG	1972	RT	200.00	1450.00
MYSTERIOUS MALADY, THE- (SET)	1972	RT	*	N/A
PRIDE OF PARENTHOOD (SET)	1972	RT	*	N/A
A HELPING HAND (FOUR SEASONS)				**N. ROCKWELL**
CLOSED FOR BUSINESS (SET)	1980	RT	*	N/A
COAL SEASONS COMING (SET)	1980	RT	*	N/A
SWATTER'S RIGHT (SET)	1980	RT	*	N/A
YEAR END COURT	1980	RT	650.00	675.00
DAD'S BOY (FOUR SEASONS)				**N. ROCKWELL**
CAREFUL AIM (SET)	1981	RT	*	N/A
IN HIS SPIRITS (SET)	1981	RT	*	N/A
SKI SKILLS	1981	RT	750.00	775.00
TROUT DINNER (SET)	1981	RT	*	N/A
FOUR AGES OF LOVE (FOUR SEASONS)				**N. ROCKWELL**
FLOWERS IN TENDER BLOOM (SET)	1974	RT	*	N/A
FONDLY DO WE REMEMBER (SET)	1974	RT	*	N/A
GAILY SHARING VINTAGE TIMES	1974	RT	300.00	950.00
SWEET SONG SO YOUNG (SET)	1974	RT	*	N/A
GOING ON SIXTEEN (FOUR SEASONS)				**N. ROCKWELL**
CHILLING CHORE	1978	RT	400.00	660.00
PILGRIMAGE (SET)	1978	RT	*	N/A
SHEAR AGONY (SET)	1978	RT	*	N/A

FIGURINES

NAME	YEAR	LIMIT	ISSUE	TREND
❑ SWEET SERENADE (SET)	1978	RT	*	N/A
GRAND PALS (FOUR SEASONS)				**N. ROCKWELL**
❑ FISH FINDERS (SET)	1977	RT	*	N/A
❑ GHOSTLY GOURDS (SET)	1977	RT	*	N/A
❑ SNOW SCULPTURING	1977	RT	350.00	660.00
❑ SOARING SPIRITS (SET)	1977	RT	*	N/A
GRANDPA AND ME				**N. ROCKWELL**
❑ DAY DREAMERS (SET)	1975	RT	*	N/A
❑ GAY BLADES	1975	2500	300.00	900.00
❑ GOIN' FISHING (SET)	1975	RT	*	N/A
❑ PENSIVE PALS (SET)	1975	RT	*	N/A
LEYENDECKER ANNUAL CHRISTMAS FIGURINES				**J.C. LEYENDECKER**
❑ CHRISTMAS HUG	1988	7500	95.00	95.00
LIFE WITH FATHER (FOUR SEASONS)				**N. ROCKWELL**
❑ BIG DECISION	1983	RT	250.00	250.00
❑ BLASTING OUT (SET)	1983	RT	*	N/A
❑ CHEERING THE CHAMPS (SET)	1983	RT	*	N/A
❑ TOUGH ONE (SET)	1983	RT	*	N/A
ME AND MY PAL (FOUR SEASONS)				**N. ROCKWELL**
❑ DISASTROUS DARING (SET)	1976	RT	*	N/A
❑ FISHERMAN'S PARADISE (SET)	1976	RT	*	N/A
❑ LICKING GOOD BATH	1976	RT	300.00	1050.00
❑ YOUNG MAN'S FANCY (SET)	1976	RT	*	N/A
MINIATURE CHRISTMAS FIGURINES				**T. NAST**
❑ ANNUAL THOMAS NAST SANTA	1987	RT	25.00	25.00
❑ CHRISTMAS SANTA	1985	RT	20.00	20.00
❑ CHRISTMAS SANTA	1986	RT	25.00	25.00
MINIATURE CHRISTMAS FIGURINES				**N. ROCKWELL**
❑ CHECKING GOOD DEEDS	1982	RT	20.00	20.00
❑ DOWNHILL DARING	1984	RT	20.00	20.00
❑ SANTA PLANS HIS TRIP	1980	RT	15.00	16.00
❑ SANTA'S FRIEND	1983	RT	20.00	20.00
❑ TINY TIM	1979	RT	15.00	20.00
❑ YULETIDE RECKONING	1981	RT	20.00	20.00
MINIATURES				**N. ROCKWELL**
❑ ANNUAL VISIT, THE	1982	CL	50.00	70.00
❑ AT THE VETS	1981	CL	28.00	35.00
❑ BABYSITTER	1987	RT	75.00	75.00
❑ BEGUILING BUTTERCUP	1981	CL	45.00	45.00
❑ BEST FRIENDS	1985	CL	28.00	28.00
❑ BETWEEN THE ACTS	1987	RT	60.00	60.00
❑ BOY MEETS HIS DOG	1981	CL	38.00	38.00
❑ CAREFUL AIMS	1984	CL	55.00	55.00
❑ CINDERELLA	1987	RT	70.00	75.00
❑ DOWNHILL DARING	1981	CL	45.00	70.00
❑ ENGINEER	1985	CL	55.00	55.00
❑ FLOWERS IN TENDER BLOOM	1981	CL	60.00	60.00
❑ FOOTBALL SEASON	1986	CL	60.00	60.00
❑ GAY BLADES	1981	CL	45.00	70.00
❑ GHOSTLY GOURDS	1984	CL	60.00	60.00
❑ GOIN' FISHING	1984	CL	60.00	60.00
❑ GRADUATE, THE	1986	CL	30.00	40.00
❑ IN HIS SPIRITS	1984	CL	60.00	60.00
❑ LEMONADE STAND	1986	CL	60.00	60.00
❑ LITTLE ANGEL	1986	CL	50.00	60.00
❑ LITTLE RED TRUCK	1985	CL	25.00	25.00
❑ MARRIAGE LICENSE	1982	CL	60.00	70.00
❑ MILKMAID, THE	1987	RT	80.00	80.00
❑ MORNING WALK	1986	CL	60.00	60.00
❑ MUSCLE BOUND	1985	CL	30.00	30.00
❑ NEW ARRIVAL	1985	CL	33.00	35.00
❑ OLD SIGN PAINTER, THE	1986	CL	70.00	75.00
❑ PRIDE OF PARENTHOOD	1984	CL	50.00	50.00
❑ PROM DRESS, THE	1987	RT	75.00	75.00
❑ RUNAWAY, THE	1982	CL	50.00	50.00
❑ SHEAR AGONY	1984	CL	60.00	60.00
❑ SHOULDER RIDE	1986	CL	50.00	60.00
❑ SNOW SCULPTURE	1981	CL	45.00	60.00
❑ SPRING CHECKUP	1985	CL	60.00	60.00
❑ SPRINGTIME	1987	RT	65.00	70.00
❑ STARSTRUCK	1987	RT	75.00	75.00
❑ SWEET SERENADE	1981	CL	45.00	45.00
❑ SWEET SONG SO YOUNG	1981	CL	55.00	55.00
❑ TO LOVE AND CHERISH	1985	CL	33.00	35.00
❑ TRIPLE SELF PORTRAIT	1982	CL	60.00	135.00
❑ TROUT DINNER	1983	RT	60.00	60.00
❑ VINTAGE TIMES	1982	CL	50.00	50.00
❑ WELCOME MAT	1986	CL	70.00	70.00
❑ YEARS END COURT	1984	CL	60.00	60.00
❑ YOUNG MAN'S FANCY	1981	CL	55.00	55.00
OLD BUDDIES (FOUR SEASONS)				**N. ROCKWELL**
❑ ENDLESS DEBATES (SET)	1984	RT	*	N/A
❑ FINAL SPEECH (SET)	1984	RT	*	N/A
❑ HASTY RETREAT (SET)	1984	RT	*	N/A
❑ SHARED SUCCESS	1984	RT	250.00	250.00

NAME	YEAR	LIMIT	ISSUE	TREND
OLD TIMERS (FOUR SEASONS MINIATURES)				**N. ROCKWELL**
❑ CANINE SOLO	1982	RT	250.00	250.00
❑ FANCY FOOTWORK (SET)	1982	RT	*	N/A
❑ LAZY DAYS (SET)	1982	RT	*	N/A
❑ SWEET SURPRISE (SET)	1982	RT	*	N/A
PARASOL LADY				*
❑ AT THE FAIR	1994	CL	95.00	95.00
❑ ON THE BOARDWALK	1991	CL	95.00	95.00
❑ SUNDAY PROMENADE	1994	CL	95.00	95.00
ROCKWELL				**N. ROCKWELL**
❑ ANTIQUE DEALER	1983	RT	130.00	175.00
❑ APRIL FOOL'S (AT THE CURIOSITY SHOP)	1982	CL	55.00	110.00
❑ AT THE VETS	1974	CL	25.00	65.00
❑ BATTER UP	1974	CL	40.00	160.00
❑ BOY AND HIS DOG	1975	CL	38.00	90.00
❑ CAPTAIN	1974	CL	45.00	95.00
❑ CARD TRICKS	1984	RT	110.00	175.00
❑ CHRISTMAS DANCERS	1981	RT	130.00	180.00
❑ CHRISTMAS GOOSE	1983	7500	75.00	75.00
❑ CONFRONTATION	1988	RT	75.00	75.00
❑ CRAMMING	1988	RT	80.00	80.00
❑ DAY IN THE LIFE BOY II	1981	CL	75.00	85.00
❑ DAY IN THE LIFE BOY III	1982	CL	85.00	90.00
❑ DAY IN THE LIFE GIRL III	1982	CL	85.00	115.00
❑ DELORES & EDDIE	1988	RT	75.00	75.00
❑ DIARY, THE	1988	RT	75.00	80.00
❑ DRUM FOR TOMMY	1986	RT	90.00	90.00
❑ FACTS OF LIFE	1983	RT	110.00	110.00
❑ FISHING	1974	CL	50.00	100.00
❑ GARY COOPER IN HOLLYWOOD	1988	RT	90.00	90.00
❑ GOD REST YE MERRY GENTLEMEN	1976	CL	50.00	1200.00
❑ HOME FOR THE HOLIDAYS	1988	RT	100.00	100.00
❑ INDEPENDENCE	1976	CL	40.00	150.00
❑ JOLLY COACHMAN	1980	7500	75.00	140.00
❑ MARRIAGE LICENSE	1976	CL	50.00	165.00
❑ MARRIAGE LICENSE	1982	RT	110.00	500.00
❑ MERRIE CHRISTMAS	1982	RT	75.00	150.00
❑ MISSING TOOTH	1974	CL	30.00	85.00
❑ NO SWIMMING	1975	CL	35.00	150.00
❑ OCCULTIST, THE	1976	CL	50.00	175.00
❑ OLD MILL POND	1975	CL	45.00	95.00
❑ OLD SIGN PAINTER, THE	1985	RT	130.00	200.00
❑ PUPPET MAKER	1985	RT	130.00	170.00
❑ SANTA PLANNING HIS ANNUAL VISIT	1987	RT	95.00	95.00
❑ SANTA'S FRIEND	1984	RT	75.00	150.00
❑ SAYING GRACE RW12	1982	RT	110.00	550.00
❑ SAYING GRACE RW42	1976	CL	75.00	120.00
❑ SERENADE	1984	RT	95.00	100.00
❑ SKATING	1974	CL	38.00	85.00
❑ TACKLED (AD STAND)	1976	CL	35.00	95.00
❑ TACKLED (ROCKWELL NAME SIGNED)	1982	CL	45.00	100.00
❑ TINY TIM	1974	CL	30.00	95.00
❑ TRIPLE SELF PORTRAIT	1982	5000	300.00	500.00
❑ WEIGHING IN	1974	RT	40.00	120.00
❑ WET SPORT	1981	CL	85.00	100.00
TENDER YEARS (FOUR SEASONS)				**N. ROCKWELL**
❑ CHILLY RECEPTION (SET)	1979	RT	*	N/A
❑ COOL AID (SET)	1979	RT	*	N/A
❑ NEW YEAR LOOK	1979	RT	500.00	1100.00
❑ SPRING TONIC (SET)	1979	RT	*	N/A
TRAVELING SALESMAN (FOUR SEASONS)				**N. ROCKWELL**
❑ COUNTRY PEDDLER (SET)	1985	RT	*	N/A
❑ EXPERT SALESMAN (SET)	1985	RT	*	N/A
❑ HORSE TRADER	1985	RT	275.00	275.00
❑ TRAVELING SALESMAN (SET)	1985	RT	*	N/A
VASARI FIGURINES				**VASARI**
❑ AUSTRIAN HUSSAR	1973	250	400.00	800.00
❑ CELLINI	1973	250	400.00	800.00
❑ CHRIST	1973	250	250.00	500.00
❑ COSSACK, THE	1973	250	250.00	500.00
❑ CRECHE	1973	250	500.00	1000.00
❑ D'ARTAGNAN	1973	250	250.00	800.00
❑ ENGLISH CRUSADER	1973	250	250.00	500.00
❑ FRENCH CRUSADER	1973	250	250.00	500.00
❑ GERMAN HUSSAR	1973	250	250.00	500.00
❑ GERMAN MERCENARY	1973	250	250.00	500.00
❑ ITALIAN CRUSADER	1973	250	250.00	500.00
❑ LEONARDO DA VINCI	1973	200	250.00	500.00
❑ MERCENARY WARRIOR	1971	250	250.00	500.00
❑ MICHELANGELO	1973	200	250.00	500.00
❑ MING WARRIOR	1971	250	200.00	400.00
❑ PIRATE	1973	250	250.00	400.00
❑ PORTHOS	1973	250	250.00	500.00
❑ ROMAN CENTURION	1973	250	250.00	400.00
❑ SPANISH GRANDEE	1973	250	250.00	400.00
❑ SWISS WARRIOR	1971	250	250.00	1000.00

NAME	YEAR	LIMIT	ISSUE	TREND
❑ THREE KINGS (SET OF 3)	1973	200	750.00	1500.00
❑ THREE MUSKETEERS (SET OF 3)	1973	200	750.00	1500.00
❑ VENETIAN NOBLEMAN	1973	250	200.00	400.00
❑ VIKING	1973	250	200.00	400.00
YOUNG LOVE (FOUR SEASONS)				**N. ROCKWELL**
❑ BEGUILING BUTTERCUP (SET)	1973	2500	*	N/A
❑ DOWNHILL DARING (SET)	1973	2500	250.00	1100.00
❑ FLYING HIGH (SET)	1973	2500	*	N/A
❑ SCHOLARLY PACE (SET)	1973	2500	*	N/A

GRANGET

GRANGET PORCELAINS

				G. GRANGET
❑ AMERICAN BALD EAGLE, FREEDOM IN FLIGHT	1976	200	3400.00	9500.00
❑ AMERICAN ROBIN, IT'S SPRING AGAIN	1976	150	1950.00	1950.00
❑ BLUE TITMOUSE, LIVELY FELLOW	1974	750	1295.00	1295.00
❑ BLUEBIRDS, RELUCTANT FLEDGLING	1976	350	1750.00	4600.00
❑ BOBWHITE QUAIL, OFF SEASON	*	350	*	3000.00
❑ CALIFORNIA SEA LIONS, SEA FROLIC	*	500	1375.00	4200.00
❑ CANADIAN GEESE, HEADING SOUTH	*	150	4650.00	14200.00
❑ CATFINCH, SPRING MELODY	1974	750	1675.00	1675.00
❑ CEDAR WAXWINGS, ANXIOUS MOMENTS	*	175	2675.00	2675.00
❑ CROWNED CRANES, THE DANCE	*	25	20000.00	20000.00
❑ DOLPHIN GROUP	*	350	*	5000.00
❑ DOLPHINS, PLAY TIME, DECORATED	*	100	9000.00	N/A
❑ DOLPHINS, PLAY TIME, UNDECORATED	*	500	3500.00	3500.00
❑ DOUBLE EAGLE, 24 KT GOLD VERMEIL/PEWTER	1976	1200	250.00	250.00
❑ GOLDEN-CRESTED WRENS, TINY ACROBATS	1974	700	2060.00	2060.00
❑ GOLDFINCH, MORNING HOUR	1974	750	1250.00	1250.00
❑ GREAT BLUE HERONS, THE CHALLENGE	*	150	5000.00	14200.00
❑ GREAT TITMOUSE ADULTS, BUSY ACTIVITY	1974	750	2175.00	2175.00
❑ HALLA	*	350	*	4100.00
❑ KINGFISHER, DEFECTED PREY	1974	600	1975.00	1975.00
❑ MEADOWLARK, SPRING IS HERE	*	175	2450.00	2450.00
❑ MOURNING DOVES, ENGAGES	*	250	*	1475.00
❑ OPEN JUMPER, THE CHAMPION	*	500	1350.00	1350.00
❑ PEREGRINE FALCON, WOOD, 10 IN.	*	2500	500.00	500.00
❑ PEREGRINE FALCON, WOOD, 12.5 IN.	*	1500	700.00	700.00
❑ PEREGRINE FALCON, WOOD, 20 IN.	*	250	2000.00	2000.00
❑ PINTAIL DUCKS, SAFE AT HOME	*	350	*	9700.00
❑ RED DEER STAG, THE ROYAL STAG	*	150	4850.00	4850.00
❑ RELUCTANT FLEDGLING	1977	350	1750.00	1750.00
❑ RING-NECKED PHEASANTS, TAKE COVER	*	125	*	5000.00
❑ ROBIN, A DAY BEGINS	1974	750	1795.00	1795.00
❑ RUFFED GROUSE	*	150	2000.00	2000.00
❑ SCREECH OWL WITH CHICKADEES, DISTAIN	*	175	2250.00	5650.00
❑ SECRETARY BIRD, THE CONTEST	1976	100	6000.00	11000.00
❑ SPRINGBOK, THE SENTINEL	*	150	2000.00	2000.00
❑ STAG	*	350	*	4400.00
❑ WOODCOCKS, A FAMILY AFFAIR	*	200	*	1500.00

GREENWICH WORKSHOP

				W. BULLAS
❑ ARTIST, THE	1998	622	95.00	95.00
❑ BACK QUACKERS	1998	1200	125.00	125.00
❑ CALIFORNIA STYLIN'	1998	OP	125.00	125.00
❑ FOOL MOON	1998	1750	125.00	125.00
❑ FOWL BALL	1998	828	95.00	95.00
❑ NURSE, THE	1998	2500	95.00	95.00
❑ SAND TRAP PRO	1998	828	95.00	95.00
❑ SNOW BUDDIES	1998	1250	125.00	125.00
❑ SOCK HOP	1998	OP	95.00	95.00
❑ SPACE CADET	1998	2500	95.00	95.00
❑ SUPERMOM	1998	1228	95.00	95.00
				J. CHRISTENSEN
❑ ...HIS WIFE COULD EAT NO LEAN	1998	1500	185.00	185.00
❑ ANCIENT ANGEL, THE	1998	1750	195.00	195.00
❑ JACK SPRAT COULD EAT NO FAT	1998	1500	175.00	175.00
❑ LUTE PLAYER, THE	1998	1500	450.00	450.00
❑ MINIATURE ARTIST, THE	1998	1500	95.00	95.00
❑ MRS. CLAUS	1998	2500	295.00	295.00
❑ RESPONSIBLE MAN, THE	1998	1950	495.00	495.00
❑ WETLAND BIRD HUNTER	1998	1950	250.00	250.00
				S. GUSTAFSON
❑ BABY BEAR	1998	1950	60.00	60.00
❑ BROTHER AVERY	1998	2500	95.00	95.00
❑ FROGGY GOES A-WOOING	1998	2500	125.00	125.00
❑ GOLDILOCKS	1998	1950	150.00	150.00
❑ HARE, THE	1998	1950	95.00	95.00
❑ MAMA BEAR	1998	1950	165.00	165.00
❑ OTTIST	1998	1500	95.00	95.00
❑ OWL AND THE PUSSYCAT, THE	1998	2500	250.00	250.00
❑ PAPA BEAR	1998	1950	175.00	175.00
❑ PUSS IN BOOTS	1998	2500	165.00	165.00
❑ TORTOISE, THE	1998	1950	125.00	125.00

BRONZE

				J. CHRISTENSEN
❑ CANDLEMAN, THE	1990	100	2250.00	3100.00
❑ SIX BIRD HUNTERS	1994	50	4500.00	4500.00

FIGURINES

NAME	YEAR	LIMIT	ISSUE	TREND
WESTERN				**F. MCCARTHY**
❏ THUNDER OF HOOVES	*	*	*	10500.00
HALLMARK				
KIDDIE CAR CLASSICS				*
❏ 1950 MURRAY GENERAL QHG9051	1999	YR	50.00	50.00
❏ CALL BOX & FIRE HYDRANT QHG3618	1999	YR	25.00	25.00
❏ CINDER & ELLA DALMATIANS QHG3619	1999	YR	15.00	15.00
❏ CINDER SAYS... QHG3261	1999	YR	30.00	30.00
❏ FLAGPOLE QHG3620	1999	YR	20.00	20.00
KIDDIE CAR CLASSICS				**D. PALMITER**
❏ 1929 STEELCRAFT ROADSTER 9040	1998	RT	70.00	70.00
❏ 1935 STEELCRAFT AIRPLANE-MURRAY 9032	1996	RT	50.00	70.00
❏ 1937 GARTON FORD 9035	1997	RT	65.00	90.00
❏ 1937 STEELCRAFT AUBURN LUX. ED. QHG9021	1995	RT	65.00	100.00
❏ 1938 GARTON LINCOLN ZEPHYR 9038	1997	RT	65.00	100.00
❏ 1939 GARTON FORD STATION WAGON 9034	1997	RT	55.00	100.00
❏ 1940 GEDRON RED HOT ROADSTER 9037	1997	RT	55.00	100.00
❏ 1941 STEELCRAFT BY MURRAY FIRE TRUCK QHG9042	1998	YR	60.00	60.00
❏ 1941 STEELCRAFT FIRETRUCK 9042	1998	YR	60.00	60.00
❏ 1941 STEELCRAFT OLDSMOBILE 9036	1997	RT	55.00	55.00
❏ 1956 MURRAY GOLDEN EAGLE 9033	1997	RT	50.00	100.00
❏ 1958 MURRAY CHAMPION 9041	1998	YR	55.00	55.00
❏ 1960 EIGHT BALL RACER 9039	1998	YR	55.00	55.00
❏ 1961 MURRAY SUPER DELUXE TRACTOR WITH TRAILER 9027	1996	RT	55.00	80.00
KIDDIE CAR CLASSICS				**C. WEBB**
❏ 1941 GARTON FIELD AMBULANCE QHG9049	1999	YR	65.00	65.00
KIDDIE CAR CLASSICS				**E. WEIRICK**
❏ 1935 STEELCRAFT- MURRAY LX. ED. 9029	1996	RT	65.00	90.00
❏ 1937 STEELCRAFT AIRFLOW- MURRAY LX. ED. 9024	1995	RT	65.00	75.00
❏ 1939 STEELCRAFT LINCOLN ZEPHYR- MURRAY 9015	1994	RT	50.00	125.00
❏ 1941 MURRAY AIRPLANE 9003	1992	RT	50.00	400.00
❏ 1941 STEELCRAFT SPITFIRE AIRPLANE-MURRAY 9009	1994	RT	50.00	150.00
❏ 1948 PONTIAC-MURRAY 9026	1995	RT	50.00	60.00
❏ 1950 TORPEDO- MURRAY 9020	1995	RT	50.00	100.00
❏ 1953 MURRAY DUMP TRUCK 9012	1992	RT	48.00	150.00
❏ 1955 FIRE CHIEF- MURRAY 9006	1993	RT	50.00	150.00
❏ 1955 FIRE TRUCK- MURRAY 9001	1992	RT	50.00	250.00
❏ 1955 RED CHAMPION- MURRAY 9002	1994	RT	45.00	100.00
❏ 1955 CHAMPION BLUE- MURRAY 9008	1992	RT	45.00	350.00
❏ 1955 DUMP TRUCK- MURRAY 9011	1994	RT	48.00	75.00
❏ 1955 FIRE TRUCK- MURRAY 9010	1994	RT	50.00	300.00
❏ 1955 RANCH WAGON- MURRAY 9007	1994	RT	48.00	100.00
❏ 1955 ROYAL DELUXE- MURRAY LM. ED. 9025	1995	RT	55.00	70.00
❏ 1955 TRACTOR & TRAILER- MURRAY 9004	1992	RT	55.00	200.00
❏ 1956 GARTON DRAGNET POLICE CAR 9016	1994	RT	50.00	75.00
❏ 1956 GARTON HOT ROD RACER 9028	1996	RT	55.00	75.00
❏ 1956 GARTON KIDILLAC 9094	1994	RT	50.00	60.00
❏ 1956 GARTON MARK V 9022	1994	RT	45.00	75.00
❏ 1958 MURRAY ATOMIC MISSILE 9018	1994	RT	55.00	75.00
❏ 1959 GARTON DELUXE KIDILLAC 9017	1995	RT	55.00	75.00
❏ 1961 GARTON CASEY JONES LOCOMOTIVE 9019	1995	RT	55.00	50.00
❏ 1961 MURRAY CIRCUS CAR 9014	1994	RT	48.00	75.00
❏ 1961 MURRAY SPEEDWAY PACE CAR 9013	1994	RT	45.00	60.00
❏ 1962 MURRAY SUPER DELUXE FIRE TRUCK 9095	1995	RT	55.00	90.00
❏ 1964 GARTON TIN LIZZIE 9023	1995	RT	50.00	70.00
❏ 1964-1/2 FORD MUSTANG 9030	1996	RT	55.00	75.00
❏ 1968 MURRAY BOAT JOLLY ROGER 9005	1993	RT	50.00	75.00
KIDDIE CAR CORNER				**D. PALMITER**
❏ 1941 JUNIOR SERVICE TRUCK 9031	1997	RT	55.00	80.00
❏ KC'S GARAGE 3601	1997	RT	70.00	100.00
❏ KC'S OIL CART 3609	1998	YR	15.00	15.00
❏ MECHANIC'S LIFT 3608	1998	YR	25.00	25.00
❏ PEDAL PETROLEUM GAS PUMP 3602	1997	RT	25.00	30.00
❏ PEDAL POWER PREMIUM GAS PUMP 3603	1997	RT	30.00	30.00
❏ SIDEWALK SALES SIGNS 3605	1997	RT	15.00	15.00
❏ SIDEWALK SERVICE SIGNS 3604	1997	RT	15.00	15.00
❏ WELCOME SIGN 3606	1997	RT	30.00	60.00
SIDEWALK CRUISER				*
❏ 1935 AMERICAN AIRFLOW COASTER LTD. ED. QHG6310	1996	RT	48.00	75.00
❏ 1935 SKY KING VELOCIPED QHG6311	1996	RT	45.00	100.00
❏ 1937 STEELCRAFT STREAMLINE SCOOTER/MURRAY QHG6301	1995	RT	35.00	60.00
❏ 1939 MOBO HORSE QHG6304	1995	RT	45.00	65.00
❏ 1940 GARTON AERO FLITE WAGON LTD. ED. QHG6305	1995	RT	48.00	65.00
❏ 1941 KEYSTONE LOCOMOTIVE QHG6312	1996	RT	38.00	50.00
❏ 1950 GARTON DELIVERY CYCLE QHG6309	1996	RT	38.00	50.00
❏ 1951 HOPALONG CASSICY VELOCIPEDE QHG6325	1999	YR	48.00	48.00
❏ 1958 MURRAY POLICE CYCLE LTD. ED. QHG6307	1995	RT	55.00	65.00
❏ 1963 GARTON SPEEDSTER QHG6303	1995	RT	38.00	60.00
❏ 1966 GARTON SUPER-SONDA QHG6302	1995	RT	45.00	60.00
❏ LATE 1940S MOBO SULKY QHG6308	1996	RT	48.00	90.00
SIDEWALK CRUISER				**D. PALMITER**
❏ 1935 STEELCRAFT STREAMLINE VELOPCIPEDE-MURRAY 6306	1995	RT	45.00	50.00
❏ 1937 DE LUXE VELOCIPEDE 6319	1998	YR	45.00	45.00
❏ 1937 SCAMP WAGON 6318	1997	29,500	48.00	48.00
❏ 1939 AMERICAN-NATIONAL PEDAL BIKE 6314	1997	YR	38.00	38.00

15 Happy Years Together, What a Tweet! is the Enesco Precious Moments 15th anniversary commemorative figurine and was issued in 1992.

The elegantly attired Henley is from the "British Sporting Heritage" series produced by Royal Doulton.

Gardening Angel was issued in 1996 as part of the Earth Angels line by artist Pipka for Prizm Inc.

The striking Allegra was the G. Armani Society redemption piece for 1996.

NAME	YEAR	LIMIT	ISSUE	TREND
❑ 1939 GARTON BATWING SCOOTER 6317	1997	RT	38.00	38.00
❑ 1960 MURRAY BLAZE-O-JET 6313	1997	YR	45.00	45.00
❑ 1960S SEALTEST MILK TRUCK 6315	1998	YR	40.00	40.00

HAMILTON COLLECTION

AMERICAN GARDEN FLOWERS — D. FRYER

NAME	YEAR	LIMIT	ISSUE	TREND
❑ AZALEA	1987	15000	75.00	75.00
❑ CALLA LILY	1988	15000	75.00	75.00
❑ CAMELIA	1987	9800	55.00	75.00
❑ DAY LILY	1988	15000	75.00	75.00
❑ GARDENIA	1987	15000	75.00	75.00
❑ PANSY	1989	15000	75.00	75.00
❑ PETUNIA	1988	15000	75.00	75.00
❑ ROSE	1987	15000	75.00	75.00

AMERICAN WILDLIFE BRONZE COLLECTION — H. DEATON

NAME	YEAR	LIMIT	ISSUE	TREND
❑ BEAVER	1980	7500	60.00	65.00
❑ BOBCAT	1979	7500	60.00	75.00
❑ COUGAR	1979	7500	60.00	125.00
❑ POLAR BEAR	1980	7500	60.00	65.00
❑ SEA OTTER	1980	7500	60.00	65.00
❑ WHITE-TAILED DEER	1979	7500	60.00	105.00

BIRDHOUSES IN BLOOM — L. YENCHO

NAME	YEAR	LIMIT	ISSUE	TREND
❑ BLACKBIRD'S BOWER	1998	OP	15.00	15.00
❑ BLUE JAY'S MINARET	1998	OP	15.00	15.00
❑ CARDINAL COTTAGE	1998	OP	15.00	15.00
❑ ROSEBUD COTTAGE	1998	OP	15.00	15.00
❑ SPRINGTIME VICTORIAN	1998	OP	15.00	15.00
❑ VINEYARD VILLA	1998	OP	15.00	15.00

CELEBRATION OF OPERA — J. VILLENA

NAME	YEAR	LIMIT	ISSUE	TREND
❑ AIDA	1988	7500	95.00	95.00
❑ CANIO	1988	7500	95.00	95.00
❑ CARMEN	1986	7500	95.00	95.00
❑ CIO-CIO-SAN	1986	7500	95.00	95.00
❑ FIGARO	1987	7500	95.00	95.00
❑ MIMI	1988	7500	95.00	95.00

CELEBRATION OF ROSES *

NAME	YEAR	LIMIT	ISSUE	TREND
❑ BRANDY	1989	OP	55.00	55.00
❑ COLOR MAGIC	1989	OP	55.00	55.00
❑ HONOR	1989	OP	55.00	55.00
❑ MISS ALL-AMERICAN BEAUTY	1989	OP	55.00	55.00
❑ OLE'	1991	OP	55.00	55.00
❑ OREGOLD	1990	OP	55.00	55.00
❑ PARADISE	1991	OP	55.00	55.00
❑ TIFFANY	1989	OP	55.00	55.00

CORAL KINGDOM *

NAME	YEAR	LIMIT	ISSUE	TREND
❑ ATHENA	1995	OP	35.00	35.00

EARLY DISCOVERIES — M. ADAMS

NAME	YEAR	LIMIT	ISSUE	TREND
❑ CURIOUS ENCOUNTERS	1998	OP	20.00	20.00
❑ FIRST RECITAL	1998	OP	20.00	20.00
❑ NEW EXPLORERS	1998	OP	20.00	20.00
❑ NEW FRIENDS	1998	OP	20.00	20.00
❑ STROLLING ALONG	1998	OP	20.00	20.00
❑ SWEET NATURE	1998	OP	20.00	20.00

EXOTIC BIRDS OF THE WORLD — FRANCESCO

NAME	YEAR	LIMIT	ISSUE	TREND
❑ BUDGERIGAR	1984	7500	75.00	105.00
❑ COCKATOO, THE	1984	7500	75.00	115.00
❑ DIAMOND DOVE, THE	1984	7500	75.00	95.00
❑ FISHER'S WHYDAH, THE	1984	7500	75.00	95.00
❑ PEACH-FACED LOVEBIRD, THE	1984	7500	75.00	95.00
❑ QUETZAL, THE	1984	7500	75.00	95.00
❑ RED LOG, THE	1984	7500	75.00	95.00
❑ RUBENIO PARAKEET, THE	1984	7500	75.00	95.00

FOUR SEASONS OF THE EAGLE — S. HARDOCK

NAME	YEAR	LIMIT	ISSUE	TREND
❑ AUTUMN BOUNTY	1998	*	40.00	40.00

FRESHWATER CHALLENGE — M. WALD

NAME	YEAR	LIMIT	ISSUE	TREND
❑ PRIZED CATCH	1992	OP	75.00	75.00
❑ RAINBOW LURE	1991	OP	75.00	75.00
❑ STRIKE, THE	1991	OP	75.00	75.00
❑ SUN CATCHER	1991	OP	75.00	75.00

GARDEN ROMANCES ARE FOREVER — B. CLEAVER

NAME	YEAR	LIMIT	ISSUE	TREND
❑ ENDLESS LOVE SONGS	1998	OP	15.00	15.00
❑ FLOWERED WITH LOVE	1998	OP	15.00	15.00
❑ FRUITS OF LOVE	1998	OP	15.00	15.00
❑ LOVE HAS ITS UPS AND DOWNS	1998	OP	15.00	15.00
❑ LOVE IS IN THE AIR	1998	OP	15.00	15.00
❑ LOVE PECKS	1998	OP	15.00	15.00

GIBSON GIRLS *

NAME	YEAR	LIMIT	ISSUE	TREND
❑ ACTRESS, THE	1986	OP	75.00	75.00
❑ ARTIST, THE	1988	OP	75.00	75.00
❑ BRIDE, THE	1987	OP	75.00	75.00
❑ CAREER GIRL, THE	1987	OP	75.00	75.00
❑ COLLEGE GIRL, THE	1987	OP	75.00	75.00
❑ DEBUTANTE, THE	1988	OP	75.00	75.00
❑ SOCIETY GIRL, THE	1988	OP	75.00	75.00
❑ SPORTSWOMAN, THE	1987	OP	75.00	75.00

GREAT ANIMALS OF THE AMERICAN WILDERNESS — H. DEATON

NAME	YEAR	LIMIT	ISSUE	TREND
❑ BIGHORN	1983	7500	75.00	75.00
❑ ELK	1983	7500	75.00	75.00
❑ GRIZZLY BEAR	1983	7500	75.00	75.00

FIGURINES

NAME	YEAR	LIMIT	ISSUE	TREND
❑ MOUNTAIN LION	1983	7500	75.00	75.00
❑ MUSTANG	1983	7500	75.00	75.00
❑ PLAINS BISON	1983	7500	75.00	75.00
❑ PRONGHORN ANTELOPE	1983	7500	75.00	75.00
❑ TIMBER WOLF	1983	7500	75.00	75.00
HEROES OF BASEBALL-PORCELAIN BASEBALL CARDS				*
❑ BROOKS ROBINSON	1990	OP	20.00	20.00
❑ CASEY STENGEL	1991	OP	20.00	20.00
❑ DUKE SNIDER	1990	OP	20.00	20.00
❑ ERNIE BANKS	1991	OP	20.00	20.00
❑ GIL HODGES	1990	OP	20.00	20.00
❑ JACKIE ROBINSON	1991	OP	20.00	20.00
❑ MICKEY MANTLE	1991	OP	20.00	20.00
❑ ROBERTO CLEMENTE	1990	OP	20.00	20.00
❑ SATCHEL PAGE	1991	OP	20.00	20.00
❑ WHITEY FORD	1990	OP	20.00	20.00
❑ WILLIE MAYS	1990	OP	20.00	20.00
❑ YOGI BERRA	1991	OP	20.00	20.00
INTERNATIONAL SANTA				*
❑ ALPINE SANTA	1995	OP	55.00	55.00
❑ BELSNICKEL	1993	OP	55.00	55.00
❑ DEDUSHKA MOROZ	1995	OP	55.00	55.00
❑ FATHER CHRISTMAS	1992	OP	55.00	55.00
❑ GRANDFATHER FROST	1992	OP	55.00	55.00
❑ JOLLY OLD ST. NICK	1993	OP	55.00	55.00
❑ KRIS KRINGLE	1993	OP	55.00	55.00
❑ PERE NOEL	1994	OP	55.00	55.00
❑ SANTA CLAUS	1992	OP	55.00	55.00
❑ YULETIDE SANTA	1994	OP	55.00	55.00
LEGENDARY FLOWERS OF THE ORIENT				ITO
❑ CHERRY BLOSSOM	1985	15000	55.00	55.00
❑ CHINESE PEONY	1985	15000	55.00	55.00
❑ CHRYSANTHEMUM	1985	15000	55.00	55.00
❑ GOLD BAND LILY	1985	15000	55.00	55.00
❑ IRIS	1985	15000	55.00	55.00
❑ JAPANESE ORCHID	1985	15000	55.00	55.00
❑ LOTUS	1985	15000	55.00	55.00
❑ WISTERIA	1985	15000	55.00	55.00
LITTLE FRIENDS OF THE ARCTIC				M. ADAMS
❑ YOUNG PRINCE, THE	1995	CL	38.00	38.00
LITTLE MESSENGERS				P. PARKINS
❑ CLEANLINESS IS NEXT TO GODLINESS	1998	CL	30.00	30.00
❑ LOVE IS HAPPINESS	1998	CL	30.00	30.00
❑ LOVE IS KIND	1998	CL	30.00	30.00
❑ LOVE IS PATIENT	1998	CL	30.00	30.00
❑ PRACTICE MAKES PERFECT	1998	CL	30.00	30.00
❑ PRETTY IS AS PRETTY DOES	1998	CL	30.00	30.00
LITTLE MESSENGERS HEAVENLY GARDENERS				P. PARKINS
❑ HE SHOWERS US WITH BLESSINGS	1998	CL	20.00	20.00
LITTLE NIGHT OWLS				D.T. LYTTLETON
❑ BARN OWL	1990	OP	45.00	45.00
❑ BARRED OWL	1991	OP	45.00	45.00
❑ GREAT GREY OWL	1991	OP	45.00	45.00
❑ GREAT HORNED OWL	1991	OP	45.00	45.00
❑ SHORT-EARED OWL	1991	OP	45.00	45.00
❑ SNOWY OWL	1990	OP	45.00	45.00
❑ TAWNY OWL	1990	OP	45.00	45.00
❑ WHITE-FACED OWL	1991	OP	45.00	45.00
LITTLE TOUCH OF HEAVEN				S. KUCK
❑ ALEXANDRA	1998	*	18.00	18.00
❑ AMANDA	1998	*	18.00	18.00
❑ BRIANNA	1998	*	18.00	18.00
❑ KATHERINE	1998	*	18.00	18.00
❑ MIRANDA	1998	*	18.00	18.00
❑ VICTORIA	1998	*	18.00	18.00
MAGNIFICENT BIRDS OF PARADISE				FRANCESCO
❑ BLACK SICKLE-BILLED BIRD OF PARADISE	1985	12500	75.00	95.00
❑ BLUE BIRD OF PARADISE	1985	12500	75.00	95.00
❑ EMPEROR OF GERMANY	1985	12500	75.00	95.00
❑ GOLDIE'S BIRD OF PARADISE	1985	12500	75.00	95.00
❑ GREATER BIRD OF PARADISE	1985	12500	75.00	95.00
❑ MAGNIFICENT BIRD OF PARADISE	1985	12500	75.00	95.00
❑ PRINCESS STEPHANIE BIRD OF PARADISE	1985	12500	75.00	95.00
❑ RAGGIANA BIRD OF PARADISE	1985	12500	75.00	95.00
MAJESTIC WILDLIFE OF NORTH AMERICA				H. DEATON
❑ ALASKAN MOOSE	1985	7500	75.00	75.00
❑ BARREN GROUND CARIBOU	1985	7500	75.00	75.00
❑ BLACK BEAR	1985	7500	75.00	75.00
❑ COYOTE	1985	7500	75.00	75.00
❑ HARBOUR SEAL	1985	7500	75.00	75.00
❑ MOUNTAIN GOAT	1985	7500	75.00	75.00
❑ OCELOT	1985	7500	75.00	75.00
❑ WHITE-TAILED DEER	1985	7500	75.00	75.00
MAKIN' A SPLASH				B. CLEAVER
❑ CHILLIN' GOOD TIME	1998	*	20.00	20.00
❑ SPLASHIN' AROUND	1998	*	20.00	20.00
MASTERS OF THE EVENING WILDERNESS				*
❑ AUTUMN BARN OWLS	1995	OP	38.00	38.00
❑ GREAT GREY OWL	1995	OP	38.00	38.00

NAME	YEAR	LIMIT	ISSUE	TREND
❑ GREAT HORNED OWL	1995	OP	38.00	38.00
❑ GREAT SNOWY OWL, THE	1994	OP	38.00	38.00
MYSTIC SPIRITS				**S. DOUGLAS**
❑ SPIRIT OF THE WOLF	1995	CL	55.00	55.00
MYSTIC WARRIORS SHIELD COLLECTION				**C. REN**
❑ BLUE THUNDER	1998	*	40.00	40.00
❑ DELIVERANCE	1998	*	40.00	40.00
❑ MYSTIC WARRIOR	1998	*	40.00	40.00
❑ WINDRIDER	1998	*	40.00	40.00
NATURE'S MAJESTIC CATS				**D. GEENTZ**
❑ TIGRESS AND CUBS	1995	OP	55.00	55.00
NATURE'S SPIRITUAL REALM				**S. KEHRLI**
❑ SPIRIT OF THE FIRE	1998	OP	69.00	69.00
❑ SPIRIT OF THE WIND	1998	OP	69.00	69.00
NOBLE AMERICAN INDIAN WOMEN				*
❑ FALLING STAR	1994	OP	55.00	55.00
❑ LILY OF THE MOHAWKS	1995	OP	55.00	55.00
❑ LOZEN	1995	OP	55.00	55.00
❑ MINNEHAHA	1994	OP	55.00	55.00
❑ PINE LEAF	1994	OP	55.00	55.00
❑ POCAHONTAS	1995	OP	55.00	55.00
❑ SACAJAWEA	1993	OP	55.00	55.00
❑ WHITE ROSE	1993	OP	55.00	55.00
NOBLE SWAN				**G. GRANGET**
❑ NOBLE SWAN, THE	1985	5000	295.00	295.00
NOBLE WARRIORS				*
❑ DELIVERANCE	1993	OP	135.00	135.00
❑ SPIRIT OF THE PLAINS	1994	OP	135.00	135.00
❑ TOP GUN	1995	OP	135.00	135.00
❑ WINDRIDER	1995	OP	135.00	135.00
NOLAN RYAN COLLECTORS ED./PORCELAIN BASEBALL				*
❑ ANGELS 1972-C #595	1993	OP	20.00	20.00
❑ ASTROS 1985-C #7	1993	OP	20.00	20.00
❑ METS 1968-C #177	1993	OP	20.00	20.00
❑ METS 1969-C #533	1993	OP	20.00	20.00
❑ RANGERS 1990-C #1	1993	OP	20.00	20.00
❑ RANGERS 1992-C #1	1993	OP	20.00	20.00
OCEAN ODYSSEY				**W. YOUNGSTROM**
❑ BREACHING THE WATERS	1995	CL	55.00	55.00
❑ RIDING THE WAVES	1995	CL	55.00	55.00
PALS OF THE MONTH				**M. ADAMS**
❑ BACK TO SCHOOL/SINGING IN THE RAIN SET OF 2	1998	OP	30.00	30.00
❑ BATTER UP/ON PARADE SET OF 2	1998	OP	30.00	30.00
❑ BRINGING IN THE NEW YEAR/MAKING THE GRADE SET OF 2	1998	OP	30.00	30.00
❑ LET'S GIVE THANKS/HAVE YOURSELF A MERRY XMAS SET	1998	OP	30.00	30.00
❑ TRICK OR TREAT/SPRING IS SPRUNG SET OF 2	1998	OP	30.00	30.00
❑ YOU'RE MY LUCKY CHARM/BE MINE, SWEET VALENTINE SET	1998	OP	30.00	30.00
PEANUT PALS				**T. NEWSOM**
❑ ALL ABOARD!	1998	OP	20.00	20.00
❑ HAVING A BALL!	1998	OP	20.00	20.00
❑ SHALL I POUR?	1998	OP	20.00	20.00
❑ SIDEWALK SPEEDSTER	1998	OP	20.00	20.00
❑ SLICE OF FUN, A	1998	OP	20.00	20.00
❑ TEETER-TOTTER FUN	1998	OP	20.00	20.00
PEANUT PALS-WATERFALL WAYS & ELEPHANT DAYS				*
❑ BACK SPLASH	1998	*	15.00	15.00
❑ CLEAN FUN!	1998	*	15.00	15.00
❑ JUST SPLASHIN' DUCKY	1998	*	15.00	15.00
❑ MERRILY, MERRILY	1998	*	15.00	15.00
❑ SURFER DUDE	1998	*	15.00	15.00
❑ WATER BATHING BEAUTY	1998	*	15.00	15.00
POLAR PLAYMATES				**M. ADAMS**
❑ BELLY FLOPPIN'	1998	OP	15.00	15.00
❑ DREAMIN' AWAY	1998	OP	15.00	15.00
❑ GOIN' FISHIN'	1998	OP	15.00	15.00
❑ KICKIN' BACK	1998	OP	15.00	15.00
❑ LOOK WHO'S NAPPIN'	1998	OP	15.00	15.00
❑ SLIP'N & SLIDE'N	1998	OP	15.00	15.00
PRINCESS OF THE PLAINS				*
❑ NATURE'S GUARDIAN	1995	OP	55.00	55.00
❑ NOBLE GUARDIAN	1994	OP	55.00	55.00
❑ SNOW PRINCESS	1994	OP	55.00	55.00
❑ WILD FLOWER	1994	OP	55.00	55.00
❑ WINTER'S ROSE	1995	OP	55.00	55.00
PROTECT NATURE'S INNOCENTS				**R. MANNING**
❑ AFRICAN ELEPHANT	1995	OP	15.00	15.00
PUPPY PLAYTIME SCULPTURE COLLECTION				**J. LAMB**
❑ CABIN FEVER	1991	CL	30.00	30.00
❑ CATCH OF THE DAY	1991	CL	30.00	30.00
❑ DOUBLE TAKE	1990	CL	30.00	30.00
❑ FUN AND GAMES	1991	CL	30.00	30.00
❑ GETTING ACQUAINTED	1991	CL	30.00	30.00
❑ HANGING OUT	1991	CL	30.00	30.00
❑ NEW LEASH ON LIFE	1991	CL	30.00	30.00
❑ WEEKEND GARDENER	1991	CL	30.00	30.00
PUSS IN BOOTS				**P. COOPER**
❑ ALL DRESSED UP	1993	OP	35.00	35.00
❑ CAUGHT NAPPING	1992	OP	35.00	35.00

FIGURINES

FIGURINES

NAME	YEAR	LIMIT	ISSUE	TREND
❏ DAYDREAMER	1994	OP	35.00	35.00
❏ HIDE'N GO SEEK	1993	OP	35.00	35.00
❏ SITTING PRETTY	1993	OP	35.00	35.00
❏ SWEET DREAMS	1992	OP	35.00	35.00
❏ TEE TIME	1994	OP	35.00	35.00
❏ TENNIS ANYONE?	1993	OP	35.00	35.00
RINGLING BROS. CIRCUS ANIMALS				**P. COZZOLINO**
❏ ACROBATIC SEAL	1983	9800	50.00	50.00
❏ BABY ELEPHANT	1983	9800	50.00	55.00
❏ MINIATURE SHOW HORSE	1983	9800	50.00	70.00
❏ MR. CHIMPANZEE	1983	9800	50.00	50.00
❏ PARADE CAMEL	1984	9800	50.00	50.00
❏ PERFORMING POODLES	1983	9800	50.00	50.00
❏ ROARING LION	1984	9800	50.00	50.00
❏ SKATING BEAR	1983	9800	50.00	50.00
ROCKWELL HOME OF THE BRAVE				**N. ROCKWELL**
❏ BACK TO HIS OLD JOB	1982	7500	75.00	75.00
❏ HERO'S WELCOME	1982	7500	75.00	75.00
❏ REMINISCING	1982	7500	75.00	85.00
❏ TAKING MOTHER OVER THE TOP	1982	7500	75.00	75.00
❏ UNCLE SAM TAKES WINGS	1982	7500	75.00	75.00
❏ WILLIE GILLIS IN CHURCH	1982	7500	75.00	75.00
ROMANCE OF FLOWERS				*
❏ AUTUMN BOUQUET	1988	15000	95.00	95.00
❏ SPRINGTIME BOUQUET	1987	15000	95.00	95.00
❏ SUMMER BOUQUET	1987	15000	95.00	95.00
❏ WINTER BOUQUET	1988	15000	95.00	95.00
SACRED CULTURES				**S. KEHRLI**
❏ COURAGE	1998	OP	40.00	40.00
❏ WISDOM	1998	OP	40.00	40.00
SHIELD OF THE MIGHTY WARRIOR				**S. KEHRLI**
❏ PROTECTION OF THE BOBCAT	1998	OP	45.00	45.00
❏ PROTECTION OF THE BUFFALO	1998	OP	45.00	45.00
❏ PROTECTION OF THE EAGLE	1998	OP	45.00	45.00
❏ PROTECTOR OF THE COUGAR	1998	OP	45.00	45.00
❏ SPIRIT OF THE BEAR	1998	OP	45.00	45.00
❏ SPIRIT OF THE GRAY WOLF	1998	OP	45.00	45.00
SNUGGLE BABIES				**JACQUELINE B.**
❏ BABY BEARS	1988	OP	35.00	35.00
❏ BABY BUNNIES	1988	OP	35.00	35.00
❏ BABY CHIPMUNKS	1989	OP	35.00	35.00
❏ BABY FAWNS	1989	OP	35.00	35.00
❏ BABY FOXES	1988	OP	35.00	35.00
❏ BABY RACCOONS	1989	OP	35.00	35.00
❏ BABY SKUNKS	1988	OP	35.00	35.00
❏ BABY SQUIRRELS	1989	OP	35.00	35.00
SPIRIT OF THE EAGLE				**T. SULLIVAN**
❏ BLAZING MAJESTIC SKIES	1995	OP	55.00	55.00
❏ NOBLE AND FREE	1995	OP	55.00	55.00
❏ PROUD SYMBOL OF FREEDOM	1995	OP	55.00	55.00
❏ SPIRIT OF INDEPENDENCE	1994	OP	55.00	55.00
SPLENDOR OF BALLET				**E. DAUB**
❏ AURORA	1988	15000	95.00	95.00
❏ CLARA	1989	15000	95.00	95.00
❏ FIREBIRD	1989	15000	95.00	95.00
❏ GISELLE	1987	15000	95.00	95.00
❏ JULIET	1987	15000	95.00	95.00
❏ KITRI	1987	15000	95.00	95.00
❏ ODETTE	1987	15000	95.00	95.00
❏ SWANILDA	1989	15000	95.00	95.00
TROPICAL TREASURES				**M. WALD**
❏ BEAKED CORAL BUTTERFLY FISH	1990	OP	38.00	38.00
❏ BLUE GIRDLED ANGEL FISH	1990	OP	38.00	38.00
❏ FLAG-TAIL SURGEONFISH	1989	OP	38.00	38.00
❏ PENNANT BUTTERFLY FISH	1989	OP	38.00	38.00
❏ SAIL-FINNED SURGEONFISH	1989	OP	38.00	38.00
❏ SEA HORSE	1989	OP	38.00	38.00
❏ SPOTTED ANGEL FISH	1990	OP	38.00	38.00
❏ ZEBRA TURKEY FISH	1990	OP	38.00	38.00
UNBRIDLED SPIRITS				**C. DEHAAN**
❏ WILD FURY	1994	OP	135.00	135.00
VISIONS OF CHRISTMAS				**M. GRIFFIN**
❏ GIFTS FROM ST. NICK	1995	OP	135.00	135.00
❏ MRS. CLAUS' KITCHEN	1994	OP	135.00	135.00
❏ SANTA'S DELIVERY	1993	OP	135.00	135.00
❏ TOYS IN PROGRESS	1993	OP	135.00	135.00
WILD DUCKS OF NORTH AMERICA				**C. BURGESS**
❏ AMERICAN WIDGEON	1988	15000	95.00	95.00
❏ BUFFLEHEAD	1988	15000	95.00	95.00
❏ COMMON MALLARD	1987	15000	95.00	95.00
❏ GREEN WINGED TAIL	1987	15000	95.00	95.00
❏ HOODED MERGANSER	1987	15000	95.00	95.00
❏ NORTHERN PINFALL	1988	15000	95.00	95.00
❏ RUDDY DUCK DRAKE	1988	15000	95.00	95.00
❏ WOOD DUCK	1987	15000	95.00	95.00
WILDLIFE NURSERY				*
❏ MOMMY, BABY GO BOOM!	1998	OP	15.00	15.00
❏ MOMMY'S LITTLE SHAKER	1998	OP	15.00	15.00
❏ MORE MILK, MOMMY	1998	OP	15.00	15.00
❏ MY DUCK, MOMMY!	1998	OP	15.00	15.00

NAME	YEAR	LIMIT	ISSUE	TREND
❏ NAPTIME MOMMY?	1998	OP	15.00	15.00
❏ PACIFY ME, MOMMY!	1998	OP	15.00	15.00

WOLVES OF THE WILDERNESS — **D. GEENTY**

❏ MOTHER'S WATCH	1995	OP	55.00	55.00
❏ WOLF'S PRIDE	1995	OP	55.00	55.00

HAMILTON GIFTS

MAUD HUMPHREY BOGART COLLECTOR'S CLUB FIGURINES — **M. HUMPHREY BOGART**

❏ FLOWER FOR YOU H5596	1990	OP	65.00	65.00
❏ FRIENDS FOR LIFE MH911	1991	OP	60.00	140.00

MAUD HUMPHREY BOGART FIGURINES — **M. HUMPHREY BOGART**

❏ ALL BUNDLED UP 910015	1991	19500	85.00	85.00
❏ AUTUMN DAYS H1348	1990	24500	45.00	49.00
❏ BRIDE, THE H1313	1988	19500	90.00	90.00
❏ BRIDE, THE-PORCELAIN H1388	1989	15000	125.00	128.00
❏ CHANCE ACQUAINTANCE H5589	1990	19500	70.00	135.00
❏ CLEANING HOUSE (WATERBALL) H5654	1991	19500	75.00	75.00
❏ CLEANING HOUSE H1303	1988	RT	60.00	70.00
❏ DOUBLES 910023	1991	19500	70.00	70.00
❏ GIFT OF LOVE H1319	1989	RT	65.00	65.00
❏ GRADUATE, THE- H5559	1991	19500	75.00	75.00
❏ HOLIDAY SURPRISE H5551	1990	24500	50.00	55.00
❏ HUSH A BYE BABY H5695	1991	19500	62.00	62.00
❏ IN THE ORCHARD H1373	1989	24500	33.00	36.00
❏ KITTY'S BATH H1384	1990	19500	103.00	109.00
❏ KITTY'S LUNCH H1355	1989	19500	60.00	66.00
❏ LITTLE BO PEEP H1382	1989	24000	45.00	49.00
❏ LITTLE BOY BLUE H5612	1991	19500	55.00	55.00
❏ LITTLE CAPTIVE, THE- H1374	1989	19500	55.00	58.00
❏ LITTLE CHICKADEES H1306	1988	RT	65.00	70.00
❏ LITTLE CHICKADEES-PORCELAIN H1389	1989	15000	*	110.00
❏ LITTLE MISS MUFFET H5621	1991	24500	75.00	75.00
❏ LITTLE PLAYMATES H1349	1990	19500	48.00	53.00
❏ LITTLE RED RIDING HOOD H1381	1989	24500	43.00	46.00
❏ LITTLE ROBIN H1347	1990	19500	55.00	58.00
❏ MAGIC KITTEN, THE- H1308	1988	RT	66.00	85.00
❏ MAGIC KITTEN, THE-PORCELAIN H5543	1989	19500	125.00	125.00
❏ MELISSA (WATERBALL) 910074	1991	19500	40.00	40.00
❏ MELISSA 910031	1991	24500	55.00	55.00
❏ MY FIRST BIRTHDAY H1320	1989	RT	47.00	50.00
❏ MY FIRST DANCE (WATERBALL) H5656	1991	19500	75.00	75.00
❏ MY FIRST DANCE H1311	1988	RT	60.00	200.00
❏ MY FIRST DANCE-PORCELAIN H5650	1991	15000	110.00	110.00
❏ MY SNOW SHOVEL 910058	1991	19500	70.00	70.00
❏ MY WINTER HAT 921017	1991	15000	80.00	80.00
❏ MY WINTER HAT H5554	1990	24500	40.00	46.00
❏ NO MORE TEARS H1351	1989	24500	44.00	49.00
❏ PINWHEEL, THE- H5600	1991	24500	45.00	45.00
❏ PLAYING BRIDESMAID H5500	1989	19000	125.00	100.00
❏ PLAYTIME H1383	1990	19500	60.00	66.00
❏ PLEASURE TO MEET YOU H1310	1988	RT	65.00	80.00
❏ SARAH (WATERBALL) H5604	1990	19500	75.00	75.00
❏ SARAH H1312	1988	RT	60.00	275.00
❏ SARAH-PORCELAIN H5651	1991	15000	110.00	110.00
❏ SCHOOL DAYS H1318	1989	RT	43.00	60.00
❏ SCHOOL LESSON H1356	1989	19500	77.00	100.00
❏ SEALED WITH A KISS H1316	1989	RT	45.00	70.00
❏ SEAMSTRESS H1309	1988	RT	66.00	250.00
❏ SPECIAL FRIENDS H1317	1989	RT	66.00	115.00
❏ SPECIAL FRIENDS-PORCELAIN H1390	1989	15000	125.00	120.00
❏ SPECIAL GIFT H5550	1990	19500	70.00	99.00
❏ SPRING BEAUTIES H1387	1989	15000	135.00	131.00
❏ SPRING BOUQUET H5598	1991	24500	44.00	44.00
❏ SPRING FROLIC H5590	1991	15000	170.00	170.00
❏ SPRINGTIME GATHERING H1385	1989	7500	295.00	200.00
❏ SUNDAY OUTING H1386	1989	15000	135.00	140.00
❏ SUSANNA (WATERBALL) H5595	1990	19500	75.00	79.00
❏ SUSANNA H1305	1988	RT	60.00	250.00
❏ SUSANNA-PORCELAIN H5652	1991	15000	110.00	110.00
❏ TEA AND GOSSIP H1301	1988	RT	65.00	110.00
❏ TEA AND GOSSIP-PORCELAIN H5653	1991	15000	132.00	132.00
❏ WINTER DAYS (WATERBALL) 915130	1991	19500	75.00	75.00
❏ WINTER DAYS H5553	1990	24500	50.00	55.00
❏ WINTER FRIENDS (WATERBALL) 915149	1991	19500	75.00	75.00
❏ WINTER FRIENDS H5552	1990	19500	64.00	69.00
❏ WINTER FUN 921025	1991	15000	90.00	90.00
❏ WINTER FUN H1354	1989	15000	46.00	60.00
❏ WINTER RIDE 910066	1991	19500	60.00	60.00

MAUD HUMPHREY BOGART GALLERY FIGURINES — **M. HUMPHREY BOGART**

❏ MOTHERS TREASURES H5619	1991	15000	118.00	118.00
❏ SHARING SECRETS 910007	1991	15000	120.00	120.00

MAUD HUMPHREY BOGART PETITE FIGURINES — **M. HUMPHREY BOGART**

❏ CLEANING HOUSE H5611	1991	OP	24.00	24.00
❏ GIFT OF LOVE H5620	1991	OP	24.00	24.00
❏ MAGIC KITTEN, THE- H5623	1991	OP	24.00	24.00
❏ MY FIRST DANCE H-5623	1991	OP	24.00	24.00
❏ SARAH H5613	1991	OP	24.00	24.00

NAME	YEAR	LIMIT	ISSUE	TREND
❑ SEAMSTRESS, THE- H5627	1991	OP	24.00	24.00
❑ SPECIAL FRIENDS H5625	1991	OP	24.00	24.00
❑ SUSANNA H5626	1991	OP	24.00	24.00

HAMILTON/BOEHM
FAVORITE GARDEN FLOWERS

				*
❑ CALIFORNIA POPPY	1985	9800	195.00	225.00
❑ CARNATION	1985	9800	195.00	225.00
❑ DAFFODIL	1985	9800	195.00	225.00
❑ HIBISCUS	1985	9800	195.00	225.00
❑ MORNING GLORY	1985	9800	195.00	225.00
❑ ROSE	1985	9800	195.00	225.00
❑ SWEET PEA	1985	9800	195.00	225.00
❑ TULIP	1985	9800	195.00	225.00

ROSES OF DISTINCTION

				*
❑ ANGEL FACE ROSE	1983	9800	135.00	175.00
❑ ELEGANCE ROSE	1983	9800	135.00	175.00
❑ MR. LINCOLN ROSE	1983	9800	135.00	175.00
❑ PEACE ROSE	1983	9800	135.00	195.00
❑ QUEEN ELIZABETH ROSE	1983	9800	135.00	175.00
❑ ROYAL HIGHNESS ROSE	1983	9800	135.00	175.00
❑ TROPICANA ROSE	1983	9800	135.00	175.00
❑ WHITE MASTERPIECE ROSE	1983	9800	135.00	195.00

HARBOUR LIGHTS

				B. YOUNGER
❑ NEW YORK SKYLINE	2002	OP	25.00	N/A

ANCHOR BAY

				B. YOUNGER
❑ 41 FT. USCG UTILITY BOAT AB112	2002	4000	65.00	65.00
❑ REVISED 44 FT. LIFEBOAT AB113	2002	4000	70.00	70.00

SPECIAL EDITIONS

				B. YOUNGER
❑ 3 1/2 ORDER CLAMSHELL FRESNEL LENS 650	2002	5000	89.00	89.00
❑ 3RD ORDER BEEHIVE FRESNEL LENS 651	2002	5000	84.00	84.00

HARMONY KINGDOM
ANGELIQUE

				D. LAWRENCE
❑ BON CHANCE	*	RT	*	N/A
❑ FLEUR-DE-LIS (VERSION 1)	1996	RT	35.00	140.00
❑ FLEUR-DE-LIS (VERSION 2)	1996	OP	35.00	40.00
❑ GENTIL HOMME	1996	RT	35.00	40.00
❑ INGENUE	1996	RT	35.00	25.00
❑ JOIE DE VIVRE	1996	RT	35.00	90.00

BLACK BOX SERIES

				P. CALVESBERT
❑ ROAD KILL	1999	RT	55.00	125.00

CAKE TOPPERS SERIES

				P. CALVESBERT
❑ LEATHER ANNIVERSARY	1999	*	20.00	20.00

CLAIR DE LUNE

				J. BHARUCHA
❑ BEAUREGARD & BABY'S BED	2001	OP	*	N/A
❑ MARMALADE & MAO MAO'S MIRROR	2001	OP	*	N/A
❑ PEEZER, PAWS & PO PO'S PIANO	2001	OP	*	N/A
❑ SIMBA & SAFFRON'S SETTEE	2001	OP	*	N/A
❑ TARTUFFE & TEASER'S TUB	2001	OP	*	N/A
❑ VIX, VERNE & VELVET'S VANITY	2001	OP	*	N/A

DISNEY

				*
❑ LION KING'S PRIDE ROCK	1998	CL	95.00	90.00
❑ POOH AND FRIENDS	1997	OP	60.00	60.00

EVENT PIECES

				P. CALVESBERT
❑ GOBBLEFEST	1999	RT	49.00	49.00
❑ OKTOBEARFEST	1997	RT	39.00	50.00

EVENT PIECES

				D. LAWRENCE
❑ PUMPKINFEST	1998	RT	45.00	45.00
❑ QUEEN OF THE JUNGLE	1999	6000	95.00	95.00

GARDEN PARTY

				P. CALVESBERT
❑ LADIES IN WAITING	1996	OP	18.00	20.00
❑ ROYAL FLOTILLA	1996	RT	18.00	30.00

GARDEN PARTY

				D. LAWRENCE
❑ LORD BUSBY	1997	RT	18.00	80.00
❑ MAJOR PARKER	1997	CL	18.00	35.00

GCC EXCLUSIVE

				P. CALVESBERT
❑ QUEEN'S COUNSEL	1998	RT	45.00	60.00

GCC EXCLUSIVE

				M. PERRY STUDIOS
❑ THIN ICE	1999	6000	45.00	45.00

HARMONY CIRCUS

				D. LAWRENCE
❑ SUAVE ST. JOHN	1996	RT	35.00	35.00

HARMONY GARDEN

				*
❑ POPPIES ON TURKEY	2000	*	*	50.00

HARMONY GARDEN

				M. BALDWIN
❑ CHERRY BLOSSOM	2000	OP	45.00	45.00
❑ EGYPTIAN ROSE	2000	OP	45.00	45.00
❑ GRAPES	2000	OP	45.00	45.00
❑ LEMONS OF MOROCCO	2000	OP	45.00	45.00
❑ LOTUS OF HIMALAYAS	2000	OP	45.00	45.00
❑ POPPY	2000	OP	45.00	45.00
❑ ROSES OF EGYPT	2000	OP	45.00	45.00

HARMONY GARDEN

				S. DRACKETT
❑ CARNATION	2001	OP	*	N/A
❑ DAISY II	2001	OP	*	N/A

FIGURINES

NAME	YEAR	LIMIT	ISSUE	TREND
❑ HIBISCUS	2001	OP	*	N/A
❑ IRIS II	2001	OP	*	N/A
❑ LILY	2001	OP	*	N/A
❑ ROSE	2001	OP	*	N/A
❑ SUNFLOWER III	2001	OP	*	N/A
HARMONY GARDEN			**M. PERRY STUDIOS**	
❑ ALPINE FLOWER	1999	OP	45.00	45.00
❑ BASKET OF ROSES	1997	3600	65.00	165.00
❑ BEGONIA	1998	RT	45.00	45.00
❑ CACTUS	1998	OP	45.00	45.00
❑ CHRYSANTHEMUM	1997	RT	39.00	45.00
❑ CRANBERRY	1997	RT	39.00	45.00
❑ DAISY	1997	RT	39.00	45.00
❑ DOUBLE PINK ROSE	1998	RT	55.00	125.00
❑ DOUBLE RED ROSE	1998	RT	55.00	125.00
❑ DOUBLE STERLING ROSE	1999	RT	500.00	500.00
❑ DOUBLE VIOLET ROSE	1998	RT	55.00	70.00
❑ DOUBLE YELLOW ROSE	1998	RT	55.00	100.00
❑ EASTER BOUQUET	1999	RT	75.00	75.00
❑ FORGET-ME-NOT	1998	RT	45.00	45.00
❑ GARDENIA	1998	RT	45.00	45.00
❑ GILL	1999	OP	45.00	45.00
❑ HOME SWEET HOME	2000	RT	250.00	250.00
❑ HOPS	1999	OP	45.00	45.00
❑ HOT PEPPER	1999	OP	45.00	45.00
❑ HYACINTH	1997	RT	39.00	80.00
❑ HYDRANGEA	1997	RT	39.00	85.00
❑ IRIS	1998	OP	45.00	45.00
❑ MARIGOLD	1999	OP	45.00	45.00
❑ MARSH MARIGOLD	1997	RT	39.00	60.00
❑ MORNING GLORY	1997	RT	39.00	95.00
❑ MOTHER'S DAY BOUQUET	1999	RT	75.00	70.00
❑ ORANGE	1999	OP	45.00	45.00
❑ ORANGE ROSE	1997	3600	39.00	95.00
❑ PARADE OF GIFTS	1999	5000	75.00	75.00
❑ PEACE LILY	1997	RT	39.00	45.00
❑ PEACH ROSE	1997	RT	39.00	95.00
❑ PEONY	1998	OP	45.00	50.00
❑ PINK ROSE	1997	RT	39.00	100.00
❑ POMEGRANATE	1999	OP	45.00	45.00
❑ RAINBOW ROSE PARTY	1998	5000	100.00	125.00
❑ RED ROSE	1997	RT	39.00	225.00
❑ RHODODENDRON	1997	RT	39.00	10.00
❑ ROSE BASKET	1997	RT	65.00	190.00
❑ ROSE BUD	1998	OP	45.00	45.00
❑ ROSE PARTY	1998	RT	100.00	85.00
❑ SILVER ROSE	1998	RT	400.00	400.00
❑ SNAPDRAGON	1998	RT	45.00	50.00
❑ SNOW DROP	1997	RT	39.00	45.00
❑ SUNFLOWER	1997	OP	45.00	50.00
❑ SUNFLOWER II	1999	OP	45.00	50.00
❑ TULIP	1999	OP	45.00	50.00
❑ VIOLET ROSE	1997	RT	39.00	140.00
❑ WHITE ROSE	1997	RT	39.00	125.00
❑ YELLOW ROSE	1997	RT	39.00	125.00
HARMONY GARDEN CHAPTER VI			**S. DRACKETT**	
❑ HONEYMOON	2002	OP	39.00	39.00
❑ MOTHER'S DAY	2002	OP	39.00	39.00
❑ NEW BABY	2002	OP	39.00	39.00
❑ VALENTINE'S DAY	2002	OP	39.00	39.00
❑ WEDDING DAY	2002	OP	55.00	55.00
HI JINX			**P. CALVESBERT**	
❑ ANTARCTIC ANTICS	1994	RT	100.00	100.00
❑ HOLD THAT LINE	1994	RT	100.00	100.00
❑ MAD DOGS & ENGLISHMEN	1994	RT	100.00	90.00
❑ OPEN MIKE	1995	RT	100.00	75.00
HOLIDAY EDITIONS				*
❑ BON BON	2000	RT	45.00	45.00
❑ EASY SLIDER	2000	RT	45.00	45.00
❑ PASTILLE	2000	RT	45.00	45.00
HOLIDAY EDITIONS			**P. CALVESBERT**	
❑ HOLY ROLLER	1999	RT	45.00	45.00
❑ JINGLE BELL ROCK	1998	RT	45.00	55.00
❑ NICK OF TIME	1996	RT	35.00	350.00
❑ SOMETHING'S GOTTA GIVE	1997	RT	35.00	50.00
HOLIDAY EDITIONS			**D. LAWRENCE**	
❑ BON ENFANT (GOLD WINGS)	1996	RT	35.00	125.00
❑ BON ENFANT (MULTICOLORED)	1996	RT	35.00	350.00
❑ CELESTE	1997	RT	45.00	50.00
❑ CHATELAINE	1995	RT	35.00	350.00
❑ JOYEAUX	1999	RT	45.00	45.00
❑ LA GUARDIENNE	1998	RT	45.00	45.00
❑ NOEL	1999	RT	45.00	45.00
I.C.E. EXCLUSIVE				*
❑ BYRON'S BACCHANAL	2000	*	*	N/A
❑ FLOWERPOT	2001	*	*	N/A
I.C.E. EXCLUSIVE			**P. CALVESBERT**	
❑ SNEAK PREVIEW	1998	5000	65.00	75.00
❑ SWAP 'N SELL	1999	5000	75.00	150.00
❑ SWAP 'N SELL (GROUCHO MARX)	1999	200	76.00	650.00

FIGURINES

NAME	YEAR	LIMIT	ISSUE	TREND
INTERCHANGEABLES				**A. BINDER**
❏ BOG HOPPER	2002	OP	30.00	30.00
❏ CRACK A SMILE	2002	OP	30.00	30.00
❏ HEARTS CONTENT	2002	OP	30.00	30.00
❏ IN THE KNOW	2002	OP	30.00	30.00
❏ LADY LUCK	2002	OP	30.00	30.00
❏ MAKE A WISH	2002	OP	30.00	30.00
❏ WEDDED BLISS	2002	OP	30.00	30.00
LARGE TREASURE JESTS				**P. CALVESBERT**
❏ DRAKE'S FANCY	1990	RT	55.00	55.00
❏ HORN O' PLENTY	1991	RT	55.00	100.00
❏ JOURNEY HOME	1991	RT	55.00	55.00
❏ KEEPING CURRENT	1990	RT	55.00	55.00
❏ ON A ROLL	1992	RT	55.00	65.00
❏ ONE STEP AHEAD	1994	RT	55.00	55.00
❏ PEN PALS	1991	RT	55.00	55.00
❏ PONDERING (CRACKED EGG)	1990	RT	55.00	175.00
❏ PRIDE AND JOY	1993	RT	55.00	55.00
❏ QUIET WATERS	1990	RT	55.00	55.00
❏ STANDING GUARD	1993	RT	55.00	90.00
❏ STEP ASIDE	1993	RT	55.00	65.00
❏ STRAIGHT FROM THE HIP	1991	RT	55.00	65.00
❏ SUNNYSIDE UP	1991	RT	55.00	65.00
❏ TALLY HO	1999	OP	55.00	80.00
❏ TEA FOR TWO	1991	RT	55.00	50.00
LIMITED EDITIONS				*
❏ FALL BOUQUET	2000	RT	*	N/A
❏ HOWLING TREE INN	2000	RT	*	N/A
❏ MRS. LILLIPURR'S LODGING	2000	RT	*	N/A
❏ NOAH'S QUARK	2000	YR	175.00	175.00
❏ WINTER BOUQUET	2000	RT	*	N/A
LIMITED EDITIONS				**P. CALVESBERT**
❏ HAVE A HEART	1998	RT	55.00	200.00
❏ NOAH'S LARK	1995	RT	400.00	550.00
❏ NOSE BLEED	2000	RT	55.00	55.00
❏ ORIGINAL KIN	1997	RT	250.00	400.00
❏ UNBEARABLES	1995	RT	400.00	300.00
LIMITED EDITIONS				**D. LAWRENCE**
❏ KILLING TIME	1997	RT	100.00	200.00
❏ PIECES OF EIGHT	1998	RT	120.00	225.00
❏ PIECES OF EIGHT (RED)	1998	5000	120.00	170.00
❏ PLAY BALL	1998	7200	120.00	80.00
LIMITED EDITIONS				**M. PERRY STUDIOS**
❏ CHRISTMAS BOUQUET	1999	RT	75.00	70.00
❏ HALLOWEEN BOUQUET	1999	RT	55.00	N/A
❏ SIN CITY	1998	RT	600.00	400.00
❏ SPRING BOUQUET	2000	RT	75.00	90.00
❏ STERLING SILVER ROSE	1998	1000	400.00	300.00
❏ SUMMER BOUQUET	2000	RT	75.00	90.00
MILLENNIUM SERIES				**M. PERRY STUDIOS**
❏ Y2HK	1999	TL	175.00	175.00
MINI TREASURE JESTS				**P. CALVESBERT**
❏ CATCH AS CATCH CAN (CAT IN CAN)	2000	OP	45.00	45.00
❏ GOOD RACE, THE (TORTOISE)	2000	OP	45.00	35.00
❏ MOGGY BAG (CAT AND BAG)	2000	OP	45.00	35.00
❏ POT STICKER (HEDGEHOG)	2000	RT	45.00	90.00
❏ TRUNK CALL (ELEPHANT)	2000	OP	45.00	45.00
MINI TREASURE JESTS & NETSUKE				**P. CALVESBERT**
❏ FINKY	2001	OP	*	N/A
❏ MIDAS TOUCH	2001	OP	*	N/A
❏ SID	2001	OP	*	N/A
NETSUKE				**P. CALVESBERT**
❏ FRANCIS (ELEPHANT)	2000	RT	20.00	20.00
❏ HARRY (RABBIT)	2000	OP	20.00	20.00
❏ NELL (DOG)	2000	OP	20.00	20.00
❏ OLLIE (OWLS)	2000	OP	20.00	20.00
❏ SQUEE (DOLPHIN)	2000	OP	20.00	20.00
❏ TARKA (OTTER)	2000	OP	20.00	20.00
❏ WADDAVID LAWRENCEES (DUCK)	2000	OP	20.00	20.00
PARADOXICAL SERIES				**P. CALVESBERT**
❏ PARADISE FOUND	1995	RT	35.00	50.00
❏ PARADISE LOST	1995	RT	35.00	50.00
PICTURESQUE				**A. RICHMOND**
❏ BEST IN SHOW	2001	2000	*	N/A
❏ SHOWBOAT	2001	2000	*	N/A
PICTURESQUE-NOAH'S PARK TILE FIGURINE				**M. PERRY STUDIOS**
❏ BEAKY'S BEACH	1999	OP	25.00	25.00
❏ BUNGEES IN THE MIST	1999	OP	25.00	25.00
❏ CLIFF HANGERS	1999	OP	25.00	25.00
❏ DOLPHIN DOWNS	1999	OP	25.00	25.00
❏ FLAMINGO EAST	1999	OP	25.00	25.00
❏ FLUME LAGOON	1999	OP	25.00	25.00
❏ GLACIER FALLS	1999	OP	25.00	25.00
❏ HEART OF DARKNESS	1999	OP	25.00	25.00
❏ KRAKATOA LOUNGE	1999	OP	25.00	25.00
❏ LOST ARK, THE	1999	OP	25.00	25.00
❏ MARK OF THE BEAST	1999	OP	25.00	25.00
❏ NESSIE'S NOOK	1999	OP	25.00	25.00

FIGURINES

NAME	YEAR	LIMIT	ISSUE	TREND
❑ NOAH'S HIDEAWAY	1999	OP	55.00	55.00
❑ PELICAN BAY	1999	OP	25.00	25.00
❑ POINT SIREN SONG	1999	OP	25.00	25.00
❑ SKY MASTER	1999	OP	25.00	25.00
❑ SUN CATCHER	1999	OP	25.00	25.00
❑ THUNDER DOME	1999	OP	25.00	25.00
❑ TILT-A-WHIRL	1999	OP	25.00	25.00
❑ WHALE WATCH	1999	OP	25.00	25.00
❑ WHIRLIGIG RAINBOW	1999	OP	25.00	25.00
PRIMORIAL CROOZE EVENT GIFT				**P. CALVESBERT**
❑ PRIMORDIAL SOUP	1999	RT	*	300.00
RATHER LARGE				**P. CALVESBERT**
❑ RATHER LARGE FRIENDS	1996	RT	65.00	60.00
❑ RATHER LARGE HOP	1996	RT	65.00	60.00
❑ RATHER LARGE HUDDLE	1996	RT	65.00	55.00
❑ RATHER LARGE SAFARI	1996	RT	65.00	55.00
ROLY POLYS				**A. BINDER**
❑ CASS	2001	OP	*	N/A
❑ CYRIL	2001	OP	*	N/A
❑ FATS	2001	OP	*	N/A
❑ GLEASON	2001	OP	*	N/A
❑ HARDY	2001	OP	*	N/A
❑ HENRY	2001	OP	*	N/A
❑ LIZ	2001	OP	*	N/A
❑ MONICA	*	RT	*	N/A
❑ MOSTEL	*	RT	*	N/A
❑ ORSON	2001	OP	*	N/A
❑ PAVAROTTI	2001	OP	*	N/A
❑ ROSEANNE	2001	OP	*	N/A
❑ STANDING CAT DISPLAY	*	RT	*	N/A
❑ VICTORIA	2001	OP	*	N/A
❑ WINSTON	2001	OP	*	N/A
ROMANCE				**P. CALVESBERT**
❑ RHAPSODY IN BLUE	2002	TL	*	N/A
ROMANCE				**S. DRACKETT**
❑ LOVE AND PEACE	2000	RT	75.00	75.00
ROMANCE				**D. LAWRENCE**
❑ LOVE NEST	1998	RT	90.00	90.00
❑ PILLOW TALK	1997	RT	120.00	105.00
ROMANCE				**M. PERRY STUDIOS**
❑ TENDER IS THE NIGHT	1999	RT	75.00	95.00
ROYAL WATCH COLLECTOR'S CLUB				**P. CALVESBERT**
❑ BIG BLUE	1996	RT	75.00	135.00
❑ BIG DAY, THE	1996	RT	*	165.00
❑ PAPER ANNIVERSARY	1997	RT	20.00	140.00
ROYAL WATCH COLLECTOR'S CLUB				**D. LAWRENCE**
❑ BEHOLD THE KING	1998	OP	100.00	90.00
❑ BENEATH THE EVER CHANGING SEAS	1999	YR	*	N/A
❑ PELL MELL	1999	YR	120.00	115.00
❑ PURRFECT FIT	1996	RT	*	250.00
❑ SOLE MATE	1999	YR	35.00	35.00
❑ SWEET AS A SUMMER'S KISS	1997	RT	*	45.00
ROYAL WATCH COLLECTOR'S CLUB				**M. PERRY STUDIOS**
❑ BYRON'S LONELY HEARTS CLUB	1999	YR	65.00	65.00
❑ LOVER'S LEAP	2000	YR	*	24.00
❑ MERRY-GO-ROUND	2000	YR	*	30.00
❑ MUSHROOM, THE	1998	RT	120.00	100.00
❑ MUTTON CHOPS	1998	RT	*	30.00
❑ SUNFLOWER	1997	RT	70.00	65.00
SMALL TREASURE JESTS				*
❑ ALL ANGLES COVERED	1994	RT	35.00	35.00
❑ HOG HEAVEN	1996	RT	35.00	35.00
❑ NIC NAC PADDY WHACK (RED DOG)	1996	CL	*	300.00
❑ TERRA INCOGNITA	1997	*	*	90.00
❑ TONGUE AND CHEEK	1994	*	*	40.00
❑ TONY'S TABBIES	1997	*	*	50.00
❑ TOO MUCH OF A GOOD THING	1994	RT	*	100.00
❑ TRUMPETERS' BALL	1996	*	*	50.00
❑ TURDUS FELIDAE	1999	*	*	50.00
❑ WADDLES THE DUCK	2000	9000	*	100.00
❑ WISE GUYS	1995	RT	*	35.00
SMALL TREASURE JESTS				**P. CALVESBERT**
❑ ALGERNON	1998	3000	45.00	80.00
❑ ALL EARS	1993	RT	35.00	150.00
❑ ALL TIED UP	1993	RT	35.00	165.00
❑ ANTIPASTO	1998	RT	45.00	45.00
❑ ARIA AMOROSA	1998	OP	45.00	45.00
❑ AT ARM'S LENGTH	1993	RT	35.00	375.00
❑ BABY BOOMERS	1998	RT	45.00	75.00
❑ BABY ON BOARD	1993	RT	35.00	75.00
❑ BACK SCRATCH	1993	RT	35.00	N/A
❑ BEAK TO BEAK	1995	RT	35.00	50.00
❑ BEAK TO BEAK (VERSION 2)	1996	RT	35.00	45.00
❑ CATCH A LOT	1998	RT	45.00	45.00
❑ CLOSE SHAVE	1996	RT	35.00	40.00
❑ CROC POT	1998	RT	45.00	70.00
❑ DAMNABLE PLOT	1995	RT	35.00	35.00
❑ DAY DREAMER	1993	RT	35.00	400.00
❑ DEAD RINGER	1999	OP	45.00	45.00

FIGURINES

NAME	YEAR	LIMIT	ISSUE	TREND
❑ DEN MOTHERS	1995	RT	35.00	135.00
❑ DOG DAYS	*	RT	*	N/A
❑ DOWN UNDER	1997	RT	35.00	35.00
❑ FAMILY TREE	1994	RT	35.00	35.00
❑ FAUX PAW	1997	RT	45.00	45.00
❑ FORTY WINKS	1992	RT	35.00	175.00
❑ FOUL PLAY	1999	OP	45.00	45.00
❑ FRIENDS IN HIGH PLACES	1997	OP	45.00	45.00
❑ GREAT ESCAPE	1999	OP	45.00	50.00
❑ GROUP THERAPY	1994	RT	35.00	250.00
❑ HAMMING IT UP	1993	RT	35.00	125.00
❑ HORSE PLAY	1995	RT	35.00	350.00
❑ IN FINE FEATHER	1997	RT	45.00	45.00
❑ INSIDE JOKE	1994	RT	35.00	35.00
❑ IT'S A FINE DAY	1993	RT	35.00	275.00
❑ JERSEY BELLES	1995	RT	35.00	40.00
❑ JONAH'S HIDEAWAY	1993	RT	35.00	225.00
❑ LAST LAUGH	1999	OP	45.00	50.00
❑ LET'S DO LUNCH	1994	RT	35.00	750.00
❑ LIBERTY & JUSTICE	1996	RT	45.00	45.00
❑ LIFE'S A PICNIC	1995	RT	35.00	40.00
❑ LORD BYRON'S SUNDAY SWIM	1994	OP	35.00	35.00
❑ LOVE SEAT	1994	RT	35.00	40.00
❑ MAJOR'S MOUSERS	1995	RT	45.00	150.00
❑ MENAGE A TROIS	1998	OP	45.00	40.00
❑ MUD BATH	1995	RT	35.00	100.00
❑ MURPHY'S LAST STAND	1997	RT	35.00	70.00
❑ NEIGHBORHOOD WATCH	1994	RT	35.00	80.00
❑ OF THE SAME STRIPE	1993	OP	35.00	35.00
❑ OF THE SMALL STRIPE	*	RT	*	N/A
❑ PACKAGE TOUR	1999	OP	45.00	45.00
❑ PANDA	1996	100	35.00	1500.00
❑ PEACE SUMMIT	1999	OP	45.00	50.00
❑ PECKING ORDER	1999	OP	45.00	50.00
❑ PERISHED TEDDIES/PETTY TEDDIES	1999	OP	45.00	85.00
❑ PHOTO FINISH	1997	RT	45.00	50.00
❑ PINK PARADISE	1996	RT	35.00	40.00
❑ PLAY SCHOOL	1994	RT	35.00	50.00
❑ PONGO'S PALM	2001	OP	*	N/A
❑ PRINCELY THOUGHTS	1992	RT	35.00	115.00
❑ PUDDLE HUDDLE	1995	OP	35.00	40.00
❑ PURRFECT FRIENDS	1994	OP	35.00	35.00
❑ RAM	1995	100	35.00	1250.00
❑ REMINISCENCE	1993	RT	35.00	175.00
❑ ROCKY'S RAIDERS	1998	RT	45.00	45.00
❑ ROOSTER	1997	300	35.00	550.00
❑ RUMBLE SEAT	1996	OP	45.00	50.00
❑ SAINT OR SINNER	2001	OP	*	N/A
❑ SCHOOL'S OUT	1993	RT	35.00	35.00
❑ SHAGGY DOG	1997	300	35.00	450.00
❑ SHARK	1995	100	35.00	2250.00
❑ SHELL GAME	1993	OP	35.00	35.00
❑ SHOE BILL	1997	300	35.00	655.00
❑ SIDE STEPPING	1993	RT	35.00	100.00
❑ SLEEPY HOLLOW	1997	OP	35.00	35.00
❑ SLOW DANCE	2001	OP	*	N/A
❑ SPLASHDOWN	1997	RT	45.00	50.00
❑ SWAMP SONG	1993	RT	35.00	60.00
❑ SWEET SERENADE	1995	OP	35.00	35.00
❑ TEACHER'S PET	1994	RT	35.00	125.00
❑ TIN CAT	1996	RT	35.00	45.00
❑ TIN CAT (CRUISE VERSION)	1996	990	35.00	280.00
❑ TOP BANANA	1993	RT	35.00	175.00
❑ TRUNK SHOW	1993	RT	35.00	275.00
❑ UNBRIDLED & GROOMED	1995	RT	35.00	45.00
❑ UNEXPECTED ARRIVAL (NO MOUSE)	1994	RT	35.00	40.00
❑ UNTOUCHABLE	1994	RT	35.00	300.00
❑ UP TO SCRATCH	2001	OP	*	N/A
❑ WHALE OF A TIME	1997	RT	35.00	40.00
❑ WHEN NATURE CALLS	1999	OP	45.00	45.00
❑ WHO'D A THOUGHT?	1993	RT	35.00	170.00
❑ WISHFUL THINKING	1998	RT	45.00	65.00

SPECIAL EDITIONS **P. CALVESBERT**

NAME	YEAR	LIMIT	ISSUE	TREND
❑ ANGEL BAROQUE	1996	62	45.00	2150.00

SPECIAL EDITIONS **D. LAWRENCE**

NAME	YEAR	LIMIT	ISSUE	TREND
❑ CAT'S CRADLE	1997	1000	39.00	275.00
❑ CAT'S CRADLE TOO	1997	1000	39.00	280.00
❑ KITTY'S KIPPERS	1998	5600	45.00	75.00
❑ PEACE OFFERING	1998	4200	45.00	75.00

TEAPOT *

NAME	YEAR	LIMIT	ISSUE	TREND
❑ YT42HK	1999	RT	*	N/A

TEAPOT **CALVESBERT/CARDEW**

NAME	YEAR	LIMIT	ISSUE	TREND
❑ CRACKIN' BREW	1999	RT	225.00	240.00

TREASURE JESTS **M. BALDWIN**

NAME	YEAR	LIMIT	ISSUE	TREND
❑ TAKE A BOW	2001	2000	*	N/A

TREASURE JESTS **P. CALVESBERT**

NAME	YEAR	LIMIT	ISSUE	TREND
❑ KING OF THE HILL	2002	4000	50.00	50.00
❑ NIGHT SHIFT	2002	4000	50.00	50.00

FIGURINES

NAME	YEAR	LIMIT	ISSUE	TREND
TREASURE JESTS				**S. DRACKETT**
❏ GENTLE GIANT	2001	5000	*	N/A
TWO BY TWO				**A. BINDER**
❏ ANTONY & CLEOPATRA	2002	OP	40.00	40.00
❏ BARNEY & BETTY	2002	OP	40.00	40.00
❏ BONNIE & CLYDE	2002	LE	40.00	40.00
❏ FRANKLIN & ELEANOR	2002	OP	40.00	40.00
❏ MARIE & PIERRE	2002	OP	40.00	40.00
❏ RANIER & GRACE	2002	OP	40.00	40.00
WILD BIRDS UNLIMITED SPECIAL				**D. LAWRENCE**
❏ JEWELS OF THE WILD	2000	5000	75.00	70.00
ZOOKEEPERS				**D. LAWRENCE**
❏ RETIRED RACERS	2000	RT	65.00	95.00

HEREND

NAME	YEAR	LIMIT	ISSUE	TREND
KINGDOM CLASSIC				**D. RHODES**
❏ LION AND LAMB	2002	YR	1350.00	1350.00

HUTSCHENREUTHER

NAME	YEAR	LIMIT	ISSUE	TREND
AMERICAN LIMITED EDITION COLLECTION				**ACHTZIGER**
❏ ARABIAN STALLION	*	300	*	8525.00
AMERICAN LIMITED EDITION COLLECTION				**GRANGET**
❏ ANXIOUS MOMENT	*	175	*	5000.00
❏ BLUE DOLPHINS	*	100	*	10000.00
❏ CHALLENGE, THE	*	150	*	14000.00
❏ CONTEST, THE	*	100	*	14000.00
❏ DANCE-CROWNCRESTED CRANE, THE	*	25	*	30000.00
❏ DECORATED SEA LIONS	*	100	*	6000.00
❏ DISDAIN-OWL	*	175	*	5200.00
❏ DOLPHIN GROUP	*	500	*	4000.00
❏ ENGAGED	*	250	*	1750.00
❏ FAMILY AFFAIR	*	200	*	3700.00
❏ FIRST LESSON	*	175	*	3550.00
❏ FISH HAWK, THE	*	500	*	12000.00
❏ FREEDOM IN FLIGHT	*	200	*	9000.00
❏ FRIENDLY ENEMIES-WOODPECKER	*	175	*	5200.00
❏ HEADING SOUTH	*	150	*	14000.00
❏ IT'S SPRING AGAIN	*	250	*	3475.00
❏ JOE-STAG	*	150	*	12000.00
❏ OFF SEASON	*	125	*	4125.00
❏ OLYMPIC CHAMPION	*	500	*	3650.00
❏ PROUD PARENT	*	250	*	13750.00
❏ PYGMY OWLS	*	650	*	6225.00
❏ RELUCTANT FLEDGLING	*	350	*	3475.00
❏ SAFE AT HOME	*	350	*	9000.00
❏ SAW WHET OWL	*	750	*	3500.00
❏ SEA FROLIC-SEA LION	*	500	*	3500.00
❏ SENTINEL-SPRINGBOOK, THE	*	150	*	5200.00
❏ SPARROWHAWK W/KINGBIRD	*	500	*	8250.00
❏ SPRING IS HERE	*	175	*	4500.00
❏ TAKE COVER	*	125	*	14000.00
❏ TO RIDE THE WIND	*	500	*	8650.00
AMERICAN LIMITED EDITION COLLECTION				**NETZSCH**
❏ LINNET ON EAR OF RYE	*	250	*	1175.00
❏ QUINCE	*	375	*	2850.00
❏ REDSTART ON QUINCE BRANCH	*	250	*	1300.00
❏ SILVER HERON	*	500	*	5000.00
❏ WHOOPING CRANES	*	300	*	8000.00
❏ WREN ON WILD ROSE	*	250	*	1675.00
AMERICAN LIMITED EDITION COLLECTION				**O'HARA**
❏ CHRISTMAS ROSE	*	375	*	3050.00
❏ WATER LILY	*	375	*	4150.00
PORTRAIT FIGURINES				**D. VALENZA**
❏ CATHERINE THE GREAT	1977	500	500.00	1100.00
❏ HELEN OF TROY	1977	500	500.00	1050.00
❏ ISOLDE	1977	500	500.00	2650.00
❏ JENNIE CHURCHHILL	1977	500	500.00	925.00
❏ JUDITH	1977	500	500.00	1575.00
❏ LILLIAN RUSSELL	1977	500	500.00	1825.00
❏ QUEEN ISABELLE	1977	500	500.00	925.00

ISLANDIA INTERNATIONAL

NAME	YEAR	LIMIT	ISSUE	TREND
ISLANDIA FIGURINES				**B.P. GUTMANN**
❏ IN DISGRACE	2002	*	*	N/A
❏ REWARD, THE	2002	*	*	N/A
ISLANDIA ROCKWELL COLLECTION				**N. ROCKWELL**
❏ BABY'S FIRST STEP	2002	OP	*	N/A
❏ BEFORE THE SHOT	2002	OP	*	N/A
❏ BOTTOM OF THE SIXTH	2002	OP	*	N/A
❏ FREEDOM FROM FEAR	2002	OP	*	N/A
❏ GIRL IN THE MIRROR	2002	OP	*	N/A
❏ HAIRCUT, THE	2002	OP	*	N/A
❏ HUNTING	2002	OP	*	N/A
❏ NEW GLASSES	2002	OP	*	N/A
❏ RUNAWAY BOY	2002	25000	*	N/A
❏ SATURDAY NIGHT OUT	2002	OP	*	N/A
❏ SHIPS AHOY	2002	OP	*	N/A
❏ SKIING	2002	OP	*	N/A
❏ TATTOO ARTIST, THE	2002	OP	*	N/A

FIGURINES

NAME	YEAR	LIMIT	ISSUE	TREND

ISPANKY
ISPANKY PORCELAINS

L. ISPANKY

NAME	YEAR	LIMIT	ISSUE	TREND
❏ AARON	1973	350	1200.00	2400.00
❏ ABRAHAM	1973	500	600.00	1400.00
❏ ANNABEL LEE	1972	500	750.00	750.00
❏ APOTHEOSIS OF THE SCULPTOR	1975	250	495.00	1000.00
❏ ARTIST GIRL	1967	500	200.00	1800.00
❏ AUTUMN WIND	1969	500	300.00	1500.00
❏ BALLERINA	1967	500	350.00	1000.00
❏ BALLET DANCERS	1967	500	350.00	1000.00
❏ BANBURY CROSS	1974	350	550.00	1025.00
❏ BEAUTY AND THE BEAST	1971	15	4500.00	4500.00
❏ BELLE OF THE BALL	1974	500	550.00	950.00
❏ BETSY ROSS	1971	350	750.00	1325.00
❏ BIRD OF PARADISE	1967	250	1500.00	1500.00
❏ CAVALRY SCOUT, DECORATED	1967	200	1000.00	1200.00
❏ CAVALRY SCOUT, WHITE	1967	150	675.00	900.00
❏ CELESTE	1970	200	475.00	500.00
❏ CHRISTINE	1971	300	350.00	800.00
❏ CINDERELLA	1972	400	375.00	375.00
❏ DAFFODILS	1969	250	950.00	950.00
❏ DAISY	1977	1000	325.00	575.00
❏ DAVID	1971	400	450.00	600.00
❏ DAWN	1970	300	500.00	1000.00
❏ DAY DREAMS	1977	1000	300.00	600.00
❏ DEBUTANTE	1971	500	350.00	625.00
❏ DIANNE	1974	500	500.00	900.00
❏ DRUMMER BOY, DECORATED	1967	200	250.00	285.00
❏ DRUMMER BOY, WHITE	1967	600	150.00	185.00
❏ DUTCH IRIS	1967	250	1400.00	1500.00
❏ EMERALD DRAGON	1973	100	2500.00	3250.00
❏ ETERNAL LOVE	1971	300	400.00	650.00
❏ EVENING	1970	300	375.00	650.00
❏ EXCALIBUR	1971	15	3500.00	3500.00
❏ EXODUS, BRONZE	*	100	1500.00	1500.00
❏ FELICIA	1971	15	2500.00	2500.00
❏ FORTY-NINER, DECORATED	1967	200	450.00	650.00
❏ FORTY-NINER, WHITE	1967	350	250.00	250.00
❏ FREEDOM	1971	250	300.00	500.00
❏ GREAT SPIRIT, DECORATED	1969	200	1500.00	1850.00
❏ GREAT SPIRIT, WHITE	1967	150	750.00	750.00
❏ HAMLET AND OPHELIA	1974	350	1250.00	1350.00
❏ HEALING HAND, DECORATED	1975	600	750.00	1250.00
❏ HEALING HAND, WHITE	1975	600	650.00	800.00
❏ HOLY FAMILY, DECORATED	1974	450	900.00	1595.00
❏ HOLY FAMILY, WHITE	1974	450	750.00	700.00
❏ HORSE	1967	300	300.00	600.00
❏ HORSEPOWER	1970	100	1650.00	3250.00
❏ HUNT, DECORATED	1967	200	2000.00	3850.00
❏ HUNT, WHITE	1967	150	1200.00	1485.00
❏ ICARUS	1970	350	350.00	650.00
❏ ISAIAH	1969	300	475.00	1100.00
❏ JESSAMY 1	1971	400	450.00	600.00
❏ JOSHUA	1975	350	750.00	1200.00
❏ KING AND QUEEN, PAIR	1970	250	750.00	1200.00
❏ KING ARTHUR	1967	500	300.00	750.00
❏ KING LEAR AND CORDELIA	1974	250	1250.00	1250.00
❏ LITTLE MERMAID	1978	800	350.00	520.00
❏ LORELEI	1973	500	550.00	650.00
❏ LOVE	1967	300	375.00	950.00
❏ LOVE LETTERS	1973	450	750.00	850.00
❏ LYDIA	1976	400	450.00	835.00
❏ MADAME BUTTERFLY	1972	300	1500.00	1500.00
❏ MADONNA WITH HALO, DECORATED	1975	500	350.00	495.00
❏ MADONNA WITH HALO, WHITE	1975	500	250.00	250.00
❏ MADONNA, THE BLESSED SAINT, DECORATED	1975	500	295.00	350.00
❏ MADONNA, THE BLESSED SAINT, WHITE	1975	500	195.00	250.00
❏ MAID OF THE MIST	1973	350	450.00	850.00
❏ MARIA	1969	350	750.00	1000.00
❏ MEDITATION	1967	300	350.00	1000.00
❏ MEMORIES	1975	500	600.00	900.00
❏ MERMAID GROUP, DECORATED	1969	200	1000.00	1800.00
❏ MERMAID GROUP, WHITE	1969	200	950.00	950.00
❏ MESSIAH	1973	750	450.00	500.00
❏ MORNING	1967	500	300.00	1500.00
❏ MORNING GLORY	1977	1000	325.00	620.00
❏ MOSES	1967	400	400.00	1800.00
❏ MR. AND MRS. OTTER	1971	500	250.00	600.00
❏ MY NAME IS IRIS	1978	700	500.00	900.00
❏ NARCISSUS	1978	700	500.00	620.00
❏ ON THE TRAIL, DECORATED	1970	200	1700.00	1700.00
❏ ON THE TRAIL, WHITE	1967	150	750.00	1125.00
❏ ORCHIDS	1966	250	1000.00	1500.00
❏ OWL	*	300	750.00	825.00
❏ PACK HORSE, DECORATED	1967	200	700.00	1250.00
❏ PACK HORSE, WHITE	1967	150	500.00	350.00
❏ PEACE RIDERS	1971	1	35000.00	35000.00

FIGURINES

NAME	YEAR	LIMIT	ISSUE	TREND
❑ PEACE, DECORATED	1970	100	375.00	750.00
❑ PEACE, WHITE	1970	100	300.00	450.00
❑ PEGASUS, DECORATED	1968	300	375.00	800.00
❑ PEGASUS, WHITE	1968	300	300.00	800.00
❑ PIANO GIRL	1976	800	300.00	725.00
❑ PILGRIM FAMILY, DECORATED	1967	200	500.00	750.00
❑ PILGRIM FAMILY, WHITE	1967	350	350.00	350.00
❑ PIONEER SCOUT, DECORATED	1967	200	1000.00	1000.00
❑ PIONEER SCOUT, WHITE	1967	200	675.00	405.00
❑ PIONEER WOMAN, DECORATED	1967	200	350.00	550.00
❑ PIONEER WOMEN, WHITE	1967	150	225.00	350.00
❑ POPPY	1977	1000	325.00	575.00
❑ PRINCESS AND THE FROG	1972	500	675.00	675.00
❑ PRINCESS OF THE NILE	*	500	275.00	450.00
❑ PROMISES	1967	100	225.00	2500.00
❑ QUEEN OF SPRING	1968	200	750.00	1200.00
❑ QUEST	1971	15	1500.00	1500.00
❑ REBEKAH	1973	300	400.00	775.00
❑ REVERIE	1970	200	200.00	850.00
❑ ROMANCE	1978	500	800.00	1200.00
❑ ROMEO AND JULIET, DECORATED	1971	500	375.00	950.00
❑ ROSH HASHANA, GRAY BEARD	*	2	275.00	10000.00
❑ ROSH HASHANA, WHITE BEARD	*	400	275.00	1300.00
❑ SECOND BASE	1974	500	650.00	1100.00
❑ SERENE HIGHNESS	1977	100	2500.00	4250.00
❑ SNOW DROP	1977	1000	325.00	430.00
❑ SOPHISTICATION	1976	800	350.00	575.00
❑ SPIRIT OF THE SEA	1972	450	500.00	500.00
❑ SPRING BALLET	1972	400	450.00	600.00
❑ SPRING BOUQUET	1972	50	3000.00	15000.00
❑ SPRING FEVER	1975	600	650.00	1050.00
❑ STORM	1969	500	400.00	950.00
❑ SWAN LAKE	1971	300	1000.00	2500.00
❑ SWANILDA	1976	1000	285.00	800.00
❑ TEKIEH	1971	15	1800.00	1800.00
❑ TEN COMMANDMENTS, DECORATED	1978	500	950.00	1525.00
❑ TEN COMMANDMENTS, WHITE	1978	700	600.00	850.00
❑ TEXAS RANGERS	1973	400	1650.00	1650.00
❑ THRASHER	1970	300	1000.00	1000.00
❑ THUNDER	1977	500	500.00	795.00
❑ TULIPS, RED	1967	50	1800.00	4500.00
❑ TULIPS, YELLOW	1967	50	1800.00	4500.00
❑ WATER LILY	1978	1000	325.00	620.00

J.H. BOONE

BEAR CUB SOCIETY

N.J. ROSE

❑ HUCKLEBERRY BINGE	1995	3000	80.00	80.00
❑ SURPRISE	1996	3000	80.00	80.00

CLASSIC

N.J. ROSE

❑ BUFFALO BILL	1996	OP	125.00	125.00
❑ FIRE WOLF	1996	OP	100.00	100.00
❑ FLY WITH EAGLES	1996	OP	85.00	85.00
❑ MEDICINE ROCK	1996	OP	110.00	110.00

EARTH MATES COLLECTION

T. SNYDER

❑ WISDOM KEEPER	1995	2500	155.00	155.00

EARTH SONG COLLECTION

T. SNYDER

❑ AMAZON	1995	2500	135.00	135.00
❑ CONGO	1995	2500	140.00	140.00
❑ EARTH MATES	1995	2500	275.00	275.00
❑ EARTH SONG	1995	1950	275.00	275.00
❑ EMBRACE	1996	2500	85.00	85.00
❑ IMPALA/MASAI	1995	2500	160.00	160.00
❑ KINGS IN THE CRADLE	1995	2500	155.00	155.00
❑ LAST FRONTIER	1995	2500	140.00	140.00
❑ MOUNTAIN FORTRESS	1995	2500	155.00	155.00
❑ NORTHERN WILDERNESS	1995	2500	135.00	135.00
❑ OUTBACK	1995	2500	135.00	135.00
❑ PRIDE OF AFRICA	1995	1500	250.00	250.00
❑ RHYTHM OF LIFE	1995	2500	135.00	135.00
❑ SACRED PATHS	1995	2500	135.00	135.00
❑ SAMBURU ELDER	1996	1500	85.00	85.00
❑ SAVAGE KINSHIP	1995	2500	140.00	140.00
❑ SAVANNA TITANS	1995	2500	155.00	155.00
❑ SEBRINA	1996	1500	85.00	85.00
❑ SPRINGBOK	1995	2500	95.00	95.00
❑ THIN ICE	1995	2500	95.00	95.00
❑ ZULU WARRIOR	1996	2500	85.00	85.00

KINDRED SPIRIT COLLECTION

G. ROSE

❑ BUFFALO SPIRIT	1995	1500	250.00	250.00
❑ WOLF PAWS	1996	3000	95.00	95.00

NEIL J. ROSE COLLECTION

N.J. ROSE

❑ ARCTIC PHANTOMS	1995	2500	92.00	92.00
❑ BETRAYAL	1996	2500	275.00	275.00
❑ BUFFALO HEART	1995	2500	85.00	85.00
❑ COUGAR ROCK	1995	1950	275.00	275.00
❑ DENIZEN OF THE NORTH	1995	2500	92.00	92.00
❑ FLAME, THE	1995	2500	105.00	105.00

FIGURINES

NAME	YEAR	LIMIT	ISSUE	TREND
❑ FREE SPIRIT	1995	2500	180.00	180.00
❑ GIFT OF THE WOLF	1995	2500	60.00	60.00
❑ LEGEND OF SPIRIT LAKE	1995	2500	95.00	95.00
❑ MISTRAL	1995	2500	75.00	75.00
❑ PIPE HOLDER	1995	1950	260.00	260.00
❑ RISING SUN	1995	3500	135.00	135.00
❑ ROCK MOUNTAIN RECLUSE	1996	2500	100.00	100.00
❑ SILENT STALKER	1995	2500	105.00	105.00
❑ SNOW FLOWER	1996	2500	95.00	95.00
❑ TOWERING ANTLERS	1995	2500	115.00	115.00
❑ WILDERNESS MARAUDER	1995	1500	180.00	180.00

TRACES
P. CARRICO

NAME	YEAR	LIMIT	ISSUE	TREND
❑ MATERNAL INSTINCT	1995	2500	240.00	240.00
❑ MONARCH MOUNTAIN	1995	1950	280.00	280.00
❑ REFUGE	1995	1950	100.00	100.00
❑ SACRED SPIRITS	1996	1950	250.00	250.00
❑ SILENT LANDING	1995	2500	105.00	105.00

JAN HAGARA COLLECTABLES
J. HAGARA

NAME	YEAR	LIMIT	ISSUE	TREND
❑ DANA	1995	7500	60.00	60.00
❑ JENNIFER & BASKET	1995	7500	73.00	72.50
❑ TAMMY	1995	7500	60.00	60.00

*

COUNTRY MUSIC GREATS

NAME	YEAR	LIMIT	ISSUE	TREND
❑ BUCK OWENS 5"	1998	5000	39.00	39.00
❑ BUCK OWENS 8"	1998	10000	59.00	59.00
❑ EDDY ARNOLD	1998	5000	39.00	39.00
❑ EDDY ARNOLD 8 "	1998	10000	59.00	59.00
❑ MARTY ROBBINS	1998	5000	39.00	39.00
❑ MARTY ROBBINS 8"	1998	10000	59.00	59.00
❑ PATSY CLINE 8"	1998	10000	59.00	59.00
❑ PORTER WAGONER	1998	10000	59.00	59.00
❑ TAMMY WYNETTE 5"	1998	5000	39.00	39.00
❑ TAMMY WYNETTE 8"	1998	10000	59.00	59.00

GEORGETOWN
J. HAGARA

NAME	YEAR	LIMIT	ISSUE	TREND
❑ ENYA & RYAN	1998	3600	65.00	65.00
❑ JUDIANNA	1998	6000	55.00	55.00
❑ LITTLE MEGAN	1998	6000	69.00	69.00

MAKE BELIEVE
J. HAGARA

NAME	YEAR	LIMIT	ISSUE	TREND
❑ BRIANNA ROSE	1998	3000	45.00	45.00
❑ BUTCHIE & OREO	1998	3000	45.00	45.00
❑ EMILY	1998	3000	49.00	49.00
❑ JASMINE	1998	3000	49.00	49.00
❑ JIMMY CHUCK	1998	3000	49.00	49.00
❑ KAYLA	1998	3000	49.00	49.00
❑ MARY LOU	1998	3000	49.00	49.00
❑ PEPPERMINT & CARMEL	1998	3000	49.00	49.00

MINIATURES
J. HAGARA

NAME	YEAR	LIMIT	ISSUE	TREND
❑ HEATHER	1989	RT	18.00	18.00
❑ MANDY	1989	RT	18.00	25.00
❑ RACHAEL	1989	RT	18.00	18.00
❑ TIPPI	1989	RT	18.00	18.00

SHELFSITTER
J. HAGARA

NAME	YEAR	LIMIT	ISSUE	TREND
❑ ADRIANNE	1995	7500	47.00	47.00
❑ LITTLE SHARICE & ROCKER	1996	7500	72.00	71.50
❑ MATTHEW HAS TURNED THE PAGE	1995	7500	39.00	39.00

SIGNATURE
J. HAGARA

NAME	YEAR	LIMIT	ISSUE	TREND
❑ ALICE AND ANDREA	1985	RT	75.00	250.00
❑ BECKY	1985	RT	55.00	375.00
❑ JESSICA	1985	RT	55.00	100.00
❑ MEMORIES	1985	RT	75.00	250.00
❑ NIKKI & SANTA	1987	RT	135.00	260.00
❑ STORYTIME	1985	RT	135.00	300.00
❑ THERESA	1985	RT	55.00	260.00

VICTORIAN CHILDREN
J. HAGARA

NAME	YEAR	LIMIT	ISSUE	TREND
❑ AMANDA	1984	RT	30.00	100.00
❑ ANGIE	1985	RT	30.00	125.00
❑ ANNE	1983	RT	25.00	90.00
❑ ASHLEY	1986	RT	25.00	60.00
❑ BRIAN	1984	RT	30.00	40.00
❑ BRIAN & CINNAMON BEAR	1985	RT	30.00	200.00
❑ CAROL	1984	RT	30.00	200.00
❑ CHRIS	1986	RT	30.00	100.00
❑ CRISTINA	1984	RT	30.00	75.00
❑ DAISIES FROM JIMMY	1986	RT	45.00	125.00
❑ DAPHNE & UNICORN	1985	RT	45.00	85.00
❑ JAN AT AGE FOUR	*	*	*	75.00
❑ JENNY	1983	RT	25.00	175.00
❑ JODY	1983	RT	25.00	60.00
❑ LARRY	1986	RT	30.00	75.00
❑ LISA	1983	RT	25.00	60.00
❑ LYDIA	1983	RT	25.00	100.00
❑ MEG	1986	RT	30.00	75.00
❑ MELANIE	1986	RT	30.00	100.00
❑ MISSY	*	*	*	50.00
❑ STACY	1985	RT	30.00	125.00
❑ STEPHEN	1985	RT	30.00	125.00
❑ VICTORIA	1983	RT	25.00	65.00

FIGURINES

NAME	YEAR	LIMIT	ISSUE	TREND
JOHN HINE STUDIOS LTD.				
BUGABOOS				*
❑ ARNOLD	1989	CL	45.00	45.00
❑ BERYL	1989	CL	45.00	45.00
❑ EDNA	1989	CL	45.00	45.00
❑ ENID	1989	CL	45.00	45.00
❑ GERALD	1989	CL	45.00	45.00
❑ LIZZIE	1989	CL	45.00	45.00
❑ OSCAR	1989	CL	45.00	45.00
❑ WESLEY	1989	CL	45.00	45.00
❑ WILBUR	1989	CL	45.00	45.00
DAVID WINTER SCENES				**D. WINTER**
❑ AT ROSE COTTAGE/VIGNETTE	1992	5000	39.00	60.00
❑ AT THE BAKEHOUSE/VIGNETTE	1992	5000	35.00	48.00
❑ AT THE BOTHY/VIGNETTE BASE	1992	5000	39.00	40.00
❑ BOB CRATCHIT & TINY TIM	1993	5000	50.00	N/A
❑ CHRISTMAS SNOW/VIGNETTE	1993	5000	50.00	58.00
❑ DAUGHTER	1992	5000	30.00	30.00
❑ EBENEZER SCROOGE	1993	5000	45.00	N/A
❑ FARM HAND AND SPADE	1992	5000	40.00	40.00
❑ FARMER AND PLOUGH	1992	5000	60.00	60.00
❑ FARMER'S WIFE	1992	5000	45.00	45.00
❑ FATHER	1992	5000	45.00	35.00
❑ FRED	1993	5000	35.00	N/A
❑ GIRL SELLING EGGS	1992	5000	30.00	30.00
❑ GOOSE GIRL	1992	5000	45.00	45.00
❑ HOT CROSS BUN SELLER	1992	5000	60.00	60.00
❑ LADY CUSTOMER	1992	5000	45.00	45.00
❑ MISS BELLE	1993	5000	35.00	N/A
❑ MOTHER	1992	5000	50.00	50.00
❑ MRS. FEZZIWIG	1993	5000	35.00	N/A
❑ SMALL BOY & DOG	1992	5000	45.00	45.00
❑ SON	1992	5000	30.00	30.00
❑ TOM THE STREET SHOVELER	1993	5000	60.00	N/A
❑ WOMAN AT PUMP	1992	5000	45.00	45.00
FATHER CHRISTMAS				**J. KING**
❑ FALLING	1988	OP	70.00	70.00
❑ FEET	1988	OP	70.00	70.00
❑ STANDING	1988	OP	70.00	70.00
HEART STRINGS				**S. KUCK**
❑ DAY DREAMING	1992	15000	93.00	93.00
❑ HUSH, IT'S SLEEPYTIME	1992	15000	98.00	98.00
❑ TAKING TEA	1992	15000	93.00	93.00
❑ WATCH ME WALTZ	1992	15000	98.00	98.00
JUNE MCKENNA COLLECTIBLES INC.				
12" LIMITED EDITION				**J. MCKENNA**
❑ MAGIC OF CHRISTMAS	1996	4000	250.00	250.00
❑ PEACEFUL JOURNEY	1995	4000	250.00	250.00
3-D BLACK FOLK ART				**J. MCKENNA**
❑ ALL I WANT FOR CHRISTMAS	1996	YR	70.00	70.00
❑ I'VE GOT THE TREE	1996	YR	70.00	70.00
❑ JASMINE	1996	YR	70.00	70.00
❑ JEREMIAH	1996	YR	70.00	70.00
❑ SPLISH SPLASH	1996	YR	70.00	70.00
❑ UNCLE TOM'S CHRISTMAS	1996	YR	160.00	160.00
3-D FIGURINES				**J. MCKENNA**
❑ BEARLY CHRISTMAS	1998	TL	90.00	90.00
❑ BRIDE & GROOM	1996	YR	70.00	70.00
❑ DRESSED FOR THE OCCASION	1998	TL	80.00	80.00
❑ GIFT FOR CLARA	1997		70.00	70.00
❑ HELPFUL FRIENDS	1996	YR	90.00	90.00
❑ MR. SANTA W/ RAG DOLL	1996	YR	70.00	70.00
❑ MRS. SANTA W/ RAG DOLL	1996	YR	70.00	70.00
❑ SET OF THREE TREES	1996	YR	60.00	60.00
❑ SNOWMAN AND ANGEL	1997		70.00	70.00
❑ YULETIDE CHRISTMAS	1998	TL	80.00	80.00
6" CHRISTMAS FIGURINE				**J. MCKENNA**
❑ FINISHING TOUCH	1995	YR	70.00	70.00
❑ JOEY'S CHRISTMAS	1995	YR	70.00	70.00
7" LIMITED EDITION				**J. MCKENNA**
❑ CHRISTMAS LULLABY/BLUE	1996	7500	120.00	120.00
❑ CHRISTMAS LULLABY/RED	1995	RT	120.00	120.00
❑ POLAR BEAR EXPRESS	1996	2500	120.00	120.00
AMISH FLATBACK				**J. MCKENNA**
❑ AMISH BROTHER	1996	YR	30.00	30.00
❑ AMISH FATHER	1996	YR	30.00	30.00
❑ AMISH GRANDPA	1996	YR	32.00	32.00
❑ AMISH MOTHER	1996	YR	30.00	30.00
❑ AMISH SISTER	1996	YR	30.00	30.00
❑ SUNDAY OUTING	1996	YR	50.00	50.00
ANNIVERSARY SERIES				**J. MCKENNA**
❑ APRIL EASTER	1997	YR	30.00	30.00
❑ AUGUST BEACH	1997	YR	30.00	30.00
❑ DECEMBER CHRISTMAS	1997	YR	30.00	30.00
❑ FEBRUARY VALENTINES DAY	1997	YR	30.00	30.00
❑ JANUARY PARTY	1997	YR	30.00	30.00
❑ JULY HAPPY FOURTH	1997	YR	30.00	30.00

FIGURINES

FIGURINES

NAME	YEAR	LIMIT	ISSUE	TREND
❑ JUNE GRADUATION	1997	YR	30.00	30.00
❑ MARCH ST. PATRICKS DAY	1997	YR	30.00	30.00
❑ MAY FLOWERS	1997	YR	30.00	30.00
❑ NOVEMBER THANKSGIVING	1997	YR	30.00	30.00
❑ OCTOBER HALLOWEN	1997	YR	30.00	30.00
❑ SEPTEMBER BACK TO SCHOOL	1997	YR	30.00	30.00
BLACK FOLK ART				**J. MCKENNA**
❑ AUNT BERTHA 3D	1987	CL	36.00	72.00
❑ BLACK BOY WITH WATERMELON	1983	CL	12.00	40.00
❑ BLACK BUTLER	1986	CL	13.00	40.00
❑ BLACK GIRL WITH WATERMELON	1983	CL	12.00	40.00
❑ BLACK MAN WITH PIG	1984	CL	13.00	40.00
❑ BLACK WOMAN WITH BROOM	1984	CL	13.00	40.00
❑ DELIA	1989	CL	16.00	40.00
❑ JAKE	1989	CL	16.00	40.00
❑ KIDS IN A TUB 3D	1985	CL	30.00	60.00
❑ KISSING COUSINS-SILL SITTER	1985	CL	36.00	60.00
❑ LIL' WILLIE 3D	1987	CL	36.00	72.00
❑ NETTY	1988	CL	16.00	50.00
❑ RENTY	1988	CL	16.00	40.00
❑ SWEET PRISSY 3D	1987	CL	36.00	72.00
❑ TASHA	1990	CL	17.00	40.00
❑ TYREE	1990	CL	17.00	40.00
❑ UNCLE JACOB 3D	1987	CL	36.00	72.00
❑ WATERMELON PATCH KIDS	1985	CL	24.00	63.00
CAROLERS				**J. MCKENNA**
❑ BOY CAROLER	1985	CL	36.00	75.00
❑ GIRL CAROLER	1985	CL	36.00	75.00
❑ MAN CAROLER	1985	CL	36.00	75.00
❑ WOMAN CAROLER	1985	CL	36.00	75.00
FLATBACK FIGURINES				**J. MCKENNA**
❑ CHILDREN CAROLERS	1997		70.00	70.00
❑ CHRISTMAS WINDOW	1997		70.00	70.00
❑ GREETINGS/DOORWAY	1996	YR	50.00	50.00
❑ MAN & WOMAN CAROLERS	1997		70.00	70.00
❑ SANTA CAROLING	1995	YR	60.00	60.00
❑ SANTA/TREE TOPPER	1996	YR	70.00	70.00
❑ TRAVEL PLANS	1995	YR	70.00	70.00
ICICLE				**J. MCKENNA**
❑ SANTA W/PIPE	1996	YR	17.00	17.00
INTERNATIONAL				**J. MCKENNA**
❑ AUSTRALIAN SANTA	1998	YR	110.00	110.00
❑ SAMICHLAUS	1997	YR	100.00	100.00
JUNE MCKENNA FIGURINES				**J. MCKENNA**
❑6.OF CHRISTMAS1998	4000	270.00	270.00	
❑ MR. SNOWMAN	1993	CL	40.00	40.00
❑ MRS. CLAUS, DANCING	1994	7500	120.00	120.00
❑ MRS. SANTA	1988	CL	50.00	125.00
❑ NATIVITY COW	1993	OP	30.00	30.00
❑ NATIVITY DONKEY	1993	OP	30.00	30.00
❑ NATIVITY RAM WITH EWE	1993	OP	30.00	30.00
❑ NOT ONCE BUT TWICE	1994	10000	40.00	40.00
❑ PATRIOT, THE	1993	4000	250.00	250.00
❑ PATRIOTIC SANTA	1987	CL	50.00	125.00
❑ POSTMARKED NORTH POLE	1994	10000	40.00	40.00
❑ SANTA AND FRIENDS	1993	CL	70.00	70.00
❑ SANTA NAME PLAQUE	1993	RT	70.00	70.00
❑ SANTA'S LOVE	1993	RT	40.00	40.00
❑ SANTA'S ONE MAN BAND	1994	7500	120.00	120.00
❑ SAY CHEESE, PLEASE	1994	CL	250.00	250.00
❑ SNOW FAMILY, THE	1993	CL	40.00	40.00
❑ SNOWMAN AND CHILD	1994	CL	70.00	70.00
❑ SOLDIER	1985	CL	40.00	175.00
❑ ST. NICHOLAS	1994	4000	250.00	250.00
❑ STAR OF BETHLEHEM	1994	CL	40.00	40.00
❑ TAKING A BREAK	1992	RT	60.00	70.00
❑ TOMORROW'S CHRISTMAS	1993	RT	250.00	250.00
❑ TREE TROPPER	1984	CL	70.00	225.00
❑ WELCOME TO THE WORLD	1994	RT	400.00	400.00
LIMITED EDITION				**J. MCKENNA**
❑ ALL I WANT FOR CHRISTMAS	1997	2500	120.00	120.00
❑ BEDTIME STORIES	1992	2000	500.00	500.00
❑ BRINGING HOME CHRISTMAS	1988	CL	170.00	325.00
❑ CHRISTMAS EVE	1987	CL	170.00	575.00
❑ CHRISTMAS GATHERING	1992	4000	220.00	220.00
❑ CHRISTMAS JOY	1997	3000	40.00	40.00
❑ COMING TO TOWN	1991	RT	220.00	310.00
❑ FATHER CHRISTMAS	1983	RT	90.00	3500.00
❑ HOT AIR BALLOON	1992	1500	800.00	800.00
❑ KRIS KRINGLE	1987	CL	350.00	500.00
❑ LIGHTING THE WAY	1997	4000	260.00	260.00
❑ MERRY CHRISTMAS	1997	3000	40.00	40.00
❑ NIGHT BEFORE CHRISTMAS	1990	1000	750.00	750.00
❑ OLD SAINT NICK	1984	CL	100.00	1500.00
❑ REMEMBRANCE OF CHRISTMAS PAST	1988	4000	400.00	550.00
❑ SANTA'S WARDROBE	1989	1500	750.00	750.00
❑ SEASONS GREETINGS	1989	CL	200.00	325.00
❑ VICTORIAN	1986	CL	150.00	600.00

NAME	YEAR	LIMIT	ISSUE	TREND
❏ WILDERNESS	1990	4000	200.00	200.00
❏ WOODLAND	1985	CL	140.00	1900.00
LIMITED FLATBACK				**J. MCKENNA**
❏ CHRISTMAS DELIVERY	1995	10000	40.00	40.00
❏ HAPPY HOLIDAYS	1996	3000	40.00	40.00
❏ LIGHT OF CHRISTMAS	1995	10000	40.00	40.00
❏ YULETIDE JOY	1996	3000	40.00	40.00
NATIVITY SET				**J. MCKENNA**
❏ NATIVITY SET	1996	CL	150.00	150.00
REGISTERED EDITION				**J. MCKENNA**
❏ CHECKING HIS LIST	1991	CL	230.00	300.00
❏ CHRISTMAS DOWN ON THE FARM	1995	YR	260.00	260.00
❏ CHRISTMAS OVER LOAD	1996	YR	260.00	260.00
❏ CHRISTMAS TREAT FOR ALL	1995	YR	260.00	260.00
❏ COLONIAL	1986	CL	150.00	425.00
❏ FOREST FRIENDS	1997		260.00	260.00
❏ FORTY WINKS	1992	CL	250.00	275.00
❏ JOLLY OLE ST. NICK	1988	CL	170.00	250.00
❏ TOY MAKER	1990	CL	200.00	350.00
❏ TRADITIONAL	1989	CL	180.00	250.00
❏ WHITE CHRISTMAS	1987	CL	170.00	1500.00
SPECIAL LIMITED EDITION				**J. MCKENNA**
❏ ALL ABOARD - TOY CAR	1995	RT	250.00	250.00
❏ CHRISTMAS DREAMS	1990	4000	280.00	450.00
❏ INTERNATIONAL SANTA	1996	YR	160.00	160.00
❏ LAST GENTLE NUDGE	1989	RT	280.00	280.00
❏ LOGGING CAR	1996	YR	250.00	250.00
❏ SANTA & HIS MAGIC SLEIGH	1989	RT	280.00	280.00
❏ SANTA'S REINDEER	1990	1500	400.00	400.00
❏ SHOW ME THE WAY	1996	YR	500.00	500.00
❏ UP ON THE ROOFTOP	1990	RT	280.00	280.00
TRAIN SERIES				**J. MCKENNA**
❏ NORTH POLE EXPRESS CABOOSE	1998	YR	310.00	310.00
❏ NPE REINDEER CAR	1997	YR	300.00	300.00
VICTORIAN LIMITED EDITION				**J. MCKENNA**
❏ EDWARD 3D	1990	CL	180.00	450.00
❏ ELIZABETH 3D	1990	CL	180.00	450.00

KAISER

NAME	YEAR	LIMIT	ISSUE	TREND
ANIMALS				**W. GAWANTKA**
❏ BEAR & CUB 521, COLOR BISQUE	1979	600	100.00	1100.00
❏ BEAR & CUB 521, WHITE BISQUE	1979	CL	125.00	400.00
❏ BROOK TROUT 739, COLOR BISQUE	1985	OP	250.00	500.00
❏ DOLPHIN GROUP (4), 596/4, WHITE BISQUE	1978	4500	75.00	1000.00
❏ DOLPHIN GROUP (5), 520/5, WHITE BISQUE	1975	800	850.00	3000.00
❏ GERMAN SHEPHERD 528, COLOR BISQUE	1975	CL	250.00	675.00
❏ GERMAN SHEPHERD 528, WHITE BISQUE	1975	CL	185.00	450.00
❏ IRISH SETTER 535, COLOR BISQUE	1976	1000	200.00	675.00
❏ IRISH SETTER 535, WHITE/BASE	1976	1500	*	450.00
❏ KILLER WHALE 579, COLOR/BISQUE	1978	2000	420.00	900.00
❏ KILLER WHALE 579, WHITE/BISQUE	1978	2000	85.00	425.00
❏ KILLER WHALES (2), 594, COLOR	1978	2000	925.00	2025.00
❏ KILLER WHALES (2), 594, WHITE	1978	2000	425.00	1050.00
❏ LION 701201, WHITE BISQUE	1991	1500	650.00	650.00
❏ LION 701203, COLOR BISQUE	1991	1500	1300.00	1300.00
❏ PIKE 737, COLOR BISQUE	1985	OP	350.00	700.00
❏ PORPOISE GROUP (3), WHITE BISQUE	1969	CL	85.00	400.00
❏ RAINBOW TROUT 739, COLOR BISQUE	1985	OP	250.00	500.00
❏ TROUT 739, COLOR BISQUE	1985	OP	95.00	500.00
ANIMALS				**H. LIEDERLY**
❏ TWO WILD BOARS 664, COLOR BISQUE	1982	1000	650.00	890.00
ANIMALS				**G. TAGLIARIOL**
❏ BISON 630, COLOR BISQUE	1980	2000	620.00	1100.00
❏ BISON 690, WHITE BISQUE	1980	2000	350.00	500.00
BIRDS OF AMERICA COLLECTION				*
❏ BALD EAGLE II 497, COLORED	*	CL	*	1300.00
❏ PINTAILS 747, COLOR/BASE	1985	1500	*	850.00
❏ PINTAILS 747, WHITE/BASE	1985	1500	*	375.00
❏ ROADRUNNER 492, COLOR/BASE	*	CL	350.00	900.00
❏ ROBIN & WORM, COLOR/BASE	*	CL	60.00	90.00
❏ ROBIN II 537, COLOR/BASE	*	1000	260.00	900.00
❏ SCARLET TANAGER, COLOR/BASE	1970	CL	60.00	90.00
❏ SCREECH OWL 532, WHITE/BASE	*	CL	175.00	200.00
❏ SNOWY OWL 776, COLOR/BASE	*	1500	*	1200.00
❏ SNOWY OWL 776, WHITE/BASE	*	1500	*	700.00
❏ SPARROW HAWK 749, COLOR/BASE	*	3000	575.00	950.00
BIRDS OF AMERICA COLLECTION				**W. GAWANTKA**
❏ BABY TITMICE 501, COLOR/BASE	*	CL	400.00	525.00
❏ BABY TITMICE 501, WHITE/BASE	*	1200	200.00	800.00
❏ BALD EAGLE IV 552, COLOR/BASE	1976	1500	450.00	1000.00
❏ BALD EAGLE IV 552, WHITE/BASE	1976	1500	210.00	575.00
❏ BALD EAGLE IX 714, COLOR/BASE	1984	3500	500.00	850.00
❏ BALD EAGLE IX 714, WHITE/BASE	1984	4000	190.00	400.00
❏ BALD EAGLE VI 634, WHITE/BASE	1980	3000	*	700.00
❏ BALD EAGLE X 746, COLOR/BASE	1985	1500	*	1200.00
❏ BALD EAGLE X 746, WHITE/BASE	1985	1500	375.00	700.00
❏ BALD EAGLE XI 751, COLOR/BASE	1985	1000	880.00	1500.00

FIGURINES

NAME	YEAR	LIMIT	ISSUE	TREND
❑ BALD EAGLE XI 751, WHITE/BASE	1985	1000	*	925.00
❑ BLUE BIRD 496, COLOR, BASE	1972	2500	120.00	500.00
❑ BLUEJAY 503, COLOR/BASE	1973	1500	475.00	1200.00
❑ CARDINAL 504, COLOR/BASE	1973	1500	60.00	600.00
❑ FALCON 507, COLOR/BASE	1974	1500	820.00	2000.00
❑ GOSHAWK 491, COLOR/BASE	1972	1500	2400.00	4400.00
❑ GOSHAWK 491, WHITE/BASE	1972	1500	850.00	2000.00
❑ ROBIN 502, COLOR/BASE	1973	1500	340.00	725.00
❑ SEAGULL 498, COLOR/BASE	1972	CL	850.00	1150.00
❑ SEAGULL 498, WHITE/BASE	1972	700	550.00	1600.00
BIRDS OF AMERICA COLLECTION				**U. NETZSCH**
❑ PAIR OF MALLARDS 456, COLOR/BASE	1968	CL	150.00	500.00
❑ PAIR OF MALLARDS 456, WHITE/BASE	1968	2000	75.00	525.00
❑ PIGEON GROUP 475, COLOR/BASE	1968	1500	150.00	825.00
❑ PIGEON GROUP 475, WHITE/BASE	1968	2000	60.00	425.00
BIRDS OF AMERICA COLLECTION				**G. TAGLIARIOL**
❑ BABY TITMICE 601, COLOR/BASE	1978	2000	*	1000.00
❑ BABY TITMICE 601, WHITE/BASE	1978	2000	*	600.00
❑ BALD EAGLE V 600, COLOR/BASE	1978	1500	*	3900.00
❑ BALD EAGLE VII 637, COLOR/BASE	*	200	*	20800.00
❑ BALD EAGLE VIII 656, COLOR/BASE	1982	CL	800.00	900.00
❑ BALD EAGLE VIII 656, WHITE/BASE	1982	1000	400.00	925.00
❑ BALTIMORE ORIOLE 536, COLOR/BASE	1976	1000	280.00	750.00
❑ CANADIAN GEESE 550, WHITE/BASE	1976	1500	1500.00	3500.00
❑ HORNED OWL II 524, COLOR/BASE	*	1000	650.00	2200.00
❑ HORNED OWL II 524, WHITE/BASE	*	1000	*	1000.00
❑ HUMMINGBIRD GROUP 660, COLOR/BASE	1982	3000	650.00	1300.00
❑ KINGFISHER 639, COLOR/BASE	1981	CL	45.00	60.00
❑ OWL IV 559, COLOR/BASE	1977	1000	*	1300.00
❑ PAIR OF MALLARDS II 572, COLOR/BASE	1978	1500	*	1200.00
❑ PAIR OF MALLARDS II 572, WHITE/BASE	1978	1500	*	2400.00
❑ PELICAN 534, COLOR/BASE	1976	1200	925.00	1800.00
❑ PELICAN 534, WHITE/BASE	1976	CL	*	625.00
❑ PHEASANT 556, COLOR/BASE	1976	1500	3200.00	6100.00
❑ PHEASANT 715, COLOR/BASE	1984	1500	1000.00	2000.00
❑ QUAILS 640, COLOR/BASE	1981	1500	*	2400.00
❑ ROOSTER 642, COLOR/BASE	1981	1500	860.00	1350.00
❑ ROOSTER 642, WHITE/BASE	1981	1500	380.00	700.00
❑ SPARROW 516, COLOR/BASE	1975	1500	300.00	600.00
❑ SWAN 602, COLOR/BASE	1979	2000	*	1400.00
❑ WOOD DUCKS 514, COLOR/BASE	1975	800	*	2850.00
❑ WOODPECKERS 515, COLOR/BASE	1975	800	900.00	1800.00
BIRDS OF AMERICA COLLECTION				**M. TANDY**
❑ PEREGRINE FALCON 723, COLOR/BASE	1984	1500	850.00	5000.00
❑ SPARROW HAWK 777, COLORED BISQUE	1986	10000	950.00	1400.00
❑ SPARROW HAWK 777, WHITE BISQUE	1986	1000	440.00	725.00
HORSE SCULPTURE				**W. GAWANTKA**
❑ ARGOS 633101, WHITE BISQUE/BASE	1990	1000	578.00	700.00
❑ ARGOS 633103, LIGHT COLOR/BASE	1990	1000	1194.00	1500.00
❑ ARGOS 633143, COLOR/BASE	1990	1000	1194.00	1500.00
❑ CAPITANO/LIPIZZANER 597, COLOR	1978	1500	625.00	1800.00
❑ CAPITANO/LIPIZZANER 597, WHITE	1978	CL	275.00	600.00
❑ HASSAN/ARABIAN 553, COLOR/BASE	1976	1500	600.00	1250.00
❑ HASSAN/ARABIAN 553, WHITE/BASE	1976	CL	250.00	600.00
❑ LIPIZZANER/MAESTOSO 517, COLOR/BASE	1975	CL	*	1150.00
❑ LIPIZZANER/MAESTOSO 517, WHITE/BASE	1975	CL	*	750.00
❑ MARE & FOAL II 510, COLOR/BASE	1974	CL	650.00	1000.00
❑ MARE & FOAL III 636, COLOR/BASE	1980	1500	950.00	1500.00
❑ MARE & FOAL III 636, WHITE/BASE	1980	1500	300.00	600.00
❑ ORION/ARABIAN 629, COLOR/BASE	1980	2000	600.00	1100.00
❑ ORION/ARABIAN 629, WHITE/BASE	1980	2000	250.00	500.00
❑ PACER 792, COLOR/BASE	1987	1500	1217.00	1350.00
❑ PACER 792, WHITE/BASE	1987	1500	574.00	675.00
❑ PONY GROUP 488, COLOR/BASE	1971	CL	150.00	350.00
❑ PONY GROUP 488, WHITE/BASE	1971	2500	50.00	425.00
❑ TROTTER 780, COLOR/BASE	1987	1500	1217.00	1350.00
❑ TROTTER 780, WHITE/BASE	1987	1500	574.00	675.00
HUMAN FIGURES				*
❑ FATHER & DAUGHTER 752, COLOR	*	2500	390.00	725.00
❑ FATHER & DAUGHTER 752, WHITE	*	2500	175.00	375.00
❑ MOTHER & CHILD 757, COLOR	*	3500	600.00	900.00
❑ MOTHER & CHILD 757, WHITE	*	4000	300.00	425.00
❑ MOTHER & CHILD 775, COLOR	*	3500	600.00	900.00
❑ MOTHER & CHILD 775, WHITE	*	4000	300.00	425.00
HUMAN FIGURES				**G. BOCHMANN**
❑ MOTHER & CHILD 398, WHITE BISQUE	1960	OP	*	325.00
HUMAN FIGURES				**W. GAWANTKA**
❑ FATHER & SON 659, COLOR/BASE	1982	2500	400.00	740.00
❑ FATHER & SON 659, WHITE/BASE	1982	2500	100.00	400.00
❑ ICE PRINCESS 667, COLOR	1982	5000	375.00	750.00
❑ ICE PRINCESS 667, WHITE	1982	5000	200.00	425.00
❑ MOTHER & CHILD/BUST 696, COLOR	1983	3500	500.00	1075.00
❑ MOTHER & CHILD/BUST 696, WHITE	1983	4000	225.00	450.00
❑ SWAN LAKE BALLET 641, COLOR	1982	2500	650.00	1200.00
❑ SWAN LAKE BALLET 641, WHITE	1982	2500	200.00	900.00

KIT CROPPER STUDIOS

HOUSEMOTHER COLLECTION				**K. CROPPER**
❑ HOUSEMOTHER GOOSE	2002	500	95.00	95.00

FIGURINES

NAME	YEAR	LIMIT	ISSUE	TREND
❑ KATVINA	2002	500	95.00	95.00
❑ PRUDENCE	2002	750	35.00	35.00
❑ SOPHIE	2002	750	45.00	45.00
❑ URSULA	2002	750	45.00	45.00

KURT S. ADLER INC.

				ANTONOV
❑ FOR THE MRS.	1997	OP	42.00	42.00
				GIORDANO
❑ UP ON THE ROOF	1997	OP	67.00	67.00
				KSA DESIGN
❑ CHRISTMAS WISH LIST	1997	OP	40.00	40.00
❑ FROSTY FRIENDS	1997	OP	40.00	40.00
❑ GIFTS A PLENTY	1997	OP	45.00	45.00
❑ HOUSE CALLS	1997	OP	40.00	40.00
❑ LABOR OF LOVE	1997	OP	45.00	45.00
❑ MAKING WAVES	1997	OP	55.00	55.00
❑ ONE MORE STORY	1997	OP	55.00	55.00
❑ PAPERWORK	1997	OP	56.00	56.00
❑ PUPPY LOVE	1997	OP	50.00	50.00
❑ SANTA ON LINE	1997	OP	50.00	50.00
❑ TEST DRIVE	1997	OP	45.00	45.00
❑ WHAT A CATCH	1997	OP	45.00	45.00
				KSA/STEINBACH
❑ MINI KING ARTHUR	1997	15000	50.00	50.00
❑ MINI NOAH	1997	10000	50.00	50.00
❑ MINI ST. NICHOLAS	1997	15000	50.00	50.00
				M. ROTHENBERG
❑ FAN MAIL	1997	OP	50.00	50.00
❑ HOLIDAY ON ICE	1997	OP	135.00	135.00
❑ MY HAVE YOU GROWN	1997	OP	75.00	75.00

AMERICAN PRESIDENTS STEINBACH NUTCRACKER — **KSA/STEINBACH**

❑ BEN FRANKLIN ES922	1993	RT	225.00	225.00
❑ TEDDY ROOSEVELT ES644	1993	10000	225.00	225.00
❑ THOMAS JEFFERSON ES866	1996	7500	260.00	260.00

AMERICAN PRESIDENTS STEINBACH NUTCRACKER — **C. STEINBACH**

❑ ABRAHAM LINCOLN ES622	1992	RT	195.00	210.00
❑ GEORGE WASHINGTON ES623	1992	12000	195.00	210.00

ANGEL DARLINGS — **N. BAILEY**

❑ ALMOST FITS H4765/1	1996	OP	15.00	15.00
❑ BOTTOMS UP	1996	RT	15.00	15.00
❑ BUDDIES H4765/3	1996	RT	15.00	15.00
❑ CUDDLES H4765/4	1996	RT	15.00	15.00
❑ DREAM BUILDERS H4765/4	1996	RT	15.00	15.00
❑ FOR YOU	1997	OP	20.00	20.00
❑ PEEK-A-BOO H4765/2	1996	RT	15.00	15.00
❑ SECRET, THE	1997	OP	20.00	20.00
❑ SHARING	1997	RT	20.00	20.00

BIBLICAL — **KSA/STEINBACH**

❑ MOSES	1997	10000	250.00	250.00
❑ NOAH ES893	1996	1000	260.00	260.00

CURRIER & IVES WATERGLOBE COLLECTION — *

❑ OUR FIRST CHRISTMAS J1037	1992	OP	40.00	40.00
❑ WE WISH YOU A MERRY CHRISTMAS J1048	1992	OP	40.00	40.00

FABRICHE ANGEL SERIES — **K. ADLER**

❑ HEAVENLY MESSENGER W1584	1992	RT	41.00	41.00

FABRICHE BEAR & FRIENDS — **K. ADLER**

❑ LAUGHING ALL THE WAY J1567	1992	RT	83.00	83.00
❑ NOT A CREATURE WAS STIRRING W1534	1992	RT	67.00	67.00
❑ TEDDY BEAR PARADE W1601	1993	RT	73.00	73.00

FABRICHE CAMELOT FIGURE — **P. MAUK**

❑ KING ARTHUR J3372	1994	RT	110.00	110.00
❑ MERLIN THE MAGICIAN J7966	1993	RT	120.00	120.00
❑ YOUNG ARTHUR J7967	1993	RT	120.00	120.00

FABRICHE COLLECTION — *

❑ JOLLY OLD NICK W1557	1992	OP	56.00	56.00
❑ MASTER TOYMAKER W1566	1992	OP	61.00	61.00
❑ OLD FATHER FROST W1559	1992	OP	56.00	56.00
❑ SPECIAL DELIVERY W1558	1992	OP	56.00	56.00

FABRICHE COLLECTION — **T. RUBEL**

❑ HE DID IT AGAIN J7944	1992	OP	160.00	160.00

FABRICHE HOLIDAY FIGURINES — **K. ADLER**

❑ ALL ABOARD FOR CHRISTMAS W1679	1995	RT	56.00	56.00
❑ ALL STAR SANTA W1652	1994	OP	56.00	56.00
❑ ALL THAT JAZZ W1620	1993	RT	67.00	67.00
❑ ARMCHAIR QUARTERBACK W1693	1995	RT	90.00	90.00
❑ BASKET OF GOODIES W1650	1994	RT	60.00	60.00
❑ BRINGING THE GIFTS W1605	1993	RT	60.00	60.00
❑ BUNDLES OF JOY W1578	1992	RT	78.00	78.00
❑ CAPTAIN CLAUS W1680	1995	OP	56.00	56.00
❑ CHECKING HIS LIST W1643	1994	RT	60.00	60.00
❑ CHECKING IT TWICE W1604	1993	RT	56.00	56.00
❑ CHRISTMAS IS IN THE AIR W1590	1992	RT	110.00	110.00
❑ DIET STARTS TOMORROW W1691	1995	RT	60.00	60.00
❑ FATHER CHRISTMAS W1687	1995	RT	56.00	56.00
❑ FIREFIGHTING FRIENDS W1654	1994	RT	72.00	72.00
❑ FOREVER GREEN W1607	1993	RT	56.00	56.00

FIGURINES

FIGURINES

NAME	YEAR	LIMIT	ISSUE	TREND
❑ FRIENDSHIP W1642	1994	RT	65.00	65.00
❑ GIFT FROM HEAVEN W1694	1995	RT	60.00	60.00
❑ HO, HO, HO SANTA W1632	1994	RT	56.00	56.00
❑ HOLIDAY EXPRESS W1636	1994	RT	100.00	100.00
❑ HOMEWARD BOUND W1566	1992	RT	61.00	61.00
❑ HUGS AND KISSES W1531	1992	RT	67.00	67.00
❑ KRIS KINGLE W1685	1995	RT	55.00	55.00
❑ MERRY MEMORIES W1735	1995	RT	56.00	56.00
❑ OFFICER CLAUS W1677	1994	OP	56.00	56.00
❑ PAR FOR THE CLAUS W1603	1993	OP	60.00	60.00
❑ PEACE SANTA W1631	1994	RT	60.00	60.00
❑ PERE NOEL W1686	1995	RT	55.00	55.00
❑ PLAYTIME FOR SANTA W1619	1993	RT	67.00	67.00
❑ SANTA'S FISHTALES W1640	1994	OP	60.00	60.00
❑ SCHUSSING CLAUS W1651	1994	RT	78.00	78.00
❑ ST. NICHOLAS THE BISHOP W1532	1992	RT	78.00	78.00
❑ STOCKING STUFFER W1622	1993	RT	56.00	56.00
❑ STRIKE UP THE BAND W1681	1995	RT	55.00	55.00
❑ TEE TIME W1734	1995	RT	60.00	60.00
❑ TOP BRASS W1630	1993	RT	67.00	67.00
❑ WITH ALL THE TRIMMINGS W1616	1993	OP	76.00	76.00
FABRICHE HOLIDAY FIGURINES				**GIORDANO**
❑ MERRY ST. NICK W1641	1994	OP	100.00	100.00
FABRICHE HOLIDAY FIGURINES				**W. JOYCE**
❑ SANTA CALLS W1678	1994	RT	55.00	55.00
FABRICHE HOLIDAY FIGURINES				**KSA/WRG**
❑ MAIL MUST GO THROUGH W1667	1994	RT	110.00	110.00
FABRICHE HOLIDAY FIGURINES				**M. ROTHENBERG**
❑ AN APRON FULL OF LOVE W1582	1992	RT	75.00	75.00
❑ BRINGING IN THE YULE LOG W1589	1992	RT	200.00	200.00
❑ HERE KITTY W1616	1993	RT	90.00	90.00
❑ MERRY KISSMAS W1548	1992	RT	140.00	140.00
❑ MRS. SANTA CAROLLER W1690	1995	OP	70.00	70.00
❑ SANTA CAROLER W1689	1995	OP	70.00	70.00
❑ SANTA FIDDLER W1549	1991	RT	100.00	100.00
❑ SANTA STEALS A KISS & A COOKIE W1581	1992	RT	150.00	150.00
❑ SANTA'S CAT NAP W1504	1992	RT	98.00	98.00
❑ SANTA'S ICE CAPADES W1588	1992	RT	110.00	110.00
❑ STAR GAZING SANTA W1656	1994	OP	120.00	120.00
FABRICHE HOLIDAY FIGURINES				**T. RUBEL**
❑ I'M LATE, I'M LATE J7947	1992	RT	100.00	100.00
❑ IT'S TIME TO GO J7943	1992	RT	150.00	150.00
FABRICHE HOLIDAY FIGURINES				**R. VOLPI**
❑ WOODLAND SANTA W1731	1995	RT	67.00	67.00
FABRICHE HOLIDAY FIGURINES				**WD. RIVER GALL.**
❑ NIGHT BEFORE CHRISTMAS W1692	1995	RT	60.00	60.00
FABRICHE SANTA AT HOME				**M. ROTHENBERG**
❑ BABY BURPING SANTA W1732	1995	RT	80.00	80.00
❑ CHRISTMAS WALTZ, THE W1635	1994	RT	135.00	135.00
❑ FAMILY PORTRAIT W1727	1995	RT	140.00	140.00
❑ GRANDPA SANTA'S PIGGYBACK RIDE W1621	1993	7500	84.00	84.00
❑ SANTA'S HORSEY RIDE W1728	1995	RT	80.00	80.00
❑ SANTA'S NEW FRIEND W1655	1994	RT	110.00	110.00
FABRICHE SANTA'S HELPERS				**M. ROTHENBERG**
❑ LITTLE OLDE CLOCKMAKER W1629	1993	RT	134.00	134.00
❑ STITCH IN TIME W1591	1992	5000	135.00	135.00
FABRICHE SMITHSONIAN MUSEUM				**KSA/SMITHSONIAN**
❑ HOLIDAY DRIVE W1556	1992	RT	156.00	156.00
❑ HOLIDAY FLIGHT W1617	1993	RT	144.00	144.00
❑ PEACE ON EARTH ANGEL TREETOP W1585	1992	RT	52.00	52.00
❑ PEACE ON EARTH FLYING ANGEL W1585	1992	RT	49.00	49.00
❑ SANTA ON A BICYCLE W1527	1991	RT	150.00	150.00
❑ TOYS FOR GOOD BOYS AND GIRLS W1696	1995	RT	75.00	75.00
FABRICHE THOMAS NAST FIGURINES				**K. ADLER**
❑ CAUGHT IN THE ACT W1577	1992	RT	133.00	133.00
❑ CHRISTMAS SING-A-LONG W1576	1992	12000	110.00	110.00
❑ DEAR SANTA W1602	1993	RT	110.00	110.00
❑ HELLO! LITTLE ONE! W1552	1991	12000	90.00	90.00
GALLERY OF ANGELS				**K. ADLER**
❑ GUARDIAN ANGEL M1099	1994	2000	150.00	150.00
❑ UNSPOKEN WORD M1100	1994	2000	150.00	150.00
HALLOWEEN				**P.F. BOLINGER**
❑ DR PUMPKIN HW535	1996	OP	50.00	50.00
❑ EAT AT DRAC'S HW493	1996	OP	22.00	22.00
❑ PUMPKIN GRUMPKIN HW494	1996	OP	18.00	18.00
❑ PUMPKIN PLUMPKIN HW494	1996	OP	18.00	18.00
❑ PUMPKINS ARE US HW534	1996	RT	17.00	17.00
HELPING HAND SANTAS				**P.F. BOLINGER**
❑ ALDWYN OF THE GREENWOOD J8196	1994	OP	145.00	145.00
❑ BERWYN THE GRAND J8198	1994	OP	175.00	190.00
❑ BOUNTIFUL J8234	1995	OP	164.00	164.00
❑ CARADOC THE KIND J8199	1994	OP	70.00	80.00
❑ FLORIAN OF THE BERRY BUSH J8199	1994	OP	70.00	80.00
❑ GUSTAVE THE GUTSY J8199	1994	OP	70.00	80.00
❑ HARMONIOUS 56509	1996	RT	115.00	115.00
❑ LUMINATUS J8241	1995	OP	136.00	136.00
❑ NOAH J6487	1996	RT	56.00	56.00

NAME	YEAR	LIMIT	ISSUE	TREND
❑ SILVANUS THE CHEERFUL J8197	1994	OP	165.00	165.00
❑ UNCLE SAM J6488	1996	RT	56.00	56.00

HO HO HO GANG
P.F. BOLINGER

NAME	YEAR	LIMIT	ISSUE	TREND
❑ ANGEL WITH HEART	1997	OP	20.00	20.00
❑ BEHAVOMETER	1997	RT	25.00	25.00
❑ BOX OF CHOCOLATE J6510	1996	RT	33.00	33.00
❑ BOXERS OR BRIEFS	1997	OP	25.00	25.00
❑ CAPTAIN NOAH	1997	RT	18.00	18.00
❑ CHRISTMAS GOOSE J8201	1994	RT	25.00	25.00
❑ CHRISTMAS SHOPPING SANTA J6497	1996	RT	22.00	22.00
❑ CLAUS A LOUNGER J6478	1996	RT	33.00	33.00
❑ COOKIE CLAUS J8286	1995	RT	40.00	40.00
❑ DO NOT DISTURB J8233	1995	OP	56.00	56.00
❑ FIRE DEPARTMENT NORTH POLE J6508	1996	RT	50.00	50.00
❑ FIREMAN SANTA J6476	1996	RT	28.00	28.00
❑ GOLF HEAVEN	1997	RT	25.00	25.00
❑ HOLY MACKEREL J8202	1994	RT	25.00	25.00
❑ JAVA JUMPSTART	1997	RT	15.00	15.00
❑ JOY OF COOKING J6496	1996	OP	28.00	28.00
❑ LARGE NORTH POLE J8237	1995	RT	56.00	56.00
❑ LOVE SANTA J6493	1996	RT	18.00	18.00
❑ NEVER SAY DIET	1997	RT	15.00	15.00
❑ NO HAIR DAY J8287	1995	RT	50.00	50.00
❑ NOAH	1996	OP	56.00	56.00
❑ NOEL ROLY POLY J6489	1996	RT	20.00	20.00
❑ NORTH POLE COUNTRY CLUB	1997	OP	45.00	45.00
❑ NORTH POLE PRO-AM J6479	1996	OP	28.00	28.00
❑ ON STRIKE FOR MORE COOKIES J6506	1996	RT	33.00	33.00
❑ PEACE SANTA	1997	2500	80.00	80.00
❑ POLICE DEPARTMENT NORTH POLE J6507	1996	RT	50.00	50.00
❑ POLICEMAN SANTA J6475	1996	OP	28.00	28.00
❑ SAINT FRANCIS	1997	OP	56.00	56.00
❑ SANTA COB J8203	1994	RT	28.00	28.00
❑ SANTA WITH BEAR	1997	RT	8.00	8.00
❑ SANTA'S DAY OFF	1997	OP	25.00	25.00
❑ SAVE THE REINDEER J6498	1996	RT	28.00	28.00
❑ SMALL NORTH POLE J8238	1995	RT	45.00	45.00
❑ SNOWMEN ARE COOL	1997	RT	20.00	20.00
❑ SOME ASSEMBLY REQUIRED J0477	1996	RT	53.00	53.00
❑ SPRING SALE SNOWMAN	1997	RT	20.00	20.00
❑ SURPRISE J8201	1994	RT	25.00	25.00
❑ WILL HE MAKE IT? J8203	1994	RT	28.00	28.00
❑ WILL WORK FOR COOKIES J8235	1995	OP	40.00	40.00
❑ WINTER FUN	1997	RT	25.00	25.00
❑ WISHFUL THINKING J8239	1995	RT	39.00	39.00

HOLLY BEARIES
H. ADLER

NAME	YEAR	LIMIT	ISSUE	TREND
❑ ANGEL BEAR J7342	1996	RT	14.00	14.00
❑ ANGEL STARCATCHER II	1997	RT	20.00	20.00
❑ BEARIES MAILING PACKAGES	1997	RT	28.00	28.00
❑ CHARLIE THE FISHERMAN	1997	YR	34.00	34.00
❑ SLEDDING BEARIES	1997	RT	25.00	25.00
❑ TEDDY TOWER J7221	1996	RT	23.00	23.00

HOLLY BEARIES CALENDAR BEARS
H. ADLER

NAME	YEAR	LIMIT	ISSUE	TREND
❑ CLAIRMONT, DEMPSEY & PETE J7215/JUL	1996	OP	16.00	16.00
❑ CLARA & CARNATION THE KITTY J7215/OCT	1996	OP	16.00	16.00
❑ FERGUS & FRITZI'S FROSTY FROLIC J7215/JAN	1996	OP	16.00	16.00
❑ GRANDMA GLADYS J7215/DEC	1996	OP	16.00	16.00
❑ MOTHERS DAY DEAR J7318	1996	OP	15.00	15.00
❑ NICOLE & NICOLAS SUN BATHING J7215/AUG	1996	OP	16.00	16.00
❑ PETUNIA & NATHAN PLANT ROSES J7215/MAY	1996	OP	16.00	16.00
❑ PHILO'S POT OF GOLD J7215/MAR	1996	OP	16.00	16.00
❑ PINKY & VICTORIA ARE SWEETIES J7215/FEB	1996	OP	16.00	16.00
❑ SKEETER & SIGOURNEY START SCHOOL J7215/SEP	1996	OP	16.00	16.00
❑ SUNSHINE CATCHING RAINDROPS J7215/APR	1996	OP	16.00	16.00
❑ THORNDIKE & FILBERT CATCH FISH J7215/JUN	1996	OP	16.00	16.00
❑ THORNDIKE ALL DRESSED UP J7215/NOV	1996	OP	16.00	16.00

JIM HENSON'S MUPPET NUTCRACKERS
KSA/JHP

NAME	YEAR	LIMIT	ISSUE	TREND
❑ KERMIT THE FROG H1223	1993	RT	90.00	90.00

MEMBERS ONLY
KSA/STEINBACH

NAME	YEAR	LIMIT	ISSUE	TREND
❑ MAREK, THE ROYAL GUARDSMAN	1997	YR	225.00	225.00

MICKEY UNLIMITED
KSA/DISNEY

NAME	YEAR	LIMIT	ISSUE	TREND
❑ DONALD DUCK DRUMMER W1681	1994	RT	45.00	45.00
❑ DONALD DUCK H1235	1993	OP	90.00	90.00
❑ GOOFY H1216	1992	OP	78.00	78.00
❑ MICKEY BANDLEADER W1669	1994	RT	45.00	45.00
❑ MICKEY MOUSE SOLDIER H1194	1992	OP	72.00	72.00
❑ MICKEY MOUSE SORCERER H1221	1992	OP	100.00	100.00
❑ MICKEY MOUSE W/GIFT BOXES W1608	1993	RT	78.00	78.00
❑ MICKEY SANTA NUTCRACKER H1237	1994	OP	90.00	90.00
❑ MINNIE MOUSE SOLDIER NUTCRACKER H1236	1994	OP	90.00	90.00
❑ MINNIE W/CYMBALS W1670	1994	RT	45.00	45.00
❑ PINOCCHIO H1222	1993	OP	110.00	110.00

MINI SERIES
KSA/STEINBACH

NAME	YEAR	LIMIT	ISSUE	TREND
❑ MERLIN MINI NUTCRACKER ES335	1996	15000	50.00	50.00
❑ ROBIN HOOD MINI NUTCRACKER ES338	1996	10000	50.00	50.00

OLD WORLD SANTA SERIES
J. MOSTROM

NAME	YEAR	LIMIT	ISSUE	TREND
❑ CHELSEA GARDEN SANTA W2721	1992	RT	34.00	34.00
❑ GOOD KING WENCESLAS W2928	1993	3000	134.00	134.00

FIGURINES

FIGURINES

NAME	YEAR	LIMIT	ISSUE	TREND
❏ LARGE BLACK FOREST SANTA W2717	1992	RT	110.00	110.00
❏ LARGE FATHER CHRISTMAS W2719	1992	RT	106.00	106.00
❏ MEDIEVAL KING OF CHRISTMAS W2881	1993	3000	390.00	390.00
❏ MRS. CLAUS W2714	1992	5000	37.00	37.00
❏ PATRIOTIC SANTA W2720	1992	3000	128.00	128.00
❏ PERE NOEL W2723	1992	RT	34.00	34.00
❏ SMALL BLACK FOREST SANTA W2712	1992	RT	40.00	40.00
❏ SMALL FATHER CHRISTMAS W2712	1992	RT	34.00	34.00
❏ SMALL FATHER FROST W2716	1992	RT	43.00	43.00
❏ SMALL GRANDFATHER FROST W2716	1992	RT	106.00	106.00
❏ ST. NICHOLAS W2713	1992	RT	30.00	30.00
❏ WORKSHOP SANTA W2715	1992	5000	43.00	43.00
OSCAR & BERTIE WATERGLOBE COLLECTION				*
❏ BEARS ON ROCKING HORSE J1034	1992	OP	56.00	56.00
❏ SANTA BEAR WITH PACKAGES J1033	1992	OP	41.00	41.00
SATURDAY EVENING POST WATERGLOBE COLLECTION				*
❏ CHRISTMAS TRIO NORMAN ROCKWELL J1035	1992	OP	40.00	40.00
❏ SANTA'S SURPRISE J.C. LEYENDECKER J1036	1992	OP	40.00	40.00
SESAME STREET SERIES				**KSA/JHP**
❏ BIG BIRD FABRICHE J7928	1993	RT	60.00	60.00
❏ BIG BIRD NUTCRACKER H1199	1993	RT	60.00	60.00
SNOW PEOPLE				**P.F. BOLINGER**
❏ COOLA HULA J6430	1996	RT	20.00	20.00
❏ SNOWPOKE J6431	1996	RT	28.00	28.00
❏ SNOWY J6429	1996	RT	28.00	28.00
STEINBACH CAMELOT NUTCRACKER				**KSA/STEINBACH**
❏ QUEEN GUENEVERE ES869	1995	10000	245.00	245.00
❏ SIR GALAHAD ES862	1994	12000	225.00	225.00
❏ SIR LANCELOT ES638	1993	12000	225.00	225.00
❏ SIR LANCELOT SMOKER ES833	1994	7500	150.00	150.00
STEINBACH CAMELOT NUTCRACKER				**C. STEINBACH**
❏ KING ARTHUR ES621	1992	RT	195.00	285.00
❏ MERLIN THE MAGICIAN ES610	1991	RT	185.00	1650.00
STEINBACH CAMELOT SMOKING FIGURINE				**KSA/STEINBACH**
❏ KING ARTHUR ES832	1993	7500	175.00	175.00
STEINBACH CAMELOT SMOKING FIGURINE				**C. STEINBACH**
❏ MERLIN THE MAGICIAN ES830	1992	7500	150.00	150.00
STEINBACH MUSICAL COLLECTION				**C. STEINBACH**
❏ SKI LIFT MUSICAL ES27	1992	2000	150.00	150.00
STEINBACH NUTCRACKER CHRISTMAS CAROL				**KSA/STEINBACH**
❏ EBENEZER SCROOGE	1997	7500	250.00	250.00
STEINBACH NUTCRACKER CHRISTMAS LEGENDS				**KSA/STEINBACH**
❏ 1930S SANTA CLAUS ES891	1995	7500	245.00	245.00
❏ FATHER CHRISTMAS ES645	1993	SO	225.00	225.00
❏ GRANDFATHER FROST	1997	7500	250.00	250.00
❏ ST. NICHOLAS, THE BISHOP ES865	1994	7500	225.00	225.00
STEINBACH NUTCRACKER CLUB GIFT				**KSA/STEINBACH**
❏ CHIMNEY SWEEP	1997	YR	*	N/A
STEINBACH NUTCRACKER COLLECTION				**KSA/STEINBACH**
❏ COLUMBUS ES697	1991	RT	194.00	210.00
❏ HAPPY SANTA ES601	1992	RT	190.00	205.00
❏ OIL SHEIK	1984	RT	100.00	300.00
STEINBACH NUTCRACKER FAMOUS CHIEFTAINS				**KSA/STEINBACH**
❏ BLACK HAWK ES889	1995	7500	245.00	245.00
❏ CHIEF SITTING BULL ES637	1993	8500	225.00	225.00
❏ CHIEF SITTING BULL SMOKER ES834	1994	RT	150.00	150.00
❏ RED CLOUD ES864	1994	8500	225.00	225.00
STEINBACH NUTCRACKER TALES OF SHERWOOD FOREST				**KSA/STEINBACH**
❏ FRIAR TUCK ES890	1995	7500	245.00	245.00
❏ KING RICHARD THE LION HEARTED	1997	7500	250.00	250.00
❏ ROBIN HOOD ES863	1992	SO	225.00	225.00
❏ SHERIFF OF NOTTINGHAM ES892	1996	7500	260.00	260.00
STEINBACH NUTCRACKER THREE MUSKETEERS				**KSA/STEINBACH**
❏ ARAMIS ES722	1996	7500	130.00	130.00
VATICAN LIBRARY COLLECTION				**H. ADLER**
❏ HOLY FAMILY SET	1997	OP	*	N/A
❏ THREE WISE MEN	1997	OP	*	N/A
VISIONS OF SANTA SERIES				**K. ADLER**
❏ SANTA COMING OUT OF FIREPLACE J1023	1992	RT	29.00	29.00
❏ SANTA HOLDING CHILD J826	1992	RT	25.00	25.00
❏ SANTA SPILLING BAG OF TOYS J1022	1992	RT	26.00	26.00
❏ SANTA W/LITTLE GIRLS ON LAP J1024	1992	7500	25.00	25.00
❏ SANTA W/SACK HOLDING TOY J827	1992	RT	25.00	25.00
❏ WORKSHOP SANTA J825	1992	RT	27.00	27.00
WATERGLOBE COLLECTION				*
❏ SANTA WITH TWO GIRLS J1038	1992	OP	40.00	40.00
ZUBER NUTCRACKER SERIES				**KSA/ZUBER**
❏ ANNAPOLIS MIDSHIPMAN, THE EK7	1992	RT	125.00	125.00
❏ BAVARIAN, THE EK16	1992	RT	130.00	130.00
❏ BRONCO BILLY THE COWBOY EK1	1992	RT	125.00	125.00
❏ CHIMNEY SWEEP, THE EK6	1992	RT	125.00	125.00
❏ COUNTRY SINGER, THE EK19	1992	RT	125.00	125.00
❏ FISHERMAN, THE EK17	1992	5000	125.00	125.00
❏ GARDENER, THE EK26	1994	RT	150.00	150.00
❏ GEPETTO, THE TOYMAKER EK9	1992	RT	125.00	125.00
❏ GOLD PROSPECTOR, THE EK18	1992	RT	125.00	125.00

NAME	YEAR	LIMIT	ISSUE	TREND
❑ GOLFER, THE EK5	1992	RT	125.00	125.00
❑ HERR DROSSELMEIR NUTCRACKER EK21	1993	RT	150.00	150.00
❑ ICE CREAM VENDOR, THE EK24	1993	RT	150.00	150.00
❑ INDIAN, THE EK15	1992	RT	135.00	135.00
❑ JAZZ PLAYER EK25	1994	2500	145.00	145.00
❑ KURT THE TRAVELING SALESMAN EK28	1994	RT	155.00	155.00
❑ MOUSE KING EK31	1994	2500	150.00	150.00
❑ NAPOLEON BONAPARTE EK23	1993	RT	150.00	150.00
❑ NOR'EASTER SEA CAPTAIN, THE EK3	1992	5000	125.00	125.00
❑ PAUL BUNYAN THE LUMBERJACK EK2	1992	RT	125.00	125.00
❑ PETER PAN EK28	1994	2500	145.00	145.00
❑ PILGRIM, THE EK14	1992	RT	125.00	125.00
❑ PIZZAMAKER, THE EK22	1993	5000	150.00	150.00
❑ SCUBA DIVER EK27	1994	2500	150.00	150.00
❑ SOCCER PLAYER EK30	1994	2500	145.00	145.00
❑ TYROLEAN, THE EK4	1992	RT	125.00	125.00
❑ WEST POINT CADET W/CANON, THE EK6	1992	RT	130.00	130.00

LADIE & FRIENDS

LIZZIE HIGH

B. & P. WISBER

NAME	YEAR	LIMIT	ISSUE	TREND
❑ ADDIE HIGH	1998	2 YR	22.00	22.00
❑ AMANDA HIGH	1996	2 YR	28.00	28.00
❑ AMELIA HIGH	1998	2 YR	20.00	20.00
❑ BETSY VALENTINE	1998	2 YR	24.00	24.00
❑ CASSIE YOCUM	1996	2 YR	30.00	30.00
❑ DAPHNE BOWMAN	1998	2 YR	22.00	22.00
❑ EDWARD BOWMAN	1996	2 YR	28.00	28.00
❑ GRACE VALENTINE	1996	2 YR	25.00	25.00
❑ KATIE BOWMAN	1996	2 YR	28.00	28.00
❑ LIZZIE HIGH	1996	2 YR	27.00	27.00
❑ MARISA VALENTINE	1996	2 YR	25.00	25.00
❑ MATILDA HIGH	1998	2 YR	22.00	22.00
❑ MEGAN VALENTINE	1996	2 YR	35.00	35.00
❑ MINNIE VALENTINE	1996	2 YR	30.00	30.00
❑ NANCY BOWMAN	1996	2 YR	24.00	24.00
❑ NATALIE VALENTINE	1996	2 YR	28.00	28.00
❑ REBECCA BOWMAN	1996	2 YR	37.00	37.00
❑ SHANNON FITZPATRICK	1998	2 YR	22.00	22.00
❑ SIGN	1996	2 YR	37.00	37.00

LANCE CORP.

CHILMARK

F. BARNUM

NAME	YEAR	LIMIT	ISSUE	TREND
❑ JOHNNY SHILOH	1988	RT	100.00	225.00
❑ KENNESAW MOUNTAIN	1992	*	650.00	1000.00
❑ SURPRISE ENCOUNTER	1987	RT	250.00	730.00

CHILMARK

M. BOYETT

NAME	YEAR	LIMIT	ISSUE	TREND
❑ BLOOD BROTHERS	1982	RT	250.00	610.00
❑ EAGLE CATCHER	1986	RT	300.00	1100.00
❑ FLAT OUT FOR HLD RIVER STATION	1984	RT	3000.00	6000.00
❑ PLIGHT OF THE HUNTSMAN	1981	RT	495.00	825.00
❑ RAINMAKER, THE	1995	YR	350.00	360.00
❑ WINGS OF LIBERTY	1982	SO	625.00	1250.00

CHILMARK

G. DELODZIA

NAME	YEAR	LIMIT	ISSUE	TREND
❑ FREEDOM EAGLE	1981	SO	195.00	950.00

CHILMARK

P. JACKSON

NAME	YEAR	LIMIT	ISSUE	TREND
❑ CAMELOT CHESS SET	1986	RT	2250.00	2250.00

CHILMARK

KEIM/HAZEN

NAME	YEAR	LIMIT	ISSUE	TREND
❑ BUDWEISER WAGON	1981	RT	2000.00	3025.00

CHILMARK

D. LAROCCA

NAME	YEAR	LIMIT	ISSUE	TREND
❑ CAVALRY OFFICER	1979	RT	125.00	525.00
❑ COWBOY	1979	RT	125.00	650.00
❑ DRAGON SLAYER	1988	RT	385.00	500.00

CHILMARK

A. MCGRORY

NAME	YEAR	LIMIT	ISSUE	TREND
❑ END OF THE TRAIL (MINI)	1988	RT	225.00	300.00

CHILMARK

D. POLLAND

NAME	YEAR	LIMIT	ISSUE	TREND
❑ AFRICAN ELEPHANT	1980	RT	275.00	400.00
❑ AMBUSHED	1981	RT	2375.00	2725.00
❑ APACHE GAN DANCER	1982	2500	95.00	110.00
❑ APACHE HOSTILE	1982	2500	95.00	110.00
❑ ARAPAHO DRUMMER	1982	2500	95.00	110.00
❑ BAREBACK RIDER	1985	2500	225.00	300.00
❑ BARREL RACER	1985	2500	275.00	325.00
❑ BORDER RUSTLERS	1980	RT	1295.00	1500.00
❑ BOUNTY HUNTER	1983	RT	250.00	450.00
❑ BUFFALO HUNT	1978	RT	360.00	2220.00
❑ BUFFALO PRAYER	1982	RT	95.00	300.00
❑ BUFFALO ROBE	1981	RT	200.00	315.00
❑ BUFFALO SPIRIT	1990	RT	110.00	195.00
❑ BULL RIDER	1985	2500	265.00	335.00
❑ CALF ROPER	1985	2500	300.00	375.00
❑ CHEYENNE	1974	RT	200.00	2850.00
❑ CHIEF, THE	1983	RT	275.00	1750.00
❑ COCHISE	1990	RT	400.00	550.00
❑ COLD SADDLES, MEAN HORSES	1978	RT	200.00	875.00
❑ COMANCHE PLAINES DRUMMER	1982	2500	95.00	110.00
❑ COUNTING COUP	1978	RT	225.00	1800.00

NAME	YEAR	LIMIT	ISSUE	TREND
❑ CRAZY HORSE	1991	750	295.00	650.00
❑ CROW MEDICINE DANCER	1982	2500	95.00	110.00
❑ CROW SCOUT	1978	RT	250.00	1500.00
❑ DOG SOLDIER	1981	2500	200.00	300.00
❑ ENEMY TRACKS	1981	RT	225.00	720.00
❑ EYE TO EYE	1984	2500	375.00	475.00
❑ FALL-MUSTANGS	1977	3500	120.00	120.00
❑ FIGHTING STALLIONS	1986	2500	250.00	300.00
❑ FLATHEAD WAR DANCER	1982	2500	95.00	110.00
❑ GERONIMO	1989	RT	375.00	700.00
❑ GETTING ACQUAINTED	1979	RT	215.00	950.00
❑ GUIDON, THE	1984	*	*	N/A
❑ HOPI KACHINA DANCER	1982	2500	95.00	110.00
❑ HORSE BREAKING	1994	RT	395.00	400.00
❑ I WILL FIGHT NO MORE FOREVER	1988	RT	350.00	825.00
❑ JEMEZ EAGLE DANCER	1982	RT	95.00	350.00
❑ KIOWA PRINCESS	1991	RT	300.00	300.00
❑ LAST ARROW	1982	RT	95.00	350.00
❑ LINE RIDER	1983	RT	195.00	1000.00
❑ MANDAN HUNTER	1980	RT	65.00	825.00
❑ MAVERICK CALF	1978	RT	250.00	1500.00
❑ MONDAY MORNING WASH	1978	RT	200.00	1100.00
❑ MUSTANGER	1983	2500	425.00	550.00
❑ NAVAJO KACHINA DANCER	1982	2500	95.00	110.00
❑ NOW OR NEVER	1984	RT	265.00	800.00
❑ OH GREAT SPIRIT	1985	RT	300.00	1350.00
❑ OUTLAWS, THE	1978	RT	450.00	1000.00
❑ PAINTING THE TOWN	1978	RT	300.00	1550.00
❑ PEQUOT WARS	1990	RT	395.00	675.00
❑ RED RIVER WARS	1990	RT	425.00	750.00
❑ RESCUE	1976	RT	275.00	1200.00
❑ SACRED GROUND RECLAIMED	1993	RT	495.00	600.00
❑ SADDLE BRONC RIDER	1985	2500	250.00	300.00
❑ SIOUX WAR CHIEF	1982	RT	95.00	350.00
❑ SPRING-MUSTANGS	1977	3500	120.00	120.00
❑ STEER WRESTLING	1985	2500	500.00	600.00
❑ STRONG HEARTS TO THE FRONT	1992	RT	425.00	615.00
❑ TEAM ROPING	1985	2500	500.00	625.00
❑ TECUMSEH'S REBELLION	1990	RT	350.00	675.00
❑ TOO MANY ACES	1983	RT	400.00	500.00
❑ U.S. MARSHAL	1981	RT	95.00	485.00
❑ UNIT COLORS	1984	RT	250.00	1450.00
❑ WAR PARTY	1981	RT	550.00	1025.00
❑ WHEN WAR CHIEFS MEET	1981	RT	300.00	865.00
❑ WILD BUNCH, THE	1983	RT	200.00	325.00
❑ WINTER-MUSTANGS	1977	3500	120.00	120.00
❑ YAKIMA SALMON FISHERMAN	1982	RT	200.00	750.00
CHILMARK				**B. RODDEN**
❑ CHARGE OF THE 7TH CALVARY	1980	RT	600.00	975.00
❑ MOSES	1979	RT	100.00	250.00
CHILMARK				**C. ROUSELL**
❑ BRONCO BUSTER (LARGE)	1985	RT	400.00	400.00
❑ CHEYENNE (REMINGTON)	1984	RT	400.00	600.00
CHILMARK				**J. ROYCE**
❑ GARDEN UNICORN	1984	RT	160.00	200.00
CHILMARK				**J. SLOCKBOWER**
❑ CHIEF JOSEPH METART	1992	RT	975.00	1700.00
❑ CRAZY HORSE	1993	750	975.00	1000.00
❑ GERONIMO	1992	RT	975.00	1000.00
❑ SITTING BULL	1993	750	1075.00	1100.00
CHILMARK				**R. SYLVAN**
❑ CAROUSEL	1979	RT	115.00	115.00
❑ PEGASUS	1979	RT	95.00	200.00
❑ UNICORN	1979	RT	115.00	600.00
CHILMARK AMERICAN WEST CHRISTMAS				**D. POLLAND**
❑ ALMOST HOME	1993	RT	375.00	385.00
❑ COWBOY CHRISTMAS	1994	RT	250.00	260.00
❑ MERRY CHRISTMAS MY LOVE	1992	RT	350.00	400.00
❑ MERRY CHRISTMAS NEIGHBOR	1991	RT	395.00	625.00
CHILMARK LEGACY OF COURAGE				**M. BOYETT**
❑ ALONG THE CHEROKEE TRACE	1983	RT	295.00	700.00
❑ APACHE SIGNALS	1981	RT	175.00	550.00
❑ ARAPAHO SENTINEL	1982	RT	195.00	480.00
❑ BLACKFOOT SNOW HUNTER	1981	RT	175.00	650.00
❑ BUFFALO STALKER	1981	RT	175.00	550.00
❑ CIRCLING THE ENEMY	1983	RT	295.00	400.00
❑ COMANCHE	1981	RT	175.00	600.00
❑ DANCE OF THE EAGLES	1982	RT	150.00	225.00
❑ FOREST WATCHER	1983	RT	215.00	550.00
❑ IROQUOIS WARFARE	1981	RT	175.00	575.00
❑ KIOWA SCOUT	1982	RT	195.00	525.00
❑ LISTENING FOR HOOVES	1982	RT	150.00	460.00
❑ MANDAN BUFFALO DANCER	1982	RT	195.00	575.00
❑ MOMENT OF TRUTH	1983	RT	295.00	575.00
❑ PLAINS TALK, PAWNEE	1982	RT	195.00	600.00

From the Disneyana collection by Armani, Snow White *originally retailed for $750 and is now retired.*

Good Night *little darling says this mother to her young child. This piece was issued by Lladró in 1987.*

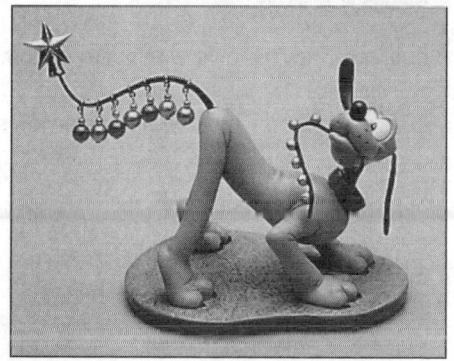

Pluto Helps Decorate, *from the "Holiday Series" by Walt Disney Classics Collection, features Mickey's best friend in a most compromising position.*

There's a Light At the End of the Tunnel *is from Enesco Group Inc.'s Precious Moments collection by Sam Butcher.*

A favorite of young and old alike, Winnie the Pooh *was the 1996 gift sculpture for members of Walt Disney Classics Collection's Collectors Society.*

NAME	YEAR	LIMIT	ISSUE	TREND
❑ RITE OF THE WHITETAIL	1983	RT	295.00	400.00
❑ SHOSHONE EAGLE CATCHER	1982	RT	225.00	1800.00
❑ TRACKER NEZ PERCE, THE	1982	RT	150.00	575.00
❑ UNCONQUERED SEMINOLE	1981	RT	175.00	550.00
❑ VICTOR CHEYENNE	1981	RT	175.00	500.00
❑ WARRIOR'S TRIBUTE	1983	RT	335.00	640.00
❑ WINTER HUNT	1983	RT	295.00	375.00
CHILMARK MICKEY & CO.				**J. SLOCKBOWER**
❑ BEACH BOUND	1994	RT	350.00	875.00
❑ CRUISING	1992	RT	275.00	2000.00
❑ SUNDAY DRIVE	1993	RT	325.00	1200.00
CHILMARK OFF CANVAS				**A.T. MCGRORY**
❑ SMOKE SIGNAL	1990	RT	345.00	675.00
❑ VIGIL	1990	RT	345.00	600.00
❑ WARRIOR	1990	RT	300.00	450.00
CHILMARK PEWTER CIVIL WAR				*
❑ KENNESAW MTN.	1992	RT	650.00	1550.00
❑ PARSON'S BATTERY	1992	RT	495.00	525.00
❑ SAVING THE COLORS	1987	RT	350.00	650.00
CHILMARK PEWTER CIVIL WAR				**F. BARNUM**
❑ ABE LINCOLN BUST	1993	RT	2000.00	2275.00
❑ FATHER'S FAREWELL	1988	RT	150.00	300.00
❑ LEE AND JACKSON	1990	RT	375.00	500.00
❑ LEE TO THE REAR	1989	RT	300.00	850.00
CHILMARK PEWTER CIVIL WAR				**D. POLLAND**
❑ SUMMER-MUSTANGS	1977	3500	120.00	525.00
CHILMARK PEWTER CIVIL WAR CHRISTMAS SPECIALS				**F. BARNUM**
❑ CHRISTMAS TRUCE	1994	RT	295.00	300.00
❑ MERRY CHRISTMAS YANK	1992	RT	350.00	525.00
❑ PEACE ON EARTH	1995	YR	350.00	360.00
❑ SILENT NIGHT	1993	RT	350.00	500.00
CHILMARK PEWTER CIVIL WAR EVENT SPECIALS				**F. BARNUM**
❑ BILLY YANK	1994	RT	95.00	100.00
❑ JOHNNY REB	1993	RT	95.00	135.00
❑ SEAMAN, CSS ALABAMA	1995	RT	95.00	100.00
CHILMARK PEWTER CIVIL WAR REDEMPTION SPECIALS				**F. BARNUM**
❑ ANGEL OF FREDERICKSBURG	1994	RT	275.00	300.00
❑ LETTER TO SARAH	1993	RT	3959.00	400.00
❑ REBEL YELL	1995	YR	*	N/A
❑ ZOUAVES 1ST MANASSAS	1992	RT	375.00	525.00
CHILMARK PEWTER HORSES				**M. JOVINE**
❑ AFFIRMED	1980	RT	850.00	1300.00
CHILMARK PEWTER HORSES				**C. KEIM**
❑ CLYDESDALE WHEEL HORSE	1981	RT	120.00	450.00
CHILMARK PEWTER HORSES				**A. PETITTO**
❑ PADDOCK WALK	1978	RT	85.00	225.00
CHILMARK PEWTER HORSES				**D. POLLAND**
❑ WILD STALLION	1986	RT	145.00	360.00
CHILMARK PEWTER HORSES				**B. RODDEN**
❑ BORN FREE	1980	RT	250.00	700.00
❑ CHALLENGE, THE	1977	RT	175.00	275.00
❑ RISE AND SHINE	1977	RT	135.00	200.00
❑ RUNNING FREE	1976	RT	75.00	320.00
❑ STALLION	1976	RT	75.00	275.00
CHILMARK PEWTER MICKEY & CO.				*
❑ GOLD EDITION HOLLYWOOD MICKEY	1989	RT	200.00	780.00
❑ HOLLYWOOD MICKEY	1989	SU	165.00	250.00
❑ LIGHTS, CAMERA, ACTION/BRONZE	1986	50	3300.00	3300.00
❑ LIGHTS, CAMERA, ACTION/PEWTER	1994	500	1525.00	1525.00
❑ MICKEY ON PARADE/BRONZE	1994	RT	975.00	975.00
❑ MICKEY ON PARADE/METALART	1994	RT	525.00	525.00
❑ MICKEY ON PARADE/PEWTER	1994	750	400.00	400.00
❑ MICKEY'S CAROUSEL RIDE	1991	2500	150.00	150.00
❑ MOUSE IN A MILLION/BRONZE	1994	RT	1275.00	1275.00
❑ MOUSE IN A MILLION/METALART	1994	RT	675.00	675.00
❑ MOUSE IN A MILLION/PEWTER	1994	RT	525.00	525.00
❑ PUTTIN' ON THE RITZ/BRONZE	1994	RT	2025.00	2025.00
❑ PUTTIN' ON THE RITZ/METALART	1994	250	1025.00	1025.00
❑ PUTTIN' ON THE RITZ/PEWTER	1994	350	775.00	775.00
CHILMARK PEWTER MICKEY & CO. /THE SORCERER'S APPRENTICE				*
❑ DREAM, THE	1990	TL	225.00	235.00
❑ INCANTATION, THE	1990	TL	150.00	180.00
❑ REPENTANT APPRENTICE, THE	1990	RT	19598.00	225.00
❑ SORCERER'S APPRENTICE, THE	1990	TL	225.00	235.00
❑ WHIRLPOOL, THE	1990	TL	225.00	250.00
CHILMARK PEWTER MICKEY & CO. TWO WHEELING				**P.W. BASTON**
❑ GET YOUR MOTOR RUNNIN'/BRONZE	1994	RT	1200.00	1650.00
❑ GET YOUR MOTOR RUNNIN'/METALART	1994	RT	475.00	625.00
❑ HEAD OUT ON THE HIGHWAY/METALART	1994	950	475.00	500.00
❑ LOOKING FOR ADVENTURE/BRONZE	1995	50	1200.00	1225.00
❑ LOOKING FOR ADVENTURE/METALART	1995	950	475.00	500.00
CHILMARK PEWTER MICKEY & CO. TWO WHEELING				**BASTON/ SLOCKBOWER**
❑ HEAD OUT ON THE HIGHWAY/BRONZE	1994	50	1200.00	1225.00
CHILMARK PEWTER OFF CANVAS				**A.T. MCGRORY**
❑ BLANKET SIGNAL	1991	RT	750.00	875.00
CHILMARK PEWTER THE CAVALRY GENERALS				**F. BARNUM**
❑ GEORGE ARMSTRONG CUSTER	1993	950	375.00	400.00

FIGURINES

NAME	YEAR	LIMIT	ISSUE	TREND
❏ J.E.B. STUART	1992	RT	375.00	525.00
❏ NATHAN BEDFORD FORREST	1993	950	375.00	400.00
❏ PHILIP SHERIDAN	1994	950	375.00	400.00
CHILMARK PEWTER WILDLIFE				**M. BOYETT**
❏ DUEL OF THE BIGHORNS	1980	RT	725.00	1225.00
❏ LEAD CAN'T CATCH HIM	1980	RT	645.00	850.00
❏ PRAIRIE SOVEREIGN	1980	RT	645.00	800.00
❏ VOICE OF EXPERIENCE	1980	RT	645.00	875.00
CHILMARK PEWTER WILDLIFE				**V. HAYTON**
❏ RUBY-THROATED HUMMINGBIRD	1980	RT	275.00	385.00
CHILMARK PEWTER WILDLIFE				**D. POLLAND**
❏ ELEPHANT	1979	RT	315.00	500.00
❏ GIRAFFE	1980	RT	125.00	145.00
❏ KUDU	1980	RT	140.00	160.00
❏ RHINO	1979	RT	135.00	400.00
CHILMARK PEWTER WILDLIFE				**B. RODDEN**
❏ BUFFALO	1978	RT	170.00	400.00
CHILMARK THE ADVERSARIES				**F. BARNUM**
❏ ROBERT E. LEE	1991	RT	350.00	1750.00
❏ STONEWALL JACKSON	1992	RT	375.00	525.00
❏ ULYSSES S. GRANT	1992	RT	350.00	650.00
❏ WM. TECUMSEH SHERMAN	1993	RT	375.00	600.00
CHILMARK THE MEDICINE MEN				**D. POLLAND**
❏ FALSE FACE/METALART	1992	1000	550.00	550.00
❏ FALSE FACE/PEWTER	1992	RT	375.00	375.00
CHILMARK THE SEEKERS				**A. MCGRORY**
❏ BEAR VISION	1993	500	1375.00	1375.00
❏ BUFFALO VISION	1992	RT	1075.00	1075.00
❏ EAGLE VISION	1993	500	1250.00	1250.00
CHILMARK THE WARRIORS				**D. POLLAND**
❏ SON OF THE MORNING STAR/METALART	1993	1000	495.00	500.00
❏ SON OF THE MORNING STAR/PEWTER	1993	RT	375.00	475.00
❏ SPIRIT OF THE WOLF/METALART	1992	1000	500.00	510.00
❏ SPIRIT OF THE WOLF/PEWTER	1992	RT	350.00	875.00
CHILMARK TO THE GREAT SPIRIT				**T. SULLIVAN**
❏ GRAY ELK	1993	950	775.00	775.00
❏ SHOOTING STAR	1992	RT	775.00	775.00
❏ THUNDER CLOUD	1994	950	775.00	775.00
❏ TWO EAGLES	1993	950	775.00	775.00
CRYSTALS OF ZORN				**D. LIBERTY**
❏ ASMUND'S WORKSHOP	1990	950	275.00	275.00
❏ BATTLE ON THE PLAINS OF XENON	1990	950	200.00	200.00
❏ CHARGING THE STONE	1989	950	395.00	395.00
❏ GUARDING THE CRYSTAL	1989	950	460.00	460.00
❏ RESPONSE OF ORNIC FORCE	1989	950	285.00	285.00
❏ RESTORATION	1989	950	435.00	435.00
❏ STRUGGLING FOR SUPREMACY	1990	950	400.00	400.00
❏ U.S.S. STRIKES BACK	1989	500	675.00	675.00
❏ VESTING THE GRAIL	1990	950	200.00	200.00
GENERATIONS OF MICKEY				*
❏ ANTIQUE MICKEY	1987	RT	95.00	600.00
❏ BAND CONCERT, THE	1990	2000	185.00	200.00
❏ BAND CONCERT, THE (PAINTER)	1990	RT	215.00	300.00
❏ DISNEYLAND MICKEY	1990	2500	150.00	150.00
❏ MICKEY'S GALA PREMIERE	1989	2500	150.00	150.00
❏ MOUSE, THE-1935	1991	1200	185.00	185.00
❏ PLANE CRAZY-1928	1991	2500	175.00	175.00
❏ SORCERER'S APPRENTICE	1989	RT	150.00	400.00
❏ STEAM BOAT WILLIE	1989	RT	165.00	450.00
HUDSON PEWTER FIGURES				**P.W. BASTON**
❏ BENJAMIN FRANKLIN	1972	CL	15.00	90.00
❏ BETSY ROSS	1969	CL	30.00	110.00
❏ COLONIAL BLACKSMITH	1969	CL	30.00	110.00
❏ DECLARATION WALL PLAQUE	1975	RT	*	400.00
❏ FAVORED SCHOLAR, THE	1975	RT	*	800.00
❏ GEORGE WASHINGTON	1972	CL	15.00	90.00
❏ GEORGE WASHINGTON (CANNON)	1969	CL	35.00	90.00
❏ JAMES MADISON	1972	CL	15.00	65.00
❏ JOHN ADAMS	1972	CL	15.00	90.00
❏ JOHN HANCOCK	1969	CL	15.00	110.00
❏ LEE'S NINTH GENERAL ORDER	1975	CL	*	350.00
❏ LINCOLN'S GETTYSBURG ADDRESS	1975	CL	*	350.00
❏ NEIGHBORING PEWS	1975	RT	*	800.00
❏ SPIRIT OF '76	1975	RT	*	1100.00
❏ THOMAS JEFFERSON	1972	CL	15.00	90.00
❏ WASHINGTON'S LETTER OF ACCEPTANCE	1975	CL	*	350.00
❏ WEIGHING THE BABY	1975	RT	*	800.00
HUDSON PEWTER FIGURES				**H. WILSON**
❏ BALD EAGLE	1976	CL	100.00	113.00
❏ GREAT HORNED OWL	1976	CL	*	42.00
MILITARY COMMEMORATIVES				**D. LAROCCA**
❏ DESERT LIBERATOR (PAINTED PORCELAIN)	1991	5000	125.00	125.00
❏ DESERT LIBERATOR (PEWTER)	1991	950	295.00	295.00
MINIATURE SCULPTURE SOCIETY				**D. POLLAND**
❏ BLACK HAWK	1992	*	25.00	250.00
SEBASTIAN EXCHANGE				**P.W. BASTON**
❏ FIRST THINGS FIRST	1984	RT	30.00	40.00
❏ NEWSPAPER BOY	1983	RT	29.00	80.00

FIGURINES

NAME	YEAR	LIMIT	ISSUE	TREND
SEBASTIAN EXCHANGE				**P.W. BASTON, JR.**
❑ IT'S ABOUT TIME	1987	RT	25.00	40.00
❑ NEWS WAGON	1986	RT	35.00	50.00
❑ NEWSSTAND	1985	RT	30.00	40.00
SEBASTIAN MINIATURES				**P.W. BASTON**
❑ BOSTON LIGHT	1994	3500	45.00	50.00
❑ EGG ROCK LIGHT	1994	3500	55.00	60.00
❑ FIREFIGHTER	1992	RT	28.00	55.00
❑ I KNOW I LEFT IT HERE SOMEWHERE	1992	1000	29.00	30.00
❑ JOB WELL DONE	1994	1000	28.00	30.00
❑ LAMPLIGHTER, THE	1993	1000	28.00	30.00
❑ NUBBLE LIGHT	1994	3500	45.00	50.00
❑ PUMPKIN ISLAND LIGHT	1993	3500	55.00	60.00
❑ SOAP BOX DERBY	1993	500	45.00	50.00
SEBASTIAN MINIATURES				**P.W. BASTON, JR.**
❑ AMERICA SALUTES DESERT STORM-BRONZE	1991	RT	27.00	100.00
❑ AMERICA SALUTES DESERT STORM-PAINTED	1991	RT	50.00	225.00
❑ HAPPY HOOD HOLIDAYS	1991	RT	33.00	75.00
❑ HARRY HOOD	1983	RT	*	225.00
❑ IT'S HOODS (WAGON)	1985	RT	*	90.00
SEBASTIAN MINIATURES AMERICA REMEMBERS				**P.W. BASTON**
❑ FAMILY FEAST	1983	RT	38.00	75.00
❑ FAMILY FISHING	1982	RT	35.00	75.00
❑ FAMILY PICNIC	1980	RT	30.00	80.00
❑ FAMILY READS ALOUD	1981	RT	35.00	60.00
❑ FAMILY SING	1979	RT	30.00	90.00
SEBASTIAN MINIATURES CHILDREN AT PLAY				**P.W. BASTON**
❑ BUILDING DAYS BOY	1979	RT	20.00	40.00
❑ BUILDING DAYS GIRL	1979	RT	20.00	40.00
❑ SAILING DAYS BOY	1981	RT	20.00	40.00
❑ SAILING DAYS GIRL	1981	RT	20.00	40.00
❑ SCHOOL DAYS BOY	1982	RT	20.00	50.00
❑ SCHOOL DAYS GIRL	1982	RT	20.00	50.00
❑ SIDEWALK DAYS BOY	1978	RT	20.00	50.00
❑ SIDEWALK DAYS GIRL	1978	RT	20.00	50.00
❑ SNOW DAYS BOY	1980	RT	20.00	50.00
❑ SNOW DAYS GIRL	1980	RT	20.00	50.00
SEBASTIAN MINIATURES COLLECTORS SOCIETY				**P.W. BASTON**
❑ S.M.C SOCIETY PLAQUE ('80 CHARTER)	1980	RT	*	25.00
SEBASTIAN MINIATURES COLLECTORS SOCIETY				**P.W. BASTON, JR.**
❑ STATUE OF LIBERTY (AT&T)	1986	RT	*	190.00
❑ WHITE HOUSE (GOLD, OVAL BASE)	1987	RT	17.00	50.00
SEBASTIAN MINIATURES HOLIDAY MEMORIES-MEMBER ONLY				**P.W. BASTON, JR.**
❑ LEPRECHAUN	1990	YR	28.00	28.00
❑ THANKSGIVING HELPER	1990	YR	40.00	40.00
❑ TRICK OR TREAT	1991	YR	26.00	65.00
SEBASTIAN MINIATURES JIMMY FUND				**P.W. BASTON**
❑ CATCHER	1984	RT	25.00	60.00
❑ SCHOOLBOY	1983	RT	25.00	30.00
SEBASTIAN MINIATURES JIMMY FUND				**P.W. BASTON, JR.**
❑ FOOTBALL PLAYER	1987	RT	27.00	27.00
❑ HOCKEY PLAYER	1985	RT	25.00	40.00
❑ SANTA	1988	RT	33.00	33.00
❑ SOCCER PLAYER	1986	RT	25.00	25.00
SEBASTIAN MINIATURES MEMBER ONLY				**P.W. BASTON, JR.**
❑ COLLECTORS, THE	1989	YR	40.00	40.00
SEBASTIAN MINIATURES SHAKESPEAREAN-MEMBER ONLY				**P.W. BASTON**
❑ ANNE BOYELIN	1984	RT	18.00	30.00
❑ AUDREY	1988	RT	23.00	30.00
❑ CLEOPATRA	1989	RT	27.00	30.00
❑ COUNTESS OLIVIA	1987	RT	20.00	30.00
❑ FALSTAFF	1985	RT	20.00	30.00
❑ HENRY VIII	1984	RT	20.00	30.00
❑ JULIET	1986	RT	18.00	30.00
❑ MALVOLIO	1987	RT	22.00	30.00
❑ MARK ANTHONY	1989	RT	27.00	30.00
❑ MISTRESS FORD	1985	RT	18.00	30.00
❑ ROMEO	1986	RT	20.00	30.00
❑ TOUCHSTONE	1988	RT	23.00	30.00
SEBASTIAN MINIATURES SHAKESPEAREAN-MEMBER ONLY				**P.W. BASTON, JR.**
❑ SHAKESPEARE	1988	RT	24.00	30.00
WASHINGTON IRVING-MEMBER ONLY				**P.W. BASTON**
❑ BROM BONES (HEADLESS HORSEMAN)	1982	CL	23.00	23.00
❑ DAME VAN WINKLE	1981	CL	20.00	20.00
❑ DIEDRICH KNICKERBOCKER	1983	CL	23.00	23.00
❑ ICHABOD CRANE	1981	CL	20.00	20.00
❑ KATRINA VAN TASSEL	1982	CL	20.00	20.00
❑ RIP VAN WINKLE	1980	CL	20.00	20.00

LAND OF LEGEND

CASTLE COLLECTION				T. RAINE
❑ CASTLE OF THE EXILED PRINCE	1986	CL	225.00	200.00
❑ CASTLE OF THE GOLDEN CHALICE	1986	CL	60.00	60.00
❑ CASTLE OF THE RANSOMED KING	1986	CL	250.00	200.00
❑ CASTLE OF THE RED KNIGHT	1986	CL	65.00	65.00
❑ CASTLE OF THE SLEEPING PRINCESS	1986	CL	235.00	235.00
❑ DENNIS THE DRAGON/COUNTERSIGN	1978	CL	55.00	225.00
❑ SORCERER'S RETREAT	1986	CL	50.00	55.00
❑ WIZARD'S TOWER	1987	CL	215.00	208.00

NAME	YEAR	LIMIT	ISSUE	TREND
DRAGONS				H. HENRIKSEN
❏ COUNTERSIGN FOR SERIES	1989	*	75.00	90.00
❏ DRAGON OF THE GOLDEN HOARD	1990	*	270.00	350.00
❏ GUARDIAN OF THE KEEP	1990	*	295.00	375.00
❏ HATCHED	1990	*	295.00	395.00
❏ LET SLEEPING DRAGONS LIE	1990	3000	450.00	595.00
❏ LEVIATHAN	1990	*	325.00	424.00
❏ WYVERN	1990	*	295.00	375.00
DREAM CASTLES				T. RAINE
❏ CAMELOT	1988	CL	33.00	33.00
❏ FAIRYTALE	1988	CL	33.00	33.00
❏ GRAND VIZIERS	1988	CL	33.00	33.00
❏ VALKYRIES TOWER	1988	CL	33.00	33.00
DREAM DRAGONS				T. RAINE
❏ BATHTIME	1988	RT	32.00	32.00
❏ BREAKOUT	1988	RT	32.00	32.00
❏ DOUBLE TROUBLE	1988	RT	35.00	35.00
❏ DREAM BABY	1988	RT	32.00	32.00
❏ ESPECIALLY FOR YOU	1989	RT	35.00	35.00
❏ HAZY DAZE	1988	RT	32.00	32.00
❏ HELP	1988	RT	32.00	32.00
❏ HI THERE	1988	RT	32.00	32.00
❏ KISS, THE	1989	RT	45.00	45.00
❏ LIPSTICK AND LASHES	1989	RT	35.00	35.00
❏ LITTLE SISTER	1988	RT	32.00	32.00
❏ LOVE LETTER	1989	RT	35.00	35.00
❏ OFF TO SCHOOL	1989	RT	35.00	35.00
❏ PARTY TIME	1989	RT	45.00	45.00
❏ SHE LOVES ME	1989	RT	35.00	35.00
❏ STAY COOL	1989	RT	35.00	35.00
❏ STRIKE ONE	1988	RT	35.00	35.00
❏ WILD WHEELS	1988	RT	35.00	35.00
ETHELRED FLAMETAIL				T. RAINE
❏ BLACK KNIGHT, THE	1989	CL	80.00	80.00
❏ EARLY DAYS	1989	CL	38.00	38.00
❏ EUREKA	1989	CL	50.00	50.00
❏ FLYING LESSON, THE	1989	CL	65.00	65.00
❏ HELLO WORLD	1989	CL	38.00	38.00
❏ JEREMY THE DANDY	1989	CL	90.00	90.00
❏ LIFT OFF	1989	CL	105.00	105.00
❏ MAGIC WATER, THE	1989	CL	65.00	65.00
❏ MERCHANT, THE	1989	CL	68.00	68.00
❏ MR. BONZER	1989	CL	63.00	63.00
❏ ON THE RUNWAY	1989	CL	50.00	50.00
❏ PRINCESS NYNEVE	1989	CL	60.00	60.00
❏ RANOL	1989	CL	30.00	30.00
❏ SCHOOL DAYS	1989	CL	90.00	90.00
❏ SWAMP BIRD	1989	CL	40.00	40.00
❏ TENDER LOVING CARE	1989	CL	115.00	115.00
❏ THREE CHEERS	1989	CL	115.00	115.00
❏ TREE POPPER	1989	CL	45.00	45.00
❏ TROLL, THE	1989	CL	68.00	68.00
❏ WILY WIZARD, THE	1989	CL	80.00	80.00
❏ YOUNG INVENTOR, THE	1989	CL	45.00	45.00
FANTASY FIGURINES				T. RAINE
❏ BEHEMOTH ON WOODEN BASE	1988	2500	220.00	220.00
❏ ELFIN KING ON WOODEN BASE	1988	2500	275.00	275.00
❏ ETERNAL HERO ON WOODEN BASE	1988	CL	220.00	220.00
❏ UNION OF OPPOSITES ON WOODEN BASE	1988	CL	300.00	300.00
GENIES BY TOM RAINE				T. RAINE
❏ FLIGHT TO BAGDAD	1989	OP	170.00	170.00
❏ FREE AT LAST	1989	OP	150.00	150.00
❏ KEY OF KNOWLEDGE	1989	OP	170.00	170.00
❏ YES MASTER	1989	OP	150.00	150.00
JESTERS				H. HENRIKSEN
❏ COUNTERSIGN FOR SERIES	1989	OP	75.00	90.00
❏ HIS MAJESTRY BALDWICK/INCREDIBLY SIMPLE	1989	3000	295.00	375.00
❏ JOCKOMO, THE DOG	1989	RT	59.00	59.00
❏ JOLLIES PITCHBELLY	1989	OP	175.00	200.00
❏ LA DI DA TOOGOODE	1989	RT	185.00	185.00
❏ MERRY ANDREW	1989	RT	130.00	130.00
❏ PUCK, BABY BEAR	1989	RT	59.00	59.00
❏ SMACK THICKWIT	1989	OP	185.00	230.00
❏ TWIT COXCOMBE	1989	RT	140.00	140.00
❏ URSULA, MOTHER BEAR	1989	RT	95.00	95.00
LAND OF LEGEND FELLOWSHIP				H. HENRIKSEN
❏ SELF TAUGHT	1990	TL	100.00	100.00
LAND OF LEGEND FELLOWSHIP				T. RAINE
❏ HUBBLE BUBBLE	1989	RT	95.00	130.00
❏ SWORD IN THE STONE, THE	1989	RT	*	75.00
LIMITED EDITION CASTLES				T. RAINE
❏ SCHLOSS NEUSCHWANSTEIN	1988	CL	750.00	910.00
LIMITED EDITION CASTLES				D. TATE
❏ SCHLOSS RHEINIUNGFRAU	1986	1500	335.00	335.00
SECRET OF THE SWAN PRINCESS				T. RAINE
❏ ALARCH SILVERBEARD	1989	CL	80.00	80.00
❏ ASPARD	1989	CL	65.00	65.00

FIGURINES

FIGURINES

NAME	YEAR	LIMIT	ISSUE	TREND
❑ CASTLE OF THE SWAN PRINCESS	1989	CL	100.00	100.00
❑ DRAGON'S LAIR	1989	CL	75.00	75.00
❑ JUDGE'S RETREAT	1989	CL	85.00	85.00
❑ KIBOLD WALTER	1989	CL	65.00	65.00
❑ MASTERS OF THE FOREST	1989	CL	75.00	75.00
❑ PALACE OF THE EMPEROR CHILD	1989	CL	75.00	75.00
❑ RONTUNDO THE TUSCAN	1989	CL	65.00	65.00
❑ SALIX THE BOLD	1989	CL	65.00	65.00

UNDER THE HEDGE   **MUSGRAVE/ HENRIKSEN**

NAME	YEAR	LIMIT	ISSUE	TREND
❑ ARTFUL BOWLER, THE	1990	OP	48.00	60.00
❑ ARTIST, THE	1990	OP	63.00	75.00
❑ AUNT VIOLET & PUDGY	1990	OP	50.00	60.00
❑ BASKETS OF LOVE	1989	OP	40.00	48.00
❑ CAREFULLY WRAPPED	1989	RT	30.00	30.00
❑ COUNTERSIGN	1989	OP	40.00	48.00
❑ COUSIN BERTHA'S REVENGE	1989	OP	43.00	50.00
❑ COUSIN REGGIE	1990	OP	60.00	70.00
❑ DECK THE HALLS	1989	3000	100.00	120.00
❑ FASHION PLATE, THE	1989	RT	48.00	48.00
❑ FATHER CHRISTMAS	1989	OP	45.00	55.00
❑ FAVORITE UNCLE	1989	OP	43.00	58.00
❑ JELLY SANWICHES	1990	OP	82.00	98.00
❑ JUNIUS BUG	1990	OP	43.00	50.00
❑ JUST GUARDING THE HAMPER	1990	OP	48.00	58.00
❑ KEEP YOUR TAIL WARM	1989	OP	60.00	70.00
❑ MIGHTY PERCY AT THE BAT	1990	OP	50.00	60.00
❑ MISS AMELIA'S TURN	1990	OP	45.00	55.00
❑ OUT OF TOWN GUEST	1989	OP	43.00	58.00
❑ SLOW AND STEADY	1990	OP	60.00	70.00
❑ SNOWBALLS AND TOP HATS	1989	RT	40.00	40.00
❑ SPARKLING CLEAN	1990	OP	96.00	115.00
❑ SPOTTING STRAYS	1990	OP	50.00	60.00
❑ STEMS AND BOWLES LTD.	1990	OP	159.00	190.00
❑ SUNDAE AFTERNOON	1990	OP	199.00	235.00
❑ TEA TABLE, THE	1990	OP	40.00	48.00
❑ TRAPPED ON THE SUMMIT	1989	RT	38.00	38.00
❑ WAITING FOR A LIGHT	1990	OP	82.00	98.00
❑ WATCHING THE HERD	1990	OP	45.00	55.00
❑ WICKET KEEPER, THE	1990	OP	55.00	70.00
❑ WINTER'S FRIEND	1989	RT	25.00	25.00

WIZARDS   **H. HENRIKSEN**

NAME	YEAR	LIMIT	ISSUE	TREND
❑ BALANCE OF TRUTH	1991	2500	270.00	270.00
❑ COUNTERSIGN FOR WIZARDS' SERIES	1989	OP	75.00	90.00
❑ DRAGON MASTER, THE	1991	1500	675.00	675.00
❑ FORESHADOW THE SEER	1989	OP	135.00	160.00
❑ FORESHADOW THE SEER (WITH CRYSTALS)	1991	OP	190.00	190.00
❑ HOWLAND THE WISE	1991	2500	300.00	300.00
❑ LACKEY	1989	RT	95.00	95.00
❑ MERLYN THE WIZARD WATCHER	1989	RT	50.00	50.00
❑ MERRYWEATHER SUNLIGHTER	1989	3000	295.00	350.00
❑ MORIAH	1989	OP	159.00	190.00
❑ MORIAH (WITH CRYSTALS)	1991	OP	225.00	225.00
❑ MYDWYNTER	1989	RT	135.00	135.00
❑ PONDERING THE QUEST	1991	2500	270.00	270.00
❑ REPOSITORY OF MAGIC	1989	RT	130.00	130.00
❑ RIMBAUGH	1989	OP	159.00	190.00
❑ RIMBAUGH (WITH CRYSTALS)	1991	OP	225.00	225.00
❑ THORBAULD	1989	RT	175.00	175.00

LEGENDS

AMERICAN WEST PREMIER EDITION   **C. PARDELL**

NAME	YEAR	LIMIT	ISSUE	TREND
❑ AMERICAN HORSE TAKES HIS NAME	1992	950	1300.00	1300.00
❑ FIRST COUP	1991	SO	1150.00	1200.00
❑ UNEXPECTED RESCUER	1991	SO	990.00	2000.00

ANNUAL COLLECTORS EDITION   **C. PARDELL**

NAME	YEAR	LIMIT	ISSUE	TREND
❑ MEDICINE GIFT OF MANHOOD	1991	SO	990.00	1900.00
❑ MEDICINE GIFT OF MANHOOD	1991	500	990.00	1900.00
❑ NIGHT BEFORE, THE	1990	SO	990.00	1900.00
❑ SPIRIT OF THE WOLF	1992	500	950.00	1225.00
❑ TOMORROW'S WARRIOR	1993	500	590.00	1400.00

ENDANGERED WILDLIFE COLLECTION   **K. CANTRELL**

NAME	YEAR	LIMIT	ISSUE	TREND
❑ FOREST SPIRIT	1990	SO	290.00	1195.00
❑ SPIRIT SONG	1992	950	350.00	695.00

ENDANGERED WILDLIFE COLLECTION-EAGLE SERIES   **K. CANTRELL**

NAME	YEAR	LIMIT	ISSUE	TREND
❑ SENTINEL	1989	2500	280.00	585.00

GALLERY EDITIONS   **C. PARDELL**

NAME	YEAR	LIMIT	ISSUE	TREND
❑ RESOLUTE	1992	250	7950.00	13,000.00

INDIAN ARTS COLLECTION   **C. PARDELL**

NAME	YEAR	LIMIT	ISSUE	TREND
❑ CHIEF'S BLANKET	1989	SO	350.00	600.00
❑ KACHINA CARVER	1990	1500	270.00	450.00
❑ STORY TELLER	1990	1500	290.00	325.00

LEGACIES OF THE WEST PREMIER EDITION   **C. PARDELL**

NAME	YEAR	LIMIT	ISSUE	TREND
❑ DEFIANT COMANCHE	1991	SO	1300.00	2550.00
❑ ESTEEMED WARRIOR	1992	SO	1750.00	2250.00
❑ MYSTIC VISION	1990	SO	990.00	2895.00
❑ NO MORE, FOREVER	1991	SO	1500.00	2900.00
❑ VICTORIOUS	1990	SO	1275.00	3875.00

NAME	YEAR	LIMIT	ISSUE	TREND
LEGENDARY WEST COLLECTION				**C. PARDELL**
❑ CRAZY HORSE	1989	2500	390.00	900.00
❑ JOHNSON'S LAST FLIGHT	1987	SO	590.00	1200.00
❑ PONY EXPRESS	1987	RT	320.00	450.00
❑ WHITE FEATHER'S VISION	1987	SO	390.00	2000.00
LEGENDARY WEST PREMIER EDITION				**C. PARDELL**
❑ CROW WARRIOR	1990	SO	1225.00	4500.00
❑ FINAL CHARGE, THE	1992	750	1250.00	1600.00
❑ PURSUED	1989	SO	750.00	6000.00
❑ RED CLOUD'S COUP	1988	SO	480.00	6000.00
❑ SONGS OF GLORY	1989	SO	850.00	4300.00
❑ TRIUMPHANT	1991	SO	1150.00	2000.00
SPECIAL COMMISSIONS				**C. PARDELL**
❑ LAKOTA LOVE SONG	1990	RT	380.00	965.00

LENOX CHINA/CRYSTAL COLLECTION

NAME	YEAR	LIMIT	ISSUE	TREND
AMERICAN FASHION				*
❑ BELLE OF THE BALL	1986	OP	95.00	95.00
❑ CENTENNIAL BRIDE	1987	OP	95.00	95.00
❑ FIRST WALTZ	1984	OP	95.00	95.00
❑ GALA AT THE WHITE HOUSE	1987	OP	95.00	95.00
❑ GOVERNOR'S GARDEN PARTY	1985	OP	95.00	95.00
❑ GRAND TOUR	1986	OP	95.00	95.00
❑ SPRINGTIME PROMENADE	1983	OP	95.00	95.00
❑ TEA AT THE RITZ	1984	OP	95.00	95.00
BABY BEARS				*
❑ POLAR BEAR	1991	OP	45.00	45.00
BABY BIRD PAIRS				*
❑ ROBINS	1991	OP	64.00	64.00
BIBLICAL CHARACTERS				*
❑ MOSES, THE LAWGIVER	1992	OP	95.00	95.00
CAROUSEL ANIMALS				*
❑ CAMELOT HORSE	1992	OP	152.00	152.00
❑ CAROUSEL CHARGER	1990	9500	136.00	152.00
❑ CAROUSEL CIRCUS HORSE	1989	9500	136.00	152.00
❑ CAROUSEL ELEPHANT	1990	9500	136.00	152.00
❑ CAROUSEL HORSE	1987	9500	136.00	152.00
❑ CAROUSEL LION	1990	9500	136.00	152.00
❑ CAROUSEL POLAR BEAR	1991	9500	152.00	152.00
❑ CAROUSEL REINDEER	1989	9500	136.00	152.00
❑ CAROUSEL UNICORN	1988	9500	136.00	152.00
❑ PRIDE OF AMERICA	1991	TL	152.00	152.00
❑ WESTERN HORSE	1991	OP	152.00	152.00
COUNTRY KIDS				*
❑ GOOSE GIRL	1001	OP	75.00	75.00
DOVES & ROSES				*
❑ DOVES OF HONOR	1992	OP	119.00	119.00
❑ DOVES OF PEACE	1991	OP	95.00	95.00
❑ LOVE'S PROMISE	1991	OP	95.00	95.00
ENDANGERED BABY ANIMALS				*
❑ BABY FLORIDA PANTHER	1991	OP	57.00	57.00
❑ BABY GREY WOLF	1991	OP	57.00	57.00
❑ ELEPHANT	1991	OP	57.00	57.00
❑ PANDA	1990	OP	39.00	39.00
EXOTIC BIRDS				*
❑ COCKATOO	1991	OP	50.00	50.00
FLORAL SCULPTURES				*
❑ IRIS	1987	OP	119.00	136.00
❑ MAGNOLIA	1988	OP	119.00	136.00
❑ PEACE ROSE	1988	OP	119.00	136.00
❑ RUBRUM LILY	1986	OP	119.00	136.00
GARDEN BIRDS				*
❑ AMERICAN GOLDFINCH	1987	OP	39.00	45.00
❑ BALTIMORE ORIOLE	1990	OP	45.00	45.00
❑ BLUE JAY	1986	OP	39.00	45.00
❑ BROADBILLED HUMMINGBIRD	1991	OP	45.00	45.00
❑ CARDINAL	1987	OP	39.00	45.00
❑ CEDAR WAXWING	1988	OP	39.00	45.00
❑ CHICKADEE	1985	OP	39.00	45.00
❑ CHIPPING SPARROW	1990	OP	45.00	45.00
❑ DARK-EYED JUNCO	1991	OP	45.00	45.00
❑ DOWNY WOODPECKER	1989	OP	39.00	45.00
❑ EASTERN BLUEBIRD	1986	OP	39.00	45.00
❑ GOLDEN CROWNED KINGLET	1991	OP	45.00	45.00
❑ HUMMINGBIRD	1988	OP	39.00	45.00
❑ PURPLE FINCH	1991	OP	45.00	45.00
❑ RED-BREASTED NUTHATCH	1987	OP	39.00	45.00
❑ ROBIN	1989	OP	39.00	45.00
❑ ROSE GROSBEAK	1991	OP	45.00	45.00
❑ SAW WHET OWL	1989	OP	45.00	45.00
❑ SCARLET TANGER	1992	OP	45.00	45.00
❑ TUFTED TITMOUSE	1086	OP	39.00	45.00
❑ TURTLEDOVE	1987	OP	39.00	45.00
❑ WOOD DUCK	1990	OP	45.00	45.00
❑ WREN	1990	OP	45.00	45.00
GARDEN FLOWERS				*
❑ CALLA LILY	1991	OP	45.00	45.00

FIGURINES

FIGURINES

NAME	YEAR	LIMIT	ISSUE	TREND
❏ CAMELIA	1991	OP	45.00	45.00
❏ CARNATION	1990	OP	45.00	45.00
❏ CATTLEYA ORCHID	1988	OP	39.00	45.00
❏ DAFFODIL	1990	OP	45.00	45.00
❏ DAY LILY	1990	OP	45.00	45.00
❏ IRIS	1989	OP	45.00	45.00
❏ MAGNOLIA	1991	OP	45.00	45.00
❏ MORNING GLORY	1991	OP	45.00	45.00
❏ PARROT TULIP	1988	OP	39.00	39.00
❏ POINSETTIA	1991	OP	39.00	39.00
❏ TEA ROSE	1988	OP	39.00	45.00
GENTLE MAJESTY				*
❏ BEAR HUG POLAR BEAR	1990	OP	76.00	76.00
❏ KEEPING WARM (FOXES)	1991	OP	76.00	76.00
❏ PENGUINS	1990	OP	76.00	76.00
INTERNATIONAL BRIDES				*
❏ RUSSIAN BRIDE	1990	OP	136.00	136.00
INTERNATIONAL HORSE SCULPTURES				*
❏ APPALOOSA	1990	OP	136.00	136.00
❏ ARABIAN KNIGHT	1988	OP	136.00	136.00
❏ LIPPIZAN	1990	OP	136.00	136.00
❏ THOROUGHBRED	1989	OP	136.00	136.00
JESSIE WILCOX SMITH				J.W. SMITH
❏ FEEDING KITTY	1991	OP	60.00	60.00
❏ ROSEBUDS	1991	OP	60.00	60.00
KINGS OF THE SKY				*
❏ AMERICAN BALD EAGLE	1989	OP	195.00	195.00
❏ DEFENDER OF FREEDOM	1991	TL	234.00	234.00
❏ GOLDEN EAGLE	1991	OP	234.00	234.00
LEGENDARY PRINCESSES				*
❏ BEAST, THE	1999	*	*	210.00
❏ CINDERELLA	1988	OP	136.00	145.00
❏ CINDERELLA'S CARRIAGE	1993	*	*	N/A
❏ CLEOPATRA	1990	OP	136.00	136.00
❏ DREAMING OF THE BALL	1993	*	*	N/A
❏ FAIRY GODMOTHER	1994	*	*	N/A
❏ FIREBIRD	1992	OP	156.00	156.00
❏ GUINEVERE	1990	OP	136.00	175.00
❏ JULIET	1990	OP	136.00	185.00
❏ LANCELOT	1998	*	*	N/A
❏ MAID MARION	1994	*	*	N/A
❏ PEACOCK MAIDEN	1991	OP	136.00	150.00
❏ POCAHONTAS	1991	9500	136.00	300.00
❏ PRICESS AND THE FROG	1993	*	*	N/A
❏ PRINCE CHARMING	1992	*	*	250.00
❏ PRINCE, THE	1992	*	*	250.00
❏ RAPUNZEL	1985	OP	119.00	119.00
❏ ROBIN HOOD	1996	*	*	N/A
❏ ROMEO	1990	*	*	N/A
❏ SHEHERZADE	1992	*	*	175.00
❏ SLEEPING BEAUTY	1986	OP	119.00	125.00
❏ SNOW QUEEN	1987	OP	119.00	285.00
❏ SNOW WHITE	1989	OP	136.00	145.00
❏ SWAN PRINCESS	1989	OP	136.00	185.00
❏ WICKED STEPMOTHER	1996	*	*	N/A
LENOX BABY BOOK				*
❏ BABY'S FIRST CHRISTMAS	1991	OP	57.00	57.00
❏ BABY'S FIRST PORTRAIT	1992	OP	57.00	57.00
❏ BABY'S FIRST SHOES	1990	OP	57.00	57.00
❏ BABY'S FIRST STEPS	1991	OP	57.00	57.00
LENOX CLASSICS				*
❏ CHARMING TEDDY	2000	2500	65.00	65.00
❏ CRYSTAL GIRAFFE	2000	2500	154.00	154.00
❏ CRYSTAL ZEBRA	2000	2500	136.00	136.00
❏ IVORY CENTENNIAL BALL	2000	OP	138.00	138.00
❏ IVORY DEBUTANTE BALL	2000	OP	138.00	138.00
❏ LOVE & DEVOTION	2000	2500	95.00	95.00
❏ MINNIE MOUSE'S ELEGANT EVENING	2000	OP	136.00	136.00
❏ SLEEPY	2000	*	79.00	79.00
❏ SNEEZY	2000	*	70.00	70.00
❏ SORCERER'S APPRENTICE	2000	2000	225.00	225.00
❏ WATERDANCE	2000	2500	136.00	136.00
LENOX PUPPY COLLECTION				*
❏ BEAGLE	1990	OP	76.00	76.00
❏ COCKER SPANIEL	1991	OP	76.00	76.00
❏ POODLE	1992	OP	76.00	76.00
LENOX SEA ANIMALS				*
❏ DANCE OF THE DOLPHINS	1991	OP	119.00	119.00
LIFE OF CHRIST				*
❏ CHILDREN'S BLESSING, THE	1990	OP	95.00	95.00
❏ CHILDREN'S DEVOTION PAINTED	1992	OP	195.00	195.00
❏ CHILD'S PRAYER	1992	OP	95.00	95.00
❏ GOOD SHEPHERD, THE	1990	OP	95.00	95.00
❏ JESUS, THE TEACHER	1991	9500	95.00	95.00
❏ MADONNA AND CHILD	1990	OP	95.00	95.00
❏ SAVIOR, THE	1991	OP	95.00	95.00
MOTHER & CHILD				*
❏ AFTERNOON STROLL	1991	7500	136.00	136.00

NAME	YEAR	LIMIT	ISSUE	TREND
❑ BEDTIME PRAYERS	1990	OP	119.00	119.00
❑ CHERISHED MOMENT	1986	OP	119.00	119.00
❑ CHRISTENING	1989	OP	119.00	119.00
❑ EVENING LULLABY	1991	7500	136.00	136.00
❑ MORNING PLAYTIME	1992	OP	136.00	136.00
❑ PRESENT, THE	1988	OP	119.00	119.00
❑ STORYTIME	1987	OP	119.00	119.00
❑ SUNDAY IN THE PARK	1986	OP	119.00	119.00

NATIVITY *

NAME	YEAR	LIMIT	ISSUE	TREND
❑ ANGELS OF ADORATION	1989	OP	136.00	152.00
❑ ANIMALS OF THE NATIVITY	1988	OP	119.00	152.00
❑ CHILDREN OF BETHLEHEM	1990	OP	136.00	152.00
❑ HOLY FAMILY	1986	OP	119.00	136.00
❑ SHEPHERDS	1988	OP	119.00	152.00
❑ STANDING CAMEL & DRIVER	1991	9500	152.00	152.00
❑ THREE ANGELS	1987	OP	119.00	152.00
❑ TOWNSPEOPLE OF BETHLEHEM	1991	OP	136.00	152.00

NATURE'S BEAUTIFUL BUTTERFLIES *

NAME	YEAR	LIMIT	ISSUE	TREND
❑ ADONIS	1991	OP	45.00	45.00
❑ BLUE TEMORA	1989	OP	39.00	45.00
❑ MALACHITE	1991	OP	45.00	45.00
❑ MONARCH	1990	OP	39.00	45.00
❑ PURPLE EMPEROR	1990	OP	45.00	45.00
❑ YELLOW SWALLOWTAIL	1990	OP	39.00	45.00

NORTH AMERICAN BIRD PAIRS *

NAME	YEAR	LIMIT	ISSUE	TREND
❑ BLUE JAY PAIRS	1991	9500	119.00	119.00
❑ CARDINAL	1992	OP	119.00	119.00
❑ CHICKADEES	1991	9500	119.00	119.00
❑ HUMMINGBIRDS	1990	OP	119.00	119.00

NORTH AMERICAN WILDLIFE *

NAME	YEAR	LIMIT	ISSUE	TREND
❑ WHITE-TAILED DEER	1991	OP	195.00	195.00

OWLS OF AMERICA *

NAME	YEAR	LIMIT	ISSUE	TREND
❑ BARN OWL	1989	OP	136.00	136.00
❑ GREAT HORNED OWL	1991	9500	136.00	136.00
❑ SCREECH OWL	1990	OP	136.00	136.00
❑ SNOWY OWL	1988	OP	136.00	136.00

PARENT & CHILD BIRD PAIRS *

NAME	YEAR	LIMIT	ISSUE	TREND
❑ BLUE JAY PAIRS	1992	OP	119.00	119.00

PORCELAIN DUCK COLLECTION

NAME	YEAR	LIMIT	ISSUE	TREND
❑ BLUE WINGED TEAL DUCK	1992	OP	45.00	45.00
❑ MALLARD DUCK	1991	OP	45.00	45.00
❑ WOOD DUCK	1991	OP	45.00	45.00

SANTA CLAUS COLLECTIONS *

NAME	YEAR	LIMIT	ISSUE	TREND
❑ AMERICANA SANTA	1991	OP	136.00	136.00
❑ FATHER CHRISTMAS	1990	OP	136.00	136.00
❑ KRIS KRINGLE	1991	OP	136.00	136.00

STREET CRIER COLLECTION *

NAME	YEAR	LIMIT	ISSUE	TREND
❑ BELGIAN LACE MAKER	1991	OP	136.00	136.00
❑ FRENCH FLOWER MAIDEN	1990	OP	136.00	136.00

WILDLIFE OF THE SEVEN CONTINENTS *

NAME	YEAR	LIMIT	ISSUE	TREND
❑ AFRICAN LION	1988	OP	136.00	136.00
❑ ANTARCTIC SEALS	1987	OP	136.00	136.00
❑ ASIAN ELEPHANT	1985	OP	120.00	120.00
❑ AUSTRALIAN KOALA	1985	OP	120.00	120.00
❑ EUROPEAN RED DEER	1987	OP	136.00	136.00
❑ NORTH AMERICAN BIGHORN SHEEP	1984	OP	120.00	120.00
❑ SOUTH AMERICAN PUMA	1986	OP	120.00	120.00

WOODLAND ANIMALS *

NAME	YEAR	LIMIT	ISSUE	TREND
❑ CHIPMUNK	1991	OP	39.00	39.00
❑ RACCOON	1990	OP	39.00	39.00
❑ RED SQUIRREL	1990	OP	39.00	39.00

LLADRO

ANGELS *

NAME	YEAR	LIMIT	ISSUE	TREND
❑ ADAGIO L6628G	1999	OP	160.00	160.00
❑ ALLEGRO L6629G	1999	OP	160.00	160.00
❑ ANGEL CARE L5727G	1990	RT	190.00	235.00
❑ ANGEL DREAMING L4961G	1977	OP	40.00	130.00
❑ ANGEL DREAMING L4961M	1977	RT	40.00	185.00
❑ ANGEL WITH BABY L4635G/M	1969	OP	15.00	125.00
❑ ANGEL WITH CLARINET L1232G/M	1972	RT	60.00	450.00
❑ ANGEL WITH FLUTE L1233G/M	1972	RT	60.00	450.00
❑ ANGEL WITH GARLAND L6133G	1994	RT	345.00	400.00
❑ ANGEL WITH HORN L4540G/M	1969	OP	13.00	95.00
❑ ANGEL WITH LUTE L1231G/M	1972	RT	60.00	450.00
❑ ANGEL WONDERING L4962G	1977	OP	40.00	130.00
❑ ANGEL WONDERING L4962M	1977	RT	40.00	185.00
❑ ANGEL, BLACK L4537G/M	1969	OP	13.00	95.00
❑ ANGEL, CHINESE L4536G/M	1969	OP	13.00	95.00
❑ ANGEL, PRAYING L4538G/M	1969	OP	13.00	95.00
❑ ANGEL, RECLINING L4541G/M	1969	OP	13.00	95.00
❑ ANGEL, THINKING L4539G/M	1969	OP	13.00	95.00
❑ ANGELIC HARMONY L6085G	1994	RT	405.00	625.00
❑ ANGELIC VOICE L5724G	1990	OP	125.00	145.00
❑ ANGEL'S GROUP L4542G/M	1969	OP	31.00	200.00
❑ ANGEL'S SONG, AN L6789G	2001	OP	125.00	125.00
❑ ANGEL'S WISH, AN L6788G	2001	OP	125.00	125.00
❑ CAREFREE ANGEL WITH FLUTE L1463G	1985	RT	220.00	650.00

FIGURINES

NAME	YEAR	LIMIT	ISSUE	TREND
❏ CAREFREE ANGEL WITH LYRE L1464G	1985	RT	220.00	650.00
❏ CURIOUS ANGEL L4960G	1977	OP	40.00	130.00
❏ CURIOUS ANGEL L4960M	1977	RT	40.00	185.00
❏ EXPLORING THE STARS L6839G	2001	OP	195.00	195.00
❏ FALL ANGEL L6147G	1994	RT	250.00	325.00
❏ HEAVENLY CELLIST L5492	1988	RT	240.00	350.00
❏ HEAVENLY CHIMES L5723G	1990	OP	100.00	120.00
❏ HEAVENLY DREAMER L5728G	1990	RT	100.00	145.00
❏ HEAVENLY DREAMER L6491G	1997	RT	95.00	110.00
❏ HEAVENLY STRINGS L5491	1988	RT	140.00	250.00
❏ HEAVENLY SWING L1739G	1991	CL	1900.00	2200.00
❏ HEAVEN'S HARVEST L6772G	2001	OP	295.00	295.00
❏ LITTLE ANGEL WITH LYRE L6528G	1998	OP	120.00	120.00
❏ LITTLE ANGEL WITH TAMBOURINE L5530G	1998	OP	120.00	120.00
❏ LITTLE ANGEL WITH VIOLIN L6529G	1998	OP	120.00	120.00
❏ MAKING A WISH L5725G	1990	OP	125.00	145.00
❏ MIME ANGEL L4959G	1977	OP	40.00	130.00
❏ MIME ANGEL L4959M	1977	RT	40.00	185.00
❏ SWEEP AWAY THE CLOUDS L5726G	1990	OP	125.00	145.00
❏ WINTER ANGEL L6129G	1994	RT	250.00	325.00

ANIMAL MINIATURES *

❏ BALANCING ACT (SEAL) L5392G	1986	RT	35.00	200.00
❏ COUGAR L5435G	1987	RT	65.00	275.00
❏ CURIOSITY (DOG) L5393G	1986	RT	25.00	175.00
❏ DALMATIAN (BEGGING) L1262G	1974	RT	25.00	350.00
❏ DALMATIAN (SITTING) L1260G	1974	RT	25.00	350.00
❏ DALMATIAN (TAIL IN AIR) L1261G	1974	RT	25.00	350.00
❏ ELEPHANT L5438G	1987	RT	50.00	250.00
❏ LION L5436G	1987	RT	50.00	250.00
❏ MINIATURE BISON ATTACKING L5313G	1985	RT	58.00	190.00
❏ MINIATURE BISON RESTING L5312G	1985	RT	58.00	150.00
❏ MINIATURE CAT L5308G	1985	RT	35.00	150.00
❏ MINIATURE COCKER SPANIEL L5309G	1985	RT	35.00	175.00
❏ MINIATURE COCKER SPANIEL L5310G	1985	RT	35.00	175.00
❏ MINIATURE DEER L5314G	1985	RT	40.00	170.00
❏ MINIATURE DROMEDARY L5315G	1985	RT	45.00	150.00
❏ MINIATURE GIRAFFE L5316G	1985	RT	50.00	225.00
❏ MINIATURE KITTEN L5307G	1985	RT	35.00	150.00
❏ MINIATURE LAMB L5317G	1985	RT	30.00	175.00
❏ MINIATURE POLAR BEAR L5434G	1987	RT	65.00	150.00
❏ MINIATURE PUPPIES (3) L5311G	1985	RT	65.00	200.00
❏ MINIATURE SEAL FAMILY L5318G	1985	RT	78.00	225.00
❏ MONKEY L5432G	1987	RT	60.00	200.00
❏ ON GUARD (DOG) L5350G	1986	RT	50.00	300.00
❏ POOR PUPPY L5394G	1986	RT	25.00	200.00
❏ RHINO L5437G	1987	RT	50.00	175.00
❏ SMALL DOG (PAPILLON) L4749G	1971	RT	32.00	250.00
❏ WOE IS ME (DOG) L5351G	1986	RT	45.00	200.00

ANIMALS *

❏ AFGHAN L1069G/M	1969	RT	36.00	625.00
❏ ANTELOPE DRINKING L5302G	1985	RT	215.00	640.00
❏ ARCTIC FAMILY L6745G	2001	OP	175.00	175.00
❏ ATTENTIVE BUNNY L5905G	1992	RT	75.00	100.00
❏ ATTENTIVE POLAR BEAR L1207G/M	1972	OP	16.00	75.00
❏ BABY BOY LAMB L6546G	1998	RT	105.00	135.00
❏ BABY GIRL LAMB L6547G	1998	RT	105.00	135.00
❏ BEAGLE PUPPY (LYING) L1072G/M	1969	RT	17.00	300.00
❏ BEAGLE PUPPY (POUNCING) L1070G/M	1969	RT	17.00	350.00
❏ BEAGLE PUPPY (SITTING) L1071G/M	1969	RT	17.00	300.00
❏ BEARLY LOVE L1443G	1983	RT	55.00	175.00
❏ BEAUTIFUL BURRO L5683G	1990	RT	280.00	375.00
❏ BORN FREE L1420G	1982	OP	1520.00	3285.00
❏ BOSOM BUDDIE L6599G	1999	OP	235.00	235.00
❏ BRUTUS DINOSAUR L7544G	1994	RT	125.00	160.00
❏ CAMEL (GRES) L2027	1971	RT	135.00	2000.00
❏ CAT AND MOUSE L5236G	1984	OP	55.00	1084.00
❏ COLLIE L6455G	1997	RT	295.00	325.00
❏ COLLIE WITH PUPPY L6459G	1997	RT	350.00	375.00
❏ COW WITH PIG L4640G/M	1969	RT	43.00	750.00
❏ COZY FIT, A L6743G	2001	OP	265.00	265.00
❏ DANCE OF THE DOLPHINS L6456G	1997	OP	315.00	375.00
❏ DEER L1064G/M	1969	RT	28.00	395.00
❏ DOG (COLLIE) L1316G	1974	RT	45.00	500.00
❏ DOG IN THE BASKET L1128G	1971	RT	18.00	450.00
❏ DOG PLAYING BASS FIDDLE L1154G	1971	RT	37.00	500.00
❏ DOG PLAYING BONGOS L1156G	1971	RT	33.00	550.00
❏ DOG PLAYING GUITAR L1152G	1971	RT	33.00	550.00
❏ DOG SINGER L1155G	1971	RT	33.00	450.00
❏ DOG/LLASA APSO L4642G/M	1969	RT	23.00	500.00
❏ DOGS BUST (GRES) L2067	1977	RT	325.00	875.00
❏ DOLPHINS, THE L6436G	1997	OP	965.00	1090.00
❏ DONKEY IN LOVE/DONKEY W/DAISY L4524G/M	1969	RT	15.00	400.00
❏ DORMOUSE L4774G	1971	RT	30.00	450.00
❏ DREAMY KITTEN L6567G	1999	OP	250.00	250.00
❏ EASTER BUNNIES L5902G	1992	RT	240.00	285.00
❏ EGYPTIAN CAT (GRES) L2130	1983	RT	75.00	650.00
❏ EGYPTIAN CAT (WHITE) L5154G/M	1982	RT	90.00	650.00
❏ ELEPHANT FAMILY L4764G	1971	RT	90.00	1000.00
❏ ELEPHANTS (GRES) L2297	1995	RT	875.00	925.00

FIGURINES

NAME	YEAR	LIMIT	ISSUE	TREND
❏ ELEPHANTS WALKING L1150G	1971	OP	100.00	795.00
❏ ELK (GRES) L3501	1982	CL	950.00	1400.00
❏ FAWN AND A FRIEND, A L5674G	1990	RT	450.00	575.00
❏ FAWN HEAD (GRES) L2040	1971	RT	70.00	575.00
❏ FEED ME! L5113G	1982	OP	40.00	80.00
❏ FLIGHT OF THE GAZELLES L1352G	1978	CL	1450.00	3100.00
❏ FOREST BORN (DEER HEADS, GRES) L2191	1990	RT	230.00	450.00
❏ FOX AND CUB L1065G/M	1969	RT	18.00	425.00
❏ FREE AS THE WIND L1860G	2000	1500	2900.00	2900.00
❏ GAZELLE L5271G	1985	RT	205.00	525.00
❏ GAZELLE RESTING (GRES) L2048	1971	RT	65.00	600.00
❏ GERMAN SHEPHERD W/PUP L4731G	1970	RT	40.00	950.00
❏ GERMAN SHEPHERD W/PUPPIES L6454G	1997	RT	475.00	525.00
❏ GREAT DANE L1068G	1969	RT	55.00	575.00
❏ GREAT DANE L6558G	1998	RT	890.00	950.00
❏ HI THERE! L5672G	1990	RT	450.00	575.00
❏ HIPPITY HOP L5886G	1992	RT	95.00	125.00
❏ HORSE GROUP (2) L4655G/M	1969	RT	110.00	785.00
❏ HORSE HEADS (GRES) L3511	1978	RT	260.00	650.00
❏ HORSE L4861G	1974	RT	55.00	500.00
❏ HORSE L4863G	1974	RT	55.00	500.00
❏ HORSE'S GROUP (3) L1021G	1969	OP	950.00	2465.00
❏ HORSE'S GROUP, WHITE (3) L1022M	1969	OP	465.00	2150.00
❏ HUNTING DOG (EARLY/RARE) L308.13G	1963	RT	*	2000.00
❏ HUNTING SCENE L1238G	1973	800	800.00	2850.00
❏ KANGAROO L5433G	1987	RT	65.00	300.00
❏ KING OF THE FOREST (BUCK'S HEAD, GRES)	1990	RT	290.00	500.00
❏ KITTEN PATROL L6568G	1999	OP	180.00	180.00
❏ KITTY CARE L6652G	2000	OP	255.00	255.00
❏ KITTY CONFRONTATION L1442G	1983	OP	155.00	285.00
❏ KOALA LOVE L5461G	1988	RT	115.00	300.00
❏ LET'S FLY AWAY L6665G	2000	OP	155.00	155.00
❏ LITTER OF LOVE L1441G	1983	OP	385.00	645.00
❏ LITTLE HUNTER L6212G	1995	RT	115.00	130.00
❏ LITTLE STOWAWAY L6642	2000	OP	155.00	155.00
❏ LONG RABBIT (EARLY/RARE) 352.13G	1965	RT	*	800.00
❏ LOOKING PRETTY L6688G	2000	OP	245.00	245.00
❏ MAJESTY OF THE SEAS (SWORDFISH) L6796G	2001	OP	775.00	775.00
❏ MATERNAL ELEPHANT L4765G	1971	RT	50.00	800.00
❏ MONKEYS (GRES) L2000	1970	RT	35.00	650.00
❏ MOTHER WITH PUPS L1257G	1974	RT	50.00	700.00
❏ NATURE'S OBSERVER (FROG) L6702G	2000	OP	160.00	160.00
❏ NEW LIFE, A L6531G	1998	RT	490.00	525.00
❏ OLD DOG L1067G	1969	RT	40.00	625.00
❏ ORIENTAL HORSE (GRES) L2030	1971	CL	1100.00	4500.00
❏ PACK OF HUNTING DOGS L5342G	1985	CL	925.00	1800.00
❏ PAINFUL BEAR L5021G	1978	RT	75.00	825.00
❏ PAINFUL ELEPHANT L5020G	1978	RT	85.00	850.00
❏ PAINFUL GIRAFFE L5019G	1978	RT	115.00	850.00
❏ PAINFUL KANGAROO L5023G	1978	RT	150.00	900.00
❏ PAINFUL LION L5022G	1978	RT	95.00	850.00
❏ PAINFUL MONKEY L5018G	1978	RT	135.00	850.00
❏ PARADING DONKEY L6673G	1998	RT	220.00	600.00
❏ PEKINESE SITTING L4641G/M	1969	RT	20.00	450.00
❏ PET ME! L5114G	1982	RT	40.00	115.00
❏ PLAY WITH ME! L5112G	1982	RT	40.00	100.00
❏ PLAYFUL DOGS L1367G	1978	RT	160.00	725.00
❏ PLAYFUL PIGLETS L5228G	1984	RT	80.00	200.00
❏ PLAYFUL POODLE L6557G	1998	RT	530.00	560.00
❏ PLEASE COME HOME! L6502G	1999	OP	695.00	750.00
❏ POLAR BEAR L1208G/M	1972	OP	16.00	75.00
❏ POODLE L1259G/M	1974	RT	28.00	475.00
❏ POODLE L6337G	1997	RT	150.00	165.00
❏ PREENING BUNNY L5906G	1992	RT	75.00	110.00
❏ PURR-FECT FIT, A L6775G	2001	OP	335.00	335.00
❏ PURR-FECT L1444G	1983	OP	350.00	615.00
❏ QUIET MOMENT, A L5673G	1990	RT	450.00	575.00
❏ RABBIT EATING (BROWN & WHITE) L4772G/M	1971	RT	16.00	165.00
❏ RABBIT EATING (GRAY & WHITE) L4773G/M	1971	RT	16.00	165.00
❏ RABBIT SCRATCHING (EARLY/RARE) 278.12G	1962	RT	*	700.00
❏ RAM L1046G	1969	RT	11.00	600.00
❏ REX DINOSAUR L7547G	1994	RT	125.00	160.00
❏ ROCKY DINOSAUR L7545G	1994	RT	110.00	150.00
❏ SCAREDY CAT L5091G	1980	RT	60.00	115.00
❏ SEATED POLAR BEAR L1209G/M	1972	OP	16.00	75.00
❏ SECRET SPOT L6566G	1998	OP	210.00	235.00
❏ SETTER'S HEAD (GRES) L2045	1971	RT	125.00	650.00
❏ SITTING BUNNY L5907G	1992	RT	75.00	110.00
❏ SLEEPING BUNNY L5904G	1992	RT	75.00	90.00
❏ SNACK TIME L5889G	1992	RT	95.00	130.00
❏ SPIKE DINOSAUR L7543G	1994	RT	95.00	125.00
❏ STRETCH DINOSAUR L7546G	1994	RT	125.00	160.00
❏ SURPRISE VISIT, A L6409G	1997	RT	190.00	220.00
❏ SWIMMING LESSON L6470G	1997	OP	260.00	375.00
❏ TAKE ME HOME! L6574G	2000	OP	295.00	295.00
❏ THAT TICKLES! L5888G	1992	RT	95.00	130.00
❏ THOROUGHBRED HORSE L5340M	1985	CL	625.00	1200.00
❏ THROUGH THE CLOUDS L6522G	1998	OP	440.00	495.00
❏ TWO ELEPHANTS L1151G	1971	RT	45.00	475.00

Ten Most Wanted Lladró Figurines

By Peggy Whiteneck

These 10 retired figurines are, without a doubt, among the most sought-after among Lladró collectors.

Shepherdess w/Rooster (#4677M). Collectors still trying to assemble a matte nativity got caught short when Lladró retired the matte version in 1991. This particular item seems most in demand.

2. *Little Pals* (#7600G) was first of the now-defunct Lladró Collector's Society figurines in 1985, when there was the smallest pool of early members to buy him.

3. *Painful Lion* (#5022G). Actually, all animals in this "Painful" series are in high demand.

4. *Egyptian Cat, White* (#5154G/M) and *Egyptian Cat, Gres* (#2130). Out for only about three years in the mid-1980s, both versions of this tall, regal, seated cat are keenly desired.

5. *Sneezy* (#7535G). In the mid-1990s, Lladró produced a number of Disney figurines, including Snow White and the Seven Dwarfs. There seems to be a pent-up demand for this one in particular.

6. *A is for Amy* (#5145G/M). This was the first of five models of little girls with vowel letters, produced only from 1982 through 1985.

7. *Soccer Players* (#1266G). This numbered limited edition of just 500 was sold out by 1983. Its sheer dynamism and its height of over two feet give it an extraordinary appeal.

8. *Little Flower Seller* (#5082G). A small girl holds up a flower to an apparently indifferent elder seated at a café table. It was sculpted by the great Salvador Furió and produced from 1980 to 1985.

9. *Balthasar's Page* (#1516G). One of three "pages" for the three kings of the Christmas Nativity story, produced only from 1987 through 1990. This is the rarest of the three.

10. *Daydreamer* (#1411G). The limited edition Rockwell series did poorly on the retail market, and its intended edition size of 5,000 each was not reached. Today, these seven Rockwells are keenly sought. *Daydreamer*, a young girl on the verge of adolescence and seated anxiously before a mirror, discarded doll at her feet, commands the highest prices.

Peggy Whiteneck is an avid Lladró collector and contributor to *Collector's Mart* magazine. She has produced the Lladró database for the *Collector's Mart Price Guide to Limited Edition Collectibles* since 1998. Her book, *Collecting Lladró; An Indentification and Price Guide*, was published by Krause Publications in 2001. Her interest in Fenton glass was sparked by her parents' interest in it, and she has recently begun collecting Fenton animals and birds.

NAME	YEAR	LIMIT	ISSUE	TREND
❑ TWO HORSES L4597M	1969	RT	240.00	1400.00
❑ UNDERWATER EXPLORERS (FISH) L6742G	2000	OP	655.00	655.00
❑ UNLIKELY FRIENDS L6417G	1997	OP	125.00	125.00
❑ UP AND AWAY L6524G	1998	OP	560.00	600.00
❑ WASHING UP L5887G	1992	RT	95.00	120.00
❑ WELL-HEELED PUPPY, A L6744G	2001	OP	345.00	345.00
❑ WOLF HOUND L5356G	1986	RT	45.00	225.00
❑ WOULD YOU BE MINE? L6410G	1997	RT	190.00	220.00

ASIAN THEMES
*

NAME	YEAR	LIMIT	ISSUE	TREND
❑ ASIAN BOY L6188G	1995	RT	225.00	250.00
❑ AUGUST MOON L5122G	1982	RT	185.00	365.00
❑ BEARING FLOWERS L6151G	1994	RT	175.00	225.00
❑ CHINESE NOBLEMAN L4921G	1974	RT	325.00	2000.00
❑ CHINESE NOBLEWOMAN L4916G	1974	RT	300.00	2000.00
❑ CHRYSANTHEMUM L4990G	1978	RT	125.00	350.00
❑ FISH A'PLENTY L5172G	1982	RT	190.00	435.00
❑ FLOWER GAZER L6152G	1994	RT	190.00	250.00
❑ GEISHA L4807G/M	1972	RT	190.00	550.00
❑ GIFT OF BEAUTY L5775G	1991	RT	850.00	1100.00
❑ GRACEFUL OFFERING L5773G	1991	RT	850.00	1000.00
❑ IN TOUCH WITH NATURE L6572G	1999	OP	625.00	625.00
❑ KIYOKO L1450G	1983	RT	235.00	600.00
❑ LADY OF THE EAST L1488G	1986	RT	625.00	1200.00
❑ MADAME BUTTERFLY L4991G	1978	RT	125.00	350.00
❑ MARIKO W/BASE L1421G	1982	RT	860.00	1800.00
❑ MAYUMI L1449G	1983	RT	235.00	575.00
❑ MICHIKO L1447G	1983	OP	235.00	515.00
❑ MIRROR, MIRROR L6748G	2001	OP	395.00	395.00
❑ MY PRECIOUS BUNDLE L5123G/M	1982	RT	150.00	275.00
❑ NATURE'S GIFTS L5774G	1991	RT	900.00	1100.00
❑ NIPPON LADY L5327G	1985	RT	325.00	650.00
❑ ORIENTAL BEAUTY L6232G	1995	RT	198.00	225.00
❑ ORIENTAL DANCE L6230G	1995	OP	198.00	210.00
❑ ORIENTAL FOREST L6396G	1997	RT	565.00	600.00
❑ ORIENTAL GIRL/ORIENTAL FLOWER ARRANGER L4840G/M	1973	RT	90.00	550.00
❑ ORIENTAL LANTERN L6231	1995	OP	198.00	210.00
❑ ORIENTAL MUSIC L1491G	1986	5000	1350.00	2445.00
❑ ORIENTAL SPRING L4988G	1978	RT	125.00	350.00
❑ RICKSHAW RIDE, A L1383G	1978	OP	1500.00	2150.00
❑ SAYONARA L4989G	1978	RT	125.00	325.00
❑ SIAMESE DANCER L5593G	1989	RT	345.00	525.00
❑ SINGAPORE DANCERS L6761G	1001	RT	650.00	1100.00
❑ SPRINGTIME IN JAPAN L1445G	1983	OP	965.00	1800.00
❑ TERUKO L1451G	1983	OP	235.00	550.00
❑ YUKI L1448G	1983	RT	285.00	595.00

ASSORTED FIGURINES
*

NAME	YEAR	LIMIT	ISSUE	TREND
❑ AFTERNOON JAUNT L5855G	1992	RT	420.00	550.00
❑ ALLEGORY OF LIBERTY L5819G	1991	OP	1950.00	2100.00
❑ AT PEACE L3565M	1994	RT	1750.00	2000.00
❑ AT THE BALL L5398G	1986	RT	375.00	700.00
❑ AT THE BALL L5859G	1992	OP	295.00	330.00
❑ BOY GRADUATE L5198G	1984	OP	160.00	295.00
❑ BREEZY AFTERNOON L5682G/M	1990	OP	190.00	125.00
❑ CAT GIRL/KITTY L5164G	1982	RT	125.00	475.00
❑ CHARLIE THE TRAMP L5233G	1984	RT	150.00	900.00
❑ CHARM (BUST) L5801G	1991	CL	650.00	750.00
❑ CLASSIC FALL L1466G	1985	CL	620.00	1200.00
❑ CLASSIC SPRING L1465G	1985	CL	620.00	1200.00
❑ COCKTAIL PARTY L6655G/M	2000	OP	265.00	265.00
❑ CONSIDERATION (BUST) L5355M	1986	RT	100.00	250.00
❑ COURTING TIME L5409G/M	1987	RT	425.00	525.00
❑ DANCE OF LOVE (BUST) L5820G	1991	RT	575.00	650.00
❑ DANCER L5050G	1979	OP	85.00	205.00
❑ DON JUAN L4609G	1969	RT	135.00	715.00
❑ ELEGANT PROMENADE L5802G	1991	OP	775.00	825.00
❑ FATHER TIME (INSPIRATION MILLENNIUM) L6696G	1999	RT	420.00	450.00
❑ FEATHERED FANTASY L5851G	1992	RT	1200.00	1350.00
❑ GIRL GRADUATE L5199G	1984	OP	160.00	295.00
❑ GIRL WITH CALLA LILIES L4650G	1969	RT	18.00	170.00
❑ GIRL WITH LILIES, SITTING L4972G	1977	RT	65.00	180.00
❑ GRAND ENTRANCE L5857G	1992	RT	265.00	310.00
❑ GRANDPARENTS' JOY L6553G	1998	RT	645.00	700.00
❑ KING'S GUARD, THE L5642G	1990	RT	950.00	1100.00
❑ LA GIACONDA (BUST) L5337G	1985	RT	110.00	550.00
❑ LADY IN LOVE L6712G	2000	OP	330.00	330.00
❑ LOVE BOAT L5343G	1985	CL	825.00	1400.00
❑ LOVER'S PARADISE L5779G	1991	RT	2250.00	2525.00
❑ LOVING FAMILY, THE L5848G	1992	RT	950.00	1100.00
❑ MAY DANCE L5662G	1990	OP	170.00	210.00
❑ MILKY WAY, THE (INSPIRATION MILLENNIUM FIG.) L6569G	1998	RT	685.00	750.00
❑ NATURE GIRL L5346G	1985	RT	450.00	1000.00
❑ NEW HORIZONS (INSPIRATION MILLENNIUM)	1999	RT	560.00	600.00
❑ ON THE LAKE L5216G	1984	RT	660.00	1000.00
❑ PEACE/ALLEGORY TO PEACE L1202G	1972	CL	550.00	7000.00
❑ PLANNING THE DAY L5026G	1980	RT	90.00	275.00
❑ POETRY OF LOVE L5442G	1987	RT	500.00	900.00
❑ PREDICTING THE FUTURE L5191G	1984	RT	135.00	450.00
❑ QUIET AFTERNOON, A L5843G	1992	RT	1050.00	1200.00
❑ REBIRTH (INSPIRATION MILLENNIUM)	2000	RT	1270.00	1300.00

NAME	YEAR	LIMIT	ISSUE	TREND
❏ SEA BREEZE/WINDBLOWN GIRL L4922G	1974	OP	150.00	375.00
❏ SHALL WE DANCE? L5799G	1991	RT	600.00	700.00
❏ SPRING BREEZE L4936G	1974	OP	145.00	410.00
❏ SPRING DANCE L5663G	1990	RT	170.00	250.00
❏ SPRING SPLENDOR L5898G	1992	OP	440.00	450.00
❏ STREET HARMONIES L5692G	1990	RT	3200.00	4000.00
❏ SUNNING IN IPANEMA L5660G	1990	RT	370.00	600.00
❏ TRINO AT THE BEACH L5666G	1990	RT	390.00	550.00
❏ TWILIGHT YEARS L5677G	1990	RT	370.00	500.00
❏ WAITING TO DANCE L5858G	1992	RT	295.00	350.00
❏ WINTER WONDERLAND L1429G	1982	RT	1025.00	2350.00

BALLET AND HARLEQUIN FIGURINES
*

NAME	YEAR	LIMIT	ISSUE	TREND
❏ ACT II L5035G/M	1979	OP	700.00	1425.00
❏ AFTER THE DANCE L5092G	1980	RT	165.00	350.00
❏ BACKSTAGE PREPARATION L5817G	1991	RT	490.00	550.00
❏ BACKSTAGE PREPARATION L5817M	1991	RT	490.00	650.00
❏ BALLERINA/WAITING BACKSTAGE L4559G/M	1969	RT	110.00	500.00
❏ BALLET FIRST STEP L5094G	1980	RT	165.00	425.00
❏ BALLET TRIO L5235G	1984	RT	785.00	1775.00
❏ BEFORE THE DANCE L5972G	1993	RT	3550.00	3700.00
❏ BEFORE THE DANCE L5972M	1993	RT	3550.00	3800.00
❏ BETH L1358G	1978	RT	75.00	225.00
❏ CLOSING SCENE L4935G	1974	RT	180.00	550.00
❏ CLOSING SCENE, WHITE L4935.30M	1983	RT	213.00	400.00
❏ CURTAIN CALL L5814G	1991	RT	490.00	550.00
❏ CURTAINS UP L6325	1996	RT	255.00	350.00
❏ DANCERS RESTING L4992G	1978	RT	350.00	750.00
❏ DANCING PARTNER, A L5093G	1980	RT	165.00	380.00
❏ DEATH OF THE SWAN L4855G/M	1973	RT	45.00	350.00
❏ DEATH OF THE SWAN, WHITE L4855.30M	1983	RT	110.00	250.00
❏ DRESS REHEARSAL L5497G	1988	OP	290.00	420.00
❏ DRESSING FOR THE BALLET L5865G	1992	RT	395.00	500.00
❏ EN POINTE L6371G	1997	RT	390.00	425.00
❏ FINAL TOUCHES L5866G	1992	RT	395.00	500.00
❏ FIRST BALLET L5714G	1990	OP	370.00	420.00
❏ GRACEFUL BALLET L6240G	1995	RT	795.00	925.00
❏ GRACEFUL MOMENT L6033G	1993	3000	1475.00	1475.00
❏ HAPPY HARLEQUIN L1247G/M	1974	RT	220.00	1000.00
❏ HARLEQUIN "A" L5075G	1980	RT	218.00	475.00
❏ HARLEQUIN "B" L5076G	1980	RT	185.00	400.00
❏ HARLEQUIN "C" L5077G	1980	RT	185.00	450.00
❏ HEATHER L1359G	1978	RT	75.00	225.00
❏ IDYLL L1017G/M	1969	RT	115.00	700.00
❏ IN FULL RELEVE L5815G	1991	RT	490.00	570.00
❏ INFANTILE CANDOR L4963G	1977	RT	285.00	1200.00
❏ JULIA L1361G	1978	RT	75.00	225.00
❏ LADY WITH YOUNG HARLEQUIN L4883G	1974	RT	100.00	2000.00
❏ LAURA L1360G	1978	RT	75.00	225.00
❏ LOST LOVE L5128G/M	1982	RT	400.00	665.00
❏ NUTCRACKER SUITE L5935G	1993	RT	620.00	675.00
❏ ON HER TOES L5818G	1991	RT	490.00	575.00
❏ OVATION L6614G	1999	3000	525.00	550.00
❏ PAS DE DEUX L6374G	1997	RT	725.00	800.00
❏ PHYLLIS L1356G	1978	RT	75.00	225.00
❏ PRECOCIOUS BALLERINA L5793G	1991	RT	575.00	655.00
❏ PRIMA BALLERINA L5816G/M	1991	RT	490.00	550.00
❏ ROMANCE L4831G/M	1972	RT	175.00	1500.00
❏ ROSE BALLET L5919G	1992	OP	210.00	215.00
❏ SAD HARLEQUIN L4558G/M	1969	RT	110.00	625.00
❏ SCENT OF A FLOWER (GRES) L2426	2001	1000	1100.00	1100.00
❏ SEATED BALLERINA L4504G/M	1969	RT	110.00	350.00
❏ SEATED HARLEQUIN L4503G/M	1969	RT	110.00	400.00
❏ SHELLEY L1357G	1978	RT	75.00	225.00
❏ STAGE PRESENCE L6323G	1996	RT	355.00	400.00
❏ SWAN BALLET L5920G	1992	OP	210.00	215.00
❏ TAKING A BOW L5095G	1980	RT	165.00	400.00
❏ TORUBADOR L4548G/M	1969	RT	68.00	800.00
❏ WEARY BALLERINA L5275G/M	1985	RT	175.00	325.00
❏ YOUNG HARLEQUIN L1229G/M	1972	RT	70.00	575.00

BIRDS
*

NAME	YEAR	LIMIT	ISSUE	TREND
❏ BARN OWL L5421G	1987	RT	120.00	225.00
❏ BIG PARTRIDGE (GRES) L2087	1978	RT	85.00	375.00
❏ BIRD L1053G	1969	RT	13.00	200.00
❏ BIRD L1054G	1969	RT	14.00	250.00
❏ BIRD ON CACTUS L1303G	1974	RT	150.00	750.00
❏ BLUE CREEPER L1302G	1974	RT	110.00	650.00
❏ BOWING CRANE L1613G	1989	RT	385.00	500.00
❏ CHICK ON THE WATCH L4630G	1969	RT	4.00	400.00
❏ COURTING CRANES L1611G	1989	OP	565.00	695.00
❏ CRANES IN FLIGHT L6433	1997	RT	1390.00	1450.00
❏ CRANES L1456G	1983	OP	1000.00	1950.00
❏ DANCING CRANE L1614G	1989	RT	385.00	500.00
❏ DIVERS (GRES) L2117	1980	RT	925.00	1600.00
❏ DIVERS WITH CHICKEN (GRES) L2116	1980	RT	1250.00	1400.00
❏ DOVE GROUP L1335G	1977	RT	950.00	1500.00
❏ DOVE L1015G/M	1969	RT	21.00	150.00

NAME	YEAR	LIMIT	ISSUE	TREND
☐ DOVE L1016G/M	1969	RT	36.00	225.00
☐ DUCK JUMPING L1265G	1974	RT	20.00	110.00
☐ DUCK L1056G	1969	RT	19.00	275.00
☐ DUCK RUNNING L1263G	1974	RT	20.00	110.00
☐ DUCKLINGS L1307G	1974	OP	48.00	150.00
☐ DUCKLINGS L1307M	1974	RT	48.00	175.00
☐ DUCKLINGS L4895G	1974	OP	28.00	95.00
☐ DUCKS AT THE POND L1317G	1974	CL	4250.00	6300.00
☐ EAGLES L1189G	1972	CL	900.00	3000.00
☐ ELEGANT TRIO W/BASE (SWANS) L6591G	1999	OP	675.00	675.00
☐ FLAMINGOS, THE L6641G	1999	OP	495.00	495.00
☐ FLOCK OF BIRDS L1462G	1985	1500	1125.00	1750.00
☐ FLUTTERING CRANE L1598G	1989	RT	115.00	200.00
☐ FLYING DUCK L1264G	1974	RT	20.00	110.00
☐ FLYING PARTRIDGES (GRES) L2064	1977	CL	3500.00	4500.00
☐ FOLLOW ME L5722G	1990	OP	140.00	160.00
☐ FOREST, THE L1243G	1973	CL	625.00	6000.00
☐ FREEDOM L5602G	1989	CL	875.00	1200.00
☐ GEESE GROUP L4549G/M	1969	RT	29.00	250.00
☐ GRACEFUL SWAN L5230G	1984	RT	35.00	135.00
☐ GREAT GRAY OWL L5419G	1987	RT	190.00	225.00
☐ GROUP OF EAGLE OWLS (GRES) L1223	1972	CL	225.00	1000.00
☐ GUARDIAN CHICK L4629G	1969	RT	4.00	400.00
☐ HAWK OWL L5422G	1987	RT	120.00	225.00
☐ HEN L1041G/M	1969	RT	13.00	300.00
☐ HORNED OWL L5420G	1987	RT	150.00	225.00
☐ HOW DO YOU DO? L1439G	1983	OP	185.00	295.00
☐ HOW SKILLFUL! L6517G	1998	OP	390.00	395.00
☐ IRIS L1319G	1976	OP	1550.00	2625.00
☐ INTERMISSION (GRES) L2370	1997	OP	655.00	750.00
☐ JUSTICE EAGLE L5863G	1992	1500	1700.00	1850.00
☐ KISSING DOVES L1169G	1971	OP	32.00	155.00
☐ KISSING DOVES L1169M	1971	RT	32.00	200.00
☐ KISSING DOVES W/PLAQUE L1170G	1971	RT	250.00	300.00
☐ LADYBIRD AND NIGHTINGALE L1227G	1973	RT	40.00	300.00
☐ LANDING CRANE L1600G	1989	RT	115.00	200.00
☐ LIBERTY EAGLE L1738G	1991	CL	1000.00	1100.00
☐ LITTLE DUCK 4551G/M	1969	RT	*	55.00
☐ LITTLE DUCK 4552G/M	1969	RT	*	55.00
☐ LITTLE DUCK 4553G/M	1969	RT	*	55.00
☐ LITTLE EAGLE OWL (GRES) L2020	1971	RT	62.00	400.00
☐ MALLARD DUCK L5288G	1985	RT	310.00	600.00
☐ MARSHLAND MATES L5691G	1990	OP	950.00	1200.00
☐ NESTING CRANE L1599G	1989	RT	95.00	175.00
☐ NIGHTINGALE PAIR L1228G	1972	RT	80.00	650.00
☐ OSTRICH (GRES) L2099	1979	RT	*	650.00
☐ OSTRICHES (EARLY/RARE) L297.13G	1963	RT	*	2000.00
☐ OWL (GRES) L2019	1971	RT	28.00	400.00
☐ PELICANS, THE L6478G	1998	CL	990.00	1300.00
☐ PENGUIN L5247G	1984	RT	70.00	225.00
☐ PENGUIN L5248G	1984	RT	70.00	225.00
☐ PENGUIN L5249G	1984	RT	70.00	225.00
☐ PREENING CRANE L1612G	1989	RT	385.00	525.00
☐ SEA BIRDS WITH NEST L1194G	1972	CL	600.00	3000.00
☐ SHORT EARED OWL L5418G	1987	RT	200.00	225.00
☐ SLEEPY CHICK L4632G	1969	RT	4.00	400.00
☐ SMALL PARTRIDGE (GRES) L2088	1978	RT	45.00	250.00
☐ SPRING BIRDS L1368G	1978	RT	1600.00	2700.00
☐ SPRING'S NEW ARRIVALS L1854	2000	1000	1050.00	1050.00
☐ SWAN L4829G/M	1972	RT	16.00	350.00
☐ SWAN WITH WINGS SPREAD L5231G	1984	OP	50.00	150.00
☐ SWANS TAKE FLIGHT L5912G	1992	OP	2850.00	2950.00
☐ SYMBOL OF PRIDE, A L6476	1998	RT	695.00	800.00
☐ TURKEY GROUP L1196G	1972	CL	650.00	2500.00
☐ TURTLEDOVE NEST (GRES) L3519	1980	CL	3600.00	6100.00
☐ TURTLEDOVES (GRES) L1240	1973	CL	500.00	2300.00
☐ WHITE SWAN WITH FLOWERS L6499	1998	OP	110.00	110.00

BLACK LEGACY (AFRICAN-AMERICAN) COLLECTION

NAME	YEAR	LIMIT	ISSUE	TREND
☐ ACADEMY DAYS L5768G	1990	RT	280.00	350.00
☐ ALL DRESSED UP L5909G	1992	RT	440.00	485.00
☐ BEAUTIFUL BALLERINA L6103G	1994	RT	250.00	300.00
☐ BEDTIME PRAYERS L6465G	1997	OP	105.00	105.00
☐ BONGO BEAT L5157G	1982	RT	135.00	250.00
☐ BRIDE, THE L5439G	1987	RT	250.00	500.00
☐ CUDDLY KITTEN L6201G	1995	RT	270.00	290.00
☐ DADDY'S LITTLE SWEETHEART L6202G	1995	OP	595.00	595.00
☐ DELICATE BUNDLE L6167G	1995	RT	275.00	295.00
☐ ENCHANTING L6806G	2001	OP	165.00	165.00
☐ FAMILY ROOTS L5371G	1986	OP	575.00	935.00
☐ FILLED WITH JOY L6493G	1998	OP	92.00	95.00
☐ FINISHING TOUCHES L6104G	1994	RT	240.00	275.00
☐ FIRST FLOWERS L6757G	2001	OP	240.00	240.00
☐ GARDENING BUDDIES L6472G	1997	OP	195.00	195.00
☐ I DO L5835G	1991	OP	165.00	190.00
☐ I'VE GOT IT! L5827G	1995	RT	170.00	225.00
☐ JAZZ BASS L5834G	1991	OP	395.00	425.00
☐ JAZZ CLARINET L5928G	1992	OP	295.00	295.00
☐ JAZZ DRUMS L5929G	1992	OP	595.00	610.00

FIGURINES

NAME	YEAR	LIMIT	ISSUE	TREND
❑ JAZZ DUO L5930G	1992	OP	795.00	900.00
❑ JAZZ HORN L5832G	1991	OP	295.00	310.00
❑ JAZZ SAX L5833G	1991	OP	295.00	345.00
❑ MAKING ROUNDS L6256G	1996	OP	295.00	295.00
❑ MEET MY FRIEND L5994G	1993	RT	695.00	800.00
❑ MY CUDDLY PUPPY L6463G	1997	OP	110.00	110.00
❑ MY NEW PET L5549G	1989	RT	150.00	225.00
❑ NEXT AT BAT L5828G	1991	RT	170.00	220.00
❑ ONWARD AND UPWARD (BOY GRAD) L6494G	1998	OP	170.00	170.00
❑ REACHING THE GOAL L5546G	1989	RT	215.00	325.00
❑ READY TO LEARN L6003	1993	RT	650.00	675.00
❑ RHUMBA L5160G	1982	RT	113.00	215.00
❑ ROAD TO SUCCESS, THE (GIRL GRAD) L6495G	1998	OP	155.00	155.00
❑ SCHOOL CHUMS L5237G	1984	RT	225.00	525.00
❑ SHARIA L6180G	1995	OP	235.00	235.00
❑ SHARING SWEETS L5836G	1991	RT	220.00	270.00
❑ SING WITH ME L5837G	1991	RT	240.00	265.00
❑ SITTING PRETTY L5699G	1990	RT	300.00	360.00
❑ SOFT MEOW L5995	1993	RT	515.00	550.00
❑ STEP IN TIME, A L5158G	1982	RT	90.00	250.00
❑ VELISA L6181G	1995	OP	180.00	180.00
❑ WANDA L6182G	1996	OP	205.00	205.00
❑ WHO'S THERE? L6464G	1997	OP	115.00	115.00
❑ WINDS OF ROMANCE L6783G	2001	OP	290.00	290.00
❑ YOUR SPECIAL ANGEL L6492G	1998	OP	92.00	95.00

BRIDAL FIGURINES
*

NAME	YEAR	LIMIT	ISSUE	TREND
❑ BLUSHING BRIDE L6329G/M	1996	RT	370.00	425.00
❑ BRIDAL PORTRAIT L5742G	1991	RT	480.00	625.00
❑ BRIDE, THE L5439G/M	1987	RT	250.00	500.00
❑ BRIDESMAID L5598G	1989	OP	150.00	180.00
❑ DOWN THE AISLE L5903G	1992	RT	295.00	325.00
❑ FROM THIS DAY FORWARD L5885G	1992	OP	265.00	285.00
❑ HERE COMES THE BRIDE L1446G	1983	RT	518.00	1000.00
❑ HONEYMOON RIDE L5968G	1995	RT	2750.00	3000.00
❑ I LOVE YOU TRULY L1528G	1987	OP	375.00	595.00
❑ IN THE PROCESSION L6199G/M	1995	RT	250.00	300.00
❑ KISS TO REMEMBER, A L662G	1999	OP	250.00	250.00
❑ LOVE AND MARRIAGE L1802G	1995	CL	2650.00	2700.00
❑ MAZEL TOV! L6028G	1993	OP	395.00	395.00
❑ MY WEDDING DAY L1494G/M	1986	RT	800.00	1550.00
❑ OVER THE THRESHOLD L5282G	1985	OP	150.00	290.00
❑ VENICE VOWS L1732G	1991	CL	3755.00	4100.00
❑ WEDDING CAKE L5587G	1989	RT	595.00	775.00
❑ WEDDING DAY L5274G	1985	RT	240.00	435.00
❑ WEDDING L4808G/M	1972	OP	50.00	190.00
❑ WEDDING/MATRIMONY L1404G	1982	RT	320.00	585.00

BUTTERFLIES
*

NAME	YEAR	LIMIT	ISSUE	TREND
❑ BEAUTIFUL BUTTERFLY NO. 2 (CAPRICHO) L1674M	1989	RT	100.00	200.00
❑ BLACK AND WHITE BUTTERFLY NO. 5 (CAPRICHO) L1677M	1989	RT	100.00	200.00
❑ BLACK BUTTERFLY NO. 3 (CAPRICHO) L1675M	1989	RT	120.00	200.00
❑ BLUE BUTTERFLY NO. 9 (CAPRICHO) L1681M	1989	RT	185.00	275.00
❑ FROM NATURE'S PALETTE L6703G	2000	OP	140.00	140.00
❑ GRACEFUL LANDING L666G	1999	OP	155.00	155.00
❑ GREAT BUTTERFLY NO. 13 (CAPRICHO) L1685M	1989	RT	150.00	235.00
❑ LACY BUTTERFLY NO. 1 (CAPRICHO) L1673M	1989	RT	95.00	200.00
❑ LARGE PINK BUTTERFLY NO. 6 (CAPRICHO) L1678M	1989	RT	100.00	185.00
❑ LEOPARD BUTTERFLY NO. 12 (CAPRICHO) L1684M	1989	RT	165.00	265.00
❑ MOMENT'S REST, A L6173G	1995	OP	140.00	140.00
❑ MORNING CALM L6589G	1998	OP	130.00	130.00
❑ PINK AND BLUE BUTTERFLY NO. 7 (CAPRICHO) L1679M	1989	RT	80.00	150.00
❑ PINK AND WHITE BUTTERFLY NO. 4 (CAPRICHO) L1676M	1989	RT	100.00	200.00
❑ PRETTY BUTTERFLY NO. 10 (CAPRICHO) L1882M	1989	RT	185.00	275.00
❑ QUEEN BUTTERFLY NO. 14 (CAPRICHO) L1686M	1989	RT	125.00	200.00
❑ REFRESHING PAUSE L6330	1996	OP	170.00	170.00
❑ SMALL PINK BUTTERFLY NO. 8 (CAPRICHO) L1680M	1989	RT	73.00	135.00
❑ SPOTTED BUTTERFLY NO. 11 (CAPRICHO) L1683M	1989	RT	175.00	250.00

CAPRICHO SERIES AND FLOWERS
*

NAME	YEAR	LIMIT	ISSUE	TREND
❑ ANEMONES BUNCH L1184M	1971	CL	400.00	2225.00
❑ BASKET OF BLOSSOMS, A (EVENT FIGURINE) L7580G	1998	RT	98.00	200.00
❑ BASKET OF DAHLIAS L1545M	1988	RT	375.00	700.00
❑ BASKET OF MARGARITAS L1543M	1988	RT	450.00	800.00
❑ BASKET OF ROSES L1073M	1969	RT	65.00	400.00
❑ BASKET OF ROSES L1544M	1988	RT	400.00	700.00
❑ BISQUE NEOCLASSIC CUP L1791M	1994	CL	1300.00	1375.00
❑ BLUE FLOWER VASE 1218G	1972	RT	40.00	475.00
❑ BLUE ROMANTIC VASE L1786M	1994	300	2250.00	2250.00
❑ BOUQUET OF LOVE L6624G/M	2000	OP	150.00	150.00
❑ BRIDAL BOUQUET 1837M	1999	2000	875.00	900.00
❑ CALIFORNIA POPPY W/BASE L5190M	1984	RT	100.00	225.00
❑ CHRYSANTHEMUM W/BASE L5189M	1984	RT	100.00	225.00
❑ DAHLIA W/BASE L5180M	1984	RT	65.00	150.00
❑ FLAT BASKET WITH VIOLETS L1576M	1991	RT	375.00	750.00
❑ FLORAL L1185M	1971	CL	475.00	1625.00
❑ FLOWERS CHEST L1572G	1987	RT	550.00	1200.00
❑ FLOWERS OF THE MARSH L1828M	1998	CL	175.00	1900.00
❑ FLOWERS OF THE SEA L1829M	1998	CL	895.00	1100.00
❑ FLUVIAL CUP WITH ANEMONES L1832M	1998	RT	1850.00	2000.00
❑ FLYING HIGH L6523G	1998	RT	635.00	650.00
❑ HARMONY IN PINK L1842G	1999	300	650.00	650.00

NAME	YEAR	LIMIT	ISSUE	TREND
❑ IRIS ARRANGEMENT L1542M	1988	RT	800.00	1100.00
❑ JAPANESE CAMELLIA W/BASE L5181M	1984	RT	70.00	150.00
❑ LACTIFLORA PEONY W/BASE L5185M	1984	RT	68.00	175.00
❑ LITTLE FLOWER JUG L1222G	1972	RT	40.00	475.00
❑ LITTLE JUG ROSE WITH FLOWERS L1220G	1972	RT	40.00	475.00
❑ MAY FLOWER BASKET L1628M	1989	RT	485.00	600.00
❑ MINIATURE BEGONIA W/BASE L5188M	1984	RT	85.00	175.00
❑ MINIATURE FLOWER VASE L1219G	1972	RT	40.00	475.00
❑ NEOCLASSIC COLORED CUP L1790G	1994	CL	1400.00	1475.00
❑ NEOCLASSIC CUP WITH LILIES L1833M	1998	150	2750.00	2850.00
❑ ORCHID ARRANGEMENT L1541M	1988	RT	500.00	1700.00
❑ PINK BALLET SLIPPERS L1540M	1988	RT	275.00	450.00
❑ POETRY OF FLOWERS, THE L1831M	1998	CL	830.00	975.00
❑ PRELUDE IN WHITE L1841G	1999	300	650.00	650.00
❑ RHODODENDRON W/BASE L5187M	1984	RT	68.00	200.00
❑ ROSES BUNCH L1186M	1971	CL	575.00	2000.00
❑ SERENADE IN WHITE L1843G	1999	300	650.00	650.00
❑ SM. BROWN FLOWER BASKET L1554.1M	1987	RT	130.00	325.00
❑ SM. BROWN FLOWER BASKET-BLUE LACE L1554M	1987	RT	110.00	325.00
❑ SM. BROWN FLOWER BASKET-PINK LACE L1553M	1987	RT	115.00	325.00
❑ SM. GREEN FLOWER BASKET L1554.3M	1987	RT	110.00	325.00
❑ SMALL VASE WITH IRIS L1551M	1987	RT	110.00	500.00
❑ SPRING BLOSSOM L1631G	1989	RT	550.00	700.00
❑ THREE PINK ROSES W/BASE L5179M	1984	RT	70.00	200.00
❑ TOUCH OF HOLLAND, A L1827M	1998	CL	1650.00	1800.00
❑ TWO YELLOW ROSES W/BASE L5183M	1984	RT	58.00	150.00
❑ VIOLET FAN W/BASE L1546M	1987	YR	650.00	900.00
❑ VIOLET VASE L1632M	1989	RT	445.00	600.00
❑ WHITE BALLET SLIPPERS L1540.3M	1988	RT	275.00	450.00
❑ WHITE CARNATION W/BASE L5184M	1984	RT	68.00	150.00
❑ WHITE FAN W/BASE L1546.03M	1987	YR	650.00	900.00
❑ WHITE PEONY W/BASE L5182M	1984	RT	85.00	200.00
❑ WOODLAND TREASURE L1830M	1998	300	825.00	825.00
❑ YELLOW BEGONIA W/BASE L5186M	1984	RT	68.00	150.00

CHILDREN WITH ANIMALS OR BIRDS

NAME	YEAR	LIMIT	ISSUE	TREND
				*
❑ AFTERNOON SNACK L6577G	2000	OP	335.00	335.00
❑ AGGRESSIVE DUCK L1288G/M	1974	RT	170.00	525.00
❑ APRON FULL OF JOY, AN (GRES) L2428	2001	OP	380.00	380.00
❑ ARACELY WITH HER PET DUCK L5202G	1984	RT	125.00	350.00
❑ AVOIDING THE GOOSE L5033G	1979	RT	160.00	400.00
❑ BEDTIME/SLEEPY TRIO L5443G	1987	RT	190.00	340.00
❑ BEHAVE! L5703G	1990	RT	230.00	325.00
❑ BEST FOOT FORWARD L5738G	1991	RT	280.00	350.00
❑ BIG SISTER L5735G	1991	OP	650.00	685.00
❑ BOY WITH DOG L4522G/M	1970	RT	25.00	225.00
❑ BOYS PLAYING WITH GOAT L1129G	1971	RT	100.00	2500.00
❑ CAN I HELP? L5689G	1990	RT	250.00	400.00
❑ CARESS AND REST L1246G/M	1972	RT	50.00	325.00
❑ CAT NAP L5640G	1990	OP	125.00	145.00
❑ COME OUT AND PLAY L5797G	1991	RT	275.00	375.00
❑ COMPUTING COMPANIONS L6692G	2000	OP	290.00	290.00
❑ COZY KITTENS (GRES) L2425	2001	OP	325.00	325.00
❑ CRADLE OF KITTENS, A L5784G	1990	RT	360.00	425.00
❑ DAYDREAMS L6400G	1997	OP	325.00	325.00
❑ DEVOTION L1278G	1974	RT	140.00	450.00
❑ DOG AND CAT/LITTLE FRISKIES L5032G	1979	RT	108.00	285.00
❑ DOG'S BEST FRIEND L5688G	1990	OP	250.00	310.00
❑ DON'T FORGET ME! L5743G	1991	OP	150.00	160.00
❑ DRIFTING THROUGH DREAMLAND L6758G	2001	OP	370.00	370.00
❑ FARMYARD FRIEND, A (GRES) L2432	2001	OP	200.00	200.00
❑ FEEDING THE DUCKS L4849G/M	1973	RT	60.00	325.00
❑ FEEDING TIME L1277G/M	1974	RT	120.00	400.00
❑ FRIENDLY SPARROW (GRES) L2225	1992	OP	295.00	325.00
❑ FRIENDSHIP L1230G/M	1972	RT	68.00	450.00
❑ GIRL WITH CATS L1309G	1974	OP	120.00	310.00
❑ GIRL WITH CATS L1309M	1974	RT	120.00	375.00
❑ GIRL WITH FLOWERS L1088G/M	1969	RT	45.00	725.00
❑ GIRL WITH LAMB L1010G/M	1969	RT	26.00	250.00
❑ GIRL WITH LAMB L4505G	1969	RT	20.00	145.00
❑ GIRL WITH LAMB L4505M	1969	RT	20.00	165.00
❑ GIRL WITH LAMB L4584G/M	1969	RT	27.00	250.00
❑ GIRL WITH PIG L1011G	1969	RT	13.00	125.00
❑ GIRL WITH PIG L1011M	1969	RT	13.00	175.00
❑ GIRL WITH PUPPIES L1311G	1974	RT	120.00	375.00
❑ GIRL WITH UMBRELLA AND GEESE L4510G/M	1969	RT	38.00	300.00
❑ HOLD HER STILL L5753G	1991	RT	650.00	750.00
❑ HUG ME TIGHT (GRES) L2420	2001	OP	175.00	175.00
❑ I HOPE SHE DOES L5450G	1987	RT	190.00	375.00
❑ INTERRUPTED NAP L5760G	1991	RT	325.00	425.00
❑ JOSEFA FEEDING HER DUCK L5201G	1984	RT	125.00	350.00
❑ JOY IN A BASKET L5595G	1989	RT	215.00	325.00
❑ JUST A LITTLE MORE L5908G	1992	RT	370.00	425.00
❑ KEEP ME WARM (GRES) L2419	2001	OP	175.00	175.00
❑ KITTY CART L6141G	1994	OP	750.00	795.00
❑ LAP FULL OF LOVE L5739G	1991	RT	275.00	325.00
❑ LITTER OF FUN L5364G	1986	RT	275.00	500.00
❑ LITTLE FRIENDS L0129G	1994	RT	225.00	270.00
❑ LITTLE RIDERS L7623G	1994	RT	250.00	350.00
❑ LOVING MOUSE L5883G	1992	RT	285.00	340.00
❑ MAKING A WISH L5910G	1992	RT	790.00	875.00
❑ MEAL TIME L6109G	1994	RT	495.00	550.00
❑ MISCHIEVOUS MOUSE L5881G	1992	RT	285.00	340.00

FIGURINES

NAME	YEAR	LIMIT	ISSUE	TREND
❏ MY HUNGRY BROOD L5074G	1980	RT	295.00	470.00
❏ MY PRETTY PUPPY L6635G	1999	OP	295.00	295.00
❏ MY PUPPIES L5807G	1991	RT	325.00	400.00
❏ NAUGHTY DOG L4982G	1978	RT	130.00	325.00
❏ NEW LAMB (GRES) L2223	1992	RT	385.00	420
❏ NOT SO FAST! L1533G/M	1987	RT	175.00	325.00
❏ NOT TOO CLOSE! L5781G	1991	RT	365.00	450.00
❏ OUT FOR A ROMP L5761G	1991	RT	375.00	500.00
❏ PEACEFUL L6807G	2001	OP	180.00	180.00
❏ PLATERO AND MARCELINO L1181G	1971	RT	40.00	400.00
❏ PLAYFUL KITTENS L5232G	1984	OP	130.00	300.00
❏ PLAYFUL ROMP L5594G	1989	RT	215.00	300.00
❏ PLAYING WITH DUCKS AT THE POND L5303G	1985	RT	310.00	725.00
❏ PONY RIDE L6430G	1997	RT	825.00	875.00
❏ PRECIOUS CARGO L5794G	1991	RT	460.00	575.00
❏ PRESTO! L5759G	1991	RT	275.00	325.00
❏ PRETTY CARGO L6165G	1995	RT	500.00	525.00
❏ PROGRAMMING PALS L6693	2000	OP	290.00	290.00
❏ PUPPET SHOW L5736G	1991	RT	280.00	375.00
❏ RABBIT'S FOOD L4826G/M	1972	RT	40.00	300.00
❏ RESTFUL MOUSE L5882G	1992	RT	285.00	340.00
❏ SEESAW L4867G	1974	RT	80.00	425.00
❏ SLEEPY KITTEN L5712G	1990	OP	110.00	130.00
❏ SLEIGH RIDE L5037G	1980	RT	585.00	1400.00
❏ SNUGGLE BUNNY (GRES) L2421	2001	OP	175.00	175.00
❏ SNUGGLE UP L6226G	1995	RT	170.00	195.00
❏ STUBBORN DONKEY L5178G	1982	RT	250.00	500.00
❏ SWEET DREAMS L1535G	1988	OP	150.00	240.00
❏ SWEETY/HONEY LICKERS L1248G	1974	RT	100.00	550.00
❏ TAKE YOUR MEDICINE L5921G	1992	RT	360.00	410.00
❏ TENDER MOMENT (GRES) L2222	1992	RT	400.00	500.00
❏ THIS ONE'S MINE L5376G	1986	RT	300.00	600.00
❏ WAKE UP KITTY (GRES) L2183	1989	RT	225.00	335.00
❏ WE CAN'T PLAY L5706G	1990	RT	200.00	275.00
❏ WHAT A SURPRISE! L6759G	2001	OP	160.00	160.00
❏ WHO'S THE FAIREST? (GRES VERSION) L2313	1995	RT	230.00	275.00
❏ WHO'S THE FAIREST? L5468	1988	RT	150.00	225.00
CHILDREN WITH FLOWERS				*
❏ ADMIRATION L4907G/M	1974	RT	345.00	650.00
❏ BARROW OF BLOSSOMS, A L1419G	1982	OP	390.00	675.00
❏ BOUNTIFUL BLOSSOMS L6756G	2001	OP	290.00	290.00
❏ BOUQUET OF BLOSSOMS L5895G	1992	RT	295.00	335.00
❏ BUDDING BLOSSOMS/FROM MY GARDEN L1416G	1982	RT	140.00	350.00
❏ EXQUISITE SCENT/SCHOOLGIRL L1313G	1974	RT	200.00	650.00
❏ FIRST PERFORMANCE L6763G	2001	OP	195.00	195.00
❏ FLOWER CURTSY L5027G	1979	OP	230.00	470.00
❏ FLOWER HARMONY L1418G	1982	RT	130.00	335.00
❏ FLOWER PEDDLER L5029G	1979	RT	675.00	1375.00
❏ FLOWERS IN POT L5028G	1980	RT	325.00	600.00
❏ FLOWERS OF THE SEASON L1454G	1983	OP	1460.00	2250.00
❏ FRAGRANT BOUQUET (GRES) L2305	1995	RT	330.00	350.00
❏ FRAGRANT BOUQUET L5862G	1992	OP	350.00	370.00
❏ FRIENDSHIP IN BLOOM L5893G	1992	RT	650.00	725.00
❏ GAZEBO IN BLOOM L1865G	2001	2000	3500.00	3500.00
❏ GIRL WATERING/GROWING ROSES L1354G	1978	RT	485.00	625.00
❏ GIRL WITH FLOWERS IN TOW L5031G	1979	RT	785.00	1500.00
❏ GIRL WITH WATERING CAN/BLOOMING ROSES L1339G	1977	RT	163.00	500.00
❏ HELLO FLOWERS L5543G	1989	RT	385.00	550.00
❏ LITTLE FLOWER SELLER L5082G	1980	RT	750.00	2800.00
❏ LOVE'S TENDER TOKENS L5621G	1998	OP	895.00	925.00
❏ MAY FLOWERS L5467G/M	1988	OP	160.00	245.00
❏ MY DEBUT L6764G	2001	OP	195.00	195.00
❏ PICKING FLOWERS L1287G	1974	RT	170.00	475.00
❏ PONDERING L5173G	1982	RT	300.00	600.00
❏ PRECIOUS PETALS L5894	1991	RT	395.00	450.00
❏ PRETTY AND PRIM L5554G	1989	RT	215.00	300.00
❏ PRETTY PICKINGS L5222G/M	1984	OP	80.00	170.00
❏ PRETTY POSIES L5548G	1989	RT	425.00	600.00
❏ ROSES FOR MY MOM/CUTTING THE FLOWERS L5088G	1980	RT	645.00	1200.00
❏ SPRING FLOWERS L1509G/M	1986	RT	100.00	300.00
❏ SPRING IS HERE L5223G/M	1984	OP	80.00	170.00
❏ SWEET SCENT L5221G/M	1984	OP	80.00	170.00
CHILDREN'S THEMES				*
❏ "A" IS FOR AMY L-5145G/M	1982	RT	110.00	1500.00
❏ "E" IS FOR ELLEN L5146G	1982	RT	110.00	1200.00
❏ "I" IS FOR IVY L5147G	1982	RT	100.00	600.00
❏ "O" IS FOR OLIVIA L5148G	1982	RT	100.00	450.00
❏ "U" IS FOR URSULA L5149G	1982	RT	100.00	450.00
❏ AFTER SCHOOL L5707G	1990	RT	280.00	350.00
❏ ALL TUCKERED OUT L5846G/M	1992	OP	220.00	255.00
❏ AT ATTENTION L5407G	1987	RT	175.00	350.00
❏ AUTUMN L5218G/M	1984	RT	90.00	220.00
❏ BABY DOLL L5608G	1989	RT	150.00	220.00
❏ BABY ON FLOOR/LEARNING TO CRAWL L5101G	1982	RT	58.00	275.00
❏ BABY WITH PACIFIER (TEETHING) L5102G	1982	RT	58.00	275.00
❏ BACK TO SCHOOL L5702G	1990	RT	350.00	450.00
❏ BALLOON SELLER/BALLOONS FOR SALE L5141G	1982	RT	145.00	310.00
❏ BATH TIME L6411G	1997	OP	195.00	195.00
❏ BEDTIME L5347G	1986	RT	300.00	575.00
❏ BETWEEN CLASSES L5709G	1990	RT	280.00	350.00
❏ BOY & HIS BUNNY L1507G/M	1986	RT	90.00	275.00
❏ BOY FROM MADRID L4898G/M	1974	RT	45.00	175.00

NAME	YEAR	LIMIT	ISSUE	TREND
❑ BOY MEETS GIRL L1188G	1972	RT	60.00	425.00
❑ BOY ON CAROUSEL HORSE L1470G	1985	RT	470.00	965.00
❑ BUGLER, THE L5406G	1987	RT	175.00	370.00
❑ BUNDLED BATHER L6800G	2001	OP	100.00	100.00
❑ CADET CAPTAIN L5404G	1987	RT	175.00	370.00
❑ CAREFREE L5790G	1991	OP	300.00	325.00
❑ CAROUSEL CANTER L5732G	1991	RT	1700.00	2000.00
❑ CAROUSEL CHARM L5731G	1991	RT	1700.00	2000.00
❑ CATHY L5643G	1990	RT	200.00	265.00
❑ CHEF'S APPRENTICE L6233G	1995	RT	260.00	295.00
❑ CHILDREN AT PLAY L5304	1985	RT	220.00	500.00
❑ CHILDREN'S GAMES L5379G	1986	RT	325.00	675.00
❑ CINDY L5646G	1990	RT	190.00	250.00
❑ CIRCUS TRAIN L1517G	1987	RT	2900.00	4500.00
❑ CLEAN UP TIME L4838G/M	1973	RT	36.00	300.00
❑ COURTNEY L5648G	1990	OP	200.00	230.00
❑ DAISY L6274G	1996	OP	150.00	150.00
❑ DANCE CLASS L5741G	1991	RT	340.00	400.00
❑ DANCING THE POLKA L5252G	1984	RT	205.00	525.00
❑ DON'T LOOK DOWN L5698G	1990	OP	330.00	410.00
❑ DRUMMER BOY, THE L5403G	1987	RT	225.00	400.00
❑ EASTER BONNETS L5852G	1992	RT	265.00	400.00
❑ ELIZABETH L5645G	1990	RT	190.00	250.00
❑ FAIRY TALE PRINCE, A L6798G	2001	OP	325.00	325.00
❑ FAIRY TALE PRINCESS, A L6797G	2001	OP	*	N/A
❑ FAITHFUL STEED L5769G	1991	RT	370.00	400.00
❑ FALL CLEAN-UP L5286G	1985	OP	295.00	565.00
❑ FANTASY FRIEND L5710G	1990	RT	420.00	575.00
❑ FISHING WITH GRAMPS L5215G	1984	OP	410.00	905.00
❑ FLAG BEARER, THE L5405G	1987	RT	200.00	400.00
❑ FLIRTATIOUS JESTER L5844G	1992	RT	890.00	975.00
❑ FOLK DANCING L5256G	1984	RT	205.00	500.00
❑ FORGOTTEN L1502G/M	1986	RT	125.00	300.00
❑ GAYLE/LITTLE BALLET GIRL L5109G	1982	RT	85.00	350.00
❑ GELSIE/LITTLE BALLET GIRL L5108G	1982	RT	85.00	350.00
❑ GIDDY UP L5664G	1990	RT	190.00	275.00
❑ GIRL MANICURING L1082G/M	1969	RT	15.00	300.00
❑ GIRL ON CAROUSEL HORSE L1469G	1985	RT	470.00	965.00
❑ GIRL SHAMPOOING L1148G/M	1971	RT	20.00	300.00
❑ GIRL WITH BONNET L1147G/M	1971	RT	20.00	300.00
❑ GIRL WITH BRUSH L1081G/M	1969	RT	15.00	300.00
❑ GIRL WITH DOLL L1083G/M	1969	RT	15.00	300.00
❑ GIRL WITH DOLL L1211G/M	1972	RT	72.00	450.00
❑ GIRL WITH MOTHER'S SHOE L1084G/M	1969	RT	15.00	300.00
❑ GISELLE/LITTLE BALLET GIRL L5105	1982	RT	85.00	350.00
❑ GLORIOUS SPRING L5284G	1985	OP	355.00	735.00
❑ GUEST OF HONOR L5877G	1992	RT	195.00	235.00
❑ HANG ON! L5665G	1990	RT	225.00	325.00
❑ HAPPY BIRTHDAY L5429G/M	1987	OP	100.00	155.00
❑ I FEEL PRETTY L5678G	1990	RT	190.00	265.00
❑ ICE CREAM VENDOR L5325G	1985	RT	380.00	725.00
❑ IN NO HURRY L5679G	1990	RT	550.00	700.00
❑ IN THE MEADOW L1508G/M	1986	RT	100.00	300.00
❑ IRIS L6270G	1996	OP	150.00	150.00
❑ IT'S MORNING ALREADY? L6483G/M	1997	RT	105.00	125.00
❑ JUST A LITTLE KISS L5701G	1990	RT	320.00	425.00
❑ JUST LIKE NEW L6799G	2001	OP	100.00	100.00
❑ KARENA/LITTLE BALLET GIRL L5107G	1982	RT	85.00	350.00
❑ LAND OF THE GIANTS L5716G	1990	RT	275.00	450.00
❑ LET'S MAKE UP L5555G	1989	OP	215.00	265.00
❑ LITTLE BEAR L6299G	1996	RT	285.00	300.00
❑ LITTLE DREAMERS L5772G/M	1991	OP	230.00	240.00
❑ LITTLE PRINCE L5737G	1991	RT	295.00	350.00
❑ LITTLE RED RIDING HOOD L4965G	1977	RT	210.00	550.00
❑ LITTLE ROMANCE, A L6630G	1999	OP	695.00	695.00
❑ LITTLE SAILOR BOY L6314G	1996	RT	225.00	245.00
❑ LITTLE SCULPTOR L5358G	1986	RT	160.00	350.00
❑ LITTLE SLEEPWALKER L6482G/M	1997	RT	110.00	135.00
❑ LITTLE VIRGIN L5752G	1991	RT	295.00	375.00
❑ LOVE IN BLOOM L5292G/M	1985	RT	225.00	465.00
❑ MORNING SONG L6658G	2000	OP	885.00	885.00
❑ MUSIC TIME L5430G	1987	RT	500.00	700.00
❑ MY BEST FRIEND L5401G	1987	RT	150.00	265.00
❑ MY CHORES L5782G	1991	RT	325.00	400.00
❑ MY FAVORITE PLACE L6795G	2001	OP	265.00	265.00
❑ MY FAVORITE SLIPPERS L6420G	1997	RT	145.00	175.00
❑ MY FIRST CLASS L5708G	1990	RT	280.00	350.00
❑ MY FIRST STEP L6428G	1997	RT	165.00	185.00
❑ NAPTIME L5448G/M	1987	OP	135.00	260.00
❑ NATURE BOY L1505G/M	1986	RT	100.00	285.00
❑ NATURE'S BOUNTY L1417G	1982	RT	160.00	400.00
❑ NEGLECTED L1503G/M	1986	RT	125.00	350.00
❑ NEW FRIEND, A L1506G/M	1986	RT	110.00	310.00
❑ NOSTALGIA L5071G	1980	RT	240.00	360.00
❑ NOTHING TO DO L5649G	1990	RT	190.00	250.00
❑ ONE, TWO, THREE L5426G	1987	RT	240.00	450.00
❑ OOPSY DAISY L6691G	2000	OP	300.00	300.00
❑ OUT FOR A SPIN L5770G	1991	RT	390.00	500.00
❑ OVER THE CLOUDS L5697G	1990	OP	275.00	310.00
❑ PLAYING MOM (EVENT FIGURINE) L6681	2000	RT	295.00	320.00
❑ PLAYING TAG L5804G	1991	RT	170.00	300.00

NAME	YEAR	LIMIT	ISSUE	TREND
❏ PRECOCIOUS COURTSHIP L5072G	1980	RT	410.00	700.00
❏ PUMPKIN RIDE L6244G	1996	RT	695.00	735.00
❏ PUPPET PAINTER, THE L5396G	1986	OP	500.00	850.00
❏ PUPPY DOG TAILS L5539G	1989	OP	1200.00	1700.00
❏ PUPPY LOVE L1127G	1971	RT	50.00	365.00
❏ RAG DOLL L1501G/M	1986	RT	125.00	350.00
❏ RAGAMUFFIN L1500G/M	1986	RT	125.00	350.00
❏ READY TO ROLL L6429G	1997	RT	165.00	185.00
❏ REVERENT MATADOR/LITTLE BOY BULLFIGHTER L5115G	1982	RT	123.00	425.00
❏ ROCK A BYE BABY L5717G	1990	RT	300.00	375.00
❏ ROSE L6275G	1996	OP	150.00	150.00
❏ ROSY POSEY L6690G	2000	OP	300.00	300.00
❏ RUBBER DUCKY L6300G	1996	RT	285.00	300.00
❏ SALLIE/LITTLE BALLET GIRL L5104G	1982	RT	85.00	300.00
❏ SARA L5647G	1990	RT	200.00	265.00
❏ SEESAW L1255G/M	1974	RT	110.00	625.00
❏ SHARING SECRETS L5720G	1990	RT	290.00	375.00
❏ SISTER'S PRIDE L5878G	1992	RT	595.00	700.00
❏ SLEEPY SCHOLAR L6801G	2001	OP	325.00	325.00
❏ SNOW MAN, THE L5713G	1990	OP	300.00	350.00
❏ SPRING L5217G/M	1984	OP	90.00	210
❏ STILL LIFE L5363G	1986	RT	180.00	500.00
❏ STITCH IN TIME, A L5344G	1986	RT	425.00	850.00
❏ STORYTIME L5229G	1984	RT	245.00	950.00
❏ SUMMER L5219G/M	1984	RT	90.00	195.00
❏ SUMMER ON THE FARM L5285G	1985	OP	235.00	455.00
❏ SUSAN L5644G	1990	OP	190.00	215.00
❏ SWEET HARVEST L5380G	1986	RT	450.00	900.00
❏ THOUGHTFUL CARESS L5990G	1993	RT	225.00	295.00
❏ TICKLING L5806G/M	1991	RT	130.00	175.00
❏ TIME FOR BED L6440G	1997	RT	160.00	175.00
❏ TIME TO REST L5399G/M	1987	RT	175.00	350.00
❏ TRAVELING IN STYLE L5680G	1990	RT	425.00	535.00
❏ TRY THIS ONE L5361G	1986	RT	225.00	425.00
❏ TUMBLING L5805G/M	1991	RT	130.00	175.00
❏ VISIT WITH GRANNY, A L5305G	1985	RT	275.00	600.00
❏ VOYAGE OF COLUMBUS, THE L5847G	1992	CL	1450.00	1650.00
❏ WAITING FOR THE BELL L6802G	2001	OP	325.00	325.00
❏ WANDERER, THE L5400G	1987	RT	150.00	270.00
❏ WINTER FROST L5287G	1985	OP	270.00	520.00
❏ WINTER L5220G/M	1984	OP	90.00	195.00
❏ WORLD OF FANTASY L5943G	1992	RT	295.00	360.00
❏ WORLD OF LOVE, A L6353G	1997	OP	450.00	600.00
❏ YOUTH L5800	1991	CL	650.00	725.00

CHRISTMAS AND NATIVITY FIGURINES

NAME	YEAR	LIMIT	ISSUE	TREND
❏ BABY JESUS (GRES) L2277	1994	OP	85.00	85.00
❏ BABY JESUS L1388G	1981	OP	85.00	140.00
❏ BABY JESUS L4670G	1969	RT	18.00	65.00
❏ BABY JESUS L4670M	1969	RT	18.00	95.00
❏ BABY JESUS L5478G	1988	OP	55.00	75.00
❏ BABY JESUS L5745G	1991	RT	170.00	200.00
❏ BALTHASAR'S PAGE L1516G	1987	RT	275.00	850.00
❏ BLESSED FAMILY L1499G	1986	RT	200.00	400.00
❏ BLESSED FAMILY L6761G	2001	OP	495.00	495.00
❏ BULL & DONKEY L5744G	1991	RT	250.00	300.00
❏ CHRISTMAS BUDDIES L6673G	2001	RT	245.00	275.00
❏ CHRISTMAS CAROLER, THE L6533G	1998	RT	175.00	200.00
❏ CHRISTMAS CAROLS L1239G	1973	RT	125.00	750.00
❏ CHRISTMAS DUET, A L6714G	2000	OP	315.00	315.00
❏ CHRISTMAS IS HERE! L6670G	2000	RT	495.00	525.00
❏ CHRISTMAS MELODIES L6128G	1994	RT	375.00	400.00
❏ CHRISTMAS SONG, A L6532	1998	RT	198.00	225.00
❏ CHRISTMAS WISH, A L5711G	1990	RT	350.00	450.00
❏ COOKIES FOR SANTA L6675G	1999	RT	325.00	350.00
❏ COW L1390G	1981	OP	95.00	215.00
❏ COW L4680G	1969	RT	12.00	110.00
❏ COW L4680M	1969	RT	12.00	175.00
❏ DONKEY (GRES) L2282	1994	OP	185.00	185.00
❏ DONKEY L1389G	1981	OP	95.00	215.00
❏ DONKEY L4678M	1969	RT	12.00	175.00
❏ DONKEY L4679G	1969	RT	12.00	110.00
❏ DONKEY L5483G	1988	OP	125.00	175.00
❏ GASPAR'S PAGE L1514G	1987	RT	275.00	550.00
❏ GIFT FROM SANTA, A L6575G	1999	OP	200.00	250.00
❏ HEAVENLY CHRISTMAS L1863G	2000	2500	850.00	850.00
❏ HOLY NIGHT L5796G	1991	RT	330.00	375.00
❏ HUMBLE GRACE L2255M	1993	2000	2150.00	2150.00
❏ I LOVE CHRISTMAS L6672G	2000	RT	245.00	265.00
❏ JOLLY SANTA L6500G	1998	RT	180.00	300.00
❏ KING BALTHASAR (GRES) L2280	1994	OP	290.00	290.00
❏ KING BALTHASAR L1425G	1982	OP	315.00	585.00
❏ KING BALTHASAR L4675G	1969	RT	11.00	120.00
❏ KING BALTHASAR L4675M	1969	RT	11.00	175.00
❏ KING BALTHASAR L5481G	1988	OP	210.00	265.00
❏ KING GASPAR (GRES) L2279	1994	OP	290.00	290.00
❏ KING GASPAR L1424G	1982	OP	265.00	475.00
❏ KING GASPAR L4674G	1969	RT	11.00	120.00
❏ KING GASPAR L4674M	1969	RT	11.00	195.00
❏ KING GASPAR L5480G	1988	OP	210.00	265.00
❏ KING IS BORN, A (GRES) L2198	1990	RT	750.00	950.00
❏ KING MELCHIOR (GRES) L2278	1994	OP	290.00	290.00
❏ KING MELCHIOR L1423G	1982	OP	225.00	440.00
❏ KING MELCHIOR L4673G	1969	RT	11.00	120.00

NAME	YEAR	LIMIT	ISSUE	TREND
KING MELCHIOR L4673M	1969	RT	11.00	175.00
KING MELCHIOR L5479G	1988	OP	210.00	265.00
LITTLE LAMB L5750G	1991	RT	40.00	55.00
LOST LAMB (GRES) L2283	1994	OP	140.00	140.00
LOST LAMB L5484G	1988	OP	100.00	140.00
MARY (GRES) L2276	1994	OP	175.00	175.00
MARY L4671G	1969	RT	10.00	85.00
MARY L4671M	1969	RT	10.00	125.00
MARY L5477G	1988	OP	130.00	165.00
MARY L5747G	1991	RT	275.00	325.00
MELCHIOR'S PAGE L1515G	1987	RT	290.00	550.00
NATIVITY SCENE, HAUTE RELIEF L5281M	1985	RT	210.00	420
OX (GRES) L2281	1994	OP	185.00	185.00
OX L5482G	1988	OP	125.00	175.00
RINGING IN THE SEASON L6671G	2000	RT	245.00	265.00
SANTA CLAUS L4904G	1974	RT	100.00	1000.00
SANTA CLAUS WITH TOYS L4905G	1974	RT	125.00	1200.00
SANTA WON'T NOTICE L6676	2001	RT	175.00	225.00
SANTA'S BUSIEST HOUR L6779G	2001	RT	195.00	235.00
SANTA'S MAGIC TOUCH L6774G	2001	OP	225.00	225.00
SHEPHERD BOY (GRES) L2284	1994	OP	285.00	285.00
SHEPHERD BOY L5485G	1988	OP	140.00	205.00
SHEPHERD BOY L5749G	1991	RT	225.00	275.00
SHEPHERD GIRL L5748G	1991	RT	150.00	225.00
SHEPHERD WITH LAMB L4676G	1969	RT	14.00	135.00
SHEPHERD WITH LAMB L4676M	1969	RT	14.00	195.00
SHEPHERDESS WITH BASKET L4678G	1969	RT	13.00	100.00
SHEPHERDESS WITH BASKET L4678M	1969	RT	13.00	200.00
SHEPHERDESS WITH ROOSTER L4677G	1969	RT	14.00	110.00
SHEPHERDESS WITH ROOSTER L4677M	1969	RT	14.00	250.00
SPECIAL TOY, A L5971G	1996	RT	815.00	860.00
SPIRIT OF CHRISTMAS, THE L6534G	1998	RT	198.00	225.00
ST. JOSEPH (GRES) L2275	1994	OP	270.00	270.00
ST. JOSEPH L1386G	1981	OP	250.00	385.00
ST. JOSEPH L4672G	1969	RT	11.00	100.00
ST. JOSEPH L4672M	1969	RT	11.00	135.00
ST. JOSEPH L5476	1988	OP	210.00	270.00
ST. JOSEPH L5746G	1991	RT	350.00	375.00
ST. NICHOLAS L5427G	1987	RT	425.00	775.00
STOCKING FOR KITTY, A L6669G	1999	RT	235.00	270.00
THANK YOU, SANTA! L6674G	2000	RT	335.00	355.00
TRIMMING THE TREE L5897G	1992	OP	900.00	925.00
UP AND AWAY L5975G	1993	RT	2850.00	3000.00
UP THE CHIMNEY HE ROSE L6668G	1999	RT	370.00	400.00
VIRGIN MARY L1387G	1981	OP	240.00	385.00
VISIONS OF SUGARPLUMS L6667G	1999	RT	260.00	300.00

CLOWNS

NAME	YEAR	LIMIT	ISSUE	TREND
BLUES, THE (BUST) L5600G	1989	RT	265.00	400.00
CHECKING THE TIME L5762G	1991	RT	560.00	700.00
CIRCUS MAGIC L5892G	1992	RT	470.00	525.00
CIRCUS SAM L5472G	1988	OP	175.00	205.00
CLOWN L4618G	1971	OP	70.00	416.00
CLOWN L4618M	1971	RT	70.00	450.00
CLOWN WITH CLOCK L5056G	1980	RT	220.00	800.00
CLOWN WITH CONCERTINA L1027G	1969	RT	95.00	800.00
CLOWN WITH CONCERTINA L5058G	1980	RT	228.00	600.00
CLOWN WITH SAXOPHONE L5059G	1980	RT	245.00	800.00
CLOWN WITH VIOLIN L1126G	1971	RT	71.00	2000.00
CLOWN WITH VIOLIN L5057G	1980	RT	200.00	750.00
CLOWN'S HEAD (BUST) L5129G	1982	RT	220.00	500.00
FINE MELODY (BUST) L5585G	1989	RT	225.00	325.00
GIRL CLOWN WITH TRUMPET L5060G	1980	RT	220.00	550.00
HATS OFF TO FUN L5765G	1991	RT	475.00	600.00
HAVING A BALL L5813G	1991	OP	225.00	240.00
LANGUID CLOWN L4924G	1976	RT	200.00	1200.00
LITTLEST CLOWN L5811G	1991	OP	225.00	240.00
MAGIC OF LAUGHTER, THE L5771G	1991	RT	950.00	1250.00
MELANCHOLY (BUST) L5542G	1989	RT	375.00	485.00
MILE OF STYLE, A L6507G	1998	RT	275.00	400.00
MOMENT'S PAUSE, A (GRES, BUST) L3569	1994	3500	1635.00	1635.00
ON THE MOVE L5838G	1991	RT	340.00	450.00
PELUSA CLOWN L1125G	1971	RT	70.00	1500.00
PENSIVE CLOWN (BUST) L5130G	1982	RT	250.00	500.00
PIERROT IN LOVE L6258G	1996	RT	195.00	225.00
PIERROT REHEARSING L6259G	1996	RT	195.00	225.00
PIERROT WITH CONCERTINA L5279G/M	1985	OP	95.00	160.00
PIERROT WITH PUPPY & BALL L5278G/M	1985	OP	95.00	160.00
PIERROT WITH PUPPY L5277G/M	1985	OP	95.00	160.00
REFLECTING (BUST) L5612G	1980	RT	335.00	450.00
SAD CLOWN (BUST) L5611G	1989	RT	335.00	450.00
SAD NOTE (BUST) L5586G	1989	RT	185.00	350.00
SAD SAX L5471G	1988	OP	175.00	205.00
SEEDS OF LAUGHTER L5764G	1991	RT	525.00	850.00
STAR STRUCK (BUST) L5610G	1989	RT	335.00	450.00
SURPRISE L5901G	1992	OP	325.00	335.00
TIRED FRIEND L5812G	1991	OP	225.00	245.00

DAYS OF THE WEEK SERIES

NAME	YEAR	LIMIT	ISSUE	TREND
FRIDAY'S CHILD (BOY) L0019G	1993	RT	250.00	285.00
FRIDAY'S CHILD (GIRL) L6020G	1993	RT	250.00	310.00
MONDAY'S CHILD (BOY) L6011G	1993	RT	280.00	320.00
MONDAY'S CHILD (GIRL) L6012G	1993	RT	290.00	335.00
SATURDAY'S CHILD (BOY) L6021G	1993	RT	245.00	310.00
SATURDAY'S CHILD (GIRL) L6022G	1993	RT	280.00	310.00

FIGURINES

FIGURINES

NAME	YEAR	LIMIT	ISSUE	TREND
☐ SUNDAY'S CHILD (BOY) L6023G	1993	RT	250.00	285.00
☐ SUNDAY'S CHILD (GIRL) L6024G	1993	RT	250.00	310.00
☐ THURSDAY'S CHILD (BOY) L6017G	1993	RT	250.00	285.00
☐ THURSDAY'S CHILD (GIRL) L6018G	1993	RT	280.00	310.00
☐ TUESDAY'S CHILD (BOY) L6013G	1993	RT	250.00	300.00
☐ TUESDAY'S CHILD (GIRL) L6014G	1993	RT	280.00	335.00
☐ WEDNESDAY'S CHILD (BOY) L6015G	1993	RT	280.00	310.00
☐ WEDNESDAY'S CHILD (GIRL) L6016G	1993	RT	280.00	335.00
DISNEY SERIES				*
☐ BASHFUL L7536G	1994	RT	175.00	325.00
☐ CINDERELLA AND HER FAIRY GODMOTHER L7553G	1994	CL	875.00	1200.00
☐ DOC L7533G	1994	RT	195.00	325.00
☐ DOPEY L7534G	1994	RT	175.00	325.00
☐ GRUMPY L7538G	1994	RT	175.00	325.00
☐ HAPPY L7537G	1994	RT	195.00	325.00
☐ PETER PAN L7529G	1992	CL	400.00	1200.00
☐ SLEEPING BEAUTY'S DANCE L7560G	1994	LE	1280.00	2000.00
☐ SLEEPY L7539G	1994	RT	175.00	325.00
☐ SNEEZY L7535G	1994	RT	175.00	325.00
☐ SNOW WHITE L7555G	1994	RT	295.00	625.00
☐ TINKERBELL L7518G	1992	CL	350.00	2200.00
DON QUIXOTE FIGURINES				*
☐ DON QUIXOTE & SANCHO PANZA L4998G	1978	RT	875.00	2800.00
☐ DON QUIXOTE & SANCHO PANZA/IMPOSSIBLE DREAM L1318G	1976	CL	1200.00	4500.00
☐ DON QUIXOTE (GRES) L2265	1994	OP	225.00	240.00
☐ DON QUIXOTE DREAMING (GRES) L2084	1978	RT	550.00	1900.00
☐ DON QUIXOTE L1030G	1969	OP	225.00	1450.00
☐ DON QUIXOTE L1030M	1969	RT	225.00	1550.00
☐ I AM DON QUIXOTE! L1522G	1987	OP	2600.00	3950.00
☐ I HAVE FOUND THEE, DULCINEA L5341G	1985	CL	1460.00	3000.00
☐ LETTERS TO DULCINEA (NUMBERED SERIES, GRES) L3509	1978	RT	1000.00	2200.00
☐ LISTEN TO DON QUIXOTE (BUST) L1520G	1987	CL	1800.00	3000.00
☐ MAN OF LA MANCHA L1269G	1974	CL	700.00	3800.00
☐ ORATION L5357G/M	1986	OP	170.00	300.00
☐ QUEST, THE L5224G	1984	RT	125.00	330.00
☐ QUIXOTE & THE WINDMILL L1497G	1986	RT	1100.00	2200.00
☐ QUIXOTE ON GUARD/BRAVE KNIGHT L1385G	1978	RT	175.00	800.00
☐ QUIXOTE STANDING UP L4854G/M	1973	OP	40.00	205.00
☐ SANCHO L6633G/M	1999	OP	255.00	255.00
☐ SANCHO PANZA L1031G/M	1969	RT	65.00	600.00
☐ TOAST BY SANCHO, A L5165G	1982	RT	100.00	475.00
☐ WRATH OF DON QUIXOTE L1343G/M	1977	RT	250.00	1050.00
EGGS				*
☐ AUTUMN EGG L6294G	1998	RT	365.00	385.00
☐ FAWN SURPRISE L6618G	1999	RT	280.00	300.00
☐ GARDEN STROLL/1998 LIMITED ED. EGG 6590M	1998	YR	150.00	165.00
☐ KITTY SURPRISE L6616G	1999	RT	280.00	300.00
☐ LIMITED EDITION EGG L6083M	1993	YR	145.00	250.00
☐ LIMITED EDITION EGG L7532M	1994	YR	150.00	200.00
☐ LIMITED EDITION EGG L7548M	1995	YR	150.00	175.00
☐ LIMITED EDITION EGG L7550M	1996	YR	155.00	175.00
☐ LIMITED EDITION EGG L7552M	1997	YR	155.00	175.00
☐ PARISIAN AFTERNOON L6698M	2000	RT	150.00	165.00
☐ PUPPY SURPRISE L6617G	1999	RT	280.00	300.00
☐ SPRING EGG L6292G	1996	RT	365.00	385.00
☐ SUMMER EGG L6293G	1997	RT	365.00	385.00
☐ WINTER EGG L6295G	1999	RT	365.00	385.00
ELITE FIGURINES				*
☐ 18TH CENTURY COACH L1485G	1985	500	14000.00	31000.00
☐ AT THE STROKE OF TWELVE L1493G	1986	CL	4250.00	8000.00
☐ BURIAL OF CHRIST, THE L1817G	1997	1250	5300.00	6400.00
☐ CARNIVAL TIME (MEXICAN FIGURES W/DOG IN BOAT) L5423	1987	CL	2400.00	3500.00
☐ CELESTIAL JOURNEY L1848G	1999	1500	3900.00	3900.00
☐ CINDERELLA'S ARRIVAL L1785G	1994	1500	25950.00	26400.00
☐ CIRCUS FANFARE L1783G	1994	1500	14240.00	15500.00
☐ CIRCUS PARADE L1609G	1989	CL	5200.00	6550.00
☐ CIRCUS TIME L1758G	1992	2500	9200.00	9650.00
☐ EAGLES NEST L3523	1981	CL	6900.00	12000.00
☐ FARAWAY THOUGHTS L1798G	1995	1500	3600.00	4250.00
☐ FAREWELL OF THE SAMURAI L1777G	1994	2500	3950.00	4000.00
☐ FEARFUL FLIGHT L1377G	1978	750	7000.00	20600.00
☐ FLORAL OFFERING L1490G	1986	CL	2500.00	4450.00
☐ FOX HUNT L5362G	1986	1000	5200.00	8750.00
☐ GARDEN PARTY L1578G	1988	500	5500.00	8000.00
☐ GAZEBO IN BLOOM L1865G	2001	2000	3500.00	3500.00
☐ HANSOM CARRIAGE L1225G	1972	CL	1450.00	9000.00
☐ HAWAIIAN CEREMONY L1757G	1992	1000	9800.00	10250.00
☐ HUNT, THE L1308G	1974	CL	3750.00	7500.00
☐ IN THE EMPEROR'S FOREST L1858G	2000	1000	5350.00	5350.00
☐ INSPIRED VOYAGE (GRES) L2245M	1993	1000	4800.00	5400.00
☐ KITAKAMI CRUISE W/BASE L1605G	1989	CL	6350.00	7500.00
☐ MOUNTED WARRIORS L1608G	1989	500	2850.00	3450.00
☐ ORIENTAL GARDEN L1775G	1993	750	22500.00	22500.00
☐ OUTING IN SEVILLE L1756G	1991	500	23000.00	24500.00
☐ PAELLA VALENCIANA L1762G	1993	500	10000.00	10000.00
☐ PLAYING CARDS (NUMBERED SERIES, GRES) L1327M	1976	OP	3800.00	6600.00
☐ PRESENTING CREDENTIALS L5911G	1992	CL	19500.00	20500.00
☐ RETURN TO LA MANCHA L1580G	1988	500	6400.00	8700.00
☐ SUCCESSFUL HUNT, A/BIG GAME L5098G	1980	CL	5200.00	8000.00
☐ SUNDAY DRIVE, A L1510G	1987	CL	3400.00	5250.00
☐ TEA IN THE GARDEN L1759G	1992	2000	9500.00	9750.00
☐ TURTLE DOVE GROUP L3520M	1980	CL	6800.00	11900.00
☐ WHERE TO, SIR? L5952G	1993	CL	5250.00	5500.00

NAME	YEAR	LIMIT	ISSUE	TREND
FANTASY FIGURINES				*
❑ BUMBLEBEE FANTASY L1845G	1999	2000	725.00	725.00
❑ BUTTERFLY FANTASY L1846G	1999	2000	725.00	725.00
❑ BUTTERFLY GIRL/DAYDREAMING NYMPH L1402G/M	1982	RT	210.00	575.00
❑ BUTTERFLY GIRL/PONDERING NYMPH L1403G/M	1982	RT	210.00	575.00
❑ BUTTERFLY GIRL/SLEEPING NYMPH L1401G/M	1982	RT	210.00	575.00
❑ CENTAUR BOY L1013G/M	1969	RT	45.00	450.00
❑ CENTAUR GIRL L1012G/M	1969	RT	45.00	450.00
❑ CINDERELLA L4828G	1972	RT	47.00	275.00
❑ CUPID (BLINDFOLDED) L4607G/M	1969	RT	15.00	400.00
❑ CUPID L6311G	1996	RT	200.00	225.00
❑ CUPID'S ARROW L6596	2000	OP	230.00	230.00
❑ DEMURE CENTAUR GIRL L5320G/M	1985	RT	158.00	400.00
❑ DREAMING ON DEWDROPS L6787G	2001	OP	495.00	495.00
❑ FAIRY FLOWERS L5861G	1992	RT	630.00	750.00
❑ FAIRY GARLAND L5860G	1992	RT	630.00	750.00
❑ FAIRY GODMOTHER L5791G	1991	RT	375.00	450.00
❑ FAIRY L4595G/M	1969	RT	28.00	200.00
❑ FAIRY OF THE BUTTERFLIES L1850G	1999	1500	2150.00	2300.00
❑ FANTASIA L1487G	1986	CL	1500.00	2700.00
❑ FANTASY L1414G	1982	OP	115.00	260.00
❑ FLORAL ADMIRATION L5853G	1992	RT	690.00	825.00
❑ FLORAL FANTASY L5854G	1992	RT	690.00	825.00
❑ FOUNTAIN OF LOVE L6458G	1998	OP	395.00	425.00
❑ GODDESS AND UNICORN, THE L6007G	1993	OP	1675.00	1675.00
❑ ILLUSION L1413G	1982	OP	115.00	260.00
❑ IN NEPTUNE'S WAVES L6397G	1997	RT	1030.00	1150.00
❑ LAKESIDE DAYDREAM L6644G	2000	OP	495.00	495.00
❑ LEPRECHAUN L1721G	1990	OP	1200.00	1400.00
❑ LILLYPAD LOVE L6645G	2000	OP	495.00	495.00
❑ LITTLE UNICORN L5826G/M	1991	RT	275.00	350.00
❑ MERMAID ON WAVE L1347G	1978	RT	260.00	1500.00
❑ MERMAIDS PLAYING L1349G	1978	RT	425.00	2500.00
❑ MIRAGE L1415G	1982	OP	115.00	260.00
❑ OCEAN BEAUTY L5785G	1991	OP	625.00	665.00
❑ PAN WITH CYMBALS L1006G	1969	RT	45.00	550.00
❑ PAN WITH PIPES L1007G	1969	RT	45.00	550.00
❑ PETALS OF HOPE L6701G	2000	OP	575.00	575.00
❑ PLAYFUL UNICORN L5880G/M	1992	RT	295.00	350.00
❑ PRINCESS AND THE UNICORN, THE L1755G	1991	CL	1750.00	2000.00
❑ REY DE BASTOS L5369G	1986	CL	325.00	650.00
❑ REY DE COPAS L5366G	1986	CL	325.00	650.00
❑ REY DE ESPADAS L5368G	1986	CL	325.00	650.00
❑ REY DE OROS L5367G	1986	CL	325.00	650.00
❑ RIVER OF DREAMS L1866G	2001	2500	1900.00	1900.00
❑ SATYR GROUP L1008G	1969	RT	95.00	975.00
❑ SATYR WITH FROG (VERY RARE) L1093G	1971	RT	50.00	750.00
❑ SATYR WITH SNAIL (VERY RARE) L1092G	1971	RT	30.00	750.00
❑ SPRITE L1720G	1990	OP	1200.00	1400.00
❑ STAR GAZING L1477G	1985	RT	130.00	375.00
❑ STAR LIGHT, STAR BRIGHT L1476G	1985	RT	130.00	400.00
❑ SWAN AND THE PRINCESS, THE L6706G	1999	RT	950.00	475.00
❑ SWAN SONG L5704G	1990	RT	350.00	475.00
❑ UNICORN AND FRIEND L5993G	1993	RT	355.00	375.00
❑ VISIT TO DREAMLAND, A L6786G	2001	OP	495.00	495.00
❑ WINGED COMPANIONS L6242G/M	1996	RT	270.00	350.00
❑ WINGS OF FANTASY L6651G	2000	OP	775.00	775.00
❑ WISHING ON A STAR L1475G	1985	RT	130.00	400.00
❑ WISTFUL CENTAUR GIRL L5319G/M	1985	RT	158.00	400.00
FATHER AND CHILD				*
❑ DADDY'S BLESSING L6504G	1998	OP	340.00	350.00
❑ DADDY'S GIRL L5584G	1989	RT	315.00	465.00
❑ DAY WITH DAD, A L6793G	2001	OP	395.00	395.00
❑ FATHER'S PRIDE, A L6467G	1998	OP	475.00	520.00
❑ JUST ONE MORE L5899G	1992	RT	450.00	550.00
❑ LIKE FATHER, LIKE SON L6609G	1999	OP	440.00	440.00
❑ MY DAD L6001G	1993	RT	550.00	650.00
❑ NEW DOLLHOUSE, A L5139G/M	1982	RT	185.00	850.00
❑ READING WITH DADDY L6770G	2001	OP	380.00	380.00
❑ WALK WITH FATHER L5751G	1991	RT	375.00	495.00
GAUDI COLLECTION				*
❑ GARDEN IN BARCELONA L6662	2000	OP	345.00	345.00
❑ GAUDI LADY L6660	2000	1500	2465.00	2465.00
❑ IN BARCELONA L6663	2000	OP	275.00	375.00
❑ MODERNISM L6664	2000	OP	255.00	255.00
❑ PARQUE QUELL L6661	2000	OP	690.00	690.00
GOLDEN MEMORIES COLLECTION				*
❑ AFTERNOON BREEZES 33022	1992	CL	*	90.00
❑ BEAUTIFUL MUSIC 33007	1992	CL	*	125.00
❑ BEDTIME BUDDY 34029	1994	CL	65.00	65.00
❑ BOX OF MISCHIEF 33050	1992	CL	*	75.00
❑ CHILDREN'S CHOIR, THE 34007-34012	1994	CL	75.00	75.00
❑ CHRISTMAS DREAMS 34030	1994	CL	115.00	115.00
❑ CINDERELLA 33093	1993	CL	125.00	95.00
❑ CLOWN MAGIC 33039	1992	CL	*	95.00
❑ COME HOME SOON! 33012	1992	CL	*	100.00
❑ DREAMS OF SUMMER 33102	1993	CL	70.00	70.00
❑ FIRST DAY OF SCHOOL 33009	1992	CL	*	100.00
❑ FIRST MATE 33086	1993	CL	110.00	90.00
❑ FOREVER IN LOVE 33099	1993	CL	*	75.00
❑ FRIEND IN TOW 33010	1992	CL	*	110.00
❑ FRIENDS COLLECTION ANIMAL BLOCKS 33109-33115	1993	CL	35.00	35.00

FIGURINES

NAME	YEAR	LIMIT	ISSUE	TREND
❑ FURRY FRIENDS 34020	1994	CL	115.00	115.00
❑ GATHERING A BOUQUET 33024	1992	CL	*	95.00
❑ GOOD FRIENDS 34037	1994	CL	90.00	90.00
❑ GRADUATION DAY (BOY) 33090	1993	CL	65.00	65.00
❑ GUESS WHO, DAD? 34001	1994	CL	112.00	112.00
❑ HORSIN' AROUND 33038	1992	CL	*	105.00
❑ I LOVE YOU 33096	1993	CL	*	65.00
❑ INJURED PUP 33012	1992	CL	*	110.00
❑ INSEPARABLE FRIENDS 34038	1994	CL	90.00	90.00
❑ LITTLE FIREMAN 33097	1993	CL	80.00	80.00
❑ LITTLE MAGIC 34022	1994	CL	145.00	145.00
❑ LITTLE MASQUERADE 33078	1993	CL	95.00	95.00
❑ LITTLE ST. NICK 34005	1994	CL	130.00	130.00
❑ LULLABY 33030	1992	CL	*	100.00
❑ LUNCH IN THE PARK 33021	1992	CL	*	90.00
❑ MOMMY, CAN I KEEP HIM? 33004	1992	CL	*	100.00
❑ MOMMY'S LITTLE HELPER 34039	1994	CL	90.00	90.00
❑ MY DIPLOMA (GIRL) 33091	1993	CL	65.00	65.00
❑ MY FAVORITE BUNNY 34003	1994	CL	90.00	90.00
❑ MY HERO 33103	1993	CL	*	105.00
❑ MY NEW BOOTS 34026	1994	CL	80.00	80.00
❑ NONE FOR YOU 33013	1992	CL	*	105.00
❑ OFF TO DREAMLAND 33037	1992	CL	*	95.00
❑ PAMPERING MY PET 33015	1992	CL	*	110.00
❑ PECOS BILL 34027	1994	CL	95.00	95.00
❑ PLAYFUL BUNNIES 33051	1992	CL	*	75.00
❑ PLENTY TO EAT 33047	1992	CL	*	75.00
❑ PRETTY LIKE MOM 34002	1994	CL	120.00	120.00
❑ SKI TIME 33098	1993	CL	75.00	75.00
❑ SO TIRED 33053	1992	CL	*	110.00
❑ SPECIAL DAY 33032	1992	CL	*	95.00
❑ SPRINGTIME GIFT 33023	1992	CL	*	90.00
❑ TASTY CREATION 33035	1992	CL	*	95.00
❑ TRICK OR TREAT 34006	1994	CL	105.00	105.00
❑ WEEKEND PASS 33088	1993	CL	110.00	90.00
❑ WINTER ELF 34010	1994	CL	100.00	100.00

GOYESCA SERIES

NAME	YEAR	LIMIT	ISSUE	TREND
				*
❑ APPLE SELLER L1752	1991	CL	990.00	1200.00
❑ BACK TO BACK L1772	1993	CL	1450.00	1750.00
❑ BAGGY PANTS L1749	1991	CL	1650.00	1900.00
❑ CHAMPION (HORSE'S HEAD) L1746	1991	CL	1950.00	2300.00
❑ CIRCUS SHOW L1750	1991	CL	1525.00	1800.00
❑ COURSE OF ADVENTURE L1765	1993	CL	1625.00	1875.00
❑ DAWN L1745	1991	CL	1260.00	2000.00
❑ EXODUS L1709	1988	RT	785.00	900.00
❑ FRUITFUL HARVEST L1769	1993	CL	1300.00	1500.00
❑ GROUP DISCUSSION L1722	1989	RT	1500.00	1700.00
❑ GYPSY DANCERS L1770	1993	CL	2250.00	3575.00
❑ HARLEQUIN WITH DOVE L1717	1988	RT	900.00	1000.00
❑ HARLEQUIN WITH PUPPY L1716	1988	RT	825.00	1250.00
❑ HE'S MY BROTHER L1764	1993	CL	1500.00	2750.00
❑ HOPEFUL GROUP L1723	1993	CL	1825.00	2500.00
❑ IMAGINATION L3703	1997	500	750.00	750.00
❑ IN CONCERT L3701	1997	350	1050.00	1050.00
❑ JOURNEY, THE L3700	1997	CL	700.00	800.00
❑ LITTLE BOY [ADLED CHILD] (BUST) L1696	1988	RT	480.00	650.00
❑ MAYOR (BUST) L1728	1981	RT	700.00	1200.00
❑ MAYORESS (BUST) L1729	1989	RT	600.00	750.00
❑ MISCHIEVOUS MUSICIAN L1773	1993	RT	975.00	1250.00
❑ MOTHERLY LOVE L1767	1993	250	1330.00	2000.00
❑ MY ONLY FRIEND L1744	1990	CL	1474.00	2000.00
❑ NATIVITY L1730	1990	RT	1325.00	1500.00
❑ NESTING DOVES L1747	1991	CL	875.00	1200.00
❑ ON OUR WAY HOME L1715	1993	RT	1900.00	2500.00
❑ PENSIVE JOURNEY L3702	1997	CL	700.00	700.00
❑ PROPHET, THE L1743	1991	CL	950.00	1100.00
❑ SAXOPHONE PLAYER L1701	1988	RT	835.00	1200.00
❑ TRAVELER'S RESPITE L1768	1993	250	1825.00	1960.00
❑ TREE CLIMBERS L1754	1991	CL	1650.00	1950.00

GRES SERIES

NAME	YEAR	LIMIT	ISSUE	TREND
				*
❑ AFTERNOON VERSE L2231	1992	RT	580.00	650.00
❑ AUTUMN GLOW (BUST) L2250	1993	CL	750.00	825.00
❑ AWAY TO SCHOOL L2242	1993	OP	465.00	465.00
❑ BASHFUL BATHER L2273	1994	RT	210.00	235.00
❑ BASKET OF FUN, A L2324	1995	RT	320.00	350.00
❑ BOY WITH GOAT (BUST) L2009	1970	RT	100.00	900.00
❑ BOY WITH GOAT, WHITE, L2009.3	1970	RT	93.00	800.00
❑ BOY'S BEST FRIEND L2226	1992	OP	390.00	410.00
❑ CLOSING SCENE L2316	1995	RT	560.00	650.00
❑ COLD WEATHER COMPANIONS L2361	1997	OP	380.00	380.00
❑ COMFORTING FRIEND, A L2380	1998	OP	330.00	360.00
❑ COSTUMED COUPLE L2218	1993	RT	680.00	1000.00
❑ COUNTRY LADY L1330	1976	RT	900.00	1600.00
❑ COUNTRY WOMAN L2049	1973	CL	200.00	1500.00
❑ DAILY CHORES L2329	1995	RT	345.00	375.00
❑ DANCE OF JOY L2424	2001	OP	725.00	725.00
❑ DANCER L2267	1994	RT	220.00	250.00
❑ DAWN L2406	1999	OP	550.00	550.00
❑ DAYS OF YORE L2248	1993	1000	2050.00	2050.00
❑ DEEP IN THOUGHT (BUST) L2408	2000	OP	1325.00	1325.00
❑ DRESSING UP L2119	1980	RT	700.00	900.00
❑ EVENING LIGHT L6750	2001	OP	1100.00	1100.00

NAME	YEAR	LIMIT	ISSUE	TREND
❑ FAIRY BALLERINA L2137	1984	RT	500.00	1200.00
❑ FAMILY LOVE L2258	1994	RT	485.00	550.00
❑ FIRST CRUSH L2359	1997	OP	945.00	990.00
❑ FISH VENDOR L2162	1985	RT	110.00	275.00
❑ FISHERMAN (BUST) L2108	1978	RT	500.00	1150.00
❑ FISHING WITH GRAMPS L2351	1996	RT	1025.00	1200.00
❑ FLOWER VENDOR L2160	1985	RT	110.00	275.00
❑ FRIENDS IN FLIGHT L2215	1991	OP	165.00	180.00
❑ FRUIT VENDOR 2161	1985	RT	230.00	325.00
❑ GABRIELA (BUST) L2355	1997	OP	740.00	740.00
❑ GENTLE PLAY L2217	1991	RT	380.00	500.00
❑ GIRL IN LOVE, A L2393	1998	OP	465.00	525.00
❑ GIRL WITH GUITAR L2016	1970	CL	325.00	2300.00
❑ GIRL WITH WATER CARRIER (BUST) L2014	1970	RT	325.00	1000.00
❑ GOOSE TRYING TO EAT L2312	1995	RT	325.00	400.00
❑ GRACEFUL DUO L2073	1977	RT	775.00	1700.00
❑ GUESS WHAT I HAVE? L2233	1992	RT	340.00	400.00
❑ HARVEST HELPERS L2178	1988	OP	190.00	285.00
❑ HOLIDAY GLOW (BUST) L2249	1993	CL	750.00	825.00
❑ HUNTING BUTTERFLIES L2360	1997	RT	465.00	500.00
❑ I'M SLEEPY L2358	1997	RT	360.00	400.00
❑ IN SEARCH OF WATER L2357	1997	OP	410.00	425.00
❑ INVINCIBLE L2188	1990	300	1100.00	1250.00
❑ KING, THE L2136	1984	RT	570.00	850.00
❑ LAUNDRY DAY L2216	1991	OP	350.00	400.00
❑ LAZY DAY L2210	1991	OP	240.00	260.00
❑ LET'S REST L2208	1990	OP	550.00	665.00
❑ LITTLE FISHERMAN L2259	1994	RT	330.00	375.00
❑ LITTLE HAIRDRESSER L2430	2001	OP	650.00	650.00
❑ LITTLE SISTER L2261	1994	RT	265.00	300.00
❑ LONELY L2076	1978	RT	73.00	250.00
❑ LOST IN THOUGHT L2125	1981	RT	105.00	350.00
❑ LOVE IN BLOOM L2304	1995	OP	420.00	420.00
❑ LOYAL COMPANION L2391	1998	OP	400.00	475.00
❑ MAY FLOWERS L2274	1994	RT	195.00	225.00
❑ MEDITATIVE MOMENT L2418	2001	OP	680.00	680.00
❑ MEMORIES OF TUSCANY L2407	2000	OP	995.00	995.00
❑ MIDDAY L2405	1999	OP	535.00	535.00
❑ MORNING DEW L6751	2001	OP	1500.00	1500.00
❑ MY SPECIAL GARDEN L3582	2000	1000	1900.00	1900.00
❑ NEW HAIRDO, A L2070	1977	OP	530.00	1525.00
❑ NOISY FRIEND L2253	1993	RT	280.00	325.00
❑ NOT SO FAST L2303	1995	RT	350.00	450.00
❑ PASSIONATE DANCE L2031M	1973	CL	375.00	4300.00
❑ PEACE OFFERING L3559	1985	OP	398.00	850.00
❑ PEACEFUL REST L2295	1995	RT	390.00	450.00
❑ PEDRO WITH JUG L2141	1984	OP	100.00	225.00
❑ PENSIVE L3514	1978	OP	500.00	1050.00
❑ PLAYFUL PUSH L2234	1992	RT	850.00	900.00
❑ POETIC INTERLUDE L2410	2000	OP	460.00	460.00
❑ POETIC MOMENT L2200	1995	OP	465.00	465.00
❑ RAIN IN SPAIN, THE/UNDER THE RAIN L2077	1978	RT	195.00	525.00
❑ READY TO GO L2388	1998	OP	360.00	360.00
❑ REPOSE L2169	1987	OP	135.00	210.00
❑ SEA HARVEST L2142	1984	RT	535.00	750.00
❑ SEASONAL GIFTS L2229	1992	OP	450.00	475.00
❑ SLEIGH RIDE L2349	1996	RT	1520.00	1650.00
❑ SNOWY SUNDAY L2228	1992	OP	550.00	625.00
❑ SOFT REFRAIN, A L3578G	1990	1000	1300.00	1330.00
❑ SPANISH DANCER L2170	1987	OP	225.00	400.00
❑ SPRING INSPIRATION L2374	1998	OP	635.00	725.00
❑ SUNSET L2404	1999	OP	440.00	440.00
❑ THOUGHTS OF PEACE (BUST) L2412	2000	OP	1000.00	1000.00
❑ TIME TO GO L2389	1998	OP	330.00	360.00
❑ TRIBUTE TO PEACE, A (BUST) L2150	1985	OP	470.00	1000.00
❑ TWILIGHT YEARS L2302	1995	RT	385.00	425.00
❑ UNDER MY SPELL L2352	1996	RT	225.00	250.00
❑ UNDERFOOT L2219	1992	RT	360.00	450.00
❑ WAIT FOR SPRING L2354	1997	RT	385.00	425.00
❑ WAITING FOR FATHER L2252	1993	RT	660.00	750.00
❑ WAITING FOR SPRING L2354	1997	RT	385.00	425.00
❑ WATCHING THE DOVE/CONTEMPLATION L3526	1982	OP	265.00	650.00
❑ WEARY/CLASSIC WATER CARRIER L3525	1981	OP	360.00	750.00
❑ WHAT A DAY L2207	1990	OP	550.00	640.00
❑ WIND, THE L1279	1974	OP	250.00	875.00
❑ WINTRY DAY, A L3513	1978	RT	525.00	800.00
❑ YOUNG FISHERMAN L2335	1996	OP	225.00	225.00
❑ YOUNG WATER GIRL L2336	1996	OP	315.00	315.00

HISTORICAL FIGURINES

NAME	YEAR	LIMIT	ISSUE	TREND
				*
❑ ABRAHAM LINCOLN L7554G	1995	2500	2190.00	2190.00
❑ APOLLO LANDING, THE L6168G	1994	RT	450.00	525.00
❑ CHRISTOPHER COLUMBUS (BUST, GRES) L2176G	1987	CL	950.00	1450.00
❑ COLUMBUS L1432G	1982	CL	535.00	1350.00
❑ COLUMBUS REFLECTING L1741G	1991	CL	1850.00	2000.00
❑ COLUMBUS, TWO ROUTES L1740G	1991	CL	1500.00	1700.00
❑ DR. MARTIN LUTHER KING JR. L7528G	1994	OP	345.00	375.00
❑ EL GRECO L5359G	1986	RT	300.00	650.00
❑ GREAT ADVENTURER, THE L5944G	1993	RT	315.00	375.00
❑ HENRY VIII L1384G	1978	CL	650.00	1050.00
❑ NAPOLEON BONAPARTE L5338G	1985	CL	265.00	600.00
❑ NAPOLEON PLANNING THE BATTLE L1459G	1985	CL	825.00	1450.00
❑ NEW WORLD, THE L1486G	1986	CL	700.00	1400.00
❑ QUEEN ELIZABETH II L1275G	1974	CL	3650.00	5000.00

FIGURINES

NAME	YEAR	LIMIT	ISSUE	TREND
IN THE GARDEN FIGURINES				*
❑ DAUGHTERS/SISTERS L5013G/M	1978	RT	250.00	850.00
❑ FEEDING THE PIGEONS L5428G/M	1987	RT	490.00	675.00
❑ FLOWER HARVEST L1286G	1974	RT	200.00	535.00
❑ GARDEN CLASSIC L7617G	1991	YR	295.00	500.00
❑ GARDEN SONG L7618G	1992	YR	295.00	400.00
❑ GIRL GATHERING FLOWERS L1172G/M	1971	RT	33.00	365.00
❑ GIRL SITTING UNDER TRELLIS L5298G	1985	RT	340.00	775.00
❑ GIRL STANDING UNDER TRELLIS L5297G	1985	RT	340.00	800.00
❑ IN A TROPICAL GARDEN L1479G	1985	RT	230.00	500.00
❑ IN THE GARDEN L5416G/M	1987	RT	200.00	425.00
❑ INSPIRATION L5413G	1987	CL	1200.00	2100.00
❑ LITTLE GARDENER L1283G	1974	OP	250.00	785.00
❑ MY FLOWERS L1284G	1974	OP	200.00	550.00
❑ MY GOODNESS L1285G	1974	RT	190.00	450.00
❑ QUIET CONVERSATION 1868G	2001	1500	1995.00	1995.00
❑ SCARECROW & THE LADY L5385G	1986	RT	350.00	725.00
❑ STUDYING IN THE PARK L5425G/M	1987	RT	675.00	900.00
❑ SUNDAY IN THE PARK L5365G	1986	RT	375.00	650.00
❑ TIME FOR REFLECTION L5378G	1986	OP	425.00	745.00
❑ WATERING FLOWERS L1376G	1978	RT	400.00	950.00
❑ WILDFLOWER L5030G	1979	RT	360.00	750.00
❑ WILL YOU MARRY ME? L5447G	1987	RT	750.00	1300.00
❑ WISH FOR LOVE, A L6562G	1999	OP	1875.00	1875.00
INTERNATIONAL & ETHNIC FIGURINES				*
❑ AFRICA (GRES) L2402	1999	OP	700.00	750.00
❑ AMERICAN INDIAN BOY L6192G	1995	RT	225.00	250.00
❑ ANDALUSIANS GROUP L4647G	1969	RT	250.00	1100.00
❑ ARCTIC ALLIES (GRES) L2227	1992	OP	585.00	615.00
❑ AROMA OF THE ISLANDS L1480G/M	1985	OP	260.00	480.00
❑ AZTEC DANCER (GRES) L2143M	1984	RT	463.00	600.00
❑ AZTEC INDIAN (GRES) L2139M	1984	RT	553.00	1100.00
❑ BLUE GOD L3552	1982	CL	900.00	1600.00
❑ BOLIVIAN MOTHER L4658	1969	RT	70.00	450.00
❑ CEREMONIAL PRINCESS L6424G	1997	RT	240.00	240.00
❑ CHINESE BOY (GRES) L2153M	1982	RT	90.00	300.00
❑ CHINESE FARMER L2068	1977	RT	340.00	1000.00
❑ CHINESE GIRL (GRES) L2152M	1982	RT	90.00	300.00
❑ DEEP IN THOUGHT L5389G	1986	RT	170.00	350.00
❑ DESERT PEOPLE (GRES) L3555	1982	CL	1680.00	3000.00
❑ DESERT TOUR L5402G	1987	RT	950.00	1300.00
❑ DUTCH GIRL L1399G/M	1982	RT	750.00	750.00
❑ DUTCH GIRL L4860G/M	1974	RT	45.00	335.00
❑ ESKIMO BOY (GRES) L2007	1970	RT	30.00	300.00
❑ ESKIMO BOY (WHITE PARKA, GRES) L2007.3	1970	RT	28.00	300.00
❑ ESKIMO BOY AND GIRL (GRES) L2138	1971	RT	70.00	650.00
❑ ESKIMO BOY WITH PET L2269	1994	RT	130.00	165.00
❑ ESKIMO GIRL (GRES) L2008	1970	RT	28.00	300.00
❑ ESKIMO GIRL (WHITE BLANKET, GRES) L2008.3	1992	RT	30.00	300.00
❑ ESKIMO GIRL WITH COLD FEET (GRES) L2157	1996	OP	140.00	300.00
❑ ESKIMO PLAYING WITH BEAR L1195G	1972	OP	30.00	135.00
❑ ESKIMO RIDERS (GRES VERSION) L2270	1994	RT	275.00	300.00
❑ ESKIMO RIDERS L5353G/M	1986	OP	150.00	270.00
❑ FALLAS QUEEN L5869G	1992	RT	420.00	465.00
❑ FIRE BIRD L3553M	1982	CL	800.00	1400.00
❑ FLAMENCO DANCERS L4519G	1969	RT	150.00	1300.00
❑ GOYA LADY/AMPARO L5125G	1982	RT	130.00	350.00
❑ GRETEL/DUTCH GIRL, HANDS AKIMBO L5064G	1982	RT	255.00	400.00
❑ GYPSY WOMAN L4919G	1974	RT	325.00	1300.00
❑ HAWAIIAN BEAUTY L1512G	1987	RT	575.00	1100.00
❑ HAWAIIAN DANCER/ALOHA L1478G	1985	OP	230.00	440.00
❑ HAWAIIAN DANCER/ALOHA L1478G	1985	OP	230.00	440.00
❑ HAWAIIAN FESTIVAL L1496G	1986	CL	1850.00	3500.00
❑ HAWAIIAN FLOWER VENDOR (GRES) L2154	1985	RT	245.00	550.00
❑ HEAD OF CONGOLESE WOMAN (GRES, BUST) L2148	1984	RT	55.00	600.00
❑ HINDU CHILDREN (GRES VERSION) L2298	1995	RT	450.00	500.00
❑ HINDU CHILDREN L5352G	1986	OP	250.00	445.00
❑ ILSA L5066G	1980	RT	275.00	400.00
❑ INDIAN BRAVE L3562M	1994	CL	2250.00	2500.00
❑ INDIAN CHIEF (GRES, BUST) L2127	1983	RT	525.00	700.00
❑ INDIAN MAIDEN L6369G	1997	RT	600.00	630.00
❑ INGRID L5065G	1980	RT	370.00	650.00
❑ ISLAND BEAUTY (GRES) L2382	1998	OP	180.00	185.00
❑ KRISTINA L5062G	1980	RT	255.00	400.00
❑ LADY FROM ELCHE (BUST) L5269M	1985	RT	433.00	700.00
❑ LADY FROM MAJORCA L5240G	1984	RT	120.00	435.00
❑ LEHUA L1532G	1987	RT	275.00	550.00
❑ LEILANI L1530G	1987	RT	275.00	550.00
❑ LITTLE BRAVE RESTING (GRES) L2399	1999	RT	325.00	350.00
❑ LITTLE CHIEF (GRES) L2297	1999	RT	325.00	350.00
❑ LITTLE DUTCH GARDENER L5671G	1990	RT	400.00	500.00
❑ MALIA L1531G	1987	RT	275.00	550.00
❑ MARGARETTA/DUTCH GIRL WITH BRAIDS L5063G	1980	RT	265.00	400.00
❑ MEXICAN DANCERS L5415G/M	1987	OP	800.00	1195.00
❑ MOMI L1529G	1987	RT	275.00	550.00
❑ ON THE BALCONY L1826G	1998	1000	3000.00	3200.00
❑ ONWARD! L1742G	1991	CL	2500.00	3000.00
❑ ORIENTAL WOMAN (GRES) L2026	1971	RT	45.00	450.00
❑ PACIFIC BEAUTY (GRES) 2403	1999	OP	850.00	850.00
❑ PACIFIC BEAUTY (GRES) 2403	1999	OP	850.00	850.00

FIGURINES

Cinderella's Dress *from the Walt Disney Classics Collection was introduced in 1992 for $800.*

Disneyland Mickey *welcomes visitors with a hearty wave. The pewter sculpture was produced by The Lance Corp.*

A woman this beautiful must be a Lady of Taste. The piece was produced by Lladró in 1986.

FIGURINES

NAME	YEAR	LIMIT	ISSUE	TREND
❑ PACIFIC JEWEL (GRES) L2383	1998	OP	170.00	185.00
❑ PERUVIAN GROUP L4610G	1969	RT	180.00	1700.00
❑ PHILIPPINE FOLKLORE L3522M	1981	CL	1450.00	2400.00
❑ POOR LITTLE BEAR (GRES) L2232	1992	OP	250.00	265.00
❑ PRECIOUS PAPOOSE 6423G	1997	RT	240.00	260.00
❑ RIDE IN THE COUNTRY L5354G	1986	RT	225.00	500.00
❑ ROAD TO MANDALAY L3556M	1982	CL	1390.00	3000.00
❑ SCOTTISH LASS L1315G	1974	RT	165.00	2800.00
❑ SHORT ORIENTAL (GRES) L2057	1974	OP	35.00	105.00
❑ SPANISH DANCER L5390G	1986	RT	170.00	430.00
❑ SULTAN, THE (GRES) L2339	1996	OP	480.00	480.00
❑ SULTAN'S DREAM (GRES) L2338	1996	OP	700.00	700.00
❑ TAHITIAN DANCING GIRLS L1498G	1986	RT	750.00	1500.00
❑ TALL CHINESE (GRES) L2056	1974	OP	35.00	105.00
❑ THAI COUPLE/THAILANDIA (GRES) L2058	1974	OP	650.00	1885.00
❑ THAI DANCER L2069	1977	RT	300.00	800.00
❑ TIME TO REST, A L5391G	1986	RT	170.00	375.00
❑ TROPICAL FLOWER (GRES) L2385	1998	OP	190.00	190.00
❑ VENETIAN CARNIVAL L5658G	1990	RT	500.00	650.00
❑ VENETIAN SERENADE L1433	1983	CL	2600.00	3800.00
❑ WATUSI QUEEN L3524M	1981	CL	1875.00	3000.00
❑ YOUNG ORIENTAL MAN (GRES) L2021	1971	CL	500.00	1800.00

LITERARY FIGURINES
				*
❑ ALICE IN WONDERLAND L5740G	1991	RT	440.00	550.00
❑ CAMELOT L1458G	1985	CL	950.00	1650.00
❑ DANTE L5177G	1982	RT	263.00	700.00
❑ DREAMS OF ALADDIN L6285G	1996	RT	1440.00	1600.00
❑ HAMLET AND YORICK L1254G	1974	RT	325.00	1300.00
❑ HAMLET L1144G	1971	CL	125.00	2800.00
❑ INSPIRING MUSE L5850G	1992	RT	1200.00	1300.00
❑ LADY MACBETH (GRES)	1980	RT	385.00	1200.00
❑ LOVERS FROM VERONA L1250G	1974	RT	330.00	1200.00
❑ MIGUEL DE CERVANTES L5132G	1982	RT	925.00	1400.00
❑ OTHELLO AND DESDEMONA L1145G	1971	CL	275.00	3000.00
❑ OTHELLO L3510 (GRES)	1978	RT	450.00	1050.00
❑ POET, THE L5397G	1986	RT	425.00	800.00
❑ REFLECTIONS OF HAMLET L1455G	1983	RT	1000.00	1400.00
❑ ROMEO AND JULIET L4750G	1971	OP	150.00	1250.00
❑ ROMEO AND JULIET L4750M	1971	RT	150.00	1450.00
❑ SHAKESPEARE L1338G	1977	CL	550.00	1450.00

LLADRO COLLECTORS' SOCIETY
				*
❑ AFTERNOON PROMENADE S7636G	1995	RT	240.00	350.00
❑ ALL ABOARD S7619G	1992	RT	165.00	400.00
❑ ART BRINGS US TOGETHER (MEMBER PREMIUM) S7677M	1999	RT	*	75.00
❑ BASKET OF LOVE S7622G	1994	RT	225.00	350.00
❑ BEST FRIEND S7620G	1993	RT	195.00	300.00
❑ CAN I PLAY? S7610G	1990	RT	150.00	450.00
❑ DOLPHINS AT PLAY (VOTIVE HOLDER, MEMBERSHIP PREMIUM) S7658M	1998	RT	35.00	65.00
❑ ENCHANTED LAKE (MEMBERS ONLY LE) S7679	1999	CL	1225.00	1500.00
❑ FLOWER SONG (LLADRO MUSEUM) S7607G	1988	RT	175.00	550.00
❑ FRIEND FOR LIFE, A (MEMBERS PREMIUM) S7685G	2001	RT	350.00	400.00
❑ GUARDIAN ANGEL (MEMBERS ONLY LE) S6352G	1969	CL	1300.00	1600.00
❑ HEAVEN AND EARTH (MEMBERS ONLY LE) S1824G	1998	CL	725.00	900.00
❑ INNOCENCE IN BLOOM S7644G	1996	RT	250.00	300.00
❑ IT WASN'T ME! S7672G	1998	RT	295.00	350.00
❑ LITTLE PALS S7600G	1985	RT	95.00	2400.00
❑ LITTLE TRAVELER S7602G	1986	RT	95.00	1400.00
❑ MY BUDDY S7609G	1989	RT	145.00	450.00
❑ MYSTICAL GARDEN (MEMBERS ONLY LE) S6686	2000	CL	1100.00	1200.00
❑ NOW AND FOREVER (10TH ANNIV. SPL.) S7642G	1995	YR	395.00	425.00
❑ PALS FOREVER (LAST LCS FIGURE)	2000	RT	350.00	425.00
❑ PICTURE PERFECT/5TH ANNIVERSARY SPECIAL S7612G	1991	YR	350.00	600.00
❑ POCKET FULL OF WISHES S7650G	1997	RT	360.00	400.00
❑ SAILING THE SEAS (VOTIVE HOLDER, MEMBER PREMIUM) S7657M	1998	RT	35.00	65.00
❑ SCHEHEREZADE (1ST MEMBERS ONLY GRES LE) S7678	1999	CL	975.00	2000.00
❑ SCHOOL DAYS S7604G	1988	RT	125.00	550.00
❑ SPRING BOUQUET S7603G	1987	RT	125.00	750.00
❑ SUMMER STROLL S7611G	1991	RT	195.00	450.00
❑ WISH COME TRUE, A S776G	1999	RT	340.00	365.00

LLADRO PRIVILEGE FIGURINES
				*
❑ ENCHANTED FOREST, THE L7690G	2001	RT	295.00	350.00
❑ GARDEN BREEZE (GRES) L3583G	2001	OP	1800.00	1800.00
❑ PUPPY PARADE L6784G	2001	OP	660.00	660.00
❑ SINCERITY (GRES) L2422	2001	OP	550.00	550.00

LLADRO SCULPTURES
				*
❑ ADORATION L3545	1981	CL	1050.00	1600.00
❑ AFRICAN WOMAN L3546	1983	CL	1300.00	2400.00
❑ AFTER THE BATH L3023	1990	CL	350.00	1400.00
❑ ANXIETY L3530	1983	125	1075.00	2000.00
❑ BOXER L3550	1983	CL	850.00	1300.00
❑ CELLISH L3018	1988	CL	650.00	900.00
❑ CLASSIC BEAUTY L3012	1987	500	1300.00	1900.00
❑ COMPANIONSHIP L3529	1983	CL	1000.00	1850.00
❑ DAWN L3000	1983	CL	325.00	990.00
❑ DAYDREAMING L3022	1990	RT	600.00	825.00
❑ DIGNITY L3015	1987	RT	1400.00	2500.00
❑ DISCOVERIES L3024	1990	CL	1500.00	1800.00
❑ DREAMING L3537	1983	250	475.00	1200.00
❑ FLIGHT OF FANCY L2243	1993	CL	1400.00	1575.00

NAME	YEAR	LIMIT	ISSUE	TREND
❑ MONKS L3001	1983	300	1675.00	2500.00
❑ MUSE L3017	1988	CL	650.00	900.00
❑ OBSERVER L3533	1983	CL	900.00	1700.00
❑ PASSION L3016	1988	CL	865.00	1250.00
❑ PLENTITUDE L3532	1983	CL	1000.00	3000.00
❑ READER, THE (BUST) L3560G	1992	200	2650.00	2815.00
❑ RELAXATION L3536	1983	CL	525.00	1000.00
❑ REPOSING L3549	1983	300	425.00	810.00
❑ SERENITY L3548	1983	CL	925.00	1600.00
❑ SLAVE L3535	1983	CL	950.00	1400.00
❑ SWEET ENCHANTMENT L3579	1999	300	890.00	890.00
❑ TOGETHERNESS L3527	1982	75	375.00	1000.00
❑ TRANQUILITY L3541	1983	CL	1000.00	2000.00
❑ UNADORNED BEAUTY L3026	1991	200	1700.00	1850.00
❑ VICTORY L3531	1983	CL	1500.00	2700.00
❑ WOMAN WITH BABY L2091	1978	RT	125.00	800.00
❑ WRESTLING L3528	1983	CL	950.00	1900.00
❑ YOGA L3542M	1983	CL	650.00	900.00
❑ YOUTHFUL BEAUTY L1461M	1985	5000	750.00	1200.00
❑ YOUTHFUL INNOCENCE L3013	1987	CL	1300.00	2300.00

MOTHER & CHILD

				*
❑ AFTERNOON NAP, AN L6765G	2001	OP	485.00	485.00
❑ ANTICIPATION L5650G	1990	RT	300.00	450.00
❑ BABY'S OUTING L4938G	1976	RT	250.00	850.00
❑ BEAUTIFUL TRESSES L5757G	1991	RT	725.00	850.00
❑ BEDTIME STORY (GRES VERSION) L2345	1996	RT	360.00	400.00
❑ BEDTIME STORY L5457G	1988	OP	275.00	355.00
❑ CARE AND TENDERNESS L6301M	1996	OP	850.00	900.00
❑ CHERISH (GRES, BUST) L2224	1992	OP	1750.00	1850.00
❑ COMFORTING BABY/MOTHER KISSING CHILD(BUST) L1329M	1976	RT	350.00	1200.00
❑ DRESSING THE BABY (GRES) L2289	1994	RT	325.00	375.00
❑ DRESSING THE BABY L5845G	1992	OP	295.00	295.00
❑ FIRST SAMPLER L5767G	1991	RT	625.00	750.00
❑ FLOWERS IN BLOOM L6648G	2000	OP	545.00	545.00
❑ GENTLE EMBRACE (GRES) L2429	2001	OP	440.00	440.00
❑ GOOD NIGHT L5449G	1987	OP	225.00	375.00
❑ GUESS WHO? L6506G	1998	OP	430.00	490.00
❑ IN MOTHER'S ARMS (GRES) L2416	2000	OP	990.00	990.00
❑ LATEST ADDITION (GRES VERSION) L2262	1989	RT	*	600.00
❑ LATEST ADDITION L1606G	1989	OP	385.00	480.00
❑ LIFE'S SMALL WONDERS (GRES) L2296	1995	OP	370.00	370.00
❑ LOVING MOTHER (GRES) L2409	2000	OP	1090.00	1090.00
❑ MATERNAL JOY L6064G	1999	CL	1000.00	1750.00
❑ MODERN MOTHER L5873G	1992	RT	325.00	375.00
❑ MOMMY, IT'S COLD L5715G	1990	RT	360.00	500.00
❑ MOTHER & SON (BUST, GRES, NUMBERED SERIES) L2131	1983	RT	850.00	1700.00
❑ MOTHER AND CHILD L4575G	1969	RT	48.00	300.00
❑ MOTHER AND CHILD L4701G	1970	RT	45.00	325.00
❑ MOTHER WITH CHILD AND LAMB L5299G/M	1985	RT	180.00	500.00
❑ MOTHER'S DAY/A GIFT OF LOVE L5596G	1989	RT	400.00	525.00
❑ MOTHER'S LOVE, A L6634G	1999	OP	335.00	335.00
❑ MOTHER'S LOVE/YOUNG MOTHER (BUST, GRES) L3521	1980	RT	1000.00	1200.00
❑ MOTHER'S TOUCH, A L5989G	1993	RT	495.00	535.00
❑ MY BABY (GRES) L1331M	1976	CL	275.00	1300.00
❑ MY LITTLE TREASURE L6063G	1998	OP	295.00	350.00
❑ OFF WE GO L5874G	1992	RT	365.00	425.00
❑ ON OUR WAY L6544G	1998	OP	340.00	395.00
❑ ONCE UPON A TIME L5721G	1990	RT	550.00	725.00
❑ ONE FOR YOU, ONE FOR ME L6705G	2000	OP	370.00	370.00
❑ PEACEFUL MOMENT L6179G	1995	OP	385.00	385.00
❑ SLEEP TIGHT L5900G	1992	RT	450.00	575.00
❑ SOMEONE TO LOOK UP TO L6771G/M	2001	OP	270.00	270.00
❑ STORY HOUR L5786G	1991	RT	550.00	675.00
❑ SUNDAY BEST L5758G	1991	RT	725.00	825.00
❑ TENDERNESS L1527G	1987	OP	260.00	430.00

MUSICIANS

				*
❑ BEAUTIFUL RHAPSODY L6319G	1996	RT	450.00	475.00
❑ BEETHOVEN L5339G	1985	3000	760.00	1300.00
❑ BOY WITH CORNET (BUST) L1105G	1971	RT	30.00	400.00
❑ BOY WITH CYMBALS L4613G/M	1969	RT	14.00	350.00
❑ BOY WITH DOUBLE BASS L4615G/M	1969	RT	55.00	400.00
❑ BOY WITH DRUM L4616G/M	1969	RT	55.00	350.00
❑ BOY WITH GUITAR L4614G/M	1969	RT	20.00	400.00
❑ CELLIST (GRES) L3018	1988	CL	650.00	900.00
❑ CIRCUS SERENADE L5694G	1990	RT	300.00	400.00
❑ CONCERT VIOLINIST L5330G	1985	RT	220.00	475.00
❑ CONCERTINA L5695G	1990	RT	300.00	375.00
❑ CONCERTO L6332G	1996	OP	490.00	490.00
❑ COUNTRY SOUNDS L6339G	1996	RT	750.00	775.00
❑ GIRL WITH MANDOLIN L1026G	1969	RT	53.00	625.00
❑ GROUP OF MUSICIANS L4617G/M	1969	RT	33.00	550.00
❑ HARPIST, THE L6312G	1996	RT	820.00	850.00
❑ LOVER'O SERENADE L5002Q	1980	RT	350.00	725.00
❑ LYRIC MUSE (GRES) L2031	1971	CL	750.00	3000.00
❑ MANDOLIN SERENADE L5696G	1990	RT	300.00	400.00
❑ MELODY L6513G	1998	2000	870.00	950.00
❑ MINSTREL'S LOVE L5821G	1991	RT	525.00	625.00
❑ MUSICAL MUSE L5651G	1990	RT	375.00	525.00
❑ MUSICAL PARTNERS L5763G	1991	RT	625.00	675.00
❑ MUSICALLY INCLINED L5810G	1990	RT	235.00	300.00
❑ PLAYING THE BLUES (GRES) L3576	1996	1000	2160.00	2160.00
❑ PRACTICE MAKES PERFECT L5462G	1988	RT	375.00	650.00

FIGURINES

NAME	YEAR	LIMIT	ISSUE	TREND
❑ SERENADE L5381G	1986	RT	450.00	625.00
❑ SIDEWALK SERENADE L5388G	1986	RT	750.00	1400.00
❑ SPRING RECITAL L6452G	1998	OP	685.00	725.00
❑ STUDENT FLUTE PLAYER L4837G	1973	RT	66.00	425.00
❑ SWEET COUNTRY L6340G	1996	RT	750.00	775.00
❑ SWEET SONG L6408G	1997	RT	480.00	525.00
❑ VIOLIN PLAYER/CONCERTO (BUST) L2063	1977	1200	500.00	1300.00
❑ VIOLINIST AND GIRL L1039G/M	1969	RT	120.00	1000.00
❑ WANDERING MINSTREL L5676G	1990	RT	270.00	360.00
❑ YOUNG BACH L1801G	1995	CL	850.00	1000.00
❑ YOUNG MOZART L5915G	1992	CL	500.00	1600.00
❑ YOUNG STREET MUSICIANS L5306G	1985	RT	300.00	1100.00

NAO BY LLADRO
				*
❑ 15-LOVE N1347G	2000	OP	190.00	190.00
❑ ACE OF CLUBS N1282G	1998	OP	70.00	70.00
❑ ACE OF DIAMONDS N1279G	1998	OP	70.00	70.00
❑ ACE OF HEARTS N1280G	1998	OP	70.00	70.00
❑ ACE OF SPADES N1281G	1998	OP	70.00	70.00
❑ ALOHA N1244G	1996	RT	*	230.00
❑ ANGEL PRAYING N0010G	1969	RT	35.00	75.00
❑ ANGEL RECLINING N0012G	1969	RT	35.00	75.00
❑ ANGEL WITH FLUTE N0015G	1969	RT	40.00	80.00
❑ ANGEL WITH LYRE N0013G	1969	RT	40.00	80.00
❑ ANGEL WITH MANDOLIN N0016G	1969	RT	40.00	80.00
❑ ANGEL WITH TAMBOURINE N0011G	1969	RT	35.00	75.00
❑ ANGEL'S PRAYER, AN N1274G	1998	OP	150.00	150.00
❑ ANGORA CAT N0013G	1970	OP	*	60.00
❑ ANGORA CAT N0113M	1970	RT	*	90.00
❑ APRIL SHOWERS N1126G	1990	OP	*	85.00
❑ ARCTIC DREAMS N1387G	2001	OP	75.00	75.00
❑ AUTUMN STROLL N1232G	1996	OP	*	120.00
❑ BALLET DANCER WITH BALL N1178G	1992	OP	*	135.00
❑ BASKET OF CHICKS N1070G	1989	RT	50.00	75.00
❑ BASKETBALL PLAYER N1226G	1997	RT	*	100.00
❑ BEAR (PANDA) N0718G	1987	RT	90.00	135.00
❑ BEAR (PANDA) N0718M	1987	RT	*	160.00
❑ BEDTIME SNACK N1073G	1989	OP	*	55.00
❑ BIG HUG, A N1049G	1988	OP	*	60.00
❑ BIRD'S FLIGHT, THE N1380G	2001	OP	85.00	85.00
❑ BIRTHDAY BOY N1131G	1991	RT	90.00	125.00
❑ BOOK OF ADVENTURES, A N1401G	2001	OP	120.00	120.00
❑ BOY ON PHONE WITH PUPPETS N1044G	1987	OP	*	70.00
❑ BOY, BIG HAT N0182G	1975	OP	*	125.00
❑ BOY, BIG HAT N0182M	1975	RT	*	200.00
❑ BREAD BASKETS (GRES) N1112G	1991	RT	*	270.00
❑ BREAKFAST (GRES) N1147	1991	RT	*	245.00
❑ BREAKFAST IN BED N1320G	1999	OP	70.00	70.00
❑ BUTTERFLIES DANCE, THE N1398G	2001	OP	90.00	90.00
❑ CAT, HEAD DOWN (EARLY, RARE) L0008G/M	1965	RT	7.00	150.00
❑ CAT, HEAD UP (EARLY, RARE) L0010G/M	1965	RT	7.00	150.00
❑ CENTER RING N1098	1993	RT	260.00	280.00
❑ CENTER RING N1098G	1990	RT	145.00	165.00
❑ CEREMONY ANGEL N1260G	1997	RT	85.00	100.00
❑ CHARIOT RACE, THE (PRINCE OF EGYPT) N7010G	1999	CL	275.00	275.00
❑ CHOIR BOYS N1072G	1989	OP	*	85.00
❑ CIRCUS CHARMER N1093G	1989	RT	90.00	110.00
❑ CIRCUS DREAMER N1094G	1989	RT	90.00	100.00
❑ CIRCUS STAR N1092G	1989	RT	90.00	100.00
❑ CLOWNING READY N1219G	1995	OP	*	85.00
❑ COUNTING STITCHES N1123G	1991	RT	85.00	125.00
❑ COUNTRY COURTSHIP (GRES) N1114	1991	RT	*	345.00
❑ COUNTRY GIRL N0522G/M	1978	RT	72.00	100.00
❑ COZY MOMENT N1242G	1996	RT	170.00	190.00
❑ CUDDLES N1210G	1995	RT	95.00	115.00
❑ DAILY CHORES (GRES) N1115	1991	RT	635.00	650.00
❑ DOG AND CAT IN HARMONY N1048G	1987	OP	*	70.00
❑ DOVE N0060G	1970	RT	21.00	50.00
❑ DOVE N0062G	1970	RT	21.00	50.00
❑ DOVE N0063G	1970	RT	21.00	50.00
❑ DREAMING ON THE ICE (GRES) N1252	1997	RT	*	120.00
❑ DUCKS GROUP N0006G	1969	OP	*	55.00
❑ DUCKS GROUP N0006M	1969	RT	*	75.00
❑ FEEDING THE LAMB (GRES) N1187	1992	OP	*	410.00
❑ FIELD HOCKEY N1002G/M	1987	RT	85.00	175.00
❑ FIRST ATTEMPT N1225G	1995	RT	90.00	110.00
❑ FIRST BLUSH OF SPRING (GRES) N1160	1992	RT	*	325.00
❑ FIRST LOVE N1136G	1991	OP	*	145.00
❑ FIRST STEPS N1318G	1999	OP	180.00	180.00
❑ FLORAL BEAUTY N1344G	2000	OP	100.00	100.00
❑ FOREVER FRIENDS N1127G	1991	OP	*	70.00
❑ FOXY N366G	1983	RT	20.00	150.00
❑ FRIEND IN NEED, A N1060G	1988	OP	*	80.00
❑ GATHERING BUTTERFLIES N0181G	1975	RT	140.00	175.00
❑ GATHERING BUTTERFLIES N0181M	1975	RT	*	200.00
❑ GIFT OF LOVE, THE (PRINCE OF EGYPT) N7008G	1999	CL	295.00	295.00
❑ GIRL AT THE FOUNTAIN N0136G	1971	RT	150.00	175.00
❑ GIRL AT THE FOUNTAIN N0136M	1971	RT	*	200.00
❑ GIRL FROM THE FOUNTAIN N0115G	1970	RT	245.00	265.00
❑ GIRL FROM THE FOUNTAIN N0115M	1970	RT	*	300.00
❑ GIRL RUNNING WITH PUPPY N1027G	1988	OP	*	70.00
❑ GIRL WITH CELLO N1035G	1988	OP	*	105.00
❑ GIRL WITH DUCKS (GRES) N1188	1992	RT	*	500.00

FIGURINES

The holidays are celebrated in fine fashion in Small Town Christmas by Charles Wysocki for AMCAL Fine Art, Concord, Calif.

Coca-Cola Barn by Jim Harrison proves that the soft drink logo has been a favorite icon for decades. Frame House Gallery, Louisville, Ky.

Victorian Christmas III, by "Painter of Light" Thomas Kinkade, speaks of beauty and warmth. Media Arts Group Inc., Morgan Hill, Calif.

Wildlife artist Robert Bateman captures a tense moment in nature in Red Fox on the Prowl. Mill Pond Press, Venice, Fla.

Egyptian ornaments, which include The New Nefertiti, Horus, The New King Tut, The Mummy *and* Pharaoh, *were issued as part of the Polonaise Collection of blown-glass from Kurt S. Adler Inc., New York.*

Swarovski's glittering Holiday Snowflake *ornament, issued in 1998, was a must-have for many collectors.*

The anniversary edition ornament of Howdy Doody *celebrated 50 years of the "Howdy Doody Time" show, depicting the familiar freckle-faced character.*
The ornament was issued by Hallmark, Kansas City, mo.

Starbucks Santa *is a truly magnificent blown-glass ornament from Christopher Radko, Elmsford, N.Y. Issued in 1994, it is now retired.*

Raggedy Ann's *wide-eyed joy added sparkle to the 1996 Polonaise Collection of blown-glass ornaments from Kurt S. Adler Inc., New York.*

Tammy *was Jan Hagara's first issue in a new plate series called "Fall in Love Again" in 1995. Jan Hagara Collectables, Georgetown, Texas.*

The Storyteller *plate by P. Buckley Moss portrays the legendary tradition of story-telling. Anna-Perenna Porcelain, New Rochelle, N.Y.*

A peaceful moment is perfectly captured in Lamplight Brooke *plate from the "Thomas Kinkade's Lamplight Village" series from The Bradford Exchange, Niles, Ill.*

Who wouldn't want to stop for a beverage at Birdie's Perch Coffee Shop, *a unique plate shaped like a house, from The Bradford Exchange, Niles, Ill. It was part of the "Wysocki Folktown" series.*

This little tot shares her wish list of gifts with the jolly elf himself in Rob Anders' A Visit to Santa, *from Porterfield's Llc., Concord, N.H.*

Lighthouses remain popular with collectors, especially those by Harbour Lights, El Cajon, Calif. This brightly colored selection titled **Seven Foot Knoll, Md.** was a 1999-2000 Collectors Society Exclusive.

Stop for a bite to eat at **Little Italy Ristorante** from the Christmas in the City collection from Department 56, Eden Prairie, Minn.

From the "Admiral's Light—Flag Quarter Series," **Yerba Buena Lighthouse** sheds a friendly glow on Spencer Collin Lighthouses. It was limited to 3,000 and retailed for $90 in 1994.

Asian charm exudes from **Reflections of Jade**, issued in 1996 as part of the English Cottages collection from Lilliput Lane by Enesco Group Inc., Itasca, Ill.

Shelia's of Charleston, S.C., offered **New Canal Light** in 1996.

These little Dreamsicles cherubs by Kristin Haynes personify Poetry in Motion, *from Cast Art Industries, Corona, Calif.*

Strawberries star in Sweet as a Summer's Kiss, *the Royal Watch Collectors Club piece for 1997 from Harmony Kingdom, Columbus, Ohio/England.*

Issued in 1995 in honor of the 50th anniversary of the end of World War II, You Will Always Be Our Hero, *from the Precious Moments Collection by Enesco Group Inc., has special significance again in light of the terrorist attacks of Sept. 11, 2001.*

Golfers love You Suit Me to a Tee, *issued in 1994 in the Precious Moments Collection by Sam Butcher for Enesco Group Inc., Itasca, Ill.*

Priscilla Hillman's **Warm Hearted Friends** *was a cheerful addition to the Cherished Teddies collection in 1995. Enesco Group Inc., Itasca, Ill.*

Sail away with the elegant **Regatta** *figure issued in 1995 by Lladro, Moonachie, N.J.*

M.I. Hummel enthusiasts had the opportunity to purchase **Christmas Song** *as a plate, bell, ornament and figurine when the assortment was issued in 1996 from Goebel of North America, Pennington, N.J.*

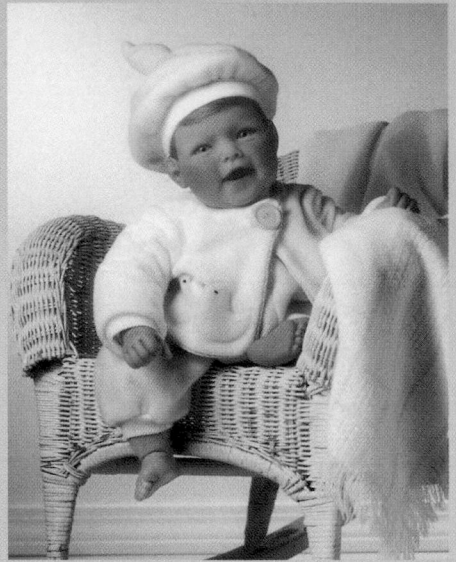

This cute little tyke is **Just Ducky**, *created by artist Reva Schick and issued in 1999 by Lee Middleton Original Dolls Inc., Westerville, Ohio.*

Designed by Tim Kennedy, the lovely Song of Spain *was selected as the 1999 Annual Edition Doll in the Gene collection by Ashton-Drake Galleries, Niles, Ill.*

These three Cabbage Patch dolls by Xavier Roberts were part of the special OlympiKids collection, the official mascot of the 1996 U.S. Olympic team. Original Appalachian Artworks Inc., Cleveland, Ga.

NAME	YEAR	LIMIT	ISSUE	TREND
❏ GIRL WITH DUCKS N0026G/M	1969	RT	115.00	150.00
❏ GIRL WITH FLAX N0089G	1970	RT	50.00	175.00
❏ GIRL WITH GOOSE N0025G/M	1969	RT	75.00	90.00
❏ GIRL WITH HOOP N0297G/M	1981	RT	135.00	150.00
❏ GIRL WITH MANDOLIN N1033G	1988	RT	*	100.00
❏ GIRL WITH RABBIT N0003G/M	1969	RT	55.00	75.00
❏ GIRL WITH SLATE N0117G	1970	RT	90.00	100.00
❏ GIRL WITH SLATE N0117M	1970	RT	*	135.00
❏ GIRL WITH VIOLIN N1034G	1988	OP	*	75.00
❏ GOLFER N1192G	1993	RT	150.00	150.00
❏ GOOD SWORDSMAN N1043G	1988	RT	90.00	135.00
❏ GOOSE (13 IN.) N0052G	1969	OP	*	60.00
❏ GOOSE (13 IN.) N0052M	1969	RT	*	150.00
❏ GOOSE (9 IN.) N0053G	1969	OP	*	60.00
❏ GOOSE (9 IN.) N0053M	1969	RT	*	125.00
❏ GOOSE-REDUCED (11 3/4 IN.) N0054/2G	1969	RT	50.00	75.00
❏ GOOSE-REDUCED (8 IN.) N0055/3G	1969	RT	50.00	75.00
❏ HAPPY WEDDING N1176G	1992	RT	100.00	120.00
❏ HEN WITH CHICKS N1047G	1988	OP	*	45.00
❏ HICKORY DICKORY DOCK N1217G	1995	RT	230.00	275.00
❏ HIPPO IN LOVE N1321G	1999	CL	50.00	50.00
❏ HOMEWARD BOUND N1101G	1990	RT	85.00	125.00
❏ I'M FULL! N1074G	1989	OP	*	55.00
❏ IN GRANDPA'S ARMS N1346G	2000	OP	210.00	210.00
❏ IN THE FOREST N0092G	1970	RT	*	200.00
❏ JANGLES N1066G	1989	OP	*	65.00
❏ JET PILOT N1133G	1991	OP	*	80.00
❏ JINGLES N1065G	1989	OP	*	65.00
❏ JOY N1067G	1989	OP	*	65.00
❏ KITTY PRESENT N1349G	2000	OP	65.00	65.00
❏ LAKESIDE BUDDIES N1322G	1999	OP	50.00	50.00
❏ LAMB IN ARMS N0120G	1970	RT	105.00	175.00
❏ LAMB IN ARMS N0120M	1970	RT	*	200.00
❏ LIGHTING THE HEAVENS N1335G	1999	OP	135.00	135.00
❏ LITTER OF KITTENS N0104G/M	1970	RT	90.00	150.00
❏ LITTLE BOY BLUE N0521G/M	1978	RT	80.00	150.00
❏ LITTLE CONQUISTADOR N1140G	1991	RT	95.00	115.00
❏ LITTLE DUCK N0242G	1979	OP	*	30.00
❏ LITTLE DUCK N0242M	1979	RT	*	50.00
❏ LITTLE DUCK N0243G	1979	OP	*	30.00
❏ LITTLE DUCK N0243M	1979	RT	*	50.00
❏ LITTLE DUCK N0244G	1979	OP	*	30.00
❏ LITTLE DUCK N0244M	1979	RT	*	50.00
❏ LITTLE DUCK N0245G	1979	OP	*	30.00
❏ LITTLE DUCK N0245M	1979	RT	*	50.00
❏ LITTLE DUCK/DUCKLING N0369G	1983	OP	*	30.00
❏ LITTLE DUCK/DUCKLING N0369M	1983	RT	*	50.00
❏ LITTLE DUCK/DUCKLING N0370G	1983	OP	*	30.00
❏ LITTLE DUCK/DUCKLING N0370M	1983	RT	*	50.00
❏ LITTLE GIRL FEEDING DOVES (GRES VERSION) N0382	1993	RT	540.00	560.00
❏ LITTLE GIRL FEEDING DOVES N0382G	1983	RT	395.00	410.00
❏ LITTLE GIRL FEEDING DOVES N0382M	1982	RT	*	450.00
❏ LITTLE MERMAID N1352G	2000	OP	140.00	140.00
❏ LITTLE PRINCE N1342G	2000	OP	95.00	95.00
❏ LITTLE PRINCESS N1341G	2000	OP	95.00	95.00
❏ LITTLE SKATEBOARDER N1361G	2000	OP	110.00	110.00
❏ LITTLE SWAN, THE N1385G	2000	OP	180.00	180.00
❏ LOUISIANA EVENING L1359G	2000	OP	290.00	290.00
❏ LOVE DANCE N1142G	1991	RT	125.00	140.00
❏ MAN'S BEST FRIEND N0032G	1969	RT	85.00	175.00
❏ MEDIEVAL LADY N1254G	1997	RT	130.00	150.00
❏ MOON DANCE N1141G	1991	RT	125.00	140.00
❏ MOON, THE (GRES) N1334	1999	OP	275.00	275.00
❏ MOSES (PRINCE OF EGYPT) N7011G	1999	CL	250.00	250.00
❏ MOTHER'S LOVE (GRES, BUST) N1203	1995	RT	*	340.00
❏ MUSIC MAKER N1125G	1991	RT	100.00	125.00
❏ MUSICAL ANGEL N1259	1997	OP	*	85.00
❏ MY BLANKY! N1337G	1999	OP	80.00	80.00
❏ MY FIRST CATCH N1389G	2001	OP	100.00	100.00
❏ MY FIRST GARDEN N1164G	1992	RT	210.00	225.00
❏ MY LITTLE GIRL (GRES) N1184	1992	RT	*	340.00
❏ MY LOVELY LION N1287G	1998	OP	95.00	95.00
❏ MY PERFECT BUNDLE N1370G	2001	OP	75.00	75.00
❏ MY PET N1218G	1995	RT	175.00	195.00
❏ MY RAG DOLL N1108G	1990	OP	*	65.00
❏ NATIVE BOUNTY (GRES) N1104	1990	OP	*	245.00
❏ NEW BEGINNING, A (PRINCE OF EGYPT) N7009G	1999	LE	240.00	240.00
❏ NEW DOLL, A N1117G	1991	OP	*	55.00
❏ NEW TOY, A N1052G	1988	OP	*	90.00
❏ NEXT DANCE, THE N1201G	1993	RT	130.00	145.00
❏ NIGHT-LIGHT N1138G	1991	RT	85.00	100.00
❏ NOT HUNGRY N1076G	1989	OP	*	55.00
❏ NUDE COMBING HAIR (GRES) N1189	1992	RT	*	365.00
❏ NUDE WITH FAN (GRES) N1240	1996	RT	*	410.00
❏ OFF TO MARKET N1095G	1989	OP	*	75.00
❏ ON THE WAY TO SCHOOL N1249G	1997	RT	*	125.00
❏ ONE FOR ME, ONE FOR YOU N1315	1999	OP	120.00	120.00
❏ OUR LITTLE GIRL N1369	2001	OP	80.00	80.00
❏ OUTING, THE N1206G	1995	RT	120.00	120.00
❏ PAMPERED POODLE N1157G	1992	OP	*	90.00
❏ PEEK-A-BOO N1212G	1995	RT	90.00	110.00
❏ PERT BALLERINA N1208G	1995	OP	*	160.00

NAME	YEAR	LIMIT	ISSUE	TREND
❏ PLAYING DRESS-UP N1351G	2000	OP	90.00	90.00
❏ PLAYING NURSE N1055	1989	OP	*	100.00
❏ PLAYING WITH MY DOG N1190G	1992	RT	200.00	225.00
❏ PLAYING WITH THE KITTEN N1355G	2000	OP	175.00	175.00
❏ POISED BALLERINA N1209G	1995	OP	*	160.00
❏ POLAR BEAR OBSERVING (EARLY/RARE) L075G	1966	RT	18.00	300.00
❏ POODLES AND DOTS N1082G	1989	OP	*	45.00
❏ POOR TEDDY N1239G	1996	RT	140.00	160.00
❏ PRETTY POSIES N1128	1991	RT	70.00	95.00
❏ PRETTY ROSE N1233G	1996	RT	*	120.00
❏ PROTECTING ANGEL N1261G	1997	OP	*	85.00
❏ PUPPY FUN (GRES) N1207	1995	RT	*	165.00
❏ PUPPY LOVE (GRES) N1202	1995	RT	200.00	200.00
❏ PUPPY PRESENT N1349G	2000	OP	65.00	65.00
❏ PUPPY'S BIRTHDAY N1045G	1988	OP	*	75.00
❏ PURR-FECT GIFT N1080G	1989	OP	*	55.00
❏ RAINY AFTERNOON, A N1400G	2001	OP	170.00	170.00
❏ READY FOR AN EXCURSION N1036G	1988	OP	*	70.00
❏ READY FOR FUN N1379G	2001	OP	110.00	110.00
❏ READY TO DANCE N1243G	1996	RT	140.00	155.00
❏ REFLECTING ON A ROSE (GRES, NUDE) N1097	1990	RT	385.00	425.00
❏ ROMANTIC CLOWN N1198G	1993	RT	185.00	200.00
❏ SHINING STAR N1393G	2001	OP	85.00	85.00
❏ SHOOTING STAR N1394G	2001	OP	85.00	85.00
❏ SHOWER TIME! N1186G	1992	RT	245.00	265.00
❏ SISTER'S LOVE, A N1391G	2001	OP	135.00	135.00
❏ SITTING BALLET DANCER N1179G	1992	OP	*	145.00
❏ SLEEPY-HEAD N1139G	1991	OP	70.00	70.00
❏ SOCIETY COUPLE N1221G	1995	RT	170.00	185.00
❏ SOOTHING TUNE, A N1051G	1988	RT	*	125.00
❏ SOUPTIME N1075G	1989	RT	55.00	70.00
❏ SUN, THE (GRES) N1333	1999	OP	385.00	385.00
❏ SUNDAY BEST N1371G	2001	OP	70.00	70.00
❏ SUNDAY SCHOOL N1372G	2001	OP	70.00	70.00
❏ SWAN, THE N1008G	1987	RT	140.00	195.00
❏ TAHITIAN GIRLS (GRES) N0473	1985	RT	*	1975.00
❏ TEACHING THE GEESE (GRES) N0286	1982	RT	255.00	275.00
❏ TEACHING THE GEESE N0286G	1982	RT	200.00	220.00
❏ TEACHING THE GEESE N0286M	1982	RT	200.00	250.00
❏ THEY'RE GIANTS N1258G	1997	RT	*	420.00
❏ TIME FOR YOUR BOTTLE N1275G	1998	OP	75.00	75.00
❏ TRADITIONAL DANCE N1174G	1992	RT	535.00	550.00
❏ TRAVELING GIRL N1038G	1988	OP	*	80.00
❏ TROPICAL VENDOR N1230G	1996	RT	125.00	145.00
❏ TWERP AND MIKIE/TIRELESS PUPPIES N0386G	1983	OP	*	110.00
❏ TWERP AND MIKIE/TIRELESS PUPPIES N0386M	1983	RT	*	150.00
❏ TWO PUPS N1046G	1988	OP	*	80.00
❏ WAITING N1332G	1999	OP	225.00	225.00
❏ WANDERING MINSTREL N1054G	1988	OP	*	105.00
❏ WATER FROM THE WELL (GRES) N1253	1997	RT	*	200.00
❏ WEARY SHOPPER N1130G	1991	RT	90.00	125.00
❏ WEDDING DAY N1199G	1993	RT	*	245.00
❏ WHAT AN ARMFUL N1156G	1992	RT	*	165.00
❏ WHEN I GROW UP N1166G	1992	RT	110.00	125.00
❏ WIND DANCE N1143G	1991	RT	120.00	135.00
❏ WINGED FRIEND N1088G	1989	OP	*	80.00
❏ WOMAN WITH WHEAT (GRES) N0376	1983	RT	250.00	275.00
❏ WOMAN WITH WHEAT N0376G	1983	RT	190.00	210
❏ WOMAN WITH WHEAT N0376M	1983	RT	*	250.00
❏ YOUNG FALL (GRES) N1171	1992	OP	*	260.00
❏ YOUNG GIRL WITH RABBITS N1026G	1988	OP	*	90.00
❏ YOUNG IVANHOE N1246G	1997	RT	160.00	175.00
❏ YOUNG SKATEBOARDER N1191G	1993	RT	125.00	145.00
❏ YOUNG SPRING (GRES) N1169	1992	OP	*	190.00
❏ YOUNG SUMMER (GRES) N1170G	1992	OP	*	190.00
❏ YOUNG WINTER (GRES) N1172	1992	RT	155.00	175.00

NAUTICAL FIGURINES

NAME	YEAR	LIMIT	ISSUE	TREND
				*
❏ AHOY THERE! (GRES) L2173	1987	OP	225.00	345.00
❏ BOY WITH YACHT/YOUNG SAILOR L4810G	1972	RT	30.00	215.00
❏ HARPOONER/WHALER, THE (GRES) L2121	1980	RT	820.00	1100.00
❏ LOW TIDE (GRES) L2386	1998	RT	560.00	700.00
❏ NAUTICAL WATCH (BUST, GRES) L2134	1984	RT	450.00	725.00
❏ RESCUE, THE (GRES) L3504	1978	CL	2900.00	4500.00
❏ RIDING THE WAVES L5941G	1997	RT	405.00	450.00
❏ SAILOR'S SERENADE, A L5276G	1985	RT	315.00	700.00
❏ SEA CAPTAIN L4621G/M	1969	RT	43.00	325.00
❏ SEA FEVER L5166G/M	1982	RT	130.00	350.00
❏ SEA OF LOVE L6432G	1997	RT	1190.00	1300.00
❏ SEAMAN/HELMSMAN, THE L1325M	1976	RT	600.00	1250.00
❏ STORMY SEA (GRES) L3554	1982	OP	675.00	1650.00
❏ TALL YARN, A L5207G	1984	OP	260.00	570.00
❏ YACHTSMAN L5206G	1984	RT	110.00	265.00

NORMAN ROCKWELL

NAME	YEAR	LIMIT	ISSUE	TREND
				*
❏ COURT JESTER L1405/RL405G/#328	1982	CL	600.00	1250.00
❏ DAYDREAMER L1411/RL404G	1982	CL	450.00	1475.00
❏ LOVE LETTER L1408/RL400G/#902	1982	CL	725.00	1000.00
❏ PRACTICE MAKES PERFECT L1408/RL402G/#1234	1982	CL	725.00	1000.00
❏ SPRINGTIME '27 L1410/RL406G/#860	1982	CL	450.00	1500.00
❏ SUMMER STOCK L1407/RL401G/#861	1982	CL	750.00	1000.00
❏ YOUNG LOVE L1409/RL403G/#522	1982	CL	450.00	1200.00

NAME	YEAR	LIMIT	ISSUE	TREND
NUDES				*
ARTISTS MODEL L5417G/M	1987	RT	425.00	525.00
AWAKENING, THE L2244M	1993	RT	1200.00	1300.00
BATHER (BUST) L3551M	1983	CL	975.00	1350.00
BEAUTY (GRES) L2414	2000	OP	250.00	250.00
DAINTINESS L3539M	1983	CL	1000.00	1500.00
DANAE L3029	1994	RT	2880.00	4200.00
DAYDREAMER (GRES) L2182	1988	OP	560.00	795.00
DELPHICA W/BASE L6249M	1996	RT	1200.00	1275.00
DEMURE L3543M	1983	CL	1250.00	1500.00
DEMURENESS L3020M	1989	CL	525.00	750.00
EARLY AWAKENING (GRES) L2369M	1998	OP	595.00	625.00
EBONY L3027M	1994	CL	1295.00	1400.00
FROM THE SPRING (GRES) L2396	1999	OP	475.00	475.00
GRACE (GRES) L2413	2000	OP	250.00	250.00
IN THE DISTANCE L3534M	1983	CL	525.00	1500.00
INDOLENCE L3003M	1983	CL	1465.00	1850.00
INNOCENCE W/BASE, GREEN L3558M	1984	RT	960.00	2000.00
INNOCENCE WBASE,RED L3558.30M	1984	RT	960.00	2000.00
JOELIA (GRES) L2390	1999	OP	1300.00	1300.00
MODESTY (BUST) L3028	1994	OP	1295.00	1295.00
MY MEMORIES (GRES) L2392	1998	OP	345.00	400.00
NATIVE (GRES) L3502	1978	OP	700.00	2450.00
NUDE (FULL FIGURE) L4511M	1969	RT	115.00	650.00
NUDE (TORSO) L4512M	1969	RT	44.00	500.00
NUDE IN WHITE L4511.3M	1969	RT	150.00	700.00
NUDE KNEELING L3030M	1995	300	975.00	1300.00
NUDE WITH DOVE (GRES) L3503M	1978	CL	500.00	1100.00
NUDE WITH ROSE (GRES) L2079	1978	RT	210.00	800.00
NUDE WITH ROSE (GRES) L3517.3	1978	RT	215.00	950.00
NUDE WITH ROSE L3517	1978	OP	225.00	780.00
NYMPH, THE L3014M	1987	CL	1000.00	1650.00
POSE L3540M	1983	CL	1250.00	1500.00
RECLINING NUDE L3547M	1983	CL	650.00	900.00
REFLECTIONS L3544M	1983	CL	650.00	1100.00
RESTING L3031M	1995	CL	995.00	1200.00
RESTING NUDE L3025M	1991	CL	650.00	1000.00
SERENE MOMENT L6708G	2000	OP	585.00	585.00
THREE GRACES, THE L2028M	1971	CL	950.00	6000.00
TORSO IN WHITE L4512.3	1969	RT	100.00	600.00
UNADORNED BEAUTY L3026M	1991	CL	1700.00	1850.00
VENUS (BUST) L2128	1990	OP	888.00	1330.00
VENUS AND CUPID L1392M	1981	CL	1100.00	2000.00
VENUS IN THE BATH L3005M	1983	CL	750.00	1400.00
WAITING L3002M	1983	CL	1550.00	1900.00
YOGA L3542M	1983	CL	650.00	950.00
YOUTH (GRES) L2415	2000	OP	245.00	245.00
YOUTH L3538M	1983	CL	525.00	1100.00
YOUTHFUL BEAUTY L1461M	1985	5000	750.00	1200.00
PASTORAL FIGURINES				*
BARNYARD REFLECTIONS L5684G	1990	RT	460.00	650.00
BARNYARD SCENE L5659G	1990	RT	200.00	275.00
BOY WITH GOAT/BOY WITH KID L4506G/M	1969	RT	33.00	375.00
BOY WITH LAMBS L4509G	1969	RT	38.00	375.00
COUNTRY CHORES L6370G	1997	RT	260.00	275.00
GIRL W/ COCKEREL/SHEPHERDESS W/BASKET L4591G/M	1969	RT	20.00	300.00
GIRL WITH BASKET/SHEPHERDESS WITH DOG L1034G/M	1969	RT	30.00	235.00
GIRL WITH CALF 4513G/M	1978	RT	73.00	550.00
GIRL WITH DUCK L1052G/M	1969	RT	30.00	235.00
GIRL WITH GEESE L1035G/M	1969	RT	38.00	235.00
GIRL WITH GOOSE AND DOG L4866G/M	1974	RT	33.00	325.00
GIRL WITH GOOSE L4815G/M	1972	RT	65.00	335.00
GIRL WITH LAMB/SHEPHERDESS L4835G/M	1972	RT	42.00	295.00
GIRL WITH MILKPAIL L4682G/M	1970	RT	27.00	325.00
GIRL WITH PIGEONS L4915G	1974	RT	110.00	400.00
HARVESTER, THE L4581G	1969	RT	60.00	650.00
HARVESTER, WOMAN L4582G	1969	RT	60.00	650.00
IN THE COUNTRY (GRES) L2411	2000	OP	525.00	525.00
LITTLE GIRL W/GOAT/GETTING HER GOAT L4812G	1972	RT	50.00	450.00
LITTLE SHEPHERD (GRES) L2401	1999	RT	275.00	300.00
LITTLE SHEPHERD WITH GOAT L4817G/M	1972	RT	50.00	475.00
MILKMAID L5798G	1991	RT	450.00	525.00
NEW SHEPHERDESS L4576G	1985	RT	135.00	325.00
ON THE FARM L1306G	1974	RT	130.00	335.00
PASTORAL SCENE W/BASE L5386G	1986	CL	1100.00	2000.00
QUIET MOMENT, A L6384G	1997	RT	270.00	325.00
SHEPHERD L4659G	1969	RT	26.00	325.00
SHEPHERD RESTING L4571G/M	1969	RT	60.00	450.00
SHEPHERD SLEEPING L1104G	1971	RT	225.00	2000.00
SHEPHERDESS SLEEPING/SHEPHERDESS W/LAMB (BUST, GRES) L 2005M	1970	RT	100.00	700.00
SHEPHERDESS W/DUCKS/GIRL W/GEESE L4568G/M	1969	RT	45.00	300.00
SHEPHERDESS WITH DOVE L4660G/M	1969	RT	21.00	300.00
SHEPHERDESS WITH GOATS L1001G/M	1969	RT	68.00	750.00
SHEPHERD'S REST L1252G	1974	RT	100.00	675.00
TWO WOMEN CARRYING WATER JUGS L1014G/M	1969	RT	85.00	850.00
WALKING THE FIELDS L5780G	1991	RT	725.00	875.00
WATCHING THE PIGS L4892G	1974	RT	160.00	1200.00
PERIOD FIGURINES				*
AFTERNOON STROLL L5687G	1990	RT	275.00	375.00
AFTERNOON TEA L1428G/M	1982	RT	115.00	320.00
ANNIVERSARY WALTZ L1372G	1978	OP	260.00	570.00

NAME	YEAR	LIMIT	ISSUE	TREND
❏ ARANJUEZ LITTLE LADY/LADY WITH PARASOL L4879G	1974	RT	48.00	375.00
❏ ASHLEY L5756G	1991	RT	265.00	300.00
❏ CAFE DE PARIS L1511G	1987	RT	1900.00	3000.00
❏ CAN CAN L5370G	1986	RT	700.00	1200.00
❏ CHARMING DUET L5766G	1991	RT	575.00	675.00
❏ CLAUDETTE L5755G	1991	RT	265.00	300.00
❏ COQUETA L6281G	1996	RT	435.00	475.00
❏ DEBUTANTE, THE L1431G/M	1982	RT	115.00	320.00
❏ DRESSMAKER L4700G/M	1970	RT	40.00	450.00
❏ EMBROIDERER L4865G	1974	RT	115.00	725.00
❏ EMBROIDERY LESSON, AN L6713G	2000	OP	545.00	545.00
❏ ENGLISH LADY L5324G	1985	RT	225.00	475.00
❏ FLAPPER/LADY GRAND CASINO L5175G	1982	RT	185.00	450.00
❏ FLIRT, THE L5789G	1991	RT	185.00	225.00
❏ FLOWER FOR MY LADY, A L1513G	1987	RT	1150.00	1500.00
❏ GIRLS IN THE SWING/SWINGING L1366G	1978	RT	825.00	1850.00
❏ GONE SHOPPING L6488G	1998	RT	150.00	200.00
❏ HIGH SOCIETY L1430G/M	1982	RT	305.00	700.00
❏ INTERMEZZO L5424G/M	1987	RT	325.00	550.00
❏ ISABEL L5412G	1987	RT	225.00	400.00
❏ LADIES OF THE 18TH CEN. COURT/SOUTHERN TEA L1597G	1989	CL	1775.00	2500.00
❏ LADY AT DRESSING TABLE L1242G	1973	RT	320.00	3200.00
❏ LADY OF TASTE, A L1495G	1986	OP	575.00	1025.00
❏ LADY WITH SHAWL L4914G	1974	RT	220.00	800.00
❏ LOVELY THOUGHT L6518G	1998	RT	580.00	600.00
❏ LOVERS IN THE PARK L1274G/M	1974	RT	450.00	1400.00
❏ MEDIEVAL COURTSHIP L5300G	1985	RT	735.00	900.00
❏ MEDIEVAL LADY L4928G	1974	RT	275.00	1150.00
❏ MEDIEVAL LADY L6113G	1994	RT	225.00	275.00
❏ MEDIEVAL MAIDEN L6110G	1994	RT	150.00	200.00
❏ MEDIEVAL PRINCE L6115G	1994	RT	295.00	360.00
❏ MEDIEVAL PRINCESS L6114G	1994	RT	245.00	295.00
❏ MEDIEVAL ROMANCE L6327G	1996	RT	2250.00	2450.00
❏ MEDIEVAL SOLDIER L6111G	1994	RT	225.00	295.00
❏ MILANESE LADY L5323G	1985	RT	180.00	375.00
❏ MISS TERESA L4999G	1978	RT	150.00	350.00
❏ NEW HAT, A L5345G	1986	RT	200.00	385.00
❏ OLD FOLKS L1033G/M	1969	RT	140.00	1400.00
❏ ON THE AVENUE L5686G	1990	RT	275.00	375.00
❏ ON THE TOWN L1452G	1983	RT	220.00	495.00
❏ PARISIAN LADY L5321G	1985	RT	193.00	350.00
❏ PETITE MAIDEN L5383G	1986	RT	110.00	300.00
❏ PETITE PAIR L5384G	1986	RT	225.00	400.00
❏ PILAR L5410G	1987	RT	200.00	375.00
❏ PILGRIM COUPLE L5734G	1991	RT	490.00	550.00
❏ PLEASANTRIES L1440G	1983	RT	960.00	1800.00
❏ PROMENADE L5685G	1990	RT	275.00	$375.00
❏ READING L5000G/M	1978	OP	150.00	275.00
❏ RECEPTION, THE L1504G	1986	RT	625.00	1000.00
❏ REMINISCING L1270G	1974	RT	975.00	1400.00
❏ ROARING TWENTIES L5174G	1982	RT	173.00	400.00
❏ SCHOOL MARM L5209G	1984	RT	205.00	825.00
❏ SEWING A TROUSSEAU/MED. LADY EMBROIDERER L5126G	1982	RT	185.00	550.00
❏ SOCIALITE OF THE TWENTIES L5283G/M	1985	RT	175.00	370.00
❏ SOPHISTICATE L5787G	1991	RT	185.00	225.00
❏ SOUTHERN CHARM L5700G	1990	RT	775.00	1100.00
❏ STROLL IN THE PARK, A L1519G	1987	RT	1600.00	2700.00
❏ SUNDAY STROLL L5408G	1987	RT	250.00	550.00
❏ SUNNY DAY, A L5003G/M	1978	RT	193.00	425.00
❏ SWINGING/VICTORIAN GIRL ON SWING L1297G	1974	RT	520.00	1850.00
❏ TALK OF THE TOWN L5788G	1991	RT	185.00	225.00
❏ TERESA L5411G	1987	RT	225.00	400.00
❏ THOUGHTS L1272G	1974	RT	88.00	3600.00
❏ THREE SISTERS L1492G	1986	CL	1850.00	3250.00
❏ TOUCH OF CLASS, A L5377G	1986	RT	475.00	800.00
❏ UNDER THE WILLOW L1346G	1978	RT	1600.00	2200.00
❏ VIENNESE LADY L5322G	1985	RT	160.00	325.00
❏ VOWS L1434G	1983	RT	300.00	850.00
❏ WAITING IN THE PARK L1374G	1978	RT	235.00	565.00
❏ WALK IN VERSAILLES L5004	1978	RT	375.00	1000.00
❏ WALK WITH THE DOG/MY DOG L4893G	1974	OP	85.00	240.00
❏ WOMAN/LADY WITH DOG L4761G	1971	RT	60.00	365.00

PROFESSIONAL FIGURINES

				*
❏ AMERICAN COWBOY (GRES) L3568M	1994	CL	950.00	1000.00
❏ ARCHITECT L6320G	1996	RT	330.00	350.00
❏ ARCHITECT, THE L5214G	1984	RT	140.00	500.00
❏ ARTISTIC ENDEAVOR L5234G	1984	RT	225.00	600.00
❏ AVIATOR, THE L5891G	1992	RT	375.00	475.00
❏ BARRISTER, THE L4908G	1974	RT	100.00	450.00
❏ BOY POTTERY SELLER L5080G	1980	RT	320.00	600.00
❏ DENTIST L4762G	1971	RT	30.00	550.00
❏ DENTIST L6450G	1997	RT	225.00	250.00
❏ DOCTOR L4602G	1969	RT	33.00	400.00
❏ FEMALE ATTORNEY L6425G	1997	RT	300.00	335.00
❏ FEMALE PHYSICIAN L5197G	1984	OP	120.00	275.00
❏ FIREMAN, THE L5976G	1993	RT	465.00	525.00
❏ GIRL POTTERY SELLER L5081G	1980	RT	300.00	600.00
❏ HAND OF JUSTICE, THE L6035G	1993	CL	1250.00	1300.00
❏ HORTICULTURIST L5733G	1991	RT	450.00	550.00
❏ JUDGE L1281G	1974	CL	325.00	1500.00
❏ LAMPLIGHTER L5205G	1984	OP	170.00	435.00

FIGURINES

NAME	YEAR	LIMIT	ISSUE	TREND
LAWYER L1089G	1971	RT	35.00	900.00
LAWYER L1090G	1971	RT	35.00	900.00
MAESTRO, MUSIC PLEASE! L5196G	1984	RT	135.00	465.00
MALE ATTORNEY L6426G	1997	RT	300.00	335.00
MASTER CHEF, THE L6625G	1999	OP	240.00	240.00
MIDWIFE L5431G/M	1987	RT	175.00	600.00
NURSE L4603G	1971	RT	35.00	400.00
OBSTETRICIAN L4763G/M	1971	RT	48.00	450.00
ON PATROL L5960G	1993	RT	395.00	500.00
ON SHORE LEAVE L6654G/M	2000	OP	285.00	285.00
ON THE ROAD L5681G	1990	RT	320.00	525.00
ORCHESTRA CONDUCTOR L4653G	1969	RT	95.00	875.00
PAINTER L4663G	1969	RT	45.00	900.00
PHARMACIST L4844G/M	1973	RT	70.00	1500.00
PHARMACIST L6273G	1996	RT	290.00	310.00
PHYSICIAN L5984G	1993	OP	360.00	375.00
PROFESSOR L5208G	1984	RT	205.00	600.00
ROVING PHOTOGRAPHER L5194G	1984	RT	145.00	1500.00
SAY CHEESE L5195G	1984	RT	170.00	525.00
SHARPENING CUTLERY L5204G	1984	RT	210.00	1000.00
SHERIFF PUPPET L4969G	1977	RT	85.00	650.00
SPANISH SOLDIER L5255G	1984	RT	185.00	500.00
SPECIAL DELIVERY L5783G	1991	RT	525.00	600.00
TAILOR, THE L5326G	1985	RT	335.00	1000.00
TEACHER WOMAN L5048G	1980	RT	115.00	625.00
TEACHER, THE (MALE) L4801G	1972	RT	45.00	500.00
TODAY'S LESSON L6659G	2000	OP	265.00	265.00
TRAIL BOSS (GRES) L3561M	1994	CL	2495.00	2700.00
TRAVELING ARTIST L5661G	1990	RT	250.00	335.00
VETERINARIAN L4825G/M	1972	RT	35.00	475.00
WINE TASTER L5239G	1984	OP	190.00	445.00
WOODCUTTER L4656G	1969	RT	80.00	650.00

RELIGIOUS FIGURINES

NAME	YEAR	LIMIT	ISSUE	TREND
ABRAHAM L5169G	1982	RT	155.00	725.00
ASCENSION, THE L6383G	1997	RT	775.00	800.00
BAR MITZVAH DAY L6004G	1993	OP	395.00	430.00
BLESSED LADY L1579G	1988	CL	1150.00	2500.00
BLESSING, THE L5942G	1993	CL	1345.00	1500.00
BUDDHA L1235G	1972	RT	130.00	700.00
CHRISTUS L7584G/M	1999	OP	495.00	495.00
COMMUNION PRAYER, BOY L6088G	1994	OP	194.00	200.00
COMMUNION PRAYER, GIRL L6089	1994	OP	205.00	205.00
DREIDEL L6679G	2000	OP	155.00	115.00
DREIDEL WITH DOVE L6678	2000	OP	95.00	95.00
EVE AT THE TREE (GRES) L2029M	1971	CL	450.00	3700.00
FLIGHT TO EGYPT L1610G	1989	RT	885.00	1175.00
FRIAR JUNIPER (GRES) L2138	1984	RT	160.00	350.00
HANUKKAH LIGHTS L6027G	1993	RT	395.00	425.00
HEBREW SCHOLAR L6029G	1993	RT	245.00	275.00
HINDU GODDESS L1215G	1972	RT	110.00	900.00
HOLY MARY, NUMBERED SERIES L1394G	1982	OP	1000.00	1475.00
JESUS IN TIBERIUS L3557	1984	CL	2600.00	5250.00
JESUS L5167G	1982	OP	130.00	266.00
JESUS THE ROCK L1615G	1989	CL	1175.00	2600.00
KING BALTHASAR L1020M	1969	OP	345.00	1850.00
KING GASPAR L1018M	1969	OP	345.00	1895.00
KING MELCHIOR L1019M	1969	OP	345.00	1850.00
KING SOLOMON L5168G	1982	RT	205.00	900.00
LOAVES & FISHES, THE L5896G	1992	RT	695.00	900.00
MADONNA SEATED (GRES) L2043M	1971	CL	400.00	1700.00
MADONNA WITH CHILD (GRES) L2018M	1970	CL	450.00	2500.00
MADONNA WITH FLOWERS L5171G	1982	OP	173.00	310.00
MARY'S CHILD (GRES) L2230	1992	RT	525.00	650.00
MENORAH L6706G	2000	OP	325.00	325.00
MONK (GRES) L2060	1977	RT	60.00	175.00
MONKS AT PRAYER (GRES) L5155M	1982	OP	130.00	300.00
MOSES L5170G	1982	RT	175.00	425.00
MY BAR MITZVAH L6593G	1999	OP	345.00	345.00
MYSTICAL JOSEPH (GRES) L2135	1984	RT	428.00	700.00
NUNS L2075	1977	RT	90.00	275.00
NUNS L4611G/M	1969	OP	37.00	155.00
OUR LADY OF CARIDAD DEL COBRE L6268G	1996	RT	1355.00	1500.00
OUR LADY OF ROCIO L5951G	1993	2000	3500.00	3900.00
PIETA L5541G	1989	CL	1075.00	1500.00
POPE JOHN PAUL II L1825G	1998	2500	600.00	650.00
PREPARING FOR THE SABBATH L6183G	1995	RT	385.00	425.00
RABBI, THE L6209G	1995	RT	250.00	325.00
READING THE TORAH L6208G	1995	RT	535.00	550.00
REVERENT MOMENT L5792G	1991	RT	295.00	375.00
SAMSON AND DELILAH L5051G	1980	RT	350.00	1600.00
SEWING CIRCLE L5360G	1986	RT	600.00	1350.00
SINGING LESSON/CHOIR LESSON L4973G	1977	RT	350.00	1350.00
SISTER SINGING L6405G/M	1997	RT	165.00	185.00
SISTER WITH GUITAR L6106G/M	1997	RT	200.00	225.00
SISTER WITH SAX L6404G/M	1997	RT	180.00	200.00
SISTER WITH TAMBOURINE L6407G/M	1997	RT	185.00	205.00
SORROWFUL MOTHER L5849G	1992	CL	1750.00	1950.00
ST. CRISTOBAL/ST. CHRISTOPHER L5246G	1984	RT	265.00	550.00
ST. FRANCIS (GRES) L2090M	1978	RT	565.00	1600.00
ST. JOSEPH THE CARPENTER L6363G	1997	RT	1050.00	1100.00
ST. MICHAEL L3515M	1978	CL	2200.00	4900.00
ST. THERESA (GRES) L2061	1977	CL	388.00	1400.00

NAME	YEAR	LIMIT	ISSUE	TREND
❏ ST. VINCENT L5387G	1986	RT	190.00	400.00
❏ SUNDAY SERMON L5986G	1993	OP	425.00	425.00
❏ SWEET MARY L6631G	1999	OP	220.00	220.00
❏ TEN COMMANDMENTS, THE L5933G	1993	RT	930.00	950.00
❏ WAY OF THE CROSS, THE L5890G	1992	CL	975.00	1150.00
❏ YOUNG MADONNA (BUST, GRES) L2149	1985	RT	400.00	1000.00
❏ YOUNG MARY (GRES) L2417	2000	OP	340.00	340.00

SPORTS FIGURINES *

NAME	YEAR	LIMIT	ISSUE	TREND
❏ AEROBICS FLOOR EXERCISE L5335G	1985	RT	110.00	300.00
❏ AEROBICS PULL-UPS L5334G	1985	RT	110.00	300.00
❏ AEROBICS SCISSOR FIGURE L5336G	1985	RT	110.00	300.00
❏ BASEBALL PLAYER L6090G	1994	RT	295.00	350.00
❏ BASEBALL STAR L6137G	1994	RT	295.00	335.00
❏ BASKETBALL PLAYER L6091G	1994	RT	295.00	335.00
❏ BASKETBALL STAR L6136G	1994	RT	295.00	335.00
❏ BIKING IN THE COUNTRY L5272G	1985	RT	295.00	825.00
❏ BILLY SOCCER PLAYER L5135G	1982	RT	140.00	600.00
❏ BILLY THE BASEBALL PLAYER L5137G	1982	RT	140.00	700.00
❏ BILLY THE GOLFER L5138G	1982	RT	140.00	950.00
❏ BILLY THE SKIER L5136G	1982	RT	140.00	850.00
❏ COURAGE/SPECIAL OLYMPICS L7522G	1993	RT	195.00	250.00
❏ DERBY L1344G	1977	RT	1125.00	2500.00
❏ ELEGANCE ON ICE L6653G	2000	OP	365.00	365.00
❏ FEMALE EQUESTRIAN L4516G	1969	OP	170.00	760.00
❏ FEMALE EQUESTRIAN L4516M	1969	RT	170.00	800.00
❏ FEMALE TENNIS PLAYER L1427M	1982	RT	200.00	350.00
❏ FISHER BOY/GOING FISHING L4809G/M	1972	RT	30.00	175.00
❏ FISHING LESSON, A L6468G	2000	OP	530.00	530.00
❏ FOOTBALL STAR L6135G	1994	RT	295.00	325.00
❏ GENTLEMAN EQUESTRIAN L5329G	1985	RT	160.00	500.00
❏ GOLFER L4824G/M	1972	OP	66.00	295.00
❏ GOLFING COUPLE L1453G	1983	OP	248.00	545.00
❏ GYMNAST BALANCING BALL L5332G	1985	RT	95.00	350.00
❏ GYMNAST EXERCISING WITH BALL L5333G	1985	RT	95.00	325.00
❏ GYMNAST WITH RING L5331G	1985	RT	95.00	375.00
❏ HIKER L5280G	1985	RT	195.00	375.00
❏ HOCKEY PLAYER L6108G	1994	RT	295.00	350.00
❏ HUNTERS L1048G/M	1969	RT	115.00	1500.00
❏ JOCKEY AND LADY L5036G	1979	RT	950.00	2615.00
❏ JOCKEY L1341G	1977	RT	120.00	500.00
❏ JOCKEY, THE L5089G	1980	RT	660.00	1200.00
❏ LADY EQUESTRIAN L5328G	1985	RT	160.00	500.00
❏ LILY SOCCER PLAYER/GIRL SOCCER PLAYER L5134G	1982	RT	140.00	550.00
❏ LITTLE LEAGUER EXERCISING L5289G	1985	RT	150.00	450.00
❏ LITTLE LEAGUER ON BENCH L5291G	1985	RT	150.00	450.00
❏ LITTLE LEAGUER, CATCHER L5290G	1985	RT	150.00	450.00
❏ MALE TENNIS PLAYER L1426M	1982	RT	200.00	350.00
❏ OLYMPIC PUPPET L4968G	1977	RT	65.00	900.00
❏ ON THE GREEN (GRES VERSION) L2315	1995	RT	575.00	600.00
❏ ON THE GREEN L6032G	1993	OP	645.00	645.00
❏ PERFECT DRIVE, A (GOLF) L6689G/M	2000	OP	335.00	335.00
❏ PRIZE CATCH L6466G	1998	RT	340.00	375.00
❏ RACE, THE L1249G	1974	RT	410.00	2200.00
❏ RACING MOTORCYCLIST L5270G	1985	RT	360.00	850.00
❏ REGATTA L6248G	1995	RT	695.00	725.00
❏ SHOT ON GOAL (GRES) L2353	1996	RT	935.00	1100.00
❏ SHOT ON GOAL L5879G	1992	RT	1100.00	1200.00
❏ SKIER PUPPET L4970G	1977	RT	85.00	625.00
❏ SOCCER PLAYER L5200G	1984	RT	155.00	450.00
❏ SOCCER PLAYERS L1266G	1974	CL	1000.00	7000.00
❏ SPECIAL MALE SOCCER PLAYER L5200.30G	1984	RT	150.00	600.00
❏ SPORTSMAN, THE L6096G	1994	RT	495.00	600.00
❏ TEAM PLAYER L6185G	1994	RT	215.00	235.00
❏ TEAM PLAYER L6185G	1994	RT	215.00	235.00
❏ TEE TIME L5675G	1990	RT	270.00	365.00
❏ TENNIS PLAYER PUPPET L4966G	1977	RT	60.00	550.00
❏ TO THE RIM L1800G	1995	CL	2475.00	2650.00
❏ TORCH BEARER L5251G	1984	RT	100.00	400.00
❏ WAITING TO TEE OFF L5301G	1985	RT	145.00	315.00
❏ WOMAN GOLFER/LADY GOLFER L4851G	1973	OP	70.00	280.00
❏ WOMAN GOLFER/LADY GOLFER L4851M	1973	RT	70.00	400.00

VALENCIAN FIGURINES *

NAME	YEAR	LIMIT	ISSUE	TREND
❏ APPRECIATION L1396G	1982	RT	420.00	1000.00
❏ CARMENCITA L5373G	1986	RT	120.00	250.00
❏ FESTIVAL IN VALENCIA L1457G	1985	CL	1400.00	2500.00
❏ FULL OF MISCHIEF L1395G	1982	RT	420.00	1000.00
❏ LOLITA L5372G	1986	RT	120.00	250.00
❏ LOVING VALENCIA L5868G	1992	RT	365.00	425.00
❏ MAKING PAELLA L5254G	1984	RT	215.00	525.00
❏ MISS VALENCIA L1422G	1982	RT	175.00	450.00
❏ PEPITA L5374G	1986	RT	120.00	250.00
❏ REVERIE L1398G	1982	RT	490.00	1100.00
❏ SECOND THOUGHTS L1397G	1982	RT	420.00	1000.00
❏ SERENE VALENCIA L5867G	1992	RT	365.00	425.00
❏ TERESITA L5375G	1986	RT	120.00	250.00
❏ VALENCIAN BEAUTY (BUST) L5670G	1990	RT	175.00	375.00
❏ VALENCIAN BOUQUET L1524G	1987	RT	250.00	400.00
❏ VALENCIAN BOY L1400G	1982	RT	298.00	525.00
❏ VALENCIAN BOY L5395G	1986	RT	200.00	350.00
❏ VALENCIAN CHILDREN L1489G	1986	OP	700.00	1225.00
❏ VALENCIAN COUPLE L1472G	1985	CL	885.00	1625.00
❏ VALENCIAN CRUISE L1731G	1991	CL	2700.00	3000.00

NAME	YEAR	LIMIT	ISSUE	TREND
❑ VALENCIAN DREAMS L1525G	1987	RT	240.00	400.00
❑ VALENCIAN FLOWERS (BUST) L5669G	1990	RT	370.00	425.00
❑ VALENCIAN FLOWERS L1526G	1987	RT	376.00	575.00
❑ VALENCIAN GARDEN L1518G	1987	RT	1100.00	1800.00
❑ VALENCIAN GIRL L4841G	1973	OP	35.00	240.00
❑ VALENCIAN HARVEST (BUST) L5668G	1990	RT	175.00	375.00
❑ VALENCIAN LADY L1304G	1974	OP	200.00	625.00
❑ VALENCIANS GRP/VALENCIAN COUPLE-HORSEBACK L4648G/M	1969	RT	250.00	1200.00
VEHICULAR FIGURINES				*
❑ ANTIQUE AUTO L1146G	1971	CL	1000.00	8000.00
❑ CAR IN TROUBLE L1375G	1978	CL	3000.00	6500.00
❑ FIRST DATE L1393G	1982	CL	3800.00	5900.00
❑ FLORAL GETAWAY L5795G	1991	RT	625.00	800.00
❑ HAPPY ENCOUNTER, A L1523G	1987	CL	2900.00	4900.00
❑ HIGH SPEED L1779G	1994	CL	3830.00	4000.00
❑ IN THE GONDOLA (NUMBERED SERIES) L1350G	1978	OP	1350.00	3250.00
❑ LANDAU CARRIAGE, THE L1521G	1987	RT	2500.00	4000.00
❑ MOTORING IN STYLE L5884G	1992	CL	3700.00	4100.00
❑ RIDE IN THE PARK, A L5718	1990	CL	3200.00	4350
❑ SCOOTING L5143G	1982	RT	575.00	1350.00
❑ SEDAN CHAIR GROUP/HER LADYSHIP L5097G	1980	RT	2950.00	6200.00
ZODIAC SERIES				*
❑ AQUARIUS L6216G	1995	RT	198.00	295.00
❑ ARIES L6221G	1995	RT	198.00	$295.00
❑ CANCER L6224G	1995	RT	198.00	320.00
❑ CAPRICORN L6222G	1995	RT	198.00	$295.00
❑ GEMINII L6219G	1995	RT	198.00	320.00
❑ LEO L6214G	1995	RT	198.00	$295.00
❑ LIBRA L6215G	1995	RT	198.00	320.00
❑ PISCES L6223G	1995	RT	198.00	$295.00
❑ SAGITTARIUS L6217G	1995	RT	198.00	320.00
❑ SCORPIO L6225G	1995	RT	198.00	320.00
❑ TAURUS L6218G	1995	RT	198.00	295.00
❑ VIRGO L6215G	1995	RT	198.00	320.00
ZODIAC SERIES, CHINESE				*
❑ DRAGON L6715G	2000	OP	395.00	395.00
❑ SNAKE, THE L6780G	2001	OP	320.00	320.00

MARGARET FURLONG DESIGNS

0" ANGEL SERIES				**M. FURLONG**
❑ VIOLA ANGEL	1997	OP	12.00	12.00
3" ANGEL SERIES				**M. FURLONG**
❑ DOGWOOD ANGEL	1997	OP	14.00	14.00
4" ANGEL SERIES				**M. FURLONG**
❑ IRIS ANGEL	1997	YR	23.00	23.00
MADONNA SERIES				**M. FURLONG**
❑ MADONNA OF THE CROSS	1997	20,000	80.00	80.00

MARK HOPKINS SCULPTURE

ARTS GALLERY				**M. HOPKINS**
❑ JAZZ BASS	1993	750	550.00	550.00
❑ JAZZ DRUMS	1993	750	850.00	850.00
EAGLES COLLECTION				**M. HOPKINS**
❑ MOUNTAIN MAJESTY	1995	450	975.00	975.00
EARTH COLLECTION				**M. HOPKINS**
❑ BEAR	1995	750	400.00	400.00
❑ COUGAR	1995	750	400.00	400.00
❑ WOLF	1995	750	400.00	400.00
FISHING COLLECTION				**M. HOPKINS**
❑ GOTCHA!	1995	950	375.00	375.00
GOLF COLLECTION				**M. HOPKINS**
❑ DOWN THE MIDDLE	1996	950	300.00	950.00
❑ GREEN, THE	1996	OP	160.00	160.00
❑ LINING IT UP	1996	950	300.00	300.00
❑ WOODS	1995	950	395.00	395.00
GREAT CATS OF AMERICA COLLECTION				**M. HOPKINS**
❑ SACRED GROUND	1995	750	1495.00	1495.00
GREAT MYSTERY COLLECTION				**M. HOPKINS**
❑ WAKAN TONKA	1995	450	1495.00	1495.00
KIDS ON THE MOVE				**M. HOPKINS**
❑ RACE YA! (BOY)	1995	950	435.00	435.00
❑ RACE YA! (GIRL)	1995	950	435.00	435.00
KIDS PLAY GALLERY				**M. HOPKINS**
❑ FASTBREAK	1993	950	315.00	315.00
❑ TIRE SWING, THE	1993	550	650.00	650.00
LIVING REEF COLLECTION				**T. RUSH**
❑ LORD OF THE REEF	1995	950	775.00	775.00
MARK HOPKINS PREMIERE EDITIONS				**M. HOPKINS**
❑ SURVIVAL - LARGE	1996	250	3500.00	3500.00
MARK HOPKINS STUDIO				**M. HOPKINS**
❑ BORN TO FLY	1994	450	925.00	925.00
MARK HOPKINS STUDIO				**T. RUSH**
❑ ALPHA WOLF	1994	950	225.00	225.00
❑ CHASE, THE	1993	950	695.00	695.00
❑ FACES IN THE DEEP	1994	950	600.00	600.00
❑ FIRST STRIKE	1994	950	775.00	775.00

FIGURINES

FIGURINES

NAME	YEAR	LIMIT	ISSUE	TREND
❏ HONEY	1994	950	225.00	225.00
❏ LURED AWAY	1994	950	750.00	750.00
❏ OCEAN MONARCHS	1994	950	575.00	575.00
❏ PROTECTING THE INNOCENT	1994	950	550.00	550.00
❏ RACE TO THE FLY	1994	950	675.00	675.00
❏ RETURN TO THE SKIES	1994	950	225.00	225.00
❏ RISE TO THE CHALLENGE	1994	950	225.00	225.00
❏ SPOOKED	1993	950	975.00	975.00
❏ TURNING POINT	1993	950	695.00	695.00
NATURE'S CHILDREN COLLECTION				**M. HOPKINS**
❏ BEAR HUG	1995	750	825.00	825.00
NAUTICAL & SEA LIFE GALLERY				**M. HOPKINS**
❏ FAIR WIND	1993	RT	550.00	600.00
❏ HEAVY WEATHER AHEAD	1993	SU	500.00	500.00
❏ TAKING A SIGHT	1993	SU	450.00	450.00
NOBLESSENCE GALLERY				**M. HOPKINS**
❏ AMONG THE ASPEN	1993	550	1125.00	1125.00
❏ ANCIENT OF DAYS	1994	750	1250.00	1250.00
❏ BATTLE WORN	1994	250	975.00	975.00
❏ BREAK OUT	1993	250	1250.00	1250.00
❏ CRY OF FREEDOM	1994	450	1100.00	1100.00
❏ EAGLE DANCE	1993	750	700.00	700.00
❏ EARTH MOTHER	1994	750	1250.00	1250.00
❏ GATHERING WISDOM	1994	450	875.00	875.00
❏ GENERATIONS OF TIME	1994	750	1250.00	1250.00
❏ GOLDEN EAGLE	1993	RT	975.00	1050.00
❏ GUARDIAN OF THE PLAINS	1994	750	975.00	975.00
❏ I HAVE SEEN TOMORROW	1994	450	1000.00	1000.00
❏ LICK AND A PROMISE, A	1994	750	850.00	850.00
❏ MATERNAL PRIDE	1994	750	975.00	975.00
❏ NIGHT HUNTER	1994	750	875.00	875.00
❏ PEACE NO MORE	1994	450	950.00	950.00
❏ PHANTOMS OF THE FOREST	1993	SU	685.00	685.00
❏ POUNCING LYNX	1994	750	650.00	650.00
❏ SONS & BROTHERS	1993	250	1250.00	1250.00
❏ VISION QUEST	1994	250	1500.00	1500.00
NOBLESSENCE GALLERY MHS ANNUAL				**M. HOPKINS**
❏ MOTHER'S NATURE	1994	YR	685.00	800.00
❏ SURVIVAL	1995	YR	795.00	1400.00
NOBLESSENCE GALLERY NATIVE AMERICAN				**M. HOPKINS**
❏ BROKEN TREATY	1993	450	1100.00	1800.00
❏ FIRST BUFFALO	1991	250	1498.00	2000.00
NOBLESSENCE GALLERY NATURE				**M. HOPKINS**
❏ CRY OF THE WOLVES	1992	950	850.00	1950.00
❏ FISHING GRIZZLY	1992	450	875.00	1890.00
❏ SHADOW IN THE GRASS	1997	250	1625.00	1625.00
❏ SOARING	1993	450	975.00	1250.00
❏ STALKING COUGAR	1992	450	750.00	1725.00
NOBLESSENCE GALLERY WILD DOMAIN				**M. HOPKINS**
❏ CATCH OF THE DAY	1994	550	1150.00	4000.00
❏ EAGLE'S LEDGE	1997	250	875.00	875.00
❏ GRIZZLY CANYON	1997	250	925.00	925.00
❏ MOUNTAIN OVERLOOK	1993	550	975.00	1400.00
ON THE RIDGE COLLECTION				**M. HOPKINS**
❏ FISHING ROCK	1995	550	750.00	750.00
❏ SPIRIT OF THE MOUNTAIN	1995	550	750.00	750.00
PORTRAITS OF THE WILD COLLECTION				**M. HOPKINS**
❏ LONE SCOUT	1995	650	600.00	600.00
❏ NO LIMIT	1995	650	600.00	600.00
❏ SILENT APPROACH	1995	650	600.00	600.00
SKY COLLECTION				**M. HOPKINS**
❏ RED-TAILED HAWK	1996	450	450.00	450.00
SPORTS & WILDLIFE GALLERY				**M. HOPKINS**
❏ BALD EAGLE	1997	950	225.00	225.00
❏ DOWNRIVER RUN	1993	450	950.00	1450.00
❏ FISHING HOLE	1993	450	650.00	650.00
❏ FOREVER FREE	1994	950	625.00	625.00
❏ I CAN'T LOOK	1993	950	325.00	325.00
❏ NOT AGAIN	1993	950	325.00	325.00
❏ PATRIOT'S DREAM	1997	950	325.00	325.00
❏ TEACHING THE WAY	1993	450	750.00	750.00
VOICE OF JAZZ COLLECTION				**M. HOPKINS**
❏ BODY AND SOUL	1995	750	625.00	625.00
❏ TRIO	1995	750	675.00	675.00
WAY OF THE PEOPLE COLLECTION I				**M. HOPKINS**
❏ LEGEND KEEPER	1995	450	925.00	925.00
WAY OF THE PEOPLE COLLECTION II				**M. HOPKINS**
❏ SEASON OF INNOCENCE	1995	450	925.00	925.00
WAY OF THE WARRIOR COLLECTION				**M. HOPKINS**
❏ HOKA HAY	1996	450	1350.00	1350.00
WILD WATERS COLLECTION				**M. HOPKINS**
❏ RELEASE, THE	1995	450	1095.00	1095.00
WILDLIFE STUDIES COLLECTION II				**T. RUSH**
❏ CLAP OF THUNDER	1995	950	250.00	250.00
❏ CURIOSITY	1995	950	250.00	250.00
❏ SCENT OF DANGER	1995	950	285.00	285.00
❏ TERRITORIAL RIGHT	1995	950	250.00	250.00

NAME	YEAR	LIMIT	ISSUE	TREND
WILDLIFE STUDIES COLLECTION III				**T. RUSH**
❑ ELK COUNTRY	1995	950	335.00	335.00
❑ GREAT PLAINS BUFFALO	1995	950	310.00	310.00
❑ HAWK EYE	1995	950	275.00	275.00

MARURI USA

NAME	YEAR	LIMIT	ISSUE	TREND
AFRICAN SAFARI ANIMALS				**W. GAITHER**
❑ AFRICAN ELEPHANT	1983	CL	3500.00	3500.00
❑ BLACK MANED LION	1983	CL	1450.00	1450.00
❑ CAPE BUFFALO	1983	CL	2200.00	2200.00
❑ GRANT'S ZEBRAS, PAIR	1983	500	1200.00	1200.00
❑ MYALA	1981	300	1450.00	1450.00
❑ SABLE	1983	CL	1200.00	1200.00
❑ SOUTHERN GREATER KUDU	1983	CL	1800.00	1800.00
❑ SOUTHERN IMPALA	1983	CL	1200.00	1200.00
❑ SOUTHERN LEOPARD	1983	CL	1450.00	1450.00
❑ SOUTHERN WHITE RHINO	1983	150	3200.00	3200.00
AMERICAN EAGLE GALLERY				*
❑ E-8501	1985	CL	45.00	70.00
❑ E-8502	1985	OP	55.00	65.00
❑ E-8503	1985	OP	60.00	67.00
❑ E-8504	1985	OP	65.00	75.00
❑ E-8505	1985	CL	65.00	140.00
❑ E-8506	1985	OP	75.00	90.00
❑ E-8507	1985	CL	75.00	90.00
❑ E-8508	1985	CL	75.00	80.00
❑ E-8509	1985	CL	85.00	130.00
❑ E-8510	1985	OP	85.00	85.00
❑ E-8511	1985	CL	85.00	130.00
❑ E-8512	1985	CL	295.00	300.00
❑ E-8521	1987	CL	40.00	50.00
❑ E-8522	1987	OP	45.00	50.00
❑ E-8523	1987	CL	55.00	55.00
❑ E-8524	1987	OP	175.00	195.00
❑ E-8931	1989	OP	55.00	60.00
❑ E-8932	1989	OP	75.00	80.00
❑ E-8933	1989	OP	95.00	95.00
❑ E-8934	1989	OP	135.00	135.00
❑ E-8935	1989	OP	175.00	185.00
❑ E-8936	1989	OP	185.00	195.00
❑ E-9141 EAGLE LANDING	1991	OP	60.00	60.00
❑ E-9142 EAGLE W/TOTEM POLE	1991	CL	75.00	75.00
❑ E-9143 RAID IN FLIGHT	1991	OP	95.00	95.00
❑ E-9144 EAGLE W/SALMON	1991	OP	110.00	110.00
❑ E-9145 EAGLE W/SNOW	1991	CL	135.00	135.00
❑ E-9146 EAGLE W/BABIES	1991	OP	145.00	145.00
❑ EAGLE E-9551	1995	OP	60.00	60.00
❑ EAGLE E-9552	1995	OP	65.00	65.00
❑ EAGLE E-9553	1995	OP	75.00	75.00
❑ EAGLE E-9554	1995	OP	80.00	80.00
❑ EAGLE E-9555	1995	OP	90.00	90.00
❑ EAGLE E-9556	1995	OP	110.00	110.00
AMERICANA				**W. GAITHER**
❑ GRIZZLY BEAR AND INDIAN	1981	CL	650.00	650.00
❑ SIOUX BRAVE AND BISON	1982	CL	985.00	985.00
BABY ANIMALS				**W. GAITHER**
❑ AFRICAN LION CUBS	1981	RT	195.00	195.00
❑ BLACK DEAR CUBS	1981	CL	195.00	195.00
❑ WOLF CUBS	1981	CL	195.00	195.00
BIRDS OF PREY				**W. GAITHER**
❑ AMERICAN BALD EAGLE I	1981	CL	165.00	1700.00
❑ AMERICAN BALD EAGLE II	1982	CL	245.00	2700.00
❑ AMERICAN BALD EAGLE III	1983	CL	445.00	1700.00
❑ AMERICAN BALD EAGLE IV	1984	CL	360.00	1700.00
❑ AMERICAN BALD EAGLE V	1986	CL	325.00	1200.00
❑ SCREECH OWL	1981	300	960.00	960.00
EYES OF THE NIGHT				*
❑ DOUBLE BARN OWL O-8807	1990	CL	125.00	125.00
❑ DOUBLE SNOWY OWL O-8809	1990	CL	245.00	245.00
❑ SINGLE GREAT HORNED OWL O-8803	1990	CL	60.00	60.00
❑ SINGLE GREAT HORNED OWL O-8808	1990	CL	145.00	145.00
❑ SINGLE SCREECH OWL O-8801	1990	CL	50.00	50.00
❑ SINGLE SCREECH OWL O-8806	1990	CL	90.00	90.00
❑ SINGLE SNOWY OWL O-8802	1990	CL	50.00	50.00
❑ SINGLE SNOWY OWL O-8805	1990	CL	80.00	80.00
❑ SINGLE TAWNY OWL O-8804	1990	CL	60.00	60.00
GRACEFUL REFLECTIONS				*
❑ MUTE SWAN WITH BABY SW-9152	1991	CL	95.00	95.00
❑ PAIR-MUTE SWAN SW-9153	1991	CL	145.00	145.00
❑ PAIR-MUTE SWAN SW-9154	1991	CL	195.00	195.00
❑ SINGLE MUTE SWAN SW-9151	1991	CL	85.00	85.00
HUMMINGBIRDS				*
❑ ALLEN'S & BABIES W/ROSE	1995	OP	120.00	120.00
❑ ALLEN'S W/EASTER LILY	1995	OP	95.00	95.00
❑ ALLEW'S WITH HIBISCUS I I-0900	1991	OP	195.00	195.00
❑ ANNA'S W/LILY H-8905	1991	OP	160.00	160.00
❑ ANNA'S W/TRUMPET CREEPER	1995	OP	130.00	130.00
❑ BROAD-BILLED W/AMARYLLIS	1995	OP	150.00	150.00
❑ RUBY-THROATED W/AZALEA H-8911	1991	OP	75.00	75.00
❑ RUBY-THROATED W/ORCHID H-8901	1991	OP	150.00	150.00
❑ RUFOUS WITH TRUMPET CREEPER H-8901	1991	OP	70.00	70.00

FIGURINES

NAME	YEAR	LIMIT	ISSUE	TREND
❏ VIOLET-CROWNED W/GENTIAN H-8913	1991	OP	75.00	75.00
❏ VIOLET-CROWNED W/IRIS	1995	OP	95.00	95.00
❏ WHITE-EARED W/MORNING GLORY H-8912	1991	OP	75.00	75.00
❏ WHITE-EARED W/TULIP	1995	OP	145.00	145.00
KINGDOM OF CATS				*
❏ BABY COUGAR WITH ICICLES	1997	RT	*	N/A
❏ BOBCAT WITH CACTUS	1997	RT	*	N/A
❏ FEMALE LIONS WITH CUB	1997	RT	*	N/A
❏ FEMALE MOUNTAIN LION WITH CUBS	1997	RT	*	N/A
❏ MALE LION ON ROCKS	1997	RT	*	N/A
❏ MALE TIGER JUMPING	1997	RT	*	N/A
❏ MOUNTAIN LION ON ROCKS	1997	RT	*	N/A
❏ MOUNTAIN LION ON TREE	1997	RT	*	N/A
❏ TIGER CUBS PLAYING	1997	RT	*	N/A
LEGENDARY FLOWERS OF THE ORIENT				ITO
❏ CHERRY BLOSSOM	1985	15000	45.00	55.00
❏ CHINESE PEONY	1985	15000	45.00	55.00
❏ CHRYSANTHEMUM	1985	15000	45.00	55.00
❏ IRIS	1985	15000	45.00	55.00
❏ LILY	1985	15000	45.00	55.00
❏ LOTUS	1985	15000	45.00	45.00
❏ ORCHID	1985	15000	45.00	55.00
❏ WISTERIA	1985	15000	45.00	55.00
MAJESTIC OWLS OF THE NIGHT				D. LITTLETON
❏ BARRED OWL	1988	15000	55.00	55.00
❏ BURROWING OWL	1987	15000	55.00	55.00
❏ ELF OWL	1988	15000	55.00	55.00
NORTH AMERICAN GAME ANIMALS				W. GAITHER
❏ WHITE TAIL DEER	1984	950	285.00	285.00
NORTH AMERICAN GAME BIRDS				W. GAITHER
❏ BOBTAIL QUAIL, FEMALE	1983	CL	375.00	375.00
❏ BOBTAIL QUAIL, MALE	1983	CL	375.00	375.00
❏ CANADIAN GEESE, PAIR	1981	CL	2000.00	2000.00
❏ EASTERN WILD TURKEY	1981	CL	300.00	300.00
❏ RUFFED GROUSE	1982	CL	1745.00	1745.00
❏ WILD TURKEY HEN WITH CHICKS	1983	CL	300.00	300.00
NORTH AMERICAN SONGBIRDS				W. GAITHER
❏ BLUEBIRD	1982	CL	95.00	95.00
❏ CARDINAL, FEMALE	1983	CL	95.00	95.00
❏ CARDINAL, MALE	1982	CL	95.00	95.00
❏ CAROLINA WREN	1982	CL	95.00	95.00
❏ CHICKADEE	1982	CL	95.00	95.00
❏ MOCKINGBIRD	1982	CL	95.00	95.00
❏ ROBIN	1983	CL	95.00	95.00
NORTH AMERICAN WATERFOWL I				W. GAITHER
❏ BLUE WINGED TEAL	1981	200	980.00	980.00
❏ CANVASBACK DUCKS	1981	CL	780.00	780.00
❏ FLYING WOOD DUCKS	1981	CL	880.00	880.00
❏ MALLARD DUCKS	1981	CL	2380.00	2380.00
❏ WOOD DUCK, DECOY	1981	950	480.00	480.00
NORTH AMERICAN WATERFOWL II				W. GAITHER
❏ BUFFLEHEAD DUCKS, PAIR	1982	1500	225.00	225.00
❏ GOLDENEYE DUCKS, PAIR	1982	CL	225.00	225.00
❏ LOON	1983	CL	245.00	245.00
❏ MALLARD DUCKS, PAIR	1981	1500	225.00	225.00
❏ PINTAIL DUCKS, PAIR	1982	CL	225.00	225.00
❏ WIDGEON, FEMALE	1982	CL	225.00	225.00
❏ WIDGEON, MALE	1982	CL	225.00	225.00
POLAR EXPEDITION				*
❏ ARCTIC FOX CUBS PLAYING P-9223	1992	OP	65.00	65.00
❏ BABY ARCTIC FOX P-9002	1990	OP	50.00	50.00
❏ BABY EMPEROR PENGUIN P-9001	1990	OP	45.00	45.00
❏ BABY HARP SEAL P-221	1992	OP	55.00	55.00
❏ BABY HARP SEALS P-9005	1990	OP	65.00	65.00
❏ EMPEROR PENGUINS P-9222	1992	OP	60.00	60.00
❏ MOTHER & BABY EMPEROR PENGUINS P-9006	1990	OP	80.00	80.00
❏ MOTHER & BABY HARP SEALS P-9007	1990	OP	90.00	90.00
❏ MOTHER & BABY POLAR SEALS P-9008	1990	OP	125.00	125.00
❏ POLAR BEAR CUB P-9003	1990	OP	50.00	50.00
❏ POLAR BEAR CUBS P-9004	1990	OP	60.00	60.00
❏ POLAR BEAR FAMILY P-9224	1992	OP	90.00	90.00
❏ POLAR EXPEDITION SIGN P-9009	1990	OP	18.00	18.00
PRECIOUS PANDA				*
❏ LAZY LUNCH PP-9202	1992	OP	60.00	60.00
❏ MOTHER'S CUDDLE PP-9204	1992	OP	120.00	120.00
❏ SNACK TIME PP-9201	1992	OP	60.00	60.00
❏ TUG OF WAR PP-9203	1992	OP	70.00	70.00
PREMIER BIRD COLLECTION				*
❏ AMERICAN GOLDFINCH	1999	OP	25.00	25.00
❏ BARN SWALLOW	1999	OP	25.00	25.00
❏ BLACK-CAPPED CHICKADEE	1999	OP	25.00	25.00
❏ GOLDEN-CROWNED KINGLET	1999	OP	25.00	25.00
❏ HOUSE WREN	1999	OP	25.00	25.00
❏ NORTHERN PARULA	1999	OP	25.00	25.00
❏ PINE WARBLER	1999	OP	25.00	25.00
❏ RED-BREASTED NUTHATCH	1999	OP	25.00	25.00
❏ SAVANNAH SPARROW	1999	OP	25.00	25.00
❏ TUFTED TITMOUSE	1999	OP	25.00	25.00
❏ YELLOW WARBLER	1999	OP	25.00	25.00
❏ YELLOW-THROATED WARBLER	1999	OP	25.00	25.00

NAME	YEAR	LIMIT	ISSUE	TREND
SANTA'S WORLD TRAVELS				*
❏ SANTA'S SAFARI	1996	5000	225.00	225.00
SIGNATURE COLLECTION				W. GAITHER
❏ AMERICAN BALD EAGLE	1985	CL	60.00	60.00
❏ CANADA GOOSE	1985	CL	60.00	60.00
❏ HAWK	1985	CL	60.00	60.00
❏ PINTAIL DUCK	1985	CL	60.00	60.00
❏ SNOW GOOSE	1985	CL	60.00	60.00
❏ SWALLOW	1985	CL	60.00	60.00
SONGBIRD SERENADE				*
❏ BLUEBIRD FAMILY W/APPLE BLOSSOM	1997	OP	95.00	95.00
❏ BLUEJAY W/OAK	1997	OP	70.00	70.00
❏ CARDINAL FAMILY W/ROSE	1997	OP	90.00	90.00
❏ CEDAR WAXWING PAIR W/BERRIES	1997	OP	80.00	80.00
❏ CHICKADEE PAIR W/HOLLY & BERRY	1997	OP	85.00	85.00
❏ GOLDFINCH W/VIOLETS	1997	OP	65.00	65.00
❏ ROBIN W/BLACKBERRY	1997	OP	70.00	70.00
❏ ROBIN W/LILY	1997	OP	70.00	70.00
❏ WREN PAIR W/CACTUS	1997	OP	80.00	80.00
SONGBIRDS OF BEAUTY				*
❏ BLUEBIRD WITH APPLE BLOSSOM SB-9105	1991	CL	85.00	85.00
❏ CARDINAL WITH CHERRY BLOSSOM SB-9103	1991	CL	85.00	85.00
❏ CHICKADEE WITH ROSES SB-9101	1991	CL	85.00	85.00
❏ DOUBLE BLUEBIRD W/PEACH BLOSSOM SB-9107	1991	CL	145.00	145.00
❏ DOUBLE CARDINAL WITH DOGWOOD SB-9108	1991	CL	145.00	145.00
❏ GOLDFINCH WITH HAWTHORNE SB-9102	1991	CL	85.00	85.00
❏ ROBIN & BABY WITH AZALEA SB-9106	1991	CL	115.00	115.00
❏ ROBIN WITH LILIES SB-9104	1991	CL	85.00	85.00
SPECIAL COMMISSIONS				W. GAITHER
❏ CHEETAH	1982	CL	995.00	995.00
❏ ORANGE BENGAL TIGER	1983	240	340.00	340.00
❏ WHITE BENGAL TIGER	1981	240	340.00	340.00
STUDIO COLLECTION				*
❏ DELICATE MOTION MS-200	1991	SO	325.00	325.00
❏ FANTASY IN FLIGHT	1998	3500	295.00	295.00
❏ IMPERIAL PANDA MS-300	1992	SO	350.00	350.00
❏ MAJESTIC EAGLES MS-100	1990	SO	350.00	780.00
❏ WALTZ OF THE DOLPHINS	1994	3500	300.00	300.00
❏ WILD WINGS	1993	SO	395.00	450.00
STUMP ANIMALS				W. GAITHER
❏ BOBCAT	1984	CL	175.00	175.00
❏ CHIPMUNK	1984	CL	175.00	175.00
❏ GRAY SQUIRREL	1984	1200	175.00	175.00
❏ OWL	1983	CL	175.00	175.00
❏ PELICAN	1984	CL	260.00	260.00
❏ RACCOON	1983	CL	175.00	175.00
❏ RED FOX	1982	CL	175.00	175.00
❏ SAND PIPER	1984	CL	260.00	260.00
UPLAND BIRDS				W. GAITHER
❏ MOURNING DOVES	1981	CL	780.00	780.00
WINGS OF LOVE DOVES				*
❏ D-8701 SINGLE DOVE	1987	CL	45.00	58.00
❏ D-8702 DOUBLE DOVE	1987	OP	55.00	65.00
❏ D-8703 SINGLE DOVE	1987	CL	65.00	65.00
❏ D-8704 DOUBLE DOVE	1987	OP	75.00	85.00
❏ D-8705 SINGLE DOVE	1987	CL	95.00	95.00
❏ D-8706 DOUBLE DOVE	1987	OP	175.00	175.00
❏ D-9021 DOUBLE DOVE	1990	OP	50.00	55.00
❏ D-9022 DOUBLE DOVE	1990	OP	75.00	75.00
❏ D-9023 DOUBLE DOVE	1990	OP	115.00	115.00
❏ D-9024 DOUBLE DOVE	1990	CL	150.00	150.00

MIDWEST OF CANNON FALLS

NAME	YEAR	LIMIT	ISSUE	TREND
A CHRISTMAS CAROL				C. ULBRICHT
❏ BOB CRATCHIT AND TINY TIM NUTCRACKER 09577-5	1993	CL	240.00	240.00
❏ EBENEZER SCROOGE NUTCRACKER	1993	6000	210.00	210.00
❏ GHOST OF CHRISTMAS PRESENT NUTCRACKER 12041-5	1994	CL	190.00	190.00
❏ SCROOGE NUTCRACKER 09584-3	1995	CL	210.00	210.00
AMERICAN FOLK HERO				C. ULBRICHT
❏ DAVY CROCKETT NUTCRACKER 12960-9	1994	CL	190.00	190.00
❏ JOHNNY APPLESEED NUTCRACKER 12959-3	1994	CL	196.00	196.00
❏ PAUL BUNYAN NUTCRACKER 12800-8	1995	CL	220.00	220.00
BELENES PUIG NATIVITY COLLECTION				J.P. LLOBERA
❏ ANGEL 02087-6	1989	OP	50.00	50.00
❏ BABY JESUS 02085-2	1989	OP	62.00	62.00
❏ DONKEY 02082-1	1989	OP	26.00	26.00
❏ JOSEPH 02086-9	1989	OP	62.00	62.00
❏ MOTHER MARY 02084-5	1989	OP	62.00	62.00
❏ NATIVITY, SET OF 6 00205-6	1985	OP	250.00	250.00
❏ OX 02083-8	1989	OP	26.00	26.00
❏ RESTING CAMEL 04025-6	1990	OP	115.00	115.00
❏ SHEEP, SET OF 3 00475-3	1986	OP	28.00	28.00
❏ SHEPHERD & ANGEL SCENE, SET OF 7 06084-1	1987	OP	305.00	305.00
❏ SHEPHERD CARRYING LAMB 02092-0	1989	OP	56.00	56.00
❏ SHEPHERD W/STAFF 02091-3	1989	OP	66.00	56.00
❏ SHEPHERD, SET OF 2 00458-6	1985	OP	110.00	110.00
❏ STANDING CAMEL 08792-3	1988	OP	115.00	115.00
❏ WISE MAN W/FRANKINCENSE 02088-3	1989	OP	66.00	66.00
❏ WISE MAN W/FRANKINCENSE ON CAMEL 02077-7	1989	OP	155.00	155.00
❏ WISE MAN W/GOLD 02089-0	1989	OP	66.00	66.00
❏ WISE MAN W/GOLD ON CAMEL 02075-3	1989	OP	155.00	155.00

FIGURINES

FIGURINES

NAME	YEAR	LIMIT	ISSUE	TREND
❑ WISE MAN W/MYRRH 02090-6	1989	OP	66.00	66.00
❑ WISE MAN W/MYRRH ON CAMEL 02076-0	1989	OP	155.00	155.00
❑ WISE MEN, SET OF 3 00459-3	1985	OP	185.00	185.00

CANNON VALLEY COLLECTION
*

NAME	YEAR	LIMIT	ISSUE	TREND
❑ ACE'S GARAGE/LIGHTED 12665-3	1995	OP	45.00	45.00
❑ APPLE TREE, 2 ASSTD. 11484-1	1994	OP	10.00	10.00
❑ APPLE TREE, SET OF 3 12677-6	1995	OP	7.00	7.00
❑ BATTERY OPERATED MINI LIGHT, SET OF 10 16937-7	1996	OP	9.00	9.00
❑ BORDER COLLIE & SHEEP, SET OF 3 16677-2	1996	OP	10.00	10.00
❑ CANNON VALLEY SIGN 11297-7	1994	OP	6.00	5.50
❑ CHICKEN, 2 ASSTD. 12657-8	1995	OP	3.00	3.00
❑ CHICKEN, 3 ASSTD. 11299-1	1994	OP	2.00	2.00
❑ CHILDREN, 2 ASSTD. 11461-2	1994	OP	6.00	5.50
❑ CHRISTMAS DECORATION, SET OF 12 16964-3	1996	OP	10.00	10.00
❑ CHURCH/LIGHTED 12664-6	1995	OP	45.00	45.00
❑ CORNSTALK 16679-6	1996	OP	6.00	5.50
❑ COW W/CALF, 2 ASSTD. 12673-8	1995	OP	6.00	6.50
❑ COW, 3 ASSTD. 11309-7	1994	OP	6.00	5.50
❑ DAIRY BARN/LIGHTED 12666-0	1995	CL	49.00	49.00
❑ DOG BU BOGHOUSE 12658-5	1995	OP	5.00	5.00
❑ FAMILY FARMHOUSE/LIGHTED 11292-2	1994	OP	43.00	43.00
❑ FARM CAT 12808-4	1995	OP	5.00	5.00
❑ FARM CHILDREN, 4 ASSTD. 12671-4	1995	OP	8.00	8.00
❑ FARM COUPLE, 2 ASSTD. 11458-2	1994	OP	8.00	8.00
❑ FARM TOWN WINDMILL 11306-6	1994	OP	10.00	10.00
❑ FARM TRACTOR 11305-9	1994	OP	10.00	10.00
❑ FARMER W/FEED BAG 12672-1	1995	OP	8.00	8.00
❑ FARMYARD LIGHT 12683-7	1995	OP	5.00	5.00
❑ FIRE FIGHTERS, 2 ASSTD. 16674-1	1996	OP	8.00	8.00
❑ FIRE HYDRANT 12685-1	1995	OP	3.00	3.00
❑ FIRE TRUCK 16676-5	1996	OP	13.00	13.00
❑ FLAGPOLE 11300-4	1994	OP	5.00	5.30
❑ FOUR SQUARE FARMHOUSE/LIGHTED 12662-2	1995	OP	49.00	49.00
❑ GARDENERS, SET OF 2 16675-8	1996	OP	13.00	13.00
❑ GENERAL STORE/LIGHTED 11295-3	1994	OP	43.00	43.00
❑ GRAIN ELEVATOR/LIGHTED 12663-9	1995	OP	45.00	45.00
❑ GRANDPARENTS, 2 ASSTD. 12661-5	1995	OP	6.00	6.00
❑ GRAVEL ROAD 12682-0	1995	OP	9.00	9.00
❑ HAY RAKE 16759-5	1996	OP	8.00	8.00
❑ HAY WAGON & HORSE SET 11303-5	1994	OP	19.00	19.00
❑ HEN HOUSE/LIGHTED 11294-6	1994	RT	33.00	33.00
❑ HOMETOWN CAFE/LIGHTED 16669-7	1996	3600	45.00	45.00
❑ HORSE, 2 ASSTD. 11485-8	1994	OP	10.00	10.00
❑ HORSE, 2 ASSTD. 16930-8	1996	OP	6.00	6.00
❑ LITTLE RED SCHOOLHOUSE/LIGHTED 11293-9	1994	OP	43.00	43.00
❑ MAILBOX & WATER PUMP, 2 ASSTD. 11301-1	1994	RT	4.00	4.00
❑ MECHANIC 12660-8	1995	OP	6.00	6.00
❑ MINISTER 12674-5	1995	OP	6.00	6.00
❑ OLD OAK TREE 16681-9	1996	OP	11.00	11.00
❑ OUTHOUSE 12668-4	1995	OP	11.00	11.00
❑ PARKING METER 12686-8	1995	OP	3.00	3.00
❑ PICK UP TRUCK 11304-2	1994	OP	12.00	12.00
❑ PICKET FENCE 13260-9	1995	OP	6.00	6.00
❑ PIG & PIGLETS 11302-8	1995	OP	5.00	5.30
❑ PINE TREE, SET OF 2 12680-6	1995	OP	8.00	8.00
❑ PLAYING CHECKERS 16680-2	1996	OP	13.00	13.00
❑ PLOW 16761-8	1996	OP	6.00	6.50
❑ PRAIRIE STYLE BARN/LIGHTED 16667-3	1996	OP	49.00	49.00
❑ RED BARN/LIGHTED 11296-0	1994	OP	43.00	43.00
❑ SILO 12667-7	1995	OP	16.00	16.00
❑ SPLIT RAIL FENCE 12676-9	1994	OP	2.00	2.00
❑ SPREADER 16760-1	1996	OP	9.00	9.00
❑ STOREKEEPER 11459-9	1995	OP	6.00	5.50
❑ SUNDAY BEST COUPLE W/CHILDREN, 2 ASSTD. 12670-7	1994	OP	8.00	8.00
❑ TEACHER & CHILDREN, 3 ASSTD. 11460-5	1995	OP	6.00	5.50
❑ TELEPHONE POLE 12684-4	1995	OP	5.00	5.00
❑ TRACTOR 16678-9	1996	OP	10.00	10.00
❑ TURKEY, 2 ASSTD. 12659-2	1995	OP	5.00	5.00
❑ VICTORIAN FARM HOUSE/LIGHTED 16666-6	1996	OP	45.00	45.00
❑ VOLUNTEER FIRE DEPT./LIGHTED 16668-0	1996	OP	49.00	49.00
❑ WATER TOWER 13116-9	1995	OP	13.00	13.00
❑ WOODU CAR 12669-1	1995	OP	12.00	12.00

COTTONTAIL LANE COLLECTION
*

NAME	YEAR	LIMIT	ISSUE	TREND
❑ ARBOR W/FENCE SET 02188-0	1993	OP	14.00	15.00
❑ BIRDBATH, BENCH & MAILBOX 02184-2	1993	RT	4.00	4.00
❑ BIRDHOUSE, SUNDIAL & FOUNTAIN, 3 ASSTD. 00371-8	1994	OP	4.00	5.00
❑ BRIDGE & GAZEBO, 2 ASSTD. 02182-9	1993	OP	12.00	12.00
❑ BUNNIES SITTING IN GAZEBO 15801-2	1996	OP	10.00	10.00
❑ BUNNY BAND QUARTET, SET OF 4 15799-2	1996	OP	16.00	16.00
❑ BUNNY CHEF, 2 ASSTD. 12433-8	1995	OP	5.00	5.00
❑ BUNNY CHILD COLLECTING EGG, 2 ASSTD. 02880-3	1995	RT	4.00	5.00
❑ BUNNY CHILDREN WORKING IN GARDEN 15796-1	1996	OP	4.00	4.00
❑ BUNNY COUPLE AT CAFE 12444-4	1995	OP	7.00	7.00
❑ BUNNY COUPLE ON BICYCLE 02978-7	1993	RT	5.00	6.00
❑ BUNNY KIDS AT CARROT JUICE STAND 12437-6	1995	OP	5.00	5.30
❑ BUNNY MARCHING BAND, 6 ASSTD. 00355-8	1994	OP	4.00	5.00
❑ BUNNY MINISTER, SOLOIST, 2 ASSTD. 12434-8	1995	OP	5.00	5.00
❑ BUNNY PICNICKING, SET OF 4 15798-5	1996	OP	15.00	15.00
❑ BUNNY PLAYING PIANO 12439-0	1995	OP	5.00	5.30
❑ BUNNY PLAYING, 2 ASSTD. 12442-0	1995	OP	6.00	6.50
❑ BUNNY POPCORN, BALLOON VENDOR, 2 ASSTD. 12443-7	1995	OP	7.00	7.00
❑ BUNNY PREPARING FOR EASTER, 3 ASSTD. 02971-8	1994	OP	4.00	5.00

NAME	YEAR	LIMIT	ISSUE	TREND
❏ BUNNY SHOPPING COUPLE, 2 ASSTD. 10362-3	1994	OP	4.00	5.00
❏ COBBLESTONE ROAD 10072-1	1994	OP	9.00	9.00
❏ CONE-SHAPED TREE SET 10369-2	1994	OP	8.00	8.00
❏ COTTONTAIL LANE SIGN 10063-9	1994	OP	5.00	5.00
❏ EASTER BUNNY, 2 ASSTD. 00356-5	1994	OP	4.00	5.00
❏ EGG STAND & FLOWER CART, 2 ASSTD. 10354-8	1994	OP	6.00	6.00
❏ ELECTRIC STREET LAMPPOST, SET OF 4 12461-1	1995	OP	25.00	25.00
❏ GARDEN SHOPKEEPER, SET OF 2 15800-5	1996	OP	10.00	10.00
❏ GARDEN TABLE W/POTTED PLANTS & FLOWERS 15802-9	1996	OP	9.00	9.00
❏ GARDEN W/WATERFALL & POND 15797-8	1996	OP	15.00	15.00
❏ LAMPPOST, BIRDHOUSE & MAILBOX, 3 ASSTD. 02187-3	1993	RT	4.00	5.00
❏ MAYOR BUNNY & BUNNY W/FLAG POLE, 2 ASSTD. 12441-3	1995	OP	6.00	5.50
❏ OUTDOOR BUNNY, 3 ASSTD. 12435-2	1995	OP	5.00	5.00
❏ POLICEMAN, CONDUCTOR BUNNY, 2 ASSTD. 00367-1	1994	OP	4.00	5.00
❏ PROFESSIONAL BUNNY, 3 ASSTD. 12438-3	1995	OP	5.00	5.00
❏ STREET SIGN, 3 ASSTD. 12433-8	1995	OP	4.00	5.00
❏ STROLLING BUNNY, 2 ASSTD. 02976-3	1993	RT	4.00	5.00
❏ STROLLING BUNNY, 2 ASSTD. 12440-6	1995	OP	6.00	5.50
❏ SWEEPER & FLOWER PEDDLER BUNNY COUPLE 00359-6	1994	OP	4.00	5.00
❏ TOPIARY TREES, 3 ASSTD. 00346-6	1994	RT	2.00	3.00
❏ TRAIN STATION COUPLE, 2 ASSTD. 00357-2	1994	OP	4.00	5.00
❏ TREE & SHRUB, 2 ASSTD. 00382-4	1994	OP	5.00	5.00
❏ TREE W/PAINTED FLOWERS, SET OF 3 15924-8	1996	OP	20.00	20.00
❏ TREES, 3 ASSTD. 02194-1	1993	RT	6.00	7.00
❏ WEDDING BUNNY COUPLE, 2 ASSTD. 00347-3	1994	OP	4.00	5.00
CREEPY HOLLOW COLLECTION				*
❏ BLACK PICKET FENCE 10685-3	1994	OP	14.00	14.00
❏ BONE FENCE 16961-2	1996	OP	10.00	10.00
❏ CEMETERY GATE 13366-8	1995	OP	16.00	16.00
❏ COVERED BRIDGE 16664-2	1996	OP	22.00	22.00
❏ CREEPY HOLLOW SIGN 10647-1	1994	OP	6.00	5.50
❏ DRAGON 16936-0	1996	OP	8.00	9.00
❏ FLYING WITCH, GHOST, 2 ASSTD. 13362-0	1995	OP	11.00	11.00
❏ GHOST, 3 ASSTD. 10652-5	1994	OP	6.00	6.00
❏ GHOSTLY KING 16659-8	1996	OP	8.00	8.00
❏ GHOUL USHER 13515-0	1995	OP	6.00	6.50
❏ GHOULISH ORGANIST PLAYING ORGAN 13363-7	1995	OP	13.00	13.00
❏ GRAVE DIGGER, 2 ASSTD. 13360-6	1995	OP	10.00	10.00
❏ GYPSY 16656-7	1996	OP	8.00	8.00
❏ GYPSY WITCH 16655-0	1996	OP	8.00	8.00
❏ HALLOWEEN SIGN, 2 ASSTD. 06709-3	1992	RT	6.00	6.00
❏ HAUNTED TREE, 2 ASSTD. 05892-3	1993	OP	7.00	7.00
❏ HEADLESS HORSEMAN 16658-1	1996	OP	11.00	11.00
❏ HEARSE W/MONSTERS 13364-4	1995	OP	15.00	15.00
❏ HINGED DRACULA'S COFFIN 08545-5	1993	RT	11.00	11.00
❏ HINGED TOMB 13516-7	1995	RT	15.00	15.00
❏ HUNCHBACK 13359-0	1995	OP	9.00	9.00
❏ INN KEEPER 16660-4	1996	OP	7.00	7.00
❏ MAD SCIENTIST 10646-4	1994	OP	6.00	6.00
❏ OUTHOUSE 10648-8	1994	OP	7.00	7.00
❏ PHANTOM OF THE OPERA 10645-7	1994	OP	6.00	6.00
❏ PUMPKIN HEAD GHOST 06661-4	1993	RT	6.00	5.50
❏ PUMPKIN PATCH SIGN, 2 ASSTD. 05898-5	1993	RT	6.00	6.50
❏ PUMPKIN STREET LAMP, SET OF 4 13365-1	1995	OP	25.00	25.00
❏ ROAD OF BONES 13371-2	1995	OP	9.00	9.00
❏ SCHOOL TEACHER 16657-4	1996	OP	8.00	8.00
❏ SKELETON 06651-5	1993	RT	6.00	5.50
❏ SKELETON BUTLER 16661-1	1996	OP	7.00	7.00
❏ STREET SIGN, 2 ASSTD. 10644-0	1994	OP	6.00	6.00
❏ STREET SIGN, 3 ASSTD. 13357-6	1995	OP	6.00	5.50
❏ THEATER GOER, SET OF 2 13358-3	1995	OP	9.00	9.00
❏ TICKET SELLER 13361-3	1995	OP	10.00	10.00
❏ TOMBSTONE SIGN, 3 ASSTD. 10642-6	1994	OP	4.00	4.00
❏ TRICK OR TREATER, 3 ASSTD. 08591-2	1993	RT	6.00	5.50
❏ WEREWOLF 10643-4	1994	OP	6.00	6.00
❏ WITCH 06706-2	1992	OP	6.00	6.00
EDDIE WALKER CHRISTMAS				**E. WALKER**
❏ 1998 SANTA IN HOLIDAY PLANE	1998	YR	55.00	55.00
❏ SANTA AT NORTH POLE TREE FARM (SET OF 5)	1998	7500	200.00	200.00
EDDIE WALKER COLLECTION				**E. WALKER**
❏ HALLOWEEN WITCH FORTUNE TELLER	1999	YR	40.00	40.00
❏ RENT FOR A SONG EVENT PIECE	1999	*	30.00	30.00
❏ SPEEDY DELIVERY	1999	YR	45.00	45.00
❏ TWAS THE NIGHT BEFORE CHRISTMAS	1999	5000	125.00	125.00
EDDIE WALKER GREAT PUMPKIN PATCH				**E. WALKER**
❏ 1998 SIGNATURE WITCH ON PUMPKIN	1998	YR	40.00	40.00
LEO R. SMITH III COLLECTION				**L.R. SMITH III**
❏ ANGEL W/LION & LAMB 13990-5	1995	RT	125.00	125.00
❏ CIRCLE OF NATURE WREATH 16120-3	1995	CL	200.00	200.00
❏ COSSACK SANTA 01092-1	1991	RT	103.00	103.00
❏ DANCING SANTA 09042-8	1993	RT	170.00	170.00
❏ DREAMS OF NIGHT BUFFALO 07999-7	1992	CL	250.00	250.00
❏ FISHERMAN SANTA 03311-1	1991	RT	270.00	270.00
❏ FOLK ANGEL 05444-4	1993	RT	145.00	145.00
❏ GARDENING ANGEL 16118-0	1995	CL	130.00	130.00
❏ GIFT GIVER SANTA 12056-9	1994	CL	180.00	180.00
❏ GNOME SANTA ON DEER 05206-8	1993	CL	270.00	270.00
❏ GREAT PLAINS SANTA 08049-8	1992	RT	270.00	270.00
❏ HARE LEAPING OVER THE GARDEN 16121-0	1995	CL	100.00	100.00
❏ MAIZE MAIDEN ANGEL 13992-9	1995	CL	45.00	45.00
❏ MILKMAKER 03541-2	1991	RT	170.00	170.00
❏ MS. LIBERTY 07866-2	1992	RT	190.00	190.00

FIGURINES

NAME	YEAR	LIMIT	ISSUE	TREND
❏ NORTHWOODS SANTA IN CANOE	1998	1000	140.00	140.00
❏ OLD WORLD SANTA 12053-8	1994	RT	75.00	75.00
❏ ORCHARD SANTA 13989-9	1995	CL	125.00	125.00
❏ OTTER WALL HANGING 16122-7	1995	CL	150.00	150.00
❏ OWL LADY 13988-2	1995	RT	100.00	100.00
❏ PILGRIM MAN 03313-5	1991	RT	84.00	84.00
❏ PILGRIM RIDING TURKEY 03312-8	1991	RT	230.00	230.00
❏ PILGRIM WOMAN 03315-9	1991	RT	84.00	84.00
❏ SANTA FISHERMAN	1998	1000	90.00	90.00
❏ SANTA FISHERMAN 08979-8	1993	CL	250.00	250.00
❏ SANTA IN SLEIGH 13987-5	1995	CL	125.00	125.00
❏ SANTA OF PEACE 07328-5	1992	RT	250.00	250.00
❏ SANTA ON MOOSE	1998	750	150.00	150.00
❏ SANTA SKIER 12054-5	1994	RT	190.00	190.00
❏ SNOWSHOE SANTA	1998	750	120.00	120.00
❏ STAR OF THE ROUNDUP COWBOY 11966-1	1994	CL	100.00	100.00
❏ STARS & STRIPES SANTA 01743-2	1991	RT	190.00	190.00
❏ SUNBRINGER SANTA 13991-2	1995	CL	125.00	125.00
❏ TIS A WITCHING TIME 03544-3	1991	RT	140.00	140.00
❏ TOYMAKER 03540-5	1991	RT	120.00	120.00
❏ VOYAGEUR 09043-5	1993	CL	170.00	170.00
❏ WEATHERWISE ANGEL 12055-2	1994	CL	150.00	150.00
❏ WEE WILLIE SANTA 13993-6	1995	RT	50.00	50.00
❏ WOODLAND BRAVE 07867-9	1992	RT	87.00	87.00
❏ WOODSMAN SANTA 03310-4	1991	RT	230.00	230.00

NUTCRACKER COLLECTION | | | | C. ULBRICHT

NAME	YEAR	LIMIT	ISSUE	TREND
❏ CANDYLAND SANTA 17016-8	1996	OP	200.00	200.00
❏ CINDERELLA 17014-4	1996	OP	200.00	200.00
❏ FATHER TIME 12794-0	1995	OP	220.00	220.00
❏ FEMALE HEALTH CARE PROFESSIONAL 13189-3	1995	OP	200.00	200.00
❏ FEMALE VOLLEYBALL PLAYER 13986-8	1995	OP	200.00	200.00
❏ FIREFIGHTER 17017-5	1996	OP	200.00	200.00
❏ FLY FISHERMAN 17022-9	1996	OP	190.00	190.00
❏ GARDENING SANTA 17025-0	1996	OP	190.00	190.00
❏ GHOST OF CHRISTMAS PAST 18299-4	1996	CL	200.00	200.00
❏ GHOST OF CHRISTMAS YET TO COME 17021-2	1996	CL	190.00	190.00
❏ HUCK FINN 12788-9	1995	CL	220.00	220.00
❏ KING NUTCRACKER 13190-9	1995	OP	200.00	200.00
❏ LEPRECHAUN 09110-4	1995	CL	170.00	170.00
❏ MOSES 13186-2	1995	CL	220.00	220.00
❏ MOTHER GOOSE 13182-4	1995	OP	220.00	220.00
❏ MR. CLAUS 09588-1	1993	CL	180.00	180.00
❏ MRS. CLAUS 09587-4	1993	CL	180.00	180.00
❏ NATURE SANTA W/BIRDHOUSE 12790-2	1995	CL	220.00	220.00
❏ PIED PIPER 17026-7	1996	OP	190.00	190.00
❏ PILGRIM 00393-0	1986	CL	145.00	145.00
❏ PINOCCHIO 13184-8	1995	CL	200.00	200.00
❏ PRINCE ON ROCKING HORSE 12964-7	1994	CL	160.00	160.00
❏ ROCK & ROLL SINGER 17020-5	1996	OP	200.00	200.00
❏ SACAJAWEA 17018-2	1996	CL	200.00	200.00
❏ SANTA COOKIE BAKER 13191-6	1995	CL	220.00	220.00
❏ SANTA RIDING ROCKING REINDEER 12786-5	1995	RT	200.00	200.00
❏ SANTA W/TREE 12791-9	1995	CL	200.00	200.00
❏ SCARECROW 17023-6	1996	OP	190.00	190.00
❏ WITCH 13183-1	1995	OP	220.00	220.00
❏ WYATT EARP 17019-9	1996	1000	200.00	200.00

NUTCRACKER FANTASY | | | | C. ULBRICHT

NAME	YEAR	LIMIT	ISSUE	TREND
❏ BIKER NUTCRACKER 13187-9	1995	OP	220.00	220.00
❏ CLARA 03657-0	1991	OP	125.00	125.00
❏ CLOWN NUTCRACKER 13188-6	1995	OP	200.00	200.00
❏ DRUMMER NUTCRACKER 12792-6	1995	CL	220.00	220.00
❏ HERR DROSSELMEYER 03656-3	1991	OP	170.00	170.00
❏ KING OF CHRISTMAS NUTCRACKER 13665-2	1995	OP	250.00	250.00
❏ MOUSE KING NUTCRACKER 04510-7	1991	OP	170.00	170.00
❏ PRINCE 03665-5	1991	OP	160.00	160.00
❏ TOY SOLDIER 03666-2	1991	OP	160.00	160.00

ORE MOUNTAIN A CHRISTMAS CAROL | | | | *

NAME	YEAR	LIMIT	ISSUE	TREND
❏ BOB CRATCHIT 09421-1	1993	RT	120.00	120.00
❏ GHOST OF CHRISTMAS FUTURE 10449-1	1994	RT	116.00	116.00
❏ GHOST OF CHRISTMAS PAST10447-7	1994	RT	116.00	116.00
❏ GHOST OF CHRISTMAS PRESENT 12041-5	1993	CL	116.00	116.00
❏ MARLEY'S GHOST NUTCRACKER	1994	4000	116.00	116.00
❏ SCROOGE 05522-9	1993	RT	104.00	104.00

ORE MOUNTAIN EASTER NUTCRACKER COLLECTION | | | | *

NAME	YEAR	LIMIT	ISSUE	TREND
❏ MARCH HARE 00312-1	1984	RT	77.00	77.00

ORE MOUNTAIN NUTCRACKER COLLECTION | | | | *

NAME	YEAR	LIMIT	ISSUE	TREND
❏ AMERICAN COUNTRY SANTA 13195-4	1995	OP	165.00	165.00
❏ ANGEL WCANDLE 17010-6	1996	OP	220.00	220.00
❏ ANNIE OAKLEY 10464-4	1994	RT	128.00	128.00
❏ ATTORNEY 17012-0	1996	OP	120.00	120.00
❏ AUGUST THE STRONG 13185-5	1995	OP	190.00	190.00
❏ BARBEQUE DAD 13193-0	1995	OP	176.00	176.00
❏ BASEBALL PLAYER 10459-0	1994	RT	111.00	111.00
❏ BASKETBALL PLAYER 12784-1	1995	OP	135.00	135.00
❏ BEEFEATER 12797-1	1995	OP	175.00	175.00
❏ BLACK SANTA 10460-6	1994	OP	74.00	74.00
❏ CAT WITCH 09426-6	1993	OP	93.00	93.00
❏ CAVALIER 12952-4	1994	OP	80.00	80.00
❏ CAVALIER 12953-1	1994	OP	65.00	65.00
❏ CAVALIER 12958-6	1994	OP	57.00	57.00
❏ CHIMNEY SWEEP 00326-8	1995	OP	70.00	70.00

NAME	YEAR	LIMIT	ISSUE	TREND
❑ CHIMNEY SWEEP 17043-4	1996	OP	120.00	120.00
❑ CHRISTOPHER COLUMBUS 00152-3	1992	RT	80.00	80.00
❑ CLOWN 03561-0	1991	RT	115.00	115.00
❑ CONFEDERATE SOLDIER 12837-4	1994	OP	93.00	93.00
❑ COUNT DRACULA 17050-2	1996	OP	150.00	150.00
❑ COUNTRY SANTA 09326-9	1989	OP	95.00	95.00
❑ COW FARMER 17054-0	1996	OP	120.00	120.00
❑ COWBOY 00298-8	1992	RT	97.00	97.00
❑ DOWNHILL SANTA SKIER 13197-8	1995	OP	145.00	145.00
❑ DRUMMER 17044-1	1996	OP	120.00	120.00
❑ EAST COAST SANTA 17047-2	1996	OP	200.00	200.00
❑ ELF 04154-3	1990	RT	70.00	70.00
❑ EMERGENCY MEDICAL TECHNICIAN 17013-7	1996	OP	140.00	140.00
❑ ENGINEER 10454-5	1994	RT	108.00	108.00
❑ FARMER 01109-6	1992	RT	65.00	65.00
❑ FEMALE FARMER 17011-3	1996	OP	145.00	145.00
❑ FIREMAN W/DOG 06592-1	1993	OP	134.00	134.00
❑ FISHERMAN 09327-6	1989	RT	90.00	90.00
❑ FRANKENSTEIN 17009-0	1996	OP	170.00	170.00
❑ GARDENING LADY 10450-7	1994	OP	104.00	104.00
❑ GEPETTO SANTA 09417-4	1993	RT	115.00	115.00
❑ GOLFER 09325-2	1989	RT	85.00	85.00
❑ GUARD 17046-5	1996	OP	120.00	120.00
❑ HANDYMAN 12806-0	1995	OP	135.00	136.00
❑ HARLEQUIN SANTA 17174-5	1996	OP	180.00	180.00
❑ HOCKEY PLAYER 12783-4	1995	OP	155.00	155.00
❑ HUNTER 12785-8	1995	OP	136.00	136.00
❑ INDIAN 00195-0	1992	RT	96.00	96.00
❑ JACK FROST 12803-0	1995	OP	150.00	150.00
❑ JOLLY ST. NICK W/TOYS 13709-3	1995	OP	135.00	135.00
❑ KING RICHARD THE LIONHEARTED 12798-8	1995	OP	165.00	165.00
❑ KING W/SCEPTER 17045-8	1996	OP	120.00	120.00
❑ LAW SCHOLAR 12789-6	1995	OP	127.00	127.00
❑ MALE FARMER 17015-1	1996	OP	145.00	145.00
❑ MERLIN THE MAGICIAN 04207-6	1990	RT	67.00	67.00
❑ MINER 10493-4	1994	RT	110.00	110.00
❑ NATURE LOVER 10446-0	1994	RT	112.00	112.00
❑ NORDIC SANTA 08872-2	1988	RT	84.00	84.00
❑ NORTHWOODS SANTA 17048-9	1996	OP	200.00	200.00
❑ NUTCRACKER-MAKER 03601-3	1991	RT	62.00	62.00
❑ PEDDLER 12805-3	1995	OP	140.00	140.00
❑ PIERRE LE CHEF 12802-2	1995	OP	117.00	117.00
❑ PILGRIM 00188-2	1992	RT	96.00	96.00
❑ PINECONE SANTA 10461-3	1994	RT	92.00	92.00
❑ PINOCCHIO 00160-8	1984	OP	60.00	60.00
❑ PIZZA BAKER 13194-7	1995	OP	170.00	170.00
❑ PRINCE 17038-0	1996	OP	120.00	120.00
❑ PRINCE CHARMING 10457-6	1994	RT	125.00	125.00
❑ PUMPKIN HEAD SCARECROW 10451-1	1994	OP	127.00	127.00
❑ REGAL PRINCE 10453-1	1994	OP	140.00	140.00
❑ RINGMASTER 00196-7	1992	RT	135.00	135.00
❑ RIVERBOAT GAMBLER 12787-2	1995	OP	137.00	137.00
❑ ROYAL LION 13985-1	1995	OP	130.00	130.00
❑ SANTA AT WORKBENCH 12235-1	1995	OP	108.00	108.00
❑ SANTA IN NIGHTSHIRT 10462-0	1994	RT	76.00	76.00
❑ SANTA ONE-MAN BAND MUSICAL 17051-9	1996	OP	170.00	170.00
❑ SANTA W/ANIMALS 09424-2	1993	RT	80.00	80.00
❑ SANTA W/BASKET 10472-9	1994	OP	100.00	100.00
❑ SANTA W/SKIS 01305-2	1992	RT	86.00	86.00
❑ SANTA W/TREE & TOYS 07666-8	1988	RT	117.00	117.00
❑ SEA CAPTAIN 04157-4	1990	RT	108.00	108.00
❑ SNOW KING 10470-5	1994	RT	97.00	97.00
❑ SOCCER PLAYER 10494-1	1994	OP	100.00	100.00
❑ SORCERER 10471-2	1990	RT	100.00	100.00
❑ SPORTS FAN 17173-8	1996	OP	120.00	120.00
❑ SULTAN KING 104552-2	1994	RT	130.00	130.00
❑ TEACHER 13196-1	1995	OP	165.00	165.00
❑ TOY VENDOR 11987-7	1994	OP	124.00	124.00
❑ UNCLE SAM 04206-9	1990	RT	50.00	50.00
❑ UNION SOLDIER 12836-7	1994	OP	93.00	93.00
❑ VICTORIAN SANTA 00187-5	1992	RT	130.00	130.00
❑ VICTORIAN SANTA 17172-1	1996	OP	180.00	180.00
❑ WESTERN 17049-6	1996	OP	250.00	250.00
❑ WHITE SANTA 09533-1	1993	RT	100.00	100.00
❑ WINDSOR CLUB 04160-4	1990	RT	85.00	85.00
❑ WITCH 04159-8	1990	RT	75.00	75.00
❑ WOODLAND SANTA 04191-8	1990	RT	105.00	105.00

ORE MOUNTAIN NUTCRACKER FANTASY COLLECTION   *

NAME	YEAR	LIMIT	ISSUE	TREND
❑ BUNNY PAINTER 06480-1	1992	RT	77.00	77.00
❑ BUNNY W/EGG 00145--5	1991	RT	77.00	77.00
❑ CLARA 12801-5	1995	CL	125.00	125.00
❑ CLARA 8" 01254-3	1991	RT	77.00	77.00
❑ HERR DROSSELMEYER 10456-9	1994	CL	110.00	110.00
❑ HERR DROSSELMEYER 14 1/2" 07506-7	1988	OP	75.00	75.00
❑ MARLEY'S GHOST 10448-4	1994	RT	116.00	116.00
❑ MOUSE KING, THE 05350-8	1993	CL	100.00	100.00
❑ MOUSE KING, THE 10" 07509-8	1988	OP	60.00	60.00
❑ NUTCRACKER PRINCE 11001-0	1994	CL	104.00	104.00
❑ PRINCE, THE 12 3/4", 2 ASSTD. 07507-4	1988	OP	75.00	75.00
❑ TOY SOLDIER 12804-6	1995	CL	125.00	125.00
❑ TOY SOLDIER, THE 11" 07508-1	1988	OP	70.00	70.00

FIGURINES

FIGURINES

NAME	YEAR	LIMIT	ISSUE	TREND
SANDI GORE EVANS COLLECTION				**S. GORE EVANS**
❑ COCOA LADY	1999	*	30.00	30.00
❑ STEPPIN' OUT	1999	YR	32.00	32.00
❑ WEE MIRACLES	1999	YR	40.00	40.00
SANTA SERIES				**C. ULBRICHT**
❑ MR. SANTA CLAUS NUTCRACKER	1993	5000	180.00	180.00
❑ MRS. CLAUS NUTCRACKER	1993	5000	180.00	180.00
TRADITIONAL SANTA SERIES				**C. ULBRICHT**
❑ FATHER CHRISTMAS NUTCRACKER 07094-9	1992	RT	190.00	190.00
❑ TOYMAKER NUTCRACKER 09531-7	1993	CL	220.00	220.00
❑ VICTORIAN SANTA NUTCRACKER 12961-1	1994	CL	220.00	220.00
WENDT & KUHN				**WENDT & KUHN**
❑ ANGEL AT PIANO 09403-7	1989	OP	31.00	31.00
❑ ANGEL BRASS MUSICIANS, SET OF 6 00470-8	1983	OP	92.00	92.00
❑ ANGEL CONDUCTOR ON STAND 00469-2	1983	OP	21.00	21.00
❑ ANGEL DUET IN CELESTIAL STARS 04158-1	1990	RT	60.00	60.00
❑ ANGEL PERCUSSION MUSICIANS, SET OF 6 00443-2	1983	OP	110.00	110.00
❑ ANGEL PLAYING VIOLIN 00403-6	1979	RT	34.00	34.00
❑ ANGEL PULLING WAGON 00553-8	1980	RT	43.00	43.00
❑ ANGEL STRING & WOODLAND MUSICIANS SET OF 6-00465-4	1983	OP	108.00	108.00
❑ ANGEL STRING MUSICIANS, SET OF 6 00455-5	1983	RT	105.00	105.00
❑ ANGEL TRIO 00471-5	1979	OP	140.00	140.00
❑ ANGEL W/SLED 02940-4	1976	RT	37.00	37.00
❑ ANGEL W/TREE & BASKET 01190-8	1981	RT	24.00	24.00
❑ ANGELS AT CRADLE 01193-5	1981	OP	73.00	73.00
❑ ANGELS BEARING GIFTS 17039-7	1996	OP	120.00	120.00
❑ ANGELS BEARING TOYS, SET OF 6 00451-7	1984	RT	97.00	97.00
❑ BAVARIAN MOVING VAN 02854-4	1979	OP	134.00	134.00
❑ BIRDHOUSE 01209-3	1991	RT	23.00	23.00
❑ BLUEBERRY CHILDREN 17040-3	1996	OP	110.00	110.00
❑ BOY ON ROCKING HORSE, 2 ASSTD/ 01202-4	1991	RT	35.00	35.00
❑ BUSY ELF, 3 ASSTD. 12856-5	1994	OP	22.00	22.00
❑ CHILD ON SKIS, 2 ASSTD. 06083-4	1987	RT	28.00	28.00
❑ CHILD ON SLED 06085-8	1987	RT	26.00	26.00
❑ CHILD W/FLOWERS SET 12947-0	1994	OP	45.00	45.00
❑ CHILDREN CARRYING LANTERNS PROCESSION, 6 01213-0	1988	OP	117.00	117.00
❑ DISPLAY BASE FOR WENDT & KUHN FIGURINES 01214-7	1991	OP	32.00	32.00
❑ FLOWER CHILDREN, SET OF 6 01213-0	1991	OP	130.00	130.00
❑ GIRL W/CRADLE, SET OF 2 01203-1	1979	RT	38.00	38.00
❑ GIRL W/DOLL 01200-0	1991	OP	32.00	32.00
❑ GIRL W/PORRIDGE BOWL 01198-0	1979	OP	29.00	29.00
❑ GIRL W/SCISSORS 01197-3	1979	OP	29.00	29.00
❑ GIRL W/WAGON 01196-6	1983	RT	27.00	27.00
❑ LITTLE PEOPLE NAPKIN RINGS, 6 ASSTD. 03504-7	1980	OP	22.00	22.00
❑ LUCIA PARADE, SET OF 3 07667-5	1988	RT	75.00	75.00
❑ MADONNA W/CHILD 01207-9	1978	OP	120.00	120.00
❑ MARGARITA ANGELS, SET OF 6 02938-1	1979	OP	94.00	94.00
❑ MARGARITA BIRTHDAY ANGELS, SET OF 3 00480-7	1983	RT	44.00	44.00
❑ PIED PIPER & CHILDREN, SET OF 7 02843-8	1979	RT	120.00	120.00
❑ SANT W/ANGEL IN SLEIGH 01192-8	1981	RT	52.00	52.00
❑ SANTA W/ANGEL 00473-9	1976	OP	50.00	50.00
❑ SANTA W/TREE 12942-5	1994	OP	29.00	29.00
❑ SUN, MOON, STAR SET 12943-2	1994	OP	69.00	69.00
❑ WENDT & KUHN DISPLAY SIGN W/SITTING ANGEL 07535-7	1992	OP	20.00	20.00
❑ WHITE ANGELS W/VIOLIN 01205-5	1991	RT	26.00	26.00

MISS MARTHA ORIGINALS

NAME	YEAR	LIMIT	ISSUE	TREND
				M. ROOT
❑ ANIKA 2600	*	5000	*	470.00
❑ ERIC & LIGHTNING 1570	*	RT	*	115.00
❑ ERICA 1578	*	RT	*	100.00
❑ IDA B. WELLS 1906	*	RT	*	250.00
❑ NAKIA 3500 (MAT)	*	RT	*	130.00
❑ NAKIA 3500 (MATT)	*	RT	*	130.00
❑ SANTA & SCOOTY 1571	*	RT	*	122.00
❑ SHANI (BLACK EYES/WHITE DOTS) 1583	*	*	*	80.00
❑ WILLIE W/BASE 1406W	*	RT	*	110.00
❑ ZAMIKA 1581	*	RT	*	140.00
❑ ZIZI	*	RT	*	80.00
ALL GOD'S CHILDREN				**M. ROOT**
❑ ABE 1357	1985	RT	25.00	1600.00
❑ ADAM 1525	1989	RT	25.00	1300.00
❑ ALAYSHA 2800	*	*	*	166.00
❑ ALBERT	1999	*	44.00	44.00
❑ AMY 1405W	1986	RT	22.00	112.00
❑ ANGEL 1401W	1986	RT	20.00	116.00
❑ ANIKA (SKATING) 2601	*	*	*	325.00
❑ ANNIE MAE, 6 IN. 1311	1986	RT	19.00	208.00
❑ ANNIE MAE, 8 1/2 IN. 1310	1986	RT	27.00	323.00
❑ AUNT SARAH IN BLUE 1440	1987	RT	45.00	336.00
❑ AUNT SARAH IN RED 1440	1987	RT	45.00	433.00
❑ BARBARA	2000	*	*	N/A
❑ BARNEY 1557	1992	RT	32.00	126.00
❑ BEAN (CLEAR WATER) 1521	1988	RT	36.00	360.00
❑ BEAN (PAINTED WATER) 1521	1992	RT	36.00	165.00
❑ BECKY 1402W	1986	RT	22.00	110.00
❑ BECKY WITH PATCH 1402	1987	RT	19.00	268.00
❑ BEN 1504	1987	RT	22.00	490.00
❑ BESSIE & CORKIE 1547	1991	OP	70.00	70.00
❑ BETH 1558	1992	RT	32.00	122.00
❑ BETSY (CLEAR WATER) 1513	1988	RT	36.00	370.00
❑ BETSY (PAINTED WATER) 1513	1992	RT	36.00	165.00

NAME	YEAR	LIMIT	ISSUE	TREND
❑ BEVERLY 1525	1989	RT	50.00	760.00
❑ BILLY 1545	1991	RT	36.00	185.00
❑ BLOSSOM IN BLUE 1500	1987	RT	60.00	500.00
❑ BLOSSOM IN RED 1500	1987	RT	750.00	950.00
❑ BO 1530	1989	RT	22.00	110.00
❑ BONNIE & BUTTONS 1502	1987	RT	24.00	216.00
❑ BOOKER T 1320	1985	RT	19.00	1550.00
❑ DOONE 1510	1988	RT	125.00	215.00
❑ BOOTSIE 1529	1989	RT	60.00	110.00
❑ CAITLIN 1554	1992	RT	36.00	145.00
❑ CALLIE, 2 1/4 IN. 1362	1985	RT	12.00	332.00
❑ CALLIE, 4 1/2 IN. 1361	1985	RT	19.00	565.00
❑ CALVIN 777	1988	RT	200.00	2300.00
❑ CASSIE 1503	1987	RT	22.00	165.00
❑ CHANTEL 1573	1994	SU	39.00	110.00
❑ CHARITY 1408	1987	RT	28.00	160.00
❑ CHERI 1574	1994	OP	38.00	38.00
❑ DAVID 1528	1989	OP	28.00	30.00
❑ DAYTON 1589	*	RT	*	90.00
❑ DENISE	1998	OP	39.00	39.00
❑ DINKY	*	RT	*	60.00
❑ DONNIE 1585	*	RT	*	110.00
❑ DORI IN GREEN DRESS 1544	1991	RT	30.00	435.00
❑ DORI/PEACH DRESS 1544	1991	OP	28.00	30.00
❑ EMMA 1322	1985	RT	27.00	2160.00
❑ FAITH 1555	1992	RT	32.00	150.00
❑ FATHER CHRISTMAS BLACK 1772	1991	RT	195.00	750.00
❑ GINNIE 1508	1987	RT	22.00	475.00
❑ GRANDMA 1323	1986	RT	30.00	3775.00
❑ HANNAH 1515	1988	RT	36.00	87.00
❑ HAPL 1601	*	RT	*	49.00
❑ HONEY 4005	*	RT	*	80.00
❑ HOPE 1519	*	RT	*	90.00
❑ HOSANNA	2000	*	*	N/A
❑ JACOB 1407W	1986	RT	26.00	115.00
❑ JEROME 1532	1990	OP	30.00	32.00
❑ JESSICA & JEREMY 1522-23	1989	RT	195.00	2220.00
❑ JESSIE 1501	1989	OP	30.00	32.00
❑ JESSIE-NO BASE 1501	1987	RT	19.00	480.00
❑ JOHN 1514	1988	RT	30.00	300.00
❑ JOSEPH 1537	1990	OP	30.00	30.00
❑ JOSIE 4003	*	RT	*	93.00
❑ JOY 1548	1992	SU	90.00	90.00
❑ JUSTIN 1576	1994	RT	37.00	37.00
❑ KACIE 1533	1990	SU	38.00	90.00
❑ KAT	*	RT	*	40.00
❑ KEZIA 1518	1988	RT	36.00	112.00
❑ KHISHNA	1998	RT	40.00	87.00
❑ LEROY	1998	OP	40.00	40.00
❑ LI'L EMMIE, 3 1/2 IN. 1345	1986	RT	13.00	210
❑ LI'L EMMIE, 4 1/4 IN. 1344	1986	RT	16.00	238.00
❑ LISA 1512	1988	RT	30.00	310.00
❑ LUCINDA	2000	*	*	N/A
❑ MARY 1536	1990	OP	30.00	30.00
❑ MAYA 1520	1988	RT	36.00	195.00
❑ MEG (LONG HAIR) 1505	1988	RT	21.00	535.00
❑ MEG (SHORT HAIR) 1505	1988	RT	21.00	1000.00
❑ MEG IN BEIGE DRESS 1505	1988	RT	21.00	1250.00
❑ MELISSA 1556	1992	RT	32.00	130.00
❑ MERCI 1559	1992	RT	36.00	85.00
❑ MICHAEL & KIM 1517	1988	OP	36.00	38.00
❑ MOE & POKEY 1552	1988	RT	16.00	135.00
❑ MOSES 1506	1987	RT	30.00	230.00
❑ NATHANIEL	1993	OP	36.00	36.00
❑ NELLIE 1546	1991	RT	36.00	190.00
❑ NIAMBI 1577	1994	OP	34.00	34.00
❑ PADDY PAW & LUCY 1553	1987	SU	24.00	127.00
❑ PADDY PAW & LUKE 1551	1987	SU	24.00	127.00
❑ PEANUT 1509	1988	RT	16.00	220.00
❑ PRESHUS 1538	1990	OP	24.00	24.00
❑ PRIMAS JONES 1377	1987	RT	40.00	910.00
❑ PRIMAS JONES W/BASE 1377	1987	RT	40.00	900.00
❑ PRISSY (BEAR) 1348	1986	RT	18.00	90.00
❑ PRISSY (MOON PIE) 1557	1986	OP	20.00	32.00
❑ PRISSY W/BASKET 1346	1987	RT	16.00	210
❑ PRISSY W/YARN HAIR (6 STRANDS) 1343	1987	RT	19.00	355.00
❑ PRISSY W/YARN HAIR (9 STRANDS) 1343	1987	RT	19.00	575.00
❑ PUD 1550	1987	RT	10.00	1450.00
❑ RACHEL 1404W	1986	RT	20.00	90.00
❑ RAKIYA 1561	1992	OP	36.00	36.00
❑ REBEKKA 1600	*	RT	*	76.00
❑ SALLY 1507	1988	RT	19.00	255.00
❑ SAMANTHA 1542	1991	RT	38.00	175.00
❑ SAMUEL 1541	1991	RT	30.00	150.00
❑ SASHA 1531	1989	OP	30.00	32.00
❑ SELINA JANE (6 STRANDS) 1338	1986	RT	22.00	360.00
❑ SELINA JANE (9 STRANDS) 1338	1986	HT	22.00	650.00
❑ SIMON & ANDREW 1565	1993	OP	45.00	45.00
❑ SISSY	1998	OP	38.00	38.00
❑ SNUFFLES	*	RT	*	60.00
❑ ST. NICHOLAS BLACK 1316	1986	RT	30.00	180.00
❑ ST. NICHOLAS WHITE 1315	1986	RT	30.00	180.00

FIGURINES

NAME	YEAR	LIMIT	ISSUE	TREND
☐ STEPHEN (NATIVITY SHEPHERD) 1563	1992	OP	36.00	40.00
☐ SUNSHINE 1535	1990	RT	38.00	112.00
☐ SWEETIE 4002	*	RT	*	94.00
☐ SYLVIA 1564	1993	RT	36.00	37.00
☐ TANSY & TEDI 1516	1988	OP	30.00	90.00
☐ TANSY & TEDI W/GREEN SOCKS 1516	1988	RT	30.00	366.00
☐ TARA 1527	1989	OP	36.00	44.00
☐ TAT 1801	1987	RT	30.00	100.00
☐ TESS 1534	1990	RT	30.00	85.00
☐ THALIYAH 778	1990	RT	150.00	2000.00
☐ THOMAS (BROWN EYES) 1549	*	RT	*	95.00
☐ THOMAS 1549	1992	RT	30.00	80.00
☐ TIA 1587	*	RT	*	70.00
☐ TIFFANY1511	1987	OP	32.00	40.00
☐ TISH 1572	1994	OP	38.00	38.00
☐ TOBY, 3 1/2 IN. 1332	1986	RT	13.00	200.00
☐ TOBY, 4 1/2 IN. 1331	1986	RT	16.00	240.00
☐ TOM 1353	1985	RT	16.00	500.00
☐ TORI 1592	*	RT	*	65.00
☐ UNCLE BUD, 6 IN. 1304	1986	RT	19.00	240.00
☐ UNCLE BUD, 8 1/2 IN. 1303	1986	RT	27.00	505.00
☐ VALERIE 1560	1992	OP	36.00	37.00
☐ WILLIE-NO BASE 1406W	1987	RT	22.00	480.00
☐ ZACK 1566	1993	OP	34.00	34.00
ALL GOD'S CHILDREN INSPIRATIONAL SERIES				**M. ROOT**
☐ ADDY	1999	*	*	N/A
☐ CHARLOTTE	1999	*	35.00	35.00
☐ HALLIE	1999	*	35.00	35.00
☐ JANA	1999	*	35.00	35.00
☐ NATE	1999	*	35.00	35.00
☐ TINA	1999	*	35.00	35.00
☐ VANESSA	1999	*	35.00	35.00
ANGELIC MESSENGERS				**M. ROOT**
☐ CIEARA 2500	1994	OP	38.00	38.00
☐ MARIAH 2501	1994	*	38.00	120.00
CHRISTMAS				**M. ROOT**
☐ FATHER CHRISTMAS BLACK 1751	1987	RT	145.00	800.00
☐ FATHER CHRISTMAS BLACK 1758	1988	RT	195.00	675.00
☐ FATHER CHRISTMAS BLACK 1770	1989	RT	195.00	750.00
☐ FATHER CHRISTMAS BLACK 1774	1992	RT	195.00	540.00
☐ FATHER CHRISTMAS BLACK BUST 1776	1992	RT	145.00	410.00
☐ FATHER CHRISTMAS WHITE 1750	1987	RT	145.00	800.00
☐ FATHER CHRISTMAS WHITE 1757	1988	RT	195.00	675.00
☐ FATHER CHRISTMAS WHITE 1769	1989	RT	195.00	750.00
☐ FATHER CHRISTMAS WHITE 1771	1991	RT	195.00	750.00
☐ FATHER CHRISTMAS WHITE 1773	1992	RT	195.00	540.00
☐ FATHER CHRISTMAS WHITE BUST 1775	1992	RT	145.00	410.00
☐ SAINT NICHOLAS BLACK 1316	1986	RT	30.00	110.00
☐ SAINT NICHOLAS WHITE 1315	1986	RT	30.00	85.00
☐ SANTA CLAUS BLACK 1768	1988	RT	185.00	675.00
☐ SANTA CLAUS WHITE 1767	1988	RT	185.00	675.00
COLLECTOR'S CLUB				**M. ROOT**
☐ ALEXANDRIA 1575	1994	RT	36.00	200.00
☐ EVAN	1999	TL	*	N/A
☐ GARRETT 1567	1993	RT	36.00	340.00
☐ JOEY 1539	1990	RT	32.00	575.00
☐ LINDY	1994	RT	*	110.00
☐ MANDY 1540	1991	RT	36.00	400.00
☐ MOLLY 1524	1989	RT	38.00	720.00
☐ OLIVIA 1562	1992	RT	36.00	330.00
☐ PEEK-A-BOO	1993	RT	*	120.00
ENDEARING MEMORIES				**M. ROOT**
☐ KALIA 8010	*	SO	*	170.00
☐ MARCUS & NICOLE 8014	1999	SO	*	195.00
☐ SAVANNAH 8017	*	RT	*	180.00
☐ WIL 8012	*	SO	*	160.00
FAMILY REUNION				**M. ROOT**
☐ BEAR	1994	*	*	125.00
☐ DILLIE	1996	*	*	80.00
☐ TILLIE	1995	*	*	120.00
HISTORICAL				**M. ROOT**
☐ AUGUSTUS WALLEY (BUFFALO SOLDIER) 1908	1994	RT	95.00	350.00
☐ BESSIE COLEMAN	1998	OP	72.00	72.00
☐ BESSIE SMITH 1909	1994	OP	70.00	70.00
☐ DR. DANIEL WILLIAMS 1903	1992	RT	70.00	260.00
☐ FANNIE LOU HAMER	1999	*	74.00	74.00
☐ FRANCES HARPER 1905	1992	RT	70.00	165.00
☐ FREDERICK DOUGLASS 1902	1991	OP	70.00	70.00
☐ GEORGE WASHINGTON CARVER 1907	1992	OP	70.00	70.00
☐ HARRIET TUBMAN 1900	1989	RT	65.00	400.00
☐ MARY BETHUNE 1904 (MISSPELLED)	1992	CL	70.00	362.00
☐ SOJOURNER TRUTH 1901	1990	RT	65.00	240.00
INTERNATIONAL				**M. ROOT**
☐ KAMEOK 1802	1987	OP	26.00	28.00
☐ KARL 1808	1987	RT	26.00	95.00
☐ KATRINA 1803	1988	RT	26.00	190.00
☐ KELLI 1805	1987	OP	30.00	30.00
☐ LITTLE CHIEF 1804	1987	OP	32.00	32.00
☐ MINNIE 1568	1993	OP	36.00	36.00
☐ PIKE 1806	1987	RT	30.00	95.00

FIGURINES

NAME	YEAR	LIMIT	ISSUE	TREND
SPECIAL EVENT				**M. ROOT**
❑ JANE 2001	*	RT	*	180.00
❑ PATTI (DARK BLUE) 2002B	*	RT	*	110.00
❑ PATTI (ROSE) 2002	*	RT	*	110.00
❑ SHALISA 2003	*	RT	*	110.00
❑ URIEL 2000	1994	RT	45.00	220.00
SUGAR AND SPICE				**M. ROOT**
❑ BLESSED ARE THE PEACEMAKERS (ELI) 1403	1987	RT	22.00	560.00
❑ FRIENDS SHOW LOVE (BECKY) 1402	1987	RT	22.00	560.00
❑ FRIENDSHIP WARMS...HEART (JACOB) 1407	1987	RT	22.00	560.00
❑ GOD IS LOVE (ANGEL) 1401	1987	RT	22.00	560.00
❑ JESUS LOVES ME (AMY) 1405	1987	RT	22.00	560.00
❑ JUAN 1807	1988	RT	22.00	560.00
❑ OLD FRIENDS ARE BEST (RACHEL) 1404	1987	RT	22.00	560.00
❑ SHARING WITH FRIENDS (WILLIE) 1406	1987	RT	22.00	560.00

MUSEUM COLLECTIONS INC.

NAME	YEAR	LIMIT	ISSUE	TREND
AMERICAN FAMILY I				**N. ROCKWELL**
❑ BABY'S FIRST STEP	1979	22500	90.00	220.00
❑ BIRTHDAY PARTY	1980	22500	110.00	150.00
❑ BRIDE AND GROOM	1981	22500	110.00	180.00
❑ FIRST HAIRCUT	1980	22500	90.00	140.00
❑ HAPPY BIRTHDAY, DEAR MOTHER	1980	22500	90.00	150.00
❑ LITTLE MOTHER	1980	22500	110.00	110.00
❑ MOTHER'S LITTLE HELPERS	1981	22500	110.00	110.00
❑ SWEET SIXTEEN	1980	22500	90.00	90.00
❑ WASHING OUR DOG	1980	22500	110.00	110.00
CHRISTMAS				**N. ROCKWELL**
❑ CHECKING HIS LIST	1980	YR	65.00	85.00
❑ HIGH HOPES	1983	YR	95.00	95.00
❑ RINGING IN GOOD CHEER	1981	YR	95.00	95.00
❑ SPACE-AGE SANTA	1984	YR	65.00	65.00
❑ WAITING FOR SANTA	1982	YR	95.00	95.00
CLASSIC				**N. ROCKWELL**
❑ ALL WRAPPED UP	1984	CL	65.00	65.00
❑ BEDTIME	1980	CL	65.00	95.00
❑ BIG RACE, THE	1984	CL	65.00	65.00
❑ BORED OF EDUCATION	1983	CL	65.00	65.00
❑ BRAVING THE STORM	1983	CL	65.00	65.00
❑ COBBLER, THE	1980	CL	65.00	85.00
❑ COUNTRY DOCTOR, THE	1982	CL	65.00	65.00
❑ DOLLHOUSE FOR SIS	1981	CL	65.00	65.00
❑ DREAMS IN THE ANTIQUE SHOP	1982	CL	65.00	65.00
❑ FINAL TOUCH	1983	CL	65.00	65.00
❑ FOR A GOOD BOY	1980	CL	65.00	75.00
❑ GOIN' FISHIN'	1984	CL	65.00	65.00
❑ HIGH STEPPING	1983	CL	65.00	65.00
❑ KITE MAKER, THE	1982	CL	65.00	65.00
❑ LIGHTHOUSE KEEPER'S DAUGHTER	1980	CL	65.00	65.00
❑ MEMORIES	1980	CL	65.00	65.00
❑ MUSIC LESSON, THE	1981	CL	65.00	65.00
❑ MUSIC MASTER	1981	CL	65.00	65.00
❑ OFF TO SCHOOL	1981	CL	65.00	65.00
❑ PUPPY LOVE	1981	CL	65.00	65.00
❑ SATURDAY'S HERO	1984	CL	65.00	65.00
❑ SPECIAL TREAT	1983	CL	65.00	65.00
❑ SPRING FEVER	1982	CL	65.00	65.00
❑ TOYMAKER, THE	1980	CL	65.00	85.00
❑ WHILE THE AUDIENCE WAITS	1981	CL	65.00	65.00
❑ WINTER FUN	1983	CL	65.00	65.00
❑ WORDS OF WISDOM	1982	CL	65.00	65.00
COMMEMORATIVE				**N. ROCKWELL**
❑ ANOTHER MASTERPIECE BY NORMAN ROCKWELL	1985	5000	125.00	150.00
❑ NORMAN ROCKWELL DISPLAY	1981	5000	125.00	150.00
❑ NORMAN ROCKWELL, AMERICA'S ARTIST	1983	5000	125.00	125.00
❑ OUTWARD BOUND	1984	5000	125.00	125.00
❑ PAINTER AND THE PUPS, THE	1986	5000	125.00	150.00
❑ SPIRIT OF AMERICA	1982	5000	125.00	125.00

N. ROCKWELL GALLERY

NAME	YEAR	LIMIT	ISSUE	TREND
				N. ROCKWELL
❑ IS HE COMING? STOCKING HOLDER	1997	*	40.00	40.00
❑ ROCKWELL'S STUDIO MUSIC BOX	1997	*	35.00	35.00
❑ SANTA'S WORKSHOP MUSIC BOX	1997	*	35.00	35.00
HOME FOR CHRISTMAS				**N. ROCKWELL**
❑ THE LIBRARY (BOX)	1997	*	35.00	35.00

NUTSHELL DESIGNS

NAME	YEAR	LIMIT	ISSUE	TREND
ANGELS BESIDE ME				**INGRID**
❑ AMANDA & AMY GUARDIANS OF SISTERLY LOVE	2000	RT	22.00	22.00
❑ ANDREA GUARDIAN OF TRAVELERS	2000	RT	18.00	18.00
❑ BELLE GUARDIAN OF BRIDES	2001	RT	18.00	18.00
❑ CASSIDY GUARDIAN OF KNOWLEDGE	2001	RT	18.00	18.00
❑ CRYSTAL GUARDIAN OF THE HAPPY HOME	2002	3 YRS	18.00	18.00
❑ DAWN GUARDIAN OF THE NEW MILLENNIUM	2000	RT	18.00	18.00
❑ ELIZABETH GUARDIAN OF THE BELOVED DAUGHTER	2002	2 YRS	18.00	18.00
❑ EMILY & ERICA GUARDIANS OF LOVING SISTERS	2002	2 YRS	22.00	22.00
❑ ERIN GUARDIAN OF PEACE	2001	3 YRS	18.00	18.00
❑ FELICITY GUARDIAN OF HOPES & DREAMS	2000	RT	18.00	18.00
❑ JENNIFER & JONATHAN GUARDIANS OF SISTERS & BROTHERS	2001	RT	22.00	22.00

FIGURINES

FIGURINES

NAME	YEAR	LIMIT	ISSUE	TREND
❑ JESSICA GUARDIAN OF GENEROSITY	2000	RT	18.00	18.00
❑ LAURA GUARDIAN OF UNITY	2002	2 YRS	18.00	18.00
❑ LINDA GUARDIAN OF THE TREASURED FRIEND	2002	2 YRS	18.00	18.00
❑ MEGAN GUARDIAN OF STRENGTH & COMFORT	2002	2 YRS	18.00	18.00
❑ MICHAEL GUARDIAN OF THE BELOVED SON	2002	2 YRS	18.00	18.00
❑ SAMANTHA GUARDIAN OF FRIENDSHIP	2000	RT	18.00	18.00
❑ TIFFANY GUARDIAN OF MUSIC	2001	3 YRS	18.00	18.00
ANGELS BESIDE ME BABY GUARDIANS				**INGRID**
❑ ASHLEY GUARDIAN OF BABY'S FIRST CHRISTMAS	2001	RT	18.00	18.00
❑ RACHEL GUARDIAN OF NEW BABIES	2000	RT	18.00	18.00
ANGELS BESIDE ME HOLIDAY GUARDIANS				**INGRID**
❑ CHRISTINE GUARDIAN OF HOLIDAY FRIENDS	2001	RT	18.00	18.00
❑ NATALIE GUARDIAN OF CHRISTMAS CHEER	2000	RT	18.00	18.00
❑ REBECCA GUARDIAN OF YULETIDE JOY	2002	RT	18.00	18.00

OLD WORLD CHRISTMAS

NUTCRACKERS				E.M. MERCK
❑ AUSTRIAN MUSKETEER NUTCRACKER 72048	1987	RT	32.00	75.00
❑ BRITISH GUARD NUTCRACKER 72041	1987	RT	35.00	65.00
❑ LG. BAVARIAN DUKE NUTCRACKER 72242	1992	RT	99.00	150.00
❑ PRUSSIAN SERGEANT NUTCRACKER 72045	1987	RT	36.00	75.00

OLSZEWSKI STUDIOS

ART BRONZES/LANDSCAPES/RIDE AMERICA				R. OLSZEWSKI
❑ CRUISING SHARKS	1999	450	750.00	750.00
❑ SUNRISE COUGAR CANYON	1999	450	750.00	750.00
BOXES/LANDSCAPES/RIDE AMERICA				**R. OLSZEWSKI**
❑ CRUISING SHARKS	1999	2450	95.00	95.00
❑ CRUISING SHARKS	1999	OP	85.00	85.00
❑ GREAT HELMIST!	1999	OP	85.00	85.00
❑ GREAT HELMIST!	1999	2450	95.00	95.00
❑ SUNRISE COUGAR CANYON	1999	2450	95.00	95.00
❑ SUNRISE COUGAR CANYON	1999	OP	85.00	85.00
CORE 1ST QUARTER				**R. OLSZEWSKI**
❑ AMERICAN BEAUTY	1997	750	225.00	225.00
CORE 2ND QUARTER				**R. OLSZEWSKI**
❑ SUMMER	1997	750	240.00	240.00
CORE 3RD QUARTER				**R. OLSZEWSKI**
❑ WINTER	1997	750	230.00	230.00
CORE 4TH QUARTER				**R. OLSZEWSKI**
❑ DOLLHOUSE DREAMS	1997	750	235.00	235.00
DISNEY COLLECTIBLES BOX/SNOW WHITE'S WISH COME TRUE				**R. OLSZEWSKI**
❑ EVER AFTER	1999	1450	825.00	825.00
❑ SAFE HAVEN	1999	1450	250.00	250.00
❑ SEVEN HUNGRY DWARFS	1999	1450	675.00	675.00
LANDSCAPE				**R. OLSZEWSKI**
❑ FOX HUNT, THE	1997	500	480.00	480.00
MINIATURES				**R. OLSZEWSKI**
❑ GRAND ENTRANCE, THE	1994	1500	225.00	300.00
❑ LITTLE TINKER, THE	1994	750	235.00	400.00
❑ NOT TO BE TOWER	1997	OP	165.00	165.00
❑ TINKER'S TREASURE CHEST & TO BE..., THE	1994	CL	235.00	350.00
PRECIOUS METALS				**R. OLSZEWSKI**
❑ DASHING THROUGH THE SNOW GIFT BOX	1997	OP	850.00	850.00
❑ GARDEN BRACELET	1997	OP	225.00	225.00
SONGBIRDS MINIATURES				**R. OLSZEWSKI**
❑ SCRUB JAYS & MAGNOLIAS	1999	750	240.00	240.00
SPECIAL RELEASES MINIATURES				**R. OLSZEWSKI**
❑ FREE AS A BIRD	1999	750	200.00	200.00

PACIFIC RIM

BUNNY TOES				*
❑ ANNIE ON THE SWING	1997	OP	30.00	30.00
❑ BETSY & JUSTIN	1996	1440	15.00	15.00
❑ BIRTHDAY PARTY	1997	1200	60.00	60.00
❑ BUNNY GAZEBO	1995	OP	50.00	50.00
❑ GARDEN TRELLIS	1995	OP	30.00	30.00
❑ HANNAH WITH MAXIMILIAN	1994	RT	13.00	13.00
❑ HANNAH'S PRIDE & JOY	1997	OP	20.00	20.00
❑ MAZIE AT PLAY	1994	OP	13.00	13.00
❑ MAZIE FROLICS	1997	OP	15.00	15.00
❑ MISS AMANDA'S CLASS	1997	OP	20.00	20.00
❑ OH CHRISTMAS TREE	1997	OP	20.00	20.00
❑ SOPHIE TRIMS THE TREE	1997	OP	20.00	20.00
❑ SWEETHEARTS	1994	OP	50.00	50.00
❑ TILLIE MAKING A WREATH	1994	OP	13.00	13.00
❑ TILLIE WITH HER BIKE	1995	OP	15.00	15.00
❑ TIMOTHY & TILLIE GIVE THANKS	1997	OP	20.00	20.00
❑ TIMOTHY WITH EGGS	1995	OP	13.00	13.00
❑ TIMOTHY WITH FLOWER CART	1994	OP	17.00	17.00
❑ TIMOTHY WITH TULIPS	1994	OP	13.00	13.00
❑ WENDELL AT THE MAILBOX	1994	OP	17.00	17.00
❑ WENDELL WITH EGGS IN HAT	1994	OP	13.00	13.00
❑ WENDELL WITH FLOWERS	1994	RT	13.00	13.00
❑ WILLIS & SKEETER	1994	OP	17.00	17.00
❑ WILLIS & SKEETER GARDENING	1995	OP	15.00	15.00
❑ WINIFRED & WENDELL CAROLING	1997	OP	20.00	20.00
❑ WINIFRED PAINTS EGGS	1995	OP	15.00	15.00
❑ WINIFRED WITH BLOOMS	1994	OP	13.00	13.00

NAME	YEAR	LIMIT	ISSUE	TREND
BUNNY TOES				**P. SEBERN**
❑ BETSY-CELEBRATE	1996	1440	8.00	8.00
❑ BUNNY TOES LOGO SIGN	1995	OP	20.00	20.00
❑ JUSTINE-STARS & STRIPES	1996	1440	8.00	8.00
BUNNY TOES BIRTHDAY BUNNIES				**P. SEBERN**
❑ ANABELL GLIDING ALONG	1995	OP	20.00	20.00
❑ BETH BACK TO SCHOOL	1995	OP	20.00	20.00
❑ CALLIE BUNDLE UP	1995	OP	20.00	20.00
❑ CARLY STRIKING A POSE	1995	OP	20.00	20.00
❑ CHARLOTTE BEST OF THE BUNCH	1995	OP	20.00	20.00
❑ CHESTER SHARING WITH FRIENDS	1995	OP	20.00	20.00
❑ CHRISTOPHER & CORY THE BEST SHOT	1995	OP	20.00	20.00
❑ DINAH IRRESISTIBLE	1995	OP	20.00	20.00
❑ DOUGLAS FROSTY FRIENDS	1995	OP	20.00	20.00
❑ GOLDIE TAKING TURNS	1995	OP	20.00	20.00
❑ HARVEY GIDDY-UP AND GO	1995	OP	20.00	20.00
❑ JEREMY CLEAR SAILING	1995	OP	20.00	20.00
❑ JOEY AUTUMN CHORES	1995	OP	20.00	20.00
❑ MAGGIE JOY OF LIVING	1995	OP	20.00	20.00
❑ MOLLY SWEET WISHES	1995	OP	20.00	20.00
❑ NICHOLAS BETWEEN TIDES	1995	OP	20.00	20.00
❑ PENELOPE WISHFUL THINKING	1995	OP	20.00	20.00
❑ PHOEBE FIRST OUTING	1995	OP	20.00	20.00
❑ PIETER HIGHER EDUCATION	1995	OP	20.00	20.00
❑ RUSSEL & ROBBY SHARING THE HARVEST	1995	OP	20.00	20.00
❑ VIOLET THANK YOU NOTES	1995	OP	20.00	20.00
❑ WILBUR LAZY DAZE	1995	OP	20.00	20.00
❑ WILEY WINTER GAMES	1995	OP	20.00	20.00
❑ ZACHARY WAITIN' ON THE WIND	1995	OP	20.00	20.00
PATRIOTIC SERIES				*
❑ BETSY SEWS THE FLAG	1997	1200	15.00	15.00
❑ JUSTIN ON PARADE	1997	1200	15.00	15.00

PAPEL GIFTWARE

NAME	YEAR	LIMIT	ISSUE	TREND
LIFE'S ENDEARMENTS				**C. JOHNSON**
❑ COACHING	1994	OP	30.00	32.00
❑ LEARNING TO SHARE	1994	OP	25.00	27.00
❑ MY FIRST FRIEND	1994	OP	23.00	25.00
❑ MY TEDDY TALKS	1994	OP	25.00	27.00
❑ PUPPY LOVE	1994	OP	23.00	25.00
❑ SISTERS	1994	OP	30.00	32.00
WINDSOR BEARS OF CRANBURY COMMONS				*
❑ AMANDA-BUILDING YOUR DREAMS	2000	OP	23.00	23.00
❑ AMBER-THINKING OF YOU	1998	OP	16.00	17.00
❑ ANDREA-THE MAID OF HONOR	2000	OP	17.00	17.00
❑ BETH AND BEN-AMERICA ON PARADE	2000	OP	30.00	30.00
❑ BRETT-THINKING OF YOU AT CHRISTMAS	1999	OP	23.00	23.00
❑ BRIANNA-MY FAVORITE TIME OF YEAR	2000	OP	23.00	23.00
❑ BRUCE-JUST PUT YOUR MIND TO IT	2000	OP	17.00	17.00
❑ CATHERINE & CRAIG - OUR FIRST CHRISTMAS	1999	OP	30.00	30.00
❑ CHARLES-THE BEST MAN	2000	OP	17.00	17.00
❑ CONNOR-FOLLOW YOUR DREAMS	1998	OP	22.00	23.00
❑ DADDY & ME-DON'T WORRY, I GOT YOU	2000	OP	28.00	28.00
❑ DENNIS & DOUG-A FRIEND/TIME OF NEED	1999	OP	30.00	30.00
❑ ERICA-PLANING SEEDS OF HAPPINESS	2000	OP	23.00	23.00
❑ ERIN-THE SWEETEST SOUNDS OF HARMONY	2000	OP	18.00	18.00
❑ GEORGE-WE ARE GRATEFUL	1999	OP	18.00	18.00
❑ GRACE-WE ARE GRATEFUL	1999	OP	18.00	18.00
❑ HEATHER-A BRUSH OF HAPPINESS	2000	OP	25.00	25.00
❑ JAMES-MY FAVORITE PRESENT	2000	OP	23.00	23.00
❑ JASON-IT'S NOT THE SAME WITHOUT YOU	1999	OP	20.00	20.00
❑ JENNA & DEBBIE-FRIENDSHIP/BARGAIN	1999	OP	30.00	30.00
❑ JESSICA-NOW I LAY ME DOWN TO SLEEP	2000	OP	30.00	30.00
❑ JOE-LEADING THE TEAM TO EXCELLENCE	2000	OP	17.00	17.00
❑ JUDY-PRACTICE MAKES PERFECT	1999	OP	17.00	17.00
❑ KERI-YOU CAN DO IT!	1999	OP	17.00	17.00
❑ KRISTEN-EVERYTHING IS UNDER CONTROL	2000	OP	25.00	25.00
❑ LAURA-A CARING HEART	2000	OP	18.00	18.00
❑ LISA-GET WELL SOON	1999	OP	18.00	18.00
❑ LYNN-YOU'RE AS SWEET AS PIE	1999	OP	25.00	25.00
❑ MARIA AND NICK-BON VOYAGE	2000	OP	30.00	30.00
❑ MICHELLE & TODD-TOGETHER WE CAN GO ANYWHERE	1999	OP	30.00	30.00
❑ MICHELLE-HAVE I TOLD YOU LATELY	1999	OP	18.00	18.00
❑ MRS. WINDSOR & DAD-THE FIRST DANCE	2000	OP	25.00	25.00
❑ RANDY-ALL BUNDLED UP	1999	OP	18.00	18.00
❑ REBECCA-THANK YOU	1998	OP	16.00	17.00
❑ SAMMY-TAKE ME OUT TO THE BALL GAME	1999	OP	50.00	50.00
❑ TARA-I TREASURE YOUR GRACEFUL WAYS	1999	OP	17.00	17.00
❑ TIFFANY-I'M CHEERING FOR YOU	1999	OP	17.00	17.00
❑ WINDSOR FAMILY-CHRISTMAS MORMING	2000	2750	75.00	75.00
❑ WINDSOR FAMILY-SWEET DREAMS	1999	2750	75.00	75.00
WINDSOR HARES OF CRANBURY COMMONS				*
❑ AMBER & BRANDON-DASHING THROUGH THE SNOW	1998	OP	30.00	30.00
❑ COURTNEY & RYAN-BOO!	1998	OP	20.00	20.00
❑ DANIEL-SHOW DAY!	1998	OP	15.00	15.00
❑ DOROTHY & SCOTT-PERFECT PAIR	1998	OP	18.00	18.00
❑ EMILY-BUILDING A FRIENDSHIP	1998	OP	20.00	20.00
❑ FRED-TE-RIFIC GOLFER	1998	OP	10.00	10.00
❑ LAURA-PAR-FECT PUTT	1998	OP	10.00	10.00
❑ LAUREN-SWEET & DELICIOUS	1998	OP	25.00	25.00
❑ MOMMY & BECKY-HOMEMADE WITH LOVE	1998	OP	20.00	20.00

FIGURINES

Where's Muvver?, The Long and Short of It, Got to Get Home for the Holiday *and* Just Watchin' Over You *are retired pieces from the Memories of Yesterday Collection by Enesco Group Inc.*

Three children play a game of Ring Around the Rosie *in this figurine from the* A Child's World *6th Edition collection by Frances Hook. Produced by Roman Inc.*

Christmas Prayer Angel *by Ted DeGrazia, produced by Artists of the World, is a closed edition that was released in 1998.*

NAME	YEAR	LIMIT	ISSUE	TREND
❏ MORGAN & TAYLOR-FRIENDSHIP WARMS THE HEART	1998	OP	20.00	20.00
❏ SANTA & COREY-ALL I WANT FOR CHRISTMAS	1998	OP	18.00	18.00
❏ TIME TO REMEMBER	1998	*	*	N/A

PEMBERTON & OAKES

MUSIC BOXES

D. ZOLAN

❏ BROTHERLY LOVE	1991	*	54.00	140.00
❏ DOZENS OF DAISIES	1989	*	48.00	110.00
❏ FOR YOU	1991	*	35.00	46.00
❏ TINY TREASURES	1991	*	27.00	48.00

ZOLAN'S CHILDREN

D. ZOLAN

❏ ERIK AND THE DANDELION	1981	17000	48.00	71.00
❏ SABINA IN THE GRASS	1982	6800	48.00	97.00
❏ TENDER MOMENT	1985	10000	29.00	48.00
❏ WINTER WONDER	1984	8000	28.00	59.00

PENDELFIN

*

❏ BLASTER	2000		*	36.00
❏ BLISS	2000		*	36.00
❏ CHUCK	2000		*	28.00
❏ CONCERT STAND	2000		*	104.00
❏ GRADUATE, THE	2000		*	44.00
❏ SHANTY	2000		*	36.00

40TH ANNIVERSARY

J. HEAP

❏ AUNT RUBY	1994	10000	275.00	275.00

EVENT PIECES

*

❏ BODGIT	1996		*	144.00
❏ SYLVANA	1997		*	118.00

FAMILY CIRCLE

*

❏ GRAMPS	1998		*	131.00
❏ GRAN MODEL OF THE YEAR 2000	2000		*	58.00

FAMILY CIRCLE

J. HEAP

❏ BOSUN	1993	RT	50.00	218.00
❏ DELIA	1996	RT	125.00	216.00
❏ GEORGIE & THE DRAGON	1995	RT	125.00	160.00
❏ HERALD	1993	YR	*	254.00
❏ LITTLE TOM	1997	YR	*	144.00
❏ PUFFER	1994	RT	85.00	216.00
❏ WOODY	1997	YR	125.00	109.00

FAMILY CIRCLE

D. ROBERTS

❏ NEWSIE	1996	YR	*	116.00

FAMILY CIRCLE EVENT

J. HEAP

❏ RUNAWAY	1995	RT	90.00	50.00
❏ WALMSLEY	1994	RT	75.00	254.00

GALLERY SERIES

J. HEAP

❏ WAKEY, PIEFACE, POPPET, ROBERT, DODGER	1971	RT	300.00	220.00

PENDELFIN MEMBERSHIP PIECE

*

❏ TIDY PATCH	1998		*	73.00

PENDELFIN MEMBERSHIP PIECE

D. ROBERTS

❏ BUTTONS	1994	YR	*	144.00

RETIRED FIGURINES/COTTAGES

*

❏ BIG SPENDER	1996	RT	*	29.00
❏ COOKIE	1995	RT	*	33.00
❏ NEWBOY	1990	RT	*	29.00
❏ RAFT, THE	1983	RT	*	86.00
❏ ROSA, PINK	1982	RT	*	87.00
❏ SNUGGLES AWAKE	1991	RT	*	35.00
❏ TIPPET	1995	RT	*	30.00
❏ TOYSHOP	1992	RT	*	190.00
❏ TREASURE	1999	RT	*	118.00
❏ TROVE	1999	RT	*	51.00

RETIRED FIGURINES/COTTAGES

J. HEAP

❏ APPLE BARREL	1985	RT	*	73.00
❏ AUNT AGATHA	1963	RT	*	1184.00
❏ BANDSTAND	1964	RT	70.00	200.00
❏ BATH TUB	1967	RT	4.00	87.00
❏ CAKESTAND	1966	RT	2.00	296.00
❏ CHA CHA	1959	RT	*	1014.00
❏ CORNISH PRAYER (CORNY)	1962	RT	*	655.00
❏ CYRIL SQUIRREL	1963	RT	*	1088.00
❏ DODGER	1964	RT	24.00	44.00
❏ FATHER MOUSE (GRAY)	1961	RT	*	544.00
❏ GRAND STAND MOLD 1	1961	RT	35.00	289.00
❏ GRAND STAND MOLD 2	1992	RT	150.00	95.00
❏ GUSSIE	1960	RT	*	399.00
❏ HUMPHREY GO KART	1988	RT	70.00	144.00
❏ LOLLIPOP (GRAY MOUSE)	1961	RT	*	795.00
❏ LUCY POCKET	1960	RT	4.00	109.00
❏ MARGO	1955	RT	2.00	254.00
❏ MAUD	1967	RT	*	289.00
❏ MEGAN	1961	RT	3.00	361.00
❏ MIDGE	1956	RT	2.00	254.00
❏ MILK JUG STAND	1966	RT	2.00	222.00
❏ MODEL STAND	1960	RT	4.00	496.00
❏ MOTHER MOUSE (GRAY)	1961	RT	*	625.00
❏ MOUSE HOUSE (BRONZE)	1965	RT	*	350.00
❏ MOUSE HOUSE (STONEWARE)	1965	RT	*	600.00
❏ OLD FATHER (REMODELED)	1955	RT	50.00	812.00

FIGURINES

NAME	YEAR	LIMIT	ISSUE	TREND
❑ OLD MOTHER	1957	RT	6.00	361.00
❑ ORIGINAL FATHER	1955	RT	50.00	1700.00
❑ ORIGINAL ROBERT	1956	RT	2.00	326.00
❑ PENDLE WITCH	1953	RT	4.00	2500.00
❑ PHUMF	1967	RT	24.00	109.00
❑ PICNIC BASKET	1966	RT	2.00	361.00
❑ PICNIC STAND	1965	RT	63.00	47.00
❑ PICNIC TABLE	1967	RT	*	434.00
❑ RABBIT BOOK ENDS	1958	RT	10.00	2320.00
❑ ROCKY	1959	RT	32.00	44.00
❑ SHINER WITH BLACK EYE	1960	RT	2.00	105.00
❑ SQUEEZY	1960	RT	2.00	289.00
❑ TIMBER STAND	1956	RT	35.00	45.00
❑ TOTTY	1971	RT	21.00	73.00
❑ UNCLE SOAMES	1959	RT	105.00	254.00

RETIRED FIGURINES/COTTAGES   D. ROBERTS

NAME	YEAR	LIMIT	ISSUE	TREND
❑ AUCTIONEER, THE	2000	RT	*	144.00
❑ BLOSSOM	1984	RT	35.00	144.00
❑ BONGO	1964	RT	31.00	73.00
❑ CASTLE TAVERN	1968	RT	*	105.00
❑ CHARLOTTE	1990	RT	25.00	144.00
❑ CHIRPY	1989	RT	32.00	87.00
❑ CHRISTMAS SET	1985	RT	*	600.00
❑ COBBLE COTTAGE	1967	RT	*	66.00
❑ CROCKER	1980	RT	20.00	144.00
❑ FORTY WINKS	1993	RT	57.00	181.00
❑ FRUIT SHOP	1967	RT	*	111.00
❑ HONEY	1989	RT	40.00	102.00
❑ JIM LAD	1986	RT	23.00	144.00
❑ JINGLE	1985	RT	11.00	109.00
❑ LITTLE MO	1986	RT	35.00	116.00
❑ MUNCHER	1965	RT	26.00	73.00
❑ NIPPER	1981	RT	21.00	116.00
❑ OLIVER	1984	RT	25.00	101.00
❑ PEPPER	1995	RT	*	28.00
❑ PIEFACE	1966	RT	31.00	73.00
❑ POOCH	1962	RT	25.00	73.00
❑ ROBERT WITH LOLLIPOP	1967	RT	12.00	73.00
❑ SHRIMP STAND	1981	RT	70.00	74.00
❑ SOLO	1985	RT	40.00	109.00
❑ TAMMY	1957	RT	25.00	73.00
❑ TENNYSON	1987	RT	35.00	116.00
❑ WORDSWORTH	1991	RT	60.00	181.00

RETIRED FIGURINES/COTTAGES   WALMSLEY

NAME	YEAR	LIMIT	ISSUE	TREND
❑ BARROW BOY	1968	RT	*	36.00
❑ PIPKIN	1995	RT	*	66.00

POLLAND STUDIOS

AMERICAN SPIRIT COLLECTION   D. POLLAND

NAME	YEAR	LIMIT	ISSUE	TREND
❑ DAMNED KNOTHEAD	1998	900	195.00	195.00
❑ FIGHTING MUSTANGS	1998	1200	188.00	188.00
❑ ON THE PROD	1998	900	195.00	195.00
❑ SACKING OUT	1998	900	195.00	195.00
❑ SEARS CATALOG	1998	900	195.00	195.00
❑ STOLEN PONY	1998	1200	195.00	195.00
❑ TEXAS SAGE	1998	1200	195.00	195.00
❑ WARRING TRIBES #1	1998	600	250.00	250.00
❑ WARRING TRIBES #2	1998	600	250.00	250.00
❑ WARRING TRIBES #3	1998	600	250.00	250.00

COLLECTIBLE BRONZES   D. POLLAND

NAME	YEAR	LIMIT	ISSUE	TREND
❑ AMBUSH AT ROCK CANYON	1971	5	20000.00	45000.00
❑ BLOWIN' COLD	1969	30	375.00	1250.00
❑ BREED, THE	1969	30	350.00	975.00
❑ BUFFALO HUNT	1969	30	450.00	1250.00
❑ BUFFALO HUNT	1976	6	2200.00	3500.00
❑ BUFFALO PRAYER	1980	25	375.00	675.00
❑ BUFFALO ROBE	1972	50	1000.00	2350.00
❑ BULL SESSION	1967	11	200.00	1200.00
❑ BUNCH QUITTER	1973	60	750.00	1975.00
❑ CHALLENGE	1973	60	750.00	1800.00
❑ CHEYENNE	1975	6	1300.00	1800.00
❑ COFFEE TIME	1970	50	1200.00	2900.00
❑ COMANCHERO	1969	30	350.00	750.00
❑ COUNTING COUP	1975	6	1450.00	1950.00
❑ CROW SCOUT	1975	6	1300.00	1800.00
❑ DANCING INDIAN WITH LANCE	1969	50	250.00	775.00
❑ DANCING INDIAN WITH TOMAHAWK	1969	50	250.00	775.00
❑ DANCING MEDICINE MAN	1969	50	250.00	775.00
❑ DRAWN SABERS	1969	50	2000.00	5650.00
❑ LOOKOUTS	1969	30	375.00	1300.00
❑ LOST DISPATCH, THE	1970	50	1200.00	2950.00
❑ MANDAN HUNTER	1976	12	775.00	775.00
❑ MONDAY MORNING WASH	1976	6	2800.00	2800.00
❑ OH SUGAR!	1971	40	700.00	1525.00
❑ PAINTING THE TOWN	1976	6	3000.00	4200.00
❑ RESCUE	1976	6	2400.00	3000.00
❑ SHAKIN' OUT A LOOP	1971	40	500.00	1075.00
❑ TOP MONEY	1969	30	275.00	800.00
❑ TRACKING	1973	60	500.00	1500.00
❑ TRAIL HAZZARD	1969	30	700.00	1750.00
❑ WANTED	1970	50	500.00	1150.00
❑ WAR CRY	1969	30	350.00	975.00
❑ WAR PARTY	1973	60	1500.00	5500.00
❑ WHEN ENEMIES MEET	1969	30	700.00	2350.00

NAME	YEAR	LIMIT	ISSUE	TREND
COLLECTOR SOCIETY				**D. POLLAND**
❑ APACHE BIRDMAN	1989	CL	300.00	450.00
❑ BUFFALO PONY	1990	CL	300.00	350.00
❑ CHIEF PONTIAC	1990	CL	35.00	125.00
❑ CHIEF PONTIAC, BUFFALO PONY (SET)	1990	CL	335.00	625.00
❑ CRAZY HORSE	1989	CL	35.00	150.00
❑ CRAZY HORSE, APACHE BIRDMAN (SET)	1989	CL	335.00	700.00
❑ DISPUTED TRAIL	1988	CL	300.00	500.00
❑ HUNTER, THE	1988	CL	35.00	250.00
❑ HUNTER, THE- DISPUTED TRAIL (SET)	1988	CL	335.00	825.00
❑ I COME IN PEACE	1987	CL	35.00	230.00
❑ I COME IN PEACE, SILENT TRAIL (SET)	1987	CL	335.00	1000.00
❑ SIGNAL, THE	1991	YR	350.00	350.00
❑ SILENT TRAIL	1987	CL	300.00	750.00
❑ WAR DANCER	1991	YR	35.00	35.00
❑ WAR DANCER & THE SIGNAL (SET)	1991	YR	385.00	385.00
PEWTER COLLECTION				**D. POLLAND**
❑ FEDERAL STALLION	1984	1500	145.00	185.00
❑ HUNTING COUGAR	1985	1500	145.00	180.00
❑ RUNNING FREE	1985	1500	250.00	300.00

POSITIVE IMAGE

NAME	YEAR	LIMIT	ISSUE	TREND
BLACK LEGENDS				**N. HUGHES**
❑ BILL PICKETT	1994	4000	164.00	164.00
❑ GEORGE W. CARVER	1994	4000	164.00	164.00
❑ I.B. WELLS	1994	4000	190.00	190.00
❑ MAHALIA JACKSON	1994	4000	164.00	164.00
❑ SATCHEL PAGE	1994	4000	164.00	164.00
POSITIVE IMAGE				**N. HUGHES**
❑ BALLERINA	1991	RT	56.00	56.00
❑ BANJO PLAYER	1991	RT	90.00	90.00
❑ BOY IN CHOIR	1991	RT	54.00	54.00
❑ BOY ON A CAROUSEL RABBIT	1994	*	104.00	104.00
❑ BOY WITH DOG	1991	RT	42.00	42.00
❑ BUFFALO SOLDIER	1992	*	102.00	102.00
❑ CIVIL WAR SOLDIER	1992	*	102.00	102.00
❑ CUPID	1996	2500	116.00	116.00
❑ DANCER	1996	2500	116.00	116.00
❑ DISPLAY PIECE	1992	*	22.00	22.00
❑ DRESS-UP ANGEL	1995	*	46.00	46.00
❑ EASTER EGG HUNT	1991	RT	42.00	42.00
❑ FATHER AND SON	1991	RT	62.00	62.00
❑ FEMALE GRADUATE	1995	*	48.00	48.00
❑ GIRL AND DOG DISPLAY	1993	*	38.00	38.00
❑ GIRL IN CHAIR	1991	RT	54.00	54.00
❑ GIRL WITH BIRD	1991	RT	56.00	56.00
❑ GIRL WITH CAT	1991	RT	42.00	42.00
❑ GIRL WITH GOOSE	1992	*	62.00	62.00
❑ GIRLS ON CAROUSEL	1991	RT	210.00	210.00
❑ HIGH YELLOW (HERMINE)	1996	2500	144.00	144.00
❑ HIP HOP ANGEL	1995	*	46.00	46.00
❑ LIL WILLIE	1992	RT	82.00	82.00
❑ MALE GRADUATE	1995	*	48.00	48.00
❑ MILLION MAN MARCH	1996	2500	148.00	148.00
❑ MOTHER AND CHILD	1991	RT	62.00	62.00
❑ NEWSPAPER BOY	1992	*	42.00	42.00
❑ PRAYING ANGEL LEROY	1993	*	42.00	42.00
❑ PRAYING SLAVE	1994	RT	120.00	120.00
❑ PRAYING SLAVE	1996	2500	92.00	92.00
❑ REACH FOR A STAR ANGEL	1993	*	42.00	42.00
❑ ROLLIN ROUND HEAVEN DISPLAY PIECE	1996	*	24.00	24.00
❑ SAILOR	1993	*	102.00	102.00
❑ SERENA	1992	RT	78.00	78.00
❑ SURPRISE	1991	RT	62.00	62.00
❑ TKO ANGEL	1995	*	46.00	46.00
❑ TUSKEGEE AIRMAN	1992	*	102.00	102.00
❑ VIETNAM FIELD NURSE	1995	*	102.00	102.00
❑ VIETNAM SOLDIER	1995	*	102.00	102.00
❑ WHY ME LORD ANGEL	1994	*	42.00	42.00

POSSIBLE DREAMS

NAME	YEAR	LIMIT	ISSUE	TREND
				*
❑ CRINKLE BASEBALL PLAYER 4 1/2"	*	*	20.00	20.00
❑ CRINKLE DOCTOR 3 1/2"	*	*	20.00	20.00
❑ CRINKLE FIREMAN 4 1/2"	*	*	20.00	20.00
❑ CRINKLE FISHERMAN 4 1/2"	*	*	20.00	20.00
❑ CRINKLE FOOTBALL PLAYER 4 1/4"	*	*	20.00	20.00
❑ CRINKLE GOLFER 4 1/4"	*	*	20.00	20.00
❑ CRINKLE HOCKEY PLAYER 4 1/4"	*	*	20.00	20.00
❑ CRINKLE POLICEMAN 4 1/2"	*	*	20.00	20.00
❑ CRINKLE POSTMAN 4 1/2"	*	*	20.00	20.00
❑ CRINKLE SOCCER PLAYER 4"	*	*	20.00	20.00
❑ SANTA W/CANDY CANE 6 1/2"	*	*	18.00	18.00
				J.C. LEYENDECKER
❑ HUGGING SANTA 8"	1991	OP	53.00	53.00
❑ SANTA ON LADDER 8 1/2"	1992	RT	59.00	59.00
❑ TRADITIONAL SANTA 10"	1991	RT	100.00	130.00
❑ TRADITIONAL SANTA 7 1/2"	1992	OP	66.00	125.00
AFRICAN SPIRIT				**W. STILL**
❑ BUSHMAN AND SON	1998	*	140.00	140.00
❑ RENDILLE WOMAN & CHILD	1998	*	136.00	136.00

FIGURINES

NAME	YEAR	LIMIT	ISSUE	TREND
CLOTHTIQUE AMERICAN ARTIST COLLECTION				*
❑ ALPINE CHRISTMAS 11 1/4"	1991	RT	129.00	133.00
❑ AN ANGEL'S KISS 10 1/2"	1992	RT	85.00	90.00
❑ AND FEATHERED FRIEND 10"	*	OP	80.00	80.00
❑ BEACON OF LIGHT 11"	1993	OP	60.00	64.00
❑ BRIGHTER DAY 9 1/2"	1993	OP	68.00	68.00
❑ CAPTAIN CLAUS 10"	1994	OP	74.00	74.00
❑ CHRISTMAS CALLER 10 1/2"	1995	OP	58.00	58.00
❑ CHRISTMAS COMPANY 9"	1992	RT	73.00	120.00
❑ CHRISTMAS LIGHT 10"	*	OP	54.00	80.00
❑ CHRISTMAS STORIES 8"	*	OP	64.00	64.00
❑ CHRISTMAS SURPRISE 10"	1994	OP	84.00	84.00
❑ COUNTRY SOUNDS 8 1/2"	1995	OP	74.00	74.00
❑ DRESSED FOR THE HOLIDAY 10 1/4"	*	OP	47.00	47.00
❑ EASY PUTT 9"	1993	OP	110.00	110.00
❑ FATHER CHRISTMAS 10 1/4"	1991	RT	60.00	61.00
❑ FATHER EARTH 10"	1993	OP	77.00	77.00
❑ FRESH FROM THE OVEN 11"	*	OP	49.00	49.00
❑ FRIENDLY VISIT 11 1/2"	1991	RT	100.00	103.00
❑ GENTLE CRAFTSMAN, THE 8 1/2"	1994	OP	77.00	77.00
❑ GIFTS FROM GARDEN 10"	1994	RT	74.00	74.00
❑ GIVING THANKS 7 1/4"	1995	RT	46.00	46.00
❑ GOOD ROUND 11"	1995	OP	73.00	73.00
❑ HERALDING THE WAY 10 1//4"	1992	RT	72.00	76.00
❑ ICE CAPERS 7 3/4"	1993	OP	100.00	100.00
❑ JUST SCOOTING ALONG 10"	1993	OP	80.00	80.00
❑ LIGHTING THE WAY 11"	1992	RT	85.00	85.00
❑ MAGIC OF CHRISTMAS 11 1/4"	1991	RT	132.00	140.00
❑ MUSIC MAKERS 9"	1992	RT	135.00	170.00
❑ MUSICAL READY FOR CHRISTMAS 10"	*	OP	99.00	99.00
❑ NATURE'S LOVE 10"	1993	OP	75.00	80.00
❑ NEW SUIT FOR SANTA 9 1/2" SET OF TWO	*	OP	90.00	90.00
❑ NOT A CREATURE STIRRING 8 3/4"	*	OP	44.00	44.00
❑ OUT OF THE FOREST 10 1/4"	1992	RT	60.00	70.00
❑ PATCHWORK SANTA 10"	1995	OP	68.00	68.00
❑ PEACE ON EARTH 10 1/4"	1992	RT	88.00	95.00
❑ PEACEFUL EVE 10"	1991	RT	100.00	103.00
❑ REFUGE FROM THE STORM 10 1/2"	*	OP	49.00	49.00
❑ RIDING HIGH 10 1/2"	1995	OP	115.00	115.00
❑ SANTA AND THE ARK 10 1/2"	1995	OP	72.00	72.00
❑ SANTA IN R. CHAIR 9 1/4"	1992	RT	85.00	103.00
❑ SANTA'S CUISINE 10 1/2"	1991	RT	138.00	150.00
❑ SOUTHWEST SANTA 10"	1995	OP	65.00	65.00
❑ SPIRIT OF SANTA 11"	1994	OP	65.00	65.00
❑ SPIRIT/CHRISTMAS PAST 10"	1994	RT	76.00	76.00
❑ STORY TELLER, THE 8 1/4"	1995	RT	76.00	76.00
❑ STRUMMING THE LUTE 9"	1993	OP	79.00	79.00
❑ SUN FLOWER SANTA 10"	1995	OP	75.00	75.00
❑ TEA TIME 10"	1994	OP	86.00	86.00
❑ TEDDY LOVE 10"	1994	OP	85.00	85.00
❑ TOUCH OF MAGIC 10"	1994	OP	90.00	90.00
❑ TRADITIONS 10 "	1991	RT	50.00	60.00
❑ TREE PLANTER, THE 10"	1993	RT	80.00	80.00
❑ TWELVE DAYS OF CHRISTMAS 10 3/4"	*	OP	48.00	48.00
❑ VISIONS OF SUGARPLUMS 10"	*	OP	50.00	50.00
❑ WORKSHOP, THE 9 3/4" MUSIC	1993	RT	140.00	160.00
CLOTHTIQUE AMERICAN ARTIST COLLECTION				**G. BENVENUTI**
❑ BONE APPETIT!	1998	*	54.00	54.00
❑ FELICE NATALE!	1998	*	46.00	46.00
CLOTHTIQUE AMERICAN ARTIST COLLECTION				**T. BROWNING**
❑ DREAMS COME TRUE	1998	RT	69.00	69.00
❑ PLAYING THROUGH	1998	*	50.00	50.00
CLOTHTIQUE AMERICAN ARTIST COLLECTION				**L. FLETCHER**
❑ DRESS REHEARSAL	1998	*	50.00	50.00
❑ TRAILSIDE PRAYER	1998	*	60.00	60.00
❑ WOMAN BEHIND CHRISTMAS, THE	1998	RT	58.00	58.00
CLOTHTIQUE AMERICAN ARTIST COLLECTION				**M. HUMPHRIES**
❑ CLEAN SWEEP	1998	*	47.00	47.00
CLOTHTIQUE AMERICAN ARTIST COLLECTION				**S. RUSINKO**
❑ NEW ARRIVAL	1998	RT	48.00	48.00
CLOTHTIQUE AMERICAN ARTIST COLLECTION				**J. SORENSON**
❑ YULETIDE ROUNDUP	1998	*	43.00	43.00
CLOTHTIQUE AMERICAN ARTIST COLLECTION				**W. STILL**
❑ SANTA'S ON A ROLL	1998	RT	42.00	42.00
CLOTHTIQUE AMERICAN ARTIST COLLECTION				**J. VAILLANCOURT**
❑ SCANDINAVIAN FATHER CHRISTMAS	1998	*	40.00	40.00
CLOTHTIQUE COCA-COLA COLLECTION				*
❑ BUSY MAN'S PAUSE	1998	*	49.00	49.00
❑ SANTA'S GREETINGS	1998	*	*	N/A
❑ STEP UP TO REFRESHMENT	1998	*	47.00	47.00
❑ THANKS FOR THE PAUSE THAT REFRESHES	1998	*	47.00	47.00
CLOTHTIQUE ELVES				*
❑ WORKING ELVES 6" SET OF THREE	*	OP	66.00	66.00
CLOTHTIQUE GIRL				*
❑ GIRL AT MANGER 7" SET OF THREE	*	OP	74.00	74.00
CLOTHTIQUE LI'L DRUMMER BOY				*
❑ LI'L DRUMMER BOY 7" SET OF TWO	*	OP	60.00	60.00
CLOTHTIQUE LONDONSHIRE				*
❑ ADMIRAL WALDO 11"	1995	OP	65.00	65.00
❑ ALBERT 10"	*	RT	65.00	70.00

NAME	YEAR	LIMIT	ISSUE	TREND
❏ BETH 7 1/4"	1995	OP	35.00	35.00
❏ CHRISTOPHER 7 1/2"	1995	OP	35.00	35.00
❏ COUNTESS OF HAMLETT 10 3/4"	1995	OP	65.00	65.00
❏ DAVID 7 1/2"	1995	OP	38.00	38.00
❏ DEBBIE 7 1/2"	1995	OP	38.00	38.00
❏ DIANNE 8"	1995	OP	33.00	33.00
❏ DR. ISAAC 11"	1995	RT	65.00	70.00
❏ EARL OF HAMLETT 12"	*	RT	65.00	70.00
❏ EARL'S FREE TIME 11"	1995	OP	57.00	57.00
❏ JEAN CLAUDE 7 1/2"	1995	OP	35.00	35.00
❏ LORD WINSTON 12"	1995	RT	65.00	70.00
❏ MAGGIE 10 1/2"	*	RT	57.00	57.00
❏ MARGARET OF FOXCROFT 11"	1995	OP	65.00	65.00
❏ NICOLE 7 1/2"	1995	OP	35.00	35.00
❏ NIGEL AS SANTA 10"	1993	OP	54.00	54.00
❏ OFFICER KEVIN 11"	1995	RT	65.00	70.00
❏ PHILLIP 8"	1995	OP	33.00	33.00
❏ REBECCA 7 1/2"	1995	OP	35.00	35.00
❏ RICHARD 7 1/2"	1995	OP	35.00	35.00
❏ RODNEY 10 1/2"	1995	OP	65.00	65.00
❏ SIR RED 11"	1995	RT	72.00	72.00
❏ SIR ROBERT 12"	1996	OP	65.00	65.00
❏ TIFFANY SORBET 8"	1995	OP	65.00	65.00
❏ WALTER 8"	*	RT	33.00	33.00
❏ WENDY 8"	*	RT	33.00	33.00

CLOTHTIQUE NATIVITIES

NAME	YEAR	LIMIT	ISSUE	TREND
❏ HOLY FAMILY 9" - 11 3/4" SET OF TWO	*	OP	150.00	150.00
❏ HOLY FAMILY SET 10 1/2" 3 PC	*	OP	90.00	90.00
❏ HOLY FAMILY SET 12" 2 PC	*	OP	166.00	166.00
❏ WISE MEN 7 1/2"-11 3/4" SET OF THREE	*	OP	174.00	174.00

CLOTHTIQUE PEPSI SANTA COLLECTION

NAME	YEAR	LIMIT	ISSUE	TREND
❏ HOLIDAY HOST 10"	1994	OP	59.00	59.00
❏ JOLLY TRAVELER 7 1/2"	1995	OP	90.00	90.00
❏ PEPSI COLA SANTA 10"	1990	OP	68.00	68.00
❏ PEPSI COLA SANTA SITTING 8"	1992	*	84.00	84.00
❏ PEPSI SANTA W/LIST 6"	*	OP	10.00	10.00

CLOTHTIQUE PROFESSIONALS

NAME	YEAR	LIMIT	ISSUE	TREND
❏ DOCTOR 9 1/2"	*	OP	38.00	38.00
❏ FIREMAN 9 1/2"	*	OP	38.00	38.00
❏ GOLFER 9 1/2"	*	OP	38.00	38.00
❏ LIFESTYLES-FISHERMAN 10"	*	OP	38.00	38.00
❏ LIFESTYLES-WOMAN GOLFER 9 3/4"	*	OP	30.00	30.00
❏ NURSE 9 1/2"	*	OP	38.00	38.00
❏ POLICEMAN 9 1/2"	*	OP	38.00	38.00
❏ POSTMAN 9 1/2"	*	OP	38.00	38.00

CLOTHTIQUE ROCKWELLS

NAME	YEAR	LIMIT	ISSUE	TREND
❏ BALANCING BUDGET 11"	1992	OP	120.00	120.00
❏ DEAR SANTA 7 3/4"	1989	RT	71.00	71.00
❏ GIFT, THE 12 1/2"	1991	OP	160.00	160.00
❏ GRAMPS W/REINS 12 1/2"	1991	OP	290.00	305.00
❏ HOBO 11 1/2"	1990	OP	159.00	167.00
❏ LOVE LETTERS 11"	1990	OP	172.00	180.00
❏ MAN W/GEESE 12 1/4"	1991	OP	120.00	120.00
❏ MARRIAGE LICENSE 11 3/4"	1992	OP	195.00	195.00
❏ SANTA PLOTTING 12"	1991	OP	160.00	160.00
❏ SANTA W/GLOBE 8"	1989	RT	73.00	175.00
❏ SPRINGTIME 11 1/2"	1991	OP	130.00	130.00

CLOTHTIQUE SANTAS COLLECTION

NAME	YEAR	LIMIT	ISSUE	TREND
❏ 1940 TRADITIONAL SANTA 10 1/2"	1992	RT	44.00	68.00
❏ AFRICAN/AMERICAN SANTA 8"	1992	RT	65.00	65.00
❏ AUTOGRAPH FOR A FAN 10"	1996	OP	39.00	39.00
❏ BABY'S FIRST CHRISTMAS 10"	1989	CL	42.00	42.00
❏ CARPENTER, SANTA 10"	1988	RT	40.00	40.00
❏ CHRISTMAS CHEER 10"	1994	OP	55.00	55.00
❏ CHRISTMAS IN THE ALPS	1998	*	48.00	48.00
❏ CHRISTMAS IS FOR CHILDREN 10"	1994	OP	59.00	59.00
❏ CHRISTMAS MAN 10"	1986	RT	60.00	60.00
❏ COLONIAL SANTA 10"	1987	RT	32.00	32.00
❏ ENGINEER SANTA MUSIC 9 3/4"	1992	RT	130.00	130.00
❏ EUROPEAN SANTA 10"	1993	OP	53.00	53.00
❏ EXHAUSTED SANTA 7 3/4"	1989	RT	60.00	60.00
❏ FATHER CHRISTMAS 10"	1991	RT	43.00	49.00
❏ FINISHING TOUCH 9 3/4"	1995	OP	55.00	55.00
❏ FIREMAN & CHILD 10"	1993	OP	55.00	55.00
❏ FIREMAN SANTA 11 1/4"	1992	OP	60.00	60.00
❏ FIRST NOEL MUSICAL, THE 8 1/4"	*	OP	62.00	62.00
❏ FOR A SPECIAL LITTLE GIRL	1998	*	44.00	44.00
❏ FOR SOMEONE SPECIAL 9 1/2"	*	OP	39.00	39.00
❏ FRISKY FRIEND 10"	1995	OP	46.00	46.00
❏ FRONTIER SANTA 10"	1988	RT	38.00	40.00
❏ GINGERBREAD BAKER, THE 10"	*	OP	35.00	35.00
❏ GOOD TIDINGS 10"	1994	OP	49.00	49.00
❏ HARLEM SANTA 10"	1990	RT	46.00	50.00
❏ HEAVEN SENT	*	OP	50.00	50.00
❏ HIGHLAND SANTA	1998	*	42.00	43.00
❏ HIS FAVORITE COLOR 10"	1993	OP	48.00	40.00
❏ HO HO HOLE IN ONE	*	OP	43.00	43.00
❏ HOLIDAY FRIEND 8"	1994	OP	99.00	99.00
❏ HOME SPUN HOLIDAY 8 3/4"	1995	OP	50.00	49.50
❏ HOOK, LINE & SANTA 9 1/2"	1995	OP	50.00	50.00
❏ JUMPIN' JACK SANTA 9 1/2"	*	OP	46.00	46.00
❏ KRIS KRINGLE 10"	1991	RT	43.00	43.00

NAME	YEAR	LIMIT	ISSUE	TREND
❑ LANDING BEACON	1998	*	43.00	44.00
❑ LONG TRIP 10 1/2"	1995	OP	95.00	95.00
❑ MASTER TOYMAKER 9 1/2"	*	OP	45.00	45.00
❑ MEXICAN MARIACHI SANTA	1998	*	49.00	49.00
❑ MODERN SHOPPER, THE 10"	1993	OP	40.00	40.00
❑ MODERN SKIER SANTA 10"	*	OP	67.00	67.00
❑ MRS. CLAUS 10"	1994	OP	55.00	55.00
❑ MRS. CLAUS IN COAT 10"	1991	RT	47.00	60.00
❑ MRS. CLAUS W/DOLL 10"	1989	RT	42.00	42.00
❑ MRS. CLAWS 10"	1994	OP	69.00	69.00
❑ MUSICAL CHRISTMAS GUEST 10"	1994	OP	75.00	75.00
❑ NICHOLAS 10"	1992	RT	58.00	76.00
❑ NORTH POLE PARTY LINE	1998	*	45.00	45.00
❑ OFFICER CLAUS	1998	*	38.00	38.00
❑ OUR HERO 11"	1994	OP	60.00	60.00
❑ PELZE NICHOL 10"	1989	RT	40.00	45.00
❑ PLAYMATES 6 1/2"	1994	OP	99.00	99.00
❑ PUPPY LOVE 9"	1994	OP	59.00	59.00
❑ PURRY FRIEND, A	1998	*	42.00	43.00
❑ RUSSIAN ST. NICHOLAS 10"	1988	OP	38.00	38.00
❑ SANTA DECORATING TREE 7 1/4"	1991	RT	60.00	60.00
❑ SANTA ON BED 6 3/4" H X 8 1/2" L	1992	RT	76.00	76.00
❑ SANTA ON SLED 8"	1992	RT	75.00	75.00
❑ SANTA PLEASE STOP HERE 10"	1990	RT	63.00	63.00
❑ SANTA SHELF SITTER 7 1/4"	1991	RT	56.00	60.00
❑ SANTA W/BLUE ROBE 10"	1990	RT	46.00	51.00
❑ SANTA W/DOLL 10 1/2"	*	OP	40.00	40.00
❑ SANTA W/EMBLEM ROBE 10"	1989	*	40.00	40.00
❑ SANTA W/GROCERIES 10 1/2"	1993	OP	48.00	48.00
❑ SANTA W/PACK 10"	1986	RT	60.00	60.00
❑ SANTA WITH TREE	1998	*	38.00	39.00
❑ SANTA/MOTORBIKE 11 1/4"	1992	RT	115.00	125.00
❑ SANTA/REINDEER 12 1/2"	1992	RT	79.00	81.00
❑ SANTA'S CHECKUP	1998	*	37.00	37.00
❑ SANTA'S FLYING MACHINES	1998	*	40.00	40.00
❑ SANTA'S NEW LIST	1998	*	45.00	45.00
❑ SANTA'S PET PROJECT 7"	*	OP	37.00	37.00
❑ SANTA'S TREE	1998	*	36.00	37.00
❑ SANTA-SLEIGH MUSIC 9 1/4"	1992	RT	79.00	80.00
❑ SHAMROCK SANTA 9 1/2"	*	OP	42.00	42.00
❑ SIBERIAN SANTA 10"	1991	RT	49.00	50.00
❑ SKIING SANTA 10"	1990	RT	62.00	162.00
❑ SNACK FOR SANTA, A	1998	*	37.00	37.00
❑ SOUNDS OF CHRISTMAS 9 1/2"	1995	OP	58.00	58.00
❑ SPECIAL TREAT 9 3/4"	1995	OP	51.00	51.00
❑ ST. NICHOLAS 10"	1988	RT	38.00	40.00
❑ STOCKINGS WERE HUNG 8 1/2"	1995	OP	65.00	65.00
❑ THREE ALARM SANTA 11 1/2"	*	OP	43.00	43.00
❑ TOP O' THE MORNING	1998	*	42.00	42.00
❑ TRADITIONAL DELUXE SANTA 10"	1987	RT	32.00	32.00
❑ TRADITIONAL SANTA 10"	1986	RT	60.00	60.00
❑ TRADITIONAL SANTA 10"	1989	RT	40.00	40.00
❑ TRUE SPIRIT OF XMAS 8"	1991	RT	97.00	97.00
❑ UKKO 10"	1987	RT	32.00	32.00
❑ VICTORIAN EVERGREEN SANTA 10 1/2"	1995	OP	49.00	49.00
❑ VICTORIAN PUPPETEER 10"	1995	OP	51.00	52.00
❑ VICTORIAN SANTA 9 1/2"	1993	OP	56.00	60.00
❑ VISITOR FROM THE NORTH	1998	*	40.00	40.00
❑ WEIHNACHTSMAN 10"	1988	RT	38.00	40.00
❑ WELCOME VISIT 10"	1994	OP	60.00	60.00
❑ WISHES COME TRUE 9"	*	OP	59.00	59.00
❑ WORKBENCH SANTA 8"	1990	RT	72.00	75.00
❑ YULETIDE JOURNEY 10"	1994	OP	50.00	56.00

CLOTHTIQUE SIGNATURE SERIES
*

❑ 2 PC SET- 721001 & 721002	*	OP	198.00	198.00
❑ 2 PC SET- 721004 & 721005	*	OP	198.00	198.00
❑ DEPT STORE SANTA USA 1940	1995	OP	108.00	108.00
❑ FATHER XMAS ENGLAND 12"	1995	OP	90.00	90.00
❑ KRIS KRINGLE USA 12"	*	OP	99.00	99.00
❑ ST. NICHOLAS 12" CIRCA 1300	*	OP	99.00	99.00

CRINKLE ANGEL
*

❑ CRINKLE ANGEL W/CANDLE 4 3/4"	*	*	20.00	20.00
❑ CRINKLE ANGEL W/DOVE 4 1/2"	*	*	20.00	20.00
❑ CRINKLE ANGEL W/HARP 4 1/2"	*	*	20.00	20.00
❑ CRINKLE ANGEL W/LAMB 4 3/4"	*	*	20.00	20.00
❑ CRINKLE ANGEL W/LANTERN 4 1/2"	*	*	20.00	20.00
❑ CRINKLE ANGEL W/MANDOLIN 4 3/4"	*	*	20.00	20.00

CRINKLE CAROUSEL
*

❑ CHECKMATE CRINKLE	1998	*	9.00	9.00
❑ CRINKLE ANTLERS	1998	*	16.00	16.00
❑ CRINKLE DOODLE-DOO	1998	*	15.00	15.00
❑ CRINKLE FILLY	1998	*	16.00	16.00
❑ CRINKLE PONY WITH DOME	1998	*	40.00	40.00
❑ CRINKLE STALLION WITH DOME	1998	*	40.00	40.00
❑ FRISKY CRINKLE	1998	*	12.00	12.00
❑ GALLOPING CRINKLE	1998	*	16.00	16.00
❑ HAPPY HOG CRINKLE	1998	*	15.00	15.00
❑ HIPPITY HOP CRINKLE	1998	*	15.00	15.00
❑ HONEY BEAR CRINKLE	1998	*	15.00	15.00
❑ LAUGHING LION CRINKLE	1998	*	15.00	16.00
❑ MERRY-GO-CRINKLE	1998	*	34.00	34.00

NAME	YEAR	LIMIT	ISSUE	TREND
❑ PACHYDERM CRINKLE	1998	*	16.00	16.00
❑ PARASOL CRINKLE	1998	*	13.00	14.00
❑ PRANCING CRINKLE MUSIC BOX	1998	*	30.00	30.00
❑ SURF RIDER CRINKLE	1998	*	16.00	16.00
CRINKLE CLAUS				*
❑ AMERICAN SANTA 4"	*	*	16.00	16.00
❑ ARCTIC SANTA 3 1/2"	*	*	16.00	16.00
❑ AUSTRIAN SANTA 3 3/4"	*	*	16.00	16.00
❑ AUTUMN PEPPERGRASS 4 1/2"	*	OP	31.00	31.00
❑ BAVARIAN OM-PAH CRINKLE MUSICAL	1998	*	39.00	39.00
❑ BELL SHAPE SANTA 5/12"	*	*	24.00	24.00
❑ BISHOP OF MAYA 4 3/4"	*	*	20.00	20.00
❑ BLACK FOREST GIFT GIVER 4 3/4"	*	*	20.00	20.00
❑ BLACK FOREST SANTA 3 1/4"	*	*	8.00	8.00
❑ BOTTLE CRINKLE	1998	*	16.00	16.00
❑ BUCKETS OF FRUIT FOR....5"	*	*	45.00	45.00
❑ C/C ROLY POLY SANTA 3 1/2"	*	RT	12.00	13.00
❑ CANDLE STICK SANTA 5"	*	*	16.00	16.00
❑ CELTIC SANTA 4 1/2"	*	*	20.00	20.00
❑ CHOO-CHOOS FOR CHILDREN 5"	*	*	25.00	25.00
❑ CHRISTMAS EXPEDITION	1998	*	27.00	27.00
❑ CHRISTMAS TREE SANTA 5 3/4"	*	*	20.00	20.00
❑ CLICKETY-CLACK CRINKLE	1998	*	17.00	18.00
❑ CRESCENT MOON SANTA 4 3/4"	*	*	19.00	19.00
❑ CRINKLE CELLO	1998	*	15.00	15.00
❑ CRINKLE CHRISTMAS EVE	1998	*	28.00	29.00
❑ CRINKLE CLAUS CRUISE	1998	*	17.00	18.00
❑ CRINKLE CLAUS W/DOME GERMAN SANTA 120MM	*	*	45.00	45.00
❑ CRINKLE CLAUS W/DOME SANTA/CHIMNEY 6"	*	*	45.00	45.00
❑ CRINKLE CLAUS W/DOME ST. NICHOLAS 120MM	*	*	45.00	45.00
❑ CRINKLE CROSS	1998	*	15.00	15.00
❑ CRINKLE ELF CARPENTER	1998	*	8.00	9.00
❑ CRINKLE ELF CHEF	1998	*	8.00	9.00
❑ CRINKLE ELF FIREMAN	1998	*	8.00	9.00
❑ CRINKLE ELF POSTMAN	1998	*	8.00	9.00
❑ CRINKLE ELF TOYMAKER	1998	*	8.00	9.00
❑ CRINKLE ELF WITH JESTER	1998	*	8.00	9.00
❑ CRINKLE ELF WITH SNOWMAN	1998	*	8.00	9.00
❑ CRINKLE ELF WITH TEDDY	1998	*	8.00	9.00
❑ CRINKLE FLAG BEARER	1998	*	12.00	13.00
❑ CRINKLE LYRE	1998	*	17.00	17.00
❑ CRINKLE MAIL CAR	1998	*	19.00	19.00
❑ CRINKLE SPIRIT OF GIVING	1998	*	24.00	24.00
❑ CRINKLE UNCLE SAM	1998	*	14.00	14.00
❑ DAINTY WHISKERS 4 1/2"	*	OP	30.00	30.00
❑ DASHING THROUGH THE SNOW 5 3/4"	*	*	45.00	45.00
❑ DEPARTMENT STORE CRINKLE	1998	*	24.00	24.00
❑ DING-DONG CRINKLE	1998	*	17.00	17.00
❑ DISPLAY FIGURINE 4"	*	*	11.00	11.00
❑ DUTCH TREAT CRINKLE MUSICAL	1998	*	39.00	30.00
❑ EMERALD ISLE CRINKLE	1998	*	13.00	14.00
❑ ENGLISH CRINKLE AT WESTMINSTER ABBEY	1998	*	28.00	29.00
❑ ENGLISH SANTA 3 3/4"	*	*	16.00	16.00
❑ FEEDIN' FOREST FRIENDS 5"	*	*	28.00	28.00
❑ FINE FEATHERED FRIENDS	1998	*	25.00	26.00
❑ FIRECRACKER CRINKLE	1998	*	15.00	15.00
❑ FOREST SANTA 4 1/4"	*	*	16.00	16.00
❑ FRENCH SANTA 3 1/2"	*	*	16.00	16.00
❑ GERMAN CRINKLE AT ROTHENBURG	1998	*	28.00	29.00
❑ GERMAN SANTA 3 3/4"	*	*	16.00	16.00
❑ GOODY PRINGLE 4 3/4"	*	OP	31.00	31.00
❑ GRIZZLY BEAR HELPER	1998	*	26.00	26.00
❑ HARD BOILED SANTA 3 1/4"	*	*	14.00	14.00
❑ HIGH FLYING CRINKLE	1998	*	32.00	33.00
❑ HIGH HAT SANTA 6 1/4"	*	*	13.00	14.00
❑ HOUR GLASS SANTA 5 1/2"	*	*	15.00	15.00
❑ ICELAND VISITOR 4 1/2"	*	*	20.00	20.00
❑ IRISH CRINKLE AT ST. PATRICK'S CATHEDRAL	1998	*	28.00	29.00
❑ ITALIAN SANTA 3 1/2"	*	*	16.00	16.00
❑ JOLLY ST. NICK 3 1/2"	*	*	15.00	15.00
❑ KREMLIN CRINKLE MUSICAL	1998	*	39.00	39.00
❑ LIBERTY CRINKLE	1998	*	12.00	13.00
❑ MERRY HEART 4 1/2"	*	OP	30.00	30.00
❑ MERRY OL'ENGLAND 4 1/4"	*	*	20.00	20.00
❑ NETHERLANDS SANTA 4"	*	*	16.00	16.00
❑ NORTHLAND SANTA 4 1/2"	*	*	20.00	20.00
❑ NUTTY NOEL, A	1998	*	26.00	26.00
❑ OLD GLORY CRINKLE	1998	*	12.00	13.00
❑ PATIENCE FINNEY 4 1/4"	*	OP	31.00	31.00
❑ PINE CONE SANTA 4"	*	*	16.00	16.00
❑ RAG DOLL DELIVERY 6"	*	*	35.00	35.00
❑ ROLY POLY SANTA 5 1/2"	*	*	23.00	23.00
❑ ROYAL CRINKLE MUSICAL	1998	*	39.00	39.00
❑ RUNNING DOWN THE LIST 5 3/4"	*	*	33.00	33.00
❑ RUSSIAN CRINKLE AT ST. BASIL'S	1998	*	28.00	29.00
❑ RUSSIAN SANTA 3 1/2"	*	*	16.00	16.00
❑ RUSSIAN SANTA 4"	*	RT	16.00	16.00
❑ SANTA IN SLED 4 1/2"	*	RT	17.00	17.00
❑ SANTA ON BAG 4"	*	RT	15.00	15.00
❑ SANTA ON ROOF 5"	*	*	29.00	29.00
❑ SANTA SITTING PRETTY 3 1/4"	*	*	14.00	14.00
❑ SANTA W/ANIMALS 4"	*	RT	15.00	15.00

FIGURINES

FIGURINES

NAME	YEAR	LIMIT	ISSUE	TREND
❏ SANTA W/BOOK 4"	*	*	14.00	14.00
❏ SANTA W/CANDY CANE 4 1/2"	*	RT	13.00	13.00
❏ SANTA W/CANDY CANE 5"	*	*	27.00	27.00
❏ SANTA W/CANE & BAG 3 1/4"	*	RT	12.00	12.00
❏ SANTA W/GIFTS 5"	*	RT	27.00	27.00
❏ SANTA W/LANTERN & BAG 4 1/2"	*	RT	16.00	16.00
❏ SANTA W/LANTERN 5"	*	RT	27.00	27.00
❏ SANTA W/LIST 4 1/2"	*	RT	15.00	15.00
❏ SANTA W/NOAH'S ARK 4 1/2"	*	*	16.00	16.00
❏ SANTA W/PATCHWORK BAG 6 1/2"	*	*	19.00	19.00
❏ SANTA W/STAR 4 3/4"	*	*	14.00	15.00
❏ SANTA W/TEDDY BEAR 4 1/4"	*	*	16.00	16.00
❏ SANTA W/TREE 3 3/4"	*	*	14.00	15.00
❏ SANTA W/WREATH 4"	*	RT	16.00	17.00
❏ SCANDINAVIAN SANTA 3 3/4"	*	*	16.00	16.00
❏ SCOTTISH CRINKLE AT GLAMIS CASTLE	1998	*	28.00	29.00
❏ SHAMROCK CRINKLE	1998	*	13.00	14.00
❏ SLIM LINE SANTA 6 1/4"	*	RT	12.00	12.00
❏ TEDDY BEEFEATER CRINKLE	1998	*	20.00	20.00
❏ TEDDY CRINKLE ITALIANO	1998	*	20.00	20.00
❏ TEDDY DUTCH CRINKLE	1998	*	20.00	20.00
❏ TEDDY MCCRINKLE	1998	*	25.00	25.00
❏ TEDDY O'CRINKLE	1998	*	25.00	25.00
❏ TEDDY RUSSIAN CRINKLE	1998	*	20.00	20.00
❏ TEDDY VON CRINKLE	1998	*	20.00	20.00
❏ TICK TOCK SANTA 4 3/4"	*	*	15.00	15.00
❏ TIP TOP SANTA 5 1/2"	*	*	24.00	24.00
❏ US CRINKLE AT THE CAPITOL	1998	*	28.00	29.00
❏ VELVET WINTERBERRY 5"	*	OP	30.00	30.00
CRINKLE COUSIN				*
❏ CRINKLE COUSIN W/CLOCK 3"	*	*	16.00	16.00
❏ CRINKLE COUSIN W/CLOWN 2 3/4"	*	*	16.00	16.00
❏ CRINKLE COUSIN W/DOLLS 2 1/2"	*	*	16.00	16.00
❏ CRINKLE COUSIN W/LANTERN 3 1/2"	*	*	16.00	16.00
❏ CRINKLE COUSIN W/TEDDY 3"	*	*	16.00	16.00
CRINKLE CRACKERS				*
❏ CRINKLE CRACKER ADMIRAL 5 3/4"	1995	*	19.00	19.00
❏ CRINKLE CRACKER CAPTAIN 6"	1995	*	13.00	13.00
❏ CRINKLE CRACKER CORPORAL 5 3/4"	1995	*	15.00	15.00
❏ CRINKLE CRACKER FRENCH 4"	1995	*	14.00	14.00
❏ CRINKLE CRACKER FRENCH ROLY POLY 3 3/4"	1995	*	14.00	14.00
❏ CRINKLE CRACKER GENERAL 4 3/4"	1995	*	16.00	16.00
❏ CRINKLE CRACKER LIEUTENANT 8"	1995	*	27.00	27.00
❏ CRINKLE CRACKER MAJOR 5"	1995	*	14.00	15.00
❏ CRINKLE CRACKER PRIVATE 6"	1995	*	15.00	15.00
❏ CRINKLE CRACKER ROLY POLY SERGEANT 4"	1995	*	14.00	14.00
❏ CRINKLE CRACKER RUSSIAN 4"	1995	*	14.00	14.00
❏ CRINKLE CRACKER RUSSIAN ROLY POLY 3 3/4"	1995	*	14.00	14.00
❏ CRINKLE CRACKER U.S. 3 3/4"	1995	*	14.00	14.00
❏ CRINKLE CRACKER U.S. ROLY POLY 3 3/4"	1995	*	14.00	14.00
❏ FRENCH CRINKLE CRACKER 5 1/2"	1995	*	22.00	22.00
❏ RUSSIAN CRINKLE CRACKER 7 3/4"	1995	*	30.00	30.00
❏ U.S. CRINKLE CRACKER 7 1/2"	1995	*	29.00	29.00
LIMITED EDITION SANTAS				*
❏ FATHER CHRISTMAS 17"	1988	RT	240.00	240.00
❏ KRIS KRINGLE 17"	1988	RT	240.00	240.00
❏ PATRIOTIC SANTA 17"	1988	RT	240.00	240.00
❏ TRADITIONAL SANTA 17"	1989	RT	240.00	240.00
SANTA CLAUS NETWORK COLLECTORS CLUB				*
❏ CHECKING HIS LIST	1995	OP	30.00	30.00
❏ COOKIE FROM SANTA PREMIUM	1996	OP	30.00	30.00
❏ FROSTY FRIENDS 10"	*	OP	47.00	47.00
❏ GIFT GIVER, THE	1992	OP	30.00	30.00
❏ JOLLY ST. NICK PREMIUM	1994	OP	30.00	30.00
❏ MARIONETTE SANTA 8"	1995	YR	50.00	50.00
❏ ON A WINTER'S EVE 10"	1994	RT	65.00	65.00
❏ SANTA'S SPECIAL FRIENDS 7 1/2"	1993	RT	59.00	59.00
❏ SPECIAL DELIVERY	1993	RT	30.00	30.00
SANTA GO ROUNDS				*
❏ ROLY POLY CHRISTMAS TREE 4 1/4"	*	RT	16.00	16.00
❏ SANTA ON SLED 4 1/4"	*	RT	16.00	16.00
SATURDAY EVENING POST			J.C. LEYENDECKER	
❏ HUGGING SANTA 10 3/4"	1991	RT	129.00	145.00
❏ SANTA ON LADDER 11"	1992	RT	135.00	145.00
SATURDAY EVENING POST			N. ROCKWELL	
❏ DEAR SANTA 11 1/2"	*	RT	180.00	180.00
❏ DOCTOR & DOLL 12 1/2"	1991	RT	196.00	210.00
❏ GONE FISHING 11 3/4"	1991	RT	250.00	275.00
❏ SANTA W/GLOBE 11 1/2"	1989	RT	175.00	175.00
❏ SANTA'S HELPERS 11"	1992	RT	170.00	180.00
❏ SELF PORTRAIT 14"	1992	RT	230.00	255.00
SPANGLER'S REALM			R. SPANGLER	
❏ CHRISTMAS COOKIE EXPRESS	1998	*	28.00	28.00
❏ DRAGLING ON THE SCALE	1998	*	36.00	36.00
❏ NO SMOKING SIGN	1998	*	*	N/A
❏ SLEEPY TIME	1998	*	18.00	19.00
THICKETS AT SWEETBRIAR				*
❏ ANGEL DEAR 4"	1995	OP	32.00	32.00

NAME	YEAR	LIMIT	ISSUE	TREND
❑ BUTTERCUP 4 3/4"	1995	OP	32.00	32.00
❑ CECILY PICKWICK 4 1/2"	1995	OP	32.00	32.00
❑ CLEM JINGLES 5 1/4"	1995	OP	37.00	37.00
❑ CLOVIS BUTTONS 3 1/2"	1993	OP	23.00	23.00
❑ EMILY FEATHERS THE BRIDE 4 1/2"	1995	OP	30.00	30.00
❑ JEWEL BLOSSOM 4 3/4"	1993	OP	35.00	35.00
❑ KATY HOLLYBERRY 5"	1995	OP	35.00	35.00
❑ LADY SLIPPER 3 1/2"	1994	OP	20.00	20.00
❑ LILY BLOSSOM 4 3/4"	1993	RT	35.00	35.00
❑ MAUDE TWEEDY 3 1/2"	1993	RT	25.00	26.00
❑ MERRY TAILS 2 1/2"	1995	OP	12.00	12.00
❑ MORNING DEW 5"	1994	OP	29.00	29.00
❑ MORNING GLORY 4"	1993	OP	29.00	29.00
❑ MR. CLAWS 5"	1993	RT	32.00	32.00
❑ MRS. CLAWS 4 3/4"	1993	OP	32.00	32.00
❑ MUSICAL - LILY BLOSSOM 6 3/4"	1993	OP	60.00	60.00
❑ OLIVER DOONE, THE GROOM 4 1/2"	1993	RT	30.00	30.00
❑ ORCHID BEASLEY 3 3/4"	1993	RT	25.00	25.00
❑ P. BLOSSOM THORNDIKE 5" MUSICAL	1995	OP	46.00	46.00
❑ PARSLEY DIVINE 5 1/4"	1995	OP	37.00	37.00
❑ PEABLOSSOM THORNDIKE 3 1/2"	1993	RT	25.00	25.00
❑ PENNY PRINGLE 4 1/2"	1995	OP	32.00	32.00
❑ PITTYPAT 4 3/4"	1995	OP	32.00	32.00
❑ PRECIOUS PETALS 5"	1994	OP	32.00	32.00
❑ RAINDROP 5 3/4"	1993	OP	45.00	45.00
❑ RAINDROP 8" MUSICAL	1995	OP	56.00	56.00
❑ RILEY PICKENS 4 1/2"	1995	OP	32.00	32.00
❑ ROSE BLOSSOM 4 3/4"	1993	OP	35.00	35.00
❑ SUNSHINE 4 3/4"	1994	OP	32.00	32.00
❑ SWEETIE FLOWERS	1994	OP	32.00	32.00
❑ TILLIE LILY 4 3/4"	1995	OP	32.00	32.00
❑ TIMMY EVERGREEN 4 1/4"	1995	OP	29.00	29.00
❑ VIOLET WIGGLES 4 1/2"	1995	OP	32.00	32.00

THICKETS AT SWEETBRIAR

B. ROSS

NAME	YEAR	LIMIT	ISSUE	TREND
❑ CELESTE	1998	*	27.00	27.00
❑ CHIP WEEZLEY	1998	*	10.00	11.00
❑ DOTTIE CRISPIN	1998	*	27.00	27.00
❑ ERIN PENNY	1998	*	26.00	26.00
❑ MARIE PERIWINKLE	1998	*	26.00	26.00
❑ MAYBELLE PUDDING	1998	*	26.00	26.00
❑ SAMUEL GOOLEY	1998	*	21.00	21.00

PRECIOUS ART/PANTON/KRYSTONIA

FAIR MAIDENS

*

NAME	YEAR	LIMIT	ISSUE	TREND
❑ FAITHFUL COMPANION	1994	1000	325.00	400.00
❑ FOREVER FRIENDS	1998	1000	300.00	300.00
❑ SAFE PASSAGE	1995	1000	350.00	350.00
❑ SERENITY	1996	1000	350.00	350.00

KRYSTONIA

*

NAME	YEAR	LIMIT	ISSUE	TREND
❑ AH HAH!	1995	OP	48.00	53.00
❑ ALL MINE	1993	OP	40.00	45.00
❑ BOLL	1994	RT	52.00	225.00
❑ BUBBY WATERGLOBE	1999	OP	20.00	20.00
❑ CAUGHT AT LAST!-1107	1989	RT	150.00	215.00
❑ CHALLON	1999	15000	50.00	50.00
❑ CHECKIN IT OUT	1994	15000	36.00	40.00
❑ DEFINITE MAYBE	1995	15000	60.00	70.00
❑ DELTA	1995	OP	70.00	75.00
❑ DOWSER	1998	3000	50.00	50.00
❑ ELDER PHYL	1994	OP	20.00	22.00
❑ ENOUGH IS ENOUGH	1995	1500	250.00	250.00
❑ ESCUBLAR	1993	7500	170.00	200.00
❑ FLAW GRINTAWD	1997	3500	125.00	125.00
❑ FLAYLA'S MAGIC WATERGLOBE	1999	OP	50.00	50.00
❑ GILBRAN OF WENLOCK	1993	15000	65.00	75.00
❑ GRUMBLYPEG GRUNCH-1081	1987	RT	52.00	100.00
❑ GRUNCHESTA	1998	3000	50.00	50.00
❑ GRUNCHIE	1997	OP	35.00	35.00
❑ GULBAR-GUL	1998	3000	50.00	50.00
❑ HAGGA-BEAST	1993	7500	125.00	150.00
❑ HIS SECRET	1993	15000	60.00	70.00
❑ HULBERT	1993	OP	38.00	45.00
❑ IKSHAR	1994	OP	46.00	50.00
❑ LARGE GRAFFYN ON GRUMBLYPEG GRUNCH-1011	1987	RT	52.00	100.00
❑ LARGE HAAPF-1901	1987	RT	38.00	225.00
❑ LARGE KRAK N'BORG-3001	1987	RT	240.00	650.00
❑ LARGE MOPLOS-1021	1987	RT	90.00	200.00
❑ LARGE MYZER-1201	1987	RT	50.00	150.00
❑ LARGE N'GRALL-2201	1988	RT	108.00	220.00
❑ LARGE RUEGGAN-1701	1987	RT	55.00	200.00
❑ LARGE TURFEN-1601	1987	RT	50.00	125.00
❑ LARGE WODEMA-1301	1987	RT	50.00	225.00
❑ LEARNING IS GWEAT	1994	OP	48.00	52.00
❑ MAYBE, MAYBE NOT WATERGLOBE	1999	OP	40.00	40.00
❑ MEDIUM STOOPE-1101	1987	RT	52.00	200.00
❑ MEDIUM TARNHOLD -3202	1988	RT	120.00	225.00
❑ MI3UUS	1999	OP	29.00	29.00
❑ MUFFLER	1993	OP	24.00	28.00
❑ N'BORG 6" 609	1991	RT	29.00	30.00
❑ N'CHAAK'S REVENGE WATERGLOBE	1999	OP	32.00	32.00
❑ N'GRODEN/GRACKO	1999	15000	55.00	55.00
❑ OH SWEET DREAMS	1994	OP	35.00	40.00

FIGURINES

FIGURINES

NAME	YEAR	LIMIT	ISSUE	TREND
❑ OKINAWATHE	1994	7500	99.00	120.00
❑ ONE UNHAAPFY RIDE	1994	4500	125.00	140.00
❑ OOPS	1993	OP	38.00	43.00
❑ OWHEY-1071	1987	RT	32.00	200.00
❑ PHYLONEOUS POOK	1994	OP	20.00	22.00
❑ PLOOT	1997	250	67.00	80.00
❑ POMPON	1993	OP	24.00	28.00
❑ POOKBALL	1994	OP	20.00	22.00
❑ POPOTOMPOTAN	1995	OP	32.00	35.00
❑ PULTZ	1997	OP	35.00	35.00
❑ PULTZR - 501	1991	RT	55.00	325.00
❑ READY OR NOT	1998	OP	27.00	27.00
❑ ROOT	1995	250	85.00	200.00
❑ SCHNOOGLES	1994	OP	48.00	53.00
❑ SEER, THE	1998	250	70.00	70.00
❑ SHEPF	1993	15000	23.00	100.00
❑ SHOOF	1998	3000	50.00	50.00
❑ SMALL GRAFFYN/GRUNCH-1012	1987	RT	45.00	200.00
❑ SMALL GROC-1042B	1987	RT	34.00	3000.00
❑ SMALL N'BORG-1091	1987	RT	50.00	225.00
❑ SMALL SHEPF-1152	1987	RT	40.00	200.00
❑ SMALL TARNHOLD - 3203	1988	RT	60.00	100.00
❑ SMALL TULAN CAPTAIN-2502	1988	RT	44.00	80.00
❑ SMARTY	1999	OP	29.00	29.00
❑ SPYKE	1994	RT	20.00	75.00
❑ SPYKESTER	1997	OP	35.00	35.00
❑ STOOPE	1993	RT	23.00	28.00
❑ STOOPE THE STUPENDOUS	1995	15000	65.00	70.00
❑ STORYTELLER	1997	3500	145.00	145.00
❑ SWINGTIME	1999	OP	29.00	29.00
❑ TAG THE TROLL	1993	250	48.00	400.00
❑ TINCHACHUIK	1995	7500	104.00	120.00
❑ TOKKEL	1988	RT	42.00	50.00
❑ TRULY AMAZING	1999	OP	30.00	30.00
❑ WELCOME TO KRYSTONIA	1994	15000	60.00	65.00
❑ WHEY	1995	OP	20.00	73.00
❑ WODEMA	1994	OP	23.00	28.00

KRYSTONIA COLLECTOR'S CLUB ✱

NAME	YEAR	LIMIT	ISSUE	TREND
❑ ALL TUCKERED OUT	1994	RT	65.00	100.00
❑ ALMOST THERE	1997	YR	75.00	75.00
❑ BAHL, THE	1998	TL	55.00	55.00
❑ CAULDRON	1998	TL	✱	N/A
❑ DRAGONS PLAY	1991	RT	65.00	200.00
❑ FILLER UP	1994	RT	✱	50.00
❑ FROBBIT	1996	YR	✱	75.00
❑ GLOWING MASHAL	1996	YR	30.00	40.00
❑ HOLY DRAGONS	1996	YR	65.00	75.00
❑ KAPPAH KRYSTAL	1995	RT	✱	80.00
❑ KEPHRENS CHEST	1991	RT	✱	150.00
❑ KEY	1989	RT	✱	115.00
❑ LANTERN	1992	RT	✱	75.00
❑ PULTZR	1989	RT	55.00	450.00
❑ QUINZET	1996	YR	38.00	38.00
❑ SNEAKING A PEEK	1993	RT	✱	60.00
❑ SPREADING HIS WINGS	1993	RT	60.00	100.00
❑ TWIGNUT	1995	RT	55.00	125.00
❑ VAASTON	1992	RT	65.00	200.00

PRIZM

NAME	YEAR	LIMIT	ISSUE	TREND
				PIPKA
❑ MR. & MRS. CLAUS	2002	✱	✱	N/A
❑ MR. & MRS. CLAUS FEATHER TREE	2002	✱	✱	N/A
❑ MR. & MRS. CLAUS SET MINIATURES W/HOUSE	2002	✱	✱	N/A
5TH YEAR ANNIVERSARY				**PIPKA**
❑ IRISH SANTA	1999	YR	100.00	100.00
ARTIST CHOICE SANTA				**PIPKA**
❑ ADVENT SANTA	2002	YR	120.00	120.00
❑ LAPLANDER SANTA	1999	YR	130.00	130.00
CHARITY COLLECTION				**PIPKA**
❑ POLAR BEAR SET	2002	✱	✱	N/A
FIRST CHRISTMAS				**PIPKA**
❑ CAMEL	2002	✱	✱	N/A
❑ ELEPHANT	2002	✱	✱	N/A
❑ FIRST CHRISTMAS ANGEL	2002	✱	✱	N/A
❑ HORSE	2002	✱	✱	N/A
❑ THREE WISE MEN	2002	✱	✱	N/A
MERRY MICE				**PIPKA**
❑ BILLY (MOUSE SLEDDING)	2002	OP	12.00	12.00
❑ EMMA (MOUSE LADY WITH TREE)	2002	OP	25.00	25.00
❑ MABEL AND MILLIE (LADY MICE TALKING)	2002	OP	23.00	23.00
❑ MOUSE HOUSE	2002	OP	45.00	45.00
❑ OLLIE AND PIP (MOUSE READING WITH TREE)	2002	OP	32.00	32.00
❑ SAM THE MAILMOUSE (MAILMAN MOUSE KNOCKING)	2002	OP	10.00	10.00
❑ SANTA MOUSE	2002	OP	15.00	15.00
❑ TINY & CLYDE (MICE WITH ENVELOPE)	2002	OP	23.00	23.00
MIDNIGHT VISITOR COLLECTION				**PIPKA**
❑ MIDNIGHT VISITOR	2002	YR	425.00	425.00
❑ MIDNIGHT VISITOR MUSICAL WATERGLOBE	2002	✱	30.00	30.00

NAME	YEAR	LIMIT	ISSUE	TREND
MINIATURE COLLECTION				**PIPKA**
❑ MINIATURE COTTAGE SANTA	2002	OP	9.00	9.00
❑ MINIATURE CZECHOSLOVAKIAN SANTA	2002	OP	9.00	9.00
❑ MINIATURE DOOR COUNTY SANTA	2002	OP	9.00	9.00
❑ MINIATURE GERMAN ST. NICK	2002	OP	9.00	9.00
❑ MINIATURE MIDNIGHT VISITOR	2002	OP	9.00	9.00
❑ MINIATURE PORCELAIN TREES (SET OF 3)	2002	OP	20.00	20.00
❑ MINIATURE STAR CATCHER SANTA	2002	OP	9.00	9.00
❑ MINIATURE TEDDY BEAR SANTA	2002	OP	9.00	9.00
❑ MINIATURE THE WINTERMAN	2002	OP	9.00	9.00
PATRIOTIC COLLECTION				**PIPKA**
❑ PATRIOTIC SANTA 6"	2002	YR	45.00	45.00
❑ PATRIOTIC SANTA MINIATURE	2002	OP	9.00	9.00
PIPKA'S EARTH ANGELS				**PIPKA**
❑ ANGEL OF HEARTS	1996	5400	85.00	100.00
❑ ANGEL OF ROSES	1997	5400	85.00	100.00
❑ ANGEL'S GATE	1996	OP	35.00	35.00
❑ CAROLYN ANGEL OF CONTEMPLATION	2000	2500	65.00	65.00
❑ CELESTE-ANGEL OF STARS	1998	5400	90.00	90.00
❑ CHRISTINE-THE CHRISTMAS ANGEL	1998	5400	90.00	90.00
❑ COTTAGE ANGEL	1996	5400	85.00	100.00
❑ ELIZABETH-FORGET-ME-NOT ANGEL	1998	5400	90.00	90.00
❑ ERIC THE LEADER ANGEL	2000	2500	30.00	30.00
❑ GARDENING ANGEL	1996	5400	85.00	100.00
❑ GUARDIAN ANGEL	1997	5400	85.00	100.00
❑ JESSICA THE BELL RINGER	2000	2500	35.00	35.00
❑ KIM & LEE BABY ANGELS	1999	5400	40.00	40.00
❑ LINDSEY THE BABY ANGEL	2000	2500	20.00	20.00
❑ MESSENGER ANGEL	1996	5400	85.00	100.00
❑ MICHELE-THE SNOW ANGEL	1999	5400	95.00	95.00
❑ MIKAELA-ANGEL OF INNOCENCE	1998	5400	40.00	40.00
❑ PAULINE THE POINSETTIA ANGEL	2000	2500	65.00	65.00
❑ SAMANTHA-PLAYFUL ANGEL	1998	5400	40.00	40.00
❑ SANG-THE TEDDY BEAR ANGEL	1999	5400	90.00	90.00
❑ SARAH-LITTLEST ANGEL	1998	5400	40.00	40.00
❑ SISSY-LITTLE HELPER ANGEL	1999	5400	40.00	40.00
❑ SYLVIA SONG ANGEL	1999	5400	95.00	95.00
❑ WHITNEY THE WEDDING ANGEL	2000	2500	65.00	65.00
PIPKA'S GALLERY COLLECTION				**PIPKA**
❑ ALASKAN SANTA BOOT BOX	2002	*	17.00	17.00
❑ BABBO NATALE (ITALIAN SANTA)	2002	2YR	105.00	105.00
❑ BEFANA	2002	2YR	70.00	70.00
❑ CARIBBEAN SANTA	2000	YR	105.00	105.00
❑ CZECHOSLOVAKIAN BOOT BOX	2002	*	17.00	17.00
❑ CZECHOSLOVAKIAN SANTA BOOT	2002	OP	20.00	20.00
❑ DEAR SANTA BOOT	2002	OP	20.00	20.00
❑ ITALIAN ANGEL	2002	2YR	60.00	60.00
❑ JULBOCK	2000	OP	30.00	30.00
❑ JUL-TOMTE	2000	OP	20.00	20.00
❑ LITTLE HELPER	2000	OP	20.00	20.00
❑ OUR LADY OF LORETO (ITALIAN MADONNA)	2002	2YR	60.00	60.00
❑ PATRIOTIC SANTA BOOT BOX	2002	*	17.00	17.00
❑ POLISH FATHER CHRISTMAS BOOT BOX	2002	*	17.00	17.00
❑ SANTA'S BOOT	2002	OP	20.00	20.00
❑ SANTA'S BOOT BOX	2002	*	17.00	17.00
❑ SHOEMAKER SANTA	2002	YR	115.00	115.00
❑ ST. LUCIA	2000	OP	45.00	45.00
❑ STARCOAT SANTA BOOT	2002	OP	20.00	20.00
❑ STARCOAT SANTA BOOT BOX	2002	*	17.00	17.00
❑ STARLIGHT ANGEL	2000	YR	15.00	15.00
❑ STARLIGHT SANTA	2000	2YR	100.00	100.00
❑ STARLIGHT SLEIGH	2000	OP	45.00	45.00
❑ SWEDISH FATHER CHRISTMAS	2000	YR	110.00	110.00
❑ TEDDY BEAR SANTA BOOT	2002	OP	20.00	20.00
❑ TEDDY BEAR SANTA BOOT BOX	2002	*	17.00	17.00
❑ WHERE'S RUDOLPH? BOOT	2002	OP	20.00	20.00
❑ WHERE'S RUDOLPH? BOOT BOX	2002	*	17.00	17.00
PIPKA'S KINDER CHRISTMAS				**PIPKA**
❑ BEST FRIENDS	2000	6500	40.00	40.00
❑ HIS NEW TRAIN	2000	6500	40.00	40.00
❑ JAKUB'S TREE	1999	6500	55.00	55.00
❑ MUFFY'S TEA PARTY	2000	6500	45.00	45.00
❑ PLAYFUL PALS	1999	6500	55.00	55.00
❑ SNOW GENTLEMAN	2000	6500	50.00	50.00
PIPKA'S MADONNA COLLECTION				**PIPKA**
❑ MARY, MOTHER OF ALL CHILDREN	2000	5400	110.00	110.00
❑ QUEEN OF ROSES	1998	5400	90.00	90.00
❑ RENAISSANCE MADONNA	1999	5400	90.00	90.00
PIPKA'S MEMORIES OF CHRISTMAS				**PIPKA**
❑ AUSSIE SANTA W/BOOMER	1996	SO	85.00	350.00
❑ CANDY CANE CLAUS	2002	4500	90.00	90.00
❑ CHRISTMAS COTTAGE ANGEL	2002	OP	60.00	60.00
❑ CHRISTMAS TRAVELER	1999	CL	95.00	95.00
❑ COTTAGE SANTA	2002	4500	100.00	100.00
❑ CZECH SANTA	1995	SO	85.00	500.00
❑ DOOR COUNTY SANTA	1999	RT	110.00	110.00
❑ FATHER CHRISTMAS	1998	RT	95.00	95.00
❑ GERMAN ST. NICK	1999	RT	100.00	100.00
❑ GINGERBREAD SANTA	1995	SO	85.00	400.00
❑ GOOD NEWS SANTA	1996	3600	85.00	300.00
❑ MIDNIGHT VISITOR	1995	SO	85.00	800.00

FIGURINES

NAME	YEAR	LIMIT	ISSUE	TREND
☐ NICOLE, FRENCH GIRL	2002	OP	23.00	23.00
☐ NORWEGIAN SANTA	1997	3600	90.00	200.00
☐ OLD FATHER CHRISTMAS	2000	4500	95.00	95.00
☐ PEACE MAKER	1998	RT	95.00	95.00
☐ PERE NOEL (FRENCH SANTA)	2002	4500	105.00	105.00
☐ POLISH SANTA	1997	3600	90.00	125.00
☐ RUSSIAN SANTA	1997	3600	90.00	200.00
☐ SAN NICOLAS	1998	RT	95.00	95.00
☐ SANTA & HIS SNOW FRIEND	1999	CL	95.00	95.00
☐ SANTA WITH TOYS	2000	4500	95.00	95.00
☐ SANTA'S ARK	1995	SO	85.00	200.00
☐ SANTA'S SPOTTED GREY	1997	3600	90.00	125.00
☐ SNOWFLAKE SANTA	2002	4500	100.00	100.00
☐ ST. NICHOLAS	1997	3600	90.00	200.00
☐ ST. NICHOLAS AND THE CHRISTKID	2000	4500	150.00	150.00
☐ STAR CATCHER SANTA	1995	SO	85.00	300.00
☐ STAR COAT SANTA	1995	SO	85.00	375.00
☐ STORYTIME SANTA	1996	3600	85.00	250.00
☐ TEDDY BEAR SANTA	1998	RT	95.00	300.00
☐ UKRAINIAN SANTA	1996	3600	85.00	300.00
☐ VICTORIAN FATHER CHRISTMAS	2000	4500	100.00	100.00
☐ WHERE'S RUDOLPH?	1997	3600	90.00	300.00
☐ WINTERMAN, THE	1999	RT	95.00	95.00
☐ YES, VIRGINIA	1999	RT	105.00	105.00

PIPKA'S MEMORIES OF CHRISTMAS COLLECTORS' CLUB — PIPKA

NAME	YEAR	LIMIT	ISSUE	TREND
☐ CHRISTMAS ARK	2000	YR	95.00	95.00
☐ KNOCK, KNOCK DOOR	1998	RT	75.00	75.00
☐ KNOCK, KNOCK SANTA	1998	RT	95.00	150.00
☐ KNOCK, KNOCK SMALL DOOR	1998	3950	*	80.00
☐ SANTA'S LIST	2002	YR	95.00	95.00
☐ SANTA'S MAILBAG	2002	*	*	N/A
☐ TWO BY TWO SANTA	2000	YR	*	N/A

PIPKA'S REFLECTIONS OF CHRISTMAS — PIPKA

NAME	YEAR	LIMIT	ISSUE	TREND
☐ ALASKAN SANTA	2002	9700	45.00	45.00
☐ AMISH COUNTRY SANTA	1997	9700	40.00	40.00
☐ AUSSIE SANTA	1998	9700	40.00	40.00
☐ AUSSIE SANTA & BOOMER	1998	RT	40.00	40.00
☐ BETTER WATCH OUT SANTA	1997	9700	40.00	40.00
☐ CARIBBEAN SANTA	2002	9700	40.00	40.00
☐ CHRISTMAS JOURNEY, A	2002	9700	45.00	45.00
☐ CHRISTMAS TRAVELER	2000	9700	40.00	70.00
☐ CZECH SANTA	1997	9700	40.00	40.00
☐ DEAR SANTA	1998	9700	40.00	40.00
☐ DOOR COUNTY SANTA	2000	9700	40.00	40.00
☐ FATHER CHRISTMAS	1999	9700	40.00	40.00
☐ FEATHERED FRIENDS	2002	9700	40.00	40.00
☐ GERMAN ST. NICK	1999	9700	40.00	40.00
☐ GINGERBREAD SANTA	1998	9700	40.00	40.00
☐ GOOD NEWS SANTA	1998	RT	40.00	40.00
☐ IRISH SANTA	1999	9700	40.00	40.00
☐ MIDNIGHT VISITOR	1997	9700	40.00	45.00
☐ NORWEGIAN JULENISSE	1998	9700	40.00	40.00
☐ PEACE MAKER	1999	RT	40.00	40.00
☐ POLISH FATHER CHRISTMAS	1998	9700	40.00	40.00
☐ RUSSIAN SANTA	1998	9700	40.00	40.00
☐ SANTA & HIS SNOW FRIEND	2000	9700	40.00	40.00
☐ SANTA'S SPOTTED GREY	1998	9700	40.00	40.00
☐ SCOTTISH SANTA	2002	9700	40.00	40.00
☐ ST. NICHOLAS	1998	9700	40.00	40.00
☐ ST. NICHOLAS & CHRISTKIND	2002	9700	50.00	50.00
☐ STAR CATCHER SANTA	1997	9700	40.00	40.00
☐ STAR COAT SANTA	1997	9700	40.00	40.00
☐ STARLIGHT SANTA	2000	9700	40.00	40.00
☐ STARLIGHT SLEIGH	2000	OP	30.00	30.00
☐ STORYTIME SANTA	1998	RT	40.00	40.00
☐ SWEDISH FATHER CHRISTMAS	2000	9700	40.00	40.00
☐ TEDDY BEAR SANTA	1998	9700	40.00	40.00
☐ TREE OF BOWS	2002	OP	30.00	30.00
☐ TREE OF LIGHTS	2002	OP	30.00	30.00
☐ UKRAINIAN SANTA	1998	RT	40.00	40.00
☐ WHERE'S RUDOLPH?	1998	9700	40.00	40.00
☐ WINTERMAN, THE	2000	9700	40.00	40.00
☐ YES, VIRGINIA	1999	SO	40.00	40.00

STORIES OF CHRISTMAS — PIPKA

NAME	YEAR	LIMIT	ISSUE	TREND
☐ ALASKAN SANTA	2002	OP	15.00	15.00
☐ CARIBBEAN SANTA	2002	OP	15.00	15.00
☐ CHRISTMAS JOURNEY, A	2002	OP	15.00	15.00
☐ FEATHERED FRIENDS	2002	OP	15.00	15.00
☐ SCOTTISH SANTA	2002	OP	15.00	15.00
☐ ST. NICHOLAS & CHRISTKIND	2002	OP	15.00	15.00

RAWCLIFFE CORP.

ANGEL FAIRIES OF THE SEASONS — J. DESTEFANO

NAME	YEAR	LIMIT	ISSUE	TREND
☐ ANGEL FAIRY OF FALL	1994	4500	95.00	95.00
☐ ANGEL FAIRY OF SPRING	1994	4500	95.00	95.00
☐ ANGEL FAIRY OF SUMMER	1994	4500	95.00	95.00
☐ ANGEL FAIRY OF WINTER	1994	4500	95.00	95.00

BABY BUBBLE FAIRIES — J. DESTEFANO

NAME	YEAR	LIMIT	ISSUE	TREND
☐ AMBER, OCTOBER FAIRY	1993	6700	70.00	70.00
☐ AZURE, AUGUST FAIRY	1993	6700	70.00	70.00
☐ BABY BUBBLE FAIRIES	1993	OP	*	20.00

NAME	YEAR	LIMIT	ISSUE	TREND
❏ BLUSH, MARCH FAIRY	1993	6700	70.00	70.00
❏ CHARTREUSE, APRIL FAIRY	1993	6700	70.00	70.00
❏ CORAL, JUNE FAIRY	1993	6700	70.00	70.00
❏ EMERALD, DECEMBER FAIRY	1993	6700	70.00	70.00
❏ LAVENDER, SEPTEMBER, FAIRY	1993	6700	70.00	70.00
❏ MAGENTA, FEBRUARY FAIRY	1993	6700	70.00	70.00
❏ SAFFRON, JULY FAIRY	1993	6700	70.00	70.00
❏ TURQUOISE, JANUARY FAIRY	1993	6700	70.00	70.00
❏ VERMILLION, NOVEMBER FAIRY	1993	6700	70.00	70.00
❏ VIOLET, MAY FAIRY	1993	6700	70.00	70.00
FOUR SEASONS FAIRIES				**J. DESTEFANO**
❏ ARIA, SUMMER FAIRY	1993	9500	95.00	95.00
❏ HARVEST, FALL FAIRY	1993	9500	95.00	95.00
❏ PETAL, SPRING FAIRY	1993	9500	95.00	95.00
❏ SNOW, WINTER FAIRY	1993	9500	95.00	95.00
GARDEN FAIRIES				**J. DESTEFANO**
❏ DEW FAIRY, THE	1993	4500	115.00	115.00
❏ DREAM FAIRY, THE	1993	4500	115.00	115.00
❏ FAIRY SLIPPER, THE	1993	4500	115.00	115.00
❏ ILLUSIVE FAIRY, THE	1993	4500	115.00	115.00
STAR TREK				**J. DESTEFANO**
❏ DARTH VADER TIE FIGHTER	1994	15000	135.00	135.00
❏ DEEP SPACE NINE SPACE STATION	1994	4500	300.00	300.00
❏ HAN SOLO MILLENNIUM FALCON	1994	15000	115.00	115.00
❏ LUKE SKYWALKER X-WING FIGHTER	1993	15000	95.00	95.00
❏ USS ENTERPRISE NCC-1701-D	1993	4500	100.00	100.00

RECO INTERNATIONAL

NAME	YEAR	LIMIT	ISSUE	TREND
CLOWN FIGURINES BY JOHN MCCLELLAND				**J. MCCLELLAND**
❏ MR. COOL	1988	9500	35.00	35.00
❏ MR. CURE-ALL	1987	9500	35.00	35.00
❏ MR. HEART-THROB	1988	9500	35.00	35.00
❏ MR. LOVABLE	1987	9500	35.00	35.00
❏ MR. MAGIC	1988	9500	35.00	35.00
❏ MR. ONE-NOTE	1987	9500	35.00	35.00
❏ MR. TIP	1987	9500	35.00	35.00
FACES OF LOVE				**J. MCCLELLAND**
❏ CUDDLES	1988	OP	30.00	33.00
❏ SUNSHINE	1988	OP	30.00	33.00
FANCY FOOTWORK				**J. EVERETT**
❏ EVERYTHING IS COMING UP ROSY	1999	OP	20.00	20.00
❏ FAMILY TIES	1999	OP	20.00	20.00
❏ HEAD OVER HEELS	1999	OP	20.00	20.00
❏ HOOK SHOT	1999	OP	20.00	20.00
❏ JUST DESSERTS	1999	OP	20.00	20.00
❏ LIFE'S A BEACH	1999	OP	20.00	20.00
❏ SKI BUNNIES	1999	OP	20.00	20.00
❏ SPLISH, SPLASH	1999	OP	20.00	20.00
❏ THIS BOOT WAS MADE FOR WORKING	1999	OP	20.00	20.00
GRANGET CRYSTAL SCULPTURE				**G. GRANGET**
❏ LONG EARED OWL, ASIO OTUS	1973	350	2250.00	2250.00
❏ RUFFED GROUSE	*	350	1000.00	1000.00
LAUGHABLES				**J. BERGSMA**
❏ ANNIE, GEORGE & HARRY	1995	OP	18.00	18.00
❏ CODY & SPOT	1995	OP	15.00	16.00
❏ DAFFODIL & PRINCE	1995	OP	14.00	14.00
❏ DAISY & JEREMIAH	1995	OP	15.00	16.00
❏ JOEY & JUMPER	1995	OP	15.00	16.00
❏ MERLIN & GEMINI	1995	OP	15.00	16.00
❏ MILLIE & MITTENS	1995	OP	15.00	16.00
❏ NICHOLAS & CHELSEA 43511	1996	SO	*	N/A
❏ PATCHES AND POKEY	1995	OP	15.00	16.00
❏ PATTY & PETUNIA	1995	OP	16.00	17.00
❏ SUNNY	1995	OP	14.00	14.00
❏ WHISKERS & WILLIE	1995	OP	14.00	14.00
MASQUERADE				**A. BRINDLEY**
❏ FISH MERCHANT	1998	OP	30.00	30.00
❏ JOSEPHINE	1998	OP	30.00	30.00
❏ NAPOLEON	1998	OP	30.00	30.00
❏ NURSE	1998	OP	30.00	30.00
❏ SAILOR	1998	OP	30.00	30.00
❏ SEAMAN	1998	OP	30.00	30.00
❏ SHERLOCK HOLMES	1998	OP	30.00	30.00
❏ SKIPPER	1998	OP	30.00	30.00
❏ TRAWLERMAN	1998	OP	30.00	30.00
❏ YACHTSMAN	1998	OP	30.00	30.00
MASQUERADE				**LAKELAND STUDIOS**
❏ AVIATOR	1998	OP	30.00	30.00
❏ CHEF	1998	OP	30.00	30.00
❏ CONDUCTOR	1998	OP	30.00	30.00
❏ DROVER	1998	OP	30.00	30.00
❏ ENGINEER	1998	OP	30.00	30.00
❏ FIREMAN	1998	OP	30.00	30.00
❏ FISHERMAN	1998	OP	30.00	30.00
❏ LIFEBOATMAN	1998	OP	30.00	30.00
❏ LONG SHOREMAN	1998	OP	30.00	30.00
❏ MINER	1998	OP	30.00	30.00
❏ PHARMACIST	1998	OP	30.00	30.00
❏ POLICEMAN	1998	OP	30.00	30.00
❏ SEA CAPTAIN	1998	OP	30.00	30.00
❏ TRAINER	1998	OP	30.00	30.00

FIGURINES

NAME	YEAR	LIMIT	ISSUE	TREND
PURE POTENTIAL				**J. CLAYBROOKS**
❑ CHOCOLATE DROP	1999	OP	18.00	30.00
❑ GOSPEL TRUTH	1999	OP	19.00	19.00
❑ MORE BUBBLES	1999	OP	23.00	23.00
❑ PURE POTENTIAL	1999	OP	19.00	19.00
RECO ANGEL COLLECTION				**J. MCCLELLAND**
❑ ADORATION	1986	OP	22.00	24.00
❑ DEVOTION	1986	OP	14.00	15.00
❑ FAITH	1986	OP	22.00	24.00
❑ GLORIA	1986	OP	12.00	12.00
❑ HARMONY	1986	OP	12.00	12.00
❑ HOPE	1986	OP	22.00	24.00
❑ INNOCENCE	1986	OP	12.00	12.00
❑ JOY	1986	OP	14.00	15.00
❑ LOVE	1986	OP	12.00	12.00
❑ MINSTRAL	1988	OP	12.00	12.00
❑ PEACE	1986	OP	18.00	24.00
❑ PRAISE	1986	OP	18.00	20.00
❑ REVERENCE	1988	OP	12.00	12.00
❑ SERENITY	1986	OP	22.00	24.00
RECO CLOWN COLLECTION				**J. MCCLELLAND**
❑ ARABESQUE	1985	OP	12.00	13.00
❑ BOW JANGLES	1985	OP	12.00	12.00
❑ CURLY	1985	OP	12.00	13.00
❑ DISCO DAN	1987	OP	12.00	13.00
❑ DOMINO	1987	OP	12.00	13.00
❑ HAPPY GEORGE	1987	OP	12.00	13.00
❑ HOBO	1985	OP	12.00	13.00
❑ JOKER, THE	1987	OP	12.00	13.00
❑ JOLLY JOE	1987	OP	12.00	13.00
❑ LOVE	1987	OP	12.00	13.00
❑ MR. BIG	1987	OP	12.00	13.00
❑ PROFESSOR, THE	1985	OP	12.00	13.00
❑ RUFFLES	1985	OP	12.00	13.00
❑ SAD EYES	1985	OP	12.00	13.00
❑ SCAMP	1985	OP	12.00	13.00
❑ SMILEY	1987	OP	12.00	13.00
❑ SPARKLES	1985	OP	12.00	13.00
❑ TOP HAT	1985	OP	12.00	13.00
❑ TRAMP	1987	OP	12.00	13.00
❑ TWINKLE	1987	OP	12.00	13.00
❑ WHOOPIE	1985	OP	12.00	13.00
❑ WINKIE	1985	OP	12.00	13.00
❑ WISTFUL	1987	OP	12.00	13.00
❑ ZANY JACK	1987	OP	12.00	13.00
RECO COLLECTION CLOWN BUSTS				**J. MCCLELLAND**
❑ DOMINO	1988	5000	40.00	40.00
❑ HOBO	1988	5000	40.00	40.00
❑ LOVE	1988	5000	40.00	40.00
❑ SPARKLES	1988	5000	40.00	40.00
SANDRA KUCK'S TREASURES				**S. KUCK**
❑ BUNDLE OF JOY	1999	OP	25.00	25.00
❑ GRANDMA'S TRUNK	1999	OP	30.00	30.00
❑ KITTY DID IT	1999	OP	20.00	20.00
❑ LITTLE MISS SUNSHINE	1999	OP	30.00	30.00
❑ MORNING PRAYERS	1999	OP	30.00	30.00
❑ TO GRANDMA'S HOUSE	1999	OP	30.00	30.00
SOPHISTICATED LADIES FIGURINES				**A. FAZIO**
❑ BIANKA	1987	9500	30.00	33.00
❑ CERISSA	1987	9500	30.00	33.00
❑ CHELSEA	1987	9500	30.00	33.00
❑ CLEO	1987	9500	30.00	33.00
❑ FELICIA	1987	9500	30.00	33.00
❑ NATASHA	1987	9500	30.00	33.00
❑ PHOEBE	1987	9500	30.00	33.00
❑ SAMANTHA	1987	9500	30.00	33.00

RED MILL MFG.

NAME	YEAR	LIMIT	ISSUE	TREND
				C. BUCHER
❑ HARMONY ANGEL	1996	2500	35.00	35.00
				T. FITZGERALD
❑ NICOLE ANGEL	1995	2500	35.00	35.00
				R. WETHERBEE
❑ SANTA	1996	2500	35.00	35.00
ANGEL II COLLECTION				**L. JOHNSON**
❑ CHRISTINA	1994	2500	35.00	35.00
FLIGHTS OF FANCY				**R. BENJAMIN**
❑ LIBERTY	1993	5000	38.00	38.00
FLIGHTS OF FANCY				**R.C. SOMMERS**
❑ INTEGRITY	1993	3000	78.00	78.00
❑ VALOR	1993	2500	49.00	49.00
FLIGHTS OF FANCY				**J. TEASDALE**
❑ SENTINEL	1993	2500	55.00	55.00
FLIGHTS OF FANCY				**R. WETHERBEE**
❑ COURAGEOUS	1993	2500	66.00	66.00
❑ MAJESTIC	1993	3000	75.00	75.00

RHODES STUDIO

NAME	YEAR	LIMIT	ISSUE	TREND
ROCKWELL'S AGE OF WONDER				**ROCKWELL INSPIRED**
❑ HUSH-A-BYE	1991	TL	35.00	35.00

NAME	YEAR	LIMIT	ISSUE	TREND
❑ SPLISH SPLASH	1991	TL	35.00	35.00
❑ STAND BY ME	1991	TL	37.00	37.00
ROCKWELL'S BEAUTIFUL DREAMERS				**ROCKWELL INSPIRED**
❑ DEAR DIARY	1991	TL	38.00	38.00
❑ SECRET SONNETS	1991	TL	40.00	40.00
❑ SITTING PRETTY	1991	TL	38.00	38.00
ROCKWELL'S GEMS OF WISDOM				**ROCKWELL INSPIRED**
❑ LOVE CURES ALL	1991	TL	40.00	40.00
❑ PRACTICE MAKES PERFECT	1991	TL	40.00	40.00
ROCKWELL'S HEIRLOOM SANTA COLLECTION				**ROCKWELL INSPIRED**
❑ CHRISTMAS DREAM	1991	150-DAY	50.00	50.00
❑ SANTA'S WORKSHOP	1990	150-DAY	50.00	50.00
ROCKWELL'S HOMETOWN				**ROCKWELL INSPIRED**
❑ BELL TOWER	1991	TL	37.00	37.00
❑ FIREHOUSE	1991	TL	37.00	37.00
❑ GREYSTONE CHURCH	1991	TL	35.00	35.00
❑ ROCKWELL'S RESIDENCE	1991	TL	35.00	35.00
ROCKWELL'S MAIN STREET				**ROCKWELL INSPIRED**
❑ ANTIQUE SHOP, THE	1990	150-DAY	28.00	28.00
❑ BANK, THE	1991	150-DAY	36.00	36.00
❑ COUNTRY STORE, THE	1990	150-DAY	32.00	32.00
❑ LIBRARY, THE	1991	150-DAY	36.00	36.00
❑ RED LION INN	1991	150-DAY	39.00	39.00
❑ ROCKWELL'S STUDIO	1990	150-DAY	28.00	28.00
❑ TOWN OFFICES, THE	1990	150-DAY	32.00	32.00

RIVER SHORE

NAME	YEAR	LIMIT	ISSUE	TREND
BABIES OF ENDANGERED SPECIES				**R. BROWN**
❑ BAXTER (BEAR)	1984	15000	45.00	45.00
❑ CAROLINE (ANTELOPE)	1984	15000	45.00	45.00
❑ CHESTER (PRAIRIE DOG)	1984	15000	45.00	45.00
❑ DAISY (WOOD BISON)	1984	15000	45.00	45.00
❑ SIDNEY (COUGAR)	1984	15000	45.00	45.00
❑ TREVOR (FOX)	1984	15000	45.00	45.00
❑ VIOLET (OTTER)	1984	15000	45.00	45.00
❑ WEBSTER (TIMBERWOLF)	1984	15000	45.00	45.00
LOVABLE BABY ANIMALS				**R. BROWN**
❑ AKIKU-SEAL	1978	15000	38.00	150.00
❑ ALFRED-RACCOON	1978	15000	43.00	45.00
❑ MATILDA-KOALA	1979	15000	45.00	45.00
❑ SCOOTER-CHIPMUNK	1979	15000	45.00	55.00
LOVABLE TEDDY MUSICAL FIGURINE COLLECTION				**M. HAGUE**
❑ ADAM	1988	OP	30.00	30.00
❑ APRIL	1987	OP	30.00	30.00
❑ AUSTIN	1987	OP	30.00	30.00
❑ GILBERT	1987	OP	30.00	30.00
❑ HARVEY	1988	OP	30.00	30.00
❑ HENRY	1988	OP	30.00	30.00
❑ KATIE	1988	OP	30.00	30.00
❑ WILLIAM	1987	OP	30.00	30.00
ROCKWELL SINGLE ISSUES				**N. ROCKWELL**
❑ GRANDPA'S GUARDIAN	1982	9500	125.00	200.00
WILDERNESS BABIES				**R. BROWN**
❑ ABERCHOMBIE (POLAR BEAR)	1985	15000	45.00	45.00
❑ ANNABEL (MOUNTAIN GOAT)	1985	15000	45.00	45.00
❑ ARIANNE (RABBIT)	1985	15000	45.00	45.00
❑ CARMEN (BURRO)	1985	15000	45.00	45.00
❑ ELROD (FOX)	1985	15000	45.00	45.00
❑ PENELOPE (DEER)	1985	15000	45.00	45.00
❑ REGGIE (RACCOON)	1985	15000	45.00	45.00
❑ ROCKY (BOBCAT)	1985	15000	45.00	45.00
WILDLIFE BABY ANIMALS				**R. BROWN**
❑ FANNY-FAWN	1978	15000	45.00	90.00
❑ PRISCILLA-SKUNK	1980	15000	50.00	50.00
❑ ROOSEVELT-BEAR	1979	15000	50.00	65.00
❑ ROSCOE-RED FOX	1979	15000	50.00	50.00

ROHN

NAME	YEAR	LIMIT	ISSUE	TREND
AROUND THE WORLD				**E. ROHN**
❑ AUSSIE-HUNTER	1974	90	1000.00	1300.00
❑ COOLIE	1971	100	700.00	1300.00
❑ GYPSY	1972	125	1450.00	1850.00
❑ MATADOR	1973	90	2400.00	3100.00
❑ SHERIFF	1973	100	1500.00	2250.00
CLOWNS-BIG TOP SERIES				**E. ROHN**
❑ AUGUSTE	1981	100	1400.00	1700.00
❑ SWEETHEART	1983	200	925.00	1500.00
❑ TRAMP	1980	100	1200.00	2500.00
❑ WHITE FACE	1979	100	1000.00	3500.00
CLOWNS-HEY RUBE				**E. ROHN**
❑ AUGUSTE	1979	300	190.00	350.00
❑ TRAMP	1979	300	190.00	350.00
❑ WHITEFACE	1979	300	190.00	350.00
FAMOUS PEOPLE				**E. ROHN**
❑ DR. JOHN WATSON	1986	2210	155.00	155.00
❑ HARRY S. TRUMAN	1975	75	2400.00	4000.00
❑ NORMAN ROCKWELL	1979	200	1950.00	2300.00
❑ RONALD REAGAN	1981	200	3000.00	3000.00
❑ SHERLOCK HOLMES	1985	2210	155.00	190.00
❑ SHERLOCK HOLMES & DR. WATSON	1993	OP	185.00	200.00

FIGURINES

NAME	YEAR	LIMIT	ISSUE	TREND
FAMOUS PEOPLE-BISQUE				**E. ROHN**
❑ J.F. KENNEDY	1983	500	140.00	400.00
❑ LINCOLN	1979	500	100.00	500.00
❑ NORMAN ROCKWELL	1979	YR	100.00	200.00
❑ REAGAN	1981	2500	140.00	200.00
KINARA SERIES				**E. ROHN**
❑ KENTE WOMAN	1992	OP	40.00	45.00
PORTRAIT SERIES				**E. ROHN**
❑ MARTIN LUTHER KING	1992	OP	60.00	75.00
RELIGIOUS & BIBLICAL				**E. ROHN**
❑ MENTOR, THE	1985	15	9500.00	9500.00
❑ SABBATH	1978	70	1825.00	5000.00
❑ ZAIDE	1977	70	1950.00	5000.00
REMEMBER WHEN				**E. ROHN**
❑ AMERICAN GI	1971	100	600.00	1750.00
❑ APPRENTICE	1973	175	500.00	850.00
❑ CASEY	1977	300	275.00	500.00
❑ CLOWN PRINCE	1981	25	2000.00	2400.00
❑ FLAPPER	1977	500	325.00	500.00
❑ JAZZ MAN	1973	150	750.00	3500.00
❑ MISSY	1974	250	250.00	500.00
❑ RECRUIT (SET W/FN-5)	1974	250	250.00	500.00
❑ RIVERBOAT CAPTAIN	1971	100	1000.00	2400.00
❑ SHOWMAN (W.C. FIELDS)	1980	300	220.00	500.00
❑ SOU' WESTER	1977	450	300.00	500.00
❑ WALLY	1977	250	250.00	500.00
ROHN'S CLOWNS				**E. ROHN**
❑ AUGUSTE	1984	7500	95.00	100.00
❑ HOBO	1984	7500	95.00	100.00
❑ WHITE FACE	1984	7500	95.00	100.00
SMALL WORLD SERIES				**E. ROHN**
❑ BIG BROTHER	1974	250	90.00	90.00
❑ BURGLERS	1974	250	120.00	120.00
❑ FIELD MUSHROOMS	1975	250	90.00	90.00
❑ JOHNNIE'S	*	1500	90.00	90.00
❑ KNEE DEEP	1974	500	60.00	60.00
❑ OYSTER MUSHROOM	1975	250	140.00	140.00
❑ QUACKERS	1974	250	75.00	75.00
WESTERN				**E. ROHN**
❑ APACHE INDIAN	1971	125	800.00	2000.00
❑ CHOSEN ONE (INDIAN MAID)	1971	125	850.00	2000.00
❑ CROW INDIAN	1971	100	800.00	1500.00
❑ TRAIL-HAND	1971	100	1200.00	1600.00
WILD WEST				**E. ROHN**
❑ RODEO CLOWN	1982	100	2600.00	3500.00

ROMAN INC.

NAME	YEAR	LIMIT	ISSUE	TREND
A CHILD'S WORLD				**F. HOOK**
❑ ALL BUNDLED UP	1982	15000	38.00	50.00
❑ ALL DRESSED UP	1981	15000	36.00	75.00
❑ ART CLASS	1985	15000	99.00	105.00
❑ BEACH BUDDIES, SIGNED	1980	15000	29.00	600.00
❑ BEACH BUDDIES, UNSIGNED	1980	15000	29.00	500.00
❑ BEAR HUG	1981	15000	42.00	55.00
❑ BEDTIME	1982	15000	35.00	38.00
❑ BIRDIE	1982	15000	38.00	50.00
❑ BROTHERS	1983	15000	64.00	75.00
❑ CAN I HELP?	1984	15000	38.00	50.00
❑ CAT NAP	1981	15000	42.00	100.00
❑ CHANCE OF SHOWERS	1985	15000	33.00	40.00
❑ DON'T TELL ANYONE	1985	15000	49.00	50.00
❑ DRESS REHEARSAL	1985	15000	33.00	40.00
❑ ENGINE	1985	15000	36.00	50.00
❑ FINISH LINE	1983	15000	39.00	42.00
❑ FLOWER GIRL	1982	15000	42.00	50.00
❑ FUTURE ARTIST	1984	15000	42.00	50.00
❑ GOOD DOGGIE	1984	15000	47.00	50.00
❑ HANDFUL OF HAPPINESS	1983	15000	36.00	50.00
❑ HE LOVES ME...	1983	15000	49.00	60.00
❑ HELPING HANDS	1980	CL	45.00	75.00
❑ HOPSCOTCH	1987	15000	68.00	75.00
❑ I'LL BE GOOD	1981	15000	36.00	75.00
❑ JUST STOPPED BY	1985	15000	36.00	50.00
❑ KISS ME GOOD NIGHT	1980	15000	29.00	50.00
❑ LET'S PLAY CATCH	1984	15000	33.00	40.00
❑ LI'L BROTHER	1987	15000	60.00	75.00
❑ LOOK AT ME!	1985	15000	42.00	50.00
❑ MAKING FRIENDS	1981	15000	42.00	46.00
❑ MOTHER'S HELPER	1985	15000	45.00	50.00
❑ MY BIG BROTHER	1980	CL	39.00	200.00
❑ MY DOLLY!	1982	15000	39.00	50.00
❑ NATURE'S WONDERS	1984	15000	29.00	40.00
❑ NIGHTTIME THOUGHTS	1980	CL	25.00	75.00
❑ PATHWAY TO DREAMS	1981	15000	47.00	80.00
❑ PLEASE HEAR ME	1985	15000	29.00	30.00
❑ PRIVATE OCEAN	1985	15000	29.00	40.00
❑ PUPPY'S PAL	1983	15000	39.00	42.00
❑ PUZZLING	1985	15000	36.00	50.00
❑ RING AROUND THE ROSIE	1983	15000	99.00	105.00
❑ RING BEARER	1982	15000	39.00	50.00
❑ ROAD TO ADVENTURE	1981	15000	47.00	50.00

FIGURINES

NAME	YEAR	LIMIT	ISSUE	TREND
❑ SAND CASTLES	1984	15000	38.00	50.00
❑ SEA AND ME, THE	1981	15000	39.00	50.00
❑ SISTERS	1981	15000	64.00	110.00
❑ SOUNDS OF THE SEA	1980	15000	45.00	150.00
❑ SPRING BREEZE	1981	15000	38.00	50.00
❑ SUNDAY SHCOOL	1981	15000	39.00	75.00
❑ YOUTH	1981	15000	38.00	50.00
❑ YUMMM!	1985	15000	36.00	40.00

CLASSIC BRIDES OF THE CENTURY — E. WILLIAMS

NAME	YEAR	LIMIT	ISSUE	TREND
❑ 1900, FLORA	1989	5000	175.00	175.00
❑ 1910, ELIZABETH GRACE	1989	5000	175.00	175.00
❑ 1920, MARY CLAIRE	1989	5000	175.00	175.00
❑ 1930, KATHLEEN	1989	5000	175.00	175.00
❑ 1940, MARGARET	1989	5000	175.00	175.00
❑ 1950, BARBARA ANN	1989	5000	175.00	175.00
❑ 1960, DIANNE	1989	5000	175.00	175.00
❑ 1970, HEATHER	1989	5000	175.00	175.00
❑ 1980, JENNIFER	1989	5000	175.00	175.00
❑ 1990, STEPHANIE HELEN	1992	5000	175.00	175.00

FONTANINI 5-IN. — E. SIMONETTI

NAME	YEAR	LIMIT	ISSUE	TREND
❑ AARON	1967	RT	6.00	13.00
❑ ANGELS, HERALDIC ANGELS	1966	RT	28.00	28.00
❑ AZZAN	1996	RT	15.00	15.00
❑ BABY JESUS	1966	RT	6.00	12.00
❑ BALTHAZAR	1966	RT	6.00	12.00
❑ GABRIEL	1967	RT	6.00	12.00
❑ GASPAR	1966	RT	6.00	12.00
❑ GLORIA ANGEL	1966	RT	3.00	6.00
❑ ISSAK	1996	RT	14.00	14.00
❑ JETHRO, TAMAR & SAUL	1994	RT	24.00	24.00
❑ JOEL	1968	RT	7.00	7.00
❑ JOSEPH	1966	RT	6.00	12.00
❑ JOSHUA	1967	RT	14.00	14.00
❑ JOSHUA	1967	RT	14.00	14.00
❑ JOSIAH	1967	RT	6.00	12.00
❑ JUDITH	1968	RT	7.00	7.00
❑ KINGS ON CAMELS	1978	RT	7.00	7.00
❑ KNEELING ANGEL	1967	RT	6.00	13.00
❑ LEVI	1967	RT	6.00	12.00
❑ MARY	1966	RT	6.00	12.00
❑ MELCHIOR	1966	RT	6.00	6.00
❑ MICAH	1983	RT	6.00	12.00
❑ MICHAEL	1968	RT	7.00	7.00
❑ MIRIAM	1967	RT	6.00	12.00
❑ MORDECAI	1967	RT	6.00	12.00
❑ NAOMI	1996	RT	15.00	15.00
❑ RUEBEN	1967	RT	7.00	7.00
❑ STANDING ANGEL	1967	RT	6.00	13.00

FONTANINI 5-IN. CLUB MEMBERS ONLY NATIVITY PREVIEW — E. SIMONETTI

NAME	YEAR	LIMIT	ISSUE	TREND
❑ BENJAMIN	1997	YR	15.00	15.00
❑ HANNAH	1998	YR	15.00	15.00
❑ JACOB	2000	YR	20.00	20.00
❑ MARA	1996	YR	13.00	13.00
❑ OBEDIAH, THE TEACHER	1999	YR	15.00	15.00

FONTANINI 5-IN. CLUB SYMBOL OF MEMBERSHIP — E. SIMONETTI

NAME	YEAR	LIMIT	ISSUE	TREND
❑ CANDACE, THE CAREGIVER	1998	YR	*	N/A
❑ I FOUND HIM	1990	CL	*	N/A
❑ LEAH, ANGEL OF LIGHT	1997	YR	*	N/A
❑ LEMUEL, THE LORD'S HERALD	1999	YR	*	N/A
❑ ROSANNAH, ANGEL OF THE ROSES	1996	YR	*	N/A
❑ TEMIRA	2000	YR	*	N/A

FONTANINI 5-IN. SPECIAL EVENT — E. SIMONETTI

NAME	YEAR	LIMIT	ISSUE	TREND
❑ DOMINICA	1995	YR	15.00	15.00
❑ LEORA	2000	YR	20.00	20.00
❑ MARTHA	1997	YR	15.00	15.00
❑ SARAH	1996	YR	15.00	15.00
❑ SUSANNA	1994	YR	15.00	15.00

FONTANINI 5-IN. TOUR EXCLUSIVE — E. SIMONETTI

NAME	YEAR	LIMIT	ISSUE	TREND
❑ EMANUELE, THE FOUNDER	1998	TL	15.00	15.00
❑ GIDEON	1990	TL	8.00	15.00
❑ LUKE	1995	TL	15.00	15.00

FONTANINI 7.5-IN. RETIRED — E. SIMONETTI

NAME	YEAR	LIMIT	ISSUE	TREND
❑ ANGEL, GLORIA ANGEL	1980	RT	28.00	28.00
❑ BABY JESUS	1968	RT	6.00	25.00
❑ BALTHAZAR	1968	RT	6.00	6
❑ DANIEL	1979	RT	13.00	13.00
❑ EZRA	1985	RT	28.00	28.00
❑ GABRIEL	1979	RT	13.00	25.00
❑ GASPAR	1968	RT	6.00	6
❑ ISAAC	1985	RT	15.00	15.00
❑ JESSE	1987	RT	30.00	30.00
❑ JOSEPH	1968	RT	6.00	25.00
❑ JOSHUA	1997	RT	14.00	14.00
❑ JOSIAH	1979	RT	13.00	13.00
❑ JUDITH	1985	RT	15.00	15.00
❑ KNEELING ANGEL	1968	RT	6.00	25.00
❑ MALACHI	1997	RT	28.00	28.00
❑ MARY	1968	RT	6.00	25.00
❑ MELCHIOR	1968	RT	6.00	6
❑ REUBEN	1979	RT	13.00	13.00
❑ STANDING ANGEL	1968	RT	6.00	25.00

FIGURINES

FIGURINES

NAME	YEAR	LIMIT	ISSUE	TREND
FONTANINI CLUB MEMBERS ONLY				**E. SIMONETTI**
❑ CHRISTMAS SYMPHONY	1993	YR	14.00	14.00
❑ FAITH, THE FIFTH ANGEL	1995	YR	22.00	23.00
❑ PILGRIMAGE, THE	1990	TL	24.00	24.00
❑ SHE RESCUED ME	1992	YR	24.00	24.00
❑ SWEET HARMONY	1994	YR	14.00	14.00
FONTANINI CLUB RENEWAL GIFT				**E. SIMONETTI**
❑ GIFT OF JOY	1995	YR	*	13.00
❑ HE COMFORTS ME	1993	YR	*	13.00
❑ I'M HEAVEN BOUND	1994	YR	*	13.00
FONTANINI LIMITED EDITIONS				**E. SIMONETTI**
❑ 14-PC. GOLDEN EDITION HEIRLOOM NATIVITY SET	1994	2500	375.00	375.00
❑ 90TH ANNIVERSARY NATIVITY SET	1998	YR	300.00	300.00
❑ ABIGAIL & PETER	1994	YR	30.00	30.00
❑ ARIEL	1992	YR	30.00	30.00
❑ CELESTE, ANGEL WITH DOVE	1998	YR	20.00	20.00
❑ CHARIS, 90TH ANNIVERSARY ANGEL	1998	YR	30.00	30.00
❑ ERELA	2000	YR	20.00	20.00
❑ GABRIELA	1995	YR	18.00	18.00
❑ JESHUA & ADIN	1993	YR	30.00	30.00
❑ JUDAH	1997	YR	20.00	20.00
❑ RAPHAEL	1996	YR	18.00	18.00
❑ TIRAS & LENA	1999	YR	28.00	28.00
FRANCES HOOK'S FOUR SEASONS				**F. HOOK**
❑ FALL	1985	12500	95.00	100.00
❑ SPRING	1985	12500	95.00	100.00
❑ SUMMER	1985	12500	95.00	100.00
❑ WINTER	1984	12500	95.00	100.00
HOOK				**F. HOOK**
❑ CARPENTER BUST	1986	YR	95.00	100.00
❑ CARPENTER BUST, HEIRLOOM EDITION	1986	YR	95.00	100.00
❑ LITTLE CHILDREN, COME TO ME	1987	15000	45.00	50.00
❑ MADONNA AND CHILD	1987	15000	40.00	50.00
❑ SAILOR MATES	1982	2000	290.00	325.00
❑ SUN SHY	1982	2000	290.00	325.00
MAGIC OF CHRISTMAS				**D. MORGAN**
❑ CHRISTMAS FUTURE MUSICAL GLITTERDOME	2001	RT	45.00	45.00
❑ CHRISTMAS PAST	2000	RT	65.00	65.00
❑ CHRISTMAS PRESENT	2000	RT	65.00	65.00
❑ MAGIC OF CHRISTMAS	1999	RT	65.00	65.00
❑ MAGIC OF CHRISTMAS MUSICAL GLITTERDOME	2000	RT	48.00	48.00
❑ MAGIC OF GIVING	1999	RT	65.00	65.00
❑ SANTA'S MAGIC	1999	RT	65.00	65.00
❑ YES! VIRGINIA, THERE IS A SANTA CLAUS	2001	RT	50.00	50.00
❑ YES! VIRGINIA, THERE IS A SANTA CLAUS MUSICAL GLITTERDOME	2001	RT	35.00	35.00
MILLENIUM COLLECTION				**M.J. DORCY**
❑ ANNUNCIATION MUSICAL	1999	RT	60.00	60.00
❑ CAUSE OF OUR JOY 10" WITH WOODEN BASE	1998	RT	65.00	65.00
❑ CAUSE OF OUR JOY MUSICAL, AVE MARIA	1997	RT	50.00	50.00
❑ CAUSE OF OUR JOY MUSICAL, CANNON IN D	1997	RT	50.00	50.00
❑ JOYFUL PROMISE, 4.5"	1999	RT	45.00	45.00
❑ PRINCE OF PEACE	1996	RT	30.00	30.00
❑ SILENT NIGHT 5.5"	1996	RT	35.00	35.00
❑ SILENT NIGHT MUSICAL	1998	RT	55.00	55.00
MUSEUM COLLECTION BY ANGELA TRIPI				**A. TRIPI**
❑ BATTER, THE	1994	1000	95.00	95.00
❑ BE A CLOWN	1993	1000	95.00	95.00
❑ BLACKFOOT WOMAN WITH BABY	1994	1000	95.00	95.00
❑ CADDIE, THE	1990	1000	135.00	150.00
❑ CHECKING IT TWICE	1992	2500	95.00	95.00
❑ CHRISTOPHER COLUMBUS	1990	1000	250.00	250.00
❑ CROW WARRIOR	1994	1000	195.00	195.00
❑ FIDDLER, THE	1990	1000	175.00	175.00
❑ FLYING ACE	1992	1000	95.00	95.00
❑ FOR MY NEXT TRICK	1993	1000	95.00	95.00
❑ FORE!	1992	1000	175.00	175.00
❑ FUR TRAPPER, THE	1992	1000	175.00	175.00
❑ GENTLEMAN'S GAME	1991	1000	175.00	175.00
❑ GIFT GIVER, THE	1992	2500	95.00	95.00
❑ IROQUOIS WARRIOR	1994	1000	95.00	95.00
❑ JESUS IN GETHSEMANE	1994	1000	75.00	75.00
❑ JESUS, THE GOOD SHEPHERD	1993	1000	95.00	95.00
❑ JUSTICE FOR ALL	1992	1000	95.00	95.00
❑ LADIE'S DAY	1992	1000	175.00	175.00
❑ LADIE'S TEE	1992	1000	250.00	250.00
❑ MENTOR, THE	1990	1000	290.00	300.00
❑ NATIVE AMERICAN WOMAN, CHEROKEE MAIDEN	1993	1000	110.00	110.00
❑ NATIVITY SET, 8 PCS.	1992	2500	425.00	425.00
❑ NURSE	1994	1000	95.00	95.00
❑ ONE MAN BAND CLOWN	1993	1000	95.00	95.00
❑ OUR FAMILY DOCTOR	1992	1000	95.00	95.00
❑ PITCHER, THE	1994	1000	95.00	95.00
❑ PREACHER OF PEACE	1993	1000	175.00	175.00
❑ PRINCE OF THE PLAINS	1992	1000	175.00	175.00
❑ PUBLIC PROTECTOR	1993	1000	95.00	95.00
❑ RHAPSODY	1993	1000	95.00	95.00
❑ RIGHT ON SCHEDULE	1993	1000	95.00	95.00
❑ ROAD SHOW	1993	1000	95.00	95.00
❑ RUNNER, THE	1995	1000	95.00	95.00
❑ SERENADE	1993	1000	95.00	95.00

NAME	YEAR	LIMIT	ISSUE	TREND
❏ SIOUX CHIEF	1995	1000	95.00	95.00
❏ SONATA	1993	1000	95.00	95.00
❏ ST. FRANCIS OF ASSISI	1990	1000	175.00	175.00
❏ TANNENBAUM SANTA	1992	2500	95.00	95.00
❏ TAP IN, THE	1992	1000	175.00	175.00
❏ TEACHER	1994	1000	95.00	95.00
❏ TEE TIME AT ST. ANDREW'S	1990	1000	175.00	175.00
❏ THIS WAY, SANTA	1992	2500	95.00	95.00
❏ TO SERVE AND PROTECT	1992	1000	150.00	150.00
❏ TRIPI CRUCIFIX, LG	1993	OP	59.00	59.00
❏ TRIPI CRUCIFIX, MED.	1993	OP	35.00	35.00
❏ TRIPI CRUCIFIX, SM.	1993	OP	28.00	28.00
ON ANGEL'S WINGS				**G.G. SANTIAGO**
❏ ANGEL OF DANCE	1999	OP	65.00	65.00
❏ ANGEL OF DREAMS	1999	OP	65.00	65.00
❏ ANGEL OF JOY	1999	OP	65.00	65.00
❏ ANGEL OF KNOWLEDGE	1999	OP	65.00	65.00
❏ ANGEL OF LOVE	1999	OP	65.00	65.00
❏ ANGEL OF MUSIC	1999	OP	65.00	65.00
❏ ANGEL OF PEACE	1999	OP	65.00	65.00
❏ ANGEL OF SONG	1999	OP	65.00	65.00
REMEMBER WHEN				**F. HOOK**
❏ BEACH BUDDIES	1999	OP	30.00	30.00
❏ BEAR HUG	1999	OP	30.00	30.00
❏ CAN I HELP?	1999	OP	30.00	30.00
❏ FINISH LINE	1999	OP	30.00	30.00
❏ HANDFUL OF HAPPINESS	1999	OP	30.00	30.00
❏ SAND CASTLES	1999	OP	30.00	30.00
❏ SEA AND ME, THE	1999	OP	30.00	30.00
❏ SOUNDS OF THE SEA, THE	1999	OP	30.00	30.00
SERAPHIM CLASSICS 12-IN.				**G. HO**
❏ ALYSSA, NATURE'S ANGEL	1995	YR	145.00	1000.00
❏ ANNALISA JOYFUL SPIRIT	1999	TL	175.00	175.00
❏ ARIEL, HEAVEN'S SHINING STAR	1997	YR	159.00	125.00
❏ AVALON, FREE SPIRIT	1998	YR	175.00	140.00
❏ CHLOE, NATURE'S GIFT	1997	YR	159.00	125.00
❏ HOPE, LIGHT IN THE DISTANCE	1998	CL	175.00	150.00
❏ JILLIAN, CHERISH THE DAY	2000	YR	195.00	160.00
❏ NINA, HEAVENLY HARVEST	1999	YR	175.00	175.00
❏ VANESSA, HEAVENLY MAIDEN	1996	YR	150.00	175.00
SERAPHIM CLASSICS 20+ IN.				**G. HO**
❏ ALYSSA, NATURE'S ANGEL 27 IN.	2000	OP	750.00	750.00
SERAPHIM CLASSICS 4-IN.				**G. HO**
❏ CELINE, MORNING STAR	1999	OP	20.00	20.00
❏ CYMBELINE, PEACEMAKER	1995	RT	20.00	20.00
❏ EVANGELINE, ANGEL OF MERCY	1995	RT	20.00	20.00
❏ FAITH, THE EASTER ANGEL	2000	OP	20.00	20.00
❏ FELICIA, ADORING MAIDEN	1995	RT	20.00	20.00
❏ GABRIEL, CELESTIAL MESSENGER	1999	OP	20.00	20.00
❏ HARMONY, LOVE'S GUARDIAN	2000	OP	20.00	20.00
❏ IRIS, RAINBOW'S END	1995	RT	20.00	20.00
❏ ISABEL, GENTLE SPIRIT	1995	RT	20.00	20.00
❏ LAURICE, WISDOM'S CHILD	1995	RT	20.00	20.00
❏ LYDIA, WINGED POET	1995	RT	20.00	20.00
❏ MARIAH, HEAVENLY JOY	2000	OP	20.00	20.00
❏ MELODY, HEAVEN'S SONG	2000	OP	20.00	20.00
❏ OPHELIA, HEART SEEKER	1995	RT	20.00	20.00
❏ PRISCILLA, BENEVOLENT GUIDE	1995	RT	20.00	20.00
❏ RACHEL, CHILDREN'S JOY	2000	OP	20.00	20.00
❏ SERAPHINA, HEAVEN'S HELPER	1995	RT	20.00	20.00
❏ SERENA, ANGEL OF PEACE	1999	OP	20.00	20.00
SERAPHIM CLASSICS 7-IN.				**G. HO**
❏ AMELIA, ETERNAL BLOOM	1998	YR	65.00	75.00
❏ ANGEL'S TOUCH, DEDICATION ANGEL	1998	RT	60.00	60.00
❏ ANGEL'S TOUCH, THE DEDICATION ANGEL MUSICAL	1999	OP	75.00	75.00
❏ ANNABELLA, ANNOUNCEMENT F JOY	1998	YR	60.00	125.00
❏ APRIL, SPRING'S BLOSSOM	1999	RT	60.00	60.00
❏ ARIANNA, WINTER'S WARMTH	1999	RT	60.00	75.00
❏ AUDRA, EMBRACED BY LOVE	1999	RT	60.00	75.00
❏ BETHANY, LIGHTING THE WAY	2000	OP	60.00	60.00
❏ CARING TOUCH, ANGEL WITH MEDICAL PROFESSIONAL	2000	OP	88.00	88.00
❏ CAROLINE, GARDEN SONG	1999	RT	75.00	75.00
❏ CASSANDRA, HEAVENLY BEAUTY (5TH ANNIV.)	1999	YR	100.00	120.00
❏ CELEBRATION, REJOICE IN LIFE	2000	RT	100.00	100.00
❏ CELESTE, LIGHT OF THE WORLD	2000	RT	65.00	65.00
❏ CELINE, THE MORNING STAR	1996	RT	55.00	70.00
❏ CHARISSE, BLOOM FROM HEAVEN	1999	RT	65.00	65.00
❏ CHELSEA, SUMMER'S DELIGHT	1997	RT	55.00	70.00
❏ CLARISSA, CELESTIAL SOUNDS	1999	TL	65.00	65.00
❏ CONSTANCE, GENTLE KEEPER	1996	CL	65.00	90.00
❏ CYMBELINE, PEACEMAKER	1994	RT	50.00	70.00
❏ DANIELLE, MESSENGER OF LOVE	1999	RT	75.00	75.00
❏ DIANA, HEAVEN'S ROSE	1998	RT	60.00	75.00
❏ EDEN, BEAUTIFUL HAVEN FOUNTAIN	1999	RT	175.00	245.00
❏ ELIZABETH, HEAVEN'S VICTORY	1999	RT	60.00	60.00
❏ ERIN, IRISH BLESSING	1999	RT	60.00	60.00
❏ EVANGELINE, ANGEL OF MERCY	1994	RT	50.00	50.00
❏ EVANGELINE, ANGEL OF MERCY MUSICAL	1998	OP	75.00	75.00
❏ FAITH, THE EASTER ANGEL	1996	RT	55.00	100.00
❏ FELICIA, ADORING MAIDEN	1995	RT	50.00	100.00
❏ FRANCESCA, LOVING GUARDIAN	1996	RT	65.00	65.00

FIGURINES

FIGURINES

NAME	YEAR	LIMIT	ISSUE	TREND
❏ FRANCESCA, LOVING GUARDIAN GLITTERDOME MUSICAL	1995	OP	50.00	50.00
❏ FRANCESCA, LOVING GUARDIAN MUSICAL	1994	RT	75.00	75.00
❏ GABRIEL, CELESTIAL MESSENGER	1996	RT	60.00	75.00
❏ GRACE, BORN ANEW	1997	RT	55.00	70.00
❏ HALEY, JOYFUL SOUL	2001	RT	125.00	125.00
❏ HANNAH, ALWAYS NEAR	1997	RT	55.00	75.00
❏ HANNAH, ALWAYS NEAR MUSICAL	2000	OP	50.00	50.00
❏ HARMONY, LOVE'S GUARDIAN	1997	RT	55.00	70.00
❏ HARMONY, LOVE'S GUARDIAN MUSICAL	1999	OP	75.00	75.00
❏ HEATHER, AUTUMN BEAUTY	1997	RT	55.00	70.00
❏ HEAVENLY GUARDIAN WITH BOY MUSICAL	1999	OP	50.00	50.00
❏ HEAVENLY GUARDIAN WITH GIRL MUSICAL	1999	OP	50.00	50.00
❏ IRIS, RAINBOW'S END	1994	RT	50.00	50.00
❏ IRIS, RAINBOW'S END GLITTERDOME MUSICAL	1997	OP	50.00	50.00
❏ IRIS, RAINBOW'S END MUSICAL	1996	OP	65.00	65.00
❏ ISABEL, GENTLE SPIRIT	1994	RT	50.00	60.00
❏ JOELLE, NATURE'S SPIRIT	1999	YR	60.00	60.00
❏ JOY, GIFT OF HEAVEN	1999	RT	65.00	80.00
❏ JULIETTE, MUSIC'S GIFT	1999	TL	65.00	65.00
❏ KATHERINE, ANGEL OF KNOWLEDGE	1999	RT	60.00	60.00
❏ KRISTINA, SONG OF JOY	1999	TL	85.00	85.00
❏ LAUREL, NATURE'S HARMONY	1999	RT	65.00	65.00
❏ LAURICE, WISDOM'S CHILD	1995	RT	50.00	60.00
❏ LEAH, BLESS OUR HOME	2000	YR	60.00	60.00
❏ LYDIA, WINGED POET	1994	RT	50.00	100.00
❏ MARIAH, HEAVENLY JOY	1996	RT	60.00	60.00
❏ MARIAH, HEAVENLY JOY MUSICAL	1998	RT	80.00	80.00
❏ MELODY, HEAVEN'S SONG	1997	RT	55.00	70.00
❏ MICHAEL, VICTORIOUS	1999	RT	60.00	60.00
❏ NAOMI, NURTURING SPIRIT	1999	RT	60.00	60.00
❏ NOELLE, GIVING SPIRIT	1998	RT	60.00	70.00
❏ OLIVIA, LOVING HEART	1999	RT	65.00	65.00
❏ OPHELIA, HEART SEEKER	1994	RT	50.00	100.00
❏ PATRICE, DELIGHT IN THE DAY	1999	YR	60.00	70.00
❏ PRISCILLA, BENEVOLENT GUIDE	1995	RT	50.00	50.00
❏ RACHEL, CHILDREN'S JOY	1997	RT	55.00	55.00
❏ ROSALIE, NATURE'S DELIGHT	1996	RT	55.00	70.00
❏ SABRINA, ETERNAL GUIDE	1997	YR	55.00	55.00
❏ SAMANTHA, BLESSED AT BIRTH	1998	RT	60.00	60.00
❏ SERAPHINA, HEAVEN'S HELPER	1995	RT	50.00	100.00
❏ SERENA, ANGEL OF PEACE	1996	RT	65.00	65.00
❏ SERENA, ANGEL OF PEACE GLITTERDOME MUSICAL	1999	OP	50.00	50.00
❏ SERENITY, TRUSTING SOUL	1999	RT	65.00	65.00
❏ SIMONE, NATURE'S OWN	1998	RT	100.00	125.00
❏ SISTERS, HEART AND SOUL	1999	RT	115.00	150.00
❏ TAMARA, BLESSED GUARDIAN	1997	RT	65.00	65.00
❏ VICTORIA, EMBRACE LIFE	2000	OP	65.00	65.00

SERAPHIM CLASSICS 7-IN. NATIVITY — G. HO

NAME	YEAR	LIMIT	ISSUE	TREND
❏ CAMEL	2000	RT	25.00	25.00
❏ HOLY FAMILY MUSICAL GLITTERDOME	2000	RT	55.00	55.00
❏ OX AND DONKEY, 2 PC. SET	1999	RT	40.00	40.00
❏ STABLE	2000	RT	50.00	50.00

SERAPHIM CLASSICS 7-IN. NATIVITY — SERAPHIM STUDIOS

NAME	YEAR	LIMIT	ISSUE	TREND
❏ GLORIA ANGEL	1998	RT	60.00	60.00
❏ HOLY FAMILY & LAMBS 5-PC. SET	1996	RT	125.00	125.00
❏ SHEPHERDS 2-PC. SET	1998	RT	65.00	65.00
❏ THREE KINGS	1997	RT	125.00	125.00

SERAPHIM CLASSICS ANGELS TO WATCH OVER ME — G. HO

NAME	YEAR	LIMIT	ISSUE	TREND
❏ 10TH YEAR GIRL	1999	OP	45.00	45.00
❏ 16TH YEAR GIRL	1999	OP	50.00	50.00
❏ 1ST YEAR BOY	1997	OP	40.00	40.00
❏ 1ST YEAR GIRL	1996	OP	40.00	40.00
❏ 2ND YEAR BOY	1997	OP	40.00	40.00
❏ 2ND YEAR GIRL	1996	OP	40.00	40.00
❏ 3RD YEAR BOY	1997	OP	40.00	40.00
❏ 3RD YEAR GIRL	1996	OP	40.00	40.00
❏ 4TH YEAR BOY	1997	OP	40.00	40.00
❏ 4TH YEAR GIRL	1996	OP	40.00	40.00
❏ 5TH YEAR BOY	1997	OP	40.00	40.00
❏ 5TH YEAR GIRL	1996	OP	40.00	40.00
❏ 6TH YEAR BOY	1997	OP	40.00	40.00
❏ 6TH YEAR GIRL	1997	OP	40.00	40.00
❏ 7TH YEAR BOY	1998	OP	45.00	45.00
❏ 7TH YEAR GIRL	1997	OP	40.00	40.00
❏ 8TH YEAR GIRL	1998	OP	45.00	45.00
❏ 9TH YEAR GIRL	1998	OP	45.00	45.00
❏ NEWBORN BLONDE	1996	OP	40.00	40.00
❏ NEWBORN BRUNETTE	1997	OP	40.00	40.00

SERAPHIM CLASSICS CLUB MEMBERS ONLY — G. HO

NAME	YEAR	LIMIT	ISSUE	TREND
❏ HEAVENLY REFLECTIONS CLUB SET	1999	YR	500.00	500.00
❏ JOSEPHINE, CELEBRATION OF PEACE	1999	YR	65.00	65.00
❏ LILLIAN, NUTURING LIFE	1998	YR	65.00	275.00
❏ SIERRA, NATURE'S HAVEN	2000	YR	75.00	75.00

SERAPHIM CLASSICS CLUB SYMBOL OF MEMBERSHIP — G. HO

NAME	YEAR	LIMIT	ISSUE	TREND
❏ CASSIDY, BLESSINGS FROM ABOVE	2000	YR	60.00	60.00
❏ EVE, TENDER HEART	1999	YR	60.00	60.00
❏ TESS, TENDER ONE	1998	YR	55.00	135.00

SERAPHIM CLASSICS HEAVEN SENT COLLECTION — SERAPHIM STUDIOS

NAME	YEAR	LIMIT	ISSUE	TREND
❏ HOPE ETERNAL MUSICAL	1997	RT	38.00	38.00
❏ LOVING SPIRIT MUSICAL	1997	RT	38.00	38.00
❏ PEACEFUL EMBRACE MUSICAL	1998	RT	85.00	85.00
❏ PURE AT HEART MUSICAL	1997	RT	38.00	38.00

NAME	YEAR	LIMIT	ISSUE	TREND
SERAPHIM CLASSICS SPECIAL EVENT				**G. HO**
❏ ALEXANDRA, ENDLESS DREAMS	1998	TL	65.00	100.00
❏ AMANDA, SHARING THE SPIRIT	2000	YR	65.00	90.00
❏ DAWN, SUNSHINE'S GUARDIAN ANGEL	1996	TL	55.00	125.00
❏ MONICA, UNDER LOVE'S WING	1997	TL	55.00	100.00
❏ REBECCA, BEAUTIFUL DREAMER	1999	YR	125.00	160.00
VALENCIA COLLECTION/SACRED PORTRAITS				**G. HO**
❏ ANGEL WITH DOVE	1997	RT	50.00	50.00
❏ MADONNA WITH ROSE	1997	RT	40.00	40.00
VALENCIA COLLECTION/STORY OF JESUS				**G. HO**
❏ ANNUNCIATION, THE	1998	RT	60.00	60.00

RON LEE'S WORLD OF CLOWNS

NAME	YEAR	LIMIT	ISSUE	TREND
ORIGINAL RON LEE COLLECTION				**R. LEE**
❏ AL AT THE BASS 284	1981	CL	48.00	75.00
❏ ALI ON HIS MAGIC CARPET 335	1982	CL	105.00	180.00
❏ ALLIGATOR BOWLING 504	1976	CL	15.00	50.00
❏ ANYWHERE? L269	1991	1500	125.00	125.00
❏ BAGGY PANTS 387	1984	CL	98.00	180.00
❏ BANDWAGON, THE 707	1983	CL	900.00	1800.00
❏ BANJO WILLIE 258	1980	CL	68.00	150.00
❏ BARNUM FEEDING BACON 315	1982	CL	120.00	210.00
❏ BATHING BUDDIES 450	1986	CL	145.00	200.00
❏ BE IT EVER SO HUMBLE L111	1989	CL	900.00	1100.00
❏ BEAR FISHING 512	1976	CL	15.00	50.00
❏ BEAR ON ROCK 523	1977	CL	18.00	55.00
❏ BEAVER PLAYING ACCORDIAN 807	1982	CL	23.00	60.00
❏ BEETHOVEN'S FOURTH PAWS 358	1983	CL	59.00	90.00
❏ BENNY PULLING CAR 310	1982	CL	190.00	300.00
❏ BIG WHEEL, THE L236	1990	2750	240.00	240.00
❏ BLACK CAROUSEL HORSE 1001	1983	CL	450.00	640.00
❏ BLACK CIRCUS HORSE 711A	1984	CL	305.00	440.00
❏ BOBBI ON UNICYCLE 204	1978	CL	45.00	80.00
❏ BOSOM BUDDIES 299	1981	CL	135.00	150.00
❏ BOW TIE 222	1978	CL	68.00	150.00
❏ BOZO LUNCH 390	1984	CL	148.00	225.00
❏ BOZO ON UNICYCLE 279	1981	CL	28.00	110.00
❏ BOZO PLAYING CYMBALS 277	1981	CL	28.00	110.00
❏ BOZO RIDING CAR 278	1981	CL	28.00	110.00
❏ BUMBLES SELLING BALLOONS 353	1983	CL	80.00	140.00
❏ BURRITO BANDITO 334	1982	CL	150.00	225.00
❏ BUSINESS IS BUSINESS L266	1991	1500	110.00	110.00
❏ BUSTER AND HIS BALLOONS 363	1983	CL	47.00	60.00
❏ BUSTER IN BARREL 308	1982	CL	85.00	110.00
❏ BUTTERFLY AND FLOWER 529	1978	CL	22.00	60.00
❏ BUTTONS BICYCLING 229	1979	CL	75.00	150.00
❏ CAMEL 818	1982	CL	57.00	125.00
❏ CANDY MAN L217	1990	2750	350.00	350.00
❏ CAPTAIN CRANBERRY 320	1982	CL	115.00	165.00
❏ CAPTAIN CRANBERRY 405	1986	CL	140.00	165.00
❏ CAPTAIN FREDDY 375	1983	CL	85.00	310.00
❏ CAPTAIN MIS-ADVENTURE 703	1982	CL	250.00	400.00
❏ CARNEY AND DOG ACT 301	1982	CL	63.00	125.00
❏ CARNEY AND SEAL ACT 300	1981	CL	63.00	100.00
❏ CAROUSEL HORSE 232	1979	CL	119.00	165.00
❏ CAROUSEL HORSE 248	1980	CL	88.00	200.00
❏ CAROUSEL HORSE 249	1980	CL	88.00	200.00
❏ CAROUSEL HORSE 280	1981	CL	88.00	180.00
❏ CAROUSEL HORSE 281	1981	CL	88.00	175.00
❏ CASEY CRUISING 351	1983	CL	57.00	80.00
❏ CATCH A FALLING STAR L148	1989	CL	57.00	57.00
❏ CATCH THE BRASS RING 708	1983	CL	510.00	1250.00
❏ CECIL AND SAUSAGE 354	1983	CL	90.00	150.00
❏ CHARLIE CHAPLAIN 701	1982	CL	230.00	450.00
❏ CHARLIE IN THE RAIN 321	1982	CL	80.00	140.00
❏ CHEF'S CUISINE 361	1983	CL	57.00	80.00
❏ CHESTNUT CAROUSEL HORSE 1002	1983	CL	450.00	640.00
❏ CHESTNUT CIRCUS HORSE 710A	1984	CL	305.00	440.00
❏ CHICO PLAYING GUITAR 336	1982	CL	70.00	140.00
❏ CHUCKLES JUGGLING 244	1980	CL	98.00	150.00
❏ CIMBA THE ELEPHANT 706	1983	CL	225.00	375.00
❏ CIRCUS LITTLE L143	1989	CL	990.00	1265.00
❏ CLANCY, THE COP 210	1978	CL	55.00	100.00
❏ CLANCY, THE COP AND DOG 333	1982	CL	115.00	190.00
❏ CLARA-BOW 205	1978	CL	52.00	90.00
❏ CLARENCE, THE LAWYER 331	1982	CL	100.00	170.00
❏ CLOWN AND DOG ACT 101	1976	CL	48.00	125.00
❏ CLOWN AND ELEPHANT ACT 107	1976	CL	56.00	110.00
❏ CLOWN TIGHTROPE WALKER 104	1976	CL	50.00	125.00
❏ CLOWNS OF THE CARIBBEAN PS101	1985	CL	1250.00	2000.00
❏ CLYDE JUGGLING 339	1983	CL	39.00	45.00
❏ CLYDE UPSIDE DOWN 340	1983	CL	39.00	45.00
❏ COCO AND HIS COMPACT 369	1983	CL	55.00	100.00
❏ COCO-HANDS ON HIPS 218	1978	CL	70.00	125.00
❏ CORKY THE DRUMMER BOY 202	1978	CL	53.00	110.00
❏ COTTON CANDY 377	1983	CL	150.00	245.00
❏ CRUISING L265	1991	1500	170.00	170.00
❏ CUBBY HOLDING BALLOON 240	1980	CL	50.00	70.00
❏ CUDDLES 208	1978	CL	37.00	75.00
❏ DARBY TIPPING HAT 238	1979	CL	35.00	100.00
❏ DARBY WITH FLOWER 235	1979	CL	35.00	100.00
❏ DARBY WITH UMBRELLA 236	1979	CL	35.00	100.00
❏ DARBY WITH VIOLIN 237	1979	CL	35.00	100.00

FIGURINES

NAME	YEAR	LIMIT	ISSUE	TREND
❏ DARING DUDLEY 367	1983	CL	65.00	125.00
❏ DENNIS PLAYING TENNIS 252	1980	CL	74.00	140.00
❏ DENNY EATING ICE CREAM 305	1982	CL	39.00	110.00
❏ DENNY HOLDING GIFT BOX 306	1982	CL	39.00	110.00
❏ DENNY JUGGLING BALL 307	1982	CL	39.00	110.00
❏ DOCTOR JAWBONES 260	1980	CL	85.00	200.00
❏ DOCTOR SAWBONES 228	1979	CL	75.00	150.00
❏ DOG FISHING 512	1976	CL	15.00	50.00
❏ DOG PLAYING GUITAR 805	1982	CL	23.00	60.00
❏ DOLPHINS 525	1978	CL	22.00	60.00
❏ DONKEY WHAT? 243	1980	CL	60.00	175.00
❏ DOOR TO DOOR DABNEY 373	1983	CL	100.00	175.00
❏ DR. PAINLESS AND PATIENT 311	1982	CL	195.00	310.00
❏ DRIVER THE GOLFER 211	1978	CL	55.00	75.00
❏ ELEPHANT ON BALL 214	1978	CL	26.00	60.00
❏ ELEPHANT ON STAND 213	1978	CL	26.00	60.00
❏ ELEPHANT SITTING 215	1978	CL	26.00	60.00
❏ EMILE 257	1980	CL	43.00	140.00
❏ ENGINEER BILLIE 356	1983	CL	190.00	350.00
❏ EXECUTIVE HITCHHIKING 267	1981	CL	23.00	80.00
❏ EXECUTIVE READING 264	1981	CL	23.00	80.00
❏ EXECUTIVE RESTING 266	1981	CL	23.00	80.00
❏ EXECUTIVE WITH UMBRELLA 265	1981	CL	23.00	80.00
❏ FALL L282	1991	1500	120.00	120.00
❏ FANCY PANTS 224	1978	CL	55.00	110.00
❏ FEARLESS FRED IN CANNON 234	1979	CL	80.00	200.00
❏ FIFTH WHEEL, THE L117	1988	CL	250.00	295.00
❏ FILL'ER UP L248	1990	2250	280.00	280.00
❏ FIREMAN WATERING HOUSE 303	1982	CL	99.00	140.00
❏ FIREMAN WITH HOSE 216	1978	CL	62.00	110.00
❏ FIREMAN, THE L169	1989	CL	68.00	85.00
❏ FIRST & MAIN L110	1987	CL	368.00	525.00
❏ FISH WITH SHOE 803	1982	CL	23.00	60.00
❏ FISHERMAN, THE - L194	1989	7500	72.00	72.00
❏ FLIPPER DIVING 345	1983	CL	115.00	175.00
❏ FOX IN AN AIRPLANE 806	1982	CL	23.00	60.00
❏ FROG SURFING 502	1976	CL	15.00	50.00
❏ GAZEBO 1004	1983	CL	450.00	640.00
❏ GEORGIE GOING ANYWHERE 302	1982	CL	95.00	125.00
❏ GETTING EVEN 485	1986	CL	85.00	110.00
❏ GILBERT TEE'D OFF 376	1983	CL	60.00	95.00
❏ GILBERT'S DILEMMA L270	1991	1750	90.00	90.00
❏ GIRAFFE 816	1982	CL	57.00	125.00
❏ GIRAFFE GETTING A BATH 428	1985	CL	160.00	340.00
❏ GIVE A DOG A BONE 383	1984	CL	95.00	140.00
❏ GIVE ME LIBERTY L313	1991	1776	155.00	155.00
❏ GOLFER, THE- L188	1989	CL	72.00	90.00
❏ GREATEST LITTLE SHOE ON EARTH, THE- L210	1989	CL	165.00	210.00
❏ HAPPY BIRTHDAY PUPPY LOVE L278	1991	1750	73.00	73.00
❏ HAPPY WAVING 255	1980	CL	43.00	140.00
❏ HARI AND HARE 454	1986	CL	57.00	75.00
❏ HARPO 296	1981	CL	120.00	270.00
❏ HARRY AND THE HARE 233	1979	CL	69.00	175.00
❏ HEARTBROKEN HARRY L101	1987	CL	63.00	125.00
❏ HEARTBROKEN HOBO L233	1990	CL	116.00	145.00
❏ HENRY 8-3/4 L260	1990	2750	37.00	37.00
❏ HERBIE BALANCING HAT 327	1982	CL	26.00	75.00
❏ HERBIE DANCING 325	1982	CL	26.00	75.00
❏ HERBIE HANDS OUTSTRETCHED 326	1982	CL	26.00	75.00
❏ HERBIE LEGS IN AIR 329	1982	CL	26.00	75.00
❏ HERBIE LYING DOWN 328	1982	CL	26.00	75.00
❏ HERBIE TOUCHING GROUND 330	1982	CL	26.00	75.00
❏ HEY RUBE 220	1978	CL	35.00	75.00
❏ HIPPO ON SCOOTER 505	1976	CL	15.00	50.00
❏ HOBI IN HIS HAMMOCK 344	1983	CL	85.00	140.00
❏ HOBO JOE HITCHHIKING 116	1976	CL	55.00	65.00
❏ HOBO JOE IN TUB 259	1980	CL	96.00	125.00
❏ HOBO JOE ON CYCLE 322	1982	CL	125.00	225.00
❏ HOBO JOE PRAYING 298	1981	CL	57.00	75.00
❏ HOBO JOE WITH BALLOONS 120	1976	CL	66.00	90.00
❏ HOBO JOE WITH PAL 115	1976	CL	66.00	150.00
❏ HOBO JOE WITH UMBRELLA 117	1976	CL	58.00	110.00
❏ HORSE 819	1982	CL	57.00	125.00
❏ HORSIN' AROUND L262	1990	2750	37.00	37.00
❏ HUGHIE MUNGUS L144	1989	CL	250.00	325.00
❏ HUMMINGBIRD 528	1978	CL	22.00	60.00
❏ I LOVE YOU FROM MY HEART 360	1983	CL	35.00	50.00
❏ I PLEDGE ALLEGIANCE L134	1989	3750	131.00	131.00
❏ IF I WERE A RICH MAN L133	1989	CL	315.00	425.00
❏ I'M SINGIN' IN THE RAIN L268	1991	1500	135.00	135.00
❏ IN OVER MY HEAD L135	1989	CL	95.00	125.00
❏ JAQUE DOWNHILL RACER 253	1980	CL	74.00	150.00
❏ JERI IN A BARREL 219	1978	CL	75.00	145.00
❏ JINGLES TELLING TIME 242	1980	CL	75.00	140.00
❏ JOCKO WITH LOLLIPOP 221	1978	CL	68.00	150.00
❏ JOGGER, THE- 372	1983	CL	75.00	95.00
❏ JO-JO AT MAKE-UP MIRROR 250	1980	CL	86.00	150.00
❏ JOSEPHINE 370	1983	CL	55.00	100.00
❏ JUST FOR YOU 386	1984	CL	110.00	225.00
❏ KANGAROOS BOXING 508	1976	CL	15.00	50.00
❏ KELLY AT THE PIANO 241	1979	CL	185.00	400.00
❏ KELLY IN KAR 230	1979	CL	164.00	300.00

NAME	YEAR	LIMIT	ISSUE	TREND
❑ KELLY'S KAR 231	1979	CL	75.00	150.00
❑ KEVIN AT THE DRUMS 283	1981	CL	50.00	125.00
❑ KISS! KISS! L251	1990	2750	37.00	37.00
❑ KNICKERS BALANCING FEATHER 366	1983	CL	47.00	75.00
❑ KOALA BEAR IN TREE 514	1977	CL	15.00	50.00
❑ KOALA BEAR ON LOG 516	1977	CL	15.00	50.00
❑ KOALA BEAR WITH BABY 515	1977	CL	15.00	50.00
❑ KUKLA AND FRIEND 316	1982	CL	100.00	175.00
❑ LARRY AND HIS HOTDOGS 274	1981	CL	76.00	150.00
❑ LAST SCOOP, THE- 379	1983	CL	175.00	275.00
❑ LAST SCOOP, THE 900	1983	CL	325.00	325.00
❑ LAUREL & HARDY 700	1982	CL	225.00	400.00
❑ LAWYER, THE- L171	1989	CL	68.00	75.00
❑ LILI 227	1979	CL	75.00	145.00
❑ LIMOUSINE SERVICE 705	1982	CL	330.00	575.00
❑ LION 817	1982	CL	57.00	125.00
❑ LIT'L SNOWDRIFTER L298	1991	1750	70.00	70.00
❑ LITTLE HORSE-HEAD DOWN 342	1983	CL	29.00	72.00
❑ LITTLE HORSE-HEAD UP 341	1982	CL	29.00	72.00
❑ LITTLE SATURDAY NIGHT 348	1983	CL	53.00	80.00
❑ LOOK AT THE BIRDY 388	1984	CL	138.00	200.00
❑ LOU PROPOSING 365	1983	CL	57.00	70.00
❑ LOUIE HITCHING A RIDE 269	1981	CL	47.00	90.00
❑ LOUIE ON PARK BENCH 268	1981	CL	56.00	75.00
❑ LOUIE ON RAILROAD CAR 270	1981	CL	77.00	140.00
❑ LOVABLE LUKE L102	1987	8500	70.00	70.00
❑ MARION WITH MARRIONETTE 317	1982	CL	105.00	180.00
❑ MATINEE JITTERS 378	1983	CL	175.00	200.00
❑ MATINEE JITTERS 901	1983	CL	325.00	400.00
❑ ME TOO! L231	1990	3500	70.00	70.00
❑ MICKEY TIGHTROPE WALKER 292	1981	CL	50.00	100.00
❑ MICKEY UPSIDE DOWN 293	1981	CL	50.00	100.00
❑ MICKEY WITH UMBRELLA 291	1981	CL	50.00	100.00
❑ MONKEY 251	1980	CL	60.00	150.00
❑ MONKEY WITH BANANA 521	1977	CL	18.00	55.00
❑ MOUSE AND CHEESE 520	1977	CL	18.00	55.00
❑ MR. PENGUIN 518	1977	CL	18.00	60.00
❑ MURPHY ON UNICYCLE 337	1982	CL	115.00	225.00
❑ MY DAUGHTER DEBORAH 357	1983	CL	63.00	90.00
❑ MY FELLOW AMERICAN 391	1984	CL	138.00	275.00
❑ MY SON DARREN 295	1981	CL	57.00	100.00
❑ NA! NA! L252	1990	2750	37.00	00.00
❑ NAPPY SNOOZING 346	1982	CL	110.00	170.00
❑ NEW RON LEE CAROUSEL	1988	CL	7000.00	9500.00
❑ NEW SELF PORTRAIT, THE- L218	1990	CL	800.00	950.00
❑ NICKY SITTING ON BALL 289	1981	CL	39.00	65.00
❑ NICKY STANDING ON BALL 290	1981	CL	39.00	65.00
❑ NO CAMPING OR FISHING 380	1984	CL	175.00	318.00
❑ NO CAMPING OR FISHING 902	1983	CL	325.00	375.00
❑ NO LOITERING 392	1984	CL	113.00	160.00
❑ NORMAN PAINTING DUMBO 314	1982	CL	126.00	180.00
❑ O' SOLO MIA L139	1989	CL	85.00	150.00
❑ ON THE ROAD AGAIN 355	1983	CL	220.00	400.00
❑ OSCAR ON STILTS 223	1979	CL	55.00	110.00
❑ OSTRICH 813	1982	CL	57.00	125.00
❑ OUR NATION'S PRIDE L312	1991	1776	150.00	150.00
❑ OWL GRADUATE 519	1977	CL	22.00	60.00
❑ OWL WITH GUITAR 500	1976	CL	15.00	50.00
❑ P.T. DINGHY 245	1980	CL	65.00	135.00
❑ PARROT ROLLERSKATING 809	1982	CL	23.00	60.00
❑ PEANUTS PLAYING CONCERTINA 247	1980	CL	65.00	225.00
❑ PELICAN AND PYTHON 522	1977	CL	18.00	55.00
❑ PENGUIN ON SNOWSKIS 503	1976	CL	15.00	50.00
❑ PEPPERMINTS, THE- 384	1984	CL	150.00	210.00
❑ PERRY SITTING WITH BALLOON 287	1981	CL	37.00	70.00
❑ PERRY STANDING WITH BALLOON 288	1981	CL	37.00	70.00
❑ PICKLES AND POOCH 297	1981	CL	90.00	190.00
❑ PIERROT PAINTING 207	1978	CL	50.00	130.00
❑ PIG BRICK LAYER 800	1982	CL	23.00	60.00
❑ PIG PLAYING VIOLIN 510	1976	CL	15.00	50.00
❑ PINBALL PAL 332	1982	CL	150.00	250.00
❑ PINKY LYING DOWN 112	1976	CL	25.00	40.00
❑ PINKY SITTING 119	1976	CL	25.00	40.00
❑ PINKY STANDING 118	1976	CL	25.00	75.00
❑ PINKY UPSIDE DOWN 111	1976	CL	25.00	40.00
❑ PISTOL PETE 272	1981	CL	76.00	150.00
❑ POLICEMAN, THE- L165	1989	CL	68.00	80.00
❑ POLLY THE PARROT & CRACKERS 201	1978	CL	63.00	135.00
❑ POPPY WITH PUPPET 209	1978	CL	60.00	100.00
❑ PRINCE FROG 526	1978	CL	22.00	60.00
❑ PUPPY LOVE L103	1987	8500	71.00	145.00
❑ PUPPY LOVE SCOOTIN' L275	1991	1750	73.00	73.00
❑ PUPPY LOVE'S FREE RIDE L276	1991	1750	73.00	73.00
❑ PUPPY LOVE'S TREAT L277	1991	1750	73.00	73.00
❑ PUSH AND PULL L249	1990	2250	260.00	260.00
❑ QUINCY LYING DOWN 304	1982	CL	80.00	150.00
❑ RABBIT PLAYING TENNIS 507	1976	CL	15.00	50.00
❑ RABBIT WITH EGG 801	1982	CL	23.00	60.00
❑ REINDEER 812	1982	CL	57.00	125.00
❑ RICHES TO RAGS 374	1983	CL	55.00	175.00
❑ RIDE 'EM PEANUTS 463	1986	CL	55.00	68.00
❑ RIDE 'EM RONI 347	1983	CL	125.00	175.00

FIGURINES

FIGURINES

NAME	YEAR	LIMIT	ISSUE	TREND
❑ ROBIN RESTING 338	1982	CL	110.00	170.00
❑ ROCKETMAN 294	1981	CL	77.00	140.00
❑ RON AT THE PIANO 285	1981	CL	46.00	75.00
❑ RON LEE CAROUSEL	1982	CL	10000.00	12500.00
❑ RON LEE TRIO 282	1981	CL	144.00	375.00
❑ RONI RIDING HORSE 246	1980	CL	115.00	230.00
❑ ROOSTER 815	1982	CL	57.00	125.00
❑ ROOSTER WITH BARBELL 808	1982	CL	23.00	60.00
❑ RUDY HOLDING BALLOONS 713	1984	CL	230.00	350.00
❑ RUFORD 254	1980	CL	43.00	140.00
❑ RUFUS AND HIS REFUSE 343	1983	CL	65.00	160.00
❑ SAD SACK 212	1978	CL	48.00	150.00
❑ SAILFISH 524	1978	CL	18.00	75.00
❑ SAMMY RIDING ELEPHANT 309	1982	CL	90.00	140.00
❑ SATURDAY NIGHT 714	1984	CL	250.00	500.00
❑ SAY IT WITH FLOWERS 359	1983	CL	35.00	70.00
❑ SCOOTER L234	1990	2750	240.00	240.00
❑ SEA OTTER ON BACK 531	1978	CL	22.00	60.00
❑ SEA OTTER ON ROCK 532	1978	CL	22.00	60.00
❑ SEAGULL 527	1978	CL	22.00	60.00
❑ SEAL BLOWING HIS HORNS 804	1982	CL	23.00	60.00
❑ SELF PORTRAIT 702	1982	CL	1000.00	2450.00
❑ SH-H-H-H! L146	1989	CL	210.00	700.00
❑ SINGIN' IN THE RAIN 362	1983	CL	105.00	180.00
❑ SKIPPY SWINGING 239	1978	CL	52.00	75.00
❑ SLIM CHARGING BULL 313	1982	CL	195.00	350.00
❑ SMOKEY, THE BEAR 802	1982	CL	23.00	60.00
❑ SNOWDRIFTER II L250	1990	1250	340.00	340.00
❑ SNOWDRIFTER L163	1989	CL	230.00	350.00
❑ SPARKY SKATING 206	1978	CL	55.00	175.00
❑ SPRING L280	1991	1500	95.00	95.00
❑ STEPPIN' OUT 704	1982	CL	325.00	550.00
❑ SUGARLAND EXPRESS L109	1987	CL	342.00	375.00
❑ SUMMER L281	1991	1500	95.00	95.00
❑ T.K. AND OH!! 385	1984	CL	85.00	150.00
❑ TA DA! L294	1991	1500	120.00	120.00
❑ TANDEM MANIA L235	1990	2750	360.00	360.00
❑ TATTERS AND BALLOONS 352	1983	CL	65.00	75.00
❑ TEE FOR TWO L141	1989	CL	125.00	150.00
❑ TEETER TOTTIE SCOTTIE 350	1983	CL	55.00	85.00
❑ THREE MAN VALENTINOS 319	1982	CL	55.00	90.00
❑ TIGER 814	1982	CL	57.00	125.00
❑ TIMMY TOOTING 225	1979	CL	35.00	65.00
❑ TIMOTHY IN BIG SHOE 286	1981	CL	37.00	70.00
❑ TINKER BOWING 203	1978	CL	37.00	75.00
❑ TISKET AND TASKET 393	1984	CL	93.00	190.00
❑ TO THE RESCUE L127	1988	CL	130.00	350.00
❑ TOBI-HANDS OUTSTRETCHED 217	1978	CL	70.00	225.00
❑ TODAY'S CATCH L147	1989	CL	230.00	300.00
❑ TOO LOOSE-L'ARTISTE 312	1982	CL	150.00	230.00
❑ TOTTIE SCOTTIE 349	1983	CL	39.00	60.00
❑ TOU TOU 323	1982	CL	70.00	140.00
❑ TOY SOLDIER 324	1982	CL	95.00	200.00
❑ TUBBY TUBA 226	1979	CL	35.00	60.00
❑ TUNNEL OF LOVE L123	1988	CL	490.00	550.00
❑ TURTLE ON ROCK 530	1978	CL	22.00	60.00
❑ TURTLE ON SKATEBOARD 501	1976	CL	15.00	50.00
❑ TURTLE WITH GUN 811	1982	CL	57.00	125.00
❑ TWO MAN VALENTINOS 318	1982	CL	45.00	90.00
❑ UNI-CYCLE L237	1990	2750	240.00	240.00
❑ UNITED WE STAND L314	1991	1776	150.00	150.00
❑ UP, UP AND AWAY 364	1983	CL	50.00	80.00
❑ WALRUS WITH UMBRELLA 810	1982	CL	23.00	60.00
❑ WET PAINT 436	1986	CL	80.00	125.00
❑ WHEELER SHEILA 381	1984	CL	75.00	140.00
❑ WHEN YOU'RE HOT, YOU'RE HOT! L128	1988	CL	221.00	525.00
❑ WHISKERS BATHING 749	1985	CL	305.00	305.00
❑ WHISKERS HITCHHIKING 745	1985	CL	240.00	750.00
❑ WHISKERS HOLDING BALLOON 746	1985	CL	265.00	600.00
❑ WHISKERS HOLDING UMBRELLA 747	1985	CL	265.00	600.00
❑ WHISKERS ON THE BEACH 750	1985	CL	230.00	650.00
❑ WHISKERS SWEEPING 744	1985	CL	240.00	875.00
❑ WHITE CAROUSEL HORSE 1003	1983	CL	450.00	640.00
❑ WHITE CIRCUS HORSE 709	1984	CL	305.00	440.00
❑ WILT THE STILT 368	1983	CL	49.00	75.00
❑ WINTER L279	1991	1500	115.00	115.00
❑ WISHFUL THINKING L114	1989	CL	230.00	375.00
❑ WOULD YOU LIKE TO RIDE? L104	1987	CL	246.00	325.00
❑ ZACH 256	1980	CL	43.00	140.00

RON LEE COLLECTOR'S CLUB RENEWAL SCULPTURES   R. LEE

NAME	YEAR	LIMIT	ISSUE	TREND
❑ DOGGIN' ALONG CC1	1987	YR	75.00	120.00
❑ MIDSUMMER'S DREAM CC2	1988	YR	97.00	145.00
❑ PEEK-A-BOO CHARLIE CC3	1989	YR	65.00	95.00

RON LEE LOONEY TUNE COLLECTION   R. LEE

NAME	YEAR	LIMIT	ISSUE	TREND
❑ 1940 BUGS BUNNY LT165	1991	2750	85.00	85.00
❑ BUGS BUNNY LT150	1991	2750	123.00	123.00
❑ DAFFY DUCK LT140	1991	2750	80.00	85.00
❑ ELMER FUDD LT125	1991	2750	87.00	90.00
❑ FOGHORN LEGHORN & HENRY HAWK LT160	1991	2750	115.00	115.00
❑ MARVIN THE MARTIAN LT170	1991	2750	75.00	75.00
❑ MICHIGAN J. FROG LT110	1991	2750	115.00	115.00
❑ MT. YOSEMITE LT180	1991	850	160.00	225.00
❑ PEPE LEPEW & PENELOPE LT145	1991	2750	115.00	115.00

This Raccoon figure by Maruri USA Corp aptly captures the nature of the animal.

Artist W.D. Gaither captures the movements and majesty of the American Bald Eagle III in his third sculpture for Maruri's "Birds of Prey" series.

Look into this wolf's eyes and you'll understand he means no harm. Forest Spirit was crafted by artist Kitty Cantrell and produced by Legends.

Limited to an edition of 7,500, the Thomas Jefferson nutcracker is from the "American Presidents" series by Herr Christian Steinbach for Kurt S. Adler Inc.

FIGURINES

NAME	YEAR	LIMIT	ISSUE	TREND
❑ PORKY PIG LT115	1991	2750	97.00	100.00
❑ SYLVESTER & TWEETY LT135	1991	2750	110.00	115.00
❑ TASMANIAN DEVIL LT120	1991	2750	105.00	105.00
❑ TWEETY LT155	1991	2750	110.00	115.00
❑ WESTERN DAFFY DUCK LT105	1991	2750	87.00	90.00
❑ WILE E. COYOTE & ROADRUNNER LT175	1991	2750	165.00	175.00
❑ YOSEMITE SAM LT130	1991	2750	110.00	110.00

ROYAL CROWN DERBY
PAPERWEIGHTS

				J. ABLITT
❑ DRUMMER BEAR	1999	*	*	149.00
❑ NUTHATCH	1999	*	*	96.00
❑ PELICAN	1999	*	155.00	209.00
❑ SITTING DUCKLING	1999	*	105.00	195.00
❑ SITTING PIGLET	1999	*	*	108.00
❑ SLEEPING PIGLET	1999	*	*	108.00
❑ SWIMMING DUCKLING	1999	*	105.00	129.00

PAPERWEIGHTS

				R. JEFFERSON
❑ RED SQUIRREL	1999	*	135.00	135.00
❑ WOODLAND PHEASANT	1999	YR	150.00	150.00

PAPERWEIGHTS

				T. MANH DINH
❑ MEADOW RABBIT	1999	YR	*	83.00

PAPERWEIGHTS

				S. ROWE
❑ ROCKY MOUNTAIN BEAR	1999	*	*	168.00
❑ TOY DRUM	1999	*	*	69.00

ROYAL DOULTON

				*
❑ SMALL PRINCESS BADOURA	2002	500	*	N/A

AGE OF INNOCENCE

				N. PEDLEY
❑ FEEDING TIME	1991	9500	245.00	298.00
❑ MAKING FRIENDS	1991	9500	270.00	330.00
❑ PUPPY LOVE	1991	9500	270.00	298.00

ANTAGONISTS CHARACTER JUGS

				M. ABBERLEY
❑ GEORGE III & GEORGE WASHINGTON	1986	9500	195.00	185.00

BEATRIX POTTER

				M. ALCOCK
❑ BENJAMIN BUNNY	1993	*	65.00	80.00
❑ JEMIMA PUDDLEDUCK	1993	*	65.00	35.00
❑ JEREMY FISHER	1993	*	65.00	55.00
❑ JEREMY FISHER	1999	*	36.00	55.00
❑ MRS. RABBIT	1993	*	65.00	75.00
❑ PETER IN BED	1995	*	40.00	54.00
❑ PETER RABBIT	1993	*	65.00	75.00
❑ TOM KITTEN	1993	*	65.00	60.00

BEATRIX POTTER

				A. HUGHES
❑ FOXY WHISKERED GENTLEMAN	1995	*	65.00	60.00

BEATRIX POTTER

				A. HUGHES-LUBECK
❑ BEATRIX POTTER, MITTENS, TOM KITTEN & MOPPET	1999	YR	205.00	325.00

BEATRIX POTTER

				W. PLATT
❑ PETER RABBIT IN WATERING CAN	1999	*	36.00	60.00
❑ TAILOR OF GLOUCESTER	1995	*	65.00	30.00

BRAMBLY HEDGE FIGURES

				W. PLATT
❑ MR. SALTAPPLE	1993	*	40.00	79.00
❑ MRS. SALTAPPLE	1993	*	40.00	79.00

BRITISH SPORTING HERITAGE

				V. ANNAND
❑ ASCOT	1994	5000	450.00	416.00
❑ HENLEY	1993	5000	475.00	416.00
❑ WIMBLEDON	1995	5000	475.00	416.00

BUNNYKINS

				*
❑ ACE BUNNYKINS	1986	*	*	244.00
❑ AEROBIC BUNNYKINS	1985	*	*	200.00
❑ ARTIST BUNNYKINS	1975	*	*	400.00
❑ ASTRO BUNNYKINS ROCKET MAN	1983	*	*	175.00
❑ ASTRO BUNNYKINS ROCKET MAN MUSIC BOX	1984	*	*	185.00
❑ AUSTRALIAN BUNNYKINS	1988	*	*	750.00
❑ BE PREPARED BUNNYKINS	1987	RT	40.00	37.00
❑ BEDTIME BUNNYKINS	1987	RT	40.00	50.00
❑ BEDTIME BUNNYKINS (2ND VERSION)	1987	*	*	259.00
❑ BEDTIME BUNNYKINS (3RD VERSION)	1988	*	*	888.00
❑ BEDTIME BUNNYKINS (4TH VERSION)	1991	*	*	185.00
❑ BILLIE & BUNTIE BUNNYKINS SLEIGH RIDE	1972	*	*	67.00
❑ BILLIE & BUNTIE BUNNYKINS SLEIGH RIDE (2ND VERSION)	1989	*	*	185.00
❑ BILLIE BUNNYKINS COOLING OFF	1972	*	*	200.00
❑ BILLY BUNNYKINS	1939	*	*	2500.00
❑ BOGEY BUNNYKINS	1984	*	*	75.00
❑ BRIDE BUNNYKINS	1991	OP	40.00	49.00
❑ BROWNIE BUNNYKINS	1987	RT	39.00	96.00
❑ BUNTIE BUNNYKINS HELPING MOTHER	1972	*	*	67.00
❑ BUSY NEEDLES BUNNYKINS	1973	*	*	222.00
❑ CAROL SINGER BUNNYKINS U.S. BACKSTAMP	1991	100	*	400.00
❑ COLLECTOR BUNNYKINS ROYAL DOULTON CLUB SPECIAL	1987	*	*	666.00
❑ COOK BUNNYKINS	1990	RT	35.00	81.00
❑ DAISY BUNNYKINS SPRINGTIME	1972	*	*	375.00
❑ DOLLIE BUNNYKINS PLAYTIME	1972	*	*	70.00
❑ DOLLIE BUNNYKINS PLAYTIME (2ND VERSION)	1988	*	*	126.00
❑ DOWNHILL BUNNYKINS	1985	*	*	185.00
❑ FAMILY PHOTOGRAPH (2ND VERSION)	1988	*	*	259.00
❑ FARMER BUNNYKINS	1939	*	*	2700.00
❑ FATHER, MOTHER AND VICTORIA	1988	RT	40.00	37.00
❑ FIREMAN BUNNYKINS (1ST VERSION)	1989	OP	40.00	42.00

NAME	YEAR	LIMIT	ISSUE	TREND
❏ FISHERMAN BUNNYKINS	1990	RT	39.00	126.00
❏ FREDDIE BUNNYKINS	1939	*	*	3400.00
❏ FREEFALL BUNNYKINS	1986	*	*	300.00
❏ GRANDPA'S STORY BUNNYKINS	1975	*	*	555.00
❏ GROOM BUNNYKINS	1991	OP	40.00	49.00
❏ HAPPY BIRTHDAY BUNNYKINS	1983	*	*	30.00
❏ HAPPY BIRTHDAY BUNNYKINS MUSIC BOX	1984	*	*	148.00
❏ HARRY BUNNYKINS	1988	RT	34.00	89.00
❏ HARRY THE HERALD	1986	*	*	148.00
❏ HARRY THE HERALD (2ND VERSION)	1990	250	*	1184.00
❏ HOME RUN BUNNYKINS	1986	RT	39.00	96.00
❏ ICE CREAM BUNNYKINS	1990	RT	39.00	150.00
❏ JOGGING BUNNYKINS	1983	*	*	133.00
❏ JOGGING BUNNYKINS MUSIC BOX	1987	*	*	222.00
❏ KING JOHN	1986	*	*	141.00
❏ KING JOHN (2ND VERSION)	1990	250	*	444.00
❏ KNOCKOUT BUNNYKINS	1984	*	*	370.00
❏ LOLLIPOPMAN BUNNYKINS	1988	*	*	185.00
❏ MARY BUNNYKINS	1939	*	*	3000.00
❏ MOTHER BUNNYKINS	1939	*	*	2900.00
❏ MR. BUNNYBEAT STRUMMING MUSIC BOX	1987	*	*	296.00
❏ MR. BUNNYKINS AT THE EASTER PARADE	1982	RT	39.00	104.00
❏ MR. BUNNYKINS AT THE EASTER PARADE	1986	YR	40.00	1184.00
❏ MR. BUNNYKINS AUTUMN DAYS	1972	*	*	555.00
❏ MR. BUNNYKINS STRUMMING	1982	*	*	200.00
❏ MRS. BUNNYKINS AT THE EASTER PARADE	1982	RT	40.00	37.00
❏ MRS. BUNNYKINS AT THE EASTER PARADE	1986	YR	40.00	1110.00
❏ MRS. BUNNYKINS AT THE EASTER PARADE MUSIC BOX	1987	*	*	148.00
❏ MRS. BUNNYKINS CLEAN SWEEP	1972	*	*	111.00
❏ NURSE BUNNYKINS (1ST VERSION)	1989	OP	35.00	237.00
❏ NURSE BUNNYKINS (2ND VERSION)	1994	*	*	133.00
❏ OLYMPIC BUNNYKINS	1984	*	*	250.00
❏ OLYMPIC BUNNYKINS (2ND VERSION)	1984	*	*	650.00
❏ PAPERBOY BUNNYKINS	1989	RT	39.00	111.00
❏ POLICEMAN BUNNYKINS	1988	RT	*	26.00
❏ POLICEMAN BUNNYKINS	1998	*	*	40.00
❏ POLLY BUNNYKINS	1988	*	*	89.00
❏ POSTMAN BUNNYKINS	1989	*	*	175.00
❏ PRINCE FREDERICK	1986	*	*	147.00
❏ PRINCE FREDERICK (2ND VERSION)	1990	250	*	444.00
❏ PRINCESS BEATRICE	1986	*	*	141.00
❏ PRINCESS BEATRICE (2ND VERSION)	1990	250	*	444.00
❏ QUEEN SOPHIE	1986	*	*	141.00
❏ QUEEN SOPHIE (2ND VERSION)	1990	250	*	444.00
❏ REGGIE BUNNYKINS	1939	*	*	3100.00
❏ RISE AND SHINE BUNNYKINS	1973	*	*	185.00
❏ ROCK & ROLL BUNNYKINS	1991	1000	*	N/A
❏ ROYAL FAMILY SERIES (2ND VERSION, 5 PIECES)	1990	250	*	2500.00
❏ SANDS OF TIME BUNNYKINS FIGURINE OF THE YEAR	2001	*	*	60.00
❏ SANTA BUNNYKINS HAPPY CHRISTMAS	1981	*	*	45.00
❏ SANTA BUNNYKINS MUSIC BOX	1984	*	*	275.00
❏ SCHOOL DAYS BUNNYKINS	1987	RT	40.00	52.00
❏ SCHOOLBOY BUNNYKINS	1988	*	*	170.00
❏ SCHOOLMASTER BUNNYKINS	1987	RT	40.00	37.00
❏ SLEEPYTIME BUNNYKINS	1975	RT	39.00	80.00
❏ STORYTIME BUNNYKINS	1972	RT	35.00	100.00
❏ STORYTIME BUNNYKINS (2ND VERSION)	1987	*	*	555.00
❏ SUNDIAL BUNNYKINS FIGURINE OF THE YEAR	2000	*	*	555.00
❏ SUSAN BUNNYKINS	1988	RT	34.00	95.00
❏ SUSAN BUNNYKINS AS QUEEN OF THE MAY	1990	*	*	150.00
❏ TALLY HO! BUNNYKINS (1ST VERSION)	1973	*	*	185.00
❏ TALLY HO! BUNNYKINS (2ND VERSION)	1988	*	*	185.00
❏ TALLY HO! MUSIC BOX	1984	*	*	475.00
❏ TALLY HO! MUSIC BOX (2ND VERSION)	1988	*	*	148.00
❏ TOM BUNNYKINS	1988	*	*	89.00
❏ TOUCHDOWN BUNNYKINS	1985	50	*	1850.00
❏ TOUCHDOWN BUNNYKINS	1985	*	*	225.00
❏ TOUCHDOWN BUNNYKINS (3RD VERSION)	1990	200	*	1200.00
❏ TOUCHDOWN BUNNYKINS (4TH VERSION)	1990	200	*	1200.00
❏ TOUCHDOWN BUNNYKINS (5 PIECES)	1990	200	*	6000.00
❏ TOUCHDOWN BUNNYKINS (5TH VERSION)	1990	200	*	1200.00
❏ TOUCHDOWN BUNNYKINS (6TH VERSION)	1990	200	*	1200.00
❏ TOUCHDOWN BUNNYKINS (7TH VERSION)	1990	200	*	1200.00
❏ UNCLE SAM BUNNYKINS	1986	OP	40.00	49.00
❏ WILLIAM BUNNYKINS	1988	RT	34.00	67.00
BUNNYKINS				**M. ALCOCK**
❏ ANGEL BUNNYKINS	1999	OP	43.00	39.00
❏ MYSTIC BUNNYKINS	1999	TL	59.00	60.00
❏ TOURIST BUNNYKINS	1999	TL	55.00	60.00
BUNNYKINS OOMPAH BAND				*
❏ CYMBALS BUNNYKINS	1984	*	*	185.00
❏ CYMBALS BUNNYKINS (2ND VERSION)	1990	250	*	444.00
❏ CYMBALS BUNNYKINS (3RD VERSION)	1991	250	*	444.00
❏ DRUM MAJOR BUNNYKINS	1984	*	*	150.00
❏ DRUM MAJOR BUNNYKINS (2ND VERSION)	1990	250	*	444.00
❏ DRUM MAJOR BUNNYKINS (3RD VERSION)	1991	250	*	444.00
❏ DRUMMER BUNNYKINS	1904	YR	*	165.00
❏ DRUMMER BUNNYKINS (2ND VERSION)	1984	*	*	185.00
❏ DRUMMER BUNNYKINS (3RD VERSION)	1990	250	*	444.00
❏ DRUMMER BUNNYKINS (4TH VERSION)	1991	250	*	444.00
❏ OOMPAH BAND (2ND VERSION)	1990	250	*	2500.00
❏ OOMPAH BAND (3RD VERSION)	1991	200	*	2220.00
❏ OOMPAH BAND FIGURINES (FIVE)	1984	*	*	750.00

Royal Doulton Limited Edition Character Jugs

By Zita Thornton

Throughout its history of making character jugs, Royal Doulton has produced limited edition designs, but not always deliberately.

In 1984, 2,000 *Clark Gable* character jugs were produced for the U.S. market, but the likeness was not approved by his estate. Royal Doulton recalled and destroyed all those unsold, but those that got away now change hands for $3,500-$4,000.

Another famous person who disliked his character jug image was Winston Churchill. The two-handled jug produced in 1940 was withdrawn after 18 months and today has a value in excess of $10,000.

In the 1960s, a painter at the Doulton factory changed the color of the hat worn by *The Mad Hatter* from *Alice in Wonderland* from black to red. The jug was produced for a while before it was withdrawn, but even a decade ago one of these changed hands for $10,000.

Jugs are limited by historical events too. *The Beefeater* who guards the Tower of London with the initials GR on the handle was limited to the reign of George VI. In 1953 when Elizabeth II came to the throne, these were changed to ER.

There have always been jugs limited to members of the Doulton Collectors Club. The first offered to founder members was *John Doulton* and had the clock on the handle pointing to 8:00 o'clock. Members who joined later find the clock points to 2:00 o'clock.

The latest limited edition character jugs have been planned that way. During 2002, four historical figures have been featured in editions of 1,000. *Sir Walter Raleigh*, often modeled as a figurine, was depicted as a character jug for the first time on the Character Jug of the Year; the Royal Jubilee was celebrated with a pair of character jugs showing the coronation of George VI and Elizabeth II; and the *Duke of Wellington* completed the range of historic personages. Huckleberry Finn was chosen as the character jug limited to club members.

A range of character jugs limited to 1,500 were made available through Doulton and Co. Direct. *Hatti Jacques* and *Kenneth Williams* were added to the series of jugs that depict the cast of the *Carry On* films.

Zita Thornton lives just north of London. She writes about many different types of antiques and collectibles for magazines in England and the United States. She is currently studying for a diploma in understanding antiques. She collects art deco coffee cups and loves the art nouveau and art deco periods.

NAME	YEAR	LIMIT	ISSUE	TREND
❏ SOUSAPHONE BUNNYKINS	1984	*	*	185.00
❏ SOUSAPHONE BUNNYKINS (2ND VERSION)	1990	250	*	444.00
❏ SOUSAPHONE BUNNYKINS (3RD VERSION)	1991	300	*	500.00
❏ TRUMPETER BUNNYKINS	1984	*	*	185.00
❏ TRUMPETER BUNNYKINS (2ND VERSION)	1990	250	*	444.00
❏ TRUMPETER BUNNYKINS (3RD VERSION)	1991	300	*	500.00
BUNNYKINS PROFESSIONS				**S. RIDGE**
❏ JUDGE BUNNYKINS	1999	*	*	40.00
BUNNYKINS SEASIDE SERIES				**M. ALCOCK**
❏ MOTHER BUNNYKINS/BUNNYKINS OF THE YEAR	1999	YR	43.00	49.00
❏ SEASIDE	1998	YR	*	37.00
CHARACTER JUG OF THE YEAR				**M. ALCOCK**
❏ CAPTAIN HOOK	1994	*	235.00	675.00
CHARACTER JUG OF THE YEAR				**R. TABBENOR**
❏ SHAKESPEARE JUG OF THE YEAR 1999	1999	YR	205.00	200.00
CHARACTER JUG OF THE YEAR				**S. TAYLOR**
❏ CAPTAIN BLIGH	1905	*	200.00	200.00
❏ VICE-ADMIRAL LORD NELSON	1993	*	225.00	225.00
CHARACTER JUGS				*
❏ FORTUNE TELLER	1991	YR	130.00	250.00
❏ SANTA CLAUS MINIATURE	1991	5000	50.00	125.00
❏ WINSTON CHURCHILL	1992	YR	195.00	495.00
CHARACTER JUGS				**W. HARPER**
❏ HENRY VIII	1991	1991	395.00	110.00
CHARACTER JUGS				**R. TABBENOR**
❏ KING JOHN	1999	YR	310.00	310.00
❏ MERLIN	1999	1500	310.00	100.00
CHARACTER JUGS GREAT COMPOSERS				**S. TAYLOR**
❏ ELGAR	1999	*	205.00	205.00
CHARACTER SCULPTURES				**D. BIGGS**
❏ GULLIVER	1995	*	285.00	275.00
CHARACTER SCULPTURES				**A. MASLANKOWSKI**
❏ LONG JOHN SILVER	1993	*	250.00	250.00
❏ PIED PIPER	1994	*	260.00	250.00
❏ ROBIN HOOD	1993	*	250.00	250.00
❏ WIZARD	1994	*	340.00	575.00
CHARACTER SCULPTURES				**R. TABBENOR**
❏ CAPTAIN HOOK	1993	*	250.00	275.00
❏ D'ARTAGNAN	1994	*	260.00	275.00
❏ DICK TURPIN	1993	*	260.00	275.00
CHARACTER STUDIES				**P. GEE**
❏ PIPER, THE	1994	*	295.00	450.00
CHARACTER STUDIES				**P. PARSONS**
❏ GRANDPA'S STORY	1994	*	275.00	360.00
❏ RICHARD THE LIONHEART	1995	*	500.00	640.00
❏ WHEN I WAS YOUNG	1994	*	275.00	360.00
CHARACTER STUDIES				**R. TABBENOR**
❏ FATHER CHRISTMAS	1993	*	195.00	340.00
CHARITY FIGURE				**N. PEDLEY**
❏ CHARITY	*	RT	*	N/A
❏ FAITH	1999	TL	245.00	235.00
❏ NEW DAWN	2001	RT	*	235.00
CHILD FIGURES				**A. MASLANKOWSKI**
❏ BALLET SHOES	1003	*	74.00	125.00
❏ DADDY'S GIRL	1993	*	75.00	99.00
CHILD FIGURES				**P. PARSONS**
❏ FLOWERS FOR MOTHER	1994	*	98.00	122.00
CHILD FIGURES				**N. PEDLEY**
❏ ALMOST GROWN	1993	*	65.00	50.00
❏ BEST WISHES	1993	*	165.00	166.00
❏ BIRTHDAY GIRL	1993	*	130.00	105.00
❏ FIRST RECITAL	1994	*	98.00	102.00
❏ FLOWERGIRL	1993	*	99.00	183.00
❏ HELLO DADDY	1994	*	125.00	165.00
❏ HOMETIME	1995	*	135.00	148.00
❏ MOTHER'S HELPER	1994	*	98.00	141.00
❏ MY FIRST FIGURINE	1993	*	110.00	110.00
❏ POSY FOR YOU	1994	*	98.00	112.00
❏ SPECIAL FRIEND	1994	*	98.00	70.00
❏ SPECIAL TREAT	1995	*	135.00	148.00
❏ WHAT'S THAT MATTER	1995	*	135.00	148.00
❏ YOUNG MELODY	1994	*	98.00	70.00
CHRISTMAS MINI JUGS				**M. ALCOCK**
❏ SNOWMAN MINI	1994	2500	62.00	250.00
CHRISTMAS MINI JUGS				**W. HARPER**
❏ ELE MINI	1993	2500	55.00	55.00
CLASSIQUE				**T. POTTS**
❏ SIMONE	1999	*	175.00	253.00
DANCERS OF THE WORLD				**M. DAVIES**
❏ DANCERS, BALINESE	1982	750	950.00	880.00
❏ DANCERS, BRETON	1981	750	860.00	459.00
❏ DANCERS, CHINESE	1980	750	750.00	459.00
❏ DANCERS, FLAMENCO	1977	750	400.00	1100.00
❏ DANCERS, INDIAN TEMPLE	1977	750	400.00	320.00
❏ DANCERS, KURDISH	1979	750	550.00	459.00
❏ DANCERS, MEXICAN	1979	750	550.00	459.00
❏ DANCERS, NORTH AMERICAN INDIAN	1980	750	950.00	2200.00

FIGURINES

NAME	YEAR	LIMIT	ISSUE	TREND
❑ DANCERS, PHILIPPINE	1978	750	450.00	459.00
❑ DANCERS, POLISH	1980	750	750.00	459.00
❑ DANCERS, SCOTTISH	1978	750	450.00	1000.00
❑ DANCERS, WEST INDIAN	1981	750	850.00	562.00
FEMMES FATALES				**M. DAVIES**
❑ CLEOPATRA	1979	750	750.00	595.00
❑ EVE	1984	750	1250.00	1056.00
❑ HELEN OF TROY	1981	750	1250.00	1152.00
❑ LUCREZIA BORGIA	1985	750	1250.00	1056.00
❑ QUEEN OF SHEBA	1982	750	1250.00	1056.00
❑ TZ'U-HSI	1983	750	1250.00	1056.00
FIGURE OF THE YEAR				**V. ANNAND**
❑ PATRICIA	1993	RT	250.00	375.00
FIGURE OF THE YEAR				**P. GEE**
❑ AMY	1991	YR	245.00	900.00
❑ JENNIFER	1994	*	250.00	375.00
❑ MARY	1992	YR	225.00	525.00
FIGURE OF THE YEAR				**D. HUGHES**
❑ LAUREN	1999	YR	215.00	100.00
❑ MELISSA	2001	*	*	274.00
FIGURE OF THE YEAR				**N. PEDLEY**
❑ DEBORAH	1995	*	225.00	300.00
❑ JESSICA	1997	*	*	260.00
FLOWERS OF LOVE				**V. ANNAND**
❑ CAMELLIAS	1995	*	325.00	301.00
❑ FORGET ME NOTS	1995	*	325.00	325.00
FOUR SEASONS				**V. ANNAND**
❑ AUTUMNTIME	1994	*	325.00	260.00
❑ SPRINGTIME	1993	*	325.00	260.00
❑ SUMMERTIME	1994	*	325.00	260.00
❑ WINTERTIME	1995	*	325.00	260.00
GAINSBOROUGH LADIES				**P. GEE**
❑ COUNTESS OF SEFTON	1991	5000	650.00	563.00
❑ HON FRANCES DUNCOMBE	1991	5000	650.00	575.00
❑ LADY SHEFFIELD	1991	5000	650.00	325.00
❑ MARY, COUNTESS HOWE	1990	5000	650.00	520.00
GENTLE ARTS				*
❑ ADORNMENT	*	750	1350.00	1300.00
❑ FLOWER ARRANGING	*	750	1350.00	1300.00
GENTLE ARTS				**M. DAVIES**
❑ SPINNING	1984	750	1250.00	1725.00
GENTLE ARTS				**P. PARSONS**
❑ PAINTING	1987	750	1350.00	1350.00
❑ TAPESTRY WEAVING	1985	750	1250.00	1600.00
❑ WRITING	1986	750	1350.00	1350.00
GREAT LOVERS				**R. JEFFERSON**
❑ ROBIN HOOD & MAID MARIAN	1994	150	5250.00	2900.00
❑ ROMEO & JULIET	1993	150	5250.00	2900.00
HN FIGURES				**V. ANNAND**
❑ ANNIVERSARY	1994	*	575.00	695.00
IMAGES				**P. GEE**
❑ GIFT OF FREEDOM	1993	*	85.00	195.00
IMAGES				**A. HUGHES**
❑ BROTHER & SISTER	1993	*	50.00	50.00
IMAGES				**P. PARSONS**
❑ OUR FIRST CHRISTMAS	1993	*	475.00	221.00
IMAGES				**D. TOOTLE**
❑ LEAP FROG	1999	*	150.00	157.00
❑ PROMISE, THE/ IMAGES FIGURE OF THE YEAR	1999	YR	150.00	189.00
IMAGES OF NATURE				**A. HUGHES**
❑ ALWAYS AND FOREVER	1993	*	55.00	67.00
IMAGES OF NATURE				**A. MASLANKOWSKI**
❑ NEW ARRIVAL	1994	*	50.00	70.00
IMAGES OF NATURE				**R. TABBENOR**
❑ RUNNING FREE	1999	*	99.00	124.00
LADY MUSICIANS				**M. DAVIES**
❑ CELLO	1970	750	250.00	1600.00
❑ CHITARRONE	1974	750	250.00	1000.00
❑ CYMBALS	1974	750	325.00	595.00
❑ DULCIMER	1975	750	375.00	1500.00
❑ FLUTE	1973	750	250.00	900.00
❑ FRENCH HORN	1976	750	400.00	1000.00
❑ HARP	1973	750	275.00	2300.00
❑ HURDY GURDY	1975	750	375.00	550.00
❑ LUTE	1972	750	250.00	1500.00
❑ VIOLA D'AMORE	1976	750	400.00	500.00
❑ VIOLIN	1972	750	250.00	1500.00
❑ VIRGINALS	1971	750	250.00	2100.00
LARGE SIZE JUGS				**D. BIGGS**
❑ ALFRED HITCHCOCK	1995	*	200.00	225.00
LARGE SIZE JUGS				**W. HARPER**
❑ GLENN MILLER	1994	*	270.00	335.00
LES SAISONS				**R. JEFFERSON**
❑ AUTOMNE	1986	300	850.00	940.00
❑ L'ETE	*	300	850.00	895.00
❑ L'HIVER	*	300	850.00	795.00
❑ PRINTEMPS	1987	300	825.00	825.00

NAME	YEAR	LIMIT	ISSUE	TREND
LIMITED EDITION FIGURES			A. MASLANKOWSKI	
❏ WINSTON S. CHURCHILL	1993	5000	595.00	600.00
LIMITED EDITION FIGURES			R. TABBENOR	
❏ FIELD MARSHAL MONTGOMERY	1994	1994	1100.00	1100.00
❏ ROBERT E. LEE	1993	5000	1175.00	1100.00
❏ ULYSSES S. GRANT	1993	5000	1175.00	1100.00
LIMITED EDITION TOBY JUGS			D. BIGGS	
❏ ALADDIN'S GENIE	1994	1500	335.00	600.00
LIMITED EDITION TOBY JUGS			W. HARPER	
❏ CHARLES DICKENS	1995	2500	500.00	500.00
❏ FATHER CHRISTMAS TOBY	1993	3500	125.00	162.00
❏ OLIVER CROMWELL	1994	2500	475.00	300.00
❏ WILLIAM SHAKESPEARE	1993	2500	625.00	600.00
LIMITED EDITION TOBY JUGS			NOKE/FENTON	
❏ DIAMOND ANNIVERSARY TINIES	1994	2500	325.00	495.00
LIMITED EDITION TOBY JUGS			S. TAYLOR	
❏ CLOWN TOBY	1993	3000	175.00	175.00
❏ JUDGE AND THIEF TOBY	1995	*	185.00	100.00
❏ KING & QUEEN OF DIAMONDS TOBY	1994	2500	260.00	100.00
❏ LEPRECHAUN TOBY	1994	2500	150.00	150.00
❏ NAPOLEON	1993	2000	225.00	285.00
LITERARY HEROINES			P. PARSONS	
❏ MOLL FLANDERS	1999	3500	395.00	325.00
LITERARY LOVES			A. MASLANKOWSKI	
❏ HEATHCLIFF AND CATHY	1999	750	1275.00	1275.00
MINIATURES			L. ADAMS	
❏ TEDDY BEAR ALICE	1999	*	*	63.00
❏ TEDDY BEAR WILLIAM	1999	*	*	55.00
MINIATURES			P. GEE	
❏ TOP O' THE HILL	1993	*	120.00	228.00
MINIATURES			N. PEDLEY	
❏ HANNAH	1994	*	142.00	98.00
MYTHS & MAIDENS			R. JEFFERSON	
❏ DIANA THE HUNTRESS	1986	300	2500.00	2048.00
❏ EUROPA & BULL	1985	300	2500.00	2048.00
❏ JUNO & PEACOCK	1984	300	2500.00	2048.00
❏ LADY & UNICORN	1982	300	2500.00	2048.00
❏ LEDA & SWAN	1983	300	2500.00	2048.00
NATIVITY			A MASLANKOWSKI	
❏ HOLY FAMILY (JESUS, MARY & JOSEPH)	1993	RT	250.00	144.00
PRESIDENTIAL SERIES			S. TAYLOR	
❏ ABRAHAM LINCOLN	1993	25000	190.00	190.00
❏ GEORGE WASHINGTON	1995	2500	200.00	200.00
❏ THOMAS JEFFERSON	1994	2500	200.00	200.00
PRESTIGE FIGURES			D. TOOTLE	
❏ ROMEO AND JULIET	1999	500	2950.00	2900.00
PRESTIGE FIGURES				
❏ COLUMBINE	1991	*	1250.00	1856.00
❏ FIGHTER ELEPHANT	1991	*	2500.00	2625.00
❏ FOX	1991	*	1550.00	1550.00
❏ HARLEQUIN	1991	*	1250.00	1856.00
❏ JACK POINT	1991	*	2900.00	2775.00
❏ KING CHARLES	1991	*	2500.00	2300.00
❏ LEOPARD ON ROCK	1991	*	3000.00	3000.00
❏ LION ON ROCK	1991	*	3000.00	3000.00
❏ MATADOR AND BULL	1991	*	21500.00	11,000.00
❏ MOOR, THE	1991	*	2500.00	2800.00
❏ PRINCESS BADOURA	1991	*	28000.00	12000.00
❏ ST. GEORGE AND DRAGON	1991	*	13600.00	13600.00
❏ TIGER	1991	*	1950.00	1950.00
❏ TIGER ON ROCK	1991	*	3000.00	3000.00
PRESTIGE FIGURES			A. MASLANKOWSKI	
❏ CHARGE OF THE LIGHT BRIGADE	1995	SP	16000.00	16000.00
❏ DUKE OF WELLINGTON	1993	1500	1750.00	1750.00
❏ VICE-ADMIRAL LORD NELSON	1993	950	1750.00	1700.00
PRETTY LADIES				*
❏ CHRISTMAS DAY	2001	YR	*	374.00
PRETTY LADIES			V. ANNAND	
❏ HANNAH	1999	*	245.00	245.00
❏ ISABELLA	1999	*	215.00	192.00
PRETTY LADIES			P. GEE	
❏ AMY'S SITER	1993	*	225.00	103.00
PRETTY LADIES			N. PEDLEY	
❏ BETH	1999	OP	215.00	215.00
❏ GEMMA	1995	*	195.00	272.00
❏ HANNAH	1995	*	250.00	150.00
❏ HAPPY BIRTHDAY	1995	*	250.00	195.00
❏ HELEN	1993	*	225.00	326.00
❏ HOLLY	1994	*	195.00	272.00
❏ JOANNE	1993	*	185.00	237.00
❏ KELLY	1999	OP	215.00	215.00
❏ LYNNE	1999	OP	225.00	225.00
❏ MARIANNE	1999	OP	245.00	235.00
❏ MARY	1999	OP	230.00	230.00
❏ MICHELLE	1999	OP	195.00	185.00
❏ NATASHA	1999	OP	235.00	225.00
❏ NICOLE	1993	*	155.00	250.00

FIGURINES

FIGURINES

NAME	YEAR	LIMIT	ISSUE	TREND
❏ NICOLE	1999	YR	295.00	250.00
❏ SWEET POETRY	1999	OP	205.00	195.00
PRETTY LADIES				**T. POTTS**
❏ OPEN ROAD, THE	1999	OP	245.00	175.00
PRETTY LADIES				**D. TOTTLE**
❏ ALEXANDRA	1994	*	250.00	250.00
PRETTY LADIES BIRTHDAY				**N. PEDLEY**
❏ HAPPY BIRTHDAY	2000	*	*	N/A
❏ HAPPY BIRTHDAY	2001	*	*	247.00
QUEENS OF REALM				*
❏ MARY, QUEEN OF SCOTS	1989	SO	550.00	1000.00
❏ QUEEN ANNE	1988	5000	525.00	575.00
QUEENS OF REALM				**P. PARSONS**
❏ QUEEN ELIZABETH I	1986	SO	495.00	550.00
❏ QUEEN VICTORIA	1987	SO	495.00	200.00
REYNOLDS COLLECTION				**P. GEE**
❏ LADY WORSLEY HN3318	1991	5000	550.00	480.00
REYNOLDS LADIES				**P. GEE**
❏ COUNTESS SPENCER	1993	5000	595.00	450.00
ROYAL DOULTON CLASSICS				*
❏ QUEEN'S CORONATION	2002	1500	370.00	370.00
ROYAL DOULTON COLLECTORS' CLUB				*
❏ ALBERT SAGGER TOBY JUG	1986	YR	35.00	175.00
❏ AUCTIONEER FIGURE	1986	YR	150.00	225.00
❏ BEEFEATER TINY JUG	1988	YR	25.00	50.00
❏ COLLECTOR BUNNYKINS	1987	YR	40.00	1400.00
❏ DOG OF FO	1982	YR	50.00	150.00
❏ JOHN DOULTON JUG (8 O'CLOCK)	1980	YR	70.00	130.00
❏ LOVING CUP	1983	YR	75.00	275.00
❏ OLD SALT TEA POT	1988	YR	135.00	250.00
❏ PRIDE & JOY FIGURE	1984	YR	125.00	140.00
❏ PRIZED POSSESSIONS FIGURE	1982	YR	125.00	600.00
❏ SIR HENRY DOULTON JUG	1984	YR	50.00	75.00
❏ SLEEPY DARLING FIGURE	1981	YR	100.00	275.00
❏ SPRINGTIME	1983	YR	125.00	425.00
❏ SUMMERTIME FIGURE	1987	YR	140.00	200.00
❏ TOP OF THE HILL MINIATURE FIGURINE	1988	YR	95.00	175.00
❏ TOP OF THE HILL PLATE	1985	YR	35.00	75.00
❏ WINTERTIME FIGURE	1985	YR	125.00	240.00
ROYAL DOULTON FIGURINES				**M. DAVIES**
❏ INDIAN BRAVE	1967	500	2500.00	444.00
❏ PALIO, THE	1971	500	2500.00	13225.00
ROYAL DOULTON FIGURINES				**R. GARBE**
❏ BEETHOVEN	1933	25	*	6250.00
ROYALTY				**M. DAVIES**
❏ DUKE OF EDINBURGH	1981	750	395.00	573.00
❏ QUEEN ELIZABETH II	1973	750	200.00	592.00
❏ QUEEN MOTHER	1980	1500	650.00	800.00
ROYALTY				**E. GRIFFITHS**
❏ DUCHESS OF YORK	1986	1500	495.00	1600.00
❏ LADY DIANA SPENCER HN2885	1982	1500	395.00	2000.00
❏ PRINCE OF WALES HN2883	1982	1500	395.00	700.00
❏ PRINCE OF WALES HN2884	1982	1500	750.00	625.00
❏ PRINCESS OF WALES HN2887	1982	1500	750.00	2500.00
SEASONAL FIGURES				*
❏ CHRISTMAS SURPRISE BUNNYKINS	1994	RT	50.00	45.00
SEASONAL FIGURES				**M. ALCOCK**
❏ HALLOWEEN BUNNYKINS	1993	*	50.00	91.00
SEASONAL FIGURES				**W. PLATT**
❏ EASTER GREETINGS BUNNYKINS	1995	*	50.00	29.00
SENTIMENTS				**A. MASLANKOWSKI**
❏ CHRISTMAS DAY	1993	*	65.00	75.00
❏ CHRISTMAS PARCELS	1994	*	60.00	75.00
❏ GOOD LUCK	1999	*	83.00	60.00
SHIP FIGUREHEADS				**S. KEENAN**
❏ AJAX	*	950	*	550.00
❏ BENMORE	*	950	*	550.00
❏ CHIEFTAIN	*	950	*	928.00
❏ HIBERNIA	*	950	*	928.00
❏ LALLA ROOKH	*	950	*	928.00
❏ LORD NELSON	*	950	*	928.00
❏ MARY, QUEEN OF SCOTS	*	950	*	1200.00
❏ POCAHONTAS	*	950	*	1400.00
SMALL FIGURE				**N. PEDLEY**
❏ MELODY	1999	YR	*	50.00
SMALL SIZE JUGS				**W. HARPER**
❏ SHAKESPEARE	1993	*	95.00	125.00
SMALL SIZE JUGS				**S. TAYLOR**
❏ WINSTON CHURCHILL	1993	*	99.00	125.00
SOLDIERS OF THE REVOLUTION				**E. GRIFFITHS**
❏ SOLDIERS, CONNECTICUT	1975	350	750.00	800.00
❏ SOLDIERS, DELAWARE	1975	350	750.00	800.00
❏ SOLDIERS, GEORGIA	1975	350	750.00	1550.00
❏ SOLDIERS, MARYLAND	1975	350	750.00	1500.00
❏ SOLDIERS, MASSACHUSETTS	1975	350	750.00	1200.00
❏ SOLDIERS, NEW HAMPSHIRE	1975	350	750.00	1100.00
❏ SOLDIERS, NEW JERSEY	1975	350	750.00	2300.00

NAME	YEAR	LIMIT	ISSUE	TREND
❑ SOLDIERS, NEW YORK	1975	350	750.00	1200.00
❑ SOLDIERS, NORTH CAROLINA	1975	350	750.00	1550.00
❑ SOLDIERS, PENNSYLVANIA	1975	350	750.00	1600.00
❑ SOLDIERS, RHODE ISLAND	1975	350	750.00	1500.00
❑ SOLDIERS, SOUTH CAROLINA	1975	350	750.00	1600.00
❑ SOLDIERS, VIRGINIA	1975	350	1500.00	6500.00
SOLDIERS OF THE REVOLUTION				**L. ISPANKY**
❑ SOLDIERS, WASHINGTON	1977	750	*	2250.00
STAR CROSSED LOVERS CHARACTER JUGS				**M. ABBERLEY**
❑ ANTHONY & CLEOPATRA	*	SO	195.00	100.00
❑ NAPOLEON & JOSEPHINE	1986	9500	195.00	150.00
STAR CROSSED LOVERS CHARACTER JUGS				**S. TAYLOR**
❑ KING ARTHUR & GUINEVERE	1989	9500	195.00	195.00
❑ SAMSON & DELILAH	1988	9500	195.00	200.00
VANITY FAIR				**N. PEDLEY**
❑ DAWN	1993	*	125.00	202.00
❑ GIFT OF LOVE	1993	*	125.00	195.00
❑ GOOD COMPANION	1994	*	185.00	210
❑ LINDSAY	1994	*	142.00	160.00
❑ TAKE ME HOME	1995	*	195.00	275.00
VANITY FAIR				**T. POTTS**
❑ MARIA	1993	*	125.00	224.00

ROYAL WORCESTER

NAME	YEAR	LIMIT	ISSUE	TREND
200TH ANNIVERSARY COLLECTION				*
❑ AUGUSTA VASE	1989	200	4500.00	4500.00
❑ CHAMBERLAIN CROCUS POT	1989	200	4000.00	4000.00
❑ CLARENCE VASE	1989	200	1500.00	1500.00
❑ ELIZABETH VASE	1989	200	1500.00	1500.00
❑ FLIGHT BOWL	1989	200	1200.00	1200.00
❑ GLOUCESTER ICE PAIL	1989	200	4000.00	4000.00
❑ HANCOCK VASE	1989	200	2500.00	2500.00
❑ KING GEORGE III VASE	1989	200	4000.00	4000.00
❑ QUEEN CHARLOTTE VASE	1989	200	4000.00	4000.00
❑ REGENT POT POURRI	1989	200	3500.00	3500.00
BICENTENNIAL LIMITED EDITION COMMEMORATIVES				**P.W. BASTON**
❑ BLACKSMITH	1974	500	200.00	400.00
❑ CABINETMAKER	1974	500	200.00	400.00
❑ CLOCKMAKER	1974	500	200.00	500.00
❑ POTTER	1974	500	200.00	400.00
BIRDS AND FLOWERS OF AMERICA SCULPTURES				**D. FRIAR**
❑ BLUEBIRD AND FIR, THE	1984	9800	135.00	135.00
❑ CARDINAL AND DOWNY HAWTHORNE, THE	1984	9800	135.00	135.00
❑ CHICKADEE AND DAISY, THE	1984	9800	135.00	135.00
❑ GOLDFINCH AND DOGWOOD, THE	1984	9800	135.00	135.00
❑ KINGFISHER AND WATER LILY, THE	1984	9800	135.00	135.00
❑ ROBIN AND NARCISSUS, THE	1984	9800	135.00	135.00
❑ SWALLOW AND WILD ROSE, THE	1984	9800	135.00	135.00
❑ WREN AND BLACKBERRY, THE	1984	9800	135.00	135.00
DORIS LINDER PORCELAINS				**D. LINDER**
❑ AMERICAN SADDLE HORSE	1973	750	1450.00	N/A
❑ ANGUS BULL	1961	500	350.00	N/A
❑ APPALOOSA	1969	750	550.00	1350.00
❑ ARAB STALLION	1963	500	450.00	N/A
❑ ARKLE	1967	500	525.00	825.00
❑ BRAHMA BULL	1968	500	400.00	N/A
❑ BRITISH FRIESIAN BULL	1964	500	400.00	850.00
❑ BULLDOG	1968	500	*	N/A
❑ CHAROLAIS BULL	1968	500	400.00	840.00
❑ CLYDESDALE	1977	500	1250.00	1250.00
❑ DAIRY SHORTHORN BULL	1966	500	475.00	890.00
❑ DUKE OF EDINBURGH	1968	750	100.00	N/A
❑ DUKE OF MARLBOROUGH	1976	350	5200.00	5200.00
❑ FOX HUNTER	1960	500	500.00	N/A
❑ GALLOPING IN WINTER	1976	250	3500.00	N/A
❑ GALLOPING PONIES, COLORED	1975	500	3300.00	N/A
❑ GALLOPING, CLASSIC	1975	250	2500.00	N/A
❑ GRUNDY	1977	500	1800.00	1800.00
❑ HACKNEY	1976	500	1500.00	1500.00
❑ HEREFORD BULL	1959	1000	350.00	710.00
❑ HIGHLAND BULL	1977	500	900.00	900.00
❑ HYPERION	1965	500	525.00	850.00
❑ JERSEY BULL	1964	500	400.00	940.00
❑ JERSEY COW	1961	500	300.00	575.00
❑ MARION COAKES-MOULD	1970	750	750.00	1500.00
❑ MERANO	1963	500	500.00	1375.00
❑ MILL REEF	1976	500	2000.00	2000.00
❑ NEW BORN, COLOR	1976	500	1800.00	1800.00
❑ NEW BORN, WHITE	1976	150	1250.00	1250.00
❑ NIJINSKY	1972	500	2000.00	2000.00
❑ OFFICER OF ROYAL HORSE GUARDS	1961	150	500.00	N/A
❑ OFFICER OF THE LIFE GUARDS	1961	150	500.00	N/A
❑ PALOMINO	1971	750	975.00	N/A
❑ PERCHERON STALLION	1966	500	725.00	N/A
❑ PRINCESS ANNE ON DOUBLET	1973	750	4250.00	4250.00
❑ PRINCESS GRACE & FOAL, COLOR	1971	750	1500.00	1600.00
❑ PRINCESS GRACE & FOAL, WHITE	1971	250	1400.00	1500.00
❑ QUARTER HORSE	1962	500	400.00	N/A
❑ QUEEN ELIZABETH ON TOMMY	1947	100	275.00	13200.00
❑ RED RUM	1976	250	2000.00	2000.00

FIGURINES

NAME	YEAR	LIMIT	ISSUE	TREND
❏ RICHARD MEADE	1976	500	2450.00	2450.00
❏ ROYAL CANADIAN MOUNTY	1966	500	875.00	1500.00
❏ SANTA GERTRUDIS BULL	1961	500	350.00	700.00
❏ SHIRE STALLION	1964	500	700.00	1350.00
❏ SULFOLK PUNCH	1969	500	650.00	975.00
❏ WELSH MOUNTAIN PONY	1966	500	3000.00	2750.00

DOROTHY DOUGHTY PORCELAINS | | | | **D. DOUGHTY**

NAME	YEAR	LIMIT	ISSUE	TREND
❏ AMERICAN REDSTARTS AND HEMLOCK	1935	66	*	5500.00
❏ APPLE BLOSSOMS	1941	250	400.00	2500.00
❏ AUDUBON WARBLERS	1963	500	1350.00	3100.00
❏ BALTIMORE ORIOLES	1938	250	350.00	N/A
❏ BEWICK'S WRENS & YELLOW JASMINE	1956	500	600.00	3000.00
❏ BLUE TITS & PUSSY WILLOW	1964	500	250.00	3000.00
❏ BLUEBIRDS	1936	350	500.00	8550.00
❏ BOBWHITE QUAIL	1940	22	275.00	11000.00
❏ CACTUS WRENS	1959	500	1250.00	3500.00
❏ CANYON WRENS	1960	500	750.00	3000.00
❏ CARDINALS	1937	500	500.00	6000.00
❏ CAROLINA PAROQUET, COLOR	1968	350	1200.00	2000.00
❏ CAROLINA PAROQUET, WHITE	1968	75	600.00	N/A
❏ CERULEAN WARBLERS & RED MAPLE	1965	500	1350.00	2400.00
❏ CHICKADEES & LARCH	1938	300	350.00	8700.00
❏ CHUFFCHAFF	1965	500	1500.00	2400.00
❏ CRABAPPLE BLOSSOM SPRAYS AND A BUTTERFLY	1942	250	*	800.00
❏ CRABAPPLES	1940	250	400.00	4000.00
❏ DOWNY WOODPECKER & PECAN, COLOR	1967	400	1500.00	1700.00
❏ DOWNY WOODPECKER & PECAN, WHITE	1967	75	1000.00	1900.00
❏ ELF OWL	1959	500	875.00	N/A
❏ GNATCATCHERS	1955	500	600.00	3750.00
❏ GOLDCRESTS, PAIR	1972	500	4200.00	N/A
❏ GOLDFINCHES & THISTLE	1936	250	350.00	4500.00
❏ GRAY WAGTAIL	1968	500	600.00	N/A
❏ HOODED WARBLERS	1961	500	950.00	4300.00
❏ HUMMINGBIRDS AND FUCHSIA	1950	500	*	2800.00
❏ INDIGO BUNTING AND PLUM TWIG	1942	5000	*	N/A
❏ INDIGO BUNTINGS, BLACKBERRY SPRAYS	1942	500	375.00	2700.00
❏ KINGFISHER COCK & AUTUMN BEECH	1965	500	1250.00	2100.00
❏ KINGLETS & NOBLE PINE	1952	500	450.00	2500.00
❏ LARK SPARROW	1966	500	750.00	N/A
❏ LAZULI BUNTING & CHOKECHERRIES, COLOR	1962	500	1350.00	3700.00
❏ LAZULI BUNTING & CHOKECHERRIES, WHITE	1962	100	1350.00	2800.00
❏ LESSER WHITETHROATS	1964	500	350.00	2600.00
❏ MAGNOLIA WARBLER	1950	150	1100.00	2700.00
❏ MEADOW PIPIT	1977	500	1800.00	1800.00
❏ MEXICAN FEIJOA	1950	250	600.00	3500.00
❏ MOCKINGBIRDS	1940	500	450.00	7500.00
❏ MOCKINGBIRDS AND PEACH BLOSSOM	1942	500	*	N/A
❏ MOORHEN CHICK	1964	500	1000.00	N/A
❏ MOUNTAIN BLUEBIRDS	1964	500	950.00	2000.00
❏ MYRTLE WARBLERS	1955	500	550.00	2500.00
❏ NIGHTINGALE & HONEYSUCKLE	1971	500	2500.00	2000.00
❏ ORANGE BLOSSOMS & BUTTERFLY	1947	250	500.00	4400.00
❏ OVENBIRDS	1957	250	650.00	4500.00
❏ PARULA WARBLERS	1957	500	600.00	2700.00
❏ PHOEBES ON FLAME VINE	1958	500	750.00	4000.00
❏ RED-EYED VIREOS	1952	500	450.00	2000.00
❏ REDSTARTS & GORSE	1968	500	1900.00	2300.00
❏ ROBIN	1964	500	750.00	N/A
❏ SCARLET TANAGERS	1956	500	675.00	3600.00
❏ SCISSOR-TAILED FLYCATCHER, COLOR	1962	250	950.00	N/A
❏ SCISSOR-TAILED FLYCATCHER, WHITE	1962	75	950.00	1450.00
❏ VERMILLION FLYCATCHERS	1963	500	250.00	1700.00
❏ WRENS & BURNET ROSE	1964	500	650.00	1000.00
❏ YELLOW-HEADED BLACKBIRDS	1952	350	650.00	2200.00
❏ YELLOWTHROATS ON WATER HYACINTH	1958	350	750.00	3000.00

NORBERT E.J. ROESSLER BRONZES | | | | **N. ROESSLER**

NAME	YEAR	LIMIT	ISSUE	TREND
❏ HUMMER, WITH FUCHSIA	1976	500	225.00	225.00
❏ MARLIN	1976	500	250.00	250.00

RONALD VAN RUYCKEVELT PORCELAINS | | | | **R. VAN RUYCKEVELT**

NAME	YEAR	LIMIT	ISSUE	TREND
❏ ALICE	*	500	1875.00	1875.00
❏ AMERICAN PINTAIL, PAIR	1970	500	*	3000.00
❏ ARGENTEUIL A-108	1969	338	*	N/A
❏ BLUE ANGEL FISH	1968	500	375.00	900.00
❏ BLUE MARLIN	1965	500	500.00	1000.00
❏ BLUEFIN TUNA	1967	500	500.00	N/A
❏ BOBWHITE QUAIL, PAIR	1969	500	*	2000.00
❏ BUTTERFLY FISH	1967	500	375.00	1600.00
❏ CASTELNEAU PINK	1969	429	*	850.00
❏ CASTELNEAU YELLOW	1969	163	*	850.00
❏ CECILIA	*	500	1875.00	1875.00
❏ DOLPHIN	1968	500	500.00	900.00
❏ ELAINE	1971	750	600.00	625.00
❏ FLYING FISH	1962	300	400.00	450.00
❏ GREEN-WINGED TEAL	1971	500	1450.00	1450.00
❏ HIBISCUS	1962	500	300.00	350.00
❏ HOGFISH & SERGEANT MAJOR	1956	500	375.00	650.00
❏ HONFLEUR A-105	1968	290	*	600.00
❏ HONFLEUR A-106	1968	290	*	600.00
❏ LANGUEDOC	1971	216	*	1150.00
❏ MALLARDS	1968	500	*	2000.00
❏ MENNECY A-101	1968	338	*	725.00

NAME	YEAR	LIMIT	ISSUE	TREND
❑ MENNECY A-102	1968	334	*	725.00
❑ PASSIONFLOWER	1961	500	300.00	400.00
❑ PICNIC	1976	250	2850.00	2850.00
❑ QUEEN ELIZABETH I	1976	250	3850.00	3850.00
❑ QUEEN ELIZABETH II	1977	250	*	N/A
❑ QUEEN MARY I	1976	250	4850.00	4850.00
❑ RAINBOW PARROT FISH	1968	500	1500.00	1500.00
❑ RED HIND	1958	500	375.00	900.00
❑ RING-NECKED PHEASANTS	1968	500	*	3300.00
❑ ROCK BEAUTY	1964	500	425.00	850.00
❑ SAILFISH	1962	500	400.00	550.00
❑ SAINT DENIS A-109	1969	500	*	950.00
❑ SQUIRRELFISH	1961	500	400.00	9000.00
❑ SWORDFISH	1966	500	575.00	650.00
❑ TARPON	1964	500	500.00	975.00
❑ WHITE DOVES	1972	25	3600.00	28000.00

ROYAL WORCESTER GREAT AMERICAN BIRDS OF PREY   **D. FRIAR**

NAME	YEAR	LIMIT	ISSUE	TREND
❑ AMERICAN KESTREL	1985	9800	195.00	195.00
❑ BALD EAGLE	1985	9800	195.00	195.00
❑ COOPERS HAWK	1985	9800	195.00	195.00
❑ GREAT HORNED OWL	1985	9800	195.00	195.00
❑ GYRFALCON	1985	9800	195.00	195.00
❑ PEREGRINE FALCON	1985	9800	195.00	195.00
❑ RED TAIL HAWK	1985	9800	195.00	195.00
❑ SCREECH OWL	1985	9800	195.00	195.00

RUTH VAN RUYCKEVELT PORCELAINS   **R. VAN RUYCKEVELT**

NAME	YEAR	LIMIT	ISSUE	TREND
❑ BEATRICE	1960	500	125.00	N/A
❑ BRIDGET	1969	500	300.00	650.00
❑ CAROLINE	1960	500	125.00	N/A
❑ CHARLOTTE AND JANE	1969	500	1000.00	1000.00
❑ ELIZABETH	1967	750	300.00	800.00
❑ EMILY	1969	500	300.00	600.00
❑ ESTHER	1978	500	*	N/A
❑ FELICITY	1971	750	600.00	600.00
❑ LISETTE	1959	500	100.00	N/A
❑ LOUISA	1962	500	400.00	975.00
❑ MADELINE	1968	500	300.00	800.00
❑ MARION	1968	500	275.00	600.00
❑ MELANIE	1964	500	150.00	N/A
❑ PENELOPE	1959	500	100.00	N/A
❑ ROSALIND	1964	500	150.00	N/A
❑ SISTER OF LONDON HOSPITAL	1963	500	*	500.00
❑ SISTER OF ST. THOMAS HOSPITAL	1963	500	*	500.00
❑ SISTER OF THE RED CROSS	1970	750	*	900.00
❑ SISTER OF UNIVERSITY COLLEGE HOSPITAL	1966	500	*	500.00
❑ TEA PARTY	1964	250	400.00	7000.00

SPECIAL ISSUE   **K. POTTS**

NAME	YEAR	LIMIT	ISSUE	TREND
❑ QUEEN ELIZABETH I	1900	100	15000.00	15000.00

SAMSONS STUDIOS

MCCOONS COUNTY   **S. BUTCHER**

NAME	YEAR	LIMIT	ISSUE	TREND
❑ BOX SOCIAL	*	RT	80.00	100.00
❑ CHECKERBOARD SQUARE	*	RT	85.00	125.00
❑ GOOD-BYE MARY LOU - ARMY	*	RT	60.00	70.00
❑ GOOD-BYE MARY LOU - NAVY	*	RT	60.00	80.00
❑ MAMA SANG TENOR	*	RT	70.00	90.00
❑ MCCOON COUNTY FAIR	*	RT	80.00	100.00
❑ WISHING YOU A TWO TON CHRISTMAS	*	RT	70.00	100.00

MCCOONS STUDIOS   **S. BUTCHER**

NAME	YEAR	LIMIT	ISSUE	TREND
❑ SATURDAY NIGHT HO-DOWN	*	RT	150.00	175.00

SNUGGLE BUGS   **S. BUTCHER**

NAME	YEAR	LIMIT	ISSUE	TREND
❑ BON VOYAGE	*	RT	15.00	75.00
❑ HAPPY BIRTHDAY TO YOU	*	RT	15.00	45.00
❑ I'M SENDING YOU MY BERRY VEST	*	RT	15.00	80.00
❑ LET LOVE BLOOM	*	RT	15.00	70.00
❑ LET'S POOL OUR RESOURCES	*	RT	15.00	75.00
❑ YOU ARE MY FAVORITE PAIL	*	RT	15.00	80.00
❑ YOU ARE MY NO. 1	*	RT	15.00	45.00
❑ YOU ARE OUT OF THIS WORLD	*	RT	15.00	45.00
❑ YOU ARE THE END OF MY RAINBOW	*	RT	15.00	300.00
❑ YOU TAKE THE CAKE	*	RT	15.00	45.00

TOM CLARK CREATIONS   **T. CLARK**

NAME	YEAR	LIMIT	ISSUE	TREND
❑ DAISY AND ERIC	*	*	*	750.00

SANDICAST

BARKITECTURE   **S. BRUE**

NAME	YEAR	LIMIT	ISSUE	TREND
❑ BEACON HILL TOWNHOUSE & BOSTON TERRIER	1993	RT	25.00	25.00
❑ EIFFEL TOWER & POODLE	1993	RT	25.00	25.00
❑ ENGLISH THATCHED COTTAGE & LABRADOR	1993	RT	25.00	25.00
❑ GERMAN CASTLE & ROTTWEILER	1993	RT	25.00	25.00
❑ IGLOO & HUSKY	1993	RT	25.00	25.00
❑ IRISH COTTAGE & SETTER	1993	RT	25.00	35.00
❑ JAPANESE PAGODA & AKITA	1993	RT	25.00	25.00
❑ LOG CABIN & BLOODHOUND	1993	RT	25.00	25.00
❑ MAYAN TEMPLE & CHIHUAHUA	1993	RT	25.00	25.00
❑ SCOTTISH CASTLE & WESTIE	1993	RT	25.00	25.00
❑ SWISS CHALET & ST. BERNARD	1993	RT	25.00	25.00
❑ TIBETAN TEMPLE & LHASA	1993	RT	25.00	25.00

COLLECTOR'S GUILD   **S. BRUE**

NAME	YEAR	LIMIT	ISSUE	TREND
❑ COLLECTOR'S GUILD MEMBERSHIP KIT	1994	YR	40.00	40.00

FOREVER FRIENDS   **S. BRUE**

NAME	YEAR	LIMIT	ISSUE	TREND
❑ BASSET & PUP	1993	*	70.00	70.00

FIGURINES

NAME	YEAR	LIMIT	ISSUE	TREND
❏ BEAGEL & PUP	1993	*	70.00	70.00
❏ BOXER PUP, BRINDLE	1993	RT	70.00	70.00
❏ BOXER PUP, FAWN	1993	*	70.00	70.00
❏ CAT & KITTEN, BLACK	1993	*	70.00	70.00
❏ CAT & KITTEN, BLACK AND WHITE	1993	*	70.00	70.00
❏ CAT & KITTEN, CALICO	1993	*	70.00	70.00
❏ CAT & KITTEN, ORANGE AND WHITE	1993	*	70.00	70.00
❏ CAT, GRAY AND WHITE	1993	*	70.00	70.00
❏ CAT, WHITE	1993	*	70.00	70.00
❏ COCKER & PUP, BLACK	1993	RT	70.00	70.00
❏ COCKER & PUP, BUFF	1993	RT	70.00	70.00
❏ COCKER & PUP, PARTI BLACK	1993	RT	70.00	70.00
❏ COCKER & PUP, PARTI BUFF	1993	RT	70.00	70.00
❏ GOLDEN RETRIEVER & PUP	1993	*	70.00	70.00
❏ HARP SEAL & PUP	1993	*	70.00	70.00
❏ LAB & PUP, BLACK	1994	*	70.00	11.00
❏ LAB & PUP, CHOCOLATE	1994	*	70.00	70.00
❏ LAB & PUP, YELLOW	1994	*	70.00	70.00
❏ LION & CUB	1993	*	70.00	70.00
❏ PENGUIN & CHICK	1993	*	70.00	70.00
❏ POLAR BEAR & CUB	1994	*	62.00	62.00
❏ SCHNAUZER & PUP	1993	*	70.00	70.00
LIFE SIZE				**S. BRUE**
❏ CAT, BLACK AND WHITE	1993	*	108.00	108.00
❏ CAVALIER KING CHARLES SPANIEL	1993	*	108.00	108.00
❏ COLLIE PUP, SABLE	1994	*	108.00	108.00
❏ JACK RUSSELL TERRIER	1994	*	108.00	108.00
❏ JACK RUSSELL TERRIER, BLACK AND WHITE	1994	*	108.00	108.00
❏ PANDA CUB	1993	*	69.00	80.00
❏ ST. BERNARD PUP	1994	*	108.00	108.00
LIL' SNOOZERS				**S. BRUE**
❏ KITTEN, MIDNIGHT	1994	*	9.00	9.00
❏ NODDER, MIDNIGHT	1994	*	9.00	9.00
❏ YAWNER, BLACK	1994	*	9.00	9.00
LION KING				**S. BRUE**
❏ ADULT SIMBA	1994	RT	68.00	68.00
❏ MUFASA & SIMBA	1994	RT	68.00	68.00
❏ PRIDE ROCK DISPLAY	1994	RT	60.00	60.00
❏ SIMBA & NALA	1994	RT	68.00	68.00
❏ YOUNG NALA	1994	RT	18.00	18.00
❏ YOUNG SIMBA	1994	RT	18.00	18.00
NATURE'S HABITAT				**S. BRUE**
❏ BISON	1994	5000	80.00	80.00
❏ GRIZZLY BEAR	1994	5000	80.00	80.00
❏ HABITAT	1994	5000	100.00	100.00
❏ MOOSE	1994	5000	80.00	80.00
❏ TIMBER WOLF	1994	RT	40.00	40.00
ORIGINALS				**S. BRUE**
❏ AUSTRALIAN SHEPHERD	1994	*	40.00	40.00
❏ DOBIE, RED (II), UNCROPPED	1993	*	40.00	40.00
❏ GREYHOUND	1994	*	40.00	40.00
❏ GREYHOUND, FAWN	1994	*	40.00	40.00
❏ GREYHOUND, WHITE & BRINDLE	1994	*	40.00	40.00
PESKY PEEPERS				**S. BRUE**
❏ CHOW, BLACK	1994	*	11.00	35.00
❏ CHOW, RED	1994	*	11.00	9.00
❏ COCKER, BLACK	1994	*	11.00	11.00
❏ JACK RUSSELL TERRIER	1994	*	11.00	9.00
❏ KITTY, BLACK	1994	*	11.00	9.00
❏ ROTTWEILER	1994	*	11.00	11.00
❏ SHIH TZU, BLACK/WHITE	1994	*	11.00	11.00
❏ SHIH TZU, GOLD/WHITE	1994	*	11.00	11.00
❏ ST. BERNARD	1994	*	11.00	11.00
WILD CREATURES				**S. BRUE**
❏ FERRET	1994	*	48.00	48.00
❏ WOLF	1994	*	48.00	48.00

SANDY USA

NAME	YEAR	LIMIT	ISSUE	TREND
ANGELS OF THE MILLENNIUM				**G. DY-SY**
❏ ADELA	1999	500	100.00	100.00
❏ ELISA	1999	500	100.00	100.00
SANTA COLLECTION				**R. TEJADA**
❏ ANDREW	1999	OP	45.00	45.00
❏ FREDERICK	1999	OP	45.00	45.00
SASS 'N CLASS BY ANNIE LEE				**A. LEE**
❏ 5TH GRADE SUBSTITUTE	1998	OP	40.00	40.00
❏ BLUE MONDAY	1998	OP	40.00	40.00
❏ BURN YOU BABY?	1998	OP	55.00	55.00
❏ CULTURED PEARLS	1999	OP	35.00	35.00
❏ DISAPPOINTED AGAIN	2000	OP	60.00	60.00
❏ GIMME DAT GUM	1997	SO	70.00	70.00
❏ HEAT OF THE BEAT	1999	OP	55.00	55.00
❏ HOLY GHOST	1998	5000	40.00	40.00
❏ LOVE SONG	1999	OP	60.00	60.00
❏ LOVING ARMS	1998	OP	35.00	35.00
❏ METAMORPHOSIS	1998	RT	60.00	60.00
❏ MISDEAL	2000	OP	75.00	75.00
❏ MISSISSIPPI SAMSONITE	1999	OP	40.00	40.00
❏ MOTHER BOARD	1997	SO	85.00	85.00
❏ PRIMPIN'	1999	OP	60.00	60.00

NAME	YEAR	LIMIT	ISSUE	TREND
❑ SADIE'S RELIEF	2000	OP	45.00	45.00
❑ SASSY SOLO	2000	OP	38.00	38.00
❑ SIX-NO-UPTOWN	1999	OP	75.00	75.00
❑ SIXTY POUNDS	1999	SO	75.00	75.00
❑ SPIN CYCLE	1999	OP	75.00	75.00
❑ SPRINKLIN' & PRESSIN'	1998	RT	55.00	55.00
❑ SUNDAY EVENING RADIO	2000	10000	85.00	85.00
❑ WHITE TIE ONLY-SCENE 1	2000	OP	55.00	55.00
❑ WHITE TIE ONLY-SCENE 2	2000	OP	65.00	65.00
❑ WHITE TIE ONLY-SCENE 3	2000	OP	75.00	75.00
❑ WHITE TIE ONLY-SCENE 4	2000	OP	45.00	45.00
❑ WHITE TIE ONLY-SHELVE	2000	OP	20.00	20.00
❑ WHITE TIE ONLY-WINDOW	2000	OP	15.00	15.00

SEASONAL ACCENTS ANGELIC COLLECTION   G. DY

NAME	YEAR	LIMIT	ISSUE	TREND
❑ DIANNA MUSICAL	1998	OP	80.00	80.00
❑ JOELLE MUSICAL	1998	OP	80.00	80.00
❑ ZAHRA MUSICAL	1998	OP	80.00	80.00

SOUL MATES OCCASIONS   S. BEDARD

NAME	YEAR	LIMIT	ISSUE	TREND
❑ FOR A SPECIAL FRIEND	1998	OP	15.00	15.00
❑ GET WELL (CLOWN)	1998	OP	15.00	15.00
❑ GET WELL (SOAP)	1998	OP	15.00	15.00
❑ HAPPY BIRTHDAY (CAT)	1998	OP	15.00	15.00
❑ HAPPY BIRTHDAY (DOG)	1998	OP	15.00	15.00
❑ MISSING YOU	1998	OP	15.00	15.00

SARAH'S ATTIC

S. SCHULTZ

NAME	YEAR	LIMIT	ISSUE	TREND
❑ APRIL WH. ANGEL	1997	2000	36.00	36.00
❑ BASKET OF MEMORIES	1997	RT	35.00	35.00
❑ BASKET OF TREASURES	1997	*	35.00	35.00
❑ BENJAMIN BANNEKER	1997	2000	65.00	65.00
❑ BEVERLY JANE AMERICAN (RED DRESS)	1989	500	160.00	300.00
❑ BEVERLY JANE SUNDAY BEST	*	500	160.00	300.00
❑ BLACK SEMINOLE SCOUT	1997	2000	48.00	48.00
❑ BLANCHE KELSO BRUCE	1997	2000	55.00	55.00
❑ BLESSED IS HE IV	1997	2000	65.00	65.00
❑ BONDING BUDDIES RABBITS	1997	RT	25.00	25.00
❑ BUN-NARD RABBIT- BLUE	1997	RT	80.00	80.00
❑ BUN-NARD RABBIT- RUST	1997	RT	80.00	80.00
❑ BUN-NETTE RABBIT- BLUE	1997	RT	80.00	80.00
❑ BUN-NETTE RABBIT- RUST	1997	RT	80.00	80.00
❑ BURLEY BEAR- ABC'S	1997	5000	24.00	24.00
❑ BURLEY BEAR- BLUE	1997	RT	20.00	20.00
❑ BURLEY BEAR- GREEN	1997	RT	20.00	20.00
❑ BURLEY BEAR- PASTEL	1997	RT	20.00	20.00
❑ BURLEY BEAR- RED	1997	RT	20.00	20.00
❑ CORETTA- NOBEL PRIZE	1997	10000	65.00	65.00
❑ CUPCAKE- HOUSEWORK	1997	5000	40.00	40.00
❑ DO LORD!- PURPLE	1997	3000	45.00	45.00
❑ DO LORD!- RED	1997	3000	45.00	45.00
❑ FAITH BL. ANGEL PASTEL	1997	RT	70.00	70.00
❑ FAITH WH. ANGEL- PASTEL	1997	RT	70.00	70.00
❑ FLOPPER W/ VEG. RABBIT	1997	RT	25.00	25.00
❑ FOREVER PEACE	1997	1000	110.00	110.00
❑ GENERATIONS OF QUILTING	1997	2000	300.00	300.00
❑ GIGGLES BL. ANGEL	1997	2500	14.00	15.00
❑ HEATHER RABBIT	1997	RT	30.00	30.00
❑ HEAVENLY REFLECTIONS	1997	1000	30.00	30.00
❑ HERBIE RABBIT	1997	RT	30.00	30.00
❑ JALEESA- PRAYING	1997	2500	28.00	28.00
❑ JEB- PRAYING	1997	2500	28.00	28.00
❑ JESSICA- PRAYING	1997	2500	28.00	28.00
❑ JESSIE	1997	RT	25.00	25.00
❑ JODI	1997	RT	25.00	25.00
❑ JUSTIN- PRAYING	1997	2500	28.00	28.00
❑ KATIE- SHOPPING	1997	5000	38.00	38.00
❑ KWANZAA	1997	2000	200.00	200.00
❑ LET THE SUNSHINE	1997	4040	30.00	30.00
❑ LEWIS H. DOUGLASS	1997	2500	50.00	50.00
❑ LONG JOURNEY	1989	RT	19.00	35.00
❑ MAGGIE- LGE	1997	RT	75.00	75.00
❑ MAGGIE SCHOOL- GREEN	1997	RT	35.00	35.00
❑ MAGGIE SCHOOL- PASTEL	1997	RT	35.00	35.00
❑ MATT- LGE	1997	RT	754.00	75.00
❑ MATT SCHOOL- GREEN	1997	RT	27.00	27.00
❑ MATT SCHOOL- PASTEL	1997	RT	27.00	27.00
❑ MAY BL. ANGEL	1997	2000	36.00	36.00
❑ MIKEY II BEAR- BLUE	1997	RT	60.00	60.00
❑ MIKEY II BEAR- GREEN	1997	RT	60.00	60.00
❑ MIKEY II BEAR- PASTEL	1997	RT	60.00	60.00
❑ MISSY II BEAR- BLUE	1997	RT	60.00	60.00
❑ MISSY II BEAR- GREEN	1997	RT	60.00	60.00
❑ MISSY II BEAR- PASTEL	1997	RT	60.00	60.00
❑ MLK- NOBEL PRIZE	1997	10000	65.00	65.00
❑ NAT- LGE	1997	RT	75.00	75.00
❑ NAT SCHOOL- BLUE	1997	RT	27.00	27.00
❑ NAT SCHOOL- YELLOW	1007	RT	27.00	27.00
❑ NETTIE- LGE	1997	RT	75.00	75.00
❑ NETTIE SCHOOL- BLUE	1997	RT	35.00	35.00
❑ NETTIE SCHOOL- YELLOW	1997	RT	35.00	35.00
❑ OSCEOLA INDIAN CHIEF	1997	RT	55.00	55.00
❑ PATTER GIRL ANGEL	1997	5000	24.00	24.00
❑ PEEK-A-BOO RABBIT	1997	RT	19.00	19.00

NAME	YEAR	LIMIT	ISSUE	TREND
❏ PITTER BOY ANGEL	1997	5000	24.00	24.00
❏ RACHEL- PRINCESS	1997	5000	34.00	34.00
❏ SERENITY CROSS	1997	500	44.00	44.00
❏ SHARING MEMORIES	1997	RT	85.00	85.00
❏ SILENT NIGHT	1991	RT	33.00	44.00
❏ SIMON HOUSE PIN	1997	OP	8.00	8.00
❏ SLEEPY RABBIT	1990	RT	16.00	25.00
❏ SMILES, WH. ANGEL	1997	2500	14.00	15.00
❏ SPIRITUAL GUIDANCE	1997	500	65.00	65.00
❏ SUNDAY TILLIE- BLUE	1997	RT	75.00	75.00
❏ SUNDAY TILLIE- PASTEL	1997	500	75.00	75.00
❏ SUNDAY WILLIE- BLUE	1997	RT	75.00	75.00
❏ SUNDAY WILLIE- PASTEL	1997	500	75.00	75.00
❏ SUNSHINE DOLL	1988	RT	118.00	700.00
❏ TABBY BEAR- BLUE	1997	RT	25.00	25.00
❏ TABBY BEAR- GREEN	1997	RT	25.00	25.00
❏ TABBY BEAR- PASTEL	1997	RT	25.00	25.00
❏ THELMA RABBIT	1990	RT	33.00	40.00
❏ TILLIE- PREACHER'S WIFE	1997	5000	30.00	30.00
❏ TOMMY BEAR- BLUE	1997	RT	27.00	27.00
❏ TOMMY BEAR- GREEN	1997	RT	27.00	27.00
❏ TOMMY BEAR- PASTEL	1997	RT	27.00	27.00
❏ TOOTSIE BEAR- BLUE	1997	RT	20.00	20.00
❏ TOOTSIE BEAR- PASTEL	1997	RT	20.00	20.00
❏ TOOTSIE BEAR- RED	1997	RT	20.00	20.00
❏ TRANQUILITY W/ LION	1997	1000	130.00	130.00
❏ TREASURED MOMENTS	1997		85.00	85.00
❏ TUSKEGEE AIRMAN II	1997	4000	60.00	60.00
❏ TWINKIE- REMOTE	1997	5000	34.00	34.00
❏ WHIMPY- EXECUTIVE	1997	5000	36.00	36.00
❏ WILLIE- PREACHER	1997	5000	30.00	30.00

AMERICANA COLLECTION

S. SCHULTZ

NAME	YEAR	LIMIT	ISSUE	TREND
❏ AMERICANA BEAR	1988	CL	70.00	70.00
❏ AMERICANA BEAR	1988	CL	18.00	18.00
❏ AMERICANA BUNNY	1988	CL	70.00	70.00
❏ AMERICANA CLOWN	1988	OP	80.00	80.00
❏ BETSY BEAR W/FLAG	1988	CL	23.00	23.00
❏ BETSY ROSS	1988	OP	34.00	40.00
❏ BRIGHT SKY	1990	TL	70.00	70.00
❏ COLONIAL BEAR W/HAT	1988	CL	23.00	23.00
❏ INDIAN BRAVE	1988	OP	10.00	10.00
❏ INDIAN GIRL	1988	OP	10.00	10.00
❏ IRON HAWK	1990	TL	70.00	70.00
❏ LITTLE DOVE	1990	TL	40.00	40.00
❏ PILGRIM BOY	1988	OP	12.00	13.00
❏ PILGRIM GIRL	1988	OP	12.00	13.00
❏ SPOTTED EAGLE	1990	TL	30.00	30.00
❏ TURKEY	1988	OP	10.00	12.00

ANGELS IN THE ATTIC

S. SCHULTZ

NAME	YEAR	LIMIT	ISSUE	TREND
❏ ANGEL ABBEE	1989	CL	10.00	18.00
❏ ANGEL ALEX	1989	CL	10.00	15.00
❏ ANGEL AMELIA	1989	CL	10.00	15.00
❏ ANGEL ASHBEE	1989	CL	10.00	18.00
❏ ANGEL ASHLEE	1989	CL	14.00	25.00
❏ ANGEL BEAR IN BASKET	1990	CL	23.00	23.00
❏ ANGEL BERT GOLFING	1991	1000	60.00	60.00
❏ ANGEL BEVIE	1989	CL	10.00	10.00
❏ ANGEL BILLI	1990	CL	18.00	21.00
❏ ANGEL BONNIE	1989	CL	17.00	21.00
❏ ANGEL BUSTER	1990	CL	15.00	16.00
❏ ANGEL CINDI	1990	CL	18.00	20.00
❏ ANGEL CLYDE	1989	CL	17.00	20.00
❏ ANGEL DAISY	1989	CL	14.00	15.00
❏ ANGEL DONALD WITH DOG	1991	1000	50.00	50.00
❏ ANGEL DUSTY	1989	CL	12.00	85.00
❏ ANGEL EDDIE	1989	CL	10.00	10.00
❏ ANGEL EMMY LOU	1989	CL	12.00	12.00
❏ ANGEL FLOPPY	1989	CL	10.00	10.00
❏ ANGEL FLOSSY	1990	CL	15.00	25.00
❏ ANGEL GRAMPS	1989	CL	17.00	90.00
❏ ANGEL GRAMS	1989	CL	17.00	90.00
❏ ANGEL JEFFREY	1989	CL	14.00	15.00
❏ ANGEL JESSICA	1989	CL	14.00	15.00
❏ ANGEL LENA	1990	CL	36.00	38.00
❏ ANGEL LOUISE	1990	CL	17.00	21.00
❏ ANGEL PATSY	1989	CL	13.00	15.00
❏ ANGEL RABBIT IN BASKET	1990	CL	25.00	25.00
❏ ANGEL RAYBURN	1989	CL	12.00	20.00
❏ ANGEL REBA	1989	CL	12.00	15.00
❏ ANGEL REGGIE	1989	CL	12.00	14.00
❏ ANGEL RUTHIE	1989	CL	12.00	13.00
❏ ANGEL SHOOTER	1989	CL	12.00	18.00
❏ ANGEL TRAPPER	1990	CL	17.00	21.00
❏ ANGEL TRUDY	1990	CL	36.00	36.00
❏ ANGEL WENDALL	1989	CL	10.00	15.00
❏ ANGEL WENDY	1989	CL	10.00	15.00
❏ ANGEL WILBUR	1989	CL	10.00	14.00
❏ ANGEL WINNIE	1989	CL	10.00	14.00
❏ APRIL ANGEL/4514	1996	4000	40.00	40.00
❏ CONTENTMENT	1991	RT	100.00	180.00
❏ DIGNITY ANGEL/4330	1995	OP	55.00	55.00
❏ LOUISE ANGEL/4472	1995	2500	34.00	34.00

FIGURINES

NAME	YEAR	LIMIT	ISSUE	TREND
❑ LOVE	1992	RT	80.00	180.00
❑ LOVE ANGEL/4328	1995	OP	40.00	40.00
❑ MAY ANGEL/4515	1996	4000	40.00	40.00
❑ PRAYER OF LOVE/4437	1995	SO	85.00	170.00
❑ RESPECT ANGEL/4329	1995	OP	32.00	32.00
❑ SAINT WILLIE BILL	1989	CL	30.00	40.00
❑ ST. ANNE	1989	CL	29.00	32.00
❑ ST. GABBE	1989	CL	30.00	33.00
❑ ST. GEORGE	1989	CL	60.00	65.00
❑ WILLIE BILL ANGEL/4471	1995	2500	34.00	34.00

BEARY ADORABLES COLLECTION

S. SCHULTZ

NAME	YEAR	LIMIT	ISSUE	TREND
❑ ABBEE BEAR	1987	CL	10.00	10.00
❑ ADORA WITH HARP	1994	SO	26.00	26.00
❑ ALEX BEAR	1987	CL	12.00	12.00
❑ AMELIA BEAR	1987	CL	12.00	12.00
❑ ANDY-FATHER BEAR	1992	RT	20.00	21.00
❑ ANGEL BEAR	1989	CL	25.00	25.00
❑ ANGEL BEAR WITH HORSE	1994	2050	26.00	26.00
❑ ANGEL BUNNY WITH CAGE	1994	2050	20.00	20.00
❑ ANGEL CASEY	1994	2050	32.00	32.00
❑ ANGEL FAITH BLACK	1993	1994	40.00	40.00
❑ ANGEL GRACE WHITE	1993	1994	40.00	40.00
❑ ANGEL JONATHON	1994	2050	32.00	32.00
❑ ANGEL LACY	1994	2050	32.00	32.00
❑ ANGEL PUP WITH VICTROLA	1994	2050	20.00	20.00
❑ ARCTIC PICNIC BEAR	1988	CL	7.00	7.00
❑ ASHBEE BEAR	1987	CL	10.00	10.00
❑ AUNT EUNICE BEAR	1992	OP	24.00	24.00
❑ BAILEY 50'S BEAR	1990	RT	30.00	30.00
❑ BAY CITY BEAUTY	1995	CL	26.00	27.00
❑ BAY CITY BEAUTY W/TRUNK	1995	OP	40.00	40.00
❑ BEAR IN BASKET	1988	CL	48.00	48.00
❑ BEAR ON TRUNK	1987	CL	20.00	20.00
❑ BEARY HAPPY HALLOWEEN	1993	CL	18.00	18.00
❑ BEARY HUGGABLE BEAR	1993	CL	18.00	18.00
❑ BEARY MERRY CHRISTMAS	1993	CL	20.00	20.00
❑ BEARY SPECIAL BIRTHDAY BEAR	1994	CL	20.00	20.00
❑ BEARY SPECIAL BROTHER BEAR	1993	CL	18.00	18.00
❑ BEARY SPECIAL FATHER BEAR	1993	CL	22.00	22.00
❑ BEARY SPECIAL FRIEND BEAR	1994	CL	20.00	20.00
❑ BEARY SPECIAL MOTHER BEAR	1993	CL	18.00	18.00
❑ BEARY SPECIAL SISTER BEAR	1993	CL	18.00	18.00
❑ BELINDA 50'S BEAR	1990	RT	25.00	25.00
❑ BELLHOP & SECOND HAND ROSE	1992	OP	40.00	40.00
❑ BELLHOP BEAR	1992	OP	24.00	24.00
❑ BENNI BEAR	1988	CL	7.00	7.00
❑ BEULAH 50'S BEAR	1990	RT	30.00	30.00
❑ BINKEY 50'S BEAR	1990	RT	25.00	25.00
❑ BLESSED IS HE	1993	CL	48.00	150.00
❑ BLESSED IS HE II	1994	2500	66.00	66.00
❑ BRANDY BABY BEAR	1992	CL	14.00	15.00
❑ COLLECTIBLE BEAR	1987	CL	16.00	16.00
❑ DAISY BEAR	1989	CL	48.00	55.00
❑ DOWAGER TWINS BEAR	1992	OP	24.00	24.00
❑ DOWAGER TWINS ON COUCH	1990	OL	60.00	60.00
❑ DUDLEY BEAR	1991	CL	32.00	32.00
❑ DUDLEY BROWN BEAR	1990	RT	32.00	32.00
❑ EDDIE BEAR	1993	CL	24.00	24.00
❑ EDDIE BEAR WITH TRUNK	1992	OP	40.00	40.00
❑ EINSTEIN BEAR	1988	CL	8.00	9.00
❑ ENOS WITH HORN	1994	4000	26.00	26.00
❑ FRANNY BEAR	1991	RT	32.00	32.00
❑ FRANNY BROWN BEAR	1990	RT	32.00	32.00
❑ GET WELL SOON BEAR	1994	CL	20.00	20.00
❑ GHOST BEAR	1988	CL	12.00	12.00
❑ GRISWALD BEAR	1989	CL	48.00	55.00
❑ HEAVENLY PEACE	1993	RT	47.00	47.00
❑ HEAVENLY UNITING	1993	RT	45.00	45.00
❑ HONEY PICNIC BEAR	1988	CL	16.00	17.00
❑ I LOVE YOU BEARS	1993	CL	22.00	22.00
❑ I'M BEARY SORRY BEAR	1993	CL	18.00	18.00
❑ IRISH BEAR	1992	OP	24.00	24.00
❑ IRISH BEAR AT PUB	1992	OP	40.00	40.00
❑ JESTER CLOWN BEAR	1988	CL	12.00	13.00
❑ JOEY BEAR	1991	RT	32.00	32.00
❑ JOEY BROWN BEAR	1990	RT	32.00	32.00
❑ JUST TED BEAR	1992	OP	24.00	24.00
❑ JUST TED WITH MIRROR	1992	OP	40.00	40.00
❑ LEFTY BEAR	1988	CL	80.00	80.00
❑ LIBRARIAN BEAR	1993	CL	24.00	24.00
❑ LIBRARIAN WITH DESK	1992	OP	40.00	40.00
❑ MANDY MOTHER BEAR	1992	RT	20.00	20.00
❑ MARGIE BROWN BEAR	1990	RT	32.00	32.00
❑ MARTI PICNIC BEAR	1988	CL	12.00	13.00
❑ ME AND MY SHADOW	1992	OP	26.00	26.00
❑ ME AND MY SHADOW WITH CHAIR	1993	CL	45.00	45.00
❑ MICHAUD BEAR	1992	OP	35.00	35.00
❑ MIKEY BEAR	1989	CL	26.00	26.00
❑ MINI TEDDY BEAR	1989	CL	5.00	5.00
❑ MISS LOVE BEAR	1991	RT	42.00	42.00
❑ MISS LOVE BROWN BEAR	1990	RT	42.00	42.00
❑ MISS YOU BEARY MUCH BEAR	1993	CL	18.00	18.00

NAME	YEAR	LIMIT	ISSUE	TREND
❑ MISSY BEAR	1989	CL	26.00	26.00
❑ MR. WARD	1993	RT	40.00	40.00
❑ NARGI BEAR	1991	RT	32.00	32.00
❑ OLIVER BEAR	1991	RT	32.00	32.00
❑ OLIVER BLACK BEAR	1990	RT	32.00	32.00
❑ PROFESSOR BEAR	1993	OP	24.00	24.00
❑ PROFESSOR WITH BOARD	1992	OP	40.00	40.00
❑ RISEN CHRIST	1993	1994	48.00	48.00
❑ RUFUS PICNIC BEAR	1988	CL	15.00	16.00
❑ SAMMY BEAR	1989	CL	12.00	15.00
❑ SECOND HAND ROSE BEAR	1992	OP	24.00	24.00
❑ SID BEAR	1989	CL	18.00	25.00
❑ SOPHIE BEAR	1989	CL	18.00	25.00
❑ SPICE BEAR	1989	RT	12.00	15.00
❑ SUGAR BEAR	1989	CL	12.00	12.00
❑ TOMMY WITH DOG	1992	OP	40.00	40.00
❑ TOMMY'S BEAR	1992	OP	24.00	24.00
❑ WINGS OF LOVE BLACK BOY	1994	RT	36.00	36.00
❑ WINGS OF LOVE BLACK GIRL	1994	RT	36.00	36.00
❑ WITCHIE BEAR	1993	CL	24.00	24.00
❑ WITCHIE WITH POT	1993	CL	40.00	40.00
❑ YOU'RE BEARY SPECIAL BEAR	1993	CL	18.00	18.00

BLACK HERITAGE COLLECTION S. SCHULTZ

NAME	YEAR	LIMIT	ISSUE	TREND
❑ AHMAD/4453	1995	7500	23.00	23.00
❑ ALICIA/YVETTE/4410	1995	5000	50.00	50.00
❑ ANGELIKA/4456	1995	7500	25.00	25.00
❑ BELIEVE IN YOUR/4522	1996	3000	70.00	70.00
❑ BESSIE COLEMAN/4313	1995	2500	50.00	50.00
❑ BILL PICKET/4281	1995	2500	56.00	56.00
❑ BLACK BABY TANSY	1991	CL	40.00	45.00
❑ BLACK TEACHER MISS LETTIE	1992	RT	50.00	50.00
❑ BLESSED FAMILY NATIVITY/4364	1995	5000	70.00	70.00
❑ BLESSED IS HE III/4387	1995	YR	60.00	60.00
❑ BLESSED IS HE IV/4520	1996	2000	70.00	70.00
❑ BLESSED IS SHE/4312	1995	RT	50.00	50.00
❑ BOOK OF WISDOM/4315	1995	4000	52.00	52.00
❑ BRAIDED RUG	1991	*	35.00	35.00
❑ BREEZE/4537	1996	RT	24.00	24.00
❑ BROTHERLY LOVE	1990	RT	80.00	160.00
❑ BUFFALO BILL/4311	1995	RT	60.00	60.00
❑ BUFFALO SOLDIER	1992	RT	80.00	115.00
❑ BUFFALO SOLDIER/4285	1995	5000	165.00	165.00
❑ CALEB	1990	CL	23.00	30.00
❑ CALEB W/VEGETABLES	1991	RT	50.00	50.00
❑ CALEB WITH FOOTBALL	1991	6000	40.00	40.00
❑ CALF & CHICKS/4459	1995	OP	25.00	25.00
❑ CALVIN/4319	1995	RT	28.00	28.00
❑ CARTER/4536	1996	2500	30.00	30.00
❑ CAYLA/4535	1996	2500	36.00	36.00
❑ CHARITY/4318	1995	4000	28.00	28.00
❑ CHIEF JOSEPH/4282	1995	RT	56.00	56.00
❑ CHIPS, BLACK BOY GRADUATE	1991	6000	46.00	46.00
❑ CLARENCE, PORTER	1992	RT	80.00	120.00
❑ CLOWN HICKORY/4485	1996	10000	29.00	29.00
❑ CLOWN SASSAFRAS/4484	1996	10000	29.00	29.00
❑ CORPORAL PERVIS	1991	RT	60.00	110.00
❑ CRICKET, BLACK GIRL GRADUATE	1991	6000	46.00	46.00
❑ ELROY/4411	1995	5000	25.00	25.00
❑ ESTHER WITH BUTTER CHURN	1992	CL	70.00	70.00
❑ F. DOUGLASS/4402	1995	2500	55.00	55.00
❑ GENERAL OF LOVE, COOKSTOVE	1991	*	100.00	100.00
❑ GRAMPS	1987	RT	16.00	16.00
❑ GRAMS	1987	CL	16.00	16.00
❑ GRANNY WYNNE & OLIVIA	1992	RT	85.00	85.00
❑ H.O. FLIPPER/4403	1995	2500	55.00	55.00
❑ HARPSTER W/BANJO	1990	RT	60.00	250.00
❑ HARPSTER W/HARMONICA	1991	RT	60.00	110.00
❑ HATTIE	1990	RT	40.00	85.00
❑ HATTIE QUILTING	1991	RT	60.00	115.00
❑ HUGS/4185	1995	OP	36.00	36.00
❑ IDA B. WELLS/4400	1995	2500	65.00	65.00
❑ ISHAMAEL/4454	1995	7500	23.00	23.00
❑ JABARI/4455	1995	7500	23.00	23.00
❑ JARRELL/4452	1995	7500	23.00	23.00
❑ JAZZ MAN/4499	1996	2000	150.00	150.00
❑ JOAH/4451	1995	7500	*	23.00
❑ KETTLES	1991	*	13.00	13.00
❑ KISSES/4186	1995	RT	30.00	30.00
❑ LAKEISHA/4450	1995	7500	25.00	25.00
❑ LAMB & DUCKS/4458	1995	OP	25.00	25.00
❑ LEAN ON ME/4369	1995	5000	55.00	55.00
❑ LIBBY W/BIBS	1990	RT	36.00	145.00
❑ LIBBY W/CANDLE/4396	1995	RT	26.00	26.00
❑ LIBBY W/PUPPY	1991	RT	50.00	75.00
❑ LIFT YOUR HEARTS/4413	1995	5000	50.00	50.00
❑ LOVE OF MY LIFE II/4534	1996	2500	75.00	75.00
❑ LOVE/4187	1995	OP	50.00	50.00
❑ LOVING TOUCH/4314	1995	4000	66.00	66.00
❑ LUCAS W/BEAR/4397	1995	RT	26.00	26.00
❑ LUCAS W/BIBS	1990	CL	36.00	145.00
❑ LUCAS W/DOG	1991	RT	50.00	75.00
❑ MA RAINEY/4500	1996	2000	50.00	50.00

FIGURINES

FIGURINES

NAME	YEAR	LIMIT	ISSUE	TREND
❏ MARY ELIZA MAHONEY/4501	1996	SO	50.00	50.00
❏ MISTY/4539	1996	RT	50.00	24.00
❏ MUSIC MASTERS	1992	CL	300.00	350.00
❏ NIGHTTIME PEARL	1991	CL	50.00	60.00
❏ NIGHTTIME PERCY	1991	CL	50.00	60.00
❏ NOAH'S ARK/4529	1996	SO	130.00	130.00
❏ O.A.D. WASH./4404	1995	2500	51.00	51.00
❏ OLD TIME TUNE/4317	1995	4000	54.00	54.00
❏ PAPPY JAKE	1989	CL	40.00	95.00
❏ PAPPY JAKE & SUSIE MAE	1991	RT	60.00	60.00
❏ PEARL, TAP DANCER	1990	RT	45.00	65.00
❏ PERCY, TAP DANCER	1990	RT	45.00	65.00
❏ PIE	1991	*	7.00	7.00
❏ PIGLET/4457	1995	OP	11.00	11.00
❏ PORTIA	1990	CL	30.00	30.00
❏ PORTIA QUILTING	1991	RT	40.00	40.00
❏ PRAISE THE LORD II	1991	RT	100.00	100.00
❏ PRAISE THE LORD V	1998	4000	65.00	65.00
❏ PREACHER I	1990	RT	55.00	150.00
❏ QUILTING LADIES	1989	CL	90.00	285.00
❏ ROSA PARKS/4401	1995	RT	65.00	65.00
❏ SADIE & OSIE MAE	1991	RT	70.00	70.00
❏ SPECIAL BEAR/4476	1996	5000	23.00	23.00
❏ SPECIAL BLACK GIRL/4477	1996	5000	29.00	29.00
❏ SPECIAL WHITE GIRL/4478	1996	5000	29.00	29.00
❏ SPREAD WORD	1998	4000	65.00	65.00
❏ STITCH OR LOVE/4316	1995	4000	60.00	60.00
❏ SUMMER-4538	1996	RT	24.00	24.00
❏ SUNDAY TILLIE/BW/4530	1996	2500	75.00	75.00
❏ SUNDAY TILLIE/YG/4532	1996	RT	75.00	75.00
❏ SUNDAY WILLIE/BW/4531	1996	2500	75.00	75.00
❏ SUNDAY WILLIE/YG/4533	1996	RT	75.00	75.00
❏ SUSIE MAE	1990	CL	22.00	22.00
❏ TRUST IN EACH OTHER/4523	1996	RT	70.00	70.00
❏ TUSKEGEE AIRMAN WWII /4405	1995	SO	60.00	60.00
❏ UNCLE REUBEN	1991	RT	70.00	120.00
❏ VICTORIAN PORTIA	1991	RT	35.00	35.00
❏ VICTORIAN WEBSTER	1991	RT	35.00	35.00
❏ WAGS/4412	1995	RT	9.00	9.00
❏ WHOOPIE & WOOSTER	1990	RT	50.00	250.00
❏ WHOOPIE & WOOSTER II	1991	RT	70.00	70.00

CHERISHED MEMORIES
S. SCHULTZ

NAME	YEAR	LIMIT	ISSUE	TREND
❏ BLACK BABY BOY (1-2 YRS.)	1991	*	50.00	50.00
❏ BLACK BABY BOY (BIRTH-1 YR.)	1991	*	50.00	50.00
❏ BLACK BABY GIRL (1-2 YRS.)	1991	*	50.00	50.00
❏ BLACK BABY GIRL (BIRTH-1 YR.)	1991	*	50.00	50.00
❏ WHITE BABY BOY (1-2 YRS.)	1991	*	60.00	60.00
❏ WHITE BABY BOY (BIRTH-1 YR.)	1991	*	60.00	60.00
❏ WHITE BABY GIRL (1-2 YRS.)	1991	*	60.00	60.00
❏ WHITE BABY GIRL (BIRTH-1 YR.)	1991	*	60.00	60.00

CHILDREN OF LOVE
S. SCHULTZ

NAME	YEAR	LIMIT	ISSUE	TREND
❏ BENJAMIN WITH DRUMS	1991	10000	46.00	46.00
❏ CHARITY SEWING FLAGS	1991	10000	46.00	46.00
❏ SKIP BUILDING HOUSE	1991	10000	50.00	50.00
❏ SUSIE PAINTING TRAIN	1991	10000	46.00	46.00

CLASSROOM MEMORIES
S. SCHULTZ

NAME	YEAR	LIMIT	ISSUE	TREND
❏ ACHIEVING OUR GOALS	1991	RT	80.00	83.00
❏ CLASSROOM MEMORIES	1991	6000	80.00	80.00
❏ MISS PRITCHETT	1988	CL	28.00	38.00

COLLECTOR'S CLUB
S. SCHULTZ

NAME	YEAR	LIMIT	ISSUE	TREND
❏ FRIENDS FOREVER/4444	1995	YR	65.00	65.00
❏ HORSIN' AROUND/4445	1995	YR	65.00	65.00
❏ PLAYTIME PALS/4446	1995	YR	65.00	65.00

COLORS OF LIFE
N. HUGHES

NAME	YEAR	LIMIT	ISSUE	TREND
❏ ANCESTORS	1997	5797	195.00	195.00
❏ EMBRACE	1997	5797	115.00	115.00
❏ FRIENDS	1997	5797	125.00	125.00
❏ PEACE	1997	5797	95.00	95.00
❏ RITES	1997	5797	99.00	99.00
❏ SHELTER	1997	5797	99.00	99.00

COOKIE KIDS & FRIENDS
S. SCHULTZ

NAME	YEAR	LIMIT	ISSUE	TREND
❏ CHIP/C004	1995	OP	30.00	30.00
❏ COOKIE KIDS SIGN/C001	1995	OP	39.00	39.00
❏ HONEY/C007	1995	OP	30.00	30.00
❏ OATIE/C002	1995	OP	30.00	30.00
❏ PEANUT/C005	1995	OP	30.00	30.00
❏ SPRINKLES/C006	1995	OP	30.00	30.00
❏ SUGAR/C003	1995	RT	30.00	30.00

COTTON TALE COLLECTION
S. SCHULTZ

NAME	YEAR	LIMIT	ISSUE	TREND
❏ AMOS HARE	1988	CL	11.00	12.00
❏ BILLI RABBIT	1988	CL	27.00	36.00
❏ BONNIE	1987	CL	30.00	100.00
❏ BOY RABBIT RES. CANDLE	1988	CL	9.00	10.00
❏ CHUCKLES FARM RABBIT	1990	TL	53.00	54.00
❏ CINDI RABBIT	1988	CL	27.00	36.00
❏ CLARA NIBBLES	1998	1998	50.00	50.00
❏ CLEM NIBBLES	1998	1998	50.00	50.00
❏ CLYDE	1987	CL	30.00	100.00
❏ COOKIE FARM RABBIT	1990	TL	47.00	48.00
❏ COOKIE RABBIT	1989	CL	29.00	110.00

FIGURINES

NAME	YEAR	LIMIT	ISSUE	TREND
❏ CRUMB FARM RABBIT	1990	TL	53.00	54.00
❏ CRUMB RABBIT	1989	CL	29.00	40.00
❏ FLOPPY	1987	CL	19.00	21.00
❏ GIRL RABBIT RES. CANDLE	1988	CL	9.00	10.00
❏ GLIMMER/4362	1995	RT	50.00	50.00
❏ GLITZ/4363	1995	RT	50.00	50.00
❏ HANNAH RABBIT QUILTING	1990	CL	32.00	32.00
❏ HEATHER RABBIT W/DOLL	1990	OP	20.00	22.00
❏ HENRY RABBIT W/PIPE	1990	CL	32.00	32.00
❏ HERBIE RABBIT W/BOOK	1990	CL	22.00	22.00
❏ IZZY HARE	1988	CL	8.00	10.00
❏ LIZZY HARE	1988	CL	8.00	10.00
❏ MADDY HARE	1988	CL	11.00	11.00
❏ MOLLY RABBIT W/VEST	1990	CL	75.00	75.00
❏ NANA FARM RABBIT	1990	CL	100.00	100.00
❏ NANA RABBIT	1989	RT	50.00	65.00
❏ OLLY RABBIT W/VEST	1990	CL	65.00	100.00
❏ PAPA FARM RABBIT	1990	CL	80.00	80.00
❏ PAPA RABBIT	1989	RT	50.00	65.00
❏ RABBIT IN BASKET	1988	CL	48.00	48.00
❏ SLEEPING BABY BUNNY	1989	CL	16.00	16.00
❏ SLEEPY FARM RABBIT	1990	CL	35.00	35.00
❏ TESSY RABBIT	1991	RT	20.00	37.00
❏ THELMA RABBIT	1989	CL	33.00	41.00
❏ THOMAS RABBIT	1990	RT	33.00	40.00
❏ TOBY RABBIT	1989	CL	17.00	21.00
❏ VICTORIAN TABITHA	1991	CL	30.00	48.00
❏ VICTORIAN TESSY	1991	CL	20.00	38.00
❏ VICTORIAN THELMA	1991	CL	60.00	60.00
❏ VICTORIAN THOMAS	1991	CL	60.00	60.00
❏ VICTORIAN TOBY	1991	TL	40.00	60.00
❏ VICTORIAN TUCKER	1991	CL	37.00	37.00
❏ WENDALL BOY RABBIT	1987	CL	14.00	27.00
❏ WENDALL MINI BOY RABBIT	1988	CL	8.00	10.00
❏ WENDALL PA RABBIT	1987	CL	17.00	25.00
❏ WENDY GIRL RABBIT	1987	CL	15.00	27.00
❏ WENDY MINI GIRL RABBIT	1988	CL	8.00	10.00
❏ WILBUR MINI PAPA RABBIT	1988	CL	8.00	10.00
❏ WINNIE MINI MAMA RABBIT	1988	CL	8.00	10.00
❏ WINNIE MOM RABBIT	1986	CL	14.00	17.00
❏ X-MAS TOBY	1993	RT	20.00	20.00
❏ ZEB SAILOR DAD	1990	CL	26.00	28.00
❏ ZEB W/CARROTS	1990	RT	18.00	35.00
❏ ZEKE SAILOR BOY	1990	CL	26.00	26.00
❏ ZEKE W/CARROTS	1990	CL	17.00	35.00
❏ ZELDA SAILOR MOM	1990	CL	28.00	28.00
❏ ZELDA W/CARROTS	1990	RT	18.00	35.00
❏ ZOE SAILOR GIRL	1990	CL	26.00	26.00
❏ ZOE W/CARROTS	1990	RT	17.00	35.00

CUDDLY CRITTERS COLLECTION   **S. SCHULTZ**

NAME	YEAR	LIMIT	ISSUE	TREND
❏ BOY SQUIRREL SONNY	1990	CL	18.00	18.00
❏ BUSTER BOY CAT	1988	CL	14.00	15.00
❏ CAROUSEL HORSE	1988	CL	31.00	31.00
❏ COW W/BELL	1988	CL	35.00	35.00
❏ FLOSSY GIRL CAT	1988	CL	10.00	10.00
❏ GIDDY-UP/4180	1995	RT	38.00	38.00
❏ GIRL SQUIRREL SIS	1990	CL	18.00	18.00
❏ HORACE & SISSY DOGS	1990	OP	50.00	50.00
❏ JASPER DAD CAT	1990	OP	36.00	36.00
❏ JIGGS, SLEEPING CAT	1991	*	10.00	10.00
❏ KITTY CAT W/BONNET	1988	CL	12.00	12.00
❏ LAZY-CAT ON BACK	1988	CL	13.00	13.00
❏ LILA MRS. MOUSE	1988	CL	18.00	18.00
❏ LOUISE MAMA CAT	1988	CL	20.00	20.00
❏ LUCKY BOY MOUSE	1988	CL	13.00	13.00
❏ LUCKY GIRL MOUSE	1988	CL	12.00	12.00
❏ LULU GIRL CAT	1990	OP	26.00	26.00
❏ MA SQUIRREL SASHA	1990	CL	19.00	19.00
❏ MADAM DONNA	1989	CL	36.00	45.00
❏ MESSIEUR PIERRE	1989	CL	36.00	45.00
❏ MYRTLE THE PIG	1988	CL	38.00	45.00
❏ OTIS PAPA CAT	1989	CL	13.00	13.00
❏ PA SQUIRREL SHERMAN	1990	CL	19.00	19.00
❏ PAPA MOUSE	1988	CL	18.00	18.00
❏ PENNY GIRL DOG	1990	OP	35.00	35.00
❏ PUDDIN GIRL CAT	1989	CL	10.00	10.00
❏ REBECCA MOM DOG	1990	OP	40.00	40.00
❏ ROCKING HORSE	1988	CL	56.00	56.00
❏ SCOOTER BOY DOG	1990	OP	30.00	30.00
❏ SCUFFY BOY CAT	1990	OP	26.00	26.00
❏ SLEEPING CAT	1988	CL	6.00	6.00
❏ SPARKY	1987	OP	9.00	10.00
❏ TRAPPER PAPA CAT	1988	CL	20.00	20.00
❏ WHISKERS BOY CAT	1989	CL	10.00	10.00
❏ WIGGLY PIG	1989	CL	17.00	25.00
❏ WINNIE MOM CAT	1990	OP	36.00	36.00

DAISY COLLECTION   **S. SCHULTZ**

NAME	YEAR	LIMIT	ISSUE	TREND
❏ BOMBER	1990	CL	52.00	60.00
❏ JACK BOY BALL & GLOVE	1990	CL	40.00	45.00
❏ JEWEL	1990	CL	62.00	70.00
❏ SALLY BOOBA	1989	CL	40.00	65.00
❏ SPARKY	1990	CL	55.00	60.00

NAME	YEAR	LIMIT	ISSUE	TREND
❑ SPIKE	1990	RT	46.00	50.00
❑ STRETCH	1990	CL	52.00	60.00
DREAMS OF TOMORROW				**S. SCHULTZ**
❑ NURSE TILLIE II/4502	1996	5000	29.00	29.00
FACES OF COURAGE				**S. SCHULTZ**
❑ BUFFALO SOLDIER BUST	1998	9898	48.00	48.00
❑ HARRIET TUBMAN BUST	1998	9898	48.00	48.00
❑ ROSA PARKS BUST	1998	9898	48.00	48.00
❑ TUSKEGEE AIRMAN BUST	1998	9898	48.00	48.00
FOREVER ICE SCULPTURES				**S. SCHULTZ**
❑ CLARA NIBBLES	1998	1998	45.00	45.00
❑ CLEM NIBBLES	1998	1998	45.00	45.00
GINGER BABIES COLLECTION				**S. SCHULTZ**
❑ GINGER	1989	RT	17.00	17.00
❑ GINGER BOY NUTMEG	1990	RT	16.00	20.00
❑ GINGER GIRL CINNAMON	1990	RT	16.00	20.00
❑ MOLASSES	1909	RT	17.00	17.00
HAPPY COLLECTION				**S. SCHULTZ**
❑ ENCORE CLOWN W/DOG	1990	2000	100.00	100.00
❑ HAPPY W/BALLOONS	1987	CL	22.00	22.00
❑ LADY CLOWN	1988	CL	20.00	20.00
❑ LARGE HAPPY CLOWN	1987	CL	22.00	22.00
❑ SITTING HAPPY	1987	CL	26.00	26.00
HEAVENLY PEEPERS				**S. SCHULTZ**
❑ CHRISTMAS MORNING	1999	2400	17.00	17.00
❑ GRADUATION DAY	1999	2400	15.00	15.00
❑ HARVEST TIME	1999	2400	17.00	17.00
❑ INDEPENDENCE DAY	1999	2400	17.00	17.00
❑ LOVE IN BLOOM	1999	2400	17.00	17.00
❑ SAILING AWAY	1999	2400	17.00	17.00
❑ SPRING TIME	1999	2400	15.00	15.00
❑ STORY HOUR	1999	2400	17.00	17.00
❑ SWEET DREAMS	1999	2400	15.00	15.00
❑ TEA TIME	1999	2400	15.00	15.00
❑ TRICK OR TREAT	1999	2400	17.00	17.00
❑ WINTER FUN	1999	2400	15.00	15.00
HEAVENLY WINGS				**S. SCHULTZ**
❑ ADORA W/BUNNY	1990	10000	60.00	50.00
❑ ADORA W/PINK GOWN	1990	CL	35.00	75.00
❑ ANGELICA ANGEL	1989	6000	21.00	25.00
❑ BOY ANGEL INST. ADAIR	1990	CL	29.00	29.00
❑ ENOS W/BLUE GOWN	1990	CL	53.00	75.00
❑ ENOS W/FROG	1990	10000	50.00	50.00
❑ HEAVENLY FALL	1999	1999	55.00	55.00
❑ HEAVENLY GUARDIAN	1989	CL	40.00	40.00
❑ HEAVENLY SPRING	1999	1999	55.00	55.00
❑ HEAVENLY SUMMER	1999	1999	55.00	55.00
❑ HEAVENLY WINTER	1999	1999	55.00	55.00
❑ REGINA	1989	CL	24.00	30.00
HISTORICALS				**S. SCHULTZ**
❑ BASEBALL LEGEND	1998	2500	60.00	60.00
❑ SCOTT JOPLIN	1998	2500	60.00	60.00
LABOR OF LOVE				**S. SCHULTZ**
❑ BABY/4288	1995	OP	25.00	25.00
❑ BEACH/4302	1995	RT	29.00	29.00
❑ BIRTHDAY/4290	1995	OP	29.00	29.00
❑ BIRTHDAY/4299	1995	OP	29.00	29.00
❑ BIRTHDAY/4301	1995	OP	29.00	29.00
❑ BIRTHDAY/4303	1995	OP	29.00	29.00
❑ BOTTLE/4306	1995	RT	29.00	29.00
❑ BOY STOCKING/4436	1995	OP	18.00	18.00
❑ BOY TRUMPET/4432	1995	OP	18.00	18.00
❑ BOY WREATH/4434	1995	OP	18.00	18.00
❑ CAMPFIRE/4293	1995	RT	29.00	29.00
❑ CANNING/4297	1995	RT	29.00	29.00
❑ COMPTR. BOY/4487	1996	RT	29.00	29.00
❑ COMPTR. GIRL/4486	1996	RT	29.00	29.00
❑ COMPTR. GIRL/4488	1996	RT	29.00	29.00
❑ COMPTR. SEWING/4489	1996	OP	29.00	29.00
❑ COMPUTER/4304	1995	OP	29.00	29.00
❑ FISHING/4300	1995	OP	29.00	29.00
❑ GIRL PRAYING/4431	1995	OP	18.00	18.00
❑ GIRL WREATH/4435	1995	OP	18.00	18.00
❑ GOLFER/4490	1996	RT	29.00	29.00
❑ GOLFING/4308	1995	OP	29.00	29.00
❑ GROWING/4305	1995	OP	29.00	29.00
❑ HAPPINESS/4291	1995	OP	29.00	29.00
❑ HEALING/4292	1995	OP	29.00	29.00
❑ IRONING/4289	1995	OP	29.00	29.00
❑ MECHANIC/4298	1995	RT	29.00	29.00
❑ MOWING/4296	1995	RT	29.00	29.00
❑ PLANTING/4287	1995	OP	29.00	29.00
❑ PROTECT. BLUE/4383	1995	OP	12.00	12.00
❑ PROTECT. BLUE/4385	1995	OP	12.00	12.00
❑ PROTECT. GOLD/4378	1995	OP	12.00	12.00
❑ PROTECT. GOLD/4380	1995	OP	12.00	12.00
❑ PROTECT. GOLD/4382	1995	OP	12.00	12.00
❑ PROTECT. GOLD/4384	1995	OP	12.00	12.00
❑ PROTECT. PINK/4379	1995	OP	12.00	12.00
❑ PROTECT. PINK/4381	1995	OP	12.00	12.00
❑ ROLLER BLADING/4309	1995	OP	29.00	29.00

FIGURINES

FIGURINES

NAME	YEAR	LIMIT	ISSUE	TREND
☐ SENDING SMILES/4307	1995	OP	29.00	29.00
☐ SEWING/4296	1995	RT	29.00	29.00
☐ STUDYING/4294	1995	OP	25.00	25.00
☐ TOOLS/4310	1995	RT	29.00	29.00
LITTLE CHARMERS COLLECTION				**S. SCHULTZ**
☐ AMBER-SMALL GIRL STANDING	1987	CL	15.00	18.00
☐ ARCHIE-SMALL BOY STANDING	1987	CL	15.00	16.00
☐ ASHLEE	1987	CL	60.00	65.00
☐ BARE BOTTOM BABY	1987	CL	10.00	15.00
☐ BASEBALL PLAYER	1987	CL	24.00	30.00
☐ BASKETBALL PLAYER	1988	CL	24.00	26.00
☐ BEAU-CUPIE BOY	1987	CL	20.00	22.00
☐ BEVIE	1987	CL	18.00	20.00
☐ BLONDIE-GIRL DOLL SITTING	1987	CL	16.00	18.00
☐ BOWLER	1988	CL	24.00	26.00
☐ BOY W/CLOWN DOLL	1988	CL	40.00	45.00
☐ BUTCH-BOY BOOK SITTING	1987	CL	16.00	18.00
☐ BUTTONS-CUPIE GIRL	1987	CL	20.00	22.00
☐ CHEERLEADER	1987	CL	16.00	18.00
☐ CLEMENTINE-GIRL SAILOR SUIT	1987	CL	14.00	17.00
☐ CORKY-BOY SAILOR SUIT	1987	CL	14.00	17.00
☐ CUPCAKE W/ROPE	1987	CL	19.00	21.00
☐ DAISY	1987	CL	36.00	40.00
☐ DUSTY	1987	CL	19.00	21.00
☐ EDDIE	1987	CL	18.00	20.00
☐ EMMY LOU	1987	CL	14.00	16.00
☐ FOOTBALL PLAYER	1987	CL	24.00	26.00
☐ GIRL W/DOG	1988	CL	43.00	47.00
☐ GIRL W/TEACUP	1988	CL	37.00	40.00
☐ JENNIFER & DOG	1989	CL	57.00	60.00
☐ JESSICA	1988	CL	44.00	45.00
☐ MAN GOLFER	1987	CL	24.00	26.00
☐ MOOSE BOY SITTING	1989	OP	18.00	20.00
☐ SHOOTER	1987	CL	19.00	21.00
☐ TWINKLE W/POLE	1987	CL	19.00	21.00
☐ WHITE BABY TANSY	1990	10000	40.00	40.00
☐ WILLIE BILL	1987	CL	20.00	22.00
☐ WOMAN GOLFER	1987	CL	24.00	26.00
MARTIN LUTHER KING, JR.				**S. SCHULTZ**
☐ BIRMINGHAM JAIL/4407	1995	YR	65.00	65.00
☐ I HAVE A DREAM/4540	1996	10000	50.00	65.00
☐ RACIAL HARMONY/4541	1996	5000	114.00	114.00
☐ WEDDING DAY/4406	1995	YR	85.00	85.00
MATT & MAGGIE				**S. SCHULTZ**
☐ LARGE MAGGIE	1988	RT	48.00	60.00
☐ LARGE MATT	1988	RT	48.00	60.00
☐ MAGGIE	1986	RT	14.00	25.00
☐ MAGGIE BENCH SITTER	1989	CL	32.00	40.00
☐ MAGGIE CANDLEHOLDER	1986	CL	12.00	12.00
☐ MAGGIE ON HEART	1987	CL	9.00	13.00
☐ MATT	1986	CL	14.00	25.00
☐ MATT & MAGGIE W/BEAR	1987	RT	100.00	155.00
☐ MATT BENCH SITTER	1989	CL	32.00	40.00
☐ MATT CANDLEHOLDER	1986	CL	12.00	12.00
☐ MATT ON HEART	1987	CL	9.00	13.00
☐ MINI MAGGIE	1989	CL	6.00	10.00
☐ MINI MATT	1989	CL	6.00	10.00
☐ SMALL SITTING MAGGIE	1988	CL	12.00	37.00
☐ SMALL SITTING MATT	1988	CL	12.00	37.00
☐ STANDING MAGGIE	1987	CL	11.00	13.00
☐ STANDING MATT	1987	CL	11.00	13.00
MEMORY LANE COLLECTION				**S. SCHULTZ**
☐ BANK	1988	CL	13.00	15.00
☐ BARBER SHOP	1987	CL	13.00	15.00
☐ BARN	1987	CL	16.00	18.00
☐ BRITON CHURCH	1989	CL	25.00	25.00
☐ CHURCH	1987	CL	19.00	20.00
☐ COTTAGE	1987	CL	13.00	15.00
☐ DRUG STORE	1987	CL	13.00	15.00
☐ FIRE STATION	1989	CL	20.00	20.00
☐ GENERAL STORE	1987	CL	13.00	15.00
☐ GRANDMA'S HOUSE	1987	CL	13.00	15.00
☐ HOUSE W/DORMERS	1987	CL	15.00	16.00
☐ MILL	1987	CL	16.00	18.00
☐ MINI BANK	1989	CL	6.00	6.00
☐ MINI BARBER SHOP	1988	CL	6.00	10.00
☐ MINI BARN	1988	CL	6.00	8.00
☐ MINI CHURCH	1988	CL	6.00	10.00
☐ MINI DEPOT	1989	CL	7.00	7.00
☐ MINI DRUG STORE	1988	CL	6.00	8.00
☐ MINI GENERAL STORE	1988	CL	6.00	8.00
☐ MINI GRANDMA'S HOUSE	1988	CL	7.00	8.00
☐ MINI MILL	1988	CL	6.00	7.00
☐ MINI SALT BOX	1988	CL	6.00	6.00
☐ MINI SCHOOL	1988	CL	6.00	7.00
☐ POST OFFICE	1989	CL	25.00	25.00
☐ SCHOOL	1987	CL	14.00	15.00
☐ TRAIN DEPOT	1988	CL	14.00	14.00
MICHAUD BEARS				**S. SCHULTZ**
☐ BAY CITY BEAUTY/4334	1995	RT	26.00	26.00

NAME	YEAR	LIMIT	ISSUE	TREND
❏ BEAU W/TRUNK/4335	1995	RT	40.00	40.00
❏ LOVE HEALS ALL/4438	1995	RT	28.00	28.00
❏ PROXY BEAR/4332	1995	RT	20.00	20.00
❏ PROXY W/JEWELRY/4333	1995	RT	33.00	33.00
MICHAUD COLLECTION				**S. SCHULTZ**
❏ BAY CITY BEAUTY	1999	2400	20.00	20.00
❏ BELLHOP & ROSE	1999	2400	16.00	16.00
❏ DOWAGER TWINS	1999	2400	12.00	12.00
❏ EDDIE	1999	2400	15.00	15.00
❏ IRISH BEAR	1999	2400	18.00	18.00
❏ JUST TED	1999	2400	18.00	18.00
❏ LIBRARIAN	1999	2400	15.00	15.00
❏ ME & MY SHADOW	1999	2400	12.00	12.00
❏ PROFESSOR	1999	2400	18.00	18.00
❏ PROXY W/JEWELRY	1999	2400	15.00	15.00
❏ TOMMY W/DOG	1999	2400	17.00	17.00
PREMIER EDITION FOR CLUB CONTEST WINNERS				**S. SCHULTZ**
❏ ANGELS ON ASSIGN/4544	1996	YR	65.00	65.00
PROMOTION FIGURINES				**S. SCHULTZ**
❏ ABIGAIL/4543	1996	YR	36.00	36.00
❏ ARETHA/4542	1996	YR	36.00	36.00
❏ FLAGS IN HEAV./4386	1995	YR	45.00	45.00
ROSE COLLECTION				**S. SCHULTZ**
❏ SWEET ROSE	1989	CL	50.00	50.00
❏ TIFFANY VICTORIAN GIRL	1990	TL	40.00	40.00
❏ TYLER VICTORIAN BOY	1990	TL	40.00	40.00
❏ VICTORIAN BOY CODY	1990	CL	46.00	46.00
SANTAS OF THE MONTH				**S. SCHULTZ**
❏ APR. SANTA SPRING/JOY	1990	CL	150.00	150.00
❏ APR. SPRING TIME	1990	CL	90.00	100.00
❏ APRIL SANTA BLACK	1988	CL	50.00	250.00
❏ APRIL SANTA WHITE	1988	CL	50.00	125.00
❏ APRIL, MRS.	1990	CL	110.00	110.00
❏ AUGUST FUN IN THE SUN	1990	CL	90.00	100.00
❏ AUGUST SANTA BLACK	1990	CL	50.00	250.00
❏ AUGUST SANTA SUMMERS TRN.	1990	CL	110.00	125.00
❏ AUGUST SANTA WHITE	1988	CL	50.00	125.00
❏ AUGUST, MRS.	1990	CL	90.00	100.00
❏ DECEMBER A GIFT OF PEACE	1990	CL	90.00	90.00
❏ DECEMBER SANTA BLACK	1988	TL	50.00	250.00
❏ DECEMBER SANTA PEACE	1990	CL	100.00	125.00
❏ DECEMBER SANTA WHITE	1988	CL	50.00	125.00
❏ DECEMBER, MRS.	1990	CL	110.00	130.00
❏ FEBRUARY FROM THE HEART	1990	CL	90.00	90.00
❏ FEBRUARY SANTA BLACK	1988	TL	50.00	250.00
❏ FEBRUARY SANTA CUPIDS HELP	1990	CL	120.00	120.00
❏ FEBRUARY SANTA WHITE	1988	CL	50.00	125.00
❏ FEBRUARY, MRS.	1990	CL	110.00	110.00
❏ JANUARY FRUITS OF LOVE	1990	CL	90.00	90.00
❏ JANUARY SANTA BLACK	1988	TL	50.00	250.00
❏ JANUARY SANTA WHITE	1988	CL	50.00	125.00
❏ JANUARY SANTA WINTER FUN	1990	CL	80.00	85.00
❏ JANUARY, MRS.	1990	CL	80.00	105.00
❏ JULY CELEBRATE AMERICA	1990	CL	90.00	95.00
❏ JULY SANTA BLACK	1988	TL	50.00	250.00
❏ JULY SANTA GOD BLESS	1990	CL	100.00	110.00
❏ JULY SANTA WHITE	1988	CL	50.00	125.00
❏ JULY, MRS.	1990	CL	100.00	120.00
❏ JUNE HOMERUN	1990	CL	90.00	95.00
❏ JUNE SANTA BLACK	1988	TL	50.00	250.00
❏ JUNE SANTA GRADUATION	1990	CL	70.00	70.00
❏ JUNE SANTA WHITE	1988	CL	50.00	125.00
❏ JUNE, MRS.	1990	CL	70.00	95.00
❏ MARCH IRISH LOVE	1990	CL	100.00	100.00
❏ MARCH SANTA BLACK	1988	TL	50.00	250.00
❏ MARCH SANTA IRISH DELIGHT	1990	CL	120.00	145.00
❏ MARCH SANTA WHITE	1988	CL	50.00	125.00
❏ MARCH, MRS.	1990	CL	80.00	95.00
❏ MASQUERADE TILLIE	1990	TL	45.00	45.00
❏ MAY CADDY CHATTER	1990	CL	100.00	100.00
❏ MAY SANTA BLACK	1988	CL	50.00	250.00
❏ MAY SANTA PAR FOR COURSE	1990	CL	100.00	100.00
❏ MAY SANTA WHITE	1988	CL	50.00	125.00
❏ MAY, MRS.	1990	CL	80.00	110.00
❏ MINI APRIL SANTA	1988	CL	14.00	30.00
❏ MINI AUGUST SANTA	1988	CL	14.00	30.00
❏ MINI DECEMBER SANTA	1988	CL	14.00	30.00
❏ MINI FEBRUARY SANTA	1988	CL	14.00	30.00
❏ MINI JANUARY SANTA	1988	CL	14.00	30.00
❏ MINI JULY SANTA	1988	CL	14.00	30.00
❏ MINI JUNE SANTA	1988	CL	14.00	30.00
❏ MINI MARCH SANTA	1988	CL	14.00	30.00
❏ MINI MAY SANTA	1988	CL	14.00	30.00
❏ MINI NOVEMBER SANTA	1988	CL	14.00	30.00
❏ MINI OCTOBER SANTA	1988	CL	14.00	30.00
❏ MINI SEPTEMBER SANTA	1988	CL	14.00	30.00
❏ NOVEMBER HARVEST OF LOVE	1990	TL	120.00	120.00
❏ NOVEMBER SANTA BLACK	1988	TL	50.00	250.00
❏ NOVEMBER SANTA GIVE THANKS	1990	CL	100.00	120.00
❏ NOVEMBER SANTA WHITE	1988	CL	50.00	125.00

FIGURINES

NAME	YEAR	LIMIT	ISSUE	TREND
❑ NOVEMBER, MRS.	1990	CL	90.00	110.00
❑ OCTOBER MASQUERADE	1990	CL	120.00	120.00
❑ OCTOBER SANTA BLACK	1988	TL	50.00	250.00
❑ OCTOBER SANTA SEASONS PLENTY	1990	CL	120.00	120.00
❑ OCTOBER SANTA WHITE	1988	CL	50.00	125.00
❑ OCTOBER, MRS.	1990	CL	90.00	110.00
❑ SEPTEMBER LESSONS IN LOVE	1990	TL	90.00	90.00
❑ SEPTEMBER SANTA BLACK	1988	TL	50.00	250.00
❑ SEPTEMBER SANTA TOUCHDOWN	1990	CL	90.00	90.00
❑ SEPTEMBER SANTA WHITE	1988	CL	50.00	125.00
❑ SEPTEMBER, MRS.	1990	CL	90.00	95.00
❑ SERIES F AMERICANA SANTA	1999	2400	45.00	45.00
❑ SERIES F FARMER SANTA	1999	2400	45.00	45.00
❑ SERIES F HALLOWEEN SANTA	1999	2400	45.00	45.00
❑ SERIES F HARVEST SANTA	1999	2400	45.00	45.00
❑ SERIES G EASTER SANTA	1999	2400	45.00	45.00
❑ SERIES G FARMER SANTA	1999	2400	45.00	45.00
❑ SERIES G HALLOWEEN SANTA	1999	2400	45.00	45.00
❑ SERIES G HARVEST SANTA	1999	2400	45.00	45.00

SARAH'S GANG
S. SCHULTZ

NAME	YEAR	LIMIT	ISSUE	TREND
❑ AMERICANA CUPCAKE	1989	CL	21.00	24.00
❑ AMERICANA KATIE	1989	CL	21.00	24.00
❑ AMERICANA RACHEL	1990	CL	30.00	30.00
❑ AMERICANA TILLIE	1989	CL	21.00	24.00
❑ AMERICANA TWINKIE	1989	CL	21.00	24.00
❑ AMERICANA WHIMPY	1989	CL	21.00	24.00
❑ AMERICANA WILLIE	1989	CL	21.00	24.00
❑ BABY RACHEL	1989	CL	20.00	20.00
❑ BEACHTIME BABY RACHEL	1990	CL	35.00	50.00
❑ BEACHTIME CUPCAKE	1990	CL	35.00	50.00
❑ BEACHTIME KATIE & WHIMPY	1990	CL	60.00	70.00
❑ BEACHTIME TILLIE	1990	CL	35.00	50.00
❑ BEACHTIME TWINKIE	1990	CL	35.00	50.00
❑ BEACHTIME WILLIE	1990	CL	35.00	50.00
❑ CLOWN TILLIE	1990	CL	40.00	45.00
❑ CLOWN WILLIE	1990	CL	40.00	45.00
❑ CRACKER, COCKER SPANIEL	1991	TL	9.00	9.00
❑ CUPCAKE	1988	CL	20.00	21.00
❑ CUPCAKE ON HEART	1987	CL	12.00	21.00
❑ CUPCAKE/4346	1995	OP	28.00	28.00
❑ DEVIL CUPCAKE	1990	CL	40.00	40.00
❑ DEVIL TWINKIE	1990	CL	40.00	45.00
❑ DOCTOR TWINKIE	1991	6000	50.00	50.00
❑ EXECUTIVE WHIMP	1991	6000	46.00	46.00
❑ KATIE	1988	CL	20.00	21.00
❑ KATIE ON HEART	1987	CL	12.00	21.00
❑ KATIE, WHITE BRIDE	1991	TL	47.00	47.00
❑ KATIE/4344	1995	OP	28.00	28.00
❑ LARGE FLOWER POT84355	1995	OP	6.00	6.00
❑ NURSE CUPCAKE	1991	6000	46.00	46.00
❑ ORIGINAL CUPCAKE	1987	CL	16.00	20.00
❑ ORIGINAL KATIE	1986	CL	14.00	20.00
❑ ORIGINAL TILLIE	1986	CL	14.00	25.00
❑ ORIGINAL TWINKIE	1986	CL	14.00	20.00
❑ ORIGINAL WHIMPY	1986	CL	14.00	20.00
❑ ORIGINAL WILLIE	1986	CL	14.00	28.00
❑ PEACHES, BLACK FLOWER GIRL	1991	CL	40.00	40.00
❑ PERCY, BLACK MINISTER	1991	CL	50.00	50.00
❑ PORCE SET 5 PC./4353	1995	OP	250.00	250.00
❑ PUG, BLACK RING BEARER	1991	CL	40.00	40.00
❑ PUMPKIN RACHEL	1990	CL	40.00	45.00
❑ RACHEL, WHITE FLOWER GIRL	1991	CL	40.00	40.00
❑ RACHEL/4348	1995	OP	28.00	28.00
❑ ROLLER BLADES/4356	1995	OP	8.00	8.00
❑ SCARECROW WHIMPY	1990	CL	40.00	40.00
❑ SITTING KATIE	1987	CL	14.00	21.00
❑ SITTING WHIMPY	1987	CL	14.00	21.00
❑ SMALL COUNTRY TILLIE	1989	CL	16.00	25.00
❑ SMALL COUNTRY WILLIE	1989	CL	18.00	25.00
❑ SMALL FLOWER POT/4354	1995	OP	5.00	5.00
❑ SMALL SAILOR KATIE	1989	CL	14.00	18.00
❑ SMALL SAILOR WHIMPY	1989	CL	14.00	18.00
❑ SMALL SCHOOL CUPCAKE	1989	CL	11.00	18.00
❑ SMALL SCHOOL TWINKIE	1989	CL	11.00	18.00
❑ SPARKY/4357	1995	OP	10.00	10.00
❑ TEACHER TILLIE	1991	6000	50.00	50.00
❑ THANKSGIVING KATIE	1991	RT	32.00	32.00
❑ THANKSGIVING RACHEL	1991	RT	32.00	32.00
❑ THANKSGIVING TILLIE	1991	RT	32.00	32.00
❑ THANKSGIVING WHIMPY	1991	RT	32.00	32.00
❑ THANKSGIVING WILLIE	1991	10000	32.00	32.00
❑ TILLIE	1988	CL	20.00	21.00
❑ TILLIE CANDLE HOLDER	1986	CL	12.00	13.00
❑ TILLIE ON HEART	1987	CL	9.00	21.00
❑ TILLIE, BLACK BRIDE	1991	CL	47.00	50.00
❑ TILLIE/4342	1995	OP	28.00	28.00
❑ TRAP/4360	1995	OP	6.00	7.00
❑ TWINKIE	1988	CL	20.00	21.00
❑ TWINKIE ON HEART	1987	CL	9.00	21.00
❑ TWINKIE, WHITE MINISTER	1991	CL	50.00	52.00
❑ TWINKIE/4347	1995	OP	28.00	28.00
❑ TYLER, WHITE RING BEARER	1991	CL	40.00	40.00

NAME	YEAR	LIMIT	ISSUE	TREND
❑ WAGON OF FUN/4361	1995	OP	25.00	25.00
❑ WHIMPY	1988	CL	20.00	21.00
❑ WHIMPY ON HEART	1987	CL	9.00	19.00
❑ WHIMPY, WHITE GROOM	1991	CL	47.00	50.00
❑ WHIMPY/4345	1995	OP	28.00	28.00
❑ WICKER CHAIR/4358	1995	OP	20.00	20.00
❑ WICKER SETTEE/4359	1995	OP	25.00	25.00
❑ WILLIE	1988	CL	20.00	21.00
❑ WILLIE CANDLE HOLDER	1987	CL	12.00	13.00
❑ WILLIE ON HEART	1987	CL	9.00	21.00
❑ WILLIE, BLACK GROOM	1991	CL	47.00	47.00
❑ WILLIE/4343	1995	OP	28.00	28.00
❑ WITCH KATIE	1990	CL	40.00	45.00
SARAH'S NEIGHBORHOOD FRIENDS				**S. SCHULTZ**
❑ ANNIE W/FLOWER BASKET	1990	CL	56.00	56.00
❑ ANNIE W/VIOLIN	1990	CL	40.00	40.00
❑ ANNIE, WHITE MARY	1991	CL	30.00	30.00
❑ BABES, BLACK BABY JESUS	1991	CL	20.00	20.00
❑ BUBBA W/LANTERN	1990	CL	40.00	40.00
❑ BUBBA W/LEMONADE	1990	CL	54.00	100.00
❑ BUBBA, BLACK KING	1991	CL	40.00	40.00
❑ BUD W/BOOK	1990	CL	40.00	40.00
❑ BUD W/NEWSPAPER	1990	CL	40.00	40.00
❑ BUD, WHITE JOSEPH	1991	CL	34.00	34.00
❑ CRATE OF LOVE, BLACK	1991	CL	40.00	40.00
❑ CRATE OF LOVE, WHITE	1991	CL	40.00	40.00
❑ DOLLY, WHITE BABY JESUS	1991	CL	20.00	20.00
❑ EXECUTIVE NOAH	1991	CL	46.00	46.00
❑ HEWETT W/APPLES	1990	CL	40.00	40.00
❑ HEWETT W/DRUM	1990	CL	40.00	40.00
❑ HEWITT, WHITE KING W/DRUM	1991	CL	40.00	40.00
❑ KITTEN IN BASKET	1991	TL	15.00	16.00
❑ NOAH, BLACK JOSEPH	1991	TL	36.00	36.00
❑ NURSE PANSY	1991	6000	46.00	46.00
❑ PANSY W/BUGGY	1990	CL	50.00	50.00
❑ PANSY W/SLED	1990	CL	35.00	35.00
❑ PANSY, BLACK ANGEL	1991	TL	30.00	30.00
❑ SHELBY, BLACK MARY	1991	CL	30.00	30.00
❑ TEACHER ANNIE	1991	6000	55.00	55.00
❑ WALDO DOG	1990	CL	10.00	10.00
❑ WALDO W/FLOWERS	1990	CL	14.00	15.00
❑ WALDO, DOG W/SHOE	1991	TL	15.00	16.00
❑ WEASEL W/CAP	1990	CL	40.00	40.00
❑ WEASEL W/PAPER	1990	CL	40.00	40.00
❑ WEASEL, WHITE KING W/KITTEN	1991	CL	40.00	40.00
SNOWFLAKE COLLECTION				**S. SCHULTZ**
❑ AMERICAN SNOW OLD GLORY	1990	RT	24.00	25.00
❑ BOO MINI SNOWMAN	1989	CL	6.00	10.00
❑ CHILLY/4418	1995	1000	44.00	44.00
❑ CHILLY/JINGLES/4417	1995	SO	80.00	80.00
❑ CHILLY/SNOWFLAKE/4482	1996	5000	32.00	32.00
❑ FILLY/SNOWCRYSTAL/4483	1996	5000	36.00	36.00
❑ FLURRY	1989	CL	12.00	18.00
❑ FLURRY & BOO/4414	1995	1000	30.00	30.00
❑ SNOWY/4416	1995	1000	30.00	30.00
❑ TOPPER/TABBY/4481	1996	5000	32.00	32.00
❑ WINTER FROLIC	1989	CL	60.00	72.00
SPARKLING WONDERLAND				**S. SCHULTZ**
❑ BURLEY B & W	1998	1998	50.00	50.00
❑ BURLEY PASTEL	1998	1998	50.00	50.00
❑ CLARA NIBBLES	1998	1998	45.00	45.00
❑ CLEM NIBBLES	1998	1998	45.00	45.00
SPIRIT OF AMERICA				**S. SCHULTZ**
❑ BETSY/4491	1996	2500	40.00	40.00
❑ GOD BLESS AMERICA/4497	1996	RT	30.00	30.00
❑ GOD BLESS AMERICA/4498	1996	RT	30.00	30.00
❑ I'M PROUD BEAR/4495	1996	2500	10.00	10.00
❑ PEACHES/4493	1996	RT	26.00	26.00
❑ PUG/4494	1996	2500	26.00	26.00
❑ ROSS/4492	1996	RT	36.00	36.00
❑ USA SANTA/4496	1996	RT	100.00	100.00
SPIRIT OF CHRISTMAS				**S. SCHULTZ**
❑ AMERICAN SANTA/4467	1995	RT	100.00	100.00
❑ BELLS OF CHRISTMAS	1990	RT	35.00	38.00
❑ BLESSED CHRISTMAS	1988	RT	100.00	100.00
❑ BLINKEY ELF BALL	1989	CL	16.00	20.00
❑ CARE BASKET/4424	1995	5000	26.00	26.00
❑ CARING/4423	1995	5000	29.00	29.00
❑ CHERISH THE CHILDREN/4466	1995	7500	70.00	70.00
❑ CHRISTINE/4420	1995	5000	26.00	26.00
❑ CHRISTMAS CLOWN	1988	CL	88.00	88.00
❑ CHRISTMAS DREAMS/4463	1995	RT	64.00	64.00
❑ CHRISTMAS JOY	1989	RT	32.00	33.00
❑ CHRISTMAS JOY/4331	1995	2000	60.00	60.00
❑ CHRISTMAS MUSIC	1990	RT	60.00	65.00
❑ CHRISTMAS W/CHILDREN	1988	4000	80.00	80.00
❑ CHRISTMAS WARM./4421	1995	OP	90.00	90.00
❑ CHRISTMAS WISHES	1990	RT	50.00	51.00
❑ CHRISTMAS WONDER SANTA	1990	RT	50.00	55.00
❑ COFFEE POT/4422	1995	OP	5.00	5.00
❑ COLONEL SANTA	1987	CL	30.00	30.00
❑ COLONEL SANTA 2	1989	CL	35.00	36.00

FIGURINES

FIGURINES

NAME	YEAR	LIMIT	ISSUE	TREND
❏ COUNTRY TREE/4419	1995	OP	33.00	33.00
❏ COW/OX	1988	CL	16.00	17.00
❏ ELF GRABBING HAT	1988	CL	8.00	10.00
❏ ELF W/GIFT	1988	CL	8.00	9.00
❏ FATHER SNOW	1987	CL	42.00	46.00
❏ FATHER SNOW 2	1989	RT	32.00	40.00
❏ GUIDING LIGHT	1999	1999	45.00	45.00
❏ HAPPINESS/4426	1995	5000	34.00	34.00
❏ HELPFULNESS/4425	1995	5000	37.00	37.00
❏ JESUS-NATURAL	1988	CL	11.00	11.00
❏ JINGLE BELLS	1987	CL	20.00	28.00
❏ JINGLE BELLS 2	1989	RT	25.00	25.00
❏ JOLLY 2	1989	RT	17.00	18.00
❏ JOSEPH-NATURAL	1988	CL	11.00	11.00
❏ JOY TO THE WORLD/4462	1995	1000	64.00	64.00
❏ JOYFULNESS/4428	1995	5000	28.00	28.00
❏ KINDNESS/4427	1995	5000	30.00	30.00
❏ KRIS KRINGLE	1987	CL	100.00	120.00
❏ LARGE MRS. CLAUS RES. CANDLE	1988	CL	11.00	12.00
❏ LARGE SANTA RES. CANDLE	1988	CL	11.00	12.00
❏ LARGE SANTA W/CANE	1987	CL	27.00	33.00
❏ LONG JOURNEY	1987	CL	19.00	36.00
❏ LONG JOURNEY 2	1989	RT	35.00	45.00
❏ LOVE THE CHILDREN	1990	RT	75.00	78.00
❏ MAMA SANTA SITTING	1989	CL	30.00	42.00
❏ MAMA SANTA STOCKING	1989	CL	50.00	51.00
❏ MARY-NATURAL	1988	CL	12.00	12.00
❏ MINI COLONEL SANTA	1989	CL	14.00	20.00
❏ MINI FATHER SNOW	1989	CL	16.00	17.00
❏ MINI JESUS	1988	CL	4.00	5.00
❏ MINI JESUS-NATURAL	1988	CL	4.00	5.00
❏ MINI JINGLE BELLS	1989	CL	16.00	17.00
❏ MINI JOLLY	1989	CL	10.00	11.00
❏ MINI JOSEPH	1988	CL	6.00	6.00
❏ MINI JOSEPH-NATURAL	1988	CL	5.00	5.00
❏ MINI LONG JOURNEY	1988	CL	11.00	11.00
❏ MINI MARY	1988	CL	8.00	8.00
❏ MINI MARY-NATURAL	1988	CL	5.00	5.00
❏ MINI NAUGHTY OR NICE	1989	CL	20.00	21.00
❏ MINI SANTA RES. CANDLE	1988	CL	7.00	7.00
❏ MINI SANTA W/CANE	1987	CL	8.00	10.00
❏ MINI ST. NICK	1989	CL	14.00	15.00
❏ MRS. CLAUS	1987	CL	26.00	28.00
❏ MRS. SANTA/4430	1995	5000	42.00	42.00
❏ NATURE'S SPIRIT	1999	1999	45.00	45.00
❏ NAUGHTY OR NICE SANTA AT D	1987	CL	100.00	100.00
❏ PAPA SANTA SITTING	1989	CL	30.00	41.00
❏ PAPA SANTA STOCKING	1989	CL	50.00	62.00
❏ PEACE ON EARTH/4464	1995	7500	80.00	80.00
❏ SANTA CLAUS EXPRESS	1990	RT	150.00	155.00
❏ SANTA IN CHIMNEY	1988	CL	110.00	140.00
❏ SANTA KNEELING	1988	CL	22.00	22.00
❏ SANTA SITTING	1987	CL	18.00	20.00
❏ SANTA W/ELF	1988	CL	90.00	90.00
❏ SANTA W/POCKETS	1987	CL	34.00	34.00
❏ SANTA/4429	1995	5000	45.00	45.00
❏ SANTA'S LOVE/4465	1995	7500	98.00	98.00
❏ SANTA'S WORKSHOP	1987	CL	50.00	90.00
❏ SHARING LOVE SANTA	1991	RT	120.00	130.00
❏ SHEEP	1988	CL	8.00	8.00
❏ SILENT NIGHT	1989	RT	33.00	45.00
❏ SITTING ELF	1988	CL	7.00	15.00
❏ SMALL ANGEL RES. CANDLE	1988	CL	10.00	10.00
❏ SMALL MRS. CLAUS	1988	CL	8.00	9.00
❏ SMALL MRS. CLAUS RES. CANDLE	1988	CL	10.00	10.00
❏ SMALL SANTA RES. CANDLE	1988	CL	10.00	10.00
❏ SMALL SANTA W/TREE	1987	CL	14.00	17.00
❏ SMALL SITTING SANTA	1988	CL	11.00	11.00
❏ SPECIAL DELIVERY	1999	1999	45.00	45.00
❏ ST. NICK 2	1989	CL	43.00	45.00
❏ STINKY ELF SITTING	1989	CL	16.00	18.00
❏ TILLIE CAROLING/4461	1995	5000	26.00	26.00
❏ TREASURES OF LOVE SANTA	1991	RT	140.00	145.00
❏ WILLIE CAROLING/4460	1995	5000	26.00	26.00
❏ WINKY ELF LETTER	1989	CL	16.00	21.00
❏ WOODLAND SANTA	1989	RT	100.00	140.00
❏ WOODLAND WONDER	1999	1999	45.00	45.00
❏ YULE TIDINGS 2	1989	RT	23.00	31.00
SPRINGTIME TREASURES				**S. SCHULTZ**
❏ AMEN BIBLE/4524	1996	RT	20.00	20.00
❏ BUNNY BUN/4510	1996	RT	18.00	18.00
❏ BUNNY LOVE/4513	1996	1500	18.00	18.00
❏ HERBIE RABBIT/4509	1996	1500	33.00	33.00
❏ HETHER RABBIT/4508	1996	1500	33.00	33.00
❏ JANGLES RABBIT/4511	1996	RT	24.00	24.00
❏ JINGLES RABBIT/4512	1996	RT	24.00	24.00
❏ SANTA & FRIENDS/4517	1996	1000	100.00	100.00
❏ SPIRITUAL GUIDE-B 4518	1996	RT	65.00	65.00

NAME	YEAR	LIMIT	ISSUE	TREND
❑ SPIRITUAL GUIDE-G 4519	1996	RT	65.00	65.00
❑ SPRING TREASURES/4516	1996	1000	100.00	100.00
TATTERED N' TORN COLLECTION				**S. SCHULTZ**
❑ BLACK MUFFIN & PUFFIN	1990	10000	55.00	55.00
❑ BLACK PRISSY & PEANUT	1990	2000	120.00	120.00
❑ BOY RAG DOLL OPIE	1990	4000	50.00	50.00
❑ GIRL RAG DOLL POLLY	1990	4000	50.00	50.00
❑ MUFFIN BLACK RAG DOLL	1990	500	90.00	200.00
❑ PUFFIN BLACK RAG DOLL	1990	OP	90.00	200.00
❑ WHITE MUFFIN & PUFFIN	1990	10000	55.00	55.00
❑ WHITE PRISSY & PEANUT	1990	2000	120.00	120.00
TENDER MOMENTS				**S. SCHULTZ**
❑ ALL DONE/4395	1995	RT	29.00	29.00
❑ BUBBLES/4503	1996	3000	35.00	35.00
❑ BUNDLE OF JOY/4392	1995	3000	20.00	20.00
❑ BUNDLE OF LOVE/4393	1995	3000	29.00	29.00
❑ CHERISHED DREAMS	1998	9898	85.00	85.00
❑ CHERISHED MOMENTS	1998	9898	85.00	85.00
❑ DINNER TIME/4507	1996	RT	32.00	32.00
❑ FAMILY IS LOVE/4320	1995	RT	60.00	60.00
❑ HAVING FUN/4322	1995	RT	44.00	44.00
❑ LITTLE ENGINEER/4389	1995	RT	25.00	25.00
❑ LULLABY/4390	1995	RT	29.00	29.00
❑ ME BIG GIRL/4394	1995	RT	29.00	29.00
❑ MIKEY BEAR II/BW/4528	1996	2500	60.00	60.00
❑ MIKEY BEARII-VG/4526	1996	2500	60.00	60.00
❑ MISSY BEAR II/BW/4527	1996	2500	60.00	60.00
❑ MISSY BEAR II-VG/4525	1996	2500	60.00	60.00
❑ PRECIOUS DREAMS/4391	1995	RT	28.00	28.00
❑ REFRESHMENTS/4326	1995	RT	16.00	16.00
❑ REMEMBRANCE/4470	1995	RT	100.00	100.00
❑ SQUEAKS/4327	1995	RT	5.00	5.00
❑ STUDY TIME/4325	1995	RT	32.00	32.00
❑ SWEET DREAMS/4388	1995	3000	29.00	29.00
❑ TA DA/4506	1996	3000	32.00	32.00
❑ TIME. KNOWL./4323	1995	RT	47.00	47.00
❑ TREASURE MOMENTS/4321	1995	RT	70.00	70.00
❑ WOW/4324	1995	RT	36.00	36.00
❑ YACKY JACKIE/4504	1996	RT	32.00	32.00
UNITED HEARTS COLLECTION				**S. SCHULTZ**
❑ BARNEY THE GREAT BEAR	1991	CL	40.00	50.00
❑ BEACH ANNIE & WALDO	1991	CL	40.00	41.00
❑ BEACH BUBBA W/INNERTUBE	1991	CL	34.00	40.00
❑ BEACH PANSY WITH KITTEN	1991	CL	34.00	40.00
❑ BIBI-MISS LIBERTY BEAR	1991	CL	30.00	35.00
❑ CHILLY SNOWMAN	1991	CL	33.00	41.00
❑ CHRISTMAS ADORA	1991	CL	36.00	42.00
❑ CHRISTMAS ENOS	1991	CL	36.00	37.00
❑ CHRISTMAS TREE WITH HEARTS	1991	CL	40.00	40.00
❑ CLOWN BIBI & BIFF BEARS	1991	CL	35.00	40.00
❑ EMILY W/BUGGY	1991	CL	53.00	58.00
❑ GIDEON WITH BEAR & ROSE	1991	CL	40.00	42.00
❑ HEWITT W/LEPRECHAUN	1991	CL	56.00	65.00
❑ JACK BOY GRADUATION	1991	CL	40.00	41.00
❑ LIBERTY PAPA BARNEY & BIFF	1991	CL	64.00	75.00
❑ NOAH W/POT OF GOLD	1991	CL	36.00	45.00
❑ SALLY BOOBA GRADUATION	1991	RT	45.00	48.00
❑ SCHOOL CHUCKLES RABBIT	1991	CL	26.00	27.00
❑ SCHOOL COOKIE RABBIT W/KIT	1991	CL	28.00	29.00
❑ SCHOOL CRUMB RABBIT-DUNCE	1991	CL	32.00	40.00
❑ SCHOOL DESK WITH BOOK	1991	TL	15.00	16.00
❑ SHELBY W/SHAMROCK	1991	CL	36.00	40.00
❑ SPARKY DOG GRADUATION	1992	TL	16.00	16.00
❑ TABITHA RABBIT W/BUNNY	1992	TL	32.00	33.00
❑ THANKSGIVING CORNSTALK	1991	TL	30.00	30.00
❑ THANKSGIVING CUPCAKE	1991	CL	36.00	37.00
❑ THANKSGIVING TWINKIE	1991	CL	32.00	33.00
❑ TILLIE WITH SKATES	1991	CL	32.00	38.00
❑ TOBY & TESSIE W/WHEELBARROW	1991	CL	44.00	45.00
❑ VALENTINE PEANUT W/CANDY	1991	CL	32.00	33.00
❑ VALENTINE PRISSY WITH DOG	1991	CL	36.00	37.00
❑ WILLIE ON SLED	1991	CL	32.00	41.00
❑ WOOLY LAMB	1991	CL	16.00	16.00
VOICES OF PRAISE				**S. SCHULTZ**
❑ BRANDI	1999	2400	13.00	13.00
❑ ISIAH	1999	2400	16.00	16.00
❑ KOBE	1999	2400	13.00	13.00
❑ LATIFAH	1999	2400	16.00	16.00
❑ REGGIE	1999	2400	16.00	16.00
❑ WHITNEY	1999	2400	16.00	16.00

SCHMID

CAT TALES				**L. DAVIS**
❑ COMPANY'S COMING	1982	RT	60.00	175.00
❑ FLEW THE COOP	1982	RT	60.00	350.00
❑ ON THE MOVE	1982	RT	70.00	600.00
❑ RIGHT CHURCH, WRONG PEW	1982	RT	70.00	350.00
CHRISTMAS FIGURINES				**L. DAVIS**
❑ BAH HUMBUG	1995	2500	200.00	200.00
❑ BLOSSOM'S GIFT	1987	CL	150.00	300.00
❑ BORN ON A STARRY NIGHT	1992	2500	225.00	225.00

FIGURINES

NAME	YEAR	LIMIT	ISSUE	TREND
❏ CHRISTMAS AT FOXFIRE FARM	1985	CL	80.00	260.00
❏ CHRISTMAS AT RED OAK	1986	CL	80.00	200.00
❏ CHRISTMAS AT RED OAK II	1991	CL	250.00	250.00
❏ COUNTRY CHRISTMAS	1984	CL	80.00	550.00
❏ CUTTING THE FAMILY CHRISTMAS TREE	1988	CL	80.00	325.00
❏ HOOKER AT MAILBOX W/PRESENTS	1983	CL	80.00	750.00
❏ KITTENS WITH PRESENTS	1984	2500	80.00	465.00
❏ PETER AND THE WREN	1989	2250	165.00	375.00
❏ VISIONS OF SUGAR PLUMS	1994	2500	250.00	250.00
❏ WINTERING DEER	1990	CL	165.00	275.00
COUNTRY PRIDE				**L. DAVIS**
❏ BUSTIN' WITH PRIDE	1981	RT	100.00	160.00
❏ DUKE'S MIXTURE	1981	RT	100.00	225.00
❏ PLUM TUCKERED OUT	1981	RT	100.00	950.00
❏ SURPRISE IN THE CELLAR	1981	RT	100.00	965.00
DEALER COUNTER SIGNS				**L. DAVIS**
❏ FOX FIRE FARM	1985	CL	30.00	250.00
❏ LITTLE CRITTERS	1992	OP	50.00	50.00
❏ MR. LOWELL'S FARM	1990	OP	50.00	60.00
❏ RFD AMERICA	1980	CL	40.00	225.00
❏ UNCLE REMUS	1981	CL	30.00	300.00
DON POLLAND FIGURINES I				**D. POLLAND**
❏ CHALLENGE	1983	RT	275.00	600.00
❏ DANGEROUS MOMENT	1983	RT	250.00	350.00
❏ DOWN FROM THE HIGH COUNTRY	1986	RT	225.00	300.00
❏ DOWNED	1983	RT	250.00	650.00
❏ EAGLE DANCER	1986	RT	170.00	300.00
❏ ESCAPE	1983	RT	175.00	650.00
❏ FIGHTING BULLS	1983	RT	200.00	600.00
❏ GREAT HUNT, THE	1983	RT	3750.00	3775.00
❏ HOT PURSUIT	1983	RT	225.00	550.00
❏ HUNTER, THE	1983	RT	225.00	500.00
❏ PLAINS WARRIOR	1986	RT	350.00	550.00
❏ RUNNING WOLF-WAR CHIEF	1986	RT	170.00	300.00
❏ SECOND CHANCE	1983	RT	350.00	650.00
❏ SECOND CHANCE	1986	RT	125.00	650.00
❏ SHOOTING THE RAPIDS	1986	RT	195.00	500.00
❏ WAR TROPHY	1986	RT	225.00	500.00
❏ YOUNG BULL	1983	RT	125.00	250.00
FARM CLUB				**L. DAVIS**
❏ ARRIVAL OF STANLEY	1991	RT	100.00	60.00
❏ BRIDE, THE	1985	RT	45.00	450.00
❏ CACKLE BERRIES	1987	RT	*	50.00
❏ CAN'T WAIT	1989	RT	75.00	60.00
❏ CHECK'S IN THE MAIL	1992	RT	100.00	100.00
❏ CHOW TIME	1988	RT	55.00	75.00
❏ DON'T PICK THE FLOWERS	1991	RT	100.00	100.00
❏ DUTCH TREAT	1994	YR	100.00	100.00
❏ FREE KITTENS	1995	YR	40.00	80.00
❏ GARDEN TOAD	1992	RT	*	30.00
❏ HOG WILD	1992	RT	100.00	100.00
❏ ICE CREAM CHURN	1988	RT	*	50.00
❏ LUKE 12:6	1993	RT	*	N/A
❏ NEW ARRIVAL	1991	RT	*	40.00
❏ NOT A SHARING SOUL	1990	RT	*	40.00
❏ PARTY'S OVER, THE	1987	RT	50.00	160.00
❏ PIT STOP	1990	RT	75.00	100.00
❏ SUMMER DAYS	1993	YR	100.00	100.00
❏ SURVIVOR, THE	1993	RT	70.00	65.00
❏ THIRSTY?	1986	YR	*	50.00
FARM SET				**L. DAVIS**
❏ BARN	1985	RT	48.00	300.00
❏ CHICKEN HOUSE	1985	RT	19.00	50.00
❏ CORN CRIB AND SHEEP PEN	1985	RT	25.00	75.00
❏ GARDEN AND WOOD SHED	1985	RT	25.00	60.00
❏ GOAT YARD AND STUDIO	1985	RT	33.00	80.00
❏ HEN HOUSE	1985	RT	33.00	80.00
❏ HOG HOUSE	1985	RT	28.00	60.00
❏ MAIN HOUSE	1985	RT	43.00	105.00
❏ PRIVY	1985	OP	12.00	40.00
❏ REMUS' CABIN	1985	RT	43.00	100.00
❏ SMOKE HOUSE	1985	RT	12.00	70.00
❏ WINDMILL	1985	RT	25.00	45.00
FRIENDS OF MINE				**L. DAVIS**
❏ CAT AND JENNY WREN	1992	5000	170.00	200.00
❏ CAT AND JENNY WREN MINI	1992	CL	35.00	35.00
❏ SUN WORSHIPPERS	1989	RT	120.00	140.00
❏ SUN WORSHIPPERS MINI	1989	RT	33.00	40.00
❏ SUNDAY AFTERNOON TREAT	1992	5000	120.00	185.00
❏ SUNDAY AFTERNOON TREAT MINI	1990	CL	33.00	40.00
❏ WARM MILK	1991	RT	120.00	100.00
❏ WARM MILK MINI	1991	RT	33.00	40.00
LITTLE CRITTERS				**L. DAVIS**
❏ CHARIVARI	1992	950	250.00	250.00
❏ CHRISTOPHER CRITTER	1992	RT	150.00	150.00
❏ DOUBLE YOLKER	1992	YR	70.00	70.00
❏ GITTIN' A NIBBLE	1989	CL	50.00	60.00
❏ GREAT AMERICAN CHICKEN RACE	1990	2500	225.00	270.00
❏ HITTIN THE SACK	1991	CL	70.00	70.00
❏ HOME SQUEEZINS	1990	CL	90.00	90.00
❏ ITISKIT, ITASKET	1991	CL	45.00	45.00

The Lance Corp. produced J.E.B. Stuart in an edition of 950 as part of the "Cavalry Generals" series. The pewter figure was issued in 1992 for $375.

Crazy Horse, Geronimo, Red Cloud, Sitting Bull, Cochise and Chief Joseph *made up "The Great Chieftains" series by artist Gregory Perillo. The line was produced by Artaffects.*

FIGURINES

NAME	YEAR	LIMIT	ISSUE	TREND
❏ MILK MOUSE	1991	2500	175.00	300.00
❏ MISS PRIVATE TIME	1992	YR	35.00	35.00
❏ OUTING WITH GRANDPA	1990	RT	200.00	250.00
❏ PRIVATE TIME	1990	CL	18.00	45.00
❏ PUNKIN' PIG	1990	RT	250.00	325.00
❏ PUNKIN' WINE	1991	CL	100.00	145.00
❏ TOAD STRANGLER	1991	CL	57.00	60.00
❏ WHEN COFFEE NEVER TASTED SO GOOD	1991	1250	800.00	800.00
❏ WOLF IN SHEEP'S CLOTHING, A	1992	YR	110.00	75.00

PROMOTIONAL FIGURINE — L. DAVIS

NAME	YEAR	LIMIT	ISSUE	TREND
❏ DON'T FORGET ME	1994	RT	70.00	75.00
❏ HEN SCRATCH	1992	RT	90.00	100.00
❏ LEAPIN' LIZARD	1993	RT	80.00	80.00
❏ LEAVING THE RAT RACE	1991	RT	80.00	225.00
❏ NASTY STUFF	1995	OP	40.00	40.00

QUILTIN' BEE — L. DAVIS

NAME	YEAR	LIMIT	ISSUE	TREND
❏ BIG LIKE DADDY	1992	OP	80.00	80.00
❏ BIRDS OF A FEATHER	1992	OP	80.00	80.00
❏ CORN FLABIN	1992	OP	80.00	80.00
❏ LUNCH BREAK	1992	OP	80.00	80.00
❏ WHAT'S FOR DESSERT	1992	OP	80.00	80.00

RFD AMERICA — L. DAVIS

NAME	YEAR	LIMIT	ISSUE	TREND
❏ AND DOWN THE HATCH- COMP PC	1994	6 MO	135.00	135.00
❏ ANYBODY HOME	1984	RT	35.00	125.00
❏ ATTIC ANTICS	1994	RT	100.00	100.00
❏ BABY BLOSSOM	1982	RT	40.00	200.00
❏ BABY BOBS	1982	RT	48.00	250.00
❏ BARN CATS	1985	RT	40.00	75.00
❏ BE MY VALENTINE	1993	RT	35.00	35.00
❏ BIT OFF MORE THAN HE COULD CHEW	1986	RT	40.00	60.00
❏ BLOSSOM	1979	RT	180.00	1700.00
❏ BLOSSOM & CALF	1982	RT	250.00	900.00
❏ BLOSSOM'S BEST	1995	750	300.00	300.00
❏ BOTTOMS UP	1987	RT	80.00	120.00
❏ BOY'S NIGHT OUT, THE	1989	1500	190.00	200.00
❏ BRAND NEW DAY	1982	RT	24.00	160.00
❏ BROKEN DREAMS	1979	RT	165.00	1200.00
❏ BROTHERS	1988	RT	55.00	50.00
❏ CATNAPPING TOO	1984	RT	70.00	100.00
❏ CHICKEN THIEF	1987	RT	200.00	260.00
❏ CITY SLICKER	1983	RT	150.00	275.00
❏ COCK OF THE WALK	1991	2500	300.00	300.00
❏ COMFY?	1986	OP	40.00	100.00
❏ COON CAPERS	1989	RT	68.00	85.00
❏ CORN CRIB MOUSE	1990	RT	35.00	40.00
❏ COUNTING THE DAYS	1983	RT	40.00	65.00
❏ COUNTRY BOY	1981	RT	38.00	325.00
❏ COUNTRY COUSINS	1985	RT	43.00	75.00
❏ COUNTRY CROOK	1982	RT	38.00	375.00
❏ COUNTRY CROONER	1985	OP	25.00	50.00
❏ COUNTRY KITTY	1984	RT	52.00	70.00
❏ COUNTRY ROAD	1979	RT	100.00	875.00
❏ COURTIN'	1984	RT	45.00	125.00
❏ CREEK BANK BANDIT	1980	RT	38.00	385.00
❏ CUSSIN' UP A STORM	1995	RT	45.00	45.00
❏ DEALER COUNTER SIGN	1990	OP	50.00	70.00
❏ DON'T OPEN TILL CHRISTMAS	1993	RT	35.00	35.00
❏ DON'T PLAY WITH FIRE	1992	RT	120.00	120.00
❏ DON'T PLAY WITH YOUR FOOD	1985	RT	29.00	105.00
❏ DOUBLE TROUBLE	1981	RT	35.00	500.00
❏ DRY AS A BONE	1981	RT	45.00	300.00
❏ DRY HOLE	1993	RT	30.00	30.00
❏ EASY PICKINS	1987	RT	45.00	45.00
❏ FAIR WEATHER FRIEND	1983	RT	25.00	60.00
❏ FALSE ALARM	1983	RT	65.00	170.00
❏ FAMILY OUTING	1989	RT	45.00	45.00
❏ FEELIN' HIS OATS	1986	1500	150.00	250.00
❏ FINDERS KEEPERS	1990	OP	40.00	50.00
❏ FIRST OFFENSE	1991	RT	70.00	75.00
❏ FIRST OUTING	1994	OP	65.00	65.00
❏ FLEAS	1988	OP	20.00	25.00
❏ FORBIDDEN FRUIT	1980	RT	25.00	125.00
❏ FOREPLAY	1990	RT	60.00	90.00
❏ FOWL PLAY	1979	RT	100.00	300.00
❏ FREE LUNCH	1992	RT	85.00	50.00
❏ FREELOADERS, THE	1993	1250	230.00	230.00
❏ FUR'S GONNA FLY	1985	1500	145.00	300.00
❏ GLUTTON FOR PUNISHMENT	1987	RT	95.00	155.00
❏ GOLDIE AND HER PEEPS	1988	RT	25.00	35.00
❏ GONNA PAY FOR HIS SINS	1984	RT	28.00	50.00
❏ GOOD, CLEAN FUN	1980	RT	40.00	75.00
❏ GOSSIPS	1984	RT	110.00	225.00
❏ GRASS IS ALWAYS GREENER, THE	1992	RT	195.00	195.00
❏ GUN SHY	1991	RT	70.00	70.00
❏ HANKY PANKY	1990	RT	65.00	75.00
❏ HAPPY BIRTHDAY MY SWEET	1993	RT	35.00	35.00
❏ HAPPY HOUR	1988	RT	58.00	90.00
❏ HAPPY HUNTING GROUND	1983	RT	160.00	200.00
❏ HEADED HOME	1984	RT	25.00	40.00
❏ HEADED SOUTH	1992	RT	45.00	45.00
❏ HEADING FOR THE PERSIMMON GROVE	1991	RT	80.00	80.00

NAME	YEAR	LIMIT	ISSUE	TREND
HELPIN' HIMSELF	1994	RT	65.00	65.00
HI GIRLS, THE NAME'S BIG JACK	1983	RT	200.00	380.00
HIGHTAILING IT	1981	RT	50.00	425.00
HIS EYES ARE BIGGER THAN HIS STOMACH	1983	RT	235.00	220.00
HIS MASTER'S DOG	1984	RT	45.00	150.00
HITTIN' THE TRAIL	1994	1250	250.00	250.00
HOG HEAVEN	1985	RT	165.00	350.00
HONEYMOON'S OVER, THE	1992	1950	300.00	300.00
HUH?	1984	RT	40.00	125.00
IDLE HOURS	1982	RT	38.00	275.00
IF YOU CAN'T BEAT 'EM JOIN 'EM	1993	1750	250.00	250.00
IGNORANCE IS BLISS	1979	RT	165.00	1250.00
I'M THANKFUL FOR YOU	1993	RT	35.00	35.00
IN A PICKLE	1988	RT	40.00	50.00
ITCHING POST	1980	RT	30.00	100.00
KING OF THE MOUNTAIN	1993	750	500.00	500.00
KISSIN COUSINS	1991	RT	80.00	80.00
LAST STRAW, THE	1990	RT	125.00	175.00
LEFTOVERS	1989	RT	90.00	95.00
LICKIN' GOOD	1983	RT	35.00	250.00
LITTLE BLACK LAMB (BABA)	1990	RT	30.00	40.00
LONG DAYS, COLD NIGHTS	1990	RT	175.00	100.00
LONG HOT SUMMER	1991	1950	250.00	250.00
LOVE AT FIRST SIGHT	1985	RT	70.00	120.00
LOWELL DAVIS PROFILE	1992	OP	65.00	65.00
MAD AS A WET HEN	1984	RT	185.00	750.00
MAIL ORDER BRIDE	1987	RT	150.00	225.00
MAKIN' TRACKS	1983	RT	70.00	115.00
MAKING A BEE LINE	1988	RT	75.00	130.00
MAMA CAN WILLIE STAY FOR SUPPER?	1994	1250	200.00	200.00
MAMA?	1986	RT	15.00	48.00
MAMA'S PRIZE LEGHORN	1983	RT	55.00	120.00
MEETING OF SHELDON	1989	RT	120.00	100.00
MILKING TIME	1980	RT	20.00	250.00
MISSOURI SPRING	1988	RT	115.00	100.00
MOON RAIDERS	1982	RT	190.00	300.00
MOTHER HEN	1989	RT	38.00	55.00
MOVING DAY	1982	RT	44.00	300.00
MY FAVORITE CHORES	1992	1500	750.00	750.00
NEW DAY	1980	RT	20.00	175.00
NEW FRIEND	1989	RT	45.00	65.00
NO HUNTING	1993	1000	95.00	95.00
NO PRIVATE TIME	1992	RT	200.00	330.00
NOT A HAPPY CAMPER	1994	RT	75.00	75.00
OH MOTHER WHAT IS IT?	1991	1000	250.00	250.00
OH SHEEEIT...	1992	RT	120.00	150.00
OH WHERE IS HE NOW?	1993	1250	250.00	200.00
ONE FOR THE ROAD	1984	RT	38.00	65.00
OPEN THE LID	1994	6 MO	135.00	300.00
ORPHANS, THE	1987	RT	50.00	75.00
OUT-OF-STEP	1985	RT	45.00	95.00
OZARK BELLE	1985	RT	35.00	75.00
OZARK'S VITTLES	1992	RT	60.00	60.00
PASTURE PALS	1984	RT	52.00	100.00
PECKING ORDER	1994	RT	200.00	200.00
PEEP SHOW	1993	RT	35.00	35.00
PERFECT TEN	1988	RT	95.00	175.00
PIGGIN' OUT	1990	RT	190.00	245.00
POLLYWOGS	1993	750	650.00	650.00
PRAIRIE CHORUS	1984	RT	135.00	1200.00
PRIVATE TIME	1990	OP	18.00	18.00
PUNKIN' SEEDS	1981	RT	225.00	1600.00
QU'EST-CEQUE C'EST?	1994	RT	200.00	200.00
RENOIR	1985	RT	45.00	65.00
ROOTED OUT	1981	RT	45.00	100.00
SAFE HAVEN	1992	RT	95.00	95.00
SAWIN' LOGS	1988	RT	85.00	100.00
SCALLAWAGS	1981	RT	65.00	100.00
SCHOOL YARD DOGS	1992	RT	100.00	100.00
SEEIN' RED	1990	RT	35.00	40.00
SHE LAY LOW	1992	RT	120.00	120.00
SHEEP SHEARIN' TIME	1993	1200	500.00	500.00
SHOE TO FILL, A	1982	RT	38.00	125.00
SLIM PICKINS	1979	RT	165.00	650.00
SNAKE DOCTOR	1992	RT	70.00	70.00
SOOIEEE	1991	1500	350.00	300.00
SPLIT DECISION	1981	RT	45.00	255.00
STICKS & STONES	1995	RT	30.00	30.00
STIRRING UP TROUBLE	1983	RT	160.00	245.00
STRAWBERRY PATCH	1980	RT	25.00	50.00
STRAY DOG	1982	RT	35.00	70.00
STUDIO MOUSE	1981	RT	60.00	325.00
SUN WORSHIPPERS MINI FIGURINE	1989	OP	33.00	43.00
SUNDAY AFTERNOON	1980	RT	23.00	235.00
SWEET TOOTH	1993	RT	60.00	60.00
THINKING BIG	1982	RT	35.00	60.00
TOO GOOD TO WASTE ON KIDS	1985	RT	70.00	125.00
TREED	1982	RT	155.00	300.00
TRIBUTE TO HOOKER, A	1989	RT	180.00	250.00
TRICK OR TREAT	1993	RT	35.00	35.00
TRICKS OF THE TRADE	1990	RT	300.00	330.00
TWO IN THE BUSH	1987	RT	150.00	325.00

FIGURINES

FIGURINES

NAME	YEAR	LIMIT	ISSUE	TREND
❑ TWO TIMER	1994	RT	95.00	95.00
❑ TWO'S COMPANY	1982	RT	44.00	225.00
❑ UNDER THE WEATHER	1981	RT	25.00	75.00
❑ UNINVITED CALLER	1995	RT	35.00	35.00
❑ UP TO NO GOOD	1981	RT	200.00	890.00
❑ WAITING FOR HIS MASTER	1982	RT	50.00	200.00
❑ WAITING FOR MR. LOWELL	1993	2500	250.00	250.00
❑ WARMIN' THEIR BUNS	1994	1250	270.00	270.00
❑ WASHED ASHORE	1991	RT	70.00	70.00
❑ WHEN MAMA GETS MAD	1982	RT	38.00	340.00
❑ WHEN THE CAT'S AWAY	1987	RT	40.00	60.00
❑ WHEN THREE FOOT'S A MILE	1988	RT	230.00	270.00
❑ WILBUR	1980	RT	110.00	600.00
❑ WILL YOU STILL RESPECT ME IN THE MORNING	1985	RT	35.00	75.00
❑ WINTER LAMB	1988	RT	200.00	260.00
❑ WISHFUL THINKING	1988	RT	55.00	75.00
❑ WOMEN'S WORK	1983	RT	35.00	85.00
❑ WOODSCOLT	1989	RT	300.00	375.00
❑ YOU'RE A BASKET OF FUN	1993	OP	35.00	165.00

ROUTE 66   L. DAVIS

NAME	YEAR	LIMIT	ISSUE	TREND
❑ FRESH SQUEEZED	1992	2500	450.00	425.00
❑ FRESH SQUEEZED- W/ WOOD BASE	1992	350	600.00	700.00
❑ GOING TO GRANDMA	1992	RT	80.00	80.00
❑ HOME FOR CHRISTMAS	1993	RT	80.00	100.00
❑ JUST CHECK THE AIR	1991	2500	550.00	550.00
❑ JUST CHECK THE AIR	1991	RT	700.00	1450.00
❑ KICKIN' HIMSELF	1993	RT	80.00	100.00
❑ LITTLE BIT OF SHADE	1991	RT	100.00	100.00
❑ NEL'S DINER	1991	RT	700.00	1550.00
❑ NEL'S DINER	1991	2500	550.00	550.00
❑ QUIET DAY AT MAPLE GROVE	1992	RT	130.00	130.00
❑ RELIEF	1992	RT	80.00	80.00
❑ SUMMER DAYS	1993	YR	100.00	100.00
❑ WELCOME MAT- W/ WOOD BASE	1992	1500	400.00	400.00
❑ WHAT ARE PALS FOR?	1992	RT	100.00	100.00

SPECIAL EDITION FIGURINES   L. DAVIS

NAME	YEAR	LIMIT	ISSUE	TREND
❑ CRITICS, THE	1983	RT	400.00	1100.00
❑ FROM A FRIEND TO A FRIEND	1989	1200	750.00	1100.00
❑ HOME FROM MARKET	1985	RT	400.00	1200.00
❑ LAST LAFF	1992	1200	900.00	700.00
❑ WHAT RAT RACE?	1990	1200	800.00	1000.00

UNCLE REMUS   L. DAVIS

NAME	YEAR	LIMIT	ISSUE	TREND
❑ BRER BEAR	1981	RT	80.00	1050.00
❑ BRER COYOTE	1981	RT	80.00	500.00
❑ BRER FOX	1981	RT	70.00	900.00
❑ BRER RABBIT	1981	RT	85.00	1900.00
❑ BRER WEASEL	1981	RT	80.00	675.00
❑ BRER WOLF	1981	RT	85.00	595.00

SEBASTIAN STUDIOS

LARGE CERAMASTONE FIGURES   P.W. BASTON

NAME	YEAR	LIMIT	ISSUE	TREND
❑ ABRAHAM LINCOLN TOBY JUG	1963	CL	*	800.00
❑ ANNE BOLEYN	1963	CL	*	800.00
❑ BASKET	1940	CL	*	350.00
❑ BLACKSMITH	1973	CL	*	350.00
❑ BRETON MAN	1940	CL	*	800.00
❑ BRETON WOMAN	1940	CL	*	800.00
❑ CABINETMAKER	1973	CL	*	350.00
❑ CANDLE HOLDER	1940	CL	*	350.00
❑ CAROLER	1940	CL	*	350.00
❑ CLOCKMAKER	1973	CL	*	800.00
❑ COLONIAL BOY	1964	CL	*	800.00
❑ COLONIAL GIRL	1964	CL	*	800.00
❑ COLONIAL MAN	1964	CL	*	800.00
❑ COLONIAL WOMAN	1964	CL	*	800.00
❑ DAVID COPPERFIELD	1963	CL	*	800.00
❑ DENTIST, THE	1965	CL	*	800.00
❑ DORA	1963	CL	*	800.00
❑ GEORGE WASHINGTON TOBY JUG	1963	CL	*	800.00
❑ GUITARIST	1966	CL	*	800.00
❑ HENRY VIII	1963	CL	*	800.00
❑ HORN OF PLENTY	1940	CL	*	350.00
❑ IBM FATHER	1964	CL	*	800.00
❑ IBM MOTHER	1964	CL	*	800.00
❑ IBM PHOTOGRAPHER	1964	CL	*	800.00
❑ IBM SON	1964	CL	*	800.00
❑ IBM WOMAN	1964	CL	*	800.00
❑ INFANT OF PRAGUE	1967	CL	*	800.00
❑ JELL-O COW MILK PITCHER	1956	CL	*	200.00
❑ JESUS	1940	CL	*	350.00
❑ JOHN F. KENNEDY TOBY JUG	1963	CL	*	800.00
❑ LAMB	1940	CL	*	350.00
❑ LARGE VICTORIAN COUPLE	1947	CL	*	800.00
❑ MARY	1940	CL	*	800.00
❑ MENDING TIME	1963	CL	*	800.00
❑ MINUTEMAN	1975	CL	*	800.00
❑ MT. RUSHMORE	1978	CL	*	425.00
❑ N.E. HOME FOR LITTLE WANDERERS	1965	CL	*	800.00
❑ PAUL REVERE PLAQUE	1939	CL	*	425.00
❑ POTTER	1973	CL	*	350.00

NAME	YEAR	LIMIT	ISSUE	TREND
❑ SANTA FE...ALL THE WAY	*	CL	*	800.00
❑ ST. FRANCIS PLAQUE	*	CL	*	800.00
❑ STANLEY MUSIC BOX	1965	CL	*	400.00
❑ SWIFT INSTRUMENT GIRL	1958	CL	*	600.00
❑ TOM SAWYER	1963	CL	*	800.00
❑ WASP PLAQUE	1959	CL	*	600.00
❑ WOODY AT THREE	1948	CL	*	800.00
SEBASTIAN MINIATURES				**P.W. BASTON**
❑ 77TH BENGAL LANCER (JELL-O)	1956	CL	*	800.00
❑ ACCORDION	1942	CL	*	350.00
❑ AERIAL TRAMWAY	1952	CL	*	450.00
❑ ALCOA WRAP PS	1959	CL	*	375.00
❑ ALEXANDER SMITH WEAVER	1959	CL	*	400.00
❑ ALIKE, BUT OH SO DIFFERENT	1956	CL	*	325.00
❑ ALONG THE ALBANY ROAD PS	1957	CL	*	800.00
❑ ANN STVYVESANT	1940	CL	*	100.00
❑ ANNIE OAKLEY	1940	CL	*	100.00
❑ ARTHRITIC HANDS (J&J)	1956	CL	*	800.00
❑ BABE RUTH	*	CL	*	800.00
❑ BABY (JELL-O)	1952	CL	*	575.00
❑ BENJAMIN FRANKLIN	1939	CL	*	100.00
❑ BIG BROTHER BOB EMERY	1962	CL	*	800.00
❑ BLESSED JULIE BILLART	1953	CL	*	425.00
❑ BLUE BELLE HIGHLANDER	1962	CL	*	225.00
❑ BLUEBIRD GIRL	1954	CL	*	425.00
❑ BOB HOPE	*	CL	*	800.00
❑ BORDEN'S CENTENNIAL (ELSIE THE COW)	1957	CL	*	800.00
❑ BOSTON GAS TANK	1971	CL	*	400.00
❑ BOY JESUS IN THE TEMPLE	1953	CL	*	375.00
❑ BOY SCOUT PLAQUE	1949	CL	*	325.00
❑ BUFFALO BILL	1940	CL	*	100.00
❑ BUNKY KNUDSEN	1961	CL	*	800.00
❑ CAMPFIRE GIRL	1954	CL	*	425.00
❑ CAPTAIN DOLIBER	1955	CL	*	325.00
❑ CAPTAIN JOHN PARKER	1968	CL	*	325.00
❑ CARL MOORE (WEEI)	1951	CL	*	250.00
❑ CAROLINE CABOT (WEEI)	1951	CL	*	275.00
❑ CATHERINE LAFITTE	1940	CL	*	100.00
❑ CBS MISS COLUMBIA PS	1958	CL	*	800.00
❑ CHARLES ASHLEY (WEEI)	1951	CL	*	275.00
❑ CHIEF PONTIAC	1951	CL	*	550.00
❑ CHIQUITA BANANA	1951	CL	*	375.00
❑ CHRISTOPHER COLUMBUS	1951	CL	*	275.00
❑ CLIQUOT CLUB ESKIMO PS	1958	CL	*	1600.00
❑ COLONIAL FUND DOORWAY PS	1957	CL	*	800.00
❑ COMMODORE STEPHEN DECATUR	1958	CL	*	150.00
❑ CONNECTICUT BANK & TRUST	1958	CL	*	250.00
❑ CORONADO	1939	CL	*	100.00
❑ CORONADO'S SENORA	1939	CL	*	100.00
❑ CORONATION CROWN	*	CL	*	800.00
❑ CYMBALO	1942	CL	*	350.00
❑ DACHSHUND (AUDIOVOX)	1954	CL	*	325.00
❑ DAHL'S FISHERMAN	1947	CL	*	165.00
❑ DAN'L BOONE	1940	CL	*	100.00
❑ DARNED WELL HE CAN	1953	CL	*	325.00
❑ DAVY CROCKETT	1955	CL	*	250.00
❑ DEBORAH FRANKLIN	1939	CL	*	100.00
❑ DEMOCRATIC VICTORY	1948	CL	*	425.00
❑ DIA-MEL FAT MAN	1963	CL	*	400.00
❑ DILEMMA	1947	CL	*	300.00
❑ DOC BERRY OF BERWICK (YELLOW SHIRT)	1967	CL	*	325.00
❑ DOVES	1941	CL	*	800.00
❑ DOWN EAST	1947	CL	*	135.00
❑ DRUM	1942	CL	*	350.00
❑ DUCKLINGS	1941	CL	*	800.00
❑ DUTCHMAN'S PIPE	1949	CL	*	200.00
❑ E.B. RIDEOUT (WEEI)	1951	CL	*	275.00
❑ EAGLE PLAQUE	*	CL	*	1500.00
❑ EASTERN PAPER PLAQUE	1956	CL	*	375.00
❑ ELIZABETH MONROE	1940	CL	*	165.00
❑ ELSIE THE COW BILLBOARD	1956	CL	*	800.00
❑ EMMETT KELLY	1949	CL	*	275.00
❑ EUSTACE TILLY	1949	CL	*	1250.00
❑ EVANGELINE	1939	CL	*	125.00
❑ FAT MAN, THE (JELL-O)	1952	CL	*	575.00
❑ FAVORED SCHOLAR	1952	CL	*	250.00
❑ FIORELLO LAGUARDIA	1959	CL	*	150.00
❑ FIRST COOKBOOK AUTHOR	1947	CL	*	135.00
❑ FIRST HOUSE, THE - PLYMOUTH PLANTATION	1952	CL	*	175.00
❑ FISHER PAIR PS	1947	CL	*	800.00
❑ FLEISCHMAN'S MARGARINE PS	1959	CL	*	275.00
❑ GABRIEL	1939	CL	*	125.00
❑ GARDENER MAN	1966	CL	*	275.00
❑ GARDENER WOMEN	1966	CL	*	275.00
❑ GARDENERS (THERMOMETER)	1966	CL	*	350.00
❑ GATHERING TULIPS	1949	CL	*	250.00
❑ GEORGE & HATCHET	1972	CL	*	425.00
❑ GEORGE WASHINGTON	1939	CL	*	55.00
❑ GIANT ROYAL BENGAL TIGER	1949	CL	*	1500.00
❑ GIOVANNI VERRAZZANO	1959	CL	*	150.00
❑ GIRAFFE (JELL-O)	1955	CL	*	375.00
❑ GIRL ON DIVING BOARD	1956	CL	*	425.00

FIGURINES

FIGURINES

NAME	YEAR	LIMIT	ISSUE	TREND
❏ GREAT STONE FACE	1951	CL	*	800.00
❏ GREEN GIANT, THE	1956	CL	*	425.00
❏ H.P. HOOD CO. CIGAR STORE INDIAN	1959	CL	*	800.00
❏ HANNAH DUSTON PS	1958	CL	*	285.00
❏ HANNAH PENN	1940	CL	*	125.00
❏ HARVARD TRUST CO. TOWN CRIER	1959	CL	*	375.00
❏ HARVARD TRUST COLONIAL MAN	1958	CL	*	300.00
❏ HARVEY GIRL	1948	CL	*	275.00
❏ HENRY HUDSON	1959	CL	*	150.00
❏ HENRY WADSWORTH LONGFELLOW	1965	CL	*	300.00
❏ HOLGRAVE THE DAGUERROTYPIST	1953	CL	*	225.00
❏ HORIZON GIRL	1954	CL	*	425.00
❏ HORN	1942	CL	*	350.00
❏ HORSE HEAD PS	1955	CL	*	375.00
❏ HOWARD JOHNSON PIEMAN	1947	CL	*	425.00
❏ IBM 305 RAMAC	1957	CL	*	425.00
❏ INDIAN MAIDEN	1939	CL	*	125.00
❏ INDIAN WARRIOR	1939	CL	*	125.00
❏ INFANTRYMAN, THE	1960	CL	*	800.00
❏ IRON MASTER'S HOUSE, THE	1951	CL	*	425.00
❏ JACKIE GLEASON	1958	CL	*	800.00
❏ JACKIE KENNEDY TOBY JUG	1963	CL	*	800.00
❏ JAMES MONROE	1940	CL	*	165.00
❏ JAMESTOWN CHURCH	1957	CL	*	425.00
❏ JAMESTOWN SHIPS	1957	CL	*	400.00
❏ JEAN LAFITTE	1940	CL	*	100.00
❏ JESSE BUFFMAN (WEEI)	1951	CL	*	275.00
❏ JOHN ALDEN	1939	CL	*	45.00
❏ JOHN F. KENNEDY TOBY JUG	1963	CL	*	800.00
❏ JOHN HARVARD	1940	CL	*	135.00
❏ JOHN SMITH	1940	CL	*	135.00
❏ JORDAN MARSH OBSERVER	1948	CL	*	165.00
❏ JORDAN MARSH OBSERVER	1958	CL	*	225.00
❏ JORDON MARSH/RIDES THE A.W. HORSE	1951	CL	*	325.00
❏ JUDGE PYNCHEON	1951	CL	*	200.00
❏ KERNEL-FRESH ASHTRAY	1954	CL	*	425.00
❏ KING, THE	*	CL	*	800.00
❏ KITTEN (SITTING)	1941	CL	*	800.00
❏ KITTEN (SLEEPING)	1941	CL	*	800.00
❏ LION (JELL-O)	1953	CL	*	375.00
❏ LITTLE GEORGE	1966	CL	*	400.00
❏ LOST IN THE KITCHEN (JELL-O)	1952	CL	*	475.00
❏ MAJORETTE	1942	CL	*	350.00
❏ MARBLEHEAD HIGH SCHOOL PLAQUE	1952	CL	*	250.00
❏ MARGARET HOUSTON	1939	CL	*	100.00
❏ MARINE MEMORIAL	1960	CL	*	350.00
❏ MARK TWAIN HOME IN HANNIBAL, MO, THE	1949	CL	*	800.00
❏ MARTHA & THE CHERRY PIE	1972	CL	*	375.00
❏ MARTHA WASHINGTON	1939	CL	*	55.00
❏ MARY LYON	1948	CL	*	275.00
❏ MASONIC BIBLE	1960	CL	*	350.00
❏ MASSACHUSETTS SPCA	1966	CL	*	300.00
❏ MAYFLOWER PS	1957	CL	*	325.00
❏ MENOTOMY INDIAN	1949	CL	*	220.00
❏ MERCHANT'S WARREN SEA CAPTAIN	1961	CL	*	225.00
❏ METROPOLITAN LIFE TOWER PS	1960	CL	*	375.00
❏ MICHIGAN MILLERS PS	1956	CL	*	240.00
❏ MIT SEAL	1951	CL	*	400.00
❏ MOOSE (JELL-O)	1954	CL	*	375.00
❏ MOTHER PARKER (WEEI)	1951	CL	*	275.00
❏ MR. BEACON HILL	1947	CL	*	125.00
❏ MR. OBOCELL	1950	CL	*	100.00
❏ MR. RITTENHOUSE SQUARE	1948	CL	*	165.00
❏ MR. SHERATON	1948	CL	*	375.00
❏ MRS. BEACON HILL	1947	CL	*	125.00
❏ MRS. DAN'L BOONE	1940	CL	*	100.00
❏ MRS. HARVARD	1940	CL	*	135.00
❏ MRS. OBOCELL	1956	CL	*	425.00
❏ MRS. RITTENHOUSE SQUARE	1948	CL	*	165.00
❏ MRS. S.O.S.	1959	CL	*	325.00
❏ MT. VERNON	1958	CL	*	425.00
❏ NABISCO BUFFALO BEE	1957	CL	*	800.00
❏ NABISCO SPOONMAN	1957	CL	*	800.00
❏ NATHANIEL HAWTHORNE	1948	CL	*	185.00
❏ NATIONAL DIAPER SERVICE	1950	CL	*	275.00
❏ NAUMKEAG INDIAN	1963	CL	*	250.00
❏ NEIGHBORING PEWS	1952	CL	*	250.00
❏ NYU GRAD SCHOOL OF BUS. ADMIN. BLDG.	1956	CL	*	325.00
❏ OBSERVER & DAME NEW ENGLAND, THE	1951	CL	*	350.00
❏ OLD POWDER HOUSE	1952	CL	*	275.00
❏ OLD PUT ENJOYS A LICKING	1953	CL	*	325.00
❏ OLD WOMAN IN THE SHOE (JELL-O)	1955	CL	*	550.00
❏ OLDE JAMES FORT	1957	CL	*	275.00
❏ ORTHO GYNECIC	*	CL	*	800.00
❏ ORTHO-NOVUM	1967	CL	*	800.00
❏ OUR LADY OF GOOD VOYAGE	1952	CL	*	225.00
❏ OUR LADY OF LALECHE	1954	CL	*	325.00
❏ PANTI-LEGS GIRL PS	1965	CL	*	275.00
❏ PATRICK HENRY	1949	CL	*	125.00
❏ PAUL BUNYAN	1949	CL	*	250.00
❏ PAUL REVERE PLAQUE (W.T. GRANT)	1966	CL	*	325.00
❏ PEACOCK	1941	CL	*	800.00

NAME	YEAR	LIMIT	ISSUE	TREND
☐ PERMACEL TOWER OF TAPE ASHTRAY	1956	CL	*	800.00
☐ PETER STVYVESANT	1940	CL	*	100.00
☐ PETER STVYVESANT	1960	CL	*	150.00
☐ PHEASANT	1941	CL	*	800.00
☐ PHOEBE, HOUSE OF 7 GABLES	1950	CL	*	165.00
☐ POCAHONTAS	1940	CL	*	135.00
☐ POPE JOHN 23RD	1961	CL	*	425.00
☐ POPE PAUL VI	1965	CL	*	425.00
☐ PRAYING HANDS	1956	CL	*	275.00
☐ PRINCE PHILIP	1947	CL	*	250.00
☐ PRINCESS ELIZABETH	1947	CL	*	250.00
☐ PRISCILLA	1939	CL	*	45.00
☐ PRISCILLA FORTESUE (WEEI)	1951	CL	*	275.00
☐ PURITAN SPINNER	1946	CL	*	800.00
☐ R.H. STEARNS CHESTNUT HILL MALL	1953	CL	*	250.00
☐ RABBIT (JELL-O)	1954	CL	*	375.00
☐ RARICAL BLACKSMITH	1956	CL	*	400.00
☐ REPUBLICAN VICTORY	1948	CL	*	800.00
☐ RESOLUTE INS. CO. CLIPPER PS	1954	CL	*	325.00
☐ ROBIN HOOD & FRIAR TUCK	1956	CL	*	425.00
☐ ROBIN HOOD & LITTLE JOHN	1956	CL	*	425.00
☐ ROMEO & JULIET	1958	CL	*	425.00
☐ ROOSTER	1941	CL	*	800.00
☐ SALEM SAVINGS BANK	1958	CL	*	275.00
☐ SAM HOUSTON	1939	CL	*	100.00
☐ SANTA (JELL-O)	1955	CL	*	550.00
☐ SARAH HENRY	1949	CL	*	125.00
☐ SATCHEL-EYE DYER	1946	CL	*	135.00
☐ SCHOOLBOY OF 1850, THE	1953	CL	*	375.00
☐ SCOTTISH GIRL (JELL-O)	1952	CL	*	375.00
☐ SCUBA DIVER	1954	CL	*	425.00
☐ SEAMAN'S BANK FOR SAVINGS	1962	CL	*	350.00
☐ SEB. DEALER PLAQUE (MARBLEHEAD)	1951	CL	*	325.00
☐ SECOND BANK-STATE ST. TRUST PS	1955	CL	*	325.00
☐ SECRETS	1941	CL	*	800.00
☐ SHAKER LADY	1938	CL	*	100.00
☐ SHAKER MAN	1938	CL	*	100.00
☐ SIESTA COFFEE PS	1959	CL	*	800.00
☐ SIR FRANCES DRAKE	1951	CL	*	275.00
☐ SITZMARK	1948	CL	*	185.00
☐ SLALOM	1948	CL	*	185.00
☐ SON OF THE DESERT	1960	CL	*	240.00
☐ SPEEDY ALKA SELTZER	1957	CL	*	800.00
☐ ST. JOAN D'ARC	1952	CL	*	325.00
☐ ST. JUDE THADDEUS	1961	CL	*	425.00
☐ ST. PIUS X	1954	CL	*	440.00
☐ ST. SEBASTIAN	1952	CL	*	325.00
☐ ST. TERESA OF LISIEUX	1953	CL	*	250.00
☐ STATE STREET BANK GLOBE	1965	CL	*	275.00
☐ STIMALOSE (MEN)	1954	CL	*	800.00
☐ STIMALOSE (WOMAN)	1954	CL	*	185.00
☐ STORK (JELL-O)	1952	CL	*	475.00
☐ SUPP-HOSE LADY	1960	CL	*	325.00
☐ SWAN	1941	CL	*	800.00
☐ SWAN BOAT BROOCH-EMPTY SEATS	1954	CL	*	800.00
☐ SWAN BOAT BROOCH-FULL SEATS	1954	CL	*	800.00
☐ SWEDISH BOY	1948	CL	*	400.00
☐ SWEDISH GIRL	1948	CL	*	400.00
☐ SYLVANIA ELECTRIC-BULB DISPLAY	*	CL	*	800.00
☐ TABASCO SAUCE	1952	CL	*	425.00
☐ TEXCEL TAPE BOY	1956	CL	*	400.00
☐ THINKER, THE	1949	CL	*	220.00
☐ THREE LITTLE KITTENS (JELL-O)	1956	CL	*	400.00
☐ TOLLHOUSE TOWN CRIER	1947	CL	*	150.00
☐ TONY PIET	1960	CL	*	800.00
☐ TOWN LYNE INDIAN	1966	CL	*	800.00
☐ TOWN MEETING PLAQUE	1971	CL	*	375.00
☐ TUBA	1942	CL	*	350.00
☐ UNCLE MISTLETOE	1949	CL	*	250.00
☐ UNCLE SAM IN ORBIT	1970	CL	*	375.00
☐ WATERMILL CANDY PLAQUE	1968	CL	*	800.00
☐ WEIGHING THE BABY	1952	CL	*	250.00
☐ WHALE (JELL-O)	1954	CL	*	375.00
☐ WILLIAM PENN	1940	CL	*	125.00
☐ WILLIAM PENN	1954	CL	*	200.00
☐ WILLIAMSBURG GOVERNOR	1939	CL	*	100.00
☐ WILLIAMSBURG LADY	1939	CL	*	100.00
☐ YANKEE CLIPPER SULFIDE	1962	CL	*	800.00

SEYMOUR MANN

BUNNY MUSICAL				**KENJI**
☐ BUNNY IN TEACUP MH-781	1991	OP	25.00	25.00
☐ BUNNY IN TEAPOT MH-780	1991	OP	25.00	25.00
CAT MUSICAL FIGURINES				**KENJI**
☐ BRIDE/GROOM CAT MH-738	1990	RT	38.00	38.00
☐ BROWN CAT IN BAG	1987	CL	30.00	30.00
☐ BROWN CAT IN BAG	1991	HT	30.00	30.00
☐ BROWN CAT IN HAT	1991	RT	35.00	35.00
☐ BROWN CAT IN HAT MH-634B/6	1988	RT	35.00	35.00
☐ BROWN CAT IN TEACUP	1987	RT	30.00	30.00
☐ BROWN CAT IN TEACUP	1991	CL	30.00	30.00
☐ CAT ASLEEP MH-735	1990	RT	18.00	18.00

FIGURINES

NAME	YEAR	LIMIT	ISSUE	TREND
❑ CAT CALICO IN EASY CHAIR MH-743VG	1990	RT	28.00	28.00
❑ CAT IN BAG	1991	CL	30.00	30.00
❑ CAT IN BAG MH-614	1987	RT	30.00	30.00
❑ CAT IN BAG MH-617	1987	RT	30.00	30.00
❑ CAT IN BASINET MH-714	1989	RT	35.00	35.00
❑ CAT IN BASKET MH-713B	1989	RT	35.00	35.00
❑ CAT IN BASKET MH-768	1991	RT	35.00	35.00
❑ CAT IN BOOTIE	1991	CL	35.00	35.00
❑ CAT IN BOOTIE MH-728	1990	RT	35.00	35.00
❑ CAT IN DRESS MH-751VG	1990	RT	38.00	38.00
❑ CAT IN FLOWER MH-709	1989	RT	35.00	35.00
❑ CAT IN GARBAGE CAN	1991	RT	35.00	35.00
❑ CAT IN GARBAGE CAN MH-190	1987	RT	35.00	35.00
❑ CAT IN GIFT BOX MUSICAL MH-732	1989	RT	40.00	40.00
❑ CAT IN HAT	1991	CL	35.00	35.00
❑ CAT IN HAT BOX	1991	CL	35.00	35.00
❑ CAT IN HAT BOX MH-634	1988	RT	35.00	35.00
❑ CAT IN HAT MH-634B	1988	RT	35.00	35.00
❑ CAT IN ROSE TEACUP	1991	RT	30.00	30.00
❑ CAT IN ROSE TEACUP MH-600VG	1987	RT	30.00	30.00
❑ CAT IN SHOE MH-718	1989	RT	30.00	30.00
❑ CAT IN TEACUP	1991	CL	30.00	30.00
❑ CAT IN TEACUP MH-600VGG	1987	RT	30.00	30.00
❑ CAT IN WATER CAN MUSICAL MH-712	1989	RT	35.00	35.00
❑ CAT MOMMA MH-758	1991	RT	35.00	35.00
❑ CAT ON BASKET MH-713	1989	RT	35.00	35.00
❑ CAT ON GIFT BOX MUSIC MH-740	1990	RT	40.00	40.00
❑ CAT ON PILLOW MH-731	1990	RT	18.00	18.00
❑ CAT ON TIPPED GARBAGE CAN	1991	CL	35.00	35.00
❑ CAT ON TIPPED GARBAGE CAN MH-498	1987	RT	35.00	35.00
❑ CAT SAILOR IN ROCKING BOAT MH-734	1990	RT	45.00	45.00
❑ CAT W/BOW ON PINK PILLOW MH-741P	1990	RT	34.00	36.00
❑ CAT W/COFFEE CUP MUSICAL MH-706	1989	RT	35.00	35.00
❑ CAT W/PARROT MH-730	1990	RT	38.00	38.00
❑ CAT W/SWING MUSICAL MH-710	1989	RT	35.00	35.00
❑ CAT WATCHING BUTTERFLY MH-784	1991	RT	18.00	18.00
❑ CAT WATCHING CANARY MH-783	1991	RT	25.00	25.00
❑ CATS BALL SHAPE	1985	CL	25.00	25.00
❑ CATS BALL SHAPE	1991	CL	25.00	25.00
❑ CATS GRADUATION MH-745	1990	RT	28.00	28.00
❑ CATS W/RIBBON	1991	CL	30.00	30.00
❑ CATS W/RIBBON MH-481 A/C	1986	RT	30.00	30.00
❑ FAMILY CAT MH-770	1991	RT	35.00	35.00
❑ GREY CAT IN BOOTIE	1991	CL	35.00	35.00
❑ GREY CAT IN BOOTIE MH-728G/6	1990	CL	35.00	35.00
❑ KITTEN PICKING TULIPS MH-756	1991	RT	40.00	40.00
❑ KITTEN TRIO IN CARRIAGE MH-742	1990	CL	38.00	38.00
❑ KITTENS W/BALLS OF YARN	1991	CL	30.00	30.00
❑ KITTENS W/BALLS OF YARN MH-612	1987	RT	30.00	30.00
❑ MUSICAL BEAR	1991	CL	28.00	28.00
❑ MUSICAL BEAR MH-602	1987	RT	28.00	28.00
❑ REVOLVING CAT W/BUTTERFLY MH-759	1991	RT	40.00	40.00
❑ TEAPOT CAT	1991	CL	30.00	30.00
❑ TEAPOT CAT MH-631	1987	RT	30.00	30.00
❑ VALENTINE CAT IN BAG MUSICAL MH-600	1987	RT	34.00	34.00
❑ VALENTINE CAT IN TEACUP MH-600VLT	1987	RT	34.00	34.00

CHRISTMAS COLLECTION

				JAIMY
❑ APOTHECARY LITE UP CJ-128	1991	RT	34.00	34.00
❑ BEIGE CHURCH LITE UP HOUSE MER-360A	1991	RT	35.00	35.00
❑ BOY & GIRL ON BELL CJ-132	1991	RT	14.00	14.00
❑ BOY ON HORSE CJ-457	1991	RT	6.00	6.00
❑ CAROLERS UNDER LAMPPOST CJ-114A	1991	RT	8.00	8.00
❑ CHURCH LITE UP MER-410	1991	RT	18.00	18.00
❑ COVERED BRIDGE CJ-101	1991	RT	28.00	28.00
❑ EMILY'S TOYS CJ-127	1991	RT	35.00	35.00
❑ FATHER & MOTHER W/DAUGHTER CJ-133	1991	RT	14.00	14.00
❑ FATHER CHRISTMAS CJ-233	1991	RT	34.00	34.00
❑ FATHER CHRISTMAS W/HOLLY CJ-239	1991	RT	35.00	35.00
❑ FIRE STATION CJ-129	1991	RT	50.00	50.00
❑ FOUR MEN TALKING CJ-138	1991	RT	28.00	28.00
❑ GIFT SHOP LITE UP CJ-125	1991	RT	34.00	34.00
❑ GIRLS W/INSTRUMENTS CJ-131	1991	RT	14.00	14.00
❑ HORSE & COACH CJ-207	1991	RT	25.00	25.00
❑ KIDS BUILDING IGLOO CJ-137	1991	RT	14.00	14.00
❑ LADY W/DOGS CJ-208	1991	RT	14.00	14.00
❑ MAN W/WHEELBARROW CJ-134	1991	RT	14.00	14.00
❑ MR. & MRS. SANTA MUSICAL	1990	CL	38.00	38.00
❑ NEWSBOY UNDER LAMPPOST CJ-144B	1991	RT	15.00	15.00
❑ OLD CURIOSITY LITE UP CJ-201	1991	RT	38.00	38.00
❑ PLAYHOUSE LITE UP CJ-122	1991	RT	50.00	50.00
❑ REINDEER BARN LITE UP HOUSE	1991	CL	55.00	55.00
❑ ROLY POLY SANTA 3 ASST. CJ-263/4/7	1990	RT	18.00	18.00
❑ SANTA CAT ROLY POLY CJ-252	1991	RT	18.00	18.00
❑ SANTA FIXING SLED CJ-237	1991	RT	35.00	35.00
❑ SANTA IN BARREL WATERBALL CJ-243	1991	RT	34.00	34.00
❑ SANTA IN SLED W/REINDEER CJ-3	1989	RT	25.00	25.00
❑ SANTA IN TOY SHOP CJ-441	1991	RT	34.00	34.00
❑ SANTA MUSICALS CJ-1/4	1989	RT	28.00	28.00
❑ SANTA ON CHIMNEY MUSICAL	1990	CL	34.00	34.00
❑ SANTA ON HORSE CJ-33A	1989	RT	34.00	34.00
❑ SANTA ON TRAIN CJ-458	1991	RT	6.00	6.00
❑ SANTA PACKING BAG CJ-210	1990	CL	34.00	34.00

NAME	YEAR	LIMIT	ISSUE	TREND
☐ SANTA PACKING BAG CJ-210	1991	RT	34.00	34.00
☐ SANTA PACKING BAG CJ-236	1991	RT	35.00	35.00
☐ SANTA SLEEPING MUSICAL CJ-214	1991	RT	30.00	30.00
☐ SANTA W/BAG & LIST CJ-431	1991	RT	34.00	34.00
☐ SANTA W/DEER MUSCIAL	1991	RT	34.00	34.00
☐ SANTA W/GIRL WATERBALL	1991	RT	34.00	34.00
☐ SANTA W/LANTERN MUSICAL CJ-211	1991	RT	34.00	34.00
☐ SANTA W/LIST CJ-23	1989	RT	28.00	28.00
☐ SANTA W/LIST CJ-23	1990	RT	28.00	28.00
☐ SANTA W/LIST CJ-23R	1991	RT	28.00	28.00
☐ SKATER, THE CJ-205	1991	RT	25.00	25.00
☐ SNOWBALL FIGHT CJ-124B	1991	RT	25.00	25.00
☐ SOUP SELLER WATERBALL CJ-209	1991	RT	25.00	25.00
☐ STONE COTTAGE LITE UP CJ-100	1991	RT	38.00	38.00
☐ STONE HOUSE LITE UP CJ-102	1991	RT	45.00	45.00
☐ THREE LADDIES W/FOOD CJ-136	1991	RT	14.00	14.00
☐ TOY SELLER, THE CJ-206	1991	RT	14.00	14.00
☐ TRADER SANTA MUSICAL CJ-442	1991	RT	30.00	30.00
☐ TWO OLD MEN TALKING CJ-107	1991	RT	14.00	14.00
☐ VILLAGE MILL LITE UP CJ-104	1991	RT	30.00	30.00
☐ VILLAGE PEOPLE CJ-116A	1991	RT	60.00	60.00
☐ WOMAN W/COW CJ-135	1991	RT	15.00	15.00
☐ YE OLDE TOWN TAVERN CJ-130	1991	RT	45.00	45.00

CHRISTMAS COLLECTION — E. MANN

NAME	YEAR	LIMIT	ISSUE	TREND
☐ CATS IN BASKET XMAS-664	1989	RT	8.00	8.00
☐ ELF W/DOLL HOUSE CB-14	1991	RT	30.00	30.00
☐ ELF W/HAMMER CB-11	1991	RT	30.00	30.00
☐ ELF W/ROCKING HORSE CB-10	1991	RT	30.00	30.00
☐ ELF W/TEDDY BEAR CB-12	1991	RT	30.00	30.00
☐ FIRE STATION LITE UP HOUSE	1990	CL	25.00	25.00
☐ SANTA ON SEE SAW TR-14	1990	RT	30.00	30.00
☐ SANTA ON WHITE HORSE CJ-338	1991	RT	34.00	34.00
☐ TEDDY BEAR ON WHEELS CB-42	1991	RT	25.00	25.00

CHRISTMAS COLLECTION — J. WHITE

NAME	YEAR	LIMIT	ISSUE	TREND
☐ ANTIQUE SANTA MUSICAL XMAS-364	1986	RT	20.00	20.00
☐ ANTIQUE SHOP LITE UP HOUSE MER-373	1990	RT	28.00	28.00
☐ BAKERY LITE UP HOUSE MER-376	1990	RT	28.00	28.00
☐ BETHLEHEM LITE UP SET 3 CP-59893	1990	RT	120.00	120.00
☐ BRICK CHURCH LITE UP HOUSE MER-360C	1990	RT	35.00	35.00
☐ CAT IN TEACUP MUSICAL XMAS-600	1989	RT	30.00	30.00
☐ CATHEDRAL LITE UP HOUSE MER-362	1990	RT	38.00	38.00
☐ CHURCH LITE UP HOUSE MER-310	1990	RT	28.00	28.00
☐ CHURCH W/BLU ROOF LITE UP HSE MER-360E	1991	RT	35.00	35.00
☐ DEEP GOLD CHURCH LITE UP HOUSE MER-360D	1990	RT	35.00	35.00
☐ DOUBLE STORE LITE UP HOUSE MER-311	1990	RT	28.00	28.00
☐ FLORAL PLAQUE XMAS-911	1991	OP	10.00	10.00
☐ FLOWER BASKET XMAS-912	1991	OP	10.00	10.00
☐ GRIST MILL LITE UP HOUSE MER-372	1990	CL	28.00	28.00
☐ INN LITE UP HOUSE MER-316	1990	CL	28.00	28.00
☐ JUMBO SANTA/TOYS XMAS-38	1986	RT	45.00	45.00
☐ LEATHERWORKS LITE UP HOUSE	1990	CL	28.00	28.00
☐ LIBRARY LITE UP HOUSES	1990	CL	28.00	28.00
☐ LIGHT HOUSE LITE UP HOUSE	1990	CL	28.00	28.00
☐ MANSION LITE UP HOUSE	1990	CL	28.00	28.00
☐ N. ENG. CHURCH LITE UP HOUSE MER-375	1990	CL	28.00	28.00
☐ N. ENG. GEN. STORE LITE UP HSE MER-377	1990	CL	28.00	28.00
☐ RAILROAD STATION LITE UP HOUSE	1990	CL	28.00	28.00
☐ RESTAURANT LITE UP HOUSE	1991	CL	28.00	28.00
☐ SCHOOL LITE UP HOUSE	1990	CL	28.00	28.00
☐ TOWN HALL LITE UP HOUSE	1990	CL	28.00	28.00
☐ TOY STORE LITE UP HOUSE	1991	CL	28.00	28.00
☐ TRAIN SET MER-378	1991	RT	25.00	25.00
☐ TRUMPETING ANGEL W/JESUS XMAS-627	1985	RT	40.00	40.00
☐ TWO-TONE STONE CHURCH MER-360B	1991	RT	35.00	35.00
☐ VIRGIN W/CHRIST MUSICAL XMAS-528	1985	RT	34.00	34.00

CHRISTMAS IN AMERICA — E. MANN

NAME	YEAR	LIMIT	ISSUE	TREND
☐ CAPITOL, WHITE HOUSE, MT. VERNON	1988	RT	75.00	150.00
☐ CART WITH PEOPLE	1990	RT	25.00	35.00
☐ SANTA IN SLEIGH	1989	CL	25.00	45.00

CHRISTMAS IN AMERICA — R. MANN

NAME	YEAR	LIMIT	ISSUE	TREND
☐ DOCTOR'S OFFICE LITE UP	1988	RT	28.00	28.00

CHRISTMAS IN AMERICA — J. WHITE

NAME	YEAR	LIMIT	ISSUE	TREND
☐ NEW ENGLAND CHURCH LITE UP MER-375	1991	RT	28.00	28.00
☐ NEW ENGLAND GEN'L STORE LITE UP MER-377	1991	RT	28.00	28.00

CHRISTMAS VILLAGE — L. SCIOLA

NAME	YEAR	LIMIT	ISSUE	TREND
☐ AWAY, AWAY	1991	CL	30.00	30.00
☐ COUNSEL HOUSE	1991	CL	60.00	60.00
☐ CURIOSITY SHOP	1991	CL	45.00	45.00
☐ EMILY'S TOYS	1991	CL	45.00	45.00
☐ FIRE STATION, THE	1991	CL	60.00	60.00
☐ ON THIN ICE	1991	CL	30.00	30.00
☐ PLAYHOUSE, THE	1991	CL	60.00	60.00
☐ PUBLIC LIBRARY	1991	CL	50.00	50.00
☐ SCROOGE/MARLEY'S COUNTING HOUSE	1991	CL	45.00	45.00
☐ STORY TELLER, THE CJ-204	1991	CL	20.00	20.00
☐ YE OLD GIFT SHOPPE	1991	CL	50.00	50.00

DICKENS COLLECTION — JAIMY

NAME	YEAR	LIMIT	ISSUE	TREND
☐ CRATCHIT/TINY TIM MUSICAL CJ-117	1991	RT	34.00	34.00
☐ CRATCHIT'S LITE UP HOUSE CJ-200	1991	RT	38.00	38.00
☐ SCROOGE MUSICAL	1991	RT	30.00	30.00
☐ SCROOGE/MARLEY COUNTING HOUSE CJ-202	1991	RT	38.00	38.00

FIGURINES

FIGURINES

NAME	YEAR	LIMIT	ISSUE	TREND
DICKENS COLLECTION				**J. WHITE**
❏ BLACK SWAN INN LITE UP XMS-7000E	1990	RT	30.00	30.00
❏ CRATCHIT FAMILY MER-121	1990	RT	38.00	38.00
❏ CRATCHIT/TINY TIM MUSICAL MER-105	1990	RT	34.00	34.00
❏ CRATCHIT'S LITE UP XMS-7000A	1989	RT	30.00	30.00
❏ FEZZIWIG'S LITE UP XMS-7000C	1989	RT	30.00	30.00
❏ GIFT SHOPPE LITE UP XMS-7000H	1989	RT	30.00	30.00
❏ HEN POULTRY LITE UP	1990	CL	30.00	30.00
❏ SCROOGE/MARLEY LITE UP XMS-7000B	1989	RT	30.00	30.00
❏ TEA AND SPICE LITE UP	1990	CL	30.00	30.00
❏ WAITE FISH STORE LITE UP	1990	CL	30.00	30.00
GINGERBREAD CHRISTMAS COLLECTION				**J. SAUERBREY**
❏ GINGERBREAD CHURCH LITE UP HSE CJ-403	1991	CL	65.00	65.00
❏ GINGERBREAD HOUSE LITE UP CJ-404	1991	CL	65.00	65.00
❏ GINGERBREAD MANSION LITE UP	1991	CL	70.00	70.00
❏ GINGERBREAD ROCKING HORSE MUSIC	1991	CL	34.00	34.00
❏ GINGERBREAD SWAN MUSICAL	1991	CL	34.00	34.00
❏ GINGERBREAD SWEET SHOP LITE UP HOUSE	1991	CL	60.00	60.00
❏ GINGERBREAD TEDDY BEAR MUSIC	1991	CL	34.00	34.00
❏ GINGERBREAD TOY SHOP LITE UP HOUSE	1991	CL	60.00	60.00
❏ GINGERBREAD VILLAGE LITE UP HOUSE	1991	CL	60.00	60.00
VICTORIAN CHRISTMAS COLLECTION				**JAIMY**
❏ LITTLE MATCH GIRL	1991	CL	9.00	9.00
❏ TWO BOYS WITH SNOWMAN	1990	CL	12.00	12.00
VICTORIAN CHRISTMAS COLLECTION				**J. WHITE**
❏ ANTIQUE SHOP LITE UP HOUSE	1991	CL	28.00	28.00
❏ BEIGE CHURCH LITE UP HOUSE MER351	1991	CL	35.00	35.00
❏ BOOK STORE LITE UP HOUSE	1991	CL	28.00	28.00
❏ CHURCH LITE UP HOUSE	1991	CL	38.00	38.00
❏ COUNTRY STORE LITE UP HOUSE	1991	CL	28.00	28.00
❏ INN LITE UP HOUSE MER-352	1991	CL	28.00	28.00
❏ TOY/DOLL HOUSE LITE UP	1990	CL	28.00	28.00
❏ VICTORIAN HOUSE LITE UP HOUSE	1990	CL	28.00	28.00
❏ YARN SHOP LITE UP HOUSE	1990	CL	28.00	28.00
WIZARD OF OZ-40TH ANNIVERSARY				**E. MANN**
❏ DOROTHY, SCARECROW, LION, TINMAN	1979	RT	8.00	45.00
❏ DOROTHY, SCARECROW, LION, TINMAN-MUSICAL	1979	RT	12.00	75.00

SHADE TREE CREATIONS INC.

NAME	YEAR	LIMIT	ISSUE	TREND
COWBOYS				**B. VERNON**
❏ BAR-B-Q-IN'	1998	*	*	N/A
❏ BATHER	1986	OP	*	N/A
❏ BEER DRINKER	1980	RT	20.00	240.00
❏ BIKER	1989	OP	*	N/A
❏ BOSS, THE	1989	OP	*	N/A
❏ BOWLER	1991	RT	30.00	45.00
❏ BUT...I DIDN'T INHALE!	1993	*	*	N/A
❏ CAMERA CRAZY	1990	RT	30.00	60.00
❏ CARD SHARK	1980	RT	20.00	165.00
❏ COMPUTER WIZARD	1988	RT	25.00	125.00
❏ COOKIES FOR SANTA	1993	5000	*	N/A
❏ COUCH POTATO	1991	RT	*	60.00
❏ DANCIN' FOOL!	1997	*	*	N/A
❏ DEFENDERS OF THE FLAG	1994	*	*	N/A
❏ DR. FEELGOOD	1994	OP	*	N/A
❏ DRAGGIN BUTT	1995	OP	35.00	35.00
❏ EARLY RISER	1980	RT	20.00	190.00
❏ EXECUTIVE	1989	RT	30.00	115.00
❏ EXECUTIVE LIBRARY	1993	OP	*	N/A
❏ FIRE FIGHTIN'	1994	OP	*	N/A
❏ FIRST CUP, THE	1992	OP	*	N/A
❏ FISHERMAN	1987	OP	*	N/A
❏ GOIN' POSTAL	1997	OP	*	N/A
❏ GOLF MY WAY	1992	OP	*	N/A
❏ GOLFER	1987	RT	30.00	125.00
❏ GOODBYE CRUEL WORLD	1987	RT	*	N/A
❏ GUNFIGHTER (1ST RELEASE)	1981	RT	20.00	165.00
❏ GUNFIGHTER (2ND RELEASE)	1991	RT	30.00	65.00
❏ HAPPY HOUR	1989	RT	30.00	65.00
❏ HELLO FROM... CUSTOM EDITION	1990	RT	*	N/A
❏ HENPECKED & HOGTIED	1989	RT	30.00	110.00
❏ HOUSEWORK STINKS!	1994	*	*	N/A
❏ HUNTER	1988	RT	*	60.00
❏ KEEPER OF THE PEACE	1995	OP	*	N/A
❏ LOUNGIN' WITH THE LADIES	1995	OP	*	N/A
❏ MAN'S BEST FRIEND	1990	RT	*	55.00
❏ MEAN AND ORNERY!	1995	*	*	N/A
❏ MECHANIC	1991	RT	30.00	150.00
❏ PARTY ANIMAL	1993	OP	*	N/A
❏ PLUMB'IN TROUBLE	1995	OP	*	N/A
❏ POOL SHARK	1991	RT	*	50.00
❏ PROMISE, THE	1989	OP	*	N/A
❏ REAL MEN DON'T NEED...	1998	*	*	N/A
❏ REDNECK & FED UP!	1997	*	*	N/A
❏ REDNECK (1ST RELEASE)	1981	RT	20.00	150.00
❏ REDNECK (2ND RELEASE)	1991	RT	30.00	165.00
❏ ROAD RAGE	1998	*	*	N/A
❏ RODEO CLOWN	1992	RT	*	75.00
❏ SADDLE SORES	1992	OP	*	N/A
❏ SEX MACHINE	1995	OP	40.00	40.00
❏ SKIER	1991	RT	30.00	45.00

NAME	YEAR	LIMIT	ISSUE	TREND
☐ SMOKIN' BIKER	1992	OP	*	N/A
☐ SMOKIN'-STURGIS RALLY	1990	RT	35.00	550.00
☐ SNOOZER	1986	RT	*	45.00
☐ TESTIN' THE TOYS	1994	5000	*	N/A
☐ THIS JOB	1990	RT	30.00	65.00
☐ TOURIST	1990	RT	30.00	40.00
☐ TRUCKER	1990	RT	*	80.00
☐ URBAN COWBOY (BROWN)	1983	RT	15.00	550.00
☐ URBAN COWBOY (PAINTED)	1981	RT	20.00	1275.00
☐ WOAH DERNIT	1995	RT	40.00	40.00
☐ YARD WARRIOR	1993	OP	*	N/A
☐ YEE HAW	1989	RT	25.00	125.00

SHENANDOAH DESIGNS

ARCADIAN PEWTER

N. LINDBLADE

NAME	YEAR	LIMIT	ISSUE	TREND
☐ AEROPLANE MONOCOUPE	1995	10000	46.00	46.00
☐ A-EXPRESS TRUCK	1996	10000	46.00	46.00
☐ AMBULANCE	1996	10000	46.00	46.00
☐ BUS-SAFETY COACH	1995	10000	46.00	46.00
☐ COFFEE MILL	1995	10000	46.00	46.00
☐ COTTAGE BANK	1996	10000	30.00	30.00
☐ COUPE A RUMBLE SEAT	1995	10000	46.00	46.00
☐ COUPE MODEL T	1995	10000	46.00	46.00
☐ EXPRESS FLYER WAGON	1995	10000	46.00	46.00
☐ FARM MOWER	1996	10000	40.00	40.00
☐ FIRE ENGINE AUTO	1995	10000	56.00	56.00
☐ FIRE LADDER TRUCK	1996	10000	46.00	46.00
☐ FIREWAGON (HORSE-DRAWN)	1995	10000	70.00	70.00
☐ MAIL BOX SPECIAL EDITION	1995	10000	40.00	40.00
☐ MOTORCYCLE COP	1996	10000	46.00	40.00
☐ NO. 1501 SEDAN	1996	10000	30.00	30.00
☐ NO. 1810 FIRE ENGINE	1996	10000	46.00	46.00
☐ PLYMOUTH SEDAN	1996	10000	40.00	40.00
☐ PRACING HORSE BANK	1996	10000	40.00	40.00
☐ ROCKING CHAIR	1996	10000	30.00	30.00
☐ SEDAN A TUDOR	1995	10000	46.00	46.00
☐ STATE BANK	1995	10000	*	N/A
☐ STEAMBOAT	1995	10000	46.00	46.00
☐ TOW CROP TRACTOR	1996	10000	46.00	46.00
☐ TOY POLICE BANK	1996	10000	40.00	40.00
☐ TRACTOR	1995	10000	46.00	46.00
☐ TRUCK A-STAKES SIDES	1995	10000	46.00	46.00
☐ TRUCK T STAKE SIDES	1995	10000	56.00	56.00
☐ TWO-MAN RACER	1000	10000	40.00	46.00
☐ WHEELBARROW WITH TOOLS	1996	10000	46.00	46.00

D. MORGAN

SHENANDOAH DESIGN TEAM

NAME	YEAR	LIMIT	ISSUE	TREND
☐ ACCESSORY GROUP	1996	2000	70.00	70.00
☐ FATHER CHRISTMAS	1990	6000	100.00	100.00
☐ MAGIC NEVER ENDS	1996	6000	100.00	100.00
☐ ST. NICHOLAS	1996	6000	100.00	100.00

FLOWER FAIRIES SERIES I

C.M. BARKER

NAME	YEAR	LIMIT	ISSUE	TREND
☐ GREATER CELANDINE FAIRY	1995	OP	20.00	20.00
☐ LAVENDER FAIRY	1995	OP	20.00	20.00
☐ MOUNTAIN ASH FAIRY	1995	OP	20.00	20.00
☐ ROSEHIP FAIRY	1995	OP	20.00	20.00
☐ WAYFARING TREE FAIRY	1995	OP	20.00	20.00
☐ WILD CHERRY BLOSSOM FAIRY	1995	OP	20.00	20.00

FLOWER FAIRIES SERIES II

C.M. BARKER

NAME	YEAR	LIMIT	ISSUE	TREND
☐ BLACKTHORN FAIRY	1996	OP	20.00	20.00
☐ CANTERBURY FAIRY	1996	OP	20.00	20.00
☐ FUMITORY FAIRY	1996	OP	20.00	20.00
☐ NASTURTIUM FAIRY	1996	OP	20.00	20.00
☐ POPPY FAIRY	1996	OP	20.00	20.00
☐ STRAWBERRY FAIRY	1996	OP	20.00	20.00

FLOWER FAIRIES SERIES III

C.M. BARKER

NAME	YEAR	LIMIT	ISSUE	TREND
☐ CANDYTUFT FAIRY	1996	OP	20.00	20.00
☐ CHRISTMAS TREE FAIRY	1996	OP	20.00	20.00
☐ COLUMBINE FAIRY	1996	OP	20.00	20.00
☐ DANDELION FAIRY	1996	OP	20.00	20.00
☐ MAY FAIRY	1996	OP	20.00	20.00
☐ WHITE BINDWEED FAIRY	1996	OP	20.00	20.00

FLOWER FAIRIES SERIES IV

C.M. BARKER

NAME	YEAR	LIMIT	ISSUE	TREND
☐ BLACK MEDICH BOY FAIRY	1997	OP	20.00	20.00
☐ BLACK MEDICH GIRL FAIRY	1997	OP	20.00	20.00
☐ BOX TREE FAIRY	1997	OP	20.00	20.00
☐ ELM TREE FAIRY	1997	OP	20.00	20.00
☐ HAZELNUT FAIRY	1997	OP	20.00	20.00
☐ PEAR BLOSSOM FAIRY	1997	OP	20.00	20.00

KEEPER KLUB

SHENANDOAH DESIGN TEAM

NAME	YEAR	LIMIT	ISSUE	TREND
☐ KEEPER OF COLLECTORS	1996	YR	35.00	35.00
☐ KEEPER SHELF	1996	YR	*	N/A

KEEPER OF CHRISTMAS SCENES

SHENANDOAH DESIGN TEAM

NAME	YEAR	LIMIT	ISSUE	TREND
☐ CHRISTMAS 1995	1995	RT	40.00	225.00
☐ CHRISTMAS 1996	1996	RT	40.00	125.00
☐ CHRISTMAS 1997	1997	6000	40.00	40.00

KEEPER SERIES I

SHENANDOAH DESIGN TEAM

NAME	YEAR	LIMIT	ISSUE	TREND
☐ BATH	1993	OP	35.00	35.00
☐ BEDCHAMBER	1993	OP	35.00	35.00
☐ ENTRY	1993	OP	35.00	35.00
☐ HEARTH	1993	OP	35.00	35.00
☐ KITCHEN	1993	RT	35.00	75.00

NAME	YEAR	LIMIT	ISSUE	TREND
❑ LAUNDRY	1993	OP	35.00	35.00
❑ LIBRARY	1993	RT	35.00	100.00
❑ NURSERY	1993	OP	35.00	35.00
KEEPER SERIES II			**SHENANDOAH DESIGN TEAM**	
❑ COWBOY SPIRIT	1994	OP	35.00	35.00
❑ HOME OFFICE	1994	OP	35.00	35.00
❑ HOME WORKSHOP	1994	OP	35.00	35.00
❑ LOVE	1994	OP	35.00	35.00
❑ MOTHERS	1994	OP	35.00	35.00
❑ NATIVE AMERICAN	1994	RT	35.00	100.00
❑ SUNROOM	1994	OP	35.00	35.00
❑ TIME	1994	OP	35.00	35.00
KEEPER SERIES III			**SHENANDOAH DESIGN TEAM**	
❑ BEARS	1995	OP	35.00	35.00
❑ FATHERS	1995	OP	35.00	35.00
❑ FLIGHT	1995	OP	35.00	35.00
❑ RAILS	1995	OP	35.00	35.00
❑ THANKSGIVING	1995	OP	35.00	35.00
❑ THE CATCH	1995	OP	35.00	35.00
KEEPER SERIES IV			**SHENANDOAH DESIGN TEAM**	
❑ BIRTHDAYS	1995	OP	35.00	35.00
❑ FAITH	1995	OP	35.00	35.00
❑ FIREFIGHTERS	1995	OP	35.00	35.00
❑ GARDEN	1995	OP	35.00	35.00
❑ GOLFING	1995	OP	35.00	35.00
❑ MUSIC	1995	OP	35.00	35.00
❑ SEA	1995	OP	35.00	35.00
❑ TRAILS	1995	OP	35.00	35.00
❑ WOODLAND ANIMALS	1995	OP	35.00	35.00
KEEPER SERIES V			**SHENANDOAH DESIGN TEAM**	
❑ CHECKERED FLAG	1996	OP	35.00	35.00
❑ FRIENDSHIP	1996	OP	35.00	35.00
❑ PEACE	1996	OP	35.00	35.00
❑ PHOTOGRAPHY	1996	OP	35.00	35.00
❑ SECRETS	1996	OP	35.00	35.00
KEEPER SERIES VI			**SHENANDOAH DESIGN TEAM**	
❑ CATS	1997	OP	35.00	35.00
❑ CROWN JEWELS	1997	6000	40.00	40.00
❑ GALAXY	1997	OP	35.00	35.00
❑ HALLOWEEN	1997	3500	45.00	45.00
❑ PUBS	1997	OP	35.00	35.00
LEAPERS			**SHENANDOAH DESIGN TEAM**	
❑ KISS A LEAPER	1997	6000	50.00	50.00
❑ LEAP OF FAITH	1997	6000	50.00	50.00
❑ LEAPER WENT A COURTIN'	1997	6000	50.00	50.00
❑ LEARN & LEAP	1997	6000	50.00	50.00
❑ TO LEAP OR NOT TO LEAP	1997	6000	50.00	50.00
❑ TO LEAP...TO DREAM	1997	6000	50.00	50.00
LIMBIES			**SHENANDOAH DESIGN TEAM**	
❑ BRUNO	1997	6000	40.00	40.00
❑ FIRST BEAR	1997	6000	40.00	40.00
❑ GRACE	1997	6000	40.00	40.00
❑ GUITARIST	1997	6000	40.00	40.00
❑ QUEEN	1997	6000	40.00	40.00
❑ ZEUS	1997	6000	50.00	50.00

SILVER DEER LTD.

NAME	YEAR	LIMIT	ISSUE	TREND
				G. TRUEX
❑ CRYSTAL STARSHIP	*	*	*	410.00
CRYSTAL COLLECTIBLES				**G. TRUEX**
❑ JOE COOL CRUISIN	1990	CL	165.00	165.00
❑ PINOCCHIO, 120MM	1984	CL	195.00	250.00

SPENCER COLLIN LIGHTHOUSES

NAME	YEAR	LIMIT	ISSUE	TREND
SPENCER COLLIN LIGHTHOUSES				**C. SPENCER COLLIN**
❑ SAN FRANCISCO LIGHTHOUSE WATERGLOBE	1997	*	40.00	40.00
❑ SAN FRANCISCO LIGHTSHIP	1998	*	120.00	120.00
SPENCER COLLIN LIGHTHOUSES				**C. SPENCER-COLLIN**
❑ HURON LIGHTSHIP	1999	*	120.00	120.00
❑ MINI LIGHTSHIP	1999	*	72.00	72.00

SPORTS IMPRESSIONS

NAME	YEAR	LIMIT	ISSUE	TREND
				*
❑ DON MATTINGLY ERROR	*	500	125.00	850.00
500 HOME RUN CLUB				*
❑ EDDIE MATTHEWS	1990	5512	100.00	125.00
❑ FRANK ROBINSON	1990	5586	150.00	150.00
❑ HARMON KILLEBREW	1990	5573	150.00	150.00
❑ JIMMY FOX	1990	5534	150.00	150.00
❑ MEL OTT	1990	5511	150.00	150.00
❑ TED WILLIAMS	1990	5251	150.00	150.00
❑ WILLIE MCCOVEY	1990	5521	150.00	150.00
BASEBALL SUPERSTAR FIGURINE SERIES				*
❑ ABBOTT & COSTELLO	1988	5000	145.00	145.00
❑ AL KALINE G/E	1988	2500	125.00	150.00
❑ ALAN TRAMMELL	1989	2500	125.00	125.00
❑ ANDRE DAWSON G/E	1988	2500	125.00	150.00
❑ BABE RUTH	1988	5000	125.00	125.00
❑ BOB FELLER	1988	2500	125.00	185.00

FIGURINES

NAME	YEAR	LIMIT	ISSUE	TREND
❑ CY YOUNG	1989	5000	125.00	125.00
❑ DON MATTINGLY	1987	CL	125.00	400.00
❑ DUKE SNIDER	1989	2500	125.00	125.00
❑ FRANK VIOLA	1989	2500	125.00	125.00
❑ HONUS WAGNER	1989	5000	125.00	125.00
❑ JOSE CANSECO	1988	CL	125.00	250.00
❑ KEITH HERNANDEZ	1987	2500	125.00	185.00
❑ KIRK GIBSON	1989	CL	125.00	185.00
❑ LOU GEHRIG	1988	5000	125.00	125.00
❑ MICKEY MANTLE	1987	CL	125.00	300.00
❑ PAUL MOLITOR	1988	2500	125.00	125.00
❑ REGGIE JACKSON (ANGELS)	1989	CL	125.00	165.00
❑ REGGIE JACKSON (YANKEES)	1988	CL	125.00	275.00
❑ ROBERTO CLEMENTE	1988	5000	125.00	125.00
❑ TED WILLIAMS F/S	1987	CL	125.00	150.00
❑ THURMAN MUNSON	1989	5000	125.00	125.00
❑ TY COBB	1988	5000	125.00	125.00
❑ WADE BOGGS F/S	1987	CL	125.00	150.00
❑ WILL CLARK F/S	1989	CL	125.00	225.00

BASEBALL'S 3000 HIT CLUB

				*
❑ ROD CAREW	1989	3053	150.00	150.00

BASEBALL'S 3000 HIT WINNERS PITCHERS SERIES

				*
❑ TOM SEAVER	1989	CL	150.00	150.00

BASEBALL'S 500 HOME RUN HITTERS

❑ ERNIE BANKS	1989	5512	150.00	150.00
❑ HANK AARON	1989	5755	150.00	150.00
❑ WILLIE MAYS	1989	5660	150.00	150.00

BASEBALL'S CY YOUNG AWARD WINNERS

				*
❑ OREL HERSHISER	1989	5055	125.00	165.00

COLLECTORS' CLUB FIGURINE

				*
❑ MICK-MICKEY MANTLE, THE- H/S	1989	TL	125.00	375.00

KINGS OF K

				*
❑ NOLAN RYAN	1990	500	195.00	195.00
❑ STEVE CARLTON	1990	500	195.00	195.00
❑ TOM SEAVER	1990	500	195.00	195.00

NEW YORK METS SUPERSTAR FIGURINES

				*
❑ DARRYL STRAWBERRY	1989	5018	125.00	125.00
❑ DWIGHT GOODEN	1989	5016	125.00	125.00
❑ GARY CARTER	1989	5008	125.00	125.00
❑ GREGG JEFFERIES	1989	5009	125.00	125.00
❑ HOWARD JOHNSON	1989	5000	125.00	125.00
❑ KEVIN MCREYNOLDS	1989	5022	125.00	125.00

NFL LIMITED EDITION FIGURINES

				*
❑ BOOMER ESIASON-AWAY	1990	995	195.00	195.00
❑ BOOMER ESIASON-HOME	1990	995	195.00	195.00
❑ DAN MARINO-AWAY	1990	995	195.00	195.00
❑ DAN MARINO-HOME	1990	995	195.00	195.00
❑ JOE MONTANA-AWAY	1990	995	195.00	195.00
❑ JOE MONTANA-HOME	1990	995	195.00	195.00
❑ JOHN ELWAY-AWAY	1990	995	195.00	195.00
❑ JOHN ELWAY-HOME	1990	995	195.00	195.00
❑ LAWRENCE TAYLOR-AWAY	1990	995	195.00	195.00
❑ LAWRENCE TAYLOR-HOME	1990	995	195.00	195.00
❑ RANDALL CUNNINGHAM-AWAY	1990	995	195.00	195.00
❑ RANDALL CUNNINGHAM-HOME	1990	995	195.00	195.00

RENAISSANCE 13 IN. SCULPTURES

				^
❑ DON MATTINGLY	1990	2950	395.00	395.00

SPECIAL INDIVIDUAL RELEASES

				*
❑ JOE MORGAN-NEWEST HALL OF FAMER	1990	1990	195.00	195.00
❑ MANTLE-SWITCH HITTER	1989	CL	295.00	345.00
❑ RICKEY HENDERSON	1991	939	150.00	150.00
❑ ROCKWELL-YER OUT	1991	2500	195.00	195.00

SUPER SIZE FIGURINES

				*
❑ JOSE CANSECO	1989	CL	250.00	275.00
❑ MICKEY MANTLE	1990	CL	250.00	275.00
❑ REGGIE JACKSON	1990	CL	250.00	250.00
❑ TED WILLIAMS	1989	CL	250.00	275.00
❑ THURMAN MUNSON	1990	995	250.00	250.00
❑ TOM SEAVER	1990	CL	250.00	250.00

TEAM OF DREAMS

				*
❑ CAL RIPKEN, JR.	1990	1990	150.00	150.00
❑ DON MATTINGLY	1990	1990	150.00	150.00
❑ ERIC DAVIS	1990	1990	150.00	150.00
❑ KEN GRIFFEY, JR.	1990	1990	150.00	150.00
❑ KEVIN MITCHELL	1990	1990	150.00	150.00
❑ KIRBEY PUCKETT	1990	1990	150.00	150.00
❑ LENNY DYKSTRA	1990	1990	150.00	150.00
❑ MARK LANGSTON	1990	1990	150.00	150.00

TODAY'S STAR SERIES

				*
❑ DON MATTINGLY	1990	2950	65.00	65.00
❑ DWIGHT GOODEN	1990	2950	65.00	65.00
❑ KEN GRIFFEY, JR.	1990	2950	65.00	65.00
❑ LENNY DYKSTRA	1990	2950	65.00	65.00
❑ NOLAN RYAN	1990	2950	65.00	65.00

STUDIO COLLECTION

HAPPY HABITS

				T. RUBEL
❑ BROTHER BON JOVIAL	1996	RT	35.00	35.00
❑ BROTHER PAUL PETITION	1996	RT	35.00	35.00

FIGURINES

FIGURINES

NAME	YEAR	LIMIT	ISSUE	TREND
HAPPY HABITS				**D. WOOD**
❏ SISTER MARY ELLIOTT	1998	*	35.00	35.00
❏ SISTER MARY GLEE	1998	*	35.00	35.00
❏ SISTER MARY GUIDANCE	1998	*	35.00	35.00
❏ SISTER MARY PRAISES	1998	*	35.00	35.00
HEAVENLY ANGELS				**T. RUBEL**
❏ AND IF I COULD I'D HEAL ALL	1998	*	20.00	20.00
❏ AND YOUR SEASONS ALWAYS SHINE	1999	*	36.00	36.00
❏ BAPTISM	1999	*	23.00	23.00
❏ BIRTHDAY WISH JUST FOR YOU, A	1999	*	20.00	20.00
❏ COME TELL ME WHERE I MIGHT FIND HIM	1999	*	30.00	30.00
❏ FOOTPRINTS IN THE SAND	1998	*	18.00	18.00
❏ FOR WHOM THE BELL TOLLS	1995	RT	26.00	26.00
❏ GREATEST GIFT OF ALL, THE	1999	*	23.00	23.00
❏ HEAVENLY APRIL SHOWERS	1999	*	25.00	25.00
❏ HOPE, FAITH, CHARITY	1999	*	33.00	33.00
❏ HUG ME!	1998	*	18.00	18.00
❏ I SHALL FOLLOW THE STAR	1999	*	20.00	20.00
❏ IF I CAN TEACH THE WORLD ONE THING--KINDNESS	1998	*	22.00	23.00
❏ IT'S BETTER TO GIVE	1999	*	29.00	29.00
❏ KITCHEN ANGEL	1999	OP	20.00	20.00
❏ LAMB OF GOD	1999	*	20.00	20.00
❏ LETTER TO GRANDMA, A	1999	*	23.00	23.00
❏ LOVE IS A MANY SPLENDORED THING	1999	*	23.00	23.00
❏ MY MOM'S #1	1998	*	22.00	23.00
❏ THERE'S ENOUGH TO GO AROUND	1998	*	25.00	25.00
❏ WE SHALL ALWAYS FOLLOW YOU	1999	*	35.00	35.00
❏ WHAT WOULD JESUS DO?	1998	*	18.00	18.00
❏ YOU'RE FOREVER IN MY HEART	1999	*	23.00	23.00
❏ YOU'RE THE APPLE OF MY EYE	1999	*	23.00	23.00
RETIRED ANGELS				**T. RUBEL**
❏ KITCHEN ANGEL	1999	*	35.00	35.00
❏ MR. D.D. DONUT	1999	*	36.00	36.00
❏ MR. FIX IT	1999	*	35.00	35.00
❏ MR. TE TUDDLE	1996	RT	35.00	35.00
❏ MS. ALICE BINGO	1999	OP	37.00	37.00
❏ MS. BOSSY	1996	RT	32.00	32.00
❏ MS. BY THE BOOK	1999	*	35.00	35.00
❏ MS. GARDEN PATCH	1999	*	35.00	35.00
❏ MS. KNITTING	1999	*	36.00	36.00
RETIRED PEARL ANGELS				**T. RUBEL**
❏ MR. SO LATE & MS. TRULY	1998	*	80.00	80.00
❏ MS. DEARING	1998	*	35.00	35.00
❏ MS. FLORA SWEET	1998	*	35.00	35.00
❏ MS. NELLIE, MS. STELLA & MS. SOPHIE	1998	*	100.00	100.00
❏ MS. PENNY SAVER	1998	*	35.00	35.00
❏ MS. WANDERER	1998	*	36.00	36.00
❏ MS. WEATHERBEE	1998	*	35.00	35.00
SANTA'S ANIMAL KINGDOM				**T. RUBEL**
❏ SANTA'S ANIMAL KINGDOM-STIFFENED	1994	2500	125.00	135.00

SWAROVSKI AMERICA

				*
❏ YOU LIGHT UP MY LIFE	*	RT	*	N/A
A PET'S CORNER				**E. MAIR**
❏ ST. BERNARD	1996	OP	95.00	125.00
A PET'S CORNER				**M. STAMEY**
❏ KITTEN 7634NR028000	1991	RT	48.00	100.00
❏ SITTING CAT	1991	OP	75.00	85.00
A PET'S CORNER				**A. STOCKER**
❏ BEAGLE, PUPPY	1990	OP	40.00	50.00
❏ POODLE 7619NR000003	1992	RT	125.00	150.00
❏ TERRIER 7619NR000002	1990	RT	60.00	120.00
AFRICAN WILDLIFE				**A. STOCKER**
❏ ELEPHANT, SMALL 7640NR04000	1989	OP	50.00	55.00
AFRICAN WILDLIFE				**M. ZENDRON**
❏ BABY ELEPHANT	1995	OP	155.00	155.00
AMONG FLOWERS AND FOLIAGE				**C. SCHNEIDERBAUER**
❏ BUTTERFLY ON LEAF	1994	OP	75.00	75.00
❏ DRAGONFLY	1995	OP	85.00	85.00
❏ HUMMINGBIRD GOLD 7552NR100	1992	RT	195.00	1395.00
BARNYARD FRIENDS				**M. SCHRECK**
❏ PIG, MEDIUM	1984	OP	35.00	47.50
❏ PIG, MEDIUM (CRYSTAL TAIL) 7638NR50 STYLE CHANGE	1984	RT	42.00	500.00
❏ PIG, MINI (CRYSTAL TAIL) 7657NR27	1982	OP	16.00	85.00
BARNYARD FRIENDS				**G. STAMEY**
❏ CHICKS (SET OF 3) MINI	1988	OP	35.00	45.00
❏ HEN, MINI	1987	RT	35.00	45.00
❏ ROOSTER, MINI	1987	OP	35.00	55.00
BARNYARD FRIENDS				**A. STOCKER**
❏ GOSLING, DICK 7613RN000004	1993	RT	38.00	55.00
❏ GOSLING, HARRY 7613NR000003	1993	RT	38.00	55.00
❏ GOSLING, TOM 7613NR000002	1993	RT	38.00	55.00
❏ MOTHER GOOSE 7613NR000001	1993	RT	75.00	95.00
BEAUTIES OF THE LAKE				**A. HIRZINGER**
❏ SWAN, MAXI	1995	OP	4500.00	4500.00
BEAUTIES OF THE LAKE				**M. SCHRECK**
❏ DRAKE, MINI	1983	OP	20.00	45.00
❏ MALLARD 7647NR80	1986	RT	80.00	210.00

NAME	YEAR	LIMIT	ISSUE	TREND
☐ SWAN, LARGE	1977	OP	55.00	95.00
☐ SWAN, MEDIUM	1977	OP	44.00	85.00
☐ SWAN, SMALL	1989	OP	35.00	50.00
BEAUTIES OF THE LAKE				**G. STAMEY**
☐ FROG 7642NR000001	1994	OP	50.00	50.00
BEAUTIES OF THE LAKE				**M. STAMEY**
☐ BABY CARP	1997	RT	50.00	50.00
☐ GOLDFISH, MINI	1996	OP	45.00	45.00
☐ MALLARD, GIANT	1989	OP	2000.00	4500.00
BEAUTIES OF THE LAKE				**A. STOCKER**
☐ DUCK - STANDING, MINI	1986	OP	22.00	38.00
☐ DUCK - SWIMMING, MINI 7653NR45	1986	RT	16.00	110.00
CENTENARY EDITION				**A. HIRZINGER**
☐ CENTENARY SWAN 7633NR1	1995	YR	150.00	225.00
COLLECTORS SOCIETY				**DESIGN TEAM**
☐ CENTENARY SWAN BROOCH	1995	YR	125.00	200.00
☐ DOLPHINS BROOCH 003-8901707	1991	RT	*	145.00
☐ ELEPHANT BROOCH 003-8902448	1993	RT	85.00	125.00
COLLECTORS SOCIETY				**A. HIRZINGER**
☐ 10TH ANNIVERSARY SQUIRREL 7400NR097	1997	YR	140.00	190.00
COLLECTORS SOCIETY				**G. STAMEY**
☐ BIRTHDAY CAKE, THE 003-0169678	1992	RT	85.00	250.00
☐ DRAGON DO1X971	1997	YR	325.00	800.00
COLLECTORS SOCIETY				**A. STOCKER**
☐ PEGASUS 7400098	1998	YR	350.00	500.00
☐ TURTLE DOVES/AMOUR DO1X891	1989	YR	195.00	1200.00
COLLECTORS SOCIETY/CARING AND SHARING				**M. SCHRECK**
☐ LOVE BIRDS, THE DO1X861/TOGETHERNESS	1987	RT	150.00	5000.00
COLLECTORS SOCIETY/CARING AND SHARING				**A. STOCKER**
☐ TURTLE DOVES, THE DO1X891/AMOUR	1989	RT	195.00	1200.00
☐ WOODPECKERS, THE DO1X881/SHARING	1988	RT	165.00	2000.00
COLLECTORS SOCIETY/FABULOUS CREATURES				**M. ZENDRON**
☐ UNICORN, THE DO1X961	1996	OP	325.00	950.00
COLLECTORS SOCIETY/INSPIRATION AFRICA				**M. STAMEY**
☐ KUDU, THE DO1X941/INSPIRATION AFRICA	1994	RT	295.00	650.00
COLLECTORS SOCIETY/INSPIRATION AFRICA				**A. STOCKER**
☐ LION, THE DO1X951/INSPIRATION AFRICA	1995	RT	325.00	650.00
COLLECTORS SOCIETY/INSPIRATION AFRICA				**M. ZENDRON**
☐ ELEPHANT, THE DO1X031/INSPIRATION AFRICA	1993	RT	325.00	1900.00
COLLECTORS SOCIETY/MASQUERADE				**DESIGN TEAM**
☐ PIERROT 7400099	1999	YR	350.00	500.00
COLLECTORS SOCIETY/MOTHER AND CHILD				**M. STAMEY**
☐ DOLPHINS, THE DO1X901/LEAD ME	1990	RT	225.00	1500.00
☐ SEALS, THE DO1X911/SAVE ME	1991	RT	225.00	650.00
☐ WHALES, THE DO1X921/CARE FOR ME	1992	RT	265.00	650.00
COMMEMORATIVE SINGLE ISSUE				**DESIGN TEAM**
☐ ELEPHANT	1993	OP	150.00	150.00
☐ ELEPHANT-COMMEMORATIVE ITEM/WALT DISNEY	1990	CL	125.00	1500.00
CRYSTAL MELODIES				**M. STAMEY**
☐ VIOLIN W/BOW & STAND 7477NR000002	1996	OP	*	110.00
CRYSTAL MELODIES				**M. ZENDRON**
☐ GRAND PIANO WITH STOOL 7477NR000006	1993	OP	250.00	275.00
☐ HARP 7477NR000003	1992	*	175.00	230.00
☐ LUTE 7477NR000004	1992	RT	140.00	175.00
DISNEY				*
☐ DUMBO '93 7640NR100001	1993	RT	*	750.00
☐ DUMBO NO TUSKS 7640NR35-3	1988	RT	*	4700.00
☐ DUMBO W/FLYING EARS	1990	RT	*	1375.00
☐ DUMBO W/LG. EARS & TUSKS 7640NR35-4	1989	RT	*	4200.00
☐ DUMBO W/LG. EARS, NO TUSKS	1989	RT	*	5000.00
☐ DUMBO W/SM. TUSKS 7640NR35-2	1988	RT	*	4650.00
☐ MICKEY MOUSE SDW001	*	*	*	475.00
☐ ORLANDO DUMBO W/LG. TUSKS 7640NB35-1	1988	RT	*	4500.00
ENDANGERED SPECIES				**M. SCHRECK**
☐ TURTLE, GIANT	1981	OP	2500.00	4500.00
☐ TURTLE, LARGE 7632NR45	1981	TL	48.00	90.00
ENDANGERED SPECIES				**G. STAMEY**
☐ MOTHER KANGAROO WITH BABY 7609NR000001	1993	OP	95.00	81.00
ENDANGERED SPECIES				**M. STAMEY**
☐ TIGER 7610NR000003	1998	OP	275.00	275.00
ENDANGERED SPECIES				**A. STOCKER**
☐ BEAVER, SITTING BABY	1992	OP	48.00	50.00
☐ KOALA 7673NR40	1987	OP	50.00	65.00
☐ KOALA, MINI	1989	OP	35.00	45.00
☐ PANDA, BABY	1993	OP	25.00	25.00
☐ PANDA, MOTHER	1993	OP	120.00	125.00
EXQUISITE ACCENTS				**M. SCHRECK**
☐ BIRDBATH	1981	OP	150.00	210.00
☐ DINNER BELL, SMALL	1987	RT	60.00	65.00
EXQUISITE ACCENTS				**M. STAMEY**
☐ ORCHID, THE/PINK	1995	OP	140.00	140.00
☐ ORCHID, THE/YELLOW	1995	RT	140.00	140.00
☐ ROSE, THE	1992	OP	150.00	155.00
EXQUISITE ACCENTS				**A. STOCKER**
☐ ANGEL	1995	OP	210.00	210.00

FIGURINES

FIGURINES

NAME	YEAR	LIMIT	ISSUE	TREND
FEATHERED FRIENDS				**A. HIRZINGER**
❑ PELICAN	1993	OP	38.00	38.00
FEATHERED FRIENDS				**E. MAIR**
❑ DOVE	1995	OP	55.00	55.00
FEATHERED FRIENDS				**A. STOCKER**
❑ LOVEBIRDS, BABY 7612NR000001	1996	OP	155.00	155.00
GAME OF KINGS				**M. SCHRECK**
❑ CHESS SET	1984	OP	950.00	3000.00
HORSES ON PARADE				**M. ZENDRON**
❑ ARABIAN STALLION 7612NR000002	1998	OP	260.00	260.00
❑ STALLION, WHITE 7612NR000001	1993	OP	250.00	260.00
IN A SUMMER MEADOW				*
❑ BUTTERFLY	1982	OP	44.00	85.00
IN A SUMMER MEADOW				**E. MAIR**
❑ LADYBUG	1995	OP	30.00	30.00
IN A SUMMER MEADOW				**A. STOCKER**
❑ FIELD MICE	1994	OP	43.00	45.00
❑ FIELD MOUSE	1991	OP	48.00	55.00
❑ MOTHER RABBIT	1988	OP	60.00	75.00
❑ RABBIT - SITTING, MINI	1988	OP	35.00	45.00
JULIA'S WORLD				*
❑ JULIA W/MANDOLIN	1990	OP	30.00	65.00
❑ LENA & PEPI/BENCH	1990	OP	55.00	240.00
❑ LENA W/LUTE	1990	OP	30.00	60.00
❑ MARIAN	1990	OP	30.00	70.00
❑ PEPI & MOPSY	1990	OP	55.00	105.00
❑ PEPI W/DRUM	1990	OP	30.00	70.00
❑ SALI	1990	OP	30.00	70.00
❑ SALI W/ACCORDION	1990	OP	30.00	60.00
KINGDOM OF ICE AND SNOW				**M. SCHRECK**
❑ PENGUIN, LARGE 7643NR85	1984	RT	44.00	150.00
❑ PENGUIN, MINI	1984	RT	16.00	38.00
KINGDOM OF ICE AND SNOW				**A. STOCKER**
❑ BABY SEAL, MINI	1986	OP	30.00	45.00
❑ POLAR BEAR, LARGE	1986	RT	140.00	250.00
NATIVITY				*
❑ ANGEL 7475NR000009	1992	RT	65.00	155.00
❑ HOLY FAMILY WITH ARCH 7475NR001	1991	RT	250.00	365.00
❑ SHEPHERD 7475NR000007	1992	RT	65.00	125.00
❑ WISE MEN (SET OF 3) 7475NR2	1992	RT	175.00	265.00
OUR CANDLEHOLDERS				*
❑ STAR, LARGE 7600NR143000	1987	RT	250.00	405.00
❑ STAR, MEDIUM	1989	OP	200.00	260.00
OUR CANDLEHOLDERS				**M. SCHRECK**
❑ WATER LILY, LARGE	1985	OP	200.00	375.00
❑ WATER LILY, MEDIUM	1983	OP	150.00	260.00
❑ WATER LILY, SMALL	1985	OP	100.00	175.00
OUR CANDLEHOLDERS				**G. STAMEY**
❑ BLUE FLOWER CANDLEHOLDER	1996	RT	260.00	260.00
OUR CANDLEHOLDERS				**A. STOCKER**
❑ NEO-CLASSIC, LARGE	1990	RT	220.00	400.00
❑ NEO-CLASSIC, MEDIUM	1990	RT	190.00	300.00
❑ NEO-CLASSIC, SMALL	1990	RT	170.00	250.00
OUR WOODLAND FRIENDS				**A. HIRZINGER**
❑ NIGHT OWL 7621NR000003	1996	RT	85.00	275.00
❑ OWLET	1995	OP	45.00	45.00
OUR WOODLAND FRIENDS				**E. MAIR**
❑ ROE DEER FAWN 7608NR000001	1994	RT	75.00	110.00
OUR WOODLAND FRIENDS				**M. SCHRECK**
❑ BEAR, LARGE	1981	OP	75.00	95.00
❑ BEAR, MINI	1985	OP	16.00	55.00
❑ OWL, GIANT	1983	OP	1200.00	2000.00
❑ OWL, LARGE	1979	OP	90.00	125.00
❑ OWL, MINI	1979	OP	16.00	30.00
❑ SQUIRREL 7662NR42	1985	*	35.00	55.00
OUR WOODLAND FRIENDS				**A. STOCKER**
❑ FOX - SITTING, MINI	1988	OP	35.00	45.00
❑ FOX, LARGE	1987	RT	50.00	80.00
❑ MUSHROOMS 7472NR030	1989	RT	35.00	45.00
PAPERWEIGHTS				**M. SCHRECK**
❑ CHATON, GIANT	1990	OP	3900.00	4500.00
❑ CHATON, LARGE	1987	RT	190.00	300.00
❑ CHATON, SMALL	1987	RT	50.00	90.00
❑ CONE	1982	RT	80.00	225.00
❑ PYRAMID, LARGE	1987	OP	90.00	250.00
❑ PYRAMID, SMALL	1987	RT	100.00	150.00
RETIRED				*
❑ BEE-GOLD 7553NR100	1985	RT	200.00	2250.00
❑ BEE-RHODUIM 7553NR200	1985	RT	200.00	2750.00
❑ BIRD'S NEST 7470NR050000	1987	RT	90.00	190.00
❑ BLOWFISH, LARGE 7644NR41	1984	RT	40.00	225.00
❑ BUTTERFLY	1985	RT	200.00	1100.00
❑ BUTTERFLY, MINI 7671NR30	1986	RT	16.00	300.00
❑ BUTTERFLY-GOLD 7551NR100	1985	RT	200.00	1395.00
❑ BUTTERFLY-RHODIUM 7551NR200	1985	RT	200.00	3100.00
❑ GRAPES, LARGE 7550NR30015	1983	RT	250.00	2900.00

NAME	YEAR	LIMIT	ISSUE	TREND
❑ HUMMINGBIRD RHODIUM 7552NR200	1985	RT	200.00	6500.00
❑ HUMMINGBIRD-GOLD 7552NR100	1985	RT	200.00	1395.00
RETIRED				**DESIGN TEAM**
❑ GRAPES, MEDIUM 7550NR20029	1985	RT	300.00	500.00
❑ GRAPES, SMALL 7550NR20015	1985	RT	200.00	395.00
RETIRED				**C. SCHNEIDERBAUER**
❑ BUMBLEBEE 7615NR000002	1992	RT	85.00	135.00
❑ SPARROW 7650NR000001	1992	RT	30.00	65.00
RETIRED				**M. SCHRECK**
❑ APPLE PHOTO STAND, KING SIZE/GOLD	1984	RT	150.00	600.00
❑ APPLE PHOTO STAND, KING SIZE/RHODIUM	1981	RT	120.00	750.00
❑ APPLE PHOTO STAND, LARGE/GOLD	1983	RT	80.00	310.00
❑ APPLE PHOTO STAND, LARGE/RHODIUM	1981	RT	80.00	365.00
❑ APPLE PHOTO STAND, SMALL/GOLD	1983	RT	60.00	210.00
❑ APPLE PHOTO STAND, SMALL/RHODIUM	1981	RT	40.00	250.00
❑ BEAR, GIANT 7637NR112	1983	RT	125.00	1500.00
❑ BEAR, KING SIZE 7637NR92	1983	RT	95.00	2750.00
❑ BEAR, MINI 7670NR32	1984	RT	16.00	265.00
❑ BEAR, SMALL 7637NR54	1982	RT	44.00	150.00
❑ CAT, LARGE 7634NR70	1984	RT	44.00	145.00
❑ CAT, MEDIUM 7634NR52	1983	RT	38.00	500.00
❑ CAT, MINI 7659NR31	1982	RT	16.00	85.00
❑ CHICKEN, MINI 7651NR20	1981	RT	16.00	100.00
❑ DACHSHUND, LARGE 7641NR75	1984	RT	48.00	250.00
❑ DACHSHUND, MINI 7672NR42	1985	RT	35.00	166.00
❑ DINNER BELL, LARGE	1981	RT	80.00	150.00
❑ DINNER BELL, MEDIUM	1987	RT	80.00	135.00
❑ DOG 7635NR70	1981	RT	44.00	175.00
❑ DUCK, LARGE 7650NR75	1983	RT	44.00	350.00
❑ DUCK, MEDIUM 7653NR55	1983	RT	38.00	190.00
❑ DUCK, MINI 7653NR45	1981	RT	16.00	120.00
❑ EGG	1981	RT	60.00	150.00
❑ ELEPHANT, LARGE 7640NR55	1983	RT	90.00	325.00
❑ FALCON HEAD, LARGE 7645NR100	1984	RT	600.00	2800.00
❑ FALCON HEAD, SMALL 7645NR45	1986	RT	60.00	185.00
❑ FROG PRINCE 7642NR48	1984	RT	30.00	200.00
❑ FROG W/CLEAR EYES 7642NR48	1984	RT	30.00	400.00
❑ HEDGEHOG, KING SIZE 7630NR60	1982	RT	98.00	850.00
❑ HEDGEHOG, LARGE 7630NR50	1981	RT	65.00	300.00
❑ HEDGEHOG, LARGE 7630NR70	1988	RT	120.00	100.00
❑ HEDGEHOG, MEDIUM 7630NR40	1981	RT	44.00	250.00
❑ HEDGEHOG, SMALL 7630NR30	1987	RT	38.00	475.00
❑ MOUSE, KING SIZE 7631NR60	1982	RT	95.00	900.00
❑ MOUSE, LARGE 7631NR50	1982	RT	69.00	600.00
❑ MOUSE, MEDIUM 7631NR40	1981	RT	48.00	160.00
❑ MOUSE, MINI 7655NR23	1981	RT	16.00	125.00
❑ MOUSE, SMALL 7631NR30	1981	RT	35.00	100.00
❑ OWL, SMALL 7636NR46	1979	RT	59.00	140.00
❑ PIG, LARGE 7638NR65	1982	RT	50.00	500.00
❑ PINEAPPLE, GIANT, RHODIUM 7507NR260002	1983	RT	1750.00	3750.00
❑ PINEAPPLE, LARGE, RHODIUM 7507NR105002	1981	RT	150.00	600.00
❑ PINEAPPLE, LARGE/RHODIUM 7507NR105002	1982	RT	150.00	600.00
❑ PINEAPPLE, SMALL/RHODIUM 7507NR060002	1987	RT	55.00	180.00
❑ RABBIT, LARGE 7652NR45	1982	RT	38.00	135.00
❑ RABBIT, MINI 7652NR20	1981	RT	16.00	125.00
❑ SEAL, LARGE 7645NR85	1985	RT	44.00	300.00
❑ SEAL, SILVER WHISKERS 7646NR85	1985	RT	85.00	180.00
❑ SPARROW, LARGE 7650NR32	1983	RT	38.00	175.00
❑ SPARROW, MINI 7650NR20	1979	RT	16.00	90.00
❑ SWAN, MINI 7658NR27	1988	RT	16.00	180.00
❑ TURTLE, KING SIZE 7632NR75	1983	RT	58.00	500.00
❑ TURTLE, SMALL 7632NR030000	1977	RT	35.00	90.00
RETIRED				**G. STAMEY**
❑ OLD TIMER AUTOMOBILE 7473NR000001	1989	RT	130.00	220.00
RETIRED				**M. STAMEY**
❑ KIWI 7617NR043000	1991	RT	38.00	90.00
❑ OWL 7621NR000003	1989	RT	85.00	240.00
❑ SNAIL 7648NR30	1986	RT	35.00	95.00
❑ SOUTH SEA SHELL 7624NR072000	1991	RT	110.00	165.00
❑ TOUCAN 7621NR000002	1989	RT	70.00	200.00
❑ WALRUS 7620NR100000	1989	RT	120.00	200.00
❑ WHALE 7628NR80	1988	RT	70.00	240.00
RETIRED				**A. STOCKER**
❑ BEAVER, LYING BABY 7616NR000003	1992	RT	48.00	78.00
❑ BEAVER, MOTHER 7616NR000001	1992	RT	110.00	150.00
❑ DACHSHUND, MINI 7672NR042	1987	RT	20.00	120.00
❑ ELEPHANT, LARGE 7640NR60	1988	RT	70.00	200.00
❑ FOX - RUNNING, MINI 7677NR055	1988	RT	35.00	75.00
❑ HIPPOPOTAMUS, LARGE 7626NR65	1988	RT	70.00	133.00
❑ HIPPOPOTAMUS, SMALL 7626NR055000	1989	RT	70.00	108.00
❑ PARTRIDGE 7625NR50	1987	RT	85.00	200.00
❑ POLAR BEAR, LARGE 7649NR85	1987	RT	140.00	245.00
❑ RABBIT, LYING MINI 7678NR030	1988	RT	35.00	125.00
❑ RHINOCEROS, LARGE 7622NR70	1988	RT	70.00	175.00
❑ RHINOCEROS, SMALL 7622NR60	1990	RT	70.00	105.00
SILVER CRYSTAL CITY				**G. STAMEY**
❑ CATHEDRAL 7474NR000021	1990	RT	95.00	160.00
❑ CITY GATES 7474NR000023	1991	RT	95.00	125.00
❑ CITY TOWER 7474NR000022	1991	RT	38.00	95.00
❑ HOUSES I & II	1990	RT	75.00	115.00
❑ HOUSES III & IV	1990	RT	75.00	115.00

FIGURINES

Swarovski Silver Crystal in 2002

By Dean A. Genth

Swarovski America has dramatically changed the landscape of crystal at retail in the United States. This past year has seen the closing by Swarovski America of nearly half of their former retail locations. These closings of retail locations have made the search for Swarovski by collectors a greater challenge.

The American public is very enamored with the Swarovski Silver Crystal line of figurines. The Swarovski jewelry line also has captivated our desire for an upscale look at very reasonable prices.

Swarovski collectors still seek out their favorite new releases. Newly released items account for a large share of the top selling spots on our list. In the past year collectors have tired a bit of the collector cub format. Every collectible producer is now challenged to make their clubs even more exciting and value-driven for their collector/members.

Secondary market activity for retired Swarovski Silver Crystal now seems to be concentrated among a handful of expert dealers and brokerage/exchange houses. eBay also has played a bigger role in secondary market transactions.

Top 10 Swarovski Silver Crystal Favorites

1. #286313	Baby Frog	$29.50
2. #7475NR000605	Snowman	$95
3. #7475NR000600	Angel	$210
4. #7619NR000004	Beagle Playing	$49.50
5. #261925	Grizzly Cub	$95
6. #7679NR000001	Pelican	$37.50
7. #275439	Ibex	$210
8. #7633NR050000	Medium Swan	$85
9. #7478NR000001	Rose	$155
10. #7475NR000606	Christmas Tree	$125

Collectibles authority and appraiser Dean A. Genth is a secondary market expert on Precious Moments, Swarovski Silver Crystal and M.I. Hummel. He owns six Miller's Hallmark Gold Crown stores in Eaton, Fairborn, Xenia and Cincinnati, Ohio.

NAME	YEAR	LIMIT	ISSUE	TREND
❑ POPLARS 7474NR020003	1990	RT	40.00	125.00
❑ TOWN HALL 7474NR000027	1993	RT	135.00	225.00
SILVER CRYSTAL WORLDWIDE LIMITED EDITION				**A. STOCKER**
❑ EAGLE 7607NR0000001	1995	RT	1750.00	10,000
❑ PEACOCK 7607NR000002	1998	10000	1800.00	6500.00
SOUTH SEA				*
❑ BLOWFISH, MINI	1987	OP	22.00	30.00
❑ BLOWFISH, SMALL	1986	OP	35.00	55.00
SOUTH SEA				**M. STAMEY**
❑ BUTTERFLY FISH 7644NR077	1991	RT	150.00	195.00
❑ CONCH	1995	OP	30.00	30.00
❑ DOLPHIN	1995	OP	210.00	210.00
❑ MARITIME TRIO 7624NR1	1995	OP	104.00	104.00
❑ OPEN SHELL WITH PEARL 7624NR55	1988	OP	120.00	200.00
❑ SEA HORSE	1993	OP	85.00	85.00
❑ SHELL	1995	OP	30.00	45.00
❑ STARFISH	1995	OP	30.00	30.00
❑ THREE SOUTH SEA FISH 7644NR057	1993	TL	135.00	135.00
SPARKLING FRUIT				*
❑ GRAPES, MED., GOLD LEAVES, RHODIUM STEM 7509NR150	1995	OP	375.00	250.00
SPARKLING FRUIT				**M. STAMEY**
❑ APPLE 7476NR000001	1991	RT	175.00	295.00
❑ PEAR 7476NR000002	1991	RT	175.00	225.00
UP IN THE TREES				**M. STAMEY**
❑ KINGFISHER 7621NR000001	1990	RT	75.00	175.00
❑ PARROT 7621NR000004	1989	RT	70.00	225.00
WHEN WE WERE YOUNG				*
❑ REPLICA HEDGEHOG	1994	OP	38.00	38.00
❑ REPLICA CAT	1994	OP	38.00	38.00
❑ REPLICA MOUSE	1994	OP	38.00	38.00
❑ STARTER SET	1994	OP	113.00	113.00
WHEN WE WERE YOUNG				**G. STAMEY**
❑ BABY CARRIAGE 7473NR000005	1996	OP	140.00	110.00
❑ LOCOMOTIVE	1988	OP	150.00	155.00
❑ PETROL WAGON	1990	OP	75.00	95.00
❑ ROCKING HORSE 7479NR000001	1994	OP	125.00	125.00
❑ SAILBOAT 7473NR000004	1994	OP	195.00	210.00
❑ SANTA MARIA 7473NR000003	1991	OP	375.00	375.00
❑ TENDER	1988	OP	55.00	55.00
❑ TIPPING WAGON	1993	OP	95.00	95.00
❑ TRAIN, MINI	1995	OP	125.00	125.00
❑ WAGON	1988	OP	85.00	95.00
WHEN WE WERE YOUNG				**A. STOCKER**
❑ AIRPLANE 7473NR000002	1990	OP	135.00	130.00
WHEN WE WERE YOUNG				**M. ZENDRON**
❑ KRIS BEAR	1993	RT	75.00	75.00
❑ KRIS BEAR ON SKATES	1995	OP	75.00	75.00

THOMAS F. CLARK CO.

TOM CLARK CREATIONS				**T. CLARK**
❑ ABEDNEGO	*	*	*	75.00
❑ ABRAHAM	*	*	*	180.00
❑ ADAM	*	*	*	125.00
❑ AHAB	*	*	*	350.00
❑ ALPHA	*	*	*	150.00
❑ BELLE KRINGLE	*	*	*	200.00
❑ BLACKSMITH	*	*	*	280.00
❑ CALEB	*	*	*	200.00
❑ COWBOY	*	*	*	150.00
❑ DAFFY	*	*	*	225.00
❑ ERNEST	*	*	*	270.00
❑ GERBER	*	*	*	400.00

UNITED DESIGN CORP.

ANGELS COLLECTION				**S. BRADFORD**
❑ CHRISTMAS ANGEL AA-003	1991	10000	125.00	125.00
❑ CLASSICAL ANGEL AA-005	1991	10000	79.00	79.00
❑ EARTH ANGEL	1994	RT	84.00	84.00
❑ GIFT, THE- '93	1993	RT	120.00	140.00
❑ GIFT, THE- AA-009	1991	3500	140.00	500.00
❑ HARVEST ANGEL	1994	RT	84.00	84.00
❑ HEAVENLY SHEPHERDESS AA-008	1991	10000	99.00	99.00
❑ MESSENGER OF PEACE AA-006	1991	RT	75.00	75.00
❑ TRUMPETER ANGEL AA-004	1991	RT	99.00	99.00
❑ WINTER ROSE ANGEL AA-007	1991	10000	65.00	65.00
ANGELS COLLECTION				**P. JONAS**
❑ ANGEL WAIF AA-012	1991	OP	15.00	16.00
❑ PEACE DESCENDING ANGEL AA-013	1991	OP	20.00	20.00
❑ ROSETTI ANGEL AA-011	1991	OP	20.00	20.00
❑ VICTORIAN CUPID ANGEL AA-010	1991	OP	15.00	16.00
ANGELS COLLECTION				**K. MEMOLI**
❑ ANGEL OF FLIGHT	1993	10000	100.00	100.00
❑ ANGEL WITH CHRIST CHILD	1994	10000	84.00	84.00
❑ DREAMING OF ANGELS	1994	10000	120.00	120.00
❑ MADONNA	1993	10000	100.00	100.00
ANGELS COLLECTION				**D. NEWBURN**
❑ ANGEL WITH BIRDS	1993	10000	75.00	75.00
❑ ANGEL WITH BOOK	1994	10000	84.00	84.00
❑ ANGEL WITH LEAVES	1993	10000	70.00	70.00

FIGURINES

NAME	YEAR	LIMIT	ISSUE	TREND
❑ ANGEL WITH LEAVES, EMERALD	1993	RT	70.00	90.00
❑ ANGEL WITH LILIES	1993	10000	80.00	80.00
❑ ANGEL, ROSES & BLUEBIRDS	1994	10000	65.00	65.00
❑ ANGELS WITH LILIES, CRIMSON	1993	RT	80.00	100.00
❑ GIFT, THE- '94	1994	RT	140.00	150.00
BACKYARD BIRDS				**S. BRADFORD**
❑ BABY BLUE JAY BB-027	1989	OP	15.00	16.00
❑ BABY CEDAR WAXWINGS BB-033	1990	OP	22.00	22.00
❑ BABY ROBIN, SMALL BB-006	1988	OP	10.00	10.00
❑ BABY ROBINS BB-008	1988	OP	15.00	18.00
❑ BALTIMORE ORIOLE BB-024	1989	OP	20.00	22.00
❑ BLUE JAY BB-026	1989	OP	20.00	22.00
❑ BLUEBIRD (UPRIGHT) BB-031	1990	OP	20.00	20.00
❑ BLUEBIRD BB-009	1988	OP	15.00	20.00
❑ BLUEBIRD, SMALL BB-001	1988	OP	10.00	10.00
❑ CARDINAL, SMALL BB-002	1988	OP	10.00	10.00
❑ CEDAR WAXWING BB-032	1990	OP	20.00	20.00
❑ CHICKADEE BB-010	1988	OP	15.00	17.00
❑ CHICKADEE, SMALL BB-003	1988	OP	10.00	10.00
❑ EVENING GROSBEAK BB-034	1990	OP	22.00	22.00
❑ FEMALE CARDINAL BB-011	1988	OP	15.00	17.00
❑ FEMALE HUMMINGBIRD, SMALL BB-005	1988	RT	10.00	10.00
❑ FEMALE INDIGO BUNTING BB-039	1990	OP	20.00	20.00
❑ FLYING HUMMINGBIRD, SMALL BB-004	1988	OP	10.00	10.00
❑ GOLDFINCH BB-028	1989	OP	16.00	20.00
❑ HANGING BLUEBIRD BB-017	1988	RT	11.00	17.00
❑ HANGING CARDINAL BB-018	1988	RT	11.00	11.00
❑ HANGING CHICKADEE BB-019	1988	RT	11.00	11.00
❑ HANGING HUMMINGBIRD, LARGE BB-023	1988	RT	15.00	16.00
❑ HANGING HUMMINGBIRD, SMALL BB-022	1988	RT	11.00	11.00
❑ HANGING ROBIN BB-020	1988	RT	11.00	11.00
❑ HANGING SPARROW BB-021	1988	RT	11.00	11.00
❑ HOOT OWL BB-025	1989	OP	15.00	20.00
❑ HUMMINGBIRD BB-012	1988	OP	15.00	17.00
❑ INDIGO BUNTING BB-036	1990	OP	20.00	20.00
❑ MALE CARDIDNAL BB-013	1988	OP	15.00	17.00
❑ NUTHATCH, WHITE-THROATED BB-037	1990	OP	20.00	20.00
❑ PAINTED BUNTING BB-040	1990	OP	20.00	20.00
❑ PAINTED BUNTING, FEMALE BB-041	1990	OP	20.00	20.00
❑ PURPLE FINCH BB-038	1990	OP	20.00	20.00
❑ RED-WINGED BLACKBIRD BB-014	1988	RT	15.00	17.00
❑ ROBIN BB-015	1988	OP	15.00	20.00
❑ ROSE BREASTED GROSBEAK BB-042	1990	OP	20.00	20.00
❑ SAW-WHET OWL BB-029	1989	OP	15.00	18.00
❑ SPARROW BB-016	1988	OP	15.00	17.00
❑ SPARROW, SMALL BB-007	1988	OP	10.00	10.00
❑ WOODPECKER BB-030	1989	OP	16.00	20.00
EASTER BUNNY FAMILY				**D. KENNICUTT**
❑ AUNTIE BUNNY SEC-008	1989	RT	20.00	23.00
❑ BABY IN BUGGY, BOY SEC-027	1991	RT	20.00	20.00
❑ BABY IN BUGGY, GIRL SEC-029	1991	RT	20.00	20.00
❑ BUBBA IN WHEELBARROW SEC-021	1991	OP	20.00	20.00
❑ BUBBA W/WAGON SEC-016	1990	OP	16.00	18.00
❑ BUNNIES, BASKET OF SEC-001	1988	RT	13.00	18.00
❑ BUNNY BOY W/ BASKET SEC-025	1991	OP	20.00	20.00
❑ BUNNY BOY W/DUCK SEC-002	1988	RT	13.00	18.00
❑ BUNNY GIRL W/HEN SEC-004	1988	RT	13.00	18.00
❑ BUNNY W/PRIZE EGG SEC-010	1989	OP	20.00	20.00
❑ BUNNY, EASTER SEC-003	1988	RT	13.00	18.00
❑ DUCKY W/BONNET, BLUE SEC-015	1989	OP	10.00	12.00
❑ DUCKY W/BONNET, PINK SEC-014	1989	OP	10.00	12.00
❑ EASTER BUNNY W/CRYSTAL SEC-017	1990	OP	23.00	23.00
❑ EASTER EGG HUNT SEC-012	1989	OP	16.00	20.00
❑ FANCY FIND SEC-028	1991	OP	20.00	20.00
❑ HEN W/CHICK SEC-018	1990	OP	23.00	23.00
❑ LITTLE SIS W/LOLLY SEC-009	1989	OP	14.00	18.00
❑ LOP-EAR W/CRYSTAL SEC-022	1991	OP	23.00	23.00
❑ MOMMA MAKING BASKET SEC-019	1990	OP	23.00	23.00
❑ MOTHER GOOSE SEC-020	1990	OP	16.00	20.00
❑ NEST OF BUNNY EGGS SEC-023	1991	OP	18.00	18.00
❑ RABBIT, GRANDMA SEC-005	1988	RT	15.00	18.00
❑ RABBIT, GRANDPA SEC-006	1988	RT	15.00	18.00
❑ RABBIT, MOMMA W/BONNET SEC-007	1988	RT	15.00	18.00
❑ ROCK-A-BYE BUNNY SEC-013	1989	OP	20.00	23.00
❑ SIS & BUBBA SHARING SEC-011	1989	OP	23.00	23.00
❑ VICTORIAN AUNTIE BUNNY SEC-026	1991	OP	20.00	20.00
❑ VICTORIAN MOMMA SEC-024	1991	OP	20.00	20.00
FAERIE TALES				**K. MEMOLI**
❑ FAERIE FLIGHT	1990	7500	39.00	39.00
❑ SLEEPING FAERIE	1990	7500	39.00	39.00
❑ WATER SPRITE	1990	7500	39.00	39.00
❑ WIND SPRITE	1990	7500	39.00	39.00
❑ WINTER FAERIE	1990	7500	39.00	39.00
❑ WOOD SPRITE	1990	7500	39.00	39.00
LEGEND OF SANTA CLAUS				**MEMOLI/JONAS**
❑ SAFE ARRIVAL CF-027	1990	7500	150.00	150.00
LEGEND OF SANTA CLAUS				**S. BRADFORD**
❑ CHRISTMAS HARMONY CF-020	1989	7500	85.00	85.00
❑ DREAMING OF SANTA CF-008	1987	RT	65.00	250.00
❑ FATHER CHRISTMAS CF-018	1988	7500	75.00	85.00
❑ LOAD 'EM UP CF-016	1988	RT	79.00	250.00
❑ MRS. SANTA CF-006	1987	RT	60.00	75.00

NAME	YEAR	LIMIT	ISSUE	TREND
❏ NORTHWOODS SANTA	1993	7500	100.00	110.00
❏ ON SANTA'S KNEE CF-007	1987	15000	65.00	79.00
❏ PURRR-FECT CHRISTMAS CF-019	1989	7500	95.00	95.00
❏ ROOFTOP SANTA CF-004	1986	RT	65.00	79.00
❏ SANTA ON HORSEBACK CF-011	1987	RT	75.00	250.00
❏ SANTA WITH PUPS CF-003	1986	RT	65.00	250.00
❏ STAR SANTA WITH POLAR BEAR	1994	7500	130.00	130.00
❏ VICT., LION AND LAMB SANTA	1993	7500	100.00	110.00
❏ VICTORIAN SANTA CF-028	1990	7500	125.00	125.00
❏ VICTORIAN SANTA W/TEDDY CF-033	1991	7500	150.00	150.00
❏ WAITING FOR SANTA CF-026	1990	7500	100.00	100.00

LEGEND OF SANTA CLAUS
K. MEMOLI

NAME	YEAR	LIMIT	ISSUE	TREND
❏ BLESSED FLIGHT CF-032	1991	7500	159.00	159.00
❏ DEAR SANTA	1993	7500	170.00	185.00
❏ JOLLY ST. NICK	1993	7500	130.00	140.00
❏ JOLLY ST. NICK, VICT.	1993	7500	120.00	130.00
❏ LONGSTOCKING DILEMMA	1994	7500	170.00	170.00
❏ LONGSTOCKING DILEMMA, VICT.	1994	7500	170.00	170.00
❏ REINDEER WALK CF-031	1991	7500	150.00	150.00
❏ STORY OF CHRISTMAS, THE	1994	10000	180.00	180.00

LEGEND OF SANTA CLAUS
L. MILLER

NAME	YEAR	LIMIT	ISSUE	TREND
❏ ASSEMBLY REQUIRED CF-017	1988	7500	79.00	95.00
❏ CHECKING HIS LIST CF-009	1987	15000	75.00	85.00
❏ ELF PAIR CF-005	1986	10000	60.00	75.00
❏ FOR SANTA CF-029	1991	7500	99.00	99.00
❏ FOREST FRIENDS CF-025	1990	7500	90.00	90.00
❏ HITCHING UP CF-021	1989	7500	90.00	90.00
❏ KRIS KRINGLE CF-002	1986	RT	60.00	75.00
❏ LOADING SANTA'S SLEIGH CF-010	1987	15000	100.00	100.00
❏ NIGHT BEFORE CHRISTMAS	1993	7500	100.00	110.00
❏ PUPPY LOVE CF-024	1990	7500	100.00	100.00
❏ SANTA AT REST CF-001	1986	RT	70.00	250.00
❏ SANTA AT WORK CF-030	1991	7500	99.00	99.00
❏ SANTA RIDING DOVE	1994	7500	120.00	120.00
❏ SANTA'S FRIENDS	1993	7500	100.00	110.00
❏ ST. NICHOLAS CF-015	1988	7500	75.00	85.00

LEGEND OF THE LITTLE PEOPLE
L. MILLER

NAME	YEAR	LIMIT	ISSUE	TREND
❏ ADVENTURE BOUND LL-002	1989	RT	35.00	45.00
❏ CADDY'S HELPER LL-007	1989	RT	35.00	45.00
❏ EASTER BUNNY'S CART, THE LL-020	1991	RT	45.00	45.00
❏ FIRE IT UP LL-023	1991	RT	50.00	50.00
❏ FISHIN' HOLE LL-012	1990	RT	35.00	45.00
❏ FRIENDLY TOAST LL-003	1989	RT	35.00	45.00
❏ GATHERING ACORNS LL-014	1990	RT	100.00	100.00
❏ GOT IT LL-021	1991	RT	45.00	45.00
❏ HEDGEHOG IN HARNESS LL-010	1990	RT	45.00	45.00
❏ HUSKING ACORNS LL-008	1990	RT	60.00	60.00
❏ IT'S ABOUT TIME LL-022	1991	RT	55.00	55.00
❏ LITTLE JIG LL-018	1990	RT	45.00	45.00
❏ LOOK THROUGH THE SPYGLASS LL-015	1990	RT	40.00	45.00
❏ MAGICAL DISCOVERY LL-005	1989	RT	45.00	45.00
❏ MINSTRAL MAGIC LL-017	1990	RT	45.00	45.00
❏ PROCLAMATION LL-013	1990	RT	45.00	50.00
❏ SPRING WATER SCRUB LL-006	1989	RT	35.00	45.00
❏ TRAVELING FAST LL-009	1990	RT	45.00	45.00
❏ TREASURE HUNT LL-004	1989	RT	45.00	45.00
❏ VIKING LL-019	1991	RT	45.00	45.00
❏ WOODLAND CACHE LL-001	1989	RT	35.00	45.00
❏ WOODLAND SCOUT LL-011	1990	RT	40.00	45.00
❏ WRITING THE LEGEND LL-016	1990	RT	65.00	65.00

LIL' DOLLS
N. JONAS

NAME	YEAR	LIMIT	ISSUE	TREND
❏ BETTY BUTTON'S SURPRISE LD-008	1991	10000	35.00	35.00

LIL' DOLLS
P. JONAS

NAME	YEAR	LIMIT	ISSUE	TREND
❏ ANGELA BEAR LD-010	1991	10000	35.00	35.00
❏ ARCHIBALD BEAR LD-009	1991	10000	35.00	35.00
❏ GEORGIE BEAR LD-001	1991	10000	35.00	35.00
❏ JENNY BEAR LD-002	1991	10000	35.00	35.00
❏ NUTCRACKER LD-006	1991	RT	35.00	35.00

LIL' DOLLS
D. NEWBURN

NAME	YEAR	LIMIT	ISSUE	TREND
❏ ADDIE LD-013	1991	10000	35.00	35.00
❏ AMY LD-003	1991	10000	35.00	35.00
❏ BECKY BUNNY LD-005	1991	10000	35.00	35.00
❏ KRISTA LD-014	1991	10000	35.00	35.00
❏ MARCHING IN TIME LD-007	1991	10000	35.00	35.00
❏ SAM LD-004	1991	10000	35.00	35.00
❏ SARA LD-011	1991	10000	35.00	35.00
❏ TESS LD-015	1991	10000	35.00	35.00
❏ TOM LD-012	1991	10000	35.00	35.00

MUSICMAKERS
S. BRADFORD

NAME	YEAR	LIMIT	ISSUE	TREND
❏ HERALD ANGEL MM-011	1989	12000	79.00	79.00
❏ TEDDY BEAR BAND MM-012	1989	12000	99.00	99.00

MUSICMAKERS
D. KENNICUTT

NAME	YEAR	LIMIT	ISSUE	TREND
❏ CHRISTMAS GIFT MM-015	1991	OP	59.00	59.00
❏ CHRISTMAS TREE MM-008	1989	OP	69.00	69.00
❏ CRYSTAL ANGEL MM-017	1991	OP	59.00	59.00
❏ DASHING THROUGH THE SNOW MM-013	1991	OP	59.00	59.00
❏ EVENING CAROLERS MM-005	1989	OP	69.00	69.00
❏ SNOWSHOE SLED RIDE MM-007	1989	OP	69.00	69.00

FIGURINES

NAME	YEAR	LIMIT	ISSUE	TREND
❑ TEDDIES AND FROSTY MM-010	1989	OP	69.00	69.00
❑ TEDDY DRUMMERS MM-009	1989	OP	69.00	69.00
❑ TEDDY SOLDIERS MM-018	1991	OP	69.00	69.00
❑ TWO FAERIES MM-014	1991	OP	59.00	59.00
❑ WINTER FUN MM-006	1989	OP	69.00	69.00
MUSICMAKERS				**L. MILLER**
❑ COMING TO TOWN MM-001	1989	OP	69.00	69.00
❑ MERRY LITTLE CHRISTMAS MM-002	1989	OP	69.00	69.00
❑ MERRY MAKING MM-003	1989	RT	69.00	90.00
❑ SANTA'S SLEIGH MM-004	1989	OP	69.00	69.00
PARTY ANIMALS				**D. KENNICUTT**
❑ DEMOCRATIC DONKEY ('84)	1984	RT	14.00	16.00
❑ DEMOCRATIC DONKEY ('90)	1990	RT	16.00	16.00
❑ GOP ELEPHANT ('90)	1990	RT	16.00	16.00
PARTY ANIMALS				**L. MILLER**
❑ DEMOCRATIC DONKEY ('86)	1986	RT	14.00	15.00
❑ DEMOCRATIC DONKEY ('88)	1988	RT	14.00	16.00
❑ GOP ELEPHANT ('84)	1984	RT	14.00	16.00
❑ GOP ELEPHANT ('86)	1986	RT	14.00	15.00
❑ GOP ELEPHANT ('88)	1988	RT	14.00	16.00
PENNIBEARS				**P. JONAS**
❑ ATTIC FUN PB-019	1990	RT	20.00	22.00
❑ BABY HUGS PB-007	1990	RT	20.00	22.00
❑ BAKING GOODIES PB-043	1991	RT	26.00	26.00
❑ BATHTIME BUDDIES PB-023	1990	RT	20.00	22.00
❑ BEAR FOOTIN' IT PB-037	1991	RT	24.00	24.00
❑ BEARLY AWAKE PB-033	1991	RT	22.00	22.00
❑ BEAUTIFUL BRIDE PB-004	1990	RT	20.00	24.00
❑ BIRTHDAY BEAR PB-018	1990	RT	20.00	24.00
❑ BOO HOO BEAR PB-050	1991	RT	22.00	22.00
❑ BOOOO BEAR PB-025	1990	RT	20.00	22.00
❑ BOUNTIFUL HARVEST PB-045	1991	RT	24.00	24.00
❑ BOUQUET BOY PB-003	1990	RT	20.00	20.00
❑ BOUQUET GIRL PB-001	1990	RT	20.00	22.00
❑ BUMP-BEAR CROP PB-035	1991	RT	26.00	26.00
❑ BUNNY BUDDIES PB-042	1991	RT	22.00	22.00
❑ BUTTERFLY BEAR PB-005	1990	RT	20.00	22.00
❑ BUTTONS & BOWS PB-012	1990	RT	20.00	22.00
❑ CHRISTMAS REINBEAR PB-046	1991	RT	28.00	28.00
❑ COOKIE BANDIT PB-006	1990	RT	20.00	22.00
❑ COUNT BEARACULA PB-027	1990	RT	22.00	24.00
❑ COUNTRY LULLABYE PB-036	1991	RT	24.00	24.00
❑ COUNTRY QUILTER PB-030	1990	RT	22.00	26.00
❑ COUNTRY SPRING PB-013	1990	RT	20.00	22.00
❑ CURTAIN CALL PB-049	1991	RT	24.00	24.00
❑ DOCTOR BEAR PB-008	1990	RT	20.00	22.00
❑ DRESS UP FUN PB-028	1990	RT	22.00	24.00
❑ GARDEN PATH PB-014	1990	RT	20.00	22.00
❑ GIDDIAP TEDDY PB-011	1990	RT	20.00	24.00
❑ GOODNIGHT LITTLE PRINCE PB-041	1991	RT	26.00	26.00
❑ GOODNIGHT SWEET PRINCESS PB-040	1991	RT	26.00	26.00
❑ HANDSOME GROOM PB-015	1990	RT	20.00	22.00
❑ HAPPY HOBO PB-051	1991	RT	26.00	26.00
❑ HONEY BEAR PB-002	1990	RT	20.00	20.00
❑ LAZY DAYS PB-009	1990	RT	20.00	22.00
❑ LIL' MER-TEDDY PB-034	1991	RT	24.00	24.00
❑ NAP TIME PB-016	1990	RT	20.00	22.00
❑ NURSE BEAR PB-017	1990	RT	20.00	22.00
❑ PETITE MADEMOISELLE PB-010	1990	RT	20.00	22.00
❑ PILGRIM PROVIDER PB-047	1991	RT	32.00	32.00
❑ PUPPY BATH PB-020	1990	RT	20.00	22.00
❑ PUPPY LOVE PB-021	1990	RT	20.00	22.00
❑ SANTA BEAR-ING GIFTS PB-031	1990	RT	24.00	26.00
❑ SCARECROW TEDDY PB-029	1990	RT	24.00	24.00
❑ SNEAKY SNOWBALL PB-026	1990	RT	20.00	22.00
❑ SOUTHERN BELLE PB-024	1990	RT	20.00	22.00
❑ STOCKING SURPRISE PB-032	1990	RT	22.00	26.00
❑ SUMMER SAILING PB-039	1991	RT	26.00	26.00
❑ SWEET LIL 'SIS PB-048	1991	RT	22.00	22.00
❑ SWEETHEART BEARS PB-044	1991	RT	28.00	28.00
❑ TUBBY TEDDY PB-022	1990	RT	20.00	22.00
❑ WILD RIDE PB-052	1991	RT	26.00	26.00
❑ WINDY DAY PB-038	1991	RT	24.00	24.00
PENNIBEARS COLLECTOR'S CLUB MEMBERS ONLY EDITIONS				**P. JONAS**
❑ COLLECTING MAKES CENTS PB-C91	1991	RT	26.00	26.00
❑ FIRST COLLECTION PB-C90	1990	RT	26.00	26.00
STORYTIME RHYMES & TALES				**H. HENRIKSEN**
❑ HUMPTY DUMPTY 008	1991	RT	64.00	64.00
❑ LITTLE JACK HORNER 007	1991	RT	50.00	50.00
❑ LITTLE MISS MUFFET 006	1991	RT	64.00	64.00
❑ MISTRESS MARY 002	1991	RT	64.00	64.00
❑ MOTHER GOOSE 001	1991	RT	64.00	64.00
❑ OWL & PUSSY CAT 004	1991	RT	100.00	100.00
❑ SIMPLE SIMON 003	1991	RT	90.00	90.00
❑ THREE LITTLE PIGS 005	1991	RT	100.00	100.00
SUZY'S ZOO				**S. BRADFORD**
❑ BABY QUACKER	1990	OP	20.00	20.00
❑ BUNNY BABY	1990	OP	20.00	20.00

NAME	YEAR	LIMIT	ISSUE	TREND
❑ BUNNY BRIDE & GROOM	1990	OP	25.00	25.00
❑ CORKY PILGRIM	1990	OP	25.00	25.00
❑ CORKY TURTLE & HAT	1990	OP	23.00	23.00
❑ CORKY, HEART FELT	1990	OP	23.00	23.00
❑ JACK & FLOWERS	1990	OP	23.00	23.00
❑ MARMOT BABY, RAINY DAY	1990	OP	20.00	20.00
❑ MARMOT CAROLERS	1990	OP	25.00	25.00
❑ MARMOT SISTERS/PALS	1990	OP	25.00	25.00
❑ MARMOTS DANCING	1990	OP	25.00	25.00
❑ MARTHA MARMOT	1990	OP	23.00	23.00
❑ OLLIE MARMOT	1990	OP	23.00	23.00
❑ POLLY QUACKER	1990	OP	23.00	23.00
❑ RITZ, SIGNING-I LOVE YOU	1990	OP	23.00	23.00
❑ RITZ-HAY THERE	1990	OP	20.00	20.00
❑ SUZY & FAVORITE PILLOW	1990	OP	23.00	23.00
❑ SUZY & TEDDY	1990	OP	23.00	23.00
❑ SUZY, ARTIST	1990	OP	23.00	23.00
❑ SUZY, BEAUTY QUEEN	1990	OP	25.00	25.00
❑ TEDDY	1990	OP	20.00	20.00
❑ TILLIAMOOK & FLOWERS	1990	OP	23.00	23.00
❑ TILLIAMOOK, BALLERINA	1990	OP	23.00	23.00

VAILLANCOURT FOLK ART

COLLECTIBLE RABBIT — J. VAILLANCOURT

NAME	YEAR	LIMIT	ISSUE	TREND
❑ CAT, 9602	1996	OP	150.00	150.00
❑ CHALKWARE PEDDLAR, 9513	1995	OP	130.00	130.00
❑ LARGE RABBIT, 9601	1996	OP	180.00	180.00
❑ LTD BOY/CHICK, 9603	1996	OP	190.00	190.00
❑ LTD. LADY RABBIT, 9502	1995	250	190.00	190.00
❑ RABBIT AND CHICKS, 9505	1995	OP	90.00	90.00
❑ RABBIT AND LAMB, 9504	1995	OP	150.00	150.00
❑ RABBIT LEANING ON EGG, 9508	1995	OP	130.00	130.00
❑ RABBIT ON DUCK, 9506	1995	OP	60.00	60.00
❑ RABBIT ON MALLARD, 9507	1995	OP	80.00	80.00
❑ RABBIT W/APRON, 9511	1995	OP	65.00	65.00
❑ RABBIT, 9604	1996	OP	100.00	100.00
❑ RABBIT, 9605	1996	OP	90.00	90.00
❑ RABBIT/BARREL, 9512	1995	OP	110.00	110.00
❑ RABBIT/UMBRELLA, 9514	1995	OP	140.00	140.00
❑ ROCKER RABBIT, 0503	1995	OP	130.00	130.00
❑ RUNNING RABBIT, 9606	1996	OP	150.00	150.00
❑ SMALL BUNNY, 9509	1995	OP	50.00	50.00
❑ SMALL RABBIT, 9510	1995	OP	40.00	40.00
❑ TINY RABBIT, 9607	1996	OP	40.00	40.00
❑ TWO RABBITS, 9501	1995	OP	190.00	190.00

COLLECTIBLE SANTA — J. VAILLANCOURT

NAME	YEAR	LIMIT	ISSUE	TREND
❑ ANGEL	1996	OP	90.00	90.00
❑ ANGEL, 9539	1995	OP	40.00	40.00
❑ BELSNICKLE, 9529	1995	OP	70.00	70.00
❑ BELSNICKLE, 9533	1995	OP	90.00	90.00
❑ BELSNICKLE, 9534	1995	OP	80.00	80.00
❑ BELSNICKLE, 9538	1995	OP	50.00	50.00
❑ BELSNICKLE, 9637	1996	OP	70.00	70.00
❑ BELSNICKLE, 9643	1996	OP	140.00	140.00
❑ BLUE FATHER CHRISTMAS, 9537	1995	OP	110.00	110.00
❑ CHILDREN ON SLED, 9636	1996	OP	350.00	350.00
❑ F.C. ON DONKEY, 9541	1995	250	300.00	300.00
❑ F.C. ON MOTORCYCLE	1996	OP	130.00	130.00
❑ F.C. PULLING SLED, 9543	1995	250	300.00	300.00
❑ F.C., 9644	1996	OP	130.00	130.00
❑ FATHER CHRISTMAS, 9633	1996	OP	90.00	90.00
❑ FATHER CHRISTMAS, 9635	1996	OP	350.00	350.00
❑ GERMAN TREE, 9638	1996	OP	30.00	30.00
❑ LARGE F.C. ON DONKEY, 9542	1995	OP	250.00	250.00
❑ LARGE WALKING, 9531	1995	OP	1900.00	1900.00
❑ LTD. F.C., 9641	1996	250	300.00	300.00
❑ SANTA HOLDING LARGE BAG, 9532	1995	OP	250.00	250.00
❑ SANTA, 9535	1995	OP	130.00	130.00
❑ SANTA, 9631	1996	OP	150.00	150.00
❑ SANTA, 9632	1996	OP	90.00	90.00
❑ SNOW ANGEL, 9540	1995	OP	70.00	70.00
❑ SNOWMAN ARTIST, 9640	1996	OP	120.00	120.00
❑ SNOWMAN, 9639	1996	OP	50.00	50.00
❑ STARLIGHT SANTA, 9630	1996	RT	100.00	100.00
❑ STOCKING, 9536	1995	OP	190.00	190.00

COLLECTOR'S WEEKEND SANTA — J. VAILLANCOURT

NAME	YEAR	LIMIT	ISSUE	TREND
❑ SANTA	2002	300	100.00	100.00

STARLIGHT SANTA — J. VAILLANCOURT

NAME	YEAR	LIMIT	ISSUE	TREND
❑ SANTA	2002	*	150.00	150.00

WACO PRODUCTS CORP.

HERMAN COLLECTION — J. UNGER

NAME	YEAR	LIMIT	ISSUE	TREND
❑ BIRTHDAY/CAKE	1990	OP	36.00	36.00
❑ BOWLING/WIFE	1990	OP	32.00	32.00
❑ DOCTOR/FAT MAN	1990	OP	36.00	36.00
❑ DOCTOR/HIGH COST	1990	OP	32.00	32.00
❑ FRY PAN	1990	OP	40.00	40.00
❑ GOLF/CAMEL	1990	OP	44.00	44.00
❑ HUSBAND/CHECK	1990	OP	36.00	36.00
❑ HUSBAND/NEWSPAPER	1990	OP	41.00	41.00
❑ LAWYER/CABINET	1990	OP	44.00	44.00
❑ STOP SMOKING	1990	OP	40.00	40.00

FIGURINES

NAME	YEAR	LIMIT	ISSUE	TREND
❑ TENNIS/WIFE	1990	OP	32.00	32.00
❑ WEDDING RING	1990	OP	41.00	41.00
MELODY IN MOTION				*
❑ GLAZED TRUMPETER/SIGNING PIECE	1997	RT	220.00	220.00
❑ LULL'A BYE WILLIE II (EUROPEAN)	1990	RT	*	400.00
❑ MADAME CELLO, GLAZE	1993	RT	170.00	310.00
❑ MADAME FLUTE, GLAZE	1993	RT	170.00	310.00
❑ MADAME HARP, GLAZE	1993	RT	190.00	320.00
❑ SANTA CLAUS-1989	1989	RT	130.00	600.00
❑ SANTA CLAUS-1992	1992	RT	160.00	180.00
❑ SANTA CLAUS-1996	1996	RT	220.00	220.00
❑ SANTA CLAUS-1997	1997	RT	220.00	220.00
❑ SANTA CLAUSE-1993 (EUROPEAN)	1993	RT	*	413.00
❑ WALL STREET (JAPANESE)	1993	RT	*	N/A
❑ WILLIE THE ARTIST/SIGNING PIECE	1996	RT	240.00	240.00
MELODY IN MOTION				**C. JOHNSON**
❑ LITTLE JOHN	1990	RT	180.00	300.00
❑ ROBIN HOOD	1990	RT	180.00	325.00
MELODY IN MOTION				**K. MAEDA**
❑ CAROLER BOY II	1998	*	190.00	190.00
❑ COCA-COLA SANTA CLAUS CLOCK	1998	3000	250.00	250.00
❑ NEW FIDDLER	1998	*	200.00	200.00
❑ SANTA CLAUS	1998	4000	220.00	220.00
❑ WEDDING COUPLE	1998	*	196.00	196.00
❑ WILLIE THE WANDERER	1998	*	170.00	170.00
MELODY IN MOTION				**S. NAKANE**
❑ 1993 COCA-COLA SANTA	1993	RT	180.00	240.00
❑ 1994 COCA-COLA SANTA	1994	RT	190.00	250.00
❑ ACCORDION BOY	1990	RT	120.00	200.00
❑ ACCORDION CLOWN	1987	RT	85.00	300.00
❑ AMAZING WILLIE/ONE MAN BAND	1992	RT	130.00	250.00
❑ ARTIST, THE	1993	RT	240.00	240.00
❑ BALLOON CLOWN	1987	OP	110.00	110.00
❑ BLACKSMITH	1990	RT	110.00	200.00
❑ BLUE DANUBE CAROUSEL	1995	OP	280.00	280.00
❑ CAMPFIRE COWBOY	1995	RT	180.00	275.00
❑ CAROLER BOY, THE	1994	10000	172.00	180.00
❑ CAROLER GIRL, THE	1994	10000	172.00	180.00
❑ CAROUSEL, THE	1987	RT	190.00	300.00
❑ CAROUSEL, THE, 2ND ED.	1991	RT	240.00	350.00
❑ CELLIST, THE	1986	RT	100.00	240.00
❑ CHATTANOOGA CHOO-CHOO	1994	OP	180.00	190.00
❑ CHRISTMAS CAROLER BOY	1994	10000	172.00	180.00
❑ CHRISTMAS CAROLER GIRL	1994	10000	172.00	180.00
❑ CLARINET CLOWN	1987	RT	85.00	325.00
❑ CLOCKPOST WILLIE	1990	RT	150.00	400.00
❑ COCA-COLA NORMAN ROCKWELL GONE FISHIN'	1995	YR	194.00	200.00
❑ COCA-COLA POLAR BEAR	1995	6000	180.00	180.00
❑ DAY'S END	1994	RT	240.00	240.00
❑ FIDDLER, THE	1986	RT	100.00	250.00
❑ GRAND CAROUSEL, THE	1989	RT	3000.00	4500.00
❑ GRANDFATHER'S CLOCK	1989	RT	200.00	300.00
❑ GUITARIST, THE	1986	RT	100.00	300.00
❑ HEARTBREAK WILLIE	1993	OP	180.00	190.00
❑ HUNTER	1990	RT	110.00	225.00
❑ HUNTER TIMEPIECE	1991	RT	250.00	300.00
❑ ICE CREAM VENDOR	1988	RT	140.00	250.00
❑ JACKPOT WILLIE	1994	OP	180.00	190.00
❑ KING OF CLOWNS CAROUSEL	1992	RT	740.00	850.00
❑ LAMPLIGHT WILLIE	1993	RT	220.00	220.00
❑ LAMPPOST WILLIE	1987	OP	84.00	110.00
❑ LONGEST DRIVE	1994	OP	150.00	160.00
❑ LOW PRESSURE JOB	1994	RT	240.00	240.00
❑ LOW PRESSURE JOB CLOCK	1995	RT	240.00	240.00
❑ LULL'ABY WILLIE	1989	RT	170.00	285.00
❑ MADAME CELLO PLAYER	1987	RT	130.00	240.00
❑ MADAME FLUTE PLAYER	1987	RT	130.00	265.00
❑ MADAME HARP PLAYER	1988	OP	130.00	130.00
❑ MADAME HARPSICHORD PLAYER	1987	RT	130.00	265.00
❑ MADAME HARPSICHORD, GLAZE	1993	RT	170.00	310.00
❑ MADAME LYRE PLAYER	1987	RT	130.00	210.00
❑ MADAME MANDOLIN PLAYER	1987	RT	130.00	240.00
❑ MADAME VIOLIN PLAYER	1987	RT	130.00	240.00
❑ ORGAN GRINDER	1987	RT	100.00	275.00
❑ PEANUT VENDOR	1988	RT	140.00	325.00
❑ ROBIN HOOD TIMEPIECE	1990	RT	180.00	350.00
❑ SALTY N' PEPPER	1985	RT	90.00	550.00
❑ SANTA CLAUS-1986	1986	RT	100.00	2750.00
❑ SANTA CLAUS-1987	1987	RT	110.00	1500.00
❑ SANTA CLAUS-1988	1988	RT	130.00	1000.00
❑ SANTA CLAUS-1990	1990	RT	150.00	300.00
❑ SANTA CLAUS-1991	1991	RT	150.00	325.00
❑ SANTA CLAUS-1995	1995	RT	190.00	190.00
❑ SAXOPHONE CLOWN	1987	RT	85.00	275.00
❑ SHOEMAKER	1990	RT	110.00	175.00
❑ SMOOTH SAILING	1994	RT	200.00	200.00
❑ SOUTH OF THE BORDER	1993	RT	180.00	203.00
❑ SPOTLIGHT CLOWN BANJO	1988	RT	85.00	275.00
❑ SPOTLIGHT CLOWN CORNET	1988	RT	85.00	250.00
❑ SPOTLIGHT CLOWN TROMBONE	1988	RT	85.00	275.00
❑ SPOTLIGHT CLOWN TUBA	1988	RT	85.00	250.00
❑ SPOTLIGHT CLOWN WITH BINGO THE DOG	1988	RT	85.00	180.00

FIGURINES

NAME	YEAR	LIMIT	ISSUE	TREND
❑ SPOTLIGHT CLOWN WITH UPRIGHT BASS	1989	RT	130.00	130.00
❑ VICTORIA PARK CAROUSEL	1991	OP	300.00	300.00
❑ VIOLIN CLOWN	1987	RT	85.00	275.00
❑ WHEN I GROW UP	1993	RT	200.00	250.00
❑ WILLIE THE CONDUCTOR	1995	10000	220.00	220.00
❑ WILLIE THE FIREMAN	1995	RT	200.00	200.00
❑ WILLIE THE FISHERMAN	1991	OP	150.00	150.00
❑ WILLIE THE GOLFER	1993	RT	240.00	240.00
❑ WILLIE THE GOLFER CLOCK	1994	RT	240.00	240.00
❑ WILLIE THE HOBO	1985	RT	90.00	225.00
❑ WILLIE THE ORGAN GRINDER	1996	3000	200.00	200.00
❑ WILLIE THE SANTA	1989	RT	130.00	150.00
❑ WILLIE THE TRUMPETER	1985	OP	96.00	130.00
❑ WILLIE THE WHISTLER	1985	RT	90.00	185.00
❑ WOODCHOPPER	1990	RT	110.00	175.00

MELODY IN MOTION MEMBERS-ONLY FIGURINE

K. MAEDA

NAME	YEAR	LIMIT	ISSUE	TREND
❑ WILLIE & JUMBO	1998	YR	180.00	180.00

WALT DISNEY CLASSICS COLLECTION

BAMBI

*

NAME	YEAR	LIMIT	ISSUE	TREND
❑ BAMBI & FLOWER-WHEEL 41010	1992	10000	298.00	500.00
❑ BAMBI OPENING TITLE-WHEEL 41015	1992	RT	29.00	35.00
❑ BAMBI-WHEEL 41033	1992	RT	195.00	195.00
❑ FIELD MOUSE-HANDS NOT TOUCHING 41012	1992	RT	195.00	1200.00
❑ FIELD MOUSE-HANDS TOUCHING 41012	1992	RT	195.00	935.00
❑ FLOWER-WHEEL 41034	1992	RT	78.00	85.00
❑ FRIEND OWL-WHEEL 41011	1992	RT	195.00	195.00
❑ THUMPER'S SISTERS-WHEEL 41014	1992	RT	69.00	75.00
❑ THUMPER-WHEEL 41013	1992	RT	55.00	75.00

BEAUTY AND THE BEAST

*

NAME	YEAR	LIMIT	ISSUE	TREND
❑ BELLE & BEAST 41156	1997	OP	295.00	295.00
❑ COGSWORTH 41182	1997	OP	120.00	120.00
❑ LUMIERO 41181	1997	OP	115.00	115.00
❑ MRS. POTTS/CHIP 41183	1997	OP	125.00	125.00
❑ OPENING TITLE 41189	1997	OP	29.00	29.00
❑ TABLE WITH ROSE	1997	*	*	100.00

CINDERELLA

*

NAME	YEAR	LIMIT	ISSUE	TREND
❑ BIRDS WITH SASH-WHEEL 41005	1992	RT	149.00	175.00
❑ BRUNO	1992	RT	69.00	200.00
❑ CHALK MOUSE-WHEEL 41006	1992	RT	65.00	100.00
❑ CINDERELLA AND THE PRINCE 41079	1995	OP	275.00	295.00
❑ CINDERELLA OPENING TITLE TECHNICOLOR 41009	1992	RT	29.00	20.00
❑ CINDERELLA-CLEF 41000	1992	RT	195.00	420
❑ CINDERELLA'S DRESS 41030	1992	RT	800.00	2300.00
❑ CINDERELLA-WHEEL 41000	1992	RT	195.00	618.00
❑ GUS-WHEEL 41007	1992	RT	65.00	50.00
❑ JAQ-WHEEL 41008	1992	RT	65.00	110.00
❑ LUCIFER-WHEEL 41001	1992	RT	69.00	110.00
❑ NEEDLE MOUSE-WHEEL 41004	1992	RT	69.00	150.00
❑ SEWING BOOK (NO MARK) 41003	1992	RT	69.00	123.00

COLLECTORS SOCIETY

*

NAME	YEAR	LIMIT	ISSUE	TREND
❑ ADMIRAL DUCK	1994	RT	165.00	305.00
❑ BRAVE LITTLE TAILOR-CLEF	1993	RT	160.00	338.00
❑ BRAVE LITTLE TAILOR-TROWEL	1993	RT	160.00	290.00
❑ CASEY AT THE BAT 41107	1996	YH	395.00	395.00
❑ CHESHIRE CAT "TWAS BRILLIG"-CLEF	1994	RT	*	85.00
❑ CHESHIRE CAT KIT-FLOWER	1994	RT	*	173.00
❑ CLEO & FIGARO	2001		*	59.00
❑ CRUELLA DE VIL "101 DALMATIANS"	1995	RT	250.00	450.00
❑ DUMBO	1995	RT	*	173.00
❑ FOOTMAN	2000		*	125.00
❑ GOOFY-MOVING DAY 41138	1997	RT	185.00	288.00
❑ HEADLESS HORSEMAN	*	SO	*	N/A
❑ JIMINY CRICKET-KIT C	1992	RT	*	280.00
❑ JIMINY CRICKET-KIT W	1992	RT	*	240.00
❑ MAGICIAN MICKEY 41134	1997	RT	25.00	50.00
❑ MALEFICENT	1997	RT	450.00	816.00
❑ PECOS BILL & WIDOWMAKER	1994	RT	650.00	650.00
❑ PERFECTLY BEAUTIFUL LITTLE LADY	1999	YR	*	50.00
❑ PRINCESS MINNIE	1996	RT	165.00	110.00
❑ SLUE FOOT SUE 41075	1995	RT	695.00	695.00
❑ STEAMBOAT WILLIE-CHARTER	1997	RT	175.00	350.00
❑ TERRIFIED TEACHER	*	SO	*	N/A
❑ TIMON	1998	RT	*	70.00
❑ TIMON & PUMBAA	1999	YR	*	175.00
❑ TINKERBELL: LITTLE CHARMER	2001	YR	*	50.00
❑ WINNIE THE POOH & HONEY TREE	1996	RT	*	50.00

DELIVERY BOY

*

NAME	YEAR	LIMIT	ISSUE	TREND
❑ DELIVERY BOY MICKEY-WHEEL 41020	1992	RT	125.00	165.00
❑ DELIVERY BOY MINNIE-WHEEL 41021	1992	RT	125.00	135.00
❑ PLUTO (FLAT) 41022	1992	RT	125.00	125.00
❑ PLUTO (INCISED)-WHEEL	1992	CL	125.00	300.00
❑ THE DELIVERY BOY OPENING TITLE-NO MARK	1992	RT	29.00	29.00

EVENT PIECES

*

NAME	YEAR	LIMIT	ISSUE	TREND
❑ BAMBI & MOTHER	2000		*	165.00
❑ BELLE	2001		*	150.00
❑ BLUE FAIRY	1997	RT	150.00	120.00
❑ CHEF DONALD	2001		*	98.00
❑ CINDERELLA'S SLIPPER	1996	RT	*	82.00
❑ DANCING PARTNERS--POPEYE & SNEEZY	1999	RT	*	150.00
❑ EVIL QUEEN	1997	RT	150.00	165.00
❑ FAIRY GODMOTHER	1996	RT	125.00	125.00

Walt Disney Classics Collection

By Zita Thornton

From Timeless Treasures and Cartoon Classics to Modern Masterpieces, sculptures in the Walt Disney Classics Collection, Burbank, Calif., have been bringing the magic of Disney animated films alive for a decade now. However, according to retailers, it is the sculptures of the classic Disney films such as *Cinderella, Snow White and the Seven Dwarfs* and *Pinocchio* that are favorites with collectors.

One of the most desirable pieces comes from the first year of production in 1992. *Cinderella's Dress*, *A Lovely Dress for Cinderelly* originally cost $800 but today changes hands for four times that.

This enthusiasm for classic sculptures has not gone unnoticed by the manufacturer, which continues to introduce new pieces from these films every year, especially as Walt Disney Classics Collection Collectors Society membership gifts and purchases.

For 2002, Snow White in *Won't You Smile for Me?* was the membership gift sculpture and *Pinocchio's* Stromboli in *You Will Make Lots of Money for Me*, from the "Villains Series," was available to members only.

Pinocchio was also the movie of choice for the ornament available to members in the previous year, 2001, with Cleo, the flirty fish, and Figaro in the *Perfect Kiss* sculpture, following requests from the members themselves.

Cinderella was the subject for the most stunning set of sculptures ever produced by Walt Disney Classics Collection in 2001 when it chose to re-create Cinderella setting off for the ball. *Off to the Ball* included Cinderella's transformed pumpkin coach complete with horses, a footman and Cinderella herself, dressed for the ball. In a limited edition of 1,000, the piece retails at $2,250.

Of course, today's popular new films are tomorrow's classics. Who can say whether today's children will seek *Lion King* sculptures in 20 years? Perhaps they will want sculptures from the Disney films that took the first pioneering steps into computer graphics, such as *Toy Story* and *Beauty and the Beast*.

Retired sculptures regularly change hands for treble their original price on the secondary market. Buying now could be an investment for their future!

Zita Thornton lives just north of London. She writes about many different types of antiques and collectibles for magazines in England and the United States. She is currently studying for a diploma in understanding antiques. She collects art deco coffee cups and loves the art nouveau and art deco periods.

NAME	YEAR	LIMIT	ISSUE	TREND
❑ FLIGHT OF FANCY	1993	RT	35.00	45.00
❑ JIMINY CRICKET W/60TH ANNIVERSARY BACKSTAMP	2000		85.00	85.00
❑ LUCKY 41080	1995	RT	40.00	76.00
❑ MR. SMEE-TEAL	1994	RT	90.00	120.00
❑ MR. SMEE-WHITE	1994	RT	90.00	156.00
❑ THUMPER	2000		*	35.00
❑ WICKED WITCH	1995	RT	130.00	577.00

FANTASIA
				*
❑ BLUE CENTAURETTE-CLEF	1993	RT	195.00	235.00
❑ BROOM NO SPOTS	1992	RT	75.00	206.00
❑ BROOM-WHEEL (WITH WATER SPOTS)	1992	RT	75.00	100.00
❑ CUPIDS ON PILLAR	1994	RT	290.00	290.00
❑ FANTASIA OPENING TITLE-RECALL	1993	RT	29.00	50.00
❑ FANTASIA OPENING TITLE-TECHNICOLOR-WHEEL	1993	RT	29.00	29.00
❑ LG. MUSHROOM-TEAL LOGO	1994	CL	60.00	60.00
❑ MED. MUSHROOM-TEAL LOGO	1994	CL	50.00	50.00
❑ PINK CENTAURETTE-CLEF	1993	RT	175.00	190.00
❑ 3M. MUSHROOM HOP LOW	1994	OP	35.00	35.00
❑ SORCERER MICKEY	1992	RT	195.00	400.00

FANTASIA 2000
				*
❑ DONALD AND DAISY	2000	YR	*	325.00
❑ ELK	2000	2000	250.00	250.00
❑ FIREBIRD WITH SPRITE MINIATURE	2000	2000	*	650.00
❑ MICKEY AND YEN SID	2000	YR	295.00	295.00

FIRST AIDERS
				*
❑ FIGARO	1999		*	85.00
❑ MINNIE	1999		*	110.00
❑ OPENING TITLE	1999		*	29.00
❑ PLUTO	1999		*	95.00

GOLD CIRCLE
				*
❑ CARP W/HARP	1998	*	125.00	150.00
❑ DONALD'S DEBUT	1997	*	125.00	272.00

HOLIDAY SERIES
				*
❑ CHIP 'N DALE	1997	RT	150.00	150.00
❑ DONALD DUCK	2000	YH	*	50.00
❑ PLUTO HELPS DECORATE	1996	RT	150.00	150.00
❑ PRESENTS FOR MY PALS	1995	RT	150.00	150.00

JUNGLE BOOK
				*
❑ BAGHEERE	1997	RT	135.00	135.00
❑ BALOO	1997	RT	185.00	185.00
❑ FLUNKY MONKEY	1997	RT	135.00	135.00
❑ KING LOUIE	1997	RT	175.00	175.00
❑ MOWGLI	1997	RT	115.00	115.00
❑ OPENING TITLE	1997	RT	29.00	29.00

LADY AND THE TRAMP
				*
❑ LADY & THE TRAMP OPENING TITLE	1996	OP	29.00	29.00
❑ LADY-TROWEL	1996	RT	120.00	135.00
❑ TRAMP-TROWEL	1996	RT	100.00	85.00

LION KING
				*
❑ NALA	*	RT	*	165.00
❑ RAFIKI	*	RT	*	150.00
❑ SIMBA	*	RT	*	175.00

LITTLE MERMAID
				*
❑ ARIEL	1997	RT	275.00	275.00
❑ BLACKFISH	1997	RT	95.00	95.00
❑ FLOUNDER	1997	RT	150.00	150.00
❑ OPENING TITLE	1997	RT	29.00	29.00
❑ TURTLE	1997	RT	85.00	85.00

MISCELLANEOUS
				*
❑ AP	*	LE	25.00	1500.00
❑ CHERNABOG	*	LE	1500.00	1500.00
❑ DEALER PLAQUE	*	RT	30.00	40.00

MR. DUCK STEPS OUT
				*
❑ DEWEY	1993	RT	65.00	70.00
❑ DONALD "WITH LOVE FROM DAISY"-TEAL LOGO	1994	RT	180.00	190.00
❑ DONALD & DAISY "OH BOY,WHAT A JITTERBUG"-WHEEL	1993	RT	298.00	600.00
❑ DONALD AND DAISY-CLEF	1993	RT	298.00	900.00
❑ HUEY-CLEF	1993	RT	65.00	65.00
❑ LOUIE-CLEF	1993	RT	65.00	65.00
❑ MR. DUCK STEPS OUT OPENING TITLE	1993	RT	29.00	29.00

ONE HUNDRED AND ONE DALMATIANS
				*
❑ LUCKY WITH TV 41131	1996	RT	150.00	150.00
❑ OPENING TITLE 41169	1996	RT	29.00	29.00
❑ PERDITA 41133	1996	RT	175.00	175.00
❑ PONGO (DISNEYANA BACKSTAMP)	1996	RT	175.00	205.00
❑ PROUD PONGO 41132	1996	RT	175.00	175.00
❑ ROLLY THE PUPPY 41130	1996	RT	65.00	65.00
❑ TWO PUPS ON NEWSPAPER 41129	1996	RT	120.00	120.00

PETER PAN
				*
❑ CAPT. HOOK-CLEF	1993	CL	275.00	275.00
❑ CROCODILE-FLOWER	1993	CL	315.00	315.00
❑ PETER PAN OPENING TITLE-CLEF	1993	CL	29.00	29.00
❑ PETER PAN-CLEF	1993	CL	165.00	165.00
❑ TINKERBELL PAUSES TO REFLECT	1999		*	220.00
❑ TINKERBELL-CLEF	1993	12500	215.00	435.00
❑ TINKERBELL-FLOWER	1993	12500	*	305.00

PINOCCHIO
				*
❑ FIGARO	1996	RT	55.00	55.00

FIGURINES

NAME	YEAR	LIMIT	ISSUE	TREND
❑ GEPPETTO	1996	RT	145.00	145.00
❑ JIMINY CRICKET	1996	RT	85.00	85.00
❑ PINOCCHIO	1996	RT	125.00	135.00
❑ PINOCCHIO OPENING TITLE	1996	RT	29.00	29.00
RELUCTANT DRAGON				*
❑ RELUCTANT DRAGON-HAT	1996	7500	695.00	600.00
❑ RELUCTANT DRAGON-TROWEL	1996	7500	695.00	695.00
SIGNATURE SERIES				*
❑ SOUP'S ON	2000	1937	*	1975.00
SLEEPING BEAUTY				*
❑ AURORA-PINK DRESS	*	5000	*	545.00
❑ BRIAR ROSE	*	12500	275.00	345.00
SNOW WHITE				*
❑ BASHFUL	1995	OP	95.00	85.00
❑ DOC	1995	OP	95.00	95.00
❑ DOPEY	1995	OP	95.00	95.00
❑ GRUMPY	1995	OP	180.00	180.00
❑ HAPPY	1995	OP	125.00	125.00
❑ SLEEPY	1995	OP	95.00	95.00
❑ SNEEZY	1995	OP	90.00	90.00
❑ SNOW WHITE OPENING TITLE-FLOWER	1995	OP	29.00	29.00
❑ SNOW WHITE-FLOWER	1994	CL	165.00	175.00
SONG OF THE SOUTH				*
❑ BRER BEAR	1996	RT	175.00	175.00
❑ BRER FOX	1996	RT	120.00	120.00
❑ BRER RABBIT	1996	RT	150.00	215.00
❑ SONG OF THE SOUTH OPENING TITLE	1996	OP	29.00	75.00
SYMPHONY HOUR				*
❑ CLARA CLUCK	1994	RT	185.00	185.00
❑ CLARABELLE-WHEEL	1993	RT	198.00	198.00
❑ GOOFY-CLEF	1993	RT	198.00	235.00
❑ GOOFY-WHEEL	1993	RT	198.00	2800.00
❑ HORACE-WHEEL	1993	RT	198.00	215.00
❑ MAESTRO MICKEY	1993	RT	185.00	230.00
❑ SYLVESTER MACARONI	1996	12500	395.00	395.00
❑ SYMPHONY HOUR OPENING TITLE	1993	RT	29.00	29.00
THREE CABALLEROS				*
❑ AMIGO DONALD	1995	RT	180.00	180.00
❑ AMIGO JOSE	1995	RT	180.00	180.00
❑ AMIGO PANCHITO	1995	RT	180.00	180.00
THREE LITTLE PIGS				*
❑ BIG BAD WOLF (1ST, SHORT STRAIGHT TEETH)	1993	7500	295.00	900.00
❑ BIG BAD WOLF (2ND, SHORT STRAIGHT TEETH)	1993	7500	295.00	800.00
❑ BIG BAD WOLF (3RD, LONG CURVED TEETH)	1993	7500	295.00	675.00
❑ FIDDLER PIG-CLEF	1993	RT	75.00	85.00
❑ FIFER PIG-CLEF	1993	RT	75.00	85.00
❑ PRACTICAL PIG-CLEF	1993	RT	75.00	85.00
❑ THREE LITTLE PIGS OPENING TITLE-CLEF	1993	RT	29.00	29.00
❑ WOLF IN SHEEP'S CLOTHING	1996	OP	225.00	225.00
TRIBUTE SERIES				*
❑ PALS FOREVER	1995	RT	175.00	175.00
❑ POCAHONTAS	1996	RT	225.00	225.00
❑ POCAHONTAS DEALER PROTOTYPE	1996	RT	225.00	300.00

WEE FOREST FOLK

				A. PETERSEN
❑ CHRISTMAS EVE M-191	1993	OP	145.00	155.00
❑ CHRISTMAS WISH M-203	1995	OP	156.00	156.00
❑ JACK IN THE SANDBOX M-206	1995	OP	108.00	100.00
❑ MIDNIGHT SNACK M-201	1994	OP	230.00	230.00
❑ MUMMY, THE M-194	1993	OP	34.00	37.00
❑ WANDERLUST M-211	1995	OP	68.00	68.00
❑ WEDDING PAIR, THE M-200	1994	OP	98.00	98.00
❑ YARD SALE, THE M-202	1994	OP	325.00	325.00
				D. PETERSEN
❑ BROOM SERVICE M-205	1995	OP	62.00	60.00
❑ CLEMENTINE M-204	1995	OP	86.00	86.00
❑ LITTLE MICE WHO LIVED IN A SHOE M-189	1993	OP	395.00	420.00
				W. PETERSEN
❑ CAUGHT IN THE ACT M-209	1995	OP	49.00	49.00
❑ HIGH FLYER M-207	1995	OP	88.00	85.00
❑ STRUGGLING ARTIST M-208	1995	OP	49.00	49.00
ANIMALS				**A. PETERSEN**
❑ BABY HIPPO	1974	CL	7.00	N/A
❑ MISS AND BABY HIPPO	1974	CL	15.00	900.00
❑ MISS DUCKY	1973	CL	6.00	N/A
❑ MISS HIPPO	1974	CL	8.00	N/A
❑ MOLE SCOUT	1978	RT	9.00	450.00
❑ SPEEDY RAT	1975	CL	12.00	250.00
❑ TURTLE JOGGER	1979	RT	4.00	350.00
ANIMALS				**W. PETERSEN**
❑ "DOC" RAT	1975	CL	12.00	250.00
❑ BEAVER WOOD CUTTER	1978	CL	8.00	350.00
❑ NUTSY SQUIRREL	1977	RT	3.00	450.00
BEARS				**A. PETERSEN**
❑ BIG LADY BEAR	1978	CL	8.00	1100.00
❑ BLUEBERRY BEARS	1977	CL	9.00	525.00
❑ BOY BLUEBERRY BEAR	1977	CL	4.00	475.00
❑ DON'T BE SHY BB-1	1995	OP	76.00	75.00
❑ FATHER'S NIGHT BB-5	1995	OP	159.00	155.00

NAME	YEAR	LIMIT	ISSUE	TREND
❑ GIRL BLUEBERRY BEAR	1977	CL	4.00	450.00
❑ GOOD PICKIN'S BB-4	1995	OP	64.00	60.00
❑ JUST A PEEK BB-6	1995	OP	159.00	155.00
❑ LUNCH ON A LOG BB-3	1995	OP	89.00	85.00
❑ TRAVELING BEAR	1978	CL	8.00	320.00
❑ WELCOME HOME BB-2	1995	OP	108.00	100.00
BOOK/FIGURINE				**W. PETERSEN**
❑ TOM & EON BK-1	1988	SU	45.00	22.00
BUNNIES				**A. PETERSEN**
❑ BATTER BUNNY	1977	CL	4.00	480.00
❑ BROOM BUNNY	1973	CL	10.00	N/A
❑ DOUBLE BUNNIES	1972	CL	4.00	350.00
❑ HOUSEKEEPING BUNNY	1972	CL	4.00	350.00
❑ MARKET BUNNY	1973	CL	9.00	N/A
❑ MUFF BUNNY	1973	RT	9.00	N/A
❑ PROFESSOR, THE	1973	CL	5.00	360.00
❑ SUNDAY BUNNY	1973	CL	5.00	N/A
❑ TENNIS BUNNY	1977	CL	4.00	300.00
BUNNIES				**D. PETERSEN**
❑ TINY EASTER BUNNY	1985	CL	25.00	85.00
❑ WINDY DAY! B-13	1992	OP	37.00	40.00
BUNNIES				**W. PETERSEN**
❑ PROFESSOR RABBIT	1980	CL	14.00	450.00
❑ SIR RABBIT	1973	CL	4.00	350.00
❑ WEDDING BUNNIES	1978	CL	12.00	450.00
CHRISTMAS CAROL				**A. PETERSEN**
❑ BOB CRATCHIT AND TINY TIM CC-2	1987	OP	36.00	43.00
❑ FEZZIWIGS, THE CC-7	1988	OP	65.00	80.00
❑ GHOST OF CHRISTMAS PAST CC-4	1987	OP	24.00	30.00
❑ GHOST OF CHRISTMAS PRESENT CC-5	1987	OP	54.00	57.00
❑ GHOST OF CHRISTMAS YET TO COME CC-6	1987	OP	24.00	28.00
❑ MARLEY'S GHOST CC-3	1987	OP	24.00	28.00
❑ SCROOGE CC-1	1987	OP	23.00	28.00
CINDERELLA				**A. PETERSEN**
❑ CINDERELLA'S SLIPPER C-1A	1989	RT	32.00	110.00
❑ CINDERELLA'S SLIPPER W/PRINCE C-1	1988	CL	62.00	170.00
❑ CINDERELLA'S WEDDING C-5	1988	CL	62.00	150.00
❑ FAIRY GODMOTHER, THE C-7	1989	CL	69.00	200.00
❑ FLOWER GIRL C-6	1988	CL	22.00	80.00
❑ FLOWER GIRLS, THE C-4	1988	CL	42.00	105.00
❑ MEAN STEPMOTHER, THE C-3	1988	CL	90.00	125.00
❑ UGLY STEPSISTERS, THE C-2	1988	CL	62.00	145.00
FAIRY TALE SERIES				**A. PETERSEN**
❑ RED RIDING HOOD	1980	CL	13.00	500.00
❑ RED RIDING HOOD & WOLF	1980	CL	29.00	1150.00
FOREST SCENE				**A. PETERSEN**
❑ PICNIC ON THE RIVERBANK FS-6	1993	OP	150.00	175.00
❑ WAYSIDE CHAT FS-7	1994	OP	170.00	165.00
FOREST SCENE				**W. PETERSEN**
❑ HEARTS AND FLOWERS	1989	OP	110.00	112.00
❑ LOVE LETTER	1992	OP	98.00	108.00
❑ MOUNTAIN STREAM	1991	OP	128.00	140.00
❑ MOUSIE COMES A-CALLING	1990	OP	128.00	145.00
❑ WOODLAND SERENADE	1988	RT	125.00	285.00
FOXES				**A. PETERSEN**
❑ BARRISTER FOX	1978	CL	8.00	675.00
❑ DANDY FOX	1977	CL	6.00	475.00
❑ FANCY FOX	1977	CL	5.00	475.00
FROGS				**A. PETERSEN**
❑ FROG ON ROCK	1974	CL	6.00	N/A
❑ SINGING FROG	1978	CL	6.00	275.00
❑ SPRING PEEPERS	1977	CL	4.00	N/A
FROGS				**W. PETERSEN**
❑ FROG FRIENDS	1977	CL	6.00	400.00
❑ GRAMPA FROG	1977	CL	6.00	450.00
❑ PRINCE CHARMING	1974	CL	8.00	450.00
LIMITED EDITION				**A. PETERSEN**
❑ HELPING HAND	1985	RT	62.00	700.00
❑ UNCLE SAMMY	1988	CL	85.00	275.00
LIMITED EDITION				**W. PETERSEN**
❑ BEAUTY AND THE BEAST	1981	CL	89.00	1750.00
❑ POSTMOUSTER	1984	CL	46.00	725.00
❑ STATUE IN THE PARK	1987	CL	93.00	915.00
MICE				**A. PETERSEN**
❑ ADAM'S APPLES	1992	OP	148.00	148.00
❑ ALOHA!	1988	RT	32.00	100.00
❑ APRIL SHOWERS	1991	OP	27.00	35.00
❑ ARTY MOUSE	1982	RT	19.00	150.00
❑ ATTIC TREASURE	1985	RT	42.00	140.00
❑ BABY SITTER	1977	RT	6.00	450.00
❑ BABY SITTER	1982	RT	24.00	125.00
❑ BARRISTER MOUSE	1981	RT	16.00	800.00
❑ DAT MOUSE	1987	RT	25.00	100.00
❑ BEACH MOUSEY	1982	RT	19.00	125.00
❑ BEDDY-BYE MOUSEY	1982	CL	29.00	50.00
❑ BIRTHDAY GIRL	1983	RT	19.00	80.00
❑ BLUE DEVIL	1981	CL	12.00	100.00
❑ BOY SWEETHEART	1982	RT	14.00	400.00
❑ BRIDE MOUSE	1975	RT	4.00	1100.00

FIGURINES

FIGURINES

NAME	YEAR	LIMIT	ISSUE	TREND
❑ BRIDGE CLUB MOUSE	1978	RT	6.00	800.00
❑ BRIDGE CLUB MOUSE PARTNER	1978	RT	6.00	800.00
❑ CAROLERS, THE	1981	RT	29.00	1400.00
❑ CARPENTER MOUSE	1980	RT	15.00	800.00
❑ CHIEF GERONIMOUSE	1983	RT	21.00	150.00
❑ CHIEF MOUSE-ASOIT M-197	1994	RT	90.00	175.00
❑ CHIEF NIP-A-WAY MOUSE	1978	RT	7.00	800.00
❑ CHRIS-MISS	1979	RT	9.00	300.00
❑ CHRIS-MOUSE	1979	RT	9.00	300.00
❑ CHRIS-MOUSE PAGEANT	1984	OP	38.00	55.00
❑ CHRIS-MOUSE SLIPPER	1990	OP	35.00	40.00
❑ CHRIS-MOUSE TREE	1985	RT	28.00	90.00
❑ CHRISTMAS MORNING	1983	RT	35.00	275.00
❑ CHRIST-MOUSE STOCKING	1986	OP	34.00	40.00
❑ CLOWN MOUSE	1983	RT	22.00	350.00
❑ COLLEEN O'GREEN	1990	OP	40.00	45.00
❑ COME & GET IT!	1986	RT	34.00	175.00
❑ COME PLAY!	1985	RT	18.00	125.00
❑ COWBOY MOUSE	1978	RT	6.00	800.00
❑ DON'T CRY!	1987	RT	33.00	140.00
❑ DOWN THE CHIMNEY	1986	RT	48.00	300.00
❑ EASTER BUNNY MOUSE	1982	CL	18.00	35.00
❑ ELF TALES	1989	RT	48.00	200.00
❑ FAMILY PORTRAIT	1985	RT	54.00	350.00
❑ FAN MOUSE	1976	RT	6.00	1100.00
❑ FARMER MOUSE	1974	RT	4.00	1400.00
❑ FATHER CHRIS-MOUSE	1989	OP	34.00	100.00
❑ FIRST CHRISTMAS	1983	RT	16.00	275.00
❑ FIRST DAY OF SCHOOL	1984	RT	27.00	400.00
❑ FIRST KISS! M-192	1993	OP	65.00	175.00
❑ FISHERMOUSE	1980	RT	16.00	800.00
❑ FLOWER GIRL	1981	RT	15.00	400.00
❑ GARDENER MOUSE	1979	RT	12.00	700.00
❑ GET WELL SOON!	1983	RT	15.00	700.00
❑ GIRL SWEETHEART	1982	CL	14.00	25.00
❑ GRADUATE MOUSE	1981	RT	15.00	200.00
❑ GRAMMY-PHONE	1991	RT	75.00	150.00
❑ GRETA M-169A	1992	RT	35.00	90.00
❑ HANS & GRETA	1990	RT	64.00	175.00
❑ HANS M-169A	1992	RT	35.00	90.00
❑ HAPPY BIRTHDAY!	1982	RT	18.00	90.00
❑ HEAVENLY SLUMBER M-210	1995	RT	49.00	100.00
❑ HIGH ON THE HOG	1992	RT	52.00	130.00
❑ HOLLY MOUSE	1982	RT	14.00	75.00
❑ JUNE BELLE	1976	RT	4.00	900.00
❑ JUST CHECKING	1986	OP	34.00	40.00
❑ KING "TUT" MOUSE	1977	RT	4.00	1750.00
❑ LAMPLIGHT CAROLERS	1982	RT	35.00	350.00
❑ LITTLE DEVIL	1981	CL	12.00	30.00
❑ LITTLE GHOST	1981	CL	8.00	20.00
❑ LITTLE SLEDDERS	1982	RT	24.00	350.00
❑ LITTLEST ANGEL	1982	RT	15.00	175.00
❑ LITTLEST WITCH	1987	RT	24.00	85.00
❑ LITTLEST WITCH AND SKELETON	1987	OP	49.00	60.00
❑ LONE CAROLER	1981	RT	16.00	700.00
❑ LORD & LADY MOUSEBATTEN M-195	1993	RT	85.00	160.00
❑ MAMA MOUSE WITH BABY	1976	RT	6.00	800.00
❑ MARKET MOUSE	1972	RT	4.00	250.00
❑ MAY BELLE	1976	RT	4.00	650.00
❑ ME AND RAGGEDY ANN	1982	RT	19.00	90.00
❑ MERRY CHRIS-MISS	1983	RT	17.00	275.00
❑ MERRY CHRIS-MOUSE	1983	RT	16.00	275.00
❑ MISS BOBBIN	1980	OP	22.00	60.00
❑ MISS DAISY	1992	OP	42.00	48.00
❑ MISS MOUSE	1972	RT	4.00	1200.00
❑ MISS MOUSEY	1972	RT	4.00	1200.00
❑ MISS MOUSEY W/BOW HAT M-2B	1972	RT	4.00	1200.00
❑ MISS MOUSEY W/STRAW HAT M-2A	1972	RT	4.00	1200.00
❑ MISS NOEL	1987	OP	32.00	40.00
❑ MISS NURSEY MOUSE	1973	RT	4.00	775.00
❑ MISS POLLY MOUSE	1980	RT	23.00	420.00
❑ MISS TEACH	1980	RT	18.00	800.00
❑ MISS TEACH & PUPIL	1982	RT	30.00	425.00
❑ MOM AND SQUEAKY CLEAN	1981	CL	27.00	55.00
❑ MOON MOUSE	1982	RT	16.00	425.00
❑ MOTHER'S HELPER	1981	RT	11.00	300.00
❑ MOUSE ARTISTE	1979	RT	12.00	500.00
❑ MOUSE BABY, HEART BOOK	1979	CL	10.00	350.00
❑ MOUSE BALLERINA	1979	RT	12.00	1400.00
❑ MOUSE DUET	1979	RT	25.00	700.00
❑ MOUSE PIANIST	1979	RT	17.00	400.00
❑ MOUSE TALK	1985	RT	44.00	140.00
❑ MOUSE VIOLINIST	1979	RT	9.00	300.00
❑ MOUSE WITH MUFF	1976	CL	9.00	N/A
❑ MOUSEY EXPRESS	1981	RT	22.00	175.00
❑ MOUSEY NURSE	1983	CL	15.00	30.00
❑ MOUSEY'S CONE	1983	RT	22.00	125.00
❑ MOUSEY'S DOLLHOUSE	1983	RT	30.00	425.00
❑ MOUSEY'S EASTER BASKET	1988	RT	32.00	120.00
❑ MOUSEY'S TEDDY	1982	RT	29.00	400.00
❑ MOUSEY'S TRICYCLE	1983	OP	24.00	125.00
❑ MOUSIE'S EGG FACTORY	1991	OP	73.00	90.00
❑ MRS. MOUSEY	1976	RT	4.00	1100.00
❑ MRS. MOUSEY W/HAT M-15A	1976	RT	4.00	1100.00

NAME	YEAR	LIMIT	ISSUE	TREND
❑ MRS. TIDY AND HELPER	1980	RT	24.00	525.00
❑ NIGHT PRAYER	1991	OP	52.00	60.00
❑ NIGHTIE MOUSE	1976	RT	5.00	900.00
❑ NURSE MOUSEY	1981	RT	14.00	350.00
❑ NUTCRACKER, THE	1991	OP	49.00	60.00
❑ OFFICE MOUSEY M-68	1982	RT	23.00	450.00
❑ OLD BLACK STOVE, THE	1992	OP	130.00	140.00
❑ ONE-MOUSE BAND M-196	1993	OP	95.00	100.00
❑ PAGEANT ANGEL	1987	OP	19.00	25.00
❑ PAGEANT SHEPHERDS	1985	RT	35.00	240.00
❑ PAGEANT STABLE	1987	OP	56.00	70.00
❑ PAGEANT WISEMAN	1985	RT	58.00	250.00
❑ PEARL KNIT MOUSE	1981	RT	20.00	350.00
❑ PEEKABOO!	1992	RT	52.00	120.00
❑ PEN PAL MOUSEY	1984	RT	26.00	450.00
❑ PETER PUMPKIN EATER M-190	1993	RT	98.00	185.00
❑ PETER'S PUMPKIN	1984	RT	19.00	75.00
❑ PILGRIM'S WELCOME M-198	1994	RT	55.00	100.00
❑ PIRATE MOUSE	1978	RT	6.00	1400.00
❑ POLLY'S PARASOL	1990	RT	39.00	125.00
❑ POOREST ANGEL	1982	RT	15.00	175.00
❑ PRIMA BALLERINA	1989	RT	35.00	100.00
❑ PRUDENCE PIE MAKER	1984	RT	19.00	75.00
❑ QUEEN "TUT" MOUSE	1977	RT	4.00	1750.00
❑ RAGGEDY AND MOUSE	1979	RT	12.00	400.00
❑ ROCK-A-BYE BABY MOUSE	1979	RT	17.00	500.00
❑ ROCKING TOT	1983	RT	19.00	150.00
❑ ROPE 'EM MOUSEY	1983	RT	19.00	425.00
❑ RUNNING DOE/LITTLE DEER B-107B	1983	RT	35.00	90.00
❑ SANTA MOUSE	1980	RT	12.00	250.00
❑ SCHOOL MARM MOUSE	1981	RT	20.00	800.00
❑ SEA SOUNDS	1991	OP	34.00	40.00
❑ SECRETARY, MISS SPELL/MISS PELL	1978	RT	4.00	550.00
❑ SHAWL MOUSE	1976	RT	9.00	N/A
❑ SHEPHERD KNEELING	1985	OP	20.00	25.00
❑ SHEPHERD STANDING	1985	OP	20.00	25.00
❑ SILENT NIGHT	1991	OP	64.00	75.00
❑ SKELETON MOUSEY	1987	RT	27.00	60.00
❑ SNOWMOUSE & FRIEND	1982	RT	24.00	450.00
❑ SPRING GARDENER	1984	CL	26.00	40.00
❑ STARS & STRIPES	1990	RT	34.00	125.00
❑ STROLLING WITH BABY	1985	RT	42.00	100.00
❑ SWEET DREAMS	1990	RT	36.00	225.00
❑ SWEETHEARTS	1982	RT	26.00	500.00
❑ TEA FOR TWO	1982	RT	28.00	450.00
❑ TEA MOUSE	1976	RT	6.00	475.00
❑ TIDY MOUSE	1984	RT	38.00	450.00
❑ TOOTH FAIRY	1987	OP	32.00	40.00
❑ TOWN CRIER MOUSE	1978	RT	10.00	1400.00
❑ TRAVELING MOUSE	1984	RT	28.00	325.00
❑ TUCKERED OUT! M-106A	1992	RT	46.00	200.00
❑ TWO MICE WITH CANDLE	1975	RT	4.00	700.00
❑ TWO TINY MICE	1975	RT	4.00	900.00
❑ UNDER THE CHRIS-MOUSE TREE	1985	RT	48.00	125.00
❑ WASH DAY	1983	RT	23.00	400.00
❑ WE GATHER TOGETHER M-199	1994	RT	90.00	90.00
❑ WELCOME CHICK! M-193	1993	OP	64.00	68.00
❑ WISEMAN IN ROBE	1985	OP	26.00	35.00
❑ WISEMAN KNEELING	1985	OP	29.00	35.00
❑ WISEMAN WITH TURBAN	1985	OP	28.00	35.00
❑ WITCH MOUSE	1980	RT	12.00	200.00
❑ WITCHY BOO!	1984	RT	21.00	125.00
❑ WOOD SPRITE	1974	RT	4.00	900.00
❑ ZELDA	1990	OP	37.00	45.00

MICE D. PETERSEN

NAME	YEAR	LIMIT	ISSUE	TREND
❑ HAUNTED MOUSE HOUSE	1989	OP	125.00	180.00
❑ RED RIDING HOOD/GRANDMOTHER'S HOUSE	1991	OP	295.00	295.00
❑ SNOW BUDDIES	1992	OP	58.00	65.00
❑ TEA FOR THREE	1991	OP	135.00	160.00

MICE W. PETERSEN

NAME	YEAR	LIMIT	ISSUE	TREND
❑ CAMPFIRE MOUSE	1984	RT	26.00	425.00
❑ CHOIR MOUSE	1987	RT	23.00	110.00
❑ COMMENCEMENT DAY	1989	RT	28.00	150.00
❑ COMMO-DOORMOUSE	1980	RT	14.00	1100.00
❑ CUPID MOUSE	1983	RT	22.00	90.00
❑ DOC MOUSE & PATIENT	1981	RT	14.00	700.00
❑ DRUMMER MOUSE	1987	RT	29.00	80.00
❑ FIELD MOUSE	1985	OP	46.00	90.00
❑ FIRST DATE	1986	OP	60.00	65.00
❑ FIRST HAIRCUT	1986	RT	58.00	200.00
❑ FORTY WINKS	1988	RT	36.00	90.00
❑ FUN FLOAT	1986	OP	34.00	80.00
❑ GOOD KNIGHT MOUSE	1974	RT	8.00	2000.00
❑ HARVEST MOUSE	1983	RT	23.00	475.00
❑ LITTLE FIRE CHIEF	1982	RT	29.00	500.00
❑ LITTLE SQUIRT	1991	OP	49.00	55.00
❑ MARKET MOUSE	1987	RT	49.00	175.00
❑ MOM & GINGER BAKER	1984	*	38.00	65.00
❑ MOUSE CALL	1983	RT	24.00	750.00
❑ MOUSE ON CAMPUS	1986	RT	25.00	150.00
❑ MRS. MOUSEY'S STUDIO	1992	RT	150.00	275.00
❑ PACK MOUSE	1983	RT	19.00	400.00

FIGURINES

FIGURINES

NAME	YEAR	LIMIT	ISSUE	TREND
❏ PHOTOGRAPHER MOUSE	1980	RT	23.00	900.00
❏ PICNIC MICE	1978	RT	14.00	700.00
❏ PIGGY-BACK MOUSEY	1985	RT	28.00	400.00
❏ PIRATE MOUSE	1980	RT	16.00	1100.00
❏ QUILTING BEE	1985	RT	30.00	95.00
❏ RED WAGON, THE	1987	RT	54.00	200.00
❏ SANTA'S TRAINEE	1984	RT	37.00	750.00
❏ SAY "CHEESE"	1982	RT	16.00	590.00
❏ SCOOTER MOUSE	1987	RT	34.00	100.00
❏ SUNDAY DRIVERS	1985	RT	58.00	300.00
❏ TRUMPETER	1987	RT	29.00	70.00
❏ TUBA PLAYER	1987	RT	29.00	85.00
❏ WALTZING MATILDA	1986	RT	48.00	160.00
❏ WEDDING MICE	1978	RT	8.00	700.00
❏ WEDDING MICE	1982	RT	30.00	200.00
MINUTEMICE				**A. PETERSEN**
❏ CONCORDIAN ON DRUM W/GLASSES MM-4	1974	CL	9.00	N/A
❏ CONCORDIAN WOOD BASE W/HAT MM-4B	1974	CL	8.00	N/A
❏ CONCORDIAN WOOD BASE W/TAN COAT MM-4A	1974	CL	8.00	N/A
❏ LITTLE FIFER ON DRUM MM-5B	1974	CL	8.00	N/A
❏ LITTLE FIFER ON DRUM W/FOFE MM-5	1974	CL	8.00	N/A
❏ LITTLE FIFER ON WOOD BASE MM-5A	1974	CL	8.00	N/A
❏ MOUSE CARRYING LARGE DRUM BB-3	1974	CL	8.00	N/A
❏ MOUSE ON DRUM W/BLACK HAT MM-2	1974	CL	9.00	N/A
❏ MOUSE ON DRUM W/FIFE MM-1	1974	CL	9.00	N/A
❏ MOUSE ON DRUM W/FIFE WOOD BASE MM-1A	1974	CL	9.00	N/A
MINUTEMICE				**W. PETERSEN**
❏ CONCORD MINUTE MOUSE MM-10	1979	OP	14.00	15.00
❏ MINUTE MOUSE AND RED COAT MM-9	1979	OP	28.00	28.00
❏ RED COAT MOUSE MM-11	1979	OP	14.00	15.00
MOLES				**A. PETERSEN**
❏ BELL FINGER MOLE MO-2	1994	OP	44.00	44.00
❏ MOLE SCOUT MO-1	1978	CL	4.00	325.00
❏ MOLE'S RED SLED MO-3	1995	RT	59.00	80.00
MOUSE SPORTS				**A. PETERSEN**
❏ BOBSLED THREE	1975	CL	12.00	450.00
❏ CAMPING OUT MS-16	1994	OP	75.00	75.00
❏ GOLFER MOUSE	1977	RT	5.00	600.00
❏ GOLFER MOUSE	1981	RT	16.00	375.00
❏ JOE DI'MOUSIO	1989	OP	39.00	45.00
❏ LAND HO!	1984	RT	37.00	375.00
❏ MOUSE SKIER	1976	RT	4.00	450.00
❏ SKATER MOUSE	1975	RT	4.00	400.00
❏ SKATER MOUSE	1980	RT	16.00	400.00
❏ SKATING STAR MOUSE	1977	RT	4.00	400.00
❏ SKIER MOUSE MS-9	1980	RT	13.00	375.00
❏ TENNIS ANYONE?	1984	RT	18.00	275.00
❏ TENNIS STAR	1976	RT	4.00	400.00
MOUSE SPORTS				**W. PETERSEN**
❏ FISHIN' CHIP	1985	RT	46.00	275.00
❏ TWO IN A CANOE	1982	RT	29.00	100.00
OWLS				**A. PETERSEN**
❏ COLONIAL OWLS	1975	RT	12.00	425.00
❏ MR. AND MRS. OWL	1974	RT	6.00	550.00
❏ MR. OWL	1974	RT	3.00	350.00
❏ MRS. OWL	1974	RT	3.00	350.00
OWLS				**W. PETERSEN**
❏ "GRAD" OWL	1979	CL	4.00	450.00
❏ GRADUATE OWL	1980	CL	12.00	425.00
PIGGIES				**A. PETERSEN**
❏ BOY PIGLET/PICNIC PIGGY	1978	RT	4.00	275.00
❏ GIRL PIGLET/PICNIC PIGGY	1978	RT	4.00	275.00
❏ HOLLY HOG	1981	RT	25.00	700.00
❏ JOLLY TAR PIGGY	1978	RT	4.00	375.00
❏ MISS PIGGY SCHOOL MARM	1978	RT	4.00	450.00
❏ NURSE PIGGY	1980	RT	16.00	350.00
❏ PICNIC PIGGIES	1978	RT	8.00	500.00
❏ PIG O' MY HEART	1980	RT	12.00	350.00
❏ PIGGY BAKER	1978	RT	4.00	375.00
❏ PIGGY BALLERINA	1980	RT	16.00	400.00
❏ PIGGY JOGGER	1978	RT	4.00	500.00
❏ PIGGY POLICEMAN	1980	RT	18.00	400.00
RACCOONS				**A. PETERSEN**
❏ BIRD WATCHER RACCOON	1978	RT	6.00	700.00
❏ HIKER RACCOON	1977	RT	4.00	600.00
❏ MOTHER RACCOON	1977	RT	4.00	500.00
❏ RACCOON SKATER	1978	RT	5.00	500.00
❏ RACCOON SKIER	1978	RT	6.00	500.00
ROBIN HOOD SERIES				**A. PETERSEN**
❏ FRIAR TUCK	1990	RT	32.00	150.00
❏ MAID MARION	1990	RT	32.00	150.00
❏ ROBIN HOOD	1990	RT	37.00	150.00
TINY TEDDIES				**D. PETERSEN**
❏ BOO BEAR	1984	RT	20.00	100.00
❏ CHRISTMAS TEDDY	1987	RT	26.00	110.00
❏ DRUMMER BEAR	1984	RT	22.00	100.00
❏ HANSEL & GRETEL/WITCH'S HOUSE	1988	SU	175.00	240.00
❏ HUGGY BEAR	1984	RT	26.00	100.00

NAME	YEAR	LIMIT	ISSUE	TREND
❑ LITTLE TEDDY	1984	RT	20.00	120.00
❑ MOMMA BEAR	1989	RT	27.00	135.00
❑ RIDE 'EM TEDDY!	1984	RT	32.00	110.00
❑ SAILOR TEDDY	1984	RT	20.00	100.00
❑ SANTA BEAR	1984	RT	27.00	100.00
❑ SEASIDE TEDDY	1984	RT	28.00	100.00
❑ TINY TEDDY	1983	RT	16.00	400.00
❑ WEDDING BEARS	1987	RT	54.00	175.00
WIND IN THE WILLOWS				**A. PETERSEN**
❑ BADGER	1982	RT	18.00	350.00
❑ MOLE	1982	RT	18.00	350.00
❑ RATTY	1982	RT	18.00	350.00
WIND IN THE WILLOWS				**W. PETERSEN**
❑ TOAD	1982	RT	18.00	350.00

WILLITTS DESIGNS

NAME	YEAR	LIMIT	ISSUE	TREND
AMISH HERITAGE COLLECTION				**A. DEZENDORF**
❑ AUTUMN LEAVE	1995	RT	120.00	120.00
❑ BATH TIME	1996	RT	110.00	110.00
❑ CAROLINE	*	RT	*	N/A
❑ CAROLINE'S BEDTIME PRAYER	1995	RT	75.00	75.00
❑ CAROLING	1996	3500	300.00	300.00
❑ CHANCE TO DREAM, A	1996	RT	135.00	135.00
❑ DOLL QUILT, THE	1996	RT	60.00	60.00
❑ FIRST KISS	1996	RT	110.00	110.00
❑ KATIE AND BETH	1995	RT	95.00	95.00
❑ MIRACLE OF SPRING, THE	1995	RT	120.00	120.00
❑ PREMIER COMMUNION SERVICE	1995	1500	300.00	300.00
❑ SADIE MAE'S HUNGRY GEESE	1995	RT	85.00	85.00
❑ SARAH AND MAGGIE	*	RT	*	N/A
❑ SPECIAL PLAYMATES	1996	RT	95.00	95.00
❑ SUMMERTIME FUN	1995	RT	120.00	120.00
❑ TAKING DOWN THE CLOTHES	*	RT	*	N/A
❑ TUCKERED OUT	1996	RT	60.00	60.00
❑ WINTER FUN	*	RT	*	N/A
❑ WINTER HOLIDAY, A	1995	RT	120.00	120.00
BLACKSHEAR CIRCLE MEMBERS ONLY				**T. BLACKSHEAR**
❑ AUTUMN	2001	*	165.00	165.00
CAROUSEL CLASSICS				**A. DEZENDORF**
❑ LION WITH CHERUB	1998	9500	75.00	75.00
❑ MIDDLE ROW JUMPER WITH DOG	1998	9500	70.00	70.00
❑ OUTSIDE ROW STANDER WITH SCALLOPED MANE	1998	9500	70.00	70.00
❑ OUTSIDE ROW ZEBRA STANDER	1998	9500	75.00	75.00
❑ STANDER WITH ROACHED MANE	1998	9500	70.00	70.00
EBONY VISIONS				**T. BLACKSHEAR**
❑ BUNDLE OF JOY	2000	OP	175.00	175.00
❑ CATCHING THE EYE	1998	RT	235.00	235.00
❑ COMFORTER, THE	1998	RT	250.00	250.00
❑ COMMITMENT	2000	OP	190.00	190.00
❑ DEVOTED LOVE	2001	*	175.00	175.00
❑ DREAMER, THE	1996	RT	135.00	175.00
❑ EBONY VISIONS/BAS RELIEF	1997	RT	150.00	150.00
❑ FRUITS OF FRIENDSHIP	1998	RT	115.00	115.00
❑ GUARDIAN, THE	1996	RT	300.00	300.00
❑ HOPES & DREAMS	1997	RT	225.00	325.00
❑ INTIMACY	2000	OP	165.00	165.00
❑ MADONNA, THE	1995	RT	160.00	315.00
❑ MESSAGE TO GOD	2000	OP	90.00	90.00
❑ MUSIC MAKER, THE	1996	RT	195.00	195.00
❑ NURTURER, THE	1995	RT	160.00	240.00
❑ OH NO SHE DIDN'T	2000	4500	300.00	300.00
❑ PROTECTOR, THE	1995	RT	195.00	750.00
❑ SIBLINGS, THE	1995	RT	120.00	350.00
❑ SISTERS FOREVER IN ADOLESCENCE	2001	*	175.00	175.00
❑ STORY TELLER PREMIER, THE	1995	SO	410.00	2850.00
❑ SUMMER	2000	*	140.00	140.00
❑ TENDER TOUCH, THE	1995	RT	185.00	250.00
❑ TIME TO DREAM, A	1996	RT	120.00	160.00
EBONY VISIONS CIRCLE				**T. BLACKSHEAR**
❑ CHILD SHALL LEAD THEM, A	1999	RT	225.00	225.00
EBONY VISIONS JAMBOREE PARADE				**T. BLACKSHEAR**
❑ BIRDY PARADE	2001	*	70.00	70.00
❑ GYPSY	2000	*	60.00	60.00
❑ JAYJAY AND CLUCK	2000	*	60.00	60.00
❑ PARADE KITTY EVENT PIECE	2001	*	50.00	50.00
❑ RUDY TOOT	2000	*	50.00	50.00
❑ SKEETER	2000	*	65.00	65.00
❑ TOOTIE	2000	*	60.00	60.00
EBONY VISIONS LEGENDS				**T. BLACKSHEAR**
❑ STORYTELLER, THE	1996	650	1900.00	2000.00
EBONY VISIONS THE BLACKSHEAR STYLE				**T. BLACKSHEAR**
❑ FATHER'S BOX	2000	*	125.00	125.00
❑ HEART TREASURES	2000	*	50.00	50.00
❑ LOVER'S KEEPSAKE	2000	*	50.00	50.00
HISTORY OF ANGELS COLLECTION BY BILL DALE				**C. PYLE**
❑ ANGEL GABRIEL, THE	1995	9500	120.00	120.00
❑ ANGELIC DOUBLE/STRUGGLE OF THE SOUL, THE	1996	9500	200.00	200.00
❑ MUSICAL ANGELS	1995	9500	160.00	160.00
JUST THE RIGHT SHOE 20TH CENTURY				**RAINE**
❑ CLASS ACT	1999	OP	13.00	13.00

FIGURINES

FIGURINES

NAME	YEAR	LIMIT	ISSUE	TREND
❏ COURTLY RICHES	1999	OP	14.00	14.00
❏ ELEGANT AFFAIR	1999	OP	14.00	14.00
❏ GOLDEN STILETTO	1999	OP	15.00	35.00
❏ LADYLIKE	1999	OP	13.00	13.00
❏ PASTICHE	1999	OP	13.00	13.00
❏ PATENTLY PERFECT	1999	OP	13.00	13.00
❏ STRUTTIN'	1999	RT	14.00	14.00
❏ SUFFRAGETTE	1999	OP	15.00	15.00
JUST THE RIGHT SHOE BILTMORE				**RAINE**
❏ BROGUE BALLYHOO	2000	OP	13.00	13.00
❏ CHARISMA	2000	OP	15.00	15.00
❏ SOMETHING BLUE	2000	OP	16.00	16.00
❏ STARRY NIGHT	2000	OP	16.00	16.00
❏ SWEET ELEGANCE	2000	OP	14.00	14.00
JUST THE RIGHT SHOE CLASSIC				**RAINE**
❏ AFTERNOON TEA	1998	OP	24.00	28.00
❏ ALADDIN'S DELIGHT	1999	RT	16.00	16.00
❏ ARISTOCAT 1630	2000	OP	16.00	16.00
❏ BARONESS 1760	2000	OP	16.00	16.00
❏ BLUSH	1999	RT	14.00	30.00
❏ BOBBY SOXER	2001	OP	13.00	13.00
❏ BORDEAUX	1999	RT	16.00	35.00
❏ BOVINE BLISS	1999	OP	14.00	14.00
❏ BRAVE WARRIOR	2000	OP	12.00	12.00
❏ BROCADE COURT	1998	RT	16.00	30.00
❏ CALLY LILY	2000	RT	17.00	17.00
❏ CARVED HEEL 1921	2000	RT	13.00	13.00
❏ CHECK IT OUT	2000	OP	15.00	15.00
❏ CORK WEDGE 1970	2000	OP	14.00	14.00
❏ DECO BOOT	1998	RT	25.00	40.00
❏ DENIM BLUES	2001	OP	14.00	14.00
❏ EDWARDIAN GRACE	1999	OP	18.00	18.00
❏ EMPRESS, THE	1998	RT	18.00	25.00
❏ EN POINTE	1998	OP	18.00	18.00
❏ FIGURE 8	2001	OP	20.00	20.00
❏ FROSTED FANTASY	1999	OP	20.00	60.00
❏ GEOMETRIKA	1999	RT	13.00	13.00
❏ GOLDEN LEAF	2000	RT	15.00	15.00
❏ HIGH-BUTTONED BOOT	1999	OP	18.00	18.00
❏ HOME ON THE RANGE 1995	2000	OP	15.00	15.00
❏ I DO	1999	OP	18.00	18.00
❏ IN SCALE	2000	OP	13.00	13.00
❏ INGENUE	1999	RT	15.00	15.00
❏ ITALIAN RACER	1998	RT	14.00	30.00
❏ JEWELED HEEL PUMP	1998	RT	24.00	25.00
❏ LAVISH TAPESTRY 1760	2000	OP	15.00	15.00
❏ LEOPARD STILETTO	1998	OP	15.00	22.00
❏ MAGNETIC ALLURE	1999	RT	14.00	20.00
❏ MAJESTIC	1999	OP	16.00	16.00
❏ MIDORI	2000	OP	20.00	20.00
❏ NEW HEIGHTS	1999	RT	12.00	12.00
❏ OPERA BOOT	1998	RT	25.00	25.00
❏ PAVE	1998	RT	22.00	25.00
❏ PEARL MULE	1998	RT	17.00	25.00
❏ PROMENADE	1998	OP	20.00	25.00
❏ PUMP IT UP	2001	OP	15.00	15.00
❏ PURPLE DREAM	1999	RT	15.00	15.00
❏ RAVISHING RED	1998	RT	12.00	20.00
❏ RETROACTIVE	2001	OP	13.00	13.00
❏ RISING STAR	1999	*	*	N/A
❏ ROSE COURT	1998	RT	15.00	20.00
❏ SERENGETI	1999	OP	15.00	20.00
❏ SHIMMERING NIGHT	1999	RT	16.00	16.00
❏ SHOWERS OF FLOWERS	1999	OP	14.00	14.00
❏ SILVER CLOUD	1998	RT	15.00	30.00
❏ SNEAKING BY	1999	OP	15.00	15.00
❏ SPECTATE THIS	2000	OP	13.00	13.00
❏ SUMPTUOUS QUILT	1998	RT	14.00	30.00
❏ SUNRAY 1925	2000	OP	14.00	14.00
❏ SWEET SURPRISE	2000	OP	*	N/A
❏ TASSLES 1863	2000	RT	18.00	18.00
❏ TEETERING COURT	1998	RT	18.00	30.00
❏ TOE TAPPER	2001	OP	15.00	15.00
❏ TREADS 1999	2000	OP	13.00	13.00
❏ TRUFFLES 1795	2000	RT	13.00	13.00
❏ TYING THE KNOT	1998	RT	15.00	20.00
❏ VA-VA VOOM	1999	OP	15.00	15.00
❏ VENUS IN PEARLS	2000	RT	15.00	15.00
❏ VERSAILLES	1999	RT	15.00	30.00
❏ VICTORIAN ANKLE BOOT 1862	2000	RT	18.00	18.00
❏ VICTORIAN WEDDING BOOT 1875	2000	OP	16.00	16.00
❏ YOU ANIMAL YOU	2000	OP	17.00	17.00
JUST THE RIGHT SHOE DESIGNER COLLECTION				**RAINE**
❏ ALOHA	2001	OP	14.00	14.00
❏ APRES	2001	OP	17.00	17.00
❏ BOW ME	2000	OP	15.00	15.00
❏ CANTON	2001	OP	17.00	17.00
❏ DIAMONDS	2001	OP	23.00	23.00
❏ ESPADRILLE PACHA	2000	OP	17.00	17.00
❏ FRUITY	2000	OP	15.00	15.00

NAME	YEAR	LIMIT	ISSUE	TREND
❑ JEWELS	2001	OP	18.00	18.00
❑ LA ROSA	2000	OP	19.00	19.00
❑ MOSTLY MATISSE	2000	OP	18.00	18.00
❑ QUEEN OF HEARTS BOOT	2000	OP	14.00	14.00
❑ ROSIE TOES	2001	OP	13.00	13.00
❑ SPARKLE	2000	OP	16.00	16.00
JUST THE RIGHT SHOE MEN'S COLLECTION				**RAINE**
❑ COWBOY BOOT	1999	OP	14.00	14.00
❑ GOLF SHOE	1999	*	22.00	22.00
❑ MILITARY BOOT	1999	OP	13.00	13.00
❑ MOTORCYCLE BOOT	1999	OP	14.00	14.00
❑ PENNY LOAFER	1999	*	*	N/A
❑ TASSLE LOAFER	1999	OP	12.00	12.00
JUST THE RIGHT SHOE MT. VERNON				**RAINE**
❑ FIRST LADY SLIPPER	2000	OP	13.00	13.00
❑ GEORGE WASHINGTON DRESS SHOE	2000	OP	13.00	13.00
❑ GEORGE WASHINGTON RIDING BOOT	2000	OP	17.00	17.00
❑ MARTHA WASHINGTON DRESS SHOE	2000	OP	14.00	14.00
❑ MARTHA WASHINGTON WEDDING SHOE	2000	OP	15.00	15.00
JUST THE RIGHT SHOE RAINE ORIGINALS				**RAINE**
❑ AUTUMN	2000	*	13.00	13.00
❑ CLOAKED IN MYSTERY	2001	*	16.00	16.00
❑ COURAGEOUS ROSE	2001	*	17.00	17.00
❑ CROCUS	2000	*	15.00	15.00
❑ FOREVER YOURS	2000	*	20.00	20.00
❑ GOOVY BABY	2000	*	25.00	25.00
❑ KUTSUYA	2001	*	*	N/A
❑ LATER GATOR	2000	*	14.00	14.00
❑ MARDI GRAS	2000	*	23.00	23.00
❑ MIDNIGHT PROMISES	2000	*	16.00	16.00
❑ PRETTY PENNY	2000	*	14.00	14.00
❑ RED DEVIL	2000	*	19.00	19.00
❑ RIO	2000	*	15.00	15.00
❑ SEA OF PEARLS	2000	*	20.00	20.00
❑ SNAKE SKIN WRAP	2000	*	16.00	16.00
❑ SPRING RAINE	2000	*	16.00	16.00
❑ STARDUST MEMORIES	2001	*	25.00	25.00
❑ SUMMER BUZZ	2001	*	*	N/A
❑ TUX SHOE SILVER	2000	*	17.00	17.00
❑ WRAP IT UP	2001	*	19.00	19.00
❑ ZAP	2000	*	15.00	15.00
JUST THE RIGHT SHOE RAINEDROPS				**RAINE**
❑ BEACH BABY	2001	*	8.00	8.00
❑ FIRST STEP	2001	*	8.00	8.00
❑ HIGH BUTTON BABY	2001	*	8.00	8.00
❑ IT'S A BOY	2001	*	8.00	8.00
❑ IT'S A GIRL	2001	*	8.00	8.00
❑ LITTLE SNEAKER	2001	*	8.00	8.00
❑ MARY JANE	2001	*	8.00	8.00
❑ PEACHES N' CREAM	2001	*	8.00	8.00
JUST THE RIGHT SHOE RAINEFOREST				**RAINE**
❑ BAMBOO BEAR	2001	*	16.00	16.00
❑ LONE WOLF	2001	*	15.00	15.00
❑ NORTHWOODS OWL	2001	*	18.00	18.00
❑ ON THE PROWL	2001	*	15.00	15.00
JUST THE RIGHT SHOE/GOCOLLECT EXCLUSIVE				**RAINE**
❑ RED HOT & BLACK	2002	5000	22.00	22.00
MAASAI				**S. BAYNE**
❑ AGE OF PRIVILEGE	2001	*	113.00	113.00
❑ DAYS OF REFLECTION	2001	*	113.00	113.00
❑ FEARLESS SENTINEL	2001	*	113.00	113.00
❑ FULL OF SONG	2001	*	80.00	80.00
❑ GENTLE RULER	2001	*	113.00	113.00
❑ KEEPER OF FORTUNE	2001	*	90.00	90.00
❑ MOTHER'S LOVE	2001	*	113.00	113.00
❑ ON THIS FESTIVE DAY	2001	*	175.00	175.00
❑ VISIONARY	2001	*	200.00	200.00
❑ YOUTHFUL DAYS	2001	*	90.00	90.00
MASTER PEACE COLLECTION				**T. BLACKSHEAR**
❑ FORGIVEN	1998	RT	200.00	200.00
MASTER PEACE COLLECTION				**C. M. DUDASH**
❑ VICTORIOUS LION OF JUDAH	1998	RT	175.00	175.00
MASTER PEACE COLLECTION				**M. WEISTLING**
❑ INVITATION, THE	1998	RT	250.00	250.00
OUR SONG				**B. JOYSMITH**
❑ BIG BROTHER	2000	OP	40.00	40.00
❑ DELTA'S GIRLS	2000	OP	90.00	90.00
❑ DEVELOPING A WINNER	2000	7500	150.00	150.00
❑ DOLL PLAY	2001	OP	65.00	65.00
❑ DREAMING	2000	OP	55.00	55.00
❑ JOYFUL NOISE	2000	OP	60.00	60.00
❑ LESSON, THE	2001	OP	85.00	85.00
❑ MOTHER & CHILD	2000	OP	48.00	48.00
❑ ROSES AND SUNSHINE	2000	OP	45.00	45.00
❑ SALLY WALKER PREMIER	2001	4500	125.00	125.00
❑ SANCTUARY	2001	OP	80.00	80.00
❑ SUMMER DRESSES	2000	OP	40.00	40.00

FIGURINES

NAME	YEAR	LIMIT	ISSUE	TREND
❑ SUMMER'S SONG	2000	OP	35.00	35.00
❑ TRICYCLE BOY	2000	OP	50.00	50.00
RAINBOW BABIES				**A. BLACKSHEAR**
❑ BELOVED	1998	RT	32.00	32.00
❑ LIL' BLOSSOM	1998	RT	33.00	33.00
❑ PEEK-A-BOO PALS	1998	RT	48.00	48.00
TAKE A SEAT				**RAINE**
❑ ADIRONDACK	2000	OP	11.00	11.00
❑ ART NOUVEAU	2000	OP	12.00	12.00
❑ BEACH	2000	OP	18.00	18.00
❑ CHROME & LEATHER	2000	OP	14.00	14.00
❑ COW CHAIR	2000	OP	13.00	13.00
❑ DIRECTOR'S	2001	OP	18.00	18.00
❑ FOLKLORIC	2000	OP	13.00	13.00
❑ FORM & FUNCTION	2000	OP	12.00	12.00
❑ GARDEN BENCH	2001	OP	19.00	19.00
❑ GILTWOOD ROCOCO	2000	OP	12.00	12.00
❑ LEATHER RECLINER WITH OTTOMAN	2000	OP	13.00	13.00
❑ LONGHORN	2000	OP	13.00	13.00
❑ LOUIS XVI	2000	OP	14.00	14.00
❑ MISSION STYLE	2000	OP	14.00	14.00
❑ ON DECK	2001	OP	19.00	19.00
❑ PEACOCK SPLENDOR	2001	OP	15.00	15.00
❑ PEARWOOD	2000	OP	12.00	12.00
❑ RED HEART	2000	OP	12.00	12.00
❑ REGENCY LEOPARD	2000	OP	14.00	14.00
❑ RIBBON	2000	OP	12.00	12.00
❑ SLIPPER	2000	OP	15.00	15.00
❑ SLOPE WINGBACK	2000	OP	13.00	13.00
❑ WICKER WITH OTTOMAN	2000	OP	13.00	13.00
❑ WILLOW ROCKER	2001	OP	15.00	15.00
TAKE A SEAT MUSEUM COLLECTION				**RAINE**
❑ BILLIARD ROOM CHAIR	2000	OP	15.00	15.00
❑ CHILD'S WINDSOR HIGH CHAIR	2001	OP	18.00	18.00
❑ FULL CIRCLE	2000	OP	17.00	17.00
❑ GEORGE WASHINGTON PRESIDENTIAL CHAIR	2001	OP	17.00	17.00
❑ LINEAR ELEGANCE	2000	OP	15.00	15.00
❑ MR. VANDERBILT'S CHAIR	2000	OP	16.00	16.00
❑ MRS. VANDERBILT'S CHAIR	2000	OP	15.00	15.00
❑ MT. VERNON LOLLINGS CHAIR	2000	OP	15.00	15.00
❑ MUSIC ROOM	2000	OP	16.00	16.00
❑ RACING RED	2000	OP	14.00	14.00
❑ SAMUEL CHASE SIDE CHAIR	2001	OP	13.00	13.00
❑ ZEBRA CHAISE	2000	OP	16.00	16.00

Ornaments

Clara Johnson Scroggins

Who would have guessed that one day ornament manufacturers would sponsor collector's clubs, offer special "members-only issues" and host gatherings at which "event-only" ornaments could be purchased on a limited basis?

Who could have predicted that one day collectors would be insuring their collections, carefully ascertaining reliable secondary market values for the appraisal of their ornaments? Or cataloging their collections with the aid of source books, and storing their collections, carefully logged and labeled, in climate-controlled quarters?

Who could have known that "first in a series" would be a phrase that sent shivers down the spines of ornament collectors and drove them into a buying frenzy, or that one day ornaments would sell on the secondary market for many times their original retail value?

That's the point to which ornament collecting has evolved today. And did you notice that these once holiday-only items are rarely referred to as "Christmas" ornaments in today's marketplace? Ornament makers have broadened their scope to include more than just yuletide treasures, thus making ornaments a year-round collectible. Easter, July 4th and Thanksgiving are also commemorated in the form of ornaments. Producers personalize ornaments, making them wonderful gifts for friends and loved ones.

But more importantly, and perhaps more than any other collectible, ornaments reflect the changes in our lives and times. From the early beginnings of elegant European blown glass, to the lively and often humorous artplas ornaments of today, this is a collectible that represents all passions and interests. Ornaments offer something for everyone. The themes are so varied and the mediums so diverse that this is a collectible with an affinity for the unique. Children thrill in owning an ornament depicting their favorite sports figure and delight in the ornaments featuring licensed characters from their favorite movies or products. Hallmark, Enesco and Carlton Cards are just a few of the makers leading the way in this ever-changing industry rapidly aligning itself with the era of pop culture.

ORNAMENTS

Timeless themes also abound in this diverse class of collecting. Generations-old themes, mediums and traditions are even more prevalent, and perhaps just as popular, as the "here today, gone tomorrow" themes of the '90s. Nostalgic collectors entranced by the magical look of blown glass can revel in the designs brought back by today's importers and makers such as Old World Christmas, Christopher Radko and Kurt S. Adler. Crystal, sterling silver and porcelain offered by Reed and Barton, Anna-Perenna, Swarovski, Sarabella Creations and many, many more offer a variety of appealing themes in media just as alluring.

Ornaments have helped us to commemorate various special events and occasions in our lives—baby's first, first Christmas together, the new millennium, and an exciting future that will continue to document our daily lives. We will read our family history on our trees!

What drives the secondary market of this somewhat new arena? Perhaps diversity is its greatest thrust. In an industry producing for the masses, it's only logical that the laws of supply and demand would dictate the growth of the secondary market. Sports collectors, car enthusiasts, train aficionados, bear lovers, angel adorers and animation zealots frequently "crossover" to the realm of ornament collecting when the subject matter lends itself to their particular area of interest–which it often does. The competition to attain an ornament aligned with that area of interest often makes buying it at the retail level somewhat difficult. That's where the secondary market begins. And so too does our chapter on the prices and trends of perhaps the world's most popular collectible.

Finally, Christmas ornaments are the only functional collectible with an entire season dedicated to their use as well as other holidays throughout the year. Most of all, the reason for the season, Christ's birth, is here to stay—it is not a passing fad, evidenced by the fact that it has entered its 2,003nd year.

CLARA JOHNSON SCROGGINS, who has authored six books on Hallmark ornaments, is a consultant and speaker who appears at collectibles events around the country. Her ornament collection is recognized as the largest in the country.

NAME	YEAR	LIMIT	ISSUE	TREND

ORNAMENTS

AMERICAN GREETINGS

AMERICAN GREETINGS CHRISTMAS ORNAMENTS *

NAME	YEAR	LIMIT	ISSUE	TREND
❑ 2 BEARS W/GIFT ON SLED DX-1010	1990	YR	4.00	5.00
❑ ACRYLIC DISC A WREATH OF LOVE DX-503	1986	CL	4.00	5.00
❑ ACRYLIC DISC BABY'S FIRST XMAS DX-504	1986	YR	4.00	5.00
❑ ACRYLIC DISC FIRST XMAS TOGETHER AX-1007	1988	YR	4.00	5.00
❑ ACRYLIC DISC FIRST XMAS TOGETHER DX-502	1986	YR	4.00	5.00
❑ ACRYLIC DISC MADONNA & CHILD AX-1039	1988	UD	4.00	5.00
❑ ACRYLIC DISC REWORK DX-1012	1989	YR	4.00	5.00
❑ ACRYLIC DISC SPECIAL FRIEND DX-501	1986	YR	4.00	5.00
❑ ACRYLIC DISC-FIRST XMAS TOGETHER CO-1901	1983	YR	6.00	7.00
❑ ACRYLIC DISC-FIRST XMAS TOGETHER WXX-240	1981	YR	4.00	4.00
❑ ACRYLIC DISC-FRIENDSHIP CO-1902	1983	YR	6.00	7.00
❑ ACRYLIC DISC-FRIENDSHIP/DESIGN WXO-32	1982	YR	5.00	6.00
❑ ACRYLIC DISC-HOLLY HOBBIE C-23	1980	YR	2.00	5.00
❑ ACRYLIC DISC-HOLLY HOBBIE WXX-239	1981	YR	4.00	5.00
❑ ACRYLIC DISC-LOVE CO-1903	1983	YR	6.00	7.00
❑ ACRYLIC DISC-MOTHER C-22	1980	YR	2.00	4.00
❑ ACRYLIC DISC-MOTHER WXX-237	1981	YR	4.00	5.00
❑ ACRYLIC DISC-ZIGGY & FRIENDS WXX-236	1981	YR	4.00	5.00
❑ ANGEL HOLDING HEART DX-1012	1990	YR	4.00	5.00
❑ BABY BOY'S FIRST XMAS AX-1004	1988	YR	8.00	8.00
❑ BABY GIRL'S FIRST XMAS AX-1005	1988	YR	8.00	8.00
❑ BABY'S FIRST CHRISTMAS BX-302	1985	YR	7.00	10.00
❑ BABY'S FIRST CHRISTMAS DX-1609	1986	CL	8.00	10.00
❑ BABY'S FIRST XMAS PHOTO FRAME AX-1001	1988	YR	5.00	5.00
❑ BEAR ON BLOCK DX-1001	1990	YR	8.00	8.00
❑ BEAR ON BLOCK DX-1002	1990	YR	8.00	8.00
❑ BEAR ON ROCKING HORSE DX-1001	1989	YR	8.00	8.00
❑ BEAR ON ROCKING HORSE DX-1002	1989	YR	8.00	8.00
❑ BEAR ON ROCKING HORSE DX-1003	1990	YR	4.00	5.00
❑ BEAR ON ROCKING HORSE DX-1030	1989	YR	8.00	8.00
❑ BEARS PUTTING STAR ON XMAS TREE DX-1007	1990	YR	6.00	6.00
❑ BI-PLANE WITH SANTA DX-1015	1990	YR	8.00	8.00
❑ BIRDS IN MAILBOX DX-1008	1990	YR	7.00	7.00
❑ BOWLING MOUSE AX-1017	1988	UD	7.00	7.00
❑ BRASS OUR HOME TO YOUR HOME AX-1010	1988	YR	0.00	6.00
❑ BRASS SAILBOAT CX-702	1987	YR	6.00	7.00
❑ BRASS SAILBOAT DX-1022	1989	YR	6.00	7.00
❑ BUNNIES IN SWING DX-1005	1989	YR	8.00	9.00
❑ CAMEO-LOOK DOVE DISK DX-1016	1989	YR	6.00	6.00
❑ CAREBEARS DECORATING THE TREE AO-1102	1984	CL	15.00	20.00
❑ CAROUSEL HORSE AX-1040	1988	UD	8.00	9.00
❑ CAROUSEL REINDEER DX-1033	1990	YR	8.00	8.00
❑ CERAMIC BELL BABY'S FIRST XMAS DX-1002	1986	YR	0.00	8.00
❑ CERAMIC BELL CHRISTMAS IS LOVE DX-1003	1986	CL	6.00	7.00
❑ CERAMIC BELL FIRST XMAS TOGETHER DX-1001	1986	YR	6.00	13.00
❑ CERAMIC COW BELL AX-1034	1988	UD	6.00	7.00
❑ CERAMIC OLD-FASHIONED TEDDY CX-402	1987	CL	5.00	5.00
❑ CONV. HEART SHAPED DISC W/LTG. DX-1006	1990	YR	6.00	6.00
❑ COOKING BEAR DX-1029	1989	YR	8.00	8.00
❑ COPPER REINDEER WEATHERVANE	1988	YR	4.00	5.00
❑ DEER LEAPING OVER LANDSCAPE DX-1004	1989	YR	5.00	5.00
❑ DINOSAUR DRIVING TRAIN DX-1010	1989	YR	8.00	8.00
❑ FATHER CHRISTMAS DX-1035	1990	YR	8.00	8.00
❑ GONE FISHIN' DX-1605	1986	CL	8.00	8.00
❑ HEART PHOTO FRAME-CANDY CANE DX-1023	1989	YR	6.00	6.00
❑ HEART SHAPE W/HOLLY DX-1007	1989	YR	6.00	6.00
❑ HIMSELF THE ELF SCULPTED ORN. AO-407	1984	CL	8.00	8.00
❑ HIMSELF THE ELF/PORC. BELL CO-1403	1983	CL	12.00	12.00
❑ HOLLY HOB. PLUM PUDD PORCLN BELL WXO-45	1982	CL	5.00	6.00
❑ HOLLY HOBBIE CERAMIC FIGURE BELL AO-701	1984	CL	10.00	10.00
❑ HOLLY HOBBIE FIG. PORCLN BELL WXO-48	1982	YR	12.00	14.00
❑ HOLLY HOBBIE PORCELAIN/BELL BX-901	1985	YR	10.00	10.00
❑ HOLLY HOBBIE SCULPTED ORNAMENT AO-403	1984	CL	8.00	15.00
❑ IRIDESCENT UNICORN CX-203	1987	CL	4.00	4.00
❑ KITTEN IN STOCKING DX-1011	1989	YR	4.00	5.00
❑ LACE-LOOK BEAR EMBROID HOOP DX-1003	1989	YR	6.00	6.00
❑ LOVEBIRDS FIRST XMAS TOGETHER AX-1006	1988	YR	7.00	7.00
❑ MOUSE ON WATCH BX-303	1985	CL	7.00	7.00
❑ MUSICAL ZIGGY & FUZZ FRIENDSHIP AX-1013	1988	YR	7.00	7.00
❑ MUSICAL-BABY'S FIRST CHRISTMAS AO-1001	1984	YR	18.00	22.00
❑ NATIVITY...CHRIST CHILD DX-1019	1990	YR	6.00	6.00
❑ NAUTICAL-LIFE RING W/HOLLY DX-1028	1989	YR	6.00	6.00
❑ NEW YEAR ZIGGY AX-1049	1988	YR	6.00	7.00
❑ OUT W/OLD IN W/NEW - ZIGGY DX-1501	1986	YR	6.00	7.00
❑ PAPER DOLL CHAIN ON CERAMIC BELL DX-1009	1989	YR	7.00	7.00
❑ POLAR BEARS HOLDING HANDS DX-1035	1989	YR	7.00	7.00
❑ PORCELAIN BELLS 1ST XMAS TOGETHER CX-302	1987	YR	6.00	7.00
❑ PORCELAIN BELLS BABY'S FIRST XMAS CX-301	1987	YR	6.00	7.00
❑ PORCELAIN HOLLY HOBBIE WXX-56	1981	CL	3.00	4.00
❑ RELIGIOUS ACRYLIC DISC CO-1904	1983	YR	6.00	7.00
❑ ROCKING HORSE BABY'S FIRST XMAS AX-1003	1988	YR	4.00	4.00
❑ SCULPTED DIMEN. 1ST XMAS TOGETHER CX-104	1987	YR	7.00	9.00
❑ SCULPTED DIMEN./BOY FIRST XMAS CX-403	1987	YR	8.00	9.00

NAME	YEAR	LIMIT	ISSUE	TREND
❏ SCULPTED DIMEN./CAROUSEL HORSE CX-801	1987	CL	8.00	9.00
❏ SCULPTED DIMEN./GIRL FIRST XMAS CX-404	1987	YR	8.00	9.00
❏ SCULPTED DIMEN./SANTA REF CX-112	1987	YR	7.00	7.00
❏ SLEIGH & HOUSE DX-1009	1990	YR	6.00	6.00
❏ STRAWBERRY SHORTCAKE & FRIENDS AO-1101	1984	CL	15.00	30.00
❏ STRAWBERRY SHORTCAKE/PORC. BELL CO-1401	1983	CL	12.00	12.00
❏ STRAWBERRY SHORTCAKE/XMAS SUGARPLUM C-27	1980	CL	4.00	4.00
❏ STRWBRRY SHORTCAKE SCULPTED ORN. AO-402	1984	CL	9.00	12.00
❏ STRWBRRY SHORTCAKE..SPECIAL GIFT CO-1225	1983	CL	9.00	12.00
❏ TENDERHEART BEAR SCULPTED ORN. AO-406	1984	CL	6.00	10.00
❏ TOY SOLDIER W/DRUM DX-1034	1990	YR	6.00	6.00
❏ VICKY BELL DX-1014	1990	YR	8.00	8.00
❏ VICTORIAN EMBROIDERY HOOP DX-1008	1989	YR	6.00	7.00
❏ VICTORIAN HOUSE DX-1013	1989	YR	4.00	5.00
❏ WOOD DISC W/TREE DX-1033	1989	YR	4.00	5.00
❏ WOOD HEART W/SILK MISTLETOE DX-1015	1989	YR	4.00	5.00
❏ WOODEN ORNAMENT ROCKING HORSE CX-1104	1987	YR	3.00	5.00
❏ WOODEN ORNAMENT ZIGGY & FUZZ CX-1003	1987	CL	4.00	5.00
❏ ZIGGY & FRIENDS ADMIRING TREE BX-1102	1985	CL	13.00	13.00
❏ ZIGGY ELF W/JINGLE BELLS DX-1014	1989	YR	7.00	7.00
❏ ZIGGY PORCELAIN FIGURINE BELL CO-1402	1983	CL	12.00	12.00

ANHEUSER-BUSCH INC.
A & EAGLE COLLECTOR ORNAMENT SERIES

				*
❏ 1893 COLUMBIAN EXPOSITION N3649	1992	RT	15.00	15.00
❏ BUDWEISER GIRL N3178	1991	RT	15.00	15.00
❏ GREATEST TRIUMPH N4089	1993	RT	15.00	15.00

CHRISTMAS ORNAMENT SERIES — S. SAMPSON

| ❏ CLYDESDALES MINI PLATE ORNAMENTS N3650 | 1992 | RT | 23.00 | 23.00 |

CHRISTMAS ORNAMENT SERIES — M. URDAHL

| ❏ BUDWEISER 6-PK MINI PLATE ORN. N4220 | 1993 | RT | 10.00 | 10.00 |

ANNALEE MOBILITEE

A. THORNDIKE

NAME	YEAR	LIMIT	ISSUE	TREND
❏ 18 IN. SANTA	1997	SU	65.00	90.00
❏ 3 IN. ANGEL HOLLYBERRY (HOLDS HOLLY ON STAND)	1996	SU	17.00	40.00
❏ 3 IN. BABY IN BLUE PJ'S	1995	SU	12.00	40.00
❏ 3 IN. BABY IN PINK PJ'S	1995	SU	12.00	35.00
❏ 3 IN. BABY IN STOCKING	1988	SU	13.00	45.00
❏ 3 IN. BEARS- LOVEY (HUGGING, WHITE & GREEN BOW)	1990	SU	26.00	55.00
❏ 3 IN. CAROLLER, BOY	1988	SU	28.00	35.00
❏ 3 IN. CAROLLER, GIRL	1988	SU	14.00	35.00
❏ 3 IN. CLOWN ORNAMENT	1986	3369	12.00	85.00
❏ 3 IN. CUPID	1987	899	13.00	35.00
❏ 3 IN. DRUMMER BOY ORNAMENT	1998	SU	18.00	35.00
❏ 3 IN. ELF (FROSTY, WHITE W/TINSEL)	1997	SU	15.00	35.00
❏ 3 IN. ELF (FULL BODY)	1989	SU	14.00	35.00
❏ 3 IN. ELF (STARBRIGHT, RED HOLDING YELLOW STAR)	1996	SU	13.00	35.00
❏ 3 IN. FISHING SANTA IN BOAT	1993	*	25.00	50.00
❏ 3 IN. FISHING SANTA IN BOAT	1994	3048	25.00	50.00
❏ 3 IN. GINGERBREAD BOY	1996	SU	15.00	50.00
❏ 3 IN. JUST A JESTER (1 YR)	1996	SU	21.00	40.00
❏ 3 IN. KID ON SLED (SITTING)	1989	SU	17.00	40.00
❏ 3 IN. KID W/SNOWBALL	1989	SU	15.00	35.00
❏ 3 IN. MR VICTORIAN SANTA	1987	SU	14.00	40.00
❏ 3 IN. MRS VICTORIAN SANTA	1987	SU	14.00	40.00
❏ 3 IN. MRS. SANTA	1986	SU	13.00	55.00
❏ 3 IN. SKI BUNNY	1997	SU	21.00	35.00
❏ 3 IN. SKIER	1992	SU	15.00	30.00
❏ 3 IN. SNOWMAN (RED HAT, BLUE SCARF)	1998	SU	20.00	30.00
❏ 3 IN. SQUEAK-A-BOO STOCKING (98 PLAID CUFF)	1998	SU	20.00	30.00
❏ 3 IN. STAR	1985	SU	7.00	50.00
❏ 3 IN. SUN W/SANTA HAT	1995	SU	9.00	30.00
❏ 3 IN. WAITING FOR SANTA MOUSE	1998	SU	20.00	40.00
❏ 4 IN. PIGS FLY, WHEN	1997	SU	17.00	35.00
❏ 4 IN. TRIM-A-TREE PUPPY (GREEN ORNAMENT)	1997	SU	21.00	65.00
❏ 5 IN. DEER (ROCKING)	1987	SU	14.00	35.00
❏ 5 IN. ELF W/STICK HORSE	1988	SU	19.00	45.00
❏ 5 IN. GINGERBREAD BOY (FIRST ONE, BROWN JACKET)	1986	SU	12.00	30.00
❏ 5 IN. GINGERBREAD BOY W/STAND (GR. JACKET)	1995	SU	18.00	35.00
❏ 5 IN. STICK HORSE	1987	SU	8.00	35.00
❏ ANGEL HEAD	1986	SU	8.00	30.00
❏ CLOWN HEAD	1986	SU	7.00	45.00
❏ CRYSTAL ORNAMENT W/ANNALEE (RED) ELF HEAD	1999	SU	14.00	40.00
❏ CRYSTAL ORNAMENT W/ANNALEE ELF HEAD, SPECIAL ED.	1994	SU	30.00	55.00
❏ ELF HEAD (GREEN)	1986	SU	7.00	30.00
❏ ELF HEAD (RED)	1997	SU	10.00	25.00
❏ SNOWMAN HEAD (GREEN EARMUFFS)	1996	SU	13.00	25.00
❏ SNOWMAN HEAD (LARGE, SOLD IN GIFT SHOP ONLY)	1994	SU	18.00	65.00

ANNA-PERENNA

P. BUCKLEY MOSS

NAME	YEAR	LIMIT	ISSUE	TREND
❏ CHRISTMAS NIGHT	1995	OP	28.00	28.00
❏ CHRISTMAS SKATERS	1994	YR	28.00	28.00
❏ SECOND ANGEL	1993	YR	28.00	50.00
❏ THIRD ANGEL	1994	YR	28.00	50.00

ANNUAL CHRISTMAS ORNAMENTS — P. BUCKLEY MOSS

| ❏ NOEL | 1991 | * | 25.00 | 120.00 |
| ❏ SLEIGHRIDE | 1992 | * | 28.00 | 60.00 |

ORNAMENTS

NAME	YEAR	LIMIT	ISSUE	TREND
HOLLY SERIES			**P. BUCKLEY MOSS**	
☐ SNOWMAN, THE	1993	YR	28.00	70.00
TWELVE DAYS OF CHRISTMAS			**P. BUCKLEY MOSS**	
☐ FIVE GOLDEN RINGS	*	*	*	N/A
☐ FOUR CALLING BIRDS	*	*	*	N/A
☐ PARTRIDGE IN A PEAR TREE	*	*	*	N/A
☐ SEVEN SWANS A SWIMMING	1998	*	28.00	28.00
☐ SIX GEESE A LAYING	1998	*	28.00	28.00
☐ THREE FRENCH HENS	*	*	*	N/A
☐ TWO TURTLEDOVES	*	*	*	N/A

ANRI

NAME	YEAR	LIMIT	ISSUE	TREND
CHRISTMAS EVE SERIES			**L. GAITHER**	
☐ FIRST GIFT OF CHRISTMAS	1998	500	165.00	165.00
☐ HITCHING PRANCER	1995	500	140.00	140.00
CHRISTMAS EVE SERIES			**W. & C. GAITHER**	
☐ GETTING READY	1996	500	140.00	140.00
DISNEY FOUR STAR COLLECTION			**DISNEY**	
☐ MAESTRO MICKEY	1989	YR	25.00	80.00
☐ MINNIE MOUSE	1990	YR	25.00	45.00
FERRANDIZ MESSAGE COLLECTION			**J. FERRANDIZ**	
☐ HEAR THE ANGELS SING	1990	1000	225.00	225.00
☐ LET THE HEAVENS RING	1989	1000	215.00	215.00
FERRANDIZ WOODCARVINGS			**J. FERRANDIZ**	
☐ HEAVENLY DRUMMER	1988	1000	175.00	225.00
☐ HEAVENLY STRINGS	1989	1000	190.00	190.00
SARAH KAY'S FIRST CHRISTMAS			**S. KAY**	
☐ ALL I WANT FOR CHRISTMAS	1996	500	198.00	195.00
☐ CHRISTMAS PUPPY	1997	500	295.00	295.00
☐ FIRST XMAS STOCKING	1995	500	99.00	99.00

ARMANI

NAME	YEAR	LIMIT	ISSUE	TREND
ANNUAL			**G. ARMANI**	
☐ CHRISTMAS EVE 123F	1998	YR	35.00	35.00
COMMEMORATIVE			**G. ARMANI**	
☐ 1991 CHRISTMAS ORNAMENT 799A	1991	RT	12.00	175.00
☐ 1992 CHRISTMAS ORNAMENT 788F	1992	RT	24.00	150.00
☐ 1993 CHRISTMAS ORNAMENT 892P	1993	RT	25.00	60.00
☐ 1994 CHRISTMAS ORNAMENT 801P	1994	RT	25.00	55.00
☐ 1995 CHRISTMAS ORNAMENT 640P	1995	RT	30.00	55.00
☐ 1996 CHRISTMAS ORNAMENT 555F	1996	RT	30.00	30.00
☐ 1997 CHRISTMAS ORNAMENT 137F	1997	YR	38.00	38.00
☐ CHRISTMAS ORNAMENT 123F	1998	OP	35.00	35.00

ARTAFFECTS

NAME	YEAR	LIMIT	ISSUE	TREND
ANNUAL BELL ORNAMENT			**G. PERILLO**	
☐ ANNUAL BELL ORNAMENT	1987	YR	15.00	33.00
☐ ANNUAL BELL ORNAMENT	1988	YR	18.00	18.00
☐ ANNUAL BELL ORNAMENT	1989	YR	18.00	18.00
☐ ANNUAL BELL ORNAMENT	1990	YR	18.00	18.00
☐ ANNUAL BELL ORNAMENT	1991	YR	20.00	20.00
☐ HOME SWEET WIGWAM	1985	OP	14.00	14.00
☐ PEEK-A-BOO	1986	OP	15.00	33.00
ANNUAL CHRISTMAS ORNAMENTS			**G. PERILLO**	
☐ ANNUAL ORNAMENT	1987	YR	15.00	35.00
☐ ANNUAL ORNAMENT	1988	YR	18.00	25.00
☐ ANNUAL ORNAMENT	1989	YR	18.00	25.00
☐ ANNUAL ORNAMENT	1990	YR	18.00	18.00
☐ ANNUAL ORNAMENT	1991	YR	20.00	19.50
☐ CHRISTMAS CACTUS	1986	YR	15.00	50.00
☐ PAPOOSE ORNAMENT	1985	YR	14.00	40.00
KACHINA ORNAMENTS			**G. PERILLO**	
☐ DAWN KACHINA	1991	OP	18.00	18.00
☐ KACHINA MOTHER	1991	OP	18.00	18.00
☐ OLD KACHINA	1991	OP	18.00	18.00
☐ SNOW KACHINA	1991	OP	18.00	18.00
☐ SUN KACHINA	1991	OP	18.00	18.00
☐ TOTEM KACHINA	1991	OP	18.00	18.00
SAGEBRUSH KIDS BELL ORNAMENTS			**G. PERILLO**	
☐ CAROLERS, THE	1987	OP	9.00	9.00
☐ CHRISTMAS CANDLE	1987	OP	9.00	9.00
☐ CHRISTMAS HORN	1987	OP	9.00	9.00
☐ FIDDLER, THE	1987	OP	9.00	9.00
☐ GIFT, THE	1987	OP	9.00	9.00
☐ HARPIST, THE	1987	OP	9.00	9.00
SAGEBRUSH KIDS COLLECTION			**G. PERILLO**	
☐ MOCCASIN ORNAMENT	1991	OP	15.00	16.00
☐ SHIELD ORNAMENT	1991	OP	15.00	10.00
☐ TEE-PEE ORNAMENT	1991	OP	15.00	16.00
SIMPLE WONDERS			**C. ROEDA**	
☐ ASHLEY	1991	OP	23.00	23.00
☐ BRITTANY	1991	OP	23.00	23.00
☐ KIM	1991	OP	23.00	23.00
☐ LITTLE FEATHER	1991	OP	23.00	23.00
☐ MEGAN	1991	OP	23.00	23.00
☐ NICOLE	1991	OP	23.00	23.00
☐ SWEET SURPRISE	1992	YR	15.00	16.00

ORNAMENTS

ORNAMENTS

NAME	YEAR	LIMIT	ISSUE	TREND

ARTISTS OF THE WORLD

DEGRAZIA ANNUAL ORNAMENTS

T. DEGRAZIA

NAME	YEAR	LIMIT	ISSUE	TREND
❏ BEARING GIFT	1992	YR	55.00	55.00
❏ CHRISTMAS PRAYER	1991	YR	50.00	50.00
❏ CHRISTMAS SPIRIT	1997	YR	65.00	65.00
❏ FLOWER BOY	1989	YR	35.00	50.00
❏ FLOWER GIRL	1988	YR	33.00	50.00
❏ HEAVENLY FLOWERS	1995	YR	65.00	65.00
❏ LIGHTING THE WAY	1993	YR	58.00	58.00
❏ LITTLE COLOPAH INDIAN GIRL	1998	OP	68.00	68.00
❏ LITTLE PRAYER	1994	YR	50.00	52.00
❏ LITTLE PRAYER	1995	YR	50.00	70.00
❏ MERRY LITTLE INDIAN	1990	10000	88.00	100.00
❏ MY BEAUTIFUL ROCKING HORSE	1995	YR	125.00	125.00
❏ OH HOLY NIGHT	1996	YR	68.00	68.00
❏ PIMA, INDIAN DRUMMER BOY	1986	YR	28.00	375.00
❏ PINK PAPOOSE	1990	YR	35.00	50.00
❏ WARM WISHES	1993	YR	65.00	75.00
❏ WARM WISHES	1994	YR	65.00	85.00
❏ WHITE DOVE	1987	YR	30.00	75.00

BIEDERMANN & SONS

*

NAME	YEAR	LIMIT	ISSUE	TREND
❏ BABY'S FIRST CHRISTMAS	1993	400	12.00	14.00
❏ BABY'S FIRST CHRISTMAS	1994	400	12.00	13.00
❏ DRUMMER BOY (BRASS)	1994	14500	12.00	18.00
❏ DRUMMER BOY (SILVER)	1994	500	18.00	140.00
❏ FOUR CALLING BIRDS (BRASS)	1993	RT	12.00	19.00
❏ FOUR CALLING BIRDS (SILVER)	1993	500	18.00	55.00

COMMEMORATIVE ORNAMENTS

*

NAME	YEAR	LIMIT	ISSUE	TREND
❏ ANGEL PLAYING LUTE	1976	10000	10.00	126.00
❏ DRUMMER BOY (BRASS)	1994	10000	15.00	130.00
❏ HERALD ANGEL	1990	10000	14.00	236.00
❏ PARTRIDGE IN A PEAR TREE	1987	9000	8.00	272.00
❏ SLEIGH RIDE	1972	10000	8.00	910.00
❏ THREE KINGS	1971	10000	7.00	580.00

COMMEMORATIVE ORNAMENTS

G. NEUMEIER

NAME	YEAR	LIMIT	ISSUE	TREND
❏ 8 MAIDS A-MILKING	2001	9000	15.00	15.00
❏ TOY ROCKING HORSE RIDE	1998	10000	16.00	16.00

COMMEMORATIVE ORNAMENTS

K. VON KLUGE

NAME	YEAR	LIMIT	ISSUE	TREND
❏ FIRST EDITION COMMEMORATIVE	1970	5000	6.00	1750.00

SILVER COMMEMORATIVES

*

NAME	YEAR	LIMIT	ISSUE	TREND
❏ CHRISTMAS MORNING	1992	288	17.00	102.00
❏ SANTA'S SLEIGH RIDE	1988	288	15.00	135.00
❏ TWO TURTLEDOVES	1989	288	16.00	142.00

SILVER COMMEMORATIVES

R. RIECHERT

NAME	YEAR	LIMIT	ISSUE	TREND
❏ FIVE GOLDEN RINGS (SILVER)	1995	288	20.00	170.00

SILVER COMMEMORATIVES

K. VON KLUGE

NAME	YEAR	LIMIT	ISSUE	TREND
❏ DRUMMER BOY (SILVER)	1994	288	10.00	420.00

BING & GRONDAHL

H. HANSEN

NAME	YEAR	LIMIT	ISSUE	TREND
❏ CHRISTMAS AROUND THE WORLD	1998	YR	25.00	25.00

S. VESTERGAARD

NAME	YEAR	LIMIT	ISSUE	TREND
❏ CHRISTMAS	1998	YR	38.00	38.00

CHRISTMAS

C. MAGADINE

NAME	YEAR	LIMIT	ISSUE	TREND
❏ CHRISTMAS EVE AT THE STATUE OF LIBERTY	1996	YR	25.00	25.00

CHRISTMAS IN AMERICA

J. WOODSON

NAME	YEAR	LIMIT	ISSUE	TREND
❏ CHRISTMAS EVE AT ROCKEFELLER CENTER	1988	CL	19.00	19.00
❏ CHRISTMAS EVE AT THE CAPITOL	1990	CL	20.00	30.00
❏ CHRISTMAS EVE AT THE WHITE HOUSE	1987	CL	15.00	25.00
❏ CHRISTMAS EVE IN WILLIAMSBURG	1986	CL	12.00	50.00
❏ CHRISTMAS IN NEW ENGLAND	1989	CL	20.00	20.00
❏ CHRISTMAS IN SAN FRANCISCO	1992	CL	25.00	35.00
❏ COMING HOME FOR CHRISTMAS	1993	CL	25.00	25.00
❏ INDEPENDENCE HALL	1991	CL	24.00	24.00

SANTA CLAUS

H. HANSEN

NAME	YEAR	LIMIT	ISSUE	TREND
❏ JOURNEY, THE	1991	YR	24.00	50.00
❏ SANTA'S ARRIVAL	1992	YR	25.00	40.00
❏ SANTA'S GIFTS	1993	YR	25.00	30.00
❏ SANTA'S SLEIGH	1990	YR	20.00	50.00
❏ SANTA'S WORKSHOP	1989	YR	20.00	55.00

BOYDS COLLECTION LTD.

BEARSTONE COLLECTION

G. LOWENTHAL

NAME	YEAR	LIMIT	ISSUE	TREND
❏ BAILEY & MATTHEW WITH ORNAMENTS	1996	*	70.00	80.00
❏ CHANDLER, CONSTANCE AND FELICITY, A BRIGHTER WORLD 25723	*	RT	*	30.00
❏ CHARITY 2502	1994	RT	10.00	36.00
❏ CLAIR WITH GINGERBREAD MAN 25701	1996	*	11.00	25.00
❏ DOC BUZZBY, BEE HEALTHY 25716	*	RT	*	25.00
❏ EDMUND BELIEVE 2505	1995	CL	10.00	25.00
❏ EDMUND WITH WREATH 25700	1996	*	11.00	28.00
❏ ELLIOT WITH TREE 2507	1995	CL	10.00	25.00
❏ FAITH 2500	1994	RT	10.00	36.00
❏ GRENVILLE & BEATRICE, OUR CHRISTMAS 25722	*	RT	*	30.00
❏ HOPE 2501	1994	RT	10.00	36.00

NAME	YEAR	LIMIT	ISSUE	TREND
☐ MANHEIM THE MOOSE	1995	CL	10.00	25.00
☐ MARIO, HAT TRICK 25718	*	RT	*	20.00
☐ MCDUFFER, THE 19TH HOLE 25719	*	RT	*	20.00
☐ MCGWIRE, IT'S OUTA HERE 25717	*	RT	*	36.00
☐ SAGE BUZZBY, BEE WISE 25715	*	RT	*	25.00
☐ WILSON WITH SHOOTING STAR 25702	1996	*	11.00	32.00

FOLKSTONE COLLECTION   **G. LOWENTHAL**

NAME	YEAR	LIMIT	ISSUE	TREND
☐ BIRDIE, FORE! 25661	*	RT	*	18.00
☐ LAVERN, ON STRIKE 25659	*	RT	*	25.00
☐ MADGE, MAGIC SCISSORS 25658	*	RT	*	20.00
☐ MYRON, THE ANGLER 25660	*	RT	*	30.00

BRADFORD EDITIONS

ALMOST ANGELS   *

NAME	YEAR	LIMIT	ISSUE	TREND
☐ COOKIE/FRECKLES	1997	*	20.00	20.00

BEAUTIFUL HUMMINGBIRDS   **L. LIU**

NAME	YEAR	LIMIT	ISSUE	TREND
☐ GARDEN WHISPERS/WINGS OF GRACE	1997	*	30.00	30.00
☐ RUBY THROATED HUMMINGBIRD/ANNA'S HUMMINGBIRD	1997	*	30.00	30.00

CAT'S MEOW   *

NAME	YEAR	LIMIT	ISSUE	TREND
☐ CAT NAP/HOUSE SITTING	1997	*	25.00	25.00
☐ OUT ON A LIMB/HAPPY AS A LARK	1997	*	25.00	25.00

HEAVENLY HEARTS PORCELAIN ORNAMENTS COLLECTION   **T. CATHEY**

NAME	YEAR	LIMIT	ISSUE	TREND
☐ HUMILITY/INNOCENCE SET	1997	95 DAYS	20.00	20.00
☐ JOY/PRUDENCE SET	1997	95 DAYS	20.00	20.00
☐ LIBERTY/FAITH SET	1997	95 DAYS	20.00	20.00
☐ PATIENCE/INSPIRATION SET	1997	95 DAYS	20.00	20.00
☐ PURITY/LOVING SET	1997	95 DAYS	20.00	20.00
☐ SERENITY/HONESTY SET	1997	95 DAYS	20.00	20.00
☐ SWEETNESS/GRACE SET	1997	95 DAYS	20.00	20.00
☐ TRUTH/MODESTY SET	1997	95 DAYS	20.00	20.00

HEAVEN'S LITTLE SWEETHEARTS   **D. BROOKS**

NAME	YEAR	LIMIT	ISSUE	TREND
☐ AN ANGEL'S CARING/AN ANGEL'S SHARING	1997	*	20.00	20.00
☐ AN ANGEL'S KINDNESS/AN ANGEL'S LOVE	1997	*	20.00	20.00

KINDRED MOMENTS   *

NAME	YEAR	LIMIT	ISSUE	TREND
☐ FOREVER FRIENDS/LIFE'S GREATEST TREASURE	1997	95 DAYS	20.00	20.00
☐ SISTERS ARE BLOSSOMS/CLOSE AT HEART	1997	95 DAYS	20.00	20.00

KITTEN EXPEDITION   **J. SCHOLZ**

NAME	YEAR	LIMIT	ISSUE	TREND
☐ BY THE LILY POND/AT THE GARDEN FENCE	1997	*	30.00	30.00
☐ IN THE MEADOW/IN THE ROCK GARDEN	1997	*	30.00	30.00

SPIRIT OF THE WILDERNESS   **LEPAGE/DANIEL**

NAME	YEAR	LIMIT	ISSUE	TREND
☐ GRAY GUARDIAN/GOLDEN GENERATIONS	1997	*	20.00	20.00
☐ SILVER SCOUT/BLACK KNIGHT (SET OF 2)	1997	*	20.00	20.00

BRADFORD EXCHANGE

HEAVEN'S LITTLE ANGELS   **D. GELSINGER**

NAME	YEAR	LIMIT	ISSUE	TREND
☐ GENTLE GUARDIAN/LOVING KINDNESS/ GARDEN MIRACLE SET	1998	*	30.00	30.00

LENA LIU'S TREASURY OF JEWELED HUMMINGBIRDS   **L. LIU**

NAME	YEAR	LIMIT	ISSUE	TREND
☐ RUBY-THROATED HUMMINGBIRD/ANNA'S HUMMINGBIRD SET	1998	*	*	N/A

SYMPHONY OF ANGELS   **N. STRELKINA**

NAME	YEAR	LIMIT	ISSUE	TREND
☐ SERENITY'S SONG/TRANQUILITY'S SERENADE SET OF 2	1998	*	20.00	20.00

BRIERCROFT

       C.R. FARLOW

NAME	YEAR	LIMIT	ISSUE	TREND
☐ BELL ANGEL	1994	5000	6.00	10.00

3" SERIES   **C.R. FARLOW**

NAME	YEAR	LIMIT	ISSUE	TREND
☐ AUSTRIAN	1999	*	13.00	13.00
☐ CROATIAN	1999	*	13.00	13.00
☐ FINLAND	1999	*	13.00	13.00
☐ HUNGARIAN	1999	*	13.00	13.00
☐ LITHUANIAN	1999	*	13.00	13.00
☐ SWITZERLAND	1999	*	13.00	13.00
☐ UKRAIN	1999	*	13.00	13.00

BUCCELLATI

CHRISTMAS ORNAMENTS   **G. BUCCELLATI**

NAME	YEAR	LIMIT	ISSUE	TREND
☐ CHERUBS 3562	1992	500	300.00	300.00
☐ CHRISTMAS CANDLE	1993	500	300.00	320.00
☐ CHRISTMAS FIREPLACE	1994	500	300.00	320.00
☐ CHRISTMAS TREE-2471	1989	750	230.00	230.00
☐ SANTA CLAUS-2470	1988	500	225.00	300.00
☐ SHOOTING STAR-2469	1987	500	240.00	350.00
☐ SNOWY VILLAGE SCENE-2464	1986	500	195.00	400.00
☐ WREATH-3561	1991	750	300.00	300.00
☐ ZENITH-2479	1990	750	250.00	250.00

CARRIAGE HOUSE STUDIO INC.

GIFTS FROM GOD   **M. FURLONG**

NAME	YEAR	LIMIT	ISSUE	TREND
☐ ANGEL OF LIGHT, THE	1986	3000	45.00	100.00
☐ CELESTIAL ANGEL, THE	1988	3000	45.00	100.00
☐ CHARIS ANGEL, THE	1985	3000	45.00	100.00
☐ CORONATION ANGEL	1989	3000	45.00	60.00
☐ HALLELUJAH ANGEL, THE	1986	3000	45.00	125.00

JOYEUX NOEL   **M. FURLONG**

NAME	YEAR	LIMIT	ISSUE	TREND
☐ CELEBRATION ANGEL	1990	10000	45.00	45.00
☐ JOYEUX NOEL ANGEL	1992	10000	45.00	45.00
☐ THANKSGIVING ANGEL	1991	10000	45.00	45.00

ORNAMENTS

ORNAMENTS

NAME	YEAR	LIMIT	ISSUE	TREND
MUSICAL SERIES				**M. FURLONG**
❏ CAROLER, THE	1980	3000	50.00	100.00
❏ CONCERTINIST, THE	1983	3000	45.00	75.00
❏ HERALD ANGEL, THE	1984	3000	45.00	75.00
❏ LUTIST, THE	1982	3000	45.00	75.00
❏ LYRIST, THE	1981	3000	45.00	60.00
## CAST ART				
DREAMSICLES				**K. HAYNES**
❏ BEAR	1991	SU	*	30.00
❏ BUNNY	1991	SU	*	30.00
❏ CHERUB ON CLOUD	1991	SU	*	30.00
❏ CHERUB WITH MOON	1991	SU	*	30.00
❏ CHERUB WITH STAR	1991	SU	*	30.00
❏ FINISHING TOUCHES	1995	RT	*	20.00
❏ LAMB	1991	SU	*	30.00
❏ PIGGY	1991	SU	*	30.00
❏ PRAYING CHERUB	1991	SU	*	30.00
❏ RACCOON	1991	SU	*	30.00
❏ SANTA IN DREAMSICLE LAND	1996	RT	*	15.00
❏ SQUIRREL	1991	SU	*	30.00
❏ STAR OF WONDER	1997	RT	*	17.00
## CAVANAGH GROUP				
COCA-COLA BRAND HERITAGE COLLECTION				**H. SUNDBLOM**
❏ CHRISTMAS IS LOVE	1995	OP	10.00	10.00
❏ HOSPITALITY IN YOUR REFRIGERATOR	1996	10000	25.00	25.00
❏ IT WILL REFRESH YOU TOO	1997	OP	10.00	10.00
❏ IT WILL REFRESH YOU TOO (PORCELAIN)	1996	10000	25.00	25.00
❏ PLEASE PAUSE HERE	1996	10000	25.00	25.00
❏ SANTA AT THE MANTLE	1995	OP	10.00	10.00
❏ SSSHHH!	1995	OP	10.00	10.00
❏ SSSHHH!	1997	OP	10.00	10.00
❏ THAT EXTRA SOMETHING	1997	OP	10.00	10.00
COCA-COLA BRAND HERITAGE COLLECTION POLAR BEARS				*
❏ ALWAYS FAMILY	1997	OP	10.00	10.00
❏ BABY'S FIRST CHRISTMAS	1996	OP	12.00	12.00
❏ OUR FIRST CHRISTMAS	1996	OP	12.00	12.00
❏ STOCKING STUFFERS	1996	OP	12.00	12.00
❏ TRIMMING THE TREE	1997	OP	10.00	10.00
COCA-COLA BRAND HERITAGE COLLECTION POLAR BEARS				**H. SUNDBLOM**
❏ REFRESHING BREAK	1997	OP	10.00	10.00
COCA-COLA BRAND HISTORICAL BUILDING				*
❏ 1930S SERVICE STATION	1991	CL	10.00	20.00
❏ EARLY COCA-COLA BOTTLING COMPANY	1991	CL	10.00	20.00
❏ JACOB'S PHARMACY	1991	CL	10.00	20.00
❏ PEMBERTON HOUSE, THE	1991	CL	10.00	20.00
COCA-COLA BRAND NORTH POLE BOTTLING WORKS				*
❏ BARREL OF BEARS	1995	CL	9.00	9.00
❏ BLAST OFF	1993	CL	9.00	9.00
❏ DELIVERY FOR SANTA	1993	CL	9.00	9.00
❏ FILL'ER UP	1993	CL	9.00	20.00
❏ FOUNTAIN GLASS FOLLIES	1995	OP	9.00	9.00
❏ ICE SCULPTING	1993	CL	9.00	9.00
❏ LONG WINTER'S NAP	1993	CL	9.00	13.00
❏ NORTH POLE EXPRESS	1993	CL	9.00	20.00
❏ NORTH POLE FLYING SCHOOL	1995	CL	9.00	9.00
❏ POWER DRIVE	1994	CL	9.00	9.00
❏ REFRESHING SURPRISE	1996	OP	9.00	9.00
❏ RUSH DELIVERY	1996	OP	9.00	9.00
❏ SANTA'S REFRESHMENT	1994	CL	9.00	13.00
❏ SELTZER SURPRISE	1994	CL	9.00	13.00
❏ THIRSTING FOR ADVENTURE	1993	CL	9.00	15.00
❏ TO: MRS. CLAUS	1996	OP	9.00	9.00
❏ TOPS OFF REFRESHMENT	1994	CL	9.00	9.00
❏ TOPS ON REFRESHMENT	1993	CL	9.00	13.00
COCA-COLA BRAND POLAR BEAR COLLECTION				*
❏ CHRISTMAS STAR, THE	1996	OP	9.00	9.00
❏ DOUBLE THE FUN	1997	OP	9.00	9.00
❏ DOWNHILL RACERS	1997	OP	9.00	9.00
❏ DOWNHILL SLEDDER	1994	CL	9.00	9.00
❏ HOLLYWOOD	1996	OP	9.00	9.00
❏ NORTH POLE DELIVERY	1994	CL	9.00	13.00
❏ POLAR BEAR ON BOTTLE OPENER	1995	OP	9.00	9.00
❏ SKATING COCA-COLA POLAR BEAR	1994	CL	9.00	12.00
❏ SNOWBOARDIN' BEAR	1995	OP	9.00	9.00
❏ VENDING MACHINE MISCHIEF	1994	CL	9.00	9.00
COCA-COLA BRAND TRIM A TREE COLLECTION				**H. SUNDBLOM**
❏ AWAY WITH A TIRED & THIRSTY FACE	1990	CL	10.00	25.00
❏ BUSY MAN'S PAUSE	1994	CL	10.00	10.00
❏ CHRISTMAS IS LOVE	1991	CL	10.00	25.00
❏ DECORATING THE TREE	1993	CL	10.00	20.00
❏ EXTRA BRIGHT REFRESHMENT	1993	CL	10.00	17.00
❏ FOR SPARKLING HOLIDAYS	1994	CL	10.00	10.00
❏ GOOD BOYS AND GIRLS	1997	OP	9.00	9.00
❏ HAPPY HOLIDAYS	1992	CL	10.00	25.00
❏ HOSPITALITY	1990	CL	10.00	13.00
❏ IT WILL REFRESH YOU TOO	1995	CL	10.00	10.00

NAME	YEAR	LIMIT	ISSUE	TREND
❏ MERRY CHRISTMAS AND A HAPPY NEW YEAR	1990	CL	10.00	40.00
❏ PAUSE THAT REFRESHES	1996	OP	10.00	10.00
❏ PLEASE PAUSE HERE	1995	OP	10.00	10.00
❏ SEASON'S GREETINGS	1990	CL	10.00	13.00
❏ SSSHHH!	1992	CL	10.00	27.00
❏ THEY REMEMBERED ME	1996	OP	10.00	10.00
❏ THINGS GO BETTER WITH COKE	1994	CL	10.00	10.00
❏ TIME TO SHARE	1991	CL	10.00	25.00
❏ TRAVEL REFRESHED	1993	CL	10.00	13.00

COCA-COLA CHRISTMAS COLLECTORS SOCIETY *

❏ CAROUSEL CAPERS	1997	CL	*	N/A
❏ FISHING BEAR	1994	CL	*	28.00
❏ HO HO HO - SANTA	1993	CL	*	30.00
❏ HOSPITALITY - SANTA	1995	CL	*	25.00
❏ SPRITE	1996	CL	*	N/A

COCA-COLA POLAR BEAR CUBS *

❏ BABY'S FIRST CHRISTMAS	1997	OP	8.00	8.00
❏ COOKIES FOR SANTA	1997	OP	8.00	8.00
❏ DREAMING OF A MAGICAL CHRISTMAS	1997	YR	8.00	8.00
❏ REFRESHING ICE COLD TREAT	1997	OP	8.00	8.00
❏ STOCKING STUFFER SURPRISE	1997	YR	8.00	8.00
❏ TWAS THE NIGHT BEFORE CHRISTMAS	1997	OP	8.00	8.00

CAZENOVIA ABROAD
CHRISTMAS ORNAMENTS *

❏ ANGEL P144A	1991	OP	63.00	63.00
❏ BIG SISTER P134BS	1986	*	60.00	60.00
❏ BUNNY P104B	1968	*	9.00	40.00
❏ BUNNY RABBIT P143BR	1991	OP	65.00	65.00
❏ BURRO P122BU	1980	*	20.00	40.00
❏ CAT P105C	1968	*	9.00	40.00
❏ CHERUB P127CB	1984	*	30.00	45.00
❏ CLOWN P123CL	1981	*	25.00	40.00
❏ DUCK P103D	1968	*	9.00	40.00
❏ ELEPHANT P102E	1968	*	9.00	40.00
❏ FAWN P109F	1969	*	12.00	45.00
❏ HATCHING CHICK P118CH	1976	*	15.00	45.00
❏ HEDGEHOG P142HH	1991	OP	65.00	65.00
❏ HUMPTY DUMPTY P145HD	1992	OP	70.00	70.00
❏ KNEELING ANGEL P113KA	1971	*	15.00	55.00
❏ LAMB P136LA	1987	*	60.00	60.00
❏ LITTLE BROTHER P135LB	1986	*	55.00	55.00
❏ MORAVIAN STAR P141PS	1990	OP	65.00	65.00
❏ MOUSE P126MO	1983	*	28.00	45.00
❏ OWL P116O	1974	*	15.00	45.00
❏ PARTRIDGE P138PA	1988	*	70.00	70.00
❏ PEACE P111P	1970	*	12.00	45.00
❏ PETER RABBIT P133PR	1986	*	50.00	50.00
❏ PORKY P112PK	1970	*	15.00	45.00
❏ RAGGEDY ANDY P125AND	1983	*	28.00	45.00
❏ RAGGEDY ANN P119RA	1977	*	18.00	45.00
❏ REBECCA P124RE	1982	*	25.00	40.00
❏ REINDEER & SLEIGH H100	1984	*	1250.00	1500.00
❏ ROCKING HORSE P114RH	1972	*	15.00	55.00
❏ ROOSTER P106R	1968	*	10.00	40.00
❏ SEA HORSE P137SE	1987	*	35.00	30.00
❏ SHAGGY DOG P132SD	1985	*	45.00	50.00
❏ SHELL P120SH	1978	*	20.00	40.00
❏ SNOW MAN P110SM	1970	*	12.00	45.00
❏ SQUIRREL P139SQ	1988	*	70.00	70.00
❏ STANDING ANGEL P107SA	1968	*	9.00	45.00
❏ STAR P117ST	1975	*	15.00	45.00
❏ SWAN P140SW	1989	OP	45.00	45.00
❏ TEDDY BEAR P101TB	1968	*	9.00	40.00
❏ TIPTOE ANGEL P108TTA	1968	*	10.00	40.00
❏ TOY SOLDIER P121TS	1979	*	20.00	40.00
❏ TREETOP ANGEL P115TOP	1973	*	10.00	42.00

CHARMING TAILS
D. GRIFF

❏ CANDY CANE GIFT SET	2001	*	19.00	19.00
❏ CHRISTMAS CAROUSEL	2001	YR	12.00	12.00
❏ CHRISTMAS IS A BALL WITH YOU	2001	YR	12.00	12.00
❏ CLOSE KNIT FRIENDS	2001	*	20.00	20.00
❏ FA LA LA	2001	*	12.00	12.00
❏ FRIENDS IN FLIGHT	1994	RT	18.00	130.00
❏ HOLIDAY WREATH	2001	YR	12.00	12.00
❏ MAXINE PICKING STRAWBERRIES (MOUSE IN STRAWBERRY)	1995	RT	12.00	65.00
❏ NUTTY FOR THE HOLIDAYS BLOWN GLASS	2001	*	18.00	18.00
❏ STRINGING POPCORN	2001	*	12.00	12.00
❏ YOU'RE BERRY SPECIAL	2001	*	12.00	12.00
❏ YOU'RE JUST "WRITE"	2001	*	12.00	12.00
❏ YULE TIED SWEETIES	2001	*	12.00	12.00

CARLTON CARDS **D. GRIFF**

❏ YOU'RE THE PERFECT GIFT	2001	*	18.00	18.00

HOLIDAY ORNAMENTS **D. GRIFF**

❏ AIR MAIL TO SANTA	1998	RT	13.00	20.00
❏ ALL LIT UP, LIGHTED	1997	*	11.00	13.00
❏ ALL WRAPPED UP, DATED 1996	1996	RT	12.00	45.00

ORNAMENTS

ORNAMENTS

NAME	YEAR	LIMIT	ISSUE	TREND
❏ ANNUAL ORNAMENT 1995	1995	RT	16.00	35.00
❏ APPLE HOUSE, LIGHTED	1994	RT	13.00	75.00
❏ BABY'S FIRST CHRISTMAS, DATED 1994	1994	RT	12.00	50.00
❏ BABY'S FIRST CHRISTMAS, DATED 1996	1996	RT	13.00	40.00
❏ BABY'S FIRST CHRISTMAS, DATED 1999	1999	RT	12.00	16.00
❏ BINKEY ON ICE	1994	RT	10.00	200
❏ BINKEY SNACKING, PLUM	1994	RT	12.00	75.00
❏ BINKEY'S CANDY CANE FLYER	1999	*	12.00	12.00
❏ BINKEY'S POINTSETTIA	1995	RT	12.00	40.00
❏ BOOTIE BABY-BABY'S 1ST	2000	RT	12.00	20.00
❏ BUNDLE OF JOY-BABY'S FIRST CHRISTMAS	1998	RT	12.00	25.00
❏ BUNNY ON BELL	1993	RT	11.00	80.00
❏ BY THE LIGHT OF THE MOON	2001	*	19.00	19.00
❏ CAPS OFF TO YOU BLOWN GLASS	2001	YR	15.00	15.00
❏ CATCHIN' ZZZS	1992	RT	12.00	50.00
❏ CHAUNCEY'S FIRST CHRISTMAS, DATED 1997	1997	RT	9.00	25.00
❏ CHICKADEES ON BALL	1992	RT	14.00	60.00
❏ CHICKS WITH BEAD GARLAND	1992	RT	18.00	225.00
❏ CHRISTMAS COOKIES, MOUSE	1995	RT	10.00	25.00
❏ CHRISTMAS COOKIES, RABBIT	1995	RT	10.00	25.00
❏ CHRISTMAS COOKIES, RACCOON	1995	RT	10.00	25.00
❏ CHRISTMAS FLOWERS	1995	RT	12.00	20.00
❏ CHRISTMAS STAMPS	1996	RT	12.00	28.00
❏ CHRISTMAS STOCKING SURPRISE BLOWN GLASS	2001	*	19.00	19.00
❏ CUP OF CHRISTMAS CHEER	1999	*	12.00	12.00
❏ DRIFTERS-MOUSE HOLDING STEM	1992	RT	12.00	50.00
❏ DRIFTERS-MOUSE WITH LEAF PARACHUTE	1992	RT	12.00	50.00
❏ FALLEN ANGEL	1996	RT	12.00	26.00
❏ FLIGHTS OF FANCY	1996	RT	12.00	28.00
❏ FREQUENT FLYER	1996	RT	12.00	30.00
❏ FRESH FRUIT-BIRD	1992	RT	12.00	50.00
❏ FRESH FRUIT-MOUSE	1992	RT	12.00	50.00
❏ FRESH FRUIT-RABBIT	1992	RT	12.00	50.00
❏ GRAPE ESCAPE-GREEN	1994	RT	18.00	90.00
❏ GRAPE ESCAPE-PURPLE	1994	RT	18.00	90.00
❏ HANG IN THERE-MOUSE WITH BERRIES	1993	RT	10.00	45.00
❏ HANG IN THERE-MOUSE WITH CURLICUE TAIL	1993	RT	10.00	45.00
❏ HANG IN THERE-TAIL WRAPPED ON LEG	1993	RT	10.00	45.00
❏ HEADING FOR THE SLOPES	1998	RT	13.00	15.00
❏ HIGH FLYING MACKENZIE	1994	RT	20.00	60.00
❏ HOLDIN' ON BLOWN GLASS	2001	*	19.00	19.00
❏ HOLIDAY BAKING	2000	*	12.00	12.00
❏ HOLIDAY BALLOON RIDE	1995	RT	16.00	45.00
❏ HOLIDAY LIGHTS, RED, LIGHTED	1994	RT	10.00	55.00
❏ HOLIDAY RIBBON BLOWN GLASS	2001	YR	15.00	15.00
❏ HOLIDAY TRIMMINGS BLOWN GLASS	2001	YR	15.00	15.00
❏ HOLIDAY WREATH-MOUSE	1993	RT	12.00	50.00
❏ HOLIDAY WREATH-RABBIT	1993	RT	12.00	50.00
❏ HOLLY DAYS BLOWN GLASS	2001	YR	15.00	15.00
❏ HORSING AROUND	1994	RT	18.00	50.00
❏ JINGLE BELL BABY	2002	YR	12.00	12.00
❏ KING OF MY HEART, LG.	2001	*	26.00	26.00
❏ KING OF MY HEART, SM.	2001	*	18.00	18.00
❏ LETTER TO SANTA	1996	RT	12.00	30.00
❏ LOVE FOR ALL SEASONS, A	2001	*	20.00	20.00
❏ LUCKY LYDIA BLOWN GLASS	2001	*	15.00	15.00
❏ MACKENZIE BLOWING BUBBLES	1994	RT	12.00	70.00
❏ MACKENZIE IN A MITTEN	1997	RT	9.00	20.00
❏ MACKENZIE NAPPING	1993	RT	12.00	45.00
❏ MACKENZIE ON ICE	1994	RT	10.00	50.00
❏ MACKENZIE ON LEAF	1994	RT	12.00	49.00
❏ MACKENZIE SNACKING, CHERRIES	1994	RT	12.00	70.00
❏ MACKENZIE SNOWBALL, DATED 1994	1994	RT	10.00	95.00
❏ MACKENZIE'S BUBBLE RIDE	1994	RT	13.00	65.00
❏ MACKENZIE'S JACK IN THE BOX	1997	RT	10.00	30.00
❏ MACKENZIE'S WHIRLYGIG	1995	RT	20.00	45.00
❏ MAXINE LIGHTS A CANDLE	1993	RT	11.00	40.00
❏ MAXINE WITH LEAF AND BERRIES	1994	RT	12.00	45.00
❏ MAXINE'S ANGEL	1997	RT	9.00	12.00
❏ MICE IN LEAF SLEIGH	1992	RT	26.00	250.00
❏ MOUSE ON BALL	1992	RT	12.00	80.00
❏ MOUSE ON BELL	1993	RT	11.00	85.00
❏ MOUSE ON SNOWFLAKE, LIGHTED	1993	RT	11.00	50.00
❏ MOUSE ON YELLOW BULB, LIGHTED	1994	RT	10.00	85.00
❏ OUR FIRST CHRISTMAS	2002	YR	12.00	12.00
❏ OUR FIRST CHRISTMAS TOGETHER, DATED 1998	1998	RT	12.00	25.00
❏ OUR FIRST CHRISTMAS TOGETHER, DATED 1999	1999	RT	12.00	20.00
❏ OUR FIRST CHRISTMAS, DATED 1996	1996	RT	18.00	45.00
❏ OUR FIRST CHRISTMAS, DATED 1997	1997	RT	13.00	25.00
❏ OUR FIRST CHRISTMAS, DATED 2000	2000	RT	12.00	18.00
❏ PEACE ON EARTH	1999	RT	12.00	20.00
❏ PEAR HOUSE, LIGHTED	1994	RT	13.00	85.00
❏ PEPPERMINT PARTY, MOUSE WITH PEPPERMINT	1995	RT	10.00	36.00
❏ PEPPERMINT PARTY, UPSIDE-DOWN MOUSE	1995	RT	10.00	36.00
❏ PINE CONE PREDICAMENT-ANNUAL	1998	RT	11.00	24.00
❏ PORCELAIN MOUSE BELL	1993	RT	5.00	250.00
❏ QUEEN OF MY HEART LARGE BLOWN GLASS	2001	*	26.00	26.00
❏ QUEEN OF MY HEART SMALL BLOWN GLASS	2001	*	18.00	18.00
❏ RABBIT ON BALL	1992	RT	12.00	80.00

NAME	YEAR	LIMIT	ISSUE	TREND
❑ REGINALD IN LEAVES-RIDING LEAF	1995	RT	10.00	30.00
❑ REGINALD IN LEAVES-WRAPPED IN LEAF	1995	RT	10.00	30.00
❑ REGINALD ON ICE	1994	RT	10.00	50.00
❑ REGINALD'S BUBBLE RIDE	1994	RT	12.00	75.00
❑ RINGING IN THE SEASON BLOWN GLASS	2001	YR	15.00	15.00
❑ SIDNEY'S SPECIAL GIFT BLOWN GLASS	2001	YR	15.00	15.00
❑ SKI JUMPER	1998	RT	13.00	18.00
❑ SNOW CONE	2002	YR	12.00	12.00
❑ SNOWBIRD 1999 ANNUAL ORNAMENT	1999	RT	12.00	20.00
❑ SNOWFLAKES 2000	2000	RT	12.00	12.00
❑ SPECIAL DELIVERY, A	1997	RT	9.00	18.00
❑ STAMP DISPENSER	1996	RT	12.00	16.00
❑ STAR BRIGHT BLOWN GLASS	2001	YR	15.00	15.00
❑ STEWART AT PLAY	1995	RT	12.00	45.00
❑ STEWART'S WINTER FUN/ICICLE	1995	RT	10.00	48.00
❑ STEWART'S WINTER FUN/SNOWFLAKE	1995	RT	10.00	48.00
❑ STICKY SITUATIONS-CANDY CANE	1994	RT	16.00	55.00
❑ STICKY SITUATIONS-RIBBON CANDY	1994	RT	16.00	55.00
❑ TRICYCLE BUILT FROM TREATS	1998	RT	13.00	18.00
❑ WE..THREE KINGS	2000	*	12.00	12.00
❑ WHEEEE!	1996	RT	12.00	30.00
❑ WORLD OF LEARNING, A	2002	YR	12.00	12.00
❑ YOU'RE MY SHINING STAR BLOWN GLASS	2001	*	18.00	18.00

HOLIDAY ORNAMENTS LIMITED EDITION

D. GRIFF

NAME	YEAR	LIMIT	ISSUE	TREND
❑ TEACHER	2000	RT	12.00	20.00

HOLIDAY ORNAMENTS/CARLTON CARDS

D. GRIFF

NAME	YEAR	LIMIT	ISSUE	TREND
❑ YOU'RE A PERFECT GIFT	2001	LE	18.00	18.00

LEAF & ACORN CLUB

D. GRIFF

NAME	YEAR	LIMIT	ISSUE	TREND
❑ COOKIES FOR SANTA	2000	*	17.00	17.00

MISCELLANEOUS PIECES

D. GRIFF

NAME	YEAR	LIMIT	ISSUE	TREND
❑ LEAF VINE ORNAMENT HANGER	1994	RT	25.00	70.00

PARKWEST EXCLUSIVE

D. GRIFF

NAME	YEAR	LIMIT	ISSUE	TREND
❑ CHRISTMAS ORNAMENT HOLDER	2001	*	20.00	20.00

SPRING ORNAMENT

D. GRIFF

NAME	YEAR	LIMIT	ISSUE	TREND
❑ ANIMALS IN EGGS-CHICK	1993	RT	11.00	50.00
❑ ANIMALS IN EGGS-DUCKLING	1993	RT	11.00	50.00
❑ ANIMALS IN EGGS-MOUSE	1993	RT	11.00	50.00
❑ ANIMALS IN EGGS-RABBIT	1993	RT	11.00	50.00
❑ BINKEY IN A BERRY PATCH	1994	RT	12.00	65.00
❑ EASTER PARADE	1994	RT	12.00	40.00
❑ HELLO, SWEET PEA	1995	RT	12.00	35.00
❑ I'M BERRY HAPPY!	1995	RT	15.00	40.00
❑ I'M FULL	1995	RT	15.00	40.00
❑ MAXINE'S BUTTERFLY RIDE	1993	*	17.00	18.00
❑ MOUSE ON BEE	1993	RT	17.00	350.00
❑ MOUSE ON DRAGONFLY	1993	RT	17.00	425.00
❑ PEEK-A-BOO	1994	RT	12.00	36.00
❑ PICKING PEPPERS	1995	RT	12.00	38.00
❑ SPRINGTIME SHOWERS, MOUSE	1995	RT	10.00	60.00
❑ SPRINGTIME SHOWERS, RABBIT	1994	RT	10.00	60.00
❑ SPRINGTIME SHOWERS, RACCOON	1994	RT	10.00	60.00
❑ THIS IS HOT!	1995	RT	15.00	35.00

CHRISTINA'S WORLD

NAME	YEAR	LIMIT	ISSUE	TREND
❑ AH SO PORCELAIN CHINAMAN 3.5"- ART125	1997	OP	3.00	3.00
❑ ANGEL IN THE SNOW W/ BLUE WINGS 100MM- ART137	1997	OP	9.00	9.00
❑ ANGEL IN THE SNOW W/ PINK WINGS 100MM- ART136	1997	OP	9.00	9.00
❑ ANGEL OF PEACE 100MM- ART138	1997	OP	15.00	15.00
❑ CHAMPAGNE GARDEN OF EDEN W/ COCKATOO	1997	300	30.00	30.00
❑ CHINESE FARMER PORCELAIN 100MM- ART126	1997	OP	6.00	7.00
❑ DELICATE IRIS PORCELAIN100MM- ART129	1997	OP	6.00	7.00
❑ DOVE & CHERUB CLEAR AMETHYST100MM- ART130-C	1997	OP	4.00	4.00
❑ GARDEN OF EDEN FROSTED 100MM- ART132	1997	OP	15.00	15.00
❑ GARDEN OF EDEN GOLD ANTIQUE 100MM- ART133	1997	OP	15.00	15.00
❑ LITTLE SNOW BOY 100MM- ART135	1997	OP	9.00	9.00
❑ LITTLE SNOW GIRL 100MM- ART134	1997	OP	9.00	9.00
❑ PAGODA PORCELAIN 100MM- ART128	1997	OP	6.00	7.00
❑ SAMURAI PORCELAIN 100MM- ART127	1997	OP	6.00	7.00
❑ THREE GRACES 100MM- ART131	1997	OP	6.00	7.00

IWANA

NAME	YEAR	LIMIT	ISSUE	TREND
❑ WILD PONIES ON A BURGUNDY SKY	1997	500	40.00	40.00

C. MALLOUK

NAME	YEAR	LIMIT	ISSUE	TREND
❑ BUTTON SANTA	1997	500	30.00	30.00
❑ HANS W/ TREE	1997	300	30.00	30.00
❑ MIDNIGHT MASQUERADE	1997	500	30.00	30.00

O. NOVITOVA

NAME	YEAR	LIMIT	ISSUE	TREND
❑ EDO COURTESANS	1997	300	80.00	80.00

SEGUSO

NAME	YEAR	LIMIT	ISSUE	TREND
❑ MURANO VARIATION- 11 PC	1997	50	85.00	85.00

ABSTRACTS

C. MALLOUK

NAME	YEAR	LIMIT	ISSUE	TREND
❑ OP ART 80 MM- ART970	1994	48	9.00	9.00

BIRDS

*

NAME	YEAR	LIMIT	ISSUE	TREND
❑ MARCASITE HUMMINGBIRD BALL BLACK 100MM- BIR163-B	1997	OP	5.00	5.00
❑ MARCASITE HUMMINGBIRD BALL FROSTE 100MM- BIR163-F	1997	OP	5.00	5.00
❑ PHOENIX RISING WHITE ON BLUE 112MM- BIR604	1997	OP	15.00	15.00
❑ SNOW SWAN W/ CROWN CLIP ON BIRD IRIDESCENT- BIR164	1997	OP	5.00	5.00

ORNAMENTS

NAME	YEAR	LIMIT	ISSUE	TREND
BY THE SEA				*
❑ BARREL BEAD GARLAND COPPER 6'- SUN125	1997	OP	20.00	20.00
❑ GOLDEN CONCH- SEA342	1997	OP	2.00	2.00
CIRQUE DE NOEL				*
❑ HARLEQUIN MASQUE BALL 112MM- CIR456	1997	OP	15.00	15.00
❑ JESTER, THE, PETITE TETE- CIR453	1997	OP	15.00	15.00
❑ JESTER, THE, PETITE TETE W/ RUFFLE COLLAR- CIR452	1997	OP	15.00	15.00
❑ NIGHT & DAY, PETITE TETE- CIR455	1997	OP	15.00	15.00
❑ NIGHT & DAY, PETITE TETE W/ RUFFLE COLLAR- CIR454	1997	OP	15.00	15.00
❑ PIERRETTE, PETITE TETE- CIR451	1997	OP	15.00	15.00
❑ PIERROT, PETITE TETE W/ RUFFLE COLLAR- CIR450	1997	OP	15.00	15.00
FINIALS & TREE TOPS				*
❑ TREE TOP BURGUNDY GOLD 10"- CAS702	1997	OP	10.00	10.00
❑ TREE TOP GREEN GOLD 10"- CAS703	1997	OP	10.00	10.00
❑ TREE TOP MARDI GRAS MULTI COLOR 20"- FIN916	1997	OP	18.00	18.00
❑ TREE TOP OLD WORLD FLORAL 20"- FIN917	1997	OP	18.00	18.00
❑ TREE TOP OLD WORLD GOLD RED 24"- FIN915	1997	OP	25.00	25.00
❑ TREE TOP OLD WORLD SILVER RED 24"- FIN914	1997	OP	25.00	25.00
GARDEN FLOWERS				*
❑ PEONY GIANT CLEAR GOLD 5"- FLO562	1997	OP	6.00	7.00
❑ PEONY GIANT PINK 5"- FLO561	1997	OP	6.00	7.00
❑ SPIDER MUM BALL 100MM- FLO560	1997	OP	6.00	7.00
❑ SUNFLOWER GIANT 5"- FLO563	1997	OP	6.00	7.00
GARDEN OF EDEN 1997				*
❑ AFRICAN DAISY PINK 100MM- GAR950	1997	YR	12.00	12.00
❑ ANTHURIUM ORCHID BOUQUET 112MM- GAR958	1997	YR	15.00	15.00
❑ CALADIUM LAVENDER GREEN 112MM- GAR955	1997	YR	13.00	13.00
❑ CLEARLY IRIS 112MM- GAR957	1997	YR	12.00	12.00
❑ CLEMATIS VINE LIME GREEN 112MM- GAR953	1997	YR	13.00	13.00
❑ CLEMATIS VINE PINK 112MM- GAR952	1997	YR	13.00	13.00
❑ CLEMATIS VINE TURQUOISE 112MM- GAR954	1997	YR	13.00	13.00
❑ DELICATE PUSSY WILLOW CLEAR 112MM- GAR956	1997	YR	12.00	12.00
❑ DRAGONFLY BALL 112MM- GAR951	1997	YR	12.00	12.00
❑ FLORAL EMBROIDERY ON CLEAR 112MM- GAR961	1997	YR	12.00	12.00
❑ GLITTERED PEONY ON FROSTED 112MM- GAR965	1997	YR	12.00	12.00
❑ GLITTERFLEURS 90MM 6 PC- GAR964	1997	YR	42.00	42.00
❑ HIBISCUS RUBY 112MM- GAR962	1997	YR	12.00	12.00
❑ RED POPPY IN THE SNOW 112MM- GAR963	1997	YR	15.00	15.00
❑ ROSES ARE PINK 112MM- GAR959	1997	YR	12.00	12.00
❑ TULIPS ON A CLEAR DAY 112MM- GAR960	1997	YR	12.00	12.00
GIFT WRAP/RED GOLD PLAID				*
❑ BUTTON SANTA COPPER LTD 112MM- GIF339	1997	OP	15.00	15.00
❑ CAROUSEL HORSE ON SHINY BLACK 100MM- GIF342	1997	OP	7.00	7.00
❑ CAROUSEL ROYAL BLUE 6"- GIF340	1997	OP	8.00	8.00
❑ CHRISTINA'S WORLD LOGO GLOBE 80MM- GIF346	1997	OP	5.00	5.00
❑ DUTCH WINDMILL 6"- GIF345	1997	OP	7.00	7.00
❑ JOLLY ST. NICK 5"- GIF347	1997	OP	6.00	6.00
❑ SKATING BOY 5"- GIF348	1997	OP	4.00	5.00
❑ SNOWMAN W/GLITTER BOWTIE 7"- GIF343	1997	OP	7.00	7.00
❑ STOCKING SANTA W/TEDDY 6.5"- GIF341	1997	OP	7.00	7.00
HERBAL GARDEN				*
❑ CATMINT BALL MINT/WHITE 112MM- HRB653	1997	OP	9.00	9.00
❑ CORIANDER BALL MINT/WHITE 112MM- HRB651	1997	OP	9.00	9.00
❑ DILL BALL MINT/WHITE 112MM- HRB652	1997	OP	9.00	9.00
❑ HERBAL GARDEN AST. BALLS 80MM- HRB700	1997	OP	7.00	7.00
❑ MYRRH BALL MINT/WHITE 112MM- HRB654	1997	OP	9.00	9.00
❑ TANSY BALL MINT/WHITE 112MM- HRB650	1997	OP	9.00	9.00
❑ TREESCAPE TURQUOISE 100MM- HRB700	1997	OP	6.00	7.00
HUNDERTWASSER				C. MALLOUK
❑ BLUE SEA & GOLDEN SHIPS- HUN853	1994	48	13.00	13.00
❑ GOLDEN ONION DOMES- HUN852	1994	48	13.00	13.00
❑ RED ONION DOMES- HUN854	1994	48	13.00	13.00
IMPERIAL GARDEN BUTTERFLIES				*
❑ BEVY OF BUTTERFLIES BLUE BLACK 5"- BUT623B	1997	OP	8.00	8.00
❑ BEVY OF BUTTERFLIES RED MULTI 5"- BUT623R	1997	OP	8.00	8.00
❑ BUTTERFLY BALL BRONZE 100MM- BUT620	1997	OP	6.00	7.00
❑ MARCASITE BUMBLEBEE FROSTED BALL 80MM- BUT621	1997	OP	5.00	5.00
❑ MARCASITE BUTTERFLY FROSTED 80MM- BUT622	1997	OP	5.00	5.00
KIMONO PRINTS				C. MALLOUK
❑ MANDARIN GLITTER FANS- ART995	1994	48	13.00	13.00
❑ SILVER GREY GLITTER MOUNTAINS- ART95	1994	48	13.00	13.00
KING ARTHUR'S COURT				*
❑ BEAD GARLAND BURGUNDY GLITTER LARGE 6'- CAS704-B	1997	OP	15.00	15.00
❑ BEAD GARLAND GREEN GLITTER LARGE 6'- CAS704-G	1997	OP	15.00	15.00
❑ BEAD GARLAND REGAL BURGUNDY 6'- CAS700	1997	OP	18.00	18.00
❑ BEAD GARLAND REGAL GREEN 6'- CAS701	1997	OP	18.00	18.00
❑ BURGUNDY BALL W/ GOLD TASSLE 80MM- CAS705	1997	OP	4.00	4.00
❑ GOLD CATHEDRAL BURGUNDY SKY 100MM- CAS708	1997	OP	9.00	9.00
❑ GOLD STARS ON BURGUNDY 100MM- CAS711	1997	OP	5.00	5.00
❑ SNOW CHURCH FUCHSIA SKY 100MM- CAS709	1997	OP	9.00	9.00
❑ SNOW CHURCH RED SKY 100MM- CAS710	1997	OP	9.00	9.00
❑ TREE TOP BURGUNDY GOLD 10"- CAS702	1997	OP	10.00	10.00
❑ TREE TOP GREEN GOLD 10"- CAS703	1997	OP	10.00	10.00
LACE LEGACY				*
❑ FLOCKED SNOWFLAKE BALL 100MM- LAC386	1997	OP	4.00	5.00
LIMITED EDITION 1997				*
❑ GARDEN OF EDEN CHAMPAGNE 100MM- LTD851	1997	YR	15.00	15.00
❑ HANS W/TREE 100MM- LTD850	1997	YR	15.00	15.00

NAME	YEAR	LIMIT	ISSUE	TREND
LIMITED EDITION CONNOISSEURS' CIRCLE SELECTION				*
❑ EDO COURTESANS RUSSIAN 100MM- LTD853	1997	YR	40.00	40.00
❑ WILD PONIES ON A BURGUNDY SKY 112MM- LTD852	1997	YR	20.00	20.00
MARDI GRAS				*
❑ AND HER SISTER! W/BLACK HAT & PEARLS- MAR672	1997	OP	15.00	15.00
❑ FLAPPER PRINCESS W/SEQUINED CLOCH 112MM- MAR671	1997	OP	15.00	15.00
❑ MIDNIGHT MASQUERADE LTD 112MM- MAR671	1997	YR	15.00	15.00
MARDI GRAS				C. MALLOUK
❑ RED GLACIER 115MM- MAR662	1994	48	18.00	18.00
MATISSE REMEMBERED				C. MALLOUK
❑ MATISSE UMBRELLA	1994	200	18.00	18.00
MILLE FIORI OF MURANO/EXCLUSIVE				*
❑ MILLE FIORI W/GOLD LEAF 70MM- MUR901	1997	OP	42.00	42.00
❑ MILLE FIORI W/GOLD LEAF 80MM- MUR900	1997	OP	45.00	45.00
❑ MILLE FIORI W/OUT GOLD LEAF 80MM- MUR904	1997	OP	40.00	40.00
❑ MURANO VAR 5C: GOLD TURQ YELLOW CINNABAR RED WHITE	1997	OP	32.00	32.00
❑ PEACOCK FEATHERS BLUE 80MM- MUR903	1997	OP	40.00	40.00
❑ PEACOCK FEATHERS WHITE 80MM- MUR902	1997	OP	40.00	40.00
OH BABY!				*
❑ OH BABY W/ POODLE & BUNTINGS 2 PC- BAB901	1997	OP	3.00	3.00
OJIBWA VARIATIONS				*
❑ GLASS BEAD GARLAND GOLD & COPPER 6'- OJB835-C	1997	OP	15.00	15.00
PEACE ON EARTH 1997				*
❑ CHERUBS & ROSES PINK/TEAL 100MM- PEC818	1997	YR	6.00	7.00
❑ NATIVITY IN THE ROUND 6" GIANT- PEC815	1997	YR	12.00	12.00
❑ OUR LADY OF CZESTOCHOWA 100MM- PEC817	1997	YR	7.00	7.00
❑ THREE WISEMEN ICICLE DROP TRICOLOR- PEC812	1997	YR	7.00	7.00
SECRET GARDEN				C. MALLOUK
❑ 90 MM ETCHED FEATHER- GAR916	1995	96	9.00	9.00
SIBERIAN WINTER				*
❑ CAROUSEL ICE CRYSTALS 6"- ICE650	1997	OP	9.00	9.00
❑ CASTLE OF THE OWL PRINCE- ICE106	1997	OP	7.00	7.00
❑ CATHEDRAL FROSTED ICE CRYSTALS 6"- ICE651	1997	OP	4.00	4.00
❑ CLEARING IN THE WOODS, A 100MM- ICE104	1997	OP	5.00	5.00
❑ GARLAND ICE CRYSTALS PEARL DROP 6'- ICE660	1997	OP	18.00	18.00
❑ GARLAND WHITE SILVER ICE CRYSTALS 6'- ICE656	1997	OP	15.00	15.00
❑ GREY SNOW OWL FROSTED BLUE 5"- ICE658	1997	OP	2.00	3.00
❑ MEDALLION TASSEL FROSTED ICE CRYSTALS- ICE659	1997	OP	5.00	5.00
❑ METEORITE ICE CRYSTALS 70MM- ICE000	1997	OP	4.00	4.00
❑ MOONSPOTS SILVER ICE CRYSTALS 80MM- ICE655	1997	OP	3.00	3.00
❑ OWL FROSTED WHITE ICE CRYSTALS 5"- ICE657	1997	OP	2.00	3.00
❑ OWL PRINCE 5"- ICE105	1997	OP	6.00	6.00
❑ PINE TREE FROSTED ICE CRYSTALS 5"- ICE109	1997	OP	5.00	5.00
❑ SANTA W/MAGIC BLUE COAT 5.5" ICE107	1997	OP	6.00	6.00
❑ SIBERIAN EXPRESS TRAIN GARLAND 18"- ICE102	1997	OP	13.00	13.00
❑ SIBERIAN ICE CRYSTALS SANTA 10" LTD ICE100	1997	*	15.00	15.00
❑ SIBERIAN WEDDING BALL 80MM- ICE103	1997	OP	6.00	6.00
❑ SNOBALLS FROSTED ICE CRYSTALS AST. 100MM- ICE654	1997	OP	4.00	4.00
❑ SNOBALLS FROSTED ICE CRYSTALS AST. 80MM- ICE653	1997	OP	3.00	3.00
❑ SNOWBIRDS BALL FROSTED 70MM INE004	1997	OP	2.00	2.00
❑ THREE WISEMEN IN BETHLEHEM 100MM- ICE108	1997	OP	6.00	7.00
❑ TINY BLUE SANTA 2"- ICE666	1997	OP	2.00	3.00
❑ TINY RED SANTA 2"- ICE667	1997	OP	2.00	3.00
❑ TREE TOP FROSTED SILVER ICE CRYSTALS 18"- ICE662	1997	OP	18.00	18.00
❑ TRIPLE ICICLE FROSTED CRYSTALS 6"- ICE652	1997	OP	3.00	3.00
TUTTI FRUTTI				*
❑ GOLDEN FRUIT BOWL 100MM- TUT150-G	1997	OP	3.00	3.00
WINTER WONDERLAND				*
❑ BEAD GARLAND CANDY STRIPE 6' TINY- WIN541	1997	OP	18.00	18.00
❑ BLACK BELT SANTA 6"- WIN536	1997	OP	5.00	5.00
❑ ENCHANTED FOREST BALL 112MM- WIN591	1997	OP	15.00	15.00
❑ GLASS BEAD GARLAND FLOWER 6' MINI- WIN540	1997	OP	18.00	18.00
❑ GOLD STARRY NIGHT VILLAGE ON BURGUNDY 70MM- WIN545	1997	OP	2.00	3.00
❑ MOON BALLS GOLD BURGUNDY 100MM- WIN538	1997	OP	4.00	4.00
❑ MOON BALLS GOLD RED 80MM- WIN539	1997	OP	4.00	4.00
❑ NORTHWIND SANTA PETITE TETE 6"- WIN590	1997	OP	12.00	12.00
❑ QUIZICAL SANTA BURGUNDY CAP 6"- WIN535	1997	OP	4.00	4.00
❑ SANTA BALL FROSTY 70MM- WIN542	1997	OP	2.00	2.00
❑ SANTA W/TOYS 5"- WIN537	1997	OP	4.00	4.00
❑ SNOWBALL MAN 9"- WIN566	1997	OP	9.00	9.00
❑ TREE BALL GREEN GLITTER 100MM- WIN544	1997	OP	4.00	4.00
❑ TREES FOR ALL SEASONS 100MM- WIN534	1997	OP	6.00	7.00
❑ WHITE COUNTRY CHURCH 3"- WIN543	1997	OP	3.00	3.00

CHRISTOPHER RADKO

				C. RADKO
❑ 15TH ANNIVERSARY CENTER RING	1990	RT	*	56.00
❑ 1939 WORLD'S FAIR	1993	RT	27.00	95.00
❑ 2001 A SPRUCE ODYSSEY	2001	RT	*	55.00
❑ 21ST CENTURY UNLIMITED	2001	*	*	58.00
❑ ABOVE AND BEYOND	1998	RT	*	45.00
❑ ACCORDION ELF	1994	RT	23.00	70.00
❑ ACCORDION ELF 93-189-0	1993	RT	21.00	45.00
❑ AIRPLANE	1994	RT	56.00	125.00
❑ ALADDIN	1991	RT	14.00	50.00

ORNAMENTS

NAME	YEAR	LIMIT	ISSUE	TREND
❑ ALADDIN 91-029-1	1992	RT	20.00	40.00
❑ ALADDIN'S LAMP	1993	RT	20.00	50.00
❑ ALEXANDER HAMILTON	1998	RT	*	40.00
❑ ALL STAR SANTAS	2001	*	*	44.00
❑ ALL WEATHER SANTA	1991	RT	32.00	290.00
❑ ALL WRAPPED UP	1994	RT	26.00	70.00
❑ ALLEGRO	1993	RT	27.00	100.00
❑ ALOISIUS BEER	1995	RT	75.00	130.00
❑ ALPINE	1995	RT	24.00	35.00
❑ ALPINE FLOWERS	1986	RT	12.00	130.00
❑ ALPINE FLOWERS	1988	RT	16.00	100.00
❑ ALPINE FLOWERS	1989	RT	17.00	35.00
❑ ALPINE FLOWERS	1992	RT	28.00	60.00
❑ ALPINE VILLAGE	1992	RT	24.00	100.00
❑ ALPINE VILLAGE	1993	RT	24.00	140.00
❑ ALPINE WINGS	1993	RT	58.00	110.00
❑ ALTAR BOY	1991	RT	16.00	30.00
❑ AMERICAN SOUTHWEST	1987	RT	15.00	250.00
❑ ANASSAZI	1993	RT	27.00	70.00
❑ ANCHOR OF AMERICA	1991	RT	22.00	60.00
❑ ANCHOR SANTA	1993	RT	32.00	100.00
❑ ANDREW JACKSONS, THE (PAIR)	1995	RT	68.00	210.00
❑ ANDY GUMP	1994	RT	18.00	35.00
❑ ANGEL FINS	2001	*	*	28.00
❑ ANGEL FLIGHT	1995	*	44.00	46.00
❑ ANGEL OF PEACE	1993	RT	17.00	100.00
❑ ANGEL ON HARP	1990	RT	9.00	75.00
❑ ANGEL SONG	1994	RT	46.00	75.00
❑ ANGEL SPIRE	2001	*	*	95.00
❑ ANGELS WE HAVE HEARD ON HIGH	1993	RT	50.00	375.00
❑ ANTHURIUM	2000	RT	*	18.00
❑ APACHE	1991	RT	9.00	45.00
❑ APACHE	1993	RT	14.00	80.00
❑ AQUA ANGELS	2001	*	*	29.00
❑ AQUA CUTIES	2001	*	*	34.00
❑ ARCTIC DELIVERY	2001	RT	*	36.00
❑ ARTHUR'S CHAPEL	1997	RT	*	31.00
❑ ASPEN	1991	RT	21.00	75.00
❑ ASPEN	1992	RT	26.00	60.00
❑ ASTRO PUP	1996	RT	32.00	40.00
❑ AULD LANG SYNE	1993	RT	15.00	60.00
❑ AUTUMN PINE 95-067-0	1995	*	16.00	17.00
❑ AZTEC	1991	RT	22.00	90.00
❑ AZTEC BIRD	1991	RT	20.00	150.00
❑ BABY ANGEL 3	1996	RT	22.00	25.00
❑ BABY BALLOON	1988	RT	8.00	115.00
❑ BABY BALLOONS	1987	RT	6.00	100.00
❑ BABY BOOTIES	1994	RT	17.00	30.00
❑ BABY BUNNY BUNTING	2000	*	*	35.00
❑ BABY ELEPHANTS	1996	RT	18.00	35.00
❑ BAD TO THE BONE	2001	*	*	36.00
❑ BAG OF GOODIES	1994	RT	26.00	50.00
❑ BAILEY	1995	RT	46.00	75.00
❑ BALLOONING SANTA	1990	RT	20.00	400.00
❑ BALLOONING SANTA	1991	RT	23.00	175.00
❑ BANDSTAND BRIGADE	2001	LE	*	74.00
❑ BARBIE'S MOM	1992	RT	18.00	60.00
❑ BARNUM CLOWN	1991	RT	15.00	85.00
❑ BAROUQUE ANGEL	1989	RT	17.00	165.00
❑ BASIL DAZZLE	2000	*	*	45.00
❑ BASKET OF LOVE	2001	RT	*	46.00
❑ BASKETBALL	1997	RT	*	26.00
❑ BATHING BABY	1990	RT	11.00	35.00
❑ BATTER UP	1994	RT	13.00	30.00
❑ BAVARIAN SANTA	1993	RT	23.00	60.00
❑ BEAR AHOY	2000	RT	*	36.00
❑ BEAR MAIL	1995	RT	28.00	100.00
❑ BEARLY MADE IT	2000	RT	*	29.00
❑ BEAR'S ABC'S	2000	RT	*	33.00
❑ BEARY FIRST CHRISTMAS	2000	*	*	39.00
❑ BEARY SWEET	1998	RT	*	43.00
❑ BEDTIME BUDDY	1993	RT	29.00	125.00
❑ BELL HOUSE BOY	1993	RT	21.00	45.00
❑ BELLA D. SNOWBALL	1996	RT	26.00	30.00
❑ BELLE BALANCE	2001	*	*	56.00
❑ BELLE WEATHER CAROLES	2001	*	*	36.00
❑ BELLS ARE RINGING	1993	RT	18.00	50.00
❑ BENJAMIN FRANKLIN	2001	LE	*	32.00
❑ BENJAMIN'S NUTCRACKERS	1992	RT	58.00	200.00
❑ BERRY CAKE GEM	2001	*	*	22.00
❑ BERRY MERRY	2001	*	*	N/A
❑ BERRY STRIPE	1994	RT	48.00	100.00
❑ BEYOND THE STARS	1993	RT	19.00	80.00
❑ BIG TOP	1986	RT	15.00	175.00
❑ BIG TOP BEAT FINIAL	2001	*	*	72.00
❑ BILLY BUNNY GEM	2001	*	*	21.00
❑ BINKIE THE CLOWN	1992	RT	12.00	50.00
❑ BIRD BRAIN	1994	RT	33.00	80.00
❑ BIRDHOUSE	1988	RT	10.00	100.00

NAME	YEAR	LIMIT	ISSUE	TREND
❑ BIRDSONG BLOSSOM	2001	*	*	36.00
❑ BIRTHDAY COUNTDOWN	2001	*	*	34.00
❑ BIRTHDAY COUNTDOWN 2	2001	*	*	34.00
❑ BIRTHDAY COUNTDOWN 3	2001	*	*	34.00
❑ BIRTHDAY COUNTDOWN 4	2001	*	*	34.00
❑ BIRTHDAY COUNTDOWN 5	2001	*	*	34.00
❑ BIRTHDAY COUNTDOWN 6	2001	*	*	34.00
❑ BIRTHDAY COUNTDOWN 7	2001	*	*	34.00
❑ BIRTHDAY COUNTDOWN 8	2001	*	*	34.00
❑ BIRTHDAY COUNTDOWN 9	2001	*	*	34.00
❑ BISHOP	1991	RT	15.00	80.00
❑ BISHOP OF MYRA	1993	RT	20.00	60.00
❑ BISHOP, THE	1995	RT	74.00	125.00
❑ BISHOP'S BOUNTY	2001	*	*	68.00
❑ BISHOP'S CROSS	1993	RT	49.00	60.00
❑ BLACK FOREST CONE	1991	RT	8.00	36.00
❑ BLADIN'	2000	RT	*	33.00
❑ BLONDE AMBITION	2000	RT	*	37.00
❑ BLOSSOM BREEZE	2000	RT	*	22.00
❑ BLUE RAINBOW	1988	RT	16.00	145.00
❑ BLUE RAINBOW	1991	RT	22.00	100.00
❑ BLUE SANTA	1992	RT	18.00	60.00
❑ BLUE SATIN	1994	RT	29.00	32.00
❑ BLUE TOP	1993	RT	16.00	80.00
❑ BLUE WILDWOOD	2001	*	*	38.00
❑ BLUEBIRD BLOSSOMS	2001	*	*	34.00
❑ BOB CRATCHIT & TINY TIM	2000	RT	*	49.00
❑ BOFFO BIRTHDAY	2001	*	*	42.00
❑ DONNIE BLUE BELLS	2001	*	*	36.00
❑ BONNIE MAUREEN	1999	RT	*	32.00
❑ BOO BABES	2001	*	*	39.00
❑ BOTTOMS UP	1996	RT	26.00	30.00
❑ BOWERY KID	1991	RT	15.00	50.00
❑ BOWZER	1993	RT	23.00	100.00
❑ BOY CLOWN ON REFLECTOR	1990	RT	18.00	130.00
❑ BRAZILIA	1994	RT	38.00	85.00
❑ BRIGHT AND SHINY	2001	*	*	18.00
❑ BRIGHT HEAVENS ABOVE	1994	RT	56.00	110.00
❑ BRILLIANTINES	2001	*	*	38.00
❑ BRINGING HOME THE BACON	1995	RT	26.00	60.00
❑ BUBBLES	1994	RT	42.00	54.00
❑ BUBBLY	1994	RT	43.00	80.00
❑ BUDS IN BLOOM	1988	RT	16.00	115.00
❑ BUFORD T	1995	RT	14.00	35.00
❑ BUN DRUM	2001	*	*	44.00
❑ BUNNY BOY	2001	*	*	28.00
❑ BUNNYJUMP	2000	*	*	33.00
❑ BUTTERCREAM DREAM	2001	*	*	42.00
❑ BUTTERFLY BOUQUET	1992	RT	27.00	140.00
❑ BY GEORGE	1998	RT	*	43.00
❑ BY JIMINY	1993	RT	17.00	65.00
❑ BY THE NILE	1991	RT	22.00	55.00
❑ BY THE NILE	1992	RT	27.00	80.00
❑ CABARET	1992	RT	28.00	70.00
❑ CAF... MORROCCO	2001	*	*	54.00
❑ CALLA LILY	1990	RT	7.00	100.00
❑ CALLA LILY	1993	RT	13.00	30.00
❑ CAMILLE	1994	*	29.00	32.00
❑ CANDELABRA	1994	RT	33.00	85.00
❑ CANDIED CITRUS 93-278-0	1993	RT	9.00	40.00
❑ CANDIED CITRUS 93-278-0A	1993	RT	9.00	13.00
❑ CANDY SWIRL	1996	RT	24.00	40.00
❑ CANDY TRUMPET MAN	1990	RT	28.00	100.00
❑ CANDY TRUMPET MAN	1992	RT	27.00	75.00
❑ CANDY TRUMPET MAN-BLUE	1990	RT	28.00	40.00
❑ CAPTAIN	1994	RT	48.00	100.00
❑ CAPTAIN ICEBERG	2001	RT	*	36.00
❑ CAPTAIN MIDNIGHT	2001	*	*	35.00
❑ CAPTAIN O'HARE	1999	RT	*	26.00
❑ CARDINAL RICHELIEU	1991	RT	16.00	96.00
❑ CARIBBEAN CONSTABLE	1995	RT	24.00	120.00
❑ CARMEN MIRANDA	1990	RT	19.00	135.00
❑ CARNIVAL RIDES	1993	RT	18.00	70.00
❑ CAROLINE	1996	RT	24.00	30.00
❑ CASTANETTA	1994	RT	37.00	100.00
❑ CATCH O' DAY	1995	RT	14.00	25.00
❑ CATCHY LITTLE TUNE	2000	RT	*	37.00
❑ CELESTE	1993	RT	26.00	75.00
❑ CELESTIAL	1992	RT	26.00	45.00
❑ CELESTIAL PEACOCK FINIAL	1993	RT	69.00	250.00
❑ CELESTIAL-BLUE	1988	RT	16.00	45.00
❑ CELESTIAL-RED	1988	RT	15.00	55.00
❑ CENTER RING	1993	RT	31.00	100.00
❑ CENTURIAN	1993	RT	26.00	140.00
❑ CHANCE ENCOUNTER	1991	RT	14.00	60.00
❑ CHAPEL GHIMES GEM	2001	*	*	22.00
❑ CHARLIE	2001	RT	*	34.00
❑ CHARLIE CHAPLIN	1989	RT	9.00	75.00
❑ CHARLIE HORSE	1996	RT	20.00	30.00

ORNAMENTS

ORNAMENTS

NAME	YEAR	LIMIT	ISSUE	TREND
❏ CHEEKY ST. NICK	1995	RT	32.00	80.00
❏ CHEERFUL SUN	1990	*	9.00	50.00
❏ CHEERFUL SUN	1992	RT	18.00	45.00
❏ CHEVRON	1992	RT	28.00	50.00
❏ CHEVRON TIFFANY	1992	RT	28.00	100.00
❏ CHIC OF ARABY	1994	RT	17.00	60.00
❏ CHIEF SITTING BULL	1991	RT	16.00	100.00
❏ CHILLIN' DELIVERS	2001	*	*	38.00
❏ CHIMNEY SANTA	1991	RT	15.00	100.00
❏ CHIMNEY SWEEP BELL	1990	RT	27.00	100.00
❏ CHIMNEY SWEEP BELL	1992	RT	27.00	125.00
❏ CHIMNEY SWEEP BELL	1993	RT	26.00	200.00
❏ CHIQUITA	1994	*	15.00	16.00
❏ CHOIR BOY	1992	RT	24.00	45.00
❏ CHRISTMAS BLOSSOMS	2001	*	*	46.00
❏ CHRISTMAS CARDINALS	1990	RT	18.00	130.00
❏ CHRISTMAS CARDINALS	1992	RT	26.00	50.00
❏ CHRISTMAS EXPRESS 93-394-0	1993	RT	58.00	225.00
❏ CHRISTMAS EXPRESS 93-394-1	1994	RT	72.00	80.00
❏ CHRISTMAS FANFARE	1988	RT	15.00	100.00
❏ CHRISTMAS GOOSE, THE	1999	RT	*	48.00
❏ CHRISTMAS HARLEQUIN	1994	RT	29.00	45.00
❏ CHRISTMAS IN CAMELOT	1994	RT	27.00	50.00
❏ CHRISTMAS JOY COLLECTION	2000	RT	*	35.00
❏ CHRISTMAS KING	1996	RT	46.00	46.00
❏ CHRISTMAS MEMORIES	2000	RT	*	87.00
❏ CHRISTMAS PARTY PENNY	2001	*	*	33.00
❏ CHRISTMAS PAST	1996	RT	18.00	30.00
❏ CHRISTMAS ROSE	1992	RT	26.00	45.00
❏ CHRISTMAS STARS	1993	RT	14.00	40.00
❏ CHRISTMAS TRIM	1992	RT	16.00	50.00
❏ CHRISTOPHER RADKO ORNAMENT- BOB CRATCHIT & TINY TIM	2000	*	*	49.00
❏ CHUBBS & SLIM	1994	RT	29.00	100.00
❏ CHUBBY CHEER GEM	2000	*	*	23.00
❏ CHUBBY DECKER	1995	RT	36.00	45.00
❏ CHUCKLES GEM	2001	*	*	23.00
❏ CHURCH BELL	1993	RT	24.00	50.00
❏ CINDERELLA'S BLUEBIRDS	1993	RT	26.00	100.00
❏ CIRCLE OF SANTAS	1988	RT	15.00	125.00
❏ CIRCLE OF SANTAS	1989	RT	17.00	100.00
❏ CIRCLE OF SANTAS 89-032-1	1992	*	27.00	50.00
❏ CIRCLE OF SANTAS FINIAL	1993	RT	69.00	100.00
❏ CIRCLE OF SANTAS TRIO	2001	*	*	82.00
❏ CIRCUS BAND	1994	RT	34.00	50.00
❏ CIRCUS GARLAND	1992	RT	30.00	65.00
❏ CIRCUS LADY	1992	RT	12.00	30.00
❏ CIRCUS SEAL	1993	RT	28.00	115.00
❏ CIRCUS STAR BALLOON	1993	RT	28.00	100.00
❏ CLASS CLOWN	1993	RT	21.00	75.00
❏ CLAUDETTE	1995	RT	22.00	90.00
❏ CLAUSES, THE	1996	RT	26.00	30.00
❏ CLIMBING HIGHER	1995	RT	26.00	35.00
❏ CLOWN AROUND	1998	RT	*	26.00
❏ CLOWN DRUM	1991	RT	14.00	95.00
❏ CLOWN RAFFLE	1995	RT	16.00	50.00
❏ CLOWN SNAKE	1992	RT	22.00	45.00
❏ CLOWNING AROUND	1993	RT	43.00	70.00
❏ CLOWNING AROUND	2001	*	*	64.00
❏ COCO	2000	*	*	49.00
❏ COME CLOSER MY TWEET	1999	RT	*	24.00
❏ COMET	1991	RT	9.00	55.00
❏ CONCH SHELL	1990	RT	9.00	90.00
❏ CONCHITA	1994	RT	37.00	80.00
❏ CONCORD	1994	*	16.00	20.00
❏ CONFUCIUS	1993	RT	19.00	30.00
❏ COOKIE CUT FROSTY GEM	2001	*	*	23.00
❏ COOL CAT	1993	RT	21.00	125.00
❏ COOL CAT	1994	RT	26.00	75.00
❏ COOL SUMMER	2001	RT	*	35.00
❏ COPENHAGEN	1993	RT	27.00	80.00
❏ CORN HUSK	1994	RT	13.00	25.00
❏ CORN PONES	1999	RT	*	24.00
❏ CORNUCOPIA	1988	RT	15.00	350.00
❏ COSETTE	1991	RT	16.00	70.00
❏ COUNTRY BUMPKIN	2000	*	*	35.00
❏ COUNTRY FLOWERS	1993	RT	16.00	50.00
❏ COUNTRY SCENE	1992	RT	12.00	85.00
❏ COUNTRY STAR QUILT	1992	RT	12.00	100.00
❏ COW KITTY COOKIE	2001	RT	*	30.00
❏ COW POKE	1994	RT	42.00	70.00
❏ COWBOY SANTA	1991	*	16.00	75.00
❏ COWBOY SANTA	1992	RT	24.00	75.00
❏ COWBOY SANTA	1995	RT	32.00	60.00
❏ COZY KRINGLES	2000	*	*	45.00
❏ CRESCENT KRINGLE	1996	RT	36.00	70.00
❏ CRESCENT MOON SANTA	1988	RT	15.00	150.00
❏ CRESCENT MOONS	1994	RT	29.00	65.00
❏ CROCK O' DILE	1994	RT	33.00	80.00

NAME	YEAR	LIMIT	ISSUE	TREND
❑ CROWN JEWELS	1988	RT	15.00	50.00
❑ CROWN JEWELS	1991	RT	22.00	100.00
❑ CROWN OF THORNS	1994	RT	26.00	50.00
❑ CROWNED PASSION	1993	RT	23.00	50.00
❑ CROWNED PEACOCK	1994	RT	15.00	18.00
❑ CROWNED PRINCE	1990	RT	14.00	115.00
❑ CRYSTAL CRUISER	2001	RT	*	42.00
❑ CRYSTAL FOUNTAIN	1993	RT	34.00	100.00
❑ CRYSTAL RAINBOW	1993	RT	30.00	200
❑ CUBBYKINS	1998	RT	*	50.00
❑ CUBCAKE	2001	*	*	46.00
❑ CURDS AND WAIT A MINUTE	2000	RT	*	35.00
❑ DAINTY DUCKY	2000	*	*	35.00
❑ DAINTY JINGLE BELLS	2000	*	*	26.00
❑ DAISY DARLING	1997	RT	*	48.00
❑ DANCING HARLEQUIN 93-232-0	1993	RT	36.00	60.00
❑ DANCING HARLEQUIN 93-232-1	1994	RT	44.00	80.00
❑ DAPPER HARE GEM	2001	*	*	24.00
❑ DAPPER RED	2001	*	*	30.00
❑ DAPPER SHOE	1991	RT	10.00	75.00
❑ DASH AWAY ALL	1995	RT	34.00	65.00
❑ DASH AWAY DOLPHIN	2001	*	*	37.00
❑ DASHING 'N DEBONAIR	2001	*	*	49.00
❑ DAVID	1995	RT	28.00	35.00
❑ DAWN & DUSK	1991	RT	14.00	60.00
❑ DEAR TO MY HEART	1999	RT	*	28.00
❑ DECO FLORAL	1987	RT	14.00	120.00
❑ DECO FLORAL	1990	RT	19.00	125.00
❑ DECO FLORAL	1991	RT	22.00	100.00
❑ DECO SNOW FALL	1993	RT	27.00	48.00
❑ DECO SPARKLE	1991	RT	21.00	95.00
❑ DEEP SEA	1986	RT	*	65.00
❑ DEEP SEA	1994	RT	29.00	48.00
❑ DEER DROP	1993	RT	34.00	125.00
❑ DEERCICLE 94-291-0	1994	RT	29.00	60.00
❑ DEERCICLE 94-291-1	1995	*	46.00	48.00
❑ DELFT DESIGN	1992	RT	27.00	175.00
❑ DIAMOND BALLOON 92-157-0	1992	*	27.00	50.00
❑ DIAMOND BALLOON 92-157-1	1995	RT	32.00	55.00
❑ DINER DAZE	2001	*	*	37.00
❑ DIVA	1992	RT	17.00	50.00
❑ DOC HOLIDAY	2001	*	*	38.00
❑ DOLLY	1994	RT	42.00	60.00
❑ DOLLY MADISON	1992	RT	17.00	90.00
❑ DON'T HOLD YOUR BREATH	1993	RT	11.00	30.00
❑ DOUBLE ROYAL STAR	1988	RT	23.00	150.00
❑ DOUBLE TOP	1989	RT	7.00	45.00
❑ DOWNHILL RACER	1992	RT	34.00	125.00
❑ DOWNHILL RACER	1993	RT	30.00	80.00
❑ DREAMY	1996	RT	17.00	35.00
❑ DROP REFLECTOR	1989	RT	23.00	90.00
❑ DUBLIN PIPE	1990	RT	14.00	45.00
❑ DUTCH BOY	1991	RT	11.00	45.00
❑ DUTCH DOLLS	1995	RT	22.00	35.00
❑ DUTCH GIRL	1991	RT	11.00	65.00
❑ EAGLE EYE	1995	RT	26.00	40.00
❑ EAGLE MEDALLION	1990	RT	9.00	60.00
❑ EARLY WINTER	1990	RT	10.00	45.00
❑ EASTER EGG VILLAGE	2001	*	*	38.00
❑ EASTER GREETINGS	2001	*	*	39.00
❑ EASTER GREETINGS II	2001	*	*	39.00
❑ EDWARDIAN LACE	1991	RT	22.00	130.00
❑ EGG HEAD	1994	RT	19.00	40.00
❑ EGGBERT	2000	*	*	49.00
❑ EGGMAN	1993	RT	23.00	60.00
❑ EINSTEIN KITE 91-098-0	1991	RT	20.00	100.00
❑ EINSTEIN'S KITE	1994	RT	30.00	50.00
❑ ELEPHANT ON BALL 90-086-0	1990	*	20.00	150.00
❑ ELEPHANT ON BALL 90-086-1	1991	RT	23.00	500.00
❑ ELEPHANT ON PARADE	1992	RT	26.00	90.00
❑ ELEPHANT PRINCE	1994	RT	15.00	40.00
❑ ELEPHANT REFLECTOR	1992	RT	17.00	85.00
❑ ELF DANCER	1999	RT	*	14.00
❑ ELF ON BALL	1989	RT	10.00	80.00
❑ ELF REFLECTOR	1991	RT	23.00	150.00
❑ ELF REFLECTORS	1992	RT	28.00	75.00
❑ ELFCYCLE	1996	RT	28.00	40.00
❑ ELFIE	2001	*	*	28.00
❑ ELMSFORD THE ELF	2001	RT	*	39.00
❑ ELVERLY BROTHERS, THE	2001	RT	*	39.00
❑ EMERALD CITY	1986	RT	5.00	100.00
❑ EMERALD CITY	1990	RT	8.00	75.00
❑ EMERALD FIELDS	2001	*	*	34.00
❑ EMERALD WIZARD	1993	RT	18.00	90.00
❑ EMPEROR'S PET	1993	RT	22.00	150.00
❑ ENCHANTED GARDENS	1993	RT	6.00	15.00
❑ ENGLISH KITCHEN	1993	RT	26.00	60.00
❑ EPIPHANY	1993	RT	29.00	100.00
❑ EPIPHANY BALL 94-211-0	1994	RT	29.00	50.00

ORNAMENTS

ORNAMENTS

NAME	YEAR	LIMIT	ISSUE	TREND
❑ EPIPHANY BALL 94-211-1	1995	RT	32.00	34.00
❑ ESKIMO CHEER	1996	RT	22.00	30.00
❑ ESKIMO KITTY	1993	RT	15.00	40.00
❑ ESQUIRE SANTA	1996	RT	150.00	720.00
❑ EVEN DOZEN GEM, AN	2001	*	*	24.00
❑ EVENING OWL	1995	RT	36.00	50.00
❑ EVENING SANTA	1991	RT	15.00	75.00
❑ EVENING STAR SANTA	1993	RT	59.00	175.00
❑ EXCLAMATION FLASK	1988	RT	8.00	130.00
❑ FABERGE 87-034-1	1992	RT	27.00	65.00
❑ FABERGE BALL	1987	RT	*	75.00
❑ FABERGE EGG	1993	RT	18.00	35.00
❑ FABERGE OVAL	1988	RT	15.00	100.00
❑ FABULOUS FABERGE	2000	*	*	45.00
❑ FABULOUS FABERGE	2001	*	*	44.00
❑ FAITH, HOPE & LOVE	1992	RT	12.00	40.00
❑ FAMILY OUTING	2001	*	*	40.00
❑ FAMILY PRAYERS	2001	*	*	38.00
❑ FANFARE	1991	RT	22.00	100.00
❑ FANTASIA	1993	RT	24.00	100.00
❑ FANTASY CONE	1992	RT	18.00	30.00
❑ FAR OUT SANTA	1993	RT	39.00	64.00
❑ FARMER BOY	1995	RT	28.00	150.00
❑ FARMER FROST	2000	RT	*	38.00
❑ FAT LADY	1990	RT	7.00	40.00
❑ FATHER CHRISTMAS	1990	RT	8.00	50.00
❑ FATHER TIME	1998	RT	*	65.00
❑ FESTIVE SMITTY	1992	RT	29.00	55.00
❑ FIESTA BALL	1993	RT	27.00	80.00
❑ FIGURE EIGHT	2000	RT	*	26.00
❑ FIRST RIDE	1998	RT	*	25.00
❑ FIRST SNOW 93-365-0	1993	*	10.00	25.00
❑ FIRST SNOW 93-365-1	1994	RT	15.00	17.00
❑ FIRWAY FINIAL	2001	*	*	98.00
❑ FISHER FROG	1989	RT	7.00	70.00
❑ FISHER FROG	1991	RT	11.00	80.00
❑ FLEET'S IN	1994	RT	38.00	50.00
❑ FLEUR DE PROVENCE	1999	RT	*	65.00
❑ FLEUR DU JOUR	2001	*	*	42.00
❑ FLOPSY'S FIRST	2001	*	*	32.00
❑ FLORA DORA	1993	RT	25.00	100.00
❑ FLORAL CASCADE FINIAL	1992	RT	68.00	100.00
❑ FLORAL CASCADE TIER DROP	1992	RT	32.00	300.00
❑ FLORAL KEY	2001	*	*	42.00
❑ FLORENTINE	1991	RT	22.00	75.00
❑ FLORENTINE	1992	RT	27.00	60.00
❑ FLORENTINE	1994	RT	29.00	50.00
❑ FLOWER CHILD	1991	RT	13.00	60.00
❑ FLUERS DE PROVENCE	1989	RT	17.00	100.00
❑ FLUTTER BYS	1992	RT	11.00	25.00
❑ FLY BOY 93-235-0	1993	RT	33.00	75.00
❑ FLYING HIGH	1995	RT	22.00	55.00
❑ FOLK ART SET	1992	RT	10.00	10.00
❑ FOR CLARA	1996	RT	32.00	45.00
❑ FOREST CABIN	1995	RT	15.00	30.00
❑ FOREST FRIENDS	1992	RT	14.00	20.00
❑ FOREST FRIENDS	1993	RT	28.00	75.00
❑ FOREST HOLIDAY	1994	RT	64.00	150.00
❑ FOREST REFLECTIONS	2000	*	*	32.00
❑ FOREVER LUCY	1995	RT	32.00	75.00
❑ FORGET YOUR TROUBLES	1994	RT	17.00	35.00
❑ FORMULA #1	2000	RT	*	29.00
❑ FOUR CALLING BIRDS	1996	RT	44.00	120.00
❑ FRANKIE BABY	2000	*	*	39.00
❑ FRANKIE BABY GEM	2001	*	*	23.00
❑ FRED ASCARE	2001	*	*	32.00
❑ FRENCH COUNTRY	1992	RT	26.00	55.00
❑ FRENCH COUNTRY	1994	RT	29.00	80.00
❑ FRENCH LACE	1995	RT	24.00	35.00
❑ FRENCH REGENCY BALLOON	1994	RT	33.00	50.00
❑ FRENCH REGENCY FINIAL	1994	RT	78.00	150.00
❑ FRENCH ROSE	1993	RT	27.00	55.00
❑ FRISKY'S FIRST	2001	*	*	34.00
❑ FROG LADY	1995	RT	24.00	125.00
❑ FROG O' MY HEART GEM	2001	RT	*	24.00
❑ FROG UNDER BALLOON	1990	RT	14.00	100.00
❑ FROG UNDER BALLOON	1991	RT	16.00	50.00
❑ FROGGY CHILD	1991	RT	9.00	50.00
❑ FROSTED SANTA	1995	RT	25.00	40.00
❑ FROSTING THE TRAILS	2000	RT	*	42.00
❑ FROSTY	1990	RT	14.00	50.00
❑ FROSTY CARDINAL	1996	RT	32.00	45.00
❑ FROSTY CARES	1994	RT	25.00	60.00
❑ FROSTY KNITTIN'	2001	*	*	32.00
❑ FROSTY WEATHER	1996	RT	*	50.00
❑ FROSTY WELCOME	2001	*	*	42.00
❑ FRUIT IN BALLOON	1991	RT	22.00	160.00
❑ FRUIT IN BALLOON	1992	RT	28.00	100.00
❑ FRUIT IN BALLOON	1993	RT	28.00	85.00

NAME	YEAR	LIMIT	ISSUE	TREND
❏ FRUIT KAN CHU	1995	RT	50.00	65.00
❏ FRUIT NUTS	1995	RT	14.00	20.00
❏ FRUITS OF NEPTUNE	2001	*	*	86.00
❏ FU MANCHU	1991	RT	15.00	75.00
❏ GABRIELLE	2001	*	*	45.00
❏ GABRIEL'S TRUMPETS	1992	RT	20.00	20.00
❏ GALAXY	1991	RT	22.00	75.00
❏ GARDEN GIRLS	1995	RT	18.00	72.00
❏ GARDEN GLOW	2000	RT	*	33.00
❏ GATHERING GIFT IDEAS	2001	RT	*	42.00
❏ GAY BLADES	1995	RT	46.00	55.00
❏ GEISHA GIRLS	1993	RT	12.00	50.00
❏ GEORGIAN SANTA 93-292-0	1993	RT	30.00	75.00
❏ GEORGIAN SANTA 93-292-1	1994	*	46.00	34.00
❏ GERARD	1993	RT	26.00	80.00
❏ GET WELL SOON	2000	RT	*	36.00
❏ GHOST OF CHRISTMAS FLUTE	2001	LE	*	42.00
❏ GIFT OF HEALTH (CHARITY)	2000	*	*	36.00
❏ GIFTED SANTA	1994	RT	25.00	50.00
❏ GILDED BIRDS	1989	RT	18.00	150.00
❏ GILDED CAGE	1993	*	44.00	75.00
❏ GILDED LEAVES	1988	RT	16.00	130.00
❏ GINGERBREAD BEAR	2000	RT	*	29.00
❏ GINGERBREAD CHAPEL MICRO GEM	2001	*	*	22.00
❏ GLASS SLEIGH	1992	RT	14.00	35.00
❏ GLOBE TROTTER	2000	RT	*	52.00
❏ GLORIANNA	1995	RT	56.00	60.00
❏ GLORY ON HIGH	1993	RT	17.00	135.00
❏ GLOW WORM	1994	RT	32.00	90.00
❏ GOBBLES	1995	RT	52.00	50.00
❏ GOGGLE EYES	1990	RT	9.00	100.00
❏ GOLD FISH	1993	RT	26.00	80.00
❏ GOLD LINK CHAIN	1992	RT	16.00	50.00
❏ GOLDEN ALPINE	1986	RT	*	50.00
❏ GOLDEN ALPINE	1993	*	27.00	48.00
❏ GOLDEN COLLIE	1997	RT	*	26.00
❏ GOLDEN CRESCENDO FINIAL	1994	RT	42.00	130.00
❏ GOLDEN PUPPY	1990	RT	8.00	90.00
❏ GOLDIE AND SON	1997	RT	*	26.00
❏ GOOD BOOK, THE	2001	*	*	38.00
❏ GOOD WITCH OR BAD WITCH	2001	*	*	43.00
❏ GOOFY FRUITS	1993	RT	14.00	75.00
❏ GOOFY GARDEN	1993	RT	15.00	200.00
❏ GOTTA LOVE HIM	1998	RT	*	45.00
❏ GRACEFULNESS	1999	RT	*	39.00
❏ GRAND PRESENTATION	1998	RT	*	79.00
❏ GRAND RING MASTER	1998	RT	*	90.00
❏ GRAND SLAM SANTA	2000	RT	*	39.00
❏ GRAND STAND	2000	LE	*	45.00
❏ GRAND TOAST	2000	RT	*	52.00
❏ GRAND TOUR HEAVEN SENT	1999	RT	*	130.00
❏ GRAND TOUR NEW YEAR'S EVE	1000	RT	*	130.00
❏ GRANDMA'S PIE	2001	*	*	36.00
❏ GRANDPA BEAR	1993	RT	13.00	25.00
❏ GRANDPA JONES	1995	RT	22.00	50.00
❏ GRAPE BOUNTY	2000	RT	*	29.00
❏ GRAPE SPIRITS	1998	RT	*	42.00
❏ GRAPEFRUIT TREE	1991	RT	23.00	175.00
❏ GRAVEYARD GIGGLES	2001	*	*	42.00
❏ GREAT FRUIT	1998	RT	*	24.00
❏ GREAT HEXPECTATIONS	2000	*	*	37.00
❏ GREATEST SHOW ON EARTH	2000	*	*	69.00
❏ GRECIAN COLUMN	1988	RT	10.00	100.00
❏ GRECIAN URN	1989	RT	9.00	30.00
❏ GRECIAN URN	1993	RT	23.00	60.00
❏ GUARDIAN ANGEL	1993	RT	36.00	100.00
❏ GUARDIAN ANGEL	1995	RT	84.00	120.00
❏ GUARDIAN ANGEL FINIAL	2001	*	*	97.00
❏ GUNTHER	1995	RT	32.00	75.00
❏ GYPSY GIRL	1993	RT	16.00	40.00
❏ GYPSY QUEEN	1990	RT	12.00	50.00
❏ H.M. SCEPTER	1989	RT	25.00	144.00
❏ HANG ON TIL CHRISTMAS	2001	LE	*	110.00
❏ HANSEL & GRETEL	1994	RT	70.00	175.00
❏ HAPPY ELF	1991	*	10.00	90.00
❏ HAPPY FATHER'S DAY POSTCARD	2001	*	*	39.00
❏ HAPPY GNOME	1990	RT	8.00	80.00
❏ HAPPY HANUKAH	2001	*	*	39.00
❏ HAPPY HANUKKAH BALL	2000	*	*	45.00
❏ HAPPY HARLEY DAYS	2001	*	*	39.00
❏ HAPPY ST. PATRICK'S DAY	2000	RT	*	36.00
❏ HARE-ATIO HORNBLOWER	2000	*	*	32.00
❏ HARLEQUIN TIER DROP	1992	RT	36.00	85.00
❏ HAROLD LLOYD REFLECTOR	1992	RT	70.00	350.00
❏ HARP O'HARA	2001	*	*	30.00
❏ HARVEST	1991	RT	14.00	60.00
❏ HARVEST HOME	1994	RT	29.00	50.00
❏ HATCHING DUCK	1991	RT	14.00	55.00
❏ HAUNTED GREETINGS	2001	*	*	39.00

NAME	YEAR	LIMIT	ISSUE	TREND
❏ HAWAII GOLD	1997	RT	*	38.00
❏ HAWAIIAN HOLIDAY	2001	*	*	39.00
❏ HAWAIIAN MOONSONG	2001	*	*	28.00
❏ HEARTFELT FINIAL	2001	*	*	110.00
❏ HEARTS & FLOWERS	1990	*	19.00	95.00
❏ HEARTS & FLOWERS	1991	RT	53.00	150.00
❏ HEARTS N DARTS	2001	RT	*	32.00
❏ HEAVENLY CHIMES	2000	RT	*	47.00
❏ HEAVENLY CHORDS	1993	RT	64.00	100.00
❏ HELMUT'S BELLS	1995	RT	18.00	40.00
❏ HER MAJESTY	1991	RT	21.00	75.00
❏ HER PURSE	1991	RT	10.00	60.00
❏ HER SLIPPER	1992	RT	17.00	20.00
❏ HERBIE & PINKIE	2000	*	*	32.00
❏ HERE BOY	1995	RT	12.00	140.00
❏ HI TOP	2000	RT	*	33.00
❏ HIBISCUS	2000	*	*	20.00
❏ HIEROGLYPH	1994	RT	29.00	50.00
❏ HI-FIDO	2001	*	*	28.00
❏ HIGH FLYING	1995	RT	22.00	55.00
❏ HIGH JINKS	1998	RT	*	55.00
❏ HIGH JINKS JR.	1999	RT	*	32.00
❏ HIP HOP	2000	*	*	39.00
❏ HIS & HERS	2000	RT	*	45.00
❏ HIS BOY ELROY	1989	RT	8.00	120.00
❏ HIS GOIL	1996	RT	40.00	50.00
❏ HIS WIZARDRY	1996	RT	22.00	25.00
❏ HO-HO SNOW MOBILE	2001	*	*	42.00
❏ HOLIDAY BAR AND SHIELD	2001	*	*	30.00
❏ HOLIDAY HOLDUP	2000	RT	*	42.00
❏ HOLIDAY POPPER	2000	*	*	33.00
❏ HOLIDAY REUNION	1999	RT	*	38.00
❏ HOLIDAY SPARKLE FINIAL	1994	RT	84.00	150.00
❏ HOLIDAY SPICE	1993	RT	24.00	75.00
❏ HOLLY BALL	1990	RT	19.00	135.00
❏ HOLLY BALL	1991	RT	22.00	70.00
❏ HOLLY FINIAL	1992	RT	70.00	75.00
❏ HOLLY GO ROUND	2000	*	*	55.00
❏ HOLLY HEART	1994	RT	24.00	35.00
❏ HOLLY RIBBONS FINIAL	1994	RT	78.00	150.00
❏ HOLY MACKEREL	1995	RT	*	50.00
❏ HONEY BEAR	1992	RT	14.00	55.00
❏ HONEY BELLE	1994	RT	74.00	100.00
❏ HONEY BLOSSOMS	2001	*	*	42.00
❏ HOO KNOWS MORE	2001	*	*	38.00
❏ HOO-DUNNIT	1997	RT	*	36.00
❏ HOOKED ON CLASSICS	1998	RT	*	108.00
❏ HOOTY HOOT	1995	RT	26.00	35.00
❏ HOP ON TOP FINIAL, A	2001	*	*	78.00
❏ HORSE OF A DIFFERENT COLOR	1994	RT	28.00	85.00
❏ HOT AIR BALLOON	1988	RT	15.00	130.00
❏ HOUSE SITTING SANTA	1994	RT	26.00	35.00
❏ HOWL MANOR GEM	2001	*	*	29.00
❏ HUBBARD'S THE NAME	1995	RT	26.00	115.00
❏ HURRICANE LAMP	1989	RT	7.00	50.00
❏ HUSKY HOLIDAY	1999	RT	*	30.00
❏ ICE BEAR	1993	RT	18.00	55.00
❏ ICE BERRIES	1992	RT	36.00	75.00
❏ ICE CAPADES	2000	RT	*	35.00
❏ ICE DECO	1998	RT	*	42.00
❏ ICE MAN COMETH	1994	RT	22.00	65.00
❏ ICE PEAR	1992	RT	20.00	60.00
❏ ICE POPPIES	1992	RT	26.00	65.00
❏ ICE STAR SANTA	1993	RT	38.00	275.00
❏ IMPERIAL HELMUT	1995	RT	22.00	40.00
❏ IN SCHOLARLY PURSUIT	2000	*	*	33.00
❏ IN THE KEY OF L-U-V	2000	RT	*	35.00
❏ INJUN JOE	1993	RT	25.00	45.00
❏ IRISH EYES	2001	*	*	36.00
❏ IRISH LADDIE	1991	RT	12.00	80.00
❏ IT'S A BOY	2001	*	*	34.00
❏ IT'S IN THE BAG	2000	RT	*	90.00
❏ IVY, THE	1989	RT	17.00	125.00
❏ JACK CLOWN	1994	RT	22.00	65.00
❏ JACK FROST	1993	RT	23.00	40.00
❏ JACK N JILL	1993	RT	41.00	150.00
❏ JACQUES LE BERRY	1993	RT	17.00	150.00
❏ JAZZ SANTA	1995	RT	28.00	50.00
❏ JELLY BEANS BUNNIES	2001	*	*	32.00
❏ JEMIMA'S CHILD	1991	RT	16.00	80.00
❏ JENNY LOVE	1998	RT	*	49.00
❏ JEST JACK	2001	*	*	34.00
❏ JESTER	1989	RT	17.00	120.00
❏ JESTER	1990	RT	17.00	125.00
❏ JINGLE BELL TWIST	2001	*	*	34.00
❏ JOCKEY PIPE	1994	RT	36.00	80.00
❏ JOEY B. CLOWN	1993	RT	26.00	80.00
❏ JOEY CLOWN 89-058-0	1989	RT	9.00	85.00
❏ JOEY CLOWN 89-058-1	1990	RT	15.00	100.00

NAME	YEAR	LIMIT	ISSUE	TREND
JOLLY GOOD FELLOW	2001	LE	*	64.00
JOLLY RINGER GEM	2001	*	*	30.00
JOLLY STRIPES	1994	RT	28.00	40.00
JOY TO THE WORLD 95-042-0	1995	RT	68.00	75.00
JUMBO	1992	RT	31.00	65.00
JUMBO HARLEQUIN	1994	RT	48.00	200
JUMBO SPINTOPS	1993	RT	27.00	125.00
JUMBO WALNUT	1995	RT	18.00	125.00
JUNE BUGGY GEM	2001	*	*	24.00
JUST FOR YOU GEM	2001	*	*	22.00
JUST LIKE GRANDMA'S	1993	RT	8.00	45.00
JUST LIKE US	1994	RT	30.00	130.00
KALEIDOSCOPE CONE	1995	RT	44.00	70.00
KAT KONCERT	1987	RT	16.00	125.00
KAYO	1994	RT	14.00	30.00
KEWPIE	1992	RT	18.00	60.00
KEWPIE	1994	RT	22.00	45.00
KIM ONO	1989	RT	7.00	50.00
KIM ONO	1990	RT	6.00	50.00
KING ARTHUR 89-103-0	1989	RT	12.00	85.00
KING ARTHUR 89-103-1	1991	RT	19.00	75.00
KING ARTHUR-RED	1990	RT	16.00	100.00
KING MAXIMILLIAN	2000	RT	*	39.00
KING OF JOY	1998	RT	*	70.00
KING OF KINGS	1994	RT	22.00	80.00
KING OF PRUSSIA	1992	RT	27.00	110.00
KING'S GUARD	1994	*	44.00	60.00
KING'S HERALD	1997	RT	*	49.00
KISSING COUSINS	1993	RT	30.00	200
KISSING COUSINS	1994	RT	28.00	210.00
KITE CRACKERS	2001	RT	*	34.00
KITE FACE	1989	RT	9.00	50.00
KITTY CLOWN	1997	RT	*	23.00
KITTY RATTLE	1992	RT	18.00	50.00
KITTY RATTLE	1993	RT	18.00	100.00
KITTY TAMER	1994	RT	65.00	200
KITTY VITTLES	1995	RT	18.00	30.00
KRISTEL KING & QUEEN	2000	*	*	37.00
LANCER	1996	RT	29.00	29.00
LAST MINUTE SHOPPER	2001	*	*	44.00
LAUGH TILL YOU CRY	1995	RT	24.00	35.00
LAUGHING STOCK	2001	RT	*	30.00
LAVENDER LIGHT	1995	RT	28.00	80.00
LEADER OF THE BAND-SIGNED	1994	RT	22.00	250.00
LEAP FROG	2000	RT	*	37.00
LEMON GUARD	1996	RT	22.00	30.00
LEMON TWIST	1994	RT	15.00	35.00
LENA LAMOUR	2001	*	*	46.00
LETTER TO SANTA	1993	RT	22.00	60.00
LETTER TO SANTA	1994	RT	31.00	60.00
LIBERTY BALL 94-172-0	1994	RT	26.00	70.00
LIFE GUARD/GIRL/BOY	1000	RT	*	22.00
LIGHT FANTASTIC FINIAL	2001	*	*	130.00
LIGHT IN THE WINDOWS	1993	RT	25.00	50.00
LIL' BRITCHES	1998	RT	*	39.00
LILAC PASSION FINIAL/TRIPLE FROST SWIRL	2001	*	*	195.00
LILAC SPARKLE	1988	RT	15.00	150.00
LILAC SPARKLE	1989	RT	17.00	100.00
LILAC WINTER	1996	RT	44.00	50.00
LION'S HEAD	1991	RT	16.00	50.00
LITTLE BOW PEEPS	2001	*	*	34.00
LITTLE BOY BLUE	1993	RT	26.00	65.00
LITTLE DOGGIE	1993	RT	7.00	50.00
LITTLE DRUMMER BEAR	1995	RT	22.00	50.00
LITTLE ESKIMO 92-038-0	1992	RT	14.00	30.00
LITTLE ESKIMO 92-038-1	1993	RT	14.00	30.00
LITTLE LEAGUER	1992	RT	20.00	50.00
LITTLE ORPHAN	1994	RT	18.00	70.00
LITTLE POP MUSIC, A	2001	RT	*	34.00
LITTLE PRINCE	1995	RT	39.00	130.00
LITTLE RED	1995	RT	22.00	125.00
LITTLE SLUGGER	1993	RT	22.00	30.00
LITTLE SPOONFUL	2000	*	*	26.00
LITTLE TOY MAKER	1995	RT	26.00	125.00
LITTLEST SNOWMAN	1992	RT	14.00	50.00
LOCOMOTIVE GARLAND	1992	RT	60.00	120.00
LONG ICICLES	1986	RT	7.00	150.00
LOS ANGELES, THE	1994	RT	26.00	85.00
LOVE BLOSSOMS	2000	RT	*	35.00
LOVE IN BLOOM	2001	*	*	34.00
LOVE OF THE IRISH GEM	2001	*	*	24.00
LOVEY DOVEYS	2000	*	*	44.00
LOVING HEARTS	2001	RT	*	16.00
LUCKY CHARMS	2001	RT	*	79.00
LUCKY FISH	1989	RT	8.00	50.00
LUCKY TED	1997	RT	*	31.00
LULLABYE	1990	RT	9.00	48.00
MADELEINE'S PUPPY 91-025-0	1991	RT	11.00	50.00
MADELEINE'S PUPPY 91-025-1	1992	*	18.00	35.00

ORNAMENTS

NAME	YEAR	LIMIT	ISSUE	TREND
❏ MADONNA AND CHILD	1991	RT	15.00	130.00
❏ MAJESTIC REFLECTOR	1993	RT	70.00	125.00
❏ MAMA'S LITTLE ANGEL	1994	RT	23.00	30.00
❏ MAMMA BEAR	1998	RT	*	43.00
❏ MANE ATTRACTION, THE	2001	RT	*	32.00
❏ MARACCA	1990	RT	9.00	130.00
❏ MARTIAN HOLIDAY	1994	RT	42.00	100.00
❏ MASQUERADE	1994	RT	16.00	45.00
❏ MAX & GRETA STARGLOW	2000	RT	*	50.00
❏ MAXINE	1993	RT	20.00	72.00
❏ MAY BASKET	2000	RT	*	45.00
❏ MAY BOUQUET GEM	2000	RT	*	21.00
❏ MEDITERRANEAN SUNSHINE	1990	RT	27.00	30.00
❏ MEDITERRANEAN SUNSHINE	1992	RT	27.00	35.00
❏ MEDITERRANEAN SUNSHINE	1993	RT	27.00	80.00
❏ MEDIUM NAUTILUS	1994	RT	16.00	45.00
❏ MELON SLICE	1991	RT	18.00	35.00
❏ MEMPHIS	1987	RT	15.00	115.00
❏ MERLIN SANTA	1992	RT	32.00	75.00
❏ MERRY CHRISTMAS MAIDEN	1992	RT	26.00	50.00
❏ MERRY MATADOR	1996	RT	24.00	24.00
❏ MERRY PEEPERS	2000	*	*	33.00
❏ MESSIAH	1994	RT	22.00	50.00
❏ METAMORPHOSIS	1994	RT	16.00	40.00
❏ MIA SOFIA	2001	*	*	40.00
❏ MIAMI ICE	2001	*	*	34.00
❏ MICE SCREAM	2001	*	*	33.00
❏ MICKEY'S TREE	1995	RT	45.00	150.00
❏ MIDAS TOUCH	1986	RT	15.00	150.00
❏ MIDAS TOUCH	1993	RT	28.00	75.00
❏ MIDNIGHT RIDE	1996	RT	51.00	65.00
❏ MIGHTY CLAUS	2000	RT	*	50.00
❏ MILLENNIUM 2000 CHEERS GEM	1999	RT	*	18.00
❏ MILLENNIUM 2001 CHEERS	1999	RT	*	38.00
❏ MILLENNIUM FLYER SET/3	2000	RT	*	87.00
❏ MILLENNIUM POSTMARK: 2000	2000	RT	*	36.00
❏ MILLENNIUM SANTAS 2000	2000	RT	*	39.00
❏ MILLENNIUM TIME OF YOUR LIFE	1999	RT	*	36.00
❏ MILLENNIUM WINGS OF PEACE	2000	RT	*	37.00
❏ MINT CANDY DROP	2000	*	*	29.00
❏ MINT CONFECTION CAKE	2000	RT	*	32.00
❏ MINT CONFECTION GEM	2001	*	*	26.00
❏ MINT CONFECTION MICRO GEM	2001	*	*	21.00
❏ MINUET	1996	RT	54.00	70.00
❏ MISS MAMIE	1995	RT	34.00	50.00
❏ MISSION BALL	1990	RT	18.00	50.00
❏ MISSION BALL FINIAL	1994	RT	78.00	100.00
❏ MISTY MUMS	2001	*	*	38.00
❏ MITTENS FOR KITTENS	1994	RT	22.00	40.00
❏ MONKEY MAN	1993	RT	16.00	80.00
❏ MONKEY MUNCH	1998	RT	*	43.00
❏ MONKEY SHINES	1997		*	60.00
❏ MONTAGUE DROP	2001	*	*	44.00
❏ MONTE CARLO	1996	RT	52.00	70.00
❏ MONTEREY	1993	RT	15.00	100.00
❏ MOON DASH	2001	*	*	42.00
❏ MOON DUST	1993	RT	15.00	80.00
❏ MOON JUMP	1993	RT	29.00	50.00
❏ MOON MARTIAN	1994	RT	26.00	150.00
❏ MOON MULLINS	1994	RT	18.00	50.00
❏ MOON RIDE	1994	RT	28.00	70.00
❏ MOONING OVER YOU	1993	RT	17.00	30.00
❏ MOSCOW CIRCUS	1997	RT	*	90.00
❏ MOTHER AND CHILD	1994	RT	29.00	70.00
❏ MOTHER GOOSE	1992	RT	15.00	40.00
❏ MOTHER GOOSE 90-052-0	1990	RT	10.00	60.00
❏ MOTHER GOOSE 90-052-1	1991	RT	11.00	35.00
❏ MOUSE MAGIC	1999	RT	*	23.00
❏ MOUSE TALES	1998	RT	*	49.00
❏ MR. & MRS. CLAUS	1992	RT	18.00	225.00
❏ MR. & MRS. CLAUS	1993	RT	18.00	100.00
❏ MR. MOTO	1994	RT	36.00	100.00
❏ MR. SMEDLEY DRYSDALE	1994	RT	44.00	225.00
❏ MS. MAUS	1991	RT	14.00	400.00
❏ MS. PEANUT	1996	RT	30.00	95.00
❏ MUGSY	1995	RT	22.00	60.00
❏ MUNCHKIN 90-035-0	1990	RT	7.00	40.00
❏ MUNCHKIN 90-035-1	1991	RT	8.00	65.00
❏ MUSHROOM ELF 92-087-0	1992	RT	18.00	55.00
❏ MUSHROOM ELF 92-087-1	1993	RT	18.00	50.00
❏ MUSHROOM IN WINTER	1988	RT	12.00	100.00
❏ MUSHROOM SANTA	1993	RT	28.00	150.00
❏ MY BONNIE LASS	1995	RT	24.00	40.00
❏ MY DARLING	1994	RT	22.00	125.00
❏ MY FAVORITE CHIMP	1995	*	26.00	28.00
❏ MY HEARTS TO YOU	1999	RT	*	32.00
❏ MY WHAT BIG TEETH 94-248-0	1994	RT	29.00	150.00
❏ MY WHAT BIG TEETH 94-248-0A	1994	RT	29.00	150.00

NAME	YEAR	LIMIT	ISSUE	TREND
❑ NAPOLEON II	1997	RT	*	34.00
❑ NATIVITY	1990	RT	6.00	45.00
❑ NATIVITY SNOWFALL	2001	*	*	97.00
❑ NEARER TO THEE	2001	*	*	48.00
❑ NELLIE	1993	RT	28.00	150.00
❑ NEOPOLITAN ANGEL	1988	RT	16.00	140.00
❑ NEOPOLITAN ANGEL 87-014-2	1992	RT	27.00	250.00
❑ NEOPOLITAN ANGELS 87-014-0	1987	RT	13.00	125.00
❑ NEPTUNE'S NEPHEW	2001	RT	*	30.00
❑ NESTING NICELY	2001	*	*	32.00
❑ NEW YEAR'S BABE	1994	RT	21.00	55.00
❑ NICK BELL NOEL	2001	*	*	32.00
❑ NIGHT MAGIC	1996	RT	26.00	30.00
❑ NIGHTY NIGHT	1994	RT	36.00	110.00
❑ NILE STYLE	2001	*	*	40.00
❑ NOAH VACANCY	1999	RT	*	65.00
❑ N-O-E-L (SET OF 4)	2000	*	*	125.00
❑ NORTH POLE JUNCTION	2000	RT	*	42.00
❑ NORTH POLE JUNCTION GEM	2001	*	*	29.00
❑ NORTH WOODS	1993	RT	27.00	50.00
❑ NORTHSTARS	1992	RT	12.00	25.00
❑ NORTHWIND	1993	*	17.00	60.00
❑ NORWEGIAN PRINCESS	1992	RT	15.00	85.00
❑ NORWEGIAN SANTA	2000	RT	*	40.00
❑ NUTCRACKER PRINCE	2000	RT	*	42.00
❑ NUTCRACKER SUITE	1995	RT	*	100.00
❑ NUTS FOR YOU	2000	RT	*	33.00
❑ OFF TO MARKET	1995	RT	24.00	45.00
❑ OFFICER JOE	1995	RT	22.00	70.00
❑ OH CHRISTMAS TREE	1996	RT	42.00	42.00
❑ OLD FAST BALL, THE	2000	RT	*	36.00
❑ OLD SALEM QUILT SERIES 92-194-A	1992	RT	28.00	60.00
❑ OLD SALEM QUILT SERIES 92-194-B	1992	RT	28.00	60.00
❑ OLD SOUR PUSS	1994	RT	34.00	85.00
❑ OLDEN TIMES	2000	RT	*	28.00
❑ OLLIE	1994	RT	50.00	100.00
❑ OLYMPIAD	1991	RT	22.00	140.00
❑ OLYMPIAD	1992	RT	26.00	90.00
❑ OLYMPIAN	2001	*	*	44.00
❑ ON BUNNY'S HONOR	2000	RT	*	29.00
❑ ON ELFIN EVE	1998	RT	*	54.00
❑ ON THE GREEN	2000	*	*	29.00
❑ ON THE RUN	1994	RT	45.00	100.00
❑ ON TOP OF THE WORLD	1995	YR	32.00	65.00
❑ ON WINGS OF HOPE	1995	RT	30.00	35.00
❑ ONE IF BY SEA	2000	RT	*	35.00
❑ ONE SMALL STEP	1994	RT	58.00	200.00
❑ ONESIE TWOSOME	2001	RT	*	34.00
❑ O'TANNENBELL	2000	RT	*	40.00
❑ OUR FIRST CHRISTMAS	2001	*	*	39.00
❑ OUR NATION'S FATHER	1997	RT	*	36.00
❑ OUTER LIMITS	2000	RT	*	33.00
❑ OVER THE WAVES	1994	RT	38.00	100.00
❑ OWL REFLECTOR	1994	RT	54.00	80.00
❑ OZ BALLOON	1988	RT	18.00	150.00
❑ PADDY PRANKS	2001	*	*	44.00
❑ PAPA BEAR REFLECTOR	1995	RT	52.00	90.00
❑ PAPA'S JAMBOREE	1994	RT	29.00	50.00
❑ PARACHUTE	1989	RT	7.00	85.00
❑ PARTRIDGE IN A PEAR TREE	1993	RT	33.00	700.00
❑ PARTY HOPPER	1994	RT	37.00	100.00
❑ PARTY PUP	2001	*	*	35.00
❑ PARTY 'ROUND THE CLOCK	2001	*	*	N/A
❑ PAS DE DEUX	2000	RT	*	33.00
❑ PATCHWORK	1989	RT	17.00	125.00
❑ PATRICK'S BUNNY 91-024-0	1991	RT	11.00	65.00
❑ PEACOCK	1990	RT	18.00	80.00
❑ PEAR	1988	*	15.00	300.00
❑ PEAR FACE	1991	RT	15.00	75.00
❑ PEAS ON EARTH	1994	RT	16.00	100.00
❑ PEKING SANTA	1994	RT	18.00	50.00
❑ PELICAN PETE	2000	RT	*	29.00
❑ PENELOPE	1995	RT	26.00	125.00
❑ PENNSYLVANIA DUTCH	1993	RT	27.00	60.00
❑ PEPPERMINT GUARD	2000	RT	*	42.00
❑ PEPPERMINT PATTI	2000	RT	*	35.00
❑ PEPPERMINT STRIPES	1989	RT	29.00	325.00
❑ PEPPERMINT SWIRL	2001	*	*	33.00
❑ PERCUSSION	1995	RT	50.00	130.00
❑ PERFECT FIT	2000	*	*	37.00
❑ PERSONAL DELIVERY	1995	RT	36.00	125.00
❑ PERUVIAN	1991	RT	22.00	80.00
❑ PETITE BEARS	1999	RT	*	22.00
❑ PETITE GIRAFFES	1999	RT	*	22.00
❑ PETITE LIONS	1999	RT	*	22.00
❑ PETITE MANY-SPLENDORED	2001	*	*	30.00
❑ PETITE MILLENNIUM CLOCK	1999	RT	*	29.00
❑ PETITE ZEBRAS	1999	RT	*	22.00
❑ PICKLED	1994	RT	26.00	65.00

ORNAMENTS

NAME	YEAR	LIMIT	ISSUE	TREND
❏ PIERRE LE BERRY	1990	RT	10.00	70.00
❏ PIERRE LE BERRY	1991	RT	14.00	150.00
❏ PIERRE WINTERBERRY	1992	RT	17.00	75.00
❏ PIGGLY WIGGLY	1993	RT	11.00	70.00
❏ PIGLET	1994	RT	13.00	30.00
❏ PINE CONE	1992	RT	50.00	60.00
❏ PINE TOPS	2000	RT	*	47.00
❏ PINEAPPLE QUILT	1993	RT	27.00	60.00
❏ PINECONE SANTA 93-142-1	1994	RT	30.00	85.00
❏ PINK CLOWN ON BALL	1991	RT	14.00	60.00
❏ PINK ELEPHANTS	1991	RT	22.00	100.00
❏ PINK LACE TIFFANY	1992	RT	28.00	80.00
❏ PINK PASSION	1992	RT	18.00	45.00
❏ PINOCCHIO	1993	RT	30.00	95.00
❏ PINOCCHIO GETS HITCHED 94-250-0	1994	RT	30.00	150.00
❏ PINOCCHIO GETS HITCHED 94-250-0A	1994	RT	30.00	150.00
❏ PIPE MAN	1991	RT	20.00	70.00
❏ PIPE SMOKING MONEY	1991	RT	11.00	80.00
❏ PIXIE SANTA	1993	RT	16.00	70.00
❏ PIXIE SANTA	1994	RT	20.00	45.00
❏ POINSETTIA	1990	RT	18.00	110.00
❏ POINSETTIA SANTA	1993	RT	20.00	60.00
❏ POLAR BEAR	1992	RT	16.00	45.00
❏ POLAR BEARS	1993	RT	16.00	16.00
❏ POLAR DRIFTING	2000	RT	*	33.00
❏ POLAR EXPRESS-SOUTH BEND	1995	RT	27.00	40.00
❏ POLAR ROLLER	2001	*	*	36.00
❏ POLISH FOLK DANCE	1990	RT	18.00	200
❏ POLTER PATCH	2000	*	*	29.00
❏ POMPADOUR	1993	RT	9.00	30.00
❏ POOH'S FAVORITE GIFT	1995	RT	45.00	250.00
❏ POOKIE	1996	RT	16.00	25.00
❏ POST HASTE	2000	RT	*	40.00
❏ POSTCARD	2001	*	*	N/A
❏ POSTCARD ACADEMY	2001	RT	*	39.00
❏ POSTMARK 2000 JR.	2000	RT	*	32.00
❏ PRAYING ANGEL	1990	RT	5.00	80.00
❏ PRESIDENT TAFT	1994	RT	18.00	45.00
❏ PRIMARY COLORS	1992	RT	30.00	150.00
❏ PRINCE ALBERT	1993	RT	23.00	75.00
❏ PRINCE OF THIEVES	1995	RT	28.00	35.00
❏ PRINCE ON BALL	1991	RT	15.00	90.00
❏ PRINCE PHILIP	1994	RT	20.00	160.00
❏ PRINCE UMBRELLA	1991	RT	15.00	85.00
❏ PRIVATE EYE	1994	RT	18.00	30.00
❏ PROUD PEACOCK	1990	RT	18.00	95.00
❏ PROUD PEACOCK	1991	RT	23.00	125.00
❏ PUDGY CLOWN	1990	RT	7.00	60.00
❏ PUMPKIN PATCH PALS	2000	*	*	35.00
❏ PURRFECT PRESENT	1995	RT	*	65.00
❏ PURSE	1993	RT	16.00	20.00
❏ PUSS IN BOOTS 91-023-0	1991	RT	11.00	65.00
❏ PUT OUR HEADS TOGETHER	2000	RT	*	35.00
❏ QUAKERS	1995	RT	24.00	36.00
❏ QUARTET	1993	RT	4.00	15.00
❏ QUICK DRAW	1994	RT	65.00	310.00
❏ RACE CAR GARLAND	1996	RT	66.00	85.00
❏ RAGAMUFFINS	1996	RT	39.00	160.00
❏ RAIN DANCE	1994	RT	34.00	80.00
❏ RAINBOW BIRD	1991	RT	16.00	100.00
❏ RAINBOW CONE	1991	RT	10.00	44.00
❏ RAINBOW PARASOL	1992	RT	30.00	100.00
❏ RAINBOW REFLECTOR	1993	RT	27.00	50.00
❏ RAINBOW SHARK	1993	RT	18.00	60.00
❏ RAINBOW SNOW 93-366-0	1993	*	10.00	16.00
❏ RAINBOW SNOW 93-366-1	1994	*	15.00	25.00
❏ RAINBOW TIFFANY	1996	RT	26.00	40.00
❏ RAINBOW UMBRELLA	1990	RT	14.00	60.00
❏ RAINY DAY FRIEND	1993	RT	22.00	60.00
❏ RAINY DAY SMILE	1994	RT	22.00	25.00
❏ RAKISH CHARM	1995	RT	22.00	50.00
❏ RAMBLING ROSE	1993	RT	27.00	50.00
❏ RAMSES	1997	RT	*	50.00
❏ RASPBERRY & LIME	1991	RT	12.00	60.00
❏ RAZZLE DAZZLE	1994	RT	38.00	125.00
❏ REACH FOR A STAR	1996	RT	32.00	32.00
❏ REALM OF GLORY DOUBLE FINIAL	2001	*	*	84.00
❏ REALM OF GLORY FINIAL	2001	*	*	60.00
❏ RED CAP	1994	RT	22.00	45.00
❏ RED HOT SANTA	2000	RT	*	38.00
❏ RED ROVER	2001	*	*	34.00
❏ RED STAR	1991	RT	22.00	70.00
❏ REFLECTO	1995	RT	46.00	60.00
❏ REGAL ROOSTER	1993	RT	26.00	80.00
❏ REMEMBRANCE	1993	RT	27.00	60.00
❏ RETURN ENGAGEMENT	1996	RT	38.00	38.00
❏ RIBBON CANDY DELIGHT	2000	*	*	22.00
❏ RIBBON RING DING	2001	*	*	32.00
❏ RIDING BEARBACK GEM	2000	*	*	23.00

Gorham produced these two sterling silver ornaments for 1988. The Victorian Heart *and* Sterling Snowflake *were both issued at $50.*

Christy *was the first edition in the "All God's Children" series by Martha Holcombe Root for Hallmark in 1996.*

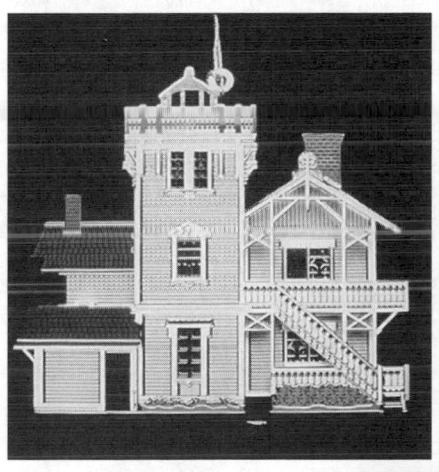

Shelia's Inc. offered a unique series of metal ornaments of buildings called "Midas Touch." In 1995 the company issued East Brother Lighthouse *in this series.*

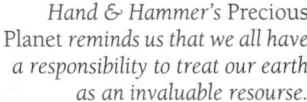

Hand & Hammer's Precious Planet *reminds us that we all have a responsibility to treat our earth as an invaluable resourse.*

ORNAMENTS

NAME	YEAR	LIMIT	ISSUE	TREND
☐ RIDING THE WAVES (LG.)	2000	*	*	39.00
☐ RIDING THE WAVES (SM.)	2000	*	*	33.00
☐ RING IN THE HOLIDAY	2000	RT	*	78.00
☐ RING MASTER	1994	RT	22.00	55.00
☐ RINGING RED BOOTS	1994	RT	46.00	95.00
☐ RIPPLES ON OVAL	1988	RT	6.00	80.00
☐ RISING STARS	1993	*	10.00	13.00
☐ ROAD ROCKET	1999	RT	*	23.00
☐ ROADSTER CLASSICS	2000	RT	*	26.00
☐ ROCKET SANTA	1996	RT	48.00	60.00
☐ ROCKETEER	1995	RT	44.00	70.00
☐ ROLY POLY CLOWN	1994	RT	20.00	80.00
☐ ROLY POLY CLOWN 91-032-0	1991	*	14.00	45.00
☐ ROLY POLY CLOWN 91-032-1	1992	*	18.00	45.00
☐ ROLY POLY CLOWN 91-032-2	1993	*	18.00	70.00
☐ ROLY POLY PINOCCHIO	1994	RT	54.00	66.00
☐ ROLY POLY SANTA	1990	RT	13.00	75.00
☐ ROMEO RABBIT	2001	*	*	39.00
☐ ROSE CASCADE	2000	*	*	36.00
☐ ROSE GARDEN	2001	*	*	46.00
☐ ROSE LAMP	1990	RT	14.00	140.00
☐ ROSE POINTE FINIAL	1993	RT	34.00	45.00
☐ ROSES	1986	RT	16.00	135.00
☐ ROSY CHEEK SANTA	1996	RT	20.00	30.00
☐ ROUND ABOUT SANTA	1995	RT	42.00	50.00
☐ ROUND MIDNIGHT	1996	RT	30.00	45.00
☐ ROUND N ROLY	2001	RT	*	26.00
☐ ROYAL DIADEM	1988	RT	25.00	125.00
☐ ROYAL JEWELS	2001	*	*	N/A
☐ ROYAL PORCELAIN	1988	RT	16.00	150.00
☐ ROYAL ROOSTER	1989	RT	17.00	100.00
☐ ROYAL SEPTER	1992	RT	36.00	100.00
☐ ROYAL STAR TREE FINIAL	1989	RT	42.00	100.00
☐ ROYALE FINIAL	1994	RT	64.00	100.00
☐ RUBY BEADS	1992	RT	15.00	40.00
☐ RUBY BOOTIE	2000	RT	*	26.00
☐ RUBY REFLECTOR	1994	RT	26.00	75.00
☐ RUFF 'N READY	2000	RT	*	38.00
☐ RUFFLES & TRUFFLES	2001	*	*	32.00
☐ RUM TUM TEDDY	2001	*	*	52.00
☐ RUSSIAN IMPERIAL	1992	RT	25.00	85.00
☐ RUSSIAN JEWEL HEARTS	1992	RT	27.00	100.00
☐ RUSSIAN JEWEL HEARTS FINIAL	1993	RT	27.00	90.00
☐ RUSSIAN SANTA	1991	RT	22.00	70.00
☐ RUSSIAN SANTA JOLLY HOLIDAYS	*	*	34.00	50.00
☐ RUSSIAN ST. NICK	1988	RT	15.00	120.00
☐ RUSSIAN STAR	1992	RT	26.00	45.00
☐ SAFETY FIRST	2000	RT	*	22.00
☐ SAIL AWAY	1992	RT	22.00	30.00
☐ SAIL BY STARLIGHT	1993	RT	12.00	17.00
☐ SAILOR MAN	1993	RT	22.00	80.00
☐ SAINT PATRICK GEM	2001	*	*	24.00
☐ SALLY ANN	1991	RT	8.00	48.00
☐ SAMOVAR	1987	RT	6.00	300.00
☐ SANKE PRINCE	1992	RT	19.00	40.00
☐ SANTA BABY	1993	RT	18.00	20.00
☐ SANTA BOOTIE 91-055-0	1991	RT	10.00	70.00
☐ SANTA BOOTIE 91-055-1	1992	RT	16.00	65.00
☐ SANTA BOOTIE 91-055-2	1992	RT	10.00	75.00
☐ SANTA BUGS	1995	RT	45.00	125.00
☐ SANTA BY STARLIGHT	1994	*	60.00	68.00
☐ SANTA CLAUS GARLAND	1992	RT	66.00	100.00
☐ SANTA COPTER	1994	RT	47.00	95.00
☐ SANTA DANDY	2001	*	*	38.00
☐ SANTA DUDE	2001	*	*	37.00
☐ SANTA FANTASY	1995	RT	44.00	100.00
☐ SANTA IN SPACE	1993	RT	39.00	100.00
☐ SANTA IN TREE-POSE	2001	*	*	48.00
☐ SANTA IN WINTER WHITE 91-112-1	1992	RT	28.00	75.00
☐ SANTA IN WINTER WHITE 91-112-2	1993	RT	28.00	60.00
☐ SANTA JAMAS	2000	RT	*	42.00
☐ SANTA KITE	2000	RT	*	37.00
☐ SANTA MARIA	1995	RT	64.00	150.00
☐ SANTA ON BALL	1990	RT	16.00	140.00
☐ SANTA ON SANTA	2000	*	*	50.00
☐ SANTA REFLECTOR FINIAL	1994	RT	92.00	125.00
☐ SANTA SHROOM	2000	RT	*	55.00
☐ SANTA SMARTIE	2001	RT	*	29.00
☐ SANTA STAR	1993	*	58.00	68.00
☐ SANTA TREE	1993	RT	66.00	250.00
☐ SANTAS 2000	2000	RT	*	39.00
☐ SANTA'S CANE	1987	*	7.00	90.00
☐ SANTA'S CANE-PINK	1986	RT	*	100.00
☐ SANTA'S FAN MAIL	2001	*	*	44.00
☐ SANTA'S HELPER	1992	RT	17.00	50.00
☐ SANTA'S HELPER	1993	RT	17.00	45.00
☐ SANTA'S HELPER	1994	RT	20.00	20.00
☐ SARABAND	1993	RT	28.00	100.00
☐ SATIN SCEPTER	1988	RT	9.00	100.00

NAME	YEAR	LIMIT	ISSUE	TREND
❑ SCOTCH PINE	1993	RT	27.00	75.00
❑ SCOTCH PINE FINIAL	1994	RT	78.00	120.00
❑ SCOTTIE NIBBLER	2001	*	*	29.00
❑ SEAFARIN' SANTA	2000	RT	*	38.00
❑ SEAHORSE	1989	RT	10.00	85.00
❑ SEAHORSE-PINK	1992	RT	20.00	85.00
❑ SERAFINA	2001	RT	*	36.00
❑ SERENADE PINK	1993	RT	27.00	60.00
❑ SERPENT	1989	RT	7.00	10.00
❑ SERPENTS OF PARADISE	1992	RT	13.00	25.00
❑ SEX APPEAL	1994	RT	22.00	50.00
❑ SHEPHERD'S PRAYER	1997	RT	*	100.00
❑ SHIMMERING SHELLS	1998	RT	*	32.00
❑ SHIMMY DOWN	1996	RT	42.00	45.00
❑ SHINING ARMOUR	1996	RT	22.00	22.00
❑ SHINY BRITE	1988	RT	5.00	30.00
❑ SHIP SHAPE SANTA	2000	*	*	39.00
❑ SHIP'S AHOY	1994	RT	38.00	65.00
❑ SHIRLEY	1991	RT	16.00	80.00
❑ SHIVERS	1994	RT	25.00	225.00
❑ SHORT WINTER'S NAP GEM, A	2001	*	*	29.00
❑ SHY ELEPHANT	1995	RT	32.00	90.00
❑ SHY ELF	1991	RT	10.00	45.00
❑ SHY KITTEN	1989	RT	7.00	75.00
❑ SHY RABBIT	1993	RT	14.00	80.00
❑ SHY RABBIT'S HEART, A	1993	RT	15.00	90.00
❑ SIAMESE SLIPPERS	1995	RT	16.00	60.00
❑ SIBERIAN SLEIGHRIDE	1986	RT	15.00	100.00
❑ SIBERIAN SLEIGHRIDE	1992	RT	27.00	125.00
❑ SIBERIAN TIGER	1994	*	24.00	26.00
❑ SIEGFRED 93-227-0	1993	RT	25.00	80.00
❑ SIEGRED 93-227-1	1994	*	26.00	34.00
❑ SIGN OF THE PINES	2001	*	*	46.00
❑ SILENT BELLS	1986	RT	5.00	300.00
❑ SILENT MOVIE 89-055-0	1989	*	9.00	65.00
❑ SILENT MOVIE 89-055-1	1990	RT	9.00	65.00
❑ SILENT NIGHT	1993	RT	18.00	65.00
❑ SILENT NIGHT	1994	RT	27.00	60.00
❑ SILKY WAY	2001	*	*	39.00
❑ SIMPLY CARTIERE	1988	RT	17.00	125.00
❑ SISTER ACT	1995	RT	18.00	75.00
❑ SIT A SPELL	2000	*	*	42.00
❑ SITTING BULL	1992	RT	26.00	70.00
❑ SKATER'S WALTZ	1995	RT	28.00	50.00
❑ SKATING BETTINAS, THE	1993	RT	29.00	140.00
❑ SKI BABY	1993	RT	21.00	100.00
❑ SKI HOLIDAY	1995	RT	*	23.00
❑ SKIRT FLIRT	2000	RT	*	24.00
❑ SKYWARD HO!	2000	*	*	42.00
❑ SLEEPY HOLLER	2000	RT	*	47.00
❑ SLEEPYTIME SANTA 91-052-1	1992	RT	18.00	65.00
❑ SLEEPYTIME SANTA 91-052-2	1991	RT	15.00	80.00
❑ SLEIGHFUL	1996	RT	34.00	40.00
❑ SLIP 'N SLIDE GEM	2001	*	*	20.00
❑ SLOOPY SNOWMAN	1992	RT	20.00	80.00
❑ SLOOPY SNOWMAN	1993	RT	20.00	60.00
❑ SMALL NAUTILUS SHELL	1990	RT	7.00	25.00
❑ SMALL REFLECTOR	1989	RT	8.00	30.00
❑ SMILEY	1994	RT	16.00	35.00
❑ SMILEY SMITH	2001	*	*	48.00
❑ SMILING KITE	1990	RT	14.00	90.00
❑ SMILING SUN	1989	RT	7.00	60.00
❑ SMITTY	1991	RT	15.00	100.00
❑ SMITTY	1993	RT	18.00	85.00
❑ SNACKTIME SANTA	2001	*	*	52.00
❑ SNAGGLETOOTH	2000	*	*	42.00
❑ SNOW BALL TREE	1990	RT	17.00	125.00
❑ SNOW BELL	1994	RT	13.00	60.00
❑ SNOW CASTLE	1996	RT	12.00	35.00
❑ SNOW CHIME SANTA	2001	RT	*	48.00
❑ SNOW DANCE	1993	RT	29.00	100.00
❑ SNOW FLAKES	1992	RT	10.00	50.00
❑ SNOW GIFT	1999	RT	*	42.00
❑ SNOW GIRL	2000	*	*	76.00
❑ SNOW GOIN'	2001	RT	*	34.00
❑ SNOW KING	2000	*	*	42.00
❑ SNOW LOVE LIKE OURS	2001	*	*	44.00
❑ SNOW MUM	2000	*	*	58.00
❑ SNOWDAY SANTA	1993	RT	20.00	75.00
❑ SNOWMAN BY CANDLELIGHT	1993	RT	27.00	50.00
❑ SNOWMAN ON BALL	1990	RT	14.00	80.00
❑ SNOWY	1994	RT	32.00	44.00
❑ SNUGGLE PUP	2000	RT	*	26.00
❑ SO INCLINED	2001	*	*	28.00
❑ SOLDIER BOY	1994	RT	19.00	55.00
❑ SONG BIRDS	1989	RT	18.00	250.00
❑ SORBET	1992	RT	22.00	50.00
❑ SOUP'S ON	2000	*	*	39.00
❑ SOUTH SEA SPARKLE	1993	RT	48.00	60.00

ORNAMENTS

NAME	YEAR	LIMIT	ISSUE	TREND
☐ SOUTHERN COLONIAL	1993	RT	27.00	105.00
☐ SOUTHWEST INDIAN BALL	1990	RT	19.00	250.00
☐ SPACE BUDDIES	2000	RT	*	45.00
☐ SPARKY	1998	RT	*	34.00
☐ SPECIAL DELIVERY	1994	RT	18.00	25.00
☐ SPECIAL DELIVERY	2000	RT	*	39.00
☐ SPIDER & THE FLY	1993	RT	7.00	20.00
☐ SPIDER BESIDER	2000	*	*	33.00
☐ SPIN TOP	1988	RT	8.00	60.00
☐ SPIN TOP	1990	RT	11.00	45.00
☐ SPORTY	1993	RT	20.00	50.00
☐ SPOT	1997	RT	*	35.00
☐ SPRING ARRIVAL	1995	RT	44.00	70.00
☐ SPRING BREAK	2001	*	*	36.00
☐ SPRING MAIDENS	1998	*	*	95.00
☐ SPRINGTIME SPARROW	1995	RT	14.00	30.00
☐ SPUTNIKS	1992	RT	26.00	100.00
☐ SQUASH MAN	1994	RT	28.00	50.00
☐ SQUIGGLES	1994	RT	30.00	50.00
☐ SQUIGGLIES	1988	RT	15.00	125.00
☐ ST. CRACKER CLAUS	2000	*	*	74.00
☐ ST. NICKCICLE	1992	RT	26.00	75.00
☐ ST. NICKCICLE	1993	RT	26.00	40.00
☐ ST. NICK'S PIPE	1993	RT	5.00	80.00
☐ ST. PETER'S KEYS	1995	RT	8.00	20.00
☐ STACK O'LANTERNS GEM	2001	*	*	26.00
☐ STAFFORD FLORAL	1994	*	29.00	75.00
☐ STAINED GLASS	1988	RT	16.00	150.00
☐ STAR CHILDREN	1993	RT	18.00	100.00
☐ STAR FIRE	1993	RT	27.00	80.00
☐ STAR FIRE FINIAL	1994	*	84.00	90.00
☐ STAR OF WONDER	1992	RT	27.00	40.00
☐ STAR PLAYER	2000	*	*	33.00
☐ STAR QUILT	1991	RT	22.00	70.00
☐ STAR REFLECTION	2000	RT	*	42.00
☐ STAR SHINE	2000	RT	*	33.00
☐ STARBRITE	2000	RT	*	57.00
☐ STARBUCKS SANTA	1994	RT	75.00	250.00
☐ STARBURST TREE TOPPER	1992	RT	20.00	25.00
☐ STARBURSTS	1992	RT	12.00	80.00
☐ STARDUST JOEY	1992	RT	16.00	125.00
☐ STARLIGHT SANTA	1992	RT	18.00	60.00
☐ STARLIGHT SANTA	1993	RT	12.00	20.00
☐ STARMAN	1998	RT	*	14.00
☐ STARSCOPE SANTA	1996	RT	44.00	50.00
☐ STERLING SILVER	1992	RT	12.00	50.00
☐ STOCKING FULL	1994	RT	24.00	32.00
☐ STOCKING SAM	1994	RT	23.00	72.00
☐ STOCKING STUFFERS	1993	RT	16.00	25.00
☐ STORK LANTERN	1995	RT	18.00	25.00
☐ STRAWBERRY	1994	RT	12.00	30.00
☐ STRAWBERRY	2001	*	*	N/A
☐ STRIKE UP THE BAND	2000	RT	*	33.00
☐ STRING ME ALONG	2000	*	*	19.00
☐ STRIPED BALLOON	1988	RT	15.00	95.00
☐ STRONG TO THE FINISH	1996	RT	48.00	48.00
☐ SUGAR BEAR SAX	1998	RT	*	59.00
☐ SUGAR CONE	1994	RT	47.00	100.00
☐ SUGAR HILL II	1998	RT	*	190.00
☐ SUGAR PEAR	1994	RT	13.00	50.00
☐ SUGAR SHACK	1993	RT	22.00	200.00
☐ SUGAR SHACK EXTRAVAGANZA	1998	RT	*	178.00
☐ SUMMER GARDEN	2001	RT	*	58.00
☐ SUNBURST FISH	1990	RT	13.00	45.00
☐ SUNBURST FISH	1991	RT	15.00	125.00
☐ SUNNY SIDE UP	1993	RT	22.00	50.00
☐ SUNSHINE	1991	RT	22.00	50.00
☐ SUPREME SANTA FINIAL	2001	*	*	250.00
☐ SURF'S UP	1994	RT	36.00	100.00
☐ SWAMI	1994	RT	18.00	30.00
☐ SWAN FOUNTAIN	1994	RT	44.00	150.00
☐ SWAN LAKE	1995	RT	36.00	70.00
☐ SWEET AS CANDY	2000	*	*	33.00
☐ SWEET AS CANDY	2001	*	*	33.00
☐ SWEET AWAKENINGS	2000	RT	*	29.00
☐ SWEET GHERKIN	1994	*	12.00	14.00
☐ SWEET GINGER TREE GEM	2001	*	*	23.00
☐ SWEET HARMONY	2001	*	*	18.00
☐ SWEET MADAME	1995	RT	48.00	110.00
☐ SWEET PEAR	1994	RT	24.00	60.00
☐ SWEET TREAT	2001	*	*	29.00
☐ SWEETHEART	1993	RT	16.00	60.00
☐ SWINGING ON A STAR	1995	RT	44.00	45.00
☐ TABBY	1991	RT	8.00	40.00
☐ TALKING PIPE	1993	RT	26.00	60.00
☐ TALKING PIPE 91-093-1	1992	RT	26.00	100.00
☐ TANGERINE	1994	*	12.00	13.00
☐ TANNENBAUM	1993	RT	24.00	34.00
☐ TAZ ANGEL	1995	RT	40.00	70.00

NAME	YEAR	LIMIT	ISSUE	TREND
❑ TEA & SYMPATHY	1993	RT	20.00	75.00
❑ TEDDY BEAR CHRISTMAS	2000	RT	*	35.00
❑ TEDDY PARADE	1998	RT	*	45.00
❑ TEDDY ROOSEVELT	1994	RT	22.00	70.00
❑ TEDDY SANTA	2000	*	*	36.00
❑ TEDDY STARSHINE	2000	RT	*	35.00
❑ TEDDY'S TREE	1995	RT	22.00	50.00
❑ TEE TIME	1994	RT	16.00	40.00
❑ TEENAGE MERMAID	1994	RT	28.00	60.00
❑ TENNIS ELBOW	2000	RT	*	37.00
❑ TERRANCE	1994	RT	16.00	50.00
❑ TEXAS STAR	1993	RT	8.00	8.00
❑ THAT SPECIAL MORNING	2000	RT	*	45.00
❑ THOMAS NAST SANTA	1993	RT	23.00	50.00
❑ THREE FOR THE TREES	2001	*	*	92.00
❑ THREE FRENCH HENS	1995	RT	34.00	125.00
❑ THREE MEN IN A TUB	1999	RT	*	38.00
❑ THREE RIBBON OVAL	1986	RT	12.00	150.00
❑ THUNDERBOLT	1992	RT	60.00	100.00
❑ THUNDERBOLT	2000	*	*	46.00
❑ TIFFANY	1989	RT	17.00	675.00
❑ TIFFANY	1991	RT	22.00	55.00
❑ TIFFANY ALPINE FLOWERS	1992	RT	28.00	35.00
❑ TIFFANY BRIGHT HARLEQUIN	1992	RT	28.00	100.00
❑ TIFFANY CHEVRON	1992	RT	28.00	180.00
❑ TIFFANY PASTEL HARLEQUIN	1992	RT	28.00	100.00
❑ TIGER	1988	RT	15.00	425.00
❑ TIGER	1991	RT	15.00	125.00
❑ TIGER	1999	RT	*	39.00
❑ TIME 2 CELEBRATE	2001	*	*	48.00
❑ TIME FLIES	1996	RT	28.00	40.00
❑ TIME FOR A BITE	1995	RT	28.00	70.00
❑ TINKLE BELL	2001	*	*	22.00
❑ TINY NAUTILUS	1994	RT	12.00	35.00
❑ TO GRANDMOTHER'S HOUSE WE GO	1992	RT	20.00	75.00
❑ TO THE ONE I LOVE	2000	RT	*	35.00
❑ TO THE ONE I LOVE	2001	*	*	35.00
❑ TO THE ONE I LOVE GEM	2000	RT	*	23.00
❑ TO THE ONE I LOVE GEM	2001	*	*	23.00
❑ TOGETHER FOREVER	2000	RT	*	47.00
❑ TOMBA	1994	RT	34.00	50.00
❑ TOMMY SNOWBALL	1996	HT	*	26.00
❑ TOPIARY	1992	RT	30.00	200
❑ TOPIARY CHARM	2000	*	*	43.00
❑ TOPO	1994	RT	33.00	65.00
❑ TOPOLINA	1996	RT	42.00	60.00
❑ TOPPER	1999	RT	*	36.00
❑ TOUCH DOWN BOUND	2000	RT	*	37.00
❑ TOYS FOR ALL	1996	RT	44.00	44.00
❑ TREE ON BALL	1988	RT	9.00	100.00
❑ TRIBAL DANCE	2001	*	*	40.00
❑ TRICK OR TREAT	1996	RT	23.00	35.00
❑ TRIGGER	1991	RT	15.00	80.00
❑ TRIPLE DIP SPLIT	2001	*	*	39.00
❑ TRIPLE SCOOP	2001	*	*	92.00
❑ TRIPLE TREASURE	2001	*	*	30.00
❑ TRIXIE TREATER	1996	RT	*	24.00
❑ TROPICAL FISH	1990	RT	24.00	70.00
❑ TROPICAL FISH	1992	RT	17.00	70.00
❑ TRUMPET ANGEL GARLAND	1992	RT	66.00	100.00
❑ TRUMPET MAN	1991	RT	21.00	100.00
❑ TRUMPET PLAYER	1990	RT	18.00	100.00
❑ TUDOR TOY SHOP	2001	*	*	42.00
❑ TULIP FAIRY	1992	RT	18.00	60.00
❑ TULIP FAIRY 91-063-0	1991	RT	16.00	75.00
❑ TURRETS AND TOURS	2001	*	*	36.00
❑ TURTLE BIRD	1995	RT	22.00	48.00
❑ TURTLE/RHINO/ZEBRA/GIRAFFE	1999	RT	*	35.00
❑ TUXEDO CAROUSEL	1994	RT	52.00	80.00
❑ TUXEDO PENGUIN	1990	RT	8.00	225.00
❑ TUXEDO SANTA	1992	RT	22.00	150.00
❑ TUXEDO SANTA	1993	RT	22.00	160.00
❑ TWEETER	1993	RT	4.00	20.00
❑ TWEETY SPRITE	1995	RT	45.00	100.00
❑ TWIN FINIAL	1987	RT	20.00	125.00
❑ TWIN FINIAL	1988	RT	24.00	125.00
❑ TWINKLE TOES 93-233-0	1993	RT	28.00	75.00
❑ TWINKLE TOES 93-233-1	1994	RT	38.00	52.00
❑ TWINKLE TOES 93-233-2	1995	RT	48.00	52.00
❑ TWINKLE TREE	1993	RT	16.00	40.00
❑ TWISTER	1993	RT	17.00	60.00
❑ TWO SIDED SANTA REFLECTOR	1992	RT	28.00	80.00
❑ TWO TURTLEDOVES	1994	RT	28.00	250.00
❑ TWO'S COMPANY	2000	RT	*	35.00
❑ U-BOAT	1993	RT	16.00	52.00
❑ UMBRELLA SANTA	1992	RT	60.00	130.00
❑ UNCLE MAX	1994	RT	26.00	65.00
❑ UNCLE WALLY	1999	RT	*	33.00
❑ UNDER THE WEATHER	2001	*	*	54.00

ORNAMENTS

NAME	YEAR	LIMIT	ISSUE	TREND
❏ UNDER YOUR PILLOW	1999	RT	*	34.00
❏ V.I.P.	1993	RT	23.00	150.00
❏ VALCOURT	1994	RT	29.00	95.00
❏ VAUDEVILLE SAM	1994	RT	18.00	50.00
❏ VICTORIAN LAMP	1987	RT	7.00	120.00
❏ VICTORIAN SANTA & ANGEL BALLOON	1992	RT	68.00	550.00
❏ VICTORIAN SANTA REFLECTOR	1993	RT	28.00	75.00
❏ VICTORIAN VALENTINE	2001	*	*	44.00
❏ VIENNA	1991	RT	22.00	195.00
❏ VIENNA	1992	RT	27.00	160.00
❏ VILLAGE CAROLERS	1992	RT	17.00	50.00
❏ VILLAGE SANTA	1996	RT	30.00	30.00
❏ VILLANDRY	1991	RT	21.00	175.00
❏ VINEYARD	1989	RT	17.00	125.00
❏ VINTAGE CLASSICS	1996	RT	24.00	30.00
❏ VINTAGE GERMAN FINIAL	2001	*	*	135.00
❏ VIRGIN MARY	1992	RT	10.00	50.00
❏ WACKO'S BROTHER DOOFUS	1992	RT	20.00	75.00
❏ WADDLES	1993	RT	4.00	70.00
❏ WALLY	1993	RT	26.00	100.00
❏ WALNUT	1994	*	11.00	12.00
❏ WALRUS	1989	RT	8.00	125.00
❏ WALRUS	1990	RT	9.00	125.00
❏ WASHINGTON MONUMENT	2000	*	*	26.00
❏ WATER LILIES	1992	RT	26.00	100.00
❏ WEDDED BLISS	1994	RT	88.00	200.00
❏ WEDDING BELLS	1992	RT	40.00	200
❏ WEDDING WISHES	2000	RT	*	36.00
❏ WEDNESDAY	1994	RT	42.00	80.00
❏ WEE WADDLE	2001	RT	*	14.00
❏ WELL ROUNDED EDUCATION	2001	RT	*	35.00
❏ WESTMINSTER SANTA	1995	RT	24.00	50.00
❏ WHAT A DONKEY	1994	RT	34.00	70.00
❏ WHITE NIGHTS	1994	RT	26.00	50.00
❏ WILBUR	1994	*	33.00	48.00
❏ WINDSWEPT	1994	RT	29.00	70.00
❏ WINGS AND A SNAIL	1994	RT	32.00	150.00
❏ WINGS OF LOVE	2001	*	*	35.00
❏ WINKING ST. NICK	1991	RT	16.00	80.00
❏ WINTER BEARS HEART 96 AIDS	1996	RT	*	34.00
❏ WINTER BIRDS 93-164-0	1993	RT	27.00	50.00
❏ WINTER BIRDS 93-164-0A	1993	RT	27.00	90.00
❏ WINTER BLOSSOM	1996	RT	46.00	59.00
❏ WINTER DREAM	1996	RT	42.00	85.00
❏ WINTER FROLIC	1994	RT	18.00	60.00
❏ WINTER KISS	1992	RT	18.00	40.00
❏ WINTER LANDSCAPE	1989	RT	17.00	220.00
❏ WINTER PORTRAIT GEM	2001	*	*	30.00
❏ WINTER SNOW SHOE SHACK	1998	RT	*	64.00
❏ WINTER SUN	1995	RT	31.00	50.00
❏ WINTER WHIZ	1997	RT	*	38.00
❏ WINTER WIND	1996	RT	24.00	65.00
❏ WINTER WINDMILL	1997	RT	*	19.00
❏ WINTER WONDERLAND	1992	RT	26.00	85.00
❏ WISE ROYALS	2001	*	*	105.00
❏ WOODLAND SANTA	1991	RT	14.00	75.00
❏ WOODLAND SANTA	1992	RT	20.00	80.00
❏ WRAP 'EM STACK 'EM	2001	*	*	44.00
❏ XENON	1994	RT	38.00	100.00
❏ YANKEE DOODLE SANTA	1996	RT	34.00	34.00
❏ YARN FIGHT	1990	RT	17.00	130.00
❏ YO HO HO	1996	RT	48.00	48.00
❏ YULETIME YODELS	2001	*	*	46.00
❏ ZEBRA	1988	RT	15.00	150.00
❏ ZEBRA	1989	RT	18.00	100.00
❏ ZEBRA	1991	RT	22.00	450.00
❏ ZIEGFELD FOLLIES	1992	RT	27.00	125.00
15TH ANNIVERSARY				**C. RADKO**
❏ BALLOONING SANTA	2000	*	*	74.00
❏ GILDED CAGE	2000	*	*	88.00
❏ RUSSIAN WINTER BLOSSOM SANTA	2000	*	*	85.00
EUROPEAN TOUR SWEEPSTAKES				**C. RADKO**
❏ DYNAMIC DUO	2001	*	*	N/A
❏ SANTA'S SPRING BREAK	2001	*	*	37.00
❏ SCREAM TEAM	2001	*	*	N/A
❏ WET 'N' WILD SANTA	2001	*	*	N/A
MUFFY VANDERBEAR				**C. RADKO**
❏ MUFFY ANGEL	2001	*	*	35.00
❏ MUFFY LITTLE FIR TREE	2001	*	*	37.00
❏ SANTA'S WORKSHOP HOPPY	2001	*	*	34.00
STARLIGHT GEMS				**C. RADKO**
❏ 2001 CHEERS	2000	*	*	19.00
❏ BEACH COMBER	2000	*	*	21.00
❏ BEEFEATER BEAR	2000	*	*	23.00
❏ FROGGY CHILD	2000	*	*	18.00
❏ JUST DESSERTS	2000	*	*	23.00
❏ MASK HARE ADE	2000	*	*	23.00
❏ MILLENNIUM MUNCHKIN 2001	2000	*	*	23.00

NAME	YEAR	LIMIT	ISSUE	TREND
❏ NICK O'BELL	2000	*	*	23.00
❏ NOW DASH AWAY ALL	2000	*	*	20.00
❏ NUTCRACKER TRIO	2000	*	*	22.00
❏ PEE WEE FROSTY	2000	*	*	18.00
❏ PUT THE LOOT IN THE BOOT	2000	*	*	18.00
❏ SANTA JOY	2000	*	*	23.00
❏ SPICY FOLKS	2000	*	*	18.00
❏ STUFFING'S FULL	2000	*	*	23.00
❏ TWEETS ON SWEETS	2000	RT	*	25.00
❏ TWINKLE ST. NICK	2000	*	*	21.00
❏ WHO'S NAUGHTY OR NICE?	2000	*	*	23.00

TRIBUTE TO AMERICA   C. RADKO

NAME	YEAR	LIMIT	ISSUE	TREND
❏ ALL AMERICAN	2001	*	*	37.00
❏ AMERICA'S BRAVEST	2001	*	*	39.00
❏ AMERICA'S FINEST	2001	*	*	39.00
❏ BRAVE HEART	2001	*	*	34.00
❏ E PLURIBUS UNUM	2001	*	*	40.00
❏ FREEDOM RINGS	2001	*	*	38.00
❏ FREEDOM STAR	2001	*	*	32.00
❏ FREEDOM'S WINGS	2001	*	*	38.00
❏ GOD BLESS AMERICA	2001	*	*	41.00
❏ HEROES ALL	2001	*	*	34.00
❏ LET FREEDOM RING	2001	*	*	24.00
❏ LET LIBERTY STAND	2001	*	*	34.00
❏ LIGHTING THE WAY	2001	*	*	46.00
❏ SEMPER FIDELIS	2001	*	*	38.00
❏ SPIRIT OF FREEDOM	2001	*	*	39.00
❏ UNITED FOR FREEDOM	2001	*	*	29.00

CYBIS

CHRISTMAS COLLECTION   *

NAME	YEAR	LIMIT	ISSUE	TREND
❏ 1983 HOLIDAY BELL	1983	YR	145.00	1000.00
❏ 1984 HOLIDAY BELL	1984	YR	145.00	695.00
❏ 1985 HOLIDAY ANGEL	1985	YR	75.00	490.00
❏ 1986 HOLIDAY CHERUB ORNAMENT	1986	YR	75.00	490.00
❏ 1987 HEAVENLY ANGELS	1987	YR	95.00	400.00
❏ 1988 HOLIDAY ORNAMENT	1988	YR	95.00	400.00

DADDY'S LONG LEGS

       K. GERMANY

NAME	YEAR	LIMIT	ISSUE	TREND
❏ FULL FLYING ANGEL	1999	*	13.00	13.00
❏ FULL STANDING SANTA	1999	*	13.00	13.00

BELL ANGELS   K. GERMANY

NAME	YEAR	LIMIT	ISSUE	TREND
❏ BELL ANGELS (3)	1999	*	14.00	14.00

FLYING ANGELS   K. GERMANY

NAME	YEAR	LIMIT	ISSUE	TREND
❏ ANGEL WITH HORN	1999	*	11.00	11.00
❏ ANGEL WITH STAR	1999	*	11.00	11.00
❏ STANDING ANGEL	1999	*	11.00	11.00

SANTA FACES   K. GERMANY

NAME	YEAR	LIMIT	ISSUE	TREND
❏ SANTA W/HOLLY STEM	1999	*	8.00	8.00
❏ SANTA W/POINTED BEARD	1999	*	8.00	8.00
❏ WINKING SANTA	1999	*	8.00	8.00

DAVE GROSSMAN CREATIONS

ANNUAL ROCKWELL BALL ORNAMENTS   N. ROCKWELL

NAME	YEAR	LIMIT	ISSUE	TREND
❏ BIG MOMENT	1988	RT	6.00	10.00
❏ BRINGING HOME THE TREE	1990	RT	6.00	13.00
❏ CHRISTMAS BOUNTY MAN	1984	RT	5.00	10.00
❏ COACHMAN WITH WHIP	1983	RT	5.00	10.00
❏ COMMEMORATIVE	1994	YR	6.00	8.00
❏ DISCOVERY	1989	RT	6.00	13.00
❏ DOWNHILL DARING	1991	RT	6.00	13.00
❏ GRAMPS	1993	YR	6.00	13.00
❏ GRANDPA ON ROCKING HORSE	1977	RT	4.00	15.00
❏ OLD ENGLISH TRIO	1985	RT	5.00	10.00
❏ ON THE ICE	1992	YR	6.00	13.00
❏ SANTA ASLEEP WITH TOYS	1980	RT	5.00	12.00
❏ SANTA AT DESK WITH MAIL BAG	1979	RT	5.00	15.00
❏ SANTA AT GLOBE	1976	RT	4.00	30.00
❏ SANTA FACE ON WINTER SCENE	1982	RT	5.00	10.00
❏ SANTA WITH BOY ON FINGER	1981	RT	5.00	10.00
❏ SANTA WITH FEATHER QUILL	1975	RT	4.00	30.00
❏ SANTA WITH MAP	1978	RT	4.00	15.00
❏ SKATING LESSON	1987	RT	5.00	10.00
❏ TINY TIM ON SHOULDER	1986	RT	5.00	10.00
❏ TRIPLE SELF PORTRAIT	1994	RT	6.00	10.00

ANNUAL ROCKWELL FIGURINE ORNAMENTS   N. ROCKWELL

NAME	YEAR	LIMIT	ISSUE	TREND
❏ BIG MOMENT	1988	RT	20.00	30.00
❏ BRINGING HOME THE TREE	1990	RT	20.00	40.00
❏ CAROLER	1978	RT	15.00	75.00
❏ CHRISTMAS BOUNTY	1984	RT	20.00	30.00
❏ CORNETTIST	1982	RT	20.00	30.00
❏ DISCOVERY	1989	RT	20.00	35.00
❏ DOWNHILL DARING	1991	RT	20.00	40.00
❏ DRUM FOR TOMMY	1979	RT	20.00	50.00
❏ FIDDLER	1983	RT	20.00	40.00
❏ GRAMPS	1993	RT	24.00	30.00
❏ GRANDPA AND ROCKING HORSE	1986	RT	20.00	40.00
❏ JOLLY COACHMAN	1985	RT	20.00	30.00

ORNAMENTS

NAME	YEAR	LIMIT	ISSUE	TREND
LETTERS TO SANTA	1981	RT	20.00	40.00
MERRY CHRISTMAS	1994	RT	24.00	28.00
ON THE ICE	1992	RT	20.00	35.00
SANTA'S GOOD BOYS	1980	RT	20.00	40.00
SKATING LESSON	1987	RT	20.00	30.00
CHARACTER DOLL ORNAMENTS			**ROCKWELL INSPIRED**	
DOCTOR AND DOLL	1983	RT	20.00	30.00
LOVERS	1983	RT	20.00	30.00
SAMPLERS	1983	RT	20.00	30.00
EMMETT KELLY				*
100TH BIRTHDAY	1998	*	20.00	20.00
CHRISTMAS TREE	1996	RT	20.00	20.00
CHRISTMAS TUNES	1992	YR	15.00	16.00
EMMETT THE SANTA	1997	*	20.00	20.00
MERRY CHRISTMAS MR. SCROOGE	1995	RT	20.00	20.00
EMMETT KELLY			**B. LEIGHTON-JONES**	
A CHRISTMAS CAROL	1986	CL	12.00	12.00
CHRISTMAS DINNER	1988	CL	15.00	16.00
CHRISTMAS FEAST	1989	YR	15.00	16.00
CHRISTMAS WREATH	1987	CL	14.00	14.00
DOWNHILL ORNAMENT	1993	YR	20.00	24.00
EMMETT THE SNOWMAN	1991	YR	15.00	16.00
JUST WHAT I NEEDED	1990	YR	15.00	16.00
EMMETT KELLY JR.				*
DOG'S LIFE, A	1999	YR	20.00	20.00
EMMETT KELLY ORIGINAL CIRCUS COLLECTION			**B. LEIGHTON-JONES**	
HOLIDAY SKATER	1994	RT	20.00	24.00
GONE WITH THE WIND				*
BONNIE	1997	OP	24.00	24.00
GOLD PLATED DISC ORNAMENT	1994	OP	13.00	13.00
LIMITED EDITION ORNAMENT	1994	*	25.00	28.00
RHETT WHITE SUIT	1993	CL	20.00	35.00
SCARLETT & RHETT SET OF 5	1996	*	100.00	100.00
SCARLETT BBQ DRESS	1994	RT	20.00	20.00
SCARLETT BLUE DRESS	1996	CL	24.00	24.00
SCARLETT WITH SUITORS	1996	CL	24.00	24.00
SCARLETT-GREEN DRESS	1992	CL	20.00	35.00
GONE WITH THE WIND			**R. BROWN**	
PRISSY	1991	CL	20.00	25.00
GONE WITH THE WIND			**D. GEENTY**	
ASHLEY	1987	CL	15.00	45.00
MAMMY	1989	CL	20.00	20.00
RHETT	1987	CL	15.00	45.00
RHETT AND SCARLETT	1988	CL	20.00	50.00
SCARLETT	1987	CL	15.00	60.00
SCARLETT-RED DRESS	1990	CL	20.00	20.00
TARA	1987	CL	15.00	45.00
MOUSEHOLE COLLECTION				*
MOUSEHOLE	1993	RT	15.00	15.00
MOUSEHOLE	1994	RT	15.00	15.00
NORMAN ROCKWELL				*
BEDSIDE MANNER	1999	YR	6.00	6.00
BEDSIDE MANNER	1999	YR	24.00	24.00

DAVID WINTER COTTAGES/ENESCO GROUP INC.

ORNAMENTS			**D. WINTER**	
GARDEN CHAPEL	2001	RT	25.00	25.00
HOLLYBERRY COTTAGE	1999	RT	45.00	45.00
MEADE COTTAGE	2000	RT	45.00	45.00

DEPARTMENT 56

				*
GAD'S HILL PLACE 98732	1997	RT	*	8.00
CCP ORNAMENTS				*
APOTHECARY SHOP	1986	CL	4.00	60.00
CHRISTMAS CAROL VILLAGE (SET OF 3)	1986	CL	13.00	35.00
GENERAL STORE	1986	CL	4.00	20.00
LIVERY STABLE & BOOT SHOP	1986	CL	4.00	5.00
NATHANIEL BINGHAM FABRICS	1986	CL	4.00	20.00
NEW ENGLAND VILLAGE (SET OF 7)	1986	CL	25.00	290.00
RED SCHOOLHOUSE	1986	CL	4.00	20.00
SCROOGE	1986	CL	4.00	40.00
STEEPLE CHURCH	1986	CL	4.00	20.00
CHRISTMAS CAROL CHARACTER ORNAMENTS				*
BOB CRATCHIT & TINY TIM	1986	CL	4.00	16.00
CHRISTMAS CAROL CHARACTERS (SET OF 3)	1986	CL	13.00	35.00
POULTERER	1986	CL	4.00	16.00
CLASSIC ORNAMENT SERIES				*
CITY HALL	1998	*	15.00	20.00
CRAGGY COVE LIGHTHOUSE	1998	*	15.00	20.00
DICKENS' VILLAGE CHURCH	1998	*	15.00	20.00
DOROTHY'S DRESS SHOP	1998	RT	15.00	20.00
FIRST HOUSE THAT LOVE BUILT, THE	*	RT	*	N/A
J. YOUNG'S GRANARY	1998	*	15.00	20.00
NANTUCKET	1998	*	15.00	20.00
OLD CURIOSITY SHOP, THE	1998	*	15.00	20.00
SANTA'S LOOKOUT TOWER	1998	*	15.00	20.00

NAME	YEAR	LIMIT	ISSUE	TREND
☐ STEEPLED CHURCH	1998	*	15.00	20.00
☐ TIMES TOWER, THE	*	RT	*	N/A
DICKENS' VILLAGE				*
☐ DEDLOCK ARMS INN 9872-8	1994	RT	12.00	7.00
☐ SIR JOHN FALSTAFF INN 9870-1	1995	RT	15.00	7.00
HERITAGE VILLAGE				*
☐ CROWN & CRICKET INN #98730	1996	RT	15.00	15.00
☐ GRAPES INN, THE #98729	1996	RT	15.00	15.00
☐ PIED BULL INN, THE #98731	1996	RT	15.00	20.00
MISCELLANEOUS ORNAMENTS				*
☐ BALSAM BELL BRASS DICKENS' CANDLESTICK	1988	CL	3.00	10.00
☐ BOB & MRS. CRATCHIT	1988	CL	18.00	35.00
☐ DICKENS TIN ORNAMENTS (SET OF 6)	1984	CL	12.00	165.00
☐ SCROOGE'S HEAD	1988	CL	13.00	24.00
☐ TINY TIM'S HEAD	1988	CL	10.00	24.00
SILHOUETTE TREASURES				*
☐ CHRISTMAS BOUQUET	2001	OP	15.00	15.00
☐ CHRISTMAS STORY	2001	OP	15.00	15.00
SNOWBABIES				**K.J. PIERRO**
☐ 1ST BIRTHDAY 69091	2000	RT	*	N/A
☐ 2ND BIRTHDAY 69092	2000	RT	*	N/A
☐ 3RD BIRTHDAY 69093	2000	RT	*	N/A
☐ ADRIFT, LITE-UP, CLIP-ON 79693	1987	RT	8.00	125.00
☐ AIR MAIL 69523	2002	*	13.00	13.00
☐ ARE YOU ON MY LIST? 68797	1995	RT	*	N/A
☐ BABY'S 1ST RATTLE 68828	1996	OP	15.00	16.00
☐ BABY'S FIRST PHOTO 68913	1998	RT	9.00	9.00
☐ BATTER UP 68957	2001	OP	13.00	13.00
☐ BE AN ARTIST	2000	RT	*	30.00
☐ BE MY BABY 68667	1994	RT	15.00	15.00
☐ CANDLE LIGHT...SEASON BRIGHT 68864	1998	RT	14.00	14.00
☐ CATCH A FALLING STAR 68713	1994	RT	*	N/A
☐ CRAWLING, LITE-UP, CLIP-ON 7953-7	1986	RT	7.00	26.00
☐ FIRST CHRISTMAS TOGETHER	2001	OP	18.00	18.00
☐ FIRST STAR JINGLEBABY 68586	1994	RT	11.00	11.00
☐ FIVE, SIX, A DRUM WITH STICKS 68865	1998	RT	14.00	14.00
☐ FLY ME TO THE MOON 68885	1998	RT	17.00	17.00
☐ FROM GOD DATED 69200	2002	*	15.00	15.00
☐ FROSTY FROLIC FRIENDS	1999	RT	*	17.00
☐ GATHERING STARS IN THE SKY 68551	1994	RT	13.00	13.00
☐ ICICLES, SET OF 4, 68250	1992	RT	16.00	16.00
☐ JINGLEBELL JINGLEBABY 68826	1996	OP	11.00	11.00
☐ JOY SET OF 3, 68807	1995	RT	33.00	33.00
☐ JOY TO THE WORLD 68829	1996	RT	17.00	17.00
☐ JUGGLING STARS IN THE SKY 68675	1994	RT	15.00	15.00
☐ JUST FOR YOU JINGLEBABY 68691	1994	RT	11.00	11.00
☐ LIGHT UP THE NIGHT 5704	2000	RT	*	40.00
☐ LITTLE DRUMMER JINGLEBABY 68594	1994	RT	11.00	11.00
☐ MINI, LITE-UP, CLIP-ON 7976-6	1987	RT	9.00	18.00
☐ MOONBEAMS 79510	1987	RT	8.00	22.00
☐ MY FIRST STAR 6811-0	1991	OP	7.00	10.00
☐ NIGHT BEFORE CHRISTMAS, THE- BELL	1996	OP	18.00	18.00
☐ NIGHT BEFORE CHRISTMAS, THE- DRUMMER	1996	OP	18.00	18.00
☐ NIGHT BEFORE CHRISTMAS, THE- MOON	1996	OP	18.00	18.00
☐ NIGHT BEFORE CHRISTMAS, THE- PACKAGE	1996	OP	18.00	18.00
☐ NIGHT BEFORE CHRISTMAS, THE- SISAL TREE	1996	OP	18.00	18.00
☐ NIGHT BEFORE CHRISTMAS, THE- SNOWBALL	1996	OP	18.00	18.00
☐ NIGHT BEFORE CHRISTMAS, THE- SOLDIER	1996	OP	18.00	18.00
☐ NIGHT BEFORE CHRISTMAS, THE- STAR	1996	OP	18.00	18.00
☐ NIGHT BEFORE CHRISTMAS, THE- WREATH	1996	OP	18.00	18.00
☐ NINE, TEN, YOU'RE MY BEST FRIEND BOOTIEBABY 68900	1998	RT	*	N/A
☐ NOEL 7988-0	1989	OP	8.00	8.00
☐ ONE LITTLE CANDLE JINGLEBABY 68806	1995	RT	11.00	11.00
☐ ONE, TWO, HIGH BUTTON SHOE BOOTIEBABY 68844	1997	RT	*	N/A
☐ ORNAMENT ON BRASS RIBBON 7961-8	1986	RT	8.00	215.00
☐ OVERNIGHT DELIVERY 68808	1995	RT	10.00	10.00
☐ PAPIER-MACHE SNOWFLAKES, SET OF 2, 69190	2001	*	25.00	25.00
☐ PENGUIN, LITE-UP, CLIP ON 7940-5	1990	RT	5.00	35.00
☐ POLAR BEAR, LITE-UP, CLIP-ON 7941-3	1990	RT	5.00	35.00
☐ REACH FOR THE MOON 68914	1998	RT	15.00	15.00
☐ READY, SET!	2001	OP	13.00	13.00
☐ ROCK-A-BYE-BABY 79391	1990	RT	8.00	8.00
☐ ROYAL BOOTIEBABY 68951	1999	RT	14.00	14.00
☐ SCORE	2001	OP	13.00	13.00
☐ SEALED WITH A KISS 69062	2000	*	14.00	14.00
☐ SEVEN, EIGHT, TIME TO SKATE BOOTIEBABY 68886	1998	RT	13.00	13.00
☐ SITTING, LITE-UP, CLIP-ON 7952-9	1986	RT	7.00	65.00
☐ SNOWBABY IN MY STOCKING 68827	1996	RT	10.00	10.00
☐ SPRINKLING STARS IN THE SKY 6848-9	1993	RT	14.00	14.00
☐ STAR BRIGHT 7990-1	1989	RT	8.00	14.00
☐ STAR ON THE TOP 68952	1999	RT	13.00	13.00
☐ STARRY PINE JINGLEBABY 68825	1996	RT	11.00	11.00
☐ STARRY, STARRY NIGHT 68306	1992	RT	13.00	13.00
☐ STARS IN MY STOCKING JINGLEBABY 68683	1994	RT	11.00	11.00
☐ SURPRISE 7989-8	1989	RT	12.00	48.00
☐ SWINGING ON A STAR 6810-1	1991	RT	10.00	10.00
☐ THREE, FOUR, NO ROOM FOR ONE MORE BOOTIEBABY 68845	1997	RT	13.00	13.00
☐ TOOTH FAIRY HINGED BOX ORNAMENT 69095	2001	RT	18.00	18.00

ORNAMENTS

ORNAMENTS

NAME	YEAR	LIMIT	ISSUE	TREND
❏ TWINKLE LITTLE STAR 7980-4	1988	RT	7.00	135.00
❏ WEE... THIS IS FUN! 6847-9	1993	RT	14.00	32.00
❏ WINGED, LITE-UP, CLIP-ON 7954-5	1986	RT	7.00	75.00
❏ YOU DIDN'T FORGET ME! WATERGLOBE MUSIC BOX 68500	1993	RT	*	N/A
SNOWBABIES GUEST COLLECTION				**K.J. PIERRO**
❏ GUIDING THE SLEIGH 69907	2001	OP	15.00	15.00
❏ RED-NOSED REINDEER 69908	2001	OP	18.00	18.00
❏ SWINGING ON THE MOON WITH ELOISE 69920	2002	*	18.00	18.00
❏ WE SEE EYE TO EYE 69924	2002	*	15.00	15.00
SNOWBABIES IDEATION EXCLUSIVE				**K.J. PIERRO**
❏ SMOOTH MOVES 5706	2000	RT	*	N/A
SNOWBABIES MINIATURE ORNAMENTS				**K.J. PIERRO**
❏ HOLD THAT POSE 69524	2002	*	13.00	13.00
❏ JUMP FOR JOY 69525	2002	*	13.00	13.00
❏ LET'S GO SKIING	1998	RT	13.00	13.00
❏ SHALL I PLAY FOR YOU?	1998	RT	13.00	13.00
❏ STARLIGHT SERENADE	1998	RT	13.00	13.00
VILLAGE LIGHT-UP ORNAMENTS				*
❏ ABEL BEASLEY BUTCHER	1985	CL	6.00	18.00
❏ APOTHECARY SHOP	1986	CL	6.00	16.00
❏ BARLEY BREE FARMHOUSE	1987	CL	6.00	32.00
❏ BEAN AND SON SMITHY SHOP	1985	CL	6.00	32.00
❏ BLYTHE POND MILL HOUSE	1987	CL	6.00	24.00
❏ BRICK ABBEY	1987	CL	6.00	69.00
❏ BRICK TOWN HALL	1986	CL	6.00	35.00
❏ CANDLE SHOP	1985	CL	6.00	28.00
❏ CHESTERTON MANOR HOUSE	1987	CL	6.00	84.00
❏ CHRISTMAS CAROL COTTAGES (SET OF 3)	1987	CL	17.00	40.00
❏ COTTAGE OF BOB CRATCHIT & TINY TIM, THE	1987	CL	6.00	45.00
❏ CRAGGY COVE LIGHTHOUSE	1987	CL	6.00	175.00
❏ CROWNTREE INN	1985	CL	6.00	24.00
❏ DICKENS' VILLAGE (SET OF 6)	1987	CL	36.00	130.00
❏ DICKENS' VILLAGE (SET OF 8)	1985	CL	48.00	210.00
❏ DICKENS' VILLAGE CHURCH	1985	CL	6.00	50.00
❏ FEZZIWIG'S WAREHOUSE	1987	CL	6.00	25.00
❏ GENERAL STORE	1986	CL	6.00	32.00
❏ GOLDEN SWAN BAKER	1985	CL	6.00	18.00
❏ GREEN GROCER	1985	CL	6.00	32.00
❏ JACOB ADAMS BARN	1987	CL	6.00	38.00
❏ JACOB ADAMS FARMHOUSE	1987	CL	6.00	34.00
❏ JONES & CO. BRUSH & BASKET SHOP	1985	CL	6.00	62.00
❏ KENILWORTH CASTLE	1987	CL	6.00	50.00
❏ LIVERY STABLE & BOOT SHOP	1986	CL	6.00	25.00
❏ NATHANIEL BINGHAM FABRICS	1986	CL	6.00	25.00
❏ NEW ENGLAND VILLAGE (SET OF 6)	1987	CL	36.00	250.00
❏ NEW ENGLAND VILLAGE (SET OF 7)	1986	CL	42.00	300.00
❏ OLD CURIOSITY SHOP, THE	1987	CL	6.00	32.00
❏ RED SCHOOLHOUSE	1986	CL	6.00	48.00
❏ SCROOGE & MARLEY COUNTINGHOUSE	1987	CL	6.00	39.00
❏ SMYTHE WOOLEN MILL	1987	CL	6.00	74.00
❏ STEEPLE CHURCH	1986	CL	6.00	95.00
❏ TIMBER KNOLL LOG CABIN	1987	CL	6.00	125.00
❏ WESTON TRAIN STATION	1987	CL	6.00	40.00

ENESCO CORP.

NAME	YEAR	LIMIT	ISSUE	TREND
CALICO KITTENS FOR YOU WITH MESSAGES				**P. HILLMAN**
❏ TITLE N/A 178497	1996	*	12.00	13.00
CALICO KITTENS I LOVE MY KITTY				**P. HILLMAN**
❏ BIRD SEED FROM KITTY 144355	1995	*	14.00	14.00
❏ I LOVE MY CAT 144320	1995	*	11.00	11.00
❏ MERRY CHRISTMAS KITTY 144266	1995	*	11.00	11.00
❏ TITLE N/A	1995	*	11.00	11.00
❏ TO MY CAT 144398	1995	*	11.00	11.00
❏ TO MY KITTY 144274	1995	*	11.00	11.00
CALICO KITTENS ITTY BITTY KITTY CHRISTMAS KITTY				**P. HILLMAN**
❏ TITLE N/A 178462	1996	*	7.00	7.00
❏ TITLE N/A 178489	1996	*	12.00	13.00
❏ TITLE N/A 178500	1996	*	12.00	13.00
❏ TITLE N/A 178519	1996	*	12.00	13.00
❏ TITLE N/A 178551	1996	*	10.00	10.00
CALICO KITTENS/ 1993 CHRISTMAS INTRODUCTION				**P. HILLMAN**
❏ BABY'S FIRST ORNAMENT- BOY	1993	RT	16.00	30.00
❏ BABY'S FIRST ORNAMENT- GIRL	1993	RT	16.00	30.00
❏ CAT WITH BLUE HAT- 3 PC	1993	RT	11.00	11.00
❏ CAT WITH GREEN HAT- 3 PC	1993	RT	11.00	11.00
❏ CAT WITH RED HAT- 3 PC	1993	RT	11.00	11.00
CALICO KITTENS/ 1994 CHRISTMAS INTRODUCTION				**P. HILLMAN**
❏ JOY TO THE WORLD- 2 PC	1994	RT	14.00	14.00
❏ OUR FIRST CHRISTMAS TOGETHER	1994	RT	15.00	30.00
❏ PEACE ON EARTH- 2 PC	1994	RT	14.00	14.00
CHERISHED TEDDIES				**P. HILLMAN**
❏ 1997 DATED	1997	YR	12.00	13.00
❏ BABY ANGEL ON CLOUD 141240	1995	OP	14.00	14.00
❏ BABY'S FIRST CHRISTMAS	2002	YR	12.00	12.00
❏ BEAR W/DANGLING MITTENS 177768	1996	OP	12.00	20.00
❏ BOY AND GIRL WITH BANNER 141259	1995	OP	14.00	20.00
❏ GINGERBREAD	1998	YR	12.00	20.00
❏ JACK FROST, DATED	2002	*	12.00	12.00
❏ YOU'RE SKATED INTO MY HEART 141232	1995	YR	12.00	13.00

NAME	YEAR	LIMIT	ISSUE	TREND
CHERISHED TEDDIES CHRISTMAS				P. HILLMAN
❑ ANGEL BEAR	1992	SU	12.00	45.00
❑ ANGEL WITH BELLS	1993	SU	12.00	25.00
❑ ANGEL WITH HARP	1993	SU	12.00	25.00
❑ ANGEL WITH HORN	1993	SU	12.00	25.00
❑ BABY BOY'S FIRST CHRISTMAS	1993	YR	12.00	25.00
❑ BABY GIRL'S FIRST CHRISTMAS	1993	YR	12.00	25.00
❑ BEAR IN SANTA CAP	1993	SU	12.00	25.00
❑ BEAR IN STOCKING	1992	YR	16.00	50.00
❑ BEAR ON ROCKING REINDEER	1992	SU	20.00	50.00
❑ BEAR WITH ICE SKATES	1995	YR	12.00	25.00
❑ BEARS IN SLED	1994	*	15.00	37.00
❑ BEARY CHRISTMAS-BABY IN BASKET	1994	YR	15.00	25.00
❑ DRUMMER BOY	1994	YR	10.00	25.00
❑ GIRL WITH MUFF	1993	YR	14.00	20.00
❑ SISTER WITH BLUE HAT	1992	SU	12.00	21.00
❑ SISTER WITH RED HAT	1992	SU	12.00	20.00
❑ SISTER WITH SANTA'S CAP	1992	SU	12.00	21.00
CHERISHED TEDDIES HOLIDAY DANGLING				P. HILLMAN
❑ JOY AND HO HO	1996	*	12.00	12.00
CHERISHED TEDDIES MESSENGERS OF THE HEART				P. HILLMAN
❑ BOY BEAR FLYING CUPID	1995	SU	13.00	25.00
❑ GIRL BEAR FLYING CUPID	1995	SU	13.00	25.00
CHERISHED TEDDIES SANTA'S WORKSHOP				P. HILLMAN
❑ ELF BEAR WITH CANDY CANE 651389	1995	SU	12.00	20.00
❑ ELF BEAR WITH DOLL 625434	1995	SU	12.00	20.00
❑ ELF BEAR WITH REINDEER TOY 625442	1995	SU	12.00	15.00
❑ MRS. CLAUS HOLDING TRAY OF COOKIES 625426	1995	SU	12.00	20.00
❑ SANTA BEAR 651370	1995	OP	12.00	15.00
CHRISTMAS ORNAMENTS				D. WINTER
❑ HOLLY BERRY COTTAGE	1999	OP	30.00	30.00
FRIENDS OF A FEATHER WINTER'S JOURNEY				K. HAHN
❑ GATHER LOVE CLOSE	2002	YR	13.00	13.00
FROM BARBIE WITH LOVE				*
❑ BARBIE AS S. O'HARA IN GRN VELVET 182028	1996	YR	12.00	13.00
❑ DECOUPAGE HEART 189103	1996	*	9.00	9.00
❑ DECOUPAGE ROUND 189030	1996	*	8.00	8.00
❑ HAPPY HOLIDAY BARBIE, 1989 188867	1996	YR	12.00	13.00
❑ HAPPY HOLIDAY BARBIE, 1996 188824	1996	YR	12.00	13.00
❑ HOLIDAY DANCE 1965 188808	1996	*	12.00	13.00
❑ QUEEN OF HEARTS BARBIE 187704	1996	*	9.00	9.00
JOHN DEERE				*
❑ FROM SMALL BEGINNINGS COME GREAT THINGS	2002	YR	8.00	8.00
MARY'S MOO MOOS COWABUNGAS				M. RHYNER-NADIG
❑ I LOVE MOO	1996	OP	8.00	8.00
❑ SHUCKS YOU'RE SWEET	1996	OP	8.00	8.00
❑ UDDERLY WONDERFUL	1996	OP	8.00	8.00
MARY'S MOO MOOS MOOEY CHRISTMAS				M. RHYNER-NADIG
❑ BABY'S 1ST CHRISTMAS	1996	OP	12.00	13.00
❑ BOY/GIRL ON SLED	1996	OP	12.00	13.00
❑ COWBOY	1996	OP	10.00	10.00
❑ GIRL SKATER	1996	OP	12.00	13.00
❑ SANTA/DATED	1996	OP	6.00	7.00
❑ WHEE ARE MOOVIN!	1996	YR	25.00	25.00
MARY'S MOO MOOS MOO-SENGERS OF LOVE				M. RHYNER-NADIG
❑ CUPID H/O W/STAND	1996	OP	7.00	7.00
❑ GIRL/HEART H/O	1996	OP	7.00	7.00
MARY'S MOO MOOS OH NIGHT BOVINE				M. RHYNER-NADIG
❑ OH NIGHT BOVINE	2002	YR	13.00	13.00
MARY'S MOO MOOS-DATED 1997				M. RHYNER-NADIG
❑ IT'S BUTTER TO GIVE THAN TO RECIEVE	1997	YR	12.00	13.00
MEMORIES OF YESTERDAY				M. ATTWELL
❑ BABY'S FIRST CHRISTMAS-520373	1988	YR	14.00	50.00
❑ BABY'S FIRST CHRISTMAS-522465	1989	OP	15.00	20.00
❑ CAN I KEEP HER, MOMMY?	1996	OP	14.00	14.00
❑ CHRISTMAS TOGETHER-522562	1989	CL	15.00	34.00
❑ GIVE YOURSELF A HUG FROM ME	1994	YR	18.00	18.00
❑ HAPPY LANDINGS	1995	YR	16.00	16.00
❑ I PRAY THE LORD MY SOUL TO KEEP	1995	OP	15.00	15.00
❑ I'LL FLY ALONG TO SEE YOU SOON-525804	1992	YR	16.00	16.00
❑ JUST WATCHIN' OVER YOU-525421	1991	RT	18.00	25.00
❑ LUCKY ME-525448	1991	RT	16.00	20.00
❑ LUCKY YOU-525847	1991	RT	16.00	16.00
❑ MERRY CHRISTMAS, LITTLE BOO-BOO-528803	1992	OP	38.00	38.00
❑ MOMMY, I TEARED IT-527041	1992	YR	15.00	16.00
❑ MOONSTRUCK-524794	1990	RT	15.00	20.00
❑ NEW MOON-524646	1990	SU	15.00	25.00
❑ NOW I LAY ME DOWN TO SLEEP	1995	OP	15.00	15.00
❑ SAILIN' WITH MY FRIENDS-587575	1992	OP	25.00	25.00
❑ SHARING GINGERBREAD BLESSINGS	1997	YR	18.00	18.00
❑ S'NO USE LOOKIN' BACK NOW!-527181	1991	YR	18.00	25.00
❑ SPECIAL DELIVERY!-520381	1988	YR	14.00	40.00
❑ STAR FISHIN'-525820	1991	OP	16.00	16.00
❑ STAR LIGHT, STAR BRIGHT-528838	1992	OP	16.00	16.00
❑ SURPRISE FOR SANTA-522473	1989	YR	14.00	22.00
❑ SWINGING TOGETHER-580481	1992	YR	18.00	20.00
❑ TIME FOR BED-524638	1990	YR	15.00	22.00
❑ WISH I COULD FLY TO YOU?	1993	YR	16.00	16.00

ORNAMENTS

ORNAMENTS

NAME	YEAR	LIMIT	ISSUE	TREND
MEMORIES OF YESTERDAY 97 NATIVITY PAGEANT				**M. ATTWELL**
❑ ANGEL WITH HOLDER	1997	OP	18.00	18.00
MEMORIES OF YESTERDAY EVENT ONLY				**M. ATTWELL**
❑ HOW 'BOUT A LITTLE KISS?	1993	CL	16.00	45.00
❑ YOU WARM MY HEART WITH FRIENDSHIP	1997	YR	15.00	15.00
MEMORIES OF YESTERDAY FRIENDSHIP				**M. ATTWELL**
❑ I LOVE YOU THIS MUCH!	1996	OP	14.00	14.00
MEMORIES OF YESTERDAY SOCIETY MEMBERS ONLY				**M. ATTWELL**
❑ I'M BRINGING GOOD LUCK-WHEREVER YOU ARE	1993	YR	16.00	20.00
❑ WITH LUCK/I'S IN HEAVEN-MY922	1992	YR	16.00	20.00
MEMORIES OF YESTERDAY-WINTER MEMORIES SERIES				**M. ATTWELL**
❑ I'SE SWINGIN'-564923 (DATED)	1989	YR	15.00	30.00
❑ MAY EVERYTHING GO WITH A SWING-569550	1990	YR	16.00	16.00
❑ SWING WITH ME-580473 (DATED)	1991	YR	16.00	16.00
PRECIOUS MOMENTS				**S. BUTCHER**
❑ 15 YEARS-TWEET MUSIC TOGETHER 530840	1992	LE	15.00	23.00
❑ ALWAYS ROOM FOR ONE MORE 522961	1988	OP	*	100.00
❑ AN EVENT FOR ALL SEASONS 529974	1993	LE	15.00	25.00
❑ AN EVENT FOR ALL SEASONS 530158	1993	OP	30.00	30.00
❑ ANGEL OF MERCY 102407	1985	OP	10.00	20.00
❑ BABY'S FIRST CHRISTMAS (BOY) 527084	1990	YR	15.00	30.00
❑ BABY'S FIRST CHRISTMAS (GIRL) 527092	1990	YR	15.00	30.00
❑ BABY'S FIRST CHRISTMAS 102504	1985	YR	10.00	30.00
❑ BABY'S FIRST CHRISTMAS 102512	1985	YR	10.00	30.00
❑ BABY'S FIRST CHRISTMAS 109401	1986	YR	12.00	40.00
❑ BABY'S FIRST CHRISTMAS 109401	1987	YR	12.00	45.00
❑ BABY'S FIRST CHRISTMAS 109428	1986	YR	12.00	40.00
❑ BABY'S FIRST CHRISTMAS 109428	1987	YR	12.00	45.00
❑ BABY'S FIRST CHRISTMAS 115282	1988	YR	15.00	20.00
❑ BABY'S FIRST CHRISTMAS 142719	1995	OP	18.00	18.00
❑ BABY'S FIRST CHRISTMAS 142727	1995	OP	18.00	18.00
❑ BABY'S FIRST CHRISTMAS 15903	1985	YR	10.00	45.00
❑ BABY'S FIRST CHRISTMAS 15911	1985	YR	10.00	35.00
❑ BABY'S FIRST CHRISTMAS 520241	1988	YR	13.00	28.00
❑ BABY'S FIRST CHRISTMAS 523194	1988	YR	15.00	25.00
❑ BABY'S FIRST CHRISTMAS 523208	1988	YR	15.00	25.00
❑ BABY'S FIRST CHRISTMAS 523771	1989	YR	15.00	22.00
❑ BABY'S FIRST CHRISTMAS 523798	1989	YR	15.00	22.00
❑ BABY'S FIRST CHRISTMAS 527475	1992	YR	15.00	30.00
❑ BABY'S FIRST CHRISTMAS 527483	1992	YR	15.00	29.00
❑ BABY'S FIRST CHRISTMAS 530255	1994	YR	16.00	16.00
❑ BABY'S FIRST CHRISTMAS 530263	1994	YR	16.00	30.00
❑ BABY'S FIRST CHRISTMAS 530859	1992	YR	15.00	25.00
❑ BABY'S FIRST CHRISTMAS 530867	1992	YR	15.00	30.00
❑ BABY'S FIRST CHRISTMAS E-2362	1982	SU	9.00	43.00
❑ BABY'S FIRST CHRISTMAS E-2372	1982	SU	9.00	44.00
❑ BABY'S FIRST CHRISTMAS E-5631	1980	SU	6.00	61.00
❑ BABY'S FIRST CHRISTMAS E-5632	1980	SU	6.00	57.00
❑ BABY'S FIRST CHRISTMAS-BOY 183946	1996	YR	18.00	18.00
❑ BABY'S FIRST CHRISTMAS-GIRL 183938	1996	YR	18.00	26.00
❑ BEAR THE GOOD NEWS IF CHRISTMAS 104515	1987	YR	11.00	25.00
❑ BLESSED ARE THE PURE IN HEART E-0518	1983	YR	9.00	35.00
❑ BLESSED ARE THE PURE IN HEART E-5392	1984	YR	10.00	39.00
❑ BRINGING BOUQUETS OF LOVE	2002	*	19.00	19.00
❑ BUNDLES OF JOY 525057	1989	LE	18.00	30.00
❑ BUT LOVE GOES ON FOREVER E-5627	1981	SU	6.00	77.00
❑ BUT LOVE GOES ON FOREVER E-5628	1981	SU	6.00	115.00
❑ BUT THE GREATEST OF THESE IS LOVE 527696	1992	YR	15.00	46.00
❑ BUT THE GREATEST OF THESE IS LOVE 527734	1992	YR	30.00	40.00
❑ CAMEL, DONKEY & COW (3 PC SET) E-2386	1982	SU	25.00	87.00
❑ CELEBRATING...SHARING & CARING 227986	1989	YR	7.00	10.00
❑ CHEERS TO THE LEADER 113999	1988	SU	14.00	33.00
❑ CHRISTMAS IS RUFF WITHOUT YOU 520462	1988	YR	13.00	32.00
❑ COME LET US ADORE HIM (4PC SET) E-5633	1981	SU	20.00	130.00
❑ DASHING THROUGH THE SNOW 521574	1987	OP	15.00	20.00
❑ DELIVERING LOTS OF LOVE 104789	2002	*	19.00	19.00
❑ DON'T LET THE HOLIDAYS..DOWN 521590	1988	OP	15.00	35.00
❑ DROPPING IN FOR CHRISTMAS E-2369	1982	RT	9.00	51.00
❑ DROPPING OVER FOR CHRISTMAS E-2376	1982	RT	9.00	47.00
❑ FIRST NOEL, THE- E-2368	1982	RT	9.00	50.00
❑ FIRST NOEL, THE-E-2367	1982	SU	9.00	70.00
❑ FOLLOW YOUR HEART 528080	1995	OP	30.00	30.00
❑ FRIENDS NEVER DRIFT APART 522937	1989	RT	18.00	30.00
❑ GLIDE THROUGH THE HOLIDAYS 521566	1988	RT	14.00	35.00
❑ GOD SENT HIS LOVE 15768	1985	YR	10.00	33.00
❑ GOD SENT YOU JUST IN TIME 113972	1988	SU	14.00	35.00
❑ GOD'S PRECIOUS GIFT 183881	1996	OP	20.00	20.00
❑ GOOD FRIENDS ARE FOR ALWAYS 524131	1992	RT	15.00	37.00
❑ GOOD LORD ALWAYS DELIVERS, THE- 527165	1990	SU	15.00	30.00
❑ GROWING LOVE 520349	1988	*	*	70.00
❑ HANG ON FOR THE HOLLY DAYS 520292	1988	YR	13.00	33.00
❑ HANGING OUT FOR THE HOLIDAYS 104795	2002	*	17.00	17.00
❑ HAPPINESS IS THE LORD 15830	1985	SU	10.00	32.00
❑ HAPPY TRAILS IS TRUSTING JESUS 523224	1989	OP	15.00	20.00
❑ HAVE A HEAVENLY CHRISTMAS 12416	1984	OP	12.00	30.00
❑ HE CLEANSED MY SOUL 112380	1986	OP	12.00	24.00
❑ HE COVERS THE EARTH W/HIS BEAUTY 142662	1995	OP	17.00	17.00
❑ HE COVERS THE EARTH W/HIS BEAUTY 142689	1995	OP	30.00	30.00

NAME	YEAR	LIMIT	ISSUE	TREND
❑ HIPPO HOLIDAYS	1995	OP	17.00	17.00
❑ HOLIDAY SURPRISES COME IN ALL SIZES 104793	2002	*	19.00	19.00
❑ HONK IF YOU LOVE JESUS 15857	1985	SU	10.00	25.00
❑ HOOKED ON THE HOLIDAYS 104794	2002	*	17.00	17.00
❑ I BELIEVE IN THE OLD RUGGED CROSS 522953	1988	OP	15.00	20.00
❑ I'LL PLAY MY DRUM FOR HIM E-2359	1982	YR	9.00	86.00
❑ I'M A POSSIBILITY 111120	1986	SU	10.00	36.00
❑ I'M A POSSIBILITY 111120	1987	*	10.00	34.00
❑ I'M NUTS ABOUT YOU 520411	1992	YR	16.00	27.00
❑ I'M SENDING YOU A WHITE CHRISTMAS 112372	1986	SU	11.00	32.00
❑ IT'S A PERFECT BOY 102415	1985	SU	10.00	25.00
❑ IT'S SO UPLIFTING...FRIEND...YOU 528846	1992	OP	16.00	22.00
❑ JESUS IS THE LIGHT THAT SHINES E-0537	1983	SU	9.00	65.00
❑ JOY FROM HEAD TO MISTLETOE 150126	1995	OP	17.00	17.00
❑ JOY TO THE WORLD E-2343	1982	SU	9.00	57.00
❑ JOY TO THE WORLD E-5388	1984	RT	10.00	45.00
❑ LET HEAVEN AND NATURE SING F-0532	1983	RT	9.00	45.00
❑ LET THE HEAVENS REJOICE E-5629	1981	YR	6.00	240.00
❑ LORD KEEP ME ON MY TOES 102423	1985	RT	10.00	45.00
❑ LORD KEEP ME ON MY TOES 525332	1992	OP	15.00	17.00
❑ LOVE IS KIND E-5391	1984	SU	10.00	35.00
❑ LOVE IS PATIENT E-0535	1983	SU	9.00	57.00
❑ LOVE IS PATIENT E-0536	1983	SU	9.00	60.00
❑ LOVE IS THE BEST GIFT OF ALL 109770	1986	YR	11.00	30.00
❑ LOVE ONE ANOTHER 522929	1989	OP	18.00	20.00
❑ LOVE RESCUE ME 102385	1985	OP	10.00	22.00
❑ MAKE A JOYFUL NOISE 522910	1988	SU	15.00	19.00
❑ MAKING THE HOLIDAYS SPECIAL 104788	2002	*	19.00	19.00
❑ MAY ALL YOUR CHRISTMASES..521302	1988	OP	14.00	20.00
❑ MAY GOD BLESS YOU/PERFECT SEASON E-5390	1984	SU	10.00	35.00
❑ MAY YOUR CHRISTMAS BE DELIGHTFUL 15849	1985	SU	10.00	25.00
❑ MAY YOUR CHRISTMAS BE HAPPY 15822	1985	SU	10.00	45.00
❑ MAY YOUR CHRISTMAS BE MERRY 524174	1990	YR	15.00	35.00
❑ MAY YOUR CHRISTMAS BE MERRY 526940	1990	YR	30.00	35.00
❑ MAY YOUR CHRISTMAS BE MERRY 526940	1991	YR	30.00	35.00
❑ MAY YOUR CHRISTMAS BE/HAPPY HOME 523704	1989	YR	28.00	32.00
❑ MEMORIES ARE MADE OF THIS 529982	1994	OP	30.00	30.00
❑ MERRY CHRISMOOSE 150134	1995	OP	17.00	17.00
❑ MOTHER SEW DEAR E-0514	1983	OP	9.00	24.00
❑ MOUSE WITH CHEESE E-2381	1982	SU	9.00	115.00
❑ MY LOVE WILL NEVER LET YOU GO 114006	1988	SU	14.00	35.00
❑ NO ONE'S SWEETER THAN YOU 104785	2002	*	19.00	19.00
❑ O COME ALL YE FAITHFUL E-0531	1983	SU	10.00	59.00
❑ OH HOLY NIGHT 522848	1988	YR	14.00	32.00
❑ OH HOLY NIGHT 522848	1989	YR	14.00	40.00
❑ ONCE UPON A HOLY NIGHT 523852	1989	YR	15.00	35.00
❑ OUR FIRST CHRISTMAS TOGETHER 102350	1985	YR	10.00	30.00
❑ OUR FIRST CHRISTMAS TOGETHER 112399	1986	YR	11.00	38.00
❑ OUR FIRST CHRISTMAS TOGETHER 142700	1995	OP	19.00	19.00
❑ OUR FIRST CHRISTMAS TOGETHER 183911	1996	YR	23.00	30.00
❑ OUR FIRST CHRISTMAS TOGETHER 520233	1988	YR	13.00	21.00
❑ OUR FIRST CHRISTMAS TOGETHER 521558	1988	YR	18.00	35.00
❑ OUR FIRST CHRISTMAS TOGETHER 522945	1989	YR	18.00	25.00
❑ OUR FIRST CHRISTMAS TOGETHER 525324	1989	YR	18.00	28.00
❑ OUR FIRST CHRISTMAS TOGETHER 528870	1992	YR	18.00	32.00
❑ OUR FIRST CHRISTMAS TOGETHER 529206	1994	OP	19.00	19.00
❑ OUR FIRST CHRISTMAS TOGETHER 530506	1992	OP	18.00	19.00
❑ OUR FIRST CHRISTMAS TOGETHER E-2385	1982	SU	9.00	39.00
❑ OVERFLOWING WITH HOLIDAY JOY 104792	2002	*	19.00	19.00
❑ PACKED WITH LOVE 104791	2002	*	19.00	19.00
❑ PAPA'S MAKE THE SEASON BRIGHT 104786	2002	*	19.00	19.00
❑ PEACE ON EARTH 523062	1988	YR	25.00	75.00
❑ PEACE ON EARTH E-5389	1984	SU	10.00	42.00
❑ PEACH ON EARTH...ANYWAY 183350	1996	YR	30.00	40.00
❑ PEACH ON EARTH...ANYWAY 183369	1996	YR	19.00	30.00
❑ PERFECT GRANDPA, THE- E-0517	1983	SU	9.00	40.00
❑ PUPPY PUSHING SLED	1997	OP	19.00	19.00
❑ PURR-FECT GRANDMA, THE- E-0516	1983	OP	9.00	27.00
❑ REINDEER 102466	1986	YR	11.00	175.00
❑ REJOICE O EARTH 113980	1988	RT	14.00	42.00
❑ ROCKING HORSE 102474	1985	SU	10.00	33.00
❑ SERVE WITH A SMILE 102431	1985	SU	10.00	27.00
❑ SERVE WITH A SMILE 102458	1985	SU	10.00	33.00
❑ SET OF 3-CAMEL, DONKEY & COW E2386	1982	SU	25.00	100.00
❑ SHARE IN THE WARMTH OF CHRISTMAS	1992	OP	15.00	18.00
❑ SHARING A GIFT OF LOVE 233196	1990	YR	8.00	10.00
❑ SHEPHERD OF LOVE 102288	1985	SU	10.00	30.00
❑ SLOW DOWN & ENJOY THE HOLIDAYS 520489	1992	YR	16.00	29.00
❑ SMILE ALONG THE WAY 113964	1988	SU	15.00	26.00
❑ 3NO-BUNNY FALLS FOR YOU LIKE I DO 520438	1990	YR	15.00	30.00
❑ SURROUND US WITH JOY E-0513	1983	YR	9.00	70.00
❑ TAKE A BOW CUZ YOU'RE MY CHRISTMAS STAR	1994	OP	16.00	16.00
❑ TELL ME THE STORY OF JESUS E 0533	1983	SU	9.00	50.00
❑ THERE'S A CHRISTIAN WELCOME HERE 528021	1992	YR	23.00	30.00
❑ TIME TO WISH YOU/MERRY CHRISTMAS 115320	1988	YR	13.00	40.00
❑ TO A SPECIAL DAD E-0515	1983	SU	9.00	45.00
❑ TO MY FOREVER FRIEND 113956	1988	OP	16.00	25.00
❑ TO THEE WITH LOVE E-0534	1983	RT	9.00	45.00
❑ TRUST AND OBEY 102377	1985	OP	10.00	20.00

ORNAMENTS

NAME	YEAR	LIMIT	ISSUE	TREND
❏ UNICORN E-2371	1982	RT	9.00	57.00
❏ UNIVERSAL LOVE 238899	1990	YR	8.00	12.00
❏ UNTO US A CHILD IS BORN E-5630	1981	SU	6.00	61.00
❏ WADDLE I DO WITHOUT YOU 112364	1986	OP	10.00	23.00
❏ WE HAVE SEEN HIS STAR E-6120	1980	RT	9.00	60.00
❏ WEE THREE KINGS (3PC SET) E-5634	1980	SU	25.00	135.00
❏ WHEN THE SKATING'S RUFF, TRY PRAYER 183903	1996	OP	19.00	19.00
❏ WISHING YOU A COZY CHRISTMAS 102326	1985	YR	10.00	42.00
❏ WISHING YOU A MERRY CHRISTMAS E-5387	1984	YR	10.00	30.00
❏ WISHING YOU A PURR-FECT HOLIDAY 520497	1989	YR	15.00	36.00
❏ WISHING YOU/SWEETEST CHRISTMAS 530182	1993	OP	8.00	8.00
❏ WISHING YOU/SWEETEST CHRISTMAS 530190	1992	YR	30.00	42.00
❏ WISHING YOU/SWEETEST CHRISTMAS 530212	1992	OP	15.00	30.00
❏ YER A PEL-I-CAN COUNT ON	1994	OP	16.00	16.00
❏ YOU ARE ALWAYS IN MY HEART 530972	1994	OP	16.00	16.00
❏ YOU ARE MY GIFT COME TRUE 520276	1988	YR	12.00	22.00
❏ YOU HAVE TOUCHED SO MANY HEARTS 112356	1986	RT	10.00	38.00
❏ YOU'RE "A" NUMBER ONE IN MY BOOK, TEACHER 150142	1995	OP	17.00	17.00
❏ YOU'RE AS PRETTY AS A CHRISTMAS TREE 530387	1994	YR	28.00	35.00
❏ YOU'RE AS PRETTY AS A CHRISTMAS TREE 530395	1994	YR	30.00	30.00

PRECIOUS MOMENTS BIRTHDAY · S. BUTCHER

NAME	YEAR	LIMIT	ISSUE	TREND
❏ HIPPO HOLIDAYS 520403	1995	OP	17.00	25.00
❏ OWL BE HOME FOR CHRISTMAS 128708	1996	YR	19.00	27.00
❏ SLOW DOWN FOR THE HOLIDAYS	1997	YR	19.00	25.00

PRECIOUS MOMENTS CENTURY CIRCLE EVENT · S. BUTCHER

NAME	YEAR	LIMIT	ISSUE	TREND
❏ GOD'S LOVE IS CRYSTAL CLEAR	2001	*	25.00	25.00

PRECIOUS MOMENTS CENTURY CIRCLE EXCLUSIVE · S. BUTCHER

NAME	YEAR	LIMIT	ISSUE	TREND
❏ BEARY WARM ALOHA, A 101550	2002	*	15.00	15.00

PRECIOUS MOMENTS COLLECTORS' CLUB PIECES · S. BUTCHER

NAME	YEAR	LIMIT	ISSUE	TREND
❏ 7 CHAPEL WINDOWS ORNAMENT SET PM890	1990	OP	105.00	95.00
❏ BLESSED ARE THE MEEK...PM390	1990	OP	15.00	22.00
❏ BLESSED ARE THE MERCIFUL..PM590	1990	OP	15.00	22.00
❏ BLESSED ARE THE PEACEMAKERS...PM790	1990	OP	15.00	22.00
❏ BLESSED ARE THE POOR...PM190	1990	OP	15.00	22.00
❏ BLESSED ARE THE PURE... PM690	1990	OP	15.00	22.00
❏ BLESSED ARE THEY THAT HUNGER...PM490	1990	OP	15.00	22.00
❏ BLESSED ARE THEY THAT MOURN..PM290	1990	OP	15.00	22.00
❏ CELEBRATING A DECADE..SHARING 227986	1984	YR	7.00	12.00
❏ LOVING...SHARING ALONG THE WAY PM040	1992	OP	12.00	37.00

PRECIOUS MOMENTS COMMEMORATIVE EASTER SEALS ORNAMENTS · S. BUTCHER

NAME	YEAR	LIMIT	ISSUE	TREND
❏ IT IS NO SECRET WHAT GOD CAN DO	1994	YR	6.00	10.00
❏ SOMEBODY CARES	1997	YR	6.00	8.00
❏ TAKE TIME TO SMELL THE FLOWERS	1995	YR	8.00	12.00
❏ YOU CAN ALWAYS COUNT ON ME	1996	YR	6.00	9.00
❏ YOU'RE MY NUMBER ONE FRIEND 250112	1993	OP	8.00	12.00

PRECIOUS MOMENTS DATED · S. BUTCHER

NAME	YEAR	LIMIT	ISSUE	TREND
❏ BABY'S FIRST CHRISTMAS	1997	YR	19.00	23.00
❏ BABY'S FIRST ORNAMENT	1997	YR	19.00	23.00
❏ CANE YOU JOIN US FOR A MERRY CHRISTMAS	1997	YR	19.00	26.00
❏ CANE YOU JOIN US FOR A MERRY CHRISTMAS- BALL	1997	YR	30.00	33.00
❏ HOME SWEET HOME	2002	*	30.00	30.00
❏ MAY YOUR HOLIDAYS SPARKLE WITH JOY	2002	*	20.00	20.00
❏ OUR FIRST CHRISTMAS TOGETHER	1997	YR	20.00	28.00
❏ OUR FIRST CHRISTMAS TOGETHER	2002	*	25.00	25.00
❏ THERE'S SNO-ONE LIKE YOU 104209	2002	*	19.00	19.00

PRECIOUS MOMENTS JOY TO THE WORLD · S. BUTCHER

NAME	YEAR	LIMIT	ISSUE	TREND
❏ JOY TO THE WORLD 1ST ISSUE 150320	1995	OP	20.00	23.00
❏ JOY TO THE WORLD 2ND ISSUE 153338	1996	OP	20.00	22.00
❏ JOY TO THE WORLD 3RD ISSUE	1997	OP	20.00	20.00

PRECIOUS MOMENTS SPECIAL EDITION MEMBERS ONLY · S. BUTCHER

NAME	YEAR	LIMIT	ISSUE	TREND
❏ LOVING,CARING & SHARING ALONG THE WAY	1993	OP	15.00	15.00
❏ YOU ARE THE END OF MY RAINBOW	1994	OP	15.00	15.00

PRECIOUS MOMENTS SUGAR TOWN · S. BUTCHER

NAME	YEAR	LIMIT	ISSUE	TREND
❏ BOY STANDING BY CHAPEL 530484	1992	LE	18.00	35.00
❏ SUGAR TOWN DOCTOR'S OFFICE 530441	1995	RT	18.00	30.00
❏ TRAIN STATION 184101	1996	RT	19.00	25.00

PRETTY AS A PICTURE · *

NAME	YEAR	LIMIT	ISSUE	TREND
❏ BUNDLE OF LOVE JUST FOR YOU, A	2002	YR	16.00	16.00

SHARING SEASON GIFTS · *

NAME	YEAR	LIMIT	ISSUE	TREND
❏ ALWAYS ROOM FOR ONE MORE 522961	1989	OP	*	98.00
❏ BIRDS OF A FEATHER COLLECT... PM864	1986	OP	*	175.00
❏ BRASS FILIGREE BELL SHAPED PM009	1987	OP	*	45.00
❏ GROWING LOVE 520349	1988	OP	*	70.00
❏ MY HAPPINESS PM904	1990	OP	*	88.00
❏ SHARING THE GOOD NEWS TOGETHER PM037	1991	OP	*	83.00

SHARING SEASON GIFTS · S. BUTCHER

NAME	YEAR	LIMIT	ISSUE	TREND
❏ CLUB'S THAT'S OUT...THIS WORLD, THE PM038	1992	OP	*	70.00

SNOWSNICKLES · L. LINDQUIST BALDWIN

NAME	YEAR	LIMIT	ISSUE	TREND
❏ SNOWSNICKLE GIRL WITH UMBRELLA	2002	YR	8.00	8.00

TREASURY MASTERPIECE EDITIONS · *

NAME	YEAR	LIMIT	ISSUE	TREND
❏ 100 YEARS OF SOUP-ERB GOOD TASTE	1997	YR	20.00	20.00
❏ 50 YEARS OF MIRACLES	1997	YR	20.00	20.00
❏ ALWAYS COOL WITH COKE	1997	YR	23.00	23.00
❏ BEEP ME UP!	1997	YR	20.00	20.00
❏ BEST BET'S A 'VETTE	1997	YR	23.00	23.00
❏ COCA-COLA CABOOSE	1997	YR	25.00	25.00
❏ CRACKER JACK...THE HOME RUN SNACK	1997	YR	25.00	25.00

NAME	YEAR	LIMIT	ISSUE	TREND
❏ DEERE SANTA	1997	YR	25.00	25.00
❏ EVERYONE KNOWS IT'S SLINKY	1997	YR	23.00	23.00
❏ FOR ALL YOU DO, MERRY CHRISTMAS TO YOU	1997	YR	25.00	25.00
❏ FORECAST ALWAYS CALLS FOR COKE, THE	1997	YR	20.00	20.00
❏ G.I. JOE LOVES CHRISTMAS	1997	YR	20.00	20.00
❏ HAVE YOUR CAKE AND BAKE IT, TOO	1997	YR	20.00	20.00
❏ HEADING 4-WHEEL MERRY CHRISTMAS	1997	YR	23.00	23.00
❏ HO HO HO, A GRILLING WE WILL GO!	1997	YR	20.00	20.00
❏ HOME SWEET HOME	1997	YR	25.00	25.00
❏ HULA HOOP HOLIDAYS	1997	YR	20.00	20.00
❏ ICE CREAM OF THE CROP	1997	YR	20.00	20.00
❏ MOVIN' AND GROOVIN'	1997	YR	23.00	23.00
❏ ON TRACK WITH SANTA	1997	YR	20.00	20.00
❏ ORDERING UP A MERRY CHRISTMAS	1997	YR	25.00	25.00
❏ PLAY IT AGAIN, SANTA	1997	YR	20.00	20.00
❏ PREPARE FOR BATTLE	1997	YR	25.00	25.00
❏ STOCKIN' UP FOR THE HOLIDAYS	1997	YR	23.00	23.00
❏ TWIST & SHOUT "HAVE A COKE"	1997	YR	25.00	25.00
❏ WORKIN' ROUND THE CLOCK	1997	YR	23.00	23.00
❏ WWW. HAPPY HOLIDAYS!.COM	1997	YR	25.00	25.00

TREASURY MASTERPIECE EDITIONS
T. FRALEY

NAME	YEAR	LIMIT	ISSUE	TREND
❏ TOBIN'S GRACEFUL STEED	1997	YR	20.00	20.00

TREASURY MASTERPIECE EDITIONS
K. HAHN

NAME	YEAR	LIMIT	ISSUE	TREND
❏ ADVENT-URES IN ORNAMENT COLLECTING- CHARTER MEMBER	1997	YR	20.00	20.00
❏ ADVENT-URES IN ORNAMENT COLLECTING- SILVER STAR	1997	YR	20.00	20.00
❏ BUBBLING WITH CHEER	1997	YR	20.00	20.00
❏ FIRED UP FOR CHRISTMAS	1997	YR	23.00	23.00
❏ HOWL-A-DAY PET SHOPPE	1997	YR	25.00	25.00
❏ I'M SO GLAD I FONDUE AS A FRIEND	1997	YR	20.00	20.00
❏ ON COURSE WITH SANTA	1997	YR	20.00	20.00
❏ PRIMPING IRON	1997	YR	20.00	20.00
❏ SPARE TIME FOR CHRISTMAS FUN	1997	YR	25.00	25.00
❏ SWEETEST NATIVITY, THE	1997	YR	20.00	20.00

TREASURY MASTERPIECE EDITIONS
P. HILLMAN

NAME	YEAR	LIMIT	ISSUE	TREND
❏ CHERISH THE JOY	1997	YR	25.00	35.00 *

TREASURY OF CHRISTMAS

NAME	YEAR	LIMIT	ISSUE	TREND
❏ #1 COACH 168440	1996	YR	9.00	9.00
❏ 100 YEARS..AND STILL ON A ROLL 173770	1996	19960	18.00	18.00
❏ 1955 BLACK FORD THUNDERBIRD 146838	1995	YR	20.00	20.00
❏ 1955 RED FORD THUNDERBIRD 128831	1995	19550	20.00	20.00
❏ 1956 CHEVROLET CORVETTE 175269	1996	19560	23.00	23.00
❏ 1956 FORD F-100 TRUCK 128813	1995	YR	25.00	25.00
❏ 1957 CHEVY BEL AIR 128848	1995	YR	20.00	20.00
❏ 1959 CADILLAC ELDORADO 132705	1995	YR	20.00	20.00
❏ 1965 CHEVROLET CORVETTE STINGRAY 128856	1995	YR	20.00	20.00
❏ 1965 FORD MUSTANG 173800	1996	YR	23.00	23.00
❏ 1ST CHRISTMAS TOGETHER 1986-551171	1986	YR	9.00	22.00
❏ 1ST CHRISTMAS TOGETHER 1987-556335	1987	YR	9.00	25.00
❏ 1ST CHRISTMAS TOGETHER 1988-554596	1988	YR	18.00	18.00
❏ 25 POINTS FOR CHRISTMAS	1993	TL	25.00	25.00
❏ 'A' FOR SANTA	1994	YR	18.00	18.00
❏ A-B-C-SON'S GREETINGS-588806	1992	TL	16.00	17.00
❏ ABOVE THE CROWD-R.MCDONALD HOUSE 129089	1995	YR	20.00	20.00
❏ AHOY JOY!	1994	YR	20.00	20.00
❏ A-JOY MATIE, THROW ME A LIFESAVERS 166677	1996	YR	20.00	20.00
❏ ALL CAUGHT UP IN CHRISTMAS-583537	1991	TL	10.00	10.00
❏ ALL FIRED UP FOR CHRISTMAS 168475	1996	YR	25.00	25.00
❏ ALL I WANT FOR CHRISTMAS-577596	1991	TL	25.00	25.00
❏ ALL TUCKED IN 139734	1995	YR	15.00	15.00
❏ ALL YOU ADD IS LOVE	1993	YR	19.00	19.00
❏ AN APPOINTMENT WITH SANTA 166979	1996	YR	20.00	20.00
❏ ANGEL IN FLIGHT-55816	1985	TL	8.00	25.00
❏ ANSWERING CHRISTMAS WISHES	1994	YR	18.00	18.00
❏ ANTIQUE TOY-551317	1986	TL	9.00	25.00
❏ ARCTIC CHARMER-E-6945	1983	TL	7.00	35.00
❏ ARIEL'S CHRISTMAS SURPRISE!	1994	YR	20.00	20.00
❏ ARIEL'S UNDER-THE-SEA TREE	1993	YR	23.00	23.00
❏ BABY BEAR SLEIGH, THE-551651	1986	TL	9.00	25.00
❏ BABY BLOCKS-55883	1985	TL	12.00	12.00
❏ BABY RATTLE PHOTO FRAME-56006	1985	TL	5.00	5.00
❏ BABY'S FIRST CHRISTMAS 166944	1996	YR	9.00	9.00
❏ BABY'S FIRST CHRISTMAS 1981-E-6145	1981	YR	6.00	22.00
❏ BABY'S FIRST CHRISTMAS 1982-E-6952	1982	YR	4.00	10.00
❏ BABY'S FIRST CHRISTMAS 1982-E-6979	1982	YR	10.00	35.00
❏ BABY'S FIRST CHRISTMAS 1984-E-6215	1984	YR	6.00	6.00
❏ BABY'S FIRST CHRISTMAS 1986-551724	1986	YR	6.00	7.00
❏ BABY'S FIRST CHRISTMAS 1987-556254	1987	YR	7.00	25.00
❏ BABY'S FIRST CHRISTMAS 1987-556297	1987	YR	2.00	5.00
❏ BABY'S FIRST CHRISTMAS 1988-554928	1988	YR	8.00	10.00
❏ BABY'S FIRST CHRISTMAS 1989-562807	1989	YR	8.00	12.00
❏ BABY'S FIRST CHRISTMAS 1991-586935	1991	YR	12.00	13.00
❏ BABY'S FIRST CHRISTMAS DINNER	1993	YR	12.00	12.00
❏ BABY'S FIRST CHRISTMAS-551716	1986	TL	6.00	10.00
❏ BABY'S FIRST CHRISTMAS-555061	1987	TL	12.00	15.00
❏ BABY'S FIRST CHRISTMAS-555088	1987	TL	8.00	12.00
❏ BABY'S FIRST CHRISTMAS-555118	1987	TL	6.00	10.00
❏ BABY'S FIRST CHRISTMAS-556041	1987	TL	10.00	10.00

ORNAMENTS

NAME	YEAR	LIMIT	ISSUE	TREND
❏ BABY'S FIRST CHRISTMAS-55840	1985	TL	15.00	16.00
❏ BABY'S FIRST CHRISTMAS-586943	1992	YR	12.00	13.00
❏ BABY'S FIRST CHRISTMAS-E-0271	1983	YR	6.00	6.00
❏ BABY'S FIRST CHRISTMAS-E-0273	1983	TL	9.00	9.00
❏ BAH, HUMBUG!-553387	1986	TL	9.00	20.00
❏ BEARLY BALANCED	1993	YR	15.00	15.00
❏ BEARY CHRISTMAS FAMILY-556300	1987	TL	2.00	5.00
❏ BEGINNING TO LOOK/CHRISTMAS-588253	1992	TL	15.00	16.00
❏ BLESS OUR HOME-595772	1992	YR	12.00	12.00
❏ BOOT FULL OF CHEER 166952	1996	YR	20.00	20.00
❏ BORN TO SHOP	1993	TL	27.00	35.00
❏ BOTTOM'S UP 1989-830003	1989	TL	11.00	20.00
❏ BOUGH FOR BELLE!	1994	YR	19.00	19.00
❏ BOY ON A ROCKING HORSE-555983	1987	TL	12.00	20.00
❏ BREWING WARM WISHES-564974	1990	TL	10.00	12.00
❏ BUBBLIN' W/JOY	1994	YR	12.00	13.00
❏ BUBBLIN' W/JOY 136581	1995	YR	15.00	15.00
❏ BUCKET O'LOVE-556491	1987	TL	2.00	3.00
❏ BUILDING A SEW-MAN	1994	YR	19.00	19.00
❏ BUNDLE OF JOY	1994	YR	10.00	10.00
❏ BUNNY WINTER PLAYGROUND 1982-E-6978	1982	YR	10.00	55.00
❏ BUNNY'S CHRISTMAS STOCKING-E-6251	1984	YR	2.00	28.00
❏ CALLING HOME AT CHRISTMAS-568457	1990	TL	15.00	16.00
❏ CAMPAIGN FOR CHRISTMAS 176818	1996	19960	18.00	18.00
❏ CAROUSEL FOR ARIEL 142212	1995	YR	18.00	18.00
❏ CAROUSEL GOOSE-556076	1987	TL	17.00	40.00
❏ CAROUSEL HORSE-E-0278	1983	TL	9.00	50.00
❏ CAROUSEL HORSE-E-6913	1984	TL	2.00	20.00
❏ CAROUSEL HORSES-E-6958	1982	TL	8.00	65.00
❏ CAROUSEL HORSES-E-6980	1983	TL	8.00	65.00
❏ CAROUSEL MOBILE-553409	1987	TL	15.00	60.00
❏ CAROUSEL REINDEER-55808	1985	TL	12.00	50.00
❏ CARTIN' HOME HOLIDAY TREATS-832790	1992	TL	14.00	14.00
❏ CAUGHT IN THE ACT-830046	1989	TL	12.00	13.00
❏ CELEBRATING W/A SPLASH	1993	YR	17.00	17.00
❏ CENTURY OF GOOD TASTE 8TH & FINAL 166774	1996	YR	20.00	20.00
❏ CHECKIN' HIS LIST-595756	1992	YR	12.00	13.00
❏ CHECKING IT TWICE-583936	1991	TL	25.00	25.00
❏ CHEVY BLAZER 167223	1996	YR	23.00	23.00
❏ CHILD'S CHRISTMAS-586358	1992	TL	25.00	25.00
❏ CHILD'S SECOND CHRISTMAS-55867	1985	TL	11.00	20.00
❏ CHOC FULL OF WISHES 128945	1995	YR	20.00	20.00
❏ CHRISTMAS ANGEL, THE-551244	1986	10000	23.00	55.00
❏ CHRISTMAS BELLE 142182	1995	YR	20.00	20.00
❏ CHRISTMAS BIZ-593168	1992	TL	23.00	23.00
❏ CHRISTMAS CALENDAR-551333	1986	TL	7.00	20.00
❏ CHRISTMAS CAT NAPPIN'-595764	1992	YR	12.00	12.00
❏ CHRISTMAS CHEER-585769	1991	TL	14.00	14.00
❏ CHRISTMAS COUNTDOWN-568376	1991	TL	20.00	20.00
❏ CHRISTMAS CROSSROADS	1994	YR	20.00	20.00
❏ CHRISTMAS CRUISIN'	1994	YR	23.00	23.00
❏ CHRISTMAS CURE-ALLS-588938	1992	TL	20.00	20.00
❏ CHRISTMAS CUTIE-576182	1991	TL	14.00	14.00
❏ CHRISTMAS DANCER	1993	YR	15.00	15.00
❏ CHRISTMAS EVE MISCHIEF 139726	1995	YR	18.00	18.00
❏ CHRISTMAS EVE-MERGENCY-588849	1992	TL	27.00	27.00
❏ CHRISTMAS FISHES FROM SANTA PAWS	1994	YR	19.00	19.00
❏ CHRISTMAS FLY-BY	1994	YR	15.00	15.00
❏ CHRISTMAS IN THE BAG 139645	1995	YR	18.00	18.00
❏ CHRISTMAS IN THE MAKING	1993	YR	20.00	20.00
❏ CHRISTMAS IS COMING-554901	1988	TL	12.00	18.00
❏ CHRISTMAS IS IN THE AIR	1993	YR	25.00	25.00
❏ CHRISTMAS IS IN THE AIR-581453	1991	YR	15.00	16.00
❏ CHRISTMAS IS IN THE AIR-831174	1992	TL	25.00	25.00
❏ CHRISTMAS IS MY GOAL-581550	1991	TL	18.00	18.00
❏ CHRISTMAS KAYAK-583723	1991	TL	14.00	15.00
❏ CHRISTMAS KICKS	1993	YR	18.00	18.00
❏ CHRISTMAS LIFTS THE SPIRITS-582018	1992	TL	25.00	25.00
❏ CHRISTMAS LIGHTS-56200	1985	TL	8.00	40.00
❏ CHRISTMAS MAIL CALL	1993	TL	20.00	20.00
❏ CHRISTMAS NEST-E-6249	1984	TL	3.00	3.00
❏ CHRISTMAS PENGUIN-55824	1985	TL	8.00	40.00
❏ CHRISTMAS PIN-UP 489409	1988	TL	11.00	25.00
❏ CHRISTMAS RATTLE-553379	1986	TL	8.00	25.00
❏ CHRISTMAS SCOTTIE-551201	1986	TL	7.00	15.00
❏ CHRISTMAS SWISHES	1994	YR	18.00	18.00
❏ CHRISTMAS TAIL	1994	YR	20.00	20.00
❏ CHRISTMAS TEE TIME	1994	YR	25.00	25.00
❏ CHRISTMAS THIM-BELL-558389	1988	YR	4.00	6.00
❏ CHRISTMAS TOAST-588261	1992	TL	20.00	20.00
❏ CHRISTMAS TOY CHEST-55891	1985	TL	10.00	25.00
❏ CHRISTMAS TRAIN, THE-554944	1988	TL	15.00	20.00
❏ CHRISTMAS TRAIN-557196	1987	TL	10.00	18.00
❏ CHRISTMAS TREE PHOTOFRAME-56871	1985	TL	10.00	10.00
❏ CHRISTMAS TRIMMIN'-590932	1992	TL	17.00	17.00
❏ CHRISTMAS TWO-GETHER	1994	YR	12.00	13.00
❏ CHRISTMAS VACATION 142158	1995	YR	20.00	20.00
❏ CHRISTMAS WISHES FROM PANDA-552623	1986	TL	6.00	10.00
❏ CHRISTMAS-TO-GO	1993	YR	26.00	26.00

ORNAMENTS

NAME	YEAR	LIMIT	ISSUE	TREND
❑ CLARA-568406	1989	YR	12.00	22.00
❑ CLARA'S PRINCE-568422	1990	YR	12.00	18.00
❑ CLOWNIN' AROUND	1993	TL	10.00	10.00
❑ COCOA 'N' KISSES FOR SANTA	1994	YR	23.00	23.00
❑ COLD, CRISP TASTE OF COKE, THE-583766	1992	TL	17.00	17.00
❑ COOL CRUISE	1994	19640	20.00	20.00
❑ COOL YULE	1993	YR	12.00	12.00
❑ COUNTIN' ON A MERRY CHRISTMAS	1993	YR	23.00	23.00
❑ COUNTRY COUSINS KATIE/ICE SKATING-556378	1987	TL	8.00	30.00
❑ COUNTRY COUSINS MERRY XMAS, DAD-552704	1986	TL	7.00	10.00
❑ COUNTRY COUSINS MERRY XMAS, DAD-552712	1986	TL	7.00	15.00
❑ COUNTRY COUSINS MERRY XMAS, MOM-552704	1986	TL	7.00	10.00
❑ COUNTRY COUSINS MERRY XMAS, MOM-552712	1986	TL	7.00	15.00
❑ COUNTRY COUSINS SCOOTER SNOWMAN-556386	1987	TL	8.00	35.00
❑ COWARDLY LION, THE-567787	1989	YR	12.00	22.00
❑ CRACKIN' A SMILE 129046	1995	YR	18.00	18.00
❑ CUCKOO CLOCK E 6217	1904	TL	8.00	40.00
❑ DASHING THROUGH THE SNOW 128996	1995	YR	20.00	20.00
❑ DELIVERING HOLIDAY CHEERS 177318	1996	YR	25.00	25.00
❑ DESIGNED W/YOU IN MIND	1993	TL	16.00	16.00
❑ DIAL 'S' FOR SANTA-589373	1992	TL	25.00	25.00
❑ DODGE RAM TRUCK 167258	1996	YR	23.00	23.00
❑ DOROTHY-567760	1989	YR	12.00	30.00
❑ DOWNHILL DELIVERY 167053	1996	YR	25.00	25.00
❑ DREAM A LITTLE DREAM-575593	1991	TL	18.00	18.00
❑ DREAM WHEELS	1993	YR	30.00	60.00
❑ DREAMIN OF THE ONE I LOVE 139696	1995	YR	25.00	25.00
❑ DUCKING THE SEASON'S RUSH	1993	YR	18.00	18.00
❑ DUNK THE HALLS	1993	TL	19.00	19.00
❑ ELF STRINGING POPCORN-551198	1986	TL	10.00	10.00
❑ EXERCISING GOOD TASTE	1994	YR	18.00	18.00
❑ FAIREST ONE OF ALL, THE	1993	YR	20.00	20.00
❑ FEATURED PRESENTATION	1994	YR	20.00	20.00
❑ FERRIS WHEEL MICE-E-6216	1984	TL	9.00	9.00
❑ FESTIVE FIDDLERS-586501	1992	YR	20.00	20.00
❑ FESTIVE FLIGHT-566101	1990	TL	11.00	14.00
❑ FESTIVE NEWSFLASH-588792	1992	TL	18.00	18.00
❑ FIRED UP FOR CHRISTMAS-595799	1992	YR	12.00	12.00
❑ FIRESIDE FRIENDS-588830	1992	TL	20.00	20.00
❑ FIRST CHRISTMAS TOGETHER 1989-562823	1989	TL	11.00	12.00
❑ FIRST CHRISTMAS TOGETHER 551709	1986	TL	6.00	20.00
❑ FISHING FOR STARS-55875	1985	TL	9.00	15.00
❑ FLYIN' SANTA CHRISTMAS SPECIAL-E6136	1981	YR	9.00	110.00
❑ FLYIN' SANTA CHRISTMAS SPECIAL-E6136	1982	YR	9.00	105.00
❑ FLYING SANTA CHRISTMAS SPECIAL-66383	1985	TL	8.00	45.00
❑ FOCUSING ON CHRISTMAS	1993	YR	28.00	28.00
❑ FOR A SHARP UNCLE	1993	YR	10.00	10.00
❑ FORD EXPLORER 167231	1996	YR	23.00	23.00
❑ FRIENDS FUR-EVER	1995	OP	20.00	20.00
❑ FRIENDS THROUGH THICK & THIN	1993	YR	10.00	10.00
❑ FROM OUR HOUSE TO YOUR HOUSE-553360	1986	TL	15.00	20.00
❑ FROSTY THE SNOWMAN-576425	1991	TL	15.00	16.00
❑ FUN IN HAND 139661	1995	YR	18.00	18.00
❑ GALLANT GREETING	1994	YR	20.00	20.00
❑ GIFTS FROM MICKEY 168467	1996	YR	20.00	20.00
❑ GLOW OF CHRISTMAS, THE-581801	1991	TL	20.00	20.00
❑ GOD BLESS US EVERYONE-553395	1986	TL	10.00	22.00
❑ GODCHILD'S FIRST CHRISTMAS-E-6287	1984	TL	7.00	7.00
❑ GOIN' FISHIN' 168459	1996	YR	23.00	23.00
❑ GONE WITH THE WIND-567698	1989	YR	14.00	25.00
❑ GOOD CATCH-595721	1992	YR	12.00	13.00
❑ GOOD FORTUNE TO YOU	1994	YR	25.00	25.00
❑ GOOD THINGS CROP UP AT CHRISTMAS	1994	YR	25.00	25.00
❑ GOOD TIDINGS, TIDINGS, TIDINGS...	1994	YR	20.00	20.00
❑ GOOFED-UP! 136697	1995	YR	20.00	20.00
❑ GOOFY ABOUT SKIING	1993	YR	23.00	23.00
❑ GOOFY DELIVERY	1994	YR	23.00	23.00
❑ GOTTA HAVE A CLUE 139653	1995	YR	20.00	20.00
❑ GRAMOPHONE KEEPSAKE-558818	1988	TL	13.00	22.00
❑ GRANDCHILD'S FIRST CHRISTMAS 1982-E-6983	1982	YR	5.00	15.00
❑ GRANDCHILD'S FIRST CHRISTMAS 1984-E-6286	1984	YR	5.00	5.00
❑ GRANDCHILD'S FIRST CHRISTMAS-556416	1987	TL	10.00	25.00
❑ GRANDCHILD'S FIRST CHRISTMAS-E0272	1983	YR	5.00	5.00
❑ GRANDCHILD'S FIRST ORNAMENT-55921	1985	TL	7.00	12.00
❑ GRANDMAS ARE SEW SPECIAL	1994	YR	12.00	13.00
❑ GRANDMOTHER'S LITTLE ANGEL-552747	1986	TL	8.00	15.00
❑ GUTEN CHEERS-587192	1992	YR	23.00	23.00
❑ HANDLE W/CARE	1994	YR	20.00	20.00
❑ HAND-TOSSED TIDINGS	1994	YR	18.00	18.00
❑ HANG IN THERE-566055	1990	TL	14.00	14.00
❑ HANGING OUT FOR THE HOLIDAYS	1993	YR	15.00	15.00
❑ HAPPILY EVER AFTER	1993	YR	25.00	25.00
❑ HAPPY HAUL-IDAYS	1993	TL	30.00	30.00
❑ HAPPY HOLIDAY READINGS-568104	1990	TL	8.00	10.00
❑ HAPPY HOLIDAYS-E-6248	1984	TL	2.00	2.00
❑ HAPPY HOWLADAYS-558605	1988	YR	7.00	12.00
❑ HAPPY HOWL-IDAYS	1994	YR	23.00	23.00
❑ HAPPY MEAL ON WHEELS-583715	1991	TL	23.00	23.00
❑ HAPPY YULEGLIDE 129003	1995	YR	18.00	18.00

NAME	YEAR	LIMIT	ISSUE	TREND
❏ HAPPY'S HOLIDAY 172200	1996	YR	18.00	18.00
❏ HAVE A BALL AT CHRISTMAS	1994	YR	15.00	15.00
❏ HAVE A CHERRY CHRISTMAS, SISTER	1993	YR	14.00	14.00
❏ HAVE A COKE & A SMILE 128953	1995	YR	23.00	23.00
❏ HAVE A COKE AND A SMILE-571512	1990	TL	15.00	50.00
❏ HAVE A CRACKER JACK CHRISTMAS 172979	1996	YR	25.00	25.00
❏ HAVE A HEAVENLY HOLIDAY-551260	1986	TL	9.00	1.00
❏ HAVE A HOLLY JELL-O CHRISTMAS	1993	YR	20.00	20.00
❏ HAVE A MERRY DAIRY CHRISTMAS	1994	YR	23.00	23.00
❏ HAVE A SOUP-ER CHRISTMAS-588911	1992	TL	18.00	18.00
❏ HAVE A TOTEM-LY TERRIFIC CHRISTMAS	1994	YR	30.00	30.00
❏ HEADING FOR HAPPY HOLIDAYS-577537	1990	TL	18.00	18.00
❏ HEART FILLED DREAMS	1993	TL	10.00	10.00
❏ HEARTS AGLOW	1993	YR	19.00	19.00
❏ HERE COMES RUDOLPH	1993	TL	18.00	18.00
❏ HERE COMES SANTA CLAWS	1993	YR	23.00	23.00
❏ HERE'S THE SCOOP-583693	1991	TL	14.00	14.00
❏ HO, HO, HOLE IN ONE! 111953	1995	YR	20.00	20.00
❏ HOE! HOE! HOE!-564761	1989	YR	20.00	31.00
❏ HOLD ON, SANTA! 1ST ISSUE 167088	1996	YR	25.00	25.00
❏ HOLIDAY AHOY-568368	1991	TL	12.00	13.00
❏ HOLIDAY BIKE HIKE 111937	1995	YR	20.00	20.00
❏ HOLIDAY BOUND 136689	1995	YR	20.00	20.00
❏ HOLIDAY FISHERMAN-551309	1986	TL	8.00	35.00
❏ HOLIDAY HONEYS	1994	YR	20.00	20.00
❏ HOLIDAY IN BLOOM 172669	1996	YR	25.00	25.00
❏ HOLIDAY MEW-SIC	1993	YR	20.00	20.00
❏ HOLIDAY OPPORTUNITY	1994	YR	20.00	20.00
❏ HOLIDAY ORDERS	1993	YR	20.00	20.00
❏ HOLIDAY PENGUIN-E-6240	1984	TL	2.00	20.00
❏ HOLIDAY RIDE 14224	1995	YR	18.00	18.00
❏ HOLIDAY SHOW-STOPPER	1994	YR	15.00	15.00
❏ HOLIDAY STARS	1994	YR	20.00	20.00
❏ HOLIDAY TAKE-OUT-593508	1992	YR	18.00	18.00
❏ HOLIDAY TINKERTOY TREE 166995	1996	YR	18.00	18.00
❏ HOLIDAY TRAIN-553417	1986	TL	10.00	24.00
❏ HOLIDAY TREASURES	1993	YR	19.00	19.00
❏ HOLIDAY TREATS-581542	1991	YR	18.00	18.00
❏ HOLIDAY WING DING-574333	1991	TL	23.00	23.00
❏ HOLIDAY WISHES	1993	YR	18.00	18.00
❏ HOLIDAYS ARE A HIT, THE-581577	1992	TL	18.00	18.00
❏ HOLIDAYS GIVE ME A LIFT-588865	1992	TL	30.00	30.00
❏ HOME FOR THE HOWL-I-DAYS 111732	1995	YR	20.00	20.00
❏ HOME TWEET HOME	1993	TL	10.00	10.00
❏ HOPPY HOLIDAYS-588814	1992	YR	14.00	14.00
❏ HOT OFF THE PRESS	1993	TL	28.00	28.00
❏ HOW DO I LOVE THEE 7TH ISSUE 104949	1995	YR	23.00	23.00
❏ HUSTLING UP SOME CHEER 112038	1995	YR	20.00	20.00
❏ I CAN BEAR-LY WAIT FOR A COKE	1994	YR	19.00	19.00
❏ I LOVE DAD 166901	1996	YR	9.00	9.00
❏ I LOVE GRANDMA 166898	1996	YR	9.00	9.00
❏ I LOVE MOM 166928	1996	YR	9.00	9.00
❏ I LOVE MY DAUGHTER 166863	1996	YR	9.00	9.00
❏ I LOVE MY GODCHILD 166944	1996	YR	9.00	9.00
❏ I LOVE MY GRANDPARENTS-553263	1986	YR	6.00	6.00
❏ I LOVE MY SON 168432	1996	YR	9.00	9.00
❏ I'M DREAMING OF A WHITE-OUT CHRISTMAS	1993	YR	23.00	23.00
❏ I'M DREAMING OF/BRIGHT CHRISTMAS-556602	1987	TL	2.00	3.00
❏ IN STORE FOR MORE 167134	1996	YR	25.00	25.00
❏ IN-LINE TO HELP SANTA 166855	1996	YR	20.00	20.00
❏ IT'S BEGINNING TO LOOK A LOT LIKE...	1993	YR	23.00	23.00
❏ IT'S PLANE TO SEE..COKE IS IT 166723	1996	YR	25.00	25.00
❏ IT'S TEA-LIGHTFUL-694789	1991	TL	14.00	15.00
❏ IT'S TIME FOR CHRISTMAS 1ST ISSUE 175455	1996	YR	25.00	25.00
❏ JEEP GRAND CHEROKEE 167215	1996	YR	23.00	23.00
❏ JOY TO THE WORLD-E-6209	1984	TL	9.00	48.00
❏ JOYEUX NOEL	1993	YR	25.00	25.00
❏ JUGGLIN' THE HOLIDAYS-587028	1991	TL	13.00	13.00
❏ JUST FORE CHRISTMAS 142174	1995	YR	15.00	15.00
❏ KICK OUT OF CHRISTMAS	1993	TL	10.00	10.00
❏ KITTY'S 1ST CHRISTMAS-552917	1987	TL	4.00	5.00
❏ KITTY'S BED-556408	1987	TL	12.00	50.00
❏ KITTY'S JACK-IN-THE-BOX-555959	1987	TL	11.00	15.00
❏ LATEST MEWS FROM HOME, THE	1994	YR	16.00	16.00
❏ LETTER TO SANTA-E-6210	1984	TL	5.00	35.00
❏ LIFE'S SWEET CHOICES 172634	1996	YR	25.00	25.00
❏ LIGHT UP YOUR HOLIDAYS W/COKE	1993	YR	28.00	28.00
❏ LIGHTING THE WAY-588776	1991	TL	20.00	20.00
❏ LIGHTS...CAMERA...CHRISTMAS!-594369	1992	TL	20.00	20.00
❏ LIGHTS..CAMERA..CHRISTMAS	1993	YR	20.00	20.00
❏ L'IL STOCKING STUFFER	1994	YR	18.00	18.00
❏ LITTLE DRUMMER-E-6241	1984	TL	2.00	2.00
❏ LITTLE SAILOR ELF-556068	1987	TL	10.00	20.00
❏ LITTLE SOMETHING EXTRA..EXTRA 137251	1995	10000	25.00	25.00
❏ LOOK OUT BELOW-56375	1985	TL	6.00	50.00
❏ LOOK OUT BELOW-E-6135	1981	TL	6.00	60.00
❏ LOOKING OUR HOLIDAY BEST 139750	1995	YR	25.00	25.00
❏ LOVE'S SWEET DANCE	1993	YR	30.00	30.00
❏ M.V.B. (MOST VALUABLE BEAR)-554219	1986	TL	3.00	3.00

NAME	YEAR	LIMIT	ISSUE	TREND
❏ MAGIC CARPET RIDE	1993	YR	25.00	25.00
❏ MAGIC MOMENT 172197	1996	YR	18.00	18.00
❏ MAKE MINE A COKE 7TH ISSUE 128988	1995	YR	25.00	25.00
❏ MAKIN' TRACKS W/MICKEY 136662	1995	YR	20.00	20.00
❏ MARILYN MONROE-583774	1991	YR	20.00	20.00
❏ MAZE OF OUR LIVES, THE 139599	1995	YR	18.00	18.00
❏ MC HO HO HO-585181	1992	TL	23.00	23.00
❏ MCHAPPY HOLIDAYS-577529	1990	TL	18.00	18.00
❏ MEOW MATES-576220	1991	TL	12.00	12.00
❏ MERRY CHRISTMAS ENGINE-554561	1988	TL	23.00	35.00
❏ MERRY CHRISTMAS GRANDMA-56197	1985	YR	7.00	7.00
❏ MERRY CHRISTMAS GRANDMA-E-6975	1982	TL	5.00	5.00
❏ MERRY CHRISTMAS GRANDPA-560065	1988	TL	8.00	10.00
❏ MERRY CHRISTMAS KITTY-552933	1987	TL	4.00	5.00
❏ MERRY CHRISTMAS MOM & DAD-553271	1986	YR	6.00	6.00
❏ MERRY CHRISTMAS MOTHER-E-6213	1984	TL	10.00	35.00
❏ MERRY CHRISTMAS PUPPY-552925	1987	TL	4.00	5.00
❏ MERRY CHRISTMAS TEACHER-552666	1986	TL	6.00	12.00
❏ MERRY CHRISTMAS TEACHER-555967	1987	TL	8.00	10.00
❏ MERRY CHRISTMAS TEACHER-556319	1987	TL	2.00	5.00
❏ MERRY CHRISTMAS TEACHER-56448	1985	YR	9.00	9.00
❏ MERRY CHRISTMAS TEACHER-566098	1990	TL	11.00	11.00
❏ MERRY CHRISTMAS TEACHER-E-6984	1982	TL	7.00	7.00
❏ MERRY CHRISTMAS TO ME 139742	1995	YR	20.00	20.00
❏ MERRY CHRISTMAS TOOL YOU, DAD	1994	YR	23.00	23.00
❏ MERRY CHRISTMAS, BABY	1993	TL	10.00	10.00
❏ MERRY CHRISTMAS, DAUGHTER	1993	YR	20.00	20.00
❏ MERRY CHRISTMAS-553646	1986	TL	9.00	14.00
❏ MERRY KISSES-831166	1992	TL	18.00	18.00
❏ MERRY LITTLE TWO-STEP	1994	YR	12.00	13.00
❏ MERRY MC-CHOO-CHOO	1993	YR	30.00	30.00
❏ MERRY MCMEAL 6TH & FINAL 129070	1995	YR	18.00	18.00
❏ MERRY MEMO-RIES	1994	YR	23.00	23.00
❏ MERRY MENAGE	1994	YR	20.00	20.00
❏ MERRY MISCHIEF	1994	YR	15.00	15.00
❏ MERRY MISTLE TOAD-588288	1992	TL	15.00	16.00
❏ MERRY MONOPOLY 132969	1995	YR	23.00	23.00
❏ MERRY REINDEER RIDE	1994	YR	20.00	20.00
❏ MICKEY AT THE HELM 132063	1995	YR	18.00	18.00
❏ MICKEY'S AIRMAIL 136670	1995	YR	20.00	20.00
❏ MICKEY'S HOLIDAY TREASURE	1993	YR	12.00	12.00
❏ MINNIE'S HOLIDAY TREASURE	1994	YR	12.00	12.00
❏ MINNIE'S MALL HAUL 168491	1996	YR	25.00	25.00
❏ MINNIE'S MERRY CHRISTMAS 136611	1995	YR	20.00	20.00
❏ MOM'S TAXI/DODGE CARAVAN 128872	1995	YR	25.00	25.00
❏ MOON WATCH-587184	1992	TL	20.00	20.00
❏ MOTORCYCLE MICKEY 136654	1996	YR	25.00	25.00
❏ MOUSE HOUSE-575186	1990	TL	16.00	16.00
❏ MOUSE IN A MITTEN-555975	1987	TL	8.00	30.00
❏ MUSIC MICE-TRO!-575143	1992	TL	12.00	12.00
❏ MY SPECIAL FRIEND-552615	1986	TL	2.00	18.00
❏ NIGHT BEFORE CHRISTMAS, THE-55972	1985	TL	5.00	5.00
❏ NIGHT CAPS-556084	1987	TL	6.00	8.00
❏ NO TIME TO SPARE AT CHRISTMAS 111961	1995	YR	20.00	20.00
❏ NORTH POLE DEADLINE-489387	1988	TL	14.00	18.00
❏ NORTH POLE EXPRESS-56073	1985	TL	9.00	50.00
❏ NORTH POLE HERE I COME-574333	1991	TL	23.00	23.00
❏ NOT A CREATURE WAS STIRRING-56421	1985	YR	6.00	45.00
❏ NOT A CREATURE WAS STIRRING-E-6149	1981	TL	4.00	45.00
❏ NUTCRACKER SWEETHEART	1994	YR	15.00	15.00
❏ NUTCRACKER, THE-568422	1990	YR	12.00	30.00
❏ NUTTY ABOUT CHRISTMAS 137030	1995	YR	23.00	23.00
❏ OLD FASHIONED DOLL HOUSE-551287	1986	TL	15.00	25.00
❏ OLD FASHIONED ROCKING HORSE-55859	1985	TL	10.00	10.00
❏ ON A ROLL WITH DIET COKE 167061	1906	YR	20.00	20.00
❏ ON TARGET TWO-GETHER-575623	1992	YR	17.00	17.00
❏ ON THE BALL AT CHRISTMAS	1995	YR	15.00	15.00
❏ ON THE BALL AT CHRISTMAS 136700	1995	YR	15.00	15.00
❏ ON THE ROAD W/COKE	1994	YR	25.00	25.00
❏ ON YOUR MARK, GET SET, IS THAT TO GO?	1993	YR	14.00	14.00
❏ ONCE UPON A TIME	1994	YR	15.00	15.00
❏ OUR FIRST CHRISTMAS TOGETHER-556548	1987	TL	13.00	18.00
❏ OUR HERO-56413	1985	YR	6.00	55.00
❏ OUR HERO-E-6146	1981	TL	4.00	55.00
❏ OUR MOST PRECIOUS GIFT-585726	1991	YR	18.00	18.00
❏ OVER ONE MILLION HOLIDAY WISHES!-577553	1990	YR	18.00	20.00
❏ OWL BE HOME FOR CHRISTMAS-E-6230	1984	TL	10.00	10.00
❏ PAUSE FOR CLAUS	1993	YR	23.00	23.00
❏ PAUSE THAT REFRESHES, THE-563226	1989	TL	15.00	65.00
❏ PEACE ON EARTH 132942	1994	YR	12.00	13.00
❏ PEACE ON EARTHWORM	1994	YR	20.00	20.00
❏ PEAK-A-BEAR MY SPECIAL FRIEND-556513	1987	TL	6.00	28.00
❏ PEDAL PUSHIN' SANTA-566098	1991	TL	20.00	28.00
❏ PEEK-A-BEAR BABY'S/CHRISTMAS-E-6228	1984	TL	10.00	10.00
❏ PEEK-A-BEAR BABY'S/CHRISTMAS-E-6229	1984	TL	9.00	9.00
❏ PEEK-A-BEAR GRANDCHILD'S/XMAS-552070	1986	YR	6.00	6.00
❏ PEEK-A-BEAR LETTER TO SANTA-555991	1987	TL	8.00	15.00
❏ PEEK-A-BEAR PRESENT-552089	1986	TL	2.00	3.00
❏ PENGUIN POWER-E-6977	1982	TL	6.00	18.00

ORNAMENTS

NAME	YEAR	LIMIT	ISSUE	TREND
❏ PENGUINS ON ICE-E-6280	1984	TL	8.00	30.00
❏ PICTURE PERFECT CHRISTMAS	1994	YR	15.00	15.00
❏ PICTURE PERFECT PAIR 8TH ISSUE 167002	1996	YR	25.00	25.00
❏ PITTER-PATTER POST OFFICE	1993	TL	20.00	20.00
❏ PLANE CRAZY 168386	1996	YR	23.00	23.00
❏ PLANE O' HOLIDAY FUN	1993	YR	28.00	28.00
❏ PLANELY DELICIOUS 109665	1995	YR	20.00	20.00
❏ PLAY IT AGAIN, NICK 166987	1996	YR	18.00	18.00
❏ POLAR BEAR FUN WHOOPS IT'S 1982-E-6953	1982	YR	10.00	85.00
❏ POOL HALL-IDAYS	1993	YR	19.00	19.00
❏ POUND OF GOOD CHEERS-582034	1992	TL	18.00	18.00
❏ PUPPY LOVE	1995	YR	18.00	18.00
❏ PUPPY LOVE-556505	1987	TL	6.00	15.00
❏ PUPPY'S 1ST CHRISTMAS-552909	1987	TL	4.00	5.00
❏ PURDY PACKAGES, PARDNER!	1994	YR	20.00	20.00
❏ PURE CHRISTMAS PLEASURE	1994	YR	20.00	20.00
❏ PURR-FECT FIT!, THE-566462	1989	TL	15.00	30.00
❏ PURR-FECT PALS-563218	1990	TL	8.00	12.00
❏ PUT ON A HAPPY FACE-588237	1992	TL	15.00	16.00
❏ REAL BOY FOR CHRISTMAS	1994	YR	15.00	15.00
❏ REAL CLASSIC-831603	1991	YR	10.00	10.00
❏ ROCKIN' RANGER	1994	YR	25.00	25.00
❏ ROCKIN' W/SANTA	1993	TL	14.00	14.00
❏ ROCKING HORSE PAST JOYS-556157	1987	TL	10.00	10.00
❏ ROUNDIN' UP CHRISTMAS TOGETHER	1993	YR	25.00	25.00
❏ RUDOLPH-588784	1991	TL	18.00	18.00
❏ RX:MAS GREETINGS 129054	1995	YR	18.00	18.00
❏ S. CLAUS HOLLYCOPTER-553344	1986	TL	14.00	30.00
❏ SALUTE' 3RD & FINAL 593133	1995	YR	23.00	23.00
❏ SANTA AND CHILD-551236	1986	TL	14.00	25.00
❏ SANTA CLAUS BALLOON-55794	1985	YR	8.00	40.00
❏ SANTA CLAUS IS COMIN'	1994	YR	20.00	20.00
❏ SANTA DELIVERS	1994	YR	12.00	12.00
❏ SANTA IN THE BOX-E-6292	1984	TL	6.00	35.00
❏ SANTA ON ICE-E-6252	1984	TL	2.00	25.00
❏ SANTA TURTLE-558559	1988	TL	10.00	20.00
❏ SANTA...PHONE HOME	1994	YR	25.00	25.00
❏ SANTA..YOU'RE THE POPS!	1994	YR	23.00	23.00
❏ SANTA'S HELPERS-552607	1986	TL	2.00	3.00
❏ SANTA'S L'IL HELPER	1994	YR	12.00	13.00
❏ SANTA'S LIST-556394	1987	TL	7.00	25.00
❏ SANTA'S LITTLE REINDEAR-568430	1989	TL	15.00	23.00
❏ SANTA'S MAGIC RIDE	1993	YR	24.00	24.00
❏ SANTA'S ON THE LINE 167037	1996	YR	25.00	25.00
❏ SANTA'S SPEEDWAY 129011	1995	YR	20.00	20.00
❏ SANTA'S STEED-587044	1991	YR	15.00	18.00
❏ SANTA'S SUITCASE-566462	1990	TL	25.00	25.00
❏ SANTA'S SURVEY-554642	1988	TL	35.00	90.00
❏ SANTA'S TROLLEY-E-6231	1984	TL	11.00	55.00
❏ SAVIOR IS BORN THIS DAY-E-6949	1982	TL	4.00	18.00
❏ SAWIN ELF HELPER-56391	1985	YR	8.00	45.00
❏ SAWIN' ELF HELPER-E-6138	1981	TL	6.00	45.00
❏ SCARECROW, THE-567795	1989	YR	12.00	20.00
❏ SCORING BIG AT CHRISTMAS 112046	1995	YR	20.00	20.00
❏ SCOTTIE CELEBRATING CHRISTMAS-56065	1985	TL	10.00	15.00
❏ SEAMAN'S GREETINGS-566047	1990	TL	11.00	11.00
❏ SEASONED W/LOVE	1994	YR	23.00	23.00
❏ SEE-SAW SWEETHEARTS	1993	TL	10.00	10.00
❏ SERVIN' UP JOY 166847	1996	YR	20.00	20.00
❏ SERVING UP THE BEST 3RD & FINAL 112054	1995	YR	18.00	18.00
❏ SIAMESE KITTEN-551279	1986	TL	9.00	20.00
❏ SIGN OF PEACE	1994	YR	19.00	19.00
❏ SIP OF GOOD MEASURE 139610	1995	YR	18.00	18.00
❏ SITTING PRETTY 172219	1996	YR	18.00	18.00
❏ SKATING SANTA 1987-556211	1987	YR	14.00	80.00
❏ SKATING WALRUS-56081	1985	TL	9.00	45.00
❏ SKI-SON'S GREETINGS	1994	YR	20.00	20.00
❏ SLEDDIN' MR. SNOWMAN	1993	TL	13.00	13.00
❏ SLEIGH AWAY-555401	1987	TL	12.00	20.00
❏ SLIMMIN' SANTA	1993	YR	19.00	19.00
❏ SMALL FRY'S FIRST CHRISTMAS-586749	1992	TL	17.00	17.00
❏ SMOOTH MOVE, MOM	1993	YR	20.00	20.00
❏ SNACK THAT HITS THE SPOT	1995	YR	15.00	15.00
❏ SNEAKING A PEEK 139718	1995	YR	23.00	23.00
❏ SNOW SHOE-IN SANTA-56405	1985	YR	8.00	50.00
❏ SNOW SHOE-IN SANTA-E-6139	1981	TL	6.00	50.00
❏ SPECIAL BEAR-LIVERY 129062	1996	YR	15.00	15.00
❏ SPECIAL DELIVERY	1994	YR	20.00	20.00
❏ SPECIAL DELIVERY FOR SANTA	1993	TL	10.00	10.00
❏ SPECIAL DELIVERY-832812	1992	TL	12.00	12.00
❏ SPECIAL DELIVERY-840440	1992	YR	23.00	23.00
❏ SPICE UP THE SEASON 1ST ISSUE 111724	1996	YR	20.00	20.00
❏ SPIRITED STALLION-594407	1992	YR	15.00	16.00
❏ SPLASH OF COOL YULE 213713	1996	YR	20.00	20.00
❏ SPOT OF LOVE	1993	YR	20.00	20.00
❏ SPREADING JOY	1993	TL	28.00	28.00
❏ SPREADING SWEET JOY-580465	1992	YR	14.00	14.00
❏ ST. NICHOLAS CIRCA 1910-56359	1985	TL	6.00	15.00
❏ STARRING ROLL AT CHRISTMAS 137057	1995	YR	18.00	18.00

NAME	YEAR	LIMIT	ISSUE	TREND
☐ STARRY EYED SANTA-587176	1991	TL	15.00	16.00
☐ STATIC IN THE ATTIC-562947	1989	TL	13.00	15.00
☐ STEPPIN' WITH MINNIE 136603	1996	YR	14.00	14.00
☐ STOCKING FULL FOR 1985-56464	1985	YR	6.00	6.00
☐ SUGAR PLUM BEARIES-555193	1987	TL	4.00	5.00
☐ SUMMONS FOR A MERRY CHRISTMAS 166960	1996	YR	23.00	23.00
☐ SUNDAE RIDE-583707	1992	TL	20.00	20.00
☐ SURE SIGN OF CHRISTMAS-588857	1992	TL	23.00	23.00
☐ SWEET DREAMS	1994	YR	12.00	13.00
☐ SWEET GREETINGS	1994	YR	12.00	13.00
☐ SWEET ON YOU 136719	1995	YR	23.00	23.00
☐ SWEET SEASONS EATINGS	1993	YR	23.00	23.00
☐ SWEET WHISKERED WISHES	1993	YR	17.00	17.00
☐ SWEETS FOR MY SWEETIE	1994	YR	15.00	15.00
☐ SWINGIN' CHRISTMAS-584096	1992	TL	15.00	16.00
☐ SWINGING ON A STAR 166642	1996	YR	20.00	20.00
☐ SWISHING YOU SWEET GREETINGS 105201	1995	YR	20.00	20.00
☐ TAIL WAGGIN' WISHES 142190	1995	YR	18.00	18.00
☐ TAILS A'WAGON 167126	1996	YR	20.00	20.00
☐ TAKE A CHANCE ON THE HOLIDAYS-594075	1992	TL	20.00	20.00
☐ TANGLED UP FOR CHRISTMAS	1993	TL	14.00	15.00
☐ TEDDY BEAR BALL, THE-558567	1988	TL	10.00	12.00
☐ TEDDY TAKES A SPIN-556467	1987	TL	13.00	18.00
☐ TEDDY'S SUSPENDERS-556262	1987	TL	8.00	16.00
☐ TEED-OFF DONALD	1994	YR	15.00	15.00
☐ TEE-RIFIC HOLIDAYS-590827	1992	TL	25.00	25.00
☐ TEN LORDS A-LEAPING-573949	1990	TL	15.00	16.00
☐ TERRIFIC TOYS	1993	YR	20.00	20.00
☐ THINGS GO BETTER WITH COKE-580597	1991	TL	17.00	18.00
☐ THOU ART MY LAMP, O LORD 173894	1996	YR	25.00	25.00
☐ THREE LITTLE BEARS-556556	1987	TL	8.00	12.00
☐ TIC-TAC-MISTLE-TOE-588296	1992	YR	23.00	23.00
☐ TIME FOR REFRESHMENTS 111872	1995	YR	20.00	20.00
☐ TIN MAN, THE-567779	1989	YR	12.00	20.00
☐ TINKERTOY JOY 137049	1995	YR	20.00	20.00
☐ TINY TOY THIMBLE MOBILE-556475	1987	TL	12.00	15.00
☐ TIP TOP TIDINGS-581828	1992	TL	13.00	13.00
☐ 'TIS THE SEASON TO BE NUTTY 175234	1996	YR	18.00	18.00
☐ TO A DEAR BABY-587168	1992	YR	19.00	19.00
☐ TO A SPECIAL TEACHER-E-0276	1983	TL	5.00	15.00
☐ TO COIN A PHRASE, MERRY CHRISTMAS	1994	YR	20.00	20.00
☐ TO MY FAVORITE V.I.P.	1994	TR	20.00	20.00
☐ TO MY GEM	1993	YR	28.00	28.00
☐ TOASTY TIDINGS	1993	TL	20.00	20.00
☐ TOBOGGAN RIDE-56286	1985	TL	6.00	12.00
☐ TONS OF TOYS 577510	1990	TL	13.00	18.00
☐ TOOL TIME, YULE TIME	1993	YR	19.00	19.00
☐ TOP MARKS FOR TEACHER	1993	TL	10.00	10.00
☐ TOY DRUM TEDDY-E-0274	1983	TL	9.00	9.00
☐ TOY SHOP-E-0277	1983	TL	8.00	32.00
☐ TOY SOLDIER 1982-E-6957	1982	YR	6.00	65.00
☐ TOY TO THE WORLD	1993	YR	25.00	25.00
☐ TOYFUL' RUDOLPH-593982	1992	TL	23.00	23.00
☐ TOYLAND, TOYLAND 7TH ISSUE 173878	1996	YR	20.00	20.00
☐ TOYS TO TREASURE 6TH ISSUE 112119	1995	YR	20.00	20.00
☐ TREASURE THE HOLIDAYS, MAN	1993	YR	25.00	25.00
☐ TREASURED MEMORIES THE NEW SLED-E-6256	1984	TL	7.00	70.00
☐ TREES TO PLEASE 168386	1996	YR	25.00	25.00
☐ TRUCKIN'	1995	YR	25.00	25.00
☐ TRUNK FULL OF TREASURES 128961	1995	20000	25.00	25.00
☐ TRUNK OF TREASURES-588636	1992	YR	20.00	20.00
☐ TUBA TOTIN' TEDDY-568449	1991	TL	15.00	16.00
☐ TURTLE GREETINGS-558583	1988	TL	8.00	22.00
☐ TWAS THE NIGHT BEFORE CHRISTMAS	1993	YR	23.00	23.00
☐ TWAS THE NIGHT BEFORE CHRISTMAS-577545	1990	TL	18.00	18.00
☐ UP ON THE HOUSE TOP-E-6280	1984	TL	9.00	30.00
☐ VICTORIAN DOLL HOUSE-56251	1985	YR	13.00	30.00
☐ VICTORIAN SLEIGH RIDE-562890	1989	TL	23.00	23.00
☐ VICTORIAN SLEIGH-E-6946	1982	TL	9.00	9.00
☐ WARM & HEARTY WISHES	1993	YR	18.00	18.00
☐ WARMEST WISHES-573825	1991	YR	18.00	25.00
☐ WARMTH OF THE SEASON, THE-586994	1992	TL	20.00	20.00
☐ WATCHFUL EYE-595713	1992	YR	15.00	16.00
☐ WATCHING AT THE WINDOW-E-0275	1983	TL	13.00	40.00
☐ WATCHING FOR SANTA	1994	TL	25.00	25.00
☐ WATCHING FOR SANTA-840432	1992	TL	25.00	25.00
☐ WAY TO A MOUSE'S HEART, THE	1994	YR	15.00	15.00
☐ WE THREE KINGS-55964	1985	YR	4.00	15.00
☐ WEAR THE SEASON WITH A SMILE-595829	1992	YR	10.00	10.00
☐ WELL BALANCED MEAL FOR SANTA 4TH & FINAL 592633	1995	OP	18.00	18.00
☐ WHAT'S SHAKIN' FOR CHRISTMAS	1994	YR	19.00	19.00
☐ WHOOPS-E-6147	1981	YR	8.00	75.00
☐ WHOOPS, IT'S 1981-E-6148	1981	TL	4.00	95.00
☐ WIDE OPEN THROTTLE-E-0242	1983	TL	12.00	35.00
☐ WING-A-DING ANGEL-E-6948	1983	TL	7.00	40.00
☐ WISHING UPON A STAR	1994	YR	19.00	19.00
☐ WISHING YOU A PERFECT HOLIDAY	1995	OP	5.00	5.00
☐ WISHING YOU WELL AT CHRISTMAS	1994	YR	25.00	25.00
☐ WORLD OF GOOD TASTE 175420	1996	20000	20.00	20.00

ORNAMENTS

NAME	YEAR	LIMIT	ISSUE	TREND
❏ WRAPPIN' UP WARM WISHES-593141	1992	YR	18.00	18.00
❏ YE OLDE PUPPET SHOW-562939	1989	TL	18.00	20.00
❏ YOU MALT MY HEART-577596	1990	TL	25.00	25.00
❏ YOU'RE MY CUP OF TEA 129038	1995	YR	20.00	20.00
❏ YULE FUEL	1994	YR	20.00	20.00
❏ YULE LOG ON FOR CHRISTMAS CHEER 122513	1995	YR	20.00	20.00
❏ YULE TIDE PRANCER 6TH & FINAL 588660	1995	YR	15.00	15.00
❏ YULE TIDE TOGETHER-588903	1992	TL	20.00	20.00
❏ YULETIDE YUMMIES	1994	YR	20.00	20.00
TREASURY OF CHRISTMAS			**GILMORE STUDIOS**	
❏ 1ST CHRISTMAS TOGETHER-554537	1988	TL	15.00	16.00
❏ 4-ALARM CHRISTMAS 6TH & FINAL ISSUE 128767	1995	OP	18.00	18.00
❏ A CHRISTMAS CAROL-583928	1991	TL	23.00	23.00
❏ AIMING FOR THE HOLIDAYS-830941	1991	TL	12.00	12.00
❏ AIRMAIL FOR TEACHER-489425	1988	TL	14.00	25.00
❏ ALL ABOARD-567671	1990	TL	18.00	18.00
❏ ALL EYE WANT FOR CHRISTMAS-573647	1990	TL	28.00	28.00
❏ ALL SET FOR SANTA-563080	1989	TL	18.00	18.00
❏ ALMOST TIME FOR SANTA	1994	YR	25.00	25.00
❏ AN EYE ON CHRISTMAS-554545	1988	TL	23.00	35.00
❏ BABY BEAR SLEIGH-551651	1986	TL	9.00	30.00
❏ BABY'S FIRST CHRISTMAS	1993	YR	18.00	18.00
❏ BABY'S FIRST CHRISTMAS 1984-E-6212	1984	YR	10.00	10.00
❏ BABY'S FIRST CHRISTMAS 1985-56014	1985	YR	6.00	6.00
❏ BABY'S FIRST CHRISTMAS 1986-551678	1986	YR	10.00	15.00
❏ BABY'S FIRST CHRISTMAS 1987-556238	1987	YR	10.00	25.00
❏ BABY'S FIRST CHRISTMAS 1988-554936	1988	YR	10.00	16.00
❏ BABY'S FIRST CHRISTMAS 1989-562815	1989	YR	10.00	13.00
❏ BABY'S FIRST CHRISTMAS 1990-573973	1990	YR	10.00	10.00
❏ BABY'S FIRST CHRISTMAS 1990-573981	1990	YR	12.00	14.00
❏ BABY'S SWEET FEAST 3RD & FINAL 588733	1995	OP	18.00	18.00
❏ BEARLY SLEEPY-578029	1992	YR	18.00	18.00
❏ BOOT-IFUL CHRISTMAS-840165	1992	YR	20.00	20.00
❏ BRIGHT IDEA	1993	YR	23.00	23.00
❏ BUBBLE BUDDY-586978	1992	TL	14.00	14.00
❏ BUTTONS 'N' BOW BOUTIQUE	1994	YR	23.00	23.00
❏ BY THE LIGHT OF THE MOON-563005	1989	TL	12.00	15.00
❏ CANDLELIGHT SERENADE-832766	1992	TL	12.00	12.00
❏ CAROLING WEE GO-573671	1990	TL	12.00	12.00
❏ CAROUSEL LION-556025	1987	TL	12.00	25.00
❏ CAROUSEL UNICORN-551252	1986	TL	12.00	75.00
❏ CARVING CHRISTMAS WISHES	1993	TL	25.00	25.00
❏ CATCH A FALLING STAR-583944	1992	TL	15.00	16.00
❏ CAUGHT IN THE ACT-830046	1989	TL	12.00	13.00
❏ CHESTNUTS ROASTIN'-562912	1989	TL	13.00	28.00
❏ CHIMINY CHEER	1994	YR	23.00	23.00
❏ CHIPMUNK HOLIDAY-554898	1988	TL	11.00	18.00
❏ CHRISTMAS CABOOSE-574856	1991	TL	25.00	25.00
❏ CHRISTMAS COOKIN'-563048	1989	TL	23.00	25.00
❏ CHRISTMAS CUSTOMS	1994	YR	18.00	18.00
❏ CHRISTMAS FILLS THE AIR-831921	1991	TL	12.00	12.00
❏ CHRISTMAS NITE CAP-834424	1992	TL	14.00	14.00
❏ CHRISTMAS TRADITION-558400	1988	TL	10.00	18.00
❏ CHRISTMAS TRIMMINGS-575631	1991	TL	17.00	17.00
❏ CHRISTMAS YARN-593516	1992	YR	20.00	20.00
❏ CHRISTOPHER COLUMOUSE-832782	1992	YR	12.00	12.00
❏ COME LET US ADORE HIM-573736	1991	TL	9.00	9.00
❏ COZY CANDLELIGHT DINNER	1994	YR	25.00	25.00
❏ COZY CHRISTMAS CARRIAGE-586730	1992	TL	23.00	23.00
❏ CRESCENT SANTA-E-6950	1982	TL	10.00	65.00
❏ CRYSTAL BALL CHRISTMAS-575666	1991	TL	23.00	23.00
❏ CUP OF CHEER 10TH & FINAL 135070	1996	YR	25.00	25.00
❏ DEAR SANTA-E-6959	1982	TL	10.00	15.00
❏ DECADE OF TREASURES-587052	1991	YR	38.00	38.00
❏ DECK THE HALLS-573701	1990	TL	23.00	23.00
❏ DELIVERED TO THE NICK IN TIME	1993	TL	14.00	14.00
❏ DREAMIN' OF A WHITE CHRISTMAS-583669	1991	TL	15.00	16.00
❏ EIGHT MAIDS A-MILKING-562750	1989	TL	12.00	18.00
❏ ELEVEN DRUMMERS DRUMMING-573957	1990	TL	15.00	16.00
❏ ESPECIALLY FOR YOU	1994	YR	28.00	28.00
❏ FESTIVE FIREMAN	1993	YR	17.00	17.00
❏ FILLED TO THE BRIM 3RD & FINAL 595039	1995	OP	25.00	25.00
❏ FINE FEATHERED FESTIVITIES	1994	YR	23.00	23.00
❏ FINISHING FIRST	1994	YR	20.00	20.00
❏ FINISHING TOUCH, THE-831530	1991	YR	10.00	12.00
❏ FIRED UP FOR CHRISTMAS-586587	1991	TL	33.00	33.00
❏ FIREHOUSE FRIENDS-586951	1992	YR	23.00	23.00
❏ FIRST CLASS CHRISTMAS TR954	1995	YR	22.00	23.00
❏ FIRST CLASS CHRISTMAS-830038	1990	TL	10.00	10.00
❏ FITTIN' MITTENS-830976	1991	TL	12.00	12.00
❏ FIVE GOLDEN RINGS-559121	1988	TL	11.00	30.00
❏ FOR A DOG-GONE GREAT UNCLE-586706	1991	YR	12.00	12.00
❏ FOR A PURR-FECT AUNT-586692	1991	YR	12.00	12.00
❏ FOR A PURR-FECT MOM-586641	1991	YR	12.00	12.00
❏ FOR A SPECIAL DAD-586668	1991	YR	18.00	18.00
❏ FOR A STAR AUNT	1993	YR	12.00	12.00
❏ FOREVER FRIENDS-554626	1988	TL	12.00	27.00
❏ FOUR CALLING BIRDS-556459	1988	TL	11.00	30.00
❏ FROM OUR HOUSE TO YOURS	1994	YR	25.00	25.00

NAME	YEAR	LIMIT	ISSUE	TREND
❑ FROM THE SAME MOLD-581798	1991	TL	17.00	17.00
❑ FUR-EVER FRIENDS-590797	1992	TL	14.00	14.00
❑ GINGER-BRED GREETING-831581	1992	YR	12.00	12.00
❑ GOLD STAR FOR TEACHER-831948	1992	TL	15.00	16.00
❑ GOOD FRIENDS ARE FOREVER	1994	YR	14.00	14.00
❑ GRANDMA'S LIDDLE GRIDDLE	1993	YR	10.00	10.00
❑ GUMBALL WIZARD-575658	1991	TL	13.00	13.00
❑ HAVE A COOL CHRISTMAS	1993	TL	10.00	10.00
❑ HAVE A COOL CHRISTMAS-832944	1992	YR	14.00	14.00
❑ HAVE A COOL YULE-830496	1990	TL	12.00	12.00
❑ HAVE A DARN GOOD CHRISTMAS	1993	YR	21.00	21.00
❑ HERE'S LOOKING AT YOU-830259	1990	TL	18.00	18.00
❑ HOLIDAY CHEW-CHEW	1994	YR	23.00	23.00
❑ HOLIDAY FREEZER TEASER	1994	YR	25.00	25.00
❑ HOLIDAY GLOW PUPPET SHOW-832774	1992	TL	15.00	16.00
❑ HOLIDAY HAPPENINGS-588555	1992	TL	30.00	30.00
❑ HOLIDAY HONORS-833029	1992	YR	15.00	16.00
❑ HOME SWEET HOME-556033	1987	TL	15.00	55.00
❑ HUMPTY DUMPTY-574244	1992	TL	25.00	25.00
❑ IT'S A GO FOR CHRISTMAS-587095	1992	TL	15.00	16.00
❑ JOY FROM HEAR TO HOSE	1994	YR	15.00	15.00
❑ KNITTEN' KITTENS-832952	1992	YR	18.00	18.00
❑ KURIOUS KITTY-573868	1991	TL	18.00	19.00
❑ LATEST SCOOP FROM SANTA, THE	1994	YR	19.00	19.00
❑ LETTERS TO SANTA-830925	1991	TL	15.00	16.00
❑ LIGHTS..CAMERA..KISSMAS!-583626	1991	YR	15.00	18.00
❑ LI'L DRUMMER BEAR-554952	1988	TL	12.00	20.00
❑ LITTLE JACK HORNER-574058	1990	TL	18.00	18.00
❑ MAKING TRACKS TO SANTA-832804	1992	TL	15.00	16.00
❑ MARY, MARY QUITE CONTRARY-574066	1991	TL	23.00	23.00
❑ MELTED MY HEART	1994	YR	15.00	15.00
❑ MERRY CHRISTMAS GODCHILD-55832	1985	TL	8.00	30.00
❑ MERRY CHRISTMAS POPS-562971	1989	TL	12.00	24.00
❑ MERRY CHRISTMAS-551341	1986	TL	8.00	75.00
❑ MERRY MAILMAN-573690	1990	TL	15.00	16.00
❑ MERRY MILLIMETERS-583677	1991	TL	17.00	17.00
❑ MISTLE-TOAST-1989-562963	1989	YR	15.00	21.00
❑ MISTLE-TOW	1993	TL	15.00	15.00
❑ MOON BEAM DREAMS-573760	1991	TL	12.00	12.00
❑ MOUSE CHECK-554553	1988	TL	14.00	18.00
❑ MR. MAILMOUSE-587109	1991	TL	17.00	17.00
❑ MUG FULL OF LOVE-832928	1992	YR	14.00	14.00
❑ MY SPECIAL CHRISTMAS	1993	YR	18.00	18.00
❑ NINE DANCERS DANCING-562769	1989	TL	15.00	18.00
❑ NORTH POLE LINEMAN-558834	1988	TL	10.00	20.00
❑ NORTH POLE OR BUST-562998	1990	TL	25.00	25.00
❑ NORTH POLE PEPPERMINT PATROL-840157	1992	TL	25.00	25.00
❑ NOT A CREATURE WAS STIRRING...	1993	YR	28.00	28.00
❑ NUTCRACKER, THE 574023	1992	TL	25.00	25.00
❑ ODE TO JOY-830968	1991	TL	10.00	10.00
❑ OLD KING COLE-575682	1990	TL	20.00	20.00
❑ OLD MOTHER MOUSE-573922	1990	TL	18.00	18.00
❑ OLD TOWN'S CHURCH-554871	1989	TL	18.00	18.00
❑ ONE FOGGY CHRISTMAS EVE-586625	1991	TL	30.00	30.00
❑ PARTRIDGE IN A PEAR TREE-556173	1987	TL	9.00	33.00
❑ PEDDLING FUN-586714	1991	YR	16.00	16.00
❑ PETER, PETER PUMPKIN EATER-574015	1991	TL	20.00	20.00
❑ POPPIN' HOPPIN' HOLIDAYS-831263	1992	YR	25.00	25.00
❑ POST-MOUSTER GENERAL-587117	1992	TL	20.00	20.00
❑ PROF. MICHAEL BEAR/ONE BEAR BAND-573663	1990	TL	23.00	23.00
❑ QUARTER POUNDER WITH CHEER-581569	1991	TL	20.00	20.00
❑ QUEEN OF HEARTS-575712	1992	TL	18.00	18.00
❑ RAILROAD REPAIRS-573930	1990	TL	12.00	13.00
❑ READIN' & RIDIN'-830054	1989	TL	14.00	14.00
❑ ROCK-A-BYE BABY-575704	1992	TL	14.00	14.00
❑ SANTA DELIVERS LOVE-562904	1991	TL	18.00	18.00
❑ SANTA' S SING-A-LONG	1994	YR	20.00	20.00
❑ SANTA' SECRET TEST DRIVE	1994	YR	20.00	20.00
❑ SANTA'S GINGER-BRED DOE	1994	YR	15.00	1500.00
❑ SANTA'S KEY MAN-830461	1991	TL	11.00	11.00
❑ SANTA'S MIDNIGHT SNACK-588598	1992	TL	20.00	20.00
❑ SANTA'S SWEETS-563196	1990	TL	20.00	20.00
❑ SARDINE EXPRESS-554588	1989	TL	18.00	20.00
❑ SAY CHEESE	1993	TL	14.00	14.00
❑ SEA-SON'S GREETINGS, TEACHER 112070	1995	OP	18.00	18.00
❑ SEED-SON'S GREETINGS-588571	1992	TL	27.00	27.00
❑ SEEING IS BELIEVING	1993	YR	20.00	20.00
❑ SEVEN SWANS A-SWIMMING-562742	1989	TL	12.00	12.00
❑ SEW CHRISTMASY-583820	1992	TL	25.00	25.00
❑ SIESTA SANTA 5TH & FINAL 112089	1995	OP	25.00	25.00
❑ SIX GEESE A-LAYING-559148	1988	TL	11.00	30.00
❑ SNEAKING A PEEK	1993	TL	10.00	10.00
❑ SNEAKING SANTA'S SNACK-830933	1991	TL	13.00	13.00
❑ SONG FOR SANTA-573779	1991	TL	25.00	25.00
❑ SPECIAL KEEPSAKES-586722	1991	YR	14.00	14.00
❑ STICKIN' TO IT-563013	1989	TL	10.00	16.00
❑ STUCK ON YOU-573655	1990	TL	12.00	13.00
❑ SUGAR CHEF SHOPPE	1993	TL	24.00	24.00
❑ SUGAR 'N SPICE FOR SOMEONE NICE	1994	YR	30.00	30.00

ORNAMENTS

NAME	YEAR	LIMIT	ISSUE	TREND
❏ SWEET AS CANE BE-583642	1992	TL	15.00	16.00
❏ SWEET HARMONY 3RD & FINAL 586773	1995	OP	18.00	18.00
❏ SWEET STEED-583634	1991	TL	15.00	16.00
❏ SWEETEST GREETINGS 1990-830011	1990	YR	10.00	15.00
❏ SWEETEST RIDE, THE	1993	TL	19.00	19.00
❏ TALL ORDER-832758	1992	TL	12.00	12.00
❏ TANKFUL TIDINGS-831271	1992	TL	30.00	30.00
❏ TEDDY'S STOCKING-555940	1987	TL	10.00	20.00
❏ THIMBLE OF THE SEASON 2ND ISSUE 137243	1995	OP	23.00	23.00
❏ TH-INK-IN' OF YOU-562920	1990	TL	20.00	20.00
❏ THREE FRENCH HENS-556440	1987	TL	9.00	25.00
❏ THROUGH THE YEARS-574252	1991	YR	18.00	18.00
❏ THROUGH THE YEARS-586862	1992	YR	18.00	18.00
❏ TIE-DINGS OF JOY-830488	1991	YR	12.00	12.00
❏ TIME FOR CHRISTMAS-551325	1986	TL	13.00	25.00
❏ TIME FOR SANTA	1993	TL	18.00	18.00
❏ TO A GRADE A TEACHER	1993	TL	10.00	10.00
❏ TO SANTA, POST HASTE 112151	1995	OP	15.00	15.00
❏ TO THE POINT-831182	1992	TL	14.00	14.00
❏ TO THE SWEETEST BABY	1994	YR	19.00	19.00
❏ TOM, TOM THE PIPER'S SON-575690	1991	TL	15.00	16.00
❏ TOY TINKER TOPPER	1994	YR	20.00	20.00
❏ TRAVELIN' TRIKE-562882	1989	TL	15.00	16.00
❏ TREE FOR TWO	1993	YR	18.00	18.00
❏ TWAS THE NITE BEFORE CHRISTMAS	1994	YR	19.00	19.00
❏ TWELVE PIPERS PIPING-573965	1990	TL	15.00	16.00
❏ TWINKLE BEAR-556572	1987	TL	8.00	15.00
❏ TWO FOR TEA-559776	1988	TL	20.00	30.00
❏ TWO TURTLEDOVES-556432	1987	TL	9.00	33.00
❏ WARMEST WISHES-573825	1990	YR	18.00	25.00
❏ WE'VE SHARED SEW MUCH 9TH ISSUE 112097	1995	OP	25.00	25.00
❏ WINDOW WISH LIST-586854	1992	TL	30.00	30.00
❏ WITH LOVE-586676	1991	YR	13.00	13.00
❏ YOU'RE A WHEEL COOL BROTHER	1994	YR	23.00	23.00
❏ YOU'RE A WINNER SON!	1994	YR	19.00	19.00
❏ YOU'RE WHEEL SPECIAL-573728	1990	TL	15.00	16.00
❏ YULETIDE RIDE 1990-577502	1990	YR	14.00	22.00

TREASURY OF CHRISTMAS — G. ARMGARDT

NAME	YEAR	LIMIT	ISSUE	TREND
❏ JINGLE BELL ROCK 1990-563390	1990	YR	14.00	18.00

TREASURY OF CHRISTMAS — C. BAKER

NAME	YEAR	LIMIT	ISSUE	TREND
❏ CHRISTMAS TREE FAIRY, THE-565202	1990	YR	15.00	38.00
❏ HOLLY-FAIRY-565199	1989	YR	15.00	45.00

TREASURY OF CHRISTMAS — S. BUTCHER

NAME	YEAR	LIMIT	ISSUE	TREND
❏ BABY'S FIRST CHRISTMAS	1994	OP	20.00	20.00
❏ BABY'S FIRST CHRISTMAS 125946	1995	OP	15.00	15.00
❏ BABY'S FIRST CHRISTMAS125954	1995	OP	15.00	15.00
❏ BRINGING HOLIDAY WISHES TO YOU 125911	1995	OP	23.00	23.00
❏ CHILD IS BORN	1994	OP	25.00	25.00
❏ DROPPING IN FOR THE HOLIDAYS	1994	OP	20.00	20.00
❏ DRUMMING UP A SEASON OF JOY	1994	OP	19.00	19.00
❏ FRIENDS ARE THE GREATEST TREASURE 125962	1995	20000	25.00	25.00
❏ FRIENDSHIPS WARM THE HOLIDAYS	1994	OP	20.00	20.00
❏ HAPPY BIRTHDAY JESUS 125857	1995	OP	15.00	15.00
❏ I'M IN A SPIN OVER YOU 125873	1995	OP	15.00	15.00
❏ LET'S SNUGGLE TOGETHER FOR CHRISTMAS 125865	1995	OP	15.00	15.00
❏ MAY ALL YOUR WISHES COME TRUE	1994	OP	20.00	20.00
❏ MAY YOUR HOLIDAY BE BRIGHTENED W/LOVE	1994	OP	15.00	15.00
❏ OUR FIRST CHRISTMAS TOGETHER	1994	OP	25.00	25.00
❏ OUR FIRST CHRISTMAS TOGETHER 125881	1995	OP	23.00	23.00
❏ PRETTY UP FOR THE HOLIDAYS 125830	1995	OP	20.00	20.00
❏ RINGING UP HOLIDAY WISHES	1994	OP	19.00	19.00
❏ SENDING YOU A SEASON'S GREETING	1994	OP	25.00	25.00
❏ SWEET HOLIDAYS	1994	OP	11.00	11.00
❏ TIS THE SEASON TO GO SHOPPING	1994	OP	23.00	23.00
❏ TWINKLE, TWINKLE CHRISTMAS STAR 125903	1995	OP	18.00	18.00
❏ YOU BRING THE LOVE TO CHRISTMAS 125849	1995	OP	15.00	15.00
❏ YOU PULL THE STRINGS TO MY HEART 125938	1995	OP	20.00	20.00

TREASURY OF CHRISTMAS — M. COOK

NAME	YEAR	LIMIT	ISSUE	TREND
❏ CHRISTMAS COOK-OUT-561045	1989	TL	9.00	12.00
❏ CHRISTMAS IS MAGIC-564826	1990	TL	10.00	10.00
❏ CHRISTMAS TO GO-580600	1991	YR	23.00	23.00
❏ DAIRY CHRISTMAS-557501	1988	TL	10.00	25.00
❏ DECK THE HOGS-565490	1989	TL	12.00	16.00
❏ DOUBLE SCOOP SNOWMOUSE-564796	1991	TL	14.00	14.00
❏ FELIZ NAVIDAD! 1989-564842	1989	YR	11.00	35.00
❏ FLEECE NAVIDAD-571903	1990	TL	14.00	14.00
❏ HAVE A MARIACHI CHRISTMAS-580619	1991	TL	14.00	14.00
❏ HAVE A NAVAHO-HO-HO 1990-571970	1990	YR	15.00	18.00
❏ LA LUMINARIA-586579	1992	TL	14.00	14.00
❏ LIGHTING UP CHRISTMAS-564834	1990	TL	10.00	14.00
❏ MERRY MOUSTRONAUTS-573558	1990	TL	20.00	38.00
❏ PINATA RIDIN'-565504	1989	TL	11.00	18.00
❏ REELING IN THE HOLIDAYS-560405	1990	TL	8.00	10.00
❏ SCRUB-A-DUB CHIPMUNK-561037	1989	TL	8.00	10.00
❏ SPREADING CHRISTMAS JOY-564850	1989	TL	10.00	10.00
❏ TOP OF THE CLASS-565237	1989	TL	11.00	11.00
❏ WALKIN' WITH MY BABY-561029	1991	TL	10.00	10.00

NAME	YEAR	LIMIT	ISSUE	TREND
TREASURY OF CHRISTMAS				**J. DAVIS**
❑ 4 X 4 HOLIDAY FUN-580783	1992	TL	20.00	20.00
❑ ALL DECKED OUT-572659	1991	TL	14.00	14.00
❑ AN APPLE A DAY-572594	1990	TL	12.00	15.00
❑ BAH HUMBUG	1993	OP	15.00	15.00
❑ CHAINS OF PACE FOR ODIE-563269	1989	TL	12.00	12.00
❑ DEAR SANTA-572608	1990	TL	17.00	17.00
❑ DEER GARFIELD-558702	1988	TL	12.00	18.00
❑ DEER! ODIE-E6226	1984	TL	6.00	40.00
❑ FAST TRACK CAT-585289	1992	TL	18.00	18.00
❑ FROSTY GARFIELD 1990-572551	1990	YR	14.00	20.00
❑ FUN IN SANTA'S SLEIGH-E-6225	1984	TL	12.00	35.00
❑ GARFIELD BAGS O'FUN-558761	1988	YR	3.00	5.00
❑ GARFIELD CUTS THE ICE-E-8771	1983	TL	6.00	45.00
❑ GARFIELD HARK! THE HERALD ANGEL-E-6224	1984	TL	8.00	45.00
❑ GARFIELD MERRY KISSMAS-555215	1987	TL	8.00	20.00
❑ GARFIELD NFL ATLANTA FALCONS-573159	1990	TL	12.00	13.00
❑ GARFIELD NFL BUFFALO BILLS-573108	1990	TL	12.00	13.00
❑ GARFIELD NFL CHICAGO BEARS-573248	1990	TL	12.00	13.00
❑ GARFIELD NFL CINCINNATI BENGALS-573000	1990	TL	16.00	13.00
❑ GARFIELD NFL CLEVELAND BROWNS-573019	1990	TL	12.00	13.00
❑ GARFIELD NFL DALLAS COWBOYS-573183	1990	TL	12.00	13.00
❑ GARFIELD NFL DENVER BRONCOS-573043	1990	TL	12.00	13.00
❑ GARFIELD NFL DETROIT LIONS-573256	1990	TL	12.00	13.00
❑ GARFIELD NFL GREEN BAY PACKERS-573264	1990	TL	12.00	13.00
❑ GARFIELD NFL HOUSTON OILERS-573027	1990	TL	12.00	13.00
❑ GARFIELD NFL INDIANAPOLIS COLTS-573116	1990	TL	12.00	13.00
❑ GARFIELD NFL KANSAS CITY CHIEFS-573051	1990	TL	12.00	13.00
❑ GARFIELD NFL LOS ANGELES RAIDERS-573078	1990	TL	12.00	13.00
❑ GARFIELD NFL LOS ANGELES RAMS-572764	1990	TL	12.00	13.00
❑ GARFIELD NFL MIAMI DOLPHINS-573124	1990	TL	12.00	13.00
❑ GARFIELD NFL MINNESOTA VIKINGS-573272	1990	TL	12.00	13.00
❑ GARFIELD NFL NEW ENGLAND PATRIOTS-573132	1990	TL	12.00	13.00
❑ GARFIELD NFL NEW ORLEANS SAINTS-573167	1990	TL	12.00	13.00
❑ GARFIELD NFL NEW YORK GIANTS-573191	1990	TL	12.00	13.00
❑ GARFIELD NFL NEW YORK JETS-573140	1990	TL	12.00	13.00
❑ GARFIELD NFL PHILADELPHIA EAGLES-573205	1990	TL	12.00	13.00
❑ GARFIELD NFL PHOENIX CARDINALS-573213	1990	TL	12.00	13.00
❑ GARFIELD NFL PITTSBURGH STEELERS-573035	1990	TL	12.00	13.00
❑ GARFIELD NFL SAN DIEGO CHARGERS-573086	1990	TL	12.00	13.00
❑ GARFIELD NFL SAN FRANCISCO 49ERS-573175	1990	TL	12.00	13.00
❑ GARFIELD NFL SEATTLE SEAHAWKS-573094	1990	TL	12.00	13.00
❑ GARFIELD NFL TAMPA BAY BUCCANEERS-573280	1990	TL	12.00	13.00
❑ GARFIELD NFL WASHINGTON REDSKINS-573221	1990	TL	12.00	13.00
❑ GARFIELD SUGAR PLUM FAIRY-556009	1987	TL	8.00	25.00
❑ GARFIELD THE NUTCRACKER-556017	1987	TL	8.00	15.00
❑ GARFIELD THE SNOW CAT-E-6227	1984	TL	12.00	12.00
❑ GARFIELD-IN-THE-BOX-56189	1985	YR	6.00	7.00
❑ GIFT WRAP OLDIE-553611	1986	YR	7.00	7.00
❑ GOD BLESS US EVERYONE-563242	1989	TL	14.00	14.00
❑ GRADE A WISHES FROM GARFIELD	1993	OP	20.00	20.00
❑ HAVE A BALL THIS CHRISTMAS-572616	1991	YR	15.00	20.00
❑ HERE COMES SANTA PAWS-572535	1991	TL	20.00	20.00
❑ HO-HO HOLIDAY SCROOGE-563234	1989	TL	14.00	14.00
❑ HOLIDAY CAT NAPPING-585319	1992	TL	20.00	20.00
❑ HOLIDAY HIDEOUT-585270	1991	TL	15.00	16.00
❑ HOLIDAY ON ICE-585254	1992	TL	18.00	17.00
❑ HOLIDAY SKIER-E-6954	1982	TL	7.00	30.00
❑ HOPPY CHRISTMAS-56154	1985	YR	8.00	30.00
❑ HOT STUFF SANTA-573523	1991	TL	25.00	30.00
❑ JOY RIDIN'-563463	1989	TL	15.00	18.00
❑ LIGHTEN UP!-553603	1986	TL	10.00	22.00
❑ LITTLE RED RIDING CAT-572632	1990	YR	14.00	18.00
❑ MERRY CHRISTMAS GO-ROUND-585203	1991	TL	20.00	20.00
❑ MERRY CHRISTMAS MOTHER-56146	1985	YR	8.00	9.00
❑ MERRY CHRISTMAS TEACHER-56170	1985	YR	6.00	6.00
❑ MINE, ALL MINE!-564079	1989	YR	15.00	25.00
❑ MINE, MINE, MINE	1994	OP	20.00	20.00
❑ NIGHT-WATCH CAT-558362	1988	TL	13.00	30.00
❑ NORTH POLE EXPRESS-56138	1985	YR	12.00	35.00
❑ OH SHOOSH!-572624	1990	TL	17.00	17.00
❑ OVER THE ROOFTOPS-572721	1990	TL	18.00	30.00
❑ PINOCCHIO-577391	1991	TL	15.00	16.00
❑ POP GOES THE ODIE-572578	1990	TL	15.00	16.00
❑ RING MY BELL-580740	1992	YR	14.00	14.00
❑ ROCKIN' GARFIELD CHRISTMAS-572527	1992	TL	18.00	18.00
❑ SCROOGE WITH THE SPIRIT-563250	1989	TL	14.00	15.00
❑ SKI TIME-56111	1985	YR	13.00	40.00
❑ SPECIAL DELIVERY-558699	1988	TL	9.00	16.00
❑ STOCKING FULL FOR 1983-E-8773	1983	YR	8.00	45.00
❑ STOCKING FULL FOR 1984-E-8773	1984	YR	6.00	35.00
❑ STRAIGHT TO SANTA-830534	1991	TL	14.00	14.00
❑ SWEET BEAMS-572586	1991	TL	14.00	14.00
❑ TROUBLE ON WHEELS-564052	1990	TL	20.00	20.00
TREASURY OF CHRISTMAS				**T. FRALEY**
❑ TOBIN'S DEBUT DANCER 1ST ISSUE 173886	1996	20000	20.00	20.00

ORNAMENTS

NAME	YEAR	LIMIT	ISSUE	TREND
TREASURY OF CHRISTMAS				**J. GROSSMAN**
❑ SANTA CLAUS SHOPPE, THE- CIRCA 1905-551562	1986	TL	8.00	18.00
TREASURY OF CHRISTMAS				**K. HAHN**
❑ 15 YEARS OF HITS 175463	1996	10000	25.00	25.00
❑ BABY'S CHRISTMAS FEAST-565040	1990	TL	14.00	22.00
❑ BATHING BEAUTY-860581	1991	TL	14.00	14.00
❑ BUBBLE TROUBLE-575038	1990	TL	20.00	20.00
❑ BUILDING MEMORIES	1994	YR	25.00	25.00
❑ CAMPIN' COMPANIONS-590282	1992	TL	20.00	20.00
❑ CATCH OF THE DAY-575070	1990	TL	25.00	25.00
❑ CATCH OF THE HOLIDAY 132888	1996	YR	20.00	20.00
❑ CHRISTMAS FISHES, DAD 139629	1995	YR	18.00	18.00
❑ COFFEE BREAK-564990	1990	TL	15.00	16.00
❑ DECEMBER 25..DEAR DIARY	1993	TL	10.00	10.00
❑ DECK THE HALLS-575127	1991	TL	15.00	15.00
❑ DECKED OUT FOR CHRISTMAS 176796	1996	YR	25.00	25.00
❑ DO NOT OPEN 'TIL CHRISTMAS	1993	TL	15.00	15.00
❑ DON'T OPEN 'TIL CHRISTMAS-575089	1990	TL	16.00	17.00
❑ EXPECTING JOY	1994	YR	12.00	13.00
❑ FRIENDS ARE THE SPICE OF LIFE	1994	YR	20.00	20.00
❑ FRIENDSHIPS BLOOM THROUGH ALL SEASONS 6TH 132950	1995	YR	23.00	23.00
❑ FRIENDSHIPS PRESERVED-586749	1992	YR	23.00	23.00
❑ FULL HOUSE MOUSE-565016	1989	TL	14.00	65.00
❑ GET IN THE SPIRIT...RECYCLE 7TH & FINAL 132918	1995	YR	18.00	18.00
❑ GOOD GROUNDS FOR FRIENDSHIP	1993	YR	25.00	25.00
❑ GOOD WILL TOWARD MEN 132942	1995	19450	25.00	25.00
❑ GREETINGS IN STEREO	1993	YR	20.00	20.00
❑ HAIR'S THE PLACE 173029	1996	YR	25.00	25.00
❑ HAPPY HOLI-DATE	1994	YR	23.00	23.00
❑ HATS OFF TO CHRISTMAS-586757	1991	YR	23.00	23.00
❑ HAVE A DINO-MITE CHRISTMAS	1994	YR	19.00	19.00
❑ HOLIDAY CATCH	1994	YR	12.00	13.00
❑ HOLIDAY DREAMS OF GREEN 173797	1996	YR	15.00	15.00
❑ HOLIDAY SCENT STATION-575054	1991	TL	15.00	16.00
❑ I CAN'T WEIGHT TIL CHRISTMAS-575119	1990	TL	18.00	18.00
❑ I FEEL PRETTY-565024	1989	TL	20.00	25.00
❑ JACKPOT JOY! 7TH ISSUE 132896	1995	YR	18.00	18.00
❑ JESUS LOVES ME-595837	1992	YR	10.00	10.00
❑ JEWEL BOX BALLET	1993	TL	20.00	20.00
❑ JOY TO THE WHIRLED-589551	1992	TL	20.00	20.00
❑ MERRY CHRISTMAS MOTHER EARTH-595810	1992	YR	11.00	11.00
❑ MERRY MAKE-OVER-589586	1992	TL	20.00	20.00
❑ MERRY MANICURE 8TH ISSUE 173339	1996	YR	25.00	25.00
❑ MERRY MISS MERRY	1994	YR	12.00	12.00
❑ MERRY MOTHER-TO-BE-575046	1991	TL	14.00	14.00
❑ MICE CAPADES	1993	YR	27.00	27.00
❑ MISS MERRY'S SECRET 7TH ISSUE 132934	1995	YR	20.00	20.00
❑ NIGHT B 4 CHRISTMAS, THE 134848	1995	YR	20.00	20.00
❑ O' COME ALL YE FAITHFUL	1994	YR	15.00	15.00
❑ ON THE MOVE AT CHRISTMAS 142220	1995	YR	18.00	18.00
❑ ONE SMALL STEP...	1994	19690	30.00	30.00
❑ OPEN FOR BUSINESS	1994	YR	18.00	18.00
❑ PAINT YOUR HOLIDAYS BRIGHT	1993	TL	10.00	10.00
❑ RING IN THE HOLIDAYS	1994	YR	12.00	13.00
❑ SALUTE THE SEASON-595780	1992	YR	12.00	12.00
❑ SANTA'S SACKS 111945	1996	YR	15.00	15.00
❑ SEW DARN CUTE 3RD ISSUE 176761	1996	YR	25.00	25.00
❑ SLOTS O LUCK-830518	1990	TL	14.00	22.00
❑ SPINNING CHRISTMAS DREAMS-590908	1992	TL	23.00	23.00
❑ SQUIRRELIN' IT WAY-595748	1992	YR	12.00	12.00
❑ TEA FOR TWO-573299	1991	TL	30.00	45.00
❑ THERE'S A FRIENDSHIP BREWING 7TH ISSUE 167096	1996	YR	25.00	25.00
❑ TOAST LABELED W/LOVE	1993	OP	15.00	15.00
❑ TRACKING REINDEER PAUSE 173789	1996	YR	25.00	25.00
❑ TREASURE THE EARTH-593826	1992	TL	25.00	25.00
❑ WARMEST WISHES-565032	1990	TL	15.00	16.00
❑ WHEEL MERRY WISHES	1993	TL	15.00	15.00
❑ YIPPIE-I-YULETIDE-564982	1990	TL	15.00	24.00
❑ YOU'RE A HIT W/ME, BROTHER	1993	YR	10.00	10.00
❑ YOU'RE SEW SPECIAL-565008	1990	YR	20.00	30.00
TREASURY OF CHRISTMAS				**J. HENSON**
❑ MUPPET BABIES BABY'S/CHRISTMAS-E-6222	1984	YR	10.00	60.00
❑ MUPPET BABIES BABY'S/CHRISTMAS-E-6223	1984	YR	10.00	60.00
TREASURY OF CHRISTMAS				**J. JONIK**
❑ HANG ONTO YOUR HAT-564397	1990	TL	8.00	9.00
❑ JOLLY OL' GENT-585645	1992	TL	14.00	14.00
❑ SANTA WINGS IT-573612	1991	TL	13.00	13.00
❑ STAR OF STARS-564389	1989	TL	9.00	10.00
❑ YULETIDE TREE HOUSE-564915	1989	TL	20.00	22.00
TREASURY OF CHRISTMAS				**R. MOREHEAD**
❑ OLD FASHIONED ANGEL-559164	1988	TL	12.00	15.00
❑ PRETTY BABY-559156	1988	TL	12.00	13.00
TREASURY OF CHRISTMAS				**D. OLSEN**
❑ FORMULA FOR LOVE	1994	OP	10.00	10.00
TREASURY OF CHRISTMAS				**D. PARKER**
❑ BABY'S FIRST CHRISTMAS-558397	1988	TL	16.00	25.00
TREASURY OF CHRISTMAS				**J. PENCHOFF**
❑ HEAVEN SENT-588423	1992	TL	12.00	13.00

Inspired by Walt Disney's animation classic, "Fantasia," Flight of Fancy was only available at 1994 Disney Classics Collection dealer events.

Ladies and gentlement, start your engines. This Hallmark Keepsake Ornament titled 1957 Corvette is one fine dream machine.

Starship Enterprise from the Hallmark Keepsake Ornament Collection is out of this world and sure to please any Star Trek lover.

"Sharing is caring" the members of the Salvation Army Band seem to proclaim. The musical ornament, which plays "Joy to the World," is produced by Hallmark.

The 1991 Christmas Ball is the first in a series by Lladró. The 3 ½-inch bas relief porcelain ornament features pink and blue trim in a matte finish.

ORNAMENTS

NAME	YEAR	LIMIT	ISSUE	TREND
TREASURY OF CHRISTMAS				**M. PETERS**
❑ DECK THE HALLS-860573	1991	TL	12.00	12.00
❑ FLEAS NAVIDAD-563978	1990	TL	14.00	14.00
❑ JUST WHAT I WANTED-563668	1989	TL	14.00	14.00
❑ PUCKER UP!-563676	1990	TL	11.00	11.00
❑ TWEET GREETINGS-564044	1990	TL	15.00	16.00
❑ WHAT'S THE BRIGHT IDEA-563684	1990	TL	14.00	14.00
TREASURY OF CHRISTMAS				**M. RHYNER**
❑ SPEEDIN' MR. SNOWMAN-595802	1992	YR	12.00	12.00
TREASURY OF CHRISTMAS				**L. RIGG**
❑ BABY BEAR CHRISTMAS 1990-575860	1990	YR	12.00	13.00
❑ BEARING HOLIDAY WISHES-568619	1990	TL	23.00	23.00
❑ BEARY CHRISTMAS 576158	1990	YR	12.00	15.00
❑ BEARY MERRY MAILMAN-830151	1991	TL	14.00	14.00
❑ CHRISTMAS 1989-565210	1989	YR	12.00	40.00
❑ CHRISTMAS 1989-568325	1989	YR	12.00	12.00
❑ CHRISTMAS PLANE RIDE-56049	1985	TL	10.00	20.00
❑ CHRISTMAS SWINGTIME 1990-568597	1990	TL	13.00	13.00
❑ CHRISTMAS SWINGTIME 1990-568600	1990	YR	13.00	13.00
❑ CHRISTMAS SWINGTIME 1991-576166	1991	YR	13.00	15.00
❑ CHRISTMAS SWINGTIME 1991-5761714	1991	YR	13.00	15.00
❑ CHRISTMAS TWO-GETHER-575615	1991	TL	23.00	23.00
❑ CRANK UP THE CAROLS-575887	1991	TL	18.00	18.00
❑ JESTER BEAR-558222	1988	TL	8.00	20.00
❑ LOVE IS THE SECRET INGREDIENT-568562	1991	TL	15.00	16.00
❑ LUCY & ME ANGEL ON A CLOUD-555452	1987	TL	12.00	20.00
❑ LUCY & ME CHRISTMAS TREE-552542	1986	TL	7.00	25.00
❑ LUCY & ME MAILBOX BEAR-556564	1987	TL	3.00	5.00
❑ LUCY & ME SKI TIME-552658	1986	TL	6.00	7.00
❑ LUCY & ME STORYBOOK BEAR-555444	1987	TL	6.00	14.00
❑ MERRY CHRISTMAS 1986-552186	1986	YR	8.00	8.00
❑ MERRY CHRISTMAS 1986-552534	1986	YR	8.00	20.00
❑ MERRY CHRISTMAS 1987-555428	1987	TL	8.00	8.00
❑ MERRY CHRISTMAS 1987-555436	1987	YR	8.00	8.00
❑ MERRY CHRISTMAS 1988-557595	1988	YR	10.00	12.00
❑ MERRY CHRISTMAS 1988-557609	1988	YR	10.00	12.00
❑ MOONLIGHT SWING-568627	1992	TL	15.00	16.00
❑ SPOONFUL OF LOVE-568570	1990	TL	10.00	10.00
❑ TASTY TIDINGS-575836	1992	YR	14.00	14.00
❑ TEDDY BEAR GREETINGS-558214	1988	TL	8.00	12.00
❑ TIME FOR CHRISTMAS-555452	1987	TL	12.00	20.00
❑ TIRE-D LITTLE BEAR-575852	1991	YR	12.00	13.00
❑ TOY CHEST KEEPSAKE-558206	1988	TL	12.00	15.00
TREASURY OF CHRISTMAS				**G.G. SANTIAGO**
❑ BUMPER CAR SANTA-565083	1990	YR	20.00	38.00
❑ CHRISTMAS VACATION-558451	1988	TL	8.00	15.00
❑ CHRISTMAS WATCH-558443	1988	TL	11.00	15.00
❑ HO! HO! YO-YO!-565105	1989	YR	12.00	12.00
❑ ICE FAIRY, THE-558516	1988	TL	23.00	50.00
❑ MOUSE UPON A PIPE-489220	1988	TL	10.00	24.00
❑ PARTY MOUSE-558435	1988	TL	12.00	15.00
❑ SANTA CLAUS BALLOON-489212	1988	TL	10.00	16.00
❑ SPECIAL DELIVERY-565091	1989	YR	12.00	20.00
❑ STOCKING STORY-558419	1988	TL	10.00	16.00
❑ SWEET CHERUB-558478	1988	TL	7.00	9.00
❑ TIME OUT-558486	1988	TL	11.00	27.00
❑ WEIGHTIN' FOR SANTA-565148	1989	TL	8.00	8.00
❑ WINTER TALE-558427	1988	TL	6.00	19.00
TREASURY OF CHRISTMAS				**N. TEIBER**
❑ FIREPLACE FROLIC-564435	1990	TL	25.00	25.00
❑ HOLIDAY TEA TOAST-694770	1990	TL	14.00	14.00
❑ TEA FOR TWO-693758	1989	TL	12.00	14.00
❑ TEA TIME-694797	1989	TL	12.00	14.00
TREASURY OF CHRISTMAS				**T. WILSON**
❑ CHEERS 1990-572411	1990	YR	14.00	15.00
❑ FINISHING TOUCHES, THE-585610	1992	TL	18.00	18.00
❑ MERRY KISSMAS-572446	1990	TL	10.00	10.00
❑ NIGHT BEFORE CHRISTMAS-572438	1990	TL	18.00	18.00
❑ RIS-SKI BUSINESS-576719	1991	TL	10.00	10.00
TREASURY OF CHRISTMAS				**K. WISE**
❑ HANGIN' IN THERE 1989-565598	1989	YR	10.00	20.00
❑ MEOW-Y CHRISTMAS 1990-565601	1990	YR	10.00	23.00
TREASURY OF CHRISTMAS				**S. ZIMNICKI**
❑ BLINKIE-570214	1990	TL	15.00	16.00
❑ BUNKIE-561835	1989	TL	23.00	25.00
❑ CARVER-570192	1992	YR	18.00	18.00
❑ CHIMIER	1993	OP	25.00	25.00
❑ POPPER-561878	1989	TL	12.00	15.00
❑ SMITCH-570184	1990	TL	23.00	23.00
❑ SNUFFY-566578	1991	TL	18.00	19.00
❑ SPARKLES-561843	1989	TL	18.00	20.00
❑ SPARKY & BUFFER-561851	1992	TL	25.00	25.00
❑ SPEEDY	1993	OP	25.00	25.00
❑ STAMPER-830267	1991	YR	14.00	15.00
❑ TOODLES	1994	OP	25.00	25.00
❑ TUMBLES 1990-566519	1990	YR	16.00	22.00
❑ TWIDDLES-566551	1990	TL	15.00	30.00
❑ TWINKLE & SPRINKLE-570206	1990	TL	23.00	23.00

ORNAMENTS

NAME	YEAR	LIMIT	ISSUE	TREND
TREASURY OF CHRISTMAS COLLECTORS CLUB				*
❑ CAN'T WEIGHT FOR THE HOLIDAYS-MOO	1993	OP	19.00	19.00
❑ COCA-COLA CHOO CHOO 1ST ISSUE TR961	1996	YR	35.00	35.00
❑ FRIENDS ARE TEA-RIFFIC TR962	1996	YR	25.00	25.00
❑ ON TRACK WITH COKE 2ND ISSUE TR963	1996	YR	*	25.00
❑ SPRY FRY - MOO	1994	OP	15.00	15.00
❑ THINGS GO BETTER WITH COKE TR951	1995	YR	15.00	15.00
❑ YO HO HOLIDAYS T0003	1996	YR	*	20.00
❑ YO HO HOLIDAYS TO103	1996	YR	*	20.00
TREASURY OF CHRISTMAS COLLECTORS CLUB			GILMORE	STUDIOS
❑ BUTTONING UP OUR HOLIDAY BEST-MOO	1995	YR	23.00	23.00
❑ FIRST CLASS CHRISTMAS - MOO	1995	YR	23.00	23.00
❑ HOLIDAY HIGH-LIGHT- MOO	1995	YR	15.00	15.00
❑ TREASURE CARD, THE - SOM	1993	OP	20.00	20.00
TREASURY OF CHRISTMAS COLLECTORS CLUB				K. HAHN
❑ RIDING HIGH 1ST ISSUE TR964	1996	YR	20.00	20.00
❑ SEEDLINGS GREETINGS-MOO	1994	OP	23.00	23.00
❑ TOGETHER WE CAN SHOOT FOR THE STARS-MOO	1993	OP	18.00	19.00
❑ YOU'RE THE PERFECT FIT T0002	1995	YR	*	20.00
❑ YOU'RE THE PERFECT FIT-SOM (CHARTER MEM)	1995	OP	18.00	18.00

FENTON ART GLASS

NAME	YEAR	LIMIT	ISSUE	TREND
				*
❑ ORNAMENT 1714CY	1982	*	*	14.00
❑ ORNAMENT 1714DH	1982	*	*	20.00
❑ ORNAMENT 1714KG	1982	*	*	20.00
❑ ORNAMENT 1714RU	1982	*	*	20.00
❑ ORNAMENT 9414FL NATIVITY	1982	*	*	30.00
❑ ORNAMENT 9414TD NATIVITY	1982	*	*	25.00
CHRISTMAS LIMITED EDITIONS			M.	REYNOLDS
❑ ORNAMENT 1714AC	1996	2000	28.00	30.00

FIGI COLLECTIONS INC.

SANTA'S CRYSTAL VALLEY

NAME	YEAR	LIMIT	ISSUE	TREND
				*
❑ 1997 SANTA ORNAMENT CVO-101	1997	OP	13.00	13.00
❑ BEARY CHRISTMAS ORNAMENT	*	OP	13.00	13.00
❑ PEACE ON EARTH ORNAMENT	*	OP	13.00	13.00

FJ DESIGNS/CAT'S MEOW

CHRISTMAS ORNAMENTS

NAME	YEAR	LIMIT	ISSUE	TREND
				F. JONES
❑ 1986, 1987 CHRISTMAS ORNAMENT SET	1985	RT	*	750.00
❑ 1988 CHRISTMAS ORNAMENT SET	1987	RT	20.00	185.00
❑ BANCROFT HOUSE	1985	RT	4.00	40.00
❑ BLACKSMITH SHOP	1987	RT	5.00	60.00
❑ CARNEGIE LIBRARY	1995	RT	0.00	0.00
❑ CHAPEL	1985	RT	4.00	40.00
❑ CHRIST CHURCH	1996	YR	9.00	9.00
❑ CHRIST'S BIRTH	1998	OP	9.00	9.00
❑ DEERFIELD POST OFFICE	1996	YR	9.00	9.00
❑ DISTRICT #17 SCHOOL	1987	RT	5.00	60.00
❑ GIMBEL & SONS COUNTRY STORE	1996	YR	9.00	9.00
❑ GLOBE CORNER BOOKSTORE	1987	RT	5.00	60.00
❑ GRAYLING HOUSE	1985	RT	4.00	40.00
❑ HOLLY HILL FARMOUSE	1995	RT	9.00	9.00
❑ HOOK WINDMILL	1996	YR	9.00	9.00
❑ KENNEDY BIRTHPLACE	1987	RT	5.00	50.00
❑ MAPLE MANOR	1996	YR	9.00	9.00
❑ MORTON HOUSE	1985	RT	4.00	40.00
❑ NORTH CENTRAL SCHOOL	1995	RT	9.00	9.00
❑ PARSONAGE	1996	YR	9.00	9.00
❑ RUTLEDGE HOUSE	1985	RT	4.00	75.00
❑ SANTA CASPER ORNAMENT	1998	OP	9.00	9.00
❑ SCHOOL	1985	RT	4.00	40.00
❑ SNOW GLOBE ORNAMENT	1998	OP	9.00	9.00
❑ ST. JAMES GENERAL STORE	1995	RT	9.00	9.00
❑ UNITARIAN CHURCH	1995	RT	9.00	9.00
❑ WRAPPED HOUSE ORNAMENT	1998	OP	9.00	9.00
❑ YAQUINA BAY LIGHT	1995	RT	9.00	9.00
NANTUCKET CHRISTMAS ORNAMENTS				F. JONES
❑ CHRISTMAS CHOP ORNAMENT	1998	OP	9.00	9.00
❑ POWELL HOUSE ORNAMENT	1998	OP	9.00	9.00
❑ SHAW HOUSE ORNAMENT	1998	OP	9.00	9.00
❑ WINTHROP HOUSE ORNAMENT	1998	OP	9.00	9.00

FLAMBRO

EMMETT KELLY JR.

NAME	YEAR	LIMIT	ISSUE	TREND
				*
❑ 1997 DATED ORNAMENT	1997	YR	30.00	30.00
❑ 2002 DATED ORNAMENT	2002	OP	30.00	30.00
❑ 30 YEARS OF CLOWNING	1990	YR	30.00	53.00
❑ 65TH BIRTHDAY CHRISTMAS ORNAMENT	1989	CL	24.00	195.00
❑ 70TH BIRTHDAY COMMEMORATIVE	1994	YR	24.00	24.00
❑ ALL-STAR CIRCUS 20TH ANNIVERSARY	1995	YR	25.00	25.00
❑ CHRISTMAS MAIL	1993	YR	25.00	50.00
❑ EKJ WITH STOCKING AND TOYS	1991	YR	30.00	40.00
❑ HOME FOR CHRISTMAS	1992	YR	24.00	24.00
LITTLE EMMETT				M. WU
❑ CHRISTMAS WRAP	1995	OP	12.00	12.00
❑ DECK THE NECK	1995	OP	12.00	12.00

ORNAMENTS

NAME	YEAR	LIMIT	ISSUE	TREND
RAGGEDY ANN & ANDY				*
❑ RAGGEDY ANDY W/CANDY CANE	1989	YR	14.00	18.00
❑ RAGGEDY ANN W/GIFT STOCKING	1989	YR	14.00	18.00
GOEBEL INC.				
				M.I. HUMMEL
❑ JOYFUL NOISE HUM 598	1999	*	*	125.00
ANGEL BELLS ANNUAL ORNAMENT				*
❑ ANGEL CONDUCTOR-BLUE	1987	YR	17.00	35.00
❑ ANGEL CONDUCTOR-GREEN	1987	YR	17.00	35.00
❑ ANGEL CONDUCTOR-RED	1987	YR	17.00	35.00
❑ ANGEL CONDUCTOR-WHITE	1987	YR	15.00	30.00
❑ ANGEL WITH ACCORDION-GREEN	1979	YR	11.00	35.00
❑ ANGEL WITH ACCORDION-PURPLE	1979	YR	11.00	35.00
❑ ANGEL WITH ACCORDION-WHITE	1979	YR	9.00	30.00
❑ ANGEL WITH ACCORDION-YELLOW	1979	YR	11.00	35.00
❑ ANGEL WITH BANJO-GREEN	1977	YR	9.00	35.00
❑ ANGEL WITH BANJO-PURPLE	1977	YR	9.00	35.00
❑ ANGEL WITH BANJO-WHITE	1977	YR	7.00	30.00
❑ ANGEL WITH BANJO-YELLOW	1977	YR	9.00	35.00
❑ ANGEL WITH BELLS-GREEN	1986	YR	15.00	35.00
❑ ANGEL WITH BELLS-RED	1986	YR	15.00	35.00
❑ ANGEL WITH BELLS-WHITE	1986	YR	12.00	30.00
❑ ANGEL WITH BELLS-YELLOW	1986	YR	15.00	35.00
❑ ANGEL WITH DRUM-GREEN	1984	YR	14.00	35.00
❑ ANGEL WITH DRUM-RED	1984	YR	14.00	35.00
❑ ANGEL WITH DRUM-WHITE	1984	YR	12.00	30.00
❑ ANGEL WITH FLUTE-BLUE	1976	YR	9.00	100.00
❑ ANGEL WITH FLUTE-PINK	1976	YR	9.00	100.00
❑ ANGEL WITH FLUTE-RED	1976	YR	9.00	100.00
❑ ANGEL WITH FLUTE-WHITE	1976	YR	7.00	70.00
❑ ANGEL WITH FRENCH HORN-GREEN	1982	YR	14.00	35.00
❑ ANGEL WITH FRENCH HORN-RED	1982	YR	14.00	35.00
❑ ANGEL WITH FRENCH HORN-RUST	1982	YR	14.00	35.00
❑ ANGEL WITH FRENCH HORN-WHITE	1982	YR	12.00	30.00
❑ ANGEL WITH HARP-BLUE	1978	YR	11.00	35.00
❑ ANGEL WITH HARP-PINK	1978	YR	11.00	35.00
❑ ANGEL WITH HARP-RUST	1978	YR	11.00	35.00
❑ ANGEL WITH HARP-WHITE	1978	YR	9.00	30.00
❑ ANGEL WITH REED PIPE-BROWN	1983	YR	14.00	35.00
❑ ANGEL WITH REED PIPE-ORANGE	1983	YR	14.00	35.00
❑ ANGEL WITH REED PIPE-PURPLE	1983	YR	14.00	35.00
❑ ANGEL WITH REED PIPE-WHITE	1983	YR	12.00	30.00
❑ ANGEL WITH SAXAPHONE-BLUE	1980	YR	14.00	35.00
❑ ANGEL WITH SAXAPHONE-PINK	1980	YR	14.00	35.00
❑ ANGEL WITH SAXAPHONE-RUST	1980	YR	14.00	35.00
❑ ANGEL WITH SAXAPHONE-WHITE	1980	YR	12.00	30.00
❑ ANGEL WITH SONG SHEET-GREEN	1981	YR	14.00	35.00
❑ ANGEL WITH SONG SHEET-PURPLE	1981	YR	14.00	35.00
❑ ANGEL WITH SONG SHEET-WHITE	1981	YR	12.00	30.00
❑ ANGEL WITH SONG SHEET-YELLOW	1981	YR	14.00	35.00
❑ ANGEL WITH STAR-GREEN	1988	YR	20.00	20.00
❑ ANGEL WITH STAR-RED	1988	YR	20.00	20.00
❑ ANGEL WITH STAR-WHITE	1988	YR	17.00	17.00
❑ ANGEL WITH STAR-YELLOW	1988	YR	20.00	20.00
❑ ANGEL WITH TRUMPET-BLUE	1985	YR	14.00	35.00
❑ ANGEL WITH TRUMPET-GREEN	1985	YR	14.00	35.00
❑ ANGEL WITH TRUMPET-RED	1985	YR	14.00	35.00
❑ ANGEL WITH TRUMPET-WHITE	1985	YR	12.00	30.00
ANNUAL CHRISTMAS BELL ORNAMENT				*
❑ CHRISTMAS TREE	1984	YR	14.00	25.00
❑ CRYSTAL BELL	1988	YR	8.00	15.00
❑ SANTA	1985	YR	14.00	15.00
❑ TEDDY BEAR	1987	YR	17.00	18.00
❑ WREATH	1986	YR	15.00	16.00
ANNUAL ORNAMENT				*
❑ ANGEL/TREE-COLOR	1979	YR	16.00	18.00
❑ ANGEL/TREE-WHITE	1979	YR	8.00	13.00
❑ ANGEL-COLOR	1985	YR	18.00	18.00
❑ ANGEL-WHITE	1985	YR	9.00	9.00
❑ BABY ON MOON	1991	YR	35.00	35.00
❑ CLOWN-COLOR	1983	YR	18.00	18.00
❑ CLOWN-WHITE	1983	YR	10.00	10.00
❑ DOLL-COLOR	1988	YR	23.00	23.00
❑ DOLL-WHITE	1988	YR	12.00	13.00
❑ DOVE-COLOR	1989	YR	20.00	20.00
❑ DOVE-WHITE	1989	YR	12.00	13.00
❑ DRUMMER BOY-COLOR	1986	YR	18.00	18.00
❑ DRUMMER BOY-WHITE	1986	YR	9.00	9.00
❑ GIRL IN SLEIGH	1990	YR	30.00	30.00
❑ MRS. SANTA-COLOR	1980	YR	17.00	17.00
❑ MRS. SANTA-WHITE	1980	YR	9.00	14.00
❑ NUTCRACKER, THE-COLOR	1981	YR	18.00	18.00
❑ NUTCRACKER, THE-WHITE	1981	YR	10.00	10.00
❑ ROCKING HORSE-COLOR	1987	YR	20.00	20.00
❑ ROCKING HORSE-WHITE	1987	YR	10.00	10.00
❑ SANTA IN CHIMNEY-COLOR	1982	YR	18.00	18.00
❑ SANTA IN CHIMNEY-WHITE	1982	YR	10.00	10.00

ORNAMENTS

NAME	YEAR	LIMIT	ISSUE	TREND
❑ SANTA-COLOR	1978	YR	15.00	17.00
❑ SANTA-WHITE	1978	YR	8.00	12.00
❑ SNOWMAN-COLOR	1984	YR	18.00	18.00
❑ SNOWMAN-WHITE	1984	YR	10.00	10.00
ANNUAL ORNAMENT-GLASS				*
❑ ANGEL WITH TREE	1980	15000	12.00	12.00
❑ MRS. SANTA	1981	15000	12.00	12.00
❑ NUTCRACKER, THE	1982	15000	4.00	4.00
❑ SANTA	1979	15000	12.00	12.00
BERTA HUMMEL				*
❑ BALTHAZAR WISEMAN	2000	*	13.00	13.00
❑ CHRISTMAS TEDDY BEAR	2000	*	13.00	13.00
❑ CHRISTMAS TREAT FOR PUPPY	2000	*	13.00	13.00
❑ CHRISTMAS TREATS	2000	*	13.00	13.00
❑ CHRISTMAS WHISPERS	2000	*	13.00	13.00
❑ CUDDLE FOR TEDDY	2000	*	13.00	13.00
❑ FINISHING TOUCH, THE	2000	*	13.00	13.00
❑ GASPAR WISEMAN	2000	*	13.00	13.00
❑ JESUS	2000	*	13.00	13.00
❑ JOLLY SURPRISE	2000	*	13.00	13.00
❑ JOSEPH	2000	*	13.00	13.00
❑ LITTLE BELL RINGER	2000	*	13.00	13.00
❑ LITTLE DRUMMER BOY	2000	*	13.00	13.00
❑ MARY	2000	*	13.00	13.00
❑ MELCHIOR WISEMAN	2000	*	13.00	13.00
❑ PUPPY FOR CHRISTMAS, A	2000	*	13.00	13.00
❑ SKATING AWAY	2000	*	13.00	13.00
❑ SNUG & WARM	2000	*	13.00	13.00
BOB TIMBERLAKE SIGNATURE				**B. TIMBERLAKE**
❑ CHRISTMAS CARDINAL	1996	YR	35.00	35.00
CHARLOT BYJ ANNUAL ORNAMENT				**C. BYJ**
❑ ANGEL WITH SHEET MUSIC	1988	CL	22.00	22.00
❑ CHRISTMAS PAGEANT	1987	CL	20.00	20.00
❑ SANTA LUCIA ANGEL	1986	CL	18.00	25.00
CHARLOT BYJ BABY ORNAMENT				**C. BYJ**
❑ BABY ORNAMENT	1986	CL	18.00	18.00
❑ BABY SNOW	1987	CL	20.00	20.00
❑ BABY'S 1ST STOCKING	1988	CL	28.00	28.00
CHRISTMAS ORNAMENTS				*
❑ ANGEL WITH ACCORDION	1900	OP	10.00	10.00
❑ ANGEL WITH BANJO	1988	OP	10.00	10.00
❑ ANGEL WITH HORN-COLOR	1986	OP	8.00	8.00
❑ ANGEL WITH HORN-WHITE	1986	OP	6.00	6.00
❑ ANGEL WITH LANTERN-COLOR	1986	OP	8.00	8.00
❑ ANGEL WITH LANTERN-WHITE	1986	OP	6.00	6.00
❑ ANGEL WITH LUTE-COLOR	1986	OP	8.00	8.00
❑ ANGEL WITH LUTE-WHITE	1986	OP	6.00	6.00
❑ ANGEL WITH MUSIC (SET)	1900	OP	30.00	30.00
❑ ANGEL WITH TOY ROCKING HORSE	1988	OP	10.00	10.00
❑ ANGEL WITH TOY TEDDY BEAR	1988	OP	10.00	10.00
❑ ANGEL WITH TOY TRAIN	1988	OP	10.00	10.00
❑ ANGEL WITH TOYS (SET OF 3)	1988	OP	30.00	30.00
❑ ANGEL WITH VIOLIN	1988	OP	10.00	10.00
❑ ANGEL-RED WITH BELL	1986	OP	6.00	6.00
❑ ANGEL-RED WITH BOOK	1986	OP	6.00	6.00
❑ ANGEL-RED WITH SONG	1986	OP	6.00	6.00
❑ NUTCRACKER	1988	OP	15.00	16.00
❑ SAINT NICK	1988	OP	15.00	16.00
❑ SANTA'S BOOT	1988	OP	8.00	8.00
❑ SNOWMAN	1988	OP	10.00	10.00
❑ TEDDY BEAR-RED BOOTS	1986	OP	5.00	5.00
❑ TEDDY BEAR-RED HAT	1986	OP	5.00	5.00
❑ TEDDY BEAR-RED SCARF	1986	OP	5.00	5.00
❑ THREE ANGELS WITH INSTRUMENTS (SET)	1987	OP	30.00	30.00
❑ THREE ANGELS WITH TOYS (SET)	1987	OP	30.00	30.00
CO-BOY ANNUAL ORNAMENT				**G. SKROBEK**
❑ COBOY WITH CANDY CANE	1987	CL	25.00	25.00
❑ COBOY WITH TREE	1988	CL	30.00	30.00
❑ COBOY WITH WREATH	1986	CL	18.00	25.00
M. I. HUMMEL				**M.I. HUMMEL**
❑ CELESTIAL MUSICIAN HUM 578/FD	2002	*	28.00	28.00
❑ CHRISTMAS SONG CANDLESTICK HUM 879/A	2002	*	20.00	20.00
❑ CHRISTMAS SURPRISE HUM 536/3/0/0	2002	*	80.00	80.00
❑ CHRISTMAS TIME HUM 2106/0	2002	*	80.00	80.00
❑ CHRISTMAS WISH HUM 2094/0	2002	*	80.00	80.00
❑ FESTIVAL HARMONY WITH FLUTE HUM 577/FD	2002	*	28.00	28.00
❑ FESTIVAL HARMONY WITH MANDOLIN HUM 576/FD	2002	*	28.00	28.00
❑ HEAR YE, HEAR YE LANTERN HUM 880/A	2002	*	20.00	20.00
❑ HEAVENLY ANGEL HUM 575/FD	2002	*	28.00	28.00
❑ RING IN THE SEASON PINECONE HUM 2129/A	2002	*	20.00	20.00
M. I. HUMMEL BALL ORNAMENTS				**M.I. HUMMEL**
❑ ANGEL DUET HUM 3016	2002	*	49.00	49.00
❑ ANGEL SERENADE HUM 3017	2002	*	49.00	49.00
❑ CELESTIAL MUSICIAN HUM 3012	2002	*	49.00	49.00
❑ CHRISTMAS ANGEL HUM 3015	2002	*	49.00	49.00
❑ CHRISTMAS SONG HUM 3018	2002	*	49.00	49.00
❑ FESTIVAL HARMONY WITH FLUTE HUM 3019	2002	*	49.00	49.00

ORNAMENTS

NAME	YEAR	LIMIT	ISSUE	TREND
❑ FESTIVAL HARMONY WITH MANDOLIN HUM 3020	2002	*	49.00	49.00
❑ HEAVENLY ANGEL HUM 3021	2002	*	49.00	49.00
M.I. HUMMEL				**M.I. HUMMEL**
❑ LIGHT THE WAY	2000	*	120.00	120.00
M.I. HUMMEL ANNUAL FIGURINE ORNAMENTS				**M.I. HUMMEL**
❑ ANGELIC GUIDE HUM-571	1991	CL	95.00	200
❑ FLYING HIGH HUM-452	1988	CL	75.00	175.00-300.00
❑ HERALD ON HIGH HUM-623	1993	CL	155.00	175.00-200.00
❑ LIGHT UP THE NIGHT HUM-622	1992	CL	95.00	125.00-150.00
❑ LOVE FROM ABOVE HUM-481	1989	CL	75.00	150.00
❑ PEACE ON EARTH HUM-484	1990	CL	80.00	150.00
M.I. HUMMEL CENTURY COLLECTION				**M.I. HUMMEL**
❑ ECHOES OF JOY HUM 597	1998	*	*	125.00
M.I. HUMMEL CHRISTMAS BELL ORNAMENTS				**M.I. HUMMEL**
❑ CELESTIAL MUSICIAN HUM-779	1993	CL	50.00	30.00
❑ CHRISTMAS SONG HUM 782	1996	CL	55.00	30.00
❑ FESTIVAL HARMONY W/FLUTE HUM 781	1995	CL	55.00	30.00
❑ HARMONY IN FOUR PARTS HUM-778	1992	CL	45.00	35.00
❑ HEAR YE, HEAR YE HUM-777	1991	CL	40.00	35.00
❑ LETTER TO SANTA CLAUS HUM-776	1990	CL	38.00	35.00
❑ RIDE INTO CHRISTMAS HUM-775	1989	CL	35.00	35.00
M.I. HUMMEL MINIATURE ORNAMENTS				**M.I. HUMMEL**
❑ CELESTIAL MUSICIAN HUM-646	1993	CL	90.00	110.00
❑ FESTIVAL HARMONY W/FLUTE HUM-648	1995	CL	100.00	100.00
❑ FESTIVAL HARMONY W/MANDOLIN HUM-647	1994	CL	95.00	110.00
POCKET DRAGONS				**R. MUSGRAVE**
❑ ALL WRAPPED UP	*	*	15.00	15.00
❑ CHASING SNOWFLAKES	*	*	15.00	15.00
❑ CHRISTMAS ANGEL	*	*	15.00	15.00
❑ CHRISTMAS SKATES	*	*	15.00	15.00
❑ DEAR SANTA	*	*	15.00	15.00
❑ DECK THE HALLS	*	*	15.00	15.00
❑ I'VE BEEN VERY GOOD	*	*	15.00	15.00
❑ LITTLEST REINDEER	*	*	15.00	15.00
❑ ONE SIZE FITS ALL	1990	OP	20.00	20.00
❑ POCKET-SIZED TREE	*	*	15.00	15.00
❑ PUTTING ME ON THE TREE	1990	5000	48.00	48.00
❑ SHARING	*	*	15.00	15.00
❑ UNDER THE MISTLETOE	*	*	15.00	15.00
UNICEF				**M.I. HUMMEL**
❑ FRIENDS FOREVER HUM-662	1993	25000	260.00	300.00-550.00

GORHAM

NAME	YEAR	LIMIT	ISSUE	TREND
ANNUAL CRYSTAL ORNAMENTS				*
❑ CRYSTAL ORNAMENT	1985	CL	22.00	22.00
❑ CRYSTAL ORNAMENT	1986	CL	25.00	25.00
❑ CRYSTAL ORNAMENT	1987	CL	25.00	25.00
❑ CRYSTAL ORNAMENT	1988	CL	28.00	28.00
❑ CRYSTAL ORNAMENT	1989	CL	28.00	28.00
❑ CRYSTAL ORNAMENT	1990	CL	30.00	30.00
❑ CRYSTAL ORNAMENT	1991	CL	35.00	35.00
❑ CRYSTAL ORNAMENT	1992	CL	33.00	33.00
ANNUAL SNOWFLAKE ORNAMENTS				*
❑ SILVERPLATED SNOWFLAKE	1980	CL	15.00	75.00
❑ STERLING SNOWFLAKE	1970	CL	10.00	290.00
❑ STERLING SNOWFLAKE	1971	CL	10.00	110.00
❑ STERLING SNOWFLAKE	1972	CL	10.00	100.00
❑ STERLING SNOWFLAKE	1973	CL	11.00	90.00
❑ STERLING SNOWFLAKE	1974	CL	18.00	60.00
❑ STERLING SNOWFLAKE	1975	CL	18.00	60.00
❑ STERLING SNOWFLAKE	1976	CL	20.00	60.00
❑ STERLING SNOWFLAKE	1977	CL	23.00	60.00
❑ STERLING SNOWFLAKE	1978	CL	23.00	60.00
❑ STERLING SNOWFLAKE	1979	CL	33.00	70.00
❑ STERLING SNOWFLAKE	1981	CL	50.00	65.00
❑ STERLING SNOWFLAKE	1982	CL	38.00	75.00
❑ STERLING SNOWFLAKE	1983	CL	45.00	60.00
❑ STERLING SNOWFLAKE	1984	CL	45.00	60.00
❑ STERLING SNOWFLAKE	1985	CL	45.00	60.00
❑ STERLING SNOWFLAKE	1986	CL	45.00	55.00
❑ STERLING SNOWFLAKE	1987	CL	50.00	60.00
❑ STERLING SNOWFLAKE	1988	CL	50.00	50.00
❑ STERLING SNOWFLAKE	1989	CL	50.00	50.00
❑ STERLING SNOWFLAKE	1990	CL	50.00	50.00
❑ STERLING SNOWFLAKE	1991	CL	55.00	55.00
❑ STERLING SNOWFLAKE	1992	CL	50.00	50.00
ARCHIVE COLLECTIBLE				*
❑ ELIZABETHAN CUPID	1990	CL	60.00	60.00
❑ MADONNA AND CHILD	1992	YR	50.00	50.00
❑ STERLING BAROQUE ANGELS	1991	CL	55.00	55.00
❑ VICTORIAN HEART	1988	CL	50.00	50.00
❑ VICTORIAN WREATH	1989	CL	50.00	50.00
BABY'S FIRST CHRISTMAS CRYSTAL				*
❑ BABY'S FIRST ROCKING HORSE	1991	CL	35.00	35.00

HALLMARK

NAME	YEAR	LIMIT	ISSUE	TREND
25TH ANNIVERSARY EDITION				**HAAS/ANDREWS**
❑ ANGELIC FLIGHT QXI 414-6	1998	25000	85.00	110.00

ORNAMENTS

Top 10 Hallmark Ornaments

When you think of ornaments, Hallmark Keepsake Ornaments immediately come to mind. For decades Hallmark has been one of the mainstays in the hobby.

The company introduced its first collection of Keepsake Ornaments in 1973. Since then, Hallmark has introduced more than 3,000 ornaments and more than 100 ornament series.

The top 10 Hallmark ornaments, according to their current secondary market values, date back to the 1970s and '80s.

A Cool Yule 650QX137-4, 1980, first edition in the "Frosty Friends" series, $495

Betsey Clark 350QX264-2, 1977, from the "Betsey Clark" series, $440

Angel Tree Topper 900HD230-2, 1977, $425

Rocking Horse 900QX422-2, 1981, from the "Rocking Horse" series, $425

Heavenly Minstrel Tabletop QHD921-9, 1978, $375

Bellringer 10QX147-9, 1979, from the "Bellringer" series, $375

Raggedy Andy 250QX160-1, 1975, from the "Adorable Adornments" series, $350

Angels 800QX150-3, 1978, $347

Little Trimmer set QX159-9, 1979, $340

Little Trimmer set QX132-2, 1978, $320

Rooftop Deliveries 1300QX438-2, 1981, from the "Here Comes Santa" series, $320

Tin Locomotive 1300QX404-9, 1983, second edition in the "Tin Locomotive" series, $300

Eskimo & Husky in Igloo QX433-5, 1981, second edition in the "Frosty Friends" series, $300

Partridge in a Pear Tree 600QX348-4, 1984, from the "Twelve Days of Christmas" series, $300

NAME	YEAR	LIMIT	ISSUE	TREND
25TH ANNIVERSARY EDITION				J. LYLE
❑ JOYFUL MESSENGER QX1673-3	1998	YR	19.00	40.00
25TH ANNIVERSARY EDITION				D. PALMITER
❑ HALLS STATION QX683-3	1998	YR	25.00	35.00
25TH ANNIVERSARY EDITION				L. SICKMAN
❑ TIN LOCOMOTIVE QX6826	1998	YR	25.00	40.00
ALADDIN & THE KING OF THIEVES				A. ROGERS
❑ JASMINE & ALADDIN, QXD4062	1997	YR	15.00	12.00
ALICE IN WONDERLAND				*
❑ ALICE MEETS THE CHESHIRE CAT QXD4011	2000	YR	15.00	15.00
ALICE IN WONDERLAND				P. ANDREWS
❑ ALICE IN WONDERLAND QXM4777	1995	YR	*	14.00
❑ CHESHIRE CAT QXM4186	1998	YR	10.00	10.00
❑ MAD HATTER 2ND ED. QXM407-4	1996	YR	7.00	16.00
❑ WHITE RABBIT QXM4142	1997	YR	*	9.00
ALL GOD'S CHILDREN				M. ROOT
❑ CHRISTY 1ST ED. QX556-4	1996	YR	13.00	24.00
❑ NIKKI QX6142	1997	YR	13.00	24.00
❑ RICKY QX6363	1998	YR	13.00	20.00
ALL IS BRIGHT				P. ANDREWS
❑ ANGEL OF LIGHT QK115-9	1995	YR	12.00	12.00
❑ GENTLE LULLABY QK115-7	1995	YR	12.00	20.00
ALL-AMERICAN TRUCKS				D. PALMITER
❑ 1937 FORD V-8 QX6263	1998	YR	14.00	24.00
❑ 1953 GMC QX610-5	1997	YR	14.00	27.00
❑ 1955 CHEVROLET CAMEO 2ND ED. QX524-1	1996	YR	14.00	19.00
❑ 1956 FORD TRUCK FIRST SERIES QX552-7	1995	YR	14.00	35.00
❑ 1957 DODGE SWEPTSIDE D100 QX6269	1999	YR	14.00	16.00
❑ 1959 CHEVROLET EL CAMINO QX6072	2001	YR	14.00	14.00
❑ 1978 DODGE LI'L RED EXPRESS TRUCK QX6581	2000	YR	14.00	22.00
AMERICAN COUNTRY COLLECTION				*
❑ MARY EMMERLING 795QX275-2	1986	YR	8.00	25.00
ANGEL BELLS				*
❑ CAROLE QX114-7	1995	YR	13.00	26.00
ANGEL BELLS				L. VOTRUBA
❑ JOY QK113-7	1995	YR	13.00	30.00
❑ NOELLE QK113-9	1995	YR	13.00	22.00
ANNIVERSARY ORNAMENTS				*
❑ 25 YEARS TOGETHER 1000AGA711-3	1992	YR	10.00	20.00
❑ 25 YEARS TOGETHER 1000AGA768-6	1993	YR	10.00	20.00
❑ 25 YEARS TOGETHER ANN. BELL 800AGA713-4	1992	YR	10.00	16.00
❑ 25 YEARS TOGETHER ANN. BELL 800AGA768-7	1993	YR	10.00	24.00
❑ 40 YEARS TOGETHER 1000AGA731-6	1992	YR	10.00	20.00
❑ 40 YEARS TOGETHER 1000AGA786-8	1993	YR	10.00	24.00
❑ 50 YEARS TOGETHER 1000AGA721-4	1992	YR	10.00	17.00
❑ 50 YEARS TOGETHER 1000AGA778-7	1993	YR	10.00	17.00
❑ 50 YEARS TOGETHER ANN. BELL 800AGA723-5	1992	YR	10.00	17.00
❑ 50 YEARS TOGETHER ANN. BELL 800AGA778-8	1993	YR	10.00	17.00
❑ OUR FIFTH ANNIVERSARY 1000AGA731-9	1992	YR	10.00	20.00
❑ OUR FIFTH ANNIVERSARY 1000AGA786-6	1993	YR	10.00	20.00
❑ OUR FIRST ANNIVERSARY 1000AGA731-8	1992	YR	10.00	20.00
❑ OUR FIRST ANNIVERSARY 1000AGA786-5	1993	YR	10.00	20.00
❑ OUR TENTH ANNIVERSARY 1000AGA731-7	1992	YR	10.00	20.00
❑ OUR TENTH ANNIVERSARY 1000AGA786-7	1993	YR	10.00	20.00
ANNIVERSARY ORNAMENTS				L. SICKMAN
❑ PEWTER ROCKING HORSE QX616-7	1995	YR	20.00	40.00
ANNIVERSARY ORNAMENTS				B. SIEDLER
❑ WHEEL OF FORTUNE QX588-9	1995	YR	13.00	13.00
ANTIQUE TRACTORS				L. SICKMAN
❑ ANTIQUE TRACTORS QXM4166	1998	YR	*	10.00
❑ ANTIQUE TRACTORS QXM4185	1997	YR	*	16.00
❑ ANTIQUE TRACTORS QXM4567	1999	YR	7.00	11.00
❑ ANTIQUE TRACTORS QXM5252	2001	YR	7.00	7.00
❑ ANTIQUE TRACTORS QXM5994	2000	YR	7.00	12.00
ART MASTERPIECE				D. MCGEHEE
❑ MADONNA & CHILD 3RD & FINAL QX350-6	1986	YR	7.00	28.00
ARTHUR 25TH ANNIVERSARY				K. KLINE
❑ PERFECT CHRISTMAS, A QXI6895	2001	YR	13.00	13.00
ARTISTS' FAVORITES				R. CHAD
❑ BABY REDBIRD 500QX410-1	1988	YR	5.00	22.00
❑ ELFIN MARIONETTE 1175QX593-1	1992	YR	12.00	23.00
ARTISTS' FAVORITES				K. CROW
❑ MOTHER GOOSE 1375QX498-4	1992	YR	14.00	20.00
❑ NOAH'S ARK 1375QX486-7	1991	YR	14.00	55.00
❑ WELCOME, SANTA 1175QX477-3	1990	YR	12.00	24.00
ARTISTS' FAVORITES				P. DUTKIN
❑ VERY STRAWBEARY 475QX409-1	1988	YR	5.00	11.00
ARTISTS' FAVORITES				J. FRANCIS
❑ BABY PARTRIDGE 675QX452-5	1989	YR	7.00	16.00
❑ GENTLE DREAMERS 875QX475-6	1990	YR	9.00	25.00
❑ TRAMP AND LADDIE 775QX439-7	1991	YR	8.00	19.00
ARTISTS' FAVORITES				D. LEE
❑ CYMBALS OF CHRISTMAS 550QX411-1	1988	YR	6.00	24.00
❑ DECEMBER SHOWERS 550QX448-7	1987	YR	6.00	24.00
❑ DONDER'S DINER 1375QX482-3	1990	YR	14.00	20.00

ORNAMENTS

NAME	YEAR	LIMIT	ISSUE	TREND
❑ PLAYFUL ANGEL 675QX453-5	1989	YR	7.00	22.00
❑ THREE MEN IN A TUB 800QX454-7	1987	YR	8.00	18.00
ARTISTS' FAVORITES				**J. LEE**
❑ HAPPY WOODCUTTER 975QX476-3	1990	YR	10.00	22.00
❑ HOOKED ON SANTA 775QX410-9	1991	YR	8.00	14.00
❑ TURTLE DREAMS 875QX499-1	1992	YR	9.00	18.00
ARTISTS' FAVORITES				**M. PYDA-SEVCIK**
❑ ANGEL KITTY 875QX474-6	1990	YR	9.00	20.00
ARTISTS' FAVORITES				**A. ROGERS**
❑ MERRY MINT UNICORN 850QX423-4	1988	YR	8.00	18.00
❑ MERRY-GO-ROUND UNICORN 1075QX447-2	1989	YR	11.00	22.00
ARTISTS' FAVORITES				**E. SEALE**
❑ MAIL CALL 875QX452-2	1989	YR	9.00	13.00
❑ MOUSEBOAT 775QX475-3	1990	YR	8.00	16.00
❑ POLAR POST 875QX491-4	1992	YR	9.00	18.00
❑ SANTA SAILOR 975QX438-9	1991	YR	10.00	24.00
❑ WEE CHIMNEY SWEEP 625QX451-9	1987	YR	6.00	25.00
ARTISTS' FAVORITES				**L. SICKMAN**
❑ CAROUSEL ZEBRA 925QX451-5	1989	YR	9.00	21.00
❑ CHERRY JUBILEE 500QX453-2	1989	YR	5.00	25.00
❑ POLAR CIRCUS WAGON 1375QX439-9	1991	YR	14.00	24.00
❑ STOCKED WITH JOY 775QX593-4	1992	YR	8.00	17.00
ARTISTS' FAVORITES				**B. SIEDLER**
❑ BEAR-I-TONE 475QX454-2	1989	YR	5.00	14.00
❑ BEARY SPECIAL 475QX455-7	1987	YR	5.00	12.00
❑ LITTLE JACK HORNER 800QX408-1	1988	YR	8.00	24.00
❑ MIDNIGHT SNACK 600QX410-4	1988	YR	6.00	20.00
❑ UNCLE ART'S ICE CREAM 875QX500-1	1992	YR	9.00	21.00
ARTISTS' FAVORITES				**L. VOTRUBA**
❑ FIDDLIN' AROUND 775QX438-7	1991	YR	8.00	6.00
ARTISTS ON TOUR				*
❑ TRIMMING SANTA'S TREE SET OF 2	1997	YR	*	85.00
ARTISTS ON TOUR				**ESCHRICH/KLINE**
❑ MRS. CLAUS'S STORY	1997	YR	*	24.00
ARTISTS ON TOUR				**A. ROGERS**
❑ FIRST CLASS THANK YOU	1997	YR	*	N/A
ARTISTS ON TOUR				**D. UNRUH**
❑ SANTA'S MAGICAL SLEIGH	1997	YR	*	26.00
ARTIST'S STUDIO COLLECTION				**R. CHAD**
❑ SANTA'S DEER FRIEND QI0888	1998	YR	21.00	60.00
AT THE BALLPARK				**D. RHODUS**
❑ CAL RIPKEN JR. QXI 4033	1998	YR	15.00	35.00
❑ HANK AARON 2ND. ED. QX16152	1997	YR	15.00	29.00
❑ KEN GRIFFEY JR. QXI4037	1999	YR	15.00	22.00
❑ MARK MCGWIRE QXI5361	2000	YR	15.00	15.00
❑ NOLAN RYAN 1ST ED. QXI571-1	1996	YR	15.00	36.00
❑ SAMMY SOSA QXI6375	2001	YR	15.00	15.00
BABY CELEBRATIONS				*
❑ BABY'S 1ST CHRISTMAS PHOTOHOLDER BBY147-0	1993	YR	10.00	18.00
❑ BABY'S CHRISTENING 1000BBY132-6	1990	YR	10.00	8.00
❑ BABY'S CHRISTENING 1200BBY251-7	1989	YR	12.00	10.00
❑ BABY'S CHRISTENING KEEPSAKE 700BBY132-5	1989	YR	7.00	30.00
❑ BABY'S CHRISTENING LAMB 1000BBY131-7	1991	YR	10.00	8.00
❑ BABY'S CHRISTENING PHOTOHOLDER BBY 133-5	1993	YR	10.00	15.00
❑ BABY'S CHRISTENING-WHITE HEART BBY133-1	1992	YR	8.00	14.00
❑ BABY'S FIRST BIRTHDAY 5500BBY172-9	1989	YR	6.00	01.00
❑ BABY'S FIRST CHRISTMAS MOON 1400BBY291-9	1993	YR	14.00	17.00
❑ BABY'S FIRST CHRISTMAS RABBIT BBY291-8	1993	YR	12.00	17.00
❑ BABY'S FIRST CHRISTMAS-BLUE PONY BBY145-6	1992	YR	8.00	11.00
❑ BABY'S FIRST CHRISTMAS-BOY 475BB145-3	1989	YR	5.00	20.00
❑ BABY'S FIRST CHRISTMAS-BOY PONY BBY141-6	1991	YR	10.00	16.00
❑ BABY'S FIRST CHRISTMAS-BOY BBY145-4	1990	YR	10.00	25.00
❑ BABY'S FIRST CHRISTMAS-BUNNY 850BBY155-7	1992	YR	8.00	19.00
❑ BABY'S FIRST CHRISTMAS-GIRL 475BBY155-3	1989	YR	5.00	20.00
❑ BABY'S FIRST CHRISTMAS-GIRL BUNNY BBY151	1991	YR	10.00	25.00
❑ BABY'S FIRST CHRISTMAS-GIRL BUNNY BBY155	1990	YR	10.00	28.00
❑ GRANDDAUGHTER FIRST CHRISTMAS BBY 280-2	1993	YR	14.00	20.00
❑ GRANDSON'S FIRST CHRISTMAS BBY 280-1	1993	YR	14.00	18.00
BABY LOONEY TUNES				**A. ROGERS**
❑ BABY'S FIRST CHRISTMAS QX8482	2001	YR	10.00	10.00
BABY'S FIRST CHRISTMAS				*
❑ BABY'S FIRST CHRISTMAS-BOY 500QX243-6	1994	YR	5.00	16.00
❑ BABY'S FIRST CHRISTMAS-GIRL 500QX243-3	1994	YR	5.00	10.00
BABY'S FIRST CHRISTMAS				**K. CROW**
❑ BABY'S FIRST CHRISTMAS 795QX571-3	1994	YR	8.00	30.00
❑ BABY'S FIRST CHRISTMAS MUSICAL QLX 731-7	1995	YR	22.00	34.00
BAMBI				*
❑ NEWBORN PRINCE QXD4194	2000	YR	14.00	22.00
BARBIE				*
❑ 1961 BARBIE HATBOX CASE QX6922	2001	YR	*	12.00
❑ 1962 BARBIE HATBOX DOLL CASE QX6791	2000	YR	10.00	10.00
❑ BARBIE DOLL DREAMHOUSE PLAYHOUSE QXI8047	1999	YR	15.00	24.00
❑ HOLIDAY TRADITIONS BARBIE QHB6002	1997	YR	*	20.00
❑ VICTORIAN ELEGANCE BARBIE QHB6004	1997	YR	*	12.00
BARBIE				**P. ANDREWS**
❑ 1950S BARBIE ORNAMENT QXI8882	2001	YR	15.00	15.00

ORNAMENTS

NAME	YEAR	LIMIT	ISSUE	TREND
❏ 40TH ANNIVERSARY BARBIE QXI8049	1999	YR	16.00	26.00
❏ BARBIE 1ST IN ED. QX500-6	1994	YR	15.00	89.00
❏ BARBIE AS THE SUGAR PLUM PRINCESS ORNAMENT				
QXI6132	2001	YR	16.00	16.00
❏ BARBIE QXI6821	2000	YR	16.00	16.00
❏ BARBIE: ENCHANTED EVENING 3RD IN ED. QXI654-1	1996	YR	15.00	26.00
❏ BARBIE: SOLO IN SPOTLIGHT 2ND IN ED. QX1504-9	1995	YR	15.00	20.00
❏ COMMUTER SET QX6814	2000	YR	16.00	16.00
❏ GAY PARISIENNE BARBIE QXI5301	1999	YR	16.00	25.00
❏ HOLIDAY CELEBRATION BARBIE ORNAMENT QXI5202	2001	YR	16.00	16.00
❏ SILKEN FLAME BARBIE QXM6031	2000	YR	13.00	21.00
❏ SILKEN FLAME QXI 4043	1998	YR	16.00	25.00
❏ SOLO IN THE SPOTLIGHT CASE AND BARBIE ORNAMENT				
QXM5312	2001	YR	13.00	13.00
❏ TRAVEL CASE AND BARBIE ORNAMENT QXI6129	1999	YR	13.00	18.00
❏ VICTORIAN BARBIE WITH CEDRIC BEAR ORNAMENT				
QXI6952	2001	YR	16.00	16.00
❏ WEDDING DAY 4TH ED. 1959-1962 QXI6812	1997	YR	16.00	30.00
BARBIE				**K. BRICKER**
❏ BARBIE AND KELLY ON THE ICE ORNAMENT QXI6915	2001	YR	16.00	16.00
BARBIE				**J. ESCHRICH**
❏ WINTER FUN WITH BARBIE AND KELLY QXI6561	2000	YR	16.00	24.00
BARBIE				**A. ROGERS**
❏ AFRICAN-AMERICAN MILLENNIUM PRINCESS BARBIE				
QXI6449	1999	YR	16.00	20.00
❏ BARBIE ANGEL OF JOY QXI6861	2000	YR	15.00	15.00
❏ BARBIE ANGEL ORNAMENT QXI6925	2001	YR	16.00	16.00
❏ BARBIE IN BUSY GAL FASHION QX6965	2001	YR	16.00	16.00
❏ HARLEY-DAVIDSON BARBIE ORNAMENT QXI8554	2000	YR	15.00	15.00
❏ MILLENNIUM PRINCESS BARBIE QXI4019	1999	YR	16.00	24.00
BARBIE				**ROGERS/PALMITER**
❏ HARLEY-DAVIDSON BARBIE ORNAMENT QXI8885	2001	YR	16.00	16.00
BASEBALL HEROES				**D. RHODUS**
❏ BABE RUTH 1ST ED. 1295QX532-3	1994	YR	13.00	28.00
❏ JACKIE ROBINSON QX620-2	1997	YR	13.00	24.00
❏ LOU GEHRIG QX502-9	1995	YR	13.00	13.00
❏ SATCHEL PAIGE 3RD ED. QX530-4	1996	YR	13.00	18.00
BATMAN				**R. CHAD**
❏ BATMAN 1295QX585-3	1994	YR	13.00	18.00
BATMAN				**D. PALMITER**
❏ BATMOBILE QX573-9	1995	YR	15.00	17.00
BEARINGERS OF VICTORIA CIRCLE				*
❏ ABEARNATHY/SON 495XPR974-7	1993	YR	5.00	6.00
❏ BEARNADETTE/DAUGHTER 495XPR974-8	1993	YR	5.00	6.00
❏ FIREPLACE HEARTH XPR974-9	1993	YR	5.00	12.00
❏ MAMA BEARINGER 495XPR974-5	1993	YR	5.00	6.00
❏ PAPA BEARINGER 495XPR974-6	1993	YR	5.00	6.00
BEATLES				**N. WILLIAMS**
❏ YELLOW SUBMARINE QXI6841	2000	YR	14.00	23.00
BEATRIX POTTER				*
❏ TALE OF PETER RABBIT 500QX244-3	1994	YR	5.00	10.00
BEATRIX POTTER				**L. VOTRUBA**
❏ BENJAMIN BUNNY 895QE8383	1998	YR	9.00	15.00
❏ JEMIMA PUDDLE-DUCK QEO8645	1997	YR	9.00	18.00
❏ PETER RABBIT QEO807-1	1996	YR	9.00	58.00
BEAUTY OF AMERICA COLLECTION				*
❏ DESERT 250QX159-5	1977	YR	2.00	42.00
❏ MOUNTAINS 250QX158-2	1977	YR	2.00	35.00
❏ SEASHORE 250QX160-2	1977	YR	2.00	50.00
❏ WHARF 250QX161-5	1977	YR	2.00	36.00
BELLRINGER SERIES				*
❏ BELLRINGER-1ST EDITION 10QX147-9	1979	YR	10.00	375.00
❏ BELLRINGER-2ND EDITION 1500QX157-4	1980	YR	15.00	77.00
❏ ELFIN ARTIST QX438-4	1984	YR	15.00	22.00
❏ SWINGIN' BELLRINGER QX441-5	1981	YR	15.00	90.00
❏ TEDDY BELLRINGER, THE-5TH EDITION 1500QX403-9	1983	YR	15.00	50.00
BELLRINGER SERIES				**D. LEE**
❏ ANGEL QX455-6	1982	YR	15.00	90.00
BETSEY CLARK				*
❏ BETSEY CLARK-EIGHTH ED 400QX215-4	1980	YR	4.00	20.00
❏ BETSEY CLARK-ELEVENTH EDITION 450QX211-9	1983	YR	4.00	30.00
❏ BETSEY CLARK-FIFTH ED 350QX264-2	1977	YR	4.00	440.00
❏ BETSEY CLARK-FOURTH ED 300QX195-1	1976	YR	3.00	60.00
❏ BETSEY CLARK-NINTH ED 450QX802-2	1981	YR	4.00	25.00
❏ BETSEY CLARK-SECOND EDITION 250QX108-1	1974	YR	2.00	25.00
❏ BETSEY CLARK-SEVENTH EDITION 350QX201-9	1979	YR	4.00	40.00
❏ BETSEY CLARK-SIXTH ED 350QX201-6	1978	YR	4.00	40.00
❏ BETSEY CLARK-TENTH ED QX215-6	1982	YR	4.00	30.00
❏ BETSEY CLARK-THIRD EDITION 300QX133-1	1975	YR	3.00	40.00
❏ BETSEY CLARK-TWELFTH EDITION 500QX249-4	1984	YR	5.00	20.00
BETSEY CLARK				**S. PIKE**
❏ BETSEY CLARK THIRTEENTH & FINAL 500QX263-2	1985	YR	5.00	25.00
BETSY'S COUNTRY CHRISTMAS				*
❏ BETSEY'S COUNTRY CHRISTMAS 3RD ED. 500QX240-3	1994	YR	5.00	15.00
BETWEEN THE LIONS				**K. CROW**
❏ LIONEL PLAYS WITH WORDS QXI6902	2001	YR	15.00	15.00

NAME	YEAR	LIMIT	ISSUE	TREND
BEWITCHED				R. CHAD
❑ SAMANTHA "SAM" STEPHENS QXI6892	2001	YR	15.00	15.00
BIBLE STORIES				T. LARSEN
❑ DAVID AND GOLIATH QX6447	1999	YR	14.00	14.00
BICENTENNIAL COMMEMORATIVES				*
❑ BICENTENNIAL '76 COMMEMORATIVE QX203-1	1976	YR	2.00	15.00
❑ BICENTENNIAL CHARMERS 300QX198-1	1976	YR	3.00	50.00
❑ COLONIAL CHILDREN (2) 400QX208-1	1976	YR	4.00	78.00
BLESSED NATIVITY COLLECTION				J. LYLE
❑ BALTHASAR-THE MAGI QX8037	1999	YR	13.00	15.00
❑ CASPAR-THE MAGI QX8039	1999	YR	13.00	20.00
❑ HOLY FAMILY QX6523	1998	YR	25.00	44.00
❑ HOLY FAMILY QX6523	1999	YR	25.00	25.00
❑ HOLY FAMILY QX6523	2000	YR	25.00	25.00
❑ MELCHIOR THE MAGI QX6819	2000	YR	13.00	13.00
❑ MELCHIOR-THE MAGI QX6819	1999	YR	13.00	15.00
❑ SHEPHERDS, THE QX8361	2000	YR	25.00	36.00
BLUE'S CLUES				K. BRICKER
❑ SURPRISE PACKAGE QXI8391	2000	YR	11.00	18.00
BLUE'S CLUES				K. KLINE
❑ BLUE AND PERIWINKLE BLUE'S CLUES QXI6142	2001	YR	10.00	10.00
BRASS ORNAMENTS				D. LEE
❑ BRASS BELL 1200QX460-6	1982	YR	12.00	28.00
BRASS ORNAMENTS				E. SEALE
❑ SANTA'S SLEIGH 900QX478-6	1982	YR	9.00	30.00
BRASS ORNAMENTS				L. SICKMAN
❑ SANTA AND REINDEER 900QX467-6	1982	YR	9.00	50.00
CANDLELIGHT SERVICES				E. SEALE
❑ ADOBE CHURCH QXL7334	2000	YR	19.00	28.00
❑ CANDLELIGHT SERVICES QX7552	2001	YR	19.00	19.00
❑ COLONIAL CHURCH QXL7387	1999	YR	19.00	22.00
❑ STONE CHURCH QLX 7636	1998	YR	19.00	50.00
CAROUSEL SERIES				*
❑ CAROUSEL SERIES-1ST EDITION 600QX146-3	1978	YR	6.00	250.00
❑ CAROUSEL-2ND EDITION 650QX146-7	1979	YR	6.00	120.00
❑ CAROUSEL-4TH EDITION 900QX427-5	1981	YR	9.00	40.00
❑ MERRY CAROUSEL 750QX141-4	1980	YR	8.00	150.00
CAROUSEL SERIES				E. SEALE
❑ SNOWMAN CAROUSEL-5TH EDITION 1000QX478-3	1982	YR	10.00	95.00
CAROUSEL SERIES				L. SICKMAN
❑ SANTA CAROUSEL 1100QX401-9	1983	YR	11.00	45.00
CAT NAPS				K. BRICKER
❑ CAT NAPS 4TH ED. QX620-5	1997	YR	9.00	14.00
❑ CAT NAPS 5TH ED. QX6373	1998	YR	9.00	18.00
CAT NAPS				D. RHODUS
❑ CAT NAPS 1ST ED. 795QX531-3	1994	YR	8.00	24.00
❑ CAT NAPS 2ND ED. QX600 7	1995	YR	8.00	15.00
❑ CAT NAPS 3RD ED. QX564-1	1996	YR	8.00	18.00
CELEBRATION OF ANGELS				P. ANDREWS
❑ CELEBRATION OF ANGELS, A 4TH ED. QX6366	1998	YR	14.00	21.00
❑ CELEBRATION OF ANGELS, A 1ST ED. QX5077	1995	YR	13.00	24.00
❑ CELEBRATION OF ANGELS, A 2ND ED.QX5634	1996	YR	13.00	10.00
❑ CELEBRATION OF ANGELS, A 3RD ED.	1997	YR	14.00	19.00
CENTURIES OF SANTA				L. SICKMAN
❑ CENTURIES OF SANTA QXM4091	1996	YR	6.00	14.00
❑ CENTURIES OF SANTA QXM4206	1998	YR	*	8.00
❑ CENTURIES OF SANTA QXM4295	1997	YR	*	12.00
❑ CENTURIES OF SANTA QXM4589	1999	YR	6.00	10.00
❑ CENTURIES OF SANTA QXM4789	1995	YR	*	18.00
❑ CENTURIES OF SANTA QXM5153	1994	YR	6.00	18.00
CHARLIE BROWN CHRISTMAS				*
❑ CHARLIE BROWN 420-7	1995	YR	4.00	18.00
❑ LINUS 421-7	1995	YR	4.00	18.00
❑ LUCY 420-9	1995	YR	4.00	12.00
❑ SNOOPY 421-9	1995	YR	4.00	25.00
CHILDREN'S COLLECTOR BARBIE				A.M. ROGERS
❑ BARBIE AS LITTLE BO PEEP 1495QEO8373	1998	YR	15.00	25.00
CHILD'S AGE COLLECTION				K. CROW
❑ BABY'S SECOND CHRISTMAS QX6606	1998	YR	8.00	10.00
❑ CHILD'S FIFTH CHRISTMAS QX6623	1998	YR	8.00	10.00
❑ CHILD'S FIFTH CHRISTMAS QX6934	2000	YR	8.00	8.00
❑ CHILD'S FIFTH CHRISTMAS QX8395	2001	YR	8.00	8.00
❑ CHILD'S FOURTH CHRISTMAS QX6616	1998	YR	8.00	10.00
❑ CHILD'S FOURTH CHRISTMAS QX6931	2000	YR	8.00	8.00
❑ CHILD'S THIRD CHRISTMAS QX6613	1998	YR	8.00	10.00
CHILD'S AGE COLLECTION				J. FRANCIS
❑ BABY'S FIRST CHRISTMAS QX6603	1998	YR	8.00	15.00
❑ BABY'S FIRST CHRISTMAS QX6914	2000	YR	8.00	8.00
❑ BABY'S FIRST CHRISTMAS QX8375	2001	YR	8.00	8.00
❑ BABY'S SECOND CHRISTMAS QX6921	2000	YR	8.00	8.00
❑ BABY'S SECOND CHRISTMAS QX8382	2001	YR	8.00	8.00
❑ CHILD'S FOURTH CHRISTMAS QX8392	2001	YR	8.00	8.00
❑ CHILD'S THIRD CHRISTMAS QX6924	2000	YR	8.00	8.00
❑ CHILD'S THIRD CHRISTMAS QX8385	2001	YR	8.00	8.00
CHRIS MOUSE				*
❑ CHRIS MOUSE LUMINARIA 13TH EDITION QLX752-5	1997	YR	15.00	29.00

ORNAMENTS

NAME	YEAR	LIMIT	ISSUE	TREND
CHRIS MOUSE				P. DUTKIN
❑ CHRIS MOUSE DREAMS 2ND EDITION 1300QLX705-6	1986	YR	13.00	65.00
CHRIS MOUSE				A. ROGERS
❑ CHRIS MOUSE COOKOUT 5TH EDITION 950QLX722-5	1989	YR	10.00	65.00
❑ CHRIS MOUSE FLIGHT 9TH EDITION 1200QLX715-2	1993	YR	12.00	30.00
❑ CHRIS MOUSE JELLY 10TH EDITION 1200QLX739-3	1994	YR	12.00	15.00
❑ CHRIS MOUSE SHOE 8TH EDITION 1200QLX707-4	1992	YR	12.00	16.00
❑ CHRIS MOUSE TREE 11TH EDITION QLX730-7	1995	YR	12.00	25.00
❑ CHRIS MOUSE WREATH 6TH EDITION 1000QLX729-6	1990	YR	10.00	39.00
CHRIS MOUSE				B. SIEDLER
❑ CHRIS MOUSE 1ST EDITION 1250QLX703-2	1985	YR	12.00	80.00
❑ CHRIS MOUSE 3RD EDITION 100QLX705-7	1987	YR	11.00	65.00
❑ CHRIS MOUSE INN 12TH EDITION QLX737-1	1996	YR	14.00	24.00
❑ CHRIS MOUSE MAIL 7TH EDITION 1000QLX720-7	1991	YR	10.00	26.00
❑ CHRIS MOUSE STAR 4TH EDITION QLX 715-4	1988	YR	9.00	65.00
CHRISTMAS BELLS				E. SEALE
❑ CHRISTMAS BELLS QXM4007	1995	YR	*	25.00
❑ CHRISTMAS BELLS QXM4071	1996	YR	5.00	20.00
❑ CHRISTMAS BELLS QXM4162	1997	YR	*	12.00
❑ CHRISTMAS BELLS QXM4196	1998	YR	*	8.00
❑ CHRISTMAS BELLS QXM4489	1999	YR	5.00	10.00
❑ CHRISTMAS BELLS QXM5245	2001	YR	5.00	7.00
❑ CHRISTMAS BELLS QXM5964	2000	YR	5.00	6.00
CHRISTMAS CAROL COLLECTION, A				D. UNRUH
❑ BOB CRATCHIT 1375QX499-7	1991	YR	14.00	16.00
❑ EBENEZER SCROOGE 1375QX498-9	1991	YR	14.00	46.00
❑ MERRY CAROLERS 2975QX479-9	1991	YR	30.00	94.00
❑ MRS. CRATCHIT 1375QX499-9	1991	YR	14.00	31.00
❑ TINY TIM 1075QX503-7	1991	YR	11.00	20.00
CHRISTMAS CAROUSEL HORSE COLLECTION				*
❑ CAROUSEL DISPLAY STAND 629XPR972-3	1989	YR	1.00	5.00
CHRISTMAS CAROUSEL HORSE COLLECTION				J. LEE
❑ GINGER 629XPR972-1	1989	YR	4.00	20.00
❑ HOLLY 629XPR972-2	1989	YR	4.00	20.00
❑ SNOW 929XPR971-9	1989	YR	4.00	35.00
❑ STAR 629XPR972-0	1989	YR	4.00	22.00
CHRISTMAS CLASSICS				*
❑ A CHRISTMAS CAROL 1600QLX702-9	1987	YR	16.00	72.00
❑ NUTCRACKER BALLET 1750QLX704-3	1986	YR	18.00	80.00
CHRISTMAS CLASSICS				J. FRANCIS
❑ LITTLEST ANGEL, THE-1400QLX730-3	1990	YR	14.00	50.00
CHRISTMAS CLASSICS				D. LEE
❑ LITTLE DRUMMER BOY 1350QLX724-2	1989	YR	14.00	45.00
❑ NIGHT BEFORE CHRISTMAS-3RD ED. 1500QLX716-1	1988	YR	15.00	42.00
CHRISTMAS EXPRESSIONS COLLECTION				*
❑ BELL 350QX154-2	1977	YR	4.00	40.00
❑ MANDOLIN 350QX157-5	1977	YR	4.00	40.00
❑ ORNAMENTS 350QX155-5	1977	YR	4.00	45.00
❑ WREATH 350QX156-2	1977	YR	4.00	38.00
CHRISTMAS MEDLEY COLLECTION				L. SICKMAN
❑ FAVORITE TIN DRUM 850QX514-3	1986	YR	8.00	30.00
❑ JOYFUL CAROLERS 975QX513-6	1986	YR	10.00	40.00
CHRISTMAS MEDLEY COLLECTION				B. SIEDLER
❑ FESTIVE TREBLE CLEF 875QX513-3	1986	YR	9.00	9.00
CHRISTMAS MEDLEY COLLECTION				D. UNRUH
❑ CHRISTMAS GUITAR 700QX512-6	1986	YR	7.00	18.00
❑ HOLIDAY HORN 800QX514-6	1986	YR	8.00	16.00
CHRISTMAS PIZZAZZ COLLECTION				K. CROW
❑ JOLLY FOLLIES 850QX466-9	1987	YR	8.00	35.00
❑ MISTLETOAD 700QX468-7	1987	YR	7.00	24.00
CHRISTMAS PIZZAZZ COLLECTION				P. DUTKIN
❑ ST. LOUIE NICK 775QX453-9	1987	YR	8.00	30.00
CHRISTMAS PIZZAZZ COLLECTION				D. LEE
❑ CHRISTMAS FUN PUZZLE 800QX467-9	1987	YR	8.00	16.00
CHRISTMAS PIZZAZZ COLLECTION				E. SEALE
❑ DOC HOLIDAY 800QX467-7	1987	YR	8.00	24.00
CHRISTMAS PIZZAZZ COLLECTION				B. SIEDLER
❑ HAPPY HOLIDATA 650QX471-7	1987	YR	6.00	15.00
CHRISTMAS PIZZAZZ COLLECTION				D. UNRUH
❑ HOLIDAY HOURGLASS 800QX470-7	1987	YR	8.00	28.00
CHRISTMAS SKY LINE COLLECTION				L. SICKMAN
❑ CABOOSE 975QX532-1	1992	YR	10.00	24.00
❑ COAL CAR 975QX540-1	1992	YR	10.00	10.00
❑ LOCOMOTIVE 975QX531-1	1992	YR	10.00	43.00
❑ STOCK CAR 975QX531-4	1992	YR	10.00	18.00
CHRISTMAS VISITORS				*
❑ KOLYADA QX617-2	1997	YR	15.00	24.00
CHRISTMAS VISITORS				A. ROGERS
❑ ST. NICHOLAS 1ST ED. QX508-7	1995	YR	15.00	25.00
CHRISTMAS VISITORS				L. VOTRUBA
❑ CHRISTKINDL 2ND ED. QX563-1	1996	YR	15.00	13.00
CINDERELLA				*
❑ DRESSING CINDERELLA QXD4109	2000	YR	13.00	15.00
CLASSIC AMERICAN CARS				D. PALMITER
❑ 1953 BUICK ROADMASTER QX6872	2001	YR	14.00	14.00

NAME	YEAR	LIMIT	ISSUE	TREND
❑ 1955 CHEVROLET NOMAD WAGON QX6367	1999	YR	14.00	23.00
❑ 1956 FORD THUNDERBIRD 1275QX527-5	1993	YR	13.00	25.00
❑ 1957 CHEVROLET BEL AIR 4TH ED. 1275QX542-2	1994	YR	13.00	30.00
❑ 1957 CORVETTE-1ST EDITION 1275QX431-9	1991	YR	13.00	145.00
❑ 1958 FORD EDSEL CITATION CONVERTIBLE QXC 416-7	1995	YR	13.00	60.00
❑ 1959 CADILLAC DE VILLE 6TH ED. QX538-4	1996	YR	13.00	26.00
❑ 1966 MUSTANG 1275QX428-4	1992	YR	13.00	50.00
❑ 1969 CHEVROLET CAMARO QX523-9	1995	YR	13.00	22.00
❑ 1969 HURST OLDSMOBILE 442	1997	YR	14.00	27.00
❑ 1969 PONTIAC GTO-THE JUDGE QX6584	2000	YR	14.00	22.00
❑ 1970 PLYMOUTH HEMI 'CUDA QX6256	1998	YR	14.00	26.00
CLASSIC POOH COLLECTION				*
❑ PIGLET'S JACK-IN-THE-BOX QXD4187	2000	YR	15.00	25.00
CLAUS & CO. R.R. ORNAMENTS				**D. PALMITER**
❑ CABOOSE 395XPR973-3	1991	YR	4.00	12.00
❑ GIFT CAR 395XPR973-1	1991	YR	4.00	12.00
❑ PASSENGER CAR 395XPR973-2	1991	YR	4.00	12.00
❑ TRESTLE TRACK FOR TRAIN 295XPR973-4	1991	YR	3.00	9.00
CLAUSES ON VACATION				**B. SIEDLER**
❑ CLAUSES ON VACATION QX6276	1998	YR	15.00	20.00
❑ CLAUSES ON VACATION QX6399	1999	YR	13.00	20.00
CLOTH DOLL ORNAMENTS				*
❑ ANGEL 175QX220-2	1977	YR	2.00	45.00
❑ SANTA 175QX221-5	1977	YR	2.00	35.00
CLOTHESPIN SOLDIER				**L. SICKMAN**
❑ BRITISH SOLDIER 1ST ED. 500QX458-3	1982	YR	5.00	85.00
❑ CANADIAN MOUNTIE QX447-1	1984	YR	5.00	18.00
❑ EARLY AMERICAN SOLDIER-2ND ED. 500QX402-9	1983	YR	5.00	24.00
❑ FRENCH SOLDIER-5TH ED. 550QX406-3	1986	YR	6.00	25.00
❑ SAILOR 550QX480-7	1987	YR	6.00	18.00
❑ SCOTTISH-4TH EDITION 550QX471-5	1985	YR	6.00	27.00
COCA-COLA SANTA				**D. UNRUH**
❑ WELCOME GUEST QX539-4	1996	YR	15.00	25.00
COLLECTIBLE SERIES				*
❑ BETSEY CLARK: HOME FOR CHRISTMAS 500QX203-3	1990	YR	5.00	10.00
❑ BETSEY CLARK: HOME FOR CHRISTMAS 500QX210-9	1991	YR	5.00	25.00
❑ BETSEY CLARK: HOME FOR CHRISTMAS 500QX230-2	1989	YR	5.00	20.00
❑ BETSEY'S COUNTRY CHRISTMAS 1ST ED. 500QX210-4	1992	YR	5.00	14.00
❑ BETSEY'S COUNTRY CHRISTMAS 2ND ED. 500QX206-2	1993	YR	5.00	11.00
❑ CINNAMON BEAR-2ND EDITION 700QX454-1	1984	YR	7.00	28.00
❑ CINNAMON BEAR-4TH EDITION 775QX405-6	1986	YR	8.00	30.00
❑ CINNAMON BEAR-5TH EDITION 775QX442-7	1987	YR	8.00	30.00
❑ CINNAMON BEAR-8TH EDITION 875QX442-6	1990	YR	9.00	14.00
❑ WINTER SURPRISE 1ST EDITION 1075QX427-2	1989	YR	11.00	15.00
COLLECTIBLE SERIES				**P. ANDREWS**
❑ MERRY OLDE SANTA 6TH SERIES QX513-9	1995	YR	15.00	25.00
COLLECTIBLE SERIES				**R. CHAD**
❑ MERRY OLDE SANTA 5TH ED. 1495QX525-6	1994	YR	15.00	24.00
COLLECTIBLE SERIES				**K. CROW**
❑ HARK! IT'S HERALD 1ST ED. 675QX455-5	1989	YR	7.00	24.00
❑ HARK! IT'S HERALD 2ND ED. 675QX446-3	1990	YR	7.00	22.00
❑ MERRY OLDE SANTA 7TH ED. QX565-4	1996	YR	15.00	28.00
COLLECTIBLE SERIES				**P. DUTKIN**
❑ CINNAMON BEAR-1ST EDITION 700QX428-9	1983	YR	7.00	50.00
❑ CINNAMON BEAR-3RD EDITION 750QX479-2	1985	YR	8.00	55.00
COLLECTIBLE SERIES				**J. FRANCIS**
❑ WINTER SURPRISE 2ND EDITION 1075QX444-3	1990	YR	11.00	12.00
❑ WINTER SURPRISE 4TH EDITION 1175QX427-1	1992	YR	12.00	15.00
COLLECTIBLE SERIES				**J. LEE**
❑ HARK! IT'S HERALD 4TH ED. 775QX446-4	1992	YR	8.00	10.00
❑ MERRY OLDE SANTA 2ND ED. 1475QX435-9	1991	YR	15.00	70.00
COLLECTIBLE SERIES				**J. LYLE**
❑ HEAVENLY ANGELS 1ST ED. 775QX436-7	1991	YR	8.00	24.00
❑ HEAVENLY ANGELS 2ND ED. 775QX445-4	1992	YR	8.00	7.00
❑ HEAVENLY ANGELS 3RD ED. 775QX494-5	1993	YR	8.00	13.00
❑ MERRY OLDE SANTA 8TH ED. 1495QX6225	1997	YR	15.00	18.00
❑ SANTA'S FRIEND 8TH ED. QX6685	1997	YR	15.00	23.00
❑ WINTER SURPRISE 3RD EDITION 1075QX427-7	1991	YR	11.00	11.00
COLLECTIBLE SERIES				**D. MCGEHEE**
❑ ART MASTERPIECE-1ST EDITION 650QX349-4	1984	YR	6.00	10.00
❑ ART MASTERPIECE-2ND EDITION 675QX377-2	1985	YR	7.00	14.00
COLLECTIBLE SERIES				**J. PATTEE**
❑ CONSTITUTION, THE 600QZ377-7	1987	YR	6.00	26.00
COLLECTIBLE SERIES				**S. PIKE**
❑ BETSEY CLARK: HOME FOR CHRISTMAS 500QX271-4	1988	YR	5.00	15.00
❑ BETSEY CLARK: HOME FOR CHRISTMAS 500QX272-7	1987	YR	5.00	22.00
❑ BETSEY CLARK: HOME FOR CHRISTMAS 500QX277-6	1986	YR	5.00	20.00
❑ CINNAMON BEAR-6TH EDITION 800QX404-4	1988	YR	8.00	30.00
❑ CINNAMON BEAR-7TH EDITION 875QX461-5	1989	YR	9.00	18.00
❑ FABULOUS DECADE 4TH ED. 775QX447-5	1993	YR	8.00	24.00
❑ FABULOUS DECADE 9TH ED. QX6393	1998	YR	8.00	35.00
COLLECTIBLE SERIES				**A. ROGERS**
❑ CHRISTMAS KITTY-1ST EDITION 1475QX544-5	1989	YR	15.00	28.00
❑ CHRISTMAS KITTY-2ND EDITION 1475QX450-6	1990	YR	15.00	14.00
❑ CHRISTMAS KITTY-3RD EDITION 1475QX437-7	1991	YR	15.00	24.00
❑ HARK! IT'S HERALD 3RD ED. 675QX437-9	1991	YR	7.00	23.00

ORNAMENTS

NAME	YEAR	LIMIT	ISSUE	TREND
❑ MERRY OLDE SANTA 4TH ED. 1475QX484-2	1993	YR	15.00	35.00
❑ MINIATURE CRECHE-5TH EDITION 925QX459-2	1989	YR	9.00	18.00
COLLECTIBLE SERIES				**E. SEALE**
❑ CLAUS CONSTRUCTION 775QX488-5	1990	YR	8.00	8.00
❑ FABULOUS DECADE 1ST ED. 775QX446-6	1990	YR	8.00	30.00
❑ FABULOUS DECADE 2ND ED. 775QX411-9	1991	YR	8.00	40.00
❑ FABULOUS DECADE 3RD ED. 775QX424-4	1992	YR	8.00	50.00
❑ FABULOUS DECADE 5TH ED. 795QX526-3	1994	YR	8.00	10.00
❑ FABULOUS DECADE 6TH ED. QX514-7	1995	YR	8.00	20.00
❑ FABULOUS DECADE 7TH ED. QX566-1	1996	YR	8.00	17.00
❑ FABULOUS DECADE 8TH ED. QX623-2	1997	YR	8.00	18.00
❑ HEART OF CHRISTMAS 1ST ED. 1375QX472-6	1990	YR	14.00	70.00
❑ HEART OF CHRISTMAS 2ND ED. 1375QX435-7	1991	YR	14.00	27.00
❑ HEART OF CHRISTMAS 3RD ED. 1375QX441-1	1992	YR	14.00	25.00
❑ HEART OF CHRISTMAS 4TH ED. 1475QX448-2	1993	YR	15.00	12.00
❑ HEART OF CHRISTMAS 5TH ED. 1495QX526-6	1994	YR	15.00	15.00
❑ MERRY OLDE SANTA 1ST ED. 1475QX473-6	1990	YR	15.00	55.00
❑ MINIATURE CRECHE-1ST EDITION 875QX482-5	1985	YR	9.00	20.00
❑ MINIATURE CRECHE-2ND EDITION 900QX407-6	1986	YR	9.00	25.00
❑ MINIATURE CRECHE-3RD EDITION 900QX481-9	1987	YR	9.00	19.00
COLLECTIBLE SERIES				**D. UNRUH**
❑ HOLIDAY HEIRLOOM QX485-7	1987	34600	25.00	22.00
❑ MERRY OLDE SANTA 3RD ED. 1475QX441-4	1992	YR	15.00	35.00
❑ MERRY OLDE SANTA 9TH ED. QX6386	1998	YR	16.00	19.00
❑ MINIATURE CRECHE-4TH EDITION 850QX403-4	1988	YR	8.00	18.00
COLLECTIBLE SERIES				**L. VOTRUBA**
❑ GREATEST STORY 1ST ED. 1275QX465-6	1990	YR	13.00	22.00
❑ GREATEST STORY 2ND ED. 1275QX412-9	1991	YR	13.00	10.00
❑ GREATEST STORY 3RD ED. 1275QX425-1	1992	YR	13.00	10.00
COLLECTOR'S CHOICE				**K. CROW**
❑ COME ALL YE FAITHFUL QX624-4	1996	YR	13.00	14.00
❑ UP ON THE HOUSETOP QLX7575	2001	YR	42.00	42.00
COLLECTOR'S CHOICE				**T. LARSEN**
❑ TIME OF PEACE, A QX6807	1999	YR	9.00	9.00
COLLECTOR'S CHOICE				**J. LYLE**
❑ GLAD TIDINGS QX623-1	1996	YR	15.00	26.00
❑ PRAYER FOR PEACE QX626-1	1996	YR	8.00	3.00
COLLECTOR'S CHOICE				**S. TAGUE**
❑ WELCOME HIM QX626-4	1996	YR	9.00	12.00
COLLECTOR'S CHOICE				**D. UNRUH**
❑ CHRISTMAS JOY QX624-1	1996	YR	15.00	26.00
❑ CHRISTMAS STORY, THE QX6897	1999	YR	22.00	28.00
❑ CROSS OF HOPE QX6557	1999	YR	10.00	18.00
❑ GOOD BOOK, THE QX8254	2000	YR	14.00	22.00
❑ JOURNEY TO BETHLEHEM QX622-3	1998	YR	17.00	26.00
COLLECTOR'S CHOICE				**L. VOTRUBA**
❑ PRECIOUS CHILD QX624-1	1996	YR	9.00	7.00
COLLECTOR'S CLASSIC				**P. ANDREWS**
❑ GONE WITH THE WIND 3 PC. SET QXM421-1	1996	YR	20.00	40.00
COLLECTOR'S CLASSIC				**S. PIKE**
❑ COOL DELIVERY COCA-COLA QXM402-1	1996	YR	6.00	10.00
COLLECTOR'S CLASSIC				**E. SEALE**
❑ STATUE OF LIBERTY, THE QLX742-1	1996	YR	25.00	45.00
COLLECTOR'S CLASSIC				**B. SIEDLER**
❑ TREE FOR WOODSTOCK, A QXM476-7	1996	YR	6.00	15.00
❑ WINNIE THE POOH & TIGGER QXM404-4	1996	YR	10.00	20.00
COLLEGIATE COLLECTION				*
❑ ALABAMA CRIMSON TIDE QSR2344	2000	YR	10.00	10.00
❑ FLORIDA GATORS QSR2324	2000	YR	8.00	10.00
❑ FLORIDA STATE SEMINOLES QSR2341	2000	YR	10.00	10.00
❑ MICHIGAN WOLVERINES QSR2271	2000	YR	10.00	10.00
❑ NEBRASKA CORNHUSKERS QSR2321	2000	YR	10.00	10.00
❑ NORTH CAROLINA TAR HEELS QSR2304	2000	YR	10.00	10.00
❑ NOTRE DAME FIGHTING IRISH QSR2284	2000	YR	10.00	10.00
❑ PENN STATE NITTANY LIONS QSR2311	2000	YR	10.00	10.00
❑ TENNESSEE VOLUNTEERS QSR 2334	2000	YR	10.00	10.00
❑ UNIVERSITY OF KENTUCKY WILDCATS QSR2291	2000	YR	8.00	10.00
COLLEGIATE COLLECTION				**N. AUBE**
❑ ARIZONA WILDCATS QSR2429	1999	YR	10.00	10.00
❑ DUKE BLUE DEVILS QSR2437	1999	YR	10.00	10.00
❑ FLORIDA STATE SEMINOLES QSR2439	1999	YR	10.00	10.00
❑ GEORGETOWN HOYAS QSR2447	1999	YR	10.00	10.00
❑ KENTUCKY WILDCATS QSR2449	1999	YR	10.00	10.00
❑ MICHIGAN WOLVERINES QSR2457	1999	YR	10.00	10.00
❑ NEBRASKA CORNHUSKERS QSR2459	1999	YR	10.00	20.00
❑ NORTH CAROLINA TAR HEELS QSR2467	1999	YR	10.00	10.00
❑ NOTRE DAME FIGHTING IRISH QSR2427	1999	YR	10.00	10.00
❑ PENN STATE NITTANY LIONS QSR2469	1999	YR	10.00	10.00
COLLEGIATE COLLECTION				**D. RHODUS**
❑ ALABAMA CRIMSON TIDE QSR2132	2001	YR	10.00	10.00
❑ FLORIDA GATORS QSR2165	2001	YR	10.00	10.00
❑ FLORIDA STATE SEMINOLES QSR2162	2001	YR	10.00	10.00
❑ MICHIGAN WOLVERINES QSR2142	2001	YR	10.00	10.00
❑ NEBRASKA CORNHUSKERS QSR2135	2001	YR	10.00	10.00
❑ NORTH CAROLINA TAR HEELS QSR2155	2001	YR	10.00	10.00
❑ PENN STATE NITTANY LIONS QSR2122	2001	YR	10.00	10.00

ORNAMENTS

NAME	YEAR	LIMIT	ISSUE	TREND
❑ TENNESSEE VOLUNTEERS QSR2125	2001	YR	10.00	10.00
❑ UNIVERSITY OF KENTUCKY WILDCATS QSR2152	2001	YR	10.00	10.00
COLORFUL WORLD				**K. CROW**
❑ CRAYOLA QX551-9	1995	YR	11.00	22.00
COLORS OF CHRISTMAS				*
❑ ANGEL 350QX354-3	1978	YR	4.00	50.00
❑ CANDLE 350QX203-5	1077	YR	4.00	60.00
❑ CANDLE 350QX357-6	1978	YR	4.00	85.00
❑ HOLIDAY WREATH 350QX353-9	1979	YR	4.00	42.00
❑ JOY 350QX201-5	1977	YR	4.00	50.00
❑ JOY 400QX350-1	1980	YR	4.00	10.00
❑ LOCOMOTIVE 350QX356-3	1978	YR	4.00	60.00
❑ NATIVITY 450QX308-3	1982	YR	4.00	48.00
❑ PARTRIDGE IN A PEAR TREE 350QX351-9	1979	YR	4.00	40.00
❑ SANTA'S FLIGHT 450QX308-6	1982	YR	4.00	20.00
❑ WORDS OF CHRISTMAS 350QX350-7	1979	YR	4.00	78.00
❑ WREATH 350QX202-2	1977	YR	4.00	60.00
COLORS OF CHRISTMAS				**D. PALMITER**
❑ MERRY CHRISTMAS 350QX355-6	1978	YR	4.00	55.00
COLORS OF CHRISTMAS				**L. SICKMAN**
❑ BELL 350QX200-2	1977	YR	4.00	50.00
❑ STAR OVER BETHLEHEM 350QX352-7	1979	YR	4.00	70.00
COMMEMORATIVES				*
❑ 10TH CHRISTMAS TOGETHER 650QX430-7	1983	YR	6.00	30.00
❑ 25TH CHRISTMAS TOGETHER 350QX269-3	1978	YR	4.00	15.00
❑ 25TH CHRISTMAS TOGETHER 400QX206-1	1980	YR	4.00	20.00
❑ 25TH CHRISTMAS TOGETHER 450QX211-6	1982	YR	4.00	20.00
❑ 25TH CHRISTMAS TOGETHER 450QX224-7	1983	YR	4.00	18.00
❑ 25TH CHRISTMAS TOGETHER 450QX707-5	1981	YR	4.00	20.00
❑ 25TH CHRISTMAS TOGETHER 550QX504-2	1981	YR	6.00	21.00
❑ 50TH CHRISTMAS TOGETHER 450QX212-3	1982	YR	4.00	16.00
❑ 50TH CHRISTMAS TOGETHER QX708-2	1981	YR	4.00	5.00
❑ BABY BOY'S FIRST CHRISTMAS 475QX272-1	1988	YR	5.00	25.00
❑ BABY GIRL'S FIRST CHRISTMAS 475QX272-4	1988	YR	5.00	25.00
❑ BABY LOCKET 1500QX461-7	1987	YR	15.00	22.00
❑ BABY'S 1ST XMAS PHOTOHOLDER 750QX461-9	1987	YR	8.00	30.00
❑ BABY'S 1ST XMAS PHOTOHOLDER QX300-1	1984	YR	7.00	20.00
❑ BABY'S 1ST XMAS PHOTOHOLDER QX302-9	1983	YR	7.00	20.00
❑ BABY'S FIRST CHRISTMAS (BOY) 450QX216-3	1982	YR	4.00	45.00
❑ BABY'S FIRST CHRISTMAS (GIRL) 450QX207-3	1982	YR	4.00	34.00
❑ BABY'S FIRST CHRISTMAS 1300QX440-2	1981	YR	13.00	29.00
❑ BABY'S FIRST CHRISTMAS 1400QX438-1	1984	YR	14.00	28.00
❑ BABY'S FIRST CHRISTMAS 1500QX499-2	1985	YR	15.00	45.00
❑ BABY'S FIRST CHRISTMAS 1600QX499-5	1985	YR	16.00	45.00
❑ BABY'S FIRST CHRISTMAS 350QX131-5	1977	YR	4.00	85.00
❑ BABY'S FIRST CHRISTMAS 350QX200-3	1978	YR	4.00	31.00
❑ BABY'S FIRST CHRISTMAS 350QX208-7	1979	YR	4.00	30.00
❑ BABY'S FIRST CHRISTMAS 400QX200-1	1980	YR	4.00	26.00
❑ BABY'S FIRST CHRISTMAS 450QX200-7	1983	YR	4.00	18.00
❑ BABY'S FIRST CHRISTMAS 450QX200-9	1983	YR	4.00	30.00
❑ BABY'S FIRST CHRISTMAS 500QX260-2	1986	YR	5.00	22.00
❑ BABY'S FIRST CHRISTMAS 550QX271-3	1986	YR	6.00	19.00
❑ BABY'S FIRST CHRISTMAS 550QX516-2	1981	YR	6.00	32.00
❑ BABY'S FIRST CHRISTMAS 600QX372-9	1987	YR	6.00	27.00
❑ BABY'S FIRST CHRISTMAS 800QX154-7	1979	YR	8.00	130.00
❑ BABY'S FIRST CHRISTMAS 850QX513-5	1981	YR	8.00	12.00
❑ BABY'S FIRST CHRISTMAS PHOTOHOLDER 750QX470-4	1988	YR	8.00	15.00
❑ BABY'S FIRST CHRISTMAS QX340-1	1984	YR	6.00	35.00
❑ BABY'S FIRST CHRISTMAS: BABY BOY QX206-3	1990	YR	5.00	9.00
❑ BABY'S FIRST CHRISTMAS: BABY GIRL QX206-6	1990	YR	5.00	9.00
❑ BABY'S FIRST CHRISTMAS-BLACK 450QX602-2	1981	YR	4.00	25.00
❑ BABY'S FIRST CHRISTMAS-BOY 450QX240-4	1984	YR	4.00	28.00
❑ BABY'S FIRST CHRISTMAS-BOY 450QX601-5	1981	YR	4.00	25.00
❑ BABY'S FIRST CHRISTMAS-GIRL 450QX600-2	1981	YR	4.00	25.00
❑ BABY'S FIRST CHRISTMAS-GIRL QX240-1	1984	YR	4.00	24.00
❑ BABY'S FIRST XMAS PHOTOHOLDER 775QX484-3	1990	YR	8.00	30.00
❑ BABY'S FIRST XMAS-PHOTOHOLDER 650QX312-6	1982	YR	6.00	30.00
❑ BABY'S SECOND CHRISTMAS 450QX226-7	1983	YR	4.00	35.00
❑ BABY'S SECOND CHRISTMAS 450QX241-1	1984	YR	4.00	38.00
❑ BABY'S SECOND CHRISTMAS 600QX478-5	1985	YR	6.00	35.00
❑ BABYSITTER 450QX253-1	1984	YR	4.00	2.00
❑ BABY-SITTER 475QX275-6	1986	YR	5.00	14.00
❑ BEAUTY OF FRIENDSHIP 400QX303-4	1980	YR	4.00	65.00
❑ BLACK BABY'S FIRST CHRISTMAS 400QX229-4	1980	YR	4.00	30.00
❑ CHILD CARE GIVER 675QX316-6	1990	YR	7.00	10.00
❑ CHILD'S THIRD CHRISTMAS 450QX226-9	1983	YR	4.00	25.00
❑ CHILD'S THIRD CHRISTMAS 450QX261-1	1984	YR	4.00	15.00
❑ CHRISTMAS AT HOME 400QX210-1	1980	YR	4.00	38.00
❑ CHRISTMAS LOVE 400QX207-4	1980	YR	4.00	15.00
❑ DAD 400QX214-1	1980	YR	4.00	16.00
❑ DAUGHTER 400QX212-1	1980	YR	4.00	25.00
❑ DAUGHTER 450QX203-7	1983	YR	4.00	22.00
❑ DAUGHTER 450QX204-6	1982	YR	4.00	20.00
❑ DAUGHTER 450QX244-4	1984	YR	4.00	22.00
❑ DAUGHTER 450QX607-5	1981	YR	4.00	20.00
❑ DAUGHTER 550QX503-2	1985	YR	6.00	18.00
❑ EXTRA-SPECIAL FRIENDS 475QX227--9	1991	YR	5.00	5.00
❑ FATHER 450QX609-5	1981	YR	4.00	18.00

ORNAMENTS

ORNAMENTS

NAME	YEAR	LIMIT	ISSUE	TREND
❏ FATHER 600QX257-1	1984	YR	6.00	18.00
❏ FIFTY YEARS TOGETHER 1000QX400-6	1986	YR	10.00	8.00
❏ FIFTY YEARS TOGETHER 675QX374-1	1988	YR	7.00	19.00
❏ FIRST CHRISTMAS TOGETHER 1500QX446-9	1987	YR	15.00	28.00
❏ FIRST CHRISTMAS TOGETHER 1600QX400-3	1986	YR	16.00	22.00
❏ FIRST CHRISTMAS TOGETHER 350QX132-2	1977	YR	4.00	35.00
❏ FIRST CHRISTMAS TOGETHER 350QX218-3	1978	YR	4.00	48.00
❏ FIRST CHRISTMAS TOGETHER 400QX205-4	1980	YR	4.00	30.00
❏ FIRST CHRISTMAS TOGETHER 400QX305-4	1980	YR	4.00	15.00
❏ FIRST CHRISTMAS TOGETHER 450QX211-3	1982	YR	4.00	35.00
❏ FIRST CHRISTMAS TOGETHER 450QX245-1	1984	YR	4.00	18.00
❏ FIRST CHRISTMAS TOGETHER 450QX706-2	1981	YR	4.00	22.00
❏ FIRST CHRISTMAS TOGETHER 475QX261-2	1985	YR	5.00	19.00
❏ FIRST CHRISTMAS TOGETHER 475QX270-3	1986	YR	5.00	18.00
❏ FIRST CHRISTMAS TOGETHER 475QX273-2	1989	YR	5.00	15.00
❏ FIRST CHRISTMAS TOGETHER 475QX274-1	1988	YR	5.00	25.00
❏ FIRST CHRISTMAS TOGETHER 550QX302-6	1982	YR	6.00	18.00
❏ FIRST CHRISTMAS TOGETHER 550QX505-5	1981	YR	6.00	15.00
❏ FIRST CHRISTMAS TOGETHER 600QX306-9	1983	YR	6.00	24.00
❏ FIRST CHRISTMAS TOGETHER 600QX310-7	1983	YR	6.00	35.00
❏ FIRST CHRISTMAS TOGETHER 600QX342-1	1984	YR	6.00	14.00
❏ FIRST CHRISTMAS TOGETHER 650QX371-9	1987	YR	6.00	25.00
❏ FIRST CHRISTMAS TOGETHER 675QX370-5	1985	YR	7.00	19.00
❏ FIRST CHRISTMAS TOGETHER 7000QX379-3	1986	YR	7.00	18.00
❏ FIRST CHRISTMAS TOGETHER 750QX301-7	1983	YR	8.00	22.00
❏ FIRST CHRISTMAS TOGETHER 800QX445-9	1987	YR	8.00	35.00
❏ FIRST CHRISTMAS TOGETHER 800QX507-2	1985	YR	8.00	15.00
❏ FIRST CHRISTMAS TOGETHER 850QX306-6	1982	YR	8.00	22.00
❏ FIRST CHRISTMAS TOGETHER QX222-9	1991	YR	5.00	12.00
❏ FIVE YEARS TOGETHER 475QX273-5	1989	YR	5.00	7.00
❏ FIVE YEARS TOGETHER 775QX492-7	1991	YR	8.00	18.00
❏ FOR MY GRANDMA PHOTOHOLDER QX518-4	1992	YR	8.00	2.00
❏ FOR YOUR NEW HOME 350QX217-6	1978	YR	4.00	25.00
❏ FOR YOUR NEW HOME 350QX263-5	1977	YR	4.00	35.00
❏ FORTY YEARS TOGETHER 775QX493-9	1991	YR	8.00	2.00
❏ FRIENDSHIP 350QX203-9	1979	YR	4.00	25.00
❏ FRIENDSHIP 400QX208-1	1980	YR	4.00	22.00
❏ FRIENDSHIP 450QX207-7	1983	YR	4.00	20.00
❏ FRIENDSHIP 450QX208-6	1982	YR	4.00	5.00
❏ FRIENDSHIP 450QX248-1	1984	YR	4.00	22.00
❏ FRIENDSHIP 450QX704-2	1981	YR	4.00	30.00
❏ FRIENDSHIP 550QX304-6	1982	YR	6.00	20.00
❏ FRIENDSHIP 550QX503-5	1981	YR	6.00	14.00
❏ FRIENDSHIP 600QX305-9	1983	YR	6.00	20.00
❏ FRIENDSHIP GREETING 800QX427-3	1986	YR	8.00	4.00
❏ FRIENDSHIP'S GIFT 600QX381-6	1986	YR	6.00	12.00
❏ FROM OUR HOME TO YOURS 450QX248-4	1984	YR	4.00	50.00
❏ FROM OUR HOME TO YOURS 475QX216-6	1990	YR	5.00	18.00
❏ FROM OUR HOME TO YOURS 600QX383-3	1986	YR	6.00	15.00
❏ FROM OUR HOME TO YOURS 625QX384-5	1989	YR	6.00	20.00
❏ FUN OF FRIENDSHIP, THE- 600QX343-1	1984	YR	6.00	9.00
❏ GIFT OF FRIENDSHIP 450QX260-4	1984	YR	4.00	22.00
❏ GIFT OF LOVE, THE- 450QX705-5	1981	YR	4.00	30.00
❏ GODCHILD 450QX201-7	1983	YR	4.00	15.00
❏ GODCHILD 450QX222-6	1982	YR	4.00	22.00
❏ GODCHILD 450QX242-1	1984	YR	4.00	18.00
❏ GODCHILD 450QX603-5	1981	YR	4.00	16.00
❏ GODCHILD 475QX271-6	1986	YR	5.00	15.00
❏ GODCHILD 475QX278-4	1988	YR	5.00	16.00
❏ GOOD FRIENDS 475QX265-2	1985	YR	5.00	30.00
❏ GRANDCHILD'S FIRST CHRISTMAS 1000QX411-6	1986	YR	10.00	16.00
❏ GRANDCHILD'S FIRST CHRISTMAS 110QX460-1	1984	YR	11.00	10.00
❏ GRANDCHILD'S FIRST CHRISTMAS 400Q430-9	1983	YR	14.00	25.00
❏ GRANDCHILD'S FIRST CHRISTMAS 450QX257-4	1984	YR	4.00	9.00
❏ GRANDCHILD'S FIRST CHRISTMAS 500QX260-5	1985	YR	5.00	9.00
❏ GRANDCHILD'S FIRST CHRISTMAS 600QX312-9	1983	YR	6.00	22.00
❏ GRANDDAUGHTER 350QX208-2	1977	YR	4.00	19.00
❏ GRANDDAUGHTER 350QX211-9	1979	YR	4.00	40.00
❏ GRANDDAUGHTER 350QX216-3	1978	YR	4.00	40.00
❏ GRANDDAUGHTER 400QX202-1	1980	YR	4.00	35.00
❏ GRANDDAUGHTER 450QX202-7	1983	YR	4.00	30.00
❏ GRANDDAUGHTER 450QX224-3	1982	YR	4.00	25.00
❏ GRANDDAUGHTER 450QX243-1	1984	YR	4.00	14.00
❏ GRANDDAUGHTER 450QX605-5	1981	YR	4.00	19.00
❏ GRANDDAUGHTER 475QX263-5	1985	YR	5.00	25.00
❏ GRANDDAUGHTER 475QX278-2	1989	YR	5.00	20.00
❏ GRANDFATHER 400QX231-4	1980	YR	4.00	15.00
❏ GRANDFATHER 450QX207-6	1982	YR	4.00	8.00
❏ GRANDFATHER 450QX701-5	1981	YR	4.00	20.00
❏ GRANDMOTHER 350QX252-7	1979	YR	4.00	7.00
❏ GRANDMOTHER 350QX260-2	1977	YR	4.00	50.00
❏ GRANDMOTHER 350QX267-6	1978	YR	4.00	40.00
❏ GRANDMOTHER 400QX204-1	1980	YR	4.00	18.00
❏ GRANDMOTHER 450QX200-3	1982	YR	4.00	34.00
❏ GRANDMOTHER 450QX205-7	1983	YR	4.00	10.00
❏ GRANDMOTHER 450QX244-1	1984	YR	4.00	20.00
❏ GRANDMOTHER 450QX702-2	1981	YR	4.00	10.00
❏ GRANDMOTHER 475QX201-1	1992	YR	5.00	8.00
❏ GRANDMOTHER 475QX230-7	1991	YR	5.00	9.00

NAME	YEAR	LIMIT	ISSUE	TREND
❑ GRANDMOTHER 475QX276-4	1988	YR	5.00	20.00
❑ GRANDMOTHER 475QX277-9	1987	YR	5.00	16.00
❑ GRANDPARENTS 400QX213-4	1980	YR	4.00	40.00
❑ GRANDPARENTS 450QX214-6	1982	YR	4.00	4.00
❑ GRANDPARENTS 450QX256-1	1984	YR	4.00	8.00
❑ GRANDPARENTS 450QX703-5	1981	YR	4.00	20.00
❑ GRANDPARENTS 475QX200-4	1992	YR	5.00	8.00
❑ GRANDPARENTS 475QX225-3	1990	YR	5.00	20.00
❑ GRANDPARENTS 650QX429-9	1983	YR	6.00	4.00
❑ GRANDPARENTS 750QX432-3	1986	YR	8.00	14.00
❑ GRANDSON 350QX209-5	1977	YR	4.00	35.00
❑ GRANDSON 350QX210-7	1979	YR	4.00	40.00
❑ GRANDSON 350QX215-6	1978	YR	4.00	40.00
❑ GRANDSON 400QX201-4	1980	YR	4.00	35.00
❑ GRANDSON 450QX201-9	1983	YR	4.00	19.00
❑ GRANDSON 450QX224-6	1982	YR	4.00	18.00
❑ GRANDSON 450QX242 4	1984	YR	4.00	25.00
❑ GRANDSON 450QX604-2	1981	YR	4.00	25.00
❑ GRANDSON 475QX278-5	1989	YR	5.00	22.00
❑ GRATITUDE 600QX344-4	1984	YR	6.00	15.00
❑ HEART FULL OF LOVE 675QX378-2	1985	YR	7.00	18.00
❑ HEARTFUL OF LOVE 1000QX443-4	1984	YR	10.00	22.00
❑ HOLIDAY GREETINGS 600QX375-7	1987	YR	6.00	12.00
❑ HOLIDAY HEART 800QX498-2	1985	YR	8.00	9.00
❑ HOME 450QX709-5	1981	YR	4.00	20.00
❑ LANGUAGE OF LOVE 625QX383-5	1989	YR	6.00	25.00
❑ LOVE 350QX258-7	1979	YR	4.00	80.00
❑ LOVE 350QX202-2	1977	YR	4.00	27.00
❑ LOVE 350QX268-3	1978	YR	4.00	60.00
❑ LOVE 400QX302-1	1980	YR	4.00	60.00
❑ LOVE 450QX207-9	1983	YR	4.00	45.00
❑ LOVE 450QX209-6	1982	YR	4.00	18.00
❑ LOVE 450QX255-4	1984	YR	4.00	25.00
❑ LOVE 550QX304-3	1982	YR	6.00	20.00
❑ LOVE 550QX502-2	1981	YR	6.00	48.00
❑ LOVE 600QX305-7	1983	YR	6.00	8.00
❑ LOVE 600QX310-9	1983	YR	6.00	38.00
❑ LOVE GROWS 475QX275-4	1988	YR	5.00	35.00
❑ LOVE IS A SONG 450QX223-9	1983	YR	4.00	40.00
❑ LOVE-THE SPIRIT OF CHRISTMAS 450QX247-4	1984	YR	4.00	40.00
❑ MIRACLE OF LOVE, THE 600QX342-4	1984	YR	6.00	24.00
❑ MOM AND DAD 975QX546-7	1991	YR	10.00	30.00
❑ MOMENTS OF LOVE 450QX209-3	1982	YR	4.00	25.00
❑ MOTHER 350QX251-9	1979	YR	4.00	25.00
❑ MOTHER 350QX261 5	1977	YR	4.00	35.00
❑ MOTHER 350QX266-3	1978	YR	4.00	40.00
❑ MOTHER 400QX203-4	1980	YR	4.00	14.00
❑ MOTHER 400QX304-1	1980	YR	4.00	20.00
❑ MOTHER 450QX205-3	1982	YR	4.00	20.00
❑ MOTHER 450QX608-2	1981	YR	4.00	16.00
❑ MOTHER 600QX306-7	1983	YR	6.00	20.00
❑ MOTHER 600QX343-4	1984	YR	6.00	12.00
❑ MOTHER 650QX375-1	1988	YR	6.00	12.00
❑ MOTHER 700QX382-6	1986	YR	7.00	20.00
❑ MOTHER 975QX440-5	1989	YR	10.00	28.00
❑ MOTHER 975QX545-7	1991	YR	10.00	35.00
❑ MOTHER AND DAD 400QX230-1	1980	YR	4.00	22.00
❑ MOTHER AND DAD 450QX222-3	1982	YR	4.00	15.00
❑ MOTHER AND DAD 450QX700-2	1981	YR	4.00	18.00
❑ MOTHER AND DAD 650QX258-1	1984	YR	6.00	8.00
❑ NEPHEW 675QX381-3	1986	YR	6.00	15.00
❑ NEW HOME 350QX212-7	1979	YR	4.00	45.00
❑ NEW HOME 450QX210-7	1983	YR	4.00	15.00
❑ NEW HOME 450QX212-6	1982	YR	4.00	22.00
❑ NEW HOME 450QX245-4	1984	YR	4.00	82.00
❑ NIECE 475QX275-9	1987	YR	5.00	12.00
❑ NIECE 575QX520-5	1985	YR	6.00	7.00
❑ NIECE 600QX426 6	1986	YR	6.00	7.00
❑ OUR FIRST CHRISTMAS TOGETHER 350QX209-9	1979	YR	4.00	68.00
❑ OUR FIRST CHRISTMAS TOGETHER 475QX213-6	1990	YR	5.00	20.00
❑ OUR FIRST CHRISTMAS TOGETHER 675QX314-6	1990	YR	7.00	20.00
❑ OUR FIRST CHRISTMAS TOGETHER 975QX488-3	1990	YR	10.00	25.00
❑ OUR FIRST XMAS/PHOTOHOLDER 775QX488-6	1990	YR	8.00	17.00
❑ OUR TWENTY-FIFTH ANNIVERSARY 350QX250-7	1979	YR	4.00	25.00
❑ PEACEFUL KINGDOM 475QX210-6	1990	YR	5.00	20.00
❑ SEASON OF THE HEART 475QX270-6	1986	YR	5.00	8.00
❑ SISTER 450QX206-9	1983	YR	4.00	25.00
❑ SISTER 450QX208-3	1982	YR	4.00	30.00
❑ SISTER 475QX227-3	1990	YR	5.00	7.00
❑ SISTER 475QX279-2	1989	YR	5.00	20.00
❑ SISTER 650QX259-4	1984	YR	6.00	28.00
❑ SON 400QX211-4	1980	YR	4.00	30.00
❑ SON 450QX202-9	1983	YR	4.00	38.00
❑ SON 450QX204-3	1982	YR	4.00	30.00
❑ SON 450QX243-4	1984	YR	4.00	30.00
❑ SON 450QX606-2	1981	YR	4.00	10.00
❑ SWEETHEART 975QX495-7	1991	YR	10.00	24.00
❑ TEACHER 350QX213-9	1979	YR	4.00	15.00
❑ TEACHER 400QX209-4	1980	YR	4.00	10.00

ORNAMENTS

ORNAMENTS

NAME	YEAR	LIMIT	ISSUE	TREND
❏ TEACHER 450QX214-3	1982	YR	4.00	11.00
❏ TEACHER 450QX224-9	1983	YR	4.00	5.00
❏ TEACHER 450QX249-1	1984	YR	4.00	5.00
❏ TEACHER 450QX800-2	1981	YR	4.00	5.00
❏ TEACHER 475QX226-4	1992	YR	5.00	15.00
❏ TEACHER 475QX275-3	1986	YR	5.00	15.00
❏ TEACHER 575QX412-5	1989	YR	6.00	8.00
❏ TEACHER 600QX304-9	1983	YR	6.00	15.00
❏ TEACHER, OWL 600QX505-2	1985	YR	6.00	15.00
❏ TEN YEARS TOGETHER 475QX275-1	1988	YR	5.00	20.00
❏ TEN YEARS TOGETHER 650QX258-4	1984	YR	6.00	15.00
❏ TEN YEARS TOGETHER 750QX401-3	1986	YR	8.00	22.00
❏ TEN YEARS TOGETHER 775QX492-9	1991	YR	8.00	2.00
❏ TWENTY-FIVE YEARS TOGETHER 650QX259-1	1984	YR	6.00	22.00
❏ TWENTY-FIVE YEARS TOGETHER 750QX443-9	1987	YR	8.00	25.00
❏ TWENTY-FIVE YEARS TOGETHER 800QX500-5	1985	YR	8.00	12.00
❏ WARMTH OF FRIENDSHIP 600QX375-9	1987	YR	6.00	11.00
❏ WITH APPRECIATION 675QX375-2	1985	YR	7.00	8.00
❏ WORD OF LOVE 800QX447-7	1987	YR	8.00	10.00
❏ WORLD OF LOVE 475QX274-5	1989	YR	5.00	30.00
❏ YEAR TO REMEMBER 700QX416-4	1988	YR	7.00	20.00

COMMEMORATIVES — P. ANDREWS

NAME	YEAR	LIMIT	ISSUE	TREND
❏ BABY'S FIRST CHRISTMAS 1875QX458-1	1992	YR	19.00	28.00

COMMEMORATIVES — R. BISHOP

NAME	YEAR	LIMIT	ISSUE	TREND
❏ GODCHILD 675QX548-9	1991	YR	7.00	6.00
❏ NEW HOME 675QX544-9	1991	YR	7.00	28.00

COMMEMORATIVES — R. CHAD

NAME	YEAR	LIMIT	ISSUE	TREND
❏ BABY'S FIRST CHRISTMAS 725QX449-2	1989	YR	7.00	90.00
❏ CHILD'S THIRD CHRISTMAS 600QX471-4	1988	YR	6.00	19.00
❏ FRIENDLY GREETINGS 775QX504-1	1992	YR	8.00	7.00
❏ GRANDDAUGHTER'S 1ST CHRISTMAS 675QX511-9	1991	YR	7.00	7.00
❏ GRANDSON'S FIRST CHRISTMAS 675QX511-7	1991	YR	7.00	7.00
❏ MOM AND DAD 875QX459-3	1990	YR	9.00	19.00
❏ SPECIAL CAT PHOTOHOLDER QX541-4	1992	YR	8.00	9.00
❏ SPECIAL DOG PHOTOHOLDER QX542-1	1992	YR	8.00	25.00

COMMEMORATIVES — K. CROW

NAME	YEAR	LIMIT	ISSUE	TREND
❏ BABY'S FIRST CHRISTMAS 975QX470-1	1988	YR	10.00	28.00
❏ BROTHER 675QX468-4	1992	YR	7.00	12.00
❏ CHILD'S THIRD CHRISTMAS 575QX459-9	1987	YR	6.00	20.00
❏ FRIENDS ARE FUN 475QX272-3	1986	YR	5.00	42.00
❏ FRIENDS ARE FUN 975QX528-9	1991	YR	10.00	20.00
❏ NEW HOME 475QX274-6	1986	YR	5.00	60.00
❏ SISTER 675QX468-1	1992	YR	7.00	9.00

COMMEMORATIVES — J. FRANCIS

NAME	YEAR	LIMIT	ISSUE	TREND
❏ BABY'S FIRST CHRISTMAS 1775QX510-7	1991	YR	18.00	18.00
❏ BABY'S FIRST CHRISTMAS 675QX381-5	1989	YR	7.00	14.00
❏ BABY'S FIRST CHRISTMAS 775QX464-4	1992	YR	8.00	18.00
❏ BABY'S FIRST CHRISTMAS 775QX485-6	1990	YR	8.00	29.00
❏ BABY'S FIRST CHRISTMAS 775QX488-9	1991	YR	8.00	36.00
❏ BABY'S FIRST CHRISTMAS 975QX485-3	1990	YR	10.00	25.00
❏ BABY'S SECOND CHRISTMAS 675QX449-5	1989	YR	7.00	30.00
❏ BABY'S SECOND CHRISTMAS 675QX465-1	1992	YR	7.00	22.00
❏ BABY'S SECOND CHRISTMAS 675QX486-3	1990	YR	7.00	12.00
❏ BABY'S SECOND CHRISTMAS 675QX489-7	1991	YR	7.00	35.00
❏ CHILD'S CHRISTMAS 975QX457-4	1992	YR	10.00	17.00
❏ CHILD'S CHRISTMAS 975QX488-7	1991	YR	10.00	15.00
❏ CHILD'S FOURTH CHRISTMAS 675QX466-1	1992	YR	7.00	10.00
❏ CHILD'S FOURTH CHRISTMAS 675QX487-3	1990	YR	7.00	12.00
❏ CHILD'S FOURTH CHRISTMAS 675QX490-7	1991	YR	7.00	10.00
❏ CHILD'S FOURTH CHRISTMAS 675QX543-2	1989	YR	7.00	13.00
❏ CHILD'S THIRD CHRISTMAS 675QX465-4	1992	YR	7.00	10.00
❏ CHILD'S THIRD CHRISTMAS 675QX469-5	1989	YR	7.00	18.00
❏ CHILD'S THIRD CHRISTMAS 675QX486-6	1990	YR	7.00	18.00
❏ CHILD'S THIRD CHRISTMAS 675QX489-9	1991	YR	7.00	10.00
❏ DAUGHTER 675QX503-1	1992	YR	7.00	22.00
❏ GODCHILD 625QX311-2	1989	YR	6.00	15.00
❏ GODCHILD 675QX317-6	1990	YR	7.00	15.00
❏ GRANDDAUGHTER'S FIRST XMAS 675QX310-6	1990	YR	7.00	5.00
❏ GRANDDAUGHTER'S FIRST XMAS 675QX382-2	1989	YR	7.00	20.00
❏ GRANDSON'S FIRST CHRISTMAS 675QX306-3	1990	YR	7.00	5.00
❏ GRANDSON'S FIRST CHRISTMAS 675QX382-5	1989	YR	7.00	20.00
❏ SON 675QX502-4	1992	YR	7.00	25.00

COMMEMORATIVES — M. HAMILTON

NAME	YEAR	LIMIT	ISSUE	TREND
❏ BABY'S FIRST CHRISTMAS-BOY 475QX221-7	1991	YR	5.00	9.00
❏ BABY'S FIRST CHRISTMAS-GIRL 475QX222-7	1991	YR	5.00	20.00

COMMEMORATIVES — D. LEE

NAME	YEAR	LIMIT	ISSUE	TREND
❏ BABY'S FIRST CHRISTMAS 1400QX402-7	1983	YR	14.00	20.00
❏ BABY'S FIRST CHRISTMAS 1600QX904-1	1984	YR	16.00	29.00
❏ BABY'S FIRST CHRISTMAS 575QX370-2	1985	YR	6.00	34.00
❏ BABY'S FIRST CHRISTMAS 975QX411-3	1987	YR	10.00	22.00
❏ BABY'S SECOND CHRISTMAS 575QX460-7	1987	YR	6.00	30.00
❏ FIRST CHRISTMAS TOGETHER 950QX446-7	1987	YR	10.00	15.00
❏ FLAG OF LIBERTY 675QX524-9	1991	YR	7.00	16.00

COMMEMORATIVES — J. LEE

NAME	YEAR	LIMIT	ISSUE	TREND
❏ DAD 675QX453-3	1990	YR	7.00	8.00
❏ DAD 725QX441-2	1989	YR	7.00	19.00
❏ DAD 775QX512-7	1991	YR	8.00	20.00
❏ DAD-TO-BE 575QX487-9	1991	YR	6.00	10.00

NAME	YEAR	LIMIT	ISSUE	TREND
☐ DAD-TO-BE 675QX461-1	1992	YR	7.00	14.00
☐ FRIENDSHIP TIME 975QX413-2	1989	YR	10.00	15.00
☐ MOM-TO-BE 575QX487-7	1991	YR	6.00	10.00
☐ MOM-TO-BE 675QX461-4	1992	YR	7.00	10.00
☐ OUR FIRST CHRISTMAS TOGETHER 975QX506-1	1992	YR	10.00	18.00
COMMEMORATIVES				**J. LYLE**
☐ ACROSS THE MILES 675QX315-7	1991	YR	7.00	15.00
☐ FIRST CHRISTMAS TOGETHER 475QX272-9	1987	YR	5.00	22.00
☐ FOR THE ONE I LOVE 975QX484-4	1992	YR	10.00	11.00
☐ GRANDDAUGHTER 475QX228-6	1990	YR	5.00	23.00
☐ GRANDDAUGHTER 475QX273-6	1986	YR	5.00	25.00
☐ GRANDMOTHER 475QX277-5	1989	YR	5.00	12.00
☐ GRANDPARENTS 475QX277-2	1989	YR	5.00	20.00
☐ LOVE IS EVERYWHERE 475QX278-7	1987	YR	5.00	25.00
☐ MOTHER AND DAD 800QX414-4	1988	YR	8.00	22.00
☐ SISTER 675QX548-7	1991	YR	7.00	12.00
☐ SPIRIT OF CHRISTMAS 475QX276-1	1988	YR	5.00	9.00
☐ TEN YEARS TOGETHER 475QX215-3	1990	YR	5.00	8.00
☐ TEN YEARS TOGETHER 475QX274-2	1989	YR	5.00	25.00
COMMEMORATIVES				**D. MCGEHEE**
☐ BABY LOCKET 1600QX401-2	1985	YR	16.00	38.00
☐ BABY LOCKET 1600QX412-3	1986	YR	16.00	24.00
☐ FIRST CHRISTMAS TOGETHER 1600QX904-4	1984	YR	16.00	40.00
☐ FIRST CHRISTMAS TOGETHER 750QX340-4	1984	YR	8.00	15.00
☐ FIVE YEARS TOGETHER 475QX274-4	1988	YR	5.00	20.00
☐ GIFT OF JOY 875QX531-9	1991	YR	9.00	19.00
☐ GODCHILD 675QX380-2	1985	YR	7.00	4.00
☐ LOVE AT CHRISTMAS 575QX371-5	1985	YR	6.00	9.00
COMMEMORATIVES				**D. PALMITER**
☐ BABY'S FIRST CHRISTMAS 600QX380-3	1986	YR	6.00	24.00
☐ SPECIAL FRIENDS 575QX372-5	1985	YR	6.00	6.00
COMMEMORATIVES				**J. PATTEE**
☐ BABY'S FIRST CHRISTMAS-BOY 475QX274-9	1987	YR	5.00	30.00
☐ BABY'S FIRST CHRISTMAS-GIRL 475QX274-7	1987	YR	5.00	25.00
☐ BABY'S FIRST XMAS PHOTOHOLDER 800QX379-2	1986	YR	8.00	26.00
☐ CHILD'S THIRD CHRISTMAS 650QX413-6	1986	YR	6.00	10.00
☐ DAUGHTER 575QX415-1	1988	YR	6.00	35.00
☐ FIFTY YEARS TOGETHER 975QX490-6	1990	YR	10.00	1.00
☐ FORTY YEARS TOGETHER 975QX490-3	1990	YR	10.00	1.00
☐ FRIENDSHIP 775QX506-2	1985	YR	8.00	6.00
☐ FROM OUR HOME TO YOURS 475QX275-4	1989	YR	5.00	14.00
☐ FROM OUR HOME TO YOURS 775QX520-2	1985	YR	8.00	8.00
☐ GRANDMOTHER 475QX202-5	1985	YR	5.00	18.00
☐ GRANDMOTHER 475QX274-3	1986	YR	5.00	26.00
☐ GRANDPARENTS 475QX277-1	1988	YR	5.00	20.00
☐ GRATITUDE 600QX375-4	1988	YR	6.00	15.00
☐ JESUS LOVES ME 675QX315-6	1990	YR	7.00	15.00
☐ JOY OF FRIENDS 675QX382-3	1986	YR	7.00	4.00
☐ NEW HOME 600QX376-7	1987	YR	6.00	25.00
☐ SISTER 725QX506-5	1985	YR	7.00	22.00
☐ SON 575QX415-4	1988	YR	6.00	11.00
☐ SWEETHEART 1100QX408-6	1985	YR	11.00	70.00
☐ TWENTY-FIVE YEARS TOGETHER 675QX373-4	1988	YR	7.00	16.00
☐ TWENTY-FIVE YEARS TOGETHER 975QX489-6	1990	YR	10.00	20.00
COMMEMORATIVES				**S. PIKE**
☐ BABY'S FIRST CHRISTMAS 600QX372-1	1988	YR	6.00	27.00
☐ BABY'S SECOND CHRISTMAS 600QX471-1	1988	YR	6.00	32.00
☐ BABYSITTER 475QX279-7	1987	YR	5.00	4.00
☐ FIRST CHRISTMAS TOGETHER 900QX489-4	1988	YR	9.00	25.00
☐ FIRST CHRISTMAS TOGETHER QX313-9	1991	YR	7.00	12.00
☐ GRANDPARENTS 475QX277-7	1987	YR	5.00	15.00
☐ GRANDPARENTS 700QX380-5	1985	YR	7.00	4.00
☐ GRATITUDE 600QX432-6	1986	YR	6.00	4.00
☐ HUSBAND 800QX383-6	1986	YR	8.00	8.00
☐ MOM AND DAD 650QX429-7	1983	YR	6.00	8.00
☐ MOM AND DAD 975QX442-5	1989	YR	10.00	18.00
☐ MOTHER 650QX373-7	1987	YR	6.00	18.00
☐ MOTHER 675QX372-2	1985	YR	7.00	15.00
☐ MOTHER AND DAD 700QX462-7	1987	YR	7.00	25.00
☐ NEW HOME 875QX519-1	1992	YR	9.00	16.00
☐ TEACHER 625QX417-1	1988	YR	6.00	22.00
☐ UNDER THE MISTLETOE 875QX494-9	1991	YR	9.00	9.00
COMMEMORATIVES				**M. PYDA-SEVCIK**
☐ BABY-SITTER 475QX264-2	1985	YR	5.00	2.00
☐ FRIENDSHIP 675QX378-5	1985	YR	7.00	8.00
☐ FROM OUR HOME TO YOURS 475QX279-9	1987	YR	5.00	18.00
☐ GODCHILD 475QX276-7	1987	YR	5.00	22.00
☐ GRANDDAUGHTER 475QX229-9	1991	YR	5.00	22.00
☐ GRANDPARENTS 475QX230-9	1991	YR	5.00	6.00
☐ GRANDSON 475QX229-7	1991	YR	5.00	12.00
☐ MOTHER AND DAD 750QX431-6	1986	YR	8.00	26.00
☐ NEW HOME 475QX269-5	1985	YR	5.00	30.00
☐ NEW HOME 675QX434-3	1990	YR	7.00	12.00
COMMEMORATIVES				**D. RHODUS**
☐ ACROSS THE MILES 675QX304-4	1992	YR	7.00	15.00
☐ CHILD'S FIFTH CHRISTMAS 675QX466-4	1992	YR	7.00	10.00
☐ CHILD'S FIFTH CHRISTMAS 675QX487-6	1990	YR	7.00	12.00
☐ CHILD'S FIFTH CHRISTMAS 675QX490-9	1991	YR	7.00	10.00

ORNAMENTS

ORNAMENTS

NAME	YEAR	LIMIT	ISSUE	TREND
❑ CHILD'S FIFTH CHRISTMAS 675QX543-5	1989	YR	7.00	16.00
❑ FIRST CHRISTMAS TOGETHER 675QX383-2	1989	YR	7.00	18.00
❑ FRIENDSHIP KITTEN 675QX414-3	1990	YR	7.00	25.00
❑ JESUS LOVES ME 775QX314-7	1991	YR	8.00	9.00
❑ SWEETHEART 1175QX489-3	1990	YR	12.00	30.00

COMMEMORATIVES   A. ROGERS

NAME	YEAR	LIMIT	ISSUE	TREND
❑ 25 YEARS TOGETHER PHOTOHOLDER 875QX485-5	1989	YR	9.00	5.00
❑ 40 YEARS TOGETHER PHOTOHOLDER 875QX545-2	1989	YR	9.00	7.00
❑ 50 YEARS TOGETHER PHOTOHOLDER 875QX486-2	1989	YR	9.00	17.00
❑ BABY'S FIRST CHRISTMAS 675QX303-6	1990	YR	7.00	6.00
❑ FIRST CHRISTMAS TOGETHER 675QX485-2	1989	YR	10.00	22.00
❑ HOLIDAY MEMO 775QX504-4	1992	YR	8.00	13.00
❑ LOVE TO SKATE 875QX484-1	1992	YR	9.00	12.00
❑ MOM 775QX516-4	1992	YR	8.00	18.00
❑ SECRET PAL 775QX542-4	1992	YR	8.00	12.00
❑ TEACHER 475QX228-9	1991	YR	5.00	15.00

COMMEMORATIVES   E. SEALE

NAME	YEAR	LIMIT	ISSUE	TREND
❑ BABY'S FIRST CHRISTMAS 1300QX455-3	1982	YR	13.00	38.00
❑ BABY'S FIRST CHRISTMAS 550QX302-3	1982	YR	6.00	10.00
❑ CHILD'S THIRD CHRISTMAS 600QX475-5	1985	YR	6.00	18.00
❑ DAUGHTER 575QX430-6	1986	YR	6.00	48.00
❑ FIFTY YEARS TOGETHER 800QX443-7	1987	YR	8.00	25.00
❑ FIRST CHRISTMAS TOGETHER 1500QX436-4	1984	YR	15.00	10.00
❑ FIRST CHRISTMAS TOGETHER 1675QX400-5	1985	YR	17.00	10.00
❑ FIRST CHRISTMAS TOGETHER PHOTO. QX469-4	1992	YR	9.00	18.00
❑ FIRST XMAS TOGETHER-LOCKET 1500QX432-9	1983	YR	15.00	35.00
❑ FIRST XMAS TOGETHER-LOCKET 1500QX456-3	1982	YR	15.00	14.00
❑ FRIENDSHIP LINE 975QX503-4	1992	YR	10.00	8.00
❑ GRANDCHILD'S FIRST CHRISTMAS 900QX460-9	1987	YR	9.00	17.00
❑ GRANDDAUGHTER 675QX560-4	1992	YR	7.00	18.00
❑ GRANDSON 675QX561-1	1992	YR	7.00	14.00
❑ LOVING MEMORIES 900QX409-3	1986	YR	9.00	18.00
❑ SON 575QX430-3	1986	YR	6.00	19.00
❑ TEACHER 775QX448-3	1990	YR	8.00	5.00
❑ TEACHER-APPLE 550QX301-6	1982	YR	6.00	15.00

COMMEMORATIVES   L. SICKMAN

NAME	YEAR	LIMIT	ISSUE	TREND
❑ BABY'S FIRST CHRISTMAS 1200QX156-1	1980	YR	12.00	20.00
❑ BABY'S FIRST CHRISTMAS 750QX301-9	1983	YR	8.00	12.00
❑ BABY'S FIRST CHRISTMAS 900QX412-6	1986	YR	9.00	40.00
❑ BABYSITTER 475QX279-1	1988	YR	5.00	13.00
❑ CHRISTMAS MEMORIES 650QX311-6	1982	YR	6.00	25.00
❑ DAUGHTER 575QX463-7	1987	YR	6.00	18.00
❑ DAUGHTER 625QX443-2	1989	YR	6.00	21.00
❑ FATHER 450QX205-6	1982	YR	4.00	20.00
❑ FIRST CHRISTMAS TOGETHER 1200QX409-6	1986	YR	12.00	19.00
❑ FIRST CHRISTMAS TOGETHER 1300QX493-5	1985	YR	13.00	19.00
❑ FIRST CHRISTMAS TOGETHER 450QX208-9	1983	YR	4.00	30.00
❑ FIRST CHRISTMAS TOGETHER QX491-9	1991	YR	9.00	30.00
❑ LOVE 1300QX422-7	1983	YR	13.00	24.00
❑ SISTER 600QX474-7	1987	YR	6.00	15.00
❑ SON 575QX463-9	1987	YR	6.00	36.00
❑ SON 625QX444-5	1989	YR	6.00	8.00
❑ SWEETHEART 1100QX447-9	1987	YR	11.00	25.00
❑ SWEETHEART 975QX486-5	1989	YR	10.00	35.00
❑ TEACHER 650QX312-3	1982	YR	6.00	15.00
❑ TERRIFIC TEACHER 675QX530-9	1991	YR	7.00	4.00

COMMEMORATIVES   B. SIEDLER

NAME	YEAR	LIMIT	ISSUE	TREND
❑ BABY'S SECOND CHRISTMAS 650QX413-3	1986	YR	6.00	22.00
❑ BIG CHEESE, THE 675QX532-7	1991	YR	7.00	16.00
❑ BROTHER 575QX449-3	1990	YR	6.00	14.00
❑ BROTHER 675QX547-9	1991	YR	7.00	20.00
❑ COPY OF CHEER 775QX448-6	1990	YR	8.00	15.00
❑ DAD 600QX462-9	1987	YR	6.00	10.00
❑ DAD 700QX414-1	1988	YR	7.00	15.00
❑ DAD 775QX467-4	1992	YR	8.00	10.00
❑ DAD-TO-BE 575QX491-3	1990	YR	6.00	15.00
❑ DAUGHTER 575QX449-6	1990	YR	6.00	22.00
❑ DAUGHTER 575QX547-7	1991	YR	6.00	26.00
❑ GRANDDAUGHTER'S 1ST CHRISTMAS 675QX463-4	1992	YR	7.00	17.00
❑ GRANDSON'S FIRST CHRISTMAS 675QX462-1	1992	YR	7.00	5.00
❑ MOM AND DAD 975QX467-1	1992	YR	10.00	22.00
❑ MOM-TO-BE 575QX401-6	1990	YR	6.00	19.00
❑ SON 550QX502-5	1985	YR	6.00	45.00
❑ SON 575QX451-6	1990	YR	6.00	27.00
❑ SON 575QX546-9	1991	YR	6.00	18.00
❑ TEACHER 575QX466-7	1987	YR	6.00	24.00
❑ V.P. OF IMPORTANT STUFF 675QX505-1	1992	YR	7.00	7.00
❑ WORLD-CLASS TEACHER 775QX505-4	1992	YR	8.00	3.00

COMMEMORATIVES   D. UNRUH

NAME	YEAR	LIMIT	ISSUE	TREND
❑ ANNIVERSARY YEAR, PHOTOHOLDER 975QX485-1	1992	YR	10.00	3.00
❑ GODCHILD 675QX594-1	1992	YR	7.00	18.00
❑ SWEETHEART 975QX490-1	1988	YR	10.00	18.00

COMMEMORATIVES   L. VOTRUBA

NAME	YEAR	LIMIT	ISSUE	TREND
❑ 25 YEARS TOGETHER PHOTOHOLDER QX493-7	1991	YR	9.00	16.00
❑ ACROSS THE MILES 675QX317-3	1990	YR	7.00	15.00
❑ BABY'S 1ST CHRISTMAS PHOTOHOLDER QX464-1	1992	YR	8.00	5.00
❑ BABY'S 1ST XMAS PHOTOHOLDER 625QX468-2	1989	YR	6.00	50.00
❑ BABY'S FIRST CHRISTMAS 700QX478-2	1985	YR	7.00	16.00

NAME	YEAR	LIMIT	ISSUE	TREND
❑ BABY'S FIRST CHRISTMAS-BOY 475QX219-1	1992	YR	5.00	19.00
❑ BABY'S FIRST CHRISTMAS-BOY 475QX272-5	1989	YR	5.00	20.00
❑ BABY'S FIRST CHRISTMAS-GIRL 475QX220-4	1992	YR	5.00	4.00
❑ BABY'S FIRST CHRISTMAS-GIRL 475QX272-2	1989	YR	5.00	20.00
❑ BABY'S FIRST XMAS-PHOTOHOLDER 775QX486-9	1991	YR	8.00	6.00
❑ FATHER 650QX376-2	1985	YR	6.00	12.00
❑ FATHER 650QX431-3	1986	YR	6.00	12.00
❑ FESTIVE YEAR 775QX384-2	1989	YR	8.00	22.00
❑ FIFTY YEARS TOGETHER-PHOTOHOLDER 875QX494-7	1991	YR	9.00	18.00
❑ FIRST CHRISTMAS TOGETHER 675QX373-1	1988	YR	7.00	25.00
❑ FIRST CHRISTMAS TOGETHER PHOTOHOLDER QX491-7	1991	YR	9.00	25.00
❑ FIVE YEARS TOGETHER 475QX210-3	1990	YR	5.00	20.00
❑ FROM OUR HOME TO YOURS 475QX213-1	1992	YR	5.00	10.00
❑ FROM OUR HOME TO YOURS 475QX228-7	1991	YR	5.00	20.00
❑ GRANDCHILD'S FIRST CHRISTMAS 1100QX495-5	1985	YR	11.00	15.00
❑ GRANDDAUGHTER 475QX277-4	1988	YR	5.00	38.00
❑ GRANDDAUGHTER 600QX374-7	1987	YR	6.00	22.00
❑ GRANDMOTHER 475QX223-6	1990	YR	5.00	9.00
❑ GRANDSON 475QX229-3	1990	YR	5.00	12.00
❑ GRANDSON 475QX262-2	1985	YR	5.00	30.00
❑ GRANDSON 475QX273-3	1986	YR	5.00	5.00
❑ GRANDSON 475QX276-9	1987	YR	5.00	25.00
❑ GRANDSON 475QX278-1	1988	YR	5.00	25.00
❑ GRATITUDE 675QX385-2	1989	YR	7.00	3.00
❑ HEART IN BLOSSOM 600QX372-7	1987	YR	6.00	22.00
❑ HUSBAND 700QX373-9	1987	YR	7.00	11.00
❑ LOVE FILLS THE HEART 600QX374-4	1988	YR	6.00	14.00
❑ MOTHER 875QX453-6	1990	YR	9.00	15.00
❑ MOTHER AND DAD 775QX509-2	1985	YR	8.00	22.00
❑ NEW HOME 475QX275-5	1989	YR	5.00	22.00
❑ NEW HOME 600QX376-1	1988	YR	6.00	22.00
❑ OUR FIRST CHRISTMAS TOGETHER 675QX301-1	1992	YR	7.00	6.00
❑ SISTER 675QX380-6	1986	YR	7.00	9.00
❑ SISTER 800QX499-4	1988	YR	8.00	10.00
❑ TEN YEARS TOGETHER 700QX444-7	1987	YR	7.00	22.00
❑ TIME FOR FRIENDS 475QX280-7	1987	YR	5.00	22.00
❑ TIMELESS LOVE 600QX379-6	1986	YR	6.00	30.00
❑ TWENTY-FIVE YEARS TOGETHER 800QX410-3	1986	YR	8.00	22.00
COOKIE JAR FRIENDS				**N. AUBE**
❑ CLYDE QK116-1	1996	YR	16.00	12.00
COOKIE JAR FRIENDS				**A ROGERS**
❑ CARMEN QK116-4	1996	YR	16.00	12.00
COOKING FOR CHRISTMAS				**J. ESCHRICH**
❑ CREATIVE CUTTER QX8865	2001	YR	10.00	10.00
COOKING FOR CHRISTMAS				**T. LARSEN**
❑ SWEET CONTRIBUTION QXM4492	2001	YR	5.00	5.00
COOKING FOR CHRISTMAS				**D. UNRUH**
❑ SANTA SNEAKS A SWEET QX8862	2001	YR	16.00	16.00
COOL DECADE				**T. HADDIX**
❑ COOL DECADE QX6764	2000	YR	8.00	15.00
❑ COOL DECADE QX6992	2001	YR	8.00	8.00
COTTONTAIL EXPRESS				**K. CROW**
❑ LOCOMOTIVE QEO807-4	1996	YR	8.00	40.00
❑ PASSENGER CAR 995QEO8376	1998	YR	10.00	15.00
COUNTRY CHRISTMAS COLLECTION				*
❑ OLD-FASHIONED DOLL 1450QX519-5	1985	YR	14.00	40.00
❑ WHIRLIGIG SANTA 1250QX519-2	1985	YR	12.00	22.00
COUNTRY CHRISTMAS COLLECTION				**M. PYDA-SEVCIK**
❑ COUNTRY GOOSE 775QX518-5	1985	YR	8.00	6.00
COUNTRY CHRISTMAS COLLECTION				**L. SICKMAN**
❑ SHEEP AT CHRISTMAS 825QX517-5	1985	YR	8.00	6.00
COUNTRY CHRISTMAS COLLECTION				**L. VOTRUBA**
❑ ROCKING HORSE MEMORIES 1000QX518-2	1985	YR	10.00	7.00
COUNTRY TREASURES COLLECTION				*
❑ REMEMBERING CHRISTMAS 865QX510-6	1986	YR	9.00	12.00
COUNTRY TREASURES COLLECTION				**K. CROW**
❑ LITTLE DRUMMERS 1250QX511-6	1986	YR	12.00	35.00
❑ WELCOME CHRISTMAS 825QX510-3	1986	YR	8.00	30.00
COUNTRY TREASURES COLLECTION				**L. SICKMAN**
❑ COUNTRY SLEIGH 1000QX511-3	1986	YR	10.00	12.00
COUNTRY TREASURES COLLECTION				**D. UNRUH**
❑ NUTCRACKER SANTA 1000QX512-3	1986	YR	10.00	50.00
CRAYOLA CRAYON				**K. CROW**
❑ BRIGHT BLAZING COLORS 975QX426-4	1992	YR	10.00	26.00
❑ BRIGHT FLYING COLORS 975QX539-1	1996	YR	11.00	22.00
❑ BRIGHT MOVING COLORS 875QX458-6	1990	YR	9.00	40.00
❑ BRIGHT N'SUNNY TEPEE QX524-7	1995	YR	11.00	22.00
❑ BRIGHT PLAYFUL COLORS 1095QX527-3	1994	YR	11.00	24.00
❑ BRIGHT SHINING CASTLE 1075QX442-2	1993	YR	11.00	28.00
❑ BRIGHT VIBRANT CAROLS 975QX421-9	1991	YR	10.00	29.00
CRAYOLA CRAYON				**L. SICKMAN**
❑ BRIGHT JOURNEY 875QX-435-2	1989	YR	9.00	60.00
CRAYOLA CRAYON				**S. TAGUE**
❑ BACKPACK BEAR QBG4071	2000	YR	30.00	42.00
❑ BRIGHT ROCKING COLORS	1997	YR	13.00	16.00
❑ BRIGHT SLEDDING COLORS QX6166	1998	YR	13.00	21.00

ORNAMENTS

NAME	YEAR	LIMIT	ISSUE	TREND
❑ COLOR CREW CHIEF CRAYOLA CRAYON QX6185	2001	YR	11.00	11.00
❑ KING OF THE RING QX6864	2000	YR	11.00	20.00
CROWN CLASSICS COLLECTION				*
❑ ANGEL 450QX507-5	1981	YR	4.00	25.00
❑ ENAMELED CHRISTMAS WREATH 900QX311-9	1983	YR	9.00	14.00
❑ MEMORIES TO TREASURE 700QX303-7	1983	YR	7.00	20.00
❑ MOTHER AND CHILD 750QX302-7	1983	YR	8.00	40.00
❑ TREE PHOTOHOLDER 550QX515-5	1981	YR	6.00	28.00
❑ UNICORN 850QX516-5	1981	YR	8.00	25.00
CROWN REFLECTIONS				*
❑ HARVEST OF GRAPES QBG6047	1999	YR	25.00	35.00
❑ PINK POINSETTIAS QBG 6926	1998	YR	25.00	35.00
❑ RED POINSETTIAS QBG 690-6	1998	YR	35.00	45.00
❑ WHITE POINSETTIAS QGB 6923	1998	YR	25.00	25.00
CROWN REFLECTIONS				**T. HADDIX**
❑ 1955 MURRAY RANCH WAGON QBG6077	1999	YR	35.00	19.00
❑ JOLLY SNOWMAN QBG6059	1999	YR	20.00	22.00
CROWN REFLECTIONS				**K. KLINE**
❑ CHILDHOOD TREASURES QBG4237	1999	YR	30.00	19.00
❑ YUMMY MEMORIES QBG6049	1999	YR	45.00	34.00
CROWN REFLECTIONS				**R. LAPIERRE**
❑ U.S.S. ENTERPRISE NCC-1701 QBG6117	1999	YR	25.00	40.00
CROWN REFLECTIONS				**T. LARSEN**
❑ FRANKINCENSE QBG6896	1999	YR	22.00	19.00
❑ GOLD QBG6836	1999	YR	22.00	19.00
❑ HOLY FAMILY QBG6127	1999	YR	30.00	40.00
❑ MYRRH QBG 689-3	1998	YR	22.00	19.00
CROWN REFLECTIONS				**E. SEALE**
❑ FROSTY FRIENDS QBG6067	1999	YR	35.00	27.00
❑ VILLAGE CHURCH QBG6057	1999	YR	30.00	30.00
CROWN REFLECTIONS				**C. WEBB**
❑ 1950 LIONEL SANTA FE F3 DIESEL LOCOMOTIVE QBG6119	1999	YR	35.00	42.00
CURRIER & IVES				*
❑ CURRIER & IVES (2) 350QX112-1	1974	YR	4.00	60.00
❑ CURRIER & IVES 250QX209-1	1976	YR	2.00	40.00
❑ CURRIER & IVES 300QX197-1	1976	YR	3.00	50.00
❑ CURRIER & IVES 350QX130-2	1977	YR	4.00	50.00
❑ CURRIER & IVES 450QX201-3	1982	YR	4.00	10.00
❑ CURRIER & IVES 450QX215-9	1983	YR	4.00	22.00
❑ CURRIER & IVES 450QX250-1	1984	YR	4.00	14.00
CURRIER & IVES				**J. LYLE**
❑ CURRIER & IVES: AMERICAN FARM 475QX282-9	1987	YR	5.00	12.00
CURRIER & IVES				**L. SICKMAN**
❑ CURRIER & IVES (2) 250QX164-1	1975	YR	2.00	40.00
❑ CURRIER & IVES (2) 400QX137-1	1975	YR	4.00	40.00
DECORATIVE BALL ORNAMENTS				*
❑ 1983 450QX220-9	1983	YR	4.00	25.00
❑ ANGELS 500QX219-7	1983	YR	5.00	25.00
❑ ANNUNCIATION, THE 450QX216-7	1983	YR	4.00	30.00
❑ BEHOLD THE STAR 350QX255-9	1979	YR	4.00	40.00
❑ BLACK ANGEL 350QX207-9	1979	YR	4.00	25.00
❑ CARDINALS 225QX205-1	1976	YR	2.00	30.00
❑ CHICKADEES 225QX204-1	1976	YR	2.00	65.00
❑ CHRISTMAS 1981-SCHNEEBERG 450QX809-5	1981	YR	4.00	28.00
❑ CHRISTMAS ANGEL 450QX220-6	1982	YR	4.00	28.00
❑ CHRISTMAS CARDINALS 400QX224-1	1980	YR	4.00	12.00
❑ CHRISTMAS CHICKADEES 350QX204-7	1979	YR	4.00	32.00
❑ CHRISTMAS CHOIR 400QX228-1	1980	YR	4.00	80.00
❑ CHRISTMAS COLLAGE 350QX257-9	1979	YR	4.00	35.00
❑ CHRISTMAS IN THE FOREST 450QX813-5	1981	YR	4.00	99.00
❑ CHRISTMAS JOY 450QX216-9	1983	YR	4.00	9.00
❑ CHRISTMAS MAGIC 450QX810-2	1981	YR	4.00	25.00
❑ CHRISTMAS MOUSE 350QX134-2	1977	YR	4.00	60.00
❑ CHRISTMAS TIME 400QX226-1	1980	YR	4.00	30.00
❑ CHRISTMAS WONDERLAND 450QX221-9	1983	YR	4.00	80.00
❑ DRUMMER BOY 350QX252-3	1978	YR	4.00	42.00
❑ HALLMARK'S ANTIQUE CARD COLL. 350QX220-3	1978	YR	4.00	44.00
❑ HAPPY CHRISTMAS 400QX222-1	1980	YR	4.00	20.00
❑ HERE COMES SANTA 450QX217-7	1983	YR	4.00	54.00
❑ JOLLY SANTA 400QX227-4	1980	YR	4.00	10.00
❑ JOY 350QX254-3	1978	YR	4.00	50.00
❑ LET US ADORE HIM 450QX811-5	1981	YR	4.00	28.00
❑ LIGHT OF CHRISTMAS, THE- 350QX256-7	1979	YR	4.00	30.00
❑ MERRY CHRISTMAS (SANTA) 350QX202-3	1978	YR	4.00	52.00
❑ MERRY CHRISTMAS 450QX814-2	1981	YR	4.00	18.00
❑ NATIVITY 350QX253-6	1978	YR	4.00	125.00
❑ NATIVITY 400QX225-4	1980	YR	4.00	88.00
❑ NIGHT BEFORE CHRISTMAS 350QX214-7	1979	YR	4.00	40.00
❑ OLD FASHIONED CHRISTMAS 450QX217-9	1983	YR	4.00	25.00
❑ ORIENTAL BUTTERFLIES 450QX218-7	1983	YR	4.00	30.00
❑ QUAIL, THE- 350QX251-6	1978	YR	4.00	40.00
❑ RABBIT 250QX139-5	1977	YR	2.00	90.00
❑ SANTA'S COMING 450QX812-2	1981	YR	4.00	28.00
❑ SANTA'S SURPRISE 450QX815-5	1981	YR	4.00	10.00
❑ SANTA'S WORKSHOP 400QX223-4	1980	YR	4.00	10.00
❑ SEASON FOR CARING 450QX221-3	1982	YR	4.00	25.00
❑ SEASON'S GREETING 450QX219-9	1983	YR	4.00	28.00

ORNAMENTS

NAME	YEAR	LIMIT	ISSUE	TREND
❑ SQUIRREL 250QX138-2	1977	YR	2.00	95.00
❑ STAINED GLASS 350QX152-2	1977	YR	4.00	60.00
❑ TRADITIONAL (BLACK SANTA) 450QX801-5	1981	YR	4.00	98.00
❑ WISE MEN, THE- 450QX220-7	1983	YR	4.00	40.00
❑ YESTERDAY'S TOYS 350QX250-3	1978	YR	4.00	25.00

DECORATIVE BALL ORNAMENTS — T. BLACKSHEAR

NAME	YEAR	LIMIT	ISSUE	TREND
❑ SANTA 450QX221-6	1982	YR	4.00	22.00

DECORATIVE BALL ORNAMENTS — L. SICKMAN

NAME	YEAR	LIMIT	ISSUE	TREND
❑ CHRISTMAS TRADITIONS 350QX253-9	1979	YR	4.00	40.00

DESIGNER KEEPSAKES *

NAME	YEAR	LIMIT	ISSUE	TREND
❑ MERRY CHRISTMAS 450QX225-6	1982	YR	4.00	22.00
❑ OLD FASHIONED CHRISTMAS 450QX227-6	1982	YR	4.00	45.00
❑ OLD WORLD ANGELS 450QX226-3	1982	YR	4.00	25.00
❑ PATTERNS OF CHRISTMAS 450QX226-6	1982	YR	4.00	22.00
❑ STAINED GLASS 450QX228-3	1982	YR	4.00	10.00
❑ TWELVE DAYS OF CHRISTMAS 450QX203-6	1982	YR	4.00	22.00

DISNEY COLLECTION *

NAME	YEAR	LIMIT	ISSUE	TREND
❑ 102 DALMATIANS QXI5231	2000	YR	13.00	13.00
❑ BAMBI DISCOVERS WINTER QXD7541	2001	YR	24.00	24.00
❑ BELL-RINGING SANTA-MICKEY QXD4125	2001	YR	10.00	10.00
❑ BOUNCY BABY SITTER QXD 4096	1998	YR	13.00	22.00
❑ BUILDING A SNOWMAN QXD 4133	1998	YR	15.00	24.00
❑ CINDERELLA'S CASTLE QXD4172	2001	YR	18.00	18.00
❑ DISNEY'S SCHOOL BUS QXD4115	2001	YR	15.00	15.00
❑ DONALD GOES MOTORING QXD4122	2001	YR	13.00	13.00
❑ GLASS SLIPPER QXD4182	2001	YR	8.00	8.00
❑ HELLO, DUMBO! QXD4162	2001	YR	13.00	13.00
❑ JIMINY CRICKET QXD4185	2001	YR	8.00	8.00
❑ MAGICAL DRESS FOR BRIAR ROSE QXD4202	2001	YR	15.00	15.00
❑ MERRY CAROLERS QXD7585	2001	YR	24.00	24.00
❑ MICKEY'S SWEETHEART-MINNIE MOUSE QXD4192	2001	YR	10.00	10.00
❑ MONSTERS INC. QXI6145	2001	YR	15.00	15.00
❑ MRS. POTTS AND CHIP QXD4165	2001	YR	13.00	13.00
❑ THOMAS O'MALLEY AND DUCHESS QXD4175	2001	YR	15.00	15.00

DOLLS OF THE WORLD — A. MARRA ROGERS

NAME	YEAR	LIMIT	ISSUE	TREND
❑ MEXICAN BARBIE QX6356	1998	YR	15.00	24.00

DOLLS OF THE WORLD — P. ANDREWS

NAME	YEAR	LIMIT	ISSUE	TREND
❑ NATIVE AMERICAN BARBIE QX556-1	1996	YR	15.00	25.00

DOLLS OF THE WORLD — A. ROGERS

NAME	YEAR	LIMIT	ISSUE	TREND
❑ CHINESE BARBIE QX0102	1997	YR	15.00	25.00
❑ RUSSIAN BARBIE QX6369	1999	YR	15.00	22.00

DR. SEUSS — R. CHAD

NAME	YEAR	LIMIT	ISSUE	TREND
❑ GRINCH, THE QXI 6466	1998	YR	14.00	55.00

DR. SEUSS — N. WILLIAMS

NAME	YEAR	LIMIT	ISSUE	TREND
❑ GREEN EGGS AND HAM QXM6034	2000	YR	20.00	30.00
❑ HORTON HATCHES THE EGG QX6282	2001	YR	15.00	15.00
❑ MERRY GRINCH-MAS! QXI4627	1999	YR	20.00	32.00

DR. SEUSS BOOKS — N. WILLIAMS

NAME	YEAR	LIMIT	ISSUE	TREND
❑ CAT IN THE HAT QX16457	1999	YR	15.00	24.00
❑ ONE FISH TWO FISH RED FISH BLUE FISH QX6781	2000	YR	15.00	24.00

DR. SEUSS HOW THE GRINCH STOLE CHRISTMAS — K. KLINE

NAME	YEAR	LIMIT	ISSUE	TREND
❑ GIFTS FOR THE GRINCH QXI5344	2000	YR	13.00	30.00

DR. SEUSS HOW THE GRINCH STOLE CHRISTMAS — N. WILLIAMS

NAME	YEAR	LIMIT	ISSUE	TREND
❑ WHAT A GRINCHY TRICK! QXI6405	2001	YR	15.00	15.00

DUMBO *

NAME	YEAR	LIMIT	ISSUE	TREND
❑ DUMBO'S FIRST FLIGHT QXD4117	1999	YR	14.00	22.00

EASTER ORNAMENTS *

NAME	YEAR	LIMIT	ISSUE	TREND
❑ APRIL SHOWERS QEO 826-3	1995	YR	7.00	5.00
❑ BABY'S FIRST EASTER 875QEO518-9	1991	YR	9.00	22.00
❑ BABY'S FIRST EASTER QEO 823-7	1995	YR	8.00	12.00
❑ BUGS BUNNY QEO 827-9	1995	YR	9.00	12.00
❑ DAUGHTER 575QEO517-9	1991	YR	6.00	30.00
❑ DAUGHTER QEO 823-9	1995	YR	6.00	7.00
❑ EASTER EGG COTTAGES QEO 820-7	1995	YR	9.00	15.00
❑ EASTER EGGSPRESSIONS QEO 826-9	1995	YR	5.00	12.00
❑ EASTER MEMORIES PHOTOHOLDER QEO 513-7	1991	YR	8.00	8.00
❑ FLOWERPOT FRIENDS QEO 822-9	1995	YR	15.00	20.00
❑ FULL OF LOVE 775QEO514-1	1991	YR	8.00	44.00
❑ GARDEN CLUB QEO 820-9	1995	YR	8.00	18.00
❑ GARDEN OF PIGLET AND POOH 1295QEO8403	1998	YR	13.00	10.00
❑ GENTLE LAMB 675QEO515-9	1991	YR	7.00	14.00
❑ GRANDCHILD 675QEO517-7	1991	YR	7.00	22.00
❑ HAM 'N EGGS QEO 827-7	1995	YR	8.00	12.00
❑ HERE COMES EASTER QEO 821-7	1995	YR	8.00	19.00
❑ LI'L DIPPER 675QEO514-7	1991	YR	7.00	18.00
❑ LILY EGG 975QEO513-9	1991	YR	10.00	11.00
❑ LILY QEO 826-7	1995	YR	7.00	12.00
❑ PEANUTS QEO 825-7	1995	YR	8.00	22.00
❑ PICTURE PERFECT, CRAYOLA CRAYON QEO 824-9	1995	YR	8.00	15.00
❑ PRACTICE SWING-DONALD DUCK 1095QEO8396	1998	YR	11.00	9.00
❑ SON 575QEO518-7	1991	YR	6.00	26.00
❑ SON QEO 824-7	1995	YR	6.00	8.00
❑ SPIRIT OF EASTER 775QEO516-9	1991	YR	8.00	22.00
❑ SPRINGTIME BARBIE, FIRST SERIES QEO 806-9	1995	YR	13.00	28.00
❑ SPRINGTIME BONNETS 775QEO809-6	1994	YR	8.00	22.00
❑ SPRINGTIME BONNETS, THIRD SERIES QEO 822-7	1995	YR	8.00	12.00
❑ SPRINGTIME STROLL 675QEO516-7	1991	YR	7.00	14.00

NAME	YEAR	LIMIT	ISSUE	TREND
☐ SWEET EASTER WISHES 875QEO819-6	1994	YR	9.00	18.00
☐ TIGGER IN THE GARDEN 995QEO8436	1998	YR	10.00	20.00
☐ VICTORIAN CROSS QEO8725	1997	YR	*	8.00
EASTER ORNAMENTS				**P. ANDREWS**
☐ BARROW OF GIGGLES 875QEO840-2	1993	YR	9.00	22.00
☐ DAUGHTER 575QEO815-6	1994	YR	6.00	7.00
☐ DAUGHTER 575QEO834-2	1993	YR	6.00	8.00
☐ MIDGE 35TH ANNIVERSARY 1495QEO8413	1998	YR	15.00	8.00
☐ SON 575QEO816-3	1994	YR	6.00	7.00
☐ SON 575QEO833-5	1993	YR	6.00	7.00
EASTER ORNAMENTS				**R. CHAD**
☐ PORK N' BEANS QEO817-4	1996	YR	8.00	10.00
☐ TIME FOR EASTER 875QEO838-5	1993	YR	9.00	15.00
EASTER ORNAMENTS				**K. CROW**
☐ COLORFUL SPRING 775QEO816-6	1994	YR	8.00	18.00
☐ EASTER PARADE 675QEO930-1	1992	YR	7.00	24.00
☐ GRANDCHILD 675QEO927-4	1992	YR	7.00	10.00
☐ HERE COMES EASTER 775QEO809-3	1994	YR	8.00	15.00
☐ HIPPITY HOP DELIVERY QEO814-4	1996	YR	8.00	13.00
EASTER ORNAMENTS				**J. FRANCIS**
☐ APPLE BLOSSOM LANE QEO808-4	1996	YR	9.00	12.00
☐ BABY'S FIRST EASTER 675QEO815-3	1994	YR	7.00	10.00
☐ BABY'S FIRST EASTER 675QEO927-1	1992	YR	7.00	11.00
☐ BLESS YOU 675QEO929-1	1992	YR	7.00	20.00
☐ LOOK WHAT I FOUND! QEO818-1	1996	YR	8.00	15.00
☐ MAYPOLE STROLL 2800QEO839-5 SET OF THREE	1993	YR	28.00	42.00
☐ SOMEBUNNY LOVES YOU 675QEO929-4	1992	YR	7.00	26.00
EASTER ORNAMENTS				**K. KLINE**
☐ WHAT'S YOUR NAME? 795QEO8443	1998	YR	8.00	7.00
EASTER ORNAMENTS				**LARS**
☐ GENTLE GUARDIAN QEO8732	1997	YR	*	4.00
EASTER ORNAMENTS				**D. LEE**
☐ SPRINGTIME BONNETS 775QEO832-2	1993	YR	8.00	24.00
EASTER ORNAMENTS				**J. LEE**
☐ BEST-DRESSED TURTLE 575QEO839-2	1993	YR	6.00	10.00
☐ EASTER PARADE 675QEO832-5	1993	YR	7.00	15.00
☐ LI'L PEEPER 775QEO831-2	1993	YR	8.00	18.00
☐ NUTTY EGGS 675QEO838-2	1993	YR	7.00	10.00
☐ SPRINGTIME EGG 875QEO932-1	1992	YR	9.00	15.00
EASTER ORNAMENTS				**J. LYLE**
☐ CHICKS-ON-A-TWIRL 775QEO837-5	1993	YR	8.00	12.00
☐ JOYFUL ANGELS 1095QEO8386	1998	YR	11.00	15.00
☐ JOYFUL ANGELS 2ND. SERIES QEO865-5	1997	YR	11.00	11.00
☐ JOYFUL ANGELS FIRST SERIES QEO818-4	1996	YR	10.00	24.00
☐ PROMISE OF EASTER 875QEO931-4	1992	YR	9.00	14.00
EASTER ORNAMENTS				**D. PALMITER**
☐ BABY'S FIRST EASTER 675QEO834-5	1993	YR	7.00	11.00
☐ GARDEN CLUB QEO809-1	1996	YR	8.00	12.00
☐ HERE COMES EASTER QEO809-4	1996	YR	8.00	13.00
☐ JOY BEARER 875QEO933-4	1992	YR	9.00	18.00
☐ RIDING A BREEZE 575QEO821-3	1994	YR	6.00	12.00
EASTER ORNAMENTS				**S. PIKE**
☐ EVERYTHING'S DUCKY! 675QEO933-1	1992	YR	7.00	14.00
☐ GARDEN CLUB 795QEO8426	1998	YR	8.00	12.00
☐ GOING UP? CHARLIE BROWN 995QEO8433	1998	YR	10.00	12.00
☐ PURR-FECT PRINCESS QEO8715	1997	YR	*	8.00
☐ SUNNY WISHER 575QEO934-4	1992	YR	6.00	12.00
EASTER ORNAMENTS				**D. RHODUS**
☐ EASTER PARADE 675QEO813-6	1994	YR	7.00	15.00
☐ PARADE PALS QEO815-1	1996	YR	8.00	16.00
EASTER ORNAMENTS				**A. ROGERS**
☐ CRAYOLA BUNNY 775QEO930-4	1992	YR	8.00	28.00
☐ DAFFY DUCK QEO815-4	1996	YR	9.00	12.00
☐ DAUGHTER 575QEO928-4	1992	YR	6.00	12.00
☐ SON 575QEO928-1	1992	YR	6.00	12.00
☐ SWEET AS SUGAR 875QEO808-6	1994	YR	9.00	12.00
☐ YUMMY RECIPE 775QEO814-3	1994	YR	8.00	16.00
EASTER ORNAMENTS				**E. SEALE**
☐ DIGGING IN QEO8712	1997	YR	*	10.00
☐ EGGSTRA SPECIAL SURPRISE QEO816-1	1996	YR	9.00	15.00
☐ STRAWBERRY PATCH QEO817-1	1996	YR	7.00	12.00
☐ SUNNY BUNNY GARDEN 1500QEO814-6 SET OF 3	1994	YR	15.00	18.00
EASTER ORNAMENTS				**L. SICKMAN**
☐ BACKYARD BUNNY 675QEO840-5	1993	YR	7.00	12.00
☐ LOP-EARED BUNNY 575QEO831-5	1993	YR	6.00	15.00
☐ TREETOP COTTAGE 975QEO818-6	1994	YR	10.00	20.00
EASTER ORNAMENTS				**B. SIEDLER**
☐ COSMIC RABBIT 775QEO936-4	1992	YR	8.00	14.00
☐ CULTIVATED GARDENER 575QEO935-1	1992	YR	6.00	10.00
☐ EGGS IN SPORTS 675QEO813-3	1994	YR	7.00	19.00
☐ EGGS IN SPORTS 675QEO833-2	1993	YR	7.00	15.00
☐ EGGS IN SPORTS 675QEO934-1	1992	YR	7.00	28.00
☐ EGGSPERT PAINTER 675QEO936-1	1992	YR	7.00	18.00
☐ GRANDCHILD 675QEO835-2	1993	YR	7.00	9.00
EASTER ORNAMENTS				**S. TAGUE**
☐ EGGS-PERT ARTIST, CRAYOLA CRAYON QEO8695	1997	YR	*	14.00
☐ SWING-TIME QEO8705	1997	YR	*	10.00

ORNAMENTS

NAME	YEAR	LIMIT	ISSUE	TREND
EASTER ORNAMENTS				**D. UNRUH**
❏ BEAUTIFUL MEMORIES,PHOTOHLDR 675QEO836-2	1993	YR	7.00	5.00
❏ EASTER MORNING QEO816-4	1996	YR	8.00	8.00
❏ GARDEN BUNNIES, NATURE'S SKETCHBOOK QEO8702	1997	YR	*	18.00
❏ JOYFUL LAMB 575QEO820-6	1994	YR	6.00	15.00
❏ PEANUTS 775QEO817-6	1994	YR	8.00	40.00
❏ PEEPING OUT 675QEO820-3	1994	YR	7.00	20.00
❏ RADIANT WINDOW 775QEO836-5	1993	YR	8.00	12.00
❏ STRIKE UP THE BAND! QEO814-1	1996	YR	15.00	15.00
❏ VICTORIAN CROSS 895QEO8453	1998	YR	9.00	15.00
EASTER ORNAMENTS				**L. VOTRUBA**
❏ BELLE BUNNY 975QEO935-4	1992	YR	10.00	14.00
❏ DIVINE DUET 675QEO818-3	1994	YR	7.00	12.00
❏ EASTER ART SHOW 775QEO819-3	1994	YR	8.00	12.00
❏ LOVELY LAMB 975QEO837-2	1993	YR	10.00	18.00
❏ ROCKING BUNNY 975QEO932-4	1992	YR	10.00	18.00
❏ SPECIAL FRIENDS 1295QEO8523	1998	YR	13.00	9.00
❏ WARM MEMORIES 775QEO931-1	1992	YR	8.00	15.00
ENCHANTED MEMORIES COLLECTION				*
❏ WALT DISNEY'S SLEEPING BEAUTY QXD4097	1999	YR	15.00	24.00
❏ WALT DISNEY'S SNOW WHITE QXD 4056	1998	YR	15.00	24.00
FABRIC ORNAMENTS				*
❏ CALICO KITTY 300QX403-5	1981	YR	3.00	20.00
❏ CARDINAL CUTIE 300QX400-2	1981	YR	3.00	23.00
❏ GINGHAM DOG 300QX402-2	1981	YR	3.00	22.00
❏ PEPPERMINT MOUSE 300QX401-5	1981	YR	3.00	15.00
FABULOUS DECADE				**S. PIKE**
❏ FABULOUS DECADE QX6357	1999	YR	8.00	26.00
FAMILY & FRIENDS				**P. ANDREWS**
❏ BABY'S FIRST CHRISTMAS QX575-4	1996	YR	10.00	28.00
FAMILY & FRIENDS				**N. AUBE**
❏ BABY'S FIRST CHRISTMAS PHOTO HOLDER QX8355	2001	YR	9.00	9.00
❏ BABY'S FIRST CHRISTMAS QX8041	2000	YR	19.00	31.00
❏ BEGINNING BALLET QX2875	2001	YR	13.00	13.00
❏ OUR FAMILY QX8211	2000	YR	8.00	8.00
FAMILY & FRIENDS				**K. BRICKER**
❏ CLOSE-KNIT FRIENDS QX587-4	1996	YR	10.00	15.00
❏ MOM AND DAD QX8061	2000	YR	10.00	10.00
❏ THANK YOU, SANTA PHOTO HOLDER QX585-4	1996	YR	8.00	15.00
FAMILY & FRIENDS				**R. CHAD**
❏ CUP OF FRIENDSHIP QX8472	2001	YR	9.00	9.00
❏ DAD QX8071	2000	YR	9.00	15.00
❏ MOM QX8064	2000	YR	9.00	15.00
❏ OUR FIRST CHRISTMAS TOGETHER PHOTO HOLDER QX6012	2001	YR	9.00	9.00
FAMILY & FRIENDS				**K. CROW**
❏ BABY'S FIRST CHRISTMAS QX576-4	1996	YR	8.00	18.00
❏ BABY'S SECOND CHRISTMAS QX577-1	1996	YR	8.00	20.00
❏ CHILD'S FOURTH CHRISTMAS QX578-1	1996	YR	8.00	10.00
❏ CHILD'S THIRD CHRISTMAS QX577-4	1996	YR	8.00	17.00
❏ FOUR-ALARM FRIENDS QX8325	2001	YR	10.00	10.00
❏ OUR CHRISTMAS TOGETHER PHOTO HOLDER QX580-4	1996	YR	9.00	16.00
FAMILY & FRIENDS				**J. ESCHRICH**
❏ DAUGHTER QX8081	2000	YR	9.00	9.00
❏ FRIENDLY GREETING QX8174	2000	YR	10.00	10.00
❏ SON QX8084	2000	YR	9.00	9.00
FAMILY & FRIENDS				**J. FORSYTH**
❏ AMERICA FOR ME! QX2882	2001	YR	10.00	23.00
❏ GRANDDAUGHTER QX8091	2000	YR	9.00	9.00
❏ GRANDSON QX8094	2000	YR	9.00	9.00
FAMILY & FRIENDS				**S. FORSYTH**
❏ FRIENDLY ELVES QX8805	2001	YR	15.00	15.00
FAMILY & FRIENDS				**J. FRANCIS**
❏ BABY'S FIRST CHRISTMAS QLX740-4	1996	YR	22.00	18.00
❏ LAZY AFTERNOON QX8335	2001	YR	10.00	10.00
❏ NO. 1 TEACHER QX2865	2001	YR	10.00	10.00
FAMILY & FRIENDS				**T. HADDIX**
❏ BABY BOY'S FIRST CHRISTMAS QX8365	2001	YR	9.00	9.00
❏ BABY GIRL'S FIRST CHRISTMAS QX8372	2001	YR	9.00	9.00
❏ BABY'S FIRST CHRISTMAS PHOTOHOLDER QX8031	2000	YR	9.00	9.00
❏ BABY'S FIRST CHRISTMAS QX8362	2001	YR	9.00	9.00
❏ CLASS ACT QX8074	2000	YR	8.00	13.00
❏ WINTER FRIENDS QX2242	2001	YR	7.00	7.00
FAMILY & FRIENDS				**K. KLINE**
❏ GOUDA READING QX2855	2001	YR	10.00	10.00
❏ OUR CHRISTMAS TOGETHER QX8054	2000	YR	10.00	10.00
❏ OUR FIRST CHRISTMAS TOGETHER QX8405	2001	YR	10.00	10.00
❏ PAT THE BUNNY QX8582	2001	YR	10.00	10.00
❏ PERFECT BLEND, A QX8985	2001	YR	10.00	10.00
FAMILY & FRIENDS				**J. LYLE**
❏ MOM QX582-4	1996	YR	8.00	15.00
❏ OUR FAMILY PHOTO HOLDER QX8995	2001	YR	9.00	9.00
❏ SISTER TO SISTER QX583-4	1996	YR	10.00	12.00
FAMILY & FRIENDS				**D. PALMITER**
❏ DAUGHTER QX607-7	1996	YR	9.00	20.00
❏ OUR CHRISTMAS TOGETHER QX579-4	1996	YR	19.00	8.00
❏ SON QX607-9	1996	YR	9.00	16.00

ORNAMENTS

NAME	YEAR	LIMIT	ISSUE	TREND
FAMILY & FRIENDS				**S. PIKE**
❑ GRANDMOTHER QX8435	2001	YR	9.00	9.00
❑ GRANDSON QX8442	2001	YR	9.00	9.00
❑ MOM AND DAD QX8462	2001	YR	10.00	10.00
❑ SANTA'S WORKSHOP QX2812	2001	YR	10.00	10.00
FAMILY & FRIENDS				**D. RHODUS**
❑ ALL-SPORT SANTA QX8332	2001	YR	10.00	10.00
❑ CHILD'S FIFTH CHRISTMAS QX578-4	1996	YR	7.00	15.00
❑ HEARTS FULL OF LOVE QX581-4	1996	YR	10.00	20.00
❑ LAPTOP SANTA QX8972	2001	YR	8.00	8.00
❑ MOM AND DAD QX582-1	1996	YR	10.00	8.00
FAMILY & FRIENDS				**A. ROGERS**
❑ GODCHILD QX584-1	1996	YR	9.00	15.00
❑ GRANDDAUGHTER QX569-7	1996	YR	8.00	5.00
❑ GRANDSON QX569-9	1996	YR	8.00	15.00
❑ I LOVE MY DOG PHOTO HOLDER QX8802	2001	YR	8.00	8.00
❑ MOTHER AND DAUGHTER QX8154	2000	YR	10.00	10.00
❑ SANTA'S DAY OFF QX2872	2001	YR	10.00	10.00
FAMILY & FRIENDS				**E. SEALE**
❑ BABY'S FIRST CHRISTMAS QX576-1 PHOTOHOLDER	1996	YR	8.00	8.00
❑ BABY'S FIRST CHRISTMAS QX8034	2000	YR	11.00	11.00
❑ CLOSE-KNIT FRIENDS QX8204	2000	YR	15.00	15.00
❑ NEW HOME QX588-1	1996	YR	9.00	18.00
❑ NEW HOME QX8171	2000	YR	9.00	9.00
FAMILY & FRIENDS				**L. SICKMAN**
❑ DAD QX8422	2001	YR	9.00	9.00
❑ DAUGHTER QX8425	2001	YR	9.00	9.00
❑ MOM QX8415	2001	YR	9.00	9.00
❑ SON QX8432	2001	YR	9.00	9.00
FAMILY & FRIENDS				**B. SIEDLER**
❑ DAD QX573-1	1996	YR	8.00	8.00
❑ KISS THE COOK QX2852	2001	YR	10.00	10.00
❑ OUR FIRST CHRISTMAS TOGETHER PHOTO HOLDER QX8051	2000	YR	9.00	9.00
FAMILY & FRIENDS				**S. TAGUE**
❑ GODCHILD QX8161	2000	YR	8.00	8.00
❑ GODCHILD QX8452	2001	YR	8.00	8.00
❑ GRANDMOTHER QX8445	2001	YR	8.00	8.00
❑ ON MY WAY, PHOTO HOLDER QX586-1	1996	YR	8.00	15.00
❑ SEW SWEET ANGEL QX2862	2001	YR	10.00	10.00
❑ SPECIAL DOG PHOTO HOLDER QX586-4	1996	YR	8.00	15.00
FAMILY & FRIENDS				**D. UNRUH**
❑ IT HAD TO BE YOU QX2815	2001	YR	10.00	10.00
❑ MOM-TO-BE QX579-1	1996	YR	8.00	11.00
❑ OUR FIRST CHRISTMAS TOGETHER QX3104	2000	YR	11.00	8.00
FAMILY & FRIENDS				**S. VISKER**
❑ 2001 TIME CAPSULE QX2802	2001	YR	10.00	10.00
❑ GUIDING STAR QX8962	2001	YR	10.00	10.00
❑ SISTERS PHOTO HOLDER QX8455	2001	YR	9.00	9.00
FAMILY & FRIENDS				**L. VOTRUBA**
❑ ALL-STAR KID MEMORY KEEPER ORNAMENT QX2805	2001	YR	10.00	10.00
❑ BABY'S FIRST CHRISTMAS QX574-4	1996	YR	19.00	13.00
❑ COZY HOME QX8965	2001	YR	10.00	10.00
❑ GRANDCHILD'S FIRST CHRISTMAS QX8485	2001	YR	9.00	9.00
❑ GRANDMA QX584-4	1996	YR	9.00	8.00
❑ GRANDPA QX585-1	1996	YR	9.00	20.00
❑ MOTHER AND DAUGHTER QX6962	2001	YR	10.00	10.00
❑ NEW MILLENNIUM BABY QX8581	2000	YR	11.00	11.00
❑ OUR CHRISTMAS TOGETHER SET OF 4 QX8412	2001	YR	8.00	8.00
❑ OUR FIRST CHRISTMAS TOGETHER QX305-1	1996	YR	7.00	9.00
❑ SISTER TO SISTER QX8144	2000	YR	13.00	13.00
FAMILY & FRIENDS				**C. WEBB**
❑ 2001 VACATION QX2822	2001	YR	10.00	10.00
FASHION AFOOT				**J. ESCHRICH**
❑ FASHION AFOOT QX8105	2001	YR	15.00	15.00
❑ FASHION AFOOT QX8341	2000	YR	15.00	24.00
FAVORITE BIBLE STORIES				**T. LARSEN**
❑ DANIEL IN THE LION'S DEN QX8122	2001	YR	14.00	14.00
❑ JONAH AND THE GREAT FISH QX6701	2000	YR	14.00	21.00
FELIZ NAVIDAD				**S. VISKER**
❑ OUR LADY OF GUADALUPE QX8231	2000	YR	13.00	13.00
FLINTSTONES				**D. RHODUS**
❑ BETTY AND WILMA QX541-7	1995	YR	15.00	20.00
❑ FRED & BARNEY 1495QX500-3	1994	YR	15.00	19.00
❑ FRED AND DINO QLX728-9	1995	YR	28.00	50.00
FOLK ART AMERICANA				*
❑ FETCHING THE FIREWOOD QKL105-7	1995	YR	17.00	20.00
❑ FISHING PARTY QK103-9	1995	YR	16.00	32.00
❑ GUIDING SANTA QK103-7	1995	YR	19.00	42.00
❑ LEARNING TO SKATE QK104-7	1995	YR	15.00	34.00
FOLK ART AMERICANA				**L. SICKMAN**
❑ ANGEL IN FLIGHT 1575QK105-2	1993	YR	16.00	52.00
❑ CAROLING ANGEL QK113-4	1996	YR	17.00	18.00
❑ CATCHING 40 WINKS 1675QK118-3	1994	YR	17.00	20.00
❑ GOING TO TOWN 1575QK116-6	1994	YR	16.00	24.00
❑ MRS. CLAUS QK120-4	1996	YR	19.00	27.00
❑ POLAR BEAR ADV. 1500QK105-5	1993	YR	15.00	50.00

Sculpted by Hallmark artist Don Palmiter for the Olympic Spirit Collection, IZZY—the Mascot *ornament has increased in value since its 1996 release.*

Snowy Village Scene *silver ornament was issued in 1986 from Buccellati. Its original price of $195 has been eclipsed by its current trend price of $400.*

ORNAMENTS

The first subject in Enesco Group Inc.'s Precious Moments Collection, Love One Another *became an ornament in 1989.*

Produced in 1997 in a limited edition of 10,000, Margaret Furlong Designs' Charity Angel *was part of the "Flora Angelica" series.*

ORNAMENTS

NAME	YEAR	LIMIT	ISSUE	TREND
❑ RACING THROUGH THE SNOW 1575QK117-3	1994	YR	16.00	25.00
❑ RARIN' TO GO 1575QK119-3	1994	YR	16.00	24.00
❑ RIDING IN THE WOODS 1575QK106-5	1993	YR	16.00	48.00
❑ RIDING THE WIND 1575QK104-5	1993	YR	16.00	52.00
❑ ROUNDUP TIME 1675QK117-6	1994	YR	17.00	25.00
❑ SANTA CLAUS 1675QK107-2	1993	YR	17.00	190.00
❑ SANTA'S GIFTS QK112-4	1996	YR	19.00	35.00
❑ SOARING WITH ANGELS QX6213	1998	YR	17.00	25.00
FOOTBALL HELMET COLLECTION				*
❑ CAROLINA PANTHERS FOOTBALL HELMET	1995	YR	10.00	28.00
❑ CHICAGO BEARS FOOTBALL HELMET	1995	YR	10.00	30.00
❑ DALLAS COWBOYS FOOTBALL HELMET	1995	YR	10.00	30.00
❑ KANSAS CITY CHIEFS FOOTBALL HELMET	1995	YR	10.00	30.00
❑ MINNESOTA VIKINGS FOOTBALL HELMET	1995	YR	10.00	25.00
❑ NEW ENGLAND PATRIOTS FOOTBALL HELMET	1995	YR	10.00	25.00
❑ OAKLAND RAIDERS FOOTBALL HELMET	1995	YR	10.00	30.00
❑ PHILADELPHIA EAGLES FOOTBALL HELMET	1995	YR	10.00	25.00
❑ SAN FRANCISCO 49ERS FOOTBALL HELMET	1995	YR	10.00	30.00
❑ WASHINGTON REDSKINS FOOTBALL HELMET	1995	YR	10.00	25.00
FOOTBALL LEGENDS				**D. RHODUS**
❑ BRETT FAVRE QXI5232	2001	YR	15.00	15.00
❑ DAN MARINO QXI4029	1999	YR	15.00	28.00
❑ EMMITT SMITH QXI 403-6	1998	YR	15.00	25.00
❑ JOE MONTANA/KANSAS CITY QXI620-7	1995	YR	15.00	94.00
❑ JOE MONTANA/SAN FRANCISCO QX1575-9	1995	YR	15.00	45.00
❑ JOE NAMATH QX16182	1997	YR	15.00	20.00
❑ JOHN ELWAY QXI6811	2000	YR	15.00	19.00
❑ TROY AIKMAN QXI502-1	1996	YR	15.00	25.00
FOREST FROLICS				**S. PIKE**
❑ FOREST FROLICS 2450QLX728-2	1989	YR	25.00	55.00
❑ FOREST FROLICS 2500QLX716-5	1993	YR	25.00	22.00
❑ FOREST FROLICS 2500QLX721-9	1991	YR	25.00	68.00
❑ FOREST FROLICS 2500QLX723-6	1990	YR	25.00	38.00
❑ FOREST FROLICS 2800QLX725-4	1992	YR	28.00	28.00
❑ FOREST FROLICS 2800QLX743-6	1994	YR	28.00	58.00
❑ FOREST FROLICS QLX729-9	1995	YR	28.00	48.00
FROSTED IMAGES				*
❑ ANGEL 400QX509-5	1981	YR	4.00	37.00
❑ DOVE 400QX308-1	1980	YR	4.00	32.00
❑ DRUMMER BOY 400QX309-4	1980	YR	4.00	30.00
❑ MOUSE 400QX508-2	1981	YR	4.00	30.00
❑ SANTA 400QX310-1	1980	YR	4.00	20.00
❑ SNOWMAN 400QX510-2	1981	YR	4.00	26.00
FROSTLIGHT FAERIES COLLECTION				**J. ESCHRICH**
❑ FAERIE BRILLIANA QP1672	2001	YR	15.00	15.00
❑ FAERIE CANDESSA QP1665	2001	YR	15.00	15.00
❑ FAERIE DELANDRA QP1685	2001	YR	15.00	15.00
❑ FAERIE ESTRELLA QP1695	2001	YR	15.00	15.00
❑ FAERIE FLORIELLA QP1692	2001	YR	15.00	15.00
❑ QUEEN AURORA TREE TOPPER QP1662	2001	YR	35.00	35.00
FROSTY FRIENDS				*
❑ COOL YULE-1ST EDITION 650QX137-4	1980	YR	6.00	495.00
❑ ESKIMO & HUSKY IN IGLOO-2ND EDITION QX433-5	1981	YR	8.00	300.00
FROSTY FRIENDS				**D. LEE**
❑ MEMORY WREATH 620XPR972-4	1990	YR	3.00	12.00
FROSTY FRIENDS				**J. LEE**
❑ IGLOO DOGHOUSE 14TH ED. 975QX414-2	1993	YR	10.00	34.00
❑ LITTLE SEAL 620XPR972-1	1990	YR	3.00	8.00
❑ WHALE-13TH EDITION 975QX429-1	1992	YR	10.00	28.00
FROSTY FRIENDS				**S. PIKE**
❑ ICE HOCKEY-12TH EDITION 975QX432-7	1991	YR	10.00	39.00
FROSTY FRIENDS				**E. SEALE**
❑ 20TH ANNIVERSARY 2000QX568-2	1993	YR	20.00	30.00
❑ ARCTIC PALS/KAYAK-6TH EDITION 850QX482-2	1985	YR	8.00	65.00
❑ BEAR AND WREATH-15TH EDITION 995QX529-3	1994	YR	10.00	30.00
❑ ESKIMO & POLAR BEAR SKATING QX6297	1999	YR	13.00	18.00
❑ ESKIMO & POLAR BEAR-9TH EDITION 875QX403-1	1988	YR	9.00	45.00
❑ ESKIMO & SEAL -8TH EDITION 850QX440-9	1987	YR	8.00	60.00
❑ ESKIMO & SEAL ON ICE-4TH EDITION 800QX400-7	1983	YR	8.00	195.00
❑ ESKIMO WITH POLAR BEAR-16TH SERIES QX516-9	1995	YR	11.00	22.00
❑ FROSTY FRIENDS 17TH ED. QX568-1	1996	YR	11.00	15.00
❑ FROSTY FRIENDS QBG 690-7	1998	YR	48.00	65.00
❑ FROSTY FRIENDS QX622-6	1998	YR	11.00	25.00
❑ FROSTY FRIENDS QX6601	2000	YR	11.00	15.00
❑ FROSTY FRIENDS QX8012	2001	YR	11.00	12.00
❑ ICE BERG-11TH EDITION 975QX439-6	1990	YR	10.00	40.00
❑ ICE FISHING-5TH EDITION 800QX437-1	1984	YR	8.00	65.00
❑ ICICLE-3RD EDITION 800QX452-3	1982	YR	8.00	195.00
❑ LITTLE HUSKY 620XPR972-2	1990	YR	3.00	8.00
❑ SLED-10TH EDITION 925QX457-2	1989	YR	9.00	40.00
❑ WIND SURF SKIING 18TH EDITION QX625-5	1997	YR	11.00	19.00
FROSTY FRIENDS				**B. SIEDLER**
❑ ESKIMO & REINDEER-7TH EDITION 850QX405-3	1986	YR	8.00	65.00
❑ LITTLE BEAR 620XPR972-3	1990	YR	3.00	8.00
❑ LITTLE FROSTY 620XPR972-0	1990	YR	3.00	28.00

NAME	YEAR	LIMIT	ISSUE	TREND
GARDEN ELVES COLLECTION				R. CHAD
❏ DAISY DAYS 995QX598-6	1994	YR	10.00	8.00
❏ HARVEST JOY 995QX599-3	1994	YR	10.00	8.00
❏ TULIP TIME 995QX598-3	1994	YR	10.00	8.00
❏ YULETIDE CHEER 995QX597-6	1994	YR	10.00	8.00
GIFT BEARERS				S. TAGUE
❏ GIFT BEARERS QX6437	1999	YR	13.00	21.00
❏ GIFT BEARERS QX6651	2000	YR	13.00	12.00
❏ GIFT BEARERS QX8115	2001	YR	13.00	13.00
GIFT BRINGERS				L. VOTRUBA
❏ CHRISTKINDL 3RD ED. 500QX211-7	1991	YR	5.00	21.00
❏ KOLYADA 4TH ED. 500QX212-4	1992	YR	5.00	5.00
❏ MAGI, THE 5TH ED. 500QX206-5	1993	YR	5.00	12.00
❏ ST. LUCIA 500QX280-3	1990	YR	5.00	14.00
❏ ST. NICHOLAS 1ST EDITION 550QX279-5	1989	YR	5.00	12.00
GIFTS FOR A KING				T. LARSEN
❏ FRANKINCENSE QBG 689-6	1998	YR	22.00	28.00
❏ GOLD QBG 683-6	1998	YR	22.00	28.00
GOLD CROWN EXCLUSIVES				*
❏ BEADED SNOWFLAKES BLUE QP1712	2001	YR	10.00	10.00
❏ BEADED SNOWFLAKES PERIWINKLE QP1725	2001	YR	10.00	10.00
❏ BEADED SNOWFLAKES VIOLET QP1732	2001	YR	10.00	10.00
❏ FAERIE DUST QP1752	2001	YR	6.00	6.00
❏ FROSTLIGHT FIR TREE QP1762	2001	YR	45.00	45.00
❏ FROSTLIGHT FLOWERS QP1705	2001	YR	16.00	16.00
❏ GLISTENING ICICLES QP1742	2001	YR	13.00	13.00
❏ SNOWFLAKE GARLAND QP1745	2001	YR	13.00	13.00
GOLD CROWN ORNAMENTS				*
❏ SANTA'S PREMIERE 1075QX523-7	1991	YR	11.00	30.00
❏ SNOWMEN OF MITFORD QXI8587	1999	YR	16.00	30.00
GOLD CROWN ORNAMENTS				P. DUTKIN
❏ ON THE RIGHT TRACK QSP 420-1	1986	YR	15.00	27.00
GOLD CROWN ORNAMENTS				L. VOTRUBA
❏ O CHRISTMAS TREE 1075QX541-1	1992	YR	11.00	27.00
GONE WITH THE WIND				P. ANDREWS
❏ FAREWELL SCENE QLX7562	2001	YR	24.00	24.00
❏ PORTRAIT OF SCARLETT QX2885	2001	YR	16.00	16.00
❏ RHETT BUTLER QX6467	1999	YR	13.00	21.00
❏ RHETT BUTLER QX6671	2000	YR	13.00	21.00
❏ SCARLETT O'HARA QX6071	2000	YR	15.00	22.00
HALLMARK ARCHIVES				*
❏ MINNIE TRIMS THE TREE QXD4059	1999	YR	13.00	21.00
❏ MINNIE TRIMS THE TREE/MICKEY & CO. QXD4059	1999	YR	13.00	20.00
❏ READY FOR CHRISTMAS QXD 400-6	1998	YR	13.00	21.00
HALLMARK ARCHIVES				VOTRUBA/ HAAS
❏ HEAVENLY MELODY QX657-6	1998	YR	19.00	30.00
HALLMARK ARCHIVES				L. VOTRUBA
❏ OUR FIRST CHRISTMAS TOGETHER QX6643	1998	YR	19.00	26.00
HALLMARK EXPO ORNAMENTS				*
❏ GOLD BOWS	1994	SO	10.00	20.00
❏ GOLD POINSETTIA	1994	SO	10.00	22.00
❏ MRS. CLAUS' CUPBOARD QXC484-3	1994	YR	55.00	150.00
HALLMARK GOLD CROWN EXCLUSIVE				P. ANDREWS
❏ ANGEL OF PROMISE QXI4144	2000	YR	15.00	24.00
HALLMARK KEEPSAKE ORNAMENTS				*
❏ #1 STUDENT QX6646	1998	YR	8.00	12.00
❏ ANGEL 250QX110-1	1974	YR	2.00	75.00
❏ BABY'S FIRST CHRISTMAS 250QX211-1	1976	YR	2.00	73.00
❏ BABY'S FIRST CHRISTMAS QX6482	1997	YR	*	22.00
❏ BABY'S FIRST CHRISTMAS-BABY BOY QX231-9	1995	YR	5.00	15.00
❏ BABY'S FIRST CHRISTMAS-BABY GIRL QX231-7	1995	YR	5.00	14.00
❏ BARNEY 995QX596-6	1994	YR	10.00	22.00
❏ BETSEY CLARK 250XHD100-2	1973	YR	2.00	70.00
❏ BRASS PROMOTIONAL ORNAMENT NO NUMBER	1982	YR	4.00	42.00
❏ BUTTONS & BO (2) 350QX113-1	1974	YR	4.00	50.00
❏ BUZZ LIGHTYEAR QXD 4066	1998	YR	15.00	32.00
❏ CANDY CANE 450QXM560-2	1989	YR	4.00	14.00
❏ CHARMERS 250QX109-1	1974	YR	2.00	20.00
❏ CHRISTMAS IS LOVE 250XHD106-2	1973	YR	2.00	75.00
❏ CHRISTMAS KITTEN TEST ORNAMENT QX353-4	1980	YR	4.00	260.00
❏ CHRISTMAS MEMORIES PHOTOHOLDER QX300-4	1984	YR	6.00	10.00
❏ CINDERELLA'S COACH QXD 4083	1998	YR	15.00	22.00
❏ CINDERELLLA AT THE BALL QXD 7576	1998	YR	24.00	65.00
❏ DAYDREAMS QXD 4136	1998	YR	14.00	13.00
❏ ELVES 250XHD103-5	1973	YR	2.00	40.00
❏ ELVES-EMIL PAINTER ELF-FIGURINE QSP930-9	1987	YR	10.00	25.00
❏ ELVES-HANS CARPENTER ELF-FIGURE QSP930-7	1987	YR	10.00	8.00
❏ ELVES-KURT BLUE PRINT ELF FIGURE QSP931-7	1987	YR	10.00	8.00
❏ GIFT OF FRIENDSHIP QXE6835	1997	YR	*	6.00
❏ GODPARENT 500QX242-3	1994	YR	5.00	10.00
❏ GOOFY SOCCER STAR QXD 412-3	1998	YR	11.00	16.00
❏ GRANDPARENTS 500QX242-6	1994	YR	5.00	16.00
❏ HAPPY HOLIDAYS KISSING BALLS QX225-1	1976	YR	5.00	225.00
❏ HEAVENLY TRUMPETER 2750QX405-2	1985	YR	28.00	58.00
❏ HOLIDAY MEMORIES BARBIE ORNAMENT QHB 602-0	1998	YR	15.00	15.00
❏ HOLIDAY MEMORIES KISSING BALL QHD 900-3	1978	YR	5.00	120.00

ORNAMENTS

NAME	YEAR	LIMIT	ISSUE	TREND
❑ HOLIDAY VOYAGE BARBIE ORNAMENT QHB 601-6	1998	YR	15.00	15.00
❑ HOWDY DOODY LUNCH BOX QX6519	1999	YR	15.00	22.00
❑ IAGO, ABU AND THE GENIE QXD 407-6	1998	YR	13.00	19.00
❑ INCREDIBLE HULK QX547-1	1997	YR	13.00	24.00
❑ LITTLE MIRACLES (4) 450QX115-1	1974	YR	4.00	60.00
❑ LITTLE TRIMMER COLLECTION QX132-3	1978	YR	9.00	320.00
❑ LITTLE TRIMMER SET QX159-9	1979	YR	9.00	340.00
❑ LONE RANGER LUNCH BOX 626-5	1997	YR	13.00	32.00
❑ MAKE-BELIEVE BOAT QXD 411-3	1998	YR	13.00	20.00
❑ MANGER SCENE 250XHD102-2	1973	YR	2.00	90.00
❑ MARY ENGELBREIT 500QX207-5	1993	YR	5.00	15.00
❑ MARY ENGELBREIT QX240-9	1995	YR	5.00	18.00
❑ MICKEY AND MINNIE HANDCAR QXD 4116	1998	YR	15.00	20.00
❑ MICKEY'S COMET QXD 7586	1998	YR	24.00	34.00
❑ MICKEY'S FAVORITE REINDEER QXD 4013	1998	YR	14.00	19.00
❑ MR. & MRS. SNOWMAN KISSING BALL QX225-2	1977	YR	5.00	100.00
❑ MRS. POTATO HEAD QX6886	1998	YR	11.00	18.00
❑ MULAN, MUSHU AND CRI-KEE QXD 415-6	1998	YR	15.00	24.00
❑ NORMAN ROCKWELL 250QX106-1	1974	YR	2.00	45.00
❑ NORMAN ROCKWELL 250QX111-1	1974	YR	2.00	84.00
❑ NORTH POLE MR. POTATO HEAD QX8027	1999	YR	11.00	20.00
❑ OLD FASHION CUSTOMS KISSING BALL QX225-5	1977	YR	5.00	147.00
❑ OUR CHRISTMAS TOGETHER QX6475	1997	YR	*	9.00
❑ OUR FIRST CHRISTMAS TOGETHER QX3182	1997	YR	*	7.00
❑ RAGGEDY ANN & RAGGEDY ANDY(4) 450QX114-1	1974	YR	4.00	90.00
❑ RUNAWAY TOBOGGAN QXD 4003	1998	YR	17.00	24.00
❑ SANTA WITH ELVES 250XHD101-5	1973	YR	2.00	80.00
❑ SANTA'S HIDDEN SURPRISE QX6913	1998	YR	15.00	22.00
❑ SCOOBY-DOO LUNCH BOX QX6997	1999	YR	15.00	24.00
❑ SILVER BELL QX110-9	1983	YR	12.00	31.00
❑ SNOWGOOSE 250QX107-1	1974	YR	2.00	70.00
❑ SPECIAL DOG QX6706	1998	YR	8.00	11.00
❑ SUPERMAN QX6423	1998	YR	13.00	20.00
❑ TENDER, THE, LIONEL 746 NORFOLK QX6497	1999	YR	15.00	19.00
❑ TOMORROW'S LEADER QX6452	1997	YR	10.00	20.00
❑ TONKA 1956 SUBURBAN PUMPER NO. 5 QX6459	1999	YR	14.00	26.00
❑ WOODY THE SHERIFF QXD 4163	1998	YR	15.00	18.00

HALLMARK KEEPSAKE ORNAMENTS — P. ANDREWS

NAME	YEAR	LIMIT	ISSUE	TREND
❑ BABY'S FIRST CHRISTMAS 1075QX551-5	1993	YR	11.00	18.00
❑ BABY'S FIRST CHRISTMAS QX6492	1997	YR	*	20.00
❑ BABY'S FIRST CHRISTMAS QX6647	1999	YR	19.00	19.00
❑ FELINE OF CHRISTMAS, A 895QX581-6	1994	YR	9.00	18.00
❑ GRANDMOTHER 675QX566-5	1993	YR	7.00	29.00
❑ HEARTS IN HARMONY 1095QX440-6	1994	YR	11.00	8.00
❑ KING NOOR-FIRST KING QX6552	1997	YR	13.00	22.00
❑ NICK'S WISH LIST QX6863	1998	YR	9.00	15.00
❑ ON HER TOES 875QX526-5	1993	YR	9.00	10.00
❑ OUR FIRST CHRISTMAS TOGETHER 1895QX570-6	1994	YR	19.00	18.00
❑ OUR FIRST CHRISTMAS TOGETHER 675QX301-5	1993	YR	7.00	6.00
❑ SON 695QX562-6	1994	YR	7.00	27.00
❑ STAR TEACHER PHOTOHOLDER QX564-5	1993	YR	6.00	10.00
❑ SWAT TEAM, THE 1275QX539-5	1993	YR	13.00	20.00

HALLMARK KEEPSAKE ORNAMENTS — N. AUBE

NAME	YEAR	LIMIT	ISSUE	TREND
❑ ANGEL IN DISGUISE QX6629	1999	YR	9.00	12.00
❑ DAUGHTER QX6673	1998	YR	9.00	15.00
❑ IN THE WORKSHOP QX6979	1999	YR	10.00	15.00
❑ SON QX6666	1998	YR	9.00	13.00
❑ SPRINKLING STARS QX6599	1999	YR	10.00	12.00
❑ WRITING TO SANTA QX6533	1998	YR	8.00	13.00

HALLMARK KEEPSAKE ORNAMENTS — M. BASTIN

NAME	YEAR	LIMIT	ISSUE	TREND
❑ VERA THE MOUSE QX553-7	1995	YR	9.00	5.00

HALLMARK KEEPSAKE ORNAMENTS — R. BISHOP

NAME	YEAR	LIMIT	ISSUE	TREND
❑ ANNIVERSARY YR. PHOTOHOLDER 1095QX568-3	1994	YR	11.00	22.00
❑ OUR FIRST CHRISTMAS TOGETHER 995QX564-3	1994	YR	10.00	9.00

HALLMARK KEEPSAKE ORNAMENTS — K. BRICKER

NAME	YEAR	LIMIT	ISSUE	TREND
❑ ARIEL, THE LITTLE MERMAID QXI4072	1997	YR	13.00	11.00
❑ BOOK OF THE YEAR QX6645	1997	YR	*	15.00
❑ DAD QX6719	1999	YR	9.00	14.00
❑ DAUGHTER QX6532	1997	YR	*	16.00
❑ GODCHILD QX6662	1997	YR	*	13.00
❑ MOM QX6717	1999	YR	9.00	14.00
❑ SON QX6605	1997	YR	*	14.00
❑ SPECIAL DOG QX6632	1997	YR	*	15.00
❑ SWEET DREAMER QX6732	1997	YR	7.00	8.00

HALLMARK KEEPSAKE ORNAMENTS — R. CHAD

NAME	YEAR	LIMIT	ISSUE	TREND
❑ CLEVER CAMPER QX6445	1997	YR	8.00	10.00
❑ FELIZ NAVIDAD QX6173	1998	YR	9.00	15.00
❑ GIFTED GARDENER QX673-6	1998	YR	8.00	7.00
❑ GODCHILD 875QX587-5	1993	YR	9.00	3.00
❑ GODCHILD QX670-3	1998	YR	8.00	2.00
❑ GOOFY'S SKI ADVENTURE QXD4042	1997	YR	13.00	16.00
❑ GRANDDAUGHTER 675QX563-5	1993	YR	7.00	16.00
❑ GRANDSON 675QX563-2	1993	YR	7.00	7.00
❑ MICHIGAN J. FROG QX6332	1997	YR	10.00	20.00
❑ MILK 'N COOKIES EXPRESS QX6839	1999	YR	9.00	14.00
❑ NORTH POLE STAR QX6589	1999	YR	9.00	9.00
❑ ONE-ELF MARCHING BAND 1275QX534-2	1993	YR	13.00	11.00
❑ POPPING GOOD TIMES 1475QX539-2	1993	YR	15.00	25.00

NAME	YEAR	LIMIT	ISSUE	TREND
❏ SANTA'S POLAR FRIEND QX6755	1997	YR	17.00	35.00
❏ SANTA'S SKI ADVENTURE QX6422	1997	YR	13.00	23.00
❏ SUPERMAN 1275QX575-2	1993	YR	13.00	22.00
❏ TWO-TONE, 101 DALMATIANS QXD4015	1997	YR	*	16.00
❏ ZIGGY QX652-4	1996	YR	10.00	20.00
HALLMARK KEEPSAKE ORNAMENTS				**K. CROW**
❏ ADDING THE BEST PART QX6569	1999	YR	8.00	23.00
❏ BABY'S FIRST CHRISTMAS 775QX552-5	1993	YR	8.00	20.00
❏ BABY'S FIRST CHRISTMAS QX6495	1997	YR	*	18.00
❏ BABY'S SECOND CHRISTMAS QX6502	1997	YR	*	10.00
❏ BEARY GIFTED 775QX576-2	1993	YR	8.00	10.00
❏ CHATTY CHIPMUNK QX6716	1998	YR	10.00	12.00
❏ CHILD'S FIFTH CHRISTMAS QX6515	1997	YR	*	10.00
❏ CHILD'S FIFTH CHRISTMAS QX6679	1999	YR	8.00	16.00
❏ CHILD'S FOURTH CHRISTMAS QX6512	1997	YR	*	10.00
❏ CHILD'S FOURTH CHRISTMAS QX6687	1999	YR	8.00	13.00
❏ CHILD'S THIRD CHRISTMAS QX6505	1997	YR	*	10.00
❏ CHILD'S THIRD CHRISTMAS QX6677	1999	YR	8.00	17.00
❏ CHRISTMAS SLEIGH RIDE QX6556	1998	YR	13.00	15.00
❏ CRUISING INTO CHRISTMAS QX6196	1998	YR	17.00	25.00
❏ CURLY 'N' KINGLY 1075QX528-5	1993	YR	11.00	14.00
❏ DOWNHILL DASH QX6776	1998	YR	14.00	22.00
❏ DOWNHILL RUN QX6702	1997	YR	10.00	20.00
❏ G.I. JOE, ACTION SOLDIER 35TH ANNIVERSARY QX6537	1999	YR	14.00	14.00
❏ GUS & JAQ, CINDERELLA QXD4052	1997	YR	13.00	25.00
❏ HOT WHEELS 30TH ANNIVERSARY QX643-6	1998	YR	14.00	15.00
❏ JAZZY JALOPY QX6549	1999	YR	24.00	40.00
❏ JOLLY LOCOMOTIVE QX6859	1999	YR	15.00	19.00
❏ KRINGLE'S WHIRLIGIG QX6847	1999	YR	13.00	20.00
❏ MEGARA AND PEGASUS QXI4012	1997	YR	*	26.00
❏ MERRY CHIME QX6692	1998	YR	10.00	18.00
❏ MILITARY ON PARADE QX6639	1999	YR	11.00	22.00
❏ NIGHT BEFORE CHRISTMAS QX5721	1997	YR	24.00	44.00
❏ PEEKABOO BEARS QX6563	1998	YR	13.00	18.00
❏ PEEK-A-BOO TREE QX524-4	1993	YR	11.00	15.00
❏ QUICK AS A FOX 875QX579-2	1993	YR	9.00	12.00
❏ ROOM FOR ONE MORE 875QX538-2	1993	YR	9.00	24.00
❏ SANTA'S SHOW 'N TELL QXL 7566	1998	YR	19.00	30.00
❏ SHARP FLAT, A 1095QX577-3	1994	YR	9.00	21.00
❏ SLEDDIN' BUDDIES QX6849	1999	YR	10.00	16.00
HALLMARK KEEPSAKE ORNAMENTS				**P. DUTKIN**
❏ FAVORITE SANTA 2250QX445-7	1987	YR	23.00	28.00
HALLMARK KEEPSAKE ORNAMENTS				**J. ESCHRICH**
❏ BABY'S FIRST CHRISTMAS QX6586	1998	YR	10.00	30.00
❏ DANCE FOR THE SEASON QX6587	1999	YR	10.00	24.00
❏ DAUGHTER QX6729	1999	YR	9.00	16.00
❏ MISTLETOE FAIRY QX6216	1998	YR	13.00	25.00
❏ POLAR BOWLER QX6746	1998	YR	8.00	4.00
❏ SNOW WHITE, ANNIVERSARY EDITION QXD4055	1997	YR	*	18.00
❏ SON QX6727	1999	YR	9.00	10.00
HALLMARK KEEPSAKE ORNAMENTS				**J. FRANCIS**
❏ ACROSS THE MILES 675QX561-2	1993	YR	9.00	15.00
❏ ANGEL FRIEND QX6762	1997	YR	15.00	24.00
❏ BABY'S FIRST CHRISTMAS QX6667	1999	YR	8.00	18.00
❏ BABY'S SECOND CHRISTMAS 675QX599-2	1993	YR	7.00	15.00
❏ BABY'S SECOND CHRISTMAS QX6669	1999	YR	8.00	10.00
❏ BIKING BUDDIES QX6682	1997	YR	13.00	18.00
❏ BOWLING FOR ZZZS 775QX556-5	1993	YR	8.00	9.00
❏ BUCKET BRIGADE QX6382	1997	YR	9.00	5.00
❏ CARING NURSE 675QX578-5	1993	YR	7.00	18.00
❏ CHILD'S FOURTH CHRISTMAS 675QX521-5	1993	YR	7.00	10.00
❏ CHILD'S THIRD CHRISTMAS 675QX599-5	1993	YR	7.00	10.00
❏ CHRISTMAS REQUEST QX6193	1998	YR	15.00	20.00
❏ GRANDCHILD'S FIRST CHRISTMAS QX555-2	1993	YR	7.00	2.00
❏ GRANDDAUGHTER QX668-3	1998	YR	8.00	12.00
❏ GRANDSON QX667-6	1998	YR	8.00	12.00
❏ HONORED GUESTS QX6745	1997	YR	*	27.00
❏ RELAXING MOMENT 1495QX535-6	1994	YR	15.00	21.00
❏ SNOWY HIDEWAWAY 975QX531-2	1993	YR	10.00	9.00
❏ SURPRISE CATCH QX6753	1998	YR	8.00	12.00
❏ TREE TOP CHOIR QX6506	1998	YR	10.00	16.00
HALLMARK KEEPSAKE ORNAMENTS				**T. HADDIX**
❏ 1955 MURRAY FIRE TRUCK QBG 6909	1998	YR	35.00	45.00
❏ BABY'S FIRST CHRISTMAS QX6649	1999	YR	8.00	18.00
❏ GOOD LUCK DICE QX681-3	1998	YR	10.00	4.00
❏ MUSICIAN OF NOTE, A QX6567	1999	YR	8.00	13.00
❏ SUGARPLUM COTTAGE QGB 6917	1998	YR	35.00	50.00
❏ SWEET FRIENDSHIP QX6779	1999	YR	10.00	15.00
❏ WARM WELCOME QXL7417	1999	YR	17.00	24.00
HALLMARK KEEPSAKE ORNAMENTS				**HAMILTON/TAGUE**
❏ MARY'S BEARS QX5569	1999	YR	13.00	18.00
HALLMARK KEEPSAKE ORNAMENTS				**B. JOYSMITH**
❏ OUR SONG QX6183	1998	YR	10.00	15.00
HALLMARK KEEPSAKE ORNAMENTS				**K. KLINE**
❏ ALL SOOTED UP QX6837	1999	YR	10.00	10.00
❏ BABY'S FIRST CHRISTMAS QX6596	1998	YR	9.00	14.00
❏ BOWLING'S A BALL QX6577	1999	YR	8.00	13.00
❏ COCOA BREAK, HERSHEY'S QX8009	1999	YR	11.00	15.00

NAME	YEAR	LIMIT	ISSUE	TREND
❏ CROSS OF PEACE QX6856	1998	YR	10.00	16.00
❏ DAD QX6663	1998	YR	9.00	9.00
❏ GRANDMA'S MEMORIES QX668-6	1998	YR	9.00	5.00
❏ MOM AND DAD QX6653	1998	YR	10.00	14.00
❏ MOM QX6656	1998	YR	9.00	13.00
❏ OUR CHRISTMAS TOGETHER QX6689	1999	YR	10.00	16.00
❏ OUTSTANDING TEACHER QX6627	1999	YR	9.00	6.00
❏ SPECIAL DOG QX6767	1999	YR	8.00	15.00
❏ SWEET MEMORIES QGB 6933	1998	YR	45.00	45.00
❏ WATCHFUL SHEPHERD QX6496	1998	YR	9.00	15.00

HALLMARK KEEPSAKE ORNAMENTS R. LAPIERRE

NAME	YEAR	LIMIT	ISSUE	TREND
❏ JETSONS, THE, LUNCH BOX SET OF 2 QX6312	2001	YR	15.00	15.00

HALLMARK KEEPSAKE ORNAMENTS LARS

NAME	YEAR	LIMIT	ISSUE	TREND
❏ HOWDY DOODY QX6272	1997	YR	13.00	26.00
❏ NEW PAIR OF SKATES QXD4032	1997	YR	*	24.00
❏ SPIRIT OF CHRISTMAS QX6585	1997	YR	10.00	22.00

HALLMARK KEEPSAKE ORNAMENTS T. LARSEN

NAME	YEAR	LIMIT	ISSUE	TREND
❏ LARRY, MOE AND CURLY THE THREE STOOGES QX650-3	1998	YR	27.00	24.00
❏ LARRY, MOE AND CURLY, THE THREE STOOGES QX6499	1999	YR	30.00	34.00
❏ MEMORIES OF CHRISTMAS QX240-6	1998	YR	6.00	9.00
❏ WELCOME TO 2000 QX6829	1999	YR	11.00	28.00

HALLMARK KEEPSAKE ORNAMENTS D. LEE

NAME	YEAR	LIMIT	ISSUE	TREND
❏ CLASSICAL ANGEL 2750QX459-1	1984	YR	28.00	100.00
❏ DIANA DOLL QX423-7	1983	YR	9.00	14.00
❏ FELIZ NAVIDAD 875QX536-5	1993	YR	9.00	16.00
❏ LOOK FOR THE WONDER 1275QX568-5	1993	YR	13.00	22.00
❏ OUR CHRISTMAS TOGETHER 1075QX594-2	1993	YR	11.00	6.00
❏ PEEP INSIDE 1375QX532-2	1993	YR	14.00	25.00
❏ TO MY GRANDMA 775QX555-5	1993	YR	8.00	16.00

HALLMARK KEEPSAKE ORNAMENTS J. LEE

NAME	YEAR	LIMIT	ISSUE	TREND
❏ BIRD WATCHER 975QX525-2	1993	YR	10.00	5.00
❏ DAD 775QX585-5	1993	YR	8.00	18.00
❏ DAD-TO-BE 675QX553-2	1993	YR	7.00	5.00
❏ ICICLE BICYCLE 975QX583-5	1993	YR	10.00	20.00
❏ MOM 775QX585-2	1993	YR	8.00	8.00
❏ MOM-TO-BE 675QX553-5	1993	YR	7.00	15.00
❏ PUTT-PUTT PENGUIN 975QX579-5	1993	YR	10.00	12.00
❏ SNOW BEAR ANGEL 775QX535-5	1993	YR	8.00	15.00
❏ SNOWBIRD 775QX576-5	1993	YR	8.00	14.00
❏ WATER BED SNOOZE 975QX537-5	1993	YR	10.00	18.00

HALLMARK KEEPSAKE ORNAMENTS J. LYLE

NAME	YEAR	LIMIT	ISSUE	TREND
❏ ANNIVERSARY YEAR PHOTOHOLDER QX597-2	1993	YR	10.00	18.00
❏ ELEGANCE ON ICE QX6432	1997	YR	10.00	10.00
❏ FOR MY GRANDMA QX6747	1999	YR	8.00	9.00
❏ GARDEN BOUQUET QX6752	1997	YR	*	26.00
❏ GOD'S GIFT OF LOVE QX6792	1997	YR	17.00	33.00
❏ GRANDPARENTS QX241-9	1995	YR	5.00	12.00
❏ GUARDIAN FRIEND QX654-3	1998	YR	9.00	15.00
❏ HE IS BORN 975QX536-2	1993	YR	10.00	40.00
❏ NORMAN ROCKWELL ART 500QX241-3	1994	YR	5.00	18.00
❏ OUR FIRST CHRISTMAS TOGETHER 975QX564-2	1993	YR	10.00	8.00
❏ OUR FIRST CHRISTMAS TOGETHER QX317-7	1995	YR	7.00	15.00
❏ READY FOR FUN 775QX512-4	1993	YR	8.00	11.00
❏ SILVERY NOEL 1275QX530-5	1993	YR	13.00	30.00
❏ STAR OF WONDER 675QX598-2	1993	YR	7.00	20.00
❏ TIME FOR LOVE 475QX213-3	1990	YR	5.00	12.00

HALLMARK KEEPSAKE ORNAMENTS D. PALMITER

NAME	YEAR	LIMIT	ISSUE	TREND
❏ 1998 CORVETTE CONVERTIBLE QX6416	1998	YR	14.00	24.00
❏ 1998 CORVETTE QXL 7605	1998	YR	24.00	28.00
❏ BABY'S FIRST CHRISTMAS 1875QX551-2	1993	YR	19.00	20.00
❏ COACH 675QX593-5	1993	YR	7.00	5.00
❏ LITTLE DRUMMER BOY 875QX537-2	1993	YR	9.00	8.00
❏ MAKING WAVES 975QX577-5	1993	YR	10.00	25.00
❏ MOM AND DAD 975QX584-5	1993	YR	10.00	9.00
❏ NEW HOME 775QX590-5	1993	YR	8.00	18.00
❏ OUR FIRST CHRISTMAS PHOTOHOLDER QX565-3	1994	YR	9.00	7.00
❏ PINK PANTHER, THE 1275QX575-5	1993	YR	13.00	14.00

HALLMARK KEEPSAKE ORNAMENTS S. PIKE

NAME	YEAR	LIMIT	ISSUE	TREND
❏ COUNTING ON SUCCESS QX6707	1999	YR	8.00	13.00
❏ FOREVER FRIENDS BEAR QX6303	1998	YR	9.00	18.00
❏ GRANDMA QX6625	1997	YR	*	12.00
❏ JINGLE BELL JESTER QX6695	1997	YR	10.00	20.00
❏ NEW HOME QX6652	1997	YR	*	8.00
❏ ON THIN ICE MAXINE QX6489	1999	YR	11.00	18.00
❏ OUR FIRST CHRISTMAS TOGETHER QX6472	1997	YR	*	14.00
❏ PURR-FECT LITTLE DEER QX6526	1998	YR	8.00	8.00
❏ ROCKET TO SUCCESS QX6793	1998	YR	9.00	4.00
❏ SISTER TO SISTER QX6635	1997	YR	*	18.00
❏ SISTER TO SISTER QX6693	1998	YR	9.00	15.00
❏ WHAT A DEAL! QX6442	1997	YR	9.00	15.00

HALLMARK KEEPSAKE ORNAMENTS D. RHODUS

NAME	YEAR	LIMIT	ISSUE	TREND
❏ ALL PUMPED UP 895QX592-3	1994	YR	9.00	18.00
❏ CHILD'S FIFTH CHRISTMAS 675QX522-2	1993	YR	7.00	10.00
❏ HANDLED WITH CARE QX6769	1999	YR	9.00	14.00
❏ LOU RANKIN POLAR BEAR 975QX574-5	1993	YR	10.00	24.00
❏ NATIONAL SALUTE QX6293	1998	YR	9.00	15.00
❏ PERFECT MATCH, A QX6633	1998	YR	11.00	3.00

ORNAMENTS

NAME	YEAR	LIMIT	ISSUE	TREND
❏ PUTTIN' AROUND QX6763	1998	YR	9.00	7.00
❏ REINDEER PRO 795QX592-6	1994	YR	8.00	10.00
HALLMARK KEEPSAKE ORNAMENTS			**N. ROCKWELL**	
❏ SANTA'S VISITOR: NORMAN ROCKWELL QX240-7	1995	YR	5.00	18.00
HALLMARK KEEPSAKE ORNAMENTS			**A. ROGERS**	
❏ BABY'S FIRST CHRISTMAS PHOTOHOLDER QX552-2	1993	YR	8.00	20.00
❏ BROTHER 675QX554-2	1993	YR	7.00	6.00
❏ COMMANDER DATA QXI6345	1997	YR	15.00	15.00
❏ FLASH, THE QX6469	1999	YR	13.00	21.00
❏ GREAT CONNECTIONS 1075QX540-2	1993	YR	11.00	22.00
❏ HOWLING GOOD TIME 975QX525-5	1993	YR	10.00	18.00
❏ MADONNA AND CHILD QX651-6	1998	YR	13.00	21.00
❏ NEPHEW 675QX573-5	1993	YR	7.00	5.00
❏ NIECE 675QX573-2	1993	YR	7.00	5.00
❏ OUR FIRST CHRISTMAS TOGETHER 1875QX595-5	1993	YR	19.00	38.00
❏ SISTER 675QX554-5	1993	YR	7.00	7.00
❏ TOP BANANA 775QX592-5	1993	YR	8.00	15.00
❏ WONDER WOMAN QX594-1	1996	YR	13.00	15.00
HALLMARK KEEPSAKE ORNAMENTS			**B. KELLY/ S. TAGUE**	
❏ CHRISTMAS EVE STORY: BECKY KELLY QX6873	1998	YR	14.00	20.00
HALLMARK KEEPSAKE ORNAMENTS			**E. SEALE**	
❏ APPLE FOR TEACHER 775QX590-2	1993	YR	8.00	15.00
❏ BABY'S FIRST CHRISTMAS 1295QX574-3	1994	YR	13.00	22.00
❏ BREEZIN' ALONG QX6722	1997	YR	9.00	14.00
❏ CATCH OF THE SEASON QX6786	1998	YR	15.00	21.00
❏ CHRISTMAS BREAK 775QX582-5	1993	YR	8.00	25.00
❏ CHRISTMAS IS GENTLE 1750QX444-9	1987	YR	18.00	25.00
❏ FELIZ NAVIDAD QX0005	1997	YR	9.00	20.00
❏ FRIEND OF MY HEART QX672-3	1998	YR	15.00	12.00
❏ FRIENDSHIP BLEND QX6655	1997	YR	*	18.00
❏ GRANDDAUGHTER QX6739	1999	YR	9.00	15.00
❏ GRANDSON WX6737	1999	YR	9.00	15.00
❏ HELLO, HELLO QX6777	1999	YR	15.00	14.00
❏ HIGH TOP-PURR 875QX533-2	1993	YR	9.00	20.00
❏ HOLIDAY CAMPER QX678-3	1998	YR	13.00	16.00
❏ MAKIN' MUSIC 975QX532-5	1993	YR	10.00	12.00
❏ MILLENNIUM SNOWMAN QX8059	1999	YR	9.00	35.00
❏ MIRACLE IN BETHLEHEM QX6513	1998	YR	13.00	34.00
❏ MOM AND DAD QX6709	1999	YR	10.00	14.00
❏ NEW HOME QX6347	1999	YR	10.00	16.00
❏ NEW HOME QX6719	1999	YR	10.00	10.00
❏ NORTH POLE RESERVE QX6803	1998	YR	11.00	15.00
❏ OUR FIRST CHRISTMAS TOGETHER QX6465	1997	YR	*	10.00
❏ PEOPLE FRIENDLY 875QX593-2	1993	YR	9.00	8.00
❏ PRIZE TOPIARY QX6675	1997	YR	15.00	19.00
❏ SANTA'S FLYING MACHINE QX6573	1998	YR	17.00	26.00
❏ SISTER TO SISTER 975QX588-5	1993	YR	10.00	25.00
❏ SMILE! IT'S CHRISTMAS PHOTOHOLDERQX533-5	1993	YR	10.00	20.00
❏ SURFIN' THE NET QX6607	1999	YR	10.00	19.00
❏ WASHINGTON MONUMENT QXL 7553	1998	YR	24.00	40.00
HALLMARK KEEPSAKE ORNAMENTS			**L. SICKMAN**	
❏ ANGEL HARE 895QX589-9	1994	YR	9.00	8.00
❏ CLEVER COOKIE 775QX566-2	1993	YR	8.00	10.00
❏ LEADING THE WAY QX6782	1997	YR	*	30.00
❏ MADONNA DEL ROSARIO QX6545	1997	YR	13.00	9.00
❏ MAXINE 875QX538-5	1993	YR	9.00	24.00
❏ MEADOW SNOWMAN QX6715	1997	YR	13.00	18.00
❏ MERRY MOTORCYCLE QX6637	1999	YR	9.00	15.00
❏ ORNAMENT EXPRESS, THE- 2200QX580-5	1989	YR	22.00	40.00
❏ PLAYFUL SNOWMAN QX6867	1999	YR	13.00	22.00
❏ PONY FOR CHRISTMAS, A QX6316	1998	YR	11.00	27.00
❏ PRAISE HIM QX6542	1997	YR	9.00	18.00
❏ SANTA'S MERRY PATH QX6785	1997	YR	*	30.00
❏ STRANGE AND WONDERFUL LOVE QX596-5	1993	YR	9.00	8.00
❏ SWEET DISCOVERY QX6325	1997	YR	12.00	22.00
❏ TUFTED TITMOUSE QX479-5	1985	YR	6.00	26.00
❏ WARM AND COZY QX6866	1998	YR	9.00	18.00
❏ WARM AND SPECIAL FRIENDS QX589-5	1993	YR	11.00	18.00
❏ WOODLAND SANTA QX613-1	1996	YR	13.00	20.00
HALLMARK KEEPSAKE ORNAMENTS			**B. SIEDLER**	
❏ BIG ROLLER 875QX535-2	1993	YR	9.00	8.00
❏ CHRISTMAS CHECKUP QX6385	1997	YR	8.00	14.00
❏ DAD QX6532	1997	YR	*	15.00
❏ DUNKIN' ROO 775QX557-5	1993	YR	8.00	6.00
❏ FILLS THE BILL 875QX557-2	1993	YR	9.00	14.00
❏ HOME FOR CHRISTMAS 775QX556-2	1993	YR	8.00	14.00
❏ MICKEY'S LONG SHOT QXD6412	1997	YR	*	10.00
❏ MICKEY'S SNOW ANGEL QXD4035	1997	YR	*	12.00
❏ MOM AND DAD QX6522	1997	YR	*	8.00
❏ MOM QX6525	1997	YR	*	16.00
❏ MR. POTATO HEAD QX6335	1997	YR	11.00	18.00
❏ NIGHT WATCH QX6725	1998	YR	10.00	22.00
❏ PERFECT MATCH 875QX577-2	1993	YR	9.00	8.00
❏ THAT'S ENTERTAINMENT 875QX534-5	1993	YR	9.00	16.00
HALLMARK KEEPSAKE ORNAMENTS			**S. TAGUE**	
❏ BABY'S FIRST CHRISTMAS QX6233	1998	YR	10.00	14.00
❏ BABY'S FIRST CHRISTMAS QX6659	1999	YR	10.00	12.00
❏ CATCH OF THE DAY QX6712	1997	YR	10.00	16.00

ORNAMENTS

NAME	YEAR	LIMIT	ISSUE	TREND
❑ CHECKING SANTA'S FILES QX6806	1998	YR	9.00	6.00
❑ CLOWNIN' AROUND CRAYOLA CRAYON QX6487	1999	YR	11.00	18.00
❑ COMPACT SKATER QX6766	1998	YR	10.00	10.00
❑ EXPRESSLY FOR TEACHER QX6375	1997	YR	8.00	3.00
❑ FELIZ NAVIDAD SANTA QX6999	1999	YR	9.00	16.00
❑ FESTIVE LOCOMOTIVE QBG 6903	1998	YR	35.00	45.00
❑ FLAME-FIGHTING FRIENDS QX6619	1999	YR	15.00	23.00
❑ FLIK QXD 4153	1998	YR	13.00	25.00
❑ FORECAST FOR FUN QX6869	1999	YR	15.00	19.00
❑ FUTURE BALLERINA QX675-6	1998	YR	8.00	13.00
❑ GODCHILD QX6759	1999	YR	8.00	13.00
❑ GRANDDAUGHTER QX6622	1997	YR	*	20.00
❑ GRANDSON QX6615	1997	YR	*	15.00
❑ JUGGLING STARS QX6595	1997	YR	10.00	18.00
❑ LOVE TO SEW QX6435	1997	YR	8.00	12.00
❑ MY SISTER, MY FRIEND QX6749	1999	YR	10.00	12.00
❑ OUR FIRST CHRISTMAS TOGETHER QX6636	1998	YR	9.00	15.00
❑ OUR FIRST CHRISTMAS TOGETHER QX6697	1999	YR	9.00	9.00
❑ PLAYFUL SHEPHERD QX6592	1997	YR	10.00	20.00
❑ REEL FUN QX6609	1999	YR	11.00	15.00
❑ SANTA'S SPIN TOP QXL 7573	1998	YR	22.00	30.00
❑ SEW GIFTED QX6743	1998	YR	8.00	14.00
❑ SEW HANDY QX6597	1999	YR	9.00	22.00
❑ SNOWGIRL QX6562	1997	YR	8.00	15.00
❑ SPOONFUL OF LOVE QX6796	1998	YR	9.00	8.00
❑ STEALING A KISS QX6555	1997	YR	15.00	12.00
❑ SUNDAE GOLFER QX6617	1999	YR	13.00	16.00
❑ SWEET REMEMBERINGS QX6876	1998	YR	9.00	14.00
❑ SWEET SKATER QX6579	1999	YR	8.00	13.00
❑ SWINGING IN THE SNOW QX6775	1997	YR	13.00	20.00

HALLMARK KEEPSAKE ORNAMENTS — D. UNRUH

NAME	YEAR	LIMIT	ISSUE	TREND
❑ BABY'S FIRST CHRISTMAS 1895QX563-3	1994	YR	19.00	14.00
❑ CHRISTMAS TIME MIME 2750QX442-9	1987	YR	28.00	15.00
❑ GLOWING PEWTER WREATH 1875QX530-2	1993	YR	19.00	32.00
❑ JET THRAT CAR WITH CASE HOT WHEELS QX6527	1999	YR	13.00	21.00
❑ JOE MONTANA: NOTRE DAME	1998	YR	15.00	12.00
❑ JOLLY ST. NICK 2250QX429-6	1986	YR	23.00	74.00
❑ JULIANNE AND TEDDY 2175QX529-5	1993	YR	22.00	25.00
❑ MAGICAL UNICORN 2750QX429-3	1986	YR	28.00	100.00
❑ MARBLES CHAMPION QX6342	1997	YR	11.00	18.00
❑ NATIVITY TREE QX6575	1997	YR	15.00	32.00
❑ OUR 1ST CHRISTMAS TOGETHER PHOTO.QX595-2	1993	YR	9.00	9.00
❑ OUR FAMILY PHOTOHOLDER 775QX589-2	1993	YR	8.00	18.00
❑ OUR FIRST CHRISTMAS TOGETHER QX6699	1999	YR	22.00	16.00
❑ SAILOR BEAR QX6765	1997	YR	15.00	20.00
❑ SANTA'S MAGICAL SLEIGH QX6672	1997	YR	24.00	40.00
❑ TAKING A BREAK QX6305	1997	YR	15.00	26.00
❑ WAKE-UP CALL 875QX526-2	1993	YR	9.00	11.00

HALLMARK KEEPSAKE ORNAMENTS — L. VOTRUBA

NAME	YEAR	LIMIT	ISSUE	TREND
❑ BABY'S FIRST CHRISTMAS QX6485	1997	YR	*	16.00
❑ BABY'S FIRST CHRISTMAS QX6535	1997	YR	*	14.00
❑ BABY'S FIRST CHRISTMAS QX6657	1999	YR	9.00	14.00
❑ BABY'S FIRST CHRISTMAS: PHOTOHOLDER QX554-9	1995	YR	8.00	15.00
❑ BABY'S FIRST CHRISTMAS-BOY QX210-5	1993	YR	5.00	12.00
❑ BABY'S FIRST CHRISTMAS-GIRL 475QX209-2	1993	YR	5.00	12.00
❑ BIG ON GARDENING 975QX584-2	1993	YR	10.00	10.00
❑ CHILD IS BORN, A QX617-6	1998	YR	13.00	18.00
❑ CLASSIC CROSS QX6805	1997	YR	14.00	50.00
❑ DAUGHTER 675QX587-2	1993	YR	7.00	18.00
❑ FAITHFUL FIRE FIGHTER 775QX578-2	1993	YR	8.00	15.00
❑ FANCY FOOTWORK QX6536	1998	YR	9.00	14.00
❑ GODPARENT QX241-7	1995	YR	5.00	12.00
❑ GRANDPARENTS 475QX208-5	1993	YR	5.00	16.00
❑ HEAVENLY SONG QX6795	1997	YR	13.00	20.00
❑ LUCY GETS IN PICTURES/I LOVE LUCY QX6547	1999	YR	14.00	23.00
❑ MOTHER AND DAUGHTER QX6696	1998	YR	9.00	5.00
❑ MOTHER AND DAUGHTER QX6757	1999	YR	9.00	20.00
❑ NEW ARRIVAL QX6306	1998	YR	19.00	25.00
❑ OUR FIRST CHRISTMAS TOGETHER 695QX318-6	1994	YR	7.00	15.00
❑ OUR FIRST CHRISTMAS TOGETHER QX3193	1998	YR	8.00	5.00
❑ OUR FIRST CHRISTMAS TOGETHER QX3207	1999	YR	8.00	35.00
❑ POKY LITTLE PUPPY QX6479	1999	YR	12.00	19.00
❑ PORCELAIN HINGED BOX QX6772	1997	YR	15.00	18.00
❑ SON 675QX586-5	1993	YR	7.00	18.00
❑ SPECIAL CAT PHOTOHOLDER QX523-5	1993	YR	8.00	13.00
❑ SPECIAL DOG PHOTOHOLDER QX596-2	1993	YR	8.00	15.00

HALLMARK KEEPSAKE ORNAMENTS — J. WAGNER

NAME	YEAR	LIMIT	ISSUE	TREND
❑ DECORATING MAXINE-STYLE	1998	YR	11.00	18.00

HALLMARK KEEPSAKE ORNAMENTS — PIKE/ WAGNER

NAME	YEAR	LIMIT	ISSUE	TREND
❑ MAXINE QX644-6	1998	YR	10.00	15.00

HALLMARK KEEPSAKE ORNAMENTS — C. WEBB

NAME	YEAR	LIMIT	ISSUE	TREND
❑ 2000 OSCAR MEYER WEINERMOBILE QX6935	2001	YR	13.00	13.00

HALLMARK KEEPSAKE ORNAMENTS — N. WILLIAMS

NAME	YEAR	LIMIT	ISSUE	TREND
❑ 1949 CADILLAC COUPE DEVILLE QX6429	1999	YR	15.00	25.00
❑ ALL-ROUND SPORTS FAN QX6392	1997	YR	9.00	24.00
❑ ALL-WEATHER WALKER	1997	YR	9.00	15.00
❑ CYCLING SANTA QX6425	1997	YR	15.00	22.00
❑ HERCULES	1997	YR	*	20.00

ORNAMENTS

NAME	YEAR	LIMIT	ISSUE	TREND
❑ HOLIDAY DECORATOR QX656-6	1998	YR	14.00	9.00
❑ LION AND LAMB QX6602	1997	YR	8.00	16.00
❑ SANTA MAIL QX6702	1997	YR	11.00	20.00
❑ SNOW BOWLING QX6395	1997	YR	7.00	13.00
❑ SPELLIN' SANTA QX6857	1999	YR	10.00	16.00
HALLMARK KEEPSAKE ORNAMENTS COLLECTOR'S CLUB				*
❑ FIVE YEARS TOGETHER QXC315-9	1991	YR	*	55.00
❑ SANTA'S DESK-2001 STUDIO LIMITED EDITION	2001	YR	*	N/A
❑ SWEET BOUQUET QXC480-6	1994	YR	*	28.00
HALLMARK KEEPSAKE ORNAMENTS COLLECTOR'S CLUB				**P. ANDREWS**
❑ 1988 HAPPY HOLIDAY BARBIE DOLL 1ST EDITION QXC4181	1996	YR	24.00	80.00
❑ 1992 HAPPY HOLIDAYS BARBIE DOLL	2000	YR	*	16.00
❑ BARBIE FROM 1990 HAPPY HOLIDAYS DOLL QXC 4493	1998	YR	16.00	16.00
❑ BARBIE: BRUNETTE DEBUT 1959 QXC539-7	1995	YR	15.00	39.00
❑ GENTLE TIDINGS 2500QXC544-2	1993	YR	25.00	35.00
❑ SANTA CLAUS WITH MINIATURE PANDA BEAR QXI5395	2001	*	19.00	19.00
❑ SANTA'S TOY BOX WITH 3 MINIATURE ORNAMENTS QXI5392	2001	*	13.00	13.00
❑ SUGAR PLUM FAIRY 2775QXC447-3	1990	25400	28.00	38.00
HALLMARK KEEPSAKE ORNAMENTS COLLECTOR'S CLUB				**K. BRICKER**
❑ ANGELIC BELL QXC4504	2000	YR	*	19.00
HALLMARK KEEPSAKE ORNAMENTS COLLECTOR'S CLUB				**R. CHAD**
❑ CHRISTMAS TREASURES 2200QXC546-4	1992	YR	22.00	160.00
❑ TOYMAKER'S GIFT	1999	YR	*	16.00
HALLMARK KEEPSAKE ORNAMENTS COLLECTOR'S CLUB				**K. CROW**
❑ BELL-BEARING ELF	2000	YR	*	N/A
❑ CLUB HOLLOW QXC445-6	1990	YR	*	20.00
❑ HIDDEN TREASURE/LI'L KEEPER 1500QXC476-9	1991	YR	*	41.00
❑ JINGLE BELL KRINGLE	2000	YR	*	N/A
❑ VISIT FROM SANTA QXC580-2	1989	YR	*	50.00
HALLMARK KEEPSAKE ORNAMENTS COLLECTOR'S CLUB				**P. DUTKIN**
❑ SITTING PURRTY QXC581-2	1989	YR	*	40.00
HALLMARK KEEPSAKE ORNAMENTS COLLECTOR'S CLUB				**J. ESCHRICH**
❑ NEW CHRISTMAS FRIEND	1998	YR	19.00	12.00
❑ RINGING REINDEER	2000	YR	*	N/A
HALLMARK KEEPSAKE ORNAMENTS COLLECTOR'S CLUB				**J. FRANCIS**
❑ ARMFUL OF JOY 975QXC445-3	1990	YR	10.00	20.00
❑ FORTY WINKS QXC 529-4	1993	YR	*	18.00
❑ HOLIDAY PURSUIT QXC 482-3	1994	YR	*	26.00
HALLMARK KEEPSAKE ORNAMENTS COLLECTOR'S CLUB				**T. HADDIX**
❑ ARCTIC ARTIST	1999	YR	*	13.00
❑ COOL DECADE CLUB EXCLUSIVE	2000	YR	*	N/A
❑ SNOWY SURPRISE	1999	YR	*	8.00
HALLMARK KEEPSAKE ORNAMENTS COLLECTOR'S CLUB				**D. LEE**
❑ ANGELIC MINSTREL 2950QX408-4	1988	YR	30.00	29.00
❑ ON CLOUD NINE 1200QXC485-3	1994	YR	12.00	35.00
❑ RODNEY TAKES FLIGHT QXC508-1	1992	YR	*	16.00
HALLMARK KEEPSAKE ORNAMENTS COLLECTOR'S CLUB				**J. LYLE**
❑ JOLLY HOLLY SANTA QXC 483-3	1994	YR	22.00	50.00
❑ SHARING CHRISTMAS 2000QXC543-5	1993	YR	20.00	23.00
HALLMARK KEEPSAKE ORNAMENTS COLLECTOR'S CLUB				**D. PALMITER**
❑ 1938 GARTON LINCOLN ZEPHYR	2000	YR	*	130.00
❑ 1939 GARTON FORD STATION WAGON	1999	YR	*	60.00
HALLMARK KEEPSAKE ORNAMENTS COLLECTOR'S CLUB				**S. PIKE**
❑ COLLECT A DREAM 900QXC428-5	1989	YR	9.00	25.00
HALLMARK KEEPSAKE ORNAMENTS COLLECTOR'S CLUB				**D. RHODUS**
❑ SNOW DAY-PEANUTS	1999	YR	*	34.00
HALLMARK KEEPSAKE ORNAMENTS COLLECTOR'S CLUB				**A. ROGERS**
❑ AIRMAIL FOR SANTA	1996	YR	9.00	22.00
❑ CROWN PRINCE QXC560-3	1990	YR	*	35.00
❑ SECRETS FOR SANTA 2375QXC479-7	1991	28700	24.00	50.00
❑ WIZARD OF OZ, THE QXC4161	1996	YR	13.00	60.00
HALLMARK KEEPSAKE ORNAMENTS COLLECTOR'S CLUB				**E. SEALE**
❑ CHIPMUNK PARCEL SERVICE QXC519-4	1992	YR	7.00	10.00
❑ CHRISTMAS IS PEACEFUL 1850QXC451-2	1989	YR	19.00	22.00
❑ CHRISTMAS IS SHARING 1750QX407-1	1988	YR	18.00	28.00
❑ FARMER'S MARKET, TENDER TOUCHES QXC5182	1997	YR	15.00	10.00
❑ FISHING FOR FUN QXC520-7	1995	YR	11.00	18.00
❑ IT'S IN THE MAIL QXC527-2	1993	YR	10.00	10.00
❑ SANTA'S CLUB LIST 1500QXC729-1	1992	YR	15.00	15.00
HALLMARK KEEPSAKE ORNAMENTS COLLECTOR'S CLUB				**L. SICKMAN**
❑ CAROUSEL REINDEER QXC 581-7	1987	YR	8.00	25.00
❑ CHRISTMAS LIMITED 1975QXC476-6	1990	38700	20.00	100.00
❑ DOVE OF PEACE 2475QXC447-6	1990	25400	25.00	45.00
❑ GALLOPING INTO CHRISTMAS 1975QXC477-9	1991	28400	20.00	110.00
❑ HOME FROM THE WOODS QXC105-9	1995	YR	16.00	50.00
❑ MAKING HIS WAY QXC 4523A	1998	YR	13.00	23.00
❑ SLEIGHFUL OF DREAMS 800QXC580-1	1988	YR	8.00	15.00
❑ TRIMMED W/MEMORIES 1200QXC543-2	1993	YR	12.00	40.00
HALLMARK KEEPSAKE ORNAMENTS COLLECTOR'S CLUB				**B. SIEDLER**
❑ BEARY ARTISTIC 1000QXC725-9	1991	YR	10.00	22.00
❑ COLLECTING MEMORIES QXC411-7	1995	YR	20.00	18.00
❑ FOLLOW THE LEADER QXC 4503	1998	YR	17.00	30.00
❑ HOLD ON TIGHT QXC570-4	1988	YR	*	36.00
❑ OUR CLUBHOUSE QXC580-4	1988	YR	*	18.00
❑ RUDLOPH THE RED-NOSED REINDEER QXC7341	1996	YR	*	10.00
❑ RUDOLPH'S HELPER QXC4171	1996	YR	*	12.00

ORNAMENTS

NAME	YEAR	LIMIT	ISSUE	TREND
HALLMARK KEEPSAKE ORNAMENTS COLLECTOR'S CLUB				**S. TAGUE**
❏ FRIEND CHIMES IN, A	2000	YR	*	N/A
HALLMARK KEEPSAKE ORNAMENTS COLLECTOR'S CLUB				**D. UNRUH**
❏ HOLIDAY HEIRLOOM-2ND EDITION 2500QX406-4	1988	34600	25.00	20.00
❏ HOLIDAY HEIRLOOM-3RD ED. 2500QXC460-5	1989	YR	25.00	20.00
❏ MAJESTIC DEER 2500QXC483-6	1994	YR	25.00	48.00
❏ NOELLE 1975QXC448-3	1989	YR	20.00	52.00
❏ SANTA'S SLEIGH WITH SACK AND				
MINIATURE ORNAMENT QX8872	2001	*	19.00	19.00
❏ VICTORIAN SKATER 2500QXC406-7	1992	14700	25.00	25.00
❏ WREATH OF MEMORIES QXC580-9	1987	YR	*	35.00
HALLMARK KEEPSAKE ORNAMENTS COLLECTOR'S CLUB				**N. WILLIAMS**
❏ AWAY TO THE WINDOW QXC5135	1997	YR	*	10.00
❏ HAPPY CHRISTMAS TO ALL! QXC5132	1997	YR	*	9.00
❏ JOLLY OLD SANTA QXC5145	1997	YR	*	10.00
❏ READY FOR SANTA QXC5142	1997	YR	*	9.00
HALLMARK KEEPSAKE ORNAMENTS COLLECTOR'S CLUB EXCLUSIVE				*
❏ 2001 MEMBERSHIP ORNAMENTS	2001	YR	*	25.00
HALLMARK KEEPSAKE ORNAMENTS COLLECTOR'S CLUB EXCLUSIVE				**P. ANDREWS**
❏ 1991 HAPPY HOLIDAYS BARBIE DOLL	1999	YR	*	N/A
HALLMARK KEEPSAKE ORNAMENTS COLLECTOR'S CLUB EXCLUSIVE				**A. ROGERS**
❏ GIFT FOR A FRIEND WITH MINIATURE TEDDY BEAR	2001	YR	*	N/A
❏ READY FOR DELIVERY	2001	*	*	N/A
HALLMARK KEEPSAKE ORNAMENTS COLLECTOR'S CLUB EXCLUSIVE				**TAGUE/ROGERS**
❏ WITH HELP FROM PUP	2001	*	*	50.00
HANDCRAFTED ORNAMENTS				*
❏ ANGELS 800QX150-3	1978	YR	8.00	347.00
❏ CALICO MOUSE 450QX137-6	1978	YR	4.00	120.00
❏ CANDYVILLE EXPRESS 750QX418-2	1981	YR	8.00	55.00
❏ CHRISTMAS EVE SURPRISE 650QX157-9	1979	YR	6.00	70.00
❏ CHRISTMAS FANTASY 1300QX155-4	1981	YR	13.00	80.00
❏ CHRISTMAS FANTASY 1300QX155-4	1982	YR	13.00	45.00
❏ CHRISTMAS HEART 650QX140-7	1979	YR	6.00	100.00
❏ CHRISTMAS IS FOR CHILDREN 500QX135-9	1979	YR	5.00	80.00
❏ CHRISTMAS IS FOR CHILDREN 550QX135-9	1980	YR	6.00	90.00
❏ CHRISTMAS KITTEN 400QX454-3	1983	YR	4.00	30.00
❏ CHRISTMAS TREAT 500QX134-7	1979	YR	5.00	70.00
❏ CHRISTMAS TREAT 550QX134-7	1980	YR	6.00	80.00
❏ CLOISONNE ANGEL 1200QX145-4	1982	YR	12.00	95.00
❏ COWBOY SNOWMAN 800QX480-6	1982	YR	8.00	37.00
❏ CYCLING SANTA 2000QX435-5	1982	YR	20.00	150.00
❏ CYCLING SANTA 2000QX435-5	1983	YR	20.00	150.00
❏ DOUGH ANGEL 550QX139-6	1981	YR	6.00	90.00
❏ DRUMMER BOY 250QX148-1	1981	YR	2.00	12.00
❏ DRUMMER BOY, THE 800QX143-9	1979	YR	8.00	75.00
❏ ELFIN ANTICS 900QX142-1	1980	YR	9.00	100.00
❏ EMBROIDERED HEART 650QX421-7	1983	YR	6.00	25.00
❏ EMBROIDERED TREE 650QX494-6	1982	YR	6.00	40.00
❏ FEELIN' GROOVY 795QX595-3	1994	YR	8.00	25.00
❏ HEAVENLY NAP 650QX139-4	1981	YR	6.00	48.00
❏ HEAVENLY SOUNDS 750QX152-1	1980	YR	8.00	100.00
❏ HOLIDAY PUPPY 350QX412-7	1983	YR	4.00	20.00
❏ HOLIDAY SCRIMSHAW 400QX152-7	1979	YR	4.00	200.00
❏ JACK FROST 900QX407-9	1983	YR	9.00	29.00
❏ JINGLE BELL CLOWN 1500QX477-4	1988	YR	15.00	30.00
❏ JOGGING SANTA 800QX457-6	1982	YR	8.00	48.00
❏ JOLLY CHRISTMAS TREE 650QX465-3	1982	YR	6.00	75.00
❏ JOLLY SANTA 350QX425-9	1983	YR	4.00	12.00
❏ JOY 450QX138-3	1978	YR	4.00	50.00
❏ KRINGLE PORTRAIT 750QX496-1	1988	YR	8.00	20.00
❏ KRINGLE TREE 650QX495-4	1988	YR	6.00	29.00
❏ LOVE AND JOY 900QX425-2	1981	YR	9.00	95.00
❏ MADONNA AND CHILD 1200QX428-7	1983	YR	12.00	28.00
❏ MAGIC SCHOOL BUS, THE QX584-9	1995	YR	11.00	16.00
❏ MAILBOX KITTEN 650QX415-7	1983	YR	6.00	35.00
❏ MARY ENGELBREIT 500QX241-6	1994	YR	5.00	12.00
❏ MOUSE IN BELL 1000QX419-7	1983	YR	10.00	30.00
❏ MR. & MRS. CLAUS SET 1200QX448-5	1981	YR	12.00	128.00
❏ NUMBER ONE TEACHER QX594-9	1995	YR	8.00	15.00
❏ PANORAMA BALL 600QX145-6	1978	YR	6.00	140.00
❏ PEANUTS 475QX280-1	1988	YR	5.00	40.00
❏ PEEKING ELF 650QX419-5	1982	YR	6.00	18.00
❏ PEPPERMINT PENGUIN 650QX408-9	1983	YR	6.00	45.00
❏ PEZ SNOWMAN QX653-4	1996	YR	8.00	11.00
❏ RED CARDINAL 450QX144-3	1978	YR	4.00	175.00
❏ SAILING SANTA 1300QX439-5	1981	YR	13.00	240.00
❏ SANTA 1980 550QX146-1	1980	YR	6.00	40.00
❏ SANTA BELL 1500QX148-7	1982	YR	15.00	45.00
❏ SANTA'S HERE 500QX138-7	1979	YR	5.00	30.00
❏ SANTA'S MANY FACES 600QX311-7	1983	YR	6.00	30.00
❏ SANTA'S ON HIS WAY 1000QX426-9	1983	YR	10.00	35.00
❏ SCHNEEBERG BELL 800QX152-3	1978	YR	8.00	190.00
❏ SKATING RABBIT 800QX409-7	1983	YR	8.00	40.00
❏ SKATING RACCOON 600QX142-3	1978	YR	6.00	100.00
❏ SKATING SNOWMAN 550QX139-9	1980	YR	6.00	80.00
❏ SKATING SNOWMAN, THE- 500QX139-9	1979	YR	5.00	30.00
❏ SKI LIFT SANTA 800QX418-7	1983	YR	8.00	35.00
❏ SNOOPY AND WOODSTOCK 434-6	1986	YR	8.00	55.00

ORNAMENTS

NAME	YEAR	LIMIT	ISSUE	TREND
❏ SNOWFLAKE SWING, THE- 400QX133-4	1980	YR	4.00	40.00
❏ SPACE SANTA 650QX430-2	1981	YR	6.00	110.00
❏ TIN SOLDIER 650QX483-6	1982	YR	6.00	48.00
❏ UNICORN 1000QX426-7	1983	YR	10.00	65.00
❏ WELL-STOCKED STOCKING 900QX154-7	1981	YR	9.00	8.00
HANDCRAFTED ORNAMENTS				**P. ANDREWS**
❏ BABY'S FIRST CHRISTMAS QX554-7	1995	YR	10.00	28.00
❏ BABY'S FIRST CHRISTMAS QX555-7	1995	YR	10.00	16.00
❏ CANDY CAPER 895QX577-6	1994	YR	9.00	12.00
❏ CHRISTMAS PATROL QX595-9	1995	YR	8.00	10.00
❏ COWS OF BALI QX599-9	1995	YR	9.00	15.00
❏ DAUGHTER 695QX562-3	1994	YR	7.00	6.00
❏ GRANDMOTHER 795QX567-3	1994	YR	8.00	16.00
❏ GRANDMOTHER QX576-7	1995	YR	8.00	20.00
❏ HEAVEN'S GIFT QX605-7	1995	YR	20.00	29.00
❏ ICE SHOW 795QX594-6	1994	YR	8.00	11.00
❏ IN A HEARTBEAT QX581-7	1995	YR	9.00	9.00
❏ IN THE PINK 995QX576-3	1994	YR	10.00	14.00
❏ JOY TO THE WORLD QX586-7	1995	YR	9.00	10.00
❏ JOYOUS SONG 895QX447-3	1994	YR	9.00	14.00
❏ NEW HOME 895QX566-3	1994	YR	9.00	8.00
❏ NEW HOME QX583-9	1995	YR	9.00	18.00
❏ THREE WISHES QX597-9	1995	YR	8.00	18.00
❏ TIME OF PEACE 795QX581-3	1994	YR	8.00	8.00
HANDCRAFTED ORNAMENTS				**N. AUBE**
❏ BASHFUL GIFT-SET OF TWO 1195QEO8446	1998	YR	12.00	8.00
❏ CHRISTMAS FEVER QX596-7	1995	YR	8.00	6.00
❏ HILLSIDE EXPRESS QX613-4	1996	YR	13.00	12.00
❏ TENNIS, ANYONE? QX590-7	1995	YR	8.00	8.00
HANDCRAFTED ORNAMENTS				**R. BISHOP**
❏ LOU RANKIN SEAL 995QX545-6	1994	YR	10.00	14.00
HANDCRAFTED ORNAMENTS				**T. BLACKSHEAR**
❏ CHECKING IT TWICE 2000QX158-4	1980	YR	20.00	85.00
❏ CHECKING IT TWICE 2250QX158-4	1981	YR	23.00	85.00
❏ THREE KINGS 850QX307-3	1982	YR	8.00	25.00
HANDCRAFTED ORNAMENTS				**A. BROWNSWORD**
❏ FOREVER FRIENDS BEAR QX525-8	1995	YR	9.00	14.00
HANDCRAFTED ORNAMENTS				**R. CHAD**
❏ HELPFUL SHEPHERD 095QX550-6	1994	YR	9.00	20.00
❏ HIGH STYLE QX606-4	1996	YR	9.00	20.00
❏ MULETIDE GREETINGS QX600-9	1995	YR	8.00	14.00
❏ OLIVE OYL AND SWEE' PEA QX548-1	1996	YR	11.00	12.00
❏ OUR FAMILY QX570-9	1995	YR	8.00	8.00
❏ POPEYE QX525-7	1995	YR	11.00	23.00
❏ SOFT LANDING 700QX475-1	1988	YR	7.00	14.00
❏ SPECIAL CAT QX571-7	1995	YR	8.00	15.00
❏ SPECIAL DOG QX571-9	1995	YR	8.00	4.00
❏ SPIDERMAN QX575-7	1996	YR	13.00	22.00
❏ WINTER FUN 850QX478-1	1988	YR	8.00	12.00
HANDCRAFTED ORNAMENTS				**K. CROW**
❏ BOBBIN' ALONG QX587-9	1995	YR	9.00	19.00
❏ CHEERS TO YOU! 1095QX579-6	1994	YR	11.00	24.00
❏ CHEERY CYCLISTS 1295QX578-6	1994	YR	13.00	25.00
❏ CHRISTMAS CUCKOO 800QX480-1	1988	YR	8.00	28.00
❏ COOL JUGGLER 650QX487-4	1988	YR	6.00	25.00
❏ DEAR SANTA MOUSE 1495QX580-6	1994	YR	15.00	22.00
❏ EXTRA-SPECIAL DELIVERY 795QX583-3	1994	YR	8.00	18.00
❏ FOLLOW THE SUN 895QX584-6	1994	YR	9.00	13.00
❏ GRANDPA QX576-9	1995	YR	9.00	8.00
❏ HAPPY WRAPPERS QX603-7	1995	YR	11.00	12.00
❏ HOCKEY PUP QX591-7	1995	YR	10.00	20.00
❏ IN TIME WITH CHRISTMAS QX604-9	1995	YR	13.00	24.00
❏ JINGLE BELL BAND 1095QX578-3	1994	YR	11.00	14.00
❏ JOLLY WOLLY ARK QX622-1	1996	YR	13.00	22.00
❏ LEGO FIREPLACE WITH SANTA QX476-9	1995	YR	11.00	23.00
❏ LITTLE SONG AND DANCE, A QX621-1	1996	YR	10.00	18.00
❏ MISTLETOAD 700QX468-7	1988	YR	7.00	24.00
❏ NIGHT BEFORE CHRISTMAS QX451-7	1988	YR	6.00	35.00
❏ NORTH POLE POWER & LIGHT 627XPR933-3	1987	YR	3.00	25.00
❏ ON THE ICE QX604-7	1995	YR	8.00	11.00
❏ OUR LITTLE BLESSINGS QX520-9	1995	YR	13.00	22.00
❏ PEEK-A-BOO KITTENS 750QX487-1	1988	YR	8.00	18.00
❏ PINBALL WONDER QLX745-1	1996	YR	28.00	50.00
❏ POLAR COASTER QX611-7	1995	YR	9.00	9.00
❏ SANTA'S LEGO SLEIGH 1095QX545-3	1994	YR	11.00	28.00
❏ SANTA'S SERENADE QX601-7	1995	YR	9.00	16.00
❏ SLIPPER SPANIEL 450QX472-4	1988	YR	4.00	12.00
❏ SPACE SHUTTLE QLX7396	1995	YR	25.00	45.00
❏ SURFIN' SANTA QX601-9	1995	YR	10.00	9.00
HANDCRAFTED ORNAMENTS				**P. DUTKIN**
❏ ST. LOUIE NICK QX453-9	1988	YR	8.00	35.00
HANDCRAFTED ORNAMENTS				**J. FRANCIS**
❏ ACROSS THE MILES QX584-7	1995	YR	9.00	15.00
❏ BARREL-BACK RIDER QX518-9	1995	YR	10.00	21.00
❏ CHILD'S CHRISTMAS, A QX588-2	1993	YR	10.00	9.00
❏ CHRISTMAS MORNING QX599-7	1995	YR	11.00	9.00
❏ DREAM ON QX600-7	1995	YR	11.00	18.00

ORNAMENTS

NAME	YEAR	LIMIT	ISSUE	TREND
❏ GRANDCHILD'S FIRST CHRISTMAS QX577-7	1995	YR	8.00	7.00
❏ JUMP-ALONG JACKALOPE 895QX575-6	1994	YR	9.00	15.00
❏ NEPHEW 795QX554-6	1994	YR	8.00	6.00
❏ NIECE 795QX554-3	1994	YR	8.00	6.00
❏ PEZ SANTA QX526-7	1995	YR	8.00	11.00
❏ REGAL CARDINAL QX620-4	1996	YR	10.00	21.00
❏ TAKIN' A HIKE QX602-9	1995	YR	8.00	10.00

HANDCRAFTED ORNAMENTS — D. LEE

NAME	YEAR	LIMIT	ISSUE	TREND
❏ ANGEL 400QX139-6	1978	YR	4.00	90.00
❏ ANGEL QX139-6	1981	YR	6.00	90.00
❏ ANIMAL HOME 600QX149-6	1978	YR	6.00	160.00
❏ ANIMALS' CHRISTMAS, THE 800QX150-1	1980	YR	8.00	52.00
❏ BAROQUE ANGEL 1500QX456-6	1982	YR	15.00	170.00
❏ BAROQUE ANGELS 1300QX422-9	1983	YR	13.00	125.00
❏ CAROLING BEAR 750QX140-1	1980	YR	8.00	70.00
❏ CHRISTMAS DREAMS 1200QX437-5	1981	YR	12.00	215.00
❏ CHRISTMAS VIGIL 900QX144-1	1980	YR	9.00	42.00
❏ DOWNHILL RUN, THE 650QX145-9	1979	YR	6.00	80.00
❏ DRUMMER BOY 550QX147-4	1980	YR	6.00	90.00
❏ FOR MY GRANDMA,PHOTOHOLDER 695QX561-3	1994	YR	7.00	7.00
❏ FRIENDLY FIDDLER, THE- 800QX434-2	1981	YR	8.00	78.00
❏ HEAVENLY MINSTREL 15QX156-7	1980	YR	15.00	225.00
❏ HEAVENLY NAP 650QX139-4	1980	YR	6.00	30.00
❏ ICE FAIRY 650QX431-5	1981	YR	6.00	100.00
❏ ICE SCULPTOR, THE- 800QX432-2	1981	YR	8.00	50.00
❏ PINECONE HOME 800QX461-3	1982	YR	8.00	170.00
❏ RACCOON SURPRISES 900QX479-3	1982	YR	9.00	160.00
❏ RAINBOW ANGEL 550QX416-7	1983	YR	6.00	75.00
❏ READY FOR CHRISTMAS 650QX133-9	1979	YR	6.00	140.00
❏ SANTA'S WORKSHOP 1000QX450-3	1982	YR	10.00	40.00
❏ SANTA'S WORKSHOP 1000QX450-3	1983	YR	10.00	80.00
❏ SKATING RACCOON 650QX142-3	1979	YR	6.00	29.00
❏ SKIING FOX 800QX420-7	1983	YR	8.00	25.00
❏ SPOT OF CHRISTMAS CHEER 800QX153-4	1980	YR	8.00	60.00
❏ TOPSY-TURVY TUNES 750QX429-5	1981	YR	8.00	40.00
❏ TRAVELS WITH SANTA 1000QX477-1	1988	YR	10.00	29.00
❏ UNCLE SAM NUTCRACKER 700QX488-4	1988	YR	7.00	20.00

HANDCRAFTED ORNAMENTS — J. LEE

NAME	YEAR	LIMIT	ISSUE	TREND
❏ GOLF'S MY BAG 775QX496-3	1990	YR	8.00	15.00
❏ TWO FOR TEA QX582-9	1995	YR	10.00	10.00

HANDCRAFTED ORNAMENTS — J. LYLE

NAME	YEAR	LIMIT	ISSUE	TREND
❏ BROTHER 725QX445-2	1989	YR	7.00	20.00
❏ BROTHER QX567-9	1995	YR	7.00	13.00
❏ GENTLE NURSE 695QX597-3	1994	YR	7.00	20.00
❏ HAPPY BIRTHDAY, JESUS 1295QX542-3	1994	YR	13.00	16.00
❏ OUR CHRISTMAS TOGETHER QX579-9	1995	YR	10.00	18.00
❏ OUR FIRST CHRISTMAS TOGETHER QX579-7	1995	YR	17.00	27.00
❏ REJOICE! QX598-7	1995	YR	11.00	12.00
❏ SISTER QX568-7	1995	YR	7.00	18.00

HANDCRAFTED ORNAMENTS — D. PALMITER

NAME	YEAR	LIMIT	ISSUE	TREND
❏ DAUGHTER QX567-7	1995	YR	7.00	15.00
❏ FOR MY GRANDMA: PHOTOHOLDER QX572-9	1995	YR	9.00	15.00
❏ FRIENDLY BOOST QX582-7	1995	YR	9.00	15.00
❏ GODCHILD QX570-7	1995	YR	8.00	21
❏ MERRY FISHMAS 895QX591-3	1994	YR	9.00	12.00
❏ MERRY RV QX602-7	1995	YR	13.00	17.00
❏ PRACTICE MAKES PERFECT 895QX586-3	1994	YR	9.00	5.00
❏ SON QX566-9	1995	YR	7.00	15.00
❏ SWEET GREETING 1095QX580-3	1994	YR	11.00	12.00
❏ WAITING UP FOR SANTA QX610-6	1995	YR	9.00	15.00

HANDCRAFTED ORNAMENTS — J. PATTEE

NAME	YEAR	LIMIT	ISSUE	TREND
❏ CHRISTMAS MEMORIES PHOTOHOLDER QX372-4	1988	YR	6.00	6.00
❏ GLOWING WREATH 600QX492-1	1988	YR	6.00	15.00
❏ SHINY SLEIGH 575QX492-4	1988	YR	6.00	9.00
❏ SPARKLING TREE 600QX483-1	1988	YR	6.00	9.00

HANDCRAFTED ORNAMENTS — S. PIKE

NAME	YEAR	LIMIT	ISSUE	TREND
❏ BROTHER 695QX551-6	1994	YR	7.00	6.00
❏ DAD-TO-BE 795QX547-3	1994	YR	8.00	9.00
❏ DUDLEY THE DRAGON QX620-9	1995	YR	11.00	18.00
❏ GRANDDAUGHTER 695QX552-3	1994	YR	7.00	6.00
❏ GRANDSON 695QX552-6	1994	YR	7.00	18.00
❏ MOM-TO-BE 795QX550-6	1994	YR	8.00	16.00
❏ OWLIDAY WISH QX455-9	1988	YR	6.00	20.00
❏ PARTY LINE 875QX476-1	1988	YR	9.00	18.00
❏ PEPPERMINT SURPRISE QX623-4	1996	YR	8.00	9.00
❏ SISTER 695QX551-3	1994	YR	7.00	7.00
❏ SPENCER SPARROW, ESQ. 675QX431-2	1990	YR	7.00	14.00
❏ SQUEAKY CLEAN 675QX475-4	1988	YR	7.00	23.00

HANDCRAFTED ORNAMENTS — WAGNER/ PIKE

NAME	YEAR	LIMIT	ISSUE	TREND
❏ MAXINE 10TH ANN. OF SHOEBOX GREETINGS QX622-4	1996	YR	10.00	25.00

HANDCRAFTED ORNAMENTS — M. PYDA-SEVCIK

NAME	YEAR	LIMIT	ISSUE	TREND
❏ SANTA FLAMINGO 475QX483-4	1988	YR	5.00	35.00

HANDCRAFTED ORNAMENTS — D. RHODUS

NAME	YEAR	LIMIT	ISSUE	TREND
❏ DAD-TO-BE QX566-7	1995	YR	8.00	8.00
❏ FELIZ NAVIDAD QX586-9	1995	YR	8.00	20.00
❏ HOLIDAY PATROL 895QX582-6	1994	YR	9.00	18.00
❏ MAKING IT BRIGHT 895QX540-3	1994	YR	9.00	20.00

ORNAMENTS

NAME	YEAR	LIMIT	ISSUE	TREND
❏ MOM-TO-BE QX565-9	1995	YR	8.00	9.00
❏ SISTER TO SISTER 995QX553-3	1994	YR	10.00	10.00
❏ SKI HOUND QX590-9	1995	YR	9.00	18.00
❏ SPECIAL CAT, PHOTOHOLDER 795QX560-6	1994	YR	8.00	5.00
❏ SPECIAL DOG, PHOTOHOLDER 795QX560-3	1994	YR	8.00	12.00
❏ THOMAS THE TANK ENGINE NO. 1 QX585-7	1995	YR	10.00	29.00

HANDCRAFTED ORNAMENTS — A. ROGERS

NAME	YEAR	LIMIT	ISSUE	TREND
❏ BEATLES GIFT SET QX537-3	1994	YR	48.00	66.00
❏ CARING DOCTOR 895QX582-3	1994	YR	9.00	5.00
❏ CHRISTMAS CARDINAL 475QX494-1	1988	YR	5.00	14.00
❏ DAD 795QX546-3	1994	YR	8.00	7.00
❏ FELIZ NAVIDAD 895QX579-3	1994	YR	9.00	22.00
❏ GODCHILD 895QX445-3	1994	YR	9.00	9.00
❏ GRANDDAUGHTER QX577-9	1995	YR	7.00	8.00
❏ GRANDSON QX578-7	1995	YR	7.00	8.00
❏ JOLLY WALRUS 450QX473-1	1988	YR	4.00	12.00
❏ KRINGLE MOON 550QX495-1	1988	YR	6.00	23.00
❏ LOVING BEAR 475QX493-4	1988	YR	5.00	18.00
❏ MOM 795QX546-6	1994	YR	8.00	17.00
❏ MOM AND DAD QX565-7	1995	YR	10.00	12.00
❏ NUTSHELL HOLIDAY 575QX465-2	1990	YR	6.00	25.00
❏ OUR CHRISTMAS TOGETHER 995QX481-6	1994	YR	10.00	9.00
❏ PLAYFUL PALS 1475QX574-2	1993	YR	15.00	25.00
❏ PURRFECT SNUGGLE 625QX474-4	1988	YR	6.00	18.00
❏ RED HOT HOLIDAY 795QX584-3	1994	YR	8.00	18.00
❏ STARRY ANGEL 475QX494-4	1988	YR	5.00	10.00
❏ THICK 'N THIN 1095QX569-3	1994	YR	11.00	20.00
❏ TOU CAN LOVE 895QX564-6	1994	YR	9.00	11.00
❏ YOGI BEAR AND BOO BOO QX552-1	1996	YR	13.00	18.00

HANDCRAFTED ORNAMENTS — E. SEALE

NAME	YEAR	LIMIT	ISSUE	TREND
❏ AIR EXPRESS	1995	YR	8.00	9.00
❏ ANGEL MESSENGER 650QX408-7	1983	YR	6.00	90.00
❏ BRASS SANTA 900QX423-9	1983	YR	9.00	20.00
❏ CAROLING OWL 450QX411-7	1983	YR	4.00	20.00
❏ CHRISTMAS KOALA 400QX419-9	1983	YR	4.00	25.00
❏ COLORS OF JOY 795QX589-3	1994	YR	8.00	11.00
❏ FILLED WITH FUDGE 475QX419-1	1988	YR	5.00	32.00
❏ HITCHHIKING SANTA 800QX424-7	1983	YR	8.00	10.00
❏ KITTY'S CATAMARAN 1095QX541-6	1994	YR	11.00	11.00
❏ KRINGLE'S KAYAK 795QX588-6	1994	YR	8.00	17.00
❏ MAGIC CARPET RIDE 795QX588-3	1994	YR	8.00	9.00
❏ MISTLETOE SURPRISE 1295QX599-6	1994	YR	13.00	27.00
❏ MOUNTAIN CLIMBING SANTA 650QX407-7	1983	YR	6.00	30.00
❏ NORTH POLE 911 QX595-7	1995	YR	11.00	22.00
❏ OUR FIRST CHRISTMAS TOGETHER PHOTOHOLDER QX580-7	1995	YR	9.00	18.00
❏ PACKED WITH MEMORIES:PHOTOHOLDER QX563-9	1995	YR	8.00	8.00
❏ ROLLER WHIZ QX593-7	1995	YR	8.00	8.00
❏ SANTA IN PARIS QX587-7	1995	YR	9.00	25.00
❏ SCRIMSHAW REINDEER 800QX424-9	1983	YR	8.00	18.00
❏ SNEAKER MOUSE 450QX400-9	1983	YR	4.00	40.00
❏ SWEET STAR 500QX418-4	1988	YR	5.00	33.00
❏ TEENY TASTER 475QX418-1	1988	YR	5.00	18.00
❏ TOWN CRIER, THE- 550QX473-4	1988	YR	6.00	14.00
❏ TREETOP DREAMS QX459-7	1988	YR	7.00	9.00
❏ WONDERFUL SANTACYCLE, THE- 225QX411-4	1988	YR	23.00	25.00
❏ YOU'RE ALWAYS WELCOME QXC569-2	1993	YR	10.00	50.00

HANDCRAFTED ORNAMENTS — L. SICKMAN

NAME	YEAR	LIMIT	ISSUE	TREND
❏ AMERICANA DRUM 775QX488-1	1988	YR	8.00	27.00
❏ BELL WREATH 650QX420-9	1983	YR	6.00	30.00
❏ DELIVERING KISSES QX410-7	1995	YR	11.00	24.00
❏ DOVE 450QX190-3	1978	YR	4.00	60.00
❏ ELFIN ARTIST 900QX457-3	1982	YR	9.00	25.00
❏ EMBROIDERED STOCKING 650QX479-6	1983	YR	6.00	12.00
❏ FRIENDSHIP SUNDAE 1095QX476-6	1994	YR	11.00	18.00
❏ GOIN' CROSS COUNTRY 850QX476-4	1988	YR	8.00	25.00
❏ HOLIDAY HAUL QX620-1	1996	YR	15.00	28.00
❏ HOLLY & POINSETTIA BALL 600QX147-6	1978	YR	6.00	88.00
❏ IMPORTANT MEMO QX584-7	1995	YR	9.00	9.00
❏ MOUSE ON CHEESE 650QX413-7	1983	YR	6.00	18.00
❏ NOAH'S ARK 850QX490-4	1988	YR	8.00	44.00
❏ OLD-FASHIONED CHURCH 400QX498-1	1988	YR	4.00	10.00
❏ OLD-FASHIONED SANTA 1100QX409-9	1983	YR	11.00	52.00
❏ OLD-FASHIONED SCHOOL HOUSE 400QX497-1	1988	YR	4.00	22.00
❏ OUTDOOR FUN 800QX150-7	1979	YR	8.00	120.00
❏ SAILING! SAILING! 850QX491-1	1988	YR	8.00	19.00
❏ SANTA'S FLIGHT 550QX138-1	1980	YR	6.00	105.00
❏ SPIRIT OF CHRISTMAS, THE- 1000QX452-6	1982	YR	10.00	90.00
❏ ST. NICHOLAS 550QX446-2	1981	YR	6.00	50.00
❏ STAMP OF APPROVAL 795QX570-3	1994	YR	8.00	8.00
❏ STAR SWING 550QX421-5	1981	YR	6.00	20.00
❏ TIN ROCKING HORSE 650QX414-9	1983	YR	6.00	48.00

HANDCRAFTED ORNAMENTS — B. SIEDLER

NAME	YEAR	LIMIT	ISSUE	TREND
❏ ACORN 500 QX592-9	1995	YR	11.00	17.00
❏ ARCTIC TENOR 400QX472-1	1988	YR	4.00	20.00
❏ BIG SHOT 795QX587-3	1994	YR	8.00	10.00
❏ BUSY BATTER 795QX587-6	1994	YR	8.00	18.00
❏ CATCH THE SPIRIT QX589-9	1995	YR	8.00	20.00
❏ CHAMPION TEACHER 695QX583-6	1994	YR	7.00	14.00

ORNAMENTS

NAME	YEAR	LIMIT	ISSUE	TREND
❑ DAD QX564-9	1995	YR	8.00	15.00
❑ FAITHFUL FAN QX589-7	1995	YR	9.00	15.00
❑ FRIENDLY PUSH 895QX568-6	1994	YR	9.00	9.00
❑ GO FOR THE GOLD 800QX417-4	1988	YR	8.00	24.00
❑ GONE FISHING 500QX479-4	1988	YR	5.00	22.00
❑ GOPHER FUN QX588-7	1995	YR	10.00	20.00
❑ HAPPY HOLIDATA QX471-4	1988	YR	6.00	25.00
❑ HOE-HOE-HOE 500QX422-1	1988	YR	5.00	10.00
❑ HOLIDAY HERO 500QX423-1	1988	YR	5.00	18.00
❑ IT'S A STRIKE 895QX585-6	1994	YR	9.00	8.00
❑ KEEP ON MOWIN' 895QX541-3	1994	YR	9.00	8.00
❑ KICKIN' ROO 795QX591-6	1994	YR	8.00	6.00
❑ LOU RANKIN BEAR QX406-9	1995	YR	10.00	18.00
❑ LOVE SANTA 500QX486-4	1988	YR	5.00	9.00
❑ MESSAGES OF CHRISTMAS QLX747-2	1993	YR	35.00	45.00
❑ MOM AND DAD 995QX566-6	1994	YR	10.00	22.00
❑ MOM QX564-7	1995	YR	8.00	18.00
❑ NICK THE KICK 500QX422-4	1988	YR	5.00	14.00
❑ OPEN-AND-SHUT HOLIDAY 995QX569-6	1994	YR	10.00	10.00
❑ OUR FIRST CHRISTMAS TOGETHER QX579-9	1995	YR	9.00	27.00
❑ PAR FOR SANTA 500QX479-1	1988	YR	5.00	14.00
❑ PERFECT BALANCE QX592-7	1995	YR	8.00	6.00
❑ POLAR BOWLER 500QX478-1	1988	YR	5.00	12.00
❑ THRILL A MINUTE 895QX586-6	1994	YR	9.00	8.00
❑ WATER SPORTS QX603-9	1995	YR	15.00	22.00
❑ WINNIE THE POOH AND TIGGER QX500-9	1995	YR	13.00	22.00
❑ WINNING PLAY, THE QX588-9	1995	YR	8.00	12.00
HANDCRAFTED ORNAMENTS				**S. TAGUE**
❑ BOUQUET OF MEMORIES 795QEO8456	1998	YR	8.00	7.00
HANDCRAFTED ORNAMENTS				**D. UNRUH**
❑ ANNIVERSARY YEAR: PHOTOHOLDER QX581-9	1995	YR	9.00	5.00
❑ COACH 795QX593-3	1994	YR	8.00	6.00
❑ FELIZ NAVIDAD 675QX416-1	1988	YR	7.00	29.00
❑ GRANDCHILD'S FIRST CHRISTMAS 795QX567-6	1994	YR	8.00	7.00
❑ GRANDPA 795QX561-6	1994	YR	8.00	7.00
❑ IN A NUTSHELL 550QX469-7	1988	YR	6.00	12.00
❑ KISS THE CLAUS 500QX486-1	1988	YR	5.00	12.00
❑ LUCINDA AND TEDDY 2175QX481-3	1994	SPEC. ED	22.00	22.00
❑ OREO 400QX481-4	1988	YR	4.00	16.00
❑ OUT OF THIS WORLD TEACHER 795QX576-6	1994	YR	8.00	20.00
❑ REFRESHING GIFT QX406-7	1995	YR	15.00	22.00
❑ SECRET SANTA 795QX573-6	1994	YR	8.00	10.00
❑ SNOOPY & WOODSTOCK 600QX474-1	1988	YR	6.00	32.00
HANDCRAFTED ORNAMENTS				**L. VOTRUBA**
❑ BINGO BEAR QX591-9	1995	YR	8.00	10.00
❑ CHILD CARE GIVER 795QX590-6	1994	YR	8.00	16.00
❑ COCK-A-DOODLE CHRISTMAS QX539-6	1994	YR	9.00	26.00
❑ HAPPY HOLIDAYS: PHOTOHOLDER QX630-7	1995	YR	3.00	12.00
❑ SISTER TO SISTER QX568-9	1995	YR	8.00	11.00
HANDCRAFTED ORNAMENTS: ADORABLE ADORNMENTS				**D. LEE**
❑ BETSEY CLARK 250QX157-1	1975	YR	2.00	230.00
❑ DRUMMER BOY 250QX161-1	1975	YR	2.00	45.00
❑ MRS. SANTA 250QX156-1	1975	YR	2.00	225.00
❑ RAGGEDY ANDY 250QX160-1	1975	YR	2.00	350.00
❑ RAGGEDY ANN 250QX159-1	1975	YR	2.00	100.00
❑ SANTA 250QX155-1	1975	YR	2.00	35.00
HANDCRAFTED ORNAMENTS: NOSTALGIA				*
❑ NATIVITY 500QX181-5	1977	YR	5.00	155.00
HANDCRAFTED ORNAMENTS: NOSTALGIA				**D. LEE**
❑ ANGEL 500QX182-2	1977	YR	5.00	132.00
HANDCRAFTED ORNAMENTS: NOSTALGIA				**L. SICKMAN**
❑ ANTIQUE CAR 500QX180-2	1977	YR	5.00	70.00
❑ DRUMMER BOY 350QX130-1	1975	YR	4.00	160.00
❑ DRUMMER BOY 400QX130-1	1976	YR	4.00	160.00
❑ JOY 350QX132-1	1975	YR	4.00	210.00
❑ LOCOMOTIVE (DATED) 350QX127-1	1975	YR	4.00	65.00
❑ LOCOMOTIVE 400QX222-1	1976	YR	4.00	80.00
❑ PEACE ON EARTH (DATED) 350QX131-1	1975	YR	4.00	150.00
❑ PEACE ON EARTH 400QX223-1	1976	YR	4.00	55.00
❑ SANTA & SLEIGH 350QX129-1	1975	YR	4.00	230.00
❑ TOYS 500QX183-5	1977	YR	5.00	150.00
HANDCRAFTED ORNAMENTS: TREE TREATS				*
❑ ANGEL 300QX176-1	1976	YR	3.00	95.00
❑ REINDEER 300QX178-1	1976	YR	3.00	100.00
❑ SANTA 300QX177-1	1976	YR	3.00	100.00
❑ SHEPHERD 300QX175-1	1976	YR	3.00	130.00
HANDCRAFTED ORNAMENTS: TWIRL-ABOUTS				*
❑ BELLRINGER 600QX192-2	1977	YR	6.00	62.00
❑ WEATHER HOUSE 600QX191-5	1977	YR	6.00	90.00
HANDCRAFTED ORNAMENTS: TWIRL-ABOUTS				**D. LEE**
❑ DELLA ROBIA WREATH 450QX193-5	1977	YR	4.00	42.00
HANDCRAFTED ORNAMENTS: TWIRL-ABOUTS				**L. SICKMAN**
❑ ANGEL 450QX171-1	1976	YR	4.00	175.00
❑ PARTRIDGE 450QX174-1	1976	YR	4.00	105.00
❑ SANTA 450QX172-1	1976	YR	4.00	60.00

NAME	YEAR	LIMIT	ISSUE	TREND
❏ SNOWMAN 450QX190-2	1977	YR	4.00	78.00
❏ SOLDIER 450QX173-1	1976	YR	4.00	45.00
HANDCRAFTED ORNAMENTS: YESTERYEARS				*
❏ DRUMMER BOY 500QX184-1	1976	YR	5.00	75.00
❏ PARTRIDGE 500QX183-1	1976	YR	5.00	120.00
❏ SANTA 500QX182-1	1976	YR	5.00	170.00
❏ TRAIN 500QX181-1	1976	YR	5.00	125.00
HARLEY-DAVIDSON MOTORCYCLE				**D. PALMITER**
❏ BIG TWIN EVOLUTION ENGINE QXI7571	2000	YR	24.00	35.00
❏ ELECTRA-GLIDE QXI6137	1999	YR	8.00	13.00
❏ HERITAGE SPRINGER QXI8007	1999	YR	15.00	32.00
HARLEY-DAVIDSON MOTORCYCLE MILESTONES				**D. PALMITER**
❏ 1957 XL SPORTSTER QXI8125	2001	YR	15.00	15.00
❏ FAT BOY QXI6774	2000	YR	15.00	22.00
HARRY POTTER				*
❏ HARRY POTTER QXE4402	2001	YR	13.00	13.00
HARRY POTTER				**K. BRICKER**
❏ FLUFFY ON GUARD QXE4415	2001	YR	13.00	13.00
❏ RON WEASLEY AND SCABBERS QXE4405	2001	YR	13.00	28.00
HARRY POTTER				**J. FORSYTH**
❏ HABRID AND NORBERT THE DRAGON QXE4412	2001	YR	16.00	16.00
HARRY POTTER				**R. LAPIERRE**
❏ HOGWARTS SCHOOL CRESTS QXE4452	2001	YR	13.00	13.00
HARRY POTTER				**T. LARSEN**
❏ POTIONS MASTER QXI8652	2001	YR	15.00	15.00
HARRY POTTER				**S. PIKE**
❏ HERMIONE GRANGER'S TRUNK SET OF 6 QXE4422	2001	YR	15.00	15.00
HARRY POTTER				**N. WILLIAMS**
❏ MIRROR OF ERISED QXI8645	2001	YR	16.00	16.00
HEIRLOOM CHRISTMAS COLLECTION				*
❏ LACY HEART 875QX511-2	1985	YR	9.00	24.00
❏ VICTORIAN LADY 950QX513-2	1985	YR	10.00	22.00
HEIRLOOM CHRISTMAS COLLECTION				**J. PATTEE**
❏ SNOWFLAKE 650QX510-5	1985	YR	6.00	15.00
HEIRLOOM CHRISTMAS COLLECTION				**S. PIKE**
❏ KEEPSAKE BASKET 1500QX514-5	1985	YR	15.00	22.00
HEIRLOOM CHRISTMAS COLLECTION				**M. PYDA-SEVCIK**
❏ CHARMING ANGEL 975QX512-5	1985	YR	10.00	18.00
HERE COMES SANTA				*
❏ ROOFTOP DELIVERIES 1300QX438-2	1981	YR	13.00	320.00
❏ SANTA'S EXPRESS 1200QX143-4	1980	YR	12.00	200.00
❏ SANTA'S MOTORCAR 1ST SERIES 900QX155-9	1979	YR	9.00	294.00
HERE COMES SANTA				**K. CROW**
❏ CHRISTMAS CABOOSE 11TH ED. 1475QX458-5	1989	YR	15.00	38.00
❏ KRINGLE KOACH 1400QX400-1	1988	YR	14.00	50.00
❏ SANTA'S WOODY 1400QX484-7	1987	YR	14.00	80.00
HERE COMES SANTA				**D. RHODUS**
❏ SANTA'S GOLF CART QX6337	1999	YR	15.00	20.00
HERE COMES SANTA				**E. SEALE**
❏ SANTA'S 4X4 18TH ED. QX568-4	1996	YR	15.00	28.00
HERE COMES SANTA				**L. SICKMAN**
❏ FESTIVE SURREY 12TH ED. 1475QX492-3	1990	YR	15.00	42.00
❏ HAPPY HAUL-IDAYS 15TH ED. 1475QX410-2	1993	YR	15.00	35.00
❏ JOLLY TROLLEY QX464-3	1982	YR	15.00	150.00
❏ KRINGLE TOURS 14TH ED. 1475QX434-1	1992	YR	15.00	36.00
❏ MAKIN' TRACTOR TRACKS 16TH ED. 1495QX529-6	1994	YR	15.00	50.00
❏ SANTA'S ANTIQUE CAR-13TH ED. 1475QX434-9	1991	YR	15.00	24.00
❏ SANTA'S DELIVERIES 1300QX432-4	1984	YR	13.00	90.00
❏ SANTA'S EXPRESS 1300QX403-7	1983	YR	13.00	225.00
❏ SANTA'S FIRE ENGINE 1400QX496-5	1985	YR	14.00	50.00
❏ SANTA'S ROADSTER 17TH SERIES QX517-9	1995	YR	15.00	28.00
❏ SHOPPING WITH SANTA QX567-5	1993	YR	24.00	42.00
HERE COMES SANTA				**B. SIEDLER**
❏ KRINGLE'S KOOL TREATS 1400QX404-3	1986	YR	14.00	55.00
HERE COMES SANTA				**S. TAGUE**
❏ CLAUS MOBILE QX6262	1997	YR	15.00	28.00
❏ SANTA'S BUMPER CAR QX628-3	1998	YR	15.00	23.00
HERE COMES SANTA				**D. UNRUH**
❏ SANTA'S SNOWPLOW QX8065	2001	YR	15.00	15.00
HERE COMES SANTA				**N. WILLIAMS**
❏ SLEIGH X-2000 QX6824	2000	YR	15.00	20.00
HERSHEY'S				**K. KLINE**
❏ SWEET TREAT QX643-3	1998	YR	11.00	25.00
HERSHEY'S				**L. SICKMAN**
❏ TIME FOR A TREAT QX546-4	1996	YR	12.00	22.00
HOBBIES				**N. AUBE**
❏ SEW SWEET QX592-1	1996	YR	9.00	15.00
❏ STAR OF THE SHOW QX600-4	1996	YR	9.00	9.00
HOBBIES				**R. CHAD**
❏ ANTLERS AWEIGH! QX590-1	1996	YR	10.00	18.00
❏ FAN-TASTIC SEASON QX592-4	1996	YR	10.00	12.00
HOBBIES				**K. CROW**
❏ MATCHLESS MEMORIES QX606-1	1996	YR	10.00	15.00
❏ MERRY CARPOOLERS QX558-4	1996	YR	15.00	26.00

ORNAMENTS

NAME	YEAR	LIMIT	ISSUE	TREND
HOBBIES				**D. PALMITER**
❑ PUP-TENTING QX601-1	1996	YR	8.00	18.00
HOBBIES				**D. RHODUS**
❑ HAPPY HOLI-DOZE QX590-4	1996	YR	10.00	5.00
❑ I DIG GOLF QX589-1	1996	YR	11.00	8.00
HOBBIES				**N. ROCKWELL**
❑ GROWTH OF A LEADER BOYS SCOUTS OF AMERICA QX554-1	1996	YR	10.00	15.00
HOBBIES				**E. SEALE**
❑ GOAL LINE GLORY QX600-1	1996	YR	13.00	24.00
❑ THIS BIG! QX591-4	1996	YR	10.00	10.00
HOBBIES				**B. SIEDLER**
❑ BOUNCE PASS QX603-1	1996	YR	8.00	6.00
❑ BOWL'EM OVER QX601-4	1996	YR	8.00	8.00
❑ JACKPOT JINGLE QX591-1	1996	YR	10.00	14.00
HOBBIES				**D. UNRUH**
❑ POLAR CYCLE QX603-4	1996	YR	13.00	13.00
HOBBIES				**L. VOTRUBA**
❑ YULETIDE CHEER QX605-4	1996	YR	8.00	4.00
HOCKEY GREATS				*
❑ WAYNE GRETZKY QXI1627-5	1997	YR	16.00	33.00
HOCKEY GREATS				**J. FRANCIS**
❑ ERIC LINDROS QXI6801	2000	YR	16.00	24.00
❑ GORDIE HOWE QXI4047	1999	YR	16.00	24.00
❑ JAROMIR JAGR QXI6852	2001	YR	16.00	16.00
❑ MARIO LEMIEUX QXI 647-6	1998	YR	16.00	15.00
HOLIDAY BARBIE COLLECTION				**P. ANDREWS**
❑ AFRICAN-AMERICAN HOLIDAY BARBIE QX6936	1998	YR	16.00	25.00
❑ HOLIDAY BARBIE 1ST IN ED. 1495QX572-5	1993	YR	15.00	170.00
❑ HOLIDAY BARBIE 2ND IN ED. 1495QX521-6	1994	YR	15.00	52.00
❑ HOLIDAY BARBIE 3RD IN ED. QXI505-7	1995	YR	15.00	25.00
❑ HOLIDAY BARBIE 4TH IN ED. QXI537-1	1996	YR	15.00	29.00
❑ HOLIDAY BARBIE 5TH IN ED. QX16212	1997	YR	15.00	28.00
❑ HOLIDAY BARBIE QXI 402-3	1998	YR	16.00	25.00
HOLIDAY CHIMES				*
❑ ANGEL CHIMES 550QX502-6	1982	YR	6.00	40.00
❑ SANTA MOBILE 550QX136-1	1980	YR	6.00	25.00
❑ SANTA MOBILE 550QX136-1	1981	YR	6.00	45.00
❑ SNOWMAN CHIMES 550QX445-5	1981	YR	6.00	30.00
HOLIDAY CHIMES				**E. SEALE**
❑ TREE CHIMES 550QX484-6	1982	YR	6.00	40.00
HOLIDAY CHIMES				**L. SICKMAN**
❑ BELL CHIMES 550QX494-3	1982	YR	6.00	25.00
❑ REINDEER CHIMES 450QX320-3	1978	YR	4.00	25.00
❑ REINDEER CHIMES 450QX320-3	1979	YR	4.00	35.00
❑ REINDEER CHIMES 550QX320-3	1980	YR	6.00	35.00
❑ SNOWFLAKE CHIMES 550QX165-4	1980	YR	6.00	20.00
❑ SNOWFLAKE CHIMES 550QX165-4	1981	YR	6.00	32.00
❑ STAR CHIMES 450QX137-9	1979	YR	4.00	29.00
HOLIDAY ENCHANTMENT				*
❑ JOURNEY TO THE FOREST 1375QK101-2	1993	YR	14.00	26.00
❑ MAGI, THE 1375QK102-5	1993	YR	14.00	28.00
HOLIDAY ENCHANTMENT				**R. CHAD**
❑ BRINGING HOME THE TREE 1375QK104-2	1993	YR	14.00	28.00
HOLIDAY ENCHANTMENT				**L. VOTRUBA**
❑ ANGELIC MESSENGER 1375QK103-2	1993	YR	14.00	12.00
❑ AWAY IN A MANGER QK109-7	1995	YR	14.00	25.00
❑ FOLLOWING THE STAR QK109-9	1995	YR	14.00	12.00
❑ VISION OF SUGARPLUMS 1375QK100-5	1993	YR	14.00	30.00
HOLIDAY FAVORITES				**L. VOTRUBA**
❑ DAPPER SNOWMAN 1375QK105-3	1994	YR	14.00	20.00
❑ GRACEFUL FAWN 1175QK103-3	1994	YR	12.00	20.00
❑ JOLLY SANTA 1375QK104-6	1994	YR	14.00	23.00
❑ JOYFUL LAMB 1175QK103-6	1994	YR	12.00	11.00
❑ PEACEFUL DOVE 1175QK104-3	1994	YR	12.00	6.00
HOLIDAY FLIERS				**L. SICKMAN**
❑ TIN AIRPLANE 775QX562-2	1993	YR	8.00	18.00
❑ TIN BLIMP 775QX562-5	1993	YR	8.00	12.00
❑ TIN HOT AIR BALLOON 775QX561-5	1993	YR	8.00	15.00
HOLIDAY FLURRIES				**L. SICKMAN**
❑ HOLIDAY FLURRIES QXM4547	1999	YR	7.00	12.00
❑ HOLIDAY FLURRIES QXM5272	2001	YR	7.00	7.00
❑ HOLIDAY FLURRIES QXM5311	2000	YR	7.00	12.00
HOLIDAY HIGHLIGHTS				*
❑ ANGEL 550QX309-6	1982	YR	6.00	35.00
❑ CHRISTMAS ANGEL 350QX300-7	1979	YR	4.00	140.00
❑ CHRISTMAS CHEER 350QX303-9	1979	YR	4.00	80.00
❑ CHRISTMAS MAGIC 550QX311-3	1982	YR	6.00	10.00
❑ CHRISTMAS SLEIGH 550QX309-3	1982	YR	6.00	70.00
❑ CHRISTMAS STAR 550QX501-5	1981	YR	6.00	30.00
❑ CHRISTMAS STOCKING 600QX303-9	1983	YR	6.00	30.00
❑ CHRISTMAS TREE 350QX302-7	1979	YR	4.00	35.00
❑ DOVE 350QX310-3	1978	YR	4.00	115.00
❑ DRUMMER BOY 350QX312-2	1977	YR	4.00	62.00
❑ JOY 350QX310-2	1977	YR	4.00	50.00
❑ LOVE 350QX304-7	1979	YR	4.00	90.00

ORNAMENTS

NAME	YEAR	LIMIT	ISSUE	TREND
❑ PEACE ON EARTH 350QX311-5	1977	YR	4.00	60.00
❑ SANTA 350QX307-6	1978	YR	4.00	80.00
❑ SHEPHERD SCENE 550QX500-2	1981	YR	6.00	10.00
❑ SNOWFLAKE 350QX301-9	1979	YR	4.00	42.00
❑ SNOWFLAKE 350QX308-3	1978	YR	4.00	65.00
❑ STAR 350QX313-5	1977	YR	4.00	50.00
❑ THREE WISE MEN 400QX300-1	1980	YR	4.00	32.00
❑ TIME FOR SHARING 600QX307-7	1983	YR	6.00	15.00
❑ WREATH 400QX301-4	1980	YR	4.00	35.00
HOLIDAY HIGHLIGHTS				**D. PALMITER**
❑ NATIVITY 350QX309-6	1978	YR	4.00	95.00
HOLIDAY HIGHLIGHTS				**E. SEALE**
❑ STAR OF PEACE 600QX304-7	1983	YR	6.00	18.00
HOLIDAY HUMOR				*
❑ CHRISTMAS CUDDLE 575QX453-7	1987	YR	6.00	35.00
❑ CHRISTMAS PRAYER 450QX246-1	1984	YR	4.00	22.00
❑ DOGGY IN A STOCKING 550QX474-2	1985	YR	6.00	30.00
❑ DR. SEUSS: GRINCH'S CHRISTMAS 475QX278-3	1987	YR	5.00	100.00
❑ FLIGHTS OF FANTASY 450QX256-4	1984	YR	4.00	22.00
❑ FRISBEE PUPPY 500QX444-4	1984	YR	5.00	55.00
❑ JAMMIE PIES 475QX283-9	1987	YR	5.00	20.00
❑ JOY RIDE 1150QX440-7	1987	YR	12.00	75.00
❑ LAMB IN LEGWARMERS 700QX480-2	1985	YR	7.00	24.00
❑ LET IT SNOW 650QX458-9	1987	YR	6.00	20.00
❑ MOUSE WAGON 575QX476-2	1985	YR	6.00	60.00
❑ NAPPING MOUSE 550QX435-1	1984	YR	6.00	50.00
❑ NATIVITY SCENE 475QX264-5	1985	YR	5.00	35.00
❑ OPEN ME FIRST 725QX480-6	1986	YR	7.00	32.00
❑ PEANUTS 475QX281-9	1987	YR	5.00	38.00
❑ REINDEER RACETRACK 450QX254-4	1984	YR	4.00	25.00
❑ SANTA AT THE BAT 775QX457-9	1987	YR	8.00	20.00
❑ SANTA STAR 550QX450-4	1984	YR	6.00	28.00
❑ SNOWMOBILE SANTA 650QX431-4	1984	YR	6.00	19.00
❑ SPOTS 'N STRIPES 550QX452-9	1987	YR	6.00	20.00
HOLIDAY HUMOR				**K. CROW**
❑ CHATTY PENGUIN 575QX417-6	1986	YR	6.00	25.00
❑ HAPPY SANTA 475QX456-9	1987	YR	5.00	30.00
❑ NIGHT BEFORE CHRISTMAS 650QX451-7	1987	YR	6.00	32.00
❑ PLAYFUL POSSUM 1100QX425-3	1986	YR	11.00	30.00
❑ PRETTY KITTEN 1100QX448-9	1987	YR	11.00	32.00
❑ RAH RAH RABBIT 700QX421-6	1986	YR	7.00	14.00
❑ SLEEPY SANTA 625QX450-7	1987	YR	6.00	40.00
HOLIDAY HUMOR				**P. DUTKIN**
❑ FUDGE FOREVER 500QX449-7	1987	YR	5.00	35.00
❑ JOGGING THROUGH THE SNOW 725QX457-7	1987	YR	7.00	16.00
❑ KITTY MISCHIEF 500QX474-5	1985	YR	5.00	19.00
❑ KITTY MISCHIEF 500QX474-5	1986	YR	5.00	19.00
❑ MERRY MOUSE 450QX403-2	1985	YR	4.00	17.00
❑ MERRY MOUSE 450QX403-2	1986	YR	4.00	30.00
❑ SKATEBOARD RACCOON 650QX473-2	1985	YR	6.00	17.00
❑ SKATEBOARD RACCOON 650QX473-2	1986	YR	6.00	40.00
❑ SNOW BUDDIES 800QX423-6	1986	YR	8.00	32.00
❑ SOCCER BEAVER 650QX477-5	1985	YR	6.00	12.00
❑ SOCCER BEAVER 650QX477-5	1986	YR	6.00	12.00
❑ TIPPING THE SCALES 675QX418-6	1986	YR	7.00	12.00
❑ TOUCHDOWN SANTA 800QX423-3	1986	YR	8.00	20.00
HOLIDAY HUMOR				**D. LEE**
❑ HEAVENLY DREAMER 575QX417-3	1986	YR	6.00	14.00
❑ MUSICAL ANGEL 550QX434-4	1984	YR	6.00	42.00
❑ PEPPERMINT 1984 450QX456-1	1984	YR	4.00	50.00
❑ SNOW-PITCHING SNOWMAN 450QX470-2	1985	YR	4.00	22.00
❑ SNOW-PITCHING SNOWMAN 450QX470-2	1986	YR	4.00	22.00
❑ STARDUST ANGEL 575QX475-2	1985	YR	6.00	22.00
❑ THREE KITTENS IN A MITTEN 800QX431-1	1984	YR	8.00	55.00
❑ THREE KITTENS IN A MITTEN 800QX431-1	1985	YR	8.00	48.00
❑ TREETOP TRIO 1100QX425-6	1986	YR	11.00	35.00
❑ TREETOP TRIO 975QX424-6	1986	YR	11.00	12.00
❑ WYNKEN, BLYNKEN AND NOD 975QX424-6	1986	YR	10.00	19.00
HOLIDAY HUMOR				**D. MCGEHEE**
❑ COOKIES FOR SANTA 450QX414-6	1986	YR	4.00	18.00
HOLIDAY HUMOR				**S. PIKE**
❑ OWLIDAY WISH 650QX455-9	1987	YR	6.00	9.00
❑ PADDINGTON BEAR 550QX472-7	1987	YR	6.00	34.00
HOLIDAY HUMOR				**E. SEALE**
❑ BAKER ELF 575QX491-2	1985	YR	6.00	30.00
❑ BELL RINGER SQUIRREL 1000QX443-1	1984	YR	10.00	19.00
❑ CHILDREN IN THE SHOE 950QX490-5	1985	YR	10.00	34.00
❑ CHOCOLATE CHIPMUNK 600QX456-7	1987	YR	6.00	50.00
❑ CHRISTMAS OWL 600QX444-1	1984	YR	6.00	30.00
❑ DAPPER PENGUIN 500QX477-2	1985	YR	5.00	32.00
❑ DO NOT DISTURB BEAR 775QX481-2	1985	YR	8.00	32.00
❑ DO NOT DISTURB BEAR 775QX481-2	1986	YR	8.00	32.00
❑ JACK FROSTING 700QX449-9	1987	YR	7.00	40.00
❑ LI'L JINGLER 675QX419-3	1986	YR	7.00	20.00
❑ LI'L JINGLER 675QX419-3	1987	YR	7.00	25.00
❑ MARATHON SANTA 800QX456-4	1984	YR	8.00	22.00
❑ MOUNTAIN CLIMBING SANTA 650QX407-7	1984	YR	6.00	20.00

ORNAMENTS

NAME	YEAR	LIMIT	ISSUE	TREND
❏ MOUSE IN THE MOON 550QX416-6	1986	YR	6.00	16.00
❏ MOUSE IN THE MOON 550QX416-6	1987	YR	6.00	18.00
❏ NIGHT BEFORE CHRISTMAS 1300QX449-4	1985	YR	13.00	30.00
❏ POLAR BEAR DRUMMER 450QX430-1	1984	YR	4.00	14.00
❏ RACCOON'S CHRISTMAS 900QX-447-4	1984	YR	9.00	35.00
❏ ROLLER SKATING RABBIT 500QX457-1	1984	YR	5.00	20.00
❏ ROLLER SKATING RABBIT 500QX457-1	1985	YR	5.00	20.00
❏ SANTA'S HOT TUB 1200QX426-3	1986	YR	12.00	60.00
❏ SANTA'S SKI TRIP 1200QX496-2	1985	YR	12.00	56.00
❏ SEASONED GREETINGS 625QX454-9	1987	YR	6.00	16.00
❏ SNOWY SEAL 400QX450-1	1984	YR	4.00	12.00
❏ SNOWY SEAL 400QX450-1	1985	YR	4.00	20.00
❏ TRUMPET PANDA 450QX471-2	1985	YR	4.00	10.00
❏ WALNUT SHELL RIDER 600QX419-6	1986	YR	6.00	15.00
❏ WALNUT SHELL RIDER 600QX419-6	1987	YR	6.00	9.00
HOLIDAY HUMOR				**L. SICKMAN**
❏ BEARY SMOOTH RIDE 650QX480-5	1986	YR	6.00	24.00
❏ CANDY APPLE MOUSE 750QX470-5	1985	YR	6.00	60.00
❏ FORTUNE COOKIE ELF 450QX452-4	1984	YR	4.00	30.00
❏ MERRY KOALA 500QX415-3	1986	YR	5.00	25.00
❏ MERRY KOALA 500QX415-3	1987	YR	5.00	12.00
❏ POPCORN MOUSE 675QX421-3	1986	YR	7.00	25.00
❏ SNOWSHOE PENGUIN 650QX453-1	1984	YR	6.00	35.00
HOLIDAY HUMOR				**B. SIEDLER**
❏ BOTTLECAP FUN BUNNIES 775QX481-5	1985	YR	8.00	18.00
❏ BRIGHT CHRISTMAS DREAMS QX473-7	1987	YR	7.00	90.00
❏ ENGINEERING MOUSE 550QX473-5	1985	YR	6.00	15.00
❏ ICE-SKATING OWL 500QX476-5	1985	YR	5.00	23.00
❏ ICY TREAT 450QX450-9	1987	YR	4.00	10.00
❏ JOLLY HIKER 500QX483-2	1986	YR	5.00	19.00
❏ JOLLY HIKER 500QX483-2	1987	YR	5.00	20.00
❏ RACCOON BIKER 700QX458-7	1987	YR	7.00	18.00
❏ REINDOGGY 575QX452-7	1987	YR	6.00	35.00
❏ SANTA MOUSE 450QX433-4	1984	YR	4.00	20.00
❏ SKI TRIPPER 675QX420-6	1986	YR	7.00	10.00
❏ SNOOPY AND WOODSTOCK 725QX472-9	1987	YR	7.00	38.00
❏ SPECIAL DELIVERY 500QX415-6	1986	YR	5.00	14.00
❏ SUN AND FUN SANTA 775QX492-2	1985	YR	8.00	22.00
❏ SWINGING ANGEL BELL 1100QX492-5	1985	YR	11.00	34.00
HOLIDAY HUMOR				**D. UNRUH**
❏ ACORN INN 850QX424-3	1986	YR	8.00	11.00
❏ HAPPY CHRISTMAS TO OWL 600QX418-3	1986	YR	6.00	12.00
❏ HOT DOGGER 650QX471-9	1987	YR	6.00	14.00
❏ PUPPY'S BEST FRIEND 650QX420-3	1986	YR	6.00	15.00
HOLIDAY HUMOR				**L. VOTRUBA**
❏ NATURE'S DECORATIONS 475QX273-9	1987	YR	5.00	35.00
HOLIDAY SCULPTURE				*
❏ SANTA 400QX308-7	1983	YR	4.00	28.00
HOLIDAY SCULPTURE				**L. SICKMAN**
❏ HEART 400QX307-9	1983	YR	4.00	50.00
HOLIDAY TRADITIONS				*
❏ CHRISTMAS ROSE QBG4054	2000	YR	35.00	57.00
❏ FESTIVAL OF FRUIT QBG6069	1999	YR	35.00	35.00
❏ FIRST CHRISTMAS, THE- 775QX547-5	1989	YR	8.00	10.00
❏ GENTLE FAWN 775QX548-5	1989	YR	8.00	20.00
❏ GEORGE WASHINGTON BICENTEN. 625QX386-2	1989	YR	6.00	18.00
❏ HAPPY SNOWMAN QX8942	2001	YR	9.00	9.00
❏ OLD-WORLD GNOME 775QX434-5	1989	YR	8.00	11.00
❏ SWEET MEMORIES PHOTOHOLDER 675QX438-5	1989	YR	7.00	22.00
HOLIDAY TRADITIONS				**P. ANDREWS**
❏ ANGEL OF HOPE QXI6339	1999	YR	15.00	25.00
❏ KINDLY SHEPHERD QX627-4	1996	YR	13.00	23.00
❏ SNOW BLOSSOM QX8494	2001	YR	10.00	10.00
HOLIDAY TRADITIONS				**N. AUBE**
❏ BEST PALS QX6879	1999	YR	19.00	44.00
❏ CHRISTMAS BELLE, THE QX8311	2000	YR	11.00	9.00
❏ JOLLY SANTA BELLS SET OF 3 QX8915	2001	YR	20.00	20.00
❏ SHARING SANTA'S SNACKS QX8212	2001	YR	9.00	9.00
HOLIDAY TRADITIONS				**JOHNSON/ BRICKER**
❏ TAMIKA QX630-1	1996	YR	8.00	2.00
HOLIDAY TRADITIONS				**K. BRICKER**
❏ JOURNEY TO BETHLEHEM BELL QX8386	2001	YR	15.00	15.00
❏ MERRY BALLOONING QX8384	2000	YR	17.00	28.00
HOLIDAY TRADITIONS				**R. CHAD**
❏ HOORAY FOR THE USA QX8281	2000	YR	10.00	17.00
❏ LIGHTING THE WAY QX612-4	1996	YR	13.00	10.00
❏ MRS. CLAUS'S CHAIR QX6955	2001	YR	10.00	10.00
❏ WINTERBERRY SANTA QXI4331	2000	YR	15.00	24.00
HOLIDAY TRADITIONS				**K. CROW**
❏ HANG IN THERE 525QX430-5	1989	YR	5.00	22.00
❏ MILLENNIUM EXPRESS QLX7364	2000	YR	42.00	100.00
❏ PEEK-A-BOO KITTIES 750QX487-1	1989	YR	8.00	18.00
❏ SNOOZING SANTA QX8165	2001	YR	19.00	19.00
❏ TIME FOR JOY QX6904	2000	YR	24.00	46.00
❏ VICTORIAN SLEIGH QX8855	2001	YR	13.00	13.00
HOLIDAY TRADITIONS				**J. ESCHRICH**
❏ ALL THINGS BEAUTIFUL QX8351	2000	YR	14.00	22.00

NAME	YEAR	LIMIT	ISSUE	TREND
❑ CAROLER'S BEST FRIEND QX8354	2000	YR	13.00	12.00
❑ NOAH'S ARK QX6809	1999	YR	13.00	21.00
❑ SNOW GIRL QX8274	2000	YR	10.00	9.00
HOLIDAY TRADITIONS				**J. FORSYTH**
❑ EYE OF GOD-FELIZ NAVIDAD QX8185	2001	YR	10.00	10.00
❑ HOLLY BERRY BELL QX8291	2000	YR	15.00	25.00
HOLIDAY TRADITIONS				**J. FRANCIS**
❑ JOYFUL TRIO 975QX437-2	1989	YR	10.00	10.00
❑ MAKING HIS ROUNDS QX627-1	1996	YR	15.00	15.00
❑ PADDINGTON BEAR 575QX429-2	1989	YR	6.00	17.00
HOLIDAY TRADITIONS				**HAAS/VOTRUBA**
❑ ANGEL SONG QX6939	1999	YR	19.00	19.00
HOLIDAY TRADITIONS				**T. HADDIX**
❑ ANGELIC TRIO QX8234	2000	YR	11.00	18.00
❑ CELEBRATE HIS BIRTH! QX2464	2000	YR	7.00	17.00
❑ LITTLE CLOUD KEEPER QX6877	1999	YR	17.00	27.00
❑ SAFE IN NOAH'S ARK QX8514	2000	YR	11.00	18.00
❑ SPRINGING SANTA QX8085	2001	YR	8.00	8.00
❑ TOY SHOP SERENADE QX8301	2000	YR	17.00	27.00
HOLIDAY TRADITIONS				**M. HAMILTON**
❑ MARY'S ANGELS QLX7561	2000	YR	19.00	27.00
❑ SNUGGLY SUGAR BEAR BELL QX8922	2001	YR	10.00	10.00
HOLIDAY TRADITIONS				**HAMILTON/TAGUE**
❑ SKATING SUGAR BEAR BELL QX6005	2001	YR	10.00	10.00
HOLIDAY TRADITIONS				**K. KLINE**
❑ BRINGING HER GIFT QX8334	2000	YR	11.00	18.00
❑ GRACEFUL REINDEER QX8912	2001	YR	16.00	16.00
❑ ONE LITTLE ANGEL QX8935	2001	YR	9.00	9.00
❑ PENGUINS AT PLAY QX8982	2001	YR	10.00	10.00
HOLIDAY TRADITIONS				**R. LAPIERRE**
❑ GINGERBREAD CHURCH QX8244	2000	YR	10.00	16.00
❑ MARY HAMILTON ANGEL CHORUS QX2232	2001	YR	7.00	7.00
❑ NORTHERN ART BEAR QX8294	2000	YR	9.00	15.00
❑ SANTA'S CHAIR QX8314	2000	YR	10.00	21.00
HOLIDAY TRADITIONS				**T. LARSEN**
❑ BLESSED FAMILY, THE QLX7564	2000	YR	19.00	31.00
❑ CARVING SANTA QX8265	2001	YR	13.00	13.00
❑ JOLLY VISITOR QX2235	2001	YR	7.00	7.00
❑ JOYOUS CHRISTMAS QX6827	1999	YR	6.00	12.00
❑ LET IT SNOW! QLX7427	1999	YR	19.00	35.00
❑ MOOSE'S MERRY CHRISTMAS QX8635	2001	YR	13.00	13.00
❑ VISIT FROM ST. NICHOLAS, A QX8344	2000	YR	11.00	18.00
❑ WARMED BY CANDLEGLOW QX2471	2000	YR	7.00	12.00
HOLIDAY TRADITIONS				**J. LYLE**
❑ ANGEL OF FAITH QXI5375	2001	YR	15.00	15.00
❑ ANGEL'S WHISPER QX8852	2001	YR	10.00	10.00
❑ NORMAN ROCKWELL 475QX276-2	1989	YR	5.00	20.00
HOLIDAY TRADITIONS				**S. PIKE**
❑ OWLIDAY GREETINGS 400QX436-5	1989	YR	4.00	8.00
❑ PARTY LINE 875QX476-1	1989	YR	9.00	30.00
❑ SPENCER SPARROW, ESQ. 675QX431-2	1989	YR	7.00	12.00
❑ STOCKING KITTEN 675QX456-5	1989	YR	7.00	18.00
❑ STOCKING KITTEN 675QX456-5	1990	YR	7.00	20.00
HOLIDAY TRADITIONS				**M. PYDA-SEVCIK**
❑ FELIZ NAVIDAD 675QX439-2	1989	YR	7.00	28.00
HOLIDAY TRADITIONS				**D. RHODUS**
❑ ANGELS OVER BETHLEHEM QLX7563	2000	YR	19.00	28.00
❑ SNOOPY & WOODSTOCK 675QX433-2	1989	YR	7.00	25.00
HOLIDAY TRADITIONS				**A. ROGERS**
❑ ANGEL-BLESSED TREE QX8241	2000	YR	9.00	15.00
❑ CRANBERRY BUNNY 575QX426-2	1989	YR	6.00	14.00
❑ FELIZ NAVIDAD QX8214	2000	YR	9.00	15.00
❑ SPECIAL DELIVERY 525QX432-5	1989	YR	6.00	22.00
HOLIDAY TRADITIONS				**E. SEALE**
❑ FROSTY FRIENDS QBG4094	2000	YR	40.00	65.00
❑ TEENY TASTER 475QX418-1	1989	YR	5.00	17.00
HOLIDAY TRADITIONS				**L. SICKMAN**
❑ CHRISTMAS CONE QX8875	2001	YR	9.00	9.00
❑ COOL CHARACTER QX8271	2000	YR	13.00	21.00
❑ FELIZ NAVIDAD QX630-4	1996	YR	10.00	18.00
❑ LAND OF CHRISTMASTIME QX8282	2001	YR	13.00	13.00
❑ MEMORIES OF CHRISTMAS QX8264	2000	YR	13.00	21.00
❑ NOCHE DE PAZ QX8192	2001	YR	13.00	13.00
❑ OLD-WORLD SANTA QX8975	2001	YR	10.00	10.00
❑ RED BARN QX6947	1999	YR	16.00	27.00
❑ WREATH OF EVERGREENS QX8832	2001	YR	9.00	9.00
HOLIDAY TRADITIONS				**RIBERA/ SICKMAN**
❑ MADONNA AND CHILD QX632-4	1996	YR	13.00	10.00
HOLIDAY TRADITIONS				**B. SIEDLER**
❑ CAMERA CLAUS 575QX546-5	1989	YR	6.00	10.00
❑ DEER DISGUISE 575QX426-5	1989	YR	6.00	16.00
❑ GONE FISHING 575QX479-4	1989	YR	6.00	22.00
❑ GYM DANDY 575QX418-5	1989	YR	6.00	4.00
❑ HERE'S THE PITCH 575QX545-5	1989	YR	6.00	10.00
❑ HOPPY HOLIDAYS 775QX469-2	1989	YR	8.00	21.00
❑ KRISTY CLAUS 575QX424-5	1989	YR	6.00	4.00

ORNAMENTS

ORNAMENTS

NAME	YEAR	LIMIT	ISSUE	TREND
❑ NORTH POLE JOGGER 575QX546-2	1989	YR	6.00	10.00
❑ ON THE LINKS 575QX419-2	1989	YR	6.00	5.00
❑ POLAR BOWLER 575QX478-4	1989	YR	6.00	12.00
❑ SEA SANTA 575QX415-2	1989	YR	6.00	22.00
❑ SNOWPLOW SANTA 575QX420-5	1989	YR	6.00	22.00
HOLIDAY TRADITIONS				**S. TAGUE**
❑ BLUE GLASS ANGEL QX8381	2000	YR	8.00	13.00
❑ CHRISTMAS TREE SURPRISE	2000	YR	17.00	28.00
❑ MITFORD SNOWMAN JUBILEE SET OF 4 QX2825	2001	YR	20.00	20.00
❑ PRAISE THE DAY QX6799	1999	YR	15.00	12.00
❑ READY TEDDY QX8842	2001	YR	10.00	10.00
❑ THIMBLE SOLDIER QBG4061	2000	YR	22.00	33.00
HOLIDAY TRADITIONS				**D. UNRUH**
❑ BEAUTIFUL CROSS QX8825	2001	YR	10.00	10.00
❑ CHILD OF WONDER QX6817	1999	YR	15.00	28.00
❑ KISS FROM SANTA 450QX482-1	1989	YR	4.00	14.00
❑ MARY AND JOSEPH QX8195	2001	YR	19.00	19.00
❑ OREO COOKIE 400QX481-4	1989	YR	4.00	16.00
❑ READY REINDEER QX8295	2001	YR	14.00	14.00
❑ WINTERTIME TREAT QX6989	1999	YR	13.00	21.00
HOLIDAY TRADITIONS				**S. VISKER**
❑ CHRISTMAS PARROT QX8175	2001	YR	9.00	9.00
❑ KRIS CROSS COUNTRY KRINGLE QX6954	2000	YR	13.00	21.00
❑ ROCKING REINDEER QX8261	2001	YR	13.00	13.00
❑ WADDLES QX8952	2001	YR	9.00	9.00
❑ WAGGLES QX8945	2001	YR	9.00	9.00
❑ WIGGLES QX8955	2001	YR	9.00	9.00
HOLIDAY TRADITIONS				**L. VOTRUBA**
❑ GRACEFUL ANGEL BELL QX8182	2001	YR	10.00	10.00
❑ GRACEFUL GLORY QX8304	2000	YR	19.00	29.00
❑ JOYOUS ANGEL QX6787	1999	YR	9.00	15.00
❑ PARTRIDGE IN A PEAR TREE QX8215	2001	YR	13.00	13.00
❑ SANTA'S SWEET SURPRISE QX8275	2001	YR	15.00	15.00
HOLIDAY TRADITIONS				**N. WILLIAMS**
❑ PEEK-A-BOO PRESENT QX8302	2001	YR	10.00	10.00
HOLIDAY WILDLIFE				*
❑ CARDINALS QX313-3	1982	YR	7.00	195.00
❑ CEDAR WAXWING 750QX321-6	1986	YR	8.00	20.00
❑ CHICKADEE 700QX309-9	1983	YR	7.00	70.00
❑ PARTRIDGE 750QX376-5	1985	YR	8.00	30.00
❑ PHEASANTS 725QX347-4	1984	YR	7.00	30.00
❑ PURPLE FINCH 775QX371-1	1988	YR	8.00	15.00
HOLIDAY WILDLIFE				**L. VOTRUBA**
❑ SNOW GOOSE 750QX371-7	1987	YR	8.00	15.00
HOOP STARS				*
❑ LARRY BIRD 2ND ED. QXI501-4	1996	YR	15.00	30.00
❑ MAGIC JOHNSON QXI6832	1997	YR	15.00	28.00
❑ SHAQUILLE O'NEAL 1ST ED. QX1551-7	1995	YR	15.00	40.00
HOOP STARS				**D. UNRUH**
❑ GRANT HILL QXI 684-6	1998	YR	15.00	23.00
❑ KARL MALONE QXI6901	2000	YR	15.00	20.00
❑ SCOTTIE PIPPEN QXI4177	1999	YR	15.00	22.00
❑ TIM DUNCAN QXI5235	2001	YR	15.00	15.00
HOT WHEELS				**C. WEBB**
❑ 1968 SILHOUETTE AND CASE QX6605	2001	YR	15.00	15.00
HUNCHBACK OF NOTRE DAME				**K. CROW**
❑ ESMERALDA AND DJALO QXI635-1	1996	YR	15.00	12.00
❑ LAVERNE, VICTOR AND HUGO QXI635-4	1996	YR	13.00	18.00
❑ PHOEBUS & ESMERALDA QXD6344	1997	YR	15.00	20.00
❑ QUASIMODO QXI634-1	1996	YR	10.00	5.00
I LOVE LUCY				**L. VOTRUBA**
❑ LUCY DOES A TV COMMERCIAL QX6862	2001	YR	16.00	16.00
❑ LUCY IS ENCIENTE QX6884	2000	YR	16.00	19.00
ICE BLOCK BUDDIES				**L. SICKMAN**
❑ ICE BLOCK BUDDIES QXM6011	2000	YR	6.00	6.00
ICE SCULPTURES				*
❑ ARCTIC PENGUIN 400QX300-3	1982	YR	4.00	20.00
❑ SNOWY SEAL 400QX300-6	1982	YR	4.00	20.00
INVITATION TO TEA				**P. ANDREWS**
❑ COZY COTTAGE TEAPOT QK112-7	1995	YR	16.00	25.00
❑ EUROPEAN CASTLE QK112-9	1995	YR	16.00	25.00
❑ VICTORIAN HOME TEAPOT QX111-9	1995	YR	16.00	28.00
IT'S A WONDERFUL LIFE				**K. CROW**
❑ IT'S A WONDERFUL LIFE QXI653-1	1996	YR	15.00	36.00
JOURNEYS INTO SPACE				*
❑ APOLLO LUNAR MODULE QLX 754-3	1998	YR	24.00	44.00
JOURNEYS INTO SPACE				**E. SEALE**
❑ FREEDOM 7 1ST ED. QLX752-4	1996	YR	24.00	48.00
❑ FRIENDSHIP 7 2ND ED. QLX753-2	1997	YR	24.00	42.00
❑ LUNAR ROVER VEHICLE QXL7377	1999	YR	24.00	40.00
JOYFUL SANTA				**P. ANDREWS**
❑ JOYFUL SANTA QX6784	2000	YR	15.00	22.00
❑ JOYFUL SANTA QX8152	2001	YR	15.00	15.00
JOYFUL SANTA				**R. CHAD**
❑ JOYFUL SANTA QX6949	1999	YR	15.00	21.00

NAME	YEAR	LIMIT	ISSUE	TREND
KEEPSAKE ORNAMENT SIGNATURE COLLECTION				*
❏ TOY SHOP SANTA QXC420-1	1996	YR	60.00	35.00
KIDDIE CAR CLASSICS				**D. PALMITER**
❏ 1924 TOLEDO FIRE ENGINE #6 QX6691	2000	YR	14.00	25.00
❏ 1930 CUSTOM BIPLANE QX6975	2001	YR	14.00	14.00
❏ 1935 STEELCRAFT BY MURRAY QXC 4496	1998	YR	16.00	44.00
❏ 1955 MURRAY TRACTOR AND TRAILER QX637-6	1998	YR	17.00	16.00
❏ 1968 MURRAY JOLLY ROGER FLAGSHIP QX6279	1999	YR	14.00	23.00
❏ MURRAY CHAMPION 1ST ED. 1395QX542-6	1994	RT	14.00	70.00
❏ MURRAY FIRE TRUCK 2ND SERIES QX502-7	1995	YR	14.00	30.00
KIDDIE CAR CLASSICS				**D. RHODUS**
❏ MURRAY AIRPLANE 3RD ED. QX536-4	1996	OP	14.00	35.00
KIDDIE CAR CLASSICS				**C. WEBB**
❏ 1955 MURRAY DUMP TRUCK	2000	YR	35.00	57.00
KITTENS IN TOYLAND				*
❏ KITTENS IN TOYLAND 2ND ED. 450QXM561-2	1989	YR	4.00	20.00
KITTENS IN TOYLAND				**K. CROW**
❏ AIRPLANE 450QXM563-9	1991	YR	4.00	14.00
❏ KITTENS IN TOYLAND/TRAIN 1ST ED. 500QXM562-1	1988	YR	5.00	14.00
❏ POGO STICK 450QXM5391	1992	YR	4.00	17.00
❏ SAILBOAT 450QXM573-6	1990	YR	4.00	14.00
❏ SCOOTER 450QXM561-2	1989	YR	4.00	18.00
KRIS AND THE KRINGLES				**K. CROW**
❏ KRIS AND THE KRINGLES QX8112	2001	YR	24.00	24.00
LADY AND THE TRAMP				*
❏ FAMILY PORTRAIT QXD4149	1999	YR	15.00	22.00
LANGUAGE OF FLOWERS				**S. TAGUE**
❏ IRIS ANGEL QX615-6	1998	YR	16.00	10.00
❏ PANSY 1ST ED. QK117-1	1996	YR	16.00	44.00
❏ ROSE ANGEL QX6289	1999	YR	16.00	24.00
❏ SNOWDROP ANGEL 2ND ED. QX1095	1997	YR	16.00	28.00
LASER CREATIONS				*
❏ ANGELIC MESSENGER QLZ4287	1999	YR	8.00	12.00
❏ CHRISTMAS IN BLOOM QLZ4257	1999	YR	9.00	8.00
❏ DON'T OPEN TILL 2000 QLZ4289	1999	YR	9.00	20.00
❏ RINGING IN CHRISTMAS QLZ4277	1999	YR	7.00	6.00
❏ WISH FOR PEACE QLZ4249	1999	YR	7.00	12.00
❏ YULETIDE CHARM QLZ4269	1999	YR	6.00	13.00
LASER CREATIONS				**T. LARSEN**
❏ INSIDE SANTA'S WORKSHOP QLZ4239	1999	YR	9.00	11.00
❏ VISIT FROM ST. NICHOLAS QLZ4229	1999	YR	6.00	12.00
LASER GALLERY				*
❏ ANGEL LIGHT QLZ4311	2000	YR	8.00	8.00
❏ HEAVENLY PEACE QLZ4314	2000	YR	7.00	7.00
❏ JACK IN THE BOX QLZ4321	2000	YR	9.00	5.00
❏ NATIVITY QLZ4301	2000	YR	9.00	17.00
LASER GALLERY				**J. ESCHRICH**
❏ LOVELY DOVE QLZ4294	2000	YR	8.00	8.00
LASER GALLERY				**T. HADDIX**
❏ FUN-STUFFED STOCKING QLZ4291	2000	YR	6.00	6.00
LASER GALLERY				**T. LARSEN**
❏ NUTCRACKER, THE QLZ4284	2000	YR	6.00	6.00
❏ VISIT FROM SANTA QLZ4281	2000	YR	9.00	9.00
LEGEND OF THREE KINGS COLLECTION				**P. ANDREWS**
❏ KING KHAROOF-SECOND KING QX618-6	1998	YR	13.00	24.00
❏ KING MALH-THIRD KING QX6797	1999	YR	14.00	23.00
LIFESTYLES				**N. AUBE**
❏ APPLE FOR TEACHER QX612-1	1996	YR	8.00	6.00
LIFESTYLES				**J. FRANCIS**
❏ HURRYING DOWNSTAIRS QX607-4	1996	YR	9.00	12.00
LIFESTYLES				**E. SEALE**
❏ TENDER LOVIN' CARE QX611-4	1996	YR	8.00	12.00
LIFESTYLES				**B. SIEDLER**
❏ CHILD CARE GIVER QX607-1	1996	YR	9.00	4.00
LIGHTED ORNAMENTS COLLECTION				*
❏ MR. & MRS. SANTA 1450QLX705-2	1986	YR	14.00	100.00
❏ SUGARPLUM COTTAGE 1100QLX701-1	1986	YR	11.00	25.00
LIGHTED ORNAMENTS COLLECTION				**K. CROW**
❏ BABY'S FIRST CHRISTMAS 1950QLX710-3	1986	YR	20.00	50.00
❏ KEEP ON GLOWIN! 1000QLX707-6	1987	YR	10.00	20.00
❏ SANTA'S SNACK 1000QLX706-6	1986	YR	10.00	28.00
LIGHTED ORNAMENTS COLLECTION				**D. LEE**
❏ GENERAL STORE 1575QLX705-3	1986	YR	16.00	50.00
LIGHTED ORNAMENTS COLLECTION				**E. SEALE**
❏ CHRISTMAS SLEIGH RIDE 2450QLX701-2	1986	YR	25.00	65.00
❏ FIRST CHRISTMAS TOGETHER 1400QLX707-3	1986	RT	14.00	29.00
LIGHTED ORNAMENTS COLLECTION				**L. SICKMAN**
❏ GENTLE BLESSINGS 1500QLX708-3	1986	YR	15.00	165.00
❏ VILLAGE EXPRESS 2450QLX707-2	1986	YR	25.00	60.00
❏ VILLAGE EXPRESS 2450QLX707-2	1987	YR	25.00	55.00
LIGHTED ORNAMENTS COLLECTION				**D. UNRUH**
❏ SANTA'S ON HIS WAY 1500QLX711-5	1986	YR	15.00	70.00
LIGHTED ORNAMENTS COLLECTION				**L. VOTRUBA**
❏ MERRY CHRISTMAS BELL 850QLX709-3	1986	YR	8.00	22.00
❏ SHARING FRIENDSHIP 850QLX706-3	1986	YR	8.00	25.00

ORNAMENTS

NAME	YEAR	LIMIT	ISSUE	TREND
LIGHTHOUSE GREETINGS				**J. FRANCIS**
❑ LIGHTHOUSE GREETINGS QLX7344	2000	YR	24.00	38.00
❑ LIGHTHOUSE GREETINGS QLX7379	1999	YR	24.00	32.00
❑ LIGHTHOUSE GREETINGS QLX753-6	1998	YR	24.00	45.00
❑ LIGHTHOUSE GREETINGS QLX7572	2001	YR	24.00	24.00
LI'L BLOWN GLASS				*
❑ LI'L APPLE QBG4261	2000	YR	8.00	7.00
❑ LI'L CASCADE RED QBG4241	2000	YR	8.00	7.00
❑ LI'L CASCADE WHITE QBG4244	2000	YR	8.00	7.00
❑ LI'L CHRISTMAS TREE QBG4361	2000	YR	8.00	7.00
❑ LI'L GIFT GREEN BOW QBG4344	2000	YR	8.00	7.00
❑ LI'L GIFT RED BOW	2000	YR	8.00	7.00
❑ LI'L GRAPES QBG4141	2000	YR	8.00	7.00
❑ LI'L JACK IN THE BOX QBG4274	2000	YR	8.00	7.00
❑ LI'L MR. CLAUS QBG4364	2000	YR	8.00	7.00
❑ LI'L MRS. CLAUS QBG4371	2000	YR	8.00	7.00
❑ LI'L PARTRIDGE QBG4374	2000	YR	8.00	7.00
❑ LI'L PEAR QBG4254	2000	YR	8.00	7.00
❑ LI'L PINEAPPLE QBG4251	2000	YR	8.00	7.00
❑ LI'L ROBOT QBG4271	2000	YR	8.00	7.00
❑ LI'L ROLY POLY PENGUIN QBG4281	2000	YR	8.00	7.00
❑ LI'L ROLY POLY SANTA QBG4161	2000	YR	8.00	7.00
❑ LI'L ROLY POLY SNOWMAN QBG4284	2000	YR	8.00	7.00
❑ LI'L SANTA TRADITIONAL QBG4354	2000	YR	8.00	7.00
❑ LI'L SNOWMAN TRADITIONAL QBG4351	2000	YR	8.00	7.00
❑ LI'L STARS METALLIC LOOK QBG4221	2000	YR	8.00	7.00
❑ LI'L STARS PATRIOTIC QBG4214	2000	YR	8.00	7.00
❑ LI'L STARS TRADITIONAL QBG4224	2000	YR	8.00	7.00
❑ LI'L SWIRL GREEN QBG4234	2000	YR	8.00	7.00
❑ LI'L SWIRL RED QBG4231	2000	YR	8.00	7.00
❑ LI'L TEDDY BEAR QBG4264	2000	YR	8.00	7.00
LION KING				*
❑ MUFASA AND SIMBA 1495QX540-6	1994	YR	15.00	27.00
❑ SIMBA & NALA QXD 4073	1998	YR	14.00	14.00
❑ SIMBA AND NALA 1295QX530-3	1994	YR	13.00	28.00
❑ TIMON & PUMBAA 895QX536-6	1994	YR	9.00	21.00
❑ TIMON, PUMBAA QXD406-5	1997	YR	13.00	20.00
LION KING				**K. CROW**
❑ SIMBA, PUMBAA & TIMON QX615-9	1995	YR	13.00	9.00
❑ SIMBA, SARABI AND MUFASA QLX 751-3	1994	YR	32.00	70.00
LIONEL NORFOLK AND WESTERN				*
❑ CAR CARRIER AND CABOOSE QXM5265	2001	YR	13.00	13.00
LIONEL NORFOLK AND WESTERN				**E. SEALE**
❑ HORSE CAR AND MILK CAR QXM5971	2000	YR	13.00	12.00
❑ LOCOMOTIVE AND TENDER QXM4549	1999	YR	11.00	20.00
LIONEL TRAIN				*
❑ 1950 SANTA FE F3 DIESEL LOCOMOTIVE 2ND ED.	1997	YR	19.00	45.00
❑ 700E HUDSON STEAM LOCOMOTIVE 1ST ED. QX553-1	1996	YR	19.00	70.00
❑ 746 NORFOLK AND WESTERN STEAM LOCOMOTIVE QX6377	1999	YR	19.00	32.00
❑ LIONEL CHESSIE STEAM SPECIAL LOCOMOTIVE QX6092	2001	YR	19.00	19.00
❑ LIONEL GENERAL STEAM LOCOMOTIVE QX6684	2000	YR	19.00	25.00
❑ PENNSYLVANIA GG-I LOCOMOTIVE QX634-6	1998	YR	19.00	22.00
❑ TENDER-LIONEL CHESSIE STEAM SPECIAL QX6285	2001	YR	14.00	14.00
LIONEL TRAIN				**C. WEBB**
❑ LIONEL I-400E BLUE COMET LOCOMOTIVE QBG4355	2001	YR	35.00	35.00
LITTLE TRIMMERS				*
❑ ANGEL DELIGHT 300QX130-7	1979	YR	3.00	100.00
❑ CHRISTMAS KITTEN 400QX454-3	1982	YR	4.00	22.00
❑ CHRISTMAS OWL 400QX131-4	1980	YR	4.00	15.00
❑ CHRISTMAS OWL 450QX131-4	1982	YR	4.00	25.00
❑ CHRISTMAS TEDDY 250QX135-4	1980	YR	2.00	70.00
❑ CLOTHESPIN DRUMMER BOY 450QX408-2	1981	YR	4.00	22.00
❑ CLOTHESPIN SOLDIER 350QX134-4	1980	YR	4.00	30.00
❑ DRUMMER BOY 250QX136-3	1978	YR	2.00	78.00
❑ JOLLY SNOWMAN 350QX407-5	1981	YR	4.00	59.00
❑ MATCHLESS CHRISTMAS 400QX132-7	1979	YR	4.00	39.00
❑ MERRY MOOSE 550QX415-5	1982	YR	6.00	30.00
❑ MERRY REDBIRD 350QX160-1	1980	YR	4.00	55.00
❑ PERKY PENGUIN 350QX409-5	1981	YR	4.00	58.00
❑ PERKY PENGUIN 400QX409-5	1982	YR	4.00	25.00
❑ PUPPY LOVE 350QX406-2	1981	YR	4.00	34.00
❑ SANTA 250QX135-6	1978	YR	2.00	28.00
❑ SANTA 300QX135-6	1979	YR	3.00	28.00
❑ STOCKING MOUSE, THE- 450QX412-2	1981	YR	4.00	85.00
❑ SWINGIN' ON A STAR 400QX130-1	1980	YR	4.00	38.00
❑ THIMBLE SERIES-MOUSE 300QX133-6	1979	YR	3.00	140.00
LITTLE TRIMMERS				**D. LEE**
❑ MUSICAL ANGEL 550QX459-6	1982	YR	6.00	65.00
❑ PRAYING ANGEL 250QX134-3	1978	YR	2.00	45.00
LITTLE TRIMMERS				**E. SEALE**
❑ JINGLING TEDDY 400QX477-6	1982	YR	4.00	40.00
LITTLE TRIMMERS				**L. SICKMAN**
❑ COOKIE MOUSE 450QX454-6	1982	YR	4.00	26.00
❑ DOVE LOVE 450QX462-3	1982	YR	4.00	25.00
LOONEY TUNES COLLECTION				**P. ANDREWS**
❑ PORKY PIG 875QX565-2	1993	YR	9.00	17.00

ORNAMENTS

NAME	YEAR	LIMIT	ISSUE	TREND
LOONEY TUNES COLLECTION				**R. CHAD**
❏ BUGS BUNNY AND ELMER FUDD QXM5934	2000	YR	10.00	16.00
❏ BUGS BUNNY AND GOSSAMER QX6574	2000	YR	13.00	21.00
❏ BUGS BUNNY QX501-9	1995	YR	9.00	17.00
❏ BUGS BUNNY QX644-3	1998	YR	14.00	5.00
❏ FOGHORN LEGHORN & HENERY HAWK QX544-4	1996	YR	14.00	20.00
❏ HOLIDAY SPA TWEETY QX6945	2001	YR	10.00	10.00
❏ MARVIN THE MARTIAN QX545-1	1996	YR	11.00	25.00
❏ MARVIN THE MARTIAN QXM4657	1999	YR	9.00	14.00
❏ PEPE LEPEW AND PENELOPE QX6507	1999	YR	13.00	32.00
❏ ROAD RUNNER AND WILE E. COYOTE QX560-2	1994	YR	13.00	28.00
❏ SYLVESTER AND TWEETY QX501-7	1995	YR	14.00	15.00
❏ SYLVESTER'S BANG-UP GIFT WX6912	2001	YR	13.00	13.00
❏ TAZ AND THE SHE-DEVIL QXM4619	1999	YR	9.00	14.00
❏ TWEETY QXM5305	2001	YR	7.00	7.00
LOONEY TUNES COLLECTION				**J. LYLE**
❏ ELMER FUDD 875QX549-5	1993	YR	9.00	12.00
LOONEY TUNES COLLECTION				**D. PALMITER**
❏ DAFFY DUCK 895QX541-6	1994	YR	9.00	14.00
❏ SPEEDY GONZALES 895QX534-3	1994	YR	9.00	12.00
❏ SYLVESTER & TWEETY 975QX540-5	1993	YR	10.00	30.00
❏ TASMANIAN DEVIL 895QX560-5	1994	YR	9.00	28.00
❏ YOSEMITE SAM 895QX534-6	1994	YR	9.00	14.00
LOONEY TUNES COLLECTION				**L. SICKMAN**
❏ BUGS BUNNY 875QX541-2	1993	YR	10.00	24.00
LOONEY TUNES LOVABLES				**D. PALMITER**
❏ BABY SYLVESTER QXM415-4	1996	YR	6.00	10.00
❏ BABY TWEETY QXM401-4	1996	YR	6.00	16.00
MADAME ALEXANDER				**J. COLLINS**
❏ CINDERELLA-1995 1ST ED. QX631-1	1996	YR	15.00	40.00
MADAME ALEXANDER				**J. FRANCIS**
❏ CHRISTMAS HOLLY QX6611	2000	YR	15.00	30.00
❏ LITTLE RED RIDING HOOD-1991 2ND ED.	1997	YR	15.00	32.00
❏ MOP TOP WENDY QX635-3	1998	YR	15.00	25.00
❏ PARK AVENUE WENDY & ALEX THE BELLHOP QFM8499	1999	YR	13.00	20.00
❏ RED QUEEN-ALICE IN WONDERLAND QX6379	1999	YR	15.00	15.00
❏ VICTORIAN CHRISTMAS QX6855	2001	YR	15.00	15.00
MADAME ALEXANDER HOLIDAY ANGELS				**J. FRANCIS**
❏ ANGEL OF THE NATIVITY QX6419	1999	YR	15.00	30.00
❏ GLORIOUS ANGEL QX649-3	1998	YR	15.00	30.00
❏ TWILIGHT ANGEL QX6614	2000	YR	15.00	35.00
MADAME ALEXANDER LITTLE WOMEN				**J. FORSYTH**
❏ MARGARET "MEG" MARCH QX6315	2001	YR	16.00	16.00
MAGI BELLS				**L. VOTRUBA**
❏ BALTHAZAR (FRANKINCENSE) QK1174	1996	YR	14.00	20.00
❏ CASPAR (MYRRH) QK118-4	1996	YR	14.00	12.00
❏ MELCHIOR (GOLD) QK118-1	1996	YR	14.00	25.00
MAGIC ORNAMENTS				*
❏ ALL ARE PRECIOUS 800QLX704-1	1984	YR	8.00	26.00
❏ ALL ARE PRECIOUS 800QLX704-4	1985	YR	8.00	18.00
❏ ANGEL OF LIGHT 3000QLT723-9	1991	YR	30.00	60.00
❏ ANGEL OF LIGHT 3000QLX723-9	1992	YR	30.00	37.00
❏ BABY'S FIRST CHRISTMAS 1350QLX704-9	1987	YR	14.00	35.00
❏ BARNEY 2400QLX750-6	1994	YR	24.00	45.00
❏ BLESSINGS OF LOVE 1400QLX736-3	1990	YR	14.00	35.00
❏ BRASS CAROUSEL 900QLX707-1	1984	YR	9.00	45.00
❏ CHRISTMAS EVE VISIT 1200QLX710-5	1985	YR	12.00	16.00
❏ CHRISTMAS IN THE FOREST 800QLX703-4	1984	YR	8.00	20.00
❏ FIRST CHRISTMAS TOGETHER 1150QLX708-7	1987	YR	12.00	37.00
❏ FIRST CHRISTMAS TOGETHER 1200QLX702-7	1988	YR	12.00	38.00
❏ HOLIDAY BELL 1750QLX722-2	1989	YR	18.00	8.00
❏ KATYBETH 1075QLX710-2	1985	YR	11.00	21.00
❏ LACY BRASS SNOWFLAKE 1150QLX709-7	1987	YR	12.00	12.00
❏ MR. AND MRS. SANTA 1450QLX705-2	1985	YR	14.00	60.00
❏ SANTA'S WORKSHOP 1300QLX700-4	1984	YR	13.00	29.00
❏ SANTA'S WORKSHOP 1300QLX700-4	1985	YR	13.00	34.00
❏ SEASON FOR FRIENDSHIP 850QLX706-9	1987	YR	8.00	22.00
❏ SONG OF CHRISTMAS 850QLX711-1	1988	YR	8.00	14.00
❏ SPACE SHUTTLE COLUMBIA 739-6	1995	YR	24.00	40.00
❏ STAINED GLASS 800QLX703-1	1984	YR	8.00	20.00
❏ SUGARPLUM COTTAGE 1100QLX701-1	1984	YR	11.00	28.00
❏ SUGARPLUM COTTAGE 1100QLX701-1	1985	YR	11.00	25.00
❏ SWISS CHEESE LANE 1300QLX706-5	1985	YR	13.00	49.00
❏ TREE OF FRIENDSHIP 850QLX710-4	1988	YR	8.00	25.00
MAGIC ORNAMENTS				**P. ANDREWS**
❏ ELF OF THE YEAR 1000QLX735-6	1990	YR	10.00	22.00
❏ KITTY IN A MITTY 450QXM587-9	1991	YR	4.00	10.00
❏ LIGHTING THE WAY 1800QLX723-1	1992	YR	18.00	40.00
❏ SONG OF THE CHIMES 2500QLX740-5	1993	YR	25.00	55.00
MAGIC ORNAMENTS				**R. CHAD**
❏ DECORATOR TAZ QXL7502	1997	YR	30.00	40.00
❏ ELFIN ENGINEER 1000QLX720-9	1991	YR	10.00	9.00
❏ FATHER TIME QLX739-1	1996	YR	25.00	40.00
❏ HOLIDAY FLASH 1800QLX733-3	1990	YR	18.00	40.00
❏ MOONLIT NAP 875QLX713-4	1989	YR	9.00	15.00
❏ OUR FIRST CHRISTMAS TOGETHER QLX735-5	1993	YR	20.00	44.00

ORNAMENTS

NAME	YEAR	LIMIT	ISSUE	TREND
❑ OUR FIRST CHRISTMAS TOGETHER2000QLX722-1	1992	YR	20.00	33.00
❑ ROAD RUNNER AND WILE E. COYOTE QLX741-5	1993	YR	30.00	70.00
❑ RUDOLPH RED-NOSED REINDEER 1950QLX725-2	1989	YR	20.00	24.00
❑ SANTA'S SECRET GIFT QXL7455	1997	YR	24.00	36.00
❑ SPARKLING ANGEL 1800QLX715-7	1991	YR	18.00	38.00
❑ SUPERMAN QLX730-9	1995	YR	28.00	50.00

MAGIC ORNAMENTS K. CROW

NAME	YEAR	LIMIT	ISSUE	TREND
❑ ARCTIC DOME 2500QLX711-7	1991	YR	25.00	34.00
❑ BABY'S FIRST CHRISTMAS 2200QLX728-1	1992	YR	22.00	98.00
❑ BELLS ARE RINGING 2800QLX740-2	1993	YR	28.00	58.00
❑ CHICKEN COOP CHORUS QLX749-1	1996	YR	25.00	40.00
❑ CHRISTMAS IS MAGIC 1200QLX717-1	1988	YR	12.00	27.00
❑ CHRISTMAS MORNING 2450QLX701-3	1987	YR	25.00	45.00
❑ CHRISTMAS MORNING 2450QLX701-3	1988	YR	25.00	45.00
❑ CIRCLING THE GLOBE 1050QLX712-4	1988	YR	10.00	40.00
❑ DOLLHOUSE DREAMS 2200QLX737-2	1993	YR	22.00	45.00
❑ ELFIN WHITTLER 2000QLX726-5	1990	YR	20.00	35.00
❑ ENCHANTED CLOCK 3000QLX727-4	1992	YR	30.00	60.00
❑ FELIZ NAVIDAD 2800QLX743-3	1994	YR	28.00	65.00
❑ JETSONS, THE QLX741-1	1996	YR	28.00	50.00
❑ KEEPING COZY 1175QLX704-7	1987	YR	12.00	35.00
❑ KRINGLE TROLLEY 2000QLX741-3	1994	YR	20.00	45.00
❑ MY FIRST HOT WHEELS QLX727-9	1995	YR	28.00	45.00
❑ NUT SWEET NUT 1000QLX708-1	1992	YR	10.00	16.00
❑ SANTA SUB 1800QLX732-1	1992	YR	18.00	25.00
❑ SANTA'S HO-HO-HOEDOWN 2500QLX725-6	1990	YR	25.00	15.00
❑ SANTA'S HOT LINE 1800QLX715-9	1991	YR	18.00	28.00
❑ SANTA'S SHOWBOAT QXL7465	1997	YR	42.00	75.00
❑ SANTA'S SING-ALONG 2400QLX747-3	1994	YR	24.00	50.00
❑ SANTA'S SNOW-GETTER 1800QLX735-2	1993	YR	18.00	24.00
❑ SHARING A SODA QLX742-4	1996	YR	25.00	19.00
❑ TINY TINKER 1950QLX717-4	1989	YR	20.00	50.00
❑ TOYLAND TOWER 2000QLX712-9	1991	YR	20.00	25.00
❑ WEE LITTLE CHRISTMAS QLX732-9	1995	YR	22.00	22.00
❑ WINNIE THE POOH PARADE 3200QLX749-3	1994	YR	32.00	55.00

MAGIC ORNAMENTS P. DUTKIN

NAME	YEAR	LIMIT	ISSUE	TREND
❑ FRIENDSHIP TREE 1000QLX716-9	1991	YR	10.00	20.00

MAGIC ORNAMENTS J. FRANCIS

NAME	YEAR	LIMIT	ISSUE	TREND
❑ ANIMALS SPEAK , THE1350QLX723-2	1989	YR	14.00	48.00
❑ BABY'S FIRST CHRISTMAS 2000QLX746-6	1994	YR	20.00	19.00
❑ BABY'S FIRST CHRISTMAS 2200QLX736-5	1993	YR	22.00	45.00
❑ CANDY CANE LOOKOUT 1800QLX737-6	1994	YR	18.00	59.00
❑ HOLIDAY SERENADE QXL7485	1997	YR	24.00	35.00
❑ JUMPING FOR JOY QLX734-7	1995	YR	28.00	50.00
❑ WATCH OWLS 1200QLX708-4	1992	YR	12.00	25.00

MAGIC ORNAMENTS D. LEE

NAME	YEAR	LIMIT	ISSUE	TREND
❑ BUSY BEAVER 1750QLX724-5	1989	YR	18.00	50.00
❑ FIRST CHRISTMAS TOGETHER 1750QLX734-2	1989	YR	18.00	45.00
❑ FIRST CHRISTMAS TOGETHER QLX 725-5	1990	YR	18.00	45.00
❑ IT'S A WONDERFUL LIFE 2000QLX723-7	1991	YR	20.00	70.00
❑ LITTLE RED SCHOOLHOUSE 1575QLX711-2	1985	YR	16.00	45.00
❑ LOOK! IT'S SANTA 1400QLX709-4	1992	YR	14.00	42.00
❑ RADIO NEWS FLASH 2200QLX736-2	1993	YR	22.00	28.00
❑ SANTA'S ARRIVAL 1300QLX702-4	1984	YR	13.00	40.00
❑ TRAIN STATION 1275QLX703-9	1987	YR	13.00	44.00
❑ VILLAGE CHURCH 1500QLX702-1	1984	YR	15.00	28.00
❑ VILLAGE CHURCH 1500QLX702-1	1985	YR	15.00	22.00
❑ WHITE CHRISTMAS 2800QLX746-3	1994	YR	28.00	40.00

MAGIC ORNAMENTS J. LEE

NAME	YEAR	LIMIT	ISSUE	TREND
❑ DOG'S BEST FRIEND 1200QLX717-2	1993	YR	12.00	18.00
❑ HEADIN' HOME QLX732-7	1995	YR	22.00	35.00
❑ JINGLE BEARS 2500QLX732-3	1991	YR	25.00	50.00
❑ MOLE FAMILY HOME 2000QLX714-9	1991	YR	20.00	40.00
❑ SANTA'S ANSWERING MACHINE 2200QLX724-1	1992	YR	22.00	35.00

MAGIC ORNAMENTS J. LYLE

NAME	YEAR	LIMIT	ISSUE	TREND
❑ AWAY IN A MANGER 1600QLX738-3	1994	YR	16.00	34.00
❑ LET US ADORE HIM QLX738-1	1996	YR	16.00	32.00
❑ MADONNA AND CHILD QXL7425	1997	YR	20.00	34.00
❑ PARTRIDGES IN A PEAR 1400QLX721-2	1990	YR	14.00	18.00
❑ RADIANT TREE 1175QLX712-1	1988	YR	12.00	16.00
❑ SEASON OF BEAUTY 800QLX712-2	1985	YR	8.00	22.00

MAGIC ORNAMENTS D. MCGEHEE

NAME	YEAR	LIMIT	ISSUE	TREND
❑ FESTIVE BRASS CHURCH 1400QLX717-9	1991	YR	14.00	35.00

MAGIC ORNAMENTS L. NORTON

NAME	YEAR	LIMIT	ISSUE	TREND
❑ U.S.S. ENTERPRISE QLX741-2	1993	YR	24.00	45.00

MAGIC ORNAMENTS D. PALMITER

NAME	YEAR	LIMIT	ISSUE	TREND
❑ BABY'S FIRST CHRISTMAS 2800QLX724-6	1990	YR	28.00	45.00
❑ COMING TO SEE SANTA QLX736-9	1995	YR	32.00	60.00
❑ GINGERBREAD FANTASY 4400QLX738-2	1994	YR	44.00	60.00
❑ GOOD SLEDDING AHEAD 2800QLX724-4	1992	YR	28.00	60.00
❑ JUKEBOX PARTY QLX733-9	1996	YR	25.00	52.00
❑ LAMPLIGHTER, THE 1800QLX719-2	1993	YR	18.00	38.00
❑ PEANUTS FIFTH AND FINAL QLX727-7	1995	YR	25.00	48.00
❑ UNDER CONSTRUCTION 1800QLX732-4	1992	YR	18.00	37.00

MAGIC ORNAMENTS S. PIKE

NAME	YEAR	LIMIT	ISSUE	TREND
❑ HOLIDAY GLOW 1400QLX717-7	1991	YR	14.00	12.00
❑ KITTY CAPERS 1300QLX716-4	1988	YR	13.00	45.00

ORNAMENTS

NAME	YEAR	LIMIT	ISSUE	TREND
❏ MEOWY CHRISTMAS 1000QLX708-9	1987	YR	10.00	25.00

MAGIC ORNAMENTS — M. PYDA-SEVCIK

NAME	YEAR	LIMIT	ISSUE	TREND
❏ HEAVENLY GLOW 1175QLX711-4	1988	YR	12.00	18.00

MAGIC ORNAMENTS — D. RHODUS

NAME	YEAR	LIMIT	ISSUE	TREND
❏ MRS. SANTA'S KITCHEN 2500QLX726-3	1990	YR	25.00	45.00
❏ PEANUTS 1800QLX715-5	1993	YR	18.00	48.00
❏ PEANUTS 1800QLX721-4	1992	YR	18.00	55.00
❏ PEANUTS 1800QLX722-9	1991	YR	18.00	80.00
❏ PEANUTS 2000QLX740-6	1994	YR	20.00	30.00
❏ SHUTTLECRAFT "GALILEO" 2400QLX733-1	1992	YR	21.00	48.00
❏ UNICORN FANTASY 950QLX723-5	1989	YR	10.00	22.00

MAGIC ORNAMENTS — A. ROGERS

NAME	YEAR	LIMIT	ISSUE	TREND
❏ FRIENDS SHARE FUN QLX734-9	1995	YR	16.00	20.00
❏ HOLIDAY SWIM QLX731-9	1995	YR	19.00	30.00
❏ LETTER TO SANTA 1400QLX722-6	1990	YR	14.00	32.00
❏ PEEKABOO PUP 2000QLX742-3	1994	YR	20.00	20.00
❏ RAIDING THE FRIDGE 1600QLX718-5	1993	YR	16.00	35.00
❏ SNOOPY PLAYS SANTA QXL7475	1997	YR	22.00	38.00
❏ SONG AND DANCE 2000QLX725-3	1990	YR	20.00	55.00
❏ STARLIGHT ANGEL 1400QLX730-6	1990	YR	14.00	35.00

MAGIC ORNAMENTS — E. SEALE

NAME	YEAR	LIMIT	ISSUE	TREND
❏ BABY'S FIRST CHRISTMAS 1650QLX700-5	1985	YR	16.00	34.00
❏ BABY'S FIRST CHRISTMAS 2400QLX718-4	1988	YR	24.00	26.00
❏ BABY'S FIRST CHRISTMAS 3000QLX724-7	1991	YR	30.00	100.00
❏ BABY'S FIRST CHRISTMAS 3000QLX727-2	1989	YR	30.00	65.00
❏ CONVERSATION W/SANTA 2800QLX742-6	1994	YR	28.00	58.00
❏ EAGLE HAS LANDED, THE 2400QLX768-6	1994	YR	24.00	50.00
❏ KRINGLE'S TOY SHOP 2450QLX701-7	1989	YR	25.00	28.00
❏ LINCOLN MEMORIAL QXL7522	1997	YR	24.00	40.00
❏ LOVING HOLIDAY 2200QLX701-6	1987	YR	22.00	50.00
❏ MEMORIES ARE FOREVER-PHOTO 850QLX706-7	1987	YR	8.00	20.00
❏ MOTORCYCLE CHUMS QXL7495	1997	YR	24.00	40.00
❏ NATIVITY 1200QLX700-1	1984	YR	12.00	20.00
❏ NATIVITY 1200QLX700-1	1985	YR	12.00	20.00
❏ NORTH POLE MERRYTHON QLX739-2	1993	YR	25.00	55.00
❏ OVER THE ROOFTOPS QLX737-4	1996	YR	14.00	28.00
❏ SANTA SPECIAL 4000QLX716-7	1991	YR	40.00	75.00
❏ SANTA SPECIAL 4000QLX716-7	1992	YR	40.00	75.00
❏ SKI TRIP 2800QLX726-6	1991	YR	28.00	60.00
❏ SPIRIT OF ST. NICK 2450QLX720-6	1989	YR	25.00	65.00
❏ YULETIDE RIDER 2800QLX731-4	1992	YR	28.00	60.00

MAGIC ORNAMENTS — L. SICKMAN

NAME	YEAR	LIMIT	ISSUE	TREND
❏ BEARLY REACHING 950QLX715-1	1988	YR	10.00	20.00
❏ CHILDREN'S EXPRESS 2800QLX724-3	1990	YR	28.00	45.00
❏ CHRISTMAS PARADE 3000QLX727-1	1992	YR	30.00	29.00
❏ CONTINENTAL EXPRESS 3200QLX726-4	1992	YR	32.00	76.00
❏ COUNTRY EXPRESS 2450QLX721-1	1988	YR	25.00	40.00
❏ COUNTRY SHOWTIME 2200QLX741-6	1994	YR	22.00	22.00
❏ FEATHERED FRIENDS 1400QLX709-1	1992	YR	14.00	32.00
❏ FESTIVE FEEDER 1150QLX720-4	1988	YR	12.00	50.00
❏ FIRST CHRISTMAS TOGETHER QX713-7	1991	YR	25.00	25.00
❏ GOOD CHEER BLIMP 1600QLX704-6	1987	YR	16.00	35.00
❏ HOME ON THE RANGE 3200QLX739-5	1993	YR	32.00	70.00
❏ KRINGLES'S BUMPER CARS 2500QLX711-9	1991	YR	25.00	55.00
❏ MAXINE 2000QLX750-3	1994	YR	20.00	48.00
❏ METRO EXPRESS 2800QLX727-5	1989	YR	28.00	80.00
❏ PARADE OF THE TOYS 2200QLX719-4	1988	YR	25.00	30.00
❏ TREASURED MEMORIES QLX738-4	1996	YR	19.00	24.00

MAGIC ORNAMENTS — B. SIEDLER

NAME	YEAR	LIMIT	ISSUE	TREND
❏ BACKSTAGE BEAR 1350QLX721-5	1989	YR	14.00	37.00
❏ BEARY SHORT NAP 1000QLX732-6	1990	YR	10.00	30.00
❏ CITY LIGHTS 1000QLX701-4	1984	YR	10.00	28.00
❏ DEER CROSSING 1800QLX721-3	1990	YR	18.00	45.00
❏ GOODY GUMBALLS! QLX736-7	1995	YR	12.00	30.00
❏ HOP 'N POP POPPER 2000QLX735-3	1990	YR	20.00	55.00
❏ LOVING SPOONFUL 1950QLX726-2	1989	YR	20.00	22.00
❏ ROCK CANDY MINER 2000QLX740-3	1994	YR	20.00	35.00
❏ SANTA'S WORKSHOP 2800QLX737-5	1993	YR	28.00	60.00
❏ STARSHIP CHRISTMAS 1800QLX733-6	1990	YR	18.00	50.00
❏ VIDEO PARTY QLX743-1	1996	YR	28.00	25.00
❏ WINNIE THE POOH 2400QLX742-2	1993	YR	24.00	32.00
❏ WINNIE THE POOH -TOO MUCH HUNNY QLX729-7	1995	YR	25.00	40.00

MAGIC ORNAMENTS — S. TAGUE

NAME	YEAR	LIMIT	ISSUE	TREND
❏ JOY TO THE WORLD QXL7512	1997	YR	15.00	24.00
❏ TEAPOT PARTY QXL7482	1997	YR	19.00	22.00

MAGIC ORNAMENTS — D. UNRUH

NAME	YEAR	LIMIT	ISSUE	TREND
❏ ANGELIC MESSENGERS 1875QLX711-3	1987	YR	19.00	55.00
❏ BRINGING HOME THE TREE 2800QLX724-9	1991	YR	28.00	60.00
❏ CHRISTMAS MEMORIES 2500QLX727-6	1990	YR	25.00	55.00
❏ FATHER CHRISTMAS 1400QLX714-7	1991	YR	14.00	36.00
❏ JOYOUS CAROLERS 3000QLX729-5	1989	YR	30.00	70.00
❏ LAST-MINUTE HUG 1950QLX718-1	1988	YR	22.00	48.00
❏ SALVATION ARMY BAND 3000QLX727-3	1991	YR	30.00	60.00
❏ SKATER'S WALTZ 2450QLX720-1	1988	YR	25.00	35.00

MAGIC ORNAMENTS — L. VOTRUBA

NAME	YEAR	LIMIT	ISSUE	TREND
❏ ANGEL MELODY 950QLX720-2	1989	YR	10.00	22.00
❏ BRIGHT NOEL 700QLX705-9	1987	YR	7.00	32.00

ORNAMENTS

Lenox ornaments are a tradition in their own right. This elegant porcelain Rocking Horse *would be perfect as a baby's first ornament.*

Prizm Inc.'s charming Knock, Knock Santa *ornament was offered to members of Pipka's Memories of Christmas Collectors Club in 1998.*

This Flying Woodman Santa *ornament from Midwest of Cannon Falls was limited to 2,500 pieces in 1994.*

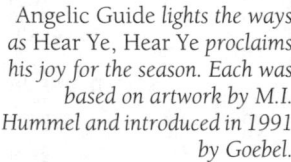

Angelic Guide *lights the ways as* Hear Ye, Hear Ye *proclaims his joy for the season. Each was based on artwork by M.I. Hummel and introduced in 1991 by Goebel.*

NAME	YEAR	LIMIT	ISSUE	TREND
☐ DANCING NUTCRACKER, THE 3000QLX726-1	1992	YR	30.00	60.00
☐ GLOWING ANGEL QXL7435	1997	YR	19.00	30.00
☐ LAST MINUTE SHOPPING 2800QLX738-5	1993	YR	28.00	62.00
☐ LOVE WREATH 850QLX702-5	1985	YR	8.00	12.00
☐ SANTA'S DINER QLX733-7	1995	YR	25.00	32.00
☐ VERY MERRY MINUTES 2400QLX744-3	1994	YR	24.00	45.00
MAJESTIC WILDERNESS				*
☐ CURIOUS RACCOONS MARK NEWMAN QX6287	1999	YR	13.00	23.00
☐ TIMBER WOLVES AT PLAY-MARK NEWMAN QX627-3	1998	YR	13.00	24.00
MAJESTIC WILDERNESS				**M. NEWMAN**
☐ FOXES IN THE FOREST QX6794	2000	YR	13.00	21.00
MARCH OF THE TEDDY BEARS				**D. UNRUH**
☐ MARCH OF THE TEDDY BEARS 3RD ED. QXM 4799	1995	YR	*	10.00
☐ MARCH OF THE TEDDY BEARS 450QXM400-5	1993	YR	4.00	12.00
☐ MARCH OF THE TEDDY BEARS 450QXM510-6	1994	YR	4.00	8.00
☐ MARCH OF THE TEDDY BEARS 4TH & FINAL QXM409-4	1996	YR	5.00	12.00
MARILYN MONROE				*
☐ MARILYN MONROE, PINK GOWN QX570-4	1997	YR	15.00	31.00
MARILYN MONROE				**P. ANDREWS**
☐ MARILYN MONROE QX633-3	1998	YR	15.00	19.00
☐ MARILYN MONROE QX6389	1999	YR	15.00	24.00
MARJOLEIN BASTIN				**D. UNRUH**
☐ CHRISTMAS SNOWMAN QX621-4	1996	YR	10.00	19.00
MARY'S ANGELS				**HAMILTON/CHAD**
☐ VIOLET 9TH ED. QX566-4	1996	YR	7.00	18.00
MARY'S ANGELS				**HAMILTON/ CHAD**
☐ DAPHNE 11TH ED. QX615-3	1990	YR	0.00	18.00
MARY'S ANGELS				**R. CHAD**
☐ BLUEBELL 2ND ED. 575QX454-5	1989	YR	6.00	90.00
☐ BUTTERCUP 1ST ED. 500QX407-4	1988	YR	5.00	55.00
☐ CAMELLIA 8TH ED. QX514-9	1995	YR	7.00	19.00
☐ HEATHER 12 ED. QX6329	1999	YR	8.00	18.00
☐ IRIS 4TH ED. 675QX427-9	1991	YR	7.00	45.00
☐ IVY 6TH ED. 675QX428-2	1993	YR	7.00	8.00
☐ JASMINE 7TH ED. 695QX527-6	1994	YR	7.00	24.00
☐ LILY 5TH ED. 675QX427-4	1992	YR	7.00	48.00
☐ ROSEBUD 3RD ED. 575QX442-3	1990	YR	6.00	40.00
MARY'S ANGELS				**M. HAMILTON**
☐ CHRYSANTHA 14TH ED. QX6985	2001	YR	8.00	8.00
☐ MARGUERITE 13TH ED. QX6571	2000	YR	8.00	15.00
MARY'S ANGELS				**HAMILTON/CHAD**
☐ DAISY 10TH ED. QX6242	1997	YR	8.00	20.00
MATCHBOX MEMORIES				**E. SEALE**
☐ EVERGREEN INN 875QX538-9	1991	YR	9.00	15.00
☐ HOLIDAY CAFE 875QX539-9	1991	YR	9.00	14.00
☐ SANTA'S STUDIO 875QX539-7	1991	YR	9.00	16.00
MERRY OLDE SANTA				**D. RHODUS**
☐ MERRY OLDE SANTA QX6359	1999	YR	16.00	20.00
METAL ORNAMENTS				**L. SICKMAN**
☐ SNOWFLAKE COLLECTION (4) 500QX010-2	1977	YR	5.00	90.00
MICKEY & CO.				*
☐ BABY MICKEY'S SWEET DREAMS QXD4087	1999	YR	11.00	18.00
☐ DOG DISH DILEMMA QXD4044	2000	YR	13.00	13.00
☐ GIRL TALK QXD4069	1999	YR	13.00	21.00
☐ GOOFY AS SANTA'S HELPER QXD4079	1999	YR	13.00	21.00
☐ MICKEY AND MINNIE MOUSE QXD4041	2000	YR	13.00	21.00
☐ MICKEY'S BEDTIME READING QXD4077	2000	YR	11.00	18.00
☐ MICKEY'S SKY RIDER QXD4159	2000	YR	19.00	30.00
☐ PIANO PLAYER MICKEY QXD7389	1999	YR	24.00	45.00
MICKEY'S HOLIDAY PARADE				*
☐ BATON TWIRLER DAISY QXD4034	2000	YR	14.00	14.00
☐ DONALD PLAYS THE CYMBALS QXD4057	1999	YR	14.00	21.00
☐ MINNIE PLAYS THE FLUTE QXD 4106	1998	YR	14.00	21.00
☐ PLUTO PLAYS TRIANGLE QXD4112	2001	YR	14.00	14.00
MINIATURE CLOTHESPIN SOLDIER				**L. SICKMAN**
☐ MINIATURE CLOTHESPIN SOLDIER	1995	YR	*	11.00
☐ MINIATURE CLOTHESPIN SOLDIER 2ND ED. QXM414-4	1996	YR	5.00	12.00
☐ MINIATURE CLOTHESPIN SOLDIER QXM4579	1999	YR	5.00	8.00
☐ SAILOR QXM5334	2000	YR	5.00	9.00
MINIATURE HARLEY-DAVIDSON MOTORCYCLES				**D. PALMITER**
☐ 1947 SERVI-CAR QXI5282	2001	YR	8.00	8.00
☐ 1962 DUO-GLIDE QXI6001	2000	YR	8.00	13.00
MINIATURE KIDDIE CAR CLASSICS				**D. PALMITER**
☐ 1955 MURRAY TRACTOR AND TRAILER QXM4479	1999	YR	7.00	11.00
☐ MURRAY CHAMPION QXM4079	1995	YR	*	27.00
☐ MURRAY DUMP TRUCK/ORANGE QXM4183	1998	YR	*	16.00
☐ MURRAY FIRE TRUCK 2ND ED. QXM403-1	1996	OP	7.00	15.00
☐ MURRAY INC. PURSUIT AIRPLANE QXM4132	1997	YR	*	9.00
MINIATURE KIDDIE CAR CLASSICS				**C. WEBB**
☐ 1968 MURRAY JOLLY ROGER FLAGSHIP QXM5944	2000	YR	7.00	12.00
MINIATURE KIDDIE CAR LUXURY EDITION				**D. PALMITER**
☐ 1937 STEELCRAFT AIRFLOW BY MURRAY QXM4477	1999	YR	7.00	11.00
☐ 1937 STEELCRAFT AUBURN QXM4143	1998	YR	*	11.00
MINIATURE KIDDIE CAR LUXURY EDITION				**C. WEBB**
☐ 1935 STEELCRAFT BY MURRAY QXM5951	2000	YR	7.00	12.00
☐ 1937 GARTON FORD QXM5195	2001	YR	7.00	7.00

ORNAMENTS

ORNAMENTS

NAME	YEAR	LIMIT	ISSUE	TREND
MINIATURE ORNAMENTS				*
❏ AIR SANTA 450QXM565-6	1990	YR	4.00	10.00
❏ BRASS CHURCH 300QXM597-9	1991	YR	3.00	6.00
❏ BRASS HORN 300QXM579-3	1990	YR	3.00	6.00
❏ BRASS PEACE 300QXM579-6	1990	YR	3.00	9.00
❏ BRASS SOLDIER 300QXM598-7	1991	YR	3.00	8.00
❏ BRASS YEAR 300QXM583-3	1990	YR	3.00	6.00
❏ CORVETTE MINIATURE QXM1433-2	1997	YR	7.00	10.00
❏ DANCING ANGELS TREE-TOPPER QXM 589-1	1993	YR	10.00	13.00
❏ GRACEFUL CAROUSEL HORSE 775QXM405-6	1994	YR	8.00	18.00
❏ HOLIDAY EXPRESS QXM 545-2	1993	YR	50.00	65.00
❏ HOLIDAY HOLLY 975QXM536-4	1992	YR	10.00	18.00
❏ KRINGLES, THE-1ST EDITION 600QXM562-2	1989	YR	6.00	15.00
❏ LOVING HEARTS 300QXM552-3	1990	YR	3.00	7.00
❏ MOTHER 600QXM564-5	1989	YR	6.00	10.00
❏ NIGHT BEFORE CHRISTMAS 4TH ED. 480-7	1995	YR	5.00	12.00
❏ PENGUIN PAL 450QXM574-6	1990	YR	4.00	10.00
❏ ROLY-POLY RAM 300QXM570-5	1989	YR	3.00	10.00
❏ SKATING WITH POOH QXD4127	1999	YR	7.00	11.00
❏ SNEAKER MOUSE 400QXM571-1	1988	YR	4.00	18.00
❏ SPECIAL FRIEND 450QXM565-2	1989	YR	4.00	15.00
❏ SWEET DREAMS 700QXM560-4	1988	YR	7.00	22.00
MINIATURE ORNAMENTS				**P. ANDREWS**
❏ BRASS BELLS 300QXM597-7	1991	YR	3.00	10.00
❏ CASABLANCA SET OF 3 QXM4272	1997	YR	20.00	25.00
❏ CHILD'S GIFTS, A QXM423-4	1996	YR	7.00	6.00
❏ EARS TO PALS 375QXM407-5	1993	YR	4.00	5.00
❏ FIRST CHRISTMAS TOGETHER 600QXM553-6	1990	YR	6.00	12.00
❏ GOING PLACES 375QXM587-1	1992	YR	4.00	6.00
❏ JOYOUS ANGEL QXM423-1	1996	YR	5.00	6.00
❏ LONG WINTER'S NAP QXM424-4	1996	YR	6.00	9.00
❏ MOM 450QXM515-5	1993	YR	4.00	13.00
❏ MOM 450QXM550-4	1992	YR	4.00	15.00
❏ SKI FOR TWO 450QXM582-1	1992	YR	4.00	12.00
❏ SNUGGLE BIRDS 575QXM518-2	1993	YR	6.00	10.00
❏ VISIONS OF ACORNS 450QXM585-1	1992	YR	4.00	15.00
MINIATURE ORNAMENTS				**N. AUBE**
❏ CELESTIAL BUNNY QXM6641	2000	YR	7.00	12.00
❏ CELESTIAL KITTY QXM4639	1999	YR	7.00	10.00
❏ READY FOR A RIDE QXM5302	2001	YR	7.00	7.00
❏ SWEET SLIPPER DREAM QXM5345	2001	YR	5.00	5.00
MINIATURE ORNAMENTS				**R. BISHOP**
❏ BEARY PERFECT TREE 475QXM407-6	1994	YR	5.00	7.00
❏ HEARTS A-SAIL 575QXM400-6	1994	YR	6.00	12.00
❏ JUST MY SIZE 375QXM408-6	1994	YR	4.00	8.00
❏ WEE TOYMAKER 850QXM596-7	1991	YR	8.00	10.00
MINIATURE ORNAMENTS				**R. CHAD**
❏ ALL ABOARD 450QXM586-9	1991	YR	4.00	12.00
❏ CLASSIC BATMAN & ROBIN QXM4659	1999	YR	13.00	21.00
❏ HICKORY, DICKORY, DOCK 375QXM586-1	1992	YR	4.00	12.00
❏ ICE COLD COCA-COLA QXM4252	1997	YR	7.00	10.00
❏ LEARNING TO SKATE 300QXM412-2	1993	YR	3.00	10.00
❏ LIGHTING A PATH 300QXM411-5	1993	YR	3.00	5.00
❏ OUR LADY OF GUADALUPE QXM4275	1997	YR	9.00	8.00
❏ PERFECT FIT 450QXM551-6	1990	YR	4.00	14.00
❏ POUR SOME MORE 575QXM515-6	1994	YR	6.00	7.00
❏ REFRESHING FLIGHT 575QXM411-2	1993	YR	6.00	11.00
❏ RING-A-DING ELF 850QXM566-9	1991	YR	8.00	12.00
❏ SPUNKY MONKEY 300QXM592-1	1992	YR	3.00	10.00
❏ TREELAND TRIO 850QXM589-9	1991	YR	8.00	11.00
❏ TYPE OF JOY 450QXM564-6	1990	YR	4.00	6.00
❏ VISION OF SANTA 450QXM593-7	1991	YR	4.00	9.00
MINIATURE ORNAMENTS				**K. CROW**
❏ ACORN WREATH 600QXM568-6	1990	YR	6.00	12.00
❏ BUCK-A-ROO 450QXM581-4	1992	YR	4.00	15.00
❏ BUSY CARVER 450QXM567-3	1990	YR	4.00	8.00
❏ CUTE AS A BUTTON 375QXM410-3	1994	YR	4.00	8.00
❏ DASHING THROUGH THE SNOW QXM5335	2001	YR	7.00	7.00
❏ FEEDING TIME 575QXM548-1	1992	YR	6.00	15.00
❏ FLY BY 450QXM585-9	1991	YR	4.00	12.00
❏ FRIENDS ARE TOPS 450QXM552-1	1992	YR	4.00	10.00
❏ GEARING UP FOR CHRISTMAS QXM5352	2001	YR	7.00	7.00
❏ HOOP IT UP 450QXM583-1	1992	YR	4.00	12.00
❏ KEY TO LOVE 450QXM568-9	1991	YR	4.00	15.00
❏ MERRY FLIGHT, A 575QX407-3	1994	YR	6.00	12.00
❏ ROUND THE MOUNTAIN QXM 402-5	1993	YR	7.00	14.00
❏ SANTA'S JOURNEY BEGINS QXM6004	2000	YR	10.00	17.00
❏ SANTA'S ROADSTER 600QXM566-5	1989	YR	6.00	14.00
❏ STAMP COLLECTOR 450QXM562-3	1990	YR	4.00	7.00
❏ SWEET DREAMS 300QXM409-6	1994	YR	3.00	6.00
❏ WOODLAND BABIES 600QXM566-7	1991	YR	6.00	10.00
MINIATURE ORNAMENTS				**P. DUTKIN**
❏ SHARING A RIDE 850QXM576-5	1989	YR	8.00	15.00
MINIATURE ORNAMENTS				**J. ESCHRICH**
❏ HOLIDAY SHOE QXM5365	2001	YR	5.00	5.00
❏ STAR FAIRY QXM6101	2000	YR	5.00	10.00
❏ WELCOMING ANGEL QXM5321	2000	YR	6.00	6.00

NAME	YEAR	LIMIT	ISSUE	TREND
MINIATURE ORNAMENTS				**J. FRANCIS**
❑ BABY'S FIRST CHRISTMAS 600QXM579-9	1991	YR	6.00	20.00
❑ BABY'S FIRST CHRISTMAS 850QXM570-3	1990	YR	8.00	12.00
❑ BLACK-CAPPED CHICKADEE 300QXM548-4	1992	YR	3.00	18.00
❑ CHRISTMAS COPTER 575QXM584-4	1992	YR	6.00	12.00
❑ COUNTRY FIDDLING 375QXM406-2	1993	YR	4.00	6.00
❑ GRANDCHILD'S FIRST CHRISTMAS 575QXM550 1	1992	YR	6.00	9.00
❑ HOLIDAY CARDINAL 300QXM552-6	1990	YR	3.00	18.00
❑ HOLIDAY SPLASH 575QXM583-4	1992	YR	6.00	10.00
❑ MERRY SEAL 600QXM575-5	1989	YR	6.00	14.00
❑ PANDA'S SURPRISE 450QXM561-6	1990	YR	4.00	10.00
❑ POLAR BUDDIES QXM4332	1997	YR	5.00	9.00
❑ PULL OUT A PLUM 575QXM409-5	1993	YR	6.00	8.00
❑ SANTA-IN-THE-BOX QXM5355	2001	YR	7.00	7.00
❑ SCOOTING ALONG 675QXM517-3	1994	YR	7.00	10.00
❑ SPECIAL FRIENDS 450QXM516-5	1993	YR	4.00	5.00
❑ UPBEAT BEAR 600QXM590-7	1991	YR	6.00	12.00
❑ WOODLAND BABIES 575QXM510-2	1993	YR	6.00	9.00
MINIATURE ORNAMENTS				**K. KLINE**
❑ BETSEY'S PERFECT 10 QXM4609	1999	YR	5.00	8.00
MINIATURE ORNAMENTS				**D. LEE**
❑ BABY'S FIRST CHRISTMAS 600QXM574-4	1988	YR	5.00	12.00
❑ HAVE A COOKIE 575QXM516-6	1994	YR	6.00	15.00
❑ HEAVENLY MINSTREL 975QXM568-7	1991	YR	10.00	20.00
❑ SANTA'S STREETCAR 850QXM576-6	1990	YR	8.00	14.00
MINIATURE ORNAMENTS				**J. LEE**
❑ COOL UNCLE SAM 300QXM556-1	1992	YR	3.00	15.00
❑ COZY KAYAK 375QXM555-1	1992	YR	4.00	12.00
❑ FRIENDLY FAWN 600QXM594-7	1991	YR	6.00	15.00
❑ GOING SLEDDING 450QXM568-3	1990	YR	4.00	11.00
❑ INN 850QXM562-7	1991	YR	8.00	15.00
❑ SILVERY SANTA 975QXM567-9	1991	YR	10.00	16.00
❑ SNOW ANGEL 600QXM577-3	1990	YR	6.00	8.00
❑ SPECIAL FRIENDS 850QXM579-7	1991	YR	8.00	20.00
❑ STOCKING PAL 450QXM567-2	1989	YR	4.00	10.00
MINIATURE ORNAMENTS				**J. LYLE**
❑ ANGELIC HARPIST 450QXM552-4	1992	YR	4.00	10.00
❑ BABY'S FIRST CHRISTMAS 450QXM5494	1992	YR	4.00	20.00
❑ BABY'S FIRST CHRISTMAS 575QXM400-3	1994	YR	6.00	15.00
❑ BRASS ANGEL 150QXM567-1	1988	YR	2.00	20.00
❑ BRASS BOUQUET 600QMX577-6	1990	YR	6.00	5.00
❑ BRASS PARTRIDGE 300QXM572-5	1989	YR	3.00	12.00
❑ BRASS SNOWFLAKE 450QXM570-2	1989	YR	4.00	14.00
❑ BRASS STAR 150QXM566-4	1988	YR	2.00	18.00
❑ BRASS TREE 150QXM567-4	1988	YR	2.00	18.00
❑ CARDINAL CAMEO 600QXM595-7	1991	YR	6.00	12.00
❑ CARING SHEPHERD 600QXM594-9	1991	YR	6.00	12.00
❑ COZY SKATER 450QXM573-5	1989	YR	4.00	18.00
❑ FANCY WREATH 450QXM591-7	1991	YR	4.00	5.00
❑ FRIENDS NEED HUGS 450QXM401-6	1994	YR	4.00	15.00
❑ JOURNEY TO BETHLEHEM 575QXM403-6	1994	YR	6.00	20.00
❑ LITTLE STAR BRINGER 600QXM562-2	1989	YR	6.00	15.00
❑ MOTHER 450QXM571-6	1990	YR	4.00	12.00
❑ PEAR-SHAPED TONES 375QXM405-2	1993	YR	4.00	10.00
❑ THIMBLE BELLS 600QXM546-1	1992	YR	6.00	12.00
MINIATURE ORNAMENTS				**D. MCGEHEE**
❑ FIRST CHRISTMAS TOGETHER 400QXM574-1	1988	YR	4.00	6.00
❑ JOYOUS HEART 350QXM569-1	1988	YR	4.00	30.00
MINIATURE ORNAMENTS				**D. PALMITER**
❑ BEAR HUG 600QXM563-3	1990	YR	6.00	8.00
❑ CHRISTMAS BONUS 300QXM581-1	1992	YR	3.00	10.00
❑ CRYSTAL ANGEL 975QXM401-5	1993	YR	10.00	29.00
❑ N. POLE BUDDY 450QXM592-7	1991	YR	4.00	15.00
❑ NORTH POLE FIRE TRUCK 475QXM410-5	1993	YR	5.00	9.00
❑ PUPPY LOVE 600QXM566-6	1990	YR	6.00	9.00
❑ VISIONS OF SUGARPLUMS 725QXM402-2	1993	YR	7.00	9.00
❑ WEE THREE KINGS 575QXM553-1	1992	YR	6.00	9.00
❑ WOODLAND BABIES 600QXM544-4	1992	YR	6.00	13.00
MINIATURE ORNAMENTS				**J. PATTEE**
❑ BRASS SANTA 300QXM578-6	1990	YR	3.00	6.00
❑ FOLK ART BUNNY 450QXM569-2	1989	YR	4.00	12.00
❑ FOLK ART LAMB 250QXM568-1	1988	YR	3.00	25.00
❑ FOLK ART REINDEER 250QXM568-4	1988	YR	3.00	8.00
❑ FRIENDS SHARE JOY 200QXM576-4	1988	YR	2.00	9.00
❑ HAPPY SANTA 450QXM561-4	1988	YR	4.00	10.00
❑ KITTY CART 300QXM572-2	1989	YR	3.00	10.00
❑ LOVE IS FOREVER 200QXM577-4	1988	YR	2.00	15.00
❑ RUBY REINDEER 600QXM581-6	1990	YR	6.00	8.00
MINIATURE ORNAMENTS				**S. PIKE**
❑ ACORN SQUIRREL 450QXM568-2	1989	YR	4.00	12.00
❑ BABY'S FIRST CHRISTMAS 600QXM573-2	1989	YR	6.00	14.00
❑ COOL 'N' SWEET 450QXM586-7	1991	YR	4.00	25.00
❑ COURIER TURTLE 450QXM585-7	1991	YR	4.00	12.00
❑ FUTURE STAR QXM4232	1997	YR	6.00	6.00
❑ LOVEBIRDS 600QXM563-5	1989	YR	6.00	15.00
❑ MOTHER 300QXM572-4	1988	YR	3.00	10.00

ORNAMENTS

NAME	YEAR	LIMIT	ISSUE	TREND
❑ ROLY-POLY PIG 300QXM571-2	1989	YR	3.00	8.00
❑ SNUG KITTY 375QXM555-4	1992	YR	4.00	9.00
❑ SPECIAL FRIENDS 600QXM572-6	1990	YR	6.00	15.00
❑ TEACHER 450QXM565-3	1990	YR	4.00	5.00
❑ THREE LITTLE KITTENS 600QXM569-4	1988	YR	6.00	15.00
❑ THREE LITTLE KITTENS 600QXM569-4	1989	YR	6.00	18.00

MINIATURE ORNAMENTS — M. PYDA-SEVCIK

NAME	YEAR	LIMIT	ISSUE	TREND
❑ THIMBLE BELLS 600QXM554-3	1990	YR	6.00	15.00
❑ THIMBLE BELLS-2ND EDITION 600QXM565-9	1991	YR	6.00	20.00

MINIATURE ORNAMENTS — D. RHODUS

NAME	YEAR	LIMIT	ISSUE	TREND
❑ BRIGHT BOXERS 450QXM587-7	1991	YR	4.00	12.00
❑ BUSY BEAR 450QXM593-9	1991	YR	4.00	12.00
❑ CORNY ELF 450QXM406-3	1994	YR	4.00	12.00
❑ FAST FINISH 375QXM530-1	1992	YR	4.00	10.00
❑ HATTIE CHAPEAU QXM425-1	1996	YR	5.00	5.00
❑ HOLIDAY SNOWFLAKE 300QXM599-7	1991	YR	3.00	12.00
❑ LOAD OF CHEER 600QXM574-5	1989	YR	6.00	18.00
❑ PINECONE BASKET 450QXM573-4	1989	YR	4.00	9.00
❑ STARLIT MOUSE 450QXM565-5	1989	YR	4.00	12.00

MINIATURE ORNAMENTS — A. ROGERS

NAME	YEAR	LIMIT	ISSUE	TREND
❑ BASKET BUDDY 600QXM569-6	1990	YR	6.00	10.00
❑ BEARYMORES, THE 575QXM512-5	1993	YR	6.00	15.00
❑ BEARYMORES, THE 575QXM513-3	1994	YR	6.00	12.00
❑ BEARYMORES, THE 575QXM554-4	1992	YR	6.00	15.00
❑ CATWOMAN QXM6021	2000	YR	10.00	16.00
❑ COUNTRY HEART 450QXM569-3	1990	YR	4.00	5.00
❑ COUNTRY WREATH 400QXM573-1	1988	YR	4.00	10.00
❑ COUNTRY WREATH 450QXM573-1	1989	YR	4.00	10.00
❑ FELIZ NAVIDAD 600QXM588-7	1991	YR	6.00	22.00
❑ GRANDCHILD'S 1ST CHRISTMAS 450QXM569-7	1991	YR	4.00	14.00
❑ HAPPY BLUEBIRD 450QXM566-2	1989	YR	4.00	15.00
❑ KRINGLES, THE- 600QXM538-1	1992	YR	6.00	5.00
❑ KRINGLES, THE- 600QXM575-3	1990	YR	6.00	24.00
❑ KRINGLES, THE-3RD EDITION 6000QXM564-7	1991	YR	6.00	25.00
❑ LULU & FAMILY 600QXM567-7	1991	YR	6.00	10.00
❑ MADONNA AND CHILD 600QXM564-3	1990	YR	6.00	10.00
❑ MELODIC CHERUB 375QXM406-6	1994	YR	4.00	5.00
❑ MOM 450QXM401-3	1994	YR	4.00	9.00
❑ PERFECT BALANCE 300QXM557-1	1992	YR	3.00	16.00
❑ SANTA'S MAGIC RIDE 850QXM563-2	1989	YR	8.00	14.00
❑ SECRET PAL 375QXM517-2	1993	YR	4.00	6.00
❑ TEA W/TEDDY 725QXM404-6	1994	YR	7.00	10.00
❑ WREATH QXM 513-5	1993	YR	6.00	15.00

MINIATURE ORNAMENTS — E. SEALE

NAME	YEAR	LIMIT	ISSUE	TREND
❑ BAKING TINY TREATS QXM 403-3 SET OF SIX	1994	YR	29.00	64.00
❑ BRIGHT STRINGERS 375QXM584-1	1992	YR	4.00	14.00
❑ CHRISTMAS BEAR QXM424-1	1996	YR	5.00	9.00
❑ CHRISTMAS CASTLE 575QXM408-5	1993	YR	6.00	9.00
❑ GRANDMA 450QXM516-2	1993	YR	4.00	12.00
❑ HOME SWEET HOME QXM4222	1997	YR	6.00	10.00
❑ INSIDE STORY 725QXM588-1	1992	YR	7.00	14.00
❑ INTO THE WOODS 375QXM404-5	1993	YR	4.00	10.00
❑ MESSAGE FOR SANTA QXM425-4	1996	YR	7.00	7.00
❑ POLAR POLKA 450QXM553-4	1992	YR	4.00	10.00
❑ SEASIDE SCENES QXM5275	2001	YR	8.00	8.00
❑ SEW TALENTED QXM4195	1997	YR	6.00	9.00
❑ SEW, SEW TINY 2900QXM579-4	1992	YR	29.00	40.00
❑ STRINGING ALONG 850QXM560-6	1990	YR	8.00	9.00
❑ TINY CHRISTMAS HELPERS SET OF 6 QXM426-1	1996	YR	29.00	30.00
❑ TINY GREEN THUMBS QXM 403-2 SET OF SIX	1993	YR	29.00	30.00
❑ TINY HOME IMPROVERS SET OF 6 QXM4282	1997	YR	29.00	30.00
❑ TINY TEA PARTY 2900QXM582-7	1991	YR	29.00	135.00
❑ TOP HATTER 600QXM588-9	1991	YR	6.00	12.00
❑ WARM MEMORIES 450QXM571-3	1990	YR	4.00	8.00

MINIATURE ORNAMENTS — L. SICKMAN

NAME	YEAR	LIMIT	ISSUE	TREND
❑ BOUNCY KANGAROOS QXM5332	2001	YR	6.00	6.00
❑ DEVOTED DONKEY QXM6044	2000	YR	7.00	5.00
❑ FRIENDLY TIN SOLDIER 450QXM587-4	1992	YR	4.00	12.00
❑ GENTLE GIRAFFES QXM4221	1997	YR	6.00	14.00
❑ I DREAM OF SANTA 375QXM405-5	1993	YR	4.00	11.00
❑ JOLLY VISITOR 575QXM405-3	1994	YR	6.00	15.00
❑ KINDLY LIONS QXM5314	2000	YR	6.00	10.00
❑ LI'L POPPER 450QXM589-7	1991	YR	4.00	20.00
❑ LION AND LAMB 450QXM567-6	1990	YR	4.00	7.00
❑ LITTLE SOLDIER 450QXM567-5	1989	YR	4.00	10.00
❑ LITTLE SOLDIER 450QXM567-5	1990	YR	4.00	10.00
❑ LITTLE TOWN OF BETHLEHEM 300QXM586-4	1992	YR	3.00	16.00
❑ LOVE TO SHARE QXM4557	1999	YR	7.00	11.00
❑ LOVE WAS BORN 450QXM404-3	1994	YR	4.00	9.00
❑ LOYAL ELEPHANT QXM6041	2000	YR	7.00	5.00
❑ MONKEY MELODY 575QXM409-2	1993	YR	6.00	10.00
❑ NOAH'S ARK 2450QXM410-6 SET OF THREE	1994	YR	25.00	50.00
❑ NOEL 300QXM598-9	1991	YR	3.00	15.00
❑ PUPPY CART 300QXM571-5	1989	YR	3.00	8.00
❑ ROLL-A-BEAR QXM4629	1999	YR	7.00	11.00
❑ SANTA'S JOURNEY 850QXM582-6	1990	YR	8.00	17.00
❑ TRUSTY REINDEER QXM4617	1999	YR	6.00	10.00

ORNAMENTS

NAME	YEAR	LIMIT	ISSUE	TREND
MINIATURE ORNAMENTS				**B. SIEDLER**
❑ CANDY CANE ELF 300QXM570-1	1988	YR	3.00	19.00
❑ CHEESE PLEASE 375QXM407-2	1993	YR	4.00	6.00
❑ CHRISTMAS DOVE 450QXM563-6	1990	YR	4.00	15.00
❑ GERBIL INC. 375QXM592-4	1992	YR	4.00	8.00
❑ GRANDCHILD'S FIRST XMAS 600QXM572-3	1990	YR	6.00	8.00
❑ LITTLE DRUMMER BOY 450QXM578-4	1988	YR	4.00	25.00
❑ MERRY MASCOT 375QXM404-2	1993	YR	4.00	8.00
❑ MOM 600QXM569-9	1991	YR	6.00	10.00
❑ MR. POTATO HEAD QXM6014	2000	YR	6.00	10.00
❑ OLD-WORLD SANTA 300QXM569-5	1989	YR	3.00	10.00
❑ PENGUIN PAL 375QXM563-1	1988	YR	4.00	14.00
❑ PENGUIN PAL 450QXM562-9	1991	YR	4.00	9.00
❑ PUPPET SHOW 300QXM557-4	1992	YR	3.00	10.00
❑ SEASIDE OTTER 450QXM590-9	1991	YR	4.00	9.00
❑ SLOW MOTION 600QXM575-2	1989	YR	6.00	15.00
❑ SNUGGLY SKATER 450QXM571-4	1988	YR	4.00	21.00
❑ STROLLIN' SNOWMAN 450QXM574-2	1989	YR	4.00	10.00
❑ SWEET SLUMBER 450QXM566-3	1990	YR	4.00	8.00
❑ WEE NUTCRACKER 850QXM584-3	1990	YR	8.00	10.00
MINIATURE ORNAMENTS				**S. TAGUE**
❑ HEAVENLY MUSIC QXM4292	1997	YR	6.00	6.00
❑ PEPPERMINT PAINTER QXM4312	1997	YR	5.00	8.00
❑ SEEDS OF JOY QXM4242	1997	YR	7.00	7.00
❑ SHUTTERBUG QXM4212	1997	YR	6.00	8.00
❑ SNOWBOARD BUNNY QXM4315	1997	YR	5.00	8.00
MINIATURE ORNAMENTS				**D. UNRUH**
❑ A+ TEACHER 375QXM551-1	1992	YR	4.00	6.00
❑ COCA-COLA SANTA 575QXM588-4	1992	YR	6.00	20.00
❑ FIRST CHRISTMAS TOGETHER QXM 581-9	1991	YR	6.00	5.00
❑ GRANDMA 450QXM551-4	1992	YR	4.00	12.00
❑ HOLY FAMILY 850QXM561-1	1988	YR	8.00	10.00
❑ HOLY FAMILY 850QXM561-1	1989	YR	8.00	7.00
❑ JOLLY ST. NICK 800QXM572-1	1988	YR	8.00	15.00
❑ MINTED FOR SANTA 375QXM585-4	1992	YR	4.00	14.00
❑ NATIVITY 450QXM570-6	1990	YR	4.00	20.00
❑ NIGHT BEFORE CHRISTMAS 450QXM512-3	1994	YR	4.00	4.00
❑ NIGHT BEFORE CHRISTMAS QXM410-4	1996	YR	6.00	20.00
❑ PEACEFUL CHRISTMAS QXM421-4	1996	YR	5.00	9.00
❑ SANTA TIME QXM4647	1999	YR	8.00	13.00
❑ SKATER'O WALTZ 700QXM660 1	1999	YR	7.00	19.00
❑ VICTORIAN SKATER QXM4305	1997	YR	6.00	7.00
MINIATURE ORNAMENTS				**L. VOTRUBA**
❑ BABY'S FIRST CHRISTMAS 575QXM514-5	1993	YR	6.00	27.00
❑ BUNNY HUG 300QXM577-5	1989	YR	3.00	9.00
❑ CLOISONNE POINSETTIA 1050QMX553-3	1990	YR	10.00	24.00
❑ CLOISONNE SNOWFLAKE 975QXM401-2	1993	YR	10.00	20.00
❑ COUNTRY SLEIGH 450QXM599-9	1991	YR	4.00	10.00
❑ CRYSTAL CLAUS QXM4637	1999	YR	10.00	16.00
❑ DAZZLING REINDEER 975QXM402-6	1994	YR	10.00	20.00
❑ FIRST CHRISTMAS TOGETHER 850QXM564-2	1989	YR	8.00	6.00
❑ GENTLE ANGEL 200QXM577-1	1988	YR	2.00	20.00
❑ HARMONY TRIO 1175QXM547-1	1992	YR	12.00	11.00
❑ HE IS BORN QXM4235	1997	YR	8.00	10.00
❑ HOLIDAY DEER 300QXM577-2	1989	YR	3.00	12.00
❑ JOLLY WOLLY SNOWMAN 375QXM409-3	1994	YR	4.00	15.00
❑ LOVE IS BORN 600QXM595-9	1991	YR	6.00	9.00
❑ NIGHT BEFORE CHRISTMAS 1375QXM5541	1992	YR	14.00	9.00
❑ NIGHT BEFORE CHRISTMAS 450QXM511-5	1993	YR	4.00	16.00
❑ REJOICE 300QXM578-2	1989	YR	3.00	8.00
❑ SCRIMSHAW REINDEER 450QXM568-5	1989	YR	4.00	8.00
❑ SNOWSHOE BUNNY 375QXM556-4	1992	YR	4.00	7.00
❑ THIMBLE BELLS 575QXM514-2	1993	YR	6.00	8.00
MINIATURE ORNAMENTS				**N. WILLIAMS**
❑ THING ONE AND THING TWO! QXM5315	2001	YR	15.00	15.00
MINIATURE ORNAMENTS-NOEL RAILROAD				**L. SICKMAN**
❑ BOX CAR 700QXM5441	1992	YR	7.00	28.00
❑ CANDY CAR QXM417-5	1997	YR	7.00	10.00
❑ COAL CAR 850QXM575-6	1990	YR	8.00	25.00
❑ COOKIE CAR 8TH ED. QXM411-4	1996	YR	7.00	11.00
❑ FLATBED CAR 700QXM510-5	1993	YR	7.00	14.00
❑ LOCOMOTIVE 850QXM576-2	1989	YR	8.00	24.00
❑ MILK TANK CAR 481-7	1995	YR	7.00	14.00
❑ PASSENGER CAR-3RD EDITION 850QXM564-9	1991	YR	8.00	50.00
❑ STOCK CAR 700QXM511-3	1994	YR	7.00	14.00
MINIATURE ORNAMENTS-OLD ENGLISH VILLAGE				*
❑ TUDOR HOUSE 481-9	1995	YR	7.00	13.00
❑ VILLAGE DEPOT 418-2	1997	YR	7.00	8.00
MINIATURE ORNAMENTS-OLD ENGLISH VILLAGE				**P. ANDREWS**
❑ HAT SHOP 700QXM514-3	1994	YR	7.00	14.00
MINIATURE ORNAMENTS-OLD ENGLISH VILLAGE				**D. LEE**
❑ FAMILY HOME 850QXM563-4	1988	YR	8.00	42.00
MINIATURE ORNAMENTS-OLD ENGLISH VILLAGE				**J. LEE**
❑ CHURCH 700QXM5384	1992	YR	7.00	20.00
❑ SCHOOL 850QXM576-3	1990	YR	8.00	20.00
❑ SWEET SHOP 850QXM561-5	1989	YR	8.00	20.00
❑ TOY SHOP 700QXM513-2	1993	YR	7.00	16.00

ORNAMENTS

NAME	YEAR	LIMIT	ISSUE	TREND
MINIATURE ORNAMENTS-OLD ENGLISH VILLAGE				**D. RHODUS**
❑ VILLAGE MILL QXM412-4	1996	YR	7.00	10.00
MINIATURE ORNAMENTS-ON THE ROAD				**L. SICKMAN**
❑ ON THE ROAD 479-7	1995	YR	6.00	19.00
❑ ON THE ROAD 575QXM400-2	1993	YR	6.00	18.00
❑ ON THE ROAD 575QXM510-3	1994	YR	6.00	15.00
❑ ON THE ROAD QXM410-1	1996	YR	6.00	10.00
❑ ON THE ROAD QXM417-2	1997	YR	6.00	8.00
MISCHIEVOUS KITTENS				**N. AUBE**
❑ MISCHIEVOUS KITTENS QX6427	1999	YR	10.00	39.00
❑ MISCHIEVOUS KITTENS QX6641	2000	YR	10.00	17.00
❑ MISCHIEVOUS KITTENS QX8025	2001	YR	10.00	10.00
MISTLETOE MISS				**N. AUBE**
❑ MISTLETOE MISS QX8092	2001	YR	15.00	15.00
MONOPOLY GAME 65TH ANNIVERSARY EDITION				**B. SIEDLER**
❑ MR. MONOPOLY QX8101	2000	YR	11.00	18.00
MONOPOLY GAME: ADVANCE TO GO!				**S. PIKE**
❑ RACE CAR QXM5292	2001	YR	9.00	9.00
❑ SACK OF MONEY QXM5341	2000	YR	9.00	15.00
MOTHER GOOSE				*
❑ LITTLE BOY BLUE 5TH ED. QX621-5	1997	YR	14.00	25.00
MOTHER GOOSE				**E. SEALE**
❑ HEY DIDDLE, DIDDLE 2ND ED. 1395QX521-3	1994	YR	14.00	28.00
❑ HUMPTY DUMPTY 1ST ED. 1375QX528-2	1993	YR	14.00	38.00
MOTHER GOOSE				**SEALE/VOTRUBA**
❑ JACK AND JILL 3RD SERIES QX509-9	1995	YR	14.00	24.00
❑ MARY HAD A LITTLE LAMB 4TH ED. QX564-4	1996	YR	14.00	14.00
MR. AND MRS. CLAUS				**J. FRANCIS**
❑ FITTING MOMENT, A 8TH ED. 1475QX420-2	1993	YR	15.00	38.00
MR. AND MRS. CLAUS				**D. UNRUH**
❑ CHECKING HIS LIST 6TH ED. 1375QX433-9	1991	YR	14.00	44.00
❑ CHRISTMAS EVE KISS 10TH & FINAL ED. QX515-7	1995	YR	15.00	16.00
❑ GIFT EXCHANGE 7TH ED. 1475QX429-4	1992	YR	15.00	40.00
❑ HANDWARMING PRESENT, A 9TH ED. 1495QX528-3	1994	YR	15.00	35.00
❑ HOLIDAY DUET 4TH ED. 1325QX457-5	1989	YR	13.00	50.00
❑ HOME COOKING 2ND ED. 1325QX483-7	1987	YR	13.00	55.00
❑ MERRY MISTLETOE TIME 1ST ED. 1300QX402-6	1986	YR	13.00	48.00
❑ POPCORN PARTY 5TH ED. 1375QX439-3	1990	YR	14.00	72.00
❑ SHALL WE DANCE? 3RD ED. 1300QX401-1	1988	YR	13.00	44.00
MUSICAL				*
❑ BABY'S FIRST CHRISTMAS 1600QMB900-7	1982	YR	16.00	88.00
❑ BABY'S FIRST CHRISTMAS 1600QMB903-9	1983	YR	16.00	88.00
❑ FIRST CHRISTMAS TOGETHER 1600QMB901-9	1982	YR	16.00	85.00
❑ FRIENDSHIP 1600QMB904-7	1983	YR	16.00	110.00
❑ LOVE 1600QMB900-9	1982	YR	16.00	85.00
❑ MOTHER'S DAY-A MOTHER'S LOVE MDQ 340-7	1983	YR	14.00	75.00
❑ NATIVITY 1600QMB904-9	1983	YR	16.00	125.00
MUSICAL				**E. SEALE**
❑ TWELVE DAYS OF CHRISTMAS 1500QMB415-9	1983	YR	15.00	75.00
NASCAR				**E. SEALE**
❑ DALE EARNHARDT QXI6754	2000	YR	15.00	25.00
NATIVITY				**D. UNRUH**
❑ NATIVITY, THE QXM4156	1998	YR	*	19.00
❑ NATIVITY, THE QXM4497	1999	YR	10.00	17.00
❑ NATIVITY, THE QXM5255	2001	YR	10.00	10.00
❑ NATIVITY, THE QXM5961	2000	YR	10.00	17.00
NATURE'S ANGELS				**P. ANDREWS**
❑ NATURE'S ANGELS 4TH ED. 450QXM512-2	1993	YR	4.00	11.00
❑ NATURE'S ANGELS 6TH ED. QXM4809	1995	YR	*	15.00
NATURE'S ANGELS				**S. PIKE**
❑ NATURE'S ANGELS 2ND ED. 450QXM565-7	1991	YR	4.00	18.00
❑ NATURE'S ANGELS 3RD ED. 450QXM545-1	1992	YR	4.00	11.00
❑ NATURE'S ANGELS 7TH ED. QXM411-1	1996	YR	5.00	6.00
NATURE'S ANGELS				**E. SEALE**
❑ NATURE'S ANGELS 1ST ED. 450QXM573-3	1990	YR	4.00	25.00
NATURE'S ANGELS				**L. VOTRUBA**
❑ NATURE'S ANGELS 5TH ED. 450QXM512-6	1994	YR	4.00	9.00
NATURE'S SKETCHBOOK				**BASTIN/FRANCIS**
❑ BACKYARD ORCHARD QK106-9	1995	YR	19.00	20.00
❑ CHRISTMAS BUNNY QK110-4	1996	YR	19.00	38.00
❑ CHRISTMAS CARDINAL QK107-7	1995	YR	19.00	20.00
❑ COUNTRY HOME QX5172	1998	YR	11.00	18.00
NATURE'S SKETCHBOOK				**BASTIN/LYLE**
❑ HOLLY BASKET, THE QK109-4	1996	YR	19.00	34.00
❑ MY FIRST SNOWMAN QX4442	2001	YR	10.00	10.00
❑ RAISING A FAMILY QK106-7	1995	YR	19.00	20.00
❑ VIOLETS AND BUTTERFLIES QK107-9	1995	YR	17.00	34.00
NATURE'S SKETCHBOOK				**BASTIN/UNRUH**
❑ BIRDS' CHRISTMAS TREE, THE QK111-4	1996	YR	19.00	20.00
NATURE'S SKETCHBOOK				**J. LYLE**
❑ SNOWY GARDEN QX8284	2000	YR	14.00	19.00
NBA COLLECTION				*
❑ CHARLOTTE HORNETS QSR1222	1997	YR	10.00	10.00
❑ CHICAGO BULLS QSR1232	1997	YR	10.00	10.00

ORNAMENTS

NAME	YEAR	LIMIT	ISSUE	TREND
❑ DETROIT PISTONS QSR1242	1997	YR	10.00	10.00
❑ HOUSTON ROCKETS QSR1245	1997	YR	10.00	10.00
❑ INDIANA PACERS QSR1252	1997	YR	10.00	10.00
❑ LOS ANGELES LAKERS QSR1262	1997	YR	10.00	10.00
❑ NEW YORK KNICKERBOCKERS QSR1272	1997	YR	10.00	10.00
❑ ORLANDO MAGIC QSR1282	1997	YR	10.00	10.00
❑ PHOENIX SUNS QSR1292	1997	YR	10.00	10.00
❑ SEATTLE SUPERSONICS QSR1295	1997	YR	10.00	10.00
NBA COLLECTION				**K. KLINE**
❑ CHARLOTTE HORNETS QSR1057	1999	YR	11.00	10.00
❑ CHICAGO BULLS QSR1019	1999	YR	11.00	18.00
❑ DETROIT PISTONS QSR1027	1999	YR	11.00	10.00
❑ HOUSTON ROCKETS QSR1029	1999	YR	11.00	10.00
❑ INDIANA PACERS QSR1037	1999	YR	11.00	10.00
❑ LOS ANGELES LAKERS QSR1039	1999	YR	11.00	11.00
❑ NEW YORK KNICKS QSR1047	1999	YR	11.00	11.00
❑ ORLANDO MAGIC QSR1059	1999	YR	11.00	10.00
❑ SEATTLE SUPERSONICS QSR1067	1999	YR	11.00	10.00
❑ UTAH JAZZ QSR1069	1999	YR	11.00	11.00
NEW ATTRACTIONS				*
❑ COUNTRY ANGEL 675QX504-6	1990	YR	7.00	95.00
❑ EGG NOG NEST 775QX512-1	1992	YR	8.00	15.00
❑ FELIZ NAVIDAD 675QX517-3	1990	YR	7.00	28.00
❑ FESTIVE ANGEL 675QX463-5	1989	YR	7.00	25.00
❑ GARFIELD 1295QX575-3	1994	YR	13.00	18.00
❑ GARFIELD 475QX230-3	1990	YR	5.00	25.00
❑ GARFIELD QX500-7	1995	YR	11.00	23.00
❑ GINGERBREAD ELF 575QX503-3	1990	YR	6.00	11.00
❑ GOOSE CART 775QX523-6	1990	YR	8.00	15.00
❑ GRACEFUL SWAN 675QX464-2	1989	YR	7.00	9.00
❑ HOME FOR THE OWLIDAYS 675QX518-3	1990	YR	7.00	15.00
❑ MARY ENGELBREIT 475QX223-7	1991	YR	5.00	30.00
❑ MOOY CHRISTMAS 675QX493-3	1990	YR	7.00	30.00
❑ NUTSHELL CHAT 675QX519-3	1990	YR	7.00	25.00
❑ PEANUTS 475QX223-3	1990	YR	5.00	19.00
❑ PEANUTS 500QX224-4	1992	YR	5.00	34.00
❑ PEANUTS 500QX225-7	1991	YR	5.00	22.00
❑ ROOSTER WEATHERVANE 575QX467-5	1989	YR	6.00	9.00
❑ SANTA JOLLY WOLLY 775QX537-4	1992	YR	8.00	7.00
NEW ATTRACTIONS				**P. ANDREWS**
❑ FELIZ NAVIDAD 675QX518-1	1992	YR	7.00	18.00
❑ JESUS LOVES ME 775QX302-4	1992	YR	8.00	9.00
❑ LOVING SHEPHERD 775QX515-1	1992	YR	8.00	12.00
❑ MEMORIES TO CHERISH 1075QX516-1	1992	YR	11.00	30.00
❑ SPOON RIDER 975QX549-6	1990	YR	10.00	12.00
❑ TOBOGGAN TAIL 775QX545-9	1992	YR	8.00	9.00
❑ TWO PEAS IN A POD 475QX492-6	1990	YR	5.00	35.00
NEW ATTRACTIONS				**R. CHAD**
❑ BALANCING ELF 675QX489-5	1989	YR	7.00	12.00
❑ DINOCLAUS 775QX527-7	1991	YR	8.00	20.00
❑ NUTSHELL DREAMS 575QX465-5	1989	YR	6.00	12.00
❑ NUTSHELL WORKSHOP 575QX487-2	1989	YR	6.00	10.00
❑ SPIRIT OF CHRISTMAS STRESS 875QX523-1	1992	YR	9.00	18.00
NEW ATTRACTIONS				**K. CROW**
❑ BEARBACK RIDER 975QX548-3	1990	YR	10.00	28.00
❑ COOL SWING 625QX487-5	1989	YR	6.00	17.00
❑ DOWN-UNDER HOLIDAY 775QX514-4	1992	YR	8.00	19.00
❑ FUN ON A BIG SCALE 1075QX513-4	1992	YR	11.00	10.00
❑ GENIUS AT WORK 1075QX537-1	1992	YR	11.00	15.00
❑ GOIN' SOUTH 425QX410-5	1989	YR	4.00	16.00
❑ HELLO-HO-HO 975QX514-1	1992	YR	10.00	10.00
❑ HOT DOGGER 775QX497-6	1990	YR	8.00	10.00
❑ JOY IS IN THE AIR 775QX550-3	1990	YR	8.00	24.00
❑ LET'S PLAY 725QX488-2	1989	YR	7.00	14.00
❑ ON A ROLL 675QX534-7	1991	YR	7.00	18.00
❑ SANTA MARIA 1275QX507-4	1992	YR	13.00	18.00
❑ SANTA SCHNOZ 675QX498-3	1990	YR	7.00	19.00
❑ THREE LITTLE PIGGIES 775QX499-6	1990	YR	8.00	20.00
❑ UP 'N' DOWN JOURNEY 975QX504-7	1991	YR	10.00	22.00
NEW ATTRACTIONS				**P. DUTKIN**
❑ CACTUS COWBOY 675QX411-2	1989	YR	7.00	45.00
❑ PEPPERMINT CLOWN 2475QX450-5	1989	YR	25.00	15.00
❑ S. CLAUS TAXI 1175QX468-6	1990	YR	12.00	27.00
NEW ATTRACTIONS				**J. FRANCIS**
❑ DECK THE HOGS 875QX520-4	1992	YR	9.00	24.00
❑ KITTY'S BEST PAL 675QX471-6	1990	YR	7.00	25.00
NEW ATTRACTIONS				**D. LEE**
❑ CHILLY CHAP 675QX533-9	1991	YR	7.00	15.00
❑ GONE WISHIN' 875QX517-1	1992	YR	9.00	12.00
❑ PLEASE PAUSE HERE 1475QX529-1	1992	YR	15.00	31.00
❑ TV BREAK 625QX409-2	1989	YR	6.00	9.00
NEW ATTRACTIONS				**J. LEE**
❑ BILLBOARD BUNNY 775QX519-6	1990	YR	8.00	20.00
❑ COOL FLIERS 1075QX547-4	1992	YR	11.00	20.00
❑ COYOTE CAROLS 875QX499-3	1990	YR	9.00	15.00
❑ FELIZ NAVIDAD 675QX527-9	1991	YR	7.00	25.00

NAME	YEAR	LIMIT	ISSUE	TREND
❏ HONEST GEORGE 775QX506-4	1992	YR	8.00	8.00
❏ POOLSIDE WALRUS 775QX498-6	1990	YR	8.00	11.00
❏ SANTA-FULL 975QX599-1	1992	YR	10.00	40.00
❏ SANTA'S ROUNDUP 875QX508-4	1992	YR	9.00	12.00
❏ SKI LIFT BUNNY 675QX544-7	1991	YR	7.00	10.00
❏ SKIING 'ROUND 875QX521-4	1992	YR	9.00	14.00
❏ STITCHES OF JOY 775QX518-6	1990	YR	8.00	12.00
❏ TASTY CHRISTMAS 975QX599-4	1992	YR	10.00	25.00
NEW ATTRACTIONS				**J. LYLE**
❏ HOLIDAY CARDINALS 775QX524-3	1990	YR	8.00	13.00
❏ NORMAN ROCKWELL ART 475QX229-6	1990	YR	5.00	19.00
❏ NORMAN ROCKWELL ART 500QX222-4	1992	YR	5.00	9.00
❏ NORMAN ROCKWELL ART 500QX225-9	1991	YR	5.00	12.00
❏ SPARKLING SNOWFLAKE 775QX547-2	1989	YR	8.00	22.00
NEW ATTRACTIONS				**D. PALMITER**
❏ GARFIELD 775QX537-4	1992	YR	8.00	16.00
❏ GREEN THUMB SANTA 775QX510-1	1992	YR	8.00	16.00
❏ RAPID DELIVERY 875QX509-4	1992	YR	9.00	9.00
NEW ATTRACTIONS				**S. PIKE**
❏ BORN TO DANCE 775QX504-3	1990	YR	8.00	22.00
❏ CHIMING IN 975QX436-6	1990	YR	10.00	16.00
❏ COZY GOOSE 575QX496-6	1990	YR	6.00	8.00
❏ HOLIDAY WISHES 775QX513-1	1992	YR	8.00	8.00
❏ MEOW MART 775QX444-6	1990	YR	8.00	30.00
❏ NUTTY SQUIRREL 575QX483-3	1991	YR	6.00	12.00
NEW ATTRACTIONS				**M. PYDA-SEVCIK**
❏ CHRISTMAS CROC 775QX437-3	1990	YR	8.00	14.00
❏ COUNTRY CAT 625QX467-2	1989	YR	6.00	20.00
❏ NOSTALGIC LAMB 675QX466-5	1989	YR	7.00	14.00
NEW ATTRACTIONS				**D. RHODUS**
❏ GARFIELD 775QX517-7	1991	YR	8.00	30.00
❏ SNOOPY & WOODSTOCK 675QX472-3	1990	YR	7.00	35.00
❏ SNOOPY AND WOODSTOCK 675QX519-7	1991	YR	7.00	30.00
❏ WIGGLY SNOWMAN 675QX489-2	1989	YR	7.00	15.00
NEW ATTRACTIONS				**A. ROGERS**
❏ BABY UNICORN 975QX548-6	1990	YR	10.00	20.00
❏ CUDDLY LAMB 675QX519-9	1991	YR	7.00	18.00
❏ HOLIDAY TEATIME 1475QX543-1	1992	YR	15.00	26.00
❏ JOLLY DOLPHIN 675QX468-3	1990	YR	7.00	32.00
❏ LONG WINTER'S NAP 675QX470-3	1990	YR	7.00	18.00
❏ NUTSHELL HOLIDAY 575QX465-2	1989	YR	6.00	8.00
❏ NUTSHELL NATIVITY 675QX517-6	1991	YR	7.00	25.00
❏ SNOOPY & WOODSTOCK 875QX595-4	1992	YR	9.00	28.00
NEW ATTRACTIONS				**L. SCHULER**
❏ GOLF'S A BALL 675QX598-4	1992	YR	7.00	15.00
NEW ATTRACTIONS				**E. SEALE**
❏ BASKET BELL PLAYERS 775QX537-7	1991	YR	8.00	25.00
❏ BEAR BELL CHAMP 775QX507-1	1992	YR	8.00	18.00
❏ CLAUS CONSTRUCTION 775QX488-5	1989	YR	8.00	28.00
❏ HANG IN THERE 675QX471-3	1990	YR	7.00	22.00
❏ KING KLAUS 775QX410-6	1990	YR	8.00	20.00
❏ MERRY "SWISS" MOUSE 775QX511-4	1992	YR	8.00	15.00
❏ NORTH POLE FIRE FIGHTER 975QX510-4	1992	YR	10.00	22.00
❏ SANTA'S HOOK SHOT 1275QX543-4	1992	YR	13.00	15.00
❏ STOCKING PALS 1075QX549-3	1990	YR	11.00	24.00
❏ TREAD BEAR 875QX509-1	1992	YR	9.00	12.00
❏ YULE LOGGER 875QX496-7	1991	YR	9.00	21.00
NEW ATTRACTIONS				**L. SICKMAN**
❏ CHRISTMAS PARTRIDGE 775QX524-6	1990	YR	8.00	20.00
❏ CHRISTMAS WELCOME 975QX529-9	1991	YR	10.00	20.00
❏ HORSE WEATHERVANE 575QX463-2	1989	YR	6.00	16.00
❏ JOLLY WOLLY SANTA 775QX541-9	1991	YR	8.00	25.00
❏ JOLLY WOLLY SNOWMAN 775QX542-7	1991	YR	8.00	16.00
❏ JOLLY WOLLY SOLDIER 775QX542-9	1991	YR	8.00	22.00
❏ NIGHT BEFORE CHRISTMAS 975QX530-7	1991	YR	10.00	20.00
❏ OLD-FASHIONED SLED 875QX431-7	1991	YR	9.00	18.00
❏ PARTRIDGE IN A PEAR TREE 975QX529-7	1991	YR	10.00	16.00
❏ SILVER STAR 2800QX532-4	1992	YR	28.00	50.00
❏ SNOWY OWL 775QX526-9	1991	YR	8.00	15.00
NEW ATTRACTIONS				**B. SIEDLER**
❏ ALL STAR 675QX532-9	1991	YR	7.00	20.00
❏ BEARY GOOD DEAL 675QX473-3	1990	YR	7.00	14.00
❏ NOTES OF CHEER 575QX535-7	1991	YR	6.00	9.00
❏ PARTRIDGE IN PEAR TREE 875QX523-4	1992	YR	9.00	9.00
❏ PEPPERONI MOUSE 675QX497-3	1990	YR	7.00	14.00
❏ PERFECT CATCH 775QX469-3	1990	YR	8.00	19.00
❏ POLAR CLASSIC 675QX528-7	1991	YR	7.00	18.00
❏ POLAR JOGGER 575QX466-6	1990	YR	6.00	15.00
❏ POLAR PAIR 575QX462-6	1990	YR	6.00	25.00
❏ POLAR SPORT 775QX515-6	1990	YR	8.00	20.00
❏ POLAR TV 775QX516-6	1990	YR	8.00	8.00
❏ POLAR V.I.P. 575QX466-3	1990	YR	6.00	10.00
❏ POLAR VIDEO 575QX463-3	1990	YR	6.00	11.00
❏ RODNEY REINDEER 675QX407-2	1989	YR	7.00	7.00
NEW ATTRACTIONS				**D. UNRUH**
❏ CHEERFUL SANTA 975QX515-4	1992	YR	10.00	26.00
❏ LITTLE DRUMMER BOY 775QX523-3	1990	YR	8.00	12.00

NAME	YEAR	LIMIT	ISSUE	TREND
❏ LOVABLE DEARS 875QX547-6	1990	YR	9.00	20.00
❏ SWEET TALK 875QX536-7	1991	YR	9.00	9.00
NEW ATTRACTIONS				**L. VOTRUBA**
❏ FOLK ART REINDEER 875QX535-9	1991	YR	9.00	9.00
❏ HAPPY VOICES 675QX464-5	1990	YR	7.00	7.00
❏ JOYOUS MEMORIES-PHOTOHOLDER 675QX536-9	1991	YR	7.00	7.00
NFL COLLECTION				*
❏ CAROLINA PANTHERS QSR5217	1999	YR	11.00	5.00
❏ CHICAGO BEARS QSR5219	1999	YR	11.00	10.00
❏ DALLAS COWBOYS QSR5227	1999	YR	11.00	10.00
❏ MIAMI DOLPHINS QSR5239	1999	YR	11.00	10.00
❏ MINNESOTA VIKINGS QSR5247	1999	YR	11.00	10.00
❏ NEW ENGLAND PATRIOTS QSR5279	1999	YR	11.00	10.00
❏ NEW YORK GIANTS QSR5249	1999	YR	11.00	5.00
❏ NFL BALL ORNAMENTS	1996	YR	6.00	9.00
❏ OAKLAND RAIDERS QSR5257	1999	YR	11.00	10.00
❏ PHILADELPHIA EAGLES QSR5259	1999	YR	11.00	11.00
❏ PITTSBURGH STEELERS QSR5267	1999	YR	11.00	10.00
❏ SAN FRANCISCO 49ERS QSR5269	1999	YR	11.00	11.00
❏ WASHINGTON REDSKINS QSR5277	1999	YR	11.00	10.00
NFL COLLECTION				**S. GOSLIN**
❏ CLEVELAND BROWNS QSR5572	2001	YR	10.00	10.00
❏ DALLAS COWBOYS QSR5622	2001	YR	10.00	10.00
❏ DENVER BRONCOS QSR5545	2001	YR	10.00	10.00
❏ GREEN BAY PACKERS QSR5625	2001	YR	10.00	10.00
❏ KANSAS CITY CHIEFS QSR5542	2001	YR	10.00	10.00
❏ MIAMI DOLPHINS QSR5555	2001	YR	10.00	10.00
❏ MINNESOTA VIKINGS QSR5575	2001	YR	10.00	10.00
❏ PITTSBURGH STEELERS QSR5565	2001	YR	10.00	10.00
❏ SAN FRANCISCO 49ERS QSR5562	2001	YR	10.00	10.00
❏ WASHINGTON REDSKINS QSR5552	2001	YR	10.00	10.00
NFL COLLECTION				**T. HADDIX**
❏ DENVER BRONCOS QSR5229	1999	YR	11.00	10.00
❏ GREEN BAY PACKERS QSR5237	1999	YR	11.00	10.00
❏ KANSAS CITY CHIEFS QSR5197	1999	YR	11.00	10.00
NFL COLLECTION				**B. SIEDLER**
❏ CLEVELAND BROWNS QSR5161	2000	YR	10.00	10.00
❏ DALLAS COWBOYS QSR5121	2000	YR	10.00	10.00
❏ DENVER BRONCOS QSR5111	2000	YR	10.00	10.00
❏ GREEN BAY PACKERS QSR5114	2000	YR	10.00	10.00
❏ KANSAS CITY CHIEFS QSR5131	2000	YR	10.00	10.00
❏ MIAMI DOLPHINS QSR5144	2000	YR	10.00	10.00
❏ MINNESOTA VIKINGS QSR5164	2000	YR	10.00	10.00
❏ PITTSBURGH STEELERS QSR5124	2000	YR	10.00	10.00
❏ SAN FRANCISCO 49ERS QSR5134	2000	YR	10.00	10.00
❏ WASHINGTON REDSKINS QSR5151	2000	YR	10.00	10.00
NFL COLLECTION				**D. UNRUH**
❏ ARIZONA CARDINALS NFL TEAM QSR648-4	1996	YR	10.00	10.00
❏ ATLANTA FALCONS NFL TEAM QSR636-4	1996	YR	10.00	10.00
❏ BROWNS NFL TEAM QSR639-1	1996	YR	10.00	5.00
❏ BUFFALO BILLS NFL TEAM QSR637-1	1996	YR	10.00	10.00
❏ CAROLINA PANTHERS NFL TEAM QSR637-4	1996	YR	10.00	10.00
❏ CHICAGO BEARS NFL TEAM QSR638-1	1996	YR	10.00	10.00
❏ CINCINNATI BENGALS NFL TEAM QSR638-4	1996	YR	10.00	5.00
❏ DALLAS COWBOYS NFL TEAM QSR639-4	1996	YR	10.00	10.00
❏ DENVER BRONCOS NFL TEAM QSR641-1	1996	YR	10.00	7.00
❏ DETROIT LIONS NFL TEAM QSR641-4	1996	YR	10.00	5.00
❏ GREEN BAY PACKERS NFL TEAM QSR642-1	1996	YR	10.00	10.00
❏ INDIANAPOLIS COLTS NFL TEAM QSR643-1	1996	YR	10.00	10.00
❏ JACKSONVILLE JAGUARS NFL TEAM QSR643-4	1996	YR	10.00	5.00
❏ KANSAS CITY CHIEFS NFL TEAM QSR636-1	1996	YR	10.00	15.00
❏ MIAMI DOLPHINS NFL TEAM QSR645-1	1996	YR	10.00	5.00
❏ MINNESOTA VIKINGS NFL TEAM QSR645-4	1996	YR	10.00	10.00
❏ NEW ENGLAND PATRIOTS NFL TEAM QSR646-1	1996	YR	10.00	5.00
❏ NEW ORLEANS SAINTS NFL TEAM QSR646-4	1996	YR	10.00	5.00
❏ NEW YORK GIANTS NFL TEAM QSR647-1	1996	YR	10.00	5.00
❏ OAKLAND RAIDERS NFL TEAM QSR644-1	1996	YR	10.00	10.00
❏ OILERS NFL TEAM QSR642-4	1996	YR	10.00	15.00
❏ PHILADELPHIA EAGLES NFL TEAM QSR648-1	1996	YR	10.00	5.00
❏ PITTSBURGH STEELERS NFL TEAM QSR649-1	1996	YR	10.00	10.00
❏ SAN DIEGO CHARGERS NFL TEAM QSR649-4	1996	YR	10.00	10.00
❏ SAN FRANCISCO 49ERS NFL TEAM QSR650-1	1996	YR	10.00	10.00
❏ SEATTLE SEAHAWKS NFL TEAM QSR650-4	1996	YR	10.00	5.00
❏ ST. LOUIS RAMS NFL TEAM QSR644-4	1996	YR	10.00	5.00
❏ TAMPA BAY BUCCANEERS NFL TEAM QSR651-1	1996	YR	10.00	7.00
❏ WASHINGTON REDSKINS NFL TEAM QSR651-4	1996	YR	10.00	10.00
NORMAN ROCKWELL				*
❏ AND TO ALL A GOOD NIGHT 775QX370-4	1988	YR	8.00	26.00
❏ DRESS REHEARSAL-4TH EDITION 750QX300-7	1983	YR	8.00	40.00
❏ FILLING THE STOCKINGS 3RD EDITION 850QX305-3	1982	YR	8.00	30.00
❏ SANTA'S VISITORS 650QX306-1	1980	YR	6.00	125.00
❏ THE CAROLERS 2ND EDITION 850QX511-5	1981	YR	8.00	48.00
NORMAN ROCKWELL				**P. DUTKIN**
❏ FILLING THE STOCKINGS 1575QK115-5	1993	YR	16.00	15.00
❏ JOLLY POSTMAN 1575QK116-2	1993	YR	16.00	31.00

NAME	YEAR	LIMIT	ISSUE	TREND
NORMAN ROCKWELL				J. LYLE
❏ CHRISTMAS SCENES 475QX273-1	1988	YR	5.00	20.00
NORMAN ROCKWELL				D. MCGEHEE
❏ CAUGHT NAPPING 750QX341-1	1984	YR	8.00	32.00
❏ JOLLY POSTMAN -6TH EDITION 750QX374-5	1985	YR	8.00	32.00
NORMAN ROCKWELL				D. PALMITER
❏ CHRISTMAS DANCE-8TH EDITION 775QX370-7	1987	YR	8.00	13.00
NORMAN ROCKWELL				S. PIKE
❏ CHECKING UP 775QX321-3	1986	YR	8.00	25.00
NORMAN ROCKWELL				D. UNRUH
❏ LITTLE SPOONERS QX550-4	1996	YR	13.00	13.00
NORTH POLE NUTCRACKERS				L. SICKMAN
❏ ERIC THE BAKER 875QX524-4	1992	YR	9.00	12.00
❏ FRANZ THE ARTIST 875QX526-1	1992	YR	9.00	16.00
❏ FRIEDA THE ANIMALS' FRIEND 875QX526-4	1992	YR	9.00	22.00
❏ LUDWIG THE MUSICIAN 875QX528-1	1992	YR	9.00	12.00
❏ MAX THE TAILOR 875QX525-1	1992	YR	9.00	12.00
❏ OTTO THE CARPENTER 875QX525-4	1992	YR	9.00	21.00
NOSTALGIC HOUSES & SHOPS				D. LEE
❏ CHRISTMAS CANDY SHOPPE 1375QX403-3	1986	YR	14.00	265.00
❏ COZY HOME 10TH ED 1475QX417-5	1993	YR	15.00	31.00
❏ FIRE STATION-8TH ED 1475QX413-9	1991	YR	15.00	65.00
❏ FIVE-AND-TEN-CENT STORE 9TH ED 1475QX425-4	1992	YR	15.00	25.00
❏ HALL BROS CARD SHOP 1450QX401-4	1988	YR	14.00	40.00
❏ HOLIDAY HOME 7TH ED 1475QX469-6	1990	YR	15.00	55.00
❏ HOUSE ON MAIN ST. 1400QX483-9	1987	YR	14.00	82.00
❏ NEIGHBORHOOD DRUGSTORE 11TH ED 1495QX528-6	1994	YR	15.00	25.00
❏ TANNENBAUM'S DEPT. STORE 2600QX561-2	1993	YR	26.00	48.00
❏ TOY SHOP 1375QX497-5	1985	YR	14.00	150.00
❏ U.S. POST OFFICE 1425QX458-2	1989	YR	14.00	55.00
❏ VICTORIAN DOLLHOUSE 1300QX448-1	1984	YR	13.00	210.00
NOSTALGIC HOUSES & SHOPS				J. LEE
❏ ACCESSORIES FOR NOSTALGIC HOUSES & SHOPS QX508-9	1995	YR	9.00	12.00
NOSTALGIC HOUSES & SHOPS				D. PALMITER
❏ CAFE 14TH ED. QX6245	1997	YR	17.00	15.00
❏ GROCERY STORE QX6266	1998	YR	17.00	25.00
❏ HOUSE ON HOLLY LANE QX6349	1999	YR	17.00	27.00
❏ SCHOOLHOUSE QX6591	2000	YR	15.00	25.00
❏ SERVICE STATION QX8045	2001	YR	15.00	15.00
❏ TOWN CHURCH 12TH ED QX515-9	1995	YR	15.00	30.00
❏ VICTORIAN PAINTED LADY 13TH ED. QX567-1	1996	YR	15.00	15.00
NUTCRACKER BALLET				L. VOTRUBA
❏ MOUSE KING QXM4487	1999	YR	6.00	10.00
❏ NUTCRACKER BALLET, THE 1ST ED. QXM406-4	1996	YR	15.00	18.00
❏ SUGARPLUM FAIRY QXM5984	2000	YR	6.00	15.00
NUTCRACKER GUILD				L. SICKMAN
❏ NUTCRACKER GUILD 1ST ED. 575QXM514-6	1994	YR	6.00	22.00
❏ NUTCRACKER GUILD 2ND ED. QXM4787	1995	YR	*	15.00
❏ NUTCRACKER GUILD 3RD ED. QXM408-4	1996	YR	6.00	15.00
❏ NUTCRACKER GUILD 4TH ED. QXM4165	1997	YR	*	10.00
❏ NUTCRACKER GUILD 5TH ED. QXM4203	1998	YR	11.00	15.00
❏ NUTCRACKER GUILD 6TH ED. QXM4587	1999	YR	7.00	11.00
❏ NUTCRACKER GUILD 7TH ED. QXM5991	2000	YR	7.00	12.00
OLD WEST				D. UNRUH
❏ MOUNTAIN MAN QX6594	2000	YR	16.00	23.00
❏ PONY EXPRESS RIDER QX6323	1998	YR	14.00	28.00
❏ PROSPECTOR QX6317	1999	YR	14.00	23.00
OLD WORLD SILVER				D. PALMITER
❏ SILVER BOWS 2475QK102-3	1994	YR	25.00	20.00
❏ SILVER DOVE OF PEACE 2475QK107-5	1993	YR	25.00	34.00
❏ SILVER SLEIGH 2475QK108-2	1993	YR	25.00	36.00
❏ SILVER STAR AND HOLLY 2475QK108-5	1993	YR	25.00	32.00
OLD WORLD SILVER				D. UNRUH
❏ SILVER BELLS 2475QK102-6	1994	YR	25.00	24.00
❏ SILVER POINSETTIA 2475QK100-6	1994	YR	25.00	30.00
❏ SILVER SANTA 2475QK109-2	1993	YR	25.00	47.00
❏ SILVER SNOWFLAKES 2475QK101-6	1994	YR	25.00	23.00
OLD-FASHIONED CHRISTMAS COLLECTION				P. DUTKIN
❏ LITTLE WHITTLER 600QX469-9	1987	YR	6.00	19.00
OLD-FASHIONED CHRISTMAS COLLECTION				M. PYDA-SEVCIK
❏ COUNTRY WREATH 575QX470-9	1987	YR	6.00	15.00
OLD-FASHIONED CHRISTMAS COLLECTION				L. SICKMAN
❏ FOLK ART SANTA 525QX474-9	1987	YR	5.00	18.00
❏ NOSTALGIC ROCKER 650QX468-9	1987	YR	6.00	18.00
OLD-FASHIONED CHRISTMAS COLLECTION				D. UNRUH
❏ IN A NUTSHELL 550QX469-7	1987	YR	6.00	12.00
OLYMPIC SPIRIT COLLECTION				*
❏ CENTENNIAL GAMES ATLANTA 1996 QX316-9	1995	YR	8.00	3.00
❏ PARADE OF NATIONS QXE574-1	1996	YR	11.00	20.00
OLYMPIC SPIRIT COLLECTION				D. MCGEHEE
❏ CLOISONNE MEDALLION QXE404-1	1996	YR	10.00	19.00
❏ INVITATION TO THE GAMES QXE551-1	1996	YR	15.00	2.00
OLYMPIC SPIRIT COLLECTION				D. PALMITER
❏ IZZY - THE MASCOT QXE572-4	1996	YR	10.00	8.00
OLYMPIC SPIRIT COLLECTION				E. SEALE
❏ OLYMPIC TRIUMPH QXE573-1	1996	YR	11.00	9.00

ORNAMENTS

NAME	YEAR	LIMIT	ISSUE	TREND
OLYMPIC SPIRIT COLLECTION				**D. UNRUH**
❑ LIGHTING THE FLAME QXE744-4	1996	YR	28.00	19.00
				*
OPEN HOUSE ORNAMENTS				
❑ SANTA & HIS REINDEER 975QX0440-6	1986	YR	10.00	15.00
❑ SANTA'S PANDA PAL 550QX0441-3	1986	YR	5.00	15.00
OPEN HOUSE ORNAMENTS				**L. SICKMAN**
❑ OLD-FASHIONED SANTA QX0440-3	1986	YR	13.00	50.00
OWLIVER				**B. SIEDLER**
❑ OWLIVER 1ST ED. 775QX454-4	1992	YR	8.00	18.00
❑ OWLIVER 2ND ED. 775QX542-5	1993	YR	8.00	7.00
❑ OWLIVER 3RD ED. 795QX522-6	1994	YR	8.00	8.00
PEACE ON EARTH				**L. SICKMAN**
❑ ITALY FIRST ED 1175QX512-9	1991	YR	12.00	23.00
❑ POLAND 3RD ED 1175QX524-2	1993	YR	12.00	12.00
❑ SPAIN 2ND ED 1175QX517-4	1992	YR	12.00	10.00
				*
PEANUTS COLLECTION				
❑ CHARLIE BROWN CHRISTMAS 475QX276-5	1989	YR	5.00	30.00
❑ PEANUTS (2) 400QX163-5	1977	YR	4.00	90.00
❑ PEANUTS 250QX162-2	1977	YR	2.00	80.00
❑ PEANUTS 250QX203-6	1978	YR	2.00	60.00
❑ PEANUTS 250QX204-3	1978	YR	2.00	70.00
❑ PEANUTS 350QX135-5	1977	YR	4.00	80.00
❑ PEANUTS 350QX205-6	1978	YR	4.00	70.00
❑ PEANUTS 350QX206-3	1978	YR	4.00	60.00
PEANUTS COLLECTION				**R. BISHOP**
❑ PEANUTS GANG 2ND ED. QX520-3	1994	YR	10.00	23.00
PEANUTS COLLECTION				**R. CHAD**
❑ SCHROEDER AND LUCY QLX739-4	1996	YR	19.00	30.00
PEANUTS COLLECTION				**J. FRANCIS**
❑ PEANUTS GANG 4TH ED. QX538-1	1996	YR	10.00	18.00
PEANUTS COLLECTION				**T. HADDIX**
❑ PEANUTS PAGEANT QX2832	2001	YR	15.00	15.00
PEANUTS COLLECTION				**D. RHODUS**
❑ PEANUTS GANG 1ST ED. 975QX531-5	1993	YR	10.00	40.00
PEANUTS COLLECTION				**B. SIEDLER**
❑ PEANUTS GANG 3RD ED. QX505-9	1995	YR	10.00	22.00
❑ TREE FOR SNOOPY, A QX550-7	1996	YR	9.00	18.00
PERSONALIZED ORNAMENTS				*
❑ COOL SNOWMAN 875QP605-2	1993	YR	9.00	9.00
❑ PEANUTS 900QP604-5	1993	YR	9.00	9.00
❑ REINDEER IN THE SKY 875QP605-5	1993	YR	9.00	6.00
PERSONALIZED ORNAMENTS				**P. ANDREWS**
❑ BABY BEAR QP615-7	1995	YR	13.00	14.00
PERSONALIZED ORNAMENTS				**K. CROW**
❑ ETCH-A-SKETCH 1295QP600-6	1994	YR	13.00	13.00
❑ ETCH-A-SKETCH QP601-5	1995	YR	13.00	14.00
❑ MAILBOX DELIVERY 1475QP601-5	1993	YR	15.00	11.00
❑ MAILBOX DELIVERY 1495QP601-5	1994	YR	15.00	15.00
❑ MAILBOX DELIVERY QP601-5	1995	YR	15.00	15.00
❑ ON THE BILLBOARD 1275QP602-2	1993	YR	13.00	11.00
❑ ON THE BILLBOARD 1295QP602-2	1994	YR	13.00	11.00
❑ ON THE BILLBOARD QP602-2	1995	YR	13.00	14.00
❑ REINDEER ROOTERS 1295QP605-6	1994	YR	13.00	13.00
❑ REINDEER ROOTERS QP605-6	1995	YR	13.00	14.00
PERSONALIZED ORNAMENTS				**J. FRANCIS**
❑ BABY BLOCK PHOTOHOLDER 1495QP603-5	1994	YR	15.00	16.00
❑ BABY BLOCK PHOTOHOLDER QP603-5	1993	YR	15.00	16.00
❑ PLAYING BALL 1275QP603-2	1993	YR	13.00	11.00
❑ PLAYING BALL 1295QP603-2	1994	YR	13.00	11.00
❑ PLAYING BALL 603-2	1995	YR	13.00	14.00
PERSONALIZED ORNAMENTS				**D. PALMITER**
❑ GOIN' FISHIN' 1495QP602-3	1994	YR	15.00	10.00
❑ GOIN' GOLFIN' 1295QP601-2	1994	YR	13.00	13.00
❑ GOING GOLFIN' 1275QP601-2	1993	YR	13.00	11.00
PERSONALIZED ORNAMENTS				**D. RHODUS**
❑ FROM THE HEART 1495QP603-6	1994	YR	25.00	25.00
❑ FROM THE HEART QP603-6	1995	YR	15.00	15.00
PERSONALIZED ORNAMENTS				**A. ROGERS**
❑ FILLED W/COOKIES 1275QP604-2	1993	YR	13.00	11.00
PERSONALIZED ORNAMENTS				**E. SEALE**
❑ CHAMP, THE QP604-6	1995	YR	13.00	14.00
❑ COMPUTER CAT 'N' MOUSE 1295QP604-6	1994	YR	13.00	13.00
❑ HERE'S YOUR FORTUNE 1075QP600-2	1993	YR	11.00	9.00
❑ KEY NOTE QP614-9	1995	YR	13.00	15.00
❑ SANTA SAYS 1475QP600-5	1993	YR	13.00	13.00
❑ SANTA SAYS 1495QP600-5	1994	YR	15.00	13.00
PERSONALIZED ORNAMENTS				**B. SIEDLER**
❑ HOLIDAY HELLO 2495QXR611-6	1994	YR	25.00	40.00
PERSONALIZED ORNAMENTS				**L. VOTRUBA**
❑ COOKIE TIME 1295QP607-3	1994	YR	13.00	13.00
❑ COOKIE TIME QP607-3	1995	YR	13.00	14.00
❑ FESTIVE ALBUM PHOTOHOLDER 1295QP602-5	1994	YR	13.00	13.00
❑ FESTIVE ALBUM PHOTOHOLDER QP602-5	1993	YR	13.00	13.00
❑ NOVEL IDEA 1295QP606-6	1994	YR	13.00	13.00
❑ NOVEL IDEA QP606-6	1995	YR	13.00	14.00

ORNAMENTS

ORNAMENTS

NAME	YEAR	LIMIT	ISSUE	TREND
PETER PAN				*
❑ OFF TO NEVERLAND! QXD4004	2000	YR	13.00	13.00
PINOCCHIO				*
❑ PINOCCHIO AND GEPPETTO QXD4107	1999	YR	17.00	24.00
PLUSH ANIMALS				*
❑ CHRISTMAS TEDDY 500QX404-2	1981	YR	6.00	20.00
❑ RACCOON TUNES 550QX405-5	1981	YR	6.00	10.00
POCAHONTAS				**K. CROW**
❑ CAPTAIN JOHN SMITH AND MEEKO QX1617-9	1995	YR	13.00	16.00
❑ PERCY, FLIT AND MEEKO QX1617-9	1995	YR	10.00	15.00
❑ POCAHONTAS AND CAPT. JOHN SMITH QX1619-7	1995	YR	15.00	17.00
❑ POCAHONTAS QX1617-7	1995	YR	13.00	16.00
PONY FOR CHRISTMAS				**L. SICKMAN**
❑ PONY FOR CHRISTMAS QX6299	1999	YR	11.00	14.00
❑ PONY FOR CHRISTMAS QX6624	2000	YR	13.00	20.00
❑ PONY FOR CHRISTMAS QX6995	2001	YR	13.00	13.00
POP CULTURE				*
❑ HOPALONG CASSIDY QX6714	2000	YR	15.00	25.00
❑ SUPER FRIENDS QX6724	2000	YR	15.00	25.00
❑ TENDER, THE QX6834	2000	YR	14.00	13.00
❑ TONKA DUMP TRUCK QX6681	2000	YR	14.00	22.00
POP CULTURE				**P. ANDREWS**
❑ JEANNIE I DREAM OF JEANNIE QXI8564	2000	YR	15.00	25.00
POP CULTURE				**K. CROW**
❑ G.I. JOE ACTION PILOT QX6734	2000	YR	14.00	22.00
❑ G.I. JOE FIGHTER PILOT QX6045	2001	YR	14.00	14.00
POP CULTURE				**A. ROGERS**
❑ RAGGEDY ANDY QX8574	2001	YR	11.00	11.00
❑ RAGGEDY ANN QX8571	2001	YR	11.00	11.00
❑ SCOOBY-DOO QXI8394	2000	YR	13.00	21.00
POP CULTURE				**D. UNRUH**
❑ HOT WHEELS 1968 DEORA QXI6891	2000	YR	15.00	25.00
❑ LONE RANGER QX6941	2000	YR	16.00	26.00
POP CULTURE				**L. VOTRUBA**
❑ SCUFFY THE TUGBOAT QX6871	2000	YR	12.00	20.00
❑ TOOTLE THE TRAIN QX6052	2001	YR	12.00	8.00
POP CULTURE				**J. WAGNER**
❑ SELF-PORTRAIT QX6644	2000	YR	11.00	18.00
POP CULTURE				**C. WEBB**
❑ 2001 JEEP SPORT WRANGLER QXI6362	2001	YR	15.00	15.00
❑ LIONEL 4501 SOUTHERN MIKADO STEAM LOCOMOTIVE QBG4074	2000	YR	35.00	57.00
PORTRAITS IN BISQUE				*
❑ JOY OF SHARING 1575QK114-2	1993	YR	16.00	28.00
PORTRAITS IN BISQUE				**S. PIKE**
❑ CHRISTMAS FEAST 1575QK115-2	1993	YR	16.00	28.00
❑ MISTLETOE KISS 1575QK114-5	1993	YR	16.00	30.00
PRECIOUS EDITION				**L. VOTRUBA**
❑ PRECIOUS PENGUIN QXM6104	2000	YR	10.00	17.00
❑ SPARKLING CRYSTAL ANGEL QXM426-4	1996	YR	10.00	14.00
PREMIERE EXCLUSIVE				**N. AUBE**
❑ BASHFUL MISTLETOE MERRY MINIATURES	1996	YR	13.00	25.00
PREMIERE EXCLUSIVE				**E. SEALE**
❑ PERFECT TREE, TENDER TOUCHES QX6572	1997	YR	15.00	15.00
❑ SANTA'S MERRY WORKSHOP	1998	YR	32.00	50.00
❑ WELCOME SIGN TENDER TOUCHES	1996	YR	15.00	18.00
❑ WISH LIST QX585-9	1995	YR	15.00	20.00
PREMIERE EXCLUSIVE				**L. SICKMAN**
❑ ZEBRA FANTASY QX6559	1999	YR	15.00	31.00
PROPERTY ORNAMENTS				*
❑ BETSEY CLARK (2) 350QX167-1	1975	YR	4.00	45.00
❑ BETSEY CLARK (3) 450QX218-1	1976	YR	4.00	60.00
❑ BETSEY CLARK (4) 450QX168-1	1975	YR	4.00	35.00
❑ BETSEY CLARK 250QX210-1	1976	YR	2.00	45.00
❑ BETSEY CLARK 650QX307-4	1980	YR	6.00	24.00
❑ BETSEY CLARK 850QX305-6	1982	YR	8.00	25.00
❑ BETSEY CLARK 850QX508-5	1985	YR	8.00	30.00
❑ BETSEY CLARK 900QX423-5	1981	YR	9.00	75.00
❑ BETSEY CLARK 900QX440-1	1983	YR	9.00	35.00
❑ BETSEY CLARK ANGEL 900QX462-4	1984	YR	9.00	15.00
❑ BETSEY CLARK BLUE CAMEO QX512-2	1981	YR	8.00	18.00
❑ BETSEY CLARK'S CHRISTMAS 750QX149-4	1980	YR	8.00	20.00
❑ BUTTONS & BO (4) 500QX139-1	1975	YR	5.00	50.00
❑ CHARMERS (2) 350QX215-1	1976	YR	4.00	34.00
❑ CHARMERS 300QX135-1	1975	YR	3.00	50.00
❑ CHARMERS 350QX153-5	1977	YR	4.00	60.00
❑ DISNEY (2) 400QX137-5	1977	YR	4.00	55.00
❑ DISNEY 350QX133-5	1977	YR	4.00	70.00
❑ DISNEY 350QX207-6	1978	YR	4.00	115.00
❑ DISNEY 400QX218-1	1980	YR	4.00	19.00
❑ DISNEY 450QX212-9	1983	YR	4.00	55.00
❑ DISNEY 450QX217-3	1982	YR	4.00	22.00
❑ DISNEY 450QX250-4	1984	YR	4.00	40.00
❑ DISNEY 450QX805-5	1981	YR	4.00	15.00
❑ DISNEY CHRISTMAS 475QX271-2	1985	YR	5.00	35.00

NAME	YEAR	LIMIT	ISSUE	TREND
❑ FRAGGLE ROCK HOLIDAY 475QX265-5	1985	YR	5.00	19.00
❑ GRANDMA MOSES 350QX150-2	1977	YR	4.00	70.00
❑ HAPPY THE SNOWMAN (2) QX216-1	1976	YR	4.00	50.00
❑ HUGGA BUNCH 500QX271-5	1985	YR	5.00	15.00
❑ JOAN WALSH ANGLUND 350QX205-9	1979	YR	4.00	35.00
❑ JOAN WALSH ANGLUND 350QX221-6	1978	YR	4.00	60.00
❑ JOAN WALSH ANGLUND 400QX217-4	1980	YR	4.00	22.00
❑ JOAN WALSH ANGLUND 450QX219-3	1982	YR	4.00	22.00
❑ JOAN WALSH ANGLUND 450QX804-2	1981	YR	4.00	22.00
❑ KATYBETH 900QX463-1	1984	YR	9.00	12.00
❑ KATYBETH W/STAR 700QX435-3	1986	YR	7.00	21.00
❑ KIT 550QX453-4	1984	YR	6.00	27.00
❑ LITTLE MIRACLES (4) 500QX140-1	1975	YR	5.00	40.00
❑ MARTY LINKS (2) 400QX207-1	1976	YR	4.00	55.00
❑ MARTY LINKS 300QX136-1	1975	YR	3.00	50.00
❑ MARTY LINKS 400QX221-4	1980	YR	4.00	8.00
❑ MARTY LINKS 450QX808-2	1981	YR	4.00	5.00
❑ MARY HAMILTON 350QX254-7	1979	YR	4.00	12.00
❑ MARY HAMILTON 400QX219-4	1980	YR	4.00	22.00
❑ MARY HAMILTON 450QX213-7	1983	YR	4.00	55.00
❑ MARY HAMILTON 450QX217-6	1982	YR	4.00	25.00
❑ MARY HAMILTON 450QX806-2	1981	YR	4.00	20.00
❑ MERRY SHIRT TALES 475QX267-2	1985	YR	5.00	15.00
❑ MISS PIGGY & KERMIT 450QX218-3	1982	YR	4.00	25.00
❑ MISS PIGGY 1300QX405-7	1983	YR	13.00	200
❑ MUPPETS 400QX220-1	1980	YR	4.00	15.00
❑ MUPPETS 450QX807-5	1981	YR	4.00	15.00
❑ MUPPETS PARTY 450QX218-6	1982	YR	4.00	20.00
❑ MUPPETS, THE- 450QX214-7	1983	YR	4.00	28.00
❑ MUPPETS, THE- 450QX251-4	1984	YR	4.00	35.00
❑ NORMAN ROCKWELL 250QX166-1	1975	YR	2.00	62.00
❑ NORMAN ROCKWELL 300QX134-1	1975	YR	3.00	20.00
❑ NORMAN ROCKWELL 300QX196-1	1976	YR	3.00	78.00
❑ NORMAN ROCKWELL 350QX151-5	1977	YR	4.00	65.00
❑ NORMAN ROCKWELL 450QX202-3	1982	YR	4.00	25.00
❑ NORMAN ROCKWELL 450QX215-7	1983	YR	4.00	16.00
❑ NORMAN ROCKWELL 475QX276-3	1986	YR	5.00	30.00
❑ PEANUTS 400QX216-1	1980	YR	4.00	25.00
❑ PEANUTS 450QX200-6	1982	YR	4.00	25.00
❑ PEANUTS 450QX212-7	1983	YR	4.00	38.00
❑ PEANUTS3 450QX252-1	1984	YR	4.00	38.00
❑ PEANUTS 450QX803-5	1981	YR	4.00	28.00
❑ PEANUTS 475QX266-5	1985	YR	5.00	38.00
❑ PEANUTS 475QX276-6	1986	YR	5.00	32.00
❑ PEANUTS-TIME TO TRIM 350QX202-7	1979	YR	4.00	45.00
❑ RAGGEDY ANN 250QX212-1	1976	YR	2.00	40.00
❑ RAINBOW BRITE AND FRIENDS 475QX268-2	1985	YR	5.00	25.00
❑ RUDOLPH AND SANTA 250QX213-1	1976	YR	2.00	90.00
❑ SHIRT TALES 450QX214-9	1983	YR	4.00	8.00
❑ SHIRT TALES 450QX252-4	1984	YR	4.00	8.00
❑ SHIRT TALES PARADE 475QX277-3	1986	YR	5.00	15.00
❑ SPENCER SPARROW 350QX200-7	1979	YR	4.00	18.00
❑ SPENCER SPARROW 350QX219-6	1978	YR	4.00	50.00
❑ WINNIE-THE-POOH 350QX206-7	1979	YR	4.00	50.00
PROPERTY ORNAMENTS				**J. FRANCIS**
❑ DIVINE MISS PIGGY, THE 1200QX425-5	1982	YR	12.00	50.00
❑ KERMIT THE FROG 900QX424-2	1981	YR	9.00	90.00
PROPERTY ORNAMENTS				**D. LEE**
❑ KERMIT THE FROG 1100QX495-6	1982	YR	11.00	100.00
❑ KERMIT THE FROG 1100QX495-6	1983	YR	11.00	100.00
❑ MUFFIN 550QX442-1	1984	YR	6.00	30.00
PROPERTY ORNAMENTS				**D. MCGEHEE**
❑ NORMAN ROCKWELL 475QX266-2	1985	YR	5.00	12.00
❑ NORMAN ROCKWELL QX251-1	1984	YR	4.00	20.00
PROPERTY ORNAMENTS				**M. PYDA-SEVCIK**
❑ STATUE OF LIBERTY, THE 600QX384-3	1986	YR	6.00	35.00
PROPERTY ORNAMENTS				**E. SEALE**
❑ BETSEY CLARK 650QX404-7	1983	YR	6.00	30.00
❑ HEATHCLIFF 750QX436-3	1986	YR	8.00	25.00
❑ SNOOPY & WOODSTOCK 750QX439-1	1984	YR	8.00	98.00
PROPERTY ORNAMENTS				**L. SICKMAN**
❑ BETSEY CLARK 250QX163-1	1975	YR	2.00	20.00
❑ RAGGEDY ANN & RAGGEDY ANDY 400QX138-1	1975	YR	4.00	65.00
❑ RAGGEDY ANN 250QX165-1	1975	YR	2.00	50.00
PROPERTY ORNAMENTS				**B. SIEDLER**
❑ KIT THE SHEPHERD 575QX484-5	1985	YR	6.00	20.00
❑ MUFFIN THE ANGEL 575QX483-5	1985	YR	6.00	10.00
❑ PADDINGTON BEAR 600QX435-6	1986	YR	6.00	19.00
❑ SNOOPY AND WOODSTOCK 750QX491-5	1985	YR	8.00	60.00
❑ SNOOPY AND WOODSTOCK 800QX438-3	1986	YR	8.00	55.00
PUPPY LOVE				**A. ROGERS**
❑ PUPPY LOVE 10 ED. QX6554	2000	YR	8.00	16.00
❑ PUPPY LOVE 11TH ED. QX6982	2001	YR	8.00	8.00
❑ PUPPY LOVE 1ST ED. 775QX537-9	1991	YR	8.00	45.00
❑ PUPPY LOVE 2ND ED. 775QX448-4	1992	YR	8.00	28.00
❑ PUPPY LOVE 3RD ED. 775QX504-5	1993	YR	8.00	26.00
❑ PUPPY LOVE 4TH ED. 795QX525-3	1994	YR	8.00	10.00

ORNAMENTS

NAME	YEAR	LIMIT	ISSUE	TREND
❑ PUPPY LOVE 5TH ED. QX513-7	1995	YR	8.00	19.00
❑ PUPPY LOVE 6TH ED. QX565-1	1996	YR	8.00	17.00
❑ PUPPY LOVE 7TH ED. QX622-2	1997	YR	8.00	19.00
❑ PUPPY LOVE 8TH ED. QX6163	1998	YR	8.00	15.00
❑ PUPPY LOVE 9TH ED. QX6327	1999	YR	8.00	12.00
REINDEER CHAMPS				**B. SIEDLER**
❑ BLITZEN 8TH ED. 875QX433-1	1993	YR	9.00	24.00
❑ COMET 5TH ED. 775QX443-3	1990	YR	8.00	30.00
❑ CUPID 6TH ED. 775QX434-7	1991	YR	8.00	22.00
❑ DANCER 2ND ED. 750QX480-9	1987	YR	8.00	25.00
❑ DASHER 1ST ED. 750QX422-3	1986	YR	8.00	125.00
❑ DONDER 7TH ED. 875QX528-4	1992	YR	9.00	16.00
❑ PRANCER 3RD ED. 750QX405-1	1988	YR	8.00	30.00
❑ VIXEN 4TH ED. 775QX456-2	1989	YR	8.00	20.00
ROBOT PARADE				**N. WILLIAMS**
❑ ROBOT PARADE QX6771	2000	YR	15.00	25.00
❑ ROBOT PARADE QX8162	2001	YR	15.00	22.00
ROCKING HORSE				*
❑ ROCKING HORSE 1000QX435-4	1984	YR	10.00	85.00
❑ ROCKING HORSE 600QX148-3	1978	YR	6.00	90.00
❑ ROCKING HORSE QX340-7	1980	YR	2.00	20.00
ROCKING HORSE				**L. SICKMAN**
❑ ROCKING HORSE 1000QX417-7	1983	YR	10.00	185.00
❑ ROCKING HORSE 1000QX502-3	1982	YR	10.00	275.00
❑ ROCKING HORSE 1075QX401-6	1986	YR	11.00	60.00
❑ ROCKING HORSE 1075QX402-4	1988	YR	11.00	65.00
❑ ROCKING HORSE 1075QX414-7	1991	YR	11.00	38.00
❑ ROCKING HORSE 1075QX416-2	1993	YR	11.00	35.00
❑ ROCKING HORSE 1075QX426-1	1992	YR	11.00	25.00
❑ ROCKING HORSE 1075QX462-2	1989	YR	11.00	65.00
❑ ROCKING HORSE 1075QX464-6	1990	YR	11.00	95.00
❑ ROCKING HORSE 1075QX482-9	1987	YR	11.00	60.00
❑ ROCKING HORSE 1075QX493-2	1985	YR	11.00	85.00
❑ ROCKING HORSE 1095QX501-6	1994	YR	11.00	26.00
❑ ROCKING HORSE 350QX128-1	1975	YR	4.00	85.00
❑ ROCKING HORSE 400QX128-1	1976	YR	4.00	170.00
❑ ROCKING HORSE 900QX422-2	1981	YR	9.00	425.00
❑ ROCKING HORSE QX516-7	1995	YR	11.00	9.00
❑ ROCKING HORSE QX567-4	1996	YR	11.00	12.00
ROCKING HORSE MINIATURES				**L. SICKMAN**
❑ APPALOOSA 450QXM511-2	1993	YR	4.00	17.00
❑ BROWN 450QXM5454	1992	YR	4.00	20.00
❑ DAPPLED 450QXM562-4	1988	YR	4.00	29.00
❑ GREY ARABIAN 450QXM563-7	1991	YR	4.00	30.00
❑ PALOMINO 450QXM560-5	1989	YR	4.00	62.00
❑ PINTO 450QXM574-3	1990	YR	4.00	28.00
❑ ROCKING HORSE QXM412-1	1996	YR	5.00	25.00
❑ WHITE 450QXM511-6	1994	YR	4.00	17.00
ROMANTIC VACATIONS				*
❑ DONALD AND DAISY AT LOVERS' LODGE QXD4031	2000	YR	15.00	15.00
❑ DONALD AND DAISY IN VENICE QXD 4103	1998	YR	15.00	23.00
❑ MICKEY AND MINNIE IN PARADISE/MICKEY & CO. QXD4049	1999	YR	15.00	18.00
SACRED MASTERWORKS				**L. SICKMAN**
❑ MADONNA AND CHILD QK114-4	1996	YR	16.00	30.00
❑ PRAYING MADONNA QK115-4	1996	YR	16.00	25.00
SAFE AND SNUG				**J. FORSYTH**
❑ SAFE AND SNUG QX8342	2001	YR	13.00	13.00
SANTA & HIS REINDEER COLLECTION				**K. CROW**
❑ COMET & CUPID 495XPR973-7	1992	YR	5.00	10.00
❑ DASHER & DANCER 495XPR973-5	1992	YR	5.00	26.00
❑ DONDER & BLITZEN 495XPR973-8	1992	YR	5.00	29.00
❑ PRANCER & VIXEN 495XPR973-6	1992	YR	5.00	18.00
❑ SANTA & SLEIGH 495XPR973-9	1992	YR	5.00	17.00
SANTA & SPARKY				*
❑ LIGHTING THE TREE 1ST ED. 2200QLX703-3	1986	YR	22.00	95.00
❑ ON WITH THE SHOW 1950QLX719-1	1988	YR	20.00	22.00
❑ PERFECT PORTRAIT 1950QLX701-9	1987	YR	20.00	28.00
SANTA CLAUS-THE MOVIE				*
❑ SANTA CLAUS 675QX300-5	1985	YR	7.00	7.00
❑ SANTA'S VILLLAGE 675QX300-2	1985	YR	7.00	7.00
SANTA'S LITTLE BIG TOP				**K. CROW**
❑ SANTA'S LITTLE BIG TOP 2ND ED QXM408-1	1996	YR	7.00	15.00
❑ SANTA'S LITTLE BIG TOP QXM4779	1995	YR	*	16.00
SARAH, PLAIN AND TALL COLLECTION				*
❑ COUNTRY CHURCH, THE 795XPR945-0	1994	YR	8.00	20.00
❑ HAYS TRAIN STATION, THE-795XPR945-2	1994	YR	8.00	21
❑ MRS. PARKLEY'S GENERAL STORE 795XPR945-1	1994	YR	8.00	20.00
❑ SARAH'S MAINE HOME 795XPR945-4	1994	YR	8.00	10.00
❑ SARAH'S PRAIRIE HOME 795XPR945-3	1994	YR	8.00	20.00
SCARLETT O'HARA				**P. ANDREWS**
❑ SCARLETT O'HARA QX6125	1997	YR	*	30.00
❑ SCARLETT O'HARA QX6336	1998	YR	15.00	18.00
❑ SCARLETT O'HARA QX6397	1999	YR	15.00	19.00
❑ SCARLETT O'HARA QX6671	2000	YR	15.00	25.00
SCOOBY-DOO				**R. CHAD**
❑ MYSTERY MACHINE: SCOOBY-DOO QX6295	2001	YR	14.00	14.00
❑ SCOOBY-DOO QXM5322	2001	YR	7.00	7.00

NAME	YEAR	LIMIT	ISSUE	TREND
SEASIDE SCENES				**E. SEALE**
❑ SEASIDE SCENES QXM4649	1999	YR	8.00	13.00
❑ SEASIDE SCENES QXM5974	2000	YR	8.00	13.00
SEWN TRIMMERS				*
❑ ANGEL MUSIC 200QX343-9	1979	YR	2.00	19.00
❑ MERRY SANTA 200QX342-7	1979	YR	2.00	18.00
❑ ROCKING HORSE, THE 200QX340-7	1979	YR	2.00	20.00
❑ STUFFED FULL STOCKING 200QX341-9	1979	YR	2.00	25.00
SHOWCASE ORNAMENTS/CHRISTMAS LIGHTS				**P. ANDREWS**
❑ MOONBEAMS 1575QK111-6	1994	YR	16.00	18.00
SHOWCASE ORNAMENTS/CHRISTMAS LIGHTS				**R. CHAD**
❑ PEACEFUL VILLAGE 1575QK110-6	1994	YR	16.00	16.00
SHOWCASE ORNAMENTS/CHRISTMAS LIGHTS				**D. PALMITER**
❑ HOME FOR THE HOLIDAYS 1575QK112-3	1994	YR	16.00	16.00
SHOWCASE ORNAMENTS/CHRISTMAS LIGHTS				**A. ROGERS**
❑ MOTHER AND CHILD 1575QK112-6	1994	YR	16.00	20.00
SIDEWALK CRUISERS				*
❑ 1939 MOBO HORSE 1295QEO8393	1998	YR	13.00	20.00
SKY'S THE LIMIT				**L. NORTON**
❑ 1917 CURTISS JN-4D JENNY QX6286	1998	YR	15.00	23.00
❑ CURTIS R3C-2 SEAPLANE QX6387	1999	YR	15.00	7.00
❑ FLIGHT AT KITTY HAWK QX5574	1997	YR	15.00	32.00
❑ GEE BEE R-1 SUPER SPORTSTER QX8005	2001	YR	15.00	15.00
❑ SPIRIT OF ST. LOUIS QX6634	2000	YR	15.00	22.00
SKY'S THE LIMIT MINIATURE SERIES				**L. NORTON**
❑ FLIGHT AT KITTY HAWK QXM5215	2001	YR	7.00	7.00
SLEEPING BEAUTY				*
❑ PRINCESS AURORA QXD 4126	1998	YR	13.00	25.00
SNOOPY & FRIENDS				*
❑ ICE HOCKEY HOLIDAY 1ST EDITION 800QX141-9	1979	YR	8.00	160.00
SNOOPY & FRIENDS				**J. FRANCIS**
❑ SKI HOLIDAY 2ND EDITION 900QX154-1	1980	YR	9.00	165.00
❑ SNOOPY & FRIENDS 3RD EDITION 1200QX436-2	1981	YR	12.00	95.00
SNOOPY & FRIENDS				**E. SEALE**
❑ SNOOPY & FRIENDS 4TH EDITION 1300QX480-3	1982	YR	13.00	115.00
SNOOPY & FRIENDS				**L. SICKMAN**
❑ SANTA SNOOPY 5TH EDITION 1300QX416-9	1983	YR	13.00	95.00
SNOW BUDDIES				**T. HADDIX**
❑ SNOW BUDDIES	1998	YR	8.00	37.00
❑ SNOW BUDDIES QX6319	1999	YR	8.00	20.00
❑ SNOW BUDDIES QX6654	2000	YR	8.00	17.00
❑ SNOW BUDDIES QX6972	2001	YR	8.00	8.00
SNOWBALL AND TUXEDO				**J. ESCHRICH**
❑ LITTLE NAP, A QX8072	2001	YR	8.00	8.00
SNOWFLAKE BALLET				**P. ANDREWS**
❑ SNOWFLAKE BALLET QXM4173	1998	YR	*	8.00
❑ SNOWFLAKE BALLET QXM4192	1997	YR	*	14.00
❑ SNOWFLAKE BALLET QXM4569	1999	YR	6.00	10.00
SNOWMEN OF MITFORD				*
❑ MAN QX6504	2000	YR	8.00	19.00
SPECIAL EDITION				**J. LYLE**
❑ EVERGREEN SANTA QX571-4	1996	YR	22.00	40.00
❑ VICTORIAN TOY BOX QLX735-7	1995	YR	42.00	60.00
SPECIAL EDITION				**D. RHODUS**
❑ O HOLY NIGHT- 4 PC QXM420-4	1996	YR	25.00	32.00
SPECIAL EDITION				**E. SEALE**
❑ NORTH POLE VOLUNTEERS QLX747-1	1996	YR	42.00	82.00
SPECIAL EDITION				**L. SICKMAN**
❑ AFRICAN ELEPHANTS QXM422-4	1996	YR	6.00	18.00
SPECIAL EDITION				**D. UNRUH**
❑ BEVERLY AND TEDDY QX525-9	1995	YR	22.00	32.00
SPECIAL ISSUES				*
❑ 1997 CORVETTE QX16455	1997	YR	14.00	25.00
SPORTS COLLECTION				**P. ANDREWS**
❑ PEGGY FLEMING QXI6845	2001	YR	15.00	15.00
SPORTS COLLECTION				**K. BRICKER**
❑ KRISTI YAMAGUCHI QXI6854	2000	YR	14.00	23.00
SPORTS COLLECTION				**D. RHODUS**
❑ MICKEY MANTLE-NEW YORK YANKEES QXI6804	2001	YR	15.00	15.00
SPORTS COLLECTION				**D. UNRUH**
❑ ARNOLD PALMER QXI4324	2000	YR	15.00	14.00
❑ MUHAMMAD ALI QXI4147	1999	YR	15.00	25.00
❑ STEVE YOUNG-SAN FRANCISCO 49ERS QXI6309	2001	YR	15.00	15.00
SPORTS COLLECTION				**C. WEBB**
❑ DALE JARRETT QXI5205	2001	YR	15.00	15.00
SPOTLIGHT ON SNOOPY				**B. SIEDLER**
❑ BEAGLESCOUT QX6085	2001	YR	10.00	10.00
❑ DETECTIVE QX6564	2000	YR	10.00	18.00
❑ FAMOUS FLYING ACE QX6409	1999	YR	10.00	21.00
❑ JOE COOL QX6453	1998	YR	10.00	10.00
STAR TREK				*
❑ COMMANDER WILLIAM T. RIKER 1555-1	1996	YR	15.00	27.00
❑ DR. LEONARD H. MCCOY 1635-2	1997	YR	15.00	15.00
❑ U.S.S. DEFIANT	1997	YR	24.00	42.00

ORNAMENTS

ORNAMENTS

NAME	YEAR	LIMIT	ISSUE	TREND
STAR TREK				**L. NORTON**
❑ FIRST CONTACT USS ENTERPRISE NCC-1710-E QXI 7633	1998	YR	24.00	24.00
❑ KLINGON BIRD OF PREY 2400QLX738-6	1994	YR	24.00	30.00
❑ ROMULAN WARBIRD QX1726-7	1995	YR	24.00	28.00
❑ STARFLEET LEGENDS SET OF 3 QXM5325	2001	YR	15.00	15.00
❑ STARSHIP ENTERPRISE 2000QLX719-9	1991	YR	20.00	255.00
❑ U.S.S. VOYAGER QXI754-4	1996	YR	24.00	52.00
STAR TREK				**D. RHODUS**
❑ U.S.S. ENTERPRISE, 30 YEARS QXI753-4	1996	YR	45.00	80.00
STAR TREK				**A. ROGERS**
❑ CAPTAIN JAMES T. KIRK QX1553-9	1995	YR	14.00	25.00
❑ CAPTAIN JEAN-LUC PICARD QX1573-7	1995	YR	14.00	25.00
❑ CAPTAIN KATHRYN JANEWAY QXI 4046	1998	YR	15.00	25.00
❑ MR. SPOCK QXI554-4	1996	OP	15.00	18.00
❑ STAR TREK: THE NEXT GENERATION CROWN REFLECTIONS QBG4345	2001	YR	24.00	24.00
STAR TREK VOYAGER				**L. NORTON**
❑ BORG CUBE STAR TREK: VOYAGER QLX7354	2000	YR	24.00	24.00
STAR TREK VOYAGER				**A. ROGERS**
❑ LIEUTENANT COMMANDER WORF QBG4064	2000	YR	30.00	30.00
❑ SEVEN OF NINE STAR TREK: VOYAGER QX6844	2000	YR	15.00	24.00
STAR TREK: DEEP SPACE NINE				**L. NORTON**
❑ RUNABOUT-U.S.S. RIO GRANDE QXI7593	1999	YR	24.00	30.00
❑ SPACE STATION DEEP SPACE 9 QX6065	2001	YR	32.00	32.00
STAR TREK: DEEP SPACE NINE				**A. ROGERS**
❑ CAPTAIN BENJAMIN SISKO QX6865	2001	YR	15.00	15.00
❑ LIEUTENANT COMMANDER WORF QXI4139	1999	YR	15.00	22.00
STAR WARS				*
❑ C-3PO & R2-D2 1426-5	1997	YR	13.00	15.00
❑ DARTH VADER QX1753-1	1997	YR	24.00	24.00
❑ LUKE SKYWALKER QX1548-4	1997	YR	14.00	33.00
❑ STAR WARS LUNCHBOX 1259QEO8406	1998	YR	13.00	35.00
STAR WARS				**P. ANDREWS**
❑ HAN SOLO QXI4007	1999	YR	14.00	23.00
STAR WARS				**K. BRICKER**
❑ MAX REBO BAND QXI4597	1999	YR	20.00	32.00
❑ YODA QXI6355	1997	YR	10.00	24.00
STAR WARS				**K. CROW**
❑ MILLENNIUM FALCON QLX747-4	1996	YR	24.00	30.00
STAR WARS				**K. KLINE**
❑ IMPERIAL STORMTROOPER QXI6711	2000	YR	15.00	15.00
❑ R2-D2 QX6875	2001	YR	15.00	15.00
STAR WARS				**D. RHODUS**
❑ BOBA FETT QXI 4053	1998	YR	15.00	24.00
❑ CHEWBACCA QXI4009	1999	YR	15.00	26.00
❑ DARTH VADER'S TIE FIGHTER QXI7399	1999	YR	24.00	35.00
❑ EPISODE 1: FIGURAL QXI4187	1999	YR	15.00	15.00
❑ OBI-WAN KENOBI QXI6704	2000	YR	15.00	25.00
❑ PRINCESS LEIA QXI 4026	1998	YR	14.00	14.00
❑ VEHICLES OF STAR WARS, THE SET OF 3 QXM402-4	1996	YR	20.00	40.00
❑ X-WING STARFIGHTER QXI 7596	1998	YR	24.00	40.00
STAR WARS				**C. WEBB**
❑ BATTLE OF NABOO SET OF 3 QXM5212	2001	YR	15.00	15.00
❑ EPISODE 1: SHIP QX17613	1999	YR	19.00	19.00
❑ NABOO ROYAL STARSHIP QX8475	2001	YR	19.00	10.00
STAR WARS: EPISODE 1				**P. ANDREWS**
❑ ANAKIN SKYWALKER QX6942	2001	YR	15.00	15.00
❑ DARTH MAUL QXI6885	2000	YR	15.00	15.00
❑ QUI-GON JINN QXI6741	2000	YR	15.00	25.00
STAR WARS: EPISODE 1				**K. BRICKER**
❑ JEDI COUNCIL MEMBERS: SAESEE TIIN, YODA AND KI-ADI-MUNDI QXI6744	2000	YR	20.00	39.00
STAR WARS: EPISODE 1				**D. RHODUS**
❑ GUNGAN SUBMARINE QXI7351	2000	YR	24.00	24.00
❑ JARJAR BINKS QX6882	2001	YR	15.00	15.00
STOCK CAR CHAMPIONS				**E. SEALE**
❑ BILL ELLIOTT QXI4039	1999	YR	16.00	27.00
❑ JEFF GORDON QX1616-5	1997	YR	16.00	40.00
❑ RICHARD PETTY QXI 4143	1998	YR	16.00	30.00
SYMBOLS OF CHRISTMAS				*
❑ JOLLY SANTA QX108-7	1995	YR	16.00	22.00
❑ SWEET SONG QX108-9	1995	YR	16.00	18.00
TABLE DECOR				*
❑ HEAVENLY MINSTREL TABLETOP QHD 921-9	1978	YR	35.00	375.00
❑ HOLLY & POINSETTIA TABLE DECOR. OHD320-2	1977	YR	8.00	132.00
TEDDY BEAR YEARS COLLECTION				**K. CROW**
❑ BABY'S FIRST CHRISTMAS QX555-9	1995	YR	8.00	22.00
❑ BABY'S SECOND CHRISTMAS 795QX571-6	1994	YR	8.00	24.00
❑ BABY'S SECOND CHRISTMAS QX556-7	1995	YR	8.00	12.00
❑ CHILD'S THIRD CHRISTMAS QX562-7	1995	YR	8.00	10.00
TEDDY BEAR YEARS COLLECTION				**J. FRANCIS**
❑ CHILD'S FOURTH CHRISTMAS 695QX572-6	1994	YR	7.00	20.00
❑ CHILD'S FOURTH CHRISTMAS QX562-9	1995	YR	7.00	10.00
❑ CHILD'S THIRD CHRISTMAS 695QX572-3	1994	YR	7.00	20.00
TEDDY BEAR YEARS COLLECTION				**D. RHODUS**
❑ CHILD'S FIFTH CHRISTMAS 695QX573-3	1994	YR	7.00	20.00
❑ CHILD'S FIFTH CHRISTMAS QX563-7	1995	YR	7.00	10.00

NAME	YEAR	LIMIT	ISSUE	TREND
TEDDY-BEAR STYLE				**D. UNRUH**
❑ TEDDY-BEAR STYLE QXM4176	1998	YR	10.00	8.00
❑ TEDDY-BEAR STYLE QXM4215	1997	YR	12.00	10.00
❑ TEDDY-BEAR STYLE QXM4499	1999	YR	6.00	10.00
❑ TEDDY-BEAR STYLE QXM5954	2000	YR	6.00	10.00
TENDER TOUCHES				*
❑ HIGH HOPES, TENDER TOUCHES QEO 825-9	1995	YR	9.00	12.00
TENDER TOUCHES				**E. SEALE**
❑ BUMPER CROP, TENDER TOUCHES QEO8735	1997	YR	*	12.00
❑ DOWNHILL DASH	1993	YR	23.00	23.00
❑ EAGER FOR...TENDER TOUCHES 1500QX533-6	1994	YR	15.00	18.00
❑ FANFARE BEAR 875QX533-7	1991	YR	9.00	10.00
❑ GARDEN CAPERS	1993	YR	20.00	20.00
❑ GLEE CLUB BEARS 875QX496-9	1991	YR	9.00	19.00
❑ LIBERTY MOUSE QSM8475	1993	YR	21.00	18.00
❑ LOOK OUT BELOW 875QX495-9	1991	YR	9.00	18.00
❑ LOVING STITCHES 875QX498-7	1991	YR	9.00	28.00
❑ PLUM DELIGHTFUL 875QX497-7	1991	YR	9.00	16.00
❑ SNOW TWINS 875QX497-9	1991	YR	9.00	19.00
THIMBLE SERIES				*
❑ THIMBLE 500QX451-3	1982	YR	5.00	45.00
❑ THIMBLE ANGEL 450QX413-5	1981	YR	4.00	100.00
❑ THIMBLE CHRISTMAS SALUTE, A 400QX131-9	1979	YR	4.00	100.00
❑ THIMBLE ELF 400QX132-1	1980	YR	4.00	170.00
❑ THIMBLE ELF 500QX401-7	1983	YR	5.00	39.00
❑ THIMBLE PARTRIDGE 575QX406-6	1986	YR	6.00	25.00
❑ THIMBLE W/MOUSE 300QX133-6	1978	YR	3.00	140.00
THIMBLE SERIES				**A. ROGERS**
❑ THIMBLE PUPPY 575QX455-2	1989	YR	6.00	25.00
THIMBLE SERIES				**B. SIEDLER**
❑ THIMBLE ANGEL 500QX430-4	1984	YR	5.00	57.00
❑ THIMBLE DRUMMER 575QX441-9	1987	YR	6.00	19.00
❑ THIMBLE SANTA QX472-5	1985	YR	6.00	22.00
❑ THIMBLE SNOWMAN 575QX405-4	1988	YR	6.00	24.00
THOMAS KINKADE, PAINTER OF LIGHT				*
❑ HOLIDAY GATHERING, A QX8561	2000	YR	11.00	18.00
THOMAS KINKADE, PAINTER OF LIGHT				**K. BRICKER**
❑ VICTORIAN CHRISTMAS MEMORIES SET OF 3 QX8292	2001	YR	15.00	15.00
THOMAS KINKADE, PAINTER OF LIGHT				**T. KINKADE**
❑ VICTORIAN CHRISTMAS II QX6343	1998	YR	11.00	19.00
❑ VICTORIAN CHRISTMAS III QX6407	1999	YR	11.00	15.00
❑ VICTORIAN CHRISTMAS QXM1613-5	1997	YR	11.00	26.00
❑ WARMTH OF HOME QXI1754-5	1997	YR	19.00	30.00
THOMAS KINKADE, PAINTER OF LIGHT				**D. UNRUH**
❑ ST. NICHOLAS CIRCLE QXI 7556	1998	YR	19.00	19.00
THOMAS THE TANK ENGINE & FRIENDS				**D. RHODUS**
❑ PERCY THE SMALL ENGINE-NO. 6 QX631-4	1996	YR	10.00	15.00
THREE STOOGES				**T. LARSEN**
❑ LARRY, MOE AND CURLY QX6851	2000	YR	30.00	49.00
TIN LOCOMOTIVE				**L. SICKMAN**
❑ TIN LOCOMOTIVE-1ST EDITION 1300QX460-3	1982	YR	13.00	650.00
❑ TIN LOCOMOTIVE-2ND EDITION 1300QX404-9	1983	YR	13.00	300.00
❑ TIN LOCOMOTIVE-3RD EDITION 1400QX440-4	1984	YR	14.00	50.00
❑ TIN LOCOMOTIVE-4TH EDITION 1475QX497-2	1985	YR	15.00	80.00
❑ TIN LOCOMOTIVE-5TH EDITION 1475QX403-6	1986	YR	15.00	40.00
❑ TIN LOCOMOTIVE-6TH EDITION 1475QX484-9	1987	YR	15.00	40.00
❑ TIN LOCOMOTIVE-7TH EDITION 1475QX400-4	1988	YR	15.00	39.00
❑ TIN LOCOMOTIVE-8TH EDITION 1475QX460-2	1989	YR	15.00	29.00
TINY TOON ADVENTURE				**D. PALMITER**
❑ BABS BUNNY 575QXM411-6	1994	YR	6.00	12.00
❑ BUSTER BUNNY 575QXM516-3	1994	YR	6.00	9.00
❑ DIZZY DEVIL 575QXM413-3	1994	YR	6.00	15.00
❑ HAMTON 575QXM412-6	1994	YR	6.00	9.00
❑ PLUCKY DUCK 575QXM412-3	1994	YR	6.00	14.00
TOBIN FRALEY CAROUSEL				**T. FRALEY**
❑ TOBIN FRALEY CAROUSEL 2800QX489-1	1992	YR	28.00	42.00
❑ TOBIN FRALEY CAROUSEL 2ND ED. 2800QX550-2	1993	YR	28.00	30.00
❑ TOBIN FRALEY CAROUSEL 3RD ED. 2800QX522-3	1994	YR	28.00	54.00
❑ TOBIN FRALEY CAROUSEL 4TH AND FINAL QX506-9	1995	YR	28.00	47.00
TOBIN FRALEY HOLIDAY CAROUSEL				**T. FRALEY**
❑ TOBIN FRALEY HOLIDAY CAROUSEL 2ND ED. QLX726-9	1995	YR	32.00	55.00
TOBIN FRALEY HOLIDAY CAROUSEL				**J. FRANCIS**
❑ TOBIN FRALEY HOLIDAY CAROUSEL 3RD/ FINAL QLC746-1	1996	YR	32.00	52.00
TOBIN FRALEY HOLIDAY CAROUSEL				**D. UNRUH**
❑ TOBIN FRALEY HOLIDAY CAROUSEL 1ST ED. 3200QLX749-6	1994	YR	32.00	70.00
TONKA				*
❑ TONKA 1955 STEAM SHOVEL QX6292	2001	YR	14.00	14.00
❑ TONKA MIGHTY DUMP TRUCK QX632-1	1996	YR	14.00	30.00
❑ TONKA MIGHTY FRONT LOADER 636-2	1997	YR	14.00	20.00
❑ TONKA ROAD GRADER QX6483	1998	YR	14.00	24.00
TOWN AND COUNTRY				**L. SICKMAN**
❑ BAIT SHOP WITH BOAT QX6631	2000	YR	16.00	23.00
❑ FARM HOUSE QX6439	1999	YR	16.00	28.00
❑ FIRE STATION NO. 1 QX8052	2001	YR	16.00	16.00
❑ FLYING SCHOOL AIRPLANE HANGAR QX8172	2001	YR	16.00	16.00
TOY STORY 2				*
❑ BUZZ LIGHTYEAR QXI5234	2000	YR	15.00	15.00
❑ WOODY'S ROUNDUP QXI4207	1999	YR	14.00	19.00

ORNAMENTS

NAME	YEAR	LIMIT	ISSUE	TREND
TOYMAKER SANTA				K. CROW
❏ TOYMAKER SANTA QX6751	2000	YR	15.00	23.00
❏ TOYMAKER SANTA QX8032	2001	YR	15.00	15.00
TRADITIONAL ORNAMENTS				*
❏ AMANDA DOLL 900QX432-1	1984	YR	9.00	20.00
❏ CHRISTMAS TREATS 550QX507-5	1985	YR	6.00	15.00
❏ EMBROIDERED HEART 650QX421-7	1984	YR	6.00	12.00
❏ HOLIDAY FRIENDSHIP 1300QX445-1	1984	YR	13.00	28.00
❏ HOLIDAY JINGLE BELL 1600QX404-6	1986	YR	16.00	55.00
❏ HOLIDAY STARBURST 500QX253-4	1984	YR	5.00	15.00
❏ MEMORIES TO CHERISH PHOTO. QX427-6	1986	YR	8.00	25.00
❏ OLD FASHIONED ROCKING HORSE 750QX346-4	1984	YR	8.00	22.00
❏ OLD-FASHIONED WREATH 750QX373-5	1985	YR	8.00	25.00
❏ PEACE ON EARTH 750QX341-4	1984	YR	8.00	18.00
❏ SANTA 750QX458-4	1984	YR	8.00	20.00
❏ SANTA SULKY DRIVER 900QX436-1	1984	YR	9.00	18.00
❏ SAVIOR IS BORN, A 450QX254-1	1984	YR	4.00	32.00
❏ SPECIAL MEMORIES PHOTOHOLDER 675QX464-7	1987	YR	7.00	25.00
❏ WHITE CHRISTMAS 1600QX905-1	1984	YR	16.00	90.00
TRADITIONAL ORNAMENTS				K. CROW
❏ HEAVENLY HARMONY 1500QX465-9	1987	YR	15.00	22.00
❏ PROMISE OF PEACE 650QX374-9	1987	YR	11.00	25.00
TRADITIONAL ORNAMENTS				P. DUTKIN
❏ SANTA PIPE 950QX494-2	1985	YR	10.00	25.00
TRADITIONAL ORNAMENTS				D. LEE
❏ CUCKOO CLOCK 1000QX455-1	1984	YR	10.00	52.00
❏ SPIRIT OF SANTA CLAUS, THE- 2250QX498-5	1985	YR	23.00	100.00
TRADITIONAL ORNAMENTS				J. LYLE
❏ I REMEMBER SANTA 475QX278-9	1987	YR	5.00	35.00
❏ NORMAN ROCKWELL: XMAS SCENES 475QX282-7	1987	YR	5.00	25.00
TRADITIONAL ORNAMENTS				D. PALMITER
❏ MADONNA AND CHILD 600QX344-1	1984	YR	6.00	42.00
TRADITIONAL ORNAMENTS				J. PATTEE
❏ CHRISTMAS BEAUTY 600QX322-3	1986	YR	6.00	10.00
❏ GLOWING CHRISTMAS TREE 700QX428-6	1986	YR	7.00	5.00
❏ HEIRLOOM SNOWFLAKE 675QX515-3	1986	YR	7.00	9.00
TRADITIONAL ORNAMENTS				S. PIKE
❏ CANDLE CAMEO 675QX374-2	1985	YR	7.00	8.00
❏ MAGI, THE- 475QX272-6	1986	YR	5.00	12.00
❏ NEEDLEPOINT WREATH 650QX459-4	1984	YR	6.00	15.00
❏ PEACEFUL KINGDOM 575QX373-2	1985	YR	6.00	25.00
❏ SEWN PHOTOHOLDER 700QX379-5	1985	YR	7.00	5.00
TRADITIONAL ORNAMENTS				E. SEALE
❏ ALPINE ELF 600QX452-1	1984	YR	6.00	20.00
❏ GIFT OF MUSIC 1500QX451-1	1984	YR	15.00	90.00
❏ JOYOUS ANGELS 775QX465-7	1987	YR	8.00	25.00
❏ TWELVE DAYS OF CHRISTMAS 1500QX415-9	1984	YR	15.00	80.00
TRADITIONAL ORNAMENTS				L. SICKMAN
❏ BLUEBIRD 725QX428-3	1986	YR	7.00	60.00
❏ CHICKADEE 600QX451-4	1984	YR	6.00	40.00
❏ EMBROIDERED STOCKING 650QX479-6	1984	YR	6.00	22.00
❏ GOLDFINCH 700QX464-9	1987	YR	7.00	80.00
❏ HOLIDAY JESTER 1100QX437-4	1984	YR	11.00	19.00
❏ NOSTALGIC SLED 600QX442-4	1984	YR	6.00	14.00
❏ NOSTALGIC SLED 600QX442-4	1985	YR	6.00	25.00
❏ UNCLE SAM 600QX449-1	1984	YR	6.00	50.00
TRADITIONAL ORNAMENTS				D. UNRUH
❏ CHRISTMAS KEYS 575QX473-9	1987	YR	6.00	30.00
TRADITIONAL ORNAMENTS				L. VOTRUBA
❏ STAR BRIGHTENERS 600QX322-6	1986	YR	6.00	18.00
TREE TOPPER				*
❏ ANGEL TREE TOPPER 2450QTT710-1	1984	YR	25.00	36.00
❏ ANGEL TREE TOPPER 900HD230-2	1977	YR	9.00	425.00
❏ BRASS STAR TREE TOPPERS QX705-4	1980	YR	25.00	60.00
❏ CHRISTMAS STAR TREE TOPPER QX702-3	1978	YR	8.00	40.00
❏ DANCING ANGELS TREE TOPPER QXM 589-1	1992	YR	10.00	12.00
❏ DANCING ANGELS TREE TOPPER QXM 589-1	1994	YR	10.00	9.00
❏ FESTIVE ANGEL TREE TOPPER 975QXM578-3	1990	YR	10.00	25.00
❏ HALLIS STAR-TREE TOPPER EPCA	1987	YR	*	70.00
❏ HEAVENLY GLOW TREE TOPPER QXM 566-1	1989	YR	10.00	14.00
❏ SANTA TREE TOPPER 1800QTO700-6	1986	YR	18.00	35.00
❏ SHINING STAR 1750QLT709-6	1986	YR	18.00	20.00
❏ TIFFANY ANGEL TREE TOPPER 1000QX703-7	1979	YR	10.00	25.00
TREE TOPPER				J. LYLE
❏ VICTORIAN ANGEL MINIATURE TREE TOPPER QXM4293	1999	YR	13.00	21.00
❏ VICTORIAN ANGEL TREE TOPPER QXM4293	2000	YR	13.00	21.00
TREE TOPPER				L. VOTRUBA
❏ GRACEFUL ANGEL TREE TOPPER QXM5385	2001	YR	13.00	13.00
TURN OF THE CENTURY PARADE				K. CROW
❏ FIREMAN, THE FIRST ED QK102-7	1995	YR	17.00	18.00
❏ UNCLE SAM 2ND ED QK108-4	1996	YR	17.00	8.00
TWELVE DAYS OF CHRISTMAS				*
❏ EIGHT MAIDS-A-MILKING 675QX308-9	1991	YR	7.00	25.00
❏ ELEVEN PIPERS PIPING 695QX318-3	1994	YR	7.00	19.00

ORNAMENTS

NAME	YEAR	LIMIT	ISSUE	TREND
❏ PARTRIDGE IN A PEAR TREE 600QX348-4	1984	YR	6.00	300.00
❏ SEVEN SWANS-A-SWIMMING 675QX303-3	1990	YR	7.00	16.00
❏ SIX GEESE A-LAYING 675QX381-2	1989	YR	7.00	22.00
❏ TEN LORDS A LEAPING 301-2	1993	YR	*	8.00
❏ TWELVE DRUMMERS DRUMMING QX300-9	1995	YR	7.00	8.00
TWELVE DAYS OF CHRISTMAS				**S. PIKE**
❏ FIVE GOLDEN RINGS-5TH EDITION 650QX371-4	1988	YR	6.00	15.00
❏ FOUR COLLY BIRDS 650QX370-9	1987	YR	6.00	38.00
❏ TWO TURTLEDOVES 650QX371-2	1985	YR	6.00	74.00
TWELVE DAYS OF CHRISTMAS				**M. PYDA-SEVCIK**
❏ NINE LADIES DANCING 675QX303-1	1992	YR	7.00	22.00
TWELVE DAYS OF CHRISTMAS				**L. VOTRUBA**
❏ THREE FRENCH HENS 650QX378-6	1986	YR	6.00	28.00
U.S. CHRISTMAS STAMPS				*
❏ U.S. CHRISTMAS STAMPS 1095QX520-6	1994	YR	11.00	12.00
❏ U.S. CHRISTMAS STAMPS QX506-7	1995	YR	11.00	20.00
U.S. CHRISTMAS STAMPS				**L. SICKMAN**
❏ U.S. CHRISTMAS STAMPS 1075QX529-2	1993	YR	11.00	12.00
UNFORGETTABLE VILLAINS				*
❏ CRUELLA DE VIL QXD 4063	1998	YR	15.00	25.00
❏ SLEEPING BEAUTY'S MALEFICENT QXD4001	2000	YR	15.00	19.00
❏ SNOW WHITE'S JEALOUS QUEEN QXD4089	1999	YR	15.00	19.00
VEGGIE TALES				**K. KLINE**
❏ WAITING FOR SANTA LARRY THE CUCUMBER AND				
BOB THE TOMATO VEGGIE TALES QXI6932	2001	YR	13.00	13.00
VEGGIE TALES				**J. LYLE**
❏ BOB THE TOMATO AND LARRY THE CUCUMBER QXI4334	2000	YR	10.00	16.00
VINTAGE ROADSTER				**D. PALMITER**
❏ 1931 FORD MODEL A ROADSTER 1495QEO8416	1998	YR	15.00	25.00
WELCOME FRIENDS				**S. PIKE**
❏ WELCOME FRIENDS QXM4153	1998	YR	*	9.00
❏ WELCOME FRIENDS QXM4205	1997	YR	*	10.00
❏ WELCOME FRIENDS QXM4577	1999	YR	*	11.00
WINDOWS OF THE WORLD				**D. LEE**
❏ FRENCH 1000QX402-1	1988	YR	10.00	24.00
❏ GERMAN 5TH ED. 1075QX462-5	1989	YR	11.00	30.00
❏ HAWAIIAN 1000QX482-7	1987	YR	10.00	30.00
❏ IRISH 1075QX463-6	1990	YR	11.00	25.00
❏ MEXICAN QX490-2	1985	YR	10.00	110.00
WINDOWS OF THE WORLD				**B. SIEDLER**
❏ DUTCH 1000QX408-3	1986	YR	10.00	45.00
WINNIE THE POOH				*
❏ BLUSTERY DAY QXD4021	2000	YR	14.00	14.00
❏ EEYORE HELPS OUT QXD4145	2001	YR	13.00	13.00
❏ FAMILIAR FACE QXD4152	2001	YR	13.00	13.00
❏ HONEY TIME QXD4129	1999	YR	14.00	23.00
❏ JUST WHAT THEY WANTED! QXD4142	2001	YR	13.00	13.00
❏ POOH CHOOSES THE TREE QXD4157	2000	YR	13.00	12.00
❏ TIGGER-IFIC THINGS TO POOH QXD4014	2000	YR	9.00	15.00
❏ TRACKING THE JAGULAR QXD4102	2001	YR	14.00	14.00
WINNIE THE POOH				**LARS**
❏ HONEY OF A GIFT QXD4255	1997	YR	7.00	10.00
WINNIE THE POOH				**B. SIEDLER**
❏ CHRISTOPHER ROBIN 975QX557-9	1991	YR	10.00	20.00
❏ EEYORE 975-QX571-2	1993	YR	10.00	22.00
❏ KANGA AND ROO 975QX561-7	1991	YR	10.00	45.00
❏ KANGA AND ROO 975QX567-2	1993	YR	10.00	20.00
❏ OWL 975QX561-4	1992	YR	10.00	20.00
❏ OWL 975QX569-5	1993	YR	10.00	12.00
❏ PIGLET AND EEYORE 975QX557-7	1991	YR	10.00	25.00
❏ RABBIT 975QX560-7	1991	YR	10.00	20.00
❏ RABBIT 975QX570-2	1993	YR	10.00	20.00
❏ SLIPPERY DAY QLX741-4	1996	YR	25.00	48.00
❏ TIGGER 975QX560-9	1991	YR	10.00	68.00
❏ TIGGER AND PIGLET 975QX570-5	1993	YR	10.00	34.00
❏ WAITIN' ON SANTA QXD6365	1997	YR	13.00	23.00
❏ WINNIE THE POOH 975QX556-9	1991	YR	10.00	52.00
❏ WINNIE THE POOH 975QX571-5	1993	YR	10.00	25.00
❏ WINNIE THE POOH AND TIGGER 1295QX574-6	1994	YR	13.00	24.00
WINNIE THE POOH & CHRISTOPHER ROBIN TOO				*
❏ PLAYING WITH POOH QXD4197	1999	YR	14.00	23.00
❏ STORY FOR POOH QXD4135	2001	YR	14.00	14.00
❏ STORY TIME WITH POOH QXD4024	2000	YR	14.00	23.00
WINNIE THE POOH COLLECTION				*
❏ PRESENTS FROM POOH QXD4093	1999	YR	15.00	15.00
❏ TIGGER PLAYS SOCCER QXD4119	1999	YR	11.00	18.00
❏ VISIT FROM PIGLET QXD4086	1998	YR	14.00	26.00
WINTER FUN WITH SNOOPY				**T. LARSEN**
❏ WINTER FUN WITH SNOOPY QXM4243	1998	YR	14.00	15.00
❏ WINTER FUN WITH SNOOPY QXM4559	1999	YR	7.00	15.00
❏ WINTER FUN WITH SNOOPY QXM5262	2001	YR	7.00	7.00
WINTER FUN WITH SNOOPY				**B. SIEDLER**
❏ WINTER FUN WITH SNOOPY QXM5324	2000	YR	7.00	12.00
WIZARD OF OZ COLLECTION				**P. ANDREWS**
❏ COWARDLY LION, THE 995QX544-6	1994	YR	10.00	47.00

ORNAMENTS

NAME	YEAR	LIMIT	ISSUE	TREND
WIZARD OF OZ COLLECTION				K. CROW
❑ EMERALD CITY QLX745-4	1996	YR	32.00	65.00
❑ POPPY FIEND QLX7565	2001	YR	24.00	24.00
WIZARD OF OZ COLLECTION				J. LYLE
❑ DOROTHY AND GLINDA, THE GOOD WITCH QX6509	1999	YR	24.00	29.00
❑ DOROTHY AND TOTO 1095QX543-3	1994	YR	11.00	36.00
❑ GLINDA, WITCH OF THE NORTH QX574-9	1995	YR	14.00	26.00
❑ LOLLIPOP GUILD QX8029	1999	YR	20.00	22.00
❑ LULLABYE LEAGUE QX6604	2000	YR	20.00	28.00
❑ MISS GULCH QX637-2	1997	YR	14.00	28.00
❑ MUNCHKINLAND MAYOR AND CORONER QX6463	1998	YR	14.00	25.00
❑ WITCH OF THE WEST QX555-4	1996	YR	14.00	48.00
WIZARD OF OZ COLLECTION				A. ROGERS
❑ KING OF THE FOREST SET OF 4 QXM4262	1997	YR	24.00	40.00
WIZARD OF OZ COLLECTION				D. UNRUH
❑ SCARECROW 995QX543-6	1994	YR	10.00	48.00
❑ TIN MAN 995QX544-3	1994	YR	10.00	48.00
WONDERS OF OZ				K. KLINE
❑ DOROTHY'S RUBY SLIPPERS QXM4599	1999	YR	6.00	26.00
WONDERS OF OZ				J. LYLE
❑ TOTO QXM5285	2001	YR	6.00	6.00
WONDERS OF OZ				A. ROGERS
❑ TIN MAN'S HEART QXM5981	2000	YR	6.00	16.00
WOOD CHILDHOOD				*
❑ TRUCK 6TH ED. 775QX459-5	1989	YR	8.00	18.00
❑ WOOD CHILDHOOD ORNAMENTS LAMB 650QX439-4	1984	YR	6.00	25.00
WOOD CHILDHOOD				K. CROW
❑ REINDEER 750QX407-3	1986	YR	8.00	20.00
WOOD CHILDHOOD				P. DUTKIN
❑ AIRPLANE, 5TH ED. 750QX404-1	1988	YR	8.00	20.00
❑ TRAIN-2ND IN SERIES 700QX472-2	1985	YR	7.00	24.00
WOOD CHILDHOOD				B. SIEDLER
❑ HORSE 750QX441-7	1987	YR	8.00	20.00
WORK & PLAY				N. AUBE
❑ READER TO THE CORE, A QX6974	2000	YR	10.00	9.00
❑ STROLL AROUND THE POLE QX8164	2000	YR	11.00	10.00
WORK & PLAY				R. CHAD
❑ BUSY BEE SHOPPER QX6964	2000	YR	8.00	8.00
❑ TREE GUY QX6961	2000	YR	9.00	15.00
WORK & PLAY				J. FRANCIS
❑ FRIENDS IN HARMONY QX8001	2000	YR	10.00	10.00
WORK & PLAY				T. HADDIX
❑ WARM KINDNESS QX8014	2000	YR	9.00	15.00
WORK & PLAY				K. KLINE
❑ MRS. CLAUS' HOLIDAY QX8011	2000	YR	10.00	17.00
❑ TENDING HER TOPIARY QX8004	2000	YR	10.00	17.00
❑ YULE TIDE RUNNER QX6981	2000	YR	10.00	16.00
WORK & PLAY				S. PIKE
❑ GOLD-STAR TEACHER QX6951	2000	YR	8.00	13.00
❑ LOGGIN' ON TO SANTA QX8224	2000	YR	9.00	9.00
WORK & PLAY				E. SEALE
❑ DOUSIN' DALMATIAN QX8024	2000	YR	10.00	17.00
❑ GOLFER SUPREME QX6991	2000	YR	11.00	11.00
❑ NORTH POLE NETWORK QX6994	2000	YR	11.00	9.00
WORK & PLAY				S. TAGUE
❑ DANCIN' IN CHRISTMAS QX6971	2000	YR	8.00	13.00
WORK & PLAY				S. VISKER
❑ FISHING HOLE, THE QX6984	2000	YR	13.00	21.00
WORK & PLAY				N. WILLIAMS
❑ TOGETHER WE SERVE QX8021	2000	YR	10.00	10.00
WORLD OF WISHES				T. HADDIX
❑ HAPPY DIPLOMA DAY! 795QEO8476	1998	YR	8.00	18.00
WORLD OF WISHES				K. KLINE
❑ SWEET BIRTHDAY 795QEO8473	1998	YR	8.00	15.00
WORLD OF WISHES				S. TAGUE
❑ PRECIOUS BABY 995QEO8463	1998	YR	10.00	8.00
WORLD OF WISHES				L. VOTRUBA
❑ WEDDING MEMORIES 995QEO8466	1998	YR	10.00	7.00
YARN ORNAMENTS				*
❑ ANGEL 125XHD78-5	1973	YR	1.00	29.00
❑ ANGEL 150QX103-1	1974	YR	2.00	29.00
❑ ANGEL 300QX162-1	1980	YR	3.00	12.00
❑ ANGEL QX162-1	1981	YR	3.00	11.00
❑ BLUE GIRL 125XHD85-2	1973	YR	1.00	25.00
❑ BOY CAROLER 125XHD83-2	1973	YR	1.00	19.00
❑ CAROLER 175QX126-1	1976	YR	2.00	22.00
❑ CHOIR BOY 125XHD80-5	1973	YR	1.00	27.00
❑ DRUMMER BOY 175QX123-1	1975	YR	2.00	26.00
❑ DRUMMER BOY 175QX123-1	1976	YR	2.00	26.00
❑ ELF 125XHD79-2	1973	YR	1.00	26.00
❑ ELF 150QX101-1	1974	YR	2.00	26.00
❑ GREEN BOY 200QX123-1	1978	YR	2.00	28.00
❑ GREEN GIRL 125XHD84-5	1973	YR	1.00	25.00
❑ GREEN GIRL 200QX126-1	1978	YR	2.00	28.00

ORNAMENTS

NAME	YEAR	LIMIT	ISSUE	TREND
❑ LITTLE GIRL 125XHD82-5	1973	YR	1.00	25.00
❑ LITTLE GIRL 175QX126-1	1975	YR	2.00	22.00
❑ MR. CLAUS 200QX340-3	1978	YR	2.00	23.00
❑ MR. SANTA 125XHD74-5	1973	YR	1.00	25.00
❑ MR. SNOWMAN 125XHD76-5	1973	YR	1.00	24.00
❑ MRS. CLAUS 200QX125-1	1978	YR	2.00	22.00
❑ MRS. SANTA 125XHD75-2	1973	YR	1.00	22.00
❑ MRS. SANTA 150QX100-1	1974	YR	2.00	22.00
❑ MRS. SANTA 175QX125-1	1975	YR	2.00	19.00
❑ MRS. SANTA 175QX125-1	1976	YR	2.00	19.00
❑ MRS. SNOWMAN 125XHD77-2	1973	YR	1.00	24.00
❑ RAGGEDY ANDY 175QX122-1	1975	YR	2.00	40.00
❑ RAGGEDY ANDY 175QX122-1	1976	YR	2.00	40.00
❑ RAGGEDY ANN 175QX121-1	1975	YR	2.00	40.00
❑ RAGGEDY ANN 175QX121-1	1976	YR	2.00	40.00
❑ SANTA 150QX105-1	1974	YR	2.00	55.00
❑ SANTA 175QX124-1	1975	YR	2.00	25.00
❑ SANTA 175QX124-1	1976	YR	2.00	25.00
❑ SANTA 300QX161-4	1980	YR	3.00	11.00
❑ SANTA QX161-4	1981	YR	3.00	11.00
❑ SNOWMAN 150QX104-1	1974	YR	2.00	25.00
❑ SNOWMAN 300QX163-4	1980	YR	3.00	11.00
❑ SNOWMAN QX163-4	1981	YR	3.00	10.00
❑ SOLDIER 100XHD81-2	1973	YR	1.00	16.00
❑ SOLDIER 150QX102-1	1974	YR	2.00	24.00
❑ SOLDIER 300QX164-1	1980	YR	3.00	10.00
❑ SOLDIER QX164-1	1981	YR	3.00	10.00
YESTERYEARS COLLECTION				*
❑ ANGEL 600QX172-2	1977	YR	6.00	135.00
❑ HOUSE 600QX170-2	1977	YR	6.00	130.00
❑ JACK-IN-THE-BOX 600QX171-5	1977	YR	6.00	125.00
❑ REINDEER 600QX173-5	1977	YR	6.00	120.00
YULETIDE CENTRAL				**L. SICKMAN**
❑ LOCOMOTIVE 1ST ED. 1895QX531-6	1994	YR	19.00	50.00
❑ MAIL CAR 3RD ED. QX501-1	1996	YR	19.00	38.00
❑ RAILROAD COAL CAR 2ND SERIES QX507-9	1995	YR	19.00	35.00
❑ TOY FREIGHT CAR 4TH ED. QX5812	1997	YR	19.00	35.00
❑ YULETIDE CENTRAL QX6373	1998	YR	19.00	40.00

HAMILTON GIFTS

MAUD HUMPHREY BOGART ORNAMENTS				**M. HUMPHREY BOGART**
❑ CATHERINE H1366	1990	19500	35.00	38.00
❑ CLEANING HOUSE 915084	1991	OP	24.00	24.00
❑ GIFT OF LOVE 915092	1991	OP	24.00	24.00
❑ GRETCHEN H1369	1990	19500	35.00	38.00
❑ HOLLIES FOR YOU 915726	1992	YR	24.00	24.00
❑ MICHELLE H1370	1990	19500	35.00	38.00
❑ MY FIRST DANCE 915106	1991	OP	24.00	24.00
❑ REBECCA H5513	1990	19500	35.00	38.00
❑ SARAH 915165	1991	OP	24.00	24.00
❑ SARAH H1367	1989	19500	35.00	38.00
❑ SPECIAL FRIENDS 915114	1991	OP	24.00	24.00
❑ SUSANNA 915122	1991	OP	24.00	24.00
❑ VICTORIA H1365	1990	19500	35.00	38.00

HAND & HAMMER

HAND & HAMMER ANNUAL ORNAMENTS				**C. DEMATTEO**
❑ SILVER BELLS REV.-964	1990	CL	39.00	39.00
❑ SILVER BELLS-1080	1990	CL	40.00	40.00
❑ SILVER BELLS-1080	1991	CL	40.00	40.00
❑ SILVER BELLS-1148	1992	CL	40.00	40.00
❑ SILVER BELLS-737	1987	CL	38.00	50.00
❑ SILVER BELLS-792	1988	CL	40.00	40.00
❑ SILVER BELLS-843	1989	CL	40.00	40.00
❑ SILVER BELLS-865	1990	CL	39.00	39.00
HAND & HAMMER ORNAMENTS				*
❑ NAPTIME-732	1987	RT	32.00	50.00
❑ SANTA STAR-739	1987	RT	32.00	50.00
HAND & HAMMER ORNAMENTS				**C. DEMATTEO**
❑ 1989 BARNESVILLE BUGGY-950	1989	*	13.00	13.00
❑ 1989 NUTCRACKER-872	1989	1790	38.00	38.00
❑ 1989 SANTA-856	1989	1715	35.00	35.00
❑ 1989 USHS ANGEL-901	1989	SU	38.00	38.00
❑ 1990 PETER RABBIT-1018	1990	4315	40.00	40.00
❑ 1990 SANTA-869	1990	2250	38.00	38.00
❑ 1990 SNOWFLAKE-1033	1990	1415	36.00	38.00
❑ 1990 USHS ANGEL-1061	1990	SU	39.00	39.00
❑ 1991 SANTA-1056	1991	3750	38.00	38.00
❑ ABIGAIL-613	1985	500	32.00	50.00
❑ ALICE IN WONDERLAND-1159	1991	OP	140.00	140.00
❑ ALICE-1119	1991	OP	39.00	39.00
❑ AMERICA AT PEACE-1245	1992	2000	85.00	85.00
❑ ANDREA-1163	1992	RT	36.00	36.00
❑ ANGEL W/DOUBLE HORN-1212	1992	2000	50.00	50.00
❑ ANGEL WITH HORN-1026	1991	OP	32.00	32.00
❑ ANGEL WITH HORN-939	1990	*	*	N/A
❑ ANGEL WITH LYRE-750	1987	SU	32.00	40.00
❑ ANGEL WITH STAR-871	1990	SU	38.00	38.00

ORNAMENTS

NAME	YEAR	LIMIT	ISSUE	TREND
❑ ANGEL WITH VIOLIN-1024	1990	SU	39.00	39.00
❑ ANGEL-1213	1992	2000	39.00	39.00
❑ ANGEL-607	1985	225	36.00	50.00
❑ ANGEL-612	1985	217	32.00	50.00
❑ ANGEL-797	1988	*	13.00	13.00
❑ ANGEL-818	1988	SU	32.00	40.00
❑ ANGELS-1039	1990	RT	36.00	36.00
❑ APPLY DAPPLY-1091	1991	OP	40.00	40.00
❑ ARCHANGEL-684	1986	RT	29.00	65.00
❑ ART DECO ANGEL-765	1987	RT	38.00	40.00
❑ ART DECO DEER-620	1985	SU	34.00	38.00
❑ AUDUBON BLUEBIRD-615	1985	SU	48.00	60.00
❑ AUDUBON SWALLOW-614	1985	SU	48.00	60.00
❑ BANK-812	1988	400	40.00	115.00
❑ BEAR CLAUS-692	1986	*	13.00	13.00
❑ BEARDSLEY ANGEL-1040	1990	RT	34.00	34.00
❑ BEARDSLEY ANGEL-398	1984	OP	28.00	48.00
❑ BICYCLE-669	1985	*	13.00	30.00
❑ BIRD & CHERUB-588	1984	*	13.00	30.00
❑ BLAKE ANGEL-961	1990	*	36.00	36.00
❑ BOB & TINY TIM-1242	1992	OP	36.00	36.00
❑ BOSTON LIGHT, THE-1032	1990	OP	40.00	40.00
❑ BOSTON STATE HOUSE	1988	OP	34.00	40.00
❑ BUFFALO-777	1987	SU	36.00	36.00
❑ BUGGY-817	1988	*	13.00	13.00
❑ BUGLE BEAR-935	1989	*	12.00	12.00
❑ BUNNY-582	1984	*	13.00	30.00
❑ BUTTERFLY-646	1985	RT	39.00	39.00
❑ CABLE CAR-848	1988	OP	38.00	38.00
❑ CALLIGRAPHIC DEER-511	1983	SU	25.00	29.00
❑ CAMEL-655	1985	*	13.00	30.00
❑ CARDINALS-870	1990	RT	39.00	39.00
❑ CAROUSEL HORSE-1025	1991	RT	38.00	38.00
❑ CAROUSEL HORSE-811	1988	2150	34.00	34.00
❑ CAROUSEL HORSE-866	1990	1915	38.00	38.00
❑ CAROUSEL PONY-618	1985	*	13.00	13.00
❑ CARRIAGE-960	1990	*	13.00	13.00
❑ CARVED HEART-425	1982	SU	29.00	48.00
❑ CAT ON PILLOW-915	1990	*	13.00	13.00
❑ CAT-754	1987	SU	37.00	37.00
❑ CHERUB-528	1983	295	29.00	50.00
❑ CHERUB-642	1985	815	37.00	37.00
❑ CHOCOLATE POT-1209	1992	RT	50.00	70.00
❑ CHRISTMAS SEAL-931	1990	*	25.00	25.00
❑ CHRISTMAS TREE & HEART-1162	1992	RT	36.00	36.00
❑ CHRISTMAS TREE-708	1986	*	13.00	13.00
❑ CHRISTMAS TREE-798	1988	*	13.00	13.00
❑ CHURCH-921	1990	RT	37.00	37.00
❑ CLIPPER SHIP-756	1987	SU	35.00	35.00
❑ CLOWN WITH DOG-958	1990	*	13.00	13.00
❑ COCKATOO-969	1990	*	13.00	13.00
❑ COLONIAL CAPITOL-965	1990	OP	39.00	39.00
❑ COLUMBUS-1140	1991	1500	39.00	39.00
❑ CONESTOGA WAGON-1027	1990	OP	38.00	38.00
❑ CONN. STATE HOUSE-833	1988	OP	38.00	38.00
❑ CORONADO-864	1988	SU	38.00	70.00
❑ COVERED BRIDGE-920	1990	RT	37.00	37.00
❑ COW JUMPED OVER THE MOON-1055	1991	SU	38.00	38.00
❑ COWARDLY LION-1287	1992	RT	36.00	50.00
❑ CRANE-606	1985	150	39.00	50.00
❑ CRESCENT ANGEL-559	1984	SU	30.00	32.00
❑ CURRIER & IVES VICTORIAN VILLAGE-923	1990	2000	140.00	140.00
❑ DELLA ROBBIA ORNAMENT-1219	1992	RT	39.00	45.00
❑ DOROTHY-1284	1992	RT	36.00	50.00
❑ DOVE-522	1983	*	13.00	13.00
❑ DOVE-747	1987	*	13.00	13.00
❑ DOVE-786	1988	112	36.00	50.00
❑ DRUMMER BEAR-773	1988	*	13.00	13.00
❑ DUCKLINGS-1114	1990	OP	38.00	38.00
❑ EAGLE-652	1985	375	30.00	120.00
❑ EGYPTIAN CAT-521	1983	*	13.00	13.00
❑ EIFFEL TOWER-861	1988	225	38.00	100.00
❑ ELK-1023	1990	*	13.00	13.00
❑ FAIRY TALE ANGEL-1222	1992	OP	36.00	36.00
❑ FAMILY-659	1985	915	32.00	40.00
❑ FARMHOUSE-919	1990	RT	37.00	37.00
❑ FATHER CHRISTMAS-970	1990	SU	36.00	36.00
❑ FERREL'S ANGEL 1990-1084	1990	*	15.00	16.00
❑ FIR TREE-1145	1991	RT	39.00	39.00
❑ FIRE ANGEL-473	1983	315	25.00	30.00
❑ FIRST BAPTIST ANGEL-997	1990	200	35.00	35.00
❑ FIRST CHRISTMAS BEAR-940	1990	SU	35.00	35.00
❑ FIRST CHRISTMAS-771	1987	*	13.00	13.00
❑ FIRST CHRISTMAS-842	1988	*	13.00	13.00
❑ FLEUR DE LYS ANGEL-343	1982	320	28.00	75.00
❑ FLOPSY BUNNIES-995	1990	SU	40.00	40.00
❑ FLORIDA STATE CAPITOL-1044	1990	2000	40.00	40.00
❑ FREER STAR-553	1984	*	13.00	30.00
❑ FRENCH QUARTER HEART-647	1985	OP	37.00	37.00

ORNAMENTS

NAME	YEAR	LIMIT	ISSUE	TREND
❑ GABRIEL WITH LIBERTY CAP-301	1981	275	25.00	50.00
❑ GABRIEL-320	1981	SU	25.00	32.00
❑ GEORGE WASHINGTON-629	1985	SU	35.00	39.00
❑ GEORGIA STATE CAPITOL-1042	1990	2000	40.00	40.00
❑ GOOSE & WREATH-868	1990	RT	37.00	37.00
❑ GOOSE-857	1989	650	37.00	37.00
❑ GOVERNOR'S PALACE-966	1990	OP	39.00	39.00
❑ GRASSHOPPER-634	1985	OP	32.00	39.00
❑ GUARDIAN ANGEL-616	1985	1340	35.00	39.00
❑ HALLELUJAH-686	1986	*	38.00	38.00
❑ HALLEY'S COMET-621	1985	432	35.00	50.00
❑ HEART ANGEL-959	1990	SU	39.00	39.00
❑ HERALD ANGEL-641	1985	RT	36.00	40.00
❑ HOSANNA-635	1985	715	32.00	50.00
❑ HUNTING HORN-738	1987	SU	37.00	37.00
❑ I LOVE SANTA-998	1991	OP	36.00	36.00
❑ IBEX-584	1984	400	29.00	70.00
❑ ICICLE-009	1980	490	25.00	30.00
❑ INDEPENDENCE HALL-908	1989	OP	38.00	38.00
❑ INDIAN-494	1983	190	29.00	50.00
❑ JACK IN THE BOX BEAR-936	1989	*	12.00	12.00
❑ JACK IN THE BOX-789	1988	RT	40.00	40.00
❑ JAPANESE SNOWFLAKE-534	1983	350	29.00	35.00
❑ JEMIMA PUDDLEDUCK 1992-1167	1992	RT	40.00	40.00
❑ JEMIMA PUDDLEDUCK-1020	1990	*	30.00	30.00
❑ JEREMY FISHER-992	1990	OP	40.00	40.00
❑ JOY-1047	1990	RT	39.00	39.00
❑ JOY-1164	1992	OP	40.00	40.00
❑ JOY-867	1990	1140	36.00	36.00
❑ KOALA SAN DIEGO ZOO-1095	1990	SU	36.00	36.00
❑ KRINGLE BEAR-723	1986	*	13.00	30.00
❑ L&T UGLY DUCKLING-917	1989	RT	38.00	70.00
❑ LAFARGE ANGEL-658	1985	SU	32.00	50.00
❑ LAFARGE ANGEL-710	1986	SU	31.00	50.00
❑ LANDING DUCK-1021	1990	*	13.00	13.00
❑ LARGE JEMIMA PUDDLEDUCK-1083	1991	OP	50.00	50.00
❑ LARGE PETER RABBIT-1116	1991	OP	50.00	50.00
❑ LARGE TAILOR OF GLOUCESTER-1117	1991	OP	50.00	50.00
❑ LIBERTY BELL-1028	1990	OP	38.00	38.00
❑ LIBERTY BELL-611	1985	SU	32.00	40.00
❑ LOCKET BEAR-844	1988	*	25.00	25.00
❑ LOCOMOTIVE-1100	1990	SU	39.00	39.00
❑ MAD TEA PARTY-1120	1991	OP	39.00	39.00
❑ MADONNA & CHILD-388	1982	175	28.00	50.00
❑ MADONNA-666	1985	227	35.00	50.00
❑ MADONNA-787	1988	600	35.00	35.00
❑ MADONNA-809	1988	15	39.00	50.00
❑ MADONNA-815	1988	SU	39.00	50.00
❑ MAGI-700	1980	SU	40.00	40.00
❑ MANGER-601	1984	RT	29.00	50.00
❑ MARLEY'S GHOST-1243	1992	OP	36.00	36.00
❑ MERMAID-622	1985	RT	35.00	75.00
❑ MERRY CHRISTMAS LOCKET-948	1990	*	25.00	25.00
❑ MFA ANGEL WITH TREE-906	1989	SU	36.00	42.00
❑ MFA DURER SNOWFLAKE-907	1989	2000	36.00	42.00
❑ MFA LAFARGE ANGEL SET-937	1989	SU	98.00	98.00
❑ MFA NOEL-905	1989	SU	36.00	42.00
❑ MFA SNOWFLAKE 1991-1143	1991	RT	36.00	45.00
❑ MFA SNOWFLAKE-1246	1992	RT	39.00	45.00
❑ MILITIAMAN-608	1985	460	25.00	30.00
❑ MILL-922	1990	RT	37.00	37.00
❑ MINUTEMAN-776	1987	SU	35.00	105.00
❑ MODEL A FORD-604	1985	*	13.00	30.00
❑ MOLE & RAT WIND IN WILLOWS-944	1990	SU	36.00	36.00
❑ MOMMY & BABY KANGAROO-1078	1991	OP	36.00	36.00
❑ MOMMY & BABY KOALA BEAR-1077	1991	OP	36.00	36.00
❑ MOMMY & BABY PANDA BEAR-1079	1991	RT	36.00	40.00
❑ MOMMY & BABY SEAL-1075	1991	OP	36.00	36.00
❑ MOMMY & BABY WOLVES-1076	1991	OP	36.00	36.00
❑ MONTPELIER-1113	1990	OP	36.00	36.00
❑ MORAVIAN STAR-595	1984	OP	38.00	50.00
❑ MOTHER GOOSE-719	1986	OP	34.00	40.00
❑ MOUSE WITH CANDY CANE-916	1990	*	13.00	13.00
❑ MRS. CRATCHIT-1244	1992	OP	36.00	36.00
❑ MRS. RABBIT 1991-1086	1991	RT	40.00	40.00
❑ MRS. RABBIT-1181	1992	OP	40.00	40.00
❑ MRS. RABBIT-991	1990	OP	40.00	40.00
❑ MT. VERNON WEATHERVANE-602	1984	SU	32.00	39.00
❑ NATIVITY-1118	1991	OP	38.00	38.00
❑ NATIVITY-679	1986	RT	36.00	50.00
❑ NATIVITY-821	1988	SU	32.00	39.00
❑ NIGHT BEFORE CHRISTMAS COL.-841	1988	10000	160.00	160.00
❑ NIGHTINGALE-716	1986	RT	35.00	70.00
❑ NINE HEARTS-572	1984	275	34.00	50.00
❑ NOAH'S ARK-1166	1992	OP	36.00	36.00
❑ NOEL-731	1987	SU	38.00	38.00
❑ NORTH CAROLINA STATE CAPITOL-1043	1990	2000	40.00	40.00
❑ NUTCRACKER-1151	1991	OP	50.00	50.00
❑ NUTCRACKER-609	1985	510	30.00	50.00

ORNAMENTS

NAME	YEAR	LIMIT	ISSUE	TREND
❏ NUTCRACKER-681	1986	1356	37.00	37.00
❏ OLD FASHIONED SANTA-971	1990	SU	36.00	36.00
❏ OLD IRONSIDES-767	1987	OP	35.00	39.00
❏ OLD KING COLE-824	1988	RT	34.00	40.00
❏ OLD NORTH CHURCH-661	1985	OP	35.00	39.00
❏ OLIVERS ROCKING HORSE-1085	1991	RT	37.00	37.00
❏ PARROT-1233	1992	OP	37.00	37.00
❏ PATRIOTIC SANTA-972	1990	SU	36.00	36.00
❏ PAUL REVERE-1158	1991	OP	39.00	39.00
❏ PEACOCK-603	1985	470	34.00	37.00
❏ PEGASUS-1037	1990	SU	35.00	35.00
❏ PEGASUS-745	1987	*	13.00	13.00
❏ PETER RABBIT LOCKET ORNAMENT-1019	1990	*	30.00	30.00
❏ PETER RABBIT WITH BOOK-1093	1991	OP	40.00	40.00
❏ PETER RABBIT-993	1990	OP	40.00	40.00
❏ PETER'S FIRST CHRISTMAS-994	1990	SU	40.00	40.00
❏ PHAETON-683	1986	*	13.00	13.00
❏ PIAZZA-653	1985	SU	32.00	50.00
❏ PIG ROBINSON-1090	1991	OP	40.00	40.00
❏ PINEAPPLE-558	1984	SU	30.00	38.00
❏ POLLOCK ANGEL-502	1983	SU	35.00	50.00
❏ PRANCER-698	1986	OP	38.00	38.00
❏ PRAYING ANGEL-576	1984	SU	29.00	30.00
❏ PRECIOUS PLANET-1142	1991	2000	120.00	120.00
❏ PRESIDENTIAL HOMES-990	1990	SU	350.00	390.00
❏ PRESIDENTIAL SEAL-858	1989	500	39.00	39.00
❏ PRINCESS & THE PEA-1247	1992	RT	39.00	50.00
❏ QUEEN OF HEARTS-1122	1991	OP	39.00	39.00
❏ RABBIT-816	1988	*	13.00	13.00
❏ REINDEER-656	1985	*	13.00	30.00
❏ REINDEER-752	1987	RT	38.00	45.00
❏ REVERE TEAPOT-1207	1992	RT	50.00	75.00
❏ RIDE A COCK HORSE-757	1987	RT	34.00	40.00
❏ ROCKING HORSE-581	1984	*	13.00	13.00
❏ ROSETTE-571	1984	220	32.00	50.00
❏ ROUND TEAPOT-1206	1992	RT	50.00	50.00
❏ ROUNDEL-109	1981	220	25.00	45.00
❏ SALEM LAMB-712	1986	RT	32.00	70.00
❏ SAMANTHA-648	1985	SU	35.00	36.00
❏ SAN FRANCISCO ROW HOUSE-1071	1990	OP	40.00	40.00
❏ SANTA & REINDEER-929	1990	395	39.00	43.00
❏ SANTA AND SLEIGH-751	1987	RT	32.00	95.00
❏ SANTA IN BALLOON-973	1990	SU	36.00	36.00
❏ SANTA IN THE MOON-941	1990	SU	38.00	38.00
❏ SANTA ON REINDEER-974	1990	SU	36.00	36.00
❏ SANTA SKATES-715	1986	SU	36.00	36.00
❏ SANTA UP TO DATE-975	1990	SU	36.00	36.00
❏ SANTA WITH SCROLL-814	1988	250	34.00	37.00
❏ SANTA-741	1987	*	13.00	13.00
❏ SARGENT ANGEL-523	1983	690	29.00	34.00
❏ SCARECROW-1286	1992	RT	36.00	45.00
❏ SCROOGE-1241	1992	OP	36.00	36.00
❏ SHEPHERD-617	1985	1770	35.00	39.00
❏ SKATERS-790	1988	RT	40.00	45.00
❏ SLEIGH-834	1988	OP	34.00	38.00
❏ SNOW QUEEN-746	1987	RT	35.00	70.00
❏ SNOWFLAKE-713	1986	RT	36.00	50.00
❏ SNOWMAN-753	1987	825	38.00	38.00
❏ SOUTH CAROLINA STATE CAPITOL-1045	1990	2000	40.00	40.00
❏ ST. JOHN ANGEL-1236	1992	10000	39.00	39.00
❏ ST. JOHN LION-1235	1992	10000	39.00	39.00
❏ ST. NICHOLAS-670	1985	*	13.00	30.00
❏ STAR OF THE EAST-785	1988	RT	35.00	50.00
❏ STAR-806	1988	311	13.00	150.00
❏ STAR-854	1988	275	32.00	35.00
❏ STEADFAST TIN SOLDIER-1050	1990	RT	36.00	70.00
❏ STOCKING BEAR-835	1988	*	13.00	13.00
❏ STOCKING BEAR-95	1989	*	12.00	12.00
❏ STOCKING WITH TOYS-956	1989	*	12.00	12.00
❏ STOCKING-772	1987	*	13.00	13.00
❏ STOCKING-774	1988	*	13.00	13.00
❏ STOCKING-827	1988	*	13.00	13.00
❏ STRAW STAR-448	1982	590	25.00	40.00
❏ SUNBURST-543	1983	*	13.00	50.00
❏ SWAN BOAT-904	1989	OP	38.00	38.00
❏ SWEETHEART STAR-740	1987	RT	40.00	60.00
❏ TAILOR OF GLOUCESTER-1087	1991	OP	40.00	40.00
❏ TEDDY BEAR LOCKET-949	1990	*	25.00	25.00
❏ TEDDY BEAR WITH HEART-957	1990	*	13.00	13.00
❏ TEDDY BEAR-685	1986	RT	38.00	60.00
❏ TEDDY-637	1985	SU	37.00	40.00
❏ TEDDY-707	1986	*	13.00	30.00
❏ THUMBELINA-803	1988	RT	35.00	70.00
❏ TIN MAN-1285	1992	RT	36.00	50.00
❏ TOAD WIND IN WILLOWS-945	1990	SU	38.00	38.00
❏ UNICORN-1165	1992	RT	36.00	36.00
❏ UNICORN-660	1985	RT	37.00	50.00
❏ US CAPITOL-820	1988	OP	38.00	40.00
❏ USHS 1984 ANGEL-574	1984	SU	35.00	50.00

ORNAMENTS

NAME	YEAR	LIMIT	ISSUE	TREND
❑ USHS ANGEL 1991-1139	1991	SU	38.00	50.00
❑ USHS ANGEL-703	1986	SU	35.00	50.00
❑ USHS BLUEBIRD-631	1985	SU	29.00	50.00
❑ USHS GLORIA ANGEL-748	1987	SU	39.00	50.00
❑ USHS MADONNA-630	1985	SU	35.00	50.00
❑ USHS SWALLOW-632	1985	SU	29.00	50.00
❑ VICTORIAN HEART-954	1989	*	13.00	13.00
❑ VICTORIAN SANTA-724	1986	250	32.00	35.00
❑ VOYAGES OF COLUMBUS, THE-1141	1991	1500	39.00	50.00
❑ WAITING FOR SANTA-1123	1991	OP	38.00	38.00
❑ WHITE RABBIT-1121	1991	OP	39.00	39.00
❑ WHITE TAIL DEER-1022	1990	*	13.00	13.00
❑ WILD SWAN-592	1984	SU	35.00	50.00
❑ WINGED DOVE-680	1986	RT	35.00	55.00
❑ WISE MAN-549	1983	RT	29.00	55.00
❑ WREATH-575	1984	*	13.00	30.00
❑ WREATH-714	1986	SU	36.00	38.00

HARBOUR LIGHTS
CHRISTMAS ORNAMENTS — B. YOUNGER

NAME	YEAR	LIMIT	ISSUE	TREND
❑ 30 MILE POINT, NY 7044	1996	CL	15.00	30.00
❑ BIG BAY POINT, MI 7040	1996	CL	15.00	30.00
❑ BURROWS ISLAND, WA 7043	1996	CL	15.00	30.00
❑ CAPE NEDDICK, ME 7047	1996	OP	15.00	30.00
❑ HOLLAND, MI 7041	1996	OP	15.00	30.00
❑ NEW LONDON LEDGE, CT 7046	1996	OP	15.00	30.00
❑ SAND ISLAND, WI 7042	1996	CL	15.00	30.00
❑ SE BLOCK ISLAND, RI 7045	1996	OP	15.00	30.00
❑ SET OF FOUR 702	1996	OP	60.00	30.00
❑ SET OF FOUR 703	1996	OP	60.00	30.00

HARBOUR LIGHTS COLLECTORS SOCIETY — B. YOUNGER

NAME	YEAR	LIMIT	ISSUE	TREND
❑ CONEY ISLAND, NY 535	2002	*	15.00	15.00
❑ SEA GIRT, NJ	1999	YR	15.00	30.00

HAWTHORNE
GONE WITH THE WIND ORNAMENTS — *

NAME	YEAR	LIMIT	ISSUE	TREND
❑ RED HORSE SALOON/BUTLER MANSION 79043	1995	*	30.00	30.00
❑ TARA/ATLANTA CHURCH 79041	1995	*	30.00	30.00
❑ TWELVE OAKS/KENNEDY STORE 79042	1995	*	30.00	30.00

ROCKWELL'S MAIN STREET/ILLUMINATED — ROCKWELL- INSPIRED

NAME	YEAR	LIMIT	ISSUE	TREND
❑ ANTIQUE SHOP & TOWN OFFICES 79902	1994	*	30.00	30.00
❑ BANK & LIBRARY 79903	1994	*	30.00	30.00
❑ RED LION INN & ROCKWELL RESIDENCE 79904	1994	*	30.00	30.00
❑ STUDIO & COUNTRY STORE 79901	1994	*	30.00	30.00

THOMAS KINKADE'S CANDLELIGHT COTTAGES — KINKADE- INSPIRED

NAME	YEAR	LIMIT	ISSUE	TREND
❑ CEDAR NOOKE/CANDLELIT 79964	1995	*	30.00	30.00
❑ OLD PORTERFIELD TEA ROOM/MERRITT'S 79962	1995	*	30.00	30.00
❑ SEASIDE/SWEETHEART 79963	1995	*	30.00	30.00
❑ SWANDROOKE/CHANDLER'S 79961	1995	CL	30.00	30.00

JAN HAGARA COLLECTABLES
VICTORIAN CHILDREN — J. HAGARA

NAME	YEAR	LIMIT	ISSUE	TREND
❑ AMANDA	1987	RT	14.00	45.00
❑ ANNE	1984	RT	10.00	125.00
❑ BETSY	1984	RT	10.00	50.00
❑ BRIAN	1987	RT	14.00	45.00
❑ CHRIS	1985	RT	7.00	50.00
❑ CRISTINA	1987	RT	14.00	30.00
❑ HOLLY	1987	RT	15.00	18.00
❑ JENNY	1984	RT	10.00	125.00
❑ JILL	1986	RT	15.00	30.00
❑ JIMMY	1984	RT	10.00	150.00
❑ JODY	1984	RT	10.00	45.00
❑ LAURIE	1987	RT	14.00	30.00
❑ LISA	1984	RT	10.00	50.00
❑ LYDIA	1984	RT	10.00	45.00
❑ MARC	1987	RT	14.00	35.00
❑ NIKKI	1987	RT	10.00	50.00
❑ NOEL	1986	RT	10.00	50.00
❑ STACY	1987	RT	14.00	45.00
❑ STEPHEN	1987	RT	14.00	45.00
❑ VICTORIA	1984	RT	10.00	125.00

JOHN HINE STUDIOS LTD.
CHRISTMAS ORNAMENTS — D. WINTER

NAME	YEAR	LIMIT	ISSUE	TREND
❑ A CHRISTMAS CAROL	1991	RT	15.00	20.00
❑ BUTTERCUP COTTAGE	1995	RT	18.00	22.00
❑ FAIRYTALE CASTLE	1992	RT	15.00	20.00
❑ FLOWER SHOP, THE	1995	RT	18.00	22.00
❑ FRED'S HOME	1992	RT	15.00	17.00
❑ GRANGE, THE	1993	RT	15.00	18.00
❑ HOGMANAY	1991	RT	15.00	18.00
❑ JOLLY ROGER MOUSE	1996	RT	18.00	20.00
❑ LOOKING FOR SANTA	1995	RT	18.00	22.00
❑ MISS BELLE'S COTTAGE	1995	RT	18.00	20.00
❑ MR. FEZZIWIG'S EMPORIUM	1991	RT	15.00	18.00
❑ OLD JOE'S BEETLING SHOP	1994	RT	18.00	18.00
❑ PLOUGH FARMSTEAD	1996	RT	18.00	19.00
❑ PUNCH STABLES	1996	RT	18.00	18.00

ORNAMENTS

In 1988 Buccellati issued the Santa Claus ornament for $225. It currently is valued at $300.

Add a Victorian touch to any Christmas tree with Susanna from the Maud Humphrey Bogart collection produced in 1991 by Hamilton Gifts Ltd.

Oh Holy Night, produced by Enesco Group Inc. as part of Sam Butcher's Precious Moments collection, had an issue price of $13.50 in 1989. It is now worth almost three times as much.

Cast your vote for Santa in Campaign for Christmas issued in Enesco Group Inc.'s Treasury of Christmas Ornaments Collection in 1996.

NAME	YEAR	LIMIT	ISSUE	TREND
❑ ROBIN HOOD MOUSE	1995	RT	18.00	22.00
❑ SCROOGE'S COUNTING HOUSE	1991	RT	15.00	18.00
❑ SCROOGES' FAMILY HOME	1994	RT	18.00	17.00
❑ SCROOGE'S SCHOOL	1993	RT	15.00	15.00
❑ SEASON'S GREETINGS	1995	RT	18.00	20.00
❑ SET	1992	YR	60.00	100.00
❑ STABLE MOUSE	1996	RT	18.00	30.00
❑ STOCKING MOUSE	1996	RT	18.00	28.00
❑ SUFFOLK HOUSE	1992	RT	15.00	18.00
❑ TINY TIM	1996	RT	18.00	19.00
❑ TOMFOOL'S COTTAGE	1993	RT	15.00	18.00
❑ TUDOR MANOR HOUSE	1992	RT	15.00	18.00
❑ WHAT COTTAGE?	1994	RT	18.00	20.00
❑ WILL-'O-THE-WISP	1993	RT	15.00	18.00

JUNE MCKENNA COLLECTIBLES INC.

J. MCKENNA

NAME	YEAR	LIMIT	ISSUE	TREND
❑ ANGEL OF PEACE-PINK	1993	OP	30.00	30.00
❑ ANGEL OF PEACE-WHITE	1993	OP	30.00	30.00
❑ CHRISTMAS TREAT	1993	OP	30.00	30.00
❑ ELF BERNIE	1993	OP	30.00	30.00
❑ ELF RICKEY	1994	OP	30.00	30.00
❑ ELF TAMMY	1994	OP	30.00	30.00
❑ FINAL NOTES	1993	OP	30.00	30.00
❑ GUIDING LIGHT ANGEL-GREEN	1994	OP	30.00	30.00
❑ GUIDING LIGHT ANGEL-PINK	1994	OP	30.00	30.00
❑ GUIDING LIGHT ANGEL-WHITE	1994	OP	30.00	30.00
❑ NUTCRACKER	1994	OP	30.00	30.00
❑ OLD LAMPLIGHTER	1993	OP	30.00	30.00
❑ PRIMITIVE	1994	OP	16.00	17.00
❑ QUICK AS A WINK	1994	OP	16.00	17.00
❑ RINGING IN CHRISTMAS	1994	OP	30.00	30.00
❑ SANTA WITH PIPE	1994	OP	30.00	30.00
❑ SANTA WITH SKIS	1994	OP	30.00	30.00
❑ SNOW SHOWERS	1994	OP	30.00	30.00
❑ WHISPERING	1994	OP	16.00	17.00

3-D BLACK FOLK ART

J. MCKENNA

NAME	YEAR	LIMIT	ISSUE	TREND
❑ FUN AT THE BEACH/SANTA	1996	YR	70.00	70.00

FLATBACK ORNAMENTS

J. MCKENNA

NAME	YEAR	LIMIT	ISSUE	TREND
❑ 1776 SANTA	1988	CL	17.00	40.00
❑ AMISH BOY	1985	CL	13.00	65.00
❑ AMISH MAN	1985	CL	13.00	50.00
❑ AMISH WOMAN	1985	CL	13.00	50.00
❑ ANGEL W/HARPE - ELIZABETH	1996	YR	30.00	30.00
❑ ANGEL W/HORN - MARY	1996	YR	30.00	30.00
❑ ANGEL W/LYRE - KATHLEEN	1996	YR	30.00	30.00
❑ ANGEL W/TEDDY	1995	YR	30.00	30.00
❑ ANGEL W/WREATH	1996	YR	30.00	30.00
❑ ANGEL WITH HORN	1984	CL	14.00	75.00
❑ ANGEL WITH TOYS	1982	CL	14.00	85.00
❑ BABY	1983	CL	11.00	60.00
❑ BABY BEAR IN VEST	1983	CL	11.00	50.00
❑ BABY BEAR, TEESHIRT	1982	CL	11.00	60.00
❑ BABY PIG	1985	CL	11.00	60.00
❑ BOY ANGEL	1991	CL	20.00	20.00
❑ BRIDE	1985	CL	25.00	125.00
❑ CANDY CANE	1982	CL	10.00	45.00
❑ CHRISTMAS TREAT/RED	1996	YR	30.00	30.00
❑ COLONIAL MAN	1982	CL	12.00	150.00
❑ COLONIAL WOMAN	1982	CL	12.00	150.00
❑ COUNTRY BOY	1984	CL	12.00	70.00
❑ COUNTRY GIRL	1984	CL	12.00	70.00
❑ COUNTRY SANTA	1995	YR	30.00	30.00
❑ ELF CADDIE	1996	YR	30.00	30.00
❑ ELF JEFFREY	1990	CL	17.00	40.00
❑ ELF JOEY	1991	OP	20.00	20.00
❑ ELF SCOTTY	1992	OP	25.00	25.00
❑ ELF/DANNY	1995	YR	30.00	30.00
❑ ELIZABETH, SILL SITTER	1988	CL	20.00	150.00
❑ FATHER BEAR IN SUIT	1983	CL	12.00	75.00
❑ FATHER PIG	1985	CL	12.00	75.00
❑ FIREMAN SANTA	1996	YR	30.00	30.00
❑ FISHING SANTA	1996	YR	30.00	30.00
❑ GIRL ANGEL	1991	OP	20.00	20.00
❑ GLORIA ANGEL	1983	CL	14.00	475.00
❑ GLORIOUS ANGEL	1989	OP	17.00	17.00
❑ GOLFING SANTA	1996	YR	30.00	30.00
❑ GRANDMA	1983	CL	12.00	65.00
❑ GRANDPA	1983	CL	12.00	65.00
❑ GROOM	1985	CL	25.00	125.00
❑ GUARDIAN ANGEL	1988	CL	16.00	40.00
❑ HARVEST SANTA	1990	CL	17.00	40.00
❑ HO HO HO	1990	CL	17.00	40.00
❑ KATE GREENAWAY BOY	1982	CL	12.00	275.00
❑ KATE GREENAWAY GIRL	1982	CL	12.00	300.00
❑ MAMA BEAR, BLUE CAPE	1982	CL	12.00	90.00
❑ MOTHER BEAR IN DRESS	1983	CL	12.00	75.00
❑ MOTHER PIG	1985	CL	12.00	75.00

ORNAMENTS

ORNAMENTS

NAME	YEAR	LIMIT	ISSUE	TREND
❑ MR. CLAUS	1984	CL	14.00	65.00
❑ MR. GOODBY KISS	1996	YR	30.00	30.00
❑ MRS. CLAUS	1984	CL	14.00	60.00
❑ MRS. GOODBY KISS	1996	YR	30.00	30.00
❑ NORTH POLE NEWS	1992	OP	25.00	25.00
❑ NUTCRACKER	1996	YR	30.00	30.00
❑ NUTCRACKER W/ HORN	1997	*	30.00	30.00
❑ OLD WORLD SANTA	1984	CL	14.00	65.00
❑ OLD WORLD SANTA	1997	*	30.00	30.00
❑ PAPA BEAR, RED CAPE	1982	CL	12.00	90.00
❑ PRAYING ANGEL	1992	OP	25.00	25.00
❑ PRIMITIVE SANTA	1985	CL	17.00	85.00
❑ RAGGEDY ANDY	1983	CL	12.00	75.00
❑ RAGGEDY ANN	1983	CL	12.00	75.00
❑ SABRINA'S ANGEL	1997	*	30.00	30.00
❑ SANTA & HELPER/BROWN	1995	YR	30.00	30.00
❑ SANTA & HELPER/WHITE	1996	YR	30.00	30.00
❑ SANTA DOCTOR	1997	*	30.00	30.00
❑ SANTA NUTCRACKER	1995	YR	30.00	30.00
❑ SANTA TEACHER	1995	YR	30.00	30.00
❑ SANTA W/TEDDY	1996	YR	30.00	30.00
❑ SANTA WITH BAG	1986	CL	16.00	65.00
❑ SANTA WITH BANNER	1991	OP	20.00	20.00
❑ SANTA WITH BASKET	1992	OP	25.00	25.00
❑ SANTA WITH BEAR	1986	CL	14.00	40.00
❑ SANTA WITH BELLS (BLUE)	1986	CL	14.00	65.00
❑ SANTA WITH BELLS (GREEN)	1986	CL	14.00	375.00
❑ SANTA WITH BOOK (BLUE & RED)	1988	CL	17.00	75.00
❑ SANTA WITH LIGHTS, BLACK	1991	OP	20.00	20.00
❑ SANTA WITH SACK	1992	OP	25.00	25.00
❑ SANTA WITH TOYS	1982	CL	14.00	80.00
❑ SANTA WITH TOYS	1988	CL	17.00	40.00
❑ SANTA WITH TREE	1989	CL	17.00	40.00
❑ SANTA WITH WREATH	1988	CL	17.00	40.00
❑ SNOWMAN	1996	YR	30.00	30.00
❑ ST. NICK WITH LANTERN	1983	CL	14.00	75.00
❑ TENNIS SANTA	1997	*	30.00	30.00
❑ WHO'S THIS FROSTY	1995	YR	30.00	30.00
❑ WINKING SANTA	1989	CL	17.00	40.00

HEAD ORNAMENTS
J. MCKENNA

NAME	YEAR	LIMIT	ISSUE	TREND
❑ CHRISTMAS KISS	1995	RT	17.00	17.00
❑ HELPING HAND	1995	YR	17.00	17.00
❑ I LOVE YOU SANTA	1995	RT	17.00	17.00
❑ MOON SHAPE SANTA	1995	YR	17.00	17.00
❑ PATRIOTIC SANTA	1996	YR	17.00	17.00
❑ PRIMITIVE SANTA	1995	YR	17.00	17.00
❑ QUICK AS A WINK	1995	YR	17.00	17.00
❑ SANTA W/HOLLY	1995	YR	17.00	17.00
❑ SANTA W/PIPE	1995	YR	17.00	17.00
❑ SANTA W/TASSEL	1996	YR	17.00	17.00
❑ SNOWMAN	1996	YR	17.00	17.00
❑ WHISPERING SANTA	1995	YR	17.00	17.00

ICICLE
J. MCKENNA

NAME	YEAR	LIMIT	ISSUE	TREND
❑ ANGEL/LONG RED HAIR	1996	YR	17.00	17.00
❑ ANGEL/SHORT BLONDE HAIR	1996	YR	17.00	17.00
❑ ANGEL/SHORT BROWN HAIR	1996	YR	17.00	17.00
❑ BLACK ANGEL	1996	YR	17.00	17.00
❑ SANTA W/HAT	1996	YR	17.00	17.00
❑ SNOWMAN	1996	YR	17.00	17.00

KIRK STIEFF

COLONIAL WILLIAMSBURG
D. BACORN

NAME	YEAR	LIMIT	ISSUE	TREND
❑ SILVERPLATE DOLL ORNAMENT	1989	CL	22.00	30.00
❑ SILVERPLATE LAMB	1988	CL	20.00	22.00
❑ SILVERPLATE ROCKING HORSE	1987	CL	20.00	30.00
❑ SILVERPLATE TIN DRUM	1987	CL	20.00	30.00
❑ SILVERPLATE TREETOP STAR	1983	YR	30.00	30.00
❑ SILVERPLATE UNICORN	1988	CL	22.00	30.00

KIRK STIEFF ORNAMENTS
D. BACORN

NAME	YEAR	LIMIT	ISSUE	TREND
❑ CHARLESTON LOCOMOTIVE	1983	CL	18.00	20.00
❑ STERLING SILVER ICICLE	1986	CL	35.00	50.00
❑ UNICORN	1984	CL	18.00	20.00

KIRK STIEFF ORNAMENTS
K. STIEFF

NAME	YEAR	LIMIT	ISSUE	TREND
❑ SMITHSONIAN CAROUSEL HORSE	1989	CL	50.00	50.00
❑ SMITHSONIAN CAROUSEL SEAHORSE	1989	CL	50.00	50.00
❑ TOY SHIP	1990	CL	23.00	35.00

THE NUTCRACKER STAINED GLASS ORNAMENT
K. STIEFF

NAME	YEAR	LIMIT	ISSUE	TREND
❑ BATTLE, THE	1986	CL	18.00	18.00
❑ CLARA'S GIFT	1986	CL	18.00	18.00
❑ NUTCRACKER PRINCE, THE	1986	CL	18.00	18.00
❑ SET OF FOUR	1986	CL	70.00	40.00
❑ SUGAR PLUM FAIRY, THE	1986	CL	18.00	18.00

TWELVE DAYS OF CHRISTMAS
J. BARATA

NAME	YEAR	LIMIT	ISSUE	TREND
❑ EIGHT MAIDS A-MILKING	1988	YR	10.00	11.00
❑ FIVE GOLDEN RINGS	1987	YR	10.00	11.00
❑ FOUR CALLING BIRDS	1986	YR	10.00	11.00
❑ NINE LADIES DANCING	1989	YR	11.00	11.00
❑ PARTRIDGE IN A PEAR TREE	1985	YR	10.00	11.00

NAME	YEAR	LIMIT	ISSUE	TREND
❏ SEVEN SWANS A-SWIMMING	1988	YR	10.00	11.00
❏ SIX GEESE A-LAYING	1987	YR	10.00	11.00
❏ TEN LORDS A-LEAPING	1989	YR	11.00	11.00
❏ THREE FRENCH HENS	1986	YR	10.00	11.00
❏ TWO TURTLEDOVES	1985	YR	10.00	11.00

KURT S. ADLER INC.
CAROUSEL ORNAMENTS
*

❏ GRACEFUL HORSE	1997	*	20.00	20.00
❏ SEA MONSTER	1997	*	20.00	20.00

CHILDREN'S HOUR
J. MOSTROM

❏ ALICE IN WONDERLAND J5751	1995	RT	23.00	23.00
❏ BOW PEEP J5753	1995	OP	27.00	27.00
❏ CINDERELLA J5762	1995	RT	28.00	28.00
❏ LITTLE BOY BLUE J5755	1995	RT	18.00	18.00
❏ MISS MUFFET J5753	1995	OP	27.00	27.00
❏ MOTHER GOOSE J5754	1995	RT	27.00	27.00
❏ RED RIDING HOOD J5751	1995	RT	23.00	23.00

CHRISTMAS IN CHELSEA
J. MOSTROM

❏ ALICE, MARGUERITE W2973	1994	RT	28.00	28.00
❏ ALLISON SITTING IN CHAIR W2812	1992	RT	26.00	26.00
❏ ALLISON W2729	1992	RT	21.00	21.00
❏ AMANDA W2709	1992	RT	21.00	21.00
❏ AMY W2729	1992	RT	21.00	21.00
❏ CHRISTINA W2812	1992	RT	26.00	26.00
❏ CHRISTOPHER W2709	1992	RT	21.00	21.00
❏ DELPHINIUM W2728	1992	OP	20.00	20.00
❏ GUARDIAN ANGEL W/BABY W2974	1994	RT	31.00	31.00
❏ HOLLY HOCK W2728	1992	OP	20.00	20.00
❏ HOLLY W2709	1992	RT	21.00	21.00
❏ JOSE W/VIOLIN W3078	1995	RT	32.00	32.00
❏ PEONY W2728	1992	OP	20.00	20.00
❏ ROSE W2728	1992	OP	20.00	20.00

CORNHUSK MICE
M. ROTHENBERG

❏ ANGEL MICE W3088	1995	OP	10.00	10.00
❏ BABY'S FIRST MOUSE W3087	1995	OP	10.00	10.00
❏ BALLERINA CORNHUSK MICE W2700	1993	RT	14.00	14.00
❏ CLARA, PRINCE W2948	1994	OP	16.00	16.00
❏ COWBOY W2951	1994	RT	18.00	18.00
❏ DROSSELMEIR FAIRY, MOUSE KING W2949	1994	OP	16.00	16.00
❏ FATHER CHRISTMAS W2979	1994	RT	19.00	19.00
❏ FATHER CHRISTMAS W2982	1994	OP	25.00	25.00
❏ LITTLE POCAHONTAS, INDIAN BRAVE W2950	1994	OP	18.00	18.00
❏ MISS TAMMIE MOUSE W3086	1995	RT	17.00	17.00
❏ MR. JAMIE MOUSE W3086	1995	RT	17.00	17.00
❏ MRS. MOLLY MOUSE W3086	1995	RT	17.00	17.00
❏ NUTCRACKER STE. FANTASY CORNHUSK MOUSE	1993	RT	16.00	16.00

FABRICHE COLLECTION
*

❏ HELLO LITTLE ONE! W1561	1992	RT	22.00	22.00
❏ HUGS AND KISSES W1560	1992	RT	22.00	22.00
❏ MERRY CHRISMOUSE W1565	1992	RT	10.00	10.00
❏ NOT A CREATURE WAS STIRRING W1563	1992	RT	22.00	22.00

FABRICHE COLLECTION
K. ADLER

❏ ALL STAR SANTA W1665	1994	RT	27.00	27.00
❏ CAPTAIN CLAUS W1711	1995	RT	25.00	25.00
❏ CHECKING HIS LIST W1634	1994	RT	24.00	24.00
❏ CHRISTMAS IN THE AIR W1593	1992	RT	36.00	36.00
❏ COOKIES FOR SANTA W1639	1994	RT	28.00	28.00
❏ FIREFIGHTING FRIENDS W1668	1994	RT	28.00	28.00
❏ HOMEWARD BOUND W1596	1993	RT	27.00	27.00
❏ MASTER TOYMAKER W1595	1993	RT	27.00	27.00
❏ PAR FOR THE CLAUS W1625	1993	RT	27.00	27.00
❏ SANTA W/LIST W1510	1993	RT	20.00	20.00
❏ SANTA'S FISHTALES W1666	1994	RT	29.00	29.00
❏ STRIKE UP THE BAND W1710	1995	RT	25.00	25.00

FABRICHE COLLECTION
M. ROTHENBERG

❏ AN APRON FULL OF LOVE W1594	1992	RT	27.00	27.00

HOLLY BEARIES
H. ADLER

❏ ANGEL STARCATCHER 57222	1996	OP	20.00	20.00

INTERNATIONAL CHRISTMAS
J. MOSTROM

❏ CATHY, JOHNNY W2945	1994	RT	24.00	24.00
❏ ESKIMO-ATOM UKPIK W2967	1994	RT	28.00	28.00
❏ GERMANY-KATERINA,HANS W2969	1994	RT	27.00	27.00
❏ NATIVE AMERICAN-WHITE DOVE,LITTLE WOLF	1994	RT	28.00	28.00
❏ POLAND-MARISSA, HEDWIG W2965	1994	RT	27.00	27.00
❏ SCOTLAND-BONNIE, DOUGLAS W2966	1994	RT	27.00	27.00
❏ SPAIN-MARIA. MIGUEL W2968	1994	RT	27.00	27.00

LITTLE DICKENS
J. MOSTROM

❏ LITTLE BOB CRACHIT W2961	1994	RT	30.00	30.00
❏ LITTLE MARLEY'S GHOST W2964	1994	RT	34.00	34.00
❏ LITTLE MRS. CRACHIT W2962	1994	RT	27.00	27.00
❏ LITTLE SCROOGE IN BATHROBE W2959	1994	RT	30.00	30.00
❏ LITTLE SCROOGE IN OVERCOAT W2960	1994	RT	30.00	30.00
❏ LITTLE TINY TIM W2963	1994	RT	23.00	23.00

POLONAISE COLLECTION
*

❏ ANGEL TREETOP AP1042	1999	RT	80.00	80.00
❏ ANN & ANDY ON MOON AP887	1998	RT	40.00	40.00

ORNAMENTS

NAME	YEAR	LIMIT	ISSUE	TREND
❑ CARS 4 ASSORTED AP429	*	RT	*	N/A
❑ CAVALRY, GUNNER, DRUMMER AP645	1997	OP	30.00	30.00
❑ FRIENDLY GHOST AP834	1998	RT	30.00	30.00
❑ GONE WITH THE WIND HEART AP925	1998	RT	40.00	40.00
❑ HOLY FAMILY AP898	1998	RT	38.00	38.00
❑ HONEY BEAR AP900	1998	RT	30.00	30.00
❑ JAZZ MUSICIANS AP851/04	1998	RT	30.00	30.00
❑ LITTLE ELFERS AP935	1998	RT	38.00	38.00
❑ MEDIEVAL HORSE AP640	1996	OP	35.00	35.00
❑ NEW COCA COLA- 3PC AP553	1997	OP	130.00	130.00
❑ NEW SCARLETT AP928	1998	RT	40.00	40.00
❑ OUR NEW HOME AP933	1998	RT	30.00	30.00
❑ PADDINGTON BEAR AP915	1998	RT	38.00	38.00
❑ PEACE ANGEL AP888	1998	RT	40.00	40.00
❑ PEANUTS BOXED SET AP575	1998	RT	150.00	150.00
❑ PILLSBURY DOUGHBOY AP916	1998	RT	38.00	38.00
❑ RED & WHITE SANTA AP858	1998	RT	25.00	25.00
❑ SANTA CHAIR 2 ASSORTED AP1010/1	*	RT	*	N/A
❑ SANTA MOTORCYCLE AP931	1998	RT	35.00	35.00
❑ SIR HOGMAS CHRISTMAS PIG AP902	1998	RT	25.00	25.00
❑ SPACE CAPSULE AP839	*	RT	*	N/A
❑ STANDING ANGEL 3 ASSORTED AP882	1998	RT	55.00	55.00
❑ TROPICAL FISH- 4 PC AP554	1997	RT	110.00	110.00
❑ VINTAGE FORD 3 ASSORTED AP937/09	1998	RT	40.00	40.00
❑ ZEPPELIN DIRIGIBLE AP913	1998	RT	28.00	28.00
POLONAISE COLLECTION				**KING FEATURES**
❑ BETTY BOOP AP624	1996	RT	32.00	32.00
POLONAISE COLLECTION				**KSA/KOMOZJA**
❑ ADORING SANTA AP955	1999	RT	40.00	40.00
❑ AFRICAN-AMERICAN SANTA AP389/1	1995	RT	40.00	40.00
❑ ALARM CLOCK AP452	1995	RT	25.00	25.00
❑ ALICE COLLECTION 4 PC AP548	1997	OP	150.00	150.00
❑ ALICE COLLECTION 5 PC LIMITED EDITIONAP547	1997	RT	175.00	175.00
❑ ALICE IN WONDERLAND AP692	1997	OP	30.00	30.00
❑ ANGEL HEAD AP372	1994	RT	18.00	18.00
❑ ANGEL W/BEAR AP396	1994	RT	20.00	35.00
❑ ANTIQUE CARS BOXED SET AP522	1996	OP	124.00	124.00
❑ BEER GLASS AP366	1994	RT	18.00	18.00
❑ BEHOLD, LAMB OF GOD AP971	1999	RT	35.00	35.00
❑ BIG BIRD AP699	1997	RT	35.00	35.00
❑ BLESSED MOTHER AP413	1995	RT	23.00	23.00
❑ CAESAR AP422	1995	RT	25.00	25.00
❑ CANDLEHOLDER AP450	1996	RT	20.00	20.00
❑ CARDINAL AP420	1994	RT	18.00	30.00
❑ CAT W/BALL AP390	1994	RT	18.00	50.00
❑ CAT W/BOW AP446	1995	RT	23.00	23.00
❑ CHARLIE BROWN PEANUTS AP824	1997	RT	35.00	35.00
❑ CHERUBS 3 ASSORTED AP845/67	1998	RT	20.00	20.00
❑ CHRIST CHILD AP414	1995	RT	20.00	20.00
❑ CHRISTMAS IN POLAND- 4 PC AP534	1997	RT	150.00	150.00
❑ CHRISTMAS TREE AP461	1995	RT	23.00	23.00
❑ CINDERELLA 4 BOXED SET AP512	1996	RT	134.00	134.00
❑ CINDERELLA AP488	1996	RT	28.00	28.00
❑ CINDERELLA BOXED SET AP511	1996	7500	190.00	190.00
❑ CINDERELLA COACH AP487	1996	RT	33.00	33.00
❑ CIRCUS COLLECTION 5 PC AP545	1997	OP	180.00	188.00
❑ CIRCUS RINGMASTER AP691	1997	OP	35.00	35.00
❑ CIRCUS SEAL- GLASS AP688	1997	RT	30.00	30.00
❑ CIRCUS STRONGMAN AP690	1997	OP	35.00	35.00
❑ CLARA AP408	1995	RT	20.00	20.00
❑ CLIMBING SANTA AP1004	1999	RT	35.00	35.00
❑ CLOWN HEAD AP460	1995	RT	25.00	25.00
❑ CLOWNS- 3 PC GLASS AP682	1997	RT	35.00	35.00
❑ COCA COLA 4 PC BOXED SET AP517	1996	RT	135.00	135.00
❑ COCA COLA 6 PACK AP803	1997	RT	35.00	35.00
❑ COCA COLA BEAR AP630	1996	RT	37.00	50.00
❑ COCA COLA BOTTLE AP631	1996	RT	33.00	33.00
❑ COCA COLA BOTTLE TOP AP633	1996	RT	27.00	27.00
❑ COCA COLA BOTTLE, GOLDEN AP800	1997	RT	35.00	35.00
❑ COCA COLA DISK AP632	1996	RT	26.00	26.00
❑ COCA COLA TRUCK AP804	1997	RT	38.00	38.00
❑ COCA COLA VENDING MACHINE AP634	1996	RT	37.00	37.00
❑ COCA-COLA BEAR SKIING AP801	1997	RT	35.00	35.00
❑ COCA-COLA BEAR SNOWMOBILE AP802	1997	RT	35.00	35.00
❑ COCA-COLA LOCOMOTIVE AP444	1999	RT	25.00	25.00
❑ COCA-COLA POLY SANTA AP867	1997	RT	45.00	45.00
❑ COSSACK AP604	1996	RT	35.00	35.00
❑ COWBOY HEAD AP462	1995	RT	30.00	30.00
❑ CROCODILE AP468	1995	RT	28.00	28.00
❑ DICE BOXED SET AP509	1996	RT	60.00	60.00
❑ DINOSAURS AP397	1994	RT	23.00	23.00
❑ DOG IN TUB AP981	1999	RT	30.00	30.00
❑ DR. WATSON	1997	RT	30.00	30.00
❑ EAGLE AP453	1995	RT	28.00	28.00
❑ EGYPTIAN CAT AP351	1996	OP	30.00	30.00
❑ EGYPTIAN COLLECTION 4 PC AP515	1997	RT	150.00	150.00
❑ EGYPTIAN II BOXED SET AP510	1996	RT	170.00	170.00
❑ EGYPTIAN PRINCESS AP482	1996	RT	33.00	33.00

ORNAMENTS

NAME	YEAR	LIMIT	ISSUE	TREND
❑ EGYPTIAN SET 4 PC. AP500/4	1995	RT	110.00	110.00
❑ EGYPTIANS 12 PC. AP500	1994	RT	200.00	400.00
❑ ELEPHANT AP464	1995	RT	28.00	28.00
❑ ELMO AP843	1997	RT	38.00	38.00
❑ ELVES AP611/23	1996	RT	30.00	30.00
❑ EMERALD CITY AP623	1996	RT	32.00	32.00
❑ ENGLISH BOBBIE AP814	1997	RT	30.00	30.00
❑ FIRE ENGINE AP605	1996	RT	30.00	30.00
❑ FISH 4 PC. AP506	1995	RT	110.00	110.00
❑ FOUR CALLING BIRDS AP828	1997	OP	38.00	38.00
❑ GIFT BOXES AP614	1996	RT	25.00	25.00
❑ GINGERBREAD HOUSE AP664	1997	RT	30.00	30.00
❑ GIRL WITH BEAR AP989	1999	RT	25.00	25.00
❑ GLASS ACORN AP342	1994	RT	11.00	150.00
❑ GLASS ANGEL AP309	1994	RT	18.00	18.00
❑ GLASS APPLE AP339	1994	RT	11.00	20.00
❑ GLASS CHURCH AP369	1994	RT	18.00	18.00
❑ GLASS CLOWN AP301	1994	RT	14.00	50.00
❑ GLASS CLOWN AP302	1994	RT	23.00	30.00
❑ GLASS CLOWN AP303	1994	RT	23.00	38.00
❑ GLASS DICE AP363	1994	RT	18.00	75.00
❑ GLASS DOLL AP377	1994	RT	14.00	30.00
❑ GLASS GNOME AP347	1994	RT	18.00	30.00
❑ GLASS KNIGHT AP304	1994	RT	18.00	20.00
❑ GLASS OWL AP328	1994	RT	20.00	20.00
❑ GLASS SLIPPER AP490	1996	RT	20.00	20.00
❑ GLASS TOP AP359	1994	OP	9.00	9.00
❑ GLASS TURKEY AP326	1994	RT	20.00	20.00
❑ GLINDA THE GOOD WITCH AP621	1996	RT	32.00	32.00
❑ GOLDEN ANGEL HEAD AP372	1994	RT	18.00	150.00
❑ GOLDEN ROCKING HORSE AP355	1994	RT	23.00	125.00
❑ GONE WITH THE WIND- 3 PC BOX AP557	1997	RT	150.00	150.00
❑ GONE WITH THE WIND RHETT BUTLER AP815	1997	RT	38.00	38.00
❑ GONE WITH THE WIND SCARLETT O'HARA AP805	1997	RT	40.00	40.00
❑ GONE WITH THE WIND TARA AP816	1997	OP	38.00	38.00
❑ GRAMOPHONE AP446	1996	RT	23.00	23.00
❑ GRANDFATHER FROST AP801COL	1997	YR	50.00	50.00
❑ GUARDMAN AP407	1994	OP	16.00	16.00
❑ HANDYMAN TEDDY AP958	1999	RT	35.00	35.00
❑ HANSEL & GRETEL AP662	1997	OP	30.00	30.00
❑ HANSEL/GRETEL 4 PC AP538	1997	RT	150.00	150.00
❑ HAT BOXES- GLASS AP620	1997	RT	28.00	30.00
❑ HERALD RABBIT AP693	1997	OP	35.00	35.00
❑ HOLLY BEAR AP827	1997	RT	30.00	30.00
❑ HOLY FAMILY 3 PC. AP504	1995	RT	84.00	84.00
❑ HOLY FAMILY AP371	1994	RT	28.00	28.00
❑ HORUS AP484	1996	RT	33.00	33.00
❑ HOUSES AP455	1995	RT	25.00	30.00
❑ HUNTER AP667	1997	OP	30.00	30.00
❑ INDIAN AP463	1995	RT	30.00	30.00
❑ JEWELRY BOXES 3 PC AP637	1997	RT	16.00	16.00
❑ JUST MARRIED AP829	1997	OP	23.00	23.00
❑ KING BALTHAZAR AP607	1996	RT	30.00	30.00
❑ KING NEPTUNE AP496	1996	RT	35.00	35.00
❑ KRAKOW CRECHE AP670	1997	RT	35.00	35.00
❑ KRAKOW MAN AP674	1997	RT	30.00	38.00
❑ LIGHT BULB AP449	1996	RT	20.00	20.00
❑ LITTLE MERMAID AP402	1996	RT	28.00	28.00
❑ LITTLE RED RIDING HOOD 3 PC AP544	1997	RT	110.00	110.00
❑ LITTLE RED RIDING HOOD- 4 PC LIMITED EDITION AP539	1997	RT	110.00	110.00
❑ LITTLE RED RIDING HOOD AP665	1997	OP	30.00	30.00
❑ LOCOMOTIVE AP353	1994	RT	23.00	23.00
❑ LOCOMOTIVE AP447	1995	RT	28.00	28.00
❑ LUCY PEANUTS AP825	1997	RT	*	N/A
❑ MAD HATTER- GLASS AP696	1997	OP	35.00	35.00
❑ MADONNA VATICAN EGG AP830	1997	OP	38.00	38.00
❑ MADONNA W/CHILD AP370	1994	RT	23.00	23.00
❑ MAGICIANS HAT AP689	1997	RT	35.00	38.00
❑ MARILYN MONROE AP818	1997	OP	*	N/A
❑ MEDIEVAL BOXED SET AP519	1996	RT	160.00	160.00
❑ MEDIEVAL DRAGON AP642	1996	RT	35.00	35.00
❑ MEDIEVAL KNIGHT AP641	1996	RT	35.00	35.00
❑ MEDIEVAL LADY AP643	1996	RT	35.00	35.00
❑ MERLIN AP373	1994	RT	20.00	28.00
❑ MGM COWARDLY LION AP821	1997	OP	40.00	40.00
❑ MGM DOROTHY AP819	1997	OP	40.00	40.00
❑ MGM SCARECROW AP822	1997	OP	40.00	40.00
❑ MGM TIN MAN AP820	1997	OP	40.00	40.00
❑ MGM WIZ OF OZ 4 PC BOX AP555	1997	OP	180.00	180.00
❑ MONTGOLFIER BALLOON AP908	*	RT	*	58.00
❑ MOUSE KING AP406	1994	RT	20.00	20.00
❑ MUMMY AP483	1996	RT	33.00	33.00
❑ NAPOLEONIC SOLDIER AP543	1997	RT	150.00	150.00
❑ NEFERTITI 96 AP485	1996	OP	33.00	33.00
❑ NEFERTITI AP349	1994	RT	25.00	25.00
❑ NIGHT & DAY AP307	1994	RT	23.00	23.00
❑ NOAH'S ARK AP469	1995	RT	25.00	25.00
❑ NUTCRACKER AP404	1994	RT	20.00	20.00
❑ NUTCRACKER SUITE 4 PC. AP507	1995	RT	110.00	110.00

ORNAMENTS

NAME	YEAR	LIMIT	ISSUE	TREND
❑ NY BALL- 5 PC AP677	1997	OP	25.00	25.00
❑ OLD FASHIONED CAR AP380	1994	RT	14.00	14.00
❑ PARROT AP332	1994	RT	16.00	45.00
❑ PEACOCK AP323	1994	RT	28.00	28.00
❑ PEACOCK AP324	1994	RT	18.00	20.00
❑ PEANUTS- 3 PC BOX AP556	1997	OP	135.00	135.00
❑ PETER PAN AP419	1995	RT	23.00	23.00
❑ PETER PAN SET 4 PC. AP503	1995	RT	124.00	124.00
❑ PHARAOH AP481	1996	RT	35.00	35.00
❑ PIERROT THE CLOWN AP405	1994	RT	18.00	30.00
❑ POLISH MOUNTAIN MAN AP675	1997	RT	30.00	38.00
❑ PRINCE CHARMING AP489	1996	RT	28.00	28.00
❑ PUPPY AP333	1994	RT	16.00	30.00
❑ PYRAMID AP352	1994	RT	23.00	23.00
❑ QUEEN OF HEARTS AP695	1997	OP	35.00	35.00
❑ RAG ANN/ANDY AP550	1997	OP	75.00	75.00
❑ RAGGEDY ANDY AP322	1997	OP	25.00	25.00
❑ RAGGEDY ANN AP321	1996	OP	28.00	28.00
❑ ROCKING HORSE AP355	1994	OP	23.00	23.00
❑ ROCKING HORSE AP356	1994	RT	23.00	23.00
❑ ROMAN CENTURIAN AP427	1995	RT	23.00	23.00
❑ ROMAN SET 7 PC. AP502	1995	RT	164.00	200.00
❑ ROYAL SUITE- 4 PC AP552	1997	RT	140.00	140.00
❑ ROYAL SUITE- 4 PC AP806	1997	RT	30.00	30.00
❑ RUSSIAN 5 BOXED SET AP514	1996	RT	190.00	190.00
❑ RUSSIAN BISHOP AP603	1996	RT	35.00	35.00
❑ RUSSIAN WOMEN AP602	1996	RT	35.00	35.00
❑ SAILING SHIP AP415	1995	RT	30.00	30.00
❑ SAINT NICK AP316	1994	RT	28.00	28.00
❑ SANTA AP317	1994	RT	23.00	23.00
❑ SANTA AP389	1995	RT	25.00	25.00
❑ SANTA AP442	1995	RT	25.00	25.00
❑ SANTA BOOT AP375	1994	OP	20.00	20.00
❑ SANTA CAR AP367	1996	RT	35.00	35.00
❑ SANTA HEAD AP315	1994	RT	14.00	20.00
❑ SANTA HEAD AP374	1994	RT	18.00	18.00
❑ SANTA HEAD AP811	1997	RT	23.00	23.00
❑ SANTA ON GOOSE ON SLED AP479	1995	RT	30.00	30.00
❑ SANTA PILOT AP365	1996	RT	33.00	33.00
❑ SANTA/TREE AP943	1999	RT	35.00	35.00
❑ SEA HORSE AP494	1996	RT	25.00	38.00
❑ SEVEN DWARFS- 7 PC AP611	1997	RT	30.00	30.00
❑ SHARK AP417	1995	RT	18.00	24.00
❑ SHERLOCK HOLMES AP812	1997	RT	30.00	30.00
❑ SHERLOCK HOLMES-3 PC BOX AP551	1997	RT	125.00	125.00
❑ SMITHSONIAN ASTRONAUT AP826	1997	RT	35.00	50.00
❑ SNOOPY PEANUTS AP823	1997	RT	35.00	35.00
❑ SNOW WHITE AP660	1997	RT	30.00	38.00
❑ SNOW WHITE & 7 DWARFS- BOX AP558	1997	OP	290.00	290.00
❑ SNOWMAN W/PARCEL AP313	1994	RT	23.00	23.00
❑ SNOWMAN W/SPECS AP312	1994	RT	20.00	30.00
❑ SPARROW AP329	1994	RT	16.00	55.00
❑ SPHINX AP350	1994	RT	23.00	60.00
❑ SPHINX AP480	1996	RT	33.00	33.00
❑ ST. BASILS CATHEDRAL AP600	1996	RT	35.00	35.00
❑ ST. JOSEPH AP412	1995	RT	23.00	23.00
❑ STAR- 3 PC GLASS AP671	1997	RT	20.00	20.00
❑ STAR BOY AP676	1997	RT	35.00	35.00
❑ STING RAY AP495	1996	RT	28.00	45.00
❑ SUNFACE 4.5 IN. AP967	1999	RT	20.00	20.00
❑ SWAN AP325	1994	RT	20.00	20.00
❑ TATAR PRINCE- GLASS AP672	1997	RT	35.00	38.00
❑ TEDDY BEAR AP338	1994	RT	16.00	38.00
❑ TEDDY WITH BALLOONS AP987	1999	RT	25.00	25.00
❑ TELEPHONE AP448	1995	RT	25.00	25.00
❑ THREE KINGS ASSORTED AP609	1999	RT	20.00	20.00
❑ THREE KINGS BOXED SET AP516	1996	OP	144.00	144.00
❑ TOUCAN AP1009	1999	RT	20.00	20.00
❑ TRAIN COACHES AP354	1994	RT	16.00	16.00
❑ TRAIN SET AP501	1994	RT	90.00	90.00
❑ TREASURE CHEST AP416	1995	RT	20.00	20.00
❑ TROPICAL FISH AP409	1994	RT	23.00	23.00
❑ TSAR IVAN AP601	1996	RT	35.00	35.00
❑ TUTANKHAMEN #2 AP476	1996	OP	35.00	35.00
❑ TUTANKHAMEN AP348	1994	RT	25.00	30.00
❑ WICKED WITCH AP606	1996	OP	32.00	32.00
❑ WINTER BOY AP615	1996	RT	23.00	23.00
❑ WINTER GIRL AP615	1996	RT	23.00	23.00
❑ WITCH AP661	1997	RT	35.00	35.00
❑ WIZARD IN BALLOON AP622	1996	OP	32.00	32.00
❑ WIZARD OF OZ 4 PC. BOXED SET AP505	1995	OP	125.00	125.00
❑ WIZARD OF OZ 6 PC. AP508	1995	5000	170.00	200.00
❑ WIZARD OF OZ DOROTHY AP434	1995	OP	25.00	25.00
❑ WIZARD OF OZ II BOXED SET AP518	1996	RT	150.00	150.00
❑ WIZARD OF OZ LION AP433	1995	OP	23.00	23.00
❑ WIZARD OF OZ SCARECROW AP435	1995	OP	25.00	25.00
❑ WIZARD OF OZ TINMAN AP436	1995	OP	25.00	25.00
❑ WOLF, THE AP666	1997	OP	35.00	38.00
❑ ZODIAC SUN AP381	1994	RT	23.00	50.00

NAME	YEAR	LIMIT	ISSUE	TREND
POLONAISE COLLECTION				ROSS/NELRANA
❑ BABAR ELEPHANT AP817	1997	RT	38.00	38.00
POLONAISE COLLECTION				ROTHENBERG
❑ CAT IN BOOT AP478	1995	RT	28.00	28.00
❑ HERR DROSSELMEIR AP465	1995	RT	30.00	30.00
POLONAISE COLLECTION				STEFAN
❑ CARDINAL AP473	1995	RT	30.00	30.00
❑ CRECHE AP458	1995	RT	28.00	28.00
❑ DOVE ON BALL AP472	1995	RT	32.00	32.00
❑ FRENCH HEN AP626	1996	OP	33.00	33.00
❑ GOOSE W/WREATH AP475	1995	RT	25.00	25.00
❑ HUMPTY DUMPTY AP477	1995	RT	25.00	25.00
❑ ICICLE SANTA AP474	1995	RT	25.00	40.00
❑ PARTRIDGE AP467	1995	RT	34.00	34.00
❑ SANTA MOON AP454	1995	RT	28.00	28.00
❑ STAR SANTA AP470	1995	RT	25.00	25.00
❑ STAR SNOWMAN AP625	1996	RT	32.00	32.00
❑ TURTLEDOVES AP471	1995	OP	25.00	25.00
ROYAL HERITAGE				J. MOSTROM
❑ ANASTASIA W2922	1993	RT	28.00	28.00
❑ ANGELIQUE ANGEL BABY W3278	1996	RT	25.00	25.00
❑ BENJAMIN J5756	1995	RT	25.00	25.00
❑ BLYTHE J5756	1995	RT	25.00	25.00
❑ BRIANNA IVORY W7663	1996	RT	25.00	25.00
❑ BRIANNA PINK W7663	1996	RT	25.00	25.00
❑ CAROLINE W2924	1993	RT	26.00	26.00
❑ CHARLES W2924	1993	RT	26.00	26.00
❑ EDMOND W/VIOLIN W0070	1995	RT	32.00	32.00
❑ ELIZABETH W2924	1993	RT	26.00	26.00
❑ ETOILE ANGEL BABY W3278	1996	RT	25.00	25.00
❑ FRANCIS WINTER BOY W 3279	1996	RT	28.00	28.00
❑ GABRIELLE IN PINK COAT W3276	1996	RT	28.00	28.00
❑ GISELLE W/BOW W3277	1996	RT	28.00	28.00
❑ GISELLE WINTER GIRL W/PACKAGE W3279	1996	RT	28.00	28.00
❑ JOELLA W2979	1993	RT	27.00	27.00
❑ KELLY W2979	1993	RT	27.00	27.00
❑ LADY COLETTE IN SLED W3301	1996	RT	32.00	32.00
❑ LAURIELLE LADY SKATER W3281	1996	RT	36.00	36.00
❑ MINIOTTE W/MUFF W3279	1996	RT	28.00	28.00
❑ MONIQUE W/HAT BOX W3217	1996	RT	28.00	28.00
❑ NICHOLAS W2923	1993	RT	26.00	26.00
❑ NICOLE W/BALLOON W3277	1996	RT	28.00	28.00
❑ PATINA W2923	1993	RT	26.00	26.00
❑ PAULINE W/VIOLIN W3078	1995	RT	32.00	32.00
❑ RENE VICTORIAN LADY W3280	1996	RT	36.00	36.00
❑ SASHA W2923	1993	RT	26.00	26.00
SMITHSONIAN MUSEUM CAROUSEL				KSA/SMITHSONIAN
❑ ANTIQUE CAROUSEL BUNNY, THE S3027/12	1987	RT	14.00	15.00
❑ ANTIQUE CAROUSEL CAMEL, THE S3027/14	1995	RT	15.00	15.00
❑ ANTIQUE CAROUSEL CAT, THE S3027/6	1989	RT	14.00	15.00
❑ ANTIQUE CAROUSEL ELEPHANT, THE S3027/11	1992	RT	14.00	15.00
❑ ANTIQUE CAROUSEL GIRAFFE, THE S3027/4	1988	RT	14.00	15.00
❑ ANTIQUE CAROUSEL GOAT, THE S3027/1	1987	RT	14.00	15.00
❑ ANTIQUE CAROUSEL HORSE, THE S3027/10	1991	RT	14.00	15.00
❑ ANTIQUE CAROUSEL HORSE, THE S3027/14	1993	RT	15.00	15.00
❑ ANTIQUE CAROUSEL HORSE, THE S3027/3	1988	RT	14.00	15.00
❑ ANTIQUE CAROUSEL LION, THE S3027/5	1989	RT	14.00	15.00
❑ ANTIQUE CAROUSEL PIG, THE S3027/16	1994	RT	16.00	16.00
❑ ANTIQUE CAROUSEL REINDEER, THE S3027/15	1994	RT	16.00	16.00
❑ ANTIQUE CAROUSEL ROOSTER, THE S3027/9	1991	RT	14.00	15.00
❑ ANTIQUE CAROUSEL SEAHORSE, THE S3027/8	1990	RT	14.00	15.00
❑ ANTIQUE CAROUSEL TIGER, THE S3027/13	1993	RT	15.00	15.00
❑ ANTIQUE CAROUSEL ZEBRA, THE S3027/17	1990	RT	14.00	15.00
❑ ANTIQUE FROG S32027/18	1995	RT	16.00	16.00
❑ ARMORED HORSE S3027/17	1995	RT	16.00	16.00
SMITHSONIAN MUSEUM FABRICHE				SMITHSONIAN
❑ HOLIDAY FLIGHT W1637	1994	RT	40.00	40.00
SMITHSONIAN MUSEUM FABRICHE				KSA/SMITHSONIAN
❑ HOLIDAY DRIVE W1580	1992	RT	38.00	38.00
❑ SANTA ON A BICYCLE W1547	1992	RT	31.00	31.00
SNOW CHILDREN COLLECTION				J. MOSTROM
❑ ICE FAIRY	1994	RT	26.00	26.00
❑ SNOW PRINCESS W2971	1994	RT	28.00	28.00
❑ WINTER FAIRY	1994	RT	25.00	25.00
STEINBACH ORNAMENT SERIES				K. ADLER
❑ KING'S GUARD, THE ES300	1992	OP	27.00	27.00
VATICAN LIBRARY				*
❑ CHERUBUM BOXED SET GP521	1996	RT	150.00	150.00
❑ DANCING CHERUBS ON BALL GP652	1996	RT	40.00	40.00
❑ FULL BODY CHERUB GP650	1996	RT	35.00	35.00
❑ GARDEN OF MAY BOXED SET GP520	1996	RT	135.00	145.00
❑ LILY GLASS GP655	1996	RT	35.00	35.00
❑ MADONNA & CHILD GP653	1996	RT	35.00	35.00
❑ ROSE GLASS GP654	1996	RT	35.00	35.00
❑ VATICAN CHERUBIN AP521	1996	RT	150.00	150.00
❑ VATICAN LILY AP655	1996	RT	35.00	35.00
❑ VATICAN MADONNA & CHILD AP653	1996	RT	35.00	35.00
❑ VATICAN RED ROSE AP654/R	1996	RT	35.00	35.00

ORNAMENTS

NAME	YEAR	LIMIT	ISSUE	TREND
LANCE CORP.				
SEBASTIAN CHRISTMAS ORNAMENTS				**P.W. BASTON**
❑ MADONNA OF THE CHAIR	1943	CL	2.00	175.00
❑ MADONNA OF THE CHAIR (REISSUE)	1982	CL	15.00	35.00
❑ SANTA CLAUS	1981	CL	29.00	30.00
SEBASTIAN CHRISTMAS ORNAMENTS				**P.W. BASTON, JR.**
❑ DECORATING THE TREE	1988	CL	12.00	14.00
❑ FINAL CHECK	1992	OP	14.00	15.00
❑ FINAL PREPARATIONS FOR CHRISTMAS	1989	CL	14.00	14.00
❑ HOLIDAY SLEIGH RIDE	1986	CL	10.00	14.00
❑ HOME FOR THE HOLIDAYS	1985	CL	10.00	17.00
❑ MERRY CHRISTMAS	1991	OP	14.00	15.00
❑ SANTA	1987	CL	10.00	13.00
❑ STUFFING THE STOCKINGS	1990	CL	14.00	15.00
LENOX CHINA/CRYSTAL COLLECTION				
ANNUAL BELL SERIES				*
❑ ANGEL BELL	1988	OP	45.00	45.00
❑ CHRISTMAS TREE BELL	1990	OP	49.00	49.00
❑ PARTRIDGE BELL	1987	YR	45.00	45.00
❑ SNOWMAN BELL	1992	YR	49.00	49.00
❑ ST. NICHOLAS BELL	1989	OP	45.00	45.00
❑ TEDDY BEAR BELL	1991	YR	49.00	49.00
ANNUAL ORNAMENT				*
❑ 1982 ORNAMENT	1982	YR	30.00	85.00
❑ 1983 ORNAMENT	1983	YR	35.00	50.00
❑ 1984 ORNAMENT	1984	YR	38.00	65.00
❑ 1985 ORNAMENT	1985	YR	38.00	60.00
❑ 1986 ORNAMENT	1986	YR	39.00	100.00
❑ 1987 ORNAMENT	1987	YR	39.00	25.00
❑ 1988 ORNAMENT	1988	YR	39.00	100.00
❑ 1989 ORNAMENT	1989	YR	39.00	75.00
❑ 1990 ORNAMENT	1990	YR	42.00	42.00
❑ 1991 ORNAMENT	1991	YR	39.00	50.00
❑ 1992 ORNAMENT	1992	YR	39.00	30.00
❑ 1993 ORNAMENT	1993	YR	*	65.00
❑ 1994 ORNAMENT	1994	YR	*	120.00
❑ 1995 ORNAMENT	1995	YR	*	60.00
❑ 1997 ORNAMENT	1997	YR	*	25.00
❑ 1998 ORNAMENT	1998	YR	*	75.00
❑ 1999 ORNAMENT	1999	YR	*	30.00
❑ 2000 ORNAMENT	2000	YR	*	30.00
❑ 2001 ORNAMENT	2001	YR	*	30.00
CATHEDRAL PORTRAITS				**BOTTICELLI**
❑ 15TH CENTURY MADONNA & CHILD	1991	OP	29.00	29.00
CATHEDRAL PORTRAITS				**RAPHAEL**
❑ 16TH CENTURY MADONNA & CHILD	1991	OP	29.00	29.00
CHRISTMAS CAROUSEL				*
❑ BLACK HORSE	1989	*	20.00	50.00
❑ CAMEL	1990	*	20.00	50.00
❑ CAT	1989	*	20.00	50.00
❑ CHRISTMAS CAROUSEL SET	1989	*	470.00	470.00
❑ ELEPHANT	1989	*	20.00	60.00
❑ FROG	1990	*	20.00	50.00
❑ GIRAFFE	1990	*	20.00	20.00
❑ GOAT	1989	*	20.00	50.00
❑ HARE	1989	*	20.00	50.00
❑ LION	1989	*	20.00	50.00
❑ MEDIEVAL HORSE	1990	*	20.00	50.00
❑ PALOMINO	1989	*	20.00	50.00
❑ PANDA	1990	*	20.00	50.00
❑ PIG	1990	*	20.00	50.00
❑ PINTO	1989	*	20.00	50.00
❑ POLAR BEAR	1989	*	20.00	50.00
❑ REINDEER	1989	*	20.00	50.00
❑ ROOSTER	1990	*	20.00	50.00
❑ SEA HORSE	1989	*	20.00	50.00
❑ SET OF 24	1990	*	468.00	468.00
❑ ST. BERNARD	1990	*	20.00	20.00
❑ SWAN	1989	*	20.00	50.00
❑ TIGER	1989	*	20.00	50.00
❑ UNICORN	1989	*	20.00	50.00
❑ WHITE HORSE	1989	*	20.00	50.00
❑ ZEBRA	1989	*	20.00	50.00
COMMEMORATIVES				*
❑ BABY'S FIRST CHRISTMAS (DATED)	1989	YR	23.00	25.00
❑ FIRST CHRISTMAS TOGETHER (DATED)	1989	YR	23.00	25.00
CRYSTAL BALL ORNAMENTS				*
❑ CHRISTMAS LIGHTS BALL	1988	YR	30.00	30.00
❑ CRYSTAL ABBEY BALL	1991	OP	45.00	45.00
❑ CRYSTAL LIGHTS ORNAMENT	1989	OP	30.00	30.00
❑ CRYSTAL OPTIKA	1992	OP	37.00	37.00
❑ CRYSTAL STARLIGHT BALL-BLUE	1991	OP	45.00	45.00
❑ CRYSTAL STARLIGHT BALL-GREEN	1991	OP	45.00	45.00
❑ CRYSTAL STARLIGHT BALL-RED	1991	OP	45.00	45.00
❑ CUT BALL	1985	YR	35.00	50.00
❑ CUT BALL	1986	YR	35.00	45.00

ORNAMENTS

NAME	YEAR	LIMIT	ISSUE	TREND
❏ CUT BALL	1987	YR	29.00	29.00
❏ DEEP CUT BALL	1984	YR	35.00	50.00
❏ STARLIGHT ORNAMENT	1989	OP	34.00	34.00
DAYS OF CHRISTMAS				*
❏ FIVE GOLDEN RINGS	1991	OP	25.00	25.00
❏ FOUR CALLING BIRDS	1990	OP	25.00	25.00
❏ PARTRIDGE	1987	OP	23.00	23.00
❏ SIX GEESE A-LAYING	1992	OP	25.00	25.00
❏ THREE FRENCH HENS	1989	OP	23.00	23.00
❏ TWO TURTLEDOVES	1988	OP	23.00	23.00
GOLDEN RENAISSANCE ANGELS				*
❏ ANGEL WITH MANDOLIN	1991	OP	25.00	25.00
❏ ANGEL WITH TRUMPET	1991	OP	25.00	25.00
❏ ANGEL WITH VIOLIN	1991	OP	25.00	25.00
HOLIDAY HOMECOMING				*
❏ DOOR-DATED	1989	OP	23.00	23.00
❏ HEARTH	1988	CL	23.00	23.00
❏ HUTCH-DATED	1990	YR	25.00	25.00
❏ STOVE (DATED)	1992	YR	25.00	25.00
❏ WINDOW (DATED)	1991	YR	25.00	25.00
LENOX CARVED ORNAMENTS				*
❏ GEORGIAN FRAME	1989	OP	21.00	25.00
❏ PORTRAIT WREATH	1987	CL	21.00	21.00
LENOX CHRISTMAS KEEPSAKES				*
❏ FIRE ENGINE	1992	OP	42.00	42.00
❏ ROCKING HORSE	1990	OP	42.00	42.00
❏ SLEIGH	1991	OP	42.00	42.00
❏ SWAN	1990	OP	42.00	42.00
LENOX CHRISTMAS VILLAGE				*
❏ SWEET SHOP (DATED)	1992	YR	39.00	39.00
❏ VILLAGE CHURCH-DATED	1989	OP	39.00	39.00
❏ VILLAGE INN-DATED	1990	YR	39.00	39.00
❏ VILLAGE TOWN HALL (DATED)	1991	YR	39.00	39.00
LENOX CRYSTAL ORNAMENTS				*
❏ 1990 CHRISTMAS TREE	1990	YR	30.00	30.00
❏ ABBEY TREETOPPER	1991	OP	54.00	54.00
❏ ANGEL PENDANT	1991	OP	29.00	29.00
❏ ANNUAL CHRISTMAS TREE	1989	YR	26.00	26.00
❏ BABY'S FIRST CHRISTMAS	1989	YR	26.00	26.00
❏ BABY'S FIRST CHRISTMAS 1990	1990	YR	00.00	30.00
❏ BABY'S FIRST CHRISTMAS-1991	1991	YR	29.00	29.00
❏ BIRD-BLUE	1991	OP	29.00	29.00
❏ BIRD-CLEAR	1991	OP	29.00	29.00
❏ BIRD GREEN	1991	OP	29.00	29.00
❏ BIRD-RED	1991	OP	29.00	29.00
❏ CANDLELIGHT BELL	1989	OP	38.00	38.00
❏ CANDY CANE	1990	OP	30.00	30.00
❏ CHRISTMAS GOOSE	1990	OP	30.00	29.00
❏ CHRISTMAS LIGHTS TREE TOP ORNAMENT	1989	OP	55.00	55.00
❏ CHRISTMAS STOCKING	1991	OP	29.00	29.00
❏ CHRISTMAS TREE-1991	1991	YR	29.00	29.00
❏ CRYSTAL ICICLE	1989	OP	30.00	30.00
❏ DOVE	1991	OP	32.00	32.00
❏ HERALD ANGEL-BLUE	1991	OP	29.00	29.00
❏ HERALD ANGEL-CLEAR	1991	OP	29.00	29.00
❏ HERALD ANGEL GREEN	1991	OP	29.00	29.00
❏ HERALD ANGEL-RED	1991	OP	29.00	29.00
❏ NATIVITY	1989	OP	26.00	26.00
❏ OUR FIRST CHRISTMAS	1989	YR	26.00	26.00
❏ OUR FIRST CHRISTMAS-1990	1990	YR	32.00	32.00
❏ OUR FIRST CHRISTMAS-1991	1991	YR	29.00	29.00
❏ SNOWFLAKE	1989	OP	26.00	32.00
❏ SNOWMAN	1991	OP	32.00	32.00
NATIVITY				*
❏ BALTHAZAR	1990	OP	22.00	22.00
❏ CASPAR	1990	OP	22.00	22.00
❏ JOSEPH	1989	OP	21.00	21.00
❏ MARY & CHILD	1989	OP	21.00	21.00
❏ MELCHIOR	1990	OP	22.00	22.00
RENAISSANCE ANGELS				*
❏ ANGEL TREETOPPER	1989	OP	100.00	100.00
❏ ANGEL WITH MANDOLIN	1987	CL	21.00	21.00
❏ ANGEL WITH TRUMPET	1987	OP	21.00	21.00
❏ ANGEL WITH VIOLIN	1987	CL	21.00	21.00
SANTA'S PORTRAITS				*
❏ SANTA AND CHILD	1991	OP	29.00	29.00
❏ SANTA IN CHIMNEY	1992	OP	29.00	29.00
❏ SANTA WITH GARLAND	1990	OP	29.00	29.00
❏ SANTA'S RIDE	1990	OP	29.00	29.00
❏ SANTA'S VISIT	1989	OP	27.00	27.00
VICTORIAN HOMES				*
❏ CAMBRIDGE MANOR	1991	OP	25.00	25.00
❏ SHEFFIELD MANOR	1990	OP	25.00	25.00
VICTORIAN LACE				*
❏ CHRISTMAS TREE	1991	OP	25.00	25.00
❏ FAN	1991	OP	25.00	25.00

ORNAMENTS

ORNAMENTS

NAME	YEAR	LIMIT	ISSUE	TREND
YULETIDE				*
❑ ANGEL WITH HORN	1989	OP	18.00	18.00
❑ CHRISTMAS TREE	1985	OP	18.00	18.00
❑ DOVE	1990	OP	20.00	20.00
❑ GOOSE	1992	OP	20.00	20.00
❑ SANTA WITH TREE	1989	OP	18.00	18.00
❑ SNOWMAN	1991	OP	20.00	20.00
❑ TEDDY BEAR	1985	CL	18.00	18.00
YULETIDE EXPRESS				*
❑ CABOOSE-DATED	1989	OP	39.00	90.00
❑ DINING CAR (DATED)	1991	YR	39.00	39.00
❑ LOCOMOTIVE	1988	OP	39.00	39.00
❑ PASSENGER-DATED	1990	OP	39.00	39.00
❑ TENDER CAR (DATED)	1992	YR	39.00	39.00
## LILLIPUT LANE LTD.				
				*
❑ EVERGREENS	1997	YR	*	25.00
❑ FIR TREE COTTAGE	1996	YR	*	20.00
CHRISTMAS ORNAMENT SERIES				*
❑ FIR TREE COTTAGE	1996	RT	30.00	30.00
❑ GREAT EXPECTATIONS	1998	YR	35.00	25.00
❑ IVY HOUSE	1994	RT	38.00	25.00
❑ MISTLETOE COTTAGE	1992	RT	28.00	50.00
❑ PLUM COTTAGE	1995	RT	40.00	40.00
❑ ROBIN COTTAGE	1993	RT	35.00	50.00
COCA COLA COUNTRY				R. DAY
❑ SANTA'S CORNER	1996	RT	38.00	38.00
## LITTLE ANGEL PUBLISHING				
AN ANGEL'S TOUCH				D. GELSINGER
❑ ANGEL'S GUIDANCE, PRECIOUS PLAYMATES, DELICATE BLESSINGS SET #3	2000	90 DAYS	30.00	30.00
❑ ANGEL'S KINDNESS, ANGEL'S HOPE, PERPETUAL EMBRACE SET #6	2000	90 DAYS	30.00	30.00
❑ GENTLE GUARDIAN, LOVING KINDNESS, GARDEN MIRACLES SET #2	2000	90 DAYS	30.00	30.00
❑ HEAVENLY HUGS, AN ANGELS LOVE, AN ANGEL'S CARING SET #4	2000	90 DAYS	30.00	30.00
❑ HEAVENLY INNOCENCE, DELICATE EMBRACE, PRECIOUS DEVOTION SET #7	2000	90 DAYS	30.00	30.00
❑ LOVING GUARDIAN, ANGEL'S WARMTH, NATURE'S JOY SET #8	2000	90 DAYS	30.00	30.00
❑ NATURE'S BEAUTY, GENTLE EMBRACE, HEAVENLY BLESSINGS SET #1	2000	90 DAYS	30.00	30.00
❑ NATURE'S GUARDIAN, ANGEL'S TENDERNESS, AN ANGEL'S PRAYER SET #5	2000	90 DAYS	30.00	30.00
ANGEL'S BLESSINGS				D. GELSINGER
❑ ANGEL'S BLESSINGS SET #1	2000	90 DAYS	30.00	30.00
❑ ANGEL'S BLESSINGS SET #2	2000	90 DAYS	30.00	30.00
❑ ANGEL'S BLESSINGS SET #3	2000	90 DAYS	30.00	30.00
❑ ANGEL'S BLESSINGS SET #6	2000	90 DAYS	30.00	30.00
❑ ANGEL'S BLESSINGS SET#4	2000	90 DAYS	30.00	30.00
❑ ANGEL'S BLESSINGS SET#5	2000	90 DAYS	30.00	30.00
❑ ANGEL'S BLESSINGS SET#7	2000	90 DAYS	30.00	30.00
❑ ANGEL'S BLESSINGS SET#8	2000	90 DAYS	30.00	30.00
GUIDING LIGHTS				D. GELSINGER
❑ LOVE LIGHTS THE HEART, HOPE LIGHTS THE WAY, JOY LIGHTS THE WORLD	2001	95 DAYS	30.00	30.00
HEAVEN'S LITTLE ANGELS				D. GELSINGER
❑ ANGEL'S GUIDANCE, ANGEL'S TENDERNESS, NATURE'S GUARDIAN SET #3	1999	90 DAYS	37.00	37.00
❑ DELICATE BLESSINGS TREETOPPER	1999	90 DAYS	40.00	40.00
❑ GARDEN MIRACLE	1998	95 DAYS	10.00	10.00
❑ GENTLE GUARDIAN	1998	95 DAYS	10.00	10.00
❑ HEAVENLY INNOCENCE, DIVINE GUARDIAN, NATURE'S BEAUTY SET #4	1999	90 DAYS	37.00	37.00
❑ PRECIOUS DEVOTION, ANGEL'S SPIRIT, DELICATE BLESSINGS SET #5	1999	90 DAYS	37.00	37.00
STARLIGHT BLESSINGS				D. GELSINGER
❑ TWINKLE, TWINKLE LITTLE STAR, HOW I WONDER WHAT YOU ARE, UP ABOVE THE WORLD SO HIGH	2001	95 DAYS	30.00	30.00
## LLADRO				
ANNUAL CHRISTMAS BALLS FIRST SERIES				*
❑ CHRISTMAS BALL L1603M	1988	YR	60.00	75.00
❑ CHRISTMAS BALL L5656M	1989	YR	65.00	75.00
❑ CHRISTMAS BALL L5730M	1990	YR	70.00	75.00
❑ CHRISTMAS BALL L5829M	1991	YR	52.00	75.00
❑ CHRISTMAS BALL L5914M	1992	YR	52.00	70.00
❑ CHRISTMAS BALL L6009M	1993	RT	54.00	70.00
❑ CHRISTMAS BALL L6105M	1994	RT	55.00	70.00
❑ CHRISTMAS BALL L6207M	1995	YR	55.00	70.00
❑ CHRISTMAS BALL L6298M	1996	YR	55.00	65.00
❑ CHRISTMAS BALL L6442M	1997	YR	55.00	65.00
ANNUAL CHRISTMAS BALLS SECOND SERIES				*
❑ CHRISTMAS BALL L6561M	1998	YR	55.00	75.00
❑ CHRISTMAS BALL L6637M	1999	YR	55.00	75.00

NAME	YEAR	LIMIT	ISSUE	TREND
❏ CHRISTMAS BALL L6699M	2000	YR	60.00	70.00
❏ CHRISTMAS BALL L6717M	2001	YR	55.00	60.00
MINIATURE ORNAMENTS				*
❏ ANGEL ORNAMENTS L1604G SET OF 3	1988	YR	75.00	175.00
❏ CHRISTMAS MORNING L5940G SET OF 3	1992	YR	98.00	135.00
❏ HOLY FAMILY L5657G SET OF 3	1989	YR	80.00	150.00
❏ HOLY SHEPHERDS L5809 SET OF 3	1991	YR	98.00	175.00
❏ NATIVITY TRIO L6095G SET OF 3	1993	YR	115.00	150.00
❏ THREE KINGS L5729G SET OF 3	1990	YR	88.00	150.00
ORNAMENTS				*
❏ BABY'S FIRST CHRISTMAS (BLACK LEGACY) L6695	2000	YR	55.00	75.00
❏ BABY'S FIRST CHRISTMAS (BLACK LEGACY) L6711GM	2000	YR	65.00	70.00
❏ BABY'S FIRST CHRISTMAS (BLACK LEGACY) L6719M	2002	YR	65.00	70.00
❏ BABY'S FIRST CHRISTMAS (BLACK) L695G	1999	YR	55.00	60.00
❏ BABY'S FIRST CHRISTMAS L5839G	1991	YR	55.00	65.00
❏ BABY'S FIRST CHRISTMAS L5922G	1992	YR	55.00	55.00
❏ BABY'S FIRST CHRISTMAS L6037G	1993	YR	57.00	60.00
❏ BABY'S FIRST CHRISTMAS L6560G	1998	YR	55.00	60.00
❏ BABY'S FIRST CHRISTMAS L6694G	1999	YR	55.00	75.00
❏ BABY'S FIRST CHRISTMAS L6697M	2000	YR	65.00	70.00
❏ BABY'S FIRST CHRISTMAS L6720M	2001	YR	65.00	70.00
❏ CIRCUS STAR L6388G	1997	YR	79.00	90.00
❏ DOLL L6263	1995	YR	75.00	80.00
❏ ELF L5938G	1992	YR	50.00	65.00
❏ HEAVENLY FLUTIST L6393G	1997	YR	98.00	110.00
❏ HEAVENLY MUSICIAN L6498G	1998	YR	98.00	110.00
❏ HEAVENLY TENOR L6372G	1996	YR	98.00	110.00
❏ HOME SWEET HOME L6336G	1997	YR	85.00	95.00
❏ KING BALTHASAR L6509G	1998	YR	75.00	90.00
❏ KING GASPAR L6380G	1997	YR	75.00	90.00
❏ KING MELCHIOR L6341G	1996	YR	75.00	90.00
❏ LITTLE AVIATOR L6343G	1996	YR	79.00	90.00
❏ LITTLE HARLEQUIN L6386G	1997	YR	79.00	100.00
❏ LITTLE ROADSTER L6381G	1997	YR	79.00	90.00
❏ MRS. CLAUS L5939G	1992	YR	57.00	70.00
❏ NATIVITY LAMB L5969G	1993	YR	85.00	90.00
❏ OUR FIRST CHRISTMAS L5840G	1991	YR	50.00	65.00
❏ OUR FIRST CHRISTMAS L5923G	1992	YR	50.00	60.00
❏ OUR FIRST CHRISTMAS L6030G	1993	YR	57.00	60.00
❏ OUR FIRST CHRISTMAS L6716M	2000	YR	65.00	75.00
❏ OUR FIRST CHRISTMAS L6721M	2001	YR	65.00	70.00
❏ OUR WINTER HOME L6519G	1998	YR	85.00	95.00
❏ PLAYING CHERUB L6254G	1995	YR	120.00	120.00
❏ ROCKING HORSE L6262G	1995	YR	75.00	90.00
❏ SANTA L5842G	1991	YR	55.00	75.00
❏ SERAPH WITH BELLS L6342G	1996	YR	79.00	90.00
❏ SERAPH WITH BOW L6445G	1998	YR	79.00	90.00
❏ SERAPH WITH HOLLY L6394G	1997	YR	79.00	90.00
❏ SNOWMAN L5841G	1991	YR	50.00	70.00
❏ SURPRISED CHERUB L6253G	1995	YR	120.00	120.00
❏ TEDDY BEAR L6344G	1996	YR	79.00	90.00
❏ THINKING CHERUB L6265G	1995	YR	120.00	120.00
❏ TOY SOLDIER L6345G	1996	YR	90.00	110.00
❏ TRAIN L6264G	1995	YR	75.00	90.00
❏ WELCOME HOME L6335G	1996	YR	85.00	95.00
TREETOPPERS				*
❏ 1993 ANGEL TREE TOPPER L5962G LAVENDER	1993	YR	125.00	175.00
❏ ANGEL OF THE STARS L6132G	1995	YR	195.00	225.00
❏ ANGEL TREE TOPPER L5719G BLUE	1990	YR	115.00	200.00
❏ ANGEL TREE TOPPER L5831G PINK	1991	YR	115.00	175.00
❏ ANGEL TREE TOPPER L5875G GREEN	1992	YR	120.00	175.00
❏ ANGELIC CYMBALIST L5876G	1992	YR	140.00	175.00
❏ ANGELIC MELODY L5963G	1993	YR	145.00	175.00
❏ ANGELIC VIOLINIST L6126G	1994	YR	150.00	225.00
❏ CELESTIAL CHRISTMAS, A L6747	2000	YR	270.00	285.00
❏ HEAVENLY HARPIST L5830G	1991	YR	135.00	200
❏ HEAVENLY MELODIES L6792G	2001	YR	150.00	165.00
❏ JOYFUL OFFERING 6125G	1994	RT	245.00	275.00
❏ MESSAGE OF LOVE L6643G	1999	YR	150.00	165.00
❏ MESSAGE OF PEACE L6587G	1998	YR	150.00	175.00
❏ REJOICE L6321G	1996	YR	220.00	250.00
❏ STAR OF THE HEAVENS L6792G	2001	YR	150.00	165.00

MARGARET FURLONG DESIGNS

	YEAR	LIMIT	ISSUE	TREND
2" MINIATURE ANGEL				**M. FURLONG**
❏ MINIATURE CROSS ANGEL, 2 IN.	2000	*	12.00	12.00
3" ANGELS				**M. FURLONG**
❏ BUTTERFLY ANGEL	1988	RT	12.00	55.00
❏ DOVE ANGEL	1984	RT	12.00	75.00
❏ MILLENNIUM ANGEL, 3 IN.	1999	*	15.00	15.00
❏ STAR ANGEL	1982	RT	12.00	80.00
❏ TRUMPETER ANGEL	1980	RT	12.00	80.00
4" ANGELS				**M. FURLONG**
❏ BUTTERFLY ANGEL	1988	RT	21.00	70.00
❏ DOVE ANGEL	1984	RT	21.00	85.00

ORNAMENTS

ORNAMENTS

NAME	YEAR	LIMIT	ISSUE	TREND
❑ SONG OF NEW LIFE ANGEL, 4 IN.	2000	YR	24.00	24.00
❑ STAR ANGEL	1982	RT	21.00	110.00
❑ TRUMPETER ANGEL	1980	RT	21.00	110.00
5" ANGELS				**M. FURLONG**
❑ SPRING ANGEL, 5 IN.	2000	10000	54.00	54.00
ANNUAL ORNAMENTS				**M. FURLONG**
❑ FROM THE HEART	1997	OP	8.00	8.00
❑ SUNFLOWER ANGEL	1996	CL	21.00	50.00
COLLECTORS CLUB				**M. FURLONG**
❑ MARY HAD A LITTLE LAMB COLLECTORS CLUB ANGEL	2000	YR	50.00	50.00
CROSS				**M. FURLONG**
❑ NEW HOPE CROSS	2000	*	10.00	10.00
FLORA ANGELICA				**M. FURLONG**
❑ CHARITY ANGEL	1997	10000	50.00	50.00
❑ FAITH ANGEL	1995	RT	45.00	115.00
❑ HOPE ANGEL	1996	CL	45.00	100.00
GIFTS FROM GOD				**M. FURLONG**
❑ ANGEL OF LIGHT	1987	RT	45.00	500.00
❑ CELESTIAL ANGEL	1988	RT	45.00	500.00
❑ CHARIS ANGEL	1985	RT	*	700.00
❑ CORONATION ANGEL	1989	RT	45.00	450.00
❑ HALLELUIA ANGEL	1986	RT	45.00	850.00
HEART				**M. FURLONG**
❑ TOKEN OF MY LOVE HEART	2000	*	8.00	8.00
JOYEUX NOEL				**M. FURLONG**
❑ CELEBRATION ANGEL	1990	RT	45.00	200.00
❑ JOYEUX ANGEL	1992	RT	45.00	200.00
❑ MESSIAH ANGEL	1994	RT	45.00	450.00
❑ STAR OF BETHLEHEM	1993	RT	45.00	225.00
❑ THANKSGIVING ANGEL	1991	RT	45.00	210.00
MUSICAL SERIES				**M. FURLONG**
❑ CAROLER	1980	RT	50.00	500.00
❑ CONCERTINIST	1983	RT	45.00	650.00
❑ HERALD ANGEL	1984	RT	45.00	500.00
❑ LUTIST	1982	RT	45.00	700.00
❑ LYRIST	1981	RT	45.00	750.00
NATIONAL EVENT				**M. FURLONG**
❑ TRIO OF LIFE NATIONAL EVENT ANGEL	2000	TL	16.00	16.00
VICTORIA				**M. FURLONG**
❑ VICTORIA HEART ANGEL	1994	RT	25.00	75.00
❑ VICTORIA LILY OF THE VALLEY ANGEL	1995	30000	25.00	75.00

MIDWEST OF CANNON FALLS

				I. STEELHAMMER
❑ 1998 DATED SANTA ON REINDEER	1998	YR	10.00	10.00
EDDIE WALKER CHRISTMAS				**E. WALKER**
❑ 1998 DATED SANTA HOLDING ROCKING HORSE	1998	YR	15.00	15.00
EDDIE WALKER COLLECTION				**E. WALKER**
❑ MINI SANTA ON CLOCK	1999	YR	8.00	8.00
❑ SANTA IN TUXEDO SET	1999	2 YR	20.00	20.00
❑ SANTA WITH PETS	1999	YR	15.00	15.00
LEO R. SMITH III COLLECTION				**L.R. SMITH III**
❑ ANGEL OF HEAVEN & EARTH 18396-0	1996	CL	33.00	33.00
❑ ANGEL OF LIGHT 18076-1	1996	CL	33.00	33.00
❑ ANGEL OF LOVE 16123-4	1995	CL	32.00	40.00
❑ ANGEL OF MUSIC 18073-4	1996	CL	33.00	33.00
❑ ANGEL OF PEACE 16199-9	1995	CL	32.00	40.00
❑ ANGEL OF YOUR DREAMS 16130-2	1995	CL	32.00	32.00
❑ BELSNICKLE SANTA 18074-7	1996	CL	39.00	39.00
❑ FLYING WOODSMAN SANTA 11921-1	1994	RT	35.00	175.00
❑ PARTRIDGE ANGEL 13994-3	1995	CL	30.00	30.00
❑ SANTA ON REINDEER 13780-2	1995	CL	35.00	85.00
❑ SANTA WITH FITS 1998 DATED ORNAMENT	1998	YR	40.00	40.00
MOUSEKINS				*
❑ HEATHCLIFF GREY "TIME TO CELEBRATE"	1994	YR	10.00	10.00
SANDI GORE EVANS COLLECTION				**S. GORE EVANS**
❑ OH MY	1999	YR	7.00	7.00
WENDT & KUHN ORNAMENTS				**WENDT & KUHN**
❑ ANGEL CLIP-ON 00729-7	1978	RT	20.00	20.00
❑ ANGEL IN RING 01208-6	1991	RT	12.00	12.00
❑ ANGEL ON MOON, STAR, 12 AASTED 12945-6	1994	OP	20.00	20.00
❑ TRUMPETING ANGEL, 2 ASSTD. 09402-0	1989	RT	14.00	15.00

MISS MARTHA ORIGINALS

				M. ROOT
ALL GOD'S CHILDREN				
❑ CAMEO D-1912	1987	ST	24.00	200
❑ DOLL D-1924	1987	ST	28.00	170.00

OLD WORLD CHRISTMAS

				E.M. MERCK
ANGELS AND FEMALE FIGURES				
❑ ANGEL ON FORM 1044	1992	RT	9.00	11.00
❑ GUARDIAN ANGEL 1043	1992	RT	8.00	10.00
❑ HONEY CHILD 1042	1992	RT	8.00	8.00
❑ RED GIRL WITH TREE 1010309	1985	RT	4.00	13.00
❑ SMALL GIRL WITH TREE 101029	1985	RT	3.00	6.00

NAME	YEAR	LIMIT	ISSUE	TREND
ANIMALS				**E.M. MERCK**
❑ JUMBO ELEPHANT 1213	1988	RT	7.00	10.00
❑ PASTEL BUTTERFLY 1268	1993	RT	8.00	10.00
❑ WOODLAND SQUIRREL 1291	1994	RT	20.00	21.00
BIRDS FOR HANGING				**E.M. MERCK**
❑ COCK ROBIN 161012	1984	RT	4.00	8.00
❑ DUCK 1613	1990	RT	5.00	7.00
❑ LARGE PARROT ON BALL 1617	1991	RT	10.00	12.00
❑ ROOSTER AT HEN HOUSE 1629	1993	RT	6.00	12.00
❑ SWANS ON LAKE 1612	1988	RT	6.00	10.00
BIRDS WITH CLIP				**E.M. MERCK**
❑ BIRD IN NEST 1801	1986	RT	7.00	12.00
❑ BLUE BIRD 181078	1985	RT	3.00	8.00
❑ FAT BURGUNDY BIRD 1813	1987	RT	5.00	10.00
❑ FESTIVE BIRD 1832	1991	RT	6.00	8.00
❑ LILAC BIRD 1811	1987	RT	6.00	10.00
❑ MED. PEACOCK WITH TINSEL TAIL 187215	1985	RT	5.00	10.00
❑ NUTHATCH 181076	1985	RT	4.00	8.00
❑ RED-BREASTED SONGBIRD 1812	1987	RT	6.00	7.00
❑ SHINY GOLD BIRD 1807	1987	RT	4.00	6.00
❑ SMALL RED-HEADED SONGBIRD 1823	1990	RT	6.00	7.00
BIRGIT'S CHRISTMAS COLLECTION				**B. MUELLER-BLECH**
❑ OLD CHRISTMAS BARN, THE #133	1996	RT	50.00	100.00
❑ O'TANNENBAUM #131	1996	RT	35.00	50.00
CHURCHES AND HOUSES				**E.M. MERCK**
❑ CHRISTMAS CHALET 2014	1990	RT	7.00	10.00
❑ SQUARE HOUSE 201040	1985	RT	4.00	10.00
❑ THATCHED COTTAGE 2019	1991	RT	6.00	8.00
CLOWNS AND MALE FIGURES				**E.M. MERCK**
❑ BABY 2405	1985	RT	7.00	19.00
❑ CLOWN WITH ACCORDION 2409	1986	RT	6.00	12.00
❑ CLOWN WITH BANJO 2407	1986	RT	4.00	8.00
❑ CLOWN WITH DRUM 2408	1986	RT	6.00	12.00
❑ DUTCH BOY 243321	1985	RT	8.00	16.00
❑ GNOME UNDER MUSHROOM 2417	1985	RT	7.00	12.00
❑ HARPO 2432	1987	RT	6.00	25.00
❑ JESTER 2419	1986	RT	4.00	8.00
❑ KEYSTONE COP 241003	1984	RT	10.00	19.00
❑ MR. BIG NOSE 2426	1987	RT	8.00	19.00
❑ MUSHROOM GNOME 2430	1987	RT	6.00	115.00
❑ PIXIE WITH ACCORDION 2406	1985	RT	5.00	16.00
❑ ROLY POLY KEYSTONE COP 241015	1984	RT	10.00	26.00
❑ SCOTSMAN 241017	1984	RT	6.00	20.00
❑ SHORTY CLOWN 241011	1984	RT	6.00	14.00
❑ STOP KEYSTONE COP 241019	1984	RT	6.00	30.00
❑ WAITER IN TUXEDO 241047	1985	RT	7.00	24.00
COLLECTOR'S EDITIONS				**E.M. MERCK**
❑ FLYING PEACOCK WITH WINGS 1550	1992	RT	23.00	24.00
❑ FLYING SONGBIRD WITH WINGS 1551	1992	RT	22.00	24.00
FRUITS AND VEGETABLES				**E.M. MERCK**
❑ CUCUMBER 2820	1989	RT	7.00	15.00
❑ LARGE BASKET OF GRAPES 281053	1985	RT	6.00	12.00
❑ ONION 2810	1987	RT	8.00	80.00
❑ PEAR WITH FACE 2805	1986	RT	4.00	8.00
❑ STRAWBERRY CLUSTER 2836	1990	RT	4.00	7.00
HEARTS				**E.M. MERCK**
❑ BURGUNDY HEART W/GLITTER 3004	1987	RT	4.00	8.00
❑ VALENTINE 3005	1988	RT	4.00	7.00
MISCELLANEOUS FORMS				**E.M. MERCK**
❑ ASSORTED CHRISTMAS STARS 3620	1990	RT	6.00	8.00
❑ ASSORTED NORTHERN STARS 3640	1992	RT	6.00	7.00
❑ ASSORTED SPIRALS 3636	1992	RT	8.00	9.00
❑ CLIP-ON TULIP 3605	1988	RT	6.00	7.00
❑ LARGE SNOWFLAKE 3622	1990	RT	11.00	14.00
❑ MORNING GLORIES 3608	1989	RT	9.00	10.00
❑ VICTORIAN FLORAL DROP 3659	1994	RT	21.00	25.00
MUSICAL INSTRUMENTS				**E.M. MERCK**
❑ CELLO 3801	1986	RT	4.00	8.00
❑ LARGE BELL WITH ACORNS 3804	1988	RT	7.00	8.00
REFLECTORS				**E.M. MERCK**
❑ ASSORTED 6 CM. REFLECTORS 4207	1990	RT	6.00	8.00
❑ ASSORTED REFLECTORS W/DIAMONDS 4206	1990	RT	8.00	11.00
❑ PINK REFLECTOR 4202	1986	RT	6.00	10.00
SANTAS				**E.M. MERCK**
❑ BLUE FATHER CHRISTMAS 4010498	1985	RT	4.00	10.00
❑ FESTIVE SANTA HEAD 4039	1990	RT	10.00	12.00
❑ JOLLY FATHER CHRISTMAS 401043	1985	RT	4.00	8.00
❑ LARGE SANTA IN BASKET 401001	1984	RT	7.00	15.00
❑ LG. FATHER CHRISTMAS HEAD 4066	1993	RT	23.00	25.00
❑ PINK FATHER CHRISTMAS 4010499	1985	RT	4.00	10.00
❑ SANTA IN CHIMNEY 4005	1986	RT	5.00	65.00
❑ SANTA WITH GLUED ON TREE 4009	1986	RT	5.00	10.00
❑ SANTA WITH TREE ON FORM 401026	1985	RT	5.00	10.00
❑ SMALL BLUE SANTA 4010	1986	RT	3.00	6.00
❑ SMALL SANTA IN BASKET 401105	1985	RT	5.00	10.00
❑ SMALL SANTA WITH PACK 401065	1985	RT	3.00	6.00

ORNAMENTS

NAME	YEAR	LIMIT	ISSUE	TREND
❏ ST. NICHOLAS 4020	1989	RT	10.00	10.00
❏ ST. NICHOLAS HEAD 4008	1986	RT	4.00	8.00
❏ WHITE CLIP-ON SANTA 4026	1990	RT	6.00	11.00
STORYBOOK SANTAS				**E.M. MERCK**
❏ POLAR EXPRESS 9701	1994	RT	9.00	12.00
TRANSPORTATION				**E.M. MERCK**
❏ LARGE ZEPPELIN 4605	1990	RT	7.00	10.00
❏ RACE CAR 4609	1992	RT	6.00	8.00
TREE TOPS				**E.M. MERCK**
❏ ANGEL IN INDENT TREE TOP 5009	1989	RT	27.00	27.00

ORREFORS

NAME	YEAR	LIMIT	ISSUE	TREND
CHRISTMAS ORNAMENTS				**O. ALBERIUS**
❏ ANGEL	1985	YR	30.00	40.00
❏ BELL	1993	OP	35.00	36.00
❏ CHRISTMAS TREE 1989	1989	YR	35.00	35.00
❏ DOVE	1984	YR	30.00	45.00
❏ HOLLY LEAVES AND BERRIES	1990	YR	35.00	35.00
❏ REINDEER	1986	YR	30.00	35.00
❏ SLEIGH	1988	YR	30.00	35.00
❏ SNOWMAN	1987	YR	30.00	35.00
❏ STAR	1992	YR	35.00	35.00
❏ STOCKING	1991	YR	40.00	40.00

PRIZM

NAME	YEAR	LIMIT	ISSUE	TREND
				PIPKA
❏ MR. & MRS. CLAUS	2002	*	*	N/A
GLASS ORNAMENTS				**PIPKA**
❏ DOOR COUNTY SANTA	2002	OP	40.00	40.00
❏ IRISH SANTA	2002	OP	40.00	40.00
❏ OLD FATHER CHRISTMAS	2002	OP	40.00	40.00
❏ POLISH FATHER CHRISTMAS	2002	OP	40.00	40.00
❏ SANTA AND HIS SNOW FRIEND	2002	OP	40.00	40.00
❏ ST. NICHOLAS	2002	OP	40.00	40.00
❏ TEDDY BEAR SANTA	2002	OP	40.00	40.00
❏ WINTERMAN, THE	2002	OP	40.00	40.00
MERRY MICE				**PIPKA**
❏ BABY'S FIRST CHRISTMAS	2002	*	*	N/A
❏ CHRISTMAS STORY, A	2002	*	*	N/A
❏ FRIENDSHIP LANE	2002	*	*	N/A
❏ MOUSE FAMILY	2002	*	*	N/A
❏ SANTA MOUSE	2002	*	*	N/A
❏ VISIONS OF CHEESE	2002	*	*	N/A
MIDNIGHT VISITOR COLLECTION				**PIPKA**
❏ MIDNIGHT VISITOR DECORATIVE ORNAMENT	2002	*	18.00	18.00
PATRIOTIC COLLECTION				**PIPKA**
❏ PATRIOTIC SANTA	2002	OP	9.00	9.00
PIPKA'S EARTH ANGELS				**PIPKA**
❏ ANGEL OF HEARTS	1999	OP	15.00	15.00
❏ ANGEL OF ROSES	1999	OP	15.00	15.00
❏ CELESTE, ANGEL OF STARS	1999	OP	15.00	15.00
❏ CHRISTINE, THE CHRISTMAS ANGEL	1999	OP	15.00	15.00
❏ COTTAGE ANGEL	2000	OP	15.00	15.00
❏ ELIZABETH, FORGET-ME-NOT ANGEL	1999	OP	15.00	15.00
❏ GARDENING ANGEL	1999	OP	15.00	15.00
❏ GUARDIAN ANGEL	1999	OP	15.00	15.00
❏ MESSENGER ANGEL	1999	OP	15.00	15.00
❏ MICHELE, THE SNOW ANGEL	2000	OP	15.00	15.00
❏ PAULINE, THE POINSETTIA ANGEL	2000	OP	15.00	15.00
❏ SANG, THE TEDDY BEAR ANGEL	2000	OP	15.00	15.00
❏ SYLVIA, THE SONG ANGEL	2000	OP	15.00	15.00
❏ WHITNEY, THE WEDDING ANGEL	2000	OP	15.00	15.00
PIPKA'S GALLERY COLLECTION				**PIPKA**
❏ DEAR SANTA BOOT	2002	OP	9.00	9.00
❏ POLISH FATHER CHRISTMAS BOOT	2002	OP	9.00	9.00
❏ SANTA'S BOOT ORNAMENT	2002	OP	9.00	9.00
❏ STARCOAT SANTA BOOT	2002	OP	9.00	9.00
❏ TEDDY BEAR SANTA BOOT	2002	OP	9.00	9.00
❏ WHERE'S RUDOLPH? BOOT	2002	OP	9.00	9.00
PIPKA'S MEMORIES OF CHRISTMAS COLLECTORS' CLUB				**PIPKA**
❏ CHRISTMAS ARK	2000	YR	*	N/A
❏ KNOCK, KNOCK SANTA	1998	*	*	N/A
❏ SANTA'S LIST	2002	YR	*	N/A
PIPKA'S STORIES OF CHRISTMAS				**PIPKA**
❏ AMISH COUNTRY SANTA	1999	OP	15.00	15.00
❏ AUSSIE SANTA	1997	RT	15.00	15.00
❏ BETTER WATCH OUT SANTA	1999	OP	15.00	15.00
❏ CHRISTMAS TRAVELER	2000	OP	15.00	15.00
❏ CZECH SANTA	1997	RT	15.00	15.00
❏ DEAR SANTA	2000	OP	15.00	15.00
❏ DOOR COUNTY SANTA	2000	OP	15.00	15.00
❏ FATHER CHRISTMAS	1998	OP	15.00	15.00
❏ GERMAN ST. NICK	1999	OP	15.00	15.00
❏ GINGERBREAD SANTA	1999	OP	15.00	15.00
❏ GOOD NEWS SANTA	1999	OP	15.00	15.00
❏ IRISH SANTA	1999	OP	15.00	15.00
❏ MIDNIGHT VISITOR	1997	RT	15.00	15.00

NAME	YEAR	LIMIT	ISSUE	TREND
❏ NORWEGIAN JULENISSE	1998	OP	15.00	15.00
❏ PEACE MAKER	1998	OP	15.00	15.00
❏ POLISH FATHER CHRISTMAS	1998	OP	15.00	15.00
❏ RUSSIAN SANTA	1999	OP	15.00	15.00
❏ SAN NICOLAS	1998	OP	15.00	15.00
❏ SANTA & HIS SNOW FRIEND	2000	OP	15.00	15.00
❏ SANTA'S SPOTTED GREY	1998	OP	15.00	15.00
❏ ST. NICHOLAS	1998	OP	15.00	15.00
❏ STAR CATCHER SANTA	1997	RT	15.00	15.00
❏ STARCOAT SANTA	1997	RT	15.00	15.00
❏ STORYTIME SANTA	1998	OP	15.00	15.00
❏ SWEDISH FATHER CHRISTMAS	2000	OP	15.00	15.00
❏ TEDDY BEAR SANTA	1998	OP	15.00	15.00
❏ UKRAINIAN SANTA	1997	RT	15.00	15.00
❏ WHERE'S RUDOLPH?	1998	OP	15.00	15.00
❏ WINTERMAN, THE	2000	OP	15.00	15.00
❏ YES VIRGINIA	1999	OP	15.00	15.00

WHITE ORNAMENTS · PIPKA

NAME	YEAR	LIMIT	ISSUE	TREND
❏ AUSSIE SANTA	2000	*	8.00	8.00
❏ CZECHOSLOVAKIAN SANTA	2000	*	8.00	8.00
❏ MIDNIGHT VISITOR	2000	*	8.00	8.00
❏ STAR CATCHER SANTA	2000	*	8.00	8.00
❏ STARCOAT SANTA	2000	*	8.00	8.00
❏ UKRAINIAN SANTA	2000	*	8.00	8.00

RAYMON TROUP STUDIO

ANGELS · W.R. TROUP

NAME	YEAR	LIMIT	ISSUE	TREND
❏ SNOW BUBBLES	1998	OP	28.00	28.00
❏ STAR LIGHT, STAR BRIGHT	1998	OP	28.00	28.00

RECO INTERNATIONAL

RECO ANGEL COLLECTION HANG-UPS · J. MCCLELLAND

NAME	YEAR	LIMIT	ISSUE	TREND
❏ ADORATION	1987	OP	10.00	10.00
❏ DEVOTION	1987	OP	8.00	8.00
❏ GLORIA	1987	OP	8.00	8.00
❏ HARMONY	1987	OP	8.00	8.00
❏ HOPE	1987	OP	10.00	10.00
❏ INNOCENCE	1987	OP	8.00	8.00
❏ JOY	1987	OP	8.00	8.00
❏ LOVE	1987	OP	8.00	8.00
❏ PEACE	1987	OP	10.00	10.00
❏ SERENITY	1987	OP	10.00	10.00

RECO CLOWN COLLECTION HANG-UPS · J. MCCLELLAND

NAME	YEAR	LIMIT	ISSUE	TREND
❏ ARABESQUE	1987	OP	8.00	8.00
❏ BOW JANGLES	1987	OP	8.00	8.00
❏ CURLY	1987	OP	8.00	8.00
❏ HOBO	1987	OP	8.00	8.00
❏ PROFESSOR, THE	1987	OP	8.00	8.00
❏ RUFFLES	1987	OP	8.00	8.00
❏ SAD EYES	1987	OP	8.00	8.00
❏ SCAMP	1987	OP	8.00	8.00
❏ SPARKLES	1987	OP	8.00	8.00
❏ TOP HAT	1987	OP	8.00	8.00
❏ WHOOPIE	1987	OP	8.00	8.00
❏ WINKIE	1987	OP	8.00	8.00

RECO ORNAMENT COLLECTION · S. KUCK

NAME	YEAR	LIMIT	ISSUE	TREND
❏ AMY	1990	YR	15.00	16.00
❏ BILLY	1988	YR	15.00	16.00
❏ HEATHER	1989	YR	15.00	16.00
❏ JOHNNY	1990	YR	15.00	16.00
❏ LISA	1988	YR	15.00	16.00
❏ PEACE ON EARTH	1990	17500	18.00	18.00
❏ TIMOTHY	1989	YR	15.00	16.00

REED & BARTON

12 DAYS OF CHRISTMAS · *

NAME	YEAR	LIMIT	ISSUE	TREND
❏ CALLING BIRDS	1984	YR	19.00	35.00
❏ DRUMMERS DRUMMING	1988	YR	20.00	35.00
❏ FRENCH HENS	1984	YR	19.00	35.00
❏ GEESE A'LAYING	1985	YR	20.00	35.00
❏ GOLD RINGS	1985	YR	20.00	35.00
❏ LADIES DANCING	1987	YR	20.00	35.00
❏ LORDS A'LEAPING	1987	YR	20.00	35.00
❏ MAIDS A'MILKING	1986	YR	20.00	35.00
❏ PARTRIDGE IN A PEAR TREE	1983	YR	16.00	20.00
❏ PIPERS PIPING	1988	YR	20.00	35.00
❏ SWANS A'SWIMMING	1986	YR	20.00	35.00
❏ TURTLEDOVES	1983	YR	16.00	35.00

12 DAYS OF CHRISTMAS STERLING & LEAD CRYSTAL · *

NAME	YEAR	LIMIT	ISSUE	TREND
❏ CALLING BIRDS	1991	YR	28.00	28.00
❏ FIVE GOLDEN RINGS	1992	YR	28.00	28.00
❏ FRENCH HENS	1990	YR	28.00	28.00
❏ PARTRIDGE IN A PEAR TREE	1988	YR	25.00	28.00
❏ TWO TURTLEDOVES	1989	YR	25.00	28.00

CAROUSEL HORSE · *

NAME	YEAR	LIMIT	ISSUE	TREND
❏ GOLD COVERED-1988	1988	YR	15.00	16.00
❏ GOLD COVERED-1989	1989	YR	15.00	16.00
❏ GOLD COVERED-1990	1990	YR	14.00	15.00

ORNAMENTS

NAME	YEAR	LIMIT	ISSUE	TREND
❑ GOLD COVERED-1991	1991	YR	15.00	16.00
❑ GOLD COVERED-1992	1992	YR	15.00	16.00
❑ SILVERPLATE-1988	1988	YR	14.00	14.00
❑ SILVERPLATE-1989	1989	YR	14.00	14.00
❑ SILVERPLATE-1990	1990	YR	14.00	14.00
❑ SILVERPLATE-1991	1991	YR	14.00	14.00
❑ SILVERPLATE-1992	1992	YR	14.00	14.00
CATHEDRALS				*
❑ GOTHIC	1990	YR	12.00	13.00
❑ MOORISH	1990	YR	12.00	13.00
CHRISTMAS CROSS				*
❑ 24KT GOLD OVER STERLING-1992	1992	CL	45.00	45.00
❑ 24KT. GOLD OVER STERLING-V1971	1971	CL	18.00	300.00
❑ 24KT. GOLD OVER STERLING-V1972	1972	CL	18.00	150.00
❑ 24KT. GOLD OVER STERLING-V1973	1973	CL	10.00	175.00
❑ 24KT. GOLD OVER STERLING-V1974	1974	CL	20.00	125.00
❑ 24KT. GOLD OVER STERLING-V1975	1975	CL	20.00	125.00
❑ 24KT. GOLD OVER STERLING-V1976	1976	CL	20.00	75.00
❑ 24KT. GOLD OVER STERLING-V1977	1977	CL	19.00	100.00
❑ 24KT. GOLD OVER STERLING-V1978	1978	CL	20.00	100.00
❑ 24KT. GOLD OVER STERLING-V1979	1979	CL	24.00	100.00
❑ 24KT. GOLD OVER STERLING-V1980	1980	CL	40.00	100.00
❑ 24KT. GOLD OVER STERLING-V1981	1981	CL	40.00	75.00
❑ 24KT. GOLD OVER STERLING-V1982	1982	CL	40.00	75.00
❑ 24KT. GOLD OVER STERLING-V1983	1983	CL	40.00	75.00
❑ 24KT. GOLD OVER STERLING-V1984	1984	CL	45.00	65.00
❑ 24KT. GOLD OVER STERLING-V1985	1985	CL	40.00	50.00
❑ 24KT. GOLD OVER STERLING-V1986	1986	CL	40.00	50.00
❑ 24KT. GOLD OVER STERLING-V1987	1987	CL	40.00	50.00
❑ 24KT. GOLD OVER STERLING-V1988	1988	CL	40.00	40.00
❑ 24KT. GOLD OVER STERLING-V1989	1989	CL	40.00	40.00
❑ 24KT. GOLD OVER STERLING-V1990	1990	CL	45.00	45.00
❑ 24KT. GOLD OVER STERLING-V1991	1991	CL	45.00	45.00
❑ STERLING SILVER-1971	1971	CL	10.00	300.00
❑ STERLING SILVER-1972	1972	CL	10.00	150.00
❑ STERLING SILVER-1973	1973	CL	10.00	150.00
❑ STERLING SILVER-1974	1974	CL	13.00	150.00
❑ STERLING SILVER-1975	1975	CL	13.00	150.00
❑ STERLING SILVER-1976	1976	CL	14.00	150.00
❑ STERLING SILVER-1977	1977	CL	15.00	150.00
❑ STERLING SILVER-1978	1978	CL	16.00	150.00
❑ STERLING SILVER-1979	1979	CL	20.00	150.00
❑ STERLING SILVER-1980	1980	CL	35.00	200
❑ STERLING SILVER-1981	1981	CL	35.00	150.00
❑ STERLING SILVER-1982	1982	CL	35.00	200
❑ STERLING SILVER-1983	1983	CL	35.00	90.00
❑ STERLING SILVER-1984	1984	CL	35.00	90.00
❑ STERLING SILVER-1985	1985	CL	35.00	90.00
❑ STERLING SILVER-1986	1986	CL	39.00	90.00
❑ STERLING SILVER-1987	1987	CL	35.00	90.00
❑ STERLING SILVER-1988	1988	CL	35.00	120.00
❑ STERLING SILVER-1989	1989	CL	35.00	90.00
❑ STERLING SILVER-1990	1990	CL	40.00	90.00
❑ STERLING SILVER-1991	1991	CL	40.00	90.00
❑ STERLING SILVER-1992	1992	CL	40.00	65.00
COLORS OF CHRISTMAS				*
❑ VICTORIAN HOUSE	1990	YR	12.00	13.00
❑ WREATH	1990	YR	12.00	13.00
DISNEY CHRISTMAS ORNAMENTS				*
❑ MICKEY	1987	YR	25.00	40.00
❑ MINNIE	1988	YR	25.00	25.00
FLORA OF CHRISTMAS				*
❑ MISTLETOE & CHRISTMAS IVY	1991	YR	25.00	25.00
❑ POINSETTIA/SNOWDROP (PAIR)	1990	YR	25.00	25.00
HOLLY BALL				*
❑ 1976 SILVER PLATED	1976	CL	14.00	50.00
❑ 1977 SILVER PLATED	1977	CL	15.00	65.00
❑ 1978 SILVER PLATED	1978	CL	15.00	50.00
❑ 1979 SILVER PLATED	1979	CL	15.00	45.00
HOLLY BELL				*
❑ 1980 BELL	1980	CL	23.00	40.00
❑ 1981 BELL	1981	CL	23.00	45.00
❑ 1982 BELL	1982	CL	23.00	50.00
❑ 1983 BELL	1983	CL	24.00	60.00
❑ 1984 BELL	1984	CL	25.00	60.00
❑ 1985 BELL	1985	CL	25.00	75.00
❑ 1986 BELL	1986	CL	25.00	75.00
❑ 1987 BELL	1987	CL	28.00	75.00
❑ 1988 BELL	1988	CL	28.00	75.00
❑ 1989 BELL	1989	CL	28.00	75.00
❑ 1990 BELL	1990	CL	28.00	75.00
❑ 1991 BELL	1991	CL	28.00	75.00
❑ GOLD PLATE BELL-V1980	1980	CL	25.00	45.00
❑ GOLD PLATE BELL-V1981	1981	CL	28.00	35.00
❑ GOLD PLATE BELL-V1982	1982	CL	28.00	50.00
❑ GOLD PLATE BELL-V1983	1983	CL	30.00	70.00
❑ GOLD PLATE BELL-V1984	1984	CL	29.00	45.00

NAME	YEAR	LIMIT	ISSUE	TREND
❑ GOLD PLATE BELL-V1985	1985	CL	29.00	45.00
❑ GOLD PLATE BELL-V1986	1986	CL	29.00	45.00
❑ GOLD PLATE BELL-V1987	1987	CL	30.00	45.00
❑ GOLD PLATE BELL-V1988	1988	CL	30.00	30.00
❑ GOLD PLATE BELL-V1989	1989	CL	30.00	30.00
❑ GOLD PLATE BELL-V1990	1990	CL	30.00	30.00
❑ GOLD PLATE BELL-V1991	1991	CL	30.00	30.00
❑ GOLD PLATE BELL-V1992	1992	CL	30.00	30.00
❑ SILVER PLATE BELL-1992	1992	CL	28.00	50.00

RJB DESIGNS
CINDER CLAUS   R. BRENNAN

NAME	YEAR	LIMIT	ISSUE	TREND
❑ '93 CINDER CLAUS	1993	1000	42.00	45.00
❑ '94 CINDER CLAUS	1994	1000	42.00	45.00
❑ CINDER CLAUS	1996	1000	38.00	38.00

ROMAN INC.
FONTANINI HEIRLOOM NATIVITIES TOUR EXCLUSIVE   E. SIMONETTI

NAME	YEAR	LIMIT	ISSUE	TREND
❑ 2000 FONTANINI TOUR ORNAMENT	2000	YR	20.00	20.00

MAGIC OF CHRISTMAS   D. MORGAN

NAME	YEAR	LIMIT	ISSUE	TREND
❑ CHRISTMAS PAST FIGURAL ORNAMENT	2001	RT	14.00	14.00
❑ CHRISTMAS PAST MINIATURE MUSICAL GLITTERDOME ORNAMENT	2001	RT	16.00	16.00
❑ CHRISTMAS PRESENT FIGURAL ORNAMENT	2001	RT	14.00	14.00
❑ CHRISTMAS PRESENT MINIATURE MUSICAL GLITTERDOME ORNAMENT	2001	RT	16.00	16.00
❑ MAGIC OF CHRISTMAS	2000	RT	18.00	18.00
❑ MAGIC OF CHRISTMAS GLASS BALL	2000	RT	40.00	40.00
❑ MAGIC OF CHRISTMAS MINIATURE MUSCIAL GLITTERDOME ORNAMENT	2001	RT	16.00	16.00
❑ MAGIC OF GIVING	2000	RT	18.00	18.00
❑ MAGIC OF GIVING GLASS BALL	2000	RT	40.00	40.00
❑ MAGIC OF GIVING MINIATURE MUSICAL GLITTERDOME ORNAMENT	2001	RT	16.00	16.00
❑ SANTA'S MAGIC	2000	RT	18.00	18.00
❑ SANTA'S MAGIC GLASS BALL	2000	RT	40.00	40.00
❑ SANTA'S MAGIC MINIATURE MUSICAL GLITTERDOME ORNAMENT	2001	RT	16.00	16.00
❑ YES! VIRGINIA, THERE IS A SANTA CLAUS FIGURAL ORNAMENT	2001	RT	14.00	14.00
❑ YES! VIRGINIA, THERE IS A SANTA CLAUS MINI MUSICAL GLITTERDOME ORN.	2001	RT	16.00	16.00

MILLENIUM COLLECTION   M.J. DORCY

NAME	YEAR	LIMIT	ISSUE	TREND
❑ ANNUNCIATION	1994	20,000	20.00	20.00
❑ CAUSE OF OUR JOY	1995	20,000	20.00	20.00
❑ GENTLE LOVE	1997	YR	20.00	20.00
❑ HEAVEN'S BLESSING	1999	YR	20.00	20.00
❑ JOYFUL PROMISE	1999	TL	20.00	20.00
❑ PEACE ON EARTH	1994	20,000	20.00	20.00
❑ PRINCE OF PEACE	1996	30,000	20.00	20.00
❑ REJOICE	1998	YR	20.00	20.00
❑ SILENT NIGHT	1994	20,000	20.00	20.00

SERAPHIM CLASSICS CLUB EXCLUSIVE DIMENSIONAL ORNAMENTS   G. HO

NAME	YEAR	LIMIT	ISSUE	TREND
❑ CASSIDY, BLESSINGS FROM ABOVE	2000	YR	*	20.00

SERAPHIM CLASSICS DIMENSIONAL ORNAMENTS   G. HO

NAME	YEAR	LIMIT	ISSUE	TREND
❑ ANNALISA, JOYFUL SPIRIT	1998	TL	20.00	20.00
❑ CELESTE, LIGHT OF THE WORLD	2000	OP	20.00	20.00
❑ HOPE, LIGHT IN THE DISTANCE	1998	TL	20.00	20.00
❑ NOELLE, GIVING SPIRIT	1998	OP	20.00	20.00

SERAPHIM CLASSICS FARO ORNAMENTS   FARO STUDIOS

NAME	YEAR	LIMIT	ISSUE	TREND
❑ ELISE, HEAVEN'S GLORY	1998	YR	25.00	25.00
❑ EMILY, HEAVEN'S TREASURE	1997	YR	25.00	25.00
❑ FLORA, FLOWER OF HEAVEN	1996	20,000	25.00	25.00
❑ GWYNDOLYN, HEAVEN'S TRIUMPH	1999	YR	25.00	25.00
❑ HELENA, HEAVEN'S HERALD	1995	20,000	25.00	25.00
❑ ROSALYN, RAREST OF HEAVEN	1994	20,000	25.00	75.00

SERAPHIM CLASSICS HEAVEN SENT   SERAPHIM STUDIOS

NAME	YEAR	LIMIT	ISSUE	TREND
❑ HOPE ETERNAL	1997	RT	30.00	30.00
❑ LOVING SPIRIT	1997	RT	30.00	30.00
❑ PURE AT HEART	1997	RT	30.00	30.00

SERAPHIM CLASSICS TOUR EXCLUSIVE DIMENSIONAL ORNAMENTS   G. HO

NAME	YEAR	LIMIT	ISSUE	TREND
❑ LAUREL, NATURE'S HARMONY	2000	YR	15.00	15.00

SERAPHIM CLASSICS WAFER ORNAMENT   G. HO

NAME	YEAR	LIMIT	ISSUE	TREND
❑ AUDRA, EMBRACED BY LOVE	2000	OP	15.00	15.00
❑ CELINE, THE MORNING STAR	1997	RT	15.00	15.00
❑ CHELSEA, SUMMER'S DELIGHT	1998	RT	15.00	15.00
❑ CYMBELINE, PEACEMAKER	1995	RT	15.00	15.00
❑ DIANA, HEAVEN'S ROSE	1999	RT	15.00	15.00
❑ EVANGELINE, ANGEL OF MERCY	1995	RT	15.00	15.00
❑ FELICIA, ADORING MAIDEN	1996	RT	15.00	15.00
❑ FRANCESCA, LOVING GUARDIAN	1997	OP	15.00	15.00
❑ GABRIEL, CELESTIAL MESSENGER	1997	RT	15.00	15.00
❑ GRACE, BORN ANEW	1999	RT	15.00	15.00
❑ HARMONY, LOVE'S GUARDIAN	1998	RT	15.00	15.00
❑ HEATHER, AUTUMN BEAUTY	1999	RT	15.00	15.00
❑ IRIS, RAINBOW'S END	1995	RT	15.00	15.00

ORNAMENTS

NAME	YEAR	LIMIT	ISSUE	TREND
❏ ISABEL, GENTLE SPIRIT	1995	RT	15.00	15.00
❏ LAURICE, WISDOM'S CHILD	1996	RT	15.00	15.00
❏ LYDIA, WINGED POET	1995	RT	15.00	15.00
❏ MARIAH, HEAVENLY JOY	1997	RT	15.00	15.00
❏ MELODY, HEAVEN'S SONG	1998	RT	15.00	15.00
❏ NAOMI, NURTURING SPIRIT	2000	OP	15.00	15.00
❏ OPHELIA, HEART SEEKER	1995	RT	15.00	15.00
❏ PRISCILLA, BENEVOLENT GUIDE	1996	RT	15.00	15.00
❏ RACHEL, CHILDREN'S JOY	1998	OP	15.00	15.00
❏ ROSALIE, NATURE'S DELIGHT	1997	OP	15.00	15.00
❏ SERAPHINA, HEAVEN'S HELPER	1996	RT	15.00	15.00
❏ SERENA, ANGEL OF PEACE	1997	RT	15.00	15.00
❏ TAMARA, BLESSED GUARDIAN	1998	RT	15.00	15.00
VALENCIA COLLECTION/STORY OF JESUS				**G. HO**
❏ HOLY FAMILY ORNAMENT	2000	RT	12.00	12.00

ROYAL COPENHAGEN

CHRISTMAS — **F. NAESS-SCHMIDT**

NAME	YEAR	LIMIT	ISSUE	TREND
❏ CHRISTMAS SHEAF 1998	1998	YR	65.00	65.00

CHRISTMAS — **S. VESTERGAARD**

NAME	YEAR	LIMIT	ISSUE	TREND
❏ CHRISTMAS	1998	YR	38.00	38.00

ROYAL DOULTON

BUNNYKINS — *

NAME	YEAR	LIMIT	ISSUE	TREND
❏ SANTA BUNNYKINS HAPPY CHRISTMAS	1987	*	*	2500.00

SAMSONS STUDIOS

MCCOONS COUNTY — **S. BUTCHER**

NAME	YEAR	LIMIT	ISSUE	TREND
❏ HERE COMES SANTA CLAUS	1987	CL	15.00	40.00

SANDY USA

KENTE CLAUS COLLECTION — **K. STAFFORD**

NAME	YEAR	LIMIT	ISSUE	TREND
❏ KENTE BALL ORNAMENT-GOLD	2000	OP	8.00	8.00
❏ KENTE BALL ORNAMENT-RED	2000	OP	8.00	8.00
❏ KENTE SANTA ORNAMENT-GOLD	2000	OP	10.00	10.00
❏ KENTE SANTA ORNAMENT-RED	2000	OP	10.00	10.00

SASS 'N CLASS BY ANNIE LEE — **A. LEE**

NAME	YEAR	LIMIT	ISSUE	TREND
❏ COLLY	1999	RT	7.00	7.00
❏ JOLLY	1999	RT	7.00	7.00
❏ KERRIE	1999	RT	7.00	7.00
❏ LOLLY	1999	RT	7.00	7.00
❏ MERRIE	1999	RT	7.00	7.00
❏ MOLLY	1999	RT	7.00	7.00
❏ SHERRIE	1999	RT	7.00	7.00
❏ TERRIE	1999	RT	7.00	7.00

SASS 'N CLASS BY ANNIE LEE-HOLLY DOLLY — **A. LEE**

NAME	YEAR	LIMIT	ISSUE	TREND
❏ BERRIE	2000	OP	7.00	7.00
❏ CHERRIE	2000	OP	7.00	7.00
❏ HOLLY	2000	OP	7.00	7.00
❏ NERRIE	2000	OP	7.00	7.00
❏ POLLY	2000	OP	7.00	7.00
❏ ROLLY	2000	OP	7.00	7.00

SCHMID

DISNEY ANNUAL — *

NAME	YEAR	LIMIT	ISSUE	TREND
❏ HOLLY JOLLY CHRISTMAS	1990	YR	14.00	30.00
❏ MERRY MICKEY CLAUS	1989	YR	11.00	11.00
❏ MERRY MOUSE MEDLEY	1987	YR	8.00	10.00
❏ MICKEY & MINNIE'S ROCKIN' CHRISTMAS	1991	YR	14.00	14.00
❏ SNOW BIZ	1985	YR	8.00	20.00
❏ TREE FOR TWO	1986	YR	8.00	15.00
❏ WARM WINTER RIDE	1988	YR	11.00	45.00

FRIENDS OF MINE — **L. DAVIS**

NAME	YEAR	LIMIT	ISSUE	TREND
❏ CAT AND JENNY WREN	1992	YR	35.00	35.00
❏ SUN WORSHIPPERS	1989	YR	33.00	35.00
❏ SUNDAY AFTERNOON TREAT	1990	YR	38.00	30.00
❏ WARM MILK	1991	YR	38.00	38.00

KITTY CUCUMBER ANNUAL — **M. LILLEMOE**

NAME	YEAR	LIMIT	ISSUE	TREND
❏ RING AROUND THE ROSIE	1989	YR	25.00	25.00
❏ SWAN LAKE	1990	YR	12.00	12.00
❏ TEA PARTY	1991	YR	12.00	24.00

LOWELL DAVIS COUNTRY CHRISTMAS — **L. DAVIS**

NAME	YEAR	LIMIT	ISSUE	TREND
❏ BARN	1990	YR	20.00	20.00
❏ BLOSSOM IN WREATH	1987	YR	20.00	53.00
❏ BORN ON A STARRY NIGHT	1992	YR	25.00	25.00
❏ CAT IN BOOT	1984	YR	18.00	75.00
❏ CHURCH	1986	YR	18.00	48.00
❏ CHURCH AT RED OAK II	1991	YR	25.00	27.00
❏ MAILBOX & GIFTS	1983	YR	18.00	70.00
❏ WILBUR IN TROUGH	1985	YR	18.00	70.00
❏ WISTERIA IN WREATH	1988	YR	20.00	33.00
❏ WREN	1989	YR	20.00	44.00

LOWELL DAVIS GLASS ORNAMENTS — **L. DAVIS**

NAME	YEAR	LIMIT	ISSUE	TREND
❏ BLOSSOM'S GIFT	1987	YR	6.00	15.00
❏ BORN ON A STARRY NIGHT BALL	1992	YR	8.00	15.00
❏ CHRISTMAS AT RED OAK	1986	YR	5.00	20.00
❏ CHURCH AT RED OAK II	1991	YR	8.00	28.00
❏ HOPE MOM LIKES IT	1988	YR	6.00	18.00

ORNAMENTS

NAME	YEAR	LIMIT	ISSUE	TREND
❏ PETER AND THE WREN	1989	YR	6.00	15.00
❏ WINTERING DEER	1990	YR	6.00	15.00

SCULPTURE WORKSHOP DESIGNS

ANNUAL — F. KREITCHET

NAME	YEAR	LIMIT	ISSUE	TREND
❏ ANGEL & SHEPHERDS	1991	2500	75.00	75.00
❏ CHRISTMAS AT HOME	1987	2500	57.00	90.00
❏ CHRISTMAS DOVES	1988	2500	57.00	80.00
❏ JOYFUL ANGELS	1990	2500	75.00	75.00
❏ LIBERTY/PEACE	1986	7500	49.00	150.00
❏ RETURN OF THE CHRISTMAS COMET, THE	1985	7500	39.00	100.00
❏ SANTA'S REINDEER	1989	2500	60.00	75.00

ANNUAL-SPECIAL COMMEMORATIVE — F. KREITCHET

NAME	YEAR	LIMIT	ISSUE	TREND
❏ BICENTENNIAL OF/U.S. CONSTITUTION, THE	1987	200	95.00	250.00
❏ PRESIDENTIAL SIGNATURES, THE	1989	200	95.00	125.00
❏ U.S. BILL OF RIGHTS, THE	1991	200	150.00	150.00

SANTA SERIES — F. KREITCHET

NAME	YEAR	LIMIT	ISSUE	TREND
❏ FOREVER SANTA	1992	2500	68.00	68.00

SEYMOUR MANN

CHRISTMAS COLLECTION — JAIMY

NAME	YEAR	LIMIT	ISSUE	TREND
❏ ELF WITH REINDEER CJ-422	1991	CL	9.00	9.00
❏ FLAT RED SANTA ORNAMENT CJ-115R	1989	OP	3.00	3.00
❏ FLAT SANTA ORNAMENT CJ-115	1989	OP	8.00	8.00

CHRISTMAS COLLECTION — J. WHITE

NAME	YEAR	LIMIT	ISSUE	TREND
❏ ANGEL WALL ORNAMENT CHRISTMAS-523	1985	CL	12.00	12.00
❏ CHRISTMAS CAT IN TEACUP CHRISTMAS-660	1989	OP	14.00	14.00
❏ CUPID HEAD ORNAMENT CHRISTMAS-53	1986	OP	25.00	25.00
❏ SANTA ORNAMENT CHRISTMAS-384	1986	CL	8.00	8.00

GINGERBREAD CHRISTMAS COLLECTION — J. SAUERBREY

NAME	YEAR	LIMIT	ISSUE	TREND
❏ GINGERBREAD ANGEL CJ-411	1991	CL	8.00	8.00
❏ GINGERBREAD HOUSE CJ-416	1991	CL	8.00	8.00
❏ GINGERBREAD MAN CJ-415	1991	CL	8.00	8.00
❏ GINGERBREAD MOUSE/BOOT CJ-409	1991	CL	8.00	8.00
❏ GINGERBREAD MRS. CLAUS CJ-414	1991	CL	8.00	8.00
❏ GINGERBREAD REINDEER CJ-410	1991	CL	8.00	8.00
❏ GINGERBREAD SANTA CJ-408	1991	CL	8.00	8.00
❏ GINGERBREAD SLEIGH CJ-406	1991	CL	8.00	8.00
❏ GINGERBREAD SNOWMAN CJ-412	1991	CL	8.00	8.00
❏ GINGERBREAD TREE CJ-407	1991	CL	8.00	8.00

VICTORIAN CHRISTMAS COLLECTION — JAIMY

NAME	YEAR	LIMIT	ISSUE	TREND
❏ COUPLE AGAINST WIND CJ-420	1993	CL	15.00	16.00

SHELIA'S COLLECTIBLES

MIDAS TOUCH — S. THOMPSON

NAME	YEAR	LIMIT	ISSUE	TREND
❏ ARTIST HOUSE	1996	OP	19.00	19.00
❏ BLUE COTTAGE (FIRST ED.)	1995	RT	15.00	35.00
❏ BLUE COTTAGE (SECOND ED.)	1996	RT	15.00	25.00
❏ CAPE HATTERAS LIGHT (FIRST ED.)	1995	RT	15.00	35.00
❏ CAPE HATTERAS LIGHT (SECOND ED.)	1996	RT	15.00	25.00
❏ CAPITOL	1996	OP	19.00	19.00
❏ CHESTNUTT HOUSE (FIRST ED.)	1995	RT	19.00	30.00
❏ CHESTNUTT HOUSE (SECOND ED.)	1996	RT	15.00	25.00
❏ DRAYTON HOUSE (FIRST ED.)	1995	RT	19.00	35.00
❏ DRAYTON HOUSE (FIRST ED.)	1996	RT	19.00	35.00
❏ DRAYTON HOUSE (SECOND ED.)	1996	RT	15.00	25.00
❏ E.B. HALL	1996	OP	19.00	19.00
❏ EAST BROTHER LIGHTHOUSE (FIRST ED.)	1995	RT	15.00	35.00
❏ EAST BROTHER LIGHTHOUSE (SECOND ED.)	1996	RT	15.00	25.00
❏ ECLECTIC BLUE (FIRST ED.)	1995	RT	15.00	35.00
❏ ECLECTIC BLUE (SECOND ED.)	1996	RT	15.00	25.00
❏ GOELLER HOUSE (FIRST ED.)	1995	RT	19.00	35.00
❏ GOELLER HOUSE (SECOND ED.)	1996	RT	15.00	25.00
❏ MAIL POUCH BARN	1996	RT	19.00	35.00
❏ MARKET	1996	OP	19.00	19.00
❏ PINK HOUSE	1996	OP	19.00	19.00
❏ POINT FERMIN LIGHT (FIRST ED.)	1995	RT	19.00	35.00
❏ POINT FERMIN LIGHT (SECOND ED.)	1996	RT	15.00	25.00
❏ RUTLEDGE	1996	OP	19.00	19.00
❏ ST. PHILIPS CHURCH	1996	OP	19.00	19.00
❏ STOCKTON PLACE ROW (FIRST ED.)	1995	RT	19.00	35.00
❏ STOCKTON PLACE ROW (SECOND ED.)	1996	RT	15.00	25.00
❏ THOMAS POINT LIGHT	1996	RT	19.00	35.00
❏ TITMAN HOUSE	1996	OP	19.00	19.00
❏ VICTORIA	1996	OP	19.00	19.00
❏ WHITE COTTAGE	1996	OP	19.00	19.00

OUR STARS — S. THOMPSON

NAME	YEAR	LIMIT	ISSUE	TREND
❏ BANTA HOUSE	1996	RT	23.00	23.00
❏ GREENMAN HOUSE	1996	RT	21.00	23.00
❏ RILEY-CUTLER HOUSE	1996	RT	23.00	23.00
❏ WELLER HOUSE	1996	RT	23.00	23.00

STUDIOS OF HARRY SMITH

CHRISTMAS TREE ORNAMENTS — H. SMITH

NAME	YEAR	LIMIT	ISSUE	TREND
❏ CANTERBURY BELL	1995	150	195.00	195.00

NATIVITY — H. SMITH

NAME	YEAR	LIMIT	ISSUE	TREND
❏ ANGEL	1995	150	350.00	350.00

ORNAMENTS

ORNAMENTS

NAME	YEAR	LIMIT	ISSUE	TREND
❑ BABY JESUS	1996	150	*	N/A
❑ HUMMINGBIRD	1995	150	250.00	250.00
❑ JOSEPH	1999	150	325.00	325.00
❑ MARY	1998	150	*	N/A
STERLING SILVER CHRISTMAS ORNAMENTS				**H. SMITH**
❑ WISE MAN FOR NATIVITY SET	2002	150	*	N/A
SWAROVSKI AMERICA				
CHRISTMAS MEMORIES				*
❑ CHRISTMAS MEMORIES ANGEL	1996	*	*	150.00
❑ CHRISTMAS MEMORIES ANGEL	1997	*	*	90.00
HOLIDAY ORNAMENTS				*
❑ ANGEL/JOYEUX NOEL, MEDIUM	1986	YR	23.00	75.00
❑ ANGEL/NOEL, LARGE	1986	YR	35.00	75.00
❑ ANGEL/NOEL, SMALL	1986	YR	18.00	60.00
❑ BELL/MERRY CHRISTMAS, MEDIUM	1986	YR	23.00	75.00
❑ BELL/MERRY CHRISTMAS, SMALL	1986	YR	18.00	60.00
❑ DOVE/PEACE, SMALL	1986	YR	18.00	60.00
❑ HOLIDAY ETCHING-CANDLE	1987	YR	20.00	250.00
❑ HOLIDAY ETCHING-DOVE	1989	YR	35.00	250.00
❑ HOLIDAY ETCHING-MERRY CHRISTMAS	1990	YR	25.00	175.00
❑ HOLIDAY ETCHING-WREATH	1988	YR	25.00	110.00
❑ HOLIDAY ORNAMENT	1991	YR	35.00	300.00
❑ HOLIDAY ORNAMENT	1992	YR	38.00	150.00
❑ HOLIDAY ORNAMENT	1993	YR	38.00	200.00
❑ HOLIDAY ORNAMENT	1994	YR	38.00	150.00
❑ HOLIDAY ORNAMENT	1997	YR	45.00	90.00
❑ HOLIDAY ORNAMENT	1998	YR	50.00	85.00
❑ HOLLY/MERRY CHRISTMAS, SMALL	1986	YR	18.00	60.00
❑ PARTRIDGE/MERRY CHRISTMAS, LARGE	1986	YR	35.00	75.00
❑ SNOWFLAKE, MEDIUM	1986	YR	23.00	75.00
❑ SNOWFLAKE, SMALL	1986	YR	18.00	70.00
HOLIDAY ORNAMENTS				**M. ZENDRON**
❑ HOLIDAY ORNAMENT	1995	YR	40.00	125.00
❑ HOLIDAY ORNAMENT	1996	YR	45.00	100.00
TOWLE SILVERSMITHS				
CHRISTMAS ANGEL				*
❑ 1991 ANGEL	1991	CL	45.00	70.00
REMEMBRANCE COLLECTION				*
❑ OLD MASTER SNOWFLAKE-1990	1990	CL	45.00	62.00
❑ OLD MASTER SNOWFLAKE-1991	1991	CL	45.00	62.00
❑ OLD MASTER SNOWFLAKE-1992	1992	CL	45.00	62.00
SONGS OF CHRISTMAS MEDALLIONS				*
❑ CHESTNUTS ROASTING ON OPEN FIRE	1985	CL	35.00	80.00
❑ DECK THE HALLS	1979	CL	35.00	80.00
❑ HARK THE HEARLD ANGELS SING	1981	CL	53.00	150.00
❑ IT CAME UPON A MIDNIGHT CLEAR	1986	CL	35.00	80.00
❑ JINGLE BELLS	1980	CL	53.00	80.00
❑ LET IT SNOW	1984	CL	30.00	80.00
❑ O CHRISTMAS TREE	1982	CL	35.00	80.00
❑ SILENT NIGHT MEDALLION	1978	CL	35.00	80.00
❑ SILVER BELLS	1983	CL	40.00	80.00
❑ WHITE CHRISTMAS	1987	CL	35.00	80.00
STERLING CHRISTMAS ORNAMENTS				*
❑ FACETED BALL	1989	OP	38.00	80.00
❑ FLUTED BALL	1989	OP	38.00	40.00
❑ PLAIN BALL	1989	OP	38.00	80.00
❑ POMANDER BALL	1989	OP	33.00	33.00
STERLING FLORAL MEDALLIONS				*
❑ CHRISTMAS CACTUS	1990	CL	40.00	50.00
❑ CHRISTMAS ROSE	1983	CL	40.00	50.00
❑ CHRYSANTHEMUM	1991	CL	40.00	50.00
❑ HAWTHORNE/GLASTONBURY THORN	1984	CL	40.00	50.00
❑ HOLLY	1988	CL	40.00	70.00
❑ IVY	1989	CL	35.00	65.00
❑ LAUREL BAY	1986	CL	35.00	80.00
❑ MISTLETOE	1987	CL	35.00	95.00
❑ POINSETTIA	1985	CL	35.00	70.00
❑ STAR OF BETHLEHEM	1992	CL	40.00	50.00
STERLING NATIVITY MEDALLIONS				*
❑ ANGEL GABRIEL	1988	CL	40.00	150.00
❑ JOURNEY, THE	1989	CL	40.00	75.00
❑ NO ROOM AT THE INN	1990	CL	40.00	75.00
❑ STAR OF BETHLEHEM	1992	CL	40.00	75.00
❑ TIDINGS OF JOY	1991	CL	40.00	75.00
STERLING TWELVE DAYS OF CHRISTMAS MEDALLIONS				
❑ EIGHT MAIDS-A-MILKING	1978	CL	37.00	125.00
❑ ELEVEN PIPERS PIPING	1981	CL	50.00	125.00
❑ FIVE GOLDEN RINGS	1975	CL	30.00	150.00
❑ FOUR CALLING BIRDS	1974	CL	30.00	200
❑ NINE LADIES DANCING	1979	CL	37.00	125.00
❑ PARTRIDGE IN PEAR TREE	1971	CL	20.00	750.00
❑ SEVEN SWANS-A-SWIMMING	1977	CL	35.00	125.00
❑ SIX GEESE-A-LAYING	1976	CL	30.00	150.00
❑ TEN LORDS-A-LEAPING	1980	CL	76.00	125.00
❑ THREE FRENCH HENS	1973	CL	20.00	125.00
❑ TWELVE DRUMMERS DRUMMING	1982	CL	35.00	125.00
❑ TWO TURTLEDOVES	1972	CL	20.00	375.00

NAME	YEAR	LIMIT	ISSUE	TREND
WALLACE SILVERSMITHS				
24K GOLDPLATE SCULPTURES				*
❏ ANGEL	1988	CL	16.00	16.00
❏ CANDY CANE	1988	CL	16.00	16.00
❏ CHRISTMAS TREE	1988	CL	16.00	16.00
❏ DOVE	1988	CL	16.00	16.00
❏ NATIVITY SCENE	1988	CL	16.00	16.00
❏ SNOWFLAKE	1988	CL	16.00	16.00
ANNUAL SILVERPLATED BELLS				*
❏ 10TH EDITION SLEIGH BELL	1980	CL	19.00	50.00
❏ 11TH EDITION SLEIGH BELL	1981	CL	19.00	100.00
❏ 12TH EDITION SLEIGH BELL	1982	CL	20.00	130.00
❏ 13TH EDITION SLEIGH BELL	1983	CL	20.00	130.00
❏ 14TH EDITION SLEIGH BELL	1984	CL	22.00	100.00
❏ 15TH EDITION SLEIGH BELL	1985	CL	22.00	110.00
❏ 16TH EDITION SLEIGH BELL	1986	CL	22.00	55.00
❏ 17TH EDITION SLEIGH BELL	1987	CL	22.00	45.00
❏ 18TH EDITION SLEIGH BELL	1988	CL	22.00	45.00
❏ 19TH EDITION SLEIGH BELL	1989	CL	25.00	50.00
❏ 1ST EDITION SLEIGH BELL	1971	CL	13.00	1150.00
❏ 20TH EDITION SLEIGH BELL	1990	CL	25.00	40.00
❏ 21ST EDITION SLEIGH BELL	1991	CL	25.00	25.00
❏ 22ND EDITION SLEIGH BELL	1992	CL	25.00	40.00
❏ 23RD EDITION SLEIGH BELL	1993	CL	25.00	40.00
❏ 24TH EDITION SLEIGH BELL	1994	CL	25.00	25.00
❏ 25TH EDITION SLEIGH BELL	1995	CL	30.00	30.00
❏ 2ND EDITION SLEIGH BELL	1972	CL	13.00	600.00
❏ 3RD EDITION SLEIGH BELL	1973	CL	13.00	550.00
❏ 4TH EDITION SLEIGH BELL	1974	CL	14.00	350.00
❏ 5TH EDITION SLEIGH BELL	1975	CL	14.00	250.00
❏ 6TH EDITION SLEIGH BELL	1976	CL	14.00	350.00
❏ 7TH EDITION SLEIGH BELL	1977	CL	15.00	225.00
❏ 8TH EDITION SLEIGH BELL	1978	CL	15.00	100.00
❏ 9TH EDITION SLEIGH BELL	1979	CL	16.00	175.00
❏ SPECIAL EDITION SLEIGH BELL, GOLD	1990	CL	35.00	75.00
ANTIQUE PEWTER BELLS				*
❏ CAROUSEL HORSE	1990	CL	16.00	16.00
❏ REINDEER	1989	CL	16.00	16.00
❏ SANTA CLAUS	1990	CL	16.00	16.00
❏ TEDDY BEAR	1989	CL	16.00	16.00
❏ TOY SOLDIER	1989	CL	16.00	16.00
ANTIQUE PEWTER ORNAMENTS				*
❏ ANGEL WITH CANDLES	1989	CL	10.00	10.00
❏ CANDY CANE	*	CL	10.00	10.00
❏ CHERUB WITH HORN	1989	CL	10.00	10.00
❏ DOVE	*	CL	10.00	10.00
❏ GINGERBREAD HOUSE	*	CL	10.00	10.00
❏ ROCKING HORSE	*	CL	10.00	10.00
❏ SANTA	1989	CL	10.00	10.00
❏ TEDDY BEAR	*	CL	10.00	10.00
❏ TEDDY BEAR	1989	CL	10.00	10.00
❏ TOY SOLDIER	*	CL	10.00	10.00
❏ WREATH	1989	CL	10.00	10.00
CAMEO FRAME ORNAMENTS				*
❏ ANGEL	1989	OP	15.00	15.00
❏ CHRISTMAS BALL	1989	OP	15.00	15.00
❏ DINO	1989	OP	15.00	15.00
❏ ELEPHANT	1989	OP	15.00	15.00
❏ KITTEN	1989	OP	15.00	15.00
❏ SANTA	1989	OP	15.00	15.00
❏ SNOWMAN	1989	OP	15.00	15.00
❏ SOLDIER	1989	OP	15.00	15.00
❏ WREATH	1989	OP	15.00	15.00
CANDY CANES				*
❏ BELL MOTIF	1986	CL	12.00	125.00
❏ CHRISTMAS CANDLE	1989	CL	15.00	35.00
❏ CHRISTMAS ROSE	1988	CL	14.00	40.00
❏ CINNAMON	1983	CL	11.00	50.00
❏ CLOVE	1984	CL	11.00	50.00
❏ DOVE MOTIF	1985	CL	12.00	50.00
❏ PEPPERMINT	1981	CL	9.00	225.00
❏ REINDEER	1990	CL	16.00	30.00
❏ TEDDY BEAR	1987	CL	13.00	75.00
❏ WINTERGREEN	1982	CL	10.00	60.00
CATHEDRAL ORNAMENT				*
❏ 1988-1ST EDITION	1988	CL	25.00	40.00
❏ 1989-2ND EDITION	1989	CL	25.00	35.00
❏ 1990-3RD EDITION	1990	CL	25.00	30.00
CHRISTMAS COOKIE ORNAMENT				*
❏ ANGEL	1980	CL	6.00	20.00
❏ ANGEL	1988	OP	9.00	10.00
❏ ANGEL WITH HEART	1987	OP	8.00	10.00
❏ BABY BEAR	1988	OP	9.00	10.00
❏ BELL	1981	CL	6.00	15.00
❏ BOY CAROLER	1983	CL	6.00	15.00
❏ BOY SKATER	1985	CL	11.00	10.00

NAME	YEAR	LIMIT	ISSUE	TREND
❏ CAROL SINGER	1984	CL	7.00	15.00
❏ CAROUSEL HORSE	1986	CL	7.00	20.00
❏ CHRISTMAS VILLAGE	1988	OP	9.00	10.00
❏ CLOWN	1985	CL	7.00	10.00
❏ DOG ON SLED	1986	CL	7.00	20.00
❏ DOVE	1982	CL	6.00	20.00
❏ DRAGON	1988	OP	9.00	10.00
❏ DRESSED KITTEN	1986	CL	7.00	15.00
❏ DRUM	1981	CL	6.00	15.00
❏ ELEPHANT	1988	OP	9.00	10.00
❏ GINGERBREAD HOUSE	1983	CL	6.00	10.00
❏ GIRAFFE	1987	CL	8.00	10.00
❏ GIRL HONEY BEAR	1986	CL	7.00	10.00
❏ GOOSE	1986	CL	7.00	15.00
❏ GOOSE	1988	OP	9.00	10.00
❏ HORN	1984	CL	7.00	10.00
❏ HOT-AIR BALLOON	1985	CL	11.00	10.00
❏ HUSKY	1983	CL	6.00	20.00
❏ JACK-IN-THE-BOX	1983	CL	6.00	10.00
❏ MOTHER AND CHILD	1984	CL	7.00	15.00
❏ MOUSE	1982	CL	6.00	15.00
❏ MRS. CLAUS	1983	CL	6.00	10.00
❏ NEW DESIGN SNOWMAN	1986	CL	7.00	20.00
❏ NIGHT BEFORE, THE	1988	OP	9.00	10.00
❏ PANDA	1986	CL	6.00	10.00
❏ PENGUIN	1986	CL	7.00	10.00
❏ POLAR BEAR	1987	OP	8.00	10.00
❏ POLAR BEAR	1988	OP	9.00	10.00
❏ PUPPY IN BOOT	1984	CL	7.00	10.00
❏ REINDEER	1981	CL	6.00	15.00
❏ ROCKING HORSE	1983	CL	6.00	10.00
❏ ROCKING HORSE	1989	OP	10.00	10.00
❏ SANTA	1980	CL	6.00	10.00
❏ SANTA	1989	OP	10.00	10.00
❏ SANTA HEAD	1986	CL	7.00	10.00
❏ SKI CABIN	1987	CL	8.00	10.00
❏ SNOWBIRD	1987	CL	8.00	10.00
❏ SNOWBIRD	1989	OP	10.00	10.00
❏ SNOWMAN	1980	CL	6.00	15.00
❏ TEDDY BEAR	1985	OP	7.00	10.00
❏ TEDDY BEAR	1988	OP	9.00	10.00
❏ TOY SOLDIER	1983	CL	6.00	10.00
❏ TRAIN	1982	CL	6.00	15.00
❏ TREE	1980	CL	6.00	15.00
❏ TUGBOAT	1986	CL	7.00	10.00
❏ UNICORN	1985	CL	7.00	10.00

GRANDE BAROQUE 12 DAYS SERIES   *

NAME	YEAR	LIMIT	ISSUE	TREND
❏ EIGHT MAIDS A MILKING	1995	OP	40.00	45.00
❏ ELEVEN PIPERS PIPING	1998	*	*	55.00
❏ FIVE GOLDEN RINGS	1992	CL	40.00	100.00
❏ FOUR COLLY BIRDS	1991	CL	40.00	100.00
❏ NINE LADIES DANCING	1996	*	*	55.00
❏ PARTRIDGE IN A PEAR TREE	1988	CL	40.00	95.00
❏ SEVEN SWANS A SWIMMING	1994	OP	40.00	55.00
❏ SIX GEESE A LAYING	1993	CL	40.00	100.00
❏ TEN LORDS LEAPING	1997	*	*	65.00
❏ THREE FRENCH HENS	1990	CL	40.00	90.00
❏ TWELVE DRUMMERS DRUMMING	1999	*	*	45.00
❏ TWO TURTLEDOVES	1989	CL	40.00	110.00

STERLING MEMORIES   *

NAME	YEAR	LIMIT	ISSUE	TREND
❏ BEAR WITH BLOCKS	1989	OP	35.00	40.00
❏ CAROLERS	1989	OP	35.00	40.00
❏ CHURCH	1989	OP	35.00	40.00
❏ DOVE	1989	OP	35.00	40.00
❏ DRUMMER BOY	1989	OP	35.00	40.00
❏ MOTHER & CHILD	1989	OP	35.00	40.00
❏ NATIVITY ANGEL	1989	OP	35.00	40.00
❏ REINDEER	1989	OP	35.00	40.00
❏ ROCKING HORSE	1989	OP	35.00	40.00
❏ SLEIGH	1989	OP	35.00	40.00
❏ SNOWFLAKE	1989	OP	35.00	40.00
❏ SNOWMAN	1989	OP	35.00	40.00

STERLING MEMORIES-HAND ENAMELED WITH COLOR   *

NAME	YEAR	LIMIT	ISSUE	TREND
❏ CANDY CANE	1989	OP	35.00	35.00
❏ CHURCH	1989	OP	35.00	35.00
❏ ELF WITH GIFT	1989	OP	35.00	35.00
❏ FIREPLACE	1989	OP	35.00	35.00
❏ KNEELING ANGEL	1989	OP	35.00	35.00
❏ SANTA	1989	OP	35.00	35.00
❏ SINGLE CANDLE	1989	OP	35.00	35.00
❏ TOY SOLDIER	1989	OP	35.00	35.00
❏ TRAIN	1989	OP	35.00	35.00

WALT DISNEY CLASSICS COLLECTION

COLLECTORS SOCIETY   *

NAME	YEAR	LIMIT	ISSUE	TREND
❏ DUMBO "SIMPLY ADORABLE"	1994	RT	20.00	90.00
❏ FLIGHT OF FANCY	1993	*	35.00	50.00

NAME	YEAR	LIMIT	ISSUE	TREND
❑ MAGICIAN MICKEY 41135	1997	RT	*	50.00
❑ WINNIE THE POOH 41096	1996	RT	25.00	35.00
EVENT PIECES				*
❑ HERCULES	1997	RT	55.00	55.00
❑ TINKERBELL	1996	RT	50.00	50.00
❑ TINKERBELL & STAND	1996	RT	50.00	165.00
❑ WINNIE THE POOH	1997	RT	59.00	124.00

WATERFORD WEDGWOOD USA

NAME	YEAR	LIMIT	ISSUE	TREND
WATERFORD CRYSTAL CHRISTMAS ORNAMENTS				*
❑ 1978 ORNAMENT	1978	YR	25.00	100.00
❑ 1979 ORNAMENT	1979	YR	28.00	75.00
❑ 1980 ORNAMENT	1980	YR	28.00	65.00
❑ 1981 ORNAMENT	1981	YR	28.00	45.00
❑ 1982 ORNAMENT	1982	YR	28.00	45.00
❑ 1983 ORNAMENT	1983	YR	28.00	50.00
❑ 1984 ORNAMENT	1984	YR	28.00	50.00
❑ 1985 ORNAMENT	1985	YR	28.00	75.00
❑ 1986 ORNAMENT	1986	YR	28.00	50.00
❑ 1987 ORNAMENT	1987	YR	29.00	40.00
❑ 1988 ORNAMENT	1988	YR	30.00	35.00
❑ 1989 ORNAMENT	1989	YR	32.00	35.00
WEDGWOOD CHRISTMAS ORNAMENTS				*
❑ JASPER ANGEL ORNAMENT	1989	OP	25.00	28.00
❑ JASPER CHRISTMAS TREE ORNAMENT	1988	OP	20.00	28.00
❑ JASPER SANTA CLAUS ORNAMENT	1990	OP	28.00	28.00
❑ JASPER STOCKING ORNAMENT	1992	OP	25.00	25.00
❑ JASPER WREATH ORNAMENT	1991	OP	28.00	28.00

WILLITTS DESIGNS

NAME	YEAR	LIMIT	ISSUE	TREND
AMISH HERITAGE COLLECTION				**A. DEZENDORF**
❑ POCKET QUILT 3RD OF 4	1996	YR	20.00	20.00
CERAMIC PEANUTS ORNAMENTS				**C. SCHULZ**
❑ CHARLIE BROWN	1988	SO	8.00	8.00
❑ FLYING ACE	1988	SO	8.00	8.00
❑ JOE COOL	1988	SO	8.00	8.00
❑ LUCY	1988	SO	8.00	8.00
❑ SKATING SNOOPY	1988	SO	8.00	8.00
❑ SLEDDING SNOOPY	1988	SO	8.00	8.00
❑ WOODSTOCK (BELL)	1988	SO	8.00	8.00
COCA-COLA SANTA				*
❑ COCA-COLA SIX PACK ORNAMENT	1990	OP	20.00	20.00
❑ HAPPY HOLIDAYS COKE BOTTLE	1990	OP	10.00	10.00
EBONY VISIONS				**T. BLACKSHEAR**
❑ ANGEL WITH HORN 4TH EDITION	2000	YR	28.00	28.00
❑ BRIGHT AND MORNING STAR, A	2001	*	28.00	28.00
❑ LITTLE BLUE WINGS	1997	SO	28.00	75.00
❑ ON WINGS OF PRAISE	1998	RT	30.00	30.00
❑ POCKET QUILT 2ND OF 4	1995	YR	20.00	20.00
HISTORY OF ANGELS COLLECTION BY BILL DALE				**C. PYLE**
❑ ASCENSION OF THE SOUL	1995	RT	25.00	25.00
❑ CHERUB ORNAMENT W/FLUTE	1995	RT	10.00	17.50
❑ CHERUB ORNAMENT W/HARP	1995	RT	18.00	17.50
PEANUTS				**C. SCHULZ**
❑ CHARLIE BROWN SHEPHERD ORNAMENT	1990	SO	10.00	10.00
❑ SNOOPY SHEPHERD ORNAMENT	1990	SO	10.00	10.00
PEANUTS BASEBALL ORNAMENTS				**C. SCHULZ**
❑ CHARLIE BROWN	1988	SO	10.00	10.00
❑ LINUS	1988	SO	10.00	10.00
❑ LUCY	1988	SO	10.00	10.00
❑ PEPPERMINT PATTY	1988	SO	10.00	10.00
❑ SCHROEDER	1988	SO	10.00	10.00
❑ SNOOPY	1988	SO	10.00	10.00
RAINBOW BABIES				**A. BLACKSHEAR**
❑ FLUTTERBY	1998	RT	29.00	29.00
WOODEN SNOOPY ORNAMENTS				**C. SCHULZ**
❑ SNOOPY-8438	1988	SO	6.00	5.50
❑ SNOOPY-8439	1988	OP	6.00	5.50
❑ SNOOPY-8440	1988	SO	6.00	5.50

ORNAMENTS

Plates

Susan K. Elliott

If the circle can be considered a form of perfection, then plate collectors enjoy a perfect form of art.

Since the first dated annual Christmas plates appeared in 1895 in Denmark, collectors have been happily anticipating the "next" edition to be released. Bing & Grondahl issued that first blue and white collector's plate, *Behind the Frozen Window*, at approximately 50 cents. Today, as the series enjoys over 100 years of continuous production, that rare first edition sells for about $6,000.

Of course, these days not all plates are round, made of porcelain, or colored blue and white. Shapes include ovals, rounded squares, and even hearts. Today's plates may be sculpted in bas relief, incised, lighted or able to play a tune. They're made of wood, molded resin, pewter, crystal or porcelain. Subjects range from cute to elegant, with every possibility in between, and in a full range of colors and accent borders.

Until the 1960s, collector's plates continued to be made in Europe and produced only for Christmas. Royal Copenhagen introduced a second Danish Christmas series in 1908, and Rosenthal began a dated Christmas series in Germany in 1907.

Other key events in plate collecting history include:
• 1965: Lalique introduces a crystal plate, *Deux Oiseeaux* (Two Birds)
• 1969: Bing & Grondahl releases the first Mother's Day plate, *Dog and Puppies*, in blue and white
• 1969: Wedgwood issues *Windsor Castle* as first in a new Christmas series, produced in its famous blue and white jasperware
• 1970: Franklin Mint introduces original art by Norman Rockwell on a sterling silver plate, *Bringing Home the Tree*
• 1971: Two Christmas series featuring art by Sister Maria Innocentia Hummel begin, with the Goebel Hummel issue, *Heavenly Angel*, later becoming one of the most valuable plates in the market.

The 1970s saw a boom in collecting of all types, spurred by the celebration of the U.S. Bicentennial in 1976. Historical subject plates abounded, and more and more makers, both American and European, focused on plates as a collectible. New artists entered the field, elevating the art and focusing more attention on the artists themselves.

The development of the First International Plate Collectors Convention in 1975 provided a platform for the limited edition hobby to grow, and grow it has, expanding into many related art forms such as figurines, cottages, ornaments, dolls and graphics. The number of platemakers peaked in the 1980s, with production shifting by the 1990s to fewer, major producers such as The Bradford Exchange.

Plate collectors of the '90s are likely to collect other media besides plates, searching for graphics by favorite artists such as Thomas Kinkade, Sandra Kuck, Terry Redlin and Lena Liu to round out their collections.

As plate collecting continues in its second hundred years, the art form remains an ever-changing and always growing collectible.

SUSAN K. ELLIOTT began enjoying plates just before attending the first International Plate Collectors Convention in 1975. The author of "Plates Today," which appears regularly in *Collector's Mart* **magazine, Susan has interviewed more than 200 collectible artists and writes, edits and contributes to books on a variety of collectible subjects.**

PLATES

PLATES

NAME	YEAR	LIMIT	ISSUE	TREND

AMERICAN ARTISTS

FAMILY TREASURES
D. ZOLAN

NAME	YEAR	LIMIT	ISSUE	TREND
❑ CORA'S GARDEN PARTY	1983	18500	40.00	65.00
❑ CORA'S RECITAL	1981	18500	40.00	72.00
❑ CORA'S TEA PARTY	1982	18500	40.00	72.00

FAMOUS FILLIES
F. STONE

NAME	YEAR	LIMIT	ISSUE	TREND
❑ GENUINE RISK	1988	9500	65.00	75.00
❑ GO FOR THE WAND	1992	9500	65.00	75.00
❑ LADY'S SECRET	1987	9500	65.00	75.00
❑ RUFFIAN	1988	9500	65.00	75.00

FRED STONE CLASSIC SERIES
F. STONE

NAME	YEAR	LIMIT	ISSUE	TREND
❑ ALYSHEBA	1989	9500	75.00	75.00
❑ ETERNAL LEGACY, THE	1986	950	75.00	75.00
❑ FOREVER FRIENDS	1988	9500	75.00	75.00
❑ SHOE-8,000 WINS, THE	1986	9500	75.00	75.00

GOLD SIGNATURE SERIES
F. STONE

NAME	YEAR	LIMIT	ISSUE	TREND
❑ OLD WARRIORS, SIGNED	1991	4500	150.00	375.00
❑ OLD WARRIORS, UNSIGNED	1991	7500	75.00	90.00
❑ SECRETARIAT FINAL TRIBUTE, SIGNED	1990	4500	150.00	350.00
❑ SECRETARIAT FINAL TRIBUTE, UNSIGNED	1990	7500	75.00	150.00

GOLD SIGNATURE SERIES II
F. STONE

NAME	YEAR	LIMIT	ISSUE	TREND
❑ KELSO, DBL. SIGNATURES	1991	1500	175.00	175.00
❑ KELSO, SGL. SIGNATURE	1991	3000	150.00	200.00
❑ KELSO, UNSIGNED	1991	7500	75.00	75.00
❑ NORTHERN DANCER, DBL. SIGNATURES	1991	1500	175.00	225.00
❑ NORTHERN DANCER, SGL. SIGNATURE	1991	3000	150.00	150.00
❑ NORTHERN DANCER, UNSIGNED	1991	7500	75.00	75.00

GOLD SIGNATURE SERIES III
F. STONE

NAME	YEAR	LIMIT	ISSUE	TREND
❑ AMERICAN TRIPLE CROWN, SIGNED 1919-35	1994	2500	95.00	200.00
❑ AMERICAN TRIPLE CROWN, SIGNED 1937-46	1993	2500	195.00	195.00
❑ AMERICAN TRIPLE CROWN, SIGNED 1948-78	1993	2500	195.00	200.00
❑ AMERICAN TRIPLE CROWN, UNSIGNED 1919-35	1994	7500	75.00	75.00
❑ AMERICAN TRIPLE CROWN, UNSIGNED 1937-46	1993	7500	75.00	75.00
❑ AMERICAN TRIPLE CROWN, UNSIGNED 1948-78	1993	7500	75.00	75.00
❑ DANCE SMARTLY-P. DAY, DBL. SIGNATURES	1992	1500	175.00	175.00
❑ DANCE SMARTLY-P. DAY, SGL. SIGNATURE	1992	3000	150.00	200.00
❑ DANCE SMARTLY-P. DAY, UNSIGNED	1992	7500	75.00	75.00

GOLD SIGNATURE SERIES IV
F. STONE

NAME	YEAR	LIMIT	ISSUE	TREND
❑ JULIE KRONA/DBL. SIGNATURE	1995	2500	150.00	150.00
❑ JULIE KRONA/UNSIGNED	1995	7500	75.00	75.00

HORSES OF FRED STONE
F. STONE

NAME	YEAR	LIMIT	ISSUE	TREND
❑ ARABIAN MARE AND FOAL	1982	9500	55.00	130.00
❑ CONTENTMENT	1983	9500	55.00	95.00
❑ PATIENCE	1982	9500	55.00	150.00
❑ SAFE AND SOUND	1982	9500	55.00	100.00

MARES & FOALS 6 1/2 IN. SERIES
F. STONE

NAME	YEAR	LIMIT	ISSUE	TREND
❑ ARABIAN MARE & FOAL	1993	19500	25.00	25.00
❑ CONTENTMENT	1993	19500	25.00	25.00
❑ KIDNAPPED MARE	1992	19500	25.00	25.00
❑ PASTURE PEST	1992	19500	25.00	25.00
❑ PATIENCE	1991	19500	25.00	25.00
❑ TRANQUILITY	1986	12500	25.00	25.00
❑ WATER TROUGH	1992	19500	25.00	25.00

MARES & FOALS SERIES
F. STONE

NAME	YEAR	LIMIT	ISSUE	TREND
❑ ARABIANS, THE	1987	12500	50.00	100
❑ PASTURE PEST	1986	12500	50.00	100
❑ TRANQUILITY	1986	12500	50.00	125.00
❑ WATER TROUGH	1986	12500	50.00	160.00

MARES & FOALS SERIES II
F. STONE

NAME	YEAR	LIMIT	ISSUE	TREND
❑ DIAMOND IN THE ROUGH	1989	RT	35.00	50.00
❑ FIRST DAY, THE	1989	CL	35.00	50.00

RACING LEGENDS
F. STONE

NAME	YEAR	LIMIT	ISSUE	TREND
❑ JOHN HENRY-SHOEMAKER	1990	9500	75.00	80.00
❑ PHAR LAP	1989	9500	75.00	80.00
❑ SUNDAY SILENCE	1989	9500	75.00	80.00

SPORT OF KINGS SERIES
F. STONE

NAME	YEAR	LIMIT	ISSUE	TREND
❑ JOHN HENRY-MCCARRON	1985	9500	65.00	85.00
❑ MAN O'WAR	1984	9500	65.00	150.00
❑ SEATTLE SLEW	1986	9500	65.00	110.00
❑ SECRETARIAT	1984	9500	65.00	225.00

STALLION SERIES
F. STONE

NAME	YEAR	LIMIT	ISSUE	TREND
❑ ANDALUSIAN	1983	12500	50.00	140.00
❑ BLACK STALLION	1983	12500	50.00	140.00

AMERICAN RAILS & HIGHWAYS

CORVETTE
*

NAME	YEAR	LIMIT	ISSUE	TREND
❑ GRAND SPORT CORVETTE	1996	*	40.00	40.00
❑ VIPER GTS-R	1995	*	40.00	40.00

CORVETTE
P. ADAMS

NAME	YEAR	LIMIT	ISSUE	TREND
❑ 1964/94 MUSTANG	1994	*	40.00	40.00
❑ 1978 CORVETTE	1995	*	40.00	40.00
❑ 1982 CORVETTE	1995	*	40.00	40.00
❑ 35TH CORVETTE	1995	*	40.00	40.00

PLATES

NAME	YEAR	LIMIT	ISSUE	TREND
❑ 40TH ANNIV. THUNDERBIRD	1995	*	40.00	40.00
❑ 40TH CORVETTE	1995	*	40.00	40.00
❑ VIPER GTS-RT/10	1995	*	40.00	40.00
CORVETTE			**B. HUBBOCK**	
❑ VIPER 1996 PACE CAR/INDY	1996	*	40.00	40.00
CORVETTE			**R. PEDERSEN**	
❑ 1995 75TH INDY PACE CAR	1995	*	40.00	40.00
TRAIN				*
❑ B&O CHESSIE	1995	*	33.00	33.00
❑ CHIEF, THE	1995	*	33.00	33.00
❑ SANTA FE SUPER CHIEF	1995	*	33.00	33.00
❑ UNION PAC, E-9	1995	*	33.00	33.00
TRAIN			**P. ADAMS**	
❑ BLACK JACK	1995	*	33.00	33.00
❑ G6-1	1993	*	33.00	33.00
❑ HIAWATHA	1994	*	33.00	33.00
❑ K-4	1995	*	33.00	33.00
❑ MAPLE LEAF	1995	*	33.00	33.00
❑ N.Y. CENTRAL	1994	*	33.00	33.00
TRAIN			**R. PEDERSEN**	
❑ ERIE F-8	1996	*	33.00	33.00
❑ NEW HAVEN	1996	*	33.00	33.00

AMERICAN ROSE SOCIETY
ALL-AMERICAN ROSE

NAME	YEAR	LIMIT	ISSUE	TREND
				*
❑ AMERICA	1976	9800	39.00	140.00
❑ ARIZONA	1975	9800	39.00	142.00
❑ BING CROSBY	1981	9800	49.00	80.00
❑ BRANDY	1982	9800	49.00	80.00
❑ CATHEDRAL	1976	9800	39.00	115.00
❑ CHARISMA	1978	9800	39.00	89.00
❑ CHERISH	1980	9800	49.00	80.00
❑ COLOR MAGIC	1978	9800	39.00	90.00
❑ DOUBLE DELIGHT	1977	9800	39.00	100.00
❑ FIRST EDITION	1977	9800	39.00	100.00
❑ FRENCH LACE	1982	9800	49.00	80.00
❑ FRIENDSHIP	1979	9800	39.00	79.00
❑ HONOR	1980	9800	49.00	75.00
❑ IMPATIENT	1984	9800	49.00	80.00
❑ INTRIGUE	1984	9800	49.00	78.00
❑ LOVE	1980	9800	49.00	80.00
❑ MARINA	1981	9800	49.00	75.00
❑ MON CHERI	1982	9800	49.00	80.00
❑ OLYMPIAD	1984	9800	49.00	78.00
❑ OREGOLD	1975	9800	39.00	142.00
❑ PARADISE	1979	9800	39.00	75.00
❑ PEACE	1985	9800	50.00	80.00
❑ PROMINENT	1977	9800	39.00	100.00
❑ QUEEN ELIZABETH	1985	9800	50.00	81.00
❑ ROSE PARADE	1975	9800	39.00	137.00
❑ SEASHELL	1976	9800	39.00	110.00
❑ SHOW BIZ	1985	9800	50.00	78.00
❑ SHREVEPORT	1982	9800	49.00	80.00
❑ SUN FLARE	1983	9800	49.00	80.00
❑ SUNDOWNER	1979	9800	39.00	75.00
❑ SWEET SURRENDER	1983	9800	49.00	80.00
❑ WHITE LIGHTNIN'	1981	9800	49.00	80.00
❑ YANKEE DOODLE	1976	9800	39.00	115.00

ANHEUSER-BUSCH INC.
ARCHIVES PLATE SERIES

NAME	YEAR	LIMIT	ISSUE	TREND
			D. LANGENECKERT	
❑ 1893 COLUMBIAN EXPOSITION N3477	1992	CL	28.00	28.00
❑ GANYMEDE N4004	1992	CL	28.00	45.00
CIVIL WAR SERIES			**D. LANGENECKERT**	
❑ GENERAL GRANT N3478	1992	RT	45.00	45.00
❑ GENERAL ROBERT E. LEE N3590	1993	RT	45.00	45.00
❑ PRESIDENT ABRAHAM LINCOLN N3591	1993	RT	45.00	45.00
HOLIDAY PLATE SERIES			**B. KEMPER**	
❑ HOMETOWN HOLIDAY N4572	1994	RT	28.00	45.00
❑ WINTER'S DAY N2295	1989	RT	30.00	100
HOLIDAY PLATE SERIES			**N. KOERBER**	
❑ SPECIAL DELIVERY N4002	1993	RT	28.00	28.00
HOLIDAY PLATE SERIES			**S. SAMPSON**	
❑ AN AMERICAN TRADITION N2767	1990	RT	30.00	50.00
❑ PERFECT CHRISTMAS N3440	1992	RT	28.00	40.00
❑ SEASON'S BEST, THE- N3034	1991	RT	30.00	30.00
MAN'S BEST FRIEND SERIES			**M. URDAHL**	
❑ BUDDIES N2615	1990	RT	30.00	100
❑ OUTSTANDING IN THEIR FIELD N4003	1993	RT	28.00	28.00
❑ SIX PACK N3005	1990	RT	30.00	100
❑ SOMETHING'S BREWING N3147	1992	RT	30.00	30.00
❑ THIS BUD'S FOR YOU N4945	1995	CL	28.00	28.00
OLYMPIC TEAM SERIES				*
❑ '92 OLYMPIC TEAM- SUMMER	1992	RT	35.00	35.00
❑ '92 OLYMPIC TEAM- WINTER	1991	RT	35.00	35.00

PLATES

NAME	YEAR	LIMIT	ISSUE	TREND
ANNA-PERENNA				
				P. BUCKLEY MOSS
❑ FRIENDS FOREVER	1995	5000	85.00	85.00
❑ HELLO GRANDMA	1989	CL	75.00	110.00
❑ SCHOOL DAYS	1994	5000	85.00	85.00
❑ STORYTELLER, THE	1993	5000	100.00	100.00
❑ VISITING NURSE	1994	5000	85.00	85.00
AMERICAN SILHOUETTES FAMILY SERIES				**P. BUCKLEY MOSS**
❑ FAMILY OUTING	1981	5000	75.00	150.00
❑ HOMEMAKERS QUILTING	1984	5000	75.00	140.00
❑ JOHN AND MARY	1982	5000	75.00	150.00
❑ LEISURE TIME	1983	5000	75.00	90.00
AMERICAN SILHOUETTES VALLEY SERIES				**P. BUCKLEY MOSS**
❑ FROSTY FROLIC	1981	5000	75.00	225.00
❑ HAY RIDE	1982	5000	75.00	90.00
❑ MARKET DAY	1984	5000	75.00	120.00
❑ SUNDAY RIDE	1983	5000	75.00	90.00
AMERICAN SILHOUETTES-CHILDREN'S SERIES				**P. BUCKLEY MOSS**
❑ FIDDLERS TWO	1981	5000	75.00	450.00
❑ MARY WITH THE LAMBS	1982	5000	75.00	150.00
❑ RING-AROUND-THE-ROSIE	1983	5000	75.00	225.00
❑ WAITING FOR TOM	1984	5000	75.00	200.00
ANNUAL CHRISTMAS PLATE				**P. BUCKLEY MOSS**
❑ CHRISTMAS AT HOME	1995	5000	85.00	125.00
❑ CHRISTMAS CAROL	1989	7500	80.00	130.00
❑ CHRISTMAS EVE	1990	7500	80.00	140.00
❑ CHRISTMAS JOY	1988	7500	75.00	100.00
❑ CHRISTMAS NIGHT	1994	7500	85.00	125.00
❑ CHRISTMAS SLEIGH	1987	5000	75.00	200.00
❑ CHRISTMAS WARMTH	1992	7500	85.00	125.00
❑ HELPING HANDS	1985	5000	68.00	225.00
❑ JOY TO THE WORLD	1993	7500	85.00	125.00
❑ NIGHT BEFORE CHRISTMAS	1986	5000	68.00	100.00
❑ NOEL, NOEL	1984	5000	68.00	400.00
❑ SNOWMAN, THE	1991	7500	80.00	140.00
❑ UNDER THE MISTLETOE	1996	7500	85.00	85.00
CELEBRATION SERIES				**P. BUCKLEY MOSS**
❑ ANNIVERSARY, THE	1988	5000	100.00	150.00
❑ CHRISTENING, THE	1987	5000	100.00	175.00
❑ FAMILY REUNION	1989	5000	100.00	175.00
❑ WEDDING JOY	1986	5000	100.00	300
FESTIVAL SERIES				**P. BUCKLEY MOSS**
❑ LOVE ETERNAL VALENTINE	1998	*	75.00	75.00
HEARTLAND SERIES				**P. BUCKLEY MOSS**
❑ BLACKSMITH, THE	1989	OP	90.00	155.00
❑ PRAIRIE WINTER	1992	OP	90.00	155.00
❑ SCHOOLHOUSE, THE	1993	5000	90.00	155.00
❑ SUNDAY OUTING	1991	OP	90.00	155.00
JOYFUL CHILDREN COLLECTION				**P. BUCKLEY MOSS**
❑ DANCE OF THE BUTTERFLIES	1993	5000	70.00	70.00
❑ DOLL'S HOUSE, THE	1994	5000	70.00	70.00
❑ MEDICS, THE	1994	5000	70.00	70.00
❑ PURPLE UMBRELLA	1993	5000	70.00	70.00
MOTHER'S LOVE SERIES				**P. BUCKLEY MOSS**
❑ MOTHER'S JOY	1994	5000	80.00	125.00
❑ MOTHER'S LOVE	1992	OP	85.00	125.00
❑ MOTHER'S WORLD	1993	5000	80.00	125.00
❑ NEWBORN, THE	1995	5000	80.00	125.00
❑ PRECIOUS MOMENT, A	1998	*	80.00	80.00
❑ TENDER HANDS	1991	CL	85.00	135.00
❑ TREASURED BABE	1996	5000	80.00	80.00
SINGLE ISSUE ART PLATE				**P. BUCKLEY MOSS**
❑ MUSEUM PLATE, THE	1995	5000	80.00	80.00
❑ SKATING JOY	1995	5000	80.00	80.00
❑ SUMMER WEDDING	1993	5000	100.00	100.00
❑ WEDDING DAY	1996	5000	90.00	90.00
TREASURED FRIENDS COLLECTION				**P. BUCKLEY MOSS**
❑ LEARNED PAIR	1995	5000	85.00	125.00
❑ LORDS OF THE REALM	1995	5000	85.00	125.00
❑ NOBLE FILLY	1996	5000	85.00	125.00
UNCLE TAD'S CATS				**T. KRUMEICH**
❑ OLIVER'S BIRTHDAY	1979	5000	75.00	175.00
❑ PEACHES & CREAM	1980	5000	75.00	130.00
❑ PRINCESS AURORA	1981	5000	80.00	100.00
❑ WALTER'S WINDOW	1981	5000	80.00	115.00
ANRI				
ANRI FATHER'S DAY				*
❑ ALPINE FATHER & CHILDREN	1972	CL	35.00	100
❑ ALPINE FATHER & CHILDREN	1973	CL	40.00	100
❑ CLIFF GAZING	1974	CL	50.00	100
❑ SAILING	1976	CL	60.00	100
ANRI MOTHER'S DAY				*
❑ ALPINE MOTHER & CHILDREN	1972	CL	35.00	75.00
❑ ALPINE MOTHER & CHILDREN	1973	CL	40.00	75.00
❑ ALPINE MOTHER & CHILDREN	1974	CL	50.00	75.00

NAME	YEAR	LIMIT	ISSUE	TREND
❑ ALPINE STROLL	1975	CL	60.00	75.00
❑ KNITTING	1976	CL	60.00	75.00
CHRISTMAS				*
❑ MOSS GATHERERS	1979	RT	135.00	180.00
❑ SANTA CLAUS IN TYROL	1981	RT	165.00	250.00
❑ STAR SINGERS, THE	1982	RT	165.00	225.00
❑ UNTO US A CHILD IS BORN	1983	RT	165.00	285.00
❑ WINTRY CHURCHGOING	1980	RT	165.00	250.00
❑ YULETIDE IN THE VALLEY	1984	RT	165.00	350.00
CHRISTMAS				**J. MALFERTHEINER**
❑ ALPINE CHRISTMAS	1976	RT	65.00	300.00
❑ ALPINE HORN	1973	RT	45.00	700.00
❑ CHRISTMAS IN IRELAND	1975	RT	60.00	140.00
❑ DOWN FROM THE ALPS	1987	RT	195.00	250.00
❑ FLIGHT INTO EGYPT	1988	RT	275.00	280.00
❑ GOOD MORNING, GOOD CHEER	1985	RT	165.00	165.00
❑ KLOCKLER SINGERS	1978	RT	80.00	175.00
❑ LEGEND OF HELIGENBLUT	1977	RT	65.00	240.00
❑ PIPERS AT ALBEROBELLO	1972	RT	45.00	160.00
❑ ST. JAKOB IN GARDEN	1971	RT	38.00	135.00
❑ YOUNG MAN AND GIRL	1974	RT	50.00	130.00
CHRISTMAS				**TORIART**
❑ CHRISTKINDL MARKET	1988	RT	220.00	225.00
❑ GRODEN CHRISTMAS	1986	RT	165.00	225.00
❑ HOLY NIGHT	1990	RT	300.00	325.00
DISNEY FOUR STAR COLLECTION				*
❑ DONALD MINI PLATE	1991	RT	30.00	100
❑ MICKEY MINI PLATE	1989	RT	40.00	100
❑ MINNIE MINI PLATE	1990	RT	40.00	100
FERRANDIZ CHRISTMAS				**J. FERRANDIZ**
❑ CHRIST IN THE MANGER	1972	RT	35.00	180.00
❑ CHRISTMAS	1973	RT	40.00	225.00
❑ DRUMMER, THE	1979	RT	120.00	185.00
❑ FLIGHT INTO EGYPT	1975	RT	60.00	100
❑ GIRL WITH FLOWERS	1976	RT	65.00	200.00
❑ HOLY NIGHT	1974	RT	50.00	100
❑ LEADING THE WAY	1978	RT	78.00	180.00
❑ PEACE ATTEND THEE	1983	RT	150.00	140.00
❑ REJOICE	1980	RT	150.00	140.00
❑ SHEPHERD FAMILY, THE	1982	RT	150.00	140.00
❑ SPREADING THE WORD	1981	RT	150.00	140.00
❑ TREE OF LIFE	1976	RT	60.00	100.00
FERRANDIZ MOTHER'S DAY SERIES				**J. FERRANDIZ**
❑ ALL HEARTS	1979	RT	120.00	175.00
❑ ALPINE MOTHER & CHILD	1973	RT	40.00	150.00
❑ BEGINNING, THE	1978	RT	75.00	100
❑ DOVE GIRL	1975	RT	60.00	170.00
❑ HARMONY	1981	RT	150.00	140.00
❑ MOTHER HOLDING CHILD	1974	RT	50.00	175.00
❑ MOTHER KNITTING	1976	RT	60.00	200.00
❑ MOTHER SEWING	1972	RT	35.00	200.00
❑ SPRING ARRIVALS	1980	RT	150.00	175.00
❑ WITH LOVE	1982	RT	150.00	140.00
FERRANDIZ WOODEN WEDDING PLATES				**J. FERRANDIZ**
❑ BOY AND GIRL EMBRACING	1972	CL	40.00	100
❑ WEDDING	1974	CL	48.00	125.00
❑ WEDDING	1975	CL	60.00	125.00
❑ WEDDING	1976	CL	60.00	125.00
❑ WEDDING SCENE	1973	CL	40.00	150.00
RELIGIOUS				**L. GAITHER**
❑ HOLY FAMILY	1998	OP	995.00	995.00

ARABIA ANNUAL

KALEVALA				R. UOSIKKINEN
❑ AINO'S FATE	1977	*	30.00	110.00
❑ ANNIKKA	1990	YR	85.00	105.00
❑ FOUR MAIDENS	1989	YR	75.00	95.00
❑ HEAR VAINAMOINEN WEEP	1988	YR	69.00	115.00
❑ JOUKAHAINEN SHOOTS THE HORSE	1982	YR	56.00	80.00
❑ KULLERVO'S REVENGE	1979	YR	40.00	80.00
❑ LEMMINKAINEN'S CHASE	1978	2500	39.00	100.00
❑ LEMMINKAINEN'S ESCAPE	1983	YR	60.00	100.00
❑ LEMMINKAINEN'S GRIEF	1985	YR	60.00	100.00
❑ LEMMINKAINEN'S MAGIC FEATHERS	1984	YR	50.00	110.00
❑ LEMMINKAIN'S MOTHER SAYS DON'T/WAR	1991	YR	85.00	100.00
❑ OSMATAR CREATING ALE	1986	YR	60.00	80.00
❑ VAINAMOINEN TRICKS ILMARINEN	1987	YR	65.00	85.00
❑ VAINAMOINEN'S MAGIC	1981	YR	50.00	80.00
❑ VAINAMOINEN'S RESCUE	1980	YR	45.00	200.00
❑ VAINAMOINEN'S SOWING	1976	*	30.00	400.00

ARMSTRONG'S

COMMEMORATIVE ISSUES				R. SKELTON
❑ 70 YEARS YOUNG	1983	15000	85.00	125.00
❑ FREDDIE THE TORCHBEARER	1984	15000	63.00	90.00

PLATES

NAME	YEAR	LIMIT	ISSUE	TREND
CONSTITUTION SERIES				A. D'ESTREHAN
❑ GREAT CHASE, THE	1987	10000	40.00	75.00
❑ U.S. CONSTITUTION VS. GUERRIERE	1987	10000	40.00	75.00
❑ U.S. CONSTITUTION VS. JAVA	1987	10000	40.00	75.00
❑ U.S. CONSTITUTION VS. TRIPOLI	1987	10000	40.00	75.00
FACES OF THE WORLD				L. DEWINNE
❑ CLARA (BELGIUM)	1988	14 DAYS	25.00	43.00
❑ COLLETTE (FRANCE)	1988	14 DAYS	25.00	43.00
❑ ERIN (IRELAND)	1988	14 DAYS	25.00	43.00
❑ GRETA (AUSTRIA)	1988	14 DAYS	25.00	43.00
❑ HEATHER (ENGLAND)	1988	14 DAYS	25.00	43.00
❑ LUISA (SPAIN)	1988	14 DAYS	25.00	43.00
❑ MARIA (ITALY)	1988	14 DAYS	25.00	43.00
❑ TAMIKO (JAPAN)	1988	14 DAYS	25.00	43.00
FREDDIE'S ADVENTURES				R. SKELTON
❑ CAPTAIN FREDDIE	1982	15000	60.00	100.00
❑ GERTRUDE AND HEATHCLIFFE	1984	15000	63.00	95.00
FREEDOM COLLECTION				R. SKELTON
❑ ALL-AMERICAN, THE	1990	9000	63.00	90.00
❑ ALL-AMERICAN, THE-SIGNED	1990	1000	195.00	500.00
❑ FREDDIE'S GIFT OF LIFE	1993	9000	63.00	70.00
❑ FREDDIE'S GIFT OF LIFE-SIGNED	1993	1000	195.00	280.00
❑ INDEPENDENCE DAY	1991	9000	63.00	90.00
❑ INDEPENDENCE DAY-SIGNED	1991	1000	195.00	300.00
❑ LET FREEDOM RING	1992	9000	63.00	80.00
❑ LET FREEDOM RING-SIGNED	1992	1000	195.00	280.00
HAPPY ART SERIES				W. LANTZ
❑ BLUE BOY WOODY	1984	9000	40.00	40.00
❑ BLUE BOY WOODY-SIGNED	1984	1000	100.00	200.00
❑ GOTHIC WOODY	1983	9000	40.00	40.00
❑ GOTHIC WOODY-SIGNED	1983	1000	100.00	200.00
❑ WOODY'S TRIPLE SELF-PORTRAIT	1981	9000	40.00	40.00
❑ WOODY'S TRIPLE SELF-PORTRAIT-SIGNED	1981	1000	100.00	200.00
INFINITE LOVE				S. ETEM
❑ BUNDLE OF JOY	1988	14 DAYS	25.00	40.00
❑ EYES SAY I LOVE YOU, THE	1987	14 DAYS	25.00	40.00
❑ GRINS FOR GRANDMA	1988	14 DAYS	25.00	43.00
❑ KISS A LITTLE GIGGLE	1987	14 DAYS	25.00	43.00
❑ LOVE GOES FORTH IN LITTLE FEET	1988	14 DAYS	25.00	43.00
❑ MOMENT TO CHERISH	1989	CL	25.00	40.00
❑ ONCE UPON A SMILE	1987	14 DAYS	25.00	43.00
❑ PAIR OF DREAMS	1987	CL	25.00	40.00
MISCHIEF MAKERS				S. ETEM
❑ BUCKLES	1986	10000	40.00	60.00
❑ NAP	1988	10000	40.00	60.00
❑ PUDDLES	1986	10000	40.00	75.00
❑ TRIX	1987	10000	40.00	60.00
SIGNATURE COLLECTION				R. SKELTON
❑ ANYONE FOR TENNIS?	1986	9000	63.00	90.00
❑ ANYONE FOR TENNIS?-SIGNED	1986	1000	125.00	500.00
❑ CLIFFHANGER, THE	1988	9000	63.00	85.00
❑ CLIFFHANGER, THE-SIGNED	1988	1000	150.00	350.00
❑ HOOKED ON FREDDIE	1988	9000	63.00	85.00
❑ HOOKED ON FREDDIE-SIGNED	1988	1000	175.00	350.00
❑ IRONING THE WAVES	1987	9000	63.00	80.00
❑ IRONING THE WAVES-SIGNED	1987	1000	125.00	270.00
SPORTS				SCHENKEN
❑ PETE ROSE- UNSIGNED	1985	10000	45.00	60.00
❑ PETE ROSE-HANDSIGNED	1985	1000	100.00	300
STATUE OF LIBERTY				A. D'ESTREHAN
❑ DEDICATION	1986	10000	40.00	60.00
❑ IMMIGRANTS, THE	1986	10000	40.00	60.00
❑ INDEPENDENCE	1986	10000	40.00	60.00
❑ RE-DEDICATION	1986	10000	40.00	60.00

ART WORLD OF BOURGEAULT

NAME	YEAR	LIMIT	ISSUE	TREND
ENGLISH COUNTRYSIDE				R. BOURGEAULT
❑ COUNTRY SQUIRE, THE	1980	1500	70.00	280.00
❑ ROSE COTTAGE	1982	1500	90.00	310.00
❑ THATCHED BEAUTY	1983	1500	95.00	280.00
❑ WILLOWS, THE	1981	1500	85.00	280.00
ENGLISH COUNTRYSIDE SINGLE ISSUES				R. BOURGEAULT
❑ ANNE HATHAWAY COTTAGE, THE	1984	500	150.00	640.00
❑ LARK RISE	1989	50	450.00	603.00
❑ LILAC COTTAGE	1985	500	125.00	350.00
❑ STUART HOUSE	1988	50	325.00	571.00
❑ SUFFOLK PINK	1987	50	220.00	427.00
ROYAL GAINSBOROUGH SERIES				R. BOURGEAULT
❑ GAINSBOROUGH LADY	1991	*	*	N/A
❑ LISA-CAROLINE, THE	1990	*	65.00	100.00
ROYAL LITERARY SERIES				R. BOURGEAULT
❑ ANNE HATHAWAY COTTAGE, THE	1989	4500	65.00	100.00
❑ JOHN BUNYAN COTTAGE, THE	1985	4500	60.00	100.00
❑ JOHN MILTON COTTAGE, THE	1988	4500	65.00	100.00
❑ THOMAS HARTY COTTAGE, THE	1987	4500	65.00	100.00

PLATES

NAME	YEAR	LIMIT	ISSUE	TREND
WHERE IS ENGLAND			R. BOURGEAULT	
❑ COTSWOLD BEAUTY	1993	50	525.00	525.00
❑ FLEECE INN, THE	1991	50	525.00	705.00
❑ FORGET-ME-NOT	1990	50	525.00	500.00
❑ MILLBROOK HOUSE	1992	50	525.00	525.00

ARTAFFECTS

NAME	YEAR	LIMIT	ISSUE	TREND
ADVENTURES OF PETER PAN			T. NEWSOM	
❑ ENCOUNTER, THE	1990	CL	30.00	40.00
❑ FLYING OVER LONDON	1990	CL	30.00	40.00
❑ LOOK AT ME	1990	CL	30.00	40.00
❑ NEVER LAND	1990	CL	30.00	40.00
AMERICAN BLUES SPECIAL OCCASION			R. SAUBER	
❑ HAPPILY EVER AFTER - WEDDING	1992	*	35.00	70.00
❑ MY SUNSHINE - MOTHERHOOD	1992	*	35.00	70.00
❑ PERFECT TREE, THE - CHRISTMAS	1992	*	35.00	70.00
AMERICAN MARITIME HERITAGE			K. SOLDWEDEL	
❑ U.S.S. CONSTITUTION	1987	CL	35.00	40.00
AMERICA'S INDIAN HERITAGE			G. PERILLO	
❑ ARAPAHO NATION	1987	CL	25.00	50.00
❑ BLACKFOOT NATION	1988	CL	25.00	50.00
❑ CHEYENNE NATION	1987	CL	25.00	65.00
❑ CHIPPEWA NATION	1988	CL	25.00	50.00
❑ CROW NATION	1988	CL	25.00	50.00
❑ KIOWA NATION	1987	CL	25.00	40.00
❑ NEZ PERCE NATION	1988	CL	25.00	40.00
❑ SIOUX NATION	1988	CL	25.00	50.00
ANGLER'S DREAM			J. EGGERT	
❑ BROOK TROUT	1983	9800	55.00	75.00
❑ CHINOOK SALMON	1983	9800	55.00	75.00
❑ LARGEMOUTH BASS	1983	9800	55.00	75.00
❑ STRIPED BASS	1983	9800	55.00	75.00
BABY'S FIRSTS			R. SAUBER	
❑ BABY'S FIRST STEP	1989	CL	22.00	30.00
❑ CHRISTMAS MORN	1989	CL	22.00	30.00
❑ FIRST BIRTHDAY	1989	CL	22.00	30.00
❑ PICTURE PERFECT	1989	CL	22.00	30.00
❑ VISITING THE DOCTOR	1989	CL	22.00	30.00
BACKSTAGE			B. LEIGHTON-JONES	
❑ BUBBLING OVER	1990	CL	30.00	30.00
❑ LETTER, THE	1990	CL	30.00	30.00
❑ RUNAWAY, THE	1990	CL	30.00	30.00
BAKER STREET			M. HOOKS	
❑ SHERLOCK HOLMES	1983	CL	55.00	90.00
❑ WATSON	1983	9800	55.00	90.00
BECKER BABIES			C. BECKER	
❑ PALS	1984	CL	30.00	60.00
❑ SMILING THROUGH	1984	CL	30.00	60.00
❑ SNOW PUFF	1983	CL	30.00	60.00
BESSIE'S BEST			B.P. GUTMANN	
❑ LOOKING FOR TROUBLE	1984	CL	30.00	45.00
❑ MY BABY	1984	CL	30.00	50.00
❑ NEW LOVE, THE	1984	CL	30.00	40.00
❑ OH! OH! A BUNNY	1984	CL	30.00	50.00
❑ TAPS	1984	CL	30.00	40.00
BRING UNTO ME THE CHILDREN			MAGO	
❑ BAPTISM, THE	1994	CL	30.00	46.00
❑ COMMUNION	1994	CL	30.00	46.00
❑ HEAVENLY EMBRACE	1994	CL	30.00	46.00
❑ LITTLE LOVE SONG	1994	CL	30.00	46.00
❑ LORD'S PRAYER, THE	1994	CL	30.00	46.00
❑ LOVE'S BLESSING	1994	CL	30.00	46.00
❑ SWEET DREAMS	1994	CL	30.00	46.00
❑ SWEET SERENITY	1994	CL	30.00	46.00
CARNIVAL SERIES			T. NEWSOM	
❑ CAROUSEL	1982	19500	35.00	50.00
❑ KNOCK EM' DOWN	1982	19500	35.00	50.00
CHILDHOOD DELIGHTS			R. SAUBER	
❑ AMANDA	1983	7500	45.00	75.00
CHILDREN OF THE PRAIRIE			G. PERILLO	
❑ BEACH COMBER	1993	75 DAYS	30.00	46.00
❑ DAYDREAMERS	1993	75 DAYS	30.00	46.00
❑ PATIENCE	1993	75 DAYS	30.00	46.00
❑ PLAY TIME	1993	75 DAYS	30.00	46.00
❑ SENTINAL, THE	1993	75 DAYS	30.00	46.00
❑ SISTERS	1993	75 DAYS	30.00	46.00
❑ TENDER LOVING CARE	1993	75 DAYS	30.00	46.00
❑ WATCHFUL WAITING	1993	75 DAYS	30.00	46.00
CHRISTIAN COLLECTION			A. TOBEY	
❑ BRING TO ME THE CHILDREN	1987	*	35.00	60.00
❑ HEALER, THE	1987	*	35.00	40.00
❑ WEDDING FEAST AT CANA	1987	*	35.00	40.00
CHRISTMAS CELEBRATIONS OF YESTERDAY			M. LEONE	
❑ CHRISTMAS BLESSINGS	1993	*	27.00	42.00
❑ CHRISTMAS EVE	1993	*	27.00	42.00

PLATES

NAME	YEAR	LIMIT	ISSUE	TREND
❏ CHRISTMAS ON MAIN STREET	1993	*	27.00	42.00
❏ CHRISTMAS ON THE FARM	1993	*	27.00	42.00
❏ CHRISTMAS PARTY	1993	*	27.00	42.00
❏ HOME FOR CHRISTMAS	1993	*	27.00	42.00
❏ TRIMMING THE TREE	1993	*	27.00	42.00
❏ WREATH MAKER	1993	*	27.00	42.00
CLASSIC AMERICAN CARS				**J. DENEEN**
❏ CADILLAC	1989	CL	35.00	50.00
❏ CORD	1989	CL	35.00	50.00
❏ DUESENBERG	1989	CL	35.00	50.00
❏ HUDSON	1990	CL	35.00	50.00
❏ LINCOLN	1990	CL	35.00	50.00
❏ PACKARD	1990	CL	35.00	50.00
❏ PIERCE-ARROW	1990	CL	35.00	50.00
❏ RUXTON	1989	CL	35.00	50.00
CLASSIC AMERICAN TRAINS				**J. DENEEN**
❏ COMPETITION	1988	CL	35.00	50.00
❏ HOMEWARD BOUND	1988	CL	35.00	50.00
❏ MIDDAY STOP	1988	CL	35.00	60.00
❏ RACE AGAINST TIME, A	1988	CL	35.00	60.00
❏ ROUND THE BEND	1988	CL	35.00	60.00
❏ SILVER BULLET, THE	1988	CL	35.00	70.00
❏ TAKING THE HIGH ROAD	1988	CL	35.00	50.00
❏ TRAVELING IN STYLE	1988	CL	35.00	60.00
CLUB MEMBER LIMITED EDITION				**G. PERILLO**
❏ STUDIES IN B/W SET OF FOUR-SMALL	1992	YR	75.00	125.00
❏ WATCHER OF THE WILDERNESS 9-1/4"	1993	YR	60.00	65.00
COUNCIL OF NATIONS				**G. PERILLO**
❏ BOLDNESS OF THE SENECA	1991	14 DAYS	30.00	
❏ COURAGE OF THE ARAPAHO	1991	14 DAYS	30.00	50.00
❏ DIGNITY OF THE NEZ PERCE	1991	14 DAYS	30.00	50.00
❏ NOBILITY OF THE ALGONQUIN	1991	14 DAYS	30.00	50.00
❏ POWER OF THE BLACKFOOT	1991	14 DAYS	30.00	50.00
❏ PRIDE OF THE CHEYENNE	1991	14 DAYS	30.00	50.00
❏ STRENGTH OF THE SIOUX	1991	14 DAYS	30.00	50.00
❏ WISDOM OF THE CHEROKEE	1991	14 DAYS	30.00	50.00
GOOD SPORTS				**S. MILLER-MAXWELL**
❏ ALLEY CATS	1989	CL	23.00	35.00
❏ PURRFECT GAME	1989	CL	23.00	35.00
❏ QUARTERBACK SNEAK	1989	CL	23.00	35.00
❏ TEE TIME	1989	CL	23.00	35.00
❏ TWO/LOVE	1989	CL	23.00	35.00
❏ WHAT'S THE CATCH?	1989	CL	23.00	35.00
GREAT AMERICAN TRAINS				**J. DENEEN**
❏ ALTON LIMITED, THE	1992	CL	27.00	46.00
❏ BLACKHAWK LIMITED, THE	1992	CL	27.00	46.00
❏ BROADWAY LIMITED, THE	1992	CL	27.00	46.00
❏ CAPITOL LIMITED, THE	1992	CL	27.00	46.00
❏ MERCHANTS LIMITED, THE	1992	CL	27.00	46.00
❏ PANAMA SPECIAL LIMITED, THE	1992	CL	27.00	46.00
❏ SOUTHWESTERN LIMITED, THE	1992	CL	27.00	46.00
❏ SUNSHINE SPECIAL LIMITED, THE	1992	CL	27.00	46.00
GREAT TRAINS				**J. DENEEN**
❏ EMPIRE BUILDER	1986	7500	35.00	60.00
❏ SANTA FE	1985	7500	35.00	60.00
❏ TWENTIETH CENTURY LTD.	1985	7500	35.00	60.00
HEAVENLY ANGELS				**MAGO**
❏ ANGEL CAKE	1992	CL	27.00	50.00
❏ ANGEL'S KISS, THE	1992	CL	27.00	50.00
❏ CAUGHT IN THE ACT	1992	CL	27.00	50.00
❏ HEAVENLY HELPER	1992	CL	27.00	50.00
❏ HEAVENLY LIGHT	1992	CL	27.00	50.00
❏ HUSH-A-BYE	1992	CL	27.00	70.00
❏ MY ANGEL	1992	CL	27.00	40.00
❏ SLEEPY SENTINEL	1992	CL	27.00	50.00
HOW DO I LOVE THEE?				**R. SAUBER**
❏ ALAINA	1982	19500	40.00	60.00
❏ EMBRACE	1983	19500	40.00	60.00
❏ RENDEZVOUS	1983	19500	40.00	60.00
❏ TAYLOR	1982	19500	40.00	60.00
INDIAN BRIDAL				**G. PERILLO**
❏ AUTUMN BLOSSOM	1990	14 DAYS	25.00	30.00
❏ MISTY WATERS	1990	14 DAYS	25.00	30.00
❏ SUNNY SKIES	1990	14 DAYS	25.00	30.00
❏ YELLOW BIRD	1990	14 DAYS	25.00	30.00
LANDS BEFORE TIME				**A. CHESTERMAN**
❏ IMPERIAL DYNASTY	1994	CL	30.00	43.00
❏ KNIGHTS IN SHINING ARMOUR	1994	CL	30.00	43.00
❏ PHARAOH'S RETURN	1994	CL	30.00	43.00
❏ ROMAN HOLIDAY	1994	CL	30.00	43.00
LIFE OF JESUS				**L. MARCHETTI**
❏ AGONY IN THE GARDEN, THE	1992	CL	27.00	46.00
❏ BLESSING OF THE CHILDREN, THE	1992	CL	27.00	46.00
❏ DESCENT FROM THE CROSS, THE	1992	CL	27.00	46.00
❏ ENTRY INTO JERUSALEM, THE	1992	CL	27.00	46.00

PLATES

NAME	YEAR	LIMIT	ISSUE	TREND
❑ HEALING OF THE SICK, THE	1992	CL	27.00	46.00
❑ LAST SUPPER, THE	1992	CL	27.00	46.00
❑ RESURRECTION, THE	1992	CL	27.00	46.00
❑ SERMON ON THE MOUNT, THE	1992	CL	27.00	46.00
LIVING IN HARMONY				**G. PERILLO**
❑ PEACEABLE KINGDOM-SMALL, 8-1/4"	1991	75 DAYS	30.00	45.00
MAGICAL MOMENT				**B.P. GUTMANN**
❑ HAPPY DREAMS	1981	CL	30.00	65.00
❑ HARMONY	1981	CL	30.00	70.00
❑ HIS MAJESTY	1982	CL	30.00	60.00
❑ LULLABY, THE	1983	CL	30.00	75.00
❑ THANK YOU GOD	1982	CL	30.00	50.00
❑ WAITING FOR DADDY	1982	CL	30.00	50.00
MAGO'S MOTHERHOOD				**MAGO**
❑ SERENITY	1990	CL	50.00	80.00
MASTERPIECES OF IMPRESSIONISM				**MONET/ CASSAT**
❑ MARGOT IN BLUE	1983	17500	35.00	50.00
❑ SARA IN GREEN BONNET	1982	17500	35.00	60.00
❑ WOMAN WITH PARASOL	1980	17500	35.00	75.00
❑ YOUNG MOTHER SEWING	1981	17500	35.00	60.00
MASTERPIECES OF ROCKWELL				**N. ROCKWELL**
❑ AFTER THE PROM	1980	17500	43.00	90.00
❑ CHALLENGER, THE	1980	17500	50.00	75.00
❑ GIRL AT THE MIRROR	1982	17500	50.00	75.00
❑ MISSING TOOTH	1982	17500	50.00	75.00
MELODIES OF CHILDHOOD				**H. GARRIDO**
❑ MARY HAD A LITTLE LAMB	1983	19500	35.00	50.00
❑ ROW, ROW, ROW YOUR BOAT	1983	19500	35.00	50.00
❑ TWINKLE, TWINKLE, LITTLE STAR	1983	19500	35.00	50.00
MOTHER'S LOVE				**B.P. GUTMANN**
❑ DADDY'S HERE	1984	CL	30.00	60.00
MOTHER'S LOVE				**G. PERILLO**
❑ FEELINGS	1988	YR	35.00	100
❑ LITTLE SHADOW	1991	YR	40.00	100
❑ MOONLIGHT	1989	YR	35.00	100
❑ PRIDE & JOY	1990	YR	40.00	100
NATIVE AMERICAN CHRISTMAS				**G. PERILLO**
❑ LITTLE SHEPHERD, THE	1993	YR	45.00	75.00
NORTH AMERICAN WILDLIFE				**G. PERILLO**
❑ AMERICAN BALD EAGLE	1989	CL	30.00	50.00
❑ BIGHORN SHEEP	1989	CL	30.00	40.00
❑ BUFFALO	1989	CL	30.00	40.00
❑ MOUNTAIN LION	1989	CL	30.00	50.00
❑ MUSTANG	1989	CL	30.00	50.00
❑ POLAR BEAR	1989	CL	30.00	40.00
❑ TIMBER WOLF	1989	CL	30.00	40.00
❑ WHITE TAILED DEER	1989	CL	30.00	50.00
NURSERY PAIR				**C. BECKER**
❑ AWAKENING, THE	1983	CL	25.00	60.00
❑ IN SLUMBERLAND	1983	CL	25.00	50.00
OLD FASHIONED CHRISTMAS				**G. SAUBER**
❑ TOY SHOPPE, THE	1994	*	30.00	45.00
OLD FASHIONED CHRISTMAS				**R. SAUBER**
❑ CHRISTMAS DELIGHT	1994	*	30.00	45.00
❑ CHRISTMAS EVE	1994	*	30.00	45.00
❑ UP ON THE ROOF TOP	1993	*	30.00	45.00
ON THE ROAD SERIES				**N. ROCKWELL**
❑ CITY PRIDE	1984	CL	35.00	65.00
❑ COUNTRY PRIDE	1984	CL	35.00	65.00
❑ PRIDE OF STOCKBRIDGE	1984	CL	35.00	65.00
OUR CHILDREN, OUR FUTURE/MARCH OF DIMES				**G. PERILLO**
❑ TIME TO BE BORN	1990	150 DAYS	29.00	29.00
PERILLO CHRISTMAS				**G. PERILLO**
❑ BUNDLE UP	1990	YR	40.00	75.00
❑ CHRISTMAS JOURNEY	1991	YR	40.00	75.00
❑ SHINING STAR	1987	YR	30.00	75.00
❑ SILENT LIGHT	1988	YR	35.00	75.00
❑ SNOW FLAKE	1989	YR	35.00	75.00
PERILLO'S FAVORITES				**G. PERILLO**
❑ BUFFALO AND THE BRAVE	1994	*	*	N/A
❑ HOME OF THE BRAVE AND FREE	1994	*	*	N/A
PERILLO'S FOUR SEASONS (BLUE SET)				**G. PERILLO**
❑ AUTUMN 6-1/2"	1991	CL	25.00	35.00
❑ SPRING 6-1/2"	1991	CL	25.00	35.00
❑ SUMMER 6-1/2"	1991	CL	25.00	35.00
❑ WINTER 6-1/2"	1991	CL	25.00	35.00
PLAYFUL PETS				**J.H. DOLPH**
❑ CURIOSITY	1982	7500	45.00	75.00
❑ MASTER'S HAT	1982	7500	45.00	75.00
PORTRAIT SERIES				**J. EGGERT**
❑ CHANTILLY	1986	CL	25.00	43.00
❑ DYNASTY	1986	CL	25.00	43.00
❑ JAMBALAYA	1986	CL	25.00	43.00
❑ VELVET	1986	CL	25.00	43.00

NAME	YEAR	LIMIT	ISSUE	TREND
PORTRAITS BY PERILLO-MINI PLATES				G. PERILLO
❏ BLUE BIRD-SIOUX	1989	9500	20.00	43.00
❏ BRIGHT SKY-NEZ PERCE	1989	9500	20.00	30.00
❏ LITTLE FEATHER-SENECA	1989	9500	20.00	43.00
❏ PROUD EAGLE-CROW	1989	9500	20.00	20.00
❏ RUNNING BEAR-NAVAJO	1989	9500	20.00	20.00
❏ SMILING EYES-ARAPAHO	1989	9500	20.00	30.00
❏ SPRING BREEZE-CHEROKEE	1989	9500	20.00	43.00
❏ WILDFLOWER-CHEYENNE	1989	9500	20.00	43.00
PORTRAITS OF AMERICAN BRIDES				R. SAUBER
❏ CAROLINE	1986	CL	30.00	70.00
❏ ELIZABETH	1987	CL	30.00	50.00
❏ EMILY	1987	CL	30.00	50.00
❏ JACQUELINE	1986	CL	30.00	50.00
❏ LAURA	1987	CL	30.00	50.00
❏ MEREDITH	1987	CL	30.00	50.00
❏ REBECCA	1987	CL	30.00	50.00
❏ SARAH	1987	CL	30.00	60.00
PROUD YOUNG SPIRITS				G. PERILLO
❏ BIRDS OF A FEATHER	1990	CL	30.00	40.00
❏ FAST FRIENDS	1990	CL	30.00	40.00
❏ FREEDOM'S WATCH	1990	CL	30.00	40.00
❏ LOYAL GUARDIAN	1990	CL	30.00	40.00
❏ PRAIRIE PALS	1990	CL	30.00	40.00
❏ PROTECTOR OF THE PLAINS	1990	CL	30.00	80.00
❏ WATCHFUL EYES	1990	CL	30.00	60.00
❏ WOODLAND SCOUTS	1990	CL	30.00	40.00
REFLECTIONS OF YOUTH				MAGO
❏ AMY	1988	CL	30.00	45.00
❏ ANDREW	1988	CL	30.00	70.00
❏ BETH	1988	CL	30.00	50.00
❏ JESSICA	1988	CL	30.00	50.00
❏ JULIA	1988	CL	30.00	50.00
❏ LAUREN	1988	CL	30.00	50.00
❏ MICHELLE	1988	CL	30.00	50.00
❏ SEBASTIAN	1988	CL	30.00	50.00
ROCKWELL AMERICANA				N. ROCKWELL
❏ BREAKING HOME TIES	1982	17500	75.00	125.00
❏ SHUFFLETON'S BARBERSHOP	1981	17500	75.00	125.00
❏ WALKING TO CHURCH	1983	17500	75.00	125.00
ROCKWELL TRILOGY				N. ROCKWELL
❏ STOCKBRIDGE IN WINTER 1	1981	CL	35.00	60.00
❏ STOCKBRIDGE IN WINTER 2	1982	CL	35.00	60.00
❏ STOCKBRIDGE IN WINTER 3	1982	CL	35.00	65.00
ROMANTIC CITIES OF EUROPE				L. MARCHETTI
❏ LONDON	1990	CL	35.00	55.00
❏ MOSCOW	1990	CL	35.00	50.00
❏ PARIS	1989	CL	35.00	55.00
❏ VENICE	1989	CL	35.00	55.00
ROSE WREATHS				KNOX/ROBERTSON
❏ FLORAL FASCINATION	1994	*	27.00	46.00
❏ GENTLE PERSUASION	1993	*	27.00	46.00
❏ LOVE'S EMBRACE	1994	*	27.00	46.00
❏ SUMMER'S BOUNTY	1993	*	27.00	46.00
❏ SUNSET SPLENDOR	1993	*	27.00	46.00
❏ SWEET SUNSHINE	1994	*	27.00	46.00
❏ SWEETHEART'S DELIGHT	1994	*	27.00	46.00
❏ VICTORIAN FANTASY	1993	*	27.00	46.00
SAILING THROUGH HISTORY				K. SOLDWEDEL
❏ FLYING CLOUD	1986	CL	30.00	55.00
❏ MAYFLOWER	1986	CL	30.00	55.00
❏ SANTA MARIA	1986	CL	30.00	55.00
SIMPLER TIMES SERIES				N. ROCKWELL
❏ LAZY DAZE	1984	7500	35.00	50.00
❏ ONE FOR THE ROAD	1984	7500	35.00	50.00
SONGS OF STEPHEN FOSTER				R. SAUBER
❏ BEAUTIFUL DREAMER	1984	3500	60.00	100.00
❏ JEANIE WITH THE LIGHT BROWN HAIR	1984	3500	60.00	100.00
❏ OH! SUSANNAH	1984	3500	60.00	100.00
SPECIAL ISSUE				MAGO
❏ DIVINE INTERVENTION	1994	CL	35.00	40.00
SPECIAL ISSUE				H.C. CHRISTY
❏ WE THE PEOPLE	1987	OP	35.00	40.00
SPECIAL OCCASIONS				F. TIPTON HUNTER
❏ BUBBLES	1982	OP	30.00	50.00
❏ BUTTERFLIES	1982	OP	30.00	50.00
SPIRITS OF NATURE				G. PERILLO
❏ DEFENDER OF THE MOUNTAIN 9-1/4"	1993	3500	60.00	82.00
❏ GUARDIAN OF SAFE PASSAGE 9-1/4"	1993	3500	60.00	82.00
❏ KEEPER OF THE FOREST 9-1/4"	1993	3500	60.00	82.00
❏ PROTECTOR OF THE NATIONS 9-1/4"	1993	3500	60.00	82.00
❏ SPIRIT OF THE PLAINS 9-1/4"	1993	3500	60.00	82.00
STUDIES OF EARLY CHILDHOOD				MAGO
❏ ANYBODY HOME?	1990	CL	35.00	45.00
❏ CHRISTOPHER & KATE	1990	CL	35.00	46.00

NAME	YEAR	LIMIT	ISSUE	TREND
❏ PEEK-A-BOO	1990	CL	35.00	45.00
❏ THREE-PART HARMONY	1990	OP	35.00	75.00
TIMELESS LOVE				**R. SAUBER**
❏ AFTERNOON LIGHT	1990	CL	35.00	50.00
❏ PROPOSAL, THE	1989	CL	35.00	65.00
❏ QUIET MOMENTS	1990	CL	35.00	50.00
❏ SWEET EMBRACE	1989	CL	35.00	50.00
TIMES OF OUR LIVES COLLECTION				**R. SAUBER**
❏ ALL ADORE HIM 10 1/4 IN.	1985	CL	38.00	40.00
❏ ALL ADORE HIM 6 1/2 IN.	1988	CL	20.00	23.00
❏ ANNIVERSARY, THE 10 1/4 IN.	1986	CL	38.00	40.00
❏ ANNIVERSARY, THE 6 1/2 IN.	1988	CL	20.00	23.00
❏ CHRISTENING, THE 10 1/4 IN.	1986	CL	38.00	40.00
❏ CHRISTENING, THE 6 1/2 IN.	1988	CL	20.00	23.00
❏ FATHERHOOD 10 1/4 IN.	1987	CL	38.00	40.00
❏ FATHERHOOD 6 1/2 IN.	1988	CL	20.00	23.00
❏ GOD BLESS AMERICA 10 1/4 IN.	1989	CL	40.00	40.00
❏ GOD BLESS AMERICA 6 1/4 IN.	1989	CL	22.00	23.00
❏ HAPPY BIRTHDAY 10 1/4 IN.	1984	CL	38.00	40.00
❏ HAPPY BIRTHDAY 6 1/2 IN.	1988	CL	20.00	23.00
❏ HOME SWEET HOME 10 1/4 IN.	1985	CL	38.00	40.00
❏ HOME SWEET HOME 6 1/2 IN.	1988	CL	20.00	23.00
❏ MOTHERHOOD 10 1/4 IN.	1987	CL	38.00	40.00
❏ MOTHERHOOD 6 1/2 IN.	1988	CL	20.00	23.00
❏ MOTHER'S JOY 10 1/4 IN.	1990	CL	40.00	40.00
❏ MOTHER'S JOY 6 1/2 IN.	1990	CL	23.00	23.00
❏ SWEET SIXTEEN	1987	CL	38.00	40.00
❏ SWEETHEARTS 10 1/4 IN.	1986	CL	38.00	50.00
❏ SWEETHEARTS 6 1/2 IN.	1988	CL	20.00	23.00
❏ VISITING THE DOCTOR	1989	CL	40.00	40.00
❏ WEDDING, THE 10 1/4 IN.	1982	CL	38.00	40.00
❏ WEDDING, THE 6 1/2 IN..	1988	CL	20.00	23.00
TRIBAL IMAGES				**G. PERILLO**
❏ BLACKFOOT CHIEFTAINS	1994	*	*	N/A
❏ CHEYENNE CHIEFTAINS	1994	*	*	N/A
❏ CROW CHIEFTAINS	1994	*	*	N/A
❏ SIOUX CHIEFTAINS	1994	*	*	N/A
TRIBUTE SERIES				**H.C. CHRISTY**
❏ GEE, I WISH	1982	CL	30.00	50.00
TRIBUTE SERIES				**J.M. FLAGG**
❏ I WANT YOU	1982	CL	30.00	50.00
TRIBUTE SERIES				**N. ROCKWELL**
❏ SOLDIER'S FAREWELL	1983	CL	30.00	50.00
UNICORN MAGIC				**J. TERRESON**
❏ AFTERNOON OFFERING	1983	7500	50.00	75.00
❏ MORNING ENCOUNTER	1983	7500	50.00	75.00
WAR PONIES OF THE PLAINS				**G. PERILLO**
❏ FREE SPIRIT	1992	CL	27.00	30.00
❏ GENTLE WARRIOR	1992	CL	27.00	30.00
❏ NIGHTSHADOW	1992	CL	27.00	30.00
❏ PRAIRIE PRANCER	1992	CL	27.00	30.00
❏ PROUD COMPANION	1992	CL	27.00	30.00
❏ SUN DANCER	1992	CL	27.00	30.00
❏ THUNDERFOOT	1992	CL	27.00	30.00
❏ WINDCATCHER	1992	CL	27.00	30.00
WINTER MINDSCAPE				**R. SAUBER**
❏ COUNTRY MORNING	1990	CL	30.00	40.00
❏ FIRST FREEZE	1990	CL	30.00	40.00
❏ JANUARY THAW	1990	CL	30.00	40.00
❏ PAPA'S SURPRISE	1990	CL	30.00	40.00
❏ PEACEFUL VILLAGE	1989	CL	30.00	40.00
❏ SLEIGH RIDE	1990	CL	30.00	40.00
❏ SNOWBOUND	1989	CL	30.00	40.00
❏ WELL TRAVELED ROAD	1990	CL	30.00	40.00

ARTISTS OF THE WORLD

NAME	YEAR	LIMIT	ISSUE	TREND
CELEBRATION				**T. DEGRAZIA**
❏ CAROLING	1993	5000	40.00	80.00
❏ HOLIDAY LULLABY	1993	5000	40.00	80.00
❏ LORD'S CANDLE, THE	1993	5000	40.00	80.00
❏ PINATA PARTY	1993	5000	40.00	80.00
CHILDREN				**T. DEGRAZIA**
❏ BEAUTIFUL BURDEN	1981	9500	50.00	75.00
❏ BEAUTIFUL BURDEN-SIGNED	1981	500	100.00	325.00
❏ FLOWER BOY	1979	9500	45.00	100
❏ FLOWER BOY-SIGNED	1979	500	100.00	455.00
❏ FLOWER GIRL	1978	9500	45.00	100
❏ FLOWER GIRL-SIGNED	1978	500	100.00	455.00
❏ LITTLE COCOPAH GIRL	1980	9500	50.00	70.00
❏ LITTLE COCOPAH GIRL-SIGNED	1980	500	100.00	325.00
❏ LOS NINOS	1976	5000	35.00	1000
❏ LOS NINOS-SIGNED	1978	500	100.00	2000.00
❏ MERRY LITTLE INDIAN	1982	9500	55.00	100
❏ MERRY LITTLE INDIAN-SIGNED	1981	500	100.00	300

NAME	YEAR	LIMIT	ISSUE	TREND
❏ PINK PAPOOSE	1984	10000	65.00	75.00
❏ SUNFLOWER BOY	1985	10000	65.00	200.00
❏ WHITE DOVE	1977	5000	40.00	150.00
❏ WHITE DOVE-SIGNED	1978	500	100.00	455.00
❏ WONDERING	1983	10000	60.00	150.00
CHILDREN AT PLAY				**T. DEGRAZIA**
❏ AWAY WITH MY KITE	1990	15000	65.00	200.00
❏ GIRL WITH SEWING MACHINE	1986	15000	65.00	200.00
❏ LOVES ME	1987	15000	65.00	200.00
❏ MERRILY, MERRILY, MERRILY	1988	15000	65.00	200.00
❏ MY FIRST ARROW	1989	15000	65.00	200.00
❏ MY FIRST HORSE	1985	15000	65.00	200.00
CHILDREN MINI-PLATES				**T. DEGRAZIA**
❏ BEAUTIFUL BURDEN	1983	5000	20.00	100
❏ FLOWER BOY	1982	5000	15.00	100
❏ FLOWER GIRL	1982	5000	15.00	100
❏ LITTLE COCOPAH INDIAN GIRL	1983	5000	15.00	100
❏ LOS NINOS	1980	5000	15.00	350.00
❏ MERRY LITTLE INDIAN	1984	5000	20.00	100
❏ PINK PAPOOSE	1985	5000	20.00	100
❏ SUNFLOWER BOY	1985	5000	20.00	100
❏ WHITE DOVE	1981	5000	15.00	100
❏ WONDERING	1984	5000	20.00	100
CHILDREN OF ABERDEEN				**K. FUNG NG**
❏ BROTHER AND SISTER	1984	*	60.00	85.00
❏ GIRL WITH LITTLE BROTHER	1979	*	50.00	100.00
❏ GIRL WITH LITTLE SISTER	1981	*	55.00	75.00
❏ GIRL WITH SEABIRDS	1983	*	60.00	105.00
❏ GIRL WITH SEASHELLS	1982	*	60.00	110.00
❏ SAMPAN GIRL	1980	*	50.00	60.00
CHILDREN OF THE SUN				**T. DEGRAZIA**
❏ BRIGHT FLOWERS OF THE DESERT	1987	150 DAYS	38.00	100
❏ GENTLE WHITE DOVE, THE	1988	150 DAYS	38.00	100
❏ GIFTS FROM THE SUN	1988	150 DAYS	38.00	100
❏ GROWING GLORY	1988	150 DAYS	38.00	100
❏ MY LITTLE PINK BIRD	1987	150 DAYS	35.00	100
❏ SPRING BLOSSOMS	1987	150 DAYS	35.00	100
❏ SUN SHOWERS	1989	150 DAYS	40.00	100
❏ SUNFLOWER MAIDEN	1988	150 DAYS	40.00	100
FIESTA OF THE CHILDREN				**T. DEGRAZIA**
❏ CASTANETS IN BLOOM	1990	150 DAYS	35.00	50.00
❏ FIESTA ANGELS	1992	150 DAYS	35.00	45.00
❏ FIESTA FLOWERS	1991	150 DAYS	35.00	50.00
❏ WELCOME TO THE FIESTA	1990	150 DAYS	35.00	40.00
FLORAL FIESTA				**T. DEGRAZIA**
❏ FLOWERS FOR MOTHER	1994	5000	40.00	42.00
❏ LITTLE FLOWER VENDOR	1994	5000	40.00	42.00
HOLIDAY				**T. DEGRAZIA**
❏ BELL OF HOPE	1977	9500	45.00	100
❏ BELL OF HOPE-SIGNED	1977	500	100.00	400.00
❏ BLUE BOY	1982	10000	60.00	50.00
❏ BLUE BOY-SIGNED	1982	96	100.00	400.00
❏ FESTIVAL OF LIGHTS	1976	9500	45.00	90.00
❏ FESTIVAL OF LIGHTS-SIGNED	1976	500	100.00	500.00
❏ HEAVENLY BLESSINGS	1983	10000	65.00	50.00
❏ LITTLE MADONNA	1978	9500	45.00	100
❏ LITTLE MADONNA-SIGNED	1978	500	100.00	340.00
❏ LITTLE PIMA DRUMMER	1980	9500	50.00	60.00
❏ LITTLE PIMA DRUMMER-SIGNED	1980	500	100.00	225.00
❏ LITTLE PRAYER	1981	9500	55.00	50.00
❏ LITTLE PRAYER ANGEL	1981	9500	55.00	33.00
❏ LITTLE PRAYER-SIGNED	1981	500	100.00	300
❏ NATIVITY, THE	1979	9500	50.00	100
❏ NATIVITY, THE-SIGNED	1979	500	100.00	250.00
❏ NAVAJO MADONNA	1984	10000	65.00	100
❏ PIMA INDIAN DRUMMER	1980	9500	50.00	60.00
❏ SAGUARO DANCE	1985	10000	65.00	100
HOLIDAY-MINI PLATES				**T. DEGRAZIA**
❏ BELL OF HOPE	1981	5000	15.00	100
❏ BLUE BOY	1984	5000	20.00	30.00
❏ FESTIVAL OF LIGHTS	1980	5000	15.00	255.00
❏ HEAVENLY BLESSINGS	1984	5000	20.00	30.00
❏ LITTLE MADONNA	1982	5000	15.00	100.00
❏ LITTLE PIMA DRUMMER	1983	5000	15.00	30.00
❏ LITTLE PRAYER	1983	5000	20.00	30.00
❏ NATIVITY, THE	1982	5000	15.00	100.00
❏ NAVAJO MADONNA	1985	5000	20.00	75.00
❏ SAGUARO DANCE	1985	5000	20.00	75.00
WESTERN				**T. DEGRAZIA**
❏ ALONE	1989	5000	65.00	175.00
❏ APACHE SCOUT	1988	5000	65.00	175.00
❏ BRONCO	1987	5000	65.00	175.00
❏ MORNING RIDE	1986	5000	65.00	175.00
# BAREUTHER				
CHRISTMAS				**H. MUELLER**
❏ BAD WIMPFEN	1982	10000	40.00	50.00

NAME	YEAR	LIMIT	ISSUE	TREND
❏ BLACK FOREST CHURCH	1974	10000	19.00	40.00
❏ CHAPEL IN OBERNDORF	1970	10000	12.00	75.00
❏ CHAPEL IN THE HILLS	1976	10000	24.00	30.00
❏ CHRISTKINDLESMARKT	1969	10000	12.00	40.00
❏ CHRISTMAS IN FORCHHEIM	1986	10000	43.00	35.00
❏ CHRISTMAS IN MUNICH	1972	10000	14.00	30.00
❏ CHRISTMAS JOY	1991	10000	56.00	60.00
❏ COMING HOME FOR CHRISTMAS	1994	10000	60.00	75.00
❏ DECORATING THE TREE	1987	10000	43.00	90.00
❏ KAPPLKIRCHE	1968	10000	12.00	75.00
❏ MARKET PLACE IN HEPPENHEIM	1992	10000	60.00	60.00
❏ MITTENBERG	1980	10000	38.00	65.00
❏ MITTENWALD	1978	10000	28.00	75.00
❏ NIGHT BEFORE CHRISTMAS, THE	1983	10000	40.00	50.00
❏ OLD FORGE IN ROTHENBURG, THE	1990	10000	53.00	55.00
❏ SLEIGH RIDE	1973	10000	15.00	40.00
❏ SLEIGH RIDE	1989	10000	53.00	30.00
❏ SNOWMAN	1975	10000	22.00	50.00
❏ ST. COLOMAN CHURCH	1988	10000	53.00	85.00
❏ STIFTSKIRCHE	1967	10000	12.00	200.00
❏ STORY TIME	1977	10000	25.00	45.00
❏ WALK IN THE FOREST	1981	10000	40.00	60.00
❏ WINTER DAY	1979	10000	35.00	63.00
❏ WINTER FUN	1993	10000	60.00	60.00
❏ WINTER WONDERLAND	1985	10000	43.00	60.00
❏ ZEIL ON THE RIVER MAIN	1984	10000	43.00	70.00

CHRISTMAS — L. RICHTER

NAME	YEAR	LIMIT	ISSUE	TREND
❏ TOYS FOR SALE	1971	10000	13.00	30.00

BELLEEK

CHRISTMAS *

NAME	YEAR	LIMIT	ISSUE	TREND
❏ CASTLE CALDWELL	1970	7500	25.00	200.00
❏ CELTIC CROSS	1971	7500	25.00	85.00
❏ CELTIC CROSS, THE	1975	7500	48.00	90.00
❏ DEVENISH ISLAND	1974	7500	45.00	90.00
❏ DOVE OF PEACE	1976	7500	55.00	120.00
❏ FLIGHT OF THE EARLS	1972	7500	30.00	70.00
❏ TRIBUTE TO YEATS	1973	7500	39.00	100.00
❏ WREN	1977	7500	55.00	80.00

BERLIN DESIGN

NAME	YEAR	LIMIT	ISSUE	TREND
❏ CHRISTMAS EVE IN ALLENDORF	1991	20000	80.00	85.00
❏ CHRISTMAS EVE IN FRIEDECHSDADT	1989	20000	80.00	85.00
❏ CHRISTMAS EVE IN GELNHAUS	1986	20000	65.00	70.00
❏ CHRISTMAS EVE IN GOSLAR	1987	20000	65.00	70.00
❏ CHRISTMAS EVE IN HAHNENKLEE	1981	20000	55.00	60.00
❏ CHRISTMAS EVE IN PARTENKIRCHEN	1990	20000	80.00	85.00
❏ CHRISTMAS EVE IN RUHPOLDING	1988	20000	65.00	95.00
❏ CHRISTMAS EVE IN WASSERBERG	1982	20000	55.00	55.00
❏ CHRISTMAS IN AUGSBURG	1976	20000	32.00	80.00
❏ CHRISTMAS IN BAD WIMPFEN	1985	20000	55.00	60.00
❏ CHRISTMAS IN BERLIN	1978	20000	36.00	90.00
❏ CHRISTMAS IN BERNKASTEL	1970	4000	14.00	130.00
❏ CHRISTMAS IN BREMEN	1974	20000	25.00	55.00
❏ CHRISTMAS IN DORTLAND	1975	20000	30.00	40.00
❏ CHRISTMAS IN GREETSIEL	1979	20000	48.00	65.00
❏ CHRISTMAS IN HAMBURG	1977	20000	32.00	35.00
❏ CHRISTMAS IN MICHELSTADT	1972	20000	15.00	60.00
❏ CHRISTMAS IN MITTENBERG	1980	20000	50.00	60.00
❏ CHRISTMAS IN OBERNDORF	1983	20000	55.00	70.00
❏ CHRISTMAS IN RAMSAU	1984	20000	55.00	60.00
❏ CHRISTMAS IN ROTHENBURG	1971	20000	14.00	50.00
❏ CHRISTMAS IN WENDLESTEIN	1973	20000	20.00	60.00

HISTORICAL *

NAME	YEAR	LIMIT	ISSUE	TREND
❏ BENZ MOTOR CAR MUNICH	1978	10000	36.00	36.00
❏ JOHANNES GUTENBERG	1979	10000	48.00	48.00
❏ TOM THUMB	1976	YR	32.00	35.00
❏ WASHINGTON CROSSING THE DELAWARE	1975	YR	30.00	40.00
❏ ZEPPELIN	1977	YR	32.00	35.00

HOLIDAY WEEK OF THE FAMILY KAPPELMANN *

NAME	YEAR	LIMIT	ISSUE	TREND
❏ FRIDAY	1985	*	35.00	40.00
❏ MONDAY	1984	*	33.00	33.00
❏ SATURDAY	1986	*	35.00	40.00
❏ SUNDAY	1986	*	35.00	40.00
❏ THURSDAY	1985	*	35.00	38.00
❏ TUESDAY	1984	*	33.00	37.00
❏ WEDNESDAY	1985	*	33.00	37.00

BIEDERMANN & SONS

*

NAME	YEAR	LIMIT	ISSUE	TREND
❏ DRUMMER BOY	1994	250	20.00	50.00
❏ FOUR CALLING BIRDS	1993	250	18.00	20.00

BING & GRONDAHL

C. MAGADINI

NAME	YEAR	LIMIT	ISSUE	TREND
❏ AMERICAN CHRISTMAS HERITAGE COLLECTION	1998	YR	35.00	35.00

J. NIELSEN

NAME	YEAR	LIMIT	ISSUE	TREND
❏ PLACES OF ENCHANTMENT 1998	1998	7500	70.00	70.00

PLATES

NAME	YEAR	LIMIT	ISSUE	TREND
CENTENNIAL COLLECTION				**A. HALLIN**
❏ BEHIND THE FROZEN WINDOW	1995	YR	60.00	85.00
CENTENNIAL COLLECTION				**D. JENSEN**
❏ CROWS ENJOYING CHRISTMAS	1992	YR	60.00	75.00
CENTENNIAL COLLECTION				**H. THELANDER**
❏ CHRISTMAS ELF	1993	YR	60.00	80.00
❏ CHRISTMAS IN CHURCH	1994	YR	60.00	80.00
CENTENNIAL COLLECTION				**H. VLUGENRING**
❏ COPENHAGEN CHRISTMAS	1992	YR	60.00	60.00
CHILDREN'S DAY PLATE				**C. ROLLER**
❏ BEDTIME	1989	YR	37.00	50.00
❏ JOYFUL FLIGHT	1986	YR	27.00	35.00
❏ LITTLE GARDENERS, THE	1986	YR	30.00	45.00
❏ MAGICAL TEA PARTY, THE	1985	YR	25.00	30.00
❏ WASH DAY	1988	YR	35.00	45.00
CHILDREN'S DAY PLATE				**S. VESTERGAARD**
❏ CAROUSEL, THE	1993	YR	45.00	80.00
❏ CHILDREN'S DAY 1998	1998	YR	35.00	35.00
❏ FUN ON THE BEACH	1991	YR	45.00	60.00
❏ LITTLE FISHERMAN, THE	1994	YR	45.00	60.00
❏ MY FAVORITE DRESS	1990	YR	37.00	45.00
❏ SUMMER DAY IN THE MEADOW	1992	YR	45.00	69.00
CHRISTMAS				*
❏ CHRISTMAS PRAYER OF THE SPARROWS	1916	RT	*	100.00
❏ DAY AT DEER PARK	1994	RT	*	70.00
❏ GOING TO CHURCH ON CHRISTMAS EVE	1912	RT	*	115.00
❏ HAPPINESS OVER THE YULE TREE	1909	RT	*	115.00
❏ PLAYING IN THE SNOW	2001	*	*	73.00
❏ ST. PETRI CHURCH OF COPENHAGEN	1908	RT	*	115.00
❏ SUNG BY ANGELS TO SHEPHERDS IN THE FIELD	1911	RT	*	115.00
CHRISTMAS				**AARESTRUP**
❏ YULE TREE	1930	YR	2.00	99.00
CHRISTMAS				**K. BONFILS**
❏ CHRISTMAS CANDLES	1957	YR	9.00	175.00
❏ CHRISTMAS EVE	1959	YR	10.00	175.00
❏ CHRISTMAS IN COPENHAGEN	1956	YR	8.00	175.00
❏ KAULUNDORG CHURCH	1955	YR	8.00	115.00
❏ ROYAL BOAT	1954	YR	7.00	100
❏ SANTA CLAUS	1958	YR	10.00	115.00
❏ VILLAGE CHURCH	1960	YR	10.00	200.00
❏ WINTER HARMONY	1961	YR	10.00	90.00
❏ WINTER NIGHT	1962	YR	11.00	100.00
CHRISTMAS				**C. ERSGAARD**
❏ OLD ORGANIST, THE	1910	YR	2.00	120.00
CHRISTMAS				**H. FLUGENRING**
❏ CHURCH BELL IN TOWER	1934	YR	3.00	90.00
❏ KORSOR-NYBORG FERRY	1933	YR	3.00	95.00
❏ LIFE BOAT	1932	YR	2.00	100.00
❏ TOWN HALL SQUARE	1931	YR	2.00	90.00
CHRISTMAS				**A. FRIIS**
❏ CHILD'S CHRISTMAS	1925	YR	2.00	90.00
❏ CHRISTMAS BOAT	1917	YR	2.00	90.00
❏ CHRISTMAS TRAIN	1931	YR	2.00	115.00
❏ CHURCHGOERS	1926	YR	2.00	90.00
❏ ERMITAGE, THE	1923	YR	2.00	90.00
❏ ESKIMOS	1928	YR	2.00	75.00
❏ FISHING BOAT	1918	YR	2.00	90.00
❏ FOX OUTSIDE FARM	1929	YR	2.00	95.00
❏ HARE IN THE SNOW	1920	YR	2.00	95.00
❏ LIGHTHOUSE	1924	YR	2.00	95.00
❏ OUTSIDE LIGHTED WINDOW	1919	YR	2.00	89.00
❏ PIGEONS	1921	YR	2.00	70.00
❏ SKATING COUPLE	1927	YR	2.00	100.00
❏ STAR OF BETHLEHEM	1922	YR	2.00	80.00
CHRISTMAS				**F. GARDE**
❏ CHURCH BELLS	1900	YR	1.00	1150.00
❏ CROWS	1899	YR	1.00	1800.00
❏ ROSES AND STAR	1898	YR	1.00	900.00
CHRISTMAS				**F. HALLIN**
❏ BEHIND THE FROZEN WINDOW	1895	YR	*	6000.00
❏ NEW MOON	1896	YR	1.00	2400.00
❏ SPARROWS	1897	YR	1.00	1400.00
CHRISTMAS				**E. HANSEN**
❏ GOING TO CHURCH	1902	YR	2.00	500.00
CHRISTMAS				**M. HYLDAHL**
❏ COMMEMORATION CROSS	1946	YR	5.00	90.00
❏ DYBBOL MILL	1947	YR	5.00	120.00
❏ EXPECTANT CHILDREN	1903	YR	1.00	450.00
❏ JENS BANG	1951	YR	6.00	110.00
❏ KRONBORG CASTLE	1950	YR	6.00	140.00
❏ LANDSOLDATEN	1949	YR	6.00	90.00
❏ WATCHMAN	1948	YR	6.00	90.00
CHRISTMAS				**D. JENSEN**
❏ CHRISTMAS NIGHT	1905	YR	1.00	200.00
❏ DOG OUTSIDE WINDOW	1915	YR	2.00	185.00

NAME	YEAR	LIMIT	ISSUE	TREND
❑ GOTHIC CHURCH INTERIOR	1902	YR	1.00	500.00
❑ SLEIGHING TO CHURCH	1906	YR	1.00	125.00
CHRISTMAS				**E. JENSEN**
❑ CHANGING OF THE GUARDS	1990	YR	65.00	60.00
❑ CHRISTMAS ANCHORAGE	1989	YR	60.00	60.00
❑ CHRISTMAS EVE AT THE FARMHOUSE	1985	YR	55.00	40.00
❑ CHRISTMAS LETTER, THE	1984	YR	55.00	35.00
❑ COPENHAGEN STOCK EXCHANGE	1991	YR	70.00	70.00
❑ IN THE KINGS GARDEN	1988	YR	65.00	60.00
❑ SILENT NIGHT, HOLY NIGHT	1986	YR	55.00	50.00
❑ SNOWMAN'S CHRISTMAS EVE, THE	1987	YR	60.00	50.00
CHRISTMAS				**P. JORGENSEN**
❑ ST. PETRI CHURCH	1900	YR	1.00	80.00
CHRISTMAS				**T. LARSEN**
❑ AMALIENBORG CASTLE	1914	YR	2.00	90.00
❑ BRINGING HOME THE TREE	1913	YR	2.00	100.00
CHRISTMAS				**O. LARSON**
❑ ARRIVAL OF CHRISTMAS GUESTS	1937	YR	3.00	100
❑ CHRISTMAS LETTERS	1940	YR	4.00	200.00
❑ DANISH FARM	1942	YR	4.00	225.00
❑ HORSES ENJOYING MEAL	1941	YR	4.00	280.00
❑ LILLEBELT BRIDGE	1935	YR	3.00	90.00
❑ OLD WATER MILL, THE	1945	YR	5.00	200.00
❑ RIBE CATHEDRAL	1943	YR	5.00	200.00
❑ ROYAL GUARD	1936	YR	3.00	95.00
❑ SORGENFRI CASTLE	1944	YR	5.00	120.00
CHRISTMAS				**H. MOLTKE**
❑ ANGELS AND SHEPHERDS	1900	YR	2.00	79.00
CHRISTMAS				**J. NIELSEN**
❑ CHRISTMAS 1998	1998	YR	70.00	70.00
CHRISTMAS				**C. OLSEN**
❑ FREDERICKSBERG HILL	1904	YR	1.00	179.00
CHRISTMAS				**F. PLOCKROSS**
❑ LITTLE MATCH GIRL	1907	YR	1.00	150.00
CHRISTMAS				**B. PRAMVIG**
❑ SNOWMAN	1953	YR	8.00	110.00
❑ THORSVALDSEN MUSEUM	1952	YR	6.00	125.00
CHRISTMAS				**S. SABRA**
❑ THREE WISE MEN	1901	YR	1.00	550.00
CHRISTMAS				**J. STEENBEN**
❑ CHRISTMAS AT THE RECTORY	1992	YR	70.00	70.00
❑ FATHER CHRISTMAS IN COPENHAGEN	1993	YR	70.00	80.00
CHRISTMAS				**H. THELANDER**
❑ ARRIVAL OF GUESTS	1969	YR	14.00	20.00
❑ BRINGING HOME THE TREE	1965	YR	12.00	49.00
❑ CHRISTMAS AT HOME	1971	YR	15.00	15.00
❑ CHRISTMAS ELF	1963	YR	11.00	127.00
❑ CHRISTMAS IN CHURCH	1968	YR	14.00	39.00
❑ CHRISTMAS IN GREENLAND	1972	YR	16.00	15.00
❑ CHRISTMAS IN OLD TOWN	1983	YR	55.00	30.00
❑ CHRISTMAS IN THE VILLAGE	1974	YR	22.00	20.00
❑ CHRISTMAS IN WOODS	1980	YR	43.00	25.00
❑ CHRISTMAS PEACE	1981	YR	50.00	30.00
❑ CHRISTMAS TALE	1978	YR	32.00	35.00
❑ CHRISTMAS TREE	1982	YR	55.00	30.00
❑ CHRISTMAS WELCOME	1976	YR	28.00	30.00
❑ COPENHAGEN CHRISTMAS	1977	YR	30.00	30.00
❑ COUNTRY CHRISTMAS	1973	YR	20.00	20.00
❑ FIR TREE AND HARE, THE	1964	YR	12.00	47.00
❑ HOME FOR CHRISTMAS	1966	YR	12.00	25.00
❑ OLD WATER MILL	1975	YR	28.00	25.00
❑ PHEASANTS IN SNOW	1970	YR	14.00	20.00
❑ SHARING THE JOY	1967	YR	13.00	25.00
❑ WHITE CHRISTMAS	1979	YR	37.00	45.00
CHRISTMAS				**I. TJERNE**
❑ LIGHTING THE CANDLES	1938	YR	3.00	175.00
❑ OLD LOCK-EYE, THE SANDMAN	1939	YR	3.00	200.00
CHRISTMAS				**S. VESTERGAARD**
❑ CHRISTMAS 1998	1998	YR	70.00	70.00
CHRISTMAS AROUND THE WORLD				**H.H. HANSEN**
❑ SANTA IN AUSTRALIA	1998	7500	70.00	70.00
CHRISTMAS IN AMERICA				*
❑ CHRISTMAS EVE ON THE MISSISSIPPI	1995	*	*	50.00
CHRISTMAS IN AMERICA				**J. WOODSON**
❑ CHRISTMAS EVE AT INDEPENDENCE HALL	1991	YR	45.00	80.00
❑ CHRISTMAS EVE AT ROCKEFELLER CENTER	1988	YR	35.00	65.00
❑ CHRISTMAS EVE AT THE CAPITOL	1990	YR	40.00	75.00
❑ CHRISTMAS EVE AT THE WHITE HOUSE	1987	YR	35.00	40.00
❑ CHRISTMAS EVE IN ALASKA	1994	YR	48.00	65.00
❑ CHRISTMAS EVE IN WILLIAMSBURG	1986	YR	30.00	150.00
❑ CHRISTMAS IN NEW ENGLAND	1989	YR	37.00	55.00
❑ CHRISTMAS IN SAN FRANCISCO	1992	YR	48.00	50.00
❑ COMING HOME FOR CHRISTMAS	1993	YR	48.00	65.00
JUBILEE-5 YEAR CYCLE				**AARESTRUP**
❑ YULE TREE	1980	YR	60.00	75.00

PLATES

Grover Alexander: The Season of 16 Shutouts *commemorative plate was issued in the Legends of Baseball series by Delphi in 1995.*

These newborn cardinals offer a Morning Serenade *to their proud parents. This is the first issue in the "Nature's Poetry" series created by Lena Liu for W.S. George.*

W.S. George released this magnificent plate, Wintering With the Wapiti, *as the sixth issue in its Faces of Nature collection.*

Cincinnati Reds' Pete Rose *is the subject of this plate from Armstrong's. The plate was offered to collectors in 1985.*

The first of four editions in Fenton Art Glass' "Christmas Fantasy Series" by Diane Johnson, the design was also produced as a bell and a fairy light.

PLATES

NAME	YEAR	LIMIT	ISSUE	TREND
JUBILEE-5 YEAR CYCLE				J. BONFILS
❑ ROYAL YACHT DANNEBROG, THE	1990	YR	95.00	79.00
JUBILEE-5 YEAR CYCLE				C. ERSGAARD
❑ OLD ORGANIST, THE	1930	YR	*	199.00
JUBILEE-5 YEAR CYCLE				H. FLUGENRING
❑ LIFEBOAT AT WORK	1985	YR	65.00	90.00
JUBILEE-5 YEAR CYCLE				A. FRIIS
❑ CHURCHGOERS	1965	YR	25.00	50.00
❑ ESKIMOS	1950	YR	*	200.00
JUBILEE-5 YEAR CYCLE				F. GARDE
❑ CHURCH BELLS	1920	YR	*	75.00
JUBILEE-5 YEAR CYCLE				F. HALLIN
❑ FROZEN WINDOW	1915	YR	*	200.00
JUBILEE-5 YEAR CYCLE				M. HYLDAHL
❑ DYBBOL MILL	1955	YR	*	239.00
❑ KRONBORG CASTLE	1960	YR	25.00	159.00
JUBILEE-5 YEAR CYCLE				D. JENSEN
❑ DOG OUTSIDE WINDOW	1925	YR	*	250.00
JUBILEE-5 YEAR CYCLE				T. LARSEN
❑ AMALIENBORG CASTLE	1945	YR	*	100
❑ AMALIENBORG CASTLE	1970	YR	30.00	50.00
JUBILEE-5 YEAR CYCLE				O. LARSON
❑ HORSES ENJOYING MEAL	1975	YR	40.00	59.00
JUBILEE-5 YEAR CYCLE				E. PLOCKROSS
❑ LITTLE MATCH GIRL	1935	YR	*	600.00
JUBILEE-5 YEAR CYCLE				S. SABRA
❑ THREE WISE MEN	1940	YR	*	1900.00
MOTHER'S DAY				*
❑ CAT & KITTENS	1994	RT	*	110.00
❑ DOLPHIN & CALF	2000	*	*	55.00
❑ EMPEROR PENGUIN & YOUNG	1998	RT	*	50.00
❑ GOOSE	1997	RT	*	110.00
❑ HEDGEHOG & YOUNG	1995	RT	*	85.00
❑ KANGAROO	2002	*	*	50.00
❑ KOALA & YOUNG	1996	RT	*	75.00
❑ RABBIT & YOUNG	1999	RT	*	50.00
❑ SEALS	2001	*	*	50.00
MOTHER'S DAY				L. JENSEN
❑ HEN WITH CHICKS	1990	YR	53.00	110.00
❑ NANNY GOAT AND HER TWO FRISKY KIDS, THE	1991	YR	55.00	90.00
❑ PANDA WITH CUBS	1992	YR	60.00	100
MOTHER'S DAY				J. NIELSEN
❑ MOTHER'S DAY 1998	1998	YR	50.00	50.00
MOTHER'S DAY				H. THELANDER
❑ BEAR AND CUBS	1974	YR	16.00	30.00
❑ BEAR AND CUBS	1985	YR	40.00	45.00
❑ BIRD AND CHICKS	1970	YR	10.00	30.00
❑ CAT AND KITTEN	1971	YR	11.00	21.00
❑ COW WITH CALF	1989	YR	50.00	85.00
❑ CRESTED PLOVER & YOUNG	1988	YR	48.00	90.00
❑ DOE AND FAWNS	1975	YR	20.00	23.00
❑ DOGS AND PUPPIES	1969	YR	10.00	400.00
❑ DUCK AND DUCKLINGS	1973	YR	13.00	20.00
❑ ELEPHANT WITH CALF	1986	YR	40.00	50.00
❑ FOX AND CUBS	1979	YR	28.00	30.00
❑ HARE AND YOUNG	1981	YR	37.00	35.00
❑ HERON	1978	YR	25.00	20.00
❑ LAPWING MOTHER WITH CHICKS	1988	YR	50.00	80.00
❑ LIONESS AND CUBS	1982	YR	40.00	35.00
❑ MARE AND FOAL	1972	YR	12.00	25.00
❑ RACCOON AND YOUNG	1983	YR	40.00	65.00
❑ SHEEP WITH LAMBS	1987	YR	43.00	100
❑ SQUIRREL AND YOUNG	1977	YR	24.00	25.00
❑ STORK AND NESTLINGS	1984	YR	40.00	65.00
❑ SWAN FAMILY	1976	YR	23.00	25.00
❑ WOODPECKER AND YOUNG	1980	YR	30.00	45.00
MOTHER'S DAY				A. THERKELSEN
❑ ST. BERNARD DOG AND PUPPIES	1993	YR	60.00	75.00
OLYMPIC				*
❑ BARCELONA, SPAIN	1992	CL	75.00	90.00
❑ LOS ANGELES, USA	1984	CL	45.00	300
❑ MONTREAL, CANADA	1976	CL	30.00	45.00
❑ MOSCOW, RUSSIA	1980	CL	43.00	85.00
❑ MUNICH, GERMANY	1972	CL	20.00	35.00
❑ SEOUL, KOREA	1988	CL	60.00	85.00
SANTA CLAUS COLLECTION				H. HANSEN
❑ CHRISTMAS STORIES	1994	YR	75.00	80.00
❑ SANTA'S ARRIVAL	1992	YR	75.00	90.00
❑ SANTA'S GIFTS	1993	YR	75.00	75.00
❑ SANTA'S JOURNEY	1991	YR	70.00	110.00
❑ SANTA'S SLEIGH	1990	YR	60.00	150.00
❑ SANTA'S WORKSHOP	1989	YR	60.00	115.00
STATUE OF LIBERTY				*
❑ STATUE OF LIBERTY	1985	10000	60.00	90.00

PLATES

NAME	YEAR	LIMIT	ISSUE	TREND
YOUNG ADVENTURER			S. VESTERGAARD	
❑ LITTLE VIKING, THE	1990	YR	53.00	70.00
BOEHM STUDIOS				
EGYPTIAN COMMEMORATIVE				*
❑ TUTANKHAMUN	1978	5000	125.00	60.00
❑ TUTANKHAMUN, HANDPAINTED	1978	225	975.00	975.00
PANDA				*
❑ PANDA, HARMONY	1982	5000	65.00	70.00
❑ PANDA, PEACE	1982	5000	65.00	70.00
BRADFORD EXCHANGE				
100 ACRE WOOD HOLIDAY				*
❑ DECORATING THE TREE	1998	*	30.00	30.00
101 DALMATIANS				*
❑ BED TIME	1997	95 DAYS	35.00	35.00
❑ CRUELLA IS SPOTTED	1997	95 DAYS	40.00	40.00
❑ MANSION AWAITS, THE	1997	95 DAYS	40.00	40.00
❑ OVER THE WALL	1997	95 DAYS	40.00	40.00
❑ PUPPIES ON THE LOOSE	1997	95 DAYS	40.00	40.00
❑ SERGEANT TIBS SAVES THE DAY	1997	95 DAYS	33.00	33.00
❑ TRUE LOVE	1997	95 DAYS	35.00	35.00
101 DALMATIANS			A. WHITE	
❑ HALFWAY HOME	1994	CL	33.00	45.00
❑ HAPPY REUNION	1994	CL	30.00	40.00
❑ HELLO DARLINGS	1994	CL	33.00	45.00
❑ MESSY GOOD TIME	1995	95 DAYS	30.00	50.00
❑ WATCH DOGS	1993	CL	30.00	40.00
500 HOME RUN CLUB			B. BENGER	
❑ TED WILLIAMS	1997	*	30.00	30.00
❑ WILLIE MAYS	1998	*	30.00	30.00
A CHRISTMAS CAROL			L. GARRISON	
❑ GHOST OF CHRISTMAS PRESENT	1993	CL	30.00	65.00
❑ GOD BLESS US EVERYONE	1993	CL	30.00	75.00
❑ MERRY CHRISTMAS TO ALL	1994	CL	30.00	85.00
❑ REMEMBERING CHRISTMAS PAST	1994	CL	30.00	65.00
❑ SPIRIT'S WARNING	1994	CL	30.00	75.00
❑ TRUE SPIRIT OF CHRISTMAS, THE	1994	CL	30.00	70.00
❑ VISIT FROM MARLEY'S GHOST	1994	CL	30.00	75.00
ALADDIN				*
❑ ALADDIN IN LOVE	1994	CL	30.00	45.00
❑ ALADDIN'S WISH	1994	CL	30.00	40.00
❑ BEE YOURSELF	1995	CL	30.00	40.00
❑ FRIEND LIKE ME	1993	CL	30.00	55.00
❑ GROUP HUG	1995	CL	30.00	40.00
❑ MAGIC CARPET RIDE	1993	CL	30.00	49.00
❑ MAKE WAY FOR PRINCE ALIABAWA	1994	CL	30.00	40.00
❑ TRAVELING COMPANIONS	1994	CL	30.00	40.00
ALAN JACKSON: AS COUNTRY AS COUNTRY GETS			D. O'LEARY	
❑ EVERYTHING I LOVE	1998	*	30.00	30.00
❑ WORKING CLASS HERO	1998	*	30.00	30.00
ALICE IN WONDERLAND			S. GUSTAFSON	
❑ ADVICE FROM A CATERPILLAR	1993	CL	30.00	75.00
❑ CHESHIRE CAT, THE	1993	CL	30.00	70.00
❑ CROQUET WITH THE QUEEN	1994	CL	30.00	75.00
❑ MAD TEA PARTY, THE	1993	CL	30.00	60.00
ALWAYS BY MY SIDE			E. JERINS	
❑ DIVINE INSPIRATION	1998	*	30.00	30.00
❑ EVERLASTING GRACE	1998	*	30.00	30.00
❑ GIFTS OF LOVE	1997	*	30.00	30.00
❑ PEACEFUL HARMONY	1997	*	30.00	30.00
❑ SWEET EMBRACE	1997	*	30.00	30.00
AMERICAN FRONTIER			C. WYSOCKI	
❑ BUSTLING BOOMTOWN	1994	CL	30.00	40.00
❑ DR. LIVINGWELL'S MEDICINE SHOW	1994	CL	30.00	40.00
❑ HEARTY HOMESTEADERS	1994	CL	30.00	40.00
❑ KIRBYVILLE	1994	CL	30.00	40.00
❑ OKLAHOMA OR BUST	1994	CL	30.00	40.00
❑ TIMBERLINE JACK'S TRADING POST	1993	CL	30.00	40.00
AMERICA'S FAVORITE CLASSIC CARS			D. EVERHART	
❑ BEL AIR 1957	1994	*	54.00	65.00
❑ CORVETTE 1957	1993	*	54.00	65.00
❑ MUSTANG 1965	1994	*	54.00	60.00
❑ THUNDERBIRD 1956	1993	*	54.00	60.00
AMERICA'S TRIUMPH IN SPACE			R. SCHAAR	
❑ BEYOND THE BOUNDS OF EARTH	1993	CL	33.00	45.00
❑ CONQUERING THE NEW FRONTIER	1994	CL	33.00	45.00
❑ EAGLE HAS LANDED, THE	1993	CL	30.00	40.00
❑ FLIGHT OF GLORY	1993	CL	33.00	45.00
❑ MARCH TOWARDS DESTINY, THE	1993	CL	30.00	40.00
❑ NEW EXPLORERS, THE	1994	CL	35.00	50.00
❑ RENDEZVOUS W/VICTORY	1994	CL	35.00	45.00
❑ TRIUMPHANT FINALE, THE	1994	CL	35.00	50.00
ANCIENT SEASONS			M. SILVERSMITH	
❑ EDGE OF NIGHT	1995	CL	30.00	40.00
❑ JOURNEY THROUGH MIDNIGHT	1995	95 DAYS	30.00	40.00

NAME	YEAR	LIMIT	ISSUE	TREND
MID-WINTER PASSAGE	1995	95 DAYS	30.00	40.00
WINTER SOJOURN	1995	95 DAYS	30.00	40.00
WINTER STORM	1995	95 DAYS	30.00	40.00
ANGELIC VISIONS FROM LENA LIU				**L. LIU**
ON LOVING WINGS	1998	*	35.00	35.00
ANGELS OF GRACE				**E. TADIELLO**
LOVE'S REFLECTION	1998	*	35.00	35.00
TRANQUILITY'S RELEASE	1997	*	35.00	35.00
ANTIQUE LANE				*
GRANDMA'S ATTIC ANTIQUES	1998	*	40.00	40.00
SWEET ADELINE'S CLOSET	1998	*	40.00	40.00
BABE RUTH CENTENNIAL				**P. HEFFERNAN**
60TH HOMER, THE	1995	CL	35.00	50.00
BARNSTORMING DAYS	1995	CL	35.00	65.00
FINAL HOME RUN	1995	CL	30.00	75.00
RUTH'S PITCHING DEBUT	1995	CL	30.00	75.00
BASKETS OF LOVE				**A. ISAKOV**
ANDREW AND ABBEY	1993	CL	30.00	45.00
CODY AND COURTNEY	1993	CL	30.00	45.00
EMILY AND ELLIOTT	1993	CL	33.00	55.00
HEATHER AND HANNAH	1993	CL	33.00	45.00
JUSTIN AND JESSICA	1993	CL	33.00	45.00
KATIE AND KELLY	1993	CL	35.00	45.00
LOUIE & LIBBY	1993	CL	35.00	55.00
SAMMY AND SARAH	1994	CL	35.00	55.00
BATTLES OF THE AMERICAN CIVIL WAR				**J. GRIFFIN**
ANTIETAM	1996	95 DAYS	*	40.00
ATLANTA	1996	95 DAYS	*	40.00
CHANCELLORSVILLE	1995	95 DAYS	30.00	40.00
FREDERICKSBURG	1995	95 DAYS	30.00	40.00
GETTYSBURG	1995	95 DAYS	30.00	40.00
MONITOR & MERRIMAC	1995	95 DAYS	*	40.00
SHILOH	1996	95 DAYS	*	40.00
VICKSBURG	1995	95 DAYS	30.00	40.00
BEARY MERRY CHRISTMAS				**S. SHERWOOD**
MOMENT TO TREASURE	1996	CL	30.00	40.00
ROMANTIC RIDE	1996	CL	30.00	40.00
BEATITUDES				*
BLESSED/THE PURE IN HEART	1996	*	*	40.00
BEAUTIFUL GARDENS				**L. LIU**
CLEMATIS GARDEN	1995	CL	47.00	60.00
HIBISCUS GARDEN	1006	CL	47.00	60.00
IRIS GARDEN	1994	CL	34.00	70.00
LILY GARDEN	1995	CL	44.00	125.00
MORNING GLORY GARDEN	1996	CL	44.00	90.00
ORCHID GARDEN	1994	CL	44.00	125.00
PEONY GARDEN	1994	CL	34.00	80.00
POPPY GARDEN	1994	CL	44.00	60.00
ROSE GARDEN	1994	CL	39.00	125.00
TULIP GARDEN	1994	CL	39.00	100
BEAUTY AND THE BEAST				*
BE OUR GUEST	1997	150 DAYS	35.00	35.00
BELLE'S FAVORITE STORY	1997	150 DAYS	35.00	35.00
BLOSSOMING ROMANCE	1997	150 DAYS	30.00	30.00
ENCHANTE' CHERIE	1997	150 DAYS	37.00	37.00
GIFT FOR BELLE	1997	150 DAYS	37.00	37.00
LEARNING TO LOVE	1997	150 DAYS	33.00	33.00
LOVE'S FIRST DANCE	1997	150 DAYS	30.00	30.00
MISMATCH	1997	150 DAYS	35.00	35.00
PAPA'S WORKSHOP	1997	150 DAYS	33.00	33.00
SPELL IS BROKEN, THE	1997	150 DAYS	37.00	37.00
SPOT OF TEA	1994	CL	35.00	40.00
WARMING UP	1997	150 DAYS	33.00	33.00
BEST OF TIMES				**G. OLSEN**
DENIM TO LACE	1997	*	30.00	30.00
MELODIES REMEMBERED	1997	*	30.00	30.00
BRETT FAVRE COLLECTION				**R. BROWN**
3 DEGREES TO VICTORY	1997	*	30.00	30.00
BACK TO TITLETOWN	1997	*	30.00	30.00
LEADER OF THE PACK	1997	*	30.00	30.00
MUDBOWL, THE	1998	*	30.00	30.00
PACK IS BACK, THE	1998	*	30.00	30.00
PACKER TOUCHDOWN HIGH	1998	*	30.00	30.00
BUNNY TALES				**V. CRANDALL**
APPLE DUMPLIN'	1997	*	30.00	30.00
BASKET CASE	1998	*	30.00	30.00
CARROT TOP	1998	*	30.00	30.00
FOOTLOOSE	1997	*	30.00	30.00
FUZZBALL	1997	*	30.00	30.00
I'M ALL EARS	1997	*	30.00	30.00
MS. DAISY	1998	*	30.00	30.00
MUNCHKIN	1997	*	30.00	30.00
QUITE AN EARFUL	1998	*	30.00	30.00
SNOW BUNNY	1998	*	30.00	30.00
TAIL FEATHERS	1998	*	30.00	30.00

PLATES

NAME	YEAR	LIMIT	ISSUE	TREND
BUNNY WORKSHOP				J. MADAY
❑ MAKE TODAY EGGSTRA SPECIAL	1995	CL	20.00	30.00
❑ SMILE MAKES THE DAY SO SWEET	1995	*	*	40.00
BYGONE DAYS				L. DUBIN
❑ BARBER SHOP,THE	1995	CL	30.00	40.00
❑ CORNER NEWSSTAND,THE	1995	CL	30.00	40.00
❑ MAIN STREET SPLENDOR	1995	CL	30.00	40.00
❑ SAM'S GROCERY STORE	1995	CL	30.00	50.00
❑ SATURDAY MATINEE	1995	CL	30.00	55.00
❑ SODA FOUNTAIN	1994	CL	30.00	40.00
CABINS OF COMFORT RIVER				F. BUCHWITZ
❑ COMFORT BY CAMPLIGHTS FIRE	1995	CL	30.00	30.00
CANINE CAPERS				C. JAGODITS
❑ FISHING FOR TROUBLE	1997	*	30.00	30.00
CAROUSEL DAYDREAMS				TSENG
❑ ALL ABOARD	1995	CL	45.00	70.00
❑ BIG HOPES, BRIGHT DREAMS	1995	CL	50.00	60.00
❑ DREAMS OF DESTINY	1996	CL	50.00	125.00
❑ FLIGHT OF FANCY	1995	CL	45.00	125.00
❑ HOLD ONTO YOUR DREAMS	1995	CL	45.00	75.00
❑ MY FAVORITE MEMORY	1995	CL	50.00	100
❑ SWEPT AWAY	1995	CL	40.00	80.00
❑ VICTORIAN REVERIE	1995	CL	50.00	125.00
❑ WHEN I GROW UP	1995	CL	40.00	150.00
❑ WISHFUL THINKING	1996	CL	50.00	125.00
CELESTIAL SPIRITS				J. KRAMER COLE
❑ HOMEWARD JOURNEY	1997	*	35.00	35.00
❑ LIGHTING THE WAY	1997	*	35.00	35.00
CHARLES WYSOCKI'S CAT CAPERS				C. WYSOCKI
❑ SHALL WE?	1998	*	30.00	30.00
CHARLES WYSOCKI'S COUNTRY HEARTLAND				C. WYSOCKI
❑ BUDZEN'S ROADSIDE FOOD STAND	1997	*	*	N/A
❑ PEPPERCRICKET FARMS	1997	*	*	N/A
❑ PUMPKIN HOLLOW	1997	*	*	N/A
❑ VIRGINIA'S NEST	1997	*	*	N/A
CHERISHED TRADITIONS				M.A. LASHER
❑ DRESDEN	1995	CL	30.00	40.00
❑ GOOSE IN THE POND	1996	98 DAYS	30.00	40.00
❑ GRANDMOTHER'S FLOWER GARDEN	1996	98 DAYS	30.00	40.00
❑ LOG CABIN	1995	CL	30.00	40.00
❑ OCEAN WAVE	1995	CL	30.00	40.00
❑ STAR, THE	1995	CL	30.00	40.00
❑ STARBURST	1996	98 DAYS	30.00	40.00
❑ WEDDING RING, THE	1995	CL	30.00	40.00
CHERUBS OF INNOCENCE				W. BOUGUEREAU
❑ FIRST KISS, THE	1994	CL	30.00	40.00
❑ LOVE AT REST	1995	CL	30.00	40.00
❑ THOUGHTS OF LOVE	1995	CL	33.00	40.00
CHERUBS OF INNOCENCE				ZATZKA
❑ LOVING GAZE	1995	CL	33.00	45.00
CHOIR OF ANGELS				P.L. TOOLE
❑ SONG OF HARMONY	1996	95 DAYS	35.00	35.00
❑ SONG OF HOPE	1996	CL	35.00	35.00
❑ SONG OF JOY	1995	CL	35.00	35.00
❑ SONG OF PEACE	1996	CL	35.00	35.00
CHOSEN MESSENGERS				G. RUNNING WOLF
❑ OVERSEERS, THE	1994	CL	30.00	45.00
❑ PATHFINDERS, THE	1994	CL	30.00	45.00
❑ PROVIDERS, THE	1994	CL	33.00	45.00
❑ SURVEYORS, THE	1994	CL	33.00	55.00
CHRISTMAS IN THE VILLAGE				R. MCGINNIS
❑ GOODNIGHT DEAR FRIENDS	1996	CL	30.00	40.00
❑ LITTLE CHURCH IN THE VALE	1995	CL	30.00	40.00
❑ VILLAGE CONFECTIONARY	1996	CL	30.00	40.00
❑ VILLAGE INN	1996	CL	30.00	40.00
❑ VILLAGE TOY SHOP, THE	1995	CL	30.00	40.00
CHRISTMAS MEMORIES				N. ROCKWELL
❑ CHRISTMAS DREAM	1998	*	40.00	40.00
❑ IS HE COMING?	1998	*	40.00	40.00
❑ SANTA'S WORKSHOP	1997	*	40.00	40.00
❑ WISHES COME TRUE	1998	*	40.00	40.00
CHRISTMAS MEMORIES				J. TANTON
❑ CHRISTMAS CELEBRATION	1993	CL	30.00	55.00
❑ FINISHING TOUCHES	1993	CL	30.00	45.00
❑ WELCOME TO OUR HOME	1993	CL	30.00	50.00
❑ WINTER'S TALE	1993	CL	30.00	40.00
CLASSIC ELEGANCE				P. FRYER
❑ ALL SWEETNESS AND LIGHT	1998	*	30.00	30.00
❑ FAIREST OF THEM ALL, THE	1997	*	35.00	35.00
❑ PRETTY AS A PICTURE	1997	*	30.00	30.00
❑ SUGAR AND SPICE	1998	*	30.00	30.00
CLASSIC MELODIES FROM "THE SOUND OF MUSIC"				M. HAMPSHIRE
❑ ALPINE REFUGE	1995	CL	30.00	43.00
❑ DROP OF GOLDEN SUN	1995	CL	30.00	60.00
❑ SING ALONG WITH MARIA	1995	CL	30.00	50.00

NAME	YEAR	LIMIT	ISSUE	TREND
❑ VON TRAPP FAMILY SINGERS	1995	CL	30.00	90.00
CLASSIC ROSES				**L. MOSER**
❑ BEAUTY IN BLOOM	1996	CL	35.00	40.00
❑ MAGIC IN MAUVE	1996	95 DAYS	38.00	45.00
❑ PRECIOUS IN PURPLE	1996	95 DAYS	38.00	45.00
❑ PRETTY IN PINK	1996	CL	35.00	40.00
CLIFF DWELLERS				**K. BURNETT**
❑ AN EAGLE RULES THE HEIGHTS	1997	*	40.00	40.00
❑ BIGHORNS LINGER ON THE EDGE	1997	*	40.00	40.00
❑ THE WOLVES ASCEND THE ROCKY SLOPE	1997	*	40.00	40.00
❑ WITHIN THE COUGAR'S SIGHTS	1997	*	40.00	40.00
COSTUMING OF A LEGEND: GONE WITH THE WIND				**D. KLAUBA**
❑ BLACK & WHITE BENGALINE DRESS	1993	95 DAYS	30.00	45.00
❑ COUNTRY WALKING DRESS	1994	95 DAYS	30.00	45.00
❑ GREEN DRAPERY DRESS	1993	95 DAYS	30.00	45.00
❑ GREEN MUSLIN DRESS	1994	95 DAYS	30.00	45.00
❑ GREEN SPRIGGED DRESS	1993	95 DAYS	30.00	53.00
❑ MOURNING GOWN	1993	95 DAYS	30.00	45.00
❑ ORCHID PERCALE DRESS	1993	95 DAYS	30.00	45.00
❑ PLAID BUSINESS ATTIRE	1994	95 DAYS	30.00	45.00
❑ RED DRESS, THE	1993	CL	30.00	45.00
❑ WIDOW'S WEEDS	1993	95 DAYS	30.00	45.00
COUNTRY WONDERLAND				**W. GOEBEL**
❑ QUIET HOUR, THE	1995	CL	30.00	40.00
COW-HIDE				**D. CASEY**
❑ COWMOOFLAGE	1996	CL	35.00	40.00
❑ COWPANSIONS	1996	OP	35.00	40.00
❑ INCOWGNITO	1995	CL	35.00	40.00
❑ INCOWSPICUOUS	1995	CL	35.00	40.00
CROWN JEWELS OF DISNEY				*
❑ ARIEL'S DREAM COMES TRUE	1997	95 DAYS	40.00	40.00
❑ BEAUTY AND THE BEAST	1997	95 DAYS	40.00	40.00
❑ SLEEPING BEAUTY	1997	95 DAYS	40.00	40.00
❑ THAT SPECIAL SPARKLE	1997	95 DAYS	40.00	40.00
CRYSTAL HEAVENS				*
❑ SYMPHONY OF LIGHT	1998	*	*	N/A
CURRIER & IVES CHRISTMAS				**CURRIER & IVES**
❑ AMERICAN HOMESTEAD WINTER	1995	CL	35.00	40.00
❑ AMERICAN WINTER SCENES	1995	CL	35.00	40.00
❑ EARLY WINTER	1995	CL	35.00	40.00
❑ WINTER MOON-FEEDING CHICKENS	1996	CL	35.00	40.00
DAN MARINO: RECORD BREAKER				**D. SIVAVEC**
❑ 51,636 AND COUNTING	1998	*	35.00	35.00
DANCE OF THE UNICORNS				*
❑ MIDNIGHT DREAMER	1998	*	50.00	50.00
❑ MOONLIGHT CANTER	1998	*	50.00	50.00
❑ TWILIGHT DANCER	1998	*	50.00	50.00
DAUGHTERS OF THE WIND				**E. KUCERA**
❑ NOURISHING THE SPIRIT	1998	*	35.00	35.00
❑ PATH TO SERENITY	1998	*	35.00	35.00
❑ PEACEFUL REFLECTION	1998	*	35.00	35.00
❑ UNBRIDLED BEAUTY	1997	*	35.00	35.00
DEER FRIENDS AT CHRISTMAS				**J. THORNBRUGH**
❑ ALL A GLOW	1994	CL	30.00	40.00
❑ GLISTENING SEASON	1994	CL	30.00	40.00
❑ RADIANT COUNTRYSIDE	1994	CL	30.00	40.00
❑ STARRY NIGHT	1994	CL	30.00	40.00
❑ WOODLAND SPLENDOR	1995	CL	30.00	40.00
DEN PALS				**C. BRENDERS**
❑ GROUNDED	1998	*	30.00	30.00
DIANA: A WOMAN OF STYLE				**J. GRIFFIN**
❑ FOREVER, DIANA	1998	*	30.00	30.00
DIANA: QUEEN OF OUR HEARTS				**B. CHAMBERS**
❑ AN UNFORGETTABLE PRINCESS	1998	*	30.00	30.00
❑ OUR ROYAL PRINCESS	1998	*	30.00	30.00
❑ PRINCESS OF COMPASSION	1998	*	30.00	30.00
❑ PRINCESS TO THE WORLD	1998	*	30.00	30.00
❑ TRUE PRINCESS, A	1998	*	30.00	30.00
❑ VERY SPECIAL PRINCESS, A	1998	*	30.00	30.00
DIANA: QUEEN OF OUR HEARTS				**J. MONTI**
❑ THE PEOPLE'S PRINCESS	1997	95 DAYS	30.00	30.00
DISNEY TREASURED MOMENTS COLLECTION				*
❑ ALICE IN WONDERLAND	1997	150 DAYS	33.00	49.00
❑ BEAUTY AND THE BEAST	1997	150 DAYS	35.00	45.00
❑ JUNGLE BOOK, THE	1997	150 DAYS	35.00	35.00
❑ PETER PAN	1997	150 DAYS	33.00	55.00
❑ PINOCCHIO	1997	150 DAYS	35.00	45.00
❑ SLEEPING BEAUTY	1997	150 DAYS	33.00	49.00
❑ SNOW WHITE AND THE SEVEN DWARFS	1997	150 DAYS	30.00	49.00
DISNEY WORLD'S 25TH ANNIVERSARY				*
❑ ADVENTURELAND	1997	*	30.00	30.00
❑ BIRTHDAY CELEBRATION, A	1998	*	30.00	30.00
❑ FANTASYLAND	1997	95 DAYS	30.00	30.00
❑ FRONTIERLAND	1997	*	30.00	30.00
❑ LIBERTY SQUARE	1998	*	30.00	30.00
❑ MAIN STREET, USA	1997	95 DAYS	30.00	30.00

PLATES

NAME	YEAR	LIMIT	ISSUE	TREND
❑ MICKEY'S TOON TOWN FAIR	1998	*	30.00	30.00
❑ REMEMBER THE MAGIC PARADE	1998	*	30.00	30.00
❑ TOMORROWLAND	1997	*	30.00	30.00
DISNEYLAND'S 40TH ANNIVERSARY				*
❑ BIG THUNDER MOUNTAIN RAILROAD	1997	95 DAYS	35.00	35.00
❑ CINDERELLA'S WISH COME TRUE	1995	*	*	40.00
❑ DISNEYLAND RAILROAD	1995	*	30.00	43.00
❑ FAIREST ONE OF ALL	1995	*	*	40.00
❑ FLIGHT TO NEVERLAND	1996	*	*	45.00
❑ HAUNTED MANSION	1996	*	35.00	53.00
❑ IT'S A SMALL WORLD	1996	OP	33.00	50.00
❑ JUNGLE CRUISE	1997	*	35.00	35.00
❑ MAIN STREET ELECTRICAL PARADE	1997	95 DAYS	35.00	35.00
❑ MARK TWAIN'S RIVERBOAT	1997	95 DAYS	35.00	35.00
❑ MATTERHORN	1996	*	35.00	53.00
❑ MICKEY'S TOONTOWN	1996	*	33.00	48.00
❑ PIRATES OF THE CARIBBEAN	1996	*	33.00	48.00
❑ SLEEPING BEAUTY'S CASTLE	1995	*	30.00	43.00
❑ SUBMARINE VOYAGE	1997	95 DAYS	35.00	35.00
❑ TALE AS OLD AS TIME	1995	*	*	45.00
❑ WELCOME TO WONDERLAND	1996	*	*	50.00
DISNEY'S MUSICAL MEMORIES				*
❑ ALADDIN'S MAGICAL NEW WORLD	1996	95 DAYS	33.00	40.00
❑ CINDERELLA'S WISH COME TRUE	1997	95 DAYS	30.00	30.00
❑ COLORS OF THE WIND	1998	*	35.00	35.00
❑ FAIREST ONE OF ALL	1995	95 DAYS	30.00	40.00
❑ FLIGHT TO NEVERLAND	1997	95 DAYS	33.00	33.00
❑ FUTURE KING OF PRIDE ROCK	1997	95 DAYS	35.00	35.00
❑ MOONLIGHT ROMANCE	1998	*	35.00	35.00
❑ ONCE UPON A DREAM	1997	95 DAYS	35.00	35.00
❑ TALE AS OLD AS TIME	1997	95 DAYS	33.00	33.00
❑ THE JUNGLE BOOK	1997	95 DAYS	35.00	35.00
❑ UNDER THE SEA	1997	95 DAYS	35.00	35.00
❑ WELCOME TO WONDERLAND	1997	95 DAYS	35.00	35.00
DIVINE LIGHT				R. MCCAUSLAND
❑ BIRTH OF A KING	1996	CL	35.00	45.00
❑ BLESSED IS THE CHILD	1996	CL	35.00	45.00
❑ SAVIOUR IS BORN	1995	CL	35.00	45.00
❑ WE SHALL PRAISE HIM	1996	CL	35.00	45.00
DOG DAYS				J. GADAMUS
❑ FIRST FLUSH	1993	CL	33.00	45.00
❑ LITTLE RASCALS	1993	CL	33.00	70.00
❑ PIER GROUP	1993	CL	30.00	45.00
❑ SWEET DREAMS	1993	CL	30.00	50.00
❑ WAGON TRAIN	1993	CL	33.00	55.00
❑ WHERE'D HE GO	1993	CL	33.00	70.00
DOLPHIN KISSES				A. CASAY
❑ KISSING COUSINS	1998	*	30.00	30.00
❑ ROMANCING THE MOON	1998	*	30.00	30.00
❑ SEAL OF APPROVAL	1998	*	30.00	30.00
❑ SEALED WITH A KISS	1998	*	30.00	30.00
DOLPHIN SPLENDOR				*
❑ AT ONE WITH THE SEA	1998	*	40.00	40.00
ELVIS IN THE SPOTLIGHT				*
❑ LAS VEGAS	1998	*	60.00	60.00
ELVIS: ROCK 'N ROLL GIANT				M. WEISTLING
❑ LOVING HEART	1998	*	40.00	40.00
❑ OH, THOSE SWIVELING HIPS	1998	*	40.00	40.00
❑ THOSE ELVIS EYES	1998	*	40.00	40.00
❑ THOSE MOVIN' FEET	1998	*	40.00	40.00
EMBRACED BY THE SPIRITS				J. BOWSER
❑ MYSTIC PASSAGE	1997	*	30.00	30.00
❑ PHANTOM OF THE FALLS	1998	*	30.00	30.00
❑ SHADOW RAPIDS	1998	*	30.00	30.00
EMMITT SMITH: RUNNING TO DAYLIGHT				D. DAY
❑ SUPER BOWL XXVIII	1998	*	30.00	30.00
❑ SUPERBOWL XXX	1998	*	30.00	30.00
ENCHANTED CHARMS OF OZ				M. DUDASH
❑ CAN'T EVEN SCARE A CROW	1996	CL	38.00	40.00
❑ FRESH FROM BRUSH UP SHOP	1996	CL	38.00	40.00
❑ THERE'S NO PLACE LIKE HOME	1996	CL	38.00	40.00
❑ WONDERFUL WIZARD OF OZ	1996	CL	38.00	40.00
ENCHANTED GARDENS				S. KUCK
❑ SWEETEST DELIGHTS	1998	*	33.00	33.00
❑ TEA FOR THREE	1998	*	33.00	33.00
ENCHANTED JOURNEY				J. PATTI
❑ JOURNEY'S END	1998	*	30.00	30.00
❑ MOONLIT DREAMS	1997	*	30.00	30.00
❑ MOONLIT TRAIL	1997	*	30.00	30.00
❑ REFLECTIONS OF A DREAM	1997	*	30.00	30.00
❑ REFLECTIVE INTERLUDE	1998	*	30.00	30.00
❑ WINGS OF BEAUTY	1997	*	30.00	30.00
ENCHANTED WINGS				O. GAVRILOV
❑ EMERALD ELEGANCE	1998	*	*	N/A
END OF A PERFECT DAY				T. KINKADE
❑ AUTUMN SERENITY	1997	95 DAYS	40.00	40.00

PLATES

NAME	YEAR	LIMIT	ISSUE	TREND
❏ PEACEFUL REFLECTIONS	1997	95 DAYS	40.00	40.00
❏ TWILIGHT TRANQUILITY	1997	95 DAYS	40.00	40.00
ESCAPE TO THE COUNTRY				**D. HENDERSON**
❏ COUNTRY CORNUCOPIA	1996	*	*	40.00
❏ COUNTRY WELCOME	1996	*	*	40.00
❏ COUNTY LINE FARMER'S MARKET	1996	*	30.00	40.00
ETERNAL BEAUTY				**G. TURLEY**
❏ ETERNAL BEAUTY (SET OF 5)	1997	*	175.00	175.00
EVERLASTING FRIENDS				**S. KUCK**
❏ SHARING BEAUTY	1997	*	30.00	30.00
❏ SHARING DREAMS	1997	*	30.00	30.00
❏ SHARING HARMONY	1998	*	30.00	30.00
❏ SHARING LOVE	1997	*	30.00	30.00
EVERLASTING LOVE				*
❏ BASKETS OF LOVE	1997	*	45.00	45.00
❏ BOOK OF LOVE	1998	*	45.00	45.00
❏ HEART OF LOVE	1998	*	45.00	45.00
❏ HEARTSTRINGS OF LOVE	1997	*	40.00	40.00
❏ RINGS OF LOVE	1997	*	45.00	45.00
FACES OF THE WILD				**D. PARKER**
❏ BEAR	1995	CL	45.00	115.00
❏ BOBCAT	1995	CL	45.00	125.00
❏ COUGAR	1995	CL	45.00	95.00
❏ FOX	1995	CL	45.00	125.00
❏ LYNX	1996	CL	45.00	115.00
❏ WHITE WOLF	1995	CL	40.00	150.00
❏ WOLF, THE	1995	CL	40.00	125.00
FAIRYLAND				**M. JOBE**
❏ DAZZLING BEGINNINGS	1996	95 DAYS	35.00	50.00
❏ FAREWELL TO THE NIGHT	1995	95 DAYS	35.00	45.00
❏ FOREST ENCHANTMENT	1994	95 DAYS	33.00	46.00
❏ MAGICAL MISCHIEF	1995	95 DAYS	33.00	45.00
❏ SILVERY SPLASHES	1994	95 DAYS	33.00	46.00
❏ TRAILS OF STARLIGHT	1994	95 DAYS	30.00	40.00
❏ TWILIGHT TRIO	1994	95 DAYS	30.00	40.00
FAMILY AFFAIR				**C. BRENDERS**
❏ CLOSE TO MOM	1994	CL	30.00	41.00
❏ DEN MOTHER	1995	CL	30.00	40.00
❏ FULL HOUSE	1995	CL	30.00	41.00
❏ SHADOWS IN THE GRASS	1995	CL	30.00	41.00
❏ UNDER MOTHER'S WATCHFUL EYE	1995	CL	30.00	41.00
FAMILY AFFAIR				**R. RUST**
❏ ROCKY CAMP	1995	95 DAYS	30.00	40.00
FAMILY CIRCLES				**R. RUST**
❏ BARRED OWL FAMILY	1994	CL	30.00	50.00
❏ GREAT GRAY OWL FAMILY	1993	CL	30.00	40.00
❏ GREAT HORNED OWL FAMILY	1994	CL	30.00	50.00
❏ SPOTTED OWL FAMILY	1994	CL	30.00	45.00
FAMILY OUTING				**J. SCHOLZ**
❏ BEAUTIFUL RESTING PLACE	1997	*	40.00	40.00
❏ CLIMBING IS NOT SO EASY	1997	*	40.00	40.00
❏ HOW PRETTY IT SMELLS	1997	*	40.00	40.00
❏ WHAT'S THAT FLUTTERING IN THE AIR?	1997	*	40.00	40.00
FAMILY'S LOVE				**S. WHEELER**
❏ GIVING THANKS	1996	*	30.00	40.00
FIELD PUP FOLLIES				**L. KAATZ**
❏ FOWL PLAY	1994	CL	30.00	45.00
❏ HAT CHECK	1994	CL	30.00	75.00
❏ SLEEPING ON THE JOB	1994	CL	30.00	35.00
FIERCE & FREE: THE BIG CATS				**G. BEECHAM**
❏ AFRICAN LION	1996	CL	40.00	55.00
❏ BLACK LEOPARD	1995	CL	40.00	55.00
❏ COUGAR	1995	CL	40.00	55.00
❏ JAGUAR	1995	CL	40.00	55.00
❏ SNOW LEOPARD	1995	CL	40.00	50.00
❏ TIGER, THE	1996	CL	40.00	55.00
FLEETING ENCOUNTERS				**M. BUDDEN**
❏ AUTUMN RETREAT	1995	95 DAYS	30.00	40.00
FLIGHT OF THE PHEASANTS				**J. MEGER**
❏ ROYAL FLUSH	1998	*	30.00	30.00
FLORAL FROLICS				**G. KURZ**
❏ BEE CAREFUL	1994	CL	30.00	40.00
❏ FUZZY FUN	1995	CL	33.00	45.00
❏ SPRING SURPRISES	1994	CL	30.00	45.00
❏ SUNNY HIDEOUT	1995	CL	33.00	45.00
FLORAL GREETINGS				**L. LIU**
❏ CIRCLE OF BEAUTY	1995	95 DAYS	*	45.00
❏ CIRCLE OF DELIGHT	1995	95 DAYS	*	50.00
❏ CIRCLE OF ELEGANCE	1994	95 DAYS	30.00	44.00
❏ CIRCLE OF HARMONY	1994	95 DAYS	33.00	44.00
❏ CIRCLE OF INSPIRATION	1995	95 DAYS	35.00	50.00
❏ CIRCLE OF JOY	1994	95 DAYS	33.00	45.00
❏ CIRCLE OF LOVE	1994	95 DAYS	30.00	39.00
❏ CIRCLE OF ROMANCE	1994	95 DAYS	35.00	44.00

PLATES

NAME	YEAR	LIMIT	ISSUE	TREND
FOOTPRINTS IN THE SAND				**S. RICKERT**
❏ ALONG THE PATH	1997	*	40.00	40.00
❏ I CARRIED YOU	1997	*	40.00	40.00
❏ WALK WITH ME	1997	*	40.00	40.00
❏ WALKING WITH THE LORD	1997	*	40.00	40.00
FOOTSTEPS OF THE BRAVE				**H. SCHAARE**
❏ AT JOURNEY'S END	1993	CL	30.00	50.00
❏ AT STORM'S PASSAGE	1993	CL	25.00	50.00
❏ HORIZONS OF DESTINY	1993	CL	28.00	45.00
❏ NOBLE QUEST	1993	CL	25.00	40.00
❏ PATH OF HIS FOREFATHERS	1993	CL	28.00	45.00
❏ REVERENT TRAIL, THE	1993	CL	30.00	50.00
❏ SOULFUL REFLECTION	1993	CL	30.00	50.00
❏ WITH BOUNDLESS VISION	1993	CL	28.00	45.00
FOREVER GLAMOROUS BARBIE				**C. FALBERG**
❏ ENCHANTED EVENING	1995	CL	50.00	50.00
❏ MIDNIGHT BLUE	1996	CL	50.00	50.00
FOREVER MY DAUGHTER				**M.A. LASHER**
❏ ALWAYS MY DAUGHTER	1997	*	30.00	30.00
❏ DAUGHTER INHERITS A LEGACY OF LOVE, A	1998	*	30.00	30.00
❏ DAUGHTER KNOWS, A	1998	*	30.00	30.00
❏ DAUGHTER'S LOVE FILLS A MOTHER'S HEART, A	1998	*	30.00	30.00
❏ DAUGHTER'S LOVE IS A MOTHER'S DEAREST TREASURE, A	1998	*	30.00	30.00
❏ FOREVER MY DAUGHTER	1998	*	30.00	30.00
FRAGILE BEAUTY				*
❏ HEAVENLY HIBISCUS	1998	*	40.00	40.00
FREE SPIRITS				**J. LARSON**
❏ CROW PONIES	1997	*	35.00	35.00
FRESHWATER GAME FISH OF NORTH AMERICA				**E. TOTTEN**
❏ BLUE GILLS	1994	CL	30.00	46.00
❏ BROOK TROUT	1995	CL	30.00	50.00
❏ BROWN TROUT	1995	CL	30.00	45.00
❏ LARGEMOUTH BASS	1994	CL	30.00	40.00
❏ NORTHERN PIKE	1995	CL	30.00	45.00
❏ RAINBOW TROUT	1994	CL	30.00	40.00
❏ SMALL MOUTH BASS	1994	CL	30.00	50.00
❏ WALLEYE	1995	CL	30.00	50.00
FRIENDS THROUGH RAIN OR SHINE				**DISNEY**
❏ PUZZLING SORT OF WEATHER	1998	*	40.00	40.00
❏ UMBRELLAS WORK BEST ON BLUSTERY DAYS	1998	*	40.00	40.00
FRIENDSHIP IN BLOOM				**L. CHANG**
❏ COZY PETUNIA PATCH	1995	CL	35.00	40.00
❏ PATIENCE & IMPATIENCE	1995	CL	35.00	40.00
❏ PAWS IN THE POSIES	1994	CL	35.00	40.00
❏ PRIMROSE PLAYMATES	1995	CL	35.00	38.00
FUN IN 100 ACRE WOODS				**DISNEY**
❏ AN APPLE FOR YOU WINNIE THE POOH	1997	*	30.00	30.00
❏ BLUSTERY DAYS ARE BEST WITH FRIENDS	1998	*	30.00	30.00
❏ CELEBRATION FOR EEYORE	1997	*	30.00	30.00
❏ GOING FISHING	1997	95 DAYS	30.00	30.00
❏ HARVEST TIME	1997	95 DAYS	30.00	30.00
❏ HELLO POOH!	1997	95 DAYS	30.00	30.00
❏ PARADE	1998	*	30.00	30.00
❏ POOH'S PICNIC	1997	*	30.00	30.00
❏ STICKY SITUATION	1997	95 DAYS	30.00	30.00
❏ TIME FOR A GAME OF POOH-STICKS	1998	*	30.00	30.00
❏ TREE TOP TRIO	1997	95 DAYS	30.00	30.00
❏ TROUBLES WITH BUBBLES	1997	95 DAYS	30.00	30.00
GALLANT MEN OF THE CIVIL WAR				**J. STRAIN**
❏ BEN HARDIN HELM	1995	95 DAYS	30.00	40.00
❏ JOHN C. BRECKINRIDGE	1995	95 DAYS	30.00	40.00
❏ JOHN HUNT MORGAN	1995	95 DAYS	30.00	40.00
❏ JOSHUA CHANBERLAIN	1995	95 DAYS	30.00	40.00
❏ NATHAN BEDFORD FORREST	1995	95 DAYS	30.00	40.00
❏ ROBERT E. LEE	1995	95 DAYS	30.00	40.00
❏ STONEWALL JACKSON	1994	95 DAYS	30.00	40.00
❏ TURNER ASHBY	1995	95 DAYS	30.00	40.00
GAME'S GREATEST, THE				**R. DEFELICE**
❏ DETROIT LIONS' BARRY SANDERS	1997	*	30.00	30.00
GAME'S GREATEST, THE				**C. HOPKINS**
❏ GREEN BAY'S BRETT FAVRE	1998	*	30.00	30.00
❏ MIAMI'S DAN MARINO	1998	*	30.00	30.00
❏ NEW ENGLAND'S DREW BLEDSOE	1998	*	30.00	30.00
GARDEN BLESSINGS				**D. GELSINGER**
❏ AN ANGEL'S CARE	1996	95 DAYS	30.00	30.00
❏ AN ANGEL'S GENTLENESS	1998	95 DAYS	30.00	30.00
❏ AN ANGEL'S GIFT	1996	95 DAYS	30.00	30.00
❏ AN ANGEL'S GRACE	1997	95 DAYS	30.00	30.00
❏ AN ANGEL'S GUIDANCE	1996	95 DAYS	30.00	30.00
❏ AN ANGEL'S SPIRIT	1997	95 DAYS	30.00	30.00
❏ AN ANGELS TENDERNESS	1997	95 DAYS	30.00	30.00
❏ AN ANGEL'S TOUCH	1996	95 DAYS	30.00	30.00
❏ AN ANGEL'S WARMTH	1996	95 DAYS	30.00	30.00
GARDEN GIFTS				**L. CHANG**
❏ BASKET OF LOVE	1998	*	30.00	30.00
❏ BUNDLE OF JOY	1998	*	30.00	30.00

PLATES

NAME	YEAR	LIMIT	ISSUE	TREND
❑ EYES OF INNOCENCE	1998	*	30.00	30.00
❑ HEARTS OF GOLD	1998	*	30.00	30.00
GARDEN OF LITTLE JEWELS				**L. MARTIN**
❑ DELICATE BEAUTY	1997	*	35.00	35.00
❑ GARDEN GRACE	1997	*	35.00	35.00
❑ PERFECT ENCHANTMENT	1997	*	35.00	35.00
❑ PRECIOUS TREASURES	1997	*	35.00	35.00
❑ SPLENDID MOMENT	1997	*	35.00	35.00
❑ WHISPER OF WINGS	1997	*	35.00	35.00
GARDEN SONGS OF INNOCENCE				**Z. KENYON**
❑ AFTERNOON RECITAL	1997	*	40.00	40.00
❑ MY MORNING FRIEND	1997	*	40.00	40.00
❑ SUNSHINE SERENADE	1998	*	40.00	40.00
❑ WARM WELCOME	1997	*	40.00	40.00
GARDENS OF INNOCENCE				**D. RICHARDSON**
❑ CHARITY	1993	95 DAYS	30.00	40.00
❑ COMPASSION	1995	*	*	55.00
❑ FAITH	1993	95 DAYS	33.00	45.00
❑ GRACE	1994	95 DAYS	33.00	46.00
❑ HARMONY	1995	*	*	56.00
❑ HOPE	1994	CL	30.00	40.00
❑ JOY	1994	95 DAYS	33.00	45.00
❑ KINDNESS	1995	95 DAYS	37.00	56.00
❑ LOVE	1996	OP	37.00	55.00
❑ PATIENCE	1995	95 DAYS	35.00	50.00
❑ PEACE	1995	95 DAYS	35.00	50.00
❑ SERENITY	1995	95 DAYS	35.00	50.00
GATHER AT OUR HOME				**T. KINKADE**
❑ CHRISTMAS WELCOME	1997	95 DAYS	30.00	30.00
❑ DEER CREEK COTTAGE	1997	95 DAYS	30.00	30.00
❑ MOONLIT VILLAGE	1998	*	30.00	30.00
❑ SUNDAY EVENING SLEIGHRIDE	1997	*	30.00	30.00
GATHERING OF NATIONS				**R. DOCKEN**
❑ DEFENDER OF HONOR	1997	*	35.00	35.00
❑ DEFENDER OF PRIDE	1998	*	35.00	35.00
❑ DEFENDER OF SPIRITS	1998	*	35.00	35.00
❑ DEFENDER OF TRUTH	1997	*	35.00	35.00
GETTING AWAY FROM IT ALL				**D. RUST**
❑ MOUNTAIN HIDEAWAY	1995	95 DAYS	30.00	30.00
GIFTS FROM THE GARDEN				**L. TUCCI**
❑ BEAUTY IN BLOOM	1998	*	30.00	30.00
❑ BLUSHING BEAUTIES	1998	*	30.00	30.00
❑ BUTTERFLY'S RETERAT	1997	*	*	N/A
❑ SUNNY BLOSSOM	1998	*	30.00	30.00
GIFTS OF LOVE				**L. BOGLE**
❑ BUDDING DESIRE	1997	*	35.00	35.00
❑ PASSION'S FIRST BLOOM	1997	*	35.00	35.00
GLORY OF CHRIST				**B. BARRETT**
❑ CHRIST BEFORE THE APOSTLES	1996	95 DAYS	30.00	40.00
❑ CHRIST FEEDS THE MULTITUDES	1995	CL	30.00	38.00
❑ CHRIST WALKS ON WATER	1995	CL	30.00	41.00
❑ RAISING OF LAZARUS	1996	95 DAYS	30.00	42.00
❑ WEDDING AT CANA	1996	CL	30.00	40.00
GONE WITH THE WIND				**M. PHALEN**
❑ RHETT'S BRIGHT PROMISE	1995	CL	40.00	40.00
❑ SCARLETT RADIANCE	1995	CL	40.00	40.00
GONE WITH THE WIND MUSICAL TREASURES				**A. JENKS**
❑ CHARITY BAZAAR	1995	95 DAYS	33.00	33.00
❑ PROPOSAL,THE	1995	95 DAYS	33.00	33.00
GONE WITH THE WIND: CAMEO MEMORIES				**C. NOTARILE**
❑ EMERALD ELEGANCE	1997	*	35.00	35.00
❑ SUNLIGHT RADIANCE	1998	*	35.00	35.00
GONE WITH THE WIND: MOVIE OF THE CENTURY				*
❑ COURAGE, THE	1998	*	30.00	30.00
❑ DEVOTION, THE	1998	*	30.00	30.00
❑ PASSION, THE	1997	*	30.00	30.00
❑ ROMANCE, THE	1997	*	30.00	30.00
GREAT MOMENTS IN BASEBALL				**S. GARDNER**
❑ BILL MAZEROSKI: WINNING HOME RUN	1993	CL	33.00	39.00
❑ BILLY MARTIN: RESCUE CATCH	1994	CL	35.00	47.00
❑ BOBBY THOMSON: SHOT HEARD	1993	CL	33.00	40.00
❑ CARL HUBBELL: THE 1934 ALL STATE	1995	CL	37.00	45.00
❑ DIZZY DEAN	1994	CL	35.00	45.00
❑ DON LARSEN: PERFECT SERIES	1994	CL	35.00	40.00
❑ ENOS SLAUGHTER: THE MAD DASH	1995	CL	37.00	50.00
❑ JACKIE ROBINSON: SAVED PENNANT	1994	CL	35.00	46.00
❑ JOE DIMAGGIO: THE STREAK	1993	CL	30.00	35.00
❑ RALPH KINER: HOME RUN STREAK	1995	CL	37.00	50.00
❑ SATCHEL PAIGE	1994	CL	35.00	40.00
❑ STAN MUSIAL: 5-HOMER DBL. HEAD	1993	CL	30.00	34.00
GREAT MOMENTS IN NFL FOOTBALL				**R. JOHNSON**
❑ FIRST SUDDEN DEATH	1998	*	35.00	35.00
❑ HISTORY MAKER, THE (JERRY RICE)	1997	*	35.00	35.00
GREAT SUPERBOWL QUARTERBACKS				**R. BROWN**
❑ BART STARR, WINNING THE FIRST SUPERBOWL	1995	*	*	46.00
❑ BOB GRIESE	1996	*	33.00	45.00

PLATES

NAME	YEAR	LIMIT	ISSUE	TREND
❑ JOE MONTANA: KING OF THE COMEBACKS	1995	95 DAYS	30.00	40.00
❑ JOE NAMATH, THE GUARANTEE	1995	*	*	41.00
❑ JOHNNY UNITAS, CHAMPION COL.	1995	*	*	45.00
❑ KEN STABLER, THE SNAKE STRIKES	1996	*	*	51.00
❑ LEN DAWSON, MOST VALUABLE CHI.	1995	*	*	50.00
GUIDANCE FROM ABOVE				**B. JAXON**
❑ APPEAL TO THUNDER	1995	CL	30.00	40.00
❑ BLESSING THE FUTURE	1995	CL	33.00	50.00
❑ PRAYER TO THE STORM	1994	CL	30.00	50.00
HAPPY HEARTS				**J. DALY**
❑ CHILDHOOD FRIENDS	1995	CL	33.00	45.00
❑ CONTENTMENT	1995	CL	30.00	40.00
❑ FAVORITE GIFT	1995	CL	30.00	45.00
❑ GOOD COMPANY	1995	CL	33.00	46.00
❑ HER SECRET PLACE	1995	CL	33.00	51.00
❑ PLAYMATES	1995	CL	30.00	40.00
HEART OF CAT COUNTRY				**R. NANINI**
❑ ALL ABOARD	1996	*	30.00	30.00
HEART STRINGS				**J. GIBSON**
❑ FAMILY TIES	1996	*	30.00	40.00
❑ GIFT OF FRIENDSHIP	1996	*	*	45.00
HEART TO HEART				**FIORENTINO INSPIRED**
❑ TALES OF FANCY	1995	95 DAYS	30.00	45.00
HEART TO HEART				**MARATTA INSPIRED**
❑ ECHOES OF AFFECTION	1995	95 DAYS	30.00	45.00
❑ WHISPERS IN ROMANCE	1995	95 DAYS	30.00	45.00
HEART TO HEART				**RAPHAEL INSPIRED**
❑ SPEAKING OF LOVE	1995	CL	30.00	40.00
❑ THINKING OF YOU	1995	CL	30.00	40.00
HEART TO HEART				**E. STEINBRUCK**
❑ FEELINGS OF ENDEARMENT	1996	95 DAYS	30.00	45.00
HEAVEN ON EARTH				**T. KINKADE**
❑ BUT THE PATH OF THE JUST	1995	CL	30.00	40.00
❑ FOR THOU ART MY LAMP	1995	CL	30.00	40.00
❑ FOR WITH THEE	1995	CL	30.00	41.00
❑ I AM THE LIGHT OF THE WORLD	1994	CL	30.00	41.00
❑ I AM THE WAY	1995	CL	30.00	40.00
❑ IN HIM WAS LIFE	1995	CL	30.00	40.00
❑ LET YOUR LIGHT SO SHINE	1995	CL	30.00	40.00
❑ THY WORD IS A LAMP	1995	CL	30.00	40.00
HEAVEN SENT				**L. BOGLE**
❑ PRECIOUS GIFT	1995	CL	33.00	45.00
❑ PUPPY DOG TAILS	1994	CL	30.00	75.00
❑ SWEET DREAMS	1994	CL	30.00	40.00
❑ TIMELESS TREASURE	1994	CL	30.00	45.00
HEAVENLY CHORUS				**R. AKERS**
❑ ANGELS WE HAVE HEARD ON HIGH	1995	CL	40.00	51.00
❑ HARK THE HERALD ANGELS SING	1995	CL	40.00	50.00
❑ O COME ALL YE FAITHFUL	1996	CL	40.00	40.00
HEAVEN'S LITTLE ANGELS				**D. BROOKS**
❑ ANGEL'S BLESSING	1998	*	30.00	30.00
❑ ANGEL'S DELIGHT	1998	*	30.00	30.00
❑ ANGEL'S HOPE	1997	*	30.00	30.00
❑ ANGEL'S JOY	1997	*	30.00	30.00
❑ ANGEL'S LOVE	1997	*	30.00	30.00
HEAVEN'S LITTLE SWEETHEARTS				**R. AKERS**
❑ FIRST NOEL	1995	*	*	55.00
HEAVEN'S LITTLE SWEETHEARTS				**D. BROOKS**
❑ AN ANGEL'S CARING	1996	*	*	41.00
❑ AN ANGEL'S DEVOTION	1996	*	*	39.00
❑ AN ANGEL'S KINDNESS	1996	*	30.00	40.00
❑ AN ANGEL'S LOVE	1996	*	*	40.00
HEAVEN'S PRECIOUS BLESSINGS				**J. MONTI**
❑ TENDER MOMENT	1997	*	30.00	30.00
❑ WARM EMBRACE	1997	*	30.00	30.00
❑ WINGS OF LOVE	1997	*	30.00	30.00
HEIRLOOM MEMORIES				**A. PECH**
❑ PINK LEMONADE ROSES	1994	CL	30.00	65.00
❑ PORCELAIN TREASURE	1994	CL	30.00	58.00
❑ RHYTHMS IN LACE	1994	CL	30.00	58.00
❑ TEATIME TULIPS	1994	CL	30.00	58.00
❑ VICTORIAN ROMANCE	1994	CL	30.00	58.00
HEIRLOOMS AND LACE				**A. PECH**
❑ TOUCH OF THE IRISH	1994	*	*	40.00
HEROES ON ICE				**R. DEFELICE**
❑ HEART AND SOUL	1998	*	30.00	30.00
❑ LE MAGNIFIQUE (MARIO LEMIEUX)	1997	*	30.00	30.00
❑ SWIFT 77	1998	*	30.00	30.00
HEROES ON ICE				**S. TARABAY**
❑ SUPER 16	1998	*	30.00	30.00
HIDDEN WORLD				**R. RUST**
❑ HUNTER GROWLS, SPIRITS PROWL	1993	CL	33.00	40.00
❑ IN MOONGLOW ONE DRINKS	1993	CL	33.00	40.00
❑ SINGS AT THE MOON, SPIRITS SING IN TUNE	1993	CL	35.00	45.00
❑ TWO BY NIGHT, TWO BY LIGHT	1993	CL	30.00	45.00

PLATES

NAME	YEAR	LIMIT	ISSUE	TREND
❑ TWO BY STEAM, TWO IN DREAM	1993	CL	33.00	35.00
❑ TWO CUBS PLAY, SPIRITS SHOW THE WAY	1994	CL	35.00	39.00
❑ TWO ON SLY, TWO WATCH NEARBY	1993	CL	33.00	45.00
❑ YOUNG ONES HOLD ON TIGHT	1994	CL	35.00	40.00
HIDEAWAY LAKE				**R. RUST**
❑ ECHOES OF MORNING	1993	CL	35.00	45.00
❑ FISHING FOR DREAMS	1993	CL	35.00	40.00
❑ RUSTY'S RETREAT	1993	CL	35.00	40.00
❑ SUNSET CABIN	1993	CL	35.00	40.00
HIS AIRNESS MICHAEL JORDAN				**J. WALKER**
❑ 5 TIME NBA MVP	1998	*	35.00	35.00
HOLIDAY ANGELS				**L. LIU**
❑ CELEBRATION	1997	95 DAYS	33.00	33.00
❑ GLAD TIDINGS	1997	95 DAYS	30.00	30.00
❑ JUBILEE	1997	95 DAYS	33.00	33.00
❑ NOEL	1997	95 DAYS	33.00	33.00
❑ REJOICE	1997	95 DAYS	30.00	30.00
❑ YULETIDE	1997	95 DAYS	33.00	33.00
HOLIDAY MEMORIES: THOMAS KINKADE				**T. KINKADE**
❑ HOME FOR THE HOLIDAYS	1997	95 DAYS	40.00	40.00
❑ VICTORIAN CHRISTMAS CELEBRATION	1997	95 DAYS	40.00	40.00
❑ VICTORIAN CHRISTMAS MEMORIES	1997	95 DAYS	40.00	40.00
HOME IN THE HEARTLAND				**M. LEVNE**
❑ APPLE BLOSSOM FESTIVAL, THE	1996	CL	35.00	45.00
❑ BARN RAISING	1995	CL	35.00	44.00
❑ COUNTRY FAIR	1996	CL	35.00	44.00
HOMETOWN MEMORIES				**C. WYSOCKI**
❑ CAPTURING THE MOMENT	1995	CL	30.00	50.00
❑ FAREWELL KISS	1995	CL	30.00	50.00
❑ JASON SPARKLING THE LIGHTHOUSE	1995	CL	30.00	40.00
❑ SMALL TALK AT BIRDIE'S PERCH	1995	CL	*	40.00
❑ SUMMER DELIGHTS	1995	CL	30.00	40.00
❑ TRANQUIL DAYS/RAVENSWHIP COVER	1995	CL	30.00	40.00
HUNCHBACK OF NOTRE DAME				*
❑ DANCE OF ENCHANTMENT	1997	95 DAYS	35.00	35.00
❑ FEATHERED FRIEND	1997	*	35.00	35.00
❑ GOOD DAY TO FLY	1997	95 DAYS	35.00	35.00
❑ TOPSY TURVY PARADE	1997	95 DAYS	35.00	35.00
❑ TOUCHED BY LOVE	1997	95 DAYS	35.00	35.00
HUNTERS OF THE SPIRIT				**R. DOCKEN**
❑ DEFENDER	1995	CL	30.00	41.00
❑ GATHERER	1995	CL	30.00	39.00
❑ HUNTER, THE	1996	CL	30.00	40.00
❑ PROVIDER	1995	CL	30.00	40.00
❑ SEEKER	1995	CL	30.00	40.00
ILLUSIONS OF NATURE				**M. BIERLINSKI**
❑ RUNNING DEER	1995	CL	30.00	40.00
❑ TRIO OF WOLVES	1995	CL	30.00	40.00
ILLUSIONS OF NATURE				**J. GRENDE**
❑ AUTUMN ILLUSION	1995	*	*	41.00
ILLUSIVE WINGS				**J. GRENDE**
❑ AMETHYST APPARITION	1996	*	*	42.00
❑ AUTUMN MIRAGE	1995	*	*	39.00
❑ GLIMPSE OF GOLD	1996	*	*	40.00
❑ NUTMEG IMPRESSIONS	1996	*	30.00	40.00
IMMORTALS OF THE DIAMOND				**C. JACKSON**
❑ GEORGIA PEACH	1995	CL	40.00	51.00
❑ PRIDE OF THE YANKEES	1995	CL	40.00	50.00
❑ SULTAN OF SWAT	1994	CL	40.00	50.00
❑ WINNINGEST PITCHER	1995	CL	40.00	65.00
IN A HIDDEN GARDEN				**T. CLAUSNITZER**
❑ AMBER GAZE	1994	CL	30.00	40.00
❑ CURIOUS KTTENS	1993	CL	30.00	40.00
❑ FASCINATING FIND	1994	CL	30.00	40.00
❑ THROUGH EYES OF BLUE	1994	CL	30.00	40.00
IT'S A WONDERFUL LIFE				**D. SIVAVEC**
❑ AN ANGEL GETS HIS WINGS	1995	*	*	40.00
❑ BY THE LIGHT OF THE MOON	1996	OP	35.00	40.00
❑ I'M THE ANSWER TO YOUR PRAYER	1996	*	35.00	40.00
❑ WELCOME HOME	1995	*	*	41.00
JAMES DEAN COLLECTION				**S. MICHAELS**
❑ HOLLYWOOD COOL	1997	*	35.00	35.00
❑ HOLLYWOOD GIANT	1997	*	35.00	35.00
JANE WOOSTER SCOTT'S SEASIDE MEMORIES				**J. WOOSTER SCOTT**
❑ BEACHFRONT FUN	1997	*	35.00	35.00
❑ PEACEFUL HARBOR	1997	*	35.00	35.00
❑ SHIPS AHOY!	1998	*	35.00	35.00
❑ SUMMER AT THE SEASHORE	1998	*	35.00	35.00
JOE MONTANA: TICKET TO GLORY				**D. SMITH**
❑ SUPER BOWL XIX	1998	*	35.00	35.00
❑ SUPER BOWL XXIII	1998	*	35.00	35.00
❑ SUPERBOWL XVI	1997	*	35.00	35.00
JOHN ELWAY: KING OF THE MOUNTAIN				**R. BROWN**
❑ BOUND FOR GLORY	1998	*	30.00	30.00
❑ SUPER BOWL CHAMPIONS	1998	*	30.00	30.00

PLATES

NAME	YEAR	LIMIT	ISSUE	TREND
JOURNEYS OF THE SOUL				**L. BOGLE**
❏ REFLECTIONS	1998	*	30.00	30.00
KEEPERS OF THE SHORE				*
❏ SEASIDE RETREAT	1998	*	40.00	40.00
❏ SUMMER BY THE SEA	1998	*	40.00	40.00
KEEPSAKES OF THE HEART				**C. LAYTON**
❏ AFTERNOON TEA	1993	CL	30.00	40.00
❏ FOREVER FRIENDS	1993	CL	30.00	40.00
❏ RIDING COMPANIONS	1993	CL	30.00	40.00
❏ SENTIMENTAL SWEETHEARTS	1993	CL	30.00	45.00
KINDRED MOMENTS				**C. POULIN**
❏ FOREVER FRIENDS	1996	95 DAYS	30.00	40.00
❏ SISTERS ARE BLOSSOMS	1995	95 DAYS	30.00	30.00
❏ SISTERS SHARE TRIUMPHS AND TEARS	1997	*	27.00	27.00
❏ SISTERS WISH ON THE SAME STAR	1997	*	27.00	27.00
KINDRED SPIRITS				**D. CASEY**
❏ SPIRIT OF THE WOLF	1996	CL	30.00	40.00
KINDRED THOUGHTS				**C. PUOLIN**
❏ SISTERS	1995	95 DAYS	30.00	30.00
KINGDOM OF ENCHANTMENT				**M. JOBE**
❏ MOONBEAM TRAILS	1996	*	30.00	40.00
❏ MOONLIGHT WONDER	1996	*	*	40.00
KINGDOM OF GREAT CATS				**C. FRACE**
❏ AMERICAN MONARCH	1994	*	*	43.00
❏ EMPEROR OF SIBERIA	1994	*	*	45.00
❏ HIS DOMAIN	1994	*	*	44.00
❏ MYSTIC REALM	1994	CL	40.00	45.00
❏ RADIANT MOMENT	1994	*	*	43.00
❏ SNOW LEOPARD	1994	*	*	45.00
KINGDOM OF THE UNICORN				**M. FERRARO**
❏ CHASING A DREAM	1993	CL	30.00	50.00
❏ FOUNTAIN OF YOUTH, THE	1993	CL	30.00	45.00
❏ IN CRYSTAL WATERS	1993	CL	30.00	40.00
❏ MAGIC BEGINS, THE	1993	CL	30.00	40.00
KINKADE'S ILLUMINATED COTTAGES				**T. KINKADE**
❏ CHERRY BLOSSOM HIDEAWAY	1995	CL	35.00	50.00
❏ FLAGSTONE PATH, THE	1994	CL	35.00	50.00
❏ GARDEN WALK,THE	1995	CL	35.00	50.00
❏ LIGHTED GATE	1995	CL	38.00	51.00
KITTEN EXPEDITIONS				**J. SCHOLZ**
❏ AT THE LITTLE WATERFALL	1997	*	37.00	37.00
❏ FUN FINALE WITH FRIENDS, A	1998	*	37.00	37.00
❏ ON THE GARDEN BENCH	1997	*	37.00	37.00
❏ ON THE WOODPILE	1997	*	37.00	37.00
KUCK'S VICTORIAN CHRISTMAS				**S. KUCK**
❏ CHRISTMAS DAY JOY	1998	*	35.00	35.00
LAMPLIGHT VILLAGE				**T. KINKADE**
❏ LAMPLIGHT BRIDGE	1995	95 DAYS	30.00	40.00
❏ LAMPLIGHT BROOKE	1995	95 DAYS	30.00	40.00
❏ LAMPLIGHT COUNTY	1995	95 DAYS	30.00	40.00
❏ LAMPLIGHT FARM	1996	95 DAYS	30.00	40.00
❏ LAMPLIGHT GLEN	1995	95 DAYS	30.00	40.00
❏ LAMPLIGHT INN	1995	95 DAYS	30.00	40.00
❏ LAMPLIGHT LANE	1995	CL	30.00	40.00
❏ LAMPLIGHT MILL	1996	95 DAYS	30.00	40.00
LAND OF OZ: NEW DIMENSION				**D. CHERRY**
❏ STEP INTO THE EMERALD CITY	1995	95 DAYS	35.00	40.00
❏ WIZ LENTICULAR	1995	*	*	40.00
LEGEND OF THE WHITE BUFFALO				**D. STANLEY**
❏ BUFFALO SPIRIT OF THE VILLAGE	1996	95 DAYS	30.00	40.00
❏ CALL OF THE CLOUDS	1995	95 DAYS	30.00	40.00
❏ MYSTIC SPIRIT	1995	CL	30.00	40.00
❏ SPIRIT OF THE BUFFALO SHAMAN	1996	95 DAYS	30.00	40.00
❏ VALLEY OF THE SACRED	1995	95 DAYS	30.00	40.00
❏ WHITE BUFFALO CALF WOMAN	1996	95 DAYS	30.00	40.00
LEGENDARY HOME RUNS				**E. JERINS**
❏ FINAL HOME RUN, THE	1997	*	30.00	30.00
LEGENDARY HOME RUNS				**J. WALKER**
❏ GIBSON'S WORLD SERIES HOME RUNS	1998	*	35.00	35.00
❏ TWELFTH INNING ROCKET	1997	*	35.00	35.00
LEGENDARY JACKIE ROBINSON				**B. BENGER**
❏ BREAKING BARRIERS	1997	*	50.00	50.00
❏ PLAYER OF THE YEAR	1998	*	50.00	50.00
LEGENDS OF THE MOON				**W. TERRY**
❏ MOON OF RUNNING WOLVES	1996	*	35.00	35.00
LENA LIU'S COUNTRY ACCENTS				**L. LIU**
❏ GARDEN DELIGHTS	1997	95 DAYS	30.00	30.00
❏ GARDEN ELEGANCE	1997	95 DAYS	33.00	33.00
❏ GARDEN GRACE	1997	95 DAYS	33.00	33.00
❏ GARDEN PLEASURES	1997	95 DAYS	30.00	30.00
LENA LIU'S FLIGHTS OF FANCY				**L. LIU**
❏ FLEETING BEAUTY	1998	*	35.00	35.00
❏ GARDEN JEWELS	1997	95 DAYS	35.00	35.00
❏ ON GOSSAMER WINGS	1997	*	35.00	35.00
❏ WHISPERING WINGS	1998	*	35.00	35.00

PLATES

NAME	YEAR	LIMIT	ISSUE	TREND
LENA LIU'S FLORAL CAMEOS				**L. LIU**
❏ CHERISHED	1997	95 DAYS	33.00	33.00
❏ ENCHANTMENT	1997	95 DAYS	30.00	30.00
❏ EVERLASTING	1997	95 DAYS	33.00	33.00
❏ EXQUISITE	1997	*	35.00	35.00
❏ GLORY	1997	95 DAYS	35.00	35.00
❏ HONORED	1998	*	35.00	35.00
❏ JOYFUL	1998	*	35.00	35.00
❏ MAGICAL	1997	*	35.00	35.00
❏ PRECIOUS	1997	95 DAYS	33.00	33.00
❏ RADIANCE	1998	*	35.00	35.00
❏ REMEMBRANCE	1997	95 DAYS	30.00	30.00
❏ TREASURED	1997	95 DAYS	35.00	35.00
LENA LIU'S WINGS OF LOVE				**L. LIU**
❏ BRIGHT IS LIGHT OF LOVE	1998	CL	30.00	30.00
❏ PRECIOUS IS THE GIFT OF LOVE	1997	CL	30.00	30.00
❏ SACRED IS THE PROMISE OF LOVE	1997	CL	30.00	30.00
❏ SWEET ARE THE DREAMS OF LOVE	1997	CL	30.00	30.00
❏ TENDER ARE THE HEARTS OF LOVE	1997	CL	30.00	30.00
LIFE OF CHRIST				**R. BARRETT**
❏ ASCENSION	1994	CL	35.00	45.00
❏ CRUCIFIXION,THE	1995	CL	35.00	50.00
❏ JESUS CALMS THE WATERS	1994	CL	33.00	60.00
❏ JESUS ENTERS JERUSALEM	1994	CL	30.00	40.00
❏ PASSION IN THE GARDEN, THE	1994	CL	30.00	45.00
❏ RESURRECTION	1994	CL	35.00	60.00
❏ SERMON ON THE MOUNT	1994	CL	33.00	50.00
LIGHT OF THE WORLD				**C. NICK**
❏ BETRAYAL IN THE GARDEN	1995	CL	30.00	40.00
❏ FACING HIS ACCUSERS	1995	CL	30.00	40.00
❏ JESUS GOES BEFORE PILATE	1996	CL	30.00	40.00
❏ LAST SUPPER	1995	CL	30.00	40.00
❏ PRAYER IN THE GARDEN	1996	CL	30.00	40.00
❏ WAY OF THE CROSS	1996	CL	30.00	40.00
LION KING				*
❏ BEST FRIENDS	1996	*	*	50.00
❏ CIRCLE CONTINUES, THE	1997	95 DAYS	35.00	35.00
❏ CIRCLE OF LIFE, THE	1995	95 DAYS	30.00	40.00
❏ COURTING THE FUTURE KING	1995	95 DAYS	*	50.00
❏ CRUNCHY FEAST	1995	95 DAYS	00.00	16.00
❏ HAKUNA MATATA	1995	95 DAYS	*	50.00
❏ I'M GONNA BE KING	1995	95 DAYS	*	45.00
❏ KING WITHIN	1995	95 DAYS	*	50.00
❏ LIKE FATHER, LIKE SON	1995	95 DAYS	30.00	40.00
❏ RISE AND SHINE	1997	95 DAYS	35.00	35.00
❏ STARGAZING	1997	95 DAYS	35.00	35.00
❏ WE'LL ALWAYS BE FRIENDS	1995	95 DAYS	*	45.00
LION KING: THE CIRCLE OF LIFE				*
❏ GUIDING THE FUTURE KING	1998	*	30.00	30.00
❏ LIFE LONG FRIENDS	1998	*	30.00	30.00
❏ REMEMBER WHO YOU ARE	1998	*	30.00	30.00
❏ SIMBA AND NALA	1998	*	30.00	30.00
LITTER RASCALS				**C. JAGODITS**
❏ SNEAKING SECONDS	1996	*	30.00	30.00
LITTER RASCALS				**J. SCHOLZ**
❏ FRISKY BUSINESS	1997	*	30.00	30.00
❏ KITCHEN CAPERS	1998	*	30.00	30.00
❏ MAKING MUSIC	1998	*	30.00	30.00
❏ STUDY BREAK	1998	*	30.00	30.00
LITTLE BANDITS				**C. JAGODITS**
❏ ALL TIED UP	1993	CL	30.00	60.00
❏ EVERYTHING'S COMING UP DAISIES	1993	CL	33.00	45.00
❏ HANDLE WITH CARE	1993	CL	30.00	50.00
❏ OUT OF HAND	1993	CL	33.00	50.00
❏ PUPSICLES	1993	CL	33.00	50.00
❏ UNEXPECTED GUESTS	1993	CL	33.00	45.00
LORD OF FOREST & CANYON				**G. BEECHAM**
❏ FOREST EMPEROR	1995	CL	33.00	45.00
❏ GOLDEN MONARCH	1995	CL	33.00	45.00
❏ GRAND DOMAIN	1995	CL	33.00	46.00
❏ MOUNTAIN MAJESTY	1994	CL	30.00	40.00
❏ PROUD LEGACY	1995	CL	30.00	40.00
LOVE, MARILYN				**J. SCHWARZ**
❏ BLONDE PASSION	1998	*	30.00	30.00
LOVE'S HEAVENLY MESSENGERS				*
❏ WATCHING OVER ME	1997	*	40.00	40.00
LOVE'S HEAVENLY MESSENGERS				**B.P. GUTMANN**
❏ BLESSED INNOCENCE	1998	*	30.00	30.00
❏ BUBBLING JOY	1998	*	30.00	30.00
❏ ENCHANTING DREAMS	1997	*	30.00	30.00
❏ ENCHANTING MELODY	1998	*	30.00	30.00
❏ GENTLE FRIEND	1997	*	30.00	30.00
❏ LITTLE SWEETHEART	1990	*	30.00	30.00
❏ LOVELY THOUGHTS	1998	*	30.00	30.00
❏ SILENT BEAUTY	1997	*	30.00	30.00
❏ SMALL BLESSINGS	1998	*	30.00	30.00

PLATES

NAME	YEAR	LIMIT	ISSUE	TREND
❑ TRANQUIL HIDEAWAY	1998	*	30.00	30.00
LOVING HEARTS				R. MCGINNIS
❑ BEAUTY & SPLENDOR	1996	CL	30.00	40.00
❑ PATIENT & KIND	1996	CL	30.00	40.00
❑ UNSELFISH AND GIVING	1995	CL	30.00	40.00
MADONNA AND CHILD: THE MASTERS SERIES				W. BOUGUERAEU
❑ DIVINE MOTHER	1998	*	35.00	35.00
❑ MADONNA OF GLORY	1998	*	35.00	35.00
❑ VIRGIN WITH ANGELS, THE	1997	*	35.00	35.00
MADONNA AND CHILD: THE MASTERS SERIES				W. RAFFAEL
❑ SISTER MADONNA	1997	*	35.00	35.00
MAJESTIC PATRIOTS				G. DIECKHONER
❑ MY COUNTRY TIS OF THEE	1995	95 DAYS	30.00	40.00
MARILYN: THE GOLD COLLECTION				C. NOTARILE
❑ FOREVER RADIANT	1997	95 DAYS	35.00	35.00
❑ RADIANT IN RED	1997	95 DAYS	35.00	35.00
MARILYN: UP CLOSE AND PERSONAL				M. GREENE
❑ BEWITCHING IN BLACK	1998	*	35.00	35.00
❑ BODY AND SOUL	1998	*	35.00	35.00
❑ GOLDEN GLAMOUR	1998	*	35.00	35.00
❑ LADY IN RED	1998	*	35.00	35.00
❑ RELAXED ELEGANCE	1998	*	35.00	35.00
MASTERS OF LAND & SKY				*
❑ SUPREME SUMMONS	1996	*	30.00	40.00
MASTERS OF LAND & SKY				GIANNINI
❑ MAJESTIC HARMONY	1995	*	*	40.00
❑ SOUL MATES	1995	*	*	40.00
❑ UNITED IN SPIRIT	1995	*	*	40.00
MASTERS OF LAND & SKY				STRONGIN
❑ ENDURING PRESENCE	1996	*	*	40.00
❑ NOBLE BOND	1995	*	*	40.00
❑ SOVEREIGN UNITY	1996	*	*	40.00
MESSAGES FROM HEAVEN				*
❑ ANGEL OF HARMONY	1997	*	40.00	40.00
❑ ANGEL OF JOY	1997	*	40.00	40.00
❑ ANGEL OF KINDNESS	1998	*	40.00	40.00
❑ ANGEL OF LOVE	1998	*	40.00	40.00
MESSENGERS OF THE SPIRIT				L. BOGLE
❑ BLESSING, THE	1997	*	30.00	30.00
❑ DREAM, THE	1997	*	30.00	30.00
❑ GIFT, THE	1997	*	30.00	30.00
❑ HOPE, THE	1997	*	30.00	30.00
❑ SHARING, THE	1997	*	30.00	30.00
❑ SIGN, THE	1997	*	30.00	30.00
❑ THE GUIDE	1997	*	30.00	30.00
❑ VISION, THE	1997	*	30.00	30.00
MEWSIC FOR THE HOLIDAYS				R. SPANGLER
❑ SANTA CLAWS IS COMING TO TOWN	1997	CL	35.00	35.00
MICHAEL JORDAN COLLECTION				C. GILLIES
❑ 1991 EASTERN FINALS	1997	95 DAYS	35.00	35.00
❑ CAREER HIGH 69 IN OVERTIME	1998	95 DAYS	35.00	35.00
❑ RECORD 23 IN A ROW	1998	95 DAYS	35.00	35.00
MICHAEL JORDAN: FLYING HIGH				*
❑ BREAKING THE RECORDS	1998	*	60.00	60.00
MICHAEL JORDAN: LEGEND FOR ALL TIME				*
❑ SLAM JAMMER	1998	95 DAYS	80.00	80.00
MICHAEL JORDAN: LEGEND FOR ALL TIME				S. GREENWELL
❑ RIM ROCKER	1997	95 DAYS	80.00	80.00
MICHAEL JORDAN: TICKET TO GREATNESS				G. GREEN
❑ HEART OF A CHAMPION	1997	*	35.00	35.00
❑ IN COMMAND	1998	*	40.00	40.00
❑ IN THE ZONE	1998	*	38.00	38.00
❑ LEADER OF THE LEAGUE	1998	*	38.00	38.00
❑ TAKING IT PERSONALLY	1997	*	38.00	38.00
MICKEY & MINNIE THROUGH THE YEARS				*
❑ BRAVE LITTLE TAILOR	1994	95 DAYS	30.00	40.00
❑ MICKEY MOUSE CLUB	1995	95 DAYS	33.00	46.00
❑ MICKEY'S 65TH BIRTHDAY	1995	95 DAYS	35.00	45.00
❑ MICKEY'S BIRTHDAY PARTY, 1942	1997	95 DAYS	30.00	30.00
❑ MICKEY'S GALA PREMIERE	1995	95 DAYS	33.00	46.00
❑ STEAMBOAT WILLIE	1995	95 DAYS	33.00	45.00
MICKEY MANTLE COLLECTION				S. GARDNER
❑ 500TH HOME RUN CLUB	1996	*	*	41.00
❑ BRONX BOMBER	1996	*	40.00	40.00
❑ TRIPLE CROWN SEASON	1996	*	*	40.00
MICKEY MANTLE: ALL AMERICAN LEGEND				*
❑ TRIPLE CROWN KING	1997	CL	80.00	80.00
MICKEY'S CHRISTMAS MAGIC				*
❑ NAUGHTY OR NICE?	1997	95 DAYS	35.00	35.00
❑ SANTA'S FAVORITE HELPERS	1997	95 DAYS	35.00	35.00
❑ SPECIAL DELIVERY	1997	95 DAYS	35.00	35.00
❑ THANKS PLUTO	1997	95 DAYS	35.00	35.00
MICKEY'S HOLIDAY MAGIC				*
❑ SPECIAL DELIVERY	1997	*	35.00	35.00
MICKEY'S VILLAGE				DISNEY
❑ DAISY'S FLOWER SHOP	1998	*	35.00	35.00

PLATES

NAME	YEAR	LIMIT	ISSUE	TREND
❏ DONALD'S WATCH AND CLOCK SHOP	1998	*	35.00	35.00
❏ GOOFY'S ICE CREAM PARLOR	1998	*	35.00	35.00
❏ MICKEY'S MARKET	1998	*	35.00	35.00
❏ MINNIE'S BAKERY	1998	*	35.00	35.00
❏ PLUTO'S DAILY BARK	1998	*	35.00	35.00
MIRACLE OF CHRISTMAS				J. WELTY
❏ ONCE UPON A HOLY NIGHT	1996	CL	35.00	45.00
MOMENTS AT HOME				S. KUCK
❏ MOMENTS OF SHARING	1995	95 DAYS	30.00	40.00
MOMENTS IN THE GARDEN				C. FISHER
❏ LUMINOUS JEWELS	1996	95 DAYS	33.00	40.00
❏ LUSTROUS SAPPHIRE	1996	95 DAYS	35.00	42.00
❏ RADIANT GEMS	1996	95 DAYS	33.00	40.00
❏ RUBY TREASURES	1995	CL	30.00	41.00
❏ SHIMMERING SPLENDOR	1996	95 DAYS	30.00	40.00
MOONLIT SYMPHONY: A MASTER'S COLLECTION				L. KROMSCHROEDER
❏ CALL OF THE WILD	1998	*	30.00	30.00
MORNING JEWELS				L. LIU
❏ AMETHYST GLORY	1997	*	40.00	40.00
❏ CRIMSON BLUSH	1997	*	45.00	45.00
❏ CRYSTAL DAYBREAK	1997	*	45.00	45.00
❏ FUCHSIA MAJESTY	1997	*	45.00	45.00
❏ GARNET GRANDEUR	1997	*	45.00	45.00
❏ LILY SPLENDOUR	1997	*	45.00	45.00
❏ PEARL TREASURE	1998	*	45.00	45.00
❏ REGAL MORNING	1997	*	45.00	45.00
❏ ROSE-COLORED DAWN	1997	*	40.00	40.00
❏ RUBY REFLECTIONS	1997	*	45.00	45.00
MOTHER'S LOVE				J. ANDERSON
❏ KINDNESS	1995	95 DAYS	30.00	40.00
❏ PATIENCE	1995	CL	30.00	40.00
❏ REMEMBRANCE	1995	CL	30.00	40.00
❏ THOUGHTFULNESS	1995	95 DAYS	30.00	40.00
MOTHER'S LOVE				N. ROCKWELL
❏ CONSTANT COMFORT	1997	*	35.00	35.00
❏ SHARING GENTLE MOMENTS	1998	*	35.00	35.00
❏ SONG IN YOUR HEART	1997	*	35.00	35.00
MUSICAL CAROUSEL TREASURES				R. AKERS
❏ SWEET STANDER	1993	CL	49.00	60.00
MUSICAL TRIBUTE TO ELVIS THE KING				B. EMMETT
❏ AMERICAN DREAM	1995	95 DAYS	33.00	45.00
❏ FALLING IN LOVE WITH/KING	1995	*		45.00
❏ GOSPEL IN HIS SOUL	1995	*		50.00
❏ HOUND DOG BOP	1994	95 DAYS	30.00	40.00
❏ LOVE: THE GREATEST GIFT	1996	OP	35.00	50.00
❏ RED, WHITE, AND G.I. BLUES	1994	95 DAYS	33.00	40.00
❏ ROCKIN' BLUE SUEDE SHOES	1994	CL	30.00	40.00
❏ YOUR FUN LOVIN' TEDDY BEAR	1995	*	*	50.00
MY GUARDIAN ANGEL				*
❏ GUIDING MY WAY	1997	*	40.00	40.00
MY LITTLE GUARDIAN				B. BURKE
❏ BLESSING MY DREAMS	1997	*	30.00	30.00
❏ HEARING MY PRAYERS	1998	*	30.00	30.00
❏ WATCHING OVER ME	1997	*	30.00	30.00
MYSTERIOUS CASE OF FOWL PLAY				B.H. BOND
❏ GLAMOURPUSS	1994	CL	30.00	45.00
❏ INSPECTOR CLAWSEAU	1994	CL	30.00	40.00
❏ KOOL CAT	1994	CL	30.00	45.00
❏ SNEAKERS AND HIGH-TOP	1994	CL	30.00	55.00
❏ SOPHISICAT	1994	CL	30.00	60.00
❏ TUXEDO	1995	CL	30.00	100
MYSTIC GUARDIANS				S. HILL
❏ COMPANION SPIRITS	1993	CL	33.00	45.00
❏ FAITHFUL FELLOWSHIP	1993	CL	33.00	45.00
❏ MAJESTIC MESSENGER	1993	CL	30.00	40.00
❏ ROYAL UNITY	1993	CL	35.00	45.00
❏ SOUL MATES	1993	CL	30.00	40.00
❏ SPIRITUAL HARMONY	1993	CL	33.00	45.00
MYSTIC SPIRITS				V. CRANDALL
❏ ARCTIC NIGHTS	1995	95 DAYS	33.00	45.00
❏ ENTRANCING GLANCE	1995	*	*	51.00
❏ KEEPER OF THE NIGHT	1995	*	*	45.00
❏ MIDNIGHT SNOW	1994	95 DAYS	30.00	41.00
❏ MOON SHADOWS	1995	95 DAYS	30.00	40.00
❏ SILENT ENCOUNTER	1995	*	*	46.00
❏ SILENT NIGHT	1996	*	*	52.00
NATIVE AMERICAN LEGENDS: CHIEFS OF DESTINY				C. JACKSON
❏ RED CLOUD	1995	CL	45.00	50.00
❏ SITTING BULL	1995	CL	40.00	55.00
❏ TECUMSEH	1996	CL	45.00	45.00
NATIVE BEAUTY				L. BOGLE
❏ AFTERGLOW	1994	95 DAYS	30.00	41.00
❏ FIRST GLANCE	1995	95 DAYS	30.00	40.00
❏ LOVERS, THE	1997	95 DAYS	30.00	30.00
❏ MORNING STAR	1995	95 DAYS	30.00	40.00
❏ PROMISE, THE	1994	CL	30.00	40.00
❏ QUIET TIME	1995	95 DAYS	30.00	40.00

PLATES

Shuffleton's Barbershop, *the first issue in the "Rockwell Annual" series, recaptures the days when a trip to the barber resulted in more than a haircut. Produced by Artaffects.*

This little guy isn't sleepy. Nap *is the fourth issue in the "Mischief Makers" series by Sue Etem. Armstrong's is the producer.*

Is the Santa Fe *picking up speed or rolling into the train station? The piece was created by Jim Deneen for Artaffects.*

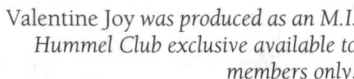

Valentine Joy *was produced as an M.I. Hummel Club exclusive available to members only.*

PLATES

NAME	YEAR	LIMIT	ISSUE	TREND
☐ STIRRING OF THE HEART	1995	95 DAYS	30.00	41.00
☐ WARM THOUGHTS	1995	95 DAYS	30.00	40.00
☐ WHITE FEATHER	1994	95 DAYS	30.00	39.00
NATIVE VISIONS				**J. KRAMER COLE**
☐ BRINGERS OF THE STORM	1995	CL	30.00	40.00
☐ BROTHER TO THE MOON	1994	CL	30.00	42.00
☐ LISTENING	1996	CL	30.00	40.00
☐ MAN WHO SEES FAR	1996	CL	30.00	40.00
☐ RED SHIELD	1995	CL	30.00	40.00
☐ SON OF SUN	1995	CL	30.00	43.00
☐ TOPONAS	1996	95 DAYS	30.00	39.00
☐ WATER VISION	1995	CL	30.00	40.00
NATURE'S ELEGANCE				**G. TURLEY**
☐ ABUNDANT DELIGHTS	1997	*	30.00	30.00
☐ FRUITFUL PLEASURES	1998	*	30.00	30.00
☐ RIPENED RICHES	1998	*	30.00	30.00
☐ SWEET SPLENDOR	1997	*	30.00	30.00
NATURE'S HEAVENLY GUARDIANS				**D. GELSINGER**
☐ GENTLE GUIDANCE	1997	95 DAYS	30.00	30.00
☐ GIFT OF LOVE, A	1998	*	30.00	30.00
☐ MAKING NEW FRIENDS	1997	95 DAYS	30.00	30.00
☐ WONDROUS DISCOVERY, A	1997	95 DAYS	30.00	30.00
NATURE'S LITTLE TREASURES				**L. MARTIN**
☐ DELICATE SPLENDOR	1994	CL	33.00	45.00
☐ GARDEN WHISPERS	1993	CL	30.00	40.00
☐ MINIATURE GLORY	1994	CL	33.00	45.00
☐ MINUTE ENCHANTMENT	1994	CL	35.00	50.00
☐ MISTY MORNING	1995	CL	37.00	55.00
☐ PERFECT JEWELS	1994	CL	33.00	45.00
☐ PRECIOUS BEAUTIES	1994	CL	35.00	52.00
☐ RARE PERFECTION	1994	CL	35.00	50.00
☐ WHISPER IN THE WIND	1995	CL	37.00	55.00
☐ WINGS OF GRACE	1994	CL	33.00	40.00
NATURE'S NOBILITY				**D. PARKER**
☐ BUCK, THE	1996	CL	40.00	50.00
☐ DALL SHEEP	1996	95 DAYS	*	52.00
NATURE'S TENDERNESS				**L. CABLE**
☐ SOUL MATES	1998	*	35.00	35.00
☐ SWEET INTENTIONS	1998	*	35.00	35.00
☐ TENDER ADVANCES	1998	*	35.00	35.00
NESTING NEIGHBORS				*
☐ OUR COZY HAVEN	1997	*	45.00	45.00
☐ OUR HEARTFELT HOME	1998	*	45.00	45.00
☐ OUR LOVELY LODGING	1998	*	45.00	45.00
☐ OUR PRECIOUS RETREAT	1997	*	45.00	45.00
☐ OUR RADIANT ROOST	1998	*	45.00	45.00
☐ OUR SWEET HIDEAWAY	1997	*	40.00	40.00
NEW HORIZONS				**R. COPPLE**
☐ BUILDING FOR A NEW GENERATION	1993	CL	30.00	40.00
☐ COASTAL DOMAIN	1995	CL	33.00	45.00
☐ MASTER OF THE CHASE	1994	CL	33.00	45.00
☐ POWER OF GOD, THE	1993	CL	30.00	40.00
☐ WINGS OF SNOWY GRANDEUR	1993	CL	33.00	45.00
NFL 75TH ANNIV. ALL-TIME TEAM				**M. CORNING**
☐ FOREST GREGG/JOE GREEN	1995	*	*	39.00
☐ GALE SAYERS/JACK LAMBERT	1996	*	35.00	40.00
☐ JOHNNY UNITAS/BOB LILY	1996	*	35.00	40.00
☐ MIKE WEBSTER/RAY NITSCHKE	1995	*	*	40.00
NFL QUARTERBACK CLUB				**R. BROWN**
☐ BRETT FAVRE	1997	*	30.00	30.00
☐ DREW BLEDSOE	1998	*	30.00	30.00
☐ JOHN ELWAY	1997	*	30.00	30.00
☐ KORDELL STEWART	1998	*	30.00	30.00
☐ MARK BRUNELL	1998	*	30.00	30.00
☐ STEVE YOUNG	1998	*	30.00	30.00
☐ TROY AIKMAN	1997	*	30.00	30.00
NIGHT BEFORE CHRISTMAS 175TH ANNIVERSARY				**C. GILLIES**
☐ HAPPY CHRISTMAS TO ALL	1997	*	35.00	35.00
NIGHTSONG: THE LOON				**J. HANSEL**
☐ EVENING MIST	1994	CL	30.00	55.00
☐ LOONS BY THE LILY PAD	1995	CL	35.00	35.00
☐ MOONLIGHT ECHOES	1994	CL	30.00	60.00
☐ NIGHT LIGHT	1994	CL	35.00	65.00
☐ NOCTURNAL GLOW	1994	CL	33.00	50.00
☐ PEACEFUL HOMESTEAD	1995	CL	35.00	50.00
☐ SERENE SANCTUARY	1995	CL	37.00	55.00
☐ SILENT PASSAGE	1995	CL	35.00	54.00
☐ TRANQUIL REFLECTIONS	1994	CL	33.00	55.00
☐ TRANQUIL REFUGE	1995	CL	37.00	55.00
NIGHTWATCH: THE WOLF				**D. NINGEWANCE**
☐ MIDNIGHT GUARD	1994	CL	30.00	40.00
☐ MOONLIGHT SERENADE	1994	CL	30.00	40.00
☐ SILENT SENTRIES	1994	CL	30.00	45.00
☐ SNOWY LOOKOUT	1994	CL	30.00	45.00
☐ SONG TO THE NIGHT	1994	CL	30.00	45.00
☐ WINTER PASSAGE	1994	CL	30.00	45.00

PLATES

NAME	YEAR	LIMIT	ISSUE	TREND
NOLAN RYAN: THE RYAN EXPRESS				**G. GREEN**
❑ KING OF THE HILL	1998	*	30.00	30.00
NORTHERN COMPANIONS				**K. WEISBERG**
❑ MIDNIGHT HARMONY	1995	95 DAYS	30.00	40.00
NORTHWOODS SPIRIT				**D. WENZEL**
❑ EVENING RESPITE	1995	CL	30.00	30.00
❑ FOREST ECHO	1995	CL	30.00	30.00
❑ TIMBERLAND GAZE	1995	CL	30.00	30.00
❑ TIMELESS WATCH	1994	CL	30.00	35.00
NOSY NEIGHBORS				**P. WEIRS**
❑ CAT NAP	1994	CL	30.00	40.00
❑ FULL HOUSE	1996	95 DAYS	35.00	51.00
❑ HOUSE SITTING	1995	95 DAYS	30.00	40.00
❑ LIFEGUARD ON DUTY	1996	95 DAYS	35.00	50.00
❑ OBSERVATION DECK	1995	95 DAYS	33.00	45.00
❑ SPECIAL DELIVERY	1994	95 DAYS	30.00	42.00
❑ SURPRISE VISIT	1995	95 DAYS	33.00	45.00
NOTORIOUS DISNEY VILLAINS				*
❑ CRUELLA DE VIL	1994	CL	30.00	60.00
❑ EVIL QUEEN, THE	1993	CL	30.00	60.00
❑ MALEFICENT	1994	CL	30.00	75.00
❑ URSELLA	1994	CL	30.00	55.00
OLD FASHIONED CHRISTMAS				**T. KINKADE**
❑ ALL FRIENDS ARE WELCOME	1993	CL	30.00	40.00
❑ BEST TRADITION, THE	1995	CL	33.00	45.00
❑ CHRISTMAS TREE COTTAGE	1993	CL	33.00	45.00
❑ HOLIDAY GATHERING	1993	CL	33.00	45.00
❑ STONEHEARTH HUTCH	1995	CL	33.00	52.00
❑ WINTER'S MEMORIES	1993	CL	30.00	40.00
ON ANGEL'S WINGS				**L. GORDON**
❑ AUTUMN SPLENDOR	1998	*	30.00	30.00
❑ SUMMERTIME HARMONY	1998	*	30.00	30.00
❑ WINTER RADIANCE	1998	*	30.00	30.00
ONCE UPON A TIME				**S. GUSTAFSON**
❑ GOLDILOCKS AND THE THREE BEARS	1998	*	35.00	35.00
❑ LITTLE RED RIDING HOOD	1998	*	35.00	35.00
❑ THREE LITTLE PIGS, THE	1998	*	35.00	35.00
OUR HEAVENLY MOTHER				**H. GARRIDO**
❑ ADORATION	1995	CL	35.00	45.00
❑ CONSTANCY	1996	95 DAYS	35.00	45.00
❑ FAITHFULNESS	1995	CL	35.00	45.00
❑ HEAVENLY DEVOTION	1995	CL	35.00	45.00
PANDA BEAR HUGS				**W. NELSON**
❑ LOVING ADVICE	1994	CL	39.00	54.00
❑ PLAYFUL INTERLUDE	1994	CL	39.00	62.00
❑ ROCK-A-BYE	1993	CL	39.00	50.00
❑ TASTE OF LIFE	1994	CL	39.00	62.00
PATHWAYS OF THE HEART				**J. BARNES**
❑ DAYBREAK	1993	CL	30.00	40.00
❑ DISTANT LIGHTS	1994	CL	30.00	40.00
❑ HARMONY WITH NATURE	1994	CL	30.00	40.00
❑ NIGHT TO REMEMBER	1994	CL	30.00	40.00
❑ OCTOBER RADIANCE	1993	CL	30.00	40.00
❑ PEACEFUL EVENING	1994	CL	30.00	40.00
PAWS IN ACTION				**M. RIEN**
❑ NESTLED WRESTLE	1996	CL	35.00	45.00
❑ PLAYFUL DREAMS	1995	CL	35.00	45.00
❑ SWEET SLUMBER	1995	CL	35.00	45.00
PAWS IN PLAY				**M. RIEN**
❑ BEDTIME TAILS	1995	CL	35.00	45.00
❑ BREAK TIME	1996	CL	35.00	45.00
❑ CUDDLE BUDDIES	1995	CL	35.00	45.00
❑ WAKE-UP CALL	1996	CL	35.00	45.00
PEACE ON EARTH				**D. GEISNESS**
❑ HEAVENLY SLUMBER	1994	CL	30.00	40.00
❑ SNOWY SILENCE	1994	CL	33.00	70.00
❑ SWEET EMBRACE	1994	CL	33.00	55.00
❑ WINTER LULLABY	1993	CL	30.00	60.00
PEACEABLE KINGDOM				**M. HARVEY**
❑ NOAH'S ARK	1994	CL	30.00	35.00
PEPPERCRICKET GROVE				**C. WYSOCKI**
❑ BLACK CROW ANTIQUE SHOPPE	1993	95 DAYS	25.00	40.00
❑ BUDZEN'S FRUIT & VEGETABLES	1993	CL	25.00	40.00
❑ GINGERNUT VALLEY INN	1993	CL	25.00	40.00
❑ LIBERTY STAR FARMS	1993	CL	25.00	40.00
❑ OVERFLOW ANTIQUE MARKET	1993	CL	25.00	40.00
❑ PEPPERCRICKET FARMS	1993	CL	25.00	40.00
❑ PUMPKIN HOLLOW EMPORIUM	1993	CL	25.00	40.00
❑ VIRGINIA'S MARKET	1993	CL	25.00	40.00
PICKED FROM AN ENGLISH GARDEN				**W. VON SCHWARZBEK**
❑ LASTING TREASURES	1995	CL	30.00	35.00
❑ NATURE'S WONDERS	1995	CL	30.00	50.00
POCAHONTAS				*
❑ BEST FRIENDS	1997	95 DAYS	35.00	35.00
❑ FATHER'S LOVE	1997	95 DAYS	33.00	33.00

PLATES

NAME	YEAR	LIMIT	ISSUE	TREND
❑ JUST AROUND THE RIVERBEND	1997	95 DAYS	30.00	30.00
❑ LISTEN TO YOUR HEART	1997	95 DAYS	33.00	33.00
❑ LOVE'S EMBRACE	1997	95 DAYS	30.00	30.00
❑ MOMENT THEY TOUCH, THE	1997	95 DAYS	33.00	33.00
POLAR PALS				**A. HARTZELL**
❑ BEAR HUG	1998	*	35.00	35.00
❑ BUBBLE TROUBLE	1998	*	35.00	35.00
				*
POOH'S HUNNYPOT ADVENTURES				
❑ HIP HIP POOHRAY	1997	*	40.00	40.00
❑ JUST A SMALL PIECE OF WEATHER	1997	*	40.00	40.00
❑ POOH-ISH SORT OF PICNIC	1997	*	45.00	45.00
POOH'S HUNNYPOT ADVENTURES				**C. JACKSON**
❑ FALL IS FOR FRIENDS	1998	*	45.00	45.00
❑ FISHIN' FOR FUN	1997	*	45.00	45.00
❑ FRIENDSHIP MAKES A STAR SHINE BRIGHTER	1998	*	45.00	45.00
❑ HAPPY WINDSDAY	1997	*	45.00	45.00
❑ SHARING A RIDE	1998	*	45.00	45.00
❑ TIGGER'S TANGLE	1997	*	45.00	45.00
❑ TUB OF FUN	1998	*	45.00	45.00
❑ WISH FOR FRIENDS	1998	*	45.00	45.00
PORTRAITS OF DIANA				*
❑ ALWAYS, DIANA	1998	*	30.00	30.00
PORTRAITS OF MAJESTY				**D. BRAUD**
❑ EMPEROR OF HIS REALM	1995	CL	30.00	40.00
❑ REFLECTIONS OF KINGS	1995	CL	30.00	40.00
❑ SOLEMN SOVEREIGN	1995	95 DAYS	30.00	40.00
PORTRAITS OF VALOR				*
❑ EMANCIPATION PROCLAMATION	1993	CL	30.00	30.00
❑ GETTYSBURG ADDRESS, THE	1993	CL	30.00	30.00
❑ LINCOLN-DOUGLAS DEBATE, THE	1993	CL	30.00	30.00
POSTCARDS FROM THOMAS KINKADE				**T. KINKADE**
❑ BOSTON	1997	95 DAYS	35.00	35.00
❑ CARMEL	1997	95 DAYS	35.00	35.00
❑ MARKET STREET--SAN FRANCISCO	1997	95 DAYS	35.00	35.00
❑ NEW YORK CITY	1995	CL	35.00	35.00
❑ PARIS	1995	CL	35.00	35.00
❑ SAN FRANCISCO	1995	CL	35.00	35.00
PRACTICE MAKES PERFECT				**L. KAATZ**
❑ MORE THAN A MOUTHFUL	1995	CL	35.00	50.00
❑ ON THE RIGHT TRACK	1995	CL	35.00	35.00
❑ ONES THAT GOT AWAY, THE	1994	CL	30.00	40.00
❑ WHAT'S A MOTHER TO DO?	1994	CL	30.00	45.00
PRECIOUS GIFTS DAY BY DAY				**B. BURKE**
❑ MONDAY'S CHILD	1997	*	30.00	30.00
❑ THURSDAY'S CHILD	1998	*	30.00	30.00
❑ TUESDAY'S CHILD	1998	*	30.00	30.00
❑ WEDNESDAY'S CHILD	1998	*	30.00	30.00
PRECIOUS ROSES				*
❑ DAWN'S PROMISE	1997	*	40.00	40.00
❑ DAYLIGHT SPLENDOR	1998	*	40.00	40.00
PRECIOUS VISIONS				**J. GRANDE**
❑ BRIEF INTERLUDE	1995	CL	30.00	30.00
❑ BRILLIANT MOMENT	1995	CL	30.00	30.00
❑ ENDURING ELEGANCE	1995	95 DAYS	33.00	33.00
❑ TIMELESS RADIANCE	1995	95 DAYS	30.00	30.00
PRIDE OF AMERICA				**J. SPURLOCK**
❑ WINGS OF GLORY	1995	95 DAYS	30.00	30.00
PROFILES OF NIGHT				**P. KULL**
❑ EVENING TWILIGHT	1998	*	35.00	35.00
❑ MIDNIGHT MAGIC	1997	*	35.00	35.00
❑ NIGHT RADIANCE	1998	*	35.00	35.00
❑ WATCHFUL NIGHT	1998	*	35.00	35.00
PROFILES OF THE PACK				**K. DANIEL**
❑ EYE OF THE NIGHT	1998	*	35.00	35.00
PROMISE OF A SAVIOR				*
❑ AN ANGEL'S MESSAGE	1993	CL	30.00	40.00
❑ ANGELS WERE WATCHING	1993	CL	30.00	30.00
❑ CHILD IS BORN	1993	CL	30.00	30.00
❑ GIFTS TO JESUS	1993	CL	30.00	40.00
❑ HEAVENLY KING, THE	1993	CL	30.00	40.00
❑ HOLY MOTHER AND CHILD	1993	CL	30.00	40.00
PROUD HERITAGE				**M. AMERMAN**
❑ PEACEFUL DEFENDER	1995	CL	35.00	35.00
PUPPY LOVE				**K. KIMBERLIN**
❑ BEST SEAT IN THE HOUSE	1998	*	30.00	30.00
PURR-FECT PLACES BY CHARLES WYSOCKI				**C. WYSOCKI**
❑ FREDERICK THE LITERATE	1998	*	30.00	30.00
PURRFECTLY AT HOME				**M. RODERICK**
❑ HOME SWEET HOME	1996	CL	40.00	40.00
❑ KITTY CORNER	1996	CL	40.00	40.00
QUIET MOMENTS				**K. DANIEL**
❑ KEPT WITH CARE	1995	95 DAYS	30.00	30.00
❑ LOVING HAND	1995	95 DAYS	30.00	30.00
❑ PUPPY LOVE	1995	95 DAYS	30.00	30.00

PLATES

NAME	YEAR	LIMIT	ISSUE	TREND
RADIANT MESSENGERS				**L. MARTIN**
❏ BEAUTY	1994	CL	30.00	35.00
❏ INSPIRATION	1995	CL	30.00	30.00
❏ PEACE	1994	CL	30.00	30.00
REALM OF THE WOLF				**K. DANIEL**
❏ MOONGLOW	1997	95 DAYS	30.00	30.00
❏ MOONLIT PHANTOM	1997	95 DAYS	30.00	30.00
❏ SHADOW SPIRITS	1997	95 DAYS	30.00	30.00
REFLECTIONS OF MARILYN				**C. NOTARILE**
❏ ALL THAT GLITTERS	1994	CL	30.00	30.00
❏ SHIMMERING HEAT	1994	CL	30.00	35.00
❏ TWINKLE IN HER EYE	1995	95 DAYS	30.00	30.00
REFLECTIONS OF THE SOUL				**E. CSELKO**
❏ INSPIRATION	1997	*	35.00	35.00
REFLECTIONS ON SISTERHOOD				**C. POULIN**
❏ SISTER IS A SPECIAL GIFT FILLING LIFE	1997	*	33.00	33.00
❏ SISTER IS A SPECIAL GIFT FULL OF LOVE	1997	*	30.00	30.00
❏ SISTER IS A SPECIAL GIFT/CLOSE TO YOUR HEART	1998	*	30.00	30.00
REMEMBERING ELVIS				**N. GIORGIO**
❏ DREAM, THE	1996	*	30.00	30.00
❏ LEGEND,THE	1995	95 DAYS	30.00	30.00
❏ VISION, THE	1997	*	30.00	30.00
REMEMBERING ENGLAND'S ROSE				**C. BOGLE**
❏ DIANA, A ROSE EVERLASTING	1998	*	*	N/A
❏ DIANA, FOREVER IN OUR HEARTS	1998	*	38.00	38.00
❏ DIANA, RADIANT ROSE	1998	*	38.00	38.00
❏ DIANA, ROSE OF OUR HEARTS	1998	*	35.00	35.00
RETURN TO GREATNESS				**G. GREEN**
❏ 1996 FINALS MVP	1998	*	40.00	40.00
❏ DOUBLE NICKEL GAME	1997	*	40.00	40.00
❏ MICHAEL VS. LAKERS	1998	*	40.00	40.00
❏ MIRACLE FINISH	1997	*	40.00	40.00
❏ NBA 101	1998	*	40.00	40.00
❏ NBA SEASON HIGH	1997	*	40.00	40.00
ROAD TO OZ				**A. JENKINS**
❏ GREETINGS DOROTHY	1997	*	35.00	35.00
❏ I'M A LITTLE RUSTY YET	1998	*	35.00	35.00
❏ IT'S PLEASANT DOWN THAT WAY	1997	*	35.00	35.00
❏ NOBODY'S EVER SEEN THE GREAT OZ	1998	*	35.00	35.00
ROCKWELL CHRISTMAS ANNUAL				**N. ROCKWELL**
❏ SANTA'S HELPER	1998	*	35.00	35.00
ROCKWELL COMMEMORATIVE STAMPS				**N. ROCKWELL**
❏ FREEDOM FROM FEAR	1994	CL	30.00	35.00
❏ FREEDOM FROM WANT	1994	CL	30.00	35.00
❏ FREEDOM OF SPEECH	1995	95 DAYS	30.00	30.00
❏ FREEDOM OF WORSHIP	1995	95 DAYS	30.00	30.00
ROCKWELL HERITAGE				**N. ROCKWELL**
❏ SHARING A SMILE	1998	*	33.00	33.00
ROCKWELL SOCIETY CHRISTMAS ANNUAL				**N. ROCKWELL**
❏ FOR GOOD BOYS AND GIRLS	1997	*	35.00	35.00
ROCKWELL SOCIETY HERITAGE				**N. ROCKWELL**
❏ APPRENTICE, THE	1994	*	30.00	35.00
❏ FAMILY GRACE	1997	*	33.00	33.00
ROYAL ENCHANTMENTS				**J. PENCHOFF**
❏ COURTSHIP, THE	1995	CL	40.00	45.00
❏ GIFT, THE	1995	CL	40.00	55.00
SACRED BOND				**L. BOGLE**
❏ CHERISHED UNION	1997	*	30.00	30.00
❏ GENTLE EMBRACE	1997	*	30.00	30.00
❏ PRECIOUS LOVE	1997	*	30.00	30.00
❏ SHELTERING HEART	1997	*	30.00	30.00
❏ SOFTEST CARESS	1997	*	30.00	30.00
❏ TENDER MOMENT	1997	*	30.00	30.00
SACRED CIRCLE				**K. RANDLE**
❏ BEFORE THE HUNT	1993	CL	30.00	40.00
❏ DEER DANCE	1994	CL	33.00	55.00
❏ GHOST DANCE	1993	CL	33.00	50.00
❏ PAINTED HORSE, THE	1994	CL	35.00	40.00
❏ SPIRITUAL GUARDIAN	1993	CL	30.00	30.00
❏ WOLF DANCE, THE	1994	CL	33.00	40.00
SANDRA KUCK'S GARDENS OF INNOCENCE				**S. KUCK**
❏ GENTLY GIVING	1998	*	33.00	33.00
❏ PRECIOUS PARTY	1998	*	33.00	33.00
❏ SWEETLY SWINGING	1997	*	33.00	33.00
SANDRA KUCK'S MOTHER'S DAY COLLECTION				**S. KUCK**
❏ HOME IS WHERE THE HEART IS	1995	95 DAYS	35.00	69.00
❏ WINGS OF LOVE	1998	*	35.00	65.00
SANTA'S LITTLE HELPERS				**B.H. BOND**
❏ COZY KITTENS	1995	CL	25.00	25.00
❏ HOLIDAY MISCHIEF	1995	CL	25.00	25.00
❏ STOCKING STUFFERS	1994	CL	30.00	35.00
❏ WRAPPING UP THE HOLIDAYS	1994	CL	25.00	30.00
SANTA'S ON HIS WAY				**S. GUSTAFSON**
❏ CHECKING IT TWICE	1994	CL	30.00	35.00
❏ GIFTS FOR ONE AND ALL	1995	CL	30.00	40.00

PLATES

NAME	YEAR	LIMIT	ISSUE	TREND
❑ SANTA'S FIRST STOP	1995	CL	30.00	30.00
SAVIOR IS BORN, THE				*
❑ BLESSING BEYOND MEASURE	1997	*	40.00	40.00
❑ FAITH'S INFINITE SPLENDOR	1998	*	40.00	40.00
❑ PRINCE OF PEACE SO TENDER	1998	*	40.00	40.00
SCENES OF CHRISTMAS PAST				**L. GARRISON**
❑ GATHERING OF FAITH	1994	CL	33.00	37.00
SEASON OF LOVE				**M. SARNAT**
❑ CHERISHED MOMENT	1996	*	30.00	30.00
SEASONS OF JOY				**E. JERINS**
❑ AUTUMN'S HARVEST	1998	*	30.00	30.00
❑ SPRING BLESSING, A	1998	*	30.00	30.00
❑ SPRING'S BLOSSOM	1997	*	30.00	30.00
❑ SUMMER'S RADIANCE	1997	*	30.00	30.00
❑ WARM TOUCH, A	1998	*	30.00	30.00
❑ WINTER'S MAJESTY	1998	*	30.00	30.00
SEASONS OF SHARING: SISTERS FOR LIFE				**C. POULIN**
❑ SISTERS SHARE A BOUQUET OF LOVE	1997	*	30.00	30.00
❑ SISTERS SHARE A SPECIAL WARMTH	1997	*	30.00	30.00
❑ SISTERS SHARE SOFT SUMMER DREAMS	1998	*	30.00	30.00
❑ SISTERS SHARE SPRINGTIME HOPES	1998	*	30.00	30.00
❑ SISTERS SHARE SWEET MEMORIES	1998	*	30.00	30.00
❑ SISTERS SHARE TENDER TIMES	1998	*	30.00	30.00
SEASONS OF THE TIGER: A MASTER'S COLLECTION				**C. BRENDERS**
❑ ON THE PROWL	1998	*	35.00	35.00
❑ SILENT PURSUIT	1998	*	35.00	35.00
❑ SNOWY QUEST	1998	*	35.00	35.00
SEASONS OF THE TIGER: A MASTER'S COLLECTION				**T. ISAAC**
❑ WITH GUARDED EYE	1998	*	35.00	35.00
SEASONS ON THE OPEN RANGE				**L. ZABEL**
❑ SEASON OF GOLD	1996	OP	30.00	30.00
SERAPHIM CLASSICS: ANGELS OF INSPIRATION				*
❑ ISABEL-GENTLE SPIRIT	1996	*	50.00	50.00
SHADES OF THE SEASONS				**T. ISAAC**
❑ APRIL SONG	1998	*	40.00	40.00
❑ BLOSSOM DANCE	1998	*	40.00	40.00
❑ SIGNS OF AUTUMN	1998	*	40.00	40.00
❑ SPRINGTIME BLUES	1998	*	40.00	40.00
SHADOW GUARDIANS				**D. PIERCE**
❑ EVENING PATROL	1997	*	30.00	00.00
❑ FOREST SENTINELS	1998	*	30.00	30.00
❑ LOOKOUTS, THE	1998	*	30.00	00.00
❑ MYSTIC GUARDIANS	1997	*	30.00	30.00
❑ NIGHT VIGILANCE	1998	*	00.00	30.00
❑ NIGHT WATCH	1997	*	30.00	30.00
SHARING WITH MY BEST FRIEND				**B.P. GUTMANN**
❑ FRIENDLY ENEMIES	1998	*	35.00	35.00
❑ OFF TO BED	1998	*	35.00	35.00
❑ REWARD, THE	1998	*	35.00	35.00
❑ TIME OUT	1997	*	35.00	35.00
SHORES OF INNOCENCE				**S. HILL**
❑ SHARING SECRETS	1998	*	*	N/A
SIGNS OF SPRING				**J. THORNBRUGH**
❑ AWAITING NEW ARRIVALS	1995	95 DAYS	30.00	30.00
❑ FAMILY FEAST	1994	CL	30.00	30.00
❑ HOW FAST THEY GROWN	1995	95 DAYS	30.00	30.00
❑ OUR FIRST HOME	1995	95 DAYS	30.00	30.00
SILENT JOURNEY				**D. CASEY**
❑ JOURNEY OF THE WILD	1995	95 DAYS	30.00	30.00
❑ UNBRIDLED MAJESTY	1995	95 DAYS	30.00	30.00
❑ WHERE PATHS CROSS	1995	95 DAYS	30.00	30.00
❑ WHERE THE BUFFALO ROAM	1995	95 DAYS	30.00	30.00
❑ WISDOM SEEKER	1995	95 DAYS	30.00	30.00
SILVER SCREEN MARILYN				**V. GADINO**
❑ EVERYTHING ABOUT IT IS APPEALING	1997	*	30.00	30.00
❑ LOOKING LIKE A MILLION	1998	*	30.00	30.00
❑ QUITE A STRUDEL	1998	*	30.00	30.00
SISTERS FOREVER				**C. BOGLE**
❑ MY SISTER, MY FRIEND	1998	*	30.00	30.00
SNOW WHITE				*
❑ FOLLOW ME HERE	1997	95 DAYS	40.00	40.00
❑ HERE'S A LITTLE KISS	1997	95 DAYS	40.00	40.00
❑ HUMPH	1997	95 DAYS	40.00	40.00
SOFT ELEGANCE				**R. IVERSON**
❑ ALEXANDRA IN AMETHYSTS	1995	95 DAYS	30.00	40.00
❑ EMILY IN EMERALDS	1995	95 DAYS	30.00	40.00
❑ PRISCILLA IN PEARLS	1994	CL	30.00	40.00
❑ TABITHA ON TAFFETA	1995	95 DAYS	30.00	40.00
SOLID GOLD ELVIS				**N. GIORGIO**
❑ HEARTBREAK HOTEL	1997	*	33.00	49.00
❑ HOUND DOG	1998	*	33.00	33.00
❑ LOVE ME TENDER	1998	*	33.00	49.00
SOME BEARY NICE PLACES				**J. TANTON**
❑ BEARENIAL GARDEN	1995	CL	33.00	40.00
❑ WELCOME TO OUR MUSIC	1995	CL	33.00	40.00

NAME	YEAR	LIMIT	ISSUE	TREND
❑ WELCOME TO THE LIBEARY	1994	CL	30.00	40.00
SOMEONE IS WATCHING OVER ME				**L. LEWIS**
❑ PROTECTED ALONG THE PATH	1997	*	33.00	33.00
SOMEONE TO WATCH OVER ME				*
❑ BY MY SIDE	1996	*	30.00	40.00
❑ FAITHFUL CARE	1996	*	*	41.00
❑ GUIDED JOURNEY	1995	*	*	41.00
❑ GUIDING THE WAY	1993	*	*	41.00
❑ HELPING HAND ON HIGH	1995	*	*	41.00
❑ NURTURING INNOCENCE	1995	*	*	41.00
❑ PROTECTED SLEEP	1995	*	*	41.00
❑ SAFE AT PLAY	1995	*	*	41.00
❑ WELCOME TO OUR CONSERBEARTOR	1994	*	*	41.00
SOMEONE TO WATCH OVER ME				**WEISMANN**
❑ DIVINE COMFORT	1996	*	*	41.00
❑ PERPETUAL LOVE	1996	*	*	41.00
SOUL MATES				**L. BOGLE**
❑ AWAKENING, THE	1995	95 DAYS	30.00	40.00
❑ EMBRACE	1995	95 DAYS	30.00	40.00
❑ HEART'S DESIRE	1995	*	*	41.00
❑ LOVERS, THE	1995	95 DAYS	30.00	40.00
❑ PERFECT HARMONY	1996	95 DAYS	30.00	40.00
❑ STIRRING, THE	1996	95 DAYS	30.00	40.00
❑ WAKING DREAM	1995	*	*	43.00
❑ WARM INTERLUDE	1996	95 DAYS	30.00	40.00
SOUL OF THE WILDERNESS				**B. PARRISH**
❑ CHANCE OF FLURRIES	1995	CL	35.00	45.00
❑ ONE LAST LOOK	1995	CL	35.00	45.00
❑ SILENT WATCH	1995	CL	35.00	45.00
❑ WINTER SOLSTICE	1996	CL	35.00	45.00
❑ WINTER WHITES	1996	CL	35.00	45.00
SOULS EMBRACED				**L. BOGLE**
❑ PASSION	1998	*	40.00	40.00
❑ RAPTURE	1998	*	40.00	40.00
SOVEREIGNS OF THE SKY				**G. DIECKHONER**
❑ SPIRIT OF BRAVERY	1995	CL	49.00	68.00
❑ SPIRIT OF COURAGE	1995	CL	49.00	55.00
❑ SPIRIT OF FREEDOM	1994	CL	39.00	55.00
❑ SPIRIT OF GLORY	1995	CL	44.00	55.00
❑ SPIRIT OF HONOR	1995	CL	49.00	68.00
❑ SPIRIT OF MAJESTY	1994	CL	44.00	55.00
❑ SPIRIT OF PRIDE	1994	CL	39.00	55.00
❑ SPIRIT OF VALOR	1994	CL	44.00	55.00
SOVEREIGNS OF THE WILD				**D. GRANT**
❑ AFRICAN EVENING	1994	CL	30.00	40.00
❑ COOL CATS	1994	CL	30.00	50.00
❑ FIRST OUTING	1993	CL	30.00	41.00
❑ LET US SURVIVE	1994	CL	30.00	40.00
❑ SIBERIAN SNOW TIGERS	1994	CL	30.00	45.00
❑ SNOW QUEEN, THE	1993	CL	30.00	40.00
SPIRIT JOURNEYS				**J. KRAMER-COLE**
❑ BRINGING THE SHIELD	1997	*	30.00	30.00
❑ JOURNEY OF RENEWAL	1997	*	30.00	30.00
❑ REVERENCE	1997	*	30.00	30.00
❑ REVERENCE	1998	*	30.00	30.00
❑ SPIRIT BROTHERS	1997	*	30.00	30.00
SPIRITS OF THE WILDERNESS				**E. LEPAGE**
❑ EBONY CHIEF	1996	OP	35.00	35.00
STAR LIGHT, STAR BRIGHT				**D. GELSINGER**
❑ WISH UPON A STAR	1997	*	30.00	30.00
STAR TREK 30TH ANNIVERSARY				*
❑ CHIEF ENGINEER SCOTT	1998	*	40.00	40.00
❑ CHIEF SCIENCE OFFICER SPOCK	1997	*	40.00	40.00
❑ DOCTOR LEONARD MCCOY	1998	*	40.00	40.00
STUDY OF A CHAMPION				**B. LANGTON**
❑ DEVOTED PARTNER	1995	CL	30.00	43.00
❑ FAITHFUL BUDDY	1996	CL	30.00	40.00
❑ LOYAL COMPANION	1995	CL	30.00	43.00
❑ TRUSTED FRIEND	1995	CL	30.00	43.00
SUGAR N SPICE				*
❑ ALLSPICE	1997	*	40.00	40.00
❑ CINNAMON	1997	*	*	N/A
SUMMER'S SWEET PURSUITS				**D. HENDERSON**
❑ COZY COURTYARD	1998	*	30.00	30.00
❑ EVENING'S TRANQUILITY	1997	*	30.00	30.00
❑ FRIENDLY VISITORS	1998	*	30.00	30.00
❑ GARDEN HIDEAWAY	1997	*	30.00	30.00
❑ GARDEN LOFT	1997	*	30.00	30.00
❑ SUMMER'S REFLECTIONS	1997	*	30.00	30.00
SUPERSTARS OF BASEBALL				**T. SIZEMORE**
❑ BOB GIBSON	1995	CL	30.00	30.00
❑ CARL "YAZ" YASTRZEMSKI	1995	CL	30.00	40.00
❑ DON DRYSDALE	1995	CL	35.00	46.00
❑ FRANK "ROBBY" ROBINSON	1995	CL	30.00	45.00
❑ HARMON KILLEBREW	1995	CL	33.00	46.00
❑ WILLIE 'SAY HEY' MAYS	1994	CL	30.00	50.00

PLATES

NAME	YEAR	LIMIT	ISSUE	TREND
SUPERSTARS OF COUNTRY MUSIC				**N. GIORGIO**
❑ BARBARA MANDRELL	1993	CL	33.00	45.00
❑ DOLLY PARTON: I WILL ALWAYS LOVE YOU	1993	CL	30.00	40.00
❑ GLEN CAMPBELL: RHINESTONE COWBOY	1993	CL	33.00	45.00
❑ KENNY ROGERS: SWEET MUSIC MAN	1993	CL	30.00	40.00
SYMPHONY OF ANGELS				**N. STRELKINA**
❑ ANGELIC INTERLUDE	1998	*	35.00	35.00
❑ CELESTIAL SONG	1998	*	35.00	35.00
❑ DIVINE MELODY	1998	*	33.00	33.00
❑ HARMONY'S HYMN	1998	*	33.00	33.00
❑ HEAVENLY CELEBRATION	1998	*	35.00	35.00
❑ PEACEFUL PRELUDE	1998	*	33.00	33.00
❑ SERENITY'S SONG	1997	*	30.00	30.00
❑ TRANQUILITY'S SERENADE	1997	*	30.00	30.00
TALE OF PETER RABBIT & BENJAMIN BUNNY				**R. AKERS**
❑ AMONGST THE FLOWERPOTS	1995	CL	44.00	62.00
❑ BESIDE HIS COUSIN	1994	CL	39.00	125.00
❑ MR. MCGREGOR'S GARDEN	1995	CL	44.00	55.00
❑ POCKET FULL OF ONIONS	1994	CL	39.00	55.00
❑ ROSEMARY TEA AND LAVENDER	1995	CL	44.00	63.00
❑ ROUND THAT CORNER	1994	CL	39.00	55.00
❑ SAFELY HOME	1995	CL	44.00	60.00
❑ UPON THE SCARECROW	1996	CL	44.00	55.00
TEA FOR TWO				**J. MONTI**
❑ SPRING ROSE TEAPOT	1996	*	35.00	35.00
TEDDY BEAR FAIR				**T. DUBOIS**
❑ BEAR HUGS AND HONEY PIES	1994	*	*	32.00
TENDER DEVOTION				**E. LEPAGE**
❑ TENDER MOMENT	1998	*	30.00	30.00
TENDER MOMENTS				**J. DUTCHER**
❑ DEVOTION	1998	*	30.00	30.00
THAT'S WHAT FRIENDS ARE FOR				**A. ISAKOV**
❑ FRIENDS ARE COMFORT	1994	CL	30.00	50.00
❑ FRIENDS ARE FOREVER	1994	CL	30.00	45.00
❑ FRIENDS ARE FUN	1995	CL	30.00	60.00
❑ FRIENDS ARE LOVING	1994	CL	30.00	40.00
THOMAS KINKADE'S ENCHANTED COTTAGES				**T. KINKADE**
❑ ROSE GARDEN COTTAGE	1997	95 DAYS	30.00	30.00
❑ WEATHERVANE COTTAGE	1997	95 DAYS	30.00	30.00
THOMAS KINKADE'S GUIDING LIGHTS				**T. KINKADE**
❑ BEACON OF HOPE	1997	95 DAYS	30.00	30.00
❑ CLEARING STORMS	1998	*	30.00	30.00
❑ LIGHT IN THE STORM	1997	95 DAYS	30.00	30.00
❑ NEW DAY DAWNING	1008	*	30.00	30.00
❑ THE LIGHT OF PEACE	1997	*	30.00	30.00
THOMAS KINKADE'S HOMES OF THE HEART				**T. KINKADE**
❑ HOME IS WHERE OUR HEARTS FEEL WELCOME	1998	*	30.00	30.00
THOMAS KINKADE'S HOMETOWN MEMORIES				**T. KINKADE**
❑ COBBLESTONE LANE	1998	*	30.00	30.00
❑ HOMETOWN LAKE	1998	*	30.00	30.00
THOMAS KINKADE'S INSPIRATIONS				**T. KINKADE**
❑ BESIDE STILL WATERS	1998	*	30.00	30.00
❑ IRISH BLESSING	1998	*	30.00	30.00
❑ ROAD NOT TAKEN, THE	1998	*	30.00	30.00
THOMAS KINKADE'S INSPIRATIONS OF HOPE				**T. KINKADE**
❑ SERENITY PRAYER	1997	95 DAYS	30.00	30.00
THOMAS KINKADE'S LAND OF WONDER				**T. KINKADE**
❑ EMERALD ISLE COTTAGE	1998	*	30.00	30.00
THOMAS KINKADE'S PEACEFUL RETREATS				**T. KINKADE**
❑ JULIANN'S COTTAGE	1998	*	35.00	35.00
❑ TWILIGHT COTTAGE	1998	*	*	N/A
THOMAS KINKADE'S ROMANTIC HIDEAWAYS				**T. KINKADE**
❑ BROOKSIDE HIDEAWAY	1997	95 DAYS	35.00	35.00
❑ LOCHAVEN COTTAGE	1997	95 DAYS	35.00	35.00
❑ MEADOWOOD COTTAGE	1997	95 DAYS	35.00	35.00
❑ STEPPING STONE COTTAGE	1997	95 DAYS	35.00	35.00
THOMAS KINKADE'S SCENES OF SERENITY				**T. KINKADE**
❑ ASHLEY'S COTTAGE	1997	95 DAYS	30.00	30.00
❑ COLLECTOR'S COTTAGE	1997	95 DAYS	30.00	30.00
❑ EMERALD ISLE COTTAGE	1997	95 DAYS	30.00	30.00
❑ HEATHER'S HUTCH	1997	95 DAYS	30.00	30.00
❑ HOPE'S COTTAGE	1997	95 DAYS	30.00	30.00
❑ LIGHTHOUSE COTTAGE	1997	95 DAYS	30.00	30.00
❑ MORNING GLORY COTTAGE	1997	95 DAYS	30.00	30.00
❑ RAINBOW'S END COTTAGE	1997	95 DAYS	30.00	30.00
THOSE WHO GUIDE US				**H. GARRIDO**
❑ ST. ANTHONY	1996	CL	30.00	40.00
❑ ST. FRANCIS OF ASSISI	1995	CL	30.00	43.00
❑ ST. JOSEPH	1995	CL	30.00	43.00
❑ ST. JUDE	1996	CL	30.00	40.00
THROUGH A CHILD'S EYES				**K. NOLES**
❑ LITTLE BUTTERFLY	1994	CL	30.00	40.00
❑ LITTLE RED SQUIRREL	1995	CL	33.00	46.00
❑ PRAIRIE SONG	1995	CL	33.00	50.00
❑ TREETOP SCOUT	1994	CL	30.00	42.00
❑ TREETOP WONDER	1995	CL	30.00	60.00

PLATES

NAME	YEAR	LIMIT	ISSUE	TREND
❑ WATER LILY	1995	CL	33.00	45.00
❑ WOODLAND ROSE	1995	CL	30.00	40.00
THUNDER IN THE SKY				**R. TAYLOR**
❑ D-DAY, THE AIRBORN ASSAULT	1996	CL	35.00	43.00
❑ MIGHTY 8TH, THE- COMING HOME	1996	CL	35.00	40.00
THUNDERING WATERS				**F. MILLER**
❑ BRIDAL VEIL FALLS	1994	CL	35.00	60.00
❑ HAVASU FALLS	1995	CL	30.00	60.00
❑ LOWER FALLS, YELLOWSTONE	1995	CL	60.00	60.00
❑ NIAGARA FALLS	1994	CL	35.00	45.00
TIMBERLAND CHORUS				**J. TSCHELTER**
❑ HEAR THE ANCIENT VOICES	1997	*	40.00	40.00
❑ HUNTERS PROUD AND FREE	1997	*	40.00	40.00
❑ JOIN THE HOWLING CHORUS	1997	*	40.00	40.00
❑ MASTERS OF THE MOONLIGHT	1997	*	40.00	40.00
TIMBERLAND SECRETS				**L. DANIELS**
❑ GENTLE AWAKENING	1995	CL	30.00	43.00
❑ GOOD DAY TO PLAY	1995	CL	30.00	43.00
❑ MOMENT'S PAUSE	1996	CL	30.00	40.00
❑ SWEET DREAMS	1995	CL	30.00	43.00
❑ TRANQUIL RETREAT	1996	CL	30.00	43.00
❑ WINTRY WATCH	1996	CL	30.00	40.00
TO MOM WITH LOVE				**KOLLER**
❑ CASCADING INSPIRATION	1995	*	*	43.00
TO SOAR WITH EAGLES				**KOLLER**
❑ THROUGH THE CRYSTAL MIST	1995	CL	33.00	43.00
TO SOAR WITH EAGLES				**P.C. WEIRS**
❑ ABOVE THE TURBULENT TIDE	1996	CL	33.00	40.00
❑ SOARING TO GREATER HEIGHTS	1996	CL	33.00	45.00
TOUCHING THE SPIRIT				**J.K. COLE**
❑ RUNNING WITH THE WIND	1993	CL	30.00	35.00
TOY STORY				*
❑ FEELIN' SHEEPISH	1997	95 DAYS	35.00	35.00
❑ FRIENDS AT LAST	1996	*	35.00	45.00
❑ TO INFINITY AND BEYOND	1997	95 DAYS	35.00	35.00
❑ WOODY BREAKS THE NEWS	1997	95 DAYS	35.00	35.00
TRAIL OF THE WHITETAIL				**M. SIEVE**
❑ AFTER THE STORM	1996	*	*	45.00
❑ FAST BREAK	1996	*	*	45.00
❑ HOMEWARD BOUND	1995	*	*	45.00
❑ MAPLE RUSH	1996	*	*	45.00
❑ SECOND SEASON	1996	*	*	45.00
TRAINS OF THE GREAT WEST				**K. RANDLE**
❑ EARLY MORNING ARRIVAL	1993	CL	30.00	45.00
❑ MOONLIT JOURNEY	1993	CL	30.00	40.00
❑ MOUNTAIN HIDEAWAY	1993	CL	30.00	40.00
❑ SNOWY PASS, THE	1993	CL	30.00	40.00
TRANQUIL RETREATS				**J. GIBSON**
❑ DAYBREAK	1996	*	*	45.00
❑ DAY'S END	1996	*	*	45.00
❑ DUSK'S SERENITY	1997	*	30.00	30.00
TREASURED DUCKS OF CANADA				**FERRIS**
❑ DAWN LIGHT: PINTAIL	1993	*	*	43.00
❑ EARLY SPRING: HOODED MERGANZER	1993	*	*	45.00
❑ GENTLE REFLECTIONS: GREENTEAL	1993	*	*	43.00
❑ QUIET WATERS: MALLARD	1993	*	*	43.00
TREASURES FROM VATICAN				*
❑ BIRTH OF CHRIST	1996	*	*	41.00
TREASURES OF OUR NATION				**E. LEPAGE**
❑ WEST COAST TREASURES	1996	*	*	40.00
TREASURES OF RUSSIAN TRADITION				**I. MAKAROVA**
❑ COLBALT MAJESTY	1996	*	*	45.00
❑ GOLDEN PEARLESCENCE	1996	*	*	40.00
❑ LAPIS RADIANCE	1996	*	*	42.00
❑ SAPPHIRE SPLENDOUR	1996	*	*	42.00
TRIBUTE TO DIANA				*
❑ DIANA, CHARITY'S SOUL	1998	*	45.00	45.00
❑ DIANA, PEOPLE'S PRINCESS	1998	*	40.00	40.00
❑ DIANA-ENGLAND'S ROSE	1998	*	40.00	40.00
TRIBUTE TO SELENA				**B. EMMETT**
❑ SELENA FOREVER	1996	CL	30.00	200.00
TRIBUTE TO THE ARMED FORCES				**DODGE**
❑ PROUD TO SERVE	1995	CL	35.00	50.00
TRIPLE CROWN CHAMPIONS				**J. WALKER**
❑ LOU GEHRIG: 1934	1997	*	35.00	35.00
TRIPLE CROWN WINNERS				**J. WALKER**
❑ MICKEY MANTLE: 1956	1997	*	35.00	35.00
TRIUMPH IN THE AIR				**H. KREBS**
❑ CHECKMATE	1994	CL	35.00	40.00
❑ HUNTING FEVER	1994	CL	35.00	70.00
❑ ONE HECK OF A DEFLECTION SHOT	1994	CL	35.00	40.00
❑ STRUCK BY A THUNDERBOLT	1995	CL	35.00	70.00
TWILIGHT MEMORIES				**J. BARNES**
❑ HOLIDAY HOMECOMING	1995	*	*	43.00
❑ WINTER'S TWILIGHT	1995	95 DAYS	30.00	40.00

PLATES

NAME	YEAR	LIMIT	ISSUE	TREND
TWO'S COMPANY				S. EIDE
❑ BROTHERLY LOVE	1995	CL	30.00	30.00
❑ GOLDEN HARVEST	1995	CL	30.00	30.00
❑ SEEING DOUBLE	1995	CL	30.00	30.00
❑ SPRING SPANIELS	1995	CL	30.00	30.00
UNBRIDLED MYSTERY				K. MCELROY
❑ DARK SPLENDOR	1996	OP	30.00	40.00
❑ MIDNIGHT MAJESTY	1995	*	*	40.00
❑ SHADOW DANCER	1995	*	*	40.00
❑ WILD SPIRIT	1996	*	*	40.00
UNCONDITIONAL LOVE				J. DALY
❑ FAITHFUL FRIENDS	1998	*	30.00	30.00
UNDER A SNOWY VEIL				C. SAMS
❑ FIRST SNOW	1995	95 DAYS	30.00	40.00
❑ SNOW MATES	1995	95 DAYS	30.00	40.00
❑ WINTER'S DAWN	1995	95 DAYS	30.00	40.00
❑ WINTER'S WARMTH	1995	95 DAYS	30.00	40.00
UNDER MOTHER'S WING				D. MCCAFFREY
❑ ECHOES ALONG THE RIVER	1995	*	*	40.00
❑ MONARCH'S LIGHT	1995	*	*	40.00
❑ RUNNING WITH THE LIGHT	1995	*	*	40.00
UNDER THE NORTHERN LIGHTS				D. MCCAFFREY
❑ CATCHING THE ELUSIVE LIGHT	1996	CL	30.00	40.00
UNEXPECTED GUESTS				P. WEIRS
❑ DO NOT DISTURB	1998	*	40.00	40.00
UNTAMED SPIRITS				P. WEIRS
❑ BREAKAWAY	1994	CL	30.00	60.00
❑ DISTANT THUNDER	1994	CL	30.00	55.00
❑ FOREVER FREE	1994	CL	30.00	45.00
❑ WILD HEARTS	1993	CL	30.00	50.00
UNTAMED WILDERNESS				P. WEIRS
❑ FLEETING SPLENDOR	1996	OP	30.00	40.00
❑ LONESOME BULL	1995	*	*	43.00
❑ PAUSE FROM THE JOURNEY	1995	*	*	43.00
❑ SILENT BEAUTY	1996	*	*	43.00
❑ UNEXPECTED ENCOUNTER	1995	95 DAYS	30.00	40.00
❑ WHITETAIL CROSSING	1995	*	*	43.00
VANISHING PARADISES				G. DIECKHONER
❑ AN AFRICAN SAFARI	1993	CL	30.00	55.00
❑ PANDA'S WORLD, THE	1993	CL	30.00	55.00
❑ RAINFOREST, THE	1993	CL	30.00	45.00
❑ SPLENDORS OF INDIA	1993	CL	30.00	55.00
VICTORIAN GARDEN JEWELS				HUNT
❑ PRIMROSE PATCH/ROSE ARBOUR	1995	*	*	40.00
VISIONS BENEATH THE SEA				C. LASSEN
❑ DIAMOND HEAD DAWN	1996	*	*	42.00
❑ MAUI WHALE SONG	1996	*	*	42.00
❑ MIRACLE IN LIFE	1996	*	*	45.00
❑ MOTHER'S LOVE	1996	*	*	45.00
VISIONS FROM EAGLE RIDGE				D. CASEY
❑ ASSEMBLY OF PRIDE	1995	CL	30.00	40.00
❑ LEGACY OF LIBERTY	1996	CL	30.00	40.00
VISIONS OF FAITH				G. OLSEN
❑ BE NOT AFRAID	1998	*	35.00	35.00
❑ GOOD SHEPHERD, THE	1998	*	35.00	35.00
❑ LIGHT OF THE WORLD	1998	*	35.00	35.00
❑ LOST NO MORE	1998	*	35.00	35.00
VISIONS OF GLORY				D. COOK
❑ FREEING OF PARIS	1995	CL	30.00	42.00
❑ IWO JIMA	1995	CL	30.00	45.00
VISIONS OF OUR BLESSED MOTHER				*
❑ OUR LADY OF CHARITY	1997	*	45.00	45.00
❑ OUR LADY OF DEVOTION	1997	*	45.00	45.00
❑ OUR LADY OF GRACE	1997	*	45.00	45.00
❑ OUR LADY OF MIRACLES	1998	*	45.00	45.00
❑ OUR LADY OF SALVATION	1998	*	45.00	45.00
VISIONS OF OUR LADY				H. GARRIDO
❑ OUR LADY OF FATIMA	1994	CL	30.00	42.00
❑ OUR LADY OF GRACE	1994	CL	30.00	40.00
❑ OUR LADY OF GUADALUPE	1994	CL	30.00	42.00
❑ OUR LADY OF HOPE	1995	95 DAYS	30.00	42.00
❑ OUR LADY OF LA SALETTE	1994	CL	30.00	42.00
❑ OUR LADY OF LOURDES	1994	CL	30.00	40.00
❑ OUR LADY OF MEDJUGORJE	1994	CL	30.00	40.00
❑ OUR LADY OF MT. CARMEL	1994	CL	30.00	42.00
❑ OUR LADY OF SILENCE	1994	95 DAYS	30.00	42.00
❑ OUR LADY OF SNOW	1995	95 DAYS	30.00	42.00
❑ VIRGIN OF THE POOR	1995	95 DAYS	30.00	42.00
❑ VIRGIN WITH THE GOLDEN HEART	1995	95 DAYS	30.00	42.00
VISIONS OF OUR LORD				C. NICK
❑ LIGHT OF LIFE	1998	*	30.00	30.00
VISIONS OF THE SACRED				L. MEDARIS
❑ SNOW RIDER	1994	CL	30.00	40.00
VISIONS OF THE SACRED				D. STANLEY
❑ APACHE WAR WOMAN	1996	*	*	55.00
❑ BUFFALO CALLER	1995	95 DAYS	33.00	45.00

PLATES

NAME	YEAR	LIMIT	ISSUE	TREND
❑ CELEBRATION OF SPIRIT	1995	*	*	51.00
❑ CHEYENNE PROPHET	1994	95 DAYS	33.00	46.00
❑ COUNCIL OF ANIMALS	1995	*	*	51.00
❑ GATHERER, THE	1996	OP	37.00	55.00
❑ JOURNEY OF HARMONY	1995	95 DAYS	33.00	45.00
❑ SPRING'S MESSENGER	1994	95 DAYS	30.00	42.00
❑ THUNDERBIRD	1995	*	*	51.00
VISIONS OF THE WEST				**D. STANLEY**
❑ HEALER	1995	*	*	55.00
VISIT FROM ST. NICK				**C. JACKSON**
❑ BUNDLE OF TOYS	1995	CL	54.00	62.00
❑ HAPPY CHRISTMAS TO ALL	1995	CL	59.00	66.00
❑ STOCKINGS WERE FILLED	1995	CL	54.00	62.00
❑ TO MY WONDERING EYES	1996	CL	59.00	65.00
❑ TWAS THE NIGHT BEFORE CHRISTMAS	1995	CL	49.00	55.00
❑ UP TO THE HOUSETOP	1995	CL	49.00	60.00
❑ VISIONS OF SUGARPLUMS	1995	CL	54.00	62.00
❑ WINK IN HIS EYE	1995	CL	59.00	66.00
VISIT TO BRAMBLEY HEDGE				**J. BARKLEM**
❑ AUTUMN STORY	1994	CL	40.00	75.00
❑ SPRING STORY	1994	CL	40.00	47.00
❑ SUMMER STORY	1994	CL	40.00	45.00
❑ WINTER STORY	1994	CL	40.00	80.00
WARM COUNTRY MOMENTS				**M.A. LASHER**
❑ ANNEBELL'S SIMPLE PLEASURE	1994	95 DAYS	30.00	40.00
❑ CHARLOTTE'S SUMMER HARVEST	1994	95 DAYS	30.00	53.00
❑ EMILY AND ALICE IN A JAM	1994	95 DAYS	30.00	46.00
❑ HANNA'S SECRET GARDEN	1995	95 DAYS	30.00	45.00
❑ HARRIET'S LOVING TOUCH	1994	95 DAYS	30.00	46.00
❑ HENRIETTA'S FLORAL FANTASY	1995	95 DAYS	30.00	53.00
❑ MABEL'S SUNNY RETREAT	1994	CL	30.00	40.00
❑ SOPHIE & PEARL'S GARDEN	1995	95 DAYS	30.00	53.00
WARMTH OF HOME AT CRISTMAS				**LOQUE**
❑ WARM WINTER'S EVE	1995	*	*	43.00
WELCOME HOME				**G. KURZ**
❑ CHERISH YOUR FAMILY	1998	*	30.00	30.00
WELCOME TO THE NEIGHBORHOOD				**B. MOCK**
❑ DAFFODIL DRIVE	1994	CL	30.00	43.00
❑ IVY LANE	1994	CL	30.00	43.00
❑ LILAC LANE	1995	CL	35.00	40.00
❑ TULIP TERRACE	1995	CL	35.00	40.00
WHEN ALL HEARTS COME HOME				**J. BARNES**
❑ CHRISTMAS WISH	1993	CL	30.00	45.00
❑ COMFORT AND JOY	1993	CL	30.00	50.00
❑ GRANDPA'S FARM	1993	CL	30.00	45.00
❑ NIGHT BEFORE CHRISTMAS	1993	CL	30.00	55.00
❑ NIGHT DEPARTURE	1993	CL	30.00	40.00
❑ OH CHRISTMAS TREE	1993	CL	30.00	50.00
❑ PEACE ON EARTH	1993	CL	30.00	45.00
❑ SUPPER AND SMALL TALK	1993	CL	30.00	40.00
WHEN DREAMS BLOSSOM				**R. MCGINNIS**
❑ DREAMING OF YOU	1995	95 DAYS	33.00	45.00
❑ DREAMS OF POETRY	1994	95 DAYS	33.00	46.00
❑ DREAMS TO GATHER	1994	CL	30.00	42.00
❑ PLACE TO DREAM	1995	95 DAYS	33.00	45.00
❑ SWEETEST OF DREAMS	1994	95 DAYS	33.00	46.00
❑ WHERE FRIENDS DREAM	1994	CL	33.00	43.00
WHEN I GROW UP				**C. NICK**
❑ ON THE COUNT OF THREE	1994	*	*	45.00
WHEN STORIES COME ALIVE				**TIRITILLI**
❑ AT THE ROUND-UP	1994	*	*	44.00
WHERE EAGLES SOAR				**F. MITTELSTADT**
❑ ALLEGIANCE WITH THE WIND	1994	CL	30.00	44.00
❑ LAKESIDE EAGLES	1995	CL	30.00	30.00
❑ LIGHTHOUSE EAGLES	1995	CL	30.00	30.00
❑ NOBLE LEGACY	1995	CL	30.00	40.00
❑ ON FREEDOM'S WING	1994	CL	30.00	44.00
❑ PRIDE OF THE SKY	1995	CL	30.00	44.00
❑ PRISTINE DOMAIN	1995	CL	30.00	44.00
❑ ROYAL ASCENT	1995	CL	30.00	44.00
❑ SPLENDOR IN FLIGHT	1995	CL	30.00	44.00
❑ WINDWARD MAJESTY	1995	CL	30.00	44.00
WHERE PATHS JOIN				**D. CASEY**
❑ GUARDED PATH	1998	*	30.00	30.00
❑ MESSENGERS, THE	1998	*	30.00	30.00
❑ PROTECTORS, THE	1998	*	30.00	30.00
❑ SHARED WORLDS	1997	*	30.00	30.00
❑ SPIRIT TRAIL	1998	*	30.00	30.00
❑ WATCHFUL EYES	1998	*	30.00	30.00
❑ WISDOM SEEKERS	1998	*	30.00	30.00
WHERE PATHS MEET				**D. CASEY**
❑ AMONGST FRIENDS	1997	*	30.00	30.00
❑ NATIVE HARMONY	1996	*	*	46.00
WHISPERING WINGS				**J. GRENDE**
❑ MORNING GLORY	1996	*	*	46.00
❑ PERFECT HARMONY	1996	*	*	46.00

PLATES

NAME	YEAR	LIMIT	ISSUE	TREND
WHISPERS ON THE WIND				**K. O'MALLEY**
❑ ALLEN'S HUMMINGBIRD	1996	95 DAYS	45.00	50.00
❑ ANNA'S HUMMINGBIRD	1995	CL	45.00	53.00
❑ RUBY THROATED HUMMINGBIRD	1995	CL	45.00	53.00
❑ RUFOUS WITH FOXGLOVES	1996	95 DAYS	45.00	53.00
WILD BUNCH				**L. CABLE**
❑ FIRST SNOW	1998	*	30.00	30.00
❑ KING OF THE HILL	1998	*	30.00	30.00
❑ ROUGH HOUSE	1998	*	30.00	30.00
❑ STICKING TOGETHER	1998	*	30.00	30.00
❑ WAKE-UP CALL	1997	*	30.00	30.00
❑ WINDOW SEAT	1998	*	30.00	30.00
WILD HEARTS				**K. KAYOMI**
❑ EYES FOR YOU	1997	*	35.00	35.00
❑ LAP OF LUXURY	1998	*	35.00	35.00
❑ TENDER PAUSE	1997	*	35.00	35.00
❑ WALKING ON AIR	1998	*	35.00	35.00
WILD PAGEANTRY				**F. MITTLESTADT**
❑ FLIGHT OF PHEASANT	1995	CL	35.00	53.00
❑ THUNDERING WINGS: RUFF GROUSE	1995	*	*	53.00
WILDFLOWER LEGACY				**R. MCGINNIS**
❑ NATURE'S SPLENDOUR	1995	*	*	43.00
WINDOWS ON A WORLD OF SONG				**K. DANIEL**
❑ BEDROOM, THE: BLUEBIRDS	1993	CL	35.00	42.00
❑ DEN, THE: BLACK-CAPPED CHICKADEES	1993	CL	35.00	45.00
❑ KITCHEN, THE: GOLDFINCHES	1994	CL	35.00	45.00
❑ LIBRARY, THE: CARDINALS	1993	CL	35.00	55.00
WINDOWS TO THE SOUL				**D. CASEY**
❑ EYES OF THE FOREST	1997	*	30.00	30.00
❑ MOONLIT PHANTOM	1997	*	30.00	30.00
❑ TOGETHER IN SPIRIT	1997	*	30.00	30.00
WINGS OF GLORY				**F. MITTLESTADT**
❑ PARAGON OF COURAGE	1996	CL	33.00	43.00
❑ PORTRAIT OF LIBERTY	1995	CL	33.00	43.00
WINGS OF GLORY				**J. SPURLOCK**
❑ PRIDE OF AMERICA	1994	CL	33.00	43.00
❑ SPIRIT OF FREEDOM	1995	CL	33.00	43.00
WINGS OF THE TOTEM				**G. BEECHAM**
❑ EAGLE: SYMBOL OF POWER	1994	*	*	43.00
WINNIE THE POOH & FRIENDS				**C. JACKSON**
❑ BOUNCING'S WHAT TIGGERS DO BEST	1995	CL	40.00	150.00
❑ DO YOU THINK IT'S A WOOZLE?	1997	CL	50.00	50.00
❑ FINE DAY TO BUZZ WITH THE BEES	1997	CL	50.00	50.00
❑ MANY HAPPY RETURNS OF THE DAY	1997	CL	50.00	50.00
❑ NOBODY CAN BE UNCHEERED WITH A BALLOON	1997	CL	50.00	50.00
❑ PLAYING POOHSTICKS	1997	CL	50.00	50.00
❑ RUMBLY IN MY TUMBLY	1996	CL	45.00	45.00
❑ T IS FOR TIGGER	1997	CL	50.00	50.00
❑ THREE CHEERS FOR POOH	1997	CL	50.00	50.00
❑ TIME FOR A LITTLE SOMETHING	1994	CL	40.00	475
❑ YOU'RE A REAL FRIEND	1995	CL	45.00	60.00
WINNIE THE POOH STORYBOOK COLLECTION				*
❑ BOUNCY FUN-FUN-FUN	1998	*	40.00	40.00
❑ HIDE AND GO BOUNCE	1998	*	40.00	40.00
❑ TOO MUCH HONEY	1998	*	40.00	40.00
❑ VERY GREAT RESCUE, A	1998	*	40.00	40.00
WINNIE THE POOH: 3D				**C. JACKSON**
❑ BOUNCING IS WHAT TIGGERS DO BEST	1995	CL	40.00	40.00
WINNIE THE POOH: A HONEY OF A FRIEND				*
❑ FRIENDSHIP IS AS SWEET AS HONEY	1997	*	*	N/A
❑ LITTLE FIXING IS REQUIRED, A	1998	*	30.00	30.00
❑ WELCOME LITTLE FRIENDS	1998	*	30.00	30.00
WINTER EVENING REFLECTIONS				**S. KOZAR**
❑ AS TWILIGHT FALLS	1996	CL	40.00	45.00
❑ DAY FADES TO MEMORY	1996	CL	40.00	45.00
❑ DOWN BY THE STREAM	1996	CL	40.00	45.00
❑ SHADOWS GROW LONGER	1996	CL	40.00	45.00
WINTER GARLANDS				**S. TIMM**
❑ CRISP MORNING CALL	1996	CL	35.00	40.00
❑ FROSTY SEASON	1996	CL	35.00	40.00
❑ JEWELS IN THE SNOW	1996	CL	35.00	40.00
WINTER GUARDIANS: A MASTER COLLECTION				**T. ISAAC**
❑ TRACKING THE EDGE	1997	*	30.00	30.00
WINTER GUARDIANS: A MASTER COLLECTION				**D. SMITH**
❑ EVENING QUEST	1997	*	30.00	30.00
WINTER RETREAT				**P. WEIRS**
❑ WHITETAILS PAUSE	1996	*	*	40.00
WINTER SHADOWS				**N. GLAZIER**
❑ CANYON MOON	1995	CL	30.00	40.00
❑ SHADES OF GRAY	1995	95 DAYS	30.00	40.00
WINTER SHADOWS				**P. WEIRS**
❑ BROKEN WATCH	1995	95 DAYS	30.00	40.00
❑ DECEMBER WATCH	1995	95 DAYS	30.00	40.00
❑ ICY SHADOWS	1996	OP	30.00	40.00
❑ MOONLIGHT SHADOWS	1995	95 DAYS	30.00	40.00

PLATES

NAME	YEAR	LIMIT	ISSUE	TREND
❑ TRACKERS	1995	95 DAYS	30.00	40.00
❑ VIGILANT COMPANIONS	1995	95 DAYS	30.00	40.00
WISH YOU WERE HERE				**T. KINKADE**
❑ AFTERNOON ON FOREST LAKE	1994	CL	33.00	45.00
❑ END OF A PERFECT DAY	1993	CL	30.00	43.00
❑ EVENING IN THE FOREST	1997	CL	33.00	33.00
❑ QUIET EVENING/RIVERLODGE	1994	CL	30.00	40.00
❑ SIMPLER TIMES	1995	CL	33.00	50.00
❑ SOFT MORNING LIGHT	1994	CL	33.00	45.00
WITH WATCHFUL EYES				**SOLBERG**
❑ WINTER WHITE	1994	*	*	40.00
WOLF PUPS: YOUNG FACES OF THE WILDERNESS				**L. DANIELS**
❑ CALL TO THE FUTURE	1996	95 DAYS	30.00	40.00
❑ EARLY ASPIRATIONS	1996	95 DAYS	30.00	42.00
❑ MORNING INNOCENTS	1995	95 DAYS	30.00	42.00
❑ NEW ADVENTURE	1995	CL	30.00	42.00
❑ ONE TO ONE	1996	*	30.00	42.00
❑ ROSY BEGINNINGS	1996	95 DAYS	30.00	42.00
❑ TOMORROW'S PRIDE	1995	CL	30.00	42.00
WOODLAND TRANQUILITY				**G. ALEXANDER**
❑ BROKEN SILENCE	1995	*	*	40.00
❑ CROSSING BOUNDARIES	1995	95 DAYS	30.00	40.00
❑ FROSTY MORN	1995	95 DAYS	30.00	40.00
❑ RIVER REFLECTIONS	1996	*	*	52.00
❑ SNOWY VEIL	1995	*	*	46.00
❑ SUNSET AT CORNUCOPIA	1996	OP	35.00	50.00
❑ TWILIGHT APPROACH	1996	*	*	52.00
❑ WINTER'S CALM	1994	CL	30.00	40.00
WOODLAND WINGS				**J. HANSEL**
❑ GLIDING ON GILDED SKIES	1994	CL	35.00	43.00
❑ PEACEFUL JOURNEY	1995	CL	35.00	50.00
❑ SUNSET VOYAGE	1994	CL	35.00	50.00
❑ TWILIGHT FLIGHT	1994	CL	35.00	40.00
WORLD BENEATH THE WAVES				**D. TERBUSH**
❑ ALL GOD'S CHILDREN	1994	95 DAYS	30.00	38.00
❑ ALL THE MIRACLES TO SEA	1996	95 DAYS	30.00	40.00
❑ CIRCLE OF LIGHT	1994	95 DAYS	30.00	38.00
❑ FOLLOW YOUR HEART	1995	95 DAYS	30.00	38.00
❑ HUMPBACK WHALES	1995	95 DAYS	30.00	30.00
❑ LONG BEFORE MAN	1995	95 DAYS	30.00	38.00
❑ REACH FOR YOUR DREAMS	1995	95 DAYS	30.00	38.00
❑ SEA OF LIGHT	1994	CL	30.00	38.00
❑ SHARE THE LOVE	1995	95 DAYS	30.00	38.00
WORLD OF THE EAGLE				**J. HANSEL**
❑ MIDNIGHT DUTY	1995	CL	33.00	60.00
❑ NIGHT FLYER	1994	CL	33.00	44.00
❑ SENTINEL OF THE NIGHT	1994	CL	30.00	45.00
❑ SILENT GUARD	1993	CL	30.00	50.00
WORLD OF WILDLIFE				**T. CLAUSNITZER**
❑ AFRICA: EXQUISITE TRANQUILITY	1995	CL	30.00	40.00
❑ DELICATE BALANCE	1995	CL	30.00	30.00
❑ EUROPE: IN NATURAL HARMONY	1995	CL	30.00	40.00
❑ NORTH AMERICA: A DELICATE BALANCE	1995	CL	30.00	40.00
❑ SOUTH AMERICA: EXOTIC KINGDOM	1996	CL	30.00	40.00
WORLD RECORD HOLDERS				**KOLLER**
❑ JORDAN BUCK	1995	*	*	38.00
WORLD WAR II: 50TH ANNIVERSARY				*
❑ 1941: A WORLD AT WAR	1994	*	*	38.00
❑ 1941: TAKING A STAND	1994	*	*	38.00
WORLD WAR II: A REMEMBRANCE				**J. GRIFFIN**
❑ BATTLE OF MIDWAY	1994	CL	30.00	40.00
❑ BATTLE OF THE BULGE	1994	CL	33.00	43.00
❑ BATTLE OF THE PHILIPPINES	1995	CL	33.00	45.00
❑ D-DAY	1994	CL	30.00	40.00
❑ DOOLITTLE'S RAID OVER TOKYO	1995	CL	33.00	45.00
❑ LIBERATION OF FRANCE	1995	CL	35.00	43.00
WYSOCKI CHRISTMAS MEMORIES				**C. WYSOCKI**
❑ SMALL TOWN CHRISTMAS	1998	*	45.00	45.00
WYSOCKI COUNTRY CORNERS				**C. WYSOCKI**
❑ GRAIN, FEED & SEED	1998	*	35.00	35.00
❑ IGGIE'S EXTRACTS	1998	*	35.00	35.00
❑ OLD TIMES ANTIQUE SHOP	1998	*	35.00	35.00
❑ PETER'S GROCERY	1998	*	35.00	35.00
❑ SHAVERS & HAIRCUTS	1998	*	35.00	35.00
❑ TICK-TOCK CLOCK SHOP	1998	*	35.00	35.00
WYSOCKI'S FOLKTOWN				**C. WYSOCKI**
❑ BIRDIE'S PERCH COFFEE SHOP	1996	*	*	53.00
❑ CHIPS AND FELTS	1996	*	*	53.00
❑ QUILT LADIES SOCIAL CLUB	1996	*	*	53.00
❑ STOOL PIGEON GOSSIP SHOP	1996	*	*	53.00
❑ SWEET SHOP	1996	*	*	53.00
❑ TOWN FLORIST	1996	*	*	53.00

BYLINY'S PORCELAIN

FLIGHTS OF FANCY				**ROGATOV**
❑ ENCHANTMENT	1991	*	*	42.00

NAME	YEAR	LIMIT	ISSUE	TREND
❑ FANTASIE (ROGATOV)	1991	*	*	45.00
❑ REVERIE	1992	*	*	45.00
❑ RHAPSODY	1991	*	*	41.00
❑ SPLENDOUR	1991	*	*	45.00
JEWELS OF THE GOLDEN RING				**U.L. DUBOVIKOV**
❑ BORIS AND GLEB MONASTERY	1991	*	*	45.00
❑ GOLDEN GATES OF VLADIMIR	1992	*	*	50.00
❑ NIKITSKY MONASTERY	1991	*	*	45.00
❑ ROSTOV THE GREAT	1991	*	*	45.00
❑ ST. BASIL'S, MOSCOW	1991	195 DAYS	30.00	46.00
❑ SUZOAL, PEARL OF GOLDEN RING	1992	*	*	50.00
❑ TRINITY MONASTERY, ZAGORSK	1991	*	*	41.00
❑ YAROSLAVI KREMLIN	1991	*	*	50.00
LEGEND OF SCARLET FLOWER				**NAZARUK**
❑ ENCHANTED GARDEN	1991	*	*	46.00
❑ MAGIC RING	1992	*	*	45.00
❑ MERCHANT'S FARWELL	1992	*	*	49.00
❑ SCARLET FLOWER	1992	*	*	49.00
❑ SPIRIT OF LOVE	1992	*	*	61.00
❑ VOICE OF KINDNESS	1992	*	*	52.00
LEGEND OF THE TSAR SALTAN				**ZHIRYAKOVA**
❑ ARRIVAL OF TSAR SALTAN	1991	*	*	49.00
❑ MAGIC LAND OF PRINCE GUIDON	1991	*	*	49.00
❑ MAGIC SQUIRREL	1991	*	*	48.00
❑ SWAN PRINCESS	1991	*	*	48.00
RUSSIAN FAIRY PRINCESSES				**DEVYATKIN**
❑ LUDMILLA	1992	*	*	50.00
❑ SLEEPING BEAUTY	1992	*	*	50.00
❑ SNOWMAIDEN	1992	*	*	50.00
❑ VASILISA THE BEAUTIFUL	1992	*	*	51.00
RUSSIAN SEASONS				**DEVYATKIN**
❑ AUTUMN FANTASIE	1992	*	*	50.00
❑ AUTUMN MEDLEY	1993	*	*	50.00
❑ SPRINGTIME REJOICE	1992	*	*	50.00
❑ SPRINGTIME SPLENDOR	1992	*	*	46.00
❑ SUMMERTIME BOUNTY	1993	*	*	50.00
❑ SUMMERTIME SERENADE	1992	*	*	47.00
❑ WINTER IDYLL	1992	*	*	47.00
❑ WINTER MAJESTY	1992	*	*	43.00
TALE OF FATHER FROST				**AN**
❑ CIRCLE DANCE	1992	*	*	51.00
❑ FOR ALL BOYS AND GIRLS	1992	*	*	50.00
❑ ON THIS COLD WINTERY NIGHT	1992	*	*	53.00
❑ SNOWY PLAYLAND	1992	*	*	52.00
❑ TREE TRIMMING TIME	1992	*	*	50.00
VILLAGE LIFE OF RUSSIA				**LEONOVA**
❑ BRINGING HOME THE HARVEST	1990	*	*	51.00
❑ CELEBRATION OF FRIENDSHIP	1990	*	*	51.00
❑ COUNTRY PEDDLAR	1991	*	*	51.00
❑ MERRY MUSICIANS	1991	*	*	51.00
❑ TO THE SPRING FESTIVAL	1991	*	*	51.00
❑ VILLAGE COBBLER	1991	*	*	51.00
❑ VILLAGE WEDDING	1991	*	*	51.00
❑ WINTER SLEIGH RIDE	1990	*	*	51.00

C.U.I./CAROLINA COLLECTION

NAME	YEAR	LIMIT	ISSUE	TREND
CHRISTMAS				*
❑ CHECKIN' IT TWICE FIRST ED.	1991	RT	40.00	40.00
CLASSIC CAR				**G. GEIVETTE**
❑ CHEVY 1957	1992	RT	40.00	45.00
COORS FACTORY				*
❑ COORS FACTORY FIRST ED.	1992	CL	30.00	30.00
❑ COORS FACTORY SECOND ED.	1993	CL	30.00	30.00
COORS WINTERFEST				**T. STORTZ**
❑ SKATING PARTY	1992	RT	30.00	30.00
CORVETTE				**G. GEIVETTE**
❑ CORVETTE 1953	1992	CL	40.00	45.00
ENVIRONMENTAL				**C.L. BRAGG**
❑ REINFOREST MAGIC FIRST ED.	1991	RT	40.00	40.00
ENVIRONMENTAL				**M. HOFFMAN**
❑ FIRST BREATH	1992	RT	40.00	40.00
FIRST ENCOUNTER				**R. CRUWYS**
❑ CLASS CLOWN	1994	CL	30.00	30.00
❑ STAND OFF	1993	CL	30.00	30.00
GIRL IN THE MOON				*
❑ MILLER GIRL IN THE MOON FIRST ED.	1991	9950	40.00	40.00
GREAT AMERICAN SPORTING DOGS				**J. KILLEN**
❑ BLACK LAB FIRST ED.	1992	20000	40.00	45.00
❑ BRITTANY SPANIEL SIXTH ED.	1993	CL	40.00	45.00
❑ ENGLISH SETTER FIFTH ED.	1993	CL	40.00	45.00
❑ GOLDEN RETRIEVER SECOND ED.	1993	CL	40.00	45.00
❑ SPRINGER SPANIEL THIRD ED.	1993	CL	40.00	45.00
❑ YELLOW LABRADOR FOURTH ED.	1993	CL	40.00	45.00
NATIVE AMERICAN				**P. KETHLEY**
❑ HUNT FOR THE BUFFALO FIRST ED.	1991	RT	40.00	40.00

PLATES

Most Valuable Plates

By Susan K. Elliott

If you inherited a collection of plates from a distant relative, would you know which ones would be valuable enough to finance a round-the-world trip? A trip to DisneyWorld? You should be really excited if you find any of the following plates:

Artists of the World — Ted DeGrazia

- 1976 *Los Ninos,* issued at $35, now $1,000

- 1978 signed *Los Ninos,* issued at $100, now $2,000

Bing & Grondahl

- 1895 *Beyond the Frozen Window,* issued at 50 cents, now $6,000

- 1896 *New Moon,* issued for approximately 50 cents to $1, now $2,400

- 1899, *Crows,* issued for approximately 50 cents to $1, now $1,500

- 1900, *Church Bells,* issued for approximately 50 cents to $1, now $1,150

Edna Hibel Studios — Edna Hibel

- 1980 "Arte Ovale," *Takara,* blanco, issued at $450, now $1,000

- 1980 "Arte Ovale," *Takara,* cobalt blue, issued at $595, now $2,000

- 1980 "Arte Ovale," *Takara,* gold, issued at $1,000, now $4,000

- 1984 "Arte Ovale," *Taro-Kun,* cobalt blue, issued at $995, now $1,100

- 1984 "Arte Ovale," *Taro-Kun,* gold, issued at $1,000, now $2,650

- 1982, "David Series," *David the King,* cobalt A/P, issued at $275, now $1,150

- 1984, "David Series," *Bathsheba,* cobalt A/P, issued at $275, now $1,150

- 1980 "Famous Women & Children," *Pharaoh's Daughter & Moses,* cobalt blue, issued at $350, now $1,400

- 1982 "Famous Women & Children," *Anna & the Children of the King of Siam,* cobalt blue, issued at $350, now $1,400

- 1980 "Oriental Theme," *Arte Ovale,* now $2,355

Goebel M.I. Hummel Plaques

- 1947, in English, HUM 187, now $150-$1,500

- 1949, dealer's plaque, French, HUM 208, $3,000-$6,000

- 1954 *Star Gazer,* HUM 237, $10,000-$15,000

- 1968 *Merry Wanderer,* HUM 263, $12,500

- Schmid Brothers, 1935 dealer's plaque, HUM 210, now $20,000-$25,000

- Spanish version, 1951 dealer's plaque, HUM 213, now $8,000-$10,000

- Spanish version, 1986 Goebel authorized retailer plaque, HUM 460, now $300-$1,500

Lalique

- 1965 *Deux Oiseaux,* issued at $25, now $1,200

Royal Copenhagen

- 1908 *Madonna and Child,* issued at $1, now $4,900

Susan K. Elliott has been writing about collector plates since the first international plate collectors convention in 1975. She is a free-lance writer living in Dallas, and has interviewed hundreds of collectibles artists worldwide.

NAME	YEAR	LIMIT	ISSUE	TREND
CRESTLEY COLLECTION				
BACKYARD BUDDIES				**S. WOODS**
❑ APRIL OUTING	1994	*	*	30.00
❑ DECEMBER CUDDLE	1994	*	*	30.00
❑ JANUARY JINGLE	1995	*	*	30.00
❑ JULY JUBILEE	1994	*	*	30.00
❑ JUNE DELIGHT	1994	*	*	30.00
❑ MAY DAY	1994	*	*	30.00
❑ OCTOBER HARVEST	1994	*	20.00	30.00
CHRISTMAS/PRIMROSE HILL				**S. WHEELER**
❑ BE IT EVER SO HUMBLE	1994	*	20.00	30.00
CORAL KINGDOMS				**A. CASAY**
❑ AFTERNOON FROLIC	1994	*	*	30.00
❑ DAYBREAK DELIGHT	1994	*	*	30.00
❑ MOONLIGHT DISCOVERY	1994	*	*	30.00
❑ MORNING ENCHANTMENT	1994	*	*	30.00
❑ SUNSET SERENADE	1994	*	*	30.00
❑ TWILIGHT WONDER	1994	*	*	30.00
FRIENDS FOREVER				**WHITTEN**
❑ BUDDING FRIENDSHIP	1994	*	*	30.00
❑ CUDDLE UP	1994	*	*	30.00
❑ DRINKING BUDDIES	1994	*	*	30.00
❑ PUPPY LOVE	1994	*	*	30.00
❑ SHARING THE WONDER	1994	*	*	30.00
❑ TIGHT-KNIT FRIENDS	1994	*	*	30.00
HEAVENLY HEARTS				**T. CATHEY**
❑ FAITH AND CHARITY	1994	*	*	29.00
❑ GOODNESS AND HOPE	1994	*	*	31.00
❑ INSPIRATION	1995	*	*	31.00
❑ JOY	1994	*	*	30.00
❑ LIBERTY AND PEACE	1994	*	*	30.00
❑ PATIENCE	1994	*	*	29.00
❑ PRUDENCE	1994	*	20.00	30.00
❑ SWEETNESS AND GRACE	1994	*	*	30.00
NATIVE BEAUTY				**LAKOFKA**
❑ DANCE IN THE SUN	1994	*	*	32.00
NATIVE SKY				**LAKOFKA**
❑ ONE WITH THE SKY	1994	*	*	31.00
❑ SPIRIT OF THE FULL MOON	1994	*	*	31.00
❑ WHEN LIGHTNING CASTS SHADOWS	1994	*	*	30.00
PICTURE PURRFECT CATS				*
❑ EVERYONE NEEDS A TEDDY	1994	*	20.00	30.00
❑ FLUFF AND FLOWERS	1994	*	*	33.00
❑ IN THE PINK	1995	*	*	33.00
❑ KITTEN ON THE KEYS	1995	OP	20.00	20.00
❑ PEEK-A-BOO KITTY	1994	*	*	33.00
❑ PERFECTLY POISED	1994	*	*	33.00
❑ TEATIME TABBY	1994	*	*	33.00
PRAYERS TO THE GREAT SPIRIT				**JAXON**
❑ PRAYER TO THE DAWN	1994	*	20.00	30.00
❑ PRAYER TO THE FOREFATHERS	1994	*	20.00	30.00
PRIMROSE HILL				**S. WHEELER**
❑ GOD BLESS OUR HOME	1994	*	20.00	33.00
❑ HOME IS WHERE THE HEART IS	1994	*	20.00	33.00
❑ LET HEAVEN AND NATURE SING	1994	*	20.00	33.00
❑ LOVE'S A GIFT FROM THE HEART	1993	*	20.00	34.00
❑ SENDING SMILES ACROSS MILES	1994	*	20.00	33.00
PROFILES OF BRAVERY				**S. EVANS**
❑ BOLD AND THE FREE	1993	*	*	32.00
❑ FIERCE & THE MIGHTY, THE	1994	*	20.00	22.00
❑ NOBLE AND THE PROUD	1993	*	*	33.00
❑ STRONG AND THE BRAVE	1994	*	*	33.00
❑ WILD AND THE WISE	1994	*	*	32.00
TEDDY BEAR FAIR				**T. DUBOIS**
❑ AND AWAY WE GO	1994	*	*	32.00
❑ HERE WE GO 'ROUND	1994	*	*	32.00
❑ JUST THE TWO OF US	1994	*	*	32.00
❑ POWER OF LOVE, THE	1994	*	20.00	30.00
❑ SITTING ON TOP OF THE WORLD	1994	*	*	32.00
❑ SWEETEST OF ALL	1994	*	*	32.00
❑ YOUR HEART'S DESIRE	1994	*	*	32.00
TRIBUTE TO ROY ROGERS				*
❑ HAPPY TRAILS TO YOU	1994	*	20.00	30.00
TRIBUTE TO ROY ROGERS				**GUISEWITE**
❑ HOME ON THE RANGE	1994	*	*	30.00
TROLLS				**T. DUBOIS**
❑ FRIDAY'S TROLL	1994	*	*	32.00
❑ MONDAY'S TROLL	1993	*	*	32.00
❑ SATURDAY'S TROLL	1994	*	*	32.00
❑ SUNDAY'S TROLL	1994	*	20.00	22.00
❑ THURSDAY'S TROLL	1994	*	*	32.00
❑ TUESDAY'S TROLL	1993	*	*	32.00
❑ WEDNESDAY'S TROLL	1993	*	*	32.00
VISION QUEST				**L. KENDRICK**
❑ CALLING THE STORM	1994	*	*	32.00
❑ EAGLE DANCE	1993	*	*	32.00
❑ HIGHER POWER, A	1994	*	*	32.00

NAME	YEAR	LIMIT	ISSUE	TREND
❑ SEEKING THE DAWN	1994	*	*	32.00
❑ SHARING THE SPIRIT	1993	*	*	32.00
❑ SOARING SPIRIT	1994	*	*	32.00
❑ VALLEY OF THE SPIRIT	1994	*	20.00	30.00
YOUNG AND THE RESTLESS				**GRAY**
❑ CRICKET'S TRAILS	1994	*	*	32.00
❑ JILL'S ESCAPADES	1994	*	*	32.00
❑ KATHERINE'S LEGACY	1994	*	*	32.00
❑ NIKKI'S WORLD	1993	*	*	32.00
❑ VICTOR'S EMPIRE	1994	*	*	32.00

CROWN PARIAN

NAME	YEAR	LIMIT	ISSUE	TREND
AMERICAN FOLK HEROES				**T. BOYER**
❑ BETSY ROSS	1985	*	*	61.00
❑ BUFFALO BILL	1986	*	*	61.00
❑ CASEY JONES	1987	*	*	61.00
❑ DAVY CROCKETT	1984	*	*	61.00
❑ JOHNNY APPLESEED	1983	*	*	83.00
❑ SACAJAWEA (BOYER)	1987	*	*	61.00
CALDER				**CALDER**
❑ AFFECTION	1978	*	*	91.00
FREDDIE THE FREELOADER				**R. SKELTON**
❑ FREDDIE IN THE BATHTUB	1979	*	55.00	350.00
❑ FREDDIE ON THE GREEN	1981	10000	60.00	115.00
❑ FREDDIE'S SHACK	1980	*	55.00	145.00
❑ LOVE THAT FREDDIE	1982	*	60.00	100.00
FREDDIE'S ADVENTURES				**R. SKELTON**
❑ BRONCO FREDDIE	1983	*	60.00	100.00
❑ CAPTAIN FREDDIE	1982	*	60.00	100.00
❑ SIR FREDDIE	1983	*	63.00	85.00
GLORIA ERIKSON				**G. ERIKSON**
❑ APRIL SPRING	1982	*	*	48.00
MOMENTS OF NATURE				**RUTHVEN**
❑ CALIFORNIA QUAIL	1979	*	*	70.00
OLD WEST				**JONES**
❑ TURNING THE LEAD	1979	*	*	48.00
OWL FAMILY				**RUTHVEN**
❑ BARRED OWL	1983	*	*	100.00
❑ GREAT HORNED OWL	1984	*	*	100.00
❑ SAW-WHET OWL	1983	*	*	100.00
❑ SNOWY OWL FAMILY	1983	*	*	100.00
THANKSGIVING DAY				**MCGREW**
❑ DINNER	1983	*	*	112.00
❑				

DANBURY MINT

NAME	YEAR	LIMIT	ISSUE	TREND
BICENTENNIAL				*
❑ BON HOMME RICHARD	1979	*	*	195.00
❑ BOSTON TEA PARTY	1973	*	*	195.00
❑ DECLARATION OF INDEPENDENCE	1976	*	*	195.00
❑ FIRST CONTINENTAL CONGRESS	1974	*	*	195.00
❑ MOLLY PITCHER	1976	*	*	195.00
❑ PAUL REVERE'S RIDE	1975	*	*	195.00
❑ WASHINGTON AT VALLEY FORGE	1976	*	*	195.00
BOYS WILL BE BOYS				**DALY**
❑ CLEAN AS A WHISTLE	1993	*	*	46.00
❑ FAVORITE READER	1993	*	*	46.00
❑ HER HERO	1993	*	*	46.00
❑ KEPT IN	1993	*	*	46.00
❑ SHOESHINE BOY	1993	*	*	46.00
❑ SLINGSHOT PAL	1993	*	*	46.00
❑ THIEF, THE	1993	*	*	46.00
❑ TRANQUIL MOMENT	1993	*	*	46.00
CHRISTMAS				*
❑ AWAY IN THE MANGER	1977	*	*	42.00
❑ FIRST NOEL	1978	*	*	51.00
❑ JOY TO THE WORLD	1976	*	*	42.00
❑ SILENT NIGHT (DANBURY MINT)	1975	*	*	40.00
COUNTRY MEMORIES				**REICHARDT**
❑ BY THE OLD MILL	1992	*	*	38.00
❑ EARLY SNOWFALL	1995	*	*	38.00
❑ NATURE'S SWEET SYRUP	1995	*	*	38.00
❑ PEACEFUL RETREAT	1995	*	*	38.00
❑ RUSTIC BEAUTY	1995	*	*	38.00
❑ SNUG HARBOUR	1995	*	*	38.00
❑ SO GOOD TO BE HOME	1992	*	*	38.00
❑ SUMMERTIME	1995	*	*	38.00
EAGLES ACROSS AMERICA				**REICHARDT**
❑ CATCH OF THE DAY	1995	*	*	40.00
❑ EVERGLADE SUNRISE	1995	*	*	40.00
❑ GUARDIANS, THE	1995	*	*	40.00
❑ KING OF THE CANYON	1995	*	*	40.00
❑ PERFECT HARMONY	1995	*	*	40.00
❑ PRIDE OF AMERICA	1995	*	*	40.00
❑ SPIRIT OF ALASKA	1995	*	*	40.00
❑ TRYING THEIR WINGS	1995	*	*	40.00

PLATES

PLATES

NAME	YEAR	LIMIT	ISSUE	TREND
ENCHANTED GARDEN				**ST. CLAIR**
❏ FLOWER GIRL	1995	*	*	40.00
❏ GOLDEN BUTTERFLY	1995	*	*	40.00
FARMING THE HEARTLAND				**KAYE**
❏ BAILING THE HAY	1993	*	*	28.00
❏ BEATING THE STORM	1992	*	*	29.00
❏ BOUNTIFUL HARVEST	1992	*	*	64.00
❏ HARVESTING AT LAST	1992	*	*	31.00
❏ TAKING A BREAK	1993	*	*	31.00
❏ WELL DESERVED BREAK	1993	*	*	31.00
GOD BLESS AMERICA				**REICHARDT**
❏ AFTER THE STORM	1993	*	*	39.00
❏ CASCADING THUNDER	1993	*	*	39.00
❏ FLYING FREE	1993	*	*	39.00
❏ FROSTY MORNING	1993	*	*	39.00
❏ ICE-CAPPED MAJESTY	1993	*	*	39.00
❏ PEACEFUL SOLITUDE	1993	*	*	39.00
❏ PROUD GUARDIAN	1993	*	*	39.00
❏ SUNLIT RETREAT	1993	*	*	39.00
❏ TRANQUIL BEAUTY	1993	*	*	39.00
❏ UNTAMED GLORY	1993	*	*	39.00
❏ VIGILANT BEACON	1993	*	*	39.00
❏ WHERE EAGLES SOAR	1993	*	*	39.00
GREAT ART MASTERPIECES				*
❏ LAST SUPPER	1975	*	*	211.00
❏ SUNFLOWER	1976	*	*	210.00
KITTEN COUSINS				**MANNING**
❏ PLAYFUL COMPANIONS	1992	*	*	36.00
LITTLE COMPANIONS				**M.I. HUMMEL**
❏ APPLE TREE BOY AND GIRL	1991	*	*	45.00
❏ BUDDING SCHOLARS	1991	*	*	45.00
❏ COME BACK SOON	1991	*	*	45.00
❏ COUNTRY CROSSROAD	1991	*	*	45.00
❏ HELLO DOWN THERE	1991	*	*	45.00
❏ LITTLE EXPLORERS	1991	*	*	45.00
❏ LITTLE MUSICIANS	1991	*	*	45.00
❏ PRIVATE PARADE	1991	*	*	45.00
❏ SQUEAKY CLEAN	1991	*	*	45.00
❏ STORMY WEATHER	1991	*	*	45.00
❏ SURPRISE	1991	*	*	45.00
❏ TENDER LOVING CARE	1991	*	*	45.00
LITTLE FARMHANDS				**D. ZOLAN**
❏ PIGLET ROUNDUP	1998	75 DAYS	30.00	30.00
❏ TOO BUSY TO PLAY	1998	75 DAYS	30.00	30.00
MICHAELANGELO				*
❏ CREATION OF ADAM	1972	*	*	118.00
❏ HOLY FAMILY	1974	*	*	115.00
❏ MOSES	1973	*	*	117.00
❏ PEITA	1973	*	*	117.00
PORCELAIN PLATES				*
❏ OFFICIAL AMERICA'S CUP	1977	*	*	30.00
❏ QUEEN'S SILVER JUBILEE	1977	*	*	140.00
❏ TALL SHIPS	1977	*	*	30.00
PRIDE OF THE WILDERNESS				**TRAVERS**
❏ FALL RETREAT	1993	*	*	43.00
❏ FULL ALERT	1993	*	*	43.00
❏ SNOWBOUND	1993	*	*	43.00
❏ WINTER STAG	1993	*	*	43.00
UNDERWATER PARADISE				**NELSON**
❏ CALIFORNIA SPIRITS	1994	*	*	37.00
❏ CHEZ PAUL	1994	*	*	37.00
❏ DISCOVERY OFF ANAHOLA	1993	*	*	37.00
❏ HAWAIIAN MUSES	1994	*	*	37.00
❏ HONOLUA: BAY OF PIILANI	1994	*	*	37.00
❏ LA LE'S SACRED PRINCESS	1994	*	*	37.00
❏ LAHAINA SEA FLIGHT	1994	*	*	37.00
❏ MOONLIT MOMENT	1994	*	*	37.00
❏ NEW MOON OVER WINGWORD OHU	1994	*	*	37.00
❏ SEARCH FOR HARMONY	1994	*	*	37.00
❏ SERENITY OF WAIPIO	1994	*	*	37.00
❏ SUNLIT GOLD	1994	*	*	37.00
WINTER WONDERLAND				**D. GELSINGER**
❏ CHORUS OF CAROLERS	1994	75 DAYS	30.00	30.00
❏ CHRISTMAS PRARYER, A	1994	75 DAYS	30.00	30.00
❏ DEAR SANTA	1993	75 DAYS	30.00	30.00
❏ JUST MY SIZE	1994	75 DAYS	30.00	30.00
❏ MY FIRST SNOWMAN	1993	75 DAYS	30.00	30.00
❏ NOELLE	1993	75 DAYS	30.00	30.00
❏ SEASON OF SHARING, A	1994	75 DAYS	30.00	30.00
❏ SKATER'S DREAM	1994	75 DAYS	30.00	30.00
YOUNG INNOCENCE				**LAWRENCE**
❏ BEDTIME PRAYERS	1992	*	*	43.00

D'ARCEAU LIMOGES

NAME	YEAR	LIMIT	ISSUE	TREND
				CAMBIER
❏ LA JEUNE FILLE DU PRINTEMP	1980	*	*	151.00

The fourth release in The Bradford Exchange's Visions of the Sacred collection, Buffalo Caller has increased in value from its 1995 issue price of $32.90.

As part of the "Kinkade's Illuminated Cottages" series, The Flagstone Path is based on the art of Thomas Kinkade and was released in 1994 by The Bradford Exchange.

The 1982 issue in Incolay Studios' Romantic Poets Collection, My Heart Leaps Up When I Behold has increased in value from its issue price of $70.

Helena—Heaven's Herald, a beautiful oxolyte plate that features a celestial messenger, was originally issued in 1994 by Roman Inc.

Jacqueline and Renée, the third plate in Edna Hibel's "Mother's Day" series, closed on May 8, 1994.

Schmid introduced Young Reader as its 17th annual Mother's Day plate inspired by the works of Berta Hummel.

NAME	YEAR	LIMIT	ISSUE	TREND
CAMBIER MOTHER'S DAY				**CAMBIER**
❑ MARIANNE AND THERESE	1986	*	*	54.00
❑ MARIE ET JACQUELINE	1984	*	*	57.00
❑ MICHELE ET SYLVIE	1983	*	*	61.00
❑ MONIQUE ET FRANCOIS	1985	*	*	54.00
CHRISTMAS				**A. RESTIEAU**
❑ DANS LA CRECHE	1976	*	24.00	60.00
❑ GUIDES PAR L'ETOILE	1981	YR	29.00	45.00
❑ JOYEUSE NOUVELLE	1980	YR	29.00	45.00
❑ LA FRUITE EN EGYPTE	1975	*	24.00	150.00
❑ LA PURIFICATION	1978	YR	27.00	50.00
❑ L'ADORATION DES ROIS	1979	YR	27.00	60.00
❑ L'ANNUCIATION	1982	YR	31.00	60.00
❑ REFUS D'HEBERGEMENT	1977	*	24.00	45.00
FRENCH COUNTRY LANDSCAPES				**JULIEN**
❑ ALONG THE RIVERSIDE	1987	*	*	50.00
❑ FLOCK OF SHEEP IN AUVERGNE	1988	*	*	55.00
❑ HARBOUR SCENE IN PROVENCE	1988	*	*	55.00
❑ HARVEST IN CHAMPAGNE	1987	*	*	55.00
❑ OLD WATER MILL IN ALSACE	1988	*	*	60.00
❑ PICNIC ON THE GRASS	1988	*	*	55.00
❑ PROMENADE IN THE ALOS	1989	*	*	60.00
❑ SUNDAY IN A VILLAGE	1987	*	*	50.00
GIGI				**GUIDOU**
❑ GIGI	1985	*	*	40.00
❑ GIGI IN LOVE	1986	*	*	41.00
❑ I REMEMBER IT WELL	1986	*	*	42.00
❑ NIGHT THEY INVENTED CHAMPAGNE	1985	*	*	40.00
JEUNES FILLES				**CAMBIER**
❑ LA JEUNE FILLE D'AUTOMNE	1981	*	*	162.00
❑ LA JEUNE FILLE D'ETE	1978	*	*	186.00
❑ LA JEUNE FILLE D'HIVER	1979	*	*	153.00
JOSEPHINE AND NAPOLEON				**BOULME**
❑ BONAPARTE TRAVERSANT ALPS	1984	*	*	49.00
❑ LA RECONTRE	1984	*	*	109.00
❑ LE DIVORCE	1985	*	*	51.00
❑ LE SOUVENIR	1986	*	*	50.00
❑ L'IMPERATRICE JOSEPHINE	1984	*	*	68.00
❑ SACRE DE NAPOLEON	1985	*	*	57.00
LA BELLE EPOQUE				**BRENOT**
❑ ANNA PAVLOVA	1987	*	*	39.00
❑ LIANE DE POUGY	1986	*	*	38.00
❑ SARAH BERNHARDT	1986	*	*	36.00
LAFAYETTE				**A. RESTIEAU**
❑ BATTLE OF BRANDYWINE	1974	*	20.00	45.00
❑ CITY TAVERN MEETING	1974	*	20.00	75.00
❑ MESSAGES TO FRANKLIN	1975	*	20.00	95.00
❑ NORTH ISLAND LANDING	1973	*	20.00	80.00
❑ SECRET CONTRACT, THE	1973	*	15.00	75.00
❑ SIEGE AT YORKTOWN	1975	*	20.00	80.00
LES DUOZE SITES				**DALI**
❑ L' ARC DE TRIUMPHE	1980	*	*	40.00
❑ LA CATHEDRAL NOTRE DAME	1981	*	*	38.00
❑ LA PLACE DE LA CONCORD	1981	*	*	39.00
❑ LA POINTE DU VERT GALANT	1982	*	*	49.00
❑ LA TOUR EIFFEL	1983	*	*	50.00
❑ LE JARDIN DES TUILERIES	1983	*	*	47.00
❑ LE MARCHE AUX FLEURS	1982	*	*	42.00
❑ LE MOULIN ROUGE	1983	*	*	49.00
❑ LE PONT ALEXANDRE	1983	*	*	55.00
❑ L'EGLISE SAINT PIERRE	1982	*	*	42.00
❑ L'HOTEL DE VILLE	1983	*	*	44.00
❑ L'OPERA	1983	*	*	49.00
LES NOELS DE FRANCE				**GUIDOU**
❑ CHRISTMAS IN ALSACE	1988	*	*	45.00
❑ MAGICAL WINDOW	1986	*	*	41.00
❑ STARLIT CRECHE	1987	*	*	41.00
LES TRES HEURES				**DUTHEIL**
❑ FEVRIER	1987	*	*	114.00
❑ JUIN	1982	*	*	180.00
❑ MAI	1983	*	*	130.00
❑ MARS	1987	*	*	116.00
❑ NOVEMBER	1987	*	*	122.00
❑ OCTOBRE	1983	*	*	117.00
LES TRES RICHES				**DUTHEIL**
❑ AOUT	1981	*	*	130.00
❑ AVRIL	1980	*	*	120.00
❑ JANVIER	1979	*	*	128.00
LES TRES RICHES HEURES				**DUTHEIL**
❑ DECEMBRE	1988	*	*	121.00
❑ JUILLET	1988	*	*	122.00
❑ SEPTEMBRE	1988	*	*	121.00
WOMEN OF THE CENTURY				**GANEAU**
❑ ALBERTINE LA FEMME	1977	*	*	45.00
❑ BRIDGETTE	1979	*	*	45.00
❑ COLETTE LA FEMME	1976	*	*	45.00

PLATES

NAME	YEAR	LIMIT	ISSUE	TREND
❏ DAISY	1977	*	*	45.00
❏ EDITH	1976	*	*	45.00
❏ FRANCOISE	1976	*	*	45.00
❏ HELENE L'INTREPIDE	1978	*	*	45.00
❏ LEA LA FEMME FLEUR	1976	*	*	45.00
❏ MARLENE LA VAMP	1976	*	*	45.00
❏ SARAH EN TOURNURE	1976	*	*	45.00
❏ SCARLET EN CRINOLINE	1976	*	*	62.00
❏ SOPHIE	1976	*	*	45.00

DAVE GROSSMAN CREATIONS

BOY SCOUT — N. ROCKWELL

NAME	YEAR	LIMIT	ISSUE	TREND
❏ CAN'T WAIT	1981	RT	30.00	50.00
❏ GUIDING HAND	1982	RT	30.00	50.00
❏ TOMORROW'S LEADER	1983	RT	30.00	50.00

CHILDREN OF THE WEEK — BARNARD

NAME	YEAR	LIMIT	ISSUE	TREND
❏ FRIDAY'S CHILD	1980	*	*	46.00
❏ MONDAY'S CHILD	1978	*	*	46.00
❏ SATURDAY'S CHILD	1981	*	*	46.00
❏ SUNDAY'S CHILD	1981	*	*	46.00
❏ THURSDAY'S CHILD	1980	*	*	62.00
❏ TUESDAY'S CHILD	1979	*	*	46.00
❏ WEDNESDAY'S CHILD	1979	*	*	46.00

CHRISTMAS — BARNARD

NAME	YEAR	LIMIT	ISSUE	TREND
❏ PEACE	1978	*	*	63.00
❏ SANTA	1979	*	*	63.00

CHRISTMAS — N. ROCKWELL

NAME	YEAR	LIMIT	ISSUE	TREND
❏ FACES OF CHRISTMAS	1982	RT	75.00	75.00

EMMETT KELLY CHRISTMAS — B. LEIGHTON-JONES

NAME	YEAR	LIMIT	ISSUE	TREND
❏ CHRISTMAS CAROL	1986	CL	20.00	375.00
❏ CHRISTMAS DINNER	1988	YR	20.00	125.00
❏ CHRISTMAS FEAST	1989	YR	20.00	100
❏ CHRISTMAS TUNES	1992	YR	25.00	70.00
❏ CHRISTMAS WREATH	1987	YR	20.00	200.00
❏ DOWNHILL PLATE	1993	YR	30.00	60.00
❏ EMMETT AND THE SNOWMAN	1991	YR	25.00	85.00
❏ HOLIDAY SKATER	1994	RT	30.00	50.00
❏ JUST WHAT I NEEDED	1990	YR	24.00	100

EMMETT KELLY ORIGINAL CIRCUS COLLECTION — B. LEIGHTON-JONES

NAME	YEAR	LIMIT	ISSUE	TREND
❏ DOWNHILL DARING	1993	RT	30.00	40.00
❏ HOLIDAY SKATER	1994	YR	30.00	35.00
❏ MERRY CHRISTMAS MR. SCROOGE	1995	YR	30.00	40.00

HUCK FINN — N. ROCKWELL

NAME	YEAR	LIMIT	ISSUE	TREND
❏ LISTENING	1980	RT	40.00	70.00
❏ NO KINGS	1980	RT	40.00	70.00
❏ SECRET	1979	RT	40.00	70.00
❏ SNAKE ESCAPES	1981	RT	40.00	70.00

MAGIC PEOPLE — LUPETTI

NAME	YEAR	LIMIT	ISSUE	TREND
❏ FANTASY FESTIVAL	1982	*	*	114.00
❏ MUSIC FOR A QUEEN	1982	*	*	112.00

MARGARET KEANE — M. KEANE

NAME	YEAR	LIMIT	ISSUE	TREND
❏ BALLOON GIRL	1976	*	*	55.00
❏ BEDTIME (GROSSMAN)	1978	*	*	40.00
❏ MY KITTY	1977	*	*	48.00
				*

MOUSEHOLE COLLECTION

NAME	YEAR	LIMIT	ISSUE	TREND
❏ CHRISTMAS TRIO	1994	RT	18.00	18.00

NATIVE AMERICAN SERIES — E. ROBERTS

NAME	YEAR	LIMIT	ISSUE	TREND
❏ BUFFALO CHIEF	1994	*	*	68.00
❏ CORN PRINCESS	1994	*	*	72.00
❏ LONE WOLF	1991	10000	45.00	65.00
❏ TORTOISE LADY	1992	10000	45.00	65.00

NORMAN ROCKWELL COLLECTION — N. ROCKWELL

NAME	YEAR	LIMIT	ISSUE	TREND
❏ AMERICAN MOTHER	1982	RT	45.00	50.00
❏ BACK TO SCHOOL	1980	RT	24.00	30.00
❏ BIG MOMENT	1984	RT	27.00	30.00
❏ BUTTERBOY	1979	RT	40.00	45.00
❏ CHRISTMAS CHORES	1983	RT	75.00	76.00
❏ CHRISTMAS TRIO	1980	RT	75.00	80.00
❏ CIRCUS	1983	RT	65.00	70.00
❏ DOCTOR AND DOLL	1982	RT	65.00	90.00
❏ DOCTOR AND DOLL	1983	RT	27.00	30.00
❏ DREAMBOATS	1983	RT	24.00	25.00
❏ DREAMS OF LONG AGO	1981	RT	60.00	70.00
❏ LEAPFROG	1979	RT	50.00	50.00
❏ LOVE LETTER	1982	RT	27.00	30.00
❏ LOVERS	1980	RT	60.00	65.00
❏ NO SWIMMING	1981	RT	25.00	30.00
❏ SANTA'S GOOD BOYS	1981	RT	75.00	80.00
❏ TINY TIM	1984	RT	75.00	80.00
❏ VISIT WITH ROCKWELL	1984	RT	65.00	70.00
❏ YOUNG DOCTOR	1978	RT	50.00	70.00

SATURDAY EVENING POST — N. ROCKWELL

NAME	YEAR	LIMIT	ISSUE	TREND
❏ CHOOSIN UP	1992	YR	25.00	35.00
❏ DOWNHILL DARING	1991	YR	25.00	40.00
❏ MISSED	1991	YR	25.00	30.00

NAME	YEAR	LIMIT	ISSUE	TREND
TOM SAWYER				N. ROCKWELL
❏ FIRST SMOKE	1976	RT	26.00	65.00
❏ LOST IN CAVE	1978	RT	26.00	65.00
❏ TAKE YOUR MEDICINE	1977	RT	26.00	65.00
❏ WHITEWASHING THE FENCE	1975	RT	26.00	65.00
# DELPHI				
BEATLES COLLECTION				N. GIORGIO
❏ BEATLES '65	1992	CL	28.00	70.00
❏ BEATLES AT SHEA STADIUM	1992	CL	30.00	58.00
❏ BEATLES, LIVE IN CONCERT	1991	CL	25.00	50.00
❏ HARD DAY'S NIGHT	1991	CL	28.00	75.00
❏ HELLO AMERICA	1991	CL	25.00	75.00
❏ HELP!	1992	CL	28.00	75.00
❏ RUBBER SOUL	1992	CL	30.00	54.00
❏ YESTERDAY AND TODAY	1992	CL	30.00	50.00
BEATLES COLLECTION				D. SIVAVEC
❏ ABBEY ROAD	1993	CL	31.00	58.00
❏ ALL YOU NEED IS LOVE	1992	CL	28.00	45.00
❏ HEY JUDE	1993	CL	31.00	45.00
❏ LET IT BE	1993	CL	31.00	53.00
❏ MAGICAL MYSTERY TOUR	1993	CL	31.00	45.00
❏ SGT. PEPPER, THE 25TH ANNIVERSARY	1992	CL	28.00	40.00
CLASSIC DINERS				HERRING
❏ TWILIGHT AT THE GALAXY	1993	*	*	40.00
COMMEMORATING THE KING				M. STUTZMAN
❏ BLUES AND BLACK LEATHER	1993	CL	30.00	50.00
❏ GOLDEN BOY	1993	CL	30.00	40.00
❏ LAS VEGAS, LIVE	1993	CL	30.00	41.00
❏ OUTSTANDING YOUNG MAN	1993	CL	30.00	35.00
❏ PRIVATE PRESLEY	1993	CL	30.00	35.00
❏ ROCK AND ROLL LEGEND ELVIS	1993	CL	30.00	41.00
❏ SCREEN IDOL	1993	CL	30.00	35.00
❏ TIGER: FAITH, SPIRIT & DISCIPLINE, THE	1993	CL	30.00	30.00
DREAM MACHINES				P. PALMA
❏ '56 CONTINENTAL- MURRAY	1989	CL	28.00	40.00
❏ '56 T-BIRD	1988	CL	25.00	45.00
❏ '57 BEL AIR	1989	CL	28.00	40.00
❏ '57 CHRYSLER 300C	1989	CL	28.00	43.00
❏ '57 'VETTE	1988	CL	25.00	45.00
❏ '58 BIARRITZ	1989	CL	28.00	30.00
ELVIS ON THE BIG SCREEN				B. EMMETT
❏ BLUE HAWAII	1993	CL	33.00	45.00
❏ G.I. BLUES	1992	CL	30.00	75.00
❏ HARUM SCARUM	1993	CL	35.00	50.00
❏ JAILHOUSE ROCK	1993	CL	33.00	45.00
❏ LOVING YOU	1992	CL	30.00	50.00
❏ SPEEDWAY	1993	CL	35.00	50.00
❏ SPINOUT	1993	CL	35.00	50.00
❏ VIVA LAS VEGAS	1992	CL	33.00	100
ELVIS PRESLEY HIT PARADE				N. GIORGIO
❏ ALWAYS ON MY MIND	1993	CL	35.00	40.00
❏ BLUE CHRISTMAS	1992	CL	33.00	40.00
❏ BLUE MOON OF KENTUCKY	1993	CL	35.00	40.00
❏ BLUE SUEDE SHOES	1992	CL	30.00	40.00
❏ HEARTBREAK HOTEL	1992	CL	30.00	40.00
❏ HOUND DOG	1992	CL	33.00	40.00
❏ MYSTERY TRAIN	1993	CL	35.00	40.00
❏ PEACE IN THE VALLEY	1993	CL	37.00	40.00
❏ RETURN TO SENDER	1992	CL	33.00	40.00
❏ SUSPICIOUS MINDS	1993	CL	37.00	40.00
❏ TEDDY BEAR	1993	CL	35.00	40.00
❏ WEAR MY RING ROUND YOUR NECK	1993	CL	37.00	40.00
ELVIS PRESLEY: IN PERFORMANCE				B. EMMETT
❏ '68 COMEBACK SPECIAL	1990	CL	25.00	75.00
❏ ALOHA FROM HAWAII	1991	CL	28.00	75.00
❏ BACK IN TUPELO, 1956	1991	CL	28.00	75.00
❏ BENEFIT FOR THE USS ARIZONA	1991	CL	30.00	75.00
❏ CONCERT IN BATON ROUGE, 1974	1991	CL	30.00	75.00
❏ IF I CAN DREAM	1991	CL	28.00	75.00
❏ IN THE SPOTLIGHT: HAWAII '72	1992	CL	32.00	75.00
❏ KING OF LAS VEGAS	1991	CL	25.00	75.00
❏ MADISON SQUARE GARDEN, 1972	1991	CL	30.00	75.00
❏ ON STAGE IN WICHITA, 1974	1992	CL	32.00	75.00
❏ TAMPA, 1955	1991	CL	30.00	75.00
❏ TOUR FINALE: INDIANAPOLIS '77	1992	CL	32.00	75.00
ELVIS PRESLEY: LOOKING AT A LEGEND				B. EMMETT
❏ CHRISTMAS AT GRACELAND	1991	CL	33.00	65.00
❏ CLOSING THE DEAL	1991	CL	35.00	70.00
❏ ELVIS AND GLADYS	1990	CL	28.00	60.00
❏ ELVIS AT THE GATES OF GRACELAND	1988	RT	25.00	70.00
❏ ELVIS IN HOLLYWOOD	1990	CL	30.00	60.00
❏ ELVIS ON HIS HARLEY	1990	CL	30.00	70.00
❏ ELVIS RETURNS TO THE STAGE	1992	CL	35.00	70.00
❏ ENTERING SUN STUDIO	1991	CL	33.00	50.00
❏ GOING FOR THE BLACK BELT	1991	CL	33.00	62.00
❏ HIS HAND IN MINE	1991	CL	33.00	55.00

PLATES

NAME	YEAR	LIMIT	ISSUE	TREND
❑ HOMECOMING	1989	CL	28.00	65.00
❑ JAILHOUSE ROCK	1989	CL	25.00	70.00
❑ LETTERS FROM FANS	1991	CL	33.00	55.00
❑ MEMPHIS FLASH, THE	1989	CL	28.00	70.00
❑ STAGE DOOR AUTOGRAPHS	1990	CL	30.00	55.00
❑ STUDIO SESSION	1990	CL	28.00	55.00

FABULOUS CARS OF THE FIFTIES — G. ANGELINI

NAME	YEAR	LIMIT	ISSUE	TREND
❑ '56 LINCOLN PREMIER	1994	CL	28.00	30.00
❑ '57 BLUE BELAIR	1993	CL	28.00	30.00
❑ '57 RED CORVETTE	1993	CL	25.00	45.00
❑ '57 WHITE T-BIRD	1993	CL	25.00	50.00
❑ '59 PINK CADILLAC	1993	CL	28.00	30.00
❑ '59 RED FORD FAIRLANE	1994	CL	28.00	32.00

IN THE FOOTSTEPS OF THE KING — D. SIVAVEC

NAME	YEAR	LIMIT	ISSUE	TREND
❑ DAY JOB: MEMPHIS TN	1994	CL	33.00	45.00
❑ ELVIS' BIRTHPLACE: TUPELO	1993	CL	30.00	41.00
❑ FLYING CIRCLE G RANCH: WALLS, MS	1993	CL	33.00	45.00
❑ GRACELAND: MEMPHIS, TN	1993	CL	28.00	47.00
❑ LAUDERDALE COURTS: MEMPHIS	1994	CL	33.00	45.00
❑ PATRIOTIC SOLDIER	1994	CL	35.00	35.00

INDIANA JONES — V. GADINO

NAME	YEAR	LIMIT	ISSUE	TREND
❑ FAMILY DISCUSSION	1990	CL	28.00	40.00
❑ INDIANA JONES	1989	CL	25.00	35.00
❑ INDIANA JONES AND HIS DAD	1989	CL	25.00	50.00
❑ INDIANA JONES/DR. SCHNEIDER	1990	CL	28.00	45.00
❑ INDIANA JONES/THE HOLY GRAIL	1991	CL	28.00	45.00
❑ YOUNG INDIANA JONES	1990	CL	28.00	45.00

LEGENDS OF BASEBALL — J. BARSON

NAME	YEAR	LIMIT	ISSUE	TREND
❑ CHRISTY MATHEWSON	1993	*	*	50.00
❑ CY YOUNG: THE PERFECT GAME	1993	CL	28.00	40.00
❑ GROVER ALEXANDER	1995	*	*	50.00
❑ HONUS WAGNER: FLYING DUTCHMAN	1993	CL	30.00	45.00
❑ JIMMIE FOX: THE BEAST	1993	CL	30.00	45.00
❑ LEFTY GROVE: HIS GREATEST	1994	CL	32.00	50.00
❑ LOU GEHRIG: THE LUCKIEST MAN	1992	CL	25.00	35.00
❑ MEL OTT: MASTER MELVIN	1993	*	*	50.00
❑ MICKEY COCKRANE: BLACK MIKE	1994	*	*	50.00
❑ PIE TRAYNOR: PITTSBURG CHAMPION	1994	*	*	50.00
❑ ROGER HORNSBY: 424 SEASON	1993	CL	28.00	40.00
❑ SHOELESS JOE JACKSON: TRIPLES	1994	*	*	50.00
❑ TRIS SPEAKER: THE GRAY EAGLE	1993	CL	30.00	50.00
❑ TY COBB: THE GEORGIA PEACH	1993	CL	28.00	40.00
❑ WALTER JOHNSON: THE SHUTOUT	1993	CL	30.00	45.00

LEGENDS OF BASEBALL — B. BENGER

NAME	YEAR	LIMIT	ISSUE	TREND
❑ BABE RUTH: THE CALLED SHOT	1992	CL	25.00	35.00

MAGIC OF MARILYN — C. NOTARILE

NAME	YEAR	LIMIT	ISSUE	TREND
❑ CURTAIN CALL	1993	CL	30.00	46.00
❑ FOR OUR BOYS IN KOREA, 1954	1992	CL	25.00	40.00
❑ OPENING NIGHT	1992	CL	25.00	41.00
❑ PHOTO OPPORTUNITY	1993	CL	30.00	46.00
❑ RISING STAR	1992	CL	28.00	46.00
❑ SHINING STAR	1993	CL	30.00	46.00
❑ STOPPING TRAFFIC	1993	CL	28.00	60.00
❑ STRASBERG'S STUDENT	1992	CL	30.00	50.00

MARILYN MONROE — C. NOTARILE

NAME	YEAR	LIMIT	ISSUE	TREND
❑ ALL ABOUT EVE	1992	CL	30.00	49.00
❑ DIAMONDS/GIRL'S BEST FRIEND	1990	CL	25.00	68.00
❑ DON'T BOTHER TO KNOCK	1992	CL	32.00	50.00
❑ HOW TO MARRY A MILLIONAIRE	1992	CL	28.00	75.00
❑ MARILYN MONROE AS CHERIE IN BUS STOP	1992	CL	30.00	75.00
❑ MARILYN MONROE IN NIAGARA	1992	CL	30.00	60.00
❑ MARILYN MONROE/7 YEAR ITCH	1989	CL	25.00	90.00
❑ MARILYN MONROE/RIVER OF NO RETURN	1991	CL	28.00	60.00
❑ MONKEY BUSINESS	1992	CL	32.00	55.00
❑ MY HEART BELONGS TO DADDY	1992	CL	30.00	55.00
❑ THERE'S NO BUSINESS/SHOW BUSINESS	1992	CL	28.00	60.00
❑ WE'RE NOT MARRIED	1992	CL	32.00	50.00

MICHAEL JACKSON — N. GIORGIO

NAME	YEAR	LIMIT	ISSUE	TREND
❑ BILLIE JEAN	1990	*	*	38.00

PORTRAITS OF THE KING — D. ZWIERZ

NAME	YEAR	LIMIT	ISSUE	TREND
❑ ARE YOU LONESOME TONIGHT?	1991	CL	28.00	75.00
❑ FOLLOW THAT DREAM	1992	CL	33.00	35.00
❑ I'M YOURS	1991	CL	31.00	75.00
❑ JUST BECAUSE	1992	CL	33.00	35.00
❑ LOVE ME TENDER	1991	CL	28.00	60.00
❑ TREAT ME NICE	1991	CL	31.00	100
❑ WONDER OF YOU, THE	1992	CL	31.00	32.00
❑ YOU'RE A HEARTBREAKER	1992	CL	33.00	35.00

TAKE ME OUT TO THE BALLGAME — D. HENDERSON

NAME	YEAR	LIMIT	ISSUE	TREND
❑ BRIGGS STADIUM: HOME OF TIGERS	1993	*	*	53.00
❑ CLEVELAND STADIUM: INDIANS	1994	*	*	53.00
❑ COMISKEY PARK: HOME OF WHITE SOCKS	1993	*	*	53.00
❑ COUNTY STADIUM: MILWAUKEE BREWERS	1994	CL	35.00	50.00
❑ EBBETS FIELD: HOME OF THE DODGERS	1994	CL	35.00	53.00
❑ FENWAY PARK: HOME OF THE GREEN MONSTER	1993	CL	33.00	50.00
❑ FORBES FIELD: PITTSBURG PIRATES	1995	*	*	53.00
❑ MEMORIAL STADIUM: HOME OF THE ORIOLES	1993	CL	35.00	50.00

PLATES

NAME	YEAR	LIMIT	ISSUE	TREND
❑ POLO GROUNDS: N.Y. GIANTS	1995	*	*	53.00
❑ SHIBE PARK: PHILADELPHIA HOME	1994	*	*	53.00
❑ WRIGLEY FIELD: FRIENDLY CONFINES	1993	CL	30.00	53.00
❑ YANKEE STADIUM: HOUSE BABE RUTH	1993	CL	30.00	53.00

EDNA HIBEL STUDIOS

NAME	YEAR	LIMIT	ISSUE	TREND
ALLEGRO				**E. HIBEL**
❑ PLATE & BOOK	1978	7500	120.00	140.00
ARTE OVALE				**E. HIBEL**
❑ TAKARA, BLANCO	1980	700	450.00	1000
❑ TAKARA, COBALT BLUE	1980	1000	595.00	2000.00
❑ TAKARA, GOLD	1980	300	1000.00	4000.00
❑ TARO-KUN, BLANCO	1984	700	450.00	830.00
❑ TARO-KUN, COBALT BLUE	1984	1000	995.00	1100.00
❑ TARO-KUN, GOLD	1984	300	1000.00	2650.00
CHRISTMAS ANNUAL				**E. HIBEL**
❑ ADORATION OF THE SHEPHERDS	1988	YR	49.00	150.00
❑ ANGELS' MESSAGE, THE	1985	YR	45.00	350.00
❑ GIFT OF THE MAGI	1986	YR	45.00	280.00
❑ NATIVITY, THE	1990	YR	49.00	155.00
DAVID SERIES				**E. HIBEL**
❑ BATHSHEBA	1984	5000	275.00	400.00
❑ BATHSHEBA, COBALT A/P	1984	100	275.00	1150.00
❑ DAVID THE KING	1982	5000	275.00	350.00
❑ DAVID THE KING, COBALT A/P	1982	25	275.00	1150.00
❑ DAVID, BATHSHEBA & SOLOMON	1980	5000	275.00	400.00
❑ WEDDING OF DAVID & BATHSHEBA	1979	5000	250.00	600.00
EROICA				**E. HIBEL**
❑ COMPASSION	1990	10000	50.00	100
❑ DARYA	1992	10000	50.00	100
FAMOUS WOMEN & CHILDREN				**E. HIBEL**
❑ ANNA & THE CHILDREN OF THE KING OF SIAM - GOLD	1982	2500	350.00	515.00
❑ ANNA & THE CHILDREN OF THE KING OF SIAM-COBALT BLU	1982	500	350.00	1400.00
❑ CORNELIA & HER JEWELS, COBALT BLUE	1982	500	350.00	300
❑ CORNELIA & HER JEWELS, GOLD	1982	2500	350.00	515.00
❑ MOZART & THE EMPRESS MARIE THERESA-GOLD	1984	2500	350.00	450.00
❑ PHARAOH'S DAUGHTER & MOSES, COBALT BLUE	1980	500	350.00	1400.00
❑ PHARAOH'S DAUGHTER & MOSES, GOLD	1980	2500	350.00	700.00
FLOWER GIRL ANNUAL				**E. HIBEL**
❑ CAMELLIA	1988	15000	79.00	250.00
❑ IRIS	1986	15000	79.00	250.00
❑ LILY	1985	15000	79.00	250.00
❑ PEONY	1989	15000	79.00	250.00
❑ ROSE	1987	15000	79.00	250.00
❑ WISTERIA	1992	15000	79.00	250.00
HIBEL HOLIDAYS				**E. HIBEL**
❑ CHRISTMAS ROSE	1992	YR	49.00	73.00
❑ CHRISTMAS ROSE, THE - GOLD	1992	1000	99.00	100.00
❑ FIRST HOLIDAY	1991	YR	49.00	73.00
❑ FIRST HOLIDAY, THE - GOLD	1991	1000	99.00	145.00
❑ HOLIDAY JOY	1993	*	*	79.00
HIBEL MOTHER'S DAY				**E. HIBEL**
❑ ABBY & LISA	1984	YR	30.00	100
❑ CATHERINE AND HEATHER	1987	YR	35.00	350.00
❑ ELIZABETH, JORDAN & JANIE	1990	YR	37.00	350.00
❑ EMILY AND JENNIFER	1986	YR	30.00	350.00
❑ ERICA AND JAMIE	1985	YR	30.00	100
❑ JACQUELINE AND RENEE	1994	YR	*	66.00
❑ JESSICA AND KATE	1989	YR	35.00	350.00
❑ MICHELE AND ANNA	1991	YR	37.00	350.00
❑ MOLLY AND ANNIE	1992	YR	39.00	75.00
❑ OLIVIA AND HILDY	1993	YR	40.00	350.00
❑ SARAH AND TESS	1988	YR	35.00	350.00
❑ TAMMY AND KAILE JO	1995	YR	*	63.00
INTERNATIONAL MOTHER LOVE FRENCH				**E. HIBEL**
❑ LIBERTE, EGALITE, FRATERNITE	1991	5000	95.00	100.00
❑ YVETTE AVEC SES ENFANTS	1985	5000	125.00	230.00
INTERNATIONAL MOTHER LOVE GERMAN				**E. HIBEL**
❑ ALEXANDER UND KINDER	1983	5000	195.00	200.00
❑ GESA UND KINDER	1982	5000	195.00	200.00
MOTHER AND CHILD				**E. HIBEL**
❑ COLETTE & CHILD	1973	15000	40.00	500.00
❑ KATHLEEN & CHILD	1981	15000	85.00	125.00
❑ KRISTINA & CHILD	1975	15000	50.00	125.00
❑ LUCIA & CHILD	1977	15000	60.00	90.00
❑ MARILYN & CHILD	1976	15000	55.00	110.00
❑ SAYURI & CHILD	1974	15000	40.00	175.00
MUSEUM COMMEMORATIVE				**E. HIBEL**
❑ DIANA	1980	3000	350.00	400.00
❑ FLOWER GIRL OF PROVENCE	1977	12750	175.00	430.00
NOBILITY OF CHILDREN				**E. HIBEL**
❑ CHIEF RED FEATHER	1979	12750	140.00	195.00
❑ LE MARQUIS MAURICE PIERRE	1977	12750	120.00	230.00
NORDIC FAMILIES				**E. HIBEL**
❑ TENDER MOMENT, A	1987	7500	79.00	100.00

PLATES

NAME	YEAR	LIMIT	ISSUE	TREND
ORIENTAL THEME				**E. HIBEL**
❑ ARTE OVALE	1980	*	*	2355.00
❑ TAKARA-BLUE	1980	*	*	110.00
❑ TAKARA-WHITE	1980	*	*	110.00
OUR WONDROUS WORLD				**E. HIBEL**
❑ WONDER OF PEACE, THE, GOLD EDITION	1996	500	99.00	99.00
SCANDINAVIAN MOTHER & CHILD				**E. HIBEL**
❑ ANEMONE & VIOLET	1989	7500	75.00	100
❑ HOLLY & TALIA	1990	7500	75.00	90.00
❑ PEARLS & FLOWERS	1987	7500	55.00	230.00
TO LIFE ANNUAL				**E. HIBEL**
❑ GOLDEN'S CHILD	1986	5000	99.00	250.00
❑ LOVERS OF THE SUMMER PALACE	1989	5000	65.00	80.00
❑ PEOPLE OF THE FIELDS	1992	5000	49.00	50.00
❑ TRIUMPH! EVERYONE A WINNER	1987	19500	55.00	65.00
❑ WHOLE EARTH BLOOMED AS A SACRED PLACE	1988	15000	85.00	95.00
TRIBUTE TO ALL CHILDREN				**E. HIBEL**
❑ GERARD	1984	19500	55.00	150.00
❑ GISELLE	1984	19500	55.00	100.00
❑ TODD	1986	19500	55.00	180.00
❑ WENDY	1985	19500	55.00	130.00
WORLD I LOVE				**E. HIBEL**
❑ EDNA'S MUSIC	1983	17500	85.00	225.00
❑ KAYLIN	1982	17500	85.00	350.00
❑ LEAH'S FAMILY	1981	17500	85.00	230.00
❑ O'HANA	1983	17500	85.00	215.00

EDWIN M. KNOWLES

NAME	YEAR	LIMIT	ISSUE	TREND
AESOP'S FABLES				**M. HAMPSHIRE**
❑ FOX & THE GRAPES, THE	1989	CL	31.00	45.00
❑ GOOSE THAT LAID THE GOLDEN EGG, THE	1988	CL	28.00	35.00
❑ HARE & THE TORTOISE, THE	1988	CL	28.00	35.00
❑ JAY AND THE PEACOCK, THE	1989	CL	31.00	35.00
❑ LION & THE MOUSE, THE	1989	CL	31.00	45.00
❑ MILK MAID AND HER PAIL, THE	1989	CL	31.00	45.00
AMERICAN INNOCENTS				**MARSTEN/ MANDRAJJI**
❑ ABIGAIL IN THE ROSE GARDEN	1986	CL	20.00	30.00
❑ ANN BY THE TERRACE	1986	CL	20.00	30.00
❑ ELLEN AND JOHN IN THE PARLOR	1986	CL	20.00	30.00
❑ WILLIAM ON THE ROCKING HORSE	1986	CL	20.00	40.00
AMERICAN JOURNEY				**M. KUNSTLER**
❑ CHRISTMAS AT THE NEW CABIN	1988	CL	30.00	40.00
❑ CROSSING THE RIVER	1988	CL	30.00	30.00
❑ KITCHEN WITH A VIEW	1988	CL	30.00	45.00
❑ WESTWARD HO	1987	CL	30.00	45.00
AMERICANA HOLIDAYS				**D. SPAULDING**
❑ CHRISTMAS	1983	YR	26.00	30.00
❑ EASTER	1980	YR	26.00	75.00
❑ FATHER'S DAY	1982	YR	26.00	35.00
❑ FOURTH OF JULY	1978	YR	26.00	50.00
❑ MOTHER'S DAY	1984	YR	26.00	35.00
❑ THANKSGIVING	1979	YR	26.00	50.00
❑ VALENTINE'S DAY	1981	YR	26.00	45.00
AMY BRACKENBURY'S CAT TALES				**A. BRACKENBURY**
❑ ALL WRAPPED UP: HIMALAYANS	1988	CL	25.00	30.00
❑ CHANCE MEETING: WHITE AM. SHORTHAIRS	1987	CL	22.00	50.00
❑ FLOWER BED: BRITISH SHORTHAIRS	1988	CL	25.00	45.00
❑ GONE FISHING: MAINE COONS	1987	CL	22.00	50.00
❑ KITTENS AND MITTENS: SILVER TABBIES	1988	CL	25.00	45.00
❑ STRAWBERRIES AND CREAM: CREAM PERSIANS	1988	CL	25.00	50.00
ANNIE				**W. CHAMBERS**
❑ ANNIE AND GRACE	1983	CL	19.00	40.00
❑ ANNIE AND MISS HANNIGAN	1986	CL	21.00	50.00
❑ ANNIE AND SANDY	1983	CL	19.00	40.00
❑ ANNIE AND THE ORPHANS	1984	CL	21.00	45.00
❑ ANNIE, LILY AND ROOSTER	1986	CL	24.00	45.00
❑ DADDY WARBUCKS	1983	CL	19.00	50.00
❑ GRAND FINALE	1986	CL	24.00	20.00
❑ TOMORROW	1985	CL	21.00	40.00
BABY OWLS OF NORTH AMERICA				**J. THORNBRUGH**
❑ BEGINNING TO EXPLORE: BOREAL OWLS	1991	CL	33.00	45.00
❑ FORTY WINKS: SAW-WHET OWLS	1991	CL	28.00	45.00
❑ OUT ON A LIMB: GREAT GRAY OWL	1991	CL	31.00	40.00
❑ PEEK-A-WHOO: SCREECH OWLS	1991	CL	28.00	40.00
❑ THREE OF A KIND: GREAT HORNED OWLS	1991	CL	31.00	40.00
❑ THREE'S COMPANY: LONG EARED OWLS	1992	CL	33.00	50.00
❑ TREE HOUSE, THE: NORTHERN PYGMY OWLS	1991	CL	31.00	35.00
❑ WHOO'S THERE: BARRED OWLS	1992	CL	33.00	45.00
BACKYARD HARMONY				**J. THORNBRUGH**
❑ ANNOUNCING SPRING	1991	CL	31.00	45.00
❑ AT THE PEEP OF DAY	1992	CL	33.00	45.00
❑ MORNING HARVEST, THE	1992	CL	31.00	45.00
❑ SINGING LESSON, THE	1991	CL	28.00	45.00
❑ SPRING TIME PRIDE	1992	CL	31.00	45.00
❑ TODAY'S DISCOVERIES	1992	CL	33.00	45.00
❑ TREETOP SERENADE	1992	CL	33.00	45.00

PLATES

NAME	YEAR	LIMIT	ISSUE	TREND
❏ WELCOMING A NEW DAY	1991	CL	28.00	45.00
BAMBI				**DISNEY**
❏ BAMBI'S MORNING GREETINGS	1992	CL	38.00	50.00
❏ BAMBI'S NEW FRIENDS	1992	CL	35.00	50.00
❏ BAMBI'S SKATING LESSON	1992	CL	38.00	50.00
❏ BASHFUL BAMBI	1991	CL	35.00	55.00
❏ HELLO LITTLE PRINCE	1992	CL	38.00	50.00
❏ WHAT'S UP POSSUMS?	1993	CL	38.00	55.00
BEAUTY AND THE BEAST				**DISNEY**
❏ BE OUR GUEST	1993	CL	35.00	50.00
❏ BELLE'S FAVORITE STORY	1993	CL	35.00	50.00
❏ BLOSSOMING ROMANCE	1993	CL	30.00	40.00
❏ ENCHANTE'S CHERIE	1994	CL	37.00	55.00
❏ GIFT FOR BELLE	1994	CL	37.00	55.00
❏ LEARNING TO LOVE	1993	CL	33.00	45.00
❏ LOVE'S FIRST DANCE	1993	CL	30.00	40.00
❏ MISMATCH	1993	CL	35.00	45.00
❏ PAPA'S WORKSHOP	1993	CL	33.00	45.00
❏ SPELL IS BROKEN	1994	*	*	55.00
❏ SPOT OF TEA	1994	CL	35.00	55.00
❏ WARMING UP	1993	CL	33.00	45.00
BIBLICAL MOTHERS				**E. LICEA**
❏ BATHSHEBA AND SOLOMON	1983	YR	40.00	85.00
❏ JUDGMENT OF SOLOMON	1984	YR	40.00	75.00
❏ MARY AND JESUS	1985	YR	40.00	90.00
❏ PHARAOH'S DAUGHTER AND MOSES	1984	YR	40.00	85.00
❏ REBEKAH, JACOB AND ESAU	1986	YR	45.00	75.00
❏ SARAH AND ISAAC	1985	YR	45.00	75.00
BIRDS OF THE SEASONS				**S. TIMM**
❏ BALTIMORE ORIOLES IN SUMMER	1991	CL	28.00	40.00
❏ BLACK-CAPPED CHICKADEES IN WINTER	1991	CL	30.00	54.00
❏ BLUE JAYS IN EARLY FALL	1991	CL	28.00	45.00
❏ BLUEBIRDS IN SPRING	1990	CL	25.00	42.00
❏ CARDINALS IN WINTER	1990	CL	25.00	45.00
❏ CEDAR WAXWINGS IN FALL	1991	CL	30.00	50.00
❏ CHICKADEES IN WINTER	1991	CL	30.00	43.00
❏ NUTHATCHES IN FALL	1991	CL	28.00	40.00
❏ ROBINS IN EARLY SPRING	1991	CL	28.00	45.00
BRITANNICA'S BIRDS OF YOUR GARDEN				**K. DANIEL**
❏ BALTIMORE ORIOLE, THE	1985	CL	23.00	45.00
❏ BLUE JAY, THE	1985	CL	20.00	75.00
❏ BLUEBIRD, THE	1986	CL	23.00	35.00
❏ CARDINAL, THE	1985	CL	20.00	65.00
❏ CEDAR WAXWING, THE	1987	CL	25.00	50.00
❏ CHICKADEES, THE	1986	CL	23.00	40.00
❏ DOWNY WOODPECKER, THE	1987	CL	25.00	45.00
❏ GOLDFINCH, THE	1987	CL	25.00	40.00
❏ HUMMINGBIRD, THE	1986	CL	25.00	45.00
❏ ROBIN, THE	1986	CL	23.00	45.00
CALL OF THE WILDERNESS				**K. DANIEL**
❏ AHEAD OF THE PACK	1992	CL	33.00	60.00
❏ FIRST OUTING	1991	CL	30.00	75.00
❏ HOWLING LESSON	1991	CL	30.00	100
❏ MORNING MIST	1992	CL	37.00	60.00
❏ NEW FUTURE	1992	CL	35.00	55.00
❏ NORTHERN SPIRITS	1992	CL	35.00	65.00
❏ SILENT ONE, THE	1992	CL	37.00	65.00
❏ SILENT WATCH	1991	CL	33.00	70.00
❏ TWILIGHT FRIENDS	1992	CL	35.00	55.00
❏ WINTER TRAVELERS	1991	CL	33.00	75.00
CAROUSEL				**D. BROWN**
❏ CAROUSEL WALTZ, THE	1988	CL	25.00	45.00
❏ IF I LOVED YOU	1987	CL	25.00	30.00
❏ MR. SNOW	1988	CL	25.00	30.00
❏ YOU'LL NEVER WALK ALONE	1988	CL	25.00	35.00
CASABLANCA				**J. GRIFFIN**
❏ FRANC FOR YOUR THOUGHTS	1991	CL	38.00	45.00
❏ HERE'S LOOKING AT YOU, KID	1990	CL	35.00	50.00
❏ PLAY IT AGAIN SAM	1991	CL	38.00	50.00
❏ RICK'S CAFE AMERICCAIN	1991	CL	38.00	40.00
❏ WE LOVED EACH OTHER ONCE	1991	CL	38.00	50.00
❏ WE'LL ALWAYS HAVE PARIS	1990	CL	35.00	50.00
CHILDHOOD HOLIDAYS				**J.W. SMITH**
❏ CHRISTMAS	1986	CL	20.00	30.00
❏ EASTER	1986	CL	20.00	25.00
❏ FOURTH OF JULY	1987	*	*	36.00
❏ MOTHER'S DAY	1987	CL	23.00	30.00
❏ THANKSGIVING	1986	CL	20.00	30.00
❏ VALENTINE'S DAY	1986	CL	23.00	35.00
CHINA'S NATURAL TREASURES				**T.C. CHIU**
❏ ASIAN ELEPHANT, THE	1992	CL	33.00	60.00
❏ GIANT PANDA, THE	1991	CL	33.00	50.00
❏ GOLDEN MONKEY, THE	1992	CL	35.00	50.00
❏ SIBERIAN TIGER, THE	1991	CL	30.00	44.00
❏ SNOW LEOPARD, THE	1991	CL	30.00	45.00
❏ TIBETAN BROWN BEAR, THE	1992	CL	33.00	50.00

NAME	YEAR	LIMIT	ISSUE	TREND
CHRISTMAS IN THE CITY				A. LEIMANIS
☐ CHRISTMAS SNOWFALL	1992	CL	35.00	44.00
☐ HOLIDAY CHEER	1993	CL	35.00	45.00
☐ MAGIC OF CHRISTMAS, THE	1993	CL	35.00	45.00
☐ YULETIDE CELEBRATION	1992	CL	35.00	45.00
CINDERELLA				DISNEY
☐ AT THE STROKE OF MIDNIGHT	1990	CL	33.00	65.00
☐ BIBBIDI-BOBBIDI-BOO	1988	CL	30.00	75.00
☐ DREAM IS A WISH YOUR HEART MAKES	1988	CL	30.00	70.00
☐ DRESS FOR CINDERELLY	1989	CL	33.00	80.00
☐ HAPPILY EVER AFTER	1990	CL	35.00	80.00
☐ IF THE SHOE FITS	1990	CL	35.00	70.00
☐ OH SING SWEET NIGHTINGALE	1989	CL	33.00	60.00
☐ SO THIS IS LOVE	1989	CL	33.00	85.00
CLASSIC FAIRY TALES				S. GUSTAFSON
☐ FROG PRINCE, THE	1991	CL	33.00	60.00
☐ GOLDILOCKS AND THE 3 BEARS	1991	CL	30.00	60.00
☐ HANSEL AND GRETEL	1992	CL	35.00	65.00
☐ JACK AND THE BEANSTALK	1992	CL	33.00	50.00
☐ LITTLE RED RIDING HOOD	1991	CL	30.00	50.00
☐ PUSS IN BOOTS	1992	CL	35.00	50.00
☐ THREE LITTLE PIGS, THE	1991	CL	33.00	60.00
☐ TOM THUMB	1992	CL	35.00	55.00
CLASSIC MOTHER GOOSE				S. GUSTAFSON
☐ LITTLE BO PEEP	1992	CL	30.00	40.00
☐ LITTLE MISS MUFFET	1992	CL	30.00	45.00
☐ MARY HAD A LITTLE LAMB	1992	CL	30.00	40.00
☐ MARY, MARY, QUITE CONTRARY	1992	CL	30.00	40.00
COMFORTS OF HOME				H.H. INGMIRE
☐ COZY FIRESIDE	1993	CL	30.00	50.00
☐ CURIOUS PAIR	1992	CL	25.00	45.00
☐ FELINE FROLIC	1993	CL	30.00	50.00
☐ MOTHER'S RETREAT	1993	CL	28.00	45.00
☐ PLAYTIME	1993	CL	28.00	45.00
☐ SLEEPYHEADS	1992	CL	25.00	40.00
☐ WASHDAY HELPERS	1993	CL	30.00	50.00
☐ WELCOME FRIENDS	1993	CL	28.00	50.00
COZY COUNTRY CORNERS				H.H. INGMIRE
☐ APPLE ANTICS	1991	CL	30.00	50.00
☐ ATTIC AFTERNOON	1991	CL	28.00	60.00
☐ HIDE AND SEEK	1991	CL	30.00	50.00
☐ LAZY MORNING	1990	CL	25.00	40.00
☐ MIRROR MISCHIEF	1991	CL	28.00	60.00
☐ SUNNY SPOT	1991	CL	28.00	40.00
☐ TABLE TROUBLE	1991	CL	30.00	60.00
☐ WARM RETREAT	1990	CL	25.00	40.00
CSATARI GRANDPARENT				J. CSATARI
☐ BEDTIME STORY	1980	CL	18.00	40.00
☐ COOKIE TASTING, THE	1982	CL	20.00	50.00
☐ HOME RUN, THE	1986	CL	22.00	35.00
☐ PATRIOT'S PARADE, THE	1985	CL	22.00	35.00
☐ SKATING LESSON, THE	1981	CL	20.00	30.00
☐ SKATING QUEEN, THE	1984	CL	22.00	35.00
☐ SNEAK PREVIEW, THE	1987	CL	22.00	35.00
☐ SWINGER, THE	1983	CL	20.00	32.00
DISNEY TREASURED MOMENTS COLLECTION				DISNEY
☐ ALICE IN WONDERLAND	1993	CL	33.00	45.00
☐ BEAUTY AND THE BEAST	1993	CL	35.00	50.00
☐ CINDERELLA	1992	CL	30.00	55.00
☐ JUNGLE BOOK, THE	1993	CL	35.00	40.00
☐ PETER PAN	1993	CL	33.00	40.00
☐ PINOCCHIO	1993	CL	35.00	50.00
☐ SLEEPING BEAUTY	1993	CL	33.00	45.00
☐ SNOW WHITE & THE SEVEN DWARFS	1992	CL	30.00	50.00
ENCHANTED COTTAGES				T. KINKADE
☐ FALBROOKE COTTAGE	1993	CL	30.00	50.00
☐ JULIANNE'S COTTAGE	1993	CL	30.00	50.00
☐ ROSE GARDEN COTTAGE	1993	CL	30.00	50.00
☐ SEASIDE COTTAGE	1993	CL	30.00	50.00
☐ SWEETHEART COTTAGE	1993	CL	30.00	50.00
☐ WEATHERVANE COTTAGE	1993	CL	30.00	50.00
FANTASIA: (THE SORCERER'S APPRENTICE) GOLDEN ANNIVERSARY				DISNEY
☐ AN APPRENTICE AGAIN	1992	CL	35.00	50.00
☐ APPRENTICE'S DREAM, THE	1990	CL	30.00	65.00
☐ DREAMS OF POWER	1991	CL	33.00	65.00
☐ MICKEY MAKES MAGIC	1991	CL	35.00	50.00
☐ MICKEY'S MAGICAL WHIRLPOOL	1991	CL	33.00	50.00
☐ MISCHIEVOUS APPRENTICE	1990	CL	30.00	40.00
☐ PENITENT APPRENTICE, THE	1991	CL	35.00	50.00
☐ WIZARDRY GONE WILD	1991	CL	33.00	45.00
FATHER'S LOVE				B. BRADLEY
☐ BATTER UP	1984	CL	20.00	30.00
☐ LITTLE SHAVER	1985	CL	20.00	30.00
☐ OPEN WIDE	1984	CL	20.00	35.00
☐ SWING TIME	1985	CL	23.00	40.00

PLATES

NAME	YEAR	LIMIT	ISSUE	TREND
FIELD PUPPIES				**L. KAATZ**
❑ CAUGHT IN THE ACT-THE GOLDEN RETRIEVER	1987	CL	25.00	55.00
❑ COMMAND PERFORMANCE-WIEMARANER	1989	CL	30.00	60.00
❑ DOG TIRED-THE SPRINGER SPANIEL	1987	CL	25.00	70.00
❑ FINE FEATHERED FRIENDS-ENGLISH SETTER	1989	CL	30.00	55.00
❑ FRITZ'S FOLLY-GERMAN SHORTHAIRED POINTER	1988	CL	28.00	50.00
❑ MISSING/POINT/IRISH SETTER	1988	CL	28.00	50.00
❑ PERFECT SET-LABRADOR	1988	CL	28.00	50.00
❑ SHIRT TALES-COCKER SPANIEL	1988	CL	28.00	50.00
FIELD TRIPS				**L. KAATZ**
❑ BOXED IN	1991	CL	28.00	45.00
❑ CHESAPEAKE BAY RETRIEVERS	1991	CL	30.00	40.00
❑ DUCKING DUTY	1991	CL	25.00	50.00
❑ GONE FISHING	1990	CL	25.00	45.00
❑ HAT TRICK	1991	CL	30.00	40.00
❑ PAIL PALS	1991	CL	30.00	40.00
❑ PUPPY TALES	1991	CL	28.00	45.00
❑ PUPS 'N BOOTS	1991	CL	28.00	45.00
FIRST IMPRESSIONS				**J. GIORDANO**
❑ ALL EARS	1991	CL	33.00	45.00
❑ BETWEEN FRIENDS	1992	CL	33.00	50.00
❑ FINE FEATHERED FRIEND	1991	CL	33.00	44.00
❑ TAKING A GANDER	1991	CL	30.00	40.00
❑ TWO'S COMPANY	1991	CL	30.00	40.00
❑ WHAT'S UP?	1991	CL	33.00	45.00
FOUR ANCIENT ELEMENTS				**G. LAMBERT**
❑ AIR	1985	CL	30.00	70.00
❑ EARTH	1984	CL	28.00	100.00
❑ FIRE	1985	CL	30.00	70.00
❑ WATER	1984	CL	28.00	75.00
FRANCES HOOK LEGACY				**F. HOOK**
❑ DAY DREAMING	1985	CL	20.00	30.00
❑ DISAPPOINTMENT	1986	CL	23.00	35.00
❑ DISCOVERY	1986	CL	23.00	35.00
❑ EXPECTATION	1987	CL	23.00	35.00
❑ FASCINATION	1985	CL	20.00	60.00
FREE AS THE WIND				**M. BUDDEN**
❑ AIRBORNE	1992	CL	33.00	45.00
❑ ALOFT	1992	CL	30.00	40.00
❑ ASCENT	1993	CL	33.00	45.00
❑ FLIGHT	1993	CL	33.00	45.00
❑ HEAVENWARD	1993	CL	33.00	45.00
❑ SKYWARD	1992	CL	30.00	40.00
FRIENDS I REMEMBER				**J. DOWN**
❑ COAT OF PAINT	1985	CL	18.00	40.00
❑ FISH STORY	1983	CL	18.00	50.00
❑ FLOWER ARRANGEMENT	1986	CL	22.00	35.00
❑ FRINGE BENEFITS	1985	CL	20.00	40.00
❑ HERE COMES THE BRIDE	1985	CL	20.00	35.00
❑ HIGH SOCIETY	1986	CL	20.00	30.00
❑ OFFICE HOURS	1984	CL	18.00	30.00
❑ TASTE TEST	1986	CL	22.00	30.00
FRIENDS OF THE FOREST				**K. DANIEL**
❑ CHIPMUNK, THE	1988	CL	28.00	45.00
❑ FOX, THE	1988	CL	28.00	50.00
❑ OTTER, THE	1988	CL	28.00	45.00
❑ RABBIT, THE	1987	CL	25.00	40.00
❑ RACCOON, THE	1987	CL	25.00	40.00
❑ SQUIRREL, THE	1987	CL	28.00	45.00
GARDEN COTTAGES OF ENGLAND				**T. KINKADE**
❑ CANDLELIT COTTAGE	1991	CL	31.00	60.00
❑ CEDAR NOOK COTTAGE	1991	CL	28.00	50.00
❑ CHANDLER'S COTTAGE	1991	CL	28.00	75.00
❑ MCKENNA'S COTTAGE	1991	CL	31.00	57.00
❑ MERRITT'S COTTAGE	1992	CL	33.00	65.00
❑ OPEN GATE COTTAGE	1991	CL	31.00	50.00
❑ STONEGATE COTTAGE	1992	CL	33.00	70.00
❑ WOODSMAN'S THATCH COTTAGE	1991	CL	33.00	58.00
GARDEN SECRETS				**B. HIGGINS BOND**
❑ BLOOMIN' KITTIES	1993	CL	25.00	35.00
❑ FLORAL PURR-FUME	1993	CL	25.00	35.00
❑ FLOWER FANCIERS	1993	CL	25.00	45.00
❑ FRISKY BUSINESS	1993	CL	25.00	45.00
❑ KITTY CORNER	1993	CL	25.00	30.00
❑ MEADOW MISCHIEF	1993	CL	25.00	40.00
❑ NINE LIVES	1993	CL	25.00	40.00
❑ PUSSYCAT POTPOURRI	1993	CL	25.00	35.00
GONE WITH THE WIND				**R. KURSAR**
❑ ASHLEY	1979	CL	22.00	120.00
❑ MAMMY LACING SCARLETT	1982	CL	24.00	50.00
❑ MELANIE	1980	CL	22.00	70.00
❑ MELANIE GIVES BIRTH	1983	CL	24.00	55.00
❑ RHETT	1981	CL	24.00	65.00
❑ RHETT AND BONNIE	1985	CL	26.00	50.00
❑ SCARLET'S GREEN DRESS	1984	CL	26.00	75.00
❑ SCARLETT	1978	CL	22.00	100

PLATES

NAME	YEAR	LIMIT	ISSUE	TREND
❏ SCARLETT AND RHETT: THE FINALE	1985	CL	30.00	50.00
GREAT CATS OF THE AMERICAS				**L. CABLE**
❏ BOBCAT, THE	1990	CL	33.00	50.00
❏ COUGAR, THE	1989	CL	30.00	45.00
❏ JAGUAR, THE	1989	CL	30.00	60.00
❏ JAGUARUNDI, THE	1990	CL	33.00	45.00
❏ LYNX, THE	1989	CL	33.00	50.00
❏ MARGAY, THE	1990	CL	35.00	50.00
❏ OCELOT, THE	1990	CL	33.00	50.00
❏ PAMPAS CAT, THE	1991	CL	35.00	50.00
HEIRLOOMS AND LACE				**C. LAYTON**
❏ ANNA	1989	CL	35.00	75.00
❏ BRIDGET	1991	CL	38.00	75.00
❏ OLIVIA	1990	CL	38.00	100.00
❏ REBECCA	1991	CL	38.00	100.00
❏ TESS	1990	CL	38.00	50.00
❏ VICTORIA	1989	CL	35.00	50.00
HIBEL CHRISTMAS				**E. HIBEL**
❏ ADORATION OF THE SHEPHERD	1988	YR	49.00	60.00
❏ ANGEL'S MESSAGE, THE	1985	YR	45.00	60.00
❏ FLIGHT INTO EGYPT, THE	1987	YR	49.00	60.00
❏ GIFTS OF THE MAGI, THE	1986	YR	45.00	60.00
❏ NATIVITY	1990	YR	49.00	75.00
❏ PEACEFUL KINGDOM	1989	YR	49.00	67.00
HOME FOR THE HOLIDAYS				**T. KINKADE**
❏ HOME AWAY FROM HOME	1992	CL	35.00	52.00
❏ HOME BEFORE CHRISTMAS	1991	CL	33.00	50.00
❏ HOME TO GRANDMA'S	1991	CL	30.00	40.00
❏ HOMESPUN HOLIDAY	1992	CL	33.00	45.00
❏ HOMETIME YULETIDE	1992	CL	35.00	50.00
❏ JOURNEY HOME, THE	1992	CL	35.00	50.00
❏ SLEIGH RIDE HOME	1991	CL	30.00	49.00
❏ WARMTH OF HOME, THE	1992	CL	33.00	45.00
HOME IS WHERE THE HEART IS				**T. KINKADE**
❏ AMBER AFTERNOON	1993	CL	33.00	45.00
❏ CARRIAGE RIDE HOME	1992	CL	33.00	45.00
❏ COUNTRY MEMORIES	1993	CL	33.00	49.00
❏ HOME SWEET HOME	1992	CL	30.00	65.00
❏ HOMETOWN HOSPITALITY	1993	CL	35.00	65.00
❏ OUR SUMMER HOME	1993	CL	35.00	52.00
❏ TWILIGHT CAFE, THE	1993	CL	35.00	52.00
❏ WARM WELCOME HOME	1992	CL	30.00	45.00
HOME SWEET HOME				**R. MCGINNIS**
❏ GEORGIAN, THE	1989	CL	40.00	45.00
❏ GREEK REVIVAL, THE	1989	CL	40.00	35.00
❏ MISSION, THE	1990	CL	40.00	40.00
❏ VICTORIAN, THE	1989	CL	40.00	45.00
HOOK'S WORDS OF LOVE				**F. HOOK**
❏ DON'T BE SCARED	1991	*	*	39.00
❏ HAPPILY EVER AFTER	1991	*	*	37.00
❏ I LOVE YOU	1986	*	*	30.00
❏ LET'S SEE YOU SMILE	1991	*	*	38.00
❏ THAT'S MY BOY	1987	*	*	38.00
❏ YOU'RE DOING FINE	1991	*	*	38.00
IT'S A DOG'S LIFE				**L. KAATZ**
❏ BARRELING ALONG	1993	CL	33.00	40.00
❏ DOGS AND SUDS	1993	CL	35.00	45.00
❏ LITERARY LABS	1992	CL	30.00	40.00
❏ LODGING A COMPLAINT	1993	CL	33.00	45.00
❏ PAWS FOR A PICNIC	1993	CL	35.00	40.00
❏ PLAY BALL	1993	CL	35.00	45.00
❏ RETRIEVING OUR DIGNITY	1993	CL	33.00	40.00
❏ WE'VE BEEN SPOTTED	1992	CL	30.00	40.00
JERNER'S DUCKS				**B. JERNER**
❏ AMERICAN WIGEON	1987	CL	23.00	42.00
❏ BLUE-WINGED TEAL	1988	*	*	42.00
❏ GADWALL	1988	*	*	41.00
❏ GREEN WINGED TEAL	1987	CL	23.00	44.00
❏ MALLARD	1986	*	*	54.00
❏ NORTHERN SHOVELER	1987	CL	23.00	39.00
❏ PINTAIL	1986	*	*	54.00
❏ WOOD DUCK	1987	CL	23.00	53.00
JEWELS OF THE FLOWERS				**T.C. CHIU**
❏ AMETHYST FLIGHT	1991	CL	33.00	45.00
❏ AQUAMARINE GLIMMER	1992	CL	35.00	50.00
❏ EMERALD PAIR	1991	CL	33.00	55.00
❏ OPAL SPLENDOR	1991	CL	35.00	50.00
❏ PEARL LUSTER	1992	CL	35.00	55.00
❏ RUBY ELEGANCE	1991	CL	33.00	45.00
❏ SAPPHIRE WINGS	1991	CL	30.00	50.00
❏ TOPAZ BEAUTIES	1991	CL	30.00	40.00
KEEPSAKE RHYMES				**S. GUSTAFSON**
❏ HUMPTY DUMPTY	1992	CL	30.00	43.00
❏ OLD KING COLE	1993	CL	30.00	45.00
❏ PAT-A-CAKE	1993	CL	30.00	40.00
❏ PETER PUMPKIN EATER	1993	CL	30.00	40.00

PLATES

PLATES

NAME	YEAR	LIMIT	ISSUE	TREND
KING AND I				**W. CHAMBERS**
❑ GETTING TO KNOW YOU	1985	CL	20.00	35.00
❑ PUZZLEMENT	1984	CL	20.00	45.00
❑ SHALL WE DANCE?	1985	CL	20.00	45.00
❑ WE KISS IN A SHADOW	1985	CL	20.00	40.00
LADY AND THE TRAMP				**DISNEY**
❑ DOG POUND BLUES	1992	CL	38.00	50.00
❑ DOUBLE SIAMESE TROUBLE	1993	CL	38.00	50.00
❑ FIRST DATE	1992	CL	35.00	65.00
❑ MERRY CHRISTMAS TO ALL	1992	CL	38.00	50.00
❑ MOONLIGHT ROMANCE	1993	CL	40.00	50.00
❑ PUPPY LOVE	1992	CL	35.00	50.00
❑ RUFF HOUSE	1993	CL	40.00	50.00
❑ TELLING TAILS	1993	CL	40.00	50.00
LESS TRAVELED ROAD				**B. JERNER**
❑ COVERED BRIDGE, THE	1988	CL	33.00	40.00
❑ FLOWERING MEADOW, THE	1989	CL	33.00	40.00
❑ HIDDEN WATERFALL, THE	1989	CL	33.00	40.00
❑ MURMURING STREAM, THE	1988	CL	30.00	40.00
❑ WEATHERED BARN, THE	1988	CL	30.00	40.00
❑ WINTER'S PEACE	1989	CL	33.00	40.00
LINCOLN, MAN OF AMERICA				**M. KUNSTLER**
❑ BEGINNINGS IN NEW SALEM	1987	CL	28.00	35.00
❑ EMANCIPATION PROCLAMATION	1988	CL	28.00	40.00
❑ FAMILY MAN, THE	1988	CL	28.00	35.00
❑ GETTYSBURG ADDRESS, THE	1986	CL	25.00	30.00
❑ INAUGURATION, THE	1987	CL	25.00	30.00
❑ LINCOLN-DOUGLAS DEBATES, THE	1987	CL	28.00	35.00
LITTLE MERMAID				**DISNEY**
❑ ARIEL'S TREASURED COLLECTION	1993	CL	33.00	55.00
❑ DADDY'S GIRL	1993	CL	33.00	40.00
❑ FIREWORKS AT FIRST SIGHT	1994	CL	35.00	51.00
❑ FOREVER LOVE	1993	CL	35.00	51.00
❑ KISS THE GIRL	1993	CL	33.00	60.00
❑ SONG FROM THE SEA	1993	CL	30.00	40.00
❑ UNDERWATER BUDDIES	1993	CL	33.00	45.00
❑ VISIT TO THE SURFACE	1993	CL	30.00	40.00
MAJESTIC BIRDS OF NORTH AMERICA				**D. SMITH**
❑ AMERICAN KESTRAL, THE	1989	CL	33.00	50.00
❑ BALD EAGLE, THE	1988	CL	30.00	50.00
❑ GOLDEN EAGLE, THE	1990	CL	35.00	45.00
❑ GREAT HORNED OWL, THE	1988	CL	33.00	40.00
❑ OSPREY, THE	1990	CL	35.00	40.00
❑ PEREGRINE FALCON, THE	1988	CL	30.00	40.00
❑ RED-TAILED HAWK, THE	1989	CL	33.00	40.00
❑ WHITE GYRFALCON, THE	1989	CL	33.00	45.00
MARCH OF DIMES: OUR CHILDREN, OUR FUTURE				**E. HIBEL**
❑ TIME TO EMBRACE	1990	150 DAYS	29.00	55.00
MARCH OF DIMES: OUR CHILDREN, OUR FUTURE				**S. KUCK**
❑ TIME TO LOVE	1989	*	*	63.00
MARCH OF DIMES: OUR CHILDREN, OUR FUTURE				**J. MCCLELLAND**
❑ TIME TO PLANT	1989	*	*	45.00
MARCH OF DIMES: OUR CHILDREN, OUR FUTURE				**A. WILLIAMS**
❑ TIME TO LAUGH	1990	CL	29.00	40.00
MARCH OF DIMES: OUR CHILDREN, OUR FUTURE				**D. ZOLAN**
❑ TIME FOR PEACE	1989	*	*	50.00
MARY POPPINS				**M. HAMPSHIRE**
❑ CHIM CHIM CHER-EE	1991	CL	33.00	45.00
❑ JOLLY HOLIDAY WITH MARY	1990	CL	33.00	45.00
❑ MARY POPPINS	1989	CL	30.00	43.00
❑ SPOONFUL OF SUGAR	1989	CL	30.00	40.00
❑ TUPPENCE A BAG	1991	CL	33.00	44.00
❑ WE LOVE TO LAUGH	1990	CL	33.00	50.00
MICKEY'S CHRISTMAS CAROL				**DISNEY**
❑ BAH HUMBUG!	1992	CL	30.00	40.00
❑ CHRISTMAS FEAST	1993	CL	35.00	55.00
❑ CHRISTMAS SURPRISE	1993	CL	33.00	50.00
❑ COZY CHRISTMAS	1993	CL	35.00	55.00
❑ GOD BLESS US EVERY ONE	1993	CL	33.00	45.00
❑ MARLEY'S WARNING	1993	CL	35.00	50.00
❑ WHAT'S SO MERRY ABOUT CHRISTMAS?	1992	CL	30.00	40.00
❑ YULETIDE GREETINGS	1993	CL	33.00	50.00
MUSICAL MOMENTS FROM THE WIZARD OF OZ				**K. MILNAZIK**
❑ DING, DONG, THE WITCH IS DEAD	1994	CL	30.00	60.00
❑ IF I ONLY HAD A BRAIN	1993	CL	30.00	65.00
❑ IF I WERE KING OF THE FOREST	1993	CL	30.00	80.00
❑ LULLABYE LEAGUE	1993	CL	30.00	60.00
❑ MERRY OLD LAND OF OZ	1994	CL	30.00	60.00
❑ MUNCHKINLAND	1993	CL	30.00	55.00
❑ OVER THE RAINBOW	1993	CL	30.00	150.00
❑ WE'RE OFF TO SEE THE WIZARD	1993	CL	30.00	75.00
MY FAIR LADY				**W. CHAMBERS**
❑ GET ME TO THE CHURCH ON TIME	1990	CL	28.00	40.00
❑ I COULD HAVE DANCED ALL NIGHT	1989	CL	25.00	35.00
❑ I'VE GROWN ACCUSTOMED TO YOUR FACE	1990	CL	28.00	40.00
❑ OPENING DAY AT ASCOT	1989	CL	25.00	35.00
❑ RAIN IN SPAIN, THE	1989	CL	28.00	45.00

NAME	YEAR	LIMIT	ISSUE	TREND
❑ SHOW ME	1989	CL	28.00	40.00
NATURE'S CHILD				M. JOBE
❑ FAITHFUL FRIENDS	1990	CL	33.00	50.00
❑ HAND IN HAND	1991	CL	33.00	50.00
❑ LOST LAMB, THE	1990	CL	30.00	45.00
❑ SEEMS LIKE YESTERDAY	1990	CL	33.00	50.00
❑ SHARING	1990	CL	30.00	45.00
❑ TRUSTED COMPANION	1990	CL	33.00	50.00
NATURE'S GARDEN				C. DECKER
❑ FLURRY OF ACTIVITY	1993	CL	33.00	45.00
❑ HANGING AROUND	1993	CL	33.00	45.00
❑ MORNING SPLASH	1993	CL	30.00	40.00
❑ SPRINGTIME FRIENDS	1993	CL	30.00	40.00
❑ TINY TWIRLING TREASURES	1993	CL	33.00	45.00
NATURE'S NURSERY				J. THORNBRUGH
❑ HIDE AND SEEK	1993	CL	30.00	40.00
❑ PIGGYBACK RIDE	1993	CL	30.00	40.00
❑ RACE YA MOM	1993	CL	30.00	40.00
❑ TAKING THE PLUNGE	1993	CL	30.00	40.00
❑ TESTING THE WATERS	1992	CL	30.00	40.00
❑ TIME TO WAKE UP	1993	CL	30.00	40.00
NORTH WOODS HERITAGE				WEIR
❑ BRINGING HOME THE TREE	1992	*	*	50.00
❑ CROSSING THE BRIDGE	1992	*	*	65.00
❑ END OF DAY	1993	*	*	52.00
❑ MAPLE SUGAR SEASON	1992	*	*	55.00
❑ NORTHERN HAYRIDE	1993	*	*	82.00
❑ WINTER'S WORK	1992	*	*	50.00
NOT SO LONG AGO				J.W. SMITH
❑ MOTHER'S LITTLE HELPER	1988	CL	25.00	40.00
❑ STORY TIME	1988	CL	25.00	25.00
❑ SUPPERTIME FOR KITTY	1988	CL	25.00	45.00
❑ WASH DAY FOR DOLLY	1988	CL	25.00	40.00
OKLAHOMA!				M. KUNSTLER
❑ I CAIN'T SAY NO	1986	CL	20.00	45.00
❑ OH, WHAT A BEAUTIFUL MORNIN'	1985	CL	20.00	40.00
❑ OKLAHOMA!	1986	CL	20.00	40.00
❑ SURREY W/THE FRINGE ON TOP	1986	CL	20.00	40.00
OLD FASHIONED FAVORITES				M. WEBER
❑ APPLE CRISP	1991	CL	30.00	50.00
❑ BLUEBERRY MUFFINS	1991	CL	30.00	65.00
❑ CHOCOLATE CHIP OATMEAL COOKIES	1991	CL	30.00	90.00
❑ PEACH COBBLER	1991	CL	30.00	75.00
OLD MILL STREAM				C. TENNANT
❑ GLADE CREEK GRIST MILL	1991	CL	40.00	45.00
❑ NEW LONDON GRIST MILL	1990	CL	40.00	45.00
❑ OLD RED MILL	1991	CL	40.00	45.00
❑ WAYSIDE INN GRIST MILL	1991	CL	40.00	45.00
ONCE UPON A TIME				K. PRITCHETT
❑ BEAUTY AND THE BEAST	1989	CL	28.00	45.00
❑ GOLDILOCKS AND THE THREE BEARS	1988	CL	20.00	45.00
❑ LITTLE RED RIDING HOOD	1988	CL	25.00	50.00
❑ PRINCESS AND THE PEA, THE	1989	CL	28.00	45.00
❑ RAPUNZEL	1988	CL	25.00	45.00
❑ THREE LITTLE PIGS	1988	CL	20.00	50.00
PINOCCHIO				*
❑ GEPETTO CREATES PINOCCHIO	1989	CL	30.00	65.00
❑ IT'S AN ACTOR'S LIFE FOR ME	1990	CL	33.00	50.00
❑ I'VE GOT NO STRINGS ON ME	1990	CL	33.00	50.00
❑ PINOCCHIO AND THE BLUE FAIRY	1990	CL	30.00	40.00
❑ PLEASURE ISLAND	1991	CL	33.00	50.00
❑ REAL BOY	1991	CL	33.00	70.00
PORTRAITS OF MOTHERHOOD				W. CHAMBERS
❑ FIRST TOUCH	1988	CL	30.00	45.00
❑ MOTHER'S HERE	1987	CL	30.00	40.00
PRECIOUS LITTLE ONES				M.T. FANGEL
❑ LITTLE FLEDGLINGS	1988	CL	30.00	45.00
❑ LITTLE RED ROBINS	1988	CL	30.00	40.00
❑ PEEK-A-BOO	1988	CL	30.00	40.00
❑ SATURDAY NIGHT BATH	1988	CL	30.00	50.00
PROUD SENTINELS OF THE AMERICAN WEST				N. GLAZIER
❑ CAT NAP	1993	CL	30.00	50.00
❑ CROWN PRINCE	1993	CL	33.00	45.00
❑ DESERT BIGHORN-MORMON RIDGE	1993	CL	33.00	50.00
❑ YOUNG BLOOD	1993	CL	30.00	40.00
PURRFECT POINT OF VIEW				J. GIORDANO
❑ AFTERNOON CATNAP	1992	CL	30.00	45.00
❑ COZY COMPANY	1992	CL	30.00	40.00
❑ UNEXPECTED VISITORS	1991	CL	30.00	38.00
❑ WISTFUL MORNING	1991	CL	30.00	40.00
PUSSYFOOTING AROUND				C. WILSON
❑ FISH TALES	1991	CL	25.00	45.00
❑ TEATIME TABBIES	1991	CL	25.00	35.00
❑ TWO MAESTROS	1991	CL	25.00	35.00
❑ YARN SPINNERS	1991	CL	25.00	35.00

PLATES

NAME	YEAR	LIMIT	ISSUE	TREND
ROMANTIC AGE OF STEAM				**R.B. PIERCE**
❏ BROADWAY LIMITED, THE	1992	CL	30.00	45.00
❏ CHIEF, THE	1992	CL	33.00	58.00
❏ CRESCENT LIMITED, THE	1992	CL	33.00	40.00
❏ DAYLIGHT, THE	1993	CL	35.00	60.00
❏ EMPIRE BUILDER, THE	1992	CL	30.00	40.00
❏ JUPITER, THE	1993	CL	35.00	50.00
❏ OVERLAND LIMITED, THE	1993	CL	35.00	50.00
❏ TWENTIETH CENTURY LIMITED	1992	CL	33.00	50.00
SANTA'S CHRISTMAS				**T. BROWNING**
❏ SANTA'S CHEER	1991	CL	30.00	44.00
❏ SANTA'S GIFT	1991	CL	33.00	50.00
❏ SANTA'S LOVE	1991	CL	30.00	40.00
❏ SANTA'S MAGIC	1992	CL	33.00	50.00
❏ SANTA'S PROMISE	1991	CL	33.00	50.00
❏ SANTA'S SURPRISE	1992	CL	33.00	50.00
SEASON FOR SONG				**M. JOBE**
❏ FROSTY CHORUS	1991	CL	35.00	45.00
❏ SILVER SERENADE	1991	CL	35.00	50.00
❏ SNOWY SYMPHONY	1991	CL	35.00	45.00
❏ WINTER CONCERT	1991	CL	35.00	50.00
SEASON OF SPLENDOR				**K. RANDLE**
❏ AUTUMN GRANDEUR	1992	CL	30.00	43.00
❏ COUNTRY WEEKEND	1992	CL	33.00	45.00
❏ HARVEST MEMORIES	1992	CL	33.00	40.00
❏ INDIAN SUMMER	1993	CL	33.00	50.00
❏ SCHOOL DAYS	1992	CL	30.00	45.00
❏ WOODLAND MILL STREAM	1992	CL	33.00	45.00
SHADOWS & LIGHT: WINTER'S WILDLIFE				**N. GLAZIER**
❏ CUB SCOUTS	1993	CL	30.00	40.00
❏ LITTLE SNOWMAN	1993	CL	30.00	47.00
❏ SNOW CAVE, THE	1993	CL	30.00	40.00
❏ WINTER'S CHILDREN	1992	CL	30.00	40.00
SINGIN' IN THE RAIN				**M. SKOLSKY**
❏ BROADWAY MELODY	1991	CL	33.00	50.00
❏ GOOD MORNING	1990	CL	33.00	40.00
❏ SINGIN' IN THE RAIN	1990	CL	33.00	45.00
❏ WE'RE HAPPY AGAIN	1991	CL	33.00	45.00
SLEEPING BEAUTY				**DISNEY**
❏ AWAKENED BY A KISS	1991	CL	40.00	50.00
❏ HAPPY BIRTHDAY BRIAR ROSE	1991	CL	43.00	40.00
❏ ONCE UPON A DREAM	1991	CL	40.00	43.00
❏ TOGETHER AT LAST	1992	CL	43.00	60.00
SMALL BLESSINGS				**C. LAYTON**
❏ BLESS OUR HOME	1993	CL	33.00	50.00
❏ BLESS US O LORD FOR THESE, THY GIFTS	1992	CL	30.00	55.00
❏ BLESSED ARE THE PURE IN HEART	1992	CL	33.00	40.00
❏ JESUS LOVES ME, THIS I KNOW	1992	CL	33.00	50.00
❏ NOW I LAY ME DOWN TO SLEEP	1992	CL	30.00	55.00
❏ THIS LITTLE LIGHT OF MINE	1992	CL	33.00	45.00
SNOW WHITE AND THE SEVEN DWARFS				**DISNEY**
❏ DANCE OF SNOW WHITE/SEVEN DWARFS, THE	1991	CL	30.00	60.00
❏ FIRESIDE LOVE STORY	1992	CL	35.00	50.00
❏ HAPPY ENDING	1993	CL	37.00	70.00
❏ KISS FOR DOPEY	1992	CL	33.00	45.00
❏ MAY I HAVE THIS DANCE?	1993	CL	37.00	55.00
❏ POISON APPLE, THE	1992	CL	33.00	45.00
❏ SPECIAL TREAT	1991	CL	33.00	55.00
❏ STUBBORN GRUMPY	1992	CL	35.00	55.00
❏ SURPRISE IN THE CLEARING	1993	CL	37.00	55.00
❏ TIME TO TIDY UP	1992	CL	35.00	55.00
❏ WISH COME TRUE	1992	CL	35.00	50.00
❏ WITH A SMILE AND A SONG	1991	CL	30.00	55.00
SONGS OF THE AMERICAN SPIRIT				**H. BOND**
❏ AMERICA THE BEAUTIFUL	1991	CL	30.00	45.00
❏ BATTLE HYMN OF THE REPUBLIC	1991	CL	30.00	40.00
❏ MY COUNTRY TIS OF THEE	1991	CL	30.00	44.00
❏ STAR SPANGLED BANNER, THE	1991	CL	30.00	40.00
SOUND OF MUSIC				**T. CRNKOVICH**
❏ CLIMB EV'RY MOUNTAIN	1987	CL	25.00	50.00
❏ DO-RE-MI	1986	CL	20.00	35.00
❏ EDELWEISS	1987	CL	23.00	35.00
❏ I HAVE CONFIDENCE	1987	CL	23.00	35.00
❏ LAENDLER WALTZ	1987	CL	23.00	35.00
❏ MARIA-WEDDING SCENE	1987	CL	25.00	50.00
❏ MY FAVORITE THINGS	1986	CL	23.00	50.00
❏ SOUND OF MUSIC	1986	CL	20.00	35.00
SOUTH PACIFIC				**E. GIGNILLIAT**
❏ DITES MOI	1987	CL	25.00	40.00
❏ HAPPY TALK	1987	CL	25.00	40.00
❏ HONEY BUN	1988	CL	25.00	40.00
❏ SOME ENCHANTED EVENING	1987	CL	25.00	40.00
STATELY OWLS				**J. BEAUDOIN**
❏ BARN OWL, THE	1990	CL	33.00	50.00
❏ BARRED OWL, THE	1990	CL	33.00	50.00
❏ GREAT GREY OWL, THE	1990	CL	35.00	45.00
❏ GREAT HORNED OWL, THE	1989	CL	30.00	45.00

PLATES

NAME	YEAR	LIMIT	ISSUE	TREND
❑ SAW-WHET OWL, THE	1991	CL	35.00	50.00
❑ SCREECH OWL, THE	1990	CL	33.00	35.00
❑ SHORT-EARED OWL, THE	1990	CL	33.00	50.00
❑ SNOWY OWL, THE	1989	CL	30.00	50.00
STORY OF CHRISTMAS BY EVE LICEA				**E. LICEA**
❑ ADORATION OF THE SHEPHERDS	1989	YR	50.00	70.00
❑ ANNUNCIATION, THE	1987	YR	45.00	70.00
❑ GIFTS OF THE MAGI	1991	YR	50.00	70.00
❑ JOURNEY OF THE MAGI	1990	YR	50.00	70.00
❑ NATIVITY, THE	1988	YR	45.00	70.00
❑ REST ON THE FLIGHT INTO EGYPT	1992	YR	50.00	70.00
STORYBOOK TREASURY				**LAWSON**
❑ GOLDILOCKS AND THE THREE BEARS	1992	*	*	42.00
❑ LITTLE RED RIDING HOOD	1992	*	*	42.00
SUNDBLOM SANTAS				**H. SUNDBLOM**
❑ CHRISTMAS VIGIL	1990	CL	28.00	45.00
❑ SANTA BY THE FIRE	1989	CL	28.00	50.00
❑ SANTA'S ON HIS WAY	1992	CL	33.00	50.00
❑ TO ALL A GOOD NIGHT	1991	CL	33.00	50.00
SWAN IS BORN				**L. ROBERTS**
❑ AT THE BARRE	1987	CL	25.00	40.00
❑ HOPES AND DREAMS	1987	CL	25.00	40.00
❑ IN POSITION	1987	CL	25.00	40.00
❑ JUST FOR SIZE	1988	CL	25.00	45.00
SWEETNESS AND GRACE				**J. WELTY**
❑ FAVORITE BUDDY	1992	CL	35.00	40.00
❑ GOD BLESS TEDDY	1992	CL	35.00	45.00
❑ SUNSHINE AND SMILES	1992	CL	35.00	40.00
❑ SWEET DREAMS	1992	CL	35.00	40.00
THOMASHIRE				**T. KINKADE**
❑ BLOSSOM HILL CHURCH	1993	CL	33.00	60.00
❑ OLD THOMASHIRE MILL	1992	CL	30.00	50.00
❑ OLDE GARDEN COTTAGE	1993	CL	33.00	55.00
❑ OLDE PORTERFIELD TEA ROOM	1992	CL	30.00	60.00
❑ PYE CORNER COTTAGE	1992	CL	33.00	55.00
❑ SWANBROOK COTTAGE	1992	CL	33.00	70.00
TOM SAWYER				**W. CHAMBERS**
❑ FIRST PIPES	1988	CL	28.00	33.00
❑ TOM AND BECKY	1987	CL	28.00	33.00
❑ TOM SAWYER THE PIRATE	1987	CL	28.00	33.00
❑ WHITEWASHING THE FENCE	1987	CL	28.00	33.00
UNDER MOTHER'S WING				**J. BEAUDOIN**
❑ ARCTIC SPRING: SNOWY OWLS	1992	CL	30.00	44.00
❑ FOREST EDGE: GREAT GRAY OWLS	1992	CL	30.00	40.00
❑ HAPPY HOME: SHORT EARED OWL	1993	CL	35.00	50.00
❑ LOFTY-LIMB: GREAT HORNED OWLS	1992	CL	35.00	50.00
❑ PERFECT PERCH: BARRED OWL	1993	CL	35.00	50.00
❑ TREETOP TRIO: LONG EARED OWLS	1992	CL	33.00	45.00
❑ VAST VIEW: SAW WHET OWLS	1992	CL	33.00	45.00
❑ WOODLAND WATCH: SPOTTED OWLS	1992	CL	33.00	45.00
UPLAND BIRDS OF NORTH AMERICA				**W. ANDERSON**
❑ GRAY PARTRIDGE, THE	1987	CL	28.00	30.00
❑ GROUSE, THE	1986	CL	25.00	40.00
❑ PHEASANT, THE	1986	CL	25.00	35.00
❑ QUAIL, THE	1987	CL	28.00	35.00
❑ WILD TURKEY, THE	1987	CL	28.00	35.00
❑ WOODCOCK, THE	1987	CL	28.00	35.00
WINDOWS OF GLORY				**J. WELTY**
❑ EVERLASTING FATHER, THE	1993	CL	33.00	33.00
❑ GOOD SHEPHERD, THE	1993	CL	33.00	33.00
❑ KING OF KINGS	1993	CL	30.00	40.00
❑ LIGHT OF THE WORLD, THE	1993	CL	33.00	33.00
❑ MESSIAH, THE	1993	CL	33.00	33.00
❑ PRINCE OF PEACE	1993	CL	30.00	30.00
WIZARD OF OZ				**J. AUCKLAND**
❑ FOLLOW THE YELLOW BRICK ROAD	1979	CL	19.00	40.00
❑ GRAND FINALE, THE	1980	CL	24.00	55.00
❑ IF I ONLY HAD A BRAIN	1978	CL	19.00	65.00
❑ IF I ONLY HAD A HEART	1978	CL	19.00	60.00
❑ IF I WERE KING OF THE FOREST	1978	CL	19.00	45.00
❑ OVER THE RAINBOW	1977	CL	19.00	50.00
❑ WICKED WITCH OF THE WEST	1979	CL	19.00	50.00
❑ WONDERFUL WIZARD OF OZ	1979	CL	19.00	40.00
WIZARD OF OZ, A NATIONAL TREASURE				**R. LASLO**
❑ FOLLOW THE YELLOW BRICK ROAD	1991	CL	30.00	55.00
❑ I EVEN SCARE MYSELF	1992	CL	33.00	50.00
❑ I HAVEN'T GOT A BRAIN	1992	CL	30.00	50.00
❑ I'LL NEVER GET HOME	1992	CL	35.00	55.00
❑ I'M A LITTLE RUSTY YET	1992	CL	33.00	50.00
❑ I'M MELTING	1992	CL	35.00	55.00
❑ THERE'S NO PLACE LIKE HOME	1992	CL	35.00	50.00
❑ WE'RE OFF TO SEE THE WIZARD	1992	CL	33.00	50.00
YESTERDAY'S INNOCENTS				**J. WILCOX SMITH**
❑ HUSH, BABY'S SLEEPING	1993	CL	33.00	45.00
❑ MY FIRST BOOK	1992	CL	30.00	40.00
❑ READY AND WAITING	1993	CL	33.00	49.00
❑ TIME TO SMELL THE ROSES	1992	CL	30.00	40.00

PLATES

NAME	YEAR	LIMIT	ISSUE	TREND
YULETIDE MEMORIES				**T. KINKADE**
❏ BEACON OF FAITH	1992	CL	30.00	40.00
❏ MAGIC OF CHRISTMAS, THE	1992	CL	30.00	45.00
❏ MOONLIT SLEIGHRIDE	1993	CL	30.00	40.00
❏ OLDE PORTERFIELD GIFT SHOPPE	1993	CL	30.00	45.00
❏ SILENT NIGHT	1993	CL	30.00	40.00
❏ SKATER'S DELIGHT	1993	CL	30.00	40.00
❏ WINTER'S WALK	1993	CL	30.00	40.00
❏ WONDER OF THE SEASON, THE	1993	CL	30.00	40.00

ENESCO CORP.

NAME	YEAR	LIMIT	ISSUE	TREND
BARBIE				*
❏ 35TH ANNIVERSARY	1994	5000	30.00	45.00
❏ HOLIDAY 1994	1994	5000	30.00	45.00
CALICO KITTENS/ 1997 CHRISTMAS INTRODUCTION				**P. HILLMAN**
❏ FRIENDSHIP IS HEAVENLY- DATED	1997	5000	35.00	35.00
CHERISHED TEDDIES				**P. HILLMAN**
❏ BEAR IN BUNNY OUTFIT DATED 1996 156590	1996	YR	35.00	35.00
❏ MOTHER'S DAY 156493	1996	YR	35.00	25.00
❏ OUR LOVE IS EVER-BLOOMING	1997	YR	35.00	35.00
❏ SANTA COOKIE 141585	1995	*	25.00	25.00
❏ SEASON OF JOY, THE 141550	1995	YR	35.00	45.00
❏ SEASON OF MAGIC	1998	YR	35.00	35.00
❏ SEASON OF PEACE, THE DATED 1996 176060	1996	YR	35.00	35.00
❏ SEASON TO BELIEVE, THE- DATED	1997	YR	35.00	35.00
❏ SPRINGTIME HAPPINESS	1997	YR	35.00	35.00
❏ WE BEAR THANKS	1997	OP	35.00	35.00
CHERISHED TEDDIES				**M. JANNINCK**
❏ EASTER- DATED	1997	YR	35.00	35.00
❏ MOTHER'S DAY- DATED	1997	YR	35.00	35.00
CHERISHED TEDDIES AVON EXCLUSIVE				**P. HILLMAN**
❏ MOTHER'S DAY PLATE FEATURING DAISY	2002	*	13.00	13.00
CHERISHED TEDDIES NURSERY RHYME PLATES				**P. HILLMAN**
❏ JACK AND JILL 114901	1995	CL	35.00	35.00
❏ LITTLE BO PEEP 164658	1995	CL	35.00	40.00
❏ LITTLE JACK HORNER 151998	1996	CL	35.00	35.00
❏ LITTLE MISS MUFFET 145033	1996	CL	35.00	40.00
❏ MARY HAD A LITTLE LAMB 128902	1995	CL	35.00	35.00
❏ MOTHER GOOSE/FRIENDS 170968	1995	CL	35.00	35.00
❏ OLD KING COLE 135437	1995	CL	35.00	35.00
❏ WEE WILLIE WINKIE 170941	1995	CL	35.00	35.00
CHERISHED TEDDIES ONCE UPON A TEDDY				**P. HILLMAN**
❏ EASTER	1996	OP	35.00	35.00
❏ GIRL IN GREEN DRESS	1995	OP	35.00	35.00
CHERISHED TEDDIES VILLAGE				**P. HILLMAN**
❏ PICNIC FOR TWO	1996	*	45.00	45.00
CHERISHED TEDDIES/CHERISHED SEASONS				**P. HILLMAN**
❏ AUTUMN BRINGS A SEASON OF THANKSGIVING	1997	OP	35.00	35.00
❏ SPRING BRINGS A SEASON OF BEAUTY	1997	OP	35.00	35.00
❏ SUMMER BRINGS A SEASON OF WARMTH	1997	OP	35.00	35.00
❏ WINTER BRINGS A SEASON OF JOY	1997	OP	35.00	35.00
FROM BARBIE WITH LOVE				*
❏ 1920'S FLAPPER BARBIE 174777	1996	YR	30.00	30.00
❏ ARABIAN NIGHTS, 1964 MINI 171069	1996	*	12.00	13.00
❏ BARBIE AS SCARLETT O'HARA IN GREEN VELVET 171085	1996	10000	35.00	35.00
❏ CINDERELLA, 1964 MINI 171042	1996	*	12.00	13.00
❏ ENCHANTED EVENING, 1960 185787	1996	10000	100.00	100.00
❏ GIBSON GIRL BARBIE 174769	1996	10000	30.00	30.00
❏ HAPPY HOLIDAYS BARBIE 1988 154180	1995	YR	30.00	30.00
❏ HAPPY HOLIDAYS BARBIE 1995 143154	1995	YR	30.00	30.00
❏ HAPPY HOLIDAYS BARBIE 1996 188816	1996	YR	30.00	30.00
❏ HAPPY HOLIDAYS BARBIE, 1989 188859	1996	YR	30.00	30.00
❏ HERE COMES THE BRIDE 170984	1996	*	30.00	30.00
❏ HOLIDAY DANCE 1965 188786	1996	10000	100.00	100.00
❏ QUEENS OF HEARTS BARBIE 157678	1996	OP	25.00	25.00
❏ RED RIDING HOOD, 1964 MINI 171077	1996	*	12.00	13.00
❏ ROYAL SURPRISE, 1964 MINI 171050	1996	*	12.00	13.00
❏ SOLO IN SPOTLIGHT 1960 114383	1995	5000	30.00	30.00
KINKA COLLECTOR PLAQUE				**KINKA**
❏ KINKA 119601	1989	OP	10.00	10.00
LUCY & ME				**L. RIGG**
❏ CHRISTMAS PAGEANT- DATED W/EASEL	1997	YR	20.00	20.00
MARY'S MOO MOOS DATED 1997				**M. RHYNER-NADIG**
❏ IT'S BUTTER TO GIVE THAN TO RECEIVE	1997	YR	35.00	35.00
MARY'S MOO MOOS MOOEY CHRISTMAS				**M. RHYNER-NADIG**
❏ WHEEE ARE MOVIN!	1996	YR	18.00	18.00
MEMORIES OF YESTERDAY				**M. ATTWELL**
❏ JOIN ME FOR A LITTLE SONG	1995	YR	50.00	50.00
❏ LOOK OUT-SOMETHING GOOD..YOUR WAY!	1993	YR	50.00	50.00
❏ PLEASANT DREAMS & SWEET REPOSE	1994	YR	50.00	50.00
PRECIOUS MOMENTS BEAUTY OF CHRISTMAS COLLECTION				**S. BUTCHER**
❏ CANE YOU JOIN US FOR A MERRY CHRISTMAS	1997	YR	50.00	50.00
❏ HE COVERS THE EARTH W/HIS BEAUTY 142670	1995	YR	50.00	50.00
❏ PEACE ON EARTH...ANYWAY 183377	1996	YR	50.00	50.00
❏ WISHING YOU/SWEETEST CHRISTMAS 530204	1992	YR	50.00	60.00
❏ YOU'RE AS PRETTY AS A CHRISTMAS TREE	1994	YR	50.00	50.00

PLATES

NAME	YEAR	LIMIT	ISSUE	TREND
PRECIOUS MOMENTS CHRISTMAS BLESSINGS				S. BUTCHER
❑ BLESSING FROM ME TO THEE 523860	1991	YR	50.00	55.00
❑ BUT THE GREATEST/LOVE 527742	1992	YR	50.00	55.00
❑ WISHING YOU A YUMMY CHRISTMAS 523801	1990	YR	50.00	55.00
PRECIOUS MOMENTS CHRISTMAS COLLECTION				S. BUTCHER
❑ COME LET US ADORE HIM E-5646	1981	15000	40.00	55.00
❑ LET HEAVEN AND NATURE SING E-2347	1982	15000	40.00	45.00
❑ UNTO US A CHILD IS BORN E-5395	1984	15000	40.00	45.00
❑ WEE THREE KINGS E-0538	1983	15000	40.00	50.00
PRECIOUS MOMENTS CHRISTMAS LOVE				S. BUTCHER
❑ I'M SENDING YOU A WHITE CHRISTMAS 101834	1986	YR	45.00	50.00
❑ MAY YOUR CHRISTMAS BE/HAPPY HOME 523003	1989	YR	50.00	50.00
❑ MERRY CHRISTMAS DEER 520284	1988	YR	50.00	70.00
❑ MY PEACE I GIVE TO THEE 102954	1987	YR	45.00	75.00
PRECIOUS MOMENTS INSPIRED THOUGHTS				S. BUTCHER
❑ I BELIEVE IN MIRACLES E-9257	1983	15000	40.00	50.00
❑ LOVE IS KIND E-2847	1984	15000	40.00	50.00
❑ LOVE ONE ANOTHER E-5215	1985	15000	40.00	50.00
❑ MAKE A JOYFUL NOISE E-7174	1982	15000	40.00	50.00
PRECIOUS MOMENTS JOY OF CHRISTMAS				S. BUTCHER
❑ CHRISTMASTIME IS FOR SHARING E-0505	1983	YR	40.00	50.00
❑ I'LL PLAY MY DRUM FOR HIM E2357	1982	YR	40.00	50.00
❑ TELL ME THE STORY OF JESUS 15237	1984	YR	40.00	70.00
❑ WONDER OF CHRISTMAS, THE E-5396	1984	YR	40.00	50.00
PRECIOUS MOMENTS MOTHER'S DAY				S. BUTCHER
❑ HAND THAT ROCKS THE FUTURE, THE E-9256	1983	15000	40.00	50.00
❑ HE HATH MADE EVERYTHING...TIME 2ND ED. 129151	1995	YR	50.00	50.00
❑ LOVING THY NEIGHBOR E-2848	1984	15000	40.00	50.00
❑ MOTHER SEW DEAR E-5217	1980	15000	40.00	55.00
❑ OF ALL THE MOTHERS....AS PRECIOUS AS MY OWN 163716	1996	YR	50.00	50.00
❑ PURR-FECT GRANDMA, THE E-7173	1982	15000	40.00	50.00
❑ THINKING OF YOU...REALLY..TO DO 531766	1993	YR	50.00	55.00
PRECIOUS MOMENTS OPEN EDITIONS				S. BUTCHER
❑ BRING THE LITTLE ONES TO JESUS 531359	1994	YR	50.00	55.00
❑ JESUS LOVES ME E-9275	1982	SU	30.00	45.00
❑ JESUS LOVES ME E-9276	1982	SU	30.00	45.00
❑ LORD BLESS YOU AND KEEP YOU, THE E-5216	1981	SU	30.00	40.00
❑ OUR FIRST CHRISTMAS TOGETHER E-2378	1982	SU	30.00	50.00
❑ REJOICING WITH YOU E 7172	1982	SU	30.00	45.00
PRECIOUS MOMENTS THE FOUR SEASONS SERIES				S. BUTCHER
❑ AUTUMN'S PRAISE 12122	1986	YR	40.00	50.00
❑ SUMMER'S JOY 12114	1985	YR	40.00	60.00
❑ VOICE OF SPRING, THE 12106	1985	YR	40.00	75.00
❑ WINTER'S SONG 12130	1986	YR	40.00	60.00

FAIRMONT

NAME	YEAR	LIMIT	ISSUE	TREND
FAMOUS CLOWNS				R. SKELTON
❑ FREDDIE THE FREELOADER	1976	10000	55.00	550.00
❑ HAPPY	1978	10000	55.00	80.00
❑ PLEDGE, THE	1979	10000	55.00	70.00
❑ W.C. FIELDS	1977	10000	55.00	150.00
SPENCER SPECIAL				I. SPENCER
❑ HUG ME	1978	10000	55.00	155.00
❑ SLEEP LITTLE BABY	1978	10000	65.00	130.00

FENTON ART GLASS

NAME	YEAR	LIMIT	ISSUE	TREND
				*
❑ 7418SU STUDEBAKER 8"	1986	*	*	135.00
❑ PLAQUE 7698SU STUDEBAKER	1986	5000	*	85.00
❑ PLATE 7418 BOB EVANS 8"	1988	*	*	50.00
❑ PLATE 7418 EVANS XMAS 8"	1988	*	*	50.00
❑ PLATE 7418 GARDEN OF EDEN 8"	1985	*	*	55.00
❑ PLATE 7418 LEVEE 8"	1988	*	*	50.00
❑ PLATE 7418 MARIETTA 8"	1988	*	*	60.00
❑ PLATE 7418AO XMAS FANTASY 8"	1983	*	*	40.00
❑ PLATE 7418BL 8"	1990	*	*	75.00
❑ PLATE 7418CU MINERVA OH SESQ 8"	1983	*	*	50.00
❑ PLATE 7418FN MOTHER'S DAY 8"	1981	*	*	45.00
❑ PLATE 7418FV DESIGNER SERIES 8"	1983	*	*	95.00
❑ PLATE 7418LT COUNTRY SCENE 8"	1990	*	*	75.00
❑ PLATE 7418LT DESIGNER SERIES 8"	1983	*	*	85.00
❑ PLATE 7418NB 8"	1990	*	*	75.00
❑ PLATE 7418OC XMAS 8"	1982	*	*	45.00
❑ PLATE 7418PM PRECIOUS PANDA 8"	1994	*	*	35.00
❑ PLATE 7418RQ MOTHER'S DAY 8"	1983	*	*	50.00
❑ PLATE 7418SN MOTHER'S DAY 8"	1990	*	*	50.00
❑ PLATE 7418TP JUPITER 8"	1986	5000	*	100.00
❑ PLATE 7418WP XMAS FANTASY 8"	1985	*	*	45.00
❑ PLATE 7615AC ARTIST SERIES	1989	*	*	20.00
❑ PLATE 7615CL CUP CLOWN	1985	*	*	20.00
❑ PLATE 7615CX CUP CHILDHOOD	1989	*	*	18.00
❑ PLATE 7615FG CUP ARTIST SERIES	1985	*	*	20.00
❑ PLATE 7615HQ CUP HOBBY HORSE	1985	*	*	20.00
❑ PLATE 7615PN CUP CHILDHOOD	1987	*	*	18.00
❑ PLATE 7615PN CUP FRISKY PUP	1987	*	*	20.00
❑ PLATE 7615SF CUP ARTIST SERIES	1987	*	*	20.00
❑ PLATE 7615TC CUP ARTIST SERIES	1982	*	*	20.00

PLATES

NAME	YEAR	LIMIT	ISSUE	TREND
❑ PLATE 7615WC CUP ARTIST SERIES	1983	*	*	20.00
❑ PLATE 7618 IN SEASON 8"	1985	*	*	120.00
❑ PLATE 7618EE DESIGNER SERIES 8"	1984	1250	*	50.00
❑ PLATE 7618LE DESIGNER 9"	1986	*	*	65.00
❑ PLATE 8011LE DESIGNER 9"	1985	*	*	50.00
❑ PLATE 8281FL XMAS IN AMERICA 8"	1981	*	*	50.00
❑ PLATE 8415TB OLD HOME C&I	1982	*	*	35.00
❑ PLATE 8417TN HARVEST C&I	1981	*	*	35.00
❑ PLATE 8418CN CURRIER & IVES	1984	*	*	35.00
❑ PLATE 8418TB CURRIER & IVES 8"	1981	*	*	25.00
❑ PLATE 9412FL NATIVITY	1981	*	*	25.00
❑ PLATE 9412FT NATIVITY	1981	*	*	25.00
❑ PLATE 9412TB NATIVITY	1981	*	*	25.00
❑ PLATE 9412TG NATIVITY	1981	*	*	25.00
❑ PLATE 9412VE	1981	*	*	30.00
❑ PLATE 9614NK 8"	1985	19500	*	35.00
❑ PLATE CUP 7615WC	1983	*	*	20.00
				*
❑ PLATE 8011 9"	*	*	*	15.00

AMERICAN CRAFTSMAN CARNIVAL *

NAME	YEAR	LIMIT	ISSUE	TREND
❑ BLACKSMITH	1972	CL	10.00	35.00
❑ CABINETMAKER	1979	CL	15.00	35.00
❑ COOPER	1974	CL	12.00	35.00
❑ GLASSMAKER	1970	CL	10.00	35.00
❑ GUNSMITH	1976	CL	15.00	35.00
❑ HOUSEWRIGHT 9681	1981	CL	18.00	35.00
❑ POTTER	1977	CL	15.00	35.00
❑ PRINTER	1971	CL	10.00	35.00
❑ SHOEMAKER	1973	CL	12.00	35.00
❑ SILVERSMITH REVERE	1975	CL	12.00	35.00
❑ TANNER	1980	CL	16.00	35.00
❑ WHEELWRIGHT	1978	CL	15.00	35.00

BIRDS OF WINTER ED. I D. JOHNSON

NAME	YEAR	LIMIT	ISSUE	TREND
❑ PLATE 7418BC W/STAND 8"	1987	4500	40.00	40.00

BIRDS OF WINTER ED. II D. JOHNSON

| ❑ PLATE 7418BD W/STAND 8" | 1988 | 4500 | 40.00 | 40.00 |

BIRDS OF WINTER ED. III D. JOHNSON

| ❑ PLATE 7418BL W/STAND 8" | 1990 | 4500 | 40.00 | 40.00 |

BIRDS OF WINTER ED. IV D. JOHNSON

| ❑ PLATE 7418NB W/STAND 8" | 1980 | 4500 | 40.00 | 40.00 |

CHRISTMAS AT HOME ED. I F. BURTON

| ❑ PLATE 7418HD W/STAND 8" | 1990 | 3500 | 45.00 | 40.00 |

CHRISTMAS AT HOME ED. II (CHRISTMAS EVE) F. BURTON

| ❑ PLATE 7418HJ W/ STAND 8" | 1991 | 3500 | 45.00 | 40.00 |

CHRISTMAS AT HOME ED. III F. BURTON

| ❑ PLATE 7418HQ W/STAND 8" | 1992 | 3500 | 49.00 | 40.00 |

CHRISTMAS AT HOME ED. IV F. BURTON

| ❑ PLATE 7418HT W/STAND | 1993 | 3500 | 49.00 | 40.00 |

CHRISTMAS CLASSICS ED. II K. CUNNINGHAM

| ❑ PLATE 7418NC 8" NATURE'S CHRISTMAS | 1979 | YR | 35.00 | 30.00 |

CHRISTMAS CLASSICS ED. III D. JOHNSON

| ❑ PLATE 7418GH 8" GOING HOME | 1980 | YR | 39.00 | 40.00 |

CHRISTMAS CLASSICS ED. IV D. JOHNSON

| ❑ PLATE 7418AC 8" ALL IS CALM | 1981 | YR | 43.00 | 30.00 |

CHRISTMAS CLASSICS ED. V R. SPINDLER

| ❑ PLATE 7418NA 8" COUNTRY CHRISTMAS | 1982 | YR | 43.00 | 40.00 |

CHRISTMAS FANTASY ED. I D. JOHNSON

| ❑ PLATE 7418AO 8" ANTICIPATION | 1983 | 7500 | 45.00 | 40.00 |

CHRISTMAS FANTASY ED. II D. JOHNSON

| ❑ PLATE 7418GE 8" EXPECTATION | 1984 | 7500 | 50.00 | 40.00 |

CHRISTMAS FANTASY ED. III D. JOHNSON

| ❑ PLATE 7418WP 8" HEART'S DESIRE | 1985 | 7500 | 50.00 | 40.00 |

CHRISTMAS FANTASY ED. IV L. EVERSON

| ❑ PLATE 7418CV 8" SHARING THE SPIRIT | 1987 | YR | 50.00 | 40.00 |

CHRISTMAS STAR F. BURTON

| ❑ OUR HOME IS BLESSED 7418VT W/STAND 8" | 1995 | 1500 | 65.00 | 40.00 |
| ❑ SILENT NIGHT | 1994 | 1500 | 65.00 | 40.00 |

CHRISTMAS STAR ED. III F. BURTON

| ❑ PLATE 7418SN 8" STAR OF WONDER | 1996 | 1750 | 65.00 | 40.00 |

CLYDESDALE *

| ❑ PLATE 7418XA 8" W/STAND | 1983 | * | 12.00 | 95.00 |

EASTER LIMITED EDITIONS M. REYNOLDS

| ❑ COVERED HEN & EGG 5188YZ | 1995 | 950 | 95.00 | 135.00 |

HANDPAINTED MOTHER'S DAY M. REYNOLDS

NAME	YEAR	LIMIT	ISSUE	TREND
❑ GENTLE FAWN	1981	CL	33.00	30.00
❑ LET'S PLAY WITH MOM 7418X5 8" W/STAND	1992	CL	50.00	35.00
❑ LOVING PUPPY	1994	CL	50.00	50.00
❑ MOTHER DEER	1993	CL	50.00	35.00
❑ MOTHER'S LITTLE LAMB	1985	CL	35.00	30.00
❑ MOTHER'S WATCHFUL EYE	1991	CL	45.00	45.00
❑ NATURE'S AWAKENING	1982	CL	35.00	35.00
❑ NEW BORN	1980	CL	29.00	25.00
❑ PRECIOUS PANDA	1984	CL	35.00	25.00
❑ WHITE SWAN	1990	CL	45.00	45.00

The 1893 Columbian Exposition *was commemorated by Anheuser-Busch Inc. in this piece from the "Archives Plate Series." Production was limited to 25 days in 1992,* its year of issue.

This colorful plate by Fitz and Floyd is aptly titled A Mad Tea Party, *the first edition in the "Wonderland" series and limited to 5,000 pieces.*

Made of pristine white oxolyte, Silent Night, *the first issue in Roman Inc.'s "Millenium" series, was limited to 2,000.*

Summer Wedding, *by P. Buckley Moss, depicts the simplicity and joy of an Amish summer wedding.*

NAME	YEAR	LIMIT	ISSUE	TREND
HISTORICAL COLLECTION				*
❑ CAKEPLATE 4671BO 11-1/4"	1991	*	40.00	40.00
❑ PLATE 4611DT 12"	1991	*	35.00	35.00
LOVES ME, LOVES ME NOT				*
❑ PLATE WITH STAND, 9" 8319RY	1994	TL	65.00	65.00
MARY GREGORY				**M. REYNOLDS**
❑ PLATE 8319RG W/STAND 9"	1995	CL	65.00	65.00
❑ PLATE 8319RY W/STAND	1994	CL	65.00	70.00
SMOKE 'N CINDERS				**M. DICKINSON**
❑ PLATE WITH STAND, 8" 7618TL	1984	1250	*	95.00
STATUE OF LIBERTY				*
❑ PLATE 7618LO DESIGNER 9"	1985	1250	*	75.00

FITZ & FLOYD

NAME	YEAR	LIMIT	ISSUE	TREND
ANNUAL CHRISTMAS PLATE				**R. HAVINS**
❑ MAGIC OF THE NUTCRACKER, THE	1992	CL	65.00	70.00
ANNUAL CHRISTMAS PLATE				**T. KERR**
❑ DICKENS CHRISTMAS	1993	5000	75.00	80.00
❑ NIGHT BEFORE CHRISTMAS	1994	7500	75.00	80.00
MYTH OF SANTA CLAUS				**R. HAVINS**
❑ CANDYLAND SANTA	1994	5000	75.00	80.00
❑ FATHER FROST	1993	5000	70.00	75.00
TWELVE DAYS OF CHRISTMAS				**R. HAVINS**
❑ TWELVE DAYS OF CHRISTMAS	1993	5000	75.00	80.00
WONDERLAND				**R. HAVINS**
❑ MAD TEA PARTY	1993	5000	70.00	75.00

FLAMBRO

NAME	YEAR	LIMIT	ISSUE	TREND
EMMETT KELLY JR.				**D. RUST**
❑ 70TH BIRTHDAY COMMEMORATIVE	1994	5000	30.00	100
❑ ALL WRAPPED UP IN CHRISTMAS	1995	5000	30.00	60.00
❑ AND GOD BLESS AMERICA-PLATE IV	1986	10000	40.00	150.00
❑ AUTUMN	1992	10000	60.00	95.00
❑ BALLOONS FOR SALE-PLATE II	1984	10000	40.00	250.00
❑ BIG BUSINESS-PLATE III	1985	10000	40.00	250.00
❑ LOOKING BACK-65TH BIRTHDAY	1989	6500	50.00	225.00
❑ SANTA'S STOWAWAY	1993	10000	30.00	60.00
❑ SPRING	1992	10000	60.00	95.00
❑ SUMMER	1992	10000	60.00	95.00
❑ TIS THE SEASON	1988	10000	50.00	150.00
❑ WHY ME?-PLATE I	1983	10000	40.00	275.00
❑ WINTER	1991	10000	60.00	185.00
RAGGEDY ANN & ANDY				**C. BEYLON**
❑ 70 YEARS YOUNG	1988	10000	35.00	35.00

FOUNTAINHEAD

NAME	YEAR	LIMIT	ISSUE	TREND
AS FREE AS THE WIND				**M. FERNANDEZ**
❑ AS FREE AS THE WIND	1989	*	295.00	700.00
SEASONS				**M. FERNANDEZ**
❑ FALL CARDINALS	1986	5000	85.00	150.00
❑ SPRING ROBINS	1987	5000	85.00	150.00
❑ SUMMER GOLDFINCHES	1987	5000	85.00	150.00
❑ WINTER CHICKADEES	1987	5000	85.00	150.00
TWELVE DAYS OF CHRISTMAS				**M. FERNANDEZ**
❑ FOUR CALLING BIRDS	1989	7500	*	155.00
❑ PARTRIDGE IN A PEAR TREE	1988	7500	155.00	155.00
❑ THREE FRENCH HENS	1989	7500	155.00	155.00
❑ TWO TURTLEDOVES	1988	7500	*	155.00
WINGS OF FREEDOM				**M. FERNANDEZ**
❑ COURTSHIP FLIGHT	1985	2500	250.00	1450.00
❑ WINGS OF FREEDOM	1986	2500	250.00	1450.00

FRANKLIN MINT

NAME	YEAR	LIMIT	ISSUE	TREND
				N. MATTHEWS
❑ KITTEN COMPANIONS	1995	45 DAYS	55.00	55.00
				T. POLITOWICZ
❑ IMPERIAL HUMMINGBIRD, THE	1995	45 DAYS	30.00	30.00
TEDDY BEAR MUSEUM				**BROOKS**
❑ JUST MARRIED	1994	*	*	43.00

GARTLAN USA

NAME	YEAR	LIMIT	ISSUE	TREND
BOB COUSY COLLECTION				**M./J. TAYLOR**
❑ BOB COUSY 10 1/4"	1994	RT	175.00	200.00
❑ BOB COUSY 3 1/4"	1994	OP	15.00	15.00
❑ BOB COUSY 8 1/4"	1994	5000	30.00	30.00
BRETT & BOBBY HULL				**M. TAYLOR**
❑ HOCKEY'S GOLDEN BOYS 3 1/4"	1991	OP	15.00	25.00
❑ HOCKEY'S GOLDEN BOYS 8 1/2"	1991	10000	30.00	40.00
❑ HOCKEY'S GOLDEN BOYS SIGNED 10 1/4"	1991	950	250.00	200.00
❑ PLATE A/P	1992	300	350.00	355.00
CARL YASTRZEMSKI-THE IMPOSSIBLE DREAM				**M. TAYLOR**
❑ PLATE 3 1/4"	1993	OP	15.00	20.00
❑ PLATE 8 1/2"	1993	10000	30.00	40.00
❑ SIGNED PLATE 10 1/4"	1993	950	150.00	165.00
CARLTON FISK				**M. TAYLOR**
❑ PLATE 3 1/4"	1992	OP	15.00	20.00

PLATES

NAME	YEAR	LIMIT	ISSUE	TREND
❏ PLATE 8 1/2"	1992	10000	30.00	35.00
❏ SIGNED PLATE 10 1/4"	1992	950	70.00	150.00
❏ SIGNED PLATE, A/P 10 1/4"	1992	300	175.00	230.00
CLUB				**M./J. TAYLOR**
❏ AL BARLICK PLATE	1991	CL	*	200.00
COACHING CLASSICS-JOHN WOODEN				**M. TAYLOR**
❏ COLLECTOR PLATE 3 1/4"	1989	OP	15.00	20.00
❏ COLLECTOR PLATE 8 1/2"	1989	10000	30.00	35.00
❏ COLLECTOR PLATE, SIGNED 10 1/4"	1989	1975	100.00	140.00
DALE EARNHARDT				**M. TAYLOR**
❏ PLATE 3 1/4"	1995	OP	15.00	15.00
❏ PLATE 8 1/2"	1995	10000	30.00	30.00
❏ SIGNED PLATE 10 1/4"	1995	1994	150.00	155.00
DARRYL STRAWBERRY				**M. TAYLOR**
❏ PLATE 3 1/4"	1990	OP	15.00	20.00
❏ PLATE 8 1/2"	1990	10000	30.00	50.00
❏ SIGNED PLATE 10 1/4"	1990	2500	70.00	130.00
FRANK THOMAS				**M. TAYLOR**
❏ PLATE 3 1/4"	1994	OP	15.00	15.00
❏ PLATE 8 1/2"	1994	10000	30.00	30.00
❏ SIGNED PLATE 10 1/4"	1994	1994	150.00	155.00
GEORGE BRETT GOLD CROWN COLLECTION				**J. MARTIN**
❏ GEORGE BRETT, BASEBALL ALL STAR 3 1/4"	1986	OP	13.00	25.00
❏ GEORGE BRETT, SIGNED 10 1/4"	1986	2000	100.00	360.00
GORDIE HOWE				**M. TAYLOR**
❏ SIGNED PLATE 10 1/4"	1992	2358	90.00	130.00
❏ SIGNED PLATE 3 1/4"	1992	OP	15.00	20.00
❏ SIGNED PLATE 8 1/2"	1992	10000	30.00	55.00
❏ SIGNED PLATE, A/P 10 1/4"	1992	250	150.00	175.00
JOE MONTANA				**M. TAYLOR**
❏ PLATE 3 1/4"	1991	OP	15.00	20.00
❏ PLATE 8 1/2"	1991	10000	30.00	40.00
❏ PLATE, K.C. CHIEFS 3 1/4"	1994	OP	15.00	15.00
❏ PLATE, K.C. CHIEFS 8 1/2"	1994	10000	30.00	30.00
❏ SIGNED PLATE 10 1/4"	1991	2250	125.00	300
❏ SIGNED PLATE, A/P 10 1/4"	1991	250	195.00	400.00
JOHNNY BENCH				**M. TAYLOR**
❏ COLLECTOR PLATE 3 1/4"	1989	OP	15.00	20.00
❏ COLLECTOR PLATE, SIGNED 10 1/4"	1989	1989	100.00	205.00
KAREEM ABDUL-JABBAR SKY-HOOK COLLECTION				**M. TAYLOR**
❏ COLLECTOR PLATE 3 1/4"	1989	CL	16.00	35.00
❏ KAREEM ABDUL-JABBAR, SIGNED 10 1/4"	1989	1989	100.00	210.00
KEN GRIFFEY JR.				**M. TAYLOR**
❏ PLATE 3 1/4"	1992	OP	15.00	20.00
❏ PLATE 8 1/2"	1992	10000	30.00	40.00
❏ SIGNED PLATE 10 1/4"	1992	1989	100.00	115.00
❏ SIGNED PLATE, A/P 10 1/2"	1992	300	195.00	200.00
KRISTI YAMAGUCHI COLLECTION				**M. TAYLOR**
❏ KRISTI YAMAGUCHI 8 1/4"	1993	5000	30.00	30.00
❏ KRISTI YAMAGUCHI 10 1/4"	1993	50	150.00	200.00
❏ KRISTI YAMAGUCHI 3 1/4"	1993	OP	15.00	15.00
❏ PLATE 3 1/4"	1993	OP	15.00	20.00
❏ PLATE 8 1/2"	1993	5000	30.00	40.00
❏ SIGNED PLATE 10 1/4"	1993	950	100.00	400.00
LEAVE IT TO BEAVER/JERRY MATHERS				**M. TAYLOR**
❏ LEAVE IT TO BEAVER 10 1/4"	1995	1963	125.00	120.00
❏ LEAVE IT TO BEAVER 10 1/4" AP	1995	234	175.00	175.00
❏ LEAVE IT TO BEAVER 3 1/4"	1995	OP	15.00	15.00
❏ LEAVE IT TO BEAVER 8 1/4"	1995	10000	40.00	55.00
LUIS APARICIO				**M. TAYLOR**
❏ PLATE 3 1/4"	1990	OP	15.00	25.00
❏ PLATE 8 1/2"	1990	10000	30.00	50.00
❏ SIGNED PLATE 10 1/4"	1990	1984	70.00	275.00
MAGIC JOHNSON GOLD RIM COLLECTION				**R. WINSLOW**
❏ MAGIC JOHNSON-THE MAGIC SHOW	1987	CL	14.00	30.00
❏ MAGIC JOHNSON-THE MAGIC SHOW SIGNED	1987	1987	100.00	450.00
MIKE SCHMIDT 500TH HOME RUN EDITION				**C. PALUSO**
❏ MIKE SCHMIDT H/S DATED	1987	50	100.00	600.00
❏ MIKE SCHMIDT-POWER AT THE PLATE	1987	OP	14.00	20.00
❏ MIKE SCHMIDT-POWER AT THE PLATE SIGNED	1987	1987	100.00	350.00
PATRICK EWING				**M. TAYLOR**
❏ PLATE 3 1/4"	1995	OP	15.00	15.00
❏ PLATE 8 1/2"	1995	10000	30.00	30.00
❏ SIGNED PLATE 10 1/4"	1995	950	150.00	155.00
PETE ROSE DIAMOND COLLECTION				**B. FORBES**
❏ PETE ROSE SIGNED A/P 10 1/4"	1988	50	300.00	400.00
❏ PETE ROSE-THE REIGNING LEGEND 3 1/4"	1988	OP	14.00	20.00
❏ PETE ROSE-THE REIGNING LEGEND SIGNED	1988	950	195.00	275.00
PETE ROSE PLATINUM EDITION				**T. SIZEMORE**
❏ PETE ROSE "THE BEST OF BASEBALL"	1985	4192	100.00	300
❏ PETE ROSE H/S DATED	1985	50	100.00	680.00
❏ PETE ROSE-THE BEST OF BASEBALL 3 1/4"	1985	OP	13.00	25.00
PHIL ESPOSITO				**M. TAYLOR**
❏ PLATE 3 1/4"	1992	OP	15.00	20.00
❏ PLATE 8 1/2"	1992	10000	30.00	40.00

PLATES

NAME	YEAR	LIMIT	ISSUE	TREND
❏ SIGNED PLATE 10 1/4"	1992	1984	150.00	155.00
❏ SIGNED PLATE, A/P 10 1/2"	1992	300	195.00	200.00
RINGO STARR				**M. TAYLOR**
❏ RINGO STARR 10 1/4" AP SIGNED	1996	250	400.00	400.00
❏ RINGO STARR 10" SIGNED	1996	1000	225.00	300
❏ RINGO STARR 3 3/4" MINI	1996	OP	15.00	15.00
❏ RINGO STARR 8 1/4"	1996	10000	30.00	30.00
ROD CAREW				**M. TAYLOR**
❏ HITTING FOR THE HALL 3 1/4"	1991	OP	15.00	25.00
❏ HITTING FOR THE HALL 8 1/2"	1991	10000	30.00	50.00
❏ HITTING FOR THE HALL, 10 1/4" SIGNED	1991	950	70.00	155.00
ROGER STAUBACH STERLING COLLECTION				**C. SOILEAU**
❏ ROGER STAUBACH 3 1/4"	1987	OP	13.00	25.00
❏ ROGER STAUBACH, SIGNED 10 1/4"	1987	1979	100.00	275.00
ROUND TRIPPER				**J. MARTIN**
❏ REGGIE JACKSON 3 1/4"	1986	OP	13.00	25.00
SAM SNEAD COLLECTION				**M. TAYLOR**
❏ SAM SNEAD 10 1/4" SIGNED	1994	50	100.00	100
❏ SAM SNEAD 3 1/4"	1994	OP	15.00	15.00
❏ SAM SNEAD 8 1/4"	1994	5000	30.00	30.00
SHAQUILLE O'NEAL				**M. TAYLOR**
❏ PLATE 3 1/4"	1994	OP	15.00	15.00
❏ PLATE 8 1/2"	1994	10000	30.00	40.00
❏ SIGNED PLATE 10 1/4"	1994	1993	195.00	200.00
SHAQUILLE O'NEAL CLUB PLATE				**M. TAYLOR**
❏ SHAQUILLE O'NEAL	1994	*	30.00	50.00
TOM SEAVER				**M. TAYLOR**
❏ SIGNED PLATE 10 1/4"	1992	1992	90.00	400.00
❏ SIGNED PLATE 3 1/4"	1992	OP	15.00	20.00
❏ SIGNED PLATE 8 1/2"	1992	10000	30.00	40.00
TROY AIKMAN				**M. TAYLOR**
❏ PLATE 3 1/2"	1994	OP	15.00	15.00
❏ PLATE 8 1/2"	1994	10000	30.00	40.00
❏ SIGNED PLATE 10 1/4"	1994	1993	150.00	275.00
WAYNE GRETZKY				**M. TAYLOR**
❏ COLLECTOR PLATE 3 1/4"	1989	OP	15.00	25.00
❏ COLLECTOR PLATE 8 1/2"	1989	10000	45.00	55.00
❏ COLLECTOR PLATE, A/P, SIGNED	1989	300	300.00	430.00
❏ COLLECTOR PLATE, H/S BY GRETZKY & HOWE	1989	1851	225.00	290.00
WHITEY FORD				**M. TAYLOR**
❏ PLATE 3 1/4"	1990	OP	15.00	20.00
❏ PLATE 8 1/2"	1990	10000	30.00	40.00
❏ SIGNED PLATE 10 1/4"	1990	2360	70.00	200.00
YOGI BERRA				**M. TAYLOR**
❏ COLLECTOR PLATE 3 1/4"	1989	OP	15.00	25.00
❏ COLLECTOR PLATE 8 1/2"	1989	10000	30.00	40.00
❏ COLLECTOR PLATE, SIGNED 10 1/4"	1989	2150	100.00	300
❏ COLLECTOR PLATE, SIGNED A/P 10 1/4"	1989	250	175.00	280

GOEBEL INC.

				M.I. HUMMEL
❏ JOYFUL NOISE HUM 696	1999	YR	145.00	150.00
FIGURAL CHRISTMAS PLATES				**M.I. HUMMEL**
❏ CHRISTMAS SONG HUM 692	1996	CL	130.00	50.00-75.00
❏ FESTIVAL HARMONY W/FLUTE HUM 693	1995	CL	125.00	50.00-75.00
❏ THANKSGIVING PRAYER HUM 694	1997	YR	140.00	50.00-75.00
FOUR SEASONS				**M.I. HUMMEL**
❏ AUTUMN GLORY HUM 299	1999	YR	195.00	200.00
❏ SUMMERTIME STROLL HUM 298	1998	YR	*	200.00
❏ WINTER MELODY HUM 296	1996	YR	195.00	200.00
FRIENDS FOREVER				**M.I. HUMMEL**
❏ FOR FATHER HUM-293	1993	CL	195.00	125.00
❏ MEDITATION HUM-292	1992	CL	180.00	125.00
❏ SURPRISE PLATE HUM-295	1995	CL	210.00	125.00
❏ SWEET GREETINGS PLATE HUM-294	1994	CL	205.00	125.00
KITCHEN MOULD COLLECTION				**M.I. HUMMEL**
❏ KITCHEN MOULD COLLECTION HUM-669	1991	CL	99.00	163.00
❏ KITCHEN MOULD COLLECTION HUM-670	1991	CL	99.00	163.00
❏ KITCHEN MOULD COLLECTION HUM-671	1991	CL	99.00	163.00
❏ KITCHEN MOULD COLLECTION HUM-672	1991	CL	99.00	163.00
LITTLE HOMEMAKERS				**M.I. HUMMEL**
❏ CHICKEN LICKEN HUM-748	1991	CL	70.00	30.00
❏ LITTLE SWEEPER HUM-745	1988	CL	45.00	30.00
❏ STITCH IN TIME HUM-747	1990	CL	50.00	30.00
❏ WASH DAY HUM-746	1989	CL	50.00	30.00
LITTLE MUSIC MAKER				**M.I. HUMMEL**
❏ BAND LEADER HUM-742	1987	CL	40.00	30.00
❏ LITTLE FIDDLER HUM-744	1984	CL	30.00	30.00
❏ SERENADE HUM-741	1985	CL	30.00	30.00
❏ SOLOIST HUM-743	1986	CL	35.00	30.00
M.I. HUMMEL				**M.I. HUMMEL**
❏ LIGHT THE WAY	2000	*	145.00	145.00
M.I. HUMMEL ANNIVERSARY PLATES				**M.I. HUMMEL**
❏ AUF WIEDERSEHEN HUM-282	1985	CL	225.00	175.00
❏ RING AROUND THE ROSIE HUM-281	1980	CL	225.00	125.00
❏ STORMY WEATHER HUM-280	1975	CL	100.00	125.00

PLATES

NAME	YEAR	LIMIT	ISSUE	TREND
M.I. HUMMEL ANNUAL COLLECTIBLE PLATES				**M.I. HUMMEL**
❏ APPLE TREE BOY HUM-270	1977	CL	53.00	63.00
❏ APPLE TREE GIRL HUM-269	1976	CL	50.00	75.00
❏ BUMBLEBEE FRIEND HUM 923	2002	*	198.00	198.00
❏ CHICK GIRL HUM-278	1985	CL	110.00	63.00
❏ COME BACK SOON HUM 291	1995	CL	250.00	175.00-250.00
❏ DOCTOR HUM-290	1994	CL	225.00	150.00-200.00
❏ DOLL BATH HUM-289	1993	CL	210.00	150.00-200.00
❏ FARM BOY HUM-285	1989	CL	160.00	100.00-125.00
❏ FEEDING TIME HUM-283	1987	CL	135.00	250.00-300.00
❏ GLOBE TROTTER HUM-266	1973	CL	33.00	175.00
❏ GOOSE GIRL HUM-267	1974	CL	40.00	63.00
❏ HAPPY PASTIME HUM-271	1978	CL	65.00	63.00
❏ HEAR YE, HEAR YE HUM-265	1972	CL	30.00	63.00
❏ HEAVENLY ANGEL HUM-264	1971	CL	25.00	500.00-750.00
❏ JUST RESTING HUM-287	1991	CL	196.00	150.00-200.00
❏ LITTLE GOAT HERDER HUM-284	1988	CL	145.00	125.00-150.00
❏ LITTLE HELPER HUM-277	1984	CL	108.00	63.00
❏ PLAYMATES HUM-279	1986	CL	125.00	125.00-200.00
❏ POSTMAN HUM-276	1983	CL	108.00	200.00-250.00
❏ RIDE INTO CHRISTMAS HUM-268	1975	CL	50.00	63.00
❏ SCHOOL GIRL HUM-273	1980	CL	100.00	50.00
❏ SHEPHERD'S BOY HUM-286	1990	CL	170.00	150.00-200.00
❏ SINGING LESSON HUM-272	1979	CL	90.00	50.00
❏ UMBRELLA BOY HUM-274	1981	CL	100.00	63.00
❏ UMBRELLA GIRL HUM-275	1982	CL	100.00	125.00-150.00
❏ WAYSIDE HARMONY HUM-288	1992	CL	210.00	150.00-200.00
M.I. HUMMEL CHRISTMAS PLATES				**M.I. HUMMEL**
❏ ANGEL DUET	1988	20000	40.00	50.00
❏ CELESTIAL MUSICIAN	1987	20000	35.00	69.00
❏ GUIDING LIGHT	1989	20000	*	75.00
❏ TENDER WATCH	1990	20000	*	75.00
M.I. HUMMEL CLUB EXCLUSIVE-CELEBRATION				**M.I. HUMMEL**
❏ DAISIES DON'T TELL HUM-736	1988	CL	115.00	55.00
❏ IT'S COLD HUM-735	1989	CL	120.00	55.00
❏ VALENTINE GIFT HUM-738	1986	CL	90.00	55.00
❏ VALENTINE JOY HUM-737	1987	CL	98.00	55.00
M.I. HUMMEL FIGURAL CHRISTMAS PLATES				**M.I. HUMMEL**
❏ ECHOES OF JOY HUM 695	1998	YR	145.00	75.00-100.00
M.I. HUMMEL PLAQUES				**M.I. HUMMEL**
❏ ARTIST PLAQUE HUM-756	1993	CL	260.00	350.00-500.00
❏ M.I. HUMMEL DEALER'S PLAQ FRENCH HUM-208	1949	CL	*	3000.00-6000.00
❏ M.I. HUMMEL PLAQUES (IN ENGLISH) HUM-187	1947	CL	*	175.00-1500.00
❏ MERRY WANDERER WALL PLAQUE HUM-263	1968	CL	*	12500.00
❏ PUPPY LOVE, DISPLAY PLAQUE HUM-767	1995	OP	240.00	325.00
❏ STAR GLAZER, WALL PLAQUE HUM-237	1954	CL	*	10,000.00-15,000.0
M.I. HUMMEL PLAQUES- BRITISH VERSION				**M.I. HUMMEL**
❏ GOEBEL AUTHORIZED RETAILER PLAQ. HUM-460	1986	OP	*	300.00-750.00
M.I. HUMMEL PLAQUES- DUTCH VERSION				**M.I. HUMMEL**
❏ GOEBEL AUTHORIZED RETAILER PLAQ. HUM-460	1986	OP	*	300.00-1500.00
M.I. HUMMEL PLAQUES- FRENCH VERSION				**M.I. HUMMEL**
❏ GOEBEL AUTHORIZED RETAILER PLAQ. HUM-460	1986	OP	*	300.00-1000.00
M.I. HUMMEL PLAQUES- GERMAN VERSION				**M.I. HUMMEL**
❏ GOEBEL AUTHORIZED RETAILER PLAQ. HUM-460	1986	OP	*	300.00-1000.00
M.I. HUMMEL PLAQUES- ITALIAN VERSION				**M.I. HUMMEL**
❏ GOEBEL AUTHORIZED RETAILER PLAQ. HUM-460	1986	OP	*	300.00-1500.00
M.I. HUMMEL PLAQUES MADE IN GERMANY				**M.I. HUMMEL**
❏ M.I. HUMMEL DEALER'S PLAQ GERMAN HUM-205	1949	CL	*	850.00-1700.00
M.I. HUMMEL PLAQUES MADE IN SWEDEN				**M.I. HUMMEL**
❏ M.I. HUMMEL DEALER'S PLAQ SWED. HUM-209	1949	CL	*	4000.00-6000.00
M.I. HUMMEL PLAQUES SCHMID BROS.				**M.I. HUMMEL**
❏ M.I. HUMMEL DEALER'S PLAQ/SCHMID HUM-210	1935	CL	*	20000.00-25000.00
M.I. HUMMEL PLAQUES-SPANISH VERSION				**M.I. HUMMEL**
❏ GOEBEL AUTHORIZED RETAILER PLAQ. HUM-460	1986	CL	*	300.00-1500.00
❏ M.I. HUMMEL DEALER'S PLAQ SPAN. HUM-213	1951	CL	*	8000.00-10,000.00
M.I. HUMMEL PLAQUES-SWEDISH VERSION				**M.I. HUMMEL**
❏ GOEBEL AUTHORIZED RETAILER PLAQ. HUM-460	1986	OP	*	300.00-1000.00

GORHAM

NAME	YEAR	LIMIT	ISSUE	TREND
AMERICAN ARTISTS COLLECTION				*
❏ BLACK REGIMENT	1976	*	*	86.00
AMERICAN ARTISTS COLLECTION				**R. DONNELLY**
❏ APACHE MOTHER & CHILD	1976	9800	25.00	80.00
AMERICAN ARTISTS COLLECTION				**N. ROCKWELL**
❏ CHILLY RECEPTION	1980	*	*	98.00
BARRYMORE				**BARRYMORE**
❏ LITTLE BOATYARD, STERLING	1972	1000	100.00	150.00
❏ NANTUCKET, STERLING	1972	1000	100.00	105.00
❏ QUIET WATERS	1971	15000	25.00	30.00
❏ SAN PEDRO HARBOR	1972	15000	25.00	30.00
BAS RELIEF				**N. ROCKWELL**
❏ BEGUILING BUTTERCUP	1981	UD	63.00	75.00
❏ FLOWERS IN TENDER BLOOM	1982	UD	100.00	105.00
❏ FLYING HIGH	1982	UD	63.00	70.00
❏ SWEET SONG SO YOUNG	1981	UD	100.00	105.00

NAME	YEAR	LIMIT	ISSUE	TREND
BOY AND HIS DOG FOUR SEASONS PLATES				**N. ROCKWELL**
❑ ADVENTURERS BETWEEN ADVENTURES (SET)	1971	YR	*	125.00
❑ BOY MEETS HIS DOG	1971	YR	50.00	145.00
❑ MYSTERIOUS MALADY, THE (SET)	1971	YR	*	125.00
❑ PRIDE OF PARENTHOOD (SET)	1971	YR	*	125.00
BOY SCOUT PLATES				**N. ROCKWELL**
❑ BEYOND THE EASEL	1980	18500	45.00	60.00
❑ CAMPFIRE STORY	1978	18500	20.00	45.00
❑ GOOD SIGN	1977	18500	20.00	55.00
❑ OUR HERITAGE	1975	18500	20.00	90.00
❑ POINTING THE WAY	1978	18500	20.00	45.00
❑ SCOUT IS LOYAL	1976	18500	20.00	90.00
❑ SCOUTMASTER, THE	1977	18500	20.00	90.00
CHARLES RUSSELL				**C. RUSSELL**
❑ BRONC TO BREAKFAST	1981	9800	38.00	95.00
❑ COWBOY LIFE	1983	9800	45.00	105.00
❑ IN WITHOUT KNOCKING	1980	9800	38.00	80.00
❑ WHEN IGNORANCE IS BLISS	1982	9800	45.00	95.00
CHINA BICENTENNIAL				**GORHAM**
❑ 1776 BICENTENNIAL	1976	8000	18.00	40.00
❑ 1776 PLATE	1972	18500	18.00	40.00
CHRISTMAS				**N. ROCKWELL**
❑ CHRISTMAS DANCERS	1983	YR	30.00	40.00
❑ CHRISTMAS MEDLEY	1984	17500	30.00	35.00
❑ CHRISTMAS TRIO	1976	YR	20.00	25.00
❑ DISCOVERY	1988	17500	38.00	40.00
❑ GOOD DEEDS	1975	YR	18.00	40.00
❑ HOME FOR THE HOLIDAYS	1985	17500	30.00	35.00
❑ HOMECOMING, THE	1987	17500	35.00	55.00
❑ JOLLY COACHMAN	1982	YR	30.00	35.00
❑ LETTER TO SANTA	1980	YR	28.00	35.00
❑ MERRY CHRISTMAS GRANDMA	1986	17500	30.00	70.00
❑ PLANNING CHRISTMAS VISIT	1978	YR	25.00	30.00
❑ SANTA PLANS HIS VISIT	1981	YR	30.00	55.00
❑ SANTA'S HELPERS	1979	YR	25.00	30.00
❑ TINY TIM	1974	YR	12.00	40.00
❑ YULETIDE RECKONING	1977	YR	20.00	35.00
CHRISTMAS/CHILDREN'S TELEVISION WORKSHOP				*
❑ SESAME STREET CHRISTMAS	1981	YR	18.00	20.00
❑ SESAME STREET CHRISTMAS	1982	YR	18.00	20.00
❑ SESAME STREET CHRISTMAS	1983	YR	20.00	25.00
DAD'S BOYS FOUR SEASONS PLATES				**N. ROCKWELL**
❑ CAREFUL AIM (SET)	1980	YR	*	N/A
❑ SKI SKILLS	1980	YR	135.00	105.00
❑ TROUT DINNER (SET)	1980	YR	*	N/A
ENCOUNTERS, SURVIVAL AND CELEBRATIONS				**J. CLYMER**
❑ ALOUETTE	1983	7500	63.00	75.00
❑ FINE WELCOME	1982	7500	50.00	75.00
❑ TRADER, THE	1983	7500	63.00	75.00
❑ TRAPPER TAKES A WIFE, THE	1983	7500	63.00	75.00
❑ WINTER CAMP	1983	7500	63.00	75.00
❑ WINTER TRAIL	1983	7500	50.00	75.00
FALL IN LOVE				**J. RITTER**
❑ ENCHANTMENT	1977	5000	100.00	105.00
❑ FROLIC (SET)	1977	5000	*	N/A
❑ GUTSY GAL (SET)	1977	5000	*	N/A
❑ LONELY CHILL (SET)	1977	5000	*	N/A
FOUR AGES OF LOVE FOUR SEASONS PLATES				**N. ROCKWELL**
❑ FONDLY WE DO REMEMBER (SET)	1973	YR	*	N/A
❑ GAILY SHARING VINTAGE TIME	1973	YR	60.00	170.00
❑ SWEET SONG SO YOUNG (SET)	1973	YR	*	N/A
GALLERY OF MASTERS				**GAINSBOROUGH INSPIRED**
❑ HONORABLE MRS. GRAHAM, THE	1973	7500	50.00	55.00
GALLERY OF MASTERS				**REMBRANDT INSPIRED**
❑ MAN WITH A GILT HELMET	1971	10000	50.00	55.00
❑ SELF PORTRAIT WITH SASKIA	1972	10000	50.00	55.00
GOING ON SIXTEEN FOUR SEASONS PLATES				**N. ROCKWELL**
❑ CHILLING CHORE	1977	YR	75.00	100.00
❑ PILGRIMAGE (SET)	1977	YR	*	N/A
❑ SHEAR AGONY (SET)	1977	YR	*	N/A
❑ SWEET SERENADE (SET)	1977	YR	*	N/A
GORHAM MUSEUM DOLL PLATES				**GORHAM**
❑ BELTON BEBE	1984	5000	29.00	60.00
❑ CHRISTMAS LADY	1984	7500	33.00	40.00
❑ JUMEAU	1985	5000	29.00	40.00
❑ LUCILLE	1985	5000	29.00	40.00
❑ LYDIA	1984	5000	29.00	130.00
GRAND PALS FOUR SEASONS PLATES				**N. ROCKWELL**
❑ FISH FINDERS	1976	YR	*	N/A
❑ GHOSTLY GOURDS	1976	YR	*	N/A
❑ SNOW SCULPTURING	1976	YR	70.00	100.00
❑ SOARING SPIRITS	1976	YR	*	N/A
GRANDPA AND ME FOUR SEASONS PLATES				**N. ROCKWELL**
❑ DAY DREAMERS	1974	YR	*	N/A
❑ GAY BLADES	1974	YR	60.00	120.00

NAME	YEAR	LIMIT	ISSUE	TREND
❑ GOIN' FISHING	1974	YR	*	N/A
❑ PENSIVE PALS	1974	YR	*	N/A
HELPING HAND FOUR SEASONS PLATES				**N. ROCKWELL**
❑ CLOSED FOR BUSINESS	1979	YR	*	N/A
❑ COAL SEASON'S COMING	1979	YR	*	N/A
❑ SWATTER'S RIGHTS	1979	YR	*	N/A
❑ YEAR END COURT	1979	YR	100.00	100.00
JULIAN RITTER				**J. RITTER**
❑ CHRISTMAS VISIT	1977	9800	25.00	35.00
❑ VALENTINE, FLUTTERING HEART	1978	7500	45.00	50.00
LANDSCAPES				**N. ROCKWELL**
❑ AUTUMN REFLECTION	1981	YR	45.00	80.00
❑ SPRING RECESS	1983	YR	60.00	100.00
❑ SUMMER RESPITE	1980	YR	45.00	85.00
❑ WINTER DELIGHT	1982	YR	50.00	80.00
LEYENDECKER ANNUAL CHRISTMAS PLATES				**J.C. LEYENDECKER**
❑ CHRISTMAS HUG	1988	10000	38.00	55.00
LIFE WITH FATHER FOUR SEASONS PLATES				**N. ROCKWELL**
❑ BIG DECISION	1982	YR	100.00	130.00
❑ BLASTING OUT	1982	YR	*	N/A
❑ CHEERING THE CHAMPS	1982	YR	*	N/A
❑ TOUGH ONE	1982	YR	*	N/A
ME AND MY PALS FOUR SEASONS PLATES				**N. ROCKWELL**
❑ DISASTROUS DARING	1975	YR	*	N/A
❑ FISHERMAN'S PARADISE	1975	YR	*	N/A
❑ LICKIN' GOOD BATH	1975	YR	70.00	125.00
❑ YOUNG MAN'S FANCY	1975	YR	*	N/A
MOPPET PLATES-ANNIVERSARY				*
❑ MOPPET PLATE ANNIVERSARY	1976	20000	13.00	20.00
MOPPET PLATES-CHRISTMAS				*
❑ ASLEEP UNDER THE TREE	1976	YR	13.00	20.00
❑ CARRYING THE TREE	1975	YR	13.00	20.00
❑ CHRISTMAS MARCH	1973	YR	10.00	50.00
❑ DECORATING THE TREE	1974	YR	12.00	35.00
❑ HAPPY MERRY CHRISTMAS TREE	1981	YR	12.00	20.00
❑ MOPPET PLATE CHRISTMAS	1979	YR	12.00	15.00
❑ MOPPET PLATE CHRISTMAS	1980	YR	12.00	20.00
❑ MOPPET PLATE CHRISTMAS	1982	YR	12.00	15.00
❑ MOPPET PLATE CHRISTMAS	1983	YR	12.00	15.00
❑ PRESENTS	1978	YR	10.00	15.00
❑ STAR FOR THE TOP	1977	YR	13.00	20.00
MOPPET PLATES-MOTHER'S DAY				*
❑ FLOWERS	1976	YR	13.00	25.00
❑ FLOWERS FOR MOTHER	1973	YR	10.00	60.00
❑ GIFT FOR MOTHER	1977	YR	13.00	20.00
❑ ICING THE CAKE	1978	YR	10.00	20.00
❑ IN MOTHER'S CLOTHES	1975	YR	13.00	20.00
❑ MOTHER'S HAT	1974	YR	12.00	30.00
OLD BUDDIES FOUR SEASONS PLATES				**N. ROCKWELL**
❑ ENDLESS DEBATE	1983	YR	*	N/A
❑ FINAL SPEECH	1983	YR	*	N/A
❑ HASTY RETREAT	1983	YR	*	N/A
❑ SHARED SUCCESS	1983	YR	115.00	120.00
OLD TIMERS FOUR SEASONS PLATES				**N. ROCKWELL**
❑ CANINE SOLO	1981	YR	100.00	125.00
❑ FANCY FOOTWORK (SET)	1981	YR	*	N/A
❑ LAZY DAYS (SET)	1981	YR	*	N/A
❑ SWEET SURPRISE (SET)	1981	YR	*	N/A
PASTORAL SYMPHONY				**B. FELDER**
❑ GATHER THE CHILDREN	1982	7500	43.00	50.00
❑ HE LOVES ME	*	7500	43.00	50.00
❑ SUGAR AND SPICE	1984	7500	43.00	50.00
❑ WHEN I WAS A CHILD	1982	7500	43.00	50.00
PEWTER BICENTENNIAL				**R. PAILTHORPE**
❑ BOSTON TEA PARTY	1972	5000	35.00	40.00
❑ BURNING OF THE GASPEE	1971	5000	35.00	40.00
PRESIDENTIAL				**N. ROCKWELL**
❑ DWIGHT D. EISENHOWER	1976	9800	30.00	40.00
❑ JOHN F. KENNEDY	1976	9800	30.00	70.00
REMINGTON WESTERN				**F. REMINGTON**
❑6.ER1976		5000	38.00	70.00
SILVER BICENTENNIAL				**GORHAM**
❑ 1776 PLATE	1972	500	500.00	500.00
SILVER BICENTENNIAL				**R. PAILTHORPE**
❑ BOSTON TEA PARTY	1973	750	550.00	580.00
❑ BURNING OF THE GASPEE	1972	750	500.00	500.00
SINGLE RELEASE				**F. QUAGON**
❑ BLACK REGIMENT, THE 1778	1976	7500	25.00	60.00
SINGLE RELEASE				**N. ROCKWELL**
❑ ANNUAL VISIT, THE	1980	YR	33.00	75.00
❑ BEN FRANKLIN	1975	YR	20.00	40.00
❑ DAY IN LIFE OF BOY	1981	YR	50.00	85.00
❑ DAY IN LIFE OF GIRL	1981	YR	50.00	105.00
❑ GOLDEN RULE, THE	1974	YR	12.00	65.00
❑ MARRIAGE LICENSE	1976	*	38.00	60.00

PLATES

NAME	YEAR	LIMIT	ISSUE	TREND
❏ TRIPLE SELF PORTRAIT MEMORIAL PLATE	1978	YR	38.00	65.00
❏ WEIGHING IN	1974	YR	12.00	90.00
TENDER YEARS FOUR SEASONS PLATES				**N. ROCKWELL**
❏ CHILLY RECEPTION	1978	YR	*	N/A
❏ COOL AID	1978	YR	*	N/A
❏ NEW YEAR LOOK	1978	YR	100.00	40.00
❏ SPRING TONIC	1978	YR	*	N/A
TIME MACHINE TEDDIES PLATES				**B. PORT**
❏ BIG BEAR, THE TOY COLLECTOR	1987	5000	33.00	65.00
❏ HUNNY MUNNY	1988	5000	38.00	70.00
❏ MISS EMILY, BEARING UP	1986	5000	33.00	60.00
TO LOVE A CLOWN				**J. RITTER**
❏ AWAITED REUNION	1978	5000	120.00	125.00
❏ SHOWTIME BECKONS	1978	5000	120.00	125.00
❏ TOGETHER IN MEMORIES	1978	5000	120.00	125.00
❏ TWOSOME TIME	1978	5000	120.00	125.00
VERMEIL BICENTENNIAL				**GORHAM**
❏ 1776 PLATE	1972	250	750.00	800.00
YOUNG LOVE FOUR SEASONS PLATES				**N. ROCKWELL**
❏ BEGUILING BUTTERCUP	1972	YR	*	N/A
❏ DOWNHILL DARING	1972	YR	60.00	155.00
❏ FLYING HIGH	1972	YR	*	N/A
❏ SCHOLARLY PACE	1972	YR	*	N/A

GRANDE COPENHAGEN

CHRISTMAS				*
❏ ALONE TOGETHER	1975	UD	25.00	25.00
❏ CHRISTMAS WREATH	1976	UD	25.00	30.00
❏ FISHWIVES AT GAMMELSTRAND	1977	UD	27.00	30.00
❏ HANS CHRISTIAN ANDERSON	1978	UD	33.00	38.00
❏ LITTLE MATCH GIRL IN NYHAVN	1981	UD	43.00	43.00
❏ LITTLE MERMAID NEAR KRONBORG	1983	UD	45.00	115.00
❏ PHEASANTS	1979	UD	35.00	53.00
❏ SANDMAN AT AMALIENBORG	1984	UD	45.00	60.00
❏ SHEPHERDESS/CHIMNEY SWEEP	1982	UD	45.00	55.00
❏ SNOW QUEEN IN THE TIVOLI	1980	UD	40.00	40.00

H & G STUDIOS

ANNUAL MOTHER'S DAY PLATE				**B. BURKE**
❏ MOTHER'S JOY	1996	7500	39.00	39.00
CHRISTMAS MEMORIES				**B. BURKE**
❏ CHRISTMAS PRESENTS	1995	7500	39.00	39.00
CITY OF BEARS				**D. PATRICK LEWAN**
❏ BEARY PATCH PARK	1995	7500	35.00	35.00
GENTLE HEARTS				**A. MURRAY**
❏ PROMISE KEPT	1995	5000	35.00	35.00
OVAL PLATE				**D. PATRICK LEWAN**
❏ VICTORIAN COUNTRY HOME	1995	5000	39.00	39.00
VICTORIAN TREASURES				**D. PATRICK LEWAN**
❏ VICTORIAN DREAMS	1995	7500	35.00	35.00
❏ VICTORIAN ROMANCE	1996	7500	35.00	35.00
WOLVES & WARRIORS				**S. CEPELLO**
❏ SPIRIT TRAIL	1995	7500	35.00	35.00

HACKETT AMERICAN

SPORTS				**ALEXANDER**
❏ ARNOLD PALMER H/S	*	RT	125.00	230.00
❏ GARY PLAYER H/S	*	RT	125.00	400.00
❏ JOE MONTANA D/S	1986	RT	125.00	800.00
❏ REGGIE JACKSON, PROOF	1983	RT	250.00	1000.00
SPORTS				**PALUSO**
❏ DON SUTTON D/S	1986	RT	125.00	330.00
❏ E. MATHEWS D/S	1985	RT	125.00	230.00
❏ H. KILLEBREW D/S	1985	RT	125.00	330.00
❏ HANK AARON H/S	1985	RT	125.00	300.00
❏ NOLAN RYAN H/S	1983	RT	100.00	800.00
❏ REGGIE JACKSON D/S	1986	RT	125.00	400.00
❏ REGGIE JACKSON H/S	1981	RT	100.00	900.00
❏ ROGER CLEMENS D/S	1986	RT	125.00	600.00
❏ SANDY KOUFAX H/S	1985	RT	125.00	385.00
❏ STEVE CARLTON H/S	1984	RT	100.00	270.00
❏ STEVE GARVEY H/S	1982	RT	100.00	160.00
❏ TOM SEAVER 300 D/S	1986	RT	125.00	255.00
❏ TOM SEAVER H/S	1983	RT	100.00	330.00
❏ WALLY JOYNER D/S	1986	RT	125.00	300.00
❏ WHITEY FORD H/S	1985	RT	125.00	300.00
❏ WILLIE MAYS H/S	1985	RT	125.00	335.00
SPORTS				**SIMON**
❏ DWIGHT GOODEN U/S	*	RT	55.00	105.00
❏ GARY CARTON D/S	*	RT	125.00	180.00

HAMILTON COLLECTION

ALL IN A DAY'S WORK				**J. LAMB**
❏ BUDDING ARTISTS	1994	28 DAYS	30.00	$44.00
❏ DECOY DELIVERY	1994	CL	30.00	$40.00
❏ GARDEN GUARDS	1994	28 DAYS	30.00	$44.00
❏ LUNCH BREAK	1994	CL	30.00	$40.00

PLATES

NAME	YEAR	LIMIT	ISSUE	TREND
❏ PUPPY PATROL	1994	CL	30.00	$40.00
❏ SADDLING UP	1995	28 DAYS	30.00	$44.00
❏ TAKING THE LEAD	1995	28 DAYS	30.00	$44.00
❏ WHERE'S THE FIRE?	1994	CL	30.00	$40.00
AMERICAN CIVIL WAR				**D. PRECHTEL**
❏ ABRAHAM LINCOLN	1990	CL	38.00	$65.00
❏ ASSEMBLING THE TROOP	1992	CL	38.00	$80.00
❏ GENERAL J.E.B. STUART	1991	CL	38.00	$50.00
❏ GENERAL PHILIP SHERIDAN	1991	CL	38.00	$65.00
❏ GENERAL ROBERT E. LEE	1990	CL	38.00	$80.00
❏ GENERAL THOMAS "STONEWALL" JACKSON	1990	CL	38.00	$85.00
❏ GENERALS GRANT AND LEE AT APPOMATTOX	1990	CL	38.00	$50.00
❏ GOING HOME	1991	CL	38.00	$50.00
❏ LETTER FFOM HOME	1991	CL	38.00	$65.00
❏ STANDING WATCH	1992	CL	38.00	$80.00
AMERICAN ROSE GARDEN				**P.J. SWEANY**
❏ AMERICAN HERITAGE	1989	CL	30.00	$50.00
❏ AMERICAN SPIRIT	1988	CL	30.00	$50.00
❏ BLUE MOON	1989	CL	30.00	$50.00
❏ CORAL CLUSTER	1989	CL	30.00	$50.00
❏ ECLIPSE	1989	CL	30.00	$50.00
❏ PEACE ROSE	1988	CL	30.00	$50.00
❏ PRESIDENT HERBERT HOOVER	1989	CL	30.00	$50.00
❏ WHITE KNIGHT	1989	CL	30.00	$50.00
AMERICA'S GREATEST SAILING SHIPS				**T. FREEMAN**
❏ AMERICA	1988	CL	30.00	$65.00
❏ BONHOMME RICHARD	1988	CL	30.00	$60.00
❏ CHARLES W. MORGAN	1988	CL	30.00	$60.00
❏ EAGLE	1988	CL	30.00	$60.00
❏ ENTERPRISE	1988	CL	30.00	$60.00
❏ GERTRUDE L. THEBAUD	1988	CL	30.00	$60.00
❏ GREAT REPUBLIC	1988	CL	30.00	$60.00
❏ U.S.S. CONSTITUTION	1988	CL	30.00	$60.00
ANDY GRIFFITH				**R. TANENBAUM**
❏ AN EXPLOSIVE SITUATION	1993	CL	30.00	$60.00
❏ AUNT BEE'S KITCHEN	1993	CL	30.00	$60.00
❏ MAYBERRY SING-ALONG	1993	CL	30.00	$60.00
❏ MEETING AUNT BEE	1993	CL	30.00	$60.00
❏ OPIE'S BIG CATCH	1993	CL	30.00	$60.00
❏ SHERIFF ANDY TAYLOR	1992	CL	30.00	$60.00
❏ STARTLING CONCLUSION	1993	CL	30.00	$60.00
❏ SURPRISE! SURPRISE!	1993	CL	30.00	$60.00
ANGLER'S PRIZE				**M. SUSINNO**
❏ AUTUMN BEAUTY	1991	CL	30.00	$60.00
❏ BLUE RIBBON TROUT	1991	CL	30.00	$30.00
❏ BRONZEBACK FIGHTER	1991	CL	30.00	$40.00
❏ FRESHWATER BARRACUDA	1991	CL	30.00	$40.00
❏ OLD MOONEYES	1992	CL	30.00	$40.00
❏ SILVER KING	1992	CL	30.00	$30.00
❏ SUN DANCERS	1991	CL	30.00	$40.00
❏ TROPHY BASS	1991	CL	30.00	$80.00
BEAUTY OF WINTER				*
❏ MOONLIGHT SLEIGHRIDE	1993	CL	30.00	$30.00
❏ SILENT NIGHT	1992	CL	30.00	$40.00
BEST OF BASEBALL				**R. TANENBAUM**
❏ EXCEPTIONAL BROOKS ROBINSON, THE	1993	CL	30.00	$30.00
❏ EXTRAORDINARY LOU GEHRIG, THE	1993	CL	30.00	$30.00
❏ GREAT WILLIE MAYS, THE	1993	CL	30.00	$30.00
❏ IMMORTAL BABE RUTH, THE	1993	CL	30.00	$30.00
❏ INCREDIBLE NOLAN RYAN, THE	1993	CL	30.00	$30.00
❏ LEGENDARY MICKLE MANTLE, THE	1993	CL	30.00	$30.00
❏ PHENOMENAL ROBERTO CLEMENTE, THE	1993	CL	30.00	$30.00
❏ REMARKABLE JOHNNY BENCH, THE	1993	CL	30.00	$30.00
❏ ULTIMATE COMPETITOR: MIKE SCHMIDT, THE	1994	CL	30.00	$30.00
❏ UNBEATABLE DUKE SNIDER, THE	1993	CL	30.00	$30.00
❏ UNFORGETTABLE PHIL RIZZUTO, THE	1993	CL	30.00	$30.00
BIALOSKY & FRIENDS				**P./A. BIALOSKY**
❏ BREAKFAST IN BED	1993	CL	30.00	$40.00
❏ FAMILY ADDITION	1992	CL	30.00	$40.00
❏ HONEY FOR SALE	1993	CL	30.00	$40.00
❏ LET'S GO FISHING	1993	CL	30.00	$40.00
❏ MY FIRST TWO-WHEELER	1993	CL	30.00	$40.00
❏ SLEIGH RIDE	1993	CL	30.00	$40.00
❏ SWEETHEART	1993	CL	30.00	$40.00
❏ U.S. MAIL	1993	CL	30.00	$40.00
BIG CATS OF THE WORLD				**D. MANNING**
❏ ABOVE THE TREETOPS	1990	CL	30.00	$55.00
❏ AFRICAN SHADE	1989	CL	30.00	$55.00
❏ DEEP IN THE JUNGLE	1990	CL	30.00	$55.00
❏ MOUNTAIN DWELLER	1990	CL	30.00	$55.00
❏ ON THE PROWL	1990	CL	30.00	$55.00
❏ SPIRIT OF THE MOUNTAIN	1990	CL	30.00	$55.00
❏ SPOTTED SENTINEL	1990	CL	30.00	$55.00
❏ VIEW FROM ABOVE	1989	CL	30.00	$55.00
BIRDS OF THE TEMPLE GARDENS				**J. CHENG**
❏ CRANES OF ETERNAL LIFE	1989	CL	30.00	$35.00
❏ DOVES OF FIDELITY	1989	CL	30.00	$50.00

PLATES

NAME	YEAR	LIMIT	ISSUE	TREND
❑ GOLDFINCHES OF VIRTUE	1989	CL	30.00	$35.00
❑ HONORABLE SWALLOWS	1989	CL	30.00	$35.00
❑ IMPERIAL GOLDCREST	1989	CL	30.00	$35.00
❑ MAGPIES: BIRDS OF GOOD OMEN	1989	CL	30.00	$35.00
❑ ORIENTAL WHITE EYES OF BEAUTY	1989	CL	30.00	$35.00
❑ PHEASANTS OF GOOD FORTUNE	1989	CL	30.00	$35.00
BUNDLES OF JOY				**B.P. GUTMANN**
❑ AWAKENING	1988	CL	25.00	$90.00
❑ BILLY	1988	CL	25.00	$65.00
❑ HAPPY DREAMS	1988	CL	25.00	$80.00
❑ LITTLE BIT OF HEAVEN	1988	CL	25.00	$80.00
❑ SUN KISSED	1988	CL	25.00	$75.00
❑ SWEET INNOCENCE	1988	CL	25.00	$75.00
❑ TASTING	1988	CL	25.00	$70.00
❑ TOMMY	1988	CL	25.00	$75.00
BUTTERFLY GARDEN				**P.J. SWEANY**
❑ COMMON BLUE	1987	CL	30.00	$55.00
❑ CRIMSON PATCHED LONGWING	1987	CL	30.00	$55.00
❑ MONARCH	1987	CL	30.00	$55.00
❑ MORNING CLOAK	1988	CL	30.00	$55.00
❑ ORANGE SULPHUR	1987	CL	30.00	$55.00
❑ RED ADMIRAL	1988	CL	30.00	$55.00
❑ SPICEBUSH SWALLOWTAIL	1987	CL	30.00	$55.00
❑ TIGER SWALLOWTAIL	1987	CL	30.00	$55.00
CALL OF THE NORTH				**J. TIFT**
❑ ARCTIC SECLUSION	1994	CL	30.00	$40.00
❑ EVENING SILENCE	1994	CL	30.00	$40.00
❑ FOREST TWILIGHT	1994	CL	30.00	$40.00
❑ MOONLIT WILDERNESS	1994	CL	30.00	$40.00
❑ SENTINELS OF THE SUMMIT	1994	CL	30.00	$40.00
❑ SILENT SNOWFALL	1994	CL	30.00	$40.00
❑ SNOWY WATCH	1994	CL	30.00	$40.00
❑ WINTER'S DAWN	1993	CL	30.00	$40.00
CALL TO ADVENTURE				**R. CROSS**
❑ BONHOMME RICHARD	1994	CL	30.00	$40.00
❑ BOSTON	1994	CL	30.00	$40.00
❑ BOUNTY, THE	1993	CL	30.00	$40.00
❑ GOLDEN WEST	1994	CL	30.00	$40.00
❑ HANNAH	1994	CL	30.00	$40.00
❑ IMPROVEMENT	1994	CL	30.00	$40.00
❑ OLD NANTUCKET	1994	CL	30.00	$40.00
❑ USS CONSTITUTION	1993	CL	30.00	$40.00
CAMEO KITTENS				**Q. LEMONDS**
❑ BLOSSOM	1993	CL	30.00	$50.00
❑ CAT TAILS	1993	CL	30.00	$50.00
❑ GINGER SNAP	1993	CL	30.00	$50.00
❑ LADY BLUE	1993	CL	30.00	$50.00
❑ SCOUT	1994	CL	30.00	$50.00
❑ TIGER'S TEMPTATION	1994	CL	30.00	$50.00
❑ TINY HEART STEALER	1993	CL	30.00	$50.00
❑ WHISKER ANTICS	1994	CL	30.00	$50.00
CAREFREE DAYS				**T. UTZ**
❑ AUTUMN WANDERER	1982	CL	25.00	$50.00
❑ BATHTIME VISITOR	1982	CL	25.00	$50.00
❑ BEST FRIENDS	1982	CL	25.00	$50.00
❑ FEEDING TIME	1982	CL	25.00	$50.00
❑ FIRST CATCH	1982	CL	25.00	$50.00
❑ MONKEY BUSINESS	1982	CL	25.00	$50.00
❑ NATURE HUNT	1982	CL	25.00	$60.00
❑ TOUCHDOWN	1982	CL	25.00	$50.00
CHILDHOOD REFLECTIONS				**B.P. GUTMANN**
❑ FRIENDLY ENEMIES	1991	CL	30.00	$50.00
❑ HARMONY	1991	CL	30.00	$80.00
❑ KITTY'S BREAKFAST	1991	CL	30.00	$50.00
❑ LITTLE MOTHER	1991	CL	30.00	$50.00
❑ LULLABY	1991	CL	30.00	$60.00
❑ OH! OH! A BUNNY	1991	CL	30.00	$50.00
❑ SMILE, SMILE, SMILE	1991	CL	30.00	$50.00
❑ THANK YOU, GOD	1991	CL	30.00	$50.00
CHILDREN OF THE AMERICAN FRONTIER				**D. CROOK**
❑ COWBOY'S DOWNFALL	1987	CL	25.00	$30.00
❑ DESPERADOES, THE	1986	CL	25.00	$30.00
❑ IN TROUBLE AGAIN	1986	CL	25.00	$40.00
❑ LADY NEEDS A LITTLE PRIVACY	1986	CL	25.00	$45.00
❑ RIDERS WANTED	1986	CL	25.00	$35.00
❑ RUNAWAY BLUES	1987	CL	25.00	$30.00
❑ SPECIAL PATIENT	1987	CL	25.00	$45.00
❑ TUBS AND SUDS	1986	CL	25.00	$30.00
CHILD'S BEST FRIEND				**B.P. GUTMANN**
❑ GOING TO TOWN	1985	CL	25.00	$125.00
❑ GOOD MORNING	1985	CL	25.00	$90.00
❑ IN DISGRACE	1985	CL	25.00	$95.00
❑ MINE	1985	CL	25.00	$95.00
❑ ON THE UP AND UP	1985	CL	25.00	$99.00
❑ REWARD, THE	1985	CL	25.00	$75.00
❑ SYMPATHY	1985	CL	25.00	$75.00
❑ WHO'S SLEEPY	1985	CL	25.00	$95.00

PLATES

NAME	YEAR	LIMIT	ISSUE	TREND
CIVIL WAR GENERALS				**M. GNATEK**
❑ CONFEDERATE HEROES	1994	28 DAYS	30.00	$44.00
❑ GEORGE ARMSTRONG CUSTER	1994	CL	30.00	$40.00
❑ J.E.B. STEWART	1994	CL	30.00	$80.00
❑ JAMES LONGSTREET	1994	CL	30.00	$80.00
❑ JOSHUA L. CHAMBERLAIN	1994	CL	30.00	$40.00
❑ NATHAN BEDFORD FORREST	1994	CL	30.00	$80.00
❑ ROBERT E. LEE	1994	CL	30.00	$40.00
❑ STONEWALL JACKSON	1994	28 DAYS	30.00	$44.00
CLASSIC AMERICAN SANTAS				**G. HINKE**
❑ AN EXCITING CHRISTMAS EVE	1994	CL	30.00	$75.00
❑ CHRISTMAS CHORUS	1994	CL	30.00	$40.00
❑ CHRISTMAS EVE VISITOR	1993	CL	30.00	$40.00
❑ PREPARING THE SLEIGH	1994	CL	30.00	$40.00
❑ REINDEER'S STABLE, THE	1994	CL	30.00	$40.00
❑ REST YE MERRY GENTLEMEN	1994	CL	30.00	$40.00
❑ SANTA'S CANDY KITCHEN	1994	CL	30.00	$40.00
❑ UP ON THE ROOFTOP	1994	CL	30.00	$65.00
CLASSIC CORVETTES				**M. LACOURCIERE**
❑ 1957 CORVETTE	1994	CL	30.00	$65.00
❑ 1963 CORVETTE	1994	CL	30.00	$65.00
❑ 1968 CORVETTE	1994	CL	30.00	$65.00
❑ 1986 CORVETTE	1994	CL	30.00	$65.00
CLASSIC SPORTING DOGS				**B. CHRISTIE**
❑ BEAGLES	1989	CL	25.00	$60.00
❑ BRITTANY SPANIELS	1990	CL	25.00	$60.00
❑ GERMAN SHORT-HAIRED POINTERS	1990	CL	25.00	$60.00
❑ GOLDEN RETRIEVERS	1990	CL	25.00	$60.00
❑ IRISH SETTERS	1990	CL	25.00	$60.00
❑ LABRADOR RETRIEVERS	1989	CL	25.00	$65.00
❑ POINTERS	1989	CL	25.00	$65.00
❑ SPRINGER SPANIELS	1989	CL	25.00	$45.00
CLASSIC TV WESTERNS				**K. MILNAZIK**
❑ BONANZA	1990	CL	30.00	$80.00
❑ HAVE GUN, WILL TRAVEL	1991	CL	30.00	$80.00
❑ HOPALONG CASSIDY	1991	CL	30.00	$85.00
❑ LONE RANGER AND TONTO, THE	1990	CL	30.00	$80.00
❑ RAWHIDE	1991	CL	30.00	$65.00
❑ ROY ROGERS AND DALE EVANS	1990	CL	30.00	$75.00
❑ VIRGINIAN, THE	1991	CL	30.00	$70.00
❑ WILD WILD WEST	1991	CL	30.00	$65.00
CORAL PARADISE				**H. BOND**
❑ CARIBBEAN SPECTACLE	1990	CL	30.00	$30.00
❑ FOREST BENEATH THE SEA	1990	CL	30.00	$30.00
❑ LIVING OASIS, THE	1989	CL	30.00	$30.00
❑ MYSTERIES OF THE GALAPAGOS	1990	CL	30.00	$30.00
❑ RICHES OF THE CORAL SEA	1990	CL	30.00	$30.00
❑ SHIMMERING REEF DWELLERS	1990	CL	30.00	$40.00
❑ TROPICAL PAGEANTRY	1990	CL	30.00	$40.00
❑ UNDERSEA VILLAGE	1990	CL	30.00	$40.00
COTTAGE PUPPIES				**K. GEORGE**
❑ ENDEARING INNOCENCE	1993	CL	30.00	$40.00
❑ GARDENING TRIO	1994	CL	30.00	$40.00
❑ LAZY AFTERNOON	1994	CL	30.00	$40.00
❑ LITTLE GARDENERS	1993	CL	30.00	$40.00
❑ PICNIC PLAYTIME	1994	CL	30.00	$40.00
❑ SPRINGTIME FANCY	1993	CL	30.00	$40.00
❑ SUMMERTIME PALS	1994	CL	30.00	$40.00
❑ TAKING A BREAK	1994	CL	30.00	$40.00
COUNTRY GARDEN COTTAGES				**E. DERTNER**
❑ APRIL COTTAGE	1993	CL	30.00	$40.00
❑ DAYDREAM COTTAGE	1993	CL	30.00	$40.00
❑ GARDEN GLORIOUS	1993	CL	30.00	$40.00
❑ RIVERBANK COTTAGE	1992	CL	30.00	$40.00
❑ SHEPHERD'S COTTAGE	1992	CL	30.00	$40.00
❑ SUMMER SYMPHONY	1993	CL	30.00	$40.00
❑ SUNDAY OUTING	1992	CL	30.00	$40.00
❑ THIS SIDE OF HEAVEN	1993	CL	30.00	$40.00
COUNTRY KITTIES				**G. GERARDI**
❑ ALL WASHED UP	1989	CL	25.00	$40.00
❑ ATTIC ATTACK	1989	CL	25.00	$75.00
❑ CAPTIVE AUDIENCE	1989	CL	25.00	$40.00
❑ JUST FOR THE FERN OF IT	1989	CL	25.00	$35.00
❑ MISCHIEF MAKERS	1989	CL	25.00	$75.00
❑ ROCK AND ROLLERS	1989	CL	25.00	$35.00
❑ STROLLER DERBY	1989	CL	25.00	$40.00
❑ TABLE MANNERS	1989	CL	25.00	$75.00
COUNTRY SEASON OF HORSES				**J.M. VASS**
❑ AUTUMN GRANDEUR	1990	CL	30.00	$35.00
❑ CLIFFSIDE BEAUTY	1990	CL	30.00	$30.00
❑ CRISP COUNTRY MORNING	1990	CL	30.00	$30.00
❑ FIRST DAY OF SPRING	1990	CL	30.00	$45.00
❑ FROSTY MORNING	1990	CL	30.00	$30.00
❑ RIVER RETREAT	1990	CL	30.00	$30.00
❑ SUMMER SPLENDOR	1990	CL	30.00	$30.00
❑ WINTER'S WALK	1990	CL	30.00	$30.00

PLATES

PLATES

NAME	YEAR	LIMIT	ISSUE	TREND
COUNTRY SUMMER				**N. NOEL**
❑ BUTTERFLY BEAUTY	1985	CL	30.00	$40.00
❑ GOLDEN PUPPY, THE	1985	CL	30.00	$40.00
❑ MY BUNNY	1986	CL	30.00	$40.00
❑ PIGLET, THE	1988	CL	30.00	$40.00
❑ ROCKING CHAIR, THE	1986	CL	30.00	$40.00
❑ TEAMMATES	1988	CL	30.00	$40.00
CURIOUS KITTENS				**B. HARRISON**
❑ ALL WOUND UP	1991	CL	30.00	$45.00
❑ CAT BURGLAR	1992	CL	30.00	$45.00
❑ CHANCE MEETING	1991	CL	30.00	$45.00
❑ DELIGHTFUL DISCOVERY	1991	CL	30.00	$45.00
❑ KEEPING IN STEP	1990	CL	30.00	$45.00
❑ LITTLE SCHOLAR	1992	CL	30.00	$65.00
❑ MAKING TRACKS	1991	CL	30.00	$45.00
❑ PAW'S IN THE ACTION	1991	CL	30.00	$45.00
❑ PLAYING CAT AND MOUSE	1991	CL	30.00	$45.00
❑ RAINY DAY FRIENDS	1990	CL	30.00	$45.00
DAUGHTERS OF THE SUN				**K. THAYER**
❑ CHIPPEWA CHARMER	1993	CL	30.00	$40.00
❑ DELIGHTED DANCER	1993	CL	30.00	$40.00
❑ EVENING DANCER	1993	CL	30.00	$40.00
❑ PRIDE OF YAKIMA	1994	CL	30.00	$40.00
❑ RADIANT BEAUTY	1994	CL	30.00	$40.00
❑ SECRET GLANCE	1993	CL	30.00	$40.00
❑ SHINING FEATHER	1993	CL	30.00	$40.00
❑ SUN DANCER	1993	CL	30.00	$40.00
DEAR TO MY HEART				**J. HAGARA**
❑ ADDIE	1990	CL	30.00	$50.00
❑ CATHY	1990	CL	30.00	$50.00
❑ DACY	1990	CL	30.00	$50.00
❑ JENNY	1991	CL	30.00	$50.00
❑ JIMMY	1990	CL	30.00	$50.00
❑ JOY	1991	CL	30.00	$50.00
❑ PAUL	1990	CL	30.00	$50.00
❑ SHELLY	1991	CL	30.00	$50.00
DELIGHTS OF CHILDHOOD				**J. LAMB**
❑ BATHING BEAUTY	1990	CL	30.00	$45.00
❑ CRAYON CREATIONS	1989	CL	30.00	$45.00
❑ IS THAT YOU, GRANNY?	1990	CL	30.00	$45.00
❑ LITTLE MOTHER	1989	CL	30.00	$45.00
❑ NATURE'S LITTLE HELPER	1990	CL	30.00	$45.00
❑ SHOWER TIME	1990	CL	30.00	$45.00
❑ SO SORRY	1990	CL	30.00	$45.00
❑ STORYTIME FRIENDS	1990	CL	30.00	$45.00
DREAMSICLES CLASSICS				**K. HAYNES**
❑ BLOSSOMS & BUTTERFLIES	1995	28 DAYS	20.00	$32.00
❑ BY THE LIGHT OF THE MOON	1995	28 DAYS	20.00	$32.00
❑ FLYING LESSON, THE	1994	CL	20.00	$30.00
❑ HEAVENLY PIROUETTES	1995	28 DAYS	20.00	$32.00
❑ LOVE'S SHY GLANCE	1995	28 DAYS	20.00	$32.00
❑ RECITAL, THE	1995	28 DAYS	20.00	$32.00
❑ WISHING UPON A STAR	1995	28 DAYS	20.00	$32.00
DREAMSICLES HEAVEN SENT				**K. HAYNES**
❑ QUIET BLESSINGS	1996	28 DAYS	20.00	$32.00
DREAMSICLES LIFE'S BLESSING				**K. HAYNES**
❑ HAPPINESS	1995	28 DAYS	20.00	$40.00
DREAMSICLES SCULPTURAL				**K. HAYNES**
❑ BLOSSOMS & BUTTERFLIES, SCULPTURAL	1996	OP	38.00	$54.00
❑ BY THE LIGHT/MOON SCULPTURAL	1996	OP	38.00	$54.00
❑ FLYING LESSON, SCULPTURAL	1995	OP	38.00	$54.00
❑ HEAVENLY PIROUETTES, SCULPTURAL	1996	OP	38.00	$54.00
❑ LOVE'S SHY GLANCE	1996	OP	38.00	$54.00
❑ RECITAL, SCULPTURAL	1996	OP	38.00	$54.00
❑ WISHING UPON A STAR, SCULPTURAL	1996	OP	38.00	$54.00
DREAMSICLES SPECIAL FRIEND				**K. HAYNES**
❑ BLESS US ALL	1996	28 DAYS	30.00	$32.00
❑ HEAVEN'S LITTLE HELPER	1995	28 DAYS	30.00	$32.00
❑ HUG FROM THE HEART	1995	28 DAYS	30.00	$32.00
DREAMSICLES SWEETHEARTS				**K. HAYNES**
❑ STOLEN KISS	1996	28 DAYS	35.00	$35.00
DRIVERS OF VICTORY LANE				**R. TANENBAUM**
❑ BILL ELLIOTT	1994	CL	30.00	$30.00
❑ JEFF GORDON	1994	CL	30.00	$30.00
ENCHANTED SEASCAPES				**J. ENRIGHT**
❑ BLUE PARADISE	1993	CL	30.00	$99.00
❑ EDGE OF TIME	1994	CL	30.00	$42.00
❑ LOST BENEATH THE BLUE	1994	CL	30.00	$95.00
❑ OASIS OF THE GODS	1994	CL	30.00	$75.00
❑ RHAPSODY OF HOPE	1994	CL	30.00	$75.00
❑ SANCTUARY OF THE DOLPHIN	1993	CL	30.00	$42.00
❑ SEA OF LIGHT	1994	CL	30.00	$85.00
❑ SPHERE OF LIFE	1994	CL	30.00	$90.00
ENGLISH COUNTRY COTTAGES				**M. BELL**
❑ CHAPLAIN'S GARDEN, THE	1991	CL	30.00	$40.00

NAME	YEAR	LIMIT	ISSUE	TREND
❑ GAMEKEEPER'S COTTAGE	1991	CL	30.00	$80.00
❑ GINGER COTTAGE	1991	CL	30.00	$65.00
❑ LARKSPUR COTTAGE	1991	CL	30.00	$50.00
❑ LORNA DOONE COTTAGE	1991	CL	30.00	$50.00
❑ LULLABYE COTTAGE	1991	CL	30.00	$40.00
❑ MURRLE COTTAGE	1991	CL	30.00	$40.00
❑ PERIWINKLE TEA ROOM	1990	CL	30.00	$50.00
FARMYARD FRIENDS				**J. LAMB**
❑ AN APPLE A DAY	1993	CL	30.00	$40.00
❑ FOLLOW THE LEADER	1993	CL	30.00	$40.00
❑ FOWL PLAY	1993	CL	30.00	$40.00
❑ LITTLE COWHANDS	1992	CL	30.00	$40.00
❑ MISTAKEN IDENTITY	1992	CL	30.00	$40.00
❑ PARTNERS IN CRIME	1993	CL	30.00	$40.00
❑ PONY TALES	1993	CL	30.00	$40.00
❑ SHREADING THE EVIDENCE	1993	CL	30.00	$40.00
FAVORITE AMERICAN SONGBIRDS				**D. O'DRISCOLL**
❑ AUTUMN CHICKADEES	1990	CL	30.00	$40.00
❑ BLUE JAYS OF SPRING	1989	CL	30.00	$40.00
❑ BLUEBIRDS AND MORNING GLORIES	1990	CL	30.00	$40.00
❑ CAROLINA WRENS OF SPRING	1991	CL	30.00	$30.00
❑ GOLDFINCHES OF SUMMER	1989	CL	30.00	$40.00
❑ RED CARDINALS OF WINTER	1989	CL	30.00	$40.00
❑ ROBINS & APPLE BLOSSOMS	1989	CL	30.00	$40.00
❑ TUFTED TITMOUSE AND HOLLY	1990	CL	30.00	$30.00
FIERCE AND THE FREE				**F. MCCARTHY**
❑ AMBUSH	1994	28 DAYS	30.00	$43.00
❑ DIO MEDIOINE	1992	CL	30.00	$40.00
❑ CHALLENGE, THE	1994	CL	30.00	$40.00
❑ DANGEROUS CROSSING	1994	28 DAYS	30.00	$42.00
❑ LAND OF THE WINTER HAWK	1993	CL	30.00	$40.00
❑ OUT OF RISING MIST	1994	28 DAYS	30.00	$44.00
❑ WAR PARTY	1994	CL	30.00	$40.00
❑ WARRIOR OF SAVAGE SPLENDOR	1993	CL	30.00	$40.00
FIFTY YEARS OF OZ				**T. BLACKSHEAR**
❑ FIFTY YEARS OF OZ	1989	CL	38.00	$150.00
FORGING NEW FRONTIERS				**J. DENEEN**
❑ BIG BOY	1994	CL	30.00	$40.00
❑ CRESTING THE SUMMIT	1994	CL	30.00	$40.00
❑ HIGH COUNTRY LOGGING	1994	CL	30.00	$40.00
❑ RACE IS ON, THE	1994	CL	30.00	$40.00
❑ SPRING ROUNDUP	1994	CL	30.00	$40.00
❑ WINTER IN THE ROCKIES	1994	CL	30.00	$40.00
FOUR SEASONS OF THE EAGLE				**S. HARDOCK**
❑ SPRING AWAKENING	1998	OP	40.00	$40.00
❑ SPRING'S AWAKENING	1998	OP	40.00	$40.00
❑ SUMMER GLORY	1998	OP	40.00	$40.00
❑ WINTER SOLSTICE	1998	OP	40.00	$40.00
GARDEN SONG				**M. HANSON**
❑ AUTUMN'S ELEGANCE	1994	28 DAYS	30.00	$45.00
❑ FALL'S SERENADE	1995	28 DAYS	30.00	$46.00
❑ FIRST SNOWFALL	1995	28 DAYS	30.00	$44.00
❑ GOLDEN GLORIES	1994	CL	30.00	$45.00
❑ IN FULL BLOOM	1994	CL	30.00	$45.00
❑ ROBINS IN SPRING	1995	28 DAYS	30.00	$46.00
❑ SUMMER'S GLOW	1995	28 DAYS	30.00	$44.00
❑ WINTER'S SPLENDOR	1994	CL	30.00	$45.00
GLORY OF CHRIST				**C. MICARELLI**
❑ ASCENSION, THE"	1992	CL	30.00	$40.00
GLORY OF THE GAME				**T. FOGARTY**
❑ B. THOMPSON'S SHOT HEARD ROUND THE WORLD	1994	CL	30.00	$30.00
❑ HANK AARON'S RECORD-BREAKING HOME RUN	1994	CL	30.00	$30.00
GOLDEN AGE OF AMERICAN RAILROADS				**T. XARAS**
❑ ABOVE THE CANYON	1991	CL	30.00	$95.00
❑ AN AMERICAN CLASSIC	1992	CL	30.00	$35.00
❑ BIG BOY, THE	1991	CL	30.00	$100.00
❑ BLUE COMET, THE	1991	CL	30.00	$50.00
❑ EMPIRE BUILDER, THE	1991	CL	30.00	$65.00
❑ FINAL DESTINATION	1992	CL	30.00	$40.00
❑ MORNING LOCAL, THE	1991	CL	30.00	$65.00
❑ PENNSYLVANIA K-4, THE	1991	CL	30.00	$95.00
❑ PORTRAIT IN STEAM	1991	CL	30.00	$80.00
❑ SANTA FE SUPER CHIEF, THE	1991	CL	30.00	$110.00
GOLDEN CLASSICS				**C. LAWSON**
❑ CINDERELLA	1988	CL	38.00	$40.00
❑ GOLDEN GOOSE, THE	1988	CL	38.00	$40.00
❑ HANSEL AND GRETEL	1987	CL	38.00	$40.00
❑ JACK AND THE BEANSTALK	1987	CL	38.00	$40.00
❑ RUMPELSTILTSKIN	1987	CL	38.00	$40.00
❑ SLEEPING BEAUTY	1987	CL	38.00	$40.00
❑ SNOW QUEEN, THE	1988	CL	38.00	$40.00
❑ SNOW WHITE AND ROSE RED	1987	CL	38.00	$40.00
GOOD SPORTS				**J. LAMB**
❑ BASS MASTERS, THE	1990	CL	30.00	$65.00
❑ BASSETBALL	1991	CL	30.00	$65.00
❑ BOXER REBELLION	1992	CL	30.00	$65.00

PLATES

NAME	YEAR	LIMIT	ISSUE	TREND
❑ DOUBLE PLAY	1990	CL	30.00	$65.00
❑ GREAT TRY	1992	CL	30.00	$65.00
❑ HOLE IN ONE	1990	CL	30.00	$65.00
❑ NET PLAY	1991	CL	30.00	$65.00
❑ SLAP SHOT	1990	CL	30.00	$65.00
❑ SPOTTED ON THE SIDELINE	1990	CL	30.00	$65.00
❑ WIDE RETRIEVER	1990	CL	30.00	$65.00
GRATEFUL DEAD ART BY STANLEY MOUSE				**S. MOUSE**
❑ EUROPE '81	1998	28 DAYS	30.00	$30.00
❑ GRATEFUL DEAD FAMILY ALBUM	1998	28 DAYS	30.00	$30.00
❑ LIGHTNING ROSE	1998	28 DAYS	30.00	$30.00
❑ ONE MORE SATURDAY NIGHT	1998	28 DAYS	30.00	$30.00
❑ SUNSET JESTER	1998	28 DAYS	30.00	$30.00
GREAT FIGHTER PLANES OF WW II				**R. WADDEY**
❑ BIG HOG	1992	CL	30.00	$40.00
❑ DRAGON AND HIS TAIL	1995	14 DAYS	30.00	$44.00
❑ F4F WILDCAT	1992	CL	30.00	$40.00
❑ F6F HELLCAT	1993	CL	30.00	$40.00
❑ MEMPHIS BELLE	1993	14 DAYS	30.00	$45.00
❑ OLD CROW	1992	CL	30.00	$40.00
❑ P-38F LIGHTNING	1992	CL	30.00	$40.00
❑ P-39M AIRACOBRA	1993	CL	30.00	$40.00
❑ P-40 FLYING TIGER	1992	CL	30.00	$40.00
❑ P-47 THUNDERBOLT	1992	CL	30.00	$40.00
GREAT MAMMALS OF THE SEA				**WYLAND**
❑ CHILDREN OF THE SEA	1991	CL	35.00	$65.00
❑ DOLPHIN PARADISE	1991	CL	35.00	$50.00
❑ HAWAII DOLPHINS	1991	CL	35.00	$40.00
❑ ISLANDS	1991	CL	35.00	$65.00
❑ KISSING DOLPHINS	1991	CL	35.00	$95.00
❑ ORCA JOURNEY	1991	CL	35.00	$40.00
❑ ORCA TRIO	1991	CL	35.00	$50.00
❑ ORCAS	1991	CL	35.00	$50.00
GREATEST SHOW ON EARTH				**F. MOODY**
❑ AERIALISTS	1981	CL	30.00	$45.00
❑ CLOWNS	1981	CL	30.00	$50.00
❑ ELEPHANTS	1981	CL	30.00	$45.00
❑ EQUESTRIANS	1981	CL	30.00	$45.00
❑ GRANDE FINALE	1982	CL	30.00	$45.00
❑ GREAT PARADE	1981	CL	30.00	$45.00
❑ LION TAMER	1982	CL	30.00	$45.00
❑ MIDWAY	1981	CL	30.00	$45.00
GROWING UP TOGETHER				**P. BROOKS**
❑ BEDTIME BLESSINGS	1991	CL	30.00	$40.00
❑ FISHING BUDDIES	1991	CL	30.00	$40.00
❑ KITTEN CABOODLE	1991	CL	30.00	$40.00
❑ MY VERY BEST FRIENDS	1990	CL	30.00	$40.00
❑ NEWFOUND FRIENDS	1991	CL	30.00	$40.00
❑ PICNIC PALS	1990	CL	30.00	$40.00
❑ TEA FOR TWO	1990	CL	30.00	$40.00
❑ TENDER LOVING CARE	1990	CL	30.00	$40.00
HONEYMOONERS				**D. BOBNICK**
❑ OFFICAL HONEYMOONER'S COMM. PLATE, THE	1993	CL	38.00	$95.00
HONEYMOONERS				**D. KILMER**
❑ BABY, YOU'RE THE GREATEST	1987	CL	25.00	$145.00
❑ BANG! ZOOM!	1988	CL	25.00	$135.00
❑ GOLFER, THE	1988	CL	25.00	$135.00
❑ HONEYMOON EXPRESS, THE	1988	CL	25.00	$275.00
❑ HONEYMOONERS, THE	1987	CL	25.00	$135.00
❑ HUCKLEBUCK, THE	1987	CL	25.00	$135.00
❑ ONLY WAY TO TRAVEL, THE	1988	CL	25.00	$180.00
❑ TV CHEFS, THE	1988	CL	25.00	$140.00
I LOVE LUCY PLATE COLLECTION				**J. KRITZ**
❑ BIG SQUEEZE, THE	1990	CL	30.00	$165.00
❑ CALIFORNIA, HERE WE COME	1989	CL	30.00	$120.00
❑ EATING THE EVIDENCE	1990	CL	30.00	$180.00
❑ IT'S JUST LIKE CANDY	1989	CL	30.00	$160.00
❑ NIGHT AT THE COPA	1992	CL	30.00	$125.00
❑ QUEEN OF THE GYPSIES	1991	CL	30.00	$140.00
❑ RISING PROBLEM	1992	CL	30.00	$140.00
❑ TWO OF A KIND	1990	CL	30.00	$140.00
JAPANESE BLOSSOMS OF AUTUMN				**KOSEKI/EBIHARA**
❑ ARROWROOT	1985	CL	45.00	$50.00
❑ BELLFLOWER	1985	CL	45.00	$50.00
❑ BUSH CLOVER	1985	CL	45.00	$50.00
❑ MAIDEN FLOWER	1985	CL	45.00	$50.00
❑ PAMPAS GRASS	1985	CL	45.00	$50.00
❑ PURPLE TROUSERS	1985	CL	45.00	$50.00
❑ WILD CARNATION	1985	CL	45.00	$50.00
JAPANESE FLORAL CALENDAR				**SHUHO/KAGE**
❑ AUTUMN	1982	CL	33.00	$75.00
❑ BOY'S DOLL DAY FESTIVAL	1982	CL	33.00	$75.00
❑ BUDDHA'S BIRTHDAY	1982	CL	33.00	$75.00
❑ EARLY SPRING	1982	CL	33.00	$75.00
❑ EARLY SUMMER	1982	CL	33.00	$35.00
❑ FESTIVAL OF THE FULL MOON	1983	CL	33.00	$75.00

PLATES

NAME	YEAR	LIMIT	ISSUE	TREND
❑ GIRL'S DOLL DAY FESTIVAL	1982	CL	33.00	$75.00
❑ LATE AUTUMN	1983	CL	33.00	$75.00
❑ NEW YEAR'S DAY	1981	CL	33.00	$75.00
❑ SPRING	1982	CL	33.00	$75.00
❑ SUMMER	1982	CL	33.00	$75.00
❑ WINTER	1983	CL	33.00	$75.00
JEFF GORDON COLLECTION				**S. BASS**
❑ ON THE WARPATH	1998	28 DAYS	35.00	$35.00
JEWELED HUMMINGBIRDS PLATE COLLECTION			**J. LANDENBERGER**	
❑ AMETHYST-THROATED HUMMINGBIRDS	1989	CL	38.00	$40.00
❑ ANDEAN EMERALD HUMMINGBIRDS	1989	CL	38.00	$50.00
❑ BLUE-HEADED SAPPHIRE HUMMINGBIRDS	1989	CL	38.00	$40.00
❑ GARNET-THROATED HUMMINGBIRDS	1989	CL	38.00	$50.00
❑ GREAT SAPPHIRE WING HUMMINGBIRDS	1989	CL	38.00	$40.00
❑ PEARL CORONET HUMMINGBIRDS	1989	CL	38.00	$50.00
❑ RUBY-THROATED HUMMINGBIRDS	1989	CL	38.00	$60.00
❑ RUBY-TOPAZ HUMMINGBIRDS	1989	CL	38.00	$50.00
KITTEN CLASSICS				**P. COOPER**
❑ BIRDWATCHER	1985	CL	30.00	$60.00
❑ CAT NAP	1985	CL	30.00	$60.00
❑ COUNTRY KITTY	1985	CL	30.00	$80.00
❑ FIRST PRIZE	1985	CL	30.00	$80.00
❑ LITTLE RASCALS	1985	CL	30.00	$60.00
❑ PURRFECT TREASURE	1985	CL	30.00	$60.00
❑ TIGER'S FANCY	1985	CL	30.00	$60.00
❑ WILD FLOWER	1985	CL	30.00	$60.00
LAST WARRIORS				**C. REN**
❑ CONFRONTING DANGER	1994	CL	30.00	$40.00
❑ LONE WINTER JOURNEY	1993	CL	30.00	$40.00
❑ MORNING OF RECKONING	1993	CL	30.00	$40.00
❑ SOLEMN REFLECTION	1994	CL	30.00	$40.00
❑ SOLITARY HUNTER	1994	CL	30.00	$40.00
❑ TWILIGHTS LAST GLEAMING	1993	CL	30.00	$40.00
❑ VICTORY'S REWARD	1994	CL	30.00	$40.00
❑ WINTER OF '41	1993	CL	30.00	$40.00
LEGEND OF FATHER CHRISTMAS				**V. DEZERIN**
❑ CHRISTMAS DAY VISITORS	1995	28 DAYS	30.00	$45.00
❑ DECORATING THE TREE	1995	28 DAYS	30.00	$44.00
❑ FEAST OF THE HOLIDAY, THE	1994	CL	30.00	$40.00
❑ GIFTS FROM FATHER CHRISTMAS	1994	CL	30.00	$40.00
❑ HOLY NIGHT	1995	28 DAYS	30.00	$45.00
❑ RETURN OF FATHER CHRISTMAS, THE	1994	CL	30.00	$40.00
❑ SKATING ON THE POND	1995	28 DAYS	30.00	$44.00
❑ SNOW SCULPTURE	1995	28 DAYS	30.00	$45.00
LISI MARTIN CHRISTMAS				**L. MARTIN**
❑ CHRISTMAS DREAMS	1993	CL	30.00	$30.00
❑ CHRISTMAS STORY, THE	1993	CL	30.00	$30.00
❑ CHRISTMAS WATCH	1993	CL	30.00	$30.00
❑ NIGHT BEFORE CHRISTMAS, THE	1993	CL	30.00	$30.00
❑ NOT A CREATURE WAS STIRRING	1993	CL	30.00	$30.00
❑ SANTA'S LITTLEST REINDEER	1992	CL	30.00	$30.00
❑ TASTE OF THE HOLIDAYS	1993	CL	30.00	$30.00
❑ TRIMMING THE TREE	1993	CL	30.00	$95.00
LITTLE LADIES			**M. HUMPHREY BOGART**	
❑ DAY IN THE COUNTRY	1990	CL	30.00	$50.00
❑ FIRST PARTY	1991	CL	30.00	$65.00
❑ KITTY'S BATH	1990	CL	30.00	$60.00
❑ LITTLE CAPTIVE	1990	CL	30.00	$50.00
❑ MAGIC KITTEN, THE	1991	CL	30.00	$65.00
❑ PLAYING BRIDESMAID	1989	CL	30.00	$90.00
❑ PLAYING MAMA	1990	CL	30.00	$65.00
❑ SARAH	1991	CL	30.00	$50.00
❑ SEAMSTRESS, THE	1990	CL	30.00	$65.00
❑ SUSANNA	1990	CL	30.00	$50.00
LITTLE RASCALS				*
❑ BUTCH'S CHALLENGE	1985	CL	25.00	$30.00
❑ DARLA'S DEBUT	1985	CL	25.00	$30.00
❑ MY GAL	1985	CL	25.00	$50.00
❑ PETE'S PAL	1985	CL	25.00	$30.00
❑ ROUGHIN' IT	1985	CL	25.00	$50.00
❑ SKELETON CREW	1985	CL	25.00	$30.00
❑ SPANKY'S PRANKS	1985	CL	25.00	$30.00
❑ THREE FOR THE SHOW	1985	CL	25.00	$40.00
LITTLE SHOPKEEPERS				**G. GERARDI**
❑ BREAK TIME	1991	CL	30.00	$30.00
❑ CANDY CAPERS	1991	CL	30.00	$40.00
❑ CHAIN REACTION	1991	CL	30.00	$50.00
❑ INFERIOR DECORATORS	1991	CL	30.00	$40.00
❑ PURRFECT FIT	1991	CL	30.00	$30.00
❑ SEW TIRED	1990	CL	30.00	$30.00
❑ TOYING AROUND	1991	CL	30.00	$40.00
❑ TULIP TAG	1991	CL	30.00	$40.00
LORE OF THE WEST				**L. DANIELLE**
❑ CHIEF'S PRIDE	1993	CL	30.00	$45.00
❑ END OF THE TRAIL	1995	28 DAYS	30.00	$45.00
❑ GREAT SPIRIT OF THE PLAINS	1994	28 DAYS	30.00	$44.00

PLATES

NAME	YEAR	LIMIT	ISSUE	TREND
❏ GROWING UP BRAVE	1994	CL	30.00	$45.00
❏ IN HER STEPS	1994	CL	30.00	$45.00
❏ LEGACY TO MY SON	1994	28 DAYS	30.00	$44.00
❏ MILE IN HIS MOCASSINS	1993	CL	30.00	$45.00
❏ NOMADS OF THE SOUTHWEST	1994	CL	30.00	$45.00
❏ PATH OF HONOR	1993	CL	30.00	$45.00
❏ PATHWAYS OF THE PUEBLO	1994	CL	30.00	$45.00
❏ SACRED SPIRIT OF THE PLAINS	1994	CL	30.00	$45.00
❏ WE'LL FIGHT NO MORE	1995	28 DAYS	30.00	$44.00
LOVING LUCY				**M. WEISTLING**
❏ CHATTERBOX RICARDO	1998	28 DAYS	35.00	$85.00
❏ MILLION DOLLAR IDEA	1998	28 DAYS	35.00	$85.00
❏ SOAKING UP LOCAL COLOR	1998	28 DAYS	35.00	$85.00
❏ WE'RE HAVING A BABY	1998	28 DAYS	30.00	$85.00
LUCY COLLAGE				**M. WEISTLING**
❏ LUCY	1993	CL	38.00	$225.00
LUCY MEETS THE STARS				**M. WEISTLING**
❏ L.A. AT LAST!	1998	28 DAYS	35.00	$35.00
❏ LUCY AND HARPO MARX	1998	28 DAYS	35.00	$35.00
❏ LUCY MEETS ORSON WELLES	1998	28 DAYS	35.00	$35.00
❏ TENNESSEE ERNIE VISITS	1998	28 DAYS	35.00	$35.00
MADONNA AND CHILD				**S. BOTTICELLI**
❏ MADONNA COL BAMBINO	1993	CL	38.00	$50.00
❏ MADONNA DEL MAGNIFICAT	1993	CL	38.00	$50.00
MADONNA AND CHILD				**A. CORREGGIO**
❏ VIRGIN ADORING CHRIST CHILD	1993	CL	38.00	$50.00
MADONNA AND CHILD				**L. DAVINCI**
❏ VIRGIN OF THE ROCKS	1992	CL	38.00	$50.00
MADONNA AND CHILD				**P. MIGNARD**
❏ VIRGIN OF THE GRAPE	1993	CL	38.00	$50.00
MADONNA AND CHILD				**B.E. MURILLO**
❏ MADONNA OF ROSARY	1993	CL	38.00	$50.00
MADONNA AND CHILD				**R. SANZIO**
❏ MADONNA DELLA SEDIA	1992	CL	38.00	$50.00
❏ SISTINE MADONNA	1993	CL	38.00	$50.00
MAJESTY OF FLIGHT				**T. HIRATA**
❏ COASTAL JOURNEY	1989	CL	38.00	$70.00
❏ COMMANDING THE MARSH	1989	CL	38.00	$70.00
❏ EAGLE SOARS, THE	1989	CL	38.00	$70.00
❏ FIERCE AND FREE	1990	CL	30.00	$70.00
❏ REALM OF THE RED-TAIL	1989	CL	38.00	$70.00
❏ SENTRY OF THE NORTH	1989	CL	38.00	$70.00
❏ SILENT WATCH	1990	CL	30.00	$70.00
❏ VANTAGE POINT, THE	1990	CL	30.00	$70.00
MAN'S BEST FRIEND				**L. PICKEN**
❏ BEDTIME STORY	1993	CL	30.00	$45.00
❏ FAITHFUL FRIEND	1993	CL	30.00	$45.00
❏ GOOD CATCH	1992	CL	30.00	$45.00
❏ LET'S PLAY BALL	1993	CL	30.00	$45.00
❏ MAKING WAVES	1992	CL	30.00	$45.00
❏ SITTING PRETTY	1993	CL	30.00	$45.00
❏ SPECIAL DELIVERY	1992	CL	30.00	$45.00
❏ TIME FOR A WALK	1993	CL	30.00	$75.00
❏ TRUSTED COMPANION	1993	CL	30.00	$45.00
MIXED COMPANY				**P. COOPER**
❏ ALL WRAPPED UP	1990	CL	30.00	$40.00
❏ MOMENT TO UNWIND	1991	CL	30.00	$40.00
❏ OLE	1991	CL	30.00	$40.00
❏ PICNIC PROWLERS	1991	CL	30.00	$35.00
❏ PICTURE PERFECT	1990	CL	30.00	$35.00
❏ STICKY SITUATION	1990	CL	30.00	$40.00
❏ TWO AGAINST ONE	1990	CL	30.00	$40.00
❏ WHAT'S UP	1990	CL	30.00	$35.00
MYSTIC WARRIORS				**C. REN**
❏ BLUE THUNDER	1993	CL	30.00	$45.00
❏ DELIVERANCE	1992	CL	30.00	$45.00
❏ MAN WHO WALKS ALONE	1992	CL	30.00	$85.00
❏ MYSTIC WARRIOR	1992	CL	30.00	$45.00
❏ PEACE MAKER	1993	CL	30.00	$45.00
❏ SPIRIT OF THE PLAINS	1992	CL	30.00	$45.00
❏ SUN GLOW	1993	CL	30.00	$45.00
❏ SUN SEEKER	1992	CL	30.00	$85.00
❏ TOP GUN	1992	CL	30.00	$85.00
❏ WINDRIDER	1992	CL	30.00	$45.00
NATURE'S MAJESTIC CATS				**M. RICHTER**
❏ AFRICAN CHEETAH	1994	CL	30.00	$65.00
❏ AFRICAN LION	1993	CL	30.00	$65.00
❏ AMERICAN COUGAR	1994	CL	30.00	$65.00
❏ ASIAN CLOUDED LEOPARD	1994	CL	30.00	$65.00
❏ CANADIAN LYNX	1994	CL	30.00	$65.00
❏ EAST AFRICAN LEOPARD	1994	CL	30.00	$65.00
❏ HIMALAYAN SNOW LEOPARD	1993	CL	30.00	$65.00
❏ SIBERIAN TIGER	1993	CL	30.00	$65.00
NATURE'S NIGHTTIME REALM				**G. MURRAY**
❏ BOBCAT	1992	CL	30.00	$45.00
❏ CHEETAH	1993	CL	30.00	$45.00

PLATES

NAME	YEAR	LIMIT	ISSUE	TREND
❏ COUGAR	1992	CL	30.00	$45.00
❏ JAGUAR	1993	CL	30.00	$45.00
❏ LION	1993	CL	30.00	$45.00
❏ LYNX	1993	CL	30.00	$45.00
❏ SNOW LEOPARD	1993	CL	30.00	$45.00
❏ WHITE TIGER	1993	CL	30.00	$45.00
NATURE'S QUIET MOMENTS				**R. PARKER**
❏ AUTUMN FORAGING	1989	CL	38.00	$40.00
❏ CREEKSIDE	1989	CL	38.00	$40.00
❏ CURIOUS PAIR	1988	CL	38.00	$40.00
❏ JUST RESTING	1988	CL	38.00	$40.00
❏ MOUNTAIN BLOOMS	1989	CL	38.00	$40.00
❏ NORTHERN MORNINGS	1988	CL	38.00	$40.00
❏ OLD MAN OF THE MOUNTAIN	1989	CL	38.00	$40.00
❏ WAITING OUT THE STORM	1989	CL	38.00	$40.00
NOBLE AMERICAN INDIAN WOMEN				**D. WRIGHT**
❏ FALLING STAR	1991	CL	30.00	$50.00
❏ LILY OF THE MOHAWK	1990	CL	30.00	$40.00
❏ LOZEN	1991	CL	30.00	$55.00
❏ MINNEHAHA	1990	CL	30.00	$40.00
❏ PINE LEAF	1990	CL	30.00	$50.00
❏ POCAHONTAS	1990	CL	30.00	$50.00
❏ SACAJAWEA	1989	CL	30.00	$50.00
❏ WHITE ROSE	1990	CL	30.00	$50.00
NOBLE OWLS OF AMERICA				**J. SEEREY-LESTER**
❏ AUTUMN MIST	1987	15000	55.00	$100.00
❏ DAWN IN THE WILLOWS	1987	15000	55.00	$100.00
❏ HIDING PLACE	1988	15000	55.00	$100.00
❏ MORNING MIST	1986	15000	55.00	$100.00
❏ PRAIRIE SUNDOWN	1987	15000	55.00	$100.00
❏ SNOWY WATCH	1987	15000	55.00	$100.00
❏ WAITING FOR DUSK	1988	15000	55.00	$100.00
❏ WINTER VIGIL	1987	15000	55.00	$100.00
NOLAN RYAN				**R. TANENBAUM**
❏ 27 SEASONS	1994	CL	30.00	$30.00
❏ BIRTH OF A LEGEND	1994	CL	30.00	$30.00
❏ FAREWELL	1994	CL	30.00	$30.00
❏ MILLION-DOLLAR PLAYER	1994	CL	30.00	$30.00
❏ MR. FASTBALL	1994	CL	30.00	$30.00
❏ STRIKEOUT EXPRESS, THE	1994	CL	30.00	$30.00
NORTH AMERICAN DUCKS				**R. LAWRENCE**
❏ AUTUMN FLIGHT	1991	CL	30.00	$40.00
❏ MISTY MORNING	1992	CL	30.00	$40.00
❏ OVERCAST	1992	CL	30.00	$40.00
❏ PERFECT PINTAILS	1992	CL	30.00	$40.00
❏ RESTING PLACE, THE	1991	CL	30.00	$40.00
❏ SPRINGTIME THAW	1992	CL	30.00	$40.00
❏ SUMMER RETREAT	1992	CL	30.00	$40.00
❏ TWIN FLIGHT	1991	CL	30.00	$40.00
NORTH AMERICAN GAMEBIRDS				**J. KILLEN**
❏ BOBWHITE QUAIL	1990	CL	38.00	$50.00
❏ CHUKAR PARTRIDGE	1991	CL	38.00	$50.00
❏ GAMBEL QUAIL	1990	CL	38.00	$40.00
❏ MOURNING DOVE	1990	CL	38.00	$50.00
❏ RING-NECKED PHEASANT	1990	CL	38.00	$40.00
❏ RUFFED GROUSE	1990	CL	38.00	$40.00
❏ WILD TURKEY	1991	CL	38.00	$50.00
❏ WOODCOCK	1990	CL	38.00	$50.00
NORTH AMERICAN WATERBIRDS				**R. LAWRENCE**
❏ AMERICAN WIDGEONS	1989	CL	38.00	$60.00
❏ CANADA GEESE	1988	CL	38.00	$50.00
❏ CANVASBACKS	1989	CL	38.00	$60.00
❏ HOODED MERGANSERS	1988	CL	38.00	$60.00
❏ MALLARD PAIR	1989	CL	38.00	$65.00
❏ PINTAILS	1988	CL	38.00	$50.00
❏ SNOW GEESE	1989	CL	38.00	$60.00
❏ WOOD DUCKS	1988	CL	38.00	$60.00
NUTCRACKER BALLET				**S. FISHER**
❏ CLARA	1978	CL	20.00	$40.00
❏ CLARA AND THE PRINCE	1980	CL	20.00	$50.00
❏ GODFATHER	1979	CL	20.00	$20.00
❏ SNOW QUEEN AND KING	1979	CL	20.00	$45.00
❏ WALTZ OF THE FLOWERS	1980	CL	20.00	$25.00
ON WINGS OF EAGLES				**J. PITCHER**
❏ CHANGING OF THE GUARD	1995	28 DAYS	30.00	$40.00
❏ FREE FLIGHT	1995	28 DAYS	30.00	$40.00
❏ MORNING MAJESTY	1995	28 DAYS	30.00	$40.00
❏ OVER THE LAND OF THE FREE	1995	28 DAYS	30.00	$40.00
❏ WINTER'S MAJESTIC FLIGHT	1995	28 DAYS	30.00	$40.00
PASSAGE TO CHINA				**R. MASSEY**
❏ ALLIANCE	1983	15000	55.00	$60.00
❏ CHALLENGE	1985	15000	55.00	$60.00
❏ EMPRESS OF CHINA	1983	15000	55.00	$60.00
❏ FLYING CLOUD	1985	15000	55.00	$60.00
❏ GRAND TURK	1985	15000	55.00	$60.00

PLATES

NAME	YEAR	LIMIT	ISSUE	TREND
❏ ROMANCE OF THE SEAS	1985	15000	55.00	$60.00
❏ SEA SERPENT	1985	15000	55.00	$60.00
❏ SEA WITCH	1985	15000	55.00	$60.00
PETALS AND PURRS				**B. HARRISON**
❏ BLUSHING BEAUTIES	1988	CL	25.00	$60.00
❏ FORGET-ME-NOT	1988	CL	25.00	$50.00
❏ GOLDEN FANCY	1989	CL	25.00	$50.00
❏ MORNING GLORIES	1988	CL	25.00	$50.00
❏ PINK LILIES	1989	CL	25.00	$50.00
❏ SIAMESE SUMMER	1989	CL	25.00	$50.00
❏ SPRING FEVER	1988	CL	25.00	$50.00
❏ SUMMER SUNSHINE	1989	CL	25.00	$50.00
PORTRAITS FROM OZ				**T. BLACKSHEAR**
❏ COWARDLY LION	1990	CL	30.00	$135.00
❏ DOROTHY	1989	CL	30.00	$160.00
❏ GLINDA	1990	CL	30.00	$150.00
❏ SCARECROW	1989	CL	30.00	$140.00
❏ TIN MAN	1989	CL	30.00	$130.00
❏ TOTO	1990	CL	30.00	$225.00
❏ WICKED WITCH	1990	CL	30.00	$200.00
❏ WIZARD	1990	CL	30.00	$110.00
PORTRAITS OF CHILDHOOD				**T. UTZ**
❏ BUTTERFLY MAGIC	1981	CL	25.00	$50.00
❏ FRIENDS FOREVER	1984	CL	25.00	$50.00
❏ SWEET DREAMS	1982	CL	25.00	$50.00
❏ TURTLE TALK	1983	CL	25.00	$50.00
PORTRAITS OF THE BALD EAGLE				**J. PITCHER**
❏ IN BOLD DEFIANCE	1993	CL	38.00	$55.00
❏ MASTER OF THE SUMMER SKIES	1993	CL	38.00	$55.00
❏ RULER OF THE SKY	1993	CL	38.00	$55.00
❏ SPRING'S SENTINEL	1993	CL	38.00	$55.00
PORTRAITS OF THE WILD				**J. MEGER**
❏ BABIES OF SPRING (BEAR CUBS)	1995	28 DAYS	30.00	$40.00
❏ BIGHORN (SHEEP)	1995	28 DAYS	30.00	$40.00
❏ CALL OF AUTUMN	1994	CL	30.00	$40.00
❏ DEVOTED PROTECTOR	1994	CL	30.00	$40.00
❏ INTERLUDE	1994	CL	30.00	$40.00
❏ MONARCH OF THE PLAINS	1995	28 DAYS	30.00	$45.00
❏ MOONLIGHT VIGIL	1995	28 DAYS	30.00	$45.00
❏ TENDER COURTSHIP	1995	28 DAYS	30.00	$40.00
❏ UNBRIDLED POWER	1995	28 DAYS	30.00	$45.00
❏ WATCHFUL EYES	1994	CL	30.00	$40.00
❏ WINTER SOLITUDE	1994	CL	30.00	$90.00
PRECIOUS MOMENTS BIBLE STORY				**S. BUTCHER**
❏ CARPENTER SHOP, THE	1992	CL	30.00	$70.00
❏ COME LET US ADORE HIM	1990	CL	30.00	$30.00
❏ CRUCIFIXION, THE	1992	CL	30.00	$30.00
❏ FLIGHT INTO EGYPT, THE	1992	CL	30.00	$30.00
❏ HE IS NOT HERE	1993	CL	30.00	$80.00
❏ JESUS IN THE TEMPLE	1992	CL	30.00	$30.00
❏ THEY FOLLOWED THE STAR	1992	CL	30.00	$55.00
PRECIOUS MOMENTS CLASSICS				**S. BUTCHER**
❏ GOD LOVETH A CHEERFUL GIVER	1993	CL	35.00	$40.00
❏ MAKE A JOYFUL NOISE	1993	CL	35.00	$40.00
PRECIOUS MOMENTS PLATES				**T. UTZ**
❏ DAWN	1981	CL	22.00	$30.00
❏ FRIEND IN THE SKY	1979	CL	22.00	$55.00
❏ MY KITTY	1982	CL	22.00	$40.00
❏ SAND IN HER SHOE	1980	CL	22.00	$30.00
❏ SEASHELLS	1980	CL	22.00	$35.00
❏ SNOW BUNNY	1980	CL	22.00	$25.00
PRECIOUS PORTRAITS				**B.P. GUTMANN**
❏ BUNNY	1987	CL	25.00	$80.00
❏ FAIRY GOLD	1987	CL	25.00	$80.00
❏ GOLDILOCKS	1987	CL	25.00	$80.00
❏ MISCHIEF	1987	CL	25.00	$80.00
❏ PEACH BLOSSOM	1987	CL	25.00	$80.00
❏ SUNBEAM	1987	CL	25.00	$80.00
PRINCESSES OF THE PLAINS				**D. WRIGHT**
❏ GENTLE BEAUTY	1993	CL	30.00	$45.00
❏ MOUNTAIN PRINCESS	1994	CL	30.00	$45.00
❏ NATURE'S GUARDIAN	1994	CL	30.00	$45.00
❏ NOBLE BEAUTY	1993	CL	30.00	$45.00
❏ PRAIRIE FLOWER	1993	CL	30.00	$45.00
❏ PROUD DREAMER	1995	28 DAYS	30.00	$45.00
❏ SNOW PRINCESS	1993	CL	30.00	$45.00
❏ SPRING MAIDEN	1995	28 DAYS	30.00	$45.00
❏ WILD FLOWER	1993	CL	30.00	$45.00
❏ WINTER'S ROSE	1993	CL	30.00	$45.00
PROTECTOR OF THE WOLF SHIELD COLLECTION				**A. AGNEW**
❏ AUTUMN MAJESTY	1998	*	40.00	$40.00
❏ SPRING MAJESTY	1998	*	40.00	$40.00
❏ SUMMER MAJESTY	1998	*	40.00	$40.00
❏ WINTER MAJESTY	1998	*	40.00	$50.00

PLATES

The Jolly Coachman *from the "Rockwell Christmas" series was limited to one year of production in 1982 by Gorham Corp. for $29.50.*

Dragons play a key role in Jody Bergsma's The Birth of a Dream *fantasy plate from the "Castles & Dreams" series from Reco International.*

This bas relief oxolyte plate titled Helena—Heaven's Herald *is from the F.A.R.O. Studios in Bagni di Lucca, Italy. The plate, which debuted in 1994 and was limited to 7,200, was issued by Roman Inc.*

Incolay Studios released the ninth issue in the Romantic Poets Collection in 1985. The Recollection *was limited to one year of production and retailed for $70.*

Scarlett is regal and stunning in The Red Dress. *The plate by The Bradford Exchange was limited to 95 days of production in 1993.*

NAME	YEAR	LIMIT	ISSUE	TREND
PROUD INDIAN FAMILIES				**K. FREEMAN**
❏ BEAUTIFUL CREATIONS	1993	CL	30.00	$45.00
❏ CEREMONIAL DRESS	1992	CL	30.00	$45.00
❏ JEWELRY MAKER, THE	1993	CL	30.00	$45.00
❏ MARRIAGE CEREMONY, THE	1992	CL	30.00	$45.00
❏ NAMING CEREMONY, THE	1991	CL	30.00	$45.00
❏ PLAYING WITH TRADITION	1991	CL	30.00	$45.00
❏ POWER OF THE BASKET, THE	1991	CL	30.00	$45.00
❏ PREPARING THE BERRY HARVEST	1992	CL	30.00	$45.00
❏ SOUNDS OF THE FOREST	1992	CL	30.00	$45.00
❏ STORYTELLER, THE	1991	CL	30.00	$45.00
PROUD INNOCENCE				**J. SCHMIDT**
❏ DESERT FLOWER	1994	CL	30.00	$40.00
❏ LAUGHING HEART	1995	28 DAYS	30.00	$45.00
❏ LITTLE DRUMMER	1995	28 DAYS	30.00	$44.00
❏ MORNING CHILD	1995	28 DAYS	30.00	$44.00
❏ SUN BLOSSOM	1995	28 DAYS	30.00	$44.00
❏ WISE ONE	1995	28 DAYS	30.00	$45.00
❏ YOUNG ARCHER	1995	28 DAYS	30.00	$45.00
PROUD NATION				**R. SWANSON**
❏ AUTUMN TREAT	1989	CL	25.00	$50.00
❏ DRESSED UP FOR THE POW WOW	1989	CL	25.00	$50.00
❏ IN A BIG LAND	1989	CL	25.00	$50.00
❏ JUST A FEW DAYS OLD	1989	CL	25.00	$50.00
❏ NAVAJO LITTLE ONE	1989	CL	25.00	$50.00
❏ NEWEST LITTLE SHEEPHERDER	1989	CL	25.00	$50.00
❏ OUT WITH MAMA'S FLOCK	1989	CL	25.00	$50.00
❏ UP THE RED ROCKS	1989	CL	25.00	$85.00
PUPPY PLAYTIME				**J. LAMB**
❏ CABIN FEVER-BLACK LABRADORS	1987	CL	25.00	$50.00
❏ CATCH OF THE DAY-GOLDEN RETRIEVERS	1987	CL	25.00	$50.00
❏ DOUBLE TAKE-COCKER SPANIELS	1987	CL	25.00	$80.00
❏ FUN AND GAMES-POODLE	1987	CL	25.00	$50.00
❏ GETTING ACQUAINTED-BEAGLES	1987	CL	25.00	$55.00
❏ HANGING OUT-GERMAN SHEPHERD	1987	CL	25.00	$50.00
❏ NEW LEASH ON LIFE-MINI SCHNAUZER	1987	CL	25.00	$55.00
❏ WEEKEND GARDENER-LHASA APSOS	1987	CL	25.00	$55.00
QUIET MOMENTS OF CHILDHOOD				**D. GREEN**
❏ CHILDREN'S DAY BY THE SEA	1992	CL	30.00	$40.00
❏ CHRISTINA'S SECRET GARDEN	1991	CL	30.00	$40.00
❏ DANIELS' MORNING PLAYTIME	1992	CL	30.00	$40.00
❏ ELIZABETH'S AFTERNOON TEA	1991	CL	30.00	$50.00
❏ ERIC & ERIN'S STORYTIME	1991	CL	30.00	$40.00
❏ JESSICA'S TEA PARTY	1992	CL	30.00	$35.00
❏ JORDAN'S PLAYFUL PUPS	1992	CL	30.00	$35.00
❏ MEGAN & MONIQUE'S BAKERY	1992	CL	30.00	$40.00
QUILTED COUNTRYSIDE				**M. STEELE**
❏ ANTIQUES STORE, THE	1992	CL	30.00	$40.00
❏ COUNTRY MERCHANT, THE	1991	CL	30.00	$40.00
❏ OLD COUNTRY STORE, THE	1991	CL	30.00	$55.00
❏ QUILTER'S CABIN, THE	1991	CL	30.00	$50.00
❏ SPRING CLEANING	1991	CL	30.00	$40.00
❏ SUMMER HARVEST	1991	CL	30.00	$40.00
❏ WASH DAY	1992	CL	30.00	$40.00
❏ WINTER'S END	1991	CL	30.00	$40.00
RENAISSANCE ANGELS				**L. BYWATERS**
❏ ANGEL OF FAITH	1995	28 DAYS	30.00	$45.00
❏ ANGELIC INNOCENCE	1994	CL	30.00	$45.00
❏ ANGELS SING, THE	1995	28 DAYS	30.00	$44.00
❏ CHRISTMAS STAR	1995	28 DAYS	30.00	$44.00
❏ DOVES OF PEACE	1994	CL	30.00	$45.00
❏ HARMONIOUS HEAVENS	1995	28 DAYS	30.00	$45.00
❏ JOY TO THE WORLD	1994	28 DAYS	30.00	$44.00
❏ TRUMPETER'S CALL	1995	28 DAYS	30.00	$44.00
REPUBLIC PICTURES FILM LIBRARY COLLECTION				**S. MORTON**
❏ ANGEL & THE BADMAN	1993	CL	38.00	$60.00
❏ FIGHTING SEABEES, THE	1992	CL	38.00	$60.00
❏ QUIET MAN, THE	1992	CL	38.00	$60.00
ROCKWELL HOME OF THE BRAVE				**N. ROCKWELL**
❏ BACK TO HIS OLD JOB	1981	18000	35.00	$60.00
❏ HERO'S WELCOME	1981	18000	35.00	$60.00
❏ REMINISCING	1981	18000	35.00	$60.00
❏ TAKING MOTHER OVER THE TOP	1982	18000	35.00	$40.00
❏ UNCLE SAM TAKES WINGS	1982	18000	35.00	$80.00
❏ WAR BOND	1982	18000	35.00	$40.00
❏ WAR HERO	1981	18000	35.00	$40.00
❏ WILLIE GILLIS IN CHURCH	1982	18000	35.00	$60.00
ROMANCE OF THE RAILS				**D. TUTWEILER**
❏ BLUE BONNET	1994	28 DAYS	30.00	$45.00
❏ CRESCENT LIMITED	1994	CL	30.00	$45.00
❏ MORNING STAR	1994	CL	30.00	$45.00
❏ ORANGE BLOSSOM SPECIAL	1994	CL	30.00	$45.00
❏ PINE TREE LIMITED	1994	28 DAYS	30.00	$44.00
❏ PORTLAND ROSE	1994	CL	30.00	$45.00
❏ STARLIGHT LIMITED	1994	CL	30.00	$45.00
❏ SUNRISE LIMITED	1994	CL	30.00	$45.00

PLATES

NAME	YEAR	LIMIT	ISSUE	TREND
☐ SUNSET LIMITED	1994	CL	30.00	$45.00
☐ WESTERN STAR	1994	CL	30.00	$45.00
ROMANTIC FLIGHTS OF FANCY				**Q. LEMONDS**
☐ EVENING SOLO	1994	28 DAYS	30.00	$44.00
☐ EXOTIC INTERLUDE	1995	28 DAYS	30.00	$44.00
☐ MORNING MINUET	1994	CL	30.00	$45.00
☐ SUMMER SONATA	1995	28 DAYS	30.00	$44.00
☐ SUNLIT WALTZ	1994	CL	30.00	$45.00
☐ SUNRISE SAMBA	1995	28 DAYS	30.00	$44.00
☐ SUNSET BALLET	1995	28 DAYS	30.00	$44.00
☐ TWILIGHT TANGO	1995	28 DAYS	30.00	$44.00
ROMANTIC VICTORIAN KEEPSAKE				**J. GROSSMAN**
☐ AS FAIR AS A ROSE	1992	CL	35.00	$50.00
☐ BONNETS AND BOUQUETS	1994	CL	35.00	$50.00
☐ BONNIE BLUE EYES	1992	CL	35.00	$50.00
☐ DEAREST KISS	1992	CL	35.00	$50.00
☐ FIRST LOVE	1992	CL	35.00	$50.00
☐ PRECIOUS FRIENDS	1992	CL	35.00	$50.00
☐ SPRINGTIME BEAUTY	1992	CL	35.00	$50.00
☐ SUMMERTIME FANCY	1992	CL	35.00	$50.00
SATURDAY EVENING POST BASEBALL COLLECTION				**N. ROCKWELL**
☐ 100TH YEAR OF BASEBALL	1992	CL	20.00	$25.00
☐ BOTTOM OF THE SIXTH	1993	CL	20.00	$25.00
☐ DUGOUT, THE	1993	CL	20.00	$25.00
☐ ROOKIE, THE	1993	CL	20.00	$25.00
SATURDAY EVENING POST PLATE COLLECTION				**N. ROCKWELL**
☐ EASTER MORNING	1989	CL	35.00	$65.00
☐ FACTS OF LIFE, THE	1989	CL	75.00	$40.00
☐ FIRST FLIGHT	1990	CL	35.00	$55.00
☐ FURLOUGH	1990	CL	35.00	$40.00
☐ JURY ROOM	1990	CL	35.00	$40.00
☐ TRAVELING COMPANION	1990	CL	35.00	$40.00
☐ WINDOW WASHER, THE	1990	CL	35.00	$50.00
☐ WONDERS OF RADIO, THE	1989	CL	35.00	$40.00
SCENES OF AN AMERICAN CHRISTMAS				**B. PERRY**
☐ AFTERNOON OUTING	1995	28 DAYS	30.00	$45.00
☐ CHRISTMAS EVE WORSHIP	1994	CL	30.00	$45.00
☐ DEAR SANTA	1995	28 DAYS	30.00	$45.00
☐ HOLIDAY HAPPENING	1995	28 DAYS	30.00	$44.00
☐ I'LL BE HOME FOR CHRISTMAS	1994	CL	30.00	$45.00
☐ LONG WINTER'S NIGHT	1995	28 DAYS	30.00	$44.00
☐ SOUNDS OF CHRISTMAS	1995	28 DAYS	30.00	$45.00
☐ WINTER WORSHIP	1995	28 DAYS	30.00	$45.00
SEASONS OF THE BALD EAGLE				**J. PITCHER**
☐ AUTUMN IN THE MOUNTAINS	1991	CL	38.00	$40.00
☐ SPRING ON THE RIVER	1991	CL	38.00	$40.00
☐ SUMMER ON THE SEACOAST	1991	CL	38.00	$40.00
☐ WINTER IN THE VALLEY	1991	CL	38.00	$60.00
SINGLE ISSUE				**T. UTZ**
☐ PRINCESS GRACE	1983	CL	40.00	$65.00
SMALL WONDERS OF THE WILD				**C. FRACE**
☐ EXPLORING A NEW WORLD	1990	CL	30.00	$45.00
☐ EYES OF WONDER	1990	CL	30.00	$45.00
☐ HIDEAWAY	1989	CL	30.00	$50.00
☐ QUIET MORNING	1990	CL	30.00	$45.00
☐ READY FOR ADVENTURE	1990	CL	30.00	$45.00
☐ THREE OF A KIND	1990	CL	30.00	$45.00
☐ UNO	1990	CL	30.00	$45.00
☐ YOUNG EXPLORERS	1990	CL	30.00	$45.00
SPORTING GENERATION				**J. LAMB**
☐ FIRST TIME OUT	1992	CL	30.00	$45.00
☐ GOLDEN MOMENTS	1991	CL	30.00	$45.00
☐ LIKE FATHER, LIKE SON	1991	CL	30.00	$45.00
☐ LOOKOUT, THE	1991	CL	30.00	$45.00
☐ PICKING UP THE SCENT	1992	CL	30.00	$45.00
☐ POINT OF INTEREST	1992	CL	30.00	$45.00
☐ SPRINGING INTO ACTION	1992	CL	30.00	$45.00
☐ WHO'S TRACKING WHO	1992	CL	30.00	$45.00
STAINED GLASS GARDENS				*
☐ COCKATOO'S GARDEN, THE	1989	15000	55.00	$60.00
☐ GARDEN SUNSET	1989	15000	55.00	$60.00
☐ HOLLYHOCK SUNRISE	1990	15000	55.00	$60.00
☐ PEACEFUL WATERS	1990	15000	55.00	$60.00
☐ PEACOCK AND WISTERIA	1989	15000	55.00	$60.00
☐ ROSES AND MAGNOLIAS	1990	15000	55.00	$60.00
☐ SPRINGTIME IN THE VALLEY	1990	15000	55.00	$60.00
☐ WATERFALL AND IRIS	1989	15000	55.00	$60.00
STAR TREK 25TH ANNIVERSARY COMMEMORATIVE COLLECTION				**T. BLACKSHEAR**
☐ CHEKOV	1993	CL	35.00	$40.00
☐ KIRK	1991	CL	35.00	$100.00
☐ MCCOY	1992	CL	35.00	$40.00
☐ SCOTTY	1992	CL	35.00	$40.00
☐ SPOCK	1991	CL	35.00	$115.00
☐ STAR TREK 25TH ANNIVERSARY PLATE	1991	CL	38.00	$135.00
☐ SULU	1993	CL	35.00	$40.00
☐ U.S.S. ENTERPRISE NCC-1701	1994	CL	35.00	$40.00

PLATES

NAME	YEAR	LIMIT	ISSUE	TREND
❏ UHURA	1992	CL	35.00	$40.00
STAR TREK NEXT GENERATION				**T. BLACKSHEAR**
❏ CAPTAIN JEAN-LUC PICARD	1993	CL	35.00	$135.00
❏ COMMANDER WILLIAM T. RIKER	1993	CL	35.00	$50.00
❏ LIEUTENANT COMMANDER DATA	1994	CL	35.00	$95.00
❏ LIEUTENANT WORF	1994	CL	35.00	$50.00
STAR TREK NEXT GENERATION THE EPISODES				**K. BIRDSONG**
❏ ALL GOOD THINGS	1994	28 DAYS	35.00	$60.00
❏ BEST OF BOTH WORLDS, THE	1994	CL	35.00	$50.00
❏ BIG GOODBYE	1995	28 DAYS	35.00	$60.00
❏ DESCENT	1995	28 DAYS	35.00	$60.00
❏ ENCOUNTER AT FAR POINT	1994	CL	35.00	$50.00
❏ INNER LIGHT	1995	28 DAYS	35.00	$60.00
❏ REDEMPTION	1995	28 DAYS	35.00	$60.00
❏ RELICS	1995	28 DAYS	35.00	$60.00
❏ UNIFICATION	1994	28 DAYS	35.00	$60.00
❏ YESTERDAY'S ENTERPRISE	1994	28 DAYS	35.00	$60.00
STAR TREK THE MOVIES				**M. WEISTLING**
❏ FINAL FRONTIER	1994	28 DAYS	35.00	$60.00
❏ MOTION PICTURE, THE	1994	28 DAYS	35.00	$60.00
❏ SEARCH FOR SPOCK	1994	28 DAYS	35.00	$60.00
❏ STAR TREK II: THE WRATH OF KHAN	1994	CL	35.00	$50.00
❏ STAR TREK IV: THE VOYAGE HOME	1994	CL	35.00	$50.00
❏ UNDISCOVERED COUNTRY	1994	28 DAYS	35.00	$60.00
STAR TREK THE VOYAGERS				**K. BIRDSONG**
❏ CARDASSIAN GALOR WARSHIP	1995	28 DAYS	35.00	$60.00
❏ FERENGI MARAUDER	1995	28 DAYS	35.00	$60.00
❏ KLINGON BATTLECRUISER	1994	CL	35.00	$50.00
❏ KLINGON BIRD OF PREY	1995	28 DAYS	35.00	$60.00
❏ ROMULAN WARBIRD	1994	CL	35.00	$50.00
❏ TRIPLE NACELLED ENTERPRISE	1995	28 DAYS	35.00	$60.00
❏ U.S.S. ENTERPRISE NCC-1701	1994	CL	35.00	$50.00
❏ U.S.S. ENTERPRISE NCC-1701-D	1994	CL	35.00	$50.00
❏ U.S.S. ENTERPRISE, NCC 1701A VOYAGER	1995	TL	35.00	$60.00
❏ U.S.S. EXCELSIOR	1995	TL	35.00	$60.00
STAR WARS 10TH ANNIVERSARY COMMEMORATIVE PLATE				**T. BLACKSHEAR**
❏ STAR WARS 10TH ANNIVERSARY PLATE	1990	CL	40.00	$90.00
STAR WARS HEROES AND VILLAINS				**K. BIRDSONG**
❏ LUKE SKYWALKER	1998	28 DAYS	35.00	$35.00
STAR WARS PLATE COLLECTION				**T. BLACKSHEAR**
❏ CREW IN THE COCKPIT	1988	CL	30.00	$175.00
❏ HAN SOLO	1987	CL	30.00	$85.00
❏ IMPERIAL WALKERS, THE	1987	CL	30.00	$105.00
❏ LUKE AND YODA	1987	CL	30.00	$95.00
❏ LUKE SKYWALKER AND DARTH VADER	1987	CL	30.00	$70.00
❏ PRINCESS LEIA	1987	CL	30.00	$125.00
❏ R2-D2 AND WICKET	1987	CL	30.00	$85.00
❏ SPACE BATTLE	1988	CL	30.00	$325.00
STAR WARS TRILOGY				**M. WEISTLING**
❏ EMPIRE STRIKES BACK, THE	1993	CL	38.00	$50.00
❏ RETURN OF THE JEDI	1993	CL	38.00	$50.00
❏ STAR WARS	1993	CL	38.00	$50.00
SUMMER DAYS OF CHILDHOOD				**T. UTZ**
❏ BALLOON CARNIVAL	1983	CL	30.00	$50.00
❏ BIRTHDAY PARTY, THE	1983	CL	30.00	$50.00
❏ BLOWING BUBBLES	1983	CL	30.00	$50.00
❏ COOLING OFF	1983	CL	30.00	$50.00
❏ FIRST CUSTOMER	1983	CL	30.00	$50.00
❏ GARDEN MAGIC	1983	CL	30.00	$50.00
❏ JUMPING CONTEST	1983	CL	30.00	$50.00
❏ KITTY'S BATHTIME	1983	CL	30.00	$50.00
❏ LITTLE BEACHCOMBER	1983	CL	30.00	$50.00
❏ MOUNTAIN FRIENDS	1983	CL	30.00	$50.00
❏ PLAYING DOCTOR	1983	CL	30.00	$50.00
❏ STOLEN KISS	1983	CL	30.00	$50.00
THORNTON UTZ 10TH ANNIVERSARY PLATE COLLECTION				**T. UTZ**
❏ AMONG THE DAFFODILS	1989	CL	30.00	$45.00
❏ BEST FRIENDS	1989	CL	30.00	$35.00
❏ DAWN	1989	CL	30.00	$35.00
❏ FRIENDS IN THE SKY	1989	CL	30.00	$35.00
❏ JUST LIKE MOMMY	1989	CL	30.00	$35.00
❏ LITTLE EMILY	1989	CL	30.00	$35.00
❏ MY KITTY	1989	CL	30.00	$35.00
❏ PLAYING DOCTOR	1989	CL	30.00	$35.00
❏ TEDDY'S BATHTIME	1989	CL	30.00	$35.00
❏ TURTLE TALK	1989	CL	30.00	$35.00
TIMELESS EXPRESSIONS OF THE ORIENT				**M. TSANG**
❏ BEAUTY	1991	15000	55.00	$60.00
❏ COURAGE	1992	15000	55.00	$60.00
❏ FEMININITY	1991	15000	75.00	$80.00
❏ FIDELITY	1990	15000	75.00	$100.00
❏ LONGEVITY	1991	15000	75.00	$80.00
TREASURED DAYS				**H. BOND**
❏ AMANDA	1987	CL	25.00	$50.00
❏ ASHLEY	1987	CL	30.00	$65.00
❏ CHRISTOPHER	1987	CL	25.00	$50.00

PLATES

NAME	YEAR	LIMIT	ISSUE	TREND
❑ JEREMY	1987	CL	25.00	$50.00
❑ JUSTIN	1988	CL	25.00	$50.00
❑ LINDSAY	1988	CL	25.00	$50.00
❑ NICHOLAS	1988	CL	25.00	$50.00
❑ SARA	1987	CL	25.00	$35.00
TREASURY OF CHERISHED TEDDIES				**P. HILLMAN**
❑ NEW YEAR WITH OLD FRIENDS	1995	CL	30.00	$30.00
❑ VALENTINES FOR YOU	1995	CL	30.00	$30.00
UNBRIDLED SPIRIT				**C. DEHAAN**
❑ AUTUMN REVERIE	1993	CL	30.00	$40.00
❑ BLIZZARD'S PERIL	1993	CL	30.00	$40.00
❑ DESERT DUEL	1993	CL	30.00	$40.00
❑ DESERT SHADOWS	1992	CL	30.00	$40.00
❑ MIDNIGHT RUN	1993	CL	30.00	$40.00
❑ MOONLIGHT MAJESTY	1993	CL	30.00	$40.00
❑ PAINTED SUNRISE	1993	CL	30.00	$40.00
❑ SUNRISE SURPRISE	1993	CL	30.00	$40.00
❑ SURF DANCER	1992	CL	30.00	$44.00
❑ WINTER RENEGADE	1992	CL	30.00	$40.00
UTZ MOTHER'S DAY				**T. UTZ**
❑ GIFT OF LOVE	1983	TL	28.00	$40.00
❑ MOTHER'S ANGEL	1983	TL	28.00	$30.00
❑ MOTHER'S HELPING HAND	1983	TL	28.00	$30.00
VANISHING RURAL AMERICA				**J. HARRISON**
❑ AMERICA'S HEARTLAND	1991	CL	30.00	$30.00
❑ AUTUMN'S PASSAGE	1991	CL	30.00	$50.00
❑ COUNTRY PATH	1991	CL	30.00	$40.00
❑ COVERED IN FALL	1991	CL	30.00	$50.00
❑ QUIET REFLECTIONS	1991	CL	30.00	$50.00
❑ RURAL DELIVERY	1991	CL	30.00	$30.00
❑ STOREFRONT MEMORIES	1991	CL	30.00	$50.00
❑ WHEN THE CIRCUS CAME TO TOWN	1991	CL	30.00	$40.00
VICTORIAN CHRISTMAS MEMORIES				**J. GROSSMAN**
❑ CHRISTMAS ANGELS	1993	CL	30.00	$40.00
❑ CHRISTMAS DELIVERY	1993	CL	30.00	$40.00
❑ CHRISTMAS INNOCENCE	1993	CL	30.00	$40.00
❑ GRANDFATHER FROST	1993	CL	30.00	$40.00
❑ JOYOUS NOEL	1993	CL	30.00	$40.00
❑ MERRY OLDE KRIS KRINGLE	1993	CL	30.00	$40.00
❑ VISIT FROM ST. NICHOLAS	1992	CL	30.00	$40.00
❑ WITH VISIONS OF SUGAR PLUMS	1992	CL	30.00	$40.00
VICTORIAN PLAYTIME				**M. HUMPHREY BOGART**
❑ BUSY DAY	1991	CL	30.00	$40.00
❑ CLEANING HOUSE	1992	CL	30.00	$40.00
❑ LITTLE MASTERPIECE	1992	CL	30.00	$40.00
❑ LITTLE PERSUASION	1992	CL	30.00	$40.00
❑ PEEK-A-BOO	1992	CL	30.00	$40.00
❑ PLAYING BRIDE	1992	CL	30.00	$40.00
❑ TEA AND GOSSIP	1992	CL	30.00	$40.00
❑ WAITING FOR A NIBBLE	1992	CL	30.00	$40.00
WARRIOR'S PRIDE				**C. DEHAAN**
❑ BATTLE COLORS	1994	28 DAYS	30.00	$45.00
❑ BLACKFOOT WAR PONY	1994	CL	30.00	$40.00
❑ CALL OF THE DRUMS	1994	28 DAYS	30.00	$45.00
❑ CHAMPION'S REVELRY	1994	28 DAYS	30.00	$45.00
❑ CROW WAR PONY	1994	CL	30.00	$40.00
❑ RUNNING FREE	1994	CL	30.00	$40.00
❑ SHOSHONI WAR PONY	1994	28 DAYS	30.00	$45.00
❑ SOUTHERN CHEYENNE	1994	CL	30.00	$40.00
WE THE CHILDREN				**D. CROOK**
❑ CRUEL AND UNUSUAL PUNISHMENT	1988	14 DAYS	25.00	$40.00
❑ FREEDOM OF SPEECH, THE	1987	14 DAYS	25.00	$40.00
❑ QUARTERING OF SOLDIERS	1988	14 DAYS	25.00	$40.00
❑ RIGHT TO BEAR ARMS	1988	14 DAYS	25.00	$40.00
❑ RIGHT TO VOTE	1988	14 DAYS	25.00	$40.00
❑ SELF INCRIMINATION	1988	14 DAYS	25.00	$40.00
❑ TRIAL BY JURY	1988	14 DAYS	25.00	$40.00
❑ UNREASONABLE SEARCH AND SEIZURE	1988	14 DAYS	25.00	$40.00
WEST OF FRANK MCCARTHY				**F. MCCARTHY**
❑ ATTACKING THE IRON HORSE	1991	CL	38.00	$65.00
❑ ATTEMPT ON THE STAGE	1991	CL	38.00	$50.00
❑ BRINGING OUT THE FURS	1991	CL	38.00	$50.00
❑ HEADED NORTH	1991	CL	38.00	$40.00
❑ HOSTILE THREAT, THE	1991	CL	38.00	$50.00
❑ KIOWA RAIDER	1991	CL	38.00	$50.00
❑ ON THE OLD NORTH TRAIL	1991	CL	38.00	$50.00
❑ PRAYER, THE	1991	CL	38.00	$55.00
WINGED REFLECTIONS				**R. PARKER**
❑ ABOVE THE BREAKERS	1989	CL	38.00	$40.00
❑ AMONG THE REEDS	1989	CL	38.00	$40.00
❑ AT THE WATER'S EDGE	1990	CL	30.00	$30.00
❑ EARLY SPRING	1990	CL	30.00	$30.00
❑ FOLLOWING MAMA	1989	CL	38.00	$40.00
❑ FREEZE UP	1989	CL	38.00	$40.00
❑ SUMMER LOON	1990	CL	30.00	$30.00

NAME	YEAR	LIMIT	ISSUE	TREND
❑ WINGS ABOVE THE WATER	1989	CL	38.00	$40.00
WINTER RAILS				**T. XARAS**
❑ BY SEA OR RAIL	1993	CL	30.00	$40.00
❑ COAL COUNTRY	1993	CL	30.00	$40.00
❑ COUNTRY CROSSROADS	1993	CL	30.00	$40.00
❑ DARBY CROSSING	1993	CL	30.00	$40.00
❑ DAYLIGHT RUN	1993	CL	30.00	$40.00
❑ EAST BROAD TOP	1995	28 DAYS	30.00	$45.00
❑ LANSDOWN STATION	1995	28 DAYS	30.00	$45.00
❑ LONG HAUL, THE	1993	CL	30.00	$40.00
❑ TIMBER LINE	1993	CL	30.00	$40.00
❑ WINTER CLOSING	1992	CL	30.00	$40.00
WINTER WILDLIFE				**J. SEEREY-LESTER**
❑ AMONG THE CATTAILS	1989	15000	55.00	$60.00
❑ CLOSE ENCOUNTERS	1989	15000	55.00	$60.00
❑ EARLY SNOW	1989	15000	55.00	$60.00
❑ FIRST SNOW	1989	15000	55.00	$60.00
❑ LYING IN WAIT	1989	15000	55.00	$60.00
❑ OUT OF THE BLIZZARD	1989	15000	55.00	$60.00
❑ REFUGE, THE	1989	15000	55.00	$60.00
❑ WINTER HIDING	1989	15000	55.00	$60.00
WIZARD OF OZ COMMEMORATIVE				**T. BLACKSHEAR**
❑ DOROTHY MEETS THE SCARECROW	1988	CL	25.00	$115.00
❑ GLIMPSE OF THE MUNCHKINS	1989	CL	25.00	$120.00
❑ GREAT AND POWERFUL OZ, THE	1989	CL	25.00	$150.00
❑ IF I WERE KING OF THE FOREST	1989	CL	25.00	$150.00
❑ THERE'S NO PLACE LIKE HOME	1989	CL	25.00	$155.00
❑ TIN MAN SPEAKS, THE	1989	CL	25.00	$130.00
❑ WE'RE OFF TO SEE THE WIZARD	1988	CL	25.00	$215.00
❑ WITCH CASTS A SPELL, THE	1989	CL	25.00	$145.00
WOODLAND CREATURES				**R. ORR**
❑ FIRST ADVENTURE	1985	10 DAYS	38.00	$40.00
❑ FISHING TRIP	1985	10 DAYS	38.00	$40.00
❑ HIDING PLACE, THE	1985	10 DAYS	38.00	$40.00
❑ MEADOWLAND VIGIL	1985	10 DAYS	38.00	$40.00
❑ MORNING LESSON	1985	10 DAYS	38.00	$40.00
❑ RESTING IN THE GLEN	1985	10 DAYS	38.00	$40.00
❑ SPRINGTIME FROLIC	1985	10 DAYS	38.00	$40.00
❑ STARTLED SENTRY	1985	10 DAYS	38.00	$40.00
WOODLAND ENCOUNTERS				**G. GIORDANO**
❑ ANYONE FOR A SWIM?	1991	CL	30.00	$40.00
❑ FIELD DAY	1992	CL	30.00	$40.00
❑ HI NEIGHBOR	1991	CL	30.00	$40.00
❑ LUNCHTIME VISITOR	1991	CL	30.00	$40.00
❑ MEADOW MEETING	1991	CL	30.00	$40.00
❑ NATURE SCOUTS	1991	CL	30.00	$40.00
❑ PEEK-A-BOO!	1991	CL	30.00	$40.00
❑ WANT TO PLAY?	1991	CL	30.00	$40.00
WORLD OF ZOLAN				**D. ZOLAN**
❑ FIRST KISS	1992	CL	30.00	$45.00
❑ FLOWERS FOR MOTHER	1993	CL	30.00	$45.00
❑ LETTER TO GRANDMA	1993	CL	30.00	$45.00
❑ LITTLE FISHERMAN, THE	1993	CL	30.00	$30.00
❑ MORNING DISCOVERY	1992	CL	30.00	$45.00
❑ TWILIGHT PRAYER	1993	CL	30.00	$30.00
YEAR OF THE WOLF				**A. AGNEW**
❑ BROKEN SILENCE	1993	CL	30.00	$40.00
❑ FREE AS THE WIND	1994	CL	30.00	$40.00
❑ GUARDIANS OF THE HIGH COUNTRY	1994	CL	30.00	$40.00
❑ LEADER OF THE PACK	1993	CL	30.00	$40.00
❑ LORDS OF THE TUNDRA	1995	28 DAYS	30.00	$45.00
❑ SECOND GLANCE	1994	CL	30.00	$40.00
❑ SOLITUDE	1993	CL	30.00	$40.00
❑ SONG OF THE WOLF	1994	CL	30.00	$40.00
❑ TUNDRA LIGHT	1994	CL	30.00	$40.00
❑ WILDERNESS COMPANIONS	1995	28 DAYS	30.00	$45.00

HAMILTON/BOEHM

NAME	YEAR	LIMIT	ISSUE	TREND
AWARD WINNING ROSES				**BOEHM**
❑ ANGEL FACE ROSE	1979	15000	45.00	65.00
❑ ELEGANCE ROSE	1979	15000	45.00	65.00
❑ MR. LINCOLN ROSE	1979	15000	45.00	65.00
❑ PEACE ROSE	1979	15000	45.00	65.00
❑ QUEEN ELIZABETH ROSE	1979	15000	45.00	65.00
❑ ROYAL HIGHNESS ROSE	1979	15000	45.00	65.00
❑ TROPICANA ROSE	1979	15000	45.00	65.00
❑ WHITE MASTERPIECE ROSE	1979	15000	45.00	65.00
GAMEBIRDS OF NORTH AMERICA				**BOEHM**
❑ AMERICAN WOODCOCK	1984	15000	63.00	65.00
❑ BOB WHITE QUAIL	1984	15000	63.00	65.00
❑ CALIFORNIA QUAIL	1984	15000	63.00	65.00
❑ PRAIRIE GROUSE	1984	15000	63.00	65.00
❑ RING-NECKED PHEASANT	1984	15000	63.00	65.00
❑ RUFFED GROUSE	1984	15000	63.00	65.00
❑ WILD TURKEY	1984	15000	63.00	65.00
❑ WILLOW PARTRIDGE	1984	15000	63.00	65.00

PLATES

NAME	YEAR	LIMIT	ISSUE	TREND
HUMMINGBIRD COLLECTION				**BOEHM**
❑ BLUE THROATED	1980	15000	63.00	85.00
❑ BRAZILIAN RUBY	1980	15000	63.00	85.00
❑ BROADBILLED	1980	15000	63.00	65.00
❑ BROADTAIL	1980	15000	63.00	65.00
❑ CALLIOPE	1980	15000	63.00	85.00
❑ CRIMSON TOPAZ	1980	15000	63.00	65.00
❑ RUFOUS FLAME BEARER	1980	15000	63.00	85.00
❑ STREAMERTAIL	1980	15000	63.00	85.00
OWL COLLECTION				**BOEHM**
❑ BARN OWL	1980	15000	45.00	65.00
❑ BARRED OWL	1980	15000	45.00	65.00
❑ BOREAL OWL	1980	15000	45.00	80.00
❑ GREAT HORNED OWL	1980	15000	45.00	65.00
❑ SAW WHET OWL	1980	15000	45.00	65.00
❑ SCREECH OWL	1980	15000	45.00	65.00
❑ SHORT EARED OWL	1980	15000	45.00	65.00
❑ SNOWY OWL	1980	15000	45.00	65.00
WATER BIRDS				**BOEHM**
❑ AMERICAN PINTAIL	1981	15000	63.00	65.00
❑ CANADA GEESE	1981	15000	63.00	80.00
❑ CANVAS BACK	1981	15000	63.00	65.00
❑ COMMON MALLARD	1981	15000	63.00	65.00
❑ GREEN WINGED TEAL	1981	15000	63.00	65.00
❑ HOODED MERGANSER	1981	15000	63.00	90.00
❑ ROSS'S GEESE	1981	15000	63.00	65.00
❑ WOOD DUCKS	1981	15000	63.00	65.00
HAVILAND				
TWELVE DAYS OF CHRISTMAS				**R. HETREAU**
❑ EIGHT MAIDS	1977	30000	40.00	80.00
❑ ELEVEN PIPERS PIPING	1980	30000	55.00	40.00
❑ FIVE GOLDEN RINGS	1974	30000	30.00	40.00
❑ FOUR CALLING BIRDS	1973	30000	29.00	60.00
❑ NINE LADIES DANCING	1978	30000	45.00	75.00
❑ PARTRIDGE	1970	30000	25.00	300.00
❑ SEVEN SWANS	1976	30000	38.00	60.00
❑ SIX GEESE A'LAYING	1975	30000	33.00	40.00
❑ TEN LORDS A'LEAPING	1979	30000	50.00	40.00
❑ THREE FRENCH HENS	1972	30000	28.00	40.00
❑ TWELVE DRUMMERS	1981	30000	60.00	65.00
❑ TWO TURTLEDOVES	1971	30000	23.00	60.00
HAVILAND & PARLON				
CHRISTMAS MADONNAS				*
❑ BY BELLINI	1977	7500	40.00	50.00
❑ BY BOTTICELLI	1976	7500	45.00	50.00
❑ BY FERUZZI	1973	5000	40.00	60.00
❑ BY LIPPI	1978	7500	48.00	55.00
❑ BY MURILLO	1975	7500	43.00	45.00
❑ BY RAPHAEL	1972	5000	35.00	45.00
❑ BY RAPHAEL	1974	5000	43.00	45.00
❑ MADONNA OF THE EUCHARIST	1979	7500	50.00	115.00
LADY AND THE UNICORN				*
❑ SCENT	1981	10000	59.00	125.00
❑ SIGHT	1978	20000	45.00	75.00
❑ SOUND	1979	20000	48.00	80.00
❑ TASTE	1982	10000	59.00	125.00
❑ TO MY ONLY DESIRE	1977	20000	45.00	130.00
❑ TOUCH	1980	15000	53.00	150.00
TAPESTRY I				*
❑ BROUGHT TO THE CASTLE	1976	10000	43.00	80.00
❑ CHASE OF THE UNICORN	1973	10000	35.00	120.00
❑ END OF THE HUNT	1974	10000	38.00	120.00
❑ START OF THE HUNT	1972	10000	35.00	75.00
❑ UNICORN IN CAPTIVITY	1971	10000	35.00	150.00
❑ UNICORN SURROUNDED	1975	10000	40.00	80.00
HUTSCHENREUTHER				
GLORY OF CHRISTMAS				**W.C. HALLETT**
❑ ANNUNCIATION, THE	1983	25000	80.00	120.00
❑ NATIVITY, THE	1982	25000	80.00	130.00
❑ SHEPHERDS, THE	1984	25000	80.00	105.00
❑ WISEMAN, THE	1985	25000	80.00	105.00
GUNTHER GRANGET				**G. GRANGET**
❑ AMERICAN KILDEER	1973	2250	75.00	95.00
❑ AMERICAN PARTRIDGE	1974	2500	75.00	95.00
❑ AMERICAN RABBITS	1975	2500	90.00	95.00
❑ AMERICAN SPARROWS	1972	5000	50.00	155.00
❑ AMERICAN SQUIRREL	1973	2500	75.00	80.00
❑ BEARS	1977	2500	100.00	105.00
❑ EUROPEAN SPARROWS	1972	5000	30.00	70.00
❑ EUROPEAN SQUIRREL	1973	2500	35.00	55.00
❑ FOXES' SPRING JOURNEY	1978	1000	125.00	205.00
❑ FREEDOM IN FLIGHT	1976	5000	100.00	105.00
❑ FREEDOM IN FLIGHT, GOLD	1976	200	200.00	195.00
❑ WRENS	1976	5000	100.00	105.00

The Man Behind It All

By Susan K. Elliott

The Bradford Exchange continues to be one of the most innovative and successful companies producing collector's plates today, carrying on the legacy of its founder, J. Roderick (Rod) MacArthur.

A legendary figure in the collectibles world, MacArthur was the son of billionaire John D. MacArthur. Before he discovered collector plates, MacArthur had successful careers in journalism (as a UP war correspondent and theater magazine editor), banking and insurance.

MacArthur founded his direct mail plate company in the early 1970s with funding from his father. A disagreement between father and son caused MacArthur to go his own way in a dramatic departure known among company employees as "Breakaway Day."

Bradford's first plate series, the 1973 "D'Arceau Limoges Lafayette Legacy," was sold through extensive direct mail campaigns and created many new plate collectors. The same year Bradford also debuted the bimonthly *Bradex*, "The Bradford Exchange Current Quotations," billed as the Dow Jones of the plate market.

In 1976, the company published the first *Bradford Book of Collector's Plates,* an annual four-color book that offered a guide to the newest plates for more than a decade. Three years later Bradford also started a magazine for collectors, *Plate World*.

As the company grew, it produced or sponsored plates under a number of company names, including The Rockwell Society, Edwin M. Knowles China Co., Studio Dante di Volteradici and Limoges-Turgot. Another milestone came in 1978 when the Bradford Museum opened at company headquarters in Niles, Ill., showcasing a collection of plates valued at $250,000. A smaller museum later opened in Palm Beach Gardens, Fla.

And then, of course, there were the MacArthur geniuses. That was the popular name given to the people tapped by the John D. and Catherine T. MacArthur Foundation to receive unsolicited grants of up to $60,000 per year to pursue their talents in poetry, philosophy, science and other fields. MacArthur was very involved in the Foundation's creation and direction.

A colorful figure in the industry, MacArthur was known for fast driving and fast living. At one point, he owned 24 luxury and sports automobiles, including a black 1957 Rolls-Royce town car previously owned by Britain's Queen Mother, two Ferrari Dinos, and a fast, $130,000 yellow Ferrari Daytona.

Described as "a visionary" but "ornery" by business associates, MacArthur died in 1984, but he left a tremendous legacy to the collectibles industry.

Susan K. Elliott has been writing about collector plates since the first international plate collectors convention in 1975. She is a freelance writer living in Dallas, and has interviewed hundreds of collectibles artists worldwide.

NAME	YEAR	LIMIT	ISSUE	TREND
IMPERIAL CHING-TE CHEN				
BEAUTIES OF THE RED MANSION				Z. HUIMIN
❑ CHIAO-CHIEH	1989	CL	35.00	70.00
❑ HSIANG-YUN	1988	CL	35.00	65.00
❑ HSI-CHUN	1987	CL	31.00	50.00
❑ HSI-FENG	1987	CL	31.00	60.00
❑ KO-CHING	1988	CL	33.00	50.00
❑ LI-WAN	1988	CL	33.00	50.00
❑ MIAO-YU	1988	CL	31.00	50.00
❑ PAO-CHAI	1986	CL	28.00	75.00
❑ TAI-YU	1988	CL	33.00	50.00
❑ TAN-CHUN	1989	CL	35.00	75.00
❑ YING-CHUN	1988	CL	31.00	55.00
❑ YUAN-CHUN	1986	CL	28.00	50.00
BLESSINGS FROM A CHINESE GARDEN				Z. SONG MAO
❑ GIFT OF BEAUTY, THE	1989	CL	43.00	50.00
❑ GIFT OF GRACE, THE	1989	CL	40.00	45.00
❑ GIFT OF HAPPINESS, THE	1989	CL	43.00	45.00
❑ GIFT OF JOY, THE	1990	CL	43.00	50.00
❑ GIFT OF PURITY, THE	1988	CL	40.00	45.00
❑ GIFT OF TRUTH, THE	1990	CL	43.00	50.00
FLOWER GODDESSES OF CHINA				Z. HUIMIN
❑ CAMELLIA GODDESS, THE	1991	CL	38.00	55.00
❑ CHRYSANTHEMUM GODDESS, THE	1991	CL	35.00	40.00
❑ LOTUS GODDESS, THE	1991	CL	35.00	40.00
❑ NARCISSUS GODDESS, THE	1991	CL	38.00	65.00
❑ PEONY GODDESS, THE	1991	CL	28.00	16.00
❑ PLUM BLOSSOM GODDESS, THE	1991	CL	38.00	45.00
FORBIDDEN CITY				S. FU
❑ DRESSING THE EMPRESS	1991	CL	46.00	45.00
❑ FLYING KITES/SPRING DAY	1990	CL	40.00	45.00
❑ HALL OF THE CULTIVATING MIND, THE	1991	CL	43.00	50.00
❑ LANTERN FESTIVAL, THE	1991	CL	43.00	50.00
❑ NINE DRAGON SCREEN	1991	CL	43.00	65.00
❑ PAVILION OF 10,000 SPRINGS	1990	CL	40.00	45.00
❑ PAVILION OF FLOATING CUPS	1991	CL	46.00	48.00
❑ PAVILION/FLOATING JADE GREEN	1990	CL	43.00	45.00
GARDEN OF SATIN WINGS				J. XUE-BING
❑ AN EVENING MIST	1993	CL	30.00	45.00
❑ GARDEN WHISPER	1993	CL	30.00	45.00
❑ MORNING DREAM	1992	CL	30.00	45.00
LEGENDS OF WEST LAKE				J. XUE-BING
❑ ANCESTORS OF TEA	1991	CL	35.00	60.00
❑ APRICOT FAIRY, THE	1990	CL	33.00	40.00
❑ BRIGHT PEARL	1990	CL	33.00	45.00
❑ CASE OF THE FOLDING FANS, THE	1991	CL	37.00	55.00
❑ FLY-IN PEAK	1991	CL	37.00	55.00
❑ LADY SILKWORM	1990	CL	30.00	45.00
❑ LADY WHITE	1989	CL	30.00	45.00
❑ LAUREL PEAK	1990	CL	30.00	40.00
❑ PHOENIX MOUNTAIN	1991	CL	35.00	45.00
❑ RISING SUN TERRACE	1990	CL	33.00	45.00
❑ THREAD OF SKY	1990	CL	35.00	50.00
❑ THREE POOLS MIRRORING/MOON	1991	CL	37.00	70.00
MAIDENS OF THE FOLDING SKY				J. XUE-BING
❑ BRIDE YEN CHUN	1992	CL	33.00	50.00
❑ LADY LU	1992	CL	30.00	45.00
❑ MISTRESS YANG	1992	CL	30.00	45.00
❑ PARROT MAIDEN	1993	CL	33.00	50.00
SCENES FROM THE SUMMER PALACE				Z. SONG MAO
❑ BOATERS ON KUMMING LAKE	1989	CL	35.00	55.00
❑ GARDEN/HARMONIOUS PLEASURE	1989	CL	33.00	45.00
❑ GREAT STAGE, THE	1989	CL	33.00	45.00
❑ HALL THAT DISPELS THE CLOUDS	1989	CL	33.00	50.00
❑ JADE BELT BRIDGE	1988	CL	30.00	45.00
❑ LONG PROMENADE, THE	1989	CL	33.00	50.00
❑ MARBLE BOAT, THE	1988	CL	30.00	65.00
❑ SEVENTEEN ARCH BRIDGE	1989	CL	35.00	55.00
INCOLAY				
CHRISTMAS CAMEO COLLECTION				R. AKERS
❑ CHRISTMAS VIGIL	1995	CL	65.00	100.00
❑ EVENING CAROLERS	1992	OP	65.00	100.00
❑ HOME WITH THE TREE	1990	*	60.00	95.00
❑ PROPOSAL UNDER THE STARS	1994	YR	65.00	100.00
❑ SKATERS AT TWILIGHT	1991	YR	60.00	95.00
❑ SLEDDING BY STARLIGHT	1993	YR	65.00	100.00
ENCHANTED MOMENTS				R. CALDER
❑ JENNIFER'S WORLD	1985	7500	95.00	185.00
❑ TIFFANY'S WORLD	1984	7500	95.00	185.00
FALL OF TROY				*
❑ HECTOR AND ANDROMACHE	1988	CL	55.00	80.00
❑ JUDGMENT OF PARIS, THE	1987	CL	55.00	90.00
❑ PARIS AND HELEN	1988	CL	55.00	80.00
❑ TROJAN HORSE, THE	1988	CL	55.00	85.00

PLATES

NAME	YEAR	LIMIT	ISSUE	TREND
FOUR ELEMENTS				*
❑ CYCLIC EARTH	1983	*	25.00	N/A
❑ ETERNAL FIRE	1983	*	25.00	N/A
❑ PRIMARY AIR	1983	*	25.00	N/A
❑ TRANSITIONAL WATER	1983	*	25.00	N/A
GREAT ROMANCES OF HISTORY				**C. ROMANELLI**
❑ ANTONY AND CLEOPATRA	1979	CL	65.00	85.00
❑ LANCELOT & GUINEVERE	1981	CL	65.00	85.00
❑ LORD NELSON AND LADY HAMILTON	1982	CL	70.00	85.00
❑ TAJ MAHAL LOVERS	1980	CL	65.00	90.00
LIFE'S INTERLUDES				**J.W. ROBERTS**
❑ FINALLY FRIENDS	1980	CL	95.00	140.00
❑ UNCERTAIN BEGINNING	1979	CL	95.00	140.00
LOVE SONNETS OF SHAKESPEARE				*
❑ LOVE ALTERS NOT	1987	CL	60.00	95.00
❑ SHALL I COMPARE THEE	1987	CL	55.00	95.00
❑ SINCE I FIRST SAW YOU	1987	CL	60.00	100.00
❑ THOU ART TOO DEAR	1987	CL	55.00	95.00
❑ YOU SHALL SHINE MORE BRIGHT	1988	CL	60.00	100.00
❑ YOUR FAIR EYES	1988	CL	60.00	95.00
LOVE THEMES FROM GRAND OPERA				**R. AKERS**
❑ AIDA	1991	CL	70.00	100.00
❑ CARMEN	1990	CL	65.00	100.00
❑ LA TRAVIATA	1991	CL	70.00	80.00
❑ MADAME BUTTERFLY	1990	CL	65.00	100.00
❑ MARRIAGE OF FIGARO, THE	1990	CL	70.00	110.00
❑ TRISTAN AND ISOIDE	1991	CL	70.00	80.00
MAJESTIC SAILING SHIPS				**D. STAPLEFORD**
❑ CHARLES W. MORGAN	1993	YR	65.00	90.00
❑ DREADNOUGHT, THE	1994	YR	65.00	95.00
❑ FLYING CLOUD, THE	1992	YR	65.00	95.00
❑ SEA WITCH, THE	1992	YR	65.00	95.00
NORTH AMERICA'S WILDLIFE HERITAGE				**D. CLIFF**
❑ AT STREAM'S EDGE	1991	OP	65.00	75.00
❑ AT STREAMS EDGE (DEER)	1993	YR	65.00	65.00
❑ BENEATH THE OPEN SKY	1992	OP	70.00	85.00
❑ BESIDE THE SHELTERING KNOLL	1992	OP	70.00	85.00
❑ GRASSY CLEARING, THE (ELK)	1994	YR	75.00	75.00
❑ IN PONDS SHALLOW (MOOSE)	1993	YR	65.00	65.00
❑ IN THE POND'S SHALLOWS	1991	OP	65.00	65.00
❑ NEAR THE RUNNING BROOK	1993	YR	75.00	100.00
❑ ON THE RIVERBANK	1992	OP	70.00	75.00
❑ THE GRASSY CLEARING	1992	OP	75.00	75.00
❑ UPON THE ROCKY LEDGE	1992	OP	70.00	80.00
ROMANTIC POET SERIES				**R. AKERS**
❑ DREAM, THE	1984	YR	70.00	90.00
❑ I STOOD TIPTOE	1983	YR	70.00	110.00
❑ KISS, THE	1981	YR	65.00	95.00
❑ MY HEART LEAPS UP	1982	YR	70.00	100.00
❑ RECOLLECTION, THE	1985	YR	70.00	90.00
ROMANTIC POET SERIES				**G. APPLEBY**
❑ ODE TO A SKYLARK	1979	YR	65.00	85.00
❑ PHANTOM OF DELIGHT	1980	YR	65.00	80.00
❑ SHE WALKS IN BEAUTY	1977	YR	60.00	85.00
❑ THING OF BEAUTY	1978	YR	60.00	80.00
SHAKESPEARE LOVERS				**R. AKERS**
❑ BENEDICK AND BEATRICE	1990	CL	70.00	100.00
❑ FERDINAND AND MIRANDA	1990	CL	75.00	100.00
❑ HAMLET AND OPHELIA	1989	CL	65.00	95.00
❑ LYSANDER AND HERMIA	1990	CL	70.00	100.00
❑ MACBETH AND LADY MACBETH	1989	CL	70.00	100.00
❑ OTHELLO AND DESDEMONA	1990	CL	75.00	100.00
❑ PETRUCHIO AND KATHARINA	1989	CL	70.00	120.00
❑ ROMEO AND JULIET	1988	CL	65.00	110.00
SONNETS OF SHAKESPEARE				**R. AKERS**
❑ LOVE ALTERS NOT	1987	CL	60.00	90.00
❑ SHALL I COMPARE THEE TO A SUMMER'S DAY	1986	CL	55.00	90.00
❑ SINCE FIRST I SAW YOU	1987	CL	60.00	95.00
❑ THOU ART TOO DEAR FOR MY POSSESSING	1987	CL	55.00	90.00
❑ YOU SHALL SHINE MORE BRIGHT	1988	CL	60.00	100.00
❑ YOUR FAIR EYES	1987	CL	60.00	90.00
TWAS THE NIGHT BEFORE CHRISTMAS				**R. AKERS**
❑ HAPPY CHRISTMAS TO ALL	1992	OP	69.00	90.00
❑ I SPRANG FROM MY BED	1992	OP	74.00	88.00
❑ IT MUST BE ST. NICK	1992	YR	74.00	85.00
❑ UP ON THE ROOFTOP	1992	YR	69.00	80.00
❑ UP THE CHIMNEY HE ROSE	1993	YR	74.00	85.00
❑ WITH VISIONS OF SUGAR PLUMS	1992	OP	74.00	125.00
VICTORIAN DREAM HOMES				**C. WORKMASTER**
❑ 125 MAIN STREET	1992	OP	55.00	75.00
❑ 212 THIRD AVENUE	1992	OP	55.00	79.00
❑ 367 RIVERSIDE DRIVE	1992	OP	60.00	85.00
❑ 432 FAIRVIEW LANE	1992	OP	60.00	95.00

PLATES

NAME	YEAR	LIMIT	ISSUE	TREND
INTERNATIONAL SILVER				
BICENTENNIAL				M. DEOLIVEIRA
❑ CONCORD BRIDGE	1974	7500	40.00	175.00
❑ CROSSING DELAWARE	1975	7500	50.00	125.00
❑ PAUL REVERE	1973	7500	40.00	200.00
❑ SIGNING DECLARATION	1972	7500	40.00	450.00
❑ SURRENDER AT YORKTOWN	1977	7500	50.00	65.00
❑ VALLEY FORGE	1976	7500	50.00	80.00
ISLANDIA INTERNATIONAL				
				B.P. GUTMANN
❑ AWAKENING	2002	25000	35.00	35.00
❑ GOING TO TOWN	2002	25000	35.00	35.00
❑ HAPPY DREAMS	2002	25000	35.00	35.00
❑ HARMONY	2002	25000	35.00	35.00
❑ HIS MAJESTY	2002	25000	35.00	35.00
❑ IN DISGRACE	2002	25000	35.00	35.00
❑ IN PORT OF DREAMS	2002	25000	35.00	35.00
❑ LITTLE BIT OF HEAVEN, A	2002	25000	35.00	35.00
❑ LOVE IS BLIND	2002	25000	35.00	35.00
❑ LULLABY, THE	2002	25000	35.00	35.00
❑ REWARD, THE	2002	25000	35.00	35.00
❑ STAR FROM THE SKY, A	2002	25000	35.00	35.00
❑ TASTING	2002	25000	35.00	35.00
ISLANDIA ROCKWELL COLLECTION				N. ROCKWELL
❑ POSTAL WORKER, THE	2002	25000	35.00	35.00
❑ ROSIE THE RIVETER	2002	25000	35.00	35.00
❑ RUNAWAY BOY AND CLOWN	2002	25000	05.00	35.00
❑ TO MAKE MEN FREE	2002	25000	40.00	40.00
❑ UNCLE SAM TAKES WINGS	2002	25000	35.00	35.00
JAN HAGARA COLLECTABLES				
FALL IN LOVE AGAIN				J. HAGARA
❑ TAMMY	1995	7500	39.00	39.00
VICTORIAN CHILDREN				J. HAGARA
❑ ADRIANNE	1980	5000	60.00	250.00
❑ CARA	1980	*	25.00	250.00
❑ CAROL	1983	15000	45.00	210.00
❑ CHRIS	1984	15000	45.00	150.00
❑ DAISIES FOR MOMMY	1982	*	38.00	120.00
❑ DAISIES FROM JIMMY	1980	*	38.00	300.00
❑ DAISIES FROM MARYBETH	1979	*	38.00	150.00
❑ HANNAH	1988	15000	50.00	125.00
❑ HEARTS & FLOWERS	1981	*	25.00	250.00
❑ LESLEY	1986	RT	43.00	120.00
❑ LISA	1979	5000	60.00	90.00
❑ LYDIA	1981	5000	60.00	175.00
❑ MELANIE	1982	5000	60.00	125.00
❑ NIKKI	1986	15000	45.00	100.00
❑ NOEL	1985	15000	45.00	100.00
JOHN HINE STUDIOS LTD.				
DAVID WINTER PLATE COLLECTION				M. FISHER
❑ A CHRISTMAS CAROL	1991	10000	30.00	64.00
❑ CHICHESTER CROSS	1992	10000	30.00	23.00
❑ COTSWOLD VILLAGE	1991	10000	30.00	40.00
❑ LITTLE MILL	1992	10000	30.00	25.00
❑ OLD CURIOSTY SHOP, THE	1992	10000	30.00	48.00
❑ SCROOGE'S COUNTING HOUSE	1992	10000	30.00	28.00
DAVID WINTER PLATE COLLECTION				D. WINTER
❑ DOVE COTTAGE	1993	10000	30.00	30.00
❑ FORGE, THE	1993	10000	30.00	30.00
KAISER				
AMERICA, THE BEAUTIFUL				G. NEUBACHER
❑ BROWSING FOR DELICACIES	1990	9500	50.00	59.00
❑ CALIFORNIA QUAIL	1988	9500	50.00	59.00
❑ SCANNING THE TERRITORY	1990	9500	50.00	59.00
❑ SNOWY EGRET	1988	9500	50.00	50.00
AMERICAN CATS				G. WILLIAMS
❑ KITS IN A CRADLE, SIAMESE	1991	7500	50.00	50.00
❑ LAZY RIVER DAYS, SHORTHAIRS	1991	7500	50.00	50.00
❑ TAKING IT EASY, PERSIANS	1991	7500	50.00	50.00
❑ TREE VIEW, SHORTHAIRS	1991	7500	50.00	50.00
ANNIVERSARY				K. BAUER
❑ BETROTHAL	1982	CL	40.00	40.00
❑ TENDER MOMENT	1975	CL	25.00	40.00
ANNIVERSARY				H. BLUM
❑ LOVE AT PLAY	1980	CL	40.00	40.00
❑ RENDEZVOUS	1981	CL	40.00	40.00
❑ ROMANTIC INTERLUDE	1979	CL	32.00	32.00
ANNIVERSARY				T. SCHOENER
❑ CANOEING	1974	CL	20.00	30.00
❑ IN THE PARK	1973	CL	16.00	25.00
❑ LOVE BIRDS	1972	CL	16.00	30.00
❑ SERENADE	1976	CL	25.00	25.00

NAME	YEAR	LIMIT	ISSUE	TREND
❑ SIMPLE GIFT	1977	CL	25.00	25.00
❑ SUNDAY AFTERNOON	1983	CL	40.00	40.00
❑ VIKING TOAST	1978	CL	30.00	30.00
ARABIAN NIGHTS				**R. HERSEY**
❑ SCHEHERAZADE	1989	9500	75.00	75.00
BICENTENNIAL PLATE				**J. TRUMBALL**
❑ SIGNING DECLARATION	1976	CL	75.00	175.00
BIRD DOG SERIES				**J. FRANCIS**
❑ BEAGLE	*	19500	40.00	50.00
❑ BLACK LABRADOR	*	19500	40.00	50.00
❑ COCKER SPANIEL	*	19500	40.00	50.00
❑ ENGLISH POINTER	*	19500	40.00	50.00
❑ ENGLISH SETTER	*	19500	40.00	50.00
❑ GERMAN SHORT HAIR POINTER	*	19500	40.00	50.00
❑ GOLDEN LABRADOR	*	19500	40.00	50.00
❑ IRISH SETTER	*	19500	40.00	50.00
CHILDHOOD MEMORIES				**A. SCHLESINGER**
❑ WAIT A LITTLE	1985	CL	29.00	29.00
CHILDREN'S PRAYER				**W. ZEUNER**
❑ NOW I LAY ME DOWN TO SLEEP	1982	CL	30.00	30.00
❑ SAYING GRACE	1982	CL	30.00	30.00
CHRISTMAS PLATES				**K. BAUER**
❑ ADORATION BY THREE KINGS	1981	CL	40.00	55.00
❑ BRINGING HOME THE TREE	1982	CL	40.00	50.00
❑ CHRISTMAS CAROLERS	1974	CL	25.00	40.00
❑ SILENT NIGHT	1971	CL	14.00	35.00
❑ WELCOME HOME	1972	CL	16.00	45.00
CHRISTMAS PLATES				**H. BLUM**
❑ CHRISTMAS EVE	1979	CL	32.00	50.00
❑ JOYS OF WINTER	1980	CL	40.00	45.00
CHRISTMAS PLATES				**C. MARATTI**
❑ CHRIST/SAVIOUR BORN	1976	CL	25.00	40.00
CHRISTMAS PLATES				**J. NORTHCOTT**
❑ BRINGING HOME THE TREE	1975	CL	25.00	35.00
CHRISTMAS PLATES				**T. SCHOENER**
❑ HOLY NIGHT	1973	CL	18.00	45.00
❑ SHEPHERDS IN THE FIELD	1978	CL	30.00	35.00
❑ THREE KINGS, THE	1977	CL	25.00	30.00
❑ WAITING FOR SANTA CLAUS	1970	CL	12.00	30.00
CLASSIC FAIRY TALES COLLECTION				**G. NEUBACHER**
❑ CINDERELLA	1984	*	40.00	45.00
❑ FROG KING	1982	*	40.00	50.00
❑ HANSEL AND GRETEL	1984	*	40.00	45.00
❑ LITTLE RED RIDING HOOD	1983	*	40.00	50.00
❑ PUSS IN BOOTS	1983	*	40.00	50.00
❑ SLEEPING BEAUTY	1984	*	40.00	45.00
DANCE, BALLERINA, DANCE				**R. CLARKE**
❑ AT THE BARRE	1983	CL	48.00	48.00
❑ FIRST SLIPPERS	1982	CL	48.00	48.00
❑ OPENING NIGHT	*	CL	48.00	48.00
❑ PIROUETTE	*	CL	48.00	48.00
❑ RECITAL, THE	*	CL	48.00	48.00
❑ SWAN LAKE	*	CL	48.00	48.00
EGYPTIAN				*
❑ NEFERTITI	1980	10000	275.00	475.00
❑ TUTANKHAMEN	1980	10000	275.00	475.00
FAITHFUL COMPANIONS				**R.J. MAY**
❑ BEAGLE	1990	9500	50.00	50.00
❑ BOXER	1990	*	*	54.00
❑ COCKER SPANIEL	1990	9500	50.00	50.00
❑ DASHCHUND	1990	9500	50.00	50.00
❑ DOBERMAN	1990	9500	50.00	50.00
❑ ENGLISH SPRINGER SPANIEL	1990	9500	50.00	50.00
❑ GERMAN SHEPHERD	1990	9500	50.00	50.00
❑ GOLDEN RETRIEVER	1990	9500	50.00	50.00
❑ LABRADOR RETRIEVER	1991	*	*	53.00
❑ POODLE	1990	*	*	54.00
❑ ROTTWEILER	1990	9500	50.00	50.00
❑ ROUGH COLLIE (MAY)	1990	*	*	54.00
❑ YORKSHIRE TERRIERS	1991	*	*	53.00
FAMOUS HORSES				**A. LOHMANN**
❑ NORTHERN DANCER	1984	CL	95.00	95.00
❑ SNOW KNIGHT	1983	CL	95.00	95.00
FAMOUS LULLABIES				**G. NEUBACHER**
❑ AU CLAIR DE LUNE	1986	*	40.00	44.00
❑ BRAHMS' LULLABYE	1988	*	40.00	45.00
❑ MOCKINGBIRD	1986	*	40.00	46.00
❑ ROCKABYE BABY	1986	*	40.00	41.00
❑ SLEEP BABY SLEEP	1985	*	40.00	40.00
❑ WELSH LULLABYE	1987	*	40.00	57.00
FEATHERED FRIENDS				**G. LOATES**
❑ BLUE JAYS	1978	CL	70.00	150.00
❑ CARDINALS	1979	CL	80.00	150.00
❑ GOLDFINCH	1981	CL	80.00	150.00
❑ WAXWINGS	1980	CL	80.00	150.00
FOREST SURPRISES				**G. NEUBACHER**
❑ DEERHEAD ORCHID	1989	9500	50.00	59.00

PLATES

NAME	YEAR	LIMIT	ISSUE	TREND
❏ MARSH MARIGOLD	1989	9500	50.00	59.00
❏ VIOLETS	1990	9500	50.00	59.00
❏ WILD IRIS	1990	9500	50.00	59.00
FOUR SEASONS				**I. CENKOVCAN**
❏ AUTUMN	1981	*	50.00	64.00
❏ SPRING	1981	*	50.00	64.00
❏ SUMMER	1981	*	50.00	64.00
❏ WINTER	1981	*	50.00	64.00
GARDEN AND SONG BIRDS				**W. GAWANTKA**
❏ CARDINALS	1973	CL	200.00	250.00
❏ TITMOUSE	1973	CL	200.00	250.00
GRADUATE				**J. MCKERNAN**
❏ BOY	1986	7500	40.00	40.00
❏ GIRL	1986	7500	40.00	40.00
GREAT YACHTS				**K. BAUER**
❏ CETONIA	1972	CL	50.00	50.00
❏ WESTWARD	1972	CL	50.00	50.00
HAPPY DAYS				**G. NEUBACHER**
❏ AEROPLANE, THE	1979	CL	75.00	75.00
❏ JULIE	1980	CL	75.00	75.00
❏ LOOKOUT, THE	1982	CL	75.00	75.00
❏ WINTER FUN	1981	CL	75.00	75.00
HARMONY AND NATURE				**J. LITTLEJOHN**
❏ SPRING ENCORE	1985	CL	40.00	40.00
HIBEL HOLIDAYS				**E. HIBEL**
❏ AND UNTO US A CHILD IS BORN	1994	*	*	78.00
❏ WONDER OF LOVE	1995	*	*	79.00
KING TUT				
❏ KING TUT	1978	CL	65.00	110.00
MEMORIES OF CHRISTMAS				**G. NEUBACHER**
❏ CHRISTMAS DREAM	1984	CL	40.00	43.00
❏ CHRISTMAS EVE	1985	CL	40.00	40.00
❏ VISIT WITH SANTA	1986	CL	40.00	40.00
❏ WONDER OF CHRISTMAS, THE	1983	CL	43.00	43.00
MOTHER'S DAY				**K. BAUER**
❏ PHEASANT FAMILY	1982	CL	40.00	45.00
❏ TENDER CARE	1983	CL	40.00	85.00
MOTHER'S DAY				**H. BLUM**
❏ SAFE NEAR MOTHER	1981	CL	40.00	45.00
MOTHER'S DAY				**J. NORTHCOTT**
❏ RACCOON FAMILY	1980	CL	40.00	60.00
MOTHER'S DAY				**N. PETERNER**
❏ MOTHER'S DEVOTION	1979	CL	32.00	45.00
MOTHER'S DAY				**T. SCHOENER**
❏ CATS	1973	CL	17.00	50.00
❏ FLOWERS FOR MOTHER	1972	CL	16.00	40.00
❏ FOX	1974	CL	20.00	70.00
❏ GERMAN SHEPHERD	1975	CL	25.00	95.00
❏ HEN AND CHICKS	1978	CL	30.00	55.00
❏ MARE AND FOAL	1971	CL	13.00	45.00
❏ MOTHER RABBIT AND YOUNG	1977	CL	25.00	35.00
❏ SWAN AND CYGNETS	1976	CL	25.00	30.00
NOBLE HORSE COLLECTION				**L. TURNER**
❏ ARABIAN	1988	OP	50.00	50.00
❏ GELDERLANDER	1988	OP	50.00	50.00
❏ HOLSTEIN	1988	OP	50.00	50.00
❏ QUARTER HORSE	1988	OP	50.00	50.00
❏ THOROUGHBRED	1988	OP	50.00	50.00
❏ TRAKEHNER	1988	OP	50.00	50.00
OBERAMMERGAU PASSION PLAY				*
❏ OBERAMMERGAU, COBALT	1991	400	64.00	64.00
❏ OBERAMMERGAU, SEPIA	1991	700	38.00	38.00
OBERAMMERGAU PASSION PLAY				**K. BAUER**
❏ OBERAMMERGAU	1970	CL	40.00	40.00
OBERAMMERGAU PASSION PLAY				**T. SCHOENER**
❏ OBERAMMERGAU	1970	CL	25.00	30.00
ON THE FARM				**A. LOHMANN**
❏ DUCK, THE	1981	*	50.00	108.00
❏ DUCKS ON THE POND	*	*	50.00	108.00
❏ GIRL FEEDING ANIMALS	*	*	50.00	108.00
❏ GIRL WITH GOATS	*	*	50.00	108.00
❏ HORSES, THE	1983	*	50.00	108.00
❏ POND, THE	1983	*	50.00	108.00
❏ ROOSTER, THE	1982	*	50.00	108.00
❏ WHITE HORSE	*	*	50.00	108.00
RACING FOR PRIDE AND PROFIT				**R. HORTON**
❏ AGING VICTOR, THE	1984	9500	50.00	50.00
❏ FIRST FISH TO MARKET	1987	9500	50.00	60.00
❏ GYPSY TRADERS	1988	9500	60.00	60.00
❏ NO TIME TO BOAST	1986	9500	50.00	50.00
❏ PROFIT OR PRISON	*	9500	*	60.00
❏ SECOND GOES HUNGRY	1985	9500	50.00	50.00
ROMANTIC PORTRAITS				**G. NEUBACHER**
❏ CAMELIA	1982	CL	175.00	180.00
❏ DAISY	1984	CL	175.00	180.00

PLATES

NAME	YEAR	LIMIT	ISSUE	TREND
❑ LILIE	1981	CL	200.00	210.00
❑ ROSE	1983	CL	175.00	185.00
STABLE DOOR COLLECTION				**D. TWINNEY**
❑ FIRST STEPS	1988	OP	30.00	30.00
❑ IMPUDENCE	1988	OP	30.00	30.00
❑ PRIDE	1988	OP	30.00	30.00
❑ VISITOR, THE	1988	OP	30.00	30.00
TRADITIONAL FAIRY TALES				**D. KING**
❑ CINDERELLA	1983	*	40.00	40.00
❑ DICK WITTINGTON	1985	*	40.00	40.00
❑ GOLDILOCKS	1985	*	40.00	40.00
❑ JACK AND THE BEANSTALK	1983	*	40.00	40.00
❑ THREE LITTLE PIGS	1984	*	40.00	40.00
❑ TOM THUMB	1984	*	40.00	40.00
WATER FOWL COLLECTION				**E. BIERLY**
❑ CANVASBACK DUCKS	1985	19500	55.00	89.00
❑ MALLARD DUCKS	1985	19500	55.00	50.00
❑ PINTAIL DUCKS	1985	19500	55.00	50.00
❑ WOOD DUCKS	1985	19500	55.00	60.00
WATER FOWL COLLECTION				**T. BOYER**
❑ CAROLINA WOODDUCKS	1989	*	*	48.00
❑ GREENWINGED TEALS	1989	*	*	48.00
❑ PAIR OF CANVASBACKS	1989	15000	50.00	50.00
❑ PAIR OF CAROLINA WOOD DUCKS	1989	15000	50.00	50.00
❑ PAIR OF GREENWINGED TEALS	1989	15000	50.00	50.00
❑ PAIR OF MALLARDS	1989	15000	50.00	50.00
❑ PAIR OF PINTAILS	1989	15000	50.00	50.00
❑ PAIR OF REDHEADS	1989	15000	50.00	50.00
❑ REDHEADS	1989	*	*	48.00
WILDFLOWERS				**G. NEUBACHER**
❑ SPRING BEAUTY	1987	9500	45.00	64.00
❑ TRILLIUM	1986	9500	40.00	80.00
❑ WILD ASTERS	1987	9500	50.00	59.00
❑ WILD ROSES	1987	9500	50.00	59.00

LALIQUE

NAME	YEAR	LIMIT	ISSUE	TREND
ANNUAL				**M. LALIQUE**
❑ AIGLE (EAGLE)	1976	5000	60.00	75.00
❑ BALLET DE POISSON (FISH BALLET)	1967	5000	25.00	100.00
❑ COQUILLAGE (SHELL)	1972	5000	40.00	65.00
❑ DEUX OISEAUX (TWO BIRDS)	1965	2000	25.00	1200.00
❑ DUO DE POISSON (FISH DUET)	1975	5000	50.00	140.00
❑ GAZELLE FANTAISIE (GAZELLE FANTASY)	1968	5000	25.00	65.00
❑ HIBOU (OWL)	1971	5000	35.00	70.00
❑ PAON (PEACOCK)	1970	5000	30.00	60.00
❑ PAPILLON (BUTTERFLY)	1969	5000	30.00	40.00
❑ PETIT GEAI (JAYLING)	1973	5000	43.00	100.00
❑ ROSE DE SONGERIE (DREAM ROSE)	1966	5000	25.00	125.00
❑ SOUS D'ARGENT (SILVER PENNIES)	1974	5000	48.00	100.00

LANCE CORP.

NAME	YEAR	LIMIT	ISSUE	TREND
12 DAYS OF CHRISTMAS (CHILMARK PEWTER/STAINED GLASS)				*
❑ PARTRIDGE IN A PEAR TREE 8 IN.	1979	RT	100.00	100.00
❑ TWO TURTLEDOVES 8 IN.	1980	RT	100.00	100.00
AMERICAN COMM. (HUDSON PEWTER)				**R. LAMB**
❑ HYDE PARK 6 IN.	1975	RT	*	55.00
❑ LOG CABIN 6 IN.	1975	RT	*	55.00
❑ MONTICELLO 6 IN.	1975	RT	*	55.00
❑ MT. VERNON 6 IN.	1975	RT	*	55.00
❑ SPIRIT OF '76 6 IN.	1975	RT	*	55.00
AMERICAN EXPANSION (HUDSON PEWTER)				**P.W. BASTON**
❑ AMERICAN EXPANSION	1975	CL	*	60.00
❑ AMERICAN INDEPENDENCE	1975	CL	*	110.00
❑ AMERICAN WAR BETWEEN THE STATES, THE	1975	CL	*	175.00
❑ SPIRIT OF '76 (6 IN. PLATE)	1975	CL	28.00	110.00
AMERICA'S FAVORITE BIRDS (HUDSON PEWTER/CRYSTAL)				**C. TERRIS**
❑ CRYSTAL WREN 8 IN.	1978	RT	80.00	80.00
CHILD'S CHRISTMAS (HUDSON PEWTER)				**A. PETITTO**
❑ BEDTIME STORY	1978	SU	35.00	60.00
❑ FILLING THE SKY	1981	SU	48.00	60.00
❑ HEAVEN'S CHRISTMAS TREE	1980	SU	43.00	60.00
❑ LITTLEST ANGELS	1979	SU	35.00	60.00
CHRISTMAS (CHILMARK PEWTER)				*
❑ CURRIER & IVES CHRISTMAS 8 IN.	1977	RT	60.00	75.00
❑ THREE WISEMEN 8 IN.	1979	RT	65.00	75.00
❑ TRIMMING THE TREE 8 IN.	1978	RT	65.00	75.00
CHRISTMAS (HUDSON PEWTER)				**A. MCGRORY**
❑ CRACK THE WHIP	1993	950	55.00	55.00
❑ HOME FOR CHRISTMAS	1994	950	50.00	50.00
CHRISTMAS (HUDSON PEWTER)				**A. PETITTO**
❑ CAROLING ANGELS, THE	1987	SU	48.00	60.00
CHRISTMAS (HUDSON PEWTER)				**J. WANAT**
❑ BRINGING HOME THE TREE	1986	SU	48.00	60.00
MICKEY'S CHRISTMAS (HUDSON PEWTER)				**D. EVERHART**
❑ GOD BLESS US, EVERY ONE	1986	SU	48.00	60.00

PLATES

NAME	YEAR	LIMIT	ISSUE	TREND
❑ HE'S CHECKING IT TWICE	1988	SU	50.00	60.00
❑ JOLLY OLD SAINT NICK	1987	SU	55.00	60.00
MOTHER'S DAY (CHILMARK PEWTER)				*
❑ 1980 MOTHER'S DAY	1980	RT	90.00	90.00
❑ FLOWERS OF THE FIELD 8 IN.	1974	RT	60.00	75.00
MOTHER'S DAY (HUDSON PEWTER)				**A. PETITTO**
❑ 1980 MOTHER'S DAY 6 IN.	1980	RT	43.00	55.00
❑ CHERISHED 6 IN.	1979	RT	43.00	55.00
SAILING SHIPS (HUDSON PEWTER)				**A. PETITTO**
❑ AMERICA 6 IN.	1978	RT	35.00	55.00
❑ CONSTITUTION 6 IN.	1978	RT	35.00	55.00
❑ FLYING CLOUD 6 IN.	1978	RT	35.00	55.00
❑ MORGAN 6 IN.	1978	RT	35.00	55.00
SEBASTIAN PLATES				**P.W. BASTON**
❑ DECLARATION OF INDEPENDENCE (8 1/2 IN.)	1976	RT	25.00	50.00
❑ DOCTOR, THE	1981	CL	40.00	45.00
❑ GRAND CANYON	1979	CL	75.00	60.00
❑ IN THE CANDY STORE	1980	CL	40.00	45.00
❑ LITTLE MOTHER	1983	CL	40.00	45.00
❑ LONE CYPRESS	1980	CL	75.00	160.00
❑ MOTIF NO. 1	1978	CL	75.00	60.00
❑ SPIRIT OF '76 (9 IN.)	1974	RT	28.00	75.00
❑ SWITCHING THE FREIGHT	1984	CL	43.00	90.00
❑ ZODIAC (8 IN.)	1978	RT	60.00	75.00
SONG BIRDS OF THE FOUR SEASONS (HUDSON PEWTER)			**HOLLIS/YOURDON**	
❑ CARDINAL (WINTER 6 IN.)	1978	RT	35.00	55.00
❑ HUMMINGBIRD (SUMMER 6 IN.)	1978	RT	35.00	55.00
❑ SPARROW (AUTUMN 6 IN.)	1978	RT	35.00	55.00
❑ WOOD THRUSH (SPRING 6 IN.)	1978	RT	35.00	55.00
SONGS OF CHRISTMAS (HUDSON PEWTER)				**A. MCGRORY**
❑ FIRST NOEL, THE	1990	SU	60.00	60.00
❑ HARK! THE HERALD ANGELS SING	1989	SU	60.00	60.00
❑ SILENT NIGHT	1988	SU	55.00	60.00
❑ WE THREE KINGS	1991	SU	60.00	60.00
TWAS THE NIGHT BEFORE CHRISTMAS (HUDSON PEWTER)				**A. HOLLIS**
❑ HAPPY CHRISTMAS TO ALL	1985	SU	48.00	60.00
❑ HIS EYES HOW THEY TWINKLED	1984	SU	48.00	60.00
❑ NOT A CREATURE WAS STIRRING	1982	SU	48.00	70.00
❑ VISIONS OF SUGAR PLUMS	1983	SU	48.00	60.00

LENOX CHINA/CRYSTAL COLLECTION

NAME	YEAR	LIMIT	ISSUE	TREND
AMERICAN WILDLIFE				**N. ADAMO**
❑ BLACK BEARS	1982	9500	65.00	70.00
❑ BUFFALO	1982	9500	65.00	70.00
❑ DALL SHEEP	1982	9500	65.00	80.00
❑ JACK RABBITS	1982	9500	65.00	70.00
❑ MOUNTAIN LIONS	1982	9500	65.00	70.00
❑ OCELOTS	1982	9500	65.00	80.00
❑ OTTERS	1982	9500	65.00	70.00
❑ POLAR BEARS	1982	9500	65.00	70.00
❑ RACCOONS	1982	9500	65.00	70.00
❑ RED FOXES	1982	9500	65.00	70.00
❑ SEA LIONS	1982	9500	65.00	80.00
❑ WHITE TAILED DEER	1982	9500	65.00	70.00
ANNUAL CHRISTMAS PLATES				*
❑ SLEIGH	1992	YR	75.00	75.00
ANNUAL CHRISTMAS PLATES				**L. BYWATERS**
❑ MIDNIGHT SLEIGH RIDE	1993	CL	119.00	125.00
ARCTIC WOLVES				**J. VAN ZYLE**
❑ CRY OF THE WILD	1993	CL	30.00	30.00
❑ FAR COUNTRY CROSSING	1993	CL	30.00	30.00
❑ MIDNIGHT RENEGADE	1993	CL	30.00	30.00
❑ NIGHTWATCH	1993	CL	30.00	30.00
❑ ON THE EDGE	1993	CL	30.00	30.00
❑ PICKING UP THE TRAIL	1993	CL	30.00	30.00
BIG CATS OF THE WORLD				**Q. LEMONDS**
❑ BLACK PANTHER	1993	OP	40.00	40.00
❑ BOBCAT	1993	OP	40.00	40.00
❑ CHINESE LEOPARD	1993	OP	40.00	40.00
❑ COUGAR	1993	OP	40.00	40.00
❑ LION	1993	OP	40.00	40.00
❑ SNOW LEOPARD	1993	OP	40.00	40.00
❑ TIGER	1993	OP	40.00	40.00
❑ WHITE TIGER	1993	OP	40.00	40.00
BIRDS OF THE GARDEN				**W. MUMM**
❑ BLOSSOMING BOUGH, CHICKADEES	1993	OP	40.00	40.00
❑ BLUEBIRDS HAVEN, BLUEBIRDS	1993	OP	40.00	40.00
❑ INDIGO MEADOW, INDIGO BUNTINGS	1993	OP	40.00	40.00
❑ JEWELS OF THE GARDEN, HUMMINGBIRDS	1993	OP	40.00	40.00
❑ SCARLET TANAGERS	1993	OP	40.00	40.00
❑ SPRING GLORY, CARDINALS	1992	OP	40.00	40.00
❑ SUNBRIGHT SONGBIRDS, GOLDFINCH	1993	OP	40.00	40.00
BOEHM BIRDS				**E. BOEHM**
❑ AMERICAN REDSTART	1975	YR	50.00	75.00
❑ BLACK-THROATED BLUE WARBLERS	1980	YR	80.00	85.00
❑ CARDINALS	1976	YR	53.00	85.00
❑ EASTERN PHOEBES	1981	YR	90.00	85.00

PLATES

NAME	YEAR	LIMIT	ISSUE	TREND
❏ GOLDEN-CROWNED KINGLETS	1979	YR	65.00	85.00
❏ GOLDFINCH	1971	YR	35.00	80.00
❏ MEADOWLARK	1973	YR	41.00	80.00
❏ MOCKINGBIRDS	1978	YR	58.00	75.00
❏ MOUNTAIN BLUEBIRD	1972	YR	38.00	80.00
❏ ROBINS	1977	YR	55.00	85.00
❏ RUFOUS HUMMINGBIRD	1974	YR	45.00	95.00
❏ WOOD THRUSH	1970	YR	35.00	120.00
BOEHM WOODLAND WILDLIFE				**E. BOEHM**
❏ BEAVER	1977	YR	68.00	85.00
❏ BOBCATS	1980	YR	83.00	85.00
❏ COTTONTAIL RABBITS	1975	YR	59.00	85.00
❏ EASTERN CHIPMUNKS	1976	YR	63.00	85.00
❏ MARTENS	1981	YR	100.00	85.00
❏ RACCOONS	1973	YR	50.00	85.00
❏ RED FOXES	1974	YR	53.00	80.00
❏ RIVER OTTERS	1982	YR	100.00	150.00
❏ SQUIRRELS	1979	YR	76.00	85.00
❏ WHITETAIL DEER	1978	YR	70.00	75.00
CHILDREN OF THE SUN & MOON				**D. CROWLEY**
❏ DAUGHTER OF THE SUN	1994	OP	40.00	40.00
❏ DESERT BLOSSOM	1993	OP	40.00	40.00
❏ FEATHERS & FURS	1993	OP	40.00	40.00
❏ INDIGO GIRL	1994	OP	40.00	40.00
❏ LITTLE FLOWER	1994	OP	40.00	40.00
❏ RED FEATHERS	1994	OP	40.00	40.00
❏ SHY ONE	1993	OP	40.00	40.00
❏ STARS IN HER EYES	1994	OP	40.00	40.00
CHRISTMAS TREES AROUND THE WORLD				*
❏ FRANCE	1992	YR	75.00	80.00
❏ GERMANY	1991	YR	75.00	78.00
COLONIAL CHRISTMAS WREATH				*
❏ COLONIAL VIRGINIA	1981	YR	65.00	150.00
❏ CONNECTICUT	1985	YR	70.00	300.00
❏ DELAWARE	1988	YR	70.00	115.00
❏ GEORGIA	1993	YR	*	90.00
❏ MARYLAND	1983	YR	70.00	200.00
❏ MASSACHUSETTS	1982	YR	70.00	150.00
❏ NEW HAMPSHIRE	1986	YR	70.00	115.00
❏ NEW JERSEY	1990	YR	75.00	115.00
❏ NEW YORK	1989	YR	75.00	150.00
❏ NORTH CAROLINA	1992	YR	75.00	95.00
❏ PENNSYLVANIA	1987	YR	70.00	150.00
❏ RHODE ISLAND	1984	YR	70.00	300.00
❏ SOUTH CAROLINA	1991	YR	75.00	95.00
CUBS OF THE BIG CATS				**Q. LEMONDS**
❏ JAGUAR CUB	1993	CL	30.00	30.00
DARLING DALMATIANS				**L. PICKEN**
❏ ALL FIRED UP	1993	CL	30.00	30.00
❏ CAUGHT IN THE ACT	1993	CL	30.00	30.00
❏ FIRE BRIGADE	1993	CL	30.00	30.00
❏ PLEASE DON'T PICK THE FLOWERS	1993	CL	30.00	30.00
❏ PUPS IN BOOTS	1993	CL	30.00	30.00
❏ THREE ALARM FIRE	1993	CL	30.00	30.00
DOLPHINS OF THE SEVEN SEAS				**J. HOLDERBY**
❏ BOTTLENOSE DOLPHINS	1993	OP	40.00	40.00
EAGLE CONSERVATION				**R. KELLY**
❏ DAYBREAK ON RIVER'S EDGE	1993	OP	40.00	40.00
❏ EAGLES ON MT. MCKINLEY	1993	OP	40.00	40.00
❏ LONE SENTINEL	1993	OP	40.00	40.00
❏ NORTHERN HERITAGE	1993	OP	40.00	40.00
❏ NORTHWOOD'S LEGEND	1993	OP	40.00	40.00
❏ RIVER SCOUT	1993	OP	40.00	40.00
❏ SOARING THE PEAKS	1993	OP	40.00	40.00
❏ SOLO FLIGHT	1993	OP	40.00	40.00
GARDEN BIRD PLATE COLLECTION				*
❏ BLUEJAY	1988	OP	48.00	53.00
❏ CARDINAL	1991	OP	48.00	53.00
❏ CHICKADEE	1988	OP	48.00	53.00
❏ DOVE	1991	OP	48.00	53.00
❏ GOLDFINCH	1992	OP	48.00	53.00
❏ HUMMINGBIRD	1989	OP	48.00	53.00
GREAT CATS OF THE WORLD				**G. COHELEACH**
❏ CHINESE LEOPARD	1993	OP	40.00	40.00
❏ COUGAR	1993	OP	40.00	40.00
❏ JAGUAR	1993	OP	40.00	40.00
❏ LION	1993	OP	40.00	40.00
❏ LIONESS	1993	OP	40.00	40.00
❏ SIBERIAN TIGER	1993	OP	40.00	40.00
❏ SNOW LEOPARD	1993	OP	40.00	40.00
❏ WHITE TIGER	1993	OP	40.00	40.00
INTERNATIONAL VICTORIAN SANTAS				**R. HOOVER**
❏ AMERICAN SANTA CLAUS	1995	CL	40.00	40.00
❏ FATHER CHRISTMAS	1993	CL	40.00	40.00
❏ GRANDFATHER FROST	1994	CL	40.00	40.00
❏ KRIS KRINGLE	1992	CL	40.00	40.00

PLATES

NAME	YEAR	LIMIT	ISSUE	TREND
KING OF THE PLAINS				**S. COMBES**
❑ AFRICAN ANCIENTS	1994	OP	40.00	40.00
❑ END OF THE LINE	1994	OP	40.00	40.00
❑ GUARDIAN	1994	OP	40.00	40.00
❑ LAST ELEPHANT, THE	1994	OP	40.00	40.00
❑ PROTECTING THE FLANKS	1994	OP	40.00	40.00
❑ RAINBOW TRAIL	1994	OP	40.00	40.00
❑ SPARRING BULLS	1994	OP	40.00	40.00
❑ TSAVA ELEPHANT	1994	OP	40.00	40.00
MAGIC OF CHRISTMAS				**L. BYWATERS**
❑ BERRY MERRY CHRISTMAS	1994	OP	40.00	40.00
❑ COMING HOME	1994	OP	40.00	40.00
❑ GIFTS FOR ALL	1993	OP	40.00	40.00
❑ SANTA OF THE NORTHERN FOREST	1993	OP	40.00	40.00
❑ SANTA'S GIFT OF PEACE	1993	OP	40.00	40.00
❑ SANTA'S SENTINELS	1994	OP	40.00	40.00
❑ WONDER OF WONDERS	1994	OP	40.00	40.00
NATURE'S COLLAGE				**C. MCCLUNG**
❑ BLUEBIRDS, SUMMER INTERLUDE	1993	CL	40.00	40.00
❑ BLUEJAYS, WINTER SONG	1993	CL	40.00	40.00
❑ CARDINALS, SPRING COURTSHIP	1993	CL	40.00	40.00
❑ CEDAR WAXWING, AMONG THE BERRIES	1992	OP	35.00	35.00
❑ CHICKADEES, ROSE MORNING	1993	CL	40.00	40.00
❑ GOLD FINCHES, GOLDEN SPLENDOR	1992	OP	35.00	35.00
❑ HUMMINGBIRDS, JEWELED GLORY	1993	CL	40.00	40.00
❑ INDIGO BUNTINGS, INDIGO EVENING	1993	CL	40.00	40.00
OWLS OF NORTH AMERICA				**L. LAFFIN**
❑ SPIRIT OF THE ARCTIC, SNOWY OWL	1993	OP	40.00	40.00
PIERCED NATIVITY				*
❑ HERALDING ANGELS	1994	OP	45.00	45.00
❑ HOLY FAMILY	1993	OP	45.00	45.00
❑ SHEPHERDS	1994	OP	45.00	45.00
❑ THREE KINGS	1994	OP	45.00	45.00
ROYAL CATS OF GUY COHELEACH				**G. COHELEACH**
❑ AFTERNOON SHADE	1994	OP	40.00	40.00
❑ AMBUSH IN THE SNOW	1994	OP	40.00	40.00
❑ CAT NAP	1994	OP	40.00	40.00
❑ JUNGLE JAGUAR	1994	OP	40.00	40.00
❑ LION IN WAIT	1994	OP	40.00	40.00
❑ ROCKY MOUNTAIN PUMA	1994	OP	40.00	40.00
❑ ROCKY REFUGE	1994	OP	40.00	40.00
❑ SIESTA	1994	OP	40.00	40.00
WHALE CONSERVATION				**J. HOLDERBY**
❑ ORCA	1993	OP	40.00	40.00

LIGHTPOST PUBLISHING

T. KINKADE SIGNATURE COLLECTION				**T. KINKADE**
❑ CEDAR NOOK	1991	2500	50.00	65.00
❑ CHANDLER'S COTTAGE	1991	2500	50.00	60.00
❑ HOME TO GRANDMA'S	1991	2500	50.00	60.00
❑ SLEIGH RIDE HOME	1991	2500	50.00	65.00

LILLIPUT LANE LTD.

AMERICAN LANDMARKS COLLECTION				**R. DAY**
❑ COUNTRY CHURCH	1990	RT	35.00	35.00
❑ MAIL BARN	1990	5000	35.00	125.00
❑ RIVERSIDE CHAPEL	1990	RT	35.00	35.00
COCA COLA COUNTRY				**R. DAY**
❑ CATCH OF THE DAY	1998	OP	40.00	40.00
❑ ICE-COLD COKE	1998	OP	40.00	40.00
❑ SPRING HAS SPRUNG	1998	OP	40.00	40.00
❑ WHEN I WAS YOUR AGE	1998	OP	40.00	40.00

LITTLE ANGEL PUBLISHING

AN ANGEL'S LIGHT				**D. GELSINGER**
❑ LITTLE HOPE LIGHTS THE WAY, A	1998	95 DAYS	30.00	30.00
ANGEL INSPIRATIONS				**D. GELSINGER**
❑ SERENITY GARDEN THE SERENITY PRAYER	2001	95 DAYS	40.00	40.00
ANGELS BLESS OUR HOME WITH JOY				**D. GELSINGER**
❑ ANGELS TO GUIDE	2001	90 DAYS	40.00	40.00
❑ FRIENDS WHO CARE	2001	90 DAYS	40.00	40.00
❑ LOVE TO SHARE	2001	90 DAYS	40.00	40.00
BLESS OUR HOME				**D. GELSINGER**
❑ ANGEL'S TO GUIDE	2001	95 DAYS	40.00	40.00
❑ BLESS OF ALL	2000	90 DAYS	40.00	40.00
❑ BLESS OUR HOME	2000	90 DAYS	40.00	40.00
❑ FRIENDS WHO CARE	2001	95 DAYS	40.00	40.00
❑ KEEP US WELL	2000	90 DAYS	40.00	40.00
❑ LOVE TO SHARE	2001	95 DAYS	40.00	40.00
❑ WHERE ANGELS DWELL	2000	90 DAYS	40.00	40.00
CHRISTMAS BLESSINGS				**D. GELSINGER**
❑ EVENING LIGHT	2000	90 DAYS	30.00	30.00
❑ GIFT OF PEACE	2000	90 DAYS	30.00	30.00
❑ SEASON OF GIVING	2000	90 DAYS	30.00	30.00
❑ SILENT NIGHT, GENTLE LIGHT	2000	90 DAYS	30.00	30.00

PLATES

NAME	YEAR	LIMIT	ISSUE	TREND
OUR LOVING GUARDIANS				**D. GELSINGER**
❏ SOMEONE TO GUIDE THE WAY	1998	295 DAYS	40.00	40.00
PRAYERS FOR LITTLE HEARTS				**D. GELSINGER**
❏ ALL CREATURES GREAT AND SMALL	2000	90 DAYS	37.00	37.00
❏ ALL THINGS BRIGHT AND BEAUTIFUL	2000	90 DAYS	37.00	37.00
❏ ALL THINGS WISE AND WONDERFUL	2000	90 DAYS	37.00	37.00
❏ BELIEVE AND YOU WILL RECEIVE	2000	90 DAYS	37.00	37.00
❏ BELIEVE AND YOU WILL RECEIVE	2001	90 DAYS	40.00	40.00
❏ EYES OF YOUR HEART, THE	2000	90 DAYS	37.00	37.00
❏ EYES OF YOUR HEART, THE	2001	90 DAYS	40.00	40.00
❏ FAITH IS CERTAIN	2000	90 DAYS	37.00	37.00
❏ FAITH IS CERTAIN	2001	90 DAYS	40.00	40.00
❏ JOYFUL IN HOPE	2000	90 DAYS	37.00	37.00
❏ LORD GOD MADE THEM ALL, THE	2000	90 DAYS	37.00	37.00
WONDER OF CHRISTMAS, THE				**D. GELSINGER**
❏ SANTA'S SWEET DREAMS	2001	95 DAYS	40.00	40.00

LLADRO

NAME	YEAR	LIMIT	ISSUE	TREND
CHRISTMAS PLATES				*
❏ BOY AND GIRL AT CHRISTMAS L7010	1973	YR	35.00	145.00
❏ CHRIST CHILD L7016	1976	YR	65.00	130.00
❏ CHRISTMAS CAROLERS L7008	1972	YR	35.00	165.00
❏ CHRISTMAS CAROLERS L7012	1974	YR	55.00	130.00
❏ CHRISTMAS CAROLING CHILD L7106	1978	YR	65.00	110.00
❏ CHRISTMAS CAROLING L7006	1971	YR	27.00	170.00
❏ CHRISTMAS CHERUBS L7014	1975	YR	60.00	130.00
❏ CHRISTMAS PLATE L7024	1980	YR	45.00	100
❏ CHRISTMAS SNOW DANCE L7108	1979	YR	55.00	100
❏ NATIVITY L7022	1977	YR	65.00	130.00
MINIATURE PLATES				*
❏ APPLE PICKING L6159	1994	RT	32.00	45.00
❏ CHRISTMAS MELODIES PLATE L6184	1994	LE	*	90.00
❏ DUCK PLATE L6000	1993	RT	38.00	50.00
❏ FLAMINGO L6161	1994	RT	32.00	45.00
❏ FRIENDS L6158	1994	RT	32.00	45.00
❏ GREAT VOYAGE, THE L5964	1993	RT	50.00	95.00
❏ LOOKING OUT L5998	1993	RT	38.00	50.00
❏ MINIATURE PLATE L7501	1990	LE	*	75.00
❏ RESTING L6162	1994	RT	32.00	45.00
❏ SWINGING L5999	1993	RT	38.00	50.00
❏ TURTLEDOVE L6160	1994	RT	32.00	45.00
MOTHER'S DAY PLATES				*
❏ BIRDS AND CHICKS L7007	1972	YR	27.00	150.00
❏ MOTHER AND CHILD L7013	1975	YR	60.00	140.00
❏ MOTHER AND CHILDREN L7009	1973	YR	35.00	150.00
❏ MOTHER AND DAUGHTER L7021	1977	YR	65.00	130.00
❏ MOTHER'S DAY PLATE L7023	1980	YR	45.00	100.00
❏ MOTHER'S DAY PLATE L7025	1971	YR	25.00	150.00
❏ NEW ARRIVAL L7105	1978	YR	65.00	130.00
❏ NURSING MOTHER L7011	1974	YR	45.00	140.00
❏ OFF TO SCHOOL L7107	1979	YR	55.00	120.00
❏ TENDER VIGIL L7015	1976	YR	60.00	140.00

MAFEKING COLLECTION

NAME	YEAR	LIMIT	ISSUE	TREND
FOREVER FRIENDS				**M. GREEN**
❏ HIDE AWAY, THE	1993	500	85.00	100.00
❏ RUFOUS (THE HUMMINGBIRD)	1994	500	35.00	85.00
LORD'S CHILDREN				**M. GREEN**
❏ FRAGRANCE IN TIME	1993	500	85.00	100.00
❏ HEAR MY PRAYERS	1993	500	75.00	85.00
❏ TRADITIONS	1994	500	40.00	85.00
MAN'S BEST FRIEND				**M. GREEN**
❏ DEREK (THE LABRADOR RETRIEVER)	1993	500	65.00	85.00
❏ DIVOT (THE GERMAN SHEPHERD)	1993	500	85.00	100.00
❏ MICKEY (SPANIEL CROSS)	1994	500	40.00	45.00
❏ PEPPER (THE AIREDALE)	1994	500	40.00	85.00
MY LITTLE BEAR				**M. GREEN**
❏ BEAR WITH ME	1993	500	85.00	100.00
❏ SHIZAM (THE MAGICIAN)	1993	500	85.00	100.00

MUSEUM COLLECTIONS INC.

NAME	YEAR	LIMIT	ISSUE	TREND
AMERICAN FAMILY I				**N. ROCKWELL**
❏ BABY'S FIRST STEP	1979	9900	29.00	85.00
❏ BIRTHDAY PARTY	1979	9900	29.00	38.00
❏ BRIDE AND GROOM	1979	9900	29.00	38.00
❏ FIRST HAIRCUT	1979	9900	29.00	40.00
❏ FIRST PROM	1979	9900	29.00	40.00
❏ HAPPY BIRTHDAY DEAR MOTHER	1979	9900	29.00	65.00
❏ LITTLE MOTHER	1979	9900	29.00	45.00
❏ MOTHER'S LITTLE HELPERS	1979	9900	29.00	38.00
❏ STUDENT, THE	1979	9900	29.00	40.00
❏ SWEET SIXTEEN	1979	9900	29.00	100.00
❏ WASHING OUR DOG	1979	9900	29.00	40.00
❏ WRAPPING CHRISTMAS PRESENTS	1979	9900	29.00	40.00

PLATES

Flowers in Tender Bloom *is based on the summer scene from Norman Rockwell's "Four Ages of Love," the 1955 Four Seasons calendar series. The bas relief plate was released by Gorham.*

The Dance of Snow White & the Seven Dwarfs *was the first issue in the "Snow White & the Seven Dwarfs" series by Edwin M. Knowles China Co.*

PLATES

Sleigh Ride *by H. Mueller was issued by Bareuther for $52.50 in an edition of 10,000 in 1989.*

Zhivago and Lara *share a brisk outing in this first issue in the Dr. Zhivago collection. Issued by W.S. George in 1990, production was limited to 150 days.*

PLATES

NAME	YEAR	LIMIT	ISSUE	TREND
AMERICAN FAMILY II				**N. ROCKWELL**
❑ ALMOST GROWN UP	1980	22500	35.00	50.00
❑ AT THE CIRCUS	1981	22500	35.00	50.00
❑ COURAGEOUS HERO	1980	22500	35.00	50.00
❑ GIVING THANKS	1980	22500	35.00	50.00
❑ GOOD FOOD, GOOD FRIENDS	1981	22500	35.00	50.00
❑ HOME RUN SLUGGER	1980	22500	35.00	50.00
❑ LITTLE SALESMAN	1980	22500	35.00	50.00
❑ LITTLE SHAVER	1980	22500	35.00	50.00
❑ NEW ARRIVAL	1980	22500	35.00	50.00
❑ SPACE PIONEERS	1980	22500	35.00	50.00
❑ SWEET DREAMS	1980	22500	35.00	50.00
❑ WE MISSED YOU DADDY	1980	22500	35.00	50.00
CHRISTMAS				**N. ROCKWELL**
❑ CHECKING HIS LIST	1980	YR	75.00	100.00
❑ DAY AFTER CHRISTMAS	1979	YR	75.00	100.00
❑ HIGH HOPES	1983	YR	75.00	100.00
❑ RINGING IN GOOD CHEER	1981	YR	75.00	100.00
❑ SPACE AGE SANTA	1984	YR	55.00	100.00
❑ WAITING FOR SANTA	1982	YR	75.00	100.00

N. ROCKWELL GALLERY

NAME	YEAR	LIMIT	ISSUE	TREND
N. ROCKWELL CENTENNIAL				**N. ROCKWELL**
❑ COBBLER, THE	1993	CL	40.00	60.00
❑ TOYMAKER, THE	1993	CL	40.00	60.00
ROCKWELL'S CHRISTMAS LEGACY				**N. ROCKWELL**
❑ MAKING A LIST	1993	CL	50.00	60.00
❑ SANTA'S WORKSHOP	1992	CL	50.00	70.00
❑ VISIONS OF SANTA	1993	CL	55.00	65.00
❑ WHILE SANTA SLUMBERS	1993	CL	55.00	60.00

NEWELL

NAME	YEAR	LIMIT	ISSUE	TREND
WEBER'S CALENDAR				**S. STILWELL**
❑ APRIL	1986	OP	19.00	25.00
❑ AUGUST	1985	OP	19.00	19.00
❑ DECEMBER	1986	OP	19.00	20.00
❑ FEBRUARY	1986	OP	19.00	19.00
❑ JANUARY	1986	OP	19.00	19.00
❑ JULY	1984	OP	19.00	19.00
❑ JUNE	1984	OP	19.00	19.00
❑ MARCH	1986	OP	19.00	22.00
❑ MAY	1986	OP	19.00	55.00
❑ NOVEMBER	1985	OP	19.00	19.00
❑ OCTOBER	1985	OP	19.00	19.00
❑ SEPTEMBER	1985	OP	19.00	19.00

PEMBERTON & OAKES

NAME	YEAR	LIMIT	ISSUE	TREND
ADVENTURES OF CHILDHOOD				**D. ZOLAN**
❑ ALMOST HOME	1989	RT	20.00	55.00
❑ CRYSTAL'S CREEK	1989	RT	20.00	40.00
❑ FORESTS & FAIRY TALES	1991	RT	24.00	50.00
❑ SNOWY ADVENTURE	1990	RT	22.00	50.00
❑ SUMMER SUDS	1989	RT	22.00	45.00
ANNIVERSARY (10TH)				**D. ZOLAN**
❑ RIBBONS AND ROSES	1988	RT	24.00	45.00
BEST OF ZOLAN IN MINIATURE				**D. ZOLAN**
❑ ERIK AND DANDELION	1986	RT	12.00	90.00
❑ GIFT FOR LAURIE	1987	RT	12.00	67.00
❑ SABINA IN THE GRASS	1985	RT	12.00	119.00
❑ SMALL WONDER	1987	RT	12.00	64.00
❑ TENDER MOMENT	1986	RT	12.00	87.00
❑ TOUCHING THE SKY	1986	RT	12.00	75.00
CHILDHOOD DISCOVERIES (MINIATURE)				**D. ZOLAN**
❑ AUTUMN LEAVES	1990	RT	14.00	35.00
❑ COLORS OF SPRING	1990	RT	14.00	40.00
❑ DOUBLE TROUBLE	1992	RT	17.00	35.00
❑ ENCHANTED FOREST	1991	RT	17.00	35.00
❑ FIRST KISS	1990	RT	14.00	55.00
❑ JUST DUCKY	1991	RT	17.00	30.00
❑ PEPPERMINT KISS	1993	RT	17.00	30.00
❑ RAINY DAY PALS	1991	RT	17.00	35.00
❑ TENDER HEARTS	1995	RT	17.00	17.00
CHILDHOOD FRIENDSHIP				**D. ZOLAN**
❑ BEACH BREAK	1986	RT	19.00	50.00
❑ COUNTRY WALK	1990	RT	19.00	35.00
❑ DOZENS OF DAISIES	1988	RT	19.00	35.00
❑ LITTLE ENGINEERS	1987	RT	19.00	60.00
❑ SHARING SECRETS	1988	RT	19.00	50.00
❑ TINY TREASURES	1989	RT	19.00	50.00
CHILDREN AND PETS				**D. ZOLAN**
❑ BACKYARD DISCOVERY	1986	RT	19.00	40.00
❑ GOLDEN MOMENT	1984	RT	19.00	50.00
❑ MAKING FRIENDS	1985	RT	19.00	40.00
❑ TENDER BEGINNING	1985	RT	19.00	40.00
❑ TENDER MOMENT	1984	RT	19.00	60.00
❑ WAITING TO PLAY	1986	RT	19.00	40.00

NAME	YEAR	LIMIT	ISSUE	TREND
CHILDREN AT CHRISTMAS				**D. ZOLAN**
❏ CHRISTMAS KITTEN	1985	RT	48.00	80.00
❏ CHRISTMAS PRAYER	1982	RT	48.00	70.00
❏ CHRISTMAS SECRET	1984	RT	48.00	80.00
❏ ERIK'S DELIGHT	1983	RT	48.00	80.00
❏ GIFT FOR LAURIE	1981	RT	48.00	100.00
❏ LAURIE AND THE CRECHE	1986	RT	48.00	80.00
CHRISTMAS				**D. ZOLAN**
❏ CANDLELIGHT MAGIC	1991	RT	25.00	55.00
CHRISTMAS (MINIATURE)				**D. ZOLAN**
❏ CANDLELIGHT MAGIC	1994	RT	17.00	17.00
❏ SNOWY ADVENTURE	1993	RT	17.00	25.00
EASTER (MINIATURE)				**D. ZOLAN**
❏ EASTER MORNING	1991	RT	17.00	35.00
FATHER'S DAY				**D. ZOLAN**
❏ DADDY'S HOME	1986	RT	19.00	100.00
FATHER'S DAY (MINIATURE)				**D. ZOLAN**
❏ TWO OF A KIND	1994	RT	17.00	25.00
GRANDPARENT'S DAY				**D. ZOLAN**
❏ GRANDPA'S FENCE	1993	RT	24.00	35.00
❏ IT'S GRANDMA & GRANDPA	1990	RT	24.00	50.00
HEIRLOOM OVALS				**D. ZOLAN**
❏ MY KITTY	1992	RT	19.00	40.00
MEMBERS ONLY SINGLE ISSUE (MINIATURE)				**D. ZOLAN**
❏ BY MYSELF	1990	RT	14.00	60.00
❏ LITTLE SLUGGER	1994	CL	17.00	17.00
❏ SUMMER'S CHILD	1993	RT	17.00	30.00
MEMBERSHIP (MINIATURE)				**D. ZOLAN**
❏ BROTHERLY LOVE	1992	RT	15.00	50.00
❏ CHRISTMAS PRAYER	1990	RT	14.00	45.00
❏ FOR YOU	1987	RT	12.00	75.00
❏ GOLDEN MOMENT	1991	RT	15.00	35.00
❏ GRANDMA'S GARDEN	1989	RT	12.00	65.00
❏ MAKING FRIENDS	1988	RT	12.00	75.00
❏ MY KITTY	1994	RT	*	30.00
❏ NEW SHOES	1993	RT	17.00	35.00
MOMENTS TO REMEMBER (MINIATURE)				**D. ZOLAN**
❏ ALMOST HOME	1992	RT	17.00	25.00
❏ FOREST FRIENDS	1993	RT	17.00	25.00
❏ JUST WE TWO	1992	RT	17.00	35.00
❏ TINY TREASURES	1993	RT	17.00	25.00
MOTHER'S DAY				**D. ZOLAN**
❏ MOTHER'S ANGELS	1988	RT	19.00	65.00
MOTHER'S DAY (MINIATURE)				**D. ZOLAN**
❏ FLOWERS FOR MOTHER (MOTHER'S DAY)	1990	RT	14.00	45.00
❏ JESSICA'S FIELD	1993	RT	17.00	35.00
❏ ONE SUMMER DAY	1994	RT	17.00	25.00
❏ TWILIGHT PRAYER (MOTHER'S DAY)	1992	RT	17.00	35.00
NUTCRACKER II				**R. ANDERSON**
❏ ROYAL WELCOME, THE	1988	RT	24.00	40.00
NUTCRACKER II				**S. FISHER**
❏ ARABIAN DANCERS	1982	RT	24.00	65.00
❏ BEDTIME FOR NUTCRACKER	1985	RT	24.00	45.00
❏ CLARA'S DELIGHT	1984	RT	24.00	50.00
❏ CROWNING OF CLARA, THE	1986	RT	24.00	40.00
❏ DEW DROP FAIRY	1983	RT	24.00	55.00
❏ GRAND FINALE	1981	RT	24.00	35.00
NUTCRACKER II				**M. VICKERS**
❏ SPANISH DANCER, THE	1989	RT	24.00	45.00
NUTCRACKER II				**D. ZOLAN**
❏ DANCE OF THE SNOWFLAKES	1987	RT	24.00	45.00
PLAQUES				**D. ZOLAN**
❏ EASTER MORNING	1992	RT	19.00	25.00
❏ FLOWERS FOR MOTHER	1991	RT	17.00	25.00
❏ GRANDMA'S GARDEN	1992	RT	19.00	25.00
❏ NEW SHOES	1991	RT	19.00	30.00
❏ SMALL WONDER	1992	RT	19.00	25.00
SINGLE ISSUE				**D. ZOLAN**
❏ WINTER FRIENDS	1993	RT	19.00	35.00
SINGLE ISSUE (MINIATURE)				**D. ZOLAN**
❏ BACKYARD BUDDIES	1991	RT	17.00	35.00
❏ BACKYARD DISCOVERY	1986	RT	12.00	110.00
❏ DADDY'S HOME	1986	RT	12.00	650.00
❏ LITTLE FISHERMAN	1994	RT	17.00	25.00
❏ MY PUMPKIN	1989	RT	14.00	60.00
❏ QUIET TIME	1993	RT	17.00	40.00
❏ SUNNY SURPRISE	1989	RT	12.00	60.00
❏ THINKER, THE	1991	RT	17.00	35.00
SINGLE ISSUE BONE CHINA (MINIATURE)				**D. ZOLAN**
❏ WINDOWS OF DREAMS	1992	RT	19.00	25.00
SINGLE ISSUE DAY TO DAY SPODE				**D. ZOLAN**
❏ DAISY DAYS	1991	RT	48.00	50.00
SPECIAL MOMENTS				**D. ZOLAN**
❏ BROTHERLY LOVE	1988	RT	19.00	90.00

PLATES

NAME	YEAR	LIMIT	ISSUE	TREND
❏ CONE FOR TWO	1990	RT	25.00	50.00
❏ MEADOW MAGIC	1990	RT	22.00	40.00
❏ RODEO GIRL	1990	RT	25.00	40.00
❏ SISTERLY LOVE	1989	RT	22.00	35.00
❏ SUMMER'S CHILD	1989	RT	22.00	45.00
❏ SUNNY SURPRISE	1988	RT	19.00	40.00
THANKSGIVING				**D. ZOLAN**
❏ I'M THANKFUL TOO	1981	RT	19.00	85.00
THANKSGIVING (MINIATURE)				**D. ZOLAN**
❏ I'M THANKFUL TOO	1993	RT	17.00	25.00
TIMES TO TREASURE BONE CHINA (MINIATURE)				**D. ZOLAN**
❏ GARDEN SWING	1993	RT	17.00	30.00
❏ LITTLE TRAVELER	1993	RT	17.00	30.00
❏ SEPTEMBER GIRL	1994	RT	17.00	40.00
❏ SUMMER GARDEN	1994	RT	17.00	40.00
WONDER OF CHILDHOOD				**D. ZOLAN**
❏ DAY DREAMER	1987	RT	22.00	45.00
❏ GRANDMA'S GARDEN	1986	RT	22.00	45.00
❏ SMALL WONDER	1985	RT	22.00	65.00
❏ SPRING INNOCENCE	1983	RT	19.00	100.00
❏ TOUCHING THE SKY	1982	RT	19.00	60.00
❏ WINTER ANGEL	1984	RT	22.00	85.00
YESTERDAY'S CHILDREN (MINIATURE)				**D. ZOLAN**
❏ LITTLE FRIENDS	1994	RT	17.00	30.00
❏ SEASIDE TREASURES	1994	RT	17.00	30.00
ZOLAN'S CHILDREN				**D. ZOLAN**
❏ ERIK AND DANDELION	1978	RT	19.00	120.00

PFALTZGRAFF

				B.B. RICHARDS
❏ CHRISTMAS TRADITION	1994	10000	15.00	18.00
❏ HARVEST MEMORIES	1994	10000	15.00	18.00
❏ LITTLEST ANGEL	1993	5000	19.00	23.00

PICKARD

ANNUAL CHRISTMAS				**BOTTICELLI**
❏ ADORATION OF THE MAGI	1979	10000	70.00	100.00
ANNUAL CHRISTMAS				**MEMLING**
❏ MADONNA AND CHILD WITH ANGELS	1981	10000	90.00	125.00
ANNUAL CHRISTMAS				**RAPHAEL**
❏ ALBA MADONNA	1976	7500	60.00	400.00
ANNUAL CHRISTMAS				**SODOMA**
❏ MADONNA AND CHILD	1980	10000	80.00	125.00
ANNUAL CHRISTMAS				**G. DAVID**
❏ REST ON FLIGHT INTO EGYPT	1978	10000	65.00	175.00
ANNUAL CHRISTMAS				**L. LOTTO**
❏ NATIVITY, THE	1977	7500	65.00	200.00
CHILDREN OF MEXICO				**J. SANCHEZ**
❏ MARIA	1981	5000	85.00	225.00
❏ MIGUEL	1981	5000	85.00	120.00
❏ RAPHAEL	1983	5000	90.00	120.00
❏ REGINA	1982	5000	90.00	120.00
GEMS OF NATURE: HUMMINGBIRDS				*
❏ ANNA'S HUMMINGBIRD/PETUNIAS	1991	CL	34.00	50.00
❏ BLACK-CHINNED HUMMINGBIRD	1990	CL	32.00	60.00
❏ BROAD-BILLED HUMMINGBIRD	1990	CL	32.00	40.00
❏ CALLIOPE HUMMINGBIRD	1990	CL	32.00	50.00
❏ COSTA'S HUMMINGBIRD & HOLLYHOCKS	1991	CL	34.00	50.00
❏ RUBY-THROATED HUMMINGBIRD	1989	CL	29.00	55.00
❏ RUFOUS HUMMINGBIRD	1990	CL	29.00	50.00
❏ WHITE-EARED HUMMINGBIRD	1991	CL	32.00	44.00
HAWAIIAN SPLENDOR				*
❏ AN EVENING IN THE ISLANDS	1992	CL	34.00	50.00
❏ COASTAL HARMONY	1992	CL	34.00	52.00
❏ TROPICAL ENCHANTMENT	1992	CL	34.00	37.00
❏ TWILIGHT PARADISE	1992	CL	34.00	55.00
HOLIDAY TRADITIONS				*
❏ CHRISTMAS HOMECOMING	1992	CL	29.00	45.00
❏ HEART OF CHRISTMAS, THE	1993	CL	29.00	29.00
❏ QUIET UNDER THE EAVES	1992	CL	29.00	65.00
❏ SNOWS OF YESTERYEAR	1993	CL	29.00	30.00
INNOCENT ENCOUNTERS				*
❏ EYE TO EYE	1989	CL	34.00	60.00
❏ JUST PASSING BY	1988	CL	34.00	50.00
❏ LET'S PLAY	1989	CL	34.00	60.00
❏ MAKING FRIENDS	1988	CL	34.00	55.00
LOCKHART WILDLIFE				**J. LOCKHART**
❏ AMERICAN BALD EAGLE	1974	2000	150.00	1000.00
❏ AMERICAN BUFFALO	1976	2500	165.00	300.00
❏ AMERICAN PANTHER	1978	2000	175.00	350.00
❏ GREAT HORNED OWL	1977	2500	100.00	200.00
❏ MOCKINGBIRD/CARDINAL, PAIR	1972	2000	163.00	300.00
❏ RED FOXES	1979	2500	120.00	175.00
❏ TEAL/MALLARD, PAIR	1971	2000	150.00	325.00
❏ TRUMPETER SWAN	1980	2000	200.00	300.00

PLATES

NAME	YEAR	LIMIT	ISSUE	TREND
❏ TURKEY/PHEASANT, PAIR	1973	2000	163.00	350.00
❏ WHITE TAILED DEER	1975	2500	100.00	250.00
❏ WOODCOCK/RUFFED GROUSE, PAIR	1970	2000	150.00	550.00
MOTHER'S LOVE				**I. SPENCER**
❏ FIRST EDITION	1982	7500	115.00	120.00
❏ MIRACLE	1980	7500	95.00	100.00
❏ PRECIOUS MOMENT	1983	7500	120.00	200.00
❏ STORY TIME	1981	7500	110.00	110.00
ROMANTIC CASTLES OF EUROPE				**D. SWEET**
❏ DAVINCI'S CHAMBORD	1991	19500	55.00	80.00
❏ EILEAN DONAN	1991	19500	55.00	80.00
❏ ELTZ CASTLE	1992	19500	55.00	80.00
❏ KYLEMORE ABBEY	1992	19500	55.00	80.00
❏ LEGENDARY CASTLE OF LEEDS, THE	1991	19500	55.00	80.00
❏ LUDWIG'S CASTLE	1990	19500	55.00	80.00
❏ PALACE OF THE MOORS	1991	19500	55.00	80.00
❏ SWISS ISLE FORTRESS	1991	19500	55.00	80.00
SYMPHONY OF ROSES				**I. SPENCER**
❏ HONEYSUCKLE ROSE	1984	10000	95.00	140.00
❏ ROSE OF WASHINGTON SQUARE	1985	10000	100.00	300.00
❏ WILD IRISH ROSE	1982	10000	85.00	120.00
❏ YELLOW ROSE OF TEXAS	1983	10000	90.00	125.00

PORSGRUND

NAME	YEAR	LIMIT	ISSUE	TREND
CHRISTMAS (ANNUAL)				**G. BRATILE**
❏ CHILD IS BORN	1971	UD	12.00	30.00
❏ CHURCH SCENE	1968	UD	12.00	300.00
❏ DRAUGHT OF THE FISH	1977	UD	24.00	40.00
❏ HARK THE HERALD ANGELS	1972	UD	12.00	30.00
❏ JESUS AND THE ELDERS	1976	UD	22.00	26.00
❏ PROMISE OF THE SAVIOR	1973	UD	12.00	30.00
❏ ROAD TO BETHLEHEM	1970	UD	12.00	30.00
❏ ROAD TO TEMPLE	1975	UD	20.00	20.00
❏ SHEPHERDS, THE	1974	UD	15.00	75.00
❏ THREE KINGS	1969	UD	12.00	30.00

PORTERFIELD'S

NAME	YEAR	LIMIT	ISSUE	TREND
CHRISTMAS				**R. ANDERS**
❏ VISIT TO SANTA	1998	10 DAYS	17.00	42.00
FATHER'S DAY				**R. ANDERS**
❏ COOKIES FOR DADDY	1997	19 DAYS	17.00	80.00
HALLOWEEN				**R. ANDERS**
❏ SPOOKY STORIES	1997	SO	17.00	38.00
MOMENTS OF WONDER				**R. ANDERS**
❏ DIGGING IN	1996	19 DAYS	17.00	44.00
❏ FIRST LOVE	1996	CL	17.00	65.00
❏ SAFE HARBOR	1996	SO	17.00	40.00
❏ SWEET DREAMS	1997	SO	17.00	34.00
❏ TIME OUT	1996	SO	17.00	52.00
❏ TWO BITES TO GO	1997	SO	17.00	40.00
MOTHER'S DAY				**R. ANDERS**
❏ JUST LIKE MOMMY	1999	10 DAYS	17.00	17.00
❏ TUCKED IN	1998	10 DAYS	17.00	17.00
ROB ANDERS COLLECTORS SOCIETY				**R. ANDERS**
❏ CUDDLING UP	1998	YR	19.00	42.00
❏ FIRST LOOK	1999	YR	19.00	19.00
❏ SHORT STORIES	1997	YR	19.00	110.00
TREASURES OF THE HEART				**R. ANDERS**
❏ BUBBLES AWAY	1998	10 DAYS	17.00	30.00
❏ IN GOOD HANDS	1997	SO	17.00	34.00
❏ LAZY DAYS	1998	10 DAYS	17.00	17.00
❏ MR. MUSCLES	1998	10 DAYS	17.00	28.00
❏ PICTURE PERFECT	1998	10 DAYS	17.00	17.00
❏ TEDDY & ME	1999	10 DAYS	17.00	17.00

PRECIOUS ARTS PLATES

NAME	YEAR	LIMIT	ISSUE	TREND
ONE IN THE SPIRIT				**G. PERILLO**
❏ MAI LAI	1989	RT	35.00	35.00
❏ MARTIN	1989	RT	35.00	35.00
❏ MICHAEL	1989	RT	35.00	35.00
❏ MOON GLOW	1989	RT	35.00	35.00
❏ MY SANTA	1989	RT	35.00	35.00

PRINCETON GALLERY

NAME	YEAR	LIMIT	ISSUE	TREND
				K. MCELROY
❏ UNICORN BY THE SEA, THE	1995	95 DAYS	30.00	30.00
ARCTIC WOLVES				**J. VAN ZYLE**
❏ IN THE EYE OF THE MOON	1992	CL	30.00	30.00
❏ SONG OF THE WILDERNESS	1991	CL	30.00	30.00
CIRCUS FRIENDS COLLECTION				**R. SANDERSON**
❏ CHEER UP MR. CLOWN	1990	*	30.00	30.00
❏ DON'T BE SHY	1989	*	30.00	30.00
❏ LOOKS LIKE RAIN	1990	*	30.00	30.00
❏ MAKE ME A CLOWN	1990	*	30.00	30.00
CUBS OF THE BIG CATS				**Q. LEMOND**
❏ CHEETAH	1991	CL	30.00	40.00

PLATES

NAME	YEAR	LIMIT	ISSUE	TREND
❏ COUGAR CUB	1990	*	30.00	40.00
❏ LION CUB	1991	CL	30.00	40.00
❏ LYNX CUB	1992	CL	30.00	40.00
❏ SNOW LEOPARD	1991	CL	30.00	40.00
❏ TIGER	1991	CL	30.00	40.00
❏ WHITE TIGER CUB	1992	CL	30.00	40.00
DARLING DALMATIANS				**L. PICKEN**
❏ DALMATIAN	1991	CL	30.00	30.00
❏ FIREHOUSE FROLIC	1992	CL	30.00	30.00
ENCHANTED WORLD OF THE UNICORN				**R. SANDERSON**
❏ ENCHANTED SHORES	1992	CL	30.00	40.00
❏ HIDDEN GLADE OF UNICORN	1992	CL	30.00	40.00
❏ JOYFUL MEADOW OF UNICORN	1992	CL	30.00	40.00
❏ MISTY HILLS OF UNICORN	1992	CL	30.00	40.00
❏ RAINBOW VALLEY	1991	CL	30.00	40.00
❏ SECRET GARDEN OF UNICORN	1992	CL	30.00	40.00
❏ SPRINGTIME PASTURE OF UNICORN	1992	CL	30.00	40.00
❏ TROPICAL PARADISE OF UNICORN	1992	CL	30.00	40.00

R.J. ERNST ENTERPRISES

NAME	YEAR	LIMIT	ISSUE	TREND
BEAUTIFUL WORLD				**S. MORTON**
❏ ELKE OF OSLO	1984	RT	28.00	50.00
❏ FLIRTATION	1982	RT	28.00	50.00
❏ TAHITIAN DREAMER	1981	RT	28.00	50.00
CLASSY CARS				**S. KUHNLY**
❏ 26T, THE	1982	RT	25.00	50.00
❏ 31A, THE	1982	RT	25.00	45.00
❏ PANEL VAN	1984	RT	25.00	45.00
❏ PICKUP, THE	1983	RT	25.00	45.00
COMMEMORATIVES				**S. MORTON**
❏ JOHN LENNON	1981	RT	40.00	160.00
❏ JOHN WAYNE	1984	RT	40.00	80.00
❏ JUDY GARLAND	1983	RT	40.00	100.00
❏ MARILYN MONROE	1982	RT	40.00	80.00
ELVIRA				**S. MORTON**
❏ MISTRESS OF THE DARK	1988	RT	30.00	50.00
❏ NIGHT ROSE	1988	CL	30.00	50.00
❏ RED VELVET	1988	RT	30.00	50.00
ELVIS PRESLEY				**S. MORTON**
❏ ELVIS PRESLEY	1988	RT	40.00	80.00
❏ ELVIS PRESLEY- SPECIAL REQUEST	1989	RT	150.00	275.00
❏ FOREVER YOURS	1988	RT	40.00	90.00
❏ MOODY BLUES	1988	RT	40.00	80.00
ELVIS REMEMBERED				**S. MORTON**
❏ EARLY YEARS	1989	CL	38.00	90.00
❏ KING, THE	1989	CL	38.00	100.00
❏ LOVING YOU	1989	CL	38.00	90.00
❏ ROCKIN' IN THE MOONLIGHT	1989	CL	38.00	90.00
❏ TENDERLY	1989	RT	38.00	90.00
HOLLYWOOD GREATS				**S. MORTON**
❏ ALAN LADD	1984	RT	30.00	50.00
❏ CLARK GABLE	1982	RT	30.00	75.00
❏ GARY COOPER	1981	RT	30.00	50.00
❏ JOHN WAYNE	1981	RT	30.00	75.00
HOLLYWOOD, WALK OF FAME				**S. MORTON**
❏ BURT REYNOLDS	1990	RT	40.00	70.00
❏ ELIZABETH TAYLOR	1989	RT	40.00	70.00
❏ JIMMY STEWART	1989	RT	40.00	70.00
❏ JOAN COLLINS	1989	RT	40.00	70.00
❏ SYLVESTER STALLONE	1990	RT	40.00	70.00
❏ TOM SELLECK	1989	RT	40.00	70.00
REPUBLIC PICTURES LIBRARY				**S. MORTON**
❏ ANGEL AND THE BADMAN	1992	RT	38.00	40.00
❏ ATTACK AT TARAWA	1991	RT	38.00	40.00
❏ FLIGHTING SEABEES, THE	1992	RT	38.00	40.00
❏ FLYING TIGERS	1993	RT	38.00	60.00
❏ RIDE HOME, THE	1991	RT	38.00	40.00
❏ SANDS OF IWO JIMA	1993	RT	38.00	60.00
❏ SHOWDOWN WITH LAREDO	1991	RT	38.00	40.00
❏ THOUGHTS OF ANGELIQUE	1991	RT	38.00	60.00
❏ TRIBUTE, THE 12 IN.	1993	RT	98.00	100.00
❏ TRIBUTE, THE 8 1/4 IN.	1994	9500	30.00	30.00
❏ WAR OF THE WILDCATS	1992	RT	38.00	60.00
SEEMS LIKE YESTERDAY				**R. MONEY**
❏ HOME BY LUNCH	1982	RT	25.00	50.00
❏ IT'S GOT MY NAME ON IT	1983	RT	25.00	50.00
❏ LISA'S CREEK	1982	RT	25.00	50.00
❏ LITTLE PRINCE	1984	RT	25.00	50.00
❏ MY MAGIC HAT	1983	RT	25.00	50.00
❏ STOP & SMELL THE ROSES	1981	RT	25.00	50.00
STAR TREK				**S. MORTON**
❏ BEAM US DOWN SCOTTY	1985	RT	30.00	50.00
❏ CAPTAIN KIRK	1985	RT	30.00	60.00
❏ CHEKOV	1985	RT	30.00	50.00
❏ DR. MCCOY	1985	RT	30.00	60.00

PLATES

NAME	YEAR	LIMIT	ISSUE	TREND
❑ ENTERPRISE, THE	1985	RT	40.00	105.00
❑ MR. SPOCK	1984	RT	30.00	70.00
❑ SCOTTY	1985	RT	30.00	50.00
❑ SULU	1985	RT	30.00	50.00
❑ UHURA	1985	RT	30.00	55.00
STAR TREK: COMMEMORATIVE COLLECTION				**S. MORTON**
❑ AMOK TIME	1987	RT	30.00	105.00
❑ CITY ON THE EDGE OF FOREVER, THE	1987	RT	30.00	210.00
❑ DEVIL IN THE DARK, THE	1987	RT	30.00	105.00
❑ JOURNEY TO BABEL	1987	RT	30.00	145.00
❑ MENAGERIE, THE	1987	RT	30.00	130.00
❑ MIRROR, MIRROR	1987	RT	30.00	180.00
❑ PIECE OF THE ACTION	1987	RT	30.00	110.00
❑ TROUBLE WITH TRIBBLES, THE	1987	RT	30.00	110.00
TURN OF THE CENTURY				**R. MONEY**
❑ BALLOON RACE	1985	RT	35.00	40.00
❑ CHILDREN'S CAROUSEL	1982	RT	35.00	40.00
❑ FLOWER MARKET	1984	RT	35.00	40.00
❑ RIVERBOAT HONEYMOON	1981	RT	35.00	40.00
WOMEN OF THE WEST				**D. PUTNAM**
❑ DOLLY	1983	RT	40.00	60.00
❑ EXPECTATIONS	1979	RT	40.00	60.00
❑ SCHOOL MARM	1982	RT	40.00	60.00
❑ SILVER DOLLAR SAL	1981	RT	40.00	60.00

RAYMON TROUP STUDIO

NAME	YEAR	LIMIT	ISSUE	TREND
AMERICAN LANDMARKS COLLECTION				**W. RAYMON**
❑ IVY GREEN	1995	1500	40.00	40.00
❑ OLD MILL, THE	1995	1500	40.00	40.00
ANGELS				**W.R. TROUP**
❑ SNOW BUBBLES	1998	OP	70.00	70.00
❑ STAR LIGHT, STAR BRIGHT	1998	OP	70.00	70.00

RECO INTERNATIONAL

NAME	YEAR	LIMIT	ISSUE	TREND
ALAN MALEY'S PAST IMPRESSIONS				**A. MALEY**
❑ ELEGANT AFFAIR	1999	95 DAYS	30.00	30.00
❑ ROMANTIC ENGAGEMENT	1999	95 DAYS	30.00	30.00
❑ SECRET THOUGHTS	1999	95 DAYS	30.00	30.00
❑ SUMMER ROMANCE	1999	95 DAYS	30.00	30.00
AMERICANA				**S. DEVLIN**
❑ GASPEE INCIDENT	1972	RT	200.00	950.00
AMISH TRADITIONS				**B. FARNSWORTH**
❑ FAMILY OUTING	1994	CL	30.00	30.00
❑ GOLDEN HARVEST	1994	CL	30.00	30.00
❑ LAST DAY OF SCHOOL	1995	CL	30.00	30.00
❑ QUILTING BEE, THE	1994	CL	30.00	30.00
BAREFOOT CHILDREN				**S. KUCK**
❑ CAROUSEL MAGIC	1988	RT	30.00	50.00
❑ GOLDEN AFTERNOON	1987	RT	30.00	40.00
❑ GRANDMA'S TRUNK	1988	RT	30.00	40.00
❑ LITTLE SWEETHEARTS	1988	RT	30.00	40.00
❑ NIGHT-TIME STORY	1987	RT	30.00	40.00
❑ PRETTY AS A PICTURE	1988	RT	30.00	40.00
❑ REHEARSAL, THE	1988	RT	30.00	40.00
❑ UNDER THE APPLE TREE	1988	RT	30.00	40.00
BECKY'S DAY				**J. MCCLELLAND**
❑ AWAKENING	1985	CL	25.00	30.00
❑ BREAKFAST	1986	RT	28.00	35.00
❑ EVENING PRAYER	1986	RT	28.00	45.00
❑ GETTING DRESSED	1985	RT	25.00	35.00
❑ LEARNING IS FUN	1986	RT	28.00	40.00
❑ MUFFIN MAKING	1986	RT	28.00	40.00
❑ TUB TIME	1986	CL	28.00	40.00
BIRDS OF THE HIDDEN FOREST				**G. RATNAVIRA**
❑ MACAW WATERFALL	1994	CL	30.00	30.00
❑ PARADISE VALLEY	1994	CL	30.00	30.00
❑ TOUCAN TREASURE	1995	96 DAYS	30.00	30.00
BOHEMIAN ANNUALS				*
❑ 1974	1974	RT	130.00	160.00
❑ 1975	1975	RT	140.00	160.00
❑ 1976	1976	RT	150.00	160.00
CARNIVAL COLLECTION				**R. LEE**
❑ CLOWN AIR	1998	2500	30.00	30.00
❑ HORSIN'	1998	2500	30.00	30.00
❑ RUNAWAY TRAIN	1998	2500	30.00	30.00
❑ WHEELIN	1998	2500	30.00	30.00
CASTLES & DREAMS				**J. BERGSMA**
❑ BELIEVE IN YOUR DREAMS	1993	CL	30.00	30.00
❑ BIRTH OF A DREAM, THE	1992	CL	30.00	30.00
❑ DREMAS COME TRUE	1992	CL	30.00	30.00
❑ FOLLOW YOUR DREAMS	1994	CL	30.00	30.00
CELEBRATION OF LOVE				**J. HALL**
❑ 10TH ANNIVERSARY (6 1/2 IN.)	1992	OP	25.00	30.00
❑ 10TH ANNIVERSARY (9 1/4 IN.)	1992	OP	35.00	40.00
❑ 25TH ANNIVERSARY (6 1/2 IN.)	1992	OP	25.00	30.00
❑ 25TH ANNIVERSARY (9 1/4 IN.)	1992	OP	35.00	40.00
❑ 50TH ANNIVERSARY (6 1/2 IN.)	1992	OP	25.00	30.00

PLATES

NAME	YEAR	LIMIT	ISSUE	TREND
❑ 50TH ANNIVERSARY (9 1/4 IN.)	1992	OP	35.00	40.00
❑ HAPPY ANNIVERSARY (6 1/2 IN.)	1992	OP	25.00	30.00
❑ HAPPY ANNIVERSARY (9 1/4 IN.)	1992	OP	35.00	40.00
CHILDHOOD ALMANAC				**S. KUCK**
❑ BE MINE-FEBRUARY	1985	RT	30.00	40.00
❑ CHRISTMAS MAGIC-DECEMBER	1985	RT	35.00	50.00
❑ EASTER MORNING-APRIL	1985	RT	30.00	50.00
❑ FIRESIDE DREAMS-JANUARY	1985	RT	30.00	50.00
❑ FOR MOM-MAY	1985	RT	30.00	40.00
❑ GIVING THANKS-NOVEMBER	1985	RT	30.00	40.00
❑ INDIAN SUMMER-OCTOBER	1985	RT	30.00	40.00
❑ JUST DREAMING-JUNE	1985	RT	30.00	50.00
❑ SCHOOL DAYS-SEPTEMBER	1985	RT	30.00	50.00
❑ STAR SPANGLED SKY-JULY	1985	RT	30.00	40.00
❑ SUMMER SECRETS-AUGUST	1985	RT	30.00	50.00
❑ WINDS OF MARCH-MARCH	1985	RT	30.00	40.00
CHILDREN'S CHRISTMAS PAGEANT				**S. KUCK**
❑ HARK THE HERALD ANGELS SING	1987	RT	33.00	60.00
❑ SILENT NIGHT	1986	RT	33.00	60.00
❑ WE THREE KINGS	1989	YR	33.00	60.00
❑ WHILE SHEPHERDS WATCHED...	1988	RT	33.00	60.00
CHILDREN'S GARDEN				**J. MCCLELLAND**
❑ GARDEN FRIENDS	1993	RT	30.00	30.00
❑ PUPPY LOVE	1993	RT	30.00	30.00
❑ TEA FOR THREE	1993	RT	30.00	30.00
CHRISTENING GIFT				**S. KUCK**
❑ GOD'S GIFT	1995	OP	30.00	30.00
CHRISTMAS SERIES				**J. BERGSMA**
❑ CHILD IS BORN	1991	RT	35.00	30.00
❑ CHRISTMAS DAY	1992	RT	35.00	30.00
❑ DOWN THE GLISTENING LANE	1990	RT	35.00	30.00
CHRISTMAS WISHES				**J. BERGSMA**
❑ I WISH YOU AN ANGEL	1993	75 DAYS	30.00	30.00
❑ I WISH YOU JOY	1995	75 DAYS	30.00	30.00
❑ I WISH YOU LOVE	1994	CL	30.00	30.00
CLOWNING AROUND				**R. LEE**
❑ ALMOST THERE	1999	5000	30.00	30.00
❑ BEWARE OF SNAKES	1999	5000	30.00	30.00
❑ CROSSING	1999	5000	30.00	30.00
❑ ON THE EDGE	1999	5000	30.00	30.00
DAYS GONE BY				**S. KUCK**
❑ AFTERNOON RECITAL	1984	RT	30.00	80.00
❑ AMY'S MAGIC HORSE	1983	RT	30.00	75.00
❑ EASTER AT GRANDMA'S	1984	RT	30.00	60.00
❑ LITTLE ANGLERS	1984	RT	30.00	75.00
❑ LITTLE TUTOR	1984	RT	30.00	60.00
❑ MORNING SONG	1985	RT	30.00	50.00
❑ SUNDAY BEST	1983	RT	30.00	100.00
❑ SURREY RIDE, THE	1985	RT	30.00	55.00
DRESDEN CHRISTMAS				*
❑ NIKLAS CHURCH	1972	RT	15.00	30.00
❑ OLD MILL (ISSUE CLOSED)	1977	RT	28.00	30.00
❑ ROTHENBURG SCENE	1975	RT	24.00	30.00
❑ SCHWANSTEIN CHURCH	1973	RT	18.00	40.00
❑ SHEPHERD SCENE	1971	RT	15.00	50.00
❑ VILLAGE CHURCH	1976	RT	26.00	40.00
❑ VILLAGE SCENE	1974	RT	20.00	30.00
DRESDEN MOTHER'S DAY				*
❑ CHAMOIS (ISSUE CLOSED)	1977	RT	28.00	30.00
❑ DACHSHUNDS	1975	RT	24.00	30.00
❑ DOE AND FAWN	1972	RT	15.00	20.00
❑ MARE AND COLT	1973	RT	16.00	30.00
❑ OWL AND OFFSPRING	1976	RT	26.00	30.00
❑ TIGER AND CUB	1974	RT	20.00	25.00
ELVIS PRESLEY-GRACELAND				*
❑ JUNGLE ROOM	1999	*	50.00	50.00
❑ MANSION FOYER	1999	*	50.00	50.00
ENCHANTED GARDENS				**S. KUCK**
❑ WILDFLOWERS OF LOVE	1999	95 DAYS	33.00	33.00
ENCHANTED NORFIN TROLLS				**C. HOPKINS**
❑ CHEF LE TROLL	1994	RT	20.00	20.00
❑ IF TROLLS COULD FLY	1994	RT	20.00	20.00
❑ MINSTREL TROLL	1994	RT	20.00	20.00
❑ QUEEN OF THE TROLLS	1994	RT	20.00	20.00
❑ TROLL AND HIS DRAGON, THE	1993	RT	20.00	20.00
❑ TROLL IN SHINNING ARMOR	1994	RT	20.00	20.00
❑ TROLL MAIDEN	1993	RT	20.00	20.00
❑ WIZARD TROLL, THE	1993	RT	20.00	20.00
EVERLASTING FRIENDS				**S. KUCK**
❑ SHARING STORIES	1998	95 DAYS	30.00	30.00
FLOWER FAIRIES YEAR COLLECTION				**C.M. BARKER**
❑ PINE TREE FAIRY, THE	1990	RT	30.00	30.00
❑ RED CLOVER FAIRY, THE	1990	RT	30.00	30.00
❑ ROSE HIP FAIRY, THE	1990	RT	30.00	30.00
❑ WILD CHERRY BLOSSOM FAIRY, THE	1990	RT	30.00	30.00

PLATES

NAME	YEAR	LIMIT	ISSUE	TREND
FOUR SEASONS			J. POLUSZYNSKI	
❏ FALL	1973	RT	50.00	75.00
❏ SPRING	1973	RT	50.00	75.00
❏ SUMMER	1973	RT	50.00	75.00
❏ WINTER	1973	RT	50.00	75.00
FURSTENBERG CHRISTMAS				*
❏ CHRISTMAS EVE	1973	RT	18.00	40.00
❏ DEER FAMILY	1975	RT	22.00	30.00
❏ RABBITS	1971	RT	15.00	30.00
❏ SNOWY VILLAGE	1972	RT	15.00	20.00
❏ SPARROWS	1974	RT	20.00	30.00
❏ WINTER BIRDS	1976	RT	25.00	30.00
FURSTENBERG DELUXE CHRISTMAS			E. GROSSBERG	
❏ CHRISTMAS EVE	1973	RT	60.00	85.00
❏ HOLY FAMILY	1972	RT	45.00	50.00
❏ WISE MEN	1971	RT	45.00	50.00
FURSTENBERG EASTER				*
❏ BUNNIES	1973	RT	16.00	85.00
❏ CHICKS	1972	RT	15.00	65.00
❏ EASTER WINDOW	1975	RT	22.00	30.00
❏ FLOWER COLLECTING	1976	RT	25.00	30.00
❏ PUSSYWILLOW	1974	RT	20.00	40.00
❏ SHEEP	1971	RT	15.00	160.00
FURSTENBERG MOTHER'S DAY				*
❏ DOE AND FAWN	1974	RT	20.00	30.00
❏ HEDGEHOGS	1973	RT	16.00	40.00
❏ HUMMINGBIRDS, FE	1972	RT	15.00	50.00
❏ KOALA BEARS	1976	RT	25.00	40.00
❏ SWANS	1975	RT	22.00	30.00
FURSTENBERG OLYMPIC			J. POLUSZYNSKI	
❏ MONTREAL	1976	RT	38.00	40.00
❏ MUNICH	1972	RT	20.00	75.00
GAMES CHILDREN PLAY			S. KUCK	
❏ FOREVER BUBBLES	1980	RT	45.00	80.00
❏ JOIN ME	1982	10000	45.00	75.00
❏ ME FIRST	1979	RT	45.00	80.00
❏ SKATING PALS	1981	RT	45.00	80.00
GARDENS OF AMERICA			D. BARLOWE	
❏ COLONIAL SPLENDOR	1992	CL	30.00	30.00
GARDENS OF BEAUTY			D. BARLOWE	
❏ DUTCH COUNTRY GARDEN	1988	RT	30.00	45.00
❏ ENGLISH COUNTRY GARDEN	1988	RT	30.00	45.00
❏ GERMAN COUNTRY GARDEN	1989	RT	30.00	45.00
❏ HAWAIIAN GARDEN	1989	RT	30.00	45.00
❏ ITALIAN GARDEN	1989	RT	30.00	45.00
❏ JAPANESE GARDEN	1988	RT	30.00	45.00
❏ MEXICAN GARDEN	1989	RT	30.00	45.00
❏ NEW ENGLAND GARDEN	1988	RT	30.00	45.00
GARDENS OF INNOCENCE			S. KUCK	
❏ HEAVEN'S BLOSSOMS	1999	95 DAYS	33.00	33.00
❏ HIGHEST HARMONY	1998	95 DAYS	33.00	33.00
❏ PEACEFUL PRAYERS	1999	95 DAYS	33.00	33.00
❏ PERFECT PLACE	1999	95 DAYS	33.00	33.00
GENERATIONS			B. BROWN	
❏ LOVING TIME	1998	95 DAYS	30.00	30.00
GIFT OF LOVE			S. KUCK	
❏ FIELD OF DREAMS	1994	*	*	90.00
❏ MEMORIES FROM THE HEART	1994	RT	65.00	90.00
❏ MORNING GLORY	1993	RT	65.00	90.00
GLORY OF CHRIST			C. MICARELLI	
❏ ASCENSION, THE	1992	CL	30.00	30.00
❏ BAPTISM OF CHRIST, THE	1994	CL	30.00	30.00
❏ DESCENT FROM THE CROSS	1994	CL	30.00	30.00
❏ JESUS HEALS THE SICK	1993	CL	30.00	30.00
❏ JESUS TEACHING	1993	CL	30.00	30.00
❏ JESUS WALKS ON WATER	1994	CL	30.00	30.00
❏ LAST SUPPER, THE	1993	CL	30.00	30.00
❏ NATIVITY, THE	1994	CL	30.00	30.00
GOD'S OWN COUNTRY			I. DRECHSLER	
❏ COMING HOME	1990	RT	30.00	45.00
❏ DAYBREAK	1990	RT	30.00	45.00
❏ PEACEFUL GATHERING	1990	RT	30.00	45.00
❏ QUIET WATERS	1990	RT	30.00	45.00
GOLF COLLECTION			J. MCCLELLAND	
❏ PAR EXCELLENCE	1992	CL	35.00	40.00
GRAFBURG CHRISTMAS				*
❏ BLACK-CAPPED CHICKADEE	1975	RT	20.00	60.00
❏ SQUIRRELS	1976	RT	22.00	30.00
GRANDPARENT COLLECTOR'S PLATES			S. KUCK	
❏ GRANDMA'S COOKIE JAR	1981	YR	38.00	55.00
❏ GRANDPA AND THE DOLLHOUSE	1981	YR	38.00	55.00
GREAT STORIES FROM THE BIBLE			G. KATZ	
❏ DANIEL READS THE WRITING ON THE WALL	1988	RT	30.00	50.00
❏ JOSEPH'S COAT OF MANY COLORS	1987	RT	30.00	50.00
❏ KING SAUL & DAVID	1987	RT	30.00	50.00

PLATES

NAME	YEAR	LIMIT	ISSUE	TREND
❑ KING SOLOMON	1988	RT	30.00	50.00
❑ MOSES AND THE TEN COMMANDMENTS	1987	RT	30.00	50.00
❑ MOSES IN THE BULRUSHES	1987	RT	30.00	50.00
❑ REBEKAH AT THE WELL	1988	RT	30.00	50.00
❑ STORY OF RUTH, THE	1988	RT	30.00	50.00
GUARDIANS OF THE KINGDOM				**J. BERGSMA**
❑ GUARDIANS OF THE INNOCENT CHILDREN	1990	17500	35.00	50.00
❑ IN FAITH I AM FREE	1991	17500	35.00	50.00
❑ MAGIC OF LOVE, THE	1991	17500	35.00	50.00
❑ MIRACLE OF LOVE, THE	1990	17500	35.00	50.00
❑ ONLY WITH THE HEART	1991	17500	35.00	50.00
❑ RAINBOW TO RIDE ON	1990	RT	35.00	50.00
❑ SPECIAL FRIENDS ARE FEW	1990	17500	35.00	50.00
❑ TO FLY WITHOUT WINGS	1991	17500	35.00	50.00
HAVEN OF THE HUNTERS				**H. ROE**
❑ EAGLE'S CASTLE	1994	RT	30.00	45.00
❑ SANCTUARY OF THE HAWK	1994	RT	30.00	45.00
HEART OF THE FAMILY				**J. YORK**
❑ SHARING SECRETS	1992	CL	30.00	45.00
❑ SPINNING DREAMS	1993	CL	30.00	45.00
HEARTS & FLOWERS				**S. KUCK**
❑ CAROUSEL OF DREAMS	1992	RT	33.00	45.00
❑ CATS IN THE CRADLE	1992	RT	33.00	44.00
❑ DELIGHTFUL BUNDLE	1992	120 DAYS	35.00	51.00
❑ EASTER MORNING VISITOR	1992	120 DAYS	35.00	50.00
❑ ME AND MY PONY	1993	120 DAYS	35.00	50.00
❑ PATIENCE	1991	RT	30.00	53.00
❑ STORYBOOK MEMORIES	1992	120 DAYS	33.00	45.00
❑ TEA PARTY	1991	RT	30.00	43.00
IN THE EYE OF THE STORM				**W. LOWE**
❑ FIRST STRIKE	1991	RT	30.00	30.00
❑ NIGHT FORCE	1992	RT	30.00	30.00
❑ TRACKS ACROSS THE SAND	1992	RT	30.00	30.00
KINGDOM OF THE GREAT CATS				**P. JEPSON**
❑ OUT OF THE MIST	1995	36 DAYS	30.00	40.00
❑ SNOWY TIGER	1994	*	*	40.00
❑ SUMMIT SANCTUARY	1994	CL	30.00	40.00
KING'S CHRISTMAS				**MERLI**
❑ ADORATION	1973	RT	100.00	275.00
❑ HEAVENLY CHOIR	1975	RT	160.00	240.00
❑ MADONNA	1974	RT	150.00	250.00
❑ SIBLINGS	1976	RT	200.00	230.00
KING'S FLOWERS				**A. FALCHI**
❑ ANEMONES	1977	RT	130.00	250.00
❑ BLUEBELLS	1976	RT	130.00	250.00
❑ CARNATION	1973	RT	85.00	200.00
❑ RED ROSE	1974	RT	100.00	215.00
❑ YELLOW DAHLIA	1975	RT	110.00	250.00
KING'S MOTHER'S DAY				**MERLI**
❑ DANCING BOY	1974	RT	115.00	250.00
❑ DANCING GIRL	1973	RT	100.00	230.00
❑ MAIDEN	1976	RT	180.00	200.00
❑ MOTHERLY LOVE	1975	RT	140.00	230.00
KITTENS 'N HATS				**S. SOMERVILLE**
❑ LITTLE LEAGUE	1995	48 DAYS	30.00	45.00
❑ OPENING NIGHT	1994	CL	30.00	45.00
❑ SITTING PRETTY	1994	CL	30.00	45.00
LAND OF OUR DREAMS				**J. BERGSMA**
❑ LAND OF NOD	1989	19000	35.00	40.00
❑ SECRET DOOR, THE	1989	19000	35.00	40.00
❑ STARS, THE	1989	19500	35.00	40.00
❑ SWING, THE	1989	19000	35.00	40.00
LITTLE ANGEL PLATE COLLECTION				**S. KUCK**
❑ ANGEL OF CHARITY	1994	CL	30.00	30.00
❑ ANGEL OF JOY	1994	CL	30.00	30.00
LITTLE PROFESSIONALS				**S. KUCK**
❑ ALL IS WELL	1982	RT	40.00	65.00
❑ LOST AND FOUND	1984	RT	40.00	65.00
❑ READING, WRITING AND...	1985	RT	40.00	65.00
❑ TENDER LOVING CARE	1983	RT	40.00	65.00
MAGIC COMPANIONS				**J. BERGSMA**
❑ BELIEVE IN LOVE	1994	CL	30.00	40.00
❑ IMAGINE PEACE	1994	CL	30.00	40.00
❑ LIVE IN HARMONY	1996	48 DAYS	30.00	43.00
❑ TRUST IN LOVE	1996	48 DAYS	30.00	44.00
MAJESTIC SPIRITS				**G. PERILLO**
❑ FREEDOM'S THUNDER	1999	5000	30.00	30.00
❑ NATURE'S MIGHT	1999	5000	30.00	30.00
❑ NOBLE SPIRIT	1999	5000	35.00	35.00
MARMOT CHRISTMAS				*
❑ AMERICAN BUFFALO	1971	RT	14.00	40.00
❑ BOY AND GRANDFATHER	1972	RT	20.00	50.00
❑ BUFFALO BILL	1971	RT	16.00	60.00
❑ DANCING	1974	RT	24.00	30.00
❑ POLAR BEAR, FE	1970	RT	13.00	60.00

PLATES

NAME	YEAR	LIMIT	ISSUE	TREND
❏ QUAIL	1975	RT	30.00	40.00
❏ SNOWMAN	1973	RT	22.00	50.00
❏ WINDMILL	1976	RT	40.00	50.00
MARMOT FATHER'S DAY				*
❏ HORSE	1971	RT	12.00	40.00
❏ STAG	1970	RT	12.00	100.00
MARMOT MOTHER'S DAY				*
❏ BEAR WITH CUB	1973	RT	20.00	150.00
❏ DUCKS	1976	RT	40.00	50.00
❏ PENGUINS	1974	RT	24.00	50.00
❏ RACCOONS	1975	RT	30.00	50.00
❏ SEAL	1972	RT	16.00	65.00
MCCLELLAND CHILDREN'S CIRCUS COLLECTION				**J. MCCLELLAND**
❏ JOHNNY THE STRONGMAN	1983	RT	30.00	40.00
❏ KATIE THE TIGHTROPE WALKER	1982	RT	30.00	50.00
❏ MAGGIE THE ANIMAL TRAINER	1984	RT	30.00	65.00
❏ TOMMY THE CLOWN	1982	RT	30.00	50.00
MEMORIES OF YESTERDAY				**M. ATTWELL**
❏ GIVE IT YOUR BEST SHOT	1994	RT	30.00	45.00
❏ HUSH	1993	RT	30.00	45.00
❏ I PRAY THE LORD MY SOUL TO KEEP	1994	RT	30.00	45.00
❏ I'VE BEEN PAINTING	1993	RT	30.00	45.00
❏ JUST LOOKING PRETTY	1993	RT	30.00	45.00
❏ JUST THINKING ABOUT YOU	1994	RT	30.00	45.00
❏ TIME FOR BED	1993	RT	30.00	45.00
❏ WHAT WILL I GROW UP TO BE	1994	RT	30.00	45.00
MINI VIEWS				**G. BUFFET**
❏ ROOM SERVICE	1999	*	20.00	20.00
MINI VIEWS				**S. HATCHETT BOHLMANN**
❏ CHAMPAGNE WISHES	1999	*	20.00	20.00
❏ FROM SANTORINI WITH LOVE	1999	*	20.00	20.00
❏ ONCE UPON A TIME	1999	*	20.00	20.00
MOSER CHRISTMAS				*
❏ HARDCANY CASTLE	1970	HI	75.00	175.00
❏ KARLOVY VARY CASTLE	1973	RT	90.00	100.00
❏ KARLSTEIN CASTLE	1971	RT	75.00	85.00
❏ OLD TOWN HALL	1972	RT	85.00	95.00
MOSER MOTHER'S DAY				*
❏ BUTTERFLIES	1972	RT	85.00	350.00
❏ PEACOCKS	1971	RT	75.00	150.00
❏ SQUIRRELS	1973	RT	90.00	100.00
MOTHER GOOSE				**J. MCCLELLAND**
❏ DIDDLE, DIDDLE DUMPLING	1984	RT	25.00	35.00
❏ JACK AND JILL	1986	RT	28.00	50.00
❏ LITTLE BO PEEP	1983	HI	25.00	45.00
❏ LITTLE BOY BLUE	1980	RT	23.00	100.00
❏ LITTLE JACK HORNER	1982	RT	25.00	40.00
❏ LITTLE MISS MUFFET	1981	RT	25.00	60.00
❏ MARY HAD A LITTLE LAMB	1985	RT	28.00	50.00
❏ MARY, MARY	1979	RT	23.00	200.00
MOTHER'S DAY COLLECTION				**J. BERGSMA**
❏ BEAUTY OF LIFE	1991	*	*	49.00
❏ FOREVER IN MY HEART	1994	*	*	49.00
❏ LIFE'S BLESSING	1992	*	*	48.00
❏ MY GREATEST TREASURES	1993	CL	35.00	50.00
MOTHER'S DAY COLLECTION				**S. KUCK**
❏ CHERISHED TIME	1987	RT	30.00	50.00
❏ HOME IS WHERE THE HEART IS	1995	RT	35.00	40.00
❏ ONCE UPON A TIME	1985	RT	30.00	65.00
❏ TIME TOGETHER	1988	RT	30.00	60.00
❏ TIMES REMEMBERED	1986	RT	30.00	65.00
NOBLE AND FREE				**KELLY**
❏ GATHERING STORM	1994	CL	30.00	40.00
❏ MOONLIGHT RUN	1994	CL	30.00	40.00
❏ PROTECTED JOURNEY	1994	CL	30.00	40.00
NUTCRACKER BALLET				**C. MICARELLI**
❏ CHRISTMAS EVE PARTY	1989	RT	35.00	50.00
❏ CLARA AND HER PRINCE	1990	CL	35.00	50.00
❏ DANCE OF THE SNOW FAIRIES	1991	RT	35.00	50.00
❏ DREAM BEGINS, THE	1990	CL	35.00	50.00
❏ LAND OF SWEETS, THE	1992	CL	35.00	50.00
❏ SUGAR PLUM FAIRY, THE	1992	CL	35.00	50.00
ON ANGEL'S WINGS				**S. KUCK**
❏ ANGEL KISSES	1999	95 DAYS	30.00	30.00
ON WINGS OF EAGLES				**J. PITCHER**
❏ BY DAWN'S EARLY LIGHT	1994	CL	30.00	45.00
OSCAR & BERTIE'S EDWARDIAN HOLIDAY				**P.D. JACKSON**
❏ ALL ABOARD	1993	RT	30.00	42.00
❏ EARLY RISE	1992	RT	30.00	40.00
❏ LEARNING TO SWIM	1993	RT	30.00	43.00
❏ SNAPSHOT	1991	RT	30.00	40.00
OUR CHERISHED SEAS				**S. BARLOWE**
❏ EMPORERS OF THE ICE	1993	CL	38.00	50.00
❏ FLIGHT OF THE DOLPHINS	1991	CL	38.00	50.00
❏ LIONS OF THE SEA	1991	CL	38.00	50.00
❏ ORCA BALLET	1993	48 DAYS	38.00	45.00

PLATES

NAME	YEAR	LIMIT	ISSUE	TREND
❏ PALACE OF THE SEALS	1992	CL	38.00	50.00
❏ SEA TURTLES	1993	CL	38.00	50.00
❏ SPLENDOR OF THE SEA	1993	48 DAYS	38.00	45.00
❏ TURTLE TREASURE	1993	48 DAYS	38.00	45.00
❏ WHALE SONG	1991	CL	38.00	50.00
PERPETUAL CALENDAR				**S. KUCK**
❏ PLATE CALENDAR	1999	*	70.00	70.00
PLATE OF THE MONTH COLLECTION				**S. KUCK**
❏ APRIL	1990	RT	25.00	30.00
❏ AUGUST	1990	RT	25.00	30.00
❏ DECEMBER	1990	RT	25.00	30.00
❏ FEBRUARY	1990	RT	25.00	30.00
❏ JANUARY	1990	RT	25.00	30.00
❏ JULY	1990	RT	25.00	30.00
❏ JUNE	1990	RT	25.00	30.00
❏ MARCH	1990	RT	25.00	30.00
❏ MAY	1990	RT	25.00	30.00
❏ NOVEMBER	1990	RT	25.00	30.00
❏ OCTOBER	1990	RT	25.00	30.00
❏ SEPTEMBER	1990	RT	25.00	30.00
PRECIOUS ANGELS				**S. KUCK**
❏ ANGEL OF GRACE	1995	95 DAYS	30.00	40.00
❏ ANGEL OF HAPPINESS	1995	95 DAYS	30.00	40.00
❏ ANGEL OF HOPE	1995	CL	30.00	30.00
❏ ANGEL OF LAUGHTER	1995	95 DAYS	30.00	40.00
❏ ANGEL OF LOVE	1995	95 DAYS	30.00	40.00
❏ ANGEL OF PEACE	1995	95 DAYS	30.00	40.00
❏ ANGEL OF SHARING	1994	CL	30.00	40.00
❏ ANGEL OF SUNSHINE	1995	95 DAYS	30.00	40.00
PREMIER COLLECTION				**S. KUCK**
❏ KITTEN	1991	RT	95.00	175.00
❏ PUPPY	1991	RT	95.00	140.00
PREMIER COLLECTION				**J. MCCLELLAND**
❏ LOVE	1991	7500	75.00	75.00
PROTECTORS OF THE WILD				**M. WOOD**
❏ MOON SONG	1999	95 DAYS	30.00	30.00
ROYALE				*
❏ APOLLO MOON LANDING	1969	RT	30.00	85.00
ROYALE CHRISTMAS				*
❏ CHRISTMAS DOWN	1973	RT	20.00	40.00
❏ CHRISTMAS FAIR	1969	RT	12.00	130.00
❏ CHRISTMAS NIGHT	1971	RT	16.00	50.00
❏ ELKS	1972	RT	16.00	50.00
❏ FEEDING TIME	1975	RT	26.00	40.00
❏ SEAPORT CHRISTMAS	1976	RT	28.00	30.00
❏ SLEDDING	1977	RT	30.00	40.00
❏ VIGIL MASS	1970	RT	13.00	110.00
❏ VILLAGE CHRISTMAS	1974	RT	22.00	65.00
ROYALE FATHER'S DAY				*
❏ CAMPING	1973	RT	18.00	50.00
❏ EAGLE	1974	RT	22.00	50.00
❏ FISHING	1977	RT	30.00	45.00
❏ FRIGATE CONSTITUTION	1970	RT	13.00	85.00
❏ HUNTING	1976	RT	28.00	45.00
❏ MAN FISHING	1971	RT	13.00	50.00
❏ MOUNTAINEER	1972	RT	16.00	80.00
❏ REGATTA	1975	RT	26.00	45.00
ROYALE GAME PLATES				**J. POLUSZYNSKI**
❏ FOX	1973	RT	200.00	375.00
❏ SETTERS	1972	RT	180.00	300.00
ROYALE GAME PLATES				**W. SCHIENER**
❏ CALIFORNIA QUAIL	1975	RT	265.00	360.00
❏ OSPREY	1974	RT	250.00	360.00
ROYALE GERMANIA CHRISTMAS ANNUAL				*
❏ CYCLAMEN	1971	RT	200.00	330.00
❏ FLAMING HEART	1976	RT	450.00	500.00
❏ ORCHID	1970	RT	200.00	675.00
❏ SILVER THISTLE	1972	RT	250.00	300.00
❏ SNOWDROPS	1975	RT	450.00	500.00
❏ SUNFLOWERS	1974	RT	300.00	350.00
❏ TULIPS	1973	RT	275.00	325.00
ROYALE GERMANIA CRYSTAL MOTHER'S DAY				*
❏ ELEPHANT AND YOUNGSTER	1972	RT	180.00	250.00
❏ KOALA BEAR AND CUB	1973	RT	200.00	230.00
❏ ROSES	1971	RT	135.00	675.00
❏ SQUIRRELS	1974	RT	240.00	250.00
❏ SWAN AND YOUNG	1975	RT	350.00	375.00
ROYALE MOTHER'S DAY				*
❏ DOE AND FAWN	1971	RT	13.00	60.00
❏ DUCK AND YOUNG	1974	RT	22.00	40.00
❏ KOALA BEAR	1977	RT	30.00	40.00
❏ LYNX AND CUBS	1975	RT	26.00	40.00
❏ OWL FAMILY	1973	RT	18.00	40.00
❏ RABBITS	1972	RT	16.00	40.00
❏ SWAN AND YOUNG	1970	RT	12.00	85.00

PLATES

NAME	YEAR	LIMIT	ISSUE	TREND
❑ WOODCOCK AND YOUNG	1976	RT	28.00	35.00
SOPHISTICATED LADIES COLLECTION				**A. FAZIO**
❑ BIANKA	1986	CL	30.00	50.00
❑ CERISSA	1986	CL	30.00	50.00
❑ CHELSEA	1986	CL	30.00	50.00
❑ CLEO	1985	CL	30.00	50.00
❑ FELICIA	1985	CL	30.00	50.00
❑ NATASHA	1986	CL	30.00	50.00
❑ PHOEBE	1985	CL	30.00	50.00
❑ SAMANTHA	1985	CL	30.00	50.00
SPECIAL OCCASION PLATES				**C. MICARELLI**
❑ QUINECEANERD	1999	*	30.00	30.00
❑ SWEET SIXTEEN	1999	*	30.00	30.00
SPECIAL OCCASIONS				**S. KUCK**
❑ SPECIAL DAY, THE	1990	RT	25.00	30.00
❑ WEDDING (BRIDE & GROOM)	1992	*	*	43.00
❑ WEDDING DAY (6 1/2 IN.)	1989	RT	25.00	30.00
❑ WEDDING, THE	1988	OP	35.00	50.00
SPECIAL OCCASIONS-WEDDING				**C. MICARELLI**
❑ FROM THIS DAY FORWARD (6 1/2 IN.)	1991	RT	25.00	30.00
❑ FROM THIS DAY FORWARD (9 1/2 IN.)	1991	OP	35.00	40.00
❑ TO HAVE AND TO HOLD (6 1/2 IN.)	1991	RT	25.00	30.00
❑ TO HAVE AND TO HOLD (9 1/2 IN.)	1991	OP	35.00	40.00
SPRINGTIME OF LIFE				**T. UTZ**
❑ AMONG THE DAFFODILS	1986	CL	30.00	60.00
❑ AUNT TILLIE'S HATS	1986	CL	30.00	60.00
❑ GRANNY'S BOOTS	1986	CL	30.00	60.00
❑ JUST LIKE MOMMY	1986	CL	30.00	60.00
❑ LITTLE EMILY	1986	CL	30.00	60.00
❑ MY FAVORITE DOLLS	1986	CL	30.00	60.00
❑ MY MASTERPIECE	1986	CL	30.00	60.00
❑ TEDDY'S BATHTIME	1985	CL	30.00	60.00
SUGAR & SPICE				**S. KUCK**
❑ BEST FRIENDS	1993	CL	30.00	45.00
❑ FIRST SNOW	1995	95 DAYS	35.00	50.00
❑ GARDEN OF SUNSHINE	1994	CL	35.00	40.00
❑ LITTLE ONE	1994	CL	33.00	45.00
❑ MORNING PRAYERS	1994	CL	33.00	40.00
❑ SISTERS	1993	CL	30.00	40.00
❑ SPECIAL DAY	1995	95 DAYS	35.00	50.00
❑ TEDDY BEAR TALES	1994	CL	33.00	40.00
TIDINGS OF JOY				**S. KUCK**
❑ NOEL	1994	RT	35.00	40.00
❑ PEACE ON EARTH	1992	RT	35.00	50.00
❑ REJOICE	1993	RT	35.00	50.00
TOTEMS OF THE WEST				**J. BERGSMA**
❑ NEVER ALONE	1996	96 DAYS	35.00	45.00
❑ PEACE AT LAST	1994	CL	30.00	40.00
❑ WATCHMEN, THE	1994	CL	30.00	40.00
TOWN AND COUNTRY DOGS				**S. BARLOWE**
❑ FAITHFUL COMPANIONS	1993	36 DAYS	35.00	52.00
❑ FOX HUNT	1990	CL	35.00	48.00
❑ GOLDEN FIELDS (GOLDEN RETRIEVER)	1991	CL	35.00	48.00
❑ RETRIEVAL, THE	1991	CL	35.00	48.00
TRAINS OF THE ORIENT				**R. JOHNSON**
❑ AUSTRIA	1994	RT	30.00	40.00
❑ BAVARIA	1994	RT	30.00	40.00
❑ FRANCE	1994	RT	30.00	40.00
❑ FRANKONIA	1994	RT	30.00	40.00
❑ GOLDEN ARROW-ENGLAND, THE	1993	RT	30.00	40.00
❑ GREECE	1994	RT	30.00	40.00
❑ RUMANIA	1994	RT	30.00	40.00
❑ TURKEY	1994	RT	30.00	40.00
TREASURED SONGS OF CHILDHOOD				**J. MCCLELLAND**
❑ A TISKET, A TASKET	1988	RT	30.00	40.00
❑ BAA, BAA, BLACK SHEEP	1988	RT	33.00	50.00
❑ HUSH LITTLE BABY	1990	CL	35.00	50.00
❑ I'M A LITTLE TEAPOT	1989	RT	33.00	40.00
❑ PAT-A-CAKE	1989	CL	35.00	50.00
❑ RAIN, RAIN GO AWAY	1989	RT	33.00	45.00
❑ ROUND THE MULBERRY BUSH	1989	CL	33.00	45.00
❑ TWINKLE, TWINKLE, LITTLE STAR	1988	RT	30.00	40.00
VANISHING ANIMAL KINGDOMS				**S. BARLOWE**
❑ COOLIBAH THE KOALA	1987	21,500	35.00	63.00
❑ MAMAKUU THE ELEPHANT	1988	21,500	35.00	63.00
❑ OLEPI THE BUFFALO	1986	21,500	35.00	63.00
❑ ORTWIN THE DEER	1987	21,500	35.00	63.00
❑ RAMA THE TIGER	1986	21,500	35.00	63.00
❑ YEN-POH THE PANDA	1987	21,500	35.00	63.00
VICTORIAN CHRISTMAS				**S. KUCK**
❑ DEAR SANTA	1995	72 DAYS	35.00	42.00
❑ NIGHT BEFORE CHRISTMAS	1996	72 DAYS	35.00	42.00
VICTORIAN MOTHER'S DAY				**S. KUCK**
❑ BOUQUETS OF LOVE	1991	YR	35.00	40.00
❑ LOVING TOUCH	1992	RT	35.00	40.00

PLATES

NAME	YEAR	LIMIT	ISSUE	TREND
❑ MOTHER'S SUNSHINE	1989	RT	35.00	65.00
❑ PRECIOUS TIME	1991	RT	35.00	60.00
❑ REFLECTION OF LOVE	1990	RT	35.00	65.00
VIEWS OF THE AMERICAN WEST				**G. PERILLO**
❑ ANASAZI'S SANCTUARY	1999	*	45.00	45.00
❑ CHEYENNE'S PRIDE	1999	*	45.00	45.00
❑ IROQUOIS DIGNITY	1999	*	45.00	45.00
❑ NAVAJO'S REFUGE	1999	*	45.00	45.00
❑ PUEBLO ABODE	1999	*	45.00	45.00
WESTERN				**E. BERKE**
❑ MOUNTAIN MAN	1974	RT	165.00	250.00
WINGS OF NATURE				**W. MUMM**
❑ ROYAL COURTSHIP	1999	95 DAYS	30.00	30.00
WINTER WONDERLAND				**S. KUCK**
❑ MAGIC SLEIGH RIDE	1999	95 DAYS	35.00	35.00
WOMEN OF THE PLAINS				**C. CORCILIUS**
❑ NO BOUNDARIES	1994	CL	30.00	50.00
❑ PRIDE OF A MAIDEN	1994	CL	30.00	50.00
❑ SILENT COMPANIONS	1995	36 DAYS	35.00	49.00
WONDER OF CHRISTMAS				**J. MCCLELLAND**
❑ CANDELIGHT CHRISTMAS	1993	RT	30.00	50.00
❑ CAROLER, THE	1993	RT	30.00	50.00
❑ MY FAVORITE ORNAMENT	1991	RT	30.00	50.00
❑ SANTA'S SECRET	1991	RT	30.00	50.00
❑ WAITING FOR SANTA	1992	RT	30.00	50.00
WORLD OF CHILDREN				**J. MCCLELLAND**
❑ KITTENS FOR SALE	1980	15,000	50.00	60.00
❑ RAINY DAY FUN	1977	10,000	50.00	60.00
❑ WHEN I GROW UP	1978	15,000	50.00	60.00
❑ YOU'RE INVITED	1979	15,000	50.00	60.00

REECE

NAME	YEAR	LIMIT	ISSUE	TREND
WATERFOWL				*
❑ CANVASBACK & CANADIAN GEESE (PAIR)	1974	900	250.00	375.00
❑ MALLARDS & WOOD DUCKS (PAIR)	1973	900	250.00	375.00
❑ PINTAILS & TEAL (PAIR)	1975	900	250.00	425.00

REED & BARTON

NAME	YEAR	LIMIT	ISSUE	TREND
AUDUBON				**AUDUBON**
❑ BAY-BREASTED WARBLER	1976	5000	65.00	100.00
❑ BOREAL CHICKADEE	1974	5000	65.00	100.00
❑ PINE SISKIN	1970	5000	60.00	175.00
❑ PURPLE FINCH	1977	5000	65.00	100.00
❑ RED CARDINAL	1973	5000	60.00	100.00
❑ RED-SHOULDERED HAWK	1971	5000	60.00	100.00
❑ STILT SANDPIPER	1972	5000	60.00	100.00
❑ YELLOW-BREASTED CHAT	1975	5000	65.00	100.00
TWAS THE NIGHT BEFORE CHRISTMAS				**J. DOWNING**
❑ AWAY TO THE WINDOW	1991	3500	74.00	79.00
❑ 'TWAS THE NIGHT BEFORE CHRISTMAS	1989	4000	75.00	85.00
❑ VISIONS OF SUGARPLUMS	1990	3500	75.00	85.00

RHODES STUDIO

NAME	YEAR	LIMIT	ISSUE	TREND
BOUNTIFUL HARVEST				*
❑ BASKET FULL OF APPLES	1992	CL	39.00	50.00
❑ BUSHEL OF PEACHES	1992	CL	39.00	50.00
❑ FRESH OFF THE PLUM TREE	1993	CL	39.00	50.00
❑ PEARS FROM THE GROVE	1993	CL	39.00	75.00
LEGENDARY STEAM TRAINS				*
❑ AMERICAN STANDARD 4-4-0	1989	CL	65.00	89.00
❑ BEST FRIEND/CHARLESTON 0-4-OT	1990	CL	70.00	110.00
❑ CHALLENGER CLASS, THE 4-6-6-4	1990	CL	70.00	110.00
❑ HUDSON J3 STREAMLINER 4-6-4	1990	CL	65.00	92.00
❑ K-28, THE- 2-8-2	1991	CL	70.00	100.00
❑ K4 CLASS, THE- 4-6-2	1991	CL	70.00	125.00
MIRACLES OF LIGHT				*
❑ NATIVITY OF FAITH	1993	CL	90.00	100.00
❑ NATIVITY OF HOPE	1992	CL	90.00	100.00
❑ NATIVITY OF JOY	1992	CL	90.00	100.00
❑ NATIVITY OF LOVE	1992	CL	85.00	100.00
❑ NATIVITY OF PEACE	1992	CL	85.00	100.00
❑ NATIVITY OF PRAISE	1993	CL	90.00	100.00
TREASURES OF THE DORE BIBLE				*
❑ DANIEL IN THE LION'S DEN	1988	CL	64.00	90.00
❑ ELIJAH AND/CHARIOT OF FIRE	1988	CL	64.00	100.00
❑ JACOB AND THE ANGEL	1987	CL	59.00	90.00
❑ JUDGMENT OF SOLOMON	1988	CL	64.00	90.00
❑ MOSES/TEN COMMANDMENTS	1986	CL	59.00	90.00
❑ REBEKAH AT THE WELL	1987	CL	64.00	90.00
VILLAGE LIGHTS				*
❑ CHURCH AT THE BEND	1993	CL	54.00	65.00
❑ EVERGREEN BOOKS	1993	CL	54.00	65.00
❑ HOLLY STREET BAKERY	1993	CL	49.00	60.00
❑ KRINGLE'S GENERAL STORE	1993	CL	54.00	65.00
❑ MISTLETOE TOY SHOP	1993	CL	49.00	60.00

PLATES

NAME	YEAR	LIMIT	ISSUE	TREND
❏ MRS. SUGARPLUM'S CHOCOLATES	1993	CL	54.00	65.00
WATERFOWL LEGACY				*
❏ FLYING IN	1993	CL	74.00	70.00
❏ IN FLIGHT	1992	CL	69.00	75.00
❏ MALLARD'S DESCENT	1991	CL	69.00	80.00
❏ RISING UP	1993	CL	74.00	70.00
❏ TAKING OFF	1992	CL	74.00	70.00
❏ WIND RIDERS	1992	CL	74.00	70.00

RIVER SHORE

NAME	YEAR	LIMIT	ISSUE	TREND
BABY ANIMALS				**R. BROWN**
❏ AKIKU	1979	20000	50.00	75.00
❏ CLOVER	1981	20000	50.00	70.00
❏ ROOSEVELT	1980	20000	50.00	90.00
❏ ZUELA	1982	20000	50.00	70.00
FAMOUS AMERICANS				**ROCKWELL/ BROWN**
❏ BROWN'S LINCOLN	1976	9500	40.00	600.00
❏ PEACE CORPS	1978	9500	45.00	100.00
❏ ROCKWELL'S TRIPLE SELF-PORTRAIT	1977	9500	45.00	180.00
❏ SPIRIT OF LINDBERGH	1979	9500	50.00	85.00
FOUR FREEDOMS				**N. ROCKWELL**
❏ FREEDOM FROM FEAR	1982	17000	65.00	65.00
❏ FREEDOM FROM WANT	1982	17000	65.00	65.00
❏ FREEDOM OF SPEECH	1981	17000	65.00	85.00
❏ FREEDOM OF WORSHIP	1982	17000	65.00	75.00
LITTLE HOUSE ON THE PRAIRIE				**E. CHRISTOPHERSON**
❏ BELL FOR WALNUT GROVE	1985	10 DAYS	30.00	60.00
❏ CAROLINE'S EGGS	1985	10 DAYS	30.00	60.00
❏ FOUNDER'S DAY PICNIC	1985	10 DAYS	30.00	60.00
❏ INGALLS FAMILY	1985	10 DAYS	30.00	60.00
❏ MARY'S GIFT	1985	10 DAYS	30.00	60.00
❏ MEDICINE SHOW	1985	10 DAYS	30.00	60.00
❏ SWEETHEART TREE, THE	1985	10 DAYS	30.00	60.00
❏ WOMEN'S HARVEST	1985	10 DAYS	30.00	60.00
LOVABLE TEDDIES				**M. HAGUE**
❏ BEARLY FRIGHTFUL	1985	10 DAYS	22.00	50.00
❏ BEDTIME BLUES	1985	10 DAYS	22.00	50.00
❏ CAUGHT IN THE ACT	1985	10 DAYS	22.00	50.00
❏ FIRESIDE FRIENDS	1985	10 DAYS	22.00	50.00
❏ HARVEST TIME	1985	10 DAYS	22.00	50.00
❏ MISSED A BUTTON	1985	10 DAYS	22.00	50.00
❏ SUNDAY STROLL	1985	10 DAYS	22.00	50.00
❏ TENDER LOVING BEAR	1985	10 DAYS	22.00	50.00
NORMAN ROCKWELL SINGLE ISSUE				**N. ROCKWELL**
❏ GRANDPA'S GUARDIAN	1982	17000	80.00	75.00
❏ GRANDPA'S TREASURES	1982	17000	80.00	75.00
❏ LOOKING OUT TO SEA	1980	17000	75.00	140.00
❏ SPRING FLOWERS	1979	17000	75.00	150.00
PUPPY PLAYTIME				**J. LAMB**
❏ CABIN FEVER	1988	14 DAYS	25.00	50.00
❏ CATCH OF THE DAY	1988	14 DAYS	25.00	50.00
❏ DOUBLE TAKE	1987	14 DAYS	25.00	75.00
❏ FUN AND GAMES	1987	14 DAYS	25.00	50.00
❏ GETTING ACQUAINTED	1988	14 DAYS	25.00	50.00
❏ HANGING OUT	1988	14 DAYS	25.00	50.00
❏ NEW LEASH ON LIFE	1988	14 DAYS	25.00	50.00
❏ WEEKEND GARDENER	1988	14 DAYS	25.00	50.00
SIGNS OF LOVE				**HICKS**
❏ GENTLE PERSUASION	1982	CL	24.00	30.00
❏ KISS FOR MOTHER	1981	CL	19.00	30.00
❏ LOVING GUIDANCE	1985	CL	27.00	40.00
❏ PROTECTIVE EMBRACE	1983	CL	24.00	40.00
❏ REASSURING TOUCH	1984	CL	24.00	30.00
❏ TENDER COAXING	1983	CL	24.00	100.00
❏ TRUSTING HUG	1985	CL	27.00	40.00
❏ WATCHFUL EYE	1981	CL	22.00	30.00

ROCKWELL SOCIETY

NAME	YEAR	LIMIT	ISSUE	TREND
CHRISTMAS				**N. ROCKWELL**
❏ ANGEL WITH BLACK EYE	1975	YR	25.00	34.00
❏ CHRISTMAS COURTSHIP	1982	YR	26.00	26.00
❏ CHRISTMAS DREAM	1978	YR	25.00	30.00
❏ CHRISTMAS MARVEL	1994	YR	33.00	50.00
❏ CHRISTMAS PRAYER	1990	YR	30.00	30.00
❏ CHRISTMAS SURPRISE, THE	1992	YR	33.00	44.00
❏ DEAR SANTY CLAUS	1986	YR	28.00	27.00
❏ GOLDEN CHRISTMAS	1976	YR	25.00	35.00
❏ GRANDPA PLAYS SANTA	1985	YR	28.00	28.00
❏ JOLLY OLD ST. NICK	1989	YR	30.00	30.00
❏ SANTA CLAUS	1988	YR	30.00	30.00
❏ SANTA IN THE SUBWAY	1983	YR	26.00	26.00
❏ SANTA IN THE WORKSHOP	1984	YR	28.00	28.00
❏ SANTA'S GOLDEN GIFT	1987	YR	30.00	30.00
❏ SANTA'S HELPERS	1991	YR	33.00	33.00
❏ SCOTTY GETS HIS TREE	1974	YR	25.00	90.00
❏ SCOTTY PLAYS SANTA	1980	YR	25.00	28.00
❏ SOMEBODY'S UP THERE	1979	YR	25.00	30.00
❏ TOY SHOP WINDOW	1977	YR	25.00	25.00

PLATES

NAME	YEAR	LIMIT	ISSUE	TREND
❏ TREE BRIGADE, THE	1993	YR	33.00	39.00
❏ WRAPPED UP IN CHRISTMAS	1981	YR	26.00	26.00
COLONIALS-THE RAREST ROCKWELLS				N. ROCKWELL
❏ CLINCHING THE DEAL	1987	CL	31.00	35.00
❏ JOURNEY HOME, THE	1987	CL	31.00	35.00
❏ LIGHT FOR THE WINTER	1986	CL	31.00	35.00
❏ PORTRAIT FOR A BRIDEGROOM	1987	CL	31.00	31.00
❏ SIGN OF THE TIMES	1988	CL	33.00	35.00
❏ UNEXPECTED PROPOSAL	1985	CL	28.00	35.00
❏ WORDS OF COMFORT	1986	CL	28.00	35.00
❏ YE GLUTTON	1988	CL	33.00	35.00
COMING OF AGE				N. ROCKWELL
❏ BACK TO SCHOOL	1990	CL	30.00	30.00
❏ BALCONY SEAT	1991	CL	33.00	33.00
❏ DOORWAY TO THE PAST	1991	CL	35.00	49.00
❏ HER FIRST FORMAL	1990	CL	33.00	40.00
❏ HOME FROM CAMP	1990	CL	30.00	30.00
❏ MEN ABOUT TOWN	1991	CL	35.00	35.00
❏ MUSCLEMAN, THE	1990	CL	33.00	33.00
❏ NEW LOOK	1990	CL	33.00	35.00
❏ PATHS OF GLORY	1991	CL	35.00	35.00
❏ SCHOOL'S OUT!	1991	CL	35.00	60.00
GOLDEN MOMENTS				N. ROCKWELL
❏ BEST FRIENDS	1988	CL	23.00	40.00
❏ END OF DAY	1988	CL	23.00	40.00
❏ EVENING'S REPOSE	1989	CL	25.00	50.00
❏ GRANDMA'S LOVE	1987	CL	20.00	37.00
❏ GRANDPA'S GIFT	1987	CL	20.00	40.00
❏ KEEPING COMPANY	1989	CL	25.00	40.00
❏ LOVE LETTERS	1989	CL	23.00	40.00
❏ NEWFOUND WORLDS	1989	CL	23.00	50.00
HERITAGE				N. ROCKWELL
❏ APPRENTICE	1995	YR	30.00	50.00
❏ BANJO PLAYER, THE	1988	YR	23.00	40.00
❏ COBBLER	1978	YR	20.00	75.00
❏ DREAMER	1997	YR	*	50.00
❏ FAMILY DOCTOR, THE	1991	YR	28.00	50.00
❏ GOURMET	1985	YR	20.00	35.00
❏ HALLOWEEN FROLIC	1993	YR	28.00	64.00
❏ JEWELER	1993	YR	28.00	49.00
❏ LIGHTHOUSE KEEPER'S DAUGHTER	1979	YR	20.00	75.00
❏ MUSIC MAKER	1981	YR	20.00	45.00
❏ OLD SCOUT, THE	1990	YR	25.00	40.00
❏ PAINTER	1983	YR	20.00	40.00
❏ PROFESSOR	1986	YR	23.00	40.00
❏ SHADOW ARTIST	1987	YR	23.00	40.00
❏ SHIP BUILDER	1980	YR	20.00	65.00
❏ STORYTELLER	1984	YR	20.00	45.00
❏ TOY MAKER	1977	YR	14.00	175.00
❏ TYCOON	1982	YR	20.00	40.00
❏ VETERAN, THE	1988	YR	23.00	40.00
❏ YOUNG SCHOLAR, THE	1991	YR	25.00	40.00
INNOCENCE & EXPERIENCE				N. ROCKWELL
❏ AMERICAN HEROES, THE	1991	150 DAYS	33.00	40.00
❏ MAGICIAN, THE	1991	150 DAYS	33.00	40.00
❏ RADIO OPERATOR, THE	1991	150 DAYS	30.00	40.00
❏ SEA CAPTAIN, THE	1991	150 DAYS	30.00	40.00
MIND OF HER OWN				N. ROCKWELL
❏ BREAKING THE RULES	1987	CL	28.00	35.00
❏ GOOD INTENTIONS	1987	CL	28.00	35.00
❏ KISS AND TELL	1988	CL	30.00	40.00
❏ ON MY HONOR	1988	CL	30.00	40.00
❏ SECOND THOUGHTS	1988	CL	28.00	40.00
❏ SERIOUS BUSINESS	1987	CL	25.00	35.00
❏ SITTING PRETTY	1986	CL	25.00	35.00
❏ WORLD'S AWAY	1988	CL	28.00	40.00
MOTHER'S DAY				N. ROCKWELL
❏ ADD TWO CUPS AND LOVE	1983	YR	26.00	35.00
❏ AFTER THE PARTY	1981	YR	25.00	35.00
❏ BEDTIME	1978	YR	25.00	40.00
❏ BUILDING OUR FUTURE	1991	YR	33.00	40.00
❏ COOKING LESSON, THE	1982	YR	26.00	75.00
❏ EVENING PRAYERS	1990	YR	30.00	40.00
❏ FAITH	1977	YR	25.00	80.00
❏ GENTLE REASSURANCE	1991	YR	33.00	40.00
❏ GRANDMA'S COURTING DRESS	1984	YR	26.00	35.00
❏ GRANDMA'S SURPRISE	1987	YR	30.00	40.00
❏ MENDING TIME	1985	YR	28.00	35.00
❏ MOTHER'S LOVE	1976	YR	25.00	125.00
❏ MOTHER'S PRIDE	1980	YR	25.00	35.00
❏ MY MOTHER	1988	YR	30.00	40.00
❏ PANTRY RAID	1986	YR	28.00	40.00
❏ REFLECTIONS	1979	YR	25.00	40.00
❏ SPECIAL DELIVERY	1992	YR	33.00	40.00
❏ SUNDAY DINNER	1989	YR	30.00	40.00
ROCKWELL ON TOUR				N. ROCKWELL
❏ PROMENADE A PARIS	1983	CL	16.00	20.00
❏ WALK ON THE RHINE	1984	CL	16.00	30.00

PLATES

NAME	YEAR	LIMIT	ISSUE	TREND
❑ WALKING THROUGH MERRIE ENGLANDE	1983	CL	16.00	30.00
❑ WHEN IN ROME	1983	CL	16.00	20.00
ROCKWELL'S AMERICAN DREAM				**N. ROCKWELL**
❑ AN ORPHAN'S HOPE	1987	CL	25.00	35.00
❑ COUPLE'S COMMITMENT	1985	CL	20.00	35.00
❑ FAMILY'S FULL MEASURE	1985	CL	23.00	34.00
❑ LOVE'S REWARD	1987	CL	25.00	40.00
❑ MOTHER'S WELCOME	1986	CL	23.00	30.00
❑ MUSICIAN'S MAGIC, THE	1986	CL	23.00	50.00
❑ YOUNG GIRL'S DREAM	1985	CL	20.00	45.00
❑ YOUNG MAN'S DREAM	1986	CL	23.00	35.00
ROCKWELL'S CHRISTMAS LEGACY				**N. ROCKWELL**
❑ FILLING EVERY STOCKING (3D)	1993	*	*	70.00
❑ SANTA'S MAGICAL VIEW (3D)	1993	*	*	70.00
ROCKWELL'S LIGHT CAMPAIGN				**N. ROCKWELL**
❑ BIRTHDAY WISH, THE	1984	CL	22.00	35.00
❑ CLOSE HARMONY	1984	CL	22.00	30.00
❑ EVENING'S EASE	1984	CL	20.00	35.00
❑ FATHER'S HELP	1984	CL	20.00	20.00
❑ GRANDPA'S TREASURE CHEST	1984	CL	20.00	20.00
❑ THIS IS THE ROOM THAT LIGHT MADE	1983	CL	20.00	80.00
ROCKWELL'S REDISCOVERED WOMEN				**N. ROCKWELL**
❑ COMPLETE COLLECTION		*100 DAYS	267.00	267.00
❑ CONFIDING IN THE DEN	1984	CL	23.00	35.00
❑ DREAMING IN THE ATTIC	1984	CL	20.00	35.00
❑ FLIRTING IN THE PARLOR	1984	CL	23.00	35.00
❑ GOSSIPING IN THE ALCOVE	1984	CL	23.00	35.00
❑ MAKING BELIEVE AT THE MIRROR	1984	CL	20.00	35.00
❑ MEETING ON THE PATH	1984	CL	23.00	35.00
❑ PONDERING ON THE PORCH	1984	CL	23.00	35.00
❑ REMINISCING IN THE QUIET	1984	CL	23.00	35.00
❑ STANDING IN THE DOORWAY	1984	CL	23.00	35.00
❑ WAITING AT THE DANCE	1984	CL	23.00	35.00
❑ WAITING ON THE SHORE	1984	CL	23.00	35.00
❑ WORKING IN THE KITCHEN	1984	CL	23.00	35.00
ROCKWELL'S THE ONES WE LOVE				**N. ROCKWELL**
❑ COUNTRY DOCTOR, THE	1990	CL	25.00	25.00
❑ GROWING STRONG	1989	CL	23.00	23.00
❑ HELPING HAND	1991	CL	25.00	25.00
❑ HOMECOMING, THE	1990	CL	25.00	22.00
❑ INVENTOR AND THE JUDGE, THE	1989	CL	23.00	23.00
❑ OUR LOVE OF COUNTRY	1990	CL	25.00	25.00
❑ READY FOR THE WORLD	1989	CL	23.00	23.00
❑ STORY HOUR, THE	1990	CL	23.00	24.00
❑ TENDER LOVING CARE	1988	CL	20.00	35.00
❑ TIME TO KEEP	1989	CL	20.00	27.00
ROCKWELL'S TREASURED MEMORIES				**N. ROCKWELL**
❑ EVENING PASSAGE	1991	CL	33.00	33.00
❑ HEAVENLY DREAMS	1991	150 DAYS	33.00	33.00
❑ QUIET REFLECTIONS	1991	CL	30.00	15.00
❑ ROMANTIC REVERIE	1991	CL	30.00	30.00
❑ SENTIMENTAL SHORES	1991	150 DAYS	33.00	35.00
❑ TENDER ROMANCE	1991	CL	33.00	33.00

ROMAN INC.

NAME	YEAR	LIMIT	ISSUE	TREND
CHILD'S PLAY				**F. HOOK**
❑ BATHTUB SAILOR	1984	TL	30.00	35.00
❑ BREEZY DAY	1982	TL	30.00	35.00
❑ FIRST SNOW, THE	1984	TL	30.00	35.00
❑ KITE FLYING	1982	TL	30.00	35.00
CHILD'S WORLD				**F. HOOK**
❑ LITTLE CHILDREN, COME TO ME	1980	15000	45.00	65.00
FONTANINI ANNUAL CHRISTMAS PLATE				**E. SIMONETTI**
❑ ADORATION OF THE MAGI	1988	YR	70.00	75.00
❑ FLIGHT INTO EGYPT	1989	YR	75.00	85.00
❑ KING IS BORN	1986	YR	60.00	60.00
❑ O COME, LET US ADORE HIM	1987	YR	60.00	65.00
FRANCES HOOK COLLECTION-SET I				**F. HOOK**
❑ BABY BLOSSOMS	1982	15000	25.00	75.00
❑ DAISY DREAMER	1982	15000	25.00	75.00
❑ I WISH, I WISH	1982	15000	25.00	75.00
❑ TREES SO TALL	1982	15000	25.00	75.00
FRANCES HOOK COLLECTION-SET II				**F. HOOK**
❑ CAN I KEEP HIM	1983	15000	25.00	50.00
❑ CAUGHT IT MYSELF	1983	15000	25.00	50.00
❑ SO CUDDLY	1983	15000	25.00	50.00
❑ WINTER WRAPPINGS	1983	15000	25.00	50.00
FRANCES HOOK LEGACY				**F. HOOK**
❑ DAYDREAMING	1985	TL	20.00	20.00
❑ DISAPPOINTMENT	1985	TL	23.00	23.00
❑ DISCOVERY	1985	TL	23.00	23.00
❑ EXPECTATION	1985	TL	23.00	23.00
❑ FASCINATION	1985	TL	20.00	20.00
❑ WONDERMENT	1985	TL	23.00	33.00
MASTERPIECE COLLECTION				**VARIOUS**
❑ ADORATION	1979	5000	65.00	75.00
❑ HOLY FAMILY, THE	1981	5000	95.00	115.00
❑ MADONNA OF THE STREETS	1982	5000	85.00	100.00

NAME	YEAR	LIMIT	ISSUE	TREND
☐ MADONNA WITH GRAPES	1980	5000	88.00	100.00

MILLENIUM COLLECTION

M.J. DORCY

NAME	YEAR	LIMIT	ISSUE	TREND
☐ ANNUNCIATION	1993	5000	50.00	50.00
☐ CAUSE OF OUR JOY	1995	7500	50.00	50.00
☐ GENTLE LOVE	1997	YR	50.00	50.00
☐ HEAVEN'S BLESSING	1999	YR	50.00	50.00
☐ JOYFUL PROMISE, 2000 PLATE	1999	TL	50.00	50.00
☐ PEACE ON EARTH	1994	5000	50.00	50.00
☐ PRINCE OF PEACE	1996	15000	50.00	50.00
☐ REJOICE	1998	YR	50.00	50.00
☐ SILENT NIGHT	1992	2000	50.00	50.00

ROMAN MEMORIAL

F. HOOK

NAME	YEAR	LIMIT	ISSUE	TREND
☐ CARPENTER, THE	1984	CL	100.00	140.00

SERAPHIM CLASSICS FARO COLLECTION PLATES

FARO STUDIOS

NAME	YEAR	LIMIT	ISSUE	TREND
☐ ELISE, HEAVEN'S GLORY	1998	YR	65.00	65.00
☐ EMILY, HEAVEN'S TREASURE	1997	YR	65.00	65.00
☐ FLORA, FLOWER OF HEAVEN	1996	7200	65.00	70.00
☐ GWYNDOLYN, HEAVEN'S TRIUMPH	1999	YR	65.00	65.00
☐ HELENA, HEAVEN'S HERALD	1995	7200	65.00	65.00
☐ ROSALYN, RAREST OF HEAVEN	1994	7200	65.00	250.00

SERAPHIM CLASSICS OVAL PLATES

SERAPHIM STUDIO

NAME	YEAR	LIMIT	ISSUE	TREND
☐ CYMBELINE, PEACEMAKER	1996	TL	50.00	50.00
☐ ISABEL, GENTLE SPIRIT	1996	TL	50.00	50.00
☐ LYDIA, WINGED POET	1996	TL	50.00	50.00
☐ PRISCILLA, BENEVOLENT GUIDE	1996	TL	50.00	50.00

SINGLE RELEASES

A. WILLIAMS

NAME	YEAR	LIMIT	ISSUE	TREND
☐ BAPTISM, THE	1990	CL	30.00	30.00
☐ CHRISTENING, THE	1987	CL	30.00	30.00
☐ DEDICATION, THE	1990	CL	30.00	30.00

RORSTRAND

CHRISTMAS

G. NYLUND

NAME	YEAR	LIMIT	ISSUE	TREND
☐ ANGERMAN LAND	1984	YR	43.00	35.00
☐ BRINGING HOME THE TREE	1968	YR	12.00	510.00
☐ DALECARLIAN FIDDLER	1972	YR	15.00	20.00
☐ DALSLAND, FORGET-ME-NOT	1987	YR	48.00	150.00
☐ FARM IN SMALAND	1973	YR	16.00	60.00
☐ FISHERMAN SAILING HOME	1969	YR	14.00	50.00
☐ NILS AT SKANSEN	1982	YR	48.00	40.00
☐ NILS IN FJALLBACKA	1978	YR	33.00	50.00
☐ NILS IN GOTLAND	1981	YR	55.00	45.00
☐ NILS IN HALLAND	1980	YR	55.00	65.00
☐ NILS IN HALSINGLAND	1988	YR	55.00	60.00
☐ NILS IN JAMTLAND	1985	YR	43.00	65.00
☐ NILS IN KARLSKR	1986	YR	43.00	50.00
☐ NILS IN LAPLAND	1971	YR	15.00	20.00
☐ NILS IN OLAND	1983	YR	43.00	55.00
☐ NILS IN UAPLAND	1976	YR	20.00	40.00
☐ NILS IN VAESTERGOETLAND	1979	YR	39.00	39.00
☐ NILS IN VARMLAND	1977	YR	30.00	30.00
☐ NILS IN VASTMANLAND	1975	YR	20.00	35.00
☐ NILS VISITS GOTHENBORG	1989	YR	60.00	60.00
☐ NILS WITH HIS GEESE	1970	YR	14.00	50.00
☐ VADSLENA	1974	YR	19.00	40.00

CHRISTMAS

A. WILLIAMS

NAME	YEAR	LIMIT	ISSUE	TREND
☐ GASTRIKLAND, LILY OF THE VALLEY	1992	YR	93.00	93.00
☐ NARKE'S CASTLE	1993	YR	93.00	93.00
☐ NILS IN KVIKKJOKK	1990	YR	75.00	75.00
☐ NILS IN MEDELPAD	1991	YR	85.00	85.00

ROSENTHAL

CHRISTMAS

*

NAME	YEAR	LIMIT	ISSUE	TREND
☐ ADVENT BRANCH	1922	YR	*	210.00
☐ ANGEL OF PEACE	1917	YR	*	210.00
☐ BERCHTESGADEN	1937	YR	*	200.00
☐ CHALET CHRISTMAS	1928	YR	*	200.00
☐ CHILDREN IN WINTER WOODS	1923	YR	*	210.00
☐ CHRIST CHILD	1932	YR	*	200.00
☐ CHRISTMAS BY THE SEA	1935	YR	*	200.00
☐ CHRISTMAS BY THE SEA	1957	YR	*	200.00
☐ CHRISTMAS DURING WAR	1916	YR	*	240.00
☐ CHRISTMAS EVE	1954	YR	*	200.00
☐ CHRISTMAS EVE	1958	YR	*	200.00
☐ CHRISTMAS EVE	1962	YR	*	200.00
☐ CHRISTMAS IN A SMALL VILLAGE	1960	YR	*	200.00
☐ CHRISTMAS IN A VILLAGE	1955	YR	*	200.00
☐ CHRISTMAS IN ALPS	1929	YR	*	225.00
☐ CHRISTMAS IN AN ALPINE VALLEY	1946	YR	*	240.00
☐ CHRISTMAS IN BREMEN	1968	YR	*	200.00
☐ CHRISTMAS IN COLOGNE	1970	YR	*	175.00
☐ CHRISTMAS IN FRANCONIA	1972	YR	50.00	100.00
☐ CHRISTMAS IN GARMISCH	1971	YR	42.00	100.00
☐ CHRISTMAS IN MOUNTAINS	1921	YR	*	210.00
☐ CHRISTMAS IN MOUNTAINS	1926	YR	*	200.00
☐ CHRISTMAS IN MUNICH	1965	YR	*	200.00
☐ CHRISTMAS IN REGINBURG	1967	YR	*	200.00
☐ CHRISTMAS IN ROTHENBURG	1969	YR	*	220.00

PLATES

This 1987 plate, Ladies Secret *by Fred Stone from American Artists, was limited to 9,500 and sold for $65.*

Reco International released Ortwin the Deer *in 1987. It was limited to 21,500 and was a part of the Vanishing Animal Kingdoms collection.*

Sapphire Wings *light gently on glorious flowers in this first issue in the "Jewels of the Flower" series from Edwin M. Knowles China Co. in 1991.*

Artist P. Buckley Moss captures the simplistic pleasures of Amish life in Family Outing, *the first issue in "The Family Collection" produced by Anna Perenna.*

Recalling a historic moment for baby boomers, 1991's The Beatles, Live in Concert *was the first issue in "The Beatles" series from Delphi.*

Released by W.S. George in 1991, Fleeting Encounter *was the first issue in the World's Most Magnificent Cats Collection.*

PLATES

NAME	YEAR	LIMIT	ISSUE	TREND
❑ CHRISTMAS IN THE ALPS	1938	YR	*	200.00
❑ CHRISTMAS IN THE ALPS	1952	YR	*	200.00
❑ CHRISTMAS IN THE ALPS	1956	YR	*	200.00
❑ CHRISTMAS IN THE FOREST	1950	YR	*	200.00
❑ CHRISTMAS IN ULM	1966	YR	*	275.00
❑ CHRISTMAS IN WURZBURG	1974	YR	85.00	100.00
❑ CHRISTMAS LIGHTS	1913	YR	*	250.00
❑ CHRISTMAS MARKET IN NUREMBERG	1964	YR	*	225.00
❑ CHRISTMAS PEACE	1934	YR	*	200.00
❑ CHRISTMAS PEACE	1945	YR	*	400.00
❑ CHRISTMAS SONG	1914	YR	*	350.00
❑ DEER IN THE WOODS	1924	YR	*	210.00
❑ DILLINGEN MADONNA	1947	YR	*	985.00
❑ GROUP OF DEER UNDER PINES	1930	YR	*	225.00
❑ HOLY FAMILY, THE	1949	YR	*	200.00
❑ HOLY LIGHT, THE	1953	YR	*	200.00
❑ LUBECK-HOLSTEIN	1973	YR	77.00	110.00
❑ MANGER IN BETHLEHEM	1920	YR	*	350.00
❑ MARIANBURG CASTLE	1942	YR	*	300.00
❑ MARIEN CHURCH IN DANZIG	1940	YR	*	250.00
❑ MESSAGE TO THE SHEPHERDS	1948	YR	*	875.00
❑ MIDNIGHT MASS	1959	YR	*	200.00
❑ NURNBERG ANGELS	1936	YR	*	200.00
❑ PATH OF THE MAGI	1931	YR	*	225.00
❑ PEACE ON EARTH	1918	YR	*	210.00
❑ SCHNEEKOPPE MOUNTAIN	1939	YR	*	200.00
❑ SILENT NIGHT	1963	YR	*	200.00
❑ SOLITARY CHRISTMAS	1961	YR	*	225.00
❑ ST. CHRISTOPHER WITH CHRIST CHILD	1919	YR	*	225.00
❑ STAR OF BETHLEHEM	1951	YR	*	450.00
❑ STARDUST	1912	YR	*	265.00
❑ STATION ON THE WAY	1927	YR	*	210.00
❑ STRASSBURG CATHEDRAL	1941	YR	*	250.00
❑ THREE WISE MEN	1911	YR	*	350.00
❑ THREE WISE MEN	1925	YR	*	210.00
❑ THRU THE NIGHT TO LIGHT	1933	YR	*	200.00
❑ WALKING TO CHURCH	1915	YR	*	190.00
❑ WINTER IDYLL	1943	YR	*	300.00
❑ WINTER PEACE	1910	YR	*	575.00
❑ WOOD SCAPE	1944	YR	*	300.00
NOBILITY OF CHILDREN				**E. HIBEL**
❑ BARONESSE JOHANNA	1978	12750	130.00	230.00
❑ CHIEF RED FEATHER	1979	12750	140.00	195.00
❑ LA CONTESSA ISABELLA	1976	12750	120.00	300.00
❑ LA MARQUIS MAURICE-PIERRE	1977	12750	120.00	230.00
ORIENTAL GOLD				**E. HIBEL**
❑ MICHIO	1979	2000	325.00	750.00
❑ MR. OBATA	1977	2000	275.00	600.00
❑ SAKURA	1978	2000	295.00	740.00
❑ YASUKO	1976	2000	275.00	750.00
WIINBLAD CHRISTMAS				**B. WIINBLAD**
❑ ADORATION OF SHEPHERDS	1977	UD	225.00	225.00
❑ ANGEL WITH GLOCKENSPIEL	1980	UD	360.00	275.00
❑ ANGEL WITH HARP	1978	UD	275.00	275.00
❑ ANGEL WITH TRUMPET	1976	UD	195.00	150.00
❑ ANNUNCIATION, THE	1975	UD	195.00	160.00
❑ BALTHAZAR	1974	UD	125.00	225.00
❑ CASPAR	1972	UD	100.00	375.00
❑ CHRIST CHILD VISITS TEMPLE	1981	UD	375.00	275.00
❑ CHRISTENING OF CHRIST	1982	UD	375.00	280.00
❑ EXODUS FROM EGYPT	1979	UD	310.00	240.00
❑ MARIA & CHILD	1971	UD	100.00	700.00
❑ MELCHIOR	1973	UD	125.00	375.00

ROYAL BAYREUTH

CHRISTMAS				*
❑ CARRIAGE IN THE VILLAGE	1972	4000	15.00	80.00
❑ CHRISTMAS IN THE COUNTRY	1976	5000	40.00	40.00
❑ FOREST CHALET 'SERENITY'	1975	4000	28.00	28.00
❑ HOMEWARD BOUND	1979	5000	50.00	50.00
❑ OLD MILL, THE	1974	4000	24.00	24.00
❑ PEACE ON EARTH	1977	5000	40.00	40.00
❑ PEACEFUL INTERLUDE	1978	5000	45.00	45.00
❑ SNOW SCENE	1973	4000	16.00	20.00

ROYAL COPENHAGEN

				S. VESTERGAARD
❑ GRANDPARENTS	1998	YR	35.00	35.00
❑ YOUNG ANDVENTURERS	1998	YR	35.00	35.00
AMERICA'S MOTHER'S DAY				**S. VESTERGAARD**
❑ INDIAN LOVE CALL	1989	YR	37.00	35.00
❑ MOTHER'S DAY AT THE MISSION	1991	YR	43.00	39.00
❑ SOUTHERN BELLE	1990	YR	40.00	39.00
❑ TURN OF THE CENTURY BOSTON	1992	YR	45.00	40.00
❑ WESTERN TRAIL	1988	YR	35.00	35.00
CHRISTMAS				*
❑ LITTLE MERMAID, THE	1962	YR	11.00	225.00
❑ ROSKILDE CATHEDRAL	1997	*	*	70.00

PLATES

NAME	YEAR	LIMIT	ISSUE	TREND
❏ SLEIGH RIDE, THE	1999	*	*	100.00
❏ TRIMMING THE TREE	2000	*	*	75.00
❏ WATCHING THE BIRDS	2001	*	*	75.00
CHRISTMAS				**R. BOCHER**
❏ CHRISTIANSHAVN CANAL	1926	YR	2.00	130.00
❏ CHRISTMAS ANGEL	1951	YR	5.00	395.00
❏ PEACEFUL MOTIF	1945	YR	4.00	599.00
❏ ROSKILDE CATHEDRAL	1936	YR	2.00	243.00
❏ SHEPHERD AT CHRISTMAS	1916	YR	2.00	129.00
CHRISTMAS				**A. BOESEN**
❏ FREDERIK CHURCH SPIRE	1913	YR	2.00	163.00
❏ HOLY SPIRIT CHURCH	1914	YR	2.00	180.00
CHRISTMAS				**H. HANSEN**
❏ CHRISTMAS NIGHT	1959	YR	9.00	145.00
❏ GOOD SHEPHERD, THE	1957	YR	8.00	120.00
❏ OUR LADY'S CATHEDRAL	1949	YR	5.00	270.00
❏ STAG, THE	1960	YR	10.00	130.00
❏ SUNSHINE OVER GREENLAND	1958	YR	9.00	185.00
CHRISTMAS				**I. JENSEN**
❏ CHILDREN'S CHRISTMAS	1998	*	40.00	40.00
❏ CHILDREN'S CHRISTMAS (REG. ED.)	1998	YR	40.00	40.00
CHRISTMAS				**O. JENSEN**
❏ AABENRAA MARKETPLACE	1921	YR	2.00	115.00
❏ CHRISTIANSHAVN	1925	YR	2.00	150.00
❏ DANISH LANDSCAPE	1911	YR	1.00	210.00
❏ DANISH LANDSCAPE	1923	YR	2.00	105.00
❏ FREDERIKSBERG GARDENS	1932	YR	2.00	129.00
❏ GRUNDTVIG CHURCH	1929	YR	2.00	113.00
❏ HERMITAGE CASTLE, THE	1934	YR	2.00	250.00
❏ IN THE PARK	1919	YR	2.00	125.00
❏ OUR SAVIOR CHURCH	1917	YR	2.00	115.00
❏ SHEEP AND SHEPHERDS	1918	YR	2.00	129.00
CHRISTMAS				**T. KJOLNER**
❏ DANISH VILLAGE CHURCH	1941	YR	3.00	409.00
❏ FREDERIKSBERG CASTLE	1953	YR	6.00	150.00
❏ NODEBO CHURCH	1948	YR	4.00	280.00
CHRISTMAS				**A. KROG**
❏ DANISH LANDSCAPE	1915	YR	2.00	195.00
CHRISTMAS				**K. LANGE**
❏ ADMIRING CHRISTMAS TREE	1981	YR	53.00	35.00
❏ AMALIENBORG PALACE	1954	YR	6.00	140.00
❏ BLACKBIRD	1966	YR	12.00	25.00
❏ BRINGING HOME THE TREE	1980	YR	50.00	35.00
❏ CHOOSING CHRISTMAS TREE	1979	YR	43.00	65.00
❏ CHRISTMAS IN THE FOREST	1952	YR	5.00	163.00
❏ CHRISTMAS ROSE AND CAT	1970	YR	14.00	22.00
❏ CHRISTMAS VACATION	1986	YR	55.00	83.00
❏ FANO GIRL	1955	YR	7.00	201.00
❏ FETCHING THE TREE	1964	YR	11.00	65.00
❏ GOOD SHEPHERD, THE	1940	YR	3.00	597.00
❏ GOOD SHEPHERD, THE	1947	YR	4.00	339.00
❏ GREENLAND SCENERY	1978	YR	35.00	65.00
❏ HARE IN WINTER	1971	YR	15.00	20.00
❏ HOJSAGER MILL	1963	YR	11.00	109.00
❏ IMMERVAD BRIDGE	1977	YR	32.00	27.00
❏ IN THE DESERT	1972	YR	16.00	16.00
❏ JINGLE BELLS	1984	YR	55.00	82.00
❏ LAST UMIAK, THE	1968	YR	13.00	22.00
❏ LITTLE SKATERS	1965	YR	12.00	65.00
❏ MERRY CHRISTMAS	1983	YR	55.00	45.00
❏ OLD FARMYARD, THE	1969	YR	14.00	27.00
❏ QUEEN'S PALACE	1975	YR	28.00	20.00
❏ ROSENBORG CASTLE	1956	YR	7.00	190.00
❏ ROYAL OAK, THE	1967	YR	13.00	22.00
❏ SNOWMAN	1985	YR	55.00	75.00
❏ TRAIN HOMEWARD BOUND	1973	YR	22.00	27.00
❏ TRAINING SHIP	1961	YR	10.00	115.00
❏ WAITING FOR CHRISTMAS	1982	YR	55.00	55.00
❏ WINTER TWILIGHT	1974	YR	22.00	20.00
CHRISTMAS				**H. NIELSEN**
❏ ROUND CHURCH IN OSTERLARS	1938	YR	3.00	375.00
CHRISTMAS				**S. NIELSEN**
❏ GREENLAND PACK-ICE	1939	YR	3.00	507.00
CHRISTMAS				**B. OLSEN**
❏ FERRY AND THE GREAT BELT	1933	YR	2.00	195.00
❏ FISHING BOATS	1930	YR	2.00	145.00
❏ KRONBORG CASTLE	1935	YR	2.00	309.00
❏ SAILING SHIP	1924	YR	2.00	129.00
❏ SHIP'S BOY AT TILLER	1927	YR	2.00	173.00
CHRISTMAS				**V. OLSON**
❏ BOESLUNDE CHURCH	1950	YR	5.00	399.00
❏ DANISH VILLAGE SCENE	1944	YR	4.00	450.00
CHRISTMAS				**G. RODE**
❏ MARY AND CHILD JESUS	1920	YR	2.00	130.00
❏ MOTHER AND CHILD	1931	YR	2.00	145.00
❏ VICAR'S FAMILY	1928	YR	2.00	185.00

PLATES

Winners Worth Knowing

By Susan K. Elliott

It's been almost a quarter of a century since the National Association of Limited Edition Dealers (NALED) began naming a "Plate of the Year." Early each year, retailers around the country cast their votes for the most popular collectibles of the previous year, with winners revealed at a summer awards banquet during the International Gift & Collectibles Exposition.

An impressive diversity of plates has made it to the top since the awards began in 1979, with several popular artists and companies receiving repeat honors. Artist Sandra Kuck holds the record for the most wins with an amazing seven awards. Edna Hibel and Thomas Kinkade follow with two wins apiece.

Beginning with the innocent, blonde-headed *Mary, Mary* of nursery rhyme fame, little girls dominated the first few years of winning subject matter. Popular cultural icons such as the *Wizard of Oz*, Scarlett O'Hara and Winnie the Pooh also have topped the list, along with scenes of family love and friendship. Numerous Christmas depictions, a Russian fairy tale, religious themes and a floral grouping complete the grouping.

Here are the winners for each year:

1979 — *Mary, Mary* (John McClelland, Reco International)
1980 — *The Miracle* (Irene Spencer, Pickard China)
1981 — no award given
1982 — *Heart of a Child* (Alan Murray, Ernst Enterprises)
1983 — *Sunday Best* (Sandra Kuck, Reco International)
1984 — *Abby and Lisa* (Edna Hibel, Edwin M. Knowles)
1985 — *Once Upon a Time* (Sandra Kuck, Reco International)
1986 — *Christmas in Williamsburg* (Jack Woodson, Bing & Grondahl)
1987 — *Catherine & Heather* (Edna Hibel, Edwin M. Knowles)
1988 — *Ruslan and Ludmilla* (Vinogradoff Porcelain)
1989 — *50 Years of Oz* (Thomas Blackshear, Hamilton Collection)
1990 — *Reflection of Love* (Sandra Kuck, Reco International)
1991 — *Marry Me Scarlett* (Paul Jennis, Bradford Exchange)
1992 — *Roses* (Lena Liu, Bradford Exchange)
1993 — *Best Friends* (Sandra Kuck, Reco International)
1994 — *Our Lady of Lourdes* (Hector Garrido, Bradford Exchange)
1995 — *Dear Santa* (Sandra Kuck, Reco International)
1996 — *Rumbly in My Tumbly* (Disney Artists, Bradford Exchange)
1997 — *The Light of Peace* (Thomas Kinkade, Bradford Exchange)
1998 — *Christmas Day Joy* (Sandra Kuck, Reco International)
1999 — *A Holiday Gathering* (Thomas Kinkade, Bradford Exchange)
2000 — *Bringing in the Christmas Tree* (Sandra Kuck, Reco International)

Susan K. Elliott has been writing about collector plates since the first international plate collectors convention in 1975. She is a free-lance writer living in Dallas, and has interviewed hundreds of collectibles artists worldwide.

NAME	YEAR	LIMIT	ISSUE	TREND
CHRISTMAS				**E. SELSCHAU**
❑ THREE SINGING ANGELS	1922	YR	2.00	105.00
CHRISTMAS				**C. THOMSEN**
❑ CHRISTMAS TREE	1912	YR	1.00	240.00
❑ MADONNA AND CHILD	1908	YR	1.00	4900.00
❑ MAGI, THE	1910	YR	1.00	179.00
CHRISTMAS				**N. THORSSON**
❑ BELL TOWER	1942	YR	4.00	565.00
❑ FLIGHT INTO EGYPT	1943	YR	4.00	759.00
❑ MAIN STREET COPENHAGEN	1937	YR	2.00	339.00
❑ ZEALAND VILLAGE CHURCH	1946	YR	4.00	275.00
CHRISTMAS				**S. USSING**
❑ DANISH LANDSCAPE	1909	YR	1.00	243.00
CHRISTMAS				**S. VESTERGAARD**
❑ CHRISTMAS 1998	1998	YR	70.00	70.00
❑ CHRISTMAS AT THE MANOR HOUSE	1995	YR	73.00	75.00
❑ CHRISTMAS AT TIVOLI	1990	YR	70.00	210.00
❑ CHRISTMAS EVE IN COPENHAGEN	1988	YR	60.00	98.00
❑ CHRISTMAS GUESTS	1993	YR	70.00	113.00
❑ CHRISTMAS SHOPPING	1994	YR	73.00	83.00
❑ DANISH WATERMILL	1976	YR	28.00	30.00
❑ FESTIVAL OF SANTA LUCIA, THE	1991	YR	70.00	113.00
❑ OLD SKATING POND, THE	1989	YR	60.00	113.00
❑ QUEEN'S CARRIAGE	1992	YR	70.00	83.00
❑ WINTER BIRDS	1987	YR	60.00	55.00
CHRISTMAS IN DENMARK				**H. HANSEN**
❑ BRINGING HOME THE TREE	1991	YR	73.00	50.00
❑ CHRISTMAS SHOPPING	1992	YR	73.00	50.00
❑ SKATING PARTY, THE	1993	YR	75.00	50.00
❑ SLEIGH RIDE, THE	1994	YR	75.00	50.00
FIRST/BING & GRONDAHL				**C. MAGADINE**
❑ CHRISTMAS EVE AT THE STATUE OF LIBERTY	1996	YR	48.00	48.00
NATURE'S CHILDREN				**J. NIELSEN**
❑ FAWN, THE	1994	YR	40.00	40.00
❑ NATURE'S CHILDREN 1998	1998	YR	40.00	40.00
❑ ROBINS, THE	1993	YR	40.00	40.00
ROYAL CORNWALL				
CREATION				**Y. KOUTSIS**
❑ ADAM'S RIB	1978	10000	45.00	125.00
❑ BANISHED FROM EDEN	1978	10000	45.00	125.00
❑ IN HIS IMAGE	1977	10000	45.00	130.00
❑ IN THE BEGINNING	1977	10000	38.00	90.00
❑ JACOB'S LADDER	1978	19500	30.00	70.00
❑ JACOB'S WEDDING	1978	19500	30.00	70.00
❑ JOSEPH INTERPRETS PHARAOH'S DREAM	1978	19500	30.00	70.00
❑ JOSEPH'S COAT OF MANY COLORS	1978	19500	30.00	70.00
❑ NOAH AND THE ARK	1977	10000	45.00	100.00
❑ REBEKAH AT THE WELL	1978	19500	30.00	80.00
❑ SODOM AND GOMORRAH	1978	19500	30.00	70.00
❑ TOWER OF BABEL	1977	19500	30.00	70.00
ROYAL DEVON				
ROCKWELL CHRISTMAS				**N. ROCKWELL**
❑ BIG MOMENT, THE	1977	YR	28.00	50.00
❑ CHRISTMAS GIFT, THE	1976	YR	25.00	35.00
❑ DOWNHILL DARING	1975	YR	25.00	30.00
❑ GRAMPS MEETS GRAMPS	1980	YR	33.00	35.00
❑ ONE PRESENT TOO MANY	1979	YR	32.00	30.00
❑ PUPPETS FOR CHRISTMAS	1978	YR	28.00	30.00
ROCKWELL MOTHER'S DAY				**N. ROCKWELL**
❑ DOCTOR AND DOLL	1975	YR	24.00	45.00
❑ FAMILY, THE	1977	YR	25.00	80.00
❑ MOTHER'S DAY OFF	1978	YR	27.00	35.00
❑ MOTHER'S EVENING OUT	1979	YR	30.00	35.00
❑ MOTHER'S TREAT	1980	YR	33.00	35.00
❑ PUPPY LOVE	1976	YR	25.00	100.00
ROYAL DOULTON				
CHRISTMAS PLATES				*
❑ SLEIGH RIDE	1993	YR	45.00	45.00
❑ TOGETHER FOR CHRISTMAS	1993	YR	45.00	50.00
FAMILY CHRISTMAS PLATES				*
❑ DAD PLAYS SANTA	1991	CL	60.00	60.00
FIGURE OF THE YEAR PLATES				*
❑ AMY FIGURE OF THE YEAR	1991	YR	*	350.00
❑ JENNIFER FIGURE OF THE YEAR	1994	YR	*	187.00
❑ MELISSA FIGURE OF THE YEAR	2001	YR	*	215.00
❑ RACHEL FIGURE OF THE YEAR	2000	YR	*	189.00
ROYAL DOULTON CLASSICS				*
❑ GOLDEN JUBILEE	2002	2500	74.00	74.00
ROYAL GRAFTON/THE COLLECTOR'S TREASURY				
BEAUTY OF POLAR WILDLIFE				**M. JACKSON**
❑ ARCTIC FOX CUBS	1991	*	*	42.00
❑ ARCTIC HARE FAMILY	1991	*	*	44.00
❑ ARCTIC WOLF FAMILY	1991	*	*	49.00

PLATES

NAME	YEAR	LIMIT	ISSUE	TREND
❏ BABY SEALS	1990	150 DAYS	*	43.00
❏ DALL SHEEP	1991	*	*	49.00
❏ EMPEROR PENGUINS	1991	*	*	42.00
❏ POLAR BEAR CUBS	1990	*	*	38.00
❏ REINDEER YOUNG	1992	*	*	47.00

ROYAL WICKFORD PORCELAIN

ALICE IN WONDERLAND
				G. TERP
❏ CATERPILLAR, THE	1987	45 DAYS	30.00	48.00
❏ DUCHESS AND COOK, THE	1987	45 DAYS	30.00	48.00
❏ HUMPTY DUMPTY	1988	45 DAYS	30.00	30.00
❏ LION AND THE UNICORN, THE	1988	45 DAYS	30.00	30.00
❏ OFF WITH THEIR HEADS	1988	45 DAYS	30.00	30.00
❏ RED AND WHITE QUEENS	1988	45 DAYS	30.00	30.00
❏ TALKING FLOWERS	1988	45 DAYS	30.00	30.00
❏ TEA PARTY, THE	1987	45 DAYS	30.00	43.00
❏ TWEEDLEDEE-TWEEDLEDUM	1987	45 DAYS	30.00	30.00
❏ WALRUS AND CARPENTER	1988	45 DAYS	30.00	30.00
❏ WHITE KNIGHT, THE	1987	45 DAYS	30.00	48.00
❏ WHITE RABBIT, THE	1988	45 DAYS	30.00	30.00

LIL' PEDDLERS
				L. DUBIN
❏ APPLE A DAY	1987	YR	30.00	48.00
❏ BALLOONS N' THINGS	1987	YR	30.00	30.00
❏ CHIMNEY SWEEP	1987	YR	30.00	30.00
❏ COBBLESTONE DELI	1987	YR	30.00	30.00
❏ COOLIN' OFF	1987	YR	30.00	50.00
❏ EXTRA, EXTRA	1987	YR	30.00	50.00
❏ FORGET ME NOTS	1987	YR	30.00	50.00
❏ JUST PICKED	1987	YR	30.00	30.00
❏ OVEN FRESH	1987	YR	30.00	30.00
❏ PENNY CANDY	1987	YR	30.00	30.00
❏ POPPIN' CORN	1987	YR	30.00	30.00
❏ TODAY'S CATCH	1987	YR	30.00	30.00

ROYAL WORCESTER

BIRTH OF A NATION
				P.W. BASTON
❏ BOSTON TEA PARTY	1972	10000	45.00	210.00
❏ CONCORD BRIDGE	1974	10000	50.00	135.00
❏ CROSSING DELAWARE	1976	10000	65.00	135.00
❏ PAUL REVERE	1973	10000	45.00	195.00
❏ SIGNING DECLARATION	1975	10000	65.00	135.00
❏ WASHINGTON'S INAUGURATION	1977	1250	65.00	135.00

CURRIER AND IVES PLATES
				P.W. BASTON
❏ HOME TO THANKSGIVING	1977	546	60.00	225.00
❏ OLD GRIST MILL	1975	3200	60.00	100.00
❏ ROAD IN WINTER	1974	5570	60.00	100.00
❏ WINTER PASTIME	1976	1500	60.00	90.00

KITTEN CLASSICS
				P. COOPER
❏ CAT NAP	1985	CL	30.00	35.00
❏ COUNTRY KITTY	1985	CL	30.00	35.00

KITTEN ENCOUNTERS
				P. COOPER
❏ BEDTIME BUDDIES	1987	CL	30.00	30.00
❏ BUNNY CHASE	1987	CL	30.00	30.00
❏ CAT AND MOUSE	1988	CL	30.00	35.00
❏ FISHFUL THINKING	1987	CL	30.00	42.00
❏ FLUTTER BY	1987	CL	30.00	30.00
❏ JUST DUCKY	1987	CL	30.00	35.00
❏ PUPPY PAL	1987	CL	30.00	35.00
❏ STABLEMATES	1988	CL	30.00	50.00

SPODE MARITIME PLATES
				*
❏ CONSTITUTION & GUERRIRE	1980	2000	150.00	150.00
❏ CONSTITUTION & JAVA	1980	2000	150.00	150.00
❏ PELICAN & ARGUS	1980	2000	150.00	150.00
❏ PRESIDENT & LITTLE BELT	1980	2000	150.00	150.00
❏ SHANNON & CHESAPEAKE	1980	2000	150.00	150.00
❏ UNITED STATES/MACEDONIAN	1980	2000	150.00	150.00

WATER BIRDS OF NORTH AMERICA
				J. COOKE
❏ AMERICAN PINTAILS	1985	15000	55.00	55.00
❏ CANADA GEESE	1985	15000	55.00	55.00
❏ CANVASBACKS	1985	15000	55.00	55.00
❏ GREEN WINGED TEALS	1985	15000	55.00	55.00
❏ HOODED MERGANSERS	1985	15000	55.00	55.00
❏ MALLARDS	1985	15000	55.00	55.00
❏ SNOW GEESE	1985	15000	55.00	55.00
❏ WOOD DUCKS	1985	15000	55.00	55.00

SCHMID

CAT TALES
				L. DAVIS
❏ COMPANY'S COMING	1982	12500	38.00	100.00
❏ FLEW THE COOP	1982	12500	38.00	100.00
❏ ON THE MOVE	1982	12500	38.00	100.00
❏ RIGHT CHURCH, WRONG PEW	1982	12500	38.00	100.00

CHRISTMAS
				L. DAVIS
❏ BAH HUMBUG	1995	5000	55.00	55.00
❏ BLOSSOM'S GIFT	1987	7500	48.00	100.00
❏ BORN ON A STARRY NIGHT	1992	7500	55.00	75.00
❏ CHRISTMAS AT FOXFIRE FARM	1985	7500	45.00	130.00
❏ CHRISTMAS AT RED OAK	1986	7500	45.00	60.00

PLATES

NAME	YEAR	LIMIT	ISSUE	TREND
❑ CHRISTMAS AT RED OAK II	1991	7500	55.00	75.00
❑ COUNTRY CHRISTMAS	1984	7500	45.00	85.00
❑ CUTTING THE FAMILY CHRISTMAS TREE	1988	7500	48.00	60.00
❑ HOOKER AT MAILBOX W/ PRESENT	1983	7500	45.00	50.00
❑ PETER AND THE WREN	1989	7500	48.00	80.00
❑ VISIONS OF SUGARPLUMS	1994	5000	55.00	55.00
❑ WAITING FOR MR. LOWELL	1993	7500	55.00	55.00
❑ WINTER DEER	1990	7500	48.00	30.00
CHRISTMAS				**B. HUMMEL**
❑ ANGEL	1971	YR	15.00	15.00
❑ ANGEL WITH FLUTE	1972	YR	15.00	15.00
❑ ANGELIC GIFTS	1987	YR	48.00	45.00
❑ ANGELIC MESSENGER	1983	YR	45.00	50.00
❑ ANGELIC MUSICIAN	1989	YR	53.00	75.00
❑ ANGELIC PROCESSION	1982	YR	45.00	45.00
❑ ANGEL'S LIGHT	1990	YR	53.00	75.00
❑ CHEERFUL CHERUBS	1988	YR	53.00	60.00
❑ CHRISTMAS CHILD	1975	YR	25.00	25.00
❑ GIFT FROM HEAVEN	1984	YR	45.00	45.00
❑ GUARDIAN ANGEL, THE	1974	YR	19.00	20.00
❑ HEAVENLY LIGHT	1985	YR	45.00	47.00
❑ HEAVENLY TRIO	1978	YR	33.00	33.00
❑ HERALD ANGEL	1977	YR	28.00	30.00
❑ MESSAGE FROM ABOVE	1991	YR	60.00	75.00
❑ NATIVITY, THE	1973	YR	15.00	50.00
❑ PARADE INTO TOYLAND	1980	YR	45.00	50.00
❑ SACRED JOURNEY	1976	YR	28.00	30.00
❑ STARLIGHT ANGEL	1979	YR	38.00	40.00
❑ SWEET BLESSINGS	1992	YR	65.00	75.00
❑ TELL THE HEAVENS	1986	YR	45.00	50.00
❑ TIME TO REMEMBER	1981	YR	45.00	50.00
COUNTRY PRIDE				**L. DAVIS**
❑ BUSTIN' WITH PRIDE	1982	7500	35.00	125.00
❑ DUKE'S MIXTURE	1981	7500	35.00	185.00
❑ PLUM TUCKERED OUT	1981	7500	35.00	45.00
❑ SURPRISE IN THE CELLAR	1981	7500	35.00	200.00
DISNEY ANNUAL				*
❑ COMMAND PERFORMANCE	1984	20000	23.00	25.00
❑ HOLLY JOLLY CHRISTMAS	1990	20000	33.00	35.00
❑ MERRY MICKEY CLAUS	1989	20000	33.00	75.00
❑ MERRY MOUSE MEDLEY	1987	20000	25.00	25.00
❑ MICKEY AND MINNIE'S ROCKIN' CHRISTMAS	1991	20000	37.00	40.00
❑ SHOW BIZ	1985	20000	23.00	25.00
❑ SNEAK PREVIEW	1983	20000	23.00	25.00
❑ TREE FOR TWO	1986	20000	23.00	25.00
❑ WARM WINTER RIDE	1988	20000	25.00	25.00
DISNEY CHRISTMAS				*
❑ BUILDING A SNOWMAN	1976	YR	13.00	16.00
❑ CAROLING	1975	YR	12.00	15.00
❑ DECORATING THE TREE	1974	YR	10.00	75.00
❑ DOWN THE CHIMNEY	1977	YR	13.00	15.00
❑ HAPPY HOLIDAYS	1981	15000	18.00	22.00
❑ NIGHT BEFORE CHRISTMAS	1978	YR	15.00	30.00
❑ SANTA'S SURPRISE	1979	15000	18.00	30.00
❑ SLEIGH RIDE	1973	YR	10.00	275.00
❑ SLEIGH RIDE	1980	15000	18.00	35.00
❑ WINTER GAMES	1982	15000	19.00	30.00
DISNEY MOTHER'S DAY				*
❑ DREAM COME TRUE	1982	10000	19.00	40.00
❑ FLOWERS FOR BAMBI	1978	YR	15.00	35.00
❑ FLOWERS FOR MOTHER	1974	YR	10.00	50.00
❑ HAPPY FEET	1979	10000	18.00	20.00
❑ MINNIE MOUSE	1976	YR	13.00	25.00
❑ MINNIE'S SURPRISE	1980	10000	18.00	30.00
❑ PLAYMATES	1981	10000	18.00	35.00
❑ PLUTO'S PALS	1977	YR	13.00	25.00
❑ SNOW WHITE & DWARFS	1975	YR	12.00	50.00
FERRANDIZ BEAUTIFUL BOUNTY PORCELAIN PLATES				**J. FERRANDIZ**
❑ AUTUMN'S BLESSING	1982	10000	40.00	50.00
❑ MID-WINTER'S DREAM	1982	10000	40.00	50.00
❑ SPRING BLOSSOMS	1982	10000	40.00	40.00
❑ SUMMER'S GOLDEN HARVEST	1982	10000	40.00	40.00
FERRANDIZ MUSIC MAKERS PORCELAIN PLATES				**J. FERRANDIZ**
❑ ENTERTAINER, THE	1981	10000	25.00	30.00
❑ FLUTIST, THE	1981	10000	25.00	30.00
❑ MAGICAL MEDLEY	1982	10000	25.00	30.00
❑ SWEET SERENADE	1982	10000	25.00	30.00
FERRANDIZ PORCELAIN CHRISTMAS PLATES				**J. FERRANDIZ**
❑ CHRIST IN THE MANGER	1972	*	30.00	175.00
❑ CHRISTMAS	1973	*	30.00	230.00
FERRANDIZ WOODEN BIRTHDAY PLATES				**J. FERRANDIZ**
❑ BOY	1972	*	15.00	150.00
❑ BOY	1973	*	20.00	200.00
❑ BOY	1974	*	22.00	175.00
❑ GIRL	1972	*	15.00	175.00
❑ GIRL	1973	*	20.00	150.00
❑ GIRL	1974	*	22.00	175.00

PLATES

NAME	YEAR	LIMIT	ISSUE	TREND
FRIENDS OF MINE				**L. DAVIS**
❑ CAT AND JENNY WREN	1992	7500	55.00	75.00
❑ SUNDAY AFTERNOON TREAT	1990	7500	53.00	75.00
❑ SUNDAY WORSHIPPERS	1989	7500	53.00	75.00
❑ WARM MILK	1991	7500	55.00	75.00
KITTY CUCUMBER ANNUAL				**M. LILLEMOE**
❑ DANCE ROUND THE MAYPOLE	1992	2500	25.00	50.00
❑ RING AROUND THE ROSIE	1989	20000	25.00	25.00
❑ SWAN LAKE	1990	20000	25.00	25.00
❑ TEA PARTY	1991	2500	25.00	25.00
MOTHER'S DAY				**B. HUMMEL**
❑ AFTERNOON STROLL	1978	YR	33.00	33.00
❑ BUMBLEBEE	1974	YR	19.00	20.00
❑ CHERUB'S GIFT	1979	YR	38.00	38.00
❑ DEVOTION FOR MOTHER	1976	YR	28.00	30.00
❑ FLOWER BASKET, THE	1982	YR	45.00	50.00
❑ HOME FROM SCHOOL	1986	YR	45.00	55.00
❑ JOY TO SHARE	1984	YR	45.00	45.00
❑ LITTLE FISHERMAN	1973	YR	15.00	35.00
❑ MESSAGE OF LOVE	1975	YR	25.00	25.00
❑ MOONLIGHT RETURN	1977	YR	28.00	30.00
❑ MOTHER'S JOURNEY	1985	YR	45.00	45.00
❑ MOTHER'S LITTLE ATHLETE	1990	YR	53.00	55.00
❑ MOTHER'S LITTLE HELPERS	1980	YR	45.00	40.00
❑ PLAYING HOOKY	1972	YR	15.00	15.00
❑ PLAYTIME	1981	YR	45.00	45.00
❑ PRETTY AS A PICTURE	1989	YR	53.00	50.00
❑ SOFT & GENTLE	1991	YR	55.00	60.00
❑ SPRING BOUQUET	1983	YR	45.00	45.00
❑ YOUNG READER	1988	YR	53.00	80.00
PADDINGTON BEAR/MUSICIAN'S DREAM PLATES				*
❑ BEAT GOES ON, THE	1983	10000	18.00	25.00
❑ KNOWING THE SCORE	1983	10000	18.00	20.00
❑ PERFECT HARMONY	1983	10000	18.00	25.00
❑ TICKLING THE IVORY	1983	10000	18.00	25.00
PEANUTS CHRISTMAS				**C. SCHULZ**
❑ CHRISTMAS AT FIREPLACE	1974	YR	10.00	50.00
❑ CHRISTMAS AT HAND	1979	15000	18.00	25.00
❑ CHRISTMAS EVE AT DOGHOUSE	1973	YR	10.00	90.00
❑ CHRISTMAS WISH	1981	15000	18.00	30.00
❑ DECK THE DOGHOUSE	1977	YR	13.00	20.00
❑ FILLING THE STOCKING	1978	YR	15.00	40.00
❑ PERFECT PERFORMANCE	1982	15000	19.00	50.00
❑ SNOOPY GUIDES THE SLEIGH	1972	YR	10.00	35.00
❑ WAITING FOR SANTA	1980	15000	18.00	25.00
❑ WOODSTOCK AND SANTA CLAUS	1975	YR	12.00	20.00
❑ WOODSTOCK'S CHRISTMAS	1976	YR	13.00	20.00
PEANUTS MOTHER'S DAY PLATES				**C. SCHULZ**
❑ DEAR MOM	1977	*	13.00	30.00
❑ KISS FOR LUCY	1975	*	12.00	15.00
❑ LINUS	1972	*	10.00	10.00
❑ LINUS AND SNOOPY	1976	*	13.00	35.00
❑ MISSION FOR MOM	1981	*	18.00	20.00
❑ MOM?	1973	*	10.00	10.00
❑ SNOOPY/WOODSTOCK/PARADE	1974	*	10.00	15.00
❑ SPECIAL LETTER	1979	*	18.00	25.00
❑ THOUGHTS THAT COUNT	1978	*	15.00	25.00
❑ TRIBUTE TO MOM	1980	*	18.00	25.00
❑ WHICH WAY TO MOTHER	1982	*	19.00	20.00
PEANUTS SPECIAL EDITION PLATE				**C. SCHULZ**
❑ BICENTENNIAL	1976	*	13.00	30.00
PEANUTS VALENTINE'S DAY PLATES				**C. SCHULZ**
❑ FROM SNOOPY, WITH LOVE	1980	*	18.00	25.00
❑ HEARTS-A-FLUTTER	1981	*	18.00	20.00
❑ HEAVENLY BLISS	1978	*	13.00	30.00
❑ HOME IS WHERE THE HEART IS	1977	*	13.00	35.00
❑ LOVE MATCH	1979	*	18.00	30.00
❑ LOVE PATCH	1982	*	18.00	30.00
PEANUTS WORLD'S GREATEST ATHLETE				**C. SCHULZ**
❑ CROWD WENT WILD, THE	1982	10000	18.00	25.00
❑ GO DEEP	1982	10000	18.00	25.00
❑ PUCK STOPS HERE, THE	1982	10000	18.00	25.00
❑ WAY YOU PLAY THE GAME, THE	1982	10000	18.00	20.00
RAGGEDY ANN ANNUAL PLATES				*
❑ FLYING HIGH	1982	10000	19.00	20.00
❑ RAGGEDY SHUFFLE, THE	1981	10000	18.00	50.00
❑ ROCKING RODEO	1984	10000	23.00	25.00
❑ SUNSHINE WAGON, THE	1980	10000	18.00	90.00
❑ WINNING STREAK	1983	10000	23.00	25.00
RAGGEDY ANN BICENTENNIAL PLATE				*
❑ BICENTENNIAL PLATE	1976	*	13.00	50.00
RAGGEDY ANN CHRISTMAS PLATES				*
❑ CHECKING THE LIST	1978	*	15.00	20.00
❑ CHRISTMAS MORNING	1977	*	13.00	25.00
❑ GIFTS OF LOVE	1975	*	12.00	50.00
❑ LITTLE HELPER	1979	*	18.00	20.00
❑ MERRY BLADES	1976	*	13.00	40.00

PLATES

NAME	YEAR	LIMIT	ISSUE	TREND
RAGGEDY ANN VALENTINE'S DAY PLATES				*
❑ AS TIME GOES BY	1978	*	13.00	25.00
❑ DAISIES DO TELL	1979	*	18.00	20.00
RED OAK SAMPLER				**L. DAVIS**
❑ BLACKSMITH SHOP	1990	5000	53.00	75.00
❑ COUNTRY SCHOOL	1989	5000	45.00	40.00
❑ COUNTRY WEDDING	1987	5000	45.00	120.00
❑ GENERAL STORE	1985	5000	45.00	150.00
SPECIAL EDITION				**L. DAVIS**
❑ CRITICS, THE	1984	12500	45.00	100.00
❑ GOOD OLE DAYS PRIVY- 2 PC	1984	5000	60.00	175.00
❑ HOME FROM MARKET	1985	7500	55.00	150.00
WALT DISNEY SPECIAL EDITION PLATES				*
❑ ALICE IN WONDERLAND	1981	7500	18.00	25.00
❑ FANTASIA RELIEF PLATE	1990	20000	25.00	40.00
❑ FANTASIA-SORCERER'S APPRENTICE	1990	5000	59.00	80.00
❑ GOOFY'S GOLDEN JUBILEE	1982	7500	19.00	30.00
❑ HAPPY BIRTHDAY PINOCCHIO	1980	7500	18.00	50.00
❑ HAPPY BIRTHDAY PLUTO	1982	7500	18.00	40.00
❑ MICKEY MOUSE & MINNIE MOUSE-60TH ANNIV.	1988	10000	50.00	110.00
❑ MICKEY MOUSE AT FIFTY	1978	15000	25.00	90.00
❑ PINOCCHIO'S FRIEND	1990	YR	25.00	25.00
❑ SLEEPING BEAUTY-30TH ANNIVERSARY	1989	5000	80.00	95.00
❑ SNOW WHITE GOLDEN ANNIVERSARY	1987	5000	48.00	50.00
YEAR WITH PADDINGTON BEAR PLATES				*
❑ PYRAMID OF PRESENTS	1979	25000	12.00	28.00
❑ SANDCASTLES	1981	25000	12.00	25.00
❑ SCHOOL DAYS	1982	25000	12.00	13.00
❑ SPRINGTIME	1980	25000	12.00	25.00

SILVER DEER LTD.

NAME	YEAR	LIMIT	ISSUE	TREND
CHRISTMAS				**E. ERIKSEN**
❑ MAID OF COPENHAGEN	1972	YR	16.00	37.00
CHRISTMAS				**S. OTTO**
❑ BELL DEEP, THE	1988	YR	60.00	60.00
❑ BELL, THE	1986	YR	60.00	75.00
❑ CHIMNEY SWEEP, THE	1974	YR	25.00	25.00
❑ FIR TREE, THE	1973	YR	22.00	25.00
❑ GRANDFATHER'S PICTURE BOOK	1990	YR	65.00	72.00
❑ KRONBERG CASTLE	1985	YR	60.00	60.00
❑ LAST DREAM OF THE OLD OAK TREE	1978	YR	32.00	32.00
❑ NIGHTINGALE, THE	1984	YR	55.00	55.00
❑ OLD HOUSE, THE	1989	YR	60.00	60.00
❑ OLD STREET LAMP, THE	1979	YR	37.00	37.00
❑ SNOWMAN	1977	YR	30.00	30.00
❑ STORY OF THE YEAR, THE	1983	YR	55.00	55.00
❑ THUMBELINA	1987	YR	60.00	60.00
❑ TWELVE BY THE MAILCOACH	1982	YR	55.00	55.00
❑ UGLY DUCKLING, THE	1975	YR	28.00	28.00
❑ UTTERMOST PARTS OF THE SEA	1981	YR	50.00	50.00
❑ WILLIE WINKIE	1980	YR	43.00	43.00
❑ WINDMILL, THE	1991	YR	65.00	75.00
CHRISTMAS				**G. SAUSMARK**
❑ H.C. ANDERSON HOUSE	1970	YR	14.00	39.00
CHRISTMAS				**M. STAGE**
❑ LITTLE MATCH GIRL	1971	YR	15.00	38.00
❑ SNOW QUEEN, THE	1976	YR	28.00	28.00
MOTHER'S DAY				*
❑ AN UNEXPECTED MEETING	1983	*	55.00	55.00
❑ BOUQUET FOR MOTHER	1970	*	14.00	75.00
❑ COMPLETE GARDENER, THE	1976	*	28.00	28.00
❑ DAILY DUTIES	1981	*	50.00	50.00
❑ DAISIES FOR MOTHER	1974	*	25.00	35.00
❑ DREAMS	1978	*	32.00	32.00
❑ FLOWERS FOR MOTHER	1973	*	20.00	35.00
❑ GOOD NIGHT	1972	*	16.00	35.00
❑ LITTLE FRIENDS	1977	*	30.00	30.00
❑ MOTHER'S LOVE	1971	*	15.00	40.00
❑ MY BEST FRIEND	1982	*	55.00	55.00
❑ NURSERY SCENE	1980	*	43.00	43.00
❑ PROMENADE	1979	*	37.00	37.00
❑ SURPRISE FOR MOTHER	1975	*	28.00	28.00
MOTHER'S DAY				**S. OTTO**
❑ COMPLETE ANGLER, THE	1987	YR	60.00	60.00
❑ LITTLE BAKERY, THE	1988	YR	60.00	60.00
❑ SPRING EXCURSION, THE	1990	YR	65.00	65.00
❑ SPRINGTIME	1989	YR	60.00	60.00
❑ WALKING AT THE BEACH	1991	YR	65.00	65.00
MOTHER'S DAY				**M. STAGE**
❑ MEETING ON THE MEADOW	1986	YR	60.00	60.00
❑ WHO ARE YOU?	1984	YR	55.00	55.00

SPODE

NAME	YEAR	LIMIT	ISSUE	TREND
AMERICAN SONG BIRDS				**R. HARM**
❑ SET OF TWELVE	1972	UD	350.00	765.00

PLATES

NAME	YEAR	LIMIT	ISSUE	TREND
CHRISTMAS				**G. WEST**
❑ ANGEL'S SINGING	1971	UD	35.00	35.00
❑ AWAY IN A MANGER	1979	UD	50.00	50.00
❑ BRINGING IN THE BOAR'S HEAD	1980	UD	60.00	60.00
❑ CHRISTBAUM	1975	UD	45.00	45.00
❑ DECK THE HALLS	1974	UD	35.00	55.00
❑ GOOD KING WENCESLAS	1976	UD	45.00	55.00
❑ HOLLY & IVY	1977	UD	45.00	45.00
❑ MAKE WE MERRY	1981	UD	65.00	65.00
❑ PARTRIDGE	1970	UD	35.00	35.00
❑ THREE SHIPS A'SAILING	1972	UD	35.00	38.00
❑ WE THREE KINGS OF ORIENT	1973	UD	35.00	55.00
❑ WHILE SHEPHERDS WATCHED	1978	UD	45.00	45.00

V. PALEKH ART STUDIOS

NAME	YEAR	LIMIT	ISSUE	TREND
RUSSIAN LEGENDS				**A. KOVALEV**
❑ PRINCESS/SEVEN BOGATYRS, THE	1988	195 DAYS	30.00	60.00
RUSSIAN LEGENDS				**G. LUBIMOV**
❑ RUSSIAN AND LUDMILLA	1988	195 DAYS	30.00	55.00
RUSSIAN LEGENDS				**V. VLESHKO**
❑ FISHERMAN AND THE MAGIC FISH	1989	195 DAYS	33.00	33.00
❑ GOLDEN COCKEREL, THE	1988	195 DAYS	33.00	33.00
❑ LUKOMORYA	1988	195 DAYS	33.00	33.00
❑ MOROZKO	1990	195 DAYS	37.00	37.00
❑ PRIEST AND HIS SERVANT, THE	1989	195 DAYS	35.00	35.00
❑ SADKO	1990	195 DAYS	35.00	35.00
❑ SILVER HOOF	1990	195 DAYS	37.00	37.00
❑ STONE FLOWER	1990	195 DAYS	35.00	35.00
❑ TSAR SALTAN	1989	195 DAYS	33.00	33.00
❑ TWELVE MONTHS, THE	1990	195 DAYS	37.00	37.00

VAGUE SHADOWS

NAME	YEAR	LIMIT	ISSUE	TREND
ARABIANS, THE				**G. PERILLO**
❑ SILVER STREAK	1986	3500	95.00	155.00
ARCTIC FRIENDS				**G. PERILLO**
❑ SIBERIAN LOVE/SNOW PALS SET	1982	7500	100.00	150.00
CHIEFTAINS I				**G. PERILLO**
❑ CHIEF CRAZY HORSE	1981	7500	65.00	235.00
❑ CHIEF GERONIMO	1980	7500	65.00	90.00
❑ CHIEF JOSEPH	1979	7500	65.00	115.00
❑ CHIEF RED CLOUD	1980	7500	65.00	125.00
❑ CHIEF SITTING BULL	1979	7500	65.00	405.00
CHIEFTAINS II				**G. PERILLO**
❑ CHIEF BLACK KETTLE	1984	7500	70.00	100.00
❑ CHIEF COCHISE	1984	7500	70.00	100.00
❑ CHIEF PONTIAC	1983	7500	70.00	100.00
❑ CHIEF TECUMSEH	1984	7500	70.00	100.00
❑ CHIEF VICTORIO	1983	7500	70.00	100.00
CHILD LIFE				**G. PERILLO**
❑ SIESTA	1983	10000	45.00	60.00
❑ SWEET DREAMS	1984	10000	45.00	60.00
CLUB MEMBER LIMITED EDITION				**G. PERILLO**
❑ PENCIL, THE	1985	YR	35.00	80.00
COLTS, THE				**G. PERILLO**
❑ APPALOOSA	1984	5000	40.00	105.00
❑ ARABIAN	1984	5000	40.00	105.00
❑ PINTO	1984	5000	40.00	115.00
❑ THOROUGHBRED	1984	5000	40.00	105.00
INDIAN NATIONS				**G. PERILLO**
❑ APACHE, B & W, 8-1/4"	1983	7500	35.00	50.00
❑ BLACKFOOT, B & W, 8-1/4"	1983	7500	35.00	50.00
❑ CHEYENNE, B & W, 8-1/4"	1983	7500	35.00	50.00
❑ SIOUX, B & W, 8-1/4"	1983	7500	35.00	50.00
LEGENDS OF THE WEST				**G. PERILLO**
❑ BUFFALO BILL	1983	10000	65.00	100.00
❑ DANIEL BOONE	1982	10000	65.00	100.00
❑ DAVY CROCKETT	1982	10000	65.00	100.00
❑ KIT CARSON	1983	10000	65.00	100.00
MAIDENS				**G. PERILLO**
❑ SHIMMERING WATERS	1985	5000	60.00	155.00
❑ SNOW BLANKET	1985	5000	60.00	155.00
❑ SONG BIRD	1985	5000	60.00	155.00
MOTHERHOOD SERIES				**G. PERILLO**
❑ ABUELA	1985	3500	50.00	80.00
❑ MADONNA OF THE PLAINS	1984	3500	50.00	90.00
❑ MADRE	1983	10000	50.00	80.00
❑ NAP TIME	1986	3500	50.00	80.00
NATURE'S HARMONY				**G. PERILLO**
❑ BENGAL TIGER 8-1/4"	1982	12500	50.00	75.00
❑ BLACK PANTHER 8-1/4"	1983	12500	50.00	75.00
❑ ELEPHANT 8-1/4"	1983	12500	50.00	75.00
❑ PEACEABLE KINGDOM, THE 10-1/2"	1982	12500	100.00	160.00
❑ ZEBRA 8-1/4"	1982	12500	50.00	75.00
PLAINSMAN, THE--BRONZE				**G. PERILLO**
❑ BUFFALO HUNT (BRONZE)	1978	2500	300.00	390.00
❑ PROUD ONE, THE (BRONZE)	1979	2500	300.00	390.00

PLATES

NAME	YEAR	LIMIT	ISSUE	TREND
PRIDE OF AMERICA'S INDIANS				**G. PERILLO**
❑ BRAVE AND FREE	1986	CL	25.00	60.00
❑ DARK-EYED FRIENDS	1986	CL	25.00	60.00
❑ KINDRED SPIRITS	1987	CL	25.00	50.00
❑ LOYAL ALLIANCE	1987	CL	25.00	75.00
❑ NOBLE COMPANIONS	1986	CL	25.00	60.00
❑ PEACEFUL COMRADES	1987	CL	25.00	55.00
❑ SMALL AND WISE	1987	CL	25.00	55.00
❑ WINTER SCOUTS	1987	CL	25.00	50.00
PRINCESSES				**G. PERILLO**
❑ LILY OF THE MOHAWKS	1982	7500	50.00	90.00
❑ MINNEHAHA	1982	7500	50.00	70.00
❑ POCAHONTAS	1981	7500	50.00	60.00
❑ SACAJAWEA	1982	7500	50.00	90.00
PROFESSIONALS				**G. PERILLO**
❑ BALLERINA'S DILEMMA	1980	15000	33.00	50.00
❑ BIG LEAGUER, THE	1979	15000	30.00	100.00
❑ HOCKEY PLAYER, THE	1983	15000	35.00	50.00
❑ MAJOR LEAGUER	1982	15000	35.00	50.00
❑ QUARTERBACK	1981	15000	33.00	50.00
❑ RODEO JOE	1981	15000	35.00	45.00
SANTA SERIES, THE				**G. PERILLO**
❑ SANTA'S BUNDLE	1981	YR	30.00	50.00
❑ SANTA'S JOY	1980	YR	30.00	55.00
SPECIAL ISSUE				**G. PERILLO**
❑ APACHE BOY	1981	5000	95.00	180.00
❑ LOVERS, THE	1984	OP	50.00	105.00
❑ NAVAJO BOY	1986	3500	95.00	175.00
❑ NAVAJO GIRL	1984	3500	95.00	355.00
❑ PAPOOSE 10-1/2"	1983	3500	100.00	130.00
STORYBOOK COLLECTION				**G. PERILLO**
❑ CINDERELLA	1981	CL	30.00	45.00
❑ GOLDILOCKS & THE 3 BEARS	1982	CL	30.00	45.00
❑ HANSEL & GRETEL	1981	CL	30.00	45.00
❑ LITTLE RED RIDING HOOD	1980	CL	30.00	45.00
TENDER MOMENTS				**G. PERILLO**
❑ SUNSET/WINTER ROMANCE SET	1985	2000	150.00	255.00
THOROUGHBREDS				**G. PERILLO**
❑ MAN O' WAR	1984	9500	50.00	80.00
❑ SEABISCUIT	1985	9500	50.00	85.00
❑ SECRETARIAT	1984	9500	50.00	85.00
❑ WHIRLAWAY	1984	9500	50.00	85.00
TRIBAL PONIES				**G. PERILLO**
❑ ARAPAHO TRIBAL PONY	1984	3500	65.00	100.00
❑ COMANCHE TRIBAL PONY	1984	3500	65.00	100.00
❑ CROW TRIBAL PONY	1984	3500	65.00	100.00
WAR PONIES				**G. PERILLO**
❑ APACHE WAR PONY	1983	7500	60.00	100.00
❑ NEZ PERCE WAR PONY	1983	7500	60.00	105.00
❑ SIOUX WAR PONY	1983	7500	60.00	100.00
YOUNG CHIEFTAINS				**G. PERILLO**
❑ YOUNG CRAZY HORSE	1986	5000	50.00	85.00
❑ YOUNG GERONIMO	1986	5000	50.00	85.00
❑ YOUNG JOSEPH	1985	5000	50.00	85.00
❑ YOUNG RED CLOUD	1986	5000	50.00	85.00
❑ YOUNG SITTING BULL	1985	5000	50.00	85.00

VENETO FLAIR

NAME	YEAR	LIMIT	ISSUE	TREND
BELLINI				**V. TIZIANO**
❑ MADONNA	1971	500	45.00	400.00
BIRDS				*
❑ FALCON	1972	2000	38.00	38.00
❑ MALLARD	1973	2000	45.00	45.00
❑ OWL	1972	2000	38.00	100.00
CHRISTMAS				**V. TIZIANO**
❑ ANGEL	1974	*	55.00	55.00
❑ CHRIST CHILD	1973	2000	55.00	55.00
❑ SHEPHERDS	1972	2000	55.00	90.00
❑ THREE KINGS	1971	1500	55.00	160.00
DOGS				**V. TIZIANO**
❑ COLLIE	1973	2000	40.00	45.00
❑ DACHSHUND	1973	2000	45.00	43.00
❑ DOBERMAN	1973	2000	38.00	35.00
❑ GERMAN SHEPHERD	1972	2000	38.00	75.00
❑ POODLE	1973	2000	38.00	45.00
EASTER				*
❑ CHICKS	1974	2000	50.00	55.00
❑ COMPOSITE	1976	2000	55.00	55.00
❑ LAMB	1975	2000	50.00	55.00
❑ RABBITS	1973	2000	50.00	90.00
ST. MARK'S OF VENICE				*
❑ ABRAHAM AND THE JOURNEY	1986	UD	60.00	66.00
❑ JOSEPH AND THE COAT	1986	UD	63.00	65.00
❑ MOSES AND THE BURNING BUSH	1985	UD	60.00	65.00
❑ NOAH AND THE DOVE	1984	UD	60.00	65.00

PLATES

NAME	YEAR	LIMIT	ISSUE	TREND
WILDLIFE				**V. TIZIANO**
❏ DEER	1971	500	38.00	450.00
❏ ELEPHANT	1972	1000	38.00	275.00
❏ PUMA	1973	2000	38.00	65.00
❏ TIGER	1974	2000	40.00	50.00
VILETTA				
DISNEYLAND				*
❏ BETSY ROSS	1976	3000	15.00	100.00
❏ CROSSING THE DELAWARE	1976	3000	15.00	100.00
❏ MICKEY'S 50TH ANNIVERSARY	1979	5000	37.00	50.00
❏ SIGNING THE DECLARATION	1976	3000	15.00	100.00
❏ SPIRIT OF '76	1976	3000	15.00	100.00
NUTCRACKER BALLET				*
❏ CARLA AND THE PRINCE	1980	OP	20.00	15.00
❏ CLARA AND NUTCRACKER	1978	OP	20.00	10.00
❏ GIFT FROM GODFATHER	1979	OP	20.00	9.00
❏ SNOW KING AND QUEEN	1979	OP	20.00	24.00
❏ WALTZ OF THE FLOWERS	1980	OP	20.00	11.00
NUTCRACKER BALLET				**S. FISHER**
❏ SUGARPLUM FAIRY, THE	1979	CL	20.00	25.00
ZOLAN'S CHILDREN				**D. ZOLAN**
❏ BY MYSELF	1980	OP	24.00	24.00
❏ ERIK AND DANDELION	1978	OP	19.00	240.00
❏ FOR YOU	1981	OP	24.00	24.00
❏ SABINA IN THE GRASS	1979	RT	22.00	300.00
VILLEROY & BOCH				
FLOWER FAIRY				**C. BARKER**
❏ APPLEBLOSSOM	1981	CL	35.00	100.00
❏ BLACKTHORN	1981	CL	35.00	80.00
❏ CANDYTUFT	1980	CL	35.00	90.00
❏ HELIOTROPE	1981	CL	35.00	80.00
❏ LAVENDER	1979	CL	35.00	130.00
❏ SWEET PEA	1980	CL	35.00	130.00
RUSSIAN FAIRY TALES MARIA MOREVNA				**B. ZVORYKIN**
❏ KOSHCHEY CARRIES OFF MARIA MOREVNA	1982	27500	70.00	75.00
❏ MARIA MOREVNA AND TSAREVICH IVAN	1982	27500	70.00	85.00
❏ TSAREVICH IVAN AND THE BEAUTIFUL CASTLE	1982	27500	70.00	105.00
RUSSIAN FAIRY TALES SNOW MAIDEN				**B. ZVORYKIN**
❏ SNEGUROCHKA AND LEI, THE SHEPHERD BOY	1981	27500	70.00	70.00
❏ SNEGUROCHKA AT THE COURT/TSAR BERENDEI	1981	27500	70.00	70.00
❏ SNOW MAIDEN, THE	1980	27500	70.00	120.00
RUSSIAN FAIRY TALES THE FIREBIRD				**B. ZVORYKIN**
❏ IN SEARCH OF THE FIREBIRD	1981	27500	70.00	105.00
❏ IVAN AND TSAREVNA ON THE GREY WOLF	1981	27500	70.00	75.00
❏ WEDDING OF TSAREVNA ELENA THE FAIR, THE	1981	27500	70.00	109.00
RUSSIAN FAIRY TALES THE RED KNIGHT				**B. ZVORYKIN**
❏ RED KNIGHT, THE	1981	27500	70.00	55.00
❏ VASSILISSA AND HER STEPSISTERS	1981	27500	70.00	55.00
❏ VASSILISSA IS PRESENTED TO THE TSAR	1981	27500	70.00	65.00
W.S. GEORGE				
ALASKA: THE LAST FRONTIER				**H. LAMBSON**
❏ ARCTIC JOURNEY	1992	CL	40.00	45.00
❏ AUTUMN GRANDEUR	1991	CL	35.00	40.00
❏ DOWN THE TRAIL	1992	CL	38.00	45.00
❏ GRACEFUL PASSAGE	1992	CL	40.00	45.00
❏ ICY MAJESTY	1991	CL	35.00	40.00
❏ MOONLIGHT LOOKOUT	1992	CL	38.00	45.00
❏ MOUNTAIN MONARCH	1992	CL	38.00	40.00
❏ SUMMIT DOMAIN	1992	CL	40.00	45.00
ALONG AN ENGLISH LANE				**M. HARVEY**
❏ COTTAGE AROUND THE BEND	1993	CL	30.00	50.00
❏ FRIENDS AND FLOWERS	1993	CL	30.00	50.00
❏ GREETING THE DAY	1993	CL	30.00	50.00
❏ SUMMER'S BRIGHT WELCOME	1993	CL	30.00	50.00
AMERICA THE BEAUTIFUL				**H. JOHNSON**
❏ ACADIA	1990	CL	38.00	45.00
❏ CRATER LAKE	1990	CL	40.00	45.00
❏ EVERGLADES, THE	1990	CL	38.00	40.00
❏ GRAND CANYON, THE	1988	CL	35.00	40.00
❏ GRAND TETONS, THE	1990	CL	40.00	45.00
❏ GREAT SMOKEY MOUNTAINS, THE	1989	CL	38.00	40.00
❏ YELLOWSTONE RIVER	1989	CL	38.00	40.00
❏ YOSEMITE FALLS	1988	CL	35.00	40.00
AMERICA'S PRIDE				**R. RICHERT**
❏ CANYON CLIMB	1993	CL	35.00	40.00
❏ GOLDEN VISTA	1993	CL	35.00	40.00
❏ LOFTY REFLECTIONS	1993	CL	33.00	40.00
❏ MIGHTY SUMMIT	1993	CL	33.00	70.00
❏ MISTY FJORDS	1992	CL	30.00	70.00
❏ MOUNTAIN MAJESTY	1993	CL	35.00	40.00
❏ RUGGED SHORES	1992	CL	30.00	55.00
❏ TRANQUIL WATERS	1993	CL	33.00	40.00
ART DECO				**M. MCDONALD**
❏ ARRIVING IN STYLE	1990	CL	40.00	80.00

PLATES

NAME	YEAR	LIMIT	ISSUE	TREND
❑ FLAPPER WITH GREYHOUNDS	1989	CL	40.00	55.00
❑ ON THE TOWN	1990	CL	40.00	80.00
❑ TANGO DANCERS	1990	CL	40.00	65.00
BEAR TRACKS				**J. SEEREY-LESTER**
❑ ALONG THE ICE FLOW	1993	CL	30.00	50.00
❑ BREAKING COVER	1993	CL	30.00	50.00
❑ DENALI FAMILY	1992	CL	30.00	50.00
❑ HEAVY GOING	1993	CL	30.00	50.00
❑ HIGH COUNTRY CHAMPION	1993	CL	30.00	50.00
❑ THEIR FIRST SEASON	1993	CL	30.00	50.00
BELOVED HYMNS OF CHILDHOOD				**C. BARKER**
❑ ALL GLORY, LAUD AND HONOUR	1989	CL	33.00	35.00
❑ ALL PEOPLE ON EARTH DO DWELL	1990	CL	35.00	40.00
❑ AWAY IN A MANGER	1988	CL	30.00	35.00
❑ I LOVE TO HEAR THE STORY	1989	CL	33.00	35.00
❑ LORD'S MY SHEPHERD, THE	1988	CL	30.00	50.00
❑ LOVE DIVINE	1989	CL	33.00	35.00
❑ LOVING SHEPHERD OF THY SHEEP	1990	OP	35.00	40.00
❑ NOW THANK WE ALL OUR GOD	1989	CL	33.00	35.00
BLACK TIE AFFAIR: THE PENGUIN				**C. JAGODITS**
❑ BABY-SITTERS	1992	CL	30.00	50.00
❑ BELLY FLOPPING	1993	CL	30.00	50.00
❑ LITTLE EXPLORER	1992	CL	30.00	50.00
❑ PENGUIN PARADE	1992	CL	30.00	50.00
BLESSED ARE THE CHILDREN				**W. RANE**
❑ BLESSED ARE THE PEACEMAKERS	1991	CL	35.00	50.00
❑ HOSANNA IN THE HIGHEST	1991	CL	33.00	45.00
❑ I AM THE GOOD SHEPHERD	1990	CL	30.00	55.00
❑ I AM THE VINE, YOU ARE THE BRANCHES	1991	CL	35.00	65.00
❑ JESUS HAD COMPASSION ON THEM	1991	CL	33.00	40.00
❑ LET THE LITTLE CHILDREN COME TO ME	1991	CL	30.00	40.00
❑ SEEK AND YOU WILL FIND	1991	CL	35.00	45.00
❑ WHOEVER WELCOMES THIS LITTLE CHILD	1991	CL	33.00	45.00
BONDS OF LOVE				**B. BURKE**
❑ CHERISHED MOMENT	1990	CL	30.00	35.00
❑ ENDEARING WHISPERS	1994	CL	33.00	35.00
❑ LOVING TOUCH	1992	CL	33.00	45.00
❑ PRECIOUS EMBRACE	1989	CL	30.00	40.00
❑ TENDER CARESS	1991	CL	33.00	40.00
❑ TREASURED KISSES	1992	CL	33.00	50.00
CHRISTMAS STORY				**H. GARRIDO**
❑ ADORATION OF THE SHEPHERDS	1993	CL	30.00	45.00
❑ ANNUNCIATION, THE	1993	CL	30.00	45.00
❑ GIFTS OF THE MAGI	1992	CL	30.00	45.00
❑ JOURNEY OF THE MAGI	1993	CL	30.00	45.00
❑ NATIVITY, THE	1993	CL	30.00	45.00
❑ REST ON THE FLIGHT INTO EGYPT	1993	CL	30.00	45.00
COLUMBUS DISCOVERS AMERICA: THE 500TH ANNIVERSARY				**J. PENALVA**
❑ ASHORE AT DAWN	1992	CL	30.00	50.00
❑ BRINGING TOGETHER TWO CULTURES	1992	CL	33.00	65.00
❑ COLUMBUS RAISES THE FLAG	1992	CL	33.00	60.00
❑ QUEEN'S APPROVAL, THE	1992	CL	33.00	60.00
❑ TREASURES FROM THE NEW WORLD	1992	CL	33.00	55.00
❑ UNDER FULL SAIL	1992	CL	30.00	35.00
COUNTRY BOUQUETS				**G. KURZ**
❑ GARDEN'S BOUNTY	1991	CL	33.00	40.00
❑ MORNING SUNSHINE	1991	CL	30.00	45.00
❑ SUMMER PERFUME	1991	CL	30.00	55.00
❑ WARM WELCOME	1991	CL	33.00	55.00
COUNTRY NOSTALGIA				**M. HARVEY**
❑ ANTIQUE SPINNING WHEEL, THE	1990	CL	35.00	40.00
❑ APPLE CIDER PRESS,THE	1989	CL	30.00	45.00
❑ DAIRY CANS, THE	1990	CL	33.00	40.00
❑ FORGOTTEN PLOW, THE	1990	CL	35.00	40.00
❑ OLD HAND PUMP, THE	1989	CL	33.00	45.00
❑ SPRING BUGGY, THE	1989	CL	30.00	35.00
❑ VINTAGE SEED PLANTER, THE	1989	CL	30.00	45.00
❑ WOODEN BUTTER CHURN, THE	1990	CL	33.00	50.00
CRITIC'S CHOICE: GONE WITH THE WIND				**P. JENNIS**
❑ AT CROSS PURPOSES	1993	CL	35.00	35.00
❑ BUGGY RIDE, THE	1992	CL	33.00	35.00
❑ DECLARATION OF LOVE	1991	CL	31.00	60.00
❑ MARRY ME, SCARLETT	1991	CL	28.00	50.00
❑ PARIS HAT, THE	1991	CL	31.00	50.00
❑ SCARLETT ASKS A FAVOR	1991	CL	31.00	50.00
❑ SCARLETT GETS DOWN TO BUSINESS	1992	CL	35.00	40.00
❑ SCARLETT GETS HER WAY	1992	CL	33.00	55.00
❑ SCARLETT'S HEART IS W/TARA	1993	CL	35.00	35.00
❑ SCARLETT'S SHOPPING SPREE	1992	CL	33.00	35.00
❑ SMITTEN SUITOR, THE	1992	CL	33.00	50.00
❑ WAITING FOR RHETT	1991	CL	28.00	50.00
DELICATE BALANCE: VANISHING WILDLIFE				**G. BEECHAM**
❑ EYES ON THE NEW DAY	1993	CL	30.00	40.00
❑ PRESENT DREAMS	1993	CL	33.00	40.00
❑ TODAY'S FUTURE	1993	CL	30.00	35.00
❑ TOMORROW'S HOPE	1992	CL	30.00	35.00
DR. ZHIVAGO				**G. BUSH**
❑ LARA'S LOVE	1991	CL	40.00	50.00

PLATES

NAME	YEAR	LIMIT	ISSUE	TREND
❑ LOVE POEMS FOR LARA	1991	CL	40.00	45.00
❑ ZHIVAGO AND LARA	1991	CL	40.00	45.00
❑ ZHIVAGO SAYS FAREWELL	1991	CL	40.00	45.00
DUCKS UNLIMITED				*
❑ CANADA GEESE/AUTUMN FIELDS	1988	OP	37.00	37.00
❑ PINTAILS IN INDIAN SUMMER	1990	OP	40.00	40.00
DUCKS UNLIMITED				**L. KAATZ**
❑ BLUEBILLS COMING IN	1990	*	*	53.00
❑ CANVAS BACKS BREAKING AWAY	1989	*	*	53.00
❑ GREEN WINGS AT MORNING MARSH	1989	*	*	51.00
❑ MALLARDS AT SUNRISE	1988	*	*	55.00
❑ SNOWGEESE AGAINST NOV. SKIES	1990	*	*	53.00
❑ WOOD DUCKS TAKING FLIGHT	1990	*	*	49.00
ELEGANT BIRDS				**J. FAULKNER**
❑ ANHINGA, THE	1989	CL	36.00	40.00
❑ FLAMINGO, THE	1989	CL	36.00	40.00
❑ GREAT BLUE HERON	1988	CL	33.00	35.00
❑ SANDHILL AND WHOOPING CRANE	1990	CL	36.00	40.00
❑ SNOWY EGRET	1989	CL	33.00	40.00
❑ SWAN, THE	1988	CL	33.00	35.00
ENCHANTED GARDEN				**E. ANTONACCIO**
❑ PEACEFUL RETREAT	1993	CL	25.00	30.00
❑ PLACE TO DREAM	1993	CL	25.00	30.00
❑ PLEASANT PATHWAYS	1993	CL	25.00	30.00
❑ TRANQUIL HIDEAWAY	1993	CL	25.00	30.00
ENDANGERED SPECIES				*
❑ RED WOLF, THE	1989	OP	31.00	31.00
EYES OF THE WILD				**D. PIERCE**
❑ EYES IN THE MIST	1993	CL	30.00	35.00
❑ EYES IN THE PINES	1993	CL	30.00	35.00
❑ EYES IN THE SNOW	1993	CL	30.00	35.00
❑ EYES OF GOLD	1993	CL	30.00	35.00
❑ EYES OF SILENCE	1993	CL	30.00	35.00
❑ EYES OF STRENGTH	1994	CL	30.00	35.00
❑ EYES OF WONDER	1993	CL	30.00	35.00
❑ EYES ON THE SLY	1993	CL	30.00	35.00
FACES OF NATURE				**J. KRAMER-COLE**
❑ CANYON OF THE CAT	1992	RT	30.00	45.00
❑ TRAIL OF THE TALISMAN	1993	CL	30.00	45.00
❑ TWO BEARS CAMP	1993	CL	30.00	45.00
❑ WAMBLI OKIYE	1993	CL	30.00	45.00
❑ WINTERING WITH THE WAPITI	1993	CL	30.00	45.00
❑ WITHIN SUNRISE	1993	CL	30.00	45.00
❑ WOLF RIDGE	1992	CL	30.00	45.00
❑ WOLFPACK OF THE ANCIENTS	1993	CL	30.00	45.00
FEDERAL DUCK STAMP PLATE COLLECTION				**N. ANDERSON**
❑ CANVASBACKS	1990	CL	31.00	40.00
❑ CINNAMON TEAL	1991	CL	33.00	35.00
❑ FULVOUS WISTLING DUCK	1991	CL	33.00	50.00
❑ LESSER SCAUP, THE	1990	CL	28.00	45.00
❑ MALLARD	1990	CL	28.00	60.00
❑ PINTAILS	1991	CL	31.00	32.00
❑ REDHEADS, THE	1991	CL	33.00	50.00
❑ RUDDY DUCKS, THE	1990	CL	31.00	30.00
❑ SNOW GOOSE	1991	CL	33.00	35.00
❑ WIGEONS	1991	CL	31.00	40.00
FELINE FANCY				**H. RONNER**
❑ GEOGRAPHERS, THE	1993	CL	35.00	40.00
❑ GLOBETROTTERS	1993	CL	35.00	40.00
❑ LITTLE ATHLETES	1993	CL	35.00	40.00
❑ YOUNG ADVENTURERS	1993	CL	35.00	40.00
FIELD BIRDS OF NORTH AMERICA				**D. BUSH**
❑ AUTUMN MOMENT: AMERICAN WOODCOCK	1991	CL	43.00	75.00
❑ IN DISPLAY: RUFFED GOOSE	1991	CL	40.00	50.00
❑ MISTY CLEARING: WILD TURKEY	1991	CL	43.00	60.00
❑ MORNING LIGHT: BOBWHITE QUAIL	1991	CL	43.00	65.00
❑ SEASON'S END: WILLOW PTARMIGAN	1992	CL	43.00	50.00
❑ WINTER COLORS: RING-NECKED PHEASANT	1991	CL	40.00	55.00
FLORAL FANCIES				**C. CALLOG**
❑ SITTING PINK	1993	CL	35.00	40.00
❑ SITTING PRETTY	1993	CL	35.00	40.00
❑ SITTING SUNNY	1993	CL	35.00	40.00
FLOWER FAIRIES				**L. LIU**
❑ ARMOROUS ANGELS	1993	*	33.00	45.00
❑ DELICATE DANCER	1993	*	*	50.00
❑ FANCIFUL FAIRIES	1993	*	35.00	55.00
❑ MAGIC MAKERS	1993	CL	30.00	40.00
❑ MINIATURE MERMAIDS	1995	*	35.00	50.00
❑ MISCHIEF MASTERS	1993	*	33.00	45.00
❑ PETAL PLAYMATE	1993	*	30.00	40.00
FLOWERS FROM GRANDMA'S GARDEN				**G. KURZ**
❑ COUNTRY CUTTINGS	1990	CL	25.00	50.00
❑ COUNTRY WELCOME	1991	CL	30.00	60.00
❑ GARDENER'S DELIGHT	1991	CL	28.00	65.00
❑ HARVEST IN THE MEADOW	1991	CL	28.00	35.00
❑ HOMESPUN BEAUTY	1991	CL	28.00	40.00
❑ MORNING BOUQUET, THE	1990	CL	25.00	45.00

PLATES

NAME	YEAR	LIMIT	ISSUE	TREND
❑ NATURE'S BOUNTY	1991	CL	28.00	55.00
❑ SPRINGTIME ARRANGEMENT, THE	1991	CL	30.00	55.00
FLOWERS OF YOUR GARDEN				**V. MORLEY**
❑ CHRYSANTHEMUMS	1988	CL	28.00	30.00
❑ DAFFODILS	1989	CL	28.00	30.00
❑ DAISIES	1988	CL	28.00	45.00
❑ IRISES	1989	CL	30.00	35.00
❑ LILACS	1988	CL	25.00	50.00
❑ PEONIES	1988	CL	28.00	30.00
❑ ROSES	1988	CL	25.00	70.00
❑ TULIPS	1989	CL	30.00	35.00
GARDEN OF THE LORD				**C. GILLIES**
❑ ASK IN PRAYER	1992	CL	35.00	40.00
❑ GIVE THANKS TO THE LORD	1993	CL	35.00	40.00
❑ LORD BLESS YOU, THE	1992	CL	33.00	40.00
❑ LORD'S LOVE, THE	1992	CL	33.00	40.00
❑ LOVE ONE ANOTHER	1992	CL	30.00	35.00
❑ PEACE BE WITH YOU	1993	CL	35.00	40.00
❑ PERFECT PEACE	1992	CL	30.00	35.00
❑ TRUST IN THE LORD	1992	CL	33.00	40.00
GARDENS OF PARADISE				**L. CHANG**
❑ BEAUTY	1993	CL	33.00	40.00
❑ ELEGANCE	1993	CL	33.00	40.00
❑ GRANDEUR	1993	CL	33.00	40.00
❑ HARMONY	1993	CL	33.00	40.00
❑ MAJESTY	1993	CL	33.00	40.00
❑ SERENITY	1993	CL	30.00	35.00
❑ SPLENDOR	1992	CL	33.00	40.00
❑ TRANQUILITY	1992	CL	30.00	35.00
GENTLE BEGINNINGS				**W. NELSON**
❑ FIRST STEPS	1992	CL	38.00	50.00
❑ HAPPY TOGETHER	1992	CL	38.00	50.00
❑ LAP OF LOVE	1991	CL	38.00	45.00
❑ TENDER LOVING CARE	1991	CL	35.00	60.00
❑ TOUCH OF LOVE	1991	CL	35.00	70.00
❑ UNDER WATCHFUL EYES	1991	CL	38.00	65.00
GLORIOUS SONGBIRDS				**R. COBANE**
❑ BALTIMORE ORIOLES/AUTUMN LEAVES	1991	CL	35.00	40.00
❑ BLUEBIRDS IN A BLUEBERRY BUSH	1991	CL	35.00	40.00
❑ CARDINALS ON A SNOWY BRANCH	1991	CL	30.00	40.00
❑ CEDAR WAXWING/WINTER BERRIES	1991	CL	33.00	35.00
❑ CHICKADEES AMONG THE LILACS	1991	CL	33.00	35.00
❑ GOLDFINCHES IN THE THISTLE	1991	CL	33.00	35.00
❑ INDIGO BUNTINGS AND/BLOSSOMS	1991	CL	30.00	35.00
❑ ROBINS WITH DOGWOOD IN BLOOM	1991	CL	35.00	40.00
GOLDEN AGE OF THE CLIPPER SHIP				**C. VICKERY**
❑ BLUE JACKET AT SUNSET, THE	1989	CL	30.00	35.00
❑ DAVY CROCKETT AT DAYBREAK	1990	CL	33.00	40.00
❑ FLYING CLOUD	1990	CL	33.00	50.00
❑ GOLDEN EAGLE CONQUERS WIND	1990	CL	33.00	40.00
❑ LIGHTNING IN LIFTING FOG, THE	1990	CL	35.00	40.00
❑ SEA WITCH, MISTRESS/OCEANS	1990	CL	35.00	50.00
❑ TWILIGHT UNDER FULL SAIL, THE	1989	CL	30.00	35.00
❑ YOUNG AMERICA, HOMEWARD	1989	CL	33.00	35.00
GONE WITH THE WIND: GOLDEN ANNIVERSARY				**H. ROGERS**
❑ BURNING OF ATLANTA, THE	1988	CL	25.00	70.00
❑ FRANKLY MY DEAR	1989	CL	30.00	65.00
❑ HOME TO TARA	1989	CL	28.00	50.00
❑ MELANIE AND ASHLEY	1989	CL	33.00	50.00
❑ PROPOSAL, THE	1988	CL	28.00	110.00
❑ QUESTION OF HONOR	1989	CL	30.00	45.00
❑ SCARLETT & RHETT'S HONEYMOON	1990	CL	33.00	60.00
❑ SCARLETT AND ASHLEY AFTER THE WAR	1988	CL	28.00	75.00
❑ SCARLETT AND HER SUITORS	1988	CL	25.00	75.00
❑ SCARLETT'S RESOLVE	1989	CL	30.00	50.00
❑ STROLLING IN ATLANTA	1989	CL	28.00	55.00
❑ TOAST TO BONNIE BLUE	1990	CL	33.00	55.00
GRAND SAFARI: IMAGES OF AFRICA				**C. FRACE**
❑ ELEPHANTS OF KILIMANJARO	1992	CL	35.00	40.00
❑ GREATER KUDO, THE	1992	CL	38.00	45.00
❑ LONE HUNTER	1992	CL	38.00	45.00
❑ MOMENT'S REST	1992	CL	35.00	40.00
❑ QUIET TIME IN SAMBURU	1992	CL	38.00	45.00
❑ UNDIVIDED ATTENTION	1992	CL	38.00	45.00
HEART OF THE WILD				**G. BEECHAM**
❑ AN AFTERNOON TOGETHER	1992	CL	33.00	50.00
❑ GENTLE TOUCH	1991	CL	30.00	55.00
❑ MOTHER'S PRIDE	1992	CL	30.00	105.00
❑ QUIET TIME?	1992	CL	33.00	35.00
HOLLYWOOD'S GLAMOUR GIRLS				**E. DZENIS**
❑ CAROL LOMBAR/THE GAY BRIDE	1990	CL	30.00	35.00
❑ GRETA GARBO-IN GRAND HOTEL	1990	CL	30.00	35.00
❑ JEAN HARLOW-DINNER AT EIGHT	1989	CL	25.00	45.00
❑ LANA TURNER-POSTMAN RINGS TWICE	1990	CL	30.00	35.00
HOMETOWN MEMORIES				**H.T. BECKER**
❑ HEADING HOME	1993	CL	30.00	30.00

PLATES

NAME	YEAR	LIMIT	ISSUE	TREND
❑ MOONLIGHT SKATERS	1993	CL	30.00	30.00
❑ MOUNTAIN SLEIGH RIDE	1993	CL	30.00	30.00
❑ WINTER RIDE	1993	CL	30.00	30.00
LAST OF THEIR KIND: THE ENDANGERED SPECIES				**W. NELSON**
❑ ASIAN ELEPHANT, THE	1989	CL	31.00	30.00
❑ BLACK-FOOTED FERRET, THE	1990	CL	34.00	35.00
❑ BRIDLED WALLABY, THE	1990	CL	31.00	30.00
❑ PANDA, THE	1988	CL	28.00	50.00
❑ PRZEWALSKI'S HORSE	1991	CL	34.00	35.00
❑ RED WOLF, THE	1989	CL	31.00	30.00
❑ SIBERIAN TIGER, THE	1990	CL	34.00	40.00
❑ SLENDER-HORNED GAZELLE, THE	1990	CL	31.00	30.00
❑ SNOW LEOPARD, THE	1988	CL	28.00	50.00
❑ VICUNA, THE	1991	CL	34.00	35.00
LENA LIU'S BASKET BOUQUETS				**L. LIU**
❑ BEGONIAS	1993	CL	33.00	32.50
❑ CALLA LILIES	1993	CL	33.00	40.00
❑ HYDRANGEAS	1993	CL	33.00	40.00
❑ IRISES	1992	CL	33.00	55.00
❑ LILIES	1992	CL	33.00	65.00
❑ MAGNOLIAS	1993	CL	33.00	40.00
❑ ORCHIDS	1993	CL	33.00	40.00
❑ PANSIES	1992	CL	30.00	50.00
❑ PARROT TULIPS	1992	CL	33.00	50.00
❑ PEONIES	1992	CL	33.00	50.00
❑ ROSES	1992	CL	30.00	35.00
❑ TULIPS AND LILACS	1992	CL	33.00	40.00
LENA LIU'S HUMMINGBIRD TREASURY				**L. LIU**
❑ ALLEN'S HUMMINGBIRD, THE	1993	CL	35.00	55.00
❑ ANNA'S HUMMINGBIRD	1992	CL	30.00	55.00
❑ BOARD-BILLED HUMMINGBIRD	1993	CL	35.00	55.00
❑ CALLIOPE HUMMINGBIRD	1993	CL	35.00	55.00
❑ RUBY-THROATED HUMMINGBIRD, THE	1992	CL	30.00	55.00
❑ RUFOUS HIUMMINGBIRD, THE	1992	CL	33.00	55.00
❑ VIOLET-CROWNED HUMMINGBIRD	1992	CL	33.00	55.00
❑ WHITE-EARED HUMMINGBIRD	1993	CL	33.00	55.00
LITTLE ANGELS				**B. BURKE**
❑ ANGELS WE HAVE HEARD ON HIGH	1992	CL	30.00	55.00
❑ FIRST NOEL, THE	1993	CL	33.00	55.00
❑ HARK THE HERALD ANGELS SING	1993	CL	33.00	55.00
❑ IT CAME UPON A MIDNIGHT CLEAR	1993	CL	33.00	55.00
❑ JOY TO THE WORLD	1993	CL	33.00	55.00
❑ O TANNENBAUM	1992	CL	30.00	55.00
LOVING LOOK: DUCK FAMILIES				**B. LANGTON**
❑ FAMILY OUTING	1990	CL	35.00	40.00
❑ FAMILY TREE, THE	1991	CL	38.00	55.00
❑ QUIET MOMENT	1991	CL	38.00	40.00
❑ SAFE AND SOUND	1991	CL	38.00	40.00
❑ SLEEPY START	1991	CL	35.00	40.00
❑ SPRING ARRIVALS	1991	CL	38.00	75.00
MAJESTIC HORSE				**P. WILDERMUTH**
❑ AMERICAN GOLD: THE QUARTERHORSE	1992	CL	35.00	45.00
❑ CLASSIC BEAUTY: THOROUGHBRED	1992	CL	35.00	50.00
❑ REGAL SPIRIT: THE ARABIAN	1992	CL	35.00	55.00
❑ WESTERN FAVORITE: AM. PAINT HORSE	1992	CL	35.00	60.00
MELODIES IN THE MIST				**A. SAKHAVARZ**
❑ AMONG THE DEWDROPS	1993	CL	35.00	40.00
❑ EARLY MORNING RAIN	1993	CL	35.00	40.00
❑ FEEDING TIME	1993	CL	38.00	45.00
❑ GARDEN PARTY, THE	1993	CL	38.00	45.00
❑ SPRING RAIN	1993	CL	38.00	45.00
❑ UNPLEASANT SURPRISE	1993	CL	38.00	45.00
MEMORIES OF A VICTORIAN CHILDHOOD				*
❑ AN ARMFUL OF TREASURES	1992	CL	33.00	50.00
❑ PUGNACIOUS PLAYMATE	1993	CL	33.00	65.00
❑ SWEET SLUMBER	1992	CL	30.00	60.00
❑ THROUGH THICK AND THIN	1992	CL	33.00	55.00
❑ TRIO OF BOOKWORMS	1993	CL	33.00	65.00
❑ YOU'D BETTER NOT POUT	1992	CL	30.00	30.00
NATURE'S LEGACY				**J. SIAS**
❑ AUTUMN SPLENDOR IN THE SMOKEY MTNS.	1991	CL	28.00	30.00
❑ BLUE SNOW AT HALF DOME	1990	CL	25.00	35.00
❑ GOLDEN MAJESTY/ROCKY MOUNTAINS	1991	CL	30.00	35.00
❑ HAVASU CANYON	1991	CL	28.00	30.00
❑ MISTY MORNING/MT. MCKINLEY	1991	CL	25.00	40.00
❑ MOUNT RANIER	1991	CL	28.00	28.00
❑ MT. RANIER/TWILIGHT REFLECTIONS	1991	CL	28.00	40.00
❑ RADIANT SUNSET OVER THE EVERGLADES	1991	CL	30.00	35.00
❑ WINTER PEACE IN YELLOWSTONE PARK	1991	CL	30.00	35.00
NATURE'S LOVABLES				**C. FRACE**
❑ BABY HARP SEAL	1991	CL	31.00	65.00
❑ BANDIT	1991	CL	33.00	45.00
❑ BOBCAT: NATURE'S DAWN	1991	CL	31.00	35.00
❑ CHINESE TREASURE	1991	CL	28.00	30.00
❑ CLOUDED LEOPARD	1991	CL	33.00	40.00
❑ KOALA, THE	1990	CL	28.00	45.00

PLATES

NAME	YEAR	LIMIT	ISSUE	TREND
❑ NEW ARRIVAL	1991	CL	28.00	50.00
❑ ZEBRA FOAL	1991	CL	33.00	65.00
NATURE'S PLAYMATES				**C. FRACE**
❑ AMBASSADORS	1992	CL	37.00	40.00
❑ CURIOUS TRIO	1992	CL	35.00	40.00
❑ DOUBLE TROUBLE	1991	CL	33.00	50.00
❑ PALS	1991	CL	33.00	50.00
❑ PARTNERS	1991	CL	30.00	50.00
❑ PEACE ON ICE	1992	CL	37.00	40.00
❑ PLAYMATES	1992	CL	35.00	40.00
❑ RECESS	1991	CL	33.00	50.00
❑ SECRET HEIGHTS	1991	CL	30.00	40.00
❑ SURPRISE	1992	CL	35.00	40.00
NATURE'S POETRY				**L. LIU**
❑ CHERUB CHORALE	1991	CL	33.00	55.00
❑ DELICATE ACCORD	1991	CL	30.00	40.00
❑ GENTLE REFRAIN	1990	CL	28.00	35.00
❑ LYRICAL BEGINNINGS	1991	CL	30.00	40.00
❑ MELODY AT DAYBREAK	1990	CL	30.00	35.00
❑ MORNING CHORUS	1990	CL	28.00	40.00
❑ MORNING SERENADE	1989	CL	25.00	40.00
❑ MOTHER'S MELODY	1991	CL	33.00	45.00
❑ NATURE'S HARMONY	1990	CL	28.00	55.00
❑ SONG OF PROMISE	1989	CL	25.00	45.00
❑ SONG OF SPRING	1991	CL	33.00	45.00
❑ TENDER LULLABY	1990	CL	28.00	30.00
ON GOLDEN WINGS				**W. GOEBEL**
❑ AS DAY BREAKS	1000	OL	00.00	40.00
❑ DAYLIGHT FLIGHT	1993	CL	33.00	40.00
❑ EARLY RISERS	1993	CL	30.00	35.00
❑ FIRST LIGHT	1994	CL	35.00	40.00
❑ MORNING LIGHT	1993	CL	30.00	35.00
❑ WINTER DAWN	1993	CL	33.00	40.00
ON GOSSAMER WINGS				**L. LIU**
❑ EASTERN TAILED BLUES	1989	CL	28.00	30.00
❑ MALACHITES	1988	CL	28.00	30.00
❑ MONARCH BUTTERFLIES	1988	CL	25.00	40.00
❑ RED ADMIRALS	1989	CL	30.00	40.00
❑ RED-SPOTTED PURPLE	1988	CL	28.00	35.00
❑ WESTERN TIGER SWALLOWTAILS	1988	CL	25.00	40.00
❑ WHITE PEACOCKS	1000	OL	28.00	36.00
❑ ZEBRA SWALLOWTAILS	1989	CL	30.00	35.00
ON THE WING				**T. HUMPHREY**
❑ GLORIOUS ASCENT	1992	CL	33.00	40.00
❑ ON THE WING	1993	CL	35.00	40.00
❑ RISING MALLARD	1992	CL	30.00	35.00
❑ SPRINGING FORTH	1993	CL	25.00	40.00
❑ TAKING WING	1992	CL	33.00	40.00
❑ UPWARD BOUND	1992	CL	33.00	40.00
❑ WINGED SPLENDOR	1992	CL	30.00	35.00
❑ WONDROUS MOTION	1993	CL	35.00	40.00
ON WINGS OF SNOW				**L. LIU**
❑ COCKATOOS, THE	1991	CL	38.00	45.00
❑ DOVES, THE	1991	CL	35.00	$45.00
❑ EGRETS, THE	1991	CL	38.00	$45.00
❑ HERONS, THE	1992	CL	38.00	$45.00
❑ PEACOCKS, THE	1991	CL	38.00	$45.00
❑ SWANS, THE	1991	CL	35.00	40.00
OUR WOODLAND FRIENDS				**C. BRENDERS**
❑ BENEATH THE PINES	1990	CL	30.00	30.00
❑ FASCINATION	1989	CL	30.00	30.00
❑ FOREST SENTINEL: BOBCAT	1991	CL	35.00	45.00
❑ FULL HOUSE FOX FAMILY	1991	CL	33.00	65.00
❑ GOLDEN SEASON: GRAY SQUIRREL	1991	CL	33.00	40.00
❑ HIGH ADVENTURE	1990	CL	33.00	35.00
❑ JUMP INTO LIFE: SPRING FAWN	1991	CL	35.00	45.00
❑ SHY EXPLORERS	1990	CL	33.00	40.00
PASSIONS OF SCARLETT O'HARA				**P. JENNIS**
❑ AS GOD IS MY WITNESS	1992	CL	35.00	55.00
❑ BRAVE SCARLETT	1993	CL	35.00	40.00
❑ DANGEROUS ATTRACTION	1993	CL	37.00	40.00
❑ DREAMS OF ASHLEY	1992	CL	33.00	75.00
❑ END OF AN ERA, THE	1994	CL	37.00	40.00
❑ EVENING PRAYERS	1993	CL	35.00	40.00
❑ FIERY EMBRACE	1992	CL	30.00	70.00
❑ FOND FAREWELL, THE	1992	CL	33.00	55.00
❑ NAPTIME	1993	CL	37.00	40.00
❑ NIGHTMARE	1993	CL	35.00	40.00
❑ PRIDE AND PASSION	1992	CL	30.00	70.00
❑ WALTZ, THE	1992	CL	33.00	80.00
PAW PRINTS: BABY CATS OF THE WILD				**C. FRACE**
❑ BUDDY SYSTEM, THE	1993	CL	33.00	40.00
❑ MORNING MISCHIEF	1992	CL	30.00	35.00
❑ NAP TIME	1993	CL	33.00	40.00
❑ TOGETHERNESS	1993	CL	30.00	35.00
PETAL PALS				**L. CHANG**
❑ ALLURING LILIES	1993	CL	25.00	30.00

PLATES

NAME	YEAR	LIMIT	ISSUE	TREND
❑ BLOSSOMING ADVENTURE	1993	CL	25.00	30.00
❑ DANCING DAFFODILS	1993	CL	25.00	30.00
❑ FLOWERING FASCINATION	1992	CL	25.00	30.00
❑ GARDEN DISCOVERY	1992	CL	25.00	30.00
❑ MORNING MELODY	1993	CL	25.00	30.00
❑ SPRINGTIME OASIS	1993	CL	25.00	30.00
❑ SUMMER SURPRISE	1993	CL	25.00	30.00
POETIC COTTAGES				**C. VALENTE**
❑ ALDERBURY GARDENS	1993	CL	33.00	50.00
❑ BEDFORDSHIRE EVENING SKY	1992	CL	33.00	50.00
❑ GARDEN PATHS OF OXFORDSHIRE	1992	CL	30.00	50.00
❑ HAMPSHIRE SPRING SPLENDOR	1993	CL	33.00	50.00
❑ STONEWALL BROOK BLOSSOMS	1992	CL	33.00	50.00
❑ TWILIGHT AT WOODGREEN POND	1992	CL	30.00	50.00
❑ WILTSHIRE ROSE ARBOR	1993	CL	33.00	50.00
❑ WISTERIA SUMMER	1993	CL	33.00	50.00
PORTRAITS OF CHRIST				**J. SALAMANCA**
❑ BECOME AS LITTLE CHILDREN	1991	CL	33.00	65.00
❑ FATHER, FORGIVE THEM	1991	CL	30.00	95.00
❑ FOLLOW ME	1992	CL	35.00	40.00
❑ FOR GOD SO LOVED THE WORLD	1992	CL	35.00	70.00
❑ I AM THE WAY, THE TRUTH & THE LIFE	1992	CL	35.00	85.00
❑ LO, I AM WITH YOU	1991	CL	33.00	65.00
❑ PEACE I LEAVE WITH YOU	1991	CL	35.00	70.00
❑ THIS IS MY BELOVED SON	1991	CL	33.00	55.00
❑ THY WILL BE DONE	1991	CL	30.00	55.00
❑ WEEP NOT FOR ME	1992	CL	35.00	55.00
PORTRAITS OF EXQUISITE BIRDS				**C. BRENDERS**
❑ BACKYARD TREASURE-CHICKADEE	1990	CL	30.00	40.00
❑ BEAUTIFUL BLUEBIRD, THE	1990	CL	30.00	40.00
❑ IVORY-BILLED WOODPECKER	1991	CL	33.00	35.00
❑ MEADOWLARK'S SONG, THE	1991	CL	33.00	35.00
❑ RED-WINGED BLACKBIRD	1991	CL	33.00	35.00
❑ SUMMER GOLD: THE ROBIN	1991	CL	33.00	40.00
PUREBRED HORSES OF THE AMERICAS				**D. SCHWARTZ**
❑ APPALOOSA, THE	1989	CL	35.00	40.00
❑ MORGAN, THE	1990	CL	38.00	75.00
❑ MUSTANG, THE	1990	CL	38.00	40.00
❑ QUARTERHORSE, THE	1990	CL	38.00	40.00
❑ SADDLEBRED, THE	1990	CL	38.00	50.00
❑ TENNESSEE WALKER, THE	1989	CL	35.00	40.00
RARE ENCOUNTERS				**J. SEEREY-LESTER**
❑ BLACK MAGIC	1993	CL	30.00	35.00
❑ FUTURE SONG	1993	CL	33.00	40.00
❑ HIGH AND MIGHTY	1993	CL	33.00	40.00
❑ LAST SANCTUARY	1993	CL	33.00	40.00
❑ SOFTLY, SOFTLY	1993	CL	30.00	35.00
❑ SOMETHING STIRRED	1993	CL	35.00	40.00
ROMANTIC GARDENS				**C. SMITH**
❑ COLONIAL GARDEN, THE	1990	CL	33.00	35.00
❑ COTTAGE GARDEN, THE	1990	CL	33.00	45.00
❑ PLANTATION GARDEN, THE	1989	CL	30.00	35.00
❑ WOODLAND GARDEN, THE	1989	CL	30.00	35.00
ROMANTIC HARBORS				**C. VICKERY**
❑ ADVENT OF THE GOLDEN BOUGH	1993	CL	35.00	40.00
❑ CHRISTMAS TREE SCHOONER	1993	CL	35.00	40.00
❑ PRELUDE TO THE JOURNEY	1993	CL	38.00	45.00
❑ SHIMMERING LIGHT OF DUSK	1993	CL	38.00	45.00
ROMANTIC ROSES				**V. MORLEY**
❑ COUNTRY CHARM	1993	CL	33.00	40.00
❑ HEAVENLY PERFECTION	1994	CL	35.00	40.00
❑ OLD-FASHIONED GRACE	1993	CL	30.00	35.00
❑ PASTORAL DELIGHT	1993	CL	33.00	40.00
❑ SPRINGTIME ELEGANCE	1993	CL	35.00	40.00
❑ SUMMER ROMANCE	1993	CL	33.00	40.00
❑ VICTORIAN BEAUTY	1993	CL	30.00	35.00
❑ VINTAGE SPLENDOR	1993	CL	35.00	40.00
SCENES OF CHRISTMAS PAST				**L. GARRISON**
❑ CAROLLERS, THE	1991	CL	31.00	31.00
❑ CHRISTMAS EVE	1988	CL	28.00	40.00
❑ FAMILY TRADITIONS	1992	CL	33.00	45.00
❑ GATHERING OF FAITH	1994	OP	33.00	33.00
❑ HOLIDAY PAST	1993	OP	33.00	45.00
❑ HOLIDAY SKATERS	1987	CL	28.00	55.00
❑ HOMECOMING, THE	1989	CL	31.00	35.00
❑ TOY STORE, THE	1990	CL	31.00	35.00
SECRET WORLD OF THE PANDA				**J. BRIDGETT**
❑ BAMBOO FEAST	1991	CL	33.00	80.00
❑ DAY OF EXPLORING	1991	CL	31.00	35.00
❑ FROLIC IN THE SNOW	1991	CL	28.00	30.00
❑ GENTLE HUG	1991	CL	33.00	35.00
❑ LAZY AFTERNOON	1991	CL	31.00	35.00
❑ MOTHER'S CARE	1990	CL	28.00	35.00
SOARING MAJESTY				**C. FRACE**
❑ FREEDOM	1991	CL	30.00	50.00
❑ GOLDEN EAGLE, THE	1991	CL	35.00	65.00

PLATES

NAME	YEAR	LIMIT	ISSUE	TREND
❑ GYRFALCON, THE	1991	CL	35.00	50.00
❑ NORTHERN GOSHAWK, THE	1991	CL	30.00	45.00
❑ OSPREY, THE	1991	CL	33.00	40.00
❑ PEREGRINE FALCON	1991	CL	33.00	35.00
❑ RED-SHOULDERED HAWK	1992	CL	35.00	40.00
❑ RED-TAILED HAWK	1991	CL	33.00	35.00
SONNETS IN FLOWERS				**G. KURZ**
❑ SONNET OF BEAUTY	1992	CL	35.00	45.00
❑ SONNET OF HAPPINESS	1992	CL	35.00	40.00
❑ SONNET OF LOVE	1992	CL	35.00	40.00
❑ SONNET OF PEACE	1992	CL	35.00	40.00
SOUND OF MUSIC: SILVER ANNIVERSARY				**V. GADINO**
❑ HILLS ARE ALIVE, THE	1991	CL	30.00	35.00
❑ LET'S START AT THE VERY BEGINNING	1992	CL	30.00	35.00
❑ MARIA'S WEDDING DAY	1992	CL	33.00	40.00
❑ SOMETHING GOOD	1992	CL	33.00	40.00
SPIRIT OF CHRISTMAS				**J. SIAS**
❑ DECK THE HALLS	1991	CL	33.00	50.00
❑ I'LL BE HOME FOR CHRISTMAS	1991	CL	33.00	55.00
❑ JINGLE BELLS	1991	CL	30.00	30.00
❑ O CHRISTMAS TREE	1991	CL	33.00	40.00
❑ SILENT NIGHT	1990	CL	30.00	45.00
❑ WINTER WONDERLAND	1991	CL	33.00	45.00
SPIRITS OF THE SKY				**C. FISHER**
❑ AMBER FLIGHT	1993	CL	35.00	40.00
❑ DAY'S END	1993	CL	35.00	40.00
❑ EVENING GLIMMER	1992	CL	33.00	40.00
❑ FIRST LIGHT	1992	CL	30.00	35.00
❑ GOLDEN DUSK	1992	CL	33.00	40.00
❑ SUNSET SPLENDOR	1993	CL	33.00	40.00
❑ TWILIGHT GLOW	1992	CL	30.00	35.00
❑ WINGED RADIANCE	1993	CL	35.00	40.00
SYMPHONY OF SHIMMERING BEAUTIES				**L. LIU**
❑ CARNATION SERENADE	1992	CL	37.00	40.00
❑ DAHLIA MELODY	1992	CL	35.00	40.00
❑ GLADIOLUS ROMANCE	1992	CL	37.00	40.00
❑ HIBISCUS MEDLEY	1991	CL	35.00	40.00
❑ HOLLYHOCK MARCH	1992	CL	35.00	40.00
❑ IRIS QUARTET	1991	CL	30.00	55.00
❑ LILY CONCERTO	1991	CL	33.00	55.00
❑ PEONY PRELUDE	1991	CL	33.00	35.00
❑ POPPY PASTORALE	1991	CL	33.00	40.00
❑ ROSE FANTASY	1991	CL	35.00	40.00
❑ TULIP ENSEMBLE	1991	CL	30.00	40.00
❑ ZINNIA FINALE	1992	CL	37.00	45.00
TIS THE SEASON				**J. SIAS**
❑ OUR FAMILY TREE	1993	CL	30.00	42.00
❑ TIME FOR TRADITION	1993	CL	30.00	35.00
❑ WE SHALL COME REJOICING	1993	CL	30.00	35.00
❑ WORLD DRESSED IN SNOW	1993	CL	30.00	35.00
TOMORROW'S PROMISE				**W. NELSON**
❑ CURIOSITY: ASIAN ELEPHANTS	1992	CL	30.00	55.00
❑ FRISKINESS: KIT FOXES	1992	CL	33.00	50.00
❑ INNOCENCE: RHINOS	1992	CL	33.00	65.00
❑ PLAYTIME PANDAS	1992	CL	30.00	35.00
TOUCHING THE SPIRIT				**J. KRAMER-COLE**
❑ CAMP OF THE SACRED DOGS	1993	CL	30.00	45.00
❑ HE WHO WATCHES	1993	CL	30.00	45.00
❑ KEEPER OF THE SECRET	1993	CL	30.00	45.00
❑ KINDRED SPIRITS	1993	CL	30.00	45.00
❑ MARKING TREE, THE	1993	CL	30.00	45.00
❑ RUNNING WITH THE WIND	1993	CL	30.00	45.00
❑ TWICE TRAVELED TRAIL	1993	CL	30.00	45.00
❑ WAKAN TANKA	1993	CL	30.00	45.00
TREASURY OF SONGBIRDS				**R. STINE**
❑ AFTERNOON CALM	1992	CL	33.00	50.00
❑ ALLURING DAYLIGHT	1992	CL	35.00	50.00
❑ DAWN'S RADIANCE	1992	CL	33.00	50.00
❑ GOLDEN DAYBREAK	1992	CL	33.00	48.00
❑ MORNING GLORY	1992	CL	30.00	35.00
❑ SAPPHIRE DAWN	1992	CL	35.00	50.00
❑ SCARLET SUNRISE	1992	CL	35.00	50.00
❑ SPRINGTIME SPLENDOR	1992	CL	30.00	49.00
VANISHING GENTLE GIANTS				**A. CASAY**
❑ JUMPING FOR JOY	1991	CL	33.00	40.00
❑ MONARCH OF THE DEEP	1991	CL	36.00	50.00
❑ SONG OF THE HUMPBACK	1991	CL	33.00	40.00
❑ TRAVELERS OF THE SEA	1991	CL	36.00	55.00
❑ UNICORN OF THE SEA	1991	CL	36.00	60.00
❑ WHITE WHALE OF THE NORTH	1991	CL	36.00	55.00
VICTORIAN CAT				**H. BONNER**
❑ DAYDREAMS	1991	CL	28.00	50.00
❑ FRISKY FELINES	1991	CL	28.00	55.00
❑ KITTENS AT PLAY	1991	CL	28.00	50.00
❑ MIDDAY REPOSE	1992	CL	30.00	35.00

NAME	YEAR	LIMIT	ISSUE	TREND
☐ MISCHIEF WITH THE HATBOX	1990	CL	25.00	50.00
☐ PERFECTLY POISED	1991	CL	30.00	50.00
☐ PLAYING IN THE PARLOR	1991	CL	30.00	60.00
☐ STRING QUARTET	1991	CL	25.00	60.00
VICTORIAN CAT CAPERS				*
☐ CURIOUS KITTY	1992	CL	28.00	55.00
☐ FORBIDDEN FRUIT	1992	CL	30.00	30.00
☐ KITTEN EXPRESS, THE	1993	CL	30.00	30.00
☐ MY BOWL IS EMPTY	1992	CL	28.00	36.00
☐ PURR-FECT PEN PAL, THE	1993	CL	30.00	30.00
☐ PUSS IN BOOT	1992	CL	25.00	62.00
☐ VANITY FAIR	1992	CL	28.00	28.00
☐ WHO'S THE FAIREST OF THEM ALL?	1992	CL	25.00	68.00
WILD INNOCENTS				**C. FRACE**
☐ LION CUB	1993	CL	30.00	40.00
☐ REFLECTIONS	1993	CL	30.00	40.00
☐ SPIRITUAL HEIR	1993	CL	30.00	40.00
☐ SUNNY SPOT	1993	CL	30.00	40.00
WILD SPIRITS				**T. HIRATA**
☐ LONE VANGUARD	1993	CL	35.00	50.00
☐ MIGHTY PRESENCE	1993	CL	35.00	50.00
☐ MOUNTAIN MAGIC	1992	CL	33.00	45.00
☐ QUIET VIGIL	1993	CL	35.00	50.00
☐ SILENT GUARD	1993	CL	33.00	45.00
☐ SLY EYES	1993	CL	33.00	45.00
☐ SOLITARY WATCH	1992	CL	30.00	45.00
☐ TIMBER GHOST	1992	CL	30.00	43.00
WINGS OF WINTER				**D.L. RUST**
☐ FULL MOON COMPANIONS	1993	CL	30.00	30.00
☐ MOONLIGHT RETREAT	1993	CL	30.00	40.00
☐ NIGHT LIGHTS	1993	CL	30.00	30.00
☐ SILENT SUNSET	1993	CL	30.00	30.00
☐ TWILIGHT SERENADE	1993	CL	30.00	30.00
☐ WHITE NIGHT	1993	CL	30.00	30.00
☐ WINTER HAVEN	1993	CL	30.00	30.00
☐ WINTER REFLECTIONS	1993	150 DAYS	30.00	30.00
WINTER'S MAJESTY				**C. FRACE**
☐ ALASKAN FRIEND	1993	CL	35.00	40.00
☐ AMERICAN COUGAR	1993	CL	35.00	40.00
☐ CHASE, THE	1992	CL	35.00	40.00
☐ ON WATCH	1993	CL	35.00	40.00
☐ QUEST, THE	1992	CL	35.00	40.00
☐ SOLITUDE	1993	CL	35.00	40.00
WONDERS OF THE SEA				**R. HARM**
☐ FAMILY AFFAIR	1991	CL	35.00	35.00
☐ HEART TO HEART	1991	CL	35.00	40.00
☐ STAND BY ME	1991	CL	35.00	40.00
☐ WARM EMBRACE	1991	CL	35.00	45.00
WORLD'S MOST MAGNIFICENT CATS				**C. FRACE**
☐ AFRICAN LEOPARD, THE	1991	CL	30.00	60.00
☐ CHEETAH, THE	1992	CL	32.00	70.00
☐ CLOUDED LEOPARD, THE	1991	CL	30.00	110.00
☐ COUGAR	1991	CL	25.00	80.00
☐ FLEETING ENCOUNTER	1991	CL	25.00	70.00
☐ JAGUAR	1991	CL	28.00	80.00
☐ MIGHTY WARRIOR	1991	CL	30.00	75.00
☐ POWERFUL PRESENCE	1991	CL	28.00	65.00
☐ ROYAL BENGAL	1991	CL	28.00	45.00
☐ SIBERIAN TIGER	1992	CL	32.00	70.00

WATERFORD WEDGWOOD USA

NAME	YEAR	LIMIT	ISSUE	TREND
BICENTENNIAL				*
☐ ACROSS THE DELAWARE	1975	YR	40.00	110.00
☐ BATTLE OF CONCORD	1974	YR	40.00	60.00
☐ BOSTON TEA PARTY	1972	YR	40.00	45.00
☐ DECLARATION SIGNED	1976	YR	45.00	50.00
☐ PAUL REVERE'S RIDE	1973	YR	40.00	120.00
☐ VICTORY AT YORKTOWN	1975	YR	45.00	55.00
MOTHER'S DAY				*
☐ BAPTISM OF ACHILLES, THE	1973	*	20.00	25.00
☐ BIRDS	1980	*	48.00	48.00
☐ CHERUBS WITH SWING	1982	*	55.00	60.00
☐ CUPID AND BUTTERFLY	1983	*	55.00	55.00
☐ CUPIDS AND DOVES	1985	YR	55.00	80.00
☐ CUPIDS FISHING	1986	YR	55.00	55.00
☐ DEER AND FAWN	1979	*	45.00	45.00
☐ DOMESTIC EMPLOYMENT	1974	*	30.00	33.00
☐ IRISES	1989	YR	65.00	65.00
☐ LEISURE TIME	1977	*	35.00	35.00
☐ MARE AND FOAL	1981	*	50.00	60.00
☐ MOTHER AND CHILD	1975	*	35.00	37.00
☐ MUSICAL CUPIDS	1984	*	55.00	59.00
☐ PEONIES	1991	YR	65.00	65.00
☐ SEWING LESSON, THE	1972	*	20.00	20.00
☐ SPINNER, THE	1976	*	35.00	35.00
☐ SPORTIVE LOVE	1971	*	20.00	20.00

PLATES

NAME	YEAR	LIMIT	ISSUE	TREND
❑ SPRING FLOWERS	1987	YR	55.00	80.00
❑ SWAN AND CYGNETS	1978	*	40.00	40.00
❑ TIGER LILY	1988	YR	55.00	59.00
WATERFORD WEDGWOOD				*
❑ MOSS ROSE	1989	*	*	70.00
WEDGWOOD CHRISTMAS				*
❑ ALBERT MEMORIAL, THE	1986	YR	80.00	145.00
❑ ALL SOULS, LANGHAM PALACE	1983	YR	80.00	85.00
❑ BUCKINGHAM PALACE	1979	YR	65.00	70.00
❑ CONSTITUTION HILL	1984	YR	80.00	85.00
❑ GUILDHALL	1987	YR	80.00	90.00
❑ LAMBETH PALACE	1982	YR	80.00	85.00
❑ MARBLE ARCH	1981	YR	75.00	80.00
❑ OBSERVATORY/GREENWICH, THE	1988	YR	80.00	95.00
❑ ST. JAMES PALACE	1980	YR	70.00	75.00
❑ TATE GALLERY, THE	1985	YR	80.00	85.00
❑ WINCHESTER CATHEDRAL	1989	YR	88.00	90.00
WEDGWOOD CHRISTMAS				**T. HARPER**
❑ HAMPTON COURT	1976	YR	50.00	55.00
❑ HORSE GUARDS	1978	YR	60.00	65.00
❑ HOUSES OF PARLIAMENT	1974	YR	40.00	45.00
❑ PICADILLY CIRCUS	1971	YR	30.00	40.00
❑ ST. PAUL'S CATHEDRAL	1972	YR	35.00	45.00
❑ TOWER BRIDGE	1975	YR	45.00	50.00
❑ TOWER OF LONDON	1973	YR	40.00	85.00
❑ TRAFALGAR SQUARE	1970	YR	30.00	50.00
❑ WESTMINISTER ABBEY	1977	YR	55.00	60.00
❑ WINDSOR CASTLE	1969	YR	25.00	185.00

ZOLAN FINE ARTS

ANGEL SONGS				D. ZOLAN
❑ HARP SONG	1997	CL	20.00	20.00
❑ HEAVENLY SONG	1997	CL	20.00	20.00
❑ LOVE SONG	1997	CL	20.00	20.00
COUNTRY FRIENDS				**D. ZOLAN**
❑ GIGGLES & WIGGLES	1998	CL	20.00	20.00
❑ LET'S PLAY	1998	CL	20.00	20.00
❑ LITTLE GARDENER	1998	CL	20.00	20.00
❑ TWO IN A TREE	1998	CL	20.00	20.00
LITTLE BOYS' BIG DREAMS				**D. ZOLAN**
❑ FAMILY TREASURES	1999	CL	20.00	20.00
❑ FINISHING TOUCHES	1999	CL	20.00	20.00
❑ PUPPY'S PALACE	1999	CL	20.00	20.00
❑ SUDS & SHINE	1999	CL	20.00	20.00
SINGLE ISSUE				**D. ZOLAN**
❑ BEDTIME PRAYER	2000	2000	20.00	20.00
❑ DOWNHILL DELIGHT	1998	CL	20.00	20.00
❑ HARP SONG	1995	CL	30.00	90.00
❑ SPRING BOUQUET	2000	2000	20.00	20.00
❑ SPRING BREEZES	1999	CL	20.00	20.00
SYMPHONY OF SEASONS				**D. ZOLAN**
❑ COUNTRY PUMPKINS	1997	CL	20.00	20.00
❑ PUDDLES 'N SPLASHES	1997	CL	20.00	20.00
❑ SUMMERTIME FRIENDS	1997	CL	20.00	20.00
❑ WINTER WONDER	1996	CL	20.00	20.00
ZOLAN SOCIETY				**D. ZOLAN**
❑ CHILD'S FAITH, A	1997	CL	*	N/A
❑ CHILD'S PRAYER, A	1999	CL	20.00	20.00
❑ FIELD OF DREAMS	1999	CL	*	N/A
❑ MY LITTLE SNOWMAN	1999	CL	20.00	20.00
❑ RAINED OUT	1997	CL	20.00	33.00
❑ REACH FOR THE SKY	1998	CL	*	N/A
❑ SUMMER THUNDER	1998	CL	20.00	20.00
❑ WAIT YOUR TURN	1999	CL	20.00	20.00

ZOLAN FINE ARTS/WINSTON ROLAND

COUNTRY FRIENDS				D. ZOLAN
❑ HELPING OUT	1998	15 DAYS	20.00	20.00
❑ LITTLE TOMBOY	1998	15 DAYS	20.00	20.00
❑ PUPPY LOVE	1998	15 DAYS	20.00	20.00

PLATES

Prints

Jay Brown

The art of offset lithography is still in its infancy. With only a little more than 30 years of existence, we've seen it revolutionize the art world's perception of the limited edition print.

Consider what the art world was like only two decades ago. Limited edition print enthusiasts collected and invested in original prints—etchings, serigraphs and stone lithographs. Artists such as Norman Rockwell, Salvador Dali, Pablo Picasso and Alexander Calder, in conjunction with their publishers, would issue their new releases in editions of 200 or 300 prints, and they would take months (if not years) to sell out!

Today an artist such as Bev Doolittle can do an edition of 69,996 offset lithographic fine art prints and it doesn't just sell out, but it does so on its release. Furthermore, within just a few months it often becomes highly sought-after on the resale market. That's quite a significant accomplishment in a relatively short period of time. It is proof that the offset lithograph is the preferred decorative and collectible art form in the world today. But why?

Unlike the printing processes for art prints that were most common two decades ago, such as serigraphy, etching and stone lithography, with offset lithography there is an ability to guarantee continued quality throughout the printing process. Because of this consistency in quality, the process of offset lithography allows for larger edition sizes and lower prices, and the combination equates to more opportunity for people to become involved in the marketplace.

Also consider the trend in American art that has aided the offset lithograph. Today, America is a country drawn toward realism, and none of the other printing processes can compete with the realistic, sometimes photographic quality that is usually associated with an offset lithograph print. Perhaps we're tired of looking at abstract art, composed of lines and shapes, that makes us say "huh?" Today, we want to look at art that has a specific meaning—that tells a story and that speaks a genuine message to our souls.

With the acceptance of this method to create art reproductions, it is now possible to nearly duplicate an original painting and make as

PRINTS

many exact duplicate copies as the public demands. Perhaps, if we had the technology 100 years ago, we wouldn't speak of realism as a trend, but as the way the world perceives American art.

It only makes sense that the preferred printmaking method should be the one that exhibits the most current technology, assuming it can complete the process in the easiest, fastest and least expensive way, while attaining the highest quality results. This is exactly why offset lithography is the preferred printmaking method of our generation's artists, publishers and collectors.

Just as with other major industries, there will always be the cynics who won't admit that there can be technological advances that improve the market. But the public is speaking by their performance, and the cynics are being forced to listen.

America loves the offset lithograph for its great quality and proven collectibility. The offset lithograph is not only controlling the art market today, but it is changing the art of print collecting.

JAY BROWN owns and operates Gallery One with locations in Mentor and Strongsville, Ohio, where he specializes in the retail sales of limited edition prints and original paintings and sculptures by the industry's most popular artists. He also deals extensively in the secondary market sale of these collectibles. He is the author of *The Complete Guide to Limited Edition Art Prints* published by Krause Publications, Iola, Wis.

NAME	YEAR	LIMIT	ISSUE	TREND

PRINTS

AMCAL FINE ARTS

C. WYSOCKI

NAME	YEAR	LIMIT	ISSUE	TREND
❏ YOUNG HEARTS AT SEA	1997	1500	185.00	175.00
❏ YOUNG HEARTS AT SEA (FR. CANVAS TRANSFER)	1997	300	850.00	680.00

FRAMED CANVAS

C. WYSOCKI

NAME	YEAR	LIMIT	ISSUE	TREND
❏ BLACK BIRDS ROOST AT MILL CREEK	1996	CL	795.00	1250.00
❏ MABEL THE STOWAWAY	1995	CL	750.00	775.00
❏ MAGGIE THE MESSMAKER	1996	500	795.00	2000.00

PRINT

S. ROSS

NAME	YEAR	LIMIT	ISSUE	TREND
❏ FLORA AND FIONA	1995	500	75.00	135.00

PRINT

M. STACK

NAME	YEAR	LIMIT	ISSUE	TREND
❏ UNDER A SUMMER SKY	1995	750	150.00	320.00

PRINT

C. WYSOCKI

NAME	YEAR	LIMIT	ISSUE	TREND
❏ MABEL THE STOWAWAY	1995	CL	175.00	300.00
❏ MAGGIE THE MESSMAKER	1996	6500	175.00	800.00
❏ OLDE CAPE COD	1995	2500	195.00	240.00
❏ ROOT BEER BREAK AT THE BUTTERFIELD'S	1995	2500	165.00	400.00

THE FOUR SEASONS-SET

C. WYSOCKI

NAME	YEAR	LIMIT	ISSUE	TREND
❏ PAPERBOYS,THE	1997	2000	*	110.00
❏ PROMISES, PROMISES	1997	2000	*	N/A
❏ SO PROULDY WE HAIL	1997	2000	*	N/A
❏ THERE'S A RIGHT WAY, A WRONG WAY AND THE AMISH WAY	1997	2000	*	N/A

UNFRAMED CANVAS

C. WYSOCKI

NAME	YEAR	LIMIT	ISSUE	TREND
❏ MABEL THE STOWAWAY	1995	500	495.00	600.00

AMERICAN ARTISTS

F. STONE

NAME	YEAR	LIMIT	ISSUE	TREND
❏ AFFIRMED, STEVE CAUTHEN UP	1978	750	100.00	625.00
❏ ALYSHEBA	1988	950	195.00	340.00
❏ AMERICAN TRIPLE CROWN I (1948-1978)	1992	1500	325.00	450.00
❏ AMERICAN TRIPLE CROWN II (1937-1946)	1993	1500	325.00	325.00
❏ AMERICAN TRIPLE CROWN III (1919-1935)	1993	1500	225.00	225.00
❏ ANDALUSIAN, THE	1983	750	150.00	660.00
❏ ARABIANS, THE	1981	750	115.00	400.00
❏ BATTLE FOR THE TRIPLE CROWN	1989	950	225.00	475.00
❏ BELMONT, THE: BOLD FORBES	1980	500	100.00	625.00
❏ BLACK STALLION	1991	1500	225.00	225.00
❏ CAM-FELLA	1988	950	175.00	675.00
❏ CIGAR	*	*	150.00	235.00
❏ CONTENTMENT	1981	750	115.00	460.00
❏ DANCE SMARTLY	1992	950	225.00	265.00
❏ DUEL, THE	1983	750	150.00	370.00
❏ ETERNAL LEGACY	1985	950	175.00	460.00
❏ EXCELLER: BILL SHOEMAKER	1980	500	90.00	800.00
❏ FINAL TRIBUTE: SECRETARIAT	1990	1150	265.00	1000.00
❏ FIRST DAY, THE	1987	950	175.00	370.00
❏ FOR ONLY A MOMENT: RUFFIAN	1983	750	175.00	1150.00
❏ FOREGO	1991	1150	225.00	240.00
❏ FOREVER FRIENDS	1986	950	175.00	1000.00
❏ FRED STONE PAINTS THE SPORT OF KINGS	1985	750	265.00	750.00
❏ GENUINE RISK	1980	500	100.00	875.00
❏ GO FOR WAND: A CANDLE IN THE WIND	1991	1150	225.00	225.00
❏ HOLY BULL	1995	1150	225.00	240.00
❏ HOLY BULL (CANVAS)	1995	350	375.00	375.00
❏ JOHN HENRY: BILL SHOEMAKER UP	1982	595	160.00	650.00
❏ JOHN HENRY: MCCARRON UP	1985	750	175.00	615
❏ JULIE KRONE - COLONIAL AFFAIR	1995	1150	225.00	240.00
❏ KELSO	1985	950	175.00	175.00
❏ KENTUCKY DERBY, THE	1980	750	100.00	1200.00
❏ KIDNAPPED MARE: FRANFRELUCHE	1980	750	115.00	775.00
❏ LADY'S SECRET	1987	950	175.00	300.00
❏ LEGACY, THE	1985	950	175.00	950.00
❏ MAN O' WAR: FINAL THUNDER	1982	750	175.00	3100.00
❏ MARE AND FOAL	1978	500	90.00	775.00
❏ MOMENT AFTER, THE	1978	500	90.00	350.00
❏ NIJINSKI II	1986	950	175.00	200.00
❏ NORTHERN DANCER	1984	950	175.00	775.00
❏ OFF AND RUNNING	1982	750	125.00	550.00
❏ OLD WARRIORS SHOEMAKER: JOHN HENRY	1990	1950	265.00	775.00
❏ ONE, TWO, THREE	1979	500	100.00	1000.00
❏ PASTURE PEST, THE	1980	500	100.00	775.00
❏ PATIENCE	1979	1000	90.00	400.00
❏ PHAR LAP	1989	950	195.00	275.00
❏ POWER HORSES, THE	1982	750	125.00	125.00
❏ RIVALRY, THE: ALYSHEBA AND BET TWICE	1987	950	195.00	550.00
❏ RIVALS, THE: AFFIRMED & ALYDAR	1979	500	90.00	500.00
❏ RUFFIAN & FOOLISH PLEASURE	1986	950	175.00	1270.00
❏ SECRETARIAT	1984	950	175.00	1000.00
❏ SHOE & BALD EAGLE	1988	950	195.00	400.00
❏ SHOE, THE: 8,000 WINS	1981	395	200.00	3600.00
❏ SPECTACULAR BID	1980	500	65.00	350.00
❏ SUMMER DAYS	1995	1150	225.00	360.00
❏ SUNDAY SILENCE	*	950	195.00	400.00
❏ THOROUGHBREDS, THE	1981	750	115.00	560.00
❏ TRANQUILITY	1983	750	150.00	600.00

NAME	YEAR	LIMIT	ISSUE	TREND
❏ TURNING FOR HOME	1984	750	150.00	500.00
❏ WATER TROUGH, THE	1982	750	125.00	550.00
AMERICANA				**A. SEHRING**
❏ AUTUMN FIELDS	1988	445	300.00	300.00
❏ FIELDS OF SUMMER	1988	445	300.00	300.00
❏ HIGH ON THE HILL	1988	445	300.00	300.00
❏ LOOK WHAT I CAUGHT	1993	186	600.00	600.00
❏ PICNIC BY THE POND	1988	445	300.00	620.00
❏ PINK BONNET	1988	545	300.00	375.00
❏ QUIET MOMENTS	1996	68	800.00	800.00
❏ STRAWBERRY TIME	1988	445	300.00	300.00
❏ SUMMER WILDFLOWER	1988	445	300.00	300.00
❏ SUMMERS BY THE SEA	1988	445	300.00	550.00
❏ SUN & SHADE	1988	545	300.00	375.00
❏ VIOLETS	1988	445	300.00	400.00
❏ WHERE THE LILIES GROW II	1997	68	800.00	800.00
STILL LIFE				**A. SEHRING**
❏ IRISES	1997	150	400.00	400.00
❏ WILDFLOWERS	1995	186	600.00	600.00
WILDLIFE				**A. SEHRING**
❏ FACE OF THE JUNGLE	1990	2600	250.00	300.00
❏ REFLECTIONS OF THE JUNGLE	1990	475	300.00	775.00
❏ SOLITARY HUNTER	1990	475	300.00	300.00
❏ THREATENING GESTURES	1989	475	300.00	300.00

AMERICAN MASTERS

NAME	YEAR	LIMIT	ISSUE	TREND
				P. CROWE
❏ FOGGY MORNING MALLARDS	1985	950	90.00	90.00
❏ MASTERS OF DISASTER, THE	1987	950	90.00	120.00
❏ OUTLAWS II, THE	1986	1950	60.00	275.00
❏ WILD BUNCH, THE	1987	950	90.00	150.00
❏ WINTER RETREAT	1987	950	90.00	200.00
				L. DYKE
❏ AFTER THE STORM (LAMENTATIONS 3:26) S/N	1988	1000	110.00	160.00
❏ COLLECTOR'S SUITE S/N	1979	1000	48.00	48.00
❏ COLLECTOR'S SUITE S/O	1980	1800	35.00	90.00
❏ DANIEL 2:21 S/N	1982	1500	70.00	70.00
❏ DANIEL 2:21 S/O	1982	2500	45.00	45.00
❏ DEUTERONOMY 28:8 S/N	1980	1000	55.00	90.00
❏ DEUTERONOMY 28:8 S/O	1980	1800	38.00	200.00
❏ EARLY ARRIVAL (EPHESIANS 5:8) S/N	1983	1600	75.00	135.00
❏ ECCLESIASTES 3:1 S/N	1982	1500	70.00	80.00
❏ EZEKIEL 32:14 S/N	1981	1500	65.00	65.00
❏ EZEKIEL 32:14 S/O	1981	2500	40.00	40.00
❏ EZEKIEL 34:15 S/N	1980	1000	55.00	60.00
❏ EZEKIEL 34:15 S/O	1980	1800	38.00	40.00
❏ ISAIAH 40:3 S/N	1978	1000	40.00	250.00
❏ ISAIAH 40:3 S/O	1978	1500	30.00	180.00
❏ ISAIAH 45:3 S/N	1982	1950	80.00	115.00
❏ ISAIAH 50:11 S/N	1983	1000	85.00	350.00
❏ ISAIAH 58:8 S/N	1978	1000	35.00	390.00
❏ JOB 39:8 S/N	1982	1500	70.00	110.00
❏ JOB 39:8 S/O	1982	2500	45.00	90.00
❏ JOHN 10:27 S/N	1981	1000	60.00	60.00
❏ JOHN 10:27 S/O	1981	2700	38.00	100.00
❏ JOHN 3:8 S/N	1978	1000	30.00	400.00
❏ JOHN 8:32 S/N	1982	1500	85.00	85.00
❏ JOHN 9:4 S/N	1979	1000	45.00	50.00
❏ JOHN 9:4 S/O	1979	2000	30.00	40.00
❏ JOSHUA 2:22 S/N	1982	1500	70.00	70.00
❏ JOSHUA 2:22 S/O	1982	2500	45.00	45.00
❏ LAMENTATIONS 3:28 S/N	1981	1500	68.00	180.00
❏ LAMENTATIONS 3:28 S/O	1981	2500	45.00	150.00
❏ MAJESTIC MORNING (AMOS 4:13) S/N	1984	1600	85.00	135.00
❏ MATTHEW 18:12 S/N	1983	1500	75.00	160.00
❏ MATTHEW 6:30 S/N	1981	1000	40.00	40.00
❏ MATTHEW 9:37 S/N	1981	1000	65.00	65.00
❏ MATTHEW 9:37 S/O	1981	2200	38.00	40.00
❏ MISSION, THE (ISAIAH 40:8) S/N	1987	1503	85.00	115.00
❏ MORGAN'S CLEARING S/N	1984	1600	80.00	85.00
❏ NEW PROMISE (GENESIS 9:16) S/N	1985	1600	85.00	400.00
❏ OFFERING, THE (MARK 12:41-44) S/N	1985	3000	125.00	200.00
❏ PROVERBS 23:10 S/N	1981	1000	60.00	90.00
❏ PROVERBS 23:10 S/O	1981	2200	38.00	50.00
❏ PROVERBS 8:25 S/N	1979	1000	45.00	80.00
❏ PROVERBS 8:25 S/O	1979	1800	30.00	50.00
❏ PSALMS 113:3 S/N	1979	1000	40.00	40.00
❏ PSALMS 113:3 S/O	1979	1500	30.00	100.00
❏ PSALMS 147:16 S/N	1979	1000	45.00	50.00
❏ PSALMS 147:16 S/O	1979	1200	30.00	80.00
❏ PSALMS 27:4 S/N	1978	1000	40.00	675.00
❏ PSALMS 42:1 S/N	1980	1000	55.00	55.00
❏ PSALMS 42:1 S/O	1980	1200	38.00	80.00
❏ PSALMS 90:2 S/N	1981	1500	68.00	70.00
❏ PSALMS 90:2 S/O	1981	2500	45.00	90.00
❏ PSALMS 91:1 S/N	1980	1000	45.00	45.00
❏ PSALMS 91:1 S/O	1980	2200	30.00	50.00
❏ QUIET ENCOUNTER (PSALM 104:13) S/N	1980	1600	85.00	330.00
❏ REVELATIONS 21:6 S/N	1980	1000	55.00	400.00
❏ REVELATIONS 21:6 S/O	1980	1800	35.00	400.00

NAME	YEAR	LIMIT	ISSUE	TREND
❑ ROMANS 15:32 S/N	1980	1000	58.00	60.00
❑ ROMANS 15:32 S/O	1980	2200	38.00	50.00
❑ SHADY CREEK MILL (JOB 40:22) S/N	1985	1600	85.00	150.00
❑ SHARING THE FAITH (PSALM 23) S/N	1984	5000	85.00	115.00
❑ SONG OF SOLOMON 2:17 S/N	1979	1000	45.00	45.00
❑ SONG OF SOLOMON 2:17 S/O	1979	1800	30.00	95.00
❑ TRANQUIL REFUGE (JEREMIAH 48:40) S/N	1984	1600	80.00	150.00
❑ ZECHARIAH 14:7 S/N	1983	1600	85.00	85.00

C. FRACE

NAME	YEAR	LIMIT	ISSUE	TREND
❑ AFRICAN LEOPARD	1978	1500	75.00	400.00
❑ AFRICAN LEOPARD (REMARQUE)	1978	1000	125.00	900.00
❑ AFRICAN LEOPARD CUB	1981	2000	65.00	275.00
❑ AFRICAN LEOPARD HEAD	1981	12500	25.00	55.00
❑ AFRICAN LION	1983	3000	35.00	140.00
❑ ALASKAN AUTUMN	1983	2500	80.00	280.00
❑ AMBASSADORS	1990	3000	155.00	155.00
❑ AMERICAN EAGLE	1984	2000	75.00	80.00
❑ AMERICAN MONARCH	1984	3750	120.00	250.00
❑ BANDIT	1984	2500	90.00	300.00
❑ BIGHORN COUNTRY	1975	2500	75.00	215.00
❑ BISON	1978	2000	50.00	175.00
❑ BLACK LEOPARD	1983	3000	50.00	420.00
❑ BOBCAT (MS WILDLIFE FED. STAMP)	1983	5000	90.00	100.00
❑ CANADA LYNX	1977	3000	50.00	135.00
❑ CAVALIER SPANIELS	1977	1500	35.00	200.00
❑ CHALLENGER, THE	1987	3000	140.00	140.00
❑ CHEETAH	1977	3000	50.00	150.00
❑ CHEETAH KITTEN	1974	5000	40.00	290.00
❑ CHINESE TREASURE	1978	3000	140.00	230.00
❑ CLOUDED LEOPARD	1978	2000	65.00	90.00
❑ CLOUDED LEOPARD CUB	1978	2000	75.00	160.00
❑ COUGAR	1977	1000	90.00	1250.00
❑ COUGAR CUB	1984	3000	50.00	100.00
❑ DOUBLE TROUBLE	1976	2500	90.00	200.00
❑ ELEPHANTS AT KILIMANJARO	1976	1000	75.00	800.00
❑ FIRST LIGHT	1986	3950	125.00	125.00
❑ FLEETING ENCOUNTER	1976	3000	150.00	1000.00
❑ FLORIDA BOBCAT	1976	3000	40.00	280.00
❑ FREEDOM	1986	2500	120.00	400.00
❑ GIANT PANDA	1973	5000	45.00	700.00
❑ GOLDEN EAGLE	1973	1000	75.00	200.00
❑ GREATER KUDU	1976	3000	50.00	85.00
❑ GYRFALCON	1977	3000	40.00	130.00
❑ HARLAN'S HAWK	1982	1500	60.00	80.00
❑ HARP SEAL	1974	2000	75.00	850.00
❑ HERRING GULL	1974	5000	45.00	100.00
❑ HIDEAWAY	1986	3950	85.00	200.00
❑ HIGH MOUNTAIN PATH	1981	3000	140.00	140.00
❑ HIMALAYAN PRINCE	1978	2000	75.00	800.00
❑ IMPALA	1980	2000	60.00	70.00
❑ JAGUAR	1982	2000	75.00	800.00
❑ JAGUAR HEAD	1982	12500	25.00	30.00
❑ KING'S FAVORITE	1985	2500	110.00	110.00
❑ KOALA	1979	2000	65.00	400.00
❑ LABRADOR RETRIEVER (NTL. RETR. CLUB)	1983	2192	125.00	175.00
❑ LABRADOR RETRIEVER (NTL. RETR. CLUB/REM)	1983	190	250.00	400.00
❑ LION CUB	1975	3500	35.00	100.00
❑ LIONS, THE	1974	5000	40.00	180.00
❑ LOFTY VIEW	1981	2500	75.00	260.00
❑ LONE HUNTER	1982	2500	100.00	210.00
❑ MAJESTY	1982	2500	80.00	80.00
❑ MASAI GIRAFFES	1976	3000	40.00	400.00
❑ MIGHTY WARRIOR	1987	3000	140.00	140.00
❑ MOMENT'S REST	1983	2500	100.00	275.00
❑ MORRIS THE CAT	1987	5000	30.00	460.00
❑ MY FRIEND	1983	7500	35.00	160.00
❑ NATURE'S DAWN	1989	3000	140.00	225.00
❑ NEW ARRIVAL	1984	7500	35.00	225.00
❑ NORTHERN GOSHAWK	1975	4000	50.00	900.00
❑ OCELOTS	1976	5000	35.00	200.00
❑ ON WATCH	1982	2500	80.00	400.00
❑ OUT ON A LIMB	1988	3000	140.00	150.00
❑ PALS	1985	2500	70.00	70.00
❑ PARTNERS	1990	3000	55.00	460.00
❑ PLAYMATES	1987	2500	120.00	145.00
❑ POLAR BEAR	1980	2000	100.00	110.00
❑ POWERFUL PRESENCE	1989	5619	155.00	285.00
❑ PRONGHORN	1973	5000	50.00	55.00
❑ QUIET TIME IN SAMBURU	1985	2500	100.00	100.00
❑ RACCOON	1974	5000	50.00	280.00
❑ RACCOON (TENNESSEE CONSERVATION STAMP)	1982	2000	50.00	400.00
❑ RACCOONS (3)	1978	5000	100.00	330.00
❑ RADIANT MOMENT	1985	3000	155.00	155.00
❑ READY FOR ADVENTURE	1987	3950	115.00	180.00
❑ RECESS	1988	2500	140.00	150.00
❑ RED RASCAL	1983	2500	80.00	360.00
❑ RED SHOULDERED HAWK	1978	2000	60.00	125.00
❑ ROYAL BENGAL	1985	3950	125.00	130.00
❑ ROYAL PRIDE	1981	2500	100.00	150.00
❑ SAFE RETURN	1975	3000	140.00	140.00

PRINTS

NAME	YEAR	LIMIT	ISSUE	TREND
❑ SCREECH OWLS	1980	3500	20.00	85.00
❑ SIBERIAN LYNX CUB	1980	2000	75.00	80.00
❑ SIBERIAN TIGER	1975	2000	80.00	160.00
❑ SNOW LEOPARD	1979	1500	75.00	1800.00
❑ SNOW LEOPARD (REMARQUE)	1979	1000	125.00	2000.00
❑ SNOW LEOPARD HEAD	1979	15000	20.00	225.00
❑ SNOWY OWLS	1979	2000	65.00	140.00
❑ SOLITUDE	1984	2500	100.00	110.00
❑ SUNNY SPOT	1985	2500	100.00	100.00
❑ SURPRISE	1989	3000	140.00	140.00
❑ TAKING A BREAK	1987	3950	100.00	110.00
❑ THREE OF A KIND	1986	3950	110.00	200.00
❑ TIGER	1973	3000	35.00	400.00
❑ TIGER CUB	1975	3500	35.00	130.00
❑ TREASURES OF THE SEA (FRIEND/SEA OTTER)	1986	500	150.00	115.00
❑ UNO	1982	2500	75.00	80.00
❑ WANDERER, THE	1988	3000	140.00	660.00
❑ WHITE TIGER	1976	1500	75.00	165.00
❑ WHITE TIGER (REMARQUE)	1976	1000	125.00	225.00
❑ WHITE TIGER HEAD	1980	20000	25.00	30.00
❑ YOUNG EXPLORER	1983	2500	80.00	80.00
❑ ZEBRA	1974	4000	60.00	150.00
❑ ZEBRA FOAL	1975	4000	35.00	265.00
C. FRAZIER				
❑ BURST OF SPRING	1987	950	65.00	90.00
❑ PARADISAL SETTING	1987	950	65.00	90.00
❑ PASSING THROUGH	1987	950	65.00	100.00
❑ ROSE GARDENS	1987	950	65.00	70.00
L. GORDON				
❑ EVENING RIDE	1988	950	75.00	280.00
❑ FLOWER MARKET, THE	1988	950	70.00	175.00
❑ PLEASANT PROMENADE	1988	950	70.00	110.00
❑ SUMMER CAROUSEL	1988	950	70.00	185.00
R. SUMMERS				
❑ AGAINST THE WIND	1983	1500	90.00	115.00
❑ ALL IS CALM	1983	1500	90.00	90.00
❑ ANOTHER DAY	1980	1500	52.00	475.00
❑ BARON'S DAUGHTER	1987	750	100.00	500.00
❑ BOOM TOWN	1982	1950	75.00	185.00
❑ BOSQUE TERRITORY	1978	1500	35.00	200.00
❑ CAMP COFFEE	1981	1500	75.00	95.00
❑ CHANGING TIMES	1984	1500	85.00	225.00
❑ COLTER'S QUEST	1979	1500	50.00	100.00
❑ COMANCHE MOON	1979	1500	36.00	190.00
❑ COMMUNE WITH GOD	1981	1500	75.00	180.00
❑ COOLING OFF	1982	1500	80.00	135.00
❑ COUNTRY SLICKERS	1987	750	100.00	325.00
❑ COWTOWN	1984	1500	90.00	110.00
❑ FAMILY TREE	1982	1500	80.00	200.00
❑ FIRST VISIT	1981	1500	62.00	135.00
❑ FOOTPRINTS IN THE SNOW	1979	1500	40.00	800.00
❑ FORBIDDEN WILDERNESS	1978	1500	35.00	135.00
❑ HEADIN' HOME	1981	1500	57.00	75.00
❑ I'D LIKE TO BE THERE	1982	1500	80.00	175.00
❑ LEADIN' LOOSE	1981	1500	60.00	185.00
❑ LEGEND OF THE WEST	1986	1500	85.00	85.00
❑ MIGHTY OAK ENDURETH, THE	1979	1500	25.00	65.00
❑ NATURE'S CLASSROOM	1980	1500	52.00	90.00
❑ PEACEFUL VALLEY	1982	1500	80.00	160.00
❑ PERFECT DAY, THE	1983	1500	90.00	160.00
❑ RANGE FARE	1983	1500	95.00	180.00
❑ RECEDING STORM	1980	1500	50.00	115.00
❑ RENDEZVOUS	1981	1500	55.00	90.00
❑ SLICKER TIME	1980	1500	52.00	775.00
❑ TEXAS GOLD	1982	1950	90.00	170.00
❑ WHITE BUFFALO	1978	1500	35.00	180.00

ARTAFFECTS

NAME	YEAR	LIMIT	ISSUE	TREND
MAGO				
❑ BETH	1988	950	95.00	200.00
❑ JESSICA AND SEBASTIAN (PR.)	1988	550	225.00	325.00
❑ SERENITY	1988	950	95.00	200.00
J. DENEEN				
❑ EMPIRE BUILDER	1988	950	75.00	75.00
❑ SANTA FE	1988	950	75.00	75.00
❑ TWENTIETH CENTURY LIMITED	1988	950	75.00	75.00
G. PERILLO				
❑ BABYSITTER	1980	3000	60.00	120.00
❑ BY THE STREAM	1988	950	100.00	100.00
❑ CHIEF CRAZY HORSE	1985	950	125.00	450.00
❑ CHIEF PONTIAC	1982	950	75.00	100.00
❑ CHIEF SITTING BULL	1985	500	125.00	350.00
❑ HOOFBEATS	1982	950	100.00	150.00
❑ INDIAN STYLE	1982	950	75.00	325.00
❑ LEARNING HIS WAYS	1986	325	150.00	150.00
❑ LONESOME COWBOY	1982	950	75.00	390.00
❑ MADONNA OF THE PLAINS	1978	500	125.00	500.00
❑ MADRE	1977	500	125.00	410.00
❑ MAGNIFICENT SEVEN	1988	950	125.00	125.00

PRINTS

NAME	YEAR	LIMIT	ISSUE	TREND
❑ MARIA	1982	550	150.00	350.00
❑ MARIGOLD	1985	500	125.00	350.00
❑ MOMENT, THE (POSTER)	1983	OP	20.00	60.00
❑ NAVAJO LOVE	1984	300	125.00	550.00
❑ OUT OF THE FOREST	1984	*	*	450.00
❑ PACK, THE	1990	950	150.00	150.00
❑ PEACEABLE KINGDOM	1981	950	100.00	104.00
❑ POUT	1986	325	150.00	350.00
❑ PUPPIES	1980	3000	45.00	260.00
❑ RESCUE, THE	1986	325	150.00	450.00
❑ SECRETARIAT	1985	950	125.00	125.00
❑ SIOUX SCOUT/BUFFALO HUNT (PR.)	1979	500	150.00	750.00
❑ SNOW PALS	1978	500	125.00	260.00
❑ TENDER LOVE	1982	950	75.00	104.00
❑ TINKER	1982	3000	45.00	100.00
❑ WAR PONY	1986	325	150.00	250.00
❑ WHIRLAWAY	1985	950	125.00	125.00

R. SAUBER

NAME	YEAR	LIMIT	ISSUE	TREND
❑ BUTTERFLY	1982	3000	45.00	100.00

GRAND GALLERY COLLECTION

MAGO

NAME	YEAR	LIMIT	ISSUE	TREND
❑ AMY	1988	2500	75.00	90.00
❑ LAUREN	1988	2500	75.00	90.00
❑ MISCHIEF	1988	2500	75.00	90.00
❑ TOMORROWS	1988	2500	75.00	90.00

GRAND GALLERY COLLECTION

L. MARCHETTI

NAME	YEAR	LIMIT	ISSUE	TREND
❑ PARIS	1988	2500	75.00	90.00
❑ VENICE	1988	2500	75.00	90.00

GRAND GALLERY COLLECTION

G. PERILLO

NAME	YEAR	LIMIT	ISSUE	TREND
❑ BLACKFOOT HUNTER	1988	2500	75.00	90.00
❑ BRAVE & FREE	1988	2500	75.00	200.00
❑ CHEYENNE NATION, THE	1988	2500	75.00	90.00
❑ CHIEF CRAZY HORSE	1988	2500	75.00	90.00
❑ CHIEF RED CLOUD	1988	2500	75.00	98.00
❑ LAST FRONTIER, THE	1988	2500	75.00	90.00
❑ LATE MAIL	1988	2500	75.00	98.00
❑ LILY OF THE MOHAWKS	1988	2500	75.00	90.00
❑ NATIVE AMERICAN	1988	2500	75.00	220.00
❑ NOBLE HERITAGE	1988	2500	75.00	220.00
❑ PEACEABLE KINGDOM, THE	1988	2500	75.00	90.00
❑ TENDER LOVE	1988	2500	75.00	130.00

GRAND GALLERY COLLECTION

R. SAUBER

NAME	YEAR	LIMIT	ISSUE	TREND
❑ GOD BLESS AMERICA	1988	2500	75.00	90.00
❑ HOME SWEET HOME	1988	2500	75.00	90.00
❑ MOTHERHOOD	1988	2500	75.00	90.00
❑ VISITING THE DOCTOR	1988	2500	75.00	90.00
❑ WEDDING, THE	1988	2500	75.00	90.00

B. BOURGEAU RICHARDS COLLECTION

B.B. RICHARDS

NAME	YEAR	LIMIT	ISSUE	TREND
❑ ALWAYS	1993	1000	25.00	30.00
❑ BARNEY	1993	1000	20.00	23.00
❑ BIRD WATCHING	1994	1000	15.00	18.00
❑ CYNTHIA'S TEAPOT	1994	1000	15.00	18.00
❑ DAPHNEY DUBUNNY	1993	1000	20.00	23.00
❑ FISHERMAN, THE	1994	1000	15.00	18.00
❑ FOR THE CHILDREN	1993	1000	45.00	55.00
❑ FRIENDSHIP GARDEN, THE	1994	1000	37.00	42.00
❑ FROM THE HEART	1994	1000	15.00	18.00
❑ GRANDMA'S TEAPOT	1993	1000	20.00	23.00
❑ INDIAN SUMMER	1994	1000	37.00	42.00
❑ INNOCENCE	1994	1000	40.00	45.00
❑ JOSEPHINE WEDS CHARLES	1994	1000	15.00	18.00
❑ JUST THREE ANGELS	1994	1000	15.00	18.00
❑ MA	1994	1000	35.00	40.00
❑ MARY & PETE NEWEST ARRIVAL	1993	1000	20.00	23.00
❑ MEDORE'S PRIZE PIG	1993	1000	40.00	45.00
❑ PEARL LOVES HELEN	1994	1000	15.00	18.00
❑ RED ROSES FOR CONSTANCE	1993	1000	30.00	35.00
❑ SARAH ON WASH DAY	1994	1000	15.00	18.00
❑ SUNFLOWER FOR FLORENCE	1993	1000	20.00	23.00
❑ WAITING FOR PAPA	1994	1000	25.00	30.00

AMANDA MOORE SERIES

B.B. RICHARDS

NAME	YEAR	LIMIT	ISSUE	TREND
❑ APPLE FOR MISS AMANDA	1993	1000	40.00	45.00
❑ HOUSE ON HOLLISTER	1993	1000	30.00	35.00

CHRISTMAS SERIES

B.B. RICHARDS

NAME	YEAR	LIMIT	ISSUE	TREND
❑ PEACE, LOVE AND JOY	1993	1050	32.00	40.00
❑ WHERE MY HEART FINDS CHRISTMAS	1994	1452	32.00	40.00

FLORAL SERIES

B.B. RICHARDS

NAME	YEAR	LIMIT	ISSUE	TREND
❑ PURPLE IRIS	1994	1000	40.00	45.00
❑ WILD ROSES	1993	1000	40.00	45.00

FOUR SEASONS WEDDING SERIES

B.B. RICHARDS

NAME	YEAR	LIMIT	ISSUE	TREND
❑ WEDDING IN SPRING	1994	1000	35.00	40.00
❑ WINTER WEDDING BELLS	1993	1000	34.00	40.00

BARBER GALLERY

STANDARD PRINT

J.M. BARBER

NAME	YEAR	LIMIT	ISSUE	TREND
❑ ANNAPOLIS, CIRCA 1900	1991	SO	195.00	468.00
❑ AT THE NETS- B&W	1983	SO	25.00	50.00

NAME	YEAR	LIMIT	ISSUE	TREND
❏ ATLANTIC SENTINEL	1978	SO	40.00	650.00
❏ AUGUST AFTERNOON	1986	SO	95.00	200.00
❏ AUTUMN MORNING	1990	SO	85.00	105.00
❏ BAY COUNTRY MILL- B&W	1987	OP	35.00	65.00
❏ BAY COUNTRY MILL- COLOR	1987	SO	135.00	180.00
❏ BOAT SHED	1978	SO	40.00	350.00
❏ BREEZING UP	1988	SO	140.00	225.00
❏ BUTLER'S BOAT YARD	1979	SO	40.00	380.00
❏ BUYBOAT WILLIAM B. TENNYSON	1982	SO	55.00	351.00
❏ BUYBOATS ON JACKSON CREEK	1985	SO	65.00	330.00
❏ BUYING OYSTERS AT DRUM POINT	1984	SO	100.00	422.00
❏ CAP'N WALTER'S WHARF	1981	SO	40.00	900.00
❏ CHESAPEAKE BAY SKIPJACK	1978	SO	40.00	600.00
❏ CHESAPEAKE COUNTRY	1992	OP	75.00	135.00
❏ CHESAPEAKE MORNING	1985	SO	130.00	500.00
❏ CHESAPEAKE OYSTER TONGERS- B&W	1983	SO	25.00	100.00
❏ COMING SQUALL	1984	SO	50.00	515.00
❏ DAWN ON THE CHOPTANK	1986	SO	95.00	266.00
❏ DAWN'S EARLY LIGHT	1990	SO	85.00	450.00
❏ DAY'S END ON DAVIS CREEK	1993	OP	120.00	120.00
❏ DEAL ISLAND MORNING	1995	OP	75.00	150.00
❏ DISTANT THUNDER	1983	SO	75.00	300.00
❏ ENCOUNTER AT SMITH POINT LIGHT	1995	OP	110.00	125.00
❏ EVENING IN SHOCKOE SLIP	1998	*	115.00	275.00
❏ FAIR BREEZE & A FULL MOON, A	1992	SO	145.00	383.00
❏ FOG OVER BLOODY POINT BAR	1989	SO	165.00	370.00
❏ FOGGY RUN	1994	OP	130.00	200.00
❏ GLOUCESTER POINT WATERMEN	1985	SO	75.00	765.00
❏ GOLDEN DAWN	1995	OP	115.00	180.00
❏ GOOD DAY'S CATCH, A	1982	SO	55.00	875.00
❏ GUARDIAN OF DIAMOND SHOALS	1984	SO	65.00	225.00
❏ HAMPTON CREEK DERELICT	1979	SO	40.00	425.00
❏ HARVESTERS	1996	OP	100.00	200.00
❏ MISTY MORNING	1984	SO	65.00	350.00
❏ MOONLIGHT FLIGHT	1996	OP	65.00	135.00
❏ MOONLIGHT HARBOR	1987	SO	175.00	800.00
❏ MOONLIGHT OVER ST. MICHAELS	1989	SO	285.00	935.00
❏ MOONLIGHT RUN	1991	SO	245.00	400.00
❏ MORNING ARRIVAL AT BALTIMORE	1993	OP	195.00	300.00
❏ MORNING AT BELL BUOY- B&W	1983	SO	25.00	212.00
❏ MORNING AT COVE POINT	1984	SO	75.00	400.00
❏ MORNING ON THE POTOMAC	1997	OP	100.00	175.00
❏ MORNING STROLL	1997	*	85.00	220.00
❏ NELLIE CROCKETT OYSTER BOAT	1978	SO	40.00	1850.00
❏ NIGHT CROSSING	1985	SO	95.00	2000.00
❏ NIGHT PASSAGE	1988	SO	225.00	225.00
❏ OFF WINDMILL POINT	1997	OP	120.00	160.00
❏ OLD NORFOLK EVENING	1995	OP	195.00	250.00
❏ OLD TOWN ALEXANDRIA	1995	SO	195.00	502.00
❏ ON THE BOULEVARD	1998	*	115.00	115.00
❏ ON THE RAILWAY	1986	SO	75.00	170.00
❏ PARRAMORE ISLAND GUARDIAN	1979	SO	250.00	2500.00
❏ PASSING IN THE NIGHT	1998	*	110.00	110.00
❏ RACING FOR THE OYSTERS- B&W	1987	OP	35.00	200.00
❏ RACING FOR THE OYSTERS- COLOR	1987	SO	175.00	420.00
❏ REFLECTIONS-GWYNN'S ISLAND	1997	*	95.00	190.00
❏ RETURN OF THE KEEPER	1997	*	95.00	160.00
❏ RETURNING HOME	1987	SO	145.00	1400.00
❏ ROUNDING THE WINDWARD MARK	1992	OP	115.00	160.00
❏ SIGSBEE- B&W	1982	SO	25.00	120.00
❏ SKIPJACK ELSWORTH, THE	1980	SO	40.00	1500.00
❏ SKIPJACK LADY KATIE, THE	1981	SO	40.00	900.00
❏ SKIPJACK MAGGIE LEE, THE	1983	SO	55.00	570.00
❏ SKIPJACK MARTHA LEWIS, THE	1981	SO	40.00	500.00
❏ SKIPJACK SIGSBEE, THE	1982	SO	55.00	190.00
❏ SKIPJACKS AT POINT NO POINT	1992	OP	125.00	200.00
❏ SKIPJACKS AT SANDY POINT	1990	SO	165.00	330.00
❏ SPINNAKER REACH	1985	SO	85.00	350.00
❏ SPRING PAINTING	1979	SO	40.00	120.00
❏ STROLLING IN THE FAN	1999	*	115.00	155.00
❏ SUMMER AFTERNOON AT ST. MICHAEL'S	1996	OP	195.00	330.00
❏ SUMMER BREEZES	1994	OP	165.00	300.00
❏ SUMMER MEMORIES	1993	SO	165.00	425.00
❏ SUNRISE OVER MOBJACK BAY	1990	SO	185.00	200.00
❏ TANGIER AFTERNOON	1994	OP	85.00	145.00
❏ TILGHMAN ISLAND SUNSET	1991	OP	120.00	165.00
❏ TOWN DOCK	1989	SO	95.00	110.00
❏ TRADEWINDS	1984	SO	65.00	460.00
❏ TWILIGHT HARBOR	1986	SO	125.00	800.00
❏ UNCERTAIN WEATHER	1988	SO	125.00	140.00
❏ UP FOR REPAIR	1989	OP	95.00	120.00
❏ VANISHING FLEET, THE	1986	SO	145.00	1290.00
❏ WILD DUCK ROUNDING HOOPER ST.	1979	SO	40.00	1800.00
❏ WINDWARD START	1985	SO	85.00	300.00
❏ WINTER HARBOR	1996	SO	95.00	95.00
❏ WINTER IN ANNAPOLIS	1994	SO	95.00	342.00
❏ WINTER ON THE EASTERN SHORE	1995	OP	95.00	225.00
❏ WINTER'S EVE ON THE NORTHERN NECK	1998	*	95.00	175.00

NAME	YEAR	LIMIT	ISSUE	TREND

BARTZ STUDIOS

D. CLAPP-BARTZ

NAME	YEAR	LIMIT	ISSUE	TREND
❏ AH ROMANCE	1993	600	95.00	95.00
❏ AMBROSIA	1989	500	185.00	415.00
❏ ARABESQUE	1988	500	115.00	125.00
❏ ARCADIA	1988	600	45.00	100.00
❏ AU NATURAL	1996	500	195.00	195.00
❏ AUDIENCE, THE	1990	600	45.00	45.00
❏ AUTUMN COMES	1987	500	110.00	200.00
❏ AUTUMN HIDEAWAY	1986	500	135.00	125.00
❏ BLUE MOON	1988	500	155.00	165.00
❏ BLUE NOTES	1992	20	700.00	1200.00
❏ CASA DE VIDA	1984	445	45.00	65.00
❏ DEJA VU	1991	500	125.00	125.00
❏ DISCOVERIES	1988	500	155.00	165.00
❏ DREAMIN'	1988	500	155.00	155.00
❏ DREAMMAKER	1985	500	85.00	180.00
❏ EMERALD MAGIC	1985	950	30.00	30.00
❏ ENCHANTMENT	1984	245	75.00	500.00
❏ ESSENTIALS	1992	20	800.00	1400.00
❏ FORUM I	1989	285	500.00	950.00
❏ FRIENDS	1986	600	25.00	100.00
❏ GIFT, THE	1985	500	85.00	450.00
❏ GOLDEN MEMORIES	1984	445	45.00	65.00
❏ GOLDEN TREASURES	1984	245	75.00	200.00
❏ GUARDIAN	1984	445	45.00	200.00
❏ IMAGES	1988	600	45.00	100.00
❏ INSPIRATION	1984	245	75.00	275.00
❏ INTERLUDE	1991	500	165.00	240.00
❏ LITTLE NIGHT MUSIC, A	*	600	25.00	100.00
❏ MAGIC MOMENTS	1986	500	55.00	350.00
❏ MEMORIES	1995	500	195.00	195.00
❏ MIDWINTER'S DREAM	1984	245	75.00	500.00
❏ MOONGLO	1986	600	40.00	350.00
❏ MORNING MAGIC, THE	1987	500	110.00	450.00
❏ MORNING SONGS	1987	500	165.00	1200.00
❏ MYSTIC HUES	1991	500	190.00	190.00
❏ NATURE'S VEIL	1987	500	95.00	1200.00
❏ NEW BEGINNINGS	1984	445	45.00	65.00
❏ NY POSTER	1990	4000	25.00	25.00
❏ PATRIOT, THE	1993	600	50.00	50.00
❏ PATTERNS	1987	500	150.00	165.00
❏ PRELUDE	1990	500	165.00	165.00
❏ PREREQUISITE	1993	500	110.00	110.00
❏ QUIET SERENADE	1986	500	135.00	390.00
❏ REFUGE	1986	500	60.00	350.00
❏ RHAPSODIES	1993	500	195.00	195.00
❏ SERENDIPITY	1992	20	500.00	1000.00
❏ SMOOTH JOURNEY	1991	500	150.00	165.00
❏ SOLITUDES ILLUSION	1993	600	65.00	65.00
❏ STRING OF PEARLS	1992	20	500.00	1200.00
❏ SUMMER RETROSPECT	1985	500	85.00	130.00
❏ SUNDAY AFTERNOON	1991	290	750.00	950.00
❏ SUNLIT PASSAGE	1989	500	125.00	130.00
❏ TIME PASSAGE	1989	500	115.00	125.00
❏ VERNAL FALLS	1992	20	1000.00	1400.00
❏ WELCOME	1988	500	45.00	75.00
❏ WHITE KNIGHTS	1990	500	165.00	225.00
❏ YO MAXFIELD	1992	20	800.00	1000.00

BENSON FINE ART PRINTS

G. BENSON

NAME	YEAR	LIMIT	ISSUE	TREND
❏ AT THE LAKE	1992	750	95.00	300.00
❏ AUTUMN TREASURES	1993	175	95.00	95.00
❏ QUIET MOMENT	1992	950	85.00	85.00
❏ STORM RETREAT	1992	750	85.00	160.00
❏ TOGETHER AT DAWN	1993	250	95.00	170.00

REMEMBERING AMERICA   **G. BENSON**

NAME	YEAR	LIMIT	ISSUE	TREND
❏ CAMPFIRE POINT	1996	950	125.00	125.00
❏ HOMELAND REFLECTIONS	1994	950	125.00	185.00
❏ OUT OF THE MIST	1995	1500	65.00	70.00
❏ RETURNING HOME	1996	950	125.00	200.00
❏ TIMBER COUNTRY	1995	950	125.00	200.00
❏ TIME PASSAGES	1994	950	125.00	160.00

CIRCLE FINE ART

NEIMAN   **L. NEIMAN**

NAME	YEAR	LIMIT	ISSUE	TREND
❏ 12 METER YACHT RACE	*	250	*	1800.00
❏ AL CAPONE	*	300	*	2000.00
❏ BACKHAND	*	300	*	1450.00
❏ CASINO	*	300	*	4100.00
❏ CHIPPING ON	*	275	*	1500.00
❏ DEUCE	*	275	*	2000.00
❏ DOUBLES	*	300	*	3150.00
❏ DOWNHILL	*	600	*	1800.00
❏ END AROUND	*	300	2800.00	2800.00
❏ FOUR ACES	*	300	*	1500.00
❏ FOX HUNT	*	300	*	1500.00

PRINTS

NAME	YEAR	LIMIT	ISSUE	TREND
❏ GOAL	*	300	*	1500.00
❏ HARLEQUIN	*	200	3600.00	3600.00
❏ HARLEQUIN W/SWORD	*	250	*	1150.00
❏ HARLEQUIN W/TEXT	*	200	*	1150.00
❏ HOCKEY PLAYER	*	300	*	2800.00
❏ HOMMAGE TO BOUCHER	*	250	*	1700.00
❏ IN THE STRETCH	*	250	*	1400.00
❏ INNSBRUCK	*	300	*	2000.00
❏ JOCKEY	*	300	3200.00	3200.00
❏ LEOPARD	*	300	*	5500.00
❏ LION PRIDE	*	300	*	4000.00
❏ MARATHON	*	300	*	1800.00
❏ OCELOT	*	250	*	2500.00
❏ PADDOCK	*	300	*	3900.00
❏ PIERROT	*	250	*	1150.00
❏ PIERROT THE JUGGLER	*	200	*	1150.00
❏ POOL ROOM	*	350	*	6500.00
❏ PUNCHINELLO	*	250	*	2200.00
❏ PUNCHINELLO W/TEXT	*	200	*	1600.00
❏ RACE, THE	*	300	*	5000.00
❏ ROULETTE	*	40	*	11000.00
❏ SAILING	*	275	*	1700.00
❏ SCRAMBLE	*	300	*	1800.00
❏ SKIER	*	300	*	1800.00
❏ SLALOM	*	300	*	2500.00
❏ SLAPSHOT	*	300	*	2000.00
❏ SLIDING HOME	*	300	*	2450.00
❏ SMASH	*	300	*	1760.00
❏ STOCK MARKET	*	300	*	7500.00
❏ SUDDEN DEATH	*	250	*	2350.00
❏ TEE SHOT	*	300	*	4000.00
❏ TENNIS PLAYER	*	300	*	1500.00
❏ TIGER	*	300	*	5100.00
❏ TROTTERS	*	300	*	1850.00

ROCKWELL

N. ROCKWELL

NAME	YEAR	LIMIT	ISSUE	TREND
❏ AMERICAN FAMILY FOLIO	*	200	*	17550.00
❏ ARTIST AT WORK, THE	*	130	*	3550.00
❏ AT THE BARBER	*	200	*	5000.00
❏ AUTUMN	*	200	*	3550.00
❏ AUTUMN/JAPON	*	25	*	3700.00
❏ AVIARY	*	200	*	3850.00
❏ BARBERSHOP QUARTET	*	200	*	2000.00
❏ BASEBALL	*	200	*	3650.00
❏ BEN FRANKLIN'S PHILADELPHIA	*	200	*	3675.00
❏ BEN'S BELLES	*	200	*	3675.00
❏ BIG DAY, THE	*	200	*	3500.00
❏ BIG TOP, THE	*	148	*	3400.00
❏ BLACKSMITH SHOP	*	200	*	5000.00
❏ BOOKSELLER	*	200	*	2775.00
❏ BOOKSELLER/JAPON	*	25	*	2800.00
❏ BRIDGE, THE	*	200	*	3150.00
❏ CAT	*	200	*	3500.00
❏ CAT/COLLOTYPE	*	200	*	4050.00
❏ CHEERING		200		3650.00
❏ CHILDREN AT WINDOW	*	200	*	3650.00
❏ CHURCH	*	200	*	3450.00
❏ CHURCH/COLLOTYPE	*	200	*	4075.00
❏ CIRCUS	*	200	*	2700.00
❏ COUNTY AGRICULTURAL	*	200	*	2300.00
❏ CRITIC, THE	*	200	*	4700.00
❏ DAY IN THE LIFE OF A BOY	*	25	*	3850.00
❏ DEBUT	*	200	*	3650.00
❏ DISCOVERY	*	200	*	3000.00
❏ DOCTOR AND BOY	*	200	*	9500.00
❏ DOCTOR AND DOLL	*	200	*	8500.00
❏ DRESSING UP/INK	*	60	*	4500.00
❏ DRESSING UP/PENCIL	*	200	*	3775.00
❏ DRUNKARD, THE	*	200	*	3675.00
❏ EXPECTED AND UNEXPECTED, THE	*	200	*	3750.00
❏ FAMILY TREE A/P	*	200	*	4900.00
❏ FIDO'S HOUSE	*	200	*	3600.00
❏ FOOTBALL MASCOT	*	200	*	3700.00
❏ FOUR SEASONS FOLIO	*	200	*	5500.00
❏ FOUR SEASONS FOLIO/JAPON	*	25	*	14000.00
❏ FREEDOM FROM FEAR	*	200	*	6500.00
❏ FREEDOM FROM WANT	*	200	*	6500.00
❏ FREEDOM OF RELIGION	*	200	*	6500.00
❏ FREEDOM OF SPEECH	*	200	*	6500.00
❏ GAIETY DANCE TEAM	*	200	*	3000.00
❏ GIRL AT MIRROR	*	200	*	8500.00
❏ GOLDEN AGE, THE	*	200	*	3500.00
❏ GOLDEN RULE	*	200	*	4500.00
❏ GOLF	*	200	*	3700.00
❏ GOSSIPS	*	200	*	5000.00
❏ GOSSIPS/JAPON	*	25	*	5200.00
❏ GROTTO	*	200	*	3600.00
❏ GROTTO/COLLOTYPE	*	200	*	4000.00
❏ HIGH DIVE	*	200	*	2500.00
❏ HOMECOMING, THE	*	200	*	3700.00

PRINTS

NAME	YEAR	LIMIT	ISSUE	TREND
❑ HOUSE, THE	*	200	*	3700.00
❑ HUCK FINN FOLIO	*	200	*	16000.00
❑ ICHABOD CRANE	*	200	*	6800.00
❑ INVENTOR, THE	*	200	*	3600.00
❑ JERRY	*	200	*	4800.00
❑ JIM GOT DOWN ON HIS KNEES	*	200	*	4500.00
❑ LINCOLN	*	200	*	5000.00
❑ LOBSTERMAN	*	200	*	5500.00
❑ LOBSTERMAN/JAPON	*	25	*	5600.00
❑ MARRIAGE LICENSE	*	200	*	1000.00
❑ MEDICINE	*	200	*	3500.00
❑ MEDICINE/COLOR LITHO	*	200	*	6000.00
❑ MISS MARY JANE	*	200	*	4500.00
❑ MOVING DAY	*	200	*	4000.00
❑ MUSIC HATH CHARMS	*	200	*	4200.00
❑ MY HAND SHOOK	*	200	*	4500.00
❑ OUT THE WINDOW	*	200	*	3400.00
❑ OUT THE WINDOW/COLLOTYPE	*	200	*	4000.00
❑ OUTWARD BOUND	*	200	*	8000.00
❑ POOR RICHARD'S ALMANAC	*	200	*	11500.00
❑ PRESCRIPTION	*	200	*	5000.00
❑ PRESCRIPTION/JAPON	*	25	*	5000.00
❑ PROBLEM WE ALL LIVE WITH, THE	*	200	*	4300.00
❑ PUPPIES	*	200	*	3700.00
❑ RALEIGH THE DOG	*	200	*	4000.00
❑ ROCKET SHIP	*	200	*	4000.00
❑ ROYAL CROWN, THE	*	200	*	3500.00
❑ RUNAWAY	*	200	*	4600.00
❑ SAFE AND SOUND	*	200	*	3800.00
❑ SATURDAY PEOPLE	*	200	*	3300.00
❑ SAVE ME	*	200	*	3600.00
❑ SAVING GRACE	*	200	*	7500.00
❑ SCHOOL DAYS FOLIO	*	200	*	18000.00
❑ SCHOOLHOUSE, THE	*	200	*	4500.00
❑ SCHOOLHOUSE/JAPON	*	25	*	4700.00
❑ SEE AMERICA FIRST	*	200	*	2600.00
❑ SEE AMERICA FIRST/JAPON	*	25	*	5700.00
❑ SETTLING IN	*	200	*	5000.00
❑ SHUFFELTON'S BARBERS	*	200	*	7500.00
❑ SMOKING	*	200	*	4000.00
❑ SMOKING/COLLOTYPE	*	200	*	4000.00
❑ SPANKING	*	200	*	3500.00
❑ SPANKING/COLLOTYPE	*	200	*	3600.00
❑ SPELLING BEE	*	200	*	3800.00
❑ SPRING	*	200	*	2500.00
❑ SPRING FLOWERS	*	200	*	5200.00
❑ SPRING/JAPON	*	25	*	3650.00
❑ STUDY FOR THE DOCTOR	*	200	*	6000.00
❑ STUDYING	*	200	*	3600.00
❑ SUMMER	*	200	*	3600.00
❑ SUMMER STOCK	*	200	*	5000.00
❑ SUMMER STOCK/JAPON	*	25	*	5000.00
❑ SUMMER/JAPON	*	25	*	3600.00
❑ TEACHER, THE	*	200	*	3400.00
❑ TEACHER, THE/JAPON	*	25	*	3500.00
❑ TEACHER'S PET	*	200	*	3600.00
❑ TEXAN, THE	*	200	*	2000.00
❑ THEN FOR THREE MINUTES	*	200	*	4500.00
❑ THEN MISS WATSON	*	200	*	4500.00
❑ THERE WARN'T NO HARM	*	200	*	4500.00
❑ THREE FARMERS	*	200	*	3600.00
❑ TICKETSELLER	*	200	*	2700.00
❑ TOM SAWYER COLOR SUITE	*	200	*	30500.00
❑ TOM SAWYER FOLIO	*	200	*	11000.00
❑ TOP OF THE WORLD	*	200	*	4300.00
❑ TRUMPETER	*	200	*	4000.00
❑ TRUMPETER/JAPON	*	25	*	4100.00
❑ TWO O'CLOCK FEEDING	*	200	*	3600.00
❑ VILLAGE SMITHY, THE	*	200	*	3500.00
❑ WELCOME	*	200	*	3500.00
❑ WET PAINT	*	200	*	2000.00
❑ WHEN I LIT MY CANDLE	*	200	*	4500.00
❑ WHITEWASHING	*	200	*	3450.00
❑ WHITEWASHING THE FENCE	*	200	*	4000.00
❑ WINDOW WASHER	*	200	*	6500.00
❑ WINTER	*	200	*	2300.00
❑ WINTER/JAPON	*	25	*	3600.00
❑ YE OLD PRINT SHOPPE	*	200	*	3500.00
❑ YOUR EYES IS LOOKIN'	*	200	*	4600.00

COLE FINE ART

COLE CONCEPT

J. KRAMER COLE

	YEAR	LIMIT	ISSUE	TREND
❑ HOMEWARD JOURNEY	1993	SO	95.00	126.00
❑ MAHTOLA	1995	5000	125.00	175.00

COLLECTORS SERIES

J. KRAMER COLE

	YEAR	LIMIT	ISSUE	TREND
❑ BRINGING THE SHIELD	1994	SO	185.00	185.00
❑ HE WHO WATCHES	1992	SO	185.00	400.00
❑ JOURNEY OF RENEWAL	1996	950	235.00	245.00
❑ LISTENING	1993	SO	185.00	190.00
❑ MAN WHO SEES FAR	1986	SO	25.00	3000.00

PRINTS

NAME	YEAR	LIMIT	ISSUE	TREND
❏ RED SHIELD, THE	1995	SO	235.00	235.00
❏ WHEN SILENCE WARNS	1992	SO	185.00	190.00
❏ WOLF CREEK	1997	950	235.00	120.00

EMERGING IMAGE J. KRAMER COLE

NAME	YEAR	LIMIT	ISSUE	TREND
❏ ANIMAL DREAMS	1998	1500	195.00	195.00
❏ CANYON OF THE CAT	1988	SO	50.00	275.00
❏ CIRCLE OF THE SACRED DOGS	1994	SO	185.00	185.00
❏ FEATHER, THE	1996	2850	185.00	185.00
❏ KEEPERS OF THE SECRET	1993	SO	185.00	185.00
❏ MANY WINTERS I AM	1989	SO	75.00	195.00
❏ MARKING TREE, THE	1992	S0	145.00	185.00
❏ OFFERING, THE	1997	SO	195.00	195.00
❏ SACRED DOGS	1992	SO	145.00	950.00
❏ SUMMONED SPIRITS	1996	2500	195.00	195.00
❏ TOPONAS	1995	3850	185.00	185.00
❏ TRAIL OF THE TALISMAN	1990	SO	110.00	400.00
❏ TWICE TRAVELED TRAIL	1991	SO	135.00	200.00
❏ TWO BEARS CAMP	1989	SO	100.00	1400.00
❏ UPPER RUINS	1998	1500	195.00	230.00
❏ WAKAN TANKA	1993	SO	185.00	400.00
❏ WAMBLI OKIYE	1989	SO	75.00	185.00
❏ WINTERING WITH THE WAPITI	1991	SO	135.00	140.00
❏ WITHIN SUNRISE	1990	SO	95.00	135.00
❏ WOLF RIDGE	1988	SO	50.00	380.00
❏ WOLFPACK OF THE ANCIENTS	1991	SO	135.00	220.00

LIFESTYLES SERIES J. KRAMER COLE

NAME	YEAR	LIMIT	ISSUE	TREND
❏ ISABEL	1991	950	135.00	170.00
❏ MEMORY, A	1994	950	185.00	185.00

MASTER EDITION SERIES J. KRAMER COLE

NAME	YEAR	LIMIT	ISSUE	TREND
❏ BROTHER TO THE MOON, SUN OF THE SUN	1994	3850	245.00	245.00

SONG OF THE SEASONS J. KRAMER COLE

NAME	YEAR	LIMIT	ISSUE	TREND
❏ FALLING LEAVES	1999	395	235.00	420.00
❏ TREETOPS GLISTEN	1999	395	235.00	260.00

COMPETITIVE IMAGES

R. RUSH

NAME	YEAR	LIMIT	ISSUE	TREND
❏ ABOVE THE CROWD (M. JORDAN)	1990	200	600.00	2000.00
❏ AMAZIN AGAIN: N.Y. METS	1987	320	525.00	550.00
❏ AMERICA'S COWBOYS (DALLAS)	1987	310	500.00	550.00
❏ BURGUNDY IN GOLD (REDSKINS)	1987	165	500.00	550.00
❏ CENTURY OF EXCELLENCE (GA TECH)	1985	225	500.00	550.00
❏ CHAMPIONSHIP SEASON (U. OF GEORGIA)	1981	325	400.00	500.00
❏ CHRIS EVERT LLOYD	1985	275	500.00	500.00
❏ COACH PAUL BEAR BRYANT	1982	200	425.00	2500.00
❏ CUMMINGS AGAIN: BUCKS	1988	175	500.00	550.00
❏ DINNER WHITE NIGHT (PENN STATE)	1983	350	450.00	500.00
❏ DREAM OF GOLD (XXIII OLYMPIAD)	1984	500	500.00	600.00
❏ FAIRBANKS, THE (XXXIII OLYM. EQUES.)	1984	200	500.00	550.00
❏ GLORY YEARS, THE (ICE BOWL)	1986	135	500.00	4000.00
❏ GREENTRACK (GREYHOUND RACING)	1983	225	425.00	500.00
❏ GUARANTEED WINNER (SUPER BOWL III)	1976	900	100.00	1150.00
❏ HAPPY BIRTHDAY AMERICA (MCENROE)	1981	325	400.00	1500.00
❏ HIGH FLYING CARDINALS (BASEBALL)	1989	190	525.00	525.00
❏ HILTON HEAD: THE HERITAGE CLASSIC	1982	325	425.00	3500.00
❏ HIT & RUN BREWERS 1987	1989	190	525.00	180.00
❏ INDY 500, THE	1986	175	500.00	600.00
❏ JACK NICKLAUS: THE GOLDEN BEAR	1981	325	400.00	800.00
❏ KENTUCKY DERBY, THE	1986	500	450.00	550.00
❏ LAST CHUKKER, THE (POLO)	1982	500	400.00	500.00
❏ LED BY THE SPIRIT (COTTON BOWL 88)	1988	150	525.00	1500.00
❏ MARTINA NAVRATILOVA	1986	275	500.00	550.00
❏ MIAMI ON THE MOVE (DOLPHINS)	1985	225	500.00	4000.00
❏ MILE HIGH DENVER BRONCOS	1987	425	500.00	500.00
❏ NATIONAL CHAMPION CLEMSON UNIV.	1982	500	450.00	1000.00
❏ NATIONAL CHAMPION HOOSIERS	1988	250	525.00	525.00
❏ NATIONAL CHAMPION JAYHAWKS	1988	275	450.00	450.00
❏ NORTH CAROLINA NATIONAL CHAMPION	1982	500	450.00	500.00
❏ OKLAHOMA NATIONAL CHAMPION (B. SWITZER)	1986	100	500.00	800.00
❏ ON WISCONSIN	1988	185	500.00	500.00
❏ ONE AND ONLY, THE (NEBRASKA)	1984	225	450.00	500.00
❏ PEBBLE BEACH	1982	500	500.00	2000.00
❏ REACHING THE MARK (AMERICA'S CUP)	1988	*	525.00	700.00
❏ ROYAL FINISH (KANSAS CITY)	1986	300	522.00	600.00
❏ SECOND AND GOLD: 1987 ROSE BOWL	1989	150	525.00	525.00
❏ SHOW ME SERIES, THE (K.C. WORLD SERIES)	1986	375	450.00	180.00
❏ SLALOM	1981	325	400.00	2500.00
❏ SPINNAKER RUN (12 M. YACHTS)	1980	325	400.00	1000.00
❏ SPIRIT OF VICTORY (USA OLYM. HOCKEY)	1980	325	400.00	4000.00
❏ SUGAR BOWL 1987: ALABAMA VS OHIO STATE	1978	275	200.00	3000.00
❏ SUPER BOWL GIANTS	1981	410	500.00	550.00
❏ TRADITION OF GOLD (NOTRE DAME)	1989	275	550.00	550.00
❏ TURN, THE (THOROUGHBRED)	1979	275	300.00	900.00
❏ TWENTY SIX & GLORY (OK STATE)	1985	100	450.00	450.00
❏ UCLA	1983	500	450.00	500.00
❏ WIMBLEDON WOMEN (100TH ANNIVERSARY)	1984	500	450.00	800.00
❏ WON FOR PAPA (SUPER BOWL)	1986	200	500.00	4500.00
❏ YOU BETTER PASS (SUGAR BOWL)	1979	130	300.00	4500.00

NAME	YEAR	LIMIT	ISSUE	TREND
CROSS GALLERY				
BANDITS & BOUNTY HUNTERS				**P. CROSS**
❏ BANDITS, THE	1998	675	225.00	225.00
❏ BOUNTY HUNTER	1994	865	225.00	225.00
GIFT, THE				**P. CROSS**
❏ B'ACHUA DLUBH-BIA BII NOSKIIYAHI, II	1989	SO	225.00	650.00
❏ GIFT, THE, PART III	1993	SO	225.00	200.00
HALF BREED SERIES				**P. CROSS**
❏ ACH-HUA DLUBH: HALF BREED	1989	SO	190.00	1450.00
❏ ACH-HUA DLUBH: HALF BREED II	1990	SO	225.00	950.00
❏ ACH-HUA DLUBH: HALF BREED III	1990	SO	225.00	850.00
❏ ACH-HUA DLUBH: HALF BREED IV	1995	865	225.00	300.00
❏ HALF-BREED IV	1995	865	225.00	480.00
❏ HEALER, THE	1996	250	795.00	225.00
❏ WOLVES	1996	865	225.00	225.00
LIMITED EDITION ORIGINAL GRAPHICS				**P. CROSS**
❏ BIA-A-HOOSE (A VERY SPECIAL WOMAN), STONE LITHO	1991	SO	500.00	325.00
❏ CAROLINE (STONE LITHO)	1987	SO	300.00	600.00
❏ MAIDENHOOD HOPI (STONE LITHO)	1988	SO	950.00	950.00
❏ NIGHTEYES I (SERIGRAPH)	1990	SO	225.00	275.00
❏ RED CAPOTE, THE (SERIGRAPH)	1989	SO	750.00	950.00
❏ ROSAPINA (ETCHING)	1989	74	1200.00	1280.00
❏ WOOLTALKERS, SERIGRAPH	1991	275	750.00	750.00
LIMITED EDITION PRINTS				**P. CROSS**
❏ ASHPAHDUA HAGAY ASHAE-GYOKE (MY HOME & HEART/CROW)	1991	SO	225.00	225.00
❏ AYLA-SA-XUH-XAH (PRETTY COLOURS, MANY DESIGNS)	1983	SO	150.00	375.00
❏ BAAPE OCHIA (NIGHT WIND, TURQUOISE)	1990	SO	185.00	260.00
❏ BIAACHEE-ITAH BAH-ACHBEH (MEDICINE WOMAN SCOUT)	1989	SO	225.00	330.00
❏ BLUE BEADED HAIR TIES	1984	SO	85.00	400.00
❏ BLUE SHAWL, THE	1991	SO	185.00	185.00
❏ CAROLINE	1987	SO	45.00	115.00
❏ CHEY-AYJEH: PREY	1989	SO	190.00	350.00
❏ DANCE APACHE	1988	SO	190.00	300.00
❏ DII-TAH-SHTEH EE-WIHZA-AHOOK (COAT)	1987	SO	90.00	600.00
❏ DREAMER, THE	1989	SO	190.00	360.00
❏ ELKSKIN ROBE, THE	1987	SO	190.00	525.00
❏ ESHTE	1990	SO	185.00	320.00
❏ GRAND ENTRY	1986	SO	85.00	95.00
❏ ISBAALOO EETSCHIILEEHCHEE (SORTING BEADS)	1983	SO	150.00	1800.00
❏ ISHIA-KAHDA #1 (QUIET ONE)	1990	SO	185.00	275.00
❏ MA-A-LUPPIS-SHE-LA-DUS (SHE IS ABOVE)	1988	SO	190.00	400.00
❏ PROFILE OF CAROLINE	1984	SO	85.00	100.00
❏ RED CAPOTE, THE	1986	SO	150.00	330.00
❏ RED NECKLACE, THE	1987	SO	90.00	520.00
❏ TEESA WAITS TO DANCE	1989	SO	135.00	195.00
❏ THICK LODGE CLAN BOY: CROW	1984	475	85.00	180.00
❏ TINA	1987	SO	45.00	135.00
❏ WATER VISION, THE	1985	SO	150.00	300.00
❏ WHISTLING WATER CLAN GIRL: CROW	1984	SO	85.00	330.00
❏ WINTER GIRL BRIDE	1993	1730	225.00	135.00
❏ WINTER MORNING	1986	SO	185.00	1050.00
❏ WINTER SHAWL, THE	1986	SO	150.00	1150.00
MINIATURE LINE				**P. CROSS**
❏ BJ	1991	SO	80.00	85.00
❏ BRAIDS	1993	447	80.00	80.00
❏ DAYBREAK	1993	447	80.00	80.00
❏ FLORAL SHAWL, THE	1991	SO	80.00	125.00
❏ KENDRA	1991	SO	80.00	100.00
❏ PONYTAILS	1993	447	80.00	80.00
❏ SUNDOWN	1993	447	80.00	80.00
❏ WATERCOLOR STUDY #2 FOR HALF BREED	1991	SO	80.00	80.00
PAINTED LADIES' SUITE				**P. CROSS**
❏ ACORIA (CROW: SEAT OF HONOR)	1992	SO	185.00	150.00
❏ AVISOLA	1992	SO	185.00	135.00
❏ DAH-SAY (CROW HEART)	1992	SO	185.00	150.00
❏ ITZA-CHU (APACHE: THE EAGLE)	1992	SO	185.00	250.00
❏ KEL'HOYA (HOPI: LITTLE SPARROW HAWK)	1992	SO	185.00	190.00
❏ PAINTED LADIES, THE	1992	SO	225.00	950.00
❏ SUS(H)GAH-DAYDUS(H) (CROW: QUICK)	1991	447	185.00	185.00
❏ TZE-GO-JUNI (CHIRICAHUA APACHE)	1991	447	80.00	80.00
STAR QUILT				**P. CROSS**
❏ QUILT MAKERS, THE	1988	SO	190.00	225.00
❏ REFLECTIONS	1986	SO	185.00	1650.00
❏ WINTER WARMTH	1985	SO	150.00	1000.00
WOLF SERIES				**P. CROSS**
❏ AGNJNAUG AMAGUUT; INUPIAG (WOMEN/WOLVES)	1990	SO	325.00	350.00
❏ AHMAH-GHUT, TUHTU-LOO; EELAHN-NUHT KAH-AUHK	1993	1050	255.00	255.00
❏ BIAGOHT EECUEBEH HEHSHEESH-CHEDAH	1989	SO	225.00	660.00
❏ CHEEDE BILAXPAAKE AASHE AAKEESHDAK	1997	675	225.00	225.00
❏ DII-TAH-SHTEH BII-WIK; CHEDAH-BAH LIIDAH	1985	SO	185.00	2200.00
❏ MORNING STAR GIVES LONG OTTER HIS HOOP	1987	SO	190.00	1150.00
DENNIS P. LEWAN FINE ART STUDIOS				
A/P CANVAS FRAMED				**D. PATRICK LEWAN**
❏ BEAR COTTAGE	*	30	505.00	1800.00
❏ BEAR HAUS INN, THE	*	45	230.00	400.00
❏ BEARINGTON STREET	*	50	800.00	1250.00
❏ BEARLY EVE	*	40	410.00	1600.00

NAME	YEAR	LIMIT	ISSUE	TREND
❑ FLOWER HARVEST	*	45	230.00	400.00
❑ FLYING THE KITES	*	9	610.00	900.00
❑ GATE TO THE COURTYARD	*	30	230.00	800.00
❑ GRAND MANOR	*	40	850.00	1800.00
❑ KINGSBERRY COTTAGE	*	40	175.00	250.00
❑ LITTLE BEAR COTTAGE	*	40	300.00	1400.00
❑ MANOR HOUSE, THE	*	40	500.00	2100.00
❑ MEAGAN'S FRIENDS	*	30	230.00	400.00
❑ MILL CREEK MANOR	*	40	525.00	1000.00
❑ OLDE AMSTERDAM	*	30	495.00	600.00
❑ SEACLIFF COTTAGE	*	40	175.00	250.00
❑ SPRING IN BAVARIA	*	30	155.00	300.00
❑ TRANQUILITY FALLS	*	9	610.00	750.00
❑ VICTORIAN DREAMS	*	50	440.00	1000.00
❑ VICTORIAN FANTASY	*	40	410.00	1400.00
❑ WENTWORTH COTTAGE	*	30	155.00	255.00

S/N CANVAS FRAMED — D. PATRICK LEWAN

NAME	YEAR	LIMIT	ISSUE	TREND
❑ BEAR COTTAGE	*	300	430.00	1500.00
❑ BEAR HAUS INN, THE	*	450	190.00	325.00
❑ BEARINGTON STREET	*	500	650.00	1200.00
❑ BEARLY EVE	*	375	265.00	725.00
❑ FLOWER HARVEST	*	450	190.00	300.00
❑ FLYING THE KITES	*	90	550.00	1000.00
❑ GATE TO THE COURTYARD	*	300	200.00	200.00
❑ GRAND MANOR	*	400	700.00	1500.00
❑ KINGSBERRY COTTAGE	*	400	150.00	225.00
❑ LITTLE BEAR COTTAGE	*	400	250.00	1100.00
❑ MANOR HOUSE, THE	*	400	440.00	1500.00
❑ MEAGAN'S FRIENDS	*	300	200.00	300.00
❑ MILL CREEK MANOR	*	375	450.00	620.00
❑ OLDE AMSTERDAM	*	300	390.00	550.00
❑ SEACLIFF COTTAGE	*	400	150.00	200.00
❑ SOMEWHERE IN TIME	*	100	720.00	1100.00
❑ SPRING IN BAVARIA	*	300	130.00	250.00
❑ TRANQUILITY FALLS	*	90	550.00	1300.00
❑ VICTORIAN DREAMS	*	500	390.00	900.00
❑ VICTORIAN FANTASY	*	375	360.00	1000.00

S/N PAPER UNFRAMED — D. PATRICK LEWAN

NAME	YEAR	LIMIT	ISSUE	TREND
❑ BEAR COTTAGE	*	500	150.00	500.00
❑ GRAND MANOR	*	*	*	250.00
❑ MANOR HOUSE, THE	*	550	125.00	200.00
❑ VICTORIAN FANTASY	*	500	150.00	750.00

SIGNATURE REMARQUE CANVAS FRAMED — D. PATRICK LEWAN

NAME	YEAR	LIMIT	ISSUE	TREND
❑ BEARINGTON STREET	*	25	975.00	1450.00
❑ FLYING THE KITES	*	3	780.00	875.00
❑ TRANQUILITY FALLS	*	3	780.00	1450.00
❑ VICTORIAN DREAMS	*	25	625.00	800.00

EDNA HIBEL STUDIOS

HIBEL LITHOGRAPHY ON PORCELAIN — E. HIBEL

NAME	YEAR	LIMIT	ISSUE	TREND
❑ CHERYLL AND WENDY (ON PORCELAIN)	1980	100	3900.00	11500.00
❑ LENORE AND CHILD (ON PORCELAIN)	1978	395	600.00	2100.00

HIBEL STONE LITHOGRAPHY — E. HIBEL

NAME	YEAR	LIMIT	ISSUE	TREND
❑ AKIKO & CHILDREN	1979	335	450.00	2800.00
❑ AMELIA & CHILDREN	1988	268	675.00	825.00
❑ ARIELLE & AMY	1984	275	295.00	675.00
❑ BEGGAR	*	70	250.00	4700.00
❑ BELINDA & NINA	1986	320	295.00	625.00
❑ BETTINA AND CHILDREN	1982	300	310.00	1400.00
❑ BEVERLY & CHILD	1984	216	160.00	425.00
❑ CARESS, THE	1984	430	325.00	700.00
❑ CELESTE	1984	256	175.00	400.00
❑ CHERYLL & WENDY	1980	100	3900.00	11500.00
❑ CHO CHO SAN	1900	396	500.00	1050.00
❑ CLAIRE	1984	206	335.00	975.00
❑ COLETTE & CHILD	1977	275	195.00	1100.00
❑ DES FLEURS ROUGES	1984	298	245.00	750.00
❑ DORENE & CHILD	1984	331	250.00	525.00
❑ DREAM SKETCHBOOK	1984	298	175.00	475.00
❑ DUCHESS	1986	320	325.00	525.00
❑ ELSA & BABY	1976	300	150.00	4200.00
❑ FAMILY OF THE MOUNTAIN LAKE	1982	305	395.00	2250.00
❑ FELICIA	1978	148	900.00	2250.00
❑ FINNISH MOTHER & CHILD	1987	343	185.00	325.00
❑ FLOWERS OF KASHMIR	1987	297	275.00	525.00
❑ FLOWERS OF THE ADRIATIC	1988	286	300.00	500.00
❑ GERARD	1984	200	250.00	725.00
❑ HELENE & CHILDREN	1989	280	365.00	630.00
❑ HOPE	1980	396	400.00	1100.00
❑ INTERNATIONAL YEAR OF THE CHILD SUITE	1979	420	900.00	2250.00
❑ JACKLIN & CHILD	1981	197	110.00	400.00
❑ JAPANESE DOLL	1976	28	160.00	2600.00
❑ JENNIFER & CHILDREN	1984	318	445.00	775.00
❑ JOELLE	1982	348	295.00	1000.00
❑ JOHN M	1988	308	185.00	325.00
❑ JOSEPH	1979	335	495.00	1325.00
❑ KELLY	1982	347	320.00	1700.00
❑ KIKUE (SILK)	1976	145	195.00	2700.00
❑ LA TOSCA	1985	355	595.00	725.00
❑ LINDA T	1988	302	185.00	325.00

PRINTS

NAME	YEAR	LIMIT	ISSUE	TREND
❑ LITTLE EMPEROR, THE	1981	275	1000.00	2250.00
❑ LITTLE EMPRESS	1981	319	1000.00	2100.00
❑ LYDIA	1982	298	295.00	650.00
❑ MAYAN MAN	1977	295	350.00	4300.00
❑ MONICA MATTEAO & VANESSA	1987	300	350.00	650.00
❑ MOTHER & FOUR CHILDREN (HORIZONTAL)	1976	300	250.00	2000.00
❑ MOTHER AND FOUR CHILDREN	1974	60	150.00	1675.00
❑ MUSEUM SUITE	1977	375	1900.00	9700.00
❑ NANCY WITH MEGAN	1986	367	450.00	900.00
❑ NARO-SAN	1982	322	310.00	675.00
❑ NATASHA & CHILDREN	1984	308	195.00	500.00
❑ NAVA & CHILDREN	1984	385	385.00	750.00
❑ NEW HAT, THE	1988	298	310.00	550.00
❑ NORA	1979	394	175.00	750.00
❑ ONCE UPON A TIME	1987	287	365.00	550.00
❑ PETRA MIT KINDER	1979	320	345.00	2500
❑ RENA & RACHEL	1982	329	345.00	1025.00
❑ SANDY & CHILDREN	1984	419	365.00	750.00
❑ SANDY (STONE LITHO)	1975	140	75.00	1550.00
❑ SARAH & JOSHUA	1984	343	475.00	850.00
❑ SOPHIA & CHILDREN	1976	296	325.00	4300.00
❑ SPIRIT OF MAINAU SUITE, THE	1980	385	1200.00	3150.00
❑ SWITZERLAND	1976	270	350.00	2000.00
❑ TAMARA	1990	254	360.00	500.00
❑ THAI PRINCESS	1979	335	495.00	1450.00
❑ TINA	1980	200	750.00	1200.00
❑ VALERIE & CHILDREN	1983	400	295.00	625.00
❑ WENDY WITH HAT	1984	308	395.00	725.00
❑ XIN-XIN OF THE HIGH MOUNTAINS	1988	325	1300.00	2000.00

FRAME HOUSE

C. HARPER

NAME	YEAR	LIMIT	ISSUE	TREND
❑ ANHINGA (LITHO ON CANVAS)	1969	500	50.00	225.00
❑ ARCTIC CIRCLE-MUSKOX	*	*	175.00	175.00
❑ ARMADITTO	1982	1500	60.00	135.00
❑ BARK EYES-OWL	*	*	90.00	90.00
❑ BEAR IN THE BIRCHES	1972	1500	35.00	525.00
❑ BEETLE BATTLE	1971	750	30.00	180.00
❑ BIG RAC' ATTACK-RACCOON	*	*	125.00	125.00
❑ BIRDS OF A FEATHER	1974	2000	50.00	180.00
❑ BIRDWATCHER	1975	2000	40.00	700.00
❑ BITTERN SUITE	1978	2500	50.00	70.00
❑ BLACKBERRY JAM	*	*	90.00	180.00
❑ BLUE JAY BATHING	1971	1500	30.00	145.00
❑ BLUEBIRDS IN THE BLUEGRASS	1975	2000	45.00	175.00
❑ BOBWHITE FAMILY	1970	750	30.00	150.00
❑ BOX TURTLE	1972	1500	30.00	200.00
❑ B-R-R-R-R-R-DBATH	1986	1000	125.00	170.00
❑ BRRRTHDAY	1977	2500	40.00	90.00
❑ BURROWING OWL	1970	500	30.00	180.00
❑ BUZZ OFF YOU TURKEY	1979	2500	55.00	90.00
❑ CARDINAL (ON CORN)	1970	500	30.00	400.00
❑ CARDINAL COURTSHIP	*	*	175.00	185.00
❑ CARDINAL CRADLE	*	*	175.00	185.00
❑ CATNIP	1977	2500	50.00	180.00
❑ CHIPMUNK	1972	1500	30.00	100.00
❑ CHRISTMAS CAPER	*	*	25.00	35.00
❑ CLAIR DE LOON	*	*	175.00	200.00
❑ CLAWS	1976	2000	40.00	385.00
❑ CONFISKATION-ROBIN	*	*	90.00	160.00
❑ CONVIVIAL PURSUIT	*	*	125.00	125.00
❑ COOL CARDINAL	1974	2000	30.00	1450.00
❑ COOL CARNIVORE	1979	2500	50.00	70.00
❑ CORNPONE	1976	2500	40.00	180.00
❑ COTTONTAIL IN A COTTONFIELD-RABBIT	*	*	125.00	140.00
❑ CRABITAT	*	*	125.00	125.00
❑ CRAWLING TALL	1978	3500	50.00	80.00
❑ CRAYFISH MOLTING	1970	750	30.00	125.00
❑ CROW IN THE SNOW	1974	1500	35.00	275.00
❑ DEVOTION IN THE OCEAN	1976	2000	40.00	100.00
❑ DOLFUN	1977	2500	50.00	90.00
❑ DOWN UNDER, DOWN UNDER	1977	2500	40.00	100.00
❑ DREAM TEAM			20.00	26.00
❑ EVERGLADE KITE	*	*	*	250.00
❑ FAMILY OWLBUM	1972	1500	30.00	125.00
❑ FEARLESS FEATHERS	*	*	125.00	125.00
❑ FINE FEATHER	1974	1500	30.00	150.00
❑ FLAMINGO A GO GO	*	*	150.00	150.00
❑ FOXSIMILES	1981	1500	60.00	70.00
❑ FROG EAT FROG	1978	2500	50.00	90.00
❑ FROG IN GRASS	*	*	*	250.00
❑ FURRED FEEDER	1979	2500	50.00	80.00
❑ GIFT RAPT-RACCOON	*	*	175.00	185.00
❑ GREEN CUISINE	1984	1000	90.00	110.00
❑ HARE'S BREADTH	1978	2500	50.00	80.00
❑ HERONDIPITY	1985	500	175.00	300.00
❑ HEXIT	1980	1500	60.00	110.00
❑ HOUSE WRENS	1968	500	20.00	175.00
❑ HUNGRY EYES	1969	500	20.00	600.00
❑ JUMBRELLA	1980	1500	60.00	135.00
❑ KOALA, KOALA-KOALA BEAR	*	*	*	20.00

NAME	YEAR	LIMIT	ISSUE	TREND
❑ LADYBUG	1968	500	20.00	250.00
❑ LADYBUG (LITHO)	1968	10000	6.00	50.00
❑ LADYBUG LOVERS	1971	1500	30.00	160.00
❑ LAST APHID	1981	1500	60.00	135.00
❑ LAST SUNFLOWER SEED, THE	1973	1500	30.00	550.00
❑ LOONRISE	1986	500	175.00	465.00
❑ LOVE FROM ABOVE	1976	2000	40.00	775.00
❑ LOVE ON A LIMB-MONKEY	*	*	125.00	175.00
❑ LOVEY DOVEY	1978	2500	50.00	160.00
❑ LUCKY LADYBUG	*	*	8.00	25.00
❑ MANATEE IN THE MANGROVE	*	*	195.00	195.00
❑ MYSTERY OF THE MISSING MIGRANT-BIRD	*	*	*	30.00
❑ OWLTERCATION	*	*	175.00	185.00
❑ PACK PACT-MILL	*	*	175.00	175.00
❑ PAINTED BUNTING	1974	1500	30.00	425.00
❑ PELICAN IN A DOWNPOUR	1972	1500	30.00	400.00
❑ PELICAN PANTRY	*	*	60.00	60.00
❑ PFWHOOOO	1975	*	40.00	540.00
❑ PHANCY PHEATHERS	1977	2500	50.00	175.00
❑ PIER GROUP	1984	1000	90.00	380.00
❑ PILEATED WOODPECKER	1970	750	30.00	150.00
❑ PISCINE QUEUES	*	*	125.00	125.00
❑ PORTFOLIO OF FOUR PRINTS	1968	500	60.00	375.00
❑ POTLUCK	1980	1500	60.00	120.00
❑ PRICKLEY PAIR	1982	1500	60.00	300.00
❑ PUFFIN	1971	750	30.00	140.00
❑ QUAILSAFE	*	*	90.00	95.00
❑ RACC & RUIN	1981	1500	60.00	135.00
❑ RACCOONNAISSANCE	1984	1000	90.00	250.00
❑ RACCPACK	1976	2000	35.00	400.00
❑ RACCROBAT	*	*	*	10.00
❑ RACCSNACK-RACCOON	*	*	90.00	100.00
❑ RED-BELLIED WOODPECKER	1971	1500	30.00	100.00
❑ REDBIRDS AND REDBUDS	1980	1500	60.00	80.00
❑ ROMANCE ON THE RICHTER SCALE-WHALE	1981	1500	60.00	125.00
❑ ROUND ROBIN	1973	1500	30.00	135.00
❑ SEEING RED	1977	2500	40.00	150.00
❑ SERENGETI SPAGHETTI	1979	2500	55.00	110.00
❑ SKIMMERSCAPE	1976	2000	40.00	200.00
❑ SKIPPING SCHOOL	1977	2500	50.00	50.00
❑ SQUIRREL IN A SQUALL	*	*	90.00	175.00
❑ SUGAR FREE	*	*	125.00	200.00
❑ TAILGATOR	*	*	125.00	180.00
❑ TALL TAIL	1974	2000	30.00	180.00
❑ TERN, STONES, AND TURNSTONES	1982	1500	60.00	110.00
❑ UPSIDE DOWNY	*	*	125.00	125.00
❑ VOWLENTINE	1985	1000	45.00	45.00
❑ WATER STRIDER	1969	500	40.00	475.00
❑ WATERMELON MOON	1973	1500	30.00	375.00
❑ WEDDING FEAST	1973	1500	30.00	385.00
❑ WHITECOAT	1975	2000	30.00	180.00
❑ WINGDING	*	*	90.00	90.00
❑ WOOD DUCK	1973	1500	30.00	575.00
❑ YELLOW BELLIED SAPSUCKER	1972	1500	30.00	50.00

A. HUNT

NAME	YEAR	LIMIT	ISSUE	TREND
❑ DAWN ALERT	1988	TL	160.00	250.00
❑ FOX IN REEDS	1985	1500	75.00	75.00
❑ LAZY AFTERNOON	1984	1500	75.00	75.00
❑ SNOW LEOPARD	1986	1000	150.00	400.00

GREENWICH WORKSHOP

M. BASTIN

NAME	YEAR	LIMIT	ISSUE	TREND
❑ DINNER GUESTS	1997	SO	95.00	170.00
❑ GARDEN PICNIC	1998	1950	119.00	135.00

A. BEAN

❑ IN THE BEGINNING	1994	SO	450.00	2000.00

C. BLISH

❑ FATHER, THE HOUR HAS COME	1998	OP	70.00	70.00

C. BLOSSOM

❑ GOLD RUSH TWILIGHT	1998	550	195.00	195.00

W. BULLAS

❑ DOG BYTE	1995	SO	95.00	300.00
❑ FOOL AND HIS BUNNY	1998	950	95.00	125.00

J. CHRISTENSEN

NAME	YEAR	LIMIT	ISSUE	TREND
❑ ANGEL IN PURSUIT FISH KNOW.	*	*	*	300.00
❑ ANGEL WITH FISH	*	*	*	275.00
❑ ANNUNCIATION, THE	1989	850	175.00	340.00
❑ ARTIST, THE	*	*	*	450.00
❑ BIRDS HUNTERS FULL CAMO.	*	*	*	165.00
❑ BURDEN OF THE RESPONSIBLE MAN, THE	1990	850	145.00	2750.00
❑ CANDLEMAN, THE	1991	850	160.00	360.00
❑ COLLEGE OF MAGICAL KNOWLEDGE	1993	*	185.00	740.00
❑ CONVERSATION AROUND FISH	*	*	*	600.00
❑ COPADEORA	*	*	*	140.00
❑ EVENING ANGELS	1994	4000	195.00	200.00
❑ FISH ANGEL	*	*	*	200.00
❑ FISH WATER	*	*	*	3200.00
❑ FISHE	*	*	*	325.00
❑ FISHWALKER	*	*	*	1300.00
❑ GETTING IT RIGHT	1993	4000	185.00	185.00

PRINTS

A bird of prey reflected in the water is viewed as The Good Omen by Bev Doolittle, a 1980 release from The Greenwich Workshop.

A little boy and his puppy sadly watch the rain fall in Rained Out, a 16x20-inch print by Donald Zolan, Zolan Fine Art Studios.

The mountains of New Mexico form a spectacular backdrop to these cowboys on horseback in Morning in New Mexico by Jack Terry from Jack Terry Fine Art Publishing.

NAME	YEAR	LIMIT	ISSUE	TREND
☐ GIFT FOR MRS. CLAUS, THE	1985	3500	80.00	550.00
☐ GIFT, THE	*	*	*	350.00
☐ JONAH	1986	850	95.00	1100.00
☐ LAWRENCE AND A BEAR	1991	850	145.00	400.00
☐ MAN WHO MINDS THE MOON, THE	1988	850	145.00	600.00
☐ MECHANICAL FISH	*	*	*	300.00
☐ MIDNIGHT SCHOLAR	*	*	*	350.00
☐ MUSICIAN	*	*	*	300.00
☐ OLD ANGEL	*	*	*	350.00
☐ OLD MAN WITH A LOT ON HIS MIND	1987	850	85.00	800.00
☐ OLDE WORLD SANTA	1986	3500	80.00	700.00
☐ OLDEST ANGEL, THE	1992	850	125.00	1400.00
☐ ONCE UPON A TIME	1991	1500	175.00	1900.00
☐ ONCE UPON A TIME (REMARQUE)	1991	500	375.00	2000.00
☐ PELICAN KING	1991	SO	115.00	825.00
☐ PISCATORIAL PERCUSSIONIST	1995	3000	125.00	130.00
☐ RESPONSIBLE WOMAN, THE	1992	2500	175.00	1000.00
☐ RHYMES & REASONS	1990	OP	150.00	250.00
☐ ROYAL MUSIC BARQUE, THE	1993	2750	375.00	375.00
☐ ROYAL PROCESSIONAL, THE	1992	1500	185.00	640.00
☐ ROYAL PROCESSIONAL, THE- REMARQUE	1992	1500	185.00	825.00
☐ SCHOLAR, THE	1993	3250	125.00	300.00
☐ SERENADE FOR AN ORANGE CAT	1995	3000	125.00	135.00
☐ SISTERS OF THE SEA	1995	SO	195.00	385.00
☐ SIX BIRD HUNTERS	1994	*	165.00	170.00
☐ SOMETIMES THE SPIRIT..W/BOOK	1994	3600	195.00	440.00
☐ SUPERSTITIONS	1998	RT	195.00	350.00
☐ TWO ANGELS DISCUSS BOTTICELLI	1994	2950	145.00	160.00
☐ TWO SISTERS	1000	660	006.00	750.00
☐ VOYAGE OF THE BASSET	1987	850	225.00	1450.00
☐ WAITING FOR THE TIDE	1993	2250	150.00	360.00
☐ WIDOW'S MITE, THE	1988	850	145.00	7840.00
☐ WIZARD	*	*	*	50.00
☐ YOUR PLACE, OR MINE?	1986	850	125.00	400.00

S. COMBES

☐ SENTINELS	1998	550	125.00	200.00

B. DOOLITTLE

☐ BUGGED BEAR	1980	1000	85.00	4000.00
☐ CALLING THE BUFFALO	1987	8500	245.00	1200.00
☐ CHRISTMAS DAY, GIVE OR TAKE A WEEK	1983	4800	80.00	2275.00
☐ DOUBLED BACK	1988	15000	285.00	1950.00
☐ EAGLE HEART	1992	48000	285.00	300.00
☐ EAGLE'S FLIGHT	1982	1500	185.00	4300.00
☐ ESCAPE BY A HARE	1983	1500	80.00	975.00
☐ FOREST HAS EYES, THE	1984	RT	175.00	4900.00
☐ GHOST OF THE GRIZZLY	*	*	*	3000.00
☐ GOOD OMEN, THE	1980	1000	85.00	3800.00
☐ GUARDIAN SPIRITS	1987	13238	295.00	1050.00
☐ HIDE AND SEEK SUITE	1000	25000	000.00	1900.00
☐ HIDE AND SEEK-7 PC. COMP SET	1990	RT	1200.00	1200.00
☐ HIDE AND SEEK-LG	1990	RT	300.00	300.00
☐ HIDE AND SEEK-MINI	1990	*	*	250.00
☐ LET MY SPIRIT SOAR	1984	1500	195.00	4550.00
☐ PINTOS	1979	1000	65.00	10500.00
☐ PRAYER FOR THE WILD THINGS	1993	50000	325.00	575.00
☐ RUNS WITH THUNDER	1983	1500	150.00	1200.00
☐ RUSHING WAR EAGLE	1983	1500	150.00	1200.00
☐ SACRED CIRCLE	1991	*	265.00	500.00
☐ SACRED CIRCLE (PC)	1991	40192	325.00	600.00
☐ SACRED GROUND	1989	70000	265.00	1150.00
☐ SEASON OF THE EAGLE	1987	36548	245.00	950.00
☐ SENTINEL, THE	1991	35000	275.00	715.00
☐ SPIRIT OF THE GRIZZLY	1981	1500	150.00	4500.00
☐ TWO BEARS OF THE BLACKFEET	1986	2650	225.00	975
☐ TWO INDIAN HORSES	1985	12253	225.00	4000.00
☐ TWO MORE INDIAN HORSES	1995	48000	385.00	750.00
☐ UNKNOWN PRESENCE	1981	1500	135.00	3000.00
☐ WHEN THE WIND HAD WINGS	1994	48000	325.00	400.00
☐ WHERE SILENCE SPEAKS, ART OF DOOLITTLE	1986	3500	650.00	3000.00
☐ WHOO!?	1980	1000	75.00	2160.00
☐ WILDERNESS...WILDERNESS!	1993	RT	65.00	100.00
☐ WOLVES OF THE CROW	1985	2650	225.00	1900.00
☐ WOODLAND ENCOUNTER	1981	1500	145.00	8500.00

E. DUBOWSKI

☐ ERRAND, THE	1998	550	125.00	125.00

L. FRAZIER

☐ CONSTANT TRAVELER	1998	750	150.00	150.00

S. GUSTAFSON

☐ ADVICE FROM CATERPILLAR	*	*	*	250.00
☐ ALICE IN WONDERLAND SUITE	1995	4000	195.00	195.00
☐ FAIRY TALE SET OF 5	*	*	*	120.00
☐ FROG PRINCE	1994	RT	125.00	160.00
☐ GOLDILOCKS AND THE THREE BEARS	1993	RT	125.00	625.00
☐ HANSEL & GRETEL	1995	3000	125.00	125.00
☐ HUMPTY DUMPTY	1993	RT	125.00	150.00
☐ JACK AND THE BEANSTALK	1995	3500	125.00	135.00
☐ LITTLE BO PEEP	1998	950	125.00	145.00
☐ LITTLE RED RIDING HOOD	1993	RT	125.00	185.00

NAME	YEAR	LIMIT	ISSUE	TREND
❏ MAD TEA PARTY	*	*	*	200.00
❏ MOONBEAR LISTENS TO THE EARTH	1998	1250	175.00	175.00
❏ OLD KING COLE	1996	2750	125.00	135.00
❏ OWL & PUSSYCAT	1997	950	125.00	140.00
❏ PAT-A-CAKE	1994	RT	125.00	130.00
❏ PUSS IN BOOTS	1996	2750	145.00	150.00
❏ RUMPLESTILTSKIN	1995	2750	125.00	135.00
❏ SNOW WHITE AND THE SEVEN DWARFS	1993	RT	165.00	375.00
❏ TOM THUMB	1997	SO	125.00	120.00
❏ TOUCHED BY MAGIC	1995	4000	185.00	185.00
J. HOLM				
❏ FIVE PERSIANS	1998	550	130.00	175.00
S. KENNEDY				
❏ CROSSING OVER	1998	750	145.00	180.00
❏ QUIET TIME COMPANIONS-SAMOYED	1994	SO	125.00	160.00
P. LANDRY				
❏ AFTERNOON TEA	1996	SO	495.00	495.00
S. LYMAN				
❏ AMONG THE WILD BRAMBLES-KESTREL	1990	1750	185.00	720.00
❏ AN ELEGANT COUPLE	1987	1000	125.00	330.00
❏ AUTUMN GATHERING-LANDSCAPE	1985	850	115.00	820.00
❏ BEAR & BLOSSOMS-BLACK BEAR	1985	850	75.00	860.00
❏ BIG COUNTRY, THE-GRIZZLY	*	*	225.00	200.00
❏ CANADIAN AUTUMN-MOOSE	1987	1500	165.00	835.00
❏ CATHEDRAL SNOW-LANDSCAPE	1995	4000	245.00	300.00
❏ COLOR IN THE SNOW-PHEASANT	1989	1500	165.00	600.00
❏ COLORS OF TWILIGHT	1986	850	75.00	175.00
❏ DANCE OF CLOUD AND CLIFF-LANDSCAPE	1991	1500	225.00	400.00
❏ DANCE OF WATER AND LIGHT	1991	3000	225.00	340.00
❏ EARLY WINTER IN THE MOUNTAINS	1983	850	95.00	800.00
❏ ELEGANT COUPLE-WOOD DUCK	1987	1000	125.00	150.00
❏ EMBERS AT DAWN	1991	3500	225.00	1900.00
❏ END OF THE RIDGE	1983	850	95.00	985.00
❏ EVENING LIGHT	1990	2500	225.00	3800.00
❏ FIRE DANCE-CAMPFIRE	1993	8500	235.00	800.00
❏ FREE FLIGHT	1984	850	70.00	175.00
❏ HIGH CREEK CROSSING-BISON	1987	1000	165.00	1465.00
❏ HIGH LIGHT	1989	1250	165.00	650.00
❏ HIGH TRAIL AT SUNSET-MOUNTAIN GOAT	1986	1000	125.00	925.00
❏ INTRUDER, THE	1988	1500	150.00	180.00
❏ LAKE OF THE SHINING ROCKS-LANDSCAPE	1993	*	235.00	550.00
❏ LAST LIGHT OF WINTER-CANADA GOOSE	1989	1500	175.00	1450.00
❏ MIDNIGHT FIRE	1995	8500	245.00	370.00
❏ MOON SHADOWS-CANADA GOOSE	1987	1500	135.00	225.00
❏ MOONFIRE	1994	7500	245.00	1400.00
❏ MOONLIT FLIGHT, CHRISTMAS	1994	2750	165.00	300.00
❏ MORNING SOLITUDE-GREY BLUE HERON	1986	850	115.00	725.00
❏ MOUNTAIN CAMPFIRE	1990	1500	195.00	2600.00
❏ NEW KID ON THE ROCK-OTTER	1994	2250	185.00	385.00
❏ NEW TERRITORY-GRIZZLY BEAR	1987	1000	135.00	525.00
❏ NOISY NEIGHBORS (R)	1984	25	95.00	1000.00
❏ NORTH COUNTRY SHORES-LANDSCAPE	1994	*	225.00	580.00
❏ PASS, THE	1983	850	95.00	700.00
❏ QUIET RAIN-CANADA GOOSE	1989	1500	165.00	875.00
❏ RAPTOR'S WATCH, THE-EAGLE	1988	1500	150.00	3700.00
❏ RETURN OF THE FALCON	1988	1500	150.00	500.00
❏ RIPARIAN RICHES-G/B HERON	1993	2500	235.00	235.00
❏ RIVER OF LIGHT	1991	2950	225.00	230.00
❏ SECRET WATCH-LYNX	1991	2250	150.00	155.00
❏ SILENT SNOWS-WOLF	1990	1750	210.00	440.00
❏ SNOW HUNTER-BOBCAT	1988	1500	135.00	240.00
❏ SNOWY THRONE (C)	1986	850	85.00	630.00
❏ SPIRIT OF CHRISTMAS-SANTA	1993	RT	165.00	560.00
❏ THUNDERBOLT	1995	7000	235.00	1050.00
❏ TWILIGHT SNOW-BLUE JAY	1987	950	85.00	950.00
❏ UZUMATI: GREAT BEAR OF YOSEMITE	1988	1750	150.00	850.00
❏ WARMED BY THE VIEW-CAMPFIRE	1992	8500	235.00	640.00
❏ WILDERNESS WELCOME	1992	8500	235.00	1400.00
❏ WILDFLOWER SUITE	1992	2250	175.00	540.00
❏ WINTER SHADOWS	1997	SO	225.00	180.00
❏ WOODLAND HAVEN-ELK	1992	2500	195.00	460.00
B. MARRIS				
❏ LITTLE PIG WITH A BIG HEART (BABE)	1996	SO	95.00	100.00
❏ UNDERCOVER	1998	750	145.00	400.00
F. MCCARTHY				
❏ AFTER THE DUST STORM	1984	1000	145.00	260.00
❏ ALERT	1982	1000	135.00	175.00
❏ ALONG THE WEST FORK	1984	1000	175.00	380.00
❏ AMBUSH, THE	1978	1000	125.00	500.00
❏ AN OLD TIME MOUNTAIN MAN	1977	1000	65.00	200.00
❏ APACHE SCOUT	1982	1000	165.00	325.00
❏ APACHE TRACKERS	1988	1000	95.00	160.00
❏ ATTACK ON THE WAGON TRAIN	1982	1400	150.00	250.00
❏ BEAVER MEN, THE	1977	1000	75.00	440.00
❏ BEFORE THE CHARGE	1980	1000	115.00	200.00
❏ BEFORE THE NORTHER	1978	1000	90.00	400.00
❏ BELOW THE BREAKING DAWN	1990	1250	225.00	225.00
❏ BENEATH THE CLIFF OF SPIRIT	1994	1500	295.00	295.00

PRINTS

NAME	YEAR	LIMIT	ISSUE	TREND
❑ BIG MEDICINE	1989	1000	225.00	320.00
❑ BLACKFEET RAIDERS	1983	1000	90.00	315.00
❑ BREAK'G THE MOONLIT SILENCE	1992	650	375.00	375.00
❑ BUFFALO RUNNERS, THE	1988	1000	195.00	320.00
❑ BURNING THE WAY STATION	1980	1000	125.00	300.00
❑ BY ANCIENT TRAILS THEY PASS	1993	1000	245.00	245.00
❑ CANYON LANDS	1989	1250	225.00	225.00
❑ CHALLENGE, THE	1982	1000	175.00	365.00
❑ CHARGE OF BUFFALO SOLDIERS	1995	1000	195.00	250.00
❑ CHARGING THE CHALLENGER	1985	1000	150.00	330.00
❑ CHASE, THE	1991	1000	225.00	225.00
❑ CHILDREN OF THE RAVEN	1986	1000	185.00	925.00
❑ CHIRICAHUA RAIDERS	1987	1000	165.00	400.00
❑ COMANCHE MOON	1977	1000	75.00	250.00
❑ COMANCHE WAR TRAIL	1986	1000	165.00	175.00
❑ COMING OF THE IRON HORSE, THE	1989	1500	225.00	400.00
❑ COMING OF/IRON HORSE, THE (PRINT/PEWTER)	1989	100	1500.00	2000.00
❑ COUP, THE	1981	1000	125.00	620.00
❑ CROSSING THE DIVIDE/THE OLD WEST	1981	1500	850.00	950.00
❑ DECOYS, THE	1984	450	325.00	500.00
❑ DISTANT THUNDER	1977	1500	75.00	1050.00
❑ DOWN FROM THE MOUNTAINS	1989	1500	245.00	240.00
❑ DRIVE, THE	1986	1000	95.00	310.00
❑ DUST STAINED POSSE	1977	1000	75.00	1150.00
❑ FIREBOAT, THE	1985	1000	175.00	185.00
❑ FLASHES OF LIGHTNING	1994	550	435.00	450.00
❑ FOLLOWING THE HERDS	1987	1000	195.00	400.00
❑ FORBIDDEN LAND	1980	1000	125.00	950.00
❑ FORDING, THE	1978	1000	75.00	175.00
❑ FROM THE RIM	1987	1000	225.00	260.00
❑ HEADED NORTH	1981	1000	150.00	285.00
❑ HEADING BACK	1992	1000	225.00	280.00
❑ HOKA HEY: SIOUX WAR CRY	1990	1250	225.00	225.00
❑ HOSTILE LAND, THE	1988	1000	225.00	225.00
❑ HOSTILES, THE	1976	1000	55.00	455.00
❑ HUNT, THE	1974	1000	75.00	655.00
❑ IN PURSUIT OF THE WHITE BUFFALO	1988	1500	225.00	400.00
❑ IN THE LAND OF ANCIENT ONES	1993	1250	245.00	220.00
❑ IN THE LAND OF THE SPARROW HAWK PEOPLE	1983	1000	165.00	250.00
❑ IN THE LAND OF THE WINTER HAWK	1987	1000	225.00	380.00
❑ IN THE PASS	1978	1500	90.00	325.00
❑ LAST CROSSING, THE	1995	550	350.00	100.00
❑ LAST STAND, THE: LITTLE BIG HORN	1988	2250	225.00	240.00
❑ LONE SENTINEL	1974	1000	55.00	1400.00
❑ LONER, THE	1979	1000	75.00	440.00
❑ LONG COLUMN	1974	1000	75.00	950.00
❑ LONG KNIVES, THE	1985	1000	175.00	625.00
❑ LOS DIABLOS	1989	1250	225.00	225.00
❑ MEDICINE MAN	1995	SO	165.00	220.00
❑ MOONLIT TRAIL	1983	1000	90.00	240.00
❑ NAVAJO PONIES FOR COMANCHE	1992	1000	225.00	225.00
❑ NIGHT CROSSING	1978	1000	75.00	385.00
❑ NIGHT THEY NEEDED A GOOD RIBBON MAN, THE	1974	1000	65.00	540.00
❑ ON THE OLD NORTH TRAIL	1990	650	550.00	2500
❑ ON THE WARPATH	1979	1000	75.00	150.00
❑ OUT OF THE MIST THEY CAME	1983	1000	165.00	245.00
❑ OUT OF THE WINDSWEPT RAMPARTS	1990	1250	225.00	225.00
❑ PACKING IN	1976	1000	65.00	720.00
❑ PATROL AT BROKEN FINGER	1998	750	165.00	175.00
❑ PONY EXPRESS	1991	1000	225.00	225.00
❑ PRAYER, THE	1979	1500	90.00	525.00
❑ PURSUIT, THE	1991	650	550.00	550.00
❑ RACE WITH THE HOSTILES	1981	1000	135.00	220.00
❑ RED BULL'S WAR PARTY	1986	1000	165.00	175.00
❑ RETREAT TO HIGHER GROUND	1979	2000	90.00	460.00
❑ RETURNING RAIDERS	1975	1000	75.00	400.00
❑ ROAR OF THE NORTHER	1980	1000	90.00	230.00
❑ ROBE SIGNAL	1977	850	60.00	440.00
❑ SABER CHARGE	1988	2250	225.00	225.00
❑ SAVAGE TAUNT, THE	1984	1000	225.00	300.00
❑ SCOUTING THE LONG KNIVES	1985	1400	195.00	540.00
❑ SHADOWS OF THE WARRIORS	1993	1000	225.00	225.00
❑ SHOW OF DEFIANCE	1994	1000	195.00	195.00
❑ SIGHTING THE INTRUDERS	1993	1000	225.00	225.00
❑ SINGLE FILE	1978	1000	75.00	620.00
❑ SIOUX WARRIORS	1976	650	55.00	170.00
❑ SMOKE WAS THEIR ALLY	1975	1000	75.00	260.00
❑ SNOW MOON	1980	1000	115.00	200.00
❑ SPLITTING THE HERD	1995	550	465.00	485.00
❑ SPOOKED	1986	1400	195.00	300.00
❑ SURROUNDED	1981	1000	150.00	590.00
❑ SURVIVOR, THE	1975	1000	65.00	175.00
❑ TIME OF DECISION	1980	1150	125.00	244.00
❑ TO BATTLE	1978	1000	75.00	725.00
❑ TRADERS, THE	1985	1000	195.00	230.00
❑ TROOPER, THE	1980	1000	90.00	315.00
❑ TURNING THE LEADERS	1988	1500	225.00	225.00
❑ UNDER ATTACK	1983	5676	125.00	360.00
❑ UNDER HOSTILE FIRE	1981	1000	150.00	215.00

PRINTS

NAME	YEAR	LIMIT	ISSUE	TREND
❏ WAITING FOR THE ESCORT	1975	1000	75.00	370.00
❏ WARRIOR, THE	1976	650	55.00	775.00
❏ WARRIORS, THE	1982	1000	150.00	220.00
❏ WATCHING THE WAGONS	1984	1400	175.00	725.00
❏ WAY OF ANCIENT MIGRATION	1994	1250	245.00	245.00
❏ WHEN OMENS TURN BAD	1987	1000	165.00	500.00
❏ WHEN THE LAND WAS THEIRS	1992	1000	225.00	225.00
❏ WHERE ANCIENT ONES HUNTED	1992	1000	245.00	245.00
❏ WHERE OTHERS HAD PASSED	1992	1000	245.00	245.00
❏ WHERE TRACKS WILL BE LOST	1986	550	350.00	500.00
❏ WHIRLING HE RACED TO MEET THE CHALLENGE	1984	1000	175.00	470.00
❏ WILD ONES, THE	1991	1000	225.00	225.00
❏ WINTER TRAIL	1990	1500	235.00	235.00
❏ WITH PISTOLS DRAWN	1993	1000	195.00	200.00
W.S. PHILLIPS				
❏ LIGHTKEEPER'S GIFT	1996	SO	175.00	300.00
H. PRESSE				
❏ DANCE OF THE SUN	1998	550	125.00	520.00
J. REYNOLDS				
❏ QUIET PLACE, THE	1994	SO	185.00	185.00
❏ SWING SHIFT (CANVAS)	1998	450	495.00	495.00
H. TERPNING				
❏ CROW PIPE CEREMONY	*	SO	895.00	2700.00
J. TERPNING				
❏ HOLY MAN OF THE BLACKFOOT (CANVAS)	1998	975	895.00	2000.00
J. WEISS				
❏ DOUBLE TROUBLE	1998	1450	95.00	115.00
❏ GOOD AS GOLD	*	SO	95.00	310.00
C. WYSOCKI				
❏ AMERICANA BOWL, THE	1988	3500	295.00	360.00
❏ AMISH NEIGHBORS	1983	1000	150.00	1225.00
❏ ANOTHER YEAR AT SEA	1989	2500	175.00	1875.00
❏ APPLE BUTTER MAKERS	1983	1000	135.00	1390.00
❏ BACH'S MAGNIFICAT IN D MINOR	1987	2250	150.00	725.00
❏ BEAUTY AND THE BEAST	1991	2000	125.00	125.00
❏ BELLY WARMERS	1990	2500	150.00	170.00
❏ BIRD HOUSE	1984	1000	85.00	230.00
❏ BIRDS OF A FEATHER	1985	1250	145.00	1200.00
❏ BOSTONIANS AND BEANS	1989	6711	225.00	1000.00
❏ BUTTERNUT FARMS	1979	1000	75.00	2000.00
❏ CALEB'S BUGGY BARN	1980	1000	80.00	400.00
❏ CAPE COD COLD FISH PARTY	1984	1000	150.00	150.00
❏ CARNIVAL CAPERS	1982	620	200.00	400.00
❏ CARVER COGGINS	1981	1000	145.00	1250.00
❏ CHRISTMAS GREETING	1989	11000	125.00	125.00
❏ CHRISTMAS PRINT, 1982	1982	2000	80.00	850.00
❏ CHUMBUDDIES	1984	1000	55.00	125.00
❏ CLAMMERS AT HODGE'S HORN	1985	1000	150.00	1500.00
❏ COMMEMORATIVE PRINT	1983	2000	55.00	100.00
❏ COMMEMORATIVE PRINT	1984	2000	55.00	65.00
❏ COMMEMORATIVE PRINT	1985	2000	55.00	60.00
❏ COMMEMORATIVE PRINT	1986	2000	55.00	80.00
❏ COTTON COUNTRY	1984	1000	150.00	370.00
❏ COUNTRY RACE	1983	1000	150.00	375.00
❏ DADDY'S COMING HOME	1986	1250	150.00	950.00
❏ DAHALIA DINALHAVEN MAKES A DORY DEAL	1987	2250	150.00	775.00
❏ DANCING PHEASANT FARMS	1986	1750	165.00	925.00
❏ DERBY SQUARE	1980	1000	90.00	1150.00
❏ DEVILBELLY BAY	1986	1000	145.00	1025.00
❏ DEVILSTONE HARBOR/AN AMERICAN CELEB.	1985	3500	195.00	1000.00
❏ DREAMERS	1989	3000	175.00	485.00
❏ ETHEL THE GOURMET-CAT	1992	10180	150.00	950.00
❏ FAIRHAVEN BY THE SEA	1979	1000	75.00	1650.00
❏ FEATHERED CRITICS	1988	2500	150.00	170.00
❏ FOX RUN	1979	1000	75.00	1050.00
❏ FOXY FOX OUTFOXES THE FOX HUNTERS, THE	1984	1500	150.00	300.00
❏ FREDERICK THE LITERATE-CAT	1992	6500	150.00	3400.00
❏ FUN LOVIN' SILLY FOLKS	1989	3000	185.00	575.00
❏ GANG'S ALL HERE, THE W/REM	1984	250	90.00	175.00
❏ GANG'S ALL HERE, THE/TEDDY BEAR	1984	OP	65.00	200.00
❏ GAY HEAD LIGHT/LIGHTHOUSE	1992	2500	165.00	275.00
❏ HICKORY HAVEN CANAL	1986	1500	165.00	1050.00
❏ HOME IS MY SAILOR	1988	2500	150.00	150.00
❏ HOME SWEET HOME	1994	*	25.00	25.00
❏ I LOVE AMERICA	1985	2000	20.00	100.00
❏ JINGLE BELL TEDDY AND FRIENDS	1990	5000	125.00	140.00
❏ JOLLY HILL FARMS	1980	1000	75.00	940.00
❏ LADY LIBERTY INDEPENDENCE DAY	1986	1500	140.00	800.00
❏ LOST IN THE WOODIES	1994	*	195.00	375.00
❏ LOVE LETTER FROM LARAMIE	1992	1500	150.00	150.00
❏ MABEL THE STOWAWAY	1995	CL	175.00	275.00
❏ MABEL THE STOWAWAY/CANVAS	1995	*	*	750.00
❏ MABEL THE STOWAWAY/FRAMED	1995	*	*	1100.00
❏ MEMORY MAKER, THE	1989	2500	165.00	180.00
❏ MERRYMAKERS SERENADE	1985	1250	125.00	125.00
❏ MR. SWALLOBARK	1986	2000	145.00	1760.00
❏ NANTUCKET, THE	1982	1000	145.00	400.00
❏ OLDE AMERICA	1981	1500	125.00	635.00

PRINTS

NAME	YEAR	LIMIT	ISSUE	TREND
❑ OLDE BUCKS COUNTY	1994	*	250.00	850.00
❑ PAGE'S BAKE SHOPPE	1981	1000	115.00	475.00
❑ PRAIRIE WIND FLOWERS	1981	1000	125.00	1300.00
❑ PROUD LITTLE ANGLER	1992	2750	150.00	400.00
❑ REMINGTON THE HORTICULTWIST	1994	*	195.00	400.00
❑ ROBIN HOOD	1990	2000	165.00	165.00
❑ ROCKLAND BREAKWATER LIGHT	1991	2500	165.00	420.00
❑ ROOT BEAR BREAK/BUTTERFIELD	1995	*	160.00	400.00
❑ SALTY WITCH BAY	1985	475	350.00	2865.00
❑ SEA CAPTAIN'S WIFE ABIDING	1991	1500	150.00	225.00
❑ SHALL WE?	1979	1000	75.00	1185.00
❑ SLEEPY TOWN WEST	1982	1500	150.00	625.00
❑ SMALL TOWN CHRISTMAS	1995	*	145.00	180.00
❑ STORIN' UP	1984	450	325.00	1800.00
❑ SUNSET HILLS, TEXAS WILDCATTERS	1982	1000	125.00	165.00
❑ SWEETHEART CHESSMATE	1984	1000	95.00	620.00
❑ TEA BY THE SEA	1983	1000	145.00	1020.00
❑ THREE SISTERS OF NAUSET/LIGHTHOUSE	1993	2500	165.00	325.00
❑ TWAS THE TWILIGHT BEFORE CHRISTMAS	1987	7500	95.00	115.00
❑ UNCLE JACK'S TOPIARY TENDENCIES	1996	SO	185.00	200.00
❑ WARM CHRISTMAS LOVE	1984	3951	80.00	330.00
❑ WEDNESDAY NIGHT CHECKERS	1990	2500	175.00	200.00
❑ WEST QUODDY HEAD LIGHT	1991	RT	165.00	218.00
❑ WHERE THE BUOYS ARE	1990	2750	175.00	180.00
❑ WHISTLE STOP CHRISTMAS	1991	5000	125.00	140.00
❑ YANKEE WINK HOLLOW	1984	1000	95.00	1150.00
❑ YEARNING FOR MY CAPTAIN	1987	2000	150.00	1475.00
❑ YOU'VE BEEN SO LONG AT SEA, HORATIO	1987	2500	150.00	285.00

HADLEY COMPANIES

A. AGNEW

NAME	YEAR	LIMIT	ISSUE	TREND
❑ BOY'S CLUB, THE	1995	999	125.00	170.00
❑ CHILD'S PLAY	1995	999	100.00	175.00

J. BANOVICH

NAME	YEAR	LIMIT	ISSUE	TREND
❑ FOLLOWING THE TRACKS	1995	999	125.00	125.00
❑ PATRIARCH, THE	1995	750	125.00	175.00
❑ RETURN, THE	1995	999	125.00	150.00

D. BARNHOUSE

NAME	YEAR	LIMIT	ISSUE	TREND
❑ AMERICAN MADE	1995	1250	125.00	400.00
❑ BRAGGING RIGHTS CANVAS	1995	*	125.00	1600.00
❑ FRIDAY EVENING	1995	999	100.00	150.00
❑ LAST CHORE OF THE DAY	1995	1250	150.00	250.00
❑ PERFECT TREE, THE	1995	1250	150.00	200.00
❑ SHOP TALK	1995	SO	30.00	60.00
❑ SMALL TOWN SERVICE	1995	1250	150.00	250.00
❑ TALES OF THE DAY	1996	1500	150.00	200.00
❑ WINTER CAN BE FUN	1995	999	125.00	175.00

B. BENGER

NAME	YEAR	LIMIT	ISSUE	TREND
❑ BEDTIME STORY, THE	1996	999	125.00	180.00

D. BUSH

NAME	YEAR	LIMIT	ISSUE	TREND
❑ CRESCENT MOON BAY	1995	999	125.00	400.00
❑ MOON SHADOWS	1996	999	125.00	140.00
❑ MOONDANCE	1995	999	125.00	300.00
❑ WARMTH OF WINTER III	1995	*	30.00	30.00
❑ WINTER TRACKS	1995	999	100.00	125.00

M. CAPSER

NAME	YEAR	LIMIT	ISSUE	TREND
❑ ACROSS THE CALM	1996	999	100.00	180.00
❑ ENCHANTED WATERS	1995	999	100.00	175.00
❑ GRAPEVINE ESTATES	1995	999	100.00	175.00
❑ MARINER'S POINT	1995	999	100.00	180.00
❑ MOMENT IN TIME	1995	999	120.00	180.00
❑ ON GENTLE WINDS	1995	999	100.00	175.00
❑ SPRING CREEK FEVER	1995	999	100.00	775.00
❑ WINTER HAVEN	1995	999	100.00	150.00

L. DIDIER

NAME	YEAR	LIMIT	ISSUE	TREND
❑ EARLY SNOW	1995	999	125.00	80.00
❑ ON SILENT WINGS	1995	999	45.00	125.00

H. EDWARDS

NAME	YEAR	LIMIT	ISSUE	TREND
❑ ART OF WINE, THE	1995	750	40.00	40.00
❑ BREATH OF SPRING	1995	*	30.00	30.00
❑ CIRCA 1850	1995	*	60.00	60.00
❑ HEART OF SPRING	1996	*	30.00	30.00
❑ HOMESPUN	1995	*	60.00	60.00
❑ SUMMER'S RETREAT	1995	*	30.00	30.00
❑ YESTERYEAR	1995	*	60.00	60.00

O. FRANCA

NAME	YEAR	LIMIT	ISSUE	TREND
❑ LOVERS, THE	1991	RT	125.00	775.00
❑ WINDSONG	1990	RT	100.00	185.00

S. HAMRICK

NAME	YEAR	LIMIT	ISSUE	TREND
❑ ALWAYS ALERT	1995	999	75.00	275.00
❑ COOL WATER, WARM HEART	1995	1500	75.00	210.00
❑ FIELD COMPANIONS: BLACK LAB	1995	4000	35.00	35.00
❑ FIELD COMPANIONS: GOLDEN RETRIEVER	1995	4000	35.00	35.00
❑ FIELD COMPANIONS: SPRINGER SPANIEL	1995	4000	35.00	35.00
❑ FIELD COMPANIONS: YELLOW LAB	1995	4000	35.00	35.00
❑ FRIEND IN THE FIELDS	1995	999	75.00	110.00
❑ GETTING WARM	1995	999	75.00	105.00

NAME	YEAR	LIMIT	ISSUE	TREND
				S. HANKS
❑ BIG SHOES TO FILL	1996	1500	150.00	300.00
❑ CAPTIVE AUDIENCE	1995	1500	150.00	250.00
❑ COUNTRY COMFORT	1995	999	100.00	1050.00
❑ DRIP CASTLE	1995	4000	30.00	115.00
❑ PACIFIC SANCTUARY	1995	1500	150.00	500.00
❑ ROOM TO THINK	1995	999	125.00	500.00
❑ SMALL MIRACLE	1995	1500	125.00	160.00
❑ STANDING ON THEIR OWN TWO FEET	1995	1500	150.00	775.00
				L. HARRISON
❑ INTRIGUED	1995	*	30.00	30.00
❑ MAKING WAVES	1995	999	75.00	130.00
❑ RURAL ROUTE #2	1995	*	30.00	30.00
❑ SEA SPIRIT	1995	999	125.00	140.00
❑ WINTER NAP	1995	999	100.00	150.00
				G. HOFF
❑ GOLDEN TREASURES	1995	999	100.00	180.00
				N. HOWE
❑ CYGNATURE	1995	750	125.00	130.00
❑ LITTLE MELODY POSTER	1995	*	30.00	30.00
❑ SUN DANCE	1995	750	100.00	150.00
				L. KAATZ
❑ LEFT BEHIND	1995	SO	30.00	30.00
				T. LIESS
❑ WINTER SILENCE	1995	*	30.00	30.00
				T. MANGELSON
❑ BAD BOYS OF THE ARCTIC POSTER	1996	SO	25.00	25.00
❑ CATCH OF THE DAY POSTER	1996	*	25.00	25.00
				B. MOON
❑ SIGNING OF THE PEACE TREATY	1995	*	30.00	30.00
				D. PLASSCHAERT
❑ OUR LEGACY	1995	999	75.00	95.00
				T. REDLIN
❑ 1981 MINNESOTA DUCK STAMP	1981	7800	125.00	185.00
❑ 1982 MINNESOTA TROUT STAMP	1982	960	125.00	650.00
❑ 1983 NORTH DAKOTA DUCK STAMP	1983	3438	135.00	190.00
❑ 1984 QUAIL CONSERVATION	1984	1500	135.00	135.00
❑ 1985 MINNESOTA DUCK STAMP	1985	4385	135.00	175.00
❑ AFTERNOON GLOW	1985	960	150.00	1450.00
❑ AGING SHORELINE	1979	960	40.00	460.00
❑ ALL CLEAR	1981	960	150.00	1400.00
❑ APPLE RIVER MALLARDS	1977	RT	100.00	750.00
❑ APRIL SNOW	1981	960	100.00	880.00
❑ AROMA OF FALL	1989	6800	200.00	2000.00
❑ AUTUMN AFTERNOON	1987	4800	100.00	920.00
❑ AUTUMN RUN	1980	960	60.00	615.00
❑ AUTUMN SHORELINE	1983	RT	50.00	285.00
❑ BACK FROM THE FIELDS	1978	720	40.00	400.00
❑ BACK TO THE SANCTUARY	1986	960	150.00	700.00
❑ BACKWATER MALLARDS	1978	720	40.00	1100.00
❑ BACKWOODS CABIN	1983	960	100.00	1025.00
❑ BEST FRIENDS	1990	570	1000.00	3100.00
❑ BIRCH LINE, THE	1982	960	100.00	1275.00
❑ BLUEBILL POINT A/P	1984	240	300.00	700.00
❑ BOULDER RIDGE	1988	4800	150.00	235.00
❑ BREAKING AWAY	1980	960	60.00	1300.00
❑ BREAKING COVER	1985	960	150.00	775.00
❑ BROKEN COVEY	1981	960	100.00	700.00
❑ BROWSING	1985	960	150.00	925.00
❑ CATCHING THE SCENT	1988	2400	200.00	200.00
❑ CHANGING SEASONS-AUTUMN	1986	960	150.00	500.00
❑ CHANGING SEASONS-SPRING	1987	960	200.00	665.00
❑ CHANGING SEASONS-SUMMER	1984	960	150.00	1100.00
❑ CHANGING SEASONS-WINTER	1986	960	200.00	1300.00
❑ CLEAR VIEW	1985	1500	300.00	950.00
❑ CLEARING THE RAIL	1980	960	60.00	750.00
❑ CLOSED FOR THE SEASON	1984	960	150.00	500.00
❑ COLORFUL TRIO	1979	960	40.00	775.00
❑ COMFORTS OF HOME, THE	1991	22900	175.00	637.00
❑ COMING HOME	1986	2400	100.00	1090.00
❑ COUNTRY NEIGHBORS	1988	4800	150.00	390.00
❑ COUNTRY ROAD	1980	960	60.00	700.00
❑ DEER CROSSING	1987	2400	200.00	1050.00
❑ DELAYED DEPARTURE	1985	1500	150.00	1100.00
❑ DRIFTING	1980	960	60.00	380.00
❑ EVENING CHORES (PRINT/BOOK)	1987	2400	400.00	1070.00
❑ EVENING COMPANY	1985	960	150.00	975.00
❑ EVENING GLOW	1983	960	150.00	1850.00
❑ EVENING HARVEST	1987	960	200.00	2000.00
❑ EVENING REHEARSALS	1996	9500	275.00	350.00
❑ EVENING RETREAT A/P	1982	300	400.00	1900.00
❑ EVENING SOLITUDE	1990	RT	200.00	1730.00
❑ EVENING SURPRISE	1983	960	150.00	2500.00
❑ EVENING WITH FRIENDS	1990	19500	225.00	1850.00
❑ FAMILY TRADITIONS	1990	RT	80.00	135.00
❑ FIGHTING A HEADWIND	1979	960	30.00	400.00
❑ FLYING FREE	1991	14500	200.00	330.00
❑ FROM SEA TO SHINING SEA	1995	29500	250.00	320.00
❑ GOLDEN RETREAT	1987	500	800.00	2000.00

PRINTS

NAME	YEAR	LIMIT	ISSUE	TREND
❏ HARVEST MOON BALL	1995	9500	275.00	690
❏ HAZY AFTERNOON	1986	2560	200.00	1150.00
❏ HEADING HOME	1990	CL	80.00	125.00
❏ HIDDEN POINT	1983	960	150.00	1325.00
❏ HIGH COUNTRY	1981	960	100.00	1340.00
❏ HIGHTAILING	1981	960	75.00	736.00
❏ HOMESTEAD, THE	1980	960	60.00	600.00
❏ HOMEWARD BOUND	1989	RT	80.00	200.00
❏ HOUSE CALL	1988	6800	175.00	1450.00
❏ HUNTER'S HAVEN	1991	1000	175.00	1050.00
❏ INDIAN SUMMER	1989	4800	200.00	1050.00
❏ INTRUDERS	1980	960	60.00	610.00
❏ LANDING, THE	1982	RT	30.00	400.00
❏ LANDMARK, THE	1981	960	100.00	550.00
❏ LEAVING THE SANCTUARY	1984	960	150.00	1200.00
❏ LIGHTS OF HOME	1988	9500	125.00	1000.00
❏ LONER, THE	1979	960	40.00	625.00
❏ MASTER OF THE VALLEY	1990	RT	200.00	300.00
❏ MASTER'S DOMAIN, THE	1988	2400	225.00	1820.00
❏ MOONLIGHT RETREAT	1988	530	1000.00	1750.00
❏ MORNING CHORES	1979	960	40.00	1425.00
❏ MORNING GLOW	1984	960	150.00	1350.00
❏ MORNING RETREAT	1981	240	400.00	3700.00
❏ MORNING ROUNDS	1989	6800	175.00	535.00
❏ MORNING SOLITUDE	1991	12107	250.00	875.00
❏ NIGHT HARVEST	1984	960	150.00	1575.00
❏ NIGHT LIGHT	1985	1500	300.00	1550
❏ NIGHT MAPLING	1986	2560	200.00	2160.00
❏ NIGHT ON THE TOWN	1995	29500	150.00	350.00
❏ NIGHT WATCH	1980	2400	60.00	975.00
❏ NIGHTFLIGHT	1984	360	600.00	1700.00
❏ OCTOBER EVENING	1982	960	100.00	950.00
❏ OFFICE HOURS	1989	6800	175.00	1300.00
❏ OLD LOGGERS TRAIL	1978	720	40.00	1150.00
❏ ON THE ALERT	1983	960	125.00	700.00
❏ OVER THE BLOWDOWN	1977	RT	20.00	700.00
❏ OVER THE RUSHES	1978	720	40.00	425.00
❏ PASSING THROUGH	1981	960	100.00	400.00
❏ PEACEFUL EVENING	1983	960	100.00	1050.00
❏ PLEASURES OF WINTER, THE	1991	SO	150.00	381.00
❏ PRAIRIE MONUMENTS	1986	2560	200.00	1300.00
❏ PRAIRIE MORNING	1988	4800	150.00	600.00
❏ PRAIRIE SKYLINE	1984	960	150.00	2350.00
❏ PRAIRIE SPRINGS	1983	960	150.00	525.00
❏ PREPARED FOR THE SEASON	1987	RT	70.00	160.00
❏ PURE CONTENTMENT	1990	9500	150.00	766.00
❏ QUIET AFTERNOON	1978	720	40.00	950.00
❏ QUIET OF THE EVENING	1988	4800	150.00	1050.00
❏ REFLECTIONS	1982	960	100.00	665.00
❏ RIVERSIDE POND	1985	960	150.00	1100.00
❏ RURAL ROUTE	1984	960	150.00	800.00
❏ RUSHING RAPIDS	1983	960	125.00	800.00
❏ RUSTY REFUGE	1980	960	60.00	600.00
❏ RUSTY REFUGE II	1981	960	100.00	565.00
❏ RUSTY REFUGE III	1984	960	150.00	950.00
❏ RUSTY REFUGE IV	1985	960	150.00	975
❏ SECLUDED POND	1980	960	60.00	325.00
❏ SEED HUNTERS	1982	960	100.00	880.00
❏ SHARING SEASON II, THE	1986	RT	60.00	200.00
❏ SHARING SEASON, THE	1985	RT	60.00	200.00
❏ SHARING THE BOUNTY	1981	960	100.00	1800.00
❏ SHARING THE SOLITUDE	1987	2400	125.00	1000.00
❏ SILENT FLIGHT	1986	960	150.00	475.00
❏ SILENT SUNSET	1980	960	60.00	950.00
❏ SILENT WINGS SUITE (SET OF 4)	1984	960	200.00	950.00
❏ SOFT SHADOWS	1981	960	100.00	450.00
❏ SPECIAL MEMORIES	1989	570	1000.00	1300.00
❏ SPRING MAPLING	1982	960	100.00	1000.00
❏ SPRING RUN-OFF	1981	1700	100.00	570.00
❏ SPRING THAW	1980	960	60.00	640.00
❏ SQUALL LINE	1980	960	60.00	325.00
❏ STARTLED	1978	720	30.00	960.00
❏ STORMY WEATHER	1986	1500	200.00	990.00
❏ SUMMERTIME	1992	24900	225.00	375.00
❏ SUNDOWN	1984	960	300.00	1100.00
❏ SUNLIT TRAIL	1986	960	150.00	550.00
❏ SUNNY AFTERNOON	1984	960	150.00	1200.00
❏ THAT SPECIAL TIME	1987	2400	125.00	1113.00
❏ TOGETHER FOR THE SEASON	1987	CL	70.00	120.00
❏ TOTAL COMFORT	1995	9500	275.00	400.00
❏ TWILIGHT GLOW	1986	960	200.00	1933.00
❏ WEDNESDAY AFTERNOON	1988	6800	175.00	1200.00
❏ WELCOME TO PARADISE	1990	14500	150.00	1388.00
❏ WHISTLE STOP	1985	960	150.00	1000.00
❏ WHITECAPS	1979	960	40.00	475.00
❏ WHITEWATER	1982	960	100.00	1250.00
❏ WINTER HAVEN	1982	500	85.00	95.00
❏ WINTER SNOWS	1977	RT	20.00	90.00
❏ WINTER WINDBREAK	1984	960	150.00	1250.00

NAME	YEAR	LIMIT	ISSUE	TREND
			J. VAN ZYLE	
❑ CAT PUCCINO	1995	1250	50.00	50.00
❑ CATCH ME IF YOU CAN	1996	580	125.00	125.00
❑ LAST NIGHT, LONG NIGHT	1995	580	125.00	200.00
❑ SUSHI BAR	1995	999	100.00	180.00
			O. WIEGHORST	
❑ BEEF HERD	*	*	500.00	550.00
❑ BOYS IN THE BUNKHOUSE	1977	1000	150.00	475.00
❑ BUFFALO SCOUT	1974	1000	150.00	950.00
❑ CALIFORNIA WRANGLER	1974	1000	150.00	345.00
❑ CORRALLING THE CAVEY	1973	1000	200.00	325.00
❑ HIS SPOTTED PONY	*	*	500.00	500.00
❑ LONESOME TRAIL W/ COMPANION PRINT	*	*	500.00	525.00
❑ MISSING IN THE ROUNDUP	1974	1000	100.00	375.00
❑ NAVAJO PORTRAIT	1974	1000	75.00	300.00
❑ NOMADS OF THE PLAINS	*	*	500.00	525.00
❑ PACKING IN	1974	1000	150.00	400.00

HAROLD RIGSBY
RIGSBY

				H. RIGSBY
❑ AFRICAN LION CUB	1981	950	30.00	100.00
❑ AFRICAN LION I	1978	500	20.00	200.00
❑ AFRICAN LION II	1980	200	50.00	250.00
❑ BABY HARP SEAL	1983	950	25.00	300.00
❑ BALD EAGLE	1983	950	15.00	100.00
❑ BENGAL TIGER CUB	1983	500	50.00	50.00
❑ BENGAL TIGER II	1980	200	50.00	90.00
❑ BENGAL TIGER IV	1989	SO	50.00	300.00
❑ BENGAL TIGER V	1984	975	40.00	275.00
❑ BLACK LEOPARD	1985	975	50.00	400.00
❑ BOBCAT	1979	500	15.00	100.00
❑ CHEETAH	1978	500	20.00	250.00
❑ COTTONTAIL RABBIT	1981	950	15.00	75.00
❑ COUGAR	1982	500	50.00	450.00
❑ GIRAFFE	1980	500	25.00	250.00
❑ GRAY WOLF	1985	975	35.00	35.00
❑ GREAT HORNED OWL	1981	SO	20.00	50.00
❑ GREY SQUIRREL	1982	950	15.00	75.00
❑ KOALA	1980	500	25.00	100.00
❑ KOALA II	1985	SO	40.00	100.00
❑ PANDA	1983	950	35.00	90.00
❑ RACCOON	1978	500	15.00	30.00
❑ RACCOON II	1984	SO	25.00	50.00
❑ RED FOX I	1980	950	30.00	200.00
❑ RED FOX II	1980	950	30.00	225.00
❑ RED PANDA	1988	SO	40.00	200.00
❑ SIBERIAN TIGER	1978	500	20.00	400.00
❑ SIBERIAN TIGER CUB	1988	SO	50.00	300.00
❑ SNOW LEOPARD	1979	500	25.00	200.00
❑ SNOW LEOPARD CUB	1987	SO	40.00	200.00
❑ SNOW TIGER	1979	500	25.00	250.00
❑ TIGER CUB	1979	500	20.00	400.00
❑ TIGER IV	1982	950	20.00	100.00
❑ TUNDRA WOLF	1988	SO	50.00	200.00
❑ WHITE BENGAL TIGER	1983	950	20.00	100.00
❑ WHITE BENGAL TIGER II	1986	SO	50.00	150.00
❑ WHITE TIGER CUB	1980	500	20.00	400.00
❑ WHITETAIL DEER BUCK	1984	SO	35.00	100.00
❑ ZEBRA FOAL	1981	500	50.00	400.00

HISTORICAL ART PRINTS LTD.

				D. TROIANI
❑ 114TH PA/COLLIS ZOUAVES	1987	750	65.00	350.00
❑ 12TH VIRGINIA CAVALRY, 1864	1989	750	75.00	275.00
❑ 1ST S.C. RIFLES, 1861	1991	950	75.00	200.00
❑ 2ND MD INFANTRY	1987	750	65.00	400.00
❑ 2ND U.S. CAVALRY, 1861	1989	750	75.00	380.00
❑ 8TH TEXAS CAVALRY	1987	750	65.00	425.00
❑ BAYONET	1988	1000	100.00	1100.00
❑ BEFORE THE STORM (T.J. JACKSON)	1983	600	75.00	2300.00
❑ BONNIE BLUE FLAG, THE	1990	1000	150.00	600.00
❑ BOY COLONEL, THE	1988	1000	125.00	555.00
❑ BRONZE GUNS & IRON MEN	1986	950	95.00	1175.00
❑ CHARGE	1990	1000	200.00	500.00
❑ CLEAR THE WAY	1987	950	125.00	2600.00
❑ CO.D 2ND U.S. SHARP SHOOTER	1987	750	65.00	400.00
❑ CONFEDERATE DRUMMER	1984	625	75.00	1100.00
❑ CONFEDERATE STANDARD BEARER	1982	600	75.00	2300.00
❑ CPL. WHEAT'S FIRST SPEC. BAT.	1982	600	40.00	485.00
❑ DIEHARDS, THE	1991	1000	200.00	675.00
❑ EAGLE OF THE 8TH	1988	1000	125.00	725.00
❑ EMBLEMS OF VALOR	1989	1000	125.00	600.00
❑ FIGHT FOR THE COLORS, THE	1985	950	95.00	1450.00
❑ FORLORN HOPE, THE	1989	1000	150.00	510.00
❑ FORWARD THE COLORS	1983	750	85.00	1000.00
❑ GENERAL ROBERT E. LEE	1988	950	125.00	525.00
❑ GIVE THEM COLD STEEL...	1987	950	95.00	2000.00
❑ GRAY COMANCHES, THE	1990	1000	175.00	775.00

NAME	YEAR	LIMIT	ISSUE	TREND
❏ GRAY WALL, THE	1985	950	95.00	775.00
❏ J.E.B. STUART	1984	850	95.00	775.00
❏ LAST ROUNDS, THE	1986	950	95.00	620.00
❏ LAST SALUTE, THE	1988	1000	125.00	2000.00
❏ LEE'S TEXANS	1984	950	95.00	2000.00
❏ MEN MUST SEE US TODAY, THE	1986	950	95.00	1150.00
❏ MEN OF ARKANSAS	1991	1000	200.00	450.00
❏ OLD JACK	1986	950	95.00	500.00
❏ OPDYCKE'S TIGERS	1990	1000	200.00	510.00
❏ RANGER MOSBY	1992	1000	250.00	475.00
❏ REBEL YELL	1985	950	95.00	875.00
❏ RED DEVILS, THE	1991	1000	200.00	717.00
❏ RETREAT BY RECOIL	1992	1000	250.00	560.00
❏ SAVING THE FLAG	1988	1000	125.00	620.00
❏ SOUTHERN STEEL (N.B. FOREST)	1985	950	95.00	2000.00
❏ STARS & BARS	1987	950	125.00	1050.00
❏ THUNDER ON LITTLE KENNESAW	1989	1000	150.00	850.00
❏ UNION DRUMMER	1984	625	75.00	600.00
❏ UNION STANDARD BEARER	1983	600	75.00	700.00
❏ UNITED STATES MARINES 1861-1865	1989	750	65.00	600.00
❏ UNTIL SUNDOWN	1992	1000	200.00	825.00
❏ WASHINGTON ARTILLERY OF NEW ORLEANS	1991	950	75.00	660.00

IMPERIAL GRAPHICS LTD.

				L. LIU
❏ BURGUNDY IRISES W/FOXGLOVES	1995	5500	60.00	85.00
❏ BUTTERFLY GARDEN I	1995	5500	50.00	90.00
❏ BUTTERFLY GARDEN II	1995	5500	50.00	90.00
❏ MAGNOLIAS & DAY LILIES	1995	5500	80.00	135.00
❏ MAGNOLIAS & HYDRANGEAS	1995	5500	80.00	135.00
❏ MESSENGERS OF LOVE	1996	5500	60.00	110.00
❏ OLD STONE HOUSE	1992	SO	50.00	90.00
❏ PANSIES W/BLUE STARDRIFT	1993	SO	25.00	50.00
❏ PROTECTORS OF PEACE	1996	5500	60.00	110.00
❏ PURPLE IRISES W/FOXGLOVES	1995	5500	60.00	90.00
❏ ROSE FAIRIES	1994	SO	80.00	315.00
❏ RUBY THROATED HUMMINGBIRD W/HIBISCUS	1995	5800	40.00	50.00
❏ VIOLET CROWNED HUMMINGBIRD W/MORNING GLORIES	1993	SO	30.00	65.00
❏ WHITE EARED HUMMINGBIRD W/HYDRANGEA	1995	5800	40.00	75.00
❏ WREATH OF LILIES	1995	5800	55.00	95.00
❏ WREATH OF PANSIES	1995	5500	55.00	95.00

CANVAS EDITION

				L. LIU
❏ ANGEL W/HARP	1996	300	145.00	275.00
❏ ANGEL W/TRUMPET	1996	300	145.00	145.00
❏ BASKET OF MAGNOLIAS	1993	SO	195.00	215.00
❏ GUARDIAN ANGEL	1996	300	395.00	395.00
❏ LILAC BREEZES	1995	300	295.00	295.00
❏ MAGNOLIA PATH	1995	300	395.00	395.00
❏ MERMAID CALLAS	1994	SO	295.00	550.00
❏ NATURE'S RETREAT	1995	300	395.00	650.00
❏ SPRING GARDEN	1995	300	395.00	460.00
❏ SWEET BOUNTY	1995	300	295.00	400.00

CELESTIAL SYMPHONY - CANVAS EDITION

				L. LIU
❏ FLUTE INTERLUDE	1995	300	145.00	70.00
❏ FRENCH HORN MELODY	1995	300	145.00	70.00
❏ PIANO SONATA	1995	300	145.00	70.00
❏ VIOLIN CONCERTO	1995	300	145.00	75.00

CELESTIAL SYMPHONY - PAPER EDITION

				L. LIU
❏ FLUTE INTERLUDE	1995	5500	40.00	65.00
❏ FRENCH HORN MELODY	1995	5500	40.00	65.00
❏ PIANO SONATA	1995	5500	40.00	65.00
❏ VIOLIN CONCERTO	1995	5500	40.00	65.00

LENA Y. LIU LIMITED EDITION IMAGES

				L. LIU
❏ BASKET OF PANSIES	1991	2500	40.00	100.00
❏ CHICKADEES	1988	950	35.00	50.00
❏ FLORAL SYMPHONY	1988	1950	95.00	100.00
❏ HUMMINGBIRDS & IRIS	1988	1950	40.00	50.00
❏ IRIS GARDEN	1993	1950	45.00	200.00
❏ MIXED IRISES I	1990	2500	50.00	200.00
❏ MIXED IRISES II	1990	2500	50.00	200.00
❏ MOONLIGHT SPLENDOR	1988	1950	60.00	75.00
❏ MORNING GLORIES & HUMMER	1987	1950	45.00	55.00
❏ MORNING ROOM, THE	1989	2500	95.00	385.00
❏ ORIENTAL SCREEN	1989	2500	95.00	400.00
❏ PARENTHOOD	1987	1950	45.00	100.00
❏ PEONIES & AZALEAS	1988	1950	35.00	70.00
❏ PEONIES & FORSYTHIA	1988	1950	35.00	70.00
❏ PEONIES & WATERFALL	1988	1950	65.00	100.00
❏ ROMANTIC ABUNDANCE	1989	1950	95.00	200.00
❏ SOLITUDE	1987	1950	60.00	225.00
❏ SPRING DUET	*	1950	60.00	150.00
❏ SWANS & CALLAS	1989	1950	65.00	100.00
❏ TWO WHITE IRISES	1990	2500	40.00	75.00
❏ WATERFALL W/BLOSSOMS	1989	1950	65.00	225.00

MUSIC ROOM IV - CANVAS EDITION

				L. LIU
❏ SWAN MELODY	1995	300	425.00	425.00

MUSIC ROOM IV - PAPER EDITION

				L. LIU
❏ SWAN MELODY	1995	6500	150.00	150.00

NAME	YEAR	LIMIT	ISSUE	TREND
PAPER EDITION				**L. LIU**
❑ ANGEL W/HARP	1996	5500	40.00	40.00
❑ ANGEL W/TRUMPET	1996	5500	40.00	40.00
❑ GARDEN PEONIES	1991	SO	60.00	100.00
❑ GUARDIAN ANGEL	1996	5500	125.00	200.00
❑ LILAC BREEZES	1995	5500	80.00	110.00
❑ MAGNOLIA PATH	1995	5500	135.00	225.00
❑ NATURE'S RETREAT	1995	5500	145.00	400.00
❑ POTTED BEAUTIES	1990	SO	105.00	150.00
❑ SPRING GARDEN	1995	5500	125.00	175.00
❑ SWEET BOUNTY	1995	5500	80.00	140.00
❑ SWEET DELIGHT	1994	SO	50.00	75.00
❑ WILDFLOWERS WITH SINGLE BUTTERFLY	1991	SO	50.00	90.00

J.S. PERRY ORIGINALS

NAME	YEAR	LIMIT	ISSUE	TREND
				J.S. PERRY
❑ BACKYARD JUNGLE GYM, THE	1987	800	48.00	96.00
❑ BOXING MATCH, THE	1987	800	65.00	100.00
❑ CALL OF THE WILD	1985	800	95.00	220.00
❑ FRIENDS IN HIGH PLACES	1985	800	95.00	165.00
❑ GIRL'S NIGHT OUT	1990	800	48.00	96.00
❑ HAPPY HOUR	1992	*	125.00	125.00
❑ HOME SWEET HOME	1986	800	48.00	96.00
❑ HOMEWARD BOUND	1985	*	38.00	48.00
❑ HOT PINK BIKINI, THE	1988	800	35.00	70.00
❑ KATMANDU	1988	*	45.00	45.00
❑ LOVE AT FIRST WHIFF	1988	*	48.00	48.00
❑ MIDWESTERN SKY	1984	*	38.00	48.00
❑ NIGHT GAMES	1991	*	110.00	110.00
❑ PEEKABOO	1987	800	65.00	130.00
❑ PEEPING TOMS	1991	*	48.00	48.00
❑ PICK OF THE LITTER	1988	*	35.00	53.00
❑ POSITIVELY CATTAILS	1993	*	125.00	125.00
❑ PUSS	1988	*	35.00	35.00
❑ PUSSYWILLOWS	1984	800	38.00	72.00
❑ QUE PASTA?	1990	*	35.00	53.00
❑ SHOPPING SPREE	1992	*	56.00	56.00
❑ SIMPLE PLEASURES	1992	*	35.00	35.00
❑ SNUGGLERS	1993	*	125.00	125.00
❑ STOWAWAYS	1990	*	48.00	72.00
❑ SUMMER TALES	1986	800	48.00	72.00
❑ SUNBATHERS, THE	1989	375	395.00	395.00
❑ THREE SCOOPS	1985	800	48.00	72.00
❑ WAFTING AWAY	1985	*	65.00	65.00
❑ WALK ON THE WILD SIDE	1988	*	65.00	98.00
❑ WELCOME HOME	1992	*	56.00	56.00
PUSSONALITIES				**J.S. PERRY**
❑ ASPARAGUS TIPSY!	1996	800	35.00	35.00
❑ ASPARAGUS TIPSY! AP	1996	80	105.00	105.00
❑ CATTAILS	1985	SO	38.00	750.00
❑ CITY KITTY	1985	CL	23.00	100.00
❑ EXTENDED FAMILY	1999	400	270.00	270.00
❑ FORE?	1996	800	35.00	35.00
❑ FORE? AP	1996	80	105.00	105.00
❑ GILDA LOVES GARLIC!	1996	800	56.00	56.00
❑ GILDA LOVES GARLIC! AP	1996	80	168.00	168.00
❑ HEY, KID!	1992	800	65.00	98.00
❑ HEY, KID! AP	1992	80	65.00	65.00
❑ HIGHLAND FLING	1996	800	35.00	35.00
❑ HIGHLAND FLING AP	1996	80	105.00	105.00
❑ MEW'S MIX	1984	SO	38.00	750.00
❑ OFFICIAL FELINERS TEAM PORTRAIT,THE	1990	800	48.00	72.00
❑ OFFICIAL FELINERS TEAM PORTRAIT,THE- AP	1990	80	48.00	48.00
❑ PAPA WAS A ROLLING STONE	1985	800	38.00	96.00
❑ POWDER PUFFS	1996	800	65.00	65.00
❑ POWDER PUFFS AP	1996	80	195.00	195.00
❑ PURPLE CHESHIRE	1985	CL	23.00	100.00
❑ RAINY DAY	1996	800	65.00	65.00
❑ RAINY DAY AP	1996	80	195.00	195.00
❑ STAR BRIGHT	1994	800	35.00	53.00
❑ STAR BRIGHT AP	1994	80	35.00	35.00
❑ STILL LIFE WITH CUPCATS	1984	800	38.00	500.00
❑ STILL LIFE WITH CUPCATS	1993	800	38.00	500.00
❑ WELCOMING COMMITTEE, THE	1999	400	270.00	270.00
❑ YOGA YOU CAN DO AT HOME	1987	SO	35.00	210.00

JACK TERRY FINE ART

NAME	YEAR	LIMIT	ISSUE	TREND
FRAMED CANVAS EDITION				**J. TERRY**
❑ AFTER THE CENTENNIAL PARADE	1991	750	630.00	630.00
❑ APRIL IN OLD ASPEN	*	200	550.00	550.00
❑ BAGGAGE, BULLION, AND BRAVE MEN	1995	750	630.00	950.00
❑ BIG NIGHT IN A SMALL TOWN	1992	750	630.00	725.00
❑ BUSY TIMES	*	250	185.00	185.00
❑ CHAPEL STREET	*	200	630.00	630.00
❑ CHASE, THE	1993	SO	295.00	470.00
❑ CLEARWATER CROSSING	1994	500	615.00	600.00
❑ COWBOY'S TIME TO REFLECT	1995	750	350.00	380.00
❑ CROSSING THE NUECES	1993	SO	295.00	425.00
❑ EARLY SNOW	*	200	550.00	550.00

PRINTS

NAME	YEAR	LIMIT	ISSUE	TREND
❏ END OF A LONG DAY	*	250	630.00	630.00
❏ FAITHFUL EVENING	1993	250	630.00	775.00
❏ FAST AND FURIOUS	1995	750	350.00	300.00
❏ FRENCH REFLECTIONS/PALETTE OF PARIS	*	750	475.00	475.00
❏ GUARDING THE GOLD	*	500	630.00	950.00
❏ HEADING HOME	1994	750	630.00	700.00
❏ HER FAVORITE THINGS	*	750	775.00	775.00
❏ HIGH COUNTRY COWBOYS	*	250	630.00	630.00
❏ HOME FROM THE FAIR	1990	500	530.00	530.00
❏ IF IT WEREN'T FOR BAD LUCK	1991	SO	595.00	640.00
❏ LADY IN RED	1992	750	430.00	450.00
❏ MISERY LOVES COMPANY	1995	750	630.00	625.00
❏ MORNING IN NEW MEXICO	*	500	630.00	630.00
❏ MORNING ON THE MERCED	1995	750	630.00	630.00
❏ OUTFITTER'S HIDEAWAY	*	200	550.00	550.00
❏ PADRE'S GARDEN, THE	1995	750	350.00	350.00
❏ PAY'S THE SAME, RAIN OR SHINE	1991	SO	595.00	640.00
❏ REMEMBERING SUNDAY	*	200	550.00	550.00
❏ RIDERS OF MYSTIC CANYON	*	500	630.00	630.00
❏ RIDIN' THE ROCKIES	*	250	185.00	185.00
❏ ROCKY CREEK COLTS	*	250	630.00	630.00
❏ RUSTLING MUSTANGS	1995	750	630.00	630.00
❏ SAN FRANCISCO--THE 1880S	1995	750	630.00	630.00
❏ SEASON TO REMEMBER	1994	500	630.00	400.00
❏ SEASONS OF CHANGE	1995	750	350.00	350.00
❏ SLEIGHBELLS AND MOONLIGHT	1995	750	515.00	515.00
❏ SLOW AND EASY	1991	SO	595.00	2400.00
❏ SOUTHERN CHARM	1995	750	630.00	630.00
❏ TOO COLD TO SIT AND WAIT	1991	SO	595.00	620.00
❏ TRAILDUST AND RAINDROPS	*	250	350.00	350.00
❏ WHEN DENVER RODE THE RAILS	*	200	550.00	550.00
❏ WHISPER VALLEY ROUNDUP	1995	750	775.00	775.00
❏ WHITEWATER CROSSING	*	200	550.00	550.00
❏ WOODLANDS, THE	*	250	630.00	630.00

PAPER EDITION   J. TERRY

NAME	YEAR	LIMIT	ISSUE	TREND
❏ AFTER THE CENTENNIAL PARADE	1991	SO	150.00	200.00
❏ BAGGAGE, BULLION, AND BRAVE MEN	1995	250	150.00	200.00
❏ BIG NIGHT IN A SMALL TOWN	1992	750	150.00	150.00
❏ BUSY TIMES	1999	250	35.00	35.00
❏ CELEBRATE LIFE	1999	500	150.00	330.00
❏ CHAPEL STREET	1999	500	150.00	150.00
❏ CHASE, THE	1993	SO	65.00	300.00
❏ CLEARWATER CROSSING	1994	SO	160.00	350.00
❏ COWBOY'S TIME TO REFLECT	1995	250	75.00	285.00
❏ CROSSING THE NUECES	1993	SO	65.00	425.00
❏ END OF A LONG DAY	*	500	150.00	330.00
❏ FAITHFUL EVENING	1993	750	150.00	150.00
❏ FAST AND FURIOUS	1995	SO	75.00	135.00
❏ FRENCH REVOLUTION/PALETTE OF PARIS	1991	750	125.00	180.00
❏ GUADALUPE CROSSING	2001	500	150.00	150.00
❏ GUARDING THE GOLD	1999	500	150.00	150.00
❏ HEADING HOME	1994	500	150.00	360.00
❏ HERE COMES THE RAIN	2001	950	150.00	150.00
❏ HIGH COUNTRY COWBOYS	*	500	150.00	180.00
❏ HOME FROM THE FAIR POSTER	1990	*	35.00	35.00
❏ IF IT WEREN'T FOR BAD LUCK	1991	SO	150.00	1000.00
❏ LADY IN RED	1992	500	125.00	460.00
❏ MISERY LOVES COMPANY	1995	250	150.00	180.00
❏ MISTY TRAIL	2001	750	150.00	150.00
❏ MORNING IN NEW MEXICO	1999	*	150.00	180.00
❏ MORNING ON THE MERCED	1995	250	150.00	180.00
❏ OUT ON THE TRAIL	2001	950	150.00	150.00
❏ PADRE'S GARDEN, THE	1995	250	75.00	150.00
❏ PAY'S THE SAME, RAIN OR SHINE	1991	*	150.00	225.00
❏ RIDERS OF MYSTIC CANYON	1999	500	150.00	200.00
❏ RIDIN' THE ROCKIES	1999	250	35.00	35.00
❏ ROCKY CREEK COLTS	1999	500	150.00	150.00
❏ RUSTLING MUSTANGS	1995	*	150.00	150.00
❏ SAN FRANCISCO--THE 1880S	1995	250	150.00	185.00
❏ SEASON TO REMEMBER	1994	500	150.00	200.00
❏ SEASONS OF CHANGE	1995	250	75.00	1500.00
❏ SIERRA SUNRISE	2001	950	150.00	150.00
❏ SLEIGHBELLS AND MOONLIGHT	1995	250	150.00	200.00
❏ SLOW AND EASY	1991	SO	150.00	585.00
❏ SOUTHERN CHARM	1995	250	150.00	180.00
❏ TOO COLD TO SIT AND WAIT	1991	SO	150.00	475.00
❏ TRAILDUST AND RAINDROPS	*	500	75.00	180.00
❏ UNDAMPENED SPIRITS	2001	500	150.00	150.00
❏ WHEN DENVER RODE THE RAILS	2001	*	200.00	200.00
❏ WHISPER VALLEY ROUNDUP	1995	250	200.00	320.00
❏ WOODLANDS, THE	*	250	150.00	150.00

JAN HAGARA COLLECTABLES
VICTORIAN CHILDREN   J. HAGARA

NAME	YEAR	LIMIT	ISSUE	TREND
❏ ADDIE	1988	2000	65.00	175.00
❏ BETSY	1980	750	45.00	400.00
❏ BONNIE	*	*	*	65.00
❏ CAROL	1982	2000	25.00	175.00

NAME	YEAR	LIMIT	ISSUE	TREND
❏ CATHY	1987	2000	30.00	150.00
❏ CHRIS	1976	2000	5.00	75.00
❏ CYNTHIA	1985	600	50.00	175.00
❏ DAISIES FROM MARYBETH	1979	900	20.00	100.00
❏ GOLDIE	1985	1200	48.00	125.00
❏ HANNAH	*	*	*	150.00
❏ IN LINE	1982	1000	65.00	1200.00
❏ JENNIFER	1983	700	60.00	250.00
❏ JENNY	1981	2000	45.00	300.00
❏ JIMMY	1980	750	45.00	300.00
❏ JUMEAU DOLL	1978	1200	20.00	50.00
❏ LYDIA	1980	650	65.00	350.00
❏ MANDY	1982	500	60.00	400.00
❏ MATTIE-FIRST COLLECTOR'S CLUB PRINT	1988	YR	55.00	170.00
❏ NIKKI	1987	2000	30.00	95.00
❏ NOEL	1985	2000	30.00	95.00
❏ OLIVIA	1978	600	55.00	800.00
❏ PAIGE	1983	2000	48.00	200.00
❏ PHILLIP'S COUSINS	1986	1000	60.00	1050.00
❏ RENNY & BLUEBEARY	1987	950	125.00	550.00
❏ SOPHIE	1986	1200	50.00	125.00
❏ SPRING & LANCE	1977	2000	12.00	175.00
❏ STORYTIME	1981	450	125.00	600.00
❏ TRINA	1975	600	7.00	500.00

JEANNE BONINE STUDIO

NAME	YEAR	LIMIT	ISSUE	TREND
				J. BONINE
❏ PURE IN THE MIST	1997	*	150.00	150.00

GICLEE

NAME	YEAR	LIMIT	ISSUE	TREND
				J. BONINE
❏ ANGEL'S VIEW,AN	2002	125	575.00	575.00
❏ AWAKEN MY HEART	1999	*	100.00	100.00
❏ DAYS OF PLENTY	2000	*	895.00	895.00
❏ FLOWER OF THE SUN	2001	*	895.00	895.00
❏ GIFT TO THE SUN, A	2000	*	895.00	895.00
❏ HEART IN BLOOM	2001	*	150.00	150.00
❏ HIDDEN IN THE HILLS	1999	*	895.00	895.00
❏ IN DESERT FIELDS	1999	*	895.00	895.00
❏ LA DOLCE VITA	2001	*	150.00	150.00
❏ LIGHT OF THE ROSE	1999	*	450.00	450.00
❏ MASTER'S TOUCH, THE	2000	*	895.00	895.00
❏ MEANT TO BE FREE	2002	125	575.00	575.00
❏ MOONLIGHT AND MAGIC	2002	125	575.00	575.00
❏ ON THE DARK SIDE OF THE MOON	1999	*	450.00	450.00
❏ PARADISE YOU SEEK, THE	2001	*	895.00	895.00
❏ POINSETTIA	2000	*	225.00	225.00
❏ RAINBOWS DREAM	2001	*	895.00	895.00
❏ REFLECTIONS OF LOVE	1999	*	450.00	450.00
❏ RENDEZVOUS WITH RAPTURE	2002	75	895.00	895.00
❏ ROSA DE MADRE	1999	*	895.00	895.00
❏ SHADOWS OF A LOVE	1999	*	895.00	895.00
❏ SPRING LIKE NO OTHER, A	2001	*	895.00	895.00
❏ SUMMER SERENADE	1999	*	895.00	895.00
❏ SUNBURST SONATA	1999	*	895.00	895.00
❏ SUNDANCE	1999	*	895.00	895.00
❏ TAPESTRY OF TIME	2001	*	895.00	895.00
❏ TO SPEAK OF LOVE	2001	*	450.00	450.00
❏ TO THE GOOD LIFE	1999	*	450.00	450.00
❏ TOUCH OF TRADITION, A	2002	*	225.00	225.00
❏ TROPICAL SPLENDOR	1999	*	895.00	895.00
❏ WAY OF A DREAM, THE	2000	*	895.00	895.00
❏ WHERE ROSES BLOOM	2001	*	895.00	895.00
❏ WHISPERS OF INNOCENCE	2000	*	100.00	100.00
❏ YESTERDAYS OF AUTUMN, THE	2000	*	895.00	895.00

LITHO

NAME	YEAR	LIMIT	ISSUE	TREND
				J. BONINE
❏ ALWAYS AND FOREVER	1993	SO	80.00	543.00
❏ BEAUTY BLESSED THE EARTH	1993	SO	150.00	498.00
❏ BEYOND SWEET SURRENDER	1989	SO	80.00	108.00
❏ DREAMSCAPE	1987	SO	35.00	35.00
❏ DREAMSICLE DAZE	1987	SO	80.00	185.00
❏ EMERALD ESSENCE	1990	SO	80.00	132.00
❏ ENDLESS LOVE	1997	*	150.00	248.00
❏ FAIRYTALES DO COME TRUE	1996	*	125.00	388.00
❏ FROM EARTH TO ETERNITY	1997	*	150.00	180.00
❏ GODDESS OF MIRACLES	1997	*	150.00	150.00
❏ IN A LAND CALLED PARADISE	1991	SO	85.00	140.00
❏ ISLAND BREEZE	1987	SO	35.00	35.00
❏ KISSED BY THE SUN	1987	SO	80.00	250.00
❏ LIVE IS THE ANSWER	1993	SO	80.00	263.00
❏ MAGIC OF LIFE, THE	1995	*	150.00	180.00
❏ MOON SHADOWS	1987	*	60.00	222.00
❏ MOONLIGHT SURRENDER	1996	*	135.00	175.00
❏ ON THE WINGS OF SPRING	1992	SO	150.00	263.00
❏ ONCE UPON A DREAM	1988	SO	60.00	210.00
❏ PASSION OF THE HEART	1997	*	150.00	180.00
❏ PROMISE OF FOREVER, A	1997	*	135.00	135.00
❏ ROMANCING THE SONG	1987	SO	35.00	35.00
❏ SEA OFFERING	1987	SO	35.00	35.00
❏ SOFT WHISPERINGS	1990	SO	80.00	162.00
❏ SPEAK GENTLY WITH FLOWERS	1992	*	150.00	263.00

PRINTS

NAME	YEAR	LIMIT	ISSUE	TREND
❑ SPIRIT OF THE WIND	1990	SO	85.00	210.00
❑ SPRING AFFAIR, A	1989	SO	80.00	144.00
❑ SUMMER LOVES	1987	SO	35.00	35.00
❑ TIMELESS DAYS	1995	*	125.00	125.00
❑ TROPICAL FLOW	1987	SO	35.00	35.00
❑ WATERCOLOR MEMORIES	1988	SO	80.00	168.00
❑ WILD IN THE WIND	1996	*	135.00	158.00

JIM HARRISON

J. HARRISON

NAME	YEAR	LIMIT	ISSUE	TREND
❑ 666 COLA TABLETS	1978	1500	50.00	275.00
❑ 7-UP & BLACK EYED SUSANS	1981	1500	75.00	110.00
❑ ABANDONED BOAT	1974	1800	25.00	200.00
❑ AMERICAN BYWAYS	1975	1500	40.00	400.00
❑ BABY RUTH	1989	1000	45.00	120.00
❑ BROWN'S MULE	1989	975	135.00	135.00
❑ BULL OF THE WOODS	1982	1500	75.00	200.00
❑ BURMA SHAVE	1977	1500	50.00	350.00
❑ C&S BANK	*	OP	45.00	45.00
❑ CHURCH	*	OP	30.00	30.00
❑ CHURCH IN THE WOODS	1992	975	185.00	200.00
❑ CLABBER GIRL	1979	1500	75.00	325.00
❑ COASTAL DUNES	1973	1500	30.00	450.00
❑ COASTAL MARSHES	1973	1500	30.00	450.00
❑ COCA-COLA BARN	1988	500	275.00	275.00
❑ COCA-COLA BRIDGE	1987	975	135.00	500.00
❑ COKE BOTTLE THERMOMETER	*	OP	30.00	30.00
❑ COMMUNITY CHURCH	1977	1500	50.00	225.00
❑ COUNTRY SEASONIN' - MORTON SALT	1975	1500	40.00	250.00
❑ DISAPPEARING AMERICA	1975	1500	40.00	1600.00
❑ DR. PEPPER	1977	1500	50.00	300.00
❑ FALL - RC COLA	1989	975	95.00	160.00
❑ FALLOW & FORGOTTEN/PLOW	1977	1500	50.00	200.00
❑ FILLIN' STATION	1983	1500	80.00	200.00
❑ FISH HOUSE	*	OP	45.00	45.00
❑ FISHING VILLAGE	1986	975	135.00	165.00
❑ FRESH GRITS	1983	1500	80.00	850.00
❑ GEESE OVER MARSH	*	OP	45.00	45.00
❑ GOLD DUST TWINS	1979	1500	55.00	90.00
❑ GOODY'S	1979	1500	50.00	90.00
❑ GROCERY STORE	*	OP	30.00	30.00
❑ GULLS OVER BEACH	1988	1500	75.00	175.00
❑ HAMMER GALLERIES I	*	OP	45.00	45.00
❑ HAMMER GALLERIES II	*	OP	*	N/A
❑ HERSHEY BAR	1988	975	135.00	140.00
❑ HIS WORLD REMEMBERED	*	OP	45.00	45.00
❑ HOUSE & BARN/PAIR	1981	1500	50.00	165.00
❑ HOUSE IN COUNTRY	1974	1500	25.00	200.00
❑ J.J. GODN- 4TH	*	OP	45.00	45.00
❑ JEFFERSON ISLAND SALT	1987	975	135.00	140.00
❑ LEE OVERALLS	*	OP	30.00	30.00
❑ LIGHTHOUSE	1986	975	135.00	500.00
❑ LUCKY STRIKE	1979	1500	50.00	250.00
❑ MAYTAG	*	OP	45.00	45.00
❑ MEMORIES I	1984	750	90.00	200.00
❑ MEMORIES II	1985	750	90.00	200.00
❑ MORTON SALT	1984	1500	135.00	160.00
❑ MOUNTAIN BRIDGE	1983	1500	80.00	275.00
❑ NICKEL COCA-COLA	*	OP	45.00	45.00
❑ OAK TREE	*	OP	45.00	45.00
❑ OLD DUTCH CLEANSER	1981	1500	75.00	155.00
❑ OLD STONE BARN	1985	1500	90.00	110.00
❑ PEPSI & PLANTERS PEANUTS/PAIR	1980	1500	60.00	250.00
❑ PHILIP MORRIS	1978	1500	50.00	175.00
❑ RAILROAD CROSSING	1982	1500	75.00	340.00
❑ RC COLA	1978	975	135.00	135.00
❑ RED BOAT	1988	975	135.00	275.00
❑ RED BRIDGE IN SNOW	1995	975	65.00	65.00
❑ RED COVERED BRIDGE	1978	1500	50.00	300.00
❑ RED GOOSE SHOES	1984	1500	90.00	95.00
❑ ROUND COCA-COLA	*	OP	30.00	30.00
❑ ROYAL CROWN COLA	1987	975	315.00	150.00
❑ RURAL AMERICANA/MAIL POUCH	1974	1500	40.00	300.00
❑ RURAL DELIVERY/MAIL BOX	1976	1500	40.00	425.00
❑ SAND DUNES	*	OP	45.00	45.00
❑ SAND DUNES/INLET MARSH/PAIR	1985	1500	75.00	130.00
❑ SANDPIPER	1990	500	185.00	200.00
❑ SHRINE CIRCUS	1983	1500	80.00	150.00
❑ SIGN OF THE TIMES	1984	3000	45.00	100.00
❑ SINCLAIR STATION	1991	500	135.00	550.00
❑ SODA POP SERIES	1990	975	380.00	380.00
❑ SOUTH CAROLINA POSTER	*	OP	45.00	45.00
❑ SPRING - 7-UP	1990	975	95.00	145.00
❑ SPRING CLOUDS	1985	1500	90.00	130.00
❑ SUMMER - COCA-COLA	1990	975	95.00	180.00
❑ SUMMER COCA-COLA BRIDGE	1995	975	185.00	175.00
❑ SWEET SNUFF	*	OP	45.00	45.00
❑ TONIC & LINIMENT	1980	1500	85.00	95.00
❑ TREES	1993	975	185.00	200.00

PRINTS

NAME	YEAR	LIMIT	ISSUE	TREND
❏ TUBE ROSE SNUFF	1980	1500	60.00	90.00
❏ TWELVE CENT GAS	1991	975	200.00	200.00
❏ UNCLE JOHN'S SYRUP	1987	975	135.00	260.00
❏ UNPAINTED COVERED BRIDGE	1980	1500	60.00	160.00
❏ VICKS VAPORUB	1989	975	135.00	135.00
❏ VINTAGE HOUSE	*	OP	45.00	45.00
❏ WIND IN THE MARSH	1994	975	185.00	185.00
❏ WINDMILL	1982	1500	75.00	80.00
❏ WINTER - PEPSI	1990	975	95.00	160.00
❏ WIRE	1985	500	45.00	175.00
❏ WOOD PILE	1978	1500	75.00	80.00
❏ YESTERYEAR/WAGON	1976	1500	50.00	200.00

ARTIST PROOF

				J. HARRISON
❏ BRUSH AND BUCKET	1980	50	350.00	400.00
❏ CHURCH IN THE WOODS	1992	50	235.00	235.00
❏ TOOLS	1978	50	325.00	275.00
❏ TWELVE CENT GAS	1991	50	250.00	250.00

REMARQUE

				J. HARRISON
❏ TWELVE CENT GAS	1991	25	350.00	350.00

SERIGRAPH

				J. HARRISON
❏ BRUSH AND BUCKET	1980	300	300.00	350.00
❏ TOOLS	1978	300	275.00	450.00

KRAPF IMAGES

				P. KRAPF
❏ ABOVE AND BEYOND	1991	*	95.00	95.00
❏ AMERICAN ORIGINAL	1990	*	80.00	80.00
❏ ANOTHER SEASON	1989	*	90.00	90.00
❏ CAUGHT NAPPING	1991	*	65.00	75.00
❏ CHIPPY ON THE ROCKS	1990	*	50.00	65.00
❏ CLOSE TO COVER	1989	*	60.00	60.00
❏ DISTANT BUGLE	1990	*	95.00	95.00
❏ EDGE OF THE BURN	1990	*	80.00	80.00
❏ GRIZZLY COUNTRY	1989	*	85.00	85.00
❏ HUNTER'S REST	1989	*	95.00	95.00
❏ OCTOBER MORNING, CANYON DE CHELLY	1990	*	85.00	85.00
❏ ON HIS WAY	1990	*	75.00	310.00
❏ ON THE EDGE	1990	*	90.00	100.00
❏ READY	1990	*	95.00	245.00
❏ SURPRISED	1989	*	55.00	55.00
❏ YELLOWSTONE CANYON	1990	*	80.00	90.00

LIGHTPOST PUBLISHING

CANVAS EDITION

				T. KINKADE
❏ AFTERNOON LIGHT, DOGWOODS	1991	980	435.00	3000.00
❏ AMBER AFTERNOON	1992	980	615.00	2800.00
❏ AUTUMN AT ASHLEY'S COTTAGE	1994	395	545.00	650.00
❏ AUTUMN GATE, THE	1991	980	595.00	4350.00
❏ AUTUMN LANE	1995	2950	650.00	1150.00
❏ BEACON OF HOPE	1994	2750	615.00	2000.00
❏ BEGINNING OF A PERFECT DAY	1996	2950	1000.00	2250.00
❏ BESIDE STILL WATERS	1992	1250	515.00	4225.00
❏ BEYOND AUTUMN GATE	1993	1650	815.00	2500.00
❏ BEYOND SPRING GATE	1997	1750	815.00	4120.00
❏ BLESSINGS OF AUTUMN, THE	1993	1250	615.00	2500.00
❏ BLESSINGS OF SPRING, THE	1994	2750	515.00	950.00
❏ BLESSINGS OF SUMMER, THE	1995	4950	865.00	990.00
❏ BLOSSOM BRIDGE	1995	2950	580.00	515.00
❏ BLOSSOM HILL CHURCH	1992	980	495.00	2300.00
❏ BLUE COTTAGE	1990	*	*	1800.00
❏ BOSTON	1991	550	435.00	4250.00
❏ BRIDGE OF FAITH	1997	3950	1150.00	4500.00
❏ BROADWATER BRIDGE	1992	980	495.00	2300.00
❏ BROOKSIDE HIDEAWAY	1995	CL	545.00	1200.00
❏ CANDLELIT COTTAGE	1996	CL	325.00	900.00
❏ CARMEL, OCEAN AVENUE	1989	CL	595.00	1340.00
❏ CARMEL, TUCK BOX TEA ROOM	1991	980	595.00	4500.00
❏ CEDAR NOOK COTTAGE	1991	1960	315.00	870.00
❏ CHANDLER'S COTTAGE	1990	CL	495.00	2600.00
❏ CHRISTMAS AT AHWAHNEE	1992	980	495.00	900.00
❏ CHRISTMAS COTTAGE	1990	CL	295.00	2600.00
❏ CHRISTMAS EVE	1991	980	395.00	2000.00
❏ CHRISTMAS MEMORIES	1994	3450	515.00	900.00
❏ CHRISTMAS TREE COTTAGE	1994	2950	440.00	635.00
❏ CHRISTMAS WELCOME	1986	2950	515.00	635.00
❏ CLEARING STORM 24X36	1997	2950	1200.00	2500.00
❏ CLEARING THE STORMS 18X27	1997	2950	750.00	2000.00
❏ COBBLESTONE BROOKE	1997	4950	1200.00	1500.00
❏ COBBLESTONE LANE	1996	2950	975.00	2500.00
❏ COLLECTORS COTTAGE I	1994	*	315.00	640.00
❏ COTTAGE-BY-THE-SEA	1992	980	615.00	2600.00
❏ COUNTRY MEMORIES	1992	980	395.00	1600.00
❏ DEER CREEK COTTAGE	1995	OP	390.00	1450.00
❏ EMERALD ISLE COTTAGE	1994	2750	515.00	1600.00
❏ END OF A PERFECT DAY	1993	1250	515.00	2800.00
❏ END OF A PERFECT DAY II	1994	2750	815.00	2750.00
❏ END OF A PERFECT DAY III	1995	4950	995.00	2200.00
❏ ENTRANCE TO THE MANOR HOUSE	1989	CL	565.00	2000.00
❏ EVENING AT MERRITT'S COTTAGE	1989	CL	595.00	3000.00

NAME	YEAR	LIMIT	ISSUE	TREND
❑ EVENING AT SWANBROOK COTTAGE	1992	980	595.00	2800.00
❑ EVENING CAROLERS	1992	1960	315.00	680.00
❑ EVENING IN THE FOREST	1995	OP	580.00	390.00
❑ FLAGS OVER THE CAPITOL	1991	980	565.00	2485.00
❑ FOREST CHAPEL 20X24	1999	2950	855.00	1750.00
❑ FOREST CHAPEL 24X30	1999	2950	1135.00	2000.00
❑ GARDEN OF PROMISE	1993	1250	615.00	3910.00
❑ GARDEN PARTY	1992	980	515.00	980.00
❑ GARDENS BEYOND AUTUMN GATE	1994	CL	875.00	2400.00
❑ GLORY OF THE EVENING	1993	365	485.00	1100.00
❑ GLORY OF THE MORNING	*	*	315.00	1600.00
❑ GLORY OF WINTER	1993	1250	615.00	1050.00
❑ GUARDIAN CASTLE	1994	4750	865.00	1435.00
❑ HEATHER'S HUTCH	1993	1250	395.00	1150.00
❑ HIDDEN ARBOR	1994	3750	515.00	730.00
❑ HIDDEN COTTAGE	1990	CL	495.00	1375.00
❑ HIDDEN COTTAGE II	1993	1980	515.00	1390.00
❑ HIDDEN GAZEBO	1993	2400	515.00	1250.00
❑ HOME FOR THE EVENING	1991	980	215.00	950.00
❑ HOME FOR THE HOLIDAYS	1991	CL	595.00	3812.00
❑ HOME IS WHERE THE HEART IS	1992	980	615.00	2450.00
❑ HOME IS WHERE THE HEART IS II	1997	CL	725.00	1200.00
❑ HOMESTEAD HOUSE	1993	1250	615.00	1675.00
❑ HOMETOWN CHAPEL	1995	4950	895.00	1125.00
❑ HOMETOWN EVENING	1996	2950	975.00	2550.00
❑ HOMETOWN LAKE	1997	2950	1000.00	2500.00
❑ HOMETOWN MEMORIES I	1995	4950	865.00	2500.00
❑ JULIANNE'S COTTAGE	1992	980	345.00	2500.00
❑ LAMPLIGHT BRIDGE	1990	2950	580.00	1400.00
❑ LAMPLIGHT BROOKE	1993	1650	615.00	2225.00
❑ LAMPLIGHT INN	1994	2750	615.00	1200.00
❑ LAMPLIGHT LANE	1993	980	595.00	2750.00
❑ LAMPLIGHT VILLAGE	1995	4950	650.00	1700.00
❑ LIGHT IN THE STORM, A	1995	3950	650.00	1210.00
❑ LIGHT OF PEACE	1996	2950	1150.00	4300.00
❑ LIT PATH, THE	1991	1960	215.00	610.00
❑ MAIN STREET CELEBRATION	1995	1250	650.00	790.00
❑ MAIN STREET MATINEE	1995	1250	650.00	868.00
❑ MAIN STREET TROLLEY	1995	1250	650.00	820.00
❑ MCKENNA'S COTTAGE	1991	980	495.00	1330.00
❑ MEADOWOOD COTTAGE	1996	4950	375.00	850.00
❑ MILLER'S COTTAGE	1990	980	515.00	1300.00
❑ MOONLIGHT ON THE WATERFRONT	1985	260	795.00	1600.00
❑ MOONLIT LANE I	1994	2400	515.00	650.00
❑ MOONLIT SLEIGHRIDE	1992	1960	315.00	700.00
❑ MOONLIT VILLAGE	1989	3U	*	6125.00
❑ MORNING DOGWOOD	1995	4950	495.00	790.00
❑ MORNING GLORY COTTAGE	1995	4050	545.00	990.00
❑ MORNING LIGHT A/P	1990	CL	695.00	1800.00
❑ NEW DAY DAWNING	1997	3950	1150.00	3675.00
❑ NEW YORK, 1932	1989	*	*	3400.00
❑ OLD PORTERFIELD GIFT SHOPPE	1992	980	515.00	1425.00
❑ OLD PORTERFIELD TEA ROOM	1991	980	495.00	1600.00
❑ OPEN GATE, SUSSEX	1991	980	195.00	1000.00
❑ PARIS, CITY OF LIGHTS	1993	1980	695.00	2850.00
❑ PARIS, EIFFEL TOWER	1994	2750	795.00	2000.00
❑ PETALS OF HOPE	1995	3950	580.00	1100.00
❑ POWER & THE MAJESTY, THE	1994	2750	650.00	905.00
❑ PYE CORNER COTTAGE	1991	1960	165.00	690.00
❑ ROOM WITH A VIEW	1986	260	710.00	1400.00
❑ ROSE ARBOR	1990	CL	495.00	2500.00
❑ SAN FRANCISCO, CALIFORNIA STREET	1992	980	645.00	6250.00
❑ SAN FRANCISCO, FISHERMAN'S WHARF	1993	2750	965.00	2500.00
❑ SAN FRANCISCO, GOLDEN GATE BRIDGE	1995	3950	1090.00	2750.00
❑ SAN FRANCISCO, HYDE ST.	1996	3750	975.00	3500.00
❑ SAN FRANCISCO, MARKET ST.	1994	7500	795.00	860.00
❑ SAN FRANCISCO, UNION SQUARE	1989	*	455.00	6500.00
❑ SAN FRANCISCO, UNION SQUARE	1991	CL	695.00	6500.00
❑ SILENT NIGHT	1992	980	395.00	2350.00
❑ SIMPLER TIMES I	1995	OP	550.00	940.00
❑ SKATER'S POND	1992	CL	*	1350.00
❑ SKATING IN THE PARK	1989	*	615.00	2600.00
❑ SPRING AT STONEGATE	1990	550	345.00	1100.00
❑ SPRING GATE	1997	3450	1200.00	3260.00
❑ SPRING IN THE ALPS	1994	1904	575.00	915.00
❑ ST. NICHOLAS CIRCLE	1993	1750	615.00	4500.00
❑ STEPPING STONE COTTAGE	1995	2950	650.00	1675.00
❑ STONEHEARTH HUTCH	1993	1650	415.00	1400.00
❑ STUDIO IN THE GARDEN	1993	1480	415.00	1340.00
❑ SUNDAY AT APPLE HILL	1992	980	515.00	2100.00
❑ SUNDAY EVENING SLEIGHRIDE	1996	2950	725.00	2740.00
❑ SUNDAY OUTING	1993	1250	515.00	2460.00
❑ SWEETHEART COTTAGE	1992	980	495.00	1675.00
❑ SWEETHEART COTTAGE II	1993	980	495.00	3000.00
❑ SWEETHEART COTTAGE III	1994	1650	615.00	1125.00
❑ TEACUP COTTAGE	1997	2950	750.00	1330.00
❑ TWILIGHT COTTAGE	1997	4950	685.00	2000.00
❑ VALLEY OF PEACE	1997	3950	1150.00	4250.00
❑ VICTORIAN CHRISTMAS	1992	CL	595.00	4200.00

NAME	YEAR	LIMIT	ISSUE	TREND
❏ VICTORIAN CHRISTMAS II	1993	1650	615.00	3550.00
❏ VICTORIAN CHRISTMAS III	1994	CL	615.00	1400.00
❏ VICTORIAN CHRISTMAS IV	1994	CL	695.00	1050.00
❏ VICTORIAN EVENING	1991	RT	595.00	1875.00
❏ VICTORIAN GARDEN	1992	980	695.00	3675.00
❏ VILLAGE INN, THE	1993	1200	515.00	1100.00
❏ WARMTH OF HOME, THE	1994	3450	440.00	500.00
❏ WEATHERVANE HUTCH	1992	1960	315.00	1050.00
❏ WINTER'S END	1993	1450	615.00	1400.00
❏ WOODMAN'S THATCH	1991	1960	215.00	700.00
❏ YOSEMITE	1992	980	615.00	2200.00
PAPER EDITION				**T. KINKADE**
❏ AFTERNOON LIGHT, DOGWOODS	1992	980	185.00	680.00
❏ AMBER AFTERNOON	1992	980	235.00	500.00
❏ AUTUMN AT ASHLEY'S COTTAGE	1994	2450	185.00	500.00
❏ AUTUMN GATE, THE	1991	OP	225.00	1400.00
❏ AUTUMN LANE	1995	2850	235.00	595.00
❏ BEACON OF HOPE	1994	OP	235.00	400.00
❏ BESIDE STILL WATERS	1992	1250	195.00	1400.00
❏ BESIDE STILL WATERS	1993	1280	195.00	1400.00
❏ BEYOND AUTUMN GATE	1993	1750	250.00	413.00
❏ BEYOND SPRING GATE	1997	3350	285.00	700.00
❏ BIARRITZ	1995	1200	95.00	317.00
❏ BIRTH OF A CITY	1985	CL	150.00	550.00
❏ BLESSINGS OF AUTUMN, THE	1993	1250	250.00	400.00
❏ BLESSINGS OF SPRING, THE	1994	2750	205.00	370.00
❏ BLESSINGS OF SUMMER, THE	1995	4850	300.00	426.00
❏ BLOSSOM BRIDGE	1995	2850	205.00	403.00
❏ BLOSSOM HILL CHURCH	1992	OP	250.00	425.00
❏ BLUE COTTAGE	1990	RT	125.00	206.00
❏ BOSTON	1991	550	175.00	1500.00
❏ BROADWATER BRIDGE	1992	CL	225.00	460.00
❏ BROOKSIDE HIDEAWAY	1995	OP	205.00	400.00
❏ CARMEL, OCEAN AVENUE	1989	CL	225.00	2650.00
❏ CARMEL, TUCK BOX TEA ROOM	1991	980	235.00	2000.00
❏ CHANDLER'S COTTAGE	1990	CL	125.00	1500.00
❏ CHRISTMAS AT AHWAHNEE	1992	980	205.00	250.00
❏ CHRISTMAS COTTAGE	1990	CL	95.00	1200.00
❏ CHRISTMAS EVE	1991	980	185.00	1000.00
❏ CHRISTMAS MEMORIES	1994	2450	205.00	225.00
❏ CHRISTMAS TREE COTTAGE	1994	2950	185.00	250.00
❏ COBBLESTONE LANE	1996	2850	300.00	400.00
❏ COTTAGE-BY-THE-SEA	1992	980	235.00	375.00
❏ COUNTRY MEMORIES	1992	980	185.00	360.00
❏ DAWSON	1984	CL	150.00	2500.00
❏ DEER CREEK COTTAGE	1995	2850	185.00	300.00
❏ EMERALD ISLE COTTAGE	1994	2750	205.00	580.00
❏ END OF A PERFECT DAY	1993	CL	185.00	760.00
❏ END OF A PERFECT DAY II	1994	CL	300.00	575.00
❏ END OF A PERFECT DAY III	1995	4850	325.00	445.00
❏ ENTRANCE TO THE MANOR HOUSE	1989	CL	125.00	820.00
❏ EVENING AT MERRITT'S COTTAGE	1989	CL	125.00	1500.00
❏ EVENING AT SWANBROOK COTTAGE	1992	980	250.00	730.00
❏ EVENING IN THE FOREST	1995	4850	205.00	225.00
❏ FLAGS OVER THE CAPITOL	1991	980	235.00	350.00
❏ GARDEN OF PROMISE	1993	1250	235.00	1200.00
❏ GARDEN PARTY	1992	980	185.00	300.00
❏ GARDENS BEYOND AUTUMN GATE	1994	CL	325.00	670.00
❏ GLORY OF WINTER	1993	1250	235.00	375.00
❏ GUARDIAN CASTLE	1994	2750	300.00	550.00
❏ HEATHER'S HUTCH	1993	1250	185.00	385.00
❏ HIDDEN ARBOR	1994	2750	195.00	625.00
❏ HIDDEN COTTAGE	1990	CL	125.00	2000.00
❏ HIDDEN COTTAGE II	1993	1480	205.00	360.00
❏ HIDDEN GAZEBO	1994	2400	185.00	885.00
❏ HOME FOR THE EVENING	1991	980	100.00	500.00
❏ HOME FOR THE HOLIDAYS	1991	980	225.00	750.00
❏ HOME IS WHERE THE HEART IS	1992	980	225.00	975.00
❏ HOME IS WHERE THE HEART IS II	1996	CL	250.00	600.00
❏ HOMESTEAD HOUSE	1993	1250	235.00	400.00
❏ HOMETOWN CHAPEL	1995	OP	75.00	75.00
❏ HOMETOWN MEMORIES I	1995	4850	300.00	485.00
❏ JULIANNE'S COTTAGE	1992	980	185.00	900.00
❏ LAMPLIGHT BRIDGE	1996	2950	205.00	1075.00
❏ LAMPLIGHT BROOKE	1993	1650	235.00	440.00
❏ LAMPLIGHT INN	1994	2750	235.00	400.00
❏ LAMPLIGHT LANE	1993	980	235.00	745.00
❏ LAMPLIGHT VILLAGE	1995	4850	235.00	500.00
❏ LIGHT IN THE STORM	1995	OP	235.00	550.00
❏ LIGHT OF PEACE	1996	2950	325.00	891.00
❏ LIGHTS OF HOME, THE	1995	250	225.00	225.00
❏ LOCHAVEN COTTAGE, COLLECTOR COTTAGE II	1995	CL	315.00	640.00
❏ LUXEMBOURG GARDENS	1995	1200	95.00	170.00
❏ MAIN STREET CELEBRATION	1995	1950	250.00	285.00
❏ MAIN STREET MATINEE	1995	OP	250.00	250.00
❏ MAIN STREET TROLLEY	1995	OP	250.00	250.00
❏ MCKENNA'S COTTAGE	1991	980	205.00	635.00
❏ MEADOWOOD COTTAGE	1996	950	150.00	200.00
❏ MILLER'S COTTAGE	1992	980	175.00	570.00

PRINTS

In Harmony, *by the late artist Alan Maley and published by Past Impressions, captures the quiet feeling of comfort felt by this family.*

These young Dreamers *contemplate the possibilities in Charles Wysocki's 1998 offering from The Greenwich Workshop.*

The old fishing hole is the centerpiece of Terry Redlin's Summertime *from Hadley House.*

NAME	YEAR	LIMIT	ISSUE	TREND
❏ MOONLIGHT ON THE WATERFRONT	1985	CL	150.00	900.00
❏ MOONLIT LANE I	1994	2400	205.00	360.00
❏ MOONLIT VILLAGE	1989	935	225.00	775.00
❏ MORNING DOGWOOD	1995	4850	195.00	440.00
❏ MORNING GLORY COTTAGE	1995	4850	205.00	335.00
❏ MORNING LIGHT	1990	*	175.00	375.00
❏ NEW YORK, 1932	1990	935	225.00	730.00
❏ NEW YORK, 6TH AVENUE	1986	CL	150.00	2500.00
❏ OLD PORTERFIELD GIFT SHOPPE	1992	980	195.00	380.00
❏ OLD PORTERFIELD TEA ROOM	1991	980	205.00	300.00
❏ OPEN GATE, SUSSEX	1991	980	110.00	170.00
❏ PACIFIC GROVE	1995	1200	125.00	200.00
❏ PARIS, CITY OF LIGHTS	1993	1980	285.00	400.00
❏ PARIS, EIFFEL TOWER	1994	OP	295.00	400.00
❏ PARIS, ST. MICHEL	1995	1200	125.00	200.00
❏ PETALS OF HOPE	1995	3850	205.00	716.00
❏ PLACERVILLE, 1916	1984	CL	90.00	3000.00
❏ POWER & THE MAJESTY, THE	1994	2750	225.00	330.00
❏ PUERTA VALLARTA BEACH	1995	1200	125.00	180.00
❏ ROOM WITH A VIEW	1986	CL	150.00	540.00
❏ ROSE ARBOR	1990	CL	125.00	1200.00
❏ SAN FRANCISCO UNION SQUARE	1989	CL	225.00	2025.00
❏ SAN FRANCISCO, 1909	1985	CL	150.00	1615.00
❏ SAN FRANCISCO, ALCATRAZ	1995	1200	145.00	230.00
❏ SAN FRANCISCO, CALIFORNIA STREET	1992	980	235.00	3300.00
❏ SAN FRANCISCO, CHINATOWN	1996	950	95.00	180.00
❏ SAN FRANCISCO, FISHERMAN'S WHARF	1993	2750	300.00	400.00
❏ SAN FRANCISCO, GOLDEN GATE BRIDGE	1995	3850	325.00	417.00
❏ SAN FRANCISCO, HYDE ST.	1996	3850	300.00	450.00
❏ SAN FRANCISCO, MARKET ST.	1994	7500	375.00	390.00
❏ SILENT NIGHT	1992	980	185.00	282.00
❏ SIMPLER TIMES I	1995	3350	250.00	640.00
❏ SKATING IN THE PARK	1990	750	275.00	1750.00
❏ SPRING AT STONEGATE	1990	550	185.00	175.00
❏ ST. NICHOLAS CIRCLE	1993	1750	250.00	280.00
❏ STEPPING STONE COTTAGE	1995	2850	250.00	480.00
❏ STONEHEARTH HUTCH	1993	1650	185.00	275.00
❏ STUDIO IN THE GARDEN	1993	980	175.00	600.00
❏ SUNDAY AT APPLE HILL	1992	980	175.00	710.00
❏ SUNDAY OUTING	1993	980	205.00	1150.00
❏ SWANBROOKE COTTAGE	1992	980	225.00	1500.00
❏ SWEETHEART COTTAGE	1992	CL	150.00	465.00
❏ SWEETHEART COTTAGE II	1993	980	185.00	900.00
❏ SWEETHEART COTTAGE III, HAVENCREST	1994	CL	250.00	320.00
❏ VENICE CANAL	1995	1200	95.00	175.00
❏ VICTORIAN CHRISTMAS	1992	980	225.00	1400.00
❏ VICTORIAN CHRISTMAS II	1993	CL	235.00	1280.00
❏ VICTORIAN CHRISTMAS III	1994	CL	250.00	400.00
❏ VICTORIAN CHRISTMAS IV	1995	702	250.00	595.00
❏ VICTORIAN EVENING	1990	RT	150.00	620.00
❏ VICTORIAN GARDEN	1992	980	275.00	1885.00
❏ VILLAGE INN, THE	1993	1200	195.00	370.00
❏ WARMTH OF HOME, THE	1994	2450	185.00	250.00
❏ WINTER'S END	1993	875	250.00	360.00
❏ WISTERIA ARBOR	1995	1200	125.00	200.00
❏ YOSEMITE	1992	980	235.00	419.00
TENTH ANNIVERSARY ARCHIVE COLLECTION				**T. KINKADE**
❏ CREEKSIDE TRAIL	1994	CL	690.00	1080.00
❏ DAYS OF PEACE	1994	1984	275.00	1020.00
❏ DUSK IN THE VALLEY	1994	CL	590.00	890.00

LITTLE ANGEL PUBLISHING

CANVAS				**D. GELSINGER**
❏ ALEXANDRIA'S TEDDY A/P	1995	25	352.00	353.00
❏ ALEXANDRIA'S TEDDY S/N	1995	250	295.00	295.00
❏ FAREWELL BEND S/N	1997	40	575.00	575.00
❏ FIRE LIGHT	1995	300	520.00	800.00
❏ FIRE LIGHT A/P	1995	SO	595.00	650.00
❏ FLOWER FOR BABY A/P	1994	25	585.00	585.00
❏ FLOWER FOR BABY S/N	1994	250	510.00	510.00
❏ GOLDEN GATE A/P	1995	20	795.00	795.00
❏ GOLDEN GATE S/N	1995	200	695.00	695.00
❏ LIFE'S LITTLE TANGLES A/P	1995	SO	595.00	650.00
❏ LIFE'S LITTLE TANGLES S/N	1995	350	520.00	700.00
❏ LIGHTHOUSE KEEPER, THE A/P	1996	CL	625.00	825.00
❏ MOTHERLY LOVE A/P	1995	30	525.00	525.00
❏ MOTHERLY LOVE S/N	1995	300	450.00	450.00
❏ PERFECT TREE, THE A/P	1995	25	352.00	353.00
❏ PERFECT TREE, THE S/N	1995	250	295.00	295.00
❏ SUGAR & SPICE A/P	1996	20	352.00	353.00
❏ SUGAR & SPICE S/N	1996	200	295.00	295.00
❏ TOY BOX, THE A/P	1994	25	525.00	525.00
❏ TOY BOX, THE S/N	1994	250	450.00	450.00
CANVAS GICLEE				**D. GELSINGER**
❏ BOARDWALK, THE S/N	1997	45	575.00	575.00
CLASSIC MOMENTS IN OIL				**D. GELSINGER**
❏ FAREWELL BEND A/P	1997	5	675.00	775.00
❏ HECETA HEAD LIGHTHOUSE	1998	200	599.00	599.00
❏ JOYOUS FEAST, A A/P	1997	6	370.00	470.00

PRINTS

NAME	YEAR	LIMIT	ISSUE	TREND
❏ JOYOUS FEAST, A S/N	1997	54	290.00	390.00
❏ LIGHTHOUSE KEEPER, THE	1996	CL	525.00	675.00
❏ TENDER LOVE	1998	500	599.00	599.00
CLASSIC MOMENTS IN OIL CANVAS EDITION				**D. GELSINGER**
❏ AN ANGEL'S TOUCH S/N	1997	500	88.00	88.00
❏ GENTLE GUIDANCE S/N	1997	500	88.00	88.00
DONA'S CHRISTMAS CLASSICS CANVAS				**D. GELSINGER**
❏ LONG WINTER'S NAP, A, 8X10	2001	OP	135.00	135.00
❏ SILENT NIGHT, GENTLE LIGHT 12X16	2001	OP	242.00	242.00
❏ SILENT NIGHT, GENTLE LIGHT 5X7	2001	OP	99.00	99.00
HEAVEN'S LITTLE ANGELS-CANVAS				**D. GELSINGER**
❏ ANGEL'S CARE, AN, 12X16	2001	OP	242.00	242.00
❏ ANGEL'S CARE, AN, 5X7	2001	OP	99.00	99.00
❏ ANGEL'S GIFT, AN, 12X16	2001	OP	242.00	242.00
❏ ANGEL'S GIFT, AN, 5X7	2001	OP	99.00	99.00
❏ ANGEL'S GUIDANCE, AN, 12X16	2001	OP	242.00	242.00
❏ ANGEL'S GUIDANCE, AN, 5X7	2001	OP	99.00	99.00
❏ FOOTPRINTS 12X16	2001	OP	242.00	242.00
❏ FOOTPRINTS 5X7	2001	OP	99.00	99.00
❏ GARDEN MIRACLE 5X7	1999	OP	99.00	99.00
❏ GENTLE GUARDIAN 5X7	1999	OP	99.00	99.00
❏ HEAVENLY ANGEL 5X7	2000	OP	99.00	99.00
❏ HEAVENLY BLESSINGS 8X10	2000	OP	135.00	135.00
❏ HEAVENLY GIFTS 8X10	2000	OP	135.00	135.00
❏ JOYFUL HOPE 12X16	2001	OP	242.00	242.00
❏ JOYFUL HOPE 5X7	2001	OP	99.00	99.00
❏ JOYFUL PRAYER 12X16	2001	OP	242.00	242.00
❏ JOYFUL PRAYER 5X7	2001	OP	99.00	99.00
❏ LITTLE FAITH, A, 12X16	1999	OP	242.00	242.00
❏ LITTLE FAITH, A, 5X7	1999	OP	99.00	99.00
❏ LITTLE HOPE, A, 12X16	1999	OP	242.00	242.00
❏ LITTLE HOPE, A, 5X7	1999	OP	99.00	99.00
❏ LITTLE JOY, A, 12X16	2000	OP	242.00	242.00
❏ LITTLE JOY, A, 5X7	2000	OP	99.00	99.00
❏ LITTLE TENDERNESS, A, 12X16	2000	OP	242.00	242.00
❏ LITTLE TENDERNESS, A, 5X7	2000	OP	99.00	99.00
❏ SIMPLE FAITH 12X16	2001	OP	242.00	242.00
❏ SIMPLE FAITH 5X7	2001	OP	99.00	99.00
HEAVEN'S LITTLE ANGELS-PAPER				**D. GELSINGER**
❏ ANGEL'S BLESSING, AN, 8X10	2001	OP	20.00	20.00
❏ ANGEL'S CARE, AN, 12X16	2001	OP	36.00	36.00
❏ ANGEL'S CARE, AN, 5X7	2001	OP	16.00	16.00
❏ ANGEL'S CHARITY, AN, 8X10	2001	OP	20.00	20.00
❏ ANGEL'S GIFT, AN, 12X16	2001	OP	36.00	36.00
❏ ANGEL'S GIFT, AN, 5X7	2001	OP	16.00	16.00
❏ ANGEL'S GUIDANCE, AN, 12X16	2001	OP	36.00	36.00
❏ ANGEL'S GUIDANCE, AN, 5X7	2001	OP	16.00	16.00
❏ ANGEL'S SPIRIT, AN, 12X16	2001	OP	36.00	36.00
❏ ANGEL'S SPIRIT, AN, 5X7	2001	OP	16.00	16.00
❏ FOOTPRINTS 12X16	2001	OP	36.00	36.00
❏ FOOTPRINTS 5X7	2001	OP	16.00	16.00
❏ GARDEN MIRACLE 5X7	1999	OP	16.00	16.00
❏ GENTLE GUARDIAN 12X16	1999	OP	16.00	16.00
❏ HEAVENLY ANGEL 5X7	2000	OP	16.00	16.00
❏ HEAVENLY BLESSINGS 8X10	2000	OP	20.00	20.00
❏ HEAVENLY GIFTS 8X10	2000	OP	20.00	20.00
❏ JOYFUL HOPE 12X16	2001	OP	36.00	36.00
❏ JOYFUL HOPE 5X7	2001	OP	16.00	16.00
❏ JOYFUL PRAYER 12X16	2001	OP	36.00	36.00
❏ JOYFUL PRAYER 5X7	2001	OP	16.00	16.00
❏ LITTLE FAITH, A, 12X16	2000	OP	36.00	36.00
❏ LITTLE FAITH, A, 5X7	1999	OP	16.00	16.00
❏ LITTLE HOPE, A, 12X16	1999	OP	*	N/A
❏ LITTLE HOPE, A, 5X7	1999	OP	16.00	16.00
❏ LITTLE HOPE, A, 9X11	1999	OP	26.00	26.00
❏ LITTLE JOY, A, 12X16	2000	OP	36.00	36.00
❏ LITTLE JOY, A, 5X7	2000	OP	16.00	16.00
❏ LITTLE TENDERNESS, A	2000	OP	36.00	36.00
❏ LITTLE TENDERNESS, A 5X7	2000	OP	16.00	16.00
❏ SIMPLE FAITH 12X16	2001	OP	36.00	36.00
❏ SIMPLE FAITH 5X7	2001	OP	16.00	16.00
PAPER				**D. GELSINGER**
❏ ALEXANDRIA'S TEDDY A/P	1995	15	120.00	120.00
❏ ALEXANDRIA'S TEDDY S/N	1995	150	80.00	80.00
❏ FIRE LIGHT A/P	1995	15	200.00	200.00
❏ FIRE LIGHT S/N	1995	150	150.00	150.00
❏ FLOWER FOR BABY A/P	1994	15	190.00	190.00
❏ FLOWER FOR BABY S/N	1994	150	140.00	140.00
❏ GOLDEN GATE A/P	1995	CL	230.00	230.00
❏ GOLDEN GATE S/N	1995	100	180.00	180.00
❏ LIFE'S LITTLE TANGLES A/P	1995	CL	200.00	200.00
❏ LIFE'S LITTLE TANGLES S/N	1995	150	150.00	150.00
❏ MOTHERLY LOVE A/P	1995	15	170.00	170.00
❏ MOTHERLY LOVE S/N	1995	150	120.00	120.00
❏ PERFECT TREE, THE A/P	1995	15	120.00	120.00
❏ PERFECT TREE, THE S/N	1995	150	80.00	80.00
❏ SUGAR & SPICE A/P	1996	5	120.00	120.00
❏ SUGAR & SPICE S/N	1996	50	80.00	80.00

PRINTS

NAME	YEAR	LIMIT	ISSUE	TREND
❑ TOY BOX, THE A/P	1994	15	170.00	170.00
❑ TOY BOX, THE S/N	1994	150	120.00	120.00
SEASONS OF ANGELS CANVAS				**D. GELSINGER**
❑ SPRING ANGEL A/P	1996	12	87.00	87.00
❑ SPRING ANGEL A/P	1996	12	234.00	255.00
❑ SPRING ANGEL S/N	1996	125	57.00	57.00
❑ SPRING ANGEL S/N	1996	125	184.00	184.00
❑ WINTER ANGEL A/P	1996	12	234.00	255.00
❑ WINTER ANGEL S/N	1996	125	57.00	57.00
❑ WINTER ANGEL S/N	1996	125	184.00	184.00
❑ WINTER ANGLE A/P	1996	12	87.00	87.00

LYNN'S PRINTS

NAME	YEAR	LIMIT	ISSUE	TREND
				D. GRAEBNER
❑ AFTERNOON AT THE POND	1990	*	65.00	65.00
❑ AIRING THE QUILTS	1990	*	30.00	30.00
❑ AUCTION, THE	1988	*	25.00	25.00
❑ AUTUMN PLAYTIME	1989	*	85.00	85.00
❑ BARN RAISING LUNCH	1988	*	25.00	25.00
❑ BARNYARD FRIENDS	1988	*	25.00	35.00
❑ BREAD AND MILK	1987	*	40.00	150.00
❑ CART FOR DOLLIES	1989	*	25.00	25.00
❑ CHRISTMASTIME IN THE COUNTRY	1990	*	65.00	85.00
❑ CLOAK ROOM	1991	*	150.00	150.00
❑ COME A COURTIN	1989	*	20.00	20.00
❑ COME DOWN AND HAVE A TREAT	1991	*	25.00	25.00
❑ DOLLY'S QUILT	1990	*	20.00	20.00
❑ FALL AFTERNOON	1989	*	30.00	30.00
❑ FEEDING TIME BEFORE SCHOOL	1989	*	30.00	30.00
❑ FETCH	1990	*	20.00	20.00
❑ FIRST LOVE	1987	*	40.00	40.00
❑ FIRST QUILT	1990	*	20.00	20.00
❑ FIRST ROSE OF SUMMER	1990	*	30.00	30.00
❑ FISHERMAN'S HELPER	1989	*	30.00	30.00
❑ FOREVER YOURS DAD	1990	*	20.00	40.00
❑ FRIENDS	1990	*	30.00	30.00
❑ FRONT PORCH TEA PARTY	1990	*	30.00	30.00
❑ GRAPE PICKIN	1990	*	30.00	30.00
❑ HITCHIN A RIDE	1991	*	25.00	25.00
❑ IN TOWN CHRISTMAS	1989	*	100.00	225.00
❑ KNIT PICKIN	1991	*	25.00	25.00
❑ LET'S BE FRIENDS	1990	*	30.00	30.00
❑ LITTLE APPLE PICKER	1987	*	40.00	100.00
❑ MMM GOOD	1990	*	20.00	20.00
❑ MOTHER'S DAY SPECIAL 1991	1991	*	25.00	25.00
❑ ROUNDING UP THE PIGS	1991	*	25.00	25.00
❑ SEEDS FOR YOU MR. CARDINAL	1991	*	25.00	70.00
❑ SHARING	1988	*	15.00	45.00
❑ SUMMER SCENTS	1990	*	20.00	35.00
❑ SUNDAY MEETING	1987	750	25.00	75.00
❑ SUNDAY MEETING HOOKY	1990	*	65.00	65.00
❑ WILD GOOSE CHASE	1989	*	30.00	30.00
❑ YOU CAN'T HAVE MY DOLLY	1989	*	20.00	35.00
				L. GRAEBNER
❑ BACK PORCH QUILT FIXIN	1988	750	25.00	95.00
❑ BACKFIRE	1987	750	40.00	170.00
❑ BE GOOD TO EACH OTHER	1990	50	100.00	250.00
❑ CART FULL OF APPLES	1988	750	25.00	100.00
❑ HORSEY'S TREAT	1987	750	40.00	150.00
❑ MOTHERS SPECIAL DAY '88	1988	750	20.00	130.00
❑ ROADSIDE BERRY PICKIN	1988	750	25.00	100.00
❑ SHARING THE LOAD	1988	750	25.00	85.00
❑ SWEET SMELLS	1988	750	15.00	75.00
❑ TALKING WITH DOLLY	1988	750	15.00	70.00

MARTY BELL FINE ART

NAME	YEAR	LIMIT	ISSUE	TREND
AMERICA THE BEAUTIFUL				**M. BELL**
❑ BLUEBIRD VICTORIAN, THE	1995	YR	320.00	340.00
❑ GRETEL'S COTTAGE	1995	750	225.00	225.00
❑ HANSEL'S HOUSE	1995	750	225.00	225.00
❑ MENDOCINO TWILIGHT	1995	750	400.00	330.00
❑ MORNING GLORY/TRIPLE	1995	500	650.00	650.00
❑ TELEGRAPH HILL	1995	750	150.00	150.00
❑ TUCK BOX CHRISTMAS	1995	750	250.00	N/A
❑ TUCK BOX, THE-TEA ROOM, CARMEL	1995	OP	200.00	200.00
❑ TUCK BOX, THE-TEA ROOM, CARMEL	1995	500	456.00	1200.00
AMERICA THE BEAUTIFUL/GIFT				**M. BELL**
❑ BLUEBIRD, THE	1995	YR	*	85.00
ENGLAND				**M. BELL**
❑ BLYTON COTTAGE	1995	750	100.00	100.00
❑ BURTON COTTAGE	1995	750	100.00	100.00
❑ HOLLY COTTAGE	1995	750	100.00	100.00
❑ HONEYCOMB COTTAGE	1995	750	100.00	100.00
❑ MILL HAY MANOR	1995	750	850.00	850.00
❑ MRS. BROWNS FOR TEA	1995	750	100.00	100.00
❑ ROSE BOWER COTTAGE/TRIPLE	1995	500	520.00	520.00
❑ SISSINGHURST GARDEN	1995	750	488.00	385.00
❑ TULIP TIME	1995	500	456.00	456.00

PRINTS

NAME	YEAR	LIMIT	ISSUE	TREND
GARDENS OF THE HEART				M. BELL
❏ CLOISTER GARDEN	1995	250	488.00	400.00
❏ MAJESTY	1995	500	700.00	742.00
❏ SWEETHEART'S GATE	1995	750	225.00	225.00
HUGGA BELLS				M. BELL
❏ LUV BOAT, THE	1995	350	110.00	116.00
❏ MOTHERLOVE	1995	350	116.00	116.00
❏ STORYTIME	1995	350	110.00	115.00
❏ WEDDED BLISS	1995	350	116.00	116.00
LIMITED EDITION LITHOGRAPHS				M. BELL
❏ ALDERTON VILLAGE	1987	550	264.00	900.00
❏ ARBOR COTTAGE	1990	950	130.00	250.00
❏ BIBURY COTTAGE	1982	550	290.00	1400.00
❏ BIG DADDY'S SHOE	1982	950	64.00	300.00
❏ BISHOP'S ROSES, THE	1988	2450	220.00	500.00
❏ BLUSH OF SPRING	1989	1250	96.00	225.00
❏ BROUGHTON VILLAGE	1987	950	128.00	500.00
❏ BRYANTS PUDDLE THATCH	1990	950	130.00	250.00
❏ BURFORD VILLAGE STORE	1986	550	120.00	1000.00
❏ CASTLE COMBE COTTAGE	1982	550	264.00	1200.00
❏ CHAPLAIN'S GARDEN, THE	1987	550	264.00	2250.00
❏ CHIPPENHAM FARM	1987	550	120.00	900.00
❏ CLOVE COTTAGE	1988	950	128.00	800.00
❏ CLOVER LANE COTTAGE	1988	1850	272.00	1100.00
❏ COTSWOLD PARISH CHURCH	1986	1850	98.00	2000.00
❏ COTSWOLD TWILIGHT	1988	950	128.00	500.00
❏ CROSSROADS COTTAGE	1982	950	38.00	310.00
❏ DEVON ROSES	1991	1200	96.00	200.00
❏ DORSET ROSES	1991	1200	96.00	200.00
❏ DOVE COTTAGE GARDEN	1987	950	272.00	500.00
❏ DRIFTSONE MANOR	1987	550	440.00	4000.00
❏ DUCKSBRIDGE COTTAGE	1987	550	430.00	2500.00
❏ EASHING COTTAGE	1987	950	128.00	350.00
❏ FIDDLEFORD COTTAGE	1987	550	78.00	1950.00
❏ FIRESIDE CHRISTMAS	1989	550	136.00	550.00
❏ GAMEKEEPER'S COTTAGE, THE	1989	950	560.00	1700.00
❏ GINGER COTTAGE	1988	1850	320.00	800.00
❏ GOMSHALL FLOWER SHOP	1990	950	306.00	2050.00
❏ HALFWAY COTTAGE	1987	950	272.00	800.00
❏ HOUSEWIVES CHOICE	1986	550	98.00	1000.00
❏ ICOMB VILLAGE GARDEN	1988	RT	020.00	1000.00
❏ JASMINE THATCH	1988	950	272.00	700.00
❏ LARKSPUR COTTAGE	1989	2450	220.00	450.00
❏ LITTLE BOXFORD	1985	550	78.00	900.00
❏ LITTLE TULIP THATCH	1987	550	120.00	600.00
❏ LITTLE WELL THATCH	1990	950	130.00	250.00
❏ LONGSTOCK LANE	1990	950	130.00	250.00
❏ LORNA DOONE COTTAGE	1986	550	380.00	9000.00
❏ LOWER BROOKHAMPTON MANOR	1000	060	730.00	1825.00
❏ LULLABYE COTTAGE	1988	RT	220.00	525.00
❏ MAY COTTAGE	1987	950	128.00	620.00
❏ MEADOWLARK COTTAGE	1985	550	78.00	700.00
❏ MILLPOND STOCKBRIDGE, THE	1987	550	120.00	1800.00
❏ MORNING GLORY COTTAGE	1907	550	120.00	600.00
❏ MORNING'S GLOW	1988	1850	280.00	650.00
❏ MURRLE COTTAGE	1988	1850	320.00	1000.00
❏ NESTLEWOOD	1983	550	300.00	4900.00
❏ OLD BEAMS COTTAGE	1989	950	368.00	700.00
❏ OLD HERTFORDSHIRE COTTAGE	1990	950	396.00	1500.00
❏ PENHURST TEA ROOMS (ARCHIVAL)	1984	1000	335.00	2750.00
❏ PENHURST TEA ROOMS (CANVAS)	1984	550	335.00	3600.00
❏ PRIDE OF SPRING	1989	1250	96.00	225.00
❏ PRIMROSE COTTAGE	1989	2450	88.00	88.00
❏ READY FOR CHRISTMAS	1990	550	148.00	1050.00
❏ RODWAY COTTAGE	1988	RT	620.00	2000.00
❏ SHERE VILLAGE ANTIQUES	1988	950	272.00	825.00
❏ SUMMER'S GLOW	1985	550	98.00	1000.00
❏ SUNRISE THATCH	1987	950	128.00	350.00
❏ SURREY GARDEN HOUSE	1985	550	98.00	1500.00
❏ SWEET PINE COTTAGE	1985	550	78.00	1500.00
❏ SWEET TWILIGHT	1988	RT	220.00	600.00
❏ TEA TIME	1991	900	130.00	200.00
❏ VICAR'S GATE, THE	1987	550	110.00	900.00
❏ WAKEHURST PLACE	1987	950	520.00	2700.00
❏ WELL COTTAGE, SANDY LANE	1987	550	440.00	1600.00
❏ WEST KINGTON DELL	1984	550	240.00	1000.00
❏ WHITE LILAC THATCH	1987	950	272.00	700.00
❏ WINDSONG COTTAGE	1985	550	78.00	800.00
❏ WINDWARD COTTAGE, RYE	1991	1100	228.00	625.00
❏ YORK GARDEN SHOP	1986	550	110.00	1000.00
MEMBERS ONLY COLLECTORS CLUB				M. BELL
❏ BLOSSOM LANE	1992	CL	288.00	288.00
❏ CANDLE AT EVENTIDE	1992	CL	*	N/A
❏ LITTLE THATCH TWILIGHT	1001	CL	288.00	380.00

MILL POND PRESS

				R. BATEMAN
❏ ABOVE THE RIVER-TRUMPETER SWANS	1982	950	200.00	850.00
❏ ACROSS THE SKY-SNOW GOOSE	1984	950	220.00	700.00

PRINTS

NAME	YEAR	LIMIT	ISSUE	TREND
❏ AFRICAN AMBER-LIONESS PAIR	1980	950	175.00	600.00
❏ AFRICAN FISH EAGLE	*	*	265.00	285.00
❏ AFTERNOON GLOW-SNOWY OWL	1979	950	125.00	600.00
❏ AIR, THE FOREST & THE WATCH	1990	42500	325.00	335.00
❏ ALONG THE RIDGE-GRIZZLY BEARS	1984	950	200.00	980.00
❏ AMERICAN GOLDFINCH-WINTER DRESS	1984	950	75.00	135.00
❏ AMONG THE LEAVES-COTTONTAIL RABBIT	1979	950	75.00	1450.00
❏ ANTARCTIC ELEMENTS-SEA GULL	1980	950	125.00	360.00
❏ ARCTIC CLIFF-WHITE WOLVES	1991	13000	184.00	1300.00
❏ ARCTIC CLIFF-WHITE WOLVES (CONSERV.)	1991	13000	325.00	440.00
❏ ARCTIC CLIFF-WHITE WOLVES (PREMIER ED.)	1991	*	625.00	675.00
❏ ARCTIC EVENING-WHITE WOLF	1982	950	185.00	1250.00
❏ ARCTIC FAMILY-POLAR BEARS	1980	950	150.00	1100.00
❏ ARCTIC LANDSCAPE-POLAR BEAR	1992	5000	345.00	345.00
❏ ARCTIC LANDSCAPE-POLAR BEAR, PREM. ED.	1992	450	800.00	800.00
❏ ARCTIC PORTRAIT-WHITE GYRFALCON	1982	950	175.00	400.00
❏ ARCTIC TERN PAIR	1985	950	175.00	185.00
❏ ARKANSAS DUCK STAMP 1987-WOOD DUCK	*	*	200.00	200.00
❏ ARTIST AND HIS DOG	1981	950	150.00	700.00
❏ ASLEEP ON THE HEMLOCK-SCREECH OWL	1980	950	125.00	575.00
❏ AT THE CLIFF-BOBCAT	1991	RT	325.00	325.00
❏ AT THE CLIFF-BOBCAT (SIGNATURE ED.)	1991	*	400.00	400.00
❏ AT THE FEEDER-CARDINAL	1992	950	125.00	400.00
❏ AT THE NEST-SECRETARY BIRDS	1987	950	290.00	300.00
❏ AT THE ROADSIDE-RED TAILED HAWK	1982	950	185.00	900.00
❏ AUTUMN OVERTURE-MOOSE	1980	950	245.00	1500.00
❏ AWESOME LAND-AMERICAN ELK	1980	950	245.00	2000.00
❏ BACKLIGHT-MUTE SWAN	1989	950	275.00	525.00
❏ BALD EAGLE PORTRAIT	1983	950	185.00	320.00
❏ BAOBAB TREE AND IMPALA	1982	950	245.00	800.00
❏ BARN OWL IN THE CHURCHYARD	1980	950	125.00	700.00
❏ BARN SWALLOW AND HORSE COLLAR	1989	950	225.00	225.00
❏ BARN SWALLOWS IN AUGUST	1982	950	245.00	950.00
❏ BEACH GRASS & TREE FROG	1992	1250	345.00	345.00
❏ BEAVER POND REFLECTIONS	1985	RT	185.00	300.00
❏ BIG COUNTRY-PRONGHORN ANTELOPE	1984	RT	185.00	200.00
❏ BLACK EAGLE	1986	RT	200.00	200.00
❏ BLACKSMITH PLOVER	1986	RT	185.00	250.00
❏ BLACK-TAILED DEER IN THE OLYMPICS	1986	RT	245.00	250.00
❏ BLUEBIRD AND BLOSSOMS	1991	4500	235.00	250.00
❏ BLUEBIRD AND BLOSSOMS (PRESTIGE ED.)	1991	450	625.00	625.00
❏ BLUFFING BULL-AFRICAN ELEPHANT	1980	950	135.00	1600.00
❏ BRIGHT DAY-ATLANTIC PUFFINS	1981	950	175.00	1700.00
❏ BROAD-TAILED HUMMINGBIRD PAIR	1989	950	225.00	225.00
❏ BROWN PELICAN AND PILINGS	1980	950	165.00	1700.00
❏ BUFFALO AT AMBOSELI-CAPE BUFFALO	*	*	400.00	600.00
❏ BULL MOOSE	1979	950	125.00	1150.00
❏ BY THE TRACKS-KILLDEER	1978	950	75.00	650.00
❏ CALL OF THE WILD-BALD EAGLE	1983	950	200.00	200.00
❏ CANADA DUCK PRINT W/S 1988-PINTAILS	*	*	175.00	175.00
❏ CANADA DUCK STAMP-1985 W/2 MALLARD DUCKS	*	*	200.00	200.00
❏ CANADA GEESE FAMILY (STONE LITHO)	1985	260	350.00	1300.00
❏ CANADA GEESE IN WINTER	*	*	*	2500.00
❏ CANADA GEESE OVER THE ESCARPMENT	1985	950	135.00	200.00
❏ CANADA GEESE WITH YOUNG	1986	950	195.00	375.00
❏ CANADA GEESE-NESTING	1981	950	295.00	2700.00
❏ CANADA GOOSE	1992	*	450.00	215.00
❏ CARDINAL & SUMAC	1993	2500	235.00	235.00
❏ CARDINAL AND WILD APPLES	1988	950	235.00	400.00
❏ CATCHING THE LIGHT-BARN OWL	1989	RT	295.00	350.00
❏ CATTAILS, FIREWEED,YELLOWTHROAT WARBLER	1988	950	235.00	290.00
❏ CENTENNIAL FARM	1989	950	295.00	300.00
❏ CEREMONIAL POSE-JAPANESE CRANE	1991	*	3300.00	3300.00
❏ CHALLENGE, THE-BULL MOOSE	1988	10671	325.00	460.00
❏ CHAPEL DOORS	1980	950	135.00	1300.00
❏ CHARGING RHINO	1986	950	325.00	1050.00
❏ CHEETAH PROFILE	1982	950	245.00	400.00
❏ CHEETAH SIESTA	*	*	*	2500.00
❏ CHEETAH WITH CUBS	1978	950	95.00	575.00
❏ CHERRYWOOD WITH JUNCOS	1988	950	245.00	250.00
❏ CHICKADEE ON PINECONE-ETCHING	*	*	*	1790.OO
❏ CHINSTRAP PENGUIN	1990	810	150.00	175.00
❏ CLAN OF THE RAVEN	1992	950	235.00	425.00
❏ CLEAR NIGHT-WOLVES	1981	950	245.00	6000.00
❏ COLONIAL GARDEN-LANDSCAPE	1988	950	245.00	500.00
❏ CONTINUING GENERATIONS-SPOTTED OWLS	1987	950	525.00	700.00
❏ COTTAGE LANE-RED FOX	1991	950	285.00	285.00
❏ COUGAR AND KIT	*	*	*	300.00
❏ COUGAR IN THE SNOW	*	*	*	325.00
❏ COUGAR PORTRAIT	1984	950	95.00	320.00
❏ COUNTRY LANE-PHEASANTS	1979	950	85.00	840.00
❏ COURTING PAIR-WHISTLING SWAN	1981	950	245.00	300.00
❏ COURTSHIP DISPLAY-WILD TURKEY	1981	950	175.00	250.00
❏ COYOTE IN WINTER SAGE	1980	950	245.00	2350.00
❏ CRIES OF COURTSHIP-CRANE	1992	950	350.00	1000.00
❏ CURIOUS GLANCE-RED FOX	1980	950	135.00	950.00
❏ DARK GYRFALCON	1986	950	225.00	250.00
❏ DAY LILIES AND DRAGONFLIES	1993	1250	345.00	345.00
❏ DESCENDING SHADOWS-WOLVES	*	*	295.00	295.00
❏ DIK-DIKS	*	*	*	450.00
❏ DIPPER BY THE WATERFALL	1982	950	165.00	750.00

PRINTS

NAME	YEAR	LIMIT	ISSUE	TREND
❑ DISPUTE OVER PREY	1989	950	325.00	325.00
❑ DISTANT DANGER-RACCOON	1989	1600	225.00	275.00
❑ DOWN FOR A DRINK-MOURNING DOVE	1984	950	135.00	250.00
❑ DOWNY WOODPECKER ON GOLDENROD	1978	950	50.00	1100.00
❑ DOZING LYNX	1988	950	335.00	1250.00
❑ DRIFTWOOD PERCH-STRIPED SWALLOWS	1986	950	195.00	300.00
❑ EARLY SNOWFALL-RUFFED GROUSE	1983	950	195.00	195.00
❑ EARLY SPRING-BLUEBIRD	1983	950	185.00	2400.00
❑ EDGE OF THE ICE-ERMINE	1981	950	175.00	350.00
❑ EDGE OF THE WOODS-WHITETAIL DEER/BOOK	1982	950	745.00	1400.00
❑ ELEPHANT COW AND CALF	1991	950	300.00	1500.00
❑ ELEPHANT HERD AND SANDGROUSE	1986	950	235.00	525.00
❑ ENCOUNTER IN THE BUSH-AFRICAN LIONS	1991	950	295.00	300.00
❑ END OF SEASON-GRIZZLY	1987	950	325.00	650.00
❑ ENDANGERED SPACES-GRIZZLY	1991	4008	325.00	330.00
❑ ENDANGERED SPACES-ROYAL-BEAR	1991	*	925.00	1800.00
❑ ENTERING THE WATER-COMMON GULLS	1985	950	195.00	240.00
❑ EUROPEAN ROBIN AND HYDRANGEAS	1986	950	130.00	525.00
❑ EVENING CALL-COMMON LOON	1989	950	235.00	400.00
❑ EVENING GROSBEAK	1980	950	125.00	950.00
❑ EVENING IDYLL-MUTE SWANS	1983	950	245.00	700.00
❑ EVENING LIGHT-WHITE GYRFALCON	1981	950	245.00	1300.00
❑ EVENING SNOWFALL-AMERICAN ELK	1979	950	150.00	900.00
❑ EVERGLADES-EGRET	1987	950	360.00	400.00
❑ FALLEN WILLOW-SNOWY OWL	1980	950	200.00	700.00
❑ FARM LANE AND BLUE JAYS	1987	950	225.00	1400.00
❑ FENCE POST AND BURDOCK	1986	950	130.00	190.00
❑ FIRST ARRIVAL-KILLDEER	1988	*	265.00	265.00
❑ FLUID POWER-ORCA	1991	200	2500.00	2500.00
❑ FLYING HIGH-GOLDEN EAGLE	1980	950	150.00	900.00
❑ FOX AT THE GRANARY	1982	950	165.00	350.00
❑ FOX-ETCHING	*	*	*	2200.00
❑ FROSTY MORNING-BLUE JAY	1982	950	185.00	960.00
❑ GALLINULE FAMILY	1982	950	135.00	135.00
❑ GALLOPING HERD-GIRAFFES	1981	950	175.00	1800.00
❑ GAMBEL'S QUAIL PAIR	1985	950	95.00	380.00
❑ GENTOO PENGUINS AND WHALE BONES	1982	950	205.00	550.00
❑ GHOST OF THE NORTH-GREAT GREY OWL	1983	950	200.00	2200.00
❑ GIANT PANDA	1985	*	245.00	750.00
❑ GIANT PANDA IN THE WILD	*	*	295.00	310.00
❑ GOLDEN CROWNED KINGLET W/RHODODENDRON	1982	950	150.00	2100.00
❑ GOLDEN EAGLE	1979	950	150.00	175.00
❑ GOLDEN EAGLE PORTRAIT	1985	950	115.00	300.00
❑ GOLDEN-HEADED LION TAMARIN	1993	*	350.00	350.00
❑ GOLDFINCH IN THE MEADOW	1989	1600	150.00	250.00
❑ GOLDFINCH WITH MULLEIN	1987	*	225.00	225.00
❑ GOSHAWK AND RUFFED GROUSE	1983	950	185.00	525.00
❑ GRASSY BANK-GREAT BLUE HERON	1988	950	285.00	285.00
❑ GRAY SQUIRREL	1981	950	180.00	900.00
❑ GREAT BLUE HERON	1979	950	125.00	950.00
❑ GREAT BLUE HERON IN FLIGHT	1987	950	295.00	1050.00
❑ GREAT CRESTED GREBE	1988	950	135.00	170.00
❑ GREAT EGRET PREENING	1987	950	315.00	600.00
❑ GREAT HORNED OWL IN THE WHITE PINE	1983	950	225.00	500.00
❑ GREATER KUDU BULL	1987	950	145.00	175.00
❑ GRIZZLY AND CUBS	1993	2250	335.00	400.00
❑ GRIZZLY BEAR-ETCHING	*	*	*	2200.00
❑ GULLS ON PILINGS	1991	1950	265.00	330.00
❑ HARDWOOD FOREST-WHITE TAILED BUCK	1988	950	345.00	1400.00
❑ HARLEQUIN DUCK-BULL KELP (EXEC.)	1988	950	550.00	550.00
❑ HARLEQUIN DUCK-BULL KELP (GOLD)	1988	950	300.00	300.00
❑ HERON ON THE ROCKS	1980	950	75.00	370.00
❑ HIGH CAMP AT DUSK-HORSE	1981	950	245.00	1300.00
❑ HIGH COUNTRY-STONE SHEEP	1979	950	125.00	460.00
❑ HIGH KINGDOM-SNOW LEOPARD	1987	950	325.00	600.00
❑ HOMAGE TO AHMED ELEPHANT	1990	290	3300.00	3300.00
❑ HOODED MERGANSER-DUCK	*	*	*	450.00
❑ HOODED MERGANSERS IN WINTER	1984	950	210.00	350.00
❑ HOUSE FINCH AND YUCCA	1984	950	95.00	180.00
❑ HOUSE SPARROW	1986	950	125.00	225.00
❑ HOUSE SPARROWS AND BITTERSWEET	1987	950	220.00	340.00
❑ HUMMINGBIRD PAIR (DIPTYCH)	1986	950	330.00	650.00
❑ HURRICANE LAKE-WOOD DUCKS	1987	950	135.00	200.00
❑ IN FOR THE EVENING-SHEEP	1981	950	150.00	1750.00
❑ IN HIS PRIME-MALLARD DUCK	1994	950	195.00	215.00
❑ IN THE BRIAR PATCH-COTTONTAIL	1984	950	165.00	300.00
❑ IN THE GRASS-LIONESS	1986	950	245.00	250.00
❑ IN THE HIGHLANDS-GOLDEN EAGLE	1985	950	235.00	380.00
❑ IN THE MOUNTAINS-OSPREY	1985	950	95.00	180.00
❑ INTRUSION-MOUNTAIN GORILLA	1992	2250	325.00	525.00
❑ IRELAND HOUSE-LANDSCAPE	1990	950	265.00	275.00
❑ IRISH COTTAGE AND WAGTAIL	1985	950	175.00	380.00
❑ JUNCO IN WINTER	1992	1250	185.00	300.00
❑ KEEPER OF THE LAND-GRIZZLY	1990	290	3300.00	3300.00
❑ KESTREL AND GRASSHOPPER	1993	1250	335.00	335.00
❑ KING OF THE REALM-LION	1979	950	125.00	500.00
❑ KING PENGUINS	1987	950	130.00	130.00
❑ KINGFISHER AND ASPENS	1981	950	225.00	900.00
❑ KINGFISHER IN WINTER	1980	950	175.00	950.00
❑ KITTIWAKES GREETING	1980	950	75.00	380.00

PRINTS

NAME	YEAR	LIMIT	ISSUE	TREND
❑ LAST LOOK-BIGHORN SHEEP	1981	950	195.00	200.00
❑ LATE WINTER-BLACK SQUIRREL	1987	950	165.00	175.00
❑ LAUGHING GULL AND HORSESHOE CRAB	1981	950	125.00	125.00
❑ LEOPARD AMBUSH	1982	950	150.00	525.00
❑ LEOPARD AND THOMSON GAZELLE KILL	1988	950	275.00	300.00
❑ LEOPARD AT SERONERA	1985	950	175.00	600.00
❑ LEOPARD IN A SAUSAGE TREE	1980	950	150.00	1850.00
❑ LILY PADS AND LOON	1984	950	200.00	1400.00
❑ LION AND WILDEBEEST	1987	950	265.00	265.00
❑ LION AT TSAVO	1980	950	150.00	370.00
❑ LION CUBS	1978	950	125.00	700.00
❑ LION CUBS B/W	*	*	*	1000.00
❑ LIONESS AT SERENGETI	1987	950	325.00	325.00
❑ LIONESS-ETCHING	*	*	*	2200.00
❑ LION-ETCHING	*	*	*	2200.00
❑ LIONS IN THE GRASS	1985	950	265.00	900.00
❑ LITTLE BLUE HERON	1981	950	95.00	250.00
❑ LIVELY PAIR-CHICKADEES	1982	950	160.00	400.00
❑ LOON FAMILY	1983	950	200.00	1075.00
❑ LOON PAIR AND YOUNG	*	*	*	400.00
❑ LUNGING HERON	1990	1250	225.00	225.00
❑ MAJESTY ON THE WING-BALD EAGLE	1978	950	150.00	2000.00
❑ MALLARD FAMILY AT SUNSET	1988	950	235.00	650.00
❑ MALLARD FAMILY-MISTY MARSH	1986	950	130.00	175.00
❑ MALLARD PAIR-EARLY WINTER	1986	41740	135.00	200.00
❑ MALLARD PAIR-EARLY WINTER (24K GOLD)	1986	950	1650.00	2000.00
❑ MALLARD PAIR-EARLY WINTER (GOLD)	1986	7691	250.00	375.00
❑ MANGROVE MORNING-ROSEATE SPOONBILLS	1989	2000	325.00	400.00
❑ MANGROVE SHADOW-COMMON EGRET	1991	1250	285.00	285.00
❑ MARBLED MURRELET-DUCK	1993	55	1200.00	1200.00
❑ MARGINAL MEADOW-LANDSCAPE	1986	950	220.00	335.00
❑ MASTER OF THE HERD-AMERICAN BUFFALO	1979	950	150.00	2350.00
❑ MAY MAPLE-SCARLET TANAGER	1984	950	175.00	750.00
❑ MEADOW'S EDGE-MALLARD	1982	950	175.00	825.00
❑ MERGANSER DUCK-BRONZE	*	*	*	550.00
❑ MERGANSER FAMILY IN HIDING	1982	950	200.00	620.00
❑ MERU DUCK - LESSER KUDUS	1994	950	135.00	135.00
❑ MEXICAN WOLF	*	*	*	285.00
❑ MIDNIGHT-BLACK WOLF	1989	25352	325.00	2000.00
❑ MISCHIEF ON THE PROWL-RACCOON	1980	950	85.00	400.00
❑ MISTY COAST-GULLS	1980	950	135.00	225.00
❑ MISTY LAKE-OSPREY	1984	950	95.00	375.00
❑ MISTY MORNING-LOONS	1981	950	150.00	1000.00
❑ MOOSE	*	*	*	1200.00
❑ MOOSE AT WATER'S EDGE	1986	950	130.00	200.00
❑ MORNING COVE-COMMON LOON	1990	950	165.00	200.00
❑ MORNING DEW-ROE DEER	1985	950	175.00	175.00
❑ MORNING ON THE FLATS-BISON	1983	950	200.00	350.00
❑ MORNING ON THE RIVER-TRUMPETER SWANS	1984	950	185.00	300.00
❑ MOSSY BRANCHES-SPOTTED OWL	1990	4500	300.00	500.00
❑ MOWED MEADOW	1990	950	190.00	190.00
❑ MULE DEER IN ASPEN	1986	950	175.00	175.00
❑ MULE DEER IN WINTER	1983	950	200.00	550.00
❑ MUSKOKA LAKE-COMMON LOONS	1988	950	265.00	425.00
❑ NEAR GLENBURNIE-ROCK	1989	950	265.00	265.00
❑ NEW SEASON-AMERICAN ROBIN	1983	950	200.00	375.00
❑ NEW YORK DUCK STAMP W/2 S	*	*	175.00	175.00
❑ NO. AMERICAN WILD SHEEP STAMP	*	*	300.00	300.00
❑ NORTHERN REFLECTIONS-LOON FAMILY	1986	8631	255.00	1600.00
❑ OLD WHALING BASE AND FUR SEALS	1985	950	195.00	460.00
❑ OLD WILLOW AND MALLARDS	1987	950	325.00	500.00
❑ ON THE ALERT-CHIPMUNK	1980	950	60.00	500.00
❑ ON THE BRINK-RIVER OTTERS	1993	1250	345.00	375.00
❑ ON THE GARDEN WALL-CHAFFINCH	1985	950	115.00	370.00
❑ ORCA PROCESSION	1985	950	245.00	2200.00
❑ OSPREY FAMILY	1981	950	245.00	440.00
❑ OSPREY IN THE RAIN	1983	950	110.00	600.00
❑ OTTER STUDY	1987	950	235.00	400.00
❑ PAIR OF SKIMMERS	1981	950	150.00	160.00
❑ PANDAS AT PLAY (STONE LITHO)	1988	160	400.00	1500.00
❑ PATH OF THE PANTHER	1994	1950	295.00	295.00
❑ PEACEFUL FLOCK-AMERICAN WIGEON	1990	*	225.00	275.00
❑ PEREGRINE AND RUDDY TURNSTONES	1984	950	200.00	460.00
❑ PEREGRINE AND YOUNG	*	*	*	600.00
❑ PEREGRINE FALCON & WHITE-THROATED SWIFTS	1985	950	245.00	1150.00
❑ PEREGRINE FALCON/CLIFF (STONE LITHO)	1987	525	350.00	400.00
❑ PEREGRINE IN FLIGHT-BRONZE	*	*	*	1500.00
❑ PHEASANT IN CORNFIELD	1983	950	200.00	500.00
❑ PHEASANTS AT DUSK	1988	950	325.00	825.00
❑ PICNIC TABLE	1987	*	250.00	400.00
❑ PILEATED WOODPECKER ON BEECH TREE	1982	950	175.00	640.00
❑ PINTAILS IN SPRING	1990	9651	135.00	400.00
❑ PIONEER MEMORIES-MAGPIE PAIR	1982	950	175.00	275.00
❑ PLOWED FIELD-SNOWY OWL	1987	290	145.00	300.00
❑ POLAR BEAR	1990	290	3300.00	3300.00
❑ POLAR BEAR PROFILE	1982	950	210.00	2200.00
❑ POLAR BEARS AT BAFFIN ISLAND	1982	950	245.00	1400.00
❑ POWERPLAY-RHINOCEROS	1990	950	320.00	500.00
❑ PRAIRIE EVENING-SHORT-EARED OWL	1980	950	150.00	200.00
❑ PREDATOR PORTFOLIO-BLACK BEAR	1994	950	475.00	475.00

NAME	YEAR	LIMIT	ISSUE	TREND
❑ PREDATOR PORTFOLIO-COUGAR	1992	950	465.00	1400.00
❑ PREDATOR PORTFOLIO-GRIZZLY	1993	950	475.00	475.00
❑ PREDATOR PORTFOLIO-POLAR BEAR	1993	950	485.00	485.00
❑ PREDATOR PORTFOLIO-WOLF	1993	950	475.00	475.00
❑ PREDATOR PORTFOLIO-WOLVERINE	1994	950	275.00	275.00
❑ PREENING PAIR-CANADA GEESE	1988	950	235.00	240.00
❑ PRIDE OF AUTUMN	1987	RT	135.00	500.00
❑ PROUD SWIMMER-SNOW GOOSE	1986	950	185.00	185.00
❑ PUMPKIN TIME	1989	950	195.00	340.00
❑ QUEEN ANNE'S LACE/AMERICAN GOLDFINCH	1982	950	150.00	875.00
❑ READY FOR FLIGHT-PEREGRINE FALCON	1984	950	185.00	525.00
❑ READY FOR THE HUNT-SNOWY OWL	1982	950	245.00	1100.00
❑ RECLINING SNOW LEOPARD	1993	1250	335.00	350.00
❑ RED CROSSBILLS	1988	950	125.00	130.00
❑ RED FOX ON THE PROWL	1984	RT	245.00	750.00
❑ RED SQUIRREL	1982	950	245.00	750.00
❑ RED WOLF	1982	950	175.00	260.00
❑ RED-TAILED HAWK BY THE CLIFF	1981	950	245.00	500.00
❑ RED-TAILED HAWK STUDY-BRONZE	*	*	*	1750.00
❑ RED-WINGED BLACKBIRD AND RAIL FENCE	1981	950	195.00	325.00
❑ REEDS-STILL LIFE	1984	950	185.00	475.00
❑ RESTING PLACE-CAPE BUFFALO	1986	950	265.00	265.00
❑ RESTING PLACE-CAPE BUFFALO	1986	950	265.00	265.00
❑ RHINO AT NGORO NGORO	1987	950	325.00	325.00
❑ RIVER OTTER	1993	290	1500.00	1500.00
❑ ROBINS AT THE NEST	1986	950	185.00	185.00
❑ ROCKY POINT-OCTOBER-BOAT	1987	950	195.00	825.00
❑ ROCKY WILDERNESS-COUGAR	1980	950	175.00	1300.00
❑ ROLLING WAVES-LESSER SCAUP	1990	3330	125.00	125.00
❑ ROSE-BREASTED GROSBEAK	1993	290	450.00	450.00
❑ ROUGH-LEGGED HAWK IN THE ELM	1981	950	175.00	215.00
❑ ROYAL FAMILY-MUTE SWANS	1981	950	245.00	900.00
❑ RUBY-THROAT AND COLUMBINE-HUMMINGBIRD	1983	950	150.00	2400.00
❑ RUDDY TURNSTONES	1987	950	175.00	175.00
❑ SALT SPRING SHEEP	1994	1250	235.00	235.00
❑ SAP BUCKET-MYRTLE WARBLER	*	*	195.00	195.00
❑ SARAH E. WITH GULLS	1981	950	245.00	2150.00
❑ SAW WHET OWL & WILD GRAPES	1993	950	185.00	185.00
❑ SCOLDING, THE-CHICKADEES AND SCREECH OWL	1991	*	235.00	600.00
❑ SEA OTTER STUDY	1991	*	150.00	400.00
❑ SHADOW OF RAINFOREST-JAGUAR	1993	9000	345.00	700.00
❑ SHADOWS OF THE RAINFOREST	1993	RT	345.00	600.00
❑ SHEER DROP-MOUNTAIN GOATS	1981	950	245.00	2100.00
❑ SHELTER-RURAL LANDSCAPE	1988	950	325.00	1300.00
❑ SIBERIAN TIGER	1992	4500	325.00	325.00
❑ SIBERIAN TIGER - PRESTIGE	1992	*	625.00	625.00
❑ SIERRA EVENING-MEXICAN WOLF	1994	*	285.00	285.00
❑ SMALLWOOD-LABRADOR DOG	1984	950	200.00	500.00
❑ SNOW LEOPARD	1990	290	2500.00	2000.00
❑ SNOWY HEMLOCK-BARRED OWL	1985	950	245.00	250.00
❑ SNOWY NAP-TIGER	1994	RT	185.00	1450.00
❑ SNOWY OWL	1994	150	265.00	500.00
❑ SNOWY OWL AND MILKWEED	1987	950	235.00	650.00
❑ SNOWY OWL ON DRIFTWOOD	1983	950	170.00	1600.00
❑ SPARRING ELEPHANTS	1995	*	325.00	325.00
❑ SPIRITS OF THE FOREST-WOODTHRUSH	1983	950	170.00	1400.00
❑ SPLIT RAILS-SNOW BUNTINGS	1986	950	220.00	220.00
❑ SPRING CARDINAL	1980	950	125.00	475.00
❑ SPRING MARSH-PINTAIL PAIR	1982	950	200.00	300.00
❑ SPRING THAW-KILLDEER	1980	950	85.00	160.00
❑ STILL MORNING-HERRING GULLS	1982	950	200.00	210.00
❑ STONE SHEEP RAM	1987	950	175.00	175.00
❑ STREAM BANK-JUNE-BIRD	1985	950	160.00	175.00
❑ STRETCHING-CANADA GOOSE	1984	950	225.00	3800.00
❑ STRUTTING-RING-NECKED PHEASANT	1985	950	225.00	400.00
❑ SUDDEN BLIZZARD-RED-TAILED HAWK	1985	950	245.00	550.00
❑ SUMMER GARDEN - YOUNG ROBIN	*	*	235.00	245.00
❑ SUMMER MORNING PASTURE-COWS	1990	290	175.00	675.00
❑ SUMMER MORNING-LOON	1984	950	185.00	1000.00
❑ SUMMERTIME-POLAR BEARS	1986	950	225.00	225.00
❑ SURF AND SANDERLINGS	1979	950	65.00	2200.00
❑ SWIFT FOX	1981	950	175.00	300.00
❑ SWIFT FOX STUDY	1986	950	115.00	160.00
❑ SYLVAN STREAM-MUTE SWANS	1987	950	125.00	175.00
❑ SYMBOL OF RAINFOREST - JAGUAR	*	*	235.00	500.00
❑ TADPOLE TIME	1984	950	135.00	950.00
❑ TAWNY OWL IN BEECH	1988	950	325.00	325.00
❑ TEMBO-ELEPHANT	1992	1550	350.00	500.00
❑ TEXAS DUCK STAMP 1990-AMERICAN WIGEON	*	*	135.00	135.00
❑ TIGER AT DAWN	1984	950	225.00	1600.00
❑ TIGER PORTRAIT	1983	950	130.00	660.00
❑ TREE SWALLOW OVER POND	1988	950	290.00	290.00
❑ TRUMPETER SWAN FAMILY	1991	290	2500.00	2500.00
❑ TRUMPETER SWANS AND ASPEN	1985	950	245.00	400.00
❑ UP IN THE PINE-GREAT HORNED OWL	1979	950	150.00	800.00
❑ VANTAGE POINT-BALD EAGLE	1980	950	245.00	900.00
❑ VERMILION FLYCATCHER	1987	*	95.00	165.00
❑ VIGILANCE	1993	9500	330.00	360.00
❑ VIGILANCE - PREMIER	*	*	650.00	650.00
❑ VULTURE AND WILDEBEEST	1989	550	295.00	295.00
❑ WASHINGTON DUCK STAMP	*	*	150.00	150.00
❑ WATCHFUL REPOSE-BLACK BEAR	1981	950	245.00	950.00

PRINTS

NAME	YEAR	LIMIT	ISSUE	TREND
❏ WEATHERED BRANCH-BALD EAGLE	1985	950	115.00	450.00
❏ WHISTLING SWAN-LAKE ERIE	1991	1950	325.00	325.00
❏ WHITE ENCOUNTER-POLAR BEAR	1980	950	245.00	2800.00
❏ WHITE FOOTED MOUSE IN WINTERGREEN	1980	RT	60.00	750.00
❏ WHITE ON WHITE-SNOWSHOE HARE	1990	290	195.00	500.00
❏ WHITE TAILED DEER THROUGH BIRCH	1992	10000	335.00	335.00
❏ WHITE WORLD-DALL SHEEP	1982	950	200.00	530.00
❏ WHITE-BREASTED NUTHATCH ON A BEECH TREE	1985	950	175.00	330.00
❏ WHITE-FOOTED MOUSE ON ASPEN	1982	950	90.00	325.00
❏ WHITE-THROATED SPARROW AND PUSSY WILLOW	1984	950	150.00	525.00
❏ WIDE HORIZON-TUNDRA SWANS	1991	2862	325.00	200.00
❏ WIDE HORIZON-TUNDRA SWANS COMPANION	1991	2862	325.00	325.00
❏ WILDEBEEST	1986	950	185.00	185.00
❏ WILDEBEEST AT SUNSET	*	*	400.00	425.00
❏ WILLET ON THE SHORE	1982	950	125.00	225.00
❏ WILY AND WARY-RED FOX	1979	950	125.00	1250.00
❏ WINDOW INTO ONTARIO	1984	950	265.00	1400.00
❏ WINGED SPIRIT - 2 PC. SNOWY OWL	1985	*	*	520.00
❏ WINTER BARN-SHEEP	1983	950	170.00	300.00
❏ WINTER CARDINAL	1979	950	75.00	2300.00
❏ WINTER COAT-LANDSCAPE	1992	1250	245.00	245.00
❏ WINTER COMPANION-YELLOW LAB. DOG	1985	950	175.00	775.00
❏ WINTER ELM-AMERICAN KESTREL	1980	950	135.00	1025.00
❏ WINTER IN THE MOUNTAINS-RAVEN	1986	950	200.00	200.00
❏ WINTER LADY-CARDINAL	1983	950	200.00	1600.00
❏ WINTER MIST-GREAT HORNED OWL	1981	950	245.00	700.00
❏ WINTER PINE- G/H OWL	1994	*	265.00	265.00
❏ WINTER RUN-BULL MOOSE	1994	*	295.00	375.00
❏ WINTER SONG-CHICKADEES	1980	950	95.00	650.00
❏ WINTER SUNSET-MOOSE	1984	950	245.00	1900.00
❏ WINTER TRACKERS COYOTE	1992	4500	335.00	335.00
❏ WINTER WREN	1981	950	135.00	400.00
❏ WINTER-SNOWSHOE HARE	1979	950	95.00	1100.00
❏ WISE ONE, THE-ELEPHANT	1987	950	325.00	850.00
❏ WOLF PACK IN MOONLIGHT	1979	950	95.00	2100.00
❏ WOLF PAIR IN THE SNOW	1994	290	795.00	1500.00
❏ WOLF SKETCH	*	*	250.00	500.00
❏ WOLVES ON THE TRAIL	1983	950	225.00	600.00
❏ WOOD BISON PORTRAIT	1985	950	165.00	200.00
❏ WOODLAND DRUMMER-RUFFED GROUSE	1983	950	185.00	380.00
❏ WRANGLER'S CAMPSITE-GRAY JAY	1981	950	195.00	2000.00
❏ YELLOW-RUMPED WARBLER	1979	950	50.00	400.00
❏ YOUNG BARN SWALLOW	1978	950	75.00	1450.00
❏ YOUNG ELF OWL-OLD SAGUARO	1983	950	95.00	400.00
❏ YOUNG GIRAFFE	1991	290	850.00	4000.00
❏ YOUNG KITTIWAKE-BIRD	1989	950	195.00	195.00
❏ YOUNG SANDHILL CRANES	1988	950	325.00	325.00
❏ YOUNG SNOWY OWL	1989	950	195.00	195.00

A. BRACKENBURY

NAME	YEAR	LIMIT	ISSUE	TREND
❏ BASKET CASE-PUPPIES	1989	950	95.00	95.00
❏ BUREAUCATS-KITTENS	1989	*	95.00	95.00
❏ CAT IN THE MAIZE	1988	*	80.00	100.00
❏ CATTAILS	1984	950	60.00	100.00
❏ CHILLY DOG-YELLOW LAB	1986	*	75.00	75.00
❏ CHOCOLATE CLUSTER-CHOCOLATE LAB	1988	*	80.00	150.00
❏ CORN DOGS-LAB. DOG	1988	*	85.00	115.00
❏ COTTONTAIL FAMILY-RABBIT	1984	*	40.00	50.00
❏ CRAB APPLE CRAVING-SQUIRREL	1985	*	60.00	125.00
❏ DAWN ON THE BEACH-SNOWY EGRET	1991	*	95.00	95.00
❏ FEATHERBRAIN-LAB. DOG	1988	*	80.00	225.00
❏ FIRST EXCURSION-CHICKEN	1984	*	40.00	75.00
❏ GREAT EXPECTATIONS	1983	950	40.00	200.00
❏ GRIZZLY IN CHOKEBERRIES	1984	*	60.00	100.00
❏ POLE CAT	1988	*	85.00	100.00
❏ PROWLING BANDITS-RACCOONS	1985	*	50.00	75.00
❏ PUPULATION EXPLOSION-BLK VARI.-COCKER	1990	950	95.00	175.00
❏ PUPULATION EXPLOSION-GLD VARI.-COCKER	1990	950	95.00	100.00
❏ RED TAPE-LAB. DOG	1989	950	95.00	95.00
❏ SLED DOGS	1985	950	50.00	175.00
❏ STONE LYIN'-CAT	1987	*	85.00	100.00
❏ TOADALLY CAPTIVATED-DOG	1985	950	60.00	110.00
❏ UNDER THE RED TWIGS-COTTONTAIL	1983	950	40.00	150.00
❏ WAGGIN' TAILS-PUPPIES	1990	950	95.00	95.00
❏ WINTER COAT-GOLDEN RETRIEVER	1989	*	85.00	100.00

C. BRENDERS

NAME	YEAR	LIMIT	ISSUE	TREND
❏ ACROBATS MEAL, THE-RED SQUIRREL	1986	950	65.00	575.00
❏ APPLE HARVEST	1988	950	115.00	350.00
❏ APPLE LOVER, THE-ROBIN	1989	1500	125.00	325.00
❏ AUTUMN LADY-DEER	1987	950	150.00	1300.00
❏ BALANCE OF NATURE, THE-HAWK & RABBIT	1991	1950	225.00	225.00
❏ BLACK SPHINX	1993	950	235.00	235.00
❏ BLACK-CAPPED CHICKADEES	1986	950	40.00	600.00
❏ BLOND BEAUTY-HORSE	1990	RT	185.00	185.00
❏ BLUEBIRDS	1986	950	40.00	400.00
❏ BROKEN SILENCE-FAWNS	*	*	195.00	200.00
❏ BUTTERFLY COLLECTION - 2ND	*	*	375.00	600.00
❏ BUTTERFLY COLLECTION - 3RD	*	*	375.00	375.00
❏ BUTTERFLY COLLECTION-1ST	1993	*	375.00	410.00
❏ CALIFORNIA QUAIL	1988	*	95.00	360.00

PRINTS

NAME	YEAR	LIMIT	ISSUE	TREND
❑ CALM BEFORE THE CHALLENGE-MOOSE	1991	RT	225.00	245.00
❑ CLOSE TO MOM-BEAR	1987	950	150.00	1400.00
❑ CLOSE-UP, JAGUAR	*	*	110.00	110.00
❑ COLORFUL PLAYGROUND-COTTONTAILS	1986	950	75.00	950.00
❑ COMPANIONS, THE-WOLF	1989	18036	200.00	775.00
❑ DALL SHEEP PORTRAIT	1994	950	115.00	130.00
❑ DEN MOTHER - MOTHER WOLF	*	*	135.00	135.00
❑ DEN MOTHER - WOLF FAMILY	1992	2500	250.00	325.00
❑ DEN MOTHER-PREMIER-WOLF	*	*	700.00	700.00
❑ DISTURBED DAYDREAMS	1986	950	95.00	330.00
❑ DOUBLE TROUBLE-RACCOONS	1987	950	120.00	775.00
❑ FAMILY TREE, THE-OWLS	1995	*	225.00	435.00
❑ FORAGER'S REWARD-RED SQUIRREL	1989	*	135.00	145.00
❑ FOREST CARPENTER-PILEATED-WOODPECKER	1994	*	195.00	195.00
❑ FOREST SENTINEL-BOBCAT	1988	950	135.00	753.00
❑ FULL HOUSE-FOX FAMILY	1990	20106	235.00	325.00
❑ FULL HOUSE-PREMIER ED.- FOXES	*	*	900.00	900.00
❑ GHOSTLY QUIET-SPANISH LYNX	1990	RT	200.00	200.00
❑ GOLDEN SEASON-GRAY SQUIRREL	1986	950	85.00	750.00
❑ GOSLING STUDY	*	*	35.00	85.00
❑ HARVEST TIME-CHIPMUNK	1986	950	65.00	425.00
❑ HIDDEN IN THE PINES-GREAT HORNED OWL	1988	950	175.00	950.00
❑ HIGH ADVENTURE-BLACK BEAR CUBS	1988	950	105.00	850.00
❑ HUNTER'S DREAM	1988	950	165.00	1400.00
❑ HUNTER'S DREAM-ELK	*	*	950.00	1400.00
❑ IN THE NORTHERN HUNTING GROUNDS	1993	1750	375.00	375.00
❑ ISLAND SHORES - SNOWY EGRET	1992	2500	250.00	250.00
❑ IVORY BILLED WOODPECKER	1987	RT	95.00	725.00
❑ LATE SNOW-GREAT BLUE HERON	1986	*	90.00	120.00
❑ LONG DISTANCE HUNTERS-WOLF	1988	1250	175.00	1300.00
❑ LORD OF THE MARSHES-BLUE HERON	1989	950	40.00	145.00
❑ MEADOWLARK	1986	1250	165.00	400.00
❑ MERLINS AT THE NEST	1989	1250	165.00	275.00
❑ MIGHTY INTRUDER-BLACK BEAR	1985	950	95.00	450.00
❑ MIGRATION FEVER-BARN SWALLOWS	1987	950	150.00	525.00
❑ MONARCH IS ALIVE,THE-EAGLE	1990	RT	265.00	275.00
❑ MONARCH IS ALIVE-PREMIER-EAGLE	*	*	900.00	900.00
❑ MOTHER OF PEARLS-POLAR BEAR	1993	5000	275.00	890.00
❑ MOUNTAIN BABY-BIGHORN SHEEP	1990	1950	165.00	165.00
❑ MYSTERIOUS VISITOR-BARN OWL	1987	950	150.00	415.00
❑ NARROW ESCAPE - CHIPMUNK	1993	1750	150.00	150.00
❑ NESTING SEASON, THE-HOUSE SPARROW	1991	1950	185.00	200.00
❑ NORTHERN COUSINS-BLACK SQUIRREL	1989	950	95.00	245.00
❑ ON THE ALERT-RED FOX	1984	950	95.00	275.00
❑ ON THE OLD FARM DOOR-BLUEBIRD	1990	1500	225.00	325.00
❑ ONE TO ONE - STUDY	1991	*	120.00	180.00
❑ ONE TO ONE-GRAY WOLF	1991	10000	245.00	450.00
❑ PATHFINDER - RED FOX	1992	5000	245.00	280.00
❑ PLAYFUL PAIR-CHIPMUNKS	1984	950	40.00	525.00
❑ POLAR BEAR CUB STUDY	*	*	35.00	35.00
❑ POWER AND GRACE-DEER	1994	*	525.00	950.00
❑ PREDATORS WALK, THE-COUGAR	1989	*	150.00	300.00
❑ RED FOX STUDY	1992	1250	125.00	125.00
❑ RED-WINGED BLACKBIRDS	1989	*	40.00	250.00
❑ RIVERBANK KESTREL	1994	*	325.00	1100.00
❑ ROAMING THE PLAINS-PRONGHORNS	1988	*	150.00	275.00
❑ ROBINS	1986	950	40.00	220.00
❑ ROCKY CAMP - COUGAR (GICLEE)	1993	*	500.00	575.00
❑ ROCKY CAMP - COUGAR FAMILY	1993	5000	275.00	510.00
❑ ROCKY CAMP CUBS	1993	950	225.00	225.00
❑ ROCKY KINGDOM - BIGHORN SHEEP	1992	1750	255.00	275.00
❑ SHADOWS IN THE GRASS (PRESTIGE ED.)	1991	*	450.00	450.00
❑ SHADOWS IN THE GRASS-YOUNG COUGARS	1991	*	235.00	235.00
❑ SHORELINE QUARTET-WHITE IBIS	1990	1950	265.00	265.00
❑ SILENT HUNTER-GREAT HORNED OWL	1984	950	95.00	460.00
❑ SILENT PASSAGE-COUGAR	1984	950	150.00	460.00
❑ SILENT PASSAGE-LION	1987	*	400.00	500.00
❑ SMALL TALK	1990	1500	125.00	135.00
❑ SNOW LEOPARD PORTRAIT	1992	1750	150.00	150.00
❑ SPRING FAWN	1990	1500	125.00	275.00
❑ SQUIRREL'S DISH	1990	1950	110.00	300.00
❑ STELLER'S JAY	1989	1250	135.00	225.00
❑ SUMMER ROSES - WINTER WREN	1993	*	425.00	725.00
❑ SURVIVORS, THE-CANADA GEESE	1989	*	225.00	520.00
❑ TAKE FIVE - CANADA LYNX	1994	*	340.00	700.00
❑ TALK ON THE OLD FENCE	1988	950	165.00	1000.00
❑ THREATENED SYMBOL-BALD EAGLE	1990	1950	145.00	240.00
❑ TUNDRA SUMMIT-ARCTIC WOLVES	1994	*	340.00	425.00
❑ UNDER THE PINE TREES-CHIPMUNKS	1987	*	65.00	340.00
❑ WATERSIDE ENCOUNTER-RACCOON	1984	950	95.00	625.00
❑ WHITE ELEGANCE-TRUMPETER SWANS	1987	950	115.00	500.00
❑ WITNESS OF A PAST-BISON	1988	*	110.00	180.00
❑ WOLF SCOUT #1-WOLF CUB	1992	2500	105.00	105.00
❑ WOLF SCOUT #2-WOLF CUB	1992	2500	105.00	105.00
❑ WOLF STUDY	1991	RT	125.00	125.00
❑ WREN STUDY	*	*	35.00	125.00
❑ YELLOW-BELLIED MARMOT	1987	950	95.00	400.00
❑ YOUNG GENERATION-RABBIT	1989	1250	165.00	400.00

PRINTS

NAME	YEAR	LIMIT	ISSUE	TREND
				P. CALLE
❑ ALMOST HOME	1981	950	150.00	150.00
❑ ALMOST THERE	1991	RT	165.00	200.00
❑ AND A GOOD BOOK FOR COMPANY	1989	950	135.00	560.00
❑ AND A GRIZZLY CLAW NECKLACE	1993	750	150.00	200.00
❑ AND STILL MILES TO GO	1981	950	245.00	910.00
❑ ANDREW AT THE FALLS	1981	950	150.00	225.00
❑ BEAVER MEN, THE	1989	950	125.00	150.00
❑ BRACE FOR THE SPIT	1984	950	110.00	560.00
❑ BREATH OF FRIENDSHIP, THE	1982	950	225.00	250.00
❑ BUFFALO SKULL BUCKLE - BRONZE	*	*	95.00	95.00
❑ BUFFALO SKULL BUCKLE - SILVER	*	*	750.00	750.00
❑ CARING FOR THE HERD	1980	RT	110.00	110.00
❑ CARRYING PLACE, THE	1985	RT	195.00	325.00
❑ CHANCE ENCOUNTER	1984	950	225.00	300.00
❑ CHIEF HIGH PIPE (COLOR)	1981	950	265.00	400.00
❑ CHIEF HIGH PIPE (PENCIL)	1980	950	75.00	100.00
❑ CHIEF JOSEPH-MAN OF PEACE	1980	950	135.00	160.00
❑ CHILDREN OF WALPI	1990	350	160.00	160.00
❑ COMPANIONS	1983	*	150.00	480.00
❑ DOLL MAKER, THE	1990	950	95.00	95.00
❑ EARLY ARRIVALS	*	*	245.00	245.00
❑ EMERGING FROM THE WOODS	1982	RT	110.00	130.00
❑ END OF A LONG DAY	1981	RT	150.00	210.00
❑ FATE OF THE LATE MIGRANT	1984	950	110.00	425.00
❑ FIRESIDE COMPANIONS	1995	*	150.00	275.00
❑ FREE SPIRITS	1983	950	195.00	200.00
❑ FREE TRAPPER STUDY	1983	*	125.00	135.00
❑ FREE TRAPPER, THE - BRONZE	*	*	*	N/A
❑ FRESH TRACKS	1981	RT	150.00	150.00
❑ FRIEND OR FOE	1981	950	125.00	135.00
❑ FRIENDS	1981	RT	150.00	150.00
❑ FRONTIER BLACKSMITH	1985	950	245.00	245.00
❑ FUR TRAPPER, THE	1986	*	75.00	150.00
❑ GENERATIONS IN THE VALLEY	1982	RT	245.00	245.00
❑ GRANDMOTHER, THE	1985	950	150.00	250.00
❑ GREAT MOMENT, THE	1989	950	350.00	460.00
❑ HEAR ME O' GREAT SPIRIT	1984	*	175.00	244.00
❑ HUNTER OF GEESE	1992	950	125.00	135.00
❑ I CALL HIM FRIEND - B/W	*	*	375.00	375.00
❑ I CALL HIM FRIEND - PRESTIGE	1993	950	235.00	250.00
❑ IN SEARCH OF BEAVER	1983	950	225.00	1700.00
❑ IN THE BEGINNING...FRIENDS	1991	RT	250.00	800.00
❑ IN THE LAND OF THE GIANTS	1987	950	245.00	1150.00
❑ INTERRUPTED JOURNEY	1990	1750	265.00	400.00
❑ INTERRUPTED JOURNEY (PRESTIGE ED.)	1990	RT	465.00	600.00
❑ INTO THE GREAT ALONE	1987	950	245.00	950.00
❑ JIMMY DOOLITTLE PORTRAIT	1992	*	425.00	425.00
❑ JUST OVER THE RIDGE	1981	950	245.00	245.00
❑ LANDMARK TREE	1980	950	125.00	200.00
❑ LONELY WATCH	*	*	100.00	60.00
❑ MAN OF THE FUR TRADE	1991	550	110.00	125.00
❑ MOUNTAIN MAN, THE	1984	950	150.00	325.00
❑ MOUNTAIN MAN, THE (PENCIL)	1984	*	95.00	425.00
❑ MOUNTAIN MEN, THE (LITHO)	1989	RT	400.00	400.00
❑ NAVAJO MADONNA	1989	650	95.00	95.00
❑ NEAR JOURNEY'S END	1994	*	245.00	245.00
❑ NEW DAY, A	1988	950	150.00	240.00
❑ ONE STAR	*	*	125.00	175.00
❑ ONE WITH THE LAND	1981	950	245.00	250.00
❑ OUT OF THE SILENCE	1992	2500	265.00	275.00
❑ OUT OF THE SILENCE - PRESTIGE	1992	290	465.00	465.00
❑ PAUSE AT THE LOWER FALLS	1981	950	110.00	300.00
❑ PAUSE FOR A DRINK	*	*	100.00	65.00
❑ PRAYER TO THE GREAT MYSTERY	1980	950	245.00	250.00
❑ RETURN TO CAMP	1982	950	245.00	400.00
❑ SILENCED HONKERS, THE	1991	1250	250.00	275.00
❑ SIOUX CHIEF	1980	RT	85.00	85.00
❑ SNOW HUNTER, THE	1986	950	150.00	325.00
❑ SOMETHING FOR THE POT	1980	950	175.00	2000.00
❑ SON OF SITTING BULL	1990	950	95.00	95.00
❑ STORYTELLER OF THE MOUNTAINS	1985	950	225.00	850.00
❑ STRAYS FROM THE FLYWAY	1983	950	195.00	225.00
❑ TETON FRIENDS	1981	950	150.00	875.00
❑ THEY CALL ME MATTHEW	1991	950	125.00	170.00
❑ THEY CALL ME WILLIAM	*	*	265.00	265.00
❑ THROUGH THE TALL GRASS	1992	950	175.00	185.00
❑ TRAIL BOSS	*	*	100.00	65.00
❑ TRAPPER AT REST	1988	550	95.00	175.00
❑ TRAPPER, THE	1984	*	95.00	110.00
❑ TWO FROM THE FLOCK	1982	950	245.00	550.00
❑ VIEW FROM THE HEIGHTS	1980	950	245.00	250.00
❑ VOYAGEURS & WATERFOWL	1988	RT	265.00	850.00
❑ WHEN SNOW CAME EARLY	1980	950	85.00	500.00
❑ WHEN TRAILS CROSS	1984	950	245.00	2000.00
❑ WHEN TRAILS GROW COLD	1991	2500	265.00	275.00
❑ WHEN TRAILS GROW COLD (PRESTIGE ED.)	1991	RT	465.00	465.00
❑ WHEN TRAPPERS MEET (PENCIL)	1994	750	165.00	185.00

NAME	YEAR	LIMIT	ISSUE	TREND
❑ WHERE EAGLES FLY	1989	*	265.00	400.00
❑ WINTER FEAST	1989	1250	265.00	400.00
❑ WINTER FEAST, A PREMIER ED.	1989	290	465.00	460.00
❑ WINTER HUNTER, THE (COLOR)	1981	950	245.00	975.00
❑ WINTER HUNTER, THE (PENCIL)	1980	950	65.00	370.00
❑ WINTER'S SURPRISE	1983	950	195.00	400.00

J. DALY

NAME	YEAR	LIMIT	ISSUE	TREND
❑ ALL ABOARD	1994	*	145.00	145.00
❑ ANNIE'S RAGGEDY	*	*	75.00	350.00
❑ BIG MOMENT, THE-CLOWN W/CHILD	1990	1500	125.00	130.00
❑ CATCH OF MY DREAMS	1994	4500	45.00	125.00
❑ CAT'S CRADLE	1991	950	450.00	450.00
❑ CHILDHOOD FRIENDS	1994	950	110.00	115.00
❑ CONFRONTATION	1990	1500	85.00	115.00
❑ CONTENTMENT	1990	1500	95.00	300.00
❑ DOMINOES	1992	1500	155.00	155.00
❑ EYE TO EYE	1994	*	95.00	300.00
❑ FAVORITE GIFT	1992	RT	175.00	180.00
❑ FAVORITE READER-BOY	1987	RT	85.00	325.00
❑ FLYING HIGH-CHILDREN	1986	950	50.00	400.00
❑ FLYING HORSES, THE	1992	950	325.00	325.00
❑ GIFT OF TIME	1995	*	145.00	170.00
❑ GOOD COMPANY	1993	1500	155.00	155.00
❑ HER SECRET PLACE	1992	*	275.00	370.00
❑ HOME TEAM: ZERO-BASEBALL	1991	1500	150.00	175.00
❑ HOMEMADE	1991	1500	125.00	130.00
❑ HONOR AND ALLEGIANCE	1990	1500	110.00	250.00
❑ ICE MAN, THE-BOY	1990	1500	125.00	275.00
❑ IMMIGRANT SPIRIT, THE	1992	5000	125.00	135.00
❑ IN THE DOGHOUSE-BOY/DOG	1989	1500	75.00	600.00
❑ IT'S THAT TIME AGAIN	1990	1500	120.00	120.00
❑ LEFT OUT	1993	1500	110.00	110.00
❑ LET'S PLAY BALL-BOY/DOG	1989	1500	75.00	250.00
❑ MAKE BELIEVE-LITTLE GIRLS	1990	RT	75.00	365.00
❑ MARSHALL, THE	*	*	150.00	150.00
❑ MUD MATES	1994	950	150.00	150.00
❑ MY BEST FRIENDS	*	*	140.00	275.00
❑ NEW BEGINNING	1991	5000	125.00	125.00
❑ NEW CITIZEN, THE	1993	5000	125.00	135.00
❑ ODD MAN OUT-BOY	1987	RT	85.00	700.00
❑ ON THIN ICE-BOY ICE SKATING	1988	RT	05.00	200.00
❑ PILLARS OF A NATION-ELLIS ISLAND	1991	20000	175.00	225.00
❑ PLAYMATES	1992	*	355.00	245.00
❑ RADIO DAZE	1990	1500	150.00	150.00
❑ SATURDAY MORNING	*	*	150.00	150.00
❑ SATURDAY NIGHT	1983	950	85.00	1450.00
❑ SCHOLAR, THE	1990	1500	110.00	180.00
❑ SECRET ADMIRER	1993	1500	150.00	150.00
❑ SLIDING HOME	1995	*	75.00	100.00
❑ SLUGGER	1994	950	75.00	100.00
❑ SPRING FEVER	1982	950	85.00	600.00
❑ SUNDAY AFTERNOON	1993	*	350.00	350.00
❑ SUNDAY MORNING	1980	*	350.00	135.00
❑ TERRITORIAL RIGHTS-BOY	1988	950	85.00	400.00
❑ THIEF, THE-BOY/DOG	1989	1500	95.00	445.00
❑ THORN, THE	1989	1500	125.00	415.00
❑ TIE BREAKER-CHECKERS	1988	950	95.00	260.00
❑ TIME-OUT CHILDREN	1991	RT	125.00	160.00
❑ TO ALL A GOOD NIGHT	1993	1500	160.00	160.00
❑ WALKING THE RAILS	1992	1500	175.00	175.00
❑ WHEN I GROW UP	1993	1500	175.00	175.00
❑ WIND-UP, THE	1994	950	75.00	140.00
❑ WINNING CATCH	*	*	75.00	85.00
❑ WIPED OUT-MARBLES	1988	1250	125.00	1450.00

N. ENGLE

NAME	YEAR	LIMIT	ISSUE	TREND
❑ AFTERNOON VISITOR	1990	950	75.00	150.00
❑ APRIL LIGHT	1984	*	95.00	100.00
❑ AUTUMN BLUEBERRIES	1984	950	75.00	125.00
❑ AUTUMN GOLD	1985	*	85.00	160.00
❑ AUTUMN RIVER	1985	*	50.00	180.00
❑ BRIGHT RIVER	1989	950	150.00	150.00
❑ CARRIAGE WAITING	1989	950	75.00	135.00
❑ DAISY BAY	1989	*	150.00	610.00
❑ DEEP WOODS WINTER	1988	*	95.00	110.00
❑ EDGE OF WINTER-LAKE SUPERIOR	1988	*	150.00	160.00
❑ EVENING HARBOR	1984	950	75.00	135.00
❑ FEEDER STREAM	1990	950	150.00	195.00
❑ FIRST COLOR	1989	*	135.00	165.00
❑ FISHERMAN AT DAWN	1987	*	95.00	550.00
❑ FOREST POOL	1988	*	110.00	250.00
❑ GOLDEN BEACH	1989	*	110.00	140.00
❑ GREAT PASSAGE	1985	*	175.00	235.00
❑ GROUSE COUNTRY	1985	950	85.00	100.00
❑ HEMLOCK MARSH	1985	*	115.00	200.00
❑ HOUSE BY THE SEA	1981	950	75.00	1000.00
❑ ISLAND HOME	1984	*	75.00	140.00
❑ ISLAND LAKE	1984	950	95.00	150.00
❑ LIGHT IN THE WILLOWS-GREAT WHITE HERON	1988	*	145.00	145.00
❑ LOST CREEK	1984	*	15.00	125.00

PRINTS

NAME	YEAR	LIMIT	ISSUE	TREND
❑ MARCH THAW	1984	*	95.00	175.00
❑ MELTING INTO SPRING	1984	*	95.00	100.00
❑ MIDDLE ISLAND POINT	1984	*	115.00	170.00
❑ MISTY ISLE	1985	*	150.00	180.00
❑ MORNING ON THE YELLOWDOG RIVER	1983	950	75.00	500.00
❑ MOUNTAIN COVE	1985	*	125.00	135.00
❑ MOUNTAIN MEADOW	1987	*	95.00	500.00
❑ PEACEFUL MORNING-CANADAS	1984	*	50.00	120.00
❑ QUIET WATERS	1983	950	75.00	100.00
❑ SAFE HARBOR	1987	*	95.00	150.00
❑ SALTY DOG	1985	*	95.00	100.00
❑ SUMMER RIVER	1983	950	75.00	950.00
❑ SUNSET SWAMP	1986	*	75.00	90.00
❑ VICTORIAN SPRING-GRAND HOTEL	1988	*	150.00	2600.00
❑ WILD OCTOBER	1983	*	75.00	400.00
❑ WILD ROSE MARSH	1985	950	95.00	775.00
❑ WILD ROSES BY THE SEA	1990	*	150.00	620.00
❑ WILDERNESS MARSH	1981	950	75.00	330.00
❑ WINTER BROOK	1983	*	75.00	550.00

F. MACHETANZ

NAME	YEAR	LIMIT	ISSUE	TREND
❑ BEGINNINGS	1979	950	175.00	585.00
❑ CHANGE OF DIRECTION W/MEDAL	1988	950	320.00	465.00
❑ CHIEF DANCES, THE-ESKIMO	1989	950	235.00	235.00
❑ DECISIONS ON THE ICE FIELD	1979	950	150.00	1200.00
❑ END OF A LONG DAY-POLAR BEAR	1984	950	200.00	400.00
❑ END OF THE HUNT-ESKIMO	1985	950	245.00	1050.00
❑ FACE TO FACE	1978	950	150.00	2100.00
❑ FIRST DAY IN HARNESS	1992	*	225.00	225.00
❑ FISHING RIGHTS-BROWN BEAR	1993	*	195.00	195.00
❑ GLORY OF THE TRAIL-DOG MUSHING	1990	950	225.00	330.00
❑ GOLDEN YEARS	1981	950	245.00	540.00
❑ GRASS IS ALWAYS GREENER, THE-DOG	1990	950	200.00	390.00
❑ HARPOONER'S MOMENT-ALASKA	1992	*	225.00	225.00
❑ HUNTER'S DAWN	1978	950	125.00	475.00
❑ INTO THE HOME STRETCH	1978	950	175.00	700.00
❑ INVADERS, THE-POLAR BEAR	1989	*	235.00	1200.00
❑ KAYAK MAN	1991	950	215.00	215.00
❑ KING OF THE MOUNTAIN	1980	950	200.00	400.00
❑ KYROK-ESKIMO SEAMSTRESS	1986	950	225.00	800.00
❑ LAND OF THE MIDNIGHT SUN-POLAR BEAR	1985	950	245.00	470.00
❑ LANGUAGE OF THE SNOW-ESKIMO	1985	950	195.00	460.00
❑ LEAVING THE NEST-POLAR BEAR	1986	950	245.00	300.00
❑ LONE MUSHER-ALASKA	1986	950	245.00	640.00
❑ MANY MILES TOGETHER-ESKIMO	1984	950	245.00	380.00
❑ MIDDAY MOONLIGHT	1981	950	265.00	580.00
❑ MIDNIGHT WATCH	1984	950	250.00	700.00
❑ MIGHTY HUNTER	1982	950	265.00	700.00
❑ MOONLIGHT STAKEOUT	1982	950	265.00	620.00
❑ MOOSE TRACKS	1982	950	265.00	445.00
❑ MT. BLACKBURN-SOVEREIGN OF THE WRANGELLS	1986	950	245.00	300.00
❑ NANOOK	1983	950	295.00	480.00
❑ NELCHINA TRAIL	1980	950	245.00	500.00
❑ PICK OF THE LITTER	1979	950	165.00	1400.00
❑ QUALITY TIME-POLAR BEAR	1990	950	200.00	620.00
❑ RARIN' TO GO DOG SLED	1993	*	225.00	225.00
❑ REACHING THE CAMPSITE	1979	950	200.00	1450.00
❑ REACHING THE PASS-DOG SLED	1985	950	265.00	1400.00
❑ SEARCH FOR GOLD, THE	1991	*	225.00	225.00
❑ SEARCH ON THE PRESSURE ICE	1994	*	195.00	200.00
❑ SMOKE DREAMS	1984	950	250.00	460.00
❑ SON OF THE NORTH-ESKIMO	1986	*	175.00	365.00
❑ SOURDOUGH	1980	950	245.00	775.00
❑ SPRING FEVER-POLAR BEAR	1987	950	225.00	380.00
❑ START OF THE DAY-ALASKA	1987	*	200.00	380.00
❑ STORY OF THE BEADS	1984	950	245.00	700.00
❑ TENDER ARCTIC, THE	1982	950	295.00	1100.00
❑ TENSE MOMENT-POLAR BEAR	1988	*	200.00	575.00
❑ THEY OPENED THE NORTH COUNTRY	1983	950	245.00	300.00
❑ TRAIL OF GREAT WHITE BEAR-ALASKA	1992	*	225.00	225.00
❑ TRAIL THROUGH THE PRESSURE ICE-ALASKA	1987	*	225.00	330.00
❑ TUNDRA FLOWER	1991	950	235.00	400.00
❑ TWO OF MY FAVORITE SUBJECTS	1989	*	225.00	250.00
❑ VETERAN OF THE TRAIL-DOG SLED	1988	*	175.00	470.00
❑ WHALING LOOKOUT-ESKIMO WHALING	1988	*	195.00	300.00
❑ WHAT EVERY HUNTER FEARS	1981	950	245.00	1150.00
❑ WHEN THREE'S A CROWD	1980	950	225.00	720.00
❑ WHERE MEN AND DOGS SEEM SMALL	1981	950	245.00	1100.00
❑ WINTER HARVEST	1981	950	265.00	875.00

B. MOORE, JR.

NAME	YEAR	LIMIT	ISSUE	TREND
❑ BECKY	1983	*	75.00	300.00
❑ GOLDEN DAWN	1982	950	85.00	110.00
❑ HARRY SHOURDES REDHEAD	1979	950	65.00	110.00
❑ JOSEPH LINCOLN PINTAIL ON THE SANTEE	1981	*	85.00	90.00
❑ LEE DUDLEY-CANVASBACK	1979	950	65.00	300.00
❑ POINT AND HONOR	1982	*	115.00	195.00
❑ THIS PLACE NOT FOR SALE	1986	*	85.00	160.00
❑ WAITING, THE	1981	950	85.00	330.00
❑ WARD BROTHERS-CANADAS	1979	950	85.00	250.00
❑ WARD BROTHERS-CANVASBACKS	1980	*	85.00	120.00
❑ WIND CALLED HIS NAME, THE	1981	950	85.00	400.00

PRINTS

NAME	YEAR	LIMIT	ISSUE	TREND
				R. PARKER
❏ ABOVE THE BREAKERS-OSPREY	1986	950	150.00	175.00
❏ ABOVE THE WAVES-COMMON TERNS	1987	*	95.00	95.00
❏ AFTERNOON SHADOWS-MULE DEER	1985	*	105.00	105.00
❏ ARCTIC SPRING-WHITE GYRFALCON	1987	*	185.00	185.00
❏ ARCTIC WOLF PORTRAIT	1987	*	105.00	180.00
❏ AT END OF DAY-WOLVES	1986	950	235.00	235.00
❏ AUTUMN ASPEN-WHITE-TAILED DEER	1989	*	175.00	175.00
❏ AUTUMN CORNFIELD-CARDINAL	1989	*	115.00	115.00
❏ AUTUMN FIELDS-RED FOX	1986	*	220.00	220.00
❏ AUTUMN FORAGING-MOOSE	1986	950	175.00	200.00
❏ AUTUMN LEAVES-RED FOX	1986	950	95.00	100.00
❏ AUTUMN MAPLES-WOLVES	1989	950	195.00	195.00
❏ AUTUMN MEADOW-ELK	1986	950	195.00	200.00
❏ AUTUMN MORNING-GRIZZLY	1987	*	200.00	200.00
❏ BARN SWALLOWS ON FENCE POST	1987	*	105.00	105.00
❏ BEHIND THE HEMLOCK-LYNX	1986	*	105.00	105.00
❏ BLUE SHADOWS-ARCTIC FOX	*	*	175.00	185.00
❏ BREAK IN THE ICE-CANADA GOOSE	*	*	150.00	150.00
❏ BREAKING THE SILENCE-WOLVES	1990	1250	195.00	200.00
❏ CARDINAL IN BLUE SPRUCE	1986	950	125.00	135.00
❏ CARDINAL IN BRAMBLES	1986	950	125.00	125.00
❏ CHICKADEES IN AUTUMN	1984	950	75.00	90.00
❏ COASTAL MORNING-GRIZZLY	1995	*	195.00	200.00
❏ COYOTE	*	*	950.00	950.00
❏ CREEKSIDE-COUGAR	1986	950	225.00	225.00
❏ CROSSING THE RIDGE-WOLVES	1992	*	265.00	560.00
❏ DEEP SNOW-WHITETAIL DEER	1991	950	175.00	260.00
❏ DEEP WATER-ORCAS WHALE	1989	1250	195.00	195.00
❏ DESERT RESPITE-KIT FOX	1987	*	125.00	125.00
❏ EAGLES IN THE PINES	1988	*	200.00	230.00
❏ EARLY SNOWFALL-ELK	1989	950	185.00	185.00
❏ EARLY SPRING-GREAT BLUE HERON	1989	*	135.00	135.00
❏ EUCALYPTUS CLIMBER-KOALA BEAR	1989	*	110.00	110.00
❏ EVENING AMBER-TRUMPETER SWAN	1989	*	125.00	125.00
❏ EVENING GLOW-WOLF PACK	1987	950	245.00	250.00
❏ EVENING REFLECTIONS-TRUMPETER SWAN	1987	*	115.00	115.00
❏ EVENING SILHOUETTE-COYOTES	*	*	225.00	225.00
❏ EVENING SOLITUDE-WOLF	*	*	195.00	195.00
❏ FACE OF THE NORTH-WOLF	1984	950	95.00	175.00
❏ FALLEN TOTEM-EAGLE	*	*	245.00	250.00
❏ FAT AND SASSY-ROBIN	1984	*	95.00	100.00
❏ FIRST SNOW-ARCTIC WOLVES	1990	*	175.00	175.00
❏ FLYING REDTAIL HAWK-ORIGINAL	1989	290	295.00	360.00
❏ FOLLOWING MAMA-MUTE SWANS	1986	950	165.00	400.00
❏ FOREST FLIGHT-EAGLE	*	*	195.00	195.00
❏ FOREST TREK-GRAY WOLF	1991	950	185.00	185.00
❏ FOX PUP AT THE DEN ENTRANCE	1988	*	115.00	120.00
❏ FREEZE UP-CANADA GEESE	1987	950	85.00	85.00
❏ FROSTY ALDER-EVENING GROSBEAK	*	*	125.00	125.00
❏ GILA WOODPECKER	1991	950	135.00	135.00
❏ GOLDEN GRASSES-CALIFORNIA QUAIL	1987	*	95.00	120.00
❏ GRAY WOLF PORTRAIT	1984	950	115.00	250.00
❏ GRIZZLIES AT THE FALLS	*	*	225.00	225.00
❏ ICY CREEK-MINK	*	*	105.00	115.00
❏ ICY MORNING-RED FOX	1990	950	150.00	150.00
❏ INSIDE PASSAGE-ORCAS WHALE	1990	1500	195.00	195.00
❏ JUST RESTING-SEA OTTER	1986	950	85.00	400.00
❏ LAST LIGHT-COUGAR	*	*	235.00	125.00
❏ LIONESS AND CUBS	1990	150	295.00	295.00
❏ LOW WATER-RACCOON	1987	*	125.00	125.00
❏ MALLARD FAMILY	1983	950	95.00	110.00
❏ MISTY MORN-LOON	1985	950	120.00	330.00
❏ MOONLIT TRACKS-WOLF	1991	1500	200.00	200.00
❏ MOOSE IN THE BRUSH	1990	950	195.00	195.00
❏ MORNING ON THE LAGOON-MUTE SWAN	1986	950	95.00	100.00
❏ MOTHER AND SON-ORCAS	1991	950	185.00	185.00
❏ MOUNTAIN BLOOMS-GROUND SQUIRREL	1983	*	50.00	90.00
❏ NORTHERN MORNING-ARCTIC FOX	1986	950	125.00	260.00
❏ OLD MAN OF THE MOUNTAIN-BLACK BEAR	1988	*	185.00	225.00
❏ ON THE RUN-WOLF PACK	1987	950	245.00	245.00
❏ RACCOON PAIR	1982	950	95.00	160.00
❏ RAIDING THE CACHE	1982	*	95.00	100.00
❏ RAIL FENCE-BLUEBIRDS	1987	950	105.00	105.00
❏ RAMPARTS-MOUNTAIN GOATS	1987	*	200.00	200.00
❏ RED SQUIRREL	1983	*	65.00	150.00
❏ RED-BREASTED NUTHATCH ON PI	1988	*	95.00	95.00
❏ RED-COCKADED WOODPECKER	1986	*	120.00	120.00
❏ REFLECTIONS-MALLARD DUCK	1985	*	175.00	400.00
❏ RIMROCK - BRONZE	1986	*	1450.00	1450.00
❏ RIMROCK-COUGAR	1986	950	200.00	250.00
❏ RIVERSIDE PAUSE-RIVER OTTER	1983	950	95.00	590.00
❏ SEA OTTER WITH URCHIN	1992	*	150.00	150.00
❏ SEARCHING THE STREAM-RACCOON	1988	*	125.00	125.00
❏ SHELTERED SPOT-LYNX	1987	*	150.00	150.00
❏ SILENT PASSAGE-ORCAS	1988	950	175.00	200.00
❏ SILENT STEPS-LYNX	1984	950	145.00	185.00
❏ SNOW ON THE PINE-CHICKADEES	1982	950	95.00	100.00
❏ SNOW PALACE-MULE DEER	1988	*	225.00	275.00
❏ SPRING ARRIVALS-CANADA GEESE	1985	950	120.00	135.00
❏ SPRING MIST-GRAY WOLF	1982	950	155.00	325.00
❏ STILL WATER - MALLARD DUCK	1986	*	105.00	105.00

NAME	YEAR	LIMIT	ISSUE	TREND
❏ SUMMER-LOON	1988	*	125.00	125.00
❏ THROUGH THE FIRS-EAGLE	1991	*	500.00	625.00
❏ WAITING OUT THE STORM-WOLF	1985	950	105.00	450.00
❏ WALKING THE RIDGE-PRONGHORN	1987	*	185.00	185.00
❏ WAPITI PORTRAIT-AMERICAN ELK	*	*	105.00	105.00
❏ WARY GLANCE - CHIPMUNK	*	*	70.00	70.00
❏ WEATHERED WOOD-BLUEBIRDS	1982	950	75.00	175.00
❏ WHEN PATHS CROSS	1984	950	185.00	240.00
❏ WHITE-CROWNED SPARROW ON DRIFTWOOD	1987	*	125.00	135.00
❏ WHITETAIL AND WOLVES	1986	950	180.00	250.00
❏ WHITE-TAILED TROPICBIRDS	1988	*	130.00	130.00
❏ WINGS OVER WINTER-BALD EAGLE	1985	950	135.00	325.00
❏ WINTER CLOAK-ERMINE	1985	*	105.00	130.00
❏ WINTER CREEK AND WHITETAILS	1987	950	185.00	185.00
❏ WINTER CREEK-COYOTE	1986	950	130.00	175.00
❏ WINTER ENCOUNTER-WOLF	1987	950	235.00	250.00
❏ WINTER JAY-BLUE JAY	1984	950	95.00	150.00
❏ WINTER LOOKOUT-COUGAR	1990	950	175.00	175.00
❏ WINTER PINE-DOWNY WOODPECKER	1987	*	110.00	130.00
❏ WINTER SAGE-COYOTE	1987	950	225.00	225.00
❏ WINTER STORM-COYOTES	1987	950	245.00	245.00
❏ WINTER VALLEY-ELK	1988	*	150.00	200.00
❏ WINTER WREN ON IVY	1988	*	95.00	170.00
❏ WINTER'S FURY-MOUNTAIN GOATS	1991	*	195.00	195.00
❏ YELLOW DAWN-AMERICAN ELK	1983	950	130.00	130.00

M. REECE

NAME	YEAR	LIMIT	ISSUE	TREND
❏ AFTERNOON SHADOWS-BOBWHITES	1975	950	100.00	330.00
❏ AGAINST THE WIND-CANVASBACKS	1972	950	60.00	400.00
❏ ALERT-WHITETAILED DEER	1992	*	175.00	200.00
❏ ALONG THE RIVER-TRUMPETER SWANS	1983	*	50.00	50.00
❏ ALONG THE SHORE-REDHEADS	1980	950	160.00	170.00
❏ AMERICAN WIGEON-WASHINGTON CENTENNIAL	1990	1058	*	135.00
❏ AUTUMN MARSH-MALLARDS	1986	950	125.00	330.00
❏ AUTUMN TRIO-RING-NECKED PHEASANTS	1976	950	85.00	275.00
❏ BERRY FOOD-CEDAR WAXWINGS	1987	*	85.00	100.00
❏ BIRCH, THE-RUFFED GROUSE	1987	*	85.00	100.00
❏ BOBWHITES (STONE LITHO)	1964	950	20.00	650.00
❏ BREAKING AWAY-PINTAILS	1982	*	150.00	150.00
❏ BURST OF COLOR-RING-NECKED PHEASANTS	1974	950	75.00	250.00
❏ CANADA GEESE-COMING IN	1976	950	85.00	325.00
❏ CAREFUL LANDING-CANADA GEESE	1987	*	175.00	200.00
❏ CHASE, THE-WOLF PACK	1991	550	150.00	150.00
❏ CHINSTRAP PENGUINS	1978	*	50.00	60.00
❏ COASTING DOWN-CANADA GEESE	1983	*	40.00	40.00
❏ COLD MORNING-MALLARDS	1980	*	175.00	175.00
❏ COURTSHIP FLIGHT-PINTAILS	1974	950	75.00	170.00
❏ COVEY RISE-BOBWHITES	1977	950	150.00	600.00
❏ CRESCENT LAKE-MALLARDS	1978	950	125.00	190.00
❏ DARK SHADOWS-WHITETAIL DEER	1977	950	85.00	115.00
❏ DARK SKY-BOBWHITES	1979	950	225.00	475.00
❏ DARK SKY-CANADA GEESE	1978	950	175.00	500.00
❏ DARK SKY-CANVASBACKS	1980	950	195.00	200.00
❏ DARK SKY-MALLARDS	1976	950	85.00	600.00
❏ DARK SKY-PHEASANTS	1983	950	125.00	465.00
❏ DARK SKY-PINTAILS	1984	*	125.00	125.00
❏ DARK SKY-RUFFED GROUSE	1981	950	245.00	360.00
❏ DARK SKY-SNOW GEESE	1981	*	175.00	175.00
❏ DIAMOND ISLAND-MALLARDS	1980	950	195.00	350.00
❏ EARLY ARRIVALS-MALLARDS	1974	950	50.00	200.00
❏ EARLY SPRING-WILD TURKEYS	1981	950	220.00	500.00
❏ EASY LANDING-PINTAILS	1977	950	95.00	200.00
❏ EDGE OF THE HEDGEROW-BOBWHITES	1970	950	60.00	620.00
❏ ESCAPE-RING-NECKED PHEASANTS	1981	950	195.00	195.00
❏ FAMILY, THE - CANADA GEESE	1986	*	95.00	110.00
❏ FEDERAL DUCK STAMP-BUFFLEHEADS	1948	200	15.00	1200.00
❏ FEDERAL DUCK STAMP-CINNAMON TEAL	1971	950	75.00	5000.00
❏ FEDERAL DUCK STAMP-GADWALLS	1951	250	15.00	1200.00
❏ FEDERAL DUCK STAMP-RETRIEVER	1959	400	15.00	4000.00
❏ FEDERAL DUCK STAMP-WHITE-WINGED SCOTERS	1969	750	50.00	1000.00
❏ FEEDING TIME-CANADA GEESE	1973	550	75.00	225.00
❏ FLARING-MALLARDS	1985	*	175.00	200.00
❏ FLIGHT- CANADA GEESE - BRONZE	*	*	4000.00	4000.00
❏ FLIGHT-CANADA GEESE	1976	950	50.00	60.00
❏ FLOODED OAKS-MALLARDS	1974	850	150.00	250.00
❏ FLOODED TIMBER-MALLARDS	1982	950	150.00	330.00
❏ FLYING LOW-CANADA GEESE	1989	*	225.00	383.00
❏ FROSTY MORNING-CANADA GEESE	1981	950	175.00	320.00
❏ GENTOO-PENGUINS	1976	260	125.00	133.00
❏ GOOD FETCH-LABRADOR RETRIEVER	1976	950	150.00	250.00
❏ GRACEFUL PAIR-RING-NECKED PHEASANTS	1977	950	50.00	200.00
❏ GREENHEAD-MALLARD	1990	150	245.00	425.00
❏ HAZY DAY-BOBWHITES	1985	950	150.00	390.00
❏ HEAVY SNOW-RUFFED GROUSE	1982	*	150.00	150.00
❏ HIGH COUNTRY SKIER	1985	*	125.00	200.00
❏ ICY WATER-MALLARDS	1989	*	175.00	190.00
❏ JUMPING GREENWINGS-GREEN-WINGED TEAL	1977	950	85.00	110.00
❏ LANDING-CANADA GEESE	1980	950	125.00	130.00
❏ LATE AFTERNOON-MALLARD	1973	450	150.00	180.00
❏ LEAPING-RAINBOW TROUT	1988	*	110.00	110.00

NAME	YEAR	LIMIT	ISSUE	TREND
❏ MADISON COUNTY BRIDGE-PHEASANTS	*	*	135.00	150.00
❏ MALLARDS (STONE LITHO)	1964	950	20.00	20.00
❏ MALLARDS-DROPPING IN	1974	950	75.00	220.00
❏ MALLARDS-PITCHING IN	1969	500	40.00	50.00
❏ MARSH, THE	1979	950	75.00	125.00
❏ MARSHLANDER MALLARDS	1973	600	60.00	60.00
❏ MINIATURE SERIES III-BOBWHITES	1984	950	75.00	110.00
❏ MINIATURE SERIES II-WOOD DUCKS	1982	950	75.00	105.00
❏ MINIATURE SERIES I-MALLARDS	1982	950	75.00	75.00
❏ MINIATURE SERIES IV-PHEASANTS	1984	*	75.00	90.00
❏ MISTY FLIGHT-CANADA GEESE	1993	*	150.00	175.00
❏ MOUNTAIN SNOW	1980	950	95.00	150.00
❏ MUSKRAT HOUSE, THE-CANVASBACKS	1985	*	95.00	110.00
❏ NEW SNOW-WHITE TAIL DEER	1978	950	95.00	165.00
❏ NINE TRAVELERS-CANADA GEESE	1977	950	95.00	205.00
❏ NORTHERN LAKE-COMMON LOONS	1986	*	125.00	200.00
❏ OAK FOREST-TURKEY	1978	950	125.00	220.00
❏ OAK TIMBER-MALLARDS	1988	*	165.00	215.00
❏ OFFSHORE LUNCH-COMMON LOONS	1991	550	195.00	200.00
❏ OLD TREE-BOBWHITE QUAIL	1987	*	195.00	195.00
❏ OUT OF THE PINES-BOBWHITES	1978	950	245.00	250.00
❏ OVER THE MARSH-CANADA GEESE	1989	*	165.00	165.00
❏ OVER THE POINT-LESSER SCAUPS	1978	950	125.00	250.00
❏ PAIR-TRUMPETER SWAN, THE	1985	*	95.00	100.00
❏ PASSING STORM, THE-CANVASBACKS	1974	950	50.00	285.00
❏ PASSING THROUGH-LESSER SCAUP	1983	*	100.00	110.00
❏ PHEASANT COUNTRY	1973	550	60.00	250.00
❏ PHEASANT COVER	1979	950	175.00	175.00
❏ POINTERS AND BOBWHITES	1980	950	245.00	250.00
❏ PREENING-BLUE WINGED TEAL	1983	*	115.00	115.00
❏ QUAIL COUNTRY	1980	950	250.00	480.00
❏ QUAIL COVEY	1974	750	150.00	250.00
❏ QUAIL COVEY-BOBWHITES	1982	950	245.00	245.00
❏ QUAIL RIDGE-BOBWHITES	1986	*	175.00	220.00
❏ QUIET LANDING-MALLARD-BRONZE	*	*	3000.00	3000.00
❏ QUIET PLACE, THE-CANADA GEESE	1980	950	175.00	300.00
❏ QUIET POND-MALLARDS	1977	950	95.00	330.00
❏ RAIL FENCE, THE-BOBWHITES	1976	950	85.00	325.00
❏ RED PINE-BLACK-CAPPED CHICKADEES	1987	*	95.00	100.00
❏ REGAL FLIGHT-WHISTLING SWANS	1979	950	125.00	130.00
❏ RENDEZVOUS WHITE FRONTED GEESE	1979	950	85.00	160.00
❏ RESTING-WOOD DUCKS	1977	950	50.00	180.00
❏ ROSEMAN BRIDGE-MADISON CITY	*	*	135.00	135.00
❏ ROUGH WATER-CANVASBACKS	1978	950	150.00	160.00
❏ RUNNING BLUES-SCALED QUAILS	1983	*	100.00	100.00
❏ SANDBAR, THE-CANADA GEESE	1974	950	50.00	325.00
❏ SECLUSION-WOOD DUCKS	1984	*	150.00	150.00
❏ SENTINEL, THE-WHITETAIL DEER	1977	950	150.00	275.00
❏ SHALLOW POND-MALLARDS	1976	950	125.00	380.00
❏ SHALLOW RIVER-AMERICAN WIGEON	*	*	195.00	195.00
❏ SNOW COVER-CARDINAL	1986	*	95.00	100.00
❏ SNOW GEESE-BLUE GEESE	1974	750	150.00	285.00
❏ SNOWSTORM, THE-MALLARDS	1985	950	95.00	410.00
❏ SNOWY CREEK-MALLARDS	1974	950	75.00	180.00
❏ SOLITUDE-WHITETAIL DEER	1974	950	85.00	125.00
❏ SONORAN DESERT-GAMBEL'S QUAIL	1988	*	150.00	240.00
❏ SPLASH, THE-SMALLMOUTH BASS	1982	950	95.00	375.00
❏ STICK POND-MALLARDS	1977	950	125.00	170.00
❏ STONY LAKE-MALLARDS	1982	*	100.00	125.00
❏ STORM CLOUDS-CANADA GOOSE	1985	950	125.00	175.00
❏ SUNRISE-GREEN WINGED TEAL	1979	950	150.00	190.00
❏ SUNSET-CANADA GEESE	*	*	195.00	195.00
❏ THROUGH THE TREES-WOOD DUCKS	1977	950	95.00	275.00
❏ THUNDERHEAD-CANADA GEESE	1976	260	125.00	470.00
❏ TIMBER-WOOD DUCKS	1980	950	160.00	225.00
❏ TRANQUIL MARSH MALLARDS	1983	*	60.00	60.00
❏ TUNDRA-BLACK BRANT	1980	950	85.00	85.00
❏ TWILIGHT-AMERICAN WIDGEON	1980	950	75.00	80.00
❏ TWIN FAWNS-WHITE-TAILED DEER	*	*	235.00	235.00
❏ UPLAND SERIES I-BOBWHITES	1989	950	125.00	180.00
❏ UPLAND SERIES III-RING-NECKED PHEASANT	1990	*	125.00	200.00
❏ UPLAND SERIES II-WILD TURKEYS & REDBUD	1990	950	125.00	200.00
❏ UPLAND SERIES IV-RUFFED GROUSE	1991	950	125.00	200.00
❏ VALLEY, THE-PINTAILS	1979	950	150.00	160.00
❏ WASHINGTON DUCK 1989 - AMERICAN WIGEON	*	*	135.00	135.00
❏ WATERFOWL ART OF MAYNARD	*	*	650.00	650.00
❏ WATER'S EDGE-CANADA GEESE	1985	950	95.00	475.00
❏ WEATHERED WOOD-BOBWHITES	1976	950	50.00	180.00
❏ WEEDY DRAW-RING-NECKED PHEASANTS	1989	*	150.00	185.00
❏ WHITE PINE- BLUE JAY	1987	*	85.00	140.00
❏ WILLOW, THE-GREEN-WINGED TEAL	1980	950	160.00	335.00
❏ WINDY DAY-MALLARDS	1979	950	150.00	170.00
❏ WINGING SOUTH-CANADA GEESE	1974	750	150.00	320.00
❏ WINTER COVEY-BOBWHITES	1978	950	225.00	400.00
❏ WINTER SOLITUDE-MALLARDS	1987	*	125.00	150.00
❏ WINTER-RING-NECKED PHEASANTS	1979	950	125.00	125.00
❏ WOOD DUCKS	1973	550	125.00	240.00
❏ WOODED SECLUSION-TURKEY	1974	950	75.00	315.00

PRINTS

NAME	YEAR	LIMIT	ISSUE	TREND
			J. SEEREY-LESTER	
❏ ABANDONED-WOLF PUPS	1994	*	175.00	230.00
❏ ABOVE THE TREELINE-COUGAR	1986	950	130.00	275.00
❏ AFTER THE FIRE-GRIZZLY BEAR	1986	RT	95.00	145.00
❏ ALONG THE ICE FLOE-POLAR BEARS	1986	950	200.00	275.00
❏ ALPENGLOW-ARCTIC WOLF	1987	950	200.00	210.00
❏ AMBOSELI CHILD-AF/ELEPHANT	1987	950	160.00	300.00
❏ AMONG THE CATTAILS-CANADA GEESE	1984	950	130.00	700.00
❏ ARCTIC PROCESSION-WILLOW PTARMIGAN	1984	950	220.00	950.00
❏ ARCTIC WOLF PUPS	1990	290	500.00	500.00
❏ AUTUMN MIST-BARRED OWL	1987	950	160.00	250.00
❏ AUTUMN THUNDER-MUSK OXEN	1987	950	150.00	160.00
❏ AWAKENING MEADOW-COTTONTAIL	1985	950	50.00	125.00
❏ BANYAN AMBUSH-BLACK PANTHER	1992	RT	235.00	250.00
❏ BASKING-BROWN PELICANS	1984	950	115.00	210.00
❏ BATHING-BLUE JAY	1988	950	95.00	190.00
❏ BATHING-MUTE SWAN	1987	RT	175.00	275.00
❏ BEFORE THE FREEZE-BEAVER	1989	950	165.00	300.00
❏ BITTERSWEET WINTER-CARDINAL	1990	1250	150.00	175.00
❏ BLACK JADE-WOLVES	1992	*	550.00	440.00
❏ BLACK MAGIC-PANTHER	1992	*	475.00	300.00
❏ BREAKING COVER-BLACK BEAR	1984	950	130.00	190.00
❏ CANADA D.U. DUCK STAMP PRINT	*	*	135.00	135.00
❏ CANADA D.U. DUCK STAMP-EXEC.	*	*	375.00	375.00
❏ CANYON CREEK-COUGAR	1987	950	195.00	516.00
❏ CHASE-SNOW LEOPARD, THE	1992	950	200.00	200.00
❏ CHILD OF THE OUTBACK-KOALA	1994	950	175.00	195.00
❏ CHILDREN OF THE FOREST-RED FOX KITS	1985	950	110.00	180.00
❏ CHILDREN OF THE TUNDRA-ARCTIC WOLF PUP	1985	950	110.00	400.00
❏ CLIFF HANGER-BOBCAT	1988	950	200.00	210.00
❏ CLOSE ENCOUNTER-BOBCAT	1984	950	130.00	130.00
❏ COASTAL CLIQUE-HARBOR SEALS	1988	950	160.00	300.00
❏ CONFLICT AT DAWN-HERON AND OSPREY	1986	950	130.00	170.00
❏ COOL RETREAT-LYNX	1983	950	85.00	188.00
❏ COTTONWOOD GOLD-BALTIMORE ORIOLE	1986	950	85.00	85.00
❏ COUGAR HEAD STUDY	1985	950	60.00	60.00
❏ COUGAR RUN	1989	950	185.00	200.00
❏ COURTSHIP, THE-EGERTS	1994	950	175.00	175.00
❏ DARK ENCOUNTER-BLACK WOLF	1993	*	200.00	300.00
❏ DAWN MAJESTY-WHITE TIGER	1990	RT	185.00	185.00
❏ DAWN ON THE MARSH-COYOTE	1987	950	200.00	200.00
❏ DAYBREAK-MOOSE	1985	950	135.00	135.00
❏ DENALI FAMILY-GRIZZLY BEAR	1991	950	195.00	581.00
❏ EARLY ARRIVALS-SNOW BUNTINGS	1986	950	75.00	90.00
❏ EARLY SNOW-RED FOX	*	*	200.00	180.00
❏ EARLY WINDFALL-GRAY SQUIRRELS	1983	950	85.00	100.00
❏ EDGE OF THE FOREST-TIMBER WOLVES	1988	950	500.00	825.00
❏ EVENING DUET-SNOWY EGRETS	1989	1250	185.00	250.00
❏ EVENING ENCOUNTER-GRIZZLY & WOLF	1991	1250	185.00	185.00
❏ EVENING MEADOW-AMERICAN GOLDFINCH	1988	950	150.00	180.00
❏ FACE TO FACE	1991	1250	200.00	220.00
❏ FALLEN BIRCH-CHIPMUNK	1985	950	60.00	400.00
❏ FIRST LIGHT-GRAY JAYS	1985	950	130.00	170.00
❏ FIRST SNOW-GRIZZLY BEARS	1983	950	95.00	400.00
❏ FIRST TRACKS-COUGAR	1987	950	150.00	150.00
❏ FLUKE SIGHTING-HUMPBACK WHALES	1989	RT	185.00	185.00
❏ FOREST GLOW-JAGUAR	1994	*	225.00	225.00
❏ FREEDOM I -HARPY EAGLE	1993	350	500.00	500.00
❏ FROZEN MOONLIGHT-ARCTIC WOLVES	1993	2500	225.00	330.00
❏ GATHERING, THE-GRAY WOLVES	1985	950	165.00	285.00
❏ GORILLA	1989	290	400.00	445.00
❏ GRIZZLY IMPACT	1993	950	225.00	390.00
❏ GRIZZLY-ORIGINAL	1990	290	400.00	300.00
❏ HEAVY GOING-GRIZZLY	1989	RT	175.00	280.00
❏ HIDDEN ADMIRER-MOOSE	1986	950	165.00	330.00
❏ HIDING PLACE-SAW-WHET OWL	1988	950	95.00	160.00
❏ HIGH AND MIGHTY-GORILLA	1989	950	185.00	185.00
❏ HIGH COUNTRY CHAMPION-GRIZZLY	1986	950	175.00	420.00
❏ HIGH GROUND-WOLVES	1984	950	130.00	200.00
❏ HIGH REFUGE-RED SQUIRREL	1987	950	120.00	120.00
❏ ICE COMPANIONS-HARP SEAL-SEAL PUPS	*	*	175.00	175.00
❏ ICE FISHING-POLAR BEAR	1995	*	225.00	2000.00
❏ ICY OUTCROP-WHITE GYRFALCON	1984	950	115.00	185.00
❏ IMPRESSION, OF INDIA/NEPAL-W/C WILDLIFE	*	*	550.00	150.00
❏ IN DEEP-BLACK BEAR CUB	1987	950	135.00	225.00
❏ IN THEIR PRESENCE-ORCAS	1990	1250	200.00	200.00
❏ ISLAND SANCTUARY-MALLARDS	1985	950	95.00	135.00
❏ KEEPING PACE-GRIZZLY W/CUBS	*	*	200.00	200.00
❏ KENYAN FAMILY-CHEETAHS	1986	950	130.00	130.00
❏ LAKESIDE FAMILY-CANADA GEESE	1986	950	75.00	90.00
❏ LAST SANCTUARY-FLORIDA PANTHER	1988	RT	175.00	850.00
❏ LEAVING THE NEST-WOOD DUCK	*	*	150.00	500.00
❏ LONE FISHERMAN-GREAT BLUE HERON	1983	950	85.00	620.00
❏ LOONLIGHT-LOON	1993	1500	225.00	288.00
❏ LOW TIDE-BALD EAGLES	1986	950	130.00	145.00
❏ LYING IN WAIT-ARCTIC FOX	1987	950	175.00	175.00
❏ LYING LOW-COUGAR	1984	950	85.00	440.00
❏ MARKER 221-CANVASBACKS NEW YORK	1990	*	*	135.00

The paper edition of Thomas Kinkade's Simpler Times I *was published by Lighthouse Publishing in 1995 in a limited edition of 3,350.*

This feathered family enjoys the still waters in James Hautman's Rocky Shallows—Loons *from Wild Wings.*

Panda Trilogy—China Song *by John Seerey-Lester was limited to 950 prints when Mill Pond Press issued the print for $375 in 1991.*

NAME	YEAR	LIMIT	ISSUE	TREND
❏ MONSOON-WHITE TIGER	1991	RT	195.00	375.00
❏ MOONLIGHT CHASE-COUGAR	1991	250	195.00	195.00
❏ MOONLIGHT FISHERMAN-RACCOON	1988	RT	175.00	300.00
❏ MOOSE HAIR	1988	950	165.00	330.00
❏ MORNING DISPLAY-COMMON LOONS	1988	950	135.00	330.00
❏ MORNING FORAGE-GROUND SQUIRREL	1986	RT	75.00	75.00
❏ MORNING GLORY-BALD EAGLE	1993	1250	225.00	225.00
❏ MORNING MIST-SNOWY OWL	1984	RT	95.00	240.00
❏ MOUNTAIN CRADLE-GORILLA	1990	1250	200.00	200.00
❏ N.Y. DUCK STAMP	1990	*	300.00	300.00
❏ N.Y. DUCK STAMP -1990 W/MEDAL	1990	*	550.00	550.00
❏ NEW YORK DUCK STAMP 1990 RE	1990	*	*	135.00
❏ NIGHT MOVES-AFRICAN ELEPHANTS	1988	950	150.00	330.00
❏ NIGHT PROWLER-WOLF	1994	*	225.00	400.00
❏ NIGHT RUN-ARCTIC WOLVES	1990	1250	200.00	200.00
❏ NIGHT SPECTER- BLACK JAGUAR	1993	1250	195.00	200.00
❏ NORTHWOODS FAMILY-MOOSE	1988	950	75.00	135.00
❏ OUT OF THE BLIZZARD-TIMBER WOLVES	1987	950	215.00	500.00
❏ OUT OF THE DARKNESS-BLACK PANTHER	1992	290	200.00	200.00
❏ OUT OF THE MIST-GRIZZLY	1987	950	200.00	600.00
❏ OUT ON A LIMB-YOUNG BARRED OWL	1991	950	185.00	225.00
❏ PANDA TRILOGY	1991	950	375.00	525.00
❏ PHANTOMS OF THE TUNDRA-WOLVES	1993	950	235.00	235.00
❏ PLAINS HUNTER-PRAIRIE FALCON	1984	950	95.00	115.00
❏ PLUNGE-NORTHERN SEA LIONS	1990	1250	200.00	200.00
❏ QINLING PANDA	1995	*	225.00	225.00
❏ RACING THE STORM-ARCTIC WOLVES	1986	950	200.00	214.00
❏ RAIN WATCH-BELTED KINGFISHER	1987	950	125.00	200.00
❏ RAINS-TIGER, THE	1993	950	225.00	470.00
❏ RANTHAMBHORE RUSH-TIGER	1992	950	225.00	225.00
❏ RED FOX KIT STUDY	1985	*	60.00	125.00
❏ REFUGE, THE-RACCOONS	1983	950	85.00	300.00
❏ REGAL MAJESTY-BLACK PANTHER	1992	290	200.00	200.00
❏ RETURN TO WINTER-PINTAILS	1985	RT	135.00	170.00
❏ RETURN TO YELLOWSTONE-WOLVES	1995	*	235.00	235.00
❏ RIVER WATCH-PEREGRINE FALCON	1983	950	85.00	135.00
❏ SAVANNA SIESTA-AFRICAN LIONS	1988	950	165.00	165.00
❏ SEASONAL GREETING-CARDINAL	1990	1250	150.00	300.00
❏ SEEKING ATTENTION-GRIZZLY	1993	950	200.00	200.00
❏ SILENT WATERS-MOOSE	1995	*	175.00	620.00
❏ SISTERS-ARCTIC WOLVES	1991	1250	185.00	185.00
❏ SNEAK PEEK-CHICKEN	1989	950	950.00	200.00
❏ SNOWBOUNDING-GRIZZLY	*	*	225.00	380.00
❏ SNOWY EXCURSION-RED SQUIRREL	1986	950	75.00	85.00
❏ SNOWY WATCH-GREAT GRAY OWL	1988	950	175.00	175.00
❏ SOFTLY, SOFTLY-WHITE TIGER	1989	950	220.00	360.00
❏ SOMETHING STIRRED-BENGAL TIGER	1991	950	195.00	195.00
❏ SPANISH MIST-YOUNG BARRED OWL	1988	950	175.00	175.00
❏ SPIRIT OF THE NORTH-WHITE WOLF	1984	950	130.00	145.00
❏ SPOUT-WHALES	1990	290	500.00	500.00
❏ SPRING FLURRY-ADELIE PENGUINS	1989	950	185.00	185.00
❏ SPRING MIST-CHICKADEES	1986	950	105.00	240.00
❏ SQUIRREL MONKEY STUDY	1994	*	145.00	145.00
❏ SUITORS, THE-WOOD DUCKS	1990	3313	135.00	185.00
❏ SUMMER RAIN-COMMON LOONS	1990	RT	200.00	200.00
❏ SUMMER RAIN-COMMON LOONS (SPECIAL)	1990	450	425.00	425.00
❏ SUNDOWN ALERT-BOBCAT	1987	950	150.00	150.00
❏ SUNDOWN REFLECTIONS-WOOD DUCK	1985	950	85.00	150.00
❏ THEIR FIRST SEASON-GRIZZLY BEAR	1990	RT	200.00	200.00
❏ TOGETHERNESS-LION	1990	1250	125.00	150.00
❏ TREADING THIN ICE-CHIPMUNK	1986	950	75.00	100.00
❏ TUNDRA FAMILY-ARCTIC WOLVES	1988	950	200.00	200.00
❏ UNDER THE PINES-BOBCAT	1985	950	95.00	300.00
❏ WATER SPORT-BOBCAT	1989	RT	185.00	190.00
❏ WHITETAIL SPRING-WHITETAIL DEER	1990	RT	185.00	185.00
❏ WINTER GRAZING-BISON	1988	950	185.00	185.00
❏ WINTER HIDING-COTTONTAIL	1986	950	75.00	75.00
❏ WINTER LOOKOUT-COUGAR	1983	950	85.00	560.00
❏ WINTER PERCH-CARDINAL	1986	950	85.00	180.00
❏ WINTER RENDEZVOUS-COYOTES	1985	950	140.00	140.00
❏ WINTER SPIRIT-GRAY WOLF	1988	950	200.00	200.00
❏ WINTER VIGIL-GREAT HORNED OWL	1987	RT	175.00	190.00
❏ WOLONG WI IITEOUT-PANDA	1993	950	225.00	225.00
❏ YOUNG EXPLORER, THE-RED FOX KIT	1986	950	75.00	85.00
❏ YOUNG PREDATOR-LEOPARD CUB	1992	950	200.00	200.00

M. SOLBERG

NAME	YEAR	LIMIT	ISSUE	TREND
❏ ACCEPT MY FATHERS SPIRIT	1982	*	95.00	210.00
❏ ACROSS THE TUNDRA	1985	*	135.00	500.00
❏ AFTERNOON SHADOWS-MULE DEER	1991	*	145.00	175.00
❏ ALERT-DOE AND FAWN	1987	*	125.00	125.00
❏ ANTELOPE RIDGE	*	*	135.00	150.00
❏ ARCTIC NOMADS	1988	950	150.00	175.00
❏ AUTUMN CHALLENGE-ELK	1991	*	150.00	180.00
❏ BAD WATER BEAR	1987	*	150.00	175.00
❏ BANDITS, THE	1983	*	125.00	125.00
❏ BENGAL TIGER	1979	*	65.00	180.00
❏ BLACK-CAPPED CHICKADEE	1988	*	95.00	110.00
❏ BUFFALO BROTHERS	1984	*	175.00	200.00
❏ BY FIRELIGHT-MOUNTAIN LION	1990	*	160.00	250.00

NAME	YEAR	LIMIT	ISSUE	TREND
❑ CHALLENGE OF THE WILD	1980	*	225.00	160.00
❑ CHECKING FOR STRAYS	1986	*	85.00	93.00
❑ DARK WATERS-HERON	*	*	70.00	70.00
❑ DECEPTIVE CALM-GOSHAWK	1989	950	95.00	320.00
❑ EARLY MORNING CHALLENGE-ELK	1986	*	150.00	175.00
❑ EDGE OF NIGHT-BARN OWL	1986	*	150.00	165.00
❑ FATEFUL MOMENT-EAGLE	1988	*	150.00	170.00
❑ FEMALE TIMBER WOLF	*	*	100.00	100.00
❑ FROM NORTH THEY CAME-WOLF	1987	*	85.00	85.00
❑ GARDEN VISITOR-RED FOX	1992	*	210.00	210.00
❑ GRAND DUKE, THE-OWL	1987	*	150.00	150.00
❑ HANDSOME HUNTER-AMERICAN KESTREL	1987	950	115.00	480.00
❑ HIGH COUNTRY MORNING-BIGHORN SHEEP	1987	*	125.00	185.00
❑ ICE BEAR	1992	*	210.00	220.00
❑ INTO THE STORM-CARIBOU	1988	*	140.00	140.00
❑ KORBEL GARDENS-FLORAL	1991	*	150.00	225.00
❑ LONG CAST, THE-FISHERMAN	1986	*	95.00	150.00
❑ MALE TIMBER WOLF	*	*	100.00	180.00
❑ MCNEIL RIVER FISHERMAN-BROWN BEAR	1985	*	150.00	160.00
❑ MONARCH OF THE SKY-GOLDEN EAGLE	1987	950	200.00	200.00
❑ MORNING MEMORIES	1988	*	135.00	175.00
❑ MORNING MIST-CANADA GEESE	1986	*	95.00	135.00
❑ MOUNTAIN SENTINEL-LION	1987	*	125.00	125.00
❑ MOUNTAIN VISTA-LANDSCAPE	1986	950	95.00	675.00
❑ MOUSE TRACKS-COYOTE	1991	*	150.00	165.00
❑ NOMAD OF THE ICE-POLAR BEAR	1990	1250	165.00	325.00
❑ ON SCENT-GERMAN SHORTHAIRS	1986	*	115.00	95.00
❑ ON SILENT WINGS-BALD EAGLE	1988	*	150.00	300.00
❑ ON THE HIGH SIDE-MOUNTAIN GOAT	1987	*	95.00	100.00
❑ ON WATCH	1990	950	150.00	175.00
❑ OUT OF THE FOG-GRIZZLY BEAR	1990	*	150.00	150.00
❑ REFLECTION-WOLF	1989	950	150.00	150.00
❑ RIVER OF DREAMS-FISHING	1988	*	150.00	160.00
❑ SERENE SETTING-AMERICAN KESTRELS	1990	1250	150.00	180.00
❑ SIGNS OF SPRING-HORSE	1990	*	150.00	175.00
❑ SMALL WONDER-CHIPMUNK	1990	*	110.00	110.00
❑ SOMETHING MOVED-BOBCAT	1987	*	125.00	125.00
❑ SUNLIT MIST-ELK	1986	*	85.00	85.00
❑ THISTLEDOWN-KESTREL	1990	*	150.00	170.00
❑ TIMBER WOLF STUDY	1994	*	75.00	190.00
❑ TIMBER WOLF STUDY COMPANION	1991	*	185.00	200.00
❑ TOMORROW MAY BE COOLER-LION	1984	*	135.00	135.00
❑ VIRGIN WATERS-LANDSCAPE	1986	*	150.00	250.00
❑ WHEN WINTER WARMS-POLAR BEAR	1989	950	115.00	180.00
❑ WHERE THE TRAIL ENDS-SNOW LEOPARD	1986	*	150.00	150.00
❑ WHISPERING WINGS-TRUMPETER SWAN	1989	*	135.00	400.00
❑ WHITE WOLF STUDY	1994	*	75.00	125.00
❑ WINGS OF WONDER-BALD EAGLE	1986	950	150.00	400.00
❑ WINTER REFLECTION BEAR	1986	*	150.00	150.00
❑ WINTER WHITE-SNOWY OWL	1989	*	95.00	175.00
❑ YELLOWSTONE OSPREY	1987	*	75.00	75.00

R. TORY PETERSON

NAME	YEAR	LIMIT	ISSUE	TREND
❑ ADELIE PENGUINS	1976	950	35.00	50.00
❑ ARCTIC GLOW-SNOWY OWL	1983	*	200.00	930.00
❑ BALD EAGLE	1974	950	150.00	500.00
❑ BALTIMORE ORIOLE	1973	450	150.00	400.00
❑ BARN OWL	1976	950	225.00	425.00
❑ BARN SWALLOW	1974	750	150.00	225.00
❑ BLUE JAYS	1974	950	150.00	700.00
❑ BLUEBIRD	1977	950	75.00	300.00
❑ BOBOLINK	1974	750	150.00	250.00
❑ BOBWHITES	1975	950	150.00	400.00
❑ CARDINAL	1973	450	150.00	600.00
❑ FLICKER	1973	450	150.00	700.00
❑ FUR SEALS	1975	*	25.00	25.00
❑ GOLDEN EAGLE	1976	950	200.00	550.00
❑ GREAT HORNED OWL	1974	950	150.00	775.00
❑ GYRFALCON	1979	950	225.00	375.00
❑ JAYS-COLOR PLATE #30-BLUE JAY	1975	*	150.00	165.00
❑ LORD OF THE AIR-PEREGRINE FALCON	1986	*	120.00	160.00
❑ MOCKINGBIRD	1978	950	125.00	325.00
❑ OWLS-COLOR PLATE #16	1975	*	150.00	175.00
❑ PEREGRINE FALCON	1977	950	175.00	800.00
❑ PUFFIN	1979	*	175.00	330.00
❑ QUAILS-COLOR PLATE #9	1976	*	150.00	165.00
❑ RING-NECKED PHEASANT	1978	950	200.00	700.00
❑ ROADRUNNER	1976	*	25.00	300.00
❑ ROBIN	1978	950	125.00	400.00
❑ ROSE-BREASTED GROSBEAK	1978	950	125.00	450.00
❑ RUFFED GROUSE	1975	950	150.00	400.00
❑ SCARLET TANAGER	1977	950	125.00	365.00
❑ SEA OTTERS	1975	*	25.00	160.00
❑ SHOWY WAYSIDE FLOWERS	1978	*	75.00	75.00
❑ SNOWY OWL	1976	950	175.00	1150.00
❑ SOOTY TERNS	1977	450	150.00	200.00
❑ VOLUNTEERS	*	*	255.00	255.00
❑ WILD ORCHIDS AND TRILLIUMS	1977	*	75.00	75.00
❑ WILD TURKEYS	1981	*	195.00	195.00
❑ WILLETS	1977	450	50.00	75.00
❑ WOOD THRUSH	1973	450	150.00	370.00

PRINTS

NAME	YEAR	LIMIT	ISSUE	TREND
				T. UTZ
❑ ANGELICA	1987	*	85.00	85.00
❑ CONTEMPLATION	1990	*	150.00	150.00
❑ DRAGON SLAYER, THE	1990	*	95.00	110.00
❑ EARLY LIGHT	1990	*	110.00	110.00
❑ END OF THE RAINBOW	1990	*	95.00	100.00
❑ GABRIELLA	1987	*	85.00	85.00
❑ GOSSAMER	1990	*	150.00	250.00
❑ GRANNY'S BOOTS	1988	*	95.00	150.00
❑ GREENHOUSE NUDE, THE	1981	550	95.00	135.00
❑ INTERLUDE	1983	*	40.00	130.00
❑ LAVENDER LACE	1981	950	75.00	75.00
❑ MELANIE	1981	450	85.00	120.00
❑ MORNING MELODY	1986	*	90.00	90.00
❑ PICNIC	1981	550	110.00	115.00
❑ PINK LADY	1981	450	85.00	135.00
❑ SOFT WIND, THE	1981	950	75.00	75.00
❑ SOLITUDE	1988	*	95.00	125.00
❑ STRAND OF PEARLS	1986	*	90.00	90.00
				M. WARREN
❑ APPROACHING STORM	1981	*	195.00	300.00
❑ COLD DAY	1981	950	245.00	2300.00
❑ NIGHT IN CHIMAYO	1982	*	125.00	180.00
❑ TOP HAND OF THE CONCHO	1974	950	150.00	1500.00
❑ WHEN COWBOYS GET EDGY	1981	*	245.00	330.00
				J. ZEMSKY
❑ COME AND SEE THE NEW COLT	1979	950	65.00	150.00
❑ JENNY IN THE ATTIC	1984	*	75.00	150.00
❑ JORDAN AT THE WEDDING	1979	950	65.00	750.00
❑ JORDAN'S DOLLY	1979	950	65.00	250.00
❑ JORDAN'S SPRING	1980	*	65.00	350.00
❑ LOVE AT FIRST SIGHT	1979	950	75.00	90.00
❑ THEY'LL BE SORRY WHEN WE'RE GONE	1984	*	75.00	165.00
❑ WHEN THE THEN AND THE NOW HOLD HANDS	1979	950	65.00	200.00

MOSS PORTFOLIO

NAME	YEAR	LIMIT	ISSUE	TREND
				P. BUCKLEY MOSS
❑ ACROSS THE SILENT SNOW	1995	226	200.00	200.00
❑ ADAM	1983	1000	20.00	110.00
❑ ALL DRESSED UP	1996	1000	60.00	60.00
❑ ALLELUIA!	1986	1000	70.00	200.00
❑ ALLISON	1986	1000	20.00	150.00
❑ AMERICAN APPLES	1995	1000	65.00	65.00
❑ AMY	1983	1000	20.00	160.00
❑ AMY'S FLOWERS	1986	1000	50.00	150.00
❑ ANDREW	1986	1000	20.00	150.00
❑ ANGEL'S PRAYER	1988	1000	70.00	130.00
❑ ANGELS TWO	1988	1000	40.00	100.00
❑ ANNIE & TEDDY	1986	1000	20.00	100.00
❑ APPLE BARN	1995	1000	80.00	150.00
❑ APPLE BLOSSOM LOVE	1996	1000	80.00	180.00
❑ APPLE BLOSSOM TIME	1995	1000	75.00	250.00
❑ APPLE DAY	1982	1000	80.00	210.00
❑ APPLE GIRL	1982	1000	30.00	145.00
❑ APPLE HARVEST	1979	1000	75.00	150.00
❑ APPLE PICKER	*	1000	30.00	125.00
❑ ASHLEY'S DELIGHT	1995	1000	45.00	45.00
❑ AUSTIN	1995	1000	45.00	45.00
❑ AUTUMN RIDE	1982	1000	80.00	200.00
❑ AUTUMN TRIPTYCH	1984	1000	150.00	340.00
❑ AWAKE, O EARTH	1979	1000	50.00	150.00
❑ BABY BOY	1990	1000	25.00	90.00
❑ BABY GIRL	1990	1000	25.00	75.00
❑ BALLOON GIRL	1984	1000	20.00	70.00
❑ BALLOON RIDE	1982	1000	100.00	220.00
❑ BARELIMBED REFLECTIONS	*	1000	25.00	70.00
❑ BARN DANCE AT THE WHITE BARN	1995	1000	95.00	330.00
❑ BEAUTIES IN BLUE	1995	1000	160.00	160.00
❑ BEAUTY AT THE STAR BARN	1995	1000	75.00	75.00
❑ BECKY	1983	1000	20.00	160.00
❑ BECKY AND TOM	1978	1000	10.00	100.00
❑ BEHOLD	1979	1000	35.00	100.00
❑ BETTY	1987	1000	20.00	80.00
❑ BILL	1987	1000	20.00	150.00
❑ BILLY	1985	1000	25.00	150.00
❑ BIRDS OF PEACE	1995	1000	60.00	60.00
❑ BLACK CAT ON PINK CUSHION	1981	1000	40.00	130.00
❑ BLESSING, THE	1984	1000	60.00	260.00
❑ BLUE BOUQUET	*	1000	16.00	32.00
❑ BLUE WINTER	1982	1000	100.00	310.00
❑ BOO!	1995	1000	60.00	60.00
❑ BRANDON	1986	1000	20.00	100.00
❑ BRIAN	1986	1000	20.00	150.00
❑ BROTHERS	1983	1000	35.00	150.00
❑ BROTHERS TOGETHER	1995	1000	55.00	125.00
❑ BROWER HOMESTEAD	1984	1000	100.00	240.00
❑ CALLING ON FRIENDS	1990	1000	110.00	200.00
❑ CAMEO GEESE	1982	1000	40.00	180.00
❑ CANADA GEESE	1978	1000	60.00	140.00

PRINTS

NAME	YEAR	LIMIT	ISSUE	TREND
❑ CANADA GEESE (ETCHING)	1986	99	600.00	1500.00
❑ CAPITOL SKATERS	1980	1000	80.00	200.00
❑ CAROL	1988	1000	25.00	100.00
❑ CAROLINE	1986	1000	30.00	95.00
❑ CAROUSEL QUEEN	1995	1000	80.00	80.00
❑ CARRIE	1983	1000	30.00	100.00
❑ CARRIE'S TREE	1995	1200	75.00	75.00
❑ CAT DREAMS	1995	1000	75.00	75.00
❑ CATHY	1985	1000	20.00	150.00
❑ CENTRAL PARK	*	1000	80.00	200.00
❑ CHAMPIONS	1987	1000	80.00	160.00
❑ CHELSEA	1988	1000	30.00	100.00
❑ CHERISHED	1983	1000	35.00	150.00
❑ CHICKEN FARMERS	1983	1000	40.00	140.00
❑ CHILDREN'S MUSEUM CAROUSEL, THE	1985	1000	80.00	190.00
❑ CHRIS	1982	1000	25.00	100.00
❑ CHRISTMAS CAROL	1983	1000	60.00	580.00
❑ CHRISTMAS DANCE	1987	1000	70.00	90.00
❑ CINDY	1985	1000	40.00	125.00
❑ COLLEGE MEMORIES	1995	1000	100.00	100.00
❑ COLONIAL SLEIGH RIDE	1983	1000	125.00	300.00
❑ CONTEMPLATION	1987	1000	75.00	155.00
❑ CONTENTMENT	1995	1000	70.00	70.00
❑ COOL KRIS KRINGLE	1995	1989	45.00	45.00
❑ COUNTRY CHURCH	1983	1000	80.00	200.00
❑ COUNTRY ROAD	1985	1000	160.00	400.00
❑ CRAZY QUILT	1984	1000	50.00	155.00
❑ DAILY CHORES	1978	1000	16.00	5000.00
❑ DANCING JOY	1990	1000	50.00	50.00
❑ DANIEL	1982	1000	20.00	180.00
❑ DANIEL HARRISON HOUSE, THE	1985	1000	100.00	240.00
❑ DANNY'S BEAR	1995	1000	45.00	45.00
❑ DAREDEVIL SKATERS	1985	1000	100.00	220.00
❑ DASHING AWAY	1982	1000	100.00	325.00
❑ DASHING THROUGH THE SNOW	1995	1000	130.00	240.00
❑ DAVID'S CAT	1995	1000	35.00	130.00
❑ DEAR LORD (LONG)	1979	1000	30.00	100.00
❑ DEAR LORD (SHORT)	1986	1000	30.00	75.00
❑ DELIVERY TEAM, THE	1996	1000	75.00	135.00
❑ DIANA	1986	1000	25.00	100.00
❑ DIANE'S CAT	1995	1000	35.00	35.00
❑ DID YOU KNOW?	1995	1000	15.00	110.00
❑ DONKEY BOY	1982	1000	40.00	110.00
❑ DON'T LET GO!	1995	1000	45.00	45.00
❑ DOWN TOWN	1995	1000	75.00	75.00
❑ DUTCH DREAMS	1995	1000	70.00	135.00
❑ EARLY MORNING RIDE	1995	1000	55.00	60.00
❑ EASTER FRIENDS	1995	1000	50.00	50.00
❑ EBONY'S JET	1982	1000	150.00	340.00
❑ ELEMENTARY SCHOOL	1995	1000	75.00	80.00
❑ EMILY	*	1000	30.00	100.00
❑ EMORY & HENRY	1995	1000	100.00	100.00
❑ ENGAGEMENT, THE	1984	1000	40.00	125.00
❑ ERIN	1985	1000	25.00	100.00
❑ EVELYN	1986	1000	40.00	115.00
❑ EVENING GUESTS	1983	1000	60.00	145.00
❑ EVENING HOUR IN LONG GROVE	1985	1000	70.00	200.00
❑ EVENING HOUR, THE	1984	1000	70.00	145.00
❑ EVENING LIGHT	1995	1000	65.00	65.00
❑ EVENING RUN	1978	1000	55.00	155.00
❑ EVENING SURPRISE	1995	1000	50.00	110.00
❑ EVENING WELCOME	1983	1000	60.00	210.00
❑ EVERY BLESSING	1979	1000	50.00	150.00
❑ EVERYTHING NICE	1985	1000	65.00	140.00
❑ EXCHANGE PLACE	1995	1000	145.00	440.00
❑ FAMILY HEIRLOOM	1985	1000	80.00	260.00
❑ FAMILY OUTING	1978	1000	65.00	300.00
❑ FAMILY, THE	1983	1000	125.00	300.00
❑ FANEUIL HALL	1979	1000	40.00	100.00
❑ FARM LIFE	1996	1000	85.00	160.00
❑ FEED ME	1995	1000	25.00	25.00
❑ FIDDLE DANCE	1995	1000	50.00	90.00
❑ FINISHING TOUCHES	1983	1000	60.00	130.00
❑ FIRST BORN	1984	1000	50.00	140.00
❑ FIRST LOVE	1983	1000	60.00	150.00
❑ FIRST PROMISE	1986	1000	70.00	175.00
❑ FISHERMAN, THE	1996	1000	70.00	70.00
❑ FISHING AT HUMPBACK BRIDGE	1995	1000	100.00	100.00
❑ FLAG BOY	*	1000	16.00	100.00
❑ FLAG GIRL	1982	1000	10.00	75.00
❑ FLOWER GIRL	1982	1000	20.00	75.00
❑ FOR THE GIRLS	1996	1000	80.00	80.00
❑ FOREVER YOURS	1989	1000	125.00	350.00
❑ FOUR LITTLE GIRLS	1978	1000	30.00	150.00
❑ FREE AS THE WIND	1995	1000	175.00	175.00
❑ FRESH BOUQUET	1978	1000	15.00	160.00
❑ FRIENDLY STEED	1978	1000	50.00	150.00
❑ FRIENDS	1978	1000	35.00	160.00
❑ FROSTY FROLIC	1978	1000	75.00	180.00

PRINTS

PRINTS

NAME	YEAR	LIMIT	ISSUE	TREND
❑ FROSTY RIDE	1984	1000	70.00	265.00
❑ FRUIT OF THE VALLEY	1982	1000	80.00	300.00
❑ FT. MYER MARRIAGE CARRIAGE	1995	1000	100.00	100.00
❑ GAGGLE OF GEESE	1982	1000	125.00	290.00
❑ GAGGLE OF GEESE (SILKSCREEN)	1983	99	600.00	2000.00
❑ GENTLE GIANT	1995	1000	35.00	35.00
❑ GENTLE SWING	1986	1000	50.00	140.00
❑ GEORGETOWN (ETCHING)	1988	1000	1000.00	2000.00
❑ GINGER	1983	1000	40.00	55.00
❑ GINNY	*	1000	16.00	45.00
❑ GINNY AND CHRIS WITH LAMBS	1978	1000	35.00	150.00
❑ GIRL SERIES IV	1996	1000	40.00	40.00
❑ GIRLS IN A ROW	1995	1000	60.00	60.00
❑ GIRLS IN GREEN	1983	1000	40.00	125.00
❑ GOLDEN AUTUMN	1983	1000	110.00	280.00
❑ GOLDEN LOVE	1995	1000	75.00	75.00
❑ GOLDEN WINTER	1978	1000	150.00	430.00
❑ GOSSIP	1978	1000	45.00	130.00
❑ GOVERNOR'S PALACE	1983	1000	50.00	240.00
❑ GRANDAD'S BUDDY	1988	1000	45.00	110.00
❑ GRANDMA'S BED	1984	1000	60.00	235.00
❑ GRANDMA'S BUREAU	1995	1000	50.00	50.00
❑ GRANDMA'S REDHEAD	1995	1000	50.00	50.00
❑ GRANDMOTHER	*	1000	60.00	120.00
❑ GRANDPA'S HOUSE	1982	1000	40.00	110.00
❑ GRANNY'S FAVORITE	1979	1000	40.00	120.00
❑ GRANNY'S GIRL	1983	1000	50.00	180.00
❑ GREENBRIER, THE	1995	1000	125.00	125.00
❑ GUARDIAN ANGELS	1996	1000	80.00	150.00
❑ HAIL THE DAY, SOLACE	1979	1000	75.00	215.00
❑ HAIRCUT, THE	1996	1000	65.00	65.00
❑ HAND IN HAND	1982	1000	40.00	130.00
❑ HARK	1979	1000	40.00	160.00
❑ HAYRIDE	1982	1000	50.00	175.00
❑ HE LIVES	1979	1000	25.00	95.00
❑ HEARTLAND, THE	1985	1000	80.00	200.00
❑ HEATHER	1985	1000	25.00	125.00
❑ HEAVENLY BABE	1995	2000	60.00	60.00
❑ HEAVENLY GRACE	1995	1000	75.00	75.00
❑ HELPERS	1978	1000	35.00	125.00
❑ HER FLOCK	1995	1000	55.00	55.00
❑ HERE I GO!	1996	1000	35.00	35.00
❑ HITCHING A RIDE	1984	1000	60.00	150.00
❑ HOMESTEADERS	1986	99	1200.00	2300.00
❑ HOMEWARD BOUND	1984	1000	90.00	250.00
❑ HOTEL ROANOKE	1995	1000	225.00	225.00
❑ HOW CALM THE MORN	1979	1000	75.00	245.00
❑ HUNGRY BABY BIRD	1978	1000	15.00	100.00
❑ HURRAH!	1982	1000	20.00	80.00
❑ IMPERIAL MAJESTY (SILKSCREEN)	1985	99	600.00	1450.00
❑ IOWA HAY RIDE	1995	1000	150.00	300.00
❑ IOWA MORN	1995	1000	100.00	100.00
❑ IT'S A BOY	1995	1000	45.00	45.00
❑ IT'S A GIRL	1995	1000	45.00	45.00
❑ JACK	1986	1000	25.00	120.00
❑ JAKE	1985	1000	25.00	100.00
❑ JEFFERSON'S GENTLEMEN	1995	1000	50.00	50.00
❑ JOHN	*	1000	16.00	45.00
❑ JOHN DEERE GIRL, THE	1995	1000	75.00	330.00
❑ JOHNNY SHILOH	1995	2000	115.00	115.00
❑ JOSHUA	1983	1000	25.00	150.00
❑ JOY	1979	1000	16.00	80.00
❑ JUST FOR NANA	1995	1000	45.00	45.00
❑ JUST PURRFECT	1996	1000	50.00	90.00
❑ KATIE	1983	1000	25.00	150.00
❑ KATIE'S FLOWERS	1989	1000	30.00	150.00
❑ KENTUCKY	1985	1000	70.00	200.00
❑ KIM	1986	1000	20.00	150.00
❑ LAKE RIDE	1995	1000	110.00	110.00
❑ LANCASTER MORN	1985	1000	275.00	850.00
❑ LANDSCAPE W/GEESE (GOLD)	*	1000	500.00	1000.00
❑ LESSON IN PATIENCE	*	1000	150.00	340.00
❑ LET IT RAIN	1995	1000	50.00	90.00
❑ LET'S BE PALS	1995	1000	45.00	135.00
❑ LIBERTY	1996	1000	115.00	115.00
❑ LISA AND TIGER	1982	1000	30.00	120.00
❑ LITTLE APPLES IN A ROW	1978	1000	100.00	310.00
❑ LITTLE BROWN CHURCH	1988	1000	100.00	250.00
❑ LITTLE BROWN CHURCH REVISITED	1995	1000	125.00	325.00
❑ LITTLE FELLOW	1978	1000	57.00	150.00
❑ LITTLE GIRL IN BLUE	*	1000	16.00	40.00
❑ LITTLE GIRL'S PRAYER	1982	1000	35.00	140.00
❑ LITTLE RASCALS	1995	1000	45.00	45.00
❑ LITTLE SISTER	1985	1000	35.00	100.00
❑ LONG GROVE CHURCH	1983	1000	100.00	275.00
❑ LORDS OF THE REALM	*	1000	80.00	210.00
❑ LORDS OF THE VALLEY	1983	1000	175.00	390.00
❑ LOTS OF LOVE	1995	1000	45.00	45.00
❑ LOUDMOUTHS	1984	1000	125.00	310.00
❑ LOVE	1979	1000	10.00	105.00

NAME	YEAR	LIMIT	ISSUE	TREND
❏ LOVE IN BLOOM	1995	1000	65.00	65.00
❏ LOVE'S WINTER RIDE	1995	3000	45.00	45.00
❏ MAGGIE	1984	1000	30.00	115.00
❏ MAGIC MOMENT	1995	1000	45.00	200.00
❏ MAID MARION	1986	1000	50.00	145.00
❏ MANSION, THE	1995	1000	70.00	70.00
❏ MARCHING W/OUR PIG	1995	1000	55.00	55.00
❏ MARK'S TRAIN	1995	1000	40.00	40.00
❏ MARY AND MAGNOLIA	*	1000	15.00	300.00
❏ MARY ANN	1983	1000	20.00	110.00
❏ MARY JEN	1984	1000	20.00	115.00
❏ MARY'S LAMB (LARGE)	1979	1000	75.00	180.00
❏ MARY'S LAMB (SMALL)	1979	1000	40.00	100.00
❏ MARY'S WEDDING	1985	1000	65.00	250.00
❏ MATTHEW'S TRAIN	1995	1000	40.00	150.00
❏ MEGHAN'S LAMB	1995	1000	50.00	50.00
❏ MIKE	1985	1000	25.00	125.00
❏ MIKE AND JESSIE	1984	1000	60.00	180.00
❏ MILK LAD	1978	1000	15.00	125.00
❏ MILK MAID	1978	1000	15.00	125.00
❏ MILL HOUSE, THE	1995	1000	60.00	60.00
❏ MINNESOTA	1985	1000	70.00	195.00
❏ MIRROR MIRROR ON THE WALL	1995	1000	50.00	50.00
❏ MOLLY	1984	1000	30.00	120.00
❏ MOMMA APPLE (BLUE)	1978	1000	10.00	125.00
❏ MOMMA APPLE (GOLD)	1978	1000	16.00	125.00
❏ MONARCH	1983	1000	35.00	120.00
❏ MONTICELLO	1995	1000	125.00	125.00
❏ MOONLIT SKATERS I (LARGE)	1978	1000	75.00	300.00
❏ MOONLIT SKATERS II (SMALL)	1978	1000	40.00	175.00
❏ MORNING GLORY	1995	1000	35.00	60.00
❏ MOTHER IS LOVE	1995	1000	45.00	45.00
❏ MOTHER'S DAY	1995	2000	50.00	115.00
❏ MOTHER'S HEART	1996	1000	75.00	135.00
❏ MOTHER'S LOVE	1989	1000	45.00	85.00
❏ MOVING IN	1995	1000	75.00	75.00
❏ MT. ZION	1995	1000	75.00	75.00
❏ MUFFET BOY I	1978	1000	10.00	75.00
❏ MUFFET GIRL I	1978	1000	10.00	75.00
❏ MY BIG SISTER	1989	1000	50.00	125.00
❏ MY GIRLS	1983	1000	60.00	300.00
❏ MY HANDS TO THEE	1979	1000	75.00	300.00
❏ MY LITTLE BROTHERS	1985	1000	50.00	180.00
❏ MY PLACE	1982	1000	30.00	90.00
❏ MY SISTERS	1982	1000	40.00	150.00
❏ MY TWO GIRLS	1995	1000	50.00	50.00
❏ NANCY	1985	1000	40.00	145.00
❏ NEVER ALONE	1979	1000	35.00	440.00
❏ NEVER ENDING LOVE	1995	1000	00.00	00.00
❏ NEWBORN, THE	1984	1000	55.00	250.00
❏ NIGHT BEFORE CHRISTMAS, THE	1985	1000	65.00	150.00
❏ NINE MENNONITES GIRLS	1978	1000	40.00	180.00
❏ NOTRE DAME	1983	1000	90.00	200.00
❏ NURSES, THE	1985	1000	70.00	190.00
❏ NURSING TEAM	1985	1000	70.00	215.00
❏ O GENTLE FRIEND	1979	1000	40.00	175.00
❏ OH LIFE	1979	1000	40.00	150.00
❏ OHIO STAR	1984	1000	60.00	180.00
❏ OLD MILL HOUSE	1983	1000	125.00	140.00
❏ OLD SLED, THE	1995	1000	75.00	75.00
❏ ON THE CANAL	1980	1000	60.00	200.00
❏ ON THE SWING	1982	1000	40.00	190.00
❏ ONE MORE STAR	1995	1500	100.00	100.00
❏ ORCHARD GIRL	1983	1000	40.00	200.00
❏ ORCHARD HELPERS	1983	1000	75.00	310.00
❏ OUR AMERICAN GOTHICS	1995	1000	150.00	250.00
❏ OUR BEDROOM	1989	1000	70.00	110.00
❏ OUR BIG BROTHER	1983	1000	35.00	120.00
❏ OUR FAMILY HERITAGE	1995	1000	225.00	225.00
❏ OUR GIRL SCOUT	1995	1000	55.00	55.00
❏ OUR GIRLS	1985	1000	60.00	175.00
❏ OUR LITTLE BROTHER	1982	1000	50.00	180.00
❏ OUR LITTLE SISTER	1982	1000	50.00	180.00
❏ OUR WINTER DAY	1995	1000	45.00	45.00
❏ OUT ON A LIMB	1995	1000	40.00	40.00
❏ PALS	1982	1000	25.00	100.00
❏ PARTNERS	1989	1000	40.00	200.00
❏ PAT	1985	1000	25.00	100.00
❏ PAT'S PEACHES	1995	1000	55.00	100.00
❏ PAVILION AT WOLFEBORO	1979	1000	40.00	100.00
❏ PEACE	1995	1000	175.00	175.00
❏ PEACH HARVEST	1980	1000	150.00	500.00
❏ PERFECT PET	1978	1000	15.00	90.00
❏ PICKET FENCE	1985	1000	60.00	180.00
❏ PIE MAKERS, THE	1985	1000	80.00	200.00
❏ PINK BALLERINA	1982	1000	25.00	105.00
❏ PLAYMATES	1985	1000	70.00	180.00
❏ PLEASE GOD	1982	1000	50.00	190.00
❏ PLEASE MA'AM	1985	1000	50.00	150.00

PRINTS

NAME	YEAR	LIMIT	ISSUE	TREND
❑ PLEASE!	1982	1000	35.00	130.00
❑ POPPA APPLE (BLUE)	1978	1000	10.00	100.00
❑ POPPA APPLE (GOLD)	1978	1000	15.00	100.00
❑ PRECIOUS FRIENDS	1995	1000	65.00	65.00
❑ PRECIOUS SISTERS	1995	1000	50.00	50.00
❑ PRINCELY PAIR	1985	1000	60.00	180.00
❑ PROFESSOR, THE	1986	1000	40.00	150.00
❑ PROMISED	1979	1000	40.00	150.00
❑ PUBLIC GARDENS AND BEACON STREET	1979	1000	50.00	215.00
❑ QUILT, THE	1983	1000	90.00	260.00
❑ QUILTED CATS	1996	1000	75.00	180.00
❑ QUILTING BEE	1978	1000	55.00	200.00
❑ QUILTING DREAMS	1981	1000	40.00	180.00
❑ QUILTING LADIES	1978	1000	40.00	200.00
❑ RACHEL & JACOB	1978	1000	150.00	610.00
❑ READING, 'RITING & 'RITHMETIC	1995	1000	100.00	180.00
❑ RED BARN, THE	1995	1000	45.00	45.00
❑ RED BIKE	1983	1000	35.00	120.00
❑ RED CARRIAGE	1985	1000	65.00	190.00
❑ RED HOUSE	1983	1000	100.00	300.00
❑ RED WAGON	1984	1000	50.00	180.00
❑ RELUCTANT BALLERINA	1978	1000	16.00	100.00
❑ RING AROUND A ROSIE	1980	1000	40.00	200.00
❑ ROBBIE	1985	1000	20.00	100.00
❑ ROCKING	1982	1000	40.00	130.00
❑ ROTHENBURG	1983	1000	40.00	135.00
❑ ROYAL PAIR	1995	1000	80.00	80.00
❑ SALES BARN, THE	1995	1000	135.00	135.00
❑ SAM	1981	1000	16.00	95.00
❑ SARAH	1981	1000	16.00	155.00
❑ SCHOOL DAYS	1986	1000	70.00	200.00
❑ SCHOOL YARD, THE	1984	1000	60.00	180.00
❑ SCREECH OWL TWINS	1985	1000	75.00	200.00
❑ SEASON'S OVER	1978	1000	35.00	150.00
❑ SECRET, THE	1984	1000	50.00	440.00
❑ SENATORS, THE	1985	1000	275.00	600.00
❑ SENTINELS, THE	1985	1000	65.00	180.00
❑ SERENITY IN BLACK AND WHITE	1978	1000	120.00	360.00
❑ SERVING OUR NEEDS	1995	1000	100.00	100.00
❑ SHADOWS OF ETERNITY	1990	1000	50.00	125.00
❑ SHADOWY RIDE	1995	1000	175.00	175.00
❑ SHENANDOAH HARVEST	1982	1000	60.00	200.00
❑ SHENANDOAH SILHOUETTE	*	1000	25.00	60.00
❑ SHOWALTER'S FARM	1978	1000	100.00	310.00
❑ SING ALONG, THE	1995	1000	70.00	70.00
❑ SISTER LOVE	1990	1000	40.00	155.00
❑ SISTERS	1990	1000	20.00	120.00
❑ SISTERS FOUR	1983	1000	60.00	240.00
❑ SITTING PRETTY	1987	1000	60.00	145.00
❑ SKATING AWAY I	1978	1000	70.00	230.00
❑ SKATING DUET	1982	1000	40.00	155.00
❑ SKATING JOY	1981	1000	200.00	610.00
❑ SKATING LESSON	1978	1000	150.00	500.00
❑ SKATING WALTZ	1986	1000	60.00	150.00
❑ SLEIGH RIDE	1982	1000	50.00	170.00
❑ SNOW GOOSE	1978	1000	50.00	200.00
❑ SNOWY BIRCHES	1978	1000	60.00	200.00
❑ SNOWY MORNING ON THE FARM	1995	1000	100.00	100.00
❑ SOCIETY QUILT, THE	1995	8933	50.00	50.00
❑ SOLITARY SKATER	1978	1000	35.00	200.00
❑ SOLITARY SKATER II	1981	1000	35.00	160.00
❑ SOLO	1981	1000	15.00	135.00
❑ SPIRIT OF EQUUS	1978	1000	100.00	300.00
❑ SPIRIT OF THE MIDWEST	1995	585	200.00	200.00
❑ SPRING BOUQUET	1983	1000	40.00	150.00
❑ SPRING LOVE	1981	1000	25.00	140.00
❑ SPRING MORN	1990	1000	125.00	250.00
❑ SPRING SHEPHERDS	1983	1000	40.00	145.00
❑ SPRING WEDDING	1986	1000	70.00	200.00
❑ ST. JOHN'S CEMETARY	1995	1000	225.00	225.00
❑ STACK OF BOYS	1982	1000	30.00	125.00
❑ STACK OF GIRLS	*	1000	25.00	125.00
❑ STATE FAIR	1995	1000	90.00	90.00
❑ STAY TOGETHER	1995	1000	50.00	50.00
❑ STEPHANIE	1986	1000	35.00	140.00
❑ STITCHED WITH LOVE	1995	1000	275.00	275.00
❑ STITCHING NURSE	1995	1000	65.00	65.00
❑ STITCHING SISTERS	1995	1000	80.00	80.00
❑ STONE HOUSE	*	99	600.00	1250.00
❑ STREET BY THE PARK	1980	1000	200.00	600.00
❑ STREET BY THE PARK II	1981	1000	125.00	290.00
❑ SUMMER LOVE	1983	1000	50.00	200.00
❑ SUMMER'S BLESSING	1985	1000	65.00	210.00
❑ SUNDAY MORNING	1981	1000	60.00	270.00
❑ SUNDAY AT GRANDMA'S	1995	1000	75.00	150.00
❑ SUNDAY STROLL	1986	1000	50.00	200.00
❑ SUNDAY'S APPLES	1983	1000	50.00	210.00
❑ SUNDAY'S PRAYER	1984	1000	50.00	210.00
❑ SUNDAY'S RIDE	1981	1000	60.00	200.00

PRINTS

NAME	YEAR	LIMIT	ISSUE	TREND
❏ SWAN HOUSE	1984	1000	80.00	170.00
❏ TAKING TURNS	1982	1000	50.00	180.00
❏ TAMMY	1990	1000	30.00	100.00
❏ TARRY NOT	1979	1000	35.00	160.00
❏ TENDER SHEPHERD	1983	1000	50.00	190.00
❏ TENDING HER FLOCK	1978	1000	80.00	100.00
❏ TERRACE HILL	1983	1000	110.00	425.00
❏ TEXAS STAR	1995	1000	75.00	75.00
❏ THREE LITTLE SISTERS	1987	1000	70.00	180.00
❏ THREE SISTERS	1985	1000	70.00	190.00
❏ THREE YOUNG MEN	1995	1000	60.00	110.00
❏ TIMOTHY	1983	1000	30.00	125.00
❏ TIS GRACE	1979	1000	20.00	120.00
❏ TO EACH OTHER	1985	1000	40.00	125.00
❏ TO GRANDMOTHER'S HOUSE WE GO	1984	1000	80.00	210.00
❏ TOGETHER	1981	99	450.00	2000.00
❏ TOGETHER IN THE PARK	1982	1000	80.00	190.00
❏ TOGETHER ON SUNDAY (SILKSCREEN)	1983	99	600.00	2000.00
❏ TRACTORS ON PARADE	1995	1000	135.00	325.00
❏ TRAIN MAN	1995	1000	65.00	120.00
❏ TREES IN HARMONY	1995	1000	120.00	120.00
❏ TRICK OR TREAT	1995	1000	40.00	40.00
❏ TRIO, THE	1995	1000	250.00	250.00
❏ TULLIE SMITH HOUSE	1995	1000	60.00	60.00
❏ TWILIGHT FISHERMAN	1995	1000	40.00	40.00
❏ TWILIGHT RIDE	1985	1000	80.00	275.00
❏ TWIN BOUQUETS	1995	1000	45.00	90.00
❏ TWO LITTLE HANDS	1979	1000	35.00	150.00
❏ TWO ON A BARREL	1982	1000	25.00	130.00
❏ TWO ON A SWING	1982	1000	50.00	150.00
❏ UNDER THE MISTLETOE	1995	7532	70.00	325.00
❏ UNITED WE STAND	1995	1000	70.00	70.00
❏ VICTORIAN LEGACY	1984	1000	150.00	390.00
❏ VIOLET BANK	1995	1000	75.00	75.00
❏ VISIT TO THE CAPITOL	1985	1000	30.00	120.00
❏ VISIT TO THE RED SCHOOLHOUSE	1995	1000	70.00	125.00
❏ VISIT TO THE VILLAGE, A	1995	1000	100.00	180.00
❏ WAITING FOR TOM	1981	1000	40.00	525.00
❏ WATCH, THE	1985	1000	30.00	180.00
❏ WATER TOWER, THE	1995	1000	80.00	80.00
❏ WATERLOO COUNTY HOMESTEAD	1995	1000	100.00	100.00
❏ WAYSIDE INN	1980	1000	65.00	500.00
❏ WAYSIDE INN (ETCHING)	1980	99	1800.00	3300.00
❏ WE THREE	1995	1000	90.00	90.00
❏ WEDDING	1982	1000	80.00	300.00
❏ WEDDING BOUQUET	1985	1000	75.00	200.00
❏ WEDDING DAY	1982	1000	160.00	380.00
❏ WEDDING II	1982	1000	90.00	220.00
❏ WEDDING III	1983	1000	90.00	190.00
❏ WEDDING IN WHITE	1995	1000	75.00	75.00
❏ WEDDING IN WINTER	1995	1000	50.00	50.00
❏ WEDDING JOY	1985	5000	200.00	625.00
❏ WEDDING MORN	1985	1000	70.00	300.00
❏ WEDDING RIDE, THE	1984	1000	130.00	350.00
❏ WEDDING RING	1984	1000	75.00	200.00
❏ WELCOME	1979	1000	45.00	110.00
❏ WELCOME	1995	1000	60.00	110.00
❏ WE'RE ALWAYS TOGETHER	1996	1000	70.00	70.00
❏ WHICH ONE?	1995	1000	60.00	135.00
❏ WHITE BARN, THE	1995	1000	55.00	95.00
❏ WHITE CHURCH, THE	1983	1000	80.00	250.00
❏ WINFREE MEMORIAL, THE	1995	1000	100.00	100.00
❏ WINTER AT THE MILL	1981	1000	80.00	290.00
❏ WINTER CAMEO	1978	1000	30.00	150.00
❏ WINTER DUET	1982	1000	90.00	260.00
❏ WINTER GEESE (ETCHING)	1989	99	400.00	1550.00
❏ WINTER HARMONY	1995	500	750.00	750.00
❏ WINTER PRINCE	1995	1000	75.00	75.00
❏ WINTER RIDE	1983	1000	60.00	145.00
❏ WINTER SKATER	1983	1000	40.00	145.00
❏ WINTER VISITOR	1978	1000	80.00	200.00
❏ WINTER WEDDING	1986	1000	80.00	195.00
❏ WINTER'S DAY	1983	1000	50.00	200.00
❏ WINTER'S EVE	1986	1000	100.00	240.00
❏ WINTER'S GENTLE EVE	1995	1000	115.00	115.00
❏ WINTER'S GLIMPSE	1982	1000	40.00	145.00
❏ WINTER'S GLORY	1984	1000	200.00	425.00
❏ WINTER'S HOUSE	1980	1000	350.00	750.00
❏ WINTER'S JOY (SILKSCREEN)	1983	99	500.00	1150.00
❏ WINTER'S MATES	1986	1000	50.00	200.00
❏ WINTER'S TRAVELERS	1985	1000	60.00	180.00
❏ WOMAN TALK	1979	1000	35.00	150.00
❏ WORKDAY'S O'ER	1978	1000	110.00	410.00
❏ WREN'S NEST REVISITED	1995	1000	100.00	100.00
❏ YATES CIDER MILL	1995	1000	100.00	185.00
❏ YOUNG MAESTRO	1987	1000	60.00	135.00
SILKSCREEN			**P. BUCKLEY MOSS**	
❏ HORSES FOUR	1995	500	115.00	115.00
❏ NURSES THREE	1995	250	250.00	250.00

PRINTS

NAME	YEAR	LIMIT	ISSUE	TREND
N. ROCKWELL GALLERY				**N. ROCKWELL**
❑ 30TH ANNIVERSARY MAIN STREET CANVAS	1997	5000	195.00	195.00
NEW MASTERS PUBLISHING				
				P. BANNISTER
❑ AMARYLLIS	1982	SO	285.00	2000.00
❑ ANGEL TRUMPETS	*	950	316.00	320.00
❑ ANGELS	1994	950	265.00	200.00
❑ APPLE ORCHARD	*	950	265.00	420.00
❑ APPLES AND ORANGES	1988	SO	265.00	675.00
❑ APRIL	1982	SO	200.00	1150.00
❑ APRIL LIGHT	1984	SO	150.00	400.00
❑ AUTUMN FIELDS	1987	950	150.00	550.00
❑ BANDSTAND	1978	250	75.00	600.00
❑ BED OF ROSES	1992	663	265.00	650.00
❑ BRIDESMAIDS	1995	950	265.00	500.00
❑ BUTTONS & BOWS	*	950	265.00	190.00
❑ CELEBRATION	1991	SO	350.00	825.00
❑ CHAPTER ONE	1989	SO	265.00	725.00
❑ CINDERELLA	1982	500	285.00	580.00
❑ CROSSROADS	1991	SO	295.00	400.00
❑ CROWNING GLORY	1993	485	265.00	650.00
❑ CRYSTAL	1981	300	300.00	425.00
❑ CRYSTAL BOWL	1992	485	265.00	675.00
❑ CUCKOO CLOCK	1994	950	265.00	420.00
❑ DAYDREAMS	1989	SO	265.00	625.00
❑ DEJA VU	1993	663	265.00	1450.00
❑ DOLL HOUSE	*	950	265.00	275.00
❑ DUCHESS, THE	1983	SO	250.00	2000.00
❑ DUST OF AUTUMN	1980	200	200.00	1225.00
❑ EASTER	1981	SO	300.00	1200.00
❑ EMILY	1982	SO	285.00	1200.00
❑ ENCHANTED EVENING	*	1500	265.00	300.00
❑ FADED GLORY	1980	200	200.00	1100.00
❑ FAN WINDOW, THE	1984	SO	195.00	1200.00
❑ FIRST PRIZE	1987	950	115.00	550.00
❑ FLORIBUNDA	1988	SO	265.00	750.00
❑ FOUNTAIN	1994	485	265.00	775.00
❑ FROM RUSSIA W/LOVE	1994	950	165.00	425.00
❑ GIFT OF HAPPINESS	1980	200	200.00	2050.00
❑ GIRL ON THE BEACH	1980	200	200.00	1500.00
❑ GOOD FRIENDS	1990	SO	265.00	525.00
❑ GUINEVERE	1988	485	265.00	500.00
❑ HEIRLOOM, THE	1992	485	265.00	265.00
❑ IN THE WINGS	1993	660	265.00	775.00
❑ INTO THE WOODS	1993	485	265.00	475.00
❑ IVY	1982	SO	285.00	800.00
❑ JASMINE	1982	SO	235.00	750.00
❑ JULIET	1981	SO	300.00	5000.00
❑ LAVENDER HILL	1990	SO	265.00	800.00
❑ LILIES IN THE FIELD	1993	663	265.00	300.00
❑ LILY	1982	500	235.00	775.00
❑ LOVE LETTERS	1992	485	265.00	600.00
❑ LOVE SEAT	1988	SO	230.00	525.00
❑ LOW TIDE	1989	SO	265.00	650.00
❑ MAGNOLIAS	1995	950	265.00	1500.00
❑ MAIL ORDER BRIDES	1982	SO	325.00	1850.00
❑ MAKE BELIEVE	1984	SO	150.00	755.00
❑ MARCH WINDS	1989	SO	265.00	550.00
❑ MEMENTOS	1983	SO	150.00	1050.00
❑ MEMORIES	1982	SO	235.00	575.00
❑ MORNING MIST	1992	485	265.00	320.00
❑ MY SPECIAL PLACE	1981	SO	300.00	2100.00
❑ NOW AND THEN	1995	*	265.00	325.00
❑ NUANCE	1982	SO	235.00	580.00
❑ ONCE UPON A TIME	1994	950	265.00	700.00
❑ OPHELIA	1983	SO	150.00	790.00
❑ PARADISE COVE	1996	950	265.00	700.00
❑ PARASOLS	1982	500	235.00	375.00
❑ PEACE	1989	SO	265.00	1300.00
❑ PEACHES	*	950	265.00	275.00
❑ PERFECTION	1992	*	85.00	85.00
❑ PORCELAIN ROSE	1981	SO	300.00	2100.00
❑ PRESENT, THE	1982	SO	285.00	1050.00
❑ PRIDE & JOY	1986	SO	150.00	475.00
❑ PUDDINGS & PIES	1991	SO	265.00	500.00
❑ QUIET CORNER	1987	SO	115.00	675.00
❑ QUILT, THE	1989	SO	265.00	975
❑ RAMBLING ROSE	1993	485	265.00	670.00
❑ REHEARSAL	1981	SO	300.00	1050.00
❑ RENDEZVOUS	1990	SO	265.00	540.00
❑ SCARLET RIBBONS	1984	SO	150.00	350.00
❑ SEA HAVEN	1980	SO	285.00	650.00
❑ SEASCAPES	1990	SO	265.00	550.00
❑ SEPTEMBER HARVEST	1987	SO	150.00	450.00
❑ SILVER BELL, THE	1980	200	200.00	2200.00
❑ SISTERS	1990	SO	265.00	1250.00

NAME	YEAR	LIMIT	ISSUE	TREND
❑ SOIREE	1986	950	150.00	150.00
❑ SOLITAIRE	*	1500	265.00	225.00
❑ SONGBIRD	1990	SO	265.00	400.00
❑ SOUTHERN BELLE	1996	950	265.00	1050.00
❑ STRAWBERRIES	*	950	265.00	200.00
❑ STRING OF PEARLS	1990	SO	265.00	620.00
❑ SUMMER CHOICES	1988	300	250.00	900.00
❑ SUNDAY AFTERNOON	*	950	265.00	250.00
❑ TEATIME	1991	SO	295.00	850.00
❑ THANKSGIVING	*	950	265.00	325.00
❑ TITANIA	1980	SO	300.00	1100.00
❑ WILDFLOWERS	1991	SO	295.00	540.00
❑ WINDOW SEAT	1983	SO	150.00	800.00
❑ WINTER'S TALE	*	950	265.00	175.00

ON THE WILD SIDE
MEGER
J. MEGER

NAME	YEAR	LIMIT	ISSUE	TREND
❑ ALPHA-TIMBER WOLF	1990	*	150.00	175.00
❑ ALPHA-TIMBER WOLF (AP)	1990	225	225.00	330.00
❑ ALPHA-TIMBER WOLF (COLLECTOR'S EDITION)	1990	225	275.00	475.00
❑ BLUE BANDITS	1984	60	60.00	170.00
❑ BREEZING UP-WOOD DUCKS (AP)	1990	*	145.00	180.00
❑ BURNING THROUGH	1985	*	100.00	180.00
❑ COMING HOME	1987	125	125.00	185.00
❑ EDGE OF TOWN	1989	95	95.00	95.00
❑ FANFARE-TRUMPETER SWANS	1990	150	150.00	250.00
❑ FAST MOVING GAME	1988	60	60.00	200.00
❑ FIELDSTONES-PHEASANTS	1985	125	125.00	680.00
❑ FIRST LIGHT-LOONS	1986	95	95.00	125.00
❑ FIRST OUTING	1990	60	60.00	100.00
❑ GOOD MORNING	1984	45	45.00	70.00
❑ HEARTLAND-PHEASANTS	1987	100	100.00	315.00
❑ HERITAGE CARDINAL	1988	*	85.00	300.00
❑ HIDDEN GAME-TIMBER WOLF (AP)	1990	75	75.00	200.00
❑ HOMESTEAD-PHEASANTS (AP)	1989	125	125.00	220.00
❑ INTERLUDE	1987	75	75.00	100.00
❑ LEADING LADY	1984	*	60.00	70.00
❑ LEGACY-EAGLE	1985	85	85.00	375.00
❑ LEGACY-LOON	1984	60	85.00	1300.00
❑ LEGACY-MOOSE	1985	85	85.00	170.00
❑ LEGACY-TIMBERWOLVES (AP)	1988	125	85.00	200.00
❑ MANITOBA MEMORIES-CANVASBACKS	1980	*	100.00	385.00
❑ MOON SHADOWS-WHITE-TAILED DEER	1990	95	95.00	270.00
❑ MOONRIDE-LOONS	1989	95	95.00	700.00
❑ ONE MORE PASS	1987	60	60.00	60.00
❑ OUTBACK-PHEASANTS	1987	*	75.00	250.00
❑ PRAIRIE DANCEHALL-PHEASANTS	1989	95	95.00	100.00
❑ PRAIRIE POTHOLES-CANVASBACKS	1982	*	60.00	150.00
❑ PROMISE, THE	1991	*	150.00	175.00
❑ PROMISE, THE (COLLECTOR'S EDITION)	1991	295	295.00	295.00
❑ RISKY BUSINESS	1983	75	75.00	100.00
❑ SEPTEMBER PASSAGE	1988	*	125.00	225.00
❑ SILHOUETTE-TIMBER WOLF	*	*	95.00	200.00
❑ SNOWY COURTSHIP-SNOWY OWLS	1988	125	125.00	250.00
❑ SNOWY PURSUIT	1991	*	125.00	250.00
❑ SPLIT DECISION-CANVASBACKS	1980	*	100.00	300.00
❑ STACK OF BILLS-LESSER SCAUP	1981	*	75.00	250.00
❑ STOP ON RED-REDHEADS	1982	100	100.00	325.00
❑ STORM WARNING-PHEASANTS	1990	95	95.00	300.00
❑ SUNDANCE-SNOWY OWL	1986	125	125.00	125.00
❑ THREE'S A CROWD	1989	60	60.00	110.00
❑ UNINVITED GUESTS	1986	60	60.00	60.00
❑ UP AT THE LAKE	1987	95	95.00	270.00
❑ WILDSIDE I-CANVASBACKS	1979	*	100.00	800.00
❑ WINDSONG-CANADA GEESE	1985	225	225.00	400.00
❑ WINGS IN THE WILLOWS	1981	*	100.00	165.00

PAST IMPRESSIONS
CANVAS
A. MALEY

NAME	YEAR	LIMIT	ISSUE	TREND
❑ BOATING PARTY, THE	1996	350	665.00	720.00
❑ CAFE ROYALE	1990	CL	665.00	1400.00
❑ CIRCLE OF LOVE	1992	CL	445.00	775.00
❑ ELEGANT AFFAIR	1992	CL	595.00	2250.00
❑ EVENING PERFORMANCE	1992	CL	295.00	1400.00
❑ FESTIVE OCCASION	1990	CL	595.00	595.00
❑ GRACIOUS ERA	1990	CL	645.00	1300.00
❑ GRAND ENTRANCE	1995	250	615.00	550.00
❑ LETTER, THE	1995	CL	465.00	1250.00
❑ LOVE LETTER	1987	CL	445.00	700.00
❑ NEW CARRIAGE	1995	250	265.00	480.00
❑ NEW YEAR'S EVE	1994	CL	445.00	620.00
❑ PARISIAN BEAUTIES	1994	CL	645.00	1450.00
❑ PRIVATE CONVERSATION	1996	350	615.00	1750.00
❑ PROMISE, THE	1987	500	625.00	625.00
❑ RAGS AND RICHES	1993	CL	445.00	775.00
❑ RECITAL, THE	1993	CL	595.00	1100.00
❑ ROMANTIC ENGAGEMENT	1990	CL	445.00	1750.00
❑ SLEIGH BELLS	1993	CL	595.00	950.00
❑ SLEIGH RACE	1995	250	615.00	715.00
❑ SOUTHERN BELLES	1995	250	615.00	1450.00
❑ SUMMER CAROUSEL	1991	CL	345.00	900.00

PRINTS

NAME	YEAR	LIMIT	ISSUE	TREND
❑ SUMMER ELEGANCE	1994	CL	595.00	1000.00
❑ SUMMER ROMANCE	1995	CL	465.00	1350.00
❑ VISITING THE NURSERY	1993	CL	445.00	1700.00
❑ WALK IN THE PARK	1992	CL	595.00	920.00
❑ WINTER IMPRESSIONS	1989	CL	595.00	925.00
PAPER PRINT				**A. MALEY**
❑ AN ELEGANT AFFAIR	1992	500	260.00	300.00
❑ BETWEEN FRIENDS	1991	750	275.00	275.00
❑ BOARDWALK, THE	1988	CL	250.00	275.00
❑ BOATING PARTY	1996	400	275.00	250.00
❑ CAFE ROYALE	1990	750	275.00	400.00
❑ CIRCLE OF LOVE	1992	500	250.00	400.00
❑ DAY DREAMS	1987	CL	200.00	275.00
❑ ENGLISH ROSE	1989	CL	250.00	460.00
❑ EVENING PERFORMANCE	1991	750	150.00	250.00
❑ FESTIVE OCCASION	1990	CL	250.00	580.00
❑ GLORIOUS SUMMER	1984	CL	150.00	700.00
❑ GRACIOUS ERA	1990	750	275.00	700.00
❑ GRAND ENTRANCE	1995	500	250.00	275.00
❑ IN HARMONY	1989	CL	250.00	600.00
❑ INTIMATE MOMENT	1992	750	250.00	250.00
❑ JOYS OF CHILDHOOD	1988	CL	250.00	330.00
❑ LETTER, THE	1995	500	250.00	250.00
❑ LOVE LETTER	1987	CL	200.00	600.00
❑ LOVE LETTER A/P	1987	450	300.00	700.00
❑ NEW CARRIAGE	1995	500	100.00	100.00
❑ NEW YEAR'S EVE	1994	500	250.00	450.00
❑ OPENING NIGHT	1988	CL	250.00	1950.00
❑ PARISIAN BEAUTIES	1994	500	275.00	950.00
❑ PASSING ELEGANCE	1985	CL	150.00	700.00
❑ PRIVATE CONVERSATION	1996	400	260.00	455.00
❑ PROMISE, THE	1987	CL	200.00	440.00
❑ RAGS AND RICHES	1993	500	250.00	400.00
❑ RECITAL, THE	1993	500	275.00	275.00
❑ ROMANTIC ENGAGEMENT	1990	750	275.00	540.00
❑ SECLUDED GARDEN	1984	CL	150.00	950.00
❑ SECRET THOUGHTS	1985	CL	150.00	850.00
❑ SLEIGH BELLS	1993	500	260.00	300.00
❑ SLEIGH RACE	1995	500	260.00	300.00
❑ SOUTHERN BELLES	1995	500	260.00	460.00
❑ SUMMER CAROUSEL	1991	750	200.00	400.00
❑ SUMMER ELEGANCE	1994	500	275.00	275.00
❑ SUMMER PASTIME	1990	CL	250.00	320.00
❑ SUMMER ROMANCE	1995	500	250.00	250.00
❑ SUNDAY AFTERNOON	1991	750	275.00	410.00
❑ TELL ME	1986	CL	150.00	800.00
❑ TRANQUIL MOMENT	1988	CL	250.00	350.00
❑ VICTORIAN TRIO	1988	CL	250.00	255.00
❑ VISITING THE NURSERY	1993	500	250.00	300.00
❑ WALK IN THE PARK	1992	500	260.00	500.00
❑ WINTER CAROUSEL	1991	750	200.00	200.00
❑ WINTER IMPRESSIONS	1989	750	250.00	400.00
❑ WINTER ROMANCE	1986	CL	150.00	750.00
WOMEN OF ELEGANCE/PAPER PRINT				**A. MALEY**
❑ ALEXANDRA	1989	CL	125.00	200.00
❑ BETH	1989	CL	125.00	200.00
❑ CATHERINE	1989	CL	125.00	125.00
❑ VICTORIA	1989	CL	125.00	200.00

PEMBERTON & OAKES

NAME	YEAR	LIMIT	ISSUE	TREND
				D. ZOLAN
❑ DAY DREAMER	1988	RT	35.00	150.00
❑ FLOWERS FOR MOTHER	1991	RT	98.00	115.00
❑ GRANDMA'S MIRROR	1989	RT	98.00	125.00
❑ LAURIE AND THE CRECHE	1990	RT	98.00	130.00
❑ RODEO GIRL	1989	RT	98.00	110.00
❑ SABINA IN THE GRASS	1984	RT	98.00	495.00
❑ SUMMER'S CHILD	1989	RT	98.00	175.00
❑ WAITING TO PLAY	1988	RT	35.00	150.00
❑ WINTER ANGEL	1988	RT	98.00	270.00
SINGLE ISSUE				**D. ZOLAN**
❑ ALMOST HOME	1989	RT	98.00	130.00
❑ BROTHERLY LOVE	1989	RT	98.00	280.00
❑ BY MYSELF	1982	RT	98.00	210.00
❑ CHRISTMAS PRAYER	1989	RT	98.00	145.00
❑ COLORS OF SPRING	1990	RT	98.00	150.00
❑ CRYSTAL'S CREEK	1990	RT	98.00	200.00
❑ DADDY'S HOME	1989	RT	98.00	294.00
❑ ENCHANTED FOREST	1992	RT	98.00	150.00
❑ ERIK AND DANDELION	1982	RT	98.00	225.00
❑ FIRST KISS	1990	RT	98.00	110.00
❑ GRANDMA'S GARDEN	1993	RT	98.00	137.00
❑ MOTHER'S ANGELS	1989	RT	98.00	160.00
❑ SMALL WONDER	1988	RT	98.00	160.00
❑ SNOWY ADVENTURE	1989	RT	98.00	129.00
❑ TENDER MOMENT	1986	RT	98.00	212.00
❑ TINY TREASURES	1988	RT	150.00	250.00
❑ TOUCHING THE SKY	1987	RT	98.00	175.00

PRINTS

NAME	YEAR	LIMIT	ISSUE	TREND

PINE RIDGE PRODUCTIONS

N.P. SANTOLERI

NAME	YEAR	LIMIT	ISSUE	TREND
❏ AFTER LABOR DAY	1995	SO	100.00	535.00
❏ AFTERNOON ON LAKE AFTON	1992	500	50.00	50.00
❏ ANGEL OF THE SEA	1997	950	125.00	125.00
❏ BEACH DRIVE	2000	1500	150.00	150.00
❏ BOATHOUSE ROW	1990	SO	100.00	535.00
❏ BOATHOUSE ROW III	1993	SO	100.00	300.00
❏ BOATHOUSE ROW IV	1996	SO	125.00	175.00
❏ BOATHOUSE ROW V	2000	1500	150.00	150.00
❏ BRANDYWINE CHRISTMAS	1995	950	125.00	125.00
❏ CHAPEL AT VILLANOVA	1993	SO	100.00	200.00
❏ CHURCH AT VILLANOVA	2000	950	100.00	100.00
❏ CONTENTMENT FOUND	1992	SO	100.00	210.00
❏ DECEMBER DUSK	1986	SO	50.00	182.00
❏ DIAMOND ROCK SCHOOL HOUSE	1987	SO	65.00	128.00
❏ EVENING AT EDGMONT	1992	SO	100.00	110.00
❏ HARVARD'S BOATHOUSE	1991	500	95.00	95.00
❏ HERBAL BOUQUET	1987	450	80.00	80.00
❏ IN FOR THE EVENING	1991	SO	100.00	365.00
❏ INDEPENDENCE HALL	1995	SO	100.00	300.00
❏ KIRBYS MILL	1994	950	100.00	100.00
❏ KNOX BRIDGE	1987	SO	65.00	130.00
❏ LONGFELLOW HOUSE, THE	1991	500	95.00	95.00
❏ OLD TIMER	1990	450	85.00	85.00
❏ ON WALDEN POND	1991	SO	100.00	215.00
❏ PENN STATE (OLD MAIN)	1000	1750	100.00	100.00
❏ PHILA. MUSEUM OF ART	1994	950	100.00	100.00
❏ PHILADELPHIA SKYLINE (AT TURN OF THE 21ST CENT.)	1999	1500	125.00	125.00
❏ POND'S EDGE	1989	SO	100.00	200.00
❏ PONY TALE	2000	200	50.00	50.00
❏ PORTRAIT OF A GOOSE	1988	500	70.00	70.00
❏ PRISCILLA & PIGLETS	1986	SO	50.00	110.00
❏ REACHING FOR THE SKY	1991	SO	100.00	450.00
❏ REFLECTIONS AT DAWN	1999	950	125.00	125.00
❏ SNOW DAYS	1996	950	100.00	100.00
❏ SOUTHERN MANSION	1999	75	300.00	300.00
❏ SPRING MILL	2000	950	100.00	100.00
❏ SQUARE, THE	1987	SO	65.00	157.00
❏ ST. JOSEPH'S UNIVERSITY	1996	950	100.00	100.00
❏ ST. THOMAS OF VILLANOVA	1996	SO	100.00	175.00
❏ STARRY NIGHT	1988	SO	80.00	250.00
❏ TIME TO FLY	1998	950	125.00	125.00
❏ VALLEY GREEN	1990	SO	100.00	280.00
❏ VALLEY GREEN II	1997	SO	125.00	200.00
❏ VIEW OF COLUMBIA AVE, A	1996	950	125.00	125.00
❏ VIEW OF THE HUNT, A	1989	SO	95.00	435.00
❏ WASHINGTON'S HEADQUARTERS	1986	SO	50.00	158.00
❏ WE THE PEOPLE	1987	SO	65.00	110.00
❏ WINTER IN ANNAPOLIS	1999	950	125.00	125.00
❏ WINTER RETREAT	1990	SO	90.00	155.00
❏ WOODLAND VISITORS	1993	2500	200.00	200.00

PORTERFIELD'S

R. ANDERS

NAME	YEAR	LIMIT	ISSUE	TREND
❏ DIGGING IN	1997	5000	27.00	60.00
❏ SAFE HARBOR	1997	5000	27.00	60.00
❏ TIME OUT	1997	5000	17.00	120.00
❏ TWO BITES TO GO	1997	5000	27.00	60.00

RIE MUNOZ LTD.

R. MUNOZ

NAME	YEAR	LIMIT	ISSUE	TREND
❏ ABANDONED CABIN	1987	950	35.00	90.00
❏ ANDY	1991	950	45.00	190.00
❏ ARK IN ALASKA	1990	750	70.00	810.00
❏ BERRY PICKER	1984	750	28.00	480.00
❏ BERRY PICKERS	1978	500	36.00	415.00
❏ BERRY PICKERS	1981	550	40.00	450.00
❏ BLUE MOON CAFE	1989	750	55.00	300.00
❏ BLUEBERRIES	1986	750	45.00	435.00
❏ BLUEBERRIES, BLUEBIRDS	1980	500	30.00	295.00
❏ BOOM BOAT	1981	750	45.00	980.00
❏ BUTCHERING CRABS, TENAKEE	1979	500	36.00	775.00
❏ CACHE	1986	750	36.00	230.00
❏ CANNERY COOK, CRAIG	1988	750	30.00	300.00
❏ CANNERY WORKERS, NAKNEK	1977	500	30.00	820.00
❏ CASH BUYER, KOTZEBUE	1987	750	40.00	165.00
❏ CATHEDRAL, SITKA	1986	750	48.00	500.00
❏ CATS CRADLE	1980	500	27.00	300.00
❏ CHAPEL, ROCHE HARBOR	1984	750	35.00	525.00
❏ CHASING MOULTING GEESE	1983	750	32.00	645.00
❏ CLEANING FISH	1985	750	40.00	245.00
❏ CLEANING SALMON	1986	750	48.00	700.00
❏ COMING HOME	1984	750	45.00	695.00
❏ COMING INTO TENAKEE INLET	1988	750	55.00	295.00
❏ CRAB BUTCHERING PARTY	1981	500	40.00	645.00

PRINTS

NAME	YEAR	LIMIT	ISSUE	TREND
❏ CRAB POTS, SITKA	1985	750	36.00	850.00
❏ CRABBER, UNALASKA	1984	750	60.00	1175.00
❏ CRABBING	1977	100	30.00	350.00
❏ CRANE LEGEND	1977	500	40.00	1900.00
❏ CREATION OF MAN	1975	500	30.00	2000.00
❏ CREEK STREET, KETCHIKAN	1990	750	72.00	700.00
❏ CROW IN A MOUNTAIN ASH	1975	950	30.00	845.00
❏ DANCE IN KASHIM	1971	100	8.00	450.00
❏ DANCER IN MOTION	1981	500	36.00	365.00
❏ DANCERS IN SEALGUT PARKAS	1984	OP	20.00	20.00
❏ DINNER, NOME	1986	750	40.00	460.00
❏ DOUGLAS CRAB BOAT	1980	500	60.00	895.00
❏ DOWNHILL SKIERS, EAGLECREST	1987	750	60.00	795.00
❏ DRYING LAUNDRY & FISH	1982	750	40.00	415.00
❏ EDDIE BAUER'S IDITAROD RACER	1989	950	60.00	525.00
❏ ELFIN COVE	1983	750	32.00	495.00
❏ EMBRACE, THE	1990	750	35.00	750.00
❏ ESKIMO STORY TELLER	1973	300	30.00	825.00
❏ EVERGREEN BOWL	1982	750	45.00	850.00
❏ FALL COLORS	1989	750	55.00	370.00
❏ FALL MIGRATION	1986	750	65.00	565.00
❏ FEEDING THE SWANS CORNWALL	1988	750	55.00	475.00
❏ FIRST SNOW, STARR HILL	1987	750	30.00	600.00
❏ FIRST SNOW, TENAKEE	1987	750	48.00	240.00
❏ FISH BUYER, ELFIN COVE	1983	750	40.00	175.00
❏ FISH CAMP	1984	750	48.00	175.00
❏ FISHERMAN, KETCHIKAN	1981	500	40.00	645.00
❏ FISHERMAN'S FAMILY, EAGEGIK	1987	750	35.00	165.00
❏ FISHING FOR KING CRAB, UKIVOK	1979	500	36.00	875.00
❏ FOLLOWING THE LEADER	1988	750	45.00	370.00
❏ FRIENDS, GAMBELL	1981	500	30.00	390.00
❏ GATHERING EGGS	1977	500	30.00	1250.00
❏ GATHERING GRASS	1981	500	30.00	265.00
❏ GOING BERRY PICKING, HOONAH	1981	500	40.00	750.00
❏ GOING FISHING	1988	750	32.00	380.00
❏ GOSSIPING WOMEN	1977	500	27.00	200.00
❏ GREENHOUSE	1987	750	45.00	400.00
❏ GREY POUPON	1986	750	20.00	465.00
❏ GROCERIES NOME	1984	750	38.00	475.00
❏ HALIBUT $1	1985	750	60.00	1100.00
❏ HAPPY HOUR, NOME	1980	500	40.00	795.00
❏ HAULING IN CRABS	1982	750	40.00	540.00
❏ HAULING WATER, TENAKEE	1987	750	28.00	28.00
❏ HOLY ASSUMPTION CHURCH	1989	750	60.00	295.00
❏ HOPKINS ALLEY	1981	750	45.00	595.00
❏ ICE FISHING	1982	750	32.00	720.00
❏ IDITAROD RACE HEADQUARTERS	1982	750	40.00	610.00
❏ IDITAROD, SHATOOLOK	1984	750	64.00	600.00
❏ IN THE PARK, FRANCE	1983	500	15.00	475.00
❏ INNER HARBOR	1986	750	45.00	390.00
❏ INTERVIEWING THE WINNER	1981	500	40.00	650.00
❏ ISTKA SUMMER FESTIVAL	1984	OP	20.00	40.00
❏ JESSIE'S FLOWERS	1986	750	45.00	450.00
❏ JUNEAU CANNERY	1985	750	45.00	525.00
❏ KETCHIKAN ALASKA	1980	500	12.00	365.00
❏ KING ISLAND	1974	300	30.00	1600.00
❏ KOTZEBU BREAKUP	1977	500	36.00	990.00
❏ LADIES IN THE BATH	1979	500	36.00	500.00
❏ LAST CARIBOU	1980	500	35.00	860.00
❏ LATE BOAT	1986	750	48.00	425.00
❏ LAUNDRY, EGEGIK	1990	750	45.00	45.00
❏ LOADING CRAB POTS	1990	750	65.00	285.00
❏ LONDON PUB	1988	750	25.00	225.00
❏ LOOKING FOR HALLEY'S COMET	1986	750	30.00	600.00
❏ LOOSE DOGS	1980	500	32.00	490.00
❏ MARRY ME, MY DEAR	1991	950	40.00	200.00
❏ MIDDLETON	1980	500	36.00	645.00
❏ MOLLY-O	1992	950	100.00	340.00
❏ MONKEY TREE	1981	500	40.00	665.00
❏ MUG UP, METLAKATLA	1987	750	45.00	105.00
❏ MUSHER	1989	750	40.00	185.00
❏ NIGHT SLEDDING, JUNEAU	1989	750	60.00	395.00
❏ NOAH	1982	750	36.00	685.00
❏ NOATAK	1988	750	48.00	320.00
❏ NORTH STAR COMING	1985	750	50.00	400.00
❏ NORTHERN LIGHTS, JUNEAU	1992	950	125.00	825.00
❏ NUMBER 27	1991	950	45.00	180.00
❏ OFF TO SUMMER CAMP	1980	500	40.00	590.00
❏ OFF TO THE BATH, TENAKEE	1990	750	48.00	220.00
❏ PACKING DUNGENESS	1986	750	25.00	375.00
❏ PACKING FISH	1983	500	28.00	325.00
❏ PACKING FISH	1984	750	40.00	325.00
❏ PAINT JOB THOMAS BASIN	1984	750	36.00	335.00
❏ POKER GAME	1983	750	20.00	590.00
❏ POTLATCH BAR, KETCHIKAN	1984	750	30.00	395.00

NAME	YEAR	LIMIT	ISSUE	TREND
❑ PRIEST, UNALASKA	1983	750	36.00	300.00
❑ PTARMIGAN LIFT	1989	750	60.00	700.00
❑ PUNTING OVER TO THE MIDNIGHT SUN	1987	750	42.00	220.00
❑ RAFT OF DUCKS	1978	950	30.00	715.00
❑ RASPBERRY PATCH	1986	750	20.00	255.00
❑ RECESS AUKE BAY SCHOOL	1980	500	42.00	870.00
❑ REINDEER ROUNDUP	1981	200	200.00	1000.00
❑ RIBBON SEALS	1978	950	20.00	480.00
❑ RIE MUNOZ IN TAPESTRY	1982	OP	20.00	40.00
❑ ROOSTING BIRDS	1983	200	85.00	530.00
❑ RUNAWAY MITTENS	1988	750	50.00	485.00
❑ RUSSIAN CHURCH, JUNEAU	1990	750	68.00	400.00
❑ RUSSIAN CHURCH, UNALASKA	1987	750	30.00	180.00
❑ SANDHILL CRANES	1984	750	50.00	695.00
❑ SCARY SEA	1974	500	30.00	1500.00
❑ SEABIRDS OF ALEUTIANS	1989	750	65.00	250.00
❑ SEAGULL STORY	1983	750	32.00	355.00
❑ SEALIONS AT UNALASKA	1981	750	50.00	685.00
❑ SELF PORTRAIT, 4TH ST. STAIRS	1988	750	50.00	340.00
❑ SHADE TREE	1991	950	65.00	65.00
❑ SHARPENING AN ULU	1991	950	68.00	200.00
❑ SIGNS OF SPRING	1982	750	30.00	465.00
❑ SLIDING AT UNALAKLEET	1991	950	90.00	250.00
❑ SNOW BUNTINGS, GAMBELL	1983	750	45.00	400.00
❑ SOME ALASKA BIRDS	1982	175	45.00	565.00
❑ SPRING FLOWERS	1987	750	25.00	145.00
❑ SPRING MIGRATION	1991	950	60.00	375.00
❑ SPRING SUNDAY	1985	750	38.00	395.00
❑ ST. NICHOLAS, JUNEAU	1984	750	38.00	1450.00
❑ STAR PRINCESS	1991	950	75.00	275.00
❑ STARRING	1981	500	36.00	595.00
❑ STEAMBATH LAKE, ILIAMNA	1984	750	30.00	900.00
❑ STORM AT FISH CAMP	1986	750	50.00	190.00
❑ STORY KNIFE	1984	750	20.00	445.00
❑ STRING GAME	1980	250	75.00	895.00
❑ SUMMER CAMP	1982	750	45.00	175.00
❑ SUMMER STORM, BUCKLAND	1982	750	45.00	425.00
❑ SWING, TENAKEE	1991	750	55.00	215.00
❑ SWING, THE	1984	750	20.00	430.00
❑ TANGLED TRACES	1984	750	20.00	395.00
❑ TEKAKEE CABIN	1987	750	55.00	295.00
❑ TESTING A SEAL SKIN FLOAT	1982	750	28.00	325.00
❑ TULIPS $2	1991	950	50.00	125.00
❑ TUNDRA	1980	500	32.00	440.00
❑ UNLOADING FREIGHT, GAMBRELL	1987	750	65.00	950.00
❑ UNLOADING WALRUS MEAT	1986	750	50.00	295.00
❑ WAITING FOR FERRY, TENAKEE	1984	750	40.00	525.00
❑ WHALE	1986	750	50.00	375.00
❑ WHALE LEGEND	1991	950	60.00	250.00
❑ WHALE WATCH	1991	750	60.00	130.00
❑ WHISTLING AT NORTHERN LIGHTS	1989	500	66.00	670.00
❑ WINTER CABIN, TENAKEE	1991	950	55.00	325.00
❑ WINTER GAMES	1991	950	65.00	195.00
❑ WINTER SUN, GAMBELL	1977	500	30.00	550.00
❑ WINTER VILLAGE, NOATAK	1988	750	55.00	315.00
❑ WINTER, JUNEAU	1989	750	65.00	440.00
❑ WOMAN BEAR LEGEND	1985	750	60.00	1000.00
❑ WRANGELL WATER FRONT	1983	750	40.00	465.00
SERIGRAPH				**R. MUNOZ**
❑ ADRIFT	1980	250	60.00	1130.00
❑ ARK IN ALASKA	1984	200	125.00	1635.00
❑ BELUGA WHALE & CALF	1975	950	25.00	620.00
❑ CANNERY WORKER	1977	105	36.00	425.00
❑ CARIBOU HUNTER	1979	190	36.00	850.00
❑ CATS CRADLE	1974	105	27.00	760.00
❑ COMMERCIAL CRABBER	1977	95	30.00	400.00
❑ CRESTED AUKLET	1976	95	21.00	450.00
❑ DANCER	1979	250	50.00	795.00
❑ DRUMMER & DANCER	1980	350	36.00	475.00
❑ ESKIMO GAME	1983	200	124.00	1200.00
❑ FISH GRADER	1980	250	50.00	1500.00
❑ HONKERS	1975	100	21.00	300.00
❑ ICE FISHING	1976	120	30.00	395.00
❑ INVITATION	1981	250	65.00	856.00
❑ MERMAID	1984	220	45.00	410.00
❑ NORTHERN LIGHTS, JUNEAU	1979	250	75.00	775.00
❑ RAVEN HAD TWO WIVES	1979	90	50.00	1325.00
❑ RAVEN LEGEND	1981	77	60.00	1295.00
❑ REINDEER HERD	1975	*	27.00	325.00
❑ SEINER	1978	350	25.00	1400.00
❑ SPLITTING WALRUS HIDE	1975	100	27.00	215.00
❑ SPRING ICE FISHING	1982	200	85.00	1300.00
❑ SUMMER VOYAGE	1980	250	75.00	900.00
❑ THROAT CHANTERS	1986	750	110.00	1325.00
❑ WOMAN BEAR LEGEND	1985	183	60.00	1100.00

PRINTS

NAME	YEAR	LIMIT	ISSUE	TREND
STONE LITHO				**R. MUNOZ**
❑ BUTCHERING AT GAMBELL	1974	125	85.00	690.00
❑ ESKIMO MOTHER	1982	100	185.00	1700.00
❑ SEATED DANCER	1975	125	50.00	175.00
❑ WHALE DANCE	1981	100	225.00	450.00

SCHMID

NAME	YEAR	LIMIT	ISSUE	TREND
FERRANDIZ LITHOGRAPHS				**J. FERRANDIZ**
❑ FRIENDSHIP	1983	460	165.00	500.00
❑ FRIENDSHIP (REMARQUE)	1983	15	1200.00	2350.00
❑ HE SEEMS TO SLEEP	1982	450	150.00	800.00
❑ HE SEEMS TO SLEEP (REMARQUE)	1982	25	300.00	3250.00
❑ HEART OF SEVEN COLORS	1981	600	100.00	400.00
❑ HEART OF SEVEN COLORS (REMARQUE)	1981	75	175.00	660.00
❑ MIRROR OF THE SOUL	1982	225	150.00	500.00
❑ MIRROR OF THE SOUL (REMARQUE)	1982	35	250.00	2450.00
❑ MOST PRECIOUS GIFT	1980	425	125.00	1300.00
❑ MOST PRECIOUS GIFT (REMARQUE)	1980	50	225.00	2900.00
❑ MY STAR	1980	675	100.00	700.00
❑ MY STAR (REMARQUE)	1980	75	175.00	1900.00
❑ OH SMALL CHILD	1982	450	125.00	425.00
❑ OH SMALL CHILD (REMARQUE)	1982	50	225.00	1500.00
❑ ON THE THRESHOLD OF LIFE	1982	425	150.00	500.00
❑ ON THE THRESHOLD OF LIFE (REMARQUE)	1982	50	275.00	1400.00
❑ RIDING THROUGH THE RAIN	1982	900	165.00	400.00
❑ RIDING THROUGH THE RAIN (REMARQUE)	1982	100	300.00	775.00
❑ SPREADING THE WORD	1982	675	125.00	300.00
❑ SPREADING THE WORD (REMARQUE)	1982	75	225.00	1100.00
❑ STAR IN THE TEAPOT	1984	410	165.00	175.00
❑ STAR IN THE TEAPOT (REMARQUE)	1984	15	1200.00	2100.00
LOWELL DAVIS LITHOGRAPHS				**L. DAVIS**
❑ BIRTH OF A BLOSSOM	1982	400	125.00	420.00
❑ BIRTH OF A BLOSSOM (REMARQUE)	1982	50	200.00	450.00
❑ BLOSSOM'S GIFT	1987	450	75.00	195.00
❑ BUSTIN' WITH PRIDE	1982	899	75.00	200.00
❑ BUSTIN' WITH PRIDE (REMARQUE)	1982	101	150.00	250.00
❑ CAT AND JENNY WREN	1992	750	100.00	100.00
❑ DUKE'S MIXTURE	1981	899	75.00	130.00
❑ DUKE'S MIXTURE (REMARQUE)	1981	101	150.00	375.00
❑ FOXFIRE FARM	1982	800	125.00	125.00
❑ FOXFIRE FARM (REMARQUE)	1982	100	200.00	250.00
❑ PLUM TUCKERED OUT	1981	899	75.00	390.00
❑ PLUM TUCKERED OUT (REMARQUE)	1981	101	100.00	350.00
❑ SELF PORTRAIT	1985	450	75.00	200.00
❑ SUN WORSHIPPERS	1989	750	100.00	145.00
❑ SUNDAY AFTERNOON TREAT	1990	750	100.00	100.00
❑ SUPPERTIME	1982	400	125.00	300.00
❑ SUPPERTIME (REMARQUE)	1982	50	200.00	450.00
❑ SURPRISE IN THE CELLAR	1981	899	75.00	553.00
❑ SURPRISE IN THE CELLAR (REMARQUE)	1981	101	100.00	400.00
❑ WARM MILK	1991	750	100.00	125.00
M.I. HUMMEL LITHOGRAPHS				**M.I. HUMMEL**
❑ ANGELIC MESSENGER (75TH ANNIV. ED.)	1983	195	375.00	700.00
❑ ANGELIC MESSENGER, CHRISTMAS MESSENGER	1983	400	275.00	330.00
❑ BIRTHDAY BOUQUET I	1985	195	450.00	550.00
❑ BIRTHDAY BOUQUET II	1985	225	375.00	375.00
❑ BIRTHDAY BOUQUET III	1985	100	195.00	395.00
❑ MOONLIGHT RETURN	1980	900	150.00	850.00
❑ POPPIES	1982	450	150.00	650.00
❑ TIME TO REMEMBER	1981	720	150.00	300.00

SIMON ART

NAME	YEAR	LIMIT	ISSUE	TREND
				C. BLACK
❑ AUNT MARTHA'S	1989	390	170.00	175.00
❑ BLUE LADY	1984	290	85.00	100.00
❑ CAROLE'S GARDEN	1988	395	170.00	80.00
❑ CENTURY FARM	1987	395	125.00	450.00
❑ CHRISTMAS MORNING	1986	225	125.00	400.00
❑ DADDY'S GIRL	1988	395	170.00	125.00
❑ FIRST CHRISTMAS	1987	395	125.00	60.00
❑ HALTON HOMESTEAD	1986	125	100.00	850.00
❑ HIGH HOUSE	1989	390	170.00	60.00
❑ HOME FOR CHRISTMAS	1987	395	125.00	200.00
❑ HOME FOR THE HOLIDAYS	1990	450	170.00	60.00
❑ JOURNEY'S END	1987	395	125.00	225.00
❑ MAITLAND HALL	1986	125	85.00	175.00
❑ MARY'S KITCHEN	1990	490	170.00	60.00
❑ MORNING ON MAIN STREET	1988	395	200.00	160.00
❑ NANA'S BACK DOOR	1986	125	85.00	650.00
❑ NIGHT'S LODGING	1990	390	210.00	210.00
❑ OLD APPLE TREE, THE	1987	395	125.00	60.00
❑ SATURDAY MORNING	1991	*	130.00	130.00
❑ SILENT NIGHT	1989	390	170.00	75.00
❑ SILENT VISITOR	1986	125	50.00	130.00
❑ SNOW & THUNDER	1986	125	125.00	275.00

PRINTS

NAME	YEAR	LIMIT	ISSUE	TREND
❑ SNOWED IN	1987	395	125.00	500.00
❑ SPRING PLANTING	1991	*	130.00	130.00
❑ SUMMER DAY/CHARLES STREET	1985	350	60.00	75.00
❑ WELCOME HOME	1986	125	100.00	150.00

A. KINGSLAND

NAME	YEAR	LIMIT	ISSUE	TREND
❑ BOYS OF SUMMER	1988	450	90.00	90.00
❑ BROKEN FENCE	1986	390	50.00	50.00
❑ CALM WATERS	1987	450	150.00	150.00
❑ CLEAR THE TRACK	1991	*	180.00	180.00
❑ COLLECTIBLES	1990	490	110.00	110.00
❑ COUNTRY AUTUMN	1988	450	150.00	150.00
❑ COUNTRY FOLK	1987	450	150.00	150.00
❑ CROSSING THE 16TH	1989	200	180.00	180.00
❑ DEDICATED	1991	790	216.00	216.00
❑ FISHING BOATS	1987	450	150.00	150.00
❑ GIANT, THE	1987	200	180.00	225.00
❑ HOME TEAM, THE	1988	450	90.00	178.00
❑ HOMESTEAD & RURAL ROUTE, THE (SET OF 2)	1987	450	250.00	250.00
❑ JUST A GAME	1988	450	90.00	90.00
❑ LASER FUN	1988	450	150.00	150.00
❑ LONER, THE	1986	560	30.00	40.00
❑ MAIL BOX, THE	1986	450	120.00	200.00
❑ MILL POND, THE	1989	490	110.00	200.00
❑ MY HOME TOWN	1990	490	180.00	180.00
❑ OCTOBER	1987	450	150.00	150.00
❑ OLD GOLD	1986	560	30.00	60.00
❑ OLD RED	1986	390	50.00	50.00
❑ PLAYOFF, THE	1989	450	180.00	270.00
❑ ROUNDHOUSE, THE	1986	200	120.00	150.00
❑ SEA SCAVENGERS	1986	450	120.00	120.00
❑ SHADY LADY	1990	490	190.00	210.00
❑ SHINNY	1988	450	150.00	400.00
❑ SILENT MIST	1986	390	80.00	80.00
❑ SKATERS, THE	1989	490	180.00	180.00
❑ SKI TRAIN	1990	390	200.00	200.00
❑ SNOW TRACKS	1986	450	120.00	120.00
❑ SNOWBALLS	1988	450	150.00	150.00
❑ SNOWMAN, THE	1989	450	180.00	180.00
❑ TADPOLES	1988	450	150.00	180.00
❑ TEMPESTUOUS SKY	1989	450	180.00	180.00
❑ WAITING OUT WINTER	1986	560	30.00	30.00
❑ WHERE DREAMS BEGIN	1990	490	190.00	250.00
❑ WINTER BIRCH	1986	560	30.00	60.00
❑ WINTER DRESS	1987	460	150.00	150.00
❑ WINTER VIGIL	1991	790	140.00	140.00
❑ WINTER VISIT	1990	490	200.00	200.00

L. LESPERANCE

NAME	YEAR	LIMIT	ISSUE	TREND
❑ AMBUSH!	1986	690	95.00	250.00
❑ COOL INTERLUDE	1985	390	115.00	250.00
❑ DELICATE BALANCE	1990	790	200.00	200.00
❑ GREAT ESCAPE, THE	1989	590	225.00	260.00
❑ MARCH FLURRIES	1988	790	150.00	200.00
❑ MAY BRINGS FLOWERS	1986	690	90.00	110.00
❑ MORNING PATROL	1988	790	150.00	155.00
❑ MYSTICAL SHADOWS	1987	790	140.00	230.00
❑ OLD TIRE SWING, THE	1990	790	200.00	330.00
❑ PHANTOM OF THE MARSH	1990	950	225.00	225.00
❑ PLAYTIME	1991	790	190.00	260.00
❑ SIBLINGS	1991	*	200.00	200.00
❑ SILENT REFLECTIONS	1986	350	115.00	800.00
❑ SILENT WINGS	1990	790	225.00	225.00
❑ SPOOKING THE HERD	1990	590	225.00	255.00
❑ SUMMER'S END-COYOTES	1987	*	110.00	110.00
❑ THOSE EYES	1989	590	150.00	150.00
❑ WATCHFUL GUARDIAN	1985	390	115.00	170.00
❑ WATERS EDGE	1983	350	115.00	230.00
❑ WINGING WESTWARD	1987	790	160.00	800.00

J. LUMBERS

NAME	YEAR	LIMIT	ISSUE	TREND
❑ ABANDONED HERITAGE	1989	790	280.00	1050.00
❑ ADRIFT	1986	390	200.00	1400.00
❑ AN ENCHANTED EVENING	1990	1500	280.00	425.00
❑ BEYOND THE SHORE	1986	390	200.00	1250.00
❑ BIG CATCH, THE	1987	390	250.00	1200.00
❑ BILLY NINE FINGERS	1988	590	250.00	300.00
❑ BOY AND HIS DREAM	1991	*	275.00	680.00
❑ BOY AND HIS DREAM (CS)	1991	*	1250.00	2000.00
❑ CAT NAPPING	1990	1500	280.00	620.00
❑ CATS	1987	390	250.00	1300.00
❑ CHANGING SEASONS	1986	390	200.00	550.00
❑ CHERRY HILL ROAD COLLECTION (SET OF 4)	1988	490	500.00	950.00
❑ COUNTRY KITCHEN	1986	390	200.00	850.00
❑ DAYS GONE BY	1990	950	280.00	950.00
❑ DEJA VU	1986	390	200.00	330.00
❑ DIFFERENT TIMES	1990	1500	280.00	280.00
❑ DOUBLE TROUBLE	1988	490	250.00	425.00

PRINTS

NAME	YEAR	LIMIT	ISSUE	TREND
❑ DUNROWAN	1986	450	160.00	1300.00
❑ FIRESIDE SHADOWS	1988	590	250.00	850.00
❑ GONE FISHIN'	1986	390	200.00	2000.00
❑ INHERITANCE, THE	1987	390	250.00	1210.00
❑ JOY RIDE	1986	390	200.00	400.00
❑ JUST FOR YOU	1988	590	250.00	775.00
❑ KITE, THE	1986	390	200.00	980.00
❑ LONE PINE	1989	950	280.00	1150.00
❑ LUCKY STRIKE	1988	790	250.00	775.00
❑ MEMORIES FOR SALE	1987	390	250.00	475.00
❑ MISCHIEF	1988	590	250.00	415.00
❑ MORNING REFLECTIONS	1989	950	280.00	280.00
❑ MR. EMMET'S FISHIN' HOLE	1985	200	250.00	1900.00
❑ MR. HOCKEY	1991	*	275.00	240.00
❑ MR. HOCKEY (CS)	1991	*	1250.00	1250.00
❑ OUT ON A LIMB	1988	490	250.00	250.00
❑ PLAYING THROUGH	1990	950	280.00	950.00
❑ SATURDAY MORNING	1985	200	250.00	2000.00
❑ SECRET OF THE WELL	1986	450	160.00	770.00
❑ SHADES OF SUMMER	1989	790	280.00	660.00
❑ SHOPPING	1990	1500	280.00	255.00
❑ SIDE BY SIDE	1989	2183	350.00	700.00
❑ STIRRING MEMORIES	1989	790	280.00	500.00
❑ SUMMERS PAST	1989	790	280.00	470.00
❑ SUN NEVER SETS, THE	1991	*	280.00	235.00
❑ SUNSET MEMORIES	1987	390	250.00	490.00
❑ WINTER'S GLOW	1989	790	250.00	475.00

J. REID

NAME	YEAR	LIMIT	ISSUE	TREND
❑ AT BAT	*	650	200.00	300.00
❑ BEDFORD MILLS	1988	450	170.00	170.00
❑ CAT TAILS	1985	450	125.00	125.00
❑ CHRISTMAS HOUSE	1989	450	170.00	170.00
❑ DAYBREAK	1990	450	170.00	170.00
❑ FLOWER HOUSE	1985	450	125.00	600.00
❑ GEORGIAN BAY SKY	1986	450	125.00	125.00
❑ HURON COUNTRY	1989	450	170.00	170.00
❑ MORNING MAIL	1988	450	125.00	125.00
❑ MURPHY'S PLACE	1988	450	125.00	125.00
❑ NEAR ELORA	1985	450	125.00	200.00
❑ NORTHERN STREAM	1986	450	125.00	125.00
❑ O.K., BLUE JAYS!	*	390	150.00	200.00
❑ QUEEN & SPADINA	*	390	150.00	950.00
❑ RAIL FENCE	1987	450	150.00	150.00
❑ SHORELINE TRILOGY (SET OF 3)	1990	450	125.00	125.00
❑ SILENT STREAM AND STANDING BY (SET OF 2)	1988	450	210.00	210.00
❑ SNOW BANKS	1987	450	180.00	180.00
❑ SNOW PODS	1985	450	125.00	125.00
❑ SUGAR SHACK	1987	450	150.00	150.00
❑ WHERE THE WORLD COMES TO PLAY	*	521	300.00	350.00

J. TRINIDAD

NAME	YEAR	LIMIT	ISSUE	TREND
❑ BACKYARD SETTING	1988	590	210.00	260.00
❑ CATHERINE	1989	450	170.00	245.00
❑ COUNTRY SCENE	1988	590	210.00	260.00
❑ COUNTRY WALK	1989	450	125.00	400.00
❑ FLOWER GIRL	1988	590	210.00	210.00
❑ FLOWER LOVER	1990	590	145.00	145.00
❑ GUARDIAN OF THE ROSES	1990	590	210.00	210.00
❑ LITTLE GARDENERS	1988	450	210.00	650.00
❑ MARKET, THE	1989	450	170.00	170.00
❑ PLAYTIME	1989	450	125.00	125.00
❑ SHARING	1990	450	170.00	170.00
❑ SUMMER PLACE	1988	590	210.00	260.00
❑ SUMMER RESORT	1989	450	170.00	200.00
❑ TEA TIME	1989	450	210.00	210.00
❑ WINTER WARMTH	1990	450	170.00	170.00

SOMERSET HOUSE PUBLISHING

G. HARVEY

NAME	YEAR	LIMIT	ISSUE	TREND
❑ AMERICAN WEST	1984	1250	150.00	300.00
❑ AN EVENING WITH THE PRESIDENT	1000	*	166.00	1400.00
❑ BOOMTOWN DRIFTERS	1981	2250	150.00	675.00
❑ BOOT TOP DEEP	1982	1000	150.00	1900.00
❑ BOSS' NEW RIG	1976	1500	60.00	340.00
❑ CAREFREE COWHANDS	1976	500	50.00	130.00
❑ CATHEDRAL OF ST. BASIL, THE-RED SQUARE	1991	*	165.00	500.00
❑ CHANGING OF THE RANGELAND	1979	250	150.00	2025.00
❑ CHESTNUT VENDOR	1985	1250	150.00	160.00
❑ CITY BY THE BAY	1990	*	165.00	730.00
❑ COMING HOME, THE	1980	1000	75.00	100.00
❑ COUNTRY POST OFFICE	1983	1000	150.00	330.00
❑ COWBOYS' CHRISTMAS BALL	1982	1000	150.00	367.00
❑ COWBOY'S PAYDAY	1989	1250	165.00	1025.00
❑ COWTOWN 1880	1982	1000	150.00	2550.00
❑ CROSSING THE CANYON	1978	2000	50.00	525.00
❑ DALLAS 1908	1982	1200	150.00	925.00
❑ DALLAS REMEMBERED	1985	1250	150.00	400.00

PRINTS

Released in 1981 by Jan Hagara Collectibles, Storytime by Jan Hagara is a lithograph produced on 100% cotton rag paper.

Susan Bourdet perfectly captures this colorful songbird in September Morning—Cardinal from Wild Wings.

Charles Wysocki put Maggie the Messmaker right in the middle of a sewing project in this 1996 AMCAL Fine Arts print.

These two geese form a Princely Pair. The print, by folk artist P. Buckley Moss, was issued in 1985 by The Moss Portfolio.

These Native Americans seek buffalo in Julie Kramer Cole's Within Sunrise from Cole Fine Art Inc.

NAME	YEAR	LIMIT	ISSUE	TREND
❑ DRIFTING COWHANDS	1978	2000	60.00	1200.00
❑ EARLY DOWNTOWN HOUSTON	1984	1250	150.00	1400.00
❑ EARLY RIDERS	1989	*	150.00	260.00
❑ EARLY RUN	1980	1000	75.00	250.00
❑ EVENING ALONG THE AVENUE	1987	1250	150.00	375.00
❑ FAMILY CHRISTMAS	1983	1250	150.00	640.00
❑ FIFTH AVENUE	1987	1250	150.00	325.00
❑ FLOWER CART, THE	1988	1250	150.00	380.00
❑ FRESH SNOW FIRST LIGHT	1983	1250	150.00	230.00
❑ GENTEEL NATION	1991	*	165.00	175.00
❑ GOOD LORD WILLIN/CREEK DON'T RISE	1980	1000	90.00	315.00
❑ GRAND OPENING	1984	1250	150.00	380.00
❑ HORSE TROLLEY ON PARK ROW	1990	*	165.00	190.00
❑ IN THE LAND OF THE ROCKIES	1980	1000	90.00	225.00
❑ IN THE LAND OF THE WALKIN' RAIN	1980	1000	75.00	140.00
❑ INDEPENDENT OILMEN	1982	1000	150.00	320.00
❑ INDEPENDENT TEXANS	1986	1250	150.00	350.00
❑ JEB STUART'S RETURN	1989	1800	165.00	730.00
❑ LEAVIN' THE LINE SHACK	1978	2000	50.00	500.00
❑ LEAVING THE OIL PATCH	1982	1000	150.00	250.00
❑ ME, GRANDPA, AND LITTLE SIS	1984	1250	150.00	170.00
❑ MEN OF THE AMERICAN WEST	1988	1250	150.00	750.00
❑ NEW LEASE, A	1985	1250	150.00	670.00
❑ OIL PATCH	1981	1000	150.00	640.00
❑ ON THE STREETS OF NEW ORLEANS	1981	1000	150.00	280.00
❑ ONLY WORKING HORSEBACK	1985	1250	150.00	660.00
❑ PENNSYLVANIA AVENUE	1988	2575	150.00	1450.00
❑ PICKET'S REPORT	1990	1800	165.00	600.00
❑ PLAZA, NEW YORK, THE	1982	1000	150.00	175.00
❑ POKER PALS	1974	500	50.00	250.00
❑ RANCHING-PUMP JACK STYLE	1980	1000	90.00	1000.00
❑ REFLECTIONS OF YESTERDAY (W/BOOK)	1986	1250	275.00	2300.00
❑ REMEMBERING THE GOOD TIMES	1990	*	165.00	320.00
❑ RIDING THE SALT RIVER CANYON	1980	1000	75.00	180.00
❑ RIDING WITH GRANDPA	1980	1000	90.00	180.00
❑ ROYAL STREET	1986	1250	160.00	600.00
❑ SANTA FE PLAZA	1985	1250	150.00	275.00
❑ SATURDAY NIGHT CONTRACT	1988	1250	150.00	1300.00
❑ SATURDAY NIGHT POKER PALACE	1980	1000	75.00	240.00
❑ SILENT HUNTER, THE	1980	1000	75.00	130.00
❑ SPRING PALETTE	1980	1000	90.00	330.00
❑ STREETCARS ALONG THE AVENUE	1983	2500	90.00	1450.00
❑ SUPPLIES FOR THE MISSION	1982	1000	150.00	175.00
❑ TEXAS FROM HIDE AND HORN	1980	1000	90.00	275.00
❑ TEXAS RANCHER	1986	1250	150.00	250.00
❑ THINKING OF SPRING	1990	*	165.00	300.00
❑ THOUGHTS OF HOME	1990	*	165.00	200.00
❑ TIES OF HOME, THE	1986	1250	150.00	150.00
❑ TIMES REMEMBERED	1980	2250	100.00	110.00
❑ TOO WET TO PLOW	1984	1000	100.00	500.00
❑ TRADING AT THE GENERAL STORE	1984	1250	150.00	175.00
❑ WALL STREET	1981	SO	150.00	950.00
❑ WALL STREET-NEW YORK	1989	4378	165.00	550.00
❑ WHEN BANKERS WORE BOOTS	1979	1000	75.00	760.00
❑ WIND RIVER RANGE	1991	*	165.00	200.00
❑ WITH NO INTENTION OF CHARGING	1981	1000	150.00	400.00

V. HOLLAN SWAIN

NAME	YEAR	LIMIT	ISSUE	TREND
❑ BRIDGES AND BLOSSOMS	1986	950	80.00	320.00
❑ CASCADE OF COLOR	1987	950	80.00	140.00
❑ COURTYARD, THE	1987	950	80.00	180.00
❑ ENCHANTED POND, THE	1987	950	80.00	180.00
❑ MORNING LIGHT-DEVON	1988	950	80.00	180.00
❑ QUIET VILLAGE, THE	1987	950	80.00	400.00
❑ RIVERWALK	1988	950	80.00	135.00
❑ WHISPERING LIGHT	1986	950	80.00	200.00

P. VAUGHAN

NAME	YEAR	LIMIT	ISSUE	TREND
❑ AUNT VERDI'S PORCH	1985	1000	45.00	200.00
❑ BOUQUET FOR ELIZABETH	1986	1000	50.00	300.00
❑ BREATH OF SPRING	1987	1000	50.00	120.00
❑ CAMEO OF THE PAST	1986	1000	50.00	240.00
❑ CHERISHED MOMENTS	1988	1000	55.00	375.00
❑ COTILLION	1987	1000	50.00	90.00
❑ FABRIC OF DREAMS, THE	1986	1000	50.00	90.00
❑ FIDDLER AND THE QUILT MAKER	1987	1000	50.00	90.00
❑ FOREVER YOURS (SET OF 3)	1986	1500	90.00	135.00
❑ FRIENDSHIP QUILTS	1985	1000	50.00	775.00
❑ IN THE GARRET	1986	1000	50.00	100.00
❑ LITTLE WOMEN	1987	1000	50.00	135.00
❑ LOVE SONGS	1988	1000	55.00	200.00
❑ PRESERVED IN TIME	1985	1000	50.00	115.00
❑ REFLECTIONS OF THE PAST	1984	1000	40.00	250.00
❑ ROSE OF SHARON	1988	1000	55.00	135.00
❑ SISTERS THREE	1985	1000	50.00	180.00
❑ SOMETHING OLD, SOMETHING NEW	1988	1000	55.00	540.00
❑ SUMMERS REMEMBERED (PAIR)	1985	5000	50.00	150.00
❑ TEA, ROSES AND ROMANCE	1987	1675	60.00	400.00
❑ TIMELESS ELEGANCE	1984	1000	40.00	225.00

PRINTS

NAME	YEAR	LIMIT	ISSUE	TREND
❑ UPSTAIRS SEWING ROOM, THE	1985	1000	45.00	400.00
❑ VICTORIAN BOUQUET	1986	1000	50.00	90.00
❑ YESTERDAY'S DREAMS	1985	1000	45.00	370.00

SOUDERS FINE ART

				R. SOUDERS
❑ AMAZING GRACE	1983	750	60.00	475.00
❑ AUTUMN YEARS	1981	750	40.00	1200.00
❑ BISHOP'S PALACE	1986	950	80.00	225.00
❑ CATTLE BARON'S BALL	1985	750	70.00	775.00
❑ COUNTRY GROCERY	1980	750	30.00	255.00
❑ COUNTRY MUSIC	1981	750	25.00	125.00
❑ COUNTY SEAT	1983	750	70.00	375.00
❑ DAYBREAK	1982	750	65.00	400.00
❑ FLOYD'S SUPER SERVICE	1981	750	50.00	475.00
❑ GOLDEN GATE	1992	950	60.00	75.00
❑ HARVEST TIME	1985	750	70.00	185.00
❑ INDEPENDENCE DAY	1984	750	75.00	365.00
❑ LOST AT SEA	1990	950	85.00	100.00
❑ MORNING GLORY	1981	750	25.00	125.00
❑ PENN STREET	1984	750	70.00	785.00
❑ RED'S CAFE	1981	750	50.00	450.00
❑ SANTA FE LINE	1980	750	30.00	225.00
❑ SHEPHERD'S PRAYER	1992	950	60.00	75.00
❑ SINGING IN THE RAIN	1989	950	100.00	175.00
❑ SOUTHERN LIVING	1988	950	90.00	110.00
❑ VICTORIAN REFLECTIONS	1980	500	25.00	500.00
❑ WEST TEXAS GOLD	1985	1100	50.00	385.00

SPORTS COLLECTORS WAREHOUSE

				C. PALUSO
❑ BILL DICKEY	1988	800	75.00	425.00
❑ BILLY HERMAN	1989	800	110.00	140.00
❑ BOB FELLER	1989	500	125.00	140.00
❑ CARL HUBBELL	1987	800	75.00	185.00
❑ CARL YASTRZEMSKI	1986	452	95.00	275.00
❑ CHARLES GEHRINGER	1988	800	75.00	185.00
❑ DON DRYSDALE	1986	465	95.00	240.00
❑ DON SUTTON	1986	310	95.00	200.00
❑ GORDIE HOWE	1990	500	125.00	350.00
❑ JOE MONTANA	1990	400	400.00	790.00
❑ JOE SEWELL	1989	800	110.00	200.00
❑ JOHNNY MIZE	1989	500	125.00	140.00
❑ JOHNNY UNITAS	1990	500	150.00	280.00
❑ LEFTY GOMEZ	1988	800	75.00	185.00
❑ LOU BOUDREAU	1989	500	125.00	145.00
❑ MAURICE RICHARD	1990	500	125.00	200.00
❑ MICKEY MANTLE	1986	250	175.00	2250.00
❑ MONTE IRVIN	1989	500	125.00	140.00
❑ MUHAMMAD ALI	1988	300	250.00	1395.00
❑ NOLAN RYAN	1988	383	125.00	600.00
❑ PEE WEE REESE	1990	500	175.00	185.00
❑ RALPH KINER	1989	500	125.00	145.00
❑ RICK FERRELL	1989	800	110.00	145.00
❑ ROY CAMPANELLA	1989	250	600.00	1490.00
❑ SANDY KOUFAX	1987	950	100.00	325.00
❑ SPARKY ANDERSON	1986	574	75.00	140.00
❑ STAN MUSIAL	1989	475	185.00	625.00
❑ TED WILLIAMS	1988	406	185.00	950.00
❑ WILLIE MAYS	1989	500	185.00	325.00
❑ YOGI BERRA	1990	500	185.00	225.00
				D. SMITH
❑ BO JACKSON	1990	*	120.00	400.00
❑ HUDDLE, THE	1986	1000	60.00	600.00
❑ JERRY RICE	1989	1060	60.00	525.00
❑ MONEY: M. JORDAN	1990	1990	120.00	215.00
❑ MVP: JOE MONTANA	1990	950	325.00	620.00
❑ NATURAL, THE: WILL CLARK	1989	1060	65.00	640.00
❑ ROGER CRAIG	*	1060	90.00	500.00
❑ SPECIAL TEAMS	1990	1000	80.00	400.00
❑ STEVE LARGENT	1990	1060	120.00	425.00
❑ SWEETNESS: WALTER PAYTON	1988	1000	90.00	400.00
❑ TOP GUN: DAN MARINO	1990	950	120.00	345.00

STEINER PRINTS

				J. HAUTMAN
❑ CONNECTICUT DUCK STAMP	1998	6500	166.00	166.00
				G. LOCKWOOD
❑ ALASKA DUCK STAMP	1997	5550	157.00	157.00
				R. STEINER
❑ 1981 CALIFORNIA DUCK STAMP	1981	1150	115.00	400.00
❑ 1984 NEVADA DUCK STAMP	1984	1990	135.00	250.00
❑ 1905 MICHIGAN DUCK STAMP	1905	900	135.00	200.00
❑ 1986 FLORIDA DUCK STAMP	1986	1000	135.00	250.00
❑ 1987 CALIFORNIA DUCK STAMP	1987	750	135.00	400.00
❑ 1987 CALIFORNIA DUCK STAMP (MED.)	1987	50	300.00	900.00
❑ 1987 NEW HAMPSHIRE DUCK STAMP	1987	5507	135.00	500.00
❑ 1987 NEW HAMPSHIRE DUCK STAMP (GOV.)	1987	50	850.00	3500.00

PRINTS

NAME	YEAR	LIMIT	ISSUE	TREND
❏ 1987 NEW HAMPSHIRE DUCK STAMP (MED.)	1987	50	300.00	1000.00
❏ 1988 CALIFORNIA DUCK STAMP	1988	750	135.00	300.00
❏ 1988 CALIFORNIA DUCK STAMP (MED.)	1988	300	300.00	700.00
❏ 1988 NEW HAMPSHIRE DUCK STAMP	1988	5507	135.00	300.00
❏ 1988 NEW HAMPSHIRE DUCK STAMP (GOV.)	1988	100	500.00	300.00
❏ 1988 NEW HAMPSHIRE DUCK STAMP (MED.)	1988	50	300.00	600.00
❏ 1989 ARIZONA DUCK STAMP	1989	900	135.00	200.00
❏ 1989 ARIZONA DUCK STAMP (GOV.)	1989	200	500.00	1200.00
❏ 1989 ARIZONA DUCK STAMP (MED.)	1989	100	300.00	400.00
❏ 1989 CALIFORNIA DUCK STAMP	1989	750	145.00	200.00
❏ 1989 CALIFORNIA DUCK STAMP (MED.)	1989	300	300.00	500.00
❏ 1989 NEW HAMPSHIRE DUCK STAMP	1989	5507	135.00	300.00
❏ 1990 COLORADO GOVERNOR'S ED STAMP	1990	4980	58.00	65.00
❏ 1990 COLORADO PRINT	1990	14500	169.00	250.00
❏ 1990 COLORADO PRINT (GOV)	1990	400	619.00	1500.00
❏ 1990 COLORADO PRINT (MED)	1990	2000	319.00	500.00
❏ 1990 NEW HAMPSHIRE GOVERNOR'S ED STAMP	1990	1380	54.00	65.00
❏ 1990 NEW HAMPSHIRE PRINT	1990	5507	140.00	300.00
❏ 1990 NEW HAMPSHIRE PRINT (GOV)	1990	135	505.00	2000.00
❏ 1990 NEW HAMPSHIRE PRINT (MED)	1990	50	305.00	600.00
❏ 1990 RHODE ISLAND GOVERNOR'S ED STAMP	1990	1800	58.00	65.00
❏ 1990 RHODE ISLAND PRINT	1990	3000	154.00	250.00
❏ 1990 RHODE ISLAND PRINT (GOV)	1990	200	558.00	1500.00
❏ 1990 RHODE ISLAND PRINT (MED)	1990	300	308.00	500.00
❏ 1991 COLORADO GOVERNOR'S ED STAMP	1991	1380	55.00	65.00
❏ 1991 COLORADO PRINT	1991	8000	169.00	200.00
❏ 1991 COLORADO PRINT (GOV)	1991	200	619.00	1200.00
❏ 1991 COLORADO PRINT (MED)	1991	1000	319.00	400.00
❏ 1991 NEW HAMPSHIRE GOVERNOR'S ED STAMP	1991	990	54.00	65.00
❏ 1991 NEW HAMPSHIRE PRINT	1991	5507	154.00	200.00
❏ 1991 NEW HAMPSHIRE PRINT (GOV)	1991	130	519.00	1200.00
❏ 1991 NEW HAMPSHIRE PRINT (MED)	1991	50	319.00	400.00
❏ 1991 NEW MEXICO GOVERNOR'S ED STAMP	1991	3990	58.00	65.00
❏ 1991 NEW MEXICO PRINT	1991	12000	179.00	250.00
❏ 1991 NEW MEXICO PRINT (GOV)	1991	500	649.00	1200.00
❏ 1991 NEW MEXICO PRINT (MED)	1991	1000	339.00	500.00
❏ 1991 RHODE ISLAND GOVERNOR'S ED STAMP	1991	1200	58.00	65.00
❏ 1991 RHODE ISLAND PRINT	1991	8000	169.00	200.00
❏ 1991 RHODE ISLAND PRINT (GOV)	1991	130	574.00	1200.00
❏ 1991 RHODE ISLAND PRINT (MED)	1991	200	319.00	400.00
❏ 1991 UTAH PRINT	1991	14028	163.00	200.00
❏ 1991 UTAH PRINT (GOV)	1991	75	618.00	1800.00
❏ 1991 UTAH PRINT (MED)	1991	1600	318.00	400.00
❏ 1992 NEW MEXICO PRINT (GOV)	1992	95	505.00	649.00
❏ 1992 NEW MEXICO PRINT (MED)	1992	600	305.00	339.00
❏ ALASKA DUCK STAMP	1998	5500	157.00	157.00
❏ BLACK LAB WITH PINTAIL	1984	950	25.00	150.00
❏ BULL SPRIG AT BUTTE SINK	1983	450	85.00	100.00
❏ CALIFORNIA DUCK STAMP	1998	750	189.00	189.00
❏ CALIFORNIA DUCK STAMP	1999	*	*	N/A
❏ CALIFORNIA PHEASANT (CIRCLE)	1986	100	99.00	100.00
❏ CALIFORNIA QUAIL W/POPPIES	1987	450	65.00	65.00
❏ EARLY LIGHT A/P	1985	175	135.00	275.00
❏ EMPERORS OVER THE ALEUTIANS	1987	350	85.00	250.00
❏ FLUSHED WOODIES	1983	450	45.00	80.00
❏ GRACEFUL ASCENT	1990	1850	45.00	90.00
❏ HONKERS AT DAWN	1985	350	85.00	350.00
❏ LATE SNOW WOOD DUCKS	1989	100	65.00	70.00
❏ OPENING DAY	1987	350	65.00	85.00
❏ OREGON DUCK STAMP	1998	11825	156.00	156.00
❏ OREGON DUCK STAMP	1999	*	*	N/A
❏ PINTAILS AT THE COLORADO	1987	450	85.00	85.00
❏ REFLECTIVE SPRIG	1986	350	45.00	50.00
❏ RHODE ISLAND DUCK STAMP	1998	1800	169.00	169.00
❏ SILENT PARTNER	1986	780	65.00	70.00
❏ STORMY MORNING MALLARDS	1983	450	85.00	300.00
❏ UNEXPECTED SPRIG	1982	200	45.00	80.00
❏ WASHINGTON DUCK STAMP	1998	1500	142.00	142.00
❏ WASHINGTON DUCK STAMP	1999	*	*	N/A

THE ART OF GLYNDA TURLEY

				G. TURLEY
❏ KEEPING WATCH	1997	7500	77.00	77.00
❏ WREATH OF SPRING	1997	7500	64.00	64.00

ARTIST PROOF

				G. TURLEY
❏ ABUNDANCE III	1995	50	110.00	110.00
❏ ALMOST AN ANGEL	1995	50	84.00	84.00
❏ GLYNDA'S GARDEN	1995	50	110.00	110.00
❏ GRAND GLORY III	1995	50	98.00	98.00
❏ GRAND GLORY IV	1995	50	98.00	98.00
❏ HOLLYHOCKS III	1995	50	104.00	104.00
❏ IN FULL BLOOM III	1995	50	96.00	96.00
❏ LITTLE RED RIVER	1995	50	110.00	110.00
❏ MABRY IN SPRING	1995	50	98.00	98.00
❏ REMEMBER WHEN	1995	50	110.00	110.00

NAME	YEAR	LIMIT	ISSUE	TREND
❑ SECRET GARDEN III	1996	50	98.00	98.00
❑ SOUTHERN SUNDAY II	1995	50	110.00	110.00
❑ SOUTHERN TRADITION I	1996	50	110.00	110.00
❑ SUMMER IN VICTORIA	1995	50	80.00	80.00
CANVAS REPLICA				**G. TURLEY**
❑ ABUNDANCE III	1995	350	380.00	380.00
❑ ALMOST AN ANGEL	1995	350	260.00	260.00
❑ GLYNDA'S GARDEN	1995	350	380.00	380.00
❑ GRAND GLORY III	1995	350	320.00	320.00
❑ GRAND GLORY IV	1995	350	320.00	320.00
❑ HOLLYHOCKS III	1995	350	320.00	320.00
❑ IN FULL BLOOM III	1995	350	280.00	280.00
❑ IVY AND ROSES III	2000	350	249.00	249.00
❑ LITTLE RED RIVER	1995	350	380.00	380.00
❑ MOBRY IN SPRING	1995	350	320.00	320.00
❑ REMEMBER WHEN	1995	350	380.00	380.00
❑ SECRET GARDEN III	1996	350	320.00	320.00
❑ SOUTHERN SUNDAY II	1995	350	380.00	380.00
❑ SOUTHERN TRADITION V	1996	350	380.00	380.00
❑ SUMMER IN VICTORIA	1995	350	260.00	260.00
GLYNDA TURLEY COLLECTION				**G. TURLEY**
❑ CIRCLE OF FRIENDS	1995	4800	67.00	67.00
❑ COURTYARD II	1995	4800	99.00	99.00
❑ FLOWERS FOR MOMMY	1995	4800	85.00	85.00
❑ PAST TIMES	1995	4800	78.00	78.00
❑ PLAYING HOOKIE AGAIN	1995	4800	83.00	83.00
❑ SECRET GARDEN II	1995	RT	95.00	95.00
MEANINGFUL HARVEST				**G. TURLEY**
❑ CHRYSANTHEMUMS & APPLES	1997	7500	64.00	64.00
❑ PEARS & ROSES	1997	7500	64.00	64.00
OLD MILL STREAM				**G. TURLEY**
❑ OLD MILL STREAM IV	1997	7500	73.00	73.00
PAPER EDITION				**G. TURLEY**
❑ ABUNDANCE III	1995	7500	73.00	73.00
❑ ALMOST AN ANGEL	1995	7500	56.00	56.00
❑ GLYNDA'S GARDEN	1995	7500	73.00	110.00
❑ GRAND GLORY III	1995	7500	65.00	65.00
❑ GRAND GLORY IV	1995	7500	65.00	65.00
❑ HOLLYHOCKS III	1995	7500	69.00	69.00
❑ IN FULL BLOOM III	1995	7500	64.00	64.00
❑ IVY AND ROSES III	2000	2500	104.00	104.00
❑ LITTLE RED RIVER	1995	7500	73.00	73.00
❑ MABRY IN SPRING	1995	7500	65.00	65.00
❑ REMEMBER WHEN	1995	7500	73.00	73.00
❑ SECRET GARDEN III	1996	7500	65.00	65.00
❑ SOUTHERN SUNDAY II	1995	7500	73.00	73.00
❑ SOUTHERN TRADITION V	1996	7500	73.00	73.00
❑ SUMMER IN VICTORIA	1995	7500	50.00	50.00
ROMANCING THE HOME/CANVAS				**G. TURLEY**
❑ HEAVENLY HYDRANGEAS	1999	350	249.00	249.00
ROMANCING THE HOME/PRINT				**G. TURLEY**
❑ HEAVENLY HYDRANGEAS	1999	2500	104.00	104.00

V.F. FINE ARTS

				S. KUCK
❑ BEST FRIENDS	1993	2500	145.00	145.00
❑ BUNDLE OF JOY	1989	1000	125.00	700.00
❑ CHOPSTICKS	1990	1500	80.00	130.00
❑ DAISY, THE	1987	900	30.00	180.00
❑ DAY DREAMING	1989	900	150.00	290.00
❑ DEAR SANTA	1994	950	95.00	200.00
❑ DUET	1992	950	125.00	580.00
❑ FIRST RECITAL	1988	150	200.00	360.00
❑ FIRST SNOW	1990	500	95.00	200.00
❑ FLOWER GIRL, THE	1987	900	40.00	125.00
❑ GARDEN MEMORIES	1993	2500	145.00	150.00
❑ GOD'S GIFT	1991	1500	95.00	430.00
❑ GOOD MORNING	1993	2500	145.00	300.00
❑ INNOCENCE	1989	900	150.00	165.00
❑ JOYOUS DAY	1992	1200	125.00	210.00
❑ KITTEN, THE	1988	350	120.00	1200.00
❑ LE BEAU	1990	1500	80.00	140.00
❑ LE BELLE	1990	1500	80.00	80.00
❑ LE PAPILLION	1987	350	90.00	150.00
❑ LILY POND	1990	750	150.00	245.00
❑ LITTLE BALLERINA	1988	150	110.00	300.00
❑ LOVESEAT, THE	1987	900	30.00	130.00
❑ MEMORIES	1991	5000	195.00	500.00
❑ MOTHER'S LOVE	1987	150	195.00	510.00
❑ MY DEAREST	1988	350	160.00	775.00
❑ PUPPY	1989	500	120.00	615.00
❑ QUIET TIME	1987	900	40.00	200.00
❑ READING LESSON, THE	1987	900	60.00	330.00
❑ READING TO THEODORE	1994	*	145.00	150.00
❑ ROSE GARDEN	1989	500	95.00	475.00
❑ SILHOUETTE	1986	250	60.00	245.00

NAME	YEAR	LIMIT	ISSUE	TREND
❏ SISTERS	1989	900	95.00	160.00
❏ SONATINA	1989	900	150.00	675.00
❏ SUMMER REFLECTIONS	1986	900	60.00	400.00
❏ TENDER MOMENTS	1986	500	70.00	250.00
❏ THINKING OF YOU	1993	2500	145.00	220.00
❏ WILD FLOWERS	1988	350	160.00	250.00
❏ YESTERDAY	1992	950	95.00	225.00

WHITE DOOR PUBLISHING

G. ALEXANDER

NAME	YEAR	LIMIT	ISSUE	TREND
❏ PLACE IN THE SUN	1995	380	125.00	200.00

D.E. KUCERA

NAME	YEAR	LIMIT	ISSUE	TREND
❏ RENEZVOUS AT TRAILS END	1996	680	125.00	175.00
❏ SHADOW OF A DREAM	1995	680	150.00	225.00

D. MIEDUCH

NAME	YEAR	LIMIT	ISSUE	TREND
❏ LORD HELPS THOSE...., THE	1995	750	150.00	150.00

C.L. PETERSON

NAME	YEAR	LIMIT	ISSUE	TREND
❏ ALL ABOARD	1990	950	125.00	1700.00
❏ AND APPLE PIE	1995	2500	195.00	1050.00
❏ ANDERSON'S STORE	1990	950	125.00	2500
❏ AT THE MILL	1992	1250	175.00	700.00
❏ AUCTION DAY	1996	2800	225.00	600.00
❏ CONCERT, THE	1990	950	150.00	2000.00
❏ COUNTRY DOCTOR	1993	1750	175.00	450.00
❏ EVENING LEMONADE	1992	1250	165.00	2400.00
❏ FAMILY REUNION	1991	950	125.00	4200.00
❏ FIRST HAIRCUT	1994	2000	175.00	300.00
❏ FRESH SNOW	1994	2000	185.00	775.00
❏ GRANDMA'S QUILT	1995	2000	195.00	1150.00
❏ HARMONY	1994	2000	185.00	1050.00
❏ HAYRIDE	1995	2600	195.00	260.00
❏ HOME GROWN	1995	2000	195.00	950.00
❏ NEIGHBORS	1993	1500	185.00	1200.00
❏ ON VALENTINE LANE	1992	1250	175.00	1500.00
❏ POTLUCK AT JUDDVILLE	1991	1250	150.00	1950.00
❏ R.F.D.	1994	1850	185.00	300.00
❏ RECITATION	1992	1500	175.00	1875.00
❏ SKATERS ICE	1996	2800	195.00	440.00
❏ STALL,THE	1989	950	95.00	1050.00
❏ STITCH IN TIME	1997	2800	195.00	400.00
❏ SUGAR TIME	1996	2500	195.00	225.00
❏ SUNDAY HITCH	1989	950	95.00	1300.00
❏ SWING YOUR PARTNER	1991	950	150.00	1050.00
❏ TALK OF SPRING	1996	2500	195.00	250.00
❏ VOLUNTEERS	1993	1500	185.00	925.00

J. SLOANE

NAME	YEAR	LIMIT	ISSUE	TREND
❏ CHRISTMAS MAGIC	1995	650	65.00	90.00

CANVAS EDITION

B.J. PARRISH

NAME	YEAR	LIMIT	ISSUE	TREND
❏ NORTH POLE EXPRESS	1995	250	395.00	245.00

MEMORIES COLLECTION

R. SALTER

NAME	YEAR	LIMIT	ISSUE	TREND
❏ WALKING IN A WINTER WONDERLAND	1995	680	115.00	135.00

PAPER EDITION

B.J. PARRISH

NAME	YEAR	LIMIT	ISSUE	TREND
❏ NORTH POLE EXPRESS	1995	1500	175.00	180.00

WILD WINGS INC.

R. ABBETT

NAME	YEAR	LIMIT	ISSUE	TREND
❏ ON THE WILLOWEMOC	1996	850	145.00	190.00

S. BOURDET

NAME	YEAR	LIMIT	ISSUE	TREND
❏ MOUNTAIN MEMORIES	1998	750	85.00	170.00
❏ RUNAWAYS-WRENS	1999	950	125.00	200.00
❏ SEPTEMBER MORNING-CARDINAL	1996	750	125.00	150.00

J. BRANDENBURG

NAME	YEAR	LIMIT	ISSUE	TREND
❏ AUTUMN WOLF	1996	9500	85.00	85.00

R. BURNS

NAME	YEAR	LIMIT	ISSUE	TREND
❏ ARCTIC ECHOES-ARCTIC WOLVES	1998	850	125.00	125.00
❏ STODDARD'S LANE	1996	850	125.00	125.00

C. CUMMINGS

NAME	YEAR	LIMIT	ISSUE	TREND
❏ EVENING IN SPRING	1996	750	125.00	140.00
❏ HIGH SPIRITS	1998	850	95.00	170.00

M. HANSON

NAME	YEAR	LIMIT	ISSUE	TREND
❏ GOLDEN GLORIES-GOLDFINCHES	1996	*	50.00	50.00

J. HAUTMAN

NAME	YEAR	LIMIT	ISSUE	TREND
❏ 1996 MN DSP	1996	2000	145.00	145.00
❏ BLACKFOOT VILLAGE	1999	750	125.00	125.00
❏ ROCKY SHALLOWS-LOONS	1996	950	125.00	200.00

J. KASPER

NAME	YEAR	LIMIT	ISSUE	TREND
❏ SOUTHERN CHARMS-OSCEOLA TURKEYS	1998	950	125.00	125.00
❏ SPRING FEVER-EASTERN WILD TURKEYS	1996	950	145.00	170.00

J. KILLEN

NAME	YEAR	LIMIT	ISSUE	TREND
❏ GREAT HUNTING DOGS II-LABS	1998	1200	125.00	200.00
❏ GREAT HUNTING DOGS-LABRADORS	1996	980	125.00	225.00
❏ HEAD OF THE CLASS-BOYKIN	1999	580	95.00	95.00

S. KOZAR

NAME	YEAR	LIMIT	ISSUE	TREND
❏ LATE SUMMER REFLECTIONS	1996	850	145.00	200.00

L. KROMSCHROEDER

NAME	YEAR	LIMIT	ISSUE	TREND
❏ BICYCLE BUILT FOR TWO-CARDINALS	1998	1200	95.00	125.00
❏ FLANK SPEED-ORCAS	1996	950	175.00	200.00

PRINTS

NAME	YEAR	LIMIT	ISSUE	TREND
❏ PEEPING TOMS, THE	1998	1200	145.00	225.00
❏ TAKING WING	1999	850	175.00	175.00
J. LAMB				
❏ MISSING SHOE-YELLOW LAB	1999	750	95.00	175.00
D. MAASS				
❏ BREAKING SKIES-CANVASBACKS	1996	850	175.00	250.00
❏ EVENING FLIGHT-PHEASANTS	1998	1200	175.00	275.00
❏ THREE BIRDS UP-RUFFED GROUSE	1996	950	175.00	225.00
R. MILLETTE				
❏ AFTER THE STORM-PHEASANTS	1998	1200	145.00	185.00
❏ BACKWATER PASSAGE-WHITETAIL DEER	1996	950	145.00	200.00
❏ BACKWATER PASSAGE-WILD TURKEYS	1996	950	145.00	225.00
❏ MEADOW MIST-PHEASANTS	1997	CL	145.00	400.00
❏ MEADOW MIST-WHITETAIL DEER	1997	CL	145.00	185.00
❏ PRAIRIE MONARCHS-BISON	1998	950	95.00	165.00
❏ THREE OF A KIND	1999	950	145.00	210.00
P. SCHOLER				
❏ TWILIGHT PATROL-LOONS	1998	950	95.00	160.00
R. SCOTT				
❏ SILENT GUNS	1996	850	145.00	260.00
❏ SILVER AND GOLD TRIPTYCH	1998	950	195.00	250.00
M. SIEVE				
❏ 1998 MINNESOTA WILD TURKEY	1998	*	*	N/A
❏ BOSSIES 'N BLUEBELLS	1998	950	145.00	145.00
❏ DAY IN THE SUN-DALL SHEEP	1996	950	145.00	145.00
❏ MISTY FOREST-BALD EAGLE	1996	1500	145.00	240.00
❏ RULE NUMBER FIVE-HOLD TIGHT	1998	6327	125.00	150.00
❏ RULE NUMBER SIX-GET LUCKY	1999	*	125.00	270.00
❏ SCRAPELINE BUCK	1996	1500	145.00	250.00
M. SUSINNO				
❏ DUPED-BROWN TROUT	1996	850	125.00	125.00
❏ MATCHING THE HATCH-BROOK TROUT	1998	950	85.00	275.00
❏ MATCHING THE HATCH-BROWN TROUT	1998	950	85.00	85.00
❏ MATCHING THE HATCH-CUTTHROAT TROUT	1998	950	85.00	85.00
❏ MATCHING THE HATCH-RAINBOW TROUT	1998	950	85.00	85.00
❏ ON THE RUN-STEELHEAD	1999	950	95.00	95.00
S. TIMM				
❏ 1996 WI DSP	1996	1500	145.00	145.00
❏ SPECIAL DELIVERY	1999	750	95.00	95.00
❏ STARLIGHT NIGHT	1996	950	125.00	125.00
R. VAN GILDER				
❏ PINNACLE BOONE & CROCKETT, THE	1996	1200	175.00	175.00
❏ WHEN SPRING CALLS	1998	950	95.00	95.00
P.C. WEIRS				
❏ COFFEE AND CHOCOLATE IN THE MORNING	1998	850	85.00	135.00
❏ DREAM TEAM-WHITETAIL DEER	1996	1900	145.00	240.00
❏ FROSTY MORNING	1996	950	145.00	175.00
❏ LONESOME BULL-ELK	1996	950	145.00	315.00
❏ MOONRISE-WOLVES	1998	950	95.00	165.00
N. YOUNG				
❏ BENEATH SPRING BLOSSOMS	1996	750	125.00	125.00
CANVAS PRINT				
D. MAASS				
❏ WORKING THE LEDGES-EIDERS	1999	450	395.00	395.00
FISHING BUDDIES				
R. BRANDT				
❏ SUNNY CATCH	1999	750	75.00	135.00
❏ SUNNY OVERLOOK	1999	750	75.00	135.00
GREAT HUNTING DOGS				
J. KILLEN				
❏ SHORTHAIR	1999	950	125.00	125.00
LITTLE PARTNERS				
C. CUMMINGS				
❏ LITTLE PARTNERS REUNION	1999	850	95.00	190.00
SUNKEN WARBIRDS				
R. SCOTT				
❏ FALLEN LUFTWAFFE-MESSERSCHMITT ME 109	1999	750	145.00	145.00
THAT'S MY DOG TOO				
J. KILLEN				
❏ CHOCOLATE LAB	1999	*	45.00	45.00
❏ GERMAN SHORT HAIR	1999	*	45.00	45.00
THE BATTLING SERIES				
M. SIEVE				
❏ BATTLING BUCKS-WHITETAIL DEER	1999	1999	145.00	160.00

WILDLIFE INTERNATIONALE

RUTHVEN

	YEAR	LIMIT	ISSUE	TREND
				J. RUTHVEN
❏ ALGONQUIN	*	750	75.00	200.00
❏ ALLEN'S HUMMINGBIRD	*	750	75.00	125.00
❏ AMERICAN WIDGEON	*	950	65.00	100.00
❏ ANNA'S HUMMINGBIRD	*	750	75.00	125.00
❏ ARCTIC FOX	1983	350	350.00	330.00
❏ BALD EAGLE-BICENTENNIAL	1976	776	350.00	765.00
❏ BALD EAGLE-INITIAL	*	1000	30.00	900.00
❏ BATELEUR EAGLE	*	750	110.00	250.00
❏ BENGAL TIGER	1984	950	200.00	400.00
❏ BENGAL TIGER-COMMISSION, IDAHO	*	1000	100.00	675.00
❏ BENGAL TIGER-REGAL	*	1000	80.00	2000.00
❏ BENGAL TIGER-SAFARI	*	5000	65.00	1000.00
❏ BLACK DUCK FAMILY	1985	600	125.00	125.00
❏ BLACK MANED LION	*	5000	65.00	180.00
❏ BLUE WINGED TEAL	*	500	75.00	190.00
❏ BLUEBIRDS-1981	1981	950	75.00	500.00

PRINTS

PRINTS

NAME	YEAR	LIMIT	ISSUE	TREND
❏ BLUEBIRDS-EASTERN	1986	500	30.00	275.00
❏ BLUEBIRDS-INITIAL	*	1000	30.00	700.00
❏ BLUEBIRDS-SPRING, COMMISSION	*	200	*	250.00
❏ BOBWHITE QUAIL-AMERICANA	*	1000	80.00	500.00
❏ BOBWHITE QUAIL-INITIAL	*	1000	360.00	330.00
❏ BOBWHITE QUAIL-KNOB CREEK	*	750	75.00	425.00
❏ BROADBILLED HUMMINGBIRD	*	500	75.00	125.00
❏ BROWN PELICAN	*	500	125.00	400.00
❏ CALIFORNIA VALLEY QUAIL	*	950	50.00	180.00
❏ CANADA GOOSE	*	1000	95.00	400.00
❏ CANVASBACKS-DU COMMISSION	*	150	425.00	750.00
❏ CANVASBACKS-NORTH AMERICAN	*	1000	50.00	650.00
❏ CARDINAL-1981	1981	950	75.00	500.00
❏ CARDINAL-INITIAL	*	1000	30.00	900.00
❏ CARDINAL-MARIEMONT	*	500	75.00	225.00
❏ CARDINAL-SONGBIRD	*	950	75.00	650.00
❏ CAROLINA PARAKEET	*	500	300.00	1050.00
❏ CAROLINA WREN	*	950	50.00	100.00
❏ CEDAR WAXWING	*	950	50.00	225.00
❏ CHICKADEES	*	950	50.00	150.00
❏ CHIPMUNK	*	750	50.00	450.00
❏ CHIPPEWA BRAVE	*	950	50.00	175.00
❏ CINNAMON TEAL	*	2000	30.00	330.00
❏ COMMON ELDERS-DU CANADA COMMISSION	*	100	125.00	175.00
❏ DECOY	*	750	125.00	1100.00
❏ DOUBLE TIME	*	750	85.00	200.00
❏ DOWNY WOODPECKER	*	600	55.00	425.00
❏ DUSTY	*	950	150.00	680.00
❏ EAGLE TO THE MOON	*	500	150.00	1590.00
❏ EASTERN FOX SQUIRREL	1985	600	75.00	150.00
❏ EASTERN WILD TURKEY-BICENTENNIAL	1976	776	350.00	300.00
❏ EASTERN WILD TURKEY-INITIAL	*	1000	30.00	600.00
❏ EASTERN WILD TURKEY-KNOB CREEK	*	750	75.00	500.00
❏ ELEPHANTS	*	5000	65.00	200.00
❏ FLICKERS	*	950	65.00	275.00
❏ FLYING SNOWY OWL	*	950	125.00	400.00
❏ FOX MASQUE I	*	1000	30.00	175.00
❏ FOX MASQUE II	*	1000	30.00	165.00
❏ FRIENDS-INDIAN CHILDREN	*	500	75.00	175.00
❏ FROSTY MORNING	1986	400	75.00	250.00
❏ GIANT PANDA	*	5000	65.00	460.00
❏ GOLDFINCH-1983	1983	950	75.00	175.00
❏ GOLDFINCH-COMMISSION	*	600	55.00	375.00
❏ GRANT'S ZEBRA	*	3500	75.00	180.00
❏ GRAY FOX FAMILY	*	950	150.00	200.00
❏ GRAY FOX-MASTERPIECE	*	950	125.00	1275.00
❏ GRAY FOX-WOODLAND	*	1500	200.00	275.00
❏ GREAT HORNED OWL	*	1000	90.00	330.00
❏ GREEN WINGED TEAL	*	500	75.00	330.00
❏ GREY SQUIRREL	*	600	55.00	175.00
❏ HERRING GULLS	*	1000	50.00	175.00
❏ HOODED MERGANSER	*	750	75.00	190.00
❏ HOODED MERGANSER (SM.)	*	1000	50.00	100.00
❏ INDIGO BUNTING	*	950	50.00	50.00
❏ IVORY BILLED WOODPECKERS	*	5000	350.00	600.00
❏ JAGUAR	*	950	65.00	550.00
❏ KESTREL AND MOUSE	1982	950	150.00	200.00
❏ KINGLET	1982	950	75.00	150.00
❏ KIRTLAND WARBLER	*	1000	100.00	175.00
❏ KIT FOX	*	500	100.00	400.00
❏ LABRADOR DUCK	*	500	350.00	350.00
❏ LEOPARD	*	3500	75.00	200.00
❏ MALLARD/WOOD DUCK (PR.)	*	99	750.00	1850.00
❏ MALLARD-1981	1981	500	75.00	175.00
❏ MALLARD-INITIAL	*	1000	50.00	500.00
❏ MISTY-REDHEAD DUCKS	*	100	125.00	300.00
❏ N.Y. STATE BLUEBIRD	*	1000	50.00	380.00
❏ NATURE CENTER CARDINAL	*	1000	50.00	225.00
❏ NUTHATCH	1982	950	75.00	150.00
❏ OAKGROVE PINTAIL (SM.)	*	3000	50.00	100.00
❏ ON THE HUNT	*	1000	90.00	180.00
❏ OSPREY	1981	750	175.00	175.00
❏ PAPAW BANDIT	1983	600	125.00	175.00
❏ PASSENGER PIGEON-AQUATINT	*	500	350.00	500.00
❏ PASSENGER PIGEON-MARTHA	*	500	100.00	400.00
❏ PEREGRINE FALCON	*	600	65.00	65.00
❏ PHEASANT (PAIR)	*	99	850.00	1750.00
❏ PHEASANT-1981	1981	950	75.00	175.00
❏ PHEASANT-INITIAL	*	1000	30.00	100.00
❏ PILEATED WOODPECKER	1983	350	350.00	550.00
❏ QUAIL WITH YOUNG	1983	950	50.00	100.00
❏ RACCOONS (FAMILY)	1985	1000	125.00	250.00
❏ RED FOX FAMILY	*	1000	90.00	1200.00
❏ RED FOX-COMMISSION	*	1000	100.00	600.00
❏ RED FOX-REGAL	*	1000	90.00	1700.00
❏ RED FOX-WOODLAND	*	950	150.00	330.00
❏ REDHEAD DUCKS	*	450	350.00	425.00
❏ REDHEADED WOODPECKERS	*	1000	50.00	180.00
❏ RIVER OTTERS	1984	500	125.00	300.00

NAME	YEAR	LIMIT	ISSUE	TREND
❑ RIVOLI'S HUMMINGBIRD	*	750	75.00	125.00
❑ ROADRUNNER	*	1000	50.00	130.00
❑ ROBIN FAMILY	*	600	55.00	350.00
❑ ROBINS	*	1000	50.00	360.00
❑ RUBY-THROATED HUMMINGBIRD	*	750	75.00	125.00
❑ RUDDY DUCKS-COMMISSION	*	650	55.00	500.00
❑ RUDDY DUCKS-GEORGETOWN	*	1000	50.00	100.00
❑ RUDDY DUCKS-NORTH AMERICAN	*	1000	50.00	650.00
❑ RUFFED GROUSE (PAIR)	*	99	750.00	1200.00
❑ RUFFED GROUSE-INITIAL	*	1000	40.00	450.00
❑ RUFOUS HUMMINGBIRD	*	750	75.00	125.00
❑ RUMMY	*	950	150.00	700.00
❑ SAND HILL CRANE	*	950	150.00	150.00
❑ SAW WHET OWLS	*	950	50.00	100.00
❑ SCARLET IRISH SETTER	*	950	150.00	180.00
❑ SCREECH OWL-HOMESTEAD	*	950	50.00	400.00
❑ SCREECH OWLS-INITIAL	*	1000	30.00	600.00
❑ SNOWY OWL	*	1000	50.00	135.00
❑ SPRING FLOWERS	1984	600	125.00	400.00
❑ STONY RUN-RED FOX	1986	750	225.00	290.00
❑ SWALLOW-TAILED KITES	1981	500	100.00	90.00
❑ TERNS	*	750	150.00	460.00
❑ TIMBER WOLF	*	950	150.00	150.00
❑ TOWHEES	*	950	75.00	250.00
❑ WANDERING BRAVE	*	1000	90.00	550.00
❑ WHITE TIGERS	*	1000	150.00	600.00
❑ WHITE-TAILED DEER-KNOB CREEK	*	750	150.00	700.00
❑ WHITE-TAILED DEER-OHIO DIV. WILDLIFE	*	500	125.00	300.00
❑ WILD BOAR	*	200	100.00	200.00
❑ WILSON'S PLOVER	*	500	75.00	175.00
❑ WINGS IN THE WIND	1980	750	200.00	180.00
❑ WINSTON-SPRINGER SPANIEL	*	950	150.00	400.00
❑ WINTER QUARTET	1987	400	75.00	200.00
❑ WINTER REFLECTION	1985	500	225.00	270.00
❑ WOOD DUCKS-INITIAL	*	1000	40.00	415.00
❑ WOOD DUCKS-NORTH AMERICAN	*	1000	90.00	650.00
❑ WOOD DUCKS-OHIO DUCK STAMP (PRINT ONLY)	*	10000	125.00	450.00
❑ WOOD DUCKS-OHIO DUCK STAMP (STAMP ONLY)	*	10000	6.00	60.00

WILLITTS DESIGNS

EBONY VISIONS

T. BLACKSHEAR

	YEAR	LIMIT	ISSUE	TREND
❑ EBONY VISIONS CANVAS TRANSFER	1997	RT	575.00	575.00

HISTORY OF ANGELS COLLECTION BY BILL DALE

C. PYLE

	YEAR	LIMIT	ISSUE	TREND
❑ ANGEL GABRIEL, THE	1995	2500	30.00	30.00
❑ ARCHANGEL MICHAEL, THE	1995	2500	30.00	30.00
❑ ASCENSION OF THE SOUL, THE	1995	2500	30.00	30.00
❑ GARDEN OF GETHSEMANE, THE	1995	2500	30.00	30.00

MAJOR LEAGUE BASEBALL FILM CEL

	YEAR	LIMIT	ISSUE	TREND
❑ BABE RUTH EDITION	1998	*	25.00	25.00
❑ BABE RUTH SPECIAL EDITION	1998	*	25.00	25.00
❑ HANK AARON EDITION	1998	*	25.00	25.00
❑ LOU GEHRIG EDITION	1998	*	25.00	25.00
❑ TED WILLIAMS EDITION	1998	*	25.00	25.00

MAJOR LEAGUE BASEBALL MOTION CEL

	YEAR	LIMIT	ISSUE	TREND
❑ BABE RUTH EDITION	1998	*	25.00	25.00
❑ HANK AARON EDITION	1998	*	25.00	25.00
❑ JACKIE ROBINSON EDITION	1998	*	25.00	25.00
❑ STAN MUSIAL EDITION	1998	*	25.00	25.00
❑ TED WILLIAMS EDITION	1998	*	25.00	25.00

MAJOR LEAGUE BASEBALL PRINT W/LIGHTED FILM CEL

	YEAR	LIMIT	ISSUE	TREND
❑ BABE RUTH & LOU GEHRIG EDITION	1998	*	150.00	150.00
❑ HANK AARON EDITION	1998	*	125.00	125.00
❑ JACKIE ROBINSON EDITION	1998	*	125.00	125.00
❑ TED WILLIAMS EDITION	1998	*	125.00	125.00

STAR WARS: A NEW HOPE FILM CEL

	YEAR	LIMIT	ISSUE	TREND
❑ BEN KENOBI	1998	*	12.00	13.00
❑ C-3PO	1998	*	12.00	13.00
❑ CHEWBACCA	1998	*	12.00	13.00
❑ CREATURES	1998	*	12.00	13.00
❑ DARTH VADER	1998	*	12.00	13.00
❑ GALACTIC EMPIRE	1998	*	12.00	13.00
❑ HAN SOLO	1998	*	12.00	13.00
❑ LUKE SKYWALKER	1998	*	12.00	13.00
❑ PRINCESS LEIA	1998	*	12.00	13.00
❑ R2-D2	1998	*	12.00	13.00
❑ REBEL ALLIANCE	1998	*	12.00	13.00
❑ STORMTROOPER	1998	*	12.00	13.00

STAR WARS: A NEW HOPE PRINT W/LIGHTED FILM CEL

R. MCQUARRIE

	YEAR	LIMIT	ISSUE	TREND
❑ CANTINA ON MOS EISLEY	1998	*	200.00	200.00
❑ MILLENNIUM FALCON	1998	*	200.00	200.00
❑ REBEL ATTACK ON THE DEATH STAR	1998	*	200.00	200.00
❑ REBEL CEREMONY	1998	*	200.00	200.00

STAR WARS: ESB I FILM CEL

	YEAR	LIMIT	ISSUE	TREND
❑ IMPERIAL ATTACK	1998	*	12.00	13.00
❑ LUKE SKYWALKER ON HOTH	1998	*	12.00	13.00
❑ MILLENNIUM FALCON	1998	*	12.00	13.00
❑ REBEL ALLIANCE	1998	*	12.00	13.00
❑ YODA SPECIAL EDITION	1998	*	12.00	13.00

PRINTS

NAME	YEAR	LIMIT	ISSUE	TREND
STAR WARS: ESB II FILM CEL				*
❑ DARTH VADER	1998	*	12.00	13.00
❑ HAN SOLO & PRINCESS LEIA	1998	*	12.00	13.00
❑ JEDI MASTER YODA	1998	*	12.00	13.00
❑ JEDI TRAINING	1998	*	12.00	13.00
❑ LANDO CALRISSIAN	1998	*	12.00	13.00
❑ LIGHTSABER DUEL SPECIAL EDITION	1998	*	12.00	13.00
❑ LUKE SKYWALKER/CLOUD CITY	1998	*	12.00	13.00
❑ REBEL ESCAPE	1998	*	12.00	13.00
STAR WARS: ESB PRINT W/LIGHTED FILM CEL				**R. MCQUARRIE**
❑ CLOUD CITY OF BESPIN	1998	*	200.00	200.00
❑ ICE PLANET HOTH BATTLE	1998	*	200.00	200.00
❑ LUKE & DARTH DUEL	1998	*	200.00	200.00
❑ LUKE & TAUNTAUN ON PATROL	1998	*	200.00	200.00
❑ LUKE & TAUNTAUN ON PATROL SIGNED BY MARK HAMILL	1998	*	250.00	250.00
STAR WARS: RETURN OF THE JEDI FILM CEL				*
❑ ALIENS OF JABBA'S PALACE	1998	*	12.00	13.00
❑ DARTH VADER	1998	*	12.00	13.00
❑ DROIDS	1998	*	12.00	13.00
❑ EMPEROR PALPATINE	1998	*	12.00	13.00
❑ EWOKS	1998	*	12.00	13.00
❑ FINAL CONFRONTATION	1998	*	12.00	13.00
❑ GENERAL HAN SOLO	1998	*	12.00	13.00
❑ IMPERIAL FORCES	1998	*	12.00	13.00
❑ JABBA THE HUTT SPECIAL EDITION	1998	*	12.00	13.00
❑ JEDI	1998	*	12.00	13.00
❑ PRINCESS LEIA	1998	*	12.00	13.00
❑ THE JEDI EMERGES	1998	*	12.00	13.00
❑ THE REBELLION	1998	*	12.00	13.00
❑ TURNING POINTS	1998	*	12.00	13.00
STAR WARS: RETURN OF THE JEDI PRINT W/LIGHTED FILM CEL				**R. MCQUARRIE**
❑ DEATH STAR MAIN REACTOR	1998	*	200.00	200.00
❑ JABBA THE HUTT	1998	*	200.00	200.00
❑ RANCORE PIT, THE	1998	*	200.00	200.00
❑ SPEEDER BIKE CHASE	1998	*	200.00	200.00
WALT DISNEY SHOWCASE COLLECTION FILM CEL				*
❑ COMMEMORATIVE EDITION	1998	*	25.00	25.00
❑ EVIL QUEEN	1998	*	25.00	25.00
❑ MENAGERIE EDITION	1998	*	25.00	25.00
❑ ROYALS EDITION	1998	*	25.00	25.00
❑ SEVEN DWARFS	1998	*	25.00	25.00
❑ SNOW WHITE EDITION	1998	*	25.00	25.00
❑ STEP FAMILY EDITION	1998	*	25.00	25.00
WALT DISNEY SHOWCASE COLLECTION MOTION CEL				*
❑ SHOW WHITE SERIES	1998	*	25.00	25.00
WALT DISNEY SHOWCASE COLLECTION PRINT W/LIGHTED FILM CEL				*
❑ CINDERELLA LITHOGRAPH	1998	2500	250.00	250.00
❑ SNOW WHITE LITHOGRAPH	1998	2500	250.00	250.00

WINDBERG ENTERPRISES

				D. WINDBERG
❑ 1983 DEER UNLIMITED STAMP & PRINT	1983	*	125.00	450.00
❑ AFTERGLOW OF SPRING SHOWERS	1992	*	225.00	230.00
❑ AGELESS MONARCH	1988	*	195.00	195.00
❑ AMBIANCE OF AUTUMN	1991	*	45.00	80.00
❑ AMID TRANQUILITY OF THE MORNING	1992	*	225.00	225.00
❑ ANTICIPATION	1993	*	350.00	1050.00
❑ AUTUMN MEMORIES	1972	*	40.00	650.00
❑ AUTUMN'S GOLD	1974	*	40.00	50.00
❑ AUTUMN'S WAY 1 OF SET OF 4	1975	*	40.00	105.00
❑ BAYOU COUNTRY	1975	*	220.00	220.00
❑ BENEVOLENT PROVIDER, THE	1991	*	225.00	250.00
❑ BIG TREE 12X16 AMERICAN MASTERS	1971	*	100.00	65.00
❑ BIG TREE 24X36 NEW YORK GRAPHICS	1971	*	200.00	200.00
❑ BIG TREE 8X10 AMERICAN MASTERS	1971	*	50.00	50.00
❑ BLACKSMITH SHOP, THE	1978	*	10.00	425.00
❑ BLOOMS AMID THORNS	1983	*	25.00	175.00
❑ BLUE SPRINGTIME	1973	*	50.00	200.00
❑ CANYON GOLD 10X20	1984	*	24.00	175.00
❑ CELEBRATION OF THE WOODLANDS	1990	*	125.00	165.00
❑ CELESTIAL GLORY	1990	*	225.00	735.00
❑ CLASSIC ELEGANCE	1985	*	300.00	465.00
❑ COACH TO EL PASO	1988	*	24.00	280.00
❑ COMPANIONS IN NATURE 12X16	1981	*	24.00	90.00
❑ COMPANIONS IN NATURE 18X24	1981	*	24.00	110.00
❑ COMPANIONS IN NATURE 8X10	1982	*	12.00	45.00
❑ CONTENTMENT	1976	*	80.00	2350.00
❑ COUNTRY HUES 12X16	1973	*	10.00	135.00
❑ COUNTRY HUES 18X24	1973	*	20.00	100.00
❑ COUNTRY MORN	1985	*	90.00	90.00
❑ COURT'N BY MOONLIGHT	1994	*	150.00	700.00
❑ COZY MOUNTAIN RETREAT	1991	*	225.00	225.00
❑ CUSTOM OF GENERATIONS	1989	*	24.00	75.00
❑ CYPRESS MIST 12X16	1973	*	100.00	45.00
❑ CYPRESS MIST 18X24	1973	*	200.00	135.00
❑ CYPRESS MIST 8X10	1973	*	50.00	50.00

PRINTS

NAME	YEAR	LIMIT	ISSUE	TREND
❑ DAWNLIGHT	1983	*	160.00	325.00
❑ DAWN'S SERENITY 12X16	1976	*	100.00	65.00
❑ DAWN'S SERENITY 18X24	1976	*	150.00	75.00
❑ DAWN'S SERENITY 8X10	1976	*	40.00	40.00
❑ DELIGHTFUL RETREAT	1981	*	80.00	80.00
❑ EMBRACED BY MOONLIGHT 12X16	1980	*	24.00	24.00
❑ EMBRACED BY MOONLIGHT 18X24	1980	*	35.00	60.00
❑ EMBRACED BY MOONLIGHT 8X10	1985	*	12.00	22.00
❑ ENCHANTING DOMAIN 12X16	1985	*	24.00	80.00
❑ ENCHANTING DOMAIN 8X10	1985	*	12.00	100.00
❑ ENDURING REFUGE	1981	*	120.00	180.00
❑ ENLIGHTENED PATHWAY	1987	*	125.00	140.00
❑ EQUINE PARADISE	1986	*	150.00	150.00
❑ EVENING QUIESCENCE	1986	*	24.00	175.00
❑ EVENING RADIANCE	1977	*	65.00	115.00
❑ EVERLASTING SANCTUARY 12X16	1986	*	24.00	140.00
❑ FAMILIAR EARTHLY TASK	1989	*	150.00	160.00
❑ FIRST LIGHT ON A WINTRY DAY	1994	*	250.00	245.00
❑ FLEETING SPLENDOR	1976	*	60.00	200.00
❑ FLOURISH OF NATURE'S HUES 12X16, THE	1980	*	20.00	75.00
❑ FORAGING ON A WINTER EVENING	1992	*	250.00	250.00
❑ FROM SEA TO SEA 1 OF 4	1975	*	300.00	300.00
❑ FROSTY HOMECOMING	1986	*	195.00	500.00
❑ GIFT OF LOVE	1980	*	120.00	150.00
❑ GLADSOM SOLITUDE	1977	*	60.00	200.00
❑ GLOW OF LOVE	1974	*	50.00	775.00
❑ GOIN' COURTIN'	1974	*	35.00	675.00
❑ HARMONY IN THE HIGHLANDS	1977	*	55.00	275.00
❑ HARMONY OF NATURE, THE	1985	*	150.00	400.00
❑ HEARTFELT MEMORIES 12X16	1982	*	20.00	70.00
❑ HEARTFELT MEMORIES 8X10	1985	*	12.00	12.00
❑ HIDDEN COVE 12X16	1973	*	10.00	200.00
❑ HIDDEN COVE 8X10	1973	*	5.00	40.00
❑ HILL COUNTRY	1974	*	50.00	110.00
❑ HILL COUNTRY FLORESCENCE	1991	*	45.00	175.00
❑ HOME AT LAST	1994	*	250.00	330.00
❑ IN SEASONAL ATTIRE	1978	*	70.00	250.00
❑ INNOCENCE OF SPRING	1994	*	150.00	250.00
❑ JAUNT ACROSS THE DIVIDE	1989	*	195.00	635.00
❑ JOYOUS EVENSONG	1995	*	250.00	265.00
❑ LAKESIDE HIDEAWAY	1994	*	24.00	180.00
❑ LAST STAND	1977	*	70.00	3100.00
❑ LAZY DAY IN THE MEADOW	1988	*	150.00	200.00
❑ LBJ LIBRARY & SCHOOL OF PUBLIC AFFAIRS, THE	1971	*	3.00	130.00
❑ LOVE'S REFLECTION	1974	*	50.00	775.00
❑ MAKING OF A MEMORY	1994	*	250.00	250.00
❑ MELODY OF THE MAROON BELLS 12X16	1980	*	24.00	43.00
❑ MELODY OF THE MAROON BELLS 18X24	1980	*	35.00	35.00
❑ MELODY OF THE MAROON BELLS 8X10	1985	*	12.00	12.00
❑ MEMORABLE SPRINGTIDE 12X16 AM. MASTERS	1977	*	100.00	70.00
❑ MEMORABLE SPRINGTIDE 12X16 W.E.I.	1980	*	24.00	60.00
❑ MEMORABLE SPRINGTIDE 18X24 AM. MASTERS	1977	*	35.00	40.00
❑ MEMORABLE SPRINGTIDE 18X24 W.E.I.	1980	*	35.00	35.00
❑ MEMORABLE SPRINGTIDE 8X10 AM. MASTERS	1977	*	*	35.00
❑ MEMORABLE SPRINGTIDE 8X10 W.E.I.	1985	*	12.00	35.00
❑ MISSION ESPIRITU SANTO 8X10	1987	*	12.00	90.00
❑ MISTY COUNTRY MORN 12X16	1981	*	24.00	70.00
❑ MISTY COUNTRY MORN 18X24	1981	*	35.00	110.00
❑ MISTY COUNTRY MORN 8X10	1985	*	12.00	12.00
❑ MOMENT FOR MEMORIES	1987	*	125.00	400.00
❑ MOONGLOW	1971	*	*	400.00
❑ MOONLIGHTIN'	1990	*	225.00	410.00
❑ MOONLIT COVE 12X16	1981	*	24.00	115.00
❑ MOONLIT COVE 8X10	1985	*	12.00	12.00
❑ MORNING DELIGHT/EVENING TREAT	1995	*	150.00	275.00
❑ MORNING MIST	1974	*	35.00	330.00
❑ MOTHER EARTH-FATHER SKY	1980	*	90.00	290.00
❑ MOUNTAIN'S MAJESTY, THE 1 OF 4	1975	*	*	300.00
❑ NATURE'S INNER GLOW	1976	*	50.00	400.00
❑ NATURE'S WINTER BLANKET	1987	*	195.00	215.00
❑ NEPTUNE'S LACE	1986	*	95.00	425.00
❑ NEW DAY BREAKING	1985	*	150.00	220.00
❑ NIGHTIME REPOSE	1984	*	150.00	150.00
❑ NIGHTLONG SENTINELS	1977	*	60.00	550.00
❑ NIGHTWATCH	1994	*	24.00	170.00
❑ NOCTURNAL HARMONY	1979	*	80.00	2000.00
❑ OBSCURITY 12X16	1973	*	10.00	45.00
❑ OBSCURITY 18X24	1973	*	20.00	150.00
❑ OBSCURITY 8X10	1973	*	5.00	50.00
❑ OLD FRIENDS	1983	*	90.00	225.00
❑ OLD HOME PLACE	1974	*	50.00	740.00
❑ ONE SERENE AND MOONLIT NIGHT	1988	*	195.00	475.00
❑ ONE SUMMER DAY 12X16	1970	*	10.00	220.00
❑ ONE SUMMER DAY 18X24	1970	*	20.00	110.00
❑ ONE SUMMER DAY 8X10	1970	*	5.00	50.00

NAME	YEAR	LIMIT	ISSUE	TREND
❑ ONE SUMMER NIGHT	1994	*	24.00	75.00
❑ OPALESCENT IMAGES 12X16	1980	*	24.00	75.00
❑ OPALESCENT IMAGES 8X10	1985	*	12.00	70.00
❑ OUR DESERT'S BOUNTY 1 OF 4	1975	*	*	300.00
❑ OUR SPECTACULAR SURROUNDINGS	1996	*	195.00	195.00
❑ PASTORAL COLOURS	1986	*	35.00	35.00
❑ PEACE BE UNTO YOU	1989	*	225.00	950.00
❑ PELICAN	1968	*	*	650.00
❑ PELICAN'S WHARF	1976	*	40.00	550.00
❑ PERFECT SERENITY	1995	*	150.00	150.00
❑ PERPETUAL HAVEN	1978	*	60.00	155.00
❑ PRESIDIO LA BAHIA 8X10	1986	*	12.00	50.00
❑ QUIET GRANDEUR 16X12	1981	*	24.00	70.00
❑ REFLECTIVE ELEGANCE	1978	*	80.00	115.00
❑ REFRESHING PAUSE	1982	*	120.00	1300.00
❑ RETIRED	1994	*	24.00	115.00
❑ ROARING ONWARD	1990	*	225.00	400.00
❑ ROMANTIC TRADITIONS	1993	*	150.00	700.00
❑ ROSEATE SHORELINE	1978	*	65.00	175.00
❑ ROUTINE MAINTENANCE	1985	*	225.00	400.00
❑ SAFE PASSAGE	1974	*	50.00	150.00
❑ SAND DUNES 12X16 W.E.I.	1971	*	10.00	70.00
❑ SAND DUNES 18X24 W.E.I.	1971	*	20.00	150.00
❑ SAND DUNES 24X36 NEW YORK GRAPHICS	1971	*	*	175.00
❑ SAND DUNES 8X10 W.E.I.	1971	*	*	50.00
❑ SEASIDE TREASURY 18X24	1987	*	35.00	100.00
❑ SEASON OF RENEWAL	1979	*	80.00	200.00
❑ SEASONABLE RETURN	1989	*	150.00	610.00
❑ SECLUDED FALLS	1975	*	60.00	950.00
❑ SECLUSION	1974	*	50.00	460.00
❑ SILENT PINNACLES	1991	*	45.00	80.00
❑ SLUMBERING HOMEPLACE	1990	*	35.00	35.00
❑ SLUMBEROUSE INTERLUDE	1981	*	80.00	230.00
❑ SNOW-CLAD RELICS	1976	*	45.00	975
❑ SNOW-CROWNED SILENCE	1979	*	70.00	285.00
❑ SPANNING THE STREAM OF TIME	1978	*	70.00	45.00
❑ SPRING VELVET	1983	*	150.00	150.00
❑ SPRING'S WAY	1975	*	50.00	125.00
❑ SPRINGTIME TRILOGY - TRIPTYCH	1990	*	150.00	325.00
❑ STROLLING WITH AN OLD FRIEND	1991	*	225.00	400.00
❑ SUMMER LIGHT 16X12	1984	*	24.00	75.00
❑ SUMMER LIGHT 8X10	1985	*	12.00	40.00
❑ SUMMER OF INNOCENCE	1984	*	300.00	425.00
❑ SUMMER'S WAY	1975	*	50.00	175.00
❑ SUNDAY OUTING	1974	*	30.00	440.00
❑ SYMPHONY OF THE WILDERNESS	1988	*	195.00	320.00
❑ TAKING A BREAK	1993	*	260.00	180.00
❑ TEA TIME REFLECTIONS	1993	*	150.00	130.00
❑ TEXAS OAK	1991	*	*	400.00
❑ THUNDERING SPLENDOR 16X12, THE	1979	*	24.00	60.00
❑ TIME OF MEMORIES	1984	*	175.00	1050.00
❑ TIMELESS SENTINELS 12X16	1983	*	24.00	75.00
❑ TIMELESS SENTINELS 8X10	1985	*	12.00	40.00
❑ TIMEWORN SHELTERS	1980	*	90.00	100.00
❑ TRANQUIL CROSSING	1982	*	120.00	129.00
❑ TRANQUIL TIMES	1975	*	80.00	950.00
❑ TRANQUILITY 12X16	1971	*	10.00	75.00
❑ TRANQUILITY 8X10	1971	*	5.00	45.00
❑ UNDISTURBED	1975	*	50.00	560.00
❑ WINTER'S REPOSE	1973	*	*	250.00
❑ WINTER'S VELVET MANTLE	1982	*	150.00	330.00
❑ WINTER'S WAY	1975	*	50.00	140.00
❑ WINTRY PASTORAL	1974	*	40.00	160.00
❑ WOODLAND REFLECTIONS 12X16 AM. MASTERS	1971	*	10.00	70.00
❑ WOODLAND REFLECTIONS 12X16 W.E.I.	1980	*	24.00	60.00
❑ WOODLAND REFLECTIONS 18X24 AM. MASTERS	1971	*	20.00	130.00
❑ WOODLAND REFLECTIONS 8X10 AM. MASTERS	1971	*	5.00	50.00
❑ YESTERYEAR 12X16	1971	*	10.00	50.00
❑ YESTERYEAR 18X24	1971	*	20.00	110.00
❑ YESTERYEAR 8X10	1971	*	5.00	50.00

CANVAS EDITION **D. WINDBERG**

NAME	YEAR	LIMIT	ISSUE	TREND
❑ AMID TRANQUILITY OF THE MORNING	1993	*	350.00	350.00
❑ AN ENCHANTING VIEW OF THE NIGHT	1995	250	350.00	300.00
❑ ANTICIPATION	1972	*	450.00	1500.00
❑ FIRST LIGHT ON A WINTRY DAY	1994	*	350.00	350.00
❑ GLIMPSE OF UPLAND GRANDEUR	1995	250	350.00	270.00
❑ HILLTOP GARDENS	1995	250	350.00	250.00
❑ HOME AT LAST	1994	*	350.00	620.00
❑ INNOCENCE OF SPRING	1994	*	350.00	350.00
❑ JOYOUS EVENSONG	1995	*	350.00	350.00
❑ MAKING OF A MEMORY	1994	*	350.00	250.00
❑ MORNING DELIGHT/EVENING TREAT	1995	*	350.00	350.00
❑ TAKING A BREAK	1993	*	350.00	350.00

FIESTA POSTER **D. WINDBERG**

NAME	YEAR	LIMIT	ISSUE	TREND
❑ REFLECTIONS OF THE NIGHT	1991	*	45.00	80.00

PRINTS

NAME	YEAR	LIMIT	ISSUE	TREND
NATIONAL PARK				**D. WINDBERG**
❑ CANYON GOLD	1984	SO	50.00	145.00
❑ EVERLASTING SANCTUARY	1986	*	140.00	140.00
❑ FLOURISH OF NATURE'S HUES, THE	1980	*	50.00	175.00
❑ QUIET GRANDEUR	1981	SO	50.00	90.00
❑ THUNDERING SPLENDOR	1979	*	50.00	250.00
PAPER EDITION				**D. WINDBERG**
❑ AN ENCHANTING VIEW OF THE NIGHT	1995	1000	250.00	260.00
❑ GLIMPSE OF UPLAND GRANDEUR	1995	1000	250.00	300.00
❑ HILLTOP GARDENS	1995	1000	250.00	250.00
POSTER				**D. WINDBERG**
❑ AMERICAN IMPRESSIONS	1988	*	35.00	35.00
❑ GALLERY AMERICANA	1988	*	35.00	35.00
❑ VISIONS OF AMERICA	1988	*	35.00	35.00
❑ WILDERNESS	1988	*	35.00	75.00
SPECIAL EDITION				**D. WINDBERG**
❑ MISSION ESPIRITU SANTO	1987	*	80.00	90.00
❑ PRESIDIO LA BAHIA	1986	*	80.00	775.00
WINDBERG COLLECTORS SOCIETY MEMBERS ONLY				**D. WINDBERG**
❑ PERFECT SERENITY	1995	*	150.00	150.00

WREN'S NEST GALLERY INC.

				L. MARTIN
❑ MAGNOLIAS & GREEK REVIVAL	1995	950	65.00	65.00
❑ MOLTEN GOLD	1996	950	65.00	65.00
❑ NEW GEMS	1996	950	38.00	38.00
❑ ROYAL FLUSH	1995	950	85.00	180.00
❑ SPRING GARDEN	1995	950	75.00	225.00
❑ TRAIL BOSS	1996	950	110.00	135.00
❑ TREDAWAY HOME, THE	1995	950	28.00	28.00
AMERICA THE BEAUTIFUL				**L. MARTIN**
❑ AMERICA, AMERICA I	1996	500	85.00	135.00
❑ AMERICA, AMERICA II	1996	500	65.00	65.00
❑ GOD SHED HIS GRACE ON THEE	1996	950	100.00	100.00
❑ PURPLE MOUNTAIN MAJESTIES	1996	950	100.00	100.00
❑ SPACIOUS SKIES I	1995	500	100.00	200.00
❑ SPACIOUS SKIES II	1995	500	28.00	65.00

ZOLAN FINE ARTS

ANGEL SONGS				**D. ZOLAN**
❑ HARD SONG	1997	CL	220.00	220.00
❑ HEAVENLY SONG	1998	CL	220.00	220.00
❑ LOVE SONG	1997	CL	220.00	220.00

ZOLAN FINE ARTS/WINSTON ROLAND

SINGLE ISSUE				**D. ZOLAN**
❑ COUNTRY PUMPKINS	1998	CL	220.00	220.00
❑ RAINED OUT	1996	CL	200.00	220.00
❑ SUMMERTIME FRIENDS	1998	CL	220.00	220.00

PRINTS

Steins

Ken Armke

What is the major appeal of an authentic German beer stein as a collectible? After all, those drawn towards steins usually have no intention of actually utilizing them as drinking vessels. Nevertheless, they see something special there that appeals to them.

I maintain that this appeal lies mainly in the artwork involved in the creation of the stein. What a fine way to collect art! Here it is, often in the combined form of stoneware or earthenware or porcelain (the body) and fine pewter (the lid). Compared to paintings and framed prints, this artwork takes a minimum amount of space to display. It comes in a variety of textures and sizes, and there are motifs to satisfy any taste. A stein earns lasting appeal when the artwork on it is unusually well done and/or when it is unusually interesting. Is this really different from other forms of artwork?

It's also true that steins are thought of as being a "traditional" aspect of the collectibles secondary market, and in these times of some instability within the collectibles marketplace, that's comforting. They tend to perform with less volatility—fewer wondrous jumps in value and correspondingly fewer disastrous plunges—than do most other collectibles.

As a collectible, steins have other advantages as well. Barring an accident, no special care or restoration is ever needed, and—hey, if you get the urge—go ahead and use them. That's what they're made for!

KEN ARMKE, president of Armke Enterprises Inc., in 1989 initiated the OHI Exchange, one of the first comprehensive secondary market exchanges covering steins and other collectibles. The company maintains Web sites that can be accessed via www.armkes.com

NAME	YEAR	LIMIT	ISSUE	TREND

STEINS

ANHEUSER-BUSCH INC.

				*
❑ JOHNSON & ELLIOTT	1992	*	20.00	20.00
AMERICA THE BEAUTIFUL				*
❑ GREAT SMOKY MOUNTAINS CS297	1997	50,000	40.00	40.00
AMERICA THE BEAUTIFUL				**H. DROOG**
❑ GRAND CANYON CS334	1998	50,000	40.00	40.00
ANHEUSER-BUSCH FOUNDERS				*
❑ ADOLPHUS BUSCH CS216	1993	10,000	180.00	190.00
❑ ADOLPHUS BUSCH III CS265	1995	10,000	220.00	215.00
❑ AUGUST A. BUSCH JR. CS286	1996	10,000	220.00	200.00
❑ AUGUST A. BUSCH SR. CS229	1994	RT	220.00	254.00
ANIMAL/WILDLIFE				*
❑ BUDWEISER FIELD & STREAM SET CS95	1988	RT	70.00	295.00
❑ OSPREY STEIN CS212	1994	RT	135.00	1200.00
ANIMALS OF THE SEVEN CONTINENTS SERIES				**J. TURGEON**
❑ AUSTRALIA	1998	100,000	49.00	49.00
ARCHIVE SERIES				*
❑ 1893 COLUMBIAN EXPOSITION CS169	1992	RT	35.00	60.00
❑ BUDWEISER GREATEST TRIUMPH CS222	1994	RT	35.00	75.00
❑ GANYMEDE CS190	1993	RT	35.00	215.00
ARCHIVE SERIES				**D. LANGENECKERT**
❑ MIRROR OF TRUTH CS252	1995	75,000	75.00	30.00
BIRDS OF PREY				*
❑ AMERICAN BALD EAGLE CS164	1991	RT	125.00	157.00
❑ GREAT HORNED OWL CS264	1995	25,000	137.00	130.00
❑ PEREGRINE FALCON CS183	1992	25,000	125.00	150.00
BIRDS OF PREY				**P. FORD**
❑ OSPREY	1993	25,000	135.00	135.00
BREWERY SPECIFIC				*
❑ BUD-WEIS-ER FROG MUG N5402-5	1995	*	*	23.00
❑ LIMITED EDITION I BREWING & FERMENTING CS64	1985	RT	30.00	200.00
❑ LIMITED EDITION II AGING & COOPERAGE CS65	1986	RT	30.00	85.00
❑ LIMITED EDITION III TRANSPORTATION CS71	1987	RT	30.00	65.00
❑ LIMITED EDITION IV TAVERNS & PUBS CS75	1988	RT	30.00	50.00
❑ LIMITED EDITION V FESTIVAL CS98	1989	RT	35.00	55.00
❑ OI(DAOI(II MINI OTEINO N4371	1994	OF		19.00
BUDWEISER RACING				*
❑ BILL ELLIOTT CS196	1993	RT	150.00	150.00
❑ BILL ELLIOTT, SIG. ED. CS196SE	1993	RT	295.00	243.00
❑ RACING TEAM CS194	1993	RT	19.00	25.00
BUSCH GARDENS				*
❑ EXTINCTION IS FOREVER II BG1	1990	10000	*	65.00
❑ EXTINCTION IS FOREVER III BG2	1992	10000	*	46.00
CIVIL WAR				*
❑ ABRAHAM LINCOLN CS189	1993	RT	150.00	195.00
❑ GEN. ROBERT E. LEE CS188	1992	RT	150.00	195.00
❑ GEN. ULYSSES S. GRANT CS181	1991	RT	150.00	180.00
CLASSIC				*
❑ CLASSIC I CS93	1988	RT	35.00	200.00
❑ CLASSIC II CS104	1989	RT	55.00	130.00
❑ CLASSIC III CS113	1990	RT	65.00	75.00
❑ CLASSIC IV CS130	1991	RT	75.00	98.00
CLASSIC CAR SERIES				**M. WATTS**
❑ 1957 CHEVROLET BEL AIR	1998	50,000	49.00	49.00
CLYDESDALES				*
❑ BUD LIGHT BARON CS61	1983	RT	*	55.00
❑ CLYDESDALE DECANTER CS33	1976	RT	*	N/A
❑ CLYDESDALE HITCH CS292	1996	RT	23.00	23.00
❑ CLYDESDALE MARE & FOAL CS90	1988	RT	*	80.00
❑ CLYDESDALES CS15	1976	RT	*	250.00
❑ CLYDESDALES CS15/II	1976	RT	*	433.00
❑ CLYDESDALES CSL15	1976	RT	*	N/A
❑ CLYDESDALES CSL29	1976	RT	*	325.00
❑ CLYDESDALES CSL9	1976	RT	*	306.00
❑ CLYDESDALES ON PARADE CS161	1992	RT	16.00	50.00
❑ CLYDESDALES TRAINING HITCH CS131	1991	RT	13.00	45.00
❑ PARADE DRESS CS99	1989	RT	12.00	130.00
❑ PROUD AND FREE CS223	1993	RT	17.00	30.00
❑ WORLD FAMOUS CLYDESDALE CS74	1987	RT	10.00	40.00
CLYDESDALES				**J. WAINWRIGHT**
❑ CLYDESDALES AT HOME CS386	1999	OP	28.00	28.00
COLLECTOR CLUB				*
❑ BREWHOUSE CLOCK TOWER CB2	1995	RT	*	740.00
❑ CLYDESDALES AT BAUERNHF CB1	1995	RT	*	225.00
COLLECTORWERKE				*
❑ SATURDAY EVENING POST CHRISTMAS STEIN II GL6	1996	5000	105.00	169.00
COLLECTORWERKE				**J.C. LEYENDECKER**
❑ CHRISTMAS-SATURDAY EVENING POST GL5	1995	5000	105.00	116.00
❑ SATURDAY EVENING POST CHRISTMAS STEIN III GL13	1997	5000	105.00	105.00
COLLECTORWERKE				**N. ROCKWELL**
❑ DUGOUT, THE GL1	1993	RT	*	115.00

STEINS

NAME	YEAR	LIMIT	ISSUE	TREND
COLLECTORWERKE/CALL OF THE WILD				**J. RIDEOUT**
❑ GRIZZLY GL12	1997	10,000	139.00	139.00
❑ MOUNTAIN LIONS GL17	1998	10,000	139.00	139.00
❑ WOLF GL9	1996	10,000	139.00	139.00
DISCOVER AMERICA				*
❑ NINA CS107	1990	RT	40.00	60.00
❑ PINTA CS129	1991	RT	40.00	60.00
❑ SANTA MARIA CS138	1992	RT	40.00	75.00
EARLY YEARS				*
❑ BUDWEISER CENT. HOFBRAU ST. CS22	1976	RT	*	325.00
❑ BUDWEISER CENTENNIAL CS13	1976	RT	*	375.00
❑ BUDWEISER CENTENNIAL CSL7	1976	RT	*	395.00
❑ CORACAO DECANTER SET 5 PC SET CS31	1976	RT	*	485.00
❑ GERMAN PILIQUE CS5	1975	RT	*	515.00
❑ GERMAN PILIQUE CSL5	1976	RT	*	N/A
❑ GERMAN TAVERN SCENE CS4	1976	RT	*	124.00
❑ GERMAN TAVERN SCENE CSL6	1975	RT	*	358.00
❑ KATAKOMBE CS3	1976	RT	*	195.00
❑ KATAKOMBE CSL3	1976	RT	*	277.00
❑ SENIOR GRANDE CS6	*	RT	*	590.00
❑ SENIOR GRANDE CSL4	1975	RT	*	N/A
❑ ST. LOUIS DECANTER SET CS37	1976	RT	*	433.00
❑ ST. LOUIS DECANTER SET CS38	1976	RT	*	1018.00
❑ U.S. BICENTENNIAL CS14	1976	RT	*	488.00
❑ U.S. BICENTENNIAL CSL8	1976	RT	*	515.00
❑ WURZBURGER CS39	1976	RT	*	275.00
ENDANGERED SPECIES				*
❑ AFRICAN ELEPHANT CS135	1991	RT	29.00	65.00
❑ ASIAN TIGER CS126	1990	RT	28.00	130.00
❑ BALD EAGLE CS106	1989	RT	25.00	510.00
❑ GIANT PANDA CS173	1992	RT	29.00	65.00
❑ GRAY WOLF CS226	1994	OP	30.00	50.00
❑ GRIZZLY BEAR CS199	1993	OP	30.00	56.00
ENDANGERED SPECIES				**B. KEMPER**
❑ COUGAR CS253	1995	100,000	32.00	32.00
❑ MOUNTAIN GORILLA CS283	1996	100,000	32.00	32.00
GERZ MEISTERWERKE				*
❑ GIANT PANDA GM8	1995	3500	210.00	190.00
❑ MALLARD GM7	1994	5000	220.00	190.00
❑ NORMAN ROCKWELL DO UNTO OTHERS GM21	1997	7500	189.00	189.00
❑ ROSIE THE RIVETER GM9	1995	5000	165.00	150.00
❑ TRIPLE SELF-PORTRAIT GM6	1993	5000	250.00	225.00
❑ WINCHESTER GL2	1994	RT	120.00	143.00
❑ WINCHESTER MODEL 94 GM10	1993	5000	150.00	150.00
GERZ MEISTERWERKE AMERICAN HERITAGE				*
❑ JOHN F. KENNEDY GM4	1993	10,000	220.00	200.00
GERZ MEISTERWERKE FIRST HUNT				**P. FORD**
❑ GOLDEN RETRIEVER GM2	1993	10,000	150.00	170.00
❑ LABRADOR GM17	1996	10,000	190.00	194.00
❑ POINTER GM16	1995	10,000	190.00	170.00
❑ SPRINGER SPANIEL GM5	1994	10,000	190.00	170.00
GERZ MEISTERWERKE SATURDAY EVENING POST				**J.C. LEYENDECKER**
❑ ALL I WANT FOR CHRISTMAS GM13	1994	5000	220.00	190.00
❑ FOURTH OF JULY GM15	1995	5000	180.00	165.00
❑ SANTA'S HELPER GM3	1993	7500	200.00	180.00
❑ SANTA'S MAILBAG GM1	1992	RT	195.00	305.00
GIFTWARE SERIES				*
❑ BILLIARDS CS278	1996	OP	24.00	22.00
❑ BUD MAN, 1993 STYLE CS213	1993	RT	45.00	98.00
❑ BUD-WEIS-ER FROG CS289	1996	RT	28.00	35.00
❑ BUDWEISER RODEO CS184	1992	RT	18.00	20.00
❑ FORE! GOLF BAG CS225	1994	RT	16.00	16.00
❑ PLAY BALL BASEBALL MITT CS244	1995	OP	18.00	18.00
❑ WALKING TALL BOOT CS251	1994	RT	18.00	18.00
GREAT CITIES OF GERMANY				*
❑ BERLIN STEIN CS328	1997	5000	139.00	139.00
❑ COLOGNE CS388	1999	5000	139.00	139.00
❑ MUNICH CS346	1998	5000	139.00	139.00
HISTORIC BUDWEISER ADVERTISING STEIN AND TIN SERIES				**N. ROCKWELL**
❑ WHEN GENTLEMEN AGREE	1998	OP	36.00	36.00
HISTORICAL A&EAGLE SERIES				*
❑ 1890 EDITION	1993	20,000	24.00	24.00
❑ A&EAGLE CS2	1976	RT	*	215.00
❑ A&EAGLE CS26	1976	RT	*	156.00
❑ A&EAGLE CS28	1976	RT	*	228.00
❑ A&EAGLE CSL2	1975	RT	*	200.00
❑ A&EAGLE TRADEMARK I CS191	1993	RT	22.00	45.00
❑ A&EAGLE TRADEMARK I CS201	1993	RT	31.00	115.00
❑ A&EAGLE TRADEMARK II CS219	1994	RT	24.00	35.00
❑ A&EAGLE TRADEMARK II W/TIN CS218	1993	RT	24.00	80.00
❑ A&EAGLE TRADEMARK III CS238	1994	RT	28.00	78.00
❑ A&EAGLE TRADEMARK IV CS255	1996	30,000	27.00	27.00
❑ A&EAGLE TRADEMARK IV CS271	1996	30,000	27.00	25.00
❑ TRADEMARK IV STEIN CS255	1995	20,000	30.00	30.00
HISTORICAL A&EAGLE SERIES				**D. LANGENECKERT**
❑ A&EAGLE TRADEMARK III CS240	1995	30,000	25.00	40.00
HISTORICAL LANDMARKS				*
❑ BREW HOUSE CS67	1986	RT	20.00	56.00

STEINS

Limited to an edition of 5,000, The Spirit of
Rosie the Riveter was issued in 1994 at $165
from Anheuser-Busch.

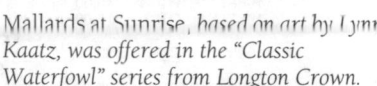

Mallards at Sunrise, based on art by Lynn
Kaatz, was offered in the "Classic
Waterfowl" series from Longton Crown.

Santa's Mailbag, based on art by Norman
Rockwell and limited to 5,000, was offered
by Anheuser-Busch in 1992.

STEINS

NAME	YEAR	LIMIT	ISSUE	TREND
❑ BUDWEISER STABLES CS73	1987	RT	20.00	55.00
❑ GRANT'S CABIN CS83	1988	RT	20.00	100.00
❑ OLD SCHOOL HOUSE CS84	1988	RT	20.00	45.00
HOLIDAY				*
❑ 1994 HOLIDAY CS211	1994	OP	14.00	40.00
❑ 50TH ANNIV. CELEBRATION CS57	1982	RT	10.00	115.00
❑ '94 HOLIDAY, SG. ED.	1994	RT	65.00	116.00
❑ '95 HOLIDAY, SG. ED.	1995	OP	*	116.00
❑ AN AMERICAN TRADITION CS112	1990	RT	14.00	20.00
❑ AN AMERICAN TRADITION GOLD CS112	1990	RT	*	152.00
❑ AN AMERICAN TRADITION SIG. ED. CS112SE	1990	RT	50.00	40.00
❑ BUDWEISER CHAM. CLYDESDALE CS19	1976	RT	10.00	250.00
❑ BUDWEISER CHAM. CLYDESDALES CS19/II	1980	RT	*	145.00
❑ CAMEO WHEATLAND CS58	1983	RT	10.00	55.00
❑ COBBLESTONE PASSAGE CS88	1988	RT	10.00	40.00
❑ COVERED BRIDGE CS62	1984	RT	10.00	34.00
❑ GRANT'S FARM GATES CS70	1987	RT	10.00	30.00
❑ GRANT'S FARM HOLIDAY CS343SE	1998	*	*	N/A
❑ HOLIDAY SIGNATURE CS273SE	1996	10,000	75.00	116.00
❑ HOLIDAY SIGNATURE EDITION	1995	10,000	75.00	75.00
❑ PERFECT CHRISTMAS CS167	1992	RT	15.00	20.00
❑ PERFECT CHRISTMAS, GOLD CS167	1992	RT	*	152.00
❑ PERFECT CHRISTMAS, SIG. ED. CS167SE	1992	RT	50.00	50.00
❑ SEASON'S BEST CS133	1991	RT	15.00	20.00
❑ SEASON'S BEST, GOLD CS133	1991	RT	*	152.00
❑ SEASON'S BEST, SIG. ED. CS133SE	1991	RT	50.00	55.00
❑ SIGNATURE EDITION HOLIDAY CS313SE	1997	20,000	75.00	75.00
❑ SNOW CAPPED MTNS. CS63	1985	RT	10.00	35.00
❑ SNOWY WOODLAND CS50	1981	RT	10.00	300.00
❑ SPECIAL DELIVERY CS192	1993	RT	15.00	40.00
❑ SPECIAL DELIVERY, GOLD CS192	1993	RT	60.00	135.00
❑ SPECIAL DELIVERY, SIG. ED. CS192	1993	RT	*	140.00
❑ TRADITIONAL HOUSES CS66	1986	RT	10.00	45.00
❑ WINTER EVENING CS89	1989	RT	13.00	40.00
HOLIDAY				**B. KEMPER**
❑ HOMETOWN HOLIDAY	1994	10,000	65.00	65.00
HORSESHOE				*
❑ HORSE HARNESS CS94	1988	RT	16.00	100.00
❑ HORSEHEAD CS76	1987	RT	16.00	69.00
❑ HORSEHEAD CS78	1987	RT	15.00	84.00
❑ HORSESHOE CS68	1986	RT	15.00	68.00
❑ HORSESHOE CS77	1987	RT	16.00	68.00
HUNTER'S COMPANION				**L. FREEMAN**
❑ LABRADOR CS195	1993	RT	33.00	140.00
HUNTER'S COMPANION				**S. RYAN**
❑ BEAGLE CS272	1996	50,000	35.00	30.00
❑ GOLDEN RETRIEVER CS248	1995	50,000	34.00	45.00
❑ SETTER CS205	1994	50,000	33.00	75.00
❑ SPRINGER SPANIEL CS296	1997	50,000	35.00	35.00
LABEL SERIES				*
❑ BUDWEISER ANTIQUE LABEL CS127	1990	RT	14.00	60.00
❑ BUDWEISER LABEL CS101	1989	RT	14.00	40.00
❑ BUDWEISER LABEL CS18	1976	RT	*	550.00
❑ BUDWEISER LABEL CS282	1996	OP	*	19.00
LOGO SERIES				*
❑ A&EAGLE LOGO CS148	1990	RT	16.00	18.00
❑ BUD DRY LOGO CS156	1991	RT	16.00	18.00
❑ BUD LIGHT LOGO CS144	1990	RT	16.00	18.00
❑ BUDWEISER LOGO CS143	1990	RT	16.00	18.00
❑ BUSCH LOGO CS147	1990	RT	16.00	45.00
❑ MICHELOB DRY LOGO CS146	1990	RT	16.00	40.00
❑ MICHELOB LOGO CS145	1990	RT	16.00	30.00
MARINE CONSERVATION				*
❑ GREAT WHITE SHARK STEIN CS247	1995	OP	*	35.00
MARINE CONSERVATION				**B. KEMPER**
❑ DOLPHIN STEIN CS284	1996	25,000	40.00	36.00
❑ MANATEE CS203	1994	OP	34.00	65.00
MEISTERWERKE ANIMALS OF THE PRAIRIE				**N. GLAZIER**
❑ BUFFALO GL11	1997	5000	149.00	149.00
❑ ELK GL20	2000	5000	149.00	149.00
❑ MULE DEER GL19	1999	5000	149.00	149.00
❑ WILD MUSTANG STEIN II GL15	1998	5000	149.00	149.00
MEISTERWERKE EARLY TRANSPORTATION				**T. MACDONALD**
❑ TRAIN GM28	1997	5000	179.00	179.00
❑ TRAIN II GM25	1998	5000	179.00	179.00
❑ TRAIN III GM30	2000	5000	179.00	179.00
MEISTERWERKE HOLIDAYS THROUGH THE DECADES				**N. ROCKWELL**
❑ DECADE OF THE 1930S GM18	1996	3500	169.00	169.00
❑ DECADE OF THE 1940S GM23	1997	3500	169.00	169.00
❑ DECADE OF THE 1950S GM26	1998	3500	169.00	169.00
MEISTERWERKE WINCHESTER HUNTING SERIES				*
❑ DUCK HUNT GM24	1997	3500	215.00	215.00
❑ PHEASANT HUNT GM20	1996	3500	215.00	215.00
❑ QUAIL HUNT GM27	1998	3500	215.00	215.00
MEISTERWERKE WINCHESTER RODEO SERIES				*
❑ RODEO BULL RIDING GM22	1997	5000	179.00	179.00
❑ RODEO CALF ROPING GM19	1996	5000	179.00	179.00
❑ SADDLE BRONC RIDING GM29	1998	5000	179.00	179.00

NAME	YEAR	LIMIT	ISSUE	TREND
MILITARY				*
❑ AIR FORCE CS228	1994	RT	19.00	40.00
MILITARY				**M. WATTS**
❑ BUDWEISER SALUTES THE ARMY CS224	1994	RT	19.00	100.00
❑ BUDWEISER SALUTES THE NAVY CS243	1995	RT	20.00	45.00
❑ MARINES CS256	1995	OP	22.00	40.00
OKTOBERFEST				*
❑ OKTOBERFEST '96 CS291	1996	OP	25.00	25.00
❑ OKTOBERFEST CS185	1992	35,000	16.00	33.00
❑ OKTOBERFEST CS202	1992	RT	18.00	45.00
OLYMPIC CENTENNIAL CELEBRATION				*
❑ '96 OLYMPICS, GYMNASTICS CS262	1995	10,000	85.00	75.00
❑ '96 OLYMPICS, TRACK CS246	1995	10,000	85.00	75.00
❑ BUD ATLANTA CS249	1995	RT	17.00	17.00
❑ CENTENNIAL OLYMPIC GAMES CS266	1995	RT	25.00	25.00
❑ CENTENNIAL OLYMPIC GAMES CS267	1995	1996	500.00	525.00
❑ OLYMPIC GAMES CS259	1995	RT	50.00	50.00
OLYMPIC TEAM				*
❑ 1992 OLYMPICS CS168	1992	50,000	16.00	30.00
❑ 1992 SUMMER OLYMPICS CS163	1992	RT	85.00	75.00
❑ 1992 WINTER OLYMPICS CS162	1991	RT	85.00	45.00
PORCELAIN HERITAGE				*
❑ AFTER THE HUNT CS155	1991	RT	100.00	90.00
❑ BERNINGHAUS CS105	1992	RT	75.00	95.00
PORCELAIN HERITAGE				**D. LANGENECKERT**
❑ CHERUB CS182	1992	25,000	100.00	140.00
POST CONVENTION				*
❑ POST CONV.-OLYMPIC CS53	1982	RT	*	254.00
❑ POST CONV.-OLYMPIC CS54	1982	RT	*	240.00
❑ POST CONV.-OLYMPIC CS55	1982	RT	*	293.00
RARITIES				*
❑ A&EAGLE, BAVARIAN SHAPE CS24	1977	RT	*	880.00
❑ AMERICANA CS17	*	RT	*	415.00
❑ BUDWEISER HOFBRAU ST. CS46	1981	RT	*	65.00
❑ BUSCH HOFBRAU STYLE CS44	1980	RT	*	212.00
❑ CANTEEN DECANTER SET 7 PC FLORAL CS036	1976	RT	*	N/A
❑ CLYDESDALE HOFBRAU CS29	*	RT	*	173.00
❑ CLYDESDALES CS12/VERSION OF CSL9	1976	RT	*	250.00
❑ DAS FESTHAUS CS41	*	RT	*	182.00
❑ DELFT, ASST. DESIGNS CS11	1976	RT	*	462.00
❑ GERMAN WINE SET 7 PC CS32	1976	RT	*	625.00
❑ HAMBURG CS16	*	RT	*	375.00
❑ HOLANDA DECANTER SET 7 PC BRN CS34	1976	RT	*	N/A
❑ HOLANDA DECANTER SET 7 PC CO. BLU CS35	1976	RT	*	N/A
❑ MICHELOB HOFBRAU ST. CS45	1980	RT	*	98.00
❑ MINI MUGS SET OF 4 CS8	*	RT	*	1250.00
❑ MINIATURE BAVARIAN MUG CS7	1975	RT	*	560.00
❑ NATURAL LIGHT HOFBRAU CS40	1980	RT	*	212.00
SEA WORLD				*
❑ DOLPHIN CS187	1992	RT	90.00	98.00
❑ KILLER WHALE CS186	1992	RT	100.00	85.00
SPECIAL EVENT				*
❑ ADVERTISING THROUGH... N3989	1992	*	*	85.00
❑ ALABAMA STATE SO64282	1992	*	*	33.00
❑ ARKANSAS: BREWED N3940	1993	*	*	N/A
❑ ARKANSAS: RICE/DUCK SO51582	1991	*	*	50.00
❑ ATHENS, NY FIREFIGHTERS SO64209	1992	*	*	25.00
❑ BUDWEISER BURNS COAL SO64374	1992	*	*	40.00
❑ BUDWEISER CALIFORNIA CS56	1981	RT	*	64.00
❑ BUDWEISER CHICAGO SKYLINE CS40	1980	RT	*	125.00
❑ BUDWEISER CHICAGOLAND CS51	1981	RT	*	46.00
❑ BUDWEISER RACING N3553	1992	*	*	N/A
❑ BUDWEISER SAN FRANCISCO CS29	1983	RT	*	228.00
❑ BUDWEISER TEXAS CS52	1981	RT	*	60.00
❑ CA: BIG BEAR OKTOBERFEST SO53954	1991	*	*	46.00
❑ CARDINALS: 100TH ANNIV. N3767	1992	*	*	59.00
❑ CINCINNATI: TALLSTACKS N3942	1992	*	*	N/A
❑ COLORADO: AND NO... SP52848	1991	*	*	50.00
❑ DAYTONA BUD BIKE WK. N/A-2	1990	*	*	33.00
❑ DAYTONA BUD SPEED WK. N/A-3	1990	*	*	35.00
❑ DODGE CITY DAYS SO53465	1991	*	*	100.00
❑ DU QUOIN: STATE FAIR N3941	1992	*	*	85.00
❑ FORT LEWIS, WASHINGTON SO54147	1991	*	*	25.00
❑ GEORGIA FISHING: ON... SO53834	1991	*	*	25.00
❑ GEORGIA HUNTING: ON... SO54141	1991	*	*	33.00
❑ GEORGIA: BASS SO63840	1992	*	*	39.00
❑ GEORGIA: DEER SO64054	1992	*	*	39.00
❑ HOUSTON RODEO N/A-5	1991	*	*	N/A
❑ IDAHO: CENTENNIAL SO49804	1990	*	*	45.00
❑ ILLINOIS STATE SO54808	1991	*	*	33.00
❑ INDIANA: CROSSROADS... SO68206	1992	*	*	33.00
❑ INTRO. TO WI WILDLIFE DUCK N/A-4	1990	*	*	N/A
❑ IOWA: THE TIME IS... SO67816	1992	*	*	45.00
❑ IT'S A BUD THING N3645	1992	*	*	N/A
❑ KANSAS: GOOD TO KNOW SO53618	1991	*	*	33.00
❑ KENTUCKY: THE CELEB. SO54022	1991	*	*	45.00
❑ LOUISIANA: WE'RE REALLY SO67814	1992	*	*	33.00

STEINS

NAME	YEAR	LIMIT	ISSUE	TREND
❑ MARDI GRAS 1992: BUD SO56219	1992	*	*	45.00
❑ MARDI GRAS 1993 N4073	1993	*	*	N/A
❑ MARDI GRAS: NOTHING... SO50500	1991	*	*	45.00
❑ MICHIGAN DU SO64169	1992	*	*	25.00
❑ MICHIGAN DU, LOON SO54807	1991	*	*	25.00
❑ MICHIGAN DUCKS UNLIMITED N3828	1992	*	*	N/A
❑ MICHIGAN DUCKS UNLIMITED SO42208	1990	*	*	25.00
❑ MINNESOTA WILDLIFE: LOON SO53143	1991	*	*	25.00
❑ MINNESOTA WILDLIFE: MALLARD SO67817	1992	*	*	33.00
❑ MISSISSIPPI BASS: ALWAY SO54822	1991	*	*	25.00
❑ MISSISSIPPI DEER: ALWAY SO54806	1991	*	*	25.00
❑ MISSOURI WAKE UP... SO54149	1991	*	*	45.00
❑ MISSOURI: ALWAYS IN... N4118	1993	*	*	N/A
❑ NC: CAROLINA ON MY... SO64215	1992	*	*	33.00
❑ NEBRASKA WILDLIFE N4117	1993	*	*	33.00
❑ NEBRASKA: TRADITIONS SO50512	1991	*	*	33.00
❑ NEW YORK STATE II SO67691	1992	*	*	25.00
❑ NEW YORK: A STATE OF... SO54214	1991	*	*	25.00
❑ NORTH/SOUTH DAKOTA SO42268	1989	*	*	33.00
❑ OCTOBERFEST STEIN CS291	1996	*	*	25.00
❑ O'DOUL'S: WHAT BEER..N3522	1992	*	*	35.00
❑ OHIO JAYCEES: PARTNERS N4119	1993	*	*	N/A
❑ OHIO: THE HEART OF... SO55446	1991	*	*	25.00
❑ OKLAHOMA: BETTER SOON SO53689	1991	*	*	33.00
❑ OKLAHOMA: FESTIVAL OF... SO55447	1991	*	*	25.00
❑ OKTOBERFEST SO54077	1991	*	*	51.00
❑ PENNSYLVANIA: A STATE... SO54215	1991	*	*	40.00
❑ PHOENIX: ONE MILLION... N4105	1993	*	*	N/A
❑ PUERTO RICO: QUINTO... SO65691	1992	*	*	33.00
❑ REDLANDS: CHILI COOK-OFF SO53757	1991	*	*	25.00
❑ SAN ANTONIO: FIESTA SO52190	1991	*	*	90.00
❑ SAN FRANCISCO CS59	1983	*	*	175.00
❑ SAVE LAKE PONTC'TRAIN SO54240	1991	*	*	46.00
❑ SAVE THE BAY I SO52286	1991	*	*	33.00
❑ SAVE THE BAY II N4120	1993	*	*	N/A
❑ SEATTLE: GOOD WILL GMS. SO47627	1990	*	*	33.00
❑ ST. PATRICK'S DAY	1997	OP	*	25.00
❑ TEMECULA: TRACTOR RACE SO53847	1991	*	*	25.00
❑ TENNESSEE: WE'RE PLAY SO63887	1992	*	*	33.00
❑ TEXAS: LIVING FREE... N3648	1992	*	*	N/A
❑ UTAH: NATURALLY SO52847	1991	*	*	33.00
❑ VERMONT: BICENTENNIAL SO53758	1991	*	*	25.00
❑ WEST TEXAS: CENTENNIAL N3943	1992	*	*	N/A
❑ WISCONSIN WILDLIFE: BEST SO55713	1991	*	*	150.00
❑ WISCONSIN WILDLIFE: DEER SO49700	1990	*	*	25.00
❑ WISCONSIN WILDLIFE: DUCK SO48249	1990	*	*	25.00
❑ WYOMING: CENTENNIAL N SP50138	1990	*	*	35.00

SPECIALTY
				*
❑ ADOLPHUS BUSCH CS87	1988	RT	*	110.00
❑ ADOLPHUS BUSCH III CS114	1989	RT	*	70.00
❑ AUGUST BUCSH III CS174	1991	*	35.00	35.00
❑ AUGUST BUSCH JR. CS141	1990	RT	*	65.00
❑ AUGUST BUSCH SR. CS102	1988	RT	*	90.00
❑ BEVO FOX CS160	1991	RT	250.00	325.00
❑ BOTTLED BEER W/TIN N3292	1991	*	*	N/A
❑ BUD MAN CS1	1975	RT	*	775.00
❑ BUD MAN CS1/II	1975	RT	*	485.00
❑ BUD MAN, 1989 STYLE CS100	1989	RT	30.00	130.00
❑ BUDWEISER BOTTLED BEER CS136	1991	RT	15.00	33.00
❑ BUDWEISER PEWTER N2755	1991	*	*	125.00
❑ KING COBRA CS80	1987	RT	*	270.00
❑ MICHELOB CS27	1976	RT	*	165.00
❑ MICHELOB DRY PEWTER N2371	1991	*	*	125.00
❑ MICHELOB PEWTER CS158	1991	RT	*	125.00
❑ MINI STEINS SET OF 6 N3289	1992	*	*	N/A
❑ NATURAL LIGHT CS9	1977	RT	*	245.00
❑ OKTOBERFEST BUSCH GAR. CS42	1980	RT	*	170.00
❑ ST. LOUIS CARDINALS CS125	1989	RT	30.00	60.00
❑ ST. NICK CS79	1987	RT	*	85.00

SPORTS
				*
❑ 1984 BUDWEISER OLYMPIC GAMES CS60	1984	RT	*	52.00
❑ 1988 WINTER OLYMPICS CS81	1987	RT	50.00	75.00
❑ 1994 WORLD CUP COMMN CS230	1994	RT	40.00	78.00
❑ BASEBALL MIT STEIN CS244	1995	OP	*	18.00
❑ BOWLING CS288	1996	OP	25.00	23.00
❑ BUDWEISER SUMMER OLYMPICS CS91	1988	RT	55.00	80.00
❑ BUDWEISER SUMMER OLYMPICS CS92	1988	RT	55.00	33.00
❑ BUDWEISER WINTER OLYMPICS CS85	1987	RT	25.00	33.00
❑ CHIP MANAUER MUG N5511	1995	OP	*	22.00
❑ KEN SCHRADER MUG B5510	1995	OP	*	22.00
❑ KENNY BERNSTEIN MUG N5512	1995	*	*	22.00

SPORTS HISTORY
				*
❑ AMERICA'S FAVORITE PASTIME CS124	1990	RT	20.00	42.00
❑ CENTER ICE CS209	1993	100,000	22.00	40.00
❑ CHASING CHECKERED FLAG CS132	1991	RT	22.00	39.00
❑ GRIDIRON LEGACY CS128	1991	RT	20.00	33.00
❑ HEROES OF HARDWOOD CS134	1991	100,000	*	35.00
❑ PAR FOR THE COURSE CS165	1992	RT	22.00	50.00

STEINS

Wolves take center stage in the Scouting the Buffalo stein available from Longton Crown in 1996. The stein was based on artwork by Kevin Daniels.

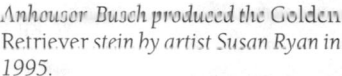

Anheuser-Busch produced the Golden Retriever stein by artist Susan Ryan in 1995.

Pat Ford designed the Labrador stein, which was limited to 10,000 and issued at $190, by Anheuser-Busch in 1996.

NAME	YEAR	LIMIT	ISSUE	TREND
SPORTS LEGENDS				*
❑ BABE RUTH CS142	1991	RT	85.00	80.00
❑ JIM THORPE CS171	1992	RT	85.00	80.00
❑ JOE LOUIS CS206	1993	RT	85.00	150.00
ST. PATRICK'S DAY				*
❑ 1995 ST. PATRICK'S DAY CS242	1995	RT	19.00	17.00
❑ 1996 ST. PATRICK'S DAY CS269	1996	OP	20.00	24.00
❑ BOTTLED TREASURE CS193	1993	RT	16.00	52.00
❑ BUD THAT GOT AWAY CS385	1999	OP	24.00	24.00
❑ ERIN GO BUD CS109	1991	RT	15.00	78.00
❑ ERIN GO BUDWEISER CS332	1998	OP	23.00	23.00
❑ LUCK O' THE IRISH CS210	1994	RT	18.00	25.00
❑ LUCK O' THE LONGNECK CS287	1996	OP	22.00	22.00
❑ POT OF GOLD CS166	1992	100,000	15.00	40.00
ST. PATRICK'S DAY				**T. BUTTNER**
❑ LEAPIN' LEPRECHAUNS CS411	2000	OP	24.00	24.00

LONGTON CROWN

				*
❑ DALLAS COWBOYS	1996	75 DAYS	50.00	50.00
❑ GOOD BOYS AND GIRLS	1996	*	*	N/A
❑ NEW YORK RANGERS	1995	*	*	N/A
ALL-STAR SLUGGERS				*
❑ MICKEY MANTLE	1996	*	40.00	40.00
AMERICA THE BEAUTIFUL				**L. MARTIN**
❑ GOD'S GRACE ON THEE	1996	OP	33.00	33.00
BABE RUTH				*
❑ THE 60TH HOME RUN, 1927	1997	*	40.00	40.00
CAL RIPKEN JR.: A LEGEND IN OUR TIME				*
❑ 1983 WORLD CHAMPION	1998	*	40.00	40.00
❑ LEAGUE OF HIS OWN, A	1996	75 DAYS	40.00	40.00
CINEMA SWEETHEART				*
❑ SEVEN YEAR ITCH	1997	*	45.00	45.00
CLASSIC WATERFOWL				**L. KAATZ**
❑ MALLARDS AT SUNRISE	1996	*	40.00	40.00
COCA-COLA CHRISTMAS				**H. SUNDBLOM**
❑ SEASON'S GREETINGS	1997	*	45.00	45.00
❑ THINGS GO BETTER WITH COKE	1997	*	45.00	45.00
CRY OF THE WOLFPACK				**K. DANIELS**
❑ SCOUTING THE BLUFFS	1996	*	40.00	40.00
EMERALD ISLE				**T. KINKADE**
❑ EMERALD ISLE COTTAGE	1997	*	45.00	45.00
FACES OF HOPE				*
❑ NOBLE GRIZZLY	1997	*	45.00	45.00
GOLDEN AGE OF ELVIS COLLECTION				*
❑ TEDDY BEAR	1997	*	45.00	45.00
GREAT BATTLES OF THE CIVIL WAR				*
❑ GETTYSBURG	1997	*	42.00	42.00
❑ VICKSBURG	1998	*	45.00	45.00
GREAT SUPER BOWL QUARTERBACKS				*
❑ JOE MONTANA: KING OF THE COMEBACKS	1996	95 DAYS	50.00	50.00
HOME FOR THE HOLIDAYS				**T. KINKADE**
❑ MAGIC OF CHRISTMAS, THE	1998	*	48.00	48.00
❑ VICTORIAN CHRISTMAS	1997	*	48.00	48.00
LEGENDS OF BASEBALL SIGNATURE				*
❑ JIMMIE FOXX: THE BEAST	1996	OP	35.00	35.00
❑ WALTER JOHNSON: BIG TRAIN	1996	OP	35.00	35.00
MONUMENTS TO FREEDOM				**F. MITTELSTADT**
❑ STATUE OF LIBERTY, THE	*	80 DAYS	40.00	40.00
NASA MISSIONS OF HONOR				*
❑ EAGLE HAS LANDED, THE	1997	*	40.00	40.00
NATIONAL FRESHWATER FISHING HALL OF FAME				*
❑ LARGE MOUTH BASS 22 LB. 4 OZ.	1997	*	50.00	50.00
❑ RAINBOW TROUT	1998	*	50.00	50.00
NATURE'S MASTERPIECES				**P. KRAPF**
❑ WADING MOOSE, THE	1996	80 DAYS	35.00	35.00
ORIGINAL POKER DOGS				**C. COOLIDGE**
❑ THE LAST HAND	1997	*	30.00	30.00
PORTRAITS OF THE WILD				*
❑ WHITE TAILED DEER	1997	*	40.00	40.00
ROCKWELL'S ANNUAL CHRISTMAS COLLECTION				**N. ROCKWELL**
❑ SANTA'S WORKSHOP	1997	*	50.00	50.00
SPORTING BREEDS				**L.K. MARTIN**
❑ BLACK LABORADOR	1997	*	35.00	35.00
❑ CHOCOLATE LABORADOR	1997	*	35.00	35.00
STAR TREK: THESE ARE THE VOYAGES				*
❑ REDEMPTION	1998	*	45.00	45.00
❑ THE DOOMSDAY MACHINE	1997	*	45.00	45.00
SUPERBOWL CHAMPIONS				*
❑ GREEN BAY PACKERS	1997	*	50.00	50.00
❑ MIAMI DOLPHINS, THE	1997	*	50.00	50.00
❑ SAN FRANCISCO 49ERS	1997	*	50.00	50.00
TAKE ME OUT TO THE BALLGAME				*
❑ TAKE ME OUT TO THE BALL GAME	1998	*	30.00	30.00

NAME	YEAR	LIMIT	ISSUE	TREND
TIMBERWOLF: LORD OF THE WILDERNESS				**K. DANIELS**
❑ FIRST OUTING	1996	OP	43.00	43.00
TURN BACK THE CLOCK				**D. HENDERSON**
❑ YANKEE STADIUM	1996	75 DAYS	40.00	40.00
UNDER THE LIGHT OF DANCING SKIES				*
❑ ECHOES IN THE NIGHT	1997	*	50.00	50.00
❑ NEW MOON'S LIGHT	1997	*	50.00	50.00
WOODLAND RETREAT				**T. KINKADE**
❑ AUTUMN'S GLORY	1997	*	40.00	40.00
❑ BEGINNING OF A PERFECT DAY	1997	*	40.00	40.00
❑ EVENING AT RIVER LODGE	1996	75 DAYS	40.00	40.00
❑ SIMPLER TIMES	1997	*	40.00	40.00
WORLD'S MOST MAGNIFICENT CATS				**C. FRACE**
❑ NOBLE CONFINES	1997	*	40.00	40.00

M. CORNELL IMPORTERS
CORNELL STEINS
				*
❑ AHRENS-FOX FIRE ENGINE 3719	1989	10000	119.00	158.00
❑ AHRENS-FOX FIRE ENGINE UNLIDDED 3720	1989	10000	35.00	44.00
❑ ALPINE FLOWER 4047	1987	5000	90.00	100.00
❑ APOSTLE 6298	1989	2000	239.00	290.00
❑ BEER BARREL 6285	1988	4000	130.00	137.00
❑ BEERWAGON 6280	1987	4000	110.00	133.00
❑ BERLIN CITY 3788	1987	5000	130.00	159.00
❑ BERLIN CITY UNLIDDED 3789	1987	5000	88.00	113.00
❑ BERLIN WALL 6320	1990	2000	100.00	110.00
❑ BICYCLIST 4723	1989	5000	68.00	86.00
❑ BICYCLIST 6325	1990	4000	120.00	100.00
❑ CAROUSEL 6467	1989	5000	159.00	190.00
❑ CAROUSEL MUSICAL 6468	1989	5000	184.00	220.00
❑ CLIPPER 3814	1990	10000	168.00	185.00
❑ CLIPPER UNLIDDED 3811	1990	10000	47.00	50.00
❑ CLUB HUNT 4402	1987	8000	87.00	106.00
❑ COOPER (BARREL MAKER)	1989	2000	110.00	135.00
❑ ELK 6340	1987	5000	100.00	120.00
❑ ELK UNLIDDED 6342	1987	5000	30.00	38.00
❑ FARMER & PLOW 3423	1987	10000	88.00	113.00
❑ FARMER & PLOW UNLIDDED 3424	1987	10000	35.00	49.00
❑ FATHER & SON 6291	1988	4000	115.00	135.00
❑ FIREFIGHTER 4765	1989	5000	68.00	86.00
❑ FIREFIGHTER 6327	1990	4000	120.00	135.00
❑ FRIEDOLIN 3786	1990	10000	99.00	110.00
❑ FRIEDOLIN UNLIDDED 3784	1990	10000	47.00	50.00
❑ GAMBRINUS 3792	1989	10000	125.00	130.00
❑ GAMBRINUS UNLIDDED 3793	1989	10000	40.00	50.00
❑ GOLDEN HOPS & MALT 6279	1987	4000	159.00	219.00
❑ GOLFER 3820	1990	10000	168.00	185.00
❑ GOLFER UNLIDDED 3816	1990	10000	47.00	50.00
❑ GRENZAU CASTLE 4590	1990	12000	120.00	132.00
❑ GRIZZLY BEAR 6331	1987	5000	100.00	120.00
❑ GRIZZLY BEAR UNLIDDED 6333	1987	5000	30.00	38.00
❑ HAPPY DWARF 6282	1987	4000	106.00	137.00
❑ HEIDELBERG 6278	1987	4000	100.00	125.00
❑ HOT AIR BALLOON	1987	5000	100.00	130.00
❑ JOIN US! GEMUETLICHKEIT 3766	1986	10000	30.00	40.00
❑ JOIN US! GEMUETLICHKEIT 3767	1987	10000	78.00	100.00
❑ JOIN US! GEMUETLICHKEIT 3768	1987	10000	125.00	150.00
❑ LORELEY 3782	1990	10000	95.00	104.00
❑ LORELEY UNLIDDED 3781	1990	10000	43.00	47.00
❑ MAY STROLL 3770	1987	10000	79.00	100.00
❑ MAY STROLL UNLIDDED 3769	1987	10000	30.00	40.00
❑ MOOSE 6337	1987	5000	100.00	120.00
❑ MOOSE UNLIDDED 6339	1987	5000	100.00	120.00
❑ MUNICH 3790	1989	10000	115.00	190.00
❑ MUNICH BIER-WAGON 6326	1990	4000	150.00	165.00
❑ NAS GRIZZLY BEAR 4451	1990	20000	175.00	193.00
❑ NAS HUMPBACK WHALE	1990	20000	175.00	193.00
❑ NAS PEREGRINE FALCON 4452	1990	20000	175.00	193.00
❑ NAS WOOD DUCK 4453	1990	20000	175.00	193.00
❑ NOAH'S ARK 6469	1990	5000	129.00	150.00
❑ PROLETARIAN 3970	1988	5000	100.00	118.00
❑ PROLETARIAN UNLIDDED 3972	1989	5000	45.00	60.00
❑ RED BARON 6295	1989	4000	100.00	130.00
❑ ROYAL KING LUDWIG 6287	1988	4000	194.00	200.00
❑ SEPPL 3779	1990	10000	95.00	104.00
❑ SEPPL UNLIDDED 3778	1990	10000	43.00	47.00
❑ SINGER 4768	1989	5000	68.00	86.00
❑ SINGER UNLIDDED 4767	1989	5000	38.00	45.00
❑ ST. GEORGE 4409	1989	6000	150.00	165.00
❑ STONEWARE NUTCRACKER 6473	1990	5000	139.00	150.00
❑ SUMMER 6286	1988	4000	80.00	89.00
❑ TOAST 3963	1987	10000	88.00	113.00
❑ TURNVATER JAHN 3797	1990	10000	138.00	150.00
❑ TURNVATER JAHN UNLIDDED 3796	1990	10000	95.00	104.00
❑ TYROLEAN 4413	1988	9000	80.00	84.00
❑ VILLAGE BLACKSMITH 6308	1989	2000	110.00	135.00
❑ WEDDING DANCE JUG 4048	1989	1500	239.00	299.00
❑ WEDDING PARADE 3776	1987	10000	85.00	104.00
❑ WEDDING PARADE UNLIDDED 3775	1987	10000	35.00	48.00

STEINS

NAME	YEAR	LIMIT	ISSUE	TREND
❏ WEIHNACHTEN 3716	1989	10000	150.00	185.00
❏ WEIHNACHTEN UNLIDDED 3717	1989	10000	110.00	139.00
❏ WHITE TAIL DEER 6343	1987	5000	100.00	120.00
❏ WHITE TAIL DEER UNLIDDED 6345	1987	5000	30.00	38.00
❏ WIESBADEN 3794	1990	2000	125.00	140.00
❏ WIESBADEN UNLIDDED 3795	1990	2000	100.00	115.00
❏ ZITHER PLAYER 3773	1987	10000	85.00	106.00
❏ ZITHER PLAYER UNLIDDED 3772	1987	10000	35.00	48.00
CORNELL STEINS				**E. BREIDEN**
❏ MALLARD 4041	1987	4000	100.00	130.00
❏ WILD BOAR 4044	1987	4000	100.00	130.00
CORNELL STEINS				**P. DUEMLER**
❏ BIBLE 3870	1987	10000	80.00	99.00
❏ BIBLE UNLIDDED 3869	1987	10000	30.00	42.00
❏ BICYCLISTS UNLIDDED, THE 3857	1987	10000	30.00	42.00
❏ BICYCLISTS, THE 3858	1987	10000	80.00	100.00
❏ CARDPLAYER UNLIDDED, THE 3868	1987	10000	35.00	47.00
❏ CARDPLAYER, THE 3867	1987	10000	190.00	220.00
❏ CENTURIO 3861	1987	10000	74.00	88.00
❏ CENTURIO UNLIDDED 3860	1987	10000	30.00	42.00
❏ CHERUSKAN 3873	1987	10000	109.00	148.00
❏ CHERUSKAN UNLIDDED 3872	1987	10000	40.00	55.00
❏ CRUSADER 3883	.1989	10000	145.00	180.00
❏ DR. FAUST 3851	1987	10000	80.00	98.00
❏ DR. FAUST 3852	1987	10000	30.00	40.00
❏ DRAGON SLAYER 3980	1988	10000	165.00	200.00
❏ DRAGON SLAYER BEER CHALICE 3982	1988	10000	79.00	105.00
❏ GENERAL TILLY TANKARD 3715	1989	5000	380.00	440.00
❏ MINUET 3876	1987	10000	79.00	108.00
❏ MINUET UNLIDDED 3875	1987	10000	30.00	42.00
❏ PATRIZIER 3864	1987	10000	75.00	88.00
❏ PATRIZIER UNLIDDED 3863	1987	10000	30.00	42.00
❏ ROYALTY 3878	1988	10000	80.00	88.00
❏ ROYALTY 3880	1988	10000	110.00	130.00
❏ ROYALTY 3887	1989	10000	65.00	75.00
❏ ROYALTY UNLIDDED 3888	1989	10000	35.00	47.00
CORNELL STEINS				**W. GOSSEL**
❏ BABA YAGA 4993	1990	5000	238.00	249.00
CORNELL STEINS				**J. LIM**
❏ BALD EAGLE 3721	1989	10000	150.00	175.00
❏ BALD EAGLE 3722	1989	10000	110.00	139.00
❏ BALD EAGLE UNLIDDED 3723	1989	10000	40.00	48.00
❏ DRAGON REGIMENTAL 4992	1989	5000	199.00	249.00

ROYAL DOULTON

QUEEN ELIZABETH II GOLDEN JUBILEE 2002 COMMEMORATIVES *

❏ LARGE PARAGON LOVING CUP	2002	300	444.00	444.00
❏ SMALL PARAGON LOVING CUP	2002	OP	111.00	111.00

ROYAL DOULTON CLASSICS *

❏ GOLDEN JUBILEE COMMEMORATIVE TANKARD	2002	2000	126.00	126.00

CATEGORY INDEX

PRINTS

STEINS

COMPANY INDEX

Expert Guides Providing Accurate Pricing

200 Years of Dolls
Identification and Price Guide, Second Edition
by Dawn Herlocher
This exceptional resource will help you accurately identify
and value the dolls in your collection with more than 5,000
listings and detailed descriptions, as well as more than 300
photographs. Covers cloth, china, vinyl, antique, and molded
dolls plus much more. A new listing of manufacturer marks
will also prove invaluable in your doll collecting adventures.
Softcover • 8-1/2 x 11 • 352 pages
250+ b&w photos • 32-page color section
Item# DOLY2 • $27.95

The Best of Barbie®
Four Decades of America's Favorite Doll
by Sharon Korbeck
Enchanting. Gorgeous. Presenting America's favorite doll
with striking photography, insightful commentary and
historical tidbits. Come and explore the most sought after
and valuable Barbie Dolls from 1959 to 2000 with
descriptions and more than 1,200 listings to help you
easily identify your dolls and price your collection.
Hardcover • 8-1/4 x 10-7/8 • 256 pages
350 color photos
Item# BBARB • $39.95

Luckey's Hummel Figurines & Plates
Identification and Price Guide, 12th Edition
by Carl F. Luckey, Updated by Dean Genth
You'll find everything you need to know about the figurines,
prints, plates, postcards, calendars, and more in your Hummel
collection with this updated, expanded, and enhanced
edition. Includes full descriptions, current production status,
identification, and pricing for nearly 3,000 Hummel items,
along with a color photograph section featuring some of the
most unique pieces. You'll also appreciate the tips that help
you recognize fakes and forgeries.
Softcover • 8-1/2 x 11 • 536 pages
1,200+ b&w photos • 32-page color section
Item# HUM12 • $27.95

To order call **800-258-0929** Offer ACB2
M-F 7am - 8pm • Sat 8am - 2pm, CST

Krause Publications, Offer ACB2
P.O. Box 5009, Iola WI 54945-5009
www.krausebooks.com

Shipping & Handling: $4.00 first book, $2.25 each additional.
Non-US addresses $20.95 first book, $5.95 each additional.
Sales Tax: CA, IA, IL, NJ, PA, TN, VA, WI residents please add
appropriate sales tax.
Satisfaction Guarantee: If for any reason you are not completely
satisfied with your purchase, simply return it within 14 days of
receipt and receive a full refund, less shipping charges.